2013—2025年国家辞书编纂出版规划项目

英汉信息技术系列辞书

总主编 白英彩

AN ENGLISH-CHINESE DICTIONARY OF TRI-NETWORK CONVERGENCE

英汉三网融合技术辞典

主　　编　李家滨

常务副主编　石燕华

主　　审　王　杰

　　　　　王志恒

上海交通大学出版社

SHANGHAI JIAO TONG UNIVERSITY PRESS

内容提要

本辞典为"英汉信息技术系列辞书"之一。本辞典收录了三网融合技术及其相关产业的理论研究、开发应用、工程管理等方面的词汇,特别注重收集基于计算机网、电信网和广电网技术及产业方面的相关词汇。所有词汇均按照英文字母顺序排列,并进行了系统的梳理和审定。本辞典可供三网融合技术及其相关专业的研究、开发、应用人员和科技书刊编辑及文献译摘人员使用,也适合于该技术业余爱好者学习和参考之用。

图书在版编目(CIP)数据

英汉三网融合技术辞典/ 李家滨主编. —上海:上海交通大学出版社,2022.9
ISBN 978 - 7 - 313 - 24740 - 7

Ⅰ.①英… Ⅱ.①李… Ⅲ.①信息产业-词典-英、汉 Ⅳ.①F49 - 61

中国版本图书馆 CIP 数据核字(2021)第 013496 号

英汉三网融合技术辞典

YINGHAN SANWANG RONGHE JISHU CIDIAN

主 编:李家滨		
出版发行:上海交通大学出版社	地 址:上海市番禺路 951 号	
邮政编码:200030	电 话:021 - 64071208	
印 制:苏州市越洋印刷有限公司	经 销:全国新华书店	
开 本:880 mm×1230 mm 1/32	印 张:33.25	
字 数:1 563 千字		
版 次:2022 年 9 月第 1 版	印 次:2022 年 9 月第 1 次印刷	
书 号:ISBN 978 - 7 - 313 - 24740 - 7		
定 价:328.00 元		

英汉信息技术系列辞书编纂委员会

序

"信息技术"(IT)这个词如今已广为人们知晓,它通常涵盖计算机技术、通信(含移动通信)技术、广播电视技术、以集成电路(IC)为核心的微电子技术和自动化领域中的人工智能(AI)、神经网络、模糊控制和智能机器人,以及信息论和信息安全等技术。

近 20 多年来,信息技术及其产业的发展十分迅猛。20 世纪 90 年代初,由信息高速公路掀起的 IT 浪潮以来,信息技术及其产业的发展一浪高过一浪,因特网(互联网)得到了广泛的应用。如今,移动互联网的发展势头已经超过前者。这期间还涌现出了电子商务、商务智能(BI)、对等网络(P2P)、无线传感网(WSN)、社交网络、网格计算、云计算、物联网和语义网等新技术。与此同时,开源软件、开放数据、普适计算、数字地球和智慧地球等新概念又一个接踵一个而至,令人应接不暇。正是由于信息技术如此高速的发展,我们的社会开始迈入"新信息时代",迎接"大数据"的曙光和严峻挑战。

如今信息技术,特别是"互联网+"已经渗透到国民经济的各个领域,也贯穿到我们日常生活之中,可以说信息技术无处不在。不管是发达国家还是发展中国家,人们之间都要互相交流,互相促进,缩小数字鸿沟。

上述情形映射到信息技术领域是:每年都涌现出数千个新名词、术语,且多源于英语。编纂委认为对这些新的英文名词、术语及时地给出恰当的译名并加以确切、精准的理解和诠释是很有意义的。这项工作关系到 IT 界的国际交流和大陆与港、澳、台之间的沟通。这种交流不限于学术界,更广泛地涉及 IT 产业界及其相关的商贸活动。更重要的是,这项工作还是 IT 技术及其产业标准化的基础。

编纂委正是基于这种认识,特组织众多专家、学者编写《英汉信息技术大辞典》《英汉计算机网络辞典》《英汉计算机通信辞典》《英汉信息安全技术辞典》《英汉三网融合技术辞典》《英汉人工智能辞典》《英汉建筑智能化技术辞典》《英汉智能机器人技术辞典》《英汉智能交通技术辞典》《英汉云计算·物联网·大数据辞典》《英汉多媒体技术辞典》和《英汉微电子技术辞典》，以及与这些《辞典》（每个词汇均带有释文）相对应的《简明词典》（每个词汇仅有中译名而不带有释文）共 24 册，陆续付梓。我们希望这些书的出版对促进 IT 的发展有所裨益。

这里应当说明的是编写这套书籍的队伍从 2004 年着手，历时 10 年，与时俱进的辛勤耕耘，终得硕果。他们早在 20 世纪 80 年代中期就关注这方面的工作并先后出版了《英汉计算机技术大辞典》（获得中国第十一届图书奖）及其类似的书籍，参编人数一直持续逾百人。虽然参编人数众多，又有些经验积累，但面对 IT 技术及其产业化如此高速发展，相应出现的新名词、术语之多，尤令人感到来不及收集、斟酌、理解和编纂之虞。如今推出的这套辞书不免有疏漏和欠妥之处，请读者不吝指正。

这里，编纂委尤其要对众多老专家执着与辛勤耕耘表示由衷的敬意，没有他们对事业的热爱，没有他们默默奉献的精神，没有他们追求卓越的努力，是不可能成就这一丰硕成果的。

在"英汉信息技术系列辞书"编辑、印刷、发行各个环节都得到上海交通大学出版社大力支持。尤其值得我们欣慰的是由上海交通大学和编纂委共同聘请的 12 位院士和多位专家所组成的顾问委员会对这项工作自始至终给予高度关注、亲切鼓励和具体指导，在此也向各位资深专家表示诚挚谢意！

编纂委真诚希望对这项工作有兴趣的专业人士给予支持、帮助并欢迎加盟，共同推动该工程早日竣工，更臻完善。

英汉信息技术系列辞书编纂委员会

名誉主任：吴启迪

2015 年 5 月 18 日

前　　言

　　这里所说的"三网"是指计算机网(含跨国的因特网或互联网)、电信网和有线电视网(即广播电视网),三网的"融合"是指在各网高层业务应用上的融合,而不是物理上简单地合一。三网各自通过技术改造,使其功能趋同,业务范围趋同,并将逐步整合为统一的信息通信网络平台。这样做的好处是,只要"一线入室"(或无线接入)就可以做到边看电视,边上网或打电话;电脑既可以看电视也可以打电话;用手机可以看电视,也可以上网。如此三网功能互现。

　　1993年秋冬时节,编者所在的上海交通大学计算机系网络课题组与当时上海广电局的技术部门有关人员交流"三网合一"(开始的几年里都这样叫,后来才把"合一"改为"融合")的问题,1994年夏秋由上海交通大学及其牵头成立的上海金桥网络工程公司共同出面,与上海广播电视局就改造CATV网及三网融合问题多次洽谈后,促成了与该局所属的上海有线电视台的合作,并进行了有线网的双向改造及三网融合技术初探试验工作。在此后的两年期间经试验成功并推向全国,由此拉开了全国三网融合工程的序幕。二十几年过去了,三网融合工程得到了快速的发展和普及,给广大用户带来了实惠。

　　三网融合工程受到了国家高度重视。为响应国家号召,各电视台决定加快推进三网融合,不断总结推广试点经验,全面实现三网融合发展。由于三网应用层上均使用统一的IP协议,网络层上可以实现互联互通,使得业务层面互相渗透和功能互易,这就有可能为广大用户提供多样化、多媒体化和个性化以及资源共享的服务。

　　应该指出的是,三网融合在技术上也是与时俱进的。当下光网络、光通信技术日趋成熟,将成为新一代信息传播网络的基础,从而使得三网应用层面的 IP 协议更加优化，也为传送各种业务数据提供了更高的带宽、更好的质量和更快的传输；由于软硬件技术的快速发展，各类网络系统及其终端接入、变更或升级更为便捷；随着我国的行政体制改革(例如中华人民共和国工业和信息化部的成立)，也使得三网的融合、协调更加便利。

虽然我国由于地域广阔、地区差异较大，全国有数以千计的有线电视台，其双向改造任务尚未能尽数完成，但我们深信中国最终全面实现三网融合的局面一定会加速到来！

为更好地实现我国的三网融合工程造福于民，并让更多的技术人员熟悉三网融合应有的知识，我们特编纂了《英汉三网融合技术辞典》。

在编纂该书的初期，陈凯、顾水林、程扬、管海兵、金崇英等为本书提供了许多有力的支持；上海市广电局科技委主席秦榛也为本书的编写提供参考资料；王杰和王志恒两位主审认真负责地、逐条逐字地审核了全部书稿并提出了宝贵的建议；系列辞书总主编白英彩教授对本书的编审自始至终地给予指导并审阅书稿。在此对上述诸君给予的无私帮助深表谢忱！

感谢深圳普联技术公司董事长赵建军先生和新华三(H3C)公司对本书出版的鼎力资助。

编　者

2022 年 1 月

凡　例

1. 本辞典按英文字母顺序排列,不考虑字母大小写。数字和希腊字母另排。专用符号(圆点、连字符等)不参与排序。

2. 英文词汇及其对应的中文译名用粗体。一个英文词汇有几个译名时,可根据彼此意义的远近用分号或者逗号隔开。

3. 圆括号"(　)"内的内容表示解释或者可以略去。如"connecting hardware 连接(硬)件[连接器(硬)件]";也可表示某个词汇的缩略语,如 above ground structure(AGS)。

4. 方括号"[　]"内的内容表示可以替换紧挨方括号的字词。如"cabling 布线[缆]"。

5. 单页码上的书眉为本页最后一个英文词汇的第一个单词;双页码上的书眉为本页英文词汇的第一个单词。

6. 英文名词术语的译名以全国科学技术委员会名词审定委员会发布的为主要依据,对于已经习惯的名词也作了适当反映,如"disk"采用"光碟"为第一译名,"光盘"为第二译名。

7. 本辞典中出现的计量单位大部分采用我国法定计量单位,但考虑到读者查阅英文技术资料的方便,保留了少量英制单位。

新华三集团简介

新华三集团作为数字化解决方案领导者，致力于成为客户业务创新、数字化转型值得信赖的合作伙伴。作为紫光集团旗下的核心企业，新华三通过深度布局"芯-云-网-边-端"全产业链，不断提升数字化和智能化赋能水平。新华三拥有芯片、计算、存储、网络、5G、安全、终端等全方位的数字化基础设施整体能力，提供云计算、大数据、人工智能、工业互联网、信息安全、智能联接、边缘计算等一站式数字化解决方案，以及端到端的技术服务。同时，新华三也是 HPE 服务器、存储和技术服务的中国独家提供商。

新华三集团深耕行业数十年，始终以客户需求为导向，提供场景化解决方案，支持运营商、政府、金融、医疗、教育、交通、制造、电力、能源、互联网、建筑等百行百业数字化转型实践，产品和解决方案广泛应用于百余个国家和地区，市场份额持续领先。

新华三集团坚持以技术创新为发展引擎，目前研发人员占比超过 50%，截至 2022 年 8 月，专利申请总量超过 13 000 件，其中 90% 以上为发明专利。在"数字定义世界、软件定义未来"的时代下，新华三基于全新的"云智原生"战略，发布"数字大脑 2021"，赋能百行百业数字化转型与变革。

"融绘数字未来，共享美好生活"是新华三集团的企业愿景。在可以预见的数字未来，科技的进步与产业的发展必将为人们创造更美好的生活。新华三将以数字化解决方案为画笔，以融合之力为色彩，与广大合作伙伴共同描绘美好的数字未来，实现人人悦享的美好生活。

目　录

A

A&B signaling　A 和 B 信令方式　利用传递话音的 A、B 线传递直流信令的方式。

AACS LA　高级访问内容系统许可管理机构　advanced access content system licensing administrator 的缩写。一个开发和许可用于高清晰度数字通用光碟(HD DVD)和蓝光光碟(BD)的高清晰度光碟格式的 AACS 复制保护系统的机构。

abandoned call　放弃的呼叫,中途放弃呼叫,弃呼　(1) 为了监视从开始发送呼叫信息到接收应答的时间是否超过预定的时限,配置了一种自动呼叫接口电路。当此电路接通时,表示已超过预定的监视时间,因而放弃呼叫。当此电路断开时,表示在预定的监视时间内已有应答,可以继续发送信息。(2) 呼叫中心系统已经接通,但是在座席应答之前被来电者终止的电话呼叫。通常情况下,来电者放弃是由于等待时间过长。因此,呼叫中心所设定的服务水平应使绝大部分电话在来电者挂断电话前的平均等待时长内被接听。当来电被接通后,进入队列播放公告信息时,公告信息的长度应基于来电者在挂断电话前等待时长的数据,一般而言,应长于平均等待时长,这样由于来电者有公告信息可听,就可以减少放弃电话呼叫的数量。

abandoned call cost　放弃的呼叫成本　呼叫中心由于来电者中途放弃的呼叫而造成收入的损失。理论上来说,计算这一成本应基于以下数据:来电数量、放弃率、预估的单呼费用。

abandon rate　放弃率　(1) 呼叫中心系统已经接通,但在座席应答之前就挂机或下线的电话呼叫占全部接通电话呼叫的比率。(2) 已进入一个呼叫队列又挂断的呼叫数占总试呼叫数的百分比。

abbreviated address calling　缩(减地)址呼叫;缩(减地)址调用　(1) 在电信网络系统中,一种允许用户使用较短的逻辑地址来代替较长的电话号码的方法,这种呼叫方式也可以称为缩位拨号(abbreviated dialing)。(2) 在计算机网络系统中,根据网络协议,允许使用比全称地址短的地址代码进行的呼叫。此地址代码由通信双方约定,并经网络管理系统认可。(3) 一种使用户能够用较短的地址进行调用的方法。在网络上可允许用户指定一系列缩写的地址,分配在一个或一组目标中的缩写地址码可通过适当的过程进行改变。

abbreviated answer　缩位应答　在无线电报通信中,对省略了呼叫台呼号的预呼的响应。

abbreviated dialing (ABD)　缩位拨号　智能网(IN)业务功能之一,是为方便用户而采用的一种拨号呼叫方法。对于某些集团、企业、公司,可能在同一城市或在全国范围内设置若干个分支机构,这些分支机构可能属于同一个交换局或者属于不同的交换局,使用缩位拨号业务可使这些集团、企业、公司内部用户之间进行通话时,像用户交换机的用户之间通话一样,拨较短的电话号码,例如拨二位或拨三位、四位号码即可呼叫对方。

A

abbreviated dialling prefix 缩位拨号前缀 指示其随后信息为一个缩位号码的非数字代码。

abbreviation 简略[写] 一种有序的和简化的数据表示,它保持数据元素表示的原意。缩写是指一种数据编码的方法,而不是一种数据压缩方法。

A-B-C-D cut mixer A-B-C-D 图像混合器,二级图像混合器 一种图像混合器,它能将两组双信号源的输出信号分别混合,然后将合成的两路输出信号混合。

A-B CM A-B 图像混合器,一级图像混合器 A-B cut mixer 的缩写。一种图像混合器,它将 A、B 切换触排的输出信号组合,并馈送到另一切换器的一个输入端。

A/B comparison A/B 试听比较 指对两种不同的音乐重放方式进行的反复试听比较。

A:B:C notation A:B:C 表示法 在 CCIR(国际无线电咨询委员会)601(现为 ITU-R BT.601)标准中,图像数字化的采样格式。目前使用的采样格式主要有以下几种:(1) 4:4:4,在每条扫描线上每 4 个连续的采样点各取 4 个亮度 Y 样本、4 个红色差 Cr 样本和 4 个蓝色差 Cb 样本,相当于每个像素用 3 个样本表示。(2) 4:2:2,在每条扫描线上每 4 个连续的采样点各取 4 个亮度 y 样本、2 个红色差 Cr 样本和 2 个蓝色差 Cb 样本,平均每个像素用 2 个样本表示。(3) 4:1:1,在每条扫描线上每 4 个连续的采样点各取 4 个亮度 y 样本、1 个红色差 Cr 样本和 1 个蓝色差 Cb 样本,平均每个像素用 1.5 个样本表示。(4) 4:2:0,在水平和垂直方向上每 2 个连续的采样点上各取 2 个亮度 Y 样本、1 个红色差 Cr 样本和 1 个蓝色差 Cb 样本,平均每个像素用 1.5 个样本表示。

abilene network abilene 网 由高级因特网技术开发大学联盟(UCAID)为 Internet 2 和其他研究计划开发的高速主干网络。abilene 网计划发布于 1998 年,期待为 vBNS 主干网提供一个预备网络,开始以 2.4 Gbps(OC 48)速率运行。

Abis interface Abis 接口 全球移动通信系统(GSM)的基站收发台(BTS)与基站控制器(BSC)之间的接口。用于 BSC 与 BTS 之间的远端互连方式,该接口支持所有向用户提供的服务,并支持对 BTS 无线设备的控制和无线频率的分配。

abnormal glow discharge 异常辉光放电 辉光放电的特点是压降随电流的增加而增大。当电流增加到超过使充气管的阴极完全被辉光覆盖的大小时,便发生异常辉光放电。

abnormal propagation 异常传播 在干扰通信的不稳定大气条件和电离层条件下的无线电波传播。

abnormal reflection 异常反射 频率高于已电离层面的临界或穿透频率的无线电波在电离层的已电离层面处发生的明显可分辨反射。

A-Bone 亚太主干网 是 APAC backbone 的缩写。指亚洲-太平洋地区因特网的骨干网,可以按 T1 的速率(或更高一些)连接东南亚各国的用户,还包括连接到欧洲和美国的各种链路,无须通过北美的电信设施来传送数据。亚太主干网是由亚洲因特网支撑有限公司于 1996 年提出的。

abort (异常)中止 (1) 在受控方式中,计算机系统的处理活动因其不可能继续进行或不符合需要而中止。(2) 在数据通信中,一个由发送操作方调用的函数,使得接收方放弃或者忽略由发送方送出的从上一个标记起或者从上一个检查点起的所有信息。

abort sequence 中止[放弃]序列 一个指

定的位模式,出现在位串中的任意位置,用于永久地终止一个传送帧的传送。

abort timer　中止计时器　一种用来监视数据通信连接装置接收端的设备。在建立了通信联系后的预置时间内,如果没有接收到任何数据,那么中止计时器将切断通信联系。这样便使得其他等待注册的用户能使用此输入终端。

above ground level(AGL)　高出地平面　在微波系统中用来指定各种天线相对于塔底地面的高度。

above mean sea level(AMSL)　高于平均海平面,平均海拔高度　微波系统中使用的海拔正式名称。

Abramson code　阿布拉门逊码　一种检错能力很高的循环码。

ABRD　自动波特率检测　automatic baud rate detection 的缩写。分析接收到的第一个字符的信息,以确定它的传输速率、开始位和停止位的数目。

AB roll　AB 滚动　在多媒体应用中,两个记录的视频图像同步播放以产生某些效果,如淡入淡出、插入等。

A/B roll linear editing　A/B 卷线性编辑　使用 A 和 B 两个影视信号源进行编辑以获得过渡效果的编辑技术。

A-B roll　A-B 卷轴　一种视频编辑系统,由一个视频混合器连接两个或多个视频源,通过相应变换处理产生混合输出效果。

abrupt release　鲁莽拆除　网络传输层使用 T-DISCONNECT.request 原语断开连接的过程。这种断开连接方式可能导致数据丢失。与此不同的则为"有顺序拆除"。

ABSDCT　自适应块长离散余弦变换　adaptive block size discrete cosine transform 的缩写。

absent extension advice　无人分机通报器　专用自动交换分机(PABX)的一种服务设施。当分机用户不在场时,它将入站呼叫转接到交换机的回答装置或录音通报器,向被呼叫用户报告此时的电话号码等信息。

absent subscriber service　用户不在服务,缺席用户服务　(1)一种电信业务,当用户外出而有电话呼入时,可由电话局提供语音服务,替用户回答,以避免对方反复拨叫。(2)是一个用户因为不在而不能应答其呼叫时,把这些呼叫向如下方向转移的能力:一种人工应答业务,其他用户号码或一个广播通知。

absent user service　用户缺席服务　一种向用户提供的服务,被叫者自动地通知所有呼叫者:被叫终端不能使用。

absolute delay　绝对延迟[时延]　信号从发送到接收的时间间隔,又称为传播时延,它可以用任何适当的单位表示,例如时间单位或相位单位。ITU-T G.114 建议定义了通信网中可接受的时延参数。

absolute encoder　绝对式编码器　一种光电编码器,又称"绝对式旋转编码器"。绝对式编码器光栅盘上有许多道刻线,每道刻线依次以 2 线、4 线、8 线、16 线……编排,这样,在编码器的每一个位置,通过读取每道刻线的通、暗,获得一组从 2 的零次方到 2 的 n-1 次方的唯一的 2 进制编码(格雷码)。绝对编码器使每个轴角位置上只能产生一个唯一的数字编码,它无需记忆,无需找参考点,在定位方面明显地优于增量式编码器。

absolute gain　绝对增益　(1)在天线里,对于给定方向,在理想等向性辐射体输入端所需功率与为了在给定方向上的远场有相同的辐射强度而实际供给给定天线的功率之比,如无给定方向则假定相应于最大辐射的方向。同 isotropic gain。(2)在规定的工作条件下,某器件的输出端信号电平与其输入端信号电平之比。增益通常用分贝表示。

absolute level　绝对电平　表示 P/Pr 比值

A

的传输单位。其中 P 是系统中某点的有效功率，而 Pr 是基准功率。

absolute link 绝对链接 一种指向某个文件的精确位置的超级链接，该文件可存储在某个文件服务器、万维网或某家公司的内联网上。绝对链接使用精确的路径，如果移动包含该超级链接或超级链接目标的文件，该链接就无效。

absolute location 绝对定位[位置] 屏幕上的一个点，其 X 坐标值和 Y 坐标值根据到达原始起点的距离而确定，由其离开屏幕原点(0,0)的距离来量度。

absolute luminance threshold 绝对亮度阈值 具有正常视觉或平均视觉的人能进行可视化感知所需要的亮度的下限。

absolute maximum rating 绝对最大额定值 为电子设备的运行条件和环境条件所规定的极限值。为了保持该设备预期的可靠性，设备运行时不得超过这个绝对最大额定值。绝对最大额定值不是连续的额定值，且与正常运用无关。

absolute phase 绝对相位 在绝大多数话筒上，振膜所受到的正向压力都会在输出时生成正极电压，然后再通过扬声器在监听的位置上转化成正压波。这种音源的原始极性可以由扬声器在相位上得到重现的现象，就是所谓的绝对相位。

absolute phase shift keying (APSK) 绝对相移键控 利用载波相位的绝对变化(相对于一个固定参考相位)传输数字信息的相移键控。

absolute potential 绝对电位 由指定点到地(即零电位参考点)之间的电位差(即电压)，其数值是从地电位点到指定点间的电场梯度的线积分。

absolute radio frequency channel number (ARFCN) 绝对无线频率[射频]信道号 在全球移动通信系统(GSM)蜂窝网络中，ARFCN 是一个代码，指定用于传输和接收陆地移动无线系统的一对物理的

无线载波，一个用于上行链路信号和一个用于下行链路信号。ARFCN 的编号也有其他不同的非 GSM 的方案，如 TETRA(陆地集群无线电)系统，采用 25 kHz 信道间隔，并使用不同的基频进行编号。基于频率分量的 GSM 多址方案(频分多址 FDMA)使用不同的频率。GSM 中的上行/下行信道由对 ARFCN 确认。与基于时间的分量(时分多址 TDMA)一起，通过选择一定的 ARFCN 和一定的时槽来定义物理信道。

absolute signal delay 绝对信号时延 在传输媒体(如波导)起点，信号波形的前沿(或其他点)与在传输媒体末端相同信号的对应点(或相同边)到达(或接收)时所产生的时间差，即对于在信号波形上确定的点，从一个位置传送到另一个位置时的传送时间。

absolute threshold of luminance (ATL) 绝对亮度阈值，绝对亮度(值) 门限最低可察觉的亮度。

absolute URL 绝对统一资源定位符[地址] 一个页面的完整因特网地址或其他万维网资源。绝对 URL 包括一个网络协议(如"http")、网络位置，以及选择通路和文件名。例如，http://www.huawei.com//是一个绝对 URL。参见 uniform resource locator (URL)。

absolute virtual address 绝对虚地址 用户虚地址空间中的一个固定位置，不能被软件重定位，但可以通过硬件将其转换成物理地址。

absorber circuit 吸收(器)电路 一种串联谐振电路，用于吸收非所需信号频率上的能量。

absorption coefficient 吸收系数 声光(电磁波)能量由于穿过介质而被吸收的一种度量。吸收系数和散射系数合起来构成衰减系数。

absorption curve 吸收曲线 又名"吸收

光谱",表明吸光物质对不同波长的光的吸收能力不同的曲线。同一物质在一定温度下的吸收光谱是一定的,因此物质的吸收曲线可以作为定性依据。

absorption fading　吸收衰落　被接收无线电信号强度的逐渐变化,它主要是由大气层吸收沿信号路径的缓慢变化所引起。

absorption index (AI)　吸收指数　对给定波长的电磁波在给定折射率的材料介质中传播产生的每单位距离的因能量吸收而引起的衰减的测度。吸收指数由关系式 $K = b\lambda/(4\pi n)$ 确定,其中 K 是吸收指数,b 是吸收系数,λ 是真空中的波长,n 是吸收材料介质的折射率。

absorption loss　吸收损耗　(1) 辐射能传输或被材料反射时转化成热量的那部分传输损耗。(2) 传输电路中因与相邻电路耦合引起的功率损耗。

absorption modulation　吸收调制,损耗调制　无线电发射机输出端的幅度调制,它使用可变阻抗电路按照调制信号幅度大小吸收载波功率,即调制信号控制可变电阻。在一个系统中,调制管或晶体管直接借助短截线连接来控制传输线的吸收以达到相同的结果。

absorption peak　吸收峰值　在一个特定频率上由于吸收损耗而出现异常大的衰减。例如,在光通信介质中的特定波长,在该波长上特定的杂质吸收最多的功率,即引起传播光波的最大衰减。在其他波长上,这些杂质所吸收的功率少于吸收峰值时的吸收。用于光纤、条形介质波导、光集成电路(OIC)以及类似介质中的玻璃、石英、硅以及用于光纤中的塑料通常显示吸收峰值。引起吸收峰值的杂质包括铜、铁、镍、铬、镁和氢氧根离子等。

absorption spectroscopy　吸收波谱学　研究在各种条件下对由物质的原子和分子吸收的辐射能量和波长进行测量的波谱学。

absorption spectra/spectrum　吸收光谱　又名吸收曲线,物质吸收电磁辐射后,以吸收波长或波长的其他函数所描绘出来的曲线即吸收光谱。是物质分子对不同波长的光选择吸收的结果,是对物质进行分光光度研究的主要依据。

absorption trap circuit　吸收陷波电路　一种并联调谐电路,用于吸收和衰减干扰信号。

absorptive attenuator　吸收式衰减器　包含提供所需传输损耗的耗散材料的波导段。

absorptivity　吸收率[系数]　当波通过传输介质材料时,其每单位路径吸收的能量与入射的能量之比。

A–B switch　A–B 切换[开关]　一种电子设备,接收两路视频输入(A 和 B),并输出其中之一。不会对信号质量产生影响,也称为无源切换[开关]。

ACB address space　存取方法控制块地址空间　在通信系统软件中,打开存取方法控制块的地址空间。ACB 为 access method control block(存取方法控制块)的缩写。

AC bias recording　交流偏置记录　把记录信号(模拟信息或经过编码的数字信息)叠加在频率比记录信号高得多的交流偏置信号上,然后再将此合成信号(调制波)记录在媒体上的一种磁记录方法。它可以消除记录媒体磁化曲线在原点附近的非线性引起的读出信号失真,并可提高信号噪声比。

accentuated contrast　加重对比度　传输图像时,例如在传真或光纤系统中,对图像或文本的对比度加以控制,即对具有小于特定亮度值的像素按标称黑传送,对具有大于特定亮度值的像素按标称白传送,对其间所有其他亮度值的像素按

A

各自的电平传送。

accentuation 加重,提升 在演播室声频系统中,加重较高或较低频率分量的方法。

accentuator 音频强化器,加重电路 (1) 提供某个音频预增强的电路,能从多种频率的输入信号中,选取所需的一种频率信号加以放大。也称为"预加重电路"。(2) 指振幅加强线路,为加重某些频率分量而插入的电路或网络。

acceptable cell 可接受小区 移动台为发起紧急呼叫而驻留的小区。

acceptable contrast ratio 合格反差比,合适[适当]的对比度 能让摄像机给出满意图像的最高与最低亮度之比。

acceptable interference 可允许干扰 正常情况下有害,但根据使用无线电业务双方的协议规定允许存在有一定强度的干扰。这种情况一般只能在性能改善前的一段有限时间内允许。

acceptable level of risk 可接受的风险级别 通过审慎的、仔细的和详尽的评估确定 IT 的活动或网络满足最小的现行安全指标的需求。评估应该考虑到 IT 资产的价值、威胁和漏洞、防范手段及其在补偿漏洞时的功效和操作需求。

acceptable use policy（AUP） 可接受[允许]的使用政策 一种服务提供商的政策声明,指出哪一种使用是可允许的。以美国国家科学基金会(NSF)提供资金的主干网 NSFNet 的 AUP 为例,由公众筹资建立的网络的 AUP 严格限制商业使用。为了鼓励因特网的商业开发,一个称为商业因特网交换(CIX)机构为商业因特网信息流提供了一种无 AUP 的国际主干网。

acceptance angle 接收角,受光角,截获角,到达角 (1) 对光敏区域而言的一个立体角。在这一角度范围内的全部入射光线都能到达光电管、光电二极管、光纤或其他光敏器件的光敏区域。(2) 在光纤中,光锥顶角的一半,在这范围内的光功率可耦合成光纤的束缚模式,超过这范围光功率将耦合成光纤的非束缚模式。光锥的轴线与光纤的轴线处于同一条直线上,锥的顶角在光纤端面,锥底面对光功率源。

acceptance cone 接收锥角[光锥区] 光纤一端的一个想象的锥角,它的一半等于芯和包皮界面的入射角。在此锥角内的任何光线都能得到反射并传输到光纤的另一端。

acceptance pattern 接受图 对于一根光纤或光纤束,表示总的传输功率对发射角的关系曲线。总的传输功率或辐射强度与入射强度发射角(输入或入射角),光纤界面的传输系数以及照射面积有关。

acceptance test method 验收测试法 精确测量电视电路的幅频和相频特性的方法。

accepted interference 可接受干扰 干扰电平虽高于规定的允许干扰标准,但已由两个或更多的管理部门协商同意而又不使其他管理部门受到损害的干扰。

acceptor circuit（AC） 接收(器)电路,迎谐[谐振]电路 (1) 一种在所调谐的频率上呈低阻抗而在其他所有频率上呈较高阻抗的串联谐振电路。与信号通路相串联时,能让所需要的频率通过。(2) 跨接在信号电路两端的一种抑制电路,用于为非所需的频率分量提供一个低阻抗路径。或者是对某一特定频率的信号起反应的调谐电路。

accept with error 有错误仍予接受 在计算机网络通信中,发现接收数据流中的错误存在,但仍然将其接收下来的一种工作方式。同 accept with warning。

accept with warning 有警告仍予接受 在数据通信过程中,接收终端发现数据流中存在错误,向终端使用者发出"错误"警告,但仍将数据接收下来。若错误不是太严重,接收下来的数据绝大部分还是可用的。有的通信系统还提供了记录出错位置的功能,便于接收者在接收结束之后对这些出错位置逐个地进行核查。

access attempt 存取[访问]尝试,接入试呼 (1) 在远程通信网络中,一个节点向另一目标节点发出请求建立联络的信号,即存取请求并等待回答的过程。若收到认可信号,即可开始数据传输。(2) 电信系统中的一种试呼,该试呼可使一个或多个用户通过电信系统传输用户信息得以启动。一次接入试呼由接入发起者发起的接入请求开始,而以接入成功或接入失败而结束。

access barred 禁止接入,存取[访问]堵塞 (1) 在数据通信中,数据终端设备(DTE)不能呼叫由选择信号标识的某一台数据终端设备的一种状态。(2) 一种允许终端发送或接收呼叫,但不允许同时发送和接收呼叫的数据设施。

access barred signal (ABS) 接入受阻[禁止接入]信号 在通信系统中,反方向发送的一种信号,它指示出因主叫或被叫设备要求而使该呼叫不能完成。许多原因会引起接入受阻信号,比如闭合用户群有效性检验失败。

access burst (AB) 接入突发脉冲 在移动台和基站之间的传播时延未知的情况下,初始化阶段使用的突发脉冲,仅用于上行链路。这种情况是移动台在随机接入信道(RACH)上第一次接入或移动台在切换时接入一个新的蜂窝小区时发生,该脉冲很短,是 RACH 上使用的惟一的突发脉冲类型。

access capability 存取[访问]能力 计算机保密系统中的一张表示存取权力的"票证",它允许持有者可以对指定目标进行指定类型的访问,例如擦除一个指定的文件。

access capacity 接入能力 接口中的接入通路的实际数量、类型和吞吐能力。

access category 访问类 在计算机安全系统中的一个类。用户、程序或进程被授权使用资源或资源组时,这些用户、程序或进程被允许的访问权利。

access channel (ACH) 接入信道,访问通道 用作移动台到基站接入的反向信道。

access charge 访问费用 通信服务公司或电话公司根据用户访问通信网或电话网的次数、时间长短、流量、带宽以及服务质量等方面的度量值,向用户收取的服务费用。

access class (AC) 接入等级,访问类 GSM(全球移动通信系统)中终端的接入等级,共分为 16 种,分别记为 C0~C15。其中,C0~C9 为普通用户,C10 表示紧急呼叫允许,C11 用于公用陆地移动网(PLMN)的管理,C12 为安全部门应用,C13 用于公共事业部门,C14 为紧急业务,C15 为 PLMN 职员使用。

access code 访问[存取](代)码 (1) 一组字符,通常由字母或数字组成,在通信中用作访问远端计算机的识别码。对于网络或联机服务来说,访问代码一般指用户名或用户识别码和口令密码。(2) 由字母、数字及其组合所组成的代码,又称"口令",用于在使用计算机或系统资源时验证使用者的合法性。

access control 接入[访问,存取]控制 (1) 也称为"安全性约束",指在数据库技术和多用户操作系统中,对用户存取数据的控制或管理。它限定某一用户只能存取或修改,或者同时存取和修改数据库中某一部分的数据或某一部分系统资源。一方面是为了保证数据的安全性,防止人为地泄露数据库;另一方面是为了提高数据的独立性,防止由于程序的错误而使数据库其他部分的数据发生错误。(2)约束对计算机资源的获取,识别要求提供服务的用户,以及限定仅供特定用户使用的访问控制的方法。(3)在网络中,通过要求用户提供注册姓名和口令来保证系统安全性的一种手段,还可以控制入网时间、地点、访问范围限制等。

access control decision function（ADF） 访问控制判决功能 通过在访问请求、访问控制判决信息（ADI）以及做出访问请求的上下文环境中施加访问控制策略,从而做出访问控制判决的特殊功能。

access control decision information（ADI） 访问控制判决信息 在做出特定访问控制判决的过程中使访问控制判决功能（ADF）有效的部分访问控制信息（ACI）。

access controller 访问[接入]控制器 (1)在具有实体级安全性的信息资源目录系统中的一对锁,一个用于读访问,另一个用于写访问,还可以用于其他控制,如允许执行。(2)一种网络设备,作为一个无线局域网的核心,管理无线局域网中的瘦 AP（只做收发信号的无线接入点）,包括下发 AP 配置、修改相关配置参数、射频信号智能管理等。并支持无线流量统计和用户认证、访问统计管理。

access control list（ACL） 访问控制表 (1)被允许访问客体的主体及每个主体的访问权力的列表。它通过将所有的主体及许可的操作信息组合到一个列表中的方法对客体的访问进行规格说明,并且把这个列表直接附加在该客体上。这是一种防御性和技术性控制。例如,与文件关联的一个表,它标识了可访问该文件的所有用户及他们访问该文件的各种权限。(2)网络中对计算资源的安全控制系统所建立的某个节点上含有的服务信息及授权使用这些服务的主机(地址)的列表。(3)网络软件中枚举对象各种保护措施的安全描述体的一部分,由一系列对于对象（如文件、进程、事件等）访问的控制项（ACE）构成。

access control matrix（ACM） 访问控制矩阵 描述主体、客体和访问类型相互关系的一个二维数组模型。矩阵的行表示主体,列表示客体,行列交叉处表示某主体对相应客体的访问类型。访问类型是主体对客体授权访问的种类,可以是读、写、执行、附加、修改、删除、建立、查找等。

access control policy 访问控制策略 (1)作为安全总策略中的一组策略,该策略对用户进行认证,并据此决定是赋予其访问那些应用、服务、和保密的对象的权力或拒绝其访问。(2)规定一组允许访问发生的策略。

access coupler 接入[访问]耦合器 在光传输系统中,该器件位于两根光纤之间,允许信号从一根光纤输出再注入另一根光纤。

access delay 访问[接入]延迟[时延] 在网络接口能访问共享网络资源前的等待时间。

access denial 存取[访问]拒绝 由于通道发生堵塞而使网络存取不能进行的状态。在资源共享系统中,当一个执行过程企图存取某项资源,但此项资源正被其他执行过程所占用时,系统回馈给此过程的将是一个"存取拒绝"信息。

access failure 呼叫[接入]失败 在通信系统中,一次不成功试呼总会导致接入的终结,而不是在特定的最大访问时间内,在预定的信源和信宿间启动一次用户信息的传送。

accessibility 可存取[可达]性 (1)获得计算机系统或资源使用的可能性、存储数据、提取数据或和系统通信的可能性及所需的方法。采用标准协议和接口技术设计的系统能方便地与现有的网络相连接。(2)由硬件或软件构成的一种系统质量,标明便于用户选择使用或维护的程度。有时特指带有一种或多种残疾的人(如活动不便者、盲人或聋哑人)可使用的系统的难易度。

accessibility aids 可接近性辅助程序 也称为"无障碍辅助程序",为残疾人能更方便使用计算机而设计的一些程序。例如,屏幕阅读程序、语音识别程序和软键盘。

accessibility browser 无障碍浏览器 也称为"盲人浏览器",(是为方便视障者(包括盲人和低视力者)浏览和使用网络资源而开发的一类浏览器。

access level 访问(等)级 (1)在计算机安全系统中,用于鉴别数据敏感性和许可证或用户授权的安全等级的分级体系。访问等级和非分级类别结合在一起形成了客体的敏感性标记。(2)在LinkWay产品中一个文件夹的特征,决定用户可改变这个文件夹的程度,这种访问级由创建这个文件夹的用户决定。

access line 接入[访问]线路 一种远程通信线路,可以连续地把一个远程站和一个数据交换中心(DSE)连接起来。每条接入[访问]线路都与一个(电话)号码相对应。

access link control application part (ALCAP) 接入链路控制应用部分(协议) 是第三代 UMTS(通用移动通信系统)网络中传输层的控制平面协议。由 3GPP(第三代移动通信合作伙伴项目)定义的这个协议与 ITU(国际电信联盟)建议 Q.2630.2等效。ALCAP 基本功能是使用信道标识符(CID)将不同用户复用到一条AAL2(ATM 适配层 2)传输路径中。它与 ATM(异步传输模式)一起用于UMTS 接入网 UTRAN(通用陆地无线接入网),而 IPBCP(IP 承载控制协议)用于网络核心中的 IP 链路。

access link control protocol (ALCP) 接入链路控制协议 是一个移动通信系统中与开放系统互连(OSI)参考模型的数据链路控制协议相对应的协议,即各种无线链路控制协议。

access list 存取[访问]表 (1)用于记录用户对文件或目录的存取权限的表。它记录了系统中每一类用户或用户组及个别用户对相应文件或目录的存取权限,如读、写、可读可写等。同 access control list。(2)路由器中存放的用来控制对路由器连接的多种服务的访问进行控制的列表,例如把具有某个 IP(网际协议)地址的报文分组限制为必须经过网络中指定接口才能发送便是这种控制功能之一。

access log 访问日志 一种用于记录用户访问痕迹的文件,其中记录了用户于何时访问过哪些资源和操作等信息。访问日志对于系统安全十分重要,管理员可以通过对日志的维护了解用户所进行的操作。

access matrix 存取[访问]矩阵 (1)操作系统中用于存取控制的矩阵。其行表示操作者,列表示操作对象,矩阵中单元的值为相应操作者对操作对象的操作权限。(2)在计算机安全系统中的一个二维数组,其一维代表对象,另一维代表主体,相交项表示允许的访问操作类型。

access network (AN) 接入网 是一种连接用户与其直接服务提供商的通信网。由用户网络接口(UNI)到业务节点接口(SNI)之间的一系列传输实体所组成的全部设施。接入网处于传输网的边缘,是传输网的一部分。接入网的功能包括接口功能、核心功能和传输功能。接口功能实现用户终端与接入网的物理电气接口适配以及实现接入网与服务节

A

点物理电气接口适配;核心功能实现用户终端和服务网的互连互通;传输功能实现用户网络接口与服务节点接口之间的信息传送。

access network discovery and selection function (ANDSF) 接入网络发现和选择功能 是用于 3GPP(第三代移动通信合作伙伴项目)依从的移动网络的系统架构演进(SAE)的演进分组核心(EPC)内的实体。ANDSF 的目的是帮助用户设备(UE)发现非 3GPP 接入网络(例如无线网络 Wi-Fi 或全球微波接入互操作性 WiMAX),除了 3GPP 接入网络(例如高速分组接入 HSPA 或长期演进 LTE)之外,还可以用于数据通信。向 UE 提供监管连接这些网络的规则。

access network system management function (AN-SMF) 接入网系统管理功能 协调接入网(AN)内用户端口功能(UPF)、业务端口功能(SPF)、核心功能(CF)和传送功能(TF)的操作和维护。协调业务节点(通过业务节点接口)与分配的用户端口所要求的即时管理和操作。可以通过 Q3 接口与电信管理网(TMN)通信以达到监控的目的。

access node 接入[访问]节点 是智能网(IN)中的一种逻辑网元设施,通常设置于干线网与配线网的分界点,提供公用传送承载通路,在接入节点与用户终端(TE)之间提供个别用户传送承载通路。

access originator 接入始发者 电信系统中,发起某一接入试呼的功能单元。接入试呼可以由源用户、目的用户或电信系统发起。

access point (AP) 接入[访问]点 (1)接入点是可供连接的一个点,它有接入的设施以便有关设备能连接到网络或通信线路上。(2)无线网络的一种设备,AP 相当于一个连接有线网和无线网的桥

梁,其主要作用是通过无线信道将各个无线网络客户端连接到一起,然后将无线网络接入有线以太网络。

access point name 接入点名称[名字] 是通过手机上网时必须配置的一个参数,它决定了用户的手机通过哪种接入方式来访问网络,用来标识 GPRS(通用分组无线业务)的业务种类。

access port 访问端口 计算机用来区分不同终端输入/输出数据流的逻辑或物理标识。

access priority 访问[存取]优先级 在令牌环网络中,令牌通过令牌环适配器进行传输到达某站时,它根据其优先级决定是处理,或是直接传给下一级。

access privilege 存取特权[权限] 在一个网络上,用户使用和修改位于网络中其他计算机上的目录、文件和程序的能力的程度。

access privilege matrix (APM) 访问特权矩阵 用于表示主体访问客体并完成某些操作的权限的矩阵。

access procedure 访问[存取]规程[过程] 在局域网(LAN)中,用于获取存取传输媒体的过程或规程。IEEE 802 标准指定的媒体存取规程有:CSMA/CD(载波监听多路访问/冲突检测)、token(令牌)、bus(总线)和 ring(环)。

access protocol (AP) 访问协议 在共享介质网络上,网络节点为避免访问冲突而使用的一组规范。又称为介质访问控制协议。

access rate 接入[访问]速率 最终用户与实际接入网络电路之间的传送速度,单位是每秒传送的位数。

access request (AR) 存取[访问,接入]请求 由访问发起者发给被访问者的一个控制信息。用来通知被访问者,将要存取数据或通话。

access service class (ASC) 接入业务类[级

别] 指接入网的业务分类,包括:基本电信业务、补充业务、承载业务等。

access service request (ASR)　访问[接入]服务请求　指一个电话公司向另一个电话公司请求互联及数据共享等各种业务。这类需求可能发生在本地运营商和长途运营商之间。

access site　接入[访问]站点　网络上的位置,用户可从那里找到数据或程序。每个站点都有一个唯一的名称。

access success ratio　接通率　接入成功的次数与总的接入试呼次数之比,两者是在同一特定性能测试时间段内测得的。接通率可以认为是接入成功的概率。

access termination unit remote (ATU-R)　远端接入端接单元　ADSL(非对称数字用户线路)调制解调器也称为"接入端接单元(ATU)",ADSL 线路上必需成对使用 ADSL 调制解调器,在用户处使用的 ADSL 调制解调器称为 ATU-R。

access time　存取[接入,访问]时间　(1) 一般是指从某些远程资源获取信息,如从计算机存储器获取数据或从硬盘读取数据所需的时间。以存储器的操作为例,存取时间是指从给出地址到存储器将信息交给微处理器所花费的时间。就磁盘存储而言,是指磁盘驱动器响应数据读或写操作请求所需的时间。存取时间通常以毫秒(ms)计。磁盘驱动器的访问时间决定于以下部分:搜寻时间(磁盘磁头移动到正确轨道的时间)、调整时间(在达到正确轨道后磁头安放所花费的时间)和等待时间(正确的扇区滑转到磁头下方所需要的时间)。存取时间常作为反映硬盘工作速度的指标。给出的存取时间可以是可能的最慢存取时间,或是平均存取时间。(2) 在电信或网络系统中,是指从请求接入开始到成功接入为止的这段时间。(3) 在图文电视中,是指电视接收机从用户选择某页直到该页首次被成功接收并显示所经历的时间。(4) 指到达视频节目中某个目标位置所花费的总时间。

access transparency　存取[访问]透明性　在分布式处理系统中,存取透明性就是指存取资源与资源的位置无关的特性,即用户在访问某个节点或某项资源时不必考虑它所处的物理位置。对文件操作而言,存取透明性与设备进程和进程通信实体有关。不仅保证一个进程可以从一台机器迁移到另一台机器上运行,而且可以将一个任务分解后,使用各个子任务在不同的机器上并行运行。

access type　存取[访问]类型　(1) 处理机访问指令操作数的方法。访问类型有:读、写、修改、寻址和转移。(2) 在计算机安全系统中,对于特定设备、程序或文件访问权利的种类(如读、写、执行、添加、修改、删除和创建)。

AC coefficient　AC[交流]系数　在活动图像专家组(MPEG)标准中,通过一维或二维离散余弦变换(DCT)之后得到的非直流信号的系数。

accommodation limit　调节极限　物体图像可以清晰地聚焦在观察者的眼睛视网膜的条件下,物体离观察者最远和最近的距离,这距离之间的范围。

accounting legend　结算代号　在通信安全性中的一种分配给统计报表项目的编号,通常用于确定项目计费控制。

accounting level　记账级　计算机系统中的一种系统值,在作业记账程序运行时,该值指出记入日志的数据的类型。

accounting rate　结算费率　是两个不同的电信公司的用户之间相互连接的业务量占用双方资源产生的费用比例,称之为结算率。它是基于双向产生的业务量基础上来计算的。

accounting system　记账系统　(1) 操作系统中的一个组成部分,监控系统各方面

A

的操作,收集有关各个事务详细数据并提供处理这些数据的工具以生成各类报告。(2)使用户能够进行记账、解释、分析和传送财务信息的系统。

account lockout 账号[账户]锁定(程序) 在微软公司的 Windows 操作系统及网络设备的操作系统中,提供的一种安全程序(即安全性方面的功能部件),如果出现多次企图进入系统失败,超过给定的次数后该程序就会锁定该用户账号,这取决于安全策略锁定设置,锁定的账号不能再进入系统。

account policy 账号权限政策,记账策略 (1)在网络或多用户操作系统中,用于决定是否允许一个新用户进入系统以及是否可以将现存用户的权限扩大到其他系统资源的一组规则。(2)在 Windows 系统中,根据域中或单机上的用户账号来控制使用密码的一套规则。

AC coupling 交流耦合 在两个电路之间,只允许时变信号通过而不允许直流信号通过的技术。在两个电路之间通常使用电容器就可以实现交流耦合。

accreditation 身份验证,资格认可 (1)在多用户的信息系统中,每个已登记注册的用户可以调用由系统规定的计算机资源。为了合法地进入系统,用户把由系统规定的密码口令提交给系统。系统对密码口令加以鉴别。(2)根据对系统硬件、固件、软件的安全设计以及配置、实现方法、管理过程、人员、通信控制等的安全评价,授予系统处理敏感信息合法权限的过程,称为认可。

accredited systems engineer (ASE) 认证系统工程师 由一些大型计算机、网络公司(如:Microsoft、IBM、Oracle、Cisco、Sybase、华为、H3C 等)设置的认证程序,用于评估从业人员在安装和管理该公司的硬件或软件产品方面的专业能力和等级。

accumulated call meter (ACM) 累计呼叫次数表 存储在移动台(MS)用户识别模块(SIM)卡中的数据表,记录由移动台计算的当前呼叫和此前的所有呼叫与通信累计产生的费用。

ACD group 自动呼叫分配组 在电话系统中的一系列负责处理输入的电话呼叫的装置。ACD 为 automatic call distribution 的缩写。

achromatic 消色差的,非彩色的 (1)一种特性,它能消除颜色或色彩影响。(2)能传输光而不能将光分解成各种构成色。(3)无颜色和亮度变化。也指无需将光信号分解为基色而直接传送该光信号的能力。

achromatic aerial/antenna 消色差天线 在特定频带内呈均匀特性的天线。

achromatic color 非彩色,消色 (1)一种仅有灰度级表征的色调,其范围从黑至白。(2)在没有其他颜色时所感觉到的颜色,例如黑、灰和白等颜色。

achromatic point 无色点 色品图上代表选定的基准白色的一点。

achromatic region 无色区域 色品图上,包含所有颜色并能在一定观看条件下给人以白色感觉的区域。

achromatic stimulus 消色差刺激,无色刺激 产生白光感觉因而没有颜色或色彩的视觉刺激。

achromatic threshold 消色差阈值,消色差门限值 已适应了环境的人眼所能察觉的最小白光刺激。

AC interlock 交流电连锁装置 电器设备上的一种安全功能。当设备后盖被打开时,自动切断电源。

acknowledge character 确认字符 一个传输控制字符,接收站作为肯定回答传送给发送站,也可用作精确控制字符。

acknowledged service 应答的服务 在通信系统中,建立数据链路级连接的服务程序,这个服务提供的功能包括顺序化、流控制和错误恢复,SNA(系统网络体系结构)等系统需要使用这种服务。

acknowledgement（ACK）　确认,应答(信号）　（1）接收者为表明接收成功而向发送者传送的响应。（2）从收信者发送到信息始发者的消息,通知始发者信息已经被接收和理解。（3）确认由接收器发往发送站或发送计算机的一个控制信号,表示接收器已准备好接收传送信号,或表示传送的信号已正确无误地收到。发送和接收应答信号的功能由软件完成,用户不接触该信号本身。同 acknowledge character（ACK）。

acknowledgement frames　应答帧　在数据传送过程中,接收方对收到的数据确认为正确的数据后,发送给发送方的表示对上述数据予以确认的帧。

acknowledgement signal　应答信号　收到一信号后接收设备发回的确认信号。

acknowledgement signal unit（ASU）　应答[证实]信号单元　表示正确地或错误地接收到一个或几个信号单元或信号消息的信号单元。

acknowledgement window　确认窗口　数据通信网络中,指发送端在需要得到接收端回送的"收妥证实信号"之前所能发出的最大信息包数量。确认窗口的大小受接收端接收缓冲区容量的限制。

acknowledge number　应答号　在网络传输中,指希望到达的下一个包的编号。

acknowledge signal　确认信号　由通信系统接收端产生的,送回到发送设备的,用来确认从发送设备来的信号已经接收的信号。

acknowledge timeout　应答超时　通信系统中一个站在发送了数据之后能够等待来自远方站的应答的最大秒数。

ACK timer　确认[应答]定时器　流控协议中使用的定时器,确定在无送出帧的

情况下何时发送一个单独的确认消息。

ACK0　偶确认符　（1）一种用于偶数次肯定确认的传输控制字符。（2）用来表明已正确接收一个数据块,并已作好接收下一块的准备。ACK0 和 ACK1 在差错恢复中有不同的用途,ACK1 用于对第一次传输和以后奇数次传输的应答。ACK0 则用于第二次传输和以后偶数次传输的应答。参见 ACK1。

ACK0/ACK1　肯定回答　一种应答方式。这些应答(在二进制同步通信中为 DLE 序列)指明,接收端已收到前一个传送块,并且准备接收下一个传送块。交替地使用 ACK0 和 ACK1,可对一系列应答序列的顺序提供检验控制。在多点线路中,ACK0 也是对站选择序列的肯定(准备接收)回答;在点对点线路中,ACK0 也是对初始化序列(线路请求)的肯定(准备接收)回答。

ACK1　奇确认符　一种用于奇数次确认的传输控制字符。是 odd affirmative acknowledgement 的缩写。参见 ACK0。

AC_Link protocol　AC_Link 协议　是专为声音处理和调制解调器开发的非常简单而且有效的协议,它可以允许声音处理部分和调制解调器的数字信号直接从计算机传送到编码译码器(CODEC),再由编码译码器将数字信号转换为模拟信号并输出。

A.C. magnetic biasing　交流偏磁　磁性记录中,用通常甚高于信号频率范围的交变电流实现的偏磁。

a combined（ACOM）　联合　是指通过回音消除得到的联合损失。其是混响输入损失的总量,混响输入损失的增进,是呼叫的非线性损失。联合在 G.165《国际电话连接和国际电话线路的基本特征:回波抵消》中定义。

acoustic absorption loss（AAL）　声吸收损耗　声音通过媒质或被媒质反射时变换

A

成热或其他形式所损失的能量。

acoustical attenuation constant　声衰减常数　声传播常数的实部,常用单位是每段距离或每单位距离的奈培数。

acoustical hologram　声全息图　在声全息中,物波与参考波的干涉图样在媒质上的记录。例如在全息图的照相底片记录中,每一点的透明度就含有形成全息图的物波在该点的振幅与相位的信息。

acoustical holography　声全息照相术　将全息原理引进声学领域后所产生的一种新的声成像技术和信息处理手段。声全息的特点是通过以高频声波代替光波记录被观察物体的全部信息(振幅分布和相位分布)达到成像的目的。

acoustical ohm　声欧(姆)　声阻、声抗或声阻抗的单位。当 1 dyne/cm^2(达因/厘米^2)的声压产生 1 cm^3/s(厘米^3/秒)的体积速度时声阻的大小为 1 声欧姆。

acoustical propagation constant　声传播常数　声媒质的一个参数。它是声波路径上两点处的粒子速度、体积速度或压力的复数比的自然对数。该比值由接近声源的点处的值除以较远的点处的值确定。这个常数的实部是声衰减常数,而虚部则是声相位常数。

acoustic couple　声耦合　数据终端设备与电话线路之间的一种耦合方式。它把来自数据终端的数字信号变换成声信号送出,或将声信号变换成数字信号送出。

acoustic coupler　声耦合器　一种用在计算机终端的调制解调器与标准电话线之间的器件,允许不进行直接连接便能在两个方向中的任何一个方向上传输数据。将电话听筒放在耦合器内时,扬声器便将调制解调器的输出脉冲变换成供给电话听筒的声音。类似地,耦合器中的扩音器将数据终端设备的返回音频数据变换成音频信号,供放大到适用于调制解调器的正确电平。

acoustic delay line (ADL)　声(音)延迟线　一种能使声脉冲在液体或固体媒质内进行循环来实现传输和延迟的器件。

acoustic echo canceller (AEC)　回声消除器　在全双工声音传输中,用于消除在远程电话会议室内的回波耦合的技术。它通过建立室内的声学模型来消除回音。声学模型主要是有关回波传播时间和回波幅度的模型。根据声学模型消除回音的技术可包括自适应有限冲击响应滤波器、中心限幅器、降噪器、电话回波抵消、自动增益控制和回波抑制等。

acoustic feedback (AFB)　声反馈　一个正反馈环,声波从扬声器反馈到音频系统的前面部分,如反馈到扩音器,以帮助或增强输入。在这种反馈过程中,声音会使话筒等拾音设备产生振动,此振动又被变换为电信号,使反馈越来越加强。会场中的扩音设备因音量过大而发出的啸叫,便是这种声反馈。

acoustic inertance　声惯量　一个乘以 2π 倍便能得出与媒质动能相关的声抗的量。单位为克/厘米^4。

acoustic reactance　声抗　声阻抗的虚分量。单位为声欧姆。

acoustic refraction　声折射　当声波倾斜从一种媒质行进到另一种媒质时发生的弯曲。声波弯曲时(如从热水到冷水或从热空气到冷空气)的声速是不相同的。

acoustic resistance　声阻　声阻抗的实分量。单位为声欧姆。

acoustooptic (AO)　声光仪　利用声波与光波之间的交互作用的一种装置。

acoustooptic deflector　声光偏转器　利用声光效应来改变光在声光介质中传输方向的现象称声光偏转,根据这个原理制作的器件称为声光偏转器。常将声光偏转器用作激光扫描或制作光存储器。

acoustooptic effect　声光效应　当介质受到声波作用时,由于发生光弹性变化,使得在传导光波的传输介质中产生衍射光栅或相位图形的变化。声波可以是连续波或脉冲波。声光效应常用于调制或偏转光束。

acoustooptic filter 声光滤波器 是基于光的折射与施加于介质中的声波频率有关的原理。有一种光滤波器,它利用40~68 MHz频率范围内的声波对可见光进行调谐。

acoustooptic modulation 声光调制 利用声光波效应进行光波载波调制的方法叫声光调制。声光调制是一种外调制技术,它比光源的直接调制技术有高得多的调制频率;与电光调制技术相比,它有更高的消光比、更低的驱动功率、更优良的温度稳定性和更好的光点质量以及低的价格;与机械调制方式相比,它有更小的体积、重量和更好的输出波形。

acousto-optic modulator (AOM) 声光调制器 利用声光效应的光调制器。声光调制器由声光介质和压电换能器构成。当驱动源的某种特定载波频率驱动换能器时,换能器即产生同一频率的超声波并传入声光介质,在介质内形成折射率变化,光束通过介质时即发生相互作用而改变光的传播方向即产生衍射。

acoustooptics 声光学 主要研究和应用材料介质中声波和光波的相互作用的学科。

acquisition indication channel (AICH) 捕获指示信道 第三代移动通信系统(3G)中为改善码的捕获而增加的信道。

active antenna 有源天线 是一种包含有源电子元件(如晶体管)的天线,而不是仅由无源元件(如金属杆、电容器和电感器)组成的天线。有源天线设计在有限尺寸时比无源天线具有更宽的频率范围(带宽),并且主要用于较大的空间里,及无源天线不切实际(便携式收音机内)或不可能(城郊居住区不允许使用大型户外低频天线)使用的场合。

active analog filter 有源模拟滤波器 包含运算放大器以及外接电阻器和电容器的滤波器。这种配置允许滤波器不需要任何电感器便能工作。有源模拟滤波器能放大输入信号或提供增益,但与无源滤波器不同,它需要供电电源。

active bandpass filter (BPF) 有源带通滤波器 包含运放等要接外部电源才能工作的带通滤波器。通常滤波的效果较无源滤波器好。

active double star (ADS) 有源双星(形,型)(光纤网络) 一根光纤向多用户传输信息的技术。这种技术以电信局为中心放射状铺设光纤,由设在光纤终端的有源元件组成光网络单元,再放射状地将铜线辐射出去的方式。

active field period (AFP) 有效场周期 电视信号场周期中传送图像信息的那一部分,即场周期减去场消隐期。

active jamming 有源干扰 借助宽带无线电噪声发送,故意干扰雷达或电台频率的传输和接收,以防止被干扰方发送和接收信号。

active key state 活动密钥状态 密钥的一种状态,表明它已处于准备好的状态,可以用于处理加密的文件。

active laser medium 有源激光介质 在激光器中,由于受激电子或分子从较高能级状态跃迁到低能级而产生相干辐射或表现出增益的材料。有源激光介质的例子包括某些晶体、气体、玻璃、液体和半导体。同 laser medium。

active matrix 有源阵列[矩阵] 屏幕上显示的每个像素都在显示缓冲区中建有映像的图像阵列。对显示缓冲区中任何内容的修改,都会在屏幕上相应地表现出来。与无源阵列相比,能更精确地控制屏幕显示内容,图像的稳定度和色彩更好。

A

active matrix display（AMD）有源阵列［矩阵］显示（屏） 使用有源阵列技术，由大量液晶显示元阵列制成的一种液晶显示屏。有源阵列显示屏每个像素对应一个液晶元，每个液晶元有一个薄膜晶体管（TFT）。电压有选择地供应给这些液晶元以产生可视图像。由于该显示器薄而宽并且具有高质量的彩色显示效果等明显的特点，与无源阵列显示器相比具有全角度可视的优点，因此主要用于膝上型或笔记本型电脑中。也称为 TFT、TFT display、TFT LCD。

active matrix liquid crystal display（AMLCD）有源矩阵液晶显示器 一种提供全彩色图像的液晶显示器，它以液晶为基本素材，并在每个像素点加入一开关，使得每个像素都是由直接制作在玻璃基底上的一个非晶硅晶体管来驱动，因此可以产生高分辨率，并提供快速的响应时间。

active matrix/organic light emitting diode（AMOLED）有源［主动］阵列［矩阵］有机发光二极管（显示） 是一种应用于电视和移动设备中的显示技术。

active matrix thin film transistor（AMTFT）有源矩阵薄膜晶体管 一种包含有用于点亮和熄灭显示器像素的薄膜（通常为非晶硅）晶体管的显示矩阵。

active mode 主动［活动］模式 在蓝牙系统中，指蓝牙设备主动参与信道传输的工作模式。在此模式下，主设备可以调度不同的子设备之间的信息传输。除此之外，活动模式还支持按照规则进行传输，以使得子设备在信道上保持同步。处于活动模式的子设备监听来自主设备的信息包。如果活动的子设备未设定地址，它将处于休眠（暂停）状态，直到在下一周期，接收到主设备新发送的信息。

active multi-star topology 有源多星拓扑结构 光纤接入网的一种拓扑结构。在这种结构中，多个光网络单元（ONU）可以共用一根交换局端的光纤。在有源复用节点上，从多个 ONU 来的光信号可以直接以波长或时隙复用的方式，或转换成电信号，并复用在一起，然后再转换成光信号的方式共用局端的光纤。

active optical device（AOD）有源光器件 一种器件，由光谱波长电磁波（即电磁波谱光区内电磁波）工作，或对该电磁波进行特定的操作，除了电磁波本身所含能量外，该器件还要依靠输入的能量。有源光器件的例子有光纤发射器、接收器、中继器、开关、有源复用器和有源分路器等。

active optics 能动光学，活动光学 （1）研究和利用具有受控特性的光器件，所谓受控是指操作使用中控制光器件以改变器件中传播的光波的特性。受控光波特性包含波阵面的方向、波的极化、模态能量分布、电磁场强度和波路径。（2）由电脑控制，用改变光学元件的位置和形状来补偿大气挠动所产生的散焦效应之光学系统。

active repeater 有源中继器 通过中继器的信号如果已经减弱，则可被重新放大到所需强度。

active satellite 有源卫星 一种传输信号的卫星。接收信号在再传输以前一般都经放大和整形。而无源卫星则仅反射信号。

active satellite repeater（ASR）有源卫星转发器 一种包含电子设备的转发器，它接收来自地面发射机的信号并对之进行放大及载频变换后，将信号重新发往地面接收机。

active signaling link 主动信令链路 指完成初始校正程序后发送或准备发送信号的一种信号传输链路。

AC-3 AC-3 音频编码系统 AC-3 是美国杜比（Dolby）公司开发的高保真立体声音频编码系统。其数字化的伴音中包含左前置、中置、右前置、左环绕、右环绕5个声道的信号,它们均是独立的全频带信号。此外还有一路单独的超低音效果声道,俗称0.1声道。所有这些声道合起来就是所谓的5.1声道。1993年11月,美国高级电视咨询委员会(ATSC)正式批准了大联盟高清晰度电视(GA-HDTV)系统采用AC-3音频编码标准。

AC'97, AC'98　AC'97, AC'98 音频标准　是英特尔(Intel)公司为个人计算机(PC)定义的音频输入、输出实现方法及标准,由模拟音频输入输出芯片与数字控制芯片完成相关功能。数字芯片最终将由软件代替,其目标是增强个人计算机的音频性能的同时降低成本。

adaptive acceleration saves bandwidth (AASB)　自适应加速节省带宽　自适应加速是扩大现有带宽和改进效率的一种技术,它使因特网服务提供商(ISP)、应用服务提供商(ASP)和其他企业用户可以改善多种不同应用程序和协议中的数据处理,提高网络性能和克服带宽瓶颈。独立的测试表明,自适应加速可以把带宽可用性提高400%。AASB基于多种算法,其中包括选择性缓存,垂直数据分析(VDA),自适应包压缩等。

adaptive antenna (AA)　自适应天线　能够自动将天线最大辐射方向对准所需电台,并将天线方向图的波瓣零位对准干扰电台的一种自动抗干扰天线。而移动电话的天线,能够随目标移动自动调整功率等因素,也称为智能天线。自适应天线在结构上由天线阵列与自适应处理系统构成,故又称"自适应阵列"。

adaptive channel allocation (ACA)　自适应信道[通道]分配　一种多路转接方法。按这种方法,各通道信息的处理容量不是预先确定,而是按需要分配。

adaptive comb decoder　自适应梳状解码器　使用自适应梳状滤波器的NTSC或PAL制式视频解码器。

adaptive comb filter　自适应梳状滤波器　基于图像内容将亮度信号(Y)与色度信号(C)分离的滤波器。Y和C滤波器的频率响应特性类似于梳子上的齿,故称为梳状滤波器。

adaptive communication　自适应通信　一种在通信系统中能动态自动调节某些有关参数,以适应通信要求的通信方法。它允许有变化的输入,器件特性的变化或控制方式的变化。

adaptive delta modulation (ADM)　自适应三角[增量]调制　一种能改进性能的增量调制。其特点是增量的大小能自动地和信号对时间的变化率相适应。即当信号的斜率增加时,增量 Δ 随之而加大;当信号的斜率减小时,增量 Δ 也跟着下降。这种调制方法的优点是:编码动态范围有所扩大;量化信噪比有所改善。而且,设备比较简单。但是,若要恢复质量较高的话音,则需较高的数码率。

adaptive load balancing (ALB)　自适应负载均衡　是提高服务器传输吞吐量的一种技术。ALB可将多块百兆或千兆智能服务器适配器指定为一组,每一组使用同一个网络地址。ALB软件不断计算和调节每个适配器的传送负载,使发送数据量由组内所有适配器平均负担,但接收数据量仍由主适配器单独负担。使用ALB可使服务器具有较高的发送带宽。

adaptive path index (APEX)　自适应的路径索引　考虑了查询负载对频繁使用的路径表达式的影响,引入了依赖于XML(可扩展标记语言)数据查询负载分布的信息,将经常出现的XML查询语句对应的标签节点预先保存在一个哈希结构中。它的作用类似于cache(高速缓存)的功能,即当有新的查询要求处理时,首先在哈希表中搜索是否有满足的节点集合。

A

adaptive predictive coding（APC）　自适应预测编码　指一种采用一级或多级抽样的窄带模拟数字转换编码技术。它能根据已抽样信号量化序列的特性，自适应地预测出信号在下一个或后续的若干个抽样点上的情况，建立与之相关的编码函数。与线性预测编码（LPC）相比，自适应预测编码使用的预测系数更少，故要求更高的信息位速率。

adaptive predictive coding with adaptive bit allocation（APC-AB）　具有自适应比特分配的自适应预测编码　基本上是将SBC（子带编码）和APC两者组合起来，语音信号先被划分成子带，子带频宽窄、取样频率可以降低，每个子带输出一路基带数据，再由各个对应的后续APC编码器进行P阶线性预测编码。每个子带的数据率（比特率）按照能量分布作分配，另外每个音节周期又被分为L个子时段，根据每个子时段的能量再完成自适应动态比特分配。APC-AB语音编码压缩的倍数相当大。

adaptive retransmission algorithm　自适应重传算法　能够自动适应网络随机变换情况，在信息出错或丢失时进行重传的算法。在使用TCP（传输控制协议）进行数据传输中，因为互连网络信道情况千差万别，分组传输时间差别非常大。为此TCP协议采用不断监视并确定每个连接上延迟情况的方法，并相应调整自己的超时参数。这种算法的基本思想是不断根据监视得到的采样往返传输时间求出新的计权平均值，并由此得出新超时时间，确定没收到的数据片是否要立即重传。

adaptive transform acoustic coding（ATRAC）　自适应声学转换[变换声]编码　日本索尼公司在其推出的MD磁光碟机中采用的一种低比特率数据压缩编码技术。ATRAC是一项基于听觉心理学领域的

不损伤可听声质量的数码音频编码压缩技术，将16比特44.1 kHz的数字信号以频率响应轴分成52个区段（在低频时分割较细而在高频时分割较粗），根据声音心理学的原理，将声音信号中人耳听不到和对人的听力影响不大的信息给剔除出去而达到缩小声音文件的目的。利用这种原理，ATRAC可以将录音压缩为原来的五分之一。2000年索尼公司正式推出了ATRAC3数据压缩编码，新的ATRAC3压缩编码是在ATRAC压缩编码的基础上发展而来的，ATRAC3采样率分别采用132 kbps，66 kbps两种，可以比原先的ATRAC压缩编码提供2倍甚至4倍的存储容量，虽然高频部分与ATRAC略有差别，但音质基本能保持ATRAC的水准。

adaptive wireless path protocol（AWPP）自适应无线路径协议　是思科公司用于无线网状网络的专有协议。它动态发现相邻无线电节点，并计算到有线网络的所有可能路径的质量。通过无线节点网络到有线网关建立最佳路径，并不断更新这些计算，允许路径随着无线链路上的流量模式的变化而改变和优化。此外，还创建了自我配置和自我修复的无线网状网回程。无线网状路由协议规范由802.11s工作组（TG-S）定义。

ADCampus（application-driven campus）　应用驱动园区网　新华三公司（H3C）的ADCampus方案引入了VXLAN＋SDN（虚拟可扩展局域网＋软件定义网络）的技术，构建新一代柔性园区基础网络，颠覆传统园区"人适应网"的现状，实现整个园区网范围内"网随人动"的效果，在不需要做任何网络配置调整、增加运维复杂度的基础上，让用户和终端可以在整个企业园区的任意角落移动，保持用户和终端始终处于既定的隔离网络、延续既定的网络策略，从而大大降低

了园区运维的复杂度,满足移动化和物联网浪潮下对园区网络新的诉求。

additive-increase/multiplicative-decrease (AIMD)　加性增加/加倍[乘性]减少(算法)　AIMD算法是应用于TCP拥塞控制中的一种最著名的反馈控制算法。当拥塞发生时,AIMD把拥塞窗口的线性增长与指数减少相结合。使用AIMD拥塞控制的多个流最终会收敛到使用等量的争用链路。相关的乘法增加/乘法减少(MIMD)和加性增加/加性减少(AIAD)的方案并不收敛。

additive white Gaussian noise (AWGN)　加性白高斯噪声,加性高斯白噪声　是信息理论中用来模拟自然界中许多随机过程影响的基本噪声模型。所有通信系统中都存在的一种热噪声。加性,是因为它被添加到任何可能是信息系统固有的噪声中。白指的是它在信息系统的频带上具有均匀的功率。这与在可见光谱中所有频率具有均匀发射的白色的颜色相类似。高斯模型,是因为它在时域具有正态分布,平均时间域值为零。

ad hoc network　即兴网络,自组织网　(1)为某种目的但又没有事先计划或准备通信设施的情况下,通过无线技术和设备把通信站点或计算机连接起来构成的临时网络。也称 IBSS(independent basic service set)。(2)一种局域网或其他小型网络,尤其是采用无线或暂时插入连接的小型网络。其中一些网络设备作为网络的一部分只用于某一次通信会话过程,或者是在移动设备和便携设备情况下保持与网络其他部分的亲密连接。

ad hoc on-demand distance vector (AODV) routing　自组织按需距离矢量(AODV)路由　是用于移动自组织网络(MANET)和其他无线自组织网络的路由协议。它于2003年7月由诺基亚研究中心、加州大学 Santa Barbara 分校和 Cincinnati 大学共同开发。AODV 是 ZigBee 中使用的路由协议:一种低功耗、低数据速率的无线自组织网络。有各种AODV 实现,如 MAD-HOC、Kernel-AODV、AODV-UU、AODV-UCSB 和 AODV-UIUC。

adjacent picture carrier trap (APCT)　邻频道图像载波陷波器　一种吸收电路,用来抑制由邻频道图像载波所产生的干扰。

adjacent signaling points　相邻信令点　在七号信令网中,指直接由信令链路相互连接的两个信令点。

administrative unit group (AUG)　管理单元组　在同步数字系列(SDH)复用结构中,由一个或多个在 STM-N(N 阶同步传输模式)净负荷中占据固定位置的管理单元(AU)组成。

AD report　AD 报告　美国四大报告之一。AD 报告原为美国武装部队技术情报局(Armed Services Technical Information Agency,简称 ASTIA)收集、出版的科技报告,始于 1951 年。由 ASTIA 统一编号,称为 ASTIA Documents,简称 AD 报告。报告号的编号方法起初采取混排,后在AD 后再加一个字母,以区分不同密级,如:AD-A表示公开报告、AD-B 表示内部限制发行报告、AD-C 表示秘密、机密报告等。AD 报告是世界上目前最多的科技报告,每年公布 5 万余件。内容涉及基础理论和应用技术各个方面,重点是军事工程技术。

ADSL loop extender　ADSL 环路扩展器　数字用户线(DSL)环路扩展器是电话公司可以在用户驻地设备和中心局接口之间放置的设备,以扩展距离并增加 DSL 连接的信道容量。ADSL(非对称数字用户线)中继器由农村电话公司部署,试图向农场和小城镇提供农村互联网服务,

A

而在这些地方,将 DSLAM(数字用户线接入复用器)置于更靠近用户的位置是不切实际的。环路扩展器的速率为兆比特/秒,距离为数千英尺。

ADSL transceiver unit (ATU) 非对称数字用户线[ADSL]收发单元 用于 ADSL(非对称数字用户线路)的一种装置。在电话公司一端是 ADSL 局端收发单元(ATU-C),它插入数字用户线路存取多路转接器(DSLAM)里;在客户端是 ADSL 远端收发单元(ATU-T),它是一个外接的调制解调器。

ADSL transceiver unit, central office end (ATU-C) 非对称数字用户线路[ADSL]局端收发单元 位于本地交换局一侧的 ADSL(非对称数字用户环路)设备。

ADSL transceiver unit, remote terminal end (ATU-T) 非对称数字用户环路[ADSL]远端收发单元 位于用户一侧的 ADSL(非对称数字用户环路)设备。

ADSR (attack/decay/sustain/release) (信号)上升、衰减、保持、释放,ADSR 包络 在频率调制(FM)合成器中,用来控制声音幅度和持续时间的 4 个参数:音量提升(A)、音量下降(D)、音量维持(S)和音量回零(R)的速度,并作为数字式音量的控制按钮。

ADTB-T (advanced digital television broadcasting-terrestrial) 先进数字电视地面广播(标准,系统) 是上海交通大学针对我国数字电视地面广播实际业务需求及技术要求,发展的一套支持大容量、高速率、单载波移动和固定接收以及单频组网的新技术。该技术在承接单载波系统覆盖范围性能好、抗同频/邻频干扰能力强的基础上,进一步解决了抗恶劣、动态信道干扰,以及单频组网的国际性难题,具有广泛的应用前景。

advanced access content system (AACS) 高级访问内容系统 是内容分发和数字版权管理的标准,旨在限制对后 DVD 光碟代的访问和复制。该规范于 2005 年 4 月公开发布,该标准已被采用作为 HD DVD(高清晰度数字通用光碟)和蓝光光碟(BD)的访问限制方案。它由高级访问内容系统许可管理联盟(AACS LA)开发,该联盟包括迪士尼、英特尔、微软、松下、华纳兄弟、IBM、东芝和索尼等公司。

advanced audio coding (AAC) 高级音频[声音]编码 音频信号的一种压缩方法,在音频质量相同的前提下,压缩率比 MP3 大。在相同的比特率条件下,AAC 一般比 MP3 能获得更好的音质。该方法作为 MPEG-2 的声音编码标准,与 MPEG-1 的声音编码标准不兼容。

advanced cable tester 高级电缆测试器 这种电缆测试器能监视整个网络的流量信号,它能显示电缆的物理状态信息、有关计算机的出入信号流量、电缆或网络适配卡是否出现故障等,其工作范围超越 OSI(开放系统互连)物理层,往往可至第二、第三甚至第四层,还能显示报文帧的数目、过多的冲突、最近的冲突、错误的帧数目、拥塞错误和信标。

advanced communication riser (ACR) 高级通信插卡 是 VIA(威盛)公司为了与英特尔的 AMR 相抗衡而联合 AMD、3Com、Lucent(朗讯)、Motorola(摩托罗拉)、NVIDIA 等世界著名厂商于 2001 年 6 月推出的一项开放性行业技术标准,其目的是为了拓展 AMR 在网络通信方面的功能。ACR 不但能够与 AMR 规范完全兼容,而且定义了一个非常完善的网络与通信的标准接口。ACR 插卡可以提供诸如调制解调器、LAN(局域网)、宽带网、无线网络和多声道音效处理等功能。ACR 插槽大多都设计在原来 ISA(工业标准体系结构)插槽的地方。ACR 插槽采用 120 针脚设计,兼容普通的 PCI(外围部件互连)插槽,但方向正好与之相反,这样可以保证两种类型的插卡不会混淆。ACR 向后兼容,也就是说现有的 MR 插卡可以继续在 ACR 插槽上使用。

advanced communications system (ACS)　高级通信系统　由 AT&T 公司开发的一种允许不相容终端互相通信的数据通信网络系统,它提供代码规程转换、翻译、速度匹配,以允许其他不相容的终端和计算机互相通信。使用户不再局限于用相似设备进行电子信号交换。这种网络能适用于所有具备电话和数字信息转换能力的用户。

advanced communication technology satellite　高级通信技术卫星　由美国宇航局(NASA)所拥有的试验卫星通信系统。

advanced compatible television (ACTV)　高级兼容电视　用于先进电视发送的一套技术。ACTV-I 是一种通道兼容及接收器兼容的系统。该系统利用不同的技术加大宽屏幕的屏面,提高水平和垂直的分辨率。ACTV-II 则是在原基础上,提高了分辨率,改善了音响效果。

advanced data communication control procedure (ADCCP)　高级数据通信控制规程　美国国家标准协会(ANSI)制定的一个面向比特的数据链路控制规程。对于不同通信结构,能适应于点对点和点对多点;对于不同传输线路能适应于交换式与非交换式;对于交换式,能适应于半双工和全双工两种情况,还要适应于地面连接与卫星连接、通信双方在逻辑上是对等的实体和不对等的实体的情况。

advanced data link control (ADLC)　高级数据链路控制(协议)　在高级数据链路控制系统和同步数据链路控制系统中所使用的一种链路协议。

advanced digital HDTV (AD-HDTV)　高级数字式 HDTV[高清晰度电视]　一种电视标准,特点一是采用 MPEG(活动图像专家组)的改进算法—MPEG-2,可与多媒体计算机兼容,并与其互相连接;二是采用打包数据结构,把图像、声音信息以及用于多媒体的附加信息加以打包,以包方式传送;三是双层传送技术,以保证可靠性和抗干扰性。

advanced digital network (ADN)　高级[先进]数字网络　互联网早期宽带方案之一,是由网络通信提供商直接提供给用户的数字通信专线网络。也指 56 kbps 专线。

advanced digital television (ADTV)　高级数字电视　一种建议性的全数字高清电视系统(标准)。基带输入为 1 050 线,2:1 隔行扫描,每秒 59.94 帧。源编码基于国际标准化组织(ISO)MPEG 规范草案。ADTV 修改了 MPEG 标准以适应高清电视中更苛刻的要求,该方案被称为 MPEG++。音视频信号经过数字化编码后,传输编码器依据其对系统运行的重要程度将其分割为两种不同优先级的数据流:与接收图像完整性密切相关的数据,如灰度级别、声音信号、数据包头信息等,列入高优先级;其他辅助数据,如图像细节等,列入标准优先级。两种数据被编入 148 字节的数据传送单元(类似数据通信包),经正交幅度调制后在 6 MHz 带宽信道上使用不同的载波传输。

advanced intelligent network (AIN)　高级智能网(络)　是一种电话网络结构体系,它把逻辑服务同交换设备分开,在使用新的服务时就不必重新设计交换机。AIN 由贝尔通信研究中心开发,在北美已成为一个工业标准。

advanced intelligent network switch capabilities (ASC)　高级智能网交换能力　高级智能网交换系统中的一个功能集,包含网络接入、业务交换、信息管理、业务支撑和

A

操作功能实体。

advanced mobile phone service (AMPS) 高级移动电话服务 一种模拟量的蜂窝通信技术,由 AT&T 贝尔实验室 1983 年开发,首先在北美采用的一种 800 MHz 频段模拟蜂窝移动电话系统。AMPS 采用模拟话音,数字信令。与大区制相反,基地台功率较小,一般在 100 W 以下,覆盖区半径为 2～20 km。在 AMPS 中的每个基站运行在 800～900 MHz 频段,服务商使用 824～849 MHz 频段接收来自蜂窝电话的信号,使用 869～894 MHz 频段向蜂窝电话发送信号。AMPS 使用频分多路接入技术(FDMA)把 50 MHz 频段分成 1 664 个无线电频道,每个频道的带宽为 30 kHz。1 664 个频道组成 832 对频率,每对频率中的一个频道用于送话,另一个频道用于收话。使用窄带的 AMPS 称为 N-AMPS,与数字蜂窝电话兼容的标准称为 D-AMPS。

advanced mobile phone system (AMPS) 高级移动电话系统 是贝尔实验室开发的模拟蜂窝移动电话系统标准,于 1983 年 10 月 13 日在美洲正式推出,使用调频发射和频率间隔来区分用户传输。工作频率为 800 MHz,频宽为 30 kHz,在蜂窝移动无线系统和基站之间的信令方式采用曼彻斯特编码,比特率为 20 kbps。主要在北美、拉丁美洲、以色列、澳大利亚、俄罗斯以及亚洲部分地区(新加坡、巴基斯坦)使用。到 2010 年大部分地区已停止使用这种系统。

advanced mobile phone system (AMPS) standards 高级移动电话系统标准 该标准意在为北美的蜂窝无线电话系统提供兼容性,特别是频率范围,信道识别,时分多址(TDMA)和码分多址(CDMA)等。

advanced mobile telephone system 先进移动电话系统 是无线通信的零代(0G)方式,主要用于在日本便携式无线系统中。同它的后继系统 HCMTS(大容量移动式远程通信系统)一样,运行在 900 兆赫波段。

advanced multi rate coder (AMR) 先进多速率编解码器 1999 年,欧洲电信标准协会(ETSI)推出的 GSM 语音编解码器标准。该编解码器能在各种无线信道条件下优化语音质量,因此 3GPP 也选择 AMR 作为新一代系统的基本语音编解码器。

advanced network system architecture (ANSA) 高级[先进]网络系统[体系]结构 为了实现联机系统体系的格式化和标准化,日本东芝公司于 1976 年以它和日电公司联合研制的 ACOS 计算机系统为核心,提出的一种网络系统结构,其目标是构造通用、分散型、同机种的远程计算机网。ANSA 采用国际电报电话咨询委员会(CCITT)推荐的 X.25 建议,国际标准化组织(ISO)推荐的高级数据链路控制(HDLC)规程、分组交换技术和分层式协议。ANSA 的节点功能为三层即业务处理层、报文处理层、通信处理层。对应层间协议依序为进程间协议、报文处理层间协议和通信处理层间协议。

advanced radio data information systems (ARDIS) 高级无线数据信息系统 一种由 Motorola 和 IBM 联合开发,提供移动数据服务的无线系统。该系统现由 Motorola 独家运营。

advanced research projects agency (ARPA) 高级研究计划局[署] 美国国防部下辖的一个局,现称国防高级研究计划局(DARPA),它为美国的一些重大计算机技术开发提供主要的资助。ARPA 资助开发了 ARPAnet 网(因特网的前身)。另外,它还资助开发了为在全世界普及广域网(WAN)奠基基础的 TCP/IP(传输控制协议/网际协议)。

advanced research projects agency network (ARPANET)　阿帕网,高级研究计划局网　美国国防部高级研究计划局(DARPA)支持开发的一种研究型计算机网络,在1969年实现了只有四个节点的广域网(WAN),1976年发展到50多个节点。主机通过通信子网互连,通信子网上有接口消息处理机(IMP)、终端接口处理机(TIP)和网络控制中心(NCC),通信协议有五类:IMP-IMP协议、源IMP-目的IMP协议、主机-IMP协议、主机-主机协议、进程-进程协议。尽管ARPA网构成了因特网的基础,但它最终于1990年退役。ARPA网的主要特点是:资源共享、分散控制、分组交换方式,采用单独的通信控制处理机、网络协议分层化。这些特点往往也被认为是计算机网的一般特征。

advanced TDMA (ATDMA)　先进时分多址(技术)　(1)是线缆服务接口数据规范(DOCSIS)2.0采用的传输技术。在一条6.4 MHz带宽的信道上,最大可达到30.72 Mbps吞吐量。(2)欧洲提出的3G候选方案之一,它支持微微小区(picocell)、微小区(microcell)及宏小区(macrocell)移动工作环境,采用频分双工(FDD)工作方式,基本数据速率为64 kbps,采用多载波并行工作方式,最高数据速率可高达2 Mbps。

advanced television (ATV)　高级电视　(1)电视系统的一个家族产品,旨在改进当前的商品电视的质量。高级电视家族包括改良清晰度电视(IDTV)、增强清晰度电视(EDTV)、高清晰度电视(HDTV)。(2)由美国高级电视服务顾问委员会(ACATS)早期提议的数字电视标准的名称。

Advanced Television Systems Committee (ATSC)　高级电视制式[系统]委员会　(美国)联邦通信委员会(FCC)设立的调查和协调高级电视系统文档编写工作的分委员会,是为数字电视制定一系列标准的协会。

Advanced Television Systems Committee-mobile/handheld (ATSC-M/H)　高级电视系统委员会-移动/手持(标准)　是一个允许通过移动设备接收电视节目的美国移动数字电视的标准。它是对原有的地面电视广播标准ATSC A/53的移动电视扩展。

Advanced Television Systems Committee (ATSC) standards　高级电视制式[系统]委员会(ATSC)标准　是一套通过地面广播、有线电视和卫星网络的数字电视传输标准。它在很大程度上取代了模拟NTSC(国家电视系统委员会)标准,并像其前标准一样,主要用于美国、墨西哥和加拿大。

advanced television test center (ATTC)　高级电视测试中心　为支持数字视频系统提供公正的测试而成立的组织,并协调了数字电视生产商,尤其是高清晰度电视所需的大量测试工作。

advanced video coding high definition (AVCHD)　高级视频编码高清(格式)　是一种数字记录和高清视频播放的基于文件的格式。由索尼和松下公司共同开发,于2006年推出,主要用于高清晰度消费级摄像机。

advice of charge (AoC)　收费通知(业务)　ISDN(综合业务数字网)、GSM(全球移动通信系统)等电信系统的补充业务,该业务可以根据用户的使用情况向付费的呼叫用户提供收费信息,可在呼叫结束、呼叫期间或呼叫建立时提供收费信息,但不代替网络管理中的计费功能。其主要目的是为用户了解计费情况提供方便,收费信息可以在用户终端上显示。用户可以事先预定收费通知业务,两种选择:一是对于全部呼叫都提供收费通知业务;二是每次呼叫根据用户要求提供收费通知业务。

aerial power gain（APG） 天线功率增益
在某一给定方向上的辐射强度与馈给天线的全部功率之比的 4π 倍。

aeronautical radio beacon station 航空无线电信标台 一种无线电导航地面电台,用于无线电导航业务,为移动目标(如飞机、轮船或地面移动物体)提供信号,使它们能确定自身航向或相对于航空无线电信标台的方向。在某些场合航空无线电信标台也可以装在飞机上或轮船上。

aeroplane flutter 飞机（反射）颤动干扰
电波从飞行中的飞机反射所造成的干扰。

AES3 音频工程学会 3（标准） 也称为 AES/EBU 标准。是专业音频设备之间的数字音频信号交换的标准。音频工程学会(AES)和欧洲广播联盟(EBU)联合开发 AES3。AES3 信号可以携带两通道 PCM 音频通过一些传输介质,包括平衡线、非平衡线和光纤。1985 年首次分布该标准,在 1992 年和 2003 年进行了修订。AES3 已纳入国际电工委员会 IEC 60958 标准,并有一个称为 S/PDIF(索尼/飞利浦(公司)数字接口)的消费级的标准。

affinity based routing 基于亲缘的路由
在通信系统软件中,在一个发信方和一个收信方之间建立的临时关系或路由相亲的报文路由;在该关系成立期间,来自源站的所有报文都发送到上述收信方站中。

African Telecommunications Union （ATU) 非洲电信联盟 是非洲的国家和移动电信运营商相结合的组织,试图大幅度增加发展非洲信息和通信技术(ICT)的基础设施。

after-acceleration 后加速 电子束管中使电子束加速的一种方法,部分加速作用

在电子束通过偏转电极以后加上。

afterpulse 余脉冲,后脉冲 光电倍增管中由前面的脉冲感生的寄生脉冲。

agent communication language （ACL） 代理通信语言 是典型的通信语言,具有严格语法和语义,是智能物理代理协会(FIPA)规范的主要组成部分。这种语言的功能是描述代理(agent)之间的通信内容本身。使用这种语言的 agent 可能由不同的设计者设计,并且本身具有很强的行为能力,使用与应用无关的通信设施进行沟通,以完成一些复杂的任务。

agent discovery 代理发现[搜索] 这是移动节点判断它是连在归属网络还是外地网络上以及找到所在网络上的代理的过程。移动节点接收由归属代理(HA)和外地代理(FA)周期发送的代理广播报文,它也可以通过发送代理请求得到代理广播报文。由于密钥管理上的困难,这两种报文无需认证。代理搜索还提供了两种机制,使移动节点可以判定自从上一次注册后它是否又移动了地方。一是用生存时间域,移动节点可以在任何情况下采用这种方法。二是利用网络前缀,这要求代理节点在它们的代理广播报文中加入前缀长度扩展部分。代理搜索还提供了一种方法使得在外地网络上的移动节点可以得到一个转交地址,移动节点只需从网络上的 FA 发送的代理广播报文中读出转交地址就可以了。如果移动节点连接的网络上没有发送广播报文,它可以利用传输层和数据网络层来判定它的当前位置,从而通过动态主机配置协议(DHCP)或手工配置得到一个转交地址。

agent management system （AMS） 代理管理系统 遵照智能物理代理基金会(FIPA)标准,AMS 应负责整个系统中代理的创建、删除、暂停、恢复、认证和移动等事务,并提供代理的目录服务,名字和

地址的映射服务。

agent solicitation 代理请求(报文) 该报文的惟一目的就是让网络上的所有代理节点立即发送一个代理广播报文。有时,移动节点快速地切换网络,而代理发送广播报文的频率相比而言就太慢了,这时移动节点就可以使用代理请求报文。

aggregate 聚合(载波) 数据通信中,在传输线上作为整体传输的含有 12 个单边带的一种载波信号。

aggregate bit rate 集合比特率 通常是指在复用系统中输入端口或输出端口的合路比特率。

aggregate class website 聚合类网站 指的是那些通过人为的、技术的方式收集其他网站热点内容,进而将相关链接内容分类聚合,成为自己内容的网站。

aggregate line speed 聚合[总体]线路速度 使用通信控制器时能够传输数据的最大速度,这个速度由与该通信控制器连接的线路的速度之和决定。

aggregate port (AP) 聚集端口 通过将一组端口链接在一起形成单个链路聚合组来优化端口的使用。聚集端口可以使设备之间的带宽成倍增加、增强端口灵活性并提供链路冗余。

aggregate route based IP switching (ARIS) 基于聚合[汇聚]路由的 IP(因特网协议)交换方式 是运行在集成交换/路由器(ISR)设备上的一个控制协议,允许在 IP(网际协议)路由协议信息基础上建立两级交换路径,将许多 IP 目标映射到一个标识交换交换机(如帧中继或异步传输模式)中的少数标识上,这种交换方式可以满足可伸缩的聚合交换和路由。ARIS 中的目标点由一个出口 ISR 代表,并与一个或多个 IP 目标前缀相连。一个 ARIS 网络能够仅用 O(N)个交换路径就将所有通信量交换到 N 个 ISR 出口,这独特的扩展功能允许 ARIS 网络容纳更多的路由器并释放交换资源来支持其他的服务,如基于 QoS(服务质量)的连接。

A-interface (AIF) A 接口 (1) 在 CDPD(蜂窝数字分组数据)中,移动台(MS)和 CDPD 业务网之间的无线空中接口。(2) 在移动通信系统中,为基站系统(BSS)和移动交换中心(MSC)之间提供通信的接口。该接口承载使信道、时隙和 BSS 分配给移动设备的服务等信息。

aircraft earth station (AES) 机载地球站 一种位于飞机上的用于航空移动卫星业务的移动地球站。

aircraft emergency frequency (AEF) 飞机应急频率 是一种用在飞机上的国际航空应急频率,121.5 MHz(民用)和 243.0 MHz(军用),它用于国内国际民航航线的飞机电台上,主要关心的是安全和飞行规则,也用于经授权的为了安全目的进行通信的海军移动电台。

aircraft flutter 飞行器抖动 因飞行器飞行路径与电视发射台和接收机之间路径交越,被飞行器反射的电视信号,干扰了电视天线的接收,使电视图像质量发生突然变化。

air-ground worldwide communications system (AGWCS) 空对地全球通信系统 一个地面机构和电台间的全球军事网络,一是为飞机和地面电台间提供双向通信链路,用于导航和控制,包括航线流量控制;二是可提供特殊功能支持,例如为民用飞机完成军事任务提供帮助以及满足飞机乘客的通信要求。

airline product set (ALPS) 航空公司产品集 一种隧道机制,把航空公司协议的数据穿越基于 Cisco 路由器的 TCP/IP(传输控制协议/网际协议)网络传输到主机。此功能提供代理设置控制单

A

元(ASCU)和运行航空公司订票系统的主机之间的连接。ALPS功能分三个阶段发布。ALPS的Ⅰ阶段提供航空公司控制(ALC)协议,以及从 ASCU 到 IBM 主机的订票系统的数据传输。ALPS的Ⅱ阶段提供通用终端支持(UTS)协议,以及从 ASCU 到 Unisys 主机系统的订票系统的数据传输。ALPS的Ⅲ阶段提供 IP 协议上的航空公司业务映射(MATIP)。

airmail 移动邮件(APP 软件) 这是可以用移动电话(手机)来收发电子邮件的服务。只要有手机 APP 软件就可以用手机随时随地收发电子邮件。

airport land mobile radio base station (ALMRBS) 机场地面移动无线基站 一种安装在机场或机场附近,供机场控制塔使用的无线基站,用于控制机场地面支持车辆,如用于跑道和地面维护、飞机维护、飞机供应业务和紧急业务的车辆。

airport land mobile radio station (ALMRS) 机场地面移动无线电台 机场地面支持车辆,如用于跑道和地面维护、飞机维护、飞机供应业务和紧急业务的车辆,通过地面移动无线中继系统,实现彼此之间或与控制塔之间通信的移动无线电台。

A. K. Erlang A. K. 埃尔朗 是丹麦的电话工程师 Agner Krarup Erlang,1918 年在英国出版的《邮局电子工程师》杂志上发表了关于网络阻塞的研究论文。他提出了著名的呼叫阻塞概率公式(Erlang B),这个公式现仍在电话工程中使用。

A-law A 律 一种数字和模拟信号之间进行转换的压缩扩展编码标准,用于脉冲编码调制的声音系统中。A 律主要用于欧洲电话网,与北美电话网中的 μ 律相似。

A-law algorithm A 律算法 是一个标准

的压扩算法,用于欧洲的 8 位 PCM 数字通信系统的优化,即修改模拟信号进行数字化的动态范围。这是 ITU-T(国际电信联盟-电信标准化部)G.711 标准的两个版本之一,另一版本类似的 μ 律,用于北美洲和日本。

Alford loop antenna 阿尔弗德环形天线 一种适于发送和接收高频信号的多元天线。沿天线的每个外部元均匀分布近似相等的同相电流,天线辐射方向图在极化面中十分接近于圆形。

Alford slotted tubular antenna 阿尔弗德开槽管状天线 由具有全长槽的金属柱体组成的水平极化天线。电流在水平圆内流动,模拟垂直重叠的同相环形天线的工作。

algebraic code excited linear prediction (ACELP) 代数码本激励线性预测(编码) ACELP 是 CELP(码激励线性预测)编码的一种简化形式,采用+1 或−1 作为激励矢量中的激励样值。极低速率可视电话标准 H.324 中语音编码标准是 G.723.1,采用 5.27 kbps 和 6.3 kbps 两种速率,其中 5.27 kbps 速率就是以 ACELP 算法为基础。

algebraic enciphering 代数加密 信息加密的常用方法。以数学的方法对数字化的语言、图像或文字信息进行加密和解密,其内容涉及明语表示法和相关的变换。

algorithm A A 算法 一种静态网络中求解最短路径的方法。对待扩展节点,按评估函数值不减的顺序排序的搜索算法。

algorithm 5 (A5) A5 算法 一种加密密匙生成算法,用于对数据的加密和解密。在 GSM(全球移动通信系统)中,与 A3 算法、A8 算法以及 K_i 用户个人密钥一起,进行用户鉴权。

algorithm 8 (A8) A8 算法 全球移动通

信系统(GSM)中使用的加密序列算法，用于产生 K_c 密钥。

alias frequency　混叠频率　对周期信号，当以小于二倍周期的速率取样时所得到的不正确的低频信号。

aliasing　混叠　所谓混叠是当以很低的频率对连续信号进行采样时所造成的失真。如果采样信号中含有大于采样频率的频率信号，以致高频分量有可能假冒低频分量，就会发生这种失真现象。通过提高采样频率，或给信号加滤波以滤掉大于采样频率的信号部分便可消除或减少这种现象。混叠在图像中它产生一个锯齿现象或者阶梯效果，在音频中则产生蜂鸣声。

aliasing distortion　混叠失真　由采样时产生的边带重叠所引起的失真。

aliasing error　混叠误差　又称"交叠效应"。指对欠采样的离散图像重建时，在重建图像中引进了虚假的空间频率成分的现象。在光学中称之为莫尔效应。效应的产生源于采样图像的频谱是无限大连续像场的频谱的无限重复，且各个频谱相互混叠。

aliasing noise　混叠噪声　当被取样信号的频率大于取样速率的一半时所形成的失真分量。

alien tones　外来音调　由于传输通路某些部件的非线性而在声音再生过程中引入的频率、谐音和其他结果。

alignment error rate monitoring　定位差错率监视　七号信令系统(SS7)中，起始定位期间测量信令链路出错率的过程。

A-links　A 链路　信令网中，A 链路把一个端局或一个信令点连接到一对信令转接点(STP)上，使用双路方式，目的是当一路发生故障时，信令点仍能够与网络连接。

all-band tuner (ABT)　全频段频道选择器，全频段高频头　适合于电视广播所用的全部频段的频道选择器，内含米波、分米波电视频段共用的电子结构元件，这些频段上的调谐方式和电路作用则各有其特殊之处。

all channel antenna　全频道天线　可以接收甚高频(VHF)、特高频(UHF)和调频(MF)频段全部 82 个频道的天线系统。

all-channel receiver act of 1962 （ACRA）1962 年全频道接收机法案　通常称为全频道法案，美国国会于 1961 年通过，允许联邦通信委员会(FCC)要求所有电视机制造商必须包含特高频(UHF)调谐器，以便公众可以接收新的 UHF 频段电视台(之后是 14 至 83 频道)。这是一个问题，因为三巨头电视网络(ABC、CBS、NBC)在 VHF(甚高频)上建立得很好，而在 UHF 上的许多仅限本地的电视台正在为生存而挣扎。该法案规定，联邦通信委员会"有权要求设计用于接收与声音同时广播的电视图像的设备，能够充分接收委员会分配给电视广播的所有频率"。根据"全频道接收机法案"的规定，FCC 采用了许多技术标准来提高 UHF 和 VHF 电视业务的平等性，其中包括电视接收机的最大 UHF 噪声系数为 14 dB。

all channel tuning　全频道调谐　电视机既能接收 14～83 特高频频道，又能接收 2～13 甚高频频道的能力。

Alliance for Open Media (AOMedia)　开放媒体联盟　是一个非营利组织，其第一个项目是开发一个新的开放的视频编解码器和格式作为 VP9 继任者和 HEVC(高效视频编码)的免版税的替代者。创始成员包括亚马逊、思科、脸谱网、谷歌、英特尔集团、微软、Mozilla 和 Netflix。

all number calling (ANC)　全数字呼叫(方法)　在电话号码编码系统中，采用全数字编码的一种编码呼叫法,例如,采用 7 位数字而不采用两位字母加上 5 位数字作为电话号码。

all optical net/network（AON） 全光网络 是指信号只是在进出网络时才进行电/光和光/电的变换,而在网络中传输和交换的过程中始终以光的形式存在,中间没有光电转换器。由于在整个传输过程中没光电转换的障碍,所以 PDH（准同步数字系列）、SDH（同步数字系列）、ATM（异步传输模式）等各种传送方式均可使用,提高了网络资源的利用率。

all optical wave converter（AOWC） 全光波长转换器 是指不经过电域处理,直接把信息从一个光波长转换到另一个波长的器件。

allowed cell rate（ACR） 允许的信元率 在 ATM(异步传输模式)传输中,指一种可用位速率（ABR）服务参数,是源端允许发送的信元/秒的速率。ACR 在最小信元速率（MCR）和峰值信元速率（PCR）之间变化,通过拥塞控制机制对其进行动态控制。

all-pass filter 全通滤波器 是一种信号处理滤波器,在增益中均匀地传递所有频率,但在不同频率中会改变相位关系。这种滤波器作为频率的函数来改变它的相移。一般来说,滤波器的相位偏移频率为 90°(也就是当输入和输出信号进入正交时,即当它们之间有四分之一波长的延迟时)。一般用来弥补系统中出现的其他不希望的相移,或为混合原始的非相移形式来实现一个开槽梳状滤波器。它们也可用于将混合相位滤波器转换为一个具有等幅响应的最小相位滤波器,或将不稳定滤波器转换为一个具有等幅响应的稳定滤波器。

all routes broadcast frame 全路由广播帧 向各网络节点广播发送的数据帧。该帧在路由信息字段中设置的位信息表示要将该帧发送到网络中所有的局域网段(跨所有网桥,即使多个路径允许该帧的多个副本到达某些局域网段)。不检查目标地址,且该地址在网桥路由中不起作用。

all routes explorer packet 全路由数据探测包 贯穿整个 SRB（源路由桥接）网络的探测包,它跟踪到达特定信宿的所有路径。有时也称为"全环探测数据分组"。

all-to-all communication 全方位[全对全]通信 一种计算机通信方法,其中每个发送方向组内的所有接收方发送消息。这与每个发送者与一个接收方通信的点对点方法形成对比。

all wave antenna 全波段天线 能对包括短波频段和广播频段在内的宽广频率范围起良好响应的无线电接收天线。

all wave receiver 全波段接收机 能对所有通信频段(包括调频台)调谐的无线电接收机。

all 1's broadcast address 全 1 广播地址 在使用 TCP/IP（传输控制协议/网际协议）的网络中,用于广播的 32 位全是 1 的 IP 地址。这种广播地址只限于无盘工作站启动时向自己所在局域网内服务器查询自己的 IP 地址而进行广播使用。因为这种广播只限于无盘工作站所在局域网,因此这种地址也称为"受限广播地址"和"局域网广播地址"。真正广播信息时要使用定向广播地址。

alpha 阿尔法 在数据传输中,表示调制的 RF（射频）信号的超过的宽度与需要以特定的符号速率传输数据的最小理论宽度相比较。

alphabetic telegraphy 字母电报 适用于文本的电报,利用编码使每一个编码信号或信号组对应于一个字符,如字母、符号或标点符号。

Alpha blending 阿尔法[α]混合 这是一

种让三维物体产生透明感的技术。当屏幕上显示三维物体时，每个像素中通常都会有红、绿、蓝三组数值。若三维环境中允许像素能拥有一组 α 值，我们就称它拥有一个 Alpha 通道。α 值用来表示像素的透明度。这样一来使得每一个物体都可以拥有不同的透明程度。α 混合是一种将透明的信息加到半透明物体上的技术。其功能就是在混合中将被混合对象作透视计算处理，以创造出有如同透过水看物体时的透明感觉。每像素最终结果的颜色实际就是前景与背景颜色的组合。参见 Alpha channel。

Alpha buffer　阿尔法[α]缓冲器　一种额外的通道，保持透明信息；像素便成为四组值(RGBA)。当听到有关 32 位帧缓冲器时，这实际意味着有 24 位颜色，红、绿、蓝各占 8 位，还有一个 8 位的 α 通道。

Alpha channel　阿尔法[α]通道　在 24 位真彩色的基础上，外加了 8 位的 Alpha 数值来描述物体的透明程度。在某些图形适配器中，这个通道被某些软件用来管理其余的 24 位信息，如改变颜色和屏蔽颜色，这 24 位信息分别表示像素的颜色成分，8 位表示红色强度、8 位表示绿色强度、8 位表示蓝色强度。

Alpha laser　阿尔法[α]激光器　一种工作在 2.7 μm 波长上的化学激光器。其激光作用由氢和氟的燃烧形成。激光器能产生 2.2 MW 的功率，可用来熔化空间中远距离处的金属。α 激光器基本上由铝制成，包含一个称之为 LAMP(大型高级镜面计划)的平面镜系统。

alpha mix　阿尔法[α]混合　一种使用阿尔法通道混合两个图像的方法。

alphamosaic　字母颗粒图像，镶嵌法字图显示　(1)在屏幕上生成视频图像的方法。显示的图像由颗粒点组成。(2)在计算机图形学中，尤其是在图文电视和可视文字系统中的一种显示方式。这

种显示方式包括字母数字字符的代码，在屏幕上以图形元素的矩形排列产生图形，每个图形元素是一块镶拼片。

alternate circuit switched voice/circuit switched data (CSV/CSD)　候选电路交换话音与电路交换数据　一种供 ISDN(综合业务数字网)B 信道使用的配置选项，使得呼叫期间在两个用户之间进行的数字传输不是话音(信息)就是数据通信。

alternate mark inversion (AMI)　信号交替反转　一种基带信号的编码规则。传号交替反转编码规则是将二进制消息代码"1"(传号)交替地变换为传输码的"+1"和"−1"，而"0"(空号)保持不变。由于信号交替反转，故由它决定的基带信号将出现正负脉冲交替，而 0 电位保持不变的规律。由此看出，这种基带信号无直流成分，且只有很小的低频成分，因而它特别适宜在不允许这些成分通过的信道中传输。

alternate mark inversion code (AMIC)　传号交替反转码　一种双极性三电平码。对于"0"，编码器无输出；对于"1"，则交替地输出幅度相等的正、负脉冲。该码的优点是信号无直流成分，编译码电路简单及便于观察误码情况等，主要缺点是，由于它可能出现长的连续 0 串，因而会造成提取定时信号的困难。为了保持 AMI 码的优点而克服其缺点，人们提出了许多种类的改进 AMI 码，HDB3 码就是其中有代表性的码。

alternate mark inversion signal　传号交替反转信号　一种表示二进制数字的伪三元信号，其中连续"传号"的正负极性相互交替，它们的幅度的绝对值通常相等，"空号"的幅度为 0。

amateur band　业余波段　特别为业余无线电爱好者使用指定的频段。

amateur television (ATV)　业余电视　是

分配给业余无线电爱好者(Ham)使用的无线电波的广泛频率上传输广播质量的视频和音频。ATV用于非商业实验、娱乐和公共服务活动。

ambience 环绕感 在音频领域,通常指一种空间环境所具有的声学特征或品质。也称"包围感",指由环绕音箱来营造的有一定规模和空间的包围感。

ambient illumination (AI) 环境照明 观看电视机、电视墙或投影机图像时的室内照明。

ambient light 环境光 指常规照明。该词一般用于投影电视机和视频摄像机,这些设备在环境光下功能如何是测试其有效性的方法之一。

American Telephone and Telegraph (AT&T) 美国电话电报公司,AT&T公司 美国最大的电信服务供应商之一,成立于1885年,也因其是UNIX操作系统、C及C++编程语言的诞生地而著名。1876年Alexander Graham Bell发明电话,1925年在继续提供国际远距离通信服务的同时开始专心致力于发展美国国内的业务。1984年1月1日AT&T公司被美国联邦法院肢解,1995年宣布成立三个独立公司:致力于远程通信业务的AT&T公司,致力于制造远程通信设备的Lucent Technologies公司和致力于计算机业务的AT&T GIS公司。

AML frequencies 调幅链路频率 在调幅链路系统中,有C、D、E、F四组频率。C组频道添加12 646.5 MHz到甚高频(VHF)频率。D组频道增加12 705.7 MHz到甚高频(VHF)频率。E组频道增加12 898.5 MHz到甚高频(VHF)频率。F组频道加12 958.5 MHz到甚高频(VHF)频率。AML为amplitude-modulated link的缩写。

amplified coupler 放大耦合器 一种可以放大电视信号,使其能够被室内多台电视机有效接收的设备。

amplifier noise 放大器噪声 没有输入信号时在完全隔离的放大器中存在的不希望的信号。

amplifier power 放大器功率,功率放大器 指放大器可以产生的放大能力,单位是"瓦特"。数字越大,放大能力就越大。

amplifying message 扩大的消息,扩展报文 (1)还包括前一消息中的信息以外新的信息的消息。(2)包含一些辅助信息的报文,不仅包含原有信息,还包含一些解释这些报文的信息。

amplitude and phase-shift keying (APSK) 幅度和相移键控 或不对称移相键控(APSK),是一种通过改变或调制参考信号(载波)的幅度和相位来传送数据的数字调制方案。换句话说,它结合了幅移键控(ASK)和相移键控(PSK)来增加符号集。它可以被认为是正交幅度调制(QAM)的超类。并优于常规的QAM,例如16-QAM,是较低数目的可能的幅度级。

amplitude frequency response (AFR) (振)幅频(率)响应 也称为"频率特性""频率响应"。说明某个电路或系统的增益或损耗如何随频率变化的曲线图。

amplitude hit 幅度突变[瞬间波动] 在数据传输信道中,由信号幅度的突然变化引起的瞬间干扰。

amplitude intensity modulation (AIM) 幅度强度调制 指正弦型载波的幅度强度随调制信号作线性变化的过程。此术语已不常用。

amplitude keying 幅度键控 使信号幅度的值在一系列离散值间变化的键控。

amplitude limiter circuit (ALC) 限幅电路 在信号幅度高于或低于某一电平时,将其削平的电路。

amplitude linearity (AL) 幅度线性 一种电路或装置的传输(输入-输出)特性成

为直线性函数,从而没有振幅失真。

amplitude-modulated VHF transmitter (AMVT) 调幅甚高频发射机 通常仅用于发送图像信息。

amplitude modulation (AM) 幅度调制,调幅 是用于电子通信的调制技术,载波的振幅(信号强度)与所传输的波形成比例变化。例如,该波形可以对应于由扬声器再现的声音或电视像素的光强度。这种技术与频率调制不同,在调频中载波信号的频率是变化的,而在相位调制中相位是变化的。

amplitude modulation broadcasting 调幅广播 一种采用调幅(AM)传输的无线电广播技术。它是音频无线传输首选方法,仍然在全球范围内使用,主要用于中波(也称为"AM 波段")的传输,但也用于长波和短波无线电波段。

amplitude modulation equivalent (AME) 等效幅度调制 调制方式之一,采用这种调制方式时,它将被削弱了的载波与边带一起发送。AME 系统可用结构较简单的接收机来检测信号。

amplitude modulated link (AML) 调幅链路 一种微波技术,在该技术中,有线电视频谱被上变频成微波频带进行传输,然后在接收机中通过电缆分配系统进行下变频传输。

amplitude-modulation monitor (AMM) 调幅监视器 用于检查调幅广播播出特性的监视器。

amplitude modulation noise level 调幅噪声电平 不存在任何预定调制时,由射频信号不希望的幅度变化产生的噪声电平。

amplitude modulation rejection (AMR) 调幅抑制 调频无线电接收机抑制来自人工干扰源或雷电风暴的调幅射频干扰的能力。

amplitude phase keying (APK) 幅相键控 对载波同时进行振幅和移相键控的一种复合数字调制技术。是幅度调制的一种形式,其将数字数据表示为载波幅度的变化。

amplitude pulse code modulation (APCM) 幅度脉码调制 在数字信道上传输模拟信号而对模拟信号进行量化编码的一种方式。使用这种方式时,以一定的数码宽度,例如用 7 位二进制数据对模拟信号每个采样幅度进行量化编码。与此不同的调制方式有差分脉码调制、预测编码等方式。

amplitude separation 振幅分离 从利用幅度差别实行多工传送的信号中分离出它的各个分量,例如在电视中,用同步分离器从全电视信号中分离出同步脉冲。

amplitude shift keying (ASK) 幅移键控 也称为"振幅键控",是调制技术的一种常用方式。幅移键控相当于模拟信号中的调幅,只不过与载频信号相乘的是二进制数码而已。幅移就是把频率、相位作为常量,而把振幅作为变量,信息是通过载波的幅度来传递的。

AM-to-PM conversion) 调幅到调相转换 是对信号中幅度变化转换为相位变化的调制信号的一种失真。也称为调幅/调频转换。

analog communication 模拟通信 采用连续信号传递信息的一种通信方式。其中通信量是频率与幅值连续变化的电信号,且与换能器的非电量(如声、光等)直接成比例。

analog high-definition television 模拟高清晰度电视 是 20 世纪 30 年代开发的模拟视频广播电视系统,用于替换早期的少至 12 行的实验系统。1936 年 11 月 2 日,英国广播公司(BBC)开始从伦敦北部的维多利亚的亚历山德拉宫传送世界上第一个公共常规模拟高清电视服务。

analog intensity modulation (AIM) 模拟强

A

度调制 光纤调制器中,光源强度随着运载信息的信号的连续波的变化而变化,其包络在光纤传输介质的另一端可检测到。

analog optical terminal 　**模拟光端机** (1) 模拟光端机上光头发射的光信号是模拟光调制信号,它随输入的模拟载波信号的幅度、频率、相位变化引起光信号幅度、频率、相位变化。目前,模拟光端机已逐渐被性能更优的数字光端机取代。(2) 具有连续平滑变化特点的电路信号,而不是像离散信号那样在电平之间突然变化。

analog signaling 　**模拟信令[信号传输]** 在模拟传输信道上传送信号的一种技术,这些信号可以是数字的,即脉冲信号。它与使用数据链路的真正的数字信号传输技术是完全不同的。

analogue cellular mobile telephone system 　**模拟蜂窝移动电话系统** 以模拟调制方式传递信息的蜂窝移动电话系统。系统由移动台、基站、移动业务交换中心以及与市话网相连的中继线等组成。基站和移动台设有收发信机和天线等。每个基站都提供一个可靠的通信服务范围。移动业务交换中心用来处理信息的交换和集中控制管理。模拟蜂窝移动电话系统的容量有限,不便于加密,且制式太多,互不兼容,影响国际漫游,限制了服务覆盖区域。

analogue cordless telephone system 　**模拟无绳电话系统** 一种市话网延伸的双工系统。它由两部分组成,一个是与市话网相连的基站(或主机),另一个是手持式的无线电话机(或副机)。发射功率一般都不大(约几十毫瓦),基站覆盖半径仅 50 m 左右,是为方便家庭使用而设计的。早期是一部主机带一个手持机,称为单信道系统,后来为提高信道利用率,出现一部主机带多个手持机的多信道系统,在无线信道中传送的是模拟调频信号。

anamorphic video 　**变形视频** 从一种宽高比转换成另一种宽高比后得到的视像。例如,把 1.78：1(16：9) 的宽屏幕视像转换成 1.33：1(4：3) 的常规屏幕视像。许多 DVD 视像碟上的电视图像都是这种变形视频。

ancillary data 　**辅助数据** 在数字视频数据流中传递的非视频数据,如数字音频、图文信息等,通常位于水平和垂直消隐期间。

AN code 　**字母数字码,AN 码** 也称为"线性剩余码"。设剩余数的基(模)数为 A,未编码的数 N 乘以 A,得到编码后的数 AN,称为 AN 码。这种代码有如下性质:两个数之和对应的 AN 码等于每个数对应的 AN 码之和。可以利用同余式检测和校正算术错误。

anechoic 　**消声** 字面上讲便是"无回波"的意思,即不存在任何音频反射现象。从严格意义上讲,真正的消声环境是不可能实现的,因为人们无法找到绝对完美的吸声材料。对于声音中的高频部分,可以通过吸声材料的使用来勉强接近消声效果,但对于低频部分的消声处理就几乎无能为力了,因为吸声材料对声音的吸收能力是和音频信号的波长直接相关的。举个例子,比如要想对震动频率为 100 Hz 波长为 10 英尺的声波进行完全吸收的话,吸声材料的厚度至少要达到波长的一半,即 5 英尺厚。按照这种方式测算,要想建立一个容积足够大并且填充有足够多吸声材料、能够对低频进行完全吸收的声学空间几乎是没有任何现实可能性的。

angle modulation 　**角调制** 一种调制方式,正弦载波的角度围绕着正常值变化的调制。相位调制和频率调制是角调制的另外两种特定形式。

angle of view (AOV)　视角　摄像机镜头拍摄或覆盖的场景区域或宽度。视角的大小取决于镜头焦距。焦距越短,视角越大。如 12.5 mm 焦距的镜头,其视角比 75 mm 的镜头要大。

angle polished connector (APC)　角抛光连接器　一种光纤连接器,由于成角度的光纤端部而呈现出减少反射的特性。

anisochronous signal　准同步信号　任意两个信号变化之间的时间间隔相对应的一种数字信号。

anisochronous transmission　准同步传输,非等时同步传输　一种传输过程,其中在同一组中任意两个有效瞬间总有整数个单位间隔;而在不同组中的两个有效瞬间,则不是总有整数个单位间隔。

anisotropic propagation media　各向异性传播介质　指一类介质,其性质和特性相对于不同的方向是不相同的。各向异性传播介质的一种例子是介质的电磁特性(如折射率)对于波在其中以不同方向传播时或在其中以不同极化传播时有不同的特性。

anomalous propagation (AP)　异常[不规则]传播　是由于传播介质性质(如密度和折射率)的非连续性造成的。有许多例子表明,异常传播导致在通常期望的距离以外也能接收到信号。

anonymous file transfer protocol (AFTP)　匿名文件传送协议　因特网中的一种协议,允许用户获取文档、文件、程序和其他网络中的信息,而不需要建立用户账户和口令。在向一个匿名 FTP(文件传输协议)服务器注册时,通过使用特殊的用户标识"anonymous"或"guest",网络用户将绕过本地的安全检查并可有限制地访问远程主机上公开的文件。

ANSI lumen　ANSI 流明　美国国家标准协会(ANSI)制定的标准的光通量单位,用于评估投影仪的明度。

answer mode　应答模式　一种使调制解调器自动应答到来的呼叫信号的设置。当调制解调器处于应答模式时,它与到来的呼叫接通,并通过给呼叫者送一个信号作为回答。如果该信号没有在预定时间内得到响应,由调制解调器切断通路。在 Hayes 及与 Hayes 兼容的调制解调器上,应答模式由命令 ATS0 = n 给出,其中 n 是指在应答前调制解调器允许电话机振铃的次数。

answer/originate modem　收/发式调制解调器　一种既能收又能发的调制解调器,是最常见的形式,也是常与计算机相连的调制解调器类型。

antenna aperture　天线孔径　天线主反射器的物理面积,即发射的电磁波束(如光束或无线电波束)的源的辐射面积。有效天线孔径可能小于物理面积,因为介入部件,如副反射器、天线支架、波导馈线支架会引起阻挡。在前反馈系统中,该面积在波束轴垂直的平面上测量。

antenna array　天线阵　也称为"阵列天线"或"定向天线"。一组按方位连接和排列并具有方向性的天线。天线阵由两个至几千个单独辐射元构成,各辐射元有适当间隔并加以激励,以给出所需要的方向特性。

antenna bandwidth　天线频宽　天线整个工作频带范围内的最高操作频率 f_U 与最低操作频率 f_L 间的差值即为天线的操作频宽。通常,天线的频宽大小都以百分比来表示:$BW = (f_U - f_L)/f_C \times 100\%$。其中,$f_C$ 是中心操作频率。

antenna beam rotation　天线波束旋转　天线波束以不同方式进行的运动,如通过天线的机械运动,阵列中不同单元的相位调整、反射、调谐、波束转换、保持、波瓣摆动和照射搜索等。

antenna beam width　天线波束宽度　天线波束的两个对置半功率点之间的夹角。

antenna blind cone 天线盲锥 通常指以天线为顶点一个近似锥形的空间区域，该区域因为受到天线安装和天线辐射图的限制，使得该区域天线扫描不到。

antenna blockage 天线阻塞 天线孔径的一部分被阻塞，即屏蔽。这是由于安装在天线前面的设备或结构，如副反射器或副反射器支架的阻挡。

antenna coil 天线线圈 接收机中流过天线电流的第一个线圈。当这个线圈与第二个线圈呈电感耦合时，两个线圈的组合便变成天线变换器或射频变换器。

antenna combiner（ACOM） 天线合路器[复合器] （1）其作用是将信号手机的收信和发信组合到一根天线上。在GSM(全球移动通信系统)中，由于收发不在同一时隙，因此手机可以省去用于隔离收发的双工器，而只需使用简单的收发合路器就可以将发信、收信信号组合到一根天线上而不会互相干扰。（2）一种信号复合设备。可以组合接收多个天线信号，每个天线接收不同方向电视台的信号。

antenna coupler 天线耦合器 （1）将能量有效地从发射机传送至天线或从天线传送至接收机的射频变换器、调谐线或其他电路。（2）多台电视机与一付天线连接时使用的设备。也称为天线分路器。用于避免阻抗不匹配或信号相互干扰。

antenna dynamics 天线动态特性 在工作条件下，天线的电、磁或结构特性，例如电流、电压、功率、阻抗、截面积、效率、平均功率、瞬间功率、峰值功率、辐照度、发光强度、定向增益、辐射图、形状、尺寸和方位等特性。

antenna effective area 天线有效面积 天线指向待接收的信号源，收集或者吸收入射电磁波能量的面积。天线有效面积通常用平方米来表示。对于抛物面和喇叭抛物面天线，天线有效面积大约为天线孔径几何面积的 0.35～0.55 倍。

antenna efficiency 天线效率 总辐射功率与总输入功率之比。总辐射功率等于天线总输入功率减去天线耗散损耗。

antenna lobe 天线波瓣 定向天线的辐射图的三维剖面，该图被一个或多个空锥分割，即被一个或多个场强和辐照度减弱的区域所分割。

antenna medium coupling loss 天线-媒质耦合损耗 又称天线增益损耗。产生损耗的原因有两种解释，一是随着天线增益增加，波束变窄，收发天线波束相交的体积变小，参与散射的有效体积减小，从而达不到天线增益提高的效果；另一是因为提高天线的增益对应于增大天线的口面，口面尺寸愈大，大量非相干散射信号在口面的干涉叠加将减小天线增益提高的效果。

antenna noise temperature（ANT） 天线噪声温度 一个理想的无噪声接收机输入端的无源电阻的温度，该电阻在每单位带宽中产生的噪声输出功率与特定频率下天线的输出噪声功率相等。天线的噪声温度取决于天线对周围环境中所有噪声源的耦合情况和天线中产生的噪声情况。

antenna radiation pattern（ARP） 天线辐射场型图 是用来描述由天线所辐射出的能量与空间中任意位置的相互关系，藉由辐射场型图可以得知由天线所辐射出来的电磁波在空间中每一个位置的相对强度或绝对强度。

anti-clockwise polarized wave 逆时针极化波 沿着传播方向，在垂直于该方向的任意固定平面内观察到的电场强度矢量随时间逆时针旋转的椭圆或圆极化波。

antifading antenna 抗衰落天线 将大部分辐射限定在很小的仰角内，使引起衰落的天空波辐射减小到最低程度的天线。

anycast 任播,选播 选播是网络寻址和路由的方法,来自单个发送节点的数据报经选路传送到几个目的地节点中的任何一个,在此基础上选择的是最近的、成本最低的、最正常的、最少拥挤的路线,或用一些其他的距离度量参数。在因特网协议 IPv6 中,任播指单一发送者与一组中最近一个接收者之间的通信。任播是设计来让一台主机为一组主机高效地更新路由表的。IPv6 能确定哪台网关主机最靠近,并像单播通信那样,将包发送给那台主机。接下来,那台主机能任播给该组中另一台主机,直至所有主机的路由表得到更新。

AOL Time Warner 美国在线-时代华纳公司 2000 年 1 月 10 日,美国在线公司和时代华纳公司合并组建第一个全球性的媒体和通信公司——美国在线-时代华纳公司。全球最大的因特网服务提供商(ISP)和最主要的传媒集团合作,涉足影视、音乐节目、因特网接入服务和电子商务业务,拥有数以千万计的用户。AOL 是 American On Line 的缩写。

aperiodic antenna 非周期天线 一种天线,它被设计成在较大的频率范围内其输入阻抗近似为常数。实例有终端菱形天线和终端波天线。

aperture 孔径,光圈 (1)电子、光、无线电波或其他辐射可能通过的开放孔。(2)在透镜中允许光通过以到达光敏传感器的孔,其大小受光阑控制。

aperture antenna 孔径天线 波束宽度由喇叭、透镜或反射器尺寸决定的天线。

aperture color 孔观[孔圈]色 无深度感的颜色,例如荧光屏上一个影孔所呈现的颜色。

aperture correction 孔阑[孔径]校正 一种补偿较高频率图像信号分量的损失的方法,造成损失的原因是摄像管扫描点尺寸非无限小,无法对明暗区域之间突然出现的垂直边缘敏锐地作出响应。

aperture distortion 孔阑[孔径]畸变 由于发送和接收扫描点的有限尺寸而产生的效应,即轮廓模糊并且小于扫描点的细节被抑制。

aperture lens (AL) 孔阑透镜 电子光学器件中,隔离两个电场的阳极上的孔洞。

aperture mask (AM) 网眼罩,光阑遮片 (1)在三枪彩色显像管中,安装于荧光屏背面的金属薄片,上面有许多电子束必经的小孔。(2)在放映机中,用来使光阑与尺寸缩小了的画框相对应的遮光片。

aperture slot 光圈缝隙,光阑 (1)旋转式摄像机的光学系统中的一狭长的矩形开孔,光线能从连续移动的文件同步地经过该孔到达连续移动的胶片上。(2)光学系统中能限制光量的物理光阑。

aperture to medium coupling loss 孔径对媒介耦合损耗 超大型天线(如用于超视距微波链路的天线)理论上的增益与工作中可实现的增益之差。孔径对媒介耦合损耗与散射角和天线波束宽度之比有关。超大型天线是相对于波长而言。孔径对媒介耦合损耗也适用于视距系统。

apochromat 复消色差透镜[物镜] 已按三种基色分别校正了色差的透镜。

apparent brightness 视在亮度 一种视觉属性,是人眼对一块表面发光强弱的感觉。

application centric infrastructure (ACI) 应用为中心的基础设施 思科公司为简化、优化,以及加速下一代数据中心和云计算的应用开发生命周期而提出的解决方案。思科的软件定义网络(SDN)解决方案,通过一个基于统一应用的策略模型,提供映射硬件和软件功能的独特混合技术。通过自动化的 IT(信息技术)任务,ACI 增加了业务敏捷性并降低了总拥有成本（TCO），增强安全性和提高运营效率。

application-driven data center（ADDC）应用驱动数据中心 是新华三公司基于 SDN（软件定义网络）控制器开发的一套面向数据中心，可提供云网安深度融合的整体解决方案。ADDC 采用 MP-BGP EVPN（边界网关协议的多协议扩展以太网虚拟专用网）作为 VxLAN（虚拟可扩展局域网）的控制面构建数据中心 Overlay 网络平面，增强 L4-L7 层的安全、负载均衡等服务特性，并可友好兼容多种上层云平台。为公有云、私有云、混合云的数据中心提供一个敏捷、安全、洞察、自动的网络环境。

application-driven edge computing（ADEC）应用驱动边缘计算 边缘计算是指在网络边缘，部署融合网络、计算、存储、应用核心能力的平台，为用户就近提供边缘智能服务，满足行业在敏捷连接、实时业务、数据优化、应用智能等方面的关键需求。ADEC 是 H3C 公司针对边缘计算场景提出的，包含 ADEC 控制器、LA 系列融合网关、生态应用在内的一整套边缘计算解决方案，重点在于解决三个问题：计算、存储、网络资源在边缘如何协同，如何使云端和边缘端高效协同，以及如何大规模部署运营。

application driven networking（ADN/AppDrvN）应用驱动联网 IBM 公司提出的基于开放标准的解决途径，目的主要是用于减少网络基础结构管理的复杂性，消除存在的安全漏洞，并且提供企业网络可预测的性能。应用驱动网络的前提是在商业需要的基础上分配和管理 IT（信息技术）资源，并且应该把这些需要作为一个企业的共同策略。使用 AppDrvN 方案，网络系统就成为建立在应用需求（或者说是被应用所驱动）上的策略决定的执行者。只有当策略的设置是基于终端用户所访问的应用程序类型时，IT 基础结构的管理才有可能得到简化。即：终端用户的愿望是不可能决定简化对 IT 资源的管理。

application infrastructure provider（AIP）应用基础设施提供商 是应用服务提供商（ASP）和互联网数据中心（IDC）之后的一种新型的互联网服务模式：以 IDC 平台为基础，为 ASP、ICP（因特网内容提供商）、电子商务公司以及向网络经济转型的传统企业提供专业化、客户化的网络应用基础设施和管理服务。

application-level filter（ALF）应用级过滤器 一类可以提供高安全保护的防火墙。典型的应用级过滤器可以为 telnet、FTP（文件传输协议）、HTTP（超文本传输协议）和 SMTP（简单邮件传输协议）等多种协议的应用程序提供代理服务，按过滤策略进行包过滤。

application level gateways（ALG）应用级网关 （1）VoIP（网络电话）业务流穿越 NAT/FIREWALL（网络地址转换/防火墙）的方法之一，利用一些驻留在 NAT/FIREWALL 设备中的应用模块来支持对 IP（网际协议）语音和视频协议（H.323、SIP（会话初始化协议）、MGCP（媒体网关控制协议）的识别和对 NAT/FIREWALL 的控制，自动记录控制流报文中协商好的地址和端口，并应用到 NAT/FIREWALL 中。目前，绝大部分的 NGN（下一代网络）产品对 NAT/FIREWALL 的穿越采用的就是这种方式。优点是简单易实现；缺点是不支持加密后的报文识别，而且扩展性非常差。（2）指一种支持双协议栈的网关。使 IPv4 协议和 IPv6 协议在应用层进行相互转换和翻译的技术。应用层网关代理本身同时支持 IPv4 协议和 IPv6 协议，使数据分组在应用层进行转换，避免在 IP 层进行 IP 包头的转换。

application protocol data unit（APDU） 应用协议数据单元 是两个应用程序通过网络交换的一种数据包,传输的是相关的应用层协议信息。该数据包可能被低层分成几个包传送,每个包附加了额外信息(包头)用于寻径。

applied data bit 附加数据位 在扰码过程中,施加于扰码器,但不影响传输的数据位。

Arab Satellite Communications Organization（ARABSAT/Arabsat） 阿拉伯卫星通信组织 是阿拉伯世界的通信卫星运营商,总部设在沙特阿拉伯利雅得市(Riyadh)。ARABSAT 的成立是为了按照国际标准向阿拉伯国家提供卫星的公共和私人电信服务。该组织有 21 个成员国,在加强阿拉伯世界的交流方面发挥着至关重要的作用。

arbitration inter-frame spacing（AIFS） 仲裁帧间间隔 无线局域网通信中的仲裁帧间间隔(AIFS)是一种把一个访问类别(AC)优先于另一个访问类别的方法,例如把语音或视频优先于电子邮件。AIFS 通过缩短或扩展无线节点在允许其发送其下一帧之前必须等待的周期来发挥作用。较短的 AIFS 周期意味着消息具有较高的低延迟传输概率,这对于诸如语音或流视频等延迟关键数据尤其重要。

arbitration logic 仲裁逻辑 按照规定的规则,对争用资源的各个因素起协调作用的机制。

ARCnet ARCnet 网,附加资源计算机网络 Datapoint 公司于 20 世纪 70 年代末 80 年代初开发的令牌总线网络,最多可支持 255 个节点。其不同版本的传输速率分别为 1.5 Mbps、20 Mbps 和 100 Mbps。ARCnet 是 attached resouce computer network 的缩写。

area code 地区代码,区号 在电信中,许多电话编号方案是根据划分到服务区域的地理区域而构建的。方案中确定的每个区域都分配了一个数字路由代码。使用这种统一的多位地区编号作为电话号码的前缀,用于在电话系统中进行长途或区间直接拨号。

area color code 地区色码 在蜂窝移动通信系统中,由同一个移动数据中间系统(MDIS)控制的所有小区(cell)共享的色码称为地区色码。相邻 MDIS 系统控制的相邻小区的地区色码必须不同。

area numbering plan（ANP） 地区编号方案 在电话网络业务范围内给各地理区域统一进行编号(构成电话号码中的地区码部分)的唯一方案。

argon laser 氩激光器 含有已电离的氩的气体激光器,可产生 $0.488~\mu m$ 的强烈辐射和红外辐射。

arithmetic coding 算术编码 一种较新的数据压缩的软件方法。用在 0～1 的一段实数区间表示信息,信息越多,代表信息的区间就越小,指明这个区间所需的位数就越多,信息中的连续符号将会使区间减小。

arival of angle（AOA） 到达角(定位技术) 一种移动定位技术,通过测量信号到达的角度,确定移动台相对于基站的角度关系。只要测量一个移动台到达两个基站的信号的到达角度,就可以计算出移动台的位置。信号到达角度的测量需要定向天线。

Armstrong phase modulator Armstrong[阿姆斯特朗]相位调制器 1933 年,美国电气工程师 Edwin H. Armstrong 获得产生无线电信号的频率调制方法的专利。阿姆斯特朗法产生抑制双边带的载波信号,对该信号相移,然后再插入载波来产生调频信号。与幅度调制相比,频率调制可以生成高质量的音频,大大降低了信道上的噪声量。

.arpa 域名 arpa 是因特网域名系统中的一个顶级域名(TLD)。它专门用于技术基础设施目的。虽然这个名称最初是高级研究计划局(ARPA)的缩写,它是开发了因特网的前身之一(ARPANET)的美国资助组织,但现在代表地址和路由参数区域 address and routing parameter area 的缩写。arpa 还包含用于 IPv4 和 IPv6 的反向域名解析的域名,分别为 in-addr.arpa 和 ip6.arpa。

ARPANET reference mode (ARM) 阿帕网参考模型 由美国国防部提出的阿帕网参考模型。它虽不是国际标准,但在计算机网络体系结构中占有特殊地位。该模型可分为网络接入层、互联网层、主机-主机层和进程/应用层 4 个层次。其主要特点:一是具有等级关系,但不同于开放系统互连参考模型(OSI/RM)的严格层次关系,上级可以越级调用下级提供的服务;二是将异构网的互联网协议(internet protocol)作为其重要组成部分;三是面向连接服务与无连接服务并重;四是网络管理功能较强。

ARPA network protocol level ARPA 网络协议级 ARPA(阿帕网)的协议是根据分层的方法设计的。最低级的协议是在两个接口信息处理机(IMP)之间管理通信交换的同步通信协议,它进行多种错误校验,如果需要的话,数据将被重新传送。第一级协议用于管理主机和 IMP 之间的信息和数据的交换;第二级协议用于管理正在通信的主机中的两个网络控制程序间的信息和逻辑变化;第三级协议用于管理主机的两个过程间进行的通信。所有高层的协议都能利用低层协议的功能。

ARQ equipment 自动重发请求设备 能自动检出电报在传输过程中产生的差错,并自动通知发送端进行重发,直至收到正确的电码后,再继续进行正常通报

的设备。

array acceptor 阵列接收机 由若干台接收机构成的阵列。在信号起伏较大的短波通信中,利用阵列接收机可校正单个接收机产生的误差。

array antenna 阵列天线 由两个以上同类辐射元适当组合后构成的天线。即是一类由不少于两个天线单元规则或随机排列并通过适当激励获得预定辐射特性的天线。按照功能可分为同相水平天线、频率扫描天线、相控阵天线、多波束天线、信号处理天线、自适应天线等。

arrayed wave-guide grating (AWG) 阵列波导光栅 一种集成光波导型波分复用(WDM)器件,由两个星形耦合器经 n 个非耦合波导构成,耦合波导不等长从而形成光栅,两端的星形耦合器由平面设置的两个共焦阵列径向波导构成。

articulation tests of speech 语言清晰度测试[试验] 为评定语言传递系统的工作质量而进行的专门试验。其常规方法是,由一定数量的能正确发音的人在发送端朗读清晰度试验材料,经一定的传递条件,在接收端由测听人员收听,并以一定形式作出响应。根据响应所占百分比数来定清晰度得分。

artificial black signal (ABS) 人工黑电平信号 由电子装置产生的等效于黑电平的信号,插入全电视信号波形中以供测试。

artificial ear 仿真耳 对耳机呈现的声阻抗等效于普通人耳所呈现阻抗的装置。它配备了微音器,以测量耳机建立的声压。

artificial echo 仿真回波,人工回声 (1) 由用于测试的仿真器具(如回波箱)产生的回波信号。(2) 为增强混响而加到节目源输出信号上的回声。

artificial intelligence (AI) 人工智能 有时称为机器智能,是机器所展示的智能,

与人类和其他动物展示的自然智能不同。在计算机科学中,人工智能研究定义为对"智能代理"的研究:能够感知其环境并采取行动,以最大限度地成功实现其目标的机会的任何设备。通俗地说,当机器模仿人类与其他人类思维相关的"认知"功能时,如"学习"和"解决问题",就使用"人工智能"这一术语。

artificial intelligence error checking (AIEC) 人工智能纠错 是 1999 年下半年研制成形并开始应用到光驱的新技术。AIEC 的原理是,预先对很多数量的有各种制造缺陷的碟片进行分析、归纳和计算,记录下偏心、密度不均、划痕、反射层薄、沟槽不整等状态,研究开发出相应的先讲算法程序存储在芯片中。在实际读碟中,遇到相似情况便调用事先制订的方案进行纠错。

artificial ionization 人造电离层 对上层大气引入人为反射层或散射层,以改善超视距无线电通信性能。

Asia and Oceania Workshop for OSI Standardization (AOWS) 开放系统互连标准大洋洲工作组 是主要负责大洋洲地区的标准化工作组,主要职责是给信息技术联合技术委员会起草提交给国际标准化组织(ISO)拟批准和采纳的国际标准草案。

Asia broadcast satellite (ABS) 亚洲广播卫星 是位于百慕大群岛的通信卫星运营商的卫星系统。其业务包括卫星到家庭和卫星到有线电视分配设备、蜂窝网服务和因特网服务。该公司在非洲、俄罗斯、亚洲和中东建立了电信网络。其业务目前覆盖美洲、非洲、亚太地区、欧洲、中东、俄罗斯和独联体国家的 80% 的人口。

Asian Pacific Computer Emergency Response Team (APCERT) 亚太地区计算机应急响应组 APCERT 是在 2002 年由澳大利亚、中国、日本、韩国等国家的计算机网络安全事件应急小组(CERT)发起成立的。到 2009 年,该组织已经吸引了亚太地区 12 个经济体的 15 个应急组织作为正式成员。。

Asian Pacific Network Information Center (APNIC) 亚太网络信息中心 地区级的因特网注册管理机构。主要负责亚太地区国家的 IP(网际协议)地址和 AS(自治系统)号码的分配。以及维护亚太地区公共 WHOIS 数据库和反向 DNS(域名系统)代理等。

Asia Pacific Advanced Networks (APAN) 亚太先进网络(协会) 作为亚太地区一个非营利国际性协会,2009 年 8 月 8 日在中国香港注册成立。旨在研发具有先进应用和服务功能的高性能网络,为科研机构提供一流的互联网环境,促进国际协作。其网址 http://apan.net.

Asia-Pacific Broadcasting Union (ABU) 亚太广播联盟 成立于 1964,是非营利性的广播组织的专业协会。ABU 的作用是帮助亚太地区的广播事业发展,促进成员的集体利益。ABU 覆盖区域从西部的土耳其到东部的萨摩亚,从北部的蒙古到南部的新西兰。

Asia Pacific Internet Exchange Association (APIX) 亚太因特网交换(中心) 是亚太地区的因特网交换点的协会。作为因特网交换点交流经验的论坛。也是全球 IX-F(因特网交换联盟)的一部分。

Asia-Pacific Network Information Centre (APNIC) 亚太网络信息中心 是亚太地区的区域因特网地址注册机构(RIR)。它是世界上五个 RIR 之一,并且是地址资源组织的一部分。APNIC 提供支持因特网全球运营的地址资源的分配和注册服务。它是一个非盈利性的会员制组织,其成员包括因特网服务提供商、电信提供商、数据中心、大学、银行、国家因特

A

网注册中心,以及拥有自己网络的类似组织。

Asia Pacific Telecommunity (APT) 亚太电信组织 是按照联合国亚洲及太平洋经济和社会委员会(UNESCAP)和国际电信联盟(ITU)的联合倡议而成立的。作为一个政府间组织,与电信服务提供商、通信设备制造商,以及研究和开发组织,积极参与通信、信息和创新技术领域。APT能够协助会员准备诸如 ITU 全权代表大会(PP)全球会议、世界电信发展大会(WTDC)、世界无线电通信大会(WRC)、信息社会世界峰会(WSIS)、世界电信标准化大会(WTSA)和国际电信联盟会议。APT还参与促进该区域计划的协调和区域中的活动。

ASN.1 basic encoding rule (ASN.1 BER) ASN.1 基本编码规则 ASN.1 规定了各种数据类型及数据对象的一种记法以及相应的语义。在此基础上 ISO(国际标准化组织)规定了传送语法以及 ASN.1 的数据对象到传送语法的转换规则,即 ASN.1 基本编码规则(BER)。因此,关于 ASN.1 有两个标准:一个是 ASN.1 抽象语法记法的标准 ISO 8824,另一个是 ASN.1 基本编码规则的标准 ISO 8825。

ASON 自动交换光网络 automatic switched optical network 的缩写。

aspheric corrector plate (ACP) 非球面校正平透镜 一种用于大屏幕投影电视机的透镜,其一个表面造型特殊,不构成一部分球面。

ASP.NET Web application ASP.NET 万维网应用程序 一种处理 HTTP(超文本传输协议)请求、在 ASP.NET 运行其首部执行的应用程序。它包括 ASP.NET页面、XML(可扩展标记语言)万维网服务程序、HTTP 处理程序和 HTTP 模块等。

assigned frequency 指配频率 由无线电管理部门分配给广播、电视、通信等部门所使用的无线电频率及容限。例如,指配给一个电台的频带的中心频率。

assigned frequency band 指配频带 批准给某个电台进行发射的频带;其带宽等于必要带宽加上频率容限绝对值的两倍。如果涉及空间电台,则指配频带还包括对于地球表面任何一点上可能发生的最大多普勒频移的两倍。

assignment for request 按申请指派,按需分配 通信系统中分配信道的一种方法。这种方法是先将总的传输通道划分为若干子通道(各通道宽度不一定相同),动态地分配给需要通道的用户。当用户要进行通信时,必须以某种方式提出信道申请。在有的通信系统(如帧中继)中,用户还可以在申请的同时说明需要的信道承载速率,可在尚有空闲的子通道范围,得到其使用权。通信完毕后,立即释放这个子通道,以便分配给其他用户使用。

assisted resource computer network (ARCnet) ARC 网络,辅助资源计算机网络 Datapoint 公司于 20 世纪 70 年代末、80 年代初期开发的速率为 2.5 Mbps 总线或星型局域网。它的传输介质可以是双绞线、同轴电缆或光纤。可执行数据存储、检索、计算和文字处理等功能,尤其以电子邮件见长。硬件组网的核心是 ARCNET 网卡。该网络技术不符合 IEEE 802.X 标准,但具有简单、可靠、廉价、网络跨距大和重负荷时效率不降低等优点。

associated channel (ACH) 随路信道 与独立专用控制信道(SDCCH)或者业务信道(TCH)共用在一个物理信道上传送信令消息的信道。

associated common-channel signaling 随路公共信道信令 公共信道信令的一种方式,它的信令信道与特定的中继群相关,并且终止于该中继群的对端交换机。信令信道通常由该中继群的传输设备建立。

associated control channel (ACCH) 随路控制信道 欧洲电信标准学会制定的GSM(全球移动通信系统)建议中规定的4种基本控制信道之一,用来传输随路信令。随路控制信道又可分为慢速随路信道(SACCH)和快速随路信道(FACCH)两种。

associated mode (of signaling) (信令的)对应工作方式 七号信令系统(SS7)中的一种工作方式,通过直连互相连接的信令链路传送涉及两个邻近信令点信令关系的消息。

associated number 连带数 网络中一个节点的连带数就是从这个节点到离它最远的节点的边数。

Association for International Broadcasting (AIB) 国际广播协会 是代表和支持国际电视和广播电台以及在线广播公司的非盈利性非政府行业协会。AIB成立于1993年,已发展成为一个真正的全球性组织,其成员从新西兰西部延伸到美国。AIB为其成员提供市场情报、游说、网络和市场支持。它出版了国际媒体杂志《The Channel》。

Association of Federal Communications Consulting Engineers (AFCCE) 联邦通信咨询工程师协会(美国) 成立于1948年,是联邦通信委员会之前执业的通信工程师专业协会。调幅广播、调频广播和电视服务、微波、蜂窝无线电、个人通信业务、寻呼系统、有线电视系统和卫星设施的工程设计,是AFCCE成员提供专业服务的一些领域。向技术人员和对通信工程感兴趣的其他专业人员提供准会员资格。

Association of Radio Industries and Businesses (ARIB) (日本)无线电产业和商业协会 是日本的一个标准化组织。指定ARIB为有效利用无线电频谱和指定频率变化支持机构的促进中心。其活动包括以前那些由无线电系统研究与发展中心(RCR)和广播技术协会(BTA)扩展的活动。ARIB是全球标准合作倡议的参与标准组织,以及第三代合作伙伴计划(3GPP)组织的合作伙伴。该机构还旨在对日益国际化、电信和广播融合,以及促进无线电波在商业中的使用等趋势提供快速准确的反应。

A ∗ search algorithm A 星搜索算法 在计算机科学中,A ∗ 是一种广泛用于寻路和图遍历的计算机算法,是在多个点(称为"节点")之间寻找路径的过程。由于其性能和准确性,得到广泛应用。然而,在实际的旅行路线系统中,它通常可以通过能够预处理图形的算法来获得更好的性能。A ∗ 通过使用启发式方法来指导其搜索,从而实现更好的性能。

astigmatism 散像现象,散光,像散 (1)导致光线不能良好聚焦因而引起影像模糊的一类缺陷。(2)电子束管的一种缺陷,当电子束受偏转时,束中电子在不同的轴向平面上达到聚焦,因此荧光屏上的光点变形,图像模糊。

Astra (欧洲)Astra 卫星 卢森堡广播卫星,频带:11.2~11.45 GHz;频道:16 个转发器;极化方式:线极化。

asymmetric access protocol 非对称访问协议 并非所有用户都有相同的访问网络的几率的多路访问控制协议,如自适应遍历树协议。

asymmetrical digital subscriber line (ADSL) 非对称[不对称]数字用户线路 一种数字用户线技术,其上行和下行的带宽不相等,下行带宽高于上行带宽,即在一对线上进行非对称双向传输的技术,适合普通用户的上网、视频点播等业务。它利用频分复用的方法,普通电话仍使用原来的低频段,而高速数据则调制到高频段传输。由于下行(中心局到用户)方向的数据率通常较高,而上行(用户到中心局)方向的数据率较低,因此下行线路采用宽带,速率为 1.5～8 Mbps,上行线路采用窄带,速率为 16～640 kbps。

asymmetrical distortion　非对称失真　影响双态调制的失真,其中,对应于两个特征状态之一的时间间隔具有比原始信号更长或更短的持续时间。

asymmetric algorithm　非对称算法　一种密码算法,它采用不同的密钥用于加密和解密工作。有时也称为公开密钥算法。

asymmetrical modem　非对称调制解调器　在两个传输方向上具有不同特性的全双工调制解调器。例如,在某一方向上以某一速度传输数据,而在另一方向上以另一速度传输数据。

asymmetrical modulation　非对称调制　调制解调器的一种全双工传输技术。在拨号呼叫传输的一个方向上使用大部分带宽传输信息,而在相反方向上使用小部分带宽传输信息。

asymmetrical sideband transmission　非对称边带传输　又称残留边带传输。介于双边带传输和单边带传输之间的一种信号传输方法。它抑制受调制信号一个边带的大部分能量而完整地传送另一个边带。采用这种方法,能限制输出信号中的冗余成分,又避免了对接收信号滤波器性能指标过于严格的要求。

asymmetrical transmission　不对称传输,异步传输　一种用于高速调制解调器的传输方式,通常工作于 9 600 bps 以上,异步传输将电话线的频率分成两个通道:一个低速通道,速率在 300～450 bps 之间;另一个高速通道,速率在 9 600 bps 以上。分离的通道使得输入和输出传输能够同时进行,调制解调器监控传输的方向并能适当控制通道的开关,将高速通道赋予数据流量大的方向,用低速通道传输控制信息。

asymmetric authentication method　非对称鉴权方法　一种鉴权方法,其中并非所有鉴权信息都被双方实体所共享。

asymmetric channel　非对称信道　一种双向通道,上行与下行方向的带宽(速率)不同,即带宽是非对称的双向信道。使用因特网时,从网上获取信息通常比向网上发送信息量更大,因此,使用非对称信道可以节约带宽资源、减少干扰,是一种实际可行的用户接入方式。

asymmetric compression encoding　不对称压缩编码　不对称意味着压缩时需要花费大量的处理能力和时间,而解压缩时则能较好地实时回放,也即以不同的速度进行压缩和解压缩。一般地说,压缩一段视频的时间比回放(解压缩)该视频的时间要多得多。例如,压缩一段三分钟的视频片段可能需要 10 多分钟的时间,而该片段实时回放时间只有三分钟。

asymmetric digital line transceiver　非对称数字线收发器　一种在发送和接收方向上采用不同传输速率的通信系统的接口收发设备。

asymmetric digital subscriber line（ADSL）非对称[不对称]数字用户线路　是一种数字用户线(DSL)技术,这是一种数据通信技术,与传统的语音频带调制解调器相比,它可以在铜质电话线上实现更快的数据传输。ADSL 与较不常见的对称数字用户线(SDSL)不同。在 ADSL 中,带宽和比特率被认为是不对称的,这意味着朝向客户端(下行)而不是反向(上行)更大。提供商通常将 ADSL 作为一种面向消费者的互联网接入服务进行营销,主要用于从互联网上下载内容,但不为其他人提供内容访问。

asymmetric digital subscriber line 2 Plus

（频谱扩展）第二代非对称数字用户线 国际电信联盟（ITU）G.992.5 标准在 ADSL2(G.992.3)的基础上进一步扩展，主要是将频谱范围从 1.1 MHz 扩展至 2.2 MHz，相应地，最大子载波数目也由 256 增加至 512。它支持的净数据速率最小下行速率可达 16 Mbps，上行速率可达 800 kbps，且 16 Mbps 以上的下行速率、800 kbps 以上的上行速率也可选支持（下行最大传输速率可达 25 Mbps）。

asymmetric digital subscriber loop（ADSL）非对称[不对称]数字用户环路 一种数字用户线（DSL），所谓不对称，是指上下行数据传输速率不一致，下行数据速率可达 9 Mbps，上行数据速率达 640 kbps。它能在不增加铜线和不影响原有电话业务的条件下，提高现有环路的接入速率。它将用户频谱分为三个频段：0 kHz 至 4 kHz 频段继续用来传送话音基带信号，完成电话业务；20 kHz 至 120 kHz 频段用来传送上行或下行的低速数据或控制信息；120 kHz 至 1 MHz 频段用来传送下行的高速数据。为充分利用频谱，ADSL 采用复杂的 DMT（离散多音）调制技术。DMT 将 1 MHz 的频谱划分为 256 个带宽为 4.312 5 kHz 的子信道，按实际测得的信道质量来确定每个信道的承载比特数，以避开那些噪声太大或损耗太大的子信道从而实现可靠的通信。ADSL 速率完全取决于线路的距离，线路越长，速率越低，在 2 700 米距离时能达到 8.4 Mbps，在 5 500 m 距离时就会降到 1.5 Mbps，这种特点说明，ADSL 比较适合视频点播类的分布式服务，而不适合点对点之间的连接。

asymmetric modem 非对称调制解调器 全双工调制解调器。它向电话网络传输数据的速率不同于从电话网络接收数据的速率。

asymmetric video compression 非对称视频 压缩 在多媒体应用中，使用高性能计算机压缩视频信号，以便在还原的时候可使用性能较低但较便宜的计算机，对应于 symmetric video compression。

asynchronism time-division multiple access（ATDMA）异步时分多址（接入） 也叫做统计时分复用技术（STDM）。指的是将用户通信的数据划分为一个个数据单元，不同用户的数据单元仍按照时分的方式来共享信道；但是不再使用物理特性来标识不同用户，而是使用数据单元中的若干比特，也就是使用逻辑的方式来标识用户。

asynchronous（ASYNC）异步的 （1）指没有固定的时间关系，对程序指令的执行是突然的或是不可预测的。（2）相连的比特、字符或事件的持续时间不相等的现象。在数据通信中字符间的时间间隔是变化的，这种通信方式通常叫异步方式，也称为"启停式传输"。（3）一组重复事件（例如执行某种运算、操作或指令等）的出现没有时间上的规律性。例如，数据在异步传输过程中，所传送的字符之间的时间间隔是不固定的。

asynchronous attack 异步攻击 利用防御行动和攻击行动之间的时间间隔使防御行动失去作用的企图。例如，操作任务可能在被中断后立即对所存储的参数进行检查，用户重新获得控制并恶意更改该参数，操作系统在重新获得控制后继续使用被恶意更改的参数进行处理。

asynchronous balanced mode（ABM）异步平衡（通信）模式 数据链路控制规程的一种应用方式。在这种方式中，通信方式是异步的，通信结构是平衡的，即通信的两个站是平等的，每一个站都可以启动传输。异步通信方式即异步应答方式，从站不必等待收到主站允许发送的命令就可以向主站发送数据。而平衡结构或平衡模式是由通信链路连接起来的通信双方都是综合站,或者都是由主站从站组成的通信站,双方都有权建立链路和拆除链路,双方都可以控制对方也可以接受对方控制。与此相对的是非平衡模式。在这种模式中,如果是点对点结构,链路所连接的通信站,一方为主站,另一方为从站,主站控制和支配从站;如果是多点结构,其中一个是主站,其他都是从站,主站控制和支配着其他从站。

asynchronous balanced mode extended (ABME) 异步平衡(通信)模式扩展 在通信中的一个操作模式,采用模 128 序列数。

asynchronous circuit 异步电路,自定时电路 是一种时序数字逻辑电路,它不受时钟电路或全局时钟信号控制。相反,它通常使用由简单的数据传输协议指定的表示指令和操作完成的信号。这种类型的电路与同步电路形成对比,异步电路中信号值的变化由被称为时钟信号的重复脉冲触发。目前大多数数字设备使用同步电路。然而,异步电路有更快的潜力,并且可能在低功耗、低电磁干扰以及大型系统中更好的模块化方面具有优势。异步电路是数字逻辑设计研究中的一个活跃领域。

asynchronous communication 异步通信 一种数据位的传输和时钟信号不同步而是通过使用起始位和终止位来标识数据单元的开始和结束的一位接一位的发送方式完成的数据通信。两个参与通信的设备必需设定在同一个速率上。这个速率被称为波特率。还使用校验位检查所传输的每一个字节的准确性。普通电话线可以被用于异步通信。两个调制解调器进行异步通信有赖于每一方向对方发送的起始和终止信号以便调整信息交换的步调。

asynchronous communication adapter 异步通信适配器 指用于提供在微机和其他设备之间的异步串行通信电路或电路板,插在微机的扩展槽中。

asynchronous communication device interface (ACDI) 异步通信设备接口 此类设备接口是允许异步传输的一种传输数据的方式,在其中一次被发送一个字符,而且在字符之间可能有不均匀数量的时间。一个开始位和一个结束位通报接收计算机何时传输开始和结束。

asynchronous communication interface adapter (ACIA) 异步通信接口适配器 (1) 一种与微处理机配套的、实现串并行转换的可编程序输入输出接口。它常与调制解调器相连接。其功能有选择启动端、读/写、中断、数据格式变换等。(2) Motorola公司生产的 MC 6800 系列微处理机的一种外围芯片。

asynchronous communication system 异步通信系统 一种常用的数据通信系统。在此系统中,发送设备发送数据的时机可以是任意的,而且发送速度只是一个粗略的约定。为了使接收设备能正确的接收数据,需要在发送的各个数据字符或数据块中附加一些信号元。例如:在面向字符的异步通信中,在每一字符前面加上一个起始位,用来通知接收设备准备好接收;在字符之后加上一个停止位,通知接收设备停止接收。这样,只要收、发设备之间在一个字符的传送时间内保持同步即可。虽然各字符或数据块之间的传输间隔是任意的,但仍可有效地传输数据。

asynchronous connection-less link (ACL) 异步无连接链路 当数据完整性比避免延迟更重要时,使用异步无连接链路(ACL)。在这种类型的链路中,如果封装在帧中的有效载荷被破坏,则重传它。当且仅当前一个时隙已被寻址到时,辅助时隙将在可用的奇数编号的时隙中返回 ACL 帧。ACL 可以使用一个、三个或更多个时隙,并且可以实现 721 kbps 的最大数据速率。

asynchronous controller description　异步控制器描述　在同步通信线路上使用异步传输方法时或者在 X.25 通信线路上采用非 SNA(系统网络体系结构)协议时的一个代表远程系统或设备的控制器描述。

asynchronous data transmission (ADT)　异步数据传输　在进行数据传送的主设备和从设备之间没有统一的时钟控制脉冲信号的数据传送方式。主从设备都以自己的时钟频率进行工作。在数据传输过程中,采用问答方式,主设备每发送一次询问或请求信号,从设备就给出一次回答信号。以此保证数据传输次序的正确性。传送的每个字节都在前边加起始位,在后边加结束位。与此传送方式相对的是同步数据传送。参见 asynchronous transmission。

asynchronous device　异步设备　(1)一种无须考虑操作速度,其操作由前一操作完成后发出的信号去初启下一操作的一种装置。例如,键盘输入设备就与操作员的操作速度无关。(2)一种进行数据传输的设备,其中一个字符或者字符块的传输可在任何时刻启动,但代表字符或块的位具有相同的时间间隔。

asynchronous flow　异步(数据)流　每个字符加上起止同少信号和差错校验位作为一个信息帧进行数据传输的数据流。这种数据流在传输时对通信线路的要求比同步数据流要低,但由于其中含有的冗余成分多,所以传输效率低于同步流方式。

asynchronous gateway　异步网关　在以太网中,一个使计算机终端、打印机、调制解调器或其他异步设备与其他设备在异步网络上进行通信的单元。连接的设备数量只受限于以太网 trunk 可支持的 6 端口异步网关的数量。

asynchronous I/O　异步 I/O,异步输入输出　一种 I/O 模式,应用程序发出一个 I/O 请求后,在设备传输数据的同时,仍然继续执行,应用程序通过等待一个文件处理或者一个事件处理与数据传输的结束相同步。

asynchronous input　异步输入　(1)不需按固定的时间关系向计算机系统输入数据的一种数据输入方式。(2)数据输入到计算机时,其输入操作与计算机本身的操作无固定的时间关系。

asynchronous line driver　异步线路驱动器　通过四路传输线将计算机或多路复用器与远程数据终端连接的一种线路驱动器。有一种线路驱动器可以支持全双工的 9 600 波特,最远可达 3 公里的四线路传输线,也可以低波特率连接较近的距离。这种装置联机线路的一端通过内线驱动电路产生平衡差分收发信号,联机线路的另一端与 RS-232-C 接口相连。

asynchronous mapping　异步映射　一种对被映射的信号的结构和时钟的同步无任何限制信号、有无帧结构均可、也无需与网络同步的映射方法。例如,SDH(同步数字序列)设备在映射时通过比特填充将被映射的信号打包成与 SDH 网络同步的虚容器(VC)信息包,在解映射时,需要去除这些填充比特,恢复出原信号。

asynchronous mode　异步模式[方式]　一次发送一个字符,每个字符前有一个起始位,字符后有一个停止位的一种通信传输方式。常用 FSK(频移键控)调制方法,这时 bps(每秒位)与波特数相等。

asynchronous modem　异步调制解调器　以异步方式操作的一种调制解调器,通常采用频移键控(FSK)调制方式。它每次发送一个带有起始位和结束位的字符,字符码具有检错能力。

asynchronous multiplexer　异步多路复用器　一种能进行多路传输的复用装置。

在不影响同时操作的情况下,可以使两个或多个传输速率不同的发送装置利用一个公用通道传输信息。

asynchronous protocol 异步协议 控制异步传输的通信协议,如 ASCII、TTY、Kermit、Xmodem。

asynchronous response mode(ARM) 异步响应方式[模式] 高级数据链路控制(HDLC)规程的一种应答方式。在这种模式下,从站随意发送,不必等待主站查询。点对点的平衡结构或非平衡结构都可以使用这种模式进行工作。多点结构有时候工作在所谓争用模式下。在这种模式下,各站可以自由发送。两个站同时发送会造成发送的数据破坏。因而争用模式只在同时发送的可能性很小时,才能成功运行。因此只在少数情况下才在多点结构中使用 ARM 模式。HDLC 可以在半双工或全双工线路上实现,但是在半双工方式下,用硬件安排交替发送。与此相对的是正常响应模式。

asynchronous satellite 非同步卫星 这种卫星以自己的速度绕着轨道运行,运行周期与地球自转周期不一致。

asynchronous serial communication 异步串行通信 是串行通信的一种形式,在这种通信中,通信端点的接口不是通过公共时钟信号持续同步的。数据流分别在每个传输单元之前和之后,包含以起始和停止信号形式的同步信息,代替公共同步信号。起始信号为数据到达准备接收器,而停止信号重置其状态以允许触发新的序列。一个常见的启停(式)传输是通过 RS-232 上的 ASCII 码传输,例如用在电传打字机操作。

asynchronous serial interface(ASI) 异步串行接口 一种视频接口。ASI 被用来传输 MPEG(活动图像专家组)数据流,它使用 75 Ω 同轴电缆或光纤缆,线速度为 270 Mbps,并且多个视频流可以复用

在一个 270 Mbps 的端口上。

asynchronous signaling 异步信号发送 发送代码的一种方式。所发送的代码有自己的开始标志和结束标志。

asynchronous time division multiplexing (ATDM) 异步时分复用 (1)计算机网络中的一种发送信息的方法。ATDM 是一种动态分配方式,信道不再划分为子信道,用户想通信也不必先申请信道,而是将要发送的数据报文划分为一定长度的数据单元(不一定是分组),每个数据单元要包括一些用来标识收发两端用户的地址信息,然后送到网络节点的缓冲区中去排队。每个节点相当于一个单服务队列,通常按照到达节点的先后顺序发送,因此 ATDM 也称为"按排队方式分配信道"。(2)利用时分多路转换的一种异步信号传输方式,它是通道的一种使用方式。一个通道按时分方式连接多个终端时,可以有同步、异步或其他工作方式。异步时分方式只将通道时间分给活动的终端,这比同步时分方式(不管终端是否活动)要节省一些时间,从而提高了数据传输速度。

asynchronous transfer 异步传输 传输数据的一种方法。它使用起始位和停止位调节数据流,在个别字符之间的时间间隔不需要相等。也可以使用奇偶校验来检查接收到的数据。

asynchronous transfer mode(ATM) 异步传输模式 为了在宽带 ISDN(综合业务数字网)内解决数据、文字、话音、图像等信号的高速传输和综合交换,而提出的一种快速分组交换技术。其基本思想是在高速传输信道上传送一种称之为信元的小分组,每个信元只有 48 个字节的信息和 5 个字节信头。

asynchronous transfer mode network 异步传输模式网 ATM 是通过带标号的信元来传送信息的一种转移模式。包含各

用户信息的信元并非周期性出现,从这一意义上讲,该转移模式是异步的。ATM是面向连接的快速信元交换技术,采用该技术组成的网络是ATM网。ATM网具有严格的流量控制和服务质量(QoS)管理的功能,能提供各种业务的服务要求,包括实时业务。ATM网提供数据、语音、图像等各种业务。ATM网提供的基本业务包括永久虚拟线路(PVC)和交换虚拟线路(SVC)。ATM网除可以组建独立的业务网外,还可以为其他业务网提供建立高速中继传输通道,如为因特网路由器之间的连接提供中继传输通道等。用户可以利用ATM网进行局域网互连、因特网接入、会议电视、可视电话、交互式多媒体信息检索等。

asynchronous transmission 异步传输 数据通信中的一种传输方式。这种传输不要求严格定时。由于每一个传输的字符被冠以一起始位,末尾又加上一位或多位的停止位,以致正确地接收信息并不依靠固定传输节拍的同步,因此,传输字符之间的间隔将是可变的,开始标志的出现是无规则的,而字符中的各个位则是同步的。

AT&T data communication service AT&T 数据通信业务公司 专门提供数据通信业务的公司,位于美国的新泽西州。所提供的业务有帧中继和信息访问等,可以帮助用户实现全球范围的数据通信连接。

AT commands AT 命令 调制解调器所有和使用的命令集合,用于计算机控制调制解调器。这些命令由 Hayes 公司开发,成为调制解调器的标准。AT 命令分为两类,第一类完成立即操作,如拨号(ATD)、应答(ATA)、解除连接(ATH)等。第二类用来改变调制解调器设置,例如 ATS7=90,把 S7 寄存器的码值设置为 90,此值告诉调制解调器在拨号后等待对方应答时间最长为 90 秒钟。AT 是数字代码,是激活每个命令的前缀。

AT command set AT 命令集 是激活控制智能型调制解调器功能的一系列机器指令。由 Hayes Microcomputer Products(公司)开发并被称为 Hayes 标准 AT 命令集,是 modem 通信接口的工业标准,它的功能包括:配置 modem 与软件共同工作,与远程系统通信,发起或应答一个呼叫等。AT 命令以 AT 开头("A/命令"除外),回车键结尾,前缀 AT 用于通知 modem 注意(attention)检测计算机串行口发送信号的速率、识别字符格式。AT 命令达百条之多,内容极其丰富。

Ater interface Ater 接口 是 BSC(基站控制器)与 TC(码型变换器)之间的接口。它是一个专有接口,其名称取决于供应商(例如诺基亚称为 Ater 接口),它承载来自 BSC 的 A 接口信息,保持不变。

A-time 绝对时间 从 CD-ROM 碟起始位置开始计算的时间,用于访问光碟中的数据扇区。相对于盘起始位置的数据扇区的地址使用"分:秒:扇区"的格式。

ATM address resolution protocol (ATMARP) 异步传输模式地址解析协议,ATM 地址解析协议 是 ATM 上的网际协议(IPOA)中用于实现 IP 地址-ATM 地址映射的地址解析协议。ATM 是 asynchronous transfer mode 的缩写。

ATM cell ATM 信元 异步传输模式技术所使用的基本信息单元。它具有 53 个字节的固定长度,前 5 个字节为信元头,其余 48 个字节是称为"净荷"的有用信息。

ATM forum ATM 论坛 成立于 1991 年,曾包括 750 个以上的公司和研究团体,致力于开发和定义 ATM(异步传输模式)标准的一个组织。

A

ATM LAN emulation ATM 局域网仿真
在 ATM 网上实现仿真的局域网（LAN），即 ATM 网模拟现有的局域网传输，为高层提供数据链路层 MAC（介质访问控制）子层的服务，使仿真局域网上的 ATM 用户之间的数据通信类似于传统局域网。

ATM management object 异步传输模式[ATM]管理对象(规范) 由因特网工程任务组(IETF)中的网络管理信息数据库工作组提出的一个规范，用于定义 ATM 设备、网络和服务的对象。该规范允许网络管理器将交换机组、虚拟连接、接口和服务定义为离散的实体。

ATM-network integrated processing (ATM-NIP) 异步传输模式[ATM]网络综合处理(结构) 为消除处理机和网络之间的差异而设计的一种计算体系结构。NIP 使用 ATM 建立分布式的计算环境，使单个计算部件能利用此环境于分布在不同地理位置的数百个处理器共享数据，完成大规模的计算任务。

atmospheric interference 天电干扰 由大气中发生的各种自然现象所产生的天线电噪声引起的电磁干扰。

atmospheric noise (AN) 天电杂波[噪声] 由大气层中的自然现象引起的杂波。

atmospheric window 大气窗口 指天体辐射中能穿透大气的一些波段。在地球表面有一层浓厚的大气，由于地球大气中各种粒子与天体辐射的相互作用(主要是吸收和反射)，使得大部分波段范围内的天体辐射无法到达地面。人们把能到达地面的波段形象地称为大气窗口，这种窗口有三个：光学窗口、红外窗口和射电窗口。

ATM passive optical network (APON, ATM-PON) 异步传输模式[ATM]无源光网(络) 是一种结合 ATM 多业务多比特率支持能力和无源光网透明宽带传送能力的理想解决方案，国际电信联盟-电信标准化部(ITU-T)为此在 1998 年 10 月通过了 APON 国际标准 ITU-T G.983.1；2000 年 4 月批准其控制通道规范的标准 ITU-T G.983.2；2001 年又发布了关于波长分配的标准 ITU-T G.983.3。APON 的工作原理如下：OLT(光线路终端)将到达各个 ONU(光网络单元)的下行业务组装成帧，以广播的方式发送到下行信道上，各个 ONU 收到所有的下行信元后，根据信元头信息从中取出属于自己的信元；在上行方向上，由 OLT 轮询各个 ONU，得到 ONU 的上行带宽要求，OLT 合理分配带宽后，以上行授权的形式允许 ONU 发送上行信元，即只有收到有效上行授权的 ONU 才有权利在上行帧中占有指定的时隙。

ATM protocol reference model 异步传输模式[ATM]协议参考模型 一个多维协议模型，由 4 层 3 个平面组成。4 层即物理层、ATM 层、ATM 适配层和高层，高层实际上是与业务有关的多层功能。3 个平面即控制平面、用户平面和管理平面。

ATM reference model 异步传输模式[ATM]参考模型 在 B-ISDN(宽带综合业务数字网)协议模型上构造的二维分层模型，通常称为 ATM cube 模型。其中的一维是 ATM 层，另一维包括控制平面(C-plane)、用户平面(U-plane)和管理平面(M-plane)。

ATM user to ATM user indication (AUU) 异步传输模式[ATM]用户到(ATM)用户指示 用户向 ATM 网络业务接入点(SAP)请求传送业务数据单元(SDU)时携带的一个参数，它是一个二值变量。用户可以把它的 SDU 区分为两种不同的类型，并使用这个参数来标识当前请求传送的 SDU 属于哪种类型。

ATM user-user connection　异步传输模式[ATM]用户-用户连接　一种 ATM 层建立的关系,用于支持两个或多个用户之间的通信。这种通信关系可以是单向的也可以是双向的,两个方向上采用同一个虚拟通道标识符(VCI)。

atomic absorption spectroscopy（AAS）　原子吸收光谱,原子吸收光谱法　(1)如果将一定外界能量如光能提供给基态原子,当外界光能量 E 恰好等于该基态原子中基态和某一较高能级之间的能级差 E 时,该原子将吸收这一特征波长的光,外层电子由基态跃迁到相应的激发态,而产生原子吸收光谱。原子吸收光谱过程吸收辐射能量。(2)是基于气态的基态原子外层电子对紫外光和可见光范围的相对应原子共振辐射线的吸收强度来定量被测元素含量为基础的分析方法,是一种测量特定气态原子对光辐射的吸收的方法。

atomic emission spectroscopy（AES）　原子发射光谱,原子发射光谱法　(1)电子跃迁到较高能级以后处于激发态,但激发态电子是不稳定的,激发态电子将返回基态或其它较低能级,并将电子跃迁时所吸收的能量以光的形式释放出去,这个过程称原子发射光谱。原子发射光谱过程释放辐射能量。(2)是利用物质在热激发或电激发下,每种元素的原子或离子发射特征光谱来判断物质的组成,而进行元素的定性与定量分析的方法。

attached resource computer network（ARCnet）　ARCnet 网,附加资源计算机网络　1980年前后由 Datapoint 公司为 IBM 兼容机开发的局域网,ARCnet 网采用一种星型拓扑结构、令牌传递协议和同轴或双绞线电缆。该网络可以以 2.5 Mbps 的速度传送数据。ARCnet 接口卡价格低廉且易于安装,可执行数据存储、检索、计算、文字处理和电子邮件等功能。其信道由同轴电缆组成,最多可挂 255 个设备,无须专用的文件服务器,可为任意拓扑结构,电缆总长为 7.5 km,节点间可直接传递。它是 Eagle 网的物理基础。

attack time（AT）　声建立[上升]时间　当输入信号电平突然增加时,声响幅器之类设备的增益在规定条件下从某一值变到另一值所经历的时间。在电信中,上升时间是在设备或电路的输入端的信号超过设备或电路的激活阈值瞬间,和设备或电路以特定的方式或以特定的程度对输入作出反应的瞬间之间的时间。上升时间发生在如削峰器、峰值限制器、动态范围压缩和声控开关等设备中。

attempts per circuit per hour（ACH）　每小时每电路的试呼[呼叫]次数　在电话系统中,衡量呼叫业务量的一个参数,指每小时发生在每条电路上的平均呼叫次数。

attendant break-in　话务员强插　人工交换机中,当优先级更高的长途来话呼叫正在进行市话通话的用户时,话务员将拆除市话通话,而接入长途来话给被叫,以提高长途接通率。自动交换机中,采用"长途插入提示音"的方式告诉被叫有长途呼叫,希望他接听。

attendant conference　话务员(安排的)电话会议　一种专用分支交换机(PBX)功能,允许话务员(或操作员)在中心局主干线和国际电话之间建立会议连接。

attenuation　衰减　(1)通信信号的能量损失。信号在传输过程中电流、电压和功率的减弱。衰减通常用分贝(dB)表示。(2)用以描述传输系统中网络性能特性的一个参量。它定义为当网络插入一无反射的传输系统时,负载上所得到的信号功率的降低程度。对于多端网络,如要测其任意两端口间的衰减,则应在其他各端口接以匹配负载的情况下进行。

A

attenuation coefficient　衰减系数　(1)传输线或波导轴线上两点之间的衰减除以该两点之间的距离的商,当距离趋于零时的极限。(2)由衰减作用引起的功率损失和入射波功率通量密度之比。同attenuation rate。

attenuation rate　衰减率　(1)传输过程中,平均功率随着距离增加而减少的速度,衰减率通常用每公里分贝(dB/km)表示,典型光纤的衰减率为 0.1 dB/km。(2)波导中传播的电磁波,如光纤中传播的光波,衰减率是其信号、功率沿长度方向每单位距离的衰减。

attenuation to crosstalk ratio (ACR)　衰减串扰比,衰减/串扰率　限制信号在给定媒体中传输率的一个因素。它是在给定媒体中衰减的接收信号功率与局部收发器近端串扰(NEXT)信号功率的比率,通常用分贝表示。为达到所需的位出错率,接收信号功率通常必需比 NEXT 串扰信号功率大几倍。

attenuator (ATT)　衰减器　为使输出端口提供的功率小于输入端口的入射功率而设计的双端口器件。衰减器是在指定的频率范围内,一种用以引入一预定衰减的电路。衰减器有无源衰减器和有源衰减器两种。有源衰减器与其他热敏元件相配合组成可变衰减器,装置在放大器内用于自动增益或斜率控制电路中。无源衰减器有固定衰减器和可调衰减器。

attribute-based access control (ABAC)　基于属性的访问控制,基于角色的访问控制　(1)也称为基于策略的访问控制,定义了访问控制范例,通过使用将属性组合在一起的策略向用户授予访问权限。策略可以使用任何类型的属性(用户属性、资源属性、对象、环境属性等)。此模型支持布尔逻辑,其中规则包含有关谁在发出请求、资源和操作的"IF,THEN"语句。例如:如果请求者是管理员,则允许对敏感数据进行读/写访问。(2)伴随用户角色的属性可以包括主题属性、资源属性、环境属性等。基于属性的访问控制为系统安全管理提供了在访问控制策略中基于用户属性进行访问控制的规则。管理系统预先设置相应的基于属性的访问控制策略,访问控制会根据用户属性和访问控制列表进行判断,然后会给出拒绝或者允许的结果。

attribute label　属性标号　在 GML(通用标记语言)的生成过程中,当规定某一属性值时,可以将其输入到源文件中的一种属性名字。

audibility (AUD)　可听度　人耳听到声音的能力。可听度是随着声音大小和频率而变化的。可以忍受的最大声音强度就是最大可听度,可以听到的最小声音强度称为可听门限或听阈。人的耳朵可以听到的声音频率范围是 30 Hz～20 kHz,最灵敏的范围是 1～2 kHz。一般用分贝(dB)表示声音强度。

audio amplifier　声频[音频]放大器　用来增强声频信号的电子设备。只对声音范围内的频率(70～1 500 Hz)进行放大,而对这个范围之外的频率不加放大。

audio bandwidth (AB)　声音[音频]带宽　声音信号的频率范围。通常认为声音信号的带宽约为 20 kHz。

audio bridge　声桥　在电话会议中用来连接多条电话线的装置。

audio center frequency (ACF)　伴音中心频率　对传送电视节目声音部分的调频信号来说,指伴音载波频率在电视广播频道频谱中的位置。

audio channel number　声道号　分配给音数据流的通道号码,其范围为 0～7。对 2 个通道的立体声信号,用 ACHO 和 ACH1 分别表示左声道和右声道。

audio codec (AC)　音频(信号)编码译码器　是能够编码或解码音频数字数据流的装

置或计算机程序。

audio communication 音频通信 （1）直接利用声波能量传递信息的方式。由于声波能量在媒体中传播时衰减很快，因此一般只能用于近距离通信。（2）将声音信号变换成频率相同的交流信号，直接在线路上进行传输。这种方式通信时串扰、噪声很难抑制，远距离通信效果不好。

audio communication line 音频通信线路 与声音应答装置相连的通信线路，它是一种交换式线路。

audio compression 音频[声音]压缩 通过消除信号中的冗余数据，减少音频信号总量的一种方法。

audio conferencing 音频[电话]会议 由三人以上同时通话的电话通信会话。由专用的小型交换机和多线路电话提供，或者由电话公司提供。

audio connectors and video connectors 音频连接器和视频连接器 用于传输音频信号和视频信号的电（或光学）连接器（包括插头和插座）。有些类型的连接器被多种硬件接口使用，例如，RCA（美国无线电公司）连接器是由复合视频和分量视频接口定义的，但是 DVI（数字视频接口）是唯一使用 DVI 连接器的接口。这意味着在某些情况下，并非所有具有物理兼容的连接器组件都能一起工作。

audio device 音频[声音]设备 输入、处理、分析、识别、合成、输出声音的装置。主要包括话筒、扬声器、语音识别和合成部件等。

audio dubbing 灌音，配音，音频复制，后期录音 在多媒体中，指在录像带上记录声音而不擦除视频信号。

Audio Engineering Society（AES）（美国）音频工程协会 该协会成立于 1948 年，致力于音频技术的研究和开发、标准的制定和市场的开拓。AES 的成员来自专业音频行业中的工程师、科学家，以及其他对感兴趣或参与的个人。包括开发音频设备或产品的工程师，以及从事音频内容制作的人员。它还包括声学家、听力学家、学者，以及与音频相关的其他学科的人员。AES 是唯一专门致力于音频技术的世界性的专业协会。协会开发、审查和出版音频和相关媒体行业的工程标准，并组织 AES 大会，每年在欧洲和美国交替举行两次。AES 和个别区域或国家部门也在年度内举行关于不同主题的 AES 会议。

Audio Engineering Society/European Broadcast Union（AES/EBU）standard （美国）声音工程学会/欧洲广播联盟标准 由 AES/EBU 这两个组织联合制定的数字音频信号传输专业级标准。

audio frequency shift keying（AFSK）声频频移键控 通过调制音频频移实现脉冲信号传送的技术。例如，可以用 2.125 kHz 表示传号，用 2.975 kHz 表示空号。

audiographic teleconferencing（AGT）视听型远程[电话]会议 使用多媒体召开实时远程会议，多个站点共享传送来的计算机屏幕图像。

audio inquiry 声音查询 通过按键或拨号使数据进入一台附加有声音响应装置并能提供声音响应的计算机中。

audio interchange file format（AIFF）音频交换文件格式 Apple 公司提出的一种 8 位单声道声音文件格式，也应用于 SGI 工作站。文件扩展名是.aif。AIFC 和 AIFF-C 是其带数据压缩的文件格式，在因特网上传输声音信息文件时，经常使用这种格式。

audio latency 音频延迟 是音频信号进入和从系统中出现时间之间的延迟。音频系统中潜在的延迟因素包括：模数转换、缓冲、数字信号处理、传输时间、数模转换和空气中的声音速度。

A

audio masking (AM) 声掩蔽 由于存在另一起掩蔽作用的声音,而使某一声音的闻阈增加的数量。

audio on demand (AOD) 音频点播,音乐点播 网站提供的音乐服务,允许用户自己选择音乐节目,其播放控制和操作形式与磁带录音机类似,如播放、暂停、快进、快退等多种功能标志。每当用户请求播放音乐时,AoD 系统就把音乐节目传送给用户的接收和播放装置,用户可不必购买录音像带和激光唱碟,节目集中存放在音乐库中。

audio optical modulator (AOM) 音频光调制器 指三维观影系统中的光调制系统部件。入射激光束由 AOM 进行强度调制以响应视频信号。

audio output 音频输出 一种用于输出音频信号的接口。通常位于播放机和电视机后部。可输出单路、双路(立体声)或六路音频信号。

audio over Ethernet (AoE) 以太网音频,音频以太网 在音频和广播工程中,以太网音频是使用基于以太网网络来分发实时数字音频的方案。AoE 用标准的网络结构化布线取代了笨重的电缆或音频专用安装的低压布线设施。AoE 为任何音频应用提供可靠的支柱,如在体育场馆、机场、会展中心、多个工作室或舞台进行大规模的扩声系统。虽然 AoE 与 IP 语音(VoIP)和 IP 音频(AoIP)有相似之处,但 AoE 旨在用于高保真、低延迟的专业音频。由于保真度和延迟的限制,以太网系统上的音频一般不采用音频数据压缩。AoE 系统比 VoIP 使用更高的比特率(通常是 1 兆比特每通道)和低得多的延迟(通常小于 10 ms)。以太网上的音频需要高性能的网络。可通过使用专用的局域网(LAN)或虚拟局域网(VLAN),过度配置或服务质量特性来满足性能要求。一些 AoE 系统使用专有协议(在 OSI 的较高层),创建直接传输到以太网(第 2 层)的数据包和数据帧,来提高效率和降低开销。运行时钟可以由广播数据包提供。

audio response (AUDRE) 音频响应,声音应答 一种用话音回答询问的输出形式。被编程的计算机对在分时联机系统上产生的询问寻找回答,然后用一个专用的答话器,对询问发出预先记录的合适回答。也可以采用语音合成技术将符号信息转化为声音方式播放。

audio response unit (ARU) 音频[声频,声音]应答装置 把计算机系统连到电话网上,以声音响应电话终端或其他设备提出的询问的输出装置。声音响应根据以数字编码形式预先记录在磁盘上的词汇表汇编而成。声音响应可以经通信线路传送到发出询问的设备。终端询问可由普通的电话机拨号或按键送入的声音应答装置经过缓冲,送入处理机的内存储器汇编成完整的消息,经计算机处理后,将其结果汇编成数字编码的声音响应,再送到声音应答装置。声音应答装置又将它转换成实际的声信号,以回答询问设备。

audio signal processing 音频信号处理 或音频处理通常是通过音频效果或效果单元来特意改变音频信号。由于音频信号可以用电子方式表示数字或模拟格式,所以信号处理可以发生在任何一个域中。模拟处理器直接对电信号进行操作,而数字处理器按该信号的数字表示形式进行数学运算。

audio signal-to-noise ratio 音频信噪比 在录像带中,判定不失真信号响度对磁带噪音的测量。音频信噪比以分贝度量。数值越大,磁带的音频质量越好。

audio still video (ASV) 音频静态视频,ASV 视像 记录在 DVD(数码影碟)上的静态图像。每幅图像是用 MPEG-2 压缩的帧内图像,并有一幅表示它的子图像,子图像可作为视像选单上的选项。在播放节目之前可把多到 20 幅的图像加载到播放器的存储器,允许用户以幻灯形式显示或浏览。静态图像之间的过渡效果包括切换、淡出淡入、融出融入和划变等。

audio subcarrier(ASC) 声音(信号)副载波,音频副载波 在视频广播信号中用于传输音频信息的载波。在和电视信号混合之前,调制声音信号的特定频率。音频副载波采用调频方式,在 NTSC(美国国家电视制式委员会)制式中频率为 4.5~8.0 MHz,在 PAL(逐行倒相)制式中和 SECAM(顺序彩色与存储)制式中为 5.5~8.5 MHz。

audio synthesis 声音[音频]合成 将不同频率成分的信号,用人工或计算机合成的方法叠加起来,产生人类语言、乐器音或自然界各种音响效果。也可以把存储在计算机中的数字数据转化成象乐器和人声的模拟量声音信号输出。

audio telecommunication line 声音远程通信线 连到声音应答设备上的一种通信线。这种线总是工作在双向传输方式中。

audio terminal 声音终端 与声音应答装置相连的一种终端设备。利用声音终端,可以通过键盘或拨号盘把数据输入计算机,而由声音应答装置作出相应的回答。

audiotext(ATX) 声文(通信系统),语音传信,声讯文本 在无人帮助下,允许电话呼叫者访问信息或留言的语音响应系统。这种业务常被称为语音邮件。也是呼叫中心的语音处理系统功能。

audio transmitter(AT) 伴音发射机,音频发射器 用来播出电视广播台的伴音信号的无线电设备。音频发射器和视频发射器共同组成电视发射器。

audio video interactive services(AVIS) 音频/视频交互服务 国际电报电话咨询委员会(CCITT)的一个超媒体服务标准。定义了可通过电话线/ISDN(综合业务数字网)网提供的交互式多媒体服务。

audio video interleaved(AVI) 音频/视频交替[交错](格式),AVI 格式 美国微软公司在 20 世纪 90 年代早期推出的一种音视频容器格式,可以非常灵活地处理当时的各种音视频编码,文件扩展名为.avi,用于存放使用微软 RIFF(资源交换文件格式)规范的多媒体信息。在这种格式中,图像数据和声音数据以块的形式交叉存放在文件中。AVI 文件使用的压缩方法有多种,主要采用了 Intel 公司的 Indeo 视频有损压缩技术将视频信息与音频信息混合交错地存储在同一文件中,较好地解决了音频信息与视频信息同步的问题,压缩比较高,但画面质量不太好。

audiovisual multimedia services(AMS) 视听多媒体服务 为开发视频点播(VOD)、音频会议、电视会议、电视广播和其他多媒体服务等规范的 ATM(异步传输模式)论坛。

audio/visual objects(AVO) 视听对象 是 MPEG(活动图像专家组)-4 为交互操作引入的概念。AVO 的基本单位是原始"AVO",它们可能是一个没有背景的说话的人,也可能是这个人的语音或一段背景音乐等。它具有高效编码、高效存储与传播及可交互操作的特性。在 MPEG-4 中,AVO 有着重要的地位。

audit of computer security 计算机安全审计 对以下三个方面所进行的评价:① 用于保护组织机构的信息资产(包括硬件、软件、固件和数据)免遭各种潜在威胁或危害的方法的有效性;② 自动数据处理系统产生或维护的数据所具有的准确性和可靠性;③ 自动数据处理系统的各组成部件在准确和适时方面所具有的操作可靠性和性能保障性。

audit of internal controls 内部控制审计 对被审计领域的内部控制所进行的评价。评价应对内部控制在减小风险方面所起的作用作出测定和判断。如果发现薄弱点,则拒绝接受其内部控制。内部控制审计包括了计算机安全审计。

Auger map 俄歇图像 试样表面的二维图像,它显示某一元素的俄歇电子的发射位置。图像的产生是将细聚焦的入射电子束在试样表面沿指定直线或区域扫描,同步探测俄歇电子信号,就能获得俄歇线扫描图或俄歇图像。

augmented reality 增强现实 一种虚拟现实技术,使用计算机生成的图形以提高人对他的物理环境的感觉,比如使用可透视的头盔式显示器。

aural user interface (AUI) 语音用户界面 允许用户向电子设备发送话音命令的一种由话音激活的界面。语音用户界面可用于面向计算机的语音识别和无线电话的话音激活拨号方法等方面。

Aureal 3 Dimensional (A3D) A3D[敖锐公司三维]音效环绕技术 是美国敖锐半导体(Aureal Semiconductor)公司开发的一套互动三维定位音效技术,它可以在两个扬声器上提供三维效果的声音。大部分的声卡和 PC 机都支持这一技术。与环绕立体声不同,它需要的扬声器个数比较少,只要两个,而环绕立体声通常需要 4~5 个。最初的 A3D 技术只需一对音箱输出,但在新的版本中也加入了对 4 只以上音箱的支持。

authentication and digital signatures 验证与数字签名 在传输中为确保传输的信息没有被篡改、假冒或泄密,使用数字技术实现加密文件签字与确认功能的方法和过程。

authentication, authorization, accounting (AAA)

认证,授权,计费 网络中各类资源的使用,需要由认证、授权和计费进行管理。对于一个商用系统来说,认证是至关重要的,只有确认了用户的身份,才能知道所提供的服务应该向谁收费,同时也能防止非法用户(黑客)对网络进行破坏。在确认用户身份后,根据用户开户时所申请的服务类别,系统可以授予客户相应的权限。最后,在用户使用系统资源时,需要有相应的设备来统计用户对资源的占用情况,据此向客户收取相应的费用。

authentication center (AUC) 认证[验证,鉴别,鉴定]中心 在移动通信中,是一个含有用户验证密钥并能产生相应验证参数(例如随机数号码 RAND、应答码 SRES 等)。用以对接入的移动用户身份进行验证的功能实体。

authorization code 授权码,鉴权码 (1)通常由用户标识码和口令组成,用于防止非授权访问数据和系统设备的编码。(2)一种智能网业务特征。指用户可享有某些业务的代码,用户使用该鉴权码后,可以不受某些限制而进行通话。不同的鉴权特征可以指定不同的鉴权码。一个鉴权码可以为几个用户所共同使用。

authorization message 授权信息 在 NCCF(网络通信控制机制)中的一种指导特许操作员操作的信息。其例子是有关使用 NCCF 的信息,例如一次成功的签到、一次反复进行而未获成功的签到、一次由无效口令而被拒绝的签到、一条数据处理管理程序的出错信息以及签退等。

authorization process 授权过程 由以下三个过程构成的行为:从自动数据处理系统用户处获取访问口令(此用户身份已验证通过);用访问口令和被保护数据的相应口令比较;输入的口令和存储的

口令相一致,则授权访问数据。

auto associative　自动关联　在数据简化和聚类过程中,自动关联模型使用同一组变量作为预测值和目标值。在自动关联神经网络中,自动关联的意思是所描述的每一个模式既充当输入又充当输出。自动关联网络典型的应用场合是模式完备之类的任务。

auto attendant　自动值守;自动总机　一种用于描述存储转发计算机系统的术语,这种计算机系统代替了传统交换台的操作员,将电话呼叫直接传送到相应的分机上或语音邮件。自动值守系统向目的地发送呼叫时可以使用语音提示、按键式菜单或语音识别等功能。

auto baud　自动波特率　指与通信系统相关的一个特性,它能自动检测出进来的通信信号的传输速率并自动设定自己的传输速率为与之相应的速率。

auto call sequencer　自动呼叫定序器　可以支持2~64条输入电话线并为之定序的一种装置。它能用录好的话音回答电话,让通话机占线以及接通下一优先级的电话。这种微处理机系统可以很好地与专用自动交换分机(PABX)配合,有效地处理电话。

auto dial　自动拨号　(1)调制解调器的一种功能,使调制解调器可接通电话线路并通过发送已存的电话号码作为一系列脉冲或话音信号来启动一次呼叫。(2)在无人工直接干预的情况下,能将预先登录的电话号码按信息的内容或特定的指示自动拨发出去的能力。具有自动拨号功能的设备或设置称为自动拨号装置。

auto dialler　自动拨号机[器]　允许通过电话网络自动拨号的设备。是一种自动拨打电话号码的电子设备或软件。一旦呼叫被应答,自动拨号器就播放录制的消息或将呼叫连接到现场人员。当自动拨号器播放预先录制的消息时,它通常被称为语音广播或机器人呼叫。一些语音广播消息要求答话人按他们的电话键盘上的按钮,例如在民意调查中,如果收信人支持问题的一方被要求按某个数字,或者如果他们支持另一方则按另一个数字。这种类型的呼叫通常称为出站(outbound)交互式语音应答。

autofax　自动传真　能将要被传送的数据存储在计算机内,并在适当时机(如利用晚上下班以后,机器和线路较为空闲的时间)通过公用电话网自动传送到目的地的一种传真系统。

automated attendant (AA)　自动话务员;自动话务台　在电话中,自动话务员(台)允许呼叫者在没有话务员/接线员介入的情况下自动转移到分机。许多AA也提供一个简单的语音菜单系统(销售,请按1;服务,请按2;等等)。自动话务台还可以允许呼叫者通过拨一个号码(常常是"0")来联系话务接线员。通常,自动话务台包含在企业电话系统中,例如PBX,但有些服务允许企业在没有这种系统的情况下使用AA。现代AA服务(现在与更复杂的交互式语音应答或IVR(交互式语音应答)系统重叠)可以把呼叫路由到移动电话、VoIP虚拟手机、其他AA/IVR,或使用传统的陆地线路电话的其他地方。AA避免了人工控制台话务员人为的干涉,因此减少了相应的人工成本。

automated call distribution system　自动呼叫分配系统　通常称为自动呼叫分配器(ACD),是一种电话设备,用于应答和分发传入呼叫到组织内的一组特定终端或代理。ACD通常使用语音菜单来根据客户的选择、电话号码、所选来电线路或处理呼叫的时间来指导呼叫者。计算机电话集成(CTI)和计算机支持的电信应用(CSTA)是能够产生先进的ACD系统

A

的中间软件。专家们声称"ACD 技术的发明使呼叫中心的概念成为可能"。

automated fingerprint recognition system 自动指纹识别系统 自动识别人物的指纹图像,以识别人物的计算机系统,一般包括:一台通用计算机(一般是微型机)、指纹图像扫描器及指纹自动识别分析软件包。其功能包括:现场指纹处理、特征提取和匹配;数据库、图像库及其管理系统;图像数据压缩编码和解码;友好的用户界面;识别结果的显示和输出。

automated information systems security (AISS) 自动信息系统安全 用于保护自动信息系统的方法和控制手段,保证其具有保密性、完整性和可用性,防止拒绝服务或未经许可的泄露、修改,防止系统或系统中数据被破坏,这种破坏可能是无意的或有意的。自动信息系统安全包括以下的考虑:所有硬件和软件和特性,中央计算机设施、远程计算机和终端设施的访问控制,管理约束措施,物理结构和设备(比如计算机,传输线,电源等),使系统和在其中处理的数据处于低风险所需的人员和通信控制等。自动信息系统安全还包括为了给系统和在其中处理的数据提供可接受的保护水平而采取的全面的安全措施。

automated maritime telecommunications system (AMITS) 自动海上[海事]电信系统 在特定位置与船舶通信的海上电信系统。

automatically switched optical network (ASON) 自动交换光网络 是一种传输网络演进的概念,允许基于网络用户和组件之间的信令,对光网络或 SDH 网络进行动态策略驱动控制。ASON 是由用户动态发起业务请求、自动选路并由信令控制实现连接的建立/拆除、交换和传送为一体的新一代光网络。ASON 其最突出的特征是在传送网中引入了独立的智能控制平面,利用控制平面来完成路由自动发现、呼叫连接管理、保护恢复等,从而对网络实施动态呼叫连接管理。ASON 分为传送平面、控制平面和管理平面三个部分。传送平面由包括交换实体的传送网网元组成,是实现连接的建立/拆除、交换和传送的物理平面。控制平面的引入是 ASON 不同于传统传送网的一个根本点,它包括了一系列实时的信令及协议系统,实现对连接的建立、释放进行控制以及监控、维护等功能,控制平面由信令网络支持。管理平面是对控制平面和传送平面进行管理。

automatic alternate routing 自动转接[替换,迂回]路由选择 (1)长途电话转接的一种方法,当主要路由上的所有中继线都在繁忙工作时,它将自动选择转接到一个替换路由。(2)网络系统中,当网络节点首选路由因数据传输流量过大造成阻塞时,或部分节点线路故障,自动选择另一可达路由。

automatic alternative billing (AAB) 自动更换记账 一种智能网(IN)业务。该业务可以使用户在任何一个话机上进行呼叫,将呼叫的费用计在既不是主叫号码也不是被叫用户号码的一个账号上。该类业务可以有两种方式。第一种方式与信用卡呼叫业务类似。用户拥有一个账号和 PIN(个人识别号码)。使用该业务时,用户拨一个免费的接入码,就可听到一段提示的录音,然后用户拨入账号和 PIN,网络对账号和密码的有效性进行检验,并检验其可以使用信用卡的权限。如通过检验,则提示用户继续输入被叫号码进行呼叫,接通呼叫后开始计费。第二种方式类似于被叫付费业务,要求主叫用户留下一段含有主叫用户姓名和说明呼叫原因的简要信息,然后接通被叫,把主叫留下的信息告诉被叫,询问被叫用户是否愿意为此次通话付费,如愿意.则接通主、被叫并开始计费。

automatic answering system 自动应答系统 通信服务中心的一个子系统,通常工作于后台方式。当收到外来呼叫时,若在规定的时间(或预先约定的振铃次数)之后仍无应答,自动应答系统就会自动激活被叫电话,并判别是语音电话、传真还是数据通信。如果是语音电话,就播放预先设定的应答词,提示呼叫者做出相应的选择;否则进入传真或数据通信工作操作。

automatic baud rate detection (ABRD) 自动波特率检测 接收设备自动地检测到达消息的波特率并相应地自动设置自身波特率的特性。

automatic callback (ACB) 自动回叫 (1)电话系统中的一种特性,当用户遇到线路繁忙时,启用自动回叫功能后可挂断电话,直到呼叫方和被呼叫方都空闲时系统自动连接并通知呼叫双方。(2)一种智能网业务特征。可使被叫用户自动地向主叫用户进行回叫。

automatic call device 自动呼叫装置 (1)当通信网络的节点组织好发送信息后,能按预定的信宿(信号接收点)自动产生呼叫信号的装置。(2)可检测一组预定信号的继电器系统。连接于无人看管的接收机上,在动作时鸣响告警器。

automatic call distribution (ACD) 自动呼叫分配 一种工作方式,它对进入的呼叫自动分给特定的端口。如所有端口都忙碌,则按先进先出排队等待。

automatic call distributor (ACD) 自动呼叫分配器 无须通过专用交换分机(PBX)的接线员,就能将进入的呼叫自动地分配给一组应答站的转接系统。ACD执行下述功能:识别和应答来话呼叫;从数据库中查找处理该呼叫的指令。根据这些指令,它将该通话送至录音或话音响应装置。ACD也编辑有关电话量、高峰负载、平均呼叫时间及其他有关

每一应答站的有效性和生产率等管理信息方面的统计资料。

automatic call sequencer 自动呼叫序列器 一种来话处理设备,其主要有3项功能:一是应答来话,向呼叫方发送信息,通知其持机等待。二是给坐席话务员或将要应答该呼叫的人发出信号,告知其需要应答哪条线路上的哪个呼叫。较典型的情况是,发信号通知坐席话务员要应答的呼叫往往是那些等待时间最长的呼叫。三是提供诸如已放弃的呼叫次数、最长呼叫等待时间、平均呼叫等待时间等管理信息。另外,还有两种来话处理设备:UCD(均匀呼叫分配器)和ACD(自动呼叫分配器)。其中最廉价的是自动呼叫序列器,但它要与其他系统一起使用。它与UCD和ACD不同,没有内部交换装置,不以任何方式影响呼叫,它只是简单地建议哪个呼叫应该被处理以及提供呼叫过程的一些统计信息。三种类型中,最贵、功能最全的是ACD,UCD次之。UCD在以特殊的顺序处理来话和应答呼叫时只提供少量的选项,而ACD能给出最详细的管理信息报告。

automatic color control (ACC) 自动彩色[色度]控制 是彩色电视机的一种电路,在接收到的色彩信号强度变化时保持色彩稳定,也称为自动色度[色差]控制。

automatic compression 自动(音量)压缩 自动缩小语言信号音量范围的电路。

automatic contrast control (ACC) 自动对比度控制 为使电视图像对比度保持在恒定平均值上,自动改变射频和图像中频放大器增益的电路。

automatic data processing system (ADPS) 自动数据处理系统 由自动数据处理装置、人员、方法、过程等组成的执行一系列数据处理操作的系统。

automatic data processing system security
自动数据处理系统安全 为保护组织机构的资产和个人数据而建立,并应用于计算机硬件、软件和数据的防护措施、管理过程以及所有其他相关的技术。

automatic decree feedback equalizer（ADFE）
自适应判决反馈均衡器 一种利用判决后的信号作为后向抽头的输入信号,可以消除噪声对后向抽头信号的影响的均衡器。

automatic degausser 自动消磁器 指在彩色电视显像管周围安装的消磁线圈以及相关电路。只在电视机开机预热的过程中向线圈供电。线圈对受地磁或周边电器影响的部件消磁。自动消磁器也称为自动色彩纯化器。

automatic digital distribution frame（ADDF）
自动数字配线架 用于代替手动数字配线架的系统。

Automatic Digital Network System（AUTODIN/ADNS） 是美国国防部的传统数据通信服务系统。AUTODIN 最初由位于美国、英国、日本等国家的许多 AUTODIN 交换中心（ASC）组成。该系统的设计最初名为"ComLogNet",于 1958 年由 Western Union（西联公司）、RCA（美国无线电公司）和 IBM 公司的团队开始。用户是美国空军,该系统的目的是提高五个物流中心和大约 350 个基地和承包商地点之间的物流交通（导弹备件）的速度和可靠性。1959 年秋季实施合同授予西联公司作为主承包商和系统集成商,RCA 构建 5 台交换中心计算机,IBM 负责提供具有 IBM 穿孔卡和电传打字机数据输入的复合终端。第一个站点于 1962 年投入运行。在实施过程中,政府意识到系统的更广泛价值,并将其转入到国防通信局（DCA）,后者将其改名为"AUTODIN"。1982 年,终止了后续项目 AUTODIN II,以支持 ARPANET 技术用于国防数据网络（包括称为 MILNET 的军用子网）。

automatic error detection and correction system 自动检错与纠错系统 数字通信系统中的一个子系统。其功能是：在发送端采用一种检错、纠错编码方式,对发送数据进行编码；在接收端根据编码规则对数据流进行校验,可检查出传输过程中发生的大多数错误,在误码率不太高的情况下,通信系统可以自行纠正误码；当误码率太高,无法自动纠正的情况下,则发出"重发"请求信号,要求发送端重新发送此信息块。

automatic fade control 自动淡出控制 一种摄像机功能,在拍摄开始和结束时提供淡入和淡出效果。如果在拍摄中段开启自动淡出控制,则会在拍摄结束时加入淡出效果。如果在拍摄开始前打开该功能,则会在拍摄开始时加入淡入效果。一些摄像机可以通过程序设置淡入和淡出效果。

automatic flare correction（AFC） 自动光斑校正 光学系统中,自动抵消光斑效应的措施。

automatic frequency control（AFC） 自动频率控制 在确定的限度内,能使振荡器的频率自动调整的功能。实现这种功能的电路简称 AFC 环。AFC 环主要由鉴频器和受控本地振荡器等部件构成。后者大多采用压控振荡器。鉴频器的作用是检测频偏,并输出误差电压。闭环时,输出误差电压使受控振荡器的振荡频率偏离减小,从而把频率拉向额定值。这种频率负反馈作用经过 AFC 环反复循环调节,最后达到平衡状态,从而使系统的工作频率保持稳定且偏差很小。

automatic gain control（AGC） 自动增益控制 放大器中的一种电路,对放大器的增益进行自动调节的过程。通常是为了使随输入信号电平变化而引起的输出信号电平变化较少,即用来保持输出信号电平接近恒定。实现这种功能的电路简称 AGC 环。AGC 环是闭环电子电路,是一个负反馈系统,它可以分成增益受控放大电路和控制电压形成电路两部分。

automatic identification system (AIS) 自动识别系统 是一种用于船舶和船舶交通服务(VTS)的自动跟踪系统。当用卫星来检测 AIS 签名时,使用术语卫星 AIS(S-AIS)。AIS 信息是海洋雷达的补充,它仍然是避免水上运输碰撞的主要方法。AIS 设备提供的信息,例如船舶的唯一标识、位置、航线和速度,可以在屏幕或 ECDIS(电子海图显示和信息系统)上显示。AIS 旨在协助船舶值班人员,并允许海事当局跟踪和监视船舶的移动。AIS 将标准化的 VHF 收发机与诸如 GPS 接收机的定位系统,以及其他电子导航传感器(如陀螺仪或转向速率指示器)集成在一起。装有 AIS 收发器的船只可以通过沿海岸线的 AIS 基站进行跟踪,或者在超出当区网络范围时,通过越来越多的装有特殊 AIS 接收机的卫星进行跟踪,这些 AIS 收发器能够解除大量签名的冲突。

automatic intercept system (AIS) 自动截取[截听]系统 一种通信信息服务系统。由一个或多个自动截取中心站以及一个中央办公机构组成,专门处理截取的呼叫。

automatic Internet protocol addressing (AutoIP) 自动 IP 寻址技术 在没有动态主机配置协议(DHCP)服务器或其他 IP(因特网协议)地址分配机构的参与下,一种由设备自动获取合法(有效)IP 地址的技术。采用这项技术,设备可以从预留的 IP 地址集中随机选取一个 IP 地址,向本地的网络发出询问,确定该地址是否正在被其他客户机使用。设备不断重复选址和校验的步骤,直到发现一个没被占用的地址。自动 IP 寻址技术基于因特网工程任务组(IETF)制定的因特网草案,用于通用即插即用的联网。

automatic IPv6 connectivity client utility (AICCU) 自动 IPv6 连接客户端实用程序 是一个流行的跨平台实用程序,用于自动配置 IPv6 隧道。它是 BSD 许可下的免费软件。该实用程序最初是为 SixXS Tunnel Broker(IPv6 隧道代理)提供的,但它也可以被各种其他隧道代理使用。

automatic laser shutdown (ALS) 自动激光关闭(技术) 遵循国际电信联盟-电信标准化部门(ITU-T)G.664 标准,在发生光缆断裂时,这项技术能自动关闭激光发射器的功率输出。这是一种安全措施,它能阻止过强的激光泄漏伤及人眼。

automatic link establishment (ALE) 自动链路建立 是数字式发起和维持高频(HF)无线电通信全球事实上的标准。在高频(HF)无线电中,ALE 是通信无线电台的一种能力,它无须人工干预,通常在处理器的控制下,使其电台本身和另一特定无线电台间建立联系或建立起一条电路。其目的是在不断变化的 HF 电离层传播、接收干扰,以及在共享繁忙或拥塞的 HF 频道的频谱使用的情况下,提供一种可靠的快速的呼叫和连接方法。自动链路建立技术包括自动信号发送、选择呼叫和自动信号交换。与其相关的其他自动技术有信道扫描和选择、链路质量分析(LQA)、轮询、探测、信息的存储和转发、地址保护和反电子欺骗等。

automatic link transfer (ALT) 自动链路转移 用以描述当前正在进行的移动台与基站之间的通信链路,从当前基站转移到另一基站发生的链路转移的过程。

automatic number announcement circuit

(ANAC) 自动号码通知电路 是电话公司中心局的一个组成部分,它为安装和服务技术人员提供服务,以确定线路的电话号码。该设施具有可以被呼叫的电话号码,以收听包括主叫方的电话号码的自动通知。ANAC 号码主要用于安装固定电话,以快速识别多条线路中的一条。

automatic number identification (ANI) 自动数字[号码]识别 大多数电话系统的一种功能,能自动识别发话端的电话号码或设备号码。ANI 是以模拟或数字形式存在的一串数字,告诉用户和相关系统呼入电话的始发号码(如来电显示),它也用于自动记账系统。

automatic partition of letters 信函自动分选 邮局实现自动化的一个方面。由计算机自动分选系统识别信函和邮件上的邮政编码,实现按地址自动分类、自动盖戳、自动检错和处理错误信件,并自动把信函分送到各分类信箱。

automatic poll 自动探询[轮询] 具有多个站的数据传输系统中的一种通信方式。采用多站通信网络是为了节约电路投资。各站之间的通信由控制站在程序控制下,按一定时间自动发送探询序列(包括接收站地址、设备地址、探询标志符)。如果该接收站要求传送数据,则用肯定回答,控制站收到肯定回答后,即转入数据传送处理;如果该站不要求数据传送,则用否定回答,控制站将探询序列中的下一个接收站,并重复上述过程,一直到将所有站都探询和处理完毕为止。

automatic protection switching (APS) 自动保护倒换[切换] 在 SDH(同步数字序列)自愈环中,当设备收到的告警满足倒换条件时,信号传输会自动从主用信道倒换到备用信道,设备从主电路自动切换到备用电路(通常是同步变化的)。在 SDH 的光纤环网中,有两种基本的自动保护倒换:1+1 和 1:1。1+1 采用双发选收主、备设备和光纤同时工作,只是接收端设备选主用光纤传来的信号,当出现故障时才接收备用光纤传来的信号。而 1:1 保护采用的是时隙倒换保护。当主用时隙发生的错误满足 APS 协议时将引发倒换,自动切换到备用时隙上(通常是同步变化的)。

automatic purge/copy/redirect 自动清除、复制与重定向 在通信系统软件中的一种报文处理程序和扩充的操作程序控制功能的集合,它可以有条件或无条件地使报文改向到另一目的地、复制到另一目的地,或使之清除,即不进行发送。

automatic recovery program (ARP) 自动恢复程序 当某部分设备发生故障时,使整个计算机系统仍能正常运行的程序。自动恢复程序一般是启动双工线路、备用计算机或使计算机转入降级工作方式。

automatic regulation 自动调节 使一个系统自动地跟踪一个给定信号称为自动调节。

automatic remote switch (ARS) 自动遥控[远程]开关 一种连网部件,使三个(或更多个)RS-232 设备或三个以上 Telco RJ-45 设备之间能够进行切换。用于切换联机的调制解调器。

automatic repeat request (ARQ) 自动重发请求 一种数据传输的差错控制方法,由接收方检测错误,如接收端发现错误则要求发送端自动重发。发送端发送的数据包中包含能被检错的代码,接收端收到后,译码器根据编码规则,判别这些代码在传输中是否发生错误,并通过反馈信道把确认(ACK)或否认(NAK)的判定结果通知发送端,发送端收到 NAK 后,自动把接收端认为有错的信息包再次发送,直到接收端确认正确或超过预先定义的重发次数为止。

automatic retransmission request （ARQ）　自动重传请求　检测传输数据的标准方法,用于所有的高速数据通信系统。发送方对基于消息内容的错误检测域进行编码,接收方对检测域重新计算并与接收到的进行比较,如果匹配,就向发送方传送"ACK"(确认)信号;若不匹配,就返回"NAK"(否定应答),发送方会重传消息。

automatic ring down （ARD）　自动振铃,"热线"电话　一条连接两部电话的专用线路,当使用自动双向信令时,线路任意一端的话机摘机时就触发对端的话机振铃。这条线路有时称为"热线",紧急情况的通信是这种业务的典型应用。也有单向信令的热线线路,它只有一端的话机摘机时能触发对端的话机振铃。

automatic ring down tie trunk　自动振铃直达中继　两部长途电话之间的一个直接通路的信令功能,任意一方摘机后对方能自动发出振铃信号。

automatic route selection （ARS）　自动路由选择　交换机根据特定的规则(如最短路径、最低费用路径或最低拥塞等)自动选择传送通路。

automatic routing　自动路由选择［寻径］　在网络传输中,网络管理软件按照发送信息中包含的目标地址,自动寻找从源节点到达目标节点的可行路径和最佳路径。

automatic routing management　自动路由管理　在采用 Cisco 公司等设备的广域网交换中。为实现网络连接所采用的面向连接的机制。这种机制下,交换机在所有类型网络连接设备中充当连接允许控制器(CAC)。分布式网络信息使它在保证所需的服务质量(QoS)的同时,自动地对整个网络上的连接进行路由选择及路由变更。

automatic secure voice communications network （AUTOSEVOCOM）　自动保密电话通信网　用于世界范围内的交换安全电话网络,以满足美国国防部的长途安全电话通信需求。

automatic slope and gain （ASG）　自动斜率和增益　一种用于许多现代的分配设备中的控制系统,在此系统中,把 AGC(自动斜率控制)功能与随频率变化的电缆损耗的补偿相结合。在较高频率下的增益改变较多,并且在较低的频率变化较小,当导频的增益改变时,为同轴电缆匹配假定的增益。

automatic speed sensing　自动速率感应　调制解调器的一种特征,它可使调制解调器在建立连接时自动确定最大速率。

automatic switched optical network （ASON）　自动交换光网络　是一个智能化的光网络,它采用客户机/服务器的体系结构,具有定义明确的接口,让客户端从光网络(服务器)请求服务。

automatic switched transport network （ASTN）　自动交换传送网　允许流量路径通过交换网络自动建立。术语 ASTN 取代了术语 ASON(自动交换光网络)并经常与 GMPLS(广义 MPLS)交换使用。这样不完全正确,因为 GMPLS 是一个协议族,而 ASON/ASTN 只是一种光学/传输网络架构。对 ASON/ASTN 体系结构的要求,可以通过因特网工程任务组(IETF)开发的 GMPLS 协议或国际电联(ITU)已修改的 GMPLS 协议来满足。此外,GMPLS 协议适用于光学和非光学(如分组和帧)网络,并可用于传输网络或客户网络。因此,GMPLS 比 ASTN 的概念更宽泛。传统上,通过一系列网元建立流量路径涉及到在每个网元上配置单独的交叉连接。ASTN 允许用户指定起点、终点和带宽要求,网元上的 ASTN 代理将分配通过网络的路径,提供流量路径,建立交叉连接,并为用户请求的服务分配路径带宽。因此,通过网络的实际的流量路径不是用户指定的。网络中的变化(增加/删除节点)将由网络中的 ASTN 代理考虑,而不需要用户考虑。这对用户在分配用户带宽来满足客户要求的服务时提供了更加大的灵活性。

automatic switcher 自动转接器[切换器] 在配有备用(stand-by)装置机器的系统中,用来检测系统运行状态的一种设备。若此设备检测到在线作业的机器或线路发生故障,就立即接通备用机器或线路,使之自动地接替发生故障的机器或线路。

automatic switching center (ASC) 自动交换中心 数据通信中的一种转接装置。它能汇接来各节点的信息包,按信息包标题中包含的地址信息自动寻找转发路径,并将其转发到目标节点。

automatic switching system 自动交换系统 在电话通信网络中,根据主叫方发出的呼叫,自动建立主、被叫间的通路,并监视线路的占用情况,通话完毕自动释放线路的一种交换系统。

automatic telegraph transmitter 自动发报机 能自动把编好的莫尔斯电码变成电流脉冲发送到信道上去的发报机。

automatic toll ticketing (ATT) 自动长途电话收费 一种用于公共控制电话系统提供自动长途电话收费的方法和装置。电话公司用来自动记录通话记录,包括主叫号码、被叫号码、呼叫时间及通话长度等信息。通过这些信息,结合费率信息,电话公司可以生成每个用户的电话话费账单。

automatic traffic overload protection (ATOP) 业务量过负荷自动保护 在交换机过载期间自动拒绝新的呼叫的措施。

automatic transfer power control (ATPC) 自动传输[发信]功率控制 ATPC 技术的要点是微波发信机的输出功率在 ATPC 控制范围内自动跟踪接收段接收电平的变化。优点是减少对相邻系统的干扰、减少衰减问题、降低直流功率消耗、改善剩余误码特性、在衰落条件下使输出功率额外增加 2 dB。

automatic transmission system (ATS) 自动传输[发射]系统 一种自动化系统,旨在使无线电发射机和天线系统保持长时间运行,而无需人员直接监督或值守。

automatic transmitter identification (ATI) 自动发射台识别 在建立通话时自动发送电台呼号(一台一号,在一国范围内不可相同),便于无线电管理部门监测识别,以便发现未经注册或非法使用的电台的一种功能。呼号编码一般用两个字符加上四位数字,或一个字符再加上五位数字等编号方案。

automatic transmitter identification system (ATIS) 自动发射台识别系统 (1)是用于承载卫星电视的电视频道的电视台识别的通信协议。ATIS 只适用于模拟电视传输,并只能在美国管辖权下的通过卫星或地球站的传输。当地球站使用卫星上的转发器时,它会连续不断地转发。ATIS 是在 7.1 MHz 的副载波频率上传输发送的摩尔斯码,在电台发送任何时候必须自动激活。中心频率必须不超过 25 kHz 这个标称值,在调制时频率偏差必须不超过 25 kHz 峰值。加载时必须至少以 -26 db 作为未调制载波的参考值。用于调节副载波的音调标称是 1 200 Hz,但可能会多达 800 Hz 变化(从 400 到 2 000 Hz)。(2)是在欧洲通航的内河航道中使用和规定的用于识别使用无线电发射的船舶或船只的海上甚高频(VHF)无线电系统。在船舶的无线电操作员完成通话并释放其收发器的按键通话(PTT)按钮后,立即以数字形式发送船舶的标识。这与在船舶上使用的连续不断地发送的全球使用的自动识别系统(AIS)形成了鲜明对比。无线电发送的后传输短消息具有船舶的标识，并采用编码的呼号或海事移动业务标识的形式，从数字"9"和三个国家特定的海事标识数字开始。

autonomous access control　自主[自治]访问控制　在分布式安全体系中采用的一种访问控制机制，只适用于单一安全级的环境。它采取了集中授权管理，由管理机构统一规定每一个实体的存取权限，而不管资源创造者是否授予存取权限。这种控制机制的主要优点是使系统安全策略易于维护。

autonomous switching　自主交换　Cisco(公司)路由器的一种特性，提供更快的包处理。这是由于允许 Cisco 总线独立地进行包交换而不需要中断系统处理器。

autonomous system (AS)　自治系统　(1) 由一套单独管理规则负责管理的一组网络和网关。自主系统必需被赋予一个唯一的 16 位数码，这一数码由网络信息中心(NIC)分配。把一个复杂网络分成很多 AS 的目的是降低路由总开销，并减轻网络管理的负担。(2) 在因特网中，由一个管理实体管辖下的一组网关和网络构成的集合。这个集合中的各个成员紧密合作，通过使用一个公共的内部网关协议(IGP)进行协作工作。如果成员单位的网络路由器准备采用 EGP(外部网关协议)、BGP(边界网关协议)或 IDRP(域间路由协议)，可以申请自治系统号码。

autonomous system border/boundary router (ASBR)　自治系统边界路由器　ASBR 位于 OSPF(开放最短路径优先)自主系统和非 OSPF 网络之间。ASBR 可以运行 OSPF 和另一路由选择协议。

autonomous system number (ASN)　自治系统号　网络上标识一个自治系统的标识符。自治系统号在路由仲裁数据库中维护。

auto partitioning　自动分区[分隔]　3Com 公司和 Grand Junction 公司的交换式集线器共有的一个特性，它可以让交换式集线器在检测到某一端口出现大量包错误时自动停止该端口。

Autoradiopuhelin (ARP)　〈芬兰语〉汽车无线电话　是芬兰第一个商业运营的公共移动电话网络。该技术是零代(0G)，因为虽然它有蜂窝小区，但在小区之间的移动并不是无缝的。该网络于 1968 年提出，1969 年开始建设。它于 1971 年运营，1978 年达到 100% 的地理覆盖范围，拥有 140 个基站。ARP 取得了成功，并且受到了极大的欢迎(1977 年有 10 800 个用户，1986 年用户数的峰值为 35 560)，但该服务最终变得过于拥挤，并逐渐被更现代的 NMT(北欧移动电话)技术所取代。

autostereogram　自动立体影像，自动立体图　(1) 电视机的一种功能，观众无需通过特制的眼镜就可以观看三维节目，但必须位于一个特定位置。该技术与普通电视节目不兼容。(2) 一种单图像立体图(SIS)，旨在从二维图像创建三维(3D)场景的视觉错觉。为了在这些自动立体图中感知 3D 形状，必须克服人们调节(焦点)和水平聚散(眼睛的角度)之间的正常自动协调。这种错觉是深度感知之一，涉及立体视觉：每个眼睛具有三维场景的不同视角产生的深度感知，称为双目视差。

autostereoscopy　自动立体视觉　是显示立体图像(增加 3D 深度的双目感知)的任何方法，而不需要观看者使用特殊的头盔或眼镜。因为不需要这种头盔，所以也就称为"无眼镜 3D"。目前有两种方法来适应运动视差和更宽的视角：眼睛跟踪和多视图，因此显示器不需要感知

A

观众眼睛的位置。自动立体显示器技术包括双凸透镜、视差屏障、体积显示器、全息和光场显示器等。

auxiliary route　辅助路由　与基本路由不同但可替代基本路由的路由。

available bit rate（ABR）　可用比特率[位速率]　一种 ATM(异步传输模式)层服务类型,建立有限的 ATM 层传输。ABR 是由 ATM 论坛为 ATM 网络的服务按照位速率的特点定义 QoS(服务质量)的四个类别(可用位速率、恒位速率、未指定位速率、可变位速率)之一。这类服务是对 UBR(未指定位速率)的改进。ABR 的设计目的是使数据业务(非实时业务)能够充分利用其他高优先级业务(恒位速率和可变位速率)剩下的可用带宽,它采用一个流控制机制支持若干类型的反馈以控制数据源的速率,并试图在所有的 ABR 用户之间以公平合理的方式动态地共享网络的可用带宽。

avalanche photodiode coupler（APC）　雪崩光电二极管耦合器　将光纤传送来的光能耦合至光纤数据通信线路接收端作光电检波器用的 APD(雪崩光电二极管)光敏面上的一种耦合器件。这种耦合器可能仅仅是用环氧树脂固定在 APD 上的一截尾光纤。

average block length　平均块长度　(1)通过用户界面传输的各个块的比特数的平均值。(2)在性能测试期间传输的总比特数对同期传输的总块数的比值。

average gradient　平均梯度　由连接感光曲线上两个点的直线的坡度(上升率)来表示图像的对比度。

average information content　平均信息量　信息源中每个信号码元所包含的平均信息量。有时用熵来表示。

average information rate　平均信息(速)率　在信息论中,等于每个字符的平均熵除以字符集中任何一个字符的持续时间的数学期望值,平均信息速率可以用香农/秒为单位表示。

average path length（APL）　平均路径长度　在通信网络中,它指网络各节点对间的最短路径的平均值。它是网络信息传输的一种度量。

averaging of multiple image　多图像平均法　利用统计平均原理,通过把多幅拷贝的原始图像中每一相应点的信息进行平均,以减少随机噪声、提高图像有效信息的图像处理技术。

A/V loop　音频/视频回路　指所用 A/V(音频/视频)功放接收机和 A/V 前置放大器上安装的那些 A/V 输入与 A/V 输出对,用于与既能录音又能播放音频和视频信号的 A/V 器材连接。比如,一台录像机便能与 A/V 功放接收机或 A/V 前置放大器的 A/V 回路连接。

A-weighted impulse sound pressure level　A 权脉冲声压电平　在声学中,用声音电平表为动态特性脉冲测定的 A 权声压电平。

A-weighted level　A 权电平　在声学中,用配合 A 权技术的标准仪表系统获得的电平,例如,A 权声音功率电平或 A 权声压电平。

A-weighted peak sound pressure level　A 权峰值声压电平　在声学中,在预定时间间隔中发生的最大瞬时 A 权声压电平。

A-weighting　A 权技术　在声学中,声音电平表中一种规定的频率响应,使用 A 权技术的测量表对频率低于 1 000 Hz 的声音的灵敏度与人耳相比呈逐渐下降趋势。

axial magnification（AM）　轴向放大率　在光学装置光轴上的两个相邻像点的间距与共轭物点间距的比值。

axial mode（AM）　轴向模　循着房间的长、宽、高轴线发生的室内谐振现象。

axial propagation constant　轴向传播常数

在光纤中,传播常数用于评价光线沿光纤轴向的传播。传播常数 λ 是一个复数,其公式为 $\lambda = \alpha + i\beta$,其中实部 α 是衰减常数,虚部 β 是相位常数。

AX.25 (amateur X.25)　业余 X.25(协议) 是一种数据链路层协议,最初源自 X.25 协议套件的第 2 层,设计用于业余无线电操作者。它广泛用于业余分组无线电网络。AX.25 v2.0 及更高版本占用数据链路层,即 OSI(开放系统互连)模型的第二层。它负责建立链路层连接,在节点之间传输封装在帧中的数据,以及检测通信信道产生的错误。由于 AX.25 是一种前 OSI 模型协议,因此最初的规范并不是为干净地分离为 OSI 层而编写的。这已经在版本 2.0(1984) 中得到了纠正,该版本假设符合 OSI 第 2 级。AX.25 通常用作网络层(如 IPv4)的数据链路层,其中使用 TCP(传输控制协议)。AX.25 支持有限形式的源路由。尽管可以构建类似于以太网交换机工作方式的 AX.25 交换机,但还没有实现。

azimuth (AZ)　方位角 天线的指南针方向,自北按顺时针方向来测量。也就是某直线与一南北线所夹的水平角。例如,指向西北的天线的方位角为 315°。

azimuth blanking　方位消隐 当雷达天线扫描某个预设水平区域时,自动停止发射波束。目的是为了避免干扰附近居民的电视信号。

azimuth-elevation (Az-El) mount　方位-俯仰(角)底座 通过两个方向跟踪卫星的天线座。方位(角)为水平面,俯仰角从地平线向上。

azimuth error correction　方位误差校正,自动纠错(电路) 用于纠正已录制的杜比环绕声中失真的电路。如本应在前置中声道出现的对白声,出现在了后置声道里。

A1 algorithm　A1 算法 一种网络通信路由算法,具有部分自适应的特点,试图建立最佳路径,在多维超立方体网络中如果最佳路径处于忙的状态则选择另一条链路并记录有关信息,使得路径的改变在每一维上只发生一次。

a2b　a2b 音频压缩(格式) a2b 是美国电话电报公司(AT&T)推出的数字音乐压缩新格式。它是在人类听觉分析模型的基础上,以"知觉编码"为突破点,推出了比 MP3 压缩率更高、可有效防止盗版的 a2b 音频压缩格式。这种新技术消除了人耳事实上听不见的冗余信号,其音质更纯、文件更小,仅相当于 MP3 的 3/4,十分有利于在网络上发布。第一次运行 a2b 音乐播放器时,程序会要求建立个人数字识别号(ID),播放器将利用生成的数字 ID 值,对下载的音乐进行加密,使这些乐曲只能在下载的播放器上放送,从而达到版权保护的目的。

A3D　A3D[敖锐公司三维]音效环绕技术 Aureal 3-dimensional 的缩写。是 Aureal(敖锐)半导体公司开发的一项技术,用在他们的 PC 声卡芯片的旋风线系列(Vortex line),可以通过耳机、两个甚至四个扬声器来提供三维声音。该技术使用的头部相关传递功能(HRTF),人耳将其解释为指示特定声源位置的空间线索。许多现代声卡和 PC 游戏都通过 Aureal 的许可组合了 A3D 技术。A3D 不同于各种形式的离散位置的音频,它只需要两个扬声器,而环绕声通常需要四个以上。A3D 的独特优势是动态或互动环境,如仿真、游戏、视频会议和远程学习。A3D 对静态制作(例如通常使用环绕声的电影)不那么有效。

B

babble **串扰,串音** 系统具有多路通道时产生的干扰,亦指这些串扰对系统操作引起的干扰噪声。例如,在电话交换系统中,典型的串音现象是通话时可听到邻路话音信号。

babble noise **混噪声,多重串音** 在拥有多个通道的通信系统中,因通道间的互相串扰而出现的噪声。

back acknowledge **逆向确认,返回肯定** 计算机通信协议中包括的一种应答方式。接收端收到数据信息包后对其进行检查,然后根据结果而向发送端回送不同的确认信号。当发现出错时,便通知其重发;若检查无错误,便要求发送后续信息包。

backbone **主干** (1) 在层次化系统中主要的连接机制称主干。它保证在主干上所有与一个中间系统有连接性的系统都具有相互间的连接性。(2) 指有线系统中的头端设备之间的点对点或环形的连接设施,或头端设备与主要枢纽的链接。通常在骨干中传输的信号不同于向家庭提供服务的传送格式(例如,数字基带)。

backbone network(BBN) **骨干网,主干网(络)** 是计算机网络或通信网的一部分,它将各种网络连接起来,为不同局域网或子网之间的信息交换提供路径。骨干网可以将同一建筑群中的不同建筑,校园环境中的不同建筑,或广域中的不同网络连接在一起。通常情况下,骨干网的容量大于连接到它的网络。成为网络中管理大容量通信的那一部分高速网。

backbone site **主干节点** 广域网中用作信息的主要中继站的主要计算机设备。当主干节点收到消息时,马上将信息转发到另一个主干节点,这样信息就能很快传遍整个网络。主干节点也可作为馈送站为主要的地理子区域服务。

back channel **反向信道** 指数据传输方向与主信道传输方向相反的数据传输信道,常用于传输控制信息。在主信道出现故障时仍可使用。也称 backward channel 或 reverse channel。

back coupling **反向耦合** 一种耦合形式,使能量能够在输出电路传输到输入电路中。

back door **后门** 通过绕过其安全控制系统而访问程序或系统的一种手段。程序员常常在开发中将"后门"设计到系统中,以便进行程序调试和故障排除。例如,登录程序中的"后门"能使设计者在没有合法账号的情况下将数据复制到本地。合理地使用"后门",为系统的维护提供了方便。但是,如果后门被其他人知道,或是在发布软件之前没有删除后门,那么它就成了安全隐患。

backdoor route **后门路由** 边界路由器使用 IGP(内部网关协议)指定的到某个非本地网络的路由。

backfilling **回填** 扩展存储器用于填充常规存储器中的间隙的过程,使其达到 640 KB。

background communication **后台通信** 当用户正在执行应用程序的时候,以后台方式执行的数据传输。例如,当用户从万维网上下载一个较大的多媒体数据文件时,因为需时较长,可以使用后台通信方式完成,同时还可执行其他应用程序。

background control　背景(亮度)控制　在彩色显示器系统中,控制彩色显示三基色的各自电子枪的偏压,以调整显示画面底色或背景色。

background data　背景数据　在图形处理中,屏幕上输出的图像画面通常由背景和目标两部分构成,显示缓冲区中存在相应的画面数据。背景往往比较复杂,因而背景数据(如地图等)的信息容量一般较大,更新或改变一次需要的时间较长,因而常设置成静态的。需要快速变动或移位的部分,则设置成动态目标(如汽车、飞机等)。将动态目标叠加在静态背景上,即构成屏幕上显示的完整画面。

background music (BGM)　背景音乐,伴音　在多媒体节目播放或应用软件运行过程中,用于烘托气氛的音乐,通常强度较低,不至于冲淡或淹没主题音乐或语音。

background noise (BGN)　背景[本底]噪声[杂波]　在声学特别是在声学工程中,背景噪声或环境噪声是指除了被监听的声音(主要声音)以外的任何声音。背景噪音是噪音污染或干扰的一种形式。在天文学中,背景噪声或宇宙背景辐射是来自天空的没有明显的来源的电磁辐射。在信息体系结构中,不相关的、重复的或不正确的信息可以称为背景噪声。在物理和通信中,背景信号噪声可能有害或在某些情况下是有利的。避免、减少或使用信号噪声的研究属于信息论范畴。当通信设备接收无调制的载波信号时,在输出端出现的噪声,或者在未加任何输入信号的情况下,由于系统内部的热骚动而产生的有可能干扰系统或设备正常操作的信号。在电话技术中,用人工舒适噪声来代替自然背景噪声,用语音活跃检测来填补由不连续传输系统造成的人为寂静。背景噪声也会影响注意力。

background radiation　背景辐射　是环境中存在的电离辐射。背景辐射源于各种来源,包括天然的和人造的。来源包括宇宙辐射,以及诸如自然发生的放射性物质,包括氡和镭元素等的环境放射性,以及核武器试验和核事故的影响。

background sound　背景声音,配音　网上的背景声音是指与 Web 页面相关的声音剪辑。当在网络浏览器中显示该页面时,声音或者能连续播放或者是按页面规定的次数播放。

background sound effects (BGSE)　背景音响效果　供节目演出中插入的音响效果,通常录制在循环磁带上。

backhaul　回程,回程线路　(1) 在分层的电信网络中,网络的回程部分包括核心网络或骨干网与位于整个分层网络"边缘"的小型子网络之间的中间链路。(2) 手机与单个蜂窝塔通信构成本地子网;蜂窝塔与世界其他地区之间的连接始于与互联网服务提供商网络的核心(通过存在点)的回程链路。术语"回程"可用来描述网络的整个有线部分,尽管某些网络全部或部分具有无线而不是有线回程,例如使用微波频带和网状网络以及可能使用高速网络的边缘网络拓扑,大容量的无线信道将数据包传送到微波或光纤链路。(3) 在广播环境中,回程是指将未经剪切的节目内容,以点对点的方式传输到单个电视台或广播电台、广播网或其他接收实体,并将其集成到一个完成的电视节目或广播节目中。这个术语与用于发送回程的介质无关,但通信卫星传输是很常见的。当介质是卫星时,它被称为暗送(wildfeed)。

backlighting　逆光　不是从物体表面反射而是来自物体背面的到达图像传感器的光。逆光可用来产生物体的轮廓。

backlit display　背光照射显示器　使用屏幕后面自己的光源增强清晰度和可读性的液晶显示器,特别适合在比较亮的环境中使用。

back matching　返回匹配,阻抗匹配　电子设备输入与输出之间的匹配,以减少信号反射与伪信号。也称为阻抗匹配。

back off　退避,补偿　在网络传输发生冲突后,一个节点企图向物理介质再次发送载波之前,介质访问冲突控制协议强行加上的重传延迟时间。

backoff algorithm　退避算法　是网络上的节点在发送数据冲突后,等待一定时间后再发,等待时间是随指数增长。主要用于CSMA的冲突分解。

backoff time　退避时间　以太网的某个网段发生信号冲突时,所有发送节点会暂停发送数据,经过一段随机延迟后重新发送数据。这段随机延迟时间称为退避时间。

back orifice 2000（BO2K）　BO2K黑客工具　1998年8月1日在美国拉斯维加斯,一个名为Cult of the Dead Cow（CDC）的黑客组织发布了back orifice（BO）黑客工具。一年以后,还是在拉斯维加斯举行的黑客大会上,CDC又发布了该程序的新版BO2K。主要特点有:① 支持Windows NT;② 公开源码和提供插件功能;③ 增强的密码和安全保护系统,使它更难识别;④ 更加友好和方便的界面;⑤ 用户额外增强的功能,能够隐藏文件或激活计算机的麦克风进行实时的音频监视、可以实时地记录按键、能够实时地观察目标计算机的桌面等。BO2K是一个客户机/服务器应用程序,服务器部分是实际驻留在用户计算机上的特洛伊木马程序,它往往在用户下载文件后不知不觉地被安装。其客户机程序可以监视、管理和使用其他网络中运行服务器程序所在的网络资源。

它能控制被感染的计算机的注册表、因特网连接、文件和文件夹等等。其攻击手段包括:① 对装有BO2K服务器的远程微机进行搜索并重新启动或锁定该机;② 窃取这台微机中的密码及系统信息;③ 将被攻击机的击键记录在一个文本文件中,然后查看这个文件;④ 在被攻击机上创建一个对话框,显示所给出的文本和一个"OK"按钮,与对方对话;⑤ 将被攻击机重定向端口,连接到一个特定的IP(网际协议)地址和端口,进行文件传输;⑥ 查看、创建、中止一个进程;⑦ 修改所有的注册表的值;⑧ 可以捕捉视频和音频信号到.avi文件中,可以捕捉屏幕影像到一个位图文件中;⑨ 完全的文件和目录操作(如copy、delete、rename、transfer)及压缩和解压缩文件等等。

back porch　后肩　是行同步脉冲结束(上升沿)和有效视频开始之间的每条扫描线的部分。它用于恢复模拟视频中的黑电平(300 mV)基准。在信号处理方面,它会补偿同步脉冲之后的下降时间和稳定时间。在PAL(逐行倒相制)和NTSC(国家电视制式委员会)等彩色电视系统中,这段时间还包括彩色突发信号。在SECAM(顺序彩色与存储)系统中,它包含每个连续色差信号的基准副载波,以便设置零色基准。

back pressure　后向压力,反压　网络拥挤信息通过互联网进行逆向广播的动作。

backpressure routing algorithm　背压路由算法　在概率数学理论中的一门学科排队论中,背压路由算法是一种指导排队网络中的流量以实现最大网络吞吐量的方法,该方法使用李雅普诺夫(Lyapunov)漂移概念建立的。背压路由考虑每个作业可以访问网络中的多个服务节点的情况。这是最大权调度的扩展,而不是每个作业只访问单个服务节点。

backpropagation（BP） 反向传播（算法）
是在人工神经网络中用于处理一批数据（图像识别，多幅图像）后，计算每个神经元的误差贡献的方法。这是用包络优化算法来调整每个神经元的权重，完成这种情况下的学习过程。技术上，它计算损耗函数的梯度。它通常用于梯度下降优化算法。它也被称为误差的后向传播，因为误差是在输出端计算出来并通过网络层分布回来。BP 需要知道，每个输入值都有一个已知的期望输出值，因此被认为是一个监督式学习方法（尽管它用于一些无监督的网络，例如自动编码器）。BP 算法是 delta 规则对多层前馈网络的一种推广，通过使用链式规则迭代计算每一层的梯度而成为可能。已反复重新发现反向传播算法是反向累加模式中更一般的称为自动微分技术的特例。它与高斯-牛顿算法密切相关，是神经反向传播继续研究的一部分。BP 算法可以与任何基于梯度的优化器一起使用，如 L-BFGS（有限记忆 BFGS 算法）或截断牛顿算法。BP 算法有时被称为深层学习，这个术语用于描述具有多个隐藏层（不专门用于输入或输出的层）的神经网络。

backscattering 反向[后向]散射 （1）无线电波传播时其入射波的方向和散射波的方向沿着某参考方向分解时为相反的方向。（2）在光学中，反向散射指光的散射的方向一般地与入射方向大致相反。

back to back connection（BBC） 背对背连接 将发射设备的输出直接连接到相关的接收设备的输入。当用于设备的测量或试验的目的时，这样的背对背连接排除了通道或传输媒介的影响。

back to back gateways 背对背网关 两个不包含网关系统服务控制点（SSCP）功能的干预网络分开的网关。

backup designated router（BDR） 备份指定路由器 一个 OSPF（开放最短路径优先）网络中用来作为备份的指定路由器。

backup of resource information data 资源信息数据备份 在系统遭受破坏或其他自然的和人为的灾难发生的时候，不至于造成更大损失而对现有资源信息数据和系统进行拷贝和异地存放的复制品。

backward busying 反向占线，远端占线 数据通信系统中若任意一中继线的输入端口为"忙"态时，则对应的远程端口也能自动处于"忙"态，称为反向占线。输入端口出现故障时亦然。

backward channel 反向信道 用来在主信道相反方向发送数据的信道。反向信道常常用来传送确认信号或差错控制信号。

backward channel carrier detector（BCC） 反向通道载波检测器 调制解调器上的一种接口电路，主要用于检测反向通道接收载波是否存在以及载波电平是否在调制解调器所允许的范围之内。若状态为"ON"，表明反向通道载波电平符合规范要求；反之，若状态为"OFF"，说明载波电平不符合要求，或者无载波存在（意味着反向通道未建立）。

backward channel received data（BRD） 反向通道接收数据 由调制解调器发出并表示调制解调器接口电路准备接收来自反向通道数据的一种控制信号。

backward channel received line signal detector 反向通道接收线路信号检测器 数据通信系统中，检测反向通道载波是否存在的接口装置，安装在调制解调器上。

backward clearing 反向拆线，远端拆线 在自动电话交换机系统中，当通话完毕，被叫方（相对于主叫方，可视为反向或远端）首先挂机时，从被叫方开始，依次释放本次呼叫占用的线路和设备的过程。

B

backward compatible 向后[反向]兼容 指计算机硬件或软件产品与原先已有的同一产品型号或版本具有兼容性。若称一个软件版本是向后兼容的,通常就是指它能够使用旧版本软件中的数据文件,有时也指能够使用旧版本下建立的应用程序。

backward direction 反方向 在通信系统中,从信宿到信源的方向,从收信者到发信者的方向,从呼叫接收者到呼叫发出者的方向。

backward echo 反向回波 通信线路上,一种能到达某一确定点并且传输方向与原信号方向相反的回波,通常指长线上的反射波。

backward error correction (BEC) 后向[反向]纠错 是数据传输中纠错的基本方式之一,指信息接收端检测到差错后,立即请求发送端重发相关数据的纠错方法。自动请求重发(ARQ)就是一种后向纠错方法。

backward indicator bit (BIB) 后向指示比特,逆向指示位 (1)是七号信令系统(SS7)中信号单元中的一个位,由ITU-T(国际电信联盟-电信标准化部)Q.703建议,用于信令链路控制功能的差错控制。BIB和前向顺序号码(FSN)、后向顺序号码(BSN)、前向指示比特(FIB)一起来实现纠错的功能。接收端在收到差错信号单元的时候,将待发送的下一个信号单元内的 BIB 反转,指示远端从"BSN+1"号消息开始重发。(2)在数据块搜索、比较或搬移指令执行之前,由方向指令建立的一个指示位。当其为 1时,指示当前正在执行逆向操作,即按地址编号从大到小的方向操作。

backward ionospheric scatter 反向电离层散射 由于电离层电离度的不规则性或不连续性而在反方向上引起的散射的无线电波传播。同 backward propagation ionospheric scatter。

backward LAN channel 反向局域网信道[通道] 在宽带局域网(LAN)中,为从数据站向数据源端发送数据而分配的信道。也可用 reverse LAN channel 表示。

backward learning 反向学习,反查法 网络中获取网络信息,进行路由选择时使用的方法。当报文分组经过网络节点时,节点通过观察所经过的分组,及它们所使用的资源和所通过的距离,来学习了解网络拓扑、收集网上信息传输的重要参数,用作自适应路由算法的依据。例如,假设节点 A 通过中间节点 C 收到节点 B 的一个分组,A 节点的反向学习路由选择算法便认为 A 通过节点 C 到达 B 可能是最佳路由。

backward masking 后向[反向]掩蔽 是指在音调结束后被一个开始达 10 ms 的声音所掩蔽。

backward motion vector 后向移动矢量 在 MPEG(运动图像专家组)电视图像压缩技术中,从当前编码的帧图像与在它之前出现的参考帧图像之间,用于补偿编码对象移动的移动矢量。

backward path 反向路径 在点对点数据通信中,接收端向发送端回送状态和差错等信号的通路。

backward power control 反向功率控制 反向功率控制在没有基站参与的时候为开环功率控制。用户终端根据它接收到的基站发射功率,用其内置的数据信号处理器(DSP)估算出下行链路的损耗以调整自己的发射功率。反向功率控制在有基站参与的时候是闭环功率控制。闭环功率控制再细分为外环功率控制和内环功率控制。这两种都通过闭环控制,可以间接影响系统容量和通信质量。

backward prediction (BP) 后向预测 图像预测编码中,根据某时刻的图像及反映位移信息的运动矢量,预测出某时刻以前的图像,以便预测出前一帧中没有显露而现在出现的信息,称为后向预测。

backward processing　**反向处理（法）**　在具有 VSAM（虚拟存储存取法）系统中的一种文件顺序处理方法,即每次按输入顺序、键字顺序或相对记录顺序的相反方向检索当前位置的前一个记录,而不是后一条记录。

backward propagation ionospheric scatter　**反向传播电离层散射**　由于电离层电离度的不规则性或不连续性而引起的在反方向上的电离层散射。同 backward ionospheric scatter。

backward search algorithm　**反向搜索算法**　一个节点从其邻居节点获取到达另一节点的最便宜的路由的路由算法,也称作"反向学习算法"。

backward sequence number（BSN）　**反向序号,后向顺序号**　ITU-T（国际电信联盟-电信标准化部）Q.703 建议中定义的七号信令系统（SS7）中信号单元中的一个位,表示从远端收到的已被证实的信号单元的序号。

backward setup　**反向建立**　从被呼叫方到呼叫方,逐个建立链路连接的一种多链路连接操作方式。

backward setup message（BSM）　**后向建立消息**　指七号信令系统（SS7）电话用户部分（TUP）的一类消息群。该类消息是请求得到建立呼叫所需的消息的后向信令消息。目前该类消息只设一个消息,即 GRQ（一般请求消息）。作为对 GRQ 消息的响应消息是前向发送的 GSM（一般前向建立信息消息）。

backward signal　**反向信号**　从被叫站发向主叫站的信号,即从原始信宿到原始信源的信号。反向信号通常在反向信道中发送,通常包含监控、确认和差错控制信号。

backward supervision　**反向监控**　数据通信中的一种监控方式。它使用由从站向主站发送的控制信息序列,用以监视和控制数据传输。

baffle　**隔音板,音箱前面板,障板,百叶式挡光板**　用声能吸收系数高的材料制造的平板,位于两个声源之间或声源与话筒之间以阻止声音通过。

baffled stereo　**隔音障板立体声**　各种专门通过隔音障板来加强立体声信号通道分离效果的立体声话筒录音技巧的统称。当把隔音挡板放置在立体声制式中两支带有一定间隔距离的话筒之间时,障板所带来的阴影效应就会对音源的衰减过程产生正面影响,并由此带来对立体声信号通道分离效果的加强作用。

balance（BAL）　**平衡,均衡**　（1）声学上,指在音频频谱的高段和低段之间在相对响度上所存在的客观关系;也指双声道立体声左声道和右声道之间的信号响度的相同（平衡）。（2）在通信系统中,根据总的通信量统一地分配各线路负荷,以使线路得到充分有效使用的一种技术。

balanced amplifier　**平衡放大器**　一种具有两个相同的信号支路的放大器电路,它们以相位相反的工作方式连接,其输入和输出连接分别对地平衡。

balanced amplitude modulation　**平衡幅度调制**　一种抑制载波的调制技术,其中调制器通过平衡电路来抑制载波,所得信号可以是单边带或双边带调幅信号,所有信息都包含在其中一个边带中而不在载波中,传送的信号中没有直流分量。

balanced audio　**平衡音频**　一种使用平衡线互连音频设备的方法。这种连接方式在录音和制作中非常重要,因为它可以使用较长的电缆,同时降低电磁干扰引起的外部噪声的敏感性。平衡连接通常使用屏蔽双绞线和三线连接器。连接器通常是 XLR 或 TRS 电话连接器。当使用这种方式时,每根电缆承载一个通道,对于立体声音频需要两条电缆。

balanced cable　平衡电缆　在屏蔽层内由两条相互绝缘的导线构成的电缆,能够传输对地极性相反的等值电压或电流。在电视和声音系统中平衡电缆可用来消除共模干扰信号或感应噪声。

balanced capacitor　平衡电容　一种电容器,隔断直流电流但不影响交流电流。

balanced circuit　平衡电路　是用于平衡线或平衡线本身的电路。平衡线是在两条线上的两点之间传送多种类型的电气通信信号的常用方法。在平衡线路中,两条线路传送相等但是反向的信号。两条线具有匹配的阻抗,以有助于确保在线路中产生的干扰是共模,并且可以在接收端通过具有良好共模抑制的电路消除。为保持平衡,线路接口或连接线路的电路块也必须是平衡的。电路的平衡特性越好,信号的散射就越小,它的噪声抑制特性也越好。

balanced code　平衡码　在脉冲编码调制(PCM)系统中,为使得发送任何码字时不存在直流分量而构造的码型。平衡码中"1"的个数同"0"的个数相等。

balanced configuration　平衡配置　在使用高级数据链路控制(HDLC)协议的网络条件下,两个复合站实现的点到点配置。

balanced data link　平衡数据链路　在数据通信系统中,两个参与的组合站之间的一条数据链路,为能使用此链路进行传输,每个组合站都可以发送命令帧和应答帧,组织它的数据流并且在数据链路层执行错误恢复操作。

balanced elliptical filter　平衡椭圆滤波器　在前端电路中使用的一种滤波器,如 10BASE-T 滤波器是一个 7 极平衡椭圆过滤器。

balanced error　平衡误差　在一定范围内,最大误差和最小误差的符号相反、绝对值相同的一组误差。

balanced line　平衡线　在电信和专业音响中,平衡线或平衡信号线对是由两条相同类型的导线组成的传输线,每根线沿其长度有相等的对地和到其他电路的阻抗。平衡线形式的主要优点是当馈送给差分放大器时,能很好的抑制外部噪声。平衡线的常用形式是双引线,用于射频信号的平行双芯缆和用于低频的双绞线。与不平衡线如同轴电缆相对比,同轴电缆设计中将其回路导体就是接地,即其回路导体实际上是接地电路。平衡与不平衡电路可以使用称为巴伦(balun)的变压器互连。

balanced load　平衡负载　在具有几条导线或几相的系统中,平均分配各导线间或各相导线间的负载。

balanced low-pass filter　平衡式低通滤波器　与平衡传输线配合使用的一种低通滤波器。此种滤波器的两个输入端及两个输出端对某个公共参考点具有相同的电气特性。

balanced modulation　平衡调制　在调幅波中抑制载波,使只有边带信号出现在波形中,其中每个边带(即上边带和下边带)的功率几乎相等。

balanced modulator (BALMOD)　平衡调制器　为抑制载波及平衡任何与之关联的载波噪声而构造的调制器,它应用在调幅(AM)系统,其输出仅包含两个单边带。

balanced network　平衡网络　用于端接混合电路端口的可调阻抗。在用来提供二、四线转换时,其混合特性接近理想特性。

balanced polyphase system　平衡多相系统　由平衡多相电源和对称多相电路所组成的系统。

balanced routing　平衡路由　一种网络路由技术,使各条路由都均衡地使用。

balanced signal 平衡信号 使用两条信号线和一条地线传送的幅度相等相位相反的信号。

balanced signal pair 平衡信号线对 一种抗干扰的方法。是用两条信号线传送一对平衡的信号的连接方法，由于两条信号线受的干扰大小相同，相位相反，最后将使干扰被抵消。同 balanced line。

balanced transmission 平衡传输 一种在两个设备之间使用两个相同和相反信号电压的两个导线耦合信号的技术，这两个导线都不接地。广泛用于音频，很少用于视频和射频。属于基带数据的传输方法

balanced wire circuit 平衡线电路 一种线路，其两边的电气特性相同，对于地电平和其他导体对称。

balance return loss（BRL） 平衡回损 (1) 连接到混合线圈、网络或节点的两个共轭边的两个阻抗之间的平衡度的度量。(2) 一个平衡网络在混合线圈处模拟两线电路阻抗的有效性的度量。

balance winding 平衡绕组 串联式互感器中按规定方法连接的一种绕组。分别套在同一铁芯体的两铁芯柱上，作用是平衡两柱间的磁通，使每柱一次线圈电压均匀。

balancing 平衡(技术) (1) 调整传输网中的每一通路的增益和衰耗，以使在所有的用户插座上都达到尽量相近的信号电平（通常规定相差不大于 3 dB）。(2) 一个平衡的宽带网络也要能从连接到网络任一地点的发射机向头端提供接近相等的输入电平。

balancing error 均衡误差 能有效地抵消另一误差的误差，即一误差与另一误差相等、效果相反。

balancing sound levels（BSL） 声级均衡 由声音控制室实施的调节声音电平的措施之一。

ball receiver 转播用接收机 电视转播台、站内所用的接收机。

ball reception 电视收转，中继接收系统 电视节目由转播台、站接收后再向某一规定地区广播的电视系统。

balun 平衡非平衡(适配器)，平衡转换器，巴伦 是 balanced（to）unbalanced 的缩写。是在平衡和非平衡媒介之间转换传输的装置。例如将阻抗从 300 Ω 转换为 75 Ω 的适配器。用于连接电视机和视频游戏机、录像机或室外天线（通常是 300 Ω）。可使不同类型的电缆进行阻抗匹配连接的硬件器件。该器件通常用来将双绞线电缆(平衡的)连接到同轴电缆(不平衡的)上。线路匹配器的两端备有不同的连接器，以供双绞线和同轴电缆连接使用。巴伦也称为线路平衡转换器以及匹配转换器。

balun coil 巴伦线圈 安装在天线与电视机调谐器之间的一种线圈，用于将 300 Ω 的输入信号转换为 75 Ω 的调谐器输入信号。

band 频带，波段，频段 (1) 在通信中，一个用于某种用途的连续的频率范围。(2) 在指定的最低波长与最高波长之间的波长范围。波段通常是按一定性质划分成的。按波长分为超长波、长波、中波、短波、超短波、微波、红外线等。(3) 电视广播用的频率划分(一些西欧国家实际使用的电视广播频段的下限 41 MHz 和上限 860 MHz，我国是 48.5 MHz 和 958 MHz 之间的频率范围)。

band compaction 频带压缩 数字信号是在模拟信号的基础上进行抽样、编码、调制而成的，在这个过程中同时完成了频带压缩，正是由于数字信号的这个可以压缩频带的特点，使得数字信号占用的带宽要小于模拟信号。频带压缩方法主要有：① 利用滤波器或特殊编码方式消除掉信号中的冗余部分；② 在保证信号

质量的前提下,只抽取主要的信息发送而忽略次要成分;③ 除掉利用信号的统计性质和相关性可以推算出的信息部分。例如在彩色电视传输中,利用色觉性质压缩色度信号的宽度。

band elimination filter (BEF) 带阻滤波器 阻止某一频率范围的信号,低于或高于此范围的信号均能通过的滤波器。

Band I 波段 I 是电磁频谱中甚高频(VHF)部分中的无线电频率范围。波段 I 的 47～68 MHz 为欧洲广播区,而 54～88 MHz 用于美洲,主要用于与国际电联无线电条例(第1.38条)一致的电视广播。频道间隔因国家而异,常见的间隔有 6、7 和 8 MHz。

banding 条带效应 指电视信号传送中的一种图像缺陷。图像中出现与邻近区域不一致的色条,通常是录像带播放机的原因。

band-limited signal (BLS) 限带信号 能量包含在有限的频率范围内的信号。

band limits 分频段界限 电视广播频段的五个分段的界限频率。一些西欧国家的电视广播分频段为:41～68 MHz、87.5～100 MHz、162～230 MHz、470～550 MHz、582～860 MHz。我国的电视广播频段分为:Ⅰ波段 48.5～92 MHz、FM 波段 87～108 MHz、A1 波段 111～167 MHz、Ⅲ波段 167～223 MHz、A2 段 223～295 MHz、B1 波段 295～447 MHz、Ⅳ波段 447～566 MHz、B2 波段 566～606 MHz、Ⅴ波段 606～958 MHz。

band pass/bandpass (BP) 带通,通频带 一个频带上下界限频率差的度量,上下界频率是指与中心频率相比,其衰减不小于某给定值(如功率下降)。

band-pass filter (BPF) 带通滤波器 具有低限和高限的滤波器,它只允许两个具体频率间的信号通过,过滤(衰减)其他

频率的信号。常用的有多反馈网络、双二次谐振器和转换开关式三种带通滤波器。有些带通滤波器有外部信源,使用晶体管、集成电路等有源元件,即通常所说的有源带通滤波器。另一些带通滤波器没有外部信源,只由电容、电感一类的无源元件构成,称为无源带通滤波器。

band-pass response (BPR) 带通响应 以基本上均一的响应让某一频带内的信号通过的幅频特性。

band sound pressure level 频带声压级 声学中,指在规定频带中的声压级或声功率电平。上述频带可用低截止频率和高截止频率来定义,也可通过它的图形中心频率和带宽来定义。

band split 频带分割 将一条信道分割为多个子信道的技术。

band splitter 带宽切分器 一种多路选择器,用于将可用的传输带宽分割成若干独立的带宽较窄的传输子通道。

band stop 阻频带 一只电感器或者电容器呈现高阻抗的频率范围。

band-stop filter (BSF) 带阻滤波器 抑制某一阻带的频率分量,并允许阻带外频率分量通过的滤波器。一个带阻滤波器通常设计成阻止某一特定的频率范围,但通常只衰减到某确定电平之下。

band suppression filter 频带抑制滤波器 阻止某一特定频带的滤波器。同 band stop filter。

bandwidth (BW) (频)带宽(度) (1)带宽是一个度量频率范围或频谱宽度的参数,它用单一数值来表示,该数值等于两个界限频率之差。带宽用于信道,可称信道带宽,表征通信信道容量参数之一,信道带宽影响信道传输信息的速率。带宽还可以与其他限定词连用,派生出许多相关词,如放大器带宽、存储器带宽、音响带宽等表示更多的不同含义。(2)在模拟通信系统中,带宽用赫

兹(Hz)作单位来表示。例如,典型的模拟电话信道的有效带宽为 3 100 Hz,电视广播系统中规定图像信号的频带宽度为 6 MHz。在数字通信系统中,带宽除了用赫兹(Hz)作单位来表示外,还用相应的传输速率比特/秒(bps)作单位来表示。例如称传统的 Ethernet(以太网)的带宽为 10 Mbps,称 FDDI(光纤分布数据接口)的带宽为 100 Mbps 等。(3)指设备能按规定的性能指标进行有效工作的频率范围。在此频率范围之外,设备的性能将显著下降。

bandwidth allocation control protocol (BACP) 带宽分配控制协议 因特网工程任务组开发的用于在 ISDN(综合业务数字网)会话期间增加和删除第二个 B 通道的一个标准。在与多链路点对点通信协议(MAPP)一起工作时,能够使收发设备协调所需要的带宽。

bandwidth allocation protocol (BAP) 带宽分配协议 与其控制协议(带宽分配控制协议)一起,用于在基于 PPP 协议的多链路捆绑中添加和删除链路,并指定哪个对等方负责有关带宽管理的决策。该协议最初是由 Shiva 公司和 Ascend 通信公司的 Craig Richards 和 Kevin Smith 分别在 1997 年提出的,后来在许多路由器上实现,包括 Cisco IOS。

bandwidth balancing mechanism (BWBM) 带宽平衡机制[配平装置] 在分布队列双总线(DQDB)网络中,一个节点偶尔跳过使用空的队列促进时隙,以便更有效地共享所占带宽的一种处理过程。

bandwidth compression (BWC) 带宽压缩 (1)在给定的时间内发送一定量的数据所占带宽的缩减。(2)在给定的带宽内发送一定量的数据所占时间的缩短。带宽压缩意味着携带信息信号的正常带宽的缩减不影响信息的内容,通常也不增大误码率(BER)。

bandwidth-delay product 带宽时延(乘)积 在数据通信中,带宽时延(乘)积是一个数据链路容量(以比特每秒为单位)和往返延迟时间(以秒为单位)的乘积。结果是,以比特(或字节)测量的数据量等于网络电路上在任何给定时间的最大数据量,即已经发送但尚未被确认的数据。具有大带宽时延(乘)积的网络通常被称为长胖网络(LFN)。如 RFC 1072 中所定义的,如果网络的带宽时延(乘)积明显大于 10^5 位(12 500 字节),则该网络被认为是 LFN。超高速局域网可能属于这一类,由于其极高的带宽,协议调整对于实现峰值吞吐量至关重要,尽管它们的延迟并不大。虽然 1 Gbps 的连接速度和低于 100 μs 的往返时间(RTT)的网络不被认为是 LFN,但 100 Gbps 的连接需要保持低于 1 μs 的 RTT 才不被认为是 LFN。带宽延迟乘积较大的系统的一个重要例子是对地静止卫星连接,其端到端传输时间非常长,链路吞吐量也可能很高。高的端到端传递时间使得停止等待协议和采用快速端到端响应的应用程序的生存变得非常困难。高带宽时延乘积在传输控制协议(TCP)关于 TCP 调优等协议设计中是一个重要的问题,因为如果发送者在发送足够大量的数据之前,需要停止并等待收到接收方的确认消息,确认已成功接收该数据,这种协议只能达到最佳吞吐量。如果发送的数据量与带宽时延乘积相比不足,则链路不会保持繁忙,并且协议的运行效率就低于链路的峰值效率。希望在这方面取得成功的协议需要精心设计的自我监控、自我调整算法。TCP 窗口规模选项可用于解决因窗口大小不足所造成的问题,该窗口仅限于 65 535 字节而无需缩放。

bandwidth distance factor (BWDF) 带宽距离因数 在光通信中,表示一条光缆在不同规定距离承载信号的一个品质因数。带宽距离因数是带宽和距离的乘积,常用兆赫·千米(MHz· km)表示。
带宽距离因数意味着带宽和距离可以互
换,可是互换不一定是线性的。因此,光
缆特性,如带宽、长度和允许误码比特
率(BER)要分别说明。

bandwidth distance product 带宽距离积
传输带宽与距离值的乘积,用于表示一
种传输媒介的限度。

bandwidth efficiency 带宽效率 是指在
特定通信系统中的给定带宽上可以传输
的信息速率。就是通过通信信道传输的
每秒比特数与以赫兹为单位的信道带宽
之比。其单位是每秒每赫兹的比特数。
这是物理层协议使用的有限频谱的有效
性度量,有时由介质访问控制(信道访问
协议)度量的。在电视技术中,指图像质
量与射频带宽的比值。

**bandwidth guaranteed polling (BGP) 带宽
保证轮询** 是新加坡国立大学 Maode
Ma 等人设计的用于以太网无源光网络
的动态带宽分配算法。这是基于固定权
重分配带宽的算法实例。BGP 将时间窗
口划分为固定大小的时隙,其中一些时
隙被分配给每个光网络单元(ONU)。分
配的数量取决于 ONU 客户的服务等级
协议(SLA)。如果 ONU 不希望利用其
分配的整个时隙,则可以向 OLT(光线路
终端器)通知此情况。然后,OLT 可以
决定将剩余时隙重新分配给另一个没有
SLA 的 ONU。

**bandwidth on demand (BOD) 按需带
宽(分配,调配)** 广域网(WAN)中的一
种功能,允许用户根据应用要求申请带
宽。这样用户只需为实际使用的带宽支
付即可。

bandwidth reservation 带宽预留 交换网
络的一种特性,可以为高频带呼叫或高
优先级呼叫预留呼叫带宽。这种处理给
用户和网络应用赋予带宽,根据紧急程
度和对延迟的敏感程度,对不同的数据

流赋予不同的优先级,可达到对可用带
宽的最佳利用,如果网络发生拥塞,低优
先级的流将被丢弃。

bandwidth rule 带宽法则 通道的频带宽
度与允许通过该通道的传输信号的最高
速率之间的关系。

bandwidth test/testing 带宽测试 一种测
定网络连接速度的基准测试。带宽测试
通过在网络上发送一系列信息包并测定
在一定时间内接收到的信息包数目来评
估下载和上传的速度。

banyan switch 榕树开关 在电子技术
中,榕树开关是用于电子或光学开关的
复杂的交叉开关。它以与榕树树根的交
叉的复杂图案相似而得名。逻辑榕树开
关用于逻辑或信号通路,以将信号交叉
切换到新的通路上。它们可以是机械微
机电系统,也可以是电子或光的非线性
光学(NLO)器件。它们的复杂性取决于
开关矩阵中各个开关的拓扑结构(它需
要多少"层数"或开关层数才能达到多大
规模),来实现所需的交叉逻辑。

bar 条,条纹 电视接收机荧光屏上所呈
现的、用于测试的彩色竖条或横条,由其
颜色、电平和边缘上升时间所确定。但
在接收电视广播节目时,干扰也呈现为
类似条纹。有时,条纹被称为"窗口"
或"盒"。

bar code 条(形)码 一种通常由两种颜
色(黑白、红白、绿白)宽窄相同,粗细不
一的直线条纹组成的编码。这种编码通
常印在商品包装物上,图书馆藏书上或
各种证件上,用以表示商品号、藏书号或
证件号,使用条形码扫描器识别并读入
计算机,然后根据计算机内存储的有关
信息进行处理。条形码有多种类型,如
通用产品码(UPC)、39 码、欧洲商品
码(EAN)、2~5 码等。除 39 码外,其他
三种编码均为 10 个码,39 码则有 0~9,
A~Z 和 8 个符号共有 44 个码。条形码

广泛用于各种商店、仓库和图书馆等现代化管理之中。

Bark 巴克 以德国物理学家 Heinrich Georg Barkhausen(巴克豪森)名字命名的临界频带的单位。在声音应用中，1 bark ＝ 一个临界频带的宽度；在 $f < 500$ Hz 的情况下，1 bark≈$f/100$；在 $f > 500$ Hz 的情况下，1 bark≈$9 + 4\log_2(f/1\,000)$。

Barker code 巴克码 一种二进制码，它适用于脉冲编码调制及同步，有最佳的相关性。和纯二进制记数编码等其他编码相比，它受由于最接近码型的随机脉冲引起的相位移的影响较小，它受发射机引起的相位移误差的影响较小。

barrage jammer 阻塞干扰机 一种干扰机，其辐射电磁波能量散布在很宽的频带上，可以同时干扰数个发射机，可防止通过简单的改变受干扰的发射机的频率进行逃避，通常可在很宽的频谱上调整，缺点是由于要在很宽的频带上散布能量导致在需要大功率干扰的特定频率上只有很小功率。

barrier layer 阻挡层 在光纤生产中用来阻止氢氧离子扩散到纤芯中的隔层。

barring of all incoming calls supplementary service (BAIC) 闭锁所有入局呼叫补充业务 一项 GSM(全球移动通信系统)补充业务，用于闭锁所有入局呼叫，即限制所有的来话。

barring of all outgoing calls supplementary service (BAOC) 闭锁所有出局呼叫补充业务 一项 GSM(全球移动通信系统)补充业务，用于闭锁所有出局呼叫，即限制所有的呼出电话。

barring of outgoing international calls supplementary service (BOIC) 闭锁出局国际呼叫补充业务 一种 GSM(全球移动通信系统)补充业务，闭锁所有出局国际呼叫，这样手机就不能拨打国际长途电话。

baseband 基带 (1) 又称"基本频带"，基本信号所固有的频带，传输数据的一种网络技术。数字信号(即 0 信号和 1 信号)在基带范围传输时，可作为电压脉冲直接在电缆上进行传输，而不需调制解调过程。使用这种技术的网络要求网络上的所有工作站和服务器都参与每次传输，但是参与并不等于接收每次传输的数据，是否接收数据取决于自己的地址是否是数据的目标地址，例如以太网就使用这种技术。基带也称为"窄带"。(2) 在网络的数据链路层上，一种不使用复用技术而传输信号的方法，这样传输时只使用一条通道。大多数局域网(LAN)使用基带传输技术。(3) 对于未调制到 RF(射频)载波上的信号。在视频中，指的是在调制到 RF 载波之前所处理的视频信号。

baseband coaxial cable 基带同轴电缆 特性阻抗为 50 Ω 用于传输数字信号的同轴电缆。所传输的信号通常都是使用"曼彻斯特编码"或"差分曼彻斯特编码"编码的二进制信息信号。这种电缆又分为粗同轴电缆和细同轴电缆。前者使用专用的收发器连接计算机或其他设备，后者使用 T 型接头连接计算机或其他设备。与此不同的是宽带同轴电缆。

baseband local network 基带局部网 一种使用基带同轴电缆作为通信介质的局部网。其数字信号("1"和"0")不经调制，而是以电脉冲形式直接送入通道，所有用户共享同一通道，并且不允许频分复用。通常使用 CSMA/CD(载波监听多路访问/冲突检测)协议。例如，以太网即是这样的基带局部网，以 10 Mbps 的速率在 50 Ω 同轴电缆上运行。

baseband mode 基带模式 一种将一条电缆的带宽都分配给单个数据流的模式。

baseband signal 基带信号 占有信道全

B

部带宽的信号。基带信号包括模拟信号和数字信号。信号的频带从直流起高到数百 kHz,甚至若干 MHz,直到信道的最高界限频率,由传输的速率决定。

baseband signaling **基带信号传输,基带信令** (1)信号不加调制而按其原来所固有的频率进行的传输。在这种传输工作方式下,不允许对通道进行频分多路复用,数字信号以电压脉冲形式直接在电缆上传输。(2)在网络中,编码的信号以电压传递的连续流的方式,在传输媒体上的传输。一次仅有一个节点可以发送,从多个节点来的信号经过多路组合后可在上面传输。

baseband transmission **基带传输** 在短距离局部网络中,不对信号进行调制,把数字信号(1 或 0)直接以送入电压脉冲形成,信号占据了电缆整个频谱,因此不允许使用频分多路复用技术。

baseband transmission of digital signal **数字信号基带传输** 在某些有线信道中,特别是传输距离不太远的情况下,可以不经过调制和解调过程而让数字基带信号直接进行传输,称之为数字信号的基带传输。

base cluster **基簇** 在带有 VSAM(虚拟存储存取法)数据存取方法的系统中,一种键标顺序文件或输入顺序文件,在其上可建立一个或多个辅助索引。

base color **基色,底色** (1)通过不同比例的混合可以构成其他色彩的颜色。在电视系统中,通常采用的基色为红色、绿色、蓝色。(2)作为背景的颜色,其他颜色都叠印在它的上面。

based on path XML index **基于路径的 XML 索引** 基于路径的索引是以 XML(可扩展标记语言)树结构中结点的路径信息为基础,采取某种约简方式,使得约简后的树结构只维护不同的路径信息,而不会存在具有相同路径的两个

结点。

base earth station (BES) **地球基站** 一种地球站,用于卫星固定业务或卫星移动业务,在特定的固定点或在地面的特定区域内,为地面移动卫星业务提供馈送链路。

base key **基本密钥** 由用户选定或由系统分配的,可在较长时间(相对于会话密钥)内由一对用户所专用的密钥,故也称为"用户密钥"。

baseline sequential JPEG **基线连续 JPEG (模式)** 是最流行的 JPEG 图像模式,使用有损离散余弦变换算法(DCT)压缩图像数据,也可以使用基于差分脉冲编码调制(DPCM)的无损处理。在这种模式中,图像组成部分可以逐个压缩,也可以成组压缩。

base signal **基座[基本]信号** 基本上是方波的一种信号,在发送和接收两端,对扫描起辅助作用。

base station (BS) **基站** 移动通信系统中,连接固定部分与无线部分,并通过空中的无线传输与移动台相连的设备。基站是在移动通信系统中按照通信覆盖面积要求而设置的,通过无线接口提供与终端之间的无线信道。

base station control function (BCF) **基站控制功能** 移动通信系统基站控制器中的一个功能模块。主要功能包括:① 监视基站收发信台(BTS);② 管理 BTS 资源;③ 处理与移动台的连接;④ 定位及切换;⑤ 寻呼管理;⑥ 基站系统(BSS)的操作与维护;⑦ 传输网络管理;⑧ 码型变换。

base station controller (BSC) **基站控制器** 可由多个实体构成,其功能是提供与基站、网络侧和运行维护系统的接口,及无线信道控制、基站监测以及与业务节点的转接。基站控制器是蜂窝系统的功能组件,是基站和移动业务交换中心之间

的中介。

base station identity code（BSIC） 基站识别码 包括 PLMN(公共陆地移动电话网)色码和基站色码。用于区分不同运营者或同一运营者广播控制信道频率相同的不同小区。

base station interface equipment（BIU） 基站接口设备 移动通信系统基站中,是基站收发信台(BTS)和基站控制器(BSC)之间的子复用设备。

base station subsystem（BSS） 基站子系统 (1) 是传统蜂窝电话网络的一部分,负责处理移动电话和网络交换子系统之间的流量和信令。BSS 实现话音信道的转码、无线信道到移动电话的分配、寻呼、空中接口的发送和接收,以及与无线网络相关的许多其他任务。(2) 是由基站控制器(BSC)以及相应的基站收发信台(BTS)组成的系统。BSS 是在一定的无线覆盖区中,由移动交换中心(MSC)控制,与 MS 进行通信的系统设备。

base station sub-system application part（BSSAP） 基站子系统应用部分 使用信令连接来传送 A 接口处理有关的第三层信令信息,BSSAP 又进一步分为两部分:直接传输应用部分(DTAP)和基站子系统管理应用部分(BSSMAP)。

base station subsystem location service assistance protocol（BSSLAP） 基站子系统定位服务辅助协议 定义了 SMLC-BSS(服务移动位置中心-基站系统)第 3 层协议。后续的定位服务相关的信息在 SMLC 和 BSS 之间交换,并使用 VMSC(拜访移动业务交换中心)作为中继。

base station sub-system management application part（BSSMAP） 基站子系统管理应用部分 支持 MSC(移动交换中心)与 BSS 间有关 MS 的其他规程(如资源管理、切换控制),这些规程可以是针对 BSS 的一个小区或对整个 BSS。

base station subsystem operation and maintenance application part（BSSOMAP） 基站子系统操作维护应用部分 GSM(全球移动通信系统)信令中应用层的一种应用实体,它用于基站控制器(BSC)与移动交换中心(MSC)及运行管理中心(OMC)交换维护操作、维护和管理信息。

base station system（BSS） 基站系统 主要由基站控制器(BSC)和基站收发信台(BTS)组成。每个基站收发信台服务于一个无线小区(cell),提供无线资源的接入功能。基站控制器提供无线资源的控制功能。一个基站控制器可以控制多个基站收发信台,一个基站收发信台又由许多收发信机(TRX)和一个基本控制功能(BCF)所组成。因此一个基站系统是由一个基站控制器(BSC)和多个基站收发信台(BTS)所组成,实现一定地理区域上的无线覆盖,为处在该区域的所有移动用户提供无线接入功能。

base station system application part（BSSAP） 基站系统应用部分 是移动交换中心(MSC)和基站子系统(BSS)使用的信令 7 系统中的协议。在移动业务交换中心(MSC)和基站系统(BSS)之间使用 MTP(消息传递部分)和 SCCP(信令连接控制部分)支持信令消息。称为 BSS 应用部分(BSSAP)定义了 SCCP 的一个用户功能。在点对点呼叫的情况下,BSSAP 为每个活跃的移动台使用一个信令连接,该移动台具有一个或多个进行第 3 层消息传送的活跃事务。在语音组或广播呼叫的情况下,呼叫中涉及的每个小区总是有一个连接,并且每个 BSS 有一个附加连接用于第 3 层消息传输。广播呼叫中的发话者还有一个附加连接,或者语音组中的第一个发话者呼叫到由网络决定将它们传送到公共频道的点。对于网络决定放置在专用连接上的语音组或广播呼叫中的任何移动台,也可能需要附加连接。

base station system application part LCS extension (BSSAP-LE) 基站系统应用部分-定位业务扩展 BSSAP-LE 是 BSSAP 的扩展,包含规定 LCS(定位业务)支持的消息和参数。BSSAP-LE 是 LB 接口部分。定义了 BSSAP-LE 的后续子集:DTAP-LE(直接传输应用部分-定位业务扩展)和 BSSMAP-LE(基站系统管理应用部分-定位业务扩展)。DTAP-LE 消息在 SMLC(服务移动位置中心)和 A 型 LMU(定位测量单元)之间传送。BSSMAP-LE 消息在 BSC(基站控制器)、MSC(移动交换中心)和 SMLC 之间传送。

base station system GPRS protocol (BSSGP) 基站系统通用分组无线业务协议,基站系统 GPRS 协议 是一种用于 GPRS 移动分组数据系统的协议。它表示基站系统 GPRS 协议。它在两个 GPRS 实体 SGSN 和 BSS 之间通过 BSSGP 虚连接(BVC)传送信息。该协议提供了无线电相关的服务质量,以及在 BSS 和 SGSN 之间传送用户数据所需的路由信息。它不进行任何形式的差错纠正。BSSGP 协议是用来处理 SGSN 和 BSS 之间的流量控制。在 SGSN 节点中实现的流量控制机制仅用于 GSM,用于防止由于 BSS 的过载而造成的拥塞和数据丢失。这个机制控制从 SGSN 到 BSS 的流向,但不控制上行方向。BSSGP 协议的主要功能包括:① 由 SGSN 把下行链路中的 RLC/MAC 功能使用的无线相关信息提供给 BSS。② 由 BSS 把来自上行链路中的 RLC/MAC 功能的无线相关信息提供给 SGSN。③ 提供的功能使两个物理上不同的节点(SGSN,BSS)来运行节点管理控制功能(QoS,流量控制)。

base station system management application part (BSSMAP) 基站系统管理应用部分 支持 MSC(移动交换中心)和 BSS(基站系统)之间需要解释和处理与单个呼叫相关的信息,以及资源管理的所有过程。在 GSM 4.08 中定义了某些 BSSMAP 过程导致或被触发的无线资源(RR)管理信息。消息类型 A 一个八位字段定义了消息类型。这个必须的字段唯一地定义每个 BSSMAP 消息的功能和格式。每个信息元素(IE)有单个字节编码的标识符。IE 的长度可以是固定的或可变的,并且可以包括或不包括长度指示器。

base station subsystem location service assistance protocol (BSSLAP) 基站子系统定位服务辅助协议 定义了 SMLC-BSS(服务移动位置中心-基站系统)第 3 层协议。后续的位置服务相关的信息在 SMLC 和 BSS 之间交换,并使用 VMSC(拜访移动业务交换中心)作为中继。

base transceiver station (BTS) 基站收发信机,基站收发信台 (1)基站中包含无线设备的部分称为基站收发信机。一个 BTS 有时可与无线网络中的物理位置小区等价。(2)基站收发信台是服务于一个小区并受控于一个基站控制器(BSC)的 GSM(全球移动通信系统)移动通信网的组成部分。它包含一个或几个收发信机(TRX)。提供系统的数字无线接口。

base transceiver station management (BTSM) 基站收发信台管理 是基站控制器到基站收发信台(BSC-BTS)的接口协议(A-bis接口)。BTSM 允许在基站控制器和基站收发信台之间发送消息。协议消息由一系列信息元素组成。每个消息都含有必须的信息元素和可选的信息元素。除了以 UI 格式发送的测量结果消息之外,在 A-bis 接口上使用 LAPD 的 I 格式传输 BTSM 消息。在所有消息中使用的消息鉴别器的一个八位字段对透明消息和非透明消息之间，以及无线链路层管理、专用信道管理、公共信道管理和TRX(收发器)管理消息之间进行区分。消息类型唯一标识所发送消息的功能。这是一个单字节的字段。

base 64　64 基编码　一种文件格式，采用 64 个 ASCII(美国信息交换标准代码)字符来编码 6 位的二进制数据(0～63)。64 基编码用于在仅能传输文本的媒体中传输二进制数据(如电子邮件)，尽管 uuencode(在电子邮件中用于对二进制数据进行文本化编码的工具)更为常用。

basic access authentication　基本访问认证　在超文本传输协议(HTTP)事务的环境中，当发出请求时，基本访问认证就是为 HTTP 用户代理提供用户名和密码的方法。

basic bit map method　基本位图法　无冲突协议使用的方法之一。假设通信系统中有 N 个站，编码为 0 到 N−1。开始一个帧是争夺帧，含有 N 个时隙。在这个帧到来之前，哪个站准备好发送就在这个帧到来时把相应的位置成 1。这个帧发送完毕便确认哪些站获得发送权，并在以后的非争夺帧中给各个站按顺序发送出一个帧信息。接着又是一个争夺帧，情形同前。这样便在发送过程中没有冲突发生。在高负荷情况下，当所有站在所有时间都有信息要发送时，N 位争夺帧按比例分配到 N 个帧上，所以效率为 d/(d+1)。其中 d 为信息帧长。帧的平均等待时间为在站等待排入队列的时间，再加上从排入队列到排到排头的时间 N(d+1)/2。这种方法解决了传输期间的冲突问题，但是对各个站存在不公平性，编号较小的站比编号较大的站得到服务的可能性要大。

basic cable　基本有线(电视服务)　指用户以最低的每月费用订购的有线电视服务。在美国，通常包括 VHF(甚高频)和 UHF(特高频)频道，CNN(美国有线电视新闻网)、宗教频道、天气频道以及其他全国性频道。不包括 HBO(Home Box Office)等需要附加费用的频道。

basic call state model (BCSM)　基本呼叫状态模型　在智能网(IN)和移动网络增强逻辑的定制应用(CAMEL)交换中，BCSM 是描述基本呼叫控制的呼叫处理过程的模型。IN 控制的基本概念是基本呼叫状态模型(BCSM)。当交换机处理呼叫时，呼叫将经历许多预定义的阶段。呼叫的这些阶段在 BCSM 中描述。BCSM 通常遵循呼叫的 ISUP(ISDN 用户部分)信令。

basic device unit (BDU)　基本设备单元　通信系统软件中，在主机存取方法和网络控制程序之间进行交换的基本传输单位的一部分。它指定了网络中的某个设备要进行动作的请求。基本设备单元由命令和它的修改量、功能标志和数据计数字段组成。

basic encoding rules (BER)　基本编码规则　是由国际标准化组织(ISO)制订的一套用于编码数据的规则，使其他网络用户能容易地访问这些数据。BER 使用抽象语法表示法 ASN.1，它是一种用 BER 说明编码数据类型的兼容标准。除了由简单网络管理协议(SNMP)维护的数据库外，BER 没能在因特网数据库格式说明得到广泛应用，但它在遵守开放式系统互连(OSI)协议集的系统上得到了普遍使用。

basic exchange telecommunications radio service (BETRS)　基本交换电信无线业务　是一种电信的商用业务，通过无线通信代替本地环路把电话业务延伸到乡村、远郊和边远地区的业务。其无线通信频带为超高频(UHF)和甚高频

(VHF)。传送给本地天线的信号为数字无线信号,在传送到用户住处前,还需要将它转换成模拟信号。

basic exchange telephone radio service (BETRS) 基本交换电话无线服务 是固定无线服务,其中多路复用的数字无线电链路用作本地环路的最后一段,以向偏远地区的用户提供无线电话服务。BETRS 技术是在 20 世纪 80 年代中期开发的,支持多达四个用户同时使用单个无线电信道对,而不会相互干扰。

basic group 基群 在宽带系统频分复用中的一个话音信道群,一个超群中的一个独立群或一个群,通常最多容纳 12 个信道,可以被分成 4 个 3 信道的前群,占用一组 60~108 kHz 的频带,这是 ITU-T(国际电信联盟-电信标准化部)基群 B。而 ITU-T 基群 A,用于载波电话系统,由 12 个信道占据上边带,频带为 12~60 kHz。

basic mapping support (BMS) 基本映像支持 在客户信息控制系统(CICS)和应用程序之间的一种接口,它格式化输入和输出显示数据,并且可向不同的终端发送多页输出报文而且不必考虑各设备所使用的控制字符。

basic mode control procedures (BMCP) 基本型控制规程 国际标准化组织颁布的一种数据通信规程。它使用"信息处理交换用的 7 单位编码字符集"中所定义的 10 个传输控制字符,而传输的信息则常用国际电报电话咨询委员会(CCITT)7 单位编码字符。其传输方式可以是串行的,也可以是并行的;可以是起停式的,也可以是同步式的。

basic mode link control (BMLC) 基本型链路控制 一种数据链路的控制规程,它使用国际电报电话咨询委员会(CCITT)用于信息交换的 7 单位字符集的控制字符,控制链路的传输。

basic network utilities (BNU) 基本网络实用程序 一组提供基本网络实用程序的程序和文件,这些实用程序包括一系列允许用户通过专用线路或者电话线路与远程 AIX 或 UNIX 系统进行通信的目录、文件、程序和命令。

basic rate 基本速率 ISDN(综合业务数字网)中的基本速率指在一条双绞线上提供两个 64 kbps 的信息通道(B 通道)和一个 16 kbps 的信令通道(D 通道),简称 2B+D 速率。

basic rate access (BRA) 基本速率接入 ISDN(综合业务数字网)中的一种用户网络接入配置,对应包含两个 B 通路和一个 D 通路的接口结构。这种接入类型的 D 通路速率为 16 kbps。

basic rate interface (BRI) 基本速率接口 通常指 2B+D 或 2B1D,即综合业务数字网(ISDN)向用户提供的最基本服务。它由两个 64 kbps 的数据荷载信道(B Channel)和一个 16 kbps 的控制信道(D Channel)组成。一条 BRI 线路通常可持 8 个数字设备和 64 个电话号码。

basic service element (BSE) 基本业务[服务]要素 在电信系统中,BSE 是:① 网络所提供的可选的非捆绑的业务,是一种与基本服务配置(BSA)相关的可选的网络业务功能;② 基础(基本)通信网络服务,与 BSA 相关的可选网络功能。基本业务要素是用户可选用也可拒绝选用的网络功能。

basic service set (BSS) 基本服务集 基础设施模式的无线网络基本服务集(BSS)由一个分配点,通常是一个接入点(WAP 或 AP),与再分配点关联(即连接)的一个或多个"客户"站组成。基础设施-BSS 的操作参数由再分配点来定义。客户站只与它们所关联的再分配点通信,基础设施-BSS 中的所有通信由该再分配点进行路由通过/桥接。每个基本服务集都有自己唯一的标识符 BSSID，这是遵循 MAC 地址约定的唯一的 48 位标识符。基础设施 BSSID 通常是不可配置的，在这种情况下，它或是在制造过程中预设置，或从预设值（例如序列号，LAN 连接的 MAC 地址等）数学方式推导出来。就像用于以太网设备的 MAC 地址一样，基础设施 BSSIDS 是一个 24 位的组织唯一标识符（OUI，制造商标识符）和一个 24 位的序列号组成。全 1 值的 BSSID 是用来表示通配符 BSSID，只可用在探针请求期间或在 BSS 环境之外发生的通信。

basic service set identifier（BSSID） 基本服务集标识符　每个 BSS（基本服务集）由基本服务集标识符（BSSID）唯一标识。对于在基础设施模式下运行的 BSS，BSSID 是无线接入点（WAP）的 MAC（介质访问控制）地址，由 24 位组织唯一标识符（OUI，制造商的标识符）和制造为 WAP 中的无线电芯片组分配的 24 位标识符组合而成。BSSID 是 BSS 的正式名称，并且始终仅与一个 BSS 相关联。注意，MAC 地址概念不限于无线电通信；有线网络使用完全相同的 24＋24 位 MAC 地址概念来唯一标识主机。SSID（服务集标识符）是 BSS 的非正式（人为的）名称（就像 Windows 工作组名称一样）。BSS 在功能上是一个竞争域，而本地或工作组网络在功能上是一个广播域。在 ESS（扩展服务集）中，每个 BSS 仍然具有其 BSSID，然而，整个 ESS 仅使用一个称为 ESSID 的 SSID（以便于膝上型电脑和移动互联网设备 MID 的移动性，以及基于 Wi-Fi 的语音 VoWiFi，漫游）。对于 IBSS，BSSID 是从 48 位随机数生成的本地管理的 MAC 地址。地址的个体/组的位设置为 0（个体）。地址的通用/本地的位设置为 1（本地）。具有全 1 的值的 BSSID 用于指示通配符 BSSID，仅在探测请求期间或在

BSS 的环境之外发生的通信时可用。

basic synchronized subset（BSS） 基本同步子集　可支持校验点的一种会话功能的子集，文件传送、访问和管理使用该子集。

basic transmission header（BTH） 基本传输标题［报头］　某些网络资源进行交换时，需要使用的信息。它由标志位（用于识别分析"要求"）和一个用来表示"要求"已完成的间隔组成。是在主计算机存取和网络控制程序之间交换信息的过程中，使用的基本传输单元的一个组成部分。

bass 低音，贝斯　指听觉系统可感知的音频低段的声音，通常低于 500 Hz。

bass boost/enhancer circuit 低音提升/增强电路　加到某些接收器、均衡器或放大器上的有源低通滤波器，在 35～90 Hz 范围里信号幅度可提升高达 18 dB。

bastion host 桥头堡主机，堡垒主机，防卫主机　是专门设计和配置为抵御攻击的网络上的专用计算机。计算机通常宿主单个应用程序，例如代理服务器，并且删除或限制所有其他服务以减少对计算机的威胁。在各种应用层网关中，充当应用程序转发者、通信登记者和服务提供者这个角色。由于这台主机的安全性对整个网络系统的信息安全至关重要，因此在建防火墙等安全系统时必需注意该主机本身的安全性。

batched communication 成批［批量］通信　在数据通信网上，把成批的数据块作为一个整体从一个站点传送到其他站点的通信方式。传输过程中不需等待接收站点的响应，可连续地发送其后续的数据块。如果接收站点是远程站点，则这种方式称为成批远程通信。

bath effect 浴盆效应　描述系统可靠性的一个术语。由大量元器件组成的系统，在开始使用的初始阶段，元器件的失

效率比较高,所以系统失效率也高,以后阶段中系统的失效率趋于平稳。等到接近元器件的寿命时间时,失效率又会增大,失效率随时间的变化曲线呈浴盆断面形状。

bathtub curve 浴盆[浴缸]曲线 任何机械、电子设备在运行和使用中,其失效率大都遵循 U 型曲线(即所谓"浴盆曲线")。那是因为刚一投入使用时各部件尚未灵活运转,常常容易出问题。经一段运行,便可以稳定下来。而当设备已经历相当时期的运转,便会出现磨损、老化等问题,最终失效。

bathtub reliability curve 浴盆[浴缸]形可靠性曲线 各类元件和使用这些元件所构成的系统的合成寿命周期由早期失效期、使用寿命期和衰老期三部分组成。其中前二个周期的可靠性特性可用指数函数型的概率密度函数表示;而衰老期为正态概率密度函数,三者正好构成一个浴盆形曲线图形。

batwing aerial (BA) 蝙蝠翼(形)天线 经过改进的绕杆天线,上有配对使用并且绕同一竖轴互相装成直角的翼状偶极振子。

baud (Bd) 波特 (1) 在数字通信中,调制速率的单位或持续时间恒定的信号码元传送速率的单位。波特数等于信号码元时长(以秒为单位)的倒数。(2) 异步传输中的调制速率单位,相当于每秒一个单位间隔。即,如果单位间隔的长度是 20 ms,则调制速率是 50 波特。波特曾一度用来作为每秒比特数的同义词,但这只有当用每秒比特数来表示的信号传输速度与波特有着相同的数值时才是确切的。然而,目前利用一个信号单元表示两个数据位的通行作法,却意味着每秒 2 400 比特的数据传输速度相当于 1 200 波特这一速率。

Baudot code 博多码 一种用于数据传输的代码。每个字符以 5 位代码表示。它是以 19 世纪打字电报机的先驱者 Emile Baudot 而命名的。这个代码通常用于电传打字机。这时,需附加一个起始码元和一个终止码元。终止码的持续时间随系统而定。博多码也称"CCITT No.2"(国际电报电话咨询委员会 2 号码)。

baud rate 波特率 模拟线路信号的速率,也称"调制速率",用于表示每秒钟内调制或产生信号的数量的单位。如果每个信号事件表示一个二进制位,则波特率和传输速率(每秒比特数)的数值相等,否则两者的数值不会相等。传输速率通常是波特率的简单整倍数。例如,一个 2 400 波特率的调制解调器,如果按照每个信号单元 4 位进行编码(2 400×4 = 9 600),它实际是以 9 600 波特的速率操作,其传输速率是每秒 9 600 位,因此,它是一个 9 600 bps 的调制解调器。

bayonet Neill-Concelman (BNC) connector 尼尔-康塞曼卡口连接器,(同轴电缆)卡环形接头,BNC 连接器 是用于同轴电缆的小型快速连接/断开的射频连接器。它在母连接器上设有两个卡口式凸耳;连接螺母旋转四分之一圈就完全实现了接合。BNC 连接器与小型到超小型的同轴电缆用于收音机、电视机和其他射频电子设备、测试仪器,以及视频信号中。早期的计算机网络常采用 BNC 连接器,包括 ARCnet、IBM PC 网络和以太网的 10BASE2 变型。BNC 连接器的制作与 50 欧姆或 75 欧姆电缆的特性阻抗相匹配。通常应用于低于 4 GHz 频率和低于 500 伏电压的情况。

B channel B 通[信]道 bearer channel 的缩写。这是综合业务数字网络(ISDN)的基本承载业务,它向用户提供的速率为 64 kbps 的信息传递服务通道。在基本速率(BRI)接口的 ISDN 线路上设置 2 个 B 通道和一个 D 通道。在一次群主速率(PRI)接口的 ISDN 线路上,北美设置 23 个 B 通道和一个 D 通道,欧洲设置 30 个 B 通道和一个 D 通道。在发送/接收接口上的 S/T 参考点之间,它能提供透明的信息传递能力,即不必考虑信息源的数据类型。这类服务可支持用户的各种应用,如电话、低速数据传输、传真、静态图像传送等,能透明地接入符合 X.25 协议的网络。

BCH code (BCHC)　BCH 码,博斯-乔赫里-霍克文黑姆码　在编码理论中,BCH 码或 Bose-Chaudhuri-Hocquenghem 码组成的一类循环纠错码,它利用有限域上的多项式(也称为伽罗瓦域)构造。BCH 码是法国数学家 Alexis Hocquenghem 在 1959 年发明的,并独立于 1960 年 Raj Bose 和 D. K. Ray-Chaudhuri 的发明。Bose-Chaudhuri-Hocquenghem 这个名字(和缩写 BCH)来自发明者姓氏的缩写。BCH 码的一个主要特点是,在代码设计期间,可精确控制代码可纠正的符号出错的数量。特别是,可以设计能纠正多比特错误的二进制 BCH 码。BCH 码的另一个优点是可以很容易地进行解码,即通过一种称为综合解码的代数方法进行解码。可使用小型低功耗电子硬件从而简化了这些代码的解码器设计。BCH 码用于卫星通信、光碟播放器、DVD、磁盘驱动器、固态驱动器和二维条形码等。

B code　B 代码　一种基本上符合幂次分布的编码。对于某些信息源概率服从乘幂定律的应用,B 代码近似于最佳编码。

BDXL　高容量可刻录和可擦写碟片　high capacity recordable and rewritable discs 的缩写。BDXL 格式支持 100 GB 和 128 GB 一次写入光碟,和 100 GB 可擦写光碟用于商业应用。这是在 2010

年 6 月定义的。BD-R 3.0 格式规范(BDXL)定义了一种可以 BDAV(蓝光光碟音视频)格式记录的多层光碟,速度为 2× 和 4×,能够达到 100/128 GB 并使用 UDF2.5/2.6。BD-RE 4.0 格式规范(BDXL)定义了一个可在 BDAV 中重写的多层光碟,速度为 2× 和 4×,能够达到 100 GB,并且使用 UDF2.5 作为文件系统。

beacon (BCN/BN)　信标,标志,指向标　(1) 信标是令牌环网或 FDDI 网中的错误状态,表明有一个或一个以上的节点出现操作异常。(2) 是人造卫星发射的低功率载波信号,为地面管理工程师提供监视遥测数据、跟踪卫星或指挥各种实验的手段。

beacon frame　信标帧　一个由适配器发送的表示一个有严重问题的帧,如电缆的断开或机器运行中断。。

beaconing　发信标　是支持网络自我修复网络问题的过程。当网络上的站没有接收到传输时,它们会发信标帧通知环上的其他站。发信标用于令牌环和 FDDI 网络。

beaconing station　信标站　一个在局部网络中的一个数据站,它向临近站发送信标报告硬件故障。

beaconing terminal　信标终端　一种终端,当它判明自己未收到正常信号时发出信标信息。

beacon message　信标信息　当某个站点检测发现线路中断或机器运行中断后,由该站点反复发送的一种信标帧或信标消息。当故障被旁路或消除时,该站点则停止发送信标信息。

beacon navigation system　信标导航系统　一种导航系统,它应用电磁能量建立能被跟踪的或用于导向的信号模式,且可以确定相对于移动接收器的当前位置到信标发射器间连线的运动方向。

beam 波束,播送 (1) 在通信中,波束是一束或者一行由平行、汇聚或者发散的射线组成的电磁辐射。(2) 通过红外无线连接将信息从一个设备转移到另一个设备。此术语特指使用笔记本计算机、移动电话以及个人数字助理等便携设备之间进行数据传输。

beam diameter 波束直径 在垂直于波束的平面上,两个完全相对的圆周的点间的距离,这两点的辐射强度为波束峰值的一个确定的分数,它可以是 1/2、$1/e$、$1/e^2$ 或 1/10 等。仅对横截面为圆形或近似圆形的波束才能确定其波束直径。

beam divergence 波束发散度 (1) 在电磁波束(例如无线电波或光波束)中,在沿波束轴的传播方向上,随着与相应发射电磁波源处的孔径的距离的增加而形成的波束直径的增大。(2) 在横截面为圆或近似圆的电磁波束中,顶点在源处,远场波束直径所对的角度。(3) 在横截面为非圆形的电磁波束中,在垂直于波束轴的平面上两个完全相对的点所对的远场角,在这两点上的辐射度是最大辐射度的一个给定的分数(如 1/2、$1/e$ 等)。一般地,对于截面非圆的波束,必需规定相应于最大和最小远场直径所对的角度,即最大和最小波束发散度。(4) 相对于垂直于波束轴的平面上两个完全相对点的远场角度波束发散度,这两点的(波束)辐射度(也就是功率密度)为波束峰值辐射度的给定的分数。

beamforming 波束赋形 或空间滤波(spatial filtering),是用于传感器阵列中进行定向信号传输或接收的信号处理技术。这是通过组合天线阵列中的元件来实现的,即以特定角度的信号经历相长干涉而其他经历相消干涉的方式。可以在发送端和接收端都使用波束赋形,以实现空间选择性。与全向接收/传输相比的改进称为阵列的方向性。波束赋形可用于无线电或声波。已在雷达、声纳、地震学、无线通信、射电天文、声学和生物医学等领域有着广泛的应用。借助于最优(例如最小二乘)空间滤波和干扰抑制技术,使用自适应波束赋形来检测和估计传感器阵列输出处的感兴趣信号。

beam lobe switching 波瓣转换 确定某目标方向的一种方法,它通过相继的比较来自该目标的相应的两个或多个略有不同方向的波束的角度的信号来实现。波束的运动可以是连续和周期性的,或不连续的。

beam radar 波束雷达 雷达发射装置发出无线电波束(脉冲无线电波束和连续无线电波束)碰到目标后,其中的一小部分波束就反射到雷达接收装置,由此来测定目标的距离、方位和高度等参数。

beam riding guidance system 波束制导系统 一种导向系统,在这种系统中,使制导对象跟随一个在方向上加以控制的无线波束。

beam satellite antenna 波束卫星天线 可分为两种:宽波束卫星天线增益低,需要较大天线的用户终端及较高射频功率的电源;窄波束卫星天线增益高,虽只需较小天线终端,但因覆盖相同地面区域而要采用许多点波束,结果使卫星天线系统复杂、重量增大,而且还要求卫星具有更高精度的指向能力。

beam shaping 波束[射束]整形 一种允许卫星信号集中于一个小范围的过程。

beam splitter 射束分离器,分束器,分色器,分光仪 (1) 一种光学装置,用来分离波束,比如把光束分离成两个或更多的单独光束,它们具有小于或等于原光束能量的总能量。部分反射镜就是射束分离器的一个例子。(2) 一种半透明的光学镜片,能将落在其上的一个光束分成两个光束,也能将两个光束合成一个。

beam-splitting system (BSS)　分光[分色]系统　通过一组镜头将一束光分离为两个或多个光束的设备。在彩色电视摄像机中用于形成三原色。分光可以通过棱镜、半反射表面以及分色镜实现。

beam steering　波束方向控制　改变辐射图主瓣的方向。在无线电系统中,波束方向控制可以是通过切换天线单元或改变天线单元信号的相对相位来完成的。在光学系统中,波束方向控制可以通过改变波束经过的传输介质的折射率,或应用反射镜或透镜等两种方法来完成。

beam tilt　波束倾斜　垂直辐射图的主瓣在 0°仰角之上或之下的角度倾斜。在无线电中使用波束倾斜以使天线的垂直平面辐射图案的主瓣瞄准水平平面下方(或上方)。最简单的方法是机械波束倾斜,其中以这样的方式物理安装天线,以便降低一侧信号的角度。然而,这也在另一方面提高了它的角度,使其仅在非常有限的情况下有用。

beamwidth　(电子)束宽度,波束宽度　(1)在电磁波束中,由波束截面所对应的天线孔径测量的角度。(2)射频天线图中,主瓣中相对的两个半功率点(也就是 3 dB 点,相对于最大辐射度而言)所对的角度,波束宽度通常在水平面测量且以角度表示。(3)在轴线对称的两侧,射频场强下降至轴线上场值(辐射度)的 $1/2$、$1/e$、$1/e^2$ 或 $1/10$ 的两个方向之间的角度。

bearding　胡须状　指一种视频失真现象,在明亮物体的右侧边缘出现短的黑色线条。其产生的原因是磁带水平同步过程中断。

bearer capability (BC)　承载[传递]能力　通信网提供的传输功能,由信息传输能力、通信模式和信息传输速率等具体项目所规定。

bearer channel (B channel)　B 通道[信道]　(1)综合业务数字网络(ISDN)向用户提供的一种速率为 64 kbps 的信息传递服务通道,是 ISDN 的基本承载服务。在发送/接收接口上的 S/T 参考点之间,它能提供透明的信息传递能力,即不必考虑信息源的数据类型。这类服务可支持用户的各种应用,如电话、低速数据传输、传真、静态图像等,能透明地符合 X.25 协议的网络。(2)一种通信线路标准。一个基本速率接口线包含两个 B 通道,它能以 64 kbps 的速率传输信息。通常用于传送声音和数据。

bearing　方位　从一点到另一点的方向,通常是以正北为参考,顺时针方向计算。方位常以度表示,从 1°到 360°,或从 0°到 359°。

bearing discrimination　方位分辨力　精确度的一种度量,用它可衡量一个方向(或方位角)的精确度。雷达有较高的距离分辨力,因为测量的是雷达脉冲。雷达和无线电的方位分辨力较低,定向精度仅为若干度。

bearing intersection　方位相交法　通过两个或多个点的方位测定来确定一个静止或运动的信号源的位置。

beat　(节)拍　是由频率稍有差别的两个振荡结合而产生的振荡在其振幅上的周期性的变化。

beat frequency　拍频,差频　(1)是由一个频率振动相对于另一个频率振动而产生的。(2)指色载波频率和声音载波频率之差,单位为 Hz。

beat frequency oscillator (BFO)　拍频[差频]振荡器　一种通过混合两个不同频率的波来产生所需频率的波的振荡器。例如,合成两个不同频率的波以得到另一个频率的波。同 heterodyne oscillator。在无线电接收机中,拍频振荡器或 BFO 是专用振荡器,用于从摩尔斯电码的电

报（连续波）传输创建音频信号，以使
报务员能够听到。来自 BFO 的信号与
接收到的信号混合以产生外差或拍频，
在扬声器中作为音调可听到。BFO 也
用来解调单边带（SSB）信号，使其易于
理解，主要是恢复被发射机抑制的
载波。

bebugging **添错** 又称"错误撒播（fault
seeding）"或"错误撒播（error seeding）"。
在计算机程序中插入错误以确保所有的
错误都被发现。用于确定系列测试是否
足够。这是技术性和探测性控制。

beeper **寻呼机，BP 机** 一个可以随身携
带的微型无线接收器，用来接收呼叫服
务商代为发出的信号。又因其发出的声
音像"bi bi"，因而人们也管它叫"BB
机"。同 radio pager。

begin bracket **括号协议** 开始在
SNA（系统网络体系结构）中，位于括号
协议的第一个括号键的第一个请求的请
求标题中，表示一个括号协议的开始的
指示符的值（二进制值 1）。

beginning of tape (BOT) **磁带始端[开始]**
在录像带或录音带上，磁带引导结束后
开始记录或播放图像或声音的位置。也
称 load point。

BeiDou navigation satellite system （BDS）
（中国）**北斗卫星导航系统** 是中国自行
研制的全球卫星导航系统，也是继 GPS、
GLONASS 之后的第三个成熟的卫星导
航系统。北斗卫星导航系统和美国 GPS、
俄罗斯 GLONASS、欧盟 GALILEO，是联
合国卫星导航委员会已认定的运营系统。
北斗卫星导航系统由空间段、地面段和用
户段三部分组成，可在全球范围内全天
候、全天时为各类用户提供高精度、高可
靠定位、导航、授时服务，并具短报文通
信能力，已经初步具备区域导航、定位和
授时能力，定位精度 10 m，测速精
度 0.2 m/s，授时精度 10 ns。2000 年年底

建成北斗一号系统，向中国提供服
务；2012 年年底，建成北斗二号系统，向
亚太地区提供服务；2017 年 11 月北斗三
号卫星发射，目前正式向全球提供服务，
在轨卫 39 颗中包括 21 颗北斗三号卫
星：18 颗运行于中圆轨道、1 颗运行于地
球静止轨道、2 颗运行于倾斜地球同步轨
道。2019 年还将再发射 5～7 颗，2020
年再发射 2～4 颗北斗卫星后，北斗全球
系统建设将全面完成。

**Beijing Gehua CATV network Co., Ltd.
(BGCTV)** **北京歌华有线电视网络股份
有限公司** 简称"歌华有线"，于 1999
年 9 月成立，授权负责全北京市有线广
播电视网络的建设开发、经营管理和维
护，并从事广播电视节目收转传送、视频
点播、网络信息服务、基于有线电视网的
互联网接入服务、互联网数据传送增值
业务、国内 IP 电话业务和有线电视广告
设计、制作、发布业务等。在"三网融合"
和"智慧北京"的大背景下，歌华有线公
司充分发挥有线电视网络优势，通过科
技创新、业态创新和服务创新，积极发展
视频、数据、语音等多种业务，大力推动
高清交互、集团数据、个人宽带、歌华飞
视、IP 电话、多屏融合等多种业务和应
用，已经成为首都信息化建设和公共文
化服务的重要支撑平台。

bel (B) **贝尔** 一个描述两个功率的比值
的常用对数值，即 $\text{Log}(P_1/P_2)$。是表示
音量、音强、电平的单位。1 贝尔 = 10
分贝。

bell character (BEL) **响铃[报警]字符**
用于产生引起人们注意的声音信号的一
种控制字符。例如，ASCII（美国信息交
换标准代码）符号表中的 07 就是一个报
警字符，计算机在输出 ASCII 码 07 时，
它不会在显示器上显示或在打印机上印
出，而是推动扬声器发出"滴"声音。

Bell Communications Research （Bellcore）

贝尔通信研究所 Bellcore 成立于 1984 年,是 AT&T 解散后成立的 7 个单位之一。Bellcore 是各地方贝尔运营公司的中心研究机构,并为它们进行标准协调。它也帮助美国政府做安全和紧急状态准备工作和高级智能网(AIN)的设计。

Bell communication standards 贝尔通信标准 由 AT&T 在 20 世纪 70 年代末和 80 年代初建立的一系列数据通信标准,曾被广泛使用而成为一个事实上的调制解调器的生产标准。常用的标准号 Bell 212A。它采用一种频移键控(FSK)技术,允许以 1 200 bps 在电话线上进行双工异步通信,这个标准已被国际电报电话咨询委员会(CCITT)标准所代替。

Bell compatible 贝尔兼容 用于调制解调器的标准,符合美国 AT&T 公司的技术规范的产品,就叫贝尔兼容的。

Bell integrated optical device (BIOD) 贝尔集成光学器件 一种集成光路,它具有用作光学器件中的逻辑元件和控制元件的、可互连的有源和无源单元,比如存储器、脉冲形成器、光学开关、差分放大器、光学放大器和逻辑门等。其结构取决于制造时各单元是如何互连的。

Bell laboratories (Bell Labs) 贝尔实验室 隶属于美国 AT&T 公司,总部设在新泽西州,主要研究方向是电信技术,另外,在电子技术和计算机方面也取得了不少重大发明和创造。例如在 1948 年它生产了晶体管,其他的成就包括激光、太阳能电池以及第一颗通信卫星等,C 语言和 UNIX 操作系统也是贝尔实验室创建的。1995 年 9 月,AT&T 公司分解成三个独立的公司,贝尔实验室归属于 Lucent Technologies(朗讯科技公司),但仍与其他两家公司保持长期技术合作关系。

Bell Laboratories Technical Journal 《贝尔实验室技术杂志》 美国刊物,1996 年创刊,每年 4 期。原称 Bell Systems Technical Journal,1984 年改为现名。美国 John Wiley 出版社出版,SCI 收录期刊。刊载电信科学和工程方面的研究论文,理论性较强,对科研人员颇有参考价值。文章被英美主要的 16 种文摘杂志所摘录。

Bell labs layered space time (BLAST) 贝尔实验室时空分层 BLAST 是一项新的通信技术,它采用多天线系统来开发利用多径传播效应以达到提高频谱效率的作用。如今 BLAST 技术已经与 OFDM(正交频分复用)以及自适应编码技术一道被公认为蜂窝通信系统 3G 时代以至 4G 的三大关键的空中接口技术。BLAST 的核心是 MIMO(多进多出),实施 BLAST 的一个必要条件是从发信端至收信端应有足够多的互不相关的多径,利用多径来拓宽频谱。由于无线电传播的多径效应与信号的周期成反比,若能在每一个传播信道上降低信号的传播速率,就能相应地在该信道上减弱多径衰落,一个直观的做法就是在馈入的高速率数据流上实施串/并转换从而将其分割成多个子数据流,这些降速了的子数据流在传播时应该得到较少的多径衰落。在频域划分就是 OFDM,若在空间域划分就是 BLAST。

Bellman Ford distance vector routing algorithm 贝尔曼-福特距离矢量路由选择算法 一种确定网络上两点间最短路由的算法。路由信息协议(RIP)就是基于此算法的。路由器使用这个算法必须维持一张根据邻近节点信息的变化时而及时更新的距离表,它告诉距离和发送分组到网络中的每个节点的最短路径。在表中的数据的数量是和网络中所有节点的数量相等的。这个表的列代表直接相连的邻节点,行代表所有在网络中的目的地。每个数据包括发送分组到网络中每个目的地的路径。在这个算法中的测量标准是跳变的数量、延迟时间、流出分组的数量等。

Bell-Northern Research (BNR)   贝尔-北方研究所   一家电信研发公司,成立于 1971 年,当时贝尔加拿大公司和北方电力公司合并了他们的研发机构。它由贝尔加拿大公司和北方和北方电信共同拥有。当该公司在 20 世纪 90 年代中期从北方电信更名时,BNR 进入北电网络。BNR 位于加拿大安大略省渥太华的 Carling 园区,在世界各地设有园区。贝尔-北方研究所率先开发了数字技术,并创建了第一个实用的数字 PBX(专用分支交换机 SL1)和中心局(数字多路复用系统 DMS)。BNR 在 20 世纪 90 年代纳入北电研发组织。

BellSouth, LLC   贝尔南方有限公司   前身为 BellSouth Corporation)是一家总部位于佐治亚州亚特兰大的美国电信控股公司。在美国司法部于 1984 年 1 月 1 日迫使美国电话电报公司(AT&T)剥离其地区电话公司之后,南方贝尔是七家最初的区域贝尔运营公司之一。

Bell system   贝尔系统   由美国电话和电报公司(AT&T)及其子公司和有关的公司营运的网络。包括电话和数据电路、交换站、电视和其他通信线路。由于贝尔系统对美国电信事业的长期垄断,引起国内财团之间的矛盾,所以美国司法部曾多次以违反"反托拉斯法"向法院起诉,法院于 1982 年判决,解散贝尔系统。1984 年 1 月 1 日贝尔系统正式宣告解体,解体后的 AT&T 公司不得使用"贝尔"为名称,贝尔系统所属的 22 家贝尔运营公司(BOC)与其母体 AT&T 公司分离,合并组成 7 个地区性控股公司(RHC),1988 年和 1995 年,AT&T 公司再次改组,其所属的网络系统、技术系统(其中包括原西电公司)等公司脱离 AT&T,并与贝尔电话研究所结合,组成朗讯科技公司。

bending loss   弯曲损耗   在光纤中,由于弯曲造成光能的被发射而引起的损耗。弯曲可以是微弯(即发生在纤芯和包层界面的)或宏弯(即其曲率半径小于临界半径的)。

Berger code   伯格码   一种用来监测多位均为 0 变 1,或 1 变 0 的单方向位变错误的错误检测码。设信息部分长为 k,校验部分长为 r,其值等于信息部分"0"的个数,则代码长度为 n = k+r。例如,信息部分为 10101,有两个"0",则校验部分为 010,整个代码字为 10101010。

Berkeley Internet name domain (BIND)   伯克利因特网名字域,BIND 软件   由美国加州大学伯克利分校开发的域名系统(DNS)服务器。最初源于伯克利软件设计公司(Berkeley software design Inc.)的 4.3 BSD UNIX 操作系统。BIND 是现今域名系统(DNS)最为流行的软件实现,并且已经被移植到了各种风格的操作系统上。BIND 定义了数据库结构、DNS 函数以及安装和维护名字解析服务器所必需的配置文件。

Berkeley software distribution (BSD)   伯克利软件分发   也称为"Berkeley 系统分发",是由美国加州大学 Berkeley 分校在 1970 年开发的 UNIX 派生的分发。这个名称也共同用于这些 UNIX 分发的现代子孙。

Bessel lowpass filter   贝塞尔低通滤波器   这种滤波器的特点是:包络延迟 Tg(f) 在直流附近最平坦,阶跃响应的过冲低,幅度特性曲线是高斯型的。

best effort delivery   尽力递送   计算机网络中在出现拥塞时采用的一种策略,它丢弃传输的数据分组。在 TCP/IP(传输控制协议/国际协议)网络环境中,网络层的 IP 和传输层的 UDP(用户数据报协议)都使用这种传输技术提供的不可靠非连接递送;而 TCP/IP 网络传输可靠性由传输层的 TCP 协议和应用给以保证，因而在整体上 TCP/IP 网络的传输可靠性是得到保证的。由于在网络层中使用这种尽量递送的传输技术，使得网络层的实现变得简单、高效又实用。

best effort service 尽力服务 一种通信服务，保证将消息可靠地递送给接收端，但不使用复杂的确认方法，也不保证数据传送的速度和到达目的地的时间。

best time available（BTA） 最佳可用时间 当向广播电台或电视台购买商业广告播放时，可供选择的最受欢迎时间段指南。

beta noise reduction（BNR） β 降噪，BNR 系统 指索尼公司推出的一种噪声抑制系统，它与其他在用的降噪技术不兼容。

better approach to mobile adhoc networking（B.A.T.M.A.N.） 更好的移动自组织网络方法，移动自组织组网更好的方法 是一种用于多跳移动自组织网络的路由协议，由德国"Freifunk"社区开发，旨在取代链路状态路由协议-OLSR（优化链路状态路由协议）。B.A.T.M.A.N.的关键点是关于通过网络的最佳路由的知识分散——没有一个节点拥有所有路由数据。该技术消除了把有关网络变化的信息传播到网络中每个节点的需要。单个节点仅保存有关其接收数据的"方向"的信息，并相应地发送其数据。数据从节点传递到节点，数据包获得单独的、动态的创建路由。建立集体智慧的网络。

bevel 斜面 在图像内外边沿使用亮度较高的颜色或渐变的颜色让人有凸出或凹陷感觉的图形图像。

bezel 外圈，边框 指在视频里围绕在一幅与电视屏幕具有不同显示比例图像周围的图案。例如，有线电视或广播公司提供的宽屏幕节目（其纵横比是 16∶9），在纵横比为 4∶3 的屏幕上显示时，上部与下部留有空白。另一些服务商则使用装饰性边框取代那些空白部分。

B-format B 格式 指 Bosch 开发的使用 1 英寸录像带的专业级电视格式。虽然通常认为 B 格式优于 C 格式，但用得不多。

B frames B 帧，双向预测（图像）帧 是 bi-directional predicted frames 的缩写。移动图像专家组标准（MPEG）中使用的双向预测帧。通过分析电视图像序列中前后两帧间的差异形成。由于 B 帧仅包含预测信息，不是完整的图像信息，其使用的数据量比 I 帧要少很多。若要得到原先的完整图像，必须解码 MPEG 数据的所有序列。

bi-amping and tri-amping 双路放大［功放］和三路放大［功放］ 是使用两个或三个音频放大器来放大不同音频范围的做法，放大的信号被路由到不同的扬声器驱动器，如低音扬声器、低音炮和高音扬声器。如果设备具有多个放大器，则可以使用单个功率放大器来实现双放大，如同使用立体声功率放大器的情况。使用立体声功率放大器无法实现三路放大，需要增加单声道功率放大器或可以使用家庭影院接收放大机（通常有 5 个或更多个放大器）。使用双路功放和三路功放时，使用音频分频器将声音信号分成不同的频率范围，然后分别对每个频率范围进行放大并路由到单独的扬声器驱动器。在一些使用双功放的低音放大器中，低音单元和号角加载高音单元位于同一个音箱中。在一些双路功放结构中，驱动器位于单独的音箱中，例如带有包含两个扬声器和独立低音炮的耳机音响。

bias distortion 偏离失真 数字信号传输中，空号和传号宽度的不均等所导致的通信信号失真。

bias error 偏离差错，截尾误差 （1）由于偏差引起的一种错误。例如，由于使用收缩的卷尺引起的差错；在计算技术中，由于截断而引起的差错。（2）一个因数据截尾而产生的误差。

bias testing 偏移测试 有意识地使电源电压、工作频率、输入信号振幅等参数偏离正常值一定范围,对设备进行的测试。

biconic 比康连接器,双锥形连接器 一种光缆连接器件。是由 AT&T 实验室开发的光纤连接器。一种与沙漏相反的形状:它基于两个相反方向的圆锥或截锥,底部相连;圆锥不一定相同。特点是利用锥面定位。插针的外端面加工成圆锥面,基座的内孔也加工成双圆锥面。两个插针插入基座的内孔实现光纤对接。

biconical antenna 双锥形天线 在无线电系统中,双锥形天线是宽带天线,由两个大致圆锥形的导电物体组成,几乎在它们的顶点接触。双锥天线是宽带偶极天线,通常表现出三个八度或更大的带宽。常见的子类型是领结天线,基本上是双向设计的二维版本,其通常用于短距离UHF(特高频)电视接收。有时也称为蝴蝶天线。

bidding 招标 (1)在群集系统中实现负载平衡的一种策略。在各节点一个新进程准备启动时,由产生它的节点处理机以广播方式发出一个请求,各个节点根据自身负载情况进行竞争,最终将任务分派给负载最轻的节点。(2)用于动态地址配置的技术协议。计算机随机选择一地址并广播一个信息确认该地址是否在使用,以交互方式使用服务器管理地址。

bid indicator 投标指示符 在虚拟远程通信访问法(VTAM)中,主动节点发出的一个请求指示符号,用来询问一组新的信息交换是否可以开始。接收到这种指示符的节点(可能不止一个),如果具备开始一组新信息交换的条件,就发出一个确认的答复,希望建立与主动节点的信息交换,由主动节点从中选择其一;反之就发出一个否认的答复。

bidirectional asymmetry 双向不对称性 在二线数据传输中的一种情形。此时,在两个方向上,其信息流的特征是不相同的。

bidirectional cabled distribution system 双向电缆分配系统 在电缆电视(有线电视)系统中,用一根电缆实现双向传输。两个方向上的传输速度可以是不相同的。正向传输的主要是电视图像信号,反向传输的可以是紧急报警、自动监控、数据呼叫和交互性信息的交换等事务。具体实现的方法有空间分割法、时间分割法和频率分割法等。

bidirectional code 双向码 允许由左至右、也允许由右至左两个方向扫描阅读的条码。

bidirectional coupler 双向耦合器 具有多个连接端,并且允许将信号从一个方向耦合到另一个方向,也可以进行反向耦合的一种耦合装量。

bidirectional prediction 双向预测 图像编码器使用当前帧前后的图像来压缩图像数据的技术。可避免由于场景突变引起数据率的大跳变。

bidirectional predictive-coded picture (BPCP) 双向预测编码图像 也称为"B图"。它是同时以前面的 I 图或 P 图和后面的 P 图或 I 图为基准进行运动补偿预测所产生的图像。双向预测编码图是将前向预测(FP)与后向预测(BP)同时使用并取其平均值后所产生的图像,所以也称为"平均值预测图"。

bidirectional predictive picture (B-picture) B图像,双向预测图像 用移动补偿预测编码方法编码的图像。MPEG(活动图像专家组)2 数字视频定义了三种图像:B图像、I图像和 P 图像。B图像是同时以前面的 I 图像或 P 图像和后面的 P 图像或 I 图像为基准进行运动补偿预测所产生的图像,所以称为双向预测。

bidirectional shared tree (DST) 双向共享树 共享树组播转发的一种方法。即发送者可通过树中任一结点向多播树发送数据,多播树中结点将收到的多播数据报向除此之外的每个相邻结点传送。

bi-directional single strand 双向单链 多家供应商推出了单光纤、双向 10 Gbps 光学器件,能够实现单模光纤连接,功能相当于 10GBASE-LR 或 10GBASE-ER,但使用单股光纤缆。类似于 1000BASE-BX10,这是使用每个光学收发器内的无源棱镜和匹配的一对收发器来实现的,使用一对波长,如 1 310 nm/1 490 nm 或 1 490 nm/1 550 nm。模块具有不同的发射功率,可达 10 至 80 公里。通常称为 10GBASE-BX,这个变体应该称为 10GBASE-BR,因为它也使用 64b/66b 块编码。

biduplexed system 两双工系统 由四个模块构成的两个双工冗余系统,当两个双工系统的输出经比较都不等时才产生停机信号,否则可选择正确的双工系统作为输出。与一般混合冗余系统相比,两双工系统的优点是故障保险性能好,系统简单。

bifocal 双焦点 在光学中,指一个具有两个或多个光焦点或有此种特性的系统或元件的情况。

bifurcated routing 分支路由选择 在一对节点之间选择路由时同时选中多条分开的路由,把流量同时分布在这些路由上的方法和技术。这种路由选择方法可以减少通信线路上的负担。由于在两个节点之间选择的路由是多条路由,因而也称为"多路径路由选择"。

big data as aservice (BDaaS) 大数据即服务 一种提供对大数据集(大数据)的分析的云计算服务。BDaaS 通常在一个云计算模型(SaaS、PaaS 和 IaaS)中包含 Hadoop。

bigram 双字母组 在密码分析中一对连续的字母对,在对密码的统计攻击中,可用书籍语言的各种双字母组的频度来攻破密码。

big 5 code 大五码 我国港、台地区广泛使用的一种汉字内码体制。它将每个汉字用三个字节表示,与国标码不能直接兼容。大五码有多种形态,最常用的是 ET Big 5(倚天)和 HKU Big 5(香港大学)。但现在已有许多汉化软件支持大五码转换和输入输出。

bilateral synchronization 双向同步 交换机 A 与 B 之间的一种同步控制系统。在这种系统中,交换机 A 的时钟控制交换机 B 的接收数据,交换机 B 的时钟控制交换机 A 的接收数据。双向控制通常是通过从输入数据流中导出时间信号来实现的。同 bilateral control。

bill-and-keep (B&K, BAK) 计费并持有,计费者收费 (1)也称为净支付零(NPZ),是两个电信网络互连(直接或间接)的定价安排,相互呼叫终止费为零。也就是说,每个网络都同意来自其他网络的终止呼叫都免费。(2)电话业务的一种结算方式,若一个长途呼叫涉及若干运营商,但只有对用户计费的运营收取费用,用户不需与其他运营商结算。

billboard antenna 横列定向天线,广告牌天线 一种天线,它包含一组带平面反射器的偶极子,这些偶极子通常位于一条直线上,偶极子的尺寸和间隔距离由波长决定,可通过对阵列中的每个偶极子信号作适当相移来控制主瓣方向在一定的范围之内。

binary amplitude-shift keying (BASK) 二进制幅移键控 一种数字调制技术,用代表二进制数字信号的基带矩形脉冲来键控连续的载波。载波幅度的有和无分别表示数字信号的逻辑"1"和逻辑"0"。

binary association 二元关联（关系） 在两个类之间的关联关系。是多元关联关系的特例。

binary baud rate 二进制波特率 每秒通过一个串联接口的信号码元的个数，当每个码元为一个二进制数位时，二进制波特率就等于每秒的位数。

binary chain 二进制链 一系列链接的二进制单元构成的逻辑线路。每一单元的状态变化可能依次影响或改变以下所有单元的状态。

binary coded decimal（BCD） 二进制编码的十进制，二-十进制 用若干二进制位来表示一位十进制数字的方法，又称"二-十进制"。一般用 4 位二进制数来表示一位十进制数字，常用的有 8421 码，5421 码，2421 码，余 3 码，循环码等。二进制编码的十进制数是十进制数而不是二进制数，例如十进制数 49 用 5421 码表示为 01001100，二进制数 01001100 的值为十进制的 76，二进制数 00110001 的值才是十进制数的 49。

binary differential phase shift keying（BDPSK） 二进制[二相]差分相移键控 利用前后码元的相对载波相位值表示数字信息的一种差分（相对）移相数字调制技术。它不是利用载波相位的绝对数值传送数字信息，而是用前后码元的相对载波相位值传送数字信息。所谓相对载波相位是指本码元初相与前一码元初相之差。设相对载波相位值用相位偏移表示，则二进制符号 0 对应的为 0，符号 1 对应的为 1。它在抗噪声性能及信道频带利用率等方面比频移键控（FSK）及通断键控（OOK）优越，因而被广泛应用于数字传输中。

binary erasure channel（BEC） 二进制纠删[擦除]信道 是编码理论和信息理论中常用的通信信道模型。在这种模型中，发送器发送一个比特（0 或 1），接收器要么接收该比特要么接收一个未接收到该比特（"擦除"）的消息。这种信道在信息理论中经常使用，因为它是最简单的分析信道之一。与二进制擦除信道密切相关的是分组擦除信道，它与二进制擦除信道共享许多类似的理论结果。

binary exponential backoff 二进制指数退避[补偿] 以太网遇到冲突时计算机采用的方案，即每台计算机在每次冲突后加倍它的等待时间。

binary exponential backoff algorithm 二进制[二元]指数退避[补偿]算法 用来决定一个站点在遇到冲突时何时进行帧重发的算法。

binary file transmission（BFT） 二进制文件传输[传送] 在插入计算机的传真板之间进行数据传输的标准。此传输方式用时少于常规的调制解调器，不允许传真板与调制解调器之间通信。

binary format for scenes（BIFS） 场景描述二进制格式 在 MPEG-4 中，指一组用于描述多媒体场景布局的元素，也称为结点。BIFS-Update 流及时更新场景，BIFS-Anim 流驱动动画流。BIFS 是在虚拟现实建模语言（VRML）基础上派生的树形排列的层次场景图结点结构。

binary frequency shift keying（BFSK） 二进制频移键控 二进制符号 0 对应于载波 f1，符号 1 对应于载频 f2，而且 f1 与 f2 之间的改变是瞬时完成的一种频移键控技术。它是数字传输中应用较广的一种方式。

binary image 二值[二进制]图像 是一种数字图像，各个像素值由 0（白）或 1（黑）表示的数字图像。由于它比灰度图像（即浓淡图像）信息量小，每个像素值只用一位表示；且在文字、图形等具体处理对象中，原本就是二值图像的情况又是大量存在的。所以在数字图像中，二值图像占有非常重要的地位，在许多数字图像处理应用中（例如文字识别、各种计算机视觉检测等）就首先要对原始图像进行二值化处理。把浓淡图像的灰度值，按某一阈值变换成黑、白二值的处理方法，称做图像二值化，有时也称"阈值处理"。在文档扫描行业中，这种图像通常称为"双色调"图像。

binary ladder 二进制梯形（网络） 一种电阻网络，它是数/模转换器的关键元件。从最高位的触发器开始，与每个触发器连接的电阻值都加倍，直到最低位。每个触发器中位的权与梯形网络中对应的电阻值成反比。

binary modulation 二进制调制 载波的一个参数随两种有限的离散状态而变化。

binary N dimensional cube 二叉 N 维超立方体 一种 N 维并行处理机互联网络的拓扑结构，仅在各转角处有节点。

binary pair 二进对 一种具有两种状态的电路。其中每一种状态需要一个对应的触发器来实现相互间的转换。

binary phase shift keying (BPSK) 二进制［二相］相移键控 用二进制基带信号对载波进行二相调制。即二进制符号 0 对应于载波 0 相位，符号 1 对应于载波 1 相位的一种相移键控技术。这种以载波的不同相位直接表示相应数字信息的绝对移相方式，易在接收端发生"倒"现象的错误恢复，实际很少采用。

binary runtime environment for wireless (BREW) 无线二进制运行（时间）环境 BREW 解决方案是一个开放的应用程序开发平台，它让开发商能够创造出在无线终端上运行的便携式应用。用户可通过具有 BREW 功能的手机下载和安装游戏、铃声和内容等各种应用程序。BREW 运行于应用与芯片操作系统之间。

binary synchronous communication (BSC/BSYNC/Bisync) 二进制同步通信，双同步通信 使用二进制同步线路进行传输的一种通信。它使用一组标准的传输控制字符和控制字符顺序，以在通信线路上发送二进制代码数据。它的特点是一次传送由若干个字符组成的数据块，而不是只传送一个字符，并规定了 10 个字符作为这个数据块的开头与结束标志。

binary to hexadecimal conversion 二-十六进制转换 将一个二进制数转换为等价的十六进制数的过程。即以 2 为基的数变为以 16 为基的数。

binary to octal conversion 二-八进制转换 将一个二进制数转换为等价的八进制数的过程。即以 2 为基的数变为以 8 为基的数。

binary transfer 二进制传输 采用二进制方式传输可执行文件、应用数据文件、加密文件、语音和视频文件的传输模式。

BIND(Berkeley Internet Name Domain) 伯克利因特网名字域

binocular imaging 双目成像 根据双目立体视觉的基本原理，利用计算机立体视觉技术，获取、产生和传输一个场景，并将这个场景展现出具有立体感的景象。

binocular stereo vision 双目立体视觉 利用在不同位置的两个摄像机对同一景物点的两个匹配像点的视差（也称像差）求解影物点深度的方法。它与人类利用双眼像差以产生立体观察效果的原理相同，是计算机视觉中获取景物深度信息，进而恢复三维景物形状和识别景物的重要方法。

B interface B 接口 移动通信系统中，位于移动交换中心(MSC)与访问位置寄存器(VLR)之间的接口。它使用一个称为 MAP/B 的协议。大多数的 VLR 与 MSC 搭配，这使得接口是一个纯粹的"内部"接口。每当 MSC 需要访问位于其区域的移动台(MS)的数据时,则使用该接口。

bioelectronics 生物电子学 生物技术与电子学交叉的学科,涉及生物材料、系统和过程的电学性质以及利用生物材料开发的纳米微电子管和电子装置等。生物电子学研究包含两个方面:一是研究生物体系的电子学问题,包括生物分子的电子学特性、生物系统中信息存储和信息传递,由此发展基于生物信息处理原理的新型计算技术;二是应用电子信息科学的理论和技术解决生物学问题,包括生物信息获取、生物信息分析,也包括结合纳米技术发展生物医学检测技术及辅助治疗技术,开发微型检测仪器等。

bioinformatics 生物信息学 由分子生物学和计算机信息处理技术相结合的交叉学科,具体讲,它是一个开发计算机数据库和算法来推动和加快生物研究的科学。生物信息学利用数据库和软件技术对大量积累的生物分子序列数据和实验新测定的序列进行结构比较和统计学分析,推导出序列同源性,揭示出生物大分子的分子结构、功能和进化关系。生物信息学主要用于人类基因组计划中的人类基因组研究,该计划确定整个人类基因组(大约有 30 亿对)的序列,本质上是利用基因信息来了解疾病。在很大程度上它也可以用于新药研究中的识别新分子目标。

biometric authentication 生物(识别)认证 生物识别技术是人体测量和计算的技术术语。它指的是与人类特征相关的指标,如人的指纹、声音、视网膜、手形和笔迹等,通过数字化方式的物理特性生成认证信息。生物识别认证(或真实认证)在计算机科学中用作识别和访问控制的一种形式。它还用于识别受监视的群体中的个体。

biometric device 生物设备 度量或者检测个人特征(如指纹、声纹、眼球图或者签名动力学等)的技术设备。

biometrics 生物测量[统计]学 是测量和统计分析生物数据的科学与技术。在信息技术中,生物测量学通常是指测量和分析人体特性的技术,在计算机安全中,指使用惟一代表个人特征的专门属性以识别用户,如指纹、眼睛视网膜和虹膜、声音模式、面部模式和手特征等。

bi-phase shift keying (BPSK) 二相相移键控 一种数字调制方式,其中用载波的相位改变 180 度代表一个 1 或 0 的传输。

biphase signaling 二相信号 用相互反相的正弦波表示二进制数码的信号方式,即如果 1 以 sinX 表示,则 0 以 −sinX 表示。二相信号有许多形式,比如二相电平信号方式,二相传号编码和二相空号编码方式。

biphase space coding 二相空号编码 类似于二相传号编码,在每个比特周期的开始都有一个信号跳变的二相编码,在二相信号中,"0"在信号的中间产生跳变,"1"在信号的中间不产生跳变。

bipolar code with zero extraction 零提取双极性码 一种广义形式的零取代双极性码。即当连续出现若干个零时,就用含有定时信息的码组来取代。

bipolar encoding 双极编码 在电信中,双极编码是一种归零(RZ)线路代码,其中使用两个非零值,因此三个值是＋、−和零。这种信号称为双二进制信号。标准双极编码设计为直流平衡,在＋和−状态下花费相等的时间。双极编码被归类为归零制的原因是因为当双极编码信道空闲时,线路保持在恒定的"零"电平;当它传输比特时,线路处于＋Ｖ或−Ｖ状态,对应于正在发送的二进制比特。因此,该线路总是返回到"零"电平,以可选地表示比特的分离或表示该线路的空闲。

bipolar loudspeaker 双极式音箱 指发声单元分别指向音箱前方和后方且同相馈送信号的那种音箱装置。由于推动的信号为同相位的,声信号不会有反相位的抵消,侧向的声辐射也不会有急剧地衰减。双极式音箱通常需摆放在离前墙较远处,以便让其后向指向的声波能有适当的反射。

bipolar NRZ code 双极性非归零码 传输码的正、负电平分别对应于二进制代码中的"1"码与"0"码。特点是:① 发送能量大,有利于提高接收端信噪比;② 信道上占用频带较窄;③ 直流分量很小;④ 接收端判决门限为 0,容易设置并且稳定,因此抗干扰能力强;⑤ 可以在电缆等无接地线上传输。双极性非归零码常在国际电报电话咨询委员会(CCITT)的 V 系列接口标准或 RS 232 接口标准中使用。

bipolar NRZ signal 双极性非归零信号 一种信号的负电位对应于二进制符号 0;正电位对应于二进制符号 1 的基带信号。由于信号中 0 和 1 出现的概率相等,所以平均电位为零,信号中直流成分很小,抗干扰能力强。

bipolar RZ code 双极性归零码 二进制符号 1 发正的窄脉冲,二进制符号 0 发负的窄脉冲,两个码元的时间间隔可以大于每一个窄脉冲的宽度,码元间有零电平区域存在,取样时间是对准脉冲的中心。对于双极性归零码,在接收端根据接收波形归于零电平便可知道一位信息已接收完毕,以便准备下一位信息的接收。所以,在发送端不必按一定的周期发送信息。可以认为正负脉冲前沿起了启动信号的作用,后沿起了终止信号的作用。因此,收发之间无需特别定时,此方式也叫自同步方式。双极性归零码

具有双极性非归零码的抗干扰能力强及码中不含直流成分的优点,应用比较广泛。

bipolar RZ signal 双极性归零信号 是双极性波形的归零形式,其中负的窄脉冲对应于二进制符号 0;正的窄脉冲对应于二进制符号 1,对应每一符号都有零电位的间隙产生,即相邻脉冲之间有零电位的间隔。

bipolar violation (BPV) 双极性扰乱[扰码] 是数据双极性编码传输过程中,出现 1 变成 0 或 0 变成 1 的编码差错。

bipolar with eight zero substitution (B8ZS) 八零置换双极性(代码) 也称为"二进制八个零替换"。一种 T 载波的线路码,当用户数据中含有连续 8 个或更多个连续的"0"时将人为地插入含有定时信息的编码,其目的是为了当用户的数据流中"1"的数目不足以保证系统的同步时,采用此法来保证有足够的电平转换来维持同步。B8ZS 用在欧洲体系的 T1 速率。

bipolar with six zero substitution (B6ZS) 六零置换双极性(代码) 一种 T 载波的线路码,当用户数据中含有连续 6 个或更多个连续的"0"时将人为地插入含有定时信息的编码,其目的是为了当用户的数据流中"1"的数目不足以保证系统的同步时,采用此法来保证有足够的电平转换来维持同步。B6ZS 用在北美体系的 T2 速率。

bipolar with three zero substitution (B3ZS) 三零置换双极性(代码) 一种 T 载波的线路码,当用户数据中含有连续三个或更多个连续的"0"时将人为地插入含有定时信息的编码,其目的是为了当用户的数据流中"1"的数目不足以保证系统的同步时,采用此法来保证有足够的电平转换来维持同步。B3ZS 用在北美体系的 T3 速率。

biquinary 二五混合进制 由两个部分表示的数制,其中一部分有两种表示,即"0"和"1",另一部分有五种表示,即"0""1""2""3"和"4"。

biquinary code 二-五码,二五混合进制码 一种二-十进制码。每位十进制数 N 用 AB 两位表示。N=5A+B,A=0 或 1,B=0、1、2、3 或 4。这种码有一定检错能力。

biquinary coded decimal number 二五混合码十进制数 将十进制数的每一位用二五进制混合码表示。例如,十进制数 3 875 用二五混合表示,则为 03 13 12 10。

birefringence 双折射 (1)一束光经过某种双折射传播媒质后,分成两个发散的部分,而这两部分在该媒质中以不同的速度传播。这种媒质具有这样的特点,它在同一方向上有两种不同的折射率,从而导致对于不同的正交偏振光以不同的速度传播。(2)在某种透明物质中,折射率具有各向异性,其折射率的变化是相对于入射光线的方向和偏振的函数。所有的晶体,除了立方晶格结构的,它们的物理特性(包括折射率)都呈现一定程度的各向异性,其他物质如玻璃或塑料,当发生机械变形时也是双折射的。双折射物质(包括晶体)有把非偏振的入射光折成两束分离的正交偏振光的能力,而正交的偏振光,依据相对于入射光的方向,通常有不同的路径。

B-ISDN protocol reference model 宽带综合业务数字网协议参考模型 是 ITU-T(国际电信联盟-电信标准化部)I.321 中建议定义的一个立体的分层模型。该模型由三个平面组成,分别表示用户信息、控制和管理三方面的功能。其中用户平面提供用户信息的传送,采用分层结构;控制平面提供呼叫和连接控制功能,涉及的主要是信令功能,也具有分层结构;管理平面提供两种管理功能,面管理和层管理,面管理实现与整个系统有关的管理功能,并实现所有面之间的协调,面管理不分层。层管理实现网络资源和协议参数的管理,处理、操作、维护信息流,采用分层结构。该参考模型还包括四层功能:① 物理层完成传输信息功能;② 异步传输模式(ATM)层负责交换、选路由和信元复用;③ ATM 适配层将各种业务的信息适配成 ATM 信元流;④ 高层则根据不同的业务特点完成高层功能。

bistable 双稳态的 指能保持两种可能的稳定状态中的任一种状态的设备。

bistatic 双机的 形容接收和发射不在同一处的仪器。

bisynchronous 双同步 数字通信设备的操作方式,如调制解调器在接收和发送端之间双向的同步传输。

bisynchronous transmission 双向同步传输 用于控制同步传输的规程。一般称为双向同步。同步传输规程定义了一些协议来处理称之为报文格式的数据块。报文格式在一个单位的操作中传送。

bit block 位块 是计算机和图形中作为一个单位传输的矩形像素块,程序中可使用位块传输的技术在屏幕上快速显示一个图像。

bit block transfer (BITBLT) 位块传输 传输一个矩形数组区域的位图数据,一种图形程序设计技术,将存储的图像信息以块的方式操作,图形信息包括颜色和属性的描述,可以从一个光标到一个卡通,操作包括这些信息在屏幕上位置的移动,通过移动它们在视频存储器中的位置实现,传输时可以改变其属性,例如图像的明暗可以反转。

bit boundary block transfer (BITBLT) 位边界块传输 一种数据传输功能,将一个矩形区域内的像素在位图内或位图之间传递。这种功能通常用于显示弹出窗口、光标以及文字等小型图标。而传统上此功能可在源信息和目标信息之间进行布尔运算（如异或）。也称为光栅操作。

bit by bit asynchronous operation　逐位异步操作　在数据传输系统中，用人工、半自动或全自动的方式改变数据调制的速率，这是用门电路控制或改变时钟调制速率来实现的。比如，在逐位异步操作下，某时刻设备操作速率为 50 bps，而在另一时刻其操作速率为 1 200 bps。

bit depth　位深度·保存一个像素使用的位数。位深度决定能够显示的颜色数目。数字电视的每个像素至少需要用 15 位表示，若用 24 位表示每个像素就会显示出非常真实的颜色。

biternary code　双三进制码　一种三电平信号代码。将二进制信号中的两个相邻的二进制信号进行数字积分，若将二进制信号连续地进行模拟相加，可以得到这种信号码。实现时可对两个相邻的二进制信号通过具有高斯响应的低通滤波器，也可以近似实现这种变换。

biternary transmission　双三进制传输　数字传输的一种方法，双三进制传输能把两个二进制脉冲序列混合起来通过一个信道传输，则该信道的有效带宽仅够传输该两脉冲序列中的一个。

bit error　比特错误，误码　指二进制数据传输中因信道干扰或其他原因导致的将"0"码误认为"1"码或将"1"码误认为"0"码的现象。

bit error rate（BER）　误码率，误比特率　指数据通信中，由于噪声、干扰、失真或位同步错误而改变通信信道上的数据流接收比特的数目。误码率就是传输中出现的差错比特数和所传输的总比特数之比。它是一个无量纲表示的指标，通常以百分比表示

bit flipping　位反转，位翻转　反转图像中位信息的过程，将 0 改变为 1，1 改变为 0。

bit image　位图像　存储器中一系列表示一个显示的图像的位，位图像中的每一个位对应于屏幕上的一个像素，例如，一个字符的点阵就是一个字符的位图像，在单色显示器的系统中，位图像中的 1 代表白色，0 代表黑色，0 和 1 的数据模式决定了显示的图像的图案，在彩色显示器的系统中则采用像素图像方式表示，因为需要多位信息表示一个像素。

bit interleaved parity N（BIP-N）　比特间插奇偶校验-N　是同步数字系列（SDH）通信传输中监控误码的一种方法。它基于奇偶校验的原理，使用 N 个比特作为 N 组比特的校验码。

bit interleaving　比特[位]交叉　一种时分多路传输的方法，每个通道都赋予一个信号位的时间槽。

bit interval　位间隔　在位流中，两个相继信号相对应点之间的时间或距离，每一个信号代表一个二进制位（比特）。

bit inversion　位反转　代表给定位的状态（即 0 或 1）改变到相反的状态。位反转的一个例子是在电路中某一阶段，如用给定的极性或相位表示"1"，在下一阶段用相反的极性或相位表示"1"，然后在紧跟的阶段中再回到初始阶段的极性或相位表示。

bit level ciphering　比特级加密　通过比特操作进行的加密。一种方法是将密钥定义成比特串。密钥的选择是秘密而又随机的。待传输的比特串被分为子串。每个子串的长度与密钥长度一致。然后每个子串通过与密钥的异或运算而加密。计算密钥与加密后的子串的异或即可解密。这里，加密密钥与解密密钥相同。

bit manipulation　位操作　对每一个位进行操作，而不是用更通用的简单的双字

节的字的操作方式。

bitmap（BMP） 位图，位映像，BMP 格式
（1）光栅扫描式图形显示器的帧缓冲器中存储的信息内容与屏幕上显示的画面是一一对应的，因此帧缓冲器的内容就是显示图像的位图或位映像，帧缓冲器也称为"位图存储器"。它是以像素形式保存显示图像数据的存储设备，其像素值用来确定被显示像素的颜色或亮度。在一些高级图形显示系统中，还包括确定其他特征如深度、纹理的成分。（2）位图的另一个用途是表示磁盘上的存储块，表明每个块是空着（0），还是被占用（1）。同 bit mapping。（3）微软公司开发的在 Windows 环境下的标准位图文件格式。

bit multiplexing 位复用 一种把多个低速信道中的数据一次一位地纳入一个高速比特流的多路复用技术。

BITNET BITNET 网 是美国大学联合计算机网络，由纽约城市大学（CUNY）的 Ira Fuchs 和耶鲁大学 Greydon Freeman 公司于 1981 年创立。在纽约市立大学（CUNY）和耶鲁大学 Greydon Freeman 公司创立。第一条网络链路位于城市大学和耶鲁大学之间。名字 BITNET 最初的意思是"因为它有网络"，但其最终意味着"因为它是时代网络"。也就是 because it's time network 的缩写。

bi-tonal image 双色调图像 是一种数字图像，图像中每个像元[像素]只能取两个值。双色调图和连续色调图像是不一样的，也称后者为多光谱图像。

bit-oriented procedure 面向比特[位]的规程 一类传输控制规程。包括国际标准化组织（ISO）的高级数据链路控制（HDLC）规程、IBM 的同步数据链路控制（SDLC）规程等。以 HDLC 为例，其基本特性如下：① 通信方式——全双工；② 差错控制——循环冗余码（CRC）校验；③ 同步方式——同步；④ 电码——任意二进制代码；⑤ 信息长度——可变长；⑥ 速率——2 400 bps 以上；⑦ 发送方式——连续发送，即发送方不等待接收方对刚发送的帧的回答，就继续发送随后的帧。

bit-oriented protocol（BOP） 面向比特的协议，位式协议 一种通信协议，其中数据以一个位流的方式传输而不是以字符串的方式传输，由于这种位流没有相对于某一编码的含义，面向位流的协议使用专门的位顺序，而不是用保留字符进行控制，这种协议如国际标准化组织（ISO）定义的 HDSL（高位速率数字用户线路）。

bit pairing 比特[位]配对 在一个码集中建立若干子集的做法，子集之间除了某特殊位外有相同的比特表示。比特配对的一个例子是在 ASCII（美国信息交换标准代码）中，通过代表 ASCII 字符的比特 0 到比特 6 的共 7 位的比特串中的比特 6 的状态变化来使上档字母分别对应下档字母。

bit parallel 位并行 一种数据传送方式。一组二进制数位的每一位各占用一条线，所有的数位同时传送。

bit physical length 位实际长度 环网中一种专门术语，用来表示一位信息在网络环中占据的长度，以此计算出在网络环中同时最多可以有几位信息在运行，从而可以知道环的长度，其中包括各位延迟时间所等效的长度，从而知道是否满足环网的设计要求。

bit pipe 比特管道 用户设备和 ISDN（综合业务数字网）交换系统之间传输比特流的接口。管道中双向传输的比特流是由多个独立信道的比特流采用时分多路复用形成的。

bit plane coding 位面编码 在数字图像

B

处理中,压缩图像数据量的一种编码方法。当图像的每个像素都用一个等字长的二进制码表示时,图像上所有像素的同一字位构成一个字位面。在影像的情况下,由于影像灰度值急剧变化的概率极少,因此字位越高的位,其变化越少。各字位面再用运行长度编码表示,可以压缩影像信息的数据量。

bit rate length product (BRLP) **比特率长度乘积** BRLP 值是能较好的表达光纤传输能力的一个参数。给定光纤或电缆的长度与比特率,即数据信号速率(DSR)的乘积,是在特定输入条件、可允许色散、可接收的衰减和给定的比特差错率(BER)下光纤或光缆的处理能力。BRLP 通常以兆比特·公里每秒的单位来表示。对于数字信号,测量光纤性能的 BRLP 要比带宽距离因数好。当提及比特率长度乘积(BRLP)时,应该指出它的调制方式或信号波特率。

bit rate length product limited operation **比特率长度积受限运行** 设备或系统中出现了色散引起的信号失真限制了与之相连的设备或系统的性能的状况。例如,在光纤链路的接收机端出现符号间干扰成为限制链路性能的主要机制的情况。

bit reduction factor **比特缩减因子** 在数字图像处理中,表示数据压缩程度的指标。比特减缩因子 m 定义为 m=原图像的编码比特数变换后的图像编码比特数。

bit resolution **比特分辨率,位分辨率** 又称"位深",是用来衡量每个像素存储信息的位数。位分辨率决定了每次在屏幕上可显示多少种颜色。一般常见的有 8 位、24 位或 32 位颜色。

bit scrambling **比特加扰** 是所有比特作为一个比特序列用同一个扰码序列进行加扰。

bit sequence independence **比特序列独立** 指在数字数据传输中,对于传输的比特序列不作任何的限制或修改等操作。与比特序列独立协议相对的是保留某些特殊的比特序列的协议。如用于高级数据链路控制(HDLC)、同步数据链路控制(SDLC)和高级数据通信控制规程(ADDCCP)等协议中的标志序列 01111110 就被保留为特殊的比特序列。

bit serial **位串行** 数据的一种传输方式。在一个通道上,顺序且逐位传输一组二进制位。

bit slip **比特滑脱[丢失]** 指在数字数据传输中,由于改变或调节相应的发送和接收设备的时钟而引起的比特或多个比特的丢失。一种比特丢失的情况是:当发送设备的时钟速率大于接收设备的时钟速率时将引起接收缓冲器的溢出而造成一个比特或多个比特的丢失。

bits per inch (bpi) **位/英寸,比特/英寸** 测量磁带记录介质上数据密度的方法。通常以磁带上每英寸比特数或每英寸位数来表示。每英寸比特数用符号 b/in 表示。目前常用的有 1 600 b/in,6 250 b/in 两种,即每一英寸可存放 1 600 个或 6 250 个二进制位。

bits per pixel (BPP) **位数每像素,每像素位数** 用于表示位图中每个点的颜色的数据位的数量。

bits per second (bps, b/s) **比特/秒,位/秒,位每秒,每秒位数** 在数据通信系统中,表示信息传输速率。通常以每秒比特数或每秒二进制位数来表示。如用符号 b/s 或 bps 标记。例如,9 600 b/s 或 9 600 bps 即为每秒可传输 9 600 个二进制位。

bits per symbol (BPS) **比特/符号,位/符号** 在图像压缩技术中,压缩性能的度量单位。位/符号的数值越小,表示系统的压缩比越高。

bit stream 位流,比特流 一个连续的位(比特)序列,表示在某个通信路径上串行(一次一位)传输的数据流。在同步通信中,位流的定义专门指连续的数据流,由接收站将其相互分离,而不是用插入的某种标记进行分离,如起始位和终止位。

bit synchronism 位同步 数据传输系统中,使接收端时钟脉冲与发送端时钟脉冲的频率同步的过程。

bit synchronous operation (BSO) 位同步操作 是指数据电路端接设备(DCE)、数据终端设备(DTE)和传输电路都根据时钟以位同步方式运行。在位同步操作中,时钟的定时通常是调制速率的两倍,在一个时钟周期发送或接收一个位。

bit torrent (BT) 位[比特]流 一种内容分发协议。它采用高效的软件分发系统和点对点技术共享大体积文件(如一部电影或电视节目),并使每个用户像网络重新分配节点那样提供上传服务。一般的下载服务器为每一个发出下载请求的用户提供下载服务,而 BT 的工作方式与之不同。分配器或文件的持有者将文件发送给其中一名用户,再由这名用户转发给其他用户,用户之间相互转发自己所拥有的文件部分,直到每个用户的下载都全部完成。这种方法可以使下载服务器同时处理多个大体积文件的下载请求,而无须占用大量带宽。

bit transfer rate (BTR) 比特[位]传送速率 单位时间内传送的二进位信息的数量。通常以每秒比特数即每秒位(b/s, bps)来表示。

bit transparent channel 位透明信道 使用二进制代码透明的通信协议进行信息传输的信道,例如 HDLC(高级数据链路控制)协议就是这种协议之一。

.biz 商业网站的域名 由 ICANN(因特网名称与编号分配机构)于 2000 年 11 月批准的七个顶级域名之一,.biz 用于与商业相关的网站。

black noise 黑噪声 出现在通信线上的区别于白噪声的脉冲噪声。

black to white excursion 黑白电平差 从参考黑电平到参考白电平之间的偏移量。在模拟电视系统中,有些电视制式规定黑白电平差为 92.5 IRE(37/56 V = 660 mV),有些电视制式规定黑白电平差为 100 IRE(714 mV 或 700 mV)。在彩色数字电视系统中,亮度信号的黑白电平差规定为 16~235 IRE。IRE 是无线电工程师学会的英文首字母。

blend 交融,混合,过渡曲面 (1)在计算机图像中,一种颜色到另一种颜色的柔和过渡,使得图画更加逼真。(2)使用图形处理软件把多个单独的图形元素组合在一起创建新图形的处理技术。(3)一种计算机图形处理技术,在曲面造型中,在两个相接的曲面之间产生圆弧面或自由曲面过渡,使连接处无缝隙。

blind beamforming algorithm 盲波束形成算法,波束形成盲算法 一种智能天线的自适应算法。波束形成盲算法无需发送端传送已知的导频信号,它一般利用调制信号本身固有的、与具体承载的信息无关的一些特征,如恒模、子空间、有限符号集、循环平稳等,并调整权值以使输出满足所需特性,常见的是各种基于梯度的使用不同约束量的算法。

blind call transfer (BCT) 盲呼叫转移 使用 PBX(专用交换分机)转移功能来转移呼叫。只要一播转移号码,中转的语音端口就马上挂机。不执行呼叫过程分析。

blind signature 盲签名 在密码学中,由美国计算机科学家、密码学者 David Chaum 引入的盲签名是一种数字签名形式,其中消息的内容在签名之前被伪装(盲目即蒙蔽)。可以按常规数字签名的方式,针对原始的非盲信息公开验证所生成的盲签名。盲签名通常用于与隐私相关的协议中,其中签名者和消息作者是不同的当事人。用例包括密码选举系统和数字现金方案。

blind transmission 盲传输,盲发信 不需要收到接收站的接收确认信号而进行的传输。当实施某种安全约束时,或者当发送端的接收机或接收端的发射机出现某种技术问题时,或者由于时间紧迫没有时间来等待确认信号的到达时,可能或必需进行盲传输。

blip 闪烁,消音 (1)在播放录像带时电视屏幕上短暂出现的白色条纹或斑点。闪烁的原因是信号丢失。(2)从电视节目录像带消除某些声音,如咒骂语或不希望的词语。

bloated 渲染 (1)声学中的渲染是指 250 Hz 一带的低音中段过强,对低频以及低频的谐振阻尼不够。(2)电脑图像制作中的渲染是指利用 3DS MAX、MAYA 等软件制作好模型、动画帧之后,将所设计内容利用软件本身或者辅助软件制作成最终效果图或者动画的过程。

Bloch wave 布洛赫波 布洛赫波的概念由菲利克斯·布洛赫在 1928 年研究晶态固体的导电性时首次提出的。布洛赫波是周期性势场(如晶体)中粒子(一般为电子)的波函数,又名"布洛赫态"。它由一个平面波和一个周期函数(布洛赫波包)相乘得到,其中与势场具有相同周期性。

block (BL/BLK) (数据)块,分[字]组;图块;阻塞 (1)在通信中,块是一组比特或数字,块由块间间隔、块结束信号分隔,可以包含一个或多个记录。一个块中所包含的记录、字或字符的个数称为块长。(2)数据库中低层物理存储的术语之一。也称为"物理块"、"字组"、"信息组"。(3)一种图形处理技术。用户可根据需要将整个图形或部分图形定义成为一个图块。被定义成为图块的图元的集合作为一个整体进行插入、删除、缩放、旋转等处理。(4)由于障碍物、故障或流量过大而堵住道路、管道、通道或信道。

blockchain 区块链 (1)是一个不断增长的记录列表,称为区块,这些记录使用加密技术链接起来。每个块包含前一个块的加密哈希、时间戳和事务数据(通常表示为 merkle 树根哈希)。按照设计,区块链可以抵抗数据的修改。它是"一个开放的、分布式的分类账,能够以可验证和永久的方式有效地记录双方之间的交易"。为了用作分布式分类账,区块链通常由对等网络管理,该对等网络共同遵守用于节点间通信和验证新块的协议。一旦被记录,任何给定块中的数据都不能在不改变所有后块的情况下被追溯性地改变,这需要网络多数的一致同意。尽管区块链记录不是不可更改的,但是区块链在设计上被认为是安全的。(2)是一个公共的共享数据库,用于记录双方之间的交易(事务处理)。具体而言,区块链通过加密技术记录并确认谁在特定时间拥有什么。在特定交易被其他参与者或网络中的节点验证并进行加密验证之后,该交易将成为区块链上的"块"。块包含有关交易发生的时间、以前的交易以及有关交易的详细信息。一旦记录成为一个块,交易按时间顺序排序,不能更改或改变。这项技术在比特币(第一个基于区块链技术的应用)问世后开始流行起来,并进一步促进了其他加密货币和应用。由于其分散化的性质,交易和数据不像在典型系统中那样由一个强大的实体验证和拥有。(3)是指通过去中心化和去信任的方式集体维护一个可靠数据库的技术方案。

B

block down converting (分)块下变换 在卫星通信中,将整个频带转换为中间频率(1~4 GHz)以向多部接收机(将进行下一个转换)传输的多重转换过程。

blocked 阻塞 某线路或通道由于忙或出现故障而不能正常使用的状态。

block level 钳位[锁定]电平 稳定于或十分接近于消隐电平的电视信号电平。

block loss ratio (BLR) 块丢失[损耗,损失]率 在一个规定的期限内,损失的块数对试图传输的总的块数之比。块损失率可用作块损失概率。

block redundancy check (BRC) (数据)块冗余校验[检验] 加到传输块中用来校验数据是否正确的附加信息。块校验数据由发送方用块中预先定义的信息函数来生成,接收方使用相同的函数计算出校验值再与所接收到的校验值相比较,只有两值完全相同该块才会被接收。

block size (BS) 块大小,字组长度 (1)一个块中数据元素的数目。(2)网络中表示可用在一个子网中的主机数。块大小一般可以以增量4、8、16、32、64 及 128 使用。(3) UNIX 文件系统中分配的最大连续存储区域,如文件系统块的大小为8 KB 时,文件在物理上总是连续的,比8 KB 大的文件可能被分割成若干个8 KB 存入盘中。

block truncation coding (BTC) 块截断编码 (1)一种用于灰度图像的有损图像压缩技术。它将原始图像分成块,然后使用量化器减少每个块中的灰度级数,同时保持相同的均值和标准偏差。它是流行的硬件 DXTC(DirectX 纹理压缩)技术的早期前身,尽管 BTC 压缩方法首先在 DXTC 之前使用称为彩色单元压缩的非常类似的方法进行了色彩调整。BTC 也适用于视频压缩。BTC 另一个变化是绝对矩块截断编码(AMBTC),其中不使用第一绝对时刻与平均值保持一致的标准偏差。AMBTC 在计算上比 BTC 简单,通常也会导致较低的均方差(MSE)。(2)一种有损图像数据压缩算法。其方法是把图像分成小的图块,对每个图块计算它的像素值的平均值 m,像素值大于 m 的用 1 表示,像素值小于 m 的用 0 表示,这样就得到两类图像,然后分别计算每一类图像的像素值的平均值,得到 m_1 和 m_0,分别表示用 1 和 0 表示的像素值。解码过程与此相反。理论上说,块截断编码方法实际上就是码块编码方法,它的图像质量虽不如 JPEG 和 MPEG,但编码计算量比它们小。

bloom 空气感,开花 (1)用于表示在乐器的声像四周有空气环绕的术语。(2)电视图像上,失去对比度或过高光饱和度影响不像开花似地扩展的缺陷。

blue apex (BA) 蓝基色点,蓝色顶点 (基色三角形的)色品图或麦克斯韦基色三角形上,相应于蓝基色的顶点。

blue box 蓝盒子 用于窃取长途电话呼叫的一种设备。

blue laser 蓝色激光器 以镓氮化物为基础的一种激光器。使用这种激光器比使用红外激光器的光碟记录密度可提高 5 倍以上。

blue modulator 蓝色信号调制器 以蓝基色信号作为基带输入信号的调制器。

blue noise 蓝色噪声 具有的频谱密度与特定频率范围的噪声频率成正比的噪声功率。当绘出噪声功率相对于频率的关系图时,蓝色噪声为正斜率,白噪声斜率为 0,粉色噪声为负斜率。

blue ray disc (BRD) 蓝光光碟 是 DVD(数码影碟)之后的下一代光碟格式之一,用以存储高品质的影音以及高容量的数据存储。

blu-ray disc recordable (BD-R) 蓝光光碟可记录 是指两种直接到光碟的光碟记

录技术,它们可以用光碟记录器记录在光碟上。BD-R光碟可以写入一次,而BD-RE(蓝光光碟可录可擦的)可以被擦除并重新录制多次。单层光碟的光碟容量为 25 GB,双层光碟的光碟容量为 50 GB,三层为 100 GB("XL"),四层为 128 GB(仅限 BD-R)。写入蓝光光碟的最小速度是每秒 36 兆位(4.5 兆字节)。

bluesnarfing　蓝牙窃用　一种用来攻击蓝牙设备的黑客工具。蓝牙窃用是指通过蓝牙连接偷窃无线设备上的信息。攻击者利用移动电话实现蓝牙的方法中存在的弱点来访问信息,如用户的日程安排、联络表、电子邮件和短信,同时不留任何攻击的痕迹。

bluetooth　蓝牙(技术)　是公开的无线数据和话音通信标准,由爱立信(Ericsson)、IBM,Intel,诺基亚(Nokia)和东芝等公司倡议提出,并在 1998 年 5 月正式宣布成立蓝牙技术联盟。蓝牙技术旨在建立低成本、短距离的无线连接,它将所有的技术和软件集成于芯片内,为无线和静态通信环境提供带保护的特殊连接。蓝牙技术是利用短距离无线连接技术来替代目前许多专用的电缆设备。蓝牙技术的无线电收发器的传输距离可达 10 m,不限制在直线范围内,甚至设备不在同一间房内也能相互链接,并且可以链接多个设备。

bluetooth device address(BDA)　蓝牙设备地址　每个蓝牙收发器被分配了惟一的 48 位的设备地址,该地址包括 24 位的低位地址部分(LAP)域,16 位的不重要的地址部分(NAP)域和一个 8 位的高位地址部分(UAP)域。

bluetooth mesh networking　蓝牙网状网络　构思于 2015 年,采纳于 2017 年 7 月 13 日,蓝牙网状网络是一种基于蓝牙低功耗的协议,允许通过蓝牙无线电进行多对多通信。已在网状轮廓规范(mesh profile specification)和网状模型规范(mesh model specification)中对蓝牙网状网络定义。

bluetooth service type　蓝牙服务类型　一个蓝牙设备提供给另外设备一项或者一项以上的服务。服务信息在蓝牙设备分类参数的服务类别域中进行了定义。

bluetooth wireless technology　蓝牙无线(通信)技术　一种手提式个人计算机、移动电话以及其他便携式设备之间的无线电链接的规范。这些无线电链接都是小规模、低成本和短距离的。

blu-ray disc(BD)　蓝光(光)碟　源于 Sony、Philips 和 Panasonic 等公司于 2002 年 2 月联合成立的蓝光光碟联盟发布的大容量光碟存储器标准。该标准使用波长为 405 nm 的蓝-紫激光代替波长为 650 nm 的红激光读写 DVD 光碟上的数据,以满足高清电视(HDTV)所需容量和数据传输速率的要求。蓝光碟保留 DVD 光碟的尺寸,每面或每层的容量可达 25 GB,数据传输速率可达 50 Mbps。蓝光光碟联盟说明所有获得授权的蓝光光碟播放器可以向下兼容,包括 DVD-ROM、VCD 以及 CD,但部分 CD 在一些蓝光光碟播放器中无法播放。

BNC connector　BNC 连接器,英国海军连接器　(1)BNC 是 British Naval Connector 的缩写,一种用于将同轴电缆连接到音频、视频和通信设备的器件。(2)有别于普通 15 针 D-SUB 标准接头的特殊显示器接口。由 R、G、B 三原色信号及行同步、场同步 5 个独立信号接头组成。主要用于连接工作站等对扫描频率要求很高的系统。

BNC T-connector　同轴电缆插接 T 形连接器　用于连接两根细以太网同轴电缆,并同时连接网卡 BNC 口的 T 形连接器。

BNPF(begin negative positive finish)format

B

BNPF格式 只使用 B、N、P、F 四个符号的数据或目标程序的一种编码。其中 B 表示一字符的开始，N 为 0，P 为 1，F 表示一字符的结束。因此，若要表示一个字符则必须以 B 开始，后跟若干个 N 或 P，最后用 F 表示该字符结束。下一个字符的开始符 B 又紧挨着上一个字符的结束符 F，直至完成整个数据或目标程序的编码。这种编码的优点是简单，只用四种符号就可表示任一字符，编码的长度相应增加许多倍。

Bolt, Beranek and Newman Inc. BBN(通信)公司，波尔特－白尔尼克－纽曼公司 后名为 BBN Technologies。该公司位于美国马萨诸塞州的剑桥，初期负责开发、运行及监控 ARPA 网络，后来还负责开发、运行并监视因特网核心网关系统。计算机科学网络(CSNET)的协调信息中心(CIC)和美国国家科学基金会(NFS)网的网络服务中心都设在那里。

Boltzmann's emission law 玻尔兹曼发射定律 物体的总发射能力随温度的增高而迅速增加，并与温度的四次方成正比。

bonding conductor 等电位联结导体 指电位联结网络中的导体

BootP message format BootP 报文格式 是 BootP 引导协议传递数据报所使用的格式。为了简单，报文使用固定长度段，应答和请求使用同样格式。按传递顺序分为下述信息段：操作段；规定报文是请求还是应答。硬件类型和硬件长度段；规定网络硬件类型和地址长度，例如以太网硬件类型为 1，地址长度为 6(个字节)。跳段；服务器和客户机在同一个局网中，跳段数为 0，否则跳段数为经过的网关个数。交易标识段；无盘工作站使用这个段所含的整数使得请求与响应得到匹配。秒段；表示开始引导之后经过的秒数。接下来的信息段依次为：客户机 IP(国际协议)地址段；用户的 IP 地址段；服务器 IP 地址段；网关 IP 地址段；客户机硬件地址段；服务器主机名称段。这些段中有许多重要信息，使用者尽量填写，不知者填 0。最后两个为引导文件名称段，用来指定使用哪类文件对客户机内存映像进行配置。厂家专用区段；给出服务器网关等设备的 IP 地址和名字等信息。

border gateway (BGW) 边界网关 便于与不同自治系统中的路由器通信的一个路由器。

border gateway protocol (BGP) 边界网关协议 因特网中，自治系统之间的一种外部网关协议。其设计基于从 EGP(外部网关协议)中得到的经验，主要功能是交换网络可达性信息。

Bose-Chandhuri code 博斯－查德胡里码 一种群码。汉明码是这种群码的一个子集。这种码的信息速率在已知的群码类中最高。例如，一种博斯－查德胡里码是具有连带多项式集合 P 的 n 元组集合，$n = 2^m - 1$，对于每一 $f(x) \in P$ 具有根 $\alpha^1, \alpha^2, \cdots, \alpha^{2q}$，其中 α 是 $F(2^m)$ 的一个本原根。这种码的最小距离是 $2q+1$，用这种码可以检出 $2q$ 个错误或校正 q 个错误。

Bose-Chaudhuri-Hocquenghem code (BCHC/BCH code) 博斯－乔赫里－霍克文黑姆(纠错)码 简称"BCH 码"，一种用于纠错，特别适用于随机差错校正的循环检验码。由 Bose、Chaudhuri、Hocquenghem 首先提出的一种分组码，它能纠正多个随机独立错误。BCH 码的理论比较完备，但译码的方法比较复杂。对于任意整数 m 及 $t(t < n/2, n = 2^m - 1)$，必然存在一个码长为 n 的二进制 BCH 码，它检验码元长度不大于 $n - k = mt$，可以纠正所有 $\leqslant t$ 个随机错误。例如，当 $m = 3, t = 1$ 时，则必然存在一个能纠正一个错误的 $(7,4)$ 码；当 $m = 4, t = 2$ 时，

B

则必然存在一个能纠正两个错误的 (15,7)码;对于 $m = 5, t = 3$,则必然存在一个能纠正三个错误的(31,16)码。

boundary network node（BNN）边界网络节点 (1) 通信系统软件中,为本地连接的站点执行 FID2 转换、通道数据链路控制、调步以及通道/设备差错恢复过程等提供支持的编程功能部件。这些功能类似于 NCP(网络控制程序)为连接的站点提供的功能。(2) 在 SNA(系统网络体系结构)术语中,提供分界功能的子节点,支持相邻外围节点,包括序列化、定时和地址翻译,也称为"分界节点"。

bow-tie antenna（BTA）蝴蝶结天线,蝶形天线 一种偶极天线,三角形金属板上安装两根天线棒,其外形和蝴蝶结相似。主要用于 UHF(特高频)电视接收天线。

B picture/B frame B 图像/B 帧 B picture 是双向预测编码图像 bipredictive-coded picture 的缩写。是 MPEG(运动图像专家组)定义的双向预测编码图像标准。包含相对于先前解码图像的运动-补偿差信息。在诸如 MPEG-1 和 H. 262/MPEG-2 之类的较旧的设计中,每个 B 图像只能参考两个图像,按照显示顺序位于 B 图像之前的一个图像和 B 图像随后的一个图像,对它们的差值进行编码,并且所有参考的图像必须是 I 图像或者 P 图像。这些约束不适用于较新的 H.264/MPEG-4 AVC 和 HEVC 标准。在 MPEG 标准定义的 B 图像、I 图像和 P 图像中,B 图像是压缩率最大的图像。

bracket state manager 阶层[括号]状态管理程序 通信系统软件中的一种例行程序,它通过适当的括号状态改变和检测括号错误来实施括号协议。

brainware 脑件 又称"第三代软件",同传统软件相比,第三代软件可以使不在同一工作地点的工作组分享信息和工作流程,从而使整个单位中各种硬件平台和各种网络软件的系统间进行信息处理和交换。第三代软件处理的不仅是信息,其重点在于知识的创造。

BRAS 宽带远程接入服务器 broadband remote access server 的缩写。是面向宽带网络应用的接入网关,通常位于骨干网的边缘层,可以完成用户带宽的 IP/ATM 网的数据接入(主要基于 xDSL、Cable Modem、高速以太网技术、无线宽带数据接入等),实现商业楼宇、小区住户、校园网用户的宽带上网服务管理。BRAS 主要完成两方面功能,一是网络承载功能,负责终结用户的 PPPoE(以太网上的点对点协议)连接、汇聚用户的流量功能;二是控制实现功能,与认证系统、计费系统和客户管理系统及服务策略控制系统相配合实现用户接入的认证、计费和管理功能。

brevity code 简缩码 利用省略码(如符号和词的前部)来替代所代表的信息或指令的一种编码。简缩码的使用要求通信双方事先有有关简缩码的约定或共识。

bridge 桥,网桥,桥接(器) (1) 一种在网络链路层实现中继,常用于连接两个或更多个局域网的网络互连设备。网桥作用于 OSI(开放系统互连)的介质访问控制层(MAC),传递网络间的数据,基于数据链路层的信息。这些信息具有一个共同的网络层地址,对其上层的设备及协议都透明。网桥(或称桥接器)是连接具有相同或相似体系结构的网和系统,而网间连接器(或称网关)连接具有不同体系结构的网络或系统。(2) 采用桥接方式连接节目不同段落的音视频部分。(3) 一种在多方音频或视频会议中用来连接多个通信频道的桥接设备。也称为多点连接设备(MCU)。该设备的功能之一是切换到发言人的镜头并广播到其他人的屏幕上。

B

bridge router (brouter) 桥由器,网桥路由器 也称"桥路器",通信系统中既支持网桥的功能又支持路由器的功能的设备。桥由器连接两个网段,按需要在网段间传送数据包。同 brouter。

bridging 桥接 (1) 基于公共的链路层协议将两个通信网络互连,并基于链路地址选择要传递的数据的过程。(2) 电气上两个或多点之间的连接。为增加输出功率而将功率放大器和音箱作一种特别的连接便是桥接,它将双声道的立体声放大器改接为单路的功率放大器,由其中一路放大器去负责放大波形的正半周,而另一路去放大波形的负半周,音箱则像两路放大器通道之间的"桥"。桥接时需要用二台同样的双声道立体声放大器。

Brillouin effect 布里渊效应 在拉曼效应中,光子通过光学声子以大约 15 THz 的频率进行红移或蓝移。然而,硅波导也支持声学声子激发。它们与光的相互作用称为布里渊散射。这些声学声子的频率和模式形状取决于硅波导的几何形状和尺寸。因此,频率可从几 MHz 到几十 GHz 进行调整。它们与光的相互作用可以用来制作窄带光放大器。光子和声学声子之间的相互作用也在腔光力学(optomechanical)领域进行了研究,尽管 3D 光学腔不是观察相互作用所必需的。例如,除了在硅波导中,光纤和硫属化物波导中也证明了光力学耦合。

Brillouin scattering 布里渊散射 指的是光和物质波在介质中的相互作用。它是由折射率依赖于介质的材料特性介导的,如在光学中所述,透明材料的折射率在变形(压缩-膨胀或剪切-歪斜)下改变。光波与载波变形波之间相互作用的结果是,一部分透射光波在优先方向上改变其动量(从而改变其频率和能量),就好像通过振荡的三维衍射光栅引起的衍射一样。

British Telecom Lempel Ziv (BTLZ) BTLZ 算法 在 Lempel-Ziv(伦佩尔-西弗)算法基础上开发的一种数据压缩算法,可获得 $4 \times 2\,400$ bps 和 $4 \times 9\,600$ bps 的调制解调器速率。

broadband integrated service digital network (BISDN/B-ISDN) 宽带综合业务数字网 一个提供多种宽带和窄带业务的综合业务数字网,用户通过单一的接入可以获得话音、数据、视频等多种业务。BISDN 是在只能提供基群速率以内的电信业务的窄带综合业务数字网(NISDN)基础上发展起来的数字通信网络,交换方式倾向于采用异步传输模式(ATM)。BISDN 可用于数字化视频信号、音频信号及高速数字信息的传输,可提供电视会议服务。实现 BISDN 必需满足以下条件:① 在宽带用户网络接口(UNI)上至少能提供 H4(135 Mbps)接口速率的多媒体业务,并允许在最高速率之内选择任意速率;② 能提供各种连接形态;③ 信息传送的延时及畸变足够小;④ 既能以固定速率传送信息,也能以可变速率传送;⑤ 采用光缆及宽带电缆。它是国际电报电话咨询委员会(CCITT)推荐的在多兆位范围内定义语音、数据、视频的技术。

broadband over power lines (BPL) 电力线宽带 是一种电力线通信(PLC)的方法,它允许通过公共电力配电线路进行相对高速的数字数据传输。BPL 使用更高的频率、更宽的频率范围,以及不同于其他形式的电力线通信的技术,以提供更长距离的高速通信。BPL 使用分配给空中(OTA)通信服务的无线频谱的一部分频率,因此,防止这些服务的干扰和被干扰是设计 BPL 系统中的非常重要的因素。

broadband passive optical network (BPON)

宽带无源光网(络) 以宽带技术为基础的无源光网。目前主要是指 ATM 无源光网(APON)、以太网无源光网(EPON)和千兆位无源光网(GPON)。

broadcast address　广播地址 (1)应用于网络内的所有主机的地址。有四种 IP(网际协议)广播地址：① 受限的广播地址，用十六进制的全"1"表示，该地址用于主机配置过程中 IP 数据报的目的地址，此时，主机可能还不知道它所在网络的网络掩码，甚至连它的 IP 地址也不知道；② 指向网络的广播，地址是主机号为全"1"的地址；③ 指向子网的广播，地址为主机号为全"1"且有特定子网号的地址；④ 指向所有子网的广播，地址是子网号及主机号为全"1"。(2)在多机系统中，宿主机对不同模块公用区内的各模块进行动态加载时采用的一种地址模式。一个广播地址可以指向不同公用区内的不同模块。

broadcast communication method　广播式通信 (1)在计算机网络中，将消息或信息播送到网段内所有节点而不需要等待确认的一种方法。(2)在无线电通信中，将消息或电文播送给多个接收方，而不必要求接收方在收到消息后应答的一种通信方法。按此方式，发送方无法确认接收方是否已完整地收到了消息。

broadcast frequency　广播频率 用于传送无线电广播信息和节目的频率。

broadcasting　广播 是通过任何电子大众传播媒介，但通常使用电磁频谱(无线电波)，把音频或视频内容以一对多的模式分发给分散的受众。广播开始于调幅无线电，随着真空管无线电发射机和接收机的发展，到 1920 年左右调幅广播开始流行。在此之前，所有形式的电子通信(早期的无线电、电话和电报)都是一对一的，承载的消息是针对单个接收者的。广播这个术语借用农田播种的方法，广泛地将种子广泛地撒播，是 1920 年左右出现的，以突出这种"一对多"的通信方式：单个无线电台传播给多个听众。空中广播通常与无线电广播和电视有关，尽管近年来无线电和电视传播已开始通过有线(有线电视)进行传播。接收方可能包括公众或相对较小的子集，关键是任何具有适当接收技术和设备(例如无线电或电视机)的人都可以接收到信号。

broadcasting to subnets　子网广播 在 TCP/IP(传输控制协议/国际协议)网络环境中，在分割子网的情况下完成广播功能。因为在分割子网的环境中，IP 地址格式是：网络地址、子网地址、主机地址。全"1"表示广播，而全 1 表示形式是"－1"。因而，对某个子网内的所有主机进行广播的地址形式是：网络地址、子网地址、－1，对所有子网所有主机进行广播，即对网络内的所有主机进行广播的地址形式是：网络地址、－1、－1。一个物理网络通常划分为一个子网。

broadcast recognition with alternating priorities (BRAP)　交替优先权广播识别(法) 存在竞争的总线式局域网络中采用的通信协议之一。按此协议，每一工作站在建立起"就绪"信息包后，都要延迟一段时间再发送。此延迟时间的长度正比于最后一次成功发送号与站号之差值的模。由于这种交错的延迟，因而避免了总线上出现冲突。BRAP 与基本位图法比较，是有一个要发送信息的站在争夺周期中在自己对应的时隙填入"1"，紧接着这个站就发送出一帧信息。对在争夺周期所形成的争夺帧"1"位的确认扫描也不是从 0 位开始，而是从刚刚发送完毕的站所对应的位开始。显然这种方法在发送过程中不会产生冲突。这种方法克服了基本位图法的不公平性。此外，尽管这种方法与基本位图法比较信道使用效率相同，但是延迟特性

B

要好一些,尤其是在低负荷情况下,站发送只需平均等待 N/2 个时隙时间。在高负荷情况下,两者等待时间基本相同。

broadcast storm　广播风暴　在计算机网络中,一个错误的包广播,使得多个主机立即进行响应,通常产生同样不正确的包,使得风暴愈发厉害,大量占用网络的有限带宽,严重时可以使得网络不能传输信息的网络状况。

broadcast television systems (BTS)　广播电视制式[系统]　是用于发送和接收地面电视信号的编码或格式化标准。大约到 2010 年后期,全球主要使用三种模拟电视制式:NTSC(国家电视标准委员会制式)、PAL(逐行倒相制)和 SECAM(顺序与存储彩色电视制式)。对于现在的数字电视(DTV),世界各地使用的四个主要系统是:ATSC(先进电视系统委员会)、DVB(数字视频广播)、ISDB(综合业务数字广播)和 DTMB(地面数字多媒体广播)。

Broadcast Television Systems Committee/multichannel television sound (BTSC/MTS)　广播电视系统委员会/多路电视伴音　美国联邦通信委员会(FCC)用于广播电视传送高质量伴音的系统。

broadcast, unknown-unicast and multicast (BUM) traffic　广播、未知单播和多播流量　是使用三种模式方法发送的网络流量,该方法将数据链路层网络流量发送到发送方不知道目的地的网络地址。这是通过将网络流量发送到以太网上的多个目的地来实现的。作为计算机网络相关的概念,它是用于描述三种以太网模式的通用术语:广播、单播和多播以太网。BUM 流量指的是那种将被转发到多个目的地的网络流量,或者仅仅是无法寻址到预定目的地的网络流量。

broadcast videotex system　广播式可视图文[信息传视]系统　又称为“图文电视”,信息传视系统中的一种类型。它通过无线电波将信息从计算机传播给用户接收机。在这类系统中,用户用一个简单的按钮选择装置,从显示在荧光屏上的为数不多的页面中选择一页。广播的内容主要有天气预报、体育比赛新闻等频繁更新的信息。

broad pulse (BP)　宽脉冲　复合同步信号中的一种脉冲,它的重复频率通常两倍于行频,其持续时间大于行同步脉冲。若干个这种脉冲组合形成电视信号的场同步脉冲。

broadside antenna array　侧向[垂射]天线阵列　一组平行垂直的偶极天线。通常置于一条水平直线上。

B-roll　B 卷(轴)　补充性或后备性的音视频材料。B 卷通常伴随主要(视频)素材发行。在视频编辑中,场景素材交替分布于两个卷轴中,称为 A 卷和 B 卷,然后合成在一起发行。

brouter　桥由器,网桥路由器　源于 bridge router。通信系统中同时兼有网桥和路由器两种设备功能的设备。它具备网桥功能,实现数据链路层(相当开放系统互连模型第二层)协议,还具备路由器功能,实现部分网络层(相当开放系统互连模型第三层)协议,管理多条线路和选择数据的路由。

brown noise　棕色噪声　在不包含直流成分的有限频率范围内,功率密度随频率的增加每倍频下降 6 dB(密度与频率的平方成反比)的噪声。该噪声实际上是布朗运动产生的噪声,它也称为“随机飘移噪声”。

browser/server architecture　浏览器/服务器体系结构　一个用来为计算机应用系统的开发描绘一个系统模型的术语。浏览器/服务器(简称 B/S)体系结构其实是客户机/服务器(简称 C/S)体系结构中的一种,即客户端为浏览器(http 客户端)、服务器端为 Web 服务器(http 服务器)。由于在这种体系结构中,客户端并没有与特定应用相关的应用程序,统一用浏览器实现用户的输入/输出,无须专门开发应用界面,它界面统一,可操作性强,容易为用户所掌握。

brute force (BF) 蛮力[强力](攻击) 比口令截获程序更为流行的一种用以破解系统口令的技术,使用穷举法破译密码的行为。这种作法费时费力,成功率相当低,因而一般不单独采用。但是,在未掌握密钥和其他线索的情况下,有时也会与其他手段结合使用。

BSC or SS session BSC/SS 通话 即二进制同步通信或启/停(SS)协议的会话。通信系统软件中,在主处理机和通过二进制同步或启/停线路附加到 NCP(网络控制程序)的某个站点之间数据交换的一个已定义的序列,它允许网络控制程序在一条多点线路上交替与多个站点进行来回传输。

BSSID 基本服务集标识 basic service set identifier 的缩写。BSS 是无线局域中的一种特殊 Ad-hoc LAN(自组织局域网)的应用,一群计算机设定相同的 BSS 名称(ID),即可自成一个组。

BSS interfaces 基站子系统接口 有多种接口:Um 接口,是移动台(MS)与基站收发信台(BTS)之间的空中接口;Abis 接口,是 BTS 和基站控制器(BSC)之间的接口;A 接口,是 BSC 与移动交换中心(MSC)之间的接口;Ater 接口,是 BSC 和转码器之间的接口;Gb 接口,是连接 BSS 到通用分组无线业务(GPRS)核心网中的服务 GPRS 支持节点(SGSN)的接口。

BSTW algorithm for compression technique 压缩技术的 BSTW 算法 BSTW 源于设计者:Bentley, Sleator, Tarjan and Wei。是一种自适应算法,要求发送者和接收者保持一致的代码表达式,而且信文队列在每次传送后都要修改,即把刚传送的信文放在最前面,这些队列初始时是空的,当传送 At 时,如果 At 在发送者队列中则发送者传送它的位置,然后发送者修改它的队列,即把 At 移动到位置1,而其他信文都向下移动一个位置,类似地接收者也修改它的字符表,如果是第一次传送 At 那么就传送 $k+1$ 和 At 本身,这里 k 是至此传送过的不同信文的数目,发送者和接收者又把 At 移动到位置1,BSTW 算法对每个源信文只传送一次,剩下的传送只是在它的队列中的位置,即整数。

BT.1365 (ITU-R)BT.1365 规范 国际电信联盟无线通信部门制定的在高清晰度电视(HDTV)串行接口中使用的 24 位数字声音格式规范。

BT.470 (ITU-R)BT.470 标准 彩色电视标准。有关世界各国使用的电视标准,包括 NTSC,PAL 和 SECAM。SMPTE 170M 也列出了在美国使用的(M)NTSC 电视标准。原名称为 CCIR 470。

BT.601 (ITU-R)BT.601 标准 彩色电视信号数字化标准。

BT.656 (ITU-R)BT.656 标准 分量数字电视接口标准。是 BT.601 Y'CbCr 数字电视在设备之间的传输标准,包括并行接口和串行接口。原名称为国际无线电咨询委员会 CCIR 656。

BT.709 (ITU-R)BT.709 标准 高清晰度电视标准。是国际电信联盟无线通信部门推荐的高清晰度电视标准,分辨率为 1 920×1 080 像素,Y'CbCr 的采样格式为 4:2:2,宽高比为 16:9,支持隔行扫描和顺序扫描,支持帧刷新率包括 60,59.94,50,30,29.97,25,24 和 23.976 Hz。原名称为 CCIR 709。

buffer (BUF) 缓冲区[器,物] (1)在数据传输期内,用来临时装配数据的一种存储装置。当信息从一种设备传送到另一种设备上时,它用来补偿信息流不同的速率或时差;(2) 在执行输入输出操作时,暂时存放数据的一块存储区,在此存储区中数据可进行读出或写入。(3) 一种电路或元件,用于分隔电路。(4) 在电信产业中用于覆盖和保护光纤的一种材料。

buffer amplifier 隔离[缓冲]放大器 用于隔离一个线路对前级线路影响的放大器。

buffer box 缓存盒 一种向异步通信通道提供缓存功能的单元。可使用 DTR(数据终端就绪)或 XON/XOFF(请求发送/请求停发)流控制。

buffered asynchronous communication interface (有)缓冲的异步通信接口 一种典型的接口。它提供具有贝尔 103 或 202 数传机或装置的双向通信,其速度可达 9 600 波特。特点是:一个可存放 128 字符的先进先出缓冲区,带有一个 256 专用字符存储器的专用字符识别/中断装置。它可以在单工、半双工或回送方式下工作,并具有中断检测能力。奇偶校验、字符长短、停止位数目、专用字符识别以及数据传输率等可进行程序控制。

buffer fiber 缓冲光纤 一种光纤,在其包层外有一个涂层,用于保护、增加可视度和便于操作。

built-in antenna (BIA) 内置[机内]天线 位于收音机、电视机以及无线路由器等设备内部的天线。

buoyant antenna 漂浮天线 一种为浮在海面上(如浮标上)的天线。另一种为由潜航潜艇牵引处于深度潜流状态的天线,因此在水面上看不到。

Burrus diode 布鲁斯二极管 光纤通信中使用的一种发光二极管,它的热阻低,电流密度大,在发光区有一个用于安装光纤端头的小孔,以尽量减低耦合损失。

burst 突发(脉冲串),色同步信号 (1) 在微处理器中,采用突发方式一次访问一个数据块以提高微处理器片内高速缓存的数据块操作速度。(2) 在数据通信中,按照某种特定的准则或量度,作为一个单位来计数的一串信号序列。(3) 电视台发射信号中作为色度分量相位基准的分量。

burst data transfer rate (BDTR) 突发数据传输率 指从硬盘缓冲区读取数据的速率,常以数据接口速率代替,单位为 MB/s。如采用 UDMA/66 技术的硬盘的传输率达到了 66.6 MB/s。

burst gate 色同步门[选通]信号 表明电视信号处理系统彩色同步信号在扫描行中所在位置的一种信号。

burst gating pulse (BGP) 色同步门[选通]脉冲 用来从彩色图像信号中提取色同步信号的选通信号。

burst isochronous 等时脉冲串(传输) 在信息集合的通道速率高于输入数据传输速率时可以使用的一种传输方法。正在传送的二进制数字以信息集合通道的数字速率发送,而且其传送可间隔地中断,以产生所要求的平均数据传输速率。

burst isochronous transmission 等时脉冲串(方式)传输 等时脉冲串信号是由与时钟同步的数字脉冲串组成,当无数字位出现时,用"寂静"表示,为了表示脉冲串和"寂静",可提供一个特殊时钟,它仅当数字位出现时才工作,它称为"结巴"时钟。

burst modem 突发[脉冲串,成组]式调制解调器 在卫星通信中,每个地面站发送的批量间隔数据在定好时序后由突发式调制解调器发送。

business operation support system (BOSS) 业务运营支撑系统 在电信企业就是指"电信运营支撑系统",负责电信业务运营事务,涵盖了电信计费、结算、营业、账户和客户服务等系统,还包括客户管理及业务管理等。

business to business (B to B, B2B) 企业与企业之间的电子商务 企业与企业之间通过因特网进行产品、服务及信息的交换。B to B方式是电子商务应用最重要和最受企业重视的形式,企业可以使用因特网或其他网络对每笔交易寻找最佳合作伙伴,完成从定购到结算的全部交易行为,包括向供应商订货、签约、接受发票和使用电子资金转移、信用证、银行托收等进行付款以及在商贸过程中发生的其他问题如索赔、商品发送管理和运输跟踪等。

business to customer (B to C, B2C) 企业与消费者之间的电子商务 B to C方式是消费者利用因特网直接参与经济活动的形式,类同于商业电子化的零售商务。随着万维网的出现,网上销售迅速发展。目前,在因特网上的许多各种类型的商业中心、虚拟商店和虚拟企业,提供各种与商品销售有关的服务。例如,网上书店、网上百货店、网上旅行社等。

business to government (B to G, B2G) 企业与政府之间的电子商务 B to G商务活动覆盖企业与政府组织间的各项事务。例如企业与政府之间进行的各种手续的报批、政府通过因特网发布采购清单,企业以电子化方式响应;政府通过网上以电子交换方式来完成对企业和电子交易的征税等。

busy call forwarding 呼叫遇忙转移 一种电信补充业务,当被叫电话为忙的时候,呼叫被自动地送到预先设定的电话。

busy hour 忙时 话务量统计中,一天中交换系统承受话务量最大的一个小时。

busy hour call attempt (BHCA) 忙时试呼[呼叫尝试] 是交换机控制部件呼叫处理能力的重要指标,指最忙的一小时内处理和试呼次数度量单位。

busy hour call completion 忙时呼叫完成量 交换系统在忙时内,系统对呼叫的实际处理量。一般用话务量参数来衡量。

busy hour usage profile 忙时使用规则 说明忙时应如何正常地使用系统的规则。

busy signal 忙音,占线信号 在电话线路中返回的一种可听或可视的信号,表明被呼叫方被占用或没有可用的传输途径。由于呼叫等待和语音邮件的盛行,过去十年中忙音信号变得不那么常见了。

busy user 占线用户 通信系统正在使用的终端机或末端设备(如电话或传真机)。当被叫接收机是占线用户时,主叫通常将接收到一个占线信号。同 busy party。

Butterworth filter 巴特沃斯滤波器 一种通频带的频率响应曲线最平滑的电子滤波器。巴特沃斯滤波器的特点是通频带内的频率响应曲线最大限度平坦,没有起伏,而在阻频带则逐渐下降为零。在振幅的对数对角频率的波特图上,从某一边界角频率开始,振幅随着角频率的增加而逐步减少,趋向负无穷大。

buzzer (BZ) 蜂鸣器 利用电磁振动产生蜂鸣音的电器。

B'-Y' B'-Y'差信号 在模拟彩色电视系统中,R,G,B信号经过非线性校正之后的蓝色信号(B')与亮度信号(Y')之差。

B-Y B-Y差信号 在模拟彩色电视系统中,蓝色信号与亮度信号之差。

B-Y matrix B-Y矩阵 构造 B-Y色差信号的电路。其构成公式为:$B-Y = -0.30R - 0.59G + 0.89B$。

bypass channels 旁路信道 通过一个节点而不进行多路分用的路由选择信道。

bypass mixed highs (BMH) 旁通的混合高频分量 彩色电视系统中,在色度副载

B

波解调器和调制器前后所引出的,属于色度信号频带上、下限内的混合高频信号。

bypass mode　旁路方式　在 FDDI(光纤分布数据接口)和令牌环网络上运行的方式,在该方式中接口从环上移去。

bypass monochrome signal (BMS)　旁路黑白信号　在色度解调器和调制器之前被旁通的黑白信号。

bypass relay　旁路中继　环形网络中的使消息得以在一般不相邻的两个节点间传输的中继。它允许特定的令牌环接口闭并有效地从环上移去。

B-Y signal (B-YS)　B-Y 信号　蓝色信号减去亮度信号所形成的色差信号,用于彩色电视。

byte (B)　字节,位组　作为一个单位来操作的一串二进制数字,通常小于一个计算机字长,目前最常用的是采用 8 位二进制数。一个字节可以表示一个字符。例如,一组 8 个相邻的二进制数,代表一个 EBCDIC(扩充的二进制编码的十进制交换代码)字符。

byte cipher feedback　字节反馈加密法　一种反馈加密法,输出的密文字节又反馈给下一个明文字节的加密算法。

byte count oriented procedure　面向字节计数规程　数据通信中的一种规程。它使用一个报头,其中包含一个报文字节数域,用来控制报文的传输。

byte error correcting code　字节错误校正码　校正数据字节错的错误校正码。错误以字节为单位,一个字节错可以是字节中所有二进制位的不同组合的错误。

byte error detecting code　字节错误检测码　检测数据字节错的错误检测码。错误以字节为单位,一个字节错可以是字节中所有二进位的不同组合的错误。

BYTE information exchange (BIX)　BYTE 信息交换(在线服务)　BYTE 杂志创办的在线信息服务,提供电子邮件、软件下载和有关软件和硬件论坛的服务。

byte multiplexer mode　字节多路转接方式　一种数据传输方式,它使数据字节交叉地进行传输。

byte multiplexing　字节多路传输　一种数据传输过程。它将通信通道上的时隙授权给工作速度较慢的输入输出装置,以使一个接一个的字节能够在进出主存储器的通道上连接起来。

bzip2　bzip2 压缩程序　一个免费的开源文件压缩程序,它使用 Burrows-Wheeler 算法。用于 UNIX/Linux 文件压缩。它只压缩单个文件,而不是文件存档(file archiver)。它由 Julian Seward 开发和维护。Seward 于 1996 年 7 月首次公开发布了版本 0.15 的 bzip2。该压缩器的稳定性和普及程度在接下来的几年里有所增长 Seward 在 2000 年底发布了 1.0 版本。比 gzip 提供更大的压缩比。

B7 stuffing　B7 插入　一种保持数字电路上 1 的密度的简单技术,8 个连续的 0 由 7 个 0 和一个 1 替代。

B7 zero code suppression　B7 零码压缩　一种通过提供与数字传输的密度要求相一致,保持电话公司中继器和信道业务单元同步的技术。在该技术中,如果 T 载波 DS 0 时隙中的所有 8 位全为 0,B7 零码压缩就在第 7 位上替之 1。

C

cable antenna relay service（CARS） 有线(电视)天线中继服务 （美国）国家通信委员会(FCC)指定的保留给有线电视公司使用的一组微波频率。

cable（CA） 电缆,线缆,光缆,电报,有线电视 （1）传输信号和/或电力的带有绝缘保护层的导线。（2）任何由电报方式发送的消息。以前除电报海缆外尚未出现其他电缆(如电话电缆、同轴电缆、光缆、电力电缆),因此 cable 就成为电报的代称。

cable based LAN 有线局域网 一个采用电缆作为其传送介质的共用媒体局域网。

cable casting 有线(电视)广播 指信息通过电缆传播的有线(电视)广播。

cable category 电缆种类 按照电缆的传输容量对电缆进行的分类。大多数新建的配线使用超 5 类或 6 类非屏蔽双绞线(UTP),目的是为了运行或可升级到速度更高的网络。

cable code 水线电码[密码],电报码,电缆码 莫尔斯电码的一种变形,通常用于海底电缆,它的点、划和间隔具有相等的持续时间,但极性不同。

Cable Communications Policy Act of 1984 《1984 年电缆通信政策法案》 是 1984 年 10 月 30 日通过的一项促进竞争和解除对有线电视行业放松管制的国会法案。该法案制定了联邦、州和地方当局监管有线电视通信的国家政策。该法案修订了 1934 年的"通信法案",其中插入了"Title VI-Cable Communications"。

cable compatible 有线电视兼容 在 20 世纪 80 年代使用的一种消费电子产品广告语,描述电视机和录像机可以与家中有线电视分支器直接相连。产品带有调谐器,即可以接收全部有线电视以及无线广播电视频道。

cable compensation circuit（CCC） 电缆[线缆]补偿电路 用来补偿电视信号传输线路上的损耗的电路,其频率范围视需要而定。有些电路可以使用合理的恒相均衡在宽范围内调整增益和频率。

cable converter box 有线电视转换器[机顶]盒 或电视转换盒。是一种电子调谐装置,它把来自有线电视服务的任何可用频道变换/转换为单频道(通常为 VHF 频道 3 或 4)上的模拟 RF(射频)信号,或转换成 HDMI(高清晰度多媒体接口)类的数字电视的不同输出。有线电视盒的作用就是把通过有线电视(CATV)线路传输来的电视频道进行转换。

cable cutoff wavelength（CCW） 光缆截止波长 截止波长描述的是光纤从多模转变为单模的临界波长点,对于成缆光纤,高于此波长时光纤支持单模传输,低于此波长时光纤支持多模传输。对单模业务,光缆的截止波长应该低于系统的工作波长。

cable delay 电缆延迟 信号通过电缆所需的时间,约为每英尺电缆 1.5 ns。

cable drop 电缆[线缆]分支器 树形网络结构中电缆系统的最后连接元件。电缆分支器由一个小型同轴电缆(约 1/4

英寸直径)连接到用户居家分配系统的馈线电缆,另一端连接用户的转换器或电视机。也称为家用分支器。

cable film 有线[电缆]传送的影片 对于低于标准规格的电视用影片,它们经低速扫描变换成 4.5 千赫以下的图像信号,通过电缆传输后重现。

cablegram (电缆)电报 也称为 telegram 或"cable",通过电报传送的文本信息。

cable interface unit (CIU) 电缆接口部件 在采用总线拓扑结构的网络中,将工作站和服务器连接到总线上的标准接口装置。

cable Internet 有线电视互联网 有线电视公司的互联网访问。进入家庭或建筑物的同轴电缆分为一条线用于线缆调制解调器,另一条线用于电视机顶盒。

cable Internet access 有线(电视)因特网接入 在通信领域,有线电视因特网接入(简称有线因特网)是宽带因特网接入的一种形式,其使用与有线电视相同的基础设施。如同数字用户线和光纤到驻地服务一样,有线因特网接入提供了从因特网服务提供商到最终用户的网络边缘连接性(最后 1 英里接入)。

cable IP (CAIP) 有线(电视)因特网,有线IP 网络技术 是利用有线电视传输设施访问因特网的技术。即在混合光纤同轴电缆(HFC)网络结构基础上,采用性能更高的有线电缆数据服务接口规范(DOCSIS)的设备来架构宽带 IP 城域网的技术(IP over HFC),简称 CAIP 网络技术。它通过网状拓扑结构的主干网络,利用 IP 协议,提供支持宽带技术的大容量、高速率、无方向性、透明式的交互业务性能,把宽带综合信息业务传送到用户的双向网络平台。由于 CAIP 技术可以充分利用现有的有线电视网络,保证了运营商投资长期有效。

cable length compensation (CLC) 电缆[线缆]长度补偿 当图像监视器通过一长段视频电缆取得输入信号时,为补偿信号损耗所需的措施。

cable loop 光[电]缆环路 在本地网中,网络上的所有终端都是互相连接着的。这样的传输光[电]缆,称为光[电]缆环路。

cable loss 电缆[线缆]损耗 电缆的射频(RF)信号衰减量。电缆衰减主要是信号频率和电缆长度的函数。电缆对较高频率信号的衰减大于对较低频率信号的衰减。电缆损耗通常按电缆传送的最高频率的信号衰减量(即最大损耗)进行计算和确定。此外,电缆损耗还受到连接器、接头、线缆质量、散射等因素的影响。

cable modem (CM) 电缆调制解调器 又称为"线缆调制解调器",是位于用户处的用于在有线电视系统上传输数据通信信息的调制解调器。它的内部结构主要包括双工滤波器、调制解调器、前向纠错(FEC)模块、数据成帧电路、介质访问控制(MAC)处理器、数据编码电路和网络适配器等部分。电缆调制解调器上有用于接电视机的射频接口,还有连接网卡的网络接口,它采用非对称信道传输。

cable modem telecommunication return interface (CMTRI) 线缆[电缆]调制解调器的通信回传接口 有线电视数据服务接口规范(DOCSIS)中的一个部分,在网络前端,CMTRI 提供线缆调制解调器和电话网(PSTN)的接口。

cable modem termination system (CMTS) 线缆[电缆]调制解调器终端[端接]系统 一种设备,通常位于有线电视系统前端或分配中心,用于向有线电视用户提供高速数据服务,如有线因特网或因特网协议语音(VoIP)。CMTS 提供 DSL(数字用户线)系统中的 DSLAM(数字用户线接入多路复用器)所提供的许多相同功能。

cable modem termination system-network side interface (CMTB-NSI) 线缆[电缆]调制解调器端接系统-网络侧接口 有线电缆数据服务接口规范(DOCSIS)的一部分,主要用于在有线电视系统间的高速数据传输。CMTB-NSI 是线缆调制解调器网络前端接口,它提供骨干电缆系统和 CATV(有线电视)接入设备之间的连接接口。

cable modem termination system-up-stream RF interface (CMTS-URFI) 线缆[电缆]调制解调器端接系统-上行链路射频接口 有线电缆数据服务接口规范(DOCSIS)的一部分,主要用于在有线电视(CATV)系统间的高速数据传输。它位于网络前端的终结点,提供电缆调制解调器系统和上行链路射频路径的接口。它和下行链路射频接口结合,提供双工通信。

cable network 电缆[有线]网(络) 通常指的是由(射频)同轴电缆组成的网络。现主要用于有线电视(CATV)的用户接入端。电缆网络的拓扑结构有多种形式,如树形、星形等。

cable powering 电缆功率 为有线电视(CATV)设备提供的工作功率。通常采用同轴电缆供给信息信号所需的功率。

cable powering supplying 电缆供电电源 由电缆对有线电视(CATV)设备的有源器件进行供电的电源。这种交流供电电源并不影响射频信号的传送。

cable shielding 电缆屏蔽 双绞线电缆通常包含屏蔽以防止电磁干扰。屏蔽提供导电屏障以衰减屏蔽外部的电磁波;并且提供导电路径,通过导电路径,感应电流可以通过接地基准连接循环并返回到源头。这种屏蔽可以应用于单个线对或外周,或者屏蔽线对组。单个对是用箔屏蔽的,而整个电缆(多对线)可以使用任何编织屏蔽或箔片或用箔编织成屏蔽。ISO/IEC 11801:2002(附件E)试图用三个字母的组合来使屏蔽电缆的各种名称国际标准化:U 用于非屏蔽,S 用于编织屏蔽(仅用于外层),F 用于箔屏蔽。使用 x/xTP 形式的两部分缩写明确表示整体电缆保护和保护单个线对或外周的屏幕类型。屏蔽 Cat 5e, Cat 6/6A 和 Cat 8/8.1 电缆通常采用 F/UTP 结构,而屏蔽 Cat 7/7A 和 Cat 8.2 电缆采用 S/FTP 结构。常见的屏蔽结构类型包括:① 单独屏蔽(U/FTP),每对双绞线或外周用铝箔单独屏蔽。通用名称:金属箔中的线对、屏蔽双绞线对。② 整体屏蔽(F/UTP, S/UTP 和 SF/UTP),整体箔层、编织屏蔽或箔片编织层覆盖所 100 欧姆双绞线电缆内的线对。通用名称:箔屏双绞线、屏蔽双绞线。③ 单独和整体屏蔽(F/FTP, S/FTP 和 SF/FTP),在双绞线之间使用箔片进行单独屏蔽,以及外部箔片或编织屏蔽层。通用名称:全屏蔽双绞线、屏蔽箔层双绞线,双层屏蔽双绞线。

cable splice closure 电缆接头盒 有一个外壳和一个连接件,供互连配置在外壳内的各电缆使用。电缆接头盒对被连接的电缆密封,保护电缆免受环境的影响,同时为连接部分提供机械强度的支持。

cable telephony 有线(电视)电话 一种经由有线电视线路(而不是传统电话线路)提供的电话业务。这是一种数字电话。安装在用户住宅的电话接口将用户家中线路的模拟信号转换成数字信号,然后通过有线电视电缆的连接把数字信号发送到有线电视公司的交换中心。再把信号发送到公共交换电话网络(PSTN)。有线电话是集因特网、电视和电话三种业务为一体的通信与娱乐装置的一部分,并可为消费者提供组合电视,因特网和电话服务的单一连接和账单的便利。

cable television（CATV/CTV） **有线电视**
是一种通过同轴电缆传输射频（RF）信号，或在更现代的系统中通过光缆传输光脉冲信号，向付费用户提供电视节目的系统。与广播电视不同，广播电视信号通过无线电波在空中传播，并且由连接到电视机的电视天线接收。调频（FM）广播节目、高速因特网、电话业务，以及类似的非电视服务也可以通过这些有线电视设施提供。

Cable Television Consumer Protection and Competition Act of 1992 **《1992 年有线电视消费者保护和竞争法案》** 又称《1992年电缆法案》，是美国联邦法律，该法案要求有线电视系统承载大多数本地广播频道，并禁止有线电视运营商向本地广播公司收取信号的费用。在通过《1992年电缆法案》时，国会表示希望促进各种观点和信息的可用性，尽可能地依靠市场来实现可用性，以确保有线电视运营商继续扩大其容量和提供节目，确保有线电视运营商不具备不正当的市场力量，并确保在接收有线电视服务时保护消费者利益。

cable television headend **有线电视头端(设备)** 是接收电视信号进行处理并分布在有线电视系统中的主设施。头端设施通常是无人值守的，使用电子设备通过本地电缆基础设施接收和重新传输视频信号。头端设备还可以用于电力线通信(PLC)变电站和因特网通信网络。

cable television network **有线电视网** 利用光缆或同轴电缆来传送广播电视信号或本地播放的电视信号的网络。

cable television relay service station (CARS) **有线电视转播服务站** 在通信方面，CARS 是一种固定台或移动台，用于传输电视和相关的音频信号、标准的和调频(FM)广播电台的信号、教学电视固定台的信号，以及从自接收点到把接收到信号分配给公众的终端点的有线广播。

cable television ready set **有线电视就绪接收机** 明确标注可以接收有线电视节目的装置。

cable termination **线缆[电缆]端接(法)** 信号传输电缆与设备连接时的方法。用电缆连接各种设备时，特别要注意阻抗匹配。线路的两端，无论是包括一个耦合器或设备还是一系列连接在一起的耦合器，都必须端接(符合 MIL-STD-1553B)"电阻，等于所选电缆标称特性阻抗(Z_O)±2.0%"。电气端接的目的是最小化可能导致波形失真的信号反射的影响。如果不使用端接，传输的信号可能会严重损耗，从而导致中断或间歇性传输故障。

cabletext **电缆可视[电视]图文(系统)** 使用同轴电缆提供互动数据服务的系统。

C&C(Computer & Communication) **计算机与通信**

cache array routing protocol (CARP) **高速缓存阵列路由协议** 用于跨越多个代理缓存服务器对 HTTP 请求进行负载平衡。它的工作原理是为每个请求的 URL 生成一个哈希值。为每个 URL 生成不同的哈希值，并通过将哈希值命名空间分成相等的部分(或者如果意图不均匀加载，则分成不相等的部分)，可以将许多请求分配给多个服务器。其实现包括 Apache 流量服务器、Squid Web 代理软件和微软因特网安全与加速服务器，以及 F5 网络公司 BIG-IP 设备。

cache farm **高速缓存场** 把万维网网页的副本保存到高速缓存中的一组服务器，这样，不必每次都从万维网服务器上调用页面就可以完成连续的请求。这些服务器基本上只作高速缓存之用。通过存储可访问的万维网网页而不增加的流通量，高速缓存场可为最终用户提供更高的网站访问性能、降低网络拥挤程度和数据流量。

caesium clock **铯钟** 根据铯-133原子核在磁场中两种状态间的能量差制成的原子钟。用射频放射线照射铯-133原子，铯原子核吸收这种辐射线并被激发到较高状态，再由一远处磁场使这些原子偏转，促成原子打击一检测器。将检测器得到的信号反馈至射频振荡器，防止它从谐振频率(9 192 631 770 Hz)漂离。这样，频率被锁定，精度可达到10^{13}之一秒以上。在标准国际单位中，用铯钟来确定一秒。

cage antenna **笼型天线** 一种开放式偶极子天线，它具有呈圆形附加到每个偶极子元上的许多水平布置的有源元件。有源元件按圆环形式平行相连，以形成像笼子一样的圆柱结构。这种天线在其中心处由双线传输线或同轴电缆馈电。

calibration **校正** 调节设备使其符合正常操作。例如，在音响系统中，校正包括调定各个声道的电平；而在视频装置中，校正便是调好色彩、亮度、色度、对比度及其他参数。

calibration of 3 dimension vision system **三维视觉系统校准** 在建立和确定二维成像空间与外部三维空间之间的关系的过程中，为使视觉系统达到一定的精度，对成像系统的未知参数进行校准的算法和技术。它包括对摄像机的校准和对辅助设备(如结构光方法中的光源)的校准。摄像机校准的目的是为了确定摄像机内部的几何光学特性参数以及摄像机成像平面相对于外部某一参照坐标系的三维位置与姿态。辅助设备校准一般是为了确定辅助设备相对于外部某一参照坐标系的三维位置与姿态。

call accepted condition **接受呼叫状态** 在反向交换数据信道中出现的一种状态，表示在持续状态中涉及的所有连续的交换局均已接通。这种状态由被叫用户发送，相当于数据电路终端设备和数据通信设备接口处的接受呼叫状态。

call accepted message（CAM） **呼叫接受[接受呼叫]消息** 在数据传输系统中，出现在反向通道上的一种状态消息，此消息含有表示目的地交换局允许呼叫接续的消息，也可能包括被叫线路识别等附加消息，表示被叫方已作好接收消息的准备。

call accepted signal **接受呼叫信号** 由被呼叫数据终端设备发送的一个呼叫控制信号。表示被呼叫方已接受呼叫方的呼叫。

call accounting **呼叫计次** 在数据分组交换网络中，累计个别呼叫上的数据或者报告这类数据的过程；通常包括起始和终结时间、网络终端号或网络用户识别以及每次呼叫传送的数据分段和分组的数目。

callback modem **回叫[回调]调制解调器** 一种有限安全设备的调制解调器，也称"安全调制解调器"。对于一个到达的呼叫不是进行回答，而是请求呼叫方输入一个接触音频码并挂起以使得调制解调器能够返回呼叫。当调制解调器收到呼叫方的代码时，它将这个代码与存储的一系列电话号码进行核对，当匹配了一个授权的号码时进行回拨，然后为呼叫方建立连接，这种调制解调器用于通信线路可以被外部用户使用而数据必须进行保护的场合。

callback queuing **回叫排队** 交换系统或排队系统将需要回叫服务的主叫按一定规则排入服务队列，以利于回叫的处理。

call barring **呼叫禁止** 蜂窝电话中的一种功能，允许用户限制呼叫，以消除未经许可的呼叫。

call block **呼叫阻塞** 一种通信公司提供的并且受到大多数PBX(专用交换分机)支持的功能，它把从特定电话号码的呼入转到录音应答上,或者阻止由地区代码或字头确认的一个或一组号码的呼入。

call by call service selection 按呼叫顺序业务选择 AT&T 的 ISDN(综合业务数字网)的一种功能,允许 T1 用户将服务转至专用 23B 信道的用户。如 Megacom 业务、Megecem 800 业务或 Accunet 交换数字业务。

call center (CC) 呼叫中心 也称为"电话中心"或用户服务中心。是一个相对集中的工作场所,一批话务人员通过电话接收或传送大量的请求。利用计算机通信电话集成(CTI)技术,为用户提供各种电话响应服务。呼叫中心可以分成三种类型:① 呼入呼叫中心,负责管理来自消费者的产品支持或信息查询。② 呼出呼叫中心,用于电话营销、慈善募捐或政治捐款、讨债和市场调查。③ 联络中心(CC),是集中处理个人通信的地点,包括信件、传真、现场支持软件、社交媒体、即时消息和电子邮件。下一代呼叫中心发展方向是在多媒体呼叫中心的基础上,进一步融入了依托于互联网技术的多种媒体通道与沟通方式,以及人工智能(AI)技术的应用。

call clear failure probability 呼叫清除失败概率 虚连接段的呼叫清除失败概率是在全部测试中,呼叫清除失败试呼与呼叫清除试呼之比。

call clearing 呼叫清除,清除呼叫 网络上用户呼叫的有序终止。

call collision 呼叫碰撞[冲突] (1)两个以上的设施对同一事件(设备的使用或通信连接的建立等)发出呼叫请求,但该事件在同一时刻只能满足一个请求。(2)ISDN(综合业务数字网)的一个特性。当两个 B 通道都被占用时,若有外来电话呼叫,它会自动释放一个 B 通道来收听来电。可使用户既能享受

128 kbps的带宽,又不影响用户接听电话。(3)在电信系统中,呼叫冲突(俗称双占用)有两种情况:① 当终端和数据电路-终端设备(DCE)同时指定同一信道来转接呼叫请求和处理来电时发生的呼叫争用。当呼叫冲突发生时,DCE 继续呼叫请求并取消来电呼叫。② 当一条干线或信道同时在两端被占用时发生的情况。如果用户尝试在专用交换分机(PBX)上拨打电话,并意外连接到一个来电呼叫,用户就遇到了双占用的情况。

call collision at the DTE/DCE interface 数据终端设备/数据电路端接设备处的呼叫碰撞[冲突] 在数据传送系统中,数据终端设备(DTE)发出的呼叫请求分组与来自数据电路端接设备(DCE)的调入分组同时出现在 DTE 与 DCE 接口处的情况,称为 DTE/DCE 接口处的呼叫碰撞。它使得 DTE 和 DCE 都得不到预期的回应信号。

call completion rate (CCR) (电话)呼叫完成率[接通率] 指呼叫完成次数与试呼次数之比,是用于衡量通信设备工作质量的一个重要指标。常用百分数表示。

call completion ratio 呼叫接通率 在指定的期间内,呼叫成功的次数和总的呼叫次数之比。呼叫接通率通常用百分数或小数表示。

call completion service 呼叫完成业务 高级智能网(AIN)的业务之一,能自动按号码列表为主叫方完成电话呼叫过程。

call congestion ratio (CCR) 呼损率,呼叫拥塞率 在指定时间内不能立即接通的呼叫次数与呼叫总次数的比值。

call connected packet 呼叫连接包 一种呼叫管理包,DCE(数据电路端接设备)对发出呼叫的 DTE(数据终端设备)发送该呼叫连接包,指出已成功地建立对该呼叫的连接。

call connected signal (CCS) 呼叫连接[接

通]信号　由被叫方发送给主叫方、通知主叫方已成功建立了连接的信号。

call control (CC)　呼叫控制(软件,协议)　(1) 在电话技术中,呼叫控制是指提供中心功能的电话交换机内的软件。呼叫控制解码寻址信息,并将电话呼叫从一个端点路由到另一个端点。它还创建了可用于使标准交换机运行适应用户需要的功能。这些被称为补充业务,通常由垂直服务代码调用。包括"呼叫等待"、"遇忙呼叫转移"等。呼叫控制软件因处于电话网络运行中的中心地位而具有复杂性和可靠性。要求的功能性和可靠性是IP语音(VoIP)系统面临的主要挑战。VoIP系统基于因特网标准和技术,而这些标准和技术以前没有尝试过满足呼叫控制规定的那些如此复杂和苛刻的要求。在VoIP网络中,呼叫控制是通信业务的三大类型之一,另两个是呼叫信令和媒体通信。呼叫控制使用Q.931协议,它是一种用于数字网络的连接协议。消息以ITU H.245规定的八比特组传送,该规定解决了要使用的呼叫媒体的类型(例如,传统的电话、视频会议,或VoIP),然后在建立连接之后对其进行管理。呼叫控制功能包括但不限于确定端点的主/从状态、监控端点状态、修改连接参数、终止连接,以及重新启动终止或失败的连接。(2) 在移动通信系统中,呼叫控制业务由移动网络呼叫控制-业务接入点(MNCC-SAP)处的多重CC实体提供,包括如下业务:① 正常呼叫下的移动终端之间的呼叫建立;② 紧急呼叫下的发起移动终端呼叫建立;③ 呼叫维护;④ 呼叫终止;⑤ 支持与呼叫有关的补充业务。

call control procedure (CCP)　呼叫控制规程,呼叫控制过程　(1) 在通信网络中,为建立和释放一个呼叫所需执行的一组协议。(2) 指交换设备对整个呼叫接续进行控制的过程。

call control signal　呼叫控制信号　在通信网中,为建立、维持和释放一个呼叫连接所需的一组交互式信号中的一个信号。

call data　呼叫数据　在呼叫处理中涉及的所有数据,包括用户数据和交换局数据,也包括整个过程中的动态数据。

call delay　呼叫延迟　当自动交换设备处理一个呼叫时,到达该设备的另一个呼叫所遇到的延迟。

call distribution (CD)　呼叫分配　一种智能网(IN)业务。这种业务允许按某种分配规律把用户来话分配到不同的目的地,而且这种分配规律可以由用户进行实时管理。有三种典型的分配规律:① 周期性分配,即均匀地把呼叫分配到各个目的地;② 按比例分配,即按百分比把呼叫分配到各个目的地;③ 按等级分配,首先选择优选清单中指示的第一个目的地。

call diversion　呼叫[来电]转移[转接,前转]　从直接呼叫号码切换至预先确定号码的自动交换。

call duration　呼叫持续时间　(1) 在电话系统中,(a) 电路的瞬间,即每端的摘机状态,是呼叫发起者和呼叫接收者之间建立的时间;(b) 呼叫发起者或呼叫接收者终止呼叫的瞬间的时间。也就是从主叫方发起呼叫至建立连接瞬间至主叫方停止呼叫瞬间的时间间隔。(2) 在数据传输中,信息传输事务的信息传输阶段的持续时间。

called　被呼叫方,被叫(方)　在电话系统或X.25通信中,指被呼叫的位置或用户。

called/calling channel　被叫/主叫信道　局域网和分组交换网中,被呼/呼叫信道能发出呼叫并能接收呼叫。

called/calling party address　被叫/主叫方

地址　在七号信令系统(SS7)中,信令连接控制协议(SCCP)消息内的一个地址,由信令点编码、总称以及子系统号码组成。

called channel　被呼信道　局域网和分组交换网中,被呼信道是可接收但不能产生呼叫的信道。比较 calling channel。

called line (CLD)　被叫号码,被呼叫线路　接受呼叫信号的线路。

called line address modified notification　被叫线路地址修改通知　是 PSPDN(分组交换公用数据网)的一种任选用户设施,数据电路端接设备(DCE)可用以在呼叫接通分组或拆线通告分组中告诉主叫数据终端设备(DTE),该分组中的被叫DTE 地址与主叫 DTE 发送的呼叫请求分组中规定的地址不同的原因。

called line identification　被叫线路识别(业务)　由通信网或交换局向主叫端提供与它连接的被叫端线路的最终地址信息的一种业务。

called line identification facility (CLIF)　被叫线路识别设备[设施]　电信网络提供的服务项目,它能使网络通知主叫终端已连接的被叫终端的地址。

called line identification request indicator　被叫线路识别请求指示器　前向发送的一个指示信号,它指明被叫用户线的特性是否应包括在响应消息之中。

called line identification signal (CLIS)　被叫线路识别信号　传给主叫数据终端设备(DTE)的信号,后向传输的识别被叫线路的一串字符。

called line identity (CDI)　被叫线路识别[鉴别]　电信的一种补充业务,反向传送的一些信息,表明被叫线地址的一些信号。

called line identify indicator　被叫线路识别指示符　由被叫方传送给主叫方的一种反向信息,用于说明被叫线路是否需要识别,以及在需要识别时以何种形式表示。

called party　被(呼)叫方,被叫用户　在通信系统中,被建立连接的一方。

called party camp-on　被叫用户遇忙等待　电信的一种补充业务,它使得尽管在出现用户阻塞信号时仍然能够完成接入试呼。提供这种服务的系统会监测占线用户直到其阻塞信号消失,然后完成所要求的接入。这种特点允许保持进来的呼叫直到被叫空闲。比较 calling party camp-on。

called party ID　被叫号码　当转发或转接呼叫时用以识别接收呼叫者的分机号码。

called party release　被叫方释放　在通信结束后,由被叫方挂机发出的拆线信号所引起的释放线路的过程。

called party subaddress　被叫子地址　在 N-ISDN(窄带综合业务数字网)中,一个 U 接口最多可以连接 8 个终端,即最多有 8 个子地址,为每个终端分配一个子地址。这些终端作为目的端使用时,为它们分配的子地址即称为被叫子地址。

called server user　被呼叫服务器用户　在开放系统互连访问模式中的一个服务器用户,有一个呼叫服务用户与其建立连接。

called station　被呼叫站　在通信网中,接受来自呼叫站请求的站。

called subscriber　被叫用户　在数据传送或电话交换中,接收呼叫请求的用户。

called subscriber identification (CSI)　被叫用户识别　是一个字符串,用来表示被叫用户身份的代号,如在传真中此字符串(一般少于 40 个字符)通常是传真机的电话号码和传真机用户标识的组合。

called terminal alerted state　被叫(终)端待接状态　当主叫端已完成呼叫请求,被叫端的振铃已响时的状态就是被叫终端待接状态。

called terminal answered signal　被叫(终)端应答信号　由被叫端发送给主叫端来证实呼叫已成功被应答的信号。

called terminal engaged signal　被叫(终)端占线信号　由被叫端发送给主叫端的信号,说明呼叫请求失败是因为该终端被另一个呼叫所占用。

called terminal free signal　被叫(终)端空闲信号　由被叫端发送给主叫端的信号,说明被叫端空闲。

called user　被叫用户　在电话交换系统中,主叫将要或已经接通的用户终端设备或目的地数据终端设备。

caller　呼叫方,调用者　(1)请求呼叫服务的一方。(2)调用者是一种客户机,用来调用对象的一个方法。对象调用者不必是对象的创建者。例如,客户 A 可以创建对象 X 并将该引用传递给客户 B,然后客户 B 可以使用该引用调用对象 X 的一个方法。这种情况下,客户 A 是创建者,而客户 B 是调用者。

caller emergence service ID (CESID)　紧急呼叫业务识别,访客紧急服务识别　交换机向紧急呼叫中心(如 119 等)除了发送呼叫者的电话号码外,还要发送其他的附加号码,当呼叫者在其他地方打电话时,这个附加号码很有用。根据这个附加号码,紧急呼叫中心能通过"自动位置识别系统"显示出位置信息。这种业务的实现需要用户事先提供初始的电话位置信息给"自动位置识别系统"。

caller ID (CID)　主叫号码[标识],来电[呼叫,主叫]识别　电信的一种补充业务,传输的信息包含有呼叫者的标识号码,使接收者通过来电显示能够知道谁在呼叫。

caller identification feature　呼叫者识别功能　用户通过公用拨号插入端口访问网络,通过使用呼叫者识别功能被分组网

确认。每个这样的用户一旦通过有效的识别码和口令验证,就可以与所有连接的公用端口建立虚拟连接并通过网络对用户的通话计费。

caller ID message format　主叫识别信息格式　交换系统向被叫方提供主叫号码时的信息流格式。

caller issue identifier card (CIID)　主叫识别卡　含有持卡人身份信息的呼叫卡。

call establishment (CE)　呼叫建立　用户对其目标的路由选择和数据传递的建立。

call failure signal (CFS)　呼叫故障[失败]信号　后向传输的一种信号,它指示由于超时、故障或非其他特殊信号等而导致的不能完成的呼叫。

call forward all call (CFAC)　所有呼叫前转　无条件地将所有来话呼叫转移到用户指定的其他被叫号码上去的业务。

call-forward busy line　遇忙呼叫前转　电信的一种补充业务,当被叫线和备用线都忙时,来话被自动选路到人工话务台。

call forward don't answer (CFDA)　无应答[久叫不应]呼叫前转　若被叫在规定时间内不应答,则将该呼叫转移到预先指定的其他被叫号码上去的业务。

call forwarding don't answer　无应答呼叫前转,呼叫前转不应答　电信的一种补充业务,超出预置的响铃次数或秒数后,电话被自动地选路到人工话务台。

call forwarding no reply (CFNR)　无应答呼叫[呼叫无应答]前转　当用户的来话在规定的时间内无应答时,可以将该呼叫转移到另一个预先指定的电话号码上的业务。

call forwarding on busy (CFB)　遇忙呼叫前转　一种智能网业务。该业务是指用户线遇忙时,可以将到该用户终端的呼叫转移到另一个预先指定号码的终端上去。

call forwarding on busy/don't answer 遇忙/无应答呼叫前转 一种智能网业务特征。它是指在被叫用户忙或者在规定振铃次数之后无应答时，将呼叫转移到用户预先指定的号码。

call forwarding on mobile subscriber busy (CFB) 移动用户遇忙呼叫前转 一种电信补充业务，当被叫用户忙时，网络将被叫用户的入呼叫(或仅与特定的基本业务相关)拨打接续至另一个号码。被叫用户若为移动用户，移动用户发起呼叫的能力不受影响。如果该业务已激活，仅当遇被叫用户忙时，进行呼叫前转。

call forwarding on mobile subscriber busy supplementary service (CFB) 移动用户忙时呼叫前转补充业务 GSM(全球移动通信网)系统的一种补充业务，指被叫的移动用户忙时将呼叫转移到用户预先指定的号码。

call forwarding on mobile subscriber not reachable (CFNRc) 移动用户不可及呼叫前转 一种电信补充业务，当被叫用户不可及(由于无线拥塞、无寻呼响应或用户未在网络登记)，网络将被叫用户的入呼叫(或仅与特定的基本业务相关)拨打接续至另一个号码。被叫用户为移动用户。移动用户发起呼叫的能力不受影响。如果该业务已激活，仅当遇被叫用户不可及时，进行呼叫前转。

call forwarding on mobile subscriber not reachable supplementary service (CFNR) 移动用户不可达呼叫前转补充业务 GSM(全球移动通信网)系统的一种补充业务，指被叫的移动终端不可到达时，将呼叫转移到用户预先指定的号码。

call forwarding on no reply (CFNRy) 无应答呼叫前转 一种电信补充业务，当被叫用户无应答时，网络将被叫用户的入呼叫(或仅与特定的基本业务相关)拨打接续至另一个号码。被叫用户若为移动用户，移动用户发起呼叫的能力不受影响。如果该业务已激活，仅当遇被叫用户无应答时，进行呼叫前转。

call forwarding on no reply supplementary service (CFNR) 无应答呼叫前转补充业务 GSM(全球移动通信网)系统的一种补充业务，指被呼的移动终端无响应时将呼叫转移到用户预先指定的号码。

call forwarding operator line (CFOL) 话务员线路呼叫前转 当被叫终端忙或在一定时间内无应答时，将呼叫转移到话务员所使用的线路上。

call forwarding unconditional (CFU) 无条件呼叫前转 一种电信补充业务，允许网络将所有被叫用户的入呼叫(或仅与特定的基本业务相关)无条件地转接到网络或用户预先设置的另一个电话号码上或用户的语音信箱中。系统在执行这项业务时，可以给使用该业务的用户发送一个提示音，通知用户。被叫用户若为移动用户，移动用户发起呼叫的能力不受影响。如果该业务已激活，无论移动终端的状态如何都进行呼叫前转。

call forwarding unconditional supplementary service (CFU) 无条件呼叫前转补充业务 GSM(全球移动通信网)系统的补充业务：只要是某用户的呼叫，则全部转移到该用户预先指定的号码。

call forwarding when busy (CFB) 忙时呼叫前转[转移] 一种电信补充业务，允许网络在用户忙时，将它的来话转接到网络或用户预先设置的另一个电话号码上或用户的语音信箱中。

call gapping (GAP) 呼叫中断，呼叫间隙 (1)一种呼叫量控制，它调节释放对目标代码呼叫的最大速率。呼叫中断控制起到对特定目标代码在大量呼叫时限制接入试呼的作用。(2)一种智能网业务特征。服务提供者可以对到达用户的呼叫次数进行控制，或者可以对呼叫进行控制，使到达用户的呼叫系数控制在本业务性能规定的次数之内，以免网路拥塞。

call hold 呼叫保持　电信的一种补充业务，允许正在服务中的移动用户中断正在进行的呼叫。此后，根据需要重新建立通信。当移动用户中断通话来发起或接受呼叫后，原业务信道仍保留给该移动用户。

call hold supplementary service (HOLD) 呼叫保持补充业务　一种电话补充业务，可以让一个已经应答的呼叫保持在等待状态而去应答另一个呼叫。

call hold with announcement (CHA) 带通知[具有录音通知]的呼叫保持　一种智能网(IN)业务特征。用户可用音乐或预先设置好的通知声音与对方通信，同时可以进行新的呼叫。

call identifier 呼叫[调用]标识　网络对一个虚呼叫[调用]分配的名字。当与呼叫[调用]DTE(数据终端设备)的地址一起使用时，它惟一地标识了这个虚呼叫[调用]。

call-in (CI) 打电话，电话接入，电话交谈节目　指无线电广播或电视节目与听众进行电话交流的形式。

call information 呼叫信息　指呼叫信号中包含的信息。通常包括地址信息、补充业务用的控制代码和用户通过拨号盘或按键发送的其他信息。

calling frequency 呼叫频率　一个无线电台用来呼叫另一个电台所使用的频率，可能不是用来应答的频率，也可能不是用于消息传输的频率。

calling identity delivery (CID) 来电显示　专业名称是主叫识别信息传送及显示业务。它可在被叫用户的终端设备(电话机)上显示主叫用户号码、呼叫日期、呼叫时间等信息，并进行存储，以供用户查询。

calling line ID (CLI) 主叫[来电]线路识别码　也称为主叫识别码，即向被叫方显示主叫方电话号码。

calling line identification delivery blocking (CLIDB) 主叫号码识别传送模块　交换机的一个功能模块，它将主叫号码传送给被叫端。

calling line identification facility 主叫线路识别设施　网络提供的一种特色服务，它将呼叫始端的地址通知被叫终端设备(即受话者)。

calling line identification presentation (CLIP) 主叫线路识别显示　电信的一种补充业务，把主叫用户的号码(有子地址时包含在地址内)通知给被叫用户的功能。

calling line identification request indicator 主叫线路识别请求指示器　一种反向发送的信息，它指示在主叫线路识别信息中是否应当前向发送主叫线路的识别。

calling line identification restriction (CLIR) 主叫线路识别限制　一种电信补充业务，是指向主叫方提供的防止向被叫方显示主叫方的号码的服务。

calling line identification signal (CLIS) 主叫线路识别信号　由传送给被叫终端的一串字符组成的，表明允许识别主叫地址的信号。

calling line identify message 主叫线识别消息[信息]　数据通信网络中，由主叫方发往被叫方的一种正向传送消息，其中包括标识主叫线或始发网络节点的编号，此消息紧跟在地址消息之后发送。

calling line identity 主叫线路识别　前向发送的一种信息，它由发送者，即主叫数据终端设备完整的地址信息组成。

calling line identity message 主叫线路识别消息　前向发送的一种信息，包含主叫数据终端设备的特性。

calling name presentation 主叫名称显示

无线智能网（WIN）的一种智能业务。这种业务是用户在申请这项业务时，可以向业务部门提交一份号码与名称的对照表。当这个号码与名称对照的信息输入移动通信系统后，如果有某个用户呼叫这个用户，就在呼叫接通振铃时，被叫用户的手机或终端上就会显示来话者的名称。

calling number　主叫（方）号码　发起呼叫的主叫方的电话号码。

calling number identification presentation (CNIP)　主叫号码识别显示　一种电信补充业务，向被叫用户提供主叫用户的识别信息。当系统执行呼叫前转业务时，这项业务在原被叫用户或前转目标用户的手机上显示被转移呼叫的主叫用户信息。

calling party BCD　主叫方 BCD 号　在呼叫建立的过程中，用于标识主叫号码。并用来表明前转方向的被叫号码，同时可以包含一些服务选择信息等。

calling party clearing　主叫控制释放方式　只有主叫挂机，呼叫才被终止的一种拆线方法。

calling party control　主叫控制方式　呼叫释放由主叫方控制，这时被叫方即使挂机，也不能结束通话。另外还有被叫控制方式、互控方式、互不控方式。

calling party pays (CPP)　主叫（方）付费　通信系统中的一种付费方式，由发起呼叫的主叫方支付相关的通信费用。

calling party's category　呼叫方类别［范畴］　表明主叫用户类别，如普通用户、优先级用户、数据用户、测试用户等。

calling queuing (QUE)　呼叫排队　一种智能网（IN）业务特征。使用本业务特征时，如果目的地遇忙，可以对到目的地的呼叫进行排队等候，并当监测到目的地空闲时，立即接通目的地。在排队过程中可以给用户播送录音通知。

calling service user　呼叫［调用］服务用户　在开放系统互连访问模式中，一个发出建立连接请求服务的用户。

calling signal　呼叫信号　通过电路发出表示希望连接的呼叫控制信号。

call intercept (CI)　呼叫拦截（服务）　指交换机能够在用户所拨被叫号码是空号、改号或遇到某通话路由临时闭塞，用户使用不当等情况时自动拦截此类呼叫，并连接到语音应答设备上，给予语音答复，从而减少交换设备的无效连接。

call limiter (LM)　呼叫限制器　一种智能网（IN）业务特征。用户可对同时呼叫它的来话的最大数量做出规定。如果呼叫的目的地已忙，则可以拒绝新的呼叫或把呼叫转送到另一目的地。本业务特征可以对用户的来话呼叫次数进行计算，当同时呼叫的次数已达到门限时，拒绝所有新的呼叫。此外，还可以选择增加由用户对门限的控制，以进行实时管理。

call logging (LOG)　呼叫记录　一种智能网（IN）业务特征。在一段时间内记录一个特定的电话号码所接到的呼叫。

call lose　呼损　即未能接通的呼叫次数。

call lose rate (CLR)　呼损率　电话交换服务质量的一项重要指标，即未能接通的呼叫次数与总试呼次数之比。

call management　呼叫管理　通常是指在使用了计算机电话集成（CTI）技术的呼叫中心管理呼叫的处理。是设计和实现入站电话呼叫参数的处理，并控制这些呼叫通过网络的路由。这类管理功能被电话公司和呼叫中心行业经常使用，并且在使用呼叫日志软件工具时具有最高的效率。根据给定系统内的呼叫功能的设置来路由呼叫，例如呼叫队列、IVR（集成语音应答）菜单、寻线组和记录的通知。呼叫功能为呼叫者提供定制体验，并最大限度地提高呼入呼叫处理的效率。呼叫管理参数可以根据运营商与呼叫相关的技能水平、呼叫的时间和/或日期、呼叫者的位置或通过自动路由处理来指定呼叫的分配方式。

call not accepted signal 呼叫不接收信号 由被呼叫数据终端设备(DTE)发送的一个呼叫控制信号。它用来表示被呼叫方不接受呼叫方的呼叫。

call packet (CP) 呼叫包[分组] 携带寻址信息和为建立 X.25 交换的虚电路所必须的任何其他信息的数据块。

callpath services architecture (CSA) 呼叫路径服务体系结构 IBM 公司提出的一种协议,定义了计算机与电话交换系统之间的通信接口,提供了相应的应用程序接口(API)。

call pending signal 呼叫待接信号 向一个正忙的被叫用户表明有另一个主叫用户在等待的信号。

call pickup 呼叫代答[拾取],分机代接 专用自动小交换机的功能,允许用户通过"拾取"入呼在自己的话机上代他人答话。通常,几个电话分机可以编为一组,以使用户能够回答本组上的任何入呼。

call priority 呼叫优先权 在电路交换的系统中,分配给每一个起始端口的优先权,该优先权定义了呼叫进行再次连接的次序。呼叫优先权同时也定义了带宽预留中哪一个呼叫可以或哪一个呼叫不可以被搁置。

call progress tones 呼叫进行[进程]音 由交换设备将可听信号返回用户以标明呼叫状态。可听信号通常有拨号音和忙音信号。

call record 呼叫记录 单次呼叫的记录数据,通常包括呼叫方标识、呼叫时间、持续时间和目标代码。

call redirection 呼叫重定向 是 PSPDN(分组交换公用数据网)在一段时间内商定使用的任选用户设施,在预约后,则能使用户把对它的呼叫转移到一个预先确定

的地址,一般发生在被叫 DTE(数据终端设备)发生故障或示忙情况下。

call rejection message 呼叫拒绝消息 从被呼叫端发往呼叫端的一种消息,其中一部分是说明呼叫建立失败原因的信号。呼叫拒绝消息可作为第一应答信号发送,或在发送接受呼叫消息后,把呼叫拒绝消息作为第二应答信号发送。

call release 呼叫释放,呼叫解除 由点对点通信双方的某一终端发出拆线信号,并拆除它们之间的连接,使始发的数据终端设备恢复为空闲状态的过程。

call release time 呼叫释放时间 在通信系统中,它是指从被叫数据终端设备开始发出清除信号命令到主叫数据终端出现电路可用状态之间的时间间隔。

call request (CRQ) 呼叫请求 (1)一个由计算机发送给通信设备的请求建立与网络上另一台计算机的通信连接的信号。(2)一种呼叫控制信号。它从主叫用户的数据终端设备(DTE)发往数据电路设备(DCE)或通信网络,表明 DTE 请求建立呼叫。

call request signal 呼叫请求信号 在一个呼叫连接建立过程中,发向 DCE(数据电路端接设备)的一种信号,通知数据终端设备要求进行一次呼叫。

call request time (CRT) 呼叫请求时间 在建立一个呼叫连接或进行一次呼叫时,从发出呼叫信号开始到主叫收到继续进行选择(如拨号音)信号为止的这段时间。

call rerouting distribution (CRD) 重选呼叫路由(分配) 一种智能网(IN)业务。该业务允许用户在对他的来话呼叫遇到如忙、过负荷排队或者通话限制等状态时,按预先确定的选路方案重新选择路由,把来话呼叫重新接到另一个目的端(即寻呼号码或者语音信箱)或一个标准的(由客户定制的)录音通知,或者进

行排队。

call restriction 呼叫禁止 专用交换分机(PBX)或中心局阻止被选中用户分机的投币呼叫、长途呼叫等的功能。

call restrictor 呼叫限制器 装在电话机内或主干线内在一定程度上控制拨出的电话号码范围的设备。

call return (CRN) 呼叫返回 程控交换机提供的一种服务,这种服务可让用户自动拨出或查证最后一个来电号码。

call route 呼叫路由 在两个端点之间提供连接的一系列电路。

call routing 呼叫路由选择 交换机接到主叫用户的呼叫信号后,从若干可用路由中选择一条连接主、被叫用户路由的动作。

calls barred facility 呼叫受阻设备 网络提供的业务,它允许数据终端设备向外呼出或接受呼入,但不能两者兼具。

call screening 呼叫筛选[播放],来电显示 是一种服务,显示主叫方所拨的号码来确定该呼叫如何被处理。

call second 呼叫秒,秒钟呼 电话工作中用来度量通信业务密度的基本单位。100个秒钟呼等于一个CCS(百秒呼),即一个呼叫延续100 s,与标准话务量单位爱尔兰的换算关系为:3 600秒呼=1爱尔兰。

call selection time 呼叫选择时间 在建立呼叫连接或进行一次呼叫时,主叫收到继续进行选择(如拨号音)信号起到所有的选择信号都发送完为止的这段时间。

call session control function (CSCF) 呼叫会话控制功能 SIP(会话初始协议)服务器或代理的几个作用,统称为呼叫会话控制功能(CSCF),用于处理IMS(IP多媒体子系统)中的SIP信令分组。CSCF包括:代理CSCF(P-CSCF)是一个SIP代理,它是IMS终端的第一个联

系点;询问CSCF(I-CSCF)是位于管理域边缘的另一个SIP功能;服务CSCF(S-CSCF)是信令平面的中心节点。它是一个SIP服务器,但也执行会话控制。

call setup 呼叫建立 两个用户或两套数据终端之间电路交换连接的建立。

call setup error probability (CEP) 呼叫建立差错概率 是产生呼叫建立差错的试呼与总的试呼之比。

call set-up packet 呼叫建立分组 在数据传送和分组交换系统中,从呼叫端发往被呼叫端的一种控制分组,表明呼叫端要求建立通信连接。

call setup time 呼叫建立时间 在两个数据终端设备(DTE)之间建立一次交换连接所需要的时间。

call sharing 呼叫共享 交换线路共享的一种形式,其中许多客户都可以访问那条线上的同一呼叫。

call sign 呼号,调用符号 确认通信设备、命令、权限、活动或单位的字符集(字母和号码)。在广播和无线电通信中,呼号也称为呼叫名称或呼叫字符,并且历史上称为呼叫信号并缩写为呼叫,是发射机站的唯一标识。

call sign allocation plan 呼号分配计划[方案] 包含在当前版本的国际电信联盟(ITU)无线电规则中的国际呼号分配表。在分配表内每一呼号的前两个字符,不管是两个字母还是一个数字和一个字母,用于标识该站的国别。在一个完整的字母块分配给一个国家的情况下,用第一个字母就足以标识该国家。由相应的各国分配当局根据国内的分配计划来进行个人的呼号分配。

call sign series 呼号序列 根据通信网络的管理规则而制定的多个呼号组成的序列。

call signal 呼叫信号 为建立通信链路而发出的一种特殊联络信号,可以是一串

具有特定规格的字符，或者是一种特殊频率组合、声音组合表示的信号。

call spillover **呼叫溢出** 在公共信道信令中，当一个后续呼叫在电路上建立时，和前一个呼叫相关的、到达交换中心的、异常时延呼叫控制信号对用户通信电路的影响。

call splitting **呼叫分割，呼叫分路** PBX(专用交换分机)或中心局允许话务员与连接中的一方交谈而另一方听不见的功能。

call status control function (CSCF) **呼叫状态控制功能** 包括呼叫控制、业务交换、地址翻译和网间编码器协商等功能。

call store **调用存储器，呼叫存储器区** 电子交换系统中用来给调用或呼叫处理和维护使用的信息提供临时存储的设备。

call subscriber identifier (CSID) **呼叫方标识符** 在传真机中用于标识呼叫方的数据域。标识符可在传真机上输入，对于传真/调制解调器卡则可通过软件设置。接收系统可用 CSID 中的信息把传真发送到工作组或个人。

call supervision message (CSM) **呼叫监视[监管,监控]消息** 七号信令系统(SS7)电话用户部分(TUP)的一类消息群。该组消息用于监视呼叫的进行，包括后向发送的监视信号和前向发送的监视信号。

call supervision packet **呼叫管理[监视]包** 一种数据包，用于在 DTE(数据终端设备)和 DCE(数据电路端接设备)之间的接口上建立或清除一次呼叫。

call ticket **话单,通话卡片** 对呼叫的记录，通常表明呼叫的时间和持续时间，主叫号码、日期、收费以及话务员姓名的开头字母。

call tracing **呼叫跟踪** 一种过程，有权用户被允许告知关于建立连接的路由数据，获得从始发处到目的地的全部路由。有两种呼叫跟踪：永久呼叫跟踪，跟踪所有的呼叫。按需呼叫跟踪，它仅根据某一特别呼叫的请求才进行跟踪。

call type **呼叫类型** 指呼叫的分类，如可分为市话呼叫、长途呼叫、测试呼叫等。

call up signal **呼叫接通信号** 无线电台用来和另一个电台建立连接的一组信号中的一种。

call user data (CUD) **呼叫用户数据** 分组交换网中，呼叫请求包中发给目的 DTE(数据终端设备)的用户信息。CUD 是 X.25 第三层呼入/呼叫请求包的字段。

call waiting (CW) **呼叫等待** 一种电信提供的补充业务，当用户忙时，这项业务将通知用户有一个新的来电，用户可以选择接受或拒绝新的来电。如果用户应答了新的来电，它可以在两个来电之间来回进行切换。

call waiting service **呼叫等待业务** 程控交换设备提供的一种业务。如果甲、乙两个用户之间正在通话，另有一个用户丙又呼叫甲，这时可以不作为"线路忙"处理，而使甲听到一种特殊的"呼叫等待"音，由甲选择是否与之通话。如果甲要与丙通话，按一下叉簧即可建立与丙的联系，而甲、乙之间的话路仍保持，在甲与丙的通话结束之后再恢复与丙的通话。

Cambridge digital communication ring **剑桥数字通信环** 英国剑桥大学设计的一种局部环形网络。它从一个站到另一站的传输原始位速率为 10 Mbps。一个分组由一个目的字节、一个源字节、两个信息字节和几个控制位组成。最初，用双绞线连接 6 台计算机。系统为许多用户完成了高速和低速分布计算任务。

Cambridge ring **剑桥环(网)** 英国剑桥大学计算机实验室 20 世纪 70 年代中期

C

研制的环形局部网。各节点相互连接成一个闭合环路,连接介质为两条普通的电话双绞线,节点间最大距离为 100 m,信号单向传输,节点最多为 255 个,每个节点有一个唯一的 8 位地址。其介质访问方式有两种:寄存器插入方式和空包方式。主要用于设备共享、文件共享及转储,还有分布式系统研究。由于其概念简单、扩充灵活、运行可靠以及价格低廉等优点,剑桥环网曾在欧洲得到广泛的研究和使用。

camp-on 保留呼叫,预占线 一种将呼叫忙态号码的用户置于一个等候位置(队列)的机制。即对一条已在使用的线路保留呼叫请求,并在线路空闲时再发出呼叫信号的一种方法。

Canadian Radio-television and Telecommunications Committee (CRTC) 加拿大广播电视和电信委员会 是加拿大一个管理和监督公共利益的广播和电信的行政机构。于 1976 年成立,当时它接管了管理电信运营商的责任。在 1976 年之前,它被称为加拿大广播电视委员会,该委员会于 1968 年由加拿大议会成立,以取代广播理事会。网址为 www.crtc.gc.ca。

Canadian Standards Association (CSA) 加拿大标准协会 一个制订安全标准以及对材料、元件和产品进行测试,以确定其是否符合加拿大市场要求的独立机构。CSA 是与美国联邦通信委员会(FCC)具有相近权威等级的工业技术标准制定和认证机构,也是 IT 产品上最常见的标志之一。

candela (Cd) 坎(德拉),烛光 标准国际单位制(SI)中光强的单位,符号为 Cd。1 坎(德拉)被定义为工作在铂的凝固温度下的 $1/60\ cm^2$ 黑体辐射器的光强。它等于发光频率为 540×10^{12} Hz 的单色光源在一已知辐射方向上辐射强度为每立体弧度 1/683 瓦的发光强度。

candidate recommendation (CR) 候选推荐标准 W3C 将技术报告(即 W3C 官方发布的文档)的状态置为候选推荐标准,意味着该文档被认为是稳定的,并鼓励开发企业去实现它,但并不表明它已被 W3C 成员认可,它仍是一个草案,随时可能被其他文档更新、替换或作废。在引用本文档时应注明"work in process"。

candlepower (CP) 烛光 光源发光功率的度量单位,等于光源的国际烛光数(即坎数)。1 坎的点光源,如果它向所有方向发射的光功率相等,从点光源所测得的每单位球面角度(立体角)光通量密度为 1 流明。因此,1 坎光源发射 4π 流明。

CANET 中国学术网 China academic network 的缩写。

canonical name record (CNAME record) 规范名称记录 是域名系统(DNS)中的一种资源记录,它把一个域名映射到另一个域名,称为规范名称。当从单个 IP 地址运行多个服务(如 FTP 服务器和 Web 服务器,每个服务在不同的端口上运行)时,可以很方便。例如,可以将 ftp.example.com 和 www.example.com 指向 DNS 条目 example.com,该条目又具有指向 IP 地址的 A 记录。然后,如果 IP 地址发生变化,则只需在网络中的一个位置记录该变化:在 DNS A 记录 example.com 中。CNAME 记录必须始终指向另一个域名,而不是直接指向 IP 地址。

capacitance loop directional coupler 电容环定向耦合器 一种包含有耦合链的定向耦合器,当耦合链在波导中沿长度方向布置时,其长度小于波长。

capacitive touch screen 电容式触摸屏 一种触摸式显示器,在显示器屏幕上加一个在里面涂有金属导电层的玻璃罩。在触摸其表面时,与电场建立了电容耦合,在触摸点产生小的电流到四个角,电流的大小取决于触摸点的位置。这种触摸屏亮度较电阻式高,可防潮和防尘,但不能戴手套触摸,而且会由于温度和湿度的变化产生漂移。

capacitive transducer　电容式传感器　依据诸如加速度、音频声场、位移、流量、液面高度、真空度、压力和速度这样一些变量引起的电容变化进行工作的传感器。

capacitive tuning　电容调谐　借助可变电容器进行调谐。

capacitor input filter　电容输入滤波器　其分流电容器是整流器之后的第一个元件的电源滤波器。

capacitor microphone　电容麦克风　电容式麦克风含有一个电容器麦克风,电容器的平行板上加有固定电压。一块板固定不动,另一块则为一个薄膜片,可被声波的压力所推动,膜片的运动使平行板间空间变化,从而使电容器的电容发生变化,每块板上所载电荷发生相似变化,出入一块电容板上的电流流经电阻器,跨电容板产生变化电位差,此变化再由相应的放大电路变换成音频信号。电容麦克风也称为"静电麦克风"。

capacity　容量　(1)计算机能够存储或者处理的信息量。容量也指处理机处理信息的速度,通常表示为 MIPS 或者 FLOPS。(2)在通信系统中,指信道、电路或设备,能够达到的可靠的最高传输速率,常以带宽或频带宽表示。

Capstone　开普斯顿(加密)系统　美国国家安全局(NSA)推出的数据加密系统,它是在 Clipper 的基础上加入了数字签名算法、密钥交换及相关的数学函数。

caption　字幕　在影视节目上,声音信息的文字显示,随同插图或相片的描述文字。

caption generator　字幕发生器　用于为视频标题或字幕生成文字、简易图形的设备

capture　俘获,捕捉　(1)在光符识别技术中,使用一种特殊的扫描方法从输入文件字段获取图像数据。(2)在通信中的一个过程,传输接收的数据到一个文件中以进行备份或者进行以后的分析。例如使用 sniffer 数据包探测器俘获、记录网络通信报文的过程。

capture card　捕获卡　用于将模拟电视信号转化成数字信号的计算机扩展板,并将它们存储在计算机硬盘或其他海量存储设备上。有些视像捕获设备还能将数字电视信号转化成录像机(VCR)使用的模拟电视信号。也称 capture board,video capture board,video capture card,video capture device。

capture ratio　俘[捕]获比　接收调谐器的技术指标。指在调谐器锁定一个信号较强的电台而抑止一个信号弱些的电台之前,所需的两个电台信号强度之差的值。俘获比越低,调谐器的性能便越好。

carbon coated fiber（CCF）　碳涂覆光纤　在石英光纤的表面涂敷碳膜的光纤,称为碳涂层光纤。其机理是利用碳素的致密膜层,使光纤表面与外界隔离,以减少光纤的机械疲劳损耗和氢分子损耗,从而改善光纤的性能。CCF 是密封涂层光纤(HCF)的一种。

carbon dioxide laser　二氧化碳激光器　工作气体主要为二氧化碳(CO_2)的气体激光器。加入其他气体(如氦和氮)能提高它的输出功率。由于这类激光器能连续工作在千瓦级输出功率上,故它能应用于切割、钻孔、加热和焊接等场合。它还用于远距离通信以及用于指引激光制导导弹的红外照明器。

carbon microphone　碳粒麦克风　一种具有对声波起响应并将变化的压力施加到充满碳粒的容器上的柔性膜片的麦克风。

carbon monoxide laser 一氧化碳激光器 以一氧化碳(CO)气体为工作物质,以氦、氮、氧、氙、汞等为辅助气体的激光器。它在 $4.9\sim5.7\ \mu m$ 的波长上能给出最大输出。特点是输出稳定、单色性好、寿命长,但功率较小、转换效率较低。

cardinal radial 基本射线 在无线电传输系统中,相对于正北方的方位角为 $0°,45°,90°,135°,180°,225°,270°,315°$ 的八条射线中的一条。

cardinal stimuli 基元刺激 据以规定任何三色系统中的基本刺激和三个基色刺激的四个标准刺激。

cardioid microphone 心形麦克风 拾音模式如心脏形的有方向性的麦克风。

care-of address(es) (CoA) 转交[转送]地址 在因特网路由选择中,CoA 是移动设备的临时 IP 地址。以支持归属代理将消息转到移动设备。CoA 具备以下特性:① CoA 与移动节点当前所在的外地网络相关;② 每次移动节点漫游切换到外地网络时,CoA 也随着改变;③ 送往 CoA 的分组可以通过现有的因特网路由机制传送,即不需要用于移动 IP 相关的特殊规程来将 IP 分组传送到 CoA;④ CoA是连接归属代理和移动节点之间隧道的出口;⑤ 当移动节点与其他节点通信时,CoA 不会被作为源 IP 地址或目的 IP 地址。特别是,当其他节点查找移动节点的设备名时,DNS 服务器不会返回移动节点的 CoA。

carried traffic 承载业务量 信道、线路、设备或系统接受并传输或交换的业务量。

carrier (CARR) 载波,电信运营商,载体,盒仓 (1) 可以被另一个电信号调制的连续频率信号,通常是规整的重复波形,例如,电磁波或单一频率的交流电流。载波用于携带某些不能有效地通过通信线路的信号一起传输。(2) 在通信领域中,指提供电信服务的运营商。(3) 在(录像)播放器中容纳磁带的部分。

carrier amplifier 载波放大器 其直流输入信号经低通滤波器滤液,然后用来对载波进行调制,使之能方便地作为交流信号加以放大的直流放大器。通过对调制后的载波信号进行整流和滤波,便得到放大的直流输出。

carrier-amplitude regulation 载波振幅调整率 当对称地施加调制时,调幅发射机的载波振幅的变化率。

carrier balance (CB) 载波平衡 在(美国)国家电视制式委员会(NTSC)和逐行倒相制(PAL)中,当没有色度信号输入时,保证彩色副载波电平为零的方法。

carrier-balance gating pulse (CBGP) 载波平衡选通脉冲 用来保证色度调制器平衡的开关脉冲。

carrier band 载波频带 能被一个信号调制的连续频率宽度。

carrier channel 载波信道[频道] 两个或多个点之间构成一个完整载波电路的设备和线路。

carrier communication 载波通信 利用终端设备把多个独立信息装载到较高频段,实现一条信道传输多路信息的通信。载波通信又分:有线载波和无线载波,它们都可进一步以时分、频分和码分信号复用方式进行信号传输。

carrier current (CC) 载波电流 叠加到用于通信和控制的普通电话、电报和电源频率上的较高频率的交流电流。载波电流用话音信号调制,以便在电力系统的各点之间提供电话通信;或者对载波电流进行音频调制,以启动开关继电器或传送数据。

carrier data plans 运营商数据计划 智能手机运营商对数据传输、短信(SMS)和电话呼叫方面的账户处理方式不同。运营商的蜂窝数据计划基于每月手机通过蜂窝塔传输的网页、电子邮件、问题和答案(Siri,Google Now 等)以及在后台或用户访问互联网的应用程序的字节数。如果手机连接到免费的 Wi-Fi 热点,则不收取数据费用,但只要用户离开热点,蜂窝数据服务就会接管。电话和短信可能是无限制的,或者计划可能有每月通话时间和短信数量的限制,如果超出则需要额外费用。然而,尽管通过蜂窝塔的数据传输也可以是无限制的,但是用户数据计划通常按每月数千兆字节的数据量收费。

carrier difference system（CDS） 载波差拍(伴音)制　电视接收机中的伴音接收方式。变频后的图像中频信号和伴音中频信号一起经由图像通道放大,然后进入检波管,检波管的非线性使两个中频信号差拍而产生 6.5 MHz 的调频伴音信号。

carrier dropout　载频衰落　载波信号的暂时损耗。引起载波衰落的原因有:噪声、系统故障、维护操作、系统老化和功率暂时消失等。

carrier frequency　载(波)频(率)　由未调制电台、雷达、载波通信或其他发射机产生的频率或发射出的波被对称信号调制时的平均频率。载频也称为“中心频率”。

carrier frequency coupling device　载频耦合装置　一套会同耦合电容器,在指定的条件下使载波频率信号得以在电力线路和载波频率装置之间传递的回路元件。

carrier frequency pulse (CFO)　载波频率脉冲,载频脉冲　由脉冲进行幅度调制的载波。在脉冲的前后,已调载波的幅度为零。

carrier frequency stability　载频稳定性　是维持指定频率能力的度量。载频频率的不稳定性主要由温度变化、电源电压变化、负载阻抗变化等因素引起的。可

以通过减少外界因素的变化来提高频率稳定度,如采用高稳定度直流稳压电源来减少电源电压的变化,采用金属屏蔽罩减少外界电磁场影响的变化,或者提高谐振回路的标准性,如采用参数稳定的回路电感器和电容器,采用温度补偿法,改进安装工艺,减弱振荡管与谐振回路的耦合等。

carrier grade　载波级,运营商级　在电信中,“carrier grade”或“carrier class”指一个非常可靠、经过充分测试并在功能上得到验证的系统,或一个硬件、软件组件。运营商系统经过测试和工程设计达到或超过“五个九”高可用性标准,并通过冗余技术提供非常快速的故障恢复(通常小于 50 ms)功能。

carrier identification code (CIC)　运营商识别码　为每个运营商(局间交换或本地交换)分配一个四位识别码,即与功能组一起使用的运营商识别码(CIC)。来自用户线的呼叫默认方式路由到的交换运营商称为预订的交换运营商(PIC)。为了给电话用户在逐个呼叫的基础上提供选择不同运营商的可能性,设计了运营商接入码(CAC)。这些码由数字 101 和四位数 CIC 组成。在拨打长途电话号码之前直接拨打 CAC 作为前缀。虽然现在不再广泛使用 CAC,但 PIC 和 CIC 仍然很常见。

carrier interference ratio　载波干扰比　微波中继和其他通信系统中所用的额定干扰比。它是通过下列步骤来确定的:测量有用信号,关闭有用信号,然后再测量无用信号。两次测量之比用分贝 (dB)表示。

carrier leak　载(波泄)漏　在载波抑制传输系统中,经抑制后仍存在的载波。

carrierless amplitude (and) phase modulation (CAP)　无载波幅相[幅度相位]调制(技术)　(1)一种对载波进行了抑制

的 QAM 调制方式。CAP 采用一个载波，对噪音干扰较为敏感，需要较大的功率，但实现技术相对简单。CAP 通过采用不同的振幅与不同的相位组合代表不同的数值。CAP 编码的一个波特可以代表 2 到 9 个比特，所以在相同的传输速率下，CAP 编码所需要的频带宽度更窄，传输距离也更远。(2)是贝尔实验室开发的不用载波的正交幅度调制(QAM)数字信号编码技术，而采用了正交幅度调制的栅格编码时间压缩复用(TCM)技术。将 0～1.1 MHz 的频带分成声音通道、上行通道和下行通道。声音通道占据 0～4 kHz 的标准频带，其余频带分配给上行通道和下行通道。(3)是与 ADSL(异步数字用户环路)一起使用的两种信号调制技术之一，另一种是离散多频调制(DMT)。CAP 是 AT&T Paradyne 提出的调制方式，采用冗余无载波幅度相位调制，即网格编码调制(TCM)，将数据每 4 比特分为一组，经差分和卷积编码后又产生 1 比特冗余位，这 5 比特经幅相调制后送到线路上去，码元速率为 233.6 kbps，功率谱密度是带通型，上限频率约为 180 kHz。这种调制方式的传输效率较高，码间干扰较小，近端串音也较小。

carrier level **载波电平** 在通信系统中，载波信号在某一特定点的电平。载波电平可以用相对于某参考点或系统中某一个特定点的电平分贝(dB)数来表示或用绝对功率单位来表示，如千瓦、瓦、毫瓦或微瓦。

carrier management system **载体[载波]管理系统** 一个通信公共载体提供给用户的一个网络管理产品，该产品监控和管理通信公共载体为用户网络提供的通信设备。

carrier modulation **载波调制** 某种固定幅度和频率的信号，在调制过程中结合一个携带信息的信号以产生适合传输的输出信号。

carrier noise **载波噪声** 在没有任何调制的情况下，由射频信号的异常变动而引起的噪声。载波噪声常称为残留调制。

carrier noise level **载波噪声电平** 无任何预定调制时，由射频信号的不希望的变化所产生的噪声电平。也称为"剩余调制"。

carrier noise ratio (C/N) **载噪比** 卫星信号功率与接收端噪声功率之比，该比值越大，传输质量越好。在卫星图像传输中，当 C/N 低于 7 dB 时，电视图像的质量就很糟糕，C/N 值高于 11 dB 时图像质量极好。

carrier power **载波功率** (1)当无线电发射机中只发送未调制载波时，供给天线馈电线的平均功率。(2)供给传输线的平均未调制的功率。这些概念不适用于脉冲调制和频移键控系统。

carrier reference white level (CRWL) **载波基准白电平** 与基准白电平对应的载波振幅。

carrier repeater **载波增音器** 用于载波信道的单路或双路增音器。

carrier sense **载波监听** 在局域网中数据站的一种不间断的活动，检测是否有另一个站点正在发送。

carrier sense multiple access (CSMA) **载波监听多路访问** 多个地址用户采用检测载波方式占用空闲信道的一种多址控制技术。又称"先听后讲(LBT)"。一个站如果要发送信息，先得监听信道，只有信道空闲时才能发送信息。如果信道被占用，则根据处理方法不同，分持续、非持续和 P 持续等三类。持续 CSMA 是用户持续检测载波，信道一有空闲就抢占，最大信道利用率可超过 50%；非持续 CSMA 是用户检测出有载波就随机时延后重试；P 持续 CSMA 是用户检测出载波就以概率 P 占用，以概率(1－P)等待，后两类的信道利用率可高达 80%。

carrier sense multiple access/collision avoid (CSMA/CA)　载波监听多路访问/冲突避免　一种介质访问方式。采用冲突避免原理,对网络介质进行两次检测。以 Omininet 网为例,当发送方的传输器检测到介质空闲达 15 μs 以上时,则执行发送程序。由于传输器从执行这段程序到真正数据发送到介质上还有大约 40 μs 的时间,所以当真正要发送时,再由高速硬件迅速作出第二次检测(只需几十 ns);如果介质自第一次检测以来一直空闲,则开始发送,否则要停止即将开始的发送,随机等待一段时间再行发送。与 CSMA/CD(载波监听多路访问/冲突检测)比较,它降低了发送时进行冲突检测带来的复杂性,但仍能保证网络工作效率。

carrier sense multiple access/collision detection (CSMA/CD)　载波监听多路访问/冲突检测　一种介质访问方法。又称"边讲边听(LWT)"。在 CSMA 基础上增加了冲突检测机制,即除了发送监听介质状态以外,在发送过程中仍要继续监听,以判断是否与其他站发生冲突,如果发生了冲突,就采用一定的算法重新发送。

carrier sense multiple access with collision avoidance (CSMA/CA)　具有冲突避免的载波监听多路访问(协议)　在计算机网络中,CSMA/CA 是使用载波监听的网络多路访问方法,但是节点仅在监听到信道"空闲"时通过发送来尝试避免冲突。当它们进行传输时,节点将完整地传输它们的分组数据;信道不空闲时,通过随机的时间等待,直到有新的空闲信道出现时再优先发送,使信号冲突发生的概率减到最小。它对于无线网络尤为重要,因为隐藏节点问题,选用 CSMA/CD 的冲突检测并不可靠。CSMA/CA 是在 OSI(开放系统互连)模型的数据链

路层(第二层)中运行的协议。

carrier sense protocol　载波监听协议　一种典型的竞争型介质访问控制协议。它通过监听信道中是否有载波信号,决定是否发送信息,以避免冲突的发生。CSMA 访问模式中常用的有 1-持续载波监听多路访问(1-persistent CSMA)、非持续载波监听多路访问(non-persistent CSMA)和 P-持续载波监听多路访问(p-persistent CSMA)。

carrier shift　载频位移[偏移]　(1) 在二进制或电传机信号的传输过程中,键控使载波偏移到某一方向时代表传号,偏移另一方向则代表空号。(2) 在幅度调制中,由于不完善的调制引起的一种情况,此时调制包络的正向和负向在幅度上不相等。载频位移导致载波功率变化。载波可能偏移到一个较高或较低频率。

carrier signaling　载波信令　在多信道载波系统中使用的信令技术。

carrier suppressed transmission　载波抑制传输　数据通信的一种方法。在通信时,载波频率局部地或全部地被抑制掉,由单边带或双边带进行传输。

carrier suppression　载波抑制(度)　(1) 在对发射机进行常规调制之后抑制载频,而解调之前在接收端重新插入载波。(2) 载波抑制度指在减载波发射中载波被抑制的程度,表示在没有任何给定的调制信号时发射机的输出功率与额定射频输出功率之比。

carrier swing　载频摆动　调频波或调相波从最低瞬时频率到最高瞬时频率的总偏离。

carrier synchronization　载波同步　为实现相干解调,接收端产生与发送端同频同相振荡的技术和方法。在数字通信中采用相干解调时接收端要有一个相干载波,它必须与接收信号中的被调载波同步(同频同相)。接收端从接收信号中提

取相干载波信息,称为载波同步。实现载波同步的方法有两类,直接提取法和插入导频法。

carrier system 载波系统 (1)能在一条通路上通过一个或几个信道传输信息的系统,它将信息加工转换成适合系统使用的形式。常用的载波系统有频分复用(FDM)系统和时分复用(TDM)系统,前者的每个信道占有频谱的指定部分,后者的每个信道在指定的周期时间间隔内利用传输共享。有线电视系统是频分复用的一个例子。通过以不同频率发送每个节目,在同一条同轴电缆上可以同时承载许多电视节目。在公共交换电话网络中,许多电话机的通话就是通过时分多路复用在共享干线线上发送。(2)能被另一信号调制的连续波。在数据通信中的周期性载波的频率称为载频。它等于该周期的倒数。周期性脉冲载波的频率称为脉冲重复频率。所谓载波系统就是在单一信号通路上获得多个通道的手段,并对每个通道用不同的载波频率进行调制,然后在接收端进行解调,从而把信号恢复为原来的形式。

carrier telegraph communication 载波电报通信 利用频率分割原理在一条音频话路或某一频带内同时传输多路电报的通信。

carrier telegraph terminal 载波电报机 使用一个话路上同时传送多路电报的终端设备。

carrier telephone communication 载波电话通信 利用频率分割原理,在一对线或两对线上同时传输多路电话的通信。

carrier telephone terminal 载波电话机 使用一对线或两对线上同时传送多路电话的终端设备。

carrier to composite second order beat ratio (C/CSO) 载波复合二次[二阶]差拍比 是指载波信号峰值电平与组合二次差拍

物(任意两个载波的和频或差频,以及和它们的二次谐波)之比。用分贝表示。

carrier to composite triple beat ratio (C/CTB) 载波复合三次[三阶]差拍比 是指落在某一频道内所有三次差拍成分的总和,在频道数较多时,它是影响图像质量的最主要因素。

carrier to interference ratio (CIR) 载波干扰比,载干比 载波电平与干扰信号电平之比,单位为dB。

carrier to inter-modulation ratio (C/IM) 载波互调比 是用来描述由于系统的非线性失真,而出现一些原来没有的,由有用频率的和、差及倍数等组成的新的频率成分落入有用频道中,对有用信号造成的干扰程度。

carrier to noise power ratio 载波噪声功率比 它是接收机的载波功率与噪声功率之比,噪声是在信号非线性处理之前测得的。载波噪声功率比通常用分贝(dB)表示。非线性处理包括限幅、检波等。

carrier to noise ratio (CNR, C/N) 载波噪声比,载噪比 在选频之后和进行任何非线性处理(如限幅和检波)之前,载波强度与给定带宽度内的噪声之比,用分贝(dB)表示。

carrier to receiver noise density (C/kT) 载波-接收机噪声密度 在卫星通信系统中,接收机的载波功率与噪声功率之比。载波-接收机噪声密度是由关系式C/kT确定的,式中C以瓦为单位的接收机载波功率,k是波耳兹曼常数(单位为焦尔/开氏温度),T是以开氏温度为单位的接收系统的噪声温度。接收机噪声功率密度kT是每赫兹接收的噪声功率。

carrier transmission 载波传输 把数字基带信号寄载到连续的高频载波上进行传输的系统叫载波传输。实现远距离传输一般必须通过调制把基带信号的频谱装载到高频处之后,通过无线信道或者光纤信道传输。如地面微波中继通信,多路载波电话,太空卫星微波通信等都是载波传输的系统。

Carson bandwidth 卡森带宽 由卡森提出的任意限带信号调制时的调频信号带宽的估算公式,它确定调频信号需要的传输带宽。

Carson bandwidth rule (CBR) 卡森带宽规则 这规则定义了载波信号所需要的通信系统部件的近似带宽。这种载波信号是由连续或宽带的频谱,而不是由单个频率组成的调频信号。这种规则是由关系式 $CBR = 2(\Delta f + f_m)$ 确定的,式中 CBR 是所需的带宽,Δf 是峰值偏移频率,f_m 是最高调制频率。卡森带宽规则经常用于通信系统部件中,例如,发射机、天线、光源、接收机和光检测器。

cascade 级联,重叠 信号经过多级或多级的配置。在通信线缆系统中,它通常是指光信号在光节点和用户之间传递射频信号的若干个线路放大器系统。也可以指信号通过的多级放大或多级滤波。在宽带网络的干线系统内放大器通过电缆相串接的方式就称为级联。

cascade amplifier 级联放大器 放大器中按常规串联方式布置的两级或多级放大器,其中,前一级的输出由下一级放大。

cascade analog to Gray code converter 级联模拟-格雷码转换器 将模/数转换器的输出直接转换成格雷码的装置。如果模/数转换器输出二进制码,在受到干扰时,或者发生状态翻转的瞬间,有可能产生很大的误差。如果用格雷码就可避免这种错误,也可以省去采样保持电路或中间寄存器。因为格雷码相邻的数码只有一位改变。但为了计算方便,需将格雷码再转换为纯二进制码。

cascade code 级联码 一种纠错能力较强的编码。码长 n 越长,译码错误概率越小,但 n 越长,码内出错概率增加,为解决此矛盾,把两个较短的码串接起来成为一个纠错能力较强的分码组,其构成类似乘积码。

cascading style sheets (CSS) 层叠[级联]样式表单 CSS 主要的功能是可以在将网页的样式(如字体大小、字体颜色、行高度、背景色等)更灵活地控制、定位。通过建立专门的 CSS 文件,只要改变一个数值,就可使整个网站的字体风格产生变化。

Cassegrain antenna 卡塞格伦天线 在通信和雷达中,卡塞格伦天线是一种抛物面天线,由抛物面反射器和焦点处的双曲面副反射器组成,将信号反射回馈源的天线。卡塞格伦的设计广泛用于抛物面天线,特别是在大型天线中,如卫星地面站、射电望远镜和通信卫星等。这种天线所特有的二次反射结构使其既消除了庞大的馈线支架,又保留了长焦距和高增益的优点。

Cassegrain feed 卡塞格伦馈电 用于微波(包括卫星)接收天线,由抛物面主反射器组成,该反射器将功率聚焦在双曲面的副反射器上,反射回来又将功率聚焦到馈电上。

Cassegrain feed system 卡塞格伦馈电系统 在卫星电视中,指包括碟形天线、主反射器、波导以及低噪声放大器组成的系统。

catchment areas 集水区域 位于像集线器等互联网连接设备的服务范围内的区域。

category 1 cabling 一类电缆 也称为 Cat 1,一级或语音级铜缆,是一种用于电话通信的非屏蔽双绞线电缆。适合通过 Cat 1 电缆传输的最大频率为 1 MHz,它用于电话通信,不适于传输数据。一类电缆不是 TIA/EIA 制定的官方分类标准。

category 2 cabling 二类电缆 也称为 Cat 2,是一种用于电话和数据通信的非屏蔽双绞线电缆。适合通过 Cat 2 电缆传输的最大频率为 4 MHz,最大带宽为 4 Mbps。Cat 2 电缆包含 4 对导线,即总共 8 根导线。二类电缆不是 TIA/EIA 建立的官方类别标准,但经常用于 ARCnet 和 4 Mbps 令牌环网络,它也用于电话网络,现不再普遍使用。

category 3 cabling　三类电缆　也称为 Cat 3 线,是用于电话布线的非屏蔽双绞线(UTP)电缆。它是由电子工业联盟(EIA)和电信工业协会(TIA)联合定义并在 TIA/EIA-568-B 中发布的铜缆布线标准系列的一部分,支持频率 16 MHz、传输速率 10 Mbps 的网络电缆。三类电缆采用四对铜质非屏蔽双绞线(UTPs)和 RJ-45 连接器。

category 4 cabling　四类电缆　也称为 Cat 4 线,支持频率 20 MHz 的网络电缆。四类电缆采用四对铜质非屏蔽双绞线(UTPs)和 RJ-45 连接器。用于传输 16 Mbps 的语音和数据的电话网络。它不如三类和五类电缆应用普遍。在一段时期内,它被用于一些令牌环、10BASE-T 和 100BASE-T4 网络,但很快被 5 类电缆取代。它不再常见或在新安装中使用,并且不被 TIA/EIA-568 数据布线标准的当前版本所识别。

category 5 cabling　五类电缆　通常称为 Cat 5,是用于计算机网络的双绞线电缆。支持频率 100 MHz、传输速率 100 Mbps(使用两对电缆)或 1 000 Mbps(用四对电缆,称为超吉位铜线)的网络电缆。五类电缆采用四对铜制非屏蔽双绞线和 RJ-45 连接器,用于 10、100 或 1 000 base-T、ATM(异步传输模式)和令牌环网络系统中。大多数 5 类电缆都是非屏蔽的,依靠平衡双绞线设计和差分信号来抑制噪声。

category 5e cabling　五 e[超五]类电缆,5 类增强电缆　通常称为 Cat 5e,支持频率 100 MHz、传输速度 1 000 Mbps(半双工模式)或 2 000 Mbps(全双工模式)的网络电缆。五 e 类电缆采用四对铜质双绞线、RJ-45 连接器和增强的信号衰减防护。五 e 类电缆可用于 10、100 或 1 000 base-T、ATM(异步传输模式)和令牌环网络系统中。

category 6 cable　六类电缆　通常称为 Cat 6,是用于以太网和其他网络物理层的标准化双绞线电缆,向后兼容 5 类/5e 类和 3 类电缆标准。Cat 6 具有更严格的串扰和系统噪声规范。支持频率 250 MHz,可用于 10、100BASE-TX(快速以太网),1000BASE-T/1000BASE-TX(千兆以太网)和 10GBASE-T(万兆以太网)网络传输。且具有更严格的规范串扰和系统噪声特性。而用于 10GBASE-T 时,6 类电缆支持 10GBASE-T 的 100 米最大距离。

category 6A cable　6A 类电缆,增强 6 类电缆　通常称为 Cat 6A,支持频率 500 MHz,是 2009 年 2 月美国国家标准学会/电信工业协会颁布的 ANSI/TIA-568-C.1 用于增强双绞线电缆系统的性能标准。6A 类定义的频率 500 MHz 是 Cat6 的两倍。

category 6e　6e 类电缆,Cat 6e　6e 类不是标准,但经常被误用。许多制造商开始提供标记为"6e 类"的电缆。他们的意图是:他们的产品是对 6 类标准的升级。但是 Cat 6e 不是电信行业协会(TIA)认可的标准。

category 7 cabling　七类电缆　F 类信道和 7 类电缆向后兼容 D 类/5e 类和 E 类/6 类。F 类具有比 E 类更严格的串扰和系统噪声规范。为此,为单个线对添加了屏蔽和电缆整体结构。非屏蔽电缆依靠扭曲的质量来防止 EMI(电磁干扰)。7 类电缆标准已于 2002 年批准,支持 10 千兆以太网及超过 100 米的铜缆。

category 7A cabling　7A 类电缆,增强 7 类电缆　国际标准化组织的 ISO 11801 第 2 版修订版 2(2010 年)引入的 FA 类(F 类增强型)通道和 7A 类电缆的定义频率高达 1 000 MHz,适用于包括 CATV(有线电视 862 MHz)在内的多种应用。FA 类的目标是支持未来的 40G 以太网：40Gbase-T。仿真结果表明,50 m 时可以使用 40G 以太网,15 m 处可以使用100G 以太网。但是,在 2016 年,IEEE 802.3bq 工作组批准了修正案 3,该修正案规定为 2 000 MHz 的 8 类布线上定义 25Gbase-T 和 40Gbase-T。因此,FA 类不支持 40G 以太网。截至 2017 年,没有具有支持 FA 类(7A 类线)信道连接器的设备。7A 类线规范未在 TIA/EIA 得到认可。

category 8 cabling　八类电缆　TR43 工作组批准的 8 类电缆发布在 ANSI/TIA 568-C.2-1 标准中。规定达到 2 000 MHz,仅适用于 30～36 m 的距离,具体取决于所使用的跳线。预计国际标准化组织(ISO)将于 2018 年批准对应的规范,但会有两种选择：① Ⅰ类信道(Cat 8.1 电缆)：最小电缆设计 U/FTP 或 F/UTP,完全向后兼容,可与使用 8P8C 连接器的 EA 类(6A 类)互操作;② Ⅱ类信道(Cat 8.2 电缆)：F/FTP 或 S/FTP 最小值,可使用 TERA 或 GG45 连接器与 FA 类(7A 类)互操作。设计的 8 类电缆仅适用于交换机和服务器之间的距离较短的数据中心。

cathode ray tube (CRT)　阴极射线管,电子束管　一种真空管,其电子束可被偏转移动,从而在荧光屏上画出线条、形成字符或符号。CRT 成像的原理主要依赖于显示器内部的电子枪、遮罩与偏转线圈等零部件。

cathode ray tube display (CRTD)　阴极射线管[CRT]显示器　在阴极射线管(CRT)屏幕上,用文字、图形、图像直观地表示数据的装置,是最广泛应用的一种计算机输出装置。它一般有三种类型：存储型、随机扫描型及光栅扫描型,存储型由于本身具有存储显示功能,因此不需要缓冲存储器,但不能局部改写,使用功能受到限制。随机扫描型由于采用静电偏转,使 CRT 在偏转线性、图形失真等方面具有偏转精度高、分辨率高、显示速度快等优点。光栅扫描型采用磁场偏转,图像由光栅扫描的灰度浓淡点阵或彩色点阵组成,由于它适合显示灰度及彩色图像,能进行隐线消去,具有图像逼真的优点,所以被广泛用作视频监示器以及电视机和计算机图形、图像输出显示。

caustic　散焦面[线]　光学中,在大光圈凹镜中,由于平行光线反射所形成的曲线或面。散焦的顶点在镜子的主焦点,有时可在杯内液面看到这种曲线,这是由于杯壁曲面反光的结果。具有球面的凸透镜,折射平行光线,也能产生相似的曲线。

cavity　空腔谐振器　具有设计尺寸的,由导体-介质或介质-介质或两者的综合的反射边界形成的一个空间,当其被适合电磁波激励时可以产生特定的干扰效果(建设性的或破坏性的)。

cavity coupling　腔体耦合　将能量引入或移出谐振腔的方法。同轴线常采用金属线探针和金属线环,波导则采用孔耦合或槽耦合。

C band　C 波段　(1)是电气和电子工程师协会(IEEE)指定的从 4.0～8.0 GHz 频率范围的微波波段中的部分电磁频谱。C 波段(4～8 GHz)用于许多卫星通信传输、一些 Wi-Fi 设备、一些无绳电话,和一些气象雷达系统。(2)几乎所有的 C 波段通信卫星中,从 3.7～4.2 GHz 之间的频段用于下行链路频率,5.925～

6.425 GHz用于上行链路频率。（3）卫星电视信号使用的 3.5～6 GHz 的微波频率范围。从地面站向卫星发射频率为 5.9～6.4 GHz，接收为 3.7 至 4.2 GHz。

C band dish　C 波段碟形天线　接收 C 频段卫星信号的大型天线。C 波段的卫星通信部分与只收电视卫星接收系统（通常称为"大碟"系统）密切相关，因为小型接收天线对于 C 波段系统并不是最佳的。具有 C 波段功能的系统的典型天线尺寸从 7.5～12 英尺（2.5～3.5 m）范围，用于用户卫星天线，也可以使用更大尺寸的天线。对于卫星通信，在不利的天气条件下，C 波段的微波频率比其他通信卫星使用的微波频率 Ku 波段（11.2～14.5 GHz）性能更好。雨衰是恶劣天气条件对传播造成负面影响的统称，主要是空气中降水和潮湿的后果。现在许多大型碟形卫星天线可接受 C 频段和 Ku 频段两种卫星信号。

CCITT series recommendations　CCITT 的系列建议　国际电报电话咨询委员会（CCITT）以每 4 年为一个会期，总结一个时期的研究成果，提出关于通信业务各领域的国际标准。根据业务性质划分，这些建议分成若干类，每个类中包括多个具体项目，称为一个系列建议，并用一个英语字母开头，加上数字序号来表示。这些系列建议按英语字母表的顺序排列如下：

系列名称	主要内容
A	CCITT 各种活动的组织
B	定义、符号与分类
C	与电信统计有关的全部内容
D	一般资费原则
E	国际电话业务的利用，网络管理及业务量技术

续表

系列名称	主要内容
F	电信、非话业务、消息传递及号码业务的定义和利用
G	传输系统与媒体、数字系统与网络
H	非话（电话以外）信号的传输
I	综合业务数字网络
J	声音广播节目及电视信号的传输
K	对电磁干扰的防护
L	电缆等户外电信设备的建设、安装及维护
M	国际传输系统、电话线路、电信、传真及专用线的维护
N	国际声音广播节目与电视传输线路的维护
O	检测设备的规范
P	电话传输质量
Q	数字交换及传输方式
R	电信传送
S	电信终端设备
T	非话业务的终端与协议
U	电信交换
V	以电话网络进行数据通信
X	数据通信网络
Z	程序语言

C container　C 容器　同步数字序列（SDH）复用结构中，承载各种速率业务信号的信息结构，表示为 C—n（n = 11,12,2,3,4），我国仅涉及 C-12、C-3、C-4。C 容器的基本功能是完成速率适配，即码速调整。

CD format　光碟[CD]格式　数据在光碟上的存储方案。已经开发了多种光碟格式，并已成为工业标准，其文档用不同颜色的封面以示区别。这些光碟格式包括：① 红皮书：Audio CD（CD-DA）；

② 黄皮书：CD-ROM；③ 橙皮书：Write-once(Photo CD, CD-R)；④ 绿皮书：CD-I；⑤ 白皮书：Video CD；⑥ 蓝皮书：CD Plus。在这些标准中，红皮书是其他光碟格式的核心。

CDMA certification forum (CCF) CDMA 认证论坛 是管理 CDMA 设备认证的最初的正式机构。CCF 是网络运营商和设备供应商之间的国际合作伙伴关系，旨在维护和发展核心全球设备认证流程，通过全球范围内的一致的互操作性、一致性和性能测试来帮助提高质量。2014 年 12 月 31 日，CCF 投票决定将其所有认证职责交给全球认证论坛(GCF)。

cdmaOne cdmaOne 标准 是 1993 年首次标准化的原始 ITU IS-95(CDMA)无线接口协议。被认为是第二代(2G)移动无线技术。cdmaOne 也是供 CDMA(码分多址)发展组织的成员公司独家使用而注册并保留的一个商标。cdmaOne(r)是高通公司在 IS-95A 和 IS-95B 标准上原创开发的，是利用 1.25 MHz 信道传输语音和数据的 CDMA 系统的名称。

CDMA1X 码分多址(准 3G 增强型技术) 又称为 CDMA2000 1X，在世界各国采用的准第三代移动通信技术中，CDMA1X 应该说是技术最成熟、商用化最快的。CDMA1X 是指 cdma2000 的第一阶段(速率高于 IS-95，低于 2 Mbps)，前向链路数据速率可达到 144 Kbps，网络部分引入分组交换，可支持移动 IP 业务。CDMA1X 网络可以作为话音业务的承载平台，也可以作为无线接入 Internet 分组数据承载平台，既可以为用户提供传统的话音业务，也可以为用户提供端对端分组传输模式。

CDMA2000 CDMA2000 也称为 C2K 或高级国际移动通信-多载波(IMT-MC)标准。是用于在移动电话和蜂窝基站之间发送语音、数据和信令数据的 3G 移动技术标准族。它由 3GPP2(第三代合作伙伴项目 2)开发，作为第二代 cdmaOne(IS-95)系列标准的后向兼容的接替标准，特别用于北美和韩国。CDMA2000 与 UMTS 相比，UMTS 是由 3GPP 开发并在欧洲、日本和中国使用的竞争性 3G 标准集。

CDMA 2000 standard CDMA 2000 标准 CDMA 2000 也称为"CDMA Multi Carrier"，由美国高通北美公司为主导提出，摩托罗拉、郎讯和韩国三星都曾参与。这套系统是从窄频 CDMA(码分多址)技术直接演变而来的技术。CDMA 2000 提供了一套具备增强语音和数据容量的技术规范。CDMA 2000 标准系列包括：CDMA 2000 1x、CDMA 2000 1xEV DO 和 CDMA 2000 1xEV DV 标准。CDMA 2000 是得到国际电信联盟(ITU)认可的 3G 无线通信系统的全球标准。也称为"IS 2000"。

CDMA 2000 1x standard CDMA 2000 1x 标准 通常是指 1x 或 1xRTT，CDMA 2000 1x 是一项目前已经商用的 3G 技术。1x 的效率比模拟蜂窝技术高 21 倍，比 TDMA(时分多址)技术高 4 倍。典型的 1x 网络提供的分组数据峰值传输速率为 144 kbps，在满负荷网络的平均速率为 60～80 kbps。

CDMA 2000 1x EV-DO standard CDMA 2000 1xEV-DO 标准 EVDO(EV-DO)实际上是三个单词的缩写：Evolution(演进)、Data Only。1xEV 的意思是'Evolution'，也表示标准的发展，DO 的意思为 Data Only(后来有为了能够更好地表达此技术的含义，把 Data Only 改为 Data Optimized，表示 EV-DO 技术是对 CDMA2000 1X 网络在提供数据业务方面的一个有效的增强手段)。提供"一直在线"的数据分组连接。CDMA

C

2000 1xEV-DO 专为数据作了优化,可在数据专用的标准 1.25 MHz 信道中提供高达 2.4 Mbps 的数据峰值速率。

CD-ROM mirror server **光碟镜像服务器** 采用硬盘高速缓存技术,将整张光碟的内容存储(镜像)到硬盘中。用户通过网络浏览,可以达得硬盘级的访问速度,它适合在一个局域网内使用。

CD-ROM tower **光碟塔** 是由多个 SCSI(小型计算机系统接口)的 CD-ROM(只读光碟存储器)驱动器串联而成的,光碟预先放置在 CD-ROM 驱动器中,相当于多个 CD-ROM 驱动器的"堆叠"。光碟塔一次可共享的 CD-ROM 光碟的数量与其所拥有的 CD-ROM 驱动器数量相等。用户访问光碟塔时直接访问 CD-ROM 驱动器中的光碟,访问速度比光碟库稍快。

CD singles **8 厘米只读光碟** 20 世纪 90 年代日本流行的 8 cm 的音乐光碟。这种光碟采用 ISO 9660 标准,可存储 200 KB的数据,可在索尼公司的 Data Discman 和某些CD-ROM/XA 驱动器上播放。它不同于索尼公司的可读写的 8 cm MiniDisc 磁光碟。

CeBIT **CeBIT 博览会,世界信息技术及办公自动化展览会** 信息技术业、电信业和办公自动化业中世界顶级博览会之一。每年一次的展览都在德国汉诺威举行,每次展会都有来自全球多个国家成千上万的参观者和参展商参加。CeBIT 是 德 文 Centrum Buero Information Telekommunikation 的缩写。

ceilometer **云高计** 在空对地通信中,用三角形法测量地球表面上的云层高度的光电仪表。

ceilometry **云高学** 在空对地通信中,关于地球表面上的云层高度的研究。

celestial equator **天球赤道** 天球的巨大圆周,它处于和地球的旋转中心轴正交的平面内,它把天球分成南、北两个半球。

celestial latitude **黄纬** 星体与黄道面的夹角,从黄道开始沿着垂直于它的第二大圆周向南、向北测得的角度。

celestial longitude **黄经** 黄道上由春分点算起,在黄道带上的刻度,从 0°～359° 的坐标。

cell **单元,存储单元;信元;小区** (1) 在 DVD 影视碟中的影视单元,其长度可以是几分秒(1 分秒＝1/75 秒)、几分钟甚至几小时。(2) 存放一个信息单位的单元,通常可存放一个字符或一个字。或者是由全地址或部分地址指定的,具有存储能力的一个位置。(3) 在 ATM(异步传输模式)网络中,传输的基本单位称信元,是一个固定长度的帧,由 5 字节的头部和 48 字节的净负荷组成。(4) 蜂窝电话系统中的特定地理区域,它有自己的基站和与公众电话网相连的控制器,是个为无线电话提供服务的覆盖区域,通常其周边有六个其他的小(服务)区。当某台无线电话移动跨越各小区的边界时,通话管理就从一个小区移到相邻的小区。

cell address **信元[小区,单元]地址** 一种符号,通常为字母和数字的组合,用于表示一个特殊的单元,例如表示一个蜂窝式无线小区或一个电子数据表单元。

Cello **Cello 浏览器** 美国康奈尔大学于 1993 年开发的 Web 浏览器,是最早的 Web 浏览器之一。

cell of origin (COO) **源属小区** 一种基于小区标识(ID)的移动定位技术。粗略的 COO 定位认为基站的位置就是呼叫者的位置,这不是很准确,因为大多数移动网络小区是来自具有 120°扩展的天线投射(即三个安装在天线杆上的天线以提供完全覆盖),由在一个角度的基站提供的信号覆盖部分区域。基站根据移动台所处的小区 ID 号来确定用户的位置，误差就是小区的覆盖半径。

cellphone 蜂窝便携式电话，大哥大，手机 是一种便携式电话，当用户在电话服务区域内移动时，通过射频链路可以进行拨打和接听电话。射频链路建立到移动电话运营商的交换系统的连接，该运营商提供对公共交换电话网络（PSTN）的接入。大多数现代移动电话服务使用蜂窝网络架构，因此移动电话通常也称为蜂窝电话或手机。

cell site controller 小区基站控制器 蜂窝移动通信系统的一个组成部分，在一个小区内负责无线信道管理、呼叫控制等功能。

cells per second (CPS) 信元数每秒，每秒信元数 网络的数据传输单位。

cell splitting 小区分裂 移动通信中，为容纳更多的用户，将原来较大的小区分裂成几个较小的小区的方式或过程。

cell switching 信元交换（技术） 使用信元交换机在网络上传送定长数据包的技术。

cell transfer delay (CTD) 信元传输延迟 网络中的服务参数，指对某一个连接关系而言，CTD 为信元在发源地的发送时刻 t_0 与该信元在目的地的接收时刻 t_1 之差。信元传输延迟是两个测试点之间的所有节点延迟总和与所有网络节点处理延迟总和之和。

cellular 蜂窝（技术） Bell 实验室开发的一种无线通信技术。这种技术把一个地理区域分成若干个小区（cell），小区之间结构类似"蜂窝"，蜂窝技术因此而得名。手机（或移动电话）均采用这项技术架构，因此常常被称作蜂窝电话（cellular phone）。为了充分利用有限的无线传输频率，通常把一个大的地理区域分割成多个"蜂窝"。每一组电话连接（对于无线电话而言就是每一组会话）都需要专门的频率。为了使更多的会话能同时进行，蜂窝系统给每一个"蜂窝"（即每一个小的区域）分配了一定数额的频率。非相邻的蜂窝可以使用相同的频率，这样就可以充分利用有限的无线资源。目前常见的蜂窝系统有 GSM（全球移动通信系统）和 CDMA（码分多址）等。

cellular access digital network (CADN) 蜂窝接入［访问］数字网 提供用户移动环境中宽范围内 ISDN（综合业务数字网）型性能的网络。

cellular authentication and voice encryption (CAVE) 蜂窝认证和语音加密（算法） 用于询问/应答（challenge/response）认证协议和密钥生成专用长码掩码（PLCM），控制扩频序列，然后扩频序列与语音数据异或实现语音保密。

cellular data 蜂窝数据 通过运营商的蜂窝网络传输的数据。蜂窝数据用于电子邮件、网页、观看视频、应用程序下载和软件更新。也称为"移动数据"，蜂窝数据与电话通话分开测量和计费。短信（SMS）也是一项独立的服务，尽管它通常包含在电话计划中。

cellular data communication protocol 蜂窝数据通信协议 在蜂窝网络中数据的传输和交换都采用分组技术，用户端配置无线分组调制解调器，通过专门的分组基站进入分组网，可以访问分组网上的主机、数据库，也可以呼叫另一个移动数据终端。这种移动数据通信技术涉及许多层次和类型的通信协议。如基站管理应用部分（BSSAP）、基站系统应用部分（BSSMAP）、基站系统管理应用部分位置服务（LCS）扩展（BSSAP-LE）、基站子系统位置服务辅助协议（BSSLAP）、基站收发信台管理（BTSM）、呼叫控制（CC）协议、直接传输应用部分（DTAP）、数据链路连接标识（DLCI）、移动性管理（MM）、多媒体消息服务（MMS）、无线电资源管理规程等协议。

cellular data link control (CDLC)　蜂窝数据链路控制　蜂窝电话系统上使用的一个数据链路控制协议。

cellular frequencies　蜂窝频率　是特高频带内的频率范围集合,已被分配给蜂窝兼容的移动设备,例如连接到蜂窝网络的移动电话。全世界大多数移动网络使用分配给移动业务的无线电频谱的一部分来发送和接收它们的信号。特定频带也可以与其他无线电通信业务共享,例如,广播服务和固定业务运行。

cellular geographic service area (CGSA)　蜂窝地理服务区域　蜂窝载波获得服务许可的物理位置和区域。

cellular handoff　蜂窝越区切换　在蜂窝移动通信中,当移动台从一个小区进入另一个小区时,保证当前通话不中断而进行的小区切换操作。当移动电话靠近小区边缘时,信号强度会减弱。移动台(MS)和基站收发信台(BTS)都需要有规律地监测上行和下行传输质量和接收电平,MS把记录的结果报告给 BTS,系统做出判决后,通知 MS 进入另一个信道,并将信号切换过去。

cellular hotspot　蜂窝热点　它能将蜂窝信号转换为 Wi-Fi,反之亦然,为电子邮件、网站和其他数据传输提供互联网接入。可以使用以下设备创建本地 Wi-Fi热点:智能手机热点,移动热点,车载热点,固定热点。

cellular message encryption algorithm (CMEA)　蜂窝消息[信息]加密算法　在密码学中,CMEA 是用于美国保护移动电话的分组密码。CMEA 是电信行业协会(TIA)标准中规定的四种加密原语之一,旨在加密控制信道而不是语音数据。1997 年,一群密码学家发布了对该密码的攻击,表明它有几个弱点,使其具有 24 位到 32位密码的微不足道的有效强度。

ECMEA(增强的蜂窝消息加密算法)和SCEMA(安全的蜂窝消息加密算法)加密都源自 CMEA。

cellular mobile communications network (CMCN)　蜂窝移动通信网　是向用户提供陆地移动通信业务(包括移动和移动用户之间以及移动和固定用户之间的各种业务)的业务网。根据采用的基本技术不同,目前将陆地移动通信网分为第一代、第二代和第三代移动通信网。第一代移动通信网是采用模拟无线技术的网络,如 TACS(全接入通信系统)网。第二代移动通信网是采用数字无线技术的网络,如 GSM(全球移动通信系统)和CDMA(码分多址)网。为加以区分,当采用 GPRS(通用分组无线业务)时也可称为二代半的移动通信网。第三代移动通信网的主要特征是可提供高频谱效率和高承载速率(可达 2 048 kbps)的移动多媒体业务的网络,如 W-CDMA(宽频码分多址)、TD-SCDMA(时分同步码分多址)、CDMA 2000 等。

cellular mobile radio (CMR)　蜂窝移动电台[无线电]　利用到覆盖特定地域的基地无线电台的无线电线路,给机动车辆内的站提供交换电话业务的系统。当车辆由一区移至另一区时,由不同的基地无线电台处理呼叫。

cellular mobile telephone system (CMTS)　蜂窝移动电话系统　由基站覆盖各地理区域,并连接到当地电话网络或公众电话网络的移动电话系统。这些区域称为蜂窝小区。小区内的每部电话(或移动通信设备)均与基站(BS)通信。如果电话移至另一个小区,通话自动切换到新小区的基站,此间不会中断通信。

cellular modem　蜂窝(式)调制解调器　也称为 cell modem。一种为笔记本电脑或台式电脑添加无线 3G 或 4G(LTE)连接的装置。通常作为外部 USB(通用串行总线)模块提供,这种调制解调器也可以安装在可插入主板上的空插槽的 PCI 或 PCI Express(PCIe)卡上。对于较老式的笔记本电脑,调制解调器可用于 ExpressCard 或 PC 卡/CardBus 插槽。

cellular radio 蜂窝无线电 使用无线电传输电话的网络技术。这种技术以低功率发射器在蜂窝(区域)中提供电话服务。

cellular radio technology 蜂窝无线电技术 使用低功率无线电发射机和接收机并通过蜂窝网络为特定蜂窝区域的移动用户提供服务的技术。第一代使用 FDMA(频分多址)技术,可支持声音通信。第二代使用 TDMA(时分多址)和 CDMA(码分多址)技术,可支持声音通信和数据通信。第三代(3G)支持声音和移动多媒体应用。

cellular radio telephone 蜂窝无线电话 使用无线电传输和常规陆地电话交换系统,允许在给定的几何区域为移动用户提供电话和其他服务的移动通信系统。

cellular telephone frequency 蜂窝电话频率 在美国,蜂窝电话分配频率为 825~890 MHz(除了 845~870 MHz)。移动站以低频带(825~845 MHz)发,固定站以高频带(870~890 MHz)收。

cellular traffic 蜂窝流量 移动无线电网络具有与固定线路 PSTN(公共交换电话网)无关的流量问题。蜂窝流量的重要方面包括:服务质量目标、流量容量和小区大小、频谱效率和扇区化、流量容量与覆盖范围以及信道保持时间分析。电信网络规划中的远程通信工程确保在不影响传送给网络用户的服务质量(QoS)的情况下最小化网络成本。在小区中移动的手机将记录变化的信号强度。信号强度受到慢衰落、快衰落和其他信号干扰的影响,导致载波干扰比(C/I)降低。高 C/I 比率可实现高质量的通信。通过大多数链路的功率控制使用最佳功率水平,在蜂窝系统中实现良好的 C/I 比。当载波功率过高时,会产生过多的干扰,降低其他业务的 C/I 比并降低无线子系统的业务容量。当载波功率太低时,C/I 太低,不符合 QoS 目标。

cellular wireless adapters 蜂窝无线适配器 也称为"蜂窝调制解调器"、"空口卡"、"宽带适配器"或"宽带卡",提供与智能手机相同的 3G 和 4G 无线服务。

cent call second(CCS) 百秒呼 同 hundred call seconds。它是北美各国常用的话务量计量单位,它定义为平均一小时内发生了多少次平均时长为一百秒的呼叫。它与标准的话务量单位爱尔兰(erl)的换算关系为:36 CCS = 1 erl。

center control server 中心(信令)控制服务器 负责向 SIP 客户端、SIP 设备、媒体服务器和网关提供注册、路由选择,可以包括逻辑控制功能,并且提供接口与应用服务器通信。组成中心信令控制的逻辑实体包括代理服务器、注册服务器、重定向服务器、背靠背用户代理以及报警信息转发/分发服务器等的一种或者几种。

Center for Telecommunication Development (CTD) 电信发展中心 1986 年,国际电信联盟(ITU)根据全权会议精神,为了促进发展中国家的电信发展而建立的一个团体。ITU 在 1994 年重新组建 CTD 时,将它变成了 ITU 发展部(ITU-D)的一部分。ITU-D 通过提供技术援助以及在发展中国家建设、发展和完善电信和 ICT(信息、通信和技术)设备和网络,促进国际合作、加强团结。ITU-D 需承担国际电联作为联合国专门机构和在联合国开发系统或其它融资安排下实施项目的执行机构的双重职责,提供、组织和协调技术援助和开展援助活动,以促进和加强电信/ICT 发展。

center frequency 中心频率 （1）调频中的未调制的载波频率。（2）在电气工程和电信领域,滤波器或频道的中心频率是上截止频率和下限频率之间的中心频率的量度。通常定义为带通系统或带阻系统的下截止频率和上限截止频率的算术平均数或几何平均值。（3）传真系统中,黑色图像信号频率和白色图像信号频率之间的频率中值（算术平均值）。

center frequency stability (CFS) 中心频率稳定度 当不加调制时,发射机能使指配给它的中心频率保持稳定的程度。

center of projection 投影中心 在透视投影中,发射出所有投影线的公共点称为投影中心。

centimetric wave 厘米波 通常为一种电磁波,波长在 $1\sim10$ cm 之间,相应的频率范围是 $3\sim30$ GHz 之间,属超高频范围的电磁波。

central achromatopsia 中央色盲 由视觉皮层损坏导致的感知颜色的缺陷,不同于由于光感知器的损失导致的色盲。

central bridge 中心网桥 在无线扩频网技术中,同时可以同多个周边网桥建立连接的网桥。通常在一定距离之外连接两个局域网的网桥都是成对使用的。

central casting 中心广播[播送] 在地面无线电和电视广播中,中心广播指使用系统自动化来定制信号,通过该系统可以在一个中心设施建立多个单独的站/台进行广播。

central control unit (CCU) 中央控制器 （1）一种通信控制器,其中包括执行指令和控制存储器及附加转接器所需的各种电路和数据流通路。（2）在电子交换机中,处理从存储器或扫描器来的信号,并用来控制话路系统、输入输出系统的设备。其作用相当于纵横制交换机中的标志器,而性能又和计算机中的中央处理机相类似。

central exchange (CENTREX) 中央交换机[局],集中式[虚拟]用户交换机 集中式用户交换机实际上是电话局交换机的一个部分或是电话局交换机的一种功能。是在电话局交换机上将部分用户划分为一个基本用户群,向该用户群提供用户专用交换机的各种功能,同时还可以提供一些特有的服务功能。因为在这个用户群中并不存在专用的交换机,用户对内、对外的交换集中在电话局的交换机中,因此被称为"集中式用户交换机"或被称为"虚拟用户交换机"。

centralized automatic message accounting (CAMA) 集中式自动信息[报文]计费,集中自动计费方式 （1）一台中央计算机与分散在各地的多台计算机相连,并由中央计算机集中控制信息交换的网络。该网络中任何两台远程计算机之间的通信必须经过中央计算机。与之相反的是非集中式计算机网络。（2）一种电信计费方式,比如一个大的城市区域,其中包括多个区和县,以往都是各区县电信局各自单独进行话费结算,而集中计费方式是由市中心局集中进行电信费用的结算。但为了方便用户,收费仍是分散在各区县进行。

centralized automatic reporting on trunks (CAROT) 干线集中式自动报告 一种 AT&T 公司的计算机系统,最多可同时为 14 个交换局自动访问和测试干线。

centralized intercept bureau 集中式截取局,集中侦听局 是自动截取系统的一部分,它与一个或多个自动截取中心相连,为处于辅助服务位置的操作员和超出自动截取中心范围以外的呼叫用户提供帮助。

centralized maintenance & operation center (CMOC) 集中(式)维护运行中心 通过 Q3 接口将各个设备的运行维护集中

到一个管理中心进行,该中心称为集中(式)运行操作中心。

centralized management　集中(式)管理　网络管理的一种形式,由一台计算机或系统对网络中的各个点进行管理。

centralized multipoint conference　集中式多点会议　所有与会者终端的任何一个呼叫都以点对点的方式与多点控制设备(MCU)进行通信的一种会议方式。

centralized routing　集中式路由(选择)　在单个中心地点产生并维护路由信息的选择方法。它由网络路由控制中心(RCC)根据来自所有站点的状态信息和网络的整体知识,建立网络上任一节点到另一节点的最优路由选择方式。

centralized topology　集中式拓扑结构　在多用户计算机系统的结构中,若多用户通过通信网络共享一个或者多个相互连接的中心计算机的软硬件资源和数据,这种结构的系统就是集中式的拓扑结构。在这种结构中,用户之间的通信也需通过中心计算机才能实现。

centralized traffic control　集中(式)流量控制　由网络中的中心控制节点将网内所有信息流通归于统一的监视与管理之下。

centralized trunk test unit (CTTU)　集中(式)干线测试单元　AT&T 公司的操作支持系统,通过交换机上的数据链路提供集中式干线维护。

central key　中央密钥　在保密通信时必须由密钥分配中心传送的密钥,该通信系统的每个用户都设置一个与中心通信的密钥,当有两方需要通信时,任意一方将随机选择一个密钥,计算出它的密文,连同自己的户名一道送往中心,经中心进行计算得到密钥后再与另一方进行保密通信。

centralled computer network　集中式计算机网络　一种由中央计算机实行集中控制的计算机网络结构,与分散在多处的多台计算机连接,任何两台计算机之间的信息交换都经过中央计算机。

central office (CO)　中心局,总机　(1)电话公司用于把指定地理区域范围的用户电话线连接到交换设备的设施,用户可以通过本地或远程连接与其他用户联系。(2)电话系统中,一个连接用户线路的转接系统,称为总机。

central office code (COC)　中心局代码[号码]　国家电话号码编号方案中的组成部分,电话号码一般由区域码、中心局号码和用户线号码组成。中心局号码是中心交换局的局号,用它识别本地交换网中的交换局。

central office exchange service (CENTREX)　中心局交换业务　由电话公司提供的业务,中心局的一部分与不同用户地点的单个站间进行呼叫交换,功能上类似于一个现场 PBX(专用交换分机),一般提供直接的向内拨叫,直接的远程拨号和话务员切换。

central office override　中心局强插　中心局提供的强插功能,某些具有特权的用户可以中断或者加入正在进行的通话。

central office switching equipment　中心局交换设备　指机电或电子设备,给呼叫选择至其目的地的路由。

central office terminal (COT)　局端机,中心局终端　指位于局端的设备,其功能是将从业务节点到接入网的多种信息映射到标准化的帧结构中,并通过通信线路发送给远端设备,同时完成相反的过程。

central office trunk (COT)　中心局[交换局]中继线　连接两个市话交换局间或市话交换局与汇接局之间的线路。主要有 4 种类型:① 中心局之间的中继电路。② 公用和专用交换机之间的中继电路。③ 中心局交换机和远端模块局之间的中继线。④ 公用交换局和 PBX(专用小交换机)之间的中继线。

central resource registration　中央资源登记　APPN(高级对等网络)网络节点发送有关自身及其客户终端节点信息到中央目录服务器的一个过程。

central retransmission facility (CRF)　中心重传装置　在宽带网中，为使信号从返向通路传入前向通路设置的处理射频信号的设备及地点的总称，通常称为头端。

central site　中央站　数据通信系统中，实施通信线路控制的机构。在大多数系统中，中央站均安装有计算机。

central site customizing　中心点定制　在中心点为网络上的设备特制微代码的过程。

central station (CS)　中心站，总站　通常指的是在农村通信系统中给多个远程站提供汇接的本地交换局。

central station alarm system　中心站报警系统　从租用线路上的检测器发送信号，用以监视安全机构的接收设备和记录设备的工作。

centre of curvature　曲率中心　由一个透镜表面或弯曲镜面构成一部分的球之球心。曲率半径是该球的半径。

centum call seconds (CCS)　百秒呼　话务量密度单位，使用电话资源(如电话线)时，以每次通话一百秒记录，每小时每线路发生这种通话的次数就是 36 个百秒呼。

CEPT format　CEPT 格式　欧洲邮电委员会(CEPT)定义的 T-1/E-1 类型，即具有 32 个信道的 PCM(脉码调制)系统的传输帧格式。CEPT 格式是由 30 个话音信道加上一个监控/控制(信令)信道以及另一个成帧信道(同步控制)组成。

ceramic ladder filter　陶瓷梯形滤波器　由在梯形网络中呈电耦合的许多压电陶瓷元件组成的梯形滤波器。元件的数量决定了通带响应曲线的宽度。

ceramic microphone　陶瓷麦克风　其工作依赖于陶瓷传感器(如铁酸钡)的压电特性的传感器。这类传感器具有与晶体麦克风相似的特性。

Cherenkov detector　契伦科夫探测器　是一种粒子探测器，它使用速度阈值来产生光，Cherenkov 辐射的速度相关的光输出或速度相关的光方向。

Cerenkov radiation　契伦科夫辐射　在透明介质中以大于光速的速度通过的高能带电粒子束所产生的电磁辐射，通常为浅蓝色。是俄罗斯物理学家鲍威尔·契伦科夫于 1934 年发现的。这一效应与物体以高于声速运动时的声震现象相似。这种辐射是电磁场中产生的震动波。契伦科夫辐射用于契伦科夫计数器。

certificate authority (CA)　证书认证机构　使用公用密钥与私人密钥的非对称加密系统需要一个可信的方法将一个公用密钥与一个人，一个进程或者一个实体联系起来，证书就是这样一个对象，它安全地绑定一个用户和公用密钥。证书由证书认证机构来发布和签署。

certificate authority center　CA 中心　第三方 CA 中心是承担网上安全电子交易认证、签发数字证书并能确认用户身份的机构。认证中心通常是企业性的服务机构，主要任务是受理数字凭证的申请、签发及对数字凭证的管理。其职能包括：证书发放、证书更新、证书撤销和证书验证。

certificate-based authentication　基于证书的认证　基于证书和公钥密码的身份确认。

certificate chain　证书链　由若干证书认证机构(CA)签署的具有层次结构的一系列数字证书，最高层的证书叫做根证书。CA 证书用于标识一个 CA 并可用于签署由该 CA 颁发的证书，CA 证书可以由上一层 CA 证书签署，依此类推，直到根 CA。

certificate fingerprint 证书指纹 用数学函数对证书内容处理后产生的唯一号码，可用于验证证书是否被篡改，但不是证书本身的一部分。如果证书的内容改动，哪怕只改了一个字符，该函数也会产生一个不同的号码。

certificate of compliance 兼容证书 有线电视系统能够经营电视广播信号之前必须获得美国联邦通信委员会（FCC）的批准。

certificate revocation list (CRL) 证书吊销列表[撤销表] (1)是"在预定到期日之前已被颁发证书的机构撤销的数字证书列表，不应再被信任"。(2)为了防止密钥在有效期内丢失或被假冒以及密码系统被攻破等危险，X.509 提供了证书撤销机制，即用户可以在密钥有效期内停止使用密钥，用户只需向证书认证机构申请撤销公共密钥证书即可。证书认证机构对用户进行身份鉴别后，就可以生成证书撤销表。通信实体进行身份鉴别时，要检索 CRL，以验证证书的合法性。

certification 认证，确证，验证 (1)认证是指对对象、个人或组织的某些特征的确认。这种确认通常（但并非总是）通过某种形式的外部审查、教育、评估或审计提供。认证是特定组织的认证过程。认证测试是一种资格认证测试，用于确定个人在某一特定职业领域是否具有足够的知识，以在该领域被标记为"有能力实践"。(2)计算机专业人员在某一专门领域具有的能力。一些硬件和软件供应商，如 Cisco、Microsoft 和 Novell 等公司，就对它们产品的使用提供资格认证证书；其他组织，比如计算机专业人员资格认证协会（ICCP）和计算技术工业协会则提供更通用的证书。(3)确认一个系统、软件子系统或计算机程序在其运行环境中能满足其规定的需求的过程。它不仅用于估价软件本身，而且用于估价作为软件设计依据的规格说明。(4)磁盘初始化操作的一部分，用以检查每个磁道有无缺陷，并作适当的标记。

certification authority (CA) 鉴权机构，证书认证机构 (1)在密码学中，表示被一个或多个代理或个人信任的中心，它创建和分配数字证书，另外也可以创建用户密钥。(2)在保密通信中，被信任的人或实体，它为加密目的而发行证书。(3)在电子贸易中对实时信用卡交易中付款方和收款方进行识别和认证的一个独立机构。(4)负责发行和撤回用户证书的公钥设施（PKD 证书管理中心的第三层，完全符合政策创建权威机构（PCA）定义的 PKI 策略。

certification revocation list (CRL) 证件注销表 在因特网管理中的数据，证书认证机构（CA）负责一定范围的证件管理，包括证件的发放和注销以及注销表的发布。如用户故要注销其原证件，注销后的证件存放在证件注销表中供核查。核实工作由 PEM 软件自动完成，结果通知接收方。

certified information security professional (CISP) 注册信息安全专家 是有关信息安全企业、信息安全咨询服务机构、信息安全测评认证机构和授权测评机构、社会各组织、团体、企事业有关信息系统建设、运行和应用管理的技术部门和标准化部门必备的专业岗位人员，其基本职能是对信息系统的安全提供技术保障，CISP 严格的认证和培训程序赋予其具备专业资质和能力。根据实际岗位工作需要，CISP 分为以下三类：① 注册信息安全工程师（CISE）：培养从事信息安全技术开发、服务及工程建设等相关工作的从业人员；② 注册信息安全管理人员(CISO)：培养从事信息安全管理相关工作的从业人员；③ 注册信息安全审核员(CISA)：培养从事信息系统的安全性审核或评估相关工作的从业人员。

certified information systems security professional (CISSP)　信息系统安全认证专家　CISSP 认证是由国际信息系统安全认证协会(ISC)在全世界各地所举办的考试，符合考试资格人员于通过考试后授予 CISSP 认证证书。(ISC)成立于 1989 年，是一个非盈利性组织。CISSP 目前已成为全球公认评价信息安全专业人员资质的重要参考依据。

certified network engineer (CNE)　认证的网络工程师　通过 Novell 三级考试之后，就可成为 Novell 认证的网络工程师。

certified network professional (CNP)　认证的网络专业人员　网络专业人员协会(NPA)推行的一种证书，要求申请人员达到客户操作系统、网络硬件、网络操作系统、通信协议和网络拓扑等方面的技术要求。申请人还要有两年的相关工作经验，并且有两种销售商颁发的资格证书，才可以完成 CNP 认证程序。

certified Novell administrator (CAN)　认证的 Novell 网络管理员　通过 Novell 的相应考试，确认能担任 Novell 网络日常运行的管理工作的技术人员资格。

certified Novell engineer (CNE)　认证的 Novell 网络工程师　通过 Novell 的相应考试，确认能担任 Novell 网络设计、构建和日常维护任务的专门技术人员资格。

certified Novell instructor　合格 Novell 网络指导者　经 Novell 考核确认，可担当 Novell 网络培训教师的高级技术人员。

certified wireless network administrator (CWNA)　认证的无线网络管理员　是是认证的无线网络专业人员(CWNP)的基础级认证，用于衡量管理任何无线局域网的能力。课程和考试涵盖了 802.11

无线局域网技术的各种主题，这是厂商中立的测试。

certified wireless network expert（CWNE）认证的无线网络专家　是 Planet3 Wireless 于 2001 年开始的 CWNP 计划的最高级别的认证。它证明对 IEEE 802.11 无线网络的设计、安装、安全、优化和排除故障的能力。CWNE 证书是 CWNP 四级认证过程中的最后一步。它验证申请人对其他 CWNP 认证考试涵盖的原则的实际应用，包括无线协议分析、安全、高级设计、频谱分析，连线网络管理和故障排除。

certified wireless network professional (CWNP)　认证的无线网络专业人员　CWNP 除了 CWNA 课程和考试外，接下来提供三项专业级认证：认证的无线安全专业人员(CWSP)，认证的无线分析专业人员(CWAP)和认证的无线设计专业人员（CWDP）。考生在获得 CWNA、CWSP、CWAP 和 CWDP 认证后，才能获得专家级 CWNE(认证的无线网络专家)认证。

cesium atomic beam resonator　铯原子束谐振腔　一种将液态铯蒸发出的原子形成受磁场作用的射束，然后使这种射束进入微波腔体，并在此产生进一步磁互作用的谐振腔。一项应用是微波振荡的频率控制。

cesium beam frequency standard　铯频率标准　一种包含配合使用了频率合成器的精密石英振荡器和倍频级，以产生标准频率(如精确度为 10^{-11} 的 1 MHz 和 5 MHz 频率)，再将输出与铯原子束谐振腔的 9 192.631 770 MHz 输出进行连续比较的频率标准。

cesium clock　铯钟　一种钟，它是用铯原子束谐振腔中原子的自然振动频率调节的高精度原子钟。

cesium phototube　铯光电管　具有敷铯阴

极的光电管。这类光电管在红外波段具有最高灵敏度。

C-format　C格式　使用 1 英寸录像带的专业级电视国际标准格式。由于该格式是 Sony 公司开发的,因此也称S-format。

C form-factor pluggable (CFP)　C 形(状)可插拔(模块)　一种多源协议,以产生用于高速数字信号传输的通用形状规格。C 代表拉丁字母 C,用于表示数字 100(centum),因为该标准主要是为 100 千兆以太网系统开发的。

chain (CH)　链　指由无线电、电视、雷达、导航台或其他类似站台组成的网络,彼此间通过专用的电话线、同轴电缆或无线电中继链路互相连接,作为集团共同运作以提供广播、通信、定位等服务。

chain circuit　链式电路　多个串行连接的电路单元,信号只能依次通过这些单元(不能跳越某个单元)进行传送和处理。

chain code　链(式)码　(1)可从一个码导出其相邻码的代码组。将一个代码的前面一位去掉,在后面加一位,并在循环结束前,所加的位应使所形成的码不重复。例如,对于 3 位代码,实例有 000,001,010,101,011,111,110,100。(2)在图像分析中,用来描述线图形(包括二维区域的边界)的一种方法。图像像素矩阵是一个正方形的阵列,由每一个像素到另一个像素可以有八个不同的路径,每个路径给予一个代号,链码就是用路径代号组成的描述线图形的一组代码,它包含了被描述线图形的方向性或区域的位置和形状信息。由于用链码描述线段或区域形状具有简捷方便和减少数据量的特点,因而在图像分析中得到广泛应用。

challenge and reply　询问和应答　(1)一种预先设置好的规程。一个站要求对另一个站进行验证(询问),后者通过正确的应答来通过验证。(2)在通信、计算机、数据处理和控制系统中的一种呼叫,其中主叫站表明自身,并询问另一站(即被叫站)的特性,根据规定被叫站必须表明自身,发送相对应的要求的预定码进行应答。

challenge handshake authentication protocol (CHAP)　询问握手认证协议　一种取代 PAP 的身份验证协议。询问握手认证协议通过三次握手周期性的校验对端的身份,在初始链路建立时完成,可以在链路建立之后的任何时候重复进行。它可以防止未授权者访问具有这种协议功能的设备。CHAP 分为三个步骤:身份验证服务器向用户发出一个询问;用户使用一种单向散列函数对客户机用户身份(一个纯文本密码)计算出一个值,而后把它发回身份验证服务器;身份验证服务器单独计算相同的值,并且同用户发回的值加以比较。如果吻合,认证将通过确认,否则,链路终止。

chance failure　偶发[偶然]故障　在设备或系统有效运行期内偶然出现的故障。偶然故障也称"随机故障"。

changeback　倒回,转回　(1)当正常运用信号链路恢复可用状态时,终止备用信号链路的工作,重新启用正常链路的过程。(2)七号信令系统(SS7)中,将信令业务从一条或多条迂回信令链路转移到一条已变成可利用的信令链路的过程。

changed address interception　改号截留　通常通过自动方式,对已不用地址(即已不用号码)呼叫的截留。此时,主叫数据终端设备被告知新地址,随后把呼叫转换到新的地址或释放主叫数据终端设备。

change direction command indicator　换向命令指示符　在虚拟远程通信中,表明发送站已完成发送任务并准备接收的指示符。

change over (CO) **变更，倒换，转换** 从一个信号链路倒换到另一个(或几个)信号链路的转移信号服务过程，这种倒换过程通常在某条链路发生故障或需要清除服务时进行。

channel (CH) **通道，信道，频道** (1) 信息进、出机器的通路，也称"数据通道"。机器通过通道与外围设备(如磁盘、磁带、行式打印机)、其他计算机系统、通信系统等相连接。通道通过执行机器指令和通道命令来完成传输信息实现对外部环境的管理任务。(2) 在两点之间用于收发信号的单向或双向通路。一条信道可以是某种物理介质(如同轴电缆)或者是在一个大型通道中的某一特定的频率。一般地说，多条信道可共享一条通信路径或共同的通信设施。(3) 在无线通信中是不同发射台的无线通信业务、无线电广播或电视台所使用的频率。(4) 在传统的广播中，频道或频率通道是分配的无线电频率(或等效波长)，由主管频率分配机构为特定的广播电台、电视台或电视频道的运行而分配的。

channel access code (CAC) **信道访问[接入]码** 由前置码(preamble)、同步字(sync-word)和后缀码(trailer)组成，用于对微微网的识别，所有在同一个微微网上进行交换的包都包含有相同的信道接入码。

channel access method **信道接入方法** 在电信和计算机网络中，信道接入方法或多路访问方法允许连接到同一多点传输介质的若干终端在其上进行传输并共享其容量。共享物理介质的例子是以半双工模式运行的无线网络、总线网络、环形网络和点对点链路。信道接入方法基于多路复用，其允许若干数据流或信号共享相同的通信信道或传输介质。在这种情况下，物理层提供多路复用。信道接入方法还基于多路访问协议和控制机制，也称为介质访问控制(MAC)。MAC处理诸如寻址，为不同用户分配多路复用信道以及避免冲突等问题。MAC是OSI(开放系统互连)模型的数据链路层中的子层和 TCP/IP 模型的链路层的组件。

channel adapter input/output supervisor **通道适配器输入输出管理程序** 网络控制程序的一部分。它和通信控制的通道适配器相互作用，通过输入输出通道把数据送到主机或从主机上接收数据。

channel address word (CAW) **通道地址字** (1) 存放在主存中，指出通道程序开始地址的字。一个通道设置一个通道地址字。(2) 在 DDS(数字数据系统)通信线路上选择设备的指令。这种通信通道使用 T1 协议，每个 T1 线路通常传输 24 条数字信息通道。

channel architecture **通道结构** 计算机用于管理通道和传输数据所采用的工作方式或手段，例如，控制高速外设通信和传输时采用选择通道工作方式，控制慢速外设工作时采用多路转换通道方式。不同的计算机系统采用不同的通道结构。

channel associated signaling (CAS/CHAS) **随路信令，信道相关的信令** 通过电信业务信道本身或始终与其相关联的信令信道进行传送的一种信令方式。从功能上可划分为线路信令和记发器信令。它们是为了把话音通路上各中继电路之间的监视信令与控制电路之间的记发器信令加以区别而划分的。

channel attached **通道连接的** (1) 修饰说明通过数据通道(I/O 通道)直接将设备连接到计算机。(2) 修饰说明通过电缆，而不是通过远程通信线将设备连接到控制装置上。

channel balance/balancing (CHB) **通道平衡** 指音响系统中或个别音响器材中左

和右声道的相对电平或音量。也用于表示杜比编码信号中左和右信号的相对差值。为了获得最好的杜比解码效果，一些 A/V（音频/视频）功放接收机和 A/V 前置放大器还可以对通道平衡进行调整。

channel band width (CHBW)　频道[信道，通道]带宽　（1）信道的频带宽度。在给定的时间内，带的宽度与信道上传送的比特数成正比。要提高传输速率，就必须增加带宽。可按带宽对信道分类。一般有三种类型：窄带（0～300 Hz）、音频带（300～3 000 Hz）和宽带（3 000 Hz 以上）。（2）通道进行传输数据的能力，即每秒能由通道传输的最大字节数。通常用每秒字节（Bps）或每秒兆字节（MBps）数表示。它和输入输出带宽、通道能力、通道速度及通道传输率同义。

channel basic group　基群　频分复用宽带系统中的一组信道，在美国和加拿大通常为 12 个信道构成一个基群。

channel capacity (CHC)　信道[通道]容量[传输能力]　（1）测量通道传输能力的度量。即单位时间内，通道能够传送的最大数据量或最大可能的平均传输率。一般用每秒字节数（Bps）、每秒千字节数（KBps）、每秒兆字节数（MBps）、每秒吉字节数（GBps）表示。（2）测量通信信道传输能力时，一般用每秒比特数（bps）、每秒千比特数（kbps）、每秒兆比特数（Mbps）、每秒吉比特数（Gbps）等或波特率（baut rate）表示。（3）有线电视系统能同时处理的频道数量。

channel command word (CCW)　通道命令字　（1）规定通道操作的命令字。它通常存放在主存储器中，用双字来表示。一个或多个通道命令字构成了一个通道程序，通道地址字指出了通道程序在主存中的开始地址。通道命令字由命令码、数据地址、数据链和命令链标志以及计数器等组成。它指出通道应执行的操作，与主存交换数据的开始单元和个数，是否执行链操作等。（2）规定通道或外设执行启、停、读、写等操作的命令。通道命令字是通道控制器或 I/O 处理机的指令，也称"通道指令"。

channel compression　通道[信道]压缩　对即将送上通道进行传输的数据进行的压缩，以减小通道占用时间与带宽。

channel connector　通道连接器　用于把两个或更多个通道相互连接起来的设备。通道连接器提供增强系统灵活性的各种用法。它可把一个系统的通道与其他系统的通道相互连接，这样，每个系统都认为另一个系统是自己的一个输入输出设备。

channel definition format (CDF)　频道[通道]定义格式　是微软所提出的可管理、控制的 Web 广播技术的核心，这是一种基于 XML（可扩展标记语言）标准的开放的文件编写格式，它能够改进信息传输的时间安排与传输效率，允许站点建立人员指定哪些信息内容可以被自动 Web 广播以及允许 Web 站点提供其信息内容更新的时间安排。它还提供了与信息格式无关的结构化信息内容的索引机制，使得频道中可以包括任何种类的 Web 信息或是基于 HTML（超文本标记语言）、JavaScript，Java 以及 ActiveX 等技术的应用软件。

channel group　信道群　若干信道的一种组合。信道群的例子有：基群，超群，主群和巨群。例如在频分复用中，12 个音频信道合并成一组信道，频率范围为 60 kHz～ 108 kHz，称为一个 12 路群（基群）。

channel hopping　信道跳跃，信道跳频　（1）在因特网中继对话（IRC）上从一个信道跳到另一个信道。（2）利用无线电频率传输数据时避免冲突的一种方法。

在传输蜂窝数字分组数据(CDPD)业务
数据时,快速地从一个信道跳变到同一
个小区的另一个信道。

channel I/O command 通道 I/O 命令 某
些信息处理系统的通道控制向量中控制
通道和 I/O 设备执行通道 I/O 操作的
字段。

channel isolation 信道隔离度 多路复用
通信设备中,两个相邻信道之间串音程
度的度量。在一个信道上发送信号,在
另外一条信道上测量串音信号的相对电
平,它是一个衰减值,而且越大越好。

channelized 信道化 电信环境中的信道
化意味着通过已传输的通信线路包含多
个消息线程,以某种方式分离。典型的
信道化方法包括分组化、频分复用
(FDM)和时分复用(TDM)。

channelized E1 信道化的 E1 线路 E1 线
路被分成 30 个 B 信道和一个 D 信道后,
以 2.048 Mbps 速率运行的接入链路。它
支持 ISDN、帧中继和 X.25。比较
channelized T1。

channelized T1 信道化的 T1 线路 T1 线
路被分成速率均为 64 kbps 的 24 个子信
道(23 个 B 信道和 1 个 D 信道)后,
以 1.544 Mbps 速率运行的接入链路。每
个单独的信道或信道组连接到不同的目
的地址上。它支持 ISDN、帧中继和
X.25。也被称作分裂的 T1 线路。比
较 channelized E1。

channel jumbo group 信道巨群 在频分
复用宽带系统中,由主群组成的群,它通
常为六个 600 路主群。

channel loopback 信道环回 在复用器信
道接口处(指环回)形成回路的诊断
测试。

channel mask 通道掩码[屏蔽] (1)一
个非负整数,用来设定一组通信通道,
由 0 和 1 构成,每一个位对应于一个通
道,表示通道的设定。(2)某些信息管理

系统中,用于暂停通道操作的一种单字
节屏蔽位。(3)程序状态字的一部分,表
示哪个通道可由其完成信号所中断。

channel master group 信道主群 在频分
复用(FDM)宽带系统中,由超群组成的
群。英国等使用 15 个超群信道组成频
带为 312~4 028 kHz 的主群信道。欧洲
使用了 5 个超群信道组成频带为
812~2 044 kHz 的主群信道,美国贝尔
系统主群是由 10 个 60 路超群组成
的(即 600 个话音信道)。一些用于地面
电话系统的主群也有是 300 个或 900 个
信道的,它们是由 5 个或 15 个 60 路超群
组成的。

channel modulation 信道调制 (1)利用
模拟通道传送数字数据时,在数据送入
通道之前对其进行的调制。(2)在载波
电话通信系统中,通常将 12 路音频信
号分别调制到不同载波频率上,以形成
一个 12 个通道的载波组,称为一个
基群。

channel noise level 信道噪声电平 在传
输系统中任何一点的信道噪声电平与
一选定的参考电平之比。信道噪声电平
通常用 dBrn(高于参考电平的分贝),
dBrnc(高于有 C 消息加权的参考电平的
分贝)和 dBa(校准分贝)来表示。每一种
用于测量信道噪声电平的仪器反映的是
该种仪器对某种特定情况下相应的干
扰效应的一种电路噪声的测得的值。

**channel noise line weighting 信道噪声线
路加权** 在噪声频谱中,根据不同频率
对通信产生的影响大小确定加权系数来
计算信道噪声的方法。

channel separation 通道隔离 用于衡量
一个声道跟其他声道之间的隔离程度的
尺度,它的值是用一个声道的信号电平
与串入另一声道的信号电平差来表示,
这个差值越大越好。在多声道的音响系
统中,当通道隔离不够时,一个声道中的

声音便会"串人"另一个声道。比较典型的例子便是杜比环绕声中,前置主声道中的声音会"串人"环绕声道。

channel shifter　信道移频器　使一个或两个音频信道从正常信道移至较高音频信道,以减小信道间串音的无线电话载波电路。在接收端用相似电路可以使信道回移。

channel spacing (CHS)　信道[频道]间隔　在两条通信信道之间的频率间隔。对一种给定发射类别,该频率间隔应为一常数。如在调频话音通信时,必要带宽为 16 kHz,相邻信道间隔为 25 kHz。

channel state information (CSI)　信道状态信息　在无线通信中,CSI 是通信链路的已知信道属性。该信息描述了信号如何从发射机传播到接收器,并且表示如散射、衰落和功率随距离衰减的组合效应。该方法称为信道估计。CSI 可以使传输适应当前信道条件,这对于在多天线系统中实现具有高数据速率的可靠通信是至关重要的。需要在接收器处估计 CSI,并且通常量化并反馈给发射机,尽管在 TDD(时分双工)系统中可以进行反向链路估计。因此,发射机和接收器可以具有不同的 CSI。发射机处的 CSI 和接收机处的 CSI 有时分别称为 CSIT 和 CSIR。

channel supergroup　超群信道　在频分复用(FDM)宽带系统中,由基群组成的群,它通常是五个 12 路基群(即共计 60 路话音(0～4 kHz)信道)组成,载波间隔为 48 kHz,提供的超群信道频率为 312～522 kHz。。

channel supermaster group　超主群信道　有多个信道主群构成的信道单元组。目前有两种超主群组成方式:一种由三个主群对三个载频调制,组成 900 路群。如对载频 10 560、11 880、13 200 kHz 调制,取其下边带组成 8 516～12 388 kHz

共 900 路群,称为超主群Ⅱ。另一种由 15 个 60 路超群组成 900 路群。如使用第 2 至第 16 个超群组成 312～4 028 kHz共 900 路群,称超主群Ⅰ。

channel synchronizer　通道[信道]同步器　在中央处理机与外部设备之间提供适当接口的一种装置。它通常与外部设备控制器装在一个机箱里。通道同步器的其他功能有:功能字的初步解释;把从外部设备读入的数据与一个标识符进行比较来查找;向中央处理机提供外部设备的状态信息等。

channel time slot　信道时隙　在一帧的某特定时间开始的一个时隙,将其分配给某信道,以使其能传输数据,比如文字或时隙内的信令。信道时隙的类型依赖于信道的类型,如用于复用呼叫的电话信道时隙。

channel utilization rate　信道利用率　扣除数据帧的全部控制信息和重传的数据帧后的数据率与信道容量之比。由于每个数据帧都包含一部分控制信息,以及出现差错时又需重传某些数据帧等原因,使得实际传送的信息中有一部分要作为传输中的系统开销,不能占用全部信道用来传送用户信息。

character cell　字符单元[点阵]　(1)在显示屏幕上或打印媒体上的一个可寻址位置。(2)字符发生器的一个单元。当字符以点阵形式在直观显示器屏幕上显示时或在矩阵式打印机上打印时,字符点阵用来保存字符的图形表示。(3)字体的物理宽度和高度,以像素为单位。(4)在图形数据显示管理器(GDDM)中,指想象的方框,其边界给定了它显示的尺寸、方向和字符之间的距离。

character code　字符编码　简称"字符码",对字母和符号进行编码的二进制代码。计算机常用的字符码有 ASCII(美国信息交换标准代码)、Baudot(博多码)、BCD(二进制编码的十进制)、EBCDIC(扩充的二进制编码的十进制交换代码)和GB 2312 简体中文编码。

character code table **字符编码表** 信息处理交换用的控制字符和图形字符的二进制编码对照表。常见的例子包括将拉丁字母表编码成摩斯电码和ASCII(美国信息交换标准代码),以及 EBCDIC(扩充的二进制编码的十进制交换代码)和支持东亚字符的 CJK(中、日、韩文)等编码。我国制定的最有影响的是 1980 年发布的《信息交换用汉字编码字符集-基本集》,标准号 GB 2312-1980 也常称为国标码。而 Big5 编码在台湾、香港、澳门及其他海外华人中普遍使用,成为了繁体中文编码的事实标准。Unicode 编码统一了众多国家的字符编码,是一个很大的集合,现在的规模可以容纳 100 多万个符号。

character count integrity (CCI) **字符计数完整性** 字符精确数目的保持,对电文通信来说这是指电文中产生的字符数,对用户与用户之间的连接来说这是指单位时间内产生的字符数。不要将字符计数完整性与字符完整性相混淆,事实上后者要求传递后的字符合与原来的字符完全一样。

character distortion **字符失真** 在电信技术中,由传输信道的干扰或瞬变状态所导致的传输字符的失真。

character element encode method **字元编码法** 一种按字元给汉字编码的方法。一个汉字可按偏旁部首笔划字形分解为若干"字元",其数量远小于汉字数。实现这种编码的输入方法之一是采用特制的键盘,方法之二是采用通常的 ASCII(美国信息交换标准代码)键盘,例如,部首码、仓颉码、四角码、五笔码都属于这类。该编码的优点是接近汉字书写规则,缺点是字元归类的记忆较难,有重码。

character entity **字符实体** 在 HTML(超文本标记语言)和 SGML(标准通用标记语言)中,一种表示特殊字符的符号。字符实体以一个 &(表示 and 的符号)开始,后跟字母数字串,并以分号结束。特殊字符由字符实体表示,其中包括重音符和低音符、否定符以及希腊字母。

character interleaving **字符交错,字符交织** 数据通信系统中,时分多路转换的一种方法。其中,在发送到线路上之前,多路转换器为每个分路提供传送一个完整字符的时隙,使合路信号中交错地混合着每个分路信号中的字符。

character interval **字符间隔** 在起停式传输中,指一个字符的宽度。它由全部单元间隔(包括信息位和奇偶校验位)加上起始和停止码元的宽度所组成。或者指前一个字符末尾和下一个字符开始传输之间的间隔时间。

character mean entropy **字符平均熵** 在信息论中,一个稳定信息源所可能产生的全部字符信息中,平均每个字符所含的信息量,称为平均字符信息量,以香农(Shannon)为单位。

character mean information content **字符平均信息量**

character oriented procedure **面向字符规程** 一类传输控制规程的总称。包括国际标准化组织(ISO)的基本型(BASIC)、扩充基本型(EBASIC)和 IBM 的二进制同步通信(BSC)规程等。其主要特性是:① 通信方式——全双式/半双工;② 差错控制——方阵码校验/循环冗余码(CRC)校验;③ 同步方式——同步/异步;④ 电码——国际标准五号码;⑤ 信息长度——8 的整数倍;⑥ 速率——200~800 bps;⑦ 发送方式——等待发送,即发送方发送一报文后,需等待接收方的回答,若有错,则重发该报

文,否则继续发送下一报文。这种规程
使用一些专门的字符,例如 STX,ETB,
ACK,ENQ 等控制信息传输。

character oriented protocol（COP）　面向字符的协议　一种数据链路控制协议,以字符为控制传输信息的基本单元,区别于以位为传输信息的基本单元的协议。

character set　字符集　不同字符的有限集合。通常指计算机所能识别的所有字母、数字和字符的集合。这个集合包括字母表中所有的字母、数字、大多数标点符号、一些数学符号和一些其他在计算机中使用的符号。每个字符用一个代码来表示。例如,标准的 ASCII 字符集包含了组成 ASCII 编码的字母、数字、符号以及控制码。

characters of resource information　资源信息特征　有别于一般信息,是资源信息特有的特点,即区域分布性、时序性、交叉相关性、持续动态性、多维结构性等。

charge coupled device（CCD）　电荷耦合器件　能在不同的内部部件之间进行电荷的存储和移出的半导体器件。在电荷耦合器件中,少数载流子电荷存储在半导体表面的电位阱中,在信号的控制下,电荷可以沿着半导体表面从一个电极到另一个电极。电荷耦合器件可以用于逻辑电路、移位寄存器、计数器或串行存储器中。它没有活动的机械部件、结构紧凑、不受高温或低温影响。它的缺点是信息易失,当掉电时,其数据丢失。

charge coupled image sensor　电荷耦合图像传感器　一种当来自景物的光聚焦到器件表面上时,便引入相应电荷的耦合器件。像素点被依次读取,以产生视频输出信号。也称为"固态图像传感器"。

charge coupled imaging device　电荷耦合成像器　利用光注入少数载流子和时钟脉冲自扫描作用,用半导体工艺制作的成像器。有一维线性阵列和二维面阵列两

种结构。电荷耦合成像器不需要外部机械扫描或电子扫描,尺寸小,量子效率高,可做到全分辨,具有大的动态范围。

Chebyshev array　切比雪夫天线阵　阵元的馈电能产生可以用切比雪夫多项式表示的阵列因子的天线阵。对于给定的旁瓣电平,主波束的宽度被减小到最窄。

Chebyshev filter　切比雪夫滤波器　这种滤波器来自切比雪夫多项式,因此得名。一种在通带或阻带上频率响应幅度等波纹波动的滤波器。切比雪夫滤波器在过渡带比巴特沃斯滤波器的衰减快,但频率响应的幅频特性不如后者平坦。切比雪夫滤波器和理想滤波器的频率响应曲线之间的误差最小,但是在通频带内存在幅度波动。

check bit（CK）　校验[检查]位[比特]　在数据通信中,一个用于检查传输中数据错误的位。校验位的计算值协助确保正确数据传输。这是技术性和探测性控制。

check character　校验字符　用来进行校验的字符。它是由被校验的字或字符通过一定的算法建立起来的。校验字符可以是一个或若干个二进位,通常和被校验的信息连接在一起。

check diagnostic　检查诊断程序　用于查找计算机中的故障或错误的例行程序。

checking code　检验码　读出盘中部分内容以确定其是否为未经授权副本的机器指令。

checking program　检查程序　一种专用的诊断程序。它可以用来检查程序或数据的大部分明显错误,例如非法指令格式、关键字拼写错、不正确的编码或穿孔错误所引起的其他错误等。

check key　校验键标(码)　从数据项导出并附加到该数据项的一个或多个字符,用于发现这个数据项中的错误。

check sum　校验和,检验和　(1)一组数

据的和,它与该组数据相关并用于校验。(2)在软盘盘片上,为检测错误而写入某扇段的数据。如从这些数据算出的校验和与在该扇段写入的数据的校验和不相符,则表示该扇段是一个坏扇段。为了计算校验和,数据应是数字的,也可以是作为数字的字符串的。(3)检验中用到的一个累加和。一个程序可以取一个检验和或一个程序段取一个检验和。当程序输入时,校验程序就计算所有信息之和并与检验和相比较,以判定数据传输正确与否。(4)一些通信协议中使用的技术,如 XMODEM,用于检查线路上在传输信息时发生的错误,它将数据的位数加起来的和与数据一起发送,在到达终点时再检查是否符合一致来判别传输中是否有错误存在。

check sum character 校验和[检查和]字符 加在传输数据块末尾的一种字符。它表示数据块中的数据数。如果接收设备计算的数据数与发出的数据数不符,则在数据中或检查和中发生传输错误。此时,必须重发有错误的数据块。

check sum code 校验和[检查和]码 一种可用来检测数据错误的校验码。其方法是,每组信息的末尾附加一个校验字节,若一个字为 b 位,则它是由该组中所有信息的模 2b 之和。

chelate laser 螯合物激光器 利用稀土螯合物(金属有机化合物)制成的液体激光器。初始激励发生在液体分子的有机部分,然后转移至金属离子以产生激光作用。正常波长范围为 $0.3\sim1.2\ \mu m$。

chemical laser (CL) 化学激光器 直接由诸如氢和氯、氘和氟这类气体之间或在氟化氢或氟化氘与二氧化碳之间的化学反应来产生激光作用所需粒子数反转的气体激光器。化学反应可以是没有外部能源的纯化学反应或由外部能量输入,如放电或闪光启动。其正常波长范围

为 $2\sim100\ \mu m$。

chemical pumped laser 化学泵浦激光器 靠化学反应而不是靠电能来产生泵浦激光器所需光脉冲的一种激光器。

children's online privacy protection act (COPPA) 儿童在线隐私权保护法案 2000 年 4 月颁布的一部美国联邦法律,旨在保护 13 岁以下儿童的在线隐私权。COPPA 法案要求收集 13 岁以下儿童个人信息的万维网站点需事先得到父母或监护人的许可,并且监督和指导儿童使用万维网交互功能(比如聊天室和电子邮件)的网上行为。

CHILL CHILL 语言 在计算技术中,CHILL 是 CCITT high level language 的缩写。是一种过程编程语言,设计用于电信交换机。该语言仍用于某些电信公司的遗留系统和信号箱编程。

China academic network (CANET) 中国学术网 中国学术门户站点,CANET 试图利用网络来扩展学术,将学术大众化,互动化,成为网络文化的一部分,从而带动中国学术的发展壮大。

China advanced info-optical network (CAINONET) 中国高速信息示范网(项目) 1993 年 3 月,我国"863"计划启动了第一个跨主题的重大专项,中国高速信息示范网。在北京海淀区地区建设全光试验网,连接中科院、北京大学、清华大学、北京邮电大学和信息产业部电信研究院等 13 个节点,成为全球规模最大的全光试验网之一。自主研究开发了 6 个 32X32 的光交叉连接设备(OXC),七个光分插复用设备(OADM),和支持多厂商互操作的网络管理系统,标志着我国全面掌握了全光网技术,并取得群体突破。该项目于 2001 年完成并通过验收。

China Broadcast Television (CBTV) 中国广播电视卫星直播平台,中央卫星电视传播中心 简称卫传中心。现是中广影

视卫星有限责任公司。

China Central Television（CCTV） **中国中央电视台** 中华人民共和国国家电视台，1958 年 5 月 1 日试播，同年 9 月 2 日正式播出。原名为北京电视台，1978 年 5 月 1 日更名为中央电视台。现已成为电视、电影、动画制作、网络、报刊、图文电视相互配合的多媒体宣传、广告经营和产业拓宽的综合性电视台。

China Digital Data Network（ChinaDDN） **中国公用数字数据网** 由我国邮电部（现工业和信息化部）经营管理的计算机网络。它是利用光纤（数字微波和卫星）数字传输通道和数字交叉复用节点组成的数字数据传输网，可以为用户提供各种速率的高质量数字专用电路和其它业务，以满足用户多媒体通信和组建中高速计算机通信网的需要。DDN（数字数据网）业务区别于传统模拟电话专线的显著特点是数字电路，传输质量高，时延小，通信速率可根据需要选择；电路可以自动迂回，可靠性高；一线可以多用，即可以通话、传真、传送数据，还可以组建会议电视系统，开放帧中继业务，多媒体业务，或组建自己的虚拟专网设立网管中心，自己管理自己的网络。ChinaDDN 可以提供市内、国内和国际 DDN 专线的各种服务。

China golden bridge network（ChinaGBN） **中国金桥信息网** 1996 年开通的 ChinaGBN 是中国四大骨干网之一。它是中国国民经济信息化的基础设施，是建立金桥工程的业务网，支持金关、金税、金卡等"金"字头工程的应用。金桥工程是为国家宏观经济调控和决策服务，同时也为经济和社会信息资源共享和建设电子信息市场创造条件。ChinaGBN 是以卫星综合数字网为基础，以光纤、微波、无线移动等方式，形成空地一体的网络结构，是一个连接国务院、

各部委专用网，与各省市、大中型企业以及国家重点工程连接的国家公用经济信息通信网，可传输数据、话音、图像等，以电子邮件、电子数据交换（EDI）为信息交换平台，为各类信息的流通提供物理通道。ChinaGBN 通信链路主要由陆上线路和甚小孔径卫星终端（VSAT）构成。

China Home Plug AV（C-HPAV） **中国家庭电力线 AV 标准** HPAV 是由 Cisco、HP、Motorola 及 Intel 等数十家企业共同成立 HomePlug Powerline Alliance（家庭电力线网络联盟）制定的一个标准。在家庭内部的电力线上构筑高质量、多路媒体流、面向娱乐的网络，专门用来满足家庭数字多媒体传输的需要。它采用先进的物理层和 MAC 层技术，提供 200 Mbps 级的电力线网络，用于传输视频、音频和数据。C-HPAV 是我国在有线电视接入网双向改造采用的技术标准。

China Information Security Certification Center（ISCCC） **中国信息安全认证中心** 依据国家有关强制性产品认证、信息安全管理的法律法规，负责实施信息安全认证的专门机构。中国信息安全认证中心对信息安全产品实施认证，并开展信息安全有关的管理体系认证和人员培训、技术研发等工作。具体包括：① 在信息安全领域开展产品、管理体系等认证工作；② 对认证及与认证有关的检测、检查、评价人员进行认证标准、程序及相关要求的培训；③ 对提供信息安全服务的机构、人员进行资质培训、注册；④ 开展信息安全认证、检测技术研究工作；⑤ 依据法律、法规及授权从事其他相关工作。

China Internet Network Information Center（CNNIC） **中国互联网络信息中心** CNNIC 是经国家主管部门批准，于 1997 年 6 月 3 日组建的管理和服务机构，行使国家互联网络信息中心的职责。

C

CNNIC 承担的主要职责：① 互联网地址资源注册管理。CNNIC 是我国域名注册管理机构和域名根服务器运行机构,负责运行和管理国家顶级域名.CN、中文域名系统、通用网址系统及无线网址系统,以专业技术为全球用户提供不间断的域名注册、域名解析和查询服务;② 目录数据库服务。CNNIC 负责建立并维护全国最高层次的网络目录数据库,提供对域名、IP(网际协议)地址、自治系统号等方面信息的查询服务;③ 互联网寻址技术研发;④ 国际交流与政策调研。

China mobile multimedia broadcasting (CMMB) 中国移动多媒体广播 2006 年 10 月 24 日,国家广电总局正式颁布中国移动多媒体广播(俗称手机电视)行业标准。该标准规定了在广播业务频率范围内,面向手机、笔记本电脑等多种移动终端的通信系统的信道传输信号的帧结构、信道编码和调制方式,标准适用于 30 MHz 到 3 000 MHz 频率范围内的广播业务频率。通信系统利用大功率 S 波段卫星信号覆盖全国,利用地面增补转发器,同频同时同内容转发卫星信号补点覆盖卫星信号盲区,利用无线移动通信网络构建回传通道,从而组成单向广播和双向交互相结合的移动多媒体广播网络。实现"天地"一体覆盖、全国漫游,支持 25 套电视和 30 套广播节目。

China mobile net (CMNet) 中国移动互联网 CMNet 由中国移动通信集团公司拥有。公司主要经营话音、数据、多媒体和 IP(网际协议)电话业务,是具有国际互联资格的因特网业务提供商。

China national vulnerability database of information security (CNNVD) 中国国家信息安全漏洞库 是中国信息安全测评中心为切实履行漏洞分析和风险评估的职能,负责建设运维的国家信息安全漏洞库,为我国信息安全保障提供基础服务。于 2009 年 10 月 18 日投入运行,CNNVD 与安全厂商和技术专家合作,不断扩大漏洞收集和分析渠道,为漏洞发现和验证提供支持,降低信息安全事件发生的可能性,降低漏洞风险。为政府、产业、社会提供漏洞收集、分析、通报、评估和服务,在信息安全领域取得实际进展和发挥重要作用。

ChinaNet 中国公用计算机互联网 ChinaNet 是由中国原邮电部(现工业和信息化部)设计建设的全国性计算机网络。于 1995 年 5 月正式向社会开放,是中国四大骨干网之一。ChinaNET 是中国最大的因特网服务提供商,它是中国第一个商业化的计算机互联网,它以中国电信为基础,凡是电信网(中国公用数字数据网、中国公用交换数据网、中国公用帧中继宽带业务网和电话网)通达的城市均可通过 ChinaNET 接入因特网,享用因特网服务。ChinaNET 的服务包括：因特网接入服务,代为用户申请 IP(网际协议)地址和域名,出租路由器和配套传输设备,提供域名备份服务,技术服务和应用培训。

China Netcom（CNCnet） 中国网通网 CNCnet 由中国网络通信公司建设并运行。该公司由中国科学院、广播电影电视总局、铁道部和上海市政府四家单位于 1999 年成立。2002 年 5 月 16 日,根据国务院《电信体制改革方案》,中国网通在原中国电信集团公司及其所属北方 10 省(区、市)电信公司、中国网络通信(控股)有限公司、吉通通信有限责任公司基础上组建而成。2008 年 10 月 6 日起中国网通与中国联通合并为中国联合网络通信有限公司。中国网通拥有覆盖中国、通达世界、结构合理、技术先进、功能齐全的现代通信网络,主要经营国内、国际各类固定电信网络设施及相关电信服务。

China network television (CNTV) 中国网络电视台 CNTV 是中国国家网络电视播出机构,是以视听互动为核心、融网络特色与电视特色于一体的全球化、多语种、多终端的公共服务平台。

China next generation internet (CNGI) 中国下一代互联网 该项目是中国政府发起的一项五年计划,目的是通过尽早采用 IPv6,在互联网的未来发展中占据重要地位。根据题为"CNGI-CERNET2/61X"的小册子,CNGI 工作的主要任务如下:中国下一代互联网骨干网的建设;开发下一代互联网的关键网络技术和主要应用;促进下一代互联网设备和软件产业化和应用发展;参与国际组织,在标准制定中发挥重要作用。IPv6 被选为关键技术。美国几乎占有理论上最大 IPv4 地址的三分之一(约 43 亿),而中国拥有的高速互联网用户数比 IP 地址更多,并且是所有国家中最大的互联网用户群。随着 IPv6 的实施,中国计划避免即将出现的 IPv4 地址耗尽问题。

ChinaPAC network 中国公用分组交换网 由中国邮电部(现工业和信息化部)组建的国家公用分组交换数据网,提供多种服务。拨号入网用户可全国漫游,具有多地址广播、虚拟专用网、闭合用户群、用户号码连选等功能,支持国际电报电话咨询委员会(CCITT) X.25、X.28、X.29、X.32、X.3、X.75 等协议和 SNA(系统网络体系结构)网络协议、令牌环、帧中继、TCP/IP(传输控制协议/网际协议)等。电话拨号入网的通信速率为 1 200~9 600 bps,专线入网的通信速率为 1.2~64 kbps。

China Radio and Television Network Co., Ltd. 中国广播电视网络有限公司(广电国网) 是国务院推进三网融合确定的目标,以此积极推进各地分散运营的有线电视网络整合,采取包括国家投入资金在内的多种扶持政策,充分利用市场手段,通过资产重组、股份制改造等方式。国家级有线电视网络公司要作为有线电视网络参与三网融合的市场主体,负责对全国有线电视网络的升级改造。

China telecommunications broadcast satellite corporation (ChinaSat) 中国通信广播卫星公司 简称"中国卫通",成立于 1985 年,是国内首家运营卫星通信广播业务的国有企业。公司主要业务是:建设、经营、管理国内民用通信广播卫星系统;对民用通信广播卫星空间段及地球站提供监控服务;开发经营卫星通信、广播、电视传送和移动通信业务;提供卫星通信系统总承服务、卫星通信设备的销售和维修;提供与上述业务有关的技术咨询和技术服务。

Chinese character coding scheme 汉字编码方案 汉字集元素映射到其他字符集元素的一组规则。对单个汉字的编码叫汉字码;对汉语词语的编码叫词语码或简称词码;以汉字的基本部件(字根)为码元的汉字编码称为部件(字根)码;以汉字的基本笔划为码元的汉字编码称为笔划码;不遵循明文规定的编码规则而另作例外处理的编码称为例外码等等。

Chinese character encoding 汉字编码 给汉字规定一种便于计算机识别的代码,使每一个汉字对应于一个数字串或符号串,从而把汉字输入计算机。汉字的编码方法大致有以下几类:① 流水码,包括 4 位等长电报码、气象电报码、通信密码等;② 纯音码,直接以拼音作为编码,并加标调,还有用英语字母组成纯音码编出的词汇码、词组码以及把中国切韵加以发展成为双拼码;③ 音形码,也称为"声韵与部、形、义、频度结合码";④ 形码,也称为"纯形编码"或"从形编码"。有的取汉字结构特征的笔形,用英文字母或数字作代表符来编码,例如三角号

C

码、四角号码等。有的用取笔顺和收笔顺来编排码序。有的用笔划形状来编码等等。

Chinese character exchange code　汉字交换码　(1) 中国国家标准 GB 2312 80 信息交换用汉字编码字符基本集。该标准于 1981 年 5 月 1 日开始执行,该标准规定了信息交换用的基本图形字符及其二进制编码表示,它适用于一般汉字处理、汉字通信等系统之间的信息交换。该标准收集了一般符号、序号、数字、拉丁字母、汉字等共 7 445 个图形字符,其中一般符号 202 个(包括间隔、标点符号、运算符号、单位符号及制表符号等),序号 60 个,数字 22 个(0～9,Ⅰ～Ⅻ),拉丁字母 52 个(大小写字母各 26 个),日文假名 169 个,希腊字母 48 个(大小写各 24 个),俄文字母 66 个(大小写各 33 个),汉语拼音符号 26 个,汉语注音字母 37 个,汉字 6 763 个,分成两级。第一级汉字 3 755 个,第二级汉字 3 008 个。(2) 用于汉字信息处理系统之间或者通信系统之间进行信息交换的汉字代码。为达到系统设备之间或记录媒体之间信息交换或互换的目的,汉字交换码必须采用统一的格式。汉字交换码的编制应考虑到同现行计算机系统所采用的标准信息处理交换代码的兼容性,使所选择的汉字具有通用性和实用性,并且提高编码效率。

Chinese character expanded code　汉字扩充码　表示包含汉字的字符集的编码。标识汉字仅用 7～8 位编码($2^8 = 256$)远远不够,因此要寻找一种扩充代码的方法,有效地表示出数以万计的汉字。用增加位数的方法可扩充编码容量,如采用 16 位编码,则 $2^{16} = 64$ k,可有 6 万多个编码。

Chinese education and research network (CERNET)　中国教育和科研计算机网　由中国国家教育委员会主持建立的计算机网络,它主要面向教育和科研单位,是全国最大的公益性互联网络。1996 年被国务院确认为全国四大骨干网之一。CERNET 分四级管理,分别是全国网络中心;地区网络中心和地区主节点;省级网络中心;校园网。CERNET 全国网络中心设在清华大学,负责全国主干网的运行管理。地区网络中心和地区主节点分别设在清华大学、北京大学、北京邮电大学、上海交通大学、西安交通大学、华中科技大学、华南理工大学、电子科技大学、东南大学、东北大学等 10 所高校,负责地区网的运行管理和规划建设。省级节点设在 36 个城市的 38 所大学,分布于全国除台湾省外的所有省、市、自治区。

Chinese national standard code for information interchange　国标交换码　《信息交换用汉字编码字符集》中汉字的编码表示,特指十六进制表示的汉字节组 21～7E。

Chinese science and technology network (CSTNET)　中国科技网　CSTNET 是在北京中关村地区教育与科研示范网(NCFC)和中国科学院网(CASNET)的基础上建设和发展起来的,1994 年 4 月首次实现与国际因特网的直接连接。1996 年 2 月,中国科学院决定正式改名为"中国科技网"(CSTNET),是全国四大骨干网之一。CSTNET 以确立实现中国科学院科学研究活动信息化和科研活动管理信息化为建设目标,先后独立承担了中国科学院"百所"联网、中国科学院网络升级改造工程的建设以及国家"863"计算机网络和信息管理系统、网络流量计费系统、网络安全系统等项目的开发,并且负责中国科学院视频会议系统、邮件系统的建设和维护。

chip frequency　码片频率　在扩展频谱系统中,由一个跳频发生器产生的频率中的一种,是在扩展频谱代码序列发生器的芯片时间内发生的一种频率。

chip rate　码片速率　在直接序列调制扩频系统中,信息比特以伪随机序列码片传送的速率。码片速率通常数倍于信息比特速率。

chips per second (cps)　每秒码片　码片速率单位。码片是扩频码分多址(SSMA)移动通信中数据传输的基本单位,是码分多址(CDMA)编码序列中的二进制单元。例如宽带码分多址的码片速率是 4.095 Mcps,即速率为每秒 4.095 兆码片。

chip time　码片时间　在扩频系统中,一个由码片中的跳频信号发生器产生的频率的持续时间。

chirping　啁啾　通信技术的一种术语,是指对脉冲进行编码时,其载频在脉冲持续时间内线性地增加到某一频率,会发出一种声音,听起来像鸟叫的啁啾声,故名"啁啾"。后来就将脉冲传输时中心波长发生偏移的现象称为"啁啾"。例如当单纵模激光器工作于直接调制时,注入电流的变化会引起载流子密度的变化,进而使有源区的折射率指数发生变化,结果使激光器谐振腔的光路径长度随之变化,从而导致振荡波长随时间漂移的现象,也叫"啁啾"。

chirp modulation　线性调频调制　对载波信号以固定速率在可用频段重复扫描的调制。在接收机中,这种具有高平均功率的宽脉冲由增强有用信号而同时对无用信号进行鉴别的延迟线技术压缩成窄脉冲。这种调制常用于雷达和声呐中,以将多径回波、噪声串扰和频率漂移的影响减至最小。也称为"扫频调制"。

chirp radar　线性调频雷达　发射扫频信号、接收来自目标的扫频信号,然后及时进行压缩,以给出称为线性调频脉冲信号的最终窄脉冲的雷达。压缩是用一个

引入与频率成正比的延迟网络来实现。这类雷达的优点是对干扰的抗扰度高以及对随机噪声信号的固有抑制。

chopped lightning impulse　雷电冲击截波　被突然截断的雷电冲击波。其截断时刻可以发生在波前、波峰或波尾。

chopper　斩波器　每隔一定时间截断电流、光束或红外辐射,以便使交流放大器放大相关量或电信号的装置。斩波器也可能是带有可控硅整流器的单端变流器,以将直流电压变换成不同电压的直流电源或将直流变换成交流。

chopper stabilized amplifier　斩波稳定放大器　具有与斩波放大器相并联的直接耦合放大器的直流放大器。斩波放大器可以对直接耦合放大器中的漂移提供更高的稳定性,特别是在采用负反馈时尤其如此。相反,直接耦合放大器将频率范围扩大到超出斩波放大器的频率范围。

chopping　限幅　在预定的幅度电平上除去波形的尖峰。

chroma control　色度控制[调节]　调节馈至彩色电视接收机中色度解调器的载波色度信号幅度,以改变彩色图像色调饱和度或鲜艳度的控制。当处于控制的零位置时,接收的图像成为黑白图像。也称为"彩色控制"或"颜色饱和度控制"。

chroma decoder　色度解码器　一种用于将复合视频信号解码出红色、绿色和蓝色成分信号的视频处理器,主要供专业人员使用,是与 RGB 监视器、视频投影机、色度键控器等设备兼容的色度解调器。

chroma demodulator　色度解调器　用于在 NTSC 或 PAL 制式视频信号通过Y/C分离器后,解码出颜色信号的设备。用Y/C分离器输出的信号恢复为两个色差信号(通常为 I、Q 信号,或 U、V 信号),视频系统根据亮度信息和色差信号在显

示器上生成出原有的颜色。

chroma key 色度键(法),色控值 (1)利用某种背景色的色度信号对电路进行键控,即把来自一个视频源的图像取代某一特定颜色的另一个视频图像,或叠加到来自另一个视频源的图像中并且使用颜色进行区别而所用的电子方法。(2)用来指定产生透明或半透明效果的值。色控值是根据彩色图像某些部分的饱和度和色调确定的,而不是根据亮度确定的。

chroma subsampling 色度抽样,彩色子采样 通过减少颜色信号的样本数但不减少亮度信号的样本数来降低颜色分辨率的过程。

chromatic aberration 色差 (1)一种不良的图像,它的产生是由于各波长的光波通过一个光学系统走不同的光学通道而造成的,即此不良图像是由系统中光学元件产生的色散造成的。(2)由于电子以不同初速度脱离阴极,以致受到电子透镜和偏转线圈不同的偏转而引起阴极射线管屏幕上光点扩大和模糊的一种电子枪缺陷。

chromatic dispersion 色散 光信号通过光纤或设备的传输速度随波长而变化的程度。该特性起因于光纤性质和光纤纤芯与包层之间的折射率差异。

chrominance components 色度分量 以彩色空间中的灰色轴上一点为原点作一恒亮度平面,色度矢量循着该平面上一对坐标轴的分量称为色度分量。

chrominance demodulator (CD) 色度解调器 用于彩色电视接收机的一种解调器,其功能是从副载波色度信号导出视频色度信息。

chrominance modulator 色度调制器 彩色电视系统中,用来从视频彩色分量和色度副载波形成副载波色度信号的调制器。

chrominance signal component (CSC) 色度信号分量 当色度基色信号以适当方式调制相位适当的副载波时,所产生的色度信号的分量之一。

CIELUV CIELUV 色彩空间 在比色法中,CIE 1976($L*,u*,v*$)色彩空间(通常用缩写 CIELUV)是 1976 年国际照明委员会(CIE)采用的色彩空间,作为 1931 年 CIE XYZ 色彩空间的易于计算的转换,但其尝试视觉感知的均匀性。它广泛用于处理彩色光的应用程序,如计算机图形学。虽然不同颜色光的添加剂混合物会落在 CIELUV 的均匀色度图(称为 CIE 1976 UCS)的线上,与普遍的看法相反,这种添加剂混合物不会沿着 CIELUV 色彩空间中的线落下,除非混合物在亮度上是恒定的。

CIE 1931 color spaces CIE 1931 色彩空间 是在电磁可见光谱中波长分布与人类色觉中生理感知色彩之间的第一个定义的定量联系。定义这些色彩空间的数学关系是进行色彩管理的基本工具,在处理彩色墨水,照明显示器和数码相机等录像设备时非常重要。1931 年国际照明委员会(CIE)创建了 CIE 1931 RGB 色彩空间和 CIE 1931 XYZ 色彩空间。它们是在 20 世纪 20 年代后期由 William David Wright 和 John Guild 完成的一系列实验的结果。把实验结果结合到 CIE RGB 色彩空间的规范中,从中导出 CIE XYZ 色彩空间。CIE 1931 色彩空间仍被广泛地使用,1976 年的 CIELUV 色彩空间也是如此。

CIE 1960 YU'V' CIE 1960 YU'V' 颜色空间 由 CIE 1931 xyY 经过线性变换之后得到的颜色空间,企图得到均匀的色度图,即在色度图中,代表两种颜色的两个点之间的色差与对颜色感知的差别是均匀的。其中的 Y 值与 CIE XYZ 或者 CIE xyY 中的 Y 值相同,$u = 2x/(6y -$

$x+1.5), v=3y/(6y-x+1.5)$。

CIE 1976 UCS diagram　CIE 1976 均匀色度换算色度图　通过把亮度和颜色分开,然后使用数学公式把 CIE 1931 XYZ 中的 x,y 坐标变换到命名为 u,v 的坐标得到的均匀色度图。其最大的特点是在色度图上两点之间的距离与感知色差近似成正比。1960 年国际照明委员会(CIE)在众多方案中采纳了一种比较精确的色度图,1976 年对它做了进一步的修改,得到了一个更加均匀的色度图,并把 u,v 命名为 u',v',叫做 CIE 1976 Lu'v' 色度图,通常写成 CIE 1976 UCS (uniform chromaticity scale)。与 1931 年的 CIE xy 色度图相比,蓝色-红色部分伸长了,白光光源移动了,绿色部分减少了。

Cinepak　高压缩倍率影片格式,(苹果机) Cinepak 算法　(1) 一种高质量媒体带宽压缩技术,非实时压缩,可以由软件回放。在数据传送速率为 150 Kbps 时,其 24 位数据格式能产生 320x240 分辨率、每秒 15 帧的视频图像。这种多年前用于播放光碟内容的技术,已无法与当今的技术竞争。(2) 美国 Apple 公司为 QuickTime 开发的视像压缩与解压缩算法。视像格式为 320×240 像素、15 帧/秒,广泛用在 Macintosh 和 Windows 环境下。

circle-in　环形进入　一种光学效果,一幅图像淡化消失,取代它的另一幅图像从屏幕中部以环形放大的形式出现。逆过程为环形淡出。

circle-out　环形退出　一种光学效果,是 circle-in 的逆过程。

circuit switched connection　电路交换接续　为了允许独占使用电路直到接续释放,在两个或多个站之间或是一组数据终端设备之间根据需要而建立和保持的电路。

circuit switched data (CSD)　电路交换数据　在通信技术中,CSD 是为基于时分多址(TDMA)的移动电话系统(如全球移动通信系统)开发的原始数据传输形式。2010 年后,许多电信运营商放弃了对 CSD 的支持,CSD 已经被 GPRS(通用分组无线业务)和 EDGE(增强型数据速率全球移动通信系统演进技术)所取代。

circuit switched network (CSN)　电路[线路]交换网络　一种网络结构,其中源节点通向目标节点的信息传输首先通过向中间节点发出命令建立一条通路。该通路一直保持有效,直到这些中间节点收到取消通路的命令为止。电话系统是电路交换网络。

circularly polarization　圆极化　电场的水平分量与垂直分量的振幅相等,但相位相差 90°或 270°时的正弦电磁波。

circularly polarized wave　圆极化波　在某一点其电场矢量和(或)磁场矢量描绘出一个圆的电磁波。这个术语通常适用于横向波。

circular scan　圆扫描　(1) 使雷达天线在整个圆内旋转,以便波束形成一个平面或顶角接近 180°锥形的扫描。(2) 在卫星通信系统中,地球站的方向性天线搜寻方式,其中天线通常围绕着竖轴或水平轴旋转。旋转可能是整个圆或仅是圆的一部分。圆扫描在初步指向预测的位置后使用,这使得天线能够在自动跟踪前,捕获下行链路信号。

Cisco adaptive security appliance (Cisco ASA)　思科(公司)自适应安全设备　思科 ASA 系列安全设备可保护各种规模的企业网和数据中心。它为用户提供高度安全的数据和网络资源访问,任何时间,任何地方,使用任何设备。思科 ASA 设备代表了超过 15 年的成熟防火墙和网络安全工程地位。ASA 软件是思科 ASA 系列的核心操作系统。它为各种形式的 ASA 设备提供企业级防火墙功能，独立设备、刀片和虚拟设备，适用于任何分布式网络环境。ASA 软件还与其他关键安全技术集成，提供全面的解决方案，以满足不断变化的安全需求。

Cisco certified internetwork expert (CCIE) 思科(公司)认证互联网络专家 思科公司推行的一项高级认证证书，包括五个领域：路由选择和交换、因特网服务提供商(ISP)拨号、广域网交换、SNA(系统网络体系结构)与 IP 集成、网络设计。

Cisco discovery protocol (CDP) 思科(公司)发现协议 是思科(公司)开发的专有数据链路层协议。它用于共享有关其他直接连接的 Cisco 设备信息(例如操作系统版本和 IP 地址)。CDP 还可以用于按需路由，这是一种在 CDP 公告中包含路由信息的方法，因此不需要在简单网络中使用动态路由协议。通过它可以自动发现和追踪路由器和交换机之间的物理连接。

Cisco express forwarding (CEF) 思科(公司)快速转发技术 是一种先进的第 3 层交换技术，主要用于大型核心网络或因特网，以提高整体网络性能。虽然 CEF 是思科专有协议，但其他多层交换机或高性能路由器供应商提供类似的功能，其中第 3 层交换或路由是在硬件 ASIC(专用集成电路)中而不是由软件和 CPU 实现的。

Cisco internet operating system (Cisco IOS) 思科(公司)因特网操作系统 最初 IOS 是互联网络操作系统 Internetwork Operating System 的缩写。是大多数思科(公司)路由器和当前网络交换机上使用的软件系列。IOS 是集成到多任务操作系统中的路由、交换、网络互连和通信功能软件包。

Cisco IOS XR 思科 IOS XR 操作系统 是思科系统广泛部署的一系列因特网操作系统(IOS)，用于其高端网络汇聚系统(NCS)、运营商级路由器，如 CRS(运营商路由系统)系列，12000 系列和 ASR9000 系列。

Cisco Systems 思科系统公司，Cisco 公司 1984 年美国加利福尼亚州斯坦福大学几名科学家成立了一个研究小组，目的是寻找一种连接不同类型的计算机系统的简便方法。从大学所在地名 SAN Francisco 中截取最后几个字母，这就是思科系统公司的最早起源。现已成为世界上主要计算机网络产品供应商之一。

CiscoView CiscoView 软件 思科(公司)的一种图形用户界面(GUI)网络管理软件，提供 Cisco 网络互联设备的动态状态、统计和配置等综合信息，还提供设备监视功能与基本查错功能。

citizens' band radio (CB radio) 民用波段无线电 指个人和团体(例如商业团体)之间的信息传输。一般使用小功率发射机，典型的是在 20 英里以内的范围。在美国，大多数 CB 无线电的波段过分拥挤(在美国为 27 兆左右)，美国 CB 无线电用户研制了他们自己的电码表。CB 无线电也用于其他方面，如电子设备的遥控。

civision 加密电视信号 编成密码的电视信号，即为了保持所传送信号的秘密性而加密传送的电视信号。

cladding 封套，包层 (1)光缆中传导纤芯与屏蔽层之间的内层，在光学特性上比纤芯要稀疏，因此可以将光信号反射回纤芯，帮助传导光波沿导体传输。(2)电缆的包层，是指表面处理覆盖在金属电缆外的保护层。包括轧制、挤压、牵拉、旋锻等工艺。

clamp 钳位 为视频信号中的各个重复性分量确立一个固定电平的过程。

clamper 钳位器 也称为直流恢复器，是一种防干扰电路。该电路在每一行扫描开始前设置图像信号的视频电平,以避免将视频系统中的杂散电子噪声引入到图像信号中。

class A certification　A 级认证　美国联邦通信委员会(FCC)制定的一个安全标准。凡能达到 A 级标准的计算机产品,其电磁波辐射已降低到可满足商业或工业应用需要的程度,但仍有可能干扰家用电器如电视机、收音机等的正常工作。

class A IP address　A 类 IP 地址　一种单播 IP 地址,范围从 1.0.0.1 到 126.255.255.254。第一组的 8 位(从十进制的 1 到 126)表示该网络标识符,后面的三组 8 位所表示的编号为该网中的主机。

class A modulator　A 类调制器　提供对载波进行调制所需信号功率的 A 类放大器。

class A television service　A 类电视服务　是管理美国一些低功率电视台(LPTV)的系统。A 类电台由广播呼号后缀"-CA"(模拟)或"-CD"(数字)表示,尽管非常多的模拟-CA 电台具有数字伴随频道,该频道被分配了常规(非 A 类)数字LPTV 电台的"-LD"后缀。

Class B certirication　B 级认证　美国联邦通信委员会(FCC)制订的一个安全标准,这个标准比 A 级标准更严格。若计算机产品能达到 B 级标准,它自身辐射的电磁波不会影响家用电器的正常工作,并能有效地防护外界电磁信号干扰。但它产生的电磁辐射信号仍有可能被外界高灵敏度的接收设备所窃收。

class B IP address　B 类 IP 地址　一种单播 IP(国际协议)地址,范围从 128.0.0.1 到 191.255.255.254。前面的两个 8 位组(从十进制的 128.0 到 191.255)表示该网络标识符,后面的两个 8 位组所表示的编号为该网中的主机。

class C IP address　C 类 IP 地址　一种单

播 IP(国际协议)地址,范围从 192.0.0.1 到 223.255.255.254。前面的三个 8 位组表示该网络标识符,最后一个 8 位组所表示的编号为该网中的主机。

class D address　D 类地址　用于组播的因特网地址。它的第一个字节的前四位固定为 1110。D 类地址范围:224.0.0.1 到 239.255.255.254。

class E IP address　E 类 IP 地址　因特网保留使用的 IP(国际协议)地址类别,范围从 240.0.0.1 到 254.255.255.254。目前仅作因特网的实验与开发。

classless address　无类别地址　通过对 32 位 IP(国际协议)地址编码,形成与传统的 A、B、C、D 和 E 类无关联的因特网地址。

classless inter domain routing (CIDR)　无类[无级]域间路由选择　是为了解决 B 类地址耗尽、路由表爆炸和整个 IP(国际协议)地址耗尽的问题而开发的一种直接的解决方案,它可以使因特网得到足够的喘息时间来等待新一代 IP(国际协议)出台。按 CIDR 策略,用申请几个 C 类地址来取代申请一个单独的 B 类地址,且所分配的 C 类地址并不是随机的,而是连续的,最高位相同,即具有相同的前缀。

class of SCCP service　信令连接控制部分业务类别　七号信令系统(SS7)中,信令连接控制部分(SCCP)是用户部分之一,属于第四功能级,同时为消息传递部分(MTP)提供附加功能,以便通过信令网在电信网中的交换局和专用中心之间传递电路相关的信息和其他类型的信息,建立无连接或面向连接的业务。SCCP 的业务分为四类:0 类(Class 0),基本的无连接服务;1 类(Class 1),消息有序的无连接服务;2 类(Class 2),基本的面向连接服务;3 类(Class 3),带流量控制的面向连接服务。

Class 1 office (C1)　C1 局　我国长途电话交换网的大区交换中心。是国内电话网的分级体系结构中的最高级。我国设八个大区中心局,分别在北京、上海、广州、沈阳、南京、武汉、成都和西安。

Class 2 office (C2)　C2 局　我国长途电话交换网的分级体系结构中的第二级交换中心,一般设在直辖市和省会。

Class 3 office (C3)　C3 局　我国长途电话交换网的分级体系结构中的第三级交换中心,设在地、市一级。

Class 4 office (C4)　C4 局　我国长途电话交换网的分级体系结构中的第四级(最低一级)交换中心,设在县一级。

Class 5 office (C5)　C5 局　指市话端局,它是整个电话交换网结构系统中最低等级的交换局。

clear forward (CLF)　前向拆线[释放],(主叫)挂机[拆线]　属于七号信令系统(SS7)中的呼叫监视消息,当主叫先挂机或者主叫收到后向信号 CBK(后向释放)后,发送的拆线信号。

clear forward signal　前向拆线信号　在半自动和自动电话系统中,通过话务员或当一个用户将手提送受话器放置在送受话器叉簧上时,产生一个呼叫终端上前向传送的信号,从而释放所有电路,提供给其他呼叫。

clear to send (CTS) flow control　清除发送流控制　通信设备通过在 RS-232 D 接口上提高引线电平来表明准备接收数据的规程。

clear to send delay　清除发送延迟　把一个数据设备发送或回答刚收到的信息通知终端装置所需要的时间。又称"换向时间延迟"。

clear to send signal　清除发送信号　一个指示它发送数据准备就绪的信号。

clear traffic　透明业务　一种通信业务,它没有加密、干扰或以任何方式故意使它不可认。

clickwrap agreement　点击式许可协议书　软件或网站上的一种契约或使用许可文件,它提出使用软件或网站提供的产品和服务所需遵循的条件。用户必须同意点击式(许可)协议书中的条款,典型做法是点击"我同意"或"同意"按钮之后才可以安装软件、使用产品或服务。点击式许可协议书是最终用户许可协议的一种电子版本。

client/network model　客户机/网络模式　继客户机/服务器之后将出现的网络运用模式。随着因特网新型服务的不断出现和这些服务的广泛应用,基于特定平台的服务将让位于基于整个网络的服务,于是客户机/服务器方式也将让位于客户机/网络服务方式。那时的客户软件将类似于因特网浏览器,运行客户机软件的微机将被网络计算机所取代。对服务器访问的范围将面向整个网络。

client/server network　客户机/服务器网络　局部网络中的一种系统构成方式,将服务器和各工作站看作是智能的可编程设备,以充分利用各设备的能力,将一个应用程序的处理分成两部分:一个"前端"客户机和一个"后端"服务器。客户机是一个完整的微机系统,为用户提供操作界面。服务器在另一个较大的计算机中,通过提供服务来增强客户机的功能和性能,服务操作包括数据库管理、信息共享、复杂的网络管理和安全保障。

clip　裁剪,限幅　(1)在多媒体中指一段记录的摄影或者录像的信息。(2)限幅是去掉电路的一个信号的波峰。

clipper　限幅[削波]器　去掉电流波形中超过或低于指定值的部分的一种电路,称为限幅器或削波器。黑白限幅器通常用于视频处理,以防止不必要的信号漂移高于标称峰白电平或低于黑电平。

clipper limiter　限幅器　其输出对处于两

个预定极限之间的某个数值范围随瞬时输入幅度而变,但对超出该范围的输入值的其他电平,输出近似呈常数的器件。

clipping distortion　削波失真　每个电路和音响单元都有一定的动态,这是由于电子电路本质决定的,若信号电平过强,超过电路允许范围(阈值),信号就不能顺利通过,而其波形被削掉一部分,就产生了削波失真。

clipping level　削波[限幅]电平　波形被削波处的幅度电平。

clock (CLK)　时钟　(1) 测量或指示时间的装置,例如时钟计数器在固定的时间间隔改变其内容,可用它量度时间。(2) 一个生成周期性的有精确时间间隔的信号的设备,用于为数字系统定时、调节处理器的工作以及产生中断。(3) 产生周期性同步信号的一种由振荡电路、分频电路等组成的硬件设备。计算机时钟产生的信号频率非常高,以兆赫(兹)(MHz)计。时钟有时又称"中央处理机时钟""主时钟""定时时钟""控制时钟"。时钟与时钟脉冲发生器的意义基本相同,前者比较强调它的同步定时作用,后者比较强调它的电路特征。有时也把由时钟产生的同步信号——时钟脉冲称为时钟。(4) 数据通信的计时装置。在数据流中控制比特发送的计时及控制比特接收采样的计时。

closed flow network　闭型流动网络　与外界不发生信息交换的局部网络。

closed loop noise bandwidth　闭环噪声带宽　锁相环的闭环传递函数的绝对值在所有频率上的积分。闭环噪声带宽乘上噪声频谱密度等于锁相环的输出噪声功率。

closed network　闭合网络　所有电缆路径和配线柜直接或间接连接在一起的一种网络。也称为"闭合路径"。

closed numbering plan　闭锁[等位]编号方案　对一定范围内的电话用户采取同样长度的电话号码。例如本地网内一般采用闭锁编号,网中所有电话用户具有相同长度的电话号码位数。又如我国的长途电话区号则采用开放[不等位]编号方案。

closed platform　封闭平台　或围墙花园(walled garden)或封闭式生态系统(closed ecosystem),是一种软件系统,运营商或服务提供商可以控制应用、内容和媒体,并限制对未经批准的应用或内容的方便访问。这与开放平台形成对比,在开放平台中,用户通常可以无限制地访问应用和内容。

closed user group (CUG)　闭合用户群[组]　公用数据网的一组特定的用户。它们具有这样一种特性:用户之间的通信只限于本群内,而不能与群外的用户通信。

Clos network　克洛斯[Clos]网络　是通信领域中的一种多级电路交换网络,它能提供大量的可选路径,具有高度的接通率。最早由 Charles Clos 于 1952 年正式提出,它代表了实用的多级交换系统理论的理想化。当交换需要超过最大可行的单纵横制交换机的容量时,就需要多级网络。Clos 网络的主要优势在于,所需的交叉点数目(即构成每个纵横制开关)可能远远少于整个交换系统使用一个大型纵横制开关实现的情况。克洛斯网络有三级:入口级,中间级和出口级。每级都由一些纵横制开关组成,通常就称为纵横制。每个呼叫进入入口纵横制开关的都可以通过任何可用的中间级纵横制开关路由,到相关的出口纵横制开关。如果连接入口开关到中间级开关的链路以及连接中间级开关到出口开关的链路都空闲,则中间级纵横制开关可用于特定的新的呼叫。

cloud　云(斑)　电像管嵌镶面各部分之间的电场差别导致边界电位不匀,由此在嵌镶面前方某些部位形成的电子云使重现图像上出现斑块,这些斑块称为云斑,习惯称为黑斑。

cloud absorption **云层吸收** 电磁波在空间传送过程中被云中的水或冰粒吸收所引起的辐射衰减。

cloud attenuation **云层衰减** 由云层中的散射作用引起的电磁辐射衰减。

cloud collaboration **云协作** 是通过使用云计算共享和共同创建计算机文件的一种方式,通过这种方式,上传文档到中央"云"进行存储,然后可以被其他人访问。云协作技术允许用户对文档进行上传、评论和协作,甚至修改文档本身,进而开发文档。在过去几年中,企业越来越多地转向使用云协作方式。

cloud communications **云通信** 是基于因特网的语音和数据通信,其中通信应用、交换和存储由使用它们的第三方外部组织托管,并通过公共因特网访问。云服务是一个广泛的术语,主要指的是通过因特网基础架构运行和访问的托管的数据中心服务。直到最近,这些服务一直以数据为中心,但随着 VoIP(IP 电话)的发展,语音已成为云现象的一部分。云电话(也称为托管电话)专指语音服务,更具体地说是用第三方 VoIP 服务替代传统的企业电话设备,如专用小交换机(PBX)。

cloud computing **云计算** 是一种信息技术(IT)范式,这种模式可以随时访问可配置资源(如计算机网络、服务器、存储器、应用程序和服务)的共享池。经常通过因特网能够以最少的管理工作快速提供资源。云计算允许用户和企业具有各种计算能力在私有云或位于数据中心的第三方服务器上存储和处理数据,从而使数据访问机制更加高效和可靠。云计算依靠资源共享来实现规模的连贯性和经济性,类似公用事业。

cloud database **云数据库** 是通常在云计算平台上运行的数据库,对它的访问是作为服务提供的。这种数据库服务关注数据库的可伸缩性和高可用性。数据库服务使底层软件栈对用户透明。

cloud data management interface（CDMI） **云数据管理接口** 是一种 SNIA(存储网络行业协会)标准,它指定了用于自配置、管理和访问云存储的协议。CDMI 定义了 RESTful(表现状态传输的体系结构风格)HTTP(超文本传输协议)操作,用于评估云存储系统的能力,分配和访问容器和对象,管理用户和组,实现访问控制,附加元数据,进行任意查询,使用持久队列,指定保留间隔和用于实现合规性目的的保留,使用日志记录工具,计费,在云系统之间移动数据,以及通过其他协议(如 iSCSI(因特网小型计算机系统接口)和 NFS(网络文件系统))导出数据。通过 TLS(传输层安全协议)获得传输安全性。

cloud echo **云层回波** 由雷达信号从云层反射而在雷达屏幕上产生的回波图形。

CloudFAN **（华为）CloudFAN** **云接入网(方案)** 是华为公司面向云时代的接入网解决方案,包含网络分片、业务云化和管理云化 3 大功能,支持接入网的平滑演进和新技术的快速引入,可以帮助运营商和企业构建云时代的核心竞争力。2016 世界宽带论坛(Broadband World Forum)上,华为正式发布 CloudFAN 面向云接入网解决方案,并展示了现有大容量分布式 OLT(光线路终端器)通过支持开放协议与网络控制器配合,实现向 CloudFAN 的平滑演进。CloudFAN 是接入网向云演进的全新架构,可以实现网络的多业务分类承载和管理、提供更加丰富的家庭和企业业务、提升运维效率、增强用户体验,并支持现有 SingleFAN

向 CloudFAN 的平滑演进和未来创新技术的快速引入。华为接入网解决方案持续引领超宽带产业的快速发展，从 Single FAN 1.0 的光铜一体，到 SingleFAN 2.0 的异构接入，再到 SingleFAN 3.0 的任意介质千兆接入，华为一直致力于经济高效地超宽带网络解决方案。FAN 是固定(线路)接入网 fixed access network 的缩写。

cloudlet 微云计算 是一个增强移动性的小规模云数据中心，位于因特网的边缘。微云计算的主要目的是通过向移动设备提供具有较低延迟的强大计算资源来支持资源密集型和交互式移动应用。它是一种新的架构元素，可扩展当今的云计算基础设施。它代表了三层体系结构的中间层：移动设备-微云-云。可以把微云视为框中的数据中心，其目标是使更接近云。微云术语最初是由 M. Satyanarayanan、Victor Bahl、Ramón Cáceres 和 Nigel Davies 提出的，卡内基梅隆大学作为研究项目开发了原型实现。微云计算的概念也称为跟随云(follow me cloud)和移动微云。

cloud load balancing 云负载平衡 是一种在云计算中执行的负载平衡。云负载平衡是跨多个计算资源分配工作负载的过程。云负载平衡可降低与文档管理系统相关的成本并最大限度地提高资源可用性。

cloud management 云管理 是云计算产品和服务的管理。公共云由公共云服务提供商管理，其中包括公共云环境的服务器、存储、网络和数据中心运行管理。用户也可以选择使用第三方云管理工具管理他们的公共云服务。公共云服务的用户通常可以从三个基本类别中进行选择：① 用户自行配置：用户通常通过 Web 表单或控制台界面直接从提供商处购买云服务。用户按每笔交易付款；② 提前配置：用户合同预先订购预定量的资源，这些资源是在服务之前准备好的。用户支付固定费用或月费；③ 动态配置：提供商在用户需要时分配资源，然后在用户不再需要时将退出这些资源。根据按需付费标准向用户收费。管理私有云需要软件工具来帮助创建虚拟化的计算资源池，为最终用户提供自助服务门户，并处理安全、资源分配，跟踪和计费。

cloud security alliance (CSA) 云安全联盟 是在 2009 年的 RSA 大会上宣布成立的。云安全联盟成立的目的是为了在云计算环境下提供最佳的安全方案。CSA 和 ISACA(美国信息系统审计和控制协会)、OWASP(开放式 Web 应用程序安全项目组织)等业界组织建立了合作关系，CSA 成员还涵盖了国际领先的电信运营商、IT 和网络设备厂商、网络安全厂商、云计算提供商等。CSA 发布的《云安全指南》v2.1 有以下两大特色：① 务实，贴近当前的最新的业界实践，较为真实地反映了最新的业界最佳实践和观点，提供了非常详细、务实的大量建议。② 技术上明确阐述了法律、电子证据发现以及虚拟化方面的建议指南。另外对于数据的可移植性和互操作性也是该指南的独特之处。

cloud security operations center (CloudSOC) 云安全运营中心 可以设置用来监控企业内的云服务的使用(并保持影子信息技术问题处于控制中)，或通过 SIEM(安全信息和事件管理)技术和计算机数据平台(如 LogRhythm、Splunk、IBM Qradar、Assuria、HP ArcSight、CYBERShark 和 Elastica)，分析和审计 IT 基础设施和应用日志，提供可疑活动的报警和详细信息。

cloud storage 云存储 (1) 是计算机数据存储的模型，其中数字数据存储在逻辑池中。物理存储跨越多个服务器（有时在多个地理位置），物理环境通常由托管公司拥有和管理。这些云存储提供商负责保持数据的可用性和可访问性，以及物理环境的保护和运行。人们和组织从提供商处购买或租赁存储容量用以存储用户、组织或应用的数据。可以通过托管的云计算服务，web 服务应用程序编程接口（API）或利用 API 的应用程序来访问，例如云桌面存储，云存储网关或基于 Web 的内容管理系统，来访问云存储服务。（2）互联网中的备份和存储服务。云存储提供商通常允许用户上传任何大小和类型的计算机文件。也称为"在线存储"和"公共云存储"，客户的文件通过Web 浏览器和密码下载到任何人的计算机上。

cluster　群集(站)，集群　（1）在系统网络体系结构（SNA）中共享一条通往主机通信路径的一组输入输出设备。群集控制器管理群集与主机之间的通信。（2）一组独立的网络服务器，可以被客户机像单一服务器一样操作。集群网络在这些服务器之间分配工作以平衡负载，从而改进网络性能。使一个服务器代替另一个服务器，集群网络增强了稳定性，并且缩减或消除了由应用程序或系统运行失败所导致的停机时间。

cluster switch system (CSS)　群集交换机系统(技术)　华为公司的虚拟化交换机技术，可以把多台物理核心交换机虚拟成一台逻辑交换机，简化网络管理且提高可靠性。

cluster virus　簇病毒　一种病毒程序，只感染一次，但是却给人以感染了所有启动的应用程序的假象。簇病毒修改文件系统，因此它在用户打开任一应用程序之前就已经加载了进来。因为该病毒可以在运行任何程序的同时运行，所以看起来好像是磁盘上的所有文件都被感染

了一样。

CMIP over logic link control (CMOL)　基于逻辑链路控制的公共管理信息协议　由多个生产厂商建议关于逻辑链路控制（LLC）上的公共管理信息协议传输的网络管理标准，是 OSI（开放系统互连）模型中第二层以上的公共管理信息协议（CMIP）的补充协议，由 3COM 和 IBM公司建议。CMOL 的目标是建立一种代理机制，这种机制比 OSI 上实现 CMIP或者 UDP（用户数据报协议）上实现简单网络管理协议（SNMP）所用的内存更少。

CMIP over TCP/IP (CMOT)　TCP/IP 协议上的 CMIP　是远程管理网络的体系结构，作为因特网标准，它定义了基于TCP/IP 网络或依附 TCP/IP 协议的网络上的公共管理信息协议。最初由RFC 1095 定义，现已废弃。修订版是RFC 1189。

CMY format　青品红黄格式　一种彩色格式，由三种颜色构成（cyan, magenta, yellow），用于彩色打印机等印刷设备。

C-notched noise testing　C 形缺口噪声测试　当信道传输正常信号时用它来确定不需要的功率电平。在通信中测出通信实际的信噪比，这对数据传输是重要的。该测试真实量度了具有压扩器的电路中的噪声。

co and contra directional interface　同向和反向接口　国际电报电话咨询委员会（CCITT）G.703 建议规定的信息和其相关的定时信号方向间的关系。同向规定为信息与其定时信号以同一方向传输，而反向即二者以相反的方向传输。

coarse/acquisition code (C/A code)　粗/捕获码,C/A 码　C/A PRN 码是(黄)金码，其周期为 1 023 个码片，以 1.023 Mbps 的速率传输，使得该码每 1 毫秒重复一次。它们与使用异或的导航消息组合在一起，并且把产生的比特流用于如前所述

的调制。这些代码只匹配，或者在它们几乎完全对齐时就强自相关。每颗卫星使用唯一的 PRN(伪随机噪声)码，该代码与任何其他卫星的 PRN 码无关。换句话说，PRN 码彼此高度正交。C/A 码的 1 ms 周期对应于 299.8 km 的符号长度，并且 C/A 比特流的对准将相位信息解析为 293 m 的精度。

coarse and access code (C/A code)　粗捕获码，C/A 码　用于全球定位系统(GPS)。它调制在 GPS L1 载波上，是 1 023 个伪随机二进制双相调制序列。其码率为 1.023 Mbps，码的重复周期为 1 ms。24 颗卫星各拥有与其独立(正交)的全码。C/A 码提供了良好的捕获特性。

coarse chrominance primary (CCP)　粗色度基色　(美国)国家电视制式委员会(NTSC)和逐行倒相制(PAL)彩色电视系统的一对色度基色中，与彩色视觉最低敏锐度方向对应，也就是与较窄传输频带对应的那一个。

coarse wavelength division multiplexing (CWDM)　粗[稀疏]波分复用　又称"粗波波分复用"。是一种采用波长间隔较长的波分复用技术。它的通道比密集波分复用(DWDM)少，但比标准波分复用(WDM)多。CWDM 系统复用波长之间间隔比较宽，为 20 nm，DWDM 则为 0.4 nm。因此 CWDM 对激光器、复用/解复用器的要求大大降低，极大地减少了扩容成本。在典型的 CWDM 系统中，激光发射器包含八个信道，有八种定义的波长：1 610 nm、1 590 nm、1 570 nm、1 550 nm、1 530 nm、1 510 nm、1 490 nm 和 1 470 nm。最多允许 18 个不同的信道，波长范围最低到 1 270 nm。CWDM 系统中的激光能量比 DWDM 中的更广，CWDM 的激光容差(波长的不精确和可变性)能够在 ±3 nm 之间，而 DWDM 激光的容差要足够小才可以。因为能够使

用低精度的激光器，因此 CWDM 系统将比 DWDM 系统的成本低，不过两个节点间的最大距离则比 DWDM 小。

coax　同轴电缆　是 coaxial cable 的缩写。广泛用于射频和基带信号的传输。这种电缆包含内部导线，相对于屏蔽体的信号电压施加在内部导线上。中心导线由介电包围并被屏蔽。绝缘层通常将缠绕屏蔽体。同轴电缆是由英国工程师和数学家 Oliver Heaviside 发明的

coaxial aerial/antenna　同轴天线　一种由将同轴线内导体伸长四分之一波长并将同轴线外导体往回折叠约四分之一波长形成的辐射套管所组成的天线。它也称为"套管天线"。

coaxial cable connector　同轴电缆连接器　由配对的插塞和插座组成的连接器，用来使两段同轴电缆临时或永久连接而不影响阻抗。最常用的三种类型采用了卡口、螺纹和推拉快速断开耦合方法。

coaxial cable information system (CCIS)　同轴电缆信息系统　以同轴电缆为载体，综合进行多种信息传输服务的系统。利用同轴电缆的宽频带特性，增加了速率不对称的双向传输功能，既可播送广播电视节目，又能提供多项其他信息服务，从而成为地区性信息传输系统。

coaxial CATV　同轴电缆有线电视　一种多频道视频传输系统。在该系统中，视频信号调幅载波频率为 70 MHz 或更高，采用频分多路复用技术。

coaxial digital output (CDO)　同轴(电缆)数字输出　指在 CD(光碟)机、DVD(数字视频光碟)机等数字录音源设备上安装的用于输出数字音频的 RCA 插座。可以用同轴数字信号线来与其他音响器材连接。

coaxial dipole antenna (CDA)　同轴偶极子天线　具有一段作为辐射振子的金属管的偶极子天线。双线传输线能很方便地

连接到金属管的内端。金属管的外端用处在辐射振子中心的金属棒连接。

coaxial driver 同轴发音单元 指将一个发音单元(通常为高音单元)装在另一发音单元(通常为中音单元)内部的那类扬声器。

coaxial filter 同轴滤波器 具有提供滤波器所需电感和电容的凹形单元的一段同轴线。

coaxial isolator 同轴隔离器 在一个方向上比在相反方向上对能流提供更大损耗的同轴电缆隔离器。所有各类同轴隔离器都采用结合了铁氧体和介质材料的永久磁场。

coaxial launcher 同轴激励器 将同轴电缆与波导、谐振腔或其他微波器件相耦合组成的换能器。

coaxial line frequency meter 同轴线频率计 也称为"同轴波长计"。作为谐振电路并用频率或波长定标的一段短路同轴线。

coaxial line resonator 同轴线谐振器 由一段一端或两端短路的同轴线组成的谐振器。

coaxial loudspeaker 同轴扬声器 一种将高音扬声器安装在低音扬声器中心的扬声器,其中各个驱动器单元从相同的点或轴辐射声音。有两种常见的类型:一种是使用两个或三个扬声器驱动器的紧凑设计,通常用于汽车音响;另一种是用于专业音响的双路高功率设计,也称为单源或双同轴心扬声器。

co-channel interference (CCI) 同道[共道,同频道]干扰 (1)一种在同一信道中两个同类信号之间的干扰。在蜂窝移动通行中,同信道干扰主要指在使用相同信道集的小区间的干扰。(2)在同一频道上工作的电视台之间的干扰。是来自两个不同无线电发射机使用相同频道的串扰。从天气条件到行政管理和设计问题等许多因素可能导致同频干扰。可以通过各种无线电资源管理方案来控制同频道干扰。

code access security (CAS) 代码访问[存取]安全(性,机制) 由运行系统提供的一种机制,通过这种机制,托管代码可得到安全策略所规定的访问许可权,这种访问许可权是强制性的,限定了这些代码可以执行的操作。为防止无意识的代码路径暴露安全漏洞,所有在调用栈中的调用程序必须获得必要的许可权(可能要服从声明的重载或拒绝)。

code activated switch (CAS) 代码活跃开关 一种 RS-232 异步设备,用于在代码控制下开关四个次端口中的主端口。主设备可通过传输适当的开关代码在四个其他端口进行选择。CAS 可以锁住端口的切换。

codebook excited linear prediction 码本激励线形预测(编码) 简称码本激励编码,是一种用码本来作为激励源的编码方法。

codebook method 密码本法 应用分组密码的自然方法。输入一个 n 位的数组,通过 m 位密钥和加密算法,得到一个 n 位的密文组。

codec conversion 编解码器转换 模拟信号从一种编解码器到另一种编码码器的背靠背的传输过程中,需要从一种专用编码方式转换为另一种编解码器制造商使用的方式。这个过程称为编解码器转换。模拟信号不是在监视器上显示,而是送到不同的编解码器重新数字化、压缩并传送到接收端。很显然,这是一个双向过程。转换服务由运营商如 AT&T、MCI 与 Sprint 公司提供。

code chain 代码链 在可能不同的 N 个二进位字的部分或全部循环次序中的一种排列。在这些字中,相邻字的连接通过一定的关系。每个字的导出是由相邻字从左至右或从右至左置换一个数字单元,然后再将前面一位去掉并在尾部插入一位实现的。

code channel　代码信道　前向码分多址信道的分信道。前向码分多址信道包括 64 条代码信道。0 号代码信道被指定为导频信道。1 至 7 号代码信道可被指定为寻呼信道或业务信道。32 号代码信道可被指定为同步信道或业务信道。其余的代码信道则可被指定为业务信道。

coded digital verification color code（CDVCC）编码数字识别［验证］色码　一种 12 bit 的数据信息包,包括 8 bit 数字识别色码和 4 bit 保护信息,在每一时隙里在基站和移动台之间传送,用来表明正在解码的是正确数据而不是同信道数据。

coded interrogator　编码询问器　其输出信号形成触发特定无线电信标或雷达信标所需代码的询问器。敌我识别（IFF）询问器便是一个实例。

code division multiple access（CDMA）码分多址（接入）　又称"码分多路访问",多路复用的一种形式,是一种采用扩展频谱的数字蜂窝技术,由 Qualcomm（高通）公司开发的,是实现第三代移动通信的关键技术。使用移动电话时,为了解决移动电话发射功率小而要求传输距离远的矛盾,人们采用了接力传输的方式。把通话覆盖的区域划为许多单元,像蜂窝一样,所以这样的移动电话需把要传输的信息（话音）和控制用的信息（信令）,搭载在频率很高的载波上进行无线传输。多址连接（一个系统供多个用户使用）便是在有限频率内设定许多载波,使多个用户共享各个载波。与 TDMA（时分多址）不同,CDMA 并不给每一个通话者分配一个确定的频率,而是让每一个频道使用所能提供的全部频谱。CDMA 的特点是对已经调制后的要传输信息的数字信号,再用扩频码（即伪码 PN）对载波

进行调制,使同一频率的载波可同时为多个用户使用。CDMA 所用的载波带宽较宽,例如可达 1.25 MHz,而 TDMA 用的也不过 50 MHz。因为 CDMA 用 PN 代码调制,使得载波可同时为多个用户所用,PN 代码是随机产生的,其值为＋1 或－1 的矩形波。一个矩形波称为一个片,它的变化用片速率（单位为片/秒）表示。把 PN 代码加在载波上,当 PN 为＋1 时,该处的载波仍保持原有相位,当 PN 为－1 时,该处的载波的相位要改变 180°（即把波形倒过来）,所以这是一种相位调制方式。由于每一用户获得的 PN 代码不一样,所以虽然都使用同样频率的载波,但不会互相干扰。受话方收到对方发来的电波后,用原有的 PN 代码再次进行同样的相位调制,便可以使载波恢复原有的相位（波形）,这就是解调。解调后便可得到所需要的信息。通过这样调制、解调,可以使不需要的所有载波功率密度之和远低于所希望载波的功率密度,因而多余载波不会妨碍所希望载波的通信。这也正是众多用户可以使用同一频率载波的奥秘。除了可由更多用户使用外,CDMA 的通话质量也比 TDMA 等高。

code division multiple access system 2000（CDMA2000，C2K）　CDMA2000 系统　也称为国际移动通信-多载波（IMT-MC）是一系列 3G（第三代）移动技术标准,用于在移动电话和蜂窝基站之间发送语音、数据和信令数据。它由 3GPP2 开发,作为第二代 cdmaOne（IS-95）标准集的向后兼容的继承者,特别是在北美和韩国使用。CDMA2000 与一套竞争的 3G 标准 UMTS（通用移动通信系统）相比,UMTS 由 3GPP（第三代合作伙伴项目）开发并在欧洲、日本和中国使用。

code division multiplexing（CDM）码分（多路）复用　为了使若干个独立信号

能在一条公共通路上传输,将它们配置成某些正交信号的复用。在码分复用中,为识别通路而配给的信号单元是这样形成的:当信号单元在一条公共通路上传输时,虽然它们在时间上和频率上可能有所重叠,但采用适当的处理就能容易地识别和分离开来。

coded orthogonal frequency division multiplex/ multiplexing (COFDM) 编码正交频分复用 一种信道编码和调制的方法。主要用于数字电视和数字音频广播。COFDM 用于将相邻的每部分信号尽可能的分离开来,并分别在可多达 1 536 个离散的频率上传送,因而可减少传输差错和多径传波之类干扰。

coded set 编码集 在电信中,编码集是一组元素,其上已经根据代码映射了另一组元素。例如,把一组机场名称列表映射为一个由三个字母的缩写所组成的相应的机场名称集合;把辐射类别的列表映射到一组相应的标准符号上;以及把年的月份名称映射到一组两位十进制数。

code efficiency 编码效率 (1)在信道中,每个电平翻转所包含的二进制信息量。它等于位密度与最高翻转密度之比,是信道编码的一个重要性能参数。(2)使用机器语言或汇编语言编写一个程序所需的绝对二进制机器代码的字节数除以用高级语言编写、编译或解释同一程序所产生的二进制代码的字节数所得的比值,称为编码效率。

code excited linear prediction (CELP) 码激励线性预测(编码) 1984 年提出的一种混合型编码,它与 MPLPC(多脉冲线性预测编码)的差别仅在于激励部分。CELP 应用了矢量量化技术。以 N 样值为一组,构成一个含 N 维矢量的码字。若干个码字又组成了码本,并且收发端的码本设置是相同的。传送的是码字序号而不是 N 维样值序列本身,从而压缩了数据率。但建立码本和搜索码字的运算量很大。

code excited linear prediction compression 编码激励线性预测压缩 一种用于低的位速率的话音编码的压缩算法。它是 ITU-T(国际电信联盟-电信标准化部门)的建议 G.728、G.729 和 G.723.1 使用的算法。

code excited linear prediction speech processor 编码激励线性预测语音处理器 一种 AT&T 语音编码器,其以每秒 8 000 比特的速率将语音数字化而保持当前系统的质量。

code extension 代码扩充 在代码中增加新的字符及其位格式的过程。

code extension character 代码扩充字符 可指任一种控制字符,它指明后继的一个或多个编码表示应按一个代码或另外一个编码字符集进行解释。

code page global identifier (CPGID) 码页全局标识符 一个 5 位十进制数的赋予一个码页的标识符,值的范围从 00001 到 65 534(十六进制的 0001 到 FFFE)。

code page ID 码页标识符 一个 5 位标识符,用于指定一个专门的代码点到图形字符的赋值。

code point 码点 在通用字符集(UCS)、统一代码(unicode)或其他字符集的编码中,分配给一个字符的数值。

code point translator 码点转换器 为确定服务请求的正确位置而对输入数字进行解释的一种设备。

coder 编码器 (1)通常指执行"编码"功能的设备,如数模转换器。(2)特指复合视频编码器,如 NTSC、SECAM 编码器,用于从复合视频源生成复合信号。

code rate 编码率 信息符号数与传输的总符号数之比,传输的总符号数是信息符号数与校验符号数之和。

coder decoder（CODEC） 编码译码器，编解码器 在同一装置中，由工作于相反传输方向的编码器和解码器构成的组合体。编码译码器是一个能够对一个信号或者一个数据流进行变换的设备或者程序。这里指的变换既包括将信号或者数据流进行编码（通常为了传输、存储或者加密）或者提取得到一个编码流的操作，也包括为了观察或者处理从这个编码流中恢复适合观察或操作的形式的操作。

code redundancy 代码冗余度 信源信息率的多余程度。它是描述信源统计特性的一个物理量。直观地说，除了在传输和恢复消息时所需的最少、最必要的信息以外，其他部分都叫多余。而冗余度则表示相对多余，即在信源中多余所占的比重。

code scrambling circuit 编码加扰电路 在访问控制中，指一种安全访问控制的电子电路。它允许按命令随机地逐个对编码重新赋值。

code sequence register 代码序列寄存器 在扩展频谱编码序列发生器中，用于生成扩展频谱编码序列的串行触发器组合。

code synchronization 码同步 在扩频通信系统中，为了正确解扩，本地扩频码与接收信号用的扩频码必须相位相同，或相位差很小。

code transparent 代码透明（的） 用户无须了解所用代码的设备或系统。

code transparent data communication （代）码透明数据通信 一种采用面向位链路规程、且不受位序列结构影响的通信方式。这种通信方式的例子有国际标准化组织的高级数据链路控制（HDLC）规程、IBM公司的同步数据链路控制（SDLC）规程等。

code transparent transmission 码透明传输 能够处理任何字符集或位模式的一种传输过程。

code weight 代码权重，码重 也称为"汉明重量"。一个码组中的非零符号的个数，例如11001中有三个"1"，则该码组的重量为3。

coding theory 编码理论 研究信息传输过程中信号编码规律的数学理论。编码理论与信息论、数理统计、概率论、随机过程、线性代数、近世代数、数论、有限几何和组合分析等学科有密切关系，已成为应用数学的一个分支。编码是指为了达到某种目的而对信号进行的一种变换。其逆变换称为译码或解码。根据编码的目的不同，编码理论有三个分支：① 信源编码：对信源输出的信号进行变换，包括连续信号的离散化，即将模拟信号通过采样和量化变成数字信号以及对数据进行压缩，提高数字信号传输的有效性而进行的编码；② 信道编码：对信源编码器输出的信号进行再变换，包括区分通路、适应信道条件和提高通信可靠性而进行的编码；③ 保密编码：对信道编码器输出的信号进行再变换，即为了使信息在传输过程中不易被窃取而进行的编码。

codress 密址，编码地址 全部地址只包含在加密文本中的一种信息类型。

codress message 密址［编码地址］消息 加密通信系统中的一种消息，其中整个地址与消息文本一起加密。

cogging 竖缘开齿，镶齿效应 隔行扫描中，由于奇、偶数场的光栅之间有横向位移所造成的图像竖缘曲折。

cognitive radio（CR） 认知无线电 CR的概念起源于1999年Joseph Mitolo博士的奠基性工作，其核心思想是CR具有学习能力，能与周围环境交互信息，以感知和利用在该空间的可用频谱，并限制和降低冲突的发生。CR的学习能力是使它从概念走向实际应用的真正原因。有了足够的人工智能,它就可能通过吸取过去的经验来对实际的情况进行实时响应,过去的经验包括对死区、干扰和使用模式等的了解。这样,CR 有可能赋予无线电设备根据频带可用性、位置和过去的经验来自主确定采用哪个频带的功能。美国联邦通信委员会(FCC)更确切地把 CR 定义为基于与操作环境的交互,能动态改变其发射机参数的无线电,其具有环境感知和传输参数自我修改的功能。认知无线电的核心思想就是通过频谱感知和系统的智能学习能力,实现动态频谱分配(DSA)和频谱共享。

coherence　连贯性,相关性　(1) 光栅扫描技术中,相邻两个像素彼此有相似之点,利用这一点可以简化像素地址或像素值的计算,这种性质称为连贯性。(2) 两个或多个波的相位之间存在统计或时间相关。

coherence area　相干区域　对于一个电磁波,与传播方向垂直的一个表面区域,在这表面上电磁波保持一个特定程度的相干度。所谓一个特定程度的相关度通常是指 0.88 或更大的相关度。

coherence bandwidth　相干带宽　是信道可被视为"平坦"的频率范围的统计测量,或者换句话说,信号的两个频率可能经历可比较或相关的幅度衰落的近似最大带宽或频率间隔。如果多径时间延迟扩展等于 D 秒,那么相干带宽 Wc 以 rad/s 为单位大致由下式给出: $Wc \approx 2\pi / D$。同样相干带宽 Bc 以 Hz 为单位大致由下式给出: $Bc = 1/D$。如果相干带宽大于数据信号带宽,则可以合理地假设信道是平坦的。相干带宽在蜂窝或 PCS(个人通信服务)通信路径上变化,因为多径扩展 D 在路径之间变化。

coherence degree　相干度　用于描述电磁波(或光波)相干程度的一个无量纲单

位,用一个比值来表示。对光波,相干度的大小等于两波束干涉测试的边缘的可见度 V,关系式为: $V = ($ Imax − Imin$)/($ Imax + Imin$)$,其中 Imax 是干涉模式的最大强度,Imin 是最小强度。当相干度接近 0.88 时,光波可以看作是高度相干的。部分相干波的相干度小于 0.88 但远大于 0。不相干波的相干度接近或等于 0。

coherence function　相干函数　确定产生谱线的两次测量是否相关的被测频谱值。该函数在所有频率上被归一化,所以它只能取 0 和 1 之间的值。数值 1 意味着被监控点处的谱线完全与被测源相干,而数值 0.5 和 0 则意味着在被监控点给定频率处,功率的 50% 和 0% 与被测源相干。

coherence length　相干长度　从相干源到一个电磁波不再保持特定相干度的点的传播距离。在长距离传输系统中,相干长度可能会因传播因数(如色散、散射和衍射)而减少。在光通信中,相干长度 L 近似由公式 $L_c = \lambda^2 / n\Delta_\lambda$ 给出,其中 L_c 是相干长度,λ 是源的中心波长,n 是介质的折射率,Δ_λ 是波源的谱宽。

coherence light　相干光　指两列光波具有相同的振动方向、相位、频率或相位差恒定,这种光束称为相干光。根据光源的特性和位置,在传播空间的任何位置上都可以预测各种参数。在空间中的任何一个特殊点上,亦可预见相干光参数随时间的变化情况。

coherence optical communication　相干光通信　以单色光作为载波,对其进行频率或相位调制而实现的光通信。

coherence time　相干时间　信道的性能在一段时间内没有多大变化,这段时间称为相干时间。对于电磁波,相干时间是通过传播波(尤其是激光或脉泽光束)的时间,可以被认为是相干的。换言之,这是一个时间间隔,在该时间间隔内,它的相位平均是可预测的。在长距离传输系统中,可以通过诸如色散、散射和衍射的传播因素来减小相干时间。

coherency 相干性 在扩频通信系统中,在接收机参考信号和期望信号(即接收信号)间的一种同步或相位匹配的状态。

coherent 相干的 以调和一致或具有某种其他固定的关系运动,如同步加速器中的粒子或相干激光束中光子之间的运动。

coherent carrier recovery 相干载波恢复 为了使调制解调器全部频带的传输尽量多而常用的相干检波。它要求在接收端调制解调器中产生一个与接收信号精确同相的参考载波来消除频率偏移。在调幅系统中一个直接的办法是由发射机也发送一些载波而在接收端由窄带滤波器或锁相环将其检出。

coherent carrier system 相干载波系统 询问载波在确定的多个频率上被重复传输以进行比较的转发系统。

coherent decade frequency synthesizer 相干十进频率合成器 以十进制步距提供各种各样输出频率,如从直流到 100 kHz 的频率合成器。

coherent demodulation 相干解调 将已调制信号的频率和相位,与载波分量相同的正弦振荡分别相加的幅度解调。

coherent detection 相干检波 被接收的脉冲调制信号与代表可接纳信号元素的本地生成信号呈互相关的检波。

coherent differential phase shift keying (CDPSK) 相干差分相移键控 用于数字传输的一种相移键控,在其中载波的相位按参考信号的相位和待传输的数据进行离散调制,已调载波具有固定幅度和频率。相位的比较是由相继的脉冲系列来实现,信息的恢复靠的是检查载波

和相继的脉冲系列间的相位变化,而不是靠脉冲的绝对相位。

coherent frequency shift keying (CFSK) 相干频移键控 一种频移键控,其中瞬时频率在两个离散值之间变动(分别称之为"传号"和"空号"频率)。当频率切换时在输出信号中不会产生相位的不连续。

coherent frequency synthesizer 相干频率合成器 一种从单一源,如从原子谐振器件导出其频率的频率合成器。

coherent interrupted wave 相干断续波 波的相位由相继波串来维持的断续连续波。

coherent light 相干光 在任意时间或空间点上,其所有参数均相关并可预测的光,尤其是在传播方向的平面区域上或某空间点的一段时间上。激光束便是相干光。

coherent moving target indicator 相干移动目标指示器 雷达系统中的移动目标检测器。通过接收器中的振荡器的参考频率和目标的返回信号相位作比较来决定物体的移动速度。

coherent network 一致[相干]网络 全网范围的输出/输入信号电平、速率、位流结构和信号传输方法都兼容的一种网络。

coherent optical adaptive technique (COAT) 相干光自适应技术 一种波前控制技术,通过使用各种处理方法,比如孔径标志、相移补偿、图像锐化和相位共轭等,来提高电磁波前在扰动的气流中传输的光强通量。

coherent pulse 相关[相干]脉冲 (1)相邻脉冲之间固定相位关系的一种脉冲传输。(2)雷达其复现脉冲的射频振荡与连续振荡的相位有恒定相位关系的雷达。

coherent radiation 相干辐射 一种电磁

C

辐射,在整个辐射期间辐射场内的任何两点都有恒定的相位差或完全相同的相位。在非相干辐射中,相位关系呈随机性。只在相干波束之间才能观察到干涉频带。

coherent reference 相干基准 一种通常具有稳定频率的参考信号,其他信号与其形成相位锁定,以在整个系统建立相干性。

coherent repeater jammer 相干中继干扰器 一种中继干扰器,它产生一个与它接收到的信号具有固定关系的干扰信号或发射一个与目标(如果有目标的话)反射回来的信号相同的信号,用于产生具有欺骗目的的信号和频率。

coherent scattering 相干散射 在入射和散射粒子或光子之间呈现确定相位关系的散射。

coherent signal 相干信号 被相位锁定的或与另一信号产生一个固定时间关系的信号。

coherent system 相干系统 一种导航系统,其输出信号由接收信号与对发射信号的相位有固定相位关系的本振信号混频之后再对接收信号解调来获得。这就允许利用接收信号相位所携载的信息。

coherent transponder 相干转发器 使输入、输出信号的频率和相位之间维持固定关系的转发器。

coherent video 相干视频信号 动目标显示系统中将雷达回波信号与连续波振荡器输出组合产生的视频信号。延迟之后,该信号经检波、放大并从下一个脉冲串中取出,以给出只代表运动目标的信号。

cold potato routing 冷土豆式路由选择 在多个地点互连的自治系统之间的商用网络路由选择中,冷土豆路由选择中,始发自治系统保持分组,直到它尽可能接近目的地。即冷土豆式路由选择允许因

特网服务提供商(ISP)尽量将数据流保持在他们自己的高性能的纯数据网络中,这样就可尽可能减少转接次数,从而降低传输时延。

cold standby 冷备 用它指备份的电子设备处于可以替换使用的状态,但未加电源或预热,因而不能立刻使用。假若设备原功能单元失效,冷备用功能单元经某一延迟后才能投入服务。

collimated beam 准直光束 具有平行光线,因此在传播时发散会最小程度地传播。完美准直的光束没有发散,不会随着距离而发散。由于衍射,不能建立这样的光束。光可以通过许多过程近似准直,例如利用准直器。完美准直的光有时称为聚焦在无穷远处。因此,随着距点光源的距离增加,球面波前变得更平坦并且更接近平面波,平面波是完全准直的。

collimated light 平行光,准直光 自物体上某点发出的光总是平行于另一条的一种光束。这种光的例子有:来自非常遥远的光源的光线(例如来自恒星的光线)。

collimation 准直 将一束发散或收敛的电磁辐射(光)束转换到对该系统可能是最小的发散或收敛的波束(理想为转换到一束平行光)的过程。

collinear antenna array (CAA) 直排[共线]天线阵列 由许多按相互衔接方式固定并连接起来以同相工作的半波偶极子组成的天线阵列。阵列中的每个偶极天线按轴线方向排成一列,偶极天线通常垂直排列以有利于在水平方向产生天线增益和方向性,其代价是牺牲了纵向增益。在适当的相位控制下,增加一倍偶极天线数可以使水平方向增益增加3 dB。

collinear heterodyning 共线外差 一种相关函数由超声光调制器导出的光学处理

系统。输出信号由参考光束导出,使两条光束进入探测孔径之前呈共线。光程长的变化则同时对信号和参考光束两者的相位进行调制,相位差在外差过程中相抵消。

collision avoid (CA)   冲突避免   数据传输系统中,解决两个以上事件同时请求一种服务,而服务提供者一次只能为一个请求提供服务的矛盾问题的一种技术。通常用于争用共享信道的服务。所采用的办法实际是冲突检测的改进形式,即对信道空闲要进行两次检测。当发现信道空闲后,过一定时间再检测一次。如果信道仍是空闲才决定发送信息。需要进行第二次检测的原因是因为在通信介质上信号从一端传输到另一端需要经过一定延迟时间。只有经过这个必要的延迟时间信道仍空闲,信道才是真正空闲的。借助于这种办法达到避免冲突的目的。

collision avoidance   冲突预防[避免]   计算机网络中,试图避免在网络上发生冲突的过程。冲突预防技术建立在协议的基础上。在 CSMA 网络中,通过在传输数据之前收听通道确保其空闲的方法实现。在令牌传递网络中,站点必须获得令牌才能进行数据传递。

collision detection methods   冲突检测方法   网络中使用 CSMA/CD(载波监听多路访问/冲突检测)协议时进行传输冲突检测的方法。主要有功率传感、脉冲宽度、时间延迟和定向耦合四种方法。① 功率传感方法:如果一个站测到的功率比自己发出的功率大则必定发生了冲突;② 脉冲宽度方法:如果发生冲突,进站脉冲宽一些。据此可以测出是否发生冲突;③ 时间延迟方法:当发送信号的站在收到自己发送出去并转回来的信号之前收到其他站发送的信号则表示发生冲突;④ 定向耦合方法:可以设计不拾取

自己发出的信号的设备。这样在发送信号的时候又收到信号则表示发生冲突。

collision domain   冲突域   在网络环境中传输可能产生冲突的设备的集合。在以太网网络中,当发生冲突时,冲突帧在被得到传播的一片网络区域中。网络互连设备中,中继器和集线器会传播冲突,而 LAN(局域网)交换机、网桥和路由器不会传播冲突。

collision free protocols   无冲突协议   与竞争协议相对的一类协议。在使用多路访问共享信道的通信系统中,使得两个和两个以上工作站在同一时间段内传送信息发生冲突问题得以解决的通信协议。CSMA/CD(载波监听多路访问/冲突检测)是典型的竞争协议,但它不能彻底解决冲突问题。冲突问题严重时会严重影响通信系统的效率。无冲突协议才能真正解决冲突问题。无冲突协议所使用的主要方法有基本位图法、交替优先权广播识别法、多级多访问协议、二进制倒计数法。把竞争协议与无冲突协议的优点结合起来,便是"有限竞争协议"及其相应协议:自适应树步进协议和壶球协议。

collision window   冲突窗口   以太网中用于检测信道冲突的最大时间间隔。一般采用传输最大延迟时间(设为 τ)的两倍。因为当某站发出信息包后,最坏的情形要在 2τ 后,才能知道其他站也在发送,并产生冲突。

co-location   共处;共轨道   (1) 是指管理服务器、路由器或其他设备的一种业务。例如,网站的拥有者可将网站自己的计算机服务器放在因特网服务提供商(ISP)的机房。或者 ISP 将其网络路由器放到也给其他 ISP 提供交换服务的公司的机房。共处通常提供安全机柜(设备存放)的空间和稳定的电源、因特网连接、防火灭火设施、技术支持以及完善的安全措施,以保证被托管设备的高效运

C

行。(2)多个人造卫星共享相同的与地球相对位置保持不变的轨道。

colon hexadecimal notation　冒号十六进制表示法　用来表示一个 IPv6 地址的语法。与 IPv4 地址的点分十进制表示法不同,它是把每个 16 位的值用十六进制表示,并用冒号将其隔开。比较 dotted decimal notation。

color（CL/CLR）　彩色,色彩,颜色（1）光照在物体上,通过物体表面对光的吸收和反射再作用于视觉器官而形成的色感觉。每一颜色品质所独有的与其他颜色品质都不相同的外观特征称为色泽;每一颜色色素的凝聚程度称为色度;色彩的明暗程度称为明度,色泽、色度和明度称为色彩的三要素。(2)在物理学上指电磁频谱中人眼可感觉的一部分波长产生的色调,颜色的范围从可见光高频段的紫色到低频段的红色。(3)不同波长的光落在人眼上所产生的感觉。虽然可见光谱从红至紫涵盖一连续的彩色变化范围,通常分成七种颜色(可见光谱),其大约的波长范围分别如下:红 740～620 nm,橙 620～585 nm,黄 585～575 nm,绿 575～500 nm,蓝 500～445 nm,靛 445～425 nm,紫 425～390 nm。白天看到的白光是全部这些颜色按比例混合形成的混合色。

color appearance model（CAM）　色彩外观模型　是试图描述人类视觉感知方面的一种数学模型,即在观察条件下,颜色的外观与刺激源的相应物理测量不相符。相比之下,色彩模型定义了用于描述颜色的坐标空间,例如 RGB 和 CMYK 色彩模型。

color atlas　色样集　有条理地汇总列示的色样,用于依靠视觉匹配来评定彩色。

color axis（CA）　色轴　在彩色空间的任何三维表示方式中,指明一种基准刺激的方向的直线。

color burst　色同步(信号)（1)在彩色电视机信号中,未调制彩色副载波的一种短波群,在行扫描消隐脉冲期间传送,以便使彩色接收机副载波振荡器和电视广播台同步。(2)用于编码复合视频信号颜色的技术,使得黑白电视机能够显示颜色电视信号,由一个红绿蓝混合信号和两个确定红绿蓝强度的色差信号组成。

color calibration　颜色校准　把设备显示的颜色与已知的标准颜色进行比对并调整设备重现颜色的过程。

color channel（CCH）　色道,彩色通道　一个图像可以分解成多个单色图像,每一图像的灰度代表一个特定的色道,将 RGB 图像分解产生红绿蓝三种单色图像,CMYK 图像分解则产生青、品红、黄、黑四种色道。

color constancy　色彩恒性,色恒定性（1)在视频技术中,指单帧图像或短时间内图像色彩强度的连续性。(2)不管光源的条件如何改变,视觉对物体的色知觉始终维持一定不变的现象。

color decoder　彩色解码器　也称为色度解调器。在视频解码器中用来从复合视频信号中分离出两个色差信号的电路,彩色解码器位于 Y/C(亮度和色度)分离器之后,彩色空间转换器之前。彩色解码器需要一个精确的色同步锁相参考信号,如果锁相不够准确,彩色解码器就不能产生正确的颜色。两个色差信号在逐行倒相制（PAL）中即为 U 和 V 信号,(美国)国家电视制式委员会(NTSC)制则为 I 和 Q 信号。

color depth　颜色[色彩]深度　也称为"位深度",是用于指示位图图像或视频帧缓冲器中单个像素的颜色位数,或者是用于单个像素的每个颜色分量的位数。对于消费者视频标准,诸如高效视频编码(H.265),位深度指定用于每个颜色分量的位数。当涉及像素时,这个概念可以定义为每像素位数(bpp),它指定了像素使用的位数。如果每个像素为一位数据,那么可显示黑白两种颜色,如果每个像素为八位,可显示 256 种颜色。当涉及颜色分量时,可以将该概念定义为每分量的位数、每个通道的位数、每种颜色的位数(所有三个缩写都是 bpc),以及每像素分量的位数、每个颜色通道的位数或每个样本的位数(bps)。颜色深度仅仅是颜色表示的一个方面,表示如何精细地表达颜色等级(也就是色彩精度);另一方面是可以表达如何宽的颜色范围(色域)。

color difference   **色差**   是色彩科学中对两种颜色之间的差异或距离所关注的度量。它允许对以前只能用形容词来描述的概念进行量化测量。这些属性的量化对于那些工作色彩至关重要的人来说非常重要。在设备无关的颜色空间中,共同定义利用欧几里德距离。彩色电视中,初始的 RGB 三种基色信号被转换为由亮度和两个色差信号组成的 3 元组。色差信号由每个色彩信号减去亮度信号构成。如果亮度为 Y,则红色的色差为(R−Y)。如果亮度已知,那么要准确地表示颜色只需两个色差信号即可,第 3 个是多余的。在广播电视中,这两个色差信号会在传送前被组合成一个单一的模拟信号,称为色度信号。

color difference signal(CDS)   **色差信号**   彩色电视中的一种电信号,它同亮度信号相加后产生的信号代表所传输彩色的三色刺激值之一(以规定的基色组合为准)。

color dilution(CD)   **色稀释[冲淡],色饱和度降低**   彩色光与白光混合从而降低色饱和度所造成的状态。

color discrimination(CD)   **色鉴别,辨色力**   对颜色差异的察觉,也指察觉颜色差异

的能力。

color division multiplexing(CDM)   **色分复用**   光通信系统中,在单一传输介质中对信道的复用,例如在多色光传输中用某一个颜色作为光纤或光纤束的一个信道。可见频谱中的色分复用与非可视频谱中的频分复用道理是相同的,不同颜色对应不同的频率和波长。

color edging   **色边,彩色边纹**   沿着彩色图像的边沿呈现的外来颜色,与彩色图像本身无关。

color field(CF)   **色场**   (1)以扫描方式依次分解出基色体系中各个组成色而形成的分帧彩色图像。(2)用于表示色彩帧开始的编号的电视场。如在 NTSC(美国国家电视制式委员会)制式中,色彩帧由色场 I 开始,并由色场 IV 结束。

color field corrector(CFC)   **色场校正器**   位于彩色显像管外侧以产生电场或磁场的装置,用来对偏转后的电子束施加影响,使色场比较均匀。

color filter array(CFA)   **色彩滤波阵列**   用在单片彩色 CCD 照相机上生成视像色彩分量信号的一组滤波器。

color flicker(CF)   **彩色闪烁**   彩色电视接收机屏幕上,由于色度和亮度两者的起伏变化所导致的闪烁。

colorimeter(CM)   **比色计,色度计**   用来比较样品颜色与给定参考颜色或合成色的一种光学仪器。在三色色度计中,合成色质是由三种固定色度而亮度不同的颜色混合而成的。

color look up table(CLUT)   **色彩对照表,颜色查找表**   (1)一张存储在计算机显示适配器中的表,表中存放的是可在计算机监视器上显示的不同颜色所对应的颜色信号值。当间接显示颜色时,要为每个像素存储少量数目的颜色位,用于从颜色查询表中选择一组信号值。(2)为了提供许多各种不同彩色而设计

的一张表。表中的每一元素代表一种颜色,它由红、绿、蓝三原色的值混合而定。色彩表是间接地指定像素颜色的一种方法,它大大地扩大了图形显示的颜色范围,允许动态地修改图形的颜色,此外,它在图像操作、动画技术中也有很多用途。

color management system (CMS)　色彩管理系统　自动处理色彩空间转换的软件,用于在各种输入输出和显示设备上生成和重现精确和相同的色彩。这种软件把原始图像的色彩转换成输出设备可以使用的色彩,如校准和匹配在电视监视器和计算机监视器上呈现的色彩。

color matching function　颜色[色彩]匹配函数,配色函数　匹配每种光波波长所需要的三种相加基色的相对量。该术语通常是指标准观察者的色彩匹配函数。

color mixture curve (CMC)　混色曲线　表明规定的三基色与由它们配出的颜色之间关系的曲线。

color mixture data (CMD)　混色数据[值]　为了与一种给定色彩相配而需混合的三基色数值。

color mixture function (CMF)　混色函数　以混色曲线所表明的三基色的数值或比例作为变量的函数。

color noise　彩色杂波[噪声]　在视频系统中的一种对图像颜色进行的随机干扰,由色彩带宽的减少或者采样中的阶梯现象而产生。

color order systems　色彩排序法　使用词、符号和数字来刻画和组织物体色彩的三维色彩表示方法。比较流行的色彩排序方法是 Munsell 色制(Munsell color system)和对色制(opponent-colors system)。

color perception (CP)　(彩)色的感觉　肉眼对色彩的视觉感受,一般可分为两大类,第一类为无色,其包含白、灰、黑;第二类为彩色,其包含纯色和其它一般色彩。

color phase　色彩相位　彩色电视中,以色同步信号作参考的色度信号的相位,决定视像信号色彩平衡的一个因素。

color phase alternating　彩色倒相(制),彩色相位交替[交变]　彩色电视中,一个或两个色度副载波边带信号的相位相对于基准副载波相位的交替变化。

color phase correction　彩色相位校正　产生正确的彩色色调的过程。彩色相位指的是彩色信号之间的时序关系。

color phase detector　彩色相位检测器　彩色电视机接收电路,用于将接收到的脉冲信号的频率和相位,与本机产生的 3.579 545 MHz 彩色振荡器信号作比较。

color phase diagram (CPD)　彩色相位图　表明色同步信号同色度信号之间相位差的矢量图。

color picture signal (CPS)　彩色图像信号　代表完整的彩色信息的电信号,不包括所有的同步信号。

color primaries　基色　各种颜色是不同波长的光混合的结果,用红(R)、绿(G)、蓝(B)三种颜色按不同强度比例混合可以产生比其他任何三种颜色混合成的更宽范围的彩色。一般把这三种颜色称为光的三基色或三元色。由光的混合产生的色称作加色混合色,例如彩色电视的色。用绘画颜料等得到的色称作减色混合色,例如幻灯片的色。减色混合时的三基色是 R、G、B 的补色,即青、紫(洋红)、黄三色。由基色混合产生的颜色称为二次色。

color-striping　彩色条纹　一种防复制手段,用于防止录像机、DVD(数码影碟)用户复制影碟或付费观看的有线广播节目。该技术用于压制影碟,用户复制后的视频在播放时仅显示为旋转的彩色条纹,而不是正常画面。

color subcarrier (CSC) （彩）色副载波 一种调制载波。是模拟电视信号中承载色彩信息的信号。在 NTSC(美国国家电视制式委员会)和 PAL(逐行扫描制)彩色电视中，用于控制色彩编码器和色彩解码器的正弦波信号，它是色度信息的正交调制和解调的基础。NTSC 的色副载波频率是 3.58 MHz，PAL 的色副载波频率是 4.43 MHz。在色彩编码器中，色副载波的一部分用于产生色同步信号，目的是在色彩解码器中可用它来重构色彩。

color sync signal（CSS） 色同步信号 彩色电视系统中，在场消隐期间某一时段以外持续存在的一系列彩色副载波定相脉冲，其中每一脉冲在以行同步脉冲为基准的固定时刻出现。

color systems 彩色(电视)制式 指现今一些兼容性彩色电视制式，其中主要有(美国)国家电视制式委员会(NTSC)、逐行倒相制(PAL)和塞康制(SECAM)三种。

color temperature（CT） 色温 以某种黑体的温度表述的光源温度，这种黑体辐射能量的主波长须与所指光源的表现主波长相同。

color theory 色彩理论 在视觉艺术中，色彩理论是色彩混合和特定色彩组合的视觉效果的实践指导的主体。还有基于色轮的颜色定义(或类别)：原色、二次色和第三级颜色。

color threshold（CT） 色差阈，色差门限 可辨别颜色差异时的最低亮度。

color triangle（CT） 基色三角形 任何形式三色彩色空间内的色刺激在一块二维平面上的投影变换。

color value 色彩值 指定义一种颜色的三个数值。

color video signal（CVS） 彩色视频[全电视]信号 彩色图像信号和所有同步信号组合而成的信号。

coloured noise 有色噪声 任意一个具有非白色频谱的宽带噪声。有色噪声频谱主要都是非白色低频段频谱。而且，通过信道的白噪声受信道频率的影响而变为有色的。两个典型的有色噪声为"粉色噪声"和"棕色噪声"。

comb filtering 梳状滤波 指在频率响应上出现的一系列相间的深深的峰值和谷值的现象。在音响系统中，当直达声和经听音室内音箱两侧的墙所反射而稍许有些延迟的反射声叠加在一起时，便会产生这种梳状滤波。

combined error 混合差错 数据流在信道中传输时，往往因受干扰而产生两种差错，即随机差错和突发差错，当这两种差错都存在时，称为混合差错。

combined link set（CLS） 组合链路群，复合链路集合 复合链路集合是指到某一目的局信令话务可以用不同的信令链路集合来分担。用于分担信令话务的信令链路集合称作复合信令链路。

Comité Consultatif International des Radiocommunications（CCIR） 国际无线电咨询委员会 法语。英文名称为 Consultative Committee on International Radio 或 International Radio Consultative Committee。现已纳入国际电信联盟(ITU)。CCIR 以前的标准现可在 ITU-R 或 ITU-B 目录中找到。

Comite Consultatif International Telegraphique et Telephonique（CCITT） 国际电报电话咨询委员会 法语。英文名称为 International Telegraph and Telephone Consultative Committee，成立于 1956 年的一个国际标准化组织，1992 年改为国际电信联盟远程通信标准部(ITU-TSS/ITU-T)，总部设在瑞士日内瓦，负责制定数据通信和电信领域的技术推荐标准，如调制解调器、网络和传真机等标准。ITU

推荐使用的通信标准是全球公认的标准。

comma free code 无逗点码 一种代码，其结构使任何一个从码字开始的，但在正确结束前就结束了的部分码字能被判别为错码字。当外部的同步使得可以识别码字串的第一个码字的开始，并且符号流中无差错发生时，无逗点码的特性使其能正确地将所传输的码字做成帧。

command, control, computers, and communications (C4) 指挥、控制、计算机和通信 计算机和通信在指挥和控制中的运用。

command, control, communication and intelligence (C3I) 指挥、控制、通信和情报 C3I系统是美国军事用语，把其中四个英文实词的词头字母组合在一起，简称C3I系统，我国称之为"军队自动化指挥系统"。C3I系统一词现已为世界许多国家所通用。C3I系统是由人员、指挥体系和以电子计算机为核心的技术装备有机结合在一起构成的一体化系统，是军队的耳目和中枢神经。

command, control, computers, communications, and intelligence (C4I) 指挥、控制、计算机、通信和情报 计算机、通信和情报在指挥和控制中的运用。

command net 命令网络 以命令控制为目的，连接含有全部或部分下属命令控制阵列的一种通信网络。

command protocol data unit 命令协议数据单元 通信网络中由逻辑链路控制(LLC)子层传输的协议数据单元，其中协议数据单元的命令/响应(C/R)位为0。

command reject (CMDR) 命令拒绝[拒收] 高级数据链路控制(HDLC)协议中所使用的一种无编号帧FRMR(帧拒绝)的一种变形。

commerce XML (cXML) 商用可扩展标记[置标]语言 为可扩展标记语言添加的用于电子商务的一套文档定义，包括必要的产品信息、供销双方的请求与响应以及财务处理的安全措施。

commercial COMSEC endorsement program (CCEP) 商业通信安全认可程序 COMSEC是通信安全(communications security)的缩写。美国国家安全署公布的一种数据加密标准。销售商可申请加入CCEP，由其授权在通信系统中加入加密算法。

commercial Internet exchange association (CIX) 商用因特网网际交换协会 一个因特网网络协会，对所有商用网络提供者及使用者开放，为TCP/IP(传输控制协议/国际协议)使用者的相互协作提供连接。

commercial mobile radio service (CMRS) 商用移动无线业务 采用蜂窝移动系统或个人通信系统(PCS)提供的商用移动通信业务。比较general mobile radio service (GMRS)。

committed information rate (CIR) 承诺信息速率 (1)帧中继网络服务在正常条件下的信息传输速率的平均值，CIR是以每秒多少比特计算的。(2)电信公司与用户双方约定的，正常状态下的虚电路信息传送速率。

common address redundancy protocol (CARP) 公共地址冗余协议 是一种计算机网络协议，支持同一局域网上的多台主机共享一组IP地址。其主要目的是提供故障转移冗余，尤其是在与防火墙和路由器一起使用时。在某些配置中，CARP还可以提供负载均衡功能。CARP提供类似于VRRP(虚拟路由器冗余协议)和思科系统公司的HSRP(热备份路由器协议)的功能。它在几个基于BSD(伯克利软件分发)的操作系统中实现，并已移植到Linux(ucarp)。

common agent technology　共用代理技术　一种网络管理技术,支持 SNMP(简单网络管理协议)和 DMI(桌面管理接口)协议。共用代理技术允许收集硬件和软件部件的管理信息,提供一种以集成方式管理的途径,通过提供一种共用管理框架,使客户在管理平台和代理上的现行投资得到保护,帮助客户管理其台式计算环境(常包括来自许多不同厂商准则的产品和管理规约)。

common air interface（CAI）（移动通信）公共空中接口　规定兼容无线电传输的信号的类型和内容的标准。无论什么制造商,使用 CAI 的一台无线电应该能够与任何其他 CAI 无线电进行通信。作为连接基站和用户单元的专用接口,包含无线接口、信令和语言编码及传输内容。其中无线接口用于规定载波的详细标准和工作方式。如:无线频道划分、无线调制方式、多址双工方式、发射功率及控制、接受灵敏度等。

common battery exchange　共电式交换机　在人工和自动电话中的一种交换机,其中监控信号,用户呼叫信号和用户的声音、数据和视频信号所需要的能量由一个能源供应,如一组位于交换机中的电池或电源。

common battery signaling（CBS）共电信令方式　电话系统中,电话机的信令功率由辅助交换机或自动交换机提供的一种信令方法。在共电信令方式中,"对话功率"可能由公用电池或局部电池来提供。

common battery signaling exchange　共电制信令交换机　一种手动或自动的电话交换机,其中监控信号和用户呼叫信号所需的功率由一个能源(如一个电池或其他电源)提供,且该能源位于交换机中,而用户的语音、数据和视频信号所需的功率则可能由一个位于用户装置内的电源(如电池或电源)来提供。

common battery telephone system　共电式电话系统　由交换机向每个子站供电的电话系统。

common channel interoffice signaling（CCIS）共路[公共信道]局间信令,局间信令公共信道　由一组干线传送的所有信号经解码后,利用时分技术在单个声音信道上进行传送的技术。在电话通信系统中,将话音与控制信号(信令)用分开的信道传送的技术。控制信号可在分组交换数字网络中传送,其中可以包含诸如呼号之类的数据,通信连接与拆线都比较快。

common channel signaling（CCS）共路[公共信道]信令　信令系统是电信网的神经中枢,它使各交换机之间传递和交换必要的信息,使网络能够正常运行。CCS 将信令信息与话音数据分开,在交换局之间建造一个分组交换网专门用来传送 CCS,它是在使用程控交换局的基础上,利用高速链路以分组交换方式传送局间信令,一群话路(如几百条)可以用分时方式共享一条 CCS 的链路。由于 CCS 在逻辑和物理上均与话音信号相隔离,故又称为"带外信令"。

common channel signaling NO.7（CCS7）七号共路信令　七号信号方式是一种国际性的标准化的公共信道信令系统。由 ITU-T(国际电信联盟-电信标准化部)建议定义:Q.700,信号方式;Q.701～Q.707,消息传递部分(MTP);Q.721～Q.725,电话用户部分(TUP);Q.791,信令网的监视和测量。七号信令系统(SS7)具有信令容量大,传送和处理速度快,灵活性好,可靠性高,适用范围广等优点。

common control channel（CCC/CCCH）公共控制信道　负责在所有移动台(MS)和 BTS(基站收发信台)之间传输控制信息。这对于"呼叫发起"和"呼叫寻呼"功能的实现是必要的。它包括以下内容：① 随机接入信道(RACH)当移动设备需要访问系统时使用。当移动设备发起呼叫或响应寻呼时,会发生这种情况。② 寻呼信道(PCH)由 BTS 使用以寻呼 MS,寻呼可以由 IMSI(国际移动用户标识)、TMSI(临时移动用户标识)或 IMEI(国际移动设备标识)执行。③ 接入许可控制信道(AGCH)由 BTS 使用以向响应的 MS 分配专用控制信道来在随机接入信道上接收接入消息。MS 将移到专用信道,以便继续进行呼叫设置,对寻呼消息的响应,位置区域更新或短消息服务。④ 小区广播信道(CBCH),该信道用于发送要广播给小区内所有 MS 的消息。CBCH 使用专用控制信道来发送其消息,但是它被认为是公共信道,因为小区中的所有移动设备都可以接收这个消息。活跃 MS 必须经常监视 BCCH(广播控制信道)和 CCCH(公共控制信道)。CCCH 将通过 BCCH 在 RF(射频)载波上传输。

common control physital channel (CCPCH) 公共控制物理信道 是 UMTS(通用移动通信系统)和其他一些 CDMA(码分多址)通信系统中的公共控制物理信道。它是一种广播无线信道,通过该信道,移动电话或用户设备可以在建立专用通信链路之前解码和确定重要的系统参数。在 FDD(频分双工)UMTS 系统中,有两个 CCPCH：CCPCH-P(主)和 CCPCH-S(辅)。确切地说,一个主 CCPCH 数据速率为 27 kbps,并且总是使用信道化码 $C_{ch,256,1}$ 进行广播。由于该信道的固定信道化码、时隙格式和 TTI(传输时间间隔),以及与在每个时隙中替换 P-CCPCH 的前 2 位的同步信道在时间上对齐,所以该信道可以被移动台检测到。广播控制信道(BCH)的传输信道被映射到 P-CCPCH,允许移动设备在建立专用连接之前解码重要的系统参数。还提供一个或多个辅-CCPCH 以广播寻呼块和 FACH(前向接入信道)消息。TDD(时分双工)模式 UMTS 系统中的 P-CCPCH 也携带导频比特(与 FDD 模式相反,FDD 模式提供称为 CPICH(公共导频信道)的不同导频信道)。CCPCH 上的导频比特可用于测量信号质量,例如接收信号码功率 RSCP(接收信号码功率)、Ec/Io(码片能量/总接收能量)等,并用于解码来自同一发射机的其他信道时的同步和定时基准信号。

common differential global positioning system (CDGPS) 通用差分全球定位系统 一种新的 GPS 差分实时定位技术,分为通用差分定位系统和广域差分定位系统。通用差分定位系统由主站和移动站构成,通过数据传输链路构成网络系统。

common indexing protocol (CIP) 通用索引协议 因特网工程任务组(IETF)为使服务器共享索引信息而定义的一种协议。通用索引协议的开发给服务器提供了一种共享信息的标准方式,使它们能共享数据库内容。如果一个服务器解决不了一个特定的询问,通过信息共享就可以把这个询问发送到其他服务器,也许其中某一个含有需要的信息。

common information model (CIM) 公共信息模型 一种开放标准,它定义了 IT 环境中的托管元素如何表示为一组公共对象及其之间的关系。分布式管理任务组维护 CIM,以允许对这些托管元素进行一致的管理,而不受其制造商或提供商的影响。

common interface 公共接口,通用接口 在数字视频广播(DVB)中,公共接口(也称为 DVB-CI)是一种允许解密付费电视频道的技术。付费电视台要选择使用哪种加密方法。通用接口允许电视机制造商支持多种不同的付费电视台,允许插入可交换的条件访问模块(CAM)用于各种加密方案。公用接口是电视调谐器(电视机或机顶盒)和解密电视信号的 CAM 模块之间的连接。然后,CAM 模块接纳包含访问密钥和许可的付费观看的用户卡。主机(电视机或机顶盒)负责调谐到付费电视频道和解调射频(RF)信号,而 CAM 负责 CA(条件访问)解扰。

common intermediate format (CIF)　通用中间[媒介]格式　是一种用于规范视频信号的像素分辨率和色差分量的标准格式,常用于电信领域的视频会议系统。CIF 格式是国际电信联盟(TU)在 1990年推出的 H.261 视频编码标准中首次被定义的一种格式标准。其设计目的是为了便于与电视的 NTSC(美国国家电视制式委员会)和 PAL(逐行倒相制)两种视频制式标准对接,推动电信领域和电视领域之间的互联互通。CIF 格式定义时采用了最大兼容原则(二者相比取较大者),在分辨率上采用与 PAL 制的格式相同的 352×288,在帧率上则采用与 NTSC 制相同的 29.97 fps(帧/秒),色彩空间编码则采用 YCbCr 4:2:2 格式标准。

common internet file systems (CIFS)　公用网际文件系统(协议)　该协议定义了因特网和企业内联网上远程文件的访问标准,定义了客户机请求服务器文件服务的方法。CIFS 以服务器消息块(SMB)为基础。

common internet file systems/enterprise (CIFS/E)　公用网际文件系统扩展(协议)　该协议是 CIFS 协议的扩展,定义了客户机发现 CIFS 服务器的方法以及客户机请求其他服务(如打印服务)的方法。

common intrusion detection framework (CIDF)　通用入侵检测框架　美国国防高级研究项目局(DARPA)为入侵检测系统(IDS)开发的结构模型。在这个模型中,入侵检测系统分为事件收集单元、事件分析单元、数据单元、响应单元和服务单元等多个单元。CIDF 力图在某种程度上将入侵检测标准化,开发一些协议和应用程序接口,以使入侵检测的研究项目之间能够共享信息和资源,并且入侵检测组件也能够在其它系统中再利用。

common language information services　公共语言信息服务　包括由全球电信行业通过许可协议普遍使用的几种产品。公共语言产品结合数字和助记符来建立命名约定,电信公司使用该约定通过运营支持系统和其他接口机来交换关键信息。公共语言代码可帮助通信公司命名、定位、盘点和管理其网络的所有方面。它们识别与建筑物一样大,像数字交换机中的单个板一样小,并且像客户电路一样复杂的物品。公共语言代码集得到行业标准机构和组织的认可,包括 ATIS(电信行业解决方案联盟)、ANSI(美国国家标准学会)、IETF(因特网工程任务组),和 ETSI(欧洲电信标准协会)。

common language equipment identifier codes (CLEI codes)　公用语言设备标识符代码　是行业标准的全球唯一标识符,用于具有统一面向特征的分类的电信设备。电信设备制造商必须获取 CLEI 代码,并在销售给许可服务提供商之前分配给设备。

common language location identifier code (CLLI code)　公用语言位置标识符代码　是北美电信行业使用的公共语言信息服务标识符,用来指定电信设备或相关地点的位置和功能,例如国际边界或支持设备位置,如人井或立杆。最初,贝尔电话公司使用它们,但由于所有其他电信运营商需要与占主导地位的贝尔公司互连,因此 CLLI 代码的采用最终变得普遍。CLLI 代码现在由 Telcordia 维护和发布。

common management information protocol (CMIP) 公共管理信息协议 是 OSI 指定的网络管理协议。定义见 ITU-T(国际电信联盟-电信标准化部)X.711 建议书、ISO/IEC(国际标准化组织/国际电工委员会)国际标准 9596-1。它为 ITU-T 建议 X.710、ISO/IEC 国际标准 9595 中规定的公共管理信息服务(CMIS)定义的服务提供实现,允许网络管理应用程序和管理代理之间的通信。CMIS/CMIP 是 ISO/OSI 网络管理模型规定的网络管理协议,并由 ITU-T 在 X.700 系列建议中进一步定义。该标准包括:管理信息控制与交换协议(MICE)和管理事件通告协议(MEN)。该协议支持如下功能:① 支持常规的和特殊的网络设施和功能;② 采用网上设备主动报告状态变化方式进行管理;③ 网络管理信息存放在管理信息库中,采用复合信息项方式检索;④ 为了便于网络管理员在任何站点上操作,网络管理信息可从任一站点向其他站点传递。该协议可在 OSI(开放系统互连)和 DNA(数字网络体系结构)支持下运行,具有较强的网络管理功能。CMIP 还提供良好的安全性(支持授权、访问控制和安全日志)以及异常网络状况的灵活报告。

common management information service (CMIS) 公共管理信息服务 是 ITU-T(国际电信联盟-电信标准化部)建议 X.710、ISO/IEC(国际标准化组织/国际电工委员会)国际标准 9595 中规定的服务接口,由 OSI 网元用于网络管理。它定义了由 ITU-T 建议 X.711、ISO/IEC 国际标准 9596-1 中规定的公共管理信息协议(CMIP)实现的服务接口。CMIS

是开放系统互连(OSI)国际网络标准组织的一部分。

common management information services and protocol over TCP/IP (CMOT) 在 TCP/IP 上的公共管理信息服务和协议 按照 OSI(开放系统互连)开发的公共管理信息服务/公共管理信息和协议(CMIS/CMIP),为在因特网系统上使用而实现的一种自动化网络设备管理协议。该协议是为取代现有的简单网络管理协议(SNMP)而设计的。如此可使因特网连接的网络符合 OSI 的网络管理模式。

common management interface protocol (CMIP) 共同管理接口协议 一个 ITU-TSS(国际电信联盟-电信标准化部)消息格式和用于交换管理信息过程的标准。是 ISO(国际标准化组织)应用层协议,用于通过 OSI(开放系统互连)网络发送和检索管理信息。

common mode coupling 共模耦合 在不同的引线上相对于地引入相似信号的耦合。

common mode filter 共模滤波器 这是常用的一种抗电磁干扰滤波器,对于共模电流或共模噪音导体将呈现很高的阻抗,对于所需要的信号它呈现低阻抗。

common mode interference 共模干扰 一种出现于两个信号端子或被测试的两个基本端子点与公共参考端(如接地)之间的干扰。共模干扰属于非对称性干扰。与差模干扰相比,共模干扰幅度大、频率高,还可以通过导线产生辐射,所造成的干扰较大。比较 differential mode interference.

common open policy service (COPS) 公共开放策略服务(协议) COPS 是在网络中的一个 PDP(策略决定点)和 PEP(策略执行点)之间交换网络策略信息的标准协议。它是作为 QoS(服务质量)的一部分,以根据服务优先权分配网络流量资源。该协议使得任何主动的网络节点,例如路由器、交换机或网关从外部策略服务器或网络目录中获得用户权和优先权。即如果在网络节点上安装了COPS协议,那么运营商可以让终端用户极为方便地访问它们的应用和数据,而不管它们在网络上哪个地点注册。

common part sublayer (CPS)　公共部分子层　是介质访问控制(MAC)层的核心部分,主要功能包括系统接入、带宽分配、连接建立和连接维护等。CPS 接收来自各种 CS(通信服务)的数据并分类到特定的 MAC 连接,同时对物理层上传输和调度的数据实施服务质量(QoS)控制。

common pilot channel (CPICH)　公共导频信道　是 UMTS(通用移动通信系统)和一些其它 CDMA(码分多址)通信系统中的公共导频信道。用于小区识别和信道估计。在 WCDMA(宽带码分多址)FDD(频分双工)蜂窝系统中,CPICH 是由具有恒定功率和已知比特序列的节点 B 广播的下行链路信道。其功率通常在节点 B 总发射功率的 5% 到 15% 之间。通常,CPICH 功率是典型的总发射功率 43 dBm 的 10%。用户设备(UE)使用主公共导频信道首先完成用于加扰来自节点 B 的主公共控制物理信道(P-CCPCH)传输的主扰码的识别。后来的 CPICH 信道提供允许的相位和功率估计。以帮助发现其他无线电路径。

common single mode fiber (CSMF)　普通[常规]单模光纤　满足 ITU-T(国际电信联盟-电信标准化部)G.652 要求的单模光纤,常称为非色散位移光纤,其零色散位于 1.3 μm 窗口低损耗区,工作波长为 1 310 nm(损耗为 0.36 dB/km)。随着光纤光缆工业和半导体激光技术的成功推进,光纤线路的工作波长可转移到损耗更低(0.22 dB/km)的 1 550 nm 光纤窗口。

common traffic channel (CTCH)　公共业务信道　一种逻辑信道,用来承载公共载荷,如广播或多播业务。、

common transport channel (CTrCH)　公共传输信道　传输信道一般分为公共信道和专用信道。例如,TD-SCDMA(时分同步码分多址)系统中有七种公共传输信道,包括 BCH(广播信道)、FACH(前向接入信道)、PCH(寻呼信道)、RACH(随机接入信道)、USCH(上行共享信道)、DSCH(下行共享信道)和 HS-DSCH(高速下行共享信道)。

common trunk line　公用中继线路　在光纤通信系统中的一种光纤传输信道,它由一组串联的光纤发送器和接收器组成,每个站或每个节点处都有一个发送器和一个接收器,通过波分多路复用或时分多路复用在信道的不同点处接收、发送信号和传输信号。

common vulnerabilities and exposures (CVE)　通用漏洞披露　CVE 组织成立于 1999 年 9 月,是一个由政府支持,企业界和学术界共同参与的国际组织,也是国际上最具公信力的安全弱点披露与发布单位。CVE 使命是通过非盈利的组织形式,对漏洞与暴露进行统一识别。CVE 为每个漏洞和暴露确定了唯一的名称和一个标准化的描述。CVE 使得用户和厂商对漏洞与暴露有统一的认识,从而更加快速而有效地去鉴别、发现和修复软件产品的脆弱性。

communication (COM/COMM)　通信,交流,传达,传播　(1) 按照达成的协议,信息在人、地点、进程和机器之间进行的传送。(2) 通过传输介质传送信息的活动及其有关的传送技术,是建立计算机网络的基础传输手段。在计算机网络中,通信的作用是把文字、图形、图像、声音等各种形态的信息,从一个计算机系统或其他网络节点传送到另一个计算机系

统或其他网络节点。计算机通信有两种基本的方法：通过调制解调器的临时通信和通过计算机网络的永久或半永久通信，前者可利用公共电话通信线路，后者则需要专用线路。

communication adapter 通信适配器 与通信电路间接口的一种线路插卡，它把处理机、控制机或其他设备连接到网络上。

communication channel (CCH) 通信信道，联络通路 用于在网络中不同组件之间提供信息传输功能的有线或无线信道。如有线之类的物理传输介质，或指通过诸如电信和计算机网络中的无线电信道的多路复用介质上的逻辑连接。信道用于将信息信号（例如数字比特流）从一个或多个发送器（或发射器）传送到一个或多个接收器。信道具有一定的传输信息容量，通常以 Hz 为单位的带宽或以每秒比特为单位的数据速率来衡量。

communication channel capacity 通信信道容量 通信信道由单位时间内可以处理的、信息通过的最大量所确定的一种特征。

communication clock 通信钟 在同步通信中，为了维护接收端和发送端的计算机和终端之间一致性数据传输而设置的内部时钟。

communication complexity 通信复杂性 在理论计算机科学中，通信复杂性研究当问题的输入在两方或多方之间分配时，解决问题所需的通信量。它是由安东尼·姚（Andrew Yao）于 1979 年提入的，他研究了涉及两个分离方的以下问题，传统上这两方称为爱丽丝（Alice）和鲍勃（Bob）。爱丽丝接收 n 位串 x 和鲍勃接收另一个 n 位串 y，目标是使其中一个（比如鲍勃）用它们之间的最少通信量来计算某个函数 $f(x, y)$。当然，他们总是可以通过让爱丽丝将她的整个 n 位字符串发送给鲍勃来获得成功，然后鲍勃计算函数 f，但这里的想法是找到用少于 n 位通信来计算 f 的巧妙方法。请注意，在通信复杂性方面，我们不关心爱丽丝或鲍勃执行的计算量，也不关心使用的内存大小。

communication control character 通信控制字符 为数据设备之间实现传输控制所设置的控制字符，例如，在国际标准化组织（ISO）提出的基本型传输控制规程中，选择了 ASCII（美国信息交换标准代码）字符集中的十个字符作为通信控制字符，以实现各种传输控制。

communication controller 通信控制器 管理数据在网络数据链路上进行数据传输的一种设备。它在整个网络中管理线路控制的各种细节和数据的路由选择。其操作可由与控制器相连的处理器中执行的程序所控制或由在控制器内部执行的程序所控制。

communication control procedure 通信控制规程 （1）为了适应数据通信的实际控制需要所制定的一系列规则、约定和步骤。通常包括通信线路的建立和拆除、数据传输、保持同步以及各种差错控制和故障恢复等。（2）在通信进程间控制信息流的一些约定。它具有下列功能：① 标识源站和目的地站；② 请求允许发送；③ 要求某一个站发送；④ 当多个站或设备要求同一信道时，进行仲裁；⑤ 提供差错校正；⑥ 标识设备或进程；⑦ 当在通信进程间有多个信息等待处理时，标识其中的一个信息。

communication moon relay project 通信月球中继项目 （1）也简单称为月球中继，或者说，操作月球反弹。是美国海军执行的一个通信项目。其目标是通过使用月球作为天然的通信卫星—种被称为 EME（地球-月球-地球）通信的技术，开发一种安全可靠的无线通信方法。该项目的大部分工作都是在 20 世纪 50 年代在美国海军研究实验室进行的。"月球中继"行动从被称为无源月球中继(PAMOR)的分级军事间谍计划中脱离出来,PAMOR 项目旨在窃听从月球反射的苏联军用雷达信号。(2)随着深空探测的发展,以及对月球和月球之外的天体和空间的探测,人类将航天活动的范围扩展到月球、火星等天体处,随之面临着测控通信远距离损失剧增、低覆盖率、延时较大等许多技术难点。特别是月球背面远离地球,相对来说还不为人所知。在月球背面探测,它可以屏蔽地球的辐射,真实的反映宇宙的一些信息。为了克服地基测控网络的不足,同时为了适应未来航天技术的发展,需要寻找新的航天测控系统体制和更优的传输方式,以实现卫星与地面站之间的数据通信。对月中继通信是利用中继卫星作为转发站,对环月、落月飞行器的信号进行中继转发的卫星通信方式,一般是利用与地球长期可见的中继卫星在环月或落月飞行器和地面站之间建立一条全天候、实时的高速通信链路,可为卫星、飞船等飞行器提供数据中继和测控服务,并实现科学数据实时下传至地面,极大提高此类卫星的使用效益。

communications　通信学　是研究传输信息原理、方法和传输媒体的范围广泛的学科。通信学的研究可分为:信息理论,研究信息的量化,存储和通信;涉及人类交流的传播研究;生物信息学,研究生物体内和生物之间的通信。在计算机相关领域中,通信包括通过电话、微波、人造卫星或物理线缆等传输介质把数据从一个节点或一台计算机系统传送到另一个节点或一台计算机系统。

communications AC signaling　交流(电)信号通信　由 FSK(频移键控)实现的用交流(电)信号传输系统进行的一种通信,它将电传打字机输出的直流经调制后发送到传输线路上去,例如,某站将直流标记脉冲转换成 1 070 Hz 的音频信号,将直流间隔信号转换成 1 270 Hz 的音频信号。频移键控是一种调频(FM)方式,通常由数据集和调制解调器完成。

communications deception　通信欺诈　通过故意传输、再传输或更改通信来误导对方对通信的解释。

communications elements　通信要素　可将通信要素归纳如下:① 信源,某一信息的发源处;② 消息,待传输信息的细节;③ 发送者,用于传输信息的人员或装置。这可能是终端或计算机;④ 信号;传输信息过程中所产生的信号,这可能是二进制码的字符或莫尔斯码字符;⑤ 接收者,接收传送来的信息的人员或装置,这可能是终端或计算机;⑥ 信宿,目的终点,即该信息要传输到的地点或要传送给的人。

Communications Fraud Control Association (CFCA)　通信欺诈[欺骗]控制协会　是一个致力于打击通信欺诈行为的非营利性全球教育协会。CFCA 的使命是通过教育和信息成为收入保障、预防损失和欺诈控制的国际协会。通过促进电信欺诈安全人员之间的密切联系,CFCA 充当有关通信服务的欺诈性使用的信息的论坛和交换所。网址为 www.cfca.org。

communications interface　通信接口　实现计算机与通信网络或其他通信子系统相连接的硬件和软件。目前大多采用由大规模集成电路构件构成的智能通信卡作为通信接口电路,其中配有固化的通信规程软件。计算机上的程序只要通过一些简单的命令即可实现数据传输和各种通信控制。

communications jamming（COMJAM）　通信干扰　通过使用电磁信号,即有意地通过辐射、再辐射或反射电磁能量来破坏电子通信系统的正常工作以阻止无线电通信的成功。通信干扰的目的是通过电磁手段来阻止通信或至少使通信系统功能大大的退化以造成传输和接收发生延迟。干扰可能与欺诈共同使用以完成一个全面的电子对抗(ECM)计划。

communications management **通信管理** 是系统地规划、实施、监督和修改组织内部以及组织之间的所有通信通道；它还包括与组织、网络或通信技术相关的新通信指令的组织和传播。通信管理方面包括制定企业通信战略、设计内部和外部通信指令以及管理信息流，包括因特网通信。

communications management configuration (CMC) **通信管理配置** 在某些通信系统软件中的一种多域网络配置。其中有一个主机(称为通信管理主机)具有网络的绝大部分管理功能，从而使其他主机(称为数据主机)得以去处理应用程序。但管理主机不具有对与数据主机连接的本地站点的控制功能。

communications means **通信手段[方式]** 通信的一种体系或模式，通常按传播介质、编码方法、业务等级、运营组织等来划分。例如，通信手段有电话、电报、有线、光纤、无线、电视、军事和商业等。

communications medium **通信媒体** 从一个地方到另一个地方传递数据信号的物理设备，可以是有线的，如同轴电缆和双绞线等，也可以是无线的，如红外线和微波等。

communications mode **通信方式** (1)计算机和其外围系统进行通信的方式。一般有三种方式：① 输入方式，即数据从通道进入计算机；② 输出方式，即数据从计算机通过通道送出；③ 功能方式，计算机将功能字送至外围系统，以建立它们之间的通信。(2)通信双方在通信线路上传送信息的方式。按信息传送方向与时间关系，可划分为单工、半双工和全双工三种通信方式。

communications network **通信网络** (1)传输设备、交换机和终端设备的集合，组合后提供两点间的通信能力。(2)在数据终端设备(DTE)之间建立数据线路的功能部件的集合。这些功能包括处理、存储、发送、转发和各种交换线路的管理及控制功能。这些功能可以集中在一个控制中心内，也可以分布在各个节点内。

communications networking riser (CNR) **通信网络插卡** 英特尔公司于2000年2月发布的专为宽频网络设计的通信网络插卡标准。CNR扩展了声音和调制解调器插卡(AMR)的功能，支持局域网(LAN)、家庭电话网络(HPNA)和通用串行总线(USB)，是内置式调制解调器插卡的换代标准。

communications of word processing **字处理通信** 当字处理机配以通信能力时，某些原始输入和大量的编辑工作可以在远程进行。在一个向上拨模式中，字处理机通信可以建立一个网络，允许一草稿在发送到中央设备进行最后组装之前，先被复查并作注解。

communications parameter **通信参数** 使计算机进行通信所需的设置，在异步通信中，通信参数如调制解调器速度、数据位和停止位的数量、奇偶效验的类型和参数的类型等。

communications protocol **通信协议** 在计算机网络中，为了使计算机或终端之间能够正确地传送信息，必须有一整套关于信息传输顺序、信息格式和信息内容等的约定，这一整套约定称为通信协议。广泛被接受、用作标准化计算机通信的协议就是一组七层的软件硬件准则，称之为开放系统互连(OSI)模型。在OSI

之前曾被广泛使用的一种略有差别的标准是 IBM 的 SNA(系统网络体系结构)。在一个协议中还存在着一些协议,每个协议规定了通信中的某一方面。

communications protocol stack　通信协议栈　定义网络设备发送和接收信息规则的协议。该栈对经过它的任一分组添加信息来提供路由选择和连接服务。

communications satellite (comsat)　通信卫星　位于地球同步轨道上,起通信中继站作用的人造卫星。它把地面站发来的信号加以转换和放大,然后转发给各个地面接收站。通信卫星由太阳能电池供电,赤道轨道上放三个以上通信卫星就可为全球提供通信网络服务,通信卫星位于电离层以上,为了电波能穿过电离层,所用载波必须在频谱的微波区。

communications satellite band　通信卫星频带　一种通信卫星的工作频带。地面站用 5 925 ～ 6 425 MHz 或 7 900 ～ 8 400 MHz频率将信号发送给卫星,然后,卫星用 3 700～4 200 MHz 或 7 250～ 7 750 MHz 的频率再将信号传送到地面站。

communications satellite earth station　通信卫星地面站　卫星通信业务中的地面站。

communications satellite service　卫星通信服务　利用在地球轨道上的卫星进行通信服务,它的作用是在地球的通信站之间进行微波转播。

communications satellite space station　通信卫星空间站　在卫星通信业务中位于地球卫星上的空间站。

communications security (COMSEC)　通信安全[保密]　保证电信可靠性和拒绝接受未授权人的信息而采取的保护,它包括加密安全、传输安全、发射安全和物理安全。

communications security equipment　通信保密设备　为远程通信提供保密措施的设备。它把信息转换成非法窃听者不易理解的形式,在合法接收者接收时,这些信息又转换成原来的形式。

communications subnet/subnetwork　通信子网　在网络通信系统中,负责通信节点或用户之间可靠地进行数据传输的通信系统。它通常由通信信道、中继站点、接口设备组成。通信子网可以是能够可靠地传输用户数据的通信网的全部或其中一部分,例如,公共数据网、公共电话网、电报网等。

communications survivability (CS)　通信生存能力　尽管系统可能部分地遭到破坏或损坏,在这样的不利条件下通信系统仍能继续有效运行的能力。可以用各种不同方法维持通信业务,例如,可以使用:迂回路由,不同的传输媒质或方法,冗余设备以及能经受强辐射的场所和设备等。

communications test set　通信测试装置,通信测试集　指可以进行如下测试的设备:① 自动或手工确定波特率和校验方式;② 生成"quick brown fox"测试模式对设备和电缆进行测试;③ 进行电缆一致性测试以确定其最大无错误数据传输率;④ 进行电缆环路测试,识别未知或错误标记的电缆类型以及测试数据链路的一致性。

community reception　集体接收　在卫星广播业务中,通过接收设备接收来自卫星广播业务中的某个空间站的发射信号,在某些情况下,这种接收可能是复杂的和采用比个人接收用天线更大的天线,主要用于:① 一个地点的一组人群;② 通过分配系统覆盖一个有限的区域的人群。

compact code　紧致码　具有最小平均字长的唯一可译码。紧致码的编码构造依赖于信息源的概率分布。

compact disc (CD) 激光碟,光碟 光碟是 20 世纪 70 年代末从胶木唱片发展而来的,经过不断完善和发展,种类不断增加,并获得广泛的应用。到目前为止,光碟制品有十多个规格品种,每个品种又都有对应的标准格式。国际标准化组织(ISO)制定和采纳了多种标准规范,定义了光碟的尺寸、转速、数据传输率、数据格式等重要参数。较常用的有:① CD-DA:音频激光唱片,又称 CD;② CD-ROM:只读光碟存储器,光碟;③ CD-ROM/XA:只读光碟存储器扩展体系结构;④ VCD:视频光碟,俗称小影碟;⑤ SVCD:超级视频光碟,超级 VCD;⑥ CD-I:交互式光碟;⑦ CD-R:可录式光碟,CD 刻录机;⑧ CD-RW:可重写光碟;⑨ DVD:高密度数字视碟等。

compact disc interactive (CD-I) 交互式光碟,光碟交互播放系统标准 一个交互式音频/视频/计算机系统中光碟的硬件和软件标准,包括图像显示、分辨率控制、动画、特殊效果和音频的功能,标准涉及编码的方法、压缩、还原和存储信息的显示等。采用这种标准的系统把高质量的声音、文字、计算机程序、图形、动画以及静止图像等以数字形式存放在 659 MB 的光碟上,用户可通过与系统相连的家用电视机、计算机显示和 CD-I 系统进行通信,可使用鼠标器、操纵杆或者遥控器等定位装置选择视听材料。CD-I 的基本系统由 CD-ROM(只读光碟存储器)驱动装置和多媒体控制器(MMC)两部分构成,有两种工作方式:一种方式与家用电器连接,不需要其他计算机;另一种方式是作为多媒体控制器连接到其他微机、工作站或者小型机上。

compact disc plus graphics (CD+G) CD+图形光碟,增强型图形光碟 可以显示一些图片或者歌词之类的光碟格式。大多数卡拉 OK 机器能识别这种光碟格式,自从 VCD(视频光碟)格式问世后,CD+G 格式已被淘汰。

compact disc read only memory (CD-ROM) 只读光碟存储器 一种计算机外存设备,采用与激光唱片相同的技术,将高能量的激光束聚焦成约 1 μm 的光斑,在存储介质上进行光学读写,可存储大容量的信息,CD-ROM 光碟直径 12 cm,容量为 650 MB。可存储文字、数字信息,也能记录音乐、动画等视听信息,存储的信息只能读取而不能修改或擦除,是一种信息发行、流通的载体。1985 年制定了它的规范,其标准称为黄皮书。

compact disc read only memory extended architecture (CD-ROM/XA) 只读光碟存储器扩展体系结构(标准) CD-ROM 的一种扩展,由 Philips,SONY 和 Microsoft 公司开发,支持附加音频级压缩和音频和数字数据的交叉,1998 年制定了它的规范,与 ISO 9660(高西拉)标准一致,进一步说明了 ADPCM(自适应差分脉冲编码调制)音频、图像和数据交叉规范。CD-ROM 光驱在读混合模式光碟时(同时会有数据轨道和音频轨道的 CD 称为混合模式光碟),如果读计算机数据,就不能回放音乐。CD-ROM/XA 允许计算机数据和音频数据放在相同的轨道上,所以它能够在读计算机数据的同时回放音乐。

compact disc-real time operating system (CD-RTOS) 光碟实时操作系统 在 CD-I 播放系统中使用的操作系统。

compact disc recordable (CD-R) 可记录光碟,CD 刻录机 只可写一次而可反复读多次的光碟存储器。1989 年制定了它的规范。它使用的光碟几何尺寸、信息记录的物理格式和逻辑格式与 CD-ROM(只读光碟存储器)一样,因而可在一般的 CD-ROM 驱动器上被读取。

compact disc-recordable and erasable (CD-

R/E) 可记录可擦写光碟 修饰或说明配备有可记录(CD-R)和可擦写(CD-E)光碟设备的计算机软件和硬件。

compact disc rewritable (CD-RW) 可重写光碟 可重复写入数据的光碟。根据行业标准,CD-RW 光碟应允许擦写 1 000 次以上。CD-RW 可以支持文件的复制、移动、删除等操作。CD-RW 格式化后的文件为 UDF(通用磁盘格式)格式。

compact disc video (CD-V) 带视频的激光唱片,视频光碟,CDV 碟 1987 年出现,它是 CD-DA(音频激光唱片)和 LD(激光视碟)相结合的产物,可在影碟机上使用。

compact Huffman code 哈夫曼压缩代码 一种压缩存储空间或处理时间的优化编码。简单地说,若事件出现概率愈高,愈用短位数的代码来表示,而出现概率愈低,则愈用较长位数的代码来表示。这样,当概率密度不均匀时,代码的平均位数(相当于存储空间或处理时间)可缩短。

compact hypertext markup language (CHTML) 压缩式超文本标记语言 一种超文本标记语言的子集,适用于一些小型的计算机设备,如个人数字助理(PDA)、手机和智能电话。

compaction 压缩、紧凑 (1)为减少数据存储量而对之进行的一种方法。(2)在SNA(系统网络体系结构)中,两个字符压缩到一个字节中去的数据变换方式,据此就可利用只有 256 个字符的子集;这时最频繁传送的字符将被压缩。(3)在数据设施分级存储管理程序中,采用迁移或备份对数据进行压缩或编码的一种方法。(4)动态地重新安排内存的过程,它把连续的段移动到内存的一端,把未使用的单元集中到另一端。

compaction algorithm 压缩算法 完成数据压缩,即把数据简化为使用较少位的

紧凑形式的一种算法。

compact small form-factor pluggable (CSFP) 紧凑的小型可插拔(模块) 是 SFP 的一种版本,具有相同的机械外形,每个端口允许有两个独立的双向通道。它主要用于增加端口密度并减少每个端口的光纤使用量。

compander 压扩器,压缩器/扩展器 (1)编码时进行压缩,解码时进行扩展的设备。由可以相互独立使用的一个压缩器和一个扩展器组成的装置。(2)压缩信号幅度范围的压缩器电路与后接恢复原有幅度范围的扩展器两者的组合。它可以改善信噪比(S/N)。完整的压扩器可以用能接通压缩器部分和扩展器部分的单个集成电路提供。

compander bypass 压扩[压缩扩展]器旁路 在收发信机单元中允许压缩器和扩展器电路同时无效的一种旁路测试点。

companding 压扩[压缩和扩展]法 (1)从"压缩(compression)"和"扩展(expansion)"两个相反的过程抽取词头组合成的新单词。一种在传输前将信号的动态范围进行压缩,在接收机处又展开成原来值的操作。压-伸的使用允许在有较小的动态范围容量的设备上传送有较大动态范围的信号。压-伸减少了接收机处的噪音与串扰。(2)PCM(脉码调制)过程的一部分,在一个非线性量化器上,逻辑地将模拟信号的值取整到最接近的离散量化台阶值上。然后,在传输之前将十进制的量化台阶值编码成相等的二进制值。在接收端用同样的非线性量化器逆转地进行的过程。

companding converter 压扩转换器 一种模-数和数-模转换器,它利用对数传递函数先对模拟信号范围进行扩展,然后加以压缩。一般用于语音通信中。

compandor 压(缩)扩(展)器 compressor expandor 的缩写。在通信线路一端设置

一个压缩器降低信号范围尺度,然后在另一端设置一个扩展器还原信号。其目的是增加线路的信号/噪声比。同compander。

compared device　比较器　把一个输出量值与规定的作为基准目的值比较并产生一个差分信号的器件。

compatible amplitude modulation-digital (CAM-D)　兼容调幅-数字　是广播工程师 Leonard R. Kahn 提出的调幅(AM)广播的混合数字广播格式。该系统是一种使用任何 AM 广播电台边带的带内同频道(IBOC)技术。使用标准 AM 时,使用模拟信息仍可高达 7.5 kHz 的带通。该系统将 AM 通常缺失的高音信息以数字方式传输。在接收器中首先进行音频混合,而后再将高音频进行混合。与iBiquity(公司)的 HD Radio 等其他IBOC 技术不同,Kahn's(公司)显然不提供全数字传输的直接途径,也没有提供任何立体声功能。然而,它的优势在于它占用的边带要少得多,从而对相邻通道的干扰要小得多,因此名称中有"兼容"。

compatible color television system　兼容彩色电视系统　一种彩色电视系统,可以在典型的未改装的黑白接收机上接收彩色图像信号中的常规黑、白色信息。在NTSC(美国国家电视制式委员会)与PAL(逐行倒相制)系统中彩色视频信息被分离为一个亮度信号及两个色度信号,亮度信号相当于黑白电视图像信号,单独用于黑白电视机。

compatible sideband transmission (CST)　兼容边带传输　一种独立的边带传输,其中载波在进行标准抑制后以低功率电平重新插入以便让常规的调幅(AM)接收机能够接收。兼容边带传输通常是由包含载波加上上边带的单边带等效幅度调制(AME)传输。

compatible single sideband system　兼容单

边带系统　能无失真地由普通调幅无线电接收机接收的单边带系统。

compensating phase shift　补偿相移　一种相干光适配技术,用于通过改变波前的形状、相位或特征以改善电磁波前的功率密度,即辐照度。同时也为了调整通过传输介质和系统部件(如光纤、连接器、耦合器、镜头组和大气等)引入的这些参数而出现的不希望有的变化。

compensation　补偿,校正　用放大器或其他连接设备的相反特性来校正传输设备频率特性的下降和衰减,以展宽带宽或使响应在现有带宽内更接近均匀。也称为"频率补偿"。

compensation for calibrating errors　校准(误差)补偿　在校准期间通过按比例地加一个量或减一个量来消除误差。为了进行校准而在正式工作前进行的扫描称为校准扫描。

complementary code keying (CCK)　(互)补码键控　是与应用 IEEE 802.11b 规范的无线网络(WLAN)一起使用的调制方案。1999 年,采纳 CCK 来补充无线数字网络中的 Barker 码,以较短距离为代价实现高于 2 Mbps 的数据速率。这是由于 CCK 中较短的码片序列(8 比特对应巴克码中的 11 比特),这意味着较少的扩展来获得较高的数据速率,但更容易受到窄带干扰,从而导致更短的无线传输范围。除了更短的码片序列外,CCK还拥有更多的码片序列来编码更多比特(4 个码片序列,5.5 Mbps 和 64 个码片序列,11 Mbps),进一步提高了数据速率。然而,巴克码仅具有单码片序列。

complementary network service (CNS)　补充[互补]网络业务　在电信领域,CNS是增强型服务提供商的客户连接到网络并连接到增强型服务提供商的手段。CNS 通常包括客户的本地服务,例如商业或住宅,以及若干相关服务特征,例如遇忙/无应答呼叫前转、三方呼叫、虚拟拨号音等服务。

complementary wavelength (CWL)　补色波长　当以适当比例与样色混合时，能同参考标准光相匹配的光波长。没有起支配色彩波长的紫色，包括非光谱紫外光、紫色、品红色、非光谱红色均用它们的互补色波长来定义。

completion code　完成(代)码　表明某一操作已结束的一种返回码。

completion of call to busy subscribers (CCBS)　遇忙回叫，忙时用户的再呼叫　智能网业务之一，当主叫用户因被叫忙而呼叫失败后，根据主叫用户的要求，由网络在被叫用户空闲时再次呼叫，而主叫方不需进行一次新的呼叫尝试。

complex cepstrum　复倒谱　复数频谱取对数后的傅里叶(Fourier)反变换。在信号处理中，通过复倒谱的运算可将褶积关系变换为相加关系，使得一般线性系统能对其进行滤波处理。

complex pulse radar　复合脉冲雷达　为精确分析起见，雷达输出信号波形可以用一个复函数来描述，例如用一个时间复函数方程式：$s(t) = x(t) + jy(t)$ 来描述，这里 $s(t)$ 是时间复函数，$x(t)$ 是实部，$y(t)$ 是虚部，j 是虚分量算子。

complex sensors　复合传感器　指视觉、声纳和触觉等多元传感器，它们能使灵巧的机器人与其工作环境交互。

component failure impact analysis (CFIA)　部件故障影响分析　确定关键系统元[部]件故障影响的一种统计技术。

component video signal　分量电视信号　使用三个分离的颜色分量和同步信号进行记录和传输的电视信号，如 RGB、YCrCb、YUV、S-Video等。分量电视信号主要用在数字电视系统、电视游戏、计算机系统和多媒体系统的显示器中。

composite black　合成黑色　由青色、品红和黄色混合(相减)得到的黑色。使用这种方法得到的黑色比较模糊，因此在专业印刷技术中还要使用纯黑色，这就是印刷业中采用 CMYK(青、品红、黄、黑)颜色模型的原因。

composite color　复合(彩)色　用单一视频信号对彩色信息编码。即用色调、饱和度和亮度值来描述且仅以一个视频信号来进行编码的彩色。

composite color signal (CCS)　复合彩色(视频)信号　是彩色图像信号加上所有的消隐及同步信号。这种复合信号包括亮度信号、两种色度信号、垂直与水平同步脉冲、垂直与水平消隐脉冲，以及色同步信号。

composite second order (CSO)　复合二阶[二次](失真)　由放大器和处理多个射频(RF)信号的其他设备产生的失真形式。这是一种二阶失真，它把频率 A 和 B 的信号合并为 A±B。A+B 结果在图像载波上面下降 1.25 MHz，A−B 结果在标准信道分配中的图像载波下面下降 1.25 MHz。载波与失真乘积的比率通常称为 C/CSO，载波比复合二阶。

composite signal (CS)　复合[合成]信号　集中器或复用器的线路侧信号，它包括所有多路复用数据。

composite signaling (CX)　复合信令　一种传送信令的方式，它提供直流(DC)信令和超出常规回路信令范围的拨号脉冲。像直流信令一样，复合信令允许双工操作，即它同时允许双向信令。

composite triple beat (CTB)　组合[复合]三次拍频(信号)　由放大器和处理多个射频信号的其它设备产生的失真形式。这是一个三阶失真结果，它把信号 A、B 和 C 合并成为 A+B−C。CTB 结果落在标准信道分配中的载波的标称频率上，也称为 C/CTB。

composite type photonic switching　复合型

光交换 一种光交换技术,指将几种光交换技术有机地结合起来,根据各自特点合理使用,完成超大容量光交换的功能。例如将空分和波分光交换技术结合起来,总的交换量等与它们各自交换量的乘积。常用的复合型光交换方式有:空分+时分、空分+波分、空分+时分+波分等。

compress **压缩** 通过除去空隙、空字段、冗余项或不需要的数据以达到缩短记录或文件的长度来节省存储空间。

compressed dialing **缩位拨号** 利用较短的电话号码来代替那些频繁拨号的呼叫号码。

compressed digital video (CDV) **压缩数字视频[图像]** 一种卫星广播系统中为高速传输而使用的视频图像压缩技术。CDV 是 CLI(压缩技术实验公司)的频谱保护(Spectrum Saver)系统压缩技术,对全移动 NTSC(美国国家电视制式委员会)或 PAL(逐行倒相)制式的模拟电视信号进行数字化并压缩,就可以通过只有 2 MHz 带宽的卫星传输。(通常的 NTSC 信号需 6 MHz)。

compressed serial link Internet protocol (CSLIP) **压缩串行链路因特网协议** SLIP(串行线路互连协议)的扩展,由于连续的一些信息包经常有许多头域相同,因此做一些 TCP(传输控制协议)和 IP(网际协议)的头压缩,去除那些与以前信息包中对应域相同的域,这种改进的 SLIP 协议传送,在 SLIP 线路上减少了开销,增加了信息包的吞吐量。

compression **压缩** (1)把信号动态范围缩小的操作。(2)通过从信号中去除不必要或冗余信息来减少信息存储所需的容量或传输信号所需带宽的一些技术。压缩可分为无损压缩和有损压缩。

compressional wave **压缩波** 弹性媒质中引起媒质元素改变其体积而不发生旋转

的波。压缩平面波是纵波。

compression amplifier **压缩放大器** 用于馈送声频信号的一种放大器,其输入信号变化大,输出信号的变化极小,50 分贝变化的输入信号通过典型的压缩放大器产生 20 分贝变化的输出信号。

compression/decompression **压缩/解压缩** 为减少网上传输数据的时间或数据的存储容量,对文字、声音、图像或其他数据进行压缩编码和解码的两个相反过程。

compression ratio (CR) **压缩比** (1)在信号压缩中,压缩器输入信号的动态范围与压缩器输出信号的动态范围之比。压缩比通常以 dB(分贝)来表示。因此当一个 40 dB 的输入范围被压缩到 25 dB 的输出范围时,等于被压缩了 15 dB。(2)在数字传真系统中,对物件扫描所得的总像素与图像信息发送时的总的二进位位数之比。(3)一个器件在较低功率电平时的增益对在较高功率电平时的增益之比。

compressor **压缩器,压限器** (1)通信中压缩信号的一种电子设备,用降低高电平信号或增大低电平信号的方法来减少音频信号的动态范围的设备。其目的是改善信号的传输并提高传输效率。(2)压限器是压缩与限制器的简称。它既有压缩器的功能:随着输入信号电平增大而本身增益减少;又有限制器的功能:输出电平到达一定值以后,不管输入电平怎样增加,其最大输出电平保持恒定。

computational phonetics **计算语音学** 计算语言学的一个分支学科。是通过建立形式化的数学模型利用计算机来处理语音的一门学科。

computer cluster **计算机集群** 是一组松散或紧密连接的计算机,它们协同工作,因此在许多方面可以被视为一个系统。与网格计算机不同,计算机集群将每个节点设置为执行相同的任务，由软件控制和调度。集群的组件通常通过快速局域网相互连接，每个节点(用作服务器的计算机)运行其自己的操作系统实例。在大多数情况下，所有节点都使用相同的硬件和相同的操作系统。

computer communication **计算机通信** 利用通信手段，使终端用户能访问远程计算机系统的通信方式。可实现计算机间相互联系，以便均分负载或存取远程计算机中的数据和程序。

computer communication network **计算机通信网** 实现计算机与计算机之间互连与通信的网络。

computer control data transmission system using optical fiber **计算机光纤数据传输系统** 一种既能传输高速数字信号，又能传输宽带模拟信号的传输系统。

computer cryptography **计算机加密** 在计算机安全中，在计算机中对于一个加密算法的使用，以进行加密和解密，用于保护信息或者鉴别用户、信息源或者信息。

computer emergency response teams (CERT) **计算机应急响应组** CERT 最初是一个由美国联邦政府提供资金的机构，位于卡内基梅隆大学内。它的主要职能是对软件中的安全漏洞提供咨询，对病毒和蠕虫的爆发提供警报，向计算机用户提供保证计算机系统安全的技巧以及在处理计算机安全事故的行动中进行协调。现在许多国家和组织都有了 CERT，比如 CNCERT/CC(中国计算机网络应急处理协调中心)。

computer incident response team (CIRT) **计算机事件响应组** CIRT 是从计算机应急响应组(CERT)演变而来的。CERT 最初是专门针对特定的计算机紧急情况的，而 CIRT 中的术语 incident 则表明并不是所有的 incidents(事件)都一定是 emergencies(紧急事件)，而所有的 emergencies 都可以被看成是 incidents。

computer network (CNET) **计算机网络** 在计算机网络中，计算设备使用节点之间的连接(数据链路)彼此交换数据。这些数据链路通过有线介质(如电线或光缆)或无线介质(如 WiFi)建立。把地理上分散的多台独立自主的计算机通过软、硬件设备互连，以实现资源共享和信息交换的系统。资源共享包括共享网络中的硬件、软件和数据。计算机网络由通信子网和资源子网两部分组成。最著名的计算机网络是因特网。

computer network component **计算机网络部件** 除了主计算机之外，计算机联网一般要求下列三种设备：用户通信接口、通信子网和网络控制设备。这三种设备总称为计算机网络部件。

computer network information center (CNIC) **计算机网络信息中心** 是中国科学院下属的科研事业单位。主要从事中国科学院信息化建设、运行与支撑服务以及计算机网络技术、数据库技术和科学工程计算的研究与开发。CNIC 成立于 1995 年 4 月，是在中国科技网(CSTNET)和科学数据库的建设过程中发展起来的科研支撑机构。中国科技网(CSTNET)是我国最早的国际互联网络，目前网络已覆盖全国。科学数据库是中国科技网上主要的科技信息资源。CNIC 目前的主要业务包括：中国科技网(CSTNET)的运行与管理，互联网接入服务，下一代互联网络技术与应用研究，科学数据库系统的管理、运行服务和技术支撑，超级计算机系统的运行、管理与应用，管理信息系统的运行与服务以及中国互联网络信息中心(CNNIC)的运行和管理工作。

computer network protocol **计算机网络协议** 为了使网络工作站之间能正确地传送和接收信息，必须有一套关于信息传送的规则、语法、语义、格式、顺序(同步机制)和内容差错检测与纠错等的约定,这一套约定称为协议。

computer science network (CSNET) **计算机科学网络** 是于 1981 年开始在美国运行的一个计算机网络。其目的是为学术和研究机构的计算机科学部门提供网络优势,这些部门由于资金或授权限制而无法与 ARPANET 直接连接。CSNET 在传播和访问国家网络的方面发挥了重要作用,并且是全球互联网发展道路上的一个重要里程碑。CSNET 由美国国家科学基金会资助,后与 BITNET 公司合并形成科研与教育网络(CREN)。

computer security **计算机安全** 计算机安全、网络(空间)安全或 IT(信息技术)安全是保护计算机系统免受其硬件、软件或电子数据的盗窃或损坏,以及防止它们提供的服务的中断或误导。由于计算机安全在政治和技术方面的复杂性,也成为当代世界的主要挑战之一。

computer security incident **计算机安全事件** 一个与计算机系统安全有关的提示事件,涉及系统中安全规则的错误、可疑或实际的信息损失或是由于对资源或信息的错误使用、丢失或者损坏。

computer-supported telecommunications applications (CSTA) **计算机支持的电信应用** 是电信应用的抽象层,独立于底层协议。它具有电话设备型号,使 CTI(计算机电话集成)应用能够与各种电话设备配合使用。最初开发于 1992 年,多年来一直在不断发展和完善。大多数 CTI 应用通常都是建立在这个模型上的,并声称遵循这个模型。它于 2000 年 7 月成为 OSI(国际标准化组织)标准。CSTA 的核心是标准化的呼叫控制模型。除了核心之外,还有呼叫相关的功能和物理设备功能等。标准的实现不需

要提供所有功能,因此提供了配置文件。例如,基本电话配置文件提供诸如呼叫、应答和清除连接等功能。

computer supported telephony (CST) **计算机支持的电话** 在应用层将计算机与用户小交换机(PBX)相连,CST 应用能自动发起呼叫,使打电话更加方便。

computer supported telephony application (CSTA) **计算机支持的电话应用** 由欧洲计算机制造协会(ECMA)制定的电话交换机(PBX)系统与计算机集成技术的标准。

computer telecommunication integration (CTI) **计算机电信集成** 计算机电信集成技术是从传统的计算机电话集成技术发展而来的,目前的 CTI 技术不仅要处理传统的电话语音,而且要处理包括传真、电子邮件等其他形式的信息媒体。CTI 技术跨越计算机技术和电信技术两大领域,目前提供的一些典型业务主要有基于用户设备的消息系统、交互语音应答、呼叫中心系统、增值业务、IP(网际协议)电话等。

computer telephony image (CTI) **计算机电话图像,三网合一** CTI 技术是把以数据传输为主的计算机网(computer)、以话音传输为主的电话网(telephony)以及图像视频数据为主的电视网(image)集成在一起,在 IP(网际协议)网上传输,构造新的统一网络。CTI 技术代表了网络统一的发展趋势,具有广阔的发展前景。

computer telephony integration (CTI) **计算机电话集成** CTI 技术是将计算机技术应用到电话系统中,能够自动地对电话中的信令信息进行识别处理,并通过建立有关的话路连接,而向用户传送预定的录音文件、转接来电话等。现在,CTI 技术已经发展成"计算机电信集成"技术。

computer-video interface **计算机视频接口** 把计算机系统的"非标准"视频信号输出

转换成"标准"的 RGB 模拟信号的装置，以便与兼容的数据监视器或投影仪连接。

computer virus 计算机病毒 是一种恶意软件，在执行时，通过修改其他计算机程序并插入自己的代码来复制自身。当这种复制成功时，受影响的区域会就称为"感染"了计算机病毒。术语"病毒"也常见但错误地用于指代其他类型的恶意软件。"恶意软件"包括计算机病毒以及许多其他形式的恶意软件，例如计算机"蠕虫"、勒索软件、间谍软件、广告软件、特洛伊木马、键盘记录程序、rootkit、bootkit、恶意浏览器帮助对象（BHO）和其他恶意软件。大多数活动的恶意软件威胁实际上是特洛伊木马程序或计算机蠕虫而不是计算机病毒。病毒经常在受感染的主机上执行某种类型的有害活动，例如获取硬盘空间或中央处理单元（CPU）时间，访问私人信息（例如信用卡号），破坏数据，在用户的屏幕上显示政治或幽默信息、垃圾邮件他们的电子邮件联系人，记录他们的击键，甚至使计算机无用。然而，并非所有病毒都带有破坏性的"有效载荷"并试图隐藏自身，病毒的定义特征是它们是自我复制的计算机程序，在未经用户同意的情况下修改其他软件。

computer worm 计算机蠕虫 是一种独立的恶意软件：计算机程序，它可以复制自身以便传播到其他计算机。它通常使用计算机网络进行自我传播，依靠目标计算机上的安全故障来访问它。已创建的许多蠕虫仅设计用于传播，不会尝试更改它们通过的系统。然而，正如 Morris 蠕虫和 Mydoom 所表明的那样，即使这些"无有效载荷"的蠕虫也可能通过增加网络流量和其他意外影响而造成重大破坏。

computing architecture 计算体系结构

电信信息网络体系结构（TINA）定义了三个子体系结构，分别为计算、服务、网络体系结构。计算体系结构定义了建模概念和 DPE（分布式处理环境）。DPE 驻留在异构设备中，并且通过隐藏它们的分布，使它们作为应用程序的单个系统发挥作用。TINA DPE 基于 OMG（对象管理组）的 CORBA（公共对象请求代理结构），可适应电信要求。

concentrated messages 集中报文[消息] 指来自一群终端的报文，它们将被送往一个远程设备，并在那儿组合成一个物理报文后再送到处理机。或者相反，指由要发往一群终端的许多报文所组成的单个物理报文，它们经处理机传送到远程设备后再分散到各终端。

concurrent engineering 并行工程 一种系统集成方法，采用并行方法处理产品设计及其相关过程，包括制造及其支持过程，使产品开发者从一开始就考虑到该产品从概念设计到消亡的整个生命周期中的所有因素，其中包括质量、成本、作业调度及用户需求，并行工程建立在 CIM（计算机集成制造）之上，而 CIM 追求的是企业整体优化的目标，因此并行工程可为企业提高经济效益，如缩短产品投产周期、提高产品可靠性、降低成本等。

concurrent protocols 并发协议 与任务同时执行的信息记录或信息协议。

concurrent substate 并行子状态 可以和包含在同一组合状态中的其他子状态并存的子状态。

condenser 电容器 一种麦克风元件，使用两个电容器片将声波转换为电压的变化。

condenser microphone 电容传声器 安装在便携摄像机上的内置声音放大器，需要电池或外部电源。

conditional access system (CAS) 条件接入

[接收]系统 是数字电视系统中用来控制订户对广播服务或者节目进行接收的系统,即订户只能收看经过授权的广播服务或者节目。它是实现个性化服务的关键。基本目的是在电视台电视系统中对用户进行授权控制及授权管理,从而实现数据广播系统的有偿服务。

conditional entropy 条件熵 在信息论中,条件熵(或模棱两可)量化了描述随机变量 Y 的结果所需的信息量,假设另一个随机变量 X 的值是已知的。这里,信息以香农(Shannons),纳茨(Nats)或哈特利(Hartleys)来衡量的。以 X 为条件的 Y 的熵写为 $H(Y \mid X)$。

conditioned circuit 调节[可调]电路 电气上变更的电路,以得到话音和数据通信希望的特性。

conditioned diphase modulation 经调节的二相调制 一种将二相调制和信号调节用于达到预期的信号特性的调制形式,它消除信号的直流分量,改善定时恢复以便于通过音频(VF)电路或同轴电缆传输。

conditioning 调节 (1)在数据通信中,在非交换声频信道上增加设施以达到数据传输所要求的最低线路特性。(2)用指示符去控制何时实现计算或输出操作。(3)通过校正放大倍数及调整线路放大器的相位特性,以改进音频带传输线路的数据传输特性。

conducted emission 传导发射 沿电源线、控制线或信号线发射的电磁能量。是 TEMPEST(瞬时电磁脉冲发射标准)发射的主要方式之一。传导发射包括共模电流的共模传导发射和差模电流的差模传导发射。

conducted interference 传导干扰 沿着导体传输的电磁干扰。传导干扰主要是电子设备产生的干扰信号通过导电介质或公共电源线互相产生干扰。

cone of acceptance 接受锥角 一种理论圆锥角,其点接触光纤的末端,光纤的轴线与光纤共线,并表示光可以被引入光纤中的最大角度,并且仍然有光的透射部分不会因折射损耗而"漏"出光纤的侧面。

cone of radio silence 无线电静锥区 位于无线电信标发射机天线正上方的锥形区域。在该区域内收不到信号。

cone of silence 静锥区 在天线辐射模式中,顶点在天线上的锥形区域,天线信号幅度在其中迅速减弱。静锥区产生于某些形式的无线电信标的天线塔的上方。

conference call (CC/COC) 会议电话,电话会议 (1)是有一个人同时与几个人交谈的电话通话。可以设计电话会议为允许被叫方在呼叫期间参与,或者可以建立呼叫以使得被叫方仅仅收听电话并不能说话。有时称它为 ATC(音频电话会议)。可以设计电话会议以便主叫方呼叫其他参与者并将其添加到通话中;然而,参与者通常能够通过拨号连接到"会议桥"(连接电话线的专用设备类型)的电话号码来自己呼叫电话会议。电话会议的操作员还可以获取其他信息,例如问题和答案详细信息,还可以启用和禁用高级会议功能,如静音线路、静音参与者和启用录制功能。(2)一种电信提供的补充业务,这项业务允许多个用户之间进行通话。申请了这项业务的用户可以随时作为主控用户召开电话会议,主控用户可以通过逐个输入电话号码来增加参加会议的人员。

confetti 雪花干扰 在视频系统中,由于信号的衰减或者视频噪声而导致在屏幕上出现的小色斑。

configuration 配置 由其功能部件的性质、数目以及其主要特性决定的计算机系统或网络的安排。更准确地说,术语"配置"指的是硬件配置或软件配置,或两者的结合。

configuration file **配置文件** 对不同对象进行不同配置的文件。配置文件包含机器可以识别的有关硬件或软件的操作说明或包含有关另一个文件或特定用户的信息,如用户登录标识符。配置文件被用于配置一些计算机的初始设置,它们被用于用户应用程序、服务器处理和操作系统设置。

configuration management (CM/CFM) **配置管理** (1) 标识和确定系统中配置项目的过程。对系统开发和运行生命周期中的系统硬件、软件、固件、文档、测试用例、测试装置和测试文档的安全特性和保证的管理。对软件和文档进行控制使它们在被开发或改动时保持一致的过程。(2) 国际标准化组织(ISO)为开放系统互连(OSI)参考模型网络管理定义的五类网络管理之一。网络配置管理包括初始化网络,并配置网络以使其提供网络服务。配置管理是一组对辨别、定义、控制和监视组成一个通信网络的对象所必须的相关功能,目的是为了实现某个特定功能或是网络性能达到最优。

confirmation **证实,确认** 接收方允许传送方继续传送信息的一种响应。

conflict **冲突** 指两个或多个操作需要同一资源时发生的现象,它迫使一个操作必须等待另一个操作完成后才能执行。

conflict resolution **冲突消解[分解,解决](法)** (1) 一种解决规则库系统中多重匹配问题的技术。例如在可施用规则、过程的冲突集中选择一规则或一过程的过程。(2) 在人工智能的问题中,在搜索过程的某个时刻,可能有许多可供选择的规则。这些规则组成一个集合,称为竞争集或冲突集。从竞争集中可以选择某个最佳成员而继续求解下去。

conflict resolution strategies **冲突消解策略** 一种可以在冲突集中应用的对规则部分定序的策略。寻找与事实匹配的规则(对知识库进行搜索)时,当找到的匹配规则不止一条时,需要根据某种策略从中选择一条规则进行。常用的冲突消解策略有:① 优先度排序,事先给每条规则设定优先度参数,优先度高的规则先执行;② 规则的条件详细度排序,条件较多、较详细的规则,其结论一般更接近于目标,优先执行;③ 匹配度排序,事先给每条规则设定匹配度参数,匹配度高的规则先执行;④ 根据领域问题的特点排序,根据领域知识可以知道的某些特点,事先设定规则的使用顺序。

confocal resonator **共焦谐振腔** 由面对面的两个球形反射镜构成的毫米波波长计。改变反射镜之间的距离会影响电磁能量在其间的传播,从而能直接测量自由空间波长。当一个反射镜的曲率中心处在另一个表面上时,便发生共焦工作。

congested signal **拥塞信号** 一个后向控制信号,表明在呼叫建立过程中由于业务量过大或部分网络设备不可用而造成的无可用通信链路的情况,从而无法完成信息传输。

congestion **拥塞** (1) 当网络中一个或多个网络单元对已建立的连接和新的连接请求,不能满足协商的服务质量(QoS)目标要求时的状态。(2) 在通信网络中,当各输入站的呼叫数量超过了网络的容量或超过了网络处理它们的能力的情况称为拥塞。数据包丢失、延迟都与网络拥塞有关。

congestion avoidance **拥塞避免** TCP(传输控制协议)控制信道拥挤的措施之一。是指当拥塞窗口增大到门限窗口值时,就将拥塞窗口指数增长速率降低为线性速率,避免网络再次出现拥塞。

congestion control **拥塞控制** 解决网络中报文过多,造成拥塞现象的方法。目

C

的是保证网络的正常运行和报文的有效传输,常用的拥塞控制方法有:① 预先分配资源以避免拥塞;② 允许站点放弃不要的报文;③ 限制通信子网中的报文个数;④ 利用流控制;⑤ 拥塞发生时停止输入。

congestion control algorithm 拥塞控制算法 通信网络中采用避免或减缓网络传输信道拥塞的策略和方法,以尽量避免通信的崩溃。主要包括:预先分配资源、分组到达不能处理时允许丢弃、限制通信子网中分组数目、用流量控制手段避免拥塞、通信子网过载时停止向网内输入分组等。

congestion window 拥塞窗口 TCP(传输控制协议)使用的用于控制拥塞的方法之一,所谓的拥塞窗口就是连接双方的线路的数据最大吞吐量。拥塞窗口的原理是:TCP 发送方首先发送一个数据报,然后等待对方的回应,得到回应后就把这个窗口的大小加倍,然后连续发送两个数据报,等到对方回应以后,再把这个窗口加倍(先是 2 的指数倍,到一定程度后就变成线性增长),发送更多的数据报,直到出现超时错误,这样,发送端就了解到了通信双方的线路承载能力,也就确定了拥塞窗口的大小,发送方就用这个拥塞窗口的大小发送数据。

conjugate structure algebraic code excited linear prediction (CS-ACELP) 共扼结构-代数码激励线性预测(编码) ITU-T(国际电信联盟-电信标准化部)的 8 kbps语音编码标准 G.729 采用这种算法。CS-ACELP 的思想是由共轭结构码线性预测(CS-CELP)和代数码激励线性预测(ACELP)的思想整合而来的。在编码端,主要进行有线谱对(LSP)参数的量化、基音分析、固定码本搜索和增益量化四个步骤。在解码端,首先由接收到的比特流得到各种参数标志进行解码,解

码器在每一子帧内,对 LSP 系数进行内插,并把它们变换成 LP 滤波器系数后,依次进行激励生成、语音合成和后处理工作。它是一种性能较好的语音压缩国际标准,被广泛应用在个人移动通信、卫星通信等各个领域

conjunctive address group 合取地址群[组] 一个具有不完整的含义,必须与一个或多个地址群组合起来的地址群。

connection admission control (CAC) 连接准入[准许,允许,接纳]控制 (1) 呼叫建立期间(或再协商期间)网络决定是否接受或拒绝一个虚通路连接或虚通道连接(或再协商的参数是否被分配)而采取的一套方法。选择路由是连接准入控制的一部分。(2) 可用于面向连接的协议(如 ATM)中防止拥塞。在这方面,有几种方案可供使用。但是,VoIP(因特网协议的语音)的不同之处在于它使用 RTP(实时传输协议),UDP(用户数据报协议)和 IP(因特网协议),所有这些都是无连接协议。

connection control function (CCF) 连接控制功能 在智能网(IN)概念模型中的分布式功能平面里,为承载网络的基本电话业务以及基于交换的业务提供呼叫处理和控制的功能实体。CCF 在呼叫的发出和接收端运行基本呼叫状态模型,以允许智能网的业务请求。

connection delay 连接延迟 指在交换网络中建立的连接信息可以被处理的时刻起到交换网络在输入/输出之间真正完成此连接所占的时间。

connection end point (CEP) 连接(终止)端点 信令系统中的信令点,可能是信令的起源点也可能是信令的目的点。

connection establishment delay (CED) 连接建立时延 传输层服务质量参数之一。它指从传输连接请求开始到用户应答请求,并建立起连接为止所经历的

时间。

connection establishment failure probability (CEFP) 连接建立失败概率 传输层服务质量参数之一。指在最大的连接建立延迟时间内连接建立失败的概率。连接建立失败通常是由于网络拥挤,缺少连接表空间等引起的。

connection identifier (CID) 连接标识符 在某些信息处理系统中,用于标识某一资源的数值。在连接处理建立一次对话后,该值将返回到连接程序,并应该用于对该资源的后继请求中。

connection in progress signal 连接进行信号 在数据电路终端设备/数据终端设备接口处的呼叫控制信号,它向数据终端设备指示数据的连接正在进行,随后跟着的是数据准备好信号。

connectionless 无连接 端点间无需在通信开始前建立起物理或逻辑连接的方式。无连接方式不需要在一个或多个网络中的两个节点间建立直接的连接。这种非连接方式的通信通过传送或路由数据包来实现,每一个数据包都包含源地址和目的地址,数据包经过许多站点直到到达目的地。

connectionless broadcasting data service (CBDS) 无连接广播数据业务 同交换式多兆比特数据业务(SMDS)类似的无连接业务,由欧洲电信标准学会(ETSI)定义,所以说是欧洲版的 SMDS。

connectionless communication 无连接通信 通常称为 CL(无连接)模式通信,是在分组交换网络中使用的数据传输方法,其中每个数据单元基于每个单元中携带的信息单独寻址和路由,而不是像在面向连接的通信中那样,在预先安排的固定数据信道的设置信息。在两个网络端点之间的无连接通信下,可以在没有事先安排的情况下从一个端点向另一个端点发送消息。通信一端的设备发送寻址数据到另一端点,而不首先确保接收者可用并准备好接收数据。一些协议允许通过请求的重传进行纠错。因特网协议(IP)和用户数据报协议(UDP)是无连接协议。

connectionless gateway 非连接网关 OSI(开放系统互连)模型所使用的两种网关之一。使用这种网关在网络层实现网络互连时,所传输的分组在广域网中完全是独立传输的,各个分组可以经过不同的路径到达目的地。

connectionless mode network service 无连接式网络业务 在数字设备公司网络架构(DECnet)中的一种采用数据报方式运行的网络业务,每条消息独立地选择路由和传送的目的地,DNA(数字网络体系结构)的网络层提供这种业务。

connectionless mode transmission 无连接式传输 在开放系统互连体系结构中,单个数据单元在不需要建立连接的情况下,从源服务访问点到一个或多个目的的服务访问点的一种传输。

connectionless network protocol (CLNP/CNP) 无连接网络协议 在开放系统互连(OSI)的网络层中,提供无连接模式的网络业务的数据报协议。相当于 TCP/IP(传输控制协议/网际协议)环境中的因特网协议(IP)。CLNS 在传输数据之前,不需要建立任何电路。

connectionless network service (CLNS) 无连接网络服务 OSI(开放系统互连)的网络层协议。不使用连接概念的网络服务。在数据传送之后也不需有连接拆除阶段,数据中含有寻址信息。

connectionless transport protocol (CLTP/CTP) 无连接传输协议 提供端对端传输数据寻址和差错检测的开放系统互连协议,它不保证传送或提供任何流量控制。与该协议对应的 TCP/IP(传输控制协议/网际协议)是 UDP(用户数据报协议)。

connection management (CM/CMT)　连接管理　(1) 网络连接建立、使用和释放所涉及的一系列过程和技术。通常涉及到连接编址、连接建立、流量控制、多路复用、故障恢复和连接释放等。这些连接管理主要是在传输层进行的。(2) FDDI(光缆分布数据接口)环境中连接管理：按照X3T9.5 规范规定，FDDI 环通过它的各种状态，例如停止、活化、连接等，处理各状态之间的转换所用的 FDDI 进程。(3) 在交换的虚拟连接(SVC)环境下，局域网访问实体采用 UNI(用户网络接口)信令在各实体之间建立连接。(4) 无线接口信令第三层(信令层)的三个功能子层之一。三个功能子层分别是：无线资源管理(RR)、移动性管理(MM)、连接管理(CM)。CM 又称为通信接续管理，其职责是按用户的请求，建立、维护用户间的通信，以及在通信结束后释放所有的资源再为其他用户所用。通信接续管理可以分为三个子层：① 呼叫控制(CC)，负责基本的呼叫管理；② 补充业务(SS)管理；③ 短消息业务(SMS)管理。

connection oriented (CO)　面向连接(的)　(1) 在用户开始传递信息前必需首先在通信双方或更多方间建立起连接的方式。(2) 一种通信协议的特性，在进行通信之前首先建立一个确保两部分通信的顺序通信通道。

connection oriented network protocol (CONP)　面向连接网络协议　在开放系统互连(OSI)的网络层中，一种在面向连接的链路上提供传送上层数据和差错指示的网络层协议。CONP 在传输数据之前，需要在通信传输层实体间请求一条明确的路径或电路。

connection section　连接段　七号信令系统(SS7)中，指在终端点间，或者是在一个终端点和一个中间节点，或中间节点之间建立的信令连接控制协议(SCCP)的连接。

connection service (CS)　连接服务[业务]　在通信源点和终点之间通过建立连接，再进行信息传送的一种电路交换服务，电路可以是实电路，也可以是虚电路。

connections per circuit hour (CCH)　连接数每电路小时，电路每小时连接　业务量的测量单位，即一个交换机每小时建立的连接的数量。电路每小时连接的数量的大小是一个时间的函数，即它是时刻在变的瞬时值。

connections per circuit per hour (CCH)　每线路[电路]每小时连接次数　用于衡量中继线或用户线的平均服务水平，是一个重要的话务指标，即每小时每条电路建立连接的平均次数。

connections per second (CPS)　每秒连接数　(1) 神经信息处理系统的一个性能指标，是每秒钟所完成的权连接数，反映了在神经信息处理系统上训练后的神经网络完成联想回忆的快慢。(2) 在计算机网络中，通常是指网络设备、服务器或安全设备每秒钟可以建立起来的完整 TCP/UDP(传输控制协议/用户数据报协议)的连接数。该指标主要用来衡量这些设备在处理过程中对报文连接的处理速度和容量性能。

connection time out　连接超时[暂停]　因为某种原因超时而造成的网络连接暂时中断。

connectivity　连通性　在数学和计算机科学中，连通性是图论的基本概念之一：它提出需要移除最少数量的元素(节点或边)以将其余节点彼此断开。它与网络流问题理论密切相关。图表的连通性是衡量其作为网络的连接弹性的重要指标。也就是允许网络中同类型或不同类型的设备互通的能力。

connectivity fault management　(CFM)

protocols IEEE 802.1ag 以太网连接故障管理(CFM)协议　包括三个协同工作的协议,以帮助管理员调试以太网网络。它们是:① 连续性校验协议(CCP)。用于 CCP 的"心跳"消息。连续性校验消息(CCM)提供了一种检测 MA(维护关联)中连接故障的方法。每个 MEP(维护关联端点)向其他 MEP 发送周期性多播连续性检查消息。② 链路跟踪(LT)。链路跟踪消息(也称为 Mac 跟踪路由)是 MEP 发送的多播帧,用于跟踪路径(逐跳)到目的地的 MEP。③ 环回,回环(LB)。环回消息(也称为 MAC ping)是 MEP 发送的单播帧,它们在概念上类似于因特网控制消息协议(ICMP)回波(Ping)消息,发送环回到连续的 MIP(维护域的中间点)可以确定故障的位置。发送大量环回消息可以测试服务的带宽、可靠性或抖动。

connectless service　无连接的服务　计算机网络中的一种服务类型,类似于邮政系统服务的模式,对传输的数据进行分组,每个分组都携带完整的信宿地址,各分组在网络中独立传送,不保证到达的顺序。这种服务也不进行损失分组的恢复和重传,因而不能保证传输的可靠性。

connect oriented service　面向连接的服务　计算机网络中的一种服务类型,类似于电话系统服务的模式,每一次完整的数据传输都必须经过建立连接、使用连接、中止连接三个过程。在数据传输过程中,各数据分组不携带信宿地址,而使用连接号。它在发送方和接收方之间建立一个管道,发送者在一端放入数据,接收者从另一端取出数据。收发数据不但内容相同,而且顺序一致。

connect time　连接[接通]时间　(1)远程终端和系统接通的时间,即从通信开始到通信结束的那段时间。(2)分时计算机系统在联机和脱机之间所用的时间。

这个时间是向用户收机时费的基础。有时也指用户连接到公用电话系统的时间。

constant bit rate coded video　恒定位速率编码视频[视像]　平均位速率恒定的压缩视频位流。

constant carrier system　不变[恒定]载波系统　能连续发出载波的一种数据通信系统,通常为半双工的点到点系统。在这种系统中,连续载波是通过通信线路的两条信道发送的。

constant current modulation　恒流调制　一种调幅体系,其中信号放大器和载波发生器或放大器的输出电路经公共线圈与恒流源相连。因此,信号发生器阳极电流的变化将使射频载波级的阳极电流发生相等且方向相反的变化,因而给出所需的载波调制。

constant false alarm rate (CFAR)　恒定错误报警率,恒定虚警率　雷达系统中,当一个恒定的噪声出现在雷达数据处理器的输入端时,显示出一个并不存在的目标的比率。

constant fault　固定性故障　由于电路元件变质而引起电路内部的短路或开路以及软件设计不周等原因所造成的必然性故障称为固定性故障。与之相应的称为偶然性故障。

constant holding time　恒定占用时间　从用户发出呼叫请求到通话完成挂机的时间段为占用时间,其中设备建立呼叫连接所需时间就是恒定占用时间。恒定占用时间不收取用户费用。

constant line number operation　恒行数锁定　为克服场频锁定中的相位抖动缺陷而安排的附加锁相环路,它在行频上工作,当达到场频锁定和定相后,起着控制两倍行频振荡器的作用。

constant luminance (CL)　恒亮度　经适当选择彩色全电视信号中的亮度信号,以致重现图像的亮度只与亮度信号有关而与色度信号无关的状态,其实现的前提是整个系统呈现线性。

constant luminance color transmission (CLCT) 恒亮度彩色传输 一种彩色传输方式,所传输基本信号是一个亮度基本信号和两个色度基本信号,而色度信道中的信号不影响重现图像亮度。

constant luminance index (CLI) 恒亮度指数 彩色电视系统中,用以度量由实际亮度信号所载送的那部分真实亮度的指数。

constant ratio code 定比码 一种检错码。在这种码中,"1"的数量和"0"的数量是固定的。如电报中所采用的五个单位数字保护码就是一种定比码。在它的五个码中,有三个"1"和两个"0"。这种码在传输过程中,若因差错而使固有的规律遭到破坏,将被立即查出。

constant-weight code 定权码,恒重码 在编码理论中,恒重码,也叫 n 的 m 码(m of n code),是一个检错和纠错码,所有码字共享相同的汉明重量。独热码和平衡码是两种常用的恒重码。恒定码有几种应用,包括 GSM(全球移动通信系统)网络中的跳频。大多数条形码使用二进制恒重码来自动简化设置阈值。大多数线路码使用恒重码或近似恒重的成对不均等性码。除了用作纠错码之外,码字之间的大的空间也可以用于诸如延迟不敏感电路的异步电路的设计。像伯格码这样的恒重码可以检测所有单向错误。

constellation diagram 星座图 (1) 在多进制相移键控调制技术中,用于表示载波相移的图。它在一个平面直角坐标系中,用一个矢量表示一个正弦信号的幅度和相位。多个相位及幅度的正弦信号在图上的矢量位置构成一个星座图。一种星座图表明当通信信号发生唯一变化时能够识别的状态的数目,这也就是单

一变化中能被编码的最大位数目。(2) 在数据传输中,以符号绘制每个状态的幅度和相位的图表。

constellation shaping 星座整形 是数字信号调制的能源效率增强方案,其通过比高能量信号更频繁地传输低能量信号,来改进幅度和相移键控(APSK)和传统的正交幅度调制(QAM)调制方案。"星座"是可能的信号组合的模式;在静态星座中,平等地使用所有的组合。然而,在现实世界中,传输介质(信道)使信号不均匀地失真;一些组合比其他组合需要更低的能量和更多的抗信道噪声。"成形星座"的传输更频繁地发送一些信号组合,而其他传输则不太频繁地发送以优化目的地的信号质量或者使用较少的传输能量来保持相同的质量。

constraint-based routing label distribution protocol (CR-LDP) 基于约束路由的标记分发协议 是一些计算机网络中使用的控制协议。截至 2003 年 2 月,IETF MPLS(因特网工程任务组 多协议标记交换)工作组不赞成使用 CR-LDP,并决定完全专注于 RSVP-TE(资源预留协议-流量工程)。它是标记分发协议(LDP)的扩展,LDP 是多协议标记交换(MPLS)架构中的一个协议。CR-LDP 包含 LDP 的扩展,以扩展其功能,如建立超出了路由协议的可用范围的路径。例如,可以基于显式路由约束、服务质量约束和其他约束来建立标签交换路径(LSP)。基于约束的路由(CR)是一种用于满足流量工程要求的机制。通过扩展 LDP 支持基于约束路由的标记交换路径(CR-LSP)来满足这些要求。CR-LSP 的其他用途包括基于 MPLS 的虚拟专用网络。在分组结构中,CR-LDP 与基本 LDP 几乎相同,但它包含一些额外的基本上建立了基于约束的 LSP 的 TLV(类型长度值)。

Consultative Committee of International Radio (CCIR) 国际无线电咨询委员会 成立于 1927 年,总部设在瑞士日内瓦,是国际电信联盟(ITU)的常设机构之一。主要职责是研究无线电通信和技术业务问题,颁发相关建议书,并为制订和修改无线电规则提供技术依据。从 1993 年 3 月 1 日起,与国际频率登记委员会(IFRB)合并,成为现今国际电信联盟的无线电通信部门,简称 ITU-R。CCIR 由所有国际电信联盟会员国的主管部门和被认可的私营机构组成。

Consultative Committee on International Telegraph and Telephone (CCITT) 国际电报电话咨询委员会 国际电信联盟-电信标准化组织(ITU-TSS)的早期名称,它是制定国际无线电[远程]通信使用标准的国际委员会。它由各国电信专家、公用网络操作员和有关组织来制定一些标准,以满足电信服务国际化的需要。CCITT 每 4 年开一次会,制定各种标准,以有色皮书形式发表(例如 1980 年黄皮书;1984 年红皮书;1988 年蓝皮书;1992 白皮书)。在两次会议之间有议定建议的日常事务。如电话网的数据通信是用 V 系列建议实现的,而公用数据网的数据网是用 X 系列建议实现的。CCITT 隶属于国际电信联盟(ITU)的一个部门,是和国际无线电频率登记局(IFRB)及国际无线电咨询委员会(CCIR)并列的三大组织之一。所以通常 CCITT 标准也称为"ITU 标准"。ITU 是由联合国组织和支持的国际性组织,现已更名为 ITU-T(国际电信联盟-电信标准化部门)。

consumer digital subscriber line (CDSL) 消费者数字用户线 CDSL 由 Rockwell 公司 1998 年春推出,CDSL 技术将电话线的下行数据传输速度提高到 1 Mbps。采用 CDSL 技术的新产品无论在价格、销售、安装和操作上,均与市场上现有的模拟 Modem 类似,与 ADSL(非对称数字用户环路)技术相比,CDSL 使用成本更低,技术上更容易实现。

contact microphone 接触式麦克风 直接拾取机械振动并将其转换成相应的电流或电压的麦克风。当与乐器一起使用时,将它附着到乐器的外壳上;当用于机械装置的振动分析时,将它安装到机械装置的不同部分;当用作喉用麦克风时,将它固定在讲话人的颈部;当用作唇用麦克风时,将它安装在讲话人的唇部。

contact modulated amplifier 接触调制放大器 在输入端具有将直流和频率很低的交流信号改变到较高频率的斩波器的一类放大器。所得到的调制波在交流放大器中被放大到适当电平,然后用于完成初始调制的接触系统进行解调。

content addressable network (CAN) 内容可寻址网络 是一种分布式、分散的 P2P(对等)基础设施,提供类似互联网规模上的哈希表功能。CAN 是最初的四个分布式哈希表提议之一,与 Chord、Pastry 和 Tapestry 同时提议。与其他分布式哈希表(DHT)一样,CAN 设计成可扩展、容错和自组织的。体系结构设计是一个虚拟的多维笛卡尔坐标空间,一种在多圆环上的覆盖网络。该 n 维坐标空间是一个虚拟逻辑地址,完全独立于节点的物理位置和物理连通性。空间内的点用坐标标识。整个坐标空间在系统中的所有节点之间动态划分,使得每个节点在整个空间内至少拥有一个不同的区域。

content copy protection for recordable media (CPRM) 可录媒体内容拷贝保护 由 IBM、Intel、Matsushita 和 Toshiba 公司组成的 4C 联盟开发的数字拷贝保护技术,用于保护可录 DVD 碟的内容,在没有得到内容拥有者的许可时,碟上的内容不能被拷贝。它采用了 CPPM 保护技术用的一些方法。

content delivery network (CDN) 内容交付[投递]网络 (1) 内容分发网络(CDN)，是代理服务器及其数据中心的地理分布式网络。目标是相对于最终用户在空间上分发服务，以提供高可用性和高性能。CDN 如今服务于因特网内容的大部分，包括网站对象(文本、图形和脚本)、可下载对象(媒体文件、软件、文档)、应用(电子商务、门户)、实时流媒体、点播流媒体，和社交媒体网站。(2) 在现有的互联网络中建立一个完善的中间层，将网站的内容发布到最接近用户的网络"边缘"，使用户能以最快的速度，从最接近用户的地方获得所需的信息。一套完整的 CDN 系统包括服务器负载均衡、动态内容路由、高速缓存机制、动态内容分发和复制、网络安全机制等多项技术，其中的核心技术主要包括两个方面：一是基于内容的请求路由(即重定向)和内容搜索；二是内容的分发与管理。

content delivery network interconnection (CDNI) 内容交付[投递，传递]网络互连 是互连两个独立内容交付网络(CDN)所需的一组接口和机制，使得一个网络能够代表另一个网络传递内容。互连的 CDN 为内容服务提供商(CSP)、CDN 和最终用户提供许多好处，例如扩展服务区域，降低基础设施成本，更高的可用性等。在其众多用例中，它允许小型 CDN 互连并为 CSP 提供服务，使其能够与全球 CSP 的 CDN 竞争。

content delivery platform (CDP) 内容交付平台 是一种软件即服务(SaaS)的内容服务，类似于内容管理系统(CMS)，它利用嵌入式软件代码来传送 Web 内容。CDP 不是在客户端服务器上安装软件，而是通过嵌入的代码片段(通常通过 JavaScript 小部件、Flash 小部件或服务器端 Ajax 技术)提供内容。内容交付平台不是内容交付网络，其用于大型 Web 媒体并且不依赖于嵌入的软件代码。CDP 用于所有类型的 Web 内容，甚至是基于文本的内容。

content distribution 内容分发 针对各类门户网站而提供的因特网服务。使各地用户在访问这些网站时，可以访问最接近本地的缓存服务器，以节省时间和减轻网站服务器的负载。

contention 争用，竞争 (1) 当两个或多个设备在同一时间要求在公共媒体上进行发送时所用的术语。这一概念可推广到多用户(多作业、多任务、多处理)对可共享的资源(处理机、通道、设备)的争用。(2) 在通信系统中，竞争可能发生在两个站同时要求在一条公用信道或一条双向交替信道上传递。出现竞争时，则必须采用某种仲裁机制来解决。这种情况必须通过介质访问控制(MAC)子层的协议来消解。载波监听多路访问/冲突检测(CSMA/CD)协议即是一种消解竞争的协议。(3) 一种线路控制方案，按照这种方案，线路上的各工作站争夺使用空闲的线路，得到线路控制权的站可发送数据。

contention avoidance 争用避免 争用系统中所产生的延迟是由耗费在等待传送数据或重传时遇到冲突产生的。争用避免就是采用某种机制避免或减少冲突(争用)，不产生或减少延迟。

contention network 争用网络 (1) 系统中一个或多个终端和计算机争用一条传输线路的网络。(2) 节点间相互竞争地进行访问的网络。

content protection for recordable media and pre-recorded media (CPRM/CPPM) 可记录媒体和预先记录媒体的内容保护 是一种用于控制在主机设备(例如个人计算机或其他播放器)上复制、移动和删除数字媒体的机制。它是由 4C Entity 有限责任公司(由 IBM、Intel、Matsushita 和 Toshiba 公司组成)开发的一种数字版权管理(DRM)形式。CPRM/CPPM 规范定义了一种可更新加密方法,用于在物理媒体上记录时保护娱乐内容。CPRM 的最广泛使用是安全数字卡。CPRM/CPPM 规范旨在满足内容所有者的鲁棒性和可更新性要求,同时平衡技术实施者的实施需求。为了实现这些要求,它规范定义了系统依赖于密钥管理实现可互换媒体、内容加密和基于媒体的可更新性。

content scramble system(CSS) 内容扰乱系统 由日本松下和东芝公司联合开发一种防止直接从碟片上复制文件的数据加密和鉴定技术。每个 CSS 证书都有一个密钥,它是存储在每张 CSS 加密碟片上从 400 个密钥组成的母集中取出来的。一旦碟片上的密钥被移除,证书就无效了。CSS 解密算法与驱动器单元交换密钥,以生成加密用的密钥。这一生成的密钥用来扰乱碟片密钥与影片密钥的交换。影片密钥用来解密碟片上数据。DVD(数字视频光碟)播放机在解码和播放前,由 CSS 电路对数据进行解密。

continuous ARQ protocol 连续 ARQ 协议 全称是"连续自动重发请求协议",一种数据传输协议。在发送完一个数据帧后,不是停下来等待应答帧,而是可以连续再发送若干个数据帧。但是,收方只按序接收数据帧,如果收到有差错的某帧之后接着又收到了正确的几个数据帧,都必须将它们全部丢弃;而发方在重传时,又必须把原来已正确传送过的数据帧进行重传(仅因为这些数据帧之前有一个数据帧出了错)。此外,它还需要在发送方设置一个较大的缓冲存储空间(称作重发表),用以存放若干待确认的信息帧。当发送方收到对某信息帧的

确认帧后,便可从重发表中将该信息帧删除。

continuously variable slope delta(CVSD) 连续可变斜率增量 一种通过对信号(如音频或视频信号)抽样或编码增量或由以前的抽样引起的变化来将模拟信号转化为数字流的方法。

continuously variable slope delta modulation(CVSDM) 连续可变斜率增量调制 一种增量调制,其近似的信号的每步的大小是根据需要来逐步增加或减少,以使得近似信号与输入的模拟信号的波形相符合。

continuous phase frequency shift keying(CP-FSK) 连续相位频移键控 一种频移键控调制技术,已调信号在码元转换时刻没有相位突变。

continuous phase modulation(CPM) 连续相位调制 是常用于无线调制解调器中的一种调制数据的方法。与其他相干数字相位调制技术相比,载波相位在每个符号(例如 M 元相移键控,M-PSK)开始时突然重置为零,而在 CPM 中,载波相位以连续的方式调制。已调载波的相位不是离散的,即从一个有效相位状态到另一个状态的过渡是平滑的,从而不需要增加带宽的调制。例如,对于正交相移键控(QPSK),只要当前符号的两个消息比特中的一个不同于前一个符号的两个消息比特,载波立即从正弦跳变到余弦(即 90 度相移)。这种不连续性要求相对较大的功率百分比以发生在预期频带之外(例如,高分率带外功率),导致较差的频谱效率。此外,通常以恒定包络波形实现 CPM,即发送的载波功率是恒定的。因此,CPM 具有吸引力,因为相位连续性产生高的频谱效率,而恒定包络可产生优异的功率效率。主要缺点是要求最佳接收器的高实现复杂度。

continuous pulse ultra-wideband(C-UWB)

连续脉冲超宽带技术 C-UWB凭借各个脉冲的短持续时间来获得其带宽。通过编码脉冲的极性、脉冲的幅度或通过使用正交脉冲形状调制,可以在UWB信号(脉冲)上传递(调制)信息。极性调制类似于传统射频(RF)技术中的二进制移相键控(BPSK)。在正交波形调制中,采用两个正交的UWB脉冲形状。这些在传统无线电技术中以类似于正交相移键控(QPSK)的方式进一步进行极性调制。对调制数据比特优选地加扰或"白化",以随机化1和0的出现。脉冲作为连续流连续发送,因此比特率可以等于脉冲速率。C-UWB系统于2008年以超过每秒1.3千兆脉冲的通道脉冲速率进行了演示,支持超过675 Mbps的前向纠错编码数据速率。C-UWB技术是IEEE 802.15.4a标准规定的物理层之一的基础。

continuous wave（CW） 连续波,等幅波 (1)连续传送而非用脉冲传送的波。(2)维持恒定幅度和恒定频率的无线电波,几乎总是正弦波,数学分析认为它是无限长的持续时间。连续波也是无线电传输早期方法的名称,其中打开和关闭正弦波载波。在信号的打开和关闭周期的变化持续时间内承载信息,例如在早期的无线电中依靠的莫尔斯码。在早期的无线电报的无线电传输中,也称CW波为"无阻尼波",以将此方法与早期火花隙型发射机产生的阻尼波信号进行区别。

control and provisioning of wireless access points（CAPWAP）protocol specification 无线接入点控制和配置协议规范 由IETF(因特网工程任务组)2009年3月发布的两个规范组成:① RFC 5415,CAPWAP协议规范是一个通用的AP(接入点)和AC(无线控制器)间的隧道协议,完成AP发现AC等基本协议功能,和具体的无线接入技术无关。② RFC 5416,与无线局域网 IEEE 802.11绑定的协议规范,提供具体的和802.11无线接入技术相关的配置管理功能。

control bit 控制位 在异步通信中,数据按字符传送。字符的开始和结尾有附加位,称为控制位。在字符开始的控制位称为起始位,而在结尾的位称为结束位。在一个字符内,位和位之间的传送时间是固定的,但字符和字符之间的传送时间是可变的。

control channels（CCH） 控制信道 在无线电通信中,控制信道是用于传输信令信息的逻辑信道。是承载系统管理消息的信道。在GSM(全球移动通信系统)网络中,控制信道主要有三种:广播控制信道(BCCH)、公共控制信道(CCCH)和专用控制信道(DCCH)。

control character（CTL） 控制字符 (1)一种字符,它出现在特定的上下文中,用以启动、修改或停止某种控制功能。控制字符有传输控制字符、格式控制字符、代码扩充字符和设备控制字符等几种,通信中则将控制字符用于分离报文、报文定界和传输控制等。(2)ASCII(美国信息交换标准代码)字符集中的前32个字符(用十进制表示则是0到31)中的任一个字符,其中每一个字符定义为一个标准的控制功能,例如回车、换行或退格。

control code（CC） 控制码 一个或多个由计算机使用的用于控制设备操作的非打印字符,常用于打印、通信和显示屏的管理。在七位代码的ASCII(美国信息交换标准代码)中,前32个代码保留用于控制功能。在八位的EBCDIC(扩充的二进制编码的十进制交换代码)系统中,前64个代码保留使用。

controlled ALOHA 受控的 ALOHA 一

种在 ALOHA 系统中控制业务量来减少拥塞的办法,其包含的技术有:降低由于碰撞导致的数据包的重传的可能性,拒绝某些用户的长时间占用信道传送的权限等。

control plane　控制平面　(1)在路由选择中,控制平面是路由器体系结构的一部分,涉及绘制网络拓扑,或者定义如何处理传入的数据包的(可能增强的)路由表中的信息。控制平面功能,例如参与路由协议,在架构控制元素中运行。在大多数情况下,路由表包含目标地址列表和与之关联的传出接口。控制平面逻辑还可以定义要丢弃的某些分组,以及对诸如差异化服务之类的机制定义高质量服务的某些分组的优先处理。(2)宽带综合业务数字网(B-ISDN)的异步传输模式(ATM)协议模型中的一个平面。提供呼叫和连接控制功能,处理呼叫和建立连接所需信令,进行连接的监督和释放。

control signal (CS)　控制信号　(1)加到使在受控过程或受控机器中发生正确变化的电路上的信号。例如 CD(载波检测)是 RS-232 控制信号,它标明载波的出现。(2)录制视频信号同时在录像带上记录的一种特殊信号。在回放时作为伺服电路的参考信号。

conventional definition television (CDTV)　普通[常规]清晰度电视　这一术语用来表示由 ITU(国际电信联盟)R470 建议的模拟 NTSC(美国国家电视制式委员会)电视系统。

convergence　汇聚,收敛,会聚　(1)一种汇到一起的现象。汇聚可以发生在不同的学科和技术之间,称为学科交叉,如在电信技术领域,电话通信技术和计算技术就存在学科交叉的现象。汇聚也可以发生在一个程序内,称为收敛,如在一个电子表格内,当不断重复地计算一组循环的公式时,每次循环的结果将不断逼近一个真实的解。(2)收敛是一组参与动态路由的路由器的重要概念。所有内部网关协议都依靠收敛功能来正常工作。在网络上发生路由改变以后网络必须立即完成的同步过程。收敛时间是当路由信息的改变使所有的路由器更新所需要的时间。实现收敛是可运行的自治系统的正常状态。外部网关路由协议 BGP(边界网关协议)通常从不收敛,因为因特网变化太大而无法足够快地沟通。(3)在光学系统中,通过一个汇聚透镜,即凸透镜使光线汇聚在一起。

convergence angle　汇聚角　(1)在光学系统中,两条光线汇聚在一起时所形成的角,即较小的内角。(2)当人的眼睛注视着任何线、角、面、点或者物体的任意部分时,两只眼睛的光线所形成的角。

convergence on the Internet　因特网上的融合[趋同]　因特网的作用已经从最初用作通信工具变为更容易和更快速地访问信息和服务,主要通过宽带连接。电视、广播和报纸是世界上获取新闻和娱乐的媒体,现在,这三种媒体已融合为一体,全世界的人们都可以在因特网上阅读和收听新闻和其他信息。因特网和传统电视的融合在 2010 年开始流行,通过智能电视,有时也称为"连接的电视"或"混合电视",但不同与 IPTV(因特网协议电视)、因特网电视或网络电视。用智能电视来描述当前把因特网和 Web 2.0 功能集成到现代电视机和机顶盒中的趋势,以及计算机与这些电视或机顶盒之间的技术融合。这些新设备通常也更加关注在线互动媒体、因特网电视、顶级内容以及点播流媒体,而不太关注如前几代电视机和一直都有的机顶盒等传统广播媒体。

convergence time　收敛时间　是一组路由器达到收敛状态的速度的度量。即在遇到路径改变或延迟时间太长时,路由器重新寻找最佳路径所花费的时间。它是路由协议的主要设计目标之一和重要的性能指标,它应该实现一种机制,使运行该协议的所有的路由器能够快速可靠地收敛。当然,网络的规模也起着重要作用。较大的网络将比较小的网络收敛得慢。某些配置和硬件条件将阻止网络融合。例如,"抖动"接口(频繁地在"上线"和"下线"之间改变其状态的接口)可能导致冲突的信息在整个网络中传播,因此路由器永远不会就其当前状态达成一致。在某些情况下,可能希望通过路由聚合从网络的各部分中保留详细的路由信息,从而加速所有路由器共享的拓扑信息的收敛。

converged infrastructure　融合基础设施　通过将多个信息技术(IT)组件分组到一个优化的计算包中来运行。融合基础设施的组件可以包括服务器、数据存储设备、网络设备,以及用于 IT 基础设施管理、自动化和编排的软件。IT 组织使用融合基础设施来集中管理 IT 资源,整合系统,提高资源利用率并降低成本。融合基础设施通过实施计算机、存储和网络资源池来实现这些目标,这些资源可以由多个应用程序共享,并使用策略驱动的流程以集体方式进行管理。术语融合基础设施的概念可以包括"融合系统""统一计算""基于结构的计算"和"动态基础设施"等。

conversion device　转换装置　在不改变数据值、内容或信息的情况下,把数据从一种形式或媒体转换成另一种形式或媒体的一种特定的装置或外围设备的一部分。

conversion factor (CF)　转换因子　在数字视频技术中,信号的数字和归一化表示之间的比率。归一化是在白色(电平)峰值定义 $R = G = B = 1$,数字信号以(8

比特)256 的比率表示。

convolutional code (CC)　卷积码　(1)在电信中,卷积码是一种纠错码,它通过将布尔多项式函数滑动应用于数据流来生成奇偶校验码元。滑动应用程序表示编码器对数据的"卷积",这产生了术语"卷积编码"。卷积码的滑动特性有助于使用时不变网格进行网格解码。时不变网格解码允许卷积码以合理的复杂度进行最大似然软判决解码。(2)一种主要用于检纠突发性码错的纠错码。它在某时刻输出的码元段,不但与本时刻输入的信息段有关,而且也依赖于前面若干时刻输入的信息段。因此,也称为"连环码"。

convolution filtering　卷积滤波　应用一组权函数(空间域或时间域滤波器)对空间或时间变量信号进行卷积运算所实现的数据修改。在图像处理中常称为空间域滤波。

convolver　卷积器　通过在相反方向行进的两个波之间的非线性互作用对信号进行处理的表面声波器件。

cooperative diversity　协作分集　一种协作多天线技术,用于无线多跳网络中通过解码中继信号和直接信号的组合信号来利用用户分集的任何给定带宽集合来改善或最大化总网络信道容量。传统的单跳系统使用直接传播,其中接收器仅基于直接信号对信息进行解码,同时中继信号视为干扰,而协作分集将另一信号视为贡献。也就是说,协作分集对来自两个信号的组合信息进行解码。因此,可以看出,协作分集是使用属于无线网络中的每个节点的分布式天线的天线分集。注意,用户协作是协作多样性的另一种定义。用户协作考虑了另一个事实,即每个用户中继其他用户的信号,同时多跳中继网络系统也可以实现协作分集。协作分集技术是一种多用户

MIMO(多输入多输出)技术。

cooperative storage cloud　协作存储云　是网络化在线存储的非集中式模型,其中数据存储在多个计算机(节点)中,由在云中协作的参与者托管。为使合作方案可行,总共贡献的总存储量必须至少等于最终用户所需的存储量。与传统存储云不同,协作不直接使用专用服务器来实际存储数据,从而无需大量专用硬件投资。协作中的每个节点运行专用软件,该软件与集中式控制和编排服务器通信,从而允许节点消耗存储空间并为云提供存储空间。相对于协作的总容量,集中控制和编排服务器需要少几个数量级的资源(存储、计算能力和带宽)来运行。

coordinate data receiver　坐标数据接收机　一种专门用于接收坐标数据发送机信号的接收装置。它将这种信息再转变为适于输入到有关设备(如显示器)的形式。

coordinate data transmitter　坐标数据发送机　一种发送机,它接收两个或两个以上的坐标,如表示目标位置的坐标,再将它们转换为适于发送的形式。

coordinated clock　协调时钟　分布在一个空间区域内的一套时钟产生的时间刻度与设在指定地点处的基准钟的时间刻度同步。

coordinated universal time (UTC)　协调世界时　是世界规定时钟和时间的主要时间标准。在经度 0°时,它大约在平均太阳时间的 1 s 之内,并不针对夏令时进行调整。在一些使用英语的国家,术语格林威治标准时间(GMT)通常用作 UTC 的同义词。

coordination area　协调区域　在卫星通信中,该区域中的地球站和地面站共享同一频率波段,必须协调它们的发射以避免它们相互间的干扰达到不允许的程度。

coordination distance　协调距离　在卫星通信系统中,一个地球站和一个固定或移动服务站间的距离,在这个距离内,地球站使用的频率有可能会对与之共享同一频段的固定或移动服务站产生有害的干扰,另外,在地球站使用给定的接收频率也将引起接收从固定或移动服务站来的有害干扰。

cophased horizontal antenna　同相水平天线　由同相馈电的水平对称振子组成的边射式平面天线阵,为了保证单向的辐射和接收,在阵面的一侧设置反射面。这种天线可用于短波干线通信或广播和米波警戒雷达等。

copper distributed data interface (CDDI)　铜线分布数据接口　是在屏蔽双绞线和非屏蔽双绞线电缆上 FDDI(光缆分布数据接口)协议的实现。CDDI 在相对短的距离上(约 100 m)进行传输,使用双环结构提供冗余功能,数据速率达到 100 Mbps,它基于美国国家标准协会(ANSI) TPPMD 标准。CDDI 正式命名为依赖物理介质双绞线(TP-PMD)标准,也可称为双绞线分布式数据接口(TP-DDI)。

copyleft　非盈利版权,版权自由　一种自由软件基金会提倡的版权类,试图为非商业目的而推进版权软件的自由使用。copyleft 不同于 copyright 的是,它允许用户对作品进行无限复制和修改,它也要求用户承担义务,即在发布源代码和一切派生工作时不收费、不附加其他条款,并必须附带 copyleft 的条款。这样任何人无论是否作了修改,在重新发布软件时,都必须连带传递复制和修改这个软件的自由度。其主要目标是:使自由软件的衍生作品继续保持自由状态以及从整体上促进软件的共享和重复利用。

copyright　版权　作者维护自己著作中的

文字、图片、数据等不被他人复制、翻译或其他方式使用的权利。

cord circuit 塞绳电路 一种交换台面板电路,其中有一根两端有插头的塞绳,用于在用户线之间,用户线与中继线之间人工建立连接。人工交换台配备有许多塞绳。塞绳可以指前塞绳,后塞绳或中继塞绳和站塞绳。在现代无塞绳交换台中,塞绳电路的功能已改由开关操作并可能是可编程的。

cord-cutting 掐线,订户退订 在广播电视中,掐线是指观众模式,就是用户退订,他们取消了可以通过有线电视提供的多频道收费电视的订阅服务,放弃收费电视频道或减少订阅收看电视的小时数,以响应因特网上的竞争对手如 Amazon Video、Hulu、iTunes、Netflix、Sling TV 和 YouTube 等的竞争。这种因特网的内容要么是免费的,要么比通过有线电视提供的内容便宜得多。作为市场趋势,越来越多的"订户退订"不再支付订阅电视的费用,转而支付宽带因特网和 IPTV(网络电视)、数字录像机、数字地面电视和/或免费卫星电视广播的某种组合。

cordless 无绳 术语无绳通常指由电池或电池组供电的电气或电子设备,并且可以在没有电源线或电缆连接到电源插座以提供主电源的情况下工作,从而允许更大的移动性。近年来,更强大的可充电电池的开发使得能够生产曾经需要电源线供电的工具和器具,并且这些工具和器具的特征是"无绳",如无绳电钻、无绳电锯、无绳电话、无绳鼠标器等。

cordless advanced technology-internet and quality (CAT-iq) 无绳先进技术互联网和质量 是基于欧洲电信标准协会(ETSI)的 TS 102527 新一代 DECT(NG-DECT)欧洲标准系列的数字增强型无绳通信(DECT)论坛的技术倡议。NG-DECT 包含与基本 DECT GAP(通用接入方案)功能的后向兼容扩展,允许来自不同供应商的基站和手机与 SIP 终端和 VoIP 网关具有的丰富功能一起工作。CAT-iq 定义了具有多线路的高质量宽带语音服务的几种方案,以及低比特率数据应用。

cordless portable part (CPP) 无绳手机,无绳便携部件 无绳电话系统的手持移动台。

cordless switchboard 无绳交换台 一种早期的人工控制电话交换台,其中采用键来进行人工操作而不是用塞绳电路来进行连接。

cordless telephone (CT) 无绳电话 (1)便携式电话,是一种电话机,其中手持机是便携式的并且通过无线电而不是通过电线连接与电话主体通信。电话基座通过电话线连接到电话网络就像有线电话一样,同时也作为充电器以对手持机的电池充电。范围是有限的,通常是在同一建筑物或距离电话基座很短的距离。(2)是一种在电话机内装有无线收发机的电话,通常由一部主机和一部或几部副机组成。由于副机上没有电话机绳,与移动电话手机相似,所以称为无绳电话。主机是与公用电话网相连的,内部装有无线收发机,具有普通电话机的功能,它与副机之间通过无线电波连接。副机可以随身携带,只要是在距离主机一定范围内,在任何地点都可以接受和呼叫。因此也是一种短距离的移动电话。

cordless telephone generation 1 (CT1) CT1 标准,第一代无绳电话 CT1 表示无绳电话的第一代,1984 年由欧洲邮电管理委员会(CEPT)标准化,并在 11 个欧洲国家部署的模拟无绳电话标准。初始的一套频率提供了一组用 25 kHz 分隔的 40 个双工信道,手机用 914~915 MHz 频段发射,基站用 959～960 MHz频段发射。这些频率与 GSM(全球移动通信系统)蜂窝电话上的通道 120～124 使用的频率重叠,因此这些初始频率已从原授权国家的无绳电话使用中收回。

cordless telephone 1 (CT1) CT1 标准,第一代无绳电话 第一代模拟无绳电话标准。是 20 世纪 70 年代中期出现的,主要为电话用户解决电话机不能在室内随意移动而设计的。该系统由一部电话主机、一部或数部无绳副机组成,主、副机之间通过模拟无线链路连接,用户持无绳副机可在室内一定范围内移动通话。

cordless telephone 2 (CT2) CT2 标准,第二代无绳电话 第二代数字无绳电话标准。1989 年在英国首先实现。CT2 系统由网管中心、计费系统、基地站和手机组成。基站与市话网之间用中继线相连接,不需要交换设备。基地站分为公用基地站和家用基地站两种。用户只要有一部 CT2 手机便可通过公用基地站网,在 200 米范围内移动通话,但通信方式一般为单向通信,只能打出,不能呼入,故配上无线寻呼机使用更方便。如用户处安装一台家用基地站,通过电话主机线接入市话网,即可实现双向通信。在英国 CT2 系统被称为电信点(telepoint)。

cordless telephone 3 (CT3) CT3 标准,第三代无绳电话 第三代数字无绳电话标准。有欧洲的数字增强型无绳通信标准(DECT)、日本的小灵通(PHS)系统、美国的个人接入通信系统(PACS)。

core-based trees (CBT) 核心树,基于核心的树 是通过构建路由器树实现 IP 多播可扩展的提议。它首先由 Ballardie(巴拉迪),Francis(弗朗西斯)和 Crowcroft(克罗夫特)在一篇论文中提出。它与其他多播方案的不同之处在于路由树包含多个"核心"(也称为"中心")。核心路由器的位置是静态配置的。其他路由器是通过生长树的"分支"来添加的,该树由一系列路由器组成,从核心路由器到多播组成员直接相邻的路由器。

core gateway 核心网关 一系列网关或者路由器,由因特网网络操作中心操作,构成一个因特网路由的中心,其中所有的组必须向路由中心发布其路径。

core network (CN) 核心网 是将业务提供者与接入网、或者接入网与其他接入网连接在一起的网络。从网络结构上区分网络的不同部分,在非特指情况下,核心网可以指除接入网和用户驻地网之外的网络部分。核心网由多个节点(如交换节点和汇聚节点)和链路(如连接节点的传输系统)构成。在特指情况下,使用"核心网"一词需要加上限定词,例如"ATM 核心网","GSM 核心网"等。此时核心网一般指某种网络中的中心部分、骨干部分。一般而言,核心网具有传递信息能力强、容量大、速度快、质量高的特征。

core router 核心路由器 (1) 在因特网中,位于网络核心,主要用于数据分组选路和转发,一般具有较大吞吐量的路由器。(2) 在数据分组交换星型拓扑结构中的路由器,它是主干网的一部分,而且作为来自外围网络的所有业务量必须沿路径传送到其他外围网络的单一管道。

corrector circuit (CC) 校正电路 用于声频放大器、电视接收机视频放大各级以及其它处所的一种电路,其作用是弥补放大器和(或)传输中的缺陷。

correct the gamma 校正灰度系数,校正伽马 使电视信号受到非线性传输作用,以取得所需的伽马值。

correlative phase shift keying (COR-PSK) 相关相移键控 为了使已调制信号的相位连续,把基带数字信号进行相关编码后,再进行相移键控的调制技术。

corrugated surface antenna 波状表面天线
由向模式变换器或喇叭发射装置馈电的波导和引导表面波的横向波状金属表面组成的微波天线。

cosine emission law 余弦发射定律 辐射表面在任何方向发射的能量与该方向同法线之间的夹角的余弦成正比。

cosmic noise 宇宙噪声 耦合到通信系统中的噪声或干扰,起源于太阳系外,可能在银河外,源自其他星系的发射星云以及超星系的残迹。该噪声是随机的和类似于热噪声的,频率在 15 兆赫以上。

cosmic radiation 宇宙辐射 高能粒子从空间落到地球上。初级宇宙射线含有一些最丰富元素的核,而质子(氢核)构成的比例最高,也存在电子、正电子、中微子和 γ 光子。当其进入地球大气中时,与氧以及氮的核撞击产生二次宇宙射线。二次射线含有基本粒子和 γ 光子。单个的高能初级粒子可产生大量的二次粒子流。

Cospas-Sarsat 科斯帕斯/搜索与救援卫星(系统),全球卫星搜救系统 是检测和定位由飞机、船舶和从事偏远地区休闲活动的人员启动的紧急信标的系统,并把这些遇险警报发送给搜索和救援(SAR)当局。能够被该系统(406 MHz 信标)检测到的遇险信标可以从多个制造商和供应商链获得。其机构本身不生产或销售信标。网址:www.cospas-sarsat.int。

Costas loop 科斯塔斯环 一种锁相环路,用于将载波信号从抑制载波调制信号,比如从双边带抑制载波中的信号复原。通常在科斯塔斯环的实现中有一个本地压控振荡器提供正交输出到两个相位检测器,即乘积检测器,和输入信号相同的相位也施加到两个相位检测器,其每个相位检测器的输出再通过低通滤波器,而这两个低通滤波器的输出则加到另一个相位检测器的输入,再将其输出到一个环路滤波器,之后用来控制压控振荡器。

counter mode cipher block chaining message authentication code protocol (CCMP) 计数器模式密码块链接消息认证码协议,计数器模式 CBC-MAC 协议,CCM 模式协议 是为无线局域网产品设计的加密协议,它实现了对原始 IEEE 802.11 标准的 IEEE 802.11i 修订的标准。CCMP 是一种增强型数据加密封装机制,专为数据机密性而设计,并基于 AES(高级加密标准)的具有 CBC-MAC 计数器模式(CCM)。它的创建是为了解决 WEP(一种过时的、不安全的协议)带来的漏洞。

counter-rotating ring 反向[双向]旋转环 一种光纤双环拓扑网络。环网拓扑的电信术语称为自愈环(SHR),是电信传输系统中的常见配置。环路或双环用于提供冗余。通常只有第一个环工作,第二个环备用。两个环的传输方向相反。当第一个环的某个节点或某条光纤发生故障时,信号通过第二个环反向绕转,从而继续保持了一个完整的环。SDH(同步数字序列)、SONET(同步光纤网)和 WDM(波分复用)系统通常配置在自愈环中。

counter with CBC-MAC (CCM mode) 具有 CBC-MAC 的计数器的模式,CCM 模式 是加密块密码的操作模式。它是一经过身份验证的加密算法,旨在提供身份验证和机密性。CCM 模式仅针对块长度为 128 位的块密码定义。必须仔细选择 CCM 的随机数(nonce),以便对于给定的密钥永远不会多次使用。这是因为 CCM 是计数器(CTR)模式的推导,而后者实际上是流密码。

country calling codes 国家/地区呼叫代码 或国家/地区拨入代码,是国际电信联盟(ITU)成员国或地区的电话拨号前缀。它们由 ITU-T(国际电信联盟-电信标准化部)在标准 E.123 和 E.164 中定义。拨号前缀允许国际直拨(IDD),也称为国际用户拨号(ISD)代码。

country code (CC)　国家码　(1)在 X.25 通信中位于公共网络中网络用户地址国家终端号之前的 3 位数字。(2)用于国际长途拨号,由三位数字构成惟一的区别国家或地区的编码。(3)在 URL(统一资源定位器)地址中,用来表示 Web 站点所在国家的两个字母,通常也称为"地址的地理域名"。

country code second-level domain (ccSLD)　国家/地区代码二级域　是国家/地区代码顶级域(ccTLD)的二级域名。域名注册管理机构可以为第三级域名注册保留此类域名,或者分配给第三方作为子域名。许多国家/地区代码域注册管理机构在其 ccTLD 下的第二级实施域名类别,例如在最初的通用顶级域名 com、net 和 org 中,分别面向商业实体、网络运营商和非营利组织。许多国家实施其他类别。例如,英国(UK)将 co.uk 用于商业目的,将 ac.uk 用于学术注册。

country code top-level domain (ccTLD)　国家/地区代码顶级域名　是因特网顶级域名,通常用于或保留用于使用国家/地区代码标识的国家/地区,主权国家或附属领地。所有 ASCII(美国信息交换标准代码)的 ccTLD 标识符都是两个字母长,所有双字母顶级域名都是 ccTLD。2018 年,因特网分配号码管理机构(IANA)开始实施国际化国家代码顶级域名,这些域名由最终用户应用程序中显示的语言本地字符组成。RFC 1591 中描述了 ccTLD 的创建和授权,对应于 ISO 3166-1 alpha-2 国家/地区代码。

country or network identity　国家或网络标识符　在国际通信中,一种含有一定数量地址符号的回传信息,用来说明已接转的被呼叫的国家或网络(即被接通国家号或网络号)。

coupled modes　耦合模式　(1)在光纤中的一种模式,该模式与一种或多种其他模式共享能量,即它们一起传播。在所有的耦合模式中能量的分布随传播的距离而不断变化。(2)在微波传输系统中,能量从基本模式转移到更高阶模式的状态。在波导管中的微波传输系统中,通常不希望能量转移到耦合模式。

coupler excess loss　耦合器额外损耗　光纤耦合器功率损耗,在理想耦合器中所有的输入功率都耦合到输出端中。

coupler transmittance　耦合器透射率[传递系数]　在光纤耦合器中,向每个输入端 i 发送一个已知的光功率电平,一次一个,同时测量对应每个输入端 i 的每个输出端 j 的功率,测得耦合器的输入端和输出端的光传递系数。在 2×4 的耦合器中有六个端口,对于两个输入端中的每一个,将测量四个输出端的每个输出端的功率来决定八个耦合系数。

coupler transmittance matrix　耦合器透射[传递系数]矩阵　对于光耦合器而言,一个 L 维×L 维的矩阵,其中 L 是端子的总数,输出端和输入端没有区别。在 2×4 的耦合器中 L 将为 6,有六个端子,编号为 1 到 6。每一个传递系数 T_{ij} 以分贝为单位,在矩阵中用 $T_{ij} = 10 \, Log \, 10(P_i/P_j)$ 来表示,其中 T_{ij} 是从输入端 i 到输出端 j 的传递系数的分贝数,P_i 是输入端子 i 的光功率,P_j 是端子 j 的输出功率,并且 $I \neq j$。传递系数矩阵中元素的下标相应于耦合器上的标号。

coupling coefficient　耦合系数　表示两种电路之间耦合程度的系数,其值通常在 $0 \sim 1$ 之间。

coupling efficiency　耦合效率　在纤维光

学中,光功率在两个元件中传递的效率。耦合效率通常用发送部分的输出功率在接收部分接到的百分比表示。如果用分贝来表示耦合效率,它就相应于损耗。

coupling loop 耦合环 插入波导或谐振腔内,使能量向外电路输出或从外电路得到能量的导电环。

coupling loss 耦合损耗 (1) 在耦合器中的介入损耗,即当功率从一个特定的输入端传送到另一个特定的输出端,而其他端口都正常端接时的功率损耗。(2) 在光纤中,当光从一个光设备或介质耦合到另一个光设备或介质时的功率损耗。(3) 发生在信号耦合时的功率损耗,它可以表示为损耗功率的绝对数值,也可以表示为输入输出功率的比值。

coupling ratio 分光比 分光比是光耦合器所特有的技术术语,它被定义为耦合器各输出端口的输出功率的比值,在具体应用中常用相对输出总功率的百分比来表示,例如对于标准 X 形耦合器,1∶1 或 50∶50 代表了同样的分光比即输出为均分的器件。

covert channel 隐蔽信道 允许进程以违背系统安全策略的方式但不违反访问控制的性质传送信息的通信通道。

cracking a wireless network 破解无线网络 是破坏无线局域网(背后插孔无线局域网)的安全性。常用的无线 LAN 是 Wi-Fi 网络。无线局域网具有固有的安全弱点,有线网络可以免除这种弱点。无线破解是一种类似于直接入侵的信息网络攻击。无线 LAN 中的两种常见漏洞类型是由配置不良引起的漏洞,以及由弱安全协议或有缺陷安全协议引起的漏洞。

critical area 临界区 一种工作区域,由于设备或信息保存在该区域中,需要特别的环境保护,比如空气调节。

critical band 临界频带 在听力学和心理声学中,由 Harvey Fletcher 于 1933 年引入并在 1940 年进行了改进的临界频带的概念,描述了由耳蜗产生的“听觉滤波器”的频率带宽,耳蜗内部的听觉感觉器官内耳。粗略地说,临界频带是在人的听觉系统中,人耳刚刚可以感知声音有差别的频率范围。临界频带随着声音频率的变化而变化。通常认为,在 20 Hz 到 16 kHz 范围内有 25 个临界频带。

critical wavelength 临界波长 相应于临界频率的自由空间的波长。临界波长是将自由空间光速(单位为米每秒)除以临界频率(单位为赫兹)得到的,单位为米。

crochet 异变 由于日辉喷发而产生的地球磁场扰动,它对于通信有很大影响。

cross-band 交叉频带 在一个方向上传输一个射频,而在相反方向上传输有不同传播特性的频率的双向通信。

cross-band radiotelegraph procedure 交叉频带无线电报通信规程 一种无线电报网操作规程,其中主叫站,比如船舶站,使用相同的频率呼叫其他局站,比如海岸站;主叫站转移到另一频率以传送消息;被叫站使用第三种频率应答。

cross-band transponder 交叉频带转发器 用于对被接收的询问频带不同的频带作出应答的转发器。

crossbar 纵横制 一种控制方法,利用多个纵向通路和多个横向通路之间的开关的通断起控制作用,使两个通道之间得以连通。它的优点是噪声低,所以很适合数字系统使用。

crossbar switch 纵横开关 (1) 在电子设备中,纵横开关(交叉点开关,矩阵开关)是以矩阵形式排列的一组开关。纵横开关具有多个输入和输出线,它们形成相互连接线路的交叉图案,在线路之间可以通过闭合位于每个交叉点处的开关(矩阵的元件)来建立连接。(2)在一组线路中的一条线路与另一组线路中的一条线路之间,进行连接的一种继电器开关装置。二组线路在物理上是排列在以触点或开关点组成的矩阵的纵横两边。(3)在多处理机系统中,处理器、存储器和输入/输出装置间的一种互连机构。它包含一组纵横交叉的开关阵列。这个开关阵列将横向的处理器、输入/输出装置与纵向的存储器模块连在一起,构成一个多处理机系统。

cross-channel communication　交叉信道通信　在一个方向传播一个无线电频率,而在另一个方向传播具有类似特性的其他频率的双向通信。

cross color　交叉颜色,串色　当(美国)国家电视制式委员会(NTSC)/逐行倒相制(PAL)的电视解码器错误地把高频亮度信息解释为色度信息时,系统显示不该有的颜色。

cross-color noise (CCN)　(亮度)串色杂波　由于频带共用以致来自亮度通道的无用信号和杂波进入色度通道而引起的,不利于彩色重现的低频扰乱。

cross-connect (CC)　交叉连接[互连],交连　(1)一种具有使电缆构件实现互连或交叉连接的设施。(2)管理通信电路的分布系统设备(即使用跳线或接插线增加或重组)。在线路交连中,跳线或接插线被用来进行电路连接。在光交连中,使用光纤接插线。(3)网络中用于转接信号的设备。交叉连接含有多个输入和输出线路,可以在任何输入和输出线路之间建立相互连接,以改变信号路径。这种交叉连接可以通过人工控制(如配线架的接线板、跳线)或计算机控制。

cross coupling　交叉耦合　存在于两个或多个不同信道之间或电路元件或部件之间的不希望有的信号耦合。

cross-domain resource manager (CDRM)　跨域资源管理器　一个跨域资源管理器允许 SNA(系统网络体系结构)网络中不同的 VTAM(虚拟远程通信访问法)间进行通信。当一个 LU(逻辑单元)请求与另外一个 VTAM 域中的 LU 建立会话时,两个域中的 VTAM 将协同建立一个跨域会话。

crossed-field amplifier (CFA)　正交场放大器　其正交场互作用对大部分微波频谱能获得优良相位稳定度、高效率、高增益和宽带宽的前向波电子注型微波放大器。

crossed pinning　交叉链接　允许两台数据终端设备(DTE)或两台数据电路端接设备(DCE)通信的系统配置。又称"交叉电缆"和"无调制解调器电缆"。

crossed stripline cavity　交叉带状线谐振腔　其中两条带状线呈 $90°$ 相交,相交处有忆铁石榴石(YIG)小球,使在低功率电平下有最大耦合而在高功率电平下耦合可忽略的谐振腔。

cross-fade (CF)　交替淡变,交叉淡入淡出　(1)使一个通道的输出信号淡入,同时使另一通道的输出信号淡出,以便由前者逐渐取代后者。(2)一种声音源或灯光淡出的同时,另一种声音源或灯光淡入的过渡效果,与视像的融入融出效果类似。

crossfire　串流,串扰　由一个信道的电报或信号电流所产生的,对另一个信道电报或信号的干扰电流。

cross-gamma pattern (CGP)　伽马校正测试图,对比度调节测试图　用作信号源以将摄像机调整到能正确重现灰色梯级的光学测试图。

cross interleaved Reed-Solomon code (CIRC)　交叉交插里德-索洛蒙码　CIRC 是音频

光碟使用的校正码。每帧有 $2×4$ 字节的错误校正码分别放在中间和末端,称为 Q 校验码和 P 校验码,P 校验是由 $(32,28)$ RS 码生成的校验码;Q 校验是由 $(28,24)$ RS 码生成的校验码。

cross key 1 交叉密钥 1 在编程密码设施中,主处理机使用的一种密钥,它对送往其他主处理机的加密数据的操作密钥进行加密。

cross key 2 交叉密钥 2 在编程密码设施中,主处理机使用一种密钥,用来对来自其他主处理机的加密数据的操作密钥进行解密。

cross-layer interaction and service mapping (CLIASM) 跨层交互和服务映射 是实现无线网络的 QoS 的设计。P. Venkata Krishna 等人提出了一种名为 CLIASM 跨层 QoS 模型用于 MANET(移动自组织网络)。该模型提出了用于共享信息的前后流机制。利用共享数据库来使层实现共享信息,尽管每个层执行不同的功能。在两层之间创建两个接口以实现两侧的信息流。该模型是根据应用层度量(ALM)、传输层度量(TLM)、网络层度量(NLM)和 MAC 层度量(MLM)等层次划分网络特征来实现的。

cross level 十字水平 属于三轴天线座的一轴,其中每个轴都对应一个笛卡儿坐标方向,即相互垂直的方向。设在船上的地球站通常使用十字水平天线的安装方式。

cross link 交错链路,交叉链路 在卫星通信系统中,两个通信卫星之间的数据链路。这两个通信卫星相隔大约 90 度经线,相当于大约 60 000 公里的距离,通信卫星各自携带指向对方的窄波天线。交错链路允许长距离通信以避免与双重反射(即从卫星到地球和地球到卫星的反射)有关的大气状态引起的信号衰减和失真。

cross linking 交叉耦合 在卫星通信系统中,两个同步卫星间经过交错链路直接发射信号。

cross modulation (CM/XMOD) 交扰[交叉]调制,交调 一种串音干扰。非线性设备、电网络或传播媒介中信号的相互作用所产生的无用信号对有用信号的调制。若接收机的第一个电路是非线性电路并用于对不需要的强信号的检波器,便会发生交叉调制。在有线电视系统中,放大器放大多个频道的电视信号时,由于放大器中非线性器件的影响(主要是三次项),使所欲接收频道的图像载波受到其他(干扰)频道的调制波的幅度变化干扰,就是其它频道的信号叠加到所需频道而产生的交扰调制。

cross-parity checking code 交叉奇偶检验码 一种同时使用音符奇偶校验和块奇偶校验的检错码。

cross phase modulation (CPM) 交叉调相,交叉相位调制 (1)是一种非线性光学效应,其中一个光的波长可能通过光学克尔效应影响另一光的波长的相位。当来自波长的光功率影响折射率时,新折射率对另一波长的影响就称为交叉相位调制。(2)光纤中的干涉现象,即在一个波长上的高电平信号调制光纤的折射率,从而改变一个或多个其他信号的传输速度。当与波长色散相结合时,这将导致检测到的射频信号中的串扰。(3)在多波长传输系统中,由于光纤折射率随着光强度的变化而导致信号的相位受其他通路功率的调制,并引起通路间的串扰。这种现象称交叉相位调制(XPM 或 CPM)。

cross polarization (CP) 交叉极化 两个天线系统用相同的频率但一个使用水平极化而另一个使用垂直极化,提高频谱利用率。

cross-polarization discrimination (XPD) 交叉极化鉴别 波传输中的交叉极化鉴别,是共极化平均接收功率与交叉极化平均接收功率之比。它只能在双极化系统中存在。

cross polarized operation 交叉极化操作 两个同频发射器的操作,其中一对发送器接收器以垂直极化波操作,另一对以水平极化波操作,即极化波平面是相互垂直的。

cross site link 交叉点链接 在卫星通信系统中,地球站各部件之间的信号功率和连接控制。交叉点链接的例子有:发送器和天线间的链路,控制台和发送器之间的链路。

cross site scripting (XSS) 跨站脚本(攻击) 一种利用网站漏洞,迫使 Web 站点回显可执行代码的攻击技术。攻击者通过在链接中插入恶意代码,网站在接收到包含恶意代码的请求之后会产成一个包含恶意代码的页面,而这个页面看起来就像是那个网站应当生成的合法页面一样。而这些可执行代码从用户那里盗取敏感信息。获取到合法用户的信息后,攻击者甚至可以假冒最终用户与网站进行交互。

CRT display 阴极射线管[CRT]显示器 使用阴极射线管(CRT)构成的显示器。

CRT display point mode 点模式 CRT 显示 一种可以在 CRT(阴极射线管)面上任意位置建立单独显示点的工作模式。这种模式所显示的每一个点需要两个 18 比特的字来确定其纵横坐标。一旦第一个点建立起来,以后各点的产生(在某些计算机上)可以只用一个字来表示。

CRUISE 智能体验未来媒体网络科技导航计划 简称"CRUISE 计划"。CRUISE 是"controllable(可管控)、rich media(富媒体)、ubiquitous(泛在化)、immersive(沉浸式)、social(社交化)、experience(智能体验)"的首字母组成。这个计划的目标是在数据承载网络之上,通过可表示、可处理、可信赖的方式,将海量、多元、动态的媒体内容有效组织起来,通过多网协同传输方式,形成高效分发的网络新形态。围绕"异构网络协同传输、多源数据组织封装、超高清编码与计算、媒体网络内容安全、媒体云架构与服务"五大研发方向。

crush 压痕 (1)光学元件表面上的小刮痕或一系列的小刮痕,它通常由错误处理,磨损,折毁或摩擦造成的。(2)在通信系统中,由于压力造成的对一根电缆或光缆造成的损坏。

crypher 密码,加密程序 (1)为了防止未经授权的人员了解通信或程序的内容而采取加密措施后的数据。(2)是一种仅与符号或位的序列相关的编码。在加密编码时,以具有一定含义的字或词组作为编码的单位,以一个密钥为参数作一个函数变换,就得到加密文件。

cryptanalysis 密码分析学,密码分析 研究在未掌握编码密钥时如何破译加密信息的一门学科,是密码学的一个分支。密码分析则是对一种密码系统进行分析的行为,以获取包含在加密文件中的重要信息。有两种情况:分析人员需要核实它的完整性,以便进一步的完善加密算法;攻击者则试图发现它的弱点,非法访问他人的文件和系统。

crypto 密码技术 一种通信安全(COMSEC)密钥资料的标记或标识符,用于保证对携带有保密或敏感材料的保密或证实。当全部为大写字母时,CRYPTO 的意义如上所述,当其为小写并作为前缀时,crypto 或 crypt 被用作机密或密码的意思。

crypto algorithm 加密算法 由明文产生密文和反向操作的事先定义好的规程或步骤序列。

crypto channel 密码信道,加密通道 一种完全保密通信链路系统,它包括:① 预定的密码辅助设备;② 密码辅助设备的保管器具;③ 用于识别的指示器或其他手段;④ 有效的区域;⑤ 为其提供的用于特定目标的信道;⑥ 有关密码分配、操作及使用等方面的相关信息。

cryptographic checksum 密码校验和 使用密钥计算校验和的方法。密码校验和是保证数据完整性的有效方法,可应用于查错技术、鉴别技术、计算机病毒防治技术等方面。

cryptographic key 密钥 在明文和密文之间决定密码变换的参数。

cryptographic key distribution center (CKD) 密钥分配中心 产生各种密钥的一种设施,它所产生的密钥可以被不享有一个公用密钥的对话双方使用。

cryptographic protocol 加密[密码]协议 又称"安全协议",是使用密码学完成某项特定的任务并满足安全需求的协议。在密码协议中,经常使用对称密码、公开密钥密码、单向函数、伪随机数生成器等。

cryptographic system 密码系统 (1)提供一种密码变换的单元系统,它由5部分组成:① 信息空间;② 密文空间;③ 密钥空间;④ 加密转换过程;⑤ 解密转换过程。(2)一种加密技术系统,包括信息空间、密文空间、密钥空间、一系列的加密变换和一系列解密变换。一般密码系统应满足以下要求:加密和解密算法对所有密钥都是有效的、系统操作应当简单、系统的安全只依赖于密钥的秘密性。

cryptology 密码学 研究编制密码和破译密码技术的科学。研究密码变化的客观规律,应用于编制密码以保守通信秘密的,称为编码学;应用于破译密码以获取通信情报的,称为破译学,总称密码学。

crypto operation 加密操作 加密方法的功能性应用:① 离线式。加密和解密以和密文传输相分离的自有操作形式运行,类似于和信号线没有电连接的手工或机器方式;② 在线式。使用直接连接到信号线的加密设备产生连续的加密和传输或接收和解密操作。

cryptoperiod 密码周期,加扰周期 在计算机安全中,指一个密钥允许使用的时间间隔或在指定的系统中保持密钥的有效时间。

crystal mixer 晶体混频器 利用晶体二极管的非线性对两个频率进行混合的混频器。如在雷达接收机中,混频器通过使接收的雷达信号与本振信号混频而将雷达信号变换成较低的中频值。

crystal pickup 晶体拾音器 唱机中的拾音器,其中,由记录槽中的振动产生机械振动传到压电晶体,产生和声音频率相同的变化电场,这一信号经放大并送入扬声器,发出声音。

crystal set 晶体[矿石]收音机 有对接收的信号进行解调的晶体检波级,但没有放大级的无线电接收机。

crystal stabilized transmitter 晶体稳频发射机 带有自动频率控制的发射机,其中包括提供基准频率的晶体振荡器。

crystal video receiver 晶体视频接收机 只由晶体检波器和视频或音频放大器构成的宽带调谐雷达或其他微波接收机。

CSMA/CD network CSMA/CD 网络 一种总线网络,使用载波探测的介质访问控制协议,其中的站总是通过发送一个冲突信号启动传输,如果冲突信号没有与其他站的冲突信号发生碰撞则开始发送数据,否则停止传输并在以后再次尝试。

CSTNET 中国科技网 Chinese science

and technology network 的缩写。CSTNET 是在北京中关村地区教育与科研示范网(NCFC)和中国科学院网(CASNET)的基础上建设和发展起来的,1994 年 4 月首次实现与国际因特网的直接连接。1996 年 2 月,中国科学院决定正式改名为"中国科技网"(CSTNET)。CSTNET 以确立实现中国科学院科学研究活动信息化和科研活动管理信息化为建设目标,先后独立承担了中国科学院"百所"联网、中国科学院网络升级改造工程的建设以及国家"863"计算机网络和信息管理系统、网络流量计费系统、网络安全系统等项目的开发,并且负责中国科学院视频会议系统、邮件系统的建设和维护。CSTNET 主要业务包括:CSTNET 的运行、维护及管理;互联网接入服务;科研数据中心;邮件系统和视频会议系统;网络安全、网络管理解决方案;网络技术咨询、方案设计和工程实施;网络前沿技术的研究等。

CT0   **无绳电话 0 标准,CT0 标准**   是用于 CT1 之前的模拟无绳电话的术语,以不兼容的标准部署在多个国家,大多数在低于广播的波段 I 的低甚高频(VHF)频率范围中。

CT1＋   **增 强 CT1 标 准, CT1 ＋ 标 准** 是 1987 年提供了一套 80 个额外的信道的标准,与手机使用 885～887 MHz 以及基站使用 930～932 MHz 的技术标准相同。虽然不是原来 GSM-900 频段部分,但这些频率确实与扩展的 GSM-900 频段重叠。因此,在数字无绳电话的出现和释放移动电话频谱的愿望之间,这些频率也被收回使用。

CT2   **CT2 标 准, 第 二 代 无 绳 电 话** cordless telephone 2 的缩写。CT2 是一种无绳电话标准,在 20 世纪 90 年代早期用于欧洲一些国家提供短程原始移动电话服务。它被认为是更为成功的

DECT 系统的先驱。CT2 的营销名称是 Telepoint。自 2008 年 12 月 31 日起,德国禁止使用基于 CTA1 和 CTA2 的手机。

current antinode   **电流波腹**   沿传输线、天线或有驻波的其他电路元件,电流有最大值的点。

current attenuation   **电流衰减**   传感器的输入信号电流与同传感器相连的特定负载阻抗中的电流之比,用分贝(dB)表示。

current hopping   **电流扰乱**   若干个并联元件或电路之一获取多于其可利用电流的设计份额而引起故障或损坏的状态。

current loop   **电流环**   一种通信连接方式,采用 20 mA 的电流表示逻辑值 1,没有电流则表示逻辑值 0。

current loop cable   **电流环电缆**   一种 24AWG(美国线规 24 号线)四芯双绞线电缆,带有总体屏蔽以用于电流环。

current loop interface   **电流环接口**   一种串行数据通信方法。用电路上有 4 mA 电流表示二进制的"0",20 mA 电流表示二进制的"1"。这一方法来源于电报技术,发电报的电键通、断,在电路上产生两种电流来代表两种信息。电流信号传输比电压信号传输具有更好的抗干扰能力。电流环接口在波特率为 9 600 时,传输距离可达 600 m,比 RS-232-C 接口长 4 倍。

current loop interface converter   **电流环接口转换器**   一种通常允许 20 mA 或 60 mA 电流环与 RS-232 接口连接的设备。某些这种设备提供电流环驱动器,另一些则需要附加设备提供电流环功率。接口转换器也需要工作电源。

curtain arrays   **帘幕[帷幕]阵列**   是一类大型多元定向线形无线电发射天线,用于短波无线电频段。它们是一种反射阵

列天线,由多个线偶极天线组成,悬挂在垂直平面,通常位于由许多长平行线的平面垂直帷幕制成的"帷幕"反射器前面。它们由连接在两个高的钢塔之间的支撑钢索绳悬挂,高达300英尺(90 m)高。它们用于长距离天波(或跳波)传输;它们将一束无线电波以较小的角度传播到地平线上方的天空中,电离层将其反射回地平线以外的地球地方。国际短波无线电台主要使用帷幕天线向跨越大陆距离的大区域广播。由于其强大的方向特性,帷幕阵列经常被用于政府宣传广播台,以将宣传广播跨越国界传播到其他国家。例如,Radio Free Europe和Radio Liberty使用帷幕阵列向东欧广播。

customized applications for mobile network enhanced logic (CAMEL) 移动网络增强逻辑的定制应用 是一组旨在用于全球移动通信系统(GSM)核心网络或通用移动通信系统(UMTS)网络的标准。该框架为运营商提供了定义标准GSM服务/UMTS服务的附加功能的工具。CAMEL架构基于智能网络(IN)标准,并使用CAP(CAMEL应用部分)协议。这些协议已编入一系列ETSI(欧洲电信标准协会)技术规范中。CAMEL为网络运营商提供一种机制,向用户提供非标准的GSM业务,甚至在用户漫游出归属位置时,也可以向用户提供在归属位置区内同样的业务。

cutback technique 截短技术 光纤中的一种技术,用于测量和计算某些传输特性,比如衰减、损耗、带宽等。通过两次测量并通过测量结果来计算特性值。一次测量是在被测光纤的长光纤长度上进行,而另一次测量是在测量点附近切断同一光纤并在较短长度上进行,截断处距离激励端不能少于1 m,这两次传输结果和被测长度可被应用于计算所需的传输特性。截短技术的另一种方法是替代法,它是在全长光纤上进行测量,再在一具有同样特性(光纤纤芯尺寸,数字孔径)的短光纤上进行测量,通过计算得到所需的特性。

cutoff attenuator 截止衰减器 一种长度可调的波导管,可用于改变通过它的信号的衰减。

cut-through frame switching 穿透[直通]式帧交换 数据流过交换机的一种帧交换技术,这样在分组完全进入输入端口之前,在输出端其前沿已输出该交换机。帧将被使用穿透式交换的设备阅读、处理,在帧的目的地地址被证实和输出端口被确定后立即转发。

CXP (connector) CXP连接器 在计算机网络领域,CXP是由InfiniBand行业协会指定的铜连接器系统。它提供12个10 Gbps链路,适用于单个100千兆以太网,3个40千兆以太网通道或12个10千兆以太网通道或单个InfiniBand 12×QDR(四倍数据速率)链路。C是罗马数字代表100的作为助记符。这种连接器有4排,每排21针,共84针。

cybernaut (上)网迷,网络遨游者,信息空间旅行者 (1)耗费很多时间在因特网上浏览的人。也称为"网际漫游人"。(2)指信息空间(cyberspace)中的漫游者,通常是指通过因特网连接,探索信息空间的最深、最大范围的人。

cyber resilience 网络弹性[适应能力,应变能力] 指在不利的网络事件中不断提供预期结果的实体的能力。网络弹性是一个正在迅速获得认可的发展的观点。该概念基本上将信息安全、业务连续性和(组织)弹性领域结合在一起。具有网络弹性能力潜在需求的实体包括但不限于:IT系统、关键基础设施、业务流程、组织、社团和民族国家。不利的网络事件是对连网的IT系统及相关信息和服务的可用性、完整性或机密性产生负面影响的事件。这些事件可能是有意的(例如网络攻击)或无意的(例如,软件更新失败),并且由人、自然或其组合引起。网络弹性的目标是保持实体始终持续交付预期结果的能力。

cyberspace　赛博[网络,信息,电脑]空间　(1)最初从电子信息技术引出的具有节点及其联系关系的虚拟空间,与一般说的网络空间不同在于后者一般是物理的、现实的。(2)网络空间是互联技术。该术语从科幻小说和艺术进入大众文化,但现在被技术战略家、安全专业人士、政府、军事及行业领导者和企业家用于描述全球技术环境的领域。其他人认为网络空间只是一个通过计算机网络进行通信的概念环境。这个词在20世纪90年代变得流行,当时因特网、网络和数字通信的使用都在急剧增长,"网络空间"一词能够代表正在涌现的许多新思想和现象。它被称为人类历史上最大的不受管制和不受控制的领域,也是独一无二的,因为它是人们创造的传统物理领域之外的领域。

cyberwarfare　网络[赛博,信息,电脑]战　是计算机、在线控制系统和网络的战场或战争环境中的使用或目标。它涉及与网络攻击、间谍和破坏威胁有关的攻击和防御行动。

C1 class　C1级(安全)　美国国防部可信计算机系统评价标准(TCSEC)中的一种安全级别。C1级要求硬件有一定的安全机制(如硬件带锁装置和需要钥匙才能使用计算机等),软件上采用非常初级的自主型安全保护技术,用户在使用前必须登录到系统,允许系统管理员为一些程序或数据设立访问许可权限,能够实现用户和数据的分离,保护或限制用户权限的传播。现有的商业系统往往都满足C1级要求。

C2BMC (command and control, battle mana-

gement, and communications)　指挥控制、作战管理和通信。

C2 class　C2级(安全)　美国国防部可信计算机系统评价标准(TCSEC)中的一种安全级别。C2级实际是安全产品的最低档次,达到C2级的产品在其名称中往往不突出"安全"这一特色。C2级引进了受控访问环境的增强特性。这一特性不仅以用户权限为基础,还进一步限制了用户执行某些系统指令。授权分级使系统管理员能够为用户分组,授予他们访问某些程序的权限或访问分级目录。另一方面,用户权限以个人为单位授权用户对某一程序所在目录的访问。如果其他程序和数据也在同一目录下,那么用户也将自动得到访问这些信息的权限。C2级还采用了系统审计机制,审计特性跟踪所有的"安全事件",如登录(成功和失败的),以及系统管理员的工作(如改变用户访问和口令)。

C3I system　指挥控制通信与情报系统　C3I系统是美国军事用语,把其中四个英文实词的词头字母组合在一起,简称C3I系统,我国称之为"军队自动化指挥系统"。C3I系统一词现已为世界许多国家所通用。C3I系统是由人员、指挥体系和以电子计算机为核心的技术装备有机结合在一起构成的一体化系统,是军队的耳目和中枢神经。

C3 revolution　3C革命　构成信息社会的三个主要因素:即计算(computation),控制(control),通信(communication)三个英文词的词头。具体指电子计算机、控制论和通信三种高科技结合的综合信息革命。

C4I (command, control, communication, computer and information)　指令、控制、通信、计算机和信息。

C5　(1)计算机、通信、内容[容量]、顾客[用户]和控制 computer, communication，content，customer and control 的缩写。(2) 5 频道 channel 5 的缩写。

C7　C7 信令系统　(1) 国际电报电话咨询委员会(CCITT)现国际电信联盟-标准化部(ITU-T)的七号信令系统 signaling system No.7 的缩写。(2) 欧洲和北美的信令交换规范,该规范与七号信令系统相当。

C

D

DAB+ 增强数字音频广播 DAB 是 digital audio broadcasting 的缩写。术语"DAB"通常指的是使用 MP2 音频编解码器的特定 DAB 标准,但有时也可以指 DAB 相关标准的整个系列,例如 DAB+、DMB(数字多媒体广播)和 DAB-IP。负责 DAB 标准的组织 WorldDAB 发布了 DAB+,这是 2006 年对 DAB 标准进行的重大升级,当时采用了 HE-AAC v2(高效先进音频编码版本 2)音频编解码器(也称为 eAAC+)。这个名为 DAB+的新标准也采用了 MPEG(运动图像专家组规范)环绕音频格式和 Reed-Solomon(里德-所罗门)编码形式的更强的纠错编码。DAB+已标准化为欧洲电信标准协会(ETSI)TS 102563 标准。但是 DAB 不与 DAB+前向兼容,需要通过固件升级来解决。

damped oscillation 阻尼[减幅]振荡 幅度随时间减小的振荡。

damping factor 阻尼因数,阻尼系数 (1) 在二阶线性系统的自由振荡中,输出在最终稳态值附近的一对(方向相反的)连续摆动的较大幅值与较小幅值之比。(2) 额定负载阻抗与放大器的内部阻抗之比。其数值大小反映控制扬声器线圈的性能。

dark 黑暗(的) 在广播行业,黑暗电视或寂静电台是无限期停播的电(视)台。与停播(只广播静音)不同,一个黑暗或寂静的电台甚至不传送载波信号。

dark fiber 暗光纤 在已经敷设的光缆中,暂时没有使用的光纤。很多时候通信公司会铺设多余其需求的光纤数量,以适应将来的需要而避免反复的光纤铺设带来的高额成本。

darknet 暗网 是路由的、分配的 IP 空间的一部分,不运行任何服务,因为它没有活跃的主机。暗网一词被错误地与暗 web 混淆,暗 web 是一个覆盖网络,只能通过特定的软件、配置或授权访问,通常使用非标准的通信协议和端口。暗 web 是朋友对朋友(F2F)的网络(通常用于与对等连接的文件共享)和隐私网络,如 Tor 网络。当提到搜索引擎可索引的内容时,加密暗网的相反术语是 clearnet 或 surface web。暗网是一种匿名网络,其中仅在可信对等体之间建立连接,有时称为"朋友"(朋友对朋友,F2F)之间,使用非标准协议和端口。暗网与其他分布式对等网络不同,因为共享是匿名的(即 IP 地址是不公开共享),因此用户可以在不用担心政府或公司的干扰情况下进行通信。

dark web 暗 web,暗网 是存在于暗网上的万维网内容,使用因特网但需要特定软件、配置或授权才能访问的覆盖网络。暗 web 形成了深层 web 的一小部分,web 的部分没有被 web 搜索引擎索引,尽管有时深层 web 一词被错误地用来指暗 web。构成暗 web 的暗网包括小型、朋友对朋友(F2F)的对等(P2P)网络,以及由公共组织和个人运营的大型、流行的网络,如 Tor、Freenet、I2P(隐形因特网项目)和 Riffle 网。由于其未加密的性质,暗 web 的用户将常规网络称为明网(Clearnet)。Tor 暗 web 可以被称为

D

洋葱地（onionland），对网络的顶级域名后缀 .onion 的引用和洋葱路由选择的流量匿名化技术。

data 数据 （1）泛指计算机能处理的各种事实、数字、字母和符号的通用术语。（2）相对于非数字信息而言，专指数字信息。例如有些程序分为数据文件和文本文件。（3）相对于信号而言，指的是源数据或原始数据。（4）信息的一种规范化编码表示，适合于解释、通信和处理，可以由人或者机器对其进行运算。

data access service 数据访问服务 DEC 公司网络应用支持（NAS）中的一种信息资源共享服务，它使应用软件具有跨越 NAS 计算环境来建立和访问关系数据库的标准手段。

data adapter unit (DAU) 数据适配器单元 一种把各种远程或本地的外部设备连接到系统上去的接口与控制装置。它可以用来扩展系统的输入输出能力。数据适配器一般包括与中央处理器通道接口的电路、与外部通信的线路、与通信方式相适应的控制电路、接口电路和调制解调器等。它被广泛用于数据采集系统、数据通信系统、过程通信系统和电报终端等。

data as a service (DaaS) 数据即服务 （1）以数据为中心的应用模式，即建立统一数据资源库，整合管理各类异构数据，变数据为信息，变信息成服务，实现数据活化，达到数据到信息到服务的价值提升。（2）用于企业数据的中央存储库。"服务"方面意味着数据可供所有用户使用，并且与一类应用程序的格式无关。

database as a service (DBaaS) 数据库即服务 作为一种数据库云架构和运营方法，使 IT（信息技术）提供方能够将数据库作为服务提供给多个客户，从而为组织提供了一种全新和独特的方式来提供、使用和管理数据库服务，可显著节省采购及运维成本、全面提高服务级别、简化 IT 并奠定云数据中心的架构基础。

database/data communication (DB/DC) 数据库/数据通信 完成数据库管理和数据通信功能的软件。

database gateway 数据库网关 是一种中继器，它的主要作用是转换和通信。转换包括模式转换、操作变换等。它能提供应用级的异构数据库互联的手段。

database program communication block (DB-PCB) 数据库程序通信块 在某些虚机信息管理系统中的一种程序通信块，它描述应用程序与数据库的接口。对每一个由应用程序存取的逻辑数据库都要求有一个数据库程序通信块。

database security 数据库安全性 保护数据库中数据不被有意或无意地泄露、更改和丢失的能力，防止未授权人员对数据库数据的不合法使用或破坏的能力，以及保证实现对访问数据库行为的不可否认性的能力。

database security control 数据库安全性控制 主要包括数据库的安全性、完整性、并发控制和恢复。数据库安全性控制常用方法有用户标识和鉴定、访问控制机制、数据库审计、数据加密、数据备份等等。

data broadcast/broadcasting (DB) 数据广播 一种以数字形式高速单向传输文本和图像的方法。例如使用有线电视、卫星和 VHF TV（甚高频电视）频谱中未用的频带传送新闻、天气预报、股票行情、体育比赛成绩、音乐、电视以及 Web 网页等。用户机顶盒就像调谐器一样，起着选择频道信息的作用。

data buffer 数据缓冲器 也称为"缓冲存储器"。在数据传输过程中，用来弥补两个不同设备在数据处理或传送速度上的不同，从而实现两者同步所使用的一种存储器。

data carrier detect/detected (DCD) 数据载波[载体]检测 串行通信中使用的一个信号,由调制解调器发送到其计算机中表示它已经联机并准备好传输数据,DCD 是通过 RS-232-C 连接器上的 8 号线发送的硬件信号,也称为"接收的线路信号检测(RLSD)"。

data center (DC) 数据中心 (1) 主要为采集、分析、处理、存储、检索和传播一种或多种数据而建立的组织。(2) 是用于容纳计算机系统和相关组件的设施,例如通信和存储系统。它通常包括用于电源、数据通信连接、环境控制(例如空调、消防)和各种安防设备的冗余或备用部件和基础设施。云计算的数据中心称为云数据中心(CDC)。

data center levels and tiers 数据中心级别和层级 ANSI(美国国家标准协会)认可的行业协会电信工业协会,2005 年发布了 ANSI/TIA-942"数据中心电信基础设施标准",该标准以全面、可量化的方式定义了四种级别的数据中心。TIA-942 在 2008 年、2010 年、2014 年和 2017 年进行了修订。TIA-942:数据中心标准概述描述了数据中心基础设施的要求。最简单的是一级数据中心,它基本上是一个服务器机房,遵循计算机系统安装的基本准则。最严格的级别是四级数据中心,旨在托管大多数关键任务计算机系统,具有完全冗余的子系统,能够在主电源停电期间连续运行一段不确定的时间。也存在其他分类。例如,德国数据中心星级审计计划使用审计流程来验证影响数据中心关键性的五个"满足"级别。

data center recovery 数据中心恢复 用于在替代站点对数据中心服务和计算机处理能力进行重置的灾难恢复组件。

data chaining 数据链接 (1) 在 SDLC(同步数据链路控制)规程的数据传输中,把分散的各存储数据段链接在一起组成一个完整的 SDLC 帧。(2) 一种链接技术,其中记录的各部分存储在不相邻的存储区中,但由于每一个记录都具有调出下一个记录的能力,从而可以查到整个数据。

data channel (D channel) 数据通道,D 信道 (1) 连接处理器和存储器及输入输出控制器的一种设备。(2) 计算机主存储器和输入输出设备之间的双向数据通路。它使一个或多个输入输出操作与计算操作同时进行。(3) 在 ISDN(综合业务数字网)中用于控制信号和客户数据的数据信道。在基本速率的 ISDN 中,D 信道工作在 16 kbps,在主速率的 ISDN 中,它工作在 64 kbps。D 信道使用 LAP-D(链路访问规程 D)协议。

data channel controller 数据通道控制器 对数据通道的工作状态、工作方式进行监视控制的设备。它管理通道请求、交换周期、通道排序、传输启停等操作,包括通道同步电路、通道请求管理电路、选通电路等部分。

data channel multiplexer 数据通道多路复用器 一种用于扩充计算机中断系统能力的多路复用器,它通过存储缓冲寄存器,使大量的输入输出设备与主存储器直接交换数据。多路复用器根据预先安排的优先级能同时为多个中断请求服务。

data channel propagation time 数据信道传播时间 是数据通信中,从数据单元最后一个比特在发送端进入数据信道开始,到数据单元最后一个比特在接收端离开数据信道为止之间的时间间隔。

data circuit-terminating equipment (DCE/DCTE) 数据电路[线路]端接[终接,终端]设备 数据通信系统中用于连接数据终端设备(DTE)的装置,它为数据终

D

端设备和数据(电话)传输线提供接口功能,这些功能有连接的建立、保持和终止以及 DTE 和线路间的信号确认、编码和同步等功能。这种设备一般设置在用户所需地点,可以是别的单元的一部分,也可以是整个装置。在一般使用时,该术语(即 DCE)和调制解调器同义。

data coding **数据编码** 是指把需要加工处理的数据信息,根据一定数据结构和目标的定性特征,将数据转换为代码或编码字符,在数据传输中表示数据组成,并作为传送、接收和处理的一组规则和约定。在进行数据编码时应遵循系统性、标准性、实用性、扩充性和效率性。几种常见的数据编码方案有:单极性码、极性码、双极性码、归零码、不归零码、双相码、曼彻斯特编码、差分曼彻斯特编码、多电平编码等。

data communication (DC) **数据通信** 是通信技术和计算机技术相结合而产生的一种新的通信方式。要在两地间传输信息必须有传输信道,根据传输媒体的不同,分为有线数据通信与无线数据通信两类。但它们都是通过传输信道将数据终端与计算机连接起来,而使不同地点的数据终端实现软、硬件和信息资源的共享。数据通信的传输手段有电缆通信、光纤通信、微波中继通信、移动通信、卫星通信等。

data communication adapter (DCA) **数据通信适配器** 也称为"通信适配器"或"网络适配器"。是工作在数据链路层的网络组件,是局域网中连接计算机和传输介质的接口,不仅能实现与局域网传输介质之间的物理连接和电信号匹配,还涉及帧的发送与接收、帧的封装与拆封、介质访问控制、数据的编码与解码以及数据缓存的功能等。

data communication function (DCF) **数据通信功能** 由 TMN(电信管理网)功能块使用并用于交换信息。DCF 的主要作用是提供信息传输机制,也可以提供路由选择、中继和互通功能。DCF 配备 OSI(开放系统互连)参考模型的 1 到 3 层的功能。DCF 可以由不同类型子网的通信能力支持。这些子网包括 X.25 分组交换网络、MAN(城域网)、WAN(广域网)、LAN(局域网)、7 号信令网或 SDH(同步数字系列)的嵌入型通信信道。对应不同的子网,需要的 DCF 的传输能力不同。当不同的子网互连时,有时需要将互通功能包含在 DCF 之中。

data communication hardware/software **数据通信硬件和软件** 数据通信中使用的标准单元。硬件包括各种终端、调制解调器和多路转换器。软件是编码过程中引入的各种概念,其中包括数据和控制字符、奇偶校验、波特率、同步和异步、数字和模拟、双工、半双工和全双工以及其他传输概念。

data communication interface **数据通信接口** 分为低速数据通信接口和高速数据通信接口。所谓高速数据通信接口通常是指准同步数字系列(PDH)接口和同步数字系列(SDH)接口,用于远距离中继数据传输。这类接口是由 ITU-T(国际电信联盟-电信标准化部)建议 G 系列标准所规范。低速数据通信接口主要是指用于 DTE(数据终端设备)与 DCE(数据电路端接设备)之间的互连通信接口,这类接口标准主要由 ITU-T、美国电子工业协会(EIA)及国际标准化组织(ISO)所规范。ITU-T 又将这类接口分为适用于公共电话交换网的 V 系列接口标准和适用于公共数据网的 X 系列接口标准。EIA(美国电子工业协会)的这类接口标准称为 RS 系列标准,基本上遵循 ITU-T 建议的 V 系列接口和 X 系列接口的规定。而 ISO 制定相关接口并不多,其标准主要是针对 ITU-T 系列接口,制定了一系列 DTE-DCE 接口间的相关规程和物理连接器标准。

data communication network（DCN）数据通信网（络） 由分布在各处的数据终端、数据传输设备、数字交换设备和数字通信线路构成的系统。它使任一用户都能与网中的其他用户进行数据通信，数据通信网一般都与计算机结合起来，并由计算机完成数据的处理、存储等操作。就所用的交换设备和线路而言，公用数据通信网可利用公用电话交换网构成，也可利用公用用户电报交换网或独立的数据网构成。就其管理方式而言，它有集中式和非集中式两种。数据通信网的业务范围有信息交换、数据收集和分配、询问应答、远程批量处理、时分会议电话及遥控等。

data communication protocol 数据通信协议 在数据通信网中，为使计算机与终端间能正确传送信息，必需有一套关于信息传输顺序、信息格式和信息内容等的约定。这套约定就称为数据通信协议。协议用于建立和释放连接、识别发送站和接收站，保证信息完整性以及区分和管理文本、程序和控制字等。

data compact technology 数据压缩技术 对含有大量数据的图像和声音这类多媒体信息的压缩处理技术。它是多媒体技术能否得以实现的关键所在。以 1 MB 的存储空间为例，如用于存音频光碟质量的音响信息只能播放 6 秒或只够存储一张 640×480 分辨率、每个像素 24 位的彩色照片。因此，为了高效地进行多媒体数据的编辑加工，从存储容量和数据传输率两方面考虑，必需采用数据压缩技术。数据压缩不仅与计算机有关，还涉及通信和电视，因此多媒体的标准化至关重要。

data concentrator 数据集中（分配）器 一种数据传输系统中的支持多个远程终端的设备。它能将多路低速输入数据集中成一路中速或高速数据输出，也能将一路中速或高速输入数据分配输出到各低速终端设备。它支持多个远程终端。

datagram congestion control protocol（DCCP）数据报拥塞控制协议 在计算机网络中，DCCP 是面向消息的传输层协议。DCCP 实现可靠的连接建立、拆卸、显式拥塞通知（ECN）、拥塞控制和功能协商。IETF 于 2006 年 3 月以 RFC 4340 文件发布了 DCCP 建议标准。DCCP 提供了一种获取拥塞控制机制访问权限的方法，而无需在应用层实现它们。它支持基于流的语义，如传输控制协议（TCP），但不提供可靠的有序传送。DCCP 中不提供流控制传输协议（SCTP）中的多个流内的顺序传送。DCCP 连接包含确认业务和数据流量。确认通知发件方其数据包是否已到达，以及它们是否标记为显式拥塞通知（ECN）。发送确认与使用中的拥塞控制机制一样可靠，可以完全可靠地传输。

data distribution service（DDS）数据分发服务 针对实时系统的 DDS 是对象管理组织（OMG）机器对机器（有时称为中间件）标准，旨在使用发布-订阅模式实现可伸缩的、实时的、可靠的、高性能和可互操作的数据交换。DDS 可满足金融交易、空中交通管制、智能电网管理和其他大数据应用等应用的需求。该标准用于智能手机操作系统、运输系统和车辆、软件定义的无线电以及医疗保健提供商等应用。并推广 DDS 用于物联网。

data encapsulation 数据封装 是指将协议数据单元（PDU）封装在一组协议头和尾中的过程。为了实现对等层通信，当数据需要通过网络从一个节点传送到另一节点前，必须在数据的头部和尾部加入特定的协议头和协议尾。这种添加数据头部和尾部的过程称为数据封装或数据打包。同样,在数据到达接收节点的对等层后,接收方将识别、提取和处理发送方对等层增加的数据头部和尾部。接收方这种将增加的数据头部和尾部去除的过程称为数据解封或数据拆包。

data encryption 数据加密 将一个信息或明文,经过加密密钥及加密函数转换,变成无意义的密文,而接收方则将此密文经过解密函数、解密密钥还原成明文。数据加密具有以下功能:① 通信安全性,即只有预定的接收人才能辨认;② 确认,即确保所收消息为非伪造的;③ 数字鉴定,即接收者能将消息交给第三者时表明该消息非伪造。常用的数据加密方法有:替换密码法、易位法及组合法。

data encryption algorithm (DEA) 数据加密算法 将明文经过加密密钥变换为密文称为加密算法。数据加密的基本算法主要有两种:替代法和置换法。

data encryption standards (DES) 数据加密标准 DES 是被广为采用的一种对称加密方式数据加密标准。此标准由美国国家标准局在 1977 年 1 月颁布,并于 1977 年 6 月在美国联邦政府各机构中生效实施。数据加密标准是在 IBM 公司早期开发的密码产品 Lucifer 方案基础上发展而成的。它使用 64 位密钥对 64 位的数据块进行加密,64 位密钥中的 8 位用作奇偶校验位,其余 56 位用于加密过程。这是一个迭代的分组密码,使用称为 Feistel 的技术,其中将加密的文本块分成两半。使用子密钥对其中一半应用循环功能,然后将输出与另一半进行"异或"运算;接着交换这两半,这一过程会继续下去,但最后一个循环不交换。DES 使用 16 个循环。数据加密标准的加密算法是公开的,加密强度取决于密钥的保密程度,它有 256 个密钥供其使用。随着计算机系统能力的不断发展,DES 的安全性比它刚出现时弱得多,现在仅用于旧系统的鉴定,而更多地选择新的加密标准。

data flow 数据流 (1) 信息从原始站或应用程序到目的地所经过的路径或扩展路径的类型。也可简单地看作是信息-加工处理-打印-存储过程。(2) 在计算机系统中,根据程序(或指令)的要求顺序送到中央处理设备处理的信息集合。(3) 计算机网络中,在信道(或链路)上按某一个方向流动的信息集合(包括控制信息和数据信息等)。

data frame 数据帧 (1) 记录在磁带上的数据块。数据块的长度没有规定。当数据块结束时,不再传送数据,磁带便停止。(2) 通信网络中的一个作为传输单位的信息包。数据帧可以在网络的数据链路层的协议定义,从而只存在于网络节点的连线之间,数据在开始发送和结束接收之间的时刻被包装成帧。

data fusion 数据融合 为获取有关数据,而对来自多个数据源的数据所作的有目的交融的过程。数据融合是信息融合中最简单和最实用的一类方法,这种方法是基于估计理论的,特别是贝叶斯估计理论,并且主要针对的是同一类型数据信息。典型的应用就是目标跟踪中的航迹预测,把来自不同监测装置的数据进行融合,从而得到最好的估计结果。

datagram 数据报 (1) 在分组交换网络中,一种有限长的分组。它包括目的主机地址和源地址,在主机之间作完整的交换,数据报的最大长度一般为 1 000～8 000 b;(2) 在数据网中,一种自含的独立数据实体,可从数据源、数据终端设备携带足够的信息到数据宿,不依赖源于宿 DTE(数据终端设备)间以及网络预先有的交换。(3) 在 TCP/IP(传输控制协议/网际协议)中,信息在因特网环境中传输的基本单位,包含一个源和目标地址以及数据,一个 IP 数据报可由一个 IP 头部和传输层数据构成。

datagram congestion control protocol（DCCP）数据报拥塞控制协议 在计算机网络中,DCCP 是面向消息的传输层协议。DCCP 实现可靠的连接建立、拆卸、显式拥塞通知（ECN）、拥塞控制和功能协商。IETF 于 2006 年 3 月以 RFC 4340 文件发布了建议的 DCCP 标准。RFC 4336 提供了 DCCP 的介绍。DCCP 提供了一种获取拥塞控制机制访问权限的方法,而无需在应用层实现它们。它支持基于流的语义,如传输控制协议（TCP）中的语义,但不提供可靠的顺序传递。DCCP 中不提供流控制传输协议（SCTP）中的多个流内的顺序传送。DCCP 连接包含确认业务和数据流量。确认通知发送方其数据包是否已到达,以及它们是否标记为显式拥塞通知（ECN）。确认消息的传输与使用中的拥塞控制机制所要求的一样可靠,能完全可靠地传输。

datagram delivery confirmation 数据报传递确认 一种设施,它将一个呼叫信号发送到源数据终端设备,通知数据报已经被目的地数据设备接收。

data interchange format（DIF） 数据交换格式,DIF 格式 （1）一个标准格式,由 ASCII（美国信息交换标准代码）文本代码构成,其中数据库、电子表格和类似的文档可组织成行与列的顺序以便于被其他程序使用和传输。（2）在不同应用软件之间交换数据时要求的文件格式标准。可以使用的数据交换格式有 GIF（图形交换格式）、BMP（位图）、JPEG（联合图像专家小组）等格式。除此之外,每个图形处理软件往往还有自己独特的文件格式,无法直接用于数据交换。

data line terminal 数据线路终端 一种终端,它按同步方式传输并接收以块为单位的数据。一个数据块以块 SOB（启始字符）为前导,包括 EOB（结束字符）和块 B/P（奇偶校验）的数据字符。传输字符长 8 位,数据位 6 位,控制位 1 位,奇偶校验位 1 位。

data link 数据链路[通信线路] （1）数据链路包括传输物理媒体、协议、有关的设备、程序——它既是逻辑的,亦是物理的。（2）受控于一种链路协议的两个数据终端设备的有关部分和能将数据从数据源传到数据接收器的互连线路的组合。（3）在远程通信中,数据链路是将一个位置连接到另一个位置以便发送和接收数字信息的手段。它还可以指一组电子组件,包括发射器和接收器（两个数据终端设备）以及互连的数据通信电路。这些由链接协议控制,使数字数据能够从数据源传输到数据宿。

data link control（DLC） 数据链路控制 保证数据站间正常交换的通路控制,包括① 数据链路的建立和拆除,包括字符同步、站址（号）的确认、收发关系的确认等;② 信息的传输,即信息格式、顺序编号、接收认可、信息流量调节等;③ 传输差错的控制;④ 异常情况的处理,它分为同步数据链路控制和异步数据链路控制;⑤ 在 SNA（系统网络体系结构）中,一种管理物理数据线路的网络层。较高级的协议还可以完成下述功能:报文缓冲、代码转换、识别或报告终端或线路中的故障状态、与主机通信以及管理通信网络等。

data link layer（DLL） 数据链路层 （1）在开放系统环境中,提供建立、维护和释放网络数据站之间数据链路连接的功能、过程和协议的层次。它是有关维护数据链路、控制数据站层次结构中数据处理和控制逻辑的概念级。（2）国际标准化组织（ISO）关于开放系统互连七层参考模型的第二层。它用于提供网络各部件之间建立、维持和释放数据链路连接的一组功能和规程。常用的规程有HDLC(高级数据链路控制)、ADCCP(高级数据通信控制规程)、X.25 的 LAP(链路访问协议)或 LAPB(平衡链路访问协议)、BSC(二进制同步通信)、BMCP(基本型控制规程)和 DDCMP(数字数据通信报文协议)等。

data link layer services　数据链路层服务　OSI(开放系统互连)七层参考模型的第二层,即数据链路层为上面各层提供的服务。各种网络系统不同,所提供的服务会有所不同,但最主要的有三类:无确认无连接服务、有确认无连接服务和面向连接的服务。

data link provider interface (DLPI)　数据链路提供商接口　在 STREAMS 计算机网络体系结构中,数据链路提供商接口(DLPI)是网络设备驱动程序实现的接口。该接口抽象出硬件和网络协议的低级细节,并通过通信网络提供无差错的比特传送。它对应于七层 OSI(开放系统互连)模型的数据链路层。

data logging　数据登录(文件),数据日志　(1) 按照时间顺序生成的有关事件的数据记录。(2) 按时间顺序记录所发生的事件或数据的过程。数据登录的典型应用有生产过程的监视、环境监视和污染监视、产品的研究开发等。

data lost protect　数据丢失防护　无论是硬件防护,还是文档保护、I/O 保护、局域网保护都属于数据丢失防护的范畴。

data message switching system　数据报文交换系统　具备各种通信线路的接口功能,并可进行数据报文交换的系统。它可根据传送报文所携带的信息以及各类终端、线路速度、代码和协议的要求,对报文进行存储转发。数据报文处理系统还具备一定管理功能,如报文记录、控制和状态报告等。

data modem　数据调制解调器　一种调制解调设备,可以使计算机和终端通过电话线路进行通信。

data modem clocking　数据调制解调器时钟　控制信号由调制解调器而不是计算机或终端引出的一种同步时钟信号。

data multiplexer (DM)　数据多路复用器　一个数据多路复用器是一种能够合并和分解信号的设备。它把来自若干独立数据源的各信号组装成单一的复合信号到一个线路上进行传输。在接收端,信号被进行分离。

data over cable service interface specification (DOCSIS)　缆线[电缆,有线]服务[业务]接口数据规范,有线数据(传输)业务接口规范　是有线电视实验室(CableLabs)主导的协会制定的线缆调制解调器标准规范。该规范确定了线缆调制解调器和线缆调制解调器终端系统(CMTS)等设备的技术规范。1998年 4 月作为 ITU(国际电信联盟)的推荐标准(J.112),旨在利用 HFC(混合光纤同轴缆)系统支持有线电视网络和订户之间提供双向高速数据传输,包括电视数据传输和因特网访问等功能,同时还要传输电视娱乐节目。DOCSIS 定义了IP 设备至电缆线路设备的开放式接口,规定了位于用户楼宇的线缆调制解调器(CM)和位于运营商网络内的 CMTS 之间的物理层和介质访问控制(MAC)层协议。在 CM 和 CMTS 之间是有线电视网络,如 HFC 网。DOCSIS 还包括了安全和运营的规范。安全规范介绍了使用已证实的密码方法,在 CM 和 CMTS 间加密用户数据的方法。运营规范详细介绍了如何管理和维护网络。它包括线缆调制解调器到用户端设备(CPE)接口,线缆调制解调器终端系统网络侧接口(CMTB-NSI),运行支持系统接口(OSSI),线缆调制解调器至射频部分接口(CMRFI),线缆调制解调器终端系统下行射频接口（CMTS-DRFI），线缆调制解调器终端系统上行射频接口（CMTS-URFI），有线数据业务安全系统（DOCSS）等等。作为一种国际通信标准，允许向现有有线电视（CATV）系统附加高带宽数据传输。许多有线电视运营商用它来通过在他们现有的 HFC 基础设施上提供因特网接入业务（版本号有时只用简单的"D"代替"DOCSIS"作为前缀（例如，用 D3 表示 DOCSIS 3）。

data over voice (DOV)　话上数据　用于在双绞铜线上同时传输数据和声音的技术，主要与给定用户专用交换分机（PBX）共同使用，这是一种通过把不用的带宽分配给数据，从而把数据和声音在同一条线路上结合起来的频分复用（FDM）技术；通常在室内电话系统接线的双绞线缆中使用。

dataphone digital service with secondary channel (DDSSC)　带次级频道的数据电话数字业务　由 AT&T 和几个 Bell 运营公司提供的专线业务，它能传输带次级频道的提供端到端的监视、诊断和控制功能的 64 kbps 无干扰信道数据，也称 DDS Ⅱ。

data scrambler　数据扰码器　一个能够在数字传输系统中将一个输入的数字信号转化为一个伪随机序列，从而消除长的标记、空白或其他重复模式的设备，其作用是提高传输可靠性和安全性。

data service unit (DSU)　数据服务[业务]单元　用于连接用户计算设备与公共网络的设备，DSU 位于用户装置上，与数据终端设备直接接口。DSU 提供回路平衡、远程和本地测试能力和一个标准 EIA/CCITT（电子工业协会/国际电报电话咨询委员会）接口。

data set adapter　数传机适配器　计算机和调制解调器之间的接口设备，它把来自计算机的字节分解为供串行传输的二进制位，而对接收的信号进行相反的处理。

data set clocking　数传机时钟[定时]　为调整数据传输比特率（速率）而由数传机提供的时基振荡器。

data set ID　数据集标识符　通信系统中，当数据集被主系统定义时，分配给该相关数据集或索引数据集的一种编号。此编号随后在程序中用来识别该数据集。

data signal　数据信号　这是信息联机线路或波段上传输的一种形式。它包括实际信息（如报文）和别的信息（如控制字符、错误检测码）。随着信息传输方式不同，数据信号可以在不同的媒体中传输，例如电线、光缆、微波和无线信道等。

data signaling rate (DSR)　数据信令速率，数据信号传输率　(1) 数据传输系统中传输路径上每秒传送的二进制位（比特）的总数。(2) 在数据通信中，一组并行信道的数据传输能力。其数字信号传输速率用每秒传送的二进制位数表示。

data signaling rate transparency　数据信号速率的透明性　一种网络参量，它允许在一定范围内，不需要对使用的数据信号速率作任何限制便能够在用户之间传输数据。

data slicer　数据限幅器[分割器]　在发送数据信号的恢复中，是把输入信号电压与预定电平进行比较的电路。如果输入信号高于阈值，则会为其分配两个逻辑电平之一。如果低于阈值，则分配另外一个逻辑电平。集群无线解码器的许多应用都要求 2 电平 FSK（频移键控）接口或 4 电平 FSK 接口，否则称为数据限幅器。用户必须建立此接口或购买。这些接口不会为检测装置提供计算机控制，而是与检测装置的输出接口，以便计算机和应用程序可以解码数字信号。这些接口连接到检测装置上的鉴别器输出(并且只有鉴别器输出)。这通常是检测装置内部的连接。

data stream (DS)　数据流　(1)在一次读或写操作中,通过数据通道传输的全部数据。(2)正在传输或计划传输的连续数据元素流,数据以字符形式或二进制数字形式或使用已定义的格式进行传输。(3)提供处理机执行操作的数据序列。只提供一个数据序列供一个或多个处理机使用的数据流称单数据流,提供多个数据序列供单个或多个处理机使用的数据流称多数据流。

data switching exchange (DSE)　数据交换(机,局)　一种用于交换电信网络中的共享干线的本地交换机,可提供交换[转接]功能,像线路交换、报文交换、包交换。

data terminal (DTM)　数据终端　一种设备。它一般由计算机输入输出设备和数据通信设备组成,通常还包括微型计算机。它具有向主计算机输入数据及接收主计算机输出数据的能力,有与数据通信线路连接的通信控制能力,也具备一定的数据处理能力。

data terminal equipment (DTE)　数据终端设备　数据终端设备(DTE)是一种将用户信息转换为信号或重新转换接收信号的终端装置。也可以称其为尾电路。DTE与数据电路终端设备(DCE)通信。(1)数据通信系统中,安装在远离计算机而靠近用户一侧的输入、输出设备和传输控制器的总称。(2)在数据站中,可以作为数据源、数据宿或者两者兼备,并按照某一链路协议来完成数据传送控制的功能单元。

data transfer rate (DTR)　数据传输[传送]速率　在通信中,DTR是数据传输系统中单位时间内通过通信链路的平均比特数(比特率)、字符或符号(波特率)或数据块。常用的数据速率单位是每秒比特数(bps)和每秒字节数(Bps)的倍数。例如,现代住宅高速因特网连接的数据速率通常以兆比特每秒(Mbps)甚至吉比特每秒(Gbps)表示。

data transfer time　数据传送时间　是一段时间,它指从发送数据终端设备(DTE)将一个用户数据单元,譬如一个字符、字、块或消息放到网络上准备传送的瞬间开始到接收数据终端设备(DTE)接收到该完整的数据为止的这段时间。

data transformation　数据转换　从一个源数据格式转换为目的数据格式。数据转换包括改变数据的类型和长度。

data transformation services (DTS)　数据转换服务　是一组对象和实用程序,用于从数据库中自动提取、转换和加载操作。对象是DTS包及其组件,实用程序称为DTS工具。DTS包含在早期版本的微软SQL Server中,并且几乎总是与SQL Server数据库一起使用,尽管它可以与其他数据库一起使用。

data transmission (DTR)　数据传输　在数据通信或数字通信中,遵照适当的规程,经过一条或几条数据链路在数据源和数据接收器之间传送数据的过程。它涉及与该过程有关的设备、线路的全体,也涉及传输数据的编码、译码、校验等,还涉及数据通信设备。

data transmission speed　数据传输速度　在通信线路上,每秒传送的信号码元数,用波特表示。

data transmission system (DTS)　数据传输系统　将信息从一个地点或位置传送或转移到另一个地点或位置的一系列电路、调制解调器或其他设备。

data under voice (DUV)　话下数据(传输),亚音频(传送)数据　模拟无线电系统的基带中,在频分复用信号所占频带之下传输数据的数据传输方法。将数据信号加载在电缆或无线电系统的声音信号频谱之下部。

data upload 数据上传 把一本地磁盘文件传送给一个远程主系统的过程。在商用通信和个人通信环境中，都需要使用这种上传能力，把包括备忘录、报告数据或软件在内的文件传送给远程的计算机系统。

data user part (DUP) 数据用户部分 国际电报电话咨询委员会(CCITT)七号信令系统(SS7)中，用于数据交换和传输的第四层协议。

data validity 数据有效性 一种数据可接受性的量度。具体是通过各种关系或检验、核实数据是否符合要求，证实数据的可靠性、正确性、有效性或可接受程度。

data width 数据宽度 I/O 设备取得 I/O 总线的使用权后所传送数据的宽度。采用何种数据宽度与总线上各设备的工作特点、所采用的总线控制方式和通信技术有关。宽度的种类有单字、定长块、可变长块、单字加定长块和单字加可变长块等。

date time group (DTG) 日期时间组 (1) 在美国军事通信中，信息准备好进行传输的日期、时间、月份和年。日期时间组一般根据当地指挥部的决定被分配给通信军官或命令发出者。(2) 信息装填的准确时间，由 6 位数字及一个字母后缀组合式表示。首两字为日期，次两字为时数，末两位表示分，后缀字母表示时区。如 231525ZJUN81,表示的日期组为(231525),即 1981 年 6 月 23 日下午 3 时 25 分,格林威治时间。

Datel 数据远程通信 data telecommunication 的缩写。由数据和远程通信两个词合并而成，用来定义商业和工业用的邮电数据传送设施。这些设施可使用户通过专门租用的通信线或公共交换电话网络发送和/或接收数据。

day modulation 天调(制) 一种以正交

方式传输两路用不同的信号调制的载波以加倍利用无线信道的方法。

DA 15 15 针 D 型连接器 一种用在 T1 多路复用设备中替代 WECO310 或 Bantam 连接器的 15 针 D 型连接器。

DB connector 数据总线连接器 用于设置串行及并行输入、输出的任一类连接器。在 DB 后的数字表示连接器内的线数。常见的数据总线连接器有 DB-9、DB-15、DB-19、DB-25、DB-37 及 DB-50。

dBm/dB_mW 分贝-毫瓦 是用于表示功率比以分贝(dB)表示的电平单位，按照 1 毫瓦(mW)。它用于无线电、微波和光纤通信网络，作为绝对功率的便捷测量，因为与参照 1 瓦(1 000 mW)的 dBW 相比，它能够以简短的形式表示非常大和非常小的值。

dB meter 分贝计,电平表 一种具有标准刻度的仪表，可在规定的参照电平下直接读出分贝值,通常取 1 毫瓦(mW)为零分贝(0 dB)。分贝计通常用来指示广播站(台)的音频放大电路,有线广播以及接收机输出电路的音量电平。

dBmp 按噪声加权的高于 1 mW 的分贝数 decibels above milliwatt psophometrically weighted 的缩写。

dBmV (1) **分贝毫伏** dB-millivolt 的缩写。75 欧姆阻抗的电缆系统上信号 mV 能量对应的 dB 数，0 dBmV = −48.75 dBm。若以 1 mV 作为基准电压，则电压为 U 时对应的电平为 20 lg(U/1 mV),单位记为 dBmV(分贝毫伏)。(2) 1 毫伏为参考电平的分贝数 decibel relative to 1 millivolt 的缩写。(3) 相对于 75 欧姆系统中的 1 毫伏的分贝数 decibels with respect to one millivolt in a 75-ohm system 的缩写。

dBm(W) 1 mW 为参考电平的分贝数 decibel relative to 1 milliwatt 的缩写。

dBm 0　0 参考点上的分贝毫瓦　用于表示在零传输电平点(0TLP)用 dBm 表示的信号幅度的缩略语。传输电平点(TLP)是在任一特定点的信号能量与同一信号在参照点的能量的比(以分贝为单位)：TLP(dB) + 0TLP 点的能量 = 在 TLP 点测得的能量(dBm)。

dBV　(1) 1 伏为参考电平的分贝数 decibel relative to 1 volt 的缩写。(2) 高于 1 V 的分贝数 decibels above 1 volt 的缩写。

dBW　(1) 分贝瓦，基于瓦(W)的分贝数 decibel based on one watt 的缩写。(2) 高于 1 W 的分贝数 decibels above 1 watt 的缩写。

dBx　高于参考耦合的分贝数　decibels above reference coupling 的缩写。

dbx　dbx(技术，系统)　一种噪声消除系统　用于消除节目中不需要的声音，但依然保留节目完整的声音范围。通过在录音前压缩节目，回放时解压，该技术可以恢复原始的动态范围。与杜比(Dolby)技术、CX 技术等类似，dbx 技术使用了一种线性压缩与解压缩系统，覆盖了整个频率范围，在整个中频范围提高约 30 dB 的信噪比，噪音消除 40 dB 以上。

DCF interframe space (DIFS)　DCF[分布式协调功能]帧间间隔[空间]　IEEE 802.11 标准系列描述了 DCF 协议，该协议控制对物理介质的访问。在发送之前，站必须检测无线介质的状态。如果它发现介质对于 DCF 帧间间隔(DIFS)持续时间持续空闲，则允许其发送帧。如果在 DIFS 间隔期间发现信道忙，则该站应推迟其传输。

D channel　数据[增量]通道，D 信道　是 data channel 或 delta channel 的缩写。这是传输控制和信令信息的 ISDN(综合业务数字网)信道的通信术语。基本速率接口的 D 信道的比特率为 16 kps，而在主速率接口上达到 64 kbps。对于 DSS1(1 号数字用户信令系统)，D 信道的第 2 层协议是 Q.921 也称为 LAPD(链路访问规程 D 信道)，它根据 Q.931 协议承载第 3 层消息。

DC reinsertion (DCR)　直流(分量)恢复　(1) 在不带直流分量的信号或者受到某种非所需直流分量影响的信号中，重新加入直流分量以构成完整的图像信号或视频信号的过程。(2) 在模拟电视传输中，通过强制同步脉冲顶部或后肩达到期望的电压来恢复图像中真实的黑电平的过程，也称为箝位。

DD-WRT　DD-无线路由器　是基于 Linux 的固件，适用于无线路由器和接入点。它最初是为 Linksys 公司 WRT54G 系列设计的，现在可以在各种型号上运行。DD-WRT 是少数第三方固件项目之一，旨在采用提供附加功能的自定义固件取代制造商的原始固件。名称中的字母"DD"是开发团队居住的德累斯顿(Dresden)车辆的德国车牌字母；WRT 来自"Wireless RouTer"的通用缩写。

dead roll　死卷　一种电视播放控制技术，在计划时间启动录制好的节目，但不播出。当之前播出的节目，特别是现场比赛或新闻事件直播结束时，该节目卷入当前播放点播出并公告。

dead space　静区，无信号区　接收效果不好或根本接收不到电台或电视发射机所发出信号的地区。

dead spot (DS)　盲点，静区，无信号区　在无线通信中，它表示一个信号很弱或者没有无线网络的覆盖区域。也称为 dead space，black space。

decametric wave　10 米波　波长范围处于 10 m 和 100 m 之间，对应于 3 ~ 30 MHz高频(HF)范围的无线电波。

decay　衰减　(1) 物理量，如电流、磁通、存储电荷或荧光量值随时间逐渐减小。

(2) 信号的幅度随时间逐渐变小。
(3) 在音乐合成器中,控制降低混响音量的一个参数。

decay time 衰减[下降]时间　电压脉冲或电流脉冲下降到其最大值的10%时所需的时间。该时间与电路的时间常数成正比。

decentralized multipoint conference 分散多点(电视)会议　H.323 多媒体通信中定义的会议方式,与会终端以多目标广播的方式向所有其他与会终端广播声音和视频图像。

decentralized network 分散式网络　将计算(或控制)功能分布在网络上的多个节点上的一种分布式计算机网络结构。

decibel (dB) 分贝　为测量信号参数(例如电流、电压和功能)相对强度而规定的单位。它的值相当于两个信号能量的比率的常用对数的 10 倍或两个信号振幅(电压或电流)的比率的常用对数的 20 倍。1 分贝等于 1 贝尔(bel)的 1/10。例如,低声说话时的声音强度大约为 20 dB,正常说话时的声音强度大约为 60 dB,噪声较大的工厂的噪声强度大约为 90 dB,雷声的强度大约为 110 dB。120 dB是人耳朵的痛阈强度。

decibel based on one milliwatt (dBm) 分贝毫瓦;基于毫瓦(mW)的分贝数　dBm 是对信号能量的绝对测量,0 dBm 等于 1 毫瓦。在电话业务中,dBm 基于 600 欧姆阻抗和 1 000 Hz 频率,0 dBm 是 600 欧姆阻抗下 1 000 Hz 的 1 毫瓦。

decibel based on one watt (dBW) 分贝瓦,基于瓦(W)的分贝数　若以 1 W 为基准功率,功率为 P 时,对应的电平为 10 lg(P/1 W),单位记为 dBW(分贝瓦)。

decibel meter 分贝测量仪,分贝计　一种以分贝为单位、直接测量高于或低于任意参考电平的信号功率电平的仪器。也称为"dB 测量仪"。

decibel milliwatt (dBm) 分贝毫瓦

decibels above milliwatt psophometrically weighted (dBmp) 按噪声加权的高于 1 mW 的分贝数　用标准国际噪声计加权曲线规定所测量的电话信道噪声电平的单位。它比用有平坦频率响应的测量装置进行测量更加精确地给出线路噪声的真实干扰效应。每个干扰音的功率都与在试听期间建立相同干扰的 800 Hz 音调的功率作比较。

decibels above one watt (dBw) 高于 1 W 的分贝数　同 decibels above 1 watt (dBW)。

decibels above reference coupling (dBx) 高于参考耦合的分贝数　以相对于耦合参考值表示的两个电路之间耦合的测度。当在一个电路上加入 90 dBa(已调分贝)的测试音时,耦合参考值便在规定的噪声测量装置上给出规定的读数。

decibels above reference noise (dBrn) 高于参考噪声的分贝数　表明噪声频率(或噪声频带)的干扰效应与常称为参考噪声的固定噪声功率量之间的关系的一种单位。最初选择具有 -90 dBm 功率电平的 1 kHz 音调作为参考噪声功率。后来将这个参考电平改变到 -85 dBm。新单位称为已调分贝数(dBa)。

decibels above 1 femtowatt (dBf) 高于 1 fW的分贝数　等于以 W 表示的给定功率与 1 fW (10^{-15} W)之比的常用对数 10 倍的功率电平。

decibels above 1 kilowatt (dBk) 高于 1 kW 的分贝数　等于以 W 表示的给定功率与 1 kW 之比的常用对数 10 倍的功率电平。

decibels above 1 milliwatt (dBm) 高于 1 mW 的分贝数　等于以 W 表示的给定功率与 0.001 W 之比的常用对数 10 倍的功率电平。

decibels above 1 picowatt (dBp) 高于 1 pW

的分贝数 等于以 W 表示的给定功率与 1 pW (10^{-12}W)之比的常用对数 10 倍的功率电平。

decibels above 1 volt (dBV) 高于 1 V 的分贝数 等于以 V 表示的给定电压与 1 V 之比的常用对数 10 倍的功率电平。

decibels above 1 watt (dBW) 高于 1 W 的分贝数 等于以 W 表示的给定功率与 1 W 之比的常用对数 10 倍的功率电平。

decibels adjusted (dBa) 已调分贝数 表明噪声频率（噪声频带）的干扰效应与−85 dBm 参考噪声功率电平之间的关系的一种单位。这个单位代替了建立在−90 dBm 参考噪声电平基础上的 dBrn。该单位对低音给出较小加权，因而与人的声音效果更接近一致。

decimation 抽取 视频波形数字化时用于减少数据量的信号采样或子采样的方法。例如，当一个模拟电视信号波形数字化后产生 100 个像素，但只是隔一个才存储或使用一个，则视频波形抽取因子为 2∶1。这种情况下图像是其原始规模的 1/4，因为丢失 3/4 的数据。抽取是一种快速方便的对图像尺寸调整的方法，实际上一些廉价系统就是使用该方法把视频缩小到显示窗口中的。

decimetric wave 分米波 波长范围处于 10 cm 和 100 cm 之间、对应于 300～3 000 MHz 超高频（UHF）范围的无线电波。

decimillimetric wave 亚毫米波，分毫米波 波长范围处于 0.1～1 mm 之间、对应于 300～3 000 GHz 超高频（UHF）范围的无线电波。

decision feedback 判决反馈 一种消除系统信号干扰的机制。在这种机制作用下，系统输出信号被反馈到输入端，以抵消干扰对信号的影响。

decision feedback equalization (DFE) 判决反馈均衡 减少传输系统中传输误差的一种均衡技术。DFE 采用判决反馈机制，监测判决限幅器的输出，提取出与限幅器判决相关的噪声，并反馈到限幅器的输入端，以消除噪声对后向抽头信号的影响。采用 DFE 技术，可以减小系统的码间串扰，提高传输质量。

decision feedback system (DFS) 判定［决策］反馈系统 在数据传输的接收端，一定方式检查被传送的数据中是否有错误，并将检查结果通知发送端，令其进行修正的一种传送方式。

decision instant 判定瞬间 在接收数字信号时，通过接收设备做出判定接收到的数字信号的可能值的瞬间。判定瞬间的一个例子是判断该有效状态是代表 0 或 1 的瞬间。判定瞬间发生在信号跳变期间。

decollimation 不准直（偏焦） (1) 在光波导中，由于内部或端面的影响而产生的光的发散现象。不准直影响因素包括弯曲和表面不规则、折射率的不规则变化以及其他瑕疵等，这些都有可能造成色散、折射、反射、散射。(2) 是使具有最小可能光线发散的光束从平行度发散或收敛的任何机制或过程。出于系统原因，可能会出现逐渐变色，或者可能由许多因素引起，例如折射率不均匀性、遮挡、散射、偏转、衍射、反射和折射。必须考虑不准直以充分处理许多系统，例如无线电、雷达、声纳和光通信。

decouple 去耦 (1) 减少或消除两电路之间的耦合。去耦阻止从一电路交换或反馈能量到另一电路。(2) 将原先耦合的子系统分离开，以便使它们能单独地存在。当系统去耦后，它们仍应能保持互相联系并需进行高度的协调，以避免在整体上降低事务的运行效果。这些考虑适用于计算机化的系统以及一般系统的设计。

decoupling network 去耦网络 位于电源

引线或为两个或多个电路所共有的其他引线中的电阻器、线圈和电容器的任何组合,以防止不希望的级间耦合。

DeCSS　CSS 破解软件　是第一个免费的能够解密播放商业化生产的 DVD 视频光碟内容的计算机程序。DeCSS 发布之前,基于 Linux 的计算机系统无法播放视频 DVD。DeCSS 开发没有从 DVD 复制控制协会(CCA)获得的许可,CCA 是负责 DVD 拷贝保护组织,内容扰乱系统(CSS)由商业 DVD 出版商所使用。DeCSS 的发布导致了一个 DeCSS 的作者在挪威刑事审判,随后无罪释放。为了阻止软件分布,DVD CCA 在美国提起许多的诉讼。但是,随后世界各地的程序员创建了数百个相当于 DeCSS 的程序,有的开发者仅仅是为了证明该系统可以轻易地绕过 CSS 限制,就能支持其他添加 DVD 开源电影播放器。

DECT protocol　数字增强型无绳通信协议,DECT 协议　DECT 是 digital enhanced cordless telecommunications 的缩写。在数字增强型无绳通信(DECT)中使用的协议。其中物理层完成调制、解调、同步等功能;介质访问控制层进行选择无线信道、建立和释放链路、复用和解复用等工作;数据链路控制层为网络层提供可靠的数据链路,它有两个操作平面:C 平面和 U 平面。网络层是信令层。

DECT ultra low energy (DECT ULE)　数字增强型无绳通信超低能量,DECT 超低能量　是设计用于智能家居的无线传感器和执行器网络的无线通信标准。DECT ULE 起源于 DECT(数字增强型无绳通信)和 NG-DECT(Cat-iq)技术。DECT ULE 设备用于家庭自动化、家庭安保和温湿度环境控制。2013 年 5 月,欧洲通信标准协会(ETSI)发布了 ULE 标准的规范(技术规范 TS 102 939-01)。ULE 技术由位于瑞士伯尔尼的非营利组织 ULE 联盟推广。

dedicated access　专用访问　网络连接的一种方式,它允许一个大型计算机或局域网使用唯一的 IP(网际协议)地址访问某特定网络或网络提供的服务。

dedicated channel (DCH)　专用通道[信道]　(1)一种非交换的通道。(2)在某些虚拟存储操作系统中,连接到虚机并供其单独使用的一条通道。这样,虚机的控制程序可以避免虚拟设备的地址转换过程。(3)为特殊的应用或个别用户而保留或安排的通信信道。(4)移动通信系统中,专用信道包括:业务信道、独立专用控制信道、随路专用控制信道。

dedicated channel or circuit　专用信道或电路　用户从公用电信公司租用的端到端专用信道,使用中不会被切换中断,一直保持信道的连接状态直到用户申请拆除为止。

dedicated control channel (DCCH)　专用控制信道　(1)用于专用控制信令的逻辑信道。是一种"点对点"的双向控制信道,其用途是在呼叫接续阶段和在通信进行当中,传输必需的控制信息。(2)移动通信系统中,专用控制信道是基站与移动台间的点对点的双向信道。包括:① 独立专用控制信道(SDCCH),用于传送基站和移动台间的指令与信道指配信息,如鉴权、登记信令消息等。此信道在呼叫建立期间支持双向数据传输,支持短消息业务信息的传送。② 随路信道(ACCH),它与独立专用控制信道(SDCCH)或者业务信道(TCH)共用一个物理信道传送信令消息。

dedicated packet data group (DPG)　专用分组数据群　是混合环控制(HRC)轮转环的组成部分,是专门用于传输分组数据的信道,长度为 12 字节。DPG 提供了一个带外信令信道。信令是在网络中不同部件之间传递和交换的信息,使网络作

D

为一个整体而正常运行,有效地保证完成网络中任何两个用户之间的通信。这里的信令通路可作为电路交换的呼叫控制之用。由于 HRC 轮转环主站每秒产生 8 000 个轮转环,所以 DPG 的数据传输率为 $8 \times 12 \times 8\,000 = 768$ kbps。DPG 由 HRC 的 P-MAC(分组交换 MAC)进行分配。

dedicated physical channel (DPCH/DPHCH) 专用物理信道 移动通信系统中实际的信息承载信道。专用物理信道分为:专用物理数据信道(DPDCH)和专用物理控制信道(DPCCH)。DPDCH 承载第二层产生的专用数据,DPCCH 传送第一层产生的控制信息。

dedicated physical control channel (DPCCH) 专用物理控制信道 是来自 UMTS(通用移动通信系统)的术语。这是在 UE(用户设备)到节点 B(基站收发信台)的上行链路上以及在节点 B 到 UE 的下行链路上发送信令的物理信道。

dedicated physical data channel (DPDCH) 专用物理数据信道 是来自 UMTS(通用移动通信系统)的术语。这是无线电接口(Uu)上的物理信道,其中有效载荷(例如,IP 数据、语音)以及更高层信令(无线资源控制 RRC 和非接入层 NAS 信令)在上行链路上由 UE(用户设备)发送到节点 B(基站收发信台),并在下行链路上由节点 B 发送到 UE。通过无线链路,可以存在多个 DPDCH。这种扩展因子在 256 到 4 之间变化,因此每个无线帧的比特数变化分别从 150 比特到 9 600 比特。分配给 DPDCH 的上行链路扰码用于识别节点 B 接收器处的连接。3GPP TS 25.213 规定如果配置多于一个 DPDCH,则所有 DPDCH 必须使用 4 的扩展因子,并且可以配置最多 6 个 DPDCH。

de-emphasis network (DEN) 去加重网络 插入系统中,以将预加重信号恢复到它们的原始形式的 RC 滤波器。

deep space 深空,外层空间 离地球的距离等于或大于地球与月球间距离的空间。通常指距地球表面等于或大于 2×10^6 km 的宇宙空间。

deep space communication 深空通信 地球站与地球卫星轨道外进入太阳系的宇宙飞船之间的通信。如宇宙飞船飞往月球或其他星球时和地球站之间的通信,它包含有遥控、遥测指令与图像信号。由于通信距离可达几十亿公里,接收到的信号十分微弱,因此,地球站需采用直径几十米的高增益天线、致冷量子放大器及从高噪声背景中提取信号的各种技术。

deep space optical communications (DSOC) 深空光通信 是一种开发中的激光空间通信系统,旨在通过当前的射频技术提高通信性能 10 到 100 倍,而不会增加质量、体积或功率。DSOC 将能够提供从地月空间以外的高带宽下行链路。该项目由位于加利福尼亚州帕萨迪纳的美国宇航局喷气推进实验室(JPL)领导。

deep web 深网,深层[深度]web 深网、隐形 web,或隐藏 web 都是万维网的一部分,其内容不会出于任何原因被标准网络搜索引擎索引。与深网相反的术语是表面网(surface web),是任何使用互联网的人都可以访问。计算机科学家迈克尔·K. 伯格曼(Michael K. Bergman)在 2001 年将"deep web"这个术语作为搜索索引术语。深网的内容隐藏在 HTTP 形式背后,并包括许多非常常见的用途,例如网络邮件、网上银行和用户必须支付的服务,以及受付费墙保护的服务,例如视频点播、一些在线杂志和报纸等。可以通过直接 URL(统一资源定位器)或 IP 地址定位和访问深网的内容,并且可

能需要通过公共网站页面的密码或其他
安全访问。

default-free zone (DFZ) **无默认[缺省]区
域,默认自由区域** 在因特网路由的环
境中,无默认区域(DFZ)指的是不需要
默认路由就可以将数据包路由到任何目
的地的所有互联网自治系统(AS)的集
合。从概念上讲,DFZ路由器有一个"完
整的"边界网关协议(BGP)表,有时也称
为因特网路由表、全局路由表或全局
BGP表。然而,因特网路由快速变化以
及路由过滤的广泛使用确保了没有路由
器具有所有路由的完整视图。即使可以
实现稳定的视图,从不同路由器的角度
来看,创建的任何路由表都会有所不同。

default gateway **默认网关** 在 TCP/
IP(传输控制协议/网际协议)协议中,本
地网络中知道因特网上其他网络的网络
地址的中间网络设备,以便它可以将数
据包转发到其他网关直到将其传送到与
指定目标相连的网络为止。

default route **默认路由[路径]** 路由表
中的通配项。如表中并未显式给出到目
的地的路径,则路由软件按默认路由
处理。

default SSCP list **默认 SSCP 表** 在
VTAM(虚拟远程通信访问法)等网络中
的一系列系统服务控制点(SSCP),可在
没有指定的跨领域资源(CDRSC)或者没
有提供名字转换函数时使用,指定一个
逻辑单元拥有的跨领域资源管理器
(CDRM),这个表是 VTAM 定义库中一
个相邻的 SSCP 表的一部分。

default SSCP selection **默认 SSCP 选择**
一个虚拟远程通信访问法(VTAM)函
数,选择一系列系统服务控制点(SSCP),
在没有预定义的跨领域资源(CDRSC)时
或者没有提供名字转换函数会话请求
可送到这个控制点。

defect event **故障[过失]事件** 在 ITU-

T(国际电信联盟 - 电信标准化部)的
M.550 数字电路检测的建议中定义的,
网络运行中出现的诸如信号丢失、帧同
步丢失等差错。

**Defense Advanced Research Projects Agency
(DARPA)** **国防高级研究计划署** 美国
国防部的负责建立大型 TCP/IP(传输控
制协议/网际协议)计算机网络 ARPAnet
的机构。

**Defense Advanced Research Projects Agency
network (DARPANET)** **国防部高级研
究计划署网络(美国)** 也称作 DARPA
Internet。

Defense Communications Agency (DCA) **国
防通信署** 美国国防部的一个署。该署
曾经负责诸如 ARPANET 和 MILIINET
等数据网路的线路和报文分组交换节点
的安装。1991 年后改名为国防信息系
统局。

defense data network (DDN) **国防数据网**
泛指美国防卫领域内建造的各种数据
网,通常采用 TCP/IP(传输控制协议/网
际协议)连接,如 ARPAnet(阿帕网)、
MILNET(军事网)等,就狭义而言,特指
MILNET 网及其所连接的军用装备
系统。

**defense data network network information
center (DDN-NIC)** **国防数据网网络信息
中心** 位于弗吉尼亚州 Chantilly 的国防
数据网(DDN)安装和集成支持(DIIS)项
目办公室。它通过电话、电子邮件和美
国邮政向 DDN 用户提供一般参考服务。
它是第一个负责分配 TCP/IP 地址和自
治系统号码的组织。

Defense Information System Agency (DISA)
国防信息系统局 1991 年前称为国防通
信局(DCA),是美国国防部(DoD)由军
队、联邦平民和承包商组成的作战支援
机构。DISA 向总统、副总统、国防部长、
军事部门、作战司令部以及任何有助于

D

美国防务的个人或系统提供信息技术(IT)和通信支持。负责管理因特网中的 DDN(国防数据网)部分,包括 MILNET(军事网)。根据该机构网站上的使命声明,DISA"提供、运行和确保指挥和控制,信息共享能力以及全球可访问的企业信息基础设施,直接支持联合作战人员、国家级领导人以及其他特派团和跨越整个行动范围的联盟伙伴。DISA 的愿景是"国防中的信息优势"。

defense information system network(DISN) 国防信息系统网络 已成为美国国防部 40 年来提供数据、视频和语音服务的企业网络。DISN 是一个受世界范围保护的电信网络。DISN 端到端基础设施由三个主要部分组成:① 支撑基础(即基站、天线杆、营地或通信站,以及业务单位网络)。指挥、控制、通信、计算机和情报(C4I)基础设施与长途网络连接,以支持部署的作战人员。支撑基础部分主要由各个服务部门负责。② 长途传输基础设施,包括固定环境与部署的联合特遣部队(JTF)和/或联盟特遣部队(CTF)作战人员之间的通信系统和服务。长途电信基础设施部分主要由 DISA(国防信息系统局)负责。③ 部署的作战人员、移动用户以及相关的战斗指挥官的电信基础设施,支持联合特遣部队(JTF)和/或联盟特遣部队(CTF)。部署的作战人员和相关的作战指挥官电信基础设施主要由各个服务部门负责。

deficit round robin(DRR) 差额循环调度(算法) 简单的循环调度服务规律的扩展。将 DRR 记录从给定队列中已经发送了多少报文分组数,与应该发送多少报文分组数进行比较,再把差值作为一个"差额"。每个给定队列利用该"差额"来修改队列的服务间隔。这样,每一队列就可以获得长期稳定的服务速率。

Deflate Deflate 压缩算法 在计算处理中,Deflate 是一种无损数据压缩算法和相关文件格式,它使用 LZ77 算法和霍夫曼编码的组合。它最初由 Phil Katz 定义为他的 PKZIP 归档工具的第 2 版。该文件格式后来在 RFC 1951 中指定。

deflection amplifier 偏转放大器 场或行时基电路的输出级。

defocus 散焦[虚焦] 使 X 射线束、电子束、光束或其他辐射束在预定的观察面或工作面上偏离精确聚焦。

deg. 度 degree 的简写。通常用于表示温度或角度,如 *deg. C*(℃)表示摄氏温度,*deg. F*(℉)表示华氏温度,*deg. K*(°K)表示开氏温度。

degenerative feedback 负反馈 将输出信号的一部分引入到输入信号以降低输出信号的失真的一种技术,引入的这部分输出信号对输入信号起抵消作用。随着输出信号的增加,从输入信号中扣除的部分亦会增加。

deglitcher 去毛刺电路 用来限制数字转换器中瞬变过渡现象持续时间的非线性滤波器或其他专用电路。

degradation 降级,退化,(图像)降质[劣化] (1)系统降低性能继续进行操作的一种特殊状态。这种情况往往是系统中某一个设备或某一个子系统部分不能正常使用而引起的系统性能降低。(2)通信系统中由于某种原因致使一个或多个运行指标下降超过了预先的门限值,从而导致了服务质量的下降。这种服务质量的下降称为降级。例如,由于通信线路受到干扰,引起信号误码率过高通信质量下降的现象。(3)电视系统传输图像过程造成的图像质量降低,这种过程或者是从原来景物直接重现为图像,或者是将直接重现的图像多次传输或复制。

degradation mean opinion score(DMOS) 降级主观平均评分法 用于评估声音质

量好坏的 ITU-T(国际电信联盟-电信标准化部门)P.800 主观评判方法,分为优、良、中、差、劣五级。在这种评估中,听音员通过听来比较两种语音信号,一种作为参考信号,另一种是参考信号通过被测装置之后的信号,然后进行比较评分。

deinterlace   去隔行,去交错,逐行(扫描) (1) 把隔行扫描的两场合成一帧以提高视像质量。(2) 一种从隔行扫描向逐行扫描转换的技术。

deinterlacing   去隔行(扫描) 是将隔行扫描视频,如普通模拟电视信号或 1080i 格式 HDTV(高清电视)信号,转换为非隔行扫描格式的过程。隔行扫描的视频帧由两个按顺序拍摄的子场组成,每个子场依次扫描图像传感器的奇数行,然后偶数行。模拟电视采用了这种技术,因为它支持较小的传输带宽,并进一步消除了使用逐行扫描类似的帧速率时引起的闪烁。由于其完整的模拟性质,基于 CRT(阴极射线管)的显示器能够正确显示隔行视频。

delay circuit (DC)   延迟电路 一种电路,当信号通过它时会产生延迟。

delay equalization   时延均衡 (1) 在信号处理中,延迟均衡对应于通过调整不同频率的相对相位来实现恒定的群延迟,使用通过添加与未补偿滤波器串联的全通滤波器。聪明的机器学习技术现正应用于这种滤波器的设计。(2) 数字音频或视频的实时传输中,接收端系统所采用的技术,其目的是克服网络传输时延抖动。该技术包括:在开始播放接收数据流之前,将信息帧存储在输入缓冲区中并等待一定量的时间,使得相同距离的传输时间也相同。

delay lock/locked loop (DLL)   延迟锁相环〔锁定环路〕 是 CDMA(码分多址)系统中,恢复 PN(伪噪声)码同步信号的常用方法。

delay modulation (DM)   延迟调制 无线应用中经常使用的信号调制形式,通过在信号单元中引入不同形式的延迟获得,能在不归零制和二相制之间提供折衷波形,它提供的低频能量小于不归零制,高频能量小于二相制的频谱。延迟调制的一个例子是将二进制数据按下述情况进行编码:不论原来是高电平还是低电平,通过在该位中间有电平跳变来表示二进制 1(传号);二进制 0(空号)用没有跳变来表示,除非有两个或多个连续的 0,此时在 0 的端部发生电平跳变;当二进制 0 后跟二进制 1 或二进制 1 后跟二进制 0 时在二进位的端部没有跳变。

delay spread   时延扩展 (1) 在通信中,延迟扩展是通信信道的多径丰富度的度量。通常,可以解释为最早的重要多径分量(通常是视距分量)的到达时间与最新多径分量的到达时间之间的差异。延迟扩展主要用于无线信道的特征,但也适用于任何其他多径信道(例如光纤中的多径)。(2) 不同时延的信号分量具有的平均功率所构成的谱称为时延谱,时延谱的一阶矩为平均时延,时延谱的均方根值就是时延扩展。

delay time   延迟时间 (1) 在通信系统中,衡量通信性能、效率高低的一个很重要的参数。由于通信线路、通信设备或各种传输控制的特点,使得传输的信息在传输途中发生延迟的时间。(2) 在一个事件结束和下一个持续事件开始之前所经过的一段时间。

delay-tolerant networking (DTN)   延迟容忍网络 一种计算机网络体系结构的方法,试图解决可能缺乏连续网络连接的异构网络中的技术问题。这种网络的例子是在移动或极端陆地环境中运行的网络,或在空间中规划的网络。最近,由于美国国防高级研究计划署(DARPA)的支持,抗毁(disruption-tolerant)网络这一术语已在美国流行,DARPA 为许多 DTN 项目提供了资金。由于无线电范围的限制、移动节点的稀疏性、能源资源、攻击和噪声,都可能会发生网络中断。

delay unit 延迟器 在给定的时间间隔之后,能产生一个与原输入信号基本相同的输出信号的电路、器件或装置。一般地说,延迟器输出信号与其输入信号相比,不能有明显的失真,这一点对于线性信号来说,尤其重要。

Dellinger effect 德林格尔效应 一种持续几分钟到几小时的效应,它表现为由于日暴中增大的噪声引起电离层电离大量增加从而导致电磁天波信号的消失。

delta encoding/decoding 增量编码/解码 一种减少信号带宽的方法,通过存储或传输相继数值之间的相差值,而不是存储或传输这些数值本身。

delta frame 增量帧 在帧间视频编码中,增量帧是一种"差异"帧,其它提供与前一帧相比较的增量变化。增量帧可以是 P 帧或 B 帧。P 帧(预测帧)仅包含来自前一帧的变化,而 B 帧(双向帧)是包含下一帧数据的 P 帧。

delta-L correction (DLC) ΔL 校正 用亮度差信号 ΔL 校正被发射的黑白信号与经伽马校正的真亮度信号之间差别的一种技术,该亮度差信号是利用矩阵技术从彩色摄像管的红、绿、蓝信号构成的。

delta modulation (DM) 增量调制,δ 调制 只保留每一信号样值与其预测值之差的符号,并用一位二进制数编码的差分脉冲编码调制。增量调制是模拟数字转换中的调制方式,它通过一系列线段来逼近模拟信号,将当前近似信号与模拟波形的前一点的信号相比,以决定相对振幅是增大还是减小,由上述比较结果判定下一个二进制数的状态,只传送信息的变化部分,即只传送和上一信号采样幅度相比的增量部分,如果模拟信号值没有变化则输出状态保持不变,即保持与前面的采样值相同的状态。

delta noise δ 噪声 同一个存储用磁芯在 1 状态的半选输出和 0 状态的半选输出的差。

delta picture 增量图像 两帧图像相应位置的像素值之差构成的图像,是压缩效率最高的图像,如 MPEG(运动图像专家组)视像压缩技术中定义的 P 图像和 B 图像。也称为 difference frame, delta frame。

delta pulse code modulation (δPCM) 增量脉冲编码调制 脉冲编码调制的一种加强形式,它将音频信号转换为相应的数字脉冲串,在有线或无线信道上传输时具有较强的抗干扰性能。

delta routing δ 路由选择 (1) 一种路由方式。其特点是中心路由控制站从各节点接收信息并发出路由指令,各节点对结果留有一定限度的处理权。(2) 集中和分离路由选择的综合算法,这里每一 IMP(接口报文处理机)测量每条线路的代价(即队列长、带宽等),并周期性地把报文分组发送到向它提供这些值的路由选择中心。(3) 在数据通信中,指分组交换网中的一种路由选择法。中央路由控制器从节点接收信息,并发出路径指示,但是给每个节点留有一定的处理权。

delta-sigma modulation 增量-总和调制,Δ-Σ调制 在增量调制中对输入信号的积分而不是对信号本身进行编码的调制称之为 Δ-Σ 调制。可在传统的增量调制器前加一个积分网络来得到 Δ-Σ 调制。

demand assignment multiple access (DAMA) 按需分配多址 又称"动态分配多址",按照多个地址用户的实时需要动态分配信道的一种多址控制技术。可用空分、频分或时分三种方式。其控制机构可以是集中的,也可以是分散的,按需分配比固定分配的信道利用率要高。

demand multiplexing 按需多路复用 时分多路复用中的一种形式。在这种方式中,根据子通道携带数据的需要给予通道分配时隙。不给没有携带数据的子通道分配时隙。

democratically synchronized network 等权同步网络 一个互相同步的网络,其中网络中的所有时钟处于同样的状态,对其他网络部分施加等量的控制,网络运行时钟脉冲频率通常是时钟的自然(非受控)时钟重复频率的平均值。

demodulator 解调器 从调制产生的振荡或波中恢复原调制信号的器件。例如有线电视系统中把调制的射频视频和/或音频信号转换成基带的装置。比较modulator。

demultiplex (DEMUX) 多路解调 多路复用的逆过程,也称为"逆多路复用",即将先前两个或多个多路复用的信道分离成分开的信道。多路解调既可用硬件实现,(即能被逆多路复用的电气信号);也可用软件实现(即协议软件能逆多路复用收到的信息,并把它们传送至正确的应用程序)。

demultiplexer (DEMUX) 多路分解器,解复用器 把先前经过多路复用器组合的每个信号,还原作为输出信号的一种装置。它具有一个输入端,多个输出端和若干控制端。它可以根据控制端给定的条件,将输入信息传送到所选择的输出端口。

demultiplexing 多路分配[分解](技术) 在电信和计算机网络中,多路复用信号通过诸如电缆的通信信道传输。多路复用将通信信道的容量分成几个逻辑信道,每个信道用于每个消息信号或要传输的数据流。就是把一个或几个信息流分解成原来的分路信息流的过程。多路

复用的逆过程也称为解复用技术。称为解复用的反向过程在接收器端提取原始信道。执行多路复用的设备称为多路复用器(MUX),执行反向处理的设备称为多路分解器(DEMUX,DMX)。

demultiplexing circuit 分用电路 将供复用传输而组合的信号分开的电路。

denial of service (DoS) 拒绝服务(攻击) 拒绝服务攻击通常并不破坏一个系统,它只是使系统瘫痪,使系统拒绝向其用户提供服务。一种攻击方式称之为"泛洪",它以无意义的消息淹没服务器的输入端口。另一种攻击被称之为 Ping of Death(乒死行为),它发送超长的ping(数据包式因特网搜索),导致服务器死机、关机或重新启动。

dense binary code 紧凑二进制代码 一种编码方式,构成编码组合的全部二进制码的可能状态都被使用。如同样是使用4位二进制码,表示十六进制数时为紧凑格式,而表示十进制数则为非紧凑格式。

dense wavelength division multiplexing (DWDM) 密集波分复用 在一根光纤中复用大量独立波长的通信方式。密集波分复用是利用不同波长的光波可在同一根光纤内互不干扰地传送这一特性,随着复用技术和器件的发展,可以复用的波数和带宽不断提高。DWDM 最初是指在1550 nm波段内复用的光信号,以便利用掺铒光纤放大器(EDFA)的功能(和成本),这对于大约 1 525~1 565 nm(C 频段)或 1 570~1 610 nm(L 频段)之间的波长有效。

density modulation 密度调制 通过使电子束中的电子密度随时间变化对电子束进行调制。

density slicing 密度分割 将 RGB 值分配成黑白视频信号电平的过程。

department of defense (DOD) master clock

D

国防部主钟 用于美国国防部的时间和频率测量的参照,即可被追踪查对的主要时钟。美国海军观察局(USNO)主钟被指定为美国国防部主钟。美国海军观察局主钟是美国政府的两个标准时间和频率的参照者之一。另一个用于美国政府的标准时间和频率的参照是美国国家标准和技术协会(NIST)的主钟。

departure angle 出射角(天线) 方向图的主瓣的轴与发射天线的水平面之间的角。

depressed cladding optical fiber 凹陷包层光纤 一种具有双包层的单模光纤。每一包层的折射率都低于纤芯的折射率。外层折射率高于内包层折射率。双包层光纤具有非常低的微弯损耗,具有能减少色散和获得更大的数据传输率等优点。

depth of field (DOF) 景深 摄影中指图片中能够聚焦的最近距离和最远距离之间的距离,景深与照相机的光圈 F 有关。

depth of focus (DOF) 焦深 光学系统中,当物平面静止时象平面的容许移动范围,在这一范围内,物点发出的光在像平面上仍可认为形成点像。

depth of modulation 调制深度 在空间给定点上,定向天线系统两个旁瓣的场强差与较大的一个旁瓣场强之比。用于确定无线电制导系统中的方向。

depth of velocity modulation with small signal (DVMSS) 小信号下的速度调制度 以等效电压表示的电子束速度调制的峰值振幅与电子束电压之比。

dequantization 逆量化,反量化 在使用离散余弦变换(DCT)压缩图像的方法中,把经过量化的 DCT 系数换算成对应的 DCT 系数供逆变换使用的过程。

deregulation 降低规则 在公用电信中,降低规则是指在收费、市场准入和退出、电信业务设施等方面的规则的降低。

derivative corrector (DC) 微分校正器 在图像信号中引入包含原始信号导数的校正信号的设备。

derivative equalizer (DE) 微分均衡器 向需要均衡的信号中添加可控数量的信号的时间导数,用于电视传输中校正视频电路产生的波形畸变,通常仅使用一阶和二阶导数。

derived Brillouin effect 派生布里渊效应 用大功率激光照射丙酮、四氯化碳等物质时,将会从这些物质散射出与入射激光波长偏离极小的激光,这种现象称为派生布里渊效应,它是激光与声波能量结合的产物。

derived Raman effect 派生拉曼效应 用干涉性强激光光源照射硝基苯等拉曼活性物质时,能够产生出多种偏离原来入射光波长的激光,这种现象称为派生拉曼效应。它是入射激光与光学量子结合的产物。

desaturated color (DSC) 欠[去]饱和色 饱和度比原景物彩色饱和度低的重现色。

desaturation 减[退]饱和 色饱和度的降低,常常由于电视传输系统中的失真或缺陷而引起。

descramble 解扰 将已置乱的数字信号恢复到其初始数字信号。在有线电视环境中,是有线电视公司为收费电视服务而提供的采用加扰或加密视频信号的行为,经加扰器处理后通过同轴电缆提供并传送给用户,用户的机顶盒再处理信号,将其解扰从而使其在电视机上观看。解扰器是恢复加密频道的图像和声音的装置。解扰器必须与有线电视转换器盒一起使用才能解密有线电视系统的所有付费和按次付费频道。

descrambler 解扰码器 扰码器的相反。如果没有出过差错的话,解扰码器的输出将使输入该扰码器的信号恢复到原来的状态。

descrambling 解扰 是加扰的逆过程,即将数据还原为其加扰以前的状态。

descriptive video service(DVS) 描述视频服务 为盲人提供的一种视频服务。在1990年,波士顿公共广播公司(PBS)的WGBH电视台采用卫星直播艾美奖颁奖节目时,就通过立体声电视和录像机(VCR)的第二音频节目(SAP)频道,在对话暂停期间,DVS声道来描述节目中的视觉元素:人物的面部表情和肢体语言、服饰、布景、场景变化等。这些描述语言使用散文风格,能帮助盲人听众更充分地融入到节目中。WGBH源于western great blue hill。

desensitization 减敏作用 当接收机调谐到一个信道且在邻近信道上存在强信号时所发生的自动增益控制效应。所需信号的强度因存在邻近信号而呈现一定程度的下降。

designated router(DR) 指定路由器 为多路访问网络产生链路状态通告,并在运行开放式最短路径优先协议(OSPF)中有特殊责任的OSPF路由器。每个多路访问网络至少有两个附加的路由器,其中一个路由器被OSPF Hello协议选为指定路由器,目的是为了减少流量和拓扑数据库的大小。

desktop connection protocol (远程)桌面连接协议 是影响虚拟桌面用户体验的关键,它提供了高分辨率会话、多媒体流远程处理、多显示支持、动态对象压缩、USB(通用串行总线)重定向、驱动器映射等功能。市场上主流的桌面连接协议有Citrix的ICA/HDX协议、VMware的PCoIP协议、微软的远程桌面协议(RDP/RemoteFX),H3C作为桌面虚拟化领域的后起之秀,所支持的协议是SPICE(独立计算环境的简单协议)。

despotically synchronized network 主时钟控制同步网 一种只有一台主时钟的同步网,主时钟具有控制网络中的所有其他时钟的权力。

despun antenna 反旋转天线,消旋天线 在一个旋转的卫星中,其天线有一相对卫星方向不断调整的主射束,这种调整能使天线照射到地球表面的特定区域,即虽然地球旋转及卫星旋转或振荡,但天线的主射束相对地球的覆盖范围不会移动。

destination address 目的地址 (1)用于识别信息要传输到何处的一组代码。(2)在计算机网络中,数据分组中用于指明该分组要发送到的计算机的一个数值。在IP(网际协议)数据报中,目的地址必须是一个IP地址。

destination point code(DPC) 目的点编码 标识七号信令消息目的信令点的路由标记。

destination routing 目的地路由(选择) 在通信中,目的地路由是消息到达目标目的地必须通过的顺序路径。在基于电路的电话呼叫的电子交换系统中,目的地站由站地址或更常见的目的地电话号码识别。终端局交换机直接连接到站。它在给定目的地号码时知道要激活哪条电路(振铃)。网络中的其他交换机仅用于传输,有时称为串联交换机。在这种情况下,目的地路由的目标是为特定目的地号码选择出站跨度。目的是从呼叫方的起始位置到被叫方的结束位置获得连续的信号路径。

detectivity 探测灵敏度 噪声等效功率(NEP)的倒数,即 $D = 1/(NEP)$,探测灵敏度通常用1/瓦来表示,即噪声等效功率通常用瓦来表示。

detector 检测器,检波器 (1)一种用于检测的装置。(2)接收机中进行解调的电路称检波器,实际上它是一个解调器。

detector emitter(DETEM) 检测器-发射

器 一种光电转换器,它将光检测器和光发送器的功能合并在一个单一的器件或模块中。

detune　失谐,去调谐 改变调谐电路的电感或电容,使它的谐振频率与输入信号频率不同。

detuning stub　失谐短截线 使同轴线与套筒短柱天线匹配的波长短截线。短截线使同轴馈线的外部失调的同时,对天线本身进行调谐。

deviation angle　偏转角 (1)在无线电和雷达系统中,波束穿过两种不同传输媒质间的界面时方向角的改变。(2)在传输媒体中的一点,光线经过反射、折射或衍射而弯曲的角度。(3)在光学中,光线经过一个或多个反射、折射或衍射或它们的组合所形成的净偏转角。

deviation ratio　偏差比 在给定状态下工作的调频系统中,载波的最大频率偏差与最大调制频率之比。

diagonal clipping（DC）　对角削波失真 发射机在负方向上过调制所导致的正弦信号分量失真。

diagonalizing　重播 同一节目在不同时间或用不同频率播出。

dial　拨号,拨盘 (1)用拨盘式或按键式电话机初启通话呼叫。在远程通信中,采用这种方式试图在整个交换线路上建立起终端与通信设备之间的连接。(2)一个允许用户设置参数值的计算机输入设备。

dialback modem　反向拨号调制解调器 一种具有安全特性的调制解调器,被叫调制解调器对主叫调制解调器进行身份鉴别(通常通过口令),然后将连接断开并回拨过去再进行接通。

dialed number identification service（DNIS）　拨号识别服务 在电话中,由公共电话网为识别一个逻辑呼叫组而提供的一个号。是电信公司向公司客户提供的服务,可以让他们确定客户拨打了哪个电话号码。这在确定如何应答入站呼叫时很有用。

dial exchange　拨号交换机 又称"自动电话交换机",指所有电话用户都可以靠拨号呼叫的电话交换机。这种交换机根据用户所拨号码自动接续。当被呼用户是局外用户时,自动选择出中继线并自动向相邻交换局呼叫等,其特点是接续时不需要话务员。

dialog/dialogue　对话 交互式系统中,一系列相关的询问与应答,是人和系统或程序之间的文本接口。它有时也指网络上节点之间通信进行信息交换的过程。

dialog, music, and effects（DME）　DME 声道 指影片上的三个基本声道——对话、音乐和效果。

dialogue correction　对白声迹校正 从对白声迹中消除音量和频率成分的任何不规则现象的措施。

dialogue level　对白声级 保持为100%调制度以下大约12分贝的对白音量电平。

dialog unit　对话单元 在 OSI(开放系统互连)体系结构中,高层实体传输数据时的一个传输行程。在此行程内的所有通信都与在此行程之前和之后的所有通信相分离。对话单元由表示实体划分,由会话实体保证对话单元内数据的可靠传输和对话单元的同步。一个主同步点指示一个对话单元的结束和下一个对话单元的开始。

dial on demand routing（DDR）　按需拨号路由(技术) DDR 技术是 Cisco(思科公司)路由器之间通过现有的公用交换电话网(PSTN)快速实现网络互联的一种手段。DDR 实现一种低带宽的,间歇性的网络连接,根据需要提供拨号连接服务。DDR 网络和专线传输相比,在每日传输信息量不大或传输时间不长的情况下,能够有效地节约网络传输费用。

dial pulse (DP)　拨号脉冲　拨号电话在呼叫时发出的脉冲信号。

dial service assistance (DSA)　拨号业务辅助台　一种与交换中心设备相连的由网络提供的业务性能,其中的业务,比如目录协助、呼叫拦截、随机的电话会议以及优先呼叫辅助等,通过值班人员完成。

dial service board (DSB)　自动电话台　自动电话系统中完成从人工局接收的来话呼叫的交换台。

dial set　拨号集　为用户规定的交换式点到点线路的组合,网络控制程序从中选出一条线路与一个站通信。

dial signaling　拨号信令　在该信令中将双音多频信号或直流脉冲序列传到交换中心。旋转拨号盘产生脉冲序列,键盘可产生双音多频信号或脉冲序列。

dial string/command string　拨号字符串/命令字符串　通过 MODEM(调制解调器)的 AT 命令进行拨号访问的一系列字母或数字。

dial switching equipment　拨号交换机,自动交换设备　由旋转拨号盘或键盘设备产生的电脉冲驱动的交换设备。

dial through　直拨　一种通信网络采用的接入配置,在私用交换机建立初始化连接后,它允许一个拨出的路由呼叫通过私用交换机用户拨出。

dial tone　拨号音　在电话通信中通知呼叫用户可以拨号的音频信号。当电话交换机系统检测到摘机状态时,电话交换机或专用小交换机(PBX)就把拨号音发送到终端设备(例如电话)。它表示交换机正在运行并准备发起电话呼叫。当识别第一个拨号数字时,这个音就停止。如果没有数字后继,则借助永久信号过程,通常会引发特殊的信息音和拦截消息,然后是摘机音,要求主叫方挂断和重拨。我国国标规定拨号音为 450 Hz 的连续单音。北美的拨号音是本地电话公司产生的 350~440 Hz 的连续信号。

dial up access　拨号上网　借助于调制解调器,用拨号的方式上网。

dial up account　拨号账户　使用调制解调器拨号连接因特网的账号。

dial-up internet access　拨号互联网接入　拨号互联网接入是一种互联网接入形式,它使用公共交换电话网(PSTN)的设施通过拨打传统电话线上的电话号码建立与互联网服务提供商(ISP)的连接。用户的计算机或路由器使用连接的调制解调器分别对音频信号进行信息编码和解码。

dial up modem　拨号调制解调器　使用拨号电话网络通信的调制解调器。拨号调制解调器必需能拨入或应答一次电话呼叫以及使用一个声调作为载体响应。

dial-up networking (DUN)　拨号上网[联网,网络]　通过调制解调器拨号,把计算机连接到远程网络服务器或因特网服务提供商(ISP)的服务器资源的过程。

dial up switch　拨号交换机　用于管理公共交换电话网络(PSTN)与因特网之间的拨号连接,提供安全、记账和管理服务的交换机功能。

diaphragm aperture　光阑　用来限制电子束的直径与孔径角的零件。

diathermy interference　透热干扰　由透热设备产生的电视干扰信号。它会在图像中产生人字形图案的深色横带。

dibit　双位,双比特　数据由两个比特组成的四个双位数据。在通信中,一个双位数据是一种称为差分相移键控调制技术可进行的传输单位,这种调制技术在传输线中使用四种不同的状态(相移)表示四个双位数据组合来编码数据。

dibit encoding　双位编码　一种伺服盘面编码。其编码规则是:在所有的奇数伺服磁道上,按两个数据字节的间隔重复写入位间距较小的两位翻转模式。在所有偶数伺服磁道上也写入和奇数伺服磁道类似的翻转模式,所不同的只是两位翻转的极性顺序和奇数伺服磁道恰好相反,而且两位翻转的位置和奇数伺服磁道相互错开一个字节。这种编码能提供时钟信息,但其信号幅度随磁道位置而变化。

dichroic antenna 分色天线 在一个输出频率上传输信号和在不同的输入频率上接收信号的天线。

dichroic filter 分色滤光器,二向色滤光片 一种光学滤光器,它对某个或多个光波波段反射但对其余的传输,而同时对所有感兴趣的波长的波保持近乎零的吸收系数。分色滤光器可以是高通、低通、带通或带阻。

dichroic mirror (DM) 分色镜,二向色镜 一种有选择地根据波长进行反射光的镜面。分色镜表面涂有特殊金属膜,它可以反射特定颜色的光,但允许其他颜色的光透过。

dichroism 双向允性,二向色性 (1)这种各向异性传播媒介发生的影响,对光的有选择的反射和传播,是波长而不是极化面方向的函数,在所传光线下媒体颜色随介质的厚度不同而不同。(2)随着观看条件的变化,次级光源呈现出显著的色调变化的现象。

dictionary coding/encoding 词典编码 用词在词典中表示位置的号码代替词本身的无损数据压缩方法。词典编码利用数据本身包含重复代码的特性生成编码词典,然后用编码词典中表示词所在位置的号码代替重复代码。采用静态词典编码技术时,编码器要事先构造词典,解码器要事先知道词典。采用动态辞典编码技术时,编码器将从被压缩的文本中自动导出词典,解码器解码时边解码边构造解码词典。词典编码适用于编码数据的统计特性事先不知道或不可能知道的

场合,如文本文件和电视图像就具有这种特性。

dielectric guide feed antenna 介质波导馈电天线 一种天线,在其天线喇叭形馈线和辅助反射器之间有一个圆锥形介质的泡沫材料。它能支撑辅助反射器从而不再需要通常的支撑脚。

dielectric lens 介质透镜 在无线电领域,一种由介质材料制成的透镜,它能折射无线电波,其原理就如光学透镜折射光波一样。

dielectric lens antenna 介质透镜天线 一种波束宽度由波束通过的介质透镜尺寸决定的孔径天线。

dielectric waveguide 介质波导 一种由介质材料构成的波导,它在一种介质外面再围绕另一种具有较低折射率的介质材料,比如空气、玻璃、塑料等。光纤是介质波导的一个例子。金属波导中间填充了的介质材料不属于介质波导。

difference detector 差值检波器 一种检波电路,其输出是两个输入波形幅度差的函数。

difference global positioning system (DGPS) 差分全球定位系统 在一个精确的已知位置上安装监测接收机,计算得到它能跟踪的每颗GPS(全球定位系统)卫星的距离误差。该差值通常称为PRC(伪距离修正值),将此数据传送给用户接收机作误差修正,从而提高了定位精度。

differential 差分 修饰或说明利用两个信号本身的差值进行编码的技术或电路。

differential coding 差分编码 在数字通信中,差分编码是在使用某些类型的调制时,用于提供明确的信号接收的技术。它使得要传输的数据不仅取决于当前的信号状态(或符号),而且还取决于前一个信号状态(或符号)。需要差分编码的常见调制类型包括相移键控和正交幅度

调制。

differential compression　差分压缩　一种数据压缩方法，用一个代码去代替一个字符序列，这个代码反映了它与类似的或者特定的字符序列之间的联系，这种类型的压缩方法通常常用于具有一致大小的数据而且这些数据变化相对较小的应用程序数据中，它的数据压缩量可达 98%。

differential cryptanalysis　差分密码分析　通过以某种途径寻找不同的明文块对来分析加密技术的方法。

differential delay　差值延迟，微分延时　在整个频段内出现的最大频率延迟与最小频率延迟之差。

differential echo suppressor　差动回声抑制器　由四线电路的两个信道控制的一个回声抑制器。

differential encoding　差分编码　对数字数据流，除第一个元素外，将其中各元素都表示为各该元素与其前一元素的差的编码。

differential frequency circuit　差频电路　一种提供连续输出频率等于两个连续输入频率绝对差值的电路。

differential gain (DG)　微分增益　(1) 视频传输系统中，叠加在低频信号的两个规定电平上的高频正弦波小信号输出幅度之比超过 1 的量。微分增益以差值乘 100 用百分比表示，还可以以比值本身的常用对数乘 20 用分贝表示。(2) 指色度振幅的变化（即色度增益），功能上类似于亮度的电平。在彩色视频通道中，一个给定的亮度信号电平的小色度副载波信号的电压增益，表示为一个相对于消隐时增益或一些特定电平的百分比差异。DG 可导致色调随电平变化而变化。

differential gain distortion (DGD)　微分增益失真　当亮度信号变化时，彩色电视

传输线路中产生的一种信号失真，呈现为副载波小信号的幅度误差。

differential gain/phase　微分增益/相位　指视频（颜色）信号的非线性失真参数。

differential global position/positioning system (DGPS)　差分全球定位系统　是增强的全球定位系统（GPS），可在每个系统的操作范围内提供改进的定位精度，从 15 m 标称 GPS 精度到约 10 cm 的最佳实现情况。每个 DGPS 使用固定的地面参考站网络来广播 GPS 卫星系统指示的位置与已知固定位置之间的差异。这些站广播测量的卫星伪距和实际（内部计算的）伪距之间的差异，并且接收站可以依靠相同的量将它们的伪距校正。数字校正信号通常在较短距离的基于地面的发射机上本地广播。

differential interframe coding　差分帧间编码　在电视图像压缩技术中，对相邻帧图像之差值进行编码的方法。

differentially coherent phase shift keying (DCPSK)　差分相干相移键控　是 PSK（相移键控）的一种调制类型。其特点为：在解调时对已调载波相位进行逐位的比较从而恢复原基带信号。

differential Manchester encoding (DME)　微分式曼彻斯特编码(法)　(1) 一种传输编码方案。据此方案，每一比特位按照在整位时间或半个位时间外具有信号跳变（极性变化）的两段信号进行编码。在整位时间处有跳变表示 0，在整位时间处不跳变则表示 1。此方案可简化接收发送以及定时恢复线路，并使每级延迟比按块编码更小。(2) 是一种线路代码，其中组合数据和时钟信号以形成单个 2 级自同步数据流。在各种特定应用中，该线路代码也有其他各种名称，包括双相标记码、调频（FM）、F2F（频率/双频）、Aiken 双相和条件双相。DME 是差分编码，使用转换的存在或不存在来指示逻

辑值。没有必要知道发送信号的极性，因为信息不是由绝对电压电平表示，而是由它们的变化表示。换句话说，接收两个电压电平中的哪一个并不重要，而只是它是否是与前一个相同或不同，这使同步更容易。

differential mode attenuation (DMA)　差分模式衰减　当一束电磁波在一个波导中传播，比如一束在光纤中传播时，波的各组成模式的衰减的差别。

differential mode delay (DMD)　差分模式时延[延时]　一种在多模光纤中一个激光脉冲同时激励出多个光通路产生的抖动效应。这些光通路循着两条或多条不同的路线，因而可能具有不同的长度。激光通过多模光纤后会具有不同的传输延迟，在产生 DMD 效应时，一个清晰的激光脉冲通过多模光纤后会变形，在极端情形下会变成两个不相关的脉冲。传输一串脉冲时会互相干扰，这样数据就不能以可靠方式恢复。对于这种抖动效应可采用调节发送器发射出的激光和规定接收器的波长来解决。

differential mode electromagnetic interference　异态电磁干扰　引起两根信号引线之一的电位相对于另一根引线发生变化的干扰。

differential mode interference　差（分）模(式)干扰　引起信号传输路径一端相对于另一端的电位变化造成的干扰。差模干扰在两导线之间传输，属于对称性干扰。与共模干扰相比，在一般情况下，差模干扰幅度小、频率低、所造成的干扰较小。

differential modulation　差分调制　一种调制方式，它对任何信号码元有效状态的选择是依赖于前一个信息码元的有效状态的。差分调制的一个例子是增量调制。

differential nonlinearity (DNL)　微分非线性度　指数模转换器转换功能中相邻步骤中点之间的最大距离量值(量化输出电平)，不同于一个最低有效位(LSB)的宽度。

differential PCM (DPCM)　差分式脉码调制，差分式 PCM　在计算机图像中，指一个数字系统，其中传输或者存储的数据代表数据元素的差别(如像素)，而不是数据元素本身。

differential phase (DP)　微分[差分]相位　视频传输系统中，叠加在低频信号的两个指定电平上的高频正弦波小信号的输出相位差。差分相位是影响电视广播色调的一种线性失真。

differential phase distortion (DPD)　微分相位失真　当亮度信号变化时，彩色电视传输线路中产生的一种失真，呈现为副载波小信号的相位误差。在广播期间，电子设备中固有的非线性可能导致与电平相关的相移。微分相位失真是色彩信号相位相对于色同步相位的偏移。由于浅色和色同步的直流电平不同，这种类型的失真在较亮的场景中更为明显。特别是皮肤颜色的轻微变化可能使观众不舒服。太黄或太红的皮肤颜色取决于偏移是正偏还是负偏。

differential phase shift keying (DPSK)　差分相移键控　一种角调制方式。这种调制方式用已调波相位的不连续变化来表示调制的离散信号的每个特征状态，该已调波相位的不连续变化是相对于前一信号码元的相位而言的。例如，在差分编码的 BPSK 中，可以通过将 180°加到当前相位来发送二进制"1"，并且通过将 0°加到当前相位来发送二进制"0"。DPSK 的另一个变化是对称差分相移键控(SDPSK)，其中编码对于"1"将是+90°，对于"0"是对−90°。在差分编码的 QPSK(DQPSK)中，对应于数据"00""01""11""10"的相移是 0°、90°、

180°、−90°。这种编码可以按照与非差分 PSK 相同的方式解调，但是可以忽略相位模糊。因此，解调每个接收到的符号成为星座中的一个点，然后比较器计算这个收到信号与前一个之间的相位差。差异编码如上所述的数据。对称差分正交相移键控（SDQPSK）就像 DQPSK，但编码是对称的，使用 −135°、−45°、+45°和+135°的相移值。

differential pulse code modulation (DPCM) 差分脉(冲编)码调制 数据通信中的一种压缩技术。将输入信号的抽样值与信号的预测值（根据信号过去的数值所进行的估计）进行比较，求得差值，再将差值进行编码，产生预测值的预测算法在压缩和解压缩时都必需被执行。与 PCM(脉码调制)相比，它在传输中所需位数更少，量化噪声也有所改善。

differential quadrature phase shift keying (DQPSK) 差分正交[四相]相移键控 把要传输的基带信号先进行差分编码再进行四相相移键控。差分四相相移键控在单位频带内的信息传输速率可比 BDPSK(二相差分相移键控)提高一倍，抗噪声性能要比 BDPSK 的差些，因而广泛用于高速数字传输系统。比较 binary differential phase shift keying (BDPSK)。

differential space-time codes 差分空时码 是在无线通信中传输数据的方式。它们是空时码的形式，不需要知道接收机处的信道损伤就能够解码信号。它们通常基于空时分组码，并根据输入信号的变化从一个集合中传输一个分组码。集合中的各块之间的差异是为了使接收机能够可靠地提取数据。瓦希德·塔洛克(Vahid Tarokh)和哈米德·贾法哈尼(Hamid Jafarkhani)披露了第一个差分空时分组码。

Diffie-Hellman 迪斐–海尔曼（算法） Whitfield Diffie 和 Martin Hellman 于 1976 年发表的密钥一致性算法，作为公钥加密方法，允许两台主机创建和共享一个密钥。该算法用于运行 IPSec 标准的虚拟专用网络(VPN)。

Diffie-Hellman cryptosystem 迪斐–海尔曼加密系统 计算机安全中的一种公共密钥加密系统。通信双方交换使彼此确定相同密钥的信息，而窃密者想从交换信息中确定密钥，在计算上是不可能的。例如通信双方取两个整数 d 和质数 n 来公开并计算密钥 K，如果 n 略小于 2^{200}，则通信双方只需作 400 次乘法，而窃密者必须作 2^{100}(接近 10^{20})次乘法才可确定密钥 K。

diffraction 衍射 (1) 由许多光源的相互干扰或由一外部光源的各个部分的相互干涉所形成的光模式。(2) 由于开孔、障碍物或介质中不均匀的影响，使辐射波不按几何光学预示的路线传播的现象。

diffraction effect 衍射效应 (1) 当有压力敏元器件置于具有特定声压的声场时，声压会因这些物体的存在而改变，这种现象为声音的衍射效应。改变后的声压正比于衍射系数和原声压的积。其中衍射系数与敏感器件的形状、大小、声波方向有关。(2) 遮光栅式光学系统中所利用的一种效应。

diffraction region 衍射区 在无线电波传播中位于视线范围之外的一个区域，但由于受惠更斯原理描述的刀锋效应的影响，其电波的传播仍然存在。

Diff-Serv (differentiated service) 区分[差异化]服务 是一种计算机网络体系结构，它指定了一种简单且可伸缩的机制，用于对现有 IP 网络上的网络流量进行分类和管理，以及提供服务质量(QoS)。例如，DiffServ 可用于为关键网络流量(如语音或流媒体)提供低延迟，同时为非关键服务(如 Web 流量或文件传输)提供简单的尽力而为服务。DiffServ 在

IP 报头的 8 位区分服务字段(DS 字段)中使用 6 位区分服务代码点(DSCP),用于数据包分类。DS 字段替换过时的 IPv4 TOS(服务类型)字段。

diffuse transmission   漫[散]透射,散射传输 (1) 光波在传播媒介中的一种传播,其中由于漫射产生高度衰减,不能传输清晰图像。当一狭窄光束透过雾、深水和悬浮小颗粒的液体时,就会观察到漫透射的现象。(2) 散射传输是指在半透明媒质中,主要通过漫射传输来传播可见辐射,因此物体不能通过此媒质被清晰地看到。

diffusion coefficient (DC)   漫射系数 用来描述混响声的稠密程度。有时候也称之为"密度"。

digest authentication   摘要式验证 一种在网络中将用户名和密码信息作为散列值发送的验证方法。

DigiCipher   数字密码,DigiCipher 制式 由美国电视联盟(ATVA)提出的全数字高清晰度电视(HDTV)制式。它是 1 050 线模拟 RGB 信号输入,2∶1 的隔行扫描,59.94 场频。行频是 NTSC(美国国家电视制式委员会)的两倍,便于在 NTSC 和 DigiCipher 制式之间进行信号转换。

digital access   数字接入[访问,存取] (1) 广播中心通过数字传输通道将数字音视频信号传送到前端设备的方式。(2) 前端设备或区域报警监控系统通过数字传输通道将数字音视频信号传送到监控中心的接入方式。

digital access and cross connect system (DACS)   数字接入和交叉连接系统 通信系统中的一种数字通信系统,它在集中交换的专用和公用网中的接入是通过 T-1 硬件结构,交叉连接是通过 D3/D4 帧用作各数字信号 0(DS-0)信道间的交换。现代数字接入和交叉连接系统不限于 T 载波系统,例如也可适用于高数据率的 SONET(同步光纤网)系统。

digital advanced mobile phone system (D-AMPS)   数字高级移动电话系统 是第二代(2G)移动电话系统,称为数字 AMPS(D-AMPS),以及是北美第一代(1G)移动系统 AMPS 的进一步发展。自从 1993 年部署第一个商用网络以来,它一直盛行于整个美洲,特别是在美国和加拿大。

digital audio   数字音频 是一种可以用于录音和再现的技术,它使用以数字形式编码的音频信号。在数字音频系统中,麦克风把声音转换为模拟电信号,然后通过模数转换器(ADC),通常使用脉码调制,把模拟信号转换为数字信号。反之,数模转换器(DAC)执行相反的处理,将数字信号转换回模拟信号,通过音频功率放大器发送给扬声器。数字音频系统可以包括压缩、存储、处理和传输组件。同 digitized audio。

digital audio access protocol (DAAP)   数字音频访问协议 通过其计算机或媒体中心与网络上的用户共享 iTunes 播放列表的 Apple 协议。iTunes 使用 Bonjour 技术发现网络上的设备,并使用 DAAP 使播放列表可供共享。

digital audio broadcast/broadcasting (DAB)   数字音频广播 数字音频广播采用信源编码技术、信道编码、调制技术和同步网技术。在使用频谱方面,DAB 比模拟调频(FM)广播更有效,因此对于给定的相同的带宽可以提供更多的广播服务。当信号强度降至临界阈值以下时,由于 DAB 接收质量首先迅速降级,而 FM 接收质量缓慢地随着减弱的信号而下降,所以 DAB 在移动收听的噪声和多径衰落方面更加健壮。因此,抗多径传播引起的衰落能力强,适合于固定和移动接收,声音质量可达到 CD 水平,可单频网同步运行,节约无线频谱资源。它又能

D

以数字信号传送各项信息多媒体数字业务,因此又称"数字多媒体广播(DMB)"。

digital audio radio system (DARS) 数字音频无线系统 系统包含数字广播信号谐调器、无线数据系统编码器、基频混波器、副载波调制器、频率调变调制器以及计算机等设备。

digital block 数字块,数字(码)组 在通信系统硬件中的一套复用设备,它包括一路或多路数据信道和相关的电路,通常按照信号速率对数字块进行设计。

digital cable 数字电缆 是使用数字视频压缩进行分配的任何类型的有线电视配线。该技术最初由通用仪器公司开发,之后被摩托罗拉收购,随后由 ARRIS 集团收购。

digital camera (DC/DCAM) 数字摄像机,数码照相机 (1)可作为计算机图像输入设备的一种装置。以数字格式记录图像的摄像机。(2)一种输出数字形式图像的照相机。数码照相机采用 CCD(电荷耦合器件)元件通过透镜捕捉图像,然后照相机内的电路将 CCD 捕捉的图像存储到存储介质上,如固态存储器或硬盘上。捕捉到图像后,用照相机附带的软件通过电缆把图像下载到计算机。一旦图像存储到计算机,就可以对图像进行操作和处理,如同操作和处理来自扫描仪或相关输入设备的图像一样。

digital carrier interrupt signaling 数字载波中断信令 电话系统中用直流脉冲来键控载波有无的信令。

digital carrier system 数字载波系统 处理数字数据的公用载波通信系统。

digital cellphone 数字蜂窝电话,数字手机 使用数字传输技术的蜂窝电话(手机)。时分多址(TDMA),码分多址(CDMA)和全球移动通信系统(GSM)等都是数字蜂窝电话标准。

digital cellular system (DCS) 数字蜂窝系统 在全球移动通信系统(GSM)基础上扩展的使用 1 800 MHz 频段的蜂窝系统。

digital channel 数字频道[信道] 传输的信号状态只有两种不连续固定值的信道。这两种固定值可以是两个固定值的电压高与低、电流大与小、有与无或正与反,光的有与无,调频信号频率的高低以及调相信号相位的不同等。

digital channel link (DCL) 数字信道链接[链路] 一种信道连接方式。主呼电台通过检测载波的有无来确定信道是否被占用,若无载波电压,则认为该信道空闲。再将被呼电台号码、空闲信道号与主呼电台识别码所组成的数字信令由控制信道发射出来。守候在控制信道的电台收到数字信令后,若被呼电台号码相符则响应此信令,主呼与被呼电台均转换到所确定的空闲信道上,从而建立通信线路。

digital cinema 数字电影(院) 是涉及拍摄、胶转磁、压缩、编码、加密、传输、显示等多种技术,集数字化制作、存储、发行、放映、安全等多个环节于一体的一个完整系统。就是使用数字技术来分发或投影电影,而不是历史上使用的电影胶片卷,例如 35 mm 胶片。鉴于电影胶片卷必须跑片送到电影院,而数字电影可以通过多种方式分发到电影院:通过因特网或专用卫星链路,或通过发送硬盘或光碟如蓝光光碟)。数字电影是使用数字视频投影机而不是电影放映机来投影的。数字电影不同于高清电视,并不一定使用传统电视或其他传统高清视频标准、宽高比或帧速率。在数字影院中,分辨率由水平像素数表示,通常为 2K(2 048 × 1 080 或 220 万像素)或 4K(4 096 × 2 160 或 8.8 百万像素)。在 2010 年早期,随着数字电影技术的改进,全球大多数影院转换为数字视频投影。

digital cinema initiatives（DCI）数字电影[影院]倡议（组织） 该组织于 2002 年 3 月由 Metro-Goldwyn-Mayer、派拉蒙影业、索尼影视娱乐公司、20 世纪福克斯公司、环球影城公司、华特迪士尼公司和华纳兄弟公司组建。DCI 的主要目的是建立和记录数字电影开放式架构的规范，以确保统一和高水平的技术性能、可靠性和质量。通过建立一套共同的内容要求，可以确保分销商、演播室、参展商、数字电影（d-cinema）制造商和供应商的互操作性和兼容性。由于 DCI 与好莱坞许多主要电影公司的关系，软件开发商或设备制造商认为 DCI 规范的符合性是数字影院市场的一项要求。

digital circuit multiplication（DCM）数字电路倍增技术 采用降低每路语音编码速率和数字语音插空技术，使话路容量成倍增加的技术。例如，速率为 32 kbps 的自适应差分脉冲编码调制与数字话音插空技术构成的数字电路倍增系统可扩容 5～8 倍。

digital circuit multiplication equipment（DCME）数字电路倍增设备 是一种安装在长距离链路（通常是通信卫星或海底通信电缆）的任一端的语音压缩设备。DCME 的主要特性在 ITU-T（国际电信联盟-电信标准化部）建议 G.763 中定义。DCME 由语音插值级和低速率编码级组成，语音插值级是应用于语音频带信号的统计多路复用器形式，低速率编码级利用单个输入信道上的连续语音频带样本之间的相关性，来降低相同质量的 PCM（脉码调制）所需的传输比特率。

digital circuit multiplication equipment-adaptive differential pulse code modulation（DCME-ADPCM）数字电路倍增设备-自适应差分脉冲编码调制 DCME-ADPCM 是 ITU-T（国际电信联盟-电信标准化部门）G.723 语音编码标准算法，这种算法可以在 40 kbps、32 kbps 和 24 kbps 三种速率中动态调整，以达到在给定的信道中增加容量的目的。

digital-coded squelch（DCS）数字编码静噪 通常称为 CDCSS（连续数字编码静噪系统），设计作为 CTCSS（连续音频编码静噪系统）的数字替代系统。就像整个无线电组中使用单一 CTCSS 音调方式相同，在一组无线电中使用相同的 DCS 码。DCS 也称为数字专用线（DPL），这是摩托罗拉公司的另一个商标，同样，通用电气公司的 DCS 实现是指数字频道卫士（DCG）。Icom 公司也称 DCS 为 DTCS（数字音码静噪），其他制造商用其他名称。具有 DCS 选项的无线电通常是兼容的，只要无线电的编码器-解码器使用与现有系统中的无线电相同的代码。

digital combining 数字组合[汇接] 一种不需要将数据转换成准模拟信号的，可以是同步或非同步模式的数字数据接口方法。

digital communication（DIGICOM）数字通信 用数字信号作为载体来传输信息，或用数字信号对载波进行数字调制后再传输的通信方式。

digital communication system（DCS）数字通信系统 传送数字信息的数据通信系统，该系统隔一段距离设有再生数字信号站，将混入的噪声干扰去除，并采用纠错技术，保证信息完好地传送到对方。

digital communications processor 数字通信处理机 由各种软件实现控制功能的多微处理机组成的系统。系统可以用作数据集中器、前端处理机、速度和代码转换器、多路转换器等。另外，还可以方便地同各种调制解调器等接口。

digital component video（DCV）数字分量

视频(信号) 使用单独颜色分量表示的数字视频信号,如 Y'CbCr 或 R'G'B' 视频信号。

digital composite video (DCV) 数字复合视频(信号) 复合了数字化的 NTSC 制或 PAL 制视频信号,并给同步信号、消隐电平和白电平赋予特定的数值。有时会将它们误认为是 D-2 或 D-3 格式。

digital converter 数字转换器 把模拟量转换成数字形式的一种设备。例如,模数转换器、脉冲编码调制器、编码器和量化编码器等。

digital cross connect equipment (DXC equipment) 数字交叉连接设备 现代电信网络的一种重要设备,兼有复用、配线、保护/恢复、监控和网管等多种功能,具有一个或多个准同步数字体系(G.702)或同步数字体系(G.707)信号端口,可以在任何端口信号速率(及其子速率)间进行可控连接和再连接的设备。在网络节点上,设有自动配线功能的数字交叉连接设备,设备内部可以按预先存放或能动态计算的交叉连接图,对电通道的信号进行自动重新连接,在网络节点中能起到灵活有效管理控制的作用。

digital cross-connect system (DCS/DXC) 数字交叉连接系统 是电信网络中使用的一种电路交换网络设备,允许重新安排较低级别的 TDM(时分复用)比特流(例如 DS0 比特流)并且与较高级别的 TDM 信号(例如 DS1 比特流)之间互连。DCS 设备可用于较老的 T 载波/E 载波比特流以及较新的 SONET/SDH 比特流。传统的数字交叉连接可为用户提供一个软开关设备,通过网络管理中心操作员进行控制,提供半永久性连接,能实现不同的数字传输速率,应用灵活方便,在网络带宽管理方面有重要作用。

digital data channel 数字数据信道 用于数据信号传输的单向通道,它包括一数字信道以及在每一端与信道相连的接口适配器。

digital data communication message protocol (DDCMP) 数字数据通信报文协议 管理并行同步序列、非同步序列数据的传送和接收的一组协定。是 DEC 公司在 DNA(数字网络体系结构)链路级协议中制定的,用于在多点或点对点数据通信系统中站点之间的数据传送。

digital data conversion equipment (DDCE) 数字数据转换设备 把数字数据转换成其他形式数据的设备。

digital data network (DDN) 数字数据网 是利用光纤、数字微波和卫星等数字传输通道和数字交叉复用节点(简称 DDN 节点)组成的数字传输网,可以为用户提供各种速率的数字专用电路和其他业务,以满足用户多媒体通信和组建计算机通信网的需要。在我国 DDN 是一种业务网,它能提供的传输速率为 N×64 kbps($1 \leqslant N \leqslant 31$)到基群 2 048 kbps 或基群以上速率。根据用户需要,DDN 提供的连接可以是长期固定的,也可以是定时开通的;DDN 可以为其他网络提供中继电路,如为因特网路由器之间互连提供中继电路,也可以为其他网络的用户提供接入电路。

digital data service (DDS) 数字数据服务 [业务] 电信公司为传输数字数据提供的专用通信线路。它使用称为数据服务单元/通道服务单元(DSU/CSU)的装置连接网络。CSU 把网络连接到传输线,DSU 转换数据供 CSU 传输并控制数据的流程。

digital data service adapter (DDSA) 数字数据服务[业务]适配器 数据通信中,当发送数据使用数字数据服务软件时用到的一种调制解调器。

digital display working group (DDWG) 数

字显示工作组 是旨在定义和维护数字视频接口标准的组织。由英特尔、Silicon Image、康柏、富士通、惠普、IBM 和 NEC 等公司组织。工作组在 1999 年开发了数字视频接口(DVI)标准。

digital double ended control 数字双端控制(系统) 对数字网络,如特定交换机控制时钟的相关错误是由于输入信号的相位与内部时钟的相位进行比较而得到的,而在两个交换机之间的同步控制系统是双端的。

digital down-converter (DDC) 数字下变频器 在数字信号处理中,数字下变频器以较低的采样率将数字化的带限信号转换为较低频率的信号,以便简化随后的无线电级。该过程保留原始信号中的所有信息,而不是数学过程中的舍入误差所损失的信息。输入和输出信号可以是实际或复杂样本。DDC 通常将原始射频或中频转换为复杂的基带信号。

digital earth 数字地球 在某种意义上可以理解为全球的数字化、信息化、计算机化,在网络技术的基础上,通过信息高速公路,实现区域和全球的信息共享。其核心是用数字化手段统一处理全球问题,和最大限度地利用信息资源。

digital echo modulation 数字回波调制 线路信号由按时序生成信号码元进行合成的调制解调器发射机设计技术。信号码元可作为脉码调制或增量调制取样存储在数字存储器中。

digital envelop 数据封装 在计算机安全中,一个用于验证消息完整性的数据信号。

digital envelope 数字信封 (1)使用密钥和公钥加密方法得到的加密信息,由加密的内容和密钥组成。公钥用来交换密钥,而密钥用来加密和解密。(2)已经加密的数据帧或数据分组。

digital European cordless telephone (DECT) 欧洲[泛欧]数字无绳电话,数字欧洲无绳电话 按欧洲邮电行政大会拟制的 DECT 标准开发的数字无绳电话系统,采用 1.7 MHz 频段时分多址技术。应用范围如同 CT-2,但 DECT 将能满足多重小区条件下的移动通信而不是 CT-2 的单一小区无绳电话站,而且 DECT 将使用户有可能用无线端机接入综合业务数字网(ISDN)公用网。更能适应未来的信息业务。

digital field comb filter 数字场梳状滤波器 指在较先进的电视系统中能显著降低伴随着传统电视机的 NTSC 信号干扰的一种滤波器。在处理多达 480 行水平分辨率的宽带信号源(如数字视频光碟(DVD)和超级家用录像系统(S-VHS)录像带)时,这种特殊的梳状滤波器的性能超过标准线性滤波器。

digital filter 数字滤波器 数字滤波器是一个离散时间系统。它是一种按预定的算法,将输入离散时间信号转换为所要求的输出离散时间信号的特定功能装置。数字滤波器可用计算机软件实现,也可用大规模集成数字硬件实时实现。最简单的数字滤波器由取样电路、模数转换器、数模转换器、数字模式滤波器或比较器和一阶保持电路组成。数字滤波器有低通、高通、带通、带阻和全通等类型。它可以是时不变的或时变的、因果的或非因果的、线性的或非线性的。

digital fingerprinting 数字指纹 是指通过某种算法对数据信息进行综合计算得到的一个固定长度的数字序列,这个序列有时也称"信息摘要",它与内容高度相关。数字指纹是数字版权管理(DRM)中的一个重要分支,通过在所销售的拷贝中嵌入与购买者有关的特定信息(称为数字指纹),销售商可以在收缴到盗版拷贝时对非法拷贝者进行追踪。

digital hierarchy 数字体系[分级系统]

又称为传输信道的复用体系。包括准同步数字序列（PDH）和同步数字序列（SDH）。

digital image **数字图像** 一般指二维图像 $f(x,y)$ 在空间坐标上和强度值（即亮度值）上都离散了的图像。它可以看作是由其值代表某灰度级（整数值）的离散点（即像素）组成。为了把图片、景物等模拟图像变成计算机可处理的数字图像，要经过采样和量化操作处理。把时间上和空间上连续的图像变换成离散点的集合的操作处理，称作采样，也称作"抽样"。模拟图像经采样操作处理后，分解成为在时间和空间上离散而其亮度值仍是连续的像素，把这些连续的亮度值变换成离散值（即整数值）的操作处理，称作量化。量化得到的亮度值叫灰度级或灰度值。在计算机图像处理中，一般采用 64 到 256 个灰度级，用一个字节的 6 位到 8 位表示。

digital light processing (DLP) **数字光处理** 是基于使用数字微镜器件的光学微机电技术的显示装置。最初由德州仪器的 Larry Hornbeck 于 1987 年开发。虽然 DLP 成像设备是由德州仪器公司发明的，第一台基于 DLP 的投影仪是由数字投影有限公司于 1997 年推出的。两家公司都获得了 DLP 投影机技术的 1998 年艾美奖。在各种显示应用中使用 DLP，从传统静态显示器到交互式显示器，以及非传统嵌入式应用，包括医疗、安全和工业用途。DLP 技术用于 DLP 前端投影机（主要用于教室和商业的独立投影设备）、DLP 背投电视机和数字标牌。它也用于大约 85% 的数字电影的投影，以及在增材制造中作为一些打印机中的光源将树脂固化为固体 3D 物体。较小的"微微"芯片组用于移动设备，包括直接嵌入手机的手机配件和投影显示功能。

digital line **数字线路** 一种以二进制编码形式传输信息的通信线路，为减少失真和噪声，数字线路上用重发程序周期性地重新生成信号。

digital loop carrier (DLC) **数字环路载波** （1）一种电话系统，其中交换机的模拟接口通过将数据流用于远程接口而扩展到更靠近使用的电话机。（2）以信道复用方式为众多用户提供多种业务的接入。数字环路载波在局侧采用有限个标准的接口与相应的业务网络建立连接。其内部映射基于 G. 704、64 kbps 及 N×64 kbps 信号，对于低于 64 kbps 信号的处理为可选项。数字环路载波由 TMN（电信管理网）管理。

digital loop filter (DLF) **数字环路滤波器** 对噪声及高频分量起抑制作用，并且控制着环路相位校正的速度与精度电路。数字环路滤波器是由变模可逆计数器构成的，消除了鉴相器输出的相位差信号中的高频成分，保证环路的性能稳定。变模可逆计数器根据相差信号来进行加减运算。当相差信号为低电平时，计数器进行加运算，如果相加的结果达到预设的模值，则输出一个进位脉冲信号给数控振荡器；当相差信号为高电平时，计数器进行减运算，如果相减结果为零，则输出一个借位脉冲信号给数控振荡器。

digital loopback **数字回路（测试），数字环回** 调制解调器的数字接口中将接收的数据返回线路的回路，它还将终端的传输数据返回到终端。

digital micromirror device (DMD) **数字微（反射）镜设备** 指一种全数字显示系统，完全兼容数字广播，不需要进行数/模转换。德州仪器公司将 DMD 称为数字"光开关"，因为它的一个硅芯片上集成了成千上万个铝镜阵列，每一个小铝镜代表一个像素，当在一个镜子上施加电压时，小镜会在枢轴上轻微旋转，将外部光源的光反射并通过一个镜头投影到屏幕上;当小镜处于"关"的状态时,将不会有光被反射到镜头。

digital milliwatt **数字毫瓦** 在数字电话中,数字毫瓦是标准的测试信号,可用作电信网络中模拟信号电平的参考。当解码数字毫瓦时,PCM(脉码调制)解码器产生频率为1 000 Hz功率为1 mW的正弦信号。数字毫瓦信号用八个8位字编码,对应于信号的一个脉冲码调制周期。它通常存储在电信设备中的只读存储器(ROM)中。数字毫瓦信号是在仪器中生成的,而不是单独的测试设备。它的优点是在频率和幅度上分别与数字信道设备使用的相对稳定的数字时钟信号和功率(电压)电源相连。

digital modulation **数字调制** 用数字信号对载波的一个或多个参数所作的调制。

digital multimedia broadcasting (DMB) **数字多媒体广播** 具有发射功率小、覆盖面积大、频谱利用率高和可移动接收等优点。DMB不但能以数字化的方式发送声音信号,同时也可以把文字、图片甚至动画等以数字方式发送到DMB终端。例如,利用DMB技术的移动电视,可在高速行驶的车辆中接收到实时的电视节目。它可以通过卫星(S-DMB)或地面(T-DMB)传播。DMB还与主要竞争的移动电视标准DVB-H有相似之处。

digital multiplexer **数字复接器,数字多路复用器** 用时分复用方法将两个或多个支路的数字信号组成一个单一的数字信号流的设备。

digital multiplexing **数字复接,数字多路复用** 将多个支路数字信号合并为单一的多路数字信号的过程。即一种用于传送数字信号的数字信道的时分复用方式,它把多个低速数字信号合并为一个高速数字信号,然后再通过高速数字信道传输。其目的是增大传输容量和提高传输效率。按照实现机理,可分为同步数字复接、准同步数字复接和异步数字复接三类。

digital multiplex switching system (DMS) **数字多路交换[转换]系统** 一类交换系统。它为话音和数据传输提供数字电路交换服务。其特点是通过交换网络使用脉码调制和时分多路转换技术。该系统可以直接转换传输系统中使用的脉码调制信号,而不必将其转换为模拟信号。

digital multiplex system (DMS) **数字多路复用系统** 是北电网络公司为有线和无线运营商提供的几种不同电话产品线共用的名称。该技术的探索性开发始于1971年北方电信贝尔北部研究实验室(位于加拿大安大略省渥太华)。第一台5类交换机DMS-10于1977年10月21日在佛罗里达州怀特堡开始服务,并成为第一个长途交换机(Class 4)。

digital multitrack **数字多声道** 用于录制各种采样率的多声道数字声音数据的装置。流传下来的两种录音系统是Sony/Studer DASH(基于HTTP的动态自适应流)格式和模块数字多声道系统(MDM)的ADAT(Alesis digital audio tape)或DTRS(digital tape recording system)格式。

digital output **数码输出** 可用外附的DAC(数模转换器)来进行存储或处理的数字信号输出,可以是电信号输出也可以是光信号(光纤)输出。

digital pair gain (DPG) **数字线对增益[增容]** 利用原有普通电话线在交换机与用户之间传送多路电话复用信号的一种技术,它借助于交换机的U接口,采用时分多址(TDMA)数字传输技术、高效话音编码技术、高速自适应信号处理技术等,较好地均衡全频段的线路损耗,消除串音,抵消回波,从而达到提高用户线路传输能力的目的。它可实现在一对用户线上双向传送 160~1 024 kbps 的用户信息,距离可达 3~6 千米。

digital PBX　数字专用交换分机　使用数字方法交换的现代专用小交换机,而老式专用小交换机则使用模拟方法交换。

digital PBX net　数字 PBX 网　基于 PBX(专用交换分机)体系结构的局部网,提供一体化的声音/数据交换的服务。有时把不使用调制解调器的数字 PBX 称作计算机交换机(CBX)。将编码/译码调制解调器功能嵌入其内部,以处理模拟声音数据;也可直接处理数字数据而不需要使用调制解调器。

digital private network/networking signaling system (DPNSS)　数字专用网信令系统　是用于数字干线连接 PABX(专用自动分支交换机)的网络信令协议。它支持一组定义的网络互联设施。DPNSS 最初由英国电信(BT)定义。它类似于公共信道信令,用 G.703 接口的 2 Mbps 链路中第 16 个时隙做信令信道,速率为 64 kbps。

digital radio　数字无线电　是在无线电频谱上进行传输和/或接收所使用的数字技术。可以指通过无线电波进行数字传输,包括数字广播,尤其是数字音频广播业务。这个术语也适用于使用数字电子处理模拟无线电信号的无线电设备。

digital right management (DRM)　数字版权管理　DRM 是保护数字产品的知识产权技术。一个 DRM 产品通常由三部分组成:① 数字内容提供者(如网校、信息网站、影视网站、数字图书馆等),对原始的数字文件(包括流文件和文本文件)进行加密、同时还可添加版权信息(如作者、版本号、发行日期等)。打包后的数字文件可以存放在网站的服务器上,也可压制成光碟来发行;② 当用户点击网站或光碟的内容时,机器会自动检查有

没有相应的许可证,当客户输入用户名、密码或者插入加密狗时,认证服务器将校验客户的身份以及他相应的权限,如果校验的结果该客户是合法用户,并且他所点击的内容也是在他付费范围内的,认证服务器将生成一个许可证文件植入该用户的机器上。这就意味着即使是合法用户也不能对数字文件进行非法拷贝、传播,因为拷贝后的文件是加过密的,离开认证服务器认证的机器就无法读取;③ 合法用户获取许可证文件的途径有两条:在线或离线(如电话、E MAIL 等)认证方式。内容提供者可以根据需要,在许可证中设置不同的有效期,一个月、几个月、一年、几年或无限期,通过有效期的设置,可以对不同用户实行不同的收费标准和管理。当前,DRM 的应用已经从网校、信息网站拓宽到企业局域网重要信息保护、宽带内容保护等众多领域。

digital satellite system (DSS)　数字卫星系统　用于传送数字信号、数字数据信号的人造地球卫星系统。

digital scrambler　数字加扰器[扰频器,加密器]　载波数字压缩调制系统中用来以几乎随机方式改变位组合,使干扰误差减至最小的加密器。在系统的接收端要求进行相反的解码操作。

digital selective calling (DSC)　数字选择性呼叫　是通过中频(MF)、高频(HF)和甚高频(VHF)海事无线电系统发送预定义的数字消息的标准。它是全球海上遇险安全系统(GMDSS)的核心部分。

digital service unit (DSU)　数字服务[业务]单元　在用户的数据终端设备(DTE)与公共载波数字电路之间的设备。将公共载波广域网上的数据进行格式化并保证满足载波的数据格式要求。

digital set-top box　数字机顶盒　既可接收传统的模拟电视信号又可接收数字电

视信号的装置，可放在电视机上。一些数字机顶盒具有交互功能，因而可支持网上购物、银行存取款和游戏等功能。

digital signal (DS) 数字信号 一种不连续的信号。即以有限个数位来表示一个连续变化的物理量的信号。数字信号用二进制数表示。

digital signal (level) (DS) 数字信号 (等级) 在数字通信传输网中，为了提高传输容量，用时隙叠加的方法把较低速率的基本传输信道 (如 64 kbps 的数字信道) 的数字信号逐级合成较高速率的高次群信道，这个过程称为数字复接。数字复接必须按一定的标准进行，构成了容量不同的数字信号传输等级，分别为 DS1、DS2、DS3、DS4。在北美，速率分别为 1.544、6.312、44.736 和 274.176 Mbps。而欧洲和中国采用的数字复接等级与之不同，每个等级中包含的信道数不同，速率也不同，从一次群到四次群的速率分别是 2.048、8.448、34.368 和 139.264 Mbps。

digital signal (level) 0 (DS0, DS-0) 数字信号等级 0,0 级 [零次群] 数字信号 在 T 载波中，基本数字信号速率为 64 kbps 的信号，传送一路脉码调制 (PCM) 信号，相当于一条音频等效信道的容量。DS0 速率形成北美数字复用传输层次系列的基础，它可以支持 20 路 24 kbps 信道、10 路 4.8 kbps 信道、5 路 9.67 kbps 信道或 1 路 56 kbps 信道。

digital signal (level) 1 (DS1, DS-1) 数字信号等级 1,1 级 [一次群] 数字信号 数字信号速率北美标准中是称为 T1 的 1.544 Mbps 的信号，支持 24 路话音，一个 DS1 包含 24 个 DS0 信道，编码速率 64 kbps。它与北美和日本的标准相对应。欧洲或中国标准中是称为 E1 的 2.048 Mbps 的信号，支持 30 路话音，附加两个标志位和控制信道，总共 32 个 DS0 信道，每个信道 64 kbps。

digital signal (level) l combined (DS-1C) 复合数字信号等级 1,1C 级数字信号 在北美标准中其信号速率为 3.152 Mbps，由两个 T1 组成。T1 支持 24 个 DS0，每个 T1 数据速率为 1.544 Mbps。附加的 64 kbps 负载用于发信号和控制。

digital signal (level) 2 (DS2, DS-2) 数字信号等级 2,2 级 [二次群] 数字信号 数字信号速率北美标准中是称为 T2 的 6.312 Mbps 的信号，相当于 4 个 T1 或 96 个 64 kbps 的 DS0 信道，另外加上一些发信号和控制位。它与北美和日本的 T2 标准相对应。

digital signal (level) 3 (DS3, DS-3) 数字信号等级 3,3 级 [三次群] 数字信号 数字信号速率对应于北美标准 T3 的 44.736 Mbps 的信号，相当于 28 个 T1 信道。在信道应用中，DS3 支持 672 个信道，每个信道的速率为 64 kbps。在欧洲标准中，数字信号速率为 32.064 Mbps 的信号，加上发送信号和控制信道，DS3 最多支持 480 个信道，每个信道的速率为 64 kbps，则与日本的 T3 标准相对应。

digital signal (level) 4 (DS4, DS-4) 数字信号等级 4,4 级 [四次群] 数字信号 数字信号速率对应于北美标准 T4 的 274.176 Mbps 的信号。中国和欧洲采用的制式标准为 139.264 Mbps，而数字信号速率为 97.728 Mbps 的信号则与日本的 T4 标准相对应。对应话路数为 1 920 路 (欧洲和中国)、1 440 路 (日本) 和 4 032 路 (北美)。

digital signal processor (DSP) 数字信号处理器 (1) 专门用于处理数组和信号的运算处理器，其在系统结构和指令算法方面进行了特殊设计，具有很高的编译效率和指令的执行速度。其中数组运算包括向量乘和加等，信号处理包括对声音、图像和雷达等信号的采样和量化。DSP 尤其是在数字滤波、快速傅里叶变换(FFT)、波形变换及矩阵运算上得到大量的使用。(2)一种多媒体处理芯片。它接受图像或声音的模拟信号,能及时将其数字化。这些器件通常用于多媒体或者声卡中以产生特殊的效果,或者为了增强视频或音频信号。

digital signature　数字签名 以电子形式存在于数据信息之中的,或作为其附件的或逻辑上与之有联系的数据,可用于辨别数据签署人的身份,并表明签署人对数据信息中包含的信息的认可。数字签名又称"公钥数字签名",是一种类似写在纸上的普通的物理签名,但是使用了公钥加密领域的技术实现,用于鉴别数字信息的方法。一套数字签名通常定义两种互补的运算,一个用于签名,另一个用于验证。

digital signature standard (DSS)　数字签名标准 美国国家标准和技术协会(NIST)在 1991 年提出作为美国联邦信息处理标准(FIPS)的数字签名标准(DSS)。DSS 采用了美国国家安全局(NSA)主持开发的数字签名算法(DSA)。DSS 目的是证明通信双方的身份、达到确保通信的安全,是一套密码系统。

digital simultaneous voice and data (DSVD)　数字同传语音和数据 是调制解调器支持的一项功能。它是由 Hayes、USR、Intel、Rockwell 和 Creative 等共同开发的一项技术。它是在调制解调器中加入了一块协处理器,把语音转换为数字数据后其他数据一起发送,所以在没有语音传输的情况下,线路可以全部用来传输数据,这样效率就得到了提高,语音效果也不错,但是支持 DSVD 功能的调制解调器价格比 ASVD(模拟语音数据同传)的要高。

digital spectrum compatible (DSC)　数字频谱兼容性 一种由 Zenith/AT&T 提出

的全数字高清电视系统。其逐行扫描基带视频为 787.5 线/帧和 59.94 帧/秒。行扫描频率为 47.203 Hz,是 NTSC 系统的 3 倍,所以它和 NTST 系统之间的视频转换很容易。DSC 使用离散余弦变换编码作为其空间压缩的基础。

digital speech interpolation (DSI)　数字语音插空[内插](法) (1)在脉冲编码调制信号中,一种数字语音传输技术,它在信号电平不活动或恒定期间插入或引入不同的信号,从而提高传输效率。(2)一种提高话音电路利用率的技术。统计数据表明:在电话通信中,由于每句话间的间隙、词汇间隙以及停顿思考等原因,平均有 40%～50% 的时间间隔内是不传输话音信号的,若利用这些空隙时间来传输其它话路的信号,就能提高电话线路的利用率近一倍。这种方法通常采用数字技术来实现,主要是把话音信号数字化后再进行插空处理。其关键技术是话音检测与时隙分配的控制。

digital storage media command and control (DSM-CC)　数字存储媒体[介质]命令与控制(协议) 是用于开发与 MPEG-1 和 MPEG-2 流相关的控制信道的工具包。它在 MPEG-2 标准(DSM-CC 扩展)的第 6 部分中定义,并使用通过底层网络连接的客户端/服务器模型(通过 MPEG-2 多路复用或在需要时独立承载)。DSM-CC 可用于控制视频接收,提供视频盒式录像机(VCR)上常见的功能(快进、快退、暂停等)。它还可以用于多种其他目的,包括分组数据传输。DSM-CC 可以与下一代分组网络协同工作,与 RSVP(资源预留协议)、RTSP(实时流协议)、RTP(实时传输协议)和 SCP(安全复制协议)等互联网协议一起工作。

digital subchannel　数字子信道[频道] 在广播中,数字子频道是在同一无线电频道上从同一数字广播台或电视台同时发射多个独立的节目流的方法。这是通过使用数据压缩技术来减小每路单独节目流的大小以及将其复合组成单路信号来实现的。这种做法有时被称为"多播"。

digital subscriber line（DSL） 数字用户线路 是一种通过普通电话线，来为用户提供高带宽服务的技术。xDSL 代表不同种类的 DSL，比如 ADSL（非对称数字用户线路）、HDSL（高位速率数字用户线路），VDSL（超高位速率数字用户线路）和 RADSL（速率自适应数字用户线路）等。

digital subscriber line access multiplexer （DSLAM） 数字用户线路接入复用器 是设在电信端局的一个设备。它把电话信号和数字用户线路（DSL）信号混合到用户的 DSL 线路上，并把打进来的电话和数字信号分离之后传送到相关的载波网络上。

digital subscriber line broadband access technology 数字用户线宽带接入技术 是一种用电话网用户线的铜双绞线作媒质，采用信号处理技术和调制技术，充分利用铜双绞线的传输频带，传送高速数据业务的接入技术。按照数字信号的传输速率，可分高位速率数字用户线路（HDSL）和超高位速率数字用户线路（VDSL）。按照数字信号上下行的对称性，可分为非对称数字用户线路（ADSL）和其他（对称）高比特率数字用户线，例如 HDSL 和 SHDSL（对称高速数字用户线）。按照传送基带话音信号的能力，可分为传送基带话音的 ADSL（非对称数字用户环路）和不传送基带话音的其他 DSL。

digital subscriber line（DSL）modem 数字用户线［DSL］调制解调器 是用于将计算机或路由器连接到电话线的设备，以提供连接到因特网的数字用户线服务，这通常称为 DSL 宽带。术语 DSL 调制解调器在技术上用于描述连接到单个计算机的调制解调器，通过以太网端口、USB 端口或安装在计算机 PCI 插槽中的调制解调器。更常见的 DSL 路由器是一个独立的设备，它结合了 DSL 调制解调器和路由器的功能，可以通过多个以太网端口或一个完整的无线接入点连接多台计算机。DSL 路由器也称为住宅网关，通常管理家庭或小型办公网络中 DSL 服务的连接和共享。

digital subscriber signaling system No.1（DSS1） 1 号数字用户信令系统 是用于 ISDN（综合业务数字网）的数字信令协议（D 信道协议）。ITU-T（国际电信联盟-电信标准化部）I.411（ETS 300 102）定义了 N-ISDN（窄带 ISDN）的用户-网络接口（UNI）基本呼叫控制的技术规范。即 S/T 接口上的信令协议，由 D 信道传送，它由 3 层协议组成：物理层、数据链路层和呼叫处理层。它支持承载能力、低电平兼容性和高电平兼容性、ANI（自动号码识别）、DNIS（被叫号码识别）以及在两个方向上重定向数字信令。

digital subscriber signaling system No.2 （DSS2） 2 号数字用户信令系统 是用于 B-ISDN（宽带综合业务数字网）的数字信令协议（D 信道协议）。用于 B-ISDN 的用户-网络接口（UNI）信令，被国际电信联盟-电信标准化部（ITU-T）称为 DSS2。

digital telephone 数字电话 是数字电子技术在运营中和提供电话系统和服务的应用。自 20 世纪 60 年代以来，数字核心网络已经取代了传统的模拟传输和信令系统，并且大部分接入网络也已经数字化。数字电话大大改进了容量、质量和网络的成本。在 20 世纪 60 年代初通过用数字信号 1（DS1/T1）载波系统升级传输网络,首先对端到端模拟电话网络进行了修改,旨在通过对带宽有限的模拟语音信号进行采样,并采用PCM(脉码调制)进行编码来支持基本的 3 kHz 语音信道。后来的传输方法如同步光纤网(SONET)和光纤传输进一步推进了数字传输。

digital television (DTV)　数字电视　电视信号的产生、获取、处理、存储、传输、发射和接收过程中使用数字信号的电视系统或电视设备。其具体传输过程是:由电视台送出的图像及声音信号,经数字压缩和数字调制后,形成数字电视信号,经过卫星、地面无线广播或有线电缆等方式传送,由数字电视设备接收后,通过数字解调和数字视音频解码处理还原出原来的图像及伴音。因为全过程均采用数字技术处理,因此,信号损失小,接收效果好。

digital television adapter (DTA)　数字电视转接器　通常称为转换器盒,是一种电视调谐器,它接收数字电视(DTV)传输信号,并将该数字信号转换为可在模拟电视机上接收和显示的模拟信号。输入的数字信号可以是电视天线接收的空中地面电视信号,或来自数字有线电视系统的信号。通常不涉及卫星电视,卫星电视总是需要机顶盒来操作大卫星天线,或者在直播卫星(DBS)的情况下,它是集成的接收器/解码器(IRD)。在北美,这些ATSC(高级电视制式委员会标准)调谐器盒从ATSC转换为NTSC(美国国家电视制式委员会)制式,而在欧洲大部分地区和澳大利亚等其他地区,它们都从数字视频广播(DVB)转换为PAL(逐行倒相)制式。由于数字电视转换并没有减少广播电视系统标准的数量(事实上使它们更复杂),并且由于频率分配和频段规划的不同,还有许多其他国家特有的其他组合。

digital terrestrial multimedia broadcast

(DTMB)　地面数字多媒体广播(标准)　是古巴、中华人民共和国及其香港和澳门特别行政区用于移动和固定终端的电视标准。以前称为DMB-T/H(数字多媒体广播-地面/手持),DTMB合并了由上海交通大学开发的标准ADTB-T,由清华大学开发的DMB-T(地面数字多媒体广播)和2002年广播科学院提出的TiMi(陆地交互式多业务基础设施)标准。

digital terrestrial television (DTT/DTTV)　数字地面电视,地面数字电视　其优点在于频谱的有效利用及比模拟方式提供更多的容量、更高质量的图像以及广播和传输的更低的运营成本。如:ATSC DTV,高级电视标准委员会(系统A);ATSC-M/H,先进电视系统委员会移动和手持;ChinaDTV中国数字电视;DVB-H,手持数字视频广播;DVB-T,地面数字视频广播(系统 B);ISDB-T,地面综合业务数字广播(系统 C);DMB-T/H,数字多媒体广播-地面/手持;ISDB-TSB,综合业务数字广播地面声音广播(系统 F);FLO,仅前向链接(系统M)等等。

digital theatre system (DTS)　数字影院系统　美国DTS公司推出的声场技术。DTS分左、中、右、左环绕、右环绕五个声道,加上低音声道组成5.1声道。DTS跟杜比AC 3的差异在于数据流量大小的不同,DTS在DVD(数字视频光碟)上拥有 1 536 kbps 的数据流量,与384～448 kbps的AC 3数据流量相比,足足超过了3倍多。由于DTS系统在编码时丢失的信号很少,保留了原有声场中较丰富的细微信号,所以它的声场无论在连续性、细腻性、宽广性、层次性方面均优于杜比AC-3系统。

digital time stamp service (DTS)　数字时间戳服务　该服务能提供电子文件发表时

间的安全保护。数字时间戳服务是网上安全服务项目,由专门的机构提供。时间戳是一个经加密后形成的凭证文档,它包括三个部分:① 需加时间戳的文件的摘要;② DTS 收到文件的日期和时间;③ DTS 的数字签名。这里关键一步是:DTS 在收到文件摘要后加上当时的日期和时间信息,再对该文件加密(即数字签名)。

digital transmission content protection (DTCP) **数字传输内容保护** 是一种数字版权管理(DRM)技术,通过加密设备之间的互连来限制包括 DVD 播放器和电视播放的数字家庭技术。如果设备间实施了 DTCP 标准,则允许播放设备分发的内容。DTCP 也称为"5C"内容保护,是对应创建 DTCP 的五家公司:Sony, Hitachi, Intel, Matsushita 和 Toshiba 公司为电气和电子工程师学会的 IEEE 1394 接口开发的一种加密方法。

digital trunk (DT) **数字中继[干线]** 是数字交换系统与数字中继线之间的接口电路,可适配一次群或高次群的数字中继线。它具有码型变换、时钟提取、帧同步与复帧同步、帧定位、信令插入和提取、检测告警等功能。

digital trunked mobile communication **数字集群移动通信** 又称为第二代集群通信。数字集群移动通信系统具有调度话音、电话互连、电路数据和分组数据等综合业务,其主要特点有:① 适应多种业务不断增加的需求;② 数字话音和数据传输技术能提供更好的通信质量;③ 采用数字调制、话音编码、信道编码和数字信号处理技术的设备,性能优于模拟技术的设备;④ 数字传输技术能够适应不同类型的数据业务;⑤ 频谱利用率高。目前国际上有多种数字集群系统技术体制,如欧洲的泛欧集群无线电(TETRA)系统、以色列的跳频多址(FHMA)系统、摩托罗拉的数字增强网络(DEN)系统、爱立信的增强型数字接入通信系统(EDACS)系统、日本的综合调度无线电系统(IDRA)系统等。

digital tuning **数字调谐** 是使用石英晶体调谐每个调频(FM)和调幅(AM)频率。数字调谐取代了传统的拨盘读数,不再需要手动调谐器。

digital vertical interval timecode (DVITC) **数字垂直[场扫描]间隔时间码** 指将模拟垂直间隔时间码(VITC)波形数字化后产生 8 比特值,使其可用于数字视频系统。以美国电影与电视工程师协会(SMPTE)定义的 525 行视频系统为例,BT.1366 规范定义了如何通过数字分量接口将垂直间隔时间码(VITC)和纵向时间码(LTC)作为辅助数据传输。

digital video broadcast (DVB) **数字视频广播** 欧洲的数字视频广播标准。是 1993 年建立起来的一种面向市场的数字服务体系结构,旨在推广基于 MPEG(活动图像专家组)-2 编码国际标准的电视服务。1995 年 DVB 组织确立了数字卫星电视的标准(DVB-S),1996 年数字有线电视(DVB-C)、数字共享天线电视(DVB-SMATV)、数字微波电视(DVB-MS)等标准随之确立,数字地面电视(DVB-T)标准已被世界各国所采用。欧洲数字电视首先考虑的是卫星信道,采用键控移相调制(QPSK)。地面广播数字电视采用编码正交频分调制(COFDM),8M 带宽。有线数字电视采用正交幅度调制(QAM)。

digital video broadcasting (DVB) **数字视频广播[组织,标准,技术]** 是一套国际开放的数字电视标准。DVB 标准由 DVB 项目组织维护,并由欧洲电信标准协会(ETSI)、欧洲电工标准化委员会(CENELEC)和欧洲广播联盟(EBU)

的联合技术委员会(JTC)出版。DVB是欧洲发展数字广播的首选方案。DVB组织在几十个国家拥有270多个成员,提出的卫星系统DVB-S,可以被用于任何转发器,与之匹配的有线电视系统称为DVB-C,和称为DVB-T的数字地面系统。

digital video broadcasting group（DVBG） 数字视频广播组织 欧洲制定数字视频广播(DVB)标准的组织,数字视频广播组织的目标是为数字视频广播系统的应用建立技术框架,制定欧洲的数字电视的国际开放的标准。

digital video broadcasting-handheld（DVB-H) 手持式数字视频广播 是三种流行的移动电视格式之一。这是把广播服务引入移动电话的技术规范。2004年11月DVB-H正式被采纳为ETSI标准EN 302 304。可从官方DVB-H网站下载DVB-H规范(EN 302 304)。从2008年3月起,DVB-H被欧盟正式认定为"地面移动广播的首选技术"。该技术的主要竞争对手是高通公司(Qualcomm)的MediaFLO系统,基于3G蜂窝系统的MBMS(多媒体广播多播服务)移动电视标准,以及美国ATSC-M/H(高级电视系统委员会-移动/手持标准)格式,现在的DVB-SH(卫星到手持设备)和将来的DVB-NGH(下一代手持设备),可能会改进DVB-H,提供更高的频谱效率和更好的调制灵活性。但DVB-H在商业上是失败的,已不再提供广播服务。

digital video broadcasting-return channel via satellite（DVB-RCS） 数字视频广播-卫星返回频道 是由DVB(数字视频广播)联盟于1999年制定的交互式按需多媒体卫星通信系统的规范。DVB-RCS是一种成熟的开源卫星通信标准,具有高效的带宽管理。这使其成为许多用户的一种经济高效的替代解决方案。它还为进一步的卫星通信研究奠定了基础。实施DVB-RCS的标准是ETSI(欧洲电信标准协会)EN 301.790。

digital video broadcasting-satellite-second generation（DVB-S2） 数字视频广播-第二代卫星（系统） 一种数字电视广播标准,作为流行的DVB-S系统的后继产品而设计。2003年国际行业协会DVB项目开发,并于2005年3月由ETSI(EN 302307)批准。该标准基于并改进了DVB-S和电子新闻采集(或数字卫星新闻采集)的系统,移动单元使用该系统将声音和图像从世界各地的远程位置发送回所属电视台。DVB-S2计划用于广播服务,包括标清电视和高清电视(HDTV),包括因特网访问的交互式服务,以及(专业)数据内容分发。DVB-S2的发展与HDTV和H.264(MPEG-4 AVC)视频解编码器的引入相吻合。与DVB-S标准相比,增加了两项新的关键功能:① 一种基于现代LDPC(低密度奇偶校验)码的强大编码方案。对于低编码复杂度,所选择的LDPC码具有特殊结构,也称为不规则重复累积码。② VCM(可变编码和调制)和ACM(自适应编码和调制)模式,允许通过动态改变传输参数来优化带宽利用率。其他功能包括高达32APSK的增强调制方案、附加码率,以及为包括MPEG-4音频-视频流的IP分组数据引入通用传输机制,同时支持与现有基于MPEG-2 TS的传输的向后兼容性。DVB-S2实现了比其前代产品明显更好的性能——主要支持在相同的卫星转发器带宽上增加可用比特率。2014年3月,DVB-S2X规范由DVB项目发布,作为一个可选的扩展,增加了进一步的改进。

digital video broadcasting-satellite services to handhelds（DVB-SH） 数字视频广播-手持终端卫星服务 是一种物理层标

D

准,用于基于 IP 的媒体内容和数据传送到手持终端,如移动电话或 PDA。依靠混合卫星/地面下行链路和上行链路,例如 GPRS。DVB 项目组于 2007 年 2 月发布了 DVB-SH 标准。DVB-SH 系统设计用于 3 GHz 以下的频率,支持 UHF(超高频)频段、L 频段或 S 频段。它补充并改进了现有的 DVB-H 物理层标准。与其姊妹规范(DVB-H)一样,它基于 DVB IP 数据广播(IPDC)传送、电子服务指南以及服务购买和保护标准。DVB-SH 规定了两种操作模式:① SH-A:指定在卫星和地面链路上使用COFDM(编码正交频分复用)调制,并可能在 SFN(单频网络)模式下运行两条链路。② SH-B:在卫星链路上使用时分复用(TDM),在地面链路上使用COFDM。

digital video broadcasting-second generation terrestrial (DVB-T2) 数字视频广播-第二代地面(系统) 是由 DVB 联盟发布的电视标准 DVB-T 的扩展,为数字地面电视的广播传输而设计。DVB 已由欧洲电信标准协会(ETSI)标准化。该系统使用 OFDM 调制结合级联信道编码和交织技术,在"物理层管道"(PLP)中传输压缩的数字音频、视频和其他数据。与其前身 DVB-T 相比,提供更高的比特率使其成为适合在地面电视频道上传输HDTV(高清电视)信号的系统(尽管许多广播公司仍然使用普通的 DVB-T 用于此目的)。

digital video broadcasting-terrestrial (DVB-T) 数字视频广播(组织)地面(系统) 它是 1997 年首次发布并在 1998 年首次在英国广播的基于欧洲联盟 DVB 标准进行数字地面电视广播传输。该系统使用编码正交频分复用(COFDM 或OFDM)调制技术,在 MPEG 传输流中传输压缩的数字音频、数字视频和其他数

据。它也是世界范围内广泛使用的格式(包括北美),可用于电子新闻采集,将视频和音频从移动新闻采访车传输到中央接收点。

digital video cassette (DVC) 数字(盒式)录像带 又称为 DVC 格式,在 20 世纪 90 年代,55 家公司成立了 DVC 联盟,以最终确定连接到电脑的接口格式。该接口基于苹果电脑公司提出的IEEE-1394规范。DVC 格式是所有 55 家公司商定的录像带行业标准。因为数字便携式摄像机是多媒体时代的核心设备,DVC 最终缩短为数字视频(DV)名称。

digital video coding (DVC) 数字视频编码 对视频信号采用的数字编码技术,如脉冲编码调制(PCM)、差分脉冲编码调制(DPCM)、变长编码(VLC)、变换编码、JPEG(联合图像专家组)、矢量量化、MPEG(运动图象专家组)等技术。

digital video compression (DVC) 数字视频压缩 (1)目的是在传输接收端重建视频帧时减少必要的信息量。电子信号被压缩后,信道的容量能够增加 8、10 或更多倍。这种处理可以扩大每个卫星转发器的频道数量,为直播卫星系统创建足够的信道容量,因此用于高清晰度电视(HDTV)。有线电视能够通过一根光纤传输数以百计的电视频道。(2)将模拟视频信号转换成数字信号,然后进行数据压缩的过程。

digital video disc-random access memory (DVD-RAM) DVD 随机存取存储器 是由 DVD 论坛于 1996 年提出的光碟规范,其规定了可重写的 DVD-RAM 媒体和适当的 DVD 写入器。自 1998 年以来,DVD-RAM 媒体已用于计算机以及便携式摄像机和个人录像机。

digital video disc read only memory (DVD-ROM) 数字(视频)光碟只读存储器 一种只读型 DVD 视碟,必须由专门的视

碟机播放。随着技术的不断发展，DVD 有了更为广泛的内涵，已不在只局限于 Digital Video Disc 这个范畴，而演变成为 Digital Versatile Disc（数字多功能［视频］光碟）。和 CD 不同，DVD 于一开始已被设计为多用途的光碟。

digital video disc-recordable（DVD‐R） 可记录数字视频光碟　DVD 可记录和 DVD 可重写都是光碟记录技术。可以通过 DVD 刻录机录制的 DVD 光碟格式（写入，"刻录"），与 DVD‐ROM 相比，可以写入一次或通过激光写入可重写（多次写入）格式，DVD‐ROM 在技术上通过压制批量生产，主要是为了分发家庭录像。DVD 可记录是一次写入和重写格式，而 DVD 可重写仅指可重写格式。

digital video disc-rewritable（DVD‐R） 可重写数字视频光碟

digital video frame storage 数字视频帧存储　指激光视碟播放机（VDP）设计的一种播放特性，它能将一帧图像保留在内存或缓冲区中，这个单一的帧显示在电视屏幕上，直到新的随机访问搜索完成一个新的部分。在播放机还没有这项功能的时候，无论何时激活随机访问搜索，只能保持黑屏。数字视频帧存储自动运行时，无论何时用户按下随机存取功能。最后出现在屏幕上的一帧图像存储在缓存中，并显示在屏幕上，直到定位好新的视频信息。

digital video interactive（DVI） 数字视频交互技术，DVI 光碟　一项存储视频图像的技术，由于单帧图像需多达 2 MB 的空间，而每秒需播放 30 帧，这将很快耗尽计算机存储器资源。DVI 通过专用处理机对数据进行压缩和解压缩，从而克服了该问题。DVI 由美国 RCA 公司于 1982 年首次提出，1987 年美国通用电气公司获得此技术，并于 1987 年首次展示了运用该技术生成的数字全动态视频图像，1988 年 Intel 公司买下该技术，1989 年 Intel 和 IBM 公司推出了 DVI 技术的第一代产品 Action Media 750，DVI 技术的核心是三块专用的接口板，DVI 视频板、DVI 音频板以及 DVI 多功能板，同时配备 CD‐ROM（只读光碟存储器）驱动器，带有放大器和音响效果的 RGB 彩色监视器等。

digital video interface（DVI） 数字视频接口　由 RCA、GE 和 Intel 公司开发的一组标准，规定了视频及声音如何被压缩并存储在磁盘上，如何被解压和实时播放。

digital video recorder（DVR） 数字录像机，数字视频记录器　可把广播电视或有线电视数字化后存放到硬盘存储器并可立刻回放的装置。硬盘存储的图像和声音是经过压缩的数字数据。与模拟电视录像机类似，数字录像机也提供暂停、倒带、慢放、快放等控制功能。

digital video stabilizer 数字视频稳定器　指在播放视频时消除视频版权保护信息的一种设备。当观看租赁电影时，在画面中会定期出现讨厌的颜色变暗、色彩偏移、多余的行线、闪烁或锯齿边缘的现象。这是由于嵌入在录像带中的版权保护加扰信号导致的，如 Macrovision 版权保护。该设备能消除播放时的版权保护和加扰信号，使画面清晰。

digital voice coding（DVC） 数字语音编码　将语音信号进行量化，然后进行编码压缩的技术。

digital visual interface（DVI） 数字视频［显示，视觉］接口　是数字显示工作组（DDWG）开发的视频显示接口。用数字接口把视频源（如视频显示控制器）连接到显示设备（如计算机显示器）。这是为了建立数字视频内容传输的行业标准而开发的。该接口设计用于传输未压缩

D

的数字视频,并可配置为支持多种模式,如 DVI-A(仅限模拟),DVI-D(仅限数字)或 DVI-I(数字和模拟)。支持模拟连接的 DVI 规范兼容 VGA(视频图形阵列)接口。这种兼容性及其他优势,使其超越竞争的即插即显(P&D)和数字平板(DFP)数字显示标准而被广泛接受。尽管 DVI 主要与计算机相关,但它有时用于其他消费电子产品,如电视机和 DVD 播放机。

digital watermark　数字水印　数字水印技术是将一些标识信息(即数字水印)直接嵌入数字载体当中(包括多媒体、文档、软件等)或是间接表示(修改特定区域的结构),且不影响原载体的使用价值,也不容易被探知和再次修改,但可以被生产方识别和辨认。数字水印过程就是向被保护的数字对象嵌入某些能证明版权归属或跟踪侵权行为的信息,可以是作者的序列号、公司标志、有意义的文本等等。

Digital 8　数字 8 压缩视频　(1)是一种将标准数字视频压缩技术应用于标准 Hi-8 磁带记录信息的技术。其目的是使数字视频播放设备可播放标准 Hi-8 和 8 毫米磁带。由于模拟磁带所播放的视频质量有限,所以在回放中,模拟磁带通过 i-Link 数字输出接口被转换为一个 25 Mbps 的压缩信号。这种新的数字记录格式(包括音频规格及其它数据)与数字视频的性能相同。(2) Digital 8(Di8)是一种过时的用于消费者摄像机的数码录像带,基于 Sony 公司开发的 8 mm 视频格式并于 1999 年推出。Digital 8 格式是早期模拟 Hi8 磁带传输与数字 DV 编解码器的组合。Digital 8 设备使用与模拟录制 Hi8 设备相同的录像带,但信号采用行业标准 DV 编解码器进行数字编码,这意味着它具有与 DV 相同的数字音频和数字视频规格。

digitized speech　数字化语音[话语]　语音的数字化表达。其中语音波形幅值以规则间隔记录。在语音识别系统中,语音一般以每秒 8 000～12 500 次取样。

diheptal base (DB)　14 脚管座　指有 14 针或 14 个引脚的电子管插座。主要用于电视阴极射线管(CRT)。

Dijkstra's algorithm　Dijkstra 算法　是用于在图中的节点之间找到最短路径的算法。它是由荷兰计算机科学家 Edsger W. Dijkstra 于 1956 年的构思,并在三年后发布。该算法有许多变化,Dijkstra 的原始变化是在两个节点之间找到最短路径,但更常见的变化是将单个节点固定为"源"节点,并找到从源到图中所有其他节点的最短路径,从而生成最短路径树。最短路径算法广泛用于网络路由协议,最著名的是 IS-IS(中间系统到中间系统)和开放最短路径优先(OSPF)。它也被用作 Johnson 等其他算法的子程序。

dilution　稀释　指增加白色,降低色彩强度的技术。

dim fiber　灰色光纤　传统的一条光纤仅支持具有单一频率的激光信号传输,若要增加传输速度和系统容量外,通常采用提高传输设备的信息复用解复用处理能力或采用波分复用技术(WDM)和更高效的密集波分复用技术(DWDM)。例如,对于可支持 32 路光波的 DWDM 光纤中,每一路光波可以传输 10 Gbps 等级的信息,则 32 路就是 320 Gbps。但这样大容量的 DWDM 系统并不一定会用尽全部 32 路的带宽,它仅仅在需要的时候才"点亮",没有使用的某一路,通常是非"全黑"、也非"全亮",即"灰态"状态。没有用尽光纤带宽的光纤称为灰色光纤。

Dinic's algorithm　迪尼克算法　一种求网络最大流的算法。其基本思想是使用深度优先搜索查找可增路径,当找到可增路径时，则沿该路径增加流量，并将容量为 0 的边删除。若需要从某点 v 返回时，则删除与 v 相关联的所有边。使用这种方法可保证每次至少删除一条边，从而提高了效率。该算法的时间复杂性为 $O(n^2 m)$，而埃得蒙斯卡普算法为 $O(nm^2)$，其中 n, m 分别为网络中的顶点数和边数。

D interface　D 接口　在移动通信系统中，D 接口位于 VLR(访问位置寄存器)和 HLR(归属位置寄存器)之间。它使用移动应用部分/D(MAP/D)协议与 ME(移动设备)位置和用户的管理相关的数据进行交换。

diode gun　二极管电子枪　一种高清晰度电视(HDTV)中使用的小孔径、高分辨率摄像管。

diode modulator　二极管调制器　利用一个或多个二极管将调制信号与载波信号相组合的调制器。由于其固有的低效率，故主要用于低电平信号系统。

diode rate of rise noise limiter（DRRNL）二极管减噪限幅器　利用二极管在杂波峰值上阻断信号通道，从而改善信杂比的限幅器。

diode ring modulator　二极管环形调制器　将阴极与阳极串接成一个环状、一组四个匹配的二极管，用作调制器或解调器。

diphase code　双相码　一种双值编码，由其不归零信号与其时钟信号的模 2 加生成。

diplexer　双工器　(1)一种设备，它可以使以不同频率工作的两台无线电发射机共用一副天线同时或单独进行发射。(2)用来防止电视天线辐射的伴音和图像信号之间干扰的设备。

diplexer filter（DF）　双工滤波器　(1)能根据信号的频率将 RF(射频)信号分离成两路中的一路的滤波器。也可以用来组合不同频段中的信号。(2)将栅格衰减滤波器的作用同伴音和图像双工器的作用结合在一起的装置，用于电视发射机。

diplexing　双工法　(1)指使用一种称为双工器的设备以实现共用天线进行两路信号的同时传输或接收。例如在电视广播中使用单天线来同时进行视频和声音载波的传输。(2)指视频电路承载两路全音频频道，立体声电视就是这样实现的。其方法是在视频信号之上再传输两路音频信号，主音频为 5.8 MHz，另一路音频为 6.4 MHz。双工法可用在电话和微波传输。

dipolar loudspeaker　偶极式音箱　跟双极式音箱在构造上相同，但前向及后向喇叭反相馈以信号，因此其声辐射图形呈倒"8"字形。多用作环绕声音箱。

dipole antenna　偶极(子)天线　在广播和通信领域，偶极子天线或双杆天线是最简单且使用最广泛的一类天线。偶极子天线通常由两个相同的导电元件组成，例如金属线或金属杆，通常双侧是对称的。常用的羊角电视天线就是一个简单的偶极天线。卫星电视天线常用的馈电喇叭也是一种偶极天线。偶极天线的外观通常是圆柱状或是薄片状，其在天线底端有一转接头作为能量馈入的装置。偶极天线的长度与其操作频率有关，一般常用的设计是使用半波长或波长来作为天线的长度。偶极子天线还有几种不同变型，例如折叠式偶极子、短偶极子、笼式偶极子、领结形偶极子和蝙蝠翼天线。偶极天线本身可以用作独立天线，但它们在许多更复杂天线类型中用作馈电天线(驱动单元)，如八木天线、抛物面天线、反射阵列、旋转天线、对数周期天线和相控阵。

dipulse　双脉冲(传输)　一种脉冲传输方式，其中出现一周正弦波音频代表二进制数 1，而不出现一周正弦波音频则代表二进制数 0。

direct access arrangement 直接存取[接入]装置 数据通信中,电话网与用户设备连接中的一个有隔离变压器的装置。它可防止高压或有害大信号影响电话网。

direct access test units (DATU) 直接接入测试单元 是特殊的 PSTN(公共交换电话网)电话号码,终止于电话公司本地交换局的中心局交换机,为交换机人员和电信技术人员提供电路,用于各种方式测试线路。

direct broadcast/broadcasting satellite (DBS) 直(接广)播卫星 一种(主要是电视)服务,通过高功率对地静止卫星,把来自多频道节目供应商的信号发送到通常安装在每个用户住宅的小孔径接收天线和接收机。DBS 采用 MPEG(活动图像专家组)数字压缩技术,能为具有卫星接收设备的用户提供视频和数据业务。

direct cable connection (DCC) 直接电缆连接 两台计算机的输入输出端口之间的连接方式。这种连接方式使用电缆而无需使用调制解调器或其他有源接口设备。

direct call 直接呼叫 一种不要求使用地址选择信号的通信方式。在通信网络中把直接呼叫请求信号看作是要求一个或多个预先确定的数据站建立连接的命令。

direct call feature 直接呼叫特性 通信控制器的一种机器特性,它允许在 X.21 交换线路上建立向外呼叫,而无须把一个选择信号序列送入网络。

direct connect modem 直接连接调制解调器 一种典型的调制解调器,不需要声耦合器,采用标准电话线和接插件,并直接插到电话插座中。

direct control switching (DCS) 直接控制交换(技术,方式) 由拨号脉冲直接控制在交换网络中建立起交换通道,而不需要中央控制设备来控制。步进制电话交换机就是使用直接控制的交换方式。

direct-current restorer (DCR) 直流恢复器 一种将信号中被高阻抗电路元件去除的直流分量或低频分量还原、恢复的设备。该设备也可用于增加直流分量或低频分量到缺少这些分量的信号中。电视机中使用 DCR 为重建原始的视频信号。它既可以用于在交流传输中对接收信号直流分量进行恢复,也可用于纠正不需要的的寄生直流分量。

direct current signaling 直流信令 随路信令方式中的一种线路信令,采用直流方式传送信令信号。这种信令结构简单,但传送距离有限。可采用音频电缆传输局间信令。直流线路信令的结构为直流极性标志,表示为"＋""－"和高阻状态。

direct-current transmission 直流传送 一种电视使用的信号传输方法,在传输信号中直接表示亮度信号的直流分量。

direct data transmission 直接数据传输 传输数据使用的单线或通道。这种系统比较简单,适合于传输数据量预知的信息。

direct department calling (DDC) 直接部门[部门直接]呼叫 一种电话业务,可以把来话呼叫连接到特定的中继线(群)上,而由该中继线(群)连接到特定的电话机(组)。

direct dialling in (DDI) 直接拨号[拨入]用户可不通过话务员而通过 PBX(专用交换分机)或其他专用系统直接呼叫对方用户的功能。

direct digital synthesis (DDS) 直接数字合成 是频率合成器采用的一种方法,用于从单个固定频率基准时钟产生任意波形。DDS 用于诸如信号生成、通信系统中的本地振荡器、函数发生器、混频器、调制器、声音合成器以及部分数字锁相环。

direct digital synthesizer（DDS）　直接数字(频率)合成器　DDS 同 DSP(数字信号处理)一样，也是一项关键的数字化技术。具有低成本、低功耗、高分辨率和快速转换时间等优点，广泛使用在电信与电子仪器领域，是实现设备全数字化的一个关键技术。

direct distance dialling（DDD）　直接长途拨号，长途直拨(电话)　一种电信服务功能，呼叫者可以在没有话务员帮助的情况下呼叫本地电话区域外的任何其他用户。用户直接拨号通常需要拨打额外的号码作为前缀而不是在本地区域内或区域代码内拨号。DDD 还超出了国家公共电话网络的范围，在这种情况下，它被称为国际直拨或国际长途直拨电话（IDDD）。DDD 是北美编号方案于 20 世纪 50 年代实施时使用的术语。在英国和英联邦的其他部分，等同的术语是"STD"代表用户中继线拨号，而"ISD"表示国际用户中继线拨号。

direct drive cylinder（DDC）　直接驱动磁头鼓　指在家用录像机系统中（VHS），视频磁头由独立的无刷直流电机（没有皮带或齿轮）驱动，它能产生更加稳定的图像。

directed broadcast　引导[定向]广播　在远程网上对所有计算机广播，采用发送一个包的单一备份到远程网，并当它到达时广播该包的方法。TCP/IP(传输控制协议/网际协议)支持引导广播。

directed broadcast address　定向广播地址　在使用 TCP/IP(传输控制协议/网际协议)的网络中，给出网络标识地址，并把主机标识地址段置为全"1"的 IP(网际协议)广播地址。因为这种地址在网络中任何地方都可以实现对网络标识所指定的网络上所有主机发送分组，故得名。

direct infrared transmission　直接红外线传输　要求收发双方都在对方视野内进行的红外线技术的数据传输。

directional antenna　定向天线　定向天线或波束天线是在特定方向上辐射或接收更多功率的天线，可提高性能并减少不需要的信号源的干扰。定向天线通常比偶极天线或者一般的全向天线提供更高的性能，当需要某个方向更大的辐射聚集时，这种天线是理想的。最常见的类型是八木天线、对数周期天线和角反射器天线，这些天线经常组合并作为住宅电视天线。蜂窝转发器通常使用外部定向天线来提供比标准蜂窝电话所能获得的信号大得多的信号。卫星电视接收机通常使用抛物面天线。对于长波长和中波长频率，在大多数情况下用塔式阵列作为定向天线。

directional beam　定向射束　集中在给定方向的电磁能量或声能。

directional coupler（DC）　定向耦合器　(1)一种传输耦合设备，用来分别对传输线上的前向波(即入射波)或反向波(即反射波)进行采样(通过已知的耦合损耗)。单向耦合器是只能在一个传输方向上对波采样的终端或连接器，而双向耦合器则是在两个方向上都有对波采样的终端或连接器。(2)一种微波器件，用于从波导内一个方向传送的能量中提取固定的一小部分，以确定波导系统输出功率。提取的能量用来激励功率计。通过适当利用一个或多个定向耦合器，可以防止反射的信号功率影响功率测量的精度。定向耦合器通常是借助中心相距波长的两个小孔与主波导相耦合的一段短波导。短波导的一端接有匹配负载，另一端则包含同轴过渡。主波导与短波导之间的耦合度由小孔直径决定。

directional division duplexing　方向分离双

工   在单根光纤上实现全双工通信的一
种方法,该方法使用方向耦合器(一种类
似于无源分支器的装置)来分离两个方
向的不同的频率信号。

directional division multiplexing   定向复用
上行下行信息均采用相同的波长,根据
光在光纤内的传播方向识别上行下行
信息。

directional filter   方向滤波器   一种具有
一公共分支点的高通和低通滤波器的组
合,用来把双向传输系统较高和较低的
传输频带分开。

directional pattern (DP)   方向性图   表示
天线辐射特性与空间坐标之间关系
的图。

directional phase shifter   定向移相器   在
一个方向传输的相位变化不同于相反方
向传输的相位变化的无源移相器。

**direction finder (DF)   定向器,测向器,测
向仪**   在无线通信系统中,一种用来确
定无线电信号来自何方的装置。

direction of propagation   传播方向   定向
增益等于 4π 乘以给定方向的辐射强度
与天线辐射的总功率之比的天线额
定值。

directivity function (DF)   方向函数   指天
线的方向函数。任何方向上的函数值等
于该方向上每单位立体角内的辐射功率
通量除以所有方向上每单位立体角内的
通量平均值。

directivity gain   定向增益   天线处于最大
增益方向上的定向增益值。

directivity pattern   方向图   用于声波发
射或接收的传感器响应的图解描述或其
他描述。它表示为在规定平面和在规定
频率上发射或入射声波的方向函数。也
称为"射束图"或"方向响应图"。

director   导控器,导向偶极子,引向器
(1) 通信载波电报报文交换系统中的设
备,根据报文中的地址,用于进行跨局选

择和从输入线到输出线设备的连接。
(2) 安装在接收天线前部分的一种元
件。它可以提高天线在主辦方向上的增
益。(3) 天线阵里放在受激励单元前面
的无源单元。

director dipole (DD)   引向振子   位于天
线接收振子之前几分之一波长处的偶极
子,其作用是与其他无源单元结合,以提
高主瓣方向上的增益。

**direct sequence CDMA (DS-CDMA)   直接
序列码分多址,直接序列 CDMA**   用扩
频序列直接调制数据序列的码分多
址(CDMA)系统。

**direct sequence spread spectrum (DSSS)   直
接序列扩频**   在电信技术中,DSSS 是用
来降低整体信号干扰的扩频调制技术。
是用高速伪随机码将传输信息所需带宽
加以展宽的一种扩频技术。DSSS 用高
速率的扩频序列在发射端扩展信号的频
谱,而在接收端用相同的扩频码序列进
行解扩,把展开的扩频信号还原成原来
的信号。DSSS 是直接用伪噪声序列对
载波进行调制,要传送的数据信息需要
经过信道编码后,与伪噪声序列进行模 2
和生成复合码去调制载波。接收机在收
到发射信号后,首先通过伪码同步捕获
电路来捕获发送来的伪码精确相位,并
由此产生跟发送端的伪码相位完全一致
的伪码相位,作为本地解扩信号,以便能
够及时恢复出数据信息,完成整个直扩
通信系统的信号接收。

**direct store and forward lockup   直接存储
和转发闭锁**   一种闭锁状态,此时任何
IMP(接口信息处理机)都不能接收来自
别的接口信息处理机的报文。

**direct stream digital (DSD)   直接流数
字(编码)**   超级音频光碟(SACD)用来
把模拟声音信号转换成数字信号的模数
转换技术。在数字音频光碟(CD-DA)
中,采用脉冲编码调制(PCM)把模拟声

音转换成数字声音,采样率为 44.1 kHz,每个样本用 16 位表示;在 SACD 中,声音的采样率为 64×44.1 kHz=2.822 4 MHz,每个样本用 1 位表示。

direct stream digital interchange file format (DSDIFF) 直接流数字交换文件格式,**DSDIFF 格式** 存储 DSD 声音数据的文件格式。

discard protocol 丢弃[抛弃]协议 是 RFC 863 中定义的因特网协议套件中的一项服务。它用于测试、调试、测量和主机管理。主机可以将数据发送到支持传输控制协议(TCP)或用户数据报协议(UDP)端口号 9 上运行丢弃协议的主机,发送到该主机的数据就简单地丢弃,没有回复信号。

discrete cosine transformation (DCT) 离散余弦(函数)转换 对离散数据进行的一种数学变换,类似于快速傅里叶转换(FFT)但较容易计算,是一种极广泛应用的图像和视频压缩算法。在算法中像素块具有空间频率特性,其中具有较小系数的频率分量在压缩过程中将被删除。

discrete dipole approximation (DDA) 离散偶极子近似 是一种用于计算任意几何形状的目标散射和吸收的灵活技术。给定任意几何形状的目标,人们试图计算其散射和吸收特性。DDA 是通过可极化点的有限数组的连续目标的近似。这些点响应于局部电场而获得偶极矩。当然,偶极子通过它们的电场相互作用,所以有时也称 DDA 为耦合偶极子近似。它与矩量法、数字化格林函数或体积分方程法密切相关。

discrete Fourier transform/transformation (DFT) 离散傅里叶变换 对离散时间信号的傅里叶变换。在数学中,离散傅里叶变换(DFT)将函数的等间隔样本的有限序列转换为离散时间傅里叶变

换(DTFT)的等间隔样本的相同长度序列,这是频率的复数值函数。对 DTFT 采样的间隔是输入序列的持续时间的倒数。逆 DFT 是傅里叶级数,使用 DTFT 样本作为相应 DTFT 频率处的复正弦波的系数。它具有与原始输入序列相同的样本值。因此,DFT 被称为原始输入序列的频域表示。如果原始序列跨越函数的所有非零值,则其 DTFT 是连续的(且是周期性的),并且 DFT 提供一个周期的离散样本。如果原始序列是周期函数的一个周期,则 DFT 提供一个 DTFT 周期的所有非零值。

discrete multi-tone (DMT) 离散多音(调制,传输),离散多载波 (1)离散多载波是一个多载波调制方案。数字信号分配给同一通道的多个子载波,每个子载波上的比特数由其所在位置的信道特性决定。DMT 通过离散傅里叶变换生成这些子载波。(2)离散多音(调制)是 ADSL(非对称数字用户线路)采用的两种调制技术之一,已被美国国家标准协会(ANSI)选择为 ADSL 的标准。DMT 将可用带宽划分为 256 个子信道,每个子信道带宽为 4 kHz,然后将数据自适应地动态分配给每一个子信道,这就使得在约 1 MHz 的可用频带内实现超过 6 Mbps的数据率。

discrete spectrum 离散频谱 ① 频谱的一种基本类型。又称"线状频谱",图形呈线状,各线谱线(代表某频率分量幅度的线)之间有一定的间隔。周期信号的频谱都是离散频谱。② 连续频谱:各条谱线之间的间隔为无穷小,谱线连成一片。非周期信号和各种无规则噪声的频谱都是连续频谱。一般的频谱测量中,往往把连续谱称为频谱。频谱测量的基础是傅里叶变换。它可以将一个随时间变化的信号变换成与该信号相关联的频率的函数。

discrete wavelet multi-tone (DWMT) 离散

小波多音 使用小波变换产生多路载波调制和解调的数据通信技术。

discrete wavelet transform（DWT） 离散小波变换 在数值分析和泛函分析中，DWT 是对小波进行离散采样的任何小波变换。与其他小波变换一样，它相对于傅立叶变换具有的一个关键优点是时间分辨率：它捕获频率和位置信息(时间上的位置)。用小波的基函数表示函数 $t(x)$ 的方法。小波是在一个有限的时间范围内变化的数学函数，它的平均值等于零。小波的基函数序列或称为子小波(baby wavelets)函数是由单个小波或称为母小波(mother wavelet)函数得到的，方法是把母小波进行缩放(dilation 或 scaling)和平移(translations shifts)。例如，具有 N 个分量的有限长度信号 $n(x)$ 的离散小波变换可用矩阵 $N \times N$ 表示。

discriminator 鉴别器，鉴频器，鉴相器 一种输出电压的大小和极性取决于输入信号与标准信号或其他信号有多大差别的电路。因此，鉴频器将与载频的频偏转换成相应的幅度变化。脉冲高度鉴别器只对超过预定高度的脉冲提供输出电压。鉴相器则将相位变化转换成相应的幅度变化。

discriminator output 鉴相器输出 是检测装置在发送到音频级以通过扬声器输出之前产生的原始未滤波信号，也称为"基带音频"。

dish 碟型(天线) 一类抛物面微波天线，用于接收地面视距信号或卫星信号。

dish antenna 碟形天线 一种碟形发射或接收天线。典型的用在从通信卫星接收无线电信号和电视信号。

dispersion 色散，析离，散射 (1) 光纤中由光源光谱成分中不同波长的不同群速度所引起的光脉冲展宽的现象。色散也是对光纤的一个传播参数与波长关系的描述。(2) 将辐射分离为具有不同频率、能量、速度或其他特性的各个组成部分的过程。如棱镜或衍射光栅将自然光分解为构成白色的各种色彩。(3) 声色散是声波在通过物体时分离成为其分量频率的现象。声波的相速度被视为频率的函数。因此，通过辐射波穿过给定介质时相速度的变化率来测量分量频率的分离。

dispersion coefficient 色散系数 对于在光纤中传输的光波的色散量可表示为谱宽度和光纤长度的函数，即每单位长度和每单位光谱谱线宽度下的脉冲展宽量。色散系数常表示为 $ps \cdot km^{-1} \cdot nm^{-1}$，即皮秒/(千米·纳米)。单位长度光纤中由色散引起的脉冲展宽可由色散系数 $M(\lambda)$ 和谱线宽度 $\Delta\lambda$ 的乘积表示。

dispersion compensating fiber（DCF） 色散补偿光纤 可补偿在常规光纤传输中产生之色散的一类光纤。它是具有大的负色散光纤，这类光纤是在光纤中加入一定的具有负色散的色散补偿光纤，进行色散补偿，以保证整条光纤线路的总的色散近似为零。

dispersion flattened fiber（DFF） 色散平坦光纤 将从 $1.3\ \mu m$ 到 $1.55\ \mu m$ 的较宽波段的色散，都能做到很低，几乎达到零色散的光纤。

dispersion line 色散线 一种能将每个频率延迟一段不同时间的延迟线。石英延迟线或是铝延迟线均可设计成具有这个特性。

dispersion medium 色散媒质 电磁波的相速随频率而变的媒质。等离子体是色散媒质，但自由空间则不是色散媒质，因为所有频率的波都以光速在空间传播。

dispersion relations 色散关系 在物理科学和电气工程中，色散关系描述了介质中的色散对在该介质内传播的波的特性的影响。色散关系将波的波长或波数与其频率关联起来。根据这种关系,波的相速度和群速度具有方便的表达式,从而确定介质的折射率。比几何依赖和材料依赖的色散关系更一般,有描述波传播和衰减的频率依赖性的总体 Kramers-Kronig 关系。在色散的情况下,波速不再是唯一确定的,从而导致相速度和群速度的区别。

dispersion shift/shifted fiber(DSF) 色散位移光纤 满足 ITU-T(国际电信联盟-电信标准化部)G.653 要求的单模光纤。大多数光纤在 1 310 nm 波长附近呈现"零"色散。色散位移光纤具有芯-包层折射率分布特性,可将零色散波长从石英玻璃光纤中自然的 1 300 nm 移至 1 550 nm 处的最小损耗窗口。实现了在 1 550 nm 处的低色散和低衰减。在单模光纤中占主导地位的群速度或模间色散包括材料和波导色散。通过改变折射率分布可以使波导色散更弱,从而可以用来抵消固定的材料色散,从而改变或平坦化整个模内色散。这是有利的,因为它允许通信系统同时具有低色散和低衰减。然而,当用于波分复用系统时,色散位移光纤可能受到四波混频的影响,这会导致独立信号的互调。因此,这种情况经常使用非零色散位移光纤。

dissuasion tone 劝阻蜂音[音调] 在电话中一种可以听得见的信号,指示所要求的分机发生故障或不存在或请求的呼叫类型与该服务的级别不相符。

distance change command 距离更改命令 在某些自动立体三维图像显示系统中,一个能够从指定距离的位置立体观看图像的命令。

distance vector algorithm 距离向量算法 一种动态路由选择算法,也称为"Bellman-Ford(贝尔曼-福特)算法"。它要求每个路由器发送其路由表全部或部分信息,但仅发送到邻近节点上。这种算法用所经过的跳数来表示路由路径的距离。

distance vector multicast routing protocol(DVMRP) 距离向量多播路由协议 一种基本基于 RIP(路由信息协议)的互联网络路由选择协议,实行一种典型的密集模式 IP(网际协议)多播方案。DVMRP 使用 IGMP(因特网组管理协议)和它的相邻节点交换路由选择数据报,它是一种分布式协议,利用一种称为逆向路径多址广播(RPM)的技术,动态地产生 IP 多址广播发送树。

distance vector protocol 距离向量协议 通常称为"Bellman-Ford(贝尔曼-福特)"协议,因为它们是以 R.E.Bellman 的最短路径算法和 Ford 和 Fulkerson(富尔克森)最先提出的分布式算法为基础的。距离向量协议已经应用于一些分组网。

distance-vector routing protocol 距离向量路由协议 数据网络中的距离向量路由协议根据距离确定数据包的最佳路由。距离向量路由协议通过数据包必须通过的路由器数量来测量距离,一个路由器计为一跳。一些距离向量协议还考虑了网络延迟和影响给定路由上的流量的其他因素。为了确定实现距离向量协议的跨越网络路由器的最佳路由,路由器彼此交换信息,通常是路由表加上目标网络的跳数和可能的其他业务信息。距离向量路由协议还要求路由器定期向邻居通知其网络的拓扑变化。距离向量路由协议使用 Bellman-Ford 算法和 Ford-Fulkerson 算法来计算最佳路径。计算网络中最佳路由的另一种方法是基于链路开销,并通过链路状态路由协议实现。

distinguished encoding rules(DER) 区分编码规则 是 BER 的限制变体,用于为 ASN.1 描述的数据结构产生明确的传输语法。与 CER(规范编码规则)一样,DER 编码也是有效的 BER(基本编码规

D

则)编码。DER 与 BER 相同,只删除了一个发送者的选项。DER 是 BER 的一个子集,提供了一种编码 ASN.1 值的方法。DER 适用于需要独特编码的情况,例如加密,并确保需要进行数字签名的数据结构产生唯一的序列化表示。DER 可以被认为是 BER 的规范形式。例如,在 BER 中,布尔值 true 可以编码为 255 个非零字节值中的任何一个,而在 DER 中,有一种方法可以将布尔值编码为 true。最重要的 DER 编码约束是:① 长度编码必须使用确定形式,此外,必须使用最短的可能长度编码;② 位串、八位字节串和受限制的字符串必须使用原始编码;③ 集合的元素根据其标记值按排序顺序进行编码。DER 广泛应用于 X.509 等数字证书。

distort/distortion　失真,畸变,变形
(1) 传输系统中两点之间发生的不希望有的波形变化。失真的六种主要形式是:① 偏移失真——当调制的有效范围不全符合准确的理论时间间隔时所发生的一种失真;② 特性失真——调制产生的瞬变现象导致的失真。这与在传输通道的传输质量有关;③ 延迟失真——当电路或系统的包络延迟内不是常数而在传输所要求的频率范围内时所发生的失真;④ 末尾失真——起停式电传打字机的信号失真。所有传号脉冲的末尾偏离了它们与起始脉冲的始点相对应的正确位置而产生的失真;⑤ 不规则失真(抖动)——信号断续地缩短或变长的一种电报失真。这种失真完全是随机发生的。它可能由于电池的(电压)波动引起的,也可能由撞击导线或电源感应引起;⑥ 谐波失真——当使用正弦波信号源时,由于传输线的非线性特性产生的谐波失真。(2) 畸变是指一个波或周期现象在传播过程中的变形。(3) 由于聚焦、偏转系统不完善引起的图像几何误差。

distortion delay　时延畸变　信号在经过传输介质时,由于各部件的传播速度不同所造成的畸变。也称 group delay。

distortion factor　畸变因数　谐波含量的方均根值与交变量的方均根值之比。

distortion set　失真仪　在通信系统中,测量规定种类及范围的信号的失真度的装置,例如,调幅信号的失真。

distributed access control system（DACS）分布式访问控制系统　一种轻量级单点登录和基于属性的访问控制系统,适用于 Web 服务器和基于服务器的软件。DACS 主要与 Apache Web 服务器一起使用,并联合 Apache 服务器,为网页、CGI(计算机图形接口)程序和 servlet(小服务程序)以及其他基于 Web 的资产提供增强的访问控制。根据开源许可证发布,DACS 提供了一个模块化身份验证框架,该框架支持一组通用身份验证方法和基于规则的授权引擎,该引擎可以根据请求者的身份和其他背景信息,授予或拒绝访问由 URL 命名的资源。除了简单的基于 Web 的 API(应用编程接口)之外,还为许多功能提供了命令行界面。

distributed adaptive routing　分布式自适应路由选择　一种适应网络变化因素的路由方式。允许路由器对其所处的本地环境动态地感受,并且与相邻的路由器共享信息。为了减少选择最优路径的时间,路由器必需参与到分布式算法中。目前有以下两种广泛采用的分布式自适应路由算法:距离向量路由算法和链路状态路由算法。

distributed antenna system（DAS）分布式天线系统　是空间上分离的天线节点通过传输介质连接到公共源组成的网络,在地理区域或结构内提供无线服务。DAS 天线高度通常等于或低于杂波水平,节点安装紧凑。分布式天线系统可以部署在室内(iDAS)或户外(oDAS)。

distributed architecture (DA)　分布式体系结构　一个用来为计算机应用系统的开发描绘一个系统模型的术语。随着计算机网络技术和通信技术的发展，计算机体系结构从集中式走向分布式。采用分布式体系结构的计算机系统是指系统在逻辑上是一个整体，但物理上分布在计算机网络的不同节点。分布式体系结构是由若干个节点集合而成。每个节点都是一个独立的计算机系统，它们都拥有各自的操作系统、数据库、局部处理机、终端以及各自的应用程序，可以执行局部应用。在分布式体系结构系统中，大多数处理任务由本地计算机完成局部应用。对于本地计算机不能胜任的处理任务，通过网络通信子系统存取和处理多个异地数据库中的数据，执行全局应用。

distributed Bragg reflector (DBR)　分布式布拉格反射器　是用于光纤等波导的反射器。它是由具有不同折射率的多层交替材料形成的结构，或者是由介电波导的某些特性（例如高度）的周期性变化形成的，导致导器中的有效折射率的周期性变化。每一层边界引起光波的部分反射。对于真空波长接近四倍层的光学厚度的波，许多反射与相长干涉相结合，并且这些层充当高质量反射器。被反射的波长范围称为光子阻带。在该波长范围内，光被"禁止"在结构中传播。

distributed-cable modem terminal systems (D-CMTS)　分布式线缆调制解调器终端系统　随着三网融合的推进，广电系统需要部署一个合适的并可面向未来演进的网络设施。为此，华为在 Single FAN 架构下开发了基于 DOCSIS 3.0 技术的 D-CMTS 同轴线缆接入方案，将 OLT（光线路终端）作为汇聚设备放置在分前端，CMC（线缆调制解调器集中器）设备放置在光节点实现 DOCSIS 协议处理，带宽上提供最大下行 800M、上行 160M 的接入速率。D-CMTS 同时继承了 Single FAN 在运维、管理和业务发放等方面的成熟特性，可实现聚合管理功能，同传统 CMTS 方案相比，建设成本更低，机房空间和各种设备及光纤都能够实现大幅节省。从演进角度来看，D-CMTS 方案在光纤段可平滑升级到 10G PON（无源光网络）方案，同轴侧配合后续 DOCSIS 3.1/EPOC（基于同轴电缆的以太网无源光网络协议）等技术和标准的成熟，端到端速率可提升至 10 Gbps 接入。

distributed computing　分布式计算　分布式计算是研究分布式系统的计算机科学领域。分布式系统是一个系统，其组件位于不同的联网计算机中，然后彼此通过消息传递进行通信和协调它们的动作。这些组件彼此交互以实现共同目标。

distributed coordination function (DCF)　分布式协调功能　是基于 IEEE 802.11 的无线局域网（WLAN）标准的基本介质访问控制（MAC）技术。DCF 采用具有二进制指数退避算法的载波监听多路访问/冲突避免（CSMA/CA）。DCF 需要希望发送的站点来监听 DIFS（DCF 帧间间隔）期间的信道状态。如果在 DIFS 间隔期间发现信道忙，则该站推迟其传输。在多个站点争用无线介质的网络中，如果多个站点感知信道忙并推迟其访问，它们也将几乎同时发现信道被释放，然后试图抢占信道。结果，可能会发生冲突。为了避免这种冲突，DCF 还指定了随机退避，这迫使站点延迟其对信道的访问一段额外的时间。

distributed feedback (DFB)　分布式反馈（激光器），DFB 型光发射机　采用模拟残留边带调幅（AM-VSB）信号（射频信号）直接调制激光二极管，使得光输出强度随着射频信号强度的变化而变化，因此也称为直接调制光发射机。

distributed feedback laser（DFB-L） 分布式反馈激光器 （1）一种激光技术，是按激光腔各端的反射表面之间的距离设定激光的波长，并通过光栅运行腔的长度来增强光功率。（2）DFB-L是一种激光二极管、量子级联激光器或光纤激光器，其中器件的有源区周期性地构造为衍射光栅。该结构建立一维干涉光栅（布拉格散射），光栅为激光器提供光反馈。改变涂层的反射可以使激光器在布拉格波长附近振荡。通常用于长距离、大容量的光纤通信系统中。

distributed frame structure 分布式帧结构 一种时分多路复用（TDM）帧结构，其中帧对齐信号占据非连续的位。

distributed minimum spanning tree（MST） 分布式最小生成树 MST问题涉及在节点通过消息传递进行通信的网络中，通过分布式算法构造最小生成树。它与经典的序贯问题完全不同，尽管最基本的方法类似于 Otakar Borůvka 算法。该问题的一个重要应用是找到可用于广播的树。特别是，如果消息通过图中边的成本很高，则 MST 可以最小化源进程与网络中所有其他进程通信的总成本。

distributed multi-link trunking（DMLT） 分布式多链路集群[干线] 即分布式MLT，是由北电网络公司设计的专有计算机网络协议，现在由 Extreme 网络公司拥有，用于负载均衡，跨连接的网络流量以及跨多个交换机或机箱中的模块的网络流量的均衡。该协议是对多链路集群（MLT）协议的增强。DMLT 支持 MLT 中的端口跨越一堆叠交换机中的多个单元或跨越机箱中的多个卡，从而防止当堆叠中的一个交换机发生故障或机箱中的某个卡发生故障时网络的中断。

distributed network 分布式网络 分布在不同地点具有独立功能的多个网络站点互连而成的网络。分布式网络没有固定的逻辑连接形式，而通信子网中每个节点却至少有两条线路和其他节点相连。各节点间可直接建立信息流程最短的数据链路。由于分布式网络是分散控制，当局部节点发生故障时不会影响全网的工作，所以其可靠性高。又因为网络中信息流向是随机的，路径选择采用最短路径算法，所以效率高，但控制复杂。分布式网络中每个节点机可以独立执行任务；多个节点机也可以组成一个处理机组，并行地执行某一个任务。分布式网络的目的在于使多个用户能共享网络中的硬件、软件和数据等资源；分散计算机的工作负载；提高可靠性、可换性及可扩展性。

distributed optical fiber amplifier（DOFA） 分布式光纤放大器 一般仅使用一个泵浦激光器，将增益分布在光纤环中的不同点的光纤放大器。增益通过在传输光纤中加入一小段一小段的掺铒光纤来实现。

distributed processing system 分布式处理系统 由若干台在结构上独立的处理机构成的系统。每台处理机都有自己的局部存储器，因而能独立承担所分配的任务。各台处理机既可并行执行同一程序的各个子例程，又能按功能分别执行程序的各个阶段。这些处理机在逻辑上和物理上都连接在一起，机间可互相通信。它们的资源既是分布式的，又是共享的，可在统一的操作系统控制下工作。系统能自动进行任务调度和资源分配。其主要优点是：工作可靠、灵活性大、经济性好、有利于推广使用。

distributed queue dual bus（DQDB） 分布式队列双总线(标准) 是由 IEEE 802.6 分委员会制定的城域网标准，是在大的地理范围内提供电路交换和分组交换服务。DQDB 是一种基于光纤的网络，可以用于高速 LAN（局域网）或 MAN（城域网），与宽带 ISDN（综合业务数字网）是兼容的。它以广播的模式进行操作，具有两个总线，每个总线以相反的方向传递固定大小的小帧（即信元）。每个总线都可以以每秒几百兆比特的速率进行数据传递。

distributed routing　分布式路由　一种路由策略，每个节点决定和维护自己的路由信息。

distributing/distribution amplifier　分配放大器　一种高增益射频放大器，为克服信号传输分配时遇到的电缆损耗或其他无源元件引起的平坦损耗，需要提高射频信号电平。通常接受一路输入信号，输出多路与输入相同的信号。在有线电视系统或共用天线系统中，用来将电视信号馈给诸如在公寓或宾馆等的许多电视接收机。

distribution tree　分布树　在传送组播分组时，指派路由器需要构造一个连接所有组播组成员的树。根据这棵树，路由器得出转发分组的一条唯一路径。这棵树就称为分布树。由于成员可以动态地加入和退出，分布树也必需动态更新。根据构造方法的不同，分布树分为源分布树和共享分布树。

disturbance voltage　干扰电压　由于一二次电路的操作、雷电或故障，在二次电路中引起的暂态过电压。它可能使保护装置不正确动作或元件损坏。

dither　抖动，色块，像素混合　(1) 是一种有意应用的噪声形式，用于随机化量化误差，防止图像中出现彩色条纹等大规模图案。抖动通常用于处理数字音频和视频数据，并且通常是控制 CD 音频的最后阶段之一。抖动的典型用途是将灰度图像转换为黑白图像，这样在新的图像中黑点的密度接近原来图像的平均灰度

级。(2) 用多个像素组成一个虚拟像素，这些虚拟像素尺寸较大并由原始像素组成，一般使用 2×2 或 3×3 的色块，色块中用几种基本颜色的像素构成一种新的颜色的显示，用以提高显示器的彩色显示能力。例如，黑色、白色像素的同等排列组合会显示为灰色。提高其中黑色像素的数目，这种灰色就会变深。

dithering　高色调法，柔化处理　(1) 在光栅显示器中，通过把图画的分辨率折换成像素图案，而通过相邻像素使用不同的灰度明暗色调或颜色，在图像中提供附加灰度明暗色调或颜色的措施，这是增加画面中彩色或亮度变化的一种方法。(2) 在计算机图形中，通过在构成曲线的像素之间放置阴影像素来使曲线的任何阶梯状边缘光滑。

diversity receive　分集接收　蜂窝移动通信和无线通信中普遍使用的方法，用于改善接收信号的质量，使用多根独立的天线接收由于天线的位置不同而引起的相位和幅度不同的信号，然后多个信号被合并起来。

diversity receiver　分集接收器　是将相关性较小的（即同时发生质量恶化的）两路以上的收信机输出进行选择或合成，来减轻由衰落所造成的影响的一种设施。具体又可以分为空间分集、频率分集、极化分集、角度分集等不同的方式。

diversity scheme　分集方案　在电信技术中，分集方案指的是通过使用具有不同特性的两个或更多个通信信道来改善消息信号的可靠性的方法。分集技术主要用于无线电通信，并且是用于抗衰落和同信道干扰并避免错误突发的常用技术。它基于个别信道经历不同程度的衰落和干扰的实际情况。可以在接收器中发送和/或接收并组合相同信号的多个版本。或者，可以添加冗余前向纠错码，并且通过不同信道发送消息的不同部

分。分集技术可以利用多径传播，从而产生分集增益，通常以分贝单位进行测量。

divided carrier modulation 分离载波调制法 一种调制方法，其中，载波被分成有 90°相移的两个分量，每个分量由不同信号进行调制。将两个分量相加时，频率不改变，但合成信号的幅度和相位则按照调制信号进行调制。

DivX DivX 编解码器 前 DivX Network(现 DivX,LLC)公司根据 MPEG-4 压缩标准开发的影视频编译码器，可通过因特网下载并在 Windows 环境下播放影视节目。因其能够将长视频片段压缩成小尺寸同时保持较高的视觉质量而闻名。

DIX Ethernet DIX 以太网 指 DEC、Intel、Xerox Ethernet 的缩写。早期以太网使用的术语，是这三家公司协作开发于 1980 年提出的以太网标准。DIX 以太网与电气和电子工程师学会 IEEE 802.3 之间有微小的区别。在太网帧中定义了两个八位字节 EtherType 字段，用于标识由帧数据封装的上层协议。

DIY networking DIY 网络[联网] 是无线社区网络、网状网络、ad-hoc 网络等不同类型的基层网络的总称，强调无线技术提供创建"离线"或"离云"局域网(LAN)，可以在因特网网之外运行的可能性。自己动手网络基于这样的无线 LAN，这些网络通过个人或小型组织拥有和部署的节点的互连有机地创建。即使易于访问因特网，这种 DiY 网络也构成了通信和服务的另一种自主选择，它(1)确保所有连接的设备实际上是物理接近的，(2)为虚拟和物理连接的创造性组合提供机会和新颖能力(3)无需预先安装的应用程序或任何凭证，即可实现免费、匿名和轻松访问，并且(4)可以创造拥有权和独立感，并导致长期占用混合空间。

intelligence-unclassified 的缩写。而 OSIS 是"用开源情报服务为情报界的非机密网络"的名称。最初用于指代网络及其提供的内容，后已解耦，内容名为"Intelink-U"，而网络名继续用 DNI-U。该网络由 DNI-CIO(国家情报总监和首席信息官)情报界企业服务办公室(ICES)维护。

DOCSIS 3.1 有线数据(传输)业务接口规范第 3.1 版标准 是美国有线电视实验室 CableLabs 2013 年 10 月发布的一个标准。此后 DOCSIS 3.1 规范套件多次更新，物理层采用 LDPC(低密度奇偶校验码)编码和 OFDM(正交频分复用)调制体系(子载波宽度：25 kHz 或 50 kHz)，最高至 4096 QAM(正交调幅)，带宽支持上行 1 Gbps 下行 10 Gbps，192 MHz 为一个信道，有更多可用的物理频谱：上行 5 ～ 85/204 MHz，下行 108/258 MHz～1 288/1 788 MHz。使用 4 096 QAM(正交调幅)，支持高达 10 Gbps 的下行速率和 1 Gbps 的上行速率。DOCSIS 3.1 规范 MAC(介质访问控制)层也相应改进，同时可与 D3.0/2.0 设备兼容，还可集成到 CCAP(有线电视融合接入技术平台)。DOCSIS 3.1 技术还包括一些新的能源管理功能，有助于有线电视行业减少其能源使用，以及减少缓冲区膨胀的 DOCSIS-PIE 算法，(PIE 是增强的比例积分控制器 proportional integral controller enhanced 的缩写)。另外，由于 DOCSIS 3.1 采用了先进的 AQM(主动队列管理)技术，QoS(服务质量)更好，可显著地降低网络延迟。美有线电视技术实验室认为相较于 DOCSIS 3.0，DOCSIS 3.1 的频谱效率提升了 1 倍，而单位带宽成本却可降低很多。

DOCSIS 3.1 Full Duplex DOCSIS 3.1 全双工 2016 年 2 月在 CableLabs 公司冬季

会议上宣布,DOCSIS 3.1 全双工是一项创新项目,旨在改进 DOCSIS 3.1,以便在上行和下行两个方向同时使用全线缆设施的全频谱(0 MHz~1.2 GHz)。该技术提出用于实现多吉比特对称服务,同时保持向后兼容 DOCSIS 3.1。CableLabs 正在努力继续测试所提议的技术,以将其转变为研发工作。DOCSIS 的所有版本都保持了跨版本兼容性,这些设备可以回退到两个端点(电缆调制解调器(CM)和电缆调制解调器终端系统(CMTS)之间共同支持的最高版本。例如,如果一个电缆调制解调器仅支持 DOCSIS 1.0,并且系统运行 2.0,则将以 DOCSIS 1.0 数据速率建立连接。

document transfer and manipulation (DTAM) 文件传输和处理 指 ITU-T(国际电信联盟-电信标准化部)T.400 系列建议定义的公共通信功能,在开放系统互连(OSI)模型的应用层提供远程信息处理服务。DTAM 可为各种远程信息处理应用(如 4 类传真业务、可视图文业务)实现文件批量传输、文件处理、文件访问和文件管理功能。

Dolby 杜比 由美国工程师雷·密尔顿·杜比(Ray Milton Dolby,1933~2013)发明的一种音频信号处理方式,用于减少录音带背景的嘶嘶声。杜比在 Ampex 公司期间帮助开发了录像机,并且是杜比实验室的创始人。

Dolby A 杜比 A 型(降噪) 是杜比公司于 1965 年推出的首款降噪系统。旨在用于专业录音室,在那里它变得司空见惯,在多轨录音成为标准的同时获得了广泛的认可。用具有每个倍频程斜率为 12 dB、截止频率(3 dB 下降点)四个滤波器把输入信号分成如下频带:80 Hz 的高通;80 Hz 到 3 kHz 的带通;3 kHz 的低通;另一个 9 kHz 的低通。(来自两个低通频带贡献的堆叠允许在较高频率中

更大的降噪)。压缩扩展器电路具有 -40 dB 的阈值,对于 10 dB 的压缩/扩展比率为 2 : 1。

Dolby AC-1 (audio code number 1) 杜比 AC-1 声音编码 1984 年杜比实验室开发的第一个数字声音编码系统,采用改进的自适应增量调制(ADM)算法,声音信号编码后的数据率介于 220~325 kbps。1985 年开始用于无线电数字声音广播等领域。

Dolby AC-2 (audio code number 2) 杜比 AC-2 声音编码 杜比实验室开发的数字声音编码系统,采用自适应变换编码算法。该算法利用心理声学中人耳的隐蔽特性,使用 256 个频带的自适应变换编码,位分配采用 80% 固定配置和 20% 自适应配置的方法,使编码和解码的复杂度相对降低。在两个声音通道上的数据率分别为 128 kbps、192 kbps。

Dolby AC-3 (audio code number 3) 杜比 AC-3 声音编码

Dolby AC-4 杜比 AC-4 音频压缩 是由杜比实验室开发的音频压缩技术。解码 5.1 环绕声需要使用杜比 AC-4 解码器。杜比 AC-4 比特流可以包含音频通道和/或音频对象。杜比 AC-4 已被 DVB(数字视频广播)项目采用并由 ETSI(欧洲电信标准协会)标准化。

Dolby A-type NR 杜比 A 型降噪 1965 年杜比实验室开发的第一项降噪技术,用于专业录音棚录制低噪声母带。1975 年它的应用拓展到电影录音棚和电影发行拷贝中,以获得更佳的电影声音效果。

Dolby B 杜比 B 型(降噪) 是在杜比 A 之后开发的,于 1968 年推出,作为单个滑动频带系统提供约 9 dB 的降噪(A 加权),主要用于磁带。它比杜比 A 简单得多,因此在消费产品中实施要便宜得多。在没有杜比 B 解码器的设备上播放杜比 B 录音带是可以接受的,例如大多数便

宜的便携式和汽车卡带播放器。在没有解码器的去加重的情况下,当强调高频时声将被感知为更明亮,这可以用于抵消廉价设备中的"沉闷"的高频响应。但是,杜比 B 提供的降噪效果比如杜比 A,通常是 3 dB 以上。

Dolby C **杜比 C 型(降噪)** 杜比 C 于 1980 年推出。提供约 15 dB 的降噪(A 加权)。它是通过将两个杜比 B 系统的效果与低频扩展相结合而构建的。在没有杜比 C 降噪功能的设备上播放时,产生的录音听起来会更糟。在播放时使用杜比 B 可以减轻一些这种刺耳声。在 20 世纪 80 年代杜比 C 首次出现在高端磁带卡式机中。

Dolby C-type NR **杜比 C 型降噪** 1981 年杜比实验室开发的第二代民用降噪技术,其降噪能力是 B 型降噪能力的两倍,同时开发了频谱偏移、抗饱和等其他技术。此技术几乎在所有家用盒式录音机和高级便携式播放机中得以应用。

Dolby digital **杜比数字** 是杜比实验室开发的音频压缩技术的名称。这种数字音频压缩编码系统,采用了感知编码技术。最初被命名为杜比立体声数字直到 1994 年才改为杜比数字,除 Dolby TrueHD 外,音频压缩是有损耗的。杜比数字的首次使用是在电影院提供来自 35 毫米电影胶片版的中数字声音;如今,它现在也用于其他方面,如电视广播、卫星广播、DVD(数字视频光碟)、蓝光光碟、DTV(数字电视)、HDTV(高清电视)和游戏机等其他娱乐产品中的多声道环绕声格式,现已作为国际标准。。杜比数字是包含多达六个独立声道的通用版本。常用的称为 5.1 声道的最精巧模式包括五个声道用于正常范围扬声器(20 Hz～20 000 Hz)(右、中、左、右环绕、左环绕)和一个低音声道(分配 20 Hz～120 Hz 音频),用于重低音扬声器驱动的低频音

效。还支持单声道和立体声模式。AC-3 支持高达 48 kHz 的音频采样率。声音数据的位速率通常为 64～448 kbps;立体声的位速率通常为 192 kbps,5.1 声道的位速率通常为 384 kbps,但可高达 640 kbps。

Dolby digital AC-3 **杜比数字音频编码-3** 是杜比实验室开发的家庭影院多声道数字音频系统。杜比定向逻辑系统是一个模拟系统。它的四个声道是从编码后的两个声道分解出来的,因此难免有分离度不佳、信噪比不高,对环绕声缺乏立体感,并且环绕声的频带窄等缺点。AC(audio coding)指的是数字音频编码,它抛弃了模拟技术,采用的是全新的数字技术。AC-3 可以是音频编解码器 3,audio codec 3 的缩写;或高级编解码器 3,advanced codec 3 的缩写;或声学编码器 3,acoustic coder 3 的缩写。

Dolby digital surround audio coding-3 **杜比数字环绕声制式 3** 是杜比实验室发布的家庭影院环绕声系统。其数字化的伴音中包含左前置、中置、右前置、左环绕、右环绕 5 个声道的信号,它们均是独立的全频带信号。此外还有一路单独的超低音效果声道,俗称 0.1 声道。所有这些声道合起来就是所谓的 5.1 声道。

Dolby digital live(DDL) **杜比数字实时** 是一种用于交互式媒体(如视频游戏)的实时编码技术。它将 PC 或游戏机上的任何音频信号转换为 640 kbps 的 5.1 声道 16 位/48 kHz 杜比数字格式,并通过单根 S/PDIF(索尼/飞利浦公司数字接口)线缆传输。竞争对手 DTS(数字影院系统公司)提供类似的技术 DTS Connect。这项技术的一个重要优点是它可以将数字多声道声音与消费者声卡结合使用,这些声卡仅限于数字 PCM 立体声或模拟多声道声音,因为 S/PDIF 通过 RCA、BNC 和 TOSLINK 等连接器只

能支持双声道 PCM（脉码调制）、杜比数字多声道音频和 DTS 多声道音频。后来推出 HDMI（高清晰度多媒体接口），它可以承载未压缩的多声道 PCM、无损压缩多声道音频和有损压缩数字音频。但是，杜比数字实时技术仍可用于 HDMI，以便通过 HDMI 将多声道音频传输到无法处理未压缩多声道 PCM 的设备。

Dolby digital plus (E-AC-3)　杜比数字增强型　是一种基于 AC-3 编解码器的增强型编码系统。它提供更高的比特率（高达 6.144 Mbps），支持更多音频通道（未来多达 15.1 个离散声道），以及改进的编码技术（仅在低数据速率下）以减少压缩伪影，从而实现数据速率低于 AC-3 支持的数据速率（例如，256 kbps 的 5.1 声道音频）。虽然 E-AC-3 编解码器通常能够将通过 S/PDIF 连接的设备转码为 AC-3，但它不能与现有的 AC-3 硬件向后兼容。E-AC-3 解码器还可以解码 AC-3 比特流。第四代 Apple TV 支持 E-AC-3。已停产的 HD DVD 系统直接支持 E-AC-3。蓝光光碟提供 E-AC-3 作为将添加的通道移植到另外的 5.1 AC-3 流上的选项，以及用于传输与蓝光光碟播放器中的原声音轨混合的辅助音频内容（例如导演的评论）。

Dolby digital surround EX　杜比数字额外环绕　它为 5.1 声道提供了一种经济且向后兼容的方式，可以携带第六个中央后环绕声道，以改善效果的定位。额外的环绕声道被矩阵编码到 5.1 混音的离散左环绕声和右环绕声声道上，非常类似于杜比定向逻辑编码的立体声声道上的前置中央声道。可以在不丢失标准 5.1 系统信息的情况下播放，或在具有环绕 EX 解码和添加扬声器的系统上播放 6.1 或 7.1 声道。

Dolby E　杜比 E 型　是杜比实验室开发的一种音频编码和解码技术，可将 6 到 8 个音频通道压缩成 AES-EBU（音频工程协会/欧洲广播联盟）数字音频流，可存储为标准立体声的数字音轨对。最多可将六个通道（例如 5.1 混音）记录为 16 位 Dolby E 数据。但是，如果需要六个以上的通道，例如 5.1 加上立体声 LtRt，则 AES3 数据必须格式化为 20 位音频。这增加到八个通道的容量。达到广播级质量的声音，仅用于后期制作和发行。

Dolby FM　杜比调频（降噪）　在 20 世纪 70 年代早期，一些人预计杜比 NR（降噪）将在 FM（调频）无线电广播中变得平常，而一些调谐器和放大器则采用解码电路制造，还有一些带杜比 B"直通"模式的录音机。1971 年，WFMT 广播电台开始用杜比 NR 传播节目，很快大约有 17 个电视台播放了降噪节目，但到了 1974 年，杜比 NR 已经下降。杜比 FM 基于杜比 B 型技术，但使用了修改后的 25 μs 预加重时间常数和频率选择性压缩扩展装置来降低噪声。

Dolby HX/HX-Pro　杜比 HX/HX PRO 技术　由 B&O（Bang & Olufsen）公司的 Jørgen Selmer Jensen 于 1980 年发明杜比 HX-Pro 技术，1981 年获得专利，并立即授权给杜比实验室。这种技术采用动态调节录音偏磁电平方法，以提高高频信号的录音质量。由于磁性材料的滞后，磁带本质上是非线性的。如果将模拟信号直接记录在磁带上，由于这种非线性，其再现时将极度失真。为了克服这个问题，把称为偏置的高频信号与记录信号混合，将信号包络"推"到线性区域。如果音频信号包含强高频内容，特别是来诸如强势的打击乐器，则这增加了恒定的偏压，从而导致磁带上的磁饱和。在存在强高频信号的情况下，杜比 HX Pro 可自动降低偏置信号，从而可以在更高的信号电平下进行录制，从而得到其 HX 名称：headroom extension。HX-Pro 仅适用于录制期间；无论在哪个磁带机上播放磁带，都可以获得改善的信噪比，因此 HX-Pro 不像杜比 A、B、C 和 S 那样是一个降噪系统，尽管它确实有助于通过降低磁带性能的非线性来提高降噪编码/解码的磁迹精度。此技术已广泛应用在专业和民用产品上。

Dolby Laboratories　Dolby 实验室（公司） 是一家英美公司，美国工程师和物理学家 Ray Dolby 于 1965 年在伦敦创建的一个公司，1976 年其总部移到美国旧金山。该公司专门从事音频降噪和音频编码/压缩技术。模拟技术包括 A 型降噪、B 型降噪、C 型降噪、SR（频谱录音）、S 型降噪、HX Pro、杜比立体声、杜比环绕和杜比定向逻辑；数字声音包括 AC-1、AC-2、杜比数字（AC-3）和杜比 E 等。杜比将其技术授权给消费电子制造商。这些技术已广泛应用于电影录音、影院回放、数字广播等专业及民用音响设备。

Dolby pro-logic (DPL)　杜比定向逻辑 由美国 Dolby 实验室发明的一种特殊的 4-2-4 编码技术。该技术把声场信息归纳为左、中、右、环绕四路信息，然后通过特定的编码技术使之合成双声道，演播时通过解码器把双声道重新还原成四路信息进行重放，因此又被称之为 4 声道环绕系统。

Dolby S　杜比 S 型（降噪） 于 1989 年推出。原打算杜比 S 型成为商用预录音乐录音带的标准，就像杜比 B 型在 20 世纪 70 年代一样，但它进入市场时正是光碟（CD）替代小型盒式磁带作为主流的大众市场音乐格式。杜比 S 型主要出现在高端音频设备上，从未广泛使用。杜比 S 型比杜比 C 型更能抵抗由磁带传输机制产生的噪音引起的播放问题。同样，还声称杜比 S 型具有与杜比 B 型的播放兼容性，因为杜比 S 型录制可以在较老式的杜比 B 型设备上播放有一些好处。它基本上是杜比 SR 型的缩减版本，并使用许多相同的降噪技术。杜比 S 型能够在低频时降低 10 dB 的噪声，在高频时降低高达 24 dB 的噪声。高级盒式录音机基本都有杜比 S 型降噪技术，能使消费者自录的盒带具有 CD 的效果。

Dolby SR（spectral recording）system　杜比 SR（频谱记录）系统 于 1986 年推出，是杜比公司的第二个专业降噪系统。是比杜比 A 型更加积极的降噪方法，扩大了录音的动态范围，使录制的母带与实际声音几乎无异。它尝试使用根据输入信号改变的复杂系列滤波器，始终最大化记录信号。因此，杜比 SR 型的实施成本比杜比 B 型或 C 型高得多，但杜比 SR 型能够在高频范围内提供高达 25 dB 的降噪。它只用于专业录音设备和电影行业。

Dolby stereo　杜比立体声 因其各种立体声格式成为杜比实验室的商标。也是 1975 年杜比实验室开发的多声道的模拟光声道技术，用于在 35 mm 和 70 mm 影片上录制声音：杜比 SVA（立体可变区域）系统用于 35 mm 胶片上的光学声道，和 70 mm 印制带上的 6 声道磁音轨上的杜比降噪的杜比立体声 70 mm 带。在影院放映时能够还原这些声道上的声音信号。

Dolby Surround　杜比环绕声 家庭环绕声的格式，来自杜比 35 mm 光声道，是杜比立体声技术在家用产品中的应用。在 VHS（家用录像系统）录像磁带和光碟上可以录制与电影拷贝上同样的 4 声道矩阵编码信号，并可在家庭的播放系统再现 4 个声道的声音。

Dolby surround audio coding 3（Dolby AC-3）　杜比 AC-3，杜比（数字）环绕声制式 3 1994 年 12 月 27 日，日本先锋公司宣布与美国的杜比实验室合作研制的

D

一种环绕声制式,并命名为"Dolby AC-3"。1997年初,杜比实验室已正式将杜比AC-3环绕声改称为杜比数码环绕声。杜比AC 3是一种全数字化分隔式多通道影片声迹系统,采用六只喇叭的输出模式,除了超重低音部分外,其余皆是全频段立体声,且现场录制时每个声道皆由独立的麦克风来录制。AC-3可以与其他种类的音响系统很好地兼容,包括杜比定向逻辑环绕声、双声道立体声甚至单声道系统。它对每一种节目方式都有一个指导信号,并能在工作时自动地为使用者指示出节目的方式。AC-3可以将5.1声道的信号内容压缩为单声道输出,其声音效果要比传统的单声道系统好得多。所谓5.1声道就是左(L)右(R)主声道、中置声道(C),左后(Ls)、右后(Rs)环绕声道以及一个独立的超低音声道。由于超低音声道仅提供100 Hz以下的超低音信号,以弥补低音的不足,因此该声道只作0.1声道计。

Dolby TrueHD 杜比TrueHD(编解码器) 由杜比实验室开发,是一款基于子午(Meridian)无损封装的高级无损音频编解码器。对于HD DVD必须支持编解码器,并且对于蓝光光碟的硬件是可选的。Dolby TrueHD支持24位深度和高达192 kHz的采样率。最大比特率为18 MBps,同时支持多达16个音频通道(HD DVD和蓝光光碟标准目前将音频通道数最大限制为8个)。它支持元数据,包括对话框规范化和动态范围控制。

domain 域,领域 (1) 从广义上说,一个域指的是一个活动的影响范围。在因特网上,域是域名系统命名层次结构的一部分,代表一个可管理的实体。域作为因特网名称地址的组成部分,表示按照组织类型划分或按照区域划分的网络区域。例如,mail. sjtu. edu. cn 表示为上海交通大学的邮件服务器。它的后缀(.cn)表示中国(域)。(2) 在计算机网络中,多个网络互联成互联网,每一网络所涉及的范围称为域。(3) 系统网络体系结构中,或是指系统服务控制点和物理单元、逻辑单元、链路、链路站,以及系统服务控制点能借助于激活请求与撤销请求控制的所有有关的资源。更广泛的是指由有存取能力对象所构成的目标集。(4) 在Windows NT 高级服务器中,活动目录由一个或多个域组成。在一个独立的工作站上,域就是计算机自身。域可以跨越多个物理区域。每一个域都有自己的安全策略和与其他域的安全关系。当多个域通过信任关系连接起来,并且共享一个模式、配置和全局目录的时候,它们组成一个域树。多个域树可以组成一个森林。

domain name (DN) 域名,网域名称 因为在因特网中每台主机(或逻辑主机)的IP(网际协议)地址是32位二进制数,不便于记忆,为此另行规定了一套命名机制,称为域名系统(DNS),这是一套分布型层次式的命名机制,域名由若干子域构成,子域和子域之间以圆点相隔,最右边的子域名是最高层域。因特网中每台主机的域名与它的IP地址严格一一对应,并由域名服务器实现由域名到IP地址的转换。例如,mail. sjtu. edu. cn 中,mail是主机名,sjtu是机构名上海交通大学,edu是教育系统的域名,cn是最高层域名,中国。

domain name inverse mapping 域名反向映像 域名服务器提供从地址到域名的变换服务。因为对应一个地址有全名、简名和别名的区别,因而这种变换除了全名外,不是唯一的。

domain name inverse query 域名反向查询 用户通过域名服务器请求从地址到域名的查询过程。

D

domain name system security（DNSSEC）域名系统安全(协议) 为了解决域名系统(DNS)缺乏安全性的问题,在 DNS 协议中加入了安全扩展协议,即 DNSSEC。而 DNSSEC 的目标是在 DNS 内部同时提供权限认证和信息完整性。DNSSEC 通过密码来实现这些目标,但这样做会增加 DNS 服务器的额外开销。

dominant mode **主模式** 在有多种传播模式的波导中,主模式是衰减最小的模式,即具有最低截止频率的模式。矩形波导的主模式是 TE10 模,圆形波导的主模式是 TE11 模。

dominant operator **主导运营商** 拥有基础电信设施,在电信业务市场中占有较大份额,能够对其他电信运营商进入市场构成实质性影响的运营商。

dominant wave **主波** 在给定半导体波导中,具有最低截止频率的电磁波。它是在激励频率介于最低截止频率与下一个较高截止频率之间时,唯一携载能量的波。

doped fiber amplifier（DFA） **掺杂光纤放大器** 是使用掺杂光纤作为增益介质来放大光信号的光学放大器。它们与光纤激光器有关。待放大的信号和泵浦激光器被多路复用到掺杂光纤中,并且通过与掺杂离子的相互作用来放大信号。最常见的例子是掺铒光纤放大器(EDFA),其中二氧化硅光纤的纤芯掺杂有三价铒离子,并且可以用波长为 980 nm 或 1480 nm 的激光有效地泵浦,并且在 1550 nm 区域显示增益。

Doppler radar **多普勒雷达** 一种建立在由目标和雷达相对运动引起的回波多普勒频移基础上的雷达。这种频移可以用于区别固定目标和移动目标。移动目标的速度能以高精度由测量频移确定。

Doppler shift（DS） **多普勒频移** 由多普勒效应引起的波的观察频率变化量,并用赫(Hz)表示。也称为"多普勒频率"。DS 是卫星通信中一种非常重要而普遍的现象。由于波源和观察者的相对运动而导致波列频率的显著改变。即如果发射源波接近观察者,波形就会挤在一起,其频率也会因此而增加;相反,如果波源离开观察者,波形就被展宽,其频率也随之降低。当一辆正在鸣笛的火车接近并逐渐离开一个观察者时,火车汽笛声音调的变化就是多普勒频移的一个例子。

dot generator（DG） **点(信号)发生器** 指在三枪彩色电视机显像管屏幕上产生用于会聚调整点模式的信号发生器。当会聚失调时,会产生一组三个原色点;当会聚调整正确时,每组的三个原色点会聚成单个白点。

dot pitch **点距** (1)显示器分辨率的测量单位,以毫米(mm)为单位的像素之间的对角线距离,此值越小,分辨率就越高,图像就越清晰。点距的测量有两种方法,各自测得的结果是不同的。一种称为"点距",另一种称为"水平点距"。0.28 mm 的点距相当于 0.243 mm 的水平点距,而 0.26 mm 的点距相当于 0.23 mm 的水平点距。(2)点距只对孔状荫罩显示器适用,表示荧光屏上两个荧光点之间的距离。条栅状荫罩显示器则是使用线间距或光栅间距的概念来说明荧光条之间的水平距离。

Double blind test **双盲测试** 指市场调研中进行产品测试时常用方法,或称为隐性调研,在测试过程中,被测产品的品牌、名称、包装或其它可以识别的内容予以隐藏,让顾客从中选择一种更喜爱的商品,盲测经常用于抽查新商品以检验其与老商品的可比性及竞争性。盲测也会作为电视广告用来打击对手的技法。为求得真实和客观,有时不仅对被试者要隐藏产品的信息,而且也要对调研员隐藏产品信息,这样的盲测就叫双盲测试。在乐器音色和音乐的客观评价中也往往采用双盲测试，使听音测试的组织者和听音测试者之间没有不受控制交互可能。

double channel duplex 双信道双工 可以在两个站之间提供同时通信的方法，它采用两个射频信道，每个方向各一个。

double channel simplex 双信道单工 可以在两个站之间提供非同时通信的方法，它采用两个射频信道，每个方向各一个。

double-clad fiber（DCF） 双包层光纤 是由三层光学材料构成的一类光纤，而不是通常的两层。最内层称为核心。它被内包层包围，内包层被外包层包围。这三层由具有不同折射率的材料制成。有两种不同的双包层光纤。第一种是在光纤历史的早期开发的，目的是设计光纤的色散。在这些光纤中，纤芯承载大部分光，内包层和外包层改变纤芯引导信号的波导色散。第二种光纤是在 20 世纪 80 年代后期开发的，用于高功率光纤放大器和光纤激光器。在这些光纤中，纤芯掺杂有活性掺杂剂材料，它既引导又放大光信号。内包层和纤芯一起引导泵浦光，这提供了允许在纤芯中放大所需的能量。在这些光纤中，纤芯具有最高的折射率，而外包层具有最低的折射率。在大多数情况下，外包层由聚合物材料而不是玻璃制成。

double current signaling 双流信号方式 一种信号方式，① 传号和空号用电流的相反极性表示，而不是用电流的有和无表示，② 正负直流电流表示有效状态的二进制传输。双流信号方式的优点是：对极性敏感的接收继电器工作得更快，可迅速切断组合电路，不需要加偏置，和无信号时电路处于中性状态。

double current transmission 双流传输 在传输活动图像的同时，在带内把高清晰度的图文信息一起传送的技术。应用于视频会议系统时，传送主讲人画面的同时可以将电脑中的多媒体演讲内容同时传送。

double data rate（DDR） 双倍数据速率 在计算机中，以 DDR 运行的计算机总线在时钟信号的上升沿和下降沿传输数据。这也称为双泵送、双泵浦和双转换。术语切换模式用于 NAND（与非）闪存的环境中。设计时钟电子电路的最简单方法是使其在每个完整周期（上升和下降）时钟信号执行一次传输。然而，这要求每次传输时钟信号改变两次，而数据线每次传输最多改变一次。在高带宽下工作时，信号完整性限制会限制时钟频率。通过使用时钟的两个边沿，数据信号以相同的限制频率工作，从而使数据传输速率加倍。

double dynamic focus 双（倍）动态聚焦 电子枪同时在水平和垂直两个方向上对电子束进行动态补偿，可以更好地提高屏幕四角的图像清晰度。

double ended synchronization 双端同步，互同步 对于通信网络中的两个连接的交换机，双端同步（也称为双端控制）是一种同步控制方案，它不设置主基准时钟，其中用于控制一个电话交换机上时钟的相位误差信号是通过与输入数字信号的相位和两个交换机内部时钟的相位进行比较而得到的。

double exposure（DE） 二次[双重]曝光 通过拍摄或晒印得到完全重叠或部分重叠的两个或多个影像的技术。

double focusing mass spectrometer 双聚焦质谱仪 通过径向静电场和扇形磁场的连续作用来分离离子，致使在两个分析器中，离子速度分布是相反的并近似相等的一种质谱仪。

double layer super twisted nematic（DSTN） 双层超扭曲向列型（显示器） 早期开发

的无源矩阵 LCD(液晶显示器),使用了附加的补偿层来提高图像的清晰度。

double-modulation 双重调制 一种调制方法,其中副载波首先用需要的信息调制,然后将已调幅载波频率较高的第二个载波进行调制。

double-pole 双重探询 一种探询技术。探询设备可向多点线路中的站发出两次信号,第一次信号发出后,若某一个站的信息发送已准备就绪,就发出响应信号,待接收到探询设备发出的第二次信号后,就把信息发送出去。

doubler 倍频器 一种频率乘法器,它将输入信号频率乘以 2。

double refrection 双折射 一束入射光在各向异性介质的界面折射时,产生两束折射光的现象称为双折射现象。其中一束折射光始终在入射面内,且遵守折射定律,称为寻常光(o 光);另一束违背折射定律的光,称为非常光(e 光)。

double sideband (DSB) 双边带 描述这样一种传输或发射,其中由调幅所产生的两个边带都同样地被保留下来。

double sideband modulation (DSM) 双边带调制 在无线电通信中,单边带调制(SSB)或单边带抑制载波调制(SSB-SC)是一种调制,用于通过无线电波传输信息,例如音频信号。幅度调制中,上下边带都保留的调制。也称为双边带(DSB)。幅度调制的改进,更有效地利用发射机功率和带宽。幅度调制产生输出信号,其带宽是原始基带信号的最大频率的两倍。单边带调制避免了这种带宽增加和在载波上的功率浪费,代价是增加了设备复杂性并且接收机处的调谐更加困难。

double-sideband reduced carrier transmission (DSB-RC) 双边带缩减[降低]载波传输 在传输中,① 由幅度调制产生的频率在载波的上方和下方对称地间隔开,

并且② 降低载波电平以在低于提供给调制器的固定电平上进行传输。

double sideband suppressed carrier (DSB-SC) 双边带抑制载波(传输) 是通过幅度调制(AM)产生的频率在载波频率之上和之下对称间隔并且载波电平降低到最低实际电平的传输,理想情况下被完全抑制。在 DSB-SC 调制中,与 AM 不同,不传输波的载波,因此,大部分功率分布在边带之间,这意味着与使用相同功率的 AM 相比,可以增加 DSB-SC 的覆盖范围。DSB-SC 传输是双边带缩减载波传输的特例。用于无线电数据系统。

double sideband transmission (DST) 双边带传输 一种通信技术,载波被信号调制后的载波两侧产生出被调边带,对这些频带的传输称为双边带传输。上边带对应于载波与调制频率之和,而下边带对应于载波与调制频率之差。此技术可提高电话线上的字符传输速率。

double-side videodisc player 双面视碟播放器 指一种相对价格较高的视频播放设备,对于双面恒定线速度(CLV)或恒定角速度(CAV)12 英寸视频光碟,无需用户翻面或翻转光碟就能两面连续播放。这种播放器通常几乎没有中断地从一面快速转变到另一面。

double stub tuner 双短截线 调配器由两根通常相距 3/8 波长、与传输线并联的短截线构成的调配器。用于阻抗匹配。

double super video compact (DSVCD) 双倍 SVCD 格式 播放时间长达 100 分钟的 SVCD(超级视频光碟)。

double-system sound recording (DSSR) 声像同步录制系统,双系统录音 应用使摄像机和磁带录音机同步的特殊方法,从而能同时进行摄像和录音的系统。

double tuned amplifier 双调谐放大器 一种将电路级调谐到两个不同的谐振频

率,以得到比单一频率调谐的带宽更宽的放大器。

double-tuned circuit（DTC）双调谐电路 谐振在两个相邻频率上的电路。

double tuned detector 双调谐检波器 一种限幅器输出变压器有两个次级绕组、一个绕组调谐到高于载频,而另一个绕组则调谐到比载频低相同大小的调频鉴频器。没有调制时,两个二极管在载频上同样导通,音频输出为0。信号频偏使一个二极管比另一个二极管更加导通,从而给出音频输出。

doubly balanced modulator（DBM）双重[桥式]平衡调制器 一种调制器电路,其中有两只A类放大器,馈以幅度相等而极性相反的调制信号和载波信号。

down conversion（D/C）下变频 将具有一定频率的输入信号,改换成具有更低频率的输出信号(通常不改变信号的信息内容和调制方式)的过程。在超外差式接收机中,如果经过混频后得到的中频信号比原始信号低,那么此种混频方式称为下变频。由于下变频方式的电路简单,成本较低,所以被广泛应用于民用设备和对性能要求不高的军用设备中。下变频方式最大的缺点是对镜像干扰的抑制能力较差。

down converter（D/C）下变频器 卫星电视接收机的部件之一,主要功能是把来自卫星的微波信号,向下变换成中频信号。目前是把下变频器、低噪声放大器与馈源合为一体,以便用普通有线电视的同轴电缆将中频电视信号传输到接收机。

down lead（DL）引下线 连接天线和电视接收机的馈电电缆。

down line transmission 下行线路传输 计算机化的信息转接系统中使用的一种技术。利用此技术,多点线路之一上的数据站可以直接通信,计算机不必接收每个信息,也不必将信息沿同一线路送回。

downlink 下行链接[链路] （1）说明从首端站到数据站的数据传送。比较uplink。（2）卫星通信中,从通信卫星到地面站的通信信道。与此相应,从地面站到通信卫星的通信信道,称作上行链路。

downlink antenna 下行链路天线 （1）指安装在卫星上用于将信号中继至地球的一种天线。（2）指用于接收卫星返回信号的球形碟状天线。从地球站发出原始信号到赤道上空22 300英里远的卫星被称为上行链路,卫星收到的信号接着传送到各种(下行)接收站。下行链路电视信号频道范围通常为3.7~4.2 GHz。

downlink channel 下行信道 （1）从基站到移动台的无线信道。（2）从通信卫星到地面站的通信信道。（3）在非对称数字用户线路中,指用户下载使用的信道。

downlink pilot time slot（DwPTS）下行导频时隙 不同用户距离基站远近不同,基站发送的信号到达用户的时延也不同,为了避免因为时延造成的时隙间干扰,基站在建立业务之前必须先和用户建立准确的下行同步。下行导频时隙用于下行同步和小区搜索。

downlink shared channel（DSCH）下行共享信道 （1）在UMTS(通用移动通信)中使用DSCH在下行链路上向UE(用户设备)发送分组。值得注意的是,它在HSDPA(高速下行链路分组接入)中用作HS-DSCH(高速DSCH)。（2）第三代移动通信系统(3G)中采用的一种传送数据的信道,传送方向为从基站到移动站。

downstream 下行(流) （1）按数据流的方向或指向传送目的地的方向。（2）在客户端-服务器模型中,下行是从服务器(处理机)指向连接设备或末端用户(客户端)。比较 upstream。(3) 在电信网络或计算机网络中，下行是指从网络服务提供商发送给客户的数据。(4) 数据从 CMTS 头端(上指有线电视台的机房)传送到电缆调制解调器(下指用户)。

downstream keyer　顺向位移键控器　指一种特殊效果发生器，它使技术负责人(TD)能在视频信号离开视频切换器即将发送之前，在复合视频信号中插入或键入控制信息。

drive unit　驱动装置，激励器　在大功率电视发射机中驱动大功率输出级工作的驱动装置，通常工作在 40 MHz ～ 850 MHz 的甚高频(VHF)和特高频(UHF)波段，输出功率在 5 千瓦以上。

drop cable (DC)　引线[引入，分接]电缆　(1) 一种柔性电缆，它把网络终端分支器连接到用户插座上。(2) 粗缆以太网中，网络接口卡(NIC)连接多点访问单元(MAU)的电缆，分接电缆的最大长度为 50 m，也称为收发器电缆。

drop field scrambling　丢弃场加扰　指除水平消隐间隔内不进行抑制外，其它方面与同步抑制技术是相同的加扰方法。同步脉冲抑制只发生在垂直消隐间隔内。该技术在水平消隐间隔内仍然发出解扰脉冲(为迷惑未经授权的解扰设备)。如果解扰设备只在解扰脉冲发出时被触发，且不知道扰码器使用的是丢弃场加扰技术，解扰器会重新插入水平消隐间隔(未被抑制)。称为"双重插入"，会导致在用视频信号被压缩。这样一来未经授权的解扰设备将会得到褪色的图像，并在丢弃场加扰期间丢失中性同步信号。

drop frame mode　丢弃帧方式　取消SMPTE 时间码数值和实际记录时间之间差异的记录方式。由于 SMPTE 时间码播放的速率是 30 帧每秒，而 NTSC(美国国家电视制式委员会)彩色电视制的播放速率是 29.97 帧每秒，用时间码标记 1 小时节目的长度比实际播放 1 小时节目的长度多 108 帧，约为 3.6 s。因此在录制电视节目时，每分钟开始时要从时间码计数中减掉 2 帧，但每隔 10 分钟的开始时不减。在非丢帧方式中则不做这种调整。

dropout compensator　(信号)丢失[失落]补偿器　指一种能检测出录像带信号丢失的电路，如果图像丢失一行，就使用信号丢失前面一行的信号来代替丢失的信号，这样屏幕上没有明显的丢失显示。(信号)丢失补偿器内置于录像机和时基校正器中。

DRM agent　数字版权管理代理　DRM是 digital rights management 的缩写，DRM 代理指数字电视广播系统设备中的可信实体，负责执行与数字版权管理内容相关的许可和限制。

DRM content　数字版权管理内容　指在数字电视广播系统中采用 DRM 技术管理的数字媒体内容。

D-subminiature (D-sub)　D-超小型　是一种常见类型的电连接器。它们以其特有的 D 形金属屏蔽而得名。当引入 D-sub时，D-sub 成为计算机系统中使用的最小连接器之一。

DTS digital surround　DTS 数字环绕(声)　DTS 公司推出的 DTS(数字影院系统)采用相干声学编码(CAC)方式工作，属于利用心理声学原理来对声轨进行编码的有损的数字压缩技术。DTS 的声迹录音采取了特殊的声画分离的数字立体声，数字声迹录在光碟上，由专用的光碟驱动器读取，另外在拷贝的模拟声迹与画幅之间录有时间同步码，用来控制光驱还音与画面的同步。DTS 分左、中、右、左环绕、右环绕 5 个声道，加上低音声道组成 5.1 声道。

dual attached station（DAS）双（向）连接[配置]站，A 类站 在光纤分布数据接口(FDDI)网中的一种连接设备，它连接到两个相反方向的环上。集中器、网桥和路由器通常使用 DAS 连接来提供故障的容错，相反地，单连接站只连接到一个环上。

dual attachment concentrator（DAC）双连接集中器 能够给 FDDI(光纤分布数据接口)网络提供双连接的一种集中器，使其可以容纳高速光纤环网的双环形网，其附加端口可用以连接其他的集线器或高速光纤环网站点。

dual attachment connection 双连连接 FDDI(光纤分布数据接口)环网中的设备同时连接 FDDI 两个光纤环路的连接方式。在这种连接方式下，当有一个环出现故障时，网络本身能够自动组合光纤环路，数据传输照常进行。

dual attachment port 双连端口 连接FDDI(光纤分布数据接口)网络的设备用来同时连通 FDDI 环网两个光纤环路的两个端口。有这样双端接口的工作站成为双向连接站(DAS)。

dual band（DB）双频带 指蜂窝移动电话可工作于两个频率段。举个例子来说，北美地区有模拟的 AMPS(高级移动电话服务)使用的 800 MHz 和数字电话使用的 1 900 MHz 两个频段，因而电话可以在这两种频段上进行工作。

dual-band feedhorn 双波段喇叭天线 指在卫星电视系统中能同时接收两个不同波段的喇叭天线，通常同时接收 C 和 Ku 波段。

dual band handy phone 双频手机 这种手机之所以被称为双频，是因为它既适用于 GSM(全球移动通信系统) 900 网亦适用于 GSM 1800 网，而且它被设计成可在两个网络间自动转换。这种新型电话为通话高度密集地区的用户提供了很大方便。

dual-band LNB 双频段低噪声块下变频器 LNB 为 low noise block downconverter 的缩写，这是低噪声块下变频器的一种类型，它包含两个可切换的本地振荡器以接收两个不同的单频段低噪声块下变频器的频带，例如，要接收欧洲直播卫星(DBS)(11.7～12.5 GHz)和欧洲通信卫星(ECS)(10.95～11.7 GHz)广播，就需要一付或两付抛物面天线，两付喇叭天线和两个单波段 LNB。如果使用一个双频段 LNB 系统(一付抛物面天线，一付喇叭天线和一个双频段 LNB)，只需要简单切换本地振荡器就足以接收来自两种卫星系统的广播。因此，双频段 LNB 具有节省空间和费用的优势。

dual-band phone 双频手机[电话] 能在两种频段上运行的无线电话，如在 GSM 900 MHz 和 GSM 1 800 MHz 频段上运行的电话。

dual cable broadband LAN 双缆宽带局域网 正向局域网信道与反向局域网信道分用电缆的一种宽带局域网。双缆系统有两条并排铺设的完全相同的电缆。为了传输数据，计算机通过电缆 1 将数据传到电缆根部的设备，即顶端器，顶端器通过电缆 2 将回答信号沿电缆往回传输。所有的计算机都通过电缆 1 发送，通过电缆 2 接收。

dual channel controller 双通道控制器 可使一个外部设备同时接在两个通道上的控制器。既可以实现对一个外围设备同时进行读或写，也能在一个通道出现故障时，通过另一个通道进行工作，还能增加系统的分类与合并的能力。

dual channel sound（DCHS）双通道伴音(方式) 电视接收机中使用的一种技术，在混频级后，给伴音和图像信号采用分开的中频通道。

dual diversity receiver 双重分集接收机

用两副天线向在混频器之后进行混频的独立射频系统馈电的分集无线电接收机。自动选择系统可以将输出连接到每一瞬间更强的那个通道上。

dual electromagnetic focus　双电磁聚焦,电磁对偶聚焦　用在某些投影电视系统中,以产生非常小的光束从而获得更好的水平分辨率。传统电视中的电磁聚焦是将一个(偏转)线圈套在阴极射线管(CRT)的颈部位置,当直流电流通过线圈时产生与显像管轴线平行的磁场线。

dual feedhorn (DF)　双喇叭天线,双馈电喇叭　卫星通信中,可同时接收水平方向和垂直方向的极化信号的波导馈电系统。

dual-homed host　双宿主机(结构)　在内外部网络之间设置安全路由器和双宿主机,双宿主机是内部网络惟一对外通信的通道。内部网络的其他主机均被屏蔽。双宿主机具有很高的安全性,所有内外通信均须通过双宿主机才能进行。对外公开的服务也可放在双宿主机上。

dual mode handsets　双模手机　工作在两个网络模式下的手机。因为双模手机能够灵活地在两个网络,GSM(全球移动通信系统)网络和CDMA(码分多址)网络之间进行切换,能始终保持通话不断,而且可以同时接收信号,然后将接收到的信号综合叠加,把噪音信号过滤,突出话音信号,从而获得高质量的语音。

dual modulation　双重调制,对偶调制　用各自携载独立信息的两种不同调制类型对公共载波或副载波进行调制的过程。

dual orthomode coupler　双正交模式耦合器　能接收垂直和水平极化信号的碟型设备。

dual-polarization quadrature phase shift keying (DP-QPSK)　双极化[偏振]正交相移键控　涉及两个不同QPSK信号的偏振复用,因此将频谱效率提高了2倍。这是使用16-PSK而非QPSK来提高频谱效率的经济有效的替代方案。

dual-scan supertwist nematic (DSTN)　双扫描超扭曲向列(显示器)　也简称为双扫描,是一种LCD技术,其中屏幕分为两个部分,同时刷新,提供比传统无源矩阵屏幕更快的刷新率。它是一种改进的超扭曲向列显示器形式,与TFT(薄膜晶体管)屏幕相比,DSTN具有低功耗但锐度和亮度较差。90年代末到21世纪初那几年,TFT屏幕因更昂贵仅在高端笔记本电脑中出现,而低端笔记本电脑只提供DSTN屏幕。这是因当时的屏幕往往是笔记本电脑中最昂贵的组件。随着TFT逐渐变得更便宜并且基本上占据了整个市场。

dual-stack　双栈　修饰或说明同时运行IPv4和IPv6协议栈的网络节点。这种节点可以分别连接IPv4协议的网络和IPv6协议的网络,可作为两种网络之间的协议转换网关。

dual stack transition mechanism (DSTM)　双栈过渡机制　DSTM用于解决纯IPv6网络中的主机和其它IPv4主机及应用程序之间的通信问题。IPv4的应用程序不必修改就可运行在纯IPv6网络的DSTM节点上。DSTM体系结构由DSTM节点、DSTM服务器、DSTM网关组成。DSTM节点是一个位于IPv6网络中的双栈节点。DSTM服务器中保存一个IPv4地址池,它负责向DSTM节点分配临时的IPv4地址,并保存有DSTM网关的信息。DSTM网关一般位于IPv6与IPv4网络的边界处,负责IPv4 over IPv6数据包的封装与解封装。作为一种扩展,DSTM服务器还可提供端口的分配,以使一个IPv4地址可同时被几个DSTM节点使用,从而降低地址池中地址数量,节约IPv4地址资源。

dumb network　哑网络　对于移动网络运营商（MNO），术语哑网络或哑管道（dumb pipe）是指一种简单的网络，具有足够高的带宽以在用户设备和因特网之间传输字节，而无需对内容进行优先级排序的情况下，可以对客户访问的服务和应用完全保持中立。使用术语"dumb"是指网络运营商不会影响客户对互联网的可访问性，例如将可用服务或应用限制在其自己的专有门户（如围墙花园），或提供额外功能和简单连接之外的服务（如与哑管道相反的术语智能管道）。哑管道主要提供简单的带宽和网络速度，大于预期的最大网络负载，从而避免了区分数据类型的需要。

dummy antenna (DA)　假[仿真]天线　在无线电中，假天线连接到无线电发射机的输出端，并且电气模拟天线，从而允许对发射机进行调整和测试，而无需辐射无线电波。

dummy load　哑装载，哑负载，假负载　(1) 传输一个程序到存储器中而不进行执行的动作，用于确定是否满足所有的规范和要求，称哑装载。(2) 一种用在传输线或波导终端将传输能量转化成热的耗散装置，基本上没有能量向外辐射或反射回信号辐射源，因此称哑负载。(3) 连接到功率放大器输出端的高功率电阻，用于测试放大器的性能，使放大器犹如连接了一个扬声器。

dummy message　伪消息　为某一个目的发送的消息，发送的不是其内容，而是一些假的组合，也可以是一些毫无意义的报文。

duobinary signaling (DS)　双二进制信号(传输)　通过伪二进制编码的信号的数据传输，其中 0 位用零电平的电压或者电流表示，1 位用正电平或者负电平的电流或者电压表示，表示 1 的电平的极性在相间的 0 为偶数时是相同的。

duplex (DUP)　双工[向](的)，二重(的)　(1) 在数据通信中，指可以在同一线路上同时发送和接收数据的通信方式。(2) 系统发生故障时，具有使用第二套设备的能力。(3) 用于描述传输设备及线路的双向传输方式的专用术语。双工包括：① 半双工，即信息可以在一条信道上的两个方向传输，但每一时刻只能在一个方向传输；② 全双工，信息可以在一个信道的两个方向上同时传输。(4) 一种双面复制或者打印的模式。

duplex cable　双绞电缆　一种由两条隔离的导线相互绞合构成的电缆。

duplex circuit　双工线路　通信系统中，能够同时双向传输信号的传输路径或线路，例如单一光纤可以同时处理两个方向的光波，而单一金属线则不能同时处理两个方向的直流。

duplex communication　双工通信　可以同时双向传输数据或信息的一种工作方式。

duplexer　双工器　(1) 是一种允许在单个路径上进行双向（双工）通信的电子设备。在雷达和无线电通信系统中，它将接收器与发射器隔离，同时允许它们共享公共天线。大多数无线电中继器系统包括双工器。双工器可以基于频率（通常是波导滤波器）、极化（例如正交模式换能器）或定时（如雷达中典型的那样）。(2) 雷达中的转换部件，允许将同一天线轮流用于发射和接收。它包含发射机工作时隔断接收机的收发开关。双工器的另一些形式用于在较低频率上用一根天线进行双向无线电通信。

duplication code　重复码　海明间距为 2 的一种简单的错误校验码。重复码的代码长度为 2，代码字只有"0 0"和"1 1"两种。如出现代码"0 1"或"1 0"，则表示有错。

dwell time (DT)　停留[静态，停顿]时间

(1) 在信息检索中,停留时间表示用户在点击搜索引擎结果页面(SERP)上的链接后花费查看文档的时间。也就是指用户单击搜索引擎结果,与用户从该结果返回或者看到已离开结果之间的持续时间。(2) 监视雷达的停留时间(T_D)是天线波束在目标上耗费的时间。二维搜索雷达的停留时间主要取决于天线的水平波束宽度 θ_{AZ},和天线的转速 n(以每分钟转数 rpm 为单位,即 60 秒内 360 度=乘以系数 6)。停留时间通过以下公式计算:$T_D = \theta_{AZ}/6n$(单位秒)。(3) 在中、低轨道卫星系统中,单个卫星的运动轨迹是椭圆形,而不是对地同步轨道,因此从地球站观察卫星并不是静止的,当卫星飞越地球站上空时,地球站能看到卫星的时间就是停留时间。

DX communication DX(长距离)通信 是通过较大或相对不常见的距离进行的通信。通常在 UHF(特高频)或 VHF(甚高频)频段上用于短程或视距通信,DX 可以代表与 50 或 100 英里之外的电台进行通信。UHF 和微波频段也用来实现世界各地电台之间的地球-月球-地球通信。在低频段(30~300 kHz),通常认为相隔 100 多英里的电台之间的联络是 DX 通信。

DXing DX(长距离)通信,远程接收 是接收和识别遥远的无线电或电视信号,或与业余无线电、民用频段无线电或其他双向无线电通信中的远程站进行双向无线电联络。

dye laser 染料激光器 激光材料是溶解在溶剂中的活性有机荧光材料的液体激光器。用于这类激光器的一种有机染料是蒽。染料可以由另外的激光器、闪光灯或其他脉冲光源激励,以给出位于可见光谱的脉冲或连续可调谐输出。利用诸如旋转衍射光栅或改变激光管的光程长度之类的手段,可以实现调谐。正常波长范围为 0.3~1.2 μm。

dynamic domain name servers (DDNS, DynDNS) 动态域名服务器,动态 DNS 是一种自动更新域名系统(DNS)中名称服务器的方法,通常实时更新其配置的主机名、地址或其他信息的活跃 DDNS 配置。该术语用于描述两个不同的概念。第一种是"动态 DNS 更新",它指的是用于更新传统 DNS 记录而无需手动编辑的系统。这些机制在 RFC 2136 中进行了解释,并使用 TSIG(事务签名协议)机制来提供安全性。第二种动态 DNS 允许通常使用更新客户端进行轻量级和即时更新,更新客户端不使用 RFC 2136 标准来更新 DNS 记录。这些客户端为经常更改其位置、配置或 IP 地址的设备提供持久寻址方法。

dynamic focus 动态聚焦 电子枪扫描屏幕时,对电子束在屏幕中心和四角聚焦的差异进行自动修补的功能。普通的电子枪聚焦时会产生散光现象,即在边角处像素点垂直方向和水平方向的焦距长度不一致,散光现象在球面屏幕最为明显。为了减少这种情况的发生,需要对电子枪作动态补偿,使屏幕上任何扫描点均能清晰一致。动态聚焦技术是采用一个调节器,周期性产生特殊波形的聚焦电压,使电子束在中心点时电压最低,在边角扫描时电压随焦距增大而逐渐增高,随时修正聚焦变化。动态聚焦技术又分单倍动态聚焦和双倍动态聚焦两种。

dynamic frequency selection (DFS) 动态频率选择 可以应用于具有若干相邻的非集中控制的接入点的无线网络中。接入点自动选择干扰电平较低的频道。DFS 由 IEEE 802.11h 无线局域网标准支持。还要求 DFS 在 5 470~5 725 MHz U-NII(无执照的国家信息基础设施)频段内用于雷达规避。

dynamic host configuration protocol (DHCP)
动态主机配置协议 在网络中提供特定服务,自动配置主机/工作站的协议。DHCP 是提供 IP(网际协议)地址的动态配置和有关信息的协议。它提供了传递配置信息给 TCP/IP(传输控制协议/网际协议)网上的客户机的框架。DHCP 是 BootP 协议的增强。它增加了重用 IP 地址的能力,通过集中管理地址分配,防止地址冲突,节省 IP 地址,并且包括许多不同的诸如子网掩码、默认路由器和域名系统(DNS)服务器一类的选项。使用 DHCP 之后,当 PC 移动或网络变化时,网络管理员不再需要配置 PC 或更改网络设置,从而可节省大量的管理时间和费用。

dynamic IP address 动态 IP 地址 在主机引导时动态分配的 IP 地址,或者通过主机硬件或软件的固定配置永久分配。持久配置也称为静态分配 IP 地址。相反,每次重新启动时都会重新分配计算机的 IP 地址,这就称为使用动态 IP 地址。动态 IP 地址使用 Zeroconf 等方法进行自我配置,或者通过网络服务器的动态主机配置协议(DHCP)进行分配。分配有 DHCP 的地址通常具有有效期,之后可以将该地址分配给另一个设备,或者如果它仍然通电则分配给最初关联的主机。执行动态主机配置协议(DHCP)的服务器为 TCP/IP(传输控制协议/网际协议)网上的客户机自动分配 IP(因特网协议)地址。由于各网络段可利用的 IP 地址有限,因此大多数因特网服务提供者(ISP)和大型组织都有一个可根据需要动态分配的地址池。当一个网络用户退出系统后,此地址可被其他用户继续使用。

dynamic multipoint virtual private network (DMVPN) 动态多点虚拟专用网 是一种虚拟专用网络(VPN)的动态隧道形式,支持思科 IOS 路由器、华为 AR G3 路由器和 USG(UNIX 系统组)防火墙以及类似 UNIX 的操作系统。DMVPN 提供了创建动态网状 VPN 网络的功能,而无需预先(静态)配置所有可能的隧道端点的对等体,包括 IPsec(因特网协议安全性)和 ISAKMP(因特网安全关联和密钥管理协议)对等体。DMVPN 最初配置为通过静态配置辐条上的中心(VPN 头端)来构建中心辐条(hub-and-spoke)网络,不需要更改中心上的配置来接受新的辐条。使用这个初始的中心辐条网络,辐条之间的隧道可以根据需要动态构建(动态网格),而无需在中心或辐条上进行额外配置。这种动态网格功能减轻了中心上任何负载在辐条网络之间路由数据的需要。

dynamic network analysis (DNA) 动态网络分析 是一个新兴的科学领域,它将传统的社交网络分析(SNA)、链接分析(LA)、社交模拟和多智能体系统(MAS)整合到网络科学和网络理论中。这个领域有两个方面。首先是 DNA 数据的统计分析。第二是利用模拟来解决网络动态问题。DNA 网络与传统社交网络的不同之处在于它们是更大的、动态的、多模式的、多网络的,并且可能包含不同程度的不确定性。DNA 与 SNA 的主要区别在于 DNA 将社会特征调节结构和网络行为的相互作用考虑在内。DNA 与时间分析相关,但时间分析不一定与 DNA 相关,因为网络的变化有时是由外部因素引起的,这些外部因素与网络中发现的社会特征无关。

dynamic noise suppressor 动态噪声抑制器 通常借助电抗管根据信号电平自动调节其通带范围的音频滤波电路。在低信号电平下,当噪声变得更显著时,电路将减弱低频响应,有时也减弱高频响应。

dynamic packet filter 动态包过滤器 动

态包过滤器是防火墙的一项功能,它能监视当前活动连接的状态,并用此信息来判定哪些网络包可以通过此防火墙,它还可以通过记录连接信息,例如 IP(因特网协议)地址和端口地址,实现比静态包过滤器更严格的安全检测。

dynamic routing　动态路由(选择)　也称为自适应路由,是一个过程,其中路由器可以根据系统内通信电路的当前条件,通过不同的路由或给定的目的地转发数据。路由器的路由表项不是由网络管理员手工配置,而是通过相互连接的路由器之间彼此交换信息,然后按照一定的算法优化出来的,而且这些路由信息是在一定时间期间不断更新,以适应不断变化的网络,以便随时获得最优的寻路效果。动态路由支持尽可能多的路由保持有效以应对路径的变化。

dynamic signature verification (DSV)　动态签名验证[识别]　一种分析个体手写签名来进行身份认证的一种生物识别技术。动态签名识别注重的是手写签名过程中笔压等动态行为特征参数的变化,而非签名的图像本身。通过分析签名人手写签名的书写风格、笔顺、笔压、书写速度、抬笔间隙等动态及空间属性识别签名人的身份。动态签名识别的关键在于区分出不同的签名部分,有些是习惯性的,而另一些在每次签名时都不同。DSV 系统能被控制在某种方式上去接受变量,从而作出判断。

dynamic single frequency networks (DSFN)　动态单频网络　是用于基于 OFDM(正交频分复用)的蜂窝网络的发射机宏分集技术。DSFN 基于单频网络(SFN)的思想,单频网络是一组无线发射机,它们在同一频率上同时发送相同的信号。该术语源自广播世界,其中广播网络是发送相同电视或广播节目的一组发射机。基于 OFDM(正交频分复用)调制方案的数字无线通信系统非常适合于 SFN 运行,因为 OFDM 结合一些前向纠错方案可以消除由多径传播引起的码间干扰和衰落,而无需使用复杂的均衡技术。DSFN 的概念意味着 SFN 分组随着时间的推移动态地(从时隙到时隙)改变。目的是基于例如 OFDM 调制方案在集中控制的蜂窝系统中实现下行链路单播或多播通信服务的有效频谱利用。

dynamic synchronous transfer mode (DTM)　动态同步传输模式　是欧洲电信标准协会(ETSI)在 2001 年开始以规范 ETSI ES 201 803-1 标准化的光网络技术。DTM 是一种时分复用和电路交换网络技术,它结合了交换和传输。旨在为流视频服务提供有保证的服务质量(QoS),但也可用于基于数据包的服务。面向专业媒体网络、移动电视网络、数字地面电视(DTT)网络、内容传送网络和面向消费者的网络(例如"三网融合"网络)市场。

dynamic threshold alternation　动态门限改变　允许网络操作员动态地改变通信控制器中和网络控制器中,与 SDLC(同步数据链路控制)和 BSC(二进制同步通信)设备有关的通信计数(业务量)和临时错误门限值的过程。

dynamic threshold query　动态门限查询　允许一个网络操作员查询通信控制器中和网络控制器中,与 SDLC(同步数据链路控制)和 BSC(二进制同步通信)设备有关的通信计数(业务量)和临时错误门限值的当前设置的过程。

dynamic time-division multiple access (dynamic TDMA)　动态时分多址　在动态 TDMA 中,调度算法基于每个数据流的业务需求,动态地在每帧中为可变的比特率数据流保留可变数量的时间槽。

dynamic tracking head　动态跟踪磁头　当

录像机播放慢动作和静止帧时,能和录像带上的视频磁道中心自动对齐的磁头。

D1 D1 数字电视录像磁带格式 第一个广播级质量的数字电视录像磁带格式,数字电视信号是未压缩的分量电视信号,采用 ITU-R(国际电信联盟-无线通信部) BT.601 标准,子采样格式是 4:2:2,PAL(逐行倒相制)彩色电视制的分辨率为 720×576×25,NTSC(美国国家电视制式委员会)彩色电视制的分辨率为 720×480×30,都是 24 位颜色。使用昂贵的 19 mm 宽的金属磁带,带速为 286.6 mm/s,播放时间为 101 min,提供最高质量的录像,主要用在后期制作中。D1 与 D5 的差别主要是使用的录像磁带不同。

D-1 D-1 标准 D-1 或 4:2:2 分量数字是 SMPTE(美国电影和电视工程师协会)数字录制视频标准,由 SMPTE 工程委员会于 1986 年推出。它始于索尼和博世广播电视系统公司的产品,并且是第一个主要的专业数字视频格式。SMPTE 在 ITU-R(国际电信联盟-无线通信部)601(原国际无线电咨询委员会 CCIR-601)中的标准化格式,称为 Rec.601,它源于 SMPTE 125M 和 EBU(欧洲广播联盟)3246-E 标准。

D2 D2 数字电视录像磁带格式 广播级质量的数字电视录像磁带格式,数字电视信号是未压缩的复合电视信号。用于中高档 PAL(逐行倒相制)彩色数字电视(625/50)或 NTSC(美国国家电视制式委员会)彩色数字电视(525/59.94)。使用 19 mm 宽的磁带,带速为 131.7 mm/s,播放时间为 208 分钟。D2 和 D3 的差别是使用的录像磁带不同。

D-2 D-2 格式 是由美国 Ampex 公司创建的专业数字录像带格式,并在 1988 年 NAB(美国国家广播协会)大会上作为分量视频 D-1 格式的复合视频替代品而引入。Ampex 为此获得 1989 年技术艾美奖。与 D-1 一样,D-2 在磁带上存储未压缩的数字视频;然而,它存储复合视频信号,而不是像 D-1 那样存储分量视频。虽然分量视频非常适合高级编辑,特别是在使用色度键效果时,复合视频与大多数现有模拟设备更兼容。

D2-MAC D2-MAC 标准 两种欧洲模拟高清晰度电视系统制式中的一种标准。直到 2006 年 7 月在斯堪的纳维亚,以及直到 90 年代中期,德国和法国的卫星电视使用的传输标准。欧洲和亚洲某些有线电视系统仍然使用 D2-MAC。

D3 D3 数字电视录像磁带格式 广播级质量的数字电视录像磁带格式,数字电视信号是未压缩的复合电视信号。提供比较低的成本,用于中高档 PAL(逐行倒相制)彩色数字电视(625/50)或 NTSC(美国国家电视制式委员会)彩色数字电视(525/59.94)。使用 0.5 英寸宽的磁带,带速为 131.7 mm/s,播放时间为 208 分钟。D3 和 D2 的差别是使用的录像磁带不同。

D-3 D-3 格式 是在 NHK(日本放送协会)发明的未压缩复合数字视频录像带格式,并于 1991 年由 Panasonic 公司推出商用,以与 Ampex 公司的 D-2 竞争。它使用半英寸金属颗粒带,速度为 83.88 mm/s(与 D-2 的 19 mm 和 131.7 mm/s 相比)。与 D-2 一样,复合视频信号以彩色副载波频率的四倍进行采样,每个采样 8 位。在垂直消隐间隔期间插入四个 48 kHz 16 到 20 位 PCM(脉码调制)音频通道和其他辅助数据。该格式的聚合净(纠错)比特率为 143 Mbps,并且由于编解码器是无损的,因此它已被用于数据应用。可以使用这种格式的便携式摄像机,并且是迄今为止止唯一一使用无损编码方案的数字磁带摄像机。

D4 framing　D4 分帧　在 T1 设施中用的分帧和同步方法,用 12 个 T1 帧构成超级帧。现在大多数 1.544 Mbps 的设施都使用这种传输方法。

D5　D5 数字电视录像磁带格式　广播级质量的数字录像磁带格式,数字电视信号是未压缩的分量电视信号,采用 ITU-R(国际电信联盟-无线通信部)BT.601 标准,子采样格式是 4∶2∶2,PAL(逐行倒相制)彩色电视制的分辨率为 720×576×25,NTSC(美国国家电视制式委员会)彩色电视制的分辨率为 720×480×30,都是 24 位颜色。使用昂贵的 0.5 英寸的宽磁带,带速为 286.6 mm/s,播放时间为 101 分钟。D5 与 D1 的差别主要是使用的录像磁带不同。

D-5　D-5 格式　是松下公司于 1994 年推出的专业数字视频格式。与索尼公司的 D-1(8 位)一样,它是一个未压缩的数字分量系统(10 位),但使用与松下数字复合 D-3 格式相同的半英寸磁带。120 分钟 D-3 磁带在 D-5/D-5HD 模式下将记录 60 分钟。D-5 标准清晰度卡座可以通过使用外部高清输入/输出盒进行改装,以记录高清晰度图像。HD 卡座转换不支持在标准清晰度录制中进行任何纠错,因为 HD 录制需要磁带的全部带宽。

D6　D6 数字电视录像磁带格式　19 mm 螺旋状扫描的盒式数字电视录像磁带格式,用于录制未压缩的高清晰度数字信号。D6 采纳了欧洲的 1250/50 隔行扫描格式和日本的 260 M 型的 1125/60 隔行扫描格式。ANSI/SMPTE(美国国家标准协会/电影电视工程师协会)277M 和 278M 采用 D6 格式。

D6 HDTV VTR　D6 高清电视录像带　是 SMPTE(美国电影电视工程师协会)录像带标准。D6 录像机可以录制和播放未压缩的 HDTV(高清电视)视频。由于没有数据压缩,经过 20 次多代磁带拷贝后,质量没有明显下降。作为一个非常高端的昂贵的系统,从 2000 年到 2005 年大约有 70 个系统出售给高端后期制作公司。VTR 有一个数据记录选项。数据模块可以通过 HIPPI(高性能并行接口)连接以每秒 6 帧的速度记录和播放 2k DPX()文件。VTR 只有一个数据模型,或者带有一个开关模块,因此记录卡可以用于视频和数据记录。磁带卡座也作为千兆位记录器单独出售,用于记录和回放原始数据。东芝为 VTR 制作了录像带。录像带的高价格限制了录像机的使用。

D65　D65 光源　即 CIE 标准光源 D65(有时写成 D65)是国际照明委员会(CIE)定义的常用标准光源。它是 D 系列发光体的一部分,试图在世界不同地区的露天描绘标准照明条件。D65 大致对应于西欧/北欧的正午平均光(包括直射阳光和晴朗天空漫射的光),因此它也被称为日光光源。

D7　D7 数字电视录像磁带格式　松下(Panasonic)公司开发的数字电视录像磁带格式,称为 DVCPRO。电视图像为分量采样记录格式,子采样格式为 4∶1∶1。每个分量的样本精度为 8 位,采用离散余弦变换为基础的压缩技术,压缩比可达 5∶1;使用 48 kHz 的采样频率时,数字声音是样本精度为 16 位的双声道声音,使用 32 kHz 的采样频率时,数字声音是 12 位的 4 声道声音。DVCPRO 使用 6.35 mm(1/4 英寸)宽的金属微粒磁带,磁带速度为 33.813 mm/s,支持线性时间码和垂直间隔时间码(VITC)。子采样格式为 4∶2∶2 的格式称为 DVCPRO 50,子采样格式为 4∶2∶0 的格式称为 DVCPRO P,高清晰度电视型的格式称为 DVCPRO HD。

D8 **D8 格式** (1) 由于有可能与名称类似的数字声音或数字记录器(DA-88)混淆,因此 SMPTE(美国电影与电视工程师学会)的电视记录和重放技术委员会没有定义 D8 格式。(2) 8 mm 备份格式是计算机系统中使用的磁带数据存储格式,由 Exabyte 公司首创。它也被称为 Data8,通常缩写为 D8,在一些索尼公司的品牌媒体上写为 D-8 或 Di8。此类系统可根据配置备份最多 60 GB 的数据。在机械上使用的磁带与 8 毫米视频格式录像机和便携式摄像机中使用的磁带相同。

D9 **D9 数字电视录像磁带格式** 日本胜利公司(JVC)开发的数字电视录像磁带格式,前称为 Digital-S。电视图像子采样格式为 4∶2∶2,采用离散余弦变换为基础的帧内压缩技术,压缩比可达 3.3∶1,电视数据速率为 50 Mbps。数字声音采样频率为 48 kHz、样本精度为 16 位的双声道或 4 声道声音。录像磁带使用 1/2 英寸宽的高密度金属微粒磁带,磁带速度为 57.8 mm/s。

D9 HD **D9 HD 数字电视录像磁带格式** 在 D9 格式基础上开发的高清晰度(HD)数字电视分量记录格式,电视数据速率为 100 Mbps,使用 1/2 英寸宽的高密度金属微粒磁带。

E

Early Bird　晨鸟通信卫星　由休斯飞机公司(后来的休斯空间和通信公司,现在是波音卫星系统公司)的空间和通信小组为 COMSAT 建造的。它基于休斯为美国宇航局建造的卫星。1965 年发射的第一颗商用国际通信卫星,用于固定和移动业务,即著名的 INTELSAT-1 号卫星,取名为晨鸟。

earth bulge effect　地面隆起效应　由于地球是一个近似的球体,因而凸起的地表有可能阻挡微波的视线传送。因此微波通信系统之间的直接传送距离有一定的限制,隔一段距离就要有一个微波中继站。而且由于大气的折射作用,使实际的电波传播不是按直线进行而是按曲线传播的,严重的时候电波射线路径甚至会与地球表面相撞,这些因素综合作用的结果就是地面隆起效应。在工程设计时引入等效地球半径系数 K 来进行补偿。

earth-moon-earth communication (EME)　地球-月球-地球通信　也称为月球反弹,是一种无线电通信技术,它依赖基于地球的发射机传播的无线电波,通过从月球表面反射回到基于地球的接收机。

earth observation satellites　地球观测卫星　或地球遥感卫星,是专门用于从轨道对地球进行观测而设计的卫星,如环境监测、气象、地图制作等。

earth potential compensation　地电位补偿　为了克服发送端和接收端由于地电位不同,或者由于发射端与接收端相距较远而造成信号损失的现象,在它们之间安装信号补偿装置,使接收端有较强的接收信号的能力。

earth segment　地面段　卫星通信系统中的地球站设备部分。

earth terminal (ET)　地球站终端　是地面无线电台,设计用于与航天器(构成航天器系统地面部分的一部分)的星际通信,或接收来自天文无线电源的无线电波。

earth-to-satellite communication link　地球卫星通信链路　设在地球表面的通信站与经过卫星转发而构成的通信链路。

E band (NATO)　E 频段(北大西洋公约组织)　是指在冷战期间从 2 000 到 3 000 MHz(相当于 15 到 10 cm 之间的波长)的无线电频率。自 1992 年以来,详细的频率划分、分配和指配符合北约联合民用/军用频率协议(NJFA)。然而,为了一般地确定军用无线电频谱要求,例如危机管理规划、培训、电子战活动、雷达或军事行动中,通常使用北约频段系统。

E band (waveguide)　E 频段(波导)　是电磁频谱中 60 GHz 至 90 GHz 的无线电频率范围,对应于电子工业协会(EIA)推荐的 WR12 波导工作频带。这些频率相当于 5 mm 和 3.333 mm 之间的波长。E 频段处于无线电频谱的 EHF(极高频)范围内。

E bend　E 弯曲　对于一在波导中传播的横向电磁波(TEM)在轴向发生平滑的变化,在整个变化过程中,轴始终和电场矢量 E 的横向极化方向保持在同一个平行平面中。同 E plane bend。

Eberhard effect　埃伯哈德效应　在摄影科学中,以 Gustav Eberhard 命名的埃伯哈德效应是两个麦基(Mackie)线的一个特例,当高密度和低密度的狭窄区域(通常线距接近1毫米),这两条麦基线相遇时导致这个小区域的密度增加。产生小区域图像用的光强大于等于大区域图像用的光强时所观察到的现象。

EBU time code　欧洲广播联盟时间码　由欧洲广播联盟制定的在录像带上标识每帧电视图像的时间编码,用时、分、秒和帧来确定录像磁带上每帧的地址。

E-carrier　E 载波,欧洲载波　是通过时分多路复用同时支持多路电话通话的数字传输而开发的系列载波系统的技术。欧洲邮政和电信管理会议(CEPT)最初对 E-carrier 系统进行了标准化,也是修改并改进了早期的美国 T 载波技术,现在已被国际电信联盟-电信标准化部门(ITU-T)采用。在美国、加拿大和日本以外的几乎所有国家都广泛采用。随着电信网络向全 IP 转换,E 载波部署逐渐被以太网取代。

echo　回送,回波　(1)从始端发出,由于阻抗不匹配而产生反射,再返回到始端的那部分回波。(2)送给信号源的一部分信号,它以足够的强度及延迟返回,并对数据传输产生干涉。

echo attenuation　回波[回声]衰减　发送端发送的传输功率与返回到该端的回波功率之比。表示单位为分贝。

echo cancellation (ECHC/EC)　回波[回声,重影]消除　指从主传输信号中将回波引起的噪声信号隔离和滤波的处理。几种情况:① 一种控制通信线路(如卫星传输)中回波的方法,发送调制解调器检查其返回线路中微弱延迟的回波信号,增加一个近似修改的相反方向的信号到接收信号的通路上,使得回波被消除而信号不受影响,回波消除是用于 9 600 bps 调

制解调器 CCITT(国际电报电话咨询委员会) V.32 标准的一部分。② 为了建立多个信道,ADSL 可通过两种方式对电话线进行频率划分:一种方式是频分复用(FDM),另一种方式是回波消除。③ 适当配置天线以消除电视图像上重影的措施。

echo canceller (EC)　回波[回声,重影]消除器　一种能使回波强度衰减或消除的电路。

echo check (EC)　回送校验,回波检测　确定数据传输正确性的一种校验方式。接收到的数据被送回数据源与原先发送出来的数据作比较。若它与原来数据是一样的,则它的传输是正确的,不然就进行第二次数据传输。

echo effect　回波[回声]效应　扬声器发出的声音经过延时后反射回接收端的现象,大部分都可通过数字回波消除器消除。

echo equalizer　回波均衡器　抑制回波干扰的电路或设备。

echo frame (ECF)　回应帧　FDDI(光纤分布数据接口)帧格式的一种,用来测试网络环路的连接状态。在指定站点上发送一个 ECF 请求帧,如果经过一段时延之后能正确地接收到 ECF 响应帧,则表明连接正常,否则可判定连接不正常。

echo path loss　回波[回声]路径损耗,回道损耗　信号在远程装置内部的损耗加上来回传输途中的损耗。

echoplex　回送　通信过程中,发送站键入的字符信息先传送到接收站上,然后再回送显示,以便检验传输的准确性。

echo protocol　回波[回送]协议　是 RFC 862 中定义的因特网协议套件中的一项服务。它最初用于测试和测量 IP 网络中的往返时间。主机可以使用众所周知的端口号 7 上的传输控制协议(TCP)或用户数据报协议(UDP)连接到

支持回送协议的服务器。服务器发送回所接收到的数据的相同副本。也就是接收到什么都原封发回。

echo reply　回波,回声　应答用于测试和调试的消息。ICMP(因特网控制信息协议)回波应答是返回对 ICMP 回波请求消息的回答。Ping 程序接收回波应答。

echo request (ERQ)　回送[回显,回响]请求　用于测试和调试的消息。Ping 程序发送 ICMP(因特网控制信息协议)回送请求消息去引出回送应答。

echo talker　回波干扰(信号)　从接收点返回到发射源的延long回波信号,在发射点形成干扰。

echo waveform corrector (EWC)　回波波形校正器　由多径信号或回波引起的线性相位和振幅失真的校正设备。

edge computing　边缘计算　是通过在数据源附近的网络边缘执行数据处理来优化云计算系统的一种方法。通过在数据源处或附近执行分析和知识生成,来降低传感器与中央数据中心之间所需的通信带宽。边缘计算涵盖了广泛的技术,包括无线传感器网络、移动数据采集、移动签名分析,协同分布式点对点自组织网络和处理能力,也可以归类为本地云/雾计算和网格/网状计算、露点计算、移动边缘计算、微云计算、分布式数据存储和检索、自主自愈网络、远程云服务、增强现实等等。

Edge Computing Consortium (ECC)　边缘计算联盟　边缘计算作为新兴产业应用前景广阔,产业同时横跨操作技术(OT)、信息技术(IT)和通信技术(CT)多个领域,且涉及网络联接、数据聚合、芯片、传感、行业应用多个产业链角色。为了全面促进产业深度协同,加速边缘计算在各行业的数字化创新和行业应用落地,华为技术有限公司、中国科学

院沈阳自动化研究所、中国信息通信研究院、英特尔公司、ARM 和软通动力信息技术(集团)有限公司作为创始成员,联合倡议发起边缘计算产业联盟,致力于推动"政产学研用"各方产业资源合作,引领边缘计算产业的健康可持续发展。

edge gradient　边缘梯度　在两个不同区域边界上的亮度和密度变化率。影像的清晰度随边缘梯度的增加而增加。

edge noise　边缘噪声　指被显示对象边缘所出现的颗粒或模糊的现象。它减少了屏幕图像中物体的清晰外观的锐度,有的录像机提供内置的数字时基校正器来补偿边缘噪声。边缘噪声的彩色形式称为饰边。

edge router (ER)　边缘[边界]路由器　在因特网中,位于网络边缘,主要为用户接入而设立的路由器。边缘路由器除了选路和转发功能外,可用于建立隧道,还可能具有对数据分组实现认证、过滤和业务量整形等功能。

edge switch (ES)　边缘[边界]交换机　一种位于网络边缘的交换系统(BSS),在概念上与电话系统中的端局等价。边缘交换机是用户进入网络(如:帧中继、交换式多兆位数据服务网络和异步传输模式网)的第一个入口点,而当用户退出网络时,它又是最后一个出口点。

effective aerial area (EAA)　天线有效面积　天线自平面波所能吸收的最大功率除以入射功率通量密度而得出的面积,此时天线应与负载匹配。

effective antenna length　有效天线长度　在天线中,有效天线长度为开路电压(通常以伏表示)与电场强度(通常用伏/米表示)的比值。在此情况下,有效天线长度为米。

effective bandwidth　有效带宽　滤波器中根据允许的最大衰减找到相应的有效截

止频率，并据此确定的实际通频带的宽度。

effective data transfer rate（EDTR）　有效数据传送率　在规定的最大容许差错率的范围内，每单位时间从数据源发送，并由数据接收器有效且正确地接收到的按字节、字符、字块或其他指定的数据单位的平均数。

effective isotropic radiated power（EIRP）有效等向[全向]辐射功率　是为了产生峰值功率密度而必须由一个全向天线发出功率（其均匀地在所有方向分发功率）的值，而且是在最大天线增益的方向上能观察到的。EIRP 能够考虑到在传输线路和连接器中的损失和包含天线的增益。EIRP 经常规定按照分贝越过一个参考功率标准，它是由一个有相同信号能量的等方位辐射体发射的功率。EIRP 允许在不同的发射器之间进行比较而不管类型、大小或形态。有了 EIRP，就能知道真实的天线增益。

effective monopole radiated power（EMRP）有效单极辐射功率　无线电发射机供给天线的功率和在给定方向上该天线相对于短垂直天线的增益的乘积。

effective radiated power（ERP）　有效辐射功率　（1）无线电发射机供给天线的功率和在给定方向上该天线相对于半波偶极振子的增益的乘积。（2）指电视台发射的视频信号功率。在美国，电视台由联邦通讯委员会（FCC）授权可以以某一确定功率发射，为避免对其它电子通信的干扰，电视台发射机和天线发射总功率是受限制的。

effective sound pressure　有效声压　在声学中，经过一个时间间隔以后媒体上某一点的瞬时声压的 rms（均方根值），并用 dyn/cm² 表示。它也称为"均方根声压"或"声压"。

effective spot　有效光斑　（1）投影机在投影屏幕上显示的有效光斑，即硬光斑的全部为有效光斑，亦即柔（软）光斑中照度值不小于最高照度值 10％的范围为有效光斑；（2）舞台灯具照射的光斑。

effective transmission speed　有效传输速度　一个传输设备传输信息的速度。用单位时间内的平均字符数或单位时间内的平均二进制位数来表示。

effective wavelength（EWL）　有效波长　单色 X 射线在规定的滤光器中受到与被考察 X 射线束相同百分衰减的波长。

EGP features　外部网关协议特点　外部网关协议（EGP）所具有的主要特点和功能有以下三个方面：① 支持相邻搜索，允许一个网关要求另一个网关互相传递可达性信息；② 不断测试 EGP 相邻网关是否可达；③ EGP 相邻网关通过传递"路由选择更新报文"定期交互可达性信息。

EGP measure distances　外部网关协议计量距离　外部网关协议（EGP）计量路径距离的方法和量度。与多数传播路由选择协议不同，EGP 协议不报告自己到达的网络距离，而是计量从公共报源网络算起的距离。

egress filtering　出口过滤　在计算机网络中，出口过滤是监视并可能限制从一个网络出站到另一个网络的信息流的控制。通常，它是从专用 TCP/IP（传输控制协议/际际协议）计算机网络到受控互联网的信息。通过路由器、防火墙或类似的边缘设备检查从内部网络发送的 TCP/IP 数据包。对不符合安全策略的数据包不允许离开，拒绝它们"出口"。出口过滤有助于确保未经授权或恶意的流量不会离开内部网络。

egress router　出口路由器　一种标签交换路由器，它是给定标签交换路径（LSP）的终点（出口）。出口路由器可以是任何其他 LSP 的入口路由器或中间路由器。因此,出口路由器和入口路由器的作用是 LSP 特定的。通常,MPLS(多协议标记交换)标签在入口路由器处附在 IP 数据包中,并在出口路由器处被(流失)除,而在中间路由器上执行标签交换。

EIA communication adapter (美国) EIA 通信适配器 一种符合 EIA(美国电子工业协会)标准的通信适配器,可以在两条线上以高达 19.2 kbps 的速度组合并发送信息。

EIA interface (美国) EIA 接口,(美国)电子工业协会接口 EIA 接口标准包括信号的特性、持续时间、电流和电压等。此接口用来连接各种终端与调制解调器,并规定了硬件的实际尺寸。还制定了字符代码和编码的一些标准。

EIA/IS-702 (美国) EIA/IS-702 暂行标准 美国国家电视制式委员会(NTSC)复制代次管理系统-模拟(CGMS-A)。该标准扩充了 EIA-608 标准中模拟(Macrovision)防复制过程控制,增加了对 NTSC 制式视频版权保护功能。该标准已被更新的 EIA-608 标准取代。

EIAJ CPX-1204 (日本) EIAJ CPX-1204 建议标准 日本电子工业协会(EIAJ)这个标准规范了另一种 NTSC(美国国家电视制式委员会)制式视频信号的宽屏信令(WSS)标准。

EIA-RS-232 (美国)电子工业协会 RS-232(接口) 一种同美国电子工业协会(EIA)采纳的旨在确保数据通信设备和数据电路端接设备间接口的一致性的标准化方法,这一标准接口已经被大多数数据传送设备(调制解调器)和数据终端设备生产商普遍接受。

EIA-RS-232-C (interface between data terminal equipment and data circuit terminating equipment employing serial binary data interchange) EIA-RS-232-C《使用串行二进制数据交换的数据终端设备和数据电路端接设备之间的接口》 美国电子工业协会(EIA)于 1960 年联合贝尔系统以及其他的数据通信设备制造厂和计算机制造厂,开发研制了一个使用串行二进制方式进行交换的 DTE/DCE 接口标准,该标准称为 EIA-RS-232。其中 RS 含有"推荐标准"之意。此标准于 1963 年,1965 年和 1969 年先后经过三次修改,最后被命名为 EIA-RS-232-C 标准。该标准由电气信号特性、互换电路功能说明和接口机械特性组成。在标准内包含有 13 种特定接口配置以适应 15 种规定的系统应用。它适用于使用二进制数据交换的数据终端设备(DTE)与数据电路端接设备(DCE)的互连,可进行同步或异步的数据通信,可用于各种类型的数据通信业务诸如二线或四线的专线或租用线路(点对点或多点)或者二线或四线的交换网络业务。

EIA-RS-366 (interface between data terminal equipment and automatic calling equipment for data communication) EIA-RS-366《数据通信用数据终端设备和自动呼叫设备之间的接口》 该标准由电气信号特性、互换电路功能说明和接口机械特性组成。标准适用于数据通信所使用的数据终端设备(DTE)和自动呼叫设备(ACE)之间的互连,为自动呼叫设备提出了六种接口类型。标准接口处使用 25 插针连接器,并以列表的形式给出了相关的插针分配。对应的国家标准为 GB11015。

EIA-RS-422 (electrical characteristics of balanced voltage digital interface circuits) EIA-RS-422《平衡电压数字接口电路电气特性》 该标准规定了平衡数字接口电路的电气特性。这种接口电路通常是以集成电路技术来实现的,它可用于数据终端设备(DTE)与数据电路端接设备(DCE)之间串行二进制信号的交换或数字设备之间串行二进制信号任何点对点的互连。该标准与国际标准化组织(ISO)标准和CCITT(国际电报电话咨询委员会)建议兼容,对应的国家标准为GB11014。

EIA-RS-423 (electrical characteristics of unbalanced voltage digital interface circuits) EIA-RS-423《非平衡电压数字接口电路电气特性》 该标准规定了不平衡数字接口电路的电气特性。这种接口电路通常是以集成电路技术来实现的,它可用于数据终端设备(DTE)与数据电路端接设备(DCE)之间串行二进制信号的交换或数字设备之间串行二进制信号任何点对点的互连。该标准与国际标准化组织(ISO)标准和CCITT(国际电报电话咨询委员会)建议兼容,对应的国家标准为GB12166。

EIA/TIA (美国)电子工业协会/电信工业协会 electronics industries

EIA/TIA standard-electrical performance for tv transmission systems, EIA/TIA-250-C EIA/TIA标准-电视传输系统的电气性能,EIA/TIA-250-C 该标准由美国电子工业协会(EIA)和美国通信工业协会(TIA)联合发布,它包含一个电视图像质量评价标准的综合列表,以及彩色和黑白图像的性能指标。

EIA unit (美国)EIA单位 一个测量单位,由美国电子工业协会(EIA)建立,1 U等于44.45 mm(1.75英寸)。

EIA-516 (美国)EIA-516标准 美国制定的图文电视标准,也称为北美基本图文电视规范(NABTS)。

EIA-568 (美国)EIA 568标准 是电信工业协会(TIA)的一套电信标准。该标准涉及电信产品和服务的商业建筑布线。截至2017年,该标准为修订版D,取代了2009年修订版C,2001年修订版B,1995年修订版A和现已过时的1991

年的初始版本。TIA-568最著名的特性可能是八芯100欧姆平衡双绞线布线的引脚/线对分配。这些分配命名为T568A和T568B。

EIA-608 (美国)EIA-608标准 美国隐藏式字幕和扩展数据服务(XDS)标准。版本B中增加了复制代次管理系统-模拟标准(CGMS-A)、内容审核要求(V-chip:装入电视接收器阻断含有色情和暴力内容节目的芯片)、使用Text-2(T-2)服务的互联网统一资源定位符(URL)、16位传输信号标识符,以及数字电视(DTV)节目和系统信息协议(PSIP)的传输等标准。

EIA-708 (美国)EIA-708标准 美国数字电视(DTV)隐藏式字幕标准。美国电子工业协会CEB-8标准同样提供了对嵌入到高级电视系统委员会(ATSC)MPEG-2视频基本传输流中的EIA-608数据流的使用和处理指导,并扩展了EIA-708标准。

EIA-744 (美国)EIA-744标准 该标准扩充了EIA-608标准,增加了NTSC(美国国际电视制式委员会)制式视频"V芯片"(V-chip)操作功能,"V芯片"指装入电视接收器阻断含有色情和暴力内容节目的芯片。通过扩展EIA-608标准,EIA-744标准已包括在最新的EIA-608标准中并被撤销。

EIA-761 (美国)EIA-761标准 该标准规范了正交幅度调制(QAM)转换到8电平残留边带调制(8-VSB)的方法,并支持转换过程中的在屏幕显示。

EIA-762 (美国)EIA-762标准 该标准规范了正交幅度调制(QAM)转换到8电平残留边带调制(8-VSB)的方法,不支持转换过程中的屏幕显示。

EIA-766 (美国)EIA-766标准 美国国家高清晰度电视(HDTV)内容审核咨询标准。

EIA-770 （美国)**EIA-770 标准**　该规范包含 EIA-770.1、EIA-770.2,和 EIA-770.3 三个部分。EIA-770.1 和 EIA-770.2 定义了 525 行隔行扫描和逐行扫描标清电视(SDTV)系统模拟分量(YPbPr)视频接口。EIA-770.3 定义了隔行扫描和逐行扫描高清电视(HDTV)系统模拟分量(YPbPr)视频接口。EIA-805 定义了在这些分量视频接口传送垂直消隐期(VBI)数据的方法。

eight hundred service (EHS)　800 业务　最早于 1967 年在美国开始提供。是 AT&T、MCI、Sprint 和 Bell 等公司的智能网广域电话业务(IN-WATS)中对被叫集中付费业务分配的业务代码,而且多数国家普遍采用 800 作为其业务代码,故简称 800 号业务。800 业务的主要用户是一些企业和服务行业单位,向广大客户提供免费呼入服务,可作为一种经营手段广泛用于广告效果调查、顾客问询、新产品介绍、职员招聘、公共信息提供等。每个 800 机构用户由号码业务管理中心分配一个特定的号码,这个号码共十位,前三位为 800。800 号业务智能网的概念提出后,在世界各国得到了广泛的发展,几乎所有国家在规划智能网时,都将它作为发展的首选业务。800 业务可以在智能网上实现,也可以在非智能网上实现,而且在智能网上实现更具有先进性。

eight level code　八单位码　用 8 位二进制数表示一个字符的编码。但在异步通信中常用的附加启动和停止位不包括在内。

eight-to-fourteen modulation （EFM）　8 至 14 调制,八比十四调变,8-14 调制　是一种数据编码技术,正式地称为线路代码,用于光碟(CD)、激光光碟(LD)和预 Hi-MD MiniDisc 使用。增强 EFM(EFMPlus)是一个相关代码技术,用于 DVD(数码影碟)和超级音频 CD(SACD)。EFM 在光碟存储器上具有自同步能力的数据记录方法。该方法也称为通道编码,用于增加光碟上信息凹坑和非凹坑的长度,以降低读出信号的频率带宽。编码时把 8 位用户数据变换成 14 位通道码,以限制两个"1"之间连续"0"的数目最多为 10 个,最少为 2 个。在红皮书(Red Book)和 IEC 908 标准中规定,在 14 位的代码之间增加 3 位合并位,构成 8 位到 17 位的调制编码。

eight-to-fourteen modulation plus （EFMPlus/EFM+）　8-14 位改进调制,增强 EFM　是 DVD(数码影碟)和 SACD(超级音频 CD)中使用的通道代码。EFMPlus 编码器基于具有四种状态的确定性有限自动机,它把八位输入字转换为十六位码字。由有限状态机编码器生成的二进制序列在连续的二进制序列之间具有至少两个且最多十个零,这与经典 EFM 中的相同。在经典 EFM 中没有打包(合并)位。EFMPlus 有效地减少了一个通道位每用户字节的存储要求,使存储容量增加了 1/16 = 6.25%。EFMPlus 生成的序列的解码由长度为 2 的滑动块解码器完成,即,需要两个连续的码字来唯一地重构输入字序列。

E-interface　E 接口　(1) 在全球移动通信系统(GSM)中,E 接口为两个移动交换中心(MSC)之间提供通信。E 接口使用 MAP/E 协议交换在固定 MSC 和中继 MSC 之间切换相关的数据。在蜂窝数字分组数据(CDPD)网中也表示 CDPD 网络和其他外部网络的接口。(2) 是控制相邻区域的不同移动业务交换中心之间的接口。当移动台(MS)在一个通话过程中,从一个移动业务交换中心控制的区域移动到相邻的另一个移动业务交换中心控制的区域时,为不中断通话需完成越区信道切换过程,此接口就用于切换过程中交换有关切换信息以启动和完成切换。E接口的物理链接方式是通过移动业务交换中心之间的标准 2.048 Mbps脉码调制数字传输链路实现的。

elastic asynchronous/synchronous interface (EASI) 弹性异步/同步接口　一种使异步设备能够使用同步调制解调器的接口,可调节波特率。

elastooptical effect 弹性光效应　材料的折射率受来自稳定弹性波或行进弹性波的内部应力作用所发生的变化。

E layer E 电离层　以 Arthur E. Kennelly 和 Oliver Heaviside 命名的 Kennelly-Heaviside 层,也称为 E 区域或简称为 Heaviside 层,是一层离开地面约 90～150 公里(56～93 英里)的电离气体,地球电离层中的几层之一。它反射中频无线电波。由于这个反射层,辐射到天空的无线电波可以在地平线以外返回地球。自 20 世纪 20 年代以来,这种"天波"或"跳跃"传播技术已用于远距离无线电通信,远至跨跃大陆的距离。传播范围受到日照时间的影响。影响的程度进一步受季节和太阳黑子活动量的影响。

electrically tunable color (ETC) 电可调色彩(技术)　是美国摩托罗拉实验室于 2001 年 3 月宣布的液晶显示器新技术。这是一种可提高反射型液晶显示器(RLCD)图像质量的技术。ETC 通过平行电场改变来自两层玻璃板之间的液晶(胆甾物质)所反射的光线。胆甾物质拥有呈螺旋状构造的分子,这种螺旋结构的圈间距离决定了反射光线的颜色。通过向两层玻璃板施加平行电场控制圈间"间隙",便可使各圈呈分离状态,借此便可以改变反射光线的颜色。ETC 的优点在于其构造简单,可以大幅度降低液晶显示器的造价。

electrically tuned oscillator 电调振荡器　一种频率由电压、电流或功率之值决定的振荡器。电调谐包括电子调谐、电驱动调谐、机电调谐和一些谐振腔中的媒质特性由外部电气手段来改变的调谐方法。通过改变外部磁场对填充铁氧体的腔体调谐便是一个例子。

electrical masking (EM) 电化装[掩蔽,蒙罩] (1) 应用对彩色信号进行矩阵运算的方法,校正彩色析像设备中有欠缺的特性。(2) 在电视电影扫描器中,调整信号以校正被扫描影片在拍摄和(或)处理过程中产生的失真。

electrical speech level (ESL) 话音电平　由传声器传输声音或语言时,电路某一点上的功率或电压相对于规定值而言的电平,可用规定的仪表在该点上测出。

electricity absorb modulator (EAM) 电吸收调制器　利用半导体中激子吸收效应制作而成的一种光信号调制器件。EAM 工作在调制器材料吸收区波长处,当调制器无偏压时,调制器处于通状态。随着调制器上偏压的增加,原来的波长处吸收系数变大,调制器成为断状态,调制器的通断状态即为光强度调制。EAM 被广泛应用于高速光纤通信中信号的调制编码。

electric noise 电噪声　接收机或传输系统中,除串扰以外的不希望的电能。来源包括电器用具、电动机、发动机点火和电力线。

electric power supply system project 供配电系统工程　为用户和设施提供符合要求的供电系统工程。

electric shield 电屏蔽　放在电路周围的铝或铜外罩。通过对高频辐射提供到地的低阻和反射通路来防止与其他电路相互干扰。

electroluminescent display device 电致发光显示器　利用电致发光效应所制作的

一种平板显示装置。在这种显示器中，有一薄层荧光物质置于水平电极和垂直电极之间，而这两种电极则构成 XY 坐标，当某一水平电极和某一垂直电极通电时，在它们的交叉点处的荧光物质就会发光。

electroluminescent screen　电致发光屏幕　一种显示屏幕，它利用对荧光体进行电激活或使电流通过某种半导体材料（如砷化镓）的方法使每个像素点发光。

electromagnetic communication　电磁波通信　利用电磁波通过空间进行的通信。电磁波通信分成两种：一是使用 EHF（极高频）以上的电磁波通信；另一种是使用极高频以下的电磁波通信。前者包括激光通信，后者包括无线电通信、电视通信、雷达通信。电磁波通信比一般电子通信要求有更精确的发射及接收设备。

electromagnetic compatibility（EMC）电磁兼容性　设备或系统在其电磁环境中能正常工作且不对该环境中任何事物构成不能承受的电磁骚扰的能力。电磁兼容性包括两方面：电磁干扰（EMI）和电磁耐受（EMS）两方面。

electromagnetic constant　电磁常数　电磁波在真空中的传播速度。依据微波技术进行的最新测量给出电磁常数值为 299 793 km/s。

electromagnetic emission control（EEC）电磁辐射控制　包括控制无线电波、雷达波的辐射以及声纳等电磁能量的传播，目的就是防止电磁辐射被那些未经许可的接收者使用以及对其他电气电子设备的干扰。在军事上可通过铜屏蔽来减少电磁辐射。

electromagnetic environment（EME）电磁环境　存在于给定场所的电磁现象的总和称为电磁环境，它由空间、时间和频谱三个要素组成。电磁环境有时也可用场强表示，它包括：雷电、天电、工业、无线电干扰等环境。

electromagnetic interference（EMI）电磁干扰　任何能中断、阻碍、降低或限制电子、电气设备（如电子计算机及其系统设备）或网络传输有效性能的电磁能量。电磁干扰可能在电子电路中感应出不希望的电压、损坏元件并引起故障。电磁干扰主要包括传导干扰和辐射干扰两种。

electromagnetic pulse（EMP）电磁脉冲　由闪电和其他高能（如热核爆炸）现象引起的电磁辐射脉冲，可将很大的能量耦合进未屏蔽的导体中毁坏电子设备。

electromagnetic radiation（EMR）电磁辐射　在射频条件下，电磁波向外传播过程中存在电磁能量发射的现象。如无线电波、光波、X 射线都是电磁辐射的例子，电磁辐射以光速传播。

electromagnetic shield　电磁屏蔽　置于周围以降低电场和磁场两者影响的金属屏或金属罩。常选择有较高的电导率和磁导率的导体作为屏蔽物的材料。高导磁性的材料可以引导磁力线较多地通过这些材料，而减少被屏蔽区域中的磁力线。屏蔽物通常是接地的，以免积累电荷的影响。

electromagnetic spectrum（EMS）电磁（波）频谱　按电磁波波长（或频率）连续排列的电磁波族。它的范围从最长的无线电波延伸到最短的已知宇宙射线。

electromagnetic susceptibility（EMS）电磁敏感性　（1）表示设备、系统或分系统在其所处位置对不需要的电磁辐射的响应程度。可分为两类：① 传导敏感性，指对使电源、控制和信号产生不希望有的响应或性能下降的干扰信号的电流或电压的量度；② 辐射敏感性，指对引起设备下降的辐射干扰场大小量度。（2）又称为"电磁耐受性"，电器设备运作时对外界环境所产生之干扰的忍受程度或抵抗能力。

electromagnetic wave (EMW)　电磁波　介质或真空中由时变电磁场表征的状态变化,由电荷或电流的变化而产生。它在每一点和每一方向上的运动速度取决于介质的性质。电磁波是在空间传播的交变电磁场,是电场和磁场的波动运动。这种运动的能量,以光速在空间或以小于光速的速度在有限区域中传播。电磁波的波动性还表现在:在媒质交界面上的反射与折射;在障碍物后的绕射;以及互相干涉等。无线电波、红外线、可见光、紫外线、X 射线、γ 射线等都是电磁波,只是它们的波长不同。

electromagnetism　电磁学　是物理学的一个分支,涉及电磁力的研究,电磁力是在带电粒子之间发生的一种物理相互作用。电磁力通常表现出诸如电场、磁场和光的电磁场,并且是自然界中四种基本相互作用(通常称为力)之一。其他三个基本的相互作用是强相互作用、弱相互作用和引力。在高能量下,弱力和电磁力统一为单一的电弱力。

electron beam　电子束　真空中一束向相同方向运动的电子,当电子束运动穿过涂在管子表面内侧的致光物质时,在阴极射线管(CRT)上形成图像。

electron beam recording　电子束记录法,电子束录像　是视频到影片处理使用的技术,其中电影胶片图像由电子脉冲产生。电子束取代通常所用的电影胶片的放映光源。

electron beam tube　电子束管　利用聚焦电子束来实现光、电信号的记录、存储、转换和显示的真空电子器件。电子束管可按用途分类,也可按聚焦和偏转方式分类,或按输入输出信号分类。按用途分类分为示波管、定位管、显像管、存储管、摄像管、像增强管与变像管、开关管等。

electron bombardment induced conductivity (EBICON)　电子轰击感生电导摄像管　一种电视摄像管,与正析摄像管和光导摄像管的主要区别是对拍摄对象的构建方法不同。

electron gun　电子枪　一种能在电子管里产生一束或几束电子束,并能对之加以控制、聚焦、偏转和会聚的电极装置,它一般由热阴极、控制电极以及加速阳极三部分组成。

electronically tuned oscillator　电子调谐振荡器　工作频率能通过改变电极电压或电流加以改变的振荡器。

electronic equipment room system project 电子设备机房系统工程　指提供给各类电子信息系统和智能化系统设备的安置和运行条件,确保各系统安全、可靠和高效运行以及便于维护的建筑功能环境而实施的综合性工程。其内容主要包括机房建筑与结构、室内装饰装修、供配电系统、防雷与接地系统、空调系统、供排水系统、布线及网络系统、监控与安全防范系统、消防系统、电磁屏蔽等。

electronic governance (e-governance)　电子政务[治理]　是信息和通信技术(ICT)在政府中的应用,用于提供政府服务、信息交流、通信事务处理、政府与公民(G2C)、政府对企业(G2B)、政府对政府(G2G)、政府对雇员(G2E)之间的各种独立系统和服务的整合,以及整个政府框架内的后台流程和交互。通过电子政务,以方便、有效和透明的方式向公民提供政府服务。

Electronic Industries Alliance (EIA)　(美国)电子工业联盟　1924 年,美国的无线电制造商组建了一个名为 Associated Radio Manufacturers 的行业集团。同年晚些时候,该集团更名为无线电制造商协会(RMA)。随着时间的推移,新的电子技术带来了新成员和名称的变化,包括无线电视制造商协会(RTMA)(1950)、无线电电子电视制造商协会(RETMA)(1953)和电子工业协会(EIA)(1957)。该集团于1997年最后一次更名,当时的电子工业协会改名为了电子工业联盟(EIA),反映了该集团成员的变化,包括非制造商成员。EIA是一个由美国电子制造商行业协会联盟组成的标准和行业组织。他们制定标准,以确保不同制造商的设备兼容并可互换。EIA于2011年2月11日停止运作,但以前的分支机构继续为EIA成员服务。

electronic information system room　电子信息系统机房　主要为电子信息设备提供运行环境的场所,可以是一幢建筑物或是建筑物的一部分,包括主机房、辅助区、支持区和行政管理区等。民用建筑中的电子信息系统机房的类型主要有数据中心机房、信息接入机房、有线电视前端机房、总配线机房、智能化总控室、信息网络机房、用户电话交换机房、消防控制室、安防监控中心、应急响应中心以及各类智能化设备间(卫星电视前端机房、电信间、弱电间、楼层配线间等)。

electronic jamming (EJ)　电子干扰　电子对抗的一种手段,通过反射、散射、辐射或吸收电磁能量等手段,阻碍对方有效地使用电磁频谱及降低其使用电磁频谱的能力,使敌方电子设备或系统难以获得有用信息。电子干扰的种类大体上可分为无源干扰和有源干扰、压制式干扰和欺骗式干扰、雷达干扰和通信干扰等。

electronic key　电子钥匙,电子密钥　(1)是数字证书的载体,它在网络上标识用户的唯一身份,相当于用户的"网络身份证",是由权威和第三方电子认证服务机构(CA)发行的。根据《中华人民共和国电子签名法》的相关规定,使用电子钥匙进行电子签名与文本签名具有同行法律效力;(2)有线电视系统中使用的电子密钥是包含授权控制信息(ECM)用于控制解扰过程的一种复合数据信号,具有若干种级别,所有级别的电子密钥都要被正确解密,方能接收加密的节目。

electronic key management system (EKMS)　电子密钥管理系统　是美国国家安全局(NSA)领导的计划,负责通信安全(COMSEC)的密钥管理、记录和分发。具体而言,EKMS为使用标准填充设备加载密钥的所有NSA加密系统生成和分发电子密钥材料,并指导NSA生成的密钥材料的分发。此外,EKMS还执行账户注册、权限管理、订购、分发和记录,以指导管理和为服务分发实际的COMSEC材料。共同的EKMS组成部分和标准促进了武装部队和民用机构之间的互操作性和通用性。

electronic mail gateway　电子邮件网关　用于不同电子邮件系统互联的软硬件的集合称为电子邮件网关,不同电子邮件系统的用户可以通过这种网关相互交换邮件信息。

electronic mail protocol　电子邮件协议　电子邮件协议中最常用的是POP3,目前绝大多数独立的客户端电子邮件程序都基于POP3协议。它适合从单独的系统访问电子邮件的个人用户。而IMAP(因特网邮件访问协议)是一个新型的协议,它改进了POP3的许多不足。例如,它允许用户像在自己的PC机上一样管理位于服务器上的邮件,包括允许用户查看位于服务器上的电子邮件的邮件标题,进而了解邮件的基本内容、选择有用的邮件下载到本地的PC机中保存以及删除位于服务器上的无用邮件等操作。

electronic navigation　电子导航　借助电子电路,包括无线电、雷达和全球定位系统(GPS)进行的导航。

electronic serial number（ESN）　电子序列号　从 20 世纪 80 年代初美国的 AMPS（高级移动电话系统）时代开始，由美国联邦通信委员会（FCC）创建，用于唯一识别移动设备的号码。与所有 GSM（全球移动通信系统）电话使用的国际移动设备身份（IMEI）号码相比，ESN 目前主要用于 CDMA（码分多址）电话（以前由 AMPS 和 TDMA 电话使用）。ESN 是一个 32 位的二进制数字，前 8 位最初是制造商代码，并为制造商留下了 24 位，最多可为移动设备分配 16 777 215 个代码。为了支持超过 256 个制造商的识别，制造商代码扩展到 14 位，剩余 18 位给制造商分配多达 262 144 个设备代码。赋值中保留制造商代码 0x80，并用作伪 ESN（pESN）的 8 位前缀。其余的 24 位是移动设备标识符（MEID）的 SHA-1 算法散列的最低有效位。伪 ESN 不保证是唯一的（如果手机具有伪 ESN，则 MEID 是唯一标识符）。由于 ESN 实质上已用完，所以 3GPP2 创建了一种新的序列号格式 MEID，并于 2006 年首次由 Verizon 公司实施。MEID 为 56 位长度，与 IMEI 的长度相同，实际上，MEID 创建为 IMEI 的超集。MEID 和 IMEI 的主要区别在于，MEID 支持使用十六进制数字，而 IMEI 只允许使用十进制数字，IMEI 能使用十进制数字"0 到 9"。

electronic society　电子社会，E 社会　自从因特网出现以后，特别是电子商务和电子金融出现以后，人类社会的各个组成部分：个人，家庭，社区，企业，银行，行政机关，教育机构等，以遍布全球的网络为基础，超越时间与空间的限制，打破国家、地区以及文化不同的障碍，实现了彼此之间的互联互通，平等、安全、准确地进行信息交流，使传统的社会转型为电子的社会，也称为"E 社会"。

electronic spectrum　电子光谱　分子中电子在电子能级之间跃迁产生的光谱。它包括吸收光谱、发射光谱和反射光谱。

electronic speech recognition　电子语音识别　让机器通过识别和理解过程把语音信号转变为相应的文本或命令的技术。

electronic stamp（E-stamp）　电子邮票　由 E-stamp 公司开发，USPS（美国邮政服务公司）投入试验的一种网上邮资凭证。E-stamp 即意味着在因特网网上购买邮资。在内联网内部邮局中，系统由 PC 软件、一个连到用户打印机端口的安全设备以及 1 024 位的加密软件组成。由于电子邮票是一个基于 PC 的邮资计量单位，所以它可以在因特网上进行更新。

electronics-to-electronics（e-e）　电器件到电器件测试　在录制时通过电视屏幕对图像的录制效果进行查看。因为图像只经过部分录制设备电路，目的是对这部分电路的功能进行测试。

electronic switching system（ESS）　电子交换系统　在电信中，ESS 是一种电话交换机，它使用数字电子设备和计算机控制来互连电话电路，以便建立电话呼叫。在 20 世纪 50 年代电子交换出现之前的几代电话交换机使用纯机电继电器系统和模拟语音路径。这些早期的机器通常采用步进技术。ESS 主要特征：① 利用含有程序交换逻辑和存储器的计算机进行控制的电话交换设备。计算机输出用来激励簧片或电子开关，从而自动地接通电话。② 一种公用载波通信系统。使用固态电路设备以及计算机装置，具有快速拨号、呼叫传输以及 3 路呼叫等特殊功能。

electronic tag　电子标签　是射频识别（RFID）的俗称。最基本的电子标签系统由三部分组成：① 标签：由耦合元件及芯片组成，每个标签具有唯一的电子编码，有可写入的存储空间，附着在物体上标识目标对象;②阅读器:读取(有时还可以写入)标签信息的设备,可设计为手持式或固定式;③天线:在标签和阅读器间传递射频信号。

electronic tuning 电子调谐 靠改变控制电压而不是靠手动调节或转换元件对发射机、接收机或其他调谐设备进行调谐。

electronic tuning range 电子调谐范围 电子调谐振荡器的两个规定最小输出工作点之间的连续调谐频率范围。

electronic tuning sensitivity 电子调谐灵敏度 电子调谐振荡器在改变电极电压或电极电流时,振荡频率的变化速率。

electron multiplier 电子倍增器 一种利用固态反射(倍增极)的二次电子发射来产生电流放大的电子管结构。包含所需信号电流的电子束轮流从每个极表面反射。每次反射时,入射电子都释放两个或多个二次电子,所以,电子束的强度增加。也称为"二次电子倍增器"。

electron multiplier phototube 电子倍增光电管 又称"光电倍增管",同 photomultiplier tube (PMT)。

electron optics 电子光学 研究在具有电子透镜和电磁场或具有电磁场的真空中如何控制电子束的电子学分支学科。

electron tube 电子管 一种在气密性封闭容器(一般为玻璃管)中产生电流传导,利用电场对真空中的电子流的作用以进行工作的电子器件。电子管可以完成整流、放大、调制、解调、振荡、限幅和多种其他功能。

electron wave tube 电子波管 一种具有不同速度的电子流相互作用的电子管,它能引起沿电子流长度方向逐渐变化的信号调制。

electron whistler 电子哨声 闪电产生的辐射通过电离层传播到接收点时,信号频率随时间的增加而降低,当在电话接收机上收到这信号时,听起来是一个降

调的哨声,所以这类自然无线电波称为电子哨声。

electro optical effect 电光效应 某些各向同性的透明物质的光学特性(如折射率)受外电场影响而发生变化的现象统称为电光效应。电光效应包括泡克耳斯(Pockels)效应和克尔(Kerr)效应。利用电光效应可以制作电光调制器、电光开关、电光光偏转器等,并在高速摄影、光速测量、光通信和激光测距等激光技术中获得重要应用。

electro optical imaging sensors 电子光学映像传感器 用作机器人和视觉检验的光学传感器。利用标准的电视摄像机和计算机连接后,可以提供价格低廉且使用方便的映像传感。

electro optic device 电光器件 利用电场对某些晶体的光特性产生影响的物理效应装置。

electro optic modulation 电光调制 利用电光效应进行光波载波调制的方法叫电光调制。电光调制是基于线性电光效应,即光波导的折射率正比于外加电场变化的效应。电光效应导致的相位调制器中光波导折射率的线性变化,使通过该波导的光波有了相位移动,从而实现相位调制。

electro optic modulator (EOM) 电光调制器 一种包含克尔(Kerr)盒、电光晶体或其他信号控制电光器件的调制器。也称"光调制器",是大容量光纤传输网络和高速光电信息处理系统中的关键器件。它是通过电压或电场的变化最终调控输出光的折射率、吸收率、振幅或相位。

electrooptics 电光学 研究电场对穿过电光材料的光射线影响的光学分支学科。

electrostatic focusing (EF/ESF) 静电聚焦 一种通过电场作用对电子束进行聚焦的方法,如阴极射线管中的电子枪。

electrostatic photomultiplier **静电光电倍增器** 由静电场引起依次从每个倍增极反射电子流的光电倍增器。

electrostatic protection **静电防护** 防止静电危害的保护措施。静电对电子设备、器件、人员都有危害：静电对大规模集成电路尤其是 MOS（金属氧化物半导体）器件有严重危害；静电放电是干扰电子设备正常工作的主要因素；静电电压超过 2 500 V，则对人的心脏和神经系统存在有害影响。为此，必需对静电采取防护措施。

element synchronism **网元［码元］同步** 在同步传输系统中，接收到的码元和本地时标的码元完全合拍的状态称为码元同步。

elementary stream (ES) **基本（码）流** 指在数字电视中音视频信号经过数据编码压缩所形成的基本码流，即 ES 流，ES 流再打包形成带有包头的码流，就是 PES(Packetized Elementary Streams)打包的基本码流。

elevation (EL) **海拔，高度，仰角** （1）高于平均海平面（AMSL）位置的英尺数或米数。（2）天线从水平方向向上倾斜的度数。地面站天线瞄准卫星的仰角，用"度"来计量，若天线对准地平线，则仰角为 0°。

elliptically polarized wave **椭圆极化波** 在特定频率上，传播方向表现为椭圆形的电磁波。

elliptical polarization **椭圆极化** 若无线电波极化面与大地法线面之间的夹角从 0～2π 周期地改变，且电场矢量末端的轨迹在垂直于传播方向的平面上投影是一个椭圆时，称为椭圆极化。当电场垂直分量和水平分量的振幅和相位具有任意值时（两分量相等时例外），均可得到椭圆极化。

elliptical subcarrier (ESC) **椭圆律（色度）** 副载波 使重现亮度与副载波相位成椭圆律关系的色度副载波信号。

elliptical waveguide **椭圆波导** 具有椭圆截面的软波导，可代替矩形波导。

elliptic filter **椭圆滤波器** 又称"考尔(Cauer)滤波器"。椭圆滤波器相比其他类型的滤波器，在阶数相同的条件下有着最小的通带和阻带波动。它在通带和阻带的波动相同，这一点区别于在通带和阻带都平坦的巴特沃斯滤波器，以及通带平坦、阻带等波纹或是阻带平坦、通带等波纹的切比雪夫滤波器。

elliptic function filter **椭圆函数滤波器** 一种选择性极尖锐、插入损耗低和延迟失真小的多级 LC（电感电容）微波滤波器。它被安装在卫星通信接收机的中频放大器上，级联的桥接 T 型网络能在 70 MHz 中频值上对 5 MHz 带宽起均衡作用。

E-mail alias **电子邮件别名** 在因特网中，使用户无须记忆或键入长的电子邮件地址就可发送电子邮件的一种电子邮件地址的简化符号。

E-mail standards **电子邮件标准** 有两套标准，因特网的 E-mail 系统和国际标准化组织（ISO）的 MOTIS（面向消息的文本交换系统）。email 系统的标准来源于两个标准文件：RFC 821（描述传输协议）和 RFC 822（描述报文格式），现已成为事实上的因特网标准。另一个 OSI（开放系统互连）的 MOTIS 以 CCITT（国际电报电话咨询委员会）X.400 建议为基础，于 1984 年提出，1988 年修正，已成为 OSI 最具代表性的应用之一。

embedded adaptive differential pulse code modulation (E-ADPCM) **嵌入式自适应差分脉冲编码调制** 是 ITU-T（国际电信联盟-电信标准化部）G.727 语音编码标准算法。这种算法具有 16 kbps、

24 kbps、32 kbps、40 kbps四种速率,适用于在分组网络中传输语音,当网络节点的瞬时负荷过重时,这种算法允许丢失样值的次要比特,保留核心比特,以避免语音分组的丢失。

embedded communication channel（ECC）嵌入式通信信道 在同步数字系列(SDH)中承载控制信息的信道,是STM(同步传输模式)中的一部分,它的传输速率是192 kbps和576 kbps。

embedded control channel（ECC）嵌入式控制通道[信道] 传递网管信息的嵌入式控制通道,其物理通道是数据通信通道(DCC),采用ITU-T(国际电信联盟-电信标准化部)G.784要求的七层协议栈。

embedded operations channel（EOC）嵌入操作通道[信道,通路] 是被管理网络中的一个用于管理通信的物理通道,专门用于在网元(NE)与操作系统(OS)或中介设备(MD)之间交换信息。它可以承载于不同的物理媒体之上。

embedded security subsystem（ESS）嵌入式安全子系统 基于硬件的嵌入式安全子系统符合TCPA(可信计算平台联盟)标准,具有身份认证、加密、解密、签名和鉴别等多种安全保密手段,依靠安全子系统保存的密钥进行数据保护,只有通过身份认证,例如输入密码或通过认证设备的用户才可以解密文件。

embedded zerotrees of wavelet transforms（EZW）嵌入式零树小波变换 是一种有损图像压缩算法。在低比特率,即高压缩比下,由子带变换(例如小波变换)产生的大多数系数将为零或非常接近零。这是因为"真实世界"图像往往包含大部分低频信息(高度相关)。然而,在确实发生高频信息的情况下(例如图像中的边缘),这在人们对图像质量的感知方面尤其重要,因此必须在任何高质量编码方案中准确地表示。

embedded zerotree wavelet algorithm（EZW）嵌入式零树小波算法 由J. Shapiro于1993年开发,能实现可扩展的图像传输和解码。它基于四个关键概念:首先,它应该是离散小波变换或分层子带分解;第二,它应该在探索图像中固有的自相似性时预测重要信息的缺失;第三,它具有熵编码的逐次逼近量化;第四,它能够通过自适应算术编码实现通用的无损数据压缩。

emergency position indicating radio beacon（EPIRB）应急无线示位标 一种能够发射无线电信号的装置,利用自身发射的无线电信号,表明其所处位置。

emergency position-indicating radiobeacon station（EPIRS）紧急位置指示无线电信标站 是遇险无线电信标,是在事故期间触发的跟踪发射机。这些是由卫星探测到的。该系统由国际救援服务联盟COSPAS-SARSAT监测。该系统的基本目的是帮助救援人员在所谓的"黄金日"(创伤事件后的前24小时)内找到幸存者,在此期间大多数幸存者通常可以得救。

emergency radio channel 应急无线电信道 为应急使用,特别是为呼救信号保留的任何无线电频率。标准信道的应急频率是500 kHz以及8.364 MHz、121.5 MHz和243 MHz。

emission line 发射谱线 (1)在一定条件下,如当电子从一个能级移动到另一个能级时,由原子、分子或离子发射的电磁辐射的特征频率。(2)在激发状态的原子,会辐射出具有特定波长的电磁波,如有许多同种的激态原子,则它们所发出的辐射就会集结成为不连续分布的亮线,这种亮线称为发射谱线。

encapsulation 封装 (1)在通信技术中,为实现各式各样的数据传送,将被传送的数据结构映射进另一种数据结构的处理方式。(2) 面向对象程序设计方法学中的一个重要概念，它指对象间除了互相传递消息的唯一一种联系之外，不再有其他的联系。对象的一切局部信息和实现方法都被封装在相应的对象类的定义之中，在外面是不可见的。具有封装性能的软件，对象类的定义非常模块化，它们具有类间联系少，相对独立性强和类中凝聚力大等优点，这正是软件工程追求的基本原则。(3) 将元件或组件浸入浓绝缘塑性流体或其他随后会硬化的绝缘材料来形成保护涂层的过程。

encode　编码　(1) 根据一套明确的规则将某种方法表示的信息转换成另一种方法表示的信息，并使其以后可以进行译码。编辑可以用明码规则进行，也可以按密码规则进行。(2) 将一种信息码转换成另一种信息码的过程。编码可以改变信息的表示形式，因此它可以用来对信息加密、压缩，在信息传输中还可用来对信息进行校验。编码是译码的逆过程。编码后的信息码经译码后，可还原成原来的信息码。常用的码表有ASCII(美国信息交换标准代码)表、EBCDIC(扩充的二进制编码的十进制交换代码)码表、BCD(二进制编码的十进制)码表等。

encoded binary format　编码二进制格式　存储程序时使用二进制格式，对文件进行编码保护。

encoded image　编码图像　某些印刷子系统中的一种图像，其中调色的和未调色的像素被组合在一起，而且在套印定义中则不用1或0来表示。

encoding by bit　按位编码　表示二进制信息的一种编码方式。它把输入信息序列按一定的规则逐位变换为编码位。

encoding by group　按组编码　表示二进制信息的一种编码方式。它把输入信息序列按一定长度(多于1位)分组，然后再逐组变换为码字。

encoding systems　编码系统　多种编码方式的集合。对要传输的模拟信号进行编码，有幅度脉码调制(APCM)、差分脉码调制(DPCM)和预测编码等方式。

encrypted key exchange (EKE)　加密密钥交换(协议)　是由 Steven M. Bellovin 和 Michael Merritt 描述的一系列经过密码验证的密钥协商方法。在 EKE 中，所有的通信者都参与密钥的生成，这保证了最终的密钥不会仅由极少数的通信者产生。攻击者的干扰无法阻止密钥的生成。同时，EKE 还提供了一种完善的口令更新机制：通过不断变化口令，建立通信者之间的安全链接。

encryption　加密　通过传输设备对可读文本信息进行编码，以防止沿传输线的非法窃听。接收设备则采用与传输设备相同的算法对收到的信息进行译码。加密技术的基础是密码或暗号的概念。数据加密指的是把数据从原始格式变换成一个伪装了的格式，借以隐藏数据的真正含义。其基本加密方法有三种：替代法、置换法和组合法。

end delay　结束[末端]延迟电信号　在回波抑制器和回波反射点之间往返的线路延迟时间。

end-fire aerial array (EFAA)　端射天线阵，轴向辐射天线阵　沿天线阵轴向方向辐射最强的线性天线阵。

end frame　结束帧　在视频和音频系统段中的最后一帧及其帧号。同 tail frame。

ending frame delimiter　帧尾定界符，结束帧符　指定的位模式，表示传输帧的结束。

endianness　字节(顺)序　是指当存储在存储器中或通过数字链路传输时字节被排列成较大数值的顺序。字节序在计算机科学中很有用，因为两种冲突和不兼容的格式是常用的：字可以用大-字节序或小-字节序格式表示，这取决于位或字节或其他组件是从大端（最高有效位）还是从小端（最低有效位）排序。大-字节序是数据网络中最常见的格式，因特网协议套件协议中的字段，如 IPv4、IPv6、TCP 和 UDP，以大-字节序顺序传输。因此，大-字节序字节顺序也称为网络字节顺序。小-字节序存储器对于微处理器很流行，部分原因是英特尔公司对微处理器设计产生了重大影响。

end of address (EOA) 地址结束（符） 在线路上传输的一个或数个控制字符，它指示非正文字符（如寻址字符）的结束。

end of chain (EOC) 链结束（符） 在某些信息处理系统中，在通道输入/输出操作期间由控制逻辑部件发出的一种信号，表示对输入/输出总线的控制已经结束。

end of dialing signal 拨号结束信号 向电话交换中心发出的表示电话号码输入完的信号。

end office (EO) 端局 在本地电话网中，一种通过用户线与终端用户直接相连的电话交换局。

end office code 端局局号[代码] 代表了该用户所连的市话端局在本地网中的惟一代号，也即用户电话号码中的前几位数字。

end office toll trunking 端局长途中继，市长[长市]中继 端局与长途局之间的中继。

end of field marker 字段结束标记 以可变长度方式记录数据时，同一个字段在不同记录中的长度不同。因此有必要用一标记符号标明一字段的结尾及下一字段的开始。这个符号称为字段结束标记。

end of frame (EOF) 帧结束，帧尾（定界符） 指出帧结束处的一种特定的比特模式，或一种特定的信号。

end of list control block 列表结束控制块 SDIC（同步数据链路控制）规程传送操作中所使用的一种控制块。

end-of-text (EOT/ETX/ET) 正文[文本]结束（符） 在数据传输中，用于标志文本文件结尾的控制字符。该标志不表示传输的结束，文件结尾后面可能还有其他信息，如错误检测和传输控制字符等。ETX 的 ASCII（美国信息交换标准代码）是十进制数值 3（十六进制数值 03）。

end of text message (EIX) 文本消息结束符 数据通信中用于指示文本消息结束的控制字符。

end of transmission (EOT/ET) 传输结束（符） 在数据传输过程中用于标志发送结束的特定字符或字符序列。在 ASCII（美国信息交换标准代码）中，它用二进制数 10000100（该数第一位为奇偶校验位，即十进制数 4）来表示。

end of transmission block (ETB) 传输块结束，信息块传送结束 表示信息块已传送完毕的一种通信控制字符。数据通信中为了便于传送，常把数据分成若干信息块，在这些信息块的间隔处用一个数据通信字符表示出来。它并不表示文本结束。在 ASCII（美国信息交换标准代码）中，信息块传送结束符用二进制数 00010111（即十进制数 23）来表示。

end of transmission recognition 传输终止识别 计算机识别数据串传输结束的能力。

end open system 末端开放系统 实现开放系统互连环境的重要组成部分之一，是包含用户资源的开放系统部分。通常就是连接到网络中的计算机系统。

endorsed TEMPEST product list (ETPL) 合格 TEMPEST 产品目录 1989 年 12 月以后通过 TEMPEST（瞬时电磁脉冲发射标准）认证的产品目录。美国国家安全局鉴于许多列在推荐产品目录上的产品质量低劣的问题,制定了更加严格的认证程序,凡是通过该认证程序的产品,可以列上 ETPL。1989 年 12 月以后,ETPL 取代 PPL(推荐产品目录)的作用。

end point　终点,端点　(1) 在网络末端的一个网元,换句话说,即通信发射机或接收机,或者是通信的起点和终点。(2) 在 ITU(国际电信联盟)定义的 H.32x 多媒体视频会议标准中,泛指终端、网关、会务服务器或者多点控制设备。

endpoint address　端点地址　对于任何赋予计算机能用作目的地地址的一类地址术语。例如,IP(国际协议)地址是一种端点地址。

end system to intermediate system (ES‐IS) 末端系统到中间系统(协议)　规定末端系统(主机)如何把自己通告给中间系统(路由器)的 OSI(开放系统互连)协议。在互联网络中,末端系统和中间系统互连定位和配置。中间系统对末端系统进行路由选择之前必须先进行配置。

end-to-end (ETE)　端对[到]端　协议或函数的一种特性,说明在初始源地和最终目的地上的操作,而不是在中间计算机上(如不在路由上)。

end to end communication　端到端通信　是计算机网络中,数据在源端和目的端之间的传送。

end to end confidentiality　端对端机密性　是一种保证通信网络中发送端到接收端之间传输的数据不被泄密和篡改的数据保密特性。

end-to-end delay　端到端延迟　或单向延迟(OWD),是指数据包从源到目的地通过网络传输所花费的时间。它是 IP(因特网协议)网络监控中的常用术语,与往返时间(RTT)的不同之处在于,仅测量从源到目的地的一个方向上的路径延迟。

end-to-end encryption (EEE,E2EE) 端(到)端加密　端到端传输时,为了使数据在所经历的诸段链路和诸个节点均为密文,而采用的加密技术。基本做法是数据在起始端加密,在终止端解密。与节点加密方式一样,端到端加密也因选择路由而不能对报头加密,只对报文的数据部分加密。

energy dispersal　能量扩散　在卫星电视系统中,用三角波形对上行链路载波的调制。与通过非钳位载波传送要限制最大能量技术相比,这一技术要在更宽的带宽上扩散载波能量。通过扩展频谱,减少对相同频率的其他用户的干扰机会。该三角形波形会由卫星接收机中的箝位电路移除。

engineered capacity　工程设计负荷量[能力,容量]　中继线组或交换系统能满足服务指标要求的最大负荷。通常,对于交换系统,载波负荷等于比工程设计负荷量低的输出负荷,并小于比设计负荷量大的输出负荷量。

enhanced call handling (ECH)　增强型呼叫处理　指智能处理电话呼叫业务的过程,这要求充分利用网络、人力、计算机以及电信资源。ECH 系统的业务范围包括语音邮件、交互式语音应答、计算机电话业务集成、按需求传真等。

enhanced call routing (ECR)　增强型呼叫路由　一种高级智能网(AIN)业务,是 800/888 业务的增强型。主叫方根据一系列的语音提示菜单选项(该菜单为主叫方特定的请求和需要服务),系统根据主叫方选择输入的信息,将主叫方引导到最合适的呼叫中心或代理机构。

enhanced carrier demodulation　加强载波解调　一种将具有适当相位的同步本地载波馈入解调器,以降低解调失真的幅度解调系统。

enhanced CD　增强型 CD　一种数字音频

产品标准,是 CD 的更新,定义了 CD-ROM(只读光碟存储器)与音频技术相结合时光碟的物理设计规范,同时记录了音频信号和计算机数据,放音时可以显示图像,使用这种光碟需要多段式 CD-ROM驱动器。

enhanced cellular messaging encryption algorithm(ECMEA) 增强型蜂窝消息加密算法 是修正了电信工业协会(TIA)的蜂窝消息加密算法(CMEA)漏洞的加密算法,用于移动数字电话系统中,以保证控制信道的机密性。

enhanced CU-SeeMe 增强型 CU-SeeMe(软件) 由 White Pine Software 公司发售和支持的商业版 CU-SeeMe。增强型 CU-SeeMe 可为 PC 或 Mac 机挂接摄像机和数字化设备,并可通过网络连接交换视频图像,其白板功能可用于交换文件和屏幕图片;当连接速率较低时,视频图像比较小,屏幕刷新速率比标准电视的刷新速率低,但在局域网或高速网络上其质量便会得到明显改善,但最多可接 8 个用户点。如果建立转发站点,则可把数据转发给多达 100 个用户点。

enhanced data rates for GSM evolution(EDGE) 增强型数据速率 GSM 演进技术,GSM 演进的增强数据速率 该技术主要在于能够使用宽带服务,能够让使用 800、900、1 800、1 900 MHz 频段的网络提供第三代移动通信网络的部分功能,并且能大大改进目前在 GSM(全球移动通信系统)和 TDMA(时分多址)上提供的标准化服务。该技术可以提供 384 kbps 的广域数据通信服务和大约 2 Mbps 的局域数据通信服务,这样可以满足无线多媒体应用的带宽需求。

enhanced data rates for global evolution(EDGE) 全球演进的增强型高速数据速率(业务) 也称为"全球增强型数据提升率"。一项由 TDMA(时分多址)和 GSM(全球移动通信系统)网络阵营进行推广、由欧洲电信标准研究所进行标准化、并得到国际电信联盟(ITU)认可的 3G 技术。EDGE 将与 TDMA(时分多址)网络配合使用,不但能够将 GPRS(通用分组无线业务)的功能发挥到极限,还可以透过目前的无线网络提供宽频多媒体的服务。

enhanced definition television(EDTV) 增强清晰度电视 或扩展清晰度电视(EDTV),是美国消费电子协会(CEA)针对某些数字电视(DTV)格式和设备的营销速记术语。具体来说,该术语定义的格式可以提供优于标准清晰度电视(SDTV)的图像,但不如高清晰度电视(HDTV)精细。一般指水平扫描行数为 500 线~700 线,每秒 60 帧的逐行扫描电视。EDTV 也常常以 16∶9 的宽高比播送信号,等效于 DVD(数字视频光碟)的图像质量。

enhanced full rate(EFR) 增强型全速率 或 GSM-EFR 或 GSM 06.60 是一种语音编码标准,是为了改善 GSM(全球移动通信系统)全速率(FR)编解码器的相当差的质量而开发的。EFR 以 12.2 kbps 的速度工作,可在任何无噪声和背景噪声条件下提供线状(wirelike)质量。EFR 12.2 kbps 语音编码标准与最高 AMR(自适应多速率)模式兼容(均为 ACELP(代数码本激励线性预测编码))。尽管增强型全速率有助于提高通话质量,但该编解码器具有更高的计算复杂度,与"旧"FR 编解码器相比,在移动设备中可能导致能耗增加高达 5%。

enhanced-GPRS(E-GPRS) 增强型通用分组无线业务,增强型 GPRS 是增强数据速率的通用分组无线服务(GPRS)技术,也是增强型数据速率 GSM 演进技术(EDGE)的另一种名称。这种技术把一个无线信道的数据传送速率提高到

48 kbps,并且可以由一个收发信机使用 8 个这样的信道,从而可以支持总速率可达 384 kbps 的数据通信。这就比 GPRS 的速率又有所增强。

enhanced interior gateway routing protocol (EIGRP)　增强的内部网关路由选择协议　思科公司的专有协议。是在内部网关路由协议(IGRP)基础上改进的路由信息协议,该协议属于"高级距离矢量路由协议"或混合型协议,即具有距离矢量路由协议的特性,又有链路状态路由协议的特性。能提供链路-链路协议级安全机制,防止非授权访问路由表。

enhanced message service (EMS)　增强型短信服务　是继 SMS(文本短信服务)之后的第二代短信服务,EMS 可以在文本短信中加入铃声、简单的图形和简单的动画。

enhanced multi level precedence and preemption service (EMLPP)　增强型多级优先和占先业务　其业务包含两个部分:优先和占先。优先是指可以向 GSM(全球移动通信系统)用户分配一个特定的优先级权限,用户可以在自己的权限内选择每个特定呼叫使用的优先级,不同优先级的呼叫建立方式不同,高优先级的呼叫建立速度比低优先级的快,甚至可以占先。占先是指高优先级呼叫在缺乏网络资源(包括处理能力、信令信道和业务信道)可以占用低优先级呼叫的资源,占先可以强制中断正在通话的低优先级呼叫以接通高优先级的呼叫。

enhanced non return to zero (ENRZ)　增强不归零制　一种游程长度限码,参数(d, k;m,n;r) = (0,7;7,8;1)。

enhanced private switched communications service (EPSCS)　增强型专用交换式通信服务　AT&T 公司提供的专线网络,能提供类似于公共控制交换设备

(CCSA)的功能。其用户一般是大公司,通过交换中心之间以及交换中心与用户之间的专用线路通道为指定的用户服务。

enhanced small form-factor pluggable (SFP+)　增强型小型可插拔(模块)　是 SFP 的增强版本,支持高达 16 Gbps 的数据速率。SFP+规范于 2006 年 5 月 9 日首次发布,4.1 版于 2009 年 7 月 6 日发布。SFP+支持 8 Gbps 光纤通道、10 千兆以太网和光传输网络标准 OTU2(光传输单元 2,10.70 Gbps 速率)。它是许多网络组件供应商支持的流行的行业形式。10 Gbps SFP+模块与常规 SFP 的尺寸完全相同,允许设备制造商重复使用 24 和 48 端口交换机和模块化线路卡的现有物理设计。

enhanced specialized mobile radio (ESMR)　增强型专用移动无线电　由 Motorola 公司开发并在其 Motorola 集成无线电系统(MIRS)内实现的双向无线电技术。ESMR 采用 TDMA(时分多址)技术,在一个传统的 25 kHz 超高频(UHF)无线电信道中能同时容纳 6 个对话。

enhanced time division multiple access (E-TDMA)　扩展时分多址　是休斯网络系统公司为改进时分多址而开发的复用技术,TDMA 是许多数字蜂窝网络使用的技术。E-TDMA 采用数字语音插空(DSI)压缩,也称为语音活动检测(VAD),和半速率声码器(语音编码器),以 4.8 kbps 运行来提高带宽利用率和信道的容量。

enhanced unshielded twisted pair (EUTP)　增强型非屏蔽双绞线　具有增强传输特性的非屏蔽双绞线(UTP)电缆。属于这一类的电缆包括 5 类电缆、5e 类电缆、6 类电缆、6A 类、7 类、8 类电缆等。

enhanced 800 services　增强 800 服务　美国 MCI 公司给附加有其他功能的 800 服

务系列所起的业务名称。如可根据星期几和每天的时间段等不同情况来选择路由。

ENQ/ACK 询问/确认［ENQ/ACK］单元 一种使 RS-232 异步数据源设备能够使用 ENQ/ACK 异步协议与异步只接收设备接口的单元。它使用 DTR(数据终端就绪)线路控制或 XON/XOFF 流控制。宿主机向 ENQ/ACK 单元发送一个 ENQ 信号,该单元在缓存能够处理数据块时返回一个 ACK 信号,在缓存满时则无响应信号。

enterprise communication server (ECS) 企业通信服务器 IBM 公司推出的一个多功能网关,可在从桌面系统直到主机的所有关键平台上运行,提供现有的应用程序在 SNA(系统网络体系结构)网络或 TCP/IP(传输控制协议/网际协议)网络上的无缝集成,能方便地增加如因特网访问程序这样的应用程序。

enterprise customer portal (ECP) 企业客户门户 企业采用计算机及通信技术而建立起来的企业与客户进行联系和沟通的新型通道。

enterprise network 企业网络 (1) 一个将公司的所有计算资源都进行相互连接的网络,包括连接各种网络、小型机和大型机。(2) 为企业的计算机通信建立的网络。企业网与校园网的不同之处在于:通常企业各个部门分散在全国各地,甚至跨国经营。企业网是以总部为中心的网络,通过远程通信手段把分散在各地的分支机构的局域网互联而形成的网络。

enterprise system connection (ESCON) 企业系统连接(器) 也称为"管理系统连接"。IBM 公司发布的一种的光纤通道,能在 60 km 距离内以 17 MBps 速率进行数据传输。ESCON 允许外围设备跨大园区和城域分布。与铜基并行总线和特征通道相比,ESCON 提供更高的速度并使用串行接口。ESCON 定向器是中心和外围连接装置,提供 8～16 个端口(模式 1)或 28～60 个端口(模式 2)。后被 IBM 公司 1998 年推出的 FICON 替代。

entropy coding 熵编码 编码过程中按熵原理不丢失任何信息的编码。一种根据信息出现概率的分布特性而进行的,是可变字长无损数据压缩编码。如霍夫曼编码、游程编码以及算术编码。

entropy encoder 熵编码器 无损数据压缩编码器。它使用模型来统计每个输入数据值的概率,然后根据这些概率生成合适的代码,使输出码流(CS)量小于输入码流量。在 JPEG 和 MPEG 图像编码器中,熵编码器可对量化的或者预测的系数进行编码压缩。常用的熵编码器是霍夫曼编码器和算术编码器。

entropy encoding 熵编码 在信息理论中,熵编码是无损数据压缩方案,独立于介质的特定特征。熵编码的一种主要类型为输入中出现的每个唯一符号创建并分配唯一的无前缀代码。然后,这些熵编码器通过用相应的可变长度无前缀输出码字替换每个固定长度的输入符号来压缩数据。每个码字的长度与概率的负对数近似成比例。因此,最常用的符号使用最短的代码。

envelop capacity 包封容量 指 SONET(同步光纤网)同步传输信号如信道(STS-1)传送端到端信息的带宽,也就是说,STS-1 信道速率为 51.840 Mbps,就称为 STS-1 的包封容量为 51.840 Mbps。

envelope delay 包络(线)延迟 (1) 一个波形的包络在两个固定点之间的传输延迟。(2) 在数据通信中,一个信号中的不同频率成分的传输时间差异。

envelope delay distortion (EDD) 包络(线)延迟失真 一种相位畸变,其特点是:一个电路或系统的相位随着频率的变化在工作频率范围内不是恒定的。

envelope demodulator（EDEM）　包络解调器　一种解调器，其输出端由一个电容器旁路，以使输出信号正比于被检调幅振荡的峰值。

envelope detection（ED）　包络检波　通过恢复调制信号的包络形状，从调幅信号恢复调制的过程。最常见的包络检波器是二极管。

envelope generator（EG）　包络发生器　在合成器中产生声音包络的器件或软件。

equal access　平等接入　指长途业务、国际业务或因提供服务而需要接入本地网的任何其他服务的非主导提供商在连接本地网方面不受歧视。例如，在长途电话竞争的初期，美国 MCI 和 sprint 公司的用户都需要拨打一个比主导运营商 AT&T 公司的用户更长的接入号码，这就不是平等接入。

equal-cost multi-path routing（ECMP）　等价多路径路由　是一种路由策略，其中向单个目的地的下一跳分组转发可以在多个"最佳路径"上发生，这在路由度量计算中占据首位。多路径路由可以与大多数路由协议一起使用，因为它是限于单个路由器的每跳决策。它可以通过多路径上的流量负载平衡来显著增加带宽；但是，在实践中部署它可能存在重大问题。RFC 2991 一般性地讨论了多路径路由。2014 年，电气和电子工程师协会（IEEE）将 ECMP 即 IEEE 标准 802.1Qbp 纳入 IEEE 802.1Q-2014，用于最短路径桥接。在最短路径桥接中指定用于单播和多播流量的前向和反向路径，作为确定性路径上的对称确保流，解决原始标准实现中的配置复杂性、管理功能和性能问题。

equalization　均衡，平衡　（1）为了获得比较平坦的频率响应，减少电路的振幅、频率及相位失真所造成的影响而对不同频率上的衰减（信号的减弱或损失）或时延的差异作补偿。（2）在数据通信中，当信号的损耗增加时用频率进行的补偿。它的目的是当温度不变时产生一个平坦频率响应，即有选择地放大某些频率的信号。这些频率的信号是由于线路特性而衰减的，或者是受到包络延迟影响的。（3）一种用修正放大器或网络的频率响应来补偿通道失真的方法。其理想结果是获得完全平坦的响应。

equalization circuit（EC）　均衡电路　为补偿传输通道内信息相位失真和振幅失真而设计的电路或装置，也称均衡器。

equalizer　补偿器，均衡器　（1）一种相位延迟或增益随频率变化，以补偿与频率相关的传输线不希望的幅度或相位特性的电网络。（2）为了均衡一个系统或一个元件所不希望有的振幅频率响应，或相位频率响应而设计的一种装置。

equalizing AMP　均衡放大器　为视频信号预设提供所选择的均衡值的视频电路。

equalizing pulse（EP）　均衡脉冲　在电视信号中，为尽量减少行频脉冲对隔行扫描信号的影响，就在垂直同步脉冲信号之前和之后产生一个脉冲。均衡脉冲以行频的两倍发生，使每次垂直偏转在正常隔行扫描信号的正确时刻开始。

equal length code　等长编码　每一代码位数都相等的编码。例如 ASCII（美国信息交换标准代码）、EBCDIC（扩充的二进制编码的十进制交换代码）都是等长编码。

equal level patching bay　等电平接线架〔插接架〕　一种能够使输入信号或输出信号的波形平稳的装置。

equi-band coder（EBC）　等带宽编码器　两个色度信号分量具有相同带宽的彩色编码器。

equi-band color television receiver（EBCTVR）　等带宽彩色电视接收机　两个色度信号

通道具有相同带宽的彩色电视接收机。

equilibrium mode power distribution（EMPD）稳态模式功率分布　波导中电磁波的传播,比如光波在多模光纤中,在传输一定距离后,辐射功率在不同的多模中的分布。此时,总功率在各个模中的部分功率都是相对稳定的,并且不会作为距离的函数再重新分布。

equipment identity register（EIR）　设备识别寄存器[登记器]　存储有关移动设备(ME)参数的数据库。主要完成对移动设备的识别、监视、闭锁等功能,用以保护 GSM(全球移动通信系统)的PLMN(公共陆地移动电话网)免受非法的接入。

equipotential bonding　等电位(屏蔽)接地　在一个建筑物之内限制接地电位的一种措施。

equipotential line　等位线　也称为"等势线",在空间或媒质中,所有各点都具有相同电位的假想线。同 isopotential line。

equipotential surface　等位面　也称为"等势面",在空间或媒质中,所有各点都具有相同电位的假想面。等势面一定跟电场线垂直;在同一等势面上移动电荷电场力不做功,或做功之和为零;电场线总是从电势高的等势面指向电势低的等势面;任意两个等势面都不会相交。同 isopotential surface。

equisignal zone　等信号区　空间中,两个无线电信号(通常由一台发射)的幅度差不可分辨的区域。

equivalence binary digits　等效二进制数字　用二进制数来表示其他数制的一串数所需要的位数。例如,用二进制进行十进制编码时,所需的二进制数位是十进制位数的 4 倍。

equivalent-binary-digit factor　等价二进制数位因子　表示一种非二进制记数系统的数基数字时所需要的二进制数字的平均位数。例如,把一个十进制数表示成二进制数时所需要二进制位数大约是 3.3 倍的十进制位数。

equivalent four-wire system　等效四线制　利用分频方法在一对导线上实现全双工操作的传输系统。

equivalent isotropic/isotropically radiated power（EIRP）　等效全向辐射功率　(1) 无线电发射机施加到天线的功率与在给定方向上天线的绝对增益的乘积。(2) EIRP 为卫星地面站所接收到卫星电视信号功率的度量,用 dBW(分贝瓦)表示。通常在发射卫星之前要计算EIPR 强度。计算结果可以绘成卫星波束覆盖区内各点接收到卫星信号强度变化的场强图。地面站接收到的 EIRP 强度与所要求的天线尺寸之间有直接的关系。

equivalent satellite link noise temperature　等效卫星链路噪声温度　地球站接收天线输出端的噪声温度,对应于在卫星链路输出端产生全部可测噪声的无线电频率噪声功率,但来自使用其他卫星的卫星链路的干扰和来自地面系统干扰所造成的噪声除外。

equivalent weight code　等重码　把定长二进制数字序列中"1"的个数相同的序列作为码字形成的编码。如五单位码共有 32 个码组,其中有 3 个"1"的码组共有 10 个,用这 10 个码组作为 0~9 数字的码字。如发现收到的码字中"1"的个数不是 3 个,表示有错。等重码也称为"等比码"、定"1"码、定权码,或 n 中取 k 码。

equivocation　条件平均熵,条件平均信息量,存疑度　信息论中,特定消息在消息源中出现的条件平均熵,它是由通过一条特定信道连接到该消息源的信息宿(消息目的地)时所出现的特定消息决定的。设 X_i 是消息源的输入消息,Y_i 是

消息宿的输出消息,则条件平均熵被记为 $H(x|y)$。它必须为消息宿的每条消息提供平均附加信息内容,以校正受信道噪声所影响的收到的消息。假设在通过特定信道与消息源连接起来的消息宿处已出现某些特定信息,则在消息源处出现特定消息的条件熵就是存疑度。存疑度是平均附加信息量,它必须用于消息宿处的每个消息,以便对所收到的那些受到噪声信道影响的消息加以纠正。

erasure code (EC)　纠删码,擦除码　在编码理论中,纠删码是在比特擦除(而不是比特错误)的假设下的前向纠错(FEC)码,它将 k 符号的消息转换为具有 n 个符号的较长消息(码字),使得原始消息可以从 n 符号的子集中恢复。分数 $r=k/n$ 称为码率。分数 k'/k,其中 k' 表示恢复所需的符号数,称为接收效率。

erbium-doped fiber amplifier (EDFA)　掺铒光纤放大器　用在光纤中掺铒的方法制造的光放大器。制作光纤时,采用特殊工艺,在光纤芯层沉积中掺入极小浓度的铒离子,制作出相应的掺铒光纤。光纤中掺杂离子在受到泵浦光激励后跃迁到亚稳定的高激发态,在信号光诱导下,产生受激辐射,形成对信号光的相干放大。EDFA 工作在 1 550 nm 窗口。已商用的 EDFA 噪声低,增益曲线好,放大器带宽大,与波分复用(WDM)系统兼容,泵浦效率高,工作性能稳定,技术成熟,在现代长途高速光通信系统中备受青睐。

erbium-doped fiber laser (EDFL)　掺铒光纤激光器　光纤激光器的一种,其出射光波长落在 1 550 nm 窗口,由掺铒光纤和光泵以及其他相关光路元件,如波长选择器、偏振控制器、输入/输出耦合器等组成光板,具有低阈值,及与光纤通信系统兼容等优点。特别是可调谐环形 EDFL 具有调谐范围大,输出功率高,成

为可调谐激光器的主流,其主要类型有抛光型可调谐 WDM(波分复用)器件型,DFB(分布反馈)型、光纤双折射调谐型,压电调谐光纤 F-P 标准型等等。EDFL 适用于大容量长距离光纤通信和 WDM 系统。

erbium-doped waveguide amplifier (EDWA)　掺铒波导放大器　是一种光放大器。它是 EDFA(掺铒光纤放大器)的近亲,实际上 EDWA 的基本工作原理与 EDFA 相同。它们都可以用于放大 1 500 至 1 600 nm 之间的光通信波段中的波长的红外光。然而,尽管 EDFA 是使用独立式纤维制造的,但 EDWA 通常在平面基板上制造,有时以与电子集成电路制造中使用的方法非常相似的方式制造。因此,EDWA 相对于 EDFA 的主要优点在于它们可能与同一平面基板上的其他光学元件紧密集成,因此不需要 EDFA。

Erlang　厄兰,占线小时　说明电话线路或电路上的电话话务量的单位或利用率。一条电话线容量为 1 Erlang 即 36 个 CCS(百秒呼)。厄兰(符号 E)是一个无量纲单元。

error (ERR)　出错,错误,误码,误差　(1) 计算、测量、观察和记录所得的值与实际的、规定的或理论上的值之差。(2) 某种不正确的步骤或处理过程,或指计算机中因机器工作不正常或操作不当而产生的偏差。(3) 导致产生含有缺陷软件的人的行动。(4) 数据在传输或存储中数码出错的现象。通常分为随机差错和突发差错两类。(5) 违反某语法或语义规则或逻辑条件的情况。(6) 取定值与正确值之间的差。误差可能产生的值域称为误差范围;误差范围内最大误差与最小误差之间的绝对值称为误差跨度。

error block (EB)　(错)误块,错误数据块　在同步数字序列(SDH)网络中对于高比

特率通道的误码性能是以"块",即通道中传送的连续比特的集合来度量的。当块内的任意比特发生差错时,就称该块是误块。

error checking code（ECC） 检错码,差错校验 一种数据编码。所设计的编码结构能迅速地检测出无效码。这种编码可以检测出所有的错误,但不能予以校正。

error compensation of a transformer 互感器的误差补偿 互感器中各种补偿误差方法的通称。一般有:① 匝数补偿;② 磁分路补偿;③ 短路匝补偿等。

error control 差错控制 (1)用来检测和校正错误代码的各种方法和措施。该方法可以直接对检出的错误代码进行改错,也可通过重发原信息来纠正。错误控制技术多用信息冗余方法来实现,如横向奇偶校验、循环冗余校验或重复发送。差错控制设备主要由存储器、译码器、控制器等组成。(2)对数据传输或存储中出现的差错采取一些措施,使差错控制在一定范围之内。

error control character 差错控制字符 用来指示某位数据是否需要校正的一种控制字符。

error control coding（ECC） 差错控制编码 采用检错或纠错技术的编码,实现对传输信道进行差错检测和纠正。主要采用卷积编码和分组码技术。

error control technique 差错控制技术 数据传输系统中,为确保数据传输的可靠性而采取的控制差错的各种方法。通常采用的差错控制技术有:前向纠错、自动反馈、重发纠错和混合纠错。

error correcting code（ECC） 纠错码 一种能自动进行检错和纠正部分或全部差错的代码。纠错码是要传输或存储的代码加上冗余码并按某种规则组合起来构成的代码。它能纠正一定数位的错误。

例如,在 CD 系列产品中,每个 CD-ROM 扇区中有 4 字节的 EDC 码和 276 字节的 ECC 码。

error correcting encoding 纠错编码 一种自动检查和纠正错误的方法。为了提高数据传输的可靠性,在发送端人为地按一定规则在待传输的数据中加入一些多余的但又是有用的数据,使整个传输数据满足一定的数据规则,而在接收端则按此规律进行检查,确定数据中是否包含错误。纠错编码最初是为了解决通信的可靠性问题而发展起来的,后来逐渐用于计算机系统。目前已广泛地应用于计算机通信网络、分布式计算机系统、存储器、运算器、磁盘、磁带、大规模集成电路和计算机应用系统等。

error correcting protocol（ECP） 纠错协议 是用数学方法发送比特流的方法,以便接收计算机向发送计算机证实所有比特均已被正确接收。

error correction code（ECC） 纠错码 在计算、电信、信息理论和编码理论中,ECC 用于控制不可靠或有噪声的通信信道上的数据差错。中心思想是发送方使用 ECC 形式的冗余编码消息。美国数学家理查德·汉明在 20 世纪 40 年代开创了这一领域,于 1950 年发明了第一个纠错码:Hamming(7,4)代码。这种冗余允许接收器检测可能在消息中的任何地方发生的有限数量的错误,并且通常在不重传的情况下纠正这些差错。ECC 使接收器能够纠正差错,而无需反向信道来请求重传数据,但代价是固定的、更高的前向信道带宽。

error detection（ERDET） 差错检测,检错 指检测错误数据的方式和方法。它又分为简单校验过程、数据检验、数据有效性检验。它包括范围检查、极限检查、字段检查、次序检验、数据检查、事务类型的检查等。

errored second（ES） 误块秒,误码秒
(1)当某 1 秒具有一个或多个误块时,就称该秒为误块秒。(2)数字传输信道中,某一秒内具有一个或多个误码时,就称该秒为误码秒。

errored second ratio（ESR） 误块秒比
(1)对一个确定的测试时间而言,在可用时间出现的误块秒(ES)数与总秒数之比。(2)在可用时间出现的误码秒(ES)数与总秒数之比

error extension 错误扩散,差错扩展 在密码学中,指当通信信道有噪声产生错误时,或者在传送的密文被攻击者篡改了时,在接收运算后明文中产生的一系列错误。

error free seconds（EFS） 无差错秒,无错时间 (1)在一定时间间隔内没有收到差错比特的 1 秒间隔数与该时间间隔内 1 秒间隔总数之比率。这个比率通常以百分比来表示。(2)在 ATM(异步传输模式)网络中,用于表示 T 载体系统出错性的单位,通常表示为每小时、每天或每周 EFS 数。与位出错率相比,它能够较好显示位错误的分布。

error latency 差错潜伏期 故障从第一次发生到被测出所经过的时间。也称"故障潜伏期"。

error lock 出错封锁,差错锁定 在网络控制程序中,对 BSC(二进制同步通信)设备和起停式设备来说,当一个差错发生后,设备所设置的状态。在此状态下设备不再继续处理命令,直到一个带复位修改符的控制命令发出为止。

error rate 误码率 在通信线路、通信信道或其他传输路径上的二进制数字码流传输中,某一端有误差的比特数除以另一端的总传输比特数,称为误码率。误码率通常用在规定两端之间每百万个比特数出现多少个错误比特来表示。有时也用 10 万个符号中的错误符号数量来表示。

error rate performance classifications 差错率性能分类 国际电报电话咨询委员会(CCITT) G.821 定义了如下四种差错率性能类型:① 可用、可接收;检测时段至少 1 分钟,差错率 10^{-6} 以下;② 可用、但降级;检测时段至少 1 分钟,差错率 $10^{-3} \sim 10^{-6}$ 之间;③ 可用、不可接收;检测时段在 1 到 10 个连续秒之间,差错率 10^{-3} 以上;④ 不可用;检测时段至少 10 个连续秒,差错率 10^{-3} 以上。

error recovery 差错[故障]恢复 (1)校正或绕过故障,使计算机系统恢复到预定状态的处理过程。(2)数据通信中,发现错误或出现错误后,在一个有定义的错误控制状态下进行的校错和排错的过程。

error retransmission 出错重传 数字通信中,接收端发现收到的报文有错,便给发送端发出要重发的信息。发送端根据具体情况,可以只重发有错的报文,或重发出错报文及以后发出的所有报文。

error routine 差错处理例程 当发现错误条件时转去进行错误处理的例程。例如,它可以输出错误信息,重新发送出错的数据块,或者暂停程序的执行。

error span 误差跨度 误差的最大值与最小值之差。

error to traffic（E/T） 差错/传输比 错误数和与资源有关的传输量之比。

E-services 电子化服务 运用现有的电子化手段武装中介服务,将以前需要自助(自己上网查询、联系、确认)的服务转变成网络自动处理的服务。对企业来说,E-services 是一种新的业务模式。包括: E-commerce (电子商务)、E-channel(电子通道)、E-community(电子社区)、E-marketing (电子市场)、E-banking(电子银行)、E-application(电子应用系统)等。

essential lines (EL)   **基本线路**   为了确保某些用户的电话在紧急情况下能接通，电话公司用户服务部门将这些用户设为基本用户，他们使用的线路称为基本线路。如警察部门、消防部门、医院等单位使用的线路。只要线路负荷控制功能开启，就可以根据网络负荷情况选择拒绝非基本用户的呼叫，以保证基本线路的畅通。

EtherChannel   **以太通道**   是一种主要用于 Cisco 交换机的端口链路聚合技术或端口通道架构。它允许对多个物理以太网链路进行分组，以建立一个逻辑以太网链路，以便在交换机、路由器和服务器之间提供容错和高速链路。EtherChannel 可以在 2 到 8 个活动的 Fast、Gigabit 或 10-Gigabit 以太网端口之间建立，另外还有 1 到 8 个非活动（故障转移）端口，这些端口在其他活动端口发生故障时变为活动状态。EtherChannel 主要用于骨干网络，但也可用于连接最终用户计算机。EtherChannel 技术是由 Kalpana Nath 公司在 20 世纪 90 年代初发明的。它后来于 1994 年被思科系统公司收购。2000 年，IEEE（电气电子工程师学会）通过了 802.3ad，这是 EtherChannel 的开放标准版本。

Etherloop   **以太环路**   是一种结合了以太网和 DSL（数字用户线）功能的 DSL 技术。它支持在标准电话线上组合语音和数据传输。在正常的条件下，它可在高达 6.4 公里（21 000 英尺）的距离内实现高达每秒 6 兆比特的速度。以太环路使用半双工传输，因此不易受到线路质量差、桥接抽头等干扰的影响。

Ethernet   **以太网**   采用以太网技术组建的一种局域网。以太网技术是一种介质共享、面向广播、竞争接入的局域网技术。以太网采用 IEEE 802.3 标准，数据传送速率为 10 Mbps 或 100 Mbps 等。

以太网技术标准开始是由三家设备开发公司（DEC、Intel 和 Xerox）推出的，其后由 IEEE 802 工作组推出了针对带冲突检测的载波监听多路访问/冲突检测（CSMA/CD）局域网络的标准 802.3。

Ethernet access   **以太网接入**   采用以太网技术的接入网。它通过城域网（核心网）上骨干交换机连接若干用户群的接入交换机，再通过接入交换机为用户提供标准以太网接口，用来连接局域网或用户计算机。这种技术可以方便地进行用户管理、业务管理、计费管理、安全管理，可提供独享 10 Mbps、100 Mbps、1 000 Mbps 或更高的带宽，是一种广泛使用的接入网技术。

Ethernet adapter   **以太网适配器**   在客户机和服务机上安装的连接以太网的网卡或集成在母板上的以太网接口电路。

Ethernet address   **以太网地址**   用来惟一标识以太网适配卡的物理地址。以太网地址是一个 48 比特的整数，通常用 6 个十六进制数字表示，如 08：00：20：03：72：DC。前 24 位用于标识太网适配卡的制造商。有些控制卡的地址固化在 ROM 中，称作硬件地址或物理地址。有些控制卡的地址可用软件改变。也称为介质访问控制（MAC）地址。

Ethernet controller   **以太网控制器**   一种使计算机能够访问以太网服务的设备控制器。通常采用 CSMA/CD（载波监听多路访问/冲突检测）协议，使计算机不必涉及协议的细节。

Ethernet converter   **以太网转换器**   是 RS485/232C 信号到 TCP/IP（传输控制协议/国际协议）网络转换串口设备。以太网转换器从 RS485/232C 上收到的数据，透明地传送到网络的数据服务器，数据服务器发出的数据经网络通过它透明地发送到 RS485/232C 接口上。

Ethernet flow control   **以太网流量控制**

是一种暂时停止以太网系列计算机网络上数据传输的机制。IEEE 802.3x 标准定义了第一个流控制机制，即暂停帧(pause frame)。后续的基于优先级的流量控制在 IEEE 802.1Qbb 标准中定义，提供了链路级流量控制机制，可以根据 IEEE P802.1p 的定义为每个服务等级(CoS)独立控制。该机制的目标是确保数据中心桥接(DCB)网络拥塞下的零丢失，并允许优先处理 IP 语音(VoIP)、IP 视频，以及默认数据业务和批量文件传输的数据库同步业务。

Ethernet for the first mile (EFM)　以太网最前一英里　2000 年 11 月，在 IEEE(电气与电子工程师学会)组织下，通过创建"以太网最前一英里"工作组，以太网的发展商们抛弃了自我的一些标准，瞄准接入网市场，发展已广泛使用和证实的以太网协议标准。

Ethernet Ⅱ (DIX)　以太网Ⅱ　指 Digital，Intel 和 Xerox 三家公司定义的以太网，它的帧格式略微不同于 IEEE(电气电子工程师学会)802.3 的帧格式，Ethernet Ⅱ帧头中在目的 MAC 和源 MAC 地址之后的一个两个八位字节的字段用来标明报文分组长度，而 IEEE 802.3 的帧头中用这个字段指出报文分组类型即帧中数据封装的上层协议。

Ethernet Ⅱ framing　以太网Ⅱ架构　也称为 DIX 以太网，以 DEC，Intel 和 Xerox 为设计主要参与公司的名字命名。以太网帧中的双字节定义了 EtherType(以太网类型)字段，该字段前是目的 MAC(介质访问控制)地址和源 MAC 地址，标识由帧数据封装的上层协议。例如，EtherType 值 0x0800 表示帧包含 IPv4 数据报。同样，0x0806 的表示 ARP(地址解析协议)帧，0x86DD 表示 IPv6 帧，0x8100 表示有 IEEE 802.1Q 标签。

Ethernet in the first mile (EFM)　第一英里的以太网　是指在电信公司和客户的场所之间使用以太网系列的计算机网络协议之一。从客户的角度来看，这是他们的"第一"英里，尽管从接入网的角度来看它被称为"最后一英里"。电气和电子工程师协会(IEEE)的工作组制定了称为 IEEE 802.3ah-2004 的标准，后来被纳入整体标准 IEEE 802.3-2008 中。

Ethernet over MPLS　基于 MPLS 的以太网　以太网服务通过 IP/MPLS(因特网协议/多协议标记交换)网络承载，利用各种与 IP 相关的协议。以太网链路使用外部 MPLS"隧道"内使用 MPLS 标签交换路径(LSP)作为"伪线"传输。该策略可以支持点对点(虚拟专用线服务，VPWS)和多点(虚拟专用 LAN 服务，VPLS)服务，并且最近在路由网络中实现了重要部署。它利用了许多基本传输协议，包括 SDH(同步数字序列)和(越来越多的)以太网。

Ethernet over twisted pair　基于双绞线的以太网　双绞线技术的以太网使用双绞线电缆作为以太网计算机网络的物理层。电缆是所有以太网物理层的子集。早期以太网使用了不同等级的同轴电缆，但在 1984 年，StarLAN 公司展示了简单的非屏蔽双绞线的潜力。这导致 10BASE-T 及其后继产品 100BASE-TX、1000BASE-T 和 10GBASE-T 的开发，它们分别支持 10 Mbps、100 Mbps、1 Gbps 和 10 Gbps 的速度。所有这些标准都使用 8P8C 连接器和 Cat 3 到 cat 8 的电缆。

Ethernet passive optical network (EPON, Ethernet-PON)　以太网无源光网络　是以太网技术为基础的无源光网络。EPON 的标准化工作主要由 IEEE(电气电子工程师学会)的 802.3ah 即 EFM(以太网最前一英里)工作组来完成，其制定 EPON 标准的基本原则是尽量在 802.3

体系结构内进行 EPON 的标准化工作，工作重点放在 EPON 的 MAC(介质访问控制)协议上，最小程度地扩充以太网 MAC 协议。EFM 在 2004 年正式发布 EPON 的相关标准。我国也于 2006 年发布了《接入网技术要求——基于以太网的无源光网络(EPON)》标准。

Ethernet virtual circuits (EVC) 以太网虚拟电路 EVC 定义了支持以太网服务的第 2 层桥接架构。EVC 由城域以太网论坛(MEF)定义为两个或多个用户网络接口之间的关联，用于识别服务提供商网络内的点对点或多点对多点路径。EVC 是服务提供商网络内的概念服务管道。网桥域是独立于 VLAN(虚拟局域网)的本地广播域。

Ethernet virtual private LAN (EVP-LAN, E-LAN) 以太网虚拟专用 LAN 是由 MEF(城域以太网论坛)定义的多点到多点以太网虚拟连接，相当于虚拟专用 LAN 服务(VPLS)或透明 LAN 服务的运营商以太网。提供连接一组客户端点的多点服务，向客户提供连接站点的桥接以太网网络的形式。EVP-LAN 支持与客户的以太网虚拟连接(EVC)相关的所有客户位置之间的任意(站点)到任意(站点)的通信。它被归类为 E-LAN 服务类型，期望低帧延迟、低帧延迟变化和低帧丢失率。UNI 支持服务多路复用，EVPL 和 EVP-LAN 服务类型可以共享同一端口。通过网络维护 CE-VLAN ID(客户 VLAN 标识)。

Ethernet virtual private line (EVPL, E-Line) 以太网虚拟专线 以太网专线(EPL)和 EVPL 是 MEF(城域以太网论坛)定义的数据服务。通过 WAN(广域网)连接两个客户以太网端口的服务。EPL 在一对专用的用户网络接口(UNI)之间提供点对点以太网虚拟连接(EVC)，具有高度的透明性。EVPL 在一对 UNI 之间提供

点对点或点对多点连接。

Ethernet virtual private tree (E-Tree) 以太网虚拟专用树 连接一个或多个根和一组叶(节点)的多点服务，但阻止了叶(节点)间的通信。E-Tree 是由 MEF(城域以太网论坛)定义的点对多点以太网虚拟连接，适用于多播服务的以太网 VLAN(虚拟局域网)配置。

EtherType 以太网类型(字段) 是以太网帧中的两个八位字节的字段。用于指示在帧的有效载荷中封装了哪种协议。同样的字段也用于指示一些以太网帧的大小。以太网类型首先由以太网 II 架构标准定义，后来适应 IEEE(电气电子工程师学会)802.3 标准。数据链路层使用该字段来确定有效载荷中的哪个协议交给接收端。

standards institute-European Standard telecommunications series 的缩写。 当欧洲电信标准协会(ETSI)的文件是为了满足欧洲的具体需要，以及需要转换为国家标准，或者在欧共体/欧洲自由贸易协会(EC/EFTA)授权下要求文件的起草时使用。

ETSI group specification (EGS) ETSI 小组规范 根据欧洲电信标准协会(ETSI)的小组职权范围定义的决策程序由行业规范组使用。这种可交付类型由起草的行业规范组批准和采用。

ETSI guide (EG) ETSI 指南 当欧洲电信标准协会(ETSI)的文件包含的技术标准化活动处理的指导，并要提交给全体 ETSI 成员通过时使用。

ETSI standard (ES) ETSI 标准 当欧洲电信标准协会(ETSI)的文档中包含规范性要求和提交的文件需要全体 ETSI 成员通过时使用。

Eurocrypt (EUROCRYPT) 密码学研究会议 会议的全称现在是密码技术理论和应用的国际年会(annual international conference on the theory and applications of cryptographic techniques）。Eurocrypt 会议与 CRYPTO 会议、ASIACRYPT 会议称为国际密码研究学会的旗舰会议。Eurocrypt 会议每年春季在欧洲举行。1982 年在欧洲举行的研讨会称为系列会议的第一次会议。1984 年,首次使用"Eurocrypt"为会议名称。一般来说,每年都会出版会议文献和所有的会议论文,除了 1983 年没有出版会议文献,而 1986 年只包含摘要的会议文献。德国施普林格（Springer）出版了所有官方会议文献,先是作为计算机科学讲课笔记系列的密码学进展部分出版。

EuroCrypt-M 欧洲密码-M 系统 指欧洲卫星电视加密系统,主要用于法国 Canal Plus 电视频道、TV3 电视台、FilmNet 频道,TV1000 频道等其他一些节目中。EuroCrypt 是对复用模拟分量编码的模拟卫星电视条件接收系统。EuroCrypt 有几个版本: M、S 和 S2。支持有卡插槽和嵌入式密钥的接收器。斯堪的纳维亚得到广泛使用,那里直到 2006 年 7 月（法国到 1998 年）才有 EuroCrypt 保护的广播系统。

Europäische norm (EN) 欧洲标准 是由 CEN（欧洲标准化委员会）和 CENELEC（欧洲电工标准化委员会）等组织制定的在欧洲使用的标准,这些标准都是基于国际标准的,如 ITU-T（国际电信标准化学会）标准和 ISO（国际标准化组织）标准。

European backbone (EBONE) EBONE 网,欧洲主干网 是泛欧因特网骨干网。于 1992 年上线,并于 2002 年 7 月停用。EBONE 的某些部分被出售给其他公司并继续运营。当时,欧洲一些国家把各自建立的高速骨干网互相连接起来,并连接到因特网上所构成的网络。在 EBONE 下一级是地区网络,地区网络下一级是本地网,由此构成了三级结构。在同一地点的两台计算机使用本地网络,同一地区不同地点的计算机通信用地区网络。只有不同地区的计算机通信时才使用 EBONE。

European Broadcast Union (EBU) 欧洲广播联盟,欧广联 法语是 Union Européenne de Radio-télévision, UER 欧洲广播电视联盟。是 1950 年 2 月 12 日成立的公共服务媒体联盟。总部设在瑞士的日内瓦。是欧洲国家用于广播技术的研究和开发、标准的制定组织。EBU 的业务包括在电台和电视传媒机构间进行体育、新闻和其他节目交换,涉及无线数据系统（RDS）、数字声音广播（DAB）、数字电视广播（DVB）和高清晰度电视（HDTV）等技术和业务。

European Committee for Electrotechnical Standardization (CENELEC) 欧洲电工标准化委员会 法语: Comité Européen de Normalization Électrotechnique。成立于 1973 年,负责电气工程领域的欧洲标准化。它与 ETSI（欧洲电信标准协会）和 CEN（欧洲标准委员会负责其他技术领域）一起构成了欧洲技术标准化系统。欧洲以外的许多国家都遵循这些机构统一的标准,这些国家遵循欧洲技术标准。虽然 CENELEC 与欧盟密切合作,但它不是欧盟机构。

European Committee for Standardization (CEN) 欧洲标准化委员会 法语: Comité Européen de Normalisation。是一个公共标准组织,其使命是通过提供有效的基础设施来促进欧盟（EU）在全球贸易中、欧洲公民的福利和环境有兴趣的各方,进行开发、维护和分发一套相关的标准和规范。CEN 成立于 1961 年。其 34 个国家成员共同致力于在各个领域制定欧洲标准（EN）,以建立欧洲商品和服务的内部市场,并将欧洲定位于全球经济。CEN 被欧盟正式认可为欧洲标准机构,其他欧洲官方标准机构是欧洲电工标准化委员会(CENELEC)和欧洲电信标准协会(ETSI)。

European Computer Manufacturers Association (ECMA) 欧洲计算机制造商协会 1960年4月27日在布鲁塞尔举行会议决定成立一个制造商协会,称为欧洲计算机制造商协会即简称 ECMA,并提名一个委员会来筹备协会的组建并制定章程和规则。1961年5月17日,协会正式诞生。是欧洲信息和通信系统的标准组织。为了反映总部设在欧洲的 ECMA 组织的全球活动,该组织的名称于1994年改为:ECMA 国际-欧洲信息和通信系统标准化协会。因历史原因保留"商标"ECMA。

European Conference of Postal and Telecommunications Administrations (CEPT) 欧洲邮政和电信管理局 成立于1959年6月26日,作为欧洲国家电信和邮政组织的协调机构。首字母缩写词来源于法文版的名字"Conférence européenne des administrations des postes et des télécommunications"。CEPT 于1988年负责创建欧洲电信标准协会(ETSI)。CEPT 组织为三个主要组成部分:电子通信委员会(ECC),欧洲邮政管制委员会(CERP)和国际电联政策委员会(Com-ITU)。

European Council of Telecommunications Users' Association (ECTUA) 欧洲电信用户协会理事会 于1986年成立,是为其成员国提供一个对其他标准化组织所制定的标准发表看法的论坛。

European data relay system (EDRS) 欧洲数据中继系统 是欧洲最先进的GEO(地球同步轨道)卫星星座,可在卫星、航天器、无人机和地面站之间中继信息和数据。设计者希望该系统能够提供几乎全天候的通信,即使是低地球轨道上的卫星通常会降低地面站的能见度。它为需要危机地区近实时卫星数据的救援人员提供按需数据。它使随时按需数据成为可能,例如,它为需要危机地区近实时卫星数据的救援人员提供按需数据。

European digital signaling system no. 1 (EDSS1) 欧洲1号数字信令系统 1号数字用户信令系统(DSS1)是用于ISDN 的数字信令协议(D 信道协议)。它由 ITU-T(国际电信联盟-电信标准化部)I.411(ETS 300 102)定义。它支持承载能力、低级别兼容性和高级别兼容性、ANI(自动号码识别)、DNIS(被叫号码识别)和双向重定向号码信令。由ETSI(欧洲电信标准协会)为欧洲开发的标准称为 Euro-ISDN 或 E-DSS1 或简称为 EDSS1(欧洲 DSS1)。

European integrated services digital network (Euro-ISDN) 欧洲 ISDN 标准 1994年3月发布的综合业务数字网(ISDN)的欧洲电信标准协会(ETSI)标准,允许所有属于欧洲邮政和电信管理局(CEPT)成员的欧洲国家可相互连接。

European network of information centres (ENIC) 欧洲信息中心网络 是联合国教科文组织(UNESCO)和欧洲理事会(CoE)的联合倡议建立的。它们旨在实施《里斯本承认公约》,并总体上制定政策和实践以确认资格。ENIC 与欧盟的 NARIC(国家学术认可信息中心)网络密切合作。该网络由欧洲文化公约的每个成员国的国家信息中心组成。每个中心都由每个国家独立设置,因此它们的大小和范围各不相同。

European Telecommunications Network Operators' Association (ETNO) 欧洲电信网络运营商协会 自1992年以来,ETNO 一直是欧洲电信网络运营商的代

言人,并已成为欧洲电子通信网络运营商的主要政策组织。其成员是欧洲数字化进步的支柱。他们是宽带的主要驱动力,并致力于其在欧洲的持续增长。ETNO致力于为其成员塑造最佳监管和商业环境,继续推出创新和高质量的服务和平台,以造福欧洲消费者和企业。

European telecommunications satellite organization (EUTELSAT IGO) 欧洲远程通信卫星组织 是一个由49个成员国组成的政府间组织(IGO)。总部位于法国巴黎。于1977年成立,开发并运营一个基于卫星的欧洲电信基础设施。也主要用于满足欧洲内部对电视业务的租赁需求。1983年EUTELSAT发射了该组织第一颗人造卫星用于通信和电视传播。EUTELSAT IGO的使命是保持使用国际电信联盟(ITU)共同分配给成员国的无线电频率和轨道位置的权利,并监督Eutelsat S.A.的运营,以确保公司遵守国际EUTELSAT公约。EUTELSAT IGO在全球电信界发挥着积极作用,是卫星业务部门的关键角色。

European Telecommunications Standards Institute (ETSI) 欧洲电信标准协会 是欧洲电信行业(设备制造商和网络运营商)的独立非盈利标准化组织,总部设在法国索菲亚-安提波利斯(Sophia-Antipolis),并在全球范围辐射。ETSI制定全球适用的信息和通信技术(ICT)标准,包括固定、移动、无线电、融合、广播和互联网技术。ETSI由CEPT(欧洲邮政和电信管理局)于1988年创建,并得到欧盟委员会和欧洲自由贸易联盟(EFTA)秘书处的正式认可。ETSI总部位于法国的Sophia Antipolis,正式负责欧洲信息和通信技术(ICT)的标准化工作。自成立以来,已产生3万多个标准。包括支持全球关键技术的标准,如GSM(全球移动通信系统)手机系统、3G、4G、DECT(欧洲数字无绳电话)、TETRA(陆地集群无线电)专业移动无线电系统,以及包括LPD(低功率设备)无线电、智能卡和更多标准成功案例在内的短距离设备需求。

European Union Agency for Network and Information Security (ENISA) 欧洲联盟网络和信息安全局 是欧盟的一个机构。它自2005年9月1日起全面投入运行。它位于希腊克里特岛的Heraklion。ENISA由欧盟法规No 460/2004于2004年以欧洲网络和信息安全局的名义创建。新的基本法规是欧盟第526/2013号条例,将其称为欧盟网络和信息安全局(ENISA)。ENISA的目标是提高欧盟的网络和信息安全。该机构必须为发展欧盟公民、消费者、企业和公共部门组织的网络文化和信息安全做出贡献,从而有助于欧盟内部市场的顺利运作。

EuroScart 欧洲Scart连接器 一种21芯连接器,用单根电缆就可在设备之间传输单道声、立体声、复合电视信号、S-video和RGB信号。

Eutelsat S. A. 欧电卫星公司, Eutelsat S.A.公司 是欧洲卫星运营商。它覆盖整个欧洲大陆、中东、非洲、亚洲和美洲,在收入方面是世界第三大卫星运营商。Eutelsat的卫星用于广播6 800个电视台,其中1 200个是高清电视台,1 100个广播电台服务超过2.74亿个有线电视和卫星电视家庭。它们还满足电视贡献链路(服务)、企业网络、移动通信、因特网骨干网连接以及地面、海上和飞行应用的宽带接入要求。

E-UTRAN Node B (ENodeB, ENB) 演进的(UTRAN)节点B 是长期演进(LTE)的演进的通用陆地无线接入(E-UTRA)中的元素,它是通用移动通信系统(UMTS)的UTRA中的元素节点B的演进。eNB是连接到移动电话网络的硬件,该网络与移动手机(UE)直接无线通信,如同 GSM(全球移动通信系统)网络中的基站收发信台(BTS)。传统上,节点 B 具有最小的功能,并且由无线网络控制器(RNC)控制。但是,对于 eNB,没有单独的控制器元素。这简化了体系结构并支持较低的响应时间。

even field 偶数场 在电视系统使用2∶1隔行扫描中,在两个行同步脉冲之间的宽脉冲中间开始扫描的那一场。对NTSC(美国电视制式委员会)制,偶数场由行 262½～525 组成;对 PAL 制,偶数场由行 312½～625 组成。

event control block (ECB) 事件控制块 用来表示事件状态的一种控制信息块,它记录着一些专门动作或信号。

event detection for WSN 无线传感器网络事件检测 无线传感器网络(WSN)是用于监视环境的自主传感器的空间分布式网络。

event detection point (EDP) 事件检测点 指电话系统基本呼叫处理中的检测点,通过对该点的检测,可以报告正在运行的业务逻辑程序中发生的事件的发生。

event forwarding discrimination (EFD) 事件前向判别 OSI(开放系统互连)用于将被管对象的通知传达到某目的地。EFD 也是被管对象,但可以自己发通知。

event manager 事件管理器 在 NetView图形监控器机制中,宿主子系统的成分,从 NetView 程序接收警告和解决方法主向量,将这些主向量转换成通用事件记录,并将事件状态作用于资源对象数据管理器(RODM)高速缓存中定义的资源。

event signaling (ES) 事件信令 在电话交换中使用的三种通用信令类型之一,这三种类型是:① 事件信令,启动一个事件,如铃声;② 呼叫进展信令,表明呼叫的进展(或状态),如忙音、回铃音、或错误音;③ 数据包信令,传达关于呼叫的某种信息,如呼叫分机的标识,或分机正被呼叫的标识。

EVISN 企业虚拟智能交换网 enterprise virtual intelligent switched network 的缩写。

evolved high speed packet access (HSPA+,HSPA(Plus),HSPAP) 演进的高速分组接入 是无线宽带通信的技术标准。这是 HSPA 的第二阶段,已在 3GPP(第三代合作伙伴项目)版本 7 中引入,并在后续的 3GPP 版本中进一步改进。HSPA+可以实现高达 42.2 Mbps 的数据速率。它引入了天线阵列技术,如波束成形和多输入多输出通信(MIMO)。波束成形将波束中天线的发射功率聚焦在朝向用户方向。MIMO 在发送和接收端使用多个天线。该标准进一步引入了双载波运行,即同时使用两个 5 MHz载波。该技术还可显著延长电池使用时间,并大大缩短从空闲时的唤醒时间,实现真正的始终在线连接。HSPA+是 HSPA 的升级版,它可以升级现有的 3G 网络,并为电信运营商提供了一种向 4G 速度迁移的方案,而无需部署新的无线接口,即可与新的 LTE(长期演进)网络的初始可用速度相媲美。HSPA+采用基于正交频分多址调制和多址的空中接口。高级 HSPA+是 HSPA+的进一步发展,在理想的信号条件下,移动设备下行链路的数据速率可达每秒 84.4 和 168 Mbps,以及上行链路可达 22 Mbps。从技术上讲,这些都是通过使用被称为 MIMO 的多天线和更高阶调制(64QAM)技术,或通过称为双小区 HSDPA(高速下行链路分组接入)技术将多个小区组合成一个来实现的。

evolved packet data gateway (ePDG) 演进的分组数据网关 主要功能是在不可信

的非 3GPP(第三代合作伙伴项目)接入连接中,保护 UE(用户单元)到 EPC(演进分组核心)的数据传输。为此,ePDG 充当与 UE 建立 IPsec 隧道的终端节点。

evolved-UMTS terrestrial radio access (E-UTRA) 演进的 UMTS 地面无线电接入 是 3GPP(第三代合作伙伴计划)用于移动网络的长期演进(LTE)升级路径的空中接口。也被称为 LTE 上的 3GPP 工作项目,在 3GPP 规范的早期草案中也称为演进的通用地面无线电接入(E-UTRA)。E-UTRAN 是 E-UTRA、UE(用户设备)和 EnodeB(演进的节点 B)的组合。这是一种无线电接入网络,其名称为 EUTRAN 标准,旨在替代 3GPP 版本 5 及更高版本中规定的 UMTS(通用移动通信系统)和 HSDPA/HSUPA(高速下行链路分组接入/高速上行链路分组接入)技术。与 HSPA(高速分组接入)不同,LTE 的 E-UTRA 是一种全新的空中接口系统,与 W-CDMA(宽带码分多址)无关且不兼容。它提供更高的数据速率、更低的延迟,并针对分组数据进行了优化。它使用 OFDMA(正交频分复用)无线接入用于下行链路和 SC-FDMA(单载波频分多址)用于上行链路。

evolved-UMTS terrestrial radio access network (E-UTRAN) 演进的 UMTS 陆地无线电接入网络 是 LTE(长期演进技术)蜂窝网络中的空中接口。正式地,E-UTRAN 管理基站,而 E-UTRA(没有"N")定义移动设备侧。E-UTRAN 使用 OFDMA(正交频分多址)调制方法用于下行链路,SC-FDMA(单载波频分多址)用于上行链路。

evolved universal terrestrial radio access (E-UTRA) 演进的通用陆地无线接入 是用于移动网络的第三代合作伙伴计划(3GPP)长期演进(LTE)升级路径的

空中接口。E-UTRA 是演进的通用移动通信系统(UMTS)陆地无线接入的缩写,也被称为关于长期演进的 3GPP 工作项目,在 3GPP LTE 规范早期草案中也称为演进的通用陆地无线接入(E-UTRA)。E-UTRAN 是演进的 UMTS 陆地无线接入网络的缩写,并且是 E-UTRA、用户设备(UE)和 E-UTRAN 节点 B 或演进的节点 B(EnodeB)的组合。它是在无线电接入网络(RAN)所指的 EUTRAN 标准的名义下,旨在替代 3GPP 版本 5 及更高版本中规定的 UMTS 和 HSDPA/HSUPA(高速下行链路分组接入/高速上行链路分组接入)技术。与 HSPA(高速分组接入)不同,LTE 的 E-UTRA 是一个全新的空中接口系统,与 W-CDMA(宽带码分多址)无关且不兼容。它提供更高的数据速率、更低的延迟,并针对分组数据进行了优化。它在下行链路上使用 OFDMA(正交频分多址)无线接入,在上行链路上使用 SC-FDMA(单载波频分多址)。试验始于 2008 年。

EVPN 以太网虚拟专用网 Ethernet virtual private network 的缩写。

EWCS 欧洲宽带通信系统 European wideband communication system 的缩写。

EW3 易用万维网 easy World Wide Web 的缩写。

exa 艾(可萨),百亿亿 缩写成 E。一个前缀,表示 10 的 18 次幂,在基于二进制的计算机中,表示 1 152 921 504 606 846 976,是 2 的 60 次幂。

exabit (Eb) 艾位,艾比特,艾可萨比特,百亿亿位 存储容量或通信量的度量单位,用于度量存储容量时,1 Eb $= 2^{60}$ b;用于度量通信量时,1 Eb $= 10^{18}$ b。

exabyte (EB) 艾(可萨)字节,百亿亿字节,10^{18} 字节,2^{60} 字节 可缩写成 EB,存储容量的度量单位。1 EB=1 000 PB=10^{18} B。1 EB 相当于 1 152 921 504 606 846 976 字节。

exception message　异常报文　在与逻辑单元通信时,指出非正常情况的报文。例如,数据传送时接收端发现错误后向发送端回送的异常报文;PC 机企图读未插入软盘的驱动器时系统报告的错误。

excess code　余码　在把十进制数位转换为二进制数位的过程中,十进制数位中的多余码。

excessive bipolar violations　过剩双极扰乱　AT&T 的 T1 电路上的一种差错状态,即在 1 000 秒中发生 1 544 次双极扰乱,并且每 85 秒至少一次双极扰乱。

excess loss　附加[额外]损耗　对于光耦合器,附加损耗定义为所有输出端口的光功率总和相对于全部输入光功率的差值。

excess three code　余 3[三]码　一种二进制编码的十进制代码。该代码中每个十进制数 n 用等效的二进制 n+3 表示。在这种用 4 位二进制数表示的 16 个数中,正好剩下最小和最大的三个数为无效数字,故称为余 3 码。在余 3 码中,求一数的十进制反码只需将 0 变为 1,1 变为 0 即可。余 3 码是一种无权码,虽然不如有权码易于识别,但求十进制数的反码比较简单,产生进位数也很容易。

exchange access (EXA)　交换接入　在电话网络中,为了开始或终止局间交换业务通信而提供的交换服务。这种服务由交换区域的设施所提供,用于局间交换通信业务在交换区域内开始或终止的传输、交换或路由选择。

exchange area　(电话)交换区　电话业务中统一收费的地区。电话交换区由几个中心局分派。交换区内任何两点间的呼叫是本地呼叫。

exchange classes　交换局级别　按 AT&T 公司定义,共分为 5 个级别。第一级为区域中心局、第二级为地区中心局、第三级为主中心局、第四级为长途中心局、第五级为终端局。

exchange identification (EI/XID)　交换(局,机)标识　相邻节点之间的一种基本连接单元,XID 在连接激活之前或者期间在连接站之间交换,以建立和协商连接和节点特征,以及在连接激活之后对这些特征的改变进行通信。

exchange identification (XID) frame　交换标识帧　在逻辑链路控制(LLC)层头部,是传递发送信息的宿主机的特征的帧。

exchange line　用户线,交换机外线　从交换机连接到用户或用户小交换机的传输线路。

exchange station ID　交换站标识　SDLC(同步数据链路控制)规程中为在主站和次站之间传递站标识的一种控制字段命令及响应。

exchange termination (ET)　交换终端　电信系统的交换终端至少具有位于 T 参考点 I.420 接口第二和第三层功能的功能群或设备。

exciter　激励器;受激辐射体　发射机中,产生所需射频功率以激励功率放大器的装置。

excimer laser　(受激)准分子激光器　一种主要工作在紫外波段的气体激光器。它的工作物质称为准分子,是一种处于激发状态的复合分子,准分子从产生到消失所经历的时间仅有几十纳秒。

exclusive allow read lock state　互斥允(许)读锁定状态　某些计算机系统中的一种分配状态,在一个路由选择步骤已经选定一个目标的情况下,如果有其他的路由选择步骤又对该目标提出"读锁定共享"状态的请求,则它们也可以对该目标进行读操作。

**exclusive control manager（ECM）　排他性
［专用］控制管理**　组成智能网（IN）业务
数据功能（SDF）之一，ECM 提供了排他
性控制所必要的功能，如锁定/不锁定控
制，以保证数据的完整性。

executive communication　执行通信
（1）操作人员通过联机终端与有关操作
程序进行信息交往的过程。这个过程也
包括将一些键控指令翻译成可执行的程
序或程序段。（2）在作业程序和操作员
之间，执行系统和操作员之间的所有通
信。它的功能是把键盘输入的所有信息
经转换翻译后传给执行系统，并把控制
转到输入指定的执行段。

executive control system　执行控制系统
利用一个或多个输入装置将控制信息送
入执行系统，实现其控制的系统。输入
装置既可以联机工作，也可以在远地工
作。控制信息本质上与目前的控制卡操
作相似，但增加了灵活性，实现了标
准化。

executive environment　执行环境　是主动
网络中主动节点的一部分，包括主动程
序包运行的虚拟机和主动网络用户可访
问的编程接口。

**executive request/transaction　执行性请求
和处理**　在通信软件操作系统级上所进
行的处理任务。

**executive right of way service　执行优先通
行权服务**　一种随时服务的电话业务。
它允许用户在任何时刻占用任何话路。

**executive schedule maintenance　执行调度
维护**　根据控制执行程序或执行管理程
序确立和保持的优先级调度待运行的
程序。

executive system control　执行系统控制
利用一个或多个输入设备将控制信息送
入执行系统并对其实现控制的过程。这
些输入设备既可以联机工作，又可以在
远地工作。它类似于控制卡操作，但增

加了灵活性，可以实现标准化。

**exhaustive misrouting backtracking　穷举
错误路由回溯**　一种网络通信路由算
法，进行深度优先的搜索，在遇到忙的链
路时采用启发式方法建立路径。

exhaustive profitable　穷举有利算法　一
种网络通信路由算法，通过深度优先的
搜索算法建立最佳路径，具有自适应的
特点。

exit border node　退出边界节点　将一个
呼叫传递到外部链路的节点，是对于这
个呼叫在一个平等组中的最后一个
节点。

exit message（EXM）　出口信息　七号信令
系统（SS7）ISDN（综合业务数字网）用户
部分（ISUP）的消息。它是一种从接入点
到端局后向发送的消息，表明呼叫建立
消息已经成功地传送到相邻网络。

**expand AMPS（EAMPS）　扩展高级移动电
话系统，扩展 AMPS**　是 10 MHz 的先进
移动电话系统的扩展，该系统的信道数
量大大提高，所提供业务种类从 333 种
提高到 416 种。

expanded ASCII code　扩充的 ASCII 码
ASCII（美国信息交换标准代码）只有 69
个字符，不能满足书目信息处理的要求。
美国国会图书馆、美国国家医学图书馆
和美国国家农业图书馆合作，在 ASCII
代码的基础上，研制了一种扩充的罗马
字符集，包括罗马字和非罗马字母的罗
马化形式的字符，将字符扩充到 176 种。
依据这 176 种字符编制的代码，称为扩
充的 ASCII 代码。

expanded basic service　扩展的基本服务
由有线电视公司提供的订阅服务，包括
基本服务和更多的广告商支持的频
道（而不是付费服务）。

expanded beam connector　扩展束连接器
一种光纤连接器，在这里光束的直径和
发射角增大，其结果是将轴向位移、角度

失调、横向偏移等带来的损耗降到最小。许多情况下，特殊的透镜和其他无源光学元件应用于连接器来优化耦合，一些情况下光纤本身的观察窗用来形成连接器里的光学元件。

extended service set（ESS） 扩展服务集 是在公共逻辑网段（即相同的 IP 子网和虚拟局域网）上的一套或多套基础设施基本服务集(BSS)。这个概念的关键在于参与的 BSS 表现为逻辑链路控制(LLC)层的单个网络。因此，从 LLC 层的角度来看，ESS 内的台可以彼此通信，并且移动台可以从一个参与的 BSS 透明地移动到另一个 BSS（在相同的 ESS内）。ESS 使集中式身份验证和基础架构 BSS 之间的无缝漫游成为可能。从链路层的角度来看，ESS 内的所有台都在相同的链路上，并且从一个 BSS 转到另一个 BSS 的传输对 LLC 是透明的。每个 ESS 都有一个名为 SSID 的标识符(ID)，它是一个（最大）32 字节的字符串。

expanded spectrum（ES） 扩充频谱 在分配给系统的基本频段基础上扩充的新频谱资源。

expander 扩展器 (1)一种电路转换器。在一定的输入电压范围内，它能提高电路的输出电压范围，例如音频话路中的增音器。(2)用在电路接收端的压扩器的一部分，用于将被压缩的信号返回到它的原始形式。(3)小规模集成电路中用以扩充门电路输入端数的组件。例如在"与或非"门电路中的"或"扩展器。

expander transducer 扩展传感器 一个为使给定振幅范围的输入电压产生更大振幅输出电压而设计的传感器。如语音学中用信号包络信息扩展音量范围。

expansibility 扩展性 设备或系统将来可适应现今尚未遇到的问题的能力。

expansion 扩大，放大，扩展 (1)一种对较弱信号进行放大的过程。(2)一种增加微处理机能力的方法，通过增加硬件以完成基本系统中没有的功能，通常是在系统插槽中增加相应功能卡。

expansion interface 扩展接口 用来扩充计算机、存储设备、网络设备、安全等设备接口功能的设备。例如，能用来扩充存储器容量、各种接口模块，以及附加功能设备。

expect send sequence 预期发送序列 在远程通信中，一个程序或者调制解调器应期望从远程系统接收到的一系列字符或者信号，随后跟一系列程序或调制解调器在接收到预期的信息之后应送到远程系统的字符或信号。这一序列还可包括子序列，告诉程序或调制解调器在有收到预期的信号时应发送的内容。

expedited data（ED） 加速[加急]数据 用于七号信令系统(SS7)时，指优先传送的数据；它不受正常的数据流程控制。

expedited data transfer 加速数据传输 在 X.25 通信中，一个可选的国际电报电话咨询委员会(CCITT)指定的机制。

expedited data unit 加速数据单元 在开放系统互连体系结构中，一个短小的服务数据单元，它向目标开放系统中平等项的提交保证在提交任何后继服务数据单元之前提交。

expedited message handling（EMH） 加速消息[报文]处理 处理单段输入和输出报文的一种快速通路设施，它把常规的事务报文排队和应用调度都旁路掉。

expiration check 截止日期检查 把给定日期同与事务数据、记录或文件有关的截止日期进行比较的操作。

exploit 漏洞利用 是一段软件、一大块数据或一系列命令，它利用错误或漏洞导致计算机软件、硬件或电子产品（通常是计算机化的）发生意外或意外的行为。这种行为通常包括诸如获得对计算机系统的控制，允许权限升级或拒绝服务（DoS 或相关 DDoS）攻击之类的事情。

explicit access (EA)　显式访问　在局域网技术中共享介质的一种访问方法，允许一个工作站在指定的时间内单独使用传输介质。也就是每个工作站按一定的方式轮流访问介质。与竞争式访问（contended access）方法相对应。

explicit congestion notification（ECN）　显式拥塞通知　是因特网协议和传输控制协议的扩展，在 RFC 3168（2001）中定义。ECN 允许在不丢弃数据包的情况下端到端地通知网络拥塞。ECN 是一项可选功能，当底层网络基础架构也支持它时，可以在两个启用 ECN 的端点之间使用。传统上，TCP/IP 网络通过丢弃分组来发信号通知拥塞。当 ECN 成功协商时，ECN 感知路由器可以在 IP 报头中设置标记而不是丢弃分组以便发信号通知即将发生的拥塞。分组的接收方将拥塞指示回送给发送方，这使发送方降低其传输速率，就好像它检测到丢弃的分组一样。

explicit forward congestion indication（EFCI）显式前向拥塞[冲突]指示　在 ATM（异步传输模式）信元头部中的一个指示。在趋于拥塞状态或拥塞状态中的网络元素可能设置 EFCI 供目标系统检测。

explicit reservation　显式预约　采用预约 ALOHA（在一帧中一个或多个时隙被分解为更小的预约时隙）技术的一种多址访问方式。这种方式要求每个站点在发送数据帧之前必须进行预约，每个复用帧的前面各时隙用于发送数据，而最后一个时隙再分成许多更小的时隙（称为子时隙），专用于下一周期中各站点发送数据帧时的预约。各站点按时隙 ALOHA 方式发出时隙预约请求，若某站点预约请求成功，那么下一复帧中所预约的时隙就归这个站点用于发送数

据。当所有站点都没有数据发送时，所有的时隙都可以被用来进行预约。由于预约时只是较短的子时隙范围可能产生冲突，而较长的数据时隙中不会产生冲突，这就大大提高了信道利用率。

explicit route（ER）　显式路由　提前为数据分组指明预定义路径。在 SNA（系统网络体系结构）中，连接两个子区节点的路径控制网络成分，包括由一个或多个传输组构成的一种特定集合。一条显式路由由用源子区地址、目的子区地址、显式路由号和反向显式路由号来标识。

exploitable channel　可拓通道，可开发通道　在计算机安全中，指一个通道，可以被信任的计算机外部的主体使用或检测。

explorer frame　探测帧　由网络设备发出的信息帧，用以确定到达另一网络设备的最佳路径。

exponential amplifier　指数放大器　一种能提供与输入信号的指数成正比的输出信号的放大器。

exponential antenna　指数天线　一种电视接收天线，安装有一系列彼此并行的活动单元，调整单元的长度使得其末端形成两个自然对数曲线形状。这种天线在甚高频（VHF）和超高频（UHF）电视频段提供良好的增益。

exponential back-off delay（EBOD）　指数后退延迟　IEEE（电气电子工程师学会）802.3 协议中使用的一种后退算法，在该算法中，重发之前的延迟不是随机选取，而是随重发次数按指数规律增加。

exponential decay　指数衰减　辐射、电荷、信号强度或其他物理量以指数速率进行的衰减。

exponential timer backoff　计时器指数退避[补偿]　数据传输中发现数据传输出错使重发计时器延长一倍的拥挤控制方法。TCP（传输控制协议）把这种方法作

为控制拥挤的方法之一。

exponential transmission line 指数传输线 一种特性阻抗随沿线的电长度呈指数变化的双线传输线。

exposure 风险估计,曝光(时间),干扰,暴露性 (1)赋给一个承受风险局面的可能结果的值与该结果的出现概率的乘积。这一乘积通常用金融术语来表达。(2)让光线射到感光材料上的过程。(3)通信线路靠近电力线路时,使通信受到影响的现象。(4)系统损失或损害的可能形式,如非授权泄露、篡改、破坏和服务拒绝。(5)计算环境中,有关数据可用性的程度。数据暴露性是系统脆弱性的主要表现方面。

extended area service (EAS) 扩展区域服务[业务] (1)在美国的某些地区(主要是一些大的城市),为了解决这些地区电话通信量大而设立的地区性电话服务。(2)免收长途费的电话交换机服务,扩展到有共同利益的社区,代之以采取稍微高一些的交换机服务费率。

extended border/boundary node (EBN) 扩展的边界节点 一种边界节点,连接具有不同网络标识符的 APPN(高级对等联网)网络,或者连接同一 APPN 网络的不同部分,一个扩展的边界节点支持中间节点网络路由,使其能支持 LU LU(逻辑单元之间)会话,对应于 peripheral border node。

extended-broadcast control channel (E-BCCH) 扩展广播控制信道 是第二代移动电话系统中 BCCH(广播控制信道)信令和控制信道的逻辑组件,由 IS-136 标准制定,常应用于采用 TDMA(时分多址)技术的数字蜂窝移动网络。

extended color attribute 扩充彩色属性 为在扩充彩色方式下使用的各类设备定义各种颜色的属性,包括蓝、红、绿、粉红(或洋红)、天蓝(或绿蓝)、黄和白(或无色)。

extended-definition Betamax (ED-Beta) 扩展定义 Betamax 标准,ED-Beta 格式 一种视频录像带记录格式,由 Sony 公司开发,提供 500 线分辨率。

extended-definition television (EDTV) 扩展清晰度电视 指对标准 NTSC 电视系统和 NTSC 标准兼容的接收器进行改进的电视系统,它调整了 NTSC 辐射标准。改进包括:① 更大的长宽比;② 低于 HDTV 但比普通质量更高的图像分辨率;③ 增强清晰度电视中使用的其他改进措施。当它以长宽比 4:3 方式传输信号时,被简称为"EDTV",而以更宽的长宽比传输时,就称为"EDTV-Wide"。

extended digital subscriber line (EDSL) 扩展数字用户线 指 ISDN(综合业务数字网)的扩展数字用户线,在一条线路上提供 24 个 B 通道和一个 64 kbps 的 D 通道,即 ISDN 的基群速率接口。

extended distance data cable (EDDC) 扩展距离数据电缆 一种专用于扩展 RS-232 传输的电缆,可用于 50 英尺以上距离的传输。

extended Fire code 扩展法尔码 一种纠错编码。由 $G(x) = (xc + 1)p_1(x)p_2(x)\cdots p_j(x)$ 生成的循环码。$P_j(x)$ 是 m_j 次周期为 e_j 互不相等的既约多项式。码长 n 为 $c, e_1, e_2, \cdots, e_j$ 的最小公倍数。扩展法尔码比法尔码有更强的检纠错能力。某些磁盘机采用扩展法尔码纠正长度 $\leqslant 11$ 位的所有突发错并能检出 12 位突发错。若只检错,可检出 56 位单个突发错。

extended framing format 扩充帧格式 由 AT&T 引入的用于 1.544 Mbps 数字信道组的组帧格式。

extended Hamming code 扩展汉明码 在汉明码的每个字组中再增加一个校对位,作为原汉明码的偶校验位,由此而形成的一种编码方式。在扩展汉明码中，各代码间的最小汉明距离从 3 增加到 4，这样可以纠正字组中出现的一位错误，还能发现二位错误。

extended interface　扩展接口　在某些操作系统中，一系列全功能系统调用，用于与 SNA(系统网络体系结构)服务进行通信，这些调用包括一个额外的参数，指向一个包含额外函数请求的结构。

extended interframe space (EIFS)　扩展帧间间隔[空间]　用于基于 IEEE 802.11 的无线局域网(WLAN)。如果先前接收的帧包含错误，则在发送帧之前，站必须推迟 EIFS 持续时间而不是 DIFS(分布式协调功能帧间隔)。这是因为，尽管该站无法解码这个帧，但预期的接收器可能会解码这个帧。它应该有机会返回一个确认(Ack)帧；EIFS 确保 Ack 的传输可以在不受那些不能解码帧的站的干扰的情况下进行。

extended LAN (ELAN)　扩充[扩展]局域网　由网桥(桥接器)连接起来的若干个局域网。从逻辑上仍可视为一个统一的网络。

extended level synthesizer　扩充级合成器　在多媒体计算机中，由微软视窗环境所支持的一种音乐合成器。它能够至少同时演奏九个背景旋律的 16 个音符，同时在八种打击音乐上同时演奏 16 个音符。

extended lock mode　扩充锁定[封锁]方式　一类锁定方式，在此方式下，一个外部 LU(逻辑单元)保持在锁定状态的时间可达数个查询/回答周期。

extended network　扩展网络　一种包括两个或两个以上，使用扩展联网设施的 TCAM(远程通信访问法)系统网络。

extended network addressing (ENA)　扩展网络编址[寻址，地址]　将地址分成 8 位子区域和一个 15 位单元部分的网络寻址系统，地址的子区域部分用于宿主处理机或者通信控制器，单元部分用于使处理机或者控制器能够对资源进行寻址。

extended networking　扩展联网　一种 TCAM(远程通信访问法)功能，使用一组 TCAM 宏指令、系统服务程序和报文处理设施，在有两个(或更多)TCAM 系统的网络中，简化 TCAM 系统的定义、管理和差错恢复。

extended play record (EP)　密纹唱片，扩展播放记录　是一种比单曲唱片包含更多曲目的音乐唱片，但通常不被限定为专辑或 LP(慢转唱片)。EP 一般不包含与专辑一样多的曲目，并且被认为是艺术家出版而不是专辑的"更便宜和更耗时"唱片。EP 最初指除 78 转标准播放(SP)和 LP 以外的特定类型的黑胶唱片，但现在也指 EP 是中等长度 CD 碟片和音乐下载。

extended response byte　扩充响应字节　网络控制程序中 BTU(基本传输单位)的一部分，该部分包括 I/O 结束时的线路状态。

extended route　扩充路由　在通信系统的扩充网络中，包含一个 TCAM(远程通信访问法)中间节点的一条或多条路由的串接。

extended service frame (ESF)　扩展服务帧　FDDI(光纤分布数据接口)帧格式的一种。当标准定义的站管理(SMT)帧不够用时，供应商可依据 ESF 帧来定义自己的 SMT 服务。

extended service set (ESS)　扩展服务集　(1)是在公共逻辑网段(即相同的 IP 子网和虚拟局域网)上的一套或多套基础设施基本服务集(BSS)。这个概念的关键在于参与的 BSS 表现为逻辑链路控制(LLC)层的单个网络。因此，从 LLC 层的角度来看，ESS 内的台可以彼此通信，并且移动台可以从一个参与的 BSS

透明地移动到另一个 BSS(在相同的 ESS 内)。ESS 使分发服务,如集中式身份验证和基础架构 BSS 之间的无缝漫游成为可能。从链路层的角度来看,ESS 内的所有台都在相同的链路上,并且从一个 BSS 转到另一个 BSS 的传输对 LLC 是透明的。(2)是一组两个或多个互连的无线 BSS(基本服务集),它们共享相同的 SSID(服务集标识符,即网络名称)、安全凭证并集成有线局域网(即提供 802.3 和 802.11 帧之间的转换),作为单个 BSS 出现在与其中一个 BSS 关联的任何站的逻辑链路控制层。这有利于移动 IP 和快速安全的漫游应用。此外,BSS 可以在相同的信道上工作,或者在不同的信道上工作以提高聚合吞吐量。

extended simple mail transport protocol (ESMTP) 扩展型简单邮件传送协议 增加发送通知等附加功能的简单邮件传送协议,在 RFC 1651 中描述,主要用于 UNIX 系统。

extended subarea addressing 扩展的子区域寻址 一个网络寻址系统,在具有 255 个以上子区域的网络中使用。

extended subscriber module (ESM) 扩展用户模块 在电话通信系统中的母局外设置扩展用户模块或远端用户模块,实现远距离相对集中的电话用户的接入。其目的主要是节约用户线路投资。

extended superframe (ESF) 扩展超帧 在电信领域,扩展超帧(ESF)是 T1 成帧标准。ESF 有时被称为 D5 Framing,因为它最初用于 20 世纪 80 年代发明的 D5 通道库。它优于其前身:超帧,因为它包括循环冗余校验(CRC)和数据链路信道的 4 000 bps 信道容量(用于在设备之间传递带外数据)。它比早期的超帧格式需要较少的同步频率,并提供电路容量和运行条件的在线实时监控。

extended superframe format(ESF) 扩展超帧格式 T1 电路中使用的帧格式,由 24 个 192 位的帧组成。扩展超帧格式不仅提供帧同步,还提供差错检测和一个数据信道。

extended time division multiple access (E-TDMA) 扩展时分多址(接入) 是由休斯(Hughes)网络系统公司开发的一种扩展的数字蜂窝传输技术。一般 E-TDMA 有 15 倍于目前的模拟电话系统的容量。换句话说,在 E-TDMA 中可以同时使用的蜂窝电话 15 倍于以前的模拟蜂窝电话系统。

extended total access communications system (ETACS) 扩展式全向接入通信系统 由英国开发,在欧洲和亚洲使用的模拟移动电话网,是全向接入通信系统(TACS)基础上的扩展系统。参见 total access communication system (TACS)。

extensible authentication protocol (EAP) 可扩展认证协议 通过允许在无线连接的客户端和服务器端动态增加认证模块来提高无线局域网的安全性能。

extensible messaging and presence protocol (XMPP) 可扩展消息传递和呈现协议 是一种基于 XML(可扩展标记语言)并面向消息的中间件通信协议。它支持在任何两个或多个网络实体之间近乎实时地交换结构化且可扩展的数据。最初命名为 Jabber,该协议由 Jabber 开源社区于 1999 年开发,用于准实时即时消息(IM)、状态信息和联系人列表维护。该协议旨在可扩展,还用于发布-订阅系统、VoIP 信令、视频、文件传输、游戏、物联网(IoT)应用(如智能电网)和社交网络服务。因特网工程任务组(IETF)于 2002 年成立了一个 XMPP 工作组,将核心协议正式称为 IETF 的即时消息和呈现技术。XMPP 工作组制定了四个规范(RFC 3920, RFC 3921, RFC 3922,

RFC 3923)，并于 2004 年被批准为建议标准。后来出现新的补充或替代规范。

extensible resource descriptor sequence (XRDS) 可扩展资源描述符序列 是一种可扩展标记语言（XML）格式，用于发现有关 Web 资源的元数据，特别是发现与资源相关的服务，这一过程称为服务发现。例如，提供 OpenID 登录的网站可以将用户的 OpenID 标识符解析为 XRDS 文档，以发现用户的 OpenID 服务提供商的位置。

extensible resource identifier（XRI） 可扩展资源标识符 是与统一资源标识符和国际化资源标识符兼容的抽象标识符的方案和解析协议，由 OASIS（结构化信息系统促进组织）的 XRI 技术委员会开发。XRI 的目标是为独立于域、位置、应用程序和传输的抽象结构化标识符提供标准语法和发现格式，以便它们可以跨任意数量的域、目录和交互协议共享。

extension（EXT） 扩展，备用，分(机)，扩展名 (1)与主站处于同一线路上的和同一房屋内，但与主站所处位置不同的附加设备。(2)指备用电话线路，通常的线路出现故障时，则可以使用该备用电话线路。(3)指备用的专用电话交换机。(4)文件的扩展名，附加在文件名之后的几个字符以表示文件的类型。

exterior gateway 外部网关 在独立系统中的一个网关，与另一个独立系统进行通信。

exterior gateway protocol（EGP） 外部网关协议 是用于在自治系统之间交换路由信息的路由协议。是跨越不同管理的网关（如从企业专用网到公用数据网）所使用的协议。通常，EGP 是一组简单、定义完备的正式协议。它能指出一个指定网络是否可到达，但不能对信息作出评价，也不能对路由选择作出优先权决策。EGP 描述网关之间的路径信息交换及网关获取路径信息的刷新机制，用于自治系统之间，采用向量距离算法。功能包括邻居获取、邻居测试和与邻居交换寻径信息。EGP 报文一共有九种格式。值得注意的是外部网关协议包括现在已过时的外部网关协议（EGP）和边界网关协议（BGP）。

exterior neighbor gateway 外部相邻网关 分别属于不同自治系统，之间有直通通信链路连接，彼此传递路由信息的网关。有时也简称为外部网关（exterior gateway）。

exterior network-to-network interface（E-NNI） 外部网络-网络接口 E-NNI 定义了不同管理域间网络的接口。E-NNI 可应用于同一运营商的不同 I-NNI（内部网络-网络接口）区域的边界，也可应用于不同运营商网络的边界。在 E-NNI 上交互的信息通常是网络可到达性、网络地址概要、认证信息、策略功能等而并非完整的网络拓扑路由信息；E-NNI 的连接选择也更多地基于安全、策略考虑而不是如同在 I-NNI 中所考虑的性能限制。

exterior packet switch 外部包交换 包交换网络与它连接的主计算机之间的交换。

exterior reachable address 外部可到达地址 一个可通过 PNNI（专用网间接口）路由领域到达的但不在该 PNNI 路由范围内的地址。

external call 外部呼叫，外部调用 (1)电信交换系统中的一种呼叫方式，它包含一个公共交换机或专用通信线路。(2)在程序中调用外部定义的例程或函数的操作。

external clock/clocking（ECL） 外部时钟 (1)数字系统之外的一个固定频率信号，可作为数字系统定时与同步的基准信号。(2)同步通信所采用的一种定时方式。它由调制解调器为终端或计算机提供定时信号。

external communication adapter (XCA) 外部通信适配器 一个通信适配器,是设备的一部分。

external error 外部错误[差错] (1)一种特殊的文件标志,表示错误地读出文件或在装入操作中已检测到磁带结束。(2)外部设备出现的差错,例如磁带上的结束标志出错或者没有结束标志,这种差错可以被计算机检测出来。

external insulation 外绝缘 空气间隙及电力设备固体绝缘的外露表面。它承受电压并受大气、污秽、潮湿、动物等外界条件的影响。比较 internal insulation。

external interface (EI) 外部接口 基于蜂窝数字分组数据的无线分组数据业务系统与现行外部网络之间的一种接口。在通用陆地无线接入网(UTRAN)中,有四个接口将 UTRAN 内部或外部连接到其他功能实体:Iu,Uu,Iub 和 Iur。Iu 接口是将 RNC(无线网子系统)连接到核心网络(CN)的外部接口。Uu 也是外部接口,将节点 B 与用户设备(UE)连接。Iub 是连接 RNC 和节点 B 的内部接口。然而,Iur 接口大部分时间都是内部接口,但对于某些网络架构来说也可以是外部接口,Iur 将两个 RNC 相互连接。

external line 外部线路 一条通信干线或专用线路。

external modem 外置式调制解调器 通过电缆与计算机终端上的通信端口连接的一种独立调制解调器。

external modulation 外调制 一种光纤通信中使用的光载波调制方式。在此方式下,激光器发射的激光束是不承载任何信息的连续光波,输入信号利用电光、声光、磁光等物理效应对光波进行调制,变成受调制光载波,然后发送到光纤线路上。

external photolectric effect 外光电效应 区别于内光电效应的一类光电效应,是被光激发产生的电子逸出物质表面,形成真空中的电子的现象。

external reference synchronization 外部参照同步 网络同步的一种形式,定时或频率参照来自通信网络的外部源。

external shield 外屏蔽 静电屏蔽时空腔导体不接地的屏蔽。由于外壳不接地,则外表面会产生与内部带电体等量的感应电荷,此时感应电荷的电场将对外界产生影响,这时空腔导体只能对外电场屏蔽,却不能屏蔽内部带电体对外界的影响,所以叫外屏蔽。

external short message entity (ESME) 外部短消息实体 指短消息的外部发送器和接收器,如语音处理或消息处理计算机,它不包括作为与公众陆地移动网(PLMN)接口部分的短信息实体(SME)。

external short messaging entity (ESME) 外部短消息实体 是由 Aldiscon 公司最初创造的术语,用于描述连接到短消息服务中心(SMSC)以参与 SMS 消息的发送和/或接收的外部应用。SME 是在许多蜂窝环中用于描述可以发送/接收消息的网络实体(移动/蜂窝电话)的术语。ESME 基本上就是其中之一,但不是所有的无线方面,即它通过 TCP/IP、X.25或类似方式连接。在 SMPP(短消息对等)3.4 协议规范中,ESME 仅指短消息的外部源和接收器,如语音处理系统、WAP(无线应用协议)代理服务器或消息处理计算机,具体而言,它不包括位于移动网络内的 SME,即移动台(MS)。

extinction ratio 消光比 (1) 在二进制激光发射器中,一个二进制状态的最大光输出与另一个二进制状态的最小光输出的比例。(2) 在通信中,消光比(r_e)是由光源(如激光二极管)产生的数字信号的两个光功率电平的比例。消光比 $r_e = P_1/P_0$ 可以用分数、dB 或百分比表示，其中 P_1 是光源开启时产生的光功率电平，P_0 是光源关闭时产生的功率电平。

extra control lead   **特殊控制(引)线**   各电话交换中心为了控制服务范围，或者执行优先服务方式而使用的控制线。

extra high tension (EHT)   **特高压，超高压，极高压**   指应用到阴极射线管(CRT)第二阳极的高直流电压，是一个英国的术语。在不同尺寸的 CRT 中，其电压范围为 4～50 kV。

extraneous response   **额外响应**   接收机、记录器和其他易感应仪器，由于所需信号、非所需信号或它们间的组合或相互作用引起的不需要的响应。

extranet   **外联网**   使用因特网技术，为企、事业单位对外部企、事业单位进行业务联系与信息交流而建立的专用网。外联网通常与企、事业单位的内联网相隔离，以及使用防火墙等安全措施，以防止无权用户的访问。

extra pulse   **额外脉冲**   一个在记录时或者读取时发生的不容许的额外脉冲。

extraterrestrial noise   **地球外噪声**   来自与地球无关的一些源的宇宙噪声、太阳噪声、无线电噪声和其他电噪声。

Extravision Extravision   **可视图文服务**   美国的第一个国家可视图文服务，由哥伦比亚广播系统公司(CBS)在 1983 年建立。这是一种无线电子信息服务，用于采用 NABTS(北美广播图文电视规范)协议需要电视机连接或内置相当昂贵的解码器，1986 年被取消。之后，可视图文也被(美国)国家广播公司(NBC)废弃。

extreme close up (ECU)   **超近距，超近景**   在多媒体应用程序中，一个在摄像机接近被摄物时获得的镜头，用于拍摄局部特征。

extreme long shot   **超远距，长焦距**   在视频制作中，一个照相机用长焦距从远处拍摄的镜头。

extremely high frequency (EHF)   **极高频**   是国际电信联盟(ITU)规定的从 30～300 GHz 电磁频谱中的无线电波段。它位于超高波段和也称为太赫兹空隙的远红外频带之间。该波段的无线电波的波长从 10～1 mm，因此其名称为毫米波段或毫米波，有时缩写为 MMW 或 mmW。

extremely low frequency (ELF)   **极低频**   是国际电信联盟(ITU)规定的从 3 到 30 Hz 是电磁辐射(无线电波)的频率范围，对应的波长分别为 100 000 到 10 000 km。此波长范围也有时称为超长波。在大气科学中，通常会给出一个替代定义，从 3 Hz 到 3 kHz。在相关的磁层科学中，认为较低频率的电磁振荡(发生在～3 Hz 以下的脉动)位于 ULF 范围内，因此也与 ITU 无线电波段的定义不同。

extremely low frequency communication   **极低频通信**   由极低频电波传播的无线电通信。这个频率范围上的电波穿透海水的能力比超长波更强，常用于地面电台与水下潜艇的通信。为了满足远距离传输的功率需要，通常采用超大功率发射机和长达数百公里的埋地天线。因为它的通频带很窄，所以只能以很低的速度传输信息。

extremely low frequency emission   **极低频辐射**   由工作于极低频的电器产品(包括计算机，特别是 CRT 显示器)产生的电磁辐射。这种电磁辐射对身体健康有一定影响。

extremely opportunistic routing (ExOR)   **极端机会路由(选择)**   是无线自组织网络(ad hoc)的路由协议和介质访问控制协议的组合，由麻省理工学院人工智能实验室的 Sanjit Biswas 和 Robert Morris 发明，并在 2005 年的论文中描述。加州大学河滨分校的叶振珍(Zhen zhen Ye)

和华英波(Ying bo Hua)也独立提出了一个非常相似的机会路由方案,并于发表在 2005 年的一篇论文中。在文献中已描述过该算法使用的广播和重传策略。ExOR 很有价值。

extrinsic coupling loss　外部耦合损耗　在光纤系统中一种非光纤固有属性引起的损耗,如由于两根光纤端面接触不好、角度有偏差或轴向未对准等引起的损耗。

extrinsic joint/junction loss (EJL)　非本征[外在接头]连接损耗　光纤连接处由于工艺的不完善或安装问题而产生的额外损耗,即不是由光纤内部产生的损耗。非本征连接损耗也称为非固有连接损耗。

EYAS　铒镱(光纤)放大器方案　erbium ytterbium amplifier scheme 的缩写。

EYDFA　掺铒镱光纤放大器　erbium-ytterbium-doped fiber amplifier 的缩写。

eyeball shot (ES)　眼球发射　也叫微波间隙,是指两个点对点的微波站之间的距离。它可传输 DS1、DS2、DS3、STS(同步传输信号)、OC1 等带宽的信号,传输距离通常为 0~50 km 不等。

eye coordinate system　眼睛坐标系　在计算机图形学中,模拟人的视觉习惯建立的一种三维坐标系统,也称为"左手笛卡儿系统"。它是以观察者的眼睛作为坐标原点,垂直于屏幕的方向作为 Z 轴的一种三维坐标系。

eye diagram　眼图　(1)示波器屏幕上所显示的数字通信符号,由许多波形部分重叠形成,其形状类似"眼"的图形。"眼"大表示系统传输特性好;"眼"小表示系统中存在符号间干扰。同 eye pattern。(2)数字基带传输系统中,接收端接收到的基带脉冲序列波形,在示波器上以码元周期为扫描周期得到的图形。可用于系统性能的估计,眼图眼睛张度越大,信号质量越好,反之说明码间

串扰越严重。(3)在数据传输中,同相信号或正交信号的轨迹图。

E/Z　等于零　equal zero 的缩写。

EZFET　额外零与帧出错测试　excessive zero and framing errors testing 的缩写。

E1　E1 标准　也称为"CEPT1",欧洲邮电管理委员会(CEPT)载体使用的 2.048 Mbps 速率标准,传输 30 路 64 kbps 数字通道进行音频和数据传输,以及一条 64 kbps 信令通道和一条 64 kbps 的成帧和维护通道。

E.123　E.123 标准　是国际电信联盟的电信标准化部(ITU-T)基于标准的建议,名为"国家和国际电话号码、电子邮件地址和网址的标记"。它提供在打印、信头和类似用途中表示电话号码、电子邮件地址和网址的指南。

E.164　E.164 标准　是 ITU-T(国际电信联盟-电信标准化部)的一项建议,名为"国际公共电信编号方案",它定义了全球公共交换电话网(PSTN)和其他一些数据网络的编号方案。E.164 定义了国际电话号码的一般格式。限制符合方案的号码最多为 15 位数,不包括国际呼叫前缀。通常以加号(+)表示号码的前缀,表示该号码包括国家/地区呼叫代码。拨号时,通常必须以适当的国际呼叫前缀(代替加号)作为号码的前缀,该呼叫前缀是从呼叫始发国家内到达国际电路的中继线代码。

E3G　增强型 3G(第三代通信技术)　enhanced 3G 的缩写。

E3 standard　(欧洲传输)E3 标准　也称为"CEPT3",欧洲 CEPT 载体使用的 34.368 Mbps 速率标准,传输 16 路 CEPT1 通道以及相应的开销。

E4　欧洲传输标准 E4　欧洲的数字传输体制的四次群接口,由 4 个 E3 信号复接而成。

E5　欧洲传输标准 E5　欧洲的数字传输

体制的五次群接口，由 4 个 E4 信号复接而成。

E911　增强型 911（电话）服务　是 enhanced 911 的缩写。也可缩写为 E-911。一种自动向 911 紧急呼叫中心提供呼叫者的地理位置和移动电话号码的服务。美国联邦通信委员会(FCC)的无线 E911 规范旨在通过向紧急救援人员提供准确的地点信息（距呼叫者的实际距离在 50～100 米之内），提高无线 911 服务的效率和可靠性。

E-911 control office (E-911 CO)　E-911 控制端局　在美国的紧急事件服务电话系统中，E-911 控制端局是一个提供 911 呼叫汇接交换的中央局。每一个 E-911 公共安全应答点(PSAP)都与一个或多个 E-911 控制端局相连。E-911 控制端局通过自动号码识别(ANI)向 PSAP 发出语音呼叫，并提供交换功能(注：这种交换功能在正常情况以及紧急情况下都能够使用)。E-911 控制端局专用的交换技术又被称为 E-911 汇接(E911 Tandem)或者可选择路由器。在我国类似的是 119 或 110 控制中心。

E

F

FABM　光纤放大器增强模块　fiber amplifier booster module 的缩写。

Fabry-Perot fiber optic sensor　法布里-珀罗光纤传感器　用来测量短距离或可变的距离。这里光纤的两端制成反射性的,这样当在光纤中加入了一个单色光(即窄谱带的光)时,当一端相对于另一端有移动时就会产生一个与相对运动成比例的光信号输出到光探测器。

Fabry-Perot interferometer　法布里珀罗干涉仪　一种高分辨率的多束干扰仪,包括两块平行的透明光学平板(如玻璃板或石英板),两块板之间有一小段固定距离。板式干涉仪相邻的表面利用一层特殊的涂层(如一层镀银薄膜或多层介质涂层)进行近似全反射。

Fabry-Perot laser　法布里-珀罗激光器　一种激光技术,其中激光器的波长是由激光腔两端的反射面之间的距离设定的。

Fabry-Perot sensor　法布里-珀罗传感器　一种高分辨率的多束干扰传感器。有两块相距较近的平行透明光学平板,板的表面利用一层特殊的涂层(如一层镀银薄膜或多层介质涂层),使之近乎全反射。当一块相对于另一块运动时,将光波射向板时就会出现干扰图形,此干扰图形可用于测量板间的相对位移,或当板是固定的情况下,用来分析光波的谱线成分。

FACCH　快速随路控制信道　fast association control channel 的缩写。

face contact and point contact（FC&PC）面型和点型的连接器　光纤连接器中,FC 型连接器是一种用螺纹连接,外部零件采用金属材料制作的连接器。在连接时,光纤与光纤之间连接是以平面形式接触在一起的。PC 型光纤连接器与 FC 型光纤连接器类似,只是光纤与光纤之间是以点接触形式连接在一起。

FACH　前向接入信道　forward access channel 的缩写。

facility grounding system（FGS）设备接地系统　电气上相互连接的导体和导体元件构成的系统。它提供多条电流通路到接地电极,同时它包含地电极子系统、雷电保护子系统和容错子系统等。

facsimile（FAX, fax）（图文）传真（设备,系统,传输）　由亚历山大·布赖恩(Alexander Brain)于 1843 年发明,通过有线或无线传输方式,能够传送各种书信、文件、图表和照片等静止图像的一种通信方式。文本或者图片通过电话线路以数字形式传输。传统的传真机对文档进行扫描,用位图点阵的形式传输信息。在配备传真硬件和软件的微机中也可以发送和接收传真。

facsimile bandwidth　传真带宽　在一个给定的传真系统中,图像传真信号的完全传送需要的最高频率和最低频率之间的差值。

facsimile call creating mode　传真呼叫建立模式　传真通信呼叫建立阶段可以有四种操作模式:① 主叫端和被叫端都由人工操作;② 主叫端人工操作,被叫端自动操作;③ 主叫端自动操作,被叫端人工操作；④ 主叫端和被叫端都是自动操作。

facsimile coding and decoding circuit　传真编码与解码电路　在三类以上传真机中，对图像数据进行压缩编码并传送，对接收的图像数据进行解码恢复的电路，分别称为编码电路和解码电路。当传真机通信时，发送机中的编码电路对来自图像信号处理电路的图像数据进行一维或二维编码。编码过程中利用了图像数据之间的相关性，使图像数据得到压缩。由于传输的是经编码压缩后的数字图像数据，所以所需的传输时间变短。在接收端，解码电路将接收到的编码图像数据恢复成对应原稿像素的图像信号，然后送到记录部件进行记录。由于每行的黑或白像素的持续长度和数目并不相同，所以对应每行的编码图像数据量也不一样。为了协调数据的处理流量，在编码之后及解码之前要设立缓冲器对数据予以暂存。

facsimile communication procedure　传真通信过程　按照 ITU-T（国际电信联盟-电信标准化部）T.30 建议的规定，传真通信的全过程分为五个阶段。阶段 1：呼叫建立。与电话呼叫建立方式相同，电路接通之后，将电话电路从电话机转接到传真机。若由人工建立呼叫，则由操作员摘机拨号，呼叫对方，建立电路后再将其接到传真机上。自动呼叫的方法是由传真设备中的自动呼叫器发出拨号脉冲，对方检测到振铃信号后，自动把电路接到传真机上。阶段 2：消息前协议。在消息前协议中，终端装置（包括主叫端和被叫端）在消息传送前进行一系列标识、检测和调整，以保证传输可靠性。三类传真机中用命令信号和响应信号完成此功能。命令信号用于标识本端传真机的工作状态和性能，控制对方机器的工作状态。响应信号用于对命令信号进行

回答，将接收到命令后的传真机工作状态通知对方。用这些命令和响应可以提供的标识有机类标识、用户标识、非标准设备标识、可接收标识等。阶段 3：消息中协议和消息传输。在此阶段，传送消息的同时又按一定的协议进行控制，其中主要包括同步信号、差错控制信号和线路监测信号。阶段 4：消息后协议。包括消息结束、接收证实、多页文件以及传真协议的结束等。阶段 5：呼叫释放。在此阶段，终端设备将电路切断。传真呼叫释放除了要将电路切换回电话机以外，其余部分与电话通信的呼叫释放协议基本相同。

facsimile converter　传真转换器　一个传真接收机中的组件，用来将信号调制从移频键控（FSK）转变为幅度调制（AM），或从 AM 转变为 FSK。

facsimile data compression　传真数据压缩　在发送前去掉传真图像信号中的冗余，目的是要减小发送传真时需要的带宽。

facsimile gateway（FG）　传真网关　一种允许传真与其他通信形式（如 E-mail 和计算机文档）相互交换的设备或网关。比如该网关将电子数据转换成用于传输的传真信号（国际电信联盟-电信标准化部的 T.4 或 T.30 建议）。

facsimile modulation（FM）　传真调制　在传真发送机中经扫描头产生的原稿扫描信号是数字信号，不便于利用模拟公用电话网络进行传送。为此需在发送前进行调制，以得到适合于在一个话路中进行传输的带通型模拟信号。扫描产生的数字信号先经扰乱处理，经扰乱后的数字序列进行串/并转换，并行输入到相位调制电路中进行调制，最后经包络成形后输出模拟信号到线路上。在接收端则经过接收过滤、线路均衡、自动增益控制之后，进入鉴相器，并进行并/串转换，再经解扰，恢复原来的数字序列。

facsimile network control unit (FNCU) 传真机网络控制部件 传真机是通过公共电话网络进行传输的,许多情况下与电话机共用一条线路。FNCU 是用于控制用户线路在传真机与电话机之间交替转换的部件。它接在调制解调器与外部线路的中间,任务是:检测摘机信号、检测振铃信号、倒换传输线路、电话线路连接状态、保持和机内单向电路与双向电路的连接等。传送传真信息时,网络控制部件将线路从电话机转到到传真机,传真结束后将线路转接回电话机。

facsimile signal level (FSL) 传真信号电平 在传真系统内任一点上所测得的、经扫描主体拷贝而产生的最大信号功率或电压的一种表示。根据系统使用正调制还是负调制,此值分别对应图像的白色或黑色。电平单位可用相对于某标准值,例如用 1 mW 或 1 V 的分贝值表示。

fade 衰落,淡出淡入 (1)衰落指由于反射、折射和吸收等所引起的接收到的信号减弱的现象。(2)在音频工程中,衰落是音频信号水平的逐渐增加或减少。(3)在影视节目制作技术中,不同场景的电视画面之间切换时产生的过渡效果,一幅画面渐渐消失直到变黑,而另一幅画面逐渐呈现。如果在画面切换过程中不希望出现逐渐变黑的过程,则可以用阿尔法(α)混合器实现称为"融入融出"的过渡效果。

fade-down (FD) (电平)渐降,自上而下淡出,(声、像)渐隐[淡出,渐弱] (1)一个通道的输出逐渐降到较低的电平。(2)图像从顶部到底部逐渐消失。

fade-in (FI) (声、像)淡入[渐现] (1)场景或图像从黑逐渐变亮直至预定明度的效果。(2)声音从低到高逐渐增大直至预定音量的效果。

fade margin (FM) 衰落裕度[余量] (1)信道的信噪比下降到低于规定的最小值以前,射频通道所衰减的分贝值。(2)在电信领域,术语衰落裕度(衰落余量)具有以下含义:设计允许量,提供足够的系统增益或灵敏度以适应预期的衰落,来确保维持所需的服务质量。可以减少接收信号电平的量,而不会导致系统性能低于指定阈值。它主要用于描述诸如卫星之类的通信系统,例如像 globalstar 这样的系统能以 25～35 dB 的衰落余量工作。

fadeout (FO) 衰减,渐隐,淡入淡出 (1)信号强度的逐渐减弱。因磁暴、大气扰动或传输路径上其他状态引起的被接收无线电或电视信号的逐渐损失和暂时消失。(2)在多媒体应用中,改变视频或者音频信号的强度或者音量,称淡入淡出。

fader 渐变衰减器,淡变器,调节器 (1)演播室设备中的一种衰减器,用于淡入淡出图像,渐增渐减伴音,或者加入特技效果。(2)可改变音量大小的控制器。也称音量控制器。(3)可改变灯光强弱的控制器。也称照明控制器。

fade-up (FU) 电平渐升,自下而上淡入 (1)一个通道的输出逐渐增加到较高的电平。(2)图像从底部到顶部逐渐显现。

fade zone (FZ) 衰落[消失]区,静区,盲区 短波无线电通信中,地波传输已衰减到很大程度,而天波传输的反射波能量又不能到达的区域。在此区域内收不到无线电信号,或者信号相当弱。

fading amplifier 淡变放大器 图像混合电路中的一种放大器,用于使图像自下而上淡入或自上而下淡出。

fading depth (FD) 衰落深度 由于信道特性变化而使信号发生衰落,此衰落的最低值与正常传输信号之比,称为衰落深度。

fading distribution 衰减分布 信号衰减超过相对于规定基准电平的某个值的概

率分布。在相位干扰衰减的情况下，当几个相等幅度的信号分量出现时，瞬间场强的时间分布大约是瑞利（Rayleigh）分布。场强通常是以伏特每米进行测量。衰减分布也可用功率电平表示，其测量单位通常是瓦特每平方米，以 dB 表示。

fading margin 衰减裕量[余量] 通信系统设计中考虑提供足够的系统增益和系统灵敏度来适应预期的衰减，使得预期的衰减仍使信号维持高于规定的最小信噪比，确保在规定的时间内维持需要的服务质量。

fading period (FP) 衰落周期 在短波无线电通信中，信道传输特性与太阳活动有明显关系，呈现周期性变化。此变化周期称为衰落周期。

fail 失效,(出)故障 停止提供某一有效服务或功能。

fail safe disconnect 故障安全断开 一些系统中,能使终端在发生异常情况时与传输线路断开,以保证系统无故障部分的安全。例如,当电子设备局部短路时,将短路部件与其他部分隔开,以避免整机电流超过规定值而造成线路过载。

failure rate 失效[故障]率 (1)失效数与给定测量单位的比例。例如,每单位时间的失效次数,若干次事务处理中的失效次数,若干次计算机运行中的失效次数。(2)机器设备在一段时间内出现故障的时间与总的时间之比。它是设备可靠性的一种量度,可用来估计设备的平均寿命。故障率的时间函数 $\lambda(t) = -1/R(t)$ 其中 $R(t)$ 为可靠性函数。

failure recovery 失效[故障]恢复 系统失效后又回到可靠运行状态的过程。

failure response time (FRT) 失效响应时间 在七号信令系统(SS7)中,指从一个信令点识别出一条信令链路不能利用开始,至该信令点完成发送转换(或紧急转换)命令至远端信令点为止的时间间隔。

failure tolerance 失效容限 计算机运行过程中对失效故障的容忍程度。

fallback data rate 低效运行数据速率 在数据通信过程中,当高速率传送出现过多的错误时,可由 DTE(数据终端设备)自动降低速率而设置的一个数据传输速率。

fallback recovery 低效运行排除 在消除低效运行的原因之后,系统从低效运行方式重新恢复到原来的运行方式,这一过程称为低效运行排除。

fall forward 升速,回升 调制解调器协议中的一个特性,当不能正确传输数据(例如由于线路的噪声太大)时,两个调制解调器之间可以使用较低的速率进行连接。如果线路状况得到改善,调制解调器可升速到较高速率。

falling characteristic 下降特性 输出电压随电流增大而降低的负载特性。

false code 非法[禁用]代码,伪码 产生非法字符的代码。

family radio service (FRS) 家用无线电服务 是自 1996 年以来在美国授权的改进的步话机无线电系统。该个人无线电服务使用超高频（UHF）频带中的 462—467 MHz 的信道化频率。它不会受到 27 MHz 公民频段（CB）或无绳电话、玩具和婴儿监视器使用的 49 MHz 频段的干扰影响。FRS 使用频率调制（FM）代替幅度调制（AM）。由于 UHF 频带具有不同的无线电传播特性,因此短距离使用 FRS 可能比在 HF 和 CB 频段中使用效果更好。

fan antenna (FA) 扇形天线 一种定向天线,由馈源和反射器两部分组成,其辐射波束为扇形结构,常用形式的半功率张角为 120°或 60°。

fan beam 扇形波束 一种雷达波束的辐

射形式,它在两个笛卡儿坐标的方向上很宽而在第三个方向上很窄,通常用于搜索雷达。扇形波束的一个例子是一束波的垂直面上覆盖面大而水平面上覆盖面窄,这个扇形波束围绕一个垂直轴旋转,即水平扫描。

fan beam antenna 扇形波束天线 一种定向天线所产生的一个主波束,该波束在任何横向截面上主尺寸对副尺寸的比例都很大。

fan dipole 风扇偶极 指一种使用金属三角片形(不是"竿"形)来建造的偶极天线,用于接收超高频(UHF)电视波段的所有信号。其输入阻抗为 300 Ω 左右。当在偶极的后面放置金属线网反射面时,其 8 字形辐射模式将会变成单向波瓣模式。

fan out box 扇出盒 一种提供连接多台工作站至一个收发器功能的设备。可用于组建没有同轴电缆的局域网,或者在一根同轴电缆上的集中组建。

fan out/fan in network 扇出/扇入网络 对数扇出/扇入网络。大多数这种网络用于语义存储搜索、问题求解路径和有效推理的搜索。在该网络中,由每一节点至其他节点的搜索仅走对数步,并且每一节点的扇入节点数为对数数量级。

fan out unit 扇出单元 使一个网络上的多个设备通过使用一个单独的网络接口进行通信的设备。

Faraday rotation isolator 法拉弟旋转隔离器 一种使波在一个方向上行进、但不能在另一个方向上行进的圆波导隔离器。

far end crosstalk (FEXT) 远端串音[串扰] 沿着被干扰的布线与线路内信号同方向传播的串扰信号。要测定线对 1 和线对 2 之间的远端串音,可在 A 站往线对 1 上发送信号,然后在 B 站测量线对 2 的串扰信号电平。该串音往往出现在发送

器的远端。安装快速以太网和千兆位以太网时须特别测试该项参数。

far-end echo 远端回声 传输线上由于信号反射引起的回声,通常是在四线至二线的接口处发生信号反射。

far field sound 远场声 通常认为在近声场和远声场之间的区域。在这个区域中,反射声开始超过直达声但还没有明显超过直达声。

far field region 远场区 场随角度的分布基本上与天线的距离无关的天线场区。如果源部分的总体最大尺寸 S 和波长相比足够大时,远场区一般认为是在离开源的距离大于 $2S^2/\lambda$ 处,式中 λ 是波长。对一波束聚焦无限远时远场区有时称之为弗朗霍弗区。

far infrared (FIR) 远红外 处于中红外区的较长波长一端与无线电区的较短波长一端之间的电磁波频谱范围,波长范围是 30～100 μm。远红外区属于光谱。近红外区处与可见光谱较长波长的一端与中红外区较短波长一端之间,即波长范围是 0.8～3 μm。这样近红外区包含在近可见光中,但中红外区和远红外区不属于近可见光区。红外线区不属于可见光谱。

Faroudja, Yves 法努德加,伊夫 在加州从事改进大屏幕视频工作的法国工程师和实验员,是促成 SuperVHS 视频录像技术和 8 mm 摄像机开发的发明家。他开发了一种增强目前的电视图像的系统,该系统与高清晰度电视建议不同,不会使当前使用的国内电视设备过时,或要改变现存的广播标准。他的方法包括:加倍每幅图像的行扫描数量以获得更多的图像细节,使得剧院大小的视频图像质量已经相当于 35 mm 电影放映机的效果。尽管这套系统需要额外的图像处理器,在相对较低的成本下,因无需电视机升级,目前的电视机仍然可以从该

系统中获益。

fast association control channel（FACCH）快速随路控制信道　是与业务信道（TCH）随路的快速控制信道，在呼叫进行过程中，它传送通话过程中的一些快速信令（如切换信令）。例如，在通话中移动台越区进入另一小区需要立即和网络交换一些信令消息，如果通过SACCH（慢速随路控制信道）传送，因为每26帧才能插入一帧SACCH，速度太慢，所以就"窃用"TCH信道来传送此消息，被"窃用"的TCH就称之为FACCH。这种信令传送方式称之为"中断一突发"方式，它必须暂时中断用户信息的传送。为了减小对话音质量的影响，GSM系统采用了数字信号处理技术来估计因为插入FACCH而被删除的话音信号，在接收输出端进行恢复。

fast-broadcast control channel（F-BCCH）快速广播控制信道　用于时分多址（TDMA）数字蜂窝网络的一种信令和控制信道的逻辑信道。

fast busy（FB）快忙信号　一个忙信号，它以两倍于正常速率发出声音（每分钟120次中断）。"快忙"信号表示所有的中继线都处于忙状态。

fast circuit switching（FCS）快速电路[线路]交换　适应具有波动和突发特性信号源应用场合的电路交换方式。在快速电路交换网中，只有当发送信息时才分配网络资源，不发送信息时就释放资源，资源分配由快速随路信令控制。

fast Ethernet（FE）快速以太网　适用于IEEE 802.3的较高速以太网络标准，支持10 Mbps或100 Mbps的速率，保持802.3的帧格式和分组大小，支持最大距离为100 m的集线器对集线器的双绞线接线系统。

fast fiber data interface（FFDI）快速光纤数据接口　使用光纤、同轴电缆、屏蔽双绞线和非屏蔽双绞线可使传输速率达到100 Mbps的一种局域网接口。

fast Fourier transform（FFT）快速傅里叶变换　是一种在一段时间（或空间）内对信号进行采样并将其划分为频率分量的算法。这些分量是不同频率的单个正弦振荡波，每个振荡波都有自己的幅度和相位。FFT算法计算序列的离散傅里叶变换（DFT）或其逆快速傅里叶变换（IFFT）。傅里叶分析将信号从其原始域转换为频域中的表示，反之亦然。FFT通过将DFT矩阵分解为稀疏（通常为零）因子的乘积来快速计算这种变换。因此，它设法降低从$O(n^2)$计算DFT的复杂性，如果只是简单地应用DFT的定义就会出现这种情况，到$O(n \log n)$，其中n是数据大小。

fast frequency shift keying（FFSK）快速频移[移频]键控　在相等带宽和信噪比的条件下，它比常规的FSK（频移键控）和BPSK能以更快的速率传输信息。故称快速频移键控。其优点为包络特性恒定，占据的射频带宽较窄，相干检测时的误码率性能较普通频移键控好3 dB以上。

fast infrared（FIR）快速红外（通信）　一种红外协议标准，即红外数据协会IRDA 1.1标准，其最高数据传输速率可达到4 Mbps。FIR采用了4脉冲位置调制（4PPM），即通过分析脉冲的相位来辨别所传输的数据信息。FIR在115.2 kbps以下的速率依旧采用SIR（串行红外通信）的编码解码过程，所以它仍可以与支持SIR的低速设备进行通信，只有在通信对方也支持FIR时，才将通信速率提升到更高水平。

fast infrared port　快速红外线端口　一种无线输入输出端口，通常在便携机上使用红外线光与外部装置交换数据。

fast-scan amateur television　快速扫描业余

爱好者电视 一种快速扫描电视(FSTV),也可简称为**业余爱好者电视**(ATV),它和专为家庭消费市场设计的视频设备传输格式完全兼容。ATV较广播电视的主要优点在于其交互通信或双向的能力。在电视行业发现交互视频或称之为"电话会议"的好处之前,ATV人已经进行了多年的圆桌网的交流。传送快速扫描电视信号(FSTV)所需设备是一个家庭视频型摄像机、麦克风、ATV发射器和天线。根据应用的不同,可用个人计算机终端或是录像机(VTR)来代替摄像机。对于接收来说,需要的是天线、射频转换器(也称为下变频器,把接收的信号转换到标准甚高频(VHF)电视频道)和一台无需改装的家用电视机。大多数 ATV 工作在 420～440 MHz 和 1 240～1 294 MHz 频段(70～23 cm 波段的部分区段),另一些 ATV 工作在 902～928 MHz 频段。

fast scan receiver (FSR) **快速扫描接收器** 一种可以快速扫描整个蜂窝网络里所有的 1 300 个信道的设备。FSR 可以快速确定信道的使用情况和信号的长度。

fast stat MUX **快速统计多路复用器** 一种先进的统计多路复用器,它采用数据压缩、优先级反馈校验处理和快速分组等技术来提高吞吐量。

fast switching channel (FSC) **快速切换信道** 是全球定位系统(GPS)中的一个简单信道,它可以快速采样卫星的范围值。"fast"意味着花费非常少的切换时间(2～5 μs)就可找到数据信息。

fast time constant (FTC) **快速时间常数** 该时间常数与传统电路的时间常数相比极其短。快速时间常数用于减低某种不希望有信号效应的信号处理中,如在雷达系统中,用于加强持续时间短的信号作用来鉴别出杂散回波中低频分量,和防止干扰已调频或调幅的信号。为了得到一个电路的快速时间常数,使用电阻电容乘积小的阻容或电感电阻比率低的电感和电阻,如果电路元件参数的大小合适,其电路的输出将是其输入的时间导数。微分电路插在检波器和视频放大器之间会通过这个脉冲,但不会通过调频信号。

fast turn around (FTA) **快速转换(控制位)** 一种 SDLC(同步数据链路控制)控制位,它可减少一个站从发送方式转换为接收方式所需要的时间。

fat tree **胖树** 通信网络的一种树形结构。在胖树中,主处理机结点构成树根,其他处理机结点构成树叶,通信链路形成树枝。离树根越近的树枝越粗,即相应通道的带宽越宽,从而树根不再成为瓶颈。

fault diagnosis **故障诊断** 查找系统或电路中故障的过程,包括故障检测与故障定位两个阶段。故障检测是确定系统或设备有没有故障的过程。故障定位是找出故障所在具体部位的过程。

fault earthing **故障接地** 导体与大地的意外连接。当连接的阻抗小到可以忽略时,这种连接称为"完全接地"。

fault location **故障定位** 当发现一个系统或装置有故障时,为找出此故障的确切位置而采取的措施。数字系统的硬件故障,可由逻辑分析或故障定位程序来确定其位置;而应用软件故障位置则通常借助于诊断软件来查找。

fault management (FM) **故障管理** 国际标准化组织(ISO)为开放系统互连(OSI)参考模型网络管理定义的五类网络管理之一。当网络中某个组成部件失效时网络管理系统必须迅速找到故障并及时排除。故障管理的核心内容是分析网络故障的原因。故障管理包括故障检测、隔离和纠正三方面。功能应涉及本端及远端的所有网络元素。应能将维护消息及时通知有关用户。

fault modes and effects analysis（FMEA）故障模式和影响分析 一种定性的可靠性分析方法，它涉及产品的每个分项目中可能存在的故障模式的研究、确定每个故障模式对该产品其他分项目的影响以及对该产品各功能的影响。

fault test generation 故障测试（码）生成 产生逻辑网络故障测试和诊断测试码的方法。常用的一种测试方法是在被测网络的输入端上施加一些输入码，回收其输出端上相应的输出码，通过将这种输出码和预先得到的这组输入码的正确输出码相比较，来判断被测网络中有无故障。施加的输入码和做比较用的输出码统称为测试码。求测试码常用方法有 D 算法和布尔差分法等。

fault-tolerant technique 容错技术 设计与分析容错系统的各种技术称为容错技术，包括错误检测和校正用的各种编码技术、冗余技术、系统恢复技术、指令复执、程序复算、备件切换、系统重组、故障隔离、多机协同操作、检查程序和诊断程序等。

fax modem（FM） 传真调制解调器 一种调制解调器，它可以用来与标准的传真机之间收发传真，也可以用于连接到其他计算机上的调制解调器。

fax over IP（FoIP） 因特网协议上的传真，IP 传真 是基于 TCP/IP（传输控制协议/网际协议），利用因特网发送传真的传真存储转发系统。由于因特网的通信费用与距离无关，因此通过该系统用户可以只付本地电话费及因特网信息服务费，就能享受到与全球任何地方进行"传真"的服务。通过与因特网互联，它的覆盖面大，互联简单，而且结合 PC 和互联网技术带来很多新增功能，如 E-mail to fax，fax mailbox，Web fax 等。

fax relay（FR） 传真中继 是一种 IP 传真发送方法，由 ITU-T（国际电信联盟-电信标准化部）T.38 建议定义，是一个"解调/再调制"的过程。它对从配备调制解调器的机器送出的标准模拟传真件信号进行解调，然后再重新调制成能在 IP 网络上传送的信号，通过 IP 网送到该传真件的目的地。

fax switch 传真切换 测试电话线上的传真信号并把呼叫发送到传真机的一种装置。当传真机拨一个号码并且线路响应时，它就发出一个 1 100 Hz 的音频信号以识别它本身。有些测试设备可处理具有声音、传真和数据功能的调制解调器的切换，但可能需要键入一个扩展号码才能切换到调制解调器。

FCC class FCC 等级证书 美国联邦通信委员会（FCC）对数字设备的辐射限制证书。A 类证书用于商用设备，B 类证书用于住宅设备。B 类比 A 类更严格，目的是避免对电视机和其他家用设备的干扰。

FC connector 光纤电缆连接器 是一种带有螺纹体的光纤连接器，设计用于高振动环境。它通常作为单模光纤和保偏光纤的连接器。FC 连接器用于数据通信、电信、测量设备和单模激光器。但逐渐被 SC 和 LC 连接器取代。FC 连接器已在 TIA 光纤连接器互配性标准 EIA/TIA-604-4 中标准化制定为 FOCIS 标准。FC 连接器最初被其发明者称为"现场组装连接器"。名称"FC"是"套圈连接器"或"光纤通道"的首字母缩写。

F connector F 连接器［接头］ 一种标准的、低成本的 75 Ω 的螺纹桶型金属配件。用于有线电视（CATV）或视频设备的同轴电缆连接。F 桶型连接器的两端有内螺纹，可把两根同轴电缆连接在一起。也称同轴连接器，F 型连接器。

FDDI/CDDI 光纤/铜线分布（式）数据接口 一种成熟的、非载波侦听的、

100 Mbps带宽共享的网络技术。采用了令牌传递服务策略,网络设备之间有主环和副环相联,在网络线路或网络设备出现故障时,有很强的自重构能力。同时,站管理(SMT)功能十分强大,适合于作主干网络。但其技术难度高、价格昂贵、扩展性较差,呈环行布线,与ATM(异步传输模式)不太兼容。

FDDI follow-on LAN(FFOL) 光纤分布(式)数据接口改进[跟随]局域网标准 美国国家标准协会(ANSI)于 1995 年提出的光纤分布数据接口(FDDI)改进型标准,通过两条双向的令牌环组成的局域网拓扑结构,即高速光纤分布式局域网数据接口,其目的是提高 FDDI 的性能,使之适应高速数据传输和多媒体应用的需求,使 FFOL 具有综合数据服务的功能,便于 FDDI 技术与广域网络技术以及宽带综合业务数据网(B-ISDN)等的接轨。最高速度可达 2.4 Gbps。可能是一种最终将取代 FDDI 的高速局域网标准。

FDDI MAC sublayer protocols FDDI 介质访问控制子层协议 光纤分布数据接口(FDDI)网络所使用的基础通信协议。这种协议与 802.5 令牌环网络所使用的协议类似。

FDDI network constraint 光纤分布(式)数据接口网络限制 利用 FDDI(光纤分布数据接口)网络产品建网的局限性。不同厂家产品有不同的局限性,主要的有两点:① FDDI 网中连接段数最多不能超过 100 段;② 在一个扩展的 FDDI 局域网中任何两个节点之间的网桥个数不能超过 7 个。在 FDDI 网络连接规则中还有一些限制性的规则。

FDDI terms 光纤分布(式)数据接口术语 用于光纤分布数据接口(FDDI)中的术语,如:DAC,双向连接集中器;DAS,双向连接站;ECF,反射帧;ESF,扩展服务帧;LER,链路故障率;LLC,逻辑链路控制;MAC,介质访问控制;MIC,介质接口控制器;NIF,邻近信息帧;NSA,下站寻址;PDU,协议数据单元;PHY,物理层协议;PMD,物理介质部分;PMF,参数管理帧;RAF,资源分配帧;RDF,请求拒绝帧;SAC,单一连接集中器;SAS,单一连接站;SDU,业务数据单元;SIF,站信息帧;SMT,站管理;SRF,站报告帧;THT,令牌持有计时器;TRT,令牌旋转计时器;TTRT,目标令牌旋转计时器;TVX,有效传输计时器;UNA,上游邻居地址。

FDDI-Ⅱ Ⅱ型光纤分布(式)数据接口 增强 FDDI(光纤分布数据接口)的美国国家标准协会(ANSI)标准,制定于 1991 年。此标准对无连接数据线路和面向连接的语音和视频线路提供等时传输能力。

feasible network 可行网络 指所有能满足规定性能指标的计算机通信网络。包括信息延迟、线路分布、路径选定、传输能力和可靠性等性能指标。

Federal Communications Commission(FCC)(美国)联邦通信委员会 根据 1934 年通信法,由美国总统委任的一些委员组成的一个委员会,专门负责管理国内及对外有线电报电话、无线电和电视通信业务,直接对国会负责的行政和决策机构。由 FCC 制定的一些技术标准在世界范围都有很大的影响,几乎所有的 IT 产品和各种家用电器都必须符合 FCC 制定的相关标准。应用于 IT 器件的 FCC 认证主要都是关于产品电磁兼容和辐射限制等标准。

Federal Networking Council(FNC)(美国)联邦网络委员会 20 世纪 90 年代初非正式成立后,美国国家科学技术计算委员会、信息和通信委员会(CCIC)继续作为美国联邦机构之间网络合作的论坛,以满足他们的研究、教育和营运任务目标,弥合 FNC 研究机构正在开发的先进网络技术与商业部门能最终获得这些技术的成熟版本之间的差距。FNC 由美国国防部(DoD)、国家科学基金会(NSF)、能源部和美国国家航空航天局(NASA)等代表组成。到 1997 年 10 月,撤销了 FNC 咨询委员会,许多 FNC 活动转移到网络和信息技术研究与发展计划的计算、信息和通信(CIC)研发分委员会的大型网络小组,或应用委员会。

federal telecommunications standards (FTS)(美国)联邦远程通信标准 由美国的国家通信系统(NCS TS)的联邦远程通信标准委员会(FTSC)主持开发,由业务管理总局出版发行。联邦通信标准的例子有联邦标准 1037C,《通信:通信术语汇编》等。

F-EDFA 前向泵激励掺铒光纤放大器 forward pumped EDFA 的缩写。

feed 馈电,馈线,馈送 (1)馈电是将信号提供至电路、传输线或天线的输入端。(2)馈线是连接至或安装在将射频能量辐射到反射器,或从反射器接收能量的传输线末端的那部分雷达天线。(3)把电视信号从一个点传送到另一个点。

feedback amplifier 反馈放大器 一种带有无源网络的放大器,无源网络将一部分输出信号返回到输入端,以便改变放大器的性能特性。

feedback circuit (FBC) 返送[反馈]电路 一种电路或系统,把输出信号(电压或电流)的一部分或全部返回给输入。有两种反馈电路:在正反馈电路中,如果输出增大,反馈给输入后,输出会变得更大,从而形成滚雪球效应。而在负反馈电路中,会把输出的变化反馈给输入,从而使输出向相反的方向变化。

feedback equalizer (FBE) 反馈均衡电路 声频放大器中的负反馈环路,利用阻容元件提升、衰减或均衡声频范围内经选择的一些频率分量。

feedback loop 反馈[回授]环路 通过将系统输出的一部分作为输入来校正或控制系统时所涉及的系统的组成部分或处理过程。

feedback oscillator 反馈振荡器 一种具有输出端反馈与输入同相的放大器的振荡电路。当接通电源时,回路内的各种电扰动信号经选频网络选频后,将其中某一频率的信号反馈到输入端,再经放大、反馈、放大、反馈的循环,该信号的幅度不断增大,振荡由小到大建立起来。随着信号振幅的增大,放大器将进入非线性状态,增益下降,当反馈电压正好等于输入电压时,振荡幅度不再增大并进入平衡状态。

feedback regulator 反馈调节器 一种用来维持某些系统信号与其他物理量之间相互关系的反馈控制系统。调节器中的某些系统信号为可调参考信号。在某些反馈方法中,反馈调节器也可能是同一伺服机构。

feeder 馈线 (1)在无线电发射机放大器输出端和发射天线输入端之间传送射频(RF)能量的线路。(2)同轴电缆子网络的一部分,始于快捷馈线或干线连接的放大器,并直接向用户分支提供信号。

feeder cable (FC) 馈送[支线]电缆 (1)在无线通信网络中,从天线到接收发送设备的连接电缆。在普通无线通信网络中。这种馈送电缆可以是不长的普通信号电缆;在高频无线通信网络中,这种电缆需要特殊的低衰耗同轴电缆。(2)电话用户接入网中,交换局至交接箱之间的电缆,通常是由 25 对或其整数倍的导线组成。(3)有线电视系统中,从头端设备到干线主放大器之间的电缆。

feeder echo noise 馈线回波噪声 在一个馈线装置中,如一个天线馈线或一个线路馈线,反射噪声使一个信号失真。如传输线路中的反射噪声有许多波长,与源端(即发生器端)和宿端(即负载端)都失配,从而使信号失真。

feeder in a cable distribution system 有线分配系统中的馈线 指在有线电视分配系统两点之间传送射频电视节目和数据信号的非辐射用的电缆、光缆、波导以及其组合。

feed forward (FF) 前馈 一种开环控制方式。它根据预测的情况提供一定的信息,以便在出现与目的不符的特征之前就施加预发的校正信号。例如,通过直接检测电路的输入电压来改善线路调节的方法。

feedforward network 前馈网络 一种在通信卫星业务中与两类放大器联用的外接失真抑制网络。在失真放大器之前和之后对信号采样,以获得误差信号。在放大器输出之后,对误差信号进行处理和组合,通过抵消公共误差项提供无失真的信号。

feed horn 馈源[馈电]喇叭,喇叭天线,号角形馈送器 在诸如卫星天线的抛物面天线中,馈源喇叭(或喇叭天线)是在发射器和/或接收器与抛物面反射器之间用于传送无线电波的小喇叭天线。在发射天线中,它连接到发射机并将来自发射机的射频交流电转换成无线电波,并将它们馈送到天线的其余部分,从而将它们聚焦成波束。在接收天线中,收集到的无线电波被天线的反射器聚集在馈源喇叭上,并将它们转换为微小的射频电压并由接收器放大。馈源喇叭主要用于微波(超高频)和更高频率。

feeds 馈源 一个安装在天线的焦点上的收集抛物面反射器反射信号,或进行相反过程的装置。

femto (f) 飞(母托),千万亿分之一 表示公制的千万亿分之一的前缀,等于 10^{-15}。

femtoampere (fA) 飞安 电流的单位,等于 10^{-15} 安。

femtocell 飞蜂窝,毫微微蜂窝基站,家庭基站 在电信领域,毫微微蜂窝基站是一种小型、低功率的蜂窝基站,通常设计用于家庭或小型企业。业内较为普遍的一个更广泛的术语是小型蜂窝,毫微微蜂窝作为其子集。毫微微蜂窝基站也称它为毫微微接入点(AP)。通过宽带(如数字用户线或有线电视)连接到服务提供商的网络。目前的设计通常同时支持住宅环境中的四到八个活跃的移动电话,具体取决于版本号和毫微微蜂窝基站硬件,以及八到十六个企业环境中的移动电话。

femtocell base station 毫微微蜂窝基站,家庭基站 是一个可扩展、多信道、双向的通信设备,通过集成电信基础设施的所有主要组件作为典型基站的扩展。

femtosecond (fs) 飞秒,毫微微秒 时间的单位,等于 10^{-15} 秒。

femtovolt (fV) 飞伏 电压的单位,等于 10^{-15} 伏。

femtowatt (fW) 飞瓦 功率的单位,等于 10^{-15} 瓦。

Fermat's principle 费马原理 认为电磁波沿着从一端到另一端的传输路径遵循最短时间原理,包括可能发生的反射和折射。

ferrimagnetic limiter 铁磁限幅器 微波系统中的接收机保护放电管(TR 管)的功率限幅器。它采用呈现非线性特性的铁磁材料,如铁氧体或石榴石。

ferristor 铁磁电抗器 一种工作在高载频上,且可以连接成符合门、电流鉴别器、自激多谐振荡器、振荡器或环形计数器的小型双绕组饱和电抗器。

ferrite bead 铁氧体磁珠 由具有高电阻率的铁氧体磁性材料制成的,具有一个或多个孔的圆柱体。当一根导线经过铁氧体磁珠时,对于低频信号,它是一个短路线,而对于高频信号,它相当于一个电阻器。铁氧体磁珠常被用作滤波元件。例如,将它放置在高频电路的连接线上,引入的电感用于抑制寄生振荡。

ferrite isolator 铁氧体隔离器 一种使能量在一个方向上通过波导而可能吸收来自相反方向能量的隔离器。位于一短段圆波导轴线中心位置的铁氧体棒放在相互有45°位移的两端矩形波导之间。在所需方向上的信号被铁氧体棒旋转45°,使之与输出波导方向一致。反向信号则往相反方向旋转45°,其能量由电阻片吸收。

ferrite limiter 铁氧体限幅器 一种无源低功率微波限幅器。当它工作在线性范围时,其插入损耗小于1 dB,且有最小相位失真。输入信号被耦合到由磁场偏置到谐振的钇铁石榴石或锂铁氧体单晶样片上。铁氧体限幅器用来保护灵敏接收机不致烧毁或被强干扰信号阻塞。

ferrite phase shifter 铁氧体移相器 一种微波雷达元件,它能改变通过它的信号的频率相位。

ferrite rod antenna 铁氧体磁棒天线 一种由缠绕在铁氧体磁棒上的线圈构成的天线,用于无线电收音机。线圈通常起接收机第一级调谐电感的作用。

ferrite tuned oscillator 铁氧体调谐振荡器 一种具有由铁氧体加载谐振器谐振特性的振荡器,谐振特性通过改变周围磁场加以改变,从而实现电子调谐。在一类铁氧体调谐振荡器中,调谐范围为500～1 300 MHz。

ferromagnetic amplifier 铁磁放大器 一种基于在射频高功率电平上铁磁谐振的非线性特性的参量放大器。在一种铁磁放大器中,微波泵浦功率加到安装在包含带线的谐振腔内的石榴石或其他铁磁晶体上。永久磁铁提供足够大的场强,使石榴石在泵浦频率上产生谐振。输入信号经带线加到晶体上,放大器的输出信号则在带线的另一端取出。

ferromagnetic resonance 铁磁谐振 磁性材料在微波频率上的视在磁导率达到明显的最大值时出现的谐振状态。当微波频率等于磁性材料原子中电子轨道的进动频率时,在存在稳态横向磁场的情况下将发生铁磁谐振。谐振频率取决于横向磁场的强度。

fiber access network (FAN) 光纤接入网 是一种以光纤作主要传输媒质的接入网。光纤接入网可以采用SDH(同步数字系列)、PDH(准同步数字系列)、PON(无源光网络)、APON(ATM无源光网络)、EPON(以太网无源光网络)等传输系统之一或它们组合构成。接入网的主要传输部分使用光纤作传输媒质时,可称为光纤接入网。按照光纤到达的位置,光纤接入网分为光纤到家(FTTH)、光纤到路边(FTTC)、光纤到大楼(FTTB)、光纤到办公室(FTTO)等,并统称为FTTx。

fiber bandwidth 光纤带宽 对多模光纤传输带宽,以基带响应下降6 dB的最高频率来度量的参数。

fiber Bragg grating (FBG) 光纤布拉格光栅 是一种构造在光纤的短段内的分布式布拉格反射器,反射特定波长的光波并传输所有其他光波。这是通过产生光纤芯折射率的周期性变化来实现的,其产生波长特定的介质镜。光纤布拉格光栅因此可以用作内联光学滤波器来阻止某些波长,或者作为波长特定的反射器。

fiber bundle transfer function (FBTF) 光纤束传输函数 以数学方式描述光纤束输入信号波形与输出信号波形之间的映射关系。

fiber cable 光缆 分为单模光缆和多模

光缆。单模光缆只能通过一种频率的光,而多模光缆可以通过几种频率的光。

fiber channel (FC)　光纤信道,光纤通道
(1) 是由美国国家标准学会(ANSI)开发的用光纤作媒质的光纤输通道标准。光纤通道是一个支持多种拓扑结构、物理互联以及协议的高性能、全双工接口。光纤信道网络可配置成交换结构或者冗余环路拓扑结构。(2) 一种高速传输技术,可用作前端通信网络、后端存储网络或同时用在前端通信网络和后端存储网络。光纤通道是一种跟 SCSI(小型计算机系统接口)或 IDE(集成驱动器电路)有很大不同的接口。光纤通道主要用于数据中心的存储区域网(SAN)。

fiber channel arbitrated loop (FC-AL)　光纤通道[信道]仲裁环　一种能提供比并行小型计算机系统接口(SCSI)更高带宽的计算机网络用串行接口。FC-AL 是专为双向、点对点的串行数据通道而设计的,它可以 10 Gbps 的速度连接距离在 10 km 范围以内的系统。总线上的各个设备是连成一个环,它们可以相互间对话以确定在某一给定时刻哪个设备可以传输数据,因而有"仲裁环"之称。

fiber channel level 0 (FC-0)　第 0 级光纤通道　光纤通道分层中的最低层,物理层标准。定义接口和媒体的物理特性,包括光纤、接线、连接器和不同数据速率的光学参数。

fiber channel level 1 (FC-1)　第一级光纤通道　光纤通道分层中的中间层标准。是实现信号的线路编码的传输协议层。

fiber channel level 2 (FC-2)　第二级光纤通道　光纤通道分层中的较高层标准。是由光纤信道组帧和信令(FC-FS)标准定义的信令协议,包括低层光纤信道协议;端口到端口连接协议。

fiber channel level 3 (FC-3)　第三级光纤通道　光纤通道分层中的公共服务层标准,是最终实现如加密或 RAID 冗余算法、多端口连接等功能的子层。

fiber channel level 4 (FC-4)　第四级光纤通道　光纤通道分层中的协议映射层,其中把上层协议如 NVMe(非易失性存储器主控制器接口规范)、SCSI(小型计算机系统接口)、IP(因特网协议)或 FICON(光纤连接),封装到信息单元(IU)中,以便传送到 FC-2 层。目前的 FC-4 包括 FCP-4、FC-SB-5 和 FC-NVMe。

fiber channel over IP (FCIP)　在 IP 上的光纤通道　由因特网工程任务组(IETF)的 IP(国际协议)存储器工作组提出的一个建议,旨在把光纤通道业务直接映射到 IP, 便于对 SAN(存储区域网)作 WAN(广域网)连接。

fiber circuit (FC)　光纤线路　以光纤为主体构成的通信线路,具有很宽的通频带和很强的抗干扰性能,其容量通常可以做到相当大,并且比铜线线路更适合于数字信号传输。远程电话通信系统干线已过渡到光纤线路,高速数据链路几乎全部采用光纤线路。光进铜退成为接入网的发展趋势,即以"窄带＋铜缆"为主的传输网络向以"宽带＋光纤"的传输网络转变,逐步实现全光纤线路的通信线路。

fiber connector (FICON)　光纤连接器　IBM 公司在 1998 年推出的高速输入/输出通道。它以光纤通道标准为基础,将 ESCON(企业系统连接)的半双工 17 MBps 传输率提高到了全双工 100 MBps。每条 FICON 通道最高可以支持每秒 4 000 次 I/O 操作,相当于 8 条 ESCON 通道。

fiber control office terminal (FCOT)　光纤控制局终端　能配置成全数字通信、全模拟通信或数模混合通信的光纤终端。

fiber converter　光纤转换器　将串口或其

他接口转为光纤接口的一种模块。光纤转换器可分为多模光纤转换和单模光纤转换，单模多模亦可互相转换，实现多机通信、中继转换的组网功能。

fiber distributed data interface（FDDI） 光纤分布(式)数据接口 美国 Sun 公司推出的光纤分布数据接口，以光纤作为传输介质，是一种计数循环双环网标准。其中一个环用于传输数据，另一个环用于容错或者数据传输。也支持单环结构，但单环结构不支持容错性能。能够在光缆上以 100 Mbps 的速率传递数据，距离可达 200 km，最多可连接 500 个节点，节点间最大距离为 2 km。可用于主干网和部门局域网。该接口后来成为美国国家标准协会（ANSI）的标准，ANSI X3T9 于 1989 年 12 月公布。标准中包括物理介质相关层（PMD）、物理层（PHY）、介质存取控制（MAC）层和工作站管理层或网络管理层（SMT）等组成。

fiber distributed data interface-Ⅱ（FDDI-Ⅱ） 光纤分布(式)数据接口-Ⅱ 即光纤分布数据接口 2，是标准化的 FDDI 的增强版。FDDI-Ⅱ设计用于在网络上传输实时的全动态视频(或者其他不允许延迟的信号)等多媒体信息。FDDI-Ⅱ把带宽分成 16 个传输速率为 6.14 Mbps～99.072 Mbps的专用线路，各线路又可以细分，总共可以有 96 个独立的 64 kbps 线路。

fiber Ethernet（FE） 光纤以太网 凡是使用光纤作为传输介质的以太网都可以称为光纤以太网。有几种标准：10 Mbps 以太网（10base-FX）；100 Mbps 以太网（100base-FX）；千兆以太网（1000base-LX 和 1000base-SX）；万兆以太网（10GBASE-SR、10GBASE-LR、10GBASE-LRM、10GBASE-ER、10GBASE-ZR、10GBASE-LX4、 10GBASE-PR、 Bi-Directional Single Strand）；10 万兆以太网（100GBASE-KP4、40GBASE-KR4、100GBASE-KR4、40GBASE-SR4、100GBASE-SR10、 100GBASE-SR4、40GBASE-FR 100GBASE-CWDM4、40GBASE-LR、100GBASE-LR4、40GBASE-ER4、100GBASE-ER4)等。

fiber gap（FGAP） 光闸 是一种由安全隔离网闸（GAP）基础上发展而成、基于光的单向性的单向隔离软硬件系统。用于对安全性要求极高的网络的数据交换场景，如涉密网络与非涉密网络之间，行业内网与公共网络之间。

fiber grating（FG） 光纤光栅 是重点研究、探索其机理的一种新型的光纤无源滤波器件。它是利用光纤制造中的缺陷，通过紫外光照射，使得光纤的纤芯折射率分布呈周期变化，在满足布拉格光栅条件的波长上全反射，而其余波长通过的是一种全光陷波滤波器。根据光纤光栅特性，可利用它构成密集型波分复用器。

fiber in the loop（FITL） 光纤(用户)环路，环路光纤 光线接入网（OAN）的别称。电话行业用来描述在 5 级电话交换局的用户端部署的光纤。

fiber jack（FJ） 光纤插座[杰克插] 又称为法兰盘或适配器，其作用是把光纤的活动头连接在一起，从而接通光纤链路。

fiber laser 纤维[光纤]激光器 一种激光器，其中有源增益介质是掺杂有稀土元素（例如铒、镱、钕、镝、镨、铥和钬）的光纤。它们与掺杂光纤放大器有关，后者提供无激射的光放大。光纤非线性，例如受激拉曼散射或四波混频，也可以提供增益，从而用作光纤激光器的增益介质。

fiber loss（FL） 光纤损耗 在光纤传输系统中，由信号光源与传导光纤之间的距离所引起的信号功率损耗。光纤越长，损耗越大。光纤损耗是由光纤中光的散射所引起的,这种散射与光波波长的 4 次方成反比。

fiber modem 光纤调制解调器 调制解调器利用调制光波实施数字通信。光纤调制解调器应用发光二极管或激光传送光。

fiber-optic active connector 光纤有源连接器 一种光纤连接器,内含有源设备,例如一个发光二极管或一个激光器作为发射器,一个光电探测器作为接收器,或者两者都有,通常做成一个连接器的配合元件。它能提高光纤的耦合效率,适用于隔板或印刷电路板配件和电磁接口和射频接口的屏蔽,可用作一个中继器。

fiber-optical communication(FOC) 光纤通信 以光纤为传输介质,以光波为载波的通信方式称为光纤通信。这种通信方法具有信道容量大,传输距离长,抗电磁干扰能力强和线路成本低等优点。

fiber-optic alignment connector 光纤光校准连接器 一种光纤连接器,它能固定和校准光纤以便在光纤之间有效地进行光耦合。

fiber-optic amplifier(FOA) 光纤光放大器 能将光信号进行功率放大的一种光器件。它接收门限值以上的光信号,通过一个光电探测器把光信号转换成一个电信号,用电子方式放大和整形。它还能调制一个光源,例如一个激光器或一个发光二极管,或调制一个连续光源的光。

fiber-optic attenuator(FOA) 光纤衰减器 能降低光信号能量的一种光器件。光纤衰减器用于对输入光功率的衰减,避免了由于输入光功率超强而使光接收机产生的失真。

fiber-optic branching device 光纤分支设备 在光纤系统中的一种设备,它具有一个输入端口,和两个或两个以上的输出端口,不改变输入信号只是以一种预定方式将输入信号光功率在输出端口上进行分配。它的功能和光纤结合器相反。

fiber-optic breakout kit 光纤引出点配套元件 一组配套的元件材料,它通常包括一个外层套管,其内为一组由纱线构成的加强材料,套管和纱线可以套在一个包含一根光纤的缓冲套管的外面形成一根单芯光缆,以使光纤连接器可以直接连接上。可以使用一个热收缩塑料套作为装饰、降低应力和封装新建光缆的分支点和结合点。

fiber-optic cable concentrator 光缆集中器 一边连接到光缆干线上,另一边分出几路光缆支线的设备。光缆干线通常是 FDDI(光纤分布数据接口)双环网络,而集中器同时连接到两个环上,以便保证数据传输的可靠性。

fiber-optic cable facility 光缆设备 在一个光缆站/再生器部分的一个站设备,该设备用来通过连接器和接头将光缆站(站内设施)连接到一个光缆设备(站外设备)。

fiber-optic cable facility loss 光缆设备损耗 光缆设备(外部设施)中的损耗由下列关系式给出: $L = l_t(U_C + U_{CT} + U_\lambda) + N_S(US) + N_S(U_S + U_{ST})$ 其中 L 是光缆设备损耗; l_t 是接光缆的总的鞘的长度; U_C 是最坏情况下在发送器额定中心波长上生命末期的光缆的衰耗速率(dB/km); U_λ 是在发送器中心波长范围内所发生的光缆衰耗速率的最大增量; U_{CT} 是在光缆工作温度范围内最坏温度情况下,温度对生命末期的光缆的衰耗速率的影响; N_S 是在光缆设备中光缆长度上的接头数目,包括每一端上光纤站设备上的接头和光缆维修的备用接头; U_S 是每一接头的损耗(dB/接头); U_{ST} 是由温度变化引起的最大附加损耗(dB/接头)。

fiber-optic cable intermateability standards (FOCIS) 光缆配对标准 电信工业协会(TIA)制定的连接器规范,阐述了光纤插头和插座之间互相连接时的技术要求。

fiber-optic cable pigtail 光缆尾光纤 一个光元件上的一小段光缆,用来与另一光缆尾光纤之间或与另一光缆之间的耦合。

fiber-optic combiner (FOC) 光纤组合器 一个无源设备,它将来自几根光纤的能量在更少的光纤中分配。光纤组合器的功能与光纤分支设备的功能是相反的。

fiber-optic connector (FOC) 光纤连接器 一种在两根光纤之间、几组光纤之间或光纤束之间传输光功率的设备。它通常包括两个可以配对和分开的部分,它们分别安装到两根光缆或某光纤设备(如光源、光检测器等)上,为它们提供连接和断开。

fiber-optic coupler (FOC) 光纤耦合器 (1) 不使用接头或连接器,而由其内的光纤把光能传送到其他光纤的一种设备。(2) 在一个光源和一根光纤或一根光纤和一个光电探测器之间传输功率的设备。光纤耦合器可以用一种预定的方式把功率传输到多个端口,端口可以连接到光纤元件,例如光源、波导管和光电探测器等。

fiber-optic cross connection 光纤交叉连接 通过第三根光纤连接两根光纤,即通过一跳线,第三根光纤作为两根光纤间的一条链路。虽然需要两次连接,而不是将两根光缆直接相连,但跳线可以利用固定的面板实现方便的连接。

fiber-optic data bus 光纤数据总线 单独一条光纤或光缆的数据总线,站点和终端直接连在其上,这样它们就能通过单总线互相通信,其中欲发往给定地址的消息必须根据网络协议给出地址,放在总线上的所有消息可以不必经过任何特定的站点或终端而被任何或全部站点和终端所接收。

fiber-optic delay line (FODL) 光纤延时线 一条有精确长度的光纤,用于在光波脉冲中引入一个时延,该时延等于脉冲从传播的开始点到结束点所需要的时间。它可以有多种用途,如相位调整、脉冲定位、脉冲间隔编码或数据存储。

fiber-optic demultiplexer (active) 光纤多路分解器[复用分路器](有源) 一个带有输入和输出的光设备,它接收已调光波,这些已调光波是由一个复用器将两个或两个以上的光信号流组合而产生的。它将每一个原始信号流放在一个独立的信道内,它可以有两条或两条以上的输出光纤,每一条工作在一个不同的波长上,输入光纤则包含了所有的波长。除了包含在输入信号中的能量外,为使设备工作还需要另外的能源供应。有源光纤复用分路器的一个例子是一个应用光电效应的设备把一个信道中输入的多色光波分解成独立的颜色成分,每一种可以被独立调制。

fiber-optic demultiplexer (passive) 光纤多路分解器[复用分路器](无源) 一个带有输入和输出的纯无源光设备,它接收已调光波,这些已调光波是由一个复用器将两个或两个以上的光信号流组合而产生的,再将每一个原始信号流放在一个独立的信道内。除了包括在输入光波中的能量外,不需要其他能源以使设备工作。无源光纤复用分路器的一个例子是,有两条或两条以上的输出光纤,每一条工作在一个不同的波长上,输入光纤则包含了所有的波长,一个玻璃透镜把一个光纤输入信道上的多色光波分解成独立的颜色成分,每一种都是可以被独立调制的,而且每一种都入射到一个独立的光电探测器上。

F

fiber-optic display device 光纤显示设备
用于显示图像、字母数字或图表数据的一种设备,它通常包括一个由许多光纤的末端以直线束的方式构成的光纤面板,一束用来将图像准直传输到显示表面的光纤,也许还有一个透镜用来放大或投影图像。

fiber-optic drop 光纤下户线 一条光纤传输线路,把复用信号从一个交换局传输到一个分布点,再在此处为用户终端设备引出一个抽头,接到用户屋内的设施,如电话机或数据终端等。

fiber-optic end to end separation sensor 光纤端到端分离传感器 这种光纤传感器是通过固定在一个平台上的源光纤耦合到固定在另一个平台上的一个光电探测器,它们的光是两光纤末端纵向分离距离的函数,即随着分离距离的增加耦合光从最大值减到零。如果端到端的分离距离变化不定,光电探测器的输出信号将产生抖动。

fiber-optic filter 光纤滤波器 由一条或多条光纤组成,工作在不同频率的光信号上,使得某些频率被阻塞而让其他的频率通过。

fiber-optic illumination detection 光纤发光检测 用一根光纤或光纤束来确定光是否从给定光源发出的检测。

fiber-optic image cable 光纤图像电缆
能够传送真实图像,在其整个传输长度上无损耗的一束光导纤维。

fiber-optic interface device (FOID) 光纤接口设备 能够接收电信号并使之转换成能在光纤、光纤束或光缆中传输的光信号的设备,或者能接收光波脉冲并使之转换成能在电导体中传输的电信号的设备。例如全双工异步数据传输设备,能处理使用光缆传输的速率为 0～20 kbps 的数据,并使误码率小于 10^{-9}。

fiber-optic interrepeater link (FOIRL) 中
继器间光纤链路 基于电气电子工程师学会 IEEE 802.3 光纤规范的光纤信号发送方法。在以太网中,为了扩展距离,一个网段可通过中继器,经点到点链路,再到另一中继器,从而连至另一网段,为了减少两个中继器之间较长链路上带来的干扰,可采用光纤链路,其上的标准就是 FOIRL,其最大长度为 1 km,上面传送 10 Mbps 的基带信号。FOIRL 是 10 base-FL 规范的先导,10 base-FL 规范后来设计出来以替代 FOIRL。

fiber-optic isolator (FOI) 光纤隔离器
一种设备,为了实现电路器件之间的电隔离而采用的一种通过短距离的光传输路径进行的耦合。

fiber-optic jumper 光纤跳线器 一小段带管套的光纤,两端都带有光纤连接器,用于实现光纤交叉连接。

fiber-optic longitudinal compression sensor 光纤纵向压缩传感器 一种光纤传感器,其中作用在一小段光纤上的一个力使该光纤缩短,光电探测器中单色光辐射度的变化量可利用干涉仪来测量,它是所加压力的函数。

fiber-optic loop multiplexer 光纤环路复用器 一种光纤复用器,用于为办公室和家庭中用户的终端提供多信道复用的功能。

fiber-optic mixer 光纤混频器 一种可以从两条或两条以上的输入光纤中接收信号并将信号混合的设备,它传送包含所有输入波长的混频信号,即传送产生的双色或多色光。

fiber-optic modem (FOM) 光纤调制解调器 是一种包括光纤发送器和接收器的设备,它与现有的电子设备相兼容,有拨号的功能。

fiber-optic multimode dispersion 光纤多模色散 发生在一条光纤或光束中的多模色散。

fiber-optic multiplexer（active） 光纤复用器（有源） 一种除了包含在输入光波中的能量外，还需要电能或其他形式的能量来支持其工作的光电设备，它在两根或两根以上的光缆中的光纤上接收已调光波形式的信息并使其在一条单独的输出信道上输出。

fiber-optic multiplexer（passive） 光纤复用器（无源） 一种纯粹无源的光电设备。它在两根或两根以上的光缆中的光纤上接收已调光波形式的信息并使其在一条单独的输出信道输出，它可以带有光学器件，例如光纤、光耦合器、混频箱或其他无源混频设备。它除了包含在输入光波中的能量外，不需要电能或其他形式的能量来支持其工作。

fiber-optic multiport coupler 光纤多端口耦合器 一种有两个以上的输出或输入端口的光学设备。它能够将各种光源的能量耦合到各种接收器中，它通常由一片透明材料构成，利用反射、传输、散射、扩散或是这些形式的组合来工作，它可以是有源的或无源的。

fiber-optic net/networks（FON） 光纤网 使用光导纤维作为通信介质构成的通信网络。可以单独使用光纤组成网络，也可以同其他介质，如铜线混合组成网络。除了令牌环网络和以太网络中使用光纤外，FDDI（光纤分布数据接口）是最著名的光纤网络。

fiber-optic photodetector 光纤光电探测器 一种将输入光信号转换成等同的输出电信号的设备。它通常包括光纤信号输入尾纤，光敏元件（例如光电二极管），一条信号输出线和一条电源输入线。

fiber-optic receiver 光纤接收器 在光纤系统中的一种设备，它检测经光纤接收到的光信号，再将该信号转换成电信号，以便于以后的使用和处理。

fiber-optic repeater 光纤中继器 在一个光纤系统中使用的中继器。通常包括一个光纤检测器、一个光纤发送器和相关电子部件，例如放大器和信号处理器。

fiber-optic repeater power 光纤中继器功率 在一光纤通信系统中，由光纤中继器提供的光功率。它可以是电功率或光功率，如果该功率由光信号信道电缆提供，则不得干扰信息内容。

fiber-optics（FO） 光导纤维术，纤维光学 光学技术的一个分支。是关于使用透明材料如玻璃、熔融石英或塑料制造的纤维来传播光功率的光学技术。用极细的透明纤维丝传输频率约为 10^{14} Hz 的光脉冲信号的技术。纤维丝起着引导光波的作用（它使光在其内壁上来回反射），使光能沿着弯路在很长的距离上被传送，而仅有极小的损耗。目前对此技术的应用已有：代替电缆连接传输设备、终端和其他外围设备；用作光学标记阅读器和字符阅读器中的内部光路。

fiber-optic sensor（FOS） 光纤传感器 能对物理、化学或辐射场等的输入激励（例如热、光、声、压力、磁场或电场等）起反应。它能在光纤上传输一个脉冲信号或者指示激励的一个或多个字符的其他表示形式。光纤传感器可用作温度计、流速计、扩音器和气压计等。

fiber-optic source 光纤光源 一种利用电能发光的光源。它通常将辐射功率输入到一根光纤中，可以在光线进入光纤之前直接用电子信号调制，可以有一个辐射功率的恒定输出，该辐射功率可以在其耦合到光纤中以后加以调制，在光的波长上有一个几毫瓦级的功率输出。光纤光源的例子有发光二极管（LED）和激光器。

fiber-optic splice 光纤接头 一个不可分开的永久性的接头，该接头在两根光缆或两根光纤之间，外面有一个保护壳，例如一个套管或鞘。光纤接头用于光纤或

F

光缆之间耦合光信号功率,并使连接处光功率损耗最小。

fiber-optic splitter　光纤分路器[分离器]　也称为分束器,由一个光抽头、光纤耦合器或部分镜像构成,它取出一根光纤中传播的光信号功率的一部分,分流到不同于原始光纤的一个或多个目的地。光纤分路器是光纤链路中最重要的无源器件之一。是一种具有多输入输出端子的光纤汇集器件,特别适用于无源光网络(EPON、GPON、BPON、FTTX、FTTH等)连接 MDF(主配线架)和终端设备并分路光信号。

fiber-optic test method (FOTM)　光纤测试法　对所有光纤系统和部件的测试方法的一个总体描述。它包括:识别要测试的系统或部件、测试的类型和本质、要测量的参数以及测试在怎样的环境条件下进行。光纤测试法没有明确描述测试期间所需采取的具体步骤的每一细节。在FOTM能够执行前必须准备一个或多个光纤测试规程。

fiber-optic transceiver (FOT)　光纤收发器　一种将短距离的双绞线电信号和长距离的光信号进行互换的以太网传输媒体转换单元,也被称之为光纤转换器。其主要原理是通过光电耦合来实现的,对信号的编码格式没有什么变化。按光纤性质分类有单模光纤收发器和多模光纤收发器;按所需光纤分类有单纤光纤收发器和双纤光纤收发器。

fiber-optic transimpedance　光纤互阻抗[跨阻]　在一个光纤传输系统中,光电探测器的输出电压与光源的输入电流之比。

fiber-optic transmitter　光纤发送器　接收一个电信号作为它的输入,并用来调制一个光电子源(如发光二极管或激光器),以产生已调制的光信号并将其耦合到一根光纤中,用以在光纤中传输。

fiberoptronics　纤维光电子学　科学和技术的一个分支,专门研究将光纤、有源和无源光学器件、电子电路等构成的系统。

fiberphone　光纤电话　是用光纤直通的电话,用户不通过交换机而直接通过光纤连接进行通话。一般用电池供电。

fiber system　光纤系统　由金属导线和微波线路连接至光纤线路组成的通信系统或网络。

fiber to the building (FTTB)　光纤到大楼[楼宇,建筑物]　FTTB 可以是光纤到建筑、企业或地下室的缩写。光接入网(OAN)的应用类型之一。光纤到达建筑物的边界,如多住宅单元中的地下室,最终连接到单独的居住空间。

fiber-to-the-desktop (FTTD)　光纤到桌面　安装光纤连接从主机房到用户桌子附近的终端或光纤介质转换器。

fiber to the distribution point (FTTdp)　光纤到分配点　它与 FTTC/FTTN 非常相似,但又一步地将光纤的末端移到最后一个可能的接线盒的用户边界的数米范围内,称为"分配点",可支持近千兆位速度。

fiber to the feeder (FTF)　光纤到馈送器[馈线,支线]　一种分配式体系结构,其中光纤节点馈送同轴馈线而不需要任何介入同轴中继链路。

fiber to the home (FTTH)　光纤到户[家(庭)]　光纤到达居住空间的边界,是光接入网(OAN)的应用类型之一。光网络单元(ONU)放置于家庭用户或企业用户中。FTTH 不但能提供更大的带宽,而且增强了网络对数据格式、速率、光波长和通信协议的透明性,放宽了对环境条件和供电等要求,简化了系统维护和业务安装的过程。无源光网络和点对点以太网是能够直接从运营商的中心局通过 FTTH 网络提供三网融合业务的架构。

fiber-to-the-last-amplifier (FTTLA) 光纤到末级放大器 传统的模拟有线电视干线在级联中使用多个放大器,因每个级联都会降低信号强度。FTTLA 用光纤替换所有沿线到末级放大器(朝向用户)的同轴电缆。它保留了现有最昂贵的接入网部分,即与用户连接的"最后一英里"或"最后几米"的同轴电缆。FTTLA 提高了可扩展性(性能和可靠性),当推出三网融合等新业务时。从光发送器到节点的光纤,要根据距离和光发送器的输出功率(6~16 dBm),分成 4 或 8 段接续。可改善互调和载噪比。其他优点包括更低的功耗。

fiber to the neighborhood (FTTN) 光纤到邻里 光纤连接到近邻的光纤网络单元(ONU),而最后一段用用户的支线由铜线来完成的宽带接入方式。相类似的概念还有 FTTB(光纤到大楼)、FTTH(光纤到家)、FTTC(光纤到路边)等等,都是以 ONU 放置的位置而命名。

fiber to the office (FTTO) 光纤到办公室 光接入网(OAN)的应用类型之一。光网络单元(ONU)放置于企事业用户终端设备处并能提供一定范围的灵活业务。

fiber to the premise (FTTP) 光纤入户,光纤到驻地[场所] 这个术语既可以作为 FTTH 和 FTTB 的总称,也可以作为光纤网络到达处既包括家庭又包括小型企业的术语。

fiber to the x (FTTX) 光纤到 X 或环路中的光纤,是使用光纤来提供用于最后一英里通信的全部或部分本地环路的任何宽带网络架构的通用术语。由于光缆能够比铜缆承载更多的数据,特别是长距离传输,20 世纪建造的铜质电话线网络正在被光纤取代。FTTX 是几种光纤部署配置的概括,分为两组:FTTP/FTTH/FTTB(光纤路由一直铺设到驻地/家/建筑物中)和 FTTC/N(光纤敷设到机柜/节点上,实现与铜缆的连接)。

field (FLD) 字段,域,信息组;场,现场,视场,磁场,光场,引力场 (1) 数据媒体或存储器上的一种指定区域,用于存放或显示某类特定的数据。(2) 一个字或一组信息中的特定部分,是一个记录的子结构,即一个记录项。通常包含有关记录的实体或组织的一个信息单位,字段的内容作为一个整体来处理。(3) 在视频系统中,场是完整的电视扫描周期的一半,在 NTSC(美国国家电视制式委员会)制式中指 1/60s,在 PAL(逐行倒相)制式和 SECAM(顺序彩色与存储)制式中指 1/50s,在隔行扫描时,两个场合并构成一个完整的帧。(4) 定性的意义:空间内发生某些现象的区域。定量的意义:可对场的效应作出估价的一个标量或矢量。(5) 适合用户现场的或设备安装场地。

field blanking interval (FBI) 场消隐期间 指有效场终止以后,传输场同步脉冲和场消隐脉冲的那段时间。

field disturbance sensor 场干扰传感器 一种辐射仪器,它在自身的周围建立一个射频场并检测在这个场中的人或物的移动引起的场的变化。场干扰传感器可用于安全监控,检测非法入侵者。

field divider (FD) 场分频器 从一个基准频率信号中分出场频信号的设备。

field drive pulse (FDP) 场推动脉冲 电视台同步信号发生器分送出来的供台内使用的场频脉冲信号,用以触发台内设备的场扫描电路。

field emission 场致发射 借助表面处的强电场从未加热的固体或液体释放电子。

field emission display (FED) 场致发射显示器 是一种固体真空平面显示装置,它利用点阵排列式冷阴极场发射电子,以保证显示性能的稳定可靠、色彩鲜艳及高分辨率，它还具有体积薄、重量轻、大面积、大视角、宽的温度工作范围、低功耗、快速响应时间等良好的性能特点。它可广泛应用于移动电话、平面电视、大屏幕显示等各种显示设备领域。

field frequency　场频(率)　在视频系统中，一个完整的场扫描或者显示的速率。场频等于帧频乘以每一帧中的图像场数。也称为"场重复频率"。

field installable connect　现场可安装连接器　一种可以方便地在户外环境中安装和工作的连接器。它不需要使用特殊的工具，也不需要使用不可逆的处理方法(如焊接)进行处理。它通常有阳性和阴性的两半部分，可以断开和再连接。

field linearity control (FLC)　场线性调节　校正场扫描输出波形，以实现垂直方向的匀速扫描。

field nonlinearity (FNL)　场(扫描)非线性　在发送端或接收端，场扫描有效部分的速度发生变化所造成的电视图像畸变。

field rate　场频　又称"场扫描频率"。在电视屏幕上显示场图像的速率。根据人的视觉特性，为使显示在屏幕上的图像看起来不会感觉到在闪烁，PAL(逐行倒相制)制电视系统的场频选为 50 场每秒，通常称为 50 Hz 或者 25 帧每秒。场频也称为"帧频"或"刷新频率"，即显示器的垂直扫描频率，单位为赫兹(Hz)。场频越大，图像刷新的次数越多，图像显示的闪烁就越小，画面质量越高。

field-sequential color television　(FSCTV)　场顺序制彩色电视　一种彩色电视制式，其中摄像机通过一个带有按一定顺序排列的扇形滤色片的旋转圆盘，轮流摄取红、绿、蓝图像。

field-sequential color system　场序彩色系统　一种彩色电视制式，其中基色信息在连续图像中传输，并且依赖于人类视觉系统将连续图像融合成彩色图像。

Peter Goldmark 博士为 CBS(哥伦比亚广播公司)开发了一个场序系统，于 1940年 9 月 4 日首次向媒体展示，并于 1950年 1 月 12 日首次向公众展示。用于运动图像的顺序彩色系统的使用早于全电子电视的发明。

field strength　场强　指一台电视发射机的载波信号在长度为 1 m 的偶极子接收天线上呈现的强度，以微伏/米计。

field tilt　场倾斜　将一种场频锯齿波形加到视频信号上，以补偿摄像机输出中固有的一种振幅失真。

fifteen 1's　15 个"1"，空闲"1"信号　由某个 SDLC(同步数据链路控制)站接收并检测到连续的 15 个或 15 个以上的"1"信号，表明发送站目前正处于空闲状态。

fifteen ones convention　十五个一规则　在同步数据链路控制(SDLC)规程和高级数据链路控制(HDLC)规程传输系统中，规定用发送十五个连续的"1"来表示发送它们的那个站正处于空闲状态的一种约定。

fill in signal unit (FISU)　填充信号单元　七号信令系统(SS7)中，MTP2(消息传输部分级 2)提供流量控制、差错检测和序列检查，并重传未确认的消息。MTP2使用称为信号单元的分组来发送 SS7 消息。信号单元有三种类型：填充信号单元(FISU)、链路状态信号单元(LSSU)、消息信号单元(MSU)。FISU 是只包含误差控制和定界信息的信号单元。当没有信息信号单元或链路状态信号单元发送时，发送这种信号单元。

filter　滤波器，过滤器；滤色[滤光]片[镜]　(1) 按一定规定从数据或信号中抽取一部分信息的装置或程序。(2) 一种能允许某一频率范围的电信号通过，而阻止此频率范围以外的电信号通过的电子设备。滤波器对所通过频率范围(通带)的电信号呈现低于预定值的衰减；对所阻止的频率范围(阻带)的电信号呈现显著的衰减。滤波器按组成成分分为容感式、容阻晶体式、陶瓷式滤波器等;按通过的频率范围则分为低通、高通、带通和带阻滤波器等。(3)检查到来信息是否含有某些特定字符,从而确定某些信息是否可以通过的功能、进程或设备。(4)安装在照相机镜头前面控制光线通过的透明材料制成的器件。

filtered symmetric differential phase shift keying (FSDPSK)　过滤对称差分相移键控　在数字传输中,利用移相键控编码,其中二进制 0 被编成载波相位+90°的变化,而二进制 1 被编成载波相位−90°的变化,以及用过滤或其他脉冲整形技术来平滑突然的相位变化。

finite impulse response filter (FIRF)　有限冲激响应滤波器　有有限个输出响应的一种数字滤波器,它与有无限个输出响应的无限冲激响应滤波器(IIRF)正好相反。FIRF 通常比 IIRF 需要更多的系数来定义信号的性能,但它是稳定的。

F interface　F 接口　在移动通信系统中,F 接口是用于移动交换中心(MSC)与设备识别寄存器(EIR)之间的接口。它使用 MAP/F 协议。此接口上通信是用来证实获得接入网络的维护实体(ME)的国际移动设备身份码(IMEI)的状态。

Fire code　法尔码　一种循环码,在磁盘机中广泛用来纠正单道突发错误。常用于磁盘存储器的错误校验。

fire protection system project　消防系统工程　该工程包括但不限于以下内容:火灾自动报警、消防供水系统、消火栓、消防炮系统、自动喷水灭火系统、固定泡沫灭火系统、气体灭火系统、机械送风系统、机械排烟系统、挡烟垂壁、火灾应急照明和疏散指示标志系统、消防应急广播系统、防火分隔设施、消防电梯及电梯自动迫降系统、漏电火灾报警系统等。

firewalking　趟火墙　一项测试防火墙弱点和绘制防火墙后面网络上的路由器分布的技术。趟火墙是一种伪装端口扫描的方法。在实际应用中,趟火墙与路由跟踪技术类似,工作时把一跳的生存时间(TTL)字段设定大于目标防火墙的生存时间,把 TCP(传输控制协议)或 UDP(用户数据报协议)包送进防火墙,如果该包通过了网关,它就转发到下一跳,这时生存时间为零并得出生存时间"传输超时"的信息,在此情况下该包被废弃。利用此法通过发送连续的探测包,就能确定防火墙的接入性能。

firewall (FW)　防火墙　一种有效的网络安全设备,是网络总体安全策略的一部分,阻挡对内、对外的非法访问和不安全数据的传递。在因特网上,可用于隔离网络中某一段连接的线路。防火墙可在不同的协议层次上实现,通常在应用层和 IP(网际协议)层,用过滤路由器实现。它将策略与控制相分离。这里策略诸如决定一个服务的请求方是否允许得到该服务;控制对被允许访问的资源的访问。防火墙在网络中,也指用户的子网与外界之间所设立的一道屏障,防止不可预料的、潜在的对网络的侵害。防火墙的结构基于路由器的过滤器作用,有主机网关或独立的隔离网关等形式。基于路由器的过滤器实现防火墙最为简便,因为一般的路由器大都有过滤器功能,是当今用得最普遍的网络互联安全结构。基于主机的防火墙结构原理是:当考虑一个网络防火墙时,首先选择一个独立的、极可靠的计算机系统作为网络的安全警卫(称堡垒主机),只是必须使用专门的程序,隔离网则不用上述主机,而是用一个专用的网关来建立防火墙。

firewall principle　防火墙原则　在安全通信系统中,有效审查和阻挡所有入网信息的原则。有两类防火墙的实施方案:

F

允许任何没有被特别拒绝的事物；拒绝任何没有被特别允许的事物。前者假定不知道的东西不会有害。

first failure data capture (FFDC) 首次故障数据捕捉 一个 VTAM(虚拟远程通信访问法)问题诊断辅助工具，使得 VTAM 能够识别某种 VTAM 错误，以收集有关错误的信息，并将这些信息提交问题解决程序。

first in chain (FIC) 链中第一(请求单元) 一个请求单位，其请求头部(RH)的一个起始链指示符为 on，而结尾链指示符为 off。

first window 第一窗口 在研制光纤中，在约 $0.83\ \mu m$(微米)和 $0.85\ \mu m$ 之间波长的传播窗口。

five by five 5×5 质量级 用来描述通信传输和接收的质量，数字 1~5 为等级，1 最差，5 最好。如 1×5 表示传输很差而接收非常好。5×5 则表示发送和接收方向质量都很好。

five horn feed system 五角馈电系统 在雷达系统中，一个单脉冲或伪单脉冲天线馈电系统，其中四个元件工作在接收模式用于信号跟踪，一个独立的元件工作在发送模式。

five hundred（500）service 500 号业务 电信提供的一种业务，其中用户可以在各种地点(例如家庭、办公室或移动电话)，通过各种不同的公用载波信道，使用唯一的一个号码接收来电呼叫。

five level code 五单位码 用 5 位二进制数表示一个字符的一种编码。对于异步传输来说，可以加上起始码元和终止码元。如五单位电传打字机码就是用 5 位二进制数再加上启动位和停止位组成一个字符。常用的五单位码是博多码。

five-nines availability 5-9 可用性 系统的可用性(实际的服务时间与需要的服务时间之比)达到 99.999 ％的性能。

fixed attenuator 固定衰减器 一个对信号的衰减为常数的衰减器。衰减用分贝(dB)来表示。应该为光学衰减器和光纤衰减器指明额定衰减的工作波长，因为一种材料的光学衰减随波长的变化而变化。

fixed compromise equalizer 固定折衷均衡器 固定折衷均衡器是一个电路或网络，它有固定的不可变的电路元件连接到一根传输线上，用来补偿不同频率遇到的不同阻抗。由于一给定信号中的每一频率都需要一个不同的均衡、匹配或端接阻抗，因此需要一个折衷电路来实现特定目的，例如使反射最小化和获得传输到负载的功率最大化。

fixed data rate compression 固定数据率压缩 产生数据流的速率为恒定的压缩技术。使用不同带宽时，可改变压缩比以保持数据速率恒定。

fixed echo suppressor 固定回波抑制器 一种随时都能对回波进行抑制的回波抑制器。

fixed fiber-optic connector 固定光纤连接器 永久性的连接到一个设备的半个连接器，例如连接到一个发光二极管(LED)、激光器、光纤发射器或光电探测器，并允许它所连接的光纤元件连接到其他光纤元件上。它可与另外半个连接器连接或分离。

fixed format message (FFM) 固定格式报文[消息] 一种格式报文。当从终端将它发出时必须在其中插入线路控制字符；当它到达终端时则必须删去其中的线路控制字符。采用固定格式报文是为了适应各种具有不同特性的终端。

fixed format operation 固定格式操作 应用程序和终端之间按照前者内定义的格式进行的通信。前者在终端上显示所定义的格式，以此向操作员提供信息，或指导操作员键入数据。

fixed-frequency monitor 固定频率监视器 只接收和显示一种电视同步信号的显示器，如 VGA(视频图形阵列)显示器。

fixed header prefix (FHP) 固定标题[首标]前缀 某些通信系统软件中，一种供选用的控制块，提供一个位置存放 TCAM(远程通信访问法)某些可选功能所需的有关报文的信息。

fixed IP address 固定 IP 地址 为每台上网主机分配一个固定不变的因特网地址，主机每次上网时用相同的 IP 地址。

fixed length code (FLC) 定长编码，固定长度码 表示二进制信息的一种信道编码。其特征是一次变换的输入信道位数固定不变，编译和译码电路比较简单，但因长度固定使提高编码性能受到某些限制。

fixed loop (FL) 固定环路 一种服务，它允许在一次呼叫持续时间保持连接。当呼叫结束时，通常会接收到一个拆线信号。

fixed microwave auxiliary station 固定微波辅助站 一种固定站点，用于微波发送和接收天线系统以及其他设备的连接校准，微波无线电接入信号和接通控制。

fixed-mobile convergence (FMC) 固定移动融合 是电信消除固定网络和移动网络之间的差异的一种变化。在 2004 年的新闻发布会上，固定移动融合联盟(FMCA)表示："固定移动融合是电信行业的一个转折点，最终将消除固定和移动网络之间的差异，通过使用固定宽带和本地接入无线技术相结合的方式创建无缝服务，为客户提供卓越的体验，以满足他们在家庭、办公室、其他建筑物和旅途中的需求"。在这个定义中，"固定宽带"是指连接到互联网，例如数字用户线(DSL)，有线电视因特网接入或 T1 线路。"本地接入无线"意味着 Wi-Fi 或类似的技术。微微小区和毫微微小区的出现意味着本地接入无线可以是蜂窝无线技术。

fixed path routing 固定路径路由 是查找光路的最简单方法。对于给定的源和目标对，始终使用相同的固定路由。通常，使用最短路径算法(例如 Dijkstra 算法)提前计算此路径。虽然这种方法非常简单，但性能通常不够。如果正在使用固定路径上的资源，则即使可能存在其他路径，也会阻止将来的连接请求。

fixed priority-oriented demand assignment (FPODA) 面向固定优先级的需求分配(协议) 一种用于多址访问的面向优先级的需求分配(PODA)技术，采用这种协议后，网络上一个站点作为控制主站，根据其他站的请求分配信道。

fixed ratio transmission code 定比传输码 一种错误检测码，其中"0"和"1"的数量都是一定的，能检出奇数个错误。例如电报中采用的五单位数字保护码就是一种定比传输码，这 5 个码中有 3 个"1"和 2 个"0"，若传输发生错误，则必定破坏了定比关系，于是可以检出错误。

fixed satellite 固定卫星 分布国际卫星通信频带的一种方法。固定卫星停留在某一空间位置，它能识别所有的地面发射站和接收站。

fixed tolerance band compaction 固定容差范围紧凑(法) 仅当数据值偏离超出规定极限时才发送或存储数据，从而实现数据紧凑(压缩)的方法。在一个遥测系统中使用固定容差范围紧凑法的一个例子是，仅当温度高于或低于预设的门槛值时才传送温度值。因此，如果没有收到新的信息，那接收者就假定其值是在预先设定的范围之内。

fixed weight binary code 固定权值二进制编码 在每一个数字中都有固定个数"1"的一种编码。固定权值二进制编码的一个例子是：一种由五个二进制数组

成的编码中总保持有两个"1",例如
00011,00101,00110,01010,01100 等。

fixed wireless (FW)　固定无线(系统) 是
使用无线电或其他无线链路(例如激光
桥)连接两个固定位置(例如,建筑物到
建筑物或天线塔到建筑物)的无线设备
或系统的操作。通常,固定无线是无线
局域网(LAN)基础设施的一部分。固定
无线链路的目的是支持两个场所或建筑
物之间的数据通信。

**fixed wireless local loop (FWLL)　固定无
线本地环路** 采用固定无线接入技术的
用户环路,又称为固定无线接入(FWA)
或无线本地环路(WLL),是 20 世纪 80
年代中后期随着技术的进步和人们对通
信业务需求的飞速增长而发展起来的一
种新型无线通信系统。它用无线接入技
术代替传统本地环路中的部分或全部铜
线或光缆,使本地交换机与用户电话机
相连。广义上讲,所有通过无线技术使
用户接入公用通信网的通信系统都可称
作无线接入本地环路,包括模拟蜂窝、数
字蜂窝、无绳电话、一点多址微波、卫星
移动通信等。

fixer network　定位器网 由无线电雷达
定位装置组成,它可通过获得其发射机
上的定位点或通过雷达方位角来测定正
在飞行的飞机相对于地面的位置。

flag of frame　帧标志 帧与帧之间用来
表示帧起始和终止的序列信号。例如在
高级数据链路控制(HDLC)规程中,其特
定位结构为 01111110,在帧内部不允许
出现这样的序列,如有这样的序列,在帧
中要加以改变,到达目的地后再恢复。

flag sequence　标志[记]序列 在高级数
据链路控制规程中,一帧的起始 8 位和
最末 8 位具有"01111110"的特殊比特位
型。它可以作为帧的头标,也可作为帧
的尾标。一个单一的标记序列可以用来
指示一个帧的结束,另一个帧的开始。

flaping　摇摆 路由选择的一种故障现
象。由于网络故障引起路由选择失败,
从而使得两个路由器不断往返通知选择
路由的现象。

flash cut (FC)　闪速[立即]切割 (1) 也
称为闪速切换,是复杂系统中的即时变
化,没有逐步变化的阶段。快速切换还
可以定义为一种程序,其中计算机基础
设施的多个组件以多种方式升级,一次
全部升级,没有逐步变化的阶段。(2) 在
更换电话系统时,立即将旧电话系统关
闭而使用新的电话系统。这种切换有优
点也有缺点。从某种角度来说,这种切
换比平行切换风险大,平行切换时,两套
系统可以同时使用一段时间。

flashing light transmission　闪光灯传输
在可视化信令系统中,利用灯打开和关
闭,或通过熄灭(遮住)和点亮(不遮住)
传输信息。将灯光限制成一狭窄的光
束,以有利于安全和减小被截获的可能,
同时在同样光功率情况下增加传输距
离。也可在一个宽区段内发散光,以便
于传播到分散的站点。通常使用国际莫
尔斯电码对消息编码。

flash video (FLV)　Flash 视频,FLV 格式
(1) 一种流媒体格式,FLV 是随着 Flash
MX 的推出发展而来的视频格式。由于
FLV 形成的文件小、加载速度快、占用客
户端资源少,已成为网络上广泛应用的
视频传播格式。(2) 是一种容器文件格
式,用于使用 Adobe Flash Player 6 或更
新版本通过因特网传送数字视频内容
(例如电视节目、电影等)。

**flat coil fiber-optic sensor　平面卷曲光纤
传感器** 一种分布式光纤传感器,其中
光纤按行和列或按平面螺旋分布在一个
平面内,这样到该平面上的一个激励
点(如一个压力点或一个热点)的距离可
用来计算点的笛卡尔坐标或极坐标。

flat display tube (FDT)　平面显示器 表

面为平面的显示器。其突出优点是失真小,不会使图像发生扭曲,特别是在屏幕边缘保持平滑。其重要的三个参数是:点距、带宽和分辨率。大部分平面显示器的点距在 0.24 mm 左右,增加了图像的清晰度,减少了图像模糊的情况,小点距显示器还比较容易提升分辨率;带宽指的是显示器在单位时间内刷新像素的遍数,带宽越大可应用的刷新率越高,按照人体工程学,达到 85 Hz 的刷新率才符合标准,长时间使用也不会让人感到疲劳。

flat fiber-optic cable 扁平光缆 具有矩形横截面的光纤线缆,有一组光纤是成行成列的排列着的,在整根光缆中保持一种稳定的相对位置,光缆在末端有矩形的连接器。

flat flexible cable 柔性扁平带状电缆 由多根平行的柔性扁导体或圆导体以一定的间距用绝缘介质热压或胶合成型的扁平带状形电缆。扁导体带状电缆,一般由聚酰亚胺或聚酯薄膜带上粘贴铜箔印制蚀刻而成。它在要求体积小、重量轻的航空、航天电子设备上使用较多。另一种圆导体带状电缆,一般由热塑压制成型,或由单根导线平行集合胶接而成。

flat IP architecture 平面 IP 体系结构 提供了一种使用符号名称标识设备的方法,这与"普通"IP 地址中使用的分层体系结构不同。移动宽带网络运营商对这种形式的系统更感兴趣。

flat noise power 白噪声[平坦噪声]功率 在一个频段上恒定的噪声功率,即噪声功率每赫兹与频率成反比,用表达式 $p/f = a/f$ 来表示,其中 p 是任意给定频率上的功率,f 是频率,a 是一个恒定的比例系数,这隐含着 $p = a$,其中 a 是常数,因此任意一个频率处的功率与任意另一个频率处的功率相等。

flat random noise (FRN) 平坦随机噪声

[杂波] 在规定的整个频带内,具有均等能量的随机噪声或杂波。

flat top antenna (FTA) 平顶天线 所有的水平单元均处于同一水平面上的倒 L 形天线或 T 形天线。

flat weighting 平坦加权 在噪声测量中,它是基于在一段频率范围内是平坦的幅频特性的一种噪声加权。平坦噪声功率用 dBrn$(f_1 - f_2)$ 或 dBm$(f_1 - f_2)$ 来表示。

flaw 漏洞,裂缝,缺陷 系统安全保护机制所检测不到的错误命令、误差、系统遗漏或疏忽之处等。

flaw hypothesis 缺陷假设 在计算机安全中,指一种动态测试技术,以在其他系统中探测到的类型缺陷为基础作出缺陷假设,然后在研制的系统中测试其存在。

F layer F 层 在大气层中的 F 区域中,由太阳辐射的电离作用引起的自由电子密度增加的、离地面 160~400 km 的那部分。F 层反射小于或等于临界频率的正常入射频率,并且部分地吸收更高频率的波。

flexible asynchronous communication support (FACS) 柔性异步通信支持 在异步通信过程中允许采用灵活的工作方式,就称为柔性异步通信支持。

flexible information transport capability 柔性信息传输能力 在计算机网络站点或通信设备之间,能自动适应信道的实际变化情况和传输信息的要求,迅速安全地传输信息的能力。柔性信息传输有助于对用户需求的多样性进行选择。例如,有的要求安全性,有的要求高准确度,有的要求高速度。如果用户和计算机能给出并确定这些需求的综合指标,那么就可选择合适的传输速度、安全性和可靠性的组合。这样既满足业务需要,又节省了不必要的开支。

flicker free 无闪烁 如果显示器刷新率

不够快,所显示的影像会有闪烁感。一般当刷新率低于 60 Hz 时,人眼就会明显感到闪烁和疲劳。最早的显示刷新频率是 60 Hz,并且是隔行扫描,有很强烈的闪烁感。由于刷新频率=(带宽/图像分辨率)×0.744(扫描系数),所以带宽高的显示器才能在高的分辨率下提供高的无闪烁刷新频率。

F link　F 链路　用于链接两个七号信令点之间的链路,也叫随路信令链路。

floating static routing　浮动静态路由　一种静态备份路由的,用于在网络中主路由失效的情况下,可以提供备份路由。在主路由有效存在的情况下,浮动静态路由不会出现在路由表中。

flooding　扩散,泛洪(攻击)　(1) 是网络交换机和网桥使用的一种信息包传递技术,网络设备的一个接口收到信息包时,该信息将被传输到除了始发信息包的接口外的连接到该设备的每个接口。(2) 有预谋地用大量消息遏制目标方的电子信箱、新闻组、因特网服务系统或其他应用服务器资源的攻击方法。

flooding routing　扩散式路由　一种路由选择方式,也称为"泛洪路由"。这是最简单的向前传送组播路由算法,并不构造所谓的分布树。其基本原理如下:当组播路由器收到发往某个组播地址的数据包后,首先判断是否是首次收到该数据包,如果是首次收到,那么将其转发到所有端口上,以确保其最终能到达所有接收者;如果不是首次收到,则抛弃该数据包。优点是保证数据包迅速准确到达目的地;缺点是浪费大量通信网络资源,增加通信子网的负担。对这种方法的两种改进是"选择扩散路由选择"和"随机走算法"。

flow attribute notification protocol (FANP)　流量属性通知协议　是在相邻的信元交换路由器(CSR)之间运行的标记属性协议,采用带有直接构筑在协议上的多项明确确认机制来保证协议的传送。

flow based routing (FBR)　(基于)流量路由选择　按照信宿与信源之间各条路径的平均流量进行的路由选择。网络中每对节点之间的平均流量相对较稳定并可预测,因此线路流量是可知的。以此为基础,按照队列理论计算出各条线路分组平均延迟,进一步找出平均延迟最小的路径,并得到要选择的路由。

flow conservation condition (FCC)　流量守恒条件　网络中,流进每个节点的流量(设为负)与流出每个节点的流量(设为正)的代数和为零。

flow control (FC)　(信息)流(量)控制　(1) 对信息进入通信处理机或主机所作的控制。分为两种:① 报文流控制。在报文分组通信系统中,在数据网中两个特定站间对报文中数据传输速率进行控制的过程;② 传输流控制。在数据传输过程中,控制一点(终端)数据传输的速率使它等于另一点(终端)处接收或缓冲的速率。(2) 数据通信中的一组控制机构,用来使数据流保持在与全部有效资源相容的限度之内,从而保证发送方的发送速率与接收方能够接收的速率相匹配。(3) 为了防止计算机网络中信息传输出现拥挤而采取的一种措施,这种措施是控制主机或网关向网络或网际注入报文分组的速率。流量控制可在网络的多个层次上实现。

flow label　流标记　IPv6 协议新增字段,20 位,标记需要 IPv6 路由器特殊处理的数据流。该字段用于某些对连接的服务质量有特殊要求的通信,诸如音频或视频等实时数据传输。在 IPv6 中,同一信源和信宿之间可以有多种不同的数据流,彼此之间以非"0"流标记区分。如果不要求路由器做特殊处理,则该字段值置为"0"。

flyback 回扫 在阴极射线管显示系统中,完成一行扫描时,电子束必须迅速转出到下一行的起端,这种偏转称为行回扫。当一个画面(帧)被扫描后电子束立即返回到荧光屏的上部对下一帧画面扫描。这种偏转叫帧回扫。

flyback blanking (FBB) 逆程[回扫]消隐 电视接收机中,对逆程扫描点的抑制。

flyback power supply (FBPS) (行)逆程电源 也被称为回扫脉冲电源。电视接收器阴极射线管(CRT)第二阳极或示波器中需要的一种能产生 $10\sim25$ kV 高压直流电压的高压电源设备。在每个逆程周期中,行输出变压器中的水平偏转线圈电流的突然逆变感应产生电压脉冲,通过自耦变压器的作用,使电压脉冲提高到所需的高压值,然后整流和滤波。

flyway 灵巧站 一种非常小型的卫星新闻采集(SNG)地球站,它灵巧的便携式装置可以在几个小时内进入到以前无法进入的地区开通卫星直播。

flywheel circuit 惯性电路,飞轮(储能)电路 一种高 Q 值(品质因数)调谐电路,能将振荡保持比较长的时间,类似于机器中旋转飞轮的作用。

flywheel effect 惯性 在振荡器里,指去掉激励后振荡仍然继续的现象。惯性通常是由振荡器内相互作用的电感和电容元件引起的。惯性可能是需要的,比如用于同步系统中的锁相环,也可能是不希望有的,例如在电压控制振荡器中。

fog computing 雾计算 或雾网络,也称为雾化,是一种使用边缘设备执行大量的计算、存储、本地通信以及通过互联网骨干网路由的体系结构,并且非常明确地具有称为转换的物理世界的输入和输出。雾计算包括直接执行物理输入和输出以实现传感器输入、显示输出或全闭环过程控制的边缘节点,并且还可以在边缘或比边缘更靠近边缘,而非驻留在

非常大的数据中心的集中式云处,使用通常称为云朵的较小的边缘云。相比较传统的边缘个人设备,如手机和个人电脑,先进的边缘云处理能力像那些控制自动驾驶车辆相当可观。

foldback loudspeaker (FBL) 返送扬声器 一种高质量的扬声器组合,供在演播室内施加音响效果或重放音乐之用。

folded dipole 折合偶极(天线),折合偶极子[振子] 一种包含两个相互平行的偶极子的天线,两者间距为工作波长的几分之一,其外侧端接在一起,馈线接到其中之一的中间。

folded-dipole antenna 折叠偶极天线 指将外端折叠回来并与中心相连的一种偶极天线。阻抗是 $300\ \Omega$ 左右,而单偶极子线为 $70\ \Omega$。其广泛用于电视和调频接收器中。

fold-over (FO) 图像折边 电视图像畸变的一种形式,表现为在图像的一边出现一条白线或图像反折。

follow me call forwarding (FMCF) 跟随呼叫前转 一种话机呼叫前转业务,允许呼叫转移到一个号码后再转移到另一个号码。

follow-me diversion (FMD) 随我转移 智能网能力集 1(INCS-1)业务特征之一。它可使用户通过双音多频的话机来修改所要转移的号码。所修改的号码可以是一个 VPN(虚拟专用网)号码或者是一个 PSTN(公共交换电话网)号码。使用本业务时,用户可使任一终端的来话接入到某个终端上,也就是说,当用户登记欲将他的来话转移到某个终端时,则该用户的所有来话都被接到这个终端上。此外,几个用户也可以把他们的来话,同时登记在一个终端上以转移他们的来话。用户也可以去除登记转移的来话。

follow me roaming (FMR) 跟随漫游 蜂窝式系统将某呼叫向离开其专用服务区

F

的漫游手机进行自动转接的能力。如果没有这项功能，主叫端必须知道被叫漫游者的确切位置，并向该位置发出呼叫。

follow me 800 service　800号跟随业务　该业务是个人800号业务的呼叫转移服务。MCI公司在1991年春天开始提供该项服务。当用户申请了800号业务并获得一个号码后，不管该用户在什么地方，呼叫他的800号业务号码，都可以找到他。

follow on call　继续呼叫　通过保持前一个连接已建立的部分选择链路来建立新的连接。例如，当占用国际线路进行呼叫后，接着再继续呼叫另一个国内的接收者。

foot lambert (Ft-L)　英尺朗伯　是美国常规单位和一些其他单位系统的亮度单位。英尺朗伯等于1/π坎德拉每平方英尺，或3.426坎德拉每平方米（相应的SI单位）。在英制中的明度度量单位，相当于完全漫射面辐射或反射1流明每平方厘米的明度。foot-lambert以瑞士-德国数学家、物理学家和天文学家Johann Heinrich Lambert(1728～1777)的名字命名。

forbidden code　禁用代码　编码中，规定可用代码以外的代码。例如在五单位码中，共有32种编码，其中只有10种有3个"1"的代码是可用代码，其余编码都是禁用代码。也称"禁用数字"、"非法代码"。

forbidden combination code　禁用[非法]组合代码　一种具有检错功能的代码。在这种代码中每一合法的字符表示必须服从一特定组合模式，任何不服从该模式的位组合均视作出错。此术语虽也可用作对奇偶性系统的称谓，但更通常地系指N中取M码或其他类似的代码。

forth-generation mobile system (4G)　第四代移动通信系统　第三代移动通信系统之后的移动通信系统。4G将比9.6 kbps的移动电话速率快千倍以上，可以极好的传输高清晰度图像。比W-CDMA(宽带码分多址)带宽更宽的B-CDMA(宽带码分多址)有望于成为4G的技术标准。2000年10月6日由国际电信联盟(ITU)发起，在加拿大蒙特利尔市成立了IMT-2000 and beyond工作组，旨在统一全球第四代移动电话标准。

fortuitous distortion　不规则失真[畸变]，偶发[然]畸变[失真]　一种电报信号失真现象，表现为信号间歇性地缩短或延长。这种失真在本质上完全是随机的，例如可由电池电压的起伏、线路上的电冲击及电源感应这些原因引起。

forward digital control channel (FDCCH)　前向数字控制信道　由IS-136定义，用于数字蜂窝系统中。IS-136为采用TDMA(时分多址)的蜂窝移动网络标准。FDCCH包括了所有由小区传递到用户终端设备的信令和控制信息。FDCCH与反向数字控制信道(RDCCH)一起工作，RDCCH包括所有从客户终端设备上传到小区的信令和控制信息。FDCCH还包括：广播控制信道(BCCH)，同步信道(SCF)和逻辑信道(SPACH)。

forward echo　正向回波　在传输线中产生的一种回波，其传输方向与原来波的传输方向相同，它是由于在某不连续处的反射回来的能量而后又在另一个不连续点上再反射向前的情况而引起的。正向回波是由于传输媒介(如光纤、双绞线或同轴电缆等)的接头或其他不连续点而产生的。在金属导线中，它们可能是由于传输线的特性阻抗与源或负载的阻抗不匹配而引起的。

forward error correction (FEC)　前向[正向]纠错　(1)在电信、信息理论和编码理论中，前向纠错(FEC)或信道编码是用于不可靠或噪声通信信道上控制数据传输差错的技术。中心思想是发送方通过使用纠错码（ECC）以冗余方式对消息进行编码。(2) 数据通信中常用的一种差错控制数据编码技术，传输中检错由接收方进行验证，如果有错则通知发送方重发。它允许从低比特误码的编码数据中重新编码构成一列无误码数据流。在传输信息时，发送端把原始信息进行纠错编码，然后把这一编码的信号发送出去。接收端收到这个纠错码之后，根据编码规律自动发现并自动纠正传输中的错误。正向纠错的优点是：报文可连续传送；不需要反向信道；适用于单向通信；发送端不需要暂存数据；传输控制简单。缺点是：译码设备较复杂，所选择的纠错码必须和信道的错误特点相适应；要在数据传输的同时传输数量比较大的校验码，传输效率也因而随之降低。

forward explicit congestion notification (FECN)　前向显式拥塞通知　由帧中继网络设置的一个位，它通知接收帧的DTE（数据终端设备），在信源到信宿的路径上发生了拥塞。接收到FECN位设置为"1"的帧的DTE可请求高层协议采取相应的流量控制措施。

forward information base (FIB)　转发信息库　标记交换中FIB用于存放下一跳的相关信息。每个入口标记对应一个信息条目，每个信息条目包含一个或多个子条目，每个子条目又包括一个出口标记、一个出口接口、出口链路层信息以及下一跳地址等。

forwarding carbon copy and blind carbon copy (FCC&BCC)　转发（复写本）与密送[密件抄送]　在一些英文版的电子邮件发送软件中的FCC或BCC，分别代表转发（复写本）和密件抄送。这两者的区别是使用前者时，所有的接收者都可了解还有哪些接收者也接收了同样的邮件；而在密件抄送时，接收方不知道还有其他的接收者。

forwarding equivalence class (FEC)　转发等价类型　是多协议标签交换（MPLS）中使用的术语，用于描述具有相同和/或相同特征的一组数据包，这些数据包可以以相同的方式转发，也就是说，它们可能绑定到相同的MPLS标签。确定更高层数据包的FEC的特性取决于路由器的配置，但通常这至少是目的IP地址。也经常被使用服务质量（QoS）。因此，转发等价类倾向于对应标签交换路径（LSP）。然而，相反的情况并非如此：一个LSP（通常）可能用于多个FEC。

forward propagation ionospheric scatter (FPIS)　正向电离层散射　由于电离层的离子密度的不连续性或者不规则而引起无线电波向前方散射的现象。

forward scatter　向前散射　由于衍射、非均匀介质的折射或相对于波长足够大但相对于光束的直径比较小的微粒物质的反射而引起的一部分入射电磁波的偏转，这样偏转的传播方向和入射波方向的夹角在90°角的范围内。

four frequency diplex/duplex telegraphy (FFDT)　四频率（同向）双工电报　一种频移键控电报，它对应于两条频率不同的电报通路有四种（00,01,10,11）可能的信号码元的组合，用于无线电报。

four horn feed system　四喇叭馈送系统　在雷达系统里，一个用于信号跟踪的单脉冲天线馈送系统，其中的双工器允许信号同时收发。

Fourier analysis　傅里叶分析　源于法国数学家 Jean-Baptiste-Joseph Fourier（1768～1830）提出的分析方法，将一个任意波形的或周期性现象定义为具有特定幅度、相移的以及具有相应波形的一系列谐波的正弦波叠加而成。傅里叶分析特别适合于通信设备的设计和对所设计的设备进行性能预测。

Fourier inversion theorem 傅里叶反演定理 在数学中,傅里叶反演定理表明,对于许多类型的函数,可以从傅立叶变换中恢复函数。直观地,它可以看作这样的表述:如果我们知道关于波的所有频率和相位信息,那么我们可以精确地重建原始波。

Fourier transform (FT) 傅里叶变换 (1) 把时间信号分离成正弦和余弦曲线的叠加的过程。通俗地讲可看成是将信号由时间域转换到频率域的过程。(2) 一种复杂数字视频压缩技术,图像被从空域转换成频域。

four-nines availability 4-9[99.99%]可用性 系统或设备的可用性(实际的服务时间与需要的服务时间之比)达到99.99%的性能。

four pair UTP cable (FPUTPC) 四对非屏蔽双绞线电缆 在这种电缆里有四对非屏蔽双绞线,用电缆外套将它们封装起来。

four wire channel 四线信道 为全双工设计的通信信道,每端提供四根线;两根用于发数据,两根用于接收数据。

fragment 报片 在网络中,把数据报分成更小的信息传输单位,也就是报片。当一个路由器传递一个 IP(际际协议)数据报到 MTU(最大传输单元)的长度小于该数据报的网络上时,这个数据报就被分割成多个报片。报片的格式与数据报的格式相同,但是在报片的报头中要说明此信息段是报片而不是数据报,还要说明这个报片在原来数据报中的位置,即说明偏移值。这些报片将在目标机器的 IP 层重新组装成原来的数据报。

fragmentation 片段 在 IP(因特网协议)网络中,数据包的一段。当路由器在网络上传送 IP 数据包时,如果网络的最大传输单元小于包的大小,就要把包分成多段,并会在目的主机的 IP 层重新组合。

frame 帧 (1) 用作视频数据的一个术语,称为帧。(2) 通过串行线路传送的一个报文分组。(3) 通信系统中帧特指一组顺序排列的时隙,每个时隙都可以传输用户信息。(4) 在 TCP/IP 中,一个帧是一个数据链路层的包,包含物理媒体头部和尾部信息。

frame alignment (FA) 帧对齐[定位,对准] 在 E1 信道中,通信包括从发送器向接收器发送连续帧。接收器必须接收一个指示,表明每帧的第一个间隔何时开始,因此,由于它知道每个时隙中的信息对应于哪个信道,从而它可以正确地解复用。这样,每个时隙中接收的字节被分配给正确的信道。然后建立同步过程,称为帧对齐。

frame alignment recovery time (FART) 帧同步恢复时间 通信系统中,发送端与接收端建立完整的帧同步所需的时间。

frame alignment signal (FAS) 帧同步[定位,对齐]信号 (1) 在脉冲编码调制(PCM)中,用来实现帧同步的一个特殊信号,它在 30/32 路 PCM 帧中位于第 1 个时隙(TS0),如 E1 帧中 FAS 为"0011011",且每隔一帧出现一次。(2) 在传输数据帧的过程中,一种特别设计的二进制的序列,它被用来实现帧的定位。(3) 为了实现帧对齐系统,以使帧的接收器能够分辨它开始的位置,就有所谓的帧对准信号(FAS)。在 2 Mbps 帧系统中,FAS 是在帧的第一个时隙(时隙零,即 TS0)中发送的七个固定比特("0011011")的组合。为了保持对齐机制,不需要在每个帧中传输 FAS。

frame check sequence (FCS) 帧检验序列 (1) 在以帧方式传送报文的数据链路控制中,信息帧或监控帧中所包含的校验信息。它一般在帧结束标志之前,含有提供给接收站检查传输错误的二进制序列。在接收方,FCS 将重新计算,得到一个新的值并与原 FCS 值比较,从而判断传输正确与否。(2) 在 SDLC(同步数据链路控制)中,处于帧中的 16 个二进制位,其中含有传输校验信息。

frame format (FF)　帧格式　信息传输单元的数据格式。在计算机网络中,处理机之间的数据通信以帧为单位进行。每帧的内容除了原先的数据外还需要其他信息,如发送地址和目的地址等等。这些信息格式必须遵守网络标准的规定。

frame length (FL)　帧长度　在以帧为传输单元的通信链路上,每一帧所占用的比特数即是帧长。

frame maintenance mode　帧维持模式［方式］　TDM(时分多路复用)的一种帧同步方式,即检测到帧同步信号后是否继续检测以确保维持帧同步。

frame number　帧号　(1) 在某些计算机系统的虚拟存储系统中,访问某帧所需要的那部分实存地址。(2) 在多媒体应用中,用于识别一个帧的数。在视碟中,每面的帧按顺序编码为从 1 到 54 000 可以逐一访问。在视频磁带中,这个数由 SMPTE(电影和电视工程师协会)时间码赋予。(3) 帧的编号。

frame reject (FRMR)　帧拒绝　在 HDLC(高级数据链路控制)协议中,用于对信息帧传输错误作出否定响应的一种帧类型。在某种意义上说,其差错可通过重新发送相同的帧进行恢复,原定义作为响应帧使用,但也可用于命令帧。

frame relay (FR)　帧中继　一项由国际电信联盟(ITU)定义的接入标准。帧中继技术采用了分组交换和多路复用数据的形式,它在同样的硬件上达到通常的 X.25 分组交换网络速度的 10 倍。帧中继可以被认为是窄带 ISDN(综合业务数字网)上叠加的分组模式接口。

frame relay network　帧中继网　一种面向连接,基于帧的分组交换网络。帧中继网是一种基于面向连接的快速分组交换技术的网络,该网络没有严格的流量控制和差错控制。帧中继网提供用户在承诺信息速率(CIR)以内的端到端的数据传送,也支持用户利用网络的空闲带宽,高于 CIR 的端到端的数据传送。帧中继网可以提供的业务包括永久虚拟线路(PVC)业务和交换虚拟线路(SVC)业务。用户可以利用帧中继网进行局域网互连、因特网接入等。帧中继网提供的接入速率一般在 N × 64 K bps (1 ≤ N ≤ 31)到 2 048 kbps,也可能更高。

frame relay transfer protocol (FRTP)　帧中继传输协议　FRTP 分为控制平面和用户平面。前者执行数据链路呼叫控制功能,采用 ITU-T(国际电信联盟-电信标准化部)Q.931 和 Q.932 协议。后者用于传送用户数据,提供端到端的数据传输,采用 Q.922 协议的核心部分 DL-CORE。Q.922 的剩余部分 CL-CONTROL 是用户平面的可选功能。

frame slip (FS)　帧滑移　在接收以帧组成的数据时,在接收的帧和接收机的时钟之间失去同步,从而引起帧定位出错的情况,其后果将是丢失包含在该帧中的数据。帧滑移与帧丢失不同,后者比如发生在接收缓冲区过载,但并未丢失同步。

frames per second (fps)　帧每秒　活动图像帧速率的度量单位。当达到 24 帧每秒时,人眼已经无法分辨出一张张图片,而认为画面是连续的。一般电影采用的都是 24 帧每秒。

frame start delimiter　帧首定界符,帧起始指示　一种指定的位模式,它表示一个传输帧的开始。

framing　成帧,组帧　(1) 把数字信号按帧结构组织起来的过程。(2) 开放系统互连(OSI)模型数据链路层上的封装。它称为组帧是因为数据包是用报头和报尾封装的。(3)在视频接收中,成帧是调整接收端的时间标记使之与接收到的视频同步脉冲一致的过程。

framing bit 成帧位 多路复用数字传输中,每个帧的领头位,不包括在用户数据的任何8比特组通道中,也称为"F位"。在任何 T1 电路上,成帧位占据8 kbps带宽。在 D4 成帧中,接续帧的成帧位载运帧同步型和信令同步型。在 ESF(扩展超帧格式)中,接续帧的成帧位载送四种信令模式:帧同步、信令同步、循环冗余检验(CRC)以及链路数据波道(LDC)。同 sync bits。

framing control 帧调节 (1)电视接收机荧光屏上图像的对中和宽度、高度的调节。(2)磁带录像机的调节,允许录像机接受其他录像机录制的磁带。

framing data 成帧数据 指用于定义帧结构,并保证正确提取的数据,可包含一个数据头、同步字和/或其他信息。

framing error (组,成)帧错误 一个同步传输错误,通常由于每字节的位数未被设置在发送工作站和接收工作站上相同时而引起的错误。

framing signaling bits (FS bits) 成帧信令位 在 ESF(扩展超帧格式)帧中,携带信令同步序列的成帧位。

free buffer enquiry 空闲缓冲区查询(包) 一种 ARCnet 包类型,被节点在发送数据之前用来确认接收方是否有足够的空闲接收缓冲区。它减少了以太网锁死的可能性。

freedom of mobile multimedia access (FOMA) 自由移动多媒体接入,FOMA 业务 是日本电信服务提供商 NTT DoCoMo 公司提供的基于 W-CDMA(宽带码分多址)的 3G(第三代)电信服务的品牌名称。它是通用移动电信系统(UMTS)的一种

实现,是世界上第一个开始运营的 3G 服务。FOMA 提供的业务主要包括话音服务、高速数据服务、可视电话服务、电子邮件服务、I-mode 服务等。NTT DoCoMo 还提供 HSPA(高速分组接入)服务,其下行速率高达 7.2 Mbps,上行速率高达 5.7 Mbps。

free fiber-optic connector (FFOC) 活动光纤连接器 光纤系统中的一种连接器,它不是装在或固定在面板、盘、套管、隔板或其他刚性物体或表面上的。

free-space optical communication (FSOC, FSO) 自由空间光通信 在无限介质中(比如外部空间、大气层、电离层或海洋)用光波进行的通信。FSOC 以光为载体,用点对点或点对多点的方式在空中实现无线连接。FSOC 技术具有与光纤技术相同的宽带传输能力,使用相似的光学发射器和接受器,还可以实现波分复用(WDM)技术,被称为"虚拟光纤"。FSOC 具有高带宽、低误码率、安装快速、使用方便、伸缩性好、安全性高特点,但是也受诸如恶劣天气(雾、散射和风雪等)的影响。

frequency agile 频率捷变,跳频 能够(但不能同时)在多个频率上运行。频率捷变性是指雷达系统能够迅速改变其工作频率,以解决大气影响、干扰、临近信号源的相互干扰,或者使通过无线电测向定位雷达广播频率变得更加困难。该术语也可以应用于其他领域,包括使用频分复用的激光器或传统无线电收发器,但它仍与雷达领域最密切相关,而其他领域通常使用更通用的术语"跳频"。

frequency aging 频率老化 振荡器在外部参数(如环境和输入功率等)保持不变时,由于超时工作,内部振荡参数发生变化而引起的频率改变。

frequency allocation 频率分配 (1)或频谱分配、频谱管理。是将电磁频谱分配

和调节到无线电频段,这通常由大多数国家的政府来完成。由于无线电传播并不局限在国界,政府部门一直在寻求协调 RF(无线电频率)频段的分配及其标准化。(2)为了获取可用频谱的较好的划分且使用户间干扰最小,由美国联邦通信委员会(FCC)对电视、无线电、防务以及其他通信方法所用频段的分配。也指其他任何一种可用的频率的赋值。

frequency band (FB) 频段,频带 介于两个已定义界限之间的频谱。通信方面的频段意思是指一定的无线电波的频率范围;声音和音乐中的频段是指声音频率而言。

frequency band allocation 频段分配 在国际电信联盟的无线电管理局的频段分配表中,对一个给定频段在特定条件下的分配。

frequency band modulation 频带调制 调制后信号波形频率范围为 300 ~ 3 400 Hz(话音频带范围),又称话音频带调制。其方法有幅度调制(AM)、相位调制(PM)、频率调制(FM)及正交调制(QM)等。

frequency changer (FC) 变频器 包含一个本机振荡器和一个混频器的电路。

frequency characteristic 频率特性 当输入量波形变化时,其输出量随频率变化的特性。频率特性又称"频率响应",它是指系统或元件对不同频率的正弦输入信号的响应特性。

frequency conversion 变频,频率变换 将信号的所有频谱分量,从频谱中某一位置整体向另一位置的迁移,迁移时每对分量之频率差和每一分量的幅度与相对相位保持不变。

frequency deviation 频率偏移[偏差] (1)频率值与预定值的偏差量,例如振荡器的频率从其标称值处发生的偏移,又如一个发送器在传输时的真实频率和

分配的频率之间的差异。(2)在调频系统中,已调波瞬时频率的最大允许值或已调波瞬时频率的最小允许值与载波频率的绝对差值。(3)在调频系统中,在一个特定的周期内,已调波的瞬间频率和载波之间的最大绝对差值。

frequency difference of arrival (FDOA) 到达频率差 或差分多普勒(DD),是一种类似于 TDOA(到达时间差)的技术,用于基于来自其他点的观测来估计无线发射器的位置。(它还可以用于根据多个发射器的观测来估计自己的位置)。TDOA 和 FDOA 有时一起使用来提高定位精度,并且得到的估计在某种程度上是独立的。通过结合 TDOA 和 FDOA 测量,可以在两个维度上进行瞬时地理定位。

frequency dispersal 频率分散,频散 一种反电子对抗(ECCM)的技术,其中通信网的各工作频率彼此之间的间隔很大,因此对干扰信号来讲需要能覆盖更宽的频带,因而造成干扰功率在单个信道或频率上的减少。

frequency displacement 频率变动[位移] 可能是由于在一条电路或一系列电路内的独立的频率变换的差错而引起的端到端的频率位移。

frequency distortion 频率失真 由于复合波中所有的频率未能均等地放大或衰减而引起的失真。

frequency diversity (FD) 频率分集 发送和接收时,同样的信息信号同时在两个或多个独立衰落的载波频率上发送和接收。

frequency diversity/spread spectrum multiple access (FD/SSMA) 频率分集扩展频谱多址 一种新的扩频多址通信方案。它基于多载波传输理论,并与直接序列扩展频谱多址(DS/SSMA)系统在时间域和频率域构成对偶关系。

frequency division data link (FDDL) 频分数据链路 一种用频分多路复用技术划分信道的数据传输链路。

frequency division duplex/duplexing (FDD) 频分双工(模式) 两个方向上使用不同频率同时发送信号的双工方式。频分双工的特点是在分离(上下行频率间隔190 MHz)的两个对称频率信道上,系统进行接收和传送,用保护频段来分离接收和传送信道。

frequency division multiple access (FDMA) 频分多址(接入) 利用不同的频率分割成不同信道的多址技术。频分多址把频带分成若干信道,同时供多个不同地址用户使用不同的载波(信道)来实现多址连接的通信方式。

frequency division multiplex/multiplexing (FDM) 频分复用 为了使若干独立信号能在一条公共通路上传输,而将其分别配置在分立的频带上的复用。在可利用的传输频率范围内,频分复用将它分隔成一些窄的频带,各子频带间要留一定的宽度(称为保护带),每一频带用作单独的传输信道。这种技术将各终端信号的频谱经过调制、组合、送到通信线路。在接收端口按其相反的过程,经解调恢复各路信号。

frequency division multiplexing (FDM) standards 频分复用标准 在模拟电路话音交换系统中规定频分复用中各级复用关系的标准。滤波器把每条话音信道带宽限制在3 000 Hz。在频分复用时,每个信道分配4 000 Hz,其中2 个 500 Hz的带宽放在话音信道两边作为相邻信道的隔离保护带。12 个 4 000 Hz的信道复用到60～108 kHz的频带上,称为群或基群。也有的规定基群使用12～60 kHz的频带。传输服务商也提供48 kbps或 56 kbps 的基群出租线路。5个基群合成 1 个超群。超群以上是主群。国际电报电话咨询委员会(CCITT)规定主群含有 5 个超群,Bell 系统规定主群含有 10 个超群。

frequency domain 频域 在分析问题时,以频率作为基本变量。频域是描述信号在频率方面特性时用到的一种坐标系。

frequency domain analysis 频域分析 用频率和幅度曲线表示信号波形的方法。

frequency domain coding (FDC) 频域编码 把信号分解成一系列不同频率的元素,并进行独立编码。按编码技术又可分为变换编码和子带编码。

frequency domain interpolation 频域插入法 用插入导频法实现载波同步的一种方法,在发送信号频谱为零的位置插入导频,接收端把它提取出来作为本地载波。通常采用插入正交导频的方法,这样可以减小对解调信号的影响。与时域插入法相比,两种插入法的最大区别在于插入的导频信号连续与否。频域插入的导频在时间上是连续的,信道中自始至终都有导频信号传送。

frequency domain measurement 频域测量 对 信 号 频 域 特 性 进 行 的 测 量。TEMPEST(瞬时电磁脉冲发射标准)测试,首先要对设备的电磁发射进行频域测量,使用的仪器主要是频谱分析仪。

frequency domain method 频率域法 一种图像间接增强方法。频率域法把图像看成一种二维信号,对其进行基于二维傅里叶变换的信号增强。采用低通滤波(即只让低频信号通过)法,可去掉图中的噪声;采用高通滤波法,则可增强边缘等高频信号,使模糊的图片变得清晰。具有代表性的空间域算法有局部求平均值法和中值滤波(取局部邻域中的中间像素值)法等,它们可用于去除或减弱噪声。

frequency domain processing 频域处理 一段语音信号经过离散傅里叶变换,把

F

语音信号表示为正弦或复指数的序列，即把一段语音信号表示为各种不同频率成分的叠加的过程。频域方法的优势在于：① 对线性系统可以很方便地确定其对正弦信号或复指数信号的响应；② 傅里叶表示可以使信号的某些特性变得很明显。

frequency doubling (FD)　倍频制　磁盘机采用的一种游程长度受限码(RLLC)，属按位编码，参数（d, k; m, n; k）=(0,1;1,2;1)。逢"1"，位元中心磁化翻转一次；逢"0"，不翻转。使用位元边界磁化翻转作为时钟用于自同步，"1"、"0"信号频率不同，故也称"调频制"。因为"1"信号频率为"0"的两倍，故称倍频制或双频制。

frequency drift　频率漂移　频率随时间而发生的一种不希望有的、缓慢的、渐进的变化。频率漂移发生的原因包括元件老化和环境的变化。频率漂移可能是双向的，即频率既可能增加也可能减少，而且不一定要成线性关系。

frequency evasion　频率闪避　一种用于躲避干扰信号的反电子对抗(ECCM)技术，包括发射机的变频、接收机的变频或同时具备这两者。

frequency exchange signaling (FES)　换频信令　通过频率改变传递信息，当从一种有效状态向另一种有效状态变化时伴随着一个或多个频率振幅的衰减和另外一个或多个频率振幅的增加。换频信令可用于监控信令和用户数据传输中。

frequency frogging　频率交叉变换　为了达到一些特殊的目的，比如防止啸声、减低串音和对传输线中的高频响应下降的修正等，而对载波信道中的频率进行互换。频率交叉变换是通过转发器内的调制器将一个低频族转换为高频族（或反之）而实现的。由于交叉变换，一个信道在一个转发器段为低频族，而在下一个

转发器段将被转换到高频族。这就使频率在两个连续的转发器段间的衰减近似于常量，因而不需要使用大的频率均衡和调整。因为转发器的高电平输出与其他转发器的低电平输入是处于不同的频率上，所以啸声和串音被降至最低水平。

frequency hopper　跳频器　扩频通信系统中的一种电磁波信号发生器，它的工作是基于跳频技术，要求较宽的带宽，但具有反电子对抗(ECCM)的能力，可提高通信的可靠性和保密性。

frequency hopper direct sequence modulation　跳频直接序列调制　在扩频系统中跳频调制和直接序列调制的结合。

frequency hopping (FH)　跳频，频率跳变　信号载波按编码序列指令在一定频段内以预定速率离散跳变的一种扩频技术。跳频技术具有电子反对抗(ECCM)能力，可提高通信的可靠性和保密性。

frequency hopping generator　跳频发生器　一种在直接传输中允许不同频率快速连续选通的设备。

frequency hopping multiple access (FHMA)　跳频多址(接入)　一种数字多址系统，此系统是把一个宽频段分成若干个频率间隔，称为频道，单个用户的载波频率在宽带频道范围内按伪随机方式变化。用户数据就在不同的载波上发送出去。任一个发射组的瞬时带宽都比整个扩展带宽小得多。用户载频的伪随机变化使在任意时刻对一具体频道的占用也随机变化，这样可以实现一个大频率范围的多址接入。

frequency hopping spread spectrum (FHSS)　跳频扩频[扩展频谱]　一种扩展频谱的技术。在同步、且同时的情况下，收发两端以特定型式的窄带载波来传送信号。它对发射的频率按给定的算法自动进行切换，通常以伪随机的方式从一个带宽(这个带宽比信息的带宽要宽)中的一

组频率里选择待发送的频率。为从传输信号中恢复出信息,接收机的跳频必须与发射机同步。对于一个非特定的接收器,FHSS所产生的跳动信号对它而言,也只算是脉冲噪声。FHSS所展开的信号可依特别设计来规避噪声或"一对多"的非重复的频道,并且这些跳频信号必须遵守FCC(美国联邦通信委员会)的要求,使用75个以上的跳频信号、且跳频至下一个频率的最大时间间隔为400 ms。

frequency mixer　混频器　在电子学中,混频器是一种非线性电路,从施加于其上的两个信号中可以产生新的频率。在最常见的应用中,施加两个信号到混频器,并且它在原始频率的和与差处产生新的信号。其他频率分量也可以在实际的混频器中产生。混频器广泛用于将信号从一个频率范围转换到另一个频率范围,这一过程称为外差,为方便传输或进一步的信号处理。例如,超外差接收机的关键部件是用于将接收信号移到公共中频的混频器。频率混频器也用于调制无线电发射机中的载波信号。

frequency modulation (FM)　调频,频率调制　瞬时频率偏移按照给定的调制信号瞬时值的函数而改变的调制。传输信号时,使得载波的频率根据调制信号作相应变化的过程称调频。

frequency modulation improvement factor 调频改进因素　调频接收机的一个参数,该参数可由以下方法计算:接收机输出信号与噪声的比(S/N)被接收机输入端处的载波与噪声的比(C/N)除。

frequency modulation improvement threshold 调频(信噪比)改善阈值　调频接收机中,射频信号的峰值等于接收机热噪声峰值的那个点处,基带信号与噪声的比(S/N)约为30 dB,通常为信噪比改善阈值。阈值以上的信号每增加1 dB,信

噪比增加1 dB。

frequency modulation recording　调频记录(法)　为表示"1"磁化状态在每一单元边界有一次更改,在单元中心则有进一步更改的不归零记录法。

frequency modulation threshold　调频阈值　调频接收机解调器所要求的最低输入信号电平,也称为"调频门限电平",若输入信号低于这一电平,则解调器无法从载波中恢复出完整的原信号。

frequency modulation threshold extension 调频阈值扩展　在一台调频接收机中,由于降低工作波段宽度而使接收到的噪声功率降低和允许有用信号的阈值发生在一个较低的信号输入电平,从而可能造成的调频阈值的改变。

frequency octave　倍频程　任意两个比值为2∶1的频率间的间隔。

frequency offset　频率漂移,频漂　(1)由调制有意产生的频率变化,或由自然现象无意引起的频率变化。(2)模拟线路上的频率变化,这是在通信线路上遇到的一种损害。

frequency of optimum transmission (FOT) 最佳传输频率　能用于天波和地面波传输系统,它提供最小的路径损耗和最大的业务可用性。通常它被认为是最高可用频率的90%。

frequency prediction　频率预测　为两个特定的地点或特定的地理区域,在以24小时为周期的不同时段,对最高可用频率(MUF)、最佳传输频率和最低可用频率(LUF)的预测。频率预测通常将各个频率按时间的函数画出并用图表示出来。

frequency priority　频率优先权　在频率分配时,一个组织被授权使用一个特定频率的权力,这样可以避免处于同一优先区内的其他组织的电台信号可能造成的干扰。

frequency reuse 频率复用 在同一频带或重叠频带上传输不同信号的一种技术。其基础是利用两个信号的不同极性,例如使用水平和垂直极性。

frequency reuse factor 频率重用因子[复用系数] 是可以在移动网络中使用相同频率的速率。它是 1/K(或根据一些书籍的说法是 K),其中 K 是不能使用相同频率进行传输的小区的数目。频率重用因子的常用值是 1/3、1/4、1/7、1/9 和 1/12(或 3、4、7、9 和 12,具体取决于符号)。

frequency selective fading 频率选择性衰落 指在不同频段上衰落特性不同的现象。引发频率选择性衰落的原因多是时延扩展,时域的时延扩展导致的不同频率的信号经过频率选择性衰落信道的时候具有不同的响应,多路信号到达接收机的时间有先有后,即有相对时间延迟,不同时间的信号就会重迭在一起,造成信号间的干扰。这种衰落称为频率选择性衰落。

frequency series 频率系列 几个具有谐波关系的电磁波组成的一个频率群。一个频率系列的例子是一根传输线中一个基频与其各次谐波所构成的一个频率群。

frequency shift 频(率偏)移 (1)在物理科学和电信领域,术语频移可以指:频率中的任何变化;多普勒频移或多普勒效应;在传真技术中,一种频率调制系统,其中一个频率代表图片黑色而另一个频率代表图片白色;信号处理中的频谱偏移。(2)一台设备,如一台无线发射机、振荡器或一条线路,从一个工作频率变到另一个工作频率。(3)为了调制的目的而对频率作的变化。

frequency shift keyed modulation (FSKM) 频移键控调制 将二进制数据调制成载波频率的简单调制技术。这种技术通常只设置两种频率状态变化,一个对应二进制数字 0,另一个对应二进制数字 1。通常当二进制调制信号为正时,产生较低的频率,当调制信号为负时,产生较高频率。FSKM 被用于低速异步传输,传输速度不能超过每波特一比特。

frequency shift keying (FSK) 频移键控 (1)一种调制方式。其周期性正弦振荡的频率在一组离散值之间变化,而每一个离散值都表示用于调制的离散信号的一种特征状态。(2)调制解调器中的一种频率调制方法,在有信号瞬间产生载频的突变,调制信号在几个不同的固定频率之间变动以表示不同的信号电平。

frequency spectrum 频谱 可以作为波来描绘的重复现象的频率成分。描绘频谱时通常以频率为横坐标,以给定波中各频率或频带处的幅度或每赫兹的能量为纵坐标。可以用傅里叶分析来求得一个波形的频谱。

frequency spectrum congestion (FSC) 频谱拥挤 当许多电台同时使用靠得很近的频率发射信号,即防护频带不够宽、信道间的间隔不够宽时发生的情况。频谱拥挤会造成调谐时难以区分各个电台,或者使得边带和主信号发生重叠,也会因为电离层的反射而引起的频率或相位的轻微偏移而引起干扰。

frequency stability 频(率)稳(定)度 对一个诸如振荡器、发射机、接收机、滤波器或时钟等的调谐或电路的频率,在指定时期内的偏移频率与工作频率之比。偏移频率指在一定时间内,实验输出频率与工作频率之差的最大值与最小值的均方根值。

frequency standard stability 频率标准稳定性 在一个指定周期内一个连续工作的频率标准保持其初始频率的程度。

frequency subnet number (FSN) 频率子网号码 欧洲无线电报系统中,分配给个人寻呼机的号码。

frequency synthesizer（FS） 频率合成器 除基频外还产生一种或多种与参考频率相位相干的频率的设备。参考频率可能来自内部或外部的信号源。

frequency tolerance 频率容限 一个发射时占有的频带的中心频率和指派的频率间的最大允许偏差，或发射的特征频率与参考频率之间的最大允许偏差。频率容限用赫兹或用百分比来表示。

frequency translation 频率变换 （1）传输线路的输入端的一个单频信号在输出端接收时变成另一个频率。（2）将占有某一指定频带（如一个信道或一组信道）的信号从频谱的某部分转移到另一部分，在转换时其带宽内部信号的频率的算术差保持不变。

frequency translator（FT） 差（频）转（播）机 一种电视转播机，它接收到的某一频道的电视信号经差拍转变到另一频道上，再经放大后发射出去。由于采用了变换频率的方法，经电视发射机放大了的信号不至于反馈回来。

Fresnel equation 菲涅尔方程 菲涅尔方程定义当电磁波入射到界面上时光学界面上的反射和透射系数，是界面两面传输介质的折射系数、入射角和相对于界面的极化方向的函数。

Fresnel loss 菲涅尔损失 电磁波通过一个节点时，由于一部分电磁波被反射而造成的损失。

Fresnel reflection 菲涅尔反射 是在具有不同折射率的两均匀介质间的界面上，入射光的部分反射。在光纤的进口端和出口端，菲涅尔反射发生于空气和玻璃之间的界面。综合传输损耗大约为 4%，这个损耗可通过使用防反射涂层或系数匹配材料而被减少。它还发生在纤芯-包层之间的界面上。菲涅尔反射系数取决于界面折射率的差异和入射角。在光

学器件上，一种称为"防反射涂层"的很薄的透明膜可用于产生额外的菲涅尔反射，这样就破坏了干涉而减少了总的菲涅尔反射。

Fresnel reflection coefficient 菲涅尔反射系数 菲涅尔反射是相干反射。菲涅尔反射系数取决于光滑界面两侧介质折射率的差值和入射角。在布瑞斯特角（Brewster angle）处反射系数为 0，即没有反射。

Fresnel reflection method 菲涅尔反射法 在光纤中，通过测量光纤端面上径向各点位置的反射系数从而测出光纤折射率分布的方法。

Fresnel reflective loss 菲涅尔反射损失 在光通信中，光波通过一个接点时，由于一部分光被反射而造成的损失。

Fresnel zone 菲涅尔区 （1）以物理学家 Augustin-Jean Fresnel 命名的菲涅耳区是发射天线和接收天线系统之间和周围的一系列同心长椭球形空间区域中的一个。该概念用于理解和计算发射机和接收器之间传播的波（如声波或无线电波）的强度。（2）在微波路径中，它描述了一个以路径为中心的假设环，这样，从发射机到环到接收机的距离比从发射机到接收机的距离长二分之一波长。

Fresnel zone antennas 菲涅尔区天线 是通过使用天线表面的相移特性而不是其形状来聚焦信号的反射面天线。有三种类型的菲涅耳区天线，即菲涅耳波带片，偏移菲涅耳波带片天线和相位校正反射阵或"反射阵列"天线。它们是一类衍射天线，已用于从无线电频率到 X 射线。菲涅耳区天线属于反射器和透镜天线的类别。然而，与传统的反射器和透镜天线不同，菲涅耳区天线中的聚焦效应是通过控制表面的相移特性并允许平坦或任意的天线形状来实现的。

fringe area（FA） 边缘区域 （1）指发射

机信号覆盖的有效服务区之外的弱场强区,在该区内不能保证可靠的接收。(2)指刚刚超出电视发射台发射范围的区域。在该区域中,电视信号变得微弱和不可靠,需要使用高增益定向天线或对信号更灵敏的接收设备进行额外增强。

front end noise temperature　前端噪声温度　对接收机第一级产生的热噪声的测量。

front end system（FES）　前端系统　(1)处于多系统环境中的一个信息管理系统,该系统控制所有终端,将报文送至适当的处理系统和把所有回答送回终端。(2)连接到大型主机的一种小系统,用于处理低速的外围设备,而不需要主机的处理能力。

front focal length（FFL）　前焦距　在光学系统的镜头中,位于前面的主焦点和镜头的第一个主点间的距离。

front porch　前肩　是在每个传输的图像行的末尾和下一个行同步脉冲的前沿之间插入的一个短暂的(约 1.5 μs)周期。其目的是让电压电平在老式的电视机中稳定,防止图像行之间的干扰。前肩是行消隐间隔的第一个分量,行消隐间隔也包含行同步脉冲和后肩。

front to back ratio（FBR）　前后比,方向性比　(1)在一个诸如天线或传输线之类的设备中,一个方向上的诸如信号强度功率之类的参数同相反方向上的同一参数的比值。通常用分贝（dB）表示。(2)用参数的比来表征诸如整流器或其他设备的特性,即将其一个方向的电流、信号强度、阻抗或其他参数与相反方向的参数相比。

full availability　全利用度　在交换网络中,任一入线能选择所有出线的网络,称为全利用度网络。

full baud bipolar coding（FBBC）　全波特双极性编码　双极性脉冲序列中的编码,

以双极性脉冲序列中的零电平电压代表 0,用序列中交变的正负脉冲代表 1,在整个波特宽度上(即一个单位的间隔)将脉冲保持在各自的电平上。因脉冲极性交变的工作原理,它有内部错误检测的能力。如果交变没有发生,则检测电路就会发出出错信号。

full carrier　全载波　一种发射的载波,其功率电平不降低,即载波具有足够的电平来解调边带。

full carrier emission　全载波发射　载波功率电平与峰包功率之差小于等于 6 dB 的调幅发射。双边带调幅发射通常具有全载波,其功率电平在 100% 调幅时恰比峰包功率低 6 dB。在单边带全载波发射时,发送一个比峰包功率低 6 dB 的载波功率以便使用为双边带全载波而设计的接收机。

full carrier single sideband emission　全载波单边带发射　载波不被抑制的单边带发射。

full carrier transmission　全载波传输　传输的是已调制的全载波,其载波振幅不低于峰值包络功率的一定值,比如不低于 3 dB 或 6 dB。

full color　全彩色,丰满色　通常指每个像素的红绿蓝基色分别用 8 位表示,像素的颜色总数可达 2^{24}（约 1 677 万)种。

full duplex（FDX）　全双工　在通信系统中电路具有双信道,使两端能同时发送和接收信号的一种工作方式。

full duplex switched Ethernet（FDSE）　全双工交换以太网　为增加主干网带宽,减少以太网上的报文冲突,可以在服务器与中心节点交换机间使用千兆位的全双工链路。所有网络部件全部使用交换机,使交换机连接每个工作站,而所有的工作站网卡也全部采用全双工的快速以太网卡,构成全双工交换以太网。

full echo suppressor (FES)　全回声抑制器
一种回声抑制器，它利用在一条四线电路上传送的信号来控制另一条通道上的回声抑制损耗。

full mesh　全网型,全网状　一种网络拓扑,其中每个节点到其他网络节点都有物理的或虚拟的电路链接。由于全网型的电路有大量的冗余,代价昂贵,一般用作网络骨干。

full modulation (FM)　全调制　在模拟数字转换器中,输入信号幅度刚好达到将发生限幅的阈值的状态。

full motion operation rate　全更新操作速率　在电视中,编码/解码视频帧数据使得全运动图像没有闪烁和模糊的刷新速度。图像更新速度应大于 16 fps(帧每秒),欧洲电视的更新速度是 25 fps,北美的是 30 fps。

full motion video (FMV)　全运动视频　一个重现电视信号质量的标准。对于原来在 NTSC(美国国家电视制式委员会)制式中的信号,全运动是当图像以 30 fps(帧每秒)再现时得到的;对于原来在 PAL(逐行倒相制)制式中的信号,全运动是当图像以 25 fps 再现时得到的。

full node name　节点全名　在 TCP/IP(传输控制协议/网际协议)网络环境中,为网络节点所起的带有全部域名的名字。

full optical communication　全光通信　指整个通信过程全由光信号传来实现的。它由摄像光学系统、光纤束和接收放大光学系统三大部分组成。以图像通信为例,在发送端,摄像系统直接摄下(彩色)图像,然后将这些光信息耦合进光纤束。在接收端,再由放大光学系统直接把(彩色)图像信号放大,最后重现出原来的(彩色)图像。全光通信系统的优点是设备简单,传输图像质量高,速度快,是一种新的光纤通信方式。

full rate traffic channel (TCH/F)　全速率业务信道　采用全速率话音编码方式的业务信道。总速率为 22.8 kbps 的信息,包括语音业务信道和数据业务信道。

full service access network (FSAN)　全业务接入网　是透明实现包括话音、视频、多媒体数据等所有业务的接入网。从 1995 年开始,光纤到家庭架构的工作主要由电信服务提供商和系统供应商组成的全业务接入网络(FSAN)工作组完成的。国际电信联盟(ITU)做了进一步的工作,并对两代 PON(无源光网络)进行了标准化。较早的 ITU-T G.983 标准是基于异步传输模式(ATM),因此被称为 APON(ATM PON)。对原先的 APON 标准的进一步改进,以及 ATM 作为协议逐渐得不到赞同,导致 ITU-T G.983 的完整的最终版本更经常地称为宽带 PON(BPON)。典型的 APON/BPON 提供 622 Mbps(OC-12)的下行带宽和 155 Mbps(OC-3)的上行流量,尽管该标准适用于更高的速率。ITU-T G.984 千兆比特无源光网络(GPON)标准通过使用更大的可变长度数据包,在总带宽和带宽效率方面比 BPON 都有所提高。还有,这些标准支持多种比特率选择,但业界已经收敛到 2.488 Gbps 的下行带宽和 1.244 Gbps 上行带宽。GPON 封装方法(GEM)支持用帧分段的非常高效的用户流量封装。G.987 定义了 10G-PON,具有 10 Gbps 下行、2.5 Gbps 上行速率,成帧为"类 G-PON",旨在与同一网络中的 GPON 设备共存。

fully switched network　全交换网络　一种计算机网络,它在以太网上只使用网络交换机而不用以太网集线器。交换机为每个工作站提供专用连接。交换机允许同时进行许多对话。在交换机出现之前,基于集线器数据的网络一次只能在一个方向上进行传输,这称为半双工。通过使用交换机,这种限制被消除;保持全双工通信,网络无冲突。这意味着现在可以同时双向传输数据。全交换网络采用双绞线或光纤布线,两者都使用单独的线路来发送和接收数据。在这种类型的环境中,以太网节点可以放弃冲突检测过程并随意传输,因为它们是唯一可以访问介质的潜在设备。这意味着完全交换的网络是一个无冲突的环境。

full virtualization 完全虚拟化 在计算机科学中,虚拟化是 20 世纪 90 年代后期发展的一种现代技术,与模拟和仿真不同。虚拟化采用了用于创建环境实例的技术,而不是塑造环境的模拟;或仿真来复制目标环境,如某种虚拟机环境。完全虚拟化要求硬件的每个显著特征都反映到多个虚拟机中的一个,包括完整的指令集、输入/输出操作、中断、内存访问以及在裸机上运行的软件使用的任何其他元素,这是为了在虚拟机中运行。在这样的环境中,能够在原始硬件上执行的任何软件都可以在虚拟机中运行,特别是在任何操作系统中运行。完全虚拟化的显而易见的测试是,用于独立使用的操作系统能否在虚拟机中成功运行。

fully qualified domain name (FQDN) 全称域名,完全限定域名 因特网中一种域名,有时也称为绝对域名,是指定其在域名系统(DNS)的树形层次结构中的确切位置的域名。它指定了全部域级别,包括顶级域名和根域名。完全限定的域名的特点是没有歧义:它只能以一种方式解释。包含与命名的实体相关的所有的高层域。例如,上海交通大学网站的全称域名为 www.sjtu.edu.cn。

functional channel types 功能信道类型 由 ITU-T(国际电信联盟-电信标准化部)Q.1063 建议定义的公众陆地移动通信网中移动台(MS)与基站(BS)间的各种信道,分为业务信道(TCH)和控制信道(CCH)两大类。其中还包括 UPCH(用户分组信道)、CCCH(公共控制信道)、BCCH(广播控制信道)、DCCH(专用控制信道)、ACCH(随路控制信道)。

functional signaling 功能信令 综合业务数字网(ISDN)中的一种信令,其中信令信息是无二义的,并拥有信息的发送和接收者都清楚的定义。

function character 功能字符 (1)一种控制字符。(2)一种控制通信系统中接收设备的机械动作的控制字符。如,使电传打字机的托架返回,或命令制表的控制字符。

function control sequence (FCS) 功能控制序列 在某些计算机系统的通信软件中,一种用于控制各功能流的控制字符序列。

function entity access management (FEAM) 功能实体接入管理 智能网(IN)专用资源功能(SRF)的成分之一,它提供 SRF 与其他功能实体交换信息所必须的功能。这些功能包括:① 提供可靠的消息传送;② 确保顺序消息的递交;③ 允许消息请求/响应成对相关;④ 允许多个消息互相关联;⑤ 与 OSI(开放系统互连)的结构和原则一致。

fundamental component 基波分量 一周期量的傅里叶级数中序号为 1 的分量。

fundamental frequency 基本频率,基频 定义为周期波形的最低频率。在复合波形中起主要作用的正弦波信号的频率。在音乐中,最基本的是音符的音高,它被认为是最低的部分的呈现。就正弦曲线的叠加(例如傅里叶级数)而言,基频是总和中的最低频率正弦曲线。在某些情况下,基波通常缩写为 f_0(或 FF),表示从零开始计数的最低频率。在其他情况下,更常见的是将其缩写为 f_1,即一次谐波。(二次谐波则为 $f_2 = 2 \cdot f_1$ 等。在此情况中,零次谐波为 0 Hz)。

FUNI (1) 帧用户网络接口 frame user network interface 的缩写。(2) 基于帧的用户到网络接口 frame-based user to network interface 的缩写。

furcation coupling 分叉耦合 通过一单根的共用光纤,将由几根光纤传来的信号进行混合,这样可以得到一个包括几个信号所有成分的信号。

fusing splicing 熔接 在光学传输系统中使用固体绝缘传输介质时,通过对接将两个介质连在一起并在它们之间形成一个界面,然后用熔化的方法消除此公共界面以形成一个无界面的连接。理论上,当光波从一介质向另一介质传播时,在连接处没有发生反射,就没有损耗。但是因为连接点不可能完美无缺,因此在光纤的接头处仍会产生很小的损耗。

fusion of resource information 资源信息融合 在几个层次上完成对多源资源信息的处理,其中每一个层次都表示不同级别的信息抽象,通过对不同层次的资源信息探测、互联、相关、估计以及信息组合,以获得更为准确的资源信息的过程。

G

G picture　G 图像　指在视频编码中一种只使用帧内预测解码的场景图像。

gain (G)　增益　对元器件、电路、设备或系统,其电流、电压或功率增加的程度。通常用分贝(dB)来量度。

gain bandwidth product (GBP/GBWP)　增益(通)带宽(度)积　在一个有源设备中,测到的增益与特定的通带宽度的乘积。增益带宽积是用来表征在外接负反馈网络控制增益的电路中使用一个运算放大器时,增益与有效带宽之间的协调关系。在宽量程内,增益与带宽(单位为赫兹)的乘积基本保持不变。

gain compression　增益压缩　当输入信号幅度超过某一特定值时,显示屏将不能正确显示信号的幅值;当信号增加时,将引起有效显示的压缩,这一过程用术语增益压缩来表述。通常用增益压缩电平变化增益在 1 dB 以内来指示输入信号的线性范围。

gain hits　增益瞬扰　电话线路数据传输中的一种误差原因,通常当信号浪涌超过 3 分贝,且持续时间超过 4 毫秒时出现。

gain margin　增益裕度[余量]　使系统达到临界稳定所需要的系统增益的放大倍数,当增益按增益裕度增大后,将会导致临界稳定的系统。

gain of an antenna　天线增益　在给定的方向上并在相同距离上产生相同场强或相同功率通量密度的条件下,无损耗基准天线输入端所需功率与供给某给定天线输入端功率的比值。增益分为:① 绝对或全向增益(Gi),这里基准天线是一个在空间中处于隔离状态的全向无线;② 相对于半波振子的增益(Gd),这里基准天线是一个在空间处于隔离状态的半波振子,且其大圆面包含给定的方向;③ 相对于短垂直天线的增益(Gv),这里基准天线是一个比四分之一波长短得多的、垂直于包含给定方向并完全导电的平面的线性导体。

gain shifted erbium-doped fiber amplifier (GS-EDFA)　增益平移掺铒光纤放大器　通过控制掺铒光纤的粒子数反转程度,放大 1 570～1 600 nm 波段,它与普通的 EDFA 组合起来可以得到带宽约 80 nm 的宽带放大器。

gain/slope　增益/斜率　在模拟电路中特定频带上的频率水平的测量,通常在 404、1 004 和 2 804 Hz 频率上测量。

gain/temperature (G/T)　增益/温度　是卫星电视接收系统的天线增益与接收系统噪声温度之比,用分贝表示,作为地面接收系统的一个品质因数。若这一值增加,则意味着图像质量提高。利用减小低噪声放大器的噪声温度和增加接收天线的尺寸均可以提高 G/T 值。

gamma (G)　伽马[灰度](系数)　(1)亮度重现特性曲线(对数坐标)上某一点处的正切。(2)指测量图像再现过程的对比度。大多数显示器的特性是非线性的。当信号电平低的时候,信号产生很小幅度的改变就会导致显示亮度电平的变化,而信号电平高时,同样的信号幅度改变却不会对显示亮度产生同样的改变。这种作用或测量这种不同就称之为伽玛。高伽玛值表示高对比度,低伽玛值表示低对比度。在电视系统中,这样的特性指出了接收设备屏幕亮度增加和原始场景亮度增加之间的关系。一般来说,这种变化关系在整个色调范围是不均匀的,在给定时间点的伽玛值或对比度梯度才是重要的。对于摄像管和类似的传送设备来说,其伽玛点的定义是:曲线的瞬时斜率与入射光和得到的输出电压的对数有关;而对于接收和显示设备来说,是曲线的瞬时斜率与输入电压和由此产生的输出光强度的对数有关。

Gamma photon　伽玛光子　γ辐射中的一种基本粒子或量子,其能量等于hf,h为普朗克常数,f为辐射频率。伽玛光子的频率高于 x 射线和光频谱,其中包括可见光、红外线、紫外线频谱。

Gamma radiation　伽玛辐射　一种具有比光波和 x 射线频率还高的电磁波,频率位于$1\,010\sim1\,012$ GHz。它只能被高密度物质(例如耗尽铀、铅等)所阻挡或吸收。伽玛辐射通常由核反应产生,以及高能激光器中当电子从高能级向低能级跳变时产生。

gap loss　间隙损耗　在光纤中,由于轴向对齐(纤维光学意义上的)之间空隙产生的能量的损耗。间隙损耗是发生在光纤传输中的信号强度损耗,当信号从一段光纤或电缆传输到另一段光纤时就会产生。间隙损失的三种基本类型是角失准损失,横向偏移损失和纵向位移损失。损耗往往与纤芯半径与间隙或位移的大小之比成比例。

gas laser (GL)　气体激光器　激发介质为气体的激光器。这种激光器在氦、氖混合气体中以低能量放电,从而持续地产生一股高度密集、非常尖锐的红外射束。

G.ason　G.ason 建议　国际电信联盟-电信标准化部(ITU-T)关于光传送网(OTN)系列建议之一,定义在光通路层实现自动倒换光网络,使得光网络具备灵活的业务工程设计能力。该建议提出并描述了自动交换光网络(ASON)的结构特征和功能特性,以及一些结构因素(如信息模型、控制信令通道等)。利用信令协议来实时建立光通道连接,将是 ASON 下一步研究的一个主要内容,其中包括支持 ASON 所需的具体的信令内容和构成,以及信令通道的具体连接组网方式。

gatekeeper (GK)　网守　国际电信联盟-电信标准化部(ITU-T)制订的 H.323 建议中规定的一种网络实体。网守为 H.323 端点提供地址翻译和接入控制服务,并具有路由选择、带宽管理、参与呼叫信令控制和其他的分组网维护管理功能。在 IP(因特网协议)电话系统和多媒体通信系统之中,负责维护全网的拓扑图、路由表,提供 IP 地址与电话号码之间的地址映射、带宽控制、呼叫控制信令、呼叫授权许可、呼叫管理服务以及增值业务的功能。

gateway　网关　在开放系统互连参考模型(OSI/RM)的高层(传输层到应用层)实现不同网络协议之间互相转换的设备,又称"协议转换器"。

gateway discovery protocol (GDP)　网关发现协议　美国思科公司基于 UDP(用户数据报协议)制定的协议,能使主机检测是否有新路由器加入,以及是否有路由器失效。

gateway for mobile location center (GMLC)　移动定位中心网关　基于 GSM(全球移动通信系统)的移动定位系统的一个中间件产品,它能够将用户的位置信息传送到紧急呼叫中心或其他应用程序。

gateway GPRS supporting node (GGSN)　网关通用分组无线业务支持节点　是通用分组无线业务(GPRS)网络的主要组成部分。GGSN 主要是起网关作用,它可以和多种不同的数据网络连接,如 ISDN(综合业务数字网)、PSPDN(分组交换公用数据网)和 LAN(局域网)等。有的文献中,把 GGSN 称为 GPRS 路由器,它实现路由选择、与外部网络协议转换等功能。GGSN 可以把 GSM(全球移动通信系统)网中的 GPRS 分组数据包进行协议转换,从而可以把这些分组数据包传送到远端的 TCP/IP(传输控制协议/网际协议)或 X.25 网络。

gateway interface 网关接口 两个不同通信系统之间的接口,它可以提供交换中心,实现一个系统的用户呼叫另一个系统所需的交换、信令、监控和传输功能,在一个编程的计算机控制下自动实现交换功能,通常两个系统中只允许有限的用户经由接口访问另一个系统。

gateway mobile-services switching center (GMSSC) 网关移动业务交换[切换]中心 移动网与有线网互联时要通过 GMSSC,其作用是查询用户的位置信息,并把路由转到移动用户所要接入的交换局。

gateway network control program (gateway NCP) 网关网络控制程序 一个进行地址转换以允许网络间会话通信的网络控制程序,它连接两个或多个独立的网络。

gateway network element (GNE) 网关网络件[网元] 在同步数字系列(SDH)网络中与网管系统直接相连的网络单元称为网关网元。

gateway of application layer 应用层网关 在应用层实现协议转换的网关。这种网关适用于异构网络互连,也适用于应用层不同的网络互连。

gateway of network layer 网络层网关 仅实现两网之间网络层及其以下各层协议转换的网关。这种网关适用低三层协议不兼容、而传输层上协议兼容的网络。

gateway VTAM 网关虚拟远程通信访问法 一个能够进行网络间会话启动、终止、关闭和会话输出提示的系统服务控制点(SSCP),与网关 NCP(网络控制程序)进行会话,在建立协同网络地址时提供网络名称的转换并协助网关 NCP。

gating pulse 选通脉冲,门(控)脉冲 设计用于在指定周期内运行系统的脉冲,使某些其他动作在间隔期间发生。用于彩色电视发射机或接收机中。

Gauss/Gaussian (G) 高斯 是磁感应强度的 cgs 制(厘米-克-秒制)计量单位。1 高斯的磁感应强度就表示每平方厘米 1 麦克斯韦的磁通量。高斯单位是以德国科学家高斯命名的。一般度量磁铁之类的东西产生的通量密度时就要用到高斯这个单位。地球表面的磁通密度大约是 1 高斯。在工业电磁学中,一般用特斯拉来度量磁感应强度,1 高斯是 1 特斯拉的万分之一。

Gaussian filtered minimum shift keying (GMSK) 高斯滤波最小频移键控 这是 GSM(全球移动通信系统)采用的调制方式。GMSK 调制是在 MSK(最小频移键控)调制器之前插入高斯低通预调制滤波器这样一种调制方式。GMSK 提高了数字移动通信的频谱利用率和通信质量。

Gaussian filtering 高斯滤波一种卷积过程,其中模型像素权随高斯分布的距离而下降。

Gaussian frequency shift keying (GFSK) 高斯频移键控 是频移键控调制技术(FSK)的一种,不是用数字数据符号直接调制频率,而是在每个符号周期开始时"瞬时"改变频率,GFSK 用高斯滤波器对数据脉冲进行滤波,以使转换更平滑。该滤波器具有降低边带功率,减少与相邻信道的干扰的优点,代价是增加了码间干扰。

G

Gaussian minimum shift keying（GMSK）高斯最小频移键控　基带数字信号经高斯低通滤波器处理的最小频移键控（MSK）调制。为了减少已调信号的频谱宽度，GMSK 调制是在最小频移键控调制器之前插入高斯低通预调制滤波器。GMSK 提高了数字移动通信的频谱利用率和通信质量。同 Gaussian filtered minimum shift keying（GMSK）。

Gaussian noise　高斯噪声　瞬时幅度呈高斯分布的噪声。在话音通信时表现为随机的、低电平背景噪声。高斯噪声也称为"白噪声"、"环境噪声"和"嘘声"。

G band　G 波段　频率从 4 GHz 至 6 GHz，由不同的 10 个编号的波段组成，每一波段带宽 200 MHz，覆盖了部分已废弃的S、C、X、J 波段。

Gbit Ethernet over SDH（GEOS）　基于 SDH 的千兆以太网　在 SDH（同步数字系列）设备（如分插复用器 ADM）上增加千兆以太网接口或采用千兆以太网交换机，由它们提供帧映射和 VC（虚拟电路）级联等功能，建立在 SDH 传送网之上的千兆以太网。GEOS 系统协议栈分为三层：网络层为 IP 协议；链路层有三个协议：逻辑链路控制协议（LLC）、介质访问控制（MAC）、SDH 上的链路接入规程（LAPS）；物理层为 SDH 传送网。

general color rendering index（GCRI）　通用显色指数　即一般彩色重现[再现]指数，是一种彩色重现指数，它表明光源对任何可见物体的集合所呈现的性质。

general inter-ORB protocol（GIOP）　通用对象请求代理间通信协议　GIOP 定义了在对象请求代理（ORB）之间数据传输通信协议，在特定的传输协议上提供了应用程序接口（API）。GIOP 提供了一个标准传输语法（低层数据表示方法）和ORB（对象请求代理）之间通信的信息格式集。GIOP 只能用在 ORB 与 ORB 之间，而且只能在符合理想条件的面向连接传输协议中使用。这个协议是简单并且使用方便，较少依靠其它的低层传输协议。

generalized filtering　广义滤波　是非线性状态空间模型的一种通用贝叶斯滤波方案。它基于最小作用的变分原理，用广义坐标表示。注意这里使用的"广义坐标"的概念不同于（多体）动力系统分析中使用的广义运动坐标的概念。在拉普拉斯假设下，广义滤波提供隐藏状态（和参数）上的后验密度，利用变分自由能上的广义梯度下降产生观测数据。与经典（例如，卡尔曼-布西滤波器即粒子滤波器）的滤波不同，广义滤波避免了关于随机波动的马尔可夫假设。此外，它在线运行，通过对数据进行同化来近似未知量上的后验密度，而不需要向后传递。特殊情况包括变分滤波、动态期望最大化和广义预测编码。

generalized matched filter（GMF）　广义匹配滤波器　一种匹配的滤波器，将几种所期望的物体联系起来并排除已知噪声源。

generalized multi-protocol label switching（GMPLS）　广义[通用]多协议标记交换　是一种扩展 MPLS 的协议套件，用于管理更多类别的接口和交换技术，如时分复用、二层交换、波长交换和光纤交换等，而不是一般的分组接口和交换。广义 MPLS 与传统 MPLS 的不同之处在于它扩展了对多种类型交换的支持，如TDM（时分复用）、波长和光纤（端口）交换。例如，GMPLS 是波长交换光网络（WSON）的实际控制平面。对其他类型交换的支持促使 GMPLS 扩展传统MPLS 的某些基本功能，并在某些情况下增加功能。

generalized tamed frequency modulation（GTFM）　通用平滑调频　比平滑调频

更具普遍性的数字调制技术。它是以对横向滤波器的分支系数的奈奎斯特(Nyquist)低通滤波器的滚降因子选择不同的参数组合来实现的。

general MIDI（GM）　通用乐器数字接口　由 MIDI 制造商协会(MMA)制定的一种多媒体标准。它规定了 96 种声音与传统乐器的对应标准，以及一组声音与打击乐器的对应关系。利用此标准，制成表示声音的数字代码，并建立 MIDI 文件，可使符合 GM 标准的合成器发出使用者希望的声音。

general mobile radio service（GMRS）　通用移动无线电业务　是一种陆地移动 FM(调频)UHF(超高频)无线电业务，专为短距离双向通信而设计。GMRS 无线电通常是手持便携式设备，非常类似于家用无线电服务(FRS)无线电，并且共享 462 和 467 MHz 附近的 FRS 频带。移动和基站式无线电也可用，但这些通常是商用 UHF 无线电，常用于公共服务和商用陆地移动频段。只要符合 GMRS 类型，这些服务在此服务中是合法的。

general multi-protocol label switching（GMPLS）　通用多协议标记交换　是从 MPLS(多协议标记交换)演进而来，它继承了几乎所有 MPLS 的特性和协议。在 GMPLS 的体系结构中，没有语言的差异，只有分工的不同，GMPLS 就是各层设备的共同语言。如果从设备结构角度看，网络设备通常由三个平面组成：管理平面、控制平面和用户平面。管理平面为网络管理者提供对设备的管理能力；控制平面则是通过信令的交互完成对用户平面的控制；用户平面用于转发和传递用户数据。GMPLS 统一了各层设备的控制平面，各个层面的交换设备都将使用同样的信令完成其对用户平面的控制。GMPLS 将交换划分为四种类型：PSC(分组交换)、TDM(时分多路复用)、LSC(波长交换)、FSC(光纤交换)。一个网络节点可以仅完成其中一种或几种交换功能，可将 GMPLS 的网络简单划分为两层结构：路由网络和光网络，但这两个网络间不是重叠的，而是对等的，它们平等地用相同的信令进行沟通。GMPLS 重新定义了链路的概念，还设计了一个链路管理协议(LMP)，这是 GMPLS 体系中一个非常重要的组成。

general packet radio service（GPRS）　通用分组无线业务　一种由全球移动通信系统(GSM)提供，使移动用户能在端到端分组传输模式下发送和接收数据的无线分组业务。GPRS 在现有的 GSM 网络基础上叠加了一个新的网络，同时在网络上增加一些硬件设备和软件升级，形成了一个新的网络逻辑实体，提供端到端的、广域的无线 IP(网际协议)连接。GPRS 使用与语音呼叫相同的时段，每个时段提供大约 9.6 kbps 的数据流量。GPRS 网络可提供 28.8 kbps 下行至手机的传输速率和 9.6 kbps 返回至网络的上行传输速率，采用三个下行时段和一个上行时段。GPRS 是 GSM 向第三代移动通信发展的过渡技术。GPRS 技术可以充分利用现有 GSM 系统设备，为用户提供移动通信传输服务，并可为 ISP(因特网服务提供商)和企业内部网提供基于分组的高速、安全的无线接入，具备节省建设投资、可充分发挥原有设备的作用、建设周期短等多种优点。

general polling　普遍轮询[查询]　数据通信中的一种技术，它发出各种专用的邀请字符，请求所有相连接且准备发送的远程终端传输数据。

general world position system（GPS）　全球定位系统　同 global positioning system (GPS)。

generation loss　代次损耗[损失]　是数据的后续复制或转码之间的质量损失。在复制时任何降低表示的质量情况,以及在制作复制品的副本时会导致质量进一步降低的情况都可以认为是代次损失的形式。文件大小增加是代次损失的常见结果,因为引入的压缩失真可能实际上增加了每代数据的熵。例如,从原版录像复制节目时引起的图像和声音质量的退化。

generator (GEN) 发生[生成]器 产生特定波形或函数的装置。例如函数发生器、脉冲发生器等。

generic framing procedure (GFP) 通用成帧过程 是由ITU-T(国际电信联盟-电信标准化部)G.7041定义的多路复用技术。这允许在诸如光传输网(OTN)、同步数字序列/同步光网络(SDH/SONET)准同步数字序列(PDH)的电路交换传输网络上映射可变长度、更高层客户端信号。客户信号可以是面向协议数据单元(PDU)的(如IP/PPP或以太网介质访问控制),也可以是面向块-代码的(如光纤通道)。GFP有两种模式:通用成帧过程-成帧(GFP-F)和通用成帧过程-透明(GFP-T)。GFP-F将每个客户端帧映射到单个GFP帧。GFP-F用于客户端协议对客户端信号进行成帧或打包的情况。另一方面,GFP-T允许将多个8B/10B块编码的客户端数据流映射成有效的64B/65B块代码中,以便在GFP帧内传输。GFP利用基于长度/HEC的帧描述机制,该机制比高级数据链路控制(HDLC)(基于单个八位位组标志)所使用的机制更具鲁棒性。

generic multi-protocol label switching (GMPLS) 通用多协议标记交换 是多协议标记交换(MPLS)技术向光网络扩展的产物,它为了适应对智能光网络进行动态控制和传送信令的要求而对传统的MPLS进行了扩展、更新。使用GMPLS可以为用户动态地提供网络资源,以及实现网络的保护和恢复功能。向光网络进行了扩展的GMPLS不同于传统的MPLS,主要在于它支持多种类型的交换单元,即GMPLS除了支持分组交换,还支持时分复用、波长和光纤交换等。为了支持这种新型的光交叉连接,GMPLS不仅拓展了传统的MPLS的信令和路由协议,而且还增加了新的功能。同时,GMPLS还对传统MPLS控制平台进行了扩展。同generalized multi-protocol label switching (GMPLS)。

generic network information model 通用网络信息模型 描述被管对象类别及其特性的模型。这些特性是与技术无关的(通用的),并且用于描述在建议M.3010体系结构中定义的所有接口所交换的信息。

generic routing encapsulation (GRE) 通用路由封装 IP(网际协议)隧道技术中使用的一种封装格式:把企业内部网的各种信息分组封装在内,可通过IP协议透明地穿过因特网,实现端点之间互连。在常规情况下,系统拥有一个有效荷(或负载)包,需要将它封装并发送至某个目的地。首先将有效载荷封装在一个GRE包中,然后将此GRE包封装在其它某协议中并进行转发。该外发协议即为发送协议。

generic top-level domain (GTLD, gTLD) 通用顶级域名 是因特网号码分配管理机构(IANA)维护的顶级域名(TLD)类别之一,用于因特网域名系统。顶级域是每个完全限定域名的最后一级。通用顶级域的核心组由com、info、net和org域组成。biz、name和pro也被认为是通用的,但却是受限制的,因为其在注册时要求提供相关的资格证明。

genlock (GL, generator lock) 同步锁相(器) (1)一种使复合视频设备(如电视机)可以同时接收两路信号的设备(例如特殊效果产生器）。它在锁定一路信号的同时，处理第二路信号。它可以将计算机中的图像与第二路信号源中（如摄像机）的视频信号进行复合。同步锁相确定一个视频帧开始的确切时刻，和允许多个设备（录像机、照相机等）与精确定时一起使用，这样他们就能捕获一致的场景。（2）为解码器提供重构电视图像所需信息的电视同步信号，包括亮度、颜色以及定时等信息。

geographical frequency sharing 地区（性）频率共用 居住在一个地理区域的所有用户共用一个电磁频谱。

geographic routing（georouting） 地理路由 也称为基于位置的路由。是依赖于地理位置信息的路由原则。主要用于无线网络并且基于源将消息发送到目的地的地理位置而不是使用网络地址的想法。在 20 世纪 80 年代，在分组无线网络和互连网络领域首先提出使用位置信息进行路由的想法。地理路由要求每个节点可以确定自己的位置，并且源节点知道目的地的位置。利用该信息，可以在不知道网络拓扑或先前路由发现的情况下将消息路由到目的地。有各种方法实现地理路由，例如单路径、多路径和基于泛洪的策略。

geolocation technology 地理定位技术 移动通信中的地理定位技术是指通过移动通信系统确定用户地理位置的技术。

geometric distortion correction 几何畸变校正 （1）对照相机、阴极射线管等设备上的图像畸变所进行的校正。通常用在偏转波形上增加补偿位号，以抵消光栅畸变的物理方法，或者用对变形图像的数学编码进行计算机处理的数学图像处理方法。（2）对实际设备（如阴极射线管等）上的图像畸变所进行的校正。通常有两种校正方法：① 物理处理方法，即在偏转波形上增加补偿信号，以抵消

光栅的畸变；② 数字图像处理方法，即对变形图像的数字编码进行计算机处理，以达到图像校正的目的。

geometric optics 几何光学 （1）光学的分支学科，用几何射线来论述光的传播。（2）在光射线光学中，当光线经过光学器件时（如经过透镜、棱镜以及其他光传输介质），它们产生反射、折射、衍射及电磁辐射，服从数学决定的路径。

geometric spreading 几何散开 波在一般无源介质中传播时，其辐照度的减小是沿传播方向的距离的函数，造成这种情况的唯一原因是光线散开，而不是吸收、散射、漫射、衍射或横向辐射。

geostationary orbit 对地静止轨道 这种轨道是一个卫星运动的轨迹，它是圆形的，位于地球赤道平面上，相对地球而言轨道上的物体保持在一个固定位置上（与地球同步旋转），即与地球自转方向相同。对地静止轨道上的物体，保持在离地球中心约 42 164 km 上的固定位置，即离海平面约 35 787 km。

geostationary satellite orbit（GSO） 地球同步［对地静止］卫星轨道 在赤道正上空离地 35 786 km 处的卫星轨道，绕轨道旋转的周期同恒星日一样，大约 23 小时 56 分钟 4 秒。由于同地球自转方向相同，在地球同步轨道上运行的卫星每天相同时刻经过地球上相同地点的上空，因而从地球表面上看该轨道的卫星是静止的。

geosynchronous orbit 地球同步轨道 卫星保持地球同步时运行的轨道，大约距地面 35 888 km。

geosynchronous satellite 地球同步卫星 运转周期等于地球自转周期的地球卫星。

get get［获取］ 简单网络管理协议（SNMP）定义的五个协议操作之一。get操作是要求代理返回一个或多个对象或

特定信息片段的请求。对于请求的每个对象,代理将返回该对象的值。

get-bulk operation　获取批量操作
SNMPv2 定义了 get-bulk 操作,它允许管理应用程序一次检索大段表格。标准 get 操作可以尝试一次检索多个 MIB 对象,但消息大小受代理功能限制。如果代理无法返回所有请求的响应,它将返回一个没有数据的出错消息。另一方面,获取批量操作告诉代理尽可能多地发送返回响应。这意味着不完整的回应是可能的。当发出 get-bulk 命令时必须设置两个字段:非重复和最大重复。非重复字段告诉 get-bulk 命令,通过简单的 get-next 操作可以检索到前 N 个对象。最大重复字段告诉 get-bulk 命令尝试多达 M 个 get-next 操作来检索剩余的对象。

get-next　get-next[获取下一个]　简单网络管理协议(SNMP)定义的五个协议操作之一。get-next 使网络管理系统可以请求代理支持管理信息库(MIB)中的"下一个"对象或多个对象。对于请求的每个对象,代理将返回在 MIB 树中按照词典编撰顺序排在下一位的对象。

get-response　get-response[获取响应]　简单网络管理协议(SNMP)定义的五个协议操作之一。get-response 是 SNMP 代理为响应接收到的 get、get-next、get-bulk 或 set-request 数据包而发送的数据包类型。管理工作站发送一个 get-response 操作用于确认。

G.fast　G.fast 标准　是一种数字用户线(DSL)协议标准,适用于短于 500 m 的本地环路,性能目标在 100 Mbps 和 1 Gbps 之间,具体取决于环路长度。只能在非常短的环路才能实现高速。尽管 G.fast 最初设计用于 250 m 以内的环路,但在 2015 年初 Sckipio 公司展示了速度超过 100 Mbps 距离接近 500 m 的 G.

fast。ITU-T(国际电信联盟-电信标准化部)G.9700 和 G.9701 已经作为正式规范发布,G.9700 与 G.9701 分别于 2014 年 4 月和 12 月获得批准。与宽带论坛的 FTTdp(光纤到分配点)项目相协调开发。G.fast 中的字母 G 代表 ITU-T 的 G 系列建议,fast 是快速接入用户终端 fast access to subscriber terminals 的缩写。有限的演示硬件在 2013 年年中展示了。第一批芯片片组于 2014 年 10 月推出,2015 年推出商用硬件,首批部署于 2016 年开始。

ghost RACH (random access channel)　幽灵式随机接入信道　手机发向一个小区的信道请求(channel request)或是切换接入(HO access)信号有可能被另一个小区接收到,并被误认为是到该小区的信道请求。对于后一小区而言,这种接入信道请求是虚假的,称之为幽灵式接入,分配的随机接入信道(RACH)被称为幽灵式随机接入信道。

gigabit EtherChannel (GEC)　千兆以太通道(聚合技术)　一种提高网络带宽的技术。它是在两台交换机或者交换机与服务器之间提供多条千兆链路,将多条千兆链路聚合成一条逻辑通道,以成倍地增加带宽,并为线路冗余提供可靠保证。

gigabit Ethernet (GE)　千兆位以太网　由电气电子工程师学会 IEEE 802.3 标准委员会开发的一种基于光纤电缆网络的高速技术,1997 年 10 月正式推出,最高传输速率为 1 Gbps。采用和以太网同样的 CSMA/CD(载波监听多路访问/冲突检测)协议,同样的帧格式,是以太网最自然的升级途径。1999 年夏天又批准了一个使用传统铜制电话线的千兆位以太网标准,以刺激千兆位以太网快速发展。按物理层信号的发送分有四种形式:802.3z 规定了 1000BASE-LX(长波长,光纤)、1000BASE-SX(短波长,光纤)

和 1000BASE - CX(带屏蔽的跨接铜缆),802.3ab 规定了 1000BASE-T(超五类 UTP 非屏蔽双绞线)。支持的最大距离:1000BASE-LX 时,单模光纤 3 千米,多模光纤 550 米;1000BASE-SX 时,多模光纤 550 米;1000BASE-CX 时,带屏蔽的跨接铜缆 25 米;1000BASE-T 时,超 5 类 UTP 非屏蔽双绞线 100 米。千兆位以太网技术向专用、无碰撞、全双工的连接方式发展。以太网的速率还在提高,目前已达到 100 Gbps。

giga-bit Ethernet over DWDM (GE over DWDM)　密集波分复用系统之上的千兆以太网　其基本原理和工作方式是:在发送端将交换机、路由器等设备传出的千兆以太网(GE)光信号,送给千兆以太网波长转换板,进行光/电转换,电信号分为两路,一路送给 GE 的 MAC(介质访问控制)芯片(用于获取 GE 的传输信息),一路到具有特定波长的激光器进行调制。经特定波长激光器调制的 GE 光信号同其他波长的光信号复用进入一根光纤传输。在接收端,通过分波器将各个波长的光信号分离,并送入不同终端。分离出的 GE 光信号,送给 GE 波长转换板,同样需进行光/电/光的转换,并在电信号层用 GE 的 MAC 芯片监视传输情况,最后得到的 GE 光信号,送到交换机、路由器等设备的 GE 光接口,完成整个在密集波分复用系统上的千兆以太网传输过程。

gigabit interface converter (GBIC)　千兆(位)接口转换器　是收发器的标准,在 2000 年代通常与千兆以太网和光纤通道一起使用。通过提供标准的热插拔电接口,这种千兆端口可以支持各种物理介质,从铜缆到长波单模光纤,长度可达数百公里。

gigabit IR　千兆红外技术　传输速率高达 Gbps 的红外无线传输技术。

gigabit LAN　千兆位局域网　传输速率高达 Gbps 的局域网。其电缆线可由 64 根、每根 16 兆位导线组成。这种网络可用于连接超级计算机。

gigabit passive optical network (GPON)　千兆位无源光网(络)　是 ITU(国际电信联盟)提出的千兆位级的无源光网络。ITU 在 2003 年正式通过并颁布了 GPON 标准系列中的三个标准:G.984.1、G.984.2 和 G.984.3。由于 GPON 标准是 ITU 在 APON(ATM 无源光网络)标准之后推出的,因此 G.984 标准系列不可避免地沿用了 G.983 标准的很多思路。GPON 支持多种速率等级,可以支持上下行不对称速率,上行不一定要支持 1 Gbps 以上的速率。GPON 可支持高达 128 的分路比和长达 20 km 的传输距离。GPON 与 EPON(以太网无源光网)都是千兆位的 PON 系统,与 EPON 力求简单的原则相比,GPON 更注重多业务和 QoS(服务质量)保证,因此更受运营商的青睐。

gigabyte system network (GSN)　千兆[吉]字节系统网络　美国国家标准协会(ANSI)高性能并行接口(HIPPI)任务小组研制出来的互连网络标准,它提供每秒 6 400 百万比特(800 MBps)、全双工无差错、流控制的数据传输。GSN 可使用两类通用的传输介质:铜线电缆或并行的光纤电缆。铜线电缆由 20 根同轴线组成,每个方向信号的带宽可达 500 MHz,最大传输距离为 40 m。并行光纤电缆每个方向可使用 10 条多模光纤,带宽可达 1 GHz,传输距离为 300 m。

gigacycle (GC)　千兆周,吉周　即:1 000 000 000 周。

gigahertz (GHz)　千兆赫,吉赫　频率的度量单位,每秒钟 1 000 000 000 个周期的频率。

giga point of presence (GIGAPOP)　千兆入

网点 一种高速入网点,吞吐量达到 1 000 Mbps,应用于第二代因特网(Internet 2)。

G interface G 接口 在全球移动通信系统(GSM)中,G 接口互连两个不同的移动交换中心(MSC)的访问(者)位置寄存器(VLR),并在一个位置更新过程中使用 MAP/G 协议传输的用户信息。

glare 双占用 导致中继线两端同时被不同用户占用的状态,由此也就阻塞了呼叫。

glass laser 玻璃激光器 激光工作物质以玻璃为基质的固体激光器。玻璃激光器属于固体激光器,基质有硅酸盐玻璃、磷酸盐玻璃、氟化物玻璃等。

glitch 瞬态干扰,毛刺 (1) 低频信号产生的干扰,在画面上表现为垂直方向移动的水平窄条。(2) 由于竞态现象,在信号输出波形上出现的短窄脉冲。由于这种短窄脉冲的宽度仅为两个输入信号到达开门电平的时间之差,因而被形象地称为毛刺。

G.Lite G.Lite 标准 在电信方面,ITU(国际电信联盟)G.992.2(更名为 G.Lite)是使用离散多音调制的 ADSL(非对称用户数字线路)的 ITU 标准。G.Lite 并不严格要求使用 DSL 滤波器,但像 ADSL 的所有变形一样在分路器上运行得更好。G.Lite 是一种调制配置文件,可通过 ADSL 提供商在 DSLAM(数字用户线路接入复用器)端口上进行选择,能提供更高的抗噪声能力,并可在给定带宽下容忍更长的环路长度(DSLAM 到用户的距离)。大多数 ADSL 调制解调器和 DSLAM 端口都支持它,但它不是典型的默认配置。G.Lite(G.992.2)的传输速度下行 1.5 Mbps,上行 512 kbps。G.Lite 规范是加速 ITU-T 推动供应商之间互操作性的工作,并得到了通用 ADSL 工作组(UAWG)的支持。

.global 全局域名 是一个通用的顶级域名(gTLD),并于 2014 年 6 月 6 日授予 DNS 根域。新顶级域名的申请已于 2014 年 4 月 17 日获得批准,并于 2014 年 9 月 9 日向公众提供.global 域名。

global address 全局地址 在某些计算机网络中,一个 8 位的全"1"地址域,具有这个地址的消息将被网络中所有的节点接收。

global beam 全球波束 环球国际通信卫星下行波束的一种形式,一个卫星的这种波束可以覆盖地球三分之一的面积。全球波束由三个分别位于大西洋、太平洋和印度洋上空的通信卫星构成,由于这三个卫星的波束覆盖了整个地球表面,从而使得地球的任何地区都可以收到同一个信号。

global beam satellite antenna 全球波束卫星天线 卫星上一种能发出锥型波束的天线,波束在指定轨道高度覆盖全球卫星区域。

global dispersion coefficient 全程色散系数 在光纤站/再生器段中,光纤的色散系数值位于光纤全程色散特征曲线的上限与下限之间。

global information grid (GIG) 全球信息网格 2000 年 3 月 31 日,美国国防部发布了关于 GIG 的指南和政策备忘录,给出了 GIG 的定义:全球互联的、端对端的、能根据作战人员、决策层和保障人员的需求对信息进行收集、处理、存储、分发和管理的信息能力、相关过程和人员的集合。GIG 系统包括了多种专用或租借的通信计算机系统和服务器,各种软件(含应用软件)和数据,安全设备,以及实现信息优势的其它相关技术。GIG 在战时和和平时期支持国防部、国家安全部门和相关情报部门的任务和职责(包括战略、作战、战术和商业等方面的任务和职责）。GIG 从所有的行动地点（包括基地、哨所、兵营、站、所、机动平台和部署地点等）提供各种能力。

global internet technology conference (GITC) 全球互联网技术大会 主办方麒麟会（Kylin Club）以汇集行业精英、促进技术交流、加深商务合作以及推动行业发展为大会宗旨。通过针对互联网技术领域专门设计的先进开放会议会展内容及形式，联合 iTech Club（互联网技术精英俱乐部）成熟的行业资源，致力于打造全球领先的互联网技术分享与商务合作平台。是目前国内规模最大、资源最成熟的互联网技术峰会。

globally dense graphs 全局稠密图 连接稠密的、能够最佳处理有间距的节点之间报文传递的网络。

globally unique identifier (GUID) 全球惟一标识符 是一串具有明确意义标识的字符或由字母与数字所组成的字符串，在全球范围内是惟一的一种标识符号。URL（统一资源定位器）就是一种 GUID，用来在万维网（www）上分配资源。ISBN（国际标准书号）和 SSN（社会安全号）也是 GUID。GUID 也用于软件产品的序列号，以识别合法用户。

global mobile personal communications by satellite (GMPCS) 全球卫星移动个人通信 也就是卫星电话，使用非对地静止地球轨道的卫星进行个人通信业务，还包括语音和数据业务。通常采用大型的低轨道卫星系统如美国 globalstar 系统，中轨道卫星系统如美国 ICO 和 Odyssey 系统。

Global mobile Suppliers Association (GSA) 全球移动供应商协会 一个旨在促进全球 GSM（全球移动通信系统）、3G（第三代数字无线技术）、WCDMA（宽带码分多址）、HSPA（高速分组接入）和 LTE（长期演进）移动电话标准的组织。

global network addressing domain 全球网络编址域 数字设备公司网络架构（DECnet）中的由所有 OSI（开放系统互连）环境中的 NSAP（网络服务访问点）地址组成的编址域。

global optical fiber parameter 综合光纤参数 光纤参数，例如衰减率、色散，或接头损耗等，通常随温度、湿度及老化等因素而变化，所以在设计终端/再生段时应有一定的容限，以应付突发的情况或事件，例如终端设备升级、业务路由更改、服务恢复和防止业务饱和。

global positioning system (GPS) 全球定位系统 能够实现在全球范围内全方位、全天候、全时段、高精度地提供从地面到 9 000 公里高空之间的任意位置的三维坐标、三维速度，并给出精确的卫星时间基准。全称是 navigation satellite timing and ranging/global position system，即"卫星测时测距导航/全球定位系统"，简称 GPS 系统。系统由空间部分、地面监控部分和用户接收机三部分组成。空间部分采用 24 颗高约 20 200 km 的卫星组成的星座，地球上任何地方都至少可同时收到 4 颗卫星的信号。运行在天空的卫星内部装有高精度的原子钟，并且有随时更新的数据库，记录着自己和其他 GPS 卫星的位置。地面 GPS 接收到这些数据信息后，根据无线电波传播的速度推算出卫星间的相对位置。只要有 3 颗以上的卫星的相对位置资料，利用三角原理就可以计算出地面的位置，这就是二维坐标点。如果还需要速度信息，则另外还需要一颗卫星。位置加上速度，就是 GPS 的三维坐标。其实只要有 24 颗卫星在轨道上运行，任何时刻在地球的任何一点都不会少于 11 颗，所以即使有几颗卫星信号被高山或者建筑物挡住，GPS 系统也可以为用户提供足够的卫星定位信息。将 GPS 技术与 GIS(地理信息系统)及 GSM(全球移动通信系统)结合起来就构成了移动目标自动定位系统。

global roaming　全球漫游　也称国际漫游。移动台离开自己所在国家或地区注册的服务区域,移动到另一个国家或地区的服务区域后,移动通信系统仍可向其提供服务的功能。即移动台用户可以在全球范围内任何有移动网络覆盖的地方进行通信。

globalstar　全球星(系统)　是用于卫星电话和低速数据通信的低地球轨道(LEO)卫星星座,有点类似于铱星卫星星座和 Orbcom 公司的卫星系统。全球星第二代星座将由 24 颗 LEO 卫星组成。全球星项目于 1991 年作为 Loral Corporation 和 Qualcomm 的合资企业发起。1994 年 3 月 24 日,两家赞助商宣布成立 Globalstar LP(有限合伙),这是一家在美国成立的有限合伙公司,以金融参与的其他公司包括阿尔卡特、AirTouch、德国宇航、现代和沃达丰等。于 1995 年 1 月全球星从联邦通信委员会(FCC)获得美国频谱分配。2000 年 2 月,发射了 52 颗卫星中的最后一颗,48 颗卫星在轨运行和 4 颗在轨备件。另外 8 颗未发射的卫星作为地面备件维护。

global system for mobile communication (GSM)　全球移动通信系统　原是欧洲一个移动通信特别小组。1982 欧洲邮电主管部门会议(CEPT)成立 GSM,着手进行泛欧蜂窝状移动通信系统的标准工作,至 1987 年形成技术规范。它使话音信号以数字形式传送,系统具有非常强的抗噪声和抗干扰性能,有跨国漫游功能。GSM 的小区半径约为 35 千米,它同移动台(MS)间的接口由基站收发信台(BTS)提供,MS 和 BTS 通过空中接口中的无线信道相互作用。通信网络采用智能卡存储资料和密码,用户容量大,成本较低。

global system for mobile communications-railway (GSM-R)　全球移动通信系统-铁路　是铁路通信和应用的国际无线通信标准。欧洲铁路交通管理系统(ERTMS)的子系统,用 GSM-R 在列车和铁路管理控制中心之间进行通信。该系统基于 GSM 和 EIRENE-MORANE 规范,保证速度达到 500 公里/小时(310 英里/小时)时的性能,无任何通信损耗。LTE(长期演进)是实现 4G 的技术基础,LTE-R 比 GMS-R 更先进,GSM-R 可能会被 LTE-R 所取代,韩国首先实施 LTE-R。然而有些铁路公司正在考虑根据其升级周期的时间会转移到"5G",从而跳过一代技术。

global 800　全球 800 号业务　国际长途免费业务,话费由被叫方支付,业务接入号为 800。

GLONASS　格洛纳斯,(俄罗斯)全球导航卫星系统　是 global navigation satellite system 的缩写。是一种运行的在卫星无线电导航业务中的基于空间的卫星导航系统。提供了 GPS(全球定位系统)的替代方案,并且是全球覆盖范围和精度相当的第二个导航系统。GPS 设备制造商认为,添加 GLONASS 可以为他们提供更多的卫星,这意味着可以更快更准确地定位,尤其是在建筑物遮挡某些 GPS 卫星的视线的建筑区域。从 2015 年以来与 GPS 一起接收 GLONASS 信号和定位信息,GPS 智能手机通常倾向于使用相同的芯片组和版本。2012 年以来,GLONASS 成为继 GPS 之后手机中使用次数最多的定位系统。该系统的优点是智能手机用户可以接收达到 2 米内的更准确的识别位置。Glonass 系统采用中高轨道的 24 颗卫星,能覆盖全球。有 21 颗工作星和 3 颗备用星,均匀分布在 3 个圆形轨道平面上,每轨道面有 8 颗,轨道高度 H = 19 000 km，运行周期 T=11.25 h，倾角 I=64.8°。

GMPLS GMPLS 由若干协议组成，包括路由协议（OSPF-TE 或 ISIS-TE）、链路管理协议（LMP），和预留/标记分发协议（RSVP-TE 资源预留协议-流量工程）。预留/标签分发协议 CR-LDP（基于约束路由的标记分发协议）现在已经被 IETF RFC 3468（2003 年 2 月）中废弃，并且 IETF 的 GMPLS 工作组决定完全集中在 RSVP-TE。GMPLS 体系结构在 RFC 3945 中定义。

GNOME GNU 网络对象模型环境，**GNOME 计划** GNU network object model environment 的缩写。

gold code （黄）金码 也称为 Gold 序列，是一种二进制序列，用于电信（CDMA）和卫星导航（GPS）。Gold 码以 Robert Gold 命名。金码在一组内有限制的小的互相关，当多个设备在相同频率范围内广播时这是有用的。Gold 码序列由 2^n-1 个序列组成，每个序列的周期为 2^n-1。通过以下步骤可以生成一组 Gold 码。选择两个相同长度 2^n-1 的最大长度序列，使得它们的绝对互相关小于或等于 $2^{(n+2)/2}$，其中 n 是用于生成最大长度序列（Gold'67）的 LFSR（线性反馈移位寄存器）的大小。两个序列在其各个阶段（即，转换成所有相对位置）的 2^n-1 个异或集是一组 Gold 码。这组码中最高的绝对互相关对于偶数 n 是 $2^{(n+2)/2}+1$，对于奇数 n 是 $2^{(n+1)/2}+1$。来自同一组的两个不同的金码的异或是某个阶段中的另一个金码。在一组 Gold 码中，大约一半的码是平衡的，1 和 0 的数目只相差 1。全球定位系统使用金码。全球定位系统 C/A 测距码是周期 1023 的金码。

Goos-Haenchen shift 古氏-海陈相移 光波发生反射时所产生的相位偏移，偏移大小是入射角和反射面折射率梯度的函数。

Gopher protocol Gopher（信息查找）协议 这是一种因特网没有发展起来之前的一种从远程服务器上获取数据的协议。Gopher 协议目前已经不使用，它已经完全被 HTTP（超文本传输协议）取代了。

GPRS core network GPRS[通用分组无线业务]核心网 是通用分组无线业务（GPRS）的核心部分，它支持 2G、3G 和 WCDMA（宽带码分多址）移动网络将 IP 分组传输到外部网络，例如互联网。GPRS 系统是 GSM（全球移动通信系统）网络交换子系统的集成部分。该网络为 GSM 和 WCDMA 网络中的因特网协议分组业务提供移动性管理、会话管理和传输。核心网络为其他附加功能，如计费和合法监听提供支持。

GPRS mobile station (GPRS) 通用分组无线业务移动台 支持通用分组无线业务（GPRS）的移动终端。

GPRS support/supporting node (GSN) 通用分组无线业务支持节点，GPRS 支持节点 通用分组无线业务（GPRS）网络中最重要的网络节点。具有移动路由管理功能，它可以连接各种类型的数据网络，并可以连到 GPRS 寄存器。可以完成移动台和各种数据网络之间的数据传送和格式转换。可以是一种类似于路由器的独立设备，也可以与 GSM（全球移动通信系统）中的 MSC（移动交换中心）集成在一起。

GPRS tunnel/tunneling protocol (GTP) 通用分组无线业务隧道协议，GPRS 隧道协议 是一组基于 IP（因特网协议）的通信协议，用于传送通用分组无线业务（GPRS）骨干网中 GPRS 支持节点间数据和信令的隧道传输协议。GTP 可以分解成单独的协议，GTP-C，GTP-U 和 GTP'。GTP 可以分解成三个单独的协议：GTP-C,GTPU 和 GTP'。GTP-C 在 GPRS 核心网内用于网关 GPRS 支持节点（GGSN）和服务 GPRS 支持节点（SGSN）之间的信令。GTP-U 用于承载 GPRS 核心网内以及无线接入网和核心网之间的用户数据。传输的用户数据可以是 IPv4、IPv6 或 PPP（点对点协议）格式的任何数据包。GTP'（GTP prime）使用与 GTP-C 和 GTP-U 相同的消息结构，但具有独立的功能。它可以用于把来自 GSM 或 UMTS 网络的计费数据功能（CDF）的计费数据传输给计费网关功能（CGF）。

GPS disciplined oscillator（GPSDO） GPS 精密振荡器 即 GPS 时钟，是 GPS（全球定位系统）接收器和高质量稳定的振荡器（如石英或铷振荡器）的结合，其输出被控制为与 GPS 或其他 GNSS（全球导航卫星系统）卫星广播的信号一致。GPSDO 很适合作为定时源，因为卫星时间信号必须准确，以便为导航中的 GPS 提供定位精度。这些信号精确到纳秒，为定时应用提供了很好的基准。

GPS receiver 全球卫星定位系统接收器，GPS 接收器 包含天线、无线电接收器和处理器并与全球 GPS 联合使用的装置。GPS 接收器使用来自 4 颗 GPS 卫星的位置信息和时间信息计算它当前所在位置、行进速度和时间等信息。GPS 接收器可以是单独的装置，也可以作为袖珍计算机的插入单元。GPS 有广泛的应用领域，如地理测绘、海陆空的导航等。

grade 等级 指通信线路的传输能力，通常用信道上传送信号的频率范围表示，如电话声音等级的频率是 300～3 400 Hz。

graded index 渐变折射率 在光纤光学中，渐变折射率是光纤纤芯的折射率随着距光纤光轴的径向距离的增加而减小的特性。

graded index multimode（GIMM） 渐变折射率多模（光纤） 简称"渐变光纤"。光纤中心芯到玻璃包层的折射率是逐渐变小，可使高次模的光按正弦形式传播，这能减少模间色散，提高光纤带宽，增加传输距离。由于高次模和低次模的光线分别在不同的折射率层界面上按折射定律产生折射，进入低折射率层中去，因此，光的行进方向与光纤轴方向所形成的角度将逐渐变小。同样的过程不断发生，直至光在某一折射率层产生全反射，使光改变方向，朝中心较高的折射率层行进。这时，光的行进方向与光纤轴方向所构成的角度，在各折射率层中每折射一次，其值就增大一次，最后达到中心折射率最大的地方。

graded index optical fiber 渐变折射率光纤 一种光纤，纤芯的折射效率随光轴距离的增大而减小；光线在光纤中传播由于折射的作用频繁地重新聚焦，以便保持在纤芯中。

grade of service（GOS） 服务等级 （1）在通信工程中，特别是远程通信流量工程中，语音服务的质量由两个指标来规定：服务等级（GoS）和服务质量（QoS）。（2）在数据通信中，网络通信处理能力的一种度量。它体现通信服务的质量，衡量的标准是通信量最大时线路的阻塞程度。GOS 级别从第一级（不可接受）到第五级（极佳）。

gradient shading 梯度浓淡算法 一种图像染色算法，对于空间的等值面，其法向矢量的方向为梯度矢量的方向，由此求出各像素的亮度值。这种算法的计算量只与像素有关，而与所表达对象的复杂程度无关。

grainy 颗粒 用于表示声音在音色上的粗糙程度的声学术语。音乐听来有些像被分割成许多的小段而不再连续，也不再清澈或通透。系因有谐波失真或互调失真所引起的。

granulation noise 粒状噪声 在声音数字化过程中由量化误差引起的声音畸变。

graphics processing unit (GPU) 图形处理单元 是专用于显示功能的可编程逻辑芯片(处理器)。GPU 为计算机屏幕呈现图像、动画和视频。GPU 位于插卡上、主板上的芯片组中或与 CPU 相同的芯片中。GPU 执行并行操作。虽然它用于二维数据以及用于缩放和平移屏幕,但 GPU 对于三维动画和视频的平滑解码和渲染至关重要。GPU 越复杂,分辨率越高,游戏和电影中的动作越快越流畅。独立卡上的 GPU 包括自己的内存(RAM),而芯片组或 CPU 芯片中的 GPU 与 CPU 共享主内存。

graphnet 图形传输网 一种用于传送图形的传输网。

grating 光栅 一组平行的线或面,用于反射或传输光。

grating chromatic resolving power 光栅色分辨率 所谓的分辨率是能使一光谱级区分开的最小波长差。对衍射光栅,通常以平行光线入射到光栅上的情况来描述,数值上等于光栅中每单位距离的谱线数或刻线间隔数。

grating converter 光栅变换器 由位于圆波导中同轴片状栅前方的双线栅组成的波变换器。一个线栅与到达波的分布图相符,另一个线栅则与变换波的分布图相符。

gravitational wave 引力波 又称"重力波",广义相对论预言的引力场的波动形式,这个波传播引力吸引效应。引力波以光速从波源向外传播。

Gray code 格雷码 一种循环的二进制代码。在按顺序排列的数中,相邻两数只有一位数不同,而且只差一个"1"。在数据传输中,利用格雷码可以减小传输系统中发生错误的影响,因为传输时最可

能出现的错误,就是将一个接收电平解释成相邻电平之一,所以在被接收的二进制数中将只含有一个错误位。

Gray coded excess 3 BCD 格雷余 3 二进制编码的十进制码 将普通 BCD(二进制编码的十进制)加 3 后,再按二进制码变换为格雷码的方法得到的一种编码。加 3 后才能保证从 0→9 和从 9→0 的整个循环中都只有一个位不同。

gray scale 灰(色标)度、灰度等级 表示可由显示设备显示的、位于黑白色之间的各种灰影的深浅程度。在进行图像传输时,可根据图像是由连续的灰度变化构成的这一特点,将图像的不同灰度赋与不同的值,然后传送这些值。在计算机的图像处理中,一般采用 64～256 个灰度等级。

grazing emergence 掠出射,切出射 光学中,出射光线与传播介质出射面的法线成 90 度角的出射。

grazing incidence 掠入射,切入射 光学中,入射光线与传播介质入射面的法线成 90 度角的入射。

G recommendations G 系列建议 ITU-T(国际电信联盟-电信标准化部)针对传输设备制定的一系列标准。如 G.703 是 ITU-T 颁布的有关各种数字接口的物理和电气特性的标准,包括 64 kbps 和 2.048 Mbps 等接口。G.703 目前包括美国的 1.544 Mbps 和欧洲的 2.048 Mbps 这两种标准。另外 G.821 是 ITU-T 针对 ISDN(综合业务数字网)的数字电路制定的标准,而 G.990 系列包括了 xDSL(各种数字用户线路)技术。

Green Book 绿皮书 基于黄皮书第二模式的 CD-I(交互式光碟)规格文档,为数据和声音交错存储提供了比较好的媒体同步能力。

green power 绿色能源 又称清洁能源,是环境保护和良好生态系统的象征和代

名词。它可以分为狭义和广义两种概念。狭义的绿色能源是指可再生能源,如水能、生物能、太阳能、风能、地热能和海洋能。这些能源消耗之后可以恢复补充,很少产生污染。广义的绿色能源则包括在能源生产及其消费过程中,选用对生态环境低污染或无污染的能源,如天然气、清洁煤和核能等。

Greenwich mean time (GMT)　格林威治标准时间　英国格林威治子午圈即 0 度子午圈的平均太阳时。以前用作全球的标准时间基准,通常用来表示 24 h 时刻。

grey information　灰色信息　指在互联网上存在的非常规发行的,并且允许用户免费或在一定范围内收集、整理和利用的信息资源。其涵盖面非常广泛,包括网站的商业广告、会议文献、个人网页等。灰色信息具有原始性、不稳定性、隐蔽性、离散性、获取困难、形式灵活多样、内容包罗万象等特点。灰色信息的存在不是孤立的,它与公开发布的白色信息的主要区别在于其情报价值更高,但搜集困难;与非公开的黑色信息的区别在于,它是可以通过合法手段获取。

grey noise　灰色噪声　在给定频率范围内,在所有频率点的噪声电平相同的噪声。

grey scale　灰度级,灰色梯级　电视系统中最高到最低亮度范围内的亮度值梯级。

grey scale reproduction　灰度等级重现　指显示器显示不同亮度的灰度信号时,其色度坐标与基准白色坐标的偏离程度。

grey scale tracking（GST）　灰度级跟踪　调节色度、亮度通道,使整个亮度范围内重现无色图像。

grey wedge　灰色梯级光楔　一种光楔,它具有从黑色到白色范围内一连串非彩色的明暗层次。

grid　栅[网]格,栅极　(1) 在二维(或三维)空间中由相互垂直的间距相等的线条所形成的网格,用来对物体进行定义和度量,或在交互式作图过程中帮助操作员作内定位的依据。(2) 将分散在不同地理位置的连网计算机软硬件等组成的"虚拟超级计算机",以实现计算资源、存储资源、数据资源、信息资源、知识资源、专家资源的全面共享。网格可以是由整个因特网上的计算资源构成的网格,也可以是校园网格、企事业内部网格、局域网格,甚至是家庭网格和个人网格。(3) 栅极位于电子管的阴极与阳极之间的电极,电极有一个或多个通孔。在一定条件下,通孔可以让电子或离子通过。栅极对电子从阴极流向阳极进行控制。

grid computing　网格计算　网格计算是利用互联网技术,把分散在不同地理位置的计算机组成一台虚拟超级计算机。每一台参与的计算机就是其中的一个"节点",所有的计算机就组成了一张网格。在实质上来说"网格计算"是一种分布式应用,网格中的每一台计算机只是完成工作的一小部分,虽然单台计算机的运算能力有限,但成千上万台计算机组合起来的计算能力就可以和超级计算机相比了。

grid modulation (GM)　栅极调制　将调制信号馈至存在载波的任何电子控制栅电路产生的调制。

grid node　网格节点　在网格型网络中,纵横线路交叉处连接的节点。

grid system　网格系统　以节点为基础形成具有节点动态参与的一个体系,节点之间具有某种平等性和并行运行特点。也特指具有这种动态、平等特征的并行计算的分布式系统,相应的计算为网格计算。

grid technique　网格技术　一种用于集成

或共享不同地理上分布的各种物理或逻辑信息技术资源(包括各类 CPU、存储系统、I/O 设备、通信系统、文件、数据库、程序等)的机制,使之成为一个协同的有机整体,共同承担各种所需任务。它的主要应用包括了分布式计算、高性能计算、协同工程设计、计算密集型和数据密集型科学计算。

ground (G/GND) **地,接地** (1)电子电路中被视为零电位的点,系统中所有其他各点的电位都以此点为参考。(2)电流必须在环路中回到它的原始点。当一信号(电流)送到一装置中,它必须具有一低阻抗返回路径以完成此流通。接地就能提供此种低阻抗信号返回路径。操作设备接地,可消除静电影响,避免漏电的危险。

ground absorption **地面吸收** 无线电波在传输期间,由大地(如泥土、岩石和水)引起的传送能量的耗散。

ground bounce **地(平面反)弹(噪声)** 在电路中有大的电流涌动时会引起地平面反弹噪声(简称为地弹),如对于高速器件,大量数据总线信号快速翻转时,将有一个较大的瞬态电流在芯片与印制板的电源平面流过,芯片封装与电源平面的电感和电阻会引发电源噪声,这样会在真正的地平面(0 V)上产生电压的波动和变化,这个噪声会影响其它元器件的动作。负载电容的增大、负载电阻的减小、地电感的增大、同时开关器件数目的增加均会导致地弹的增大。

ground clutter **地物反射波** 由雷达信号在地面和固定物(如建筑物、树)上的反射造成,在雷达显示屏上所建立的图形。

ground loop **接地环路** 电子系统中,当电路中两点或多点由一个连通路径接地时,这些点具有不同的"地"电位,当各接地点的地电位相差足够大时,在接地系统中将产生环路电流。这些不希望的环路电流能通过只用一根导线将直流分布系统接地加以避免。

ground-loop hum **接地环路噪声** 指在屏幕图像上偶尔出现的上滚或下滚的巨大水平条纹。这种视频噪声出现的原因是由于房屋接地电流与广播电台或电视电缆系统的差异所造成的。接地环路噪声有时简称为噪声。

ground microwave communication **地面微波(接力)通信** 为实现远距离通信必须在一条无线通信信道的两个终端之间建立若干个中继站,中继站把前一站送来的信号经过放大后再发送到下一站,故称为"接力"。大多数长途电话业务使用 4～6 GHz 频带范围的微波。目前各国大量使用的微波设备信道容量多为 960 路、1 200 路和 2 700 路。微波接力通信可传输电话、电报、图像、数据等信息。微波接力通信与相同容量和长度的电缆载波通信相比建设投资少,见效快。当然,微波接力通信也存在一些缺点,例如,相邻站之间必须直视,中间不能有障碍物。有时一个天线发出的信号也会分成几条略有差别的路径到达接收天线而造成失真。微波的传播有时会受到恶劣气候的影响。与光缆通信系统比较,微波通信的隐蔽性和保密性较差。

ground remote sensing **地面遥感** 以高塔、车、船为平台的遥感技术。将地物波谱仪或其他传感器安装在这些平台上,进行各种地物波谱测量、探测和采集地物目标信息。

ground return **地回路** (1)有线通信中,一种电路安排,电路导线对中的一根导线用大地代替,这样,导线对中原来一根用作前向通路,另一根用作后向通路,现在两根都可用作前向通路。(2)在任何电子系统中,电源和信号配线的一种安排,其中,所有的电流返回通路都经过一条公共线,例如一条铜带、机箱、机架或仪器机壳,或接地。

ground return circuit (GRC) 地回路 利用地或底板作为传输线的返回路径。同 ground return。

ground return signal 地面返回信号 雷达运行中,从地面的树、建筑物、或其他固定物体,或从地面移动物体反射产生的波或回波。

ground wave 地波 在地上方传播且不被电离层折射的无线电波。地波包括除电离层波和对流层波以外的所有地上方的无线电波成分。由于对流层介电常数的变化,其中包括称为表面波道的状态,受其影响,地波将产生折射。也称为"地表面波"。

grounding grid 接地网 垂直和水平接地极组成的兼有泄流和均压作用的较大型的水平网状接地装置,为电气、电子设备和金属结构提供共同的地。

ground scatter propagation 地面散射传播 沿发射站与接收站之间除大圆路径以外的多反射电离层无线电传播。发射机的辐射首先从电离层反射回大地,然后向地面向多个方向上散射。也称为"非大圆传播"。

group abbreviated address call 缩位地址群呼 用缩位地址进行的群呼,即通过拨一个简单号码呼叫一个用户群。

group access bridging (GAB) 组接入桥接 桥接多个呼叫以形成多方会议的业务。

group address (GADDR) 群[组]地址 (1) 分配给共享一个通信信道的一组终端的地址。(2) 在SDLC(同步数据链路控制)中,除指定地址以外的一种地址。该地址可供两个以上的辅助站共用。

group address message 组地址信息[报文] 具有传送给预先确定的一组目的地的一个地址的信息。

group addressing 成组编址[寻址] (1) 数据网络的一种编址方法。在这种方法中,数据站的接收设备只对应于自己的地址(字符组),各数据站可通过向所有站的"组播"地址进行访问。(2) 一种功能,多点线路上的所有站都利用这种功能来识别寻址字符,但其中只有一个站响应。

group alerting and dispatching system 群报警和调度系统 一种电话网络服务设施,能控制电话同时呼叫一组特定数目的电话,如果任一被叫电话线忙,能够保留呼叫一直到该忙线空闲。

group busy hour (GBH) 群忙时 一个中继线群忙的时间。

group call/calling 群呼 (1) 类似于电话会议,是主叫方希望涉及多方的通信方式。与会议通话相比,参与通话的各方始终有机会主动参与。或者,群呼也起着将语音消息留给定义群的作用。呼叫发起方呼叫一个标识主叫方的号码,并询问主叫方把语音消息发送给主叫方定义的哪个组。(2) 一种通信方式,在同一时刻,只有一个移动台可以发送,但可以有多个移动台同时接收。

group call service 群呼业务 点对多点的业务,在组内的一点发出的一个数据单元可被多个参与者接收。

group channel (基)群通道 电话载波(复用)系统上的一个单位。一个全基群是一个相当于12个话音级信道(48 kHz)的信道带宽,半个基群有相当于6个话音级信道(24 kHz)的带宽。基群通道可以被用于高速数据通信。

group code 群码 一种纠错检查码。用来检查两个终端设备之间传送的一组字符的正确性。这种码的代码字满足代数中群的性质,所以称为群码。

group code A (GCA) 十位成组编码 表示二进制信息的一种信道编码。其编码规则是把输入信息序列按8位字长分组,然后逐组地把8位信息变为10位码字,最后再把编码序列用逢"1"变化不归零制规则调制。这种编码是具有自同步能力的按组、固定长度、游程长度受限码。在计算机中,主要用于数字磁记录。

group coded recording (GCR)　成组编码记录　游程长度受限码(RLLC)的一种。是一种面向块的代数纠错码,能够从突发性错误中恢复。

group delay　群时延　(1)通常,来自线性相移的偏差对应通过电路或网络的频率。这可能由于网络中的反射而发生。此外,它是许多实际过滤器的属性。在相对于远离边缘的信号通过滤波器时,通带边缘附近的信号功率被延迟。这会产生波形失真,会损坏模拟和数字信号。(2)如果一个窄带宽的复合信号沿着一条传输信道传送,在接收端,信号包络现出延迟,称作群时延或包络时延。

group delay distortion (GDD)　群时延失真　信号传输中由传输介质引起的一种失真,这是因为信号中不同频率成分的传播速度不同,因而各频率成分的传输时间也不同,导致信号不同成分到达的时间顺序相对于发送时的时间顺序有所不同。可以减小或补偿这种失真,方法是安排不同的频率成分以不同长度的路程传播;在光纤和光集成回路(OIC)中,调节折射率分布,可以使信号中较高速度的成分比其它成分行进的路程长些,这样它就可以和行进路程较短的速度较低的成分同时到达终点,补偿失真。

group delay frequency distortion　群时延频率失真　在传输过程中各种频率成份的传输延时不同,形成所谓群延时,简单地讲,即在终端的波形会形成较大后延失真,在载波及其调制信号之间产生不希望有的频率和相移变动。

group delay spread　群时延展宽　不同波长的群时延变化会使信号的不同频率成分延迟不同的量,在光脉冲沿着光纤传送时,会使光脉冲展宽,从而限制了比特速率和传输距离。

group delay time (GDT)　群时延,群延迟时间　在一个有不同频率成分的波群中,波峰或其它特征传播所需的时间。

group distribution frame (GDF)　群配线架　在频分复用(FDM)中,一个提供终端和互连功能的配线架,用于工作于基频60～108 kHz的群转换设备的调制器输入和解调器输出电路。

grouped frequency operation　群频工作　在双线载波制中,对相反方向的信道采用不同的频带。

group format identifier (GFI)　群格式标识符　X.25分组交换网络中,分组报头中的头4位,包含Q位、D位和模数值。

group frequency　群频率　传输线波导管或传播路径中同一连续波内的各频率分量的总称。

group identification　区群鉴别,群识别　系统识别码(SID)的子集,用于鉴别蜂窝系统的区群。

group index　群折射率　在光波导中传输的电磁波的给定模的一个比率,它等于真空中的光速与给定模的群速度的比率,由关系式 $N = C/Vg$ 给出,N 为群折射率,C 是真空中的光速,Vg 是波导中的模光速。

group inspection　成组检验　将被传输的信息划分成组,并且在传输前加上校验码。在接收端将分别对这些信息分组进行检验。

group link　群链路　用特定宽度的频带(一般指 48 kHz)连接终端装置,链路的末端就是群配线架上终端装置连接的点。基群链路可以包括一个或一个以上的基群段。

group modulation　群调制　在载波通信中,把一群已经分别被调制到规定频段的子通道信号汇集后再进行调制,从而使一个群信号整群移到另一频段的过程。例如,将一个基群(60～108 kHz)调制到超群(312～552 kHz)的某个频段上,用 5 个被群调制的基群构成一个超群。

group network　群网络　运行群件,可供多个成员实时地和交互式地在成员间进行讨论和决策,可以协作完成同一任务的不同部分的网络。例如,非线性视频节目编辑可以借助于群网络,由不同的编辑人员完成同一节目的不同片段编辑。

group of audio frames (GOF)　声音帧组　1/30 秒的数据,由 20 帧线性 PCM(脉码调制)声音数据组成。

group of pictures layer (GOPL)　图像组层　在 MPEG(活动图像专家组)-2 视频流层结构里,GOPL 是图像序列层(VSL)中若干图像组的一组图像,由数据头和若干幅图像组成,用于支持解码过程中的随机存取功能。图像分组是从有利于随机存取及编辑出发的,不是 MPEG-2 结构组成的必要条件,可在分组与否之间灵活选择。其中,数据头给出了图像编码类型、码表选择、图像组头部开始码、视频磁带记录时间及控制码等。

group receive mode　群接收模式　移动台作为一个收听者接收群呼叫或广播呼叫的工作模式。

group section　基群段　利用至少一条链路来连接两个相邻的群配线架,构成一个基群信号(带宽为 48 kHz)传输的链路段。

group selector (GS)　群选(线)[选择]器　在拨号数字信号的控制下,能接通多组中继线,从所在组内自动选出所需的一条空闲中继线,构成通路连接的选择器。

group signature　群签名　群体密码学中的一个问题,1991 年由 Chaum 和 Van Heyst 提出。它有下述特点:① 只有群体中的成员才能代表群体签名;② 接收到签名的人可用公钥验证群签名,但不可能知道由群体中的哪个成员所签;③ 发生争执时可由群体中的成员或可信赖机构识别群签名的签名者。

group special mobile (GSM)　移动通信特别小组　1982 年,欧洲邮电主管部门会议(CEPT)设立的"移动通信特别小组"(即 GSM)提出的数字蜂窝移动通信系统,其特点为用数字技术开发全欧统一的蜂窝系统以取代欧洲各种模拟蜂窝系统,后来又易名为"全球移动通信系统"。1989 年制订了 GSM 标准;1991 年 GSM 系统正式在欧洲问世,网络开通运行。

group velocity　群速(度)　(1) 由两个或更多的在同一方向自由地传播的、频率稍有差别的平面正弦波叠加而成的拍的位移速度。据此定义的群速度,等于频率对波数的微商。(2) 峰包波是由多频率分量形成的复合波,其上任一点电磁能量的传播速度,均为该点上各频率分量速度的合成,故称为群速。它略低于相速,但波形上并不产生明显的失真。在波导传输的情况下,群速等于相速。

group velocity dispersion (GVD)　群速度色散　在高速大容量的光纤通信中,由于光纤介质表现出非线性,光脉冲包络的形状会发生变化,这种影响光信号接收的变化就称为群速度色散,群速度色散会引起传输波形的展宽。

growth geometry coding　生长型几何编码　在二值图像编码中使用的顺序无损数据压缩方法。它选择一些种子像素并用几何规则使每个种子像素成为像素模式。

G.shdsl　(ITU) G.shdsl 标准　一种来自 ITU(国际电信联盟)G.991.2 的 DSL(数字用户线路)技术,使用单对铜线提供从 192 Kbps 到 2.3 Mbps 的对称传输,具体取决于与中心局的距离(从 20 000 英尺到 6 500 英尺）。使用两对线时，可以实现 384 Kbps 到 4.6 Mbps。G.shdsl 结合了 SDSL（对称数字用户线）的速率适应性和 HDSL-2 的 TC-PAM 调制技术，因此名称中有"sh"。它的开发是为了提供与数字传输技术的基本要素的互操作性，包括 SDSL（对称数字用户线）、HDSL（高比特率数字用户线）、ISDL（综合业务数字网数字用户线）、ISDN（综合业务数字网）、T1 和 E1。G.shdsl 的握手协议（G.hs）可以根据线路条件协商 T1、E1、ISDN、ATM（异步传输模式）或 IP 帧。

GSM Association (GSMA)　全球移动通信系统[GSM]协会　是一个代表全球移动网络运营商利益的行业机构。大约 800 家移动运营商是 GSMA 的正式成员，而在更广泛的移动生态系统中还有 300 家公司是准成员。GSMA 通过行业方案、工作组和行业倡导活动代表其成员。它还组织了移动行业最大的年度展览和会议、移动世界大会以及其他一些活动。

GSM air interface　GSM 空中接口　全球移动通信系统（GSM）指定的在移动台和基站间物理连接的接口。

GSM ANSI 136 interoperability team (GAIT)　GSM ANSI 136 互操作组　是一项能够让 GSM（全球移动通信系统）和 TDMA（时分多址）网络实现互操作的技术。它必须使用特制的手机（通常称为"GAIT 手机"），并与 GAIT 网络配合使用。

GSM control channel　GSM 控制信道　传送全球移动通信系统（GSM）控制信息的逻辑信道。

GSM EDGE radio access network (GERAN)　全球移动通信系统的增强型数据速率演进无线接入网，GSM EDGE 无线接入网　其中新的缩写 EDGE（Enhanced Dara rate for GSM Evolution）指的是采用增强型数据速率 GSM 演进技术，它是使 GSM 过渡到 3G 的一种新的调制方法；由 3GPP（第三代合作伙伴项目）维护 GERAN 的标准。GERAN 是 GSM 的重要组成部分，也是组合 UMTS/GSM 网络的组成部分。GERAN 是 GSM/EDGE 与连接基站（Ater 和 Abis 接口）和基站控制器（A 接口等）的网络的无线部分。这个网络代表 GSM 网络的核心，通过网络，手机电话和分组数据在 PSTN，因特网和用户手机之间路由。移动电话运营商的网络包括一个或多个 GERAN，在 UMTS/GSM 网络的情况下与 UTRAN（通用陆地无线接入网）结合。没有 EDGE 的 GERAN 就是 GRAN（GSM 无线接入网），但在概念上是相同的。没有 GSM 的 GERAN 就是 ERAN（GSM 演进的增强数据速率的无线接入网）。

GSM logical channel　GSM 逻辑信道　全球移动通信系统（GSM）中，按传输信息的逻辑功能划分的一种高层信道。

GSM public land mobile network (GSM LAMN)　GSM 公共陆地移动网络　遵循 GSM（全球移动通信系统）建议的公共陆地移动网络。

GSM service area　GSM 业务区　不需知道移动用户的实际位置，固定用户可建立与 GSM（全球移动通信系统）移动用户间通信的区域。业务区可包括多个 PLMN（公共陆地移动网）。业务区可包括一个国家，部分国家或多个国家。

GSM signaling　GSM 信令　全球移动通信系统（GSM）中使用的信令。

G/T　天线增益与噪声温度之比　antenna gain to noise temperature 的缩写。

guaranteed bandwidth (GBW)　保证带宽　在计算机网络或远程通信中，以指定传输速率连续和可靠传输数据的带宽。这样可保证正确传输对时间要求苛刻的数据，如声音、电视或多媒体数据。

guaranteed service (GS)　可保证业务　能为端到端业务提供专用的带宽和限定的时延,并具有不丢失包的保证。GS 是为那些具有极严格时延和带宽特性需求的应用而设计的,如高质量会议电话、实时事务处理,以及那些需要进行电路仿真的网络业务等。GS 是惟一支持定量 QoS(服务质量)参数的 IP 流类型。网络使用加权公平排队(WFQ)算法。

guard band　保护频带[间隔]　(1) 在使用频分多路复用技术的通信系统中,为防止各相邻频带相互干扰,在它们之间插入一很窄的非使用频带,称之为保护频带。(2) 在数字磁记录媒体表上,相邻两条磁道之间的未记录信息的空白区域。它把相邻的两条磁道隔开,以保护每条磁道上的记录信息不受邻道信息的干扰。

guard channel　保护(频)带　为了避免相邻频道之间的串台干扰,各相邻电视频道之间都留有几 MHz 的空白频带。

guarded frequency　受保护频率　一个没有被干扰的频率,并且在这个频率不产生干扰。

guarded input　受保护输入　将未接地的输入端进行电屏蔽和隔离,以使干扰耦合最小的放大器或其他电路。

guard frequency　保护频率　(1) 用于表示一条线路准备发送数据的单频载波信号音。(2) 频分复用(FDM)系统中的子信道之间用于防止相邻信道干扰的频率,也称"防护频带"。

guard intervals　保护间隔　在电信技术中,使用保护间隔来确保不同的传输不会相互干扰,或者造成重叠传输。这些传输可以属于不同的用户(如在时分多址中)或属于同一用户(如在正交频分复用中)。保护间隔的目的是引入对传播延迟、回波和反射的免疫能力,数字数据通常对这些影响非常敏感。

guard period　保护周期　时分多址

(TDMA)系统的不同时隙之间的时间间隔,在此时段内移动台的发射信号应予衰减。

guard signal　保护信号　数字 模拟转换器或模拟 数字转换器中的一种信号,它保证只有在稳定状态下,才有输出信号。

guard time　保护时间　在时分复用(TDM)和时分多址(TDMA)系统中,一个短脉冲串结束与下一个短脉冲串开始之间的时间。

guidance system　制导[引导]系统　是虚拟或物理设备,即用于实现控制船舶、飞机、导弹、火箭、卫星或任何其他移动物体的运动的引导过程的一组装置。制导是基于关于物体的运动状态的信息,计算移动物体的位置、速度、姿态和/或旋转速率的变化,以遵循特定的轨迹和/或姿态轮廓的过程。

guided wave　导波　一种波,其中能量集中在边界附近或在用不同性质材料分隔的平行边界之间,传输方向与这些边界平行。

gun microphone　枪式麦克风　拾音方向很强的长麦克风,录制针对麦克风方向的声音。也称 rifle microphone, shotgun microphone。

Gunn amplifier　耿氏放大器　一种利用耿氏二极管的微波放大器。当将耿氏二极管跨接到一个微波源的两端时,它起负阻放大器的作用。因此,反射功率大于入射射频功率。

Gunn diode　耿氏二极管　一种将耿氏效应用于产生微波振荡或放大外加微波信号的二端半导体器件。振荡频率取决于畴渡越时间,且可能超过 50 GHz。其工作采用渡越时间方式。耿氏二极管是转移电子二极管。

Gunn effect　耿氏效应　1963 年由耿氏(J.B.Gunn)发现的一种效应。当高于临界值的恒定直流电压加到一小块 N 型砷化镓相对面的接触电极上时,便产生微波振荡。依据半导体块的尺寸和另一些因素,振荡频率范围从 500 MHz 到远高于 50 GHz。

Gunn oscillator 耿氏振荡器 一种利用耿氏二极管来产生频率可以超过 50 GHz 的振荡器。耿氏振荡器可能具有机械调谐、变容二极管调谐或 YIG(钇铁石榴石)调谐以满足各种应用,如本振、低功率发射机和微波实验室设备的需要。

gyrator 回转器 一种能引起信号极性对一个传播方向倒转,而对其他传播方向不倒转的器件。它属于线性、无源、二端口电路元件,对一个传输方向实际上比对相反传输方向长半个波长。有微波回转器和光学回转器两种型式。

gyrator filter 回转滤波器 一种高选择性的有源滤波器。它包含一个用电容器端接的回转器,因而具有感性输入阻抗。所形成的合成电感器可以用另一个电容器调谐。供滤波器用的回转器可以做成单片集成电路形式。

G-Y signal (G-Y S) G-Y 信号,绿色色差信号 绿色信号减去亮度信号所形成的色差信号,用于彩色电视。

G

H

Haar wavelet　哈尔[Haar]小波　在数学中,哈尔小波是一系列重新调整的"矩形"函数,它们共同形成一个小波族或基。小波分析类似于傅立叶分析,因为它允许用标准正交基表示区间上的目标函数。Haar 序列现在被认为是第一个已知的小波基,并被广泛用作教学实例。

hacker　黑客　原指具有计算机专长的人,但现指未经批准非法存取计算机系统的人。黑客往往为了恶作剧或窃取敏感数据的目的,采用回避、对抗系统访问控制机制的方法,通过网络对计算机进行非授权访问。黑客不同于骇客,后者指窃取或破坏数据的犯罪分子。

Hadamard transform　哈达玛变换　也称为 Walsh-Hadamard 变换、Hadamard-Rademacher-Walsh 变换、Walsh 变换或 Walsh-Fourier 变换。是广义傅里叶变换的一个例子。它对 2^m 个实数(或复数,但 Hadamard 矩阵本身是纯实数)执行正交、对称、对合、线性运算。可用作视频压缩技术。

Hadamard transform encoding　哈达玛变换编码　一种变换编码方法。首先对输入数据施行哈达玛变换,然后对变换系数进行量化和编码。这种变换编码比余弦变换编码性能稍差,但比余弦变换编码容易用硬件实现。

Hadoop　Hadoop(大数据分析)框架[平台]　Apache 软件基金会开发的开源大数据框架,旨在处理服务器集群上的大量数据。存储由 Hadoop 分布式文件系统(HDFS)处理,数据由 Hadoop MapReduce(Google 的 MapReduce 版本)并行排序和汇总。所需的 Java 文件包含在 Hadoop Common 中,Hadoop YARN 提供了集群管理。

H aerial/antenna (HA)　H 形天线　一个偶极子辐射器与一个偶极子反射器组成的天线,形状像字母 H。

Hagelbarger code　黑格巴哥码　一种卷积码,用于通过电话网进行数据传输的纠错,它在数据传输中插入了按时间分散的奇偶校验位,所以受突发差错影响的有奇偶校验的码组不会多于一个,则这些突发差错都能够纠正。

half ASCII　半 ASCII 码　一种 64 个字符的 ASCII(美国信息交换标准代码)编码,包含数字、字母及符号字符的代码,但不包含键盘操作代码。

half baud bipolar coding　半波特双极性码　一个改进的全波特双极性码,其中双极性脉冲序列中的零电压电平表示 0;双极性序列中交替的正或负脉冲表示 1;脉冲在波特中点,即单位间隔的中点回到零电平。

half cycle transmission　半周传输　在发射端和接收端都使用 60 Hz 电源作同步源的一种数据传输的控制方式。两个接收机继电器中的任一个,都可选择 60 Hz 发射机电源的半周期极性来激励。

half duplex (HD/HDX)　半双工　一种通信方式。可以在两个方向上传输信息,但两个方向的传输只能交替进行,每次只能在一个方向上传输信息。通过单一的信道就可实现半双工的通信方式。半双工适用于会话式的通信。

half duplex audio　半双工声音　双向传输和接收声音,但传输和接收不是在通信双方同时传输的声音。

half D1　半 D1 方式　一种 MPEG-2 的编码方式,其水平分辨率为 MPEG-2 的一半。在半 D1 编码方式中,NTSC(美国国家电视制式委员会)制电视图像的大小为 352×480 像素,PAL(逐行倒相)制电视图像的大小为 352×576 像素。

half echo suppressor　半回波抑制器　在回波抑制器中,仅用一条路径上的语音信号去控制另一条路径的回波抑制损耗,由于这种作用是不可逆的,因此在一条远距离的四线式电路两端都必须装一个半回波抑制器。

half gateway　半网关　(1)网络互联时使用的设备。其功能是将报文分组从一种协议要求的格式转换为互联网络要求的格式。它可看作是将网关从逻辑和物理上分成两半,每个半边既与自身网络相连,又与另外半边相连。(2)为了管理上的方便,可以将一个网关分成两半,每半个网关称为半网关,中间通过通信线路互联。它们可以分置在两个网络中,两个网络的拥有者各自管理自己的半网关,且采取共同商定的标准协议。这种对等性适合于两个网络分别属于地理位置上分开的不同部门的情况。

half modular cable　半模块式电缆　一端是模块插座,而另一端是扁平接线片的电缆。

half power width　半功率宽度　天线波束宽度的角度参数。在包含最大辐射波瓣方向的平面内,半功率宽度是指在辐射强度为波瓣最大值的一半所在平面内两个方向之间的夹角。

half rate (HR)　半速率　或 GSM-HR 即 GSM 6.20,是 20 世纪 90 年代早期发展的 GSM(全球移动通信系统)的语音编码系统。由于以 5.6 kbps 运行的编解码器只需要全速率编解码器的一半带宽,因此语音业务的网络容量增加了一倍,但音频质量不佳。当电池电量低时,建议使用此编解码器,因为它可能仅消耗 30% 的电能。采样率为 8 kHz,分辨率为 13 位,帧长度为 160 个采样(20 ms),子帧长度为 40 个采样(5 ms)。GSM 半速率是在欧洲电信标准协会(ETSI)EN 300 969(GSM 6.20)标准中指定的,并且使用 VSELP(矢量和激发的线性预测)算法的形式。

half-rate channels (TCH/H)　半速率(业务)信道　GSM(全球移动通信系统)半速率信道使用 26 个多帧中的 12 个帧。半速率 GSM 信道的信道比特率为 11.4 kbps,但实际数据容量为 4.8～7 kbps,具体取决于信道编码。该信道通常与 GSM 06.20 半速率或 GSM 06.90 自适应多速率语音编解码器一起使用。

half reflection　半反射　在一种传输媒质和另一种传输媒质的分界面上产生的反射,这时入射波光功率的一半被反射而另一半被透射。半反射耦合器可让光能的一半从光纤、光纤束或光缆中耦合出来,而另一半则通过耦合器供传输之用。

half-transponder　半转发器　指通过减少信号偏离和功率分配,使用单个转发器来传送两路电视信号的方法。与单载波饱和功率相比,每路功率通常减少 4dB。

half T1/T-1　半帧 T1　T1 的一半。T1 可支持 24 条(每条 64 kbps)语音或数据信道,则对分的 T1 提供 12 条 64 kbps 信道,其速率为 768 kbps。它与 T1 的工作方式一致。

half wave　半波　(1)在描述天线和传输线时,与半波长的意义相接近。例如,具有等于工作波长一半的电长度。(2)在描述整流器、电源和测试仪器时,与半周期的意义相接近,即指在电路或器件工作频率上一个周期的一半。

half wave antenna　半波天线　电长度通常为所发射或接收波长一半的天线。

half wave dipole antenna　半波振子天线　一种长度为工作波长一半的天线采用中点馈电,以便两半有相同的电流分布;当垂直安装时,产生一个立体环形辐射图形,水平面上呈圆形,在穿过天线长轴的垂直平面上为双波瓣。

half wavelength　半波长　与传输线、天线辐射元或器件工作频率上半波长的电长度相对应的距离。

Hamming code　汉明码　一种能自动纠正单个错误的校验码。它是一种线性码,可以校正一位错,发现多位错,代码间最小距离等于 3,由贝尔实验室的 R. W. Hamming 发明。二进制汉明码具有如下参数:信息位数 k、校验位 $r = n - k$、代码长度 $n = 2^{r-1}$。汉明码可以推广到 q 进制的情况,特别当 $q = 2^b$ 时,q 进制汉明码能纠正 b 邻接突发错误。它特别适用于计算机磁带系统和按字节组织的半导体存储器。

Hamming distance　汉明距离　两个字长相同的二进制数的对应位可能不同,不同位的数量称为汉明距离。例如 1100100 和 1000101 的汉明距离为 2,因为第 2 位和第 7 位上的值不同。

Hamming weight　汉明权　在一个二进制数中,"1"的个数称为汉明权。例如 101110 的汉明权为 4。

handoff　切换　(1)当移动台在通话期间从一个小区进入另一个小区时,将呼叫在其进程中从一个无线信道转换到另一个信道的过程。同 handover。(2)从某一电话公司连接到另一电话公司的呼叫或服务,通常在交换局间进行。

handover (HO)　切换　(1)在蜂窝通系统信中,术语 handover 或 handoff 是指将正在进行的通话或数据会话从连接到核心网络的一个信道转移到另一个信道的过程。在卫星通信中,它是将卫星控制责任从一个地球站转移到另一个地球站而不会丢失或中断服务的过程。(2)把某一元部件或一组元部件临时性地或永久地转移到另一应用的过程。

hands-free kit　免提套件　允许用户不用提起电话听筒就可拨打和通话的无线电话的附件。

handshake　握手　在通信中,握手是在两个通信参与者(例如"Alice 和 Bob")之间通过信息交换的自动进行的协商过程,该信息交换在通信开始时(在完全通信开始之前)建立通信链路的协议。握手过程通常是为了在计算机尝试与另一个设备通信时建立通信规则。通常在两个设备之间交换信号以建立通信链路。

hand shake protocol　握手协议　数据通信开始时两终端之间建立联系使用的通信协议,即一系列规定的交换信号的格式。

handshaking　握手　又称"信号交换"。两个设备为建立通信连接而互相传递信号和确认的过程,用来协调连接的建立、数据的发送和连接的退出。硬件握手使用 RS-232-C 的控制信号,软件握手通常使用 XON 和 XOFF 控制信号。

handover　切换　在蜂窝通信中,术语切换(或 handoff)是指将正在进行的呼叫或数据会话从连接到核心网络的一个信道转移到另一个信道的过程。在卫星通信中,是在不丢失或不中断服务的情况下,将卫星控制责任从一个地球站转移到另一个地球站的过程。

hard　生硬　通常指 3 kHz 一带的中频高段过多而让声音变得尖锐。

hard address　硬地址　LAN(局域网)适配器卡的地址,固化在电路板卡中。

hard handoff (HO)　硬切换　移动台在从一个小区进入另一个小区时,先断掉与原基站的联系,然后再寻找新进入的小区基站进行联系的切换方式。

hard image (HI)　硬(调)图像 加到显像管上的图像信号幅度过大所产生的图像缺陷。

hard limited repeater　硬限幅转发器 通信中使用的转发器。其信号在很低的电平上被削波,然后进行放大、滤波、变频再转发所得到的信号。不管输入功率电平如何,转发器的输出功率都维持不变,而线性转发器的输出功率将随输入功率而变化。

hard limiter　硬限幅器 一种由非线性元件构成,可以限制电量变化范围的电路。当其输出在被限制范围内时,输出变化可以忽略。而软限幅使输出在被限定范围内时,输出变化仍可察觉。

hardware address　硬设备地址 在计算机网络中,由生产商对网络接口卡分配的地址。如果接口卡是可配置的,则由网络管理员分配地址。硬设备地址为六个字节长,通常用 12 位 16 制进位数表示。这个地址向网络的其余部分指明本地设备的地址,允许信息寻找正确的地址。也称为"物理地址""介质访问控制(MAC)地址"或者"以太网地址"。

hardware encryption　硬件加密 一种通过硬件来实现的、将信息换位和替换的加密方法。这种硬件装置通常称为硬件码产生器,其输入端为明码,输出端为密码。常见的基本密码装置是换位盒和替换盒。

hardware flow control　硬件流控制 (1) 在常见的 RS-232 接口中,有成对控制线,通常称为硬件流控制:在 RTS(请求发送)流控制中使用的 RTS 和 CTS(清除发送);DTR(数据终端就绪)和 DSR(数据集就绪),用于 DTR 流控制。硬件流控制通常由 DTE(数据终端设备)或"主控端"处理。(2) 通用异步收发器芯片(用于控制串口)控制数据流量

的方法。它通过控制串行接口的"清除发送/就绪"线来实现。例如它可以终止或重建数据的传送。多数高速设备靠硬件传送控制来进行准确实时的数据输入/输出控制。

harmonic　谐波 在通信系统中,由于传输线的非线性特性所产生的一种谐波。当把正弦激励信号加到输入端时,其输出就有谐波频率出现(谐波频率是基本频率的整数倍,例如,频率为基本频率两倍的波称为二次谐波)。频率为基本频率整约数的振荡称为分谐波。

harmonically related coherent (HRC)　谐波相关的相干 一种在有线电视设施上建立图像载波的方法,使得所有载波都是接近 6 MHz 的单基频的谐波。

harmonic analysis　谐波分析 (1) 任何对形成电压、电流或某些其他变化量的复杂波形的谐波进行识别和评估的方法。(2) 将非正弦周期信号按傅里叶(Fourier)级数展开成一系列谐波,以考察信号中各次谐波的幅值与相角等参量,研究其统计规律和特征。

harmonic antenna　谐波天线 电长度为发射机或接收机工作频率半波长的整数倍的天线。

harmonic attenuation　谐波衰减 对发射机输出中不希望的谐波分量的衰减,如利用并联电抗调谐到在被抑制的谐波频率上具有零阻抗的 π 形网络。

harmonic conversion transducer　谐波变换器 输出信号频率为输入频率的倍数或分数的变换器,如分频器和倍频器。

harmonic distortion　谐波失真[畸变] 通信中,由于传输系统的非线性而产生原信号中没有的谐波,从而使信号波形产生失真。它通常用百分数来表示。

harmonic interference　谐波干扰 由无线电台输出端存在谐波引起的干扰。

harmonic mixer　谐波混频器 同分谐

混频器一样,是一种混频器,它是将一个信号频率变换为另一个信号频率的电路。普通混频器有两个输入信号和一个输出信号。如果两个输入信号是频率为 f_1 和 f_2 的正弦波,那么输出信号由和 f_1+f_2 和差 f_1-f_2 频率的频率分量组成。相反,谐波和分谐波混频器在其中一个输入的谐波倍数处形成和频与差频。然后输出信号包含诸如 f_1+kf_2 和 f_1-kf_2 之类的频率,其中 k 是整数。

harmonic output power 谐波输出功率 由于发射机功率输出级的非线性,因而在发射功率信号中含有一定的谐波功率成分。谐波输出功率会对正常的无线电通信产生干扰。

harmonic signals 谐波信号 是有很多种波形合成的波形信号,通常伴随输出信号会产生一些原信号中没有的信号,其频率通常是输出信号的整数倍。

harmonic suppressor 谐波抑制器 在发射机天线输出电路中加入低通滤波器,以清除信号之外的谐波分量。这种低通滤波器就叫谐波抑制器。

harmonic vector excitation coding(HVXC) 谐波矢量激励编码 是 MPEG-4 第 3 部分(MPEG-4 音频)标准中规定的用于极低比特率的语音编码算法。HVXC 在固定和可变比特率模式下支持 2 和 4 kbps 的比特率,采样频率为 8 kHz。它还使用可变比特率技术以较低的比特率运行,例如 1.2~1.7 kbps。编码器和解码器的总算法延迟为 36 ms。

Harry system 哈利系统 指在电影和电视中,把计算机化的图形和其他图像在彼此的顶部堆叠创建三维效果的数字动画设备。

Hartley's law 哈特利定律 一个信道在给定时间可能传输的信息位总数与信道带宽和传输时间之积成正比。

hash 无用信号,无用信息,无用数据,散列 (1)由外部或者设备本身的零部件所造成的无用信号。(2)产生干扰的噪声信号或带入存储器中不需要的和无意义的信息。(3)表示无用数据。例如,若系统有一个最小的字块长度的要求,那么就得用毫无意义的数据应答这些要求,诸如用间隔符号或零填充等。在数据控制中,无用数据总和常用来检测误差或数据丢失,故也称为"检验和"。(4)通过散列函数可以把一个数值映射成另一个数值。散列法可用来将一个标识符或键值转换成一个结构中对应数据位置的值。

hash code 散列码 经散列变换后获得的、表示数据项在所分配区域上的实际存放位置的代码。

hashed message authentication code(HMAC) 散列信息验证码 IPAH(IP 验证报头)协议中采用的加密算法。它是采用密码散列函数对报文进行认证的函数,可用于判断信息的完整性和对身份进行认证。常用的密码散列函数有 MD5 和 SHA1。完整性判断的方法是对拟发送的报文用散列函数产生一个定长的报文摘要,再将其用密码进行加密,之后将该摘要附加在拟发送的报文后一起发送。收方再用同样的密码对报文摘要解密并进行所收报文的完整性判断。

Hata model 哈塔模型,Hata 模型 一种无线电传播模型,用于预测外部环境中蜂窝传输的路径损耗,适用于 150 至 1 500 MHz 的微波频率。这是一个基于来自奥村(Okumura)模型数据的经验公式,因此也通常被称为 Okumura-Hata 模型。该模型结合了奥村模型的图形信息并进一步开发,以实现城市结构引起的衍射、反射和散射效应。另外,Hata 模型对郊区和农村环境中的应用情况进行了修正。

Hayes 贺氏公司 是一家总部位于美国的调制解调器制造商。该公司以智能调制解调器闻名,它引入了通过串行接口操作调制解调器功能的控制语言,与前面板开关的手动操作不同。这种智能调制解调器方法大大简化并能自动化操作。现在几乎所有的调制解调器都使用 Hayes 命令集的变体。1977 年由 Dennis Hayes 创立专门从事调制解调器和远程通信产品开发。公司原名是 Hayes Microcomputer Products, Inc.,1997 年与 Access Beyond 数据通信公司合并之后改为 Hayes Communications。

Hayes command set 贺氏命令集,Hayes 命令集 一种特定的命令语言,最初由 Dennis Hayes 于 1981 年为 Hayes Smartmodem 300 波特调制解调器开发。命令集由一系列短文本字符串组成,这些字符串可以组合以产生用于诸如拨号、挂断和更改连接参数之类的操作的命令。绝大多数拨号调制解调器以众多变体使用贺氏命令集。

Hayes compatible 贺氏兼容的,Hayes 兼容的 1978 年,Hayes 在开发成功世界上第一台用于个人电脑的智能调制解调器的同时推出了 Hayes AT 命令集,这实际上就是调制解调器的工业标准。执行这个标准的调制解调器就称为 Hayes 兼容的调制解调器,它们之间可以畅通无阻地交换信息,并接受电脑的控制。

Hayes Smartmodem 贺氏智能调制解调器 贺氏公司开发的智能调制解调器系列产品,用于个人计算机通信。第一代传输速率为 300 波特的智能调制解调器于 1978 年投放市场,它的命令语言(Hayes standard AT command set)已经成为工业标准。

hazards of electromagnetic radiation to personnel (HERP) 电磁辐射对人体的危害 电磁辐射产生的对人体有害的生理影响的可能性。

hazy-sighted link state routing protocol

(HSLS) 模糊视野[视觉]链路状态路由协议 是一种无线网状网络路由协议。允许计算机通过网状网络中的数字无线电通信,以将消息转发到无法直接无线电联系的计算机的算法。它的网络开销在理论上是最优的,利用主动和反应性链路状态路由来限制网络在空间和时间上的更新。它的发明者认为它也是一种路由有线网络的更有效的协议。HSLS 由 BBN(Bolt, Beranek and Newman)技术公司的研究人员发明。

H channel H 信道 ISDN(综合业务数字网)带宽中用于传送高速的用户信息信道。有几种标准速率承载用户信息流,例如,H0:384 kbps(6B 信道)、H10:1 472 kbps(23B 信道)、H11:1 536 kbps(24B 信道)、H12:1 920 kbps(30B 信道)。

HD radio 高清广播 是美国 iBiquity 公司的带内同频道(IBOC)数字无线电技术的商标术语,由 AM 和 FM 广播台使用在电台的标准模拟信号上方和下方立即嵌入"在频率"的数字信号,来传输音频和数据,提供在 HD(低噪声数字无线电)或标准广播(具有标准音质的模拟无线电)中收听相同节目的方法。除了在无线电台的模拟频道上传播节目之外,HD 格式还为单个广播台提供同时广播一个或多个不同节目的手段。

HD ready 高清就绪 是由 EICTA(欧洲信息、通信和消费电子技术行业协会,现在是 DIGITALEUROPE)于 2005 年推出的认证计划。高清就绪最小原始分辨率为宽屏比率中的 720 行。目前有四种不同的标志:"HD ready","HD TV","HD ready 1080p","HD TV 1080p"。这些标志被授予具有某些特性的电视设备。类似的"HD Ready"术语通常指的是能够使用分量视频或数字输入接收和显示 720p,1080i 或 1080p 的高清信号的任何显示器。

HDB-NA "6＋3"　北美高清系统"6＋3"版本　是与(美国)国家电视制式委员会(NTSC)制式兼容的一个 6-MHz 通道和一个 3-MHz 增强通道组成的高清 NTSC 制式系统。高清晰度复用模拟分量彩色系统(HD-MAC)输出包含必须安置在 HD-NTSC 编码器中的以下成分：① 长宽比为 16∶9 的图像中央和侧面区域的行差分信号；② 标准 4.2 MHz 的亮度信号；③ 从 HD-MAC 编码器的低频部分中分离出的高频部分，即亮度分量 Y 信号；④ 侧面区域的 I 和 Q 色度信号；⑤ 16∶9 显示器的右左侧面的亮度分量；⑥ 从 HD-MAC 传输中解码的数字数据和音频信号。在"6＋3"系统中，这些成分都安置在前述 6-MHz 通道和 3-MHz 增强通道中传送。

HDB-NA "6＋4"　北美高清系统"6＋4"版本　由飞利浦公司开发，从没被商业化的高清系统。飞利浦公司的更先进的"6＋3"系统使"6＋4"淘汰。

HD-0　HD-0 格式　一组部分基于高级电视系统委员会(ATSC)表 3 的格式，由数字电视(DTV)团队作为数字电视推出初期的建议。像素值表示国际电信联盟-无线通信分部(ITU-R)的全孔径。

HD-1　HD-1 格式　一组部分基于高级电视系统委员会(ATSC)表 3 的格式，由数字电视(DTV)团队作为数字电视推出的第二阶段的建议。像素值表示国际电信联盟-无线通信分部(ITU-R) 601 标准的全孔径。

HD-2　HD-2 格式　一组部分基于高级电视系统委员会(ATSC)表 3 的格式，由数字电视(DTV)团队作为数字电视推出的第三阶段的建议。有待于未来五年视频压缩技术的一些特别进展。像素值国际电信联盟-无线通信分部(ITU-R)全孔径。

HD24P　(数字)高清晰度 24 帧/秒逐行扫描　high definition 24 frame/second progressive scanning 的缩写。

head coupled display (HCD)　头部耦合显示器　虚拟现实中用的一种戴在头上的显示器。头部耦合显示器在两眼前有两块显示屏和将显示屏图像传递到眼睛的光学系统，提供了一种虚拟世界的立体感。当头部运动时传感器感知头部的运动，使所看的东西也跟着变化，为使用者提供了很好的沉浸式感觉。

headend (HE)　头端(设备)，前端　(1) 宽频带局域网络中使用的一种设备，主要用于接收来自各数据站的信号，然后再把信号转到所有数据站去。(2) 宽带总线网和树形网络的控制中心，工作站的发送信号总是送给头端器，而工作站的接收信号总是来自头端器，在头端器中进行各种传输转换和控制。(3) 收集所有节目并将其格式化以放置在有线电视系统上的点。这种点属于有线电视系统的中央控制范围。头端从卫星和其它节目源接收视频信号，将其转换成相应的电视频道，同时将本地制作的电视节目结合进去，然后再向当地的连接用户的有线电视 HFC(混合光纤同轴)网络发送出去。

headend unit　头端单元　局域网技术中，一个在单线或双电缆宽带网络上使用分离频带提供多项服务的硬件。头端使网络上的设备得以在单线电缆上收发信号。

header (HDR)　报头，标题，首部，扇区头　(1) 在通信中，包含报文控制信息的报文部分，诸如，一个或多个目的地字段，发报站名，输入序列号，指示报文类型的字符串，以及报文的优先级。(2) 在一个数据介质上，数据记录之前的数据块。它包括标识文件用的指示性信息，例如文件名、卷名、文件长度、起始时间等。

(3) 在设备管理中,设备头是一个描述该设备信息的块,出现在程序(设备驱动器)的开头。(4) 在电子邮件中,位于信件正文前面的部分。包含信件发出者、时间和日期。(5) 在CD-ROM(只读光碟存储器)扇区上,包含时间码和工作方式字节的区域。

header check sequence（HCS）报头[信头]校验[检查]序列 是各种报头数据结构的差错检查功能,例如以太网的介质访问控制(MAC)报头。它可以包括帧的循环冗余校验(CRC),其通过生成多项式乘以除 HCS 字段之外的报头的内容而作为除法(模 2)的余数获得。HCS 可以是一个八位字节长,如 WiMAX 中,而对电缆调制解调器是 16 位的值。

header error check（HEC）报头[信头,包头]差错校验 数据包头部中的特定的域,用于检验数据包头部内容的正确性。

head mounted display（HMD）头盔式显示器 虚拟现实技术中的显示设备,用于显示交互式计算机图形并且将现实世界与虚拟环境分隔,头盔上的两个显示器分别覆盖住人的双眼,可产生立体的效果。头盔中还有头戴位置传感器,有遮挡式和透视式两种。

head of line blocking（HOL blocking）队头[排头]阻塞 计算机网络中的队头阻塞是一种性能限制现象,当第一个数据阻塞数据包队列时会发生这种现象。会发生在输入缓冲网络交换机,无序传递和 HTTP(纯文本传输协议)流水线中的多个请求。例如在 ATM(异步传输模式)交换发生出线竞争时,排在竞争失败的信元(处于队头位置)之后的去向空闲出线的信元也不能传送的现象。

head on collision 冲突争用 (1) 当两个或多个用户几乎同时在信道中进行发送时,在信道中所发生的冲突。(2) 当两组或多组实体,例如节点、选线器、交换机,

几乎同时到达电路一端或企图同时发送时,发生在电路中的一种状态。

headphone（HP/HEP）耳机,头戴式受话器 戴在头上的声音接收装置。耳机根据其换能方式分类,主要有动圈式、静电式和等磁式;从结构上分开放式,半开放式和封闭式;从佩带形式上则有耳塞式、挂耳式和头戴式。

headphone amplifier 耳放,耳机放大器 是为耳机专门设计的功率放大器,主要用于推动高阻抗耳机。普通耳机的阻抗一般为 $16\sim32\ \Omega$,中高级耳机为了获得较好的低频响应,往往采用高密度线圈长冲程设计,这时耳机的直流阻抗会高至 $200\sim600\ \Omega$。耳放能适应这些高阻耳机,同时耳放可以在提高输出功率的基础上,对音质音色进行修饰。

hearing threshold 听力阈值 听力计中的一个声音能级,低于它,听力正常的人会听不见声音,高于这一阈值,听力正常的人可以听到声音。

Heaviside layer 亥氏层 电离层的别名,以发现电离层的英国科学家亥维赛(Heaviside)命名。指高出地面约 80 km 以上的反射电波的大气层,那里由于阳光辐射导致气体电离,存在大量离子和电子,足以引起电磁波的反射。同 Kennelly-Heaviside layer。

heavy duty connector 大功率连接器 光纤系统中,设计用于互联箱外,即分线箱外的连接器。

Heliax Heliax 同轴电缆 Heliax 是商标名称。一种用于传输高频信号的低损耗粗电缆。也称为硬电缆。

helical aerial/antenna（HA）螺旋(形)天线 外形象一个螺旋体,即像一个螺管的天线。同 helix antenna。

helical ray 螺旋射线 渐变型光纤中,一种射线,当它沿光纤传播时,沿一条围绕光纤轴的路径,传输期间它的极化平面

旋转。

helicon wave 螺旋波 (1)一种存在磁场时在固体材料中受自由载流子支持的携载能量的横电磁波。(2)横向的电磁波与纵向的磁场发生耦合形成所谓的螺旋波,而当螺旋波的波长与天线的长度相同时,便可产生共振。

helium neon laser (HNL) 氦氖激光器 基于氦和氖气体组合的原子气体激光器。应用之一是在销售终端上用来阅读条形码标志。通常,它工作在三个不同的波长上,即 0.632 8、1.15 和 3.39 μm。

helix antenna 螺旋形天线 由一根金属螺旋线构成,因此天线在轴向具有最大单方向辐射的方向特性,一般称之为轴向式模块辐射态,并设有左、右旋之分,分别接收左、右旋的极化波。同 helical antenna。

helix waveguide 螺旋状波导 由密集缠绕的绝缘铜线匝并用有损耗外壳罩住构成的波导。

HELLO HELLO 协议 主要由美国国家科学基金会网络(NSFnet)节点使用的内部路由协议,允许特定类型的分组交换机找到最短延迟路径。注意,HELLO 与 hello protocol 的区别。比较 hello protocol。

hello packet 问候包,hello 分组 在 ATM(异步传输模式)中,一种 PNNI(专用网间接口)路由包,在局部节点的邻接节点之间交换。以确认邻接节点是否仍然在运行和网络是否准备好。

hello protocol hello 协议 是开放最短路径优先(OSPF)协议的一个组成部分,用来发现与它连接的邻接节点,并建立和维护与相邻节点的关系。注意与 HELLO 的区别。

Helmholtz equation 赫姆霍兹方程 赫姆霍兹是 19 世纪德国的物理学家和生理学家。赫姆霍兹方程用于描述在一个无界、无损,即在无吸收、无源媒质(如光纤)中,传播的均匀平面极化的电磁波。

Helmholtz resonator 赫姆霍兹谐振器 一种声波吸声器,由于在板上开有许多小孔,会使空气在某些特定频率上产生谐振,从而吸收声波。

Hertz (Hz) 赫兹 频率的单位,以德国物理学家(Heinrich hertz)的名字命名。1 Hz 等于每秒钟一个周期。在音频范围,基本状态是指没有声音时的空气压强或它的电学等效值(常电平 DC 信号)。赫兹值越大,表示音调越高。在电力系统中,美国的市电频率为 60 Hz 或者每秒钟电压的极性变化 120 次;我国和欧洲的市电频率为 50 Hz 或者每秒钟电压的极性变化 100 次。

Hertzian wave 赫兹波 以德国物理学家海因里希·鲁道夫·赫兹命名的一种电磁波,赫兹波除微波波段兼用厘米表示它的波长外,一般均用频率代替波长,其单位为赫(Hz)。频率范围约在 30~30 000 MHz 之间。当赫兹发现电磁波以后,首先被用于无线电信之传递试验。

heterochronous 异步的,异时的 如果两个信号的对应有效瞬机无须以同样速率出现,则这两个信号为异步的。具有不同标称数字速率,并且不由同一时钟或不由同步时钟发出的两个信号一般为异步的。

heterodyning 外差法,外差作用 (1)是加拿大发明家工程师 Reginald Fessenden 于 1901 年发明的一种信号处理技术,它通过组合或混合两个频率来创建新的频率。外差法用于将一个频率范围转移到另一个新的频率范围,并且还涉及调制和解调过程。这两个频率被组合在称为混频器的非线性信号处理设备中,例如真空管、晶体管或二极管。在最常见的应用中,混合频率为 f_1 和 f_2 的两个信号,产生两个新信号,一个信号的频率是两个频率 $f_1 + f_2$ 之和,另一个是 $f_1 -$

f_2差。这些新的频率就称为外差。通常只需要一个新的频率,而另一个信号则从混频器的输出中滤出。外差处理的主要应用是超外差无线电接收器电路,这种电路几乎用于所有现代无线电接收器中。(2)一个频率的电磁波与另一个频率的电磁波混合,以产生一个或多个附加频率。

heterogeneous computer network (HCN) 异构[异种]计算机网络 由多种不同类型硬件、不兼容软件,甚至不同的操作系统的计算机和网卡构成的计算机网络。为了使这些计算机互通信息,需要复杂的协议转换,实现起来比同构网络要困难得多。比较 homogeneous computer network。

heterogeneous multiplex 异型多路复用,异构复用 一种多路复用结构。其中信息通道的数据信号传送速率不同。

heterogeneous multiplexing (HM) 异速复用 (1)两个或多个工作在不同的数据信号发送率的信息承载通道多路复用,亦即参与多路复用的信息承载通道的数据信号速率(DSR)不相同。(2)多路传送系统中,信息在不同的传输速率下进行操作的一种传送方式。

heterogeneous network 异构(型)网络 一种由不同主计算机构成的计算机网络。例如使用不同生产厂家制造的、不同电特性、不同机械性能和运行不同操作系统的计算机构成的网络。这种网络要适应不同传输媒体、不同通信协议等。

heterogeneous network environments 异构(型)网络环境 是由不同制造商生产的计算机和系统组成的,这些计算机系统运行不同的操作系统和通信协议。开放式软件基金会(OSF)的分布式计算环境(DCE)是一个使用公用的工业工具、标准、协议,为共同工作的不同平台建立应用程序的异构网络环境。Sun 微系统公司的开放网络计算(ONC)和 Apple 计算机公司的开放协作环境(AOCE)都是类似的环境。

heuristic routing 试探式路由选择 一种由 Baran 提议的路由选择方法,其中某个数据(如时延数据)是在特定时段和不同的路由从输入信息中提取的。用来决定最佳路由,向发信源回传数据。

hexadecimal (H/HEX) 十六进制(数,符号) (1)指具有 16 种可能的不同值或状态选择、挑选或条件。(2)基数是 16 的一种数系。

HF carrier system (HFCS) 高频载波系统 利用调幅或调频的正弦载波,通过电缆传输宽频带信号的系统。

hidden node problem 隐藏节点问题 在无线网络中,当一个节点对无线接入点(AP)可见,而不是与该 AP 通信的其他节点可见时,就产生隐藏节点问题或隐藏终端问题。这导致介质访问控制子层的问题。无线网络中的隐藏节点是超出其他节点范围或节点集合的节点。考虑物理星型拓扑,其中许多节点以圆形方式围绕 AP:每个节点都在 AP 的通信范围内,但是节点之间不能彼此通信,因为它们彼此之间没有物理连接。在无线网络中,在 AP 范围远边缘的节点(称为A)可能会看到 AP,但同一节点不太可能看到 AP 范围相对端的节点 C。这些节点称为隐藏的。问题是当节点 A 和 C 开始同时向接入点 B 发送数据包时。因为节点 A 和 C 在彼此的范围之外,因此在发送时不能检测到冲突,因此具有冲突避免的载波监听多路访问协议(CSMA/CD)不起作用,就会发生冲突,然后会破坏 AP 接收的数据。为了克服隐藏节点问题,需要请求发送/清除发送(RTS/CTS)握手(IEEE 802.11 RTS/CTS)结合CSMA/CA 机制一起实现。移动自组织网络(MANET)中存在同样的问题。

hierarchical addressing 层次编址 地址

H

的一部分给出有关位置信息的一种编址方法。例如,电话号码是分层的,前面是区号,后跟交换机号。

hierarchical cell structure (HCS)　分层[混合]小区结构　移动通信中使用的 HCS 意味着小区的分裂。这种类型的小区结构允许网络有效地使用地理区域并服务于不断增长的用户。重新布置大型小区(宏小区)以在其中包括称为微小区和微微小区的小型小区。体育场/展览场地可以是微小区,多层建筑可以是大型小区内的微微小区。分配无线电频谱给微小区/微微小区以服务于增加的用户。允许离开微微/微小区的用户设备(UE)重新选择较大的小区。赋予 HCS 小区从 0～7 的优先级,其中 0 是最低优先级,7 是最高优先级。靠近服务小区的小区被赋予最高优先级。高移动性的移动设备优先考虑重新选择较低优先级的小区以避免连续重选。微蜂窝小区可以在宏蜂窝小区内增加局部容量。

hierarchical encoding　层序编码法　这是一种分层的编码方法,将视频信号分解成不同的成分段,每段使用不重叠的频率。再将每个成分段分别进行编码和打包处理,在信号还原过程中,其高频成分就能够容忍较大的包丢失率。但低频成分对包丢失率还是非常敏感。

hierarchical internetworking model　分级[分层]网络互联模型　是思科公司首次提出的网络设计的三层模型。它将企业网络划分为三层:核心层、分布层和接入层。

hierarchically synchronized network (HSN)　分级同步网络　一种互同步网络。其中某些时钟控制另一些时钟,而网络的工作频率是所有时钟频率的加权平均值。

hierarchical routing　分级路由选择　基于分级地址编码的依层次进行路由选择的路由方式。其特点是把通信子网中的节点划分成不同的区域,每个节点只知道本区域内节点的情况而不知道其他区域的情况。大多数网际路由选择都是以两级地址编码方案为基础的。该方案把一个网际地址分为网络部分和主机部分。网关只使用网络部分地址传送数据报,直到该数据报到达一个可以直接邮递的网关。子网概念的引入使得分级路由选择增加一个附加级别。

hierarchical vector quantization (HVQ)　分层矢量量化　一种视频压缩方法,它将传输可接受质量的彩色视频图片所需的带宽减小到 112 kbps。

Hi-Fi audio　高保真音响　重放的音响效果比普通的音响器材更好的优质重放系统。

Hi-Fi color　高保真彩色　使用 7 种颜色套印而不是传统的 4 色(CMYK)套印得到的颜色。

Hi-Fi image　高保真图像　指颜色阶调(图像明暗或颜色深浅变化的视觉表现)变化更接近真实光谱色的、具有层次感、立体感强的图像。

high altitude electromagnetic pulse (HEMP)　高空电磁脉冲　微型核弹在平流层做高空引爆,将造成瞬间电磁脉冲,产生巨大的空间电场,以瘫痪、破坏电信通信、雷达传输、网络系统、光电侦测光谱等信息系统。

high ASCII　高级美国信息交换标准代码　这是美国信息交换标准代码的最新版本。它支持 HTML(超文本标记语言)文档。ASCII 是美国信息交换标准代码 American standard code for information interchange 的缩写。

high availability network (HAN)　高可用性网络　是保障网络可用性的企业级概念。HAN 目的在于减少网络的崩溃与性能下降所带来的潜在的灾难性影响。高可用性意味着整体系统应用、网络资源以及网络本身一起工作时所实现的快速、可靠的性能。高可用性网络具有三个关键特性：灵活性、冗余性与可管理性。

high-availability seamless redundancy (HSR) 高可用性无缝冗余 是一种用于以太网的网络协议，可针对任何网络组件的故障提供无缝故障转移。这种冗余对应用是不可见的。HSR 节点具有两个端口并充当交换机（桥接器），允许将它们布置成环形或网状结构而无需专用交换机。这与配套的标准并行冗余协议（IEC 62439-3 第 4 章）形成对比，HSR 与该协议共享工作原理。

high band 高频带，高频段 美国的电视广播频段从 174 MHz 延伸到 216 MHz 的电视频带，包括 7～13 频道。我国米波电视广播频段的高段是 167 到 223 兆赫，划分为 7 到 12 频道。

high-bandwidth digital content protection (HDCP) 高带宽数字内容保护 是由英特尔公司开发的一种数字版权保护形式，用于防止数字音频和视频内容在传输跨越连接时被复制。连接类型包括 DisplayPort(DP)，数字视频接口（DVI）和高清晰度多媒体接口（HDMI），以及不太流行的或现已过时的协议，如千兆位视频接口（GVIF）和统一显示接口（UDI）。该系统旨在阻止 HDCP 加密内容在未经授权的设备或已被修改以复制 HDCP 内容的设备上播放。在发送数据之前，发送设备检查接收者是否有权接收它。如果有权，发射机加密数据以防止传入接收机时窃听。

high-bandwidth digital copy protection (HDCP) 高带宽数字拷贝保护 用于 AVI(数字视频接口)视频显示界面上的视频传输的加密系统。

high bit-rate digital subscriber line (HDSL) 高比特率数字用户线路 (1)是一种宽带技术，由 BellCore 制定，使用 2B1Q 调制技术。在上、下行两个方向上均能提供 T1 速率(1.5 Mbps)的一种数字用户线，可在不用中继器的情况下，利用两对双绞线实现全双工 E1/T1 速率访问，支持双向 1.5～6.1 Mbps 的速率。HDSL 的工作距离限于 12 000 英尺（3 658.5 米），它主要用于专用交换分机（PBX）网络连接、数字环路载波系统、因特网服务器和用户终端到网络的数据通信。(2) 是1994 年标准化的电信协议。这是第一个通过铜双绞线电缆使用更高频谱的数字用户线（DSL）技术。开发 HDSL 为了在无需中继器的情况下，通过电话本地环路以 1.544 Mbps 和 2.048 Mbps 速度传输 DS1 业务。HDSL 的后续技术包括 HDSL2 和 HDSL4，专有 SDSL（对称数字用户线）和 G.SHDSL（单对高速数字用户线工作组）。

high bit rate digital subscriber line 2 (HDSL2) 高比特率数字用户线 2 是由美国国家标准协会（ANSI）委员会 T1E1.4 制定并于 2000 年作为 ANSI T1.418 - 2000 发布的标准。与其前身 HDSL 一样，HDSL2 在上行和下行方向提供 1 544 kbps 的对称数据速率，噪声容限为 5～6 dB。它的主要目的也是提供 T-1 线路，只有这种技术依赖更少的电线（两根而不是四根线），因此建设成本更低。HDSL2 中使用的调制技术是 TC-PAM(格栅编码脉冲幅度调制)，它也用于 G.SHDSL，而不是 HDSL 中的 2B1Q 码。应用频谱整形以增加同一束上与 ADSL(非对称数字用户线)和 HDSL2 的兼容性。HDSL4 提供与 HDSL2 相同的比特率，但使用四条而不是两条线以增强鲁棒性。在 AWG26 本地环路上，HDSL2 的传输范围是 9 000 英尺(2.7 km)，而 HDSL4 的是 11 000 英尺(3.4 km)。

H

high color **富色** 每个像素的颜色值用15位或16位表示的颜色,其颜色数目为32 768(2^{15})或65 536(2^{16})种。

high definition (HD) **高清晰度,高分辨率** 与电声技术中的高保真度相对应,在电视技术中使重现图像包含大量准确重现的象素,从而使图像细节接近原景物的状态。

High-Definition Audio-Video Network Alliance (HANA) **高清晰度音频视频网络联盟** 是跨行业成员之间的协作,致力于解决端到端的连接、高清(HD)、家庭娱乐产品和服务的需求。该组织由来自HD革命最受影响的四个行业的领先公司组成:内容提供商、消费电子产品、服务提供商和信息技术公司。HANA努力为安全的高清晰度音频-视频网络制定设计指导方针,加快创建新的、高质量、易于使用的高清产品。HANA于2009年9月解散,1394行业协会接管所有HANA生成的知识产权。

high definition-common image format (HD-SIF) **高清晰度通用图像格式** 也指HD-SIF 138 高清电视系统。无论场频为50 Hz还是60 Hz,该系统使用1 080行有效扫描线。在50 Hz和60 Hz版本的图像格式中,逐行(148.5 MHz)和隔行(74.25 MHz)扫描都采用相同的采样频率。

high definition compact disc (HDCD) **高解析度光碟** 一种改善CD音质的编码系统,它采用一种新的录音技术,在将母带上的模拟音频信号送入HDCD编码器的时候,以超过传统CD制式44.1 kHz,16位的高解析度编成数码信号,再将此数码信号分成传统的CD音轨所能容纳的部分和超出的信号部分,HDCD编码器将后一部分信息放在传统CD的隐藏式指令轨里面,以便能与现有的CD系统相兼容。因此HDCD解码器包含有两个部分:一部分是数字滤波,另一部分是HDCD解码。在播放普通CD时,HDCD解码部分是不工作的,当播放以HDCD方式录制的CD片时,HDCD解码器会自动检测到CD片隐藏式指令轨中的信号,并将之还原成高分辨率信号,经数模转换输出。

high definition compatible digital (HDCD) **高解析度兼容数码(音响技术)** 1993年由美国REFENENC RECORDS公司推出。它采用一种新的录音技术,在将母带上的模拟音频信号送入HDCD编码器的时候,以超过传统CD制式44.1 kHz,16位的高解析度编成数码信号,此时产生的信号将多于普通CD所能容纳的信号。

high definition multimedia interface (HDMI) **高清晰度多媒体接口** 一种专有的音/视频接口,也是数字替代模拟视频的标准。可以从HDMI兼容的源设备(例如显示控制器)到兼容的计算机监视器、视频投影机、数字电视、或数字音频设备,传输未经压缩的视频数据和压缩或未压缩的数字音频数据。

high-definition system-North America (HDB-NA) **北美高清系统** 由北美飞利浦公司提出的两种宽频道525/59.94/1:1(NTSC)、1050/59.94/2:1(HDTV)系统,长宽比为4:3(NTSC)和16:9(HDTV)。HDB-NA使用两种主要信号:第一种是高清晰度复用模拟分量彩色系统(HDMAC),是通过卫星传送的多路复用模拟分量信号,从节目的源点传送到其他的传输媒体(即地面广播和有线电视系统),也可以进行直播服务;第二种信号是ND-NTSC,由飞利浦公司命名,目的是为地面和有线电视系统服务,它包括了兼容NTSC制式的6 MHz频道和一个增补频道,无论是数字或是模拟形式的信息都用增补频道传输。ND-NTSC 也被称为飞利浦北美高清晰系统(HDB-NA)。

high definition television (HDTV)　高清晰度电视　比普通广播电视具有更高清晰度和更好的视觉效果(如彩色鲜美、立体感强、景物逼真等)的电视技术。通常认为,当观看距离为屏幕高度的三倍时,HDTV 系统的垂直和水平方向的空间分辨率为现行电视系统的两倍,其宽高比为 16:9,至少支持 1 920×1 080 像素和 l 280×720 像素两种高清晰度画面尺寸,并配有多声道的优质伴音。HDTV 主要有三种格式:720p(高清就绪):1 280×720p:923 600 像素(约 0.92 百万像素)每帧;1 080i(全高清):1 920×1 080i:1 036 800 像素(约 1.04 百万像素)每场或 2 073 600 像素(约 2.07 百万像素)每帧;1 080p(全高清):1 920×1 080p:2 073 600 像素(约 2.07 百万像素)每帧。这里的字母"p"代表逐行扫描,而"i"表示隔行扫描。

high-definition video　高清晰度视频　是比标准清晰度有更高的分辨率和质量的视频。虽然高清晰度没有标准化含义,但通常任何水平行超过 480 线(北美)或 576 线(欧洲)的视频图像都被认为是高清晰度的。480 扫描线通常是最小的,即使大多数系统大大超过这一数目。在某些情况下,高速摄像机以高于正常速度(北美 60 帧/秒,欧洲 50 帧/秒)的速率拍摄的标准分辨率图像可被认为是高清晰度的。

high density bipolar code (HDBC)　高密度双极性码　一种避免长时期无脉冲,因而有利于定时复原的修正的双极性码,有许多版本。当码组中不存在长串"0"时,则按交替变换脉冲极性的规则来传送"1";当存在长串"0"时,则用含有某些定时成分的码组来取代长串"0",并利用插在码组中的某种标志来识别它。

high density bipolar of order 3 code (HDB3)　三阶高密度双极性码　是传号交替反转(AMI)码的改进型。为了防止电路长时间出现无脉冲状态,HDB3 码的编码规则是:当没有四个或四个连续的"0"码时,就按 AMI 码规则编码;当出现四个或四个连续的"0"码时,每四个连续"0"的第一个"0"的变化应视它前面相邻的"1"的情况而定,如果它的前一个"1"的极性与前一个破坏点的极性相反而本身就是破坏点,则四个连续的"0"的第一个仍保持"0";如果它的前一个"1"的极性与前一个破坏点的极性相同而本身就是破坏点,则第一个"0"改为"1"。这一规则保证了相继破坏点具有交替的极性,因而不会引入直流成分。

high density compact disc (HDCD)　高密度数字光碟　采用 MPEG(活动图像专家组)-2 标准的光碟。单面容量 4.7 GB,双面容量高达 9.4 GB。

high earth orbit (HEO)　高地球轨道　是一个高度完全高于地球同步轨道(35 786 km/22 236 英里)的地心轨道。这种轨道的轨道周期大于 24 h,因此这种轨道上的卫星具有明显的逆行运动,也就是说,即使它们处于前进轨道(90°>倾角 ≥ 0°),它们的轨道速度也低于地球的旋转速度,使他们的地面轨迹在地球表面向西移动。

high-efficiency advanced audio coding (HE-AAC)　高效高级音频编码　是一种用于数字音频的有损数据压缩的音频编码格式,在 ISO/IEC 14496-3 中定义为 MPEG-4 音频配置文件。它是低复杂度 AAC(AAC LC)的扩展,针对低比特率应用(如流式音频)进行了优化。HE-AAC 版本 1 配置文件(HE-AAC v1)使用频谱带复制(SBR)来提高频域中的压缩效率。HE-AAC 版本 2 配置文件(HE-AAC v2)将 SBR 与参数立体声(PS)耦合,以提高立体声信号的压缩效率。它是 AACplus 编解码器的标准化和改进版本。HE-AAC 用于数字无线电标准,如数字音频广播增强版(DAB+)和数字广播蒙迪亚(DRM)。

high efficiency video coding (HEVC)　高效率视频编码　也称为 H.265 和 MPEG-H 第 2 部分,是一种视频压缩标准,是广泛使用的 AVC(H.264 或 MPEG-4 第 10 部分)的几种潜在后继标准之一。与 AVC(高级视频编码)相比,HEVC 在相同的视频质量水平下提供了大约两倍的数据压缩比,或者在相同的比特率下显著提高了视频质量。它支持分辨率高达 8 192×4 320,包括 8K UHD(超高清晰度电视)。

higher-order PSK　高阶相移键控　可以使用任意数量的相位来构造 PSK 星座,但 8-PSK 通常是部署的最高阶 PSK 星座。如果超过 8 个相位,误码率会变得过高,但可以使用更复杂的调制,如正交幅度调制(QAM)。尽管可以使用任意数量的相位,但星座通常必须处理二进制数据意味着符号的数量通常是 2 的幂,以允许每个符号具有整数个比特。

high frequency (HF)　高频　在电气电子工程师学会 IEEE 802 建议使用的单缆制宽带网络系统中,分配给前向通路传送信号使用的频段,一般为 160～400 MHz,我国因受电缆限制,通常采用 160～300 MHz。

high frequency adaptive antenna receiving system (HFAARS)　高频自适应天线接收系统　一个能抑制干扰通信信号的接收天线系统。

high-frequency biased　高频偏置　(1) 在广播电视系统中,利用超声信号来降低磁带录音机失真的一种技术。(2) 在磁带上,一个正弦信号与被记录的信号混合,以提高被记录信号的线性和动态范围。通常,偏置频率应该是被记录的最高信息频率的 3～4 倍。

high-frequency compensation (HFC)　高频补偿　在给定频带,如在视频频带或音频频带内,相对于低频和中频的放大系数提高高频处的放大系数。

high frequency converter　(超)高频变频器　将 UHF(特高频)信号转换成 VHF(甚高频)接收机能够接收的低频信号的电子电路。它转换 UHF 电视信号成 VHF 信号,使 VHF 电视能够接收。

high frequency ground wave radar　高频地波雷达　利用垂直极化高频电磁波沿海面绕射传播原理实现超视距探测海上目标和超低空目标的雷达。它的探测距离可达 300 km。

high frequency noise　高频噪音　其频率在电力线路工频(50 或 60 Hz)的 1 000 倍以上(频率在 3～30 MHz 之间)的噪音信号。

high frequency radio　高频无线电波　一种频率高于 3 MHz 的无线电波,依靠电离层的反射可为远距离通信用。

high gain aerial/antenna (HGA)　高增益天线　一种通过把辐射功率限制在一个比其他天线立体角更小的立体角内来获得功率增益的天线。

high level data link control (HDLC)　高级数据链路控制(协议)　国际标准化组织(ISO)制定的链路协议标准,后来国际电报电话咨询委员会(CCITT)采用这个协议作为链路访问协议(LAP),并且用于 X.25 网络。HDLC 是 IBM 公司的同步数据链路控制(SDLC)的一个超集。SDLC 是由 BISYNC(二进制同步通信)协议发展成功的,起初是通过 IBM 的系统网络体系结构(SNA)产品推出。HDLC 的另外一个名字叫高级数据通信控制规程(ADCCP),这个名字是由美国国家标准协会(ANSI)命名的,但是

HDLC 却更为广大用户接受。由于供应商的不同,SDLC 和 HDLC 之间存在不兼容性。HDLC 是面向位的,这意味着数据是一位一位地监控的,传输的数据以二进制数据组成,不存在任何特殊的控制代码,但帧中的信息包含了控制和响应命令。HDLC 支持全双工传输,适合于点对点和多点(多路播送或一对多)连接。

high level data link control adapter (HDLCA) 高级数据链路控制规程适配器 满足 HDLC(高级数据链路控制)标准的通信适配器。可以接入计算机系统内,在软件的支持下构成计算机之间的数据通信。

high level data link control packet assembler/ disassembler (HPAD) 高级数据链路控制分组装配/拆卸设备 采用双向交替传输方式(逻辑上半双工)支持同步数据链路控制(SDLC)设备。

high level data link control procedure (HLDLCP) 高级数据链路控制规程 在数据通信中,按照国际标准化组织 ISO 3309 帧结构和 ISO 4335 规程大纲,使用指定的一串二进制码来控制数据链路的控制规程。这是一种面向比特的高可靠性、高效率的数据通信规程。该规程是为了在链路级实现同步和透明的数据传输而设计的。它由帧结构、规程要素和规程类型三部分组成。该规程适用于点点、多点链路结构,可用于交换线路或非交换线路,其工作方式有半双工和全双工两种。它具有如下特点:① 透明性好,采用独立编码操作;② 适用性强,以同一方法适用各种应用、结构;③ 全双工通信、双向交换、双向同时传输数据;④ 效率高;⑤ 可靠性好。

high level digital interface 高电平数字接口 两套站设备,例如数据终端设备(DTE)和数据电路终端设备(DCE)之间的接口,工作于相对较高的电流和电压下。

high level modulation (HLM) 高电平调制 在功率电平接近系统输出电平的发射机末级的阳极电路中产生的调制。

high loss optical fiber 高损耗光纤 一种其中传播的光波在光纤的每单位长度有高能量损耗的光纤。

high order harmonic component 高次谐波分量 将非正弦周期信号按傅里叶(Fourier)级数展开,频率为原信号频率两倍及以上的正弦分量。

high order mode 高次模,高阶模 电磁波在波导中传播的一种模,① 对应于波方程中较大的本征值解,与它是否为横电波模(TM)、横磁波模(TM)、横电磁波模(TEM)无关;② 其中只有极少个整波长在波导内横向配合,因此可以用波导来支持。

high-output low-noise (HOLN) 高输出低噪声 记录磁带具有对磁带敏感且信号噪声比(S/N)高的特性,这种磁带通常用于专业级视听节目。

high pass (HP) 高通 滤波器、其他类型的器件或电路的一种工作特性。允许高频信号通过,而对低频信号有很强的抑制能力。

high pass filter (HPF) 高通滤波器 理想的高通滤波器可使截止频率以上的所有电信号能够无衰减地通过,而对于截止频率以下的所有电信号则给予较大的衰减,阻止其通过。

high performance computing modernization program (HPCMP) 高性能计算现代化计划 美国国防部 HPCMP 于 1992 年启动,旨在响应国会对国防部(DoD)实验室高性能计算能力现代化的指示。HPCMP 提供超级计算机、国家研究网络和计算科学专家,共同使国防实验室和测试中心能够开展研究、开发、测试和技术评估活动。该计划包括三个要素：国防部超级计算资源中心，提供大型超级计算机和操作人员；DREN(国防研究和工程网络)，一个连接中心和主要用户群体的全国性高速、低延迟、研发网络；以及致力于软件应用程序开发、现代化和维护软件，以应对国防部的科学和工程挑战。

high performance network over coax (HINOC) 同轴电缆高性能网络(接入技术) 是"三网融合"方案中光纤网络到用户家庭网络之间的一种传输解决方案。该技术在光纤到楼(FTTB)的网络结构基础上，利用小区楼道和户内已经敷设、分布广泛的有线电视同轴电缆，构建高速的信息接入网。为最后100 m的宽带接入提供了一种便捷、实用的新型解决方案。

high performance parallel interface (HIPPI/HPPI) 高性能并行接口 由美国国家标准协会(ANSI)设计的接口标准，定义了32位和64位数据的并行接口，数据传输率可达800~1 600 Mbps。该接口使用多对双绞线电缆，数据在其中的32根双绞线上传输，每根双绞线的速率达到25 Mbps，因此整个吞吐量达到800 Mbps。接口支持32位的总线操作，也可以用双电缆来实现64位的总线操作(吞吐量达到1 600 Mbps)。

high performance radio local area network (HiperLAN) 高性能无线局域网 是欧洲替代电气电子工程师学会IEEE 802.11标准的无线局域网标准。由欧洲电信标准协会(ETSI)定义。在ETSI中，标准由BRAN(宽带无线电接入网络)项目定义。HiperLAN标准系列有四种不同的版本。① 1992年开始的HiperLAN/1，1997年批准该标准，主要特点：范围50 m，慢速移动(1.4 m/s)，支持异步和同步业务，23.2 Mbps比特率，

属于无线以太网，频率范围5 GHz。② 2000年2月完成的HiperLAN/2，物理层与IEEE 802.11a无线局域网非常相似，使用5 GHz频段和高达54 Mbps的数据速率。而HiperLAN/2的介质访问控制(多址协议)是动态TDMA(时分多址)，而802.11a/n使用CSMA/CA(载波监听多路访问/冲突避免)。HIPRLAN/2提供安全措施。DES(数据加密标准)或三重DES算法保证数据的安全。无线接入点和无线终端可以相互认证。③ HIPERACCESS旨在成为最后一英里的技术。④ HIPERLINK旨在作为155 Mbit/s的短程点对点技术。

high performance radio metropolitan area network (HiperMAN) 高性能无线城域网 是由欧洲电信标准协会(ETSI)宽带无线接入网络(BRAN)工作组创建的标准，用于欧洲和其他遵循ETSI标准的国家/地区的2~11 GHz频段内提供无线网络通信。HiperMAN是WiMAX(或IEEE 802.16标准)和韩国技术WiBro(无线宽带技术)的欧洲替代品。HiperMAN的主要目标是提供宽带无线互联网接入，同时覆盖广阔的地理区域。标准化的重点是针对11 GHz以下频段(主要是3.5 GHz频段)的接入而优化的宽带解决方案。HiperMAN针对分组交换网络进行了优化，支持固定和漫游应用，主要用于住宅和小型企业用户环境。HiperMAN将是一个可互操作的宽带固定无线接入系统，工作频率在2 GHz至11 GHz之间。HiperMAN标准设计用于使用IEEE 802.16-2001标准的基本MAC(介质访问控制)向中小企业和住宅提供固定无线接入。它是在与IEEE 802.16密切合作的基础上开发的，因此HiperMAN标准和IEEE 802.16a-2003标准的子集将无缝互操作。HiperMAN还支持FDD(频分双工)和

TDD(时分双工)频率分配以及 H-FDD(半频分双工)终端。

high-performance serial bus (HPSB) 高性能串行总线(标准) PC 机和 Mac 机中的串行总线接口标准(IEEE 1394),传输速率为 100 Mbps、200 Mbps 或 400 Mbps,并能以菊花链形式连接多达 63 个设备,而且这些设备可直接从接口中获得电源。

high power amplifier (HPA) 高[大]功率放大器 简称高功放,在电子学中,放大器的品质因数是表征其特性和性能的数值度量。品质因数可以作为规范列表给出,其中包括(功率)增益、带宽、噪声和线性等属性,以及其他属性。品质因数对于确定特定放大器对于预期用途的适用性是重要的。

high power output 高功率输出 功率放大器向每个扬声器通道输出的功率,通常指每个通道不低于 1.5 W 有效值的输出。

high power satellite TV 高功率卫星电视 是使用 Ku 波段中的 12.2~12.7 GHz 电磁波频谱发送信号和 18 英寸天线的直播卫星(DBS)。而传统卫星电视使用 C 波段 3.7~4.2 GH 低功率带宽以及直径为 10 到 15 英尺范围的大型碟形天线,无法接收 DBS 的频道广播。在 2002 年,两个 Ku 波段 DBS 供应商 DirecTV 和 Dish Network,提供了超过 200 个频道的高质量数字图像和声音节目。

high reflective coating 高反射涂层 为了大大提高光学表面对一个特定波长范围的波的反射能力而用的单层或多层涂层。

high resolution continuous tone image 高分辨率连续图像,高画质图像 TIFF/IF 标准中所定义的一种图像信息形式,它采用印前处理领域独特的信息压缩方式进行记录。

high resolution digital audio 高解析率数字音频 通常指那些采样率高于 48 kHz 而量化精度高于 16 位的数字音频。

high resolution graphics (HRG) 高分辨率图形 可以在屏幕上表示或显示图示字符的精细程度,它关系到字符的鲜明性和清晰度。分辨率用像素(图像的元素)来测量。

high selectivity 高选择性 在通信系统(例如使用光纤的波分复用光纤通信系统)中,借以选择、分隔和放大所需信号,并抑制不需要的信号(如串话、噪声及干扰)的一种性能。

high sensitivity 高灵敏度 (1)电子设备接收微弱信号并使它们重新变得有用的能力。(2)电子设备选择、分离和放大所需信号,抑制不需要的能量如串音、噪声和干扰的能力。

high sierra format (HSF) 高西拉格式 一种由高西拉集团开发的 CD-ROM(只读光碟存储器)的标准格式,用于将文件和目录存入 CD-ROM 中。

high sierra group 高西拉集团 一个计算机厂商、软件开发商和 CD-ROM(只读光碟存储器)系统集成商组成的委员会,1985 年在美国内华达州的高西拉酒店举行首次会议,制定了与 CD-ROM 规格相关的一套逻辑格式标准。

high sierra specification 高西拉规范说明 CD-ROM(只读光碟存储器)的工业化格式的规范说明,定义了 CD-ROM 碟的逻辑结构、文件结构和记录结构,是 CD-ROM 国际标准 ISO 9660 的基础。

high speed circuit switched data (HSCSD) 高速电路交换数据 一种无线数据传输的电路交换,能够透过多重时分同时进行传输,而不是只有单一时分,因此能够将传输速度大幅提升到平常的若干倍。适用于移动用户,速率高达 57.6 kbps(即 4×14.4 kbps),是 GSM(全球移动通信系统)网络的升级版本。

high speed communication interface (HSCI)
高速通信接口 思科(Cisco)公司开发的一种单端口接口,它以高达 52 Mbps 的速率提供全双工同步串行通信能力。

high speed-dedicated physical control channel (HS-DPCCH) **高速专用物理控制信道** 上行物理信道,用户设备(UE)用来传输信道质量指示(CQI)和确认信息。

high speed-downlink packet access (HSDPA)
高速下行链路分组接入 是高速分组接入(HSPA)系列中的增强型 3G(第三代)移动通信协议,也称为 3.5G、3G+或 Turbo 3G,支持基于通用移动通信系统(UMTS)的网络具有更高的数据速度和容量。属于 WCDMA(宽带码分多址)技术的延伸。

high speed-downlink shared channel (HS-DSCH) **高速下行链路共享信道** 承载用户载荷的传输信道,和专用信道不同,HS-DSCH 只携带用户载荷,不携带信令(DCCH)。

high-speed modem **高速调制解调器** 曾经指能以 28.8 kbps 以上速率传输数据的调制解调器。

high speed Morse **高速莫尔斯码** 以超过每分钟 80 个字符速度传送的莫尔斯电码。

high-speed multimedia radio (HSMM) **高速多媒体广播** 是使用诸如 802.11 接入点的商用现成(COTS)硬件在业余无线电频率上实现无线数据网络。只有持有许可证的业余无线电操作员才可以使用放大器和专用天线来增加 802.11 信号的功率和覆盖范围。

high speed packet access (HSPA) **高速分组接入** 是高速下行链路分组接入(HSDPA)和高速上行链路分组接入(HSUPA)两个移动协议的合并,它扩展并改进了使用 WCDMA(宽带码分多址)的现有 3G(第三代)移动通信网络的性能。进一步改进的 3GPP(第三代移动通信合作伙伴项目)标准,即演进的高速分组接入(也称为 HSPA+)于 2008 年晚些时候发布,随后在 2010 年开始全球采用。较新的标准支持比特率在下行链路中达到高达 337 Mbps 和上行链路中的 34 Mbps。但是,这些速度很少在实际中实现。

high speed packet data (HSPD) **高速分组数据** 将数据发送到移动终端(主要指 CDMA)上的移动数据业务,数据传输速度可达 64 kbps。

high speed-physical downlink shared channel **高速物理下行共享信道** 承载高速下行共享信道的物理信道。

high speed satellite ground quantum communication **高速星地量子通信** 星地量子通信是利用低轨卫星与地面实现量子信息传输的一种通信模式。由于地球曲率的影响和光纤损耗的增加,在地面间实施远距离量子通信很困难,因此,星地量子通信成为一种更好的选择。量子密钥分发是最先有望实用化的量子信息技术,其物理原理保证的无条件安全性使科学家们一直致力于全球化量子密钥分发的研究。要实现全球量子密钥分发网络,人们需要突破距离的限制。由于光纤损耗和探测器的不完美性等因素的限制,以光纤为信道的量子密钥分发的距离已基本到达极限。而由于地球曲率和远距可视等条件的限制,地面间自由空间的量子密钥分发也很难实现更远的距离。因此要实现更远距离的甚至是全球任意两点的量子密钥分发,基于低轨道卫星的量子密钥分发成为实现星地量子通信最有潜力和可行性的方案。理论分析表明,对于低轨卫星平台方案,大气层的传输损耗、量子信道效率、背景噪音等问题都是需要克服的重要问题。尤其是低轨卫星和地面站始终处于高速相对运动之中,如何在有角速度、角加速度、随机振动等情况下建立起高效稳定的量子信道,保持信道效率以及降低量子密钥误码率,是基于低轨道卫星平台实现量子密钥分发面临的关键性问题。

high speed serial interface(HSSI) 高速串行接口 一种短距离的通信接口,常用于局域网的路由或交换设备与广域网的高速线路相连。它的最高数据传输率为 52 Mbps,最远的传输距离为 15 m。它属于 OSI(开放系统互连)的物理层,使用 50 针的连接器,传输技术使用差分射极耦合逻辑电路。它还提供四种回路测试方式来诊断故障,第一种通过发送信号到数据终端设备然后返回来测试电缆;第二种和第三种测试本地的数据通信设备和远程的数据终端设备;第四种回路测试数据终端设备的数据通信设备端口。HSSI 要求数据电路可用的前提是两种控制信号 DTE(数据终端设备)和 DCE(数据电路端接设备)可用。

high speed signal 高速信号 指一个传输速度达 44.736 Mbps(DS-3 速度等级)的信号(在光纤方式中,速度可达 90 Mbps 或 180 Mbps)。

high speed token ring(HSTR) 高速令牌环(网) 1997 年由 IBM 公司提出的关于令牌环局域网(IEEE 802.5)高速版本的一项标准。它支持 100、128 和 155 Mbps 的传输速率。原来的传输速率标准仅为 4 Mbps 和 16 Mbps。

high speed transfer(HST) 高速传输(协议) 美国 U. S. Robotics 公司的非对称调制解调器协议,包含错误控制和压缩技术,一个方向的传输速率为 4 800～14 400 bps,另一个方向的传输速率为 300～400 bps。在 V.32 bis 和 V.42 标准广泛使用前,HST 是第一个高速调制解调器协议。

high-speed uplink packet access(HSUPA) 高速上行链路分组接入 是 HSPA 系列中的 3G 移动电话协议。这项技术是 UMTS 演进过程中的第二个重要步骤。它在 3GPP 版本 6 中进行了规定和标准化,旨在将上行数据速率提高到 5.76 Mbps,扩展容量并降低延迟。再加上其他改进,为包括 VoIP、上传图片和发送大型电子邮件的许多新应用创造了机会。与此同时,HSUPA 已被更新的技术所取代,进一步提高传输速率。长期演进(LTE)可为下行链路提供高达 300 Mbps 的速率,对上行链路提供高达 75 Mbps 的速率。其发展的长期演进技术升级版支持超过 1 Gbps 的最大下行链路速率。

high split 分割 一个宽带电缆系统,其发送到前端的信号(后向信号)带宽约为 6～180 MHz;从前端发出的信号(前向信号)带宽约为 200～400 MHz。前向与后向之间的保护频段(180～220 MHz)作隔离用。该系统需要在前端装有一个频率变换器以对前向和后向信号进行频带转换。

high usage group 高利用(率)组 (1)在通信中,用作主要传输或能够传输最大信息量的几条主干线组成的干线组。(2)作为两个交换系统之间主要线路的中继线组。

high usage route groups 高效路由群 指在两个中心交换局之间的几条干线,作为首选信道并承担主要业务量。其溢出呼叫可迁回到次级路径中的线路。

high usage trunk 高利用(率)干线 备有替代路径的一组干线。干线的数目根据干线效率和经济性考虑决定。

high volume time sharing(HVTS) 大容量分时 按分时体制在一条线路上传输多路数字信号的方式。为实现大容量分时,要求线路的带宽能满足传输的需要。

highway addressable remote transducer (HART) 高速通道可寻址远程变换器 一种广泛使用的有线传感器网络协议，可追溯到 20 世纪 80 年代的贝尔公司 202 标准。HART 作为 4～20 mA 模拟信号的扩展，将 1 200 bps 信号叠加到线路上，提供现场仪器的双向通信。

H interface H 接口 在移动通信系统中，H 接口位于移动交换中心（MSC）和短消息服务网关移动交换中心（SMS-G）之间。该接口使用 MAP/H 协议传输短消息。

HLS color model HLS 色彩模型 （1）使用色调、亮度和饱和度（HLS）三种成分来描述色彩的一种方法，它用图形表示成一个双六棱锥体。（2）一种适合于程序员和用户的调色方法。该模型是 HSV（色调饱和度值）的一种变形，即从 V=1 平面把白色向上提，产生一个双六面锥体子空间。与 HSV 一样，任何一种色彩的互补色都位于绕该六面锥轴向前转过 180°的位置上。从竖直轴线开始，可以辐射形地度量，取值范围从 0 至 1。L 表示"亮度"，相当于 HSV 中的 V 值，L=0 为黑色，L=1 为白色，取值范围在 0 至 1 之间。

HLS format HLS 格式 一种彩色数据格式，用色调、亮度和饱和度（HLS）表示颜色。

hold 保持 在一定时间内某系统或电路暂停操作并保持暂停前的状态，以便用户进行研究。例如，在不断线的情况下暂停通话（或暂时离开）。通话人可以随时回来继续通话（包括从其他分机上）。在一个电话系统中有几种不同的"保持方式"，具体如何运行和服务视不同的电话系统而定。

hold-in frequency range 保持频率范围 （1）锁相环内能保持锁定频率的范围。（2）本机振荡器或时钟频率与锁相环基准频率发生差异时，锁相环使本机振荡器或时钟向着减小频率差异的方向缓慢改变频率，如果没有中断，它们的频率最终会达到锁定频率和相位锁定。

hold-in range（HIR）（同步）锁定范围 振荡器保持与输入频率锁定的频率范围。

hold mark 保持传送符号 在起停式打字电报机中，用于表示无信号状态的一种连续信号。

hologram 全息照相，全息图 全息术中使用的一种特殊照相底板。当这个负片显影并由相干气体激光束从背面辐照时，便产生三维空间图像。

holography 全息照相术 在信息处理系统中，把物体上发出的光信号信息，包括光波的振幅和相位全部记录下来，当此摄影物体再现时，就能得到物体三维立体图像的一种技术。全息照相是利用光的干涉原理把相位变化转化为振幅变化，从而记录下物体的全部信息，又利用光栅衍射效应重构原物的波阵面。

home agent（HA）归属[本地]代理 是移动节点的归属网络上的路由器，其将数据报隧穿，以在离开归属时传送到该移动节点。它维护移动节点的当前位置（IP 地址）信息。它与一个或多个外部代理一起使用。当漫游用户的移动终端在外面某地通过区外代理登记他们所在位置时，区外代理就要与归属代理通信，以便其数据包能转发到远端子网。

home loop 本地环路 （1）只使用与本地终端有关的输入输出装置的一种操作（环路）。（2）端接到本地中心电话局的电话线对。

home mobile subscriber 归属移动用户 在归属移动管理部门注册登记的移动用户。

home network 家庭[住宅]网络 或家庭区域网（HAN）。是一种计算机网络，便于家中邻近设备之间的通信。能够参与这种网络的设备,例如网络打印机和手持移动计算机等智能设备,通常通过其交互能力获得增强的涌现能力。这些附加功能可用于以多种方式提高家庭内部的生活质量,如重复性工作的自动化,个人生产力的提高,家庭安全性的增强,以及娱乐的轻松获取。

HomePlug　家庭(插电)电力线通信规范　是 HomePlug 联盟指定的各种电力线通信规范的系列名称,每种规范都提供独特的性能,并与其他 HomePlug 规范共存或兼容。一些 HomePlug 规范针对宽带应用,如家庭内分布的低数据速率 IPTV(因特网电视)、游戏和因特网内容访问,而其他一些则专注于低功耗、低吞吐量和扩展工作温度的应用,如智能电表和家用的电气系统和电器之间的通信。所有 HomePlug 规范均由 HomePlug Powerline Alliance 开发,该联盟也拥有 HomePlug 商标。HomePlug 1.0 规范支持近似 10Base-T 的传输速率,在物理层提供峰值速率达 14 Mbps。HomePlug AV 规范为 HDTV 和 VoIP 等应用提供足够的带宽。在物理层提供 200 Mbps 的峰值数据速率,在 MAC 层提供约 80 Mbps 的峰值数据速率。HomePlug AV2 规范可与 HomePlug AV 和 HomePlug GreenPHY 设备互操作,符合 IEEE 1901 标准。具有千兆级物理层速率,支持 MIMO(多输入多输出)物理层、中继功能和省电模式。可以使用 30~86 MHz 的带宽作为额外带宽。

HomePlug Powerline Alliance　家庭(插电)电力线联盟, HomePlug 电力线联盟　是电子制造商、服务提供商和分销商的行业协会,为称为 HomePlug 的各种电力线通信技术建立标准,并测试成员设备的合规性。该联盟为诸如家庭电视的分布、游戏和互联网接入等应用开发了标准。它还制定了智能电表和电气系统与

电器之间的家庭通信规范。该联盟根据 HomePlug 规范和 IEEE 1901 标准测试互操作性和认证产品。

home radio frequency(HomeRF)　家用无线电频率(标准)　该标准由 HomeRF 工作组制定,主要用于家用计算机、外设、PDA(个人数字助理)和无绳电话等设备之间的无线连网的开放性工业标准,其目的是使复杂的无线 LAN(局域网)的家庭应用变得简单。HomeRF 网络的主要系统参数如下:① 网络跳频:50 次/秒;② 工作频率:2.4 GHz;③ 发射功率:100 mW;④ 传输速率:2FSK(频移键控)调制为 1 Mbps,4FSK 为 2 Mbps;⑤ 有效范围:约 50 m;⑥ 支持站点:每个网络约 127 个设备;⑦ 话音连接:6 个全双工通话信道;⑧ 数据安全:采用 Blowfish 加密算法。HomeRF 无线网络有以下特点:① 通过拨号、DSL(数字用户线路)或电缆调制解调器上网;② 传输交互式话音数据采用 TDMA(时分多址)技术,传输高速数据包分组采用 CSMA/CA 技术;③ 数据压缩采用 LZRW3 A 算法;④ 不受墙壁和楼层的影响;⑤ 通过独特的网络 ID 来实现数据安全;⑥ 无线电干扰影响小;⑦ 支持近似线性音质的语音和电话业务。

home radio frequency(HomeRF)　家用无线电频率(规范)　是家庭设备的无线网络规范。它由家庭无线电频率工作组于 1998 年开发,该工作组由移动无线公司组成,包括 Proxim Wireless,英特尔,西门子公司,摩托罗拉,飞利浦和其他 100 多家公司。在其他无线网络可供家庭用户接入后,该组于 2003 年 1 月解散,微软公司开始在其 Windows 操作系统中支持这些网络。

home radio frequency working group(HRFWG)　家用射频工作组　成立于 1998 年 3 月,主要成员有 Intel、IBM、3COM、Companq、

Philips、Motorola、Microsoft 等数十家公司,其中包括计算机、外设、软件、半导体、通信、消费电子等多种领域,下设三个委员会,旨在制定 PC 和用户电子设备之间无线数字通信的开放性工业标准,为家庭用户建立具有互操作性的音频和数据通信网。用户遵循共享无线访问协议(SWAP)规范建立无线家庭网络,在 PC 机、PC 增强的无绳电话、手持远程显示器等设备间共享话音、数据和因特网连接。HomeRF 是针对现有无线通信标准的综合和改进,当进行数据通信时,采用 IEEE 802.11 标准中的 TCP/IP 传输协议;当进行语音通信时,则采用数字增强型无绳通信(DECT)标准。因此,接收端必须捕获传输信号的数据头和几个数据包,判断是音频还是数据包,进而切换到相应的模式。

home units (HU) **室内单元** (1) 即卫星电视接收机,由天线接收进入室外高频头送来的 1 470 MHz 的中频信号,经第二中频放大器放大后,送到第二混频器混频,转换成 136.24 MHz 的第二中频,再经带通滤波器对邻近频道信号进行衰减,并由限幅放大器抑制调幅杂波,再由视频解调器调解出视频信号,由伴音解调器解调出伴音信号。(2) 移动通信系统基站的室内部分。

home videotex **家用图文电视** 一种适用于家庭环境的图文电视,可利用家里的电脑来实现。其早期的应用包括电视游戏和棋类游戏。

homomorphic deconvolution **同态反褶积** 一种非线性滤波方法。应用同态滤波理论,将一种函数域映射至另一函数域,使以褶积关系组成的信号先变换为相乘的形式,再把相乘关系组成的信号转换为相加的形式(复倒谱)。是在复倒谱域内进行滤波运算后,经过反函数转换到原始函数域的广义线性滤波系统。

homomorphic encryption **同态加密** 一种加密形式,允许对密文进行计算,生成加密结果,当解密时,与操作结果相匹配,就像它们对明文执行过一样。同态加密可用于安全外包计算,例如安全云计算服务,并且可安全地将不同服务链接在一起而不暴露敏感数据。同态加密还可用于创建其他安全系统,例如安全投票系统,抗冲突哈希函数,专有集合交集和专有信息检索方案。

homomorphic filter **同态过滤器** 是把频率过滤和灰度变换结合起来的一种图像处理方法,它依靠图像的照度和反射率模型作为频域处理的基础,利用压缩亮度范围和增强对比度来改善图像的质量。

homomorphic filtering **同态滤波** 利用广义叠加原理对同态系统进行滤波。同态滤波处理系统在输入和输出运算相同的情况下,可分为相乘信号的同态滤波处理和褶积信号的同态滤波处理两种。

homomorphic filter restoration **同态滤波复原** 运用矢量空间之间的同态(即线性)映射,选取同态滤波器进行图像复原的方法。它使信号从原始空间被映射到另一空间,在新的空间上更容易运算和估计未知的复原点扩展函数或传递函数,从而得到新空间上的解,再同态变换回原空间而得到复原图像。例如,当图像受到乘法性干扰或退化时,表示为 $G(x,y) = F(x,y) \cdot E(x,y)$ 式中 $G(x,y)$,$F(x,y)$,$E(x,y)$ 分别为退化图像、复原图像、干扰因素。对上式取对数变换得 $\log G(x,y) = \log F(x,y) + \log E(x,y)$ 很容易用线性滤波技术估计 $\log F(x,y)$,再做指数变换得 $F(x,y)$。

homomorphic secret sharing **同态秘密共享** 在密码学中,同态秘密共享是通过同态加密对秘密进行加密的一种秘密共享算法。同态是从一个代数结构到另一种同类代数结构的变换,从而保持了这种结构。重要的是,这意味着对于原始数据的每种操作,都会对转换后的数据进行相应的操作。

homomorphic signal processing　同态信号处理　对符合广义迭加原理的非线性系统的信号处理。在信号处理中,经常碰到不属于迭加性组合的信号,如乘积性信号和褶积性信号,对这一类特殊的非线性系统的信号处理,就称为同态信号处理。在语音、图像、雷达、声呐、地震勘探以及生物医学工程等领域中,同态信号处理获得广泛的应用。

hook switch (HKSW)　叉簧切换[开关]　指在一台电话机内通过叉簧(开关)的动作来对电话线路进行切换。

HOP　水平输出五极管　horizontal output pentode 的缩写。

hop　跳跃,跳数　(1) 无线电波在从一处行进到另一处时,从电离层反射回地面称跳跃。此术语可以用形容词修饰,如一次跳跃,二次跳跃和多次跳跃。跳跃次数称为反射级。(2) 在计算机网络中,跳是源和目的地之间路径的一部分。数据包在源和目的地之间传输时会通过网桥、路由器和网关。每次将数据包传递到下一个网络设备时,都称之为跳。在因特网上,一个数据包所花费的跳数可以通过 ping 或 traceroute 来发现。跳数也就是数据在源和目的地之间必须通过的中间设备的数目。在这种情况下,术语"跳"有时被称为"hand-over point"的首字母缩写。

hop count　节点数,跳数　在网络中,指一个通路所经过的网关数量,用于表示网络上两站点之间距离的量度。例如,跨越计数为 n 时,表明国际网上从源站点到目的站点要跨越 n 个网关。

hop limit　跳数限制　IPv6 新增字段,8 位无符号整数,类似于 IPv4 的 TTL(生命期)字段,TTL 字段包含一个秒数,指示数据包在销毁之前在网络中逗留的时间。与 IPv4 用时间来限定包的生命期不同,IPv6 用包在路由器之间的转发次数来限定包的生命期。包每经过一次转发,该字段减 1,减到 0 时就把这个包丢弃。

hop off　网上挂机　在互联网上打网络电话时,可以将一台网络电话通过互联网连接到另一台网络电话,或者一头是网络电话而另一头是一台装有声卡和通信卡的个人电脑。断开这种互联的过程就叫做"网上挂机"。

horizon　视界　从发射天线位置看去的地面与天空呈现的交界。视界以无线电台直射波所达到的地球表面部分为界。

horizon angle　水平角　在一个垂直平面中,从天线的中心延伸出来的水平线和从同一点延伸到无线电地平线的直线之间的夹角。

horizontal blanking　行[水平]消隐　在阴极射线管显示器中,电子束来回扫描时水平回扫期间对电子束加以抑制的过程。

horizontal blanking interval (HBI)　水平消隐间隔[期间]　是指通过光栅扫描在计算机监视器或电视屏幕上显示图像的过程的一部分。CRT(阴极射线管)屏幕通过在屏幕上非常快速移动电子束来显示图像。一旦监视器的光束到达屏幕的边缘,光束就会关闭,偏转电路的电压(或电流)将返回到屏幕另一边缘的值;这会产生沿相反方向回溯屏幕的效果,因此在此期间光束会关闭。线条显示过程的这一部分是水平消隐。详细地说,水平消隐间隔包括:① 前肩-当依然向右移动,经过扫描线的末端时消隐,② 同步脉冲-当快速向左移动时消隐;在幅度方面,"比黑色更黑"。③ 后肩-在下一扫描线开始前再次向右移动时为消隐。色脉冲在后肩发生,而增辉在后肩的末端发生。

horizontal blanking pulse(HBP) 水平[行频]消隐脉冲 一种在有效行扫描之间的复合电视信号中形成的矩形脉冲。这个脉冲引起显像管的电子束电流在回扫期间截止。也称为"行频消隐脉冲"。

horizontal cabling 水平布线 工作区通信插座或连接器和水平交接点之间的布线。包括通信出口、连接头和水平配线架之间的线缆。

horizontal deflection electrodes(HDE) 水平偏转电极 通过静电偏转,使电子束在阴极射线管荧光屏上来回水平移动的一对电极。

horizontal flyback 水平回扫[逆程] 显像管电子束从一个扫描行结束到下一个扫描行开始的回扫。

horizontal linearity control(HLC) 水平线性调节[控制] 它允许线性地在水平方向缩小或扩大电视接收图像左半侧的宽度,使得在水平方向上圆形对象呈现出真实的圆形。

horizontal polarization 水平极化 (1)电磁波的电场矢量与地面平行的极化方式。(2)电力线呈水平而磁力线呈垂直的无线电波的发射。利用这种极化时,发射和接收偶极天线均处于水平面内。

horizontal retrace 水平回扫 光栅扫描显示器中,电子束不断地从CRT(阴极射线管)屏幕的左方起点起水平地扫描到右面终点,然后切断电子束流并从右回到左面以便再一次进行扫描,这种把电子束流切断并重新定位到下一次扫描线起点的过程称为水平回扫。水平回扫与水平消隐不同,回扫时能看到一条回扫线。

horizontal scanning frequency(HSF) 水平扫描频率,行频 是显示器的基本电路性能,指电子枪每秒在屏幕上扫描过的水平线数,等于"行数×场频",以kHz为单位。

行频数越大就意味着显示器可以提供的分辨率越高,稳定性越好。如要达到800×600分辨率,85 Hz的场频,显示器的行频至少应为600×85 = 51 kHz。

horizontal scan rate 行[水平]扫描速率 或行频(通常以千赫为单位),是CRT(阴极射线管)将电子束从显示器左侧向右侧和后侧移动的频率,因此描述了每秒显示的水平线的数量。即水平方向扫描的频率。较高的水平扫描速率能提高分辨率并减少屏幕闪烁现象。CRT时序包括在可见显示之前、之后以及底部到顶部行程期间(分别称为垂直后肩、垂直前肩和垂直同步宽度,统称为垂直消隐期)的一些水平扫描,因此行扫描速率与可见显示线不直接相关,除非看不见的线也是已知的,但它仍可用于近似显示线,因为总消隐期通常短但是全部水平线的重要部分。它通常是CRT显示器的最大限制因素。该限制是由于电磁偏转系统能够多快地反转在水平偏转线圈中流动的电流,以便将电子束从显示器的一侧移到另一侧。更快地反转电流需要更高的电压,这需要更昂贵的电气元件。在模拟电视系统中,水平频率介于15.625 kHz和15.750 kHz之间。在NTSC(美国国家电视制式委员会)制中,水平扫描一次的时间为63.556 ms,即行频为15.734 kHz。

horizontal sync pulse(HSP) 行[水平]同步脉冲 或行同步或Hsync,分离扫描线。行同步信号是一个短脉冲,表示每一行的开始。指示显示器把图像按从左到右的水平方向放在什么位置。行同步脉冲可告知接收系统新的扫描行从什么地方开始到什么地方结束。扫描线的其余部分以0.3 V(黑色)到1 V(白色)的信号范围跟随,直到下一个行或垂直同步脉冲。行同步脉冲的格式不同。在525线NTSC(美国国家电视制式委员会)系统中,它在0 V时为4.85 μs长的脉冲。

在 625 线 PAL(逐行倒相)系统中,脉冲在 0 V 时为 4.7 μs 同步脉冲。这低于任何视频信号的幅度(比黑色更黑),因此它可以被接收器的电平敏感"同步剥离器"电路检测到。

horizontal wraparound **横向绕回** 在显示器上,光标从一行的最后一个字符位置连续移到下一行的第一个字符位置的过程,或从一行的第一个字符位置连续移动到上一行的最后一个字符位置的过程。

horn **号(角)** 常用于辅助扬声器产生高频声音的喇叭。

host **主机,宿主** (1) 多机系统中起主要作用和控制作用的计算机。它还为别的计算机准备程序,并对其他系统所用的程序进行编译、编辑、连接和测试。如:联机检索系统的经营者、情报加工商或联机资料供应商。他们利用自己的计算机(主机)提供数据库服务。通常,用户向他们交付一定的数据库检索费,即可联机查找相关的数据。(2) 在 TCP/IP(传输控制协议/国际协议)中,任何具有至少一个相应的因特网地址的系统,一个带有多个网络接口的宿主可具有多个相应的因特网地址。

host address **主机地址** 标识一台主机的数字形式的 IP(国际协议)地址,其构成为数字点格式,如 128.100.81.101。

host based firewall **(基于)主机防火墙** 一种防火墙系统,是一台运行防火墙软件的桥头堡主机,通常包括电路级网关和应用级网关功能。

host ID **宿主标识符** 在 TCP/IP(传输控制协议/国际协议)中,定义宿主在因特网地址的部分,宿主标识符的长度取决于网络的类型或者网络类。

host identity protocol (HIP) **主机标识协议** 是用于因特网协议(IP)网络(例如因特网)的主机标识技术。因特网有两个主要的名称空间,IP 地址和域名系统。HIP 分离 IP 地址的端点标识符和定位符角色。它引入了基于公钥安全基础结构的主机标识(HI)名称空间。主机标识协议为 IP 多宿主和移动计算提供安全方法。在实现主机标识协议的网络中,应用程序中出现的所有 IP 地址都将被删除,并替换为加密主机标识符。加密密钥通常但不一定是自生成的。在应用层和传输层中删除 IP 地址的结果是传输层与 TCP/IP 中的网络互连层(因特层)的解耦。HIP 在 IETF(因特网工程任务组)的 HIP 工作组中有详细说明。因特网研究工作组(IRTF)HIP 研究组着眼于 HIP 的更广泛影响。

host monitoring protocol (HMP) **主机监督协议** 为因特网操作中心监督、控制因特网主计算机而设计的协议。

host name **主机名** 在因特网内,指定网络上的特定服务器名,位于全称域名的最左侧。

host subarea **宿主子区** 在计算机网络中,一种包含一个主机节点的子区。

host system **宿主系统** 计算机网络中的一种数据处理系统。用于准备程序和操作环境,以便在另一台计算机或控制器上使用。

host table **宿主表** 在 TCP/IP(传输控制协议/国际协议)的计算机网络中,指将主机名转换为数值地址所用的文本文件,以便标识网络上的主机。

host timed out **主机超时** 在 TCP/IP(传输控制协议/国际协议)的计算机网络中进行数据交换期间,当远程系统在规定的时间内(几分钟)响应失败时引起的一种错误状态。这种状况意味着远程系统已经崩溃或已与网络断开。

host to host protocol **主机到主机协议** 在计算机网络通信中,为了使计算机与计算机之间能按一定规约进行通信而制定的一种通信协议,允许主机去初启和保持运行在分散计算机上进程之间的通信。本地计算机上运行的进程要与远程计算机上运行的进程进行通信,本地计算机的管理程序根据主机到主机协议初启并保持通信链路。

host transit time　宿主转变时间　在NPM(NetView 性能监控器)中,宿主机花费在所有事务上的平均时间(秒),包括 VTAM(虚拟远程通信访问法)和应用时间,为一个逻辑单元事务的平均值。

host unreachable　主机不可达　用户希望在 TCP/IP(传输控制协议/国际协议)网络上连接的一台特定计算机由于故障或未与网络连通而不能被访问时所引发的一种错误状态。

hosting　托管　以外包方式包揽企业和消费者的信息技术应用、相关的硬件系统、网络服务等。

hosting provider　托管服务提供商　为用户有偿提供 Web 页面存储空间或服务器资源等服务的公司。这种公司拥有万维网服务器和互联网带宽资源,以及相应的机房设施和管理机制。

HotJava　HotJava 浏览器　由 Sun 微系统公司开发的一种因特网主页自动检索软件。这种软件利用 Java 语言以双向实时方式自动地检索主页面,在访问信息的同时通过表现该信息的小应用程序,使信息在程序的控制下动态变化,可适用于各种操作系统。

hot line　热线　指一种电话专线,但也可能指一台只能拨打某一特定号码的电话。该词始于 1963 年的古巴导弹危机,当时美国和前苏联决定在两国之间设立热线电话,以便在出现情况后双方能马上联系对方。后来一些公司或机构对其提供的技术支持或面向公众的服务也称之为热线,包括电话、传真或网络上的联系等等。

hot pluggable　可热插拔　一种不需要关闭系统电源就可允许新设备加入或移去,并且能被操作系统自动识别的特性。USB(通用串行总线)及 FireWire 总线支持可热插拔。

hot potato routing　热土豆式路由选择　在多个地点互连的自治系统之间的商用网络路由选择中,热土豆路由选择是尽可能快地将流量传递到另一个自治系统的做法,因此使用它们的网络进行广域传输。冷土豆路由选择则相反,其中始发自治系统保持分组,直到它尽可能接近目的地。热土豆路由是大多数无结算对等协议的正常行为。热土豆路由具有这样的效果:接收数据的网络承担在城市之间携带它的成本。

hot spot　热点　(1)安装在诸如机场、火车站、宾馆以及咖啡馆里的公众访问无线局域网,每个热点一般提供 100 至 300英尺距离的网络接入。借助含有无线功能的笔记本计算机或 PDA(个人数字助理),它可以为移动用户提供对因特网的高速访问。(2)是人们可以使用连接到因特网服务提供商的路由器,经由无线局域网(WLAN)获得因特网接入(通常使用 Wi-Fi 技术)的物理位置。(3)网络中负荷集中或过重的节点。

hot standby router protocol (HSRP)　热备份路由器协议　是思科公司专有的用于建立容错缺省网关的冗余协议。该协议的版本 1 在 1998 年的 RFC 2281 中进行了描述。是提供网络可用性并提供几乎立即完成的故障解决而无须管理员介入的一个协议。HSRP 的设计目标是支持特定情况下 IP(国际协议)传输失败转移不会引起混乱,并允许主机使用单路由以及即使在实际第一跳路由器使用失败的情形下仍能维护路由器间的连通性。实现 HSRP 的条件是系统中有多台路由器,它们组成一个"热备份组",这个组形成一个虚拟路由器。在任一时刻,一个组内只有一个路由器是活动的,并由它来转发数据包,如果活动路由器发生了故障,将选择一个备份路由器来替代活动路由器,但是在本网络内的主机看来,虚拟路由器没有改变。所以主机仍然保持连接,没有受到故障的影响。

hot zone　热区　是由多个相互靠得很近的热点组成的无线接入区域。可以用不同的技术,如网状网技术和光纤骨干网技术,将热点连接起来形成覆盖区域。

howl　啸声　在无线电接收机或音频放大器系统中,由电反馈或声反馈引起的不希望的拖长声。

howler　蜂鸣器　一种能发出音频信号嗡鸣声的电磁装置。例如,用户电话或专用小交换机中的一种产生催挂音的设备,提醒用户话筒没有挂好。

howler tone　催挂音　一种在一段短时间内逐渐增强的声音,用来提醒用户话筒没挂好。

howling　啸叫　啸叫是由于麦克风和喇叭之间"声耦合",使得放大器正反馈而产生的一种尖叫声。主要是由于两者靠得太近而引起。

HP OpenView　惠普开放式管理系统　是惠普公司产品系列的前名称,该产品系列由网络和系统管理产品组成。2007年,HP OpenView 在成为惠普软件部门的一部分时更名为 HP BTO(业务技术优化)软件。这些产品现在可以作为各种惠普产品提供,通过惠普软件部门进行销售。HP OpenView 软件为组织的IT 基础设施提供了大规模的系统和网络管理。它包括 HP 的可选模块以及第三方管理软件,这些软件在一个通用框架内相互连接并相互通信。

HRC cycle　HRC 轮转环　由于 HRC(混合环控制)采用分布式访问控制方案,所有的站点平等地访问和控制环路,但为了得到等时服务,也就是使每个站准确地每隔一定的时间将信息送到环形网中,HRC 的协议数据单元(PDU)必须是一轮转环。为此,在环形网中设一个特殊的监控站,叫轮转环主站,负责产生 HRC轮转环。HRC 轮转环具有一定数目的时隙,每个时隙有 8 位长,用以传输电路交换和分组交换的数据。轮转环主站每秒发送 8 000 个 HRC 轮转环,即每隔 $125\,\mu s$ 发送一个。由于每个 HRC 轮转环的长度为 $12\,500\,bit$,每秒 8 000 个〔HRC 轮转环,所以总数据率为 100 Mbps,除去额外开销后,实际数据率为 DPG 和 WBC 数据率之和,为 99.072 Mbps。HRC 轮转环由四部分组成:前同步码(PA)、轮转环首部(CH)、专用分组数据群(DPG)和宽带信道(WBC)。

H series　H 系列标准　指国际电信联盟-电信标准化部(ITU-T)定义的 H 系列标准,涉及传输信道非话音应用部分。

HSV color model　HSV 色彩模型　一种适合于程序员和用户的调色方法。该模型定义一个六面锥体的子空间。H 是色调。用绕垂直轴(V 轴)旋转的角度来量度,范围从 $0°\sim360°$。$H = 0$ 为红色,再加 $180°$,为它的补色,即青色。S 是饱和度是一个比值,取值由 0(中心线)至六面锥三角形边的 1。V 是表示灰度的值。$V = 0$,在六面锥体的顶点,表示黑色;$V = 1$ 是六面锥体底面与 V 轴交点,表示白色。V 在 $0\sim1$ 之间,则表示不同的 S 值时某种色调的灰度。

HTML table　超文本标记语言表　在超文本标记语言(HTML)中,该表用来显示列表信息或用来控制文本、图像和其余对象在超文本标记语言页中的布置。在表中还能创建表。

HTML validation service　HTML 验证服务　一种根据最新标准,验证一个 Web 页是否正确以及其超级链接是否有效的服务。HTML(超文本标记语言)验证服务在 HTML 编码中可检查出偏离 HTML 标准的语法错误。

HTTP dynamic streaming HTTP[超文本传输协议]动态流 Adobe 公司流媒体服务器中的自适应流媒体支持。在 Flash Media Server（FMS)中引入 HTTP 动态流(HDS)也是 Adobe Media Server 5 的一部分。2009 年，Adobe 在其流媒体服务器中添加了自适应流媒体元素，并在 2011 年进一步整合。

HTTP live streaming (HLS) HTTP[超文本传输协议]直播流 苹果公司的自适应流媒体协议，用于向 iOS 设备提供视频。基于 MPEG-2 TS 格式，其独特的体系结构使用一个必须重复下载的不断变化的索引文件。

HTTP next generation (HTTP-NG) 下一代超文本传输协议 由 WWW 网络协会(W3C)制定的这个标准正在进一步完善中，其目的是为了提高网页性能，并增加一些如安全保护的新特性。目前版本的 HTTP 每收到一个请求就会建立一个连接，而 HTTP-NG 则是在整个工作期建立一个特定客户机和特定服务器之间的连接，这个连接由几条分离的信道组成，分别为控制信息和数据服务。

HTTP pipelining HTTP 流水线技术 是在不等待相应响应的情况下在单个 TCP 连接上发送多个 HTTP 请求的技术。这种技术被 HTTP/2 的多路复用所取代，大多数现代浏览器都支持这种技术。

HTTP proxy HTTP 代理 既作为客户端又作为服务器端存在的一个中间程序，为其他客户端建立请求连接，一个 HTTP(超文本传输协议)代理必须能够根据 HTTP 请求的特点，可能需要也可能不需要解释就将它从客户端传送到服务器端。"透明代理"是不对 HTTP 请求和 HTTP 响应作修改，而"非透明代理"

是为了给用户端提供一些附加的服务，比如分组注释服务，介质类型转换，匿名过滤等而修改 HTTP 请求和 HTTP 响应。除了有些情况明确说明需要"透明代理"或"非透明代理"，大多数 HTTP 代理是以上两种代理的结合使用。

HTTPS(hypertext transfer protocol secure) 超文本传输安全协议。

HTTP tunneling HTTP[超文本传输协议]隧道 用于在受限网络连接的条件下在两台计算机之间创建网络链接，包括防火墙、网络地址转换(NAT)和访问控制列表(ACL)以及其他限制。隧道由称为代理服务器的中介创建，代理服务器通常位于非军事区(DMZ)中。隧道还可以允许使用通常在受限网络上不受支持的协议进行通信。

HTTP/2 HTTP/2 协议 最初命名为 HTTP/2.0。是万维网使用的 HTTP 网络协议的主要修订版。它源于早期的实验性 SPDY 协议，最初由谷歌公司开发。HTTP/2 是由互联网工程任务组(IETF)的超文本传输协议工作组 httpbis(其中 bis 表示"第二")开发的。HTTP/2 是自 HTTP 1.1 以来的第一个新版本的 HTTP，它在 1997 年的 RFC 2068 中被标准化。HTTP/2 规范于 2015 年 5 月发布为 RFC 7540。

HTTP/3 HTTP/3 协议 是即将发布的用于万维网上交换二进制信息的超文本传输协议的第三个主要版本。HTTP/3 基于以前的 RFC 草案"Hypertext Transfer Protocol (HTTP) over QUIC"。QUIC 是最初由谷歌公司开发的实验性传输层网络协议。

hub 集线器 作为网络中枢连接各类节点，以形成星状结构的一种网络设备。集线器将多个数据源的数据线集中到相对较少的物理传输介质中以减少用户接触网络硬件的机会，从而提高线路的使用效率。它能对网络进行动态管理,使得网络线路能够延长或者增加工作站,并提供连接和控制功能,所有可更换部件都可进行热切换。网络集线器有三种类型:① 对被传送数据不做任何添加的称为被动集线器;② 能再生信号,监测数据通信的称为主动集线器;③ 能提供网络管理功能的称为智能集线器。按工作方式可分为共享式和交换式两种,共享式集线器工作在 OSI(开放系统互连)第一层,使接入集线器的所有工作站共享一个最大频宽;交换式集线器则类似于多端口网桥,为分段的 LAN(局域网)提供交换连接功能,向网络上的工作站提供所需要的专用带宽。

hub & spoke multipoint label switched path (HSMP LSP) 轴辐式多点[HSMP]标签交换路径 支持通过点到多点(P2MP) LSP(标签交换路径)从根到叶的流量,并且还沿着反向路径从叶到根。这意味着从根节点处的应用/客户进入 HSMP LSP 的流量向下游传播到每个叶节点,就好像它沿着 P2MP LSP 向下游传播到每个叶节点的一样。在任何叶节点上进入 HSMP LSP 的上游流量沿着树向上游传播到根,就好像它是单播到根。但不允许在叶节点之间直接通信。

hub go ahead 向内(探询) 在 SDLC(同步数据链路控制)中,主站在双工信道上首先探询最远的次站,然后从远到近依次探询其他次站的一种轮询技术。在轮询序列进行的过程中,主站仍可以发送数据。

hue lightness saturation (HLS) 色(调)亮(度)饱和度,**HLS 颜色模型** 用色调、光亮度和饱和度三种颜色参数表示颜色的方法。HLS 与 HSV(色调饱和度值)很相似,都是用六角形锥体和三条轴定义颜色。色调用角度表示. 其值在 $0°\sim360°$;饱和度用百分比表示;光亮度用这种颜色值在黑色值中所占的百分比表示。与 HSV 的区别在于,HLS 采用光亮度(lightness)作坐标,而 HSV 采用亮度(luminance)作坐标;HLS 颜色饱和度最高时的光亮度 L 定义为 0.5,而 HSV 色饱和度最高时的亮度值为 1.0。HLS 与 HSB(色调饱和度亮度)类似,只是用光亮度表示 HSB 中的明度(brightness)。

hue saturation brightness (HSB) 色(调)饱和(度)亮度 (1)在计算机图形中为描述色彩而使用的一种模式,也称为"色亮度饱和(HLS)"或"色饱和值"。比较 CMY(青、品红、黄)color model,(2)HSB 色空间是 Adobe 公司的 PostScript 色彩处理技术中所使用的对应于 CIE Lab 颜色参照系统的表示方法之一。与 CMYK(青、品红、黄、黑)色彩空间相比,其特点是可以根据操作者的色觉,在 HSB 色空间中选择特定的色调和饱和度的值,更加方便地进行图像的色修正,而不会影响其他的颜色。

hue saturation intensity (HSI) 色(调)饱和(度)强度 一种在三维色彩空间中描述颜色的方法。与 HSV 类似。

hue saturation lightness (HSL) 色(调)饱和(度)亮度,**HSL 颜色模型** HSL 和 HSV(色调,饱和度,值)是 RGB 颜色模型的替代表示,由计算机图形学研究人员在 20 世纪 70 年代设计,以更接近人类视觉感知颜色生成属性的方式一致。在这些模型中,每个色调的颜色排列在径向切片中,围绕中性色的中心轴,其范围从底部的黑色到顶部的白色。HSV 表示法模拟了不同颜色的涂料混合在一起的方式,饱和度维度类似于各种颜色的鲜艳的颜料,并且数值维度类似于具有不同量的黑色或白色的那些颜料的混合物。HSL 模型试图类似于更多感知的颜色模型,例如自然颜色系统(NCS)或 Munsell 颜色系统,把完全饱和的颜色放置在亮度值为 1/2 的圆周围,其中亮度值为 0 或 1 分别为黑色或白色。

hue saturation value（HSV）色（调）饱和(度)值 也称为 HSB(色调,饱和度,亮度)。

hum polling 轴心轮询 数据通信时,中央处理机向多点线路上最近的终端或集中器发送一个轮询报文。若该终端没有报文可发送,它便代表中央处理机对邻近的下一个终端发一个轮询报文;若该终端有报文发送,它便可发送报文,然后在报文发送完时代表中央处理机对邻近的下一个终端发一个轮询报文。每个被轮询的终端都按此原则办理,直到把轮询报文传回中央处理机为止。它比点名轮询的轮询开销少,传播时延短。

hundred call-seconds（HCS）百秒呼,百次呼叫秒 在电话流量和排队论(研究等待时间的等候理论)中的度量单位,等于会话 100 秒。在一条通信线路上 1 小时的会话等于 36 CSS,36 CSS 等于 1 厄兰（Erlang）。CCS 也称为累计呼叫秒(cumulative call seconds),作为占据长途干线的度量单位。

hung 挂起 一种系统不对输入进行回答似乎停止运行的状态。

hunt 寻线,选线 指一次呼叫中选择中继线的过程。通常先检测这组中继线路的第一条线的空闲状态,如果忙,则检测第二条线,然后下一条,直到找到一条空闲线路。选择方式有顺序选择、随机选择、反向选择等。

hybrid access networks 混合接入网络 是指宽带接入网络的一种特殊结构,其中把两种不同的网络技术相结合以提高带宽。这种混合接入网络的常见动机是将一个 xDSL 网络与诸如 LTE(长期演进)的无线网络结合。该技术是通用的,可以应用于组合不同类型的接入网络,如 DOCSIS(线缆服务接口数据规范),

WiMAX(全球微波接入互操作性),5G(第五代无线通信)或卫星网络。宽带论坛已经为部署此类网络指定了一个体系结构。

hybrid electromagnetic wave 混合电磁波 在传播方向上既有电场分量又有磁场量的电磁波。

hybrid FDMA/CDMA 混合 FDMA/CDMA 同时具有频分多址/码分多址（FDMA/CDMA）功能的移动通信系统。

hybrid ring 混合环 一种对四个波导段起混合接头作用的环行波导。在某些条件下,可以用同轴线代替波导。

hybrid ring control（HRC）混合环控制 FDDI-Ⅱ标准中的混合环控制协议在国际标准化组织(ISO)中的编号为 ISO/IEC 9314-5。HRC 包括一个混合复用器(H-MUX)和一个等时介质访问控制(I-MAC)。I MAC 提供分开的传输通道来传送用户的等时数据流,H-MUX在 HRC 实体中负责管理基本方式和混合方式的数据传输。

hybrid spreads spectrum modulation 混合扩谱调制 几种不同的扩频方式混合应用,例如,直扩和跳频的结合(DS/FH),跳频和跳时的结合(FH/TH),以及直扩、跳频与跳时的结合(DS/FH/TH)等。

hydrogen laser 氢激光器 一种用氢产生真空紫外区中接近 0.6 μm 相干波长的分子气体激光器。可得到超过 100 KW 的峰值输出功率。

hyper dense wavelength division multiplexing（HDWDM）超高密度波分复用技术 是在波分复用(WDM)基础上演变而来的,在同一个窗口复用了超过 128 个波长的光波信号。

hyper frequency wave 超高频波 波长范围为 1 cm～1 m 的微波的非正式名称。

hypermedia 超媒体 一种用连接的分离

单位或称节点表现信息的方法。表现的信息可以是各种媒体的信息(如文本、音频、视频、动画、照片或可执行文件等),用于交互式环境中,其中的选择由用户控制,按照提供一个人类进行并行思维的工作和学习环境的思路组织,也就是使用户能够任意地访问关联的信息主题,而不是只能顺序地依次访问信息,因此超文本中的各个主题以一种使用户能够从一个主题跳到另一个相关主题的方法进行组织。如果信息主要是文本形式则被视为超文本。

hypermedia time based structuring language (HyTime)　时基超媒体结构化语言　一个代表超文本链接、时间调度和同步的标准的超文本结构语言,提供基本的识别和寻址机制,独立于对象数据内容标记、链接类型、处理和表现功能和语义。HyTime用于表示超文本、多媒体、超媒体和时基文献的逻辑结构,有很强的表达能力。HyTime是1986年由美国国家标准协会(ANSI)的一个工作组开发,1992年成为ISO/IEC 10744国际标准。

hyperrectangular netware　超矩形网络　一种超立方体网络结构,每个网络节点与同维中相邻的节点连接。

hyperspectral remote sensing (HRS)　高光谱分辨率遥感　在紫外到中红外波段范围内,划分成许多非常窄且光谱连续的波段来进行探测的遥感系统。与多波段遥感相比,其光谱分辨率较高。

hypertext　超文本　是显示在计算机显示器或其他电子设备上的文本,其中包含读者可以立即访问的其他文本的引用(超链接)。超文本文档通过超链接互连,超链接通常通过鼠标单击、按键设置或触摸屏幕来激活。除文本外,术语"超文本"有时也用于描述具有集成了超链接的表格、图像和其他表示内容格式。

hypertext transfer protocol next generation (HTTP-NG)　下一代HTTP协议　万维网协会(W3C)为增强HTTP性能而开发的协议。以前的HTTP协议为每个请求建立一个连接,而HTTP-NG则考虑在特定服务端和特定客户端之间的整个会话期间只建立一个连接,包括分开的控制信息通道和数据通道以及添加安全保护等功能。

hypertext transport protocol (HTTP)　超文本传输协议　该协议用于管理超文本与其他超文本文档之间的链接,在万维网(WWW)上支持信息交换的因特网标准,是定义Web服务器如何响应文件请求的因特网协议。通过规定URL(统一资源定位器)以及怎样用来在因特网的任何地方检索资源,HTTP可使Web作者将超级链路嵌入Web文档。

hypertext transfer protocol secure (HTTPS)　超文本传输安全协议　是超文本传输协议(HTTP)的扩展,用于通过计算机网络进行安全通信,并在因特网上广泛使用。在HTTPS中,通信协议使用传输层安全性(TLS)或它的前身安全套接字层(SSL)进行加密。因此,该协议通常也称为HTTP over TLS(TLS上的HTTP),或HTTP over SSL(SSL上的HTTP)。

Hz　赫兹　频率的单位,Hertz的缩写。以德国物理学家Heinrich Hertz命名。赫兹数表示每秒周期数或每秒从一个基本状态开始以至恢复的变化循环数。

H1 channel　H1信道　北美ISDN(综合业务数字网)中的1.536 Mbps数字信道,用于一次群速率业务对终端用户的高速数据、图像或视频传输。H1信道占据了一次群速率信道的整个带宽。

H10 channel　H10信道　北美的以T1或基本速率载体为基础的1 472 kbps信道,相当于23个64 kbps信道。

H11 channel　H11 信道　北美的基本速率信道,用于作为单个1 536 kbps信道。这种信道除8 kbps成帧模式外,使用24个连续的DS0或整个T1线路。

H12　H12 速率　欧洲的基本速率,用于作为单个1 920 kbps(30个64 kbps信道)或整个E1线路,除了64 kbps成帧和维护信道外。

H.120　H.120 标准　是第一个数字视频压缩标准。在1984年由CCITT(现ITU-T)发布。1988年修订标准吸取其他机构提出的建议。对于NTSC(美国国家电视制式委员会)制式,H.120视频流为1 544 kbps,PAL(逐行倒相)制式为2 048 kbps。由于视频质量不够好,也没有现成的格式编解码器,很少有实际使用。但为H.261等后继标准的发展提供了基础。

H.221　H.221 建议　它是国际电信联盟(ITU)H.320系列视频互操作建议中的一个框架建议。该建议规范了编、解码器定时握手和协商的同步操作,还为单个B信道或绑定的384 kbps(H0信道)连接设置同步信号。

H.222　H.222 标准　是国际电信联盟-电信标准化部(ITU-T)第15研究组提出的标准,阐述在ATM(异步传输模式)网络中多媒体数据的多路复用。

H.223　H.223 多路复合标准　国际电信联盟(ITU)推荐的面向数据包的低比特率多路信号复合标准,用在多媒体通信中。它定义在两个多媒体终端之间、一个多媒体终端与一个多点控制单元之间或两个适配器之间的通信方法。该标准允许在单条通信线路上将数字声音、数字电视和图像与数据组合在一起传送。它使用分割和重组方法组合来自不同逻辑通道的数据包,可提供很低的延时和额外开销。执行该标准的过程在H.245标准中描述。

H.225　H.225 信令与媒体流传输协议　是由国际电信联盟-电信标准化部(ITU-T)定义的H.323 VOIP(网络电话)体系结构中的一种主要协议,包括基于分组网络的多媒体通信系统呼叫信令与媒体流传输协议。H.225描述了如何操作网络分组中的视频、音频、数据和控制信息使其提供H.323会话服务。H.225的呼叫控制信令是用来建立H.323终点连接,这是通过在呼叫信令信道上交换H.225协议信息实现的。

H.225.0　H.225.0 规范　是H.323电信协议族的一部分。H.225.0的主要目标是消息的定义和规程:①呼叫信令:建立、控制和结束H.323呼叫。H.225.0的呼叫信令是Q.931建议的基于ISDN(综合业务数字网)的呼叫建立过程。②RAS信令功能:执行端点和H.323网守之间的注册、准入、带宽变更、状态和脱离过程。RAS信令功能使用单独的信道(RAS信道)。这组消息称为注册、准入和状态(RAS)。③此外,H.225.0定义了使用RTP的媒体分组化,用于传统的编解码器,如G.711、H.261和H.263。国际电信联盟(ITU)较新的媒体压缩/信令建议是指用于分组化的RFC(请求评注)文件,例如H.264利用H.323中定义的H.323中的RFC 3984的单NLA(网络抽象层)单元模式。通过利用Q.931用户到用户信息元素来执行消息编码以传递H.225消息。消息本身根据ASN.1的紧缩编码规则(PER)进行编码。

H.230　H.230 建议　该建议是国际电信联盟(ITU)H.320系列视频互操作建议中的一个复用建议,该建议指定如何将视听信息的单个帧复用到数字信道上。

H.231　H.231 建议　该建议于1993年3月正式纳入国际电信联盟(ITU)的H.320系列建议中,协议规范了在多点会议中桥接三个或更多个H.320兼容编解码器的多点控制单元(MCU)的技术。

H.233 **H.233 建议** 也称为 H 密钥 (Hellman key)。是国际电信联盟(ITU) 的 H.320 系列建议的一部分,该建议规范了 H.320 兼容交换中视频数据机密性保护采用的加密方法。

H.239 **H.239 双流协议技术标准** 是国际电信联盟-电信标准化部(ITU-T)建议的一个通过各种网络的 H.32x 多媒体通信系列标准。标准名称为"H.3xx 系列终端的角色管理和其他媒体通道"。提出了多个视频通道(例如,一个会议,另一个演示)在一个会话通道的设置方法。终端能够同时发送/接收两路视频流,因此称为双媒体流。

H.242 **H.242 建议** 是国际电信联盟(ITU)H.320 系列建议中的视频互操作性建议的一部分。该建议规范了 2 Mbps 以下数字信道建立音频会话和通信结束后保存通话记录的协议。

H.243 **H.243** 是国际电信联盟(ITU)关于利用 2 Mbps 信道在 2～3 个以上的视听终端建立通信的方法。

H.245 **H.245 协议** 国际电信联盟-电信标准化部(ITU-T)提出的多媒体通信系统框架协议。H.245 是用于两个或多个端点之间的控制协议,主要作用是管理 H.323 参与者之间的媒体流。确保一个实体只发送能够被另一个实体接受和理解的媒体。H.245 运行在端点之间的一条或多条逻辑信道上。这些逻辑信道在参与者之间传递媒体流,有许多特性。

H.26L **H.26L 建议** 特指新出现的下一代视频编码压缩标准(运动图像压缩标准-4(MPEG-4)的第 10 部分)。

H.261 **H.261 编码标准** 这是第一个实用的数字视频编码标准,由国际电报电话咨询委员会(CCITT)于 1988 年提出。H.261 也称为"PX64",其中 P 为 64 kbps

的取值范围,是 1～30 的可变参数。H.261 使用了混合编码框架,包括了基于运动补偿的帧间预测,基于离散余弦变换的空域变换编码、量化、zig zag 扫描和熵编码。实际的编码算法类似于 MPEG(活动图像专家组)算法,但不能与后者兼容。H.261 在实时编码时比 MPEG 所占用的 CPU 运算量少得多,此算法为了优化带宽占用量,引进了在图像质量与运动幅度之间的平衡折衷机制,也就是说,剧烈运动的图像比相对静止的图像质量要差。因此,这种方法是属于恒定码流可变质量编码而非恒定质量可变码流编码。H.261 支持 352×288 和 176×144 视频分辨率,29.97 帧/秒。

H.262 **H.262 编码标准** 即 MPEG-2 Part 2 标准,是由国际电信联盟-电信标准化部(ITU-T)的视频编码专家组(VCEG)和 ISO/IEC(国际标准化组织/国际电工委员会)的 MPEG(活动图像专家组)共同制定的标准。它能在很宽范围内对不同分辨率和不同输出比特率的图像信号有效地进行编码。

H.263 **H.263 编码标准** 是国际电信联盟-电信标准化部(ITU-T)的一个标准草案,是为低码流通信而设计的。但实际上这个标准可用在很宽的码流范围,而非只用于低码流应用,它在许多应用中可以用于取代 H.261。H.263 的编码算法与 H.261 一样,但做了一些改善和改变,以提高性能和纠错能力。H.263 标准在低码率下能够提供比 H.261 更好的图像效果,两者的区别有:① H.263 的运动补偿使用半像素精度,而 H.261 则用全像素精度和循环滤波;② 数据流层次结构的某些部分在 H.263 中是可选的,使得编解码可以配置成更低的数据率或更好的纠错能力;③ H.263 包含四个可协商的选项以改善性能;④ H.263 采用无限制的运动向量以及基于语法的算术编码;⑤采用事先预测和与MPEG(活动图像专家组)中的 P B 帧一样的帧预测方法;⑥ H.263 支持五种分辨率,即除了支持 H.261 中所支持的 QCIF(四分之一通用媒介格式)和 CIF(通用媒介格式)外,还支持SQCIF(亚四分之一通用媒介格式)、4CIF 和 16CIF,SQCIF 相当于 QCIF 一半的分辨率,而 4CIF 和 16CIF 分别为CIF 的 4 倍和 16 倍。1998 年 IUT T 推出的 H.263+是 H.263 建议的第 2 版,它提供了 12 个新的可协商模式和其他特征,进一步提高了压缩编码性能。如H.263 只有五种视频源格式(1 408×1 152、704×576、352×288、176×144和 128×96 视频分辨率,29.97 帧/秒),H.263+允许使用更多的源格式,图像时钟频率也有多种选择,拓宽应用范围;另一重要的改进是可扩展性,它允许多显示率、多速率及多分辨率,增强了视频信息在易误码、易丢包异构网络环境下的传输。另外,H.263+对 H.263 中的不受限运动矢量模式进行了改进,加上 12 个新增的可选模式,不仅提高了编码性能,而且增强了应用的灵活性。H.263 已经基本上取代了 H.261。

H.264　H.264 编码标准　即 MPEG-4第 10 部分,高级视频编码(MPEG-4AVC),是一种面向数据块的运动补偿视频压缩标准。2014 年前,它是录像、压缩和分发视频内容最常用的格式之一。它支持高达 4 096×2 304 的分辨率,包括 4K UHD(超高清晰度电视)。H.264/AVC 项目的目的是创建一种能够以比以前的标准(即,MPEG-2、H.263 或MPEG-4 第 2 部分的比特率的一半或更少)低得多的比特率提供良好的视频质量的标准,而不增加设计的复杂性,因此实现起来不切实际或过于昂贵。另一个目标是提供足够的灵活性,使标准可以

应用于各种网络和系统的各种应用,包括低的和高的比特率、低的和高的分辨率视频、广播、DVD 存储、RTP(实时传输协议)/IP 分组网络和 ITU-T(国际电信联盟-电信标准化部)多媒体电话系统。H.264 标准可以看作是由许多不同纲要文件组成的"标准族"。

H.265　H.265 编码标准　是国际电信联盟-通信标准化部(ITU-T)视频编码专家组(VCEG)继 H.264 之后所制定的新的视频编码标准。新编码技术采用先进的技术用以改善码流、编码质量、延时和算法复杂度之间的关系,达到最优化。以及提高压缩效率、提高鲁棒性和错误恢复能力、减少实时的时延、减少信道获取时间和随机接入时延、降低复杂度等优化处理。H264 由于算法优化,可以低于 1 Mbps 的速度实现标清数字图像传送;H265 则可以实现利用 1~2 Mbps 的传输速度传送 720P(分辨率 1 280×720)普通高清音视频传送。

H.310　H.310 标准　国际电信联盟(ITU)制定的视频会议标准,用在 ATM(异步传输模式)和宽带 ISDN(综合业务数字网)网络上。该标准使用 MPEG(活动图像专家组)压缩技术。

H.320 standard　H.320 标准　国际电信联盟(ITU)为在 ISDN(综合业务数字网)和其他线路交换网络上召开电视会议而制定的系列标准。它建立在对声频和视频压缩及解压缩标准基础上,该标准的语音编码采用 G.711、G.722、G.728;图像编码采用 H.261 和 H.263;帧结构采用H.221;带内通信规程为 H.242;端到端控制/指示为 H.320;终端为 H.320;端到端加密系列为 H.233;密钥管理和认证系统为 H.234。这一系统标准可使不同厂商制造的各种系统互通,广泛用于网络视频会议、视频业务等。

H.323　H.323 标准　是国际电信联盟-电

信标准化部(ITU-T)的一项建议,它定义了在任何分组网络上提供视听通信会话的协议。H.323 标准为点到点和多点会议解决了呼叫信令和控制、多媒体传输和控制,以及带宽控制问题。并用于IP 网络上的语音和视频服务。服务提供商和企业通过 IP 网络广泛部署语音和视频服务。它是 ITU-T H.32 x 系列协议的一部分,它还解决了 ISDN(综合业务数字网)、PSTN(公共交换电话网)或SS7(7 号信令系统)和 3G(第三代)移动网络上的多媒体通信。H.323 呼叫信令基于 ITU-T 建议 Q.931 协议,适合于在ISDN 上使用 IP、PSTN、ISDN 和QSIG(Q 信令)的混合应用来跨越网络传输呼叫。类似于 ISDN 呼叫模型的呼叫模型,简化了将 IP 电话引入基于 ISDN的 PBX 系统的现有网络,包括向基于 IP的 PBX(专用分支交换机)的转换。在H.323 的环境中,基于 IP 的 PBX 可能是为电话或可视电话提供服务的网守或其他呼叫控制设备。这样的设备可以提供或促进基本服务和补充服务,例如呼叫转移、暂留(park)、接听(pick-up)和保持。

H.324　H.324 标准　　国际电信联盟(ITU)制定的多媒体通信标准。提出使用 V.34调制解调器在普通交换电话网上同时传送声音、视频、数据或任意组合这些数据的低速率多媒体通信标准。指定用H.261 和 H.263 作为视频压缩标准;指定 G.723.1 作为声音压缩标准;指定H.223 和 H.245 作为通信控制标准;指定 H.325 作为多媒体通信终端之间控制协议;T120 作为实时数据会议标准。H.324 终端可用在多点会议中,可与综合业务数字网(ISDN)上的 H.320 终端以及无线网络上的终端协调工作。

H.331　H.331 视频会议广播标准　　是国际电信联盟(ITU)视频会议标准套件的一部分。这个标准是用于视频会议的广播,而不是点对点的链接。标准的 H.320终端(如 ISDN 终端)可提供单路点到多点的数据传输("广播")。这些广播可以比传电视广播。H.331 指定 H.320 终端如何在没有从接收机返回到发射器数据路径的情况下的处理,在不可能实现正常的双向交谈的情况下就不需要MCU(多点控制单元)设备。

I

IAM with information（IAI） 带附加信息的初始地址消息 这是一条复杂的七号信令中的 TUP（电话用户部分）消息，它是在 IAM（初始地址消息）基础上的一种扩充形式，除了 IAM 具有的各信号字段外，增加了路由信息、计费信息及业务信息等。

IBM advanced connectivity system（IBM ACS） IBM 先进布线系统 是一套主要面向计算机网络和电话系统的综合布线系统。它完全符合 1995 年发布的国际布线标准：ISO/IEC（国际标准化组织/国际电工委员会）IS 11801、欧洲标准：EN 50173 及 1990 年发布的美国标准：EIA/TIA（电子工业联合会/电信行业协会）568。它从计算机网络系统的角度出发，结合了电话系统的特点，向用户提供完整的、高质量的布线结构。它具有很强的适应性、扩展性、可靠性和长远效益。

IBM token ring IBM 令牌环 IBM 公司开发的使用环状拓扑的局域网技术。在这种网络中，有一种专门的帧称为"令牌"，在环路上持续地传输来确定一个节点何时可以发送包。

IBM token ring network IBM 令牌环网 IBM 公司在 1984 年推出了适合安装在所有 IBM 计算机和计算环境中的 IBM 令牌环网络版本。IBM 令牌网络的设计目的是使用双绞线电缆将计算机和网络通过墙上的插座连接起来，主要的连线位于一个集中的位置，以此来提供一个简单的布线结构。1985 年，IBM 的令牌网络成为美国国家标准协会（ANSI）标准。

iCalendar iCalendar 标准 是一种计算机文件格式，允许因特网用户通过各种方法共享或发送此格式的文件，将会议请求和任务发送给其他因特网用户。这些文件通常具有.ics 的扩展名。使用如电子邮件阅读器或日历应用程序等支持软件，iCalendar 数据文件的接收者可以容易地响应发送者，或提议另一个会议日期/时间。文件格式在建议的互联网标准（RFC 5545）中指定用于日历数据交换。

I component（IC） I 分量 （美国）国家电视制式委员会（NTSC）制彩色电视系统中，由 I 信号调制色度副载波所形成的那个色度信号分量。

ideal amplifier 理想放大器 一个有源两端口网络，其中输出功率大于输入功率，并且输出电压或电流瞬时值与输入电压或电流瞬时值之比是固定的。

I demodulator I 信号解调器 （美国）国家电视制式委员会（NTSC）制彩色电视接收端的一种解调器，它将色度信号与来自副载波振荡器的信号组合而恢复出 I 信号。

identification（ID） 标识，识别，确认，认证 （1）用编码名或符号名等来标识一个数据单元、一个文件名或计算机系统中的一个实体的约定。（2）主体为访问客体向系统出示能表明其身份的名字、标识符、终端号、地址码等标志的过程。（3）在计算机信息安全中，指在允许用户进入信息系统开始任何活动时判断其身份。每个允许进入系统的用户必须有唯一的身份以便记账。

identification on outward dialing (IOD) 向外拨号标识 当用户(直接)向外拨号,不需电话交换中心的转接,只要预先拨某一号码(标识)即可,这个号码就是向外拨号标识。

identification protocol (IDENT) 识别协议 RFC 1413 中指定的因特网协议,有助于识别特定 TCP(传输控制协议)连接的用户。提供识别服务的一个流行的守护程序是 identd。

identification signal (IDS) 识别信号 播出主要广播节目时,为了在播出准备过程中避免差错和失误,而送到所有重要的图像和声音传输线路上的信号。

identifier 标识符 是用于标识(即标记其身份)唯一对象或唯一对象类的名称,其中"对象"或类可以是一个想法、物理[可数]对象(或其类),或者物理[不可数]物质(或其类别)。缩写 ID 通常是指身份、标识(识别过程)或标识符(即标识的实例)。标识符可以是单词、数字、字母、符号或它们的任何组合。

identifier/locator network protocol (ILNP) 标识符/定位器网络协议 一种网络协议,旨在通过将拓扑信息与节点标识分离来分离网络地址的两个功能,网络端点的标识以及辅助路由。ILNP 与现有 IP 向后兼容,并且可以逐步部署。ILNP 本身是一种具有两种不同实例的体系结构。ILNPv4 是 ILNP 设计用作一组 IPv4 扩展,而 ILNPv6 是 ILNP 设计为一组 IPv6 扩展。存在至少 2 个独立的 ILNPv6 开源实现。U.St Andrews(苏格兰)在 FreeBSD/x86 中有原型,而(中国)清华大学在 Linux/x86 中有原型。2011年 2 月,IRTF 路由研究组(RRG)主席建议 IETF 将 ILNP(RFC 6115)标准化为

IPv6 的首选演进方向。

identity as a service (IDaaS) 身份识别即服务 基于云的服务,提供身份验证。

identity authentication 身份验证 对申请访问的用户进行合法性确认的手工或自动化过程。

identity-based security 基于身份的安全(性) 是一种基于个人身份验证来控制对数字产品或服务的访问的方法。这允许组织授予特定用户访问权限,以使用相同的凭证访问各种数字服务,确保用户有权使用和实际接收的内容之间的准确匹配,同时还允许其他访问限制,如公司、设备、位置和应用类型(属性)。基于身份的安全方法的基础是基于身份的访问控制(IBAC),(或基于身份的许可)概念。

identity token 标识令牌[权标] 在计算机安全方面的一个设备(如灵巧卡、金属钥匙)或其他系统用户的允许用户标识验证的物理令牌。

identity validation 身份验证 在计算机安全方面,指一种测试的性能(如检查一个口令)。

ID error correction (IEC) 标识纠错,ID 错误校正 在 DVD(数码影碟)格式,专门用于校正扇区地址错误的 2 个专用字节,放在 4 个扇区地址字节之后。

idle character 空转字符 一种控制字符。在同步工作方式中,当不传输数据时,为维持发送和接收端的同步而传送的字符。空转字符在目的端接收到的消息中不出现。

idle communication mode 空闲通信方式 一种通信方式。当两站之间不传送报文时,便传送空闲信息。空闲信息有以下三种模式:① 全"1";② 同步字符(SYN)或其他事先规定好的字符;③ 检测信息模式。空闲信息的传送方式是:先从 A 站传送至 B 站,传送一段时间后,

再以 B 站传送至 A 站。只有在传送空闲信息期间,才能开始一个报文的传送。与主从系统通信方式相比,空闲通信方式有下面两个优点:① A站和B站的优先级相同;② 可以连续检测两个站的性能和通信链路的可靠性。

idle condition　空闲状态　设备或电路的不繁忙状态,表示它们不在运行或没准备好使用。

idle mode　空闲模式　移动通信系统中,移动台(MS)没有进行呼叫和通话的状态。

idle RQ　空闲请求(协议)　具有差错控制的数据链路协议的一部分。如果一个帧(报文)在传递过程中破坏了,它确保对该报文重发。当发方发送完一个帧之后,会等待直到收到正确接受的指示或者到达一定时间后发送另一帧,也被称为发送(或停止)并等待。

IEEE P1906.1　IEEE P1906.1 工作组　是由 IEEE 通信协会标准制定委员会赞助的(纳米级和分子通信框架推荐实践框架)标准工作组,其目标是开发纳米级和分子通信的通用框架。由于这是一项新兴技术,该标准旨在通过就共同定义、术语、框架、目标、指标和用例达成共识并鼓励创新,从而促进技术以更快的速度发展。标准草案于 2015 年第四季度获得 IEEE 审查委员会(RevCom)批准。

IEEE P802.1p　IEEE P802.1p 工作组　是 1995 年至 1998 年期间任务组活动的名称,负责将业务类加速和动态多播过滤添加到 IEEE 802.1D 标准。IEEE 是 Institute of Electrical and Electronic Engineers(电气与电子工程师协会)的缩写。实质上,任务组提供了一种在媒体访问控制(MAC)级别实现服务质量(QoS)的机制。虽然通常称这种技术为 IEEE 802.1p,但该小组使用新的优先级类和通用属性注册协议(GARP)的工作并未单独发布,而是将其纳入标准的主要修订版 IEEE 802.1D-1998 中,后来纳入 IEEE 802.1Q-2014 标准。这项工作还需要一个简短的修改,将以太网标准的帧大小字段扩展为四个字节,并于 1998 年作为 IEEE 802.3ac 发布。由工作组开发的 QoS 技术,也称为服务等级(CoS),在使用由 IEEE 802.1Q 定义的 VLAN 标记帧时,是在以太网帧头内称为优先级代码点(PCP)的 3 比特字段(指定了 0 到 7 之间的优先级值),QoS 规则可以使用它来区分业务。

IEEE standard bus interface　IEEE 标准总线接口　1974 年通过的一种连接多个设备(如计算机、电源、频率发生器等)的总线标准接口。它规定了接口的机械性能、电气性能和功能特性。不仅可用作测量系统的接口,还可用作计算机及其外部设备的接口,特别是微机及其外部设备的接口。连接在总线上的设备数量最多为 15 台,电缆全长不超过 20 m。信号线分为三组:数据总线(由 8 根信号线组成),数据字节传输控制总线(由 3 根信号线组成)及接口管理总线(由 5 根信号线组成)。信号的最大传输速率为 1 Mbps。

IEEE 1355-1955　IEEE 1355-1955 标准　异构互连(HIC)的标准,该标准讨论了如何以较低的系统集成成本实现高性能、可扩展、模块化、并行系统的构建。描述了铜和光技术中物理连接器和电缆、电性能和点对点串行可扩展互连逻辑协议的补充使用,其工作速度为 10～200 Mbps 和 1 Gbps。

IEEE 1394　IEEE 1394 标准　一项具有视频数据传输速率的串行接口标准。又称 FireWire(火线)。同 USB(通用串行总线)一样,1394 接口标准也支持外设热插拔,同时可为外设提供电源,并支持同步数据传输。IEEE 1394 可以在一个端口上连接多达 63 个设备,设备间采用树形或菊花链拓扑结构。IEEE 1394 标准定义了两种总线模式,即 Backplane 模式和 Cable 模式。其中 Backplane 模式支持 12.5 Mbps 的传输速率;线缆模式支持 100 Mbps、200 Mbps、400 Mbps 的传输速率,光纤模式达到 800 Mbps,甚至 1 Gbps;由于数据传输率高,可让原来由外设自己处理的数据改为传输给主机去处理,这样可降低外设的成本。IEEE 1394 行业协会发表了确保 IEEE 1394 高品质及互换性的标准书,并在 IEEE 1394-1995 的基础之上,开始研究和发展传输速率最高达 3.2 Gbps 的 IEEE 1394b 产品。

IEEE 1596.3-1996 IEEE 1596.3-1996 标准 用于低压差分信号(LVDS)的可伸缩相干接口(SCI)标准。该标准规定了 SCI 提供类似于计算机总线的服务,但使用一组快速的点对点链接而不是物理总线来达到更高的速度。

IEEE 488 IEEE 488 总线标准 是一种短距离数字通信 8 位并行多主接口总线规范。IEEE 488 是作为 HP-IB(惠普接口总线)创建的,通常称为 GPIB(通用接口总线)。是关于通用接口总线(GPIB)的电气定义。IEEE 488 标准规定了该总线中的各类数据线和控制线以及该总线使用的电压和电流值。IEEE 488 通常用于把检测仪器与计算机连接的并行接口。

IEEE 802 committee IEEE 802 委员会 于 1980 年 2 月成立的局域网标准化委员会,制定了以 802 开头的标准,目前已有十多个与局域网有关的标准,例如,IEEE 802.1—通用网络概念及网桥等、IEEE 802.2—逻辑链路控制等、IEEE 802.3—CSMA/CD(载波监听多路访问/冲突检测)访问方法及物理层规定等、IEEE 802.4—ARCnet 总线结构访问方法及物理层规定等、IEEE 802.5—Token Ring 访问方法及物理层规定等、IEEE 802.6—城域网的访问方法及物理层规定等、IEEE 802.7—宽带局域网、IEEE 802.8—光纤局域网(FDDI)、IEEE 802.9—ISDN(综合业务数字网)局域网、IEEE 802.10—网络的安全、IEEE 802.11—无线局域网。

IEEE 802 standards IEEE 802 标准 定义局域网(LAN)访问和控制方法的一系列标准。IEEE 802 标准对应于已被广泛采用的国际标准化组织(ISO)开放系统互联(OSI)模型的物理层和数据链路层,但 IEEE 802 标准将数据链路层细分成两个子层。ISO/OSI 七层模型从第一层到第七层分别为物理层、数据链路层、网络层、传输层、会话层、表示层、应用层。逻辑链路控制(LLC)子层适用于所有的 IEEE 802 标准,内容包括站点连接、报文帧生成和出错控制等。介质访问控制(MAC)子层在 IEEE 802 各标准中有所不同,内容有网络的访问和冲突检测。主要有三种 IEEE 802 标准:① 802.3 标准,用于采用载波侦听多重访问/冲突检测(CSMA/CD)的总线型网络;② 802.4 标准,用于采用令牌传递来调节网络访问和流量控制的总线型网络;③ 802.5 标准,用于采用令牌传递的环型网络(令牌环网)。其他的 802 标准还有 802.1、802.2 和 802.6 等标准,其中 802.1 标准详细说明了 IEEE 802 标准和 OSI(开放系统互连)模型两者的关系,802.2 标准定义 IEEE 逻辑链路控制协议,而 802.6 标准是用于在大于 5 km 区域传输数据、声音和视频信号的城域网(MAN)的一个新标准。

IEEE 802.1 IEEE 802.1 工作组 是 IEEE(电气与电子工程师学会)的标准协会的 IEEE 802 项目的一个工作组。它涉及的标准工作有:802 局域网/城域网体系结构;802 局域网、城域网和广域网之间的网络互联;802 链路安全;802 整体网络管理；MAC（介质访问控制）和 LLC（逻辑链路控制）层之上的协议层。

IEEE 802.1ad　**IEEE 802.1ad 标准**　是一种非正式称为 QinQ 的以太网网络标准，是对 IEEE 标准 IEEE 802.1Q-1998 的修订。该技术也称为提供商桥接，堆叠 VLAN（虚拟局域网），或简称为 QinQ 或 Q-in-Q。对于支持的设备，"Q-in-Q"适用于 C-tag（以太网类型=0x8100）上的 C-tag 堆叠，但这在现代网络路由方法中的应用有限。原始 802.1Q 规范允许把单个 VLAN 报头插入以太网帧中。QinQ 允许将多个 VLAN 标记插入单个帧，这是实现城域以太网网络拓扑的基本功能。正如 QinQ 扩展 802.1Q 一样，QinQ 本身也被其他城域以太网协议扩展。在多 VLAN 报头环境中，为了方便起见，通常用术语"VLAN 标签"或简称为"标签"来代替"802.1Q VLAN 报头"。QinQ 允许以太网帧中有多个 VLAN 标签，这些标签一起构成标签堆栈。当在以太网帧的环境中使用时，QinQ 帧是具有 2 个 VLAN 802.1Q 报头（双标记）的帧。

IEEE 802.1AE　**IEEE 802.1AE（MACsec）标准**　是 IEEE（电气与电子工程师学会）MAC（介质访问控制）的安全标准（也称为 MACsec），为介质访问独立协议定义无连接数据机密性和完整性。由 IEEE 802.1 工作组标准化。MACsec 标准规定了 MAC 安全实体（SecY）的实现，可以将其视为连接到同一 LAN 的站的一部分，从而为客户端提供安全的 MAC 服务。标准定义：① MACsec 帧格式，类似于以太网帧，但是包括其他字段：安全标记，它是 EtherType 的扩展和消息认证码（ICV）；② 表示通过单向安全信道的站连接的组的安全连接性关联；③ 每个安全通道内的安全关联。每个关联使用它自己的密钥（SAK）。在通道

内允许多个关联，以便在不中断流量的情况下进行密钥更改（标准要求设备支持至少两个）④ GCM-AES-128 的默认密码套件（具有 128 位密钥的 Galois/Counter 模式的高级加密标准密码）。MACsec 标准规定了一组协议，以满足保护穿过以太网 LAN 的数据的安全要求。MACsec 允许识别未授权的 LAN 连接并将其从网络内的通信中排除。与 IPsec 和 SSL 一样，MACsec 定义了一个安全基础设施，以提供数据机密性、数据完整性和数据源身份验证。通过确保帧来自声称发送它的站，MACSec 可以减轻对第 2 层协议的攻击。

IEEE 802.1ag　**IEEE 802.1ag 标准**　是 IEEE（电气电子工程师学会）关于局域网和城域网的虚拟桥接局域网修订 5：连接性故障管理（CFM）定义的标准。它为通过 802.1 网桥和局域网（LAN）的路径定义 OAM（运行、管理和维护）的协议和实践。是对 IEEE 802.1Q-2005 的修订，于 2007 年获批准。

IEEE 802.1ah-2008　**IEEE 802.1ah-2008 标准**　是关于提供商骨干网桥（PBB；称为"MAC-in-MAC"）的一组架构和协议，用于在提供商的网络上进行路由，允许多个提供商桥接网络的互连，而不会丢失每个客户单独定义的 VLAN。它最初由 Nortel 公司创建，后提交给 IEEE 802.1 委员会进行标准化。最终于 2008 年 6 月被 IEEE 批准为 IEEE 802.1ah-2008 标准，并已集成到 IEEE 802.1Q-2011 中。

IEEE 802.1aq　**IEEE 802.1aq 标准**　是关于计算机网络中的最短路径桥接（SPB）技术，旨在简化网络的创建和配置，同时支持多路径路由。它是较早的生成树协议：IEEE 802.1D、IEEE 802.1w、IEEE 802.1s 的替代品。这些协议阻止了任何可能导致第 2 层环路的冗余路

径,而 SPB 允许所有路径在多个等成本路径上处于活动状态,提供更大的第 2 层拓扑,支持更快的收敛时间,并通过允许流量在网状网络的所有路径上负载共享来提高效率。该技术使用链路状态协议在本源以太网基础设施上提供逻辑以太网络,以通告拓扑和逻辑网络成员。数据包封装在介质访问控制在介质访问控制（MAC-in-MAC）802.1ah 或标记的 802.1Q/802.1ad 帧中的边缘,并仅传输到逻辑网络的其他成员。支持单播、多播和广播,并且所有路由都在对称的最短路径上。

IEEE 802.1D　IEEE 802.1D 标准　是 IEEE MAC Bridges(介质访问控制桥接)标准,包括桥接、生成树和其他等。它由 IEEE802.1 工作组标准化。它包括特定于链接许多其他 802 项目的详细信息,包括广泛部署的 802.3（以太网）、802.11(无线 LAN)和 802.16(WiMax)标准。使用虚拟 LAN(VLAN)的网桥从未成为 802.1D 的一部分,而是在最初于 1998 年发布的单独标准 802.1Q 中指定。到 2014 年,IEEE 802.1D 定义的所有功能已合并到 IEEE 802.1Q(网桥和桥接网络)或 IEEE 802.1AC(MAC 服务定义)标准中。预计几年后将正式取消 802.1D。

IEEE 802.1p　IEEE 802.1p 协议　是 1995 年至 1998 年期间任务组工作的名称,负责将流量类加速和动态多播过滤添加到 IEEE 802.1D 标准中。实质上,任务组提供了一种在介质访问控制(MAC)级实现服务质量(QoS)的机制。虽然这种技术通常被称为 IEEE 802.1p,但该小组使用新优先级和通用属性注册协议(GARP)的工作并未单独发布,而是将其纳入标准的主要修订版 IEEE 802.1D-1998 年中,后来纳入 IEEE 802.1Q-2014 标准。这项工作还将以太网标准的帧大小字段扩展为四个字节,并于 1998 年作为 IEEE 802.3ac 发布。由工作组开发的 QoS 技术,也称为服务等级(CoS),当使用 IEEE 802.1Q 定义的 VLAN 标记帧时,是以太网帧标头中称为优先级代码点(PCP)的 3 位字段。它指定了 0 到 7 之间的优先级值,QoS 规则可以使用它来区分流量。

IEEE 802.1Q　IEEE 802.1Q 标准　通常称为 Dot1q,是支持 IEEE 802.3 以太网网络上的虚拟局域网(VLAN)的网络标准。该标准定义了以太帧的 VLAN 标记系统,以及桥接器和交换机在处理这些帧时使用的相应过程。该标准还包含通常称为 IEEE 802.1p 的服务质量(QoS)优先级方案的规定,并定义了通用属性注册协议。具有 VLAN 感知的网络的部分(即,符合 IEEE 802.1Q 的)可以包括 VLAN 标签。当帧进入网络的 VLAN 感知部分时,会添加一个标记来表示 VLAN 成员资格。每个帧必须可以区分为恰好在一个 VLAN 内。该标准由 IEEE 802.1 标准委员会的工作组 IEEE 802.1 开发,并继续进行积极修订。其中一个值得注意的修订是 802.1Q-2014,其中包含 IEEE 802.1aq(最短路径桥接)和 IEEE 802.1D 标准的大部分内容。

IEEE 802.1Qay　IEEE 802.1Qay(修订)标准　此修订版将支持通过允许网络管理员为管理选择的 VLAN 标识符禁用未知目标地址转发和源地址学习,同时允许其他网络控制协议来动态确定其他服务的活动拓扑,从而显式地选择提供商骨干网桥网络(P802.1ah)中的流量工程路径的配置系统。这些可互操作的功能将由各个网桥的 SNMP MIB 管理,对本标准中指定的其他控制协议的扩展,通过使用带有指定流量工程连接的地址和 VLAN 标识符的 CFM 以及能够负载分担的 1∶1 路径保护来支持切换。该修订不会考虑多域网络。许多提供商网络的基本要求是支持流量工程路径。对于大量连接，必须允许完整的路由选择自由。此修订使服务提供商能够使用熟悉的 802.1 桥接技术在提供商骨干桥接网络中对提供的连接进行流量工程设计。并需要流量工程功能，用于负载平衡、保护切换、带宽管理等。

IEEE 802.1Qay-2009　IEEE 802.1Qay-2009 标准　该该标准的全称是"IEEE 局域网和城域网标准-虚拟桥接局域网修订版 10：提供商骨干网桥流量工程"。该修订版规定了对 IEEE Std 802.1Q-2005 的修订，经由 IEEE Std 802.1ad-2005、IEEE Std 802.1ag-2007、IEEE Std 802.1ak-2007、IEEE Std 802.1ah-2008 和 IEEE Std 802.1ap-2008 的修订。支持在提供商骨干网桥接网络中明确选择流量工程路径的配置系统。更改适用于 IEEE Std 802.1Q-2005 的基础文本，经由 IEEE Std 802.1ad-2005、IEEE Std 802.1ak-2007、IEEE Std 802.1ag-2007、IEEE Std 802.1ah-2008 和 IEEE Std 802.1ap-2008 的修订。

IEEE 802.1s　IEEE 802.1s 标准　是关于生成树协议（STP）的标准，是为以太网建立无环路逻辑拓扑的一种网络协议。STP 的基本功能是防止桥接环路和由它们产生的广播辐射。生成树还允许网络设计包括备份链路，以便在活动链路发生故障时提供容错功能。顾名思义，STP 在连接的第 2 层网桥的网络中创建生成树，并禁用那些不属于生成树的链路，在任意两个网络节点之间留下一条活动路径。2001 年，IEEE 引入了快速生成树协议（RSTP）作为 802.1w 标准。RSTP 可以显著提高响应网络变化或故障的恢复速度，引入新的收敛行为和桥接端口角色来实现此目的。RSTP 旨在向后兼容标准 STP。STP 最初标准化为 IEEE 802.1D，但生成树（802.1D）、快速生成树（802.1w）和多生成树（802.1s）的功能已纳入 IEEE 802.1Q-2014。

IEEE 802.1 standards　IEEE 802.1 标准　电气与电子工程师学会（IEEE）制定的关于局域网的相关标准之一。它主要包括局域网/城域网概述和体系结构，以及寻址，局域网、城域网和广域网之间的网络互联，链路安全性，网络管理系统，MAC（介质访问控制）和 LLC（逻辑链路控制）层之上的协议层等内容。

IEEE 802.1X　IEEE 802.1X 标准　网络访问控制的 IEEE 标准。802.1X 主要用于 Wi-Fi 无线网络，在完成身份验证之前保持网络端口断开连接。根据验证结果，端口可供用户使用，或者拒绝用户访问网络。

IEEE 802.10 standards　IEEE 802.10 标准　是安全功能的先前标准，可以用在基于 IEEE 802 协议的局域网和城域网。802.10 规定了安全关联管理和密钥管理，以及访问控制、数据机密性和数据完整性。IEEE 802.10 标准于 2004 年 1 月撤销。无线网络的安全性在 802.11i 中标准化。用于支持以太网上的 VLAN 的思科交换机间链路（ISL）协议和类似 LAN 技术是基于 IEEE 802.10；在这种应用中，802.10 已经在很大程度上被 IEEE 802.1Q 取代。

IEEE 802.11　IEEE 802.11 标准　是一组介质访问控制（MAC）和物理层（PHY）规范，用于实现各种频率的无线局域网（WLAN）计算机通信，包括但不限于 2.4、5 和 60 GHz 频带。它们是世界上使用最广泛的无线计算机网络标准，用于大多数家庭和办公网络，支持笔记本电脑、打印机和智能手机相互通信，无需连接线即可访问因特网。它们由电气和电子工程师协会（IEEE）LAN/MAN（局域网/城域网）标准委员会（IEEE 802)1997 年开始颁布的一系列无线局域网技术标准。IEEE 802.11 包含 802.11a（Wi-Fi1）,802.11b（Wi-Fi2）, 802.11g（Wi-Fi3）,802.11n（Wi-Fi4）,802.11ac(Wi-Fi5)和 802.11ax(Wi-Fi6)等以 PHY 层的不同作为区分的版本标准,它们的区别直接表现在工作频段及数据传输率、最大传输距离等指标上。而工作在介质层的标准——IEEE 802.11e/f/i 则被整个 IEEE 802.11 族所共用。IEEE 802.11 规范定义了三种物理层（PHY）选择：红外线、直接序列扩频（DSSS）、跳频扩频（FHSS）。由于无线局域网传输介质（微波、红外线）同有线传输介质相同,客观上存在一些全新的技术难题,为此,IEEE 802.11 协议规定了一些至关重要的技术机制,如 CSMA/CA(载波监听多路访问/冲突避免)协议、RTS/CTS(请求发送/清除发送)协议等。

IEEE 802.11a **IEEE 802.11a 标准** 1999 年提出,作为物理层补充标准,指定 5 GHz 的工作频段,物理层速率可达 54 Mbps,传输层可达 25 Mbps。它采用正交频分复用（OFDM）扩频技术;可提供 25 Mbps 的无线 ATM 接口和10 Mbps 的以太网无线帧结构接口,以及时分双工/时分多址（TDD/TDMA）的空中接口;支持语音、数据、图像业务。

IEEE 802.11ac **IEEE 802.11ac 标准** 802.11ac 无线局域网技术,相比 802.11n 又有了显著的性能提升。802.11n 为用户提供了更高的无线连接速度和性能。802.11ac 标准主要是引入了 256-QAM 调制模式、80/160 MHz 频宽以及多用户多输入多输出（MU-MIMO）技术,在单链路速度以及带宽利用率上有较大的提升。让企业通过 WiFi 进行日常的业务运营,可以把无线网作为网络

连接的首选方式。IEEE 标准的 802.11ac 工作在 5 GHz 上,理论速度达到 6.9 Gbps,是 802.11n（450 Mbps）的 11.5 倍。802.11ac 技术有两个版本投入市场：第一代（Wave 1）和第二代（Wave 2）。

IEEE 802.11ac Wave1 **IEEE 802.11ac Wave1 标准** Wave 1 已经有两年多的商用背景了,首先登陆市场的家用级"802.11ac Wave 1"路由器只加入了 256-QAM 调制模式和 80 MHz 频宽两种特性,其余技术指标则与当时家用级 802.11n 路由器维持一致,例如 MIMO(多输入多输出)方面仍然使用单用户多输入多输出（SU-MIMO）技术和最高 3×3 MIMO 阵列,因此这个时候的 802.11ac 路由器,只是在单链路速率上相比 802.11n 路由器有较大的提升,在 3×3 MIMO 的辅助下单频段最高理论速率可达 1 300 Mbps。但在实际应用中,能够达到的实际吞吐量却无法让人满意。对于一台 802.11ac wave1 AP(最高速率1.3 Gbps),在单用户情况下,网络效率(实际吞吐量和理论传输速率的比值)为 70%左右(实际吞吐量910 Mbps);在多用户情况下,涉及到更多的空口开销,AP 吞吐量将随着接入用户数量的增多而逐渐下降,到 30 个用户时网络效率已下降至 38%(实际吞吐量350 Mbps)。

IEEE 802.11ac Wave2 **IEEE 802.11ac Wave2 标准** Wave 2 在 Wave 1 的基础上做出了一些非常重要的增强：256-QAM 调制模式技术,在 40 MHz 频宽下,802.11ac wave2 单空间流传输速率从 802.11n 的 150 Mbps 提升至 200 Mbps;在 80 MHz 频宽下,802.11ac wave2 单空间流传输速率提升至 433 Mbps。在 5 GHz 频率上支持的速率由之前的 1.3 Gbps 到高达 2.34 Gbps;支持多用户多输入多输出（MU-MIMO）;

提供了 160 MHz 的信道宽度选项(连续 160 MHz,或者 2 个非连续的 80 MHz 组成),信道组合更为灵活,对无线频谱资源也提出了更高的要求。以实现更高的性能;802.11ac wave2 支持 4 空间流,采用 4 根收发天线,带来更多的分集增益,提高无线传输的可靠性和容错能力,提高终端的覆盖范围和质量,进而带来传输性能的提升;可以运行更多的 5 GHz 信道。MU-MIMO 采用显式波束成形(Explicit Beamforming)技术,实现信号的传播方向和接收控制,向多个终端发送数据,同时保证终端彼此不受干扰。借助 MU-MIMO 提升用户并发处理能力,充分发挥 AP(接入点)的性能和效率。

IEEE 802.11af IEEE 802.11af 标准 IEEE Wi-Fi(无线网)标准,为智能家居和物联网(IoT)设备提供低功耗、远程无线传输。802.11af 采用认知无线电技术,在室内达到几百米的距离,在室外达到 1 公里或几公里。类似于 802.11ah。802.11af 和 802.11ah 标准都像空中电视信号一样穿透墙壁。但是,11af 在 54 到 790 MHz 的电视空白区工作,而 11ah 在 900 MHz 无许可证的频带中传输。

IEEE 802.11ah IEEE 802.11ah 标准 IEEE Wi-Fi(无线网)标准,为智能家居和物联网(IoT)设备提供低功耗、远程无线传输。802.11ah 也称为"Wi-Fi HaLow"并采用认知无线电技术,传输距离长达 1 公里,远远超过常规 Wi-Fi。

IEEE 802.11ax IEEE 802.11ax 标准 又称为高效率无线标准(high-efficiency wireless,HEW)。2018 年 10 月,WiFi 联盟将基于 IEEE 802.11ax 标准的 WiFi 正式纳入其体系,成为第六代 WiFi 技术——WiFi 6。这是一项制定中的无线局域网标准。标准草案由 IEEE 标准协会的 TGax 工作组制定,2014 年 5 月成立,至 2017 年 11 月已完成 D2.0。11ax 支持 2.4 GHz 和 5 GHz 频段,向下兼容 11a/b/g/n/ac。目标是支持室内室外场景、提高频谱效率和密集用户环境下 4 倍实际吞吐量提升。802.11ax 同时处理多个用户。11ax 使用与 11ac 相同的信道带宽,但具有更多的细分,并且不同于仅为 5 GHz 的 11ag,11ax 在 2.4 GHz 和 5 GHz 频带中工作。它还支持调制解调器(四倍),以及两种多用户上行链路和下行链路传输方法(例如,正交频分复用和 OFDMA)。IEEE 802.11ax 将于 2019 年某个时候公开发布。一些设备在 2018 年国际消费电子展上已展出,最高速度为 11 Gbps。

IEEE 802.11b IEEE 802.11b 标准 1999 年提出,作为物理层补充标准,指定最大 11 Mbps 数据传输速率和 2.4 GHz 的工作频段。IEEE 802.11b 使用与以太网相似的协议。它是原来仅支持 1 Mbps 和 2 Mbps 数据传输速率 IEEE 802.11 标准的扩展。

IEEE 802.11g IEEE 802.11g 标准 有以下两个特点:在 2.4 GHz 频段使用正交频分复用(OFDM)调制技术,使数据传输速率提高到 20 Mbps 以上;能够与 IEEE 802.11b 的 Wi-Fi 系统互联互通,可共存于同一 AP(接入点)的网络里,从而保障了后向兼容性。这样原有的 WLAN(无线局域网)系统可以平滑地向高速 WLAN 过渡,延长了 IEEE 802.11b 产品的使用寿命,降低了用户的投资。2003 年 7 月 IEEE 802.11 工作组批准了 IEEE 802.11g 草案。

IEEE 802.11h-2003 IEEE 802.11h-2003 标准,802.11h 标准 (1)是指针对频谱和发射功率管理扩展的 IEEE 802.11 标准添加的修正。它解决了使用相同的 5 GHz 频段干扰卫星和雷达等问题。它最初旨在解决欧洲法规,但现在适用于许多其他国家。该标准为 802.11a PHY(物理层)提供动态频率选择(DFS)和发射功率控制(TPC)。它已集成到完整的 IEEE 802.11 - 2007 标准中。(2) 802.11h 主要是用于解决由于在某些场所,尤其是军事雷达系统和医疗设备,使用 802.11a 所产生的干扰。802.11h 规则是由国际电信联盟(ITU)提出的,这主要是为了克服欧洲卫星通信网络的干扰。802.11h 涉及两种技术,一种是 DFS,用于检测在一个信道上有无其他信号出现,当检测到这样的信号时,就会自动将网络转移到另一个信道。另一种技术是 TPC,它主要是减少网络传输的无线频率输出功率,使系统间干扰最小,而且还可以达到更好的网络性能。

IEEE 802.11i-2004　IEEE 802.11i-2004 标准,802.11i 标准　是对原先 IEEE 802.11 的修订,作为 Wi-Fi 保护访问 II(WPA2) 的实现。于 2004 年 6 月 24 日批准了标准草案。该标准规定了无线网络的安全机制,用详细的安全条款取代了原先标准的简短认证和隐私条款。在此过程中,修正案弃用了有线等效保密协议(WEP),后来将其纳入已发布的 IEEE 802.11-2007 标准。

IEEE 802.11n　IEEE 802.11n 标准　802.11n 标准采用的是 64-QAM 模式,提供了 40 MHz 的信道宽度和 3×3 MIMO(多输入多输出)阵列下实现 450 Mbps 的传输性能。

IEEE 802.11z　IEEE 802.11z 标准　是一种机制,可以在属于同一 Wi-Fi 网络的两个 Wi-Fi 客户端之间直接传输数据。通常,在 Wi-Fi 网络中,数据通过接入点(AP)从一个客户端传输到另一个客户端。IEEE 802.11z 修正案定义了允许 IEEE 802.11 在客户端设备之间建立直接链接,同时还与接入点保持关联的机制。这些机制称为隧道直接链路设置(TDLS)。这减少了在网络中传输的流量,并防止了接入点的拥塞。在设备之间自动设置 TDLS 直接链路,无需来自 AP 或用户的干预。保持与接入点的连接。TDLS 与 Wi-Fi 直连不同,也不能代替 Wi-Fi 直连。TDLS 用于优化网络中的流量,而 Wi-Fi 直连用于在移动中快速将设备彼此连接,即使在 Wi-Fi 网络不可用时也是如此。

IEEE 802.12　IEEE 802.12 标准　定义最初由惠普公司和其他几家厂商开发的 100VG-AnyLAN 以太网的标准,传输率为 100 Mbps。

IEEE 802.14　IEEE 802.14 标准　电气与电子工程师学会(IEEE)工作组定义的一项标准,规定了使用线缆调制解调器(CM)的交互式电视(ITV)介质访问控制协议及网络层技术规范。

IEEE 802.15　IEEE 802.15 标准　IEEE 的一组无线个域网(WPAN)标准,适用于工业和消费类应用中的低功耗设备。

IEEE 802.15.1 - WPAN/bluetooth　IEEE 802.15.1 无线个人区域网/蓝牙标准　IEEE 与蓝牙行业集团(SIG)合作,标准化了蓝牙规范的低层。IEEE 在 2002 年批准了与蓝牙 1.1 完全兼容的 802.15.1 标准。任务组 1 基于蓝牙技术。它定义了物理层(PHY)和介质访问控制(MAC)规范,用于在个人操作空间内或进入个人操作空间的固定、便携式和移动设备的无线连接。2002 年和 2005 年发布了标准。

IEEE 802.15.2 - PAN/LAN co - existence　IEEE 802.15.2-个人区域网/局域网共存标准　探讨无线 PAN(WPAN)和无线局域网(WLAN)之间的互操作性方法,以及在同一地理区域进行无干扰的传输能力。任务组 2 解决了 WPAN 与其他无线设备在非许可证的频段(如 WLAN)中的共存问题。IEEE802.15.2-2003 标准于 2003 年发布,任务组 2 进入"休眠"。

IEEE 802.15.3-high data rate IEEE 802.15.3-高数据速率标准 数据速率大于 20 Mbps 的 WPAN 标准。IEEE 802.15.3-2003 是高速(11 到 55 Mbps)无线局域网的介质访问控制(MAC)和物理层(PHY)标准。该标准可以通过 IEEE 802 志愿者资助的的 IEEE 的 GET 程序下载。

IEEE 802.15.3a-very high data rate-UWB IEEE 802.15.3a-非常高的数据速率-UWB 标准 IEEE 802.15.3a 试图为涉及成像和多媒体的应用提供 IEEE 802.15.3 的更高速度的超宽带物理层增强修正案。任务组成员无法在两个技术提案之间达成协议,即由两个不同的行业联盟支持的多频段正交频分复用(MB-OFDM)和直接序列超宽带(DS-UWB),该任务组于 2006 年 1 月撤销。然而,IEEE 将提案缩小为两个,其中一个是无线媒体联盟(WiMedia)采用的用于 UWB 的多频带正交频分复用技术(MB-OFDM)。与 IEEE 802.15.3a 开发相关的文档被归档在 IEEE 文档服务器中。

IEEE 802.15.3b IEEE 802.15.3b 标准 IEEE 802.15.3b-2005 修正案于 2006 年 5 月 5 日发布。它增强了 IEEE 802.15.3 标准,以改进 MAC 的实现和互操作性。此修订包括许多优化、纠正错误、澄清歧义处,并保留了向后兼容性的同时添加了编辑说明。除其他修改外,修正案还定义了以下新特性:新的 MAC 层管理实体(MLME)服务访问点(SAP);允许轮询的隐含确认策略;逻辑链路控制/子网访问协议(LLC/SNAP)头;多播地址分配;超帧中的多个争用周期;一种将信道时间放弃给 PAN(个域网)中另一个设备的方法;在微微网协调器(piconet coordinator-PNC)突然断开连接的情况下,更快的网络恢复;一种用于设备返回有关接收数据包的信号质量信息的方法。

IEEE 802.15.3c-2009 IEEE 802.15.3c-2009 标准 于 2009 年 9 月 11 日发布。任务组 TG3c 为现有的 802.15.3 无线个域网(WPAN)标准 802.15.3-2003 开发了基于毫米波的替代物理层(PHY)。IEEE 802.15.3 任务组 3c(TG3c)于 2005 年 3 月成立。该毫米波 WPAN 定义为在 57~66 GHz 范围内工作。根据地理区域不同,可用 2 至 9 GHz 带宽(例如,57~64 GHz 可用作北美 FCC 47 CFR 15.255 定义的免许可证频段)。毫米波 WPAN 允许非常高的数据速率、短距离(10 米)应用,包括高速互联网访问、流媒体内容下载(视频点播、高清电视、家庭影院等)、实时流媒体和用于电缆更换的无线数据总线等应用。标准中共定义了三种物理层(PHY)模式:① 单载波(SC)模式(高达 5.3 Gbps);② 高速接口(HSI)模式(单载波,高达 5 Gbps);③ 音频/视频(AV)模式(OFDM,最高 3.8 Gbps)。

IEEE 802.15.4-low rate WPAN IEEE 802.15.4-低速率无线个人区域网标准 低速率 WPAN(LR-WPAN)处理低数据速率,但电池寿命非常长(几个月甚至几年)并且复杂度非常低。节点可以配置为仅与全功能设备(FFD)通信的简化功能设备(RFD)。FFD 可以与 RFD 和 FFD 通信。该标准定义了 OSI(开放系统互连)模型的物理层(第 1 层)和数据链路层(第 2 层)。第一版 802.15.4 标准于 2003 年 5 月发布。运行在基于 802.15.4 的网络上更高层的一些标准化的和专有的网络(或网状)层协议协议的包括 IEEE 802.15.5、ZigBee、Wireless HART、Thread 协议、MiWi、6LoWPAN,

WirelessHART 和 ISA100.11a。

IEEE 802.15.4a-WPAN low rate alternative PHY IEEE 802.15.4a-无线个域网物理层低速替代方案 正式名为 IEEE 802.15.4a-2007，是对 IEEE 802.15.4 的修订，其指定了与原始标准相应的附加物理层（PHY）。主要关注提供更高精度的测距和定位能力（1 米精度及更高）、更大的总吞吐量、增加数据速率的可扩展性、更长的测距范围，以及更低的功耗和成本。所选基线是两个可选的 PHY，包括 UWB 脉冲无线电（工作在非许可证的 UWB 频段）和啁啾扩频（工作在非许可证的 2.4 GHz 频段）。脉冲 UWB 无线电是基于连续脉冲 UWB 技术，将能够提供通信和高精度测距。

IEEE 802.15.4b-revision and enhancement IEEE 802.15.4b-修订和增强 于 2006 年 6 月获得批准，并于 2006 年 9 月作为 IEEE 802.15.4-2006 发布。IEEE 802.15 任务组 4b 被授权创建一个项目，用于 IEEE 802.15.4-2003 标准的特定增强和说明，例如解决歧义、降低不必要的复杂性、提高安全密钥使用的灵活性、考虑新的可用频率分配等。

IEEE 802.15.4c-PHY Amendment for China IEEE 802.15.4c-中国物理层修正案 于 2008 年获得批准，并于 2009 年 1 月发布。这定义了一个 PHY 修正案，增加了新的射频频谱规范，以应对中国监管的变化，这些变化为中国国内的无线 PAN（个域网）应用已经开放了 314～316 兆赫、430～434 兆赫和 779～787 兆赫等频段。

IEEE 802.15.4d-PHY and MAC amendment for Japan IEEE 802.15.4d-日本 PHY 和 MAC 修正案 IEEE 802.15 任务组 4d 被授权对 802.15.4-2006 标准进行修订。该修正案定义了一个新的物理层（PHY），并对介质访问控制（MAC）进行

了必要的修改，以支持日本的一个新的频率分配（950 MHz～956 MHz），同时与频段内的无源标签系统共存。

IEEE 802.15.4e - MAC amendment for industrial applications IEEE 802.15.4e-工业应用 MAC 修正案 IEEE 802.15 任务组 4e 被授权对现有标准 802.15.4-2006 的 MAC 进行修订。此修正案旨在增强和增加 802.15.4-2006 MAC（介质访问控制）的功能，以① 更好地支持工业市场；② 允许与中国 WPAN（无线个域网）中提出的修改兼容。为增加信道跳频和与 ISA（工业标准体系结构）100.11a 兼容的可变时隙选项，进行了具体的增强。这些修改于 2011 年获得批准。

IEEE 802.15.4f-PHY and MAC amendment for active RFID IEEE 802.15.4f-有源射频识别（RFID）的物理层（PHY）和介质访问控制（MAC）修正案 IEEE 802.15.4f 有源 RFID（射频识别）系统任务组被授权定义新的无线 PHY 和增强 802.15.4-2006 标准 MAC 层，需要这些来支持新 PHY 用于有源 RFID 系统的双向通信和位置确定的应用。

IEEE 802.15.4g-PHY amendment for smart utility network IEEE 802.15.4g-智能公用（事业）网络的 PHY 修正案 IEEE 802.15.4g 智能公用事业网络（SUN）任务组被授权创建 802.15.4 的物理层（PHY）修正案，以提供一个有利于非常大规模的过程控制应用的标准，例如公用智能电网网络，它能够以最少的基础设施支持大型的、地理上多样的网络，并可能有数百万个固定端点。2012 年 4 月，任务组发布了 802.15.4g 无线电标准。电信工业协会（TIA）TR-51 委员会为类似的应用开发标准。

IEEE 802.15.5-mesh networking IEEE 802.15.5-网状网络 为 802.15.3 高数据速率和 802.15.4 低数据速率传输启用网

状网络。任务组 5 提供了架构框架，使 WPAN(无线个域网)设备能够促进和互操作、稳定和可扩展的无线网状网络。该标准由两部分组成：低速率 WPAN 网状网和高速率 WPAN 网状网。低速率网状网建立在 IEEE 802.15.4 - 2006 MAC(介质访问控制)上，而高速率网状网则使用 IEEE 802.15.3/3b MAC。两种网状的共同特征包括网络初始化、寻址和多跳单播。此外，低速网状支持多播、可靠的广播、便携性支持、跟踪路由和节能功能，高速率网状支持多跳时间保证服务。

IEEE 802.15.6-body area networks IEEE 802.15.6-体域 ［人体区域］网支持低功耗传感器的传输，用于医疗保健和娱乐。2011 年 12 月，IEEE 802.15.6 任务组批准了体域网(BAN)技术标准草案。该草案于 2011 年 7 月 22 日通过信函投票获得批准，以启动赞助商投票程序。任务组 6 于 2007 年 11 月成立，专注于低功耗和短距离无线标准，针对人体上、人体内，或人体周围(但不限于人体)的设备和操作进行优化，以服务于各种应用，包括医疗、消费电子和个人娱乐。

IEEE 802.15.7-visible light communication IEEE 802.15.7-可见光通信 截至 2011 年 12 月，IEEE 802.15.7 可见光通信任务组已完成用于可见光通信(VLC)的物理层(PHY)和介质访问控制(MAC)标准的草案 5c。第 7 工作组的成立会议于 2009 年 1 月举行，会议授权该工作组编写使用可见光的自由空间光通信标准。

IEEE P802.15.8-peer aware communications IEEE P802.15.8-对等感知通信 2012 年 3 月 29 日 IEEE 标准委员会批准成立了任务组 8,为对等通信和无基础设施通信开发一个优化的对等感知通信(PAC)标准,该标准具有在 11 GHz 以下频段中进行完全分布式协调。拟议标准的目标是数据速率大于 100 Mbps,可伸缩数据速率高达 10 Mbps。建议的特点包括：发现没有关联的对等信息；发现网络中的设备数目；在多个组中同时拥有成员资格的组通信(通常最多 10 个)；相对定位；多跳中继；安全性。该标准草案正在制定中,更多信息可在 IEEE 802.15 任务组中获取。

IEEE P802.15.9-key management protocol IEEE P802.15.9-密钥管理协议 2011 年 12 月 7 日 IEEE 标准委员会批准成立了任务组 9,为密钥管理协议(KMP)数据报的传输制定推荐做法。推荐的做法是将定义一个基于信息元素的消息框架,作为密钥管理协议(KMP)数据报的传输方法,以及使用一些现有的具有 IEEE 标准 802.15.4 的 KMP 的使用指南。推荐的做法不会创造一个新的 KMP。虽然 IEEE Std 802.15.4 始终支持数据报安全性,但它没有提供建立此功能所用的密钥的机制。IEEE Std 802.15.4 中缺少密钥管理支持会导致密钥脆弱,这是攻击安全系统的常见途径。添加 KMP 支持对适当的安全框架至关重要。它可能解决的一些现有 KMP 是 IETF(因特网工程任务组)的 PANA、HIP、IKEv2、IEEE 标准 802.1X 和四次握手(4-way-handshake)。建议实施的草案正在制定中,更多信息可以在 IEEE 802.15 网页上查找。

IEEE P802.15.10-layer 2 routing IEEE P802.15.10-第 2 层路由 2013 年 8 月 23 日 IEEE 标准委员会批准成立了任务组 10,负责制定在动态变化的 802.15.4 无线网络中路由数据包的推荐做法(大约一分钟时间范围的变化),对路由的处理影响最小。目标是随着节点数量的增加而扩大覆盖范围。推荐做法将提供的路由相关功能包括：路由建立；

动态路由重配置;新节点的发现和添加;打破既定路由;路由的丢失和重复;链路状态的实时采集;允许在网络层出现单跳(不破坏标准 L3 机制);支持广播;支持多播;有效帧转发。建议的草案正在制定中,更多信息可在 IEEE 802.15.10 网页上查找。

IEEE 802.16　IEEE 802.16(无线城域网宽带)标准　是电气与电子工程师协会(IEEE)编写的一系列无线宽带标准。IEEE 标准委员会于 1999 年成立了一个工作组,负责开发无线城域网的宽带标准。该工作组是 IEEE 802 局域网和城域网标准委员会的一个部门。尽管在 IEEE 中 802.16 系列标准被正式称为无线城域网,但 WiMAX 论坛行业联盟把这个标准以"WiMAX"(微波接入全球互操作性)的名称商业化。论坛促进并认证基于 IEEE 802.16 标准的产品的兼容性和互操作性。

IEEE 802.2 standard　IEEE 802.2 标准　局域网逻辑链路控制(LLC)子层的标准,与 ISO 8802/2 相对应。其主要内容包括:① 网络层/LLC 子层接口服务规范;② LLC 子层/MAC 子层接口服务规范;③ LLC 子层协议数据单位(PDU)结构;④ 规程的类型、要素和详细说明。

IEEE 802.22　IEEE 802.22 标准　一个 IEEE 无线标准,用于在 54 至 862 MHz 的 VHF(甚高频)和 UHF(超高频)电视空白频段中工作。802.22 采用认知无线电技术,是一种"无线区域网络"(WRAN),被称为"超级 Wi-Fi"。类似于 802.11af。IEEE 802.11af Wi-Fi 标准也使用电视白空间,但 802.22 提供更远的距离和更高的数据速率(与 1 km 和 25 Mbps 相比,最高可达 100 km 和 50＋Mbps)。由于频率较低,这两种技术都比普通 Wi-Fi 更好地穿透墙壁。

IEEE 802.3 standard　IEEE 802.3 标准　定义了局域网(LAN)物理接线标准和向网络上发送数据并控制接入电缆的规格。物理层标准在总线拓扑局域网上采用 CSMA/CD(载波监听多路访问/冲突检测)接入方法,与 ISO 8802/3 相对应。其中物理层规定了 PLS(物理层服务)规范、AUI(访问单元接口)规范、MAU(介质附接部件)、基带介质规范、宽带规范、转发器规范等;MAC(介质访问控制)子层则规定了 MAC 服务规范、介质存取控制方法、介质存取控制帧结构、相邻层接口、网络管理等。按数据传输率有以下三种类型:① IEEE 802.3 中所定义的标准局域网,速度为 10 Mbps,传输介质为同轴电缆;② IEEE 802.3u 中所定义的快速以太网,速度为 100 Mbps,传输介质为双绞线;③ IEEE 802.3z 中所定义的千兆以太网,速度为 1 000 Mbps,传输介质为光纤或双绞线。

IEEE 802.3 10BASE1　IEEE 802.3 10BASE1 标准　一种双绞线以太网传输协议标准,是宽带传输,数据传输率为 10 Mbps,允许的网络电缆最大长度为 100 m。

IEEE 802.3 10BASE2　IEEE 802.3 10BASE2 标准　一种以太网传输协议标准,是基带传输,数据传输率为 10 Mbps,使用的是阻抗为 50 Ω 的同轴细缆,允许的网络电缆最大长度为 185 米。

IEEE 802.3 10BASE5　IEEE 802.3 10BASE5 标准　一种以太网或 Starlan 网传输协议标准,是基带传输,数据传输率为 10 Mbps,允许的网络电缆最大长度为 500 m。这是最早的媒体规范,它使用的是阻抗为 50 Ω 的同轴粗缆。但由于同轴粗缆的缆线直径大,所以比较笨重,不易铺设。

IEEE 802.3ab　IEEE 802.3ab 标准　1999 年 IEEE 开发的千兆以太网标准,使用 4 对 5 类非屏蔽双绞线可在 100 米内以

1 Gbps 等级的速度传输数据。

IEEE 802.3ae　IEEE 802.3ae 标准　定义了在光纤上传输 10G 以太网的标准,传输距离从 300 米到 40 千米。

IEEE 802.3ak　IEEE 802.3ak 标准　定义了在对称铜缆上运行 10G 以太网的标准,传输距离小于 15 米,适用于数据中心内部服务器之间的连接应用。

IEEE 802.3an　IEEE 802.3an 标准　定义了基于双绞线作为介质的 10G 以太网标准,传输距离达到 100 米。

IEEE 802.3z　IEEE 802.3z 标准　1997 年 IEEE(电气与电子工程师学会)开发的千兆以太网标准,在光纤线路上提供从交换机到终端站点或交换机之间的全双工传输,以及在使用 CSMA/CD(载波监听多路访问/冲突检测)协议的共享信道上的半双工传输。

IEEE 802.4 standard　IEEE 802.4 标准　令牌传送总线式局域网的物理层和介质访问控制(MAC)子层标准,它与 ISO 8802/4 相对应。其主要内容包括:① 介质,单信道总线介质规范、宽带信道总线介质规范;② 物理层,单信道总线物理层规范,宽带信道总线的物理层规范;③ MAC 子层、帧格式,MAC 子层操作要素、MAC 子层定义和要求、MAC 子层接口服务规范。

IEEE 802.5 standard　IEEE 802.5 标准　定义令牌环式局域网的物理层和介质存取控制(MAC)子层的标准。它与 ISO 8802/5 相对应,其主要内容包括:① 介质,站与介质连接的规范、信号特征、介质接口连接器;② 物理层,符号编码与译码、数据信号速率(1 或 4 Mbps)、符号定时,物理层到网络管理的服务、物理层到 MAC 子层的服务;③ MAC 子层,帧格式,令牌环协议、服务规范。

IEEE 802.6 standard　IEEE 802.6 标准　关于城域网访问法和物理层技术规范的

标准。它与 ISO 8802/6 相对应。将城域网作为局域网的一种形式,扩展了"局域"的意义。城域网使用宽带电视电缆、光纤和分组无线电,提供的服务有成批数据传输、数字化语音、压缩视频、事务业务等。

IEEE 802.9 standard　IEEE 802.9 标准　IEEE 综合数据语音网络小组(IDVNG)关于将语音、数据和视频图像综合入局域网和 ISDN(综合业务数字网)的工作报告。是一种多媒体局域网标准,它支持三种信道:IDSN 基本速率信道,包含三个 64k bps B 信道和一个 16 或 64k bps D 信道;一个 802 局域网分组业务信道;一个或多个宽带等时信道。

IF amplifier (IFA)　中频放大器　超外差接收机的一部分,用来放大经变频器业已转变为固定中频值的信号,位于变频器和第二检波器之间。

IF rejection (IFR)　中频抑制　无线电接收机抑制工作于或接近该接收机中频(IF)值的电台信号的能力。

IF rejection factor (IFRF)　中频抑制系数　在得到同样输出幅度的条件下,加到天线输入端的中频信号须比所接收信号增大的倍数。

IF signal　中频信号　频率为超外差接收机中频(IF)值的调制波或连续波信号,它由解调前的频率变换所产生。对于广播波段的无线电接收机而言,通常其频率值为 455 kHz;对于调频(FM)无线电接收机则为 10.7 MHz;而对于电视接收机的图像信道来说,约为 45 MHz;对声音信道则为 4.5 MHz。

IF stage　中频级　超外差接收机中频放大器中的一个放大级。

I interface　I 接口　在移动通信系统中,I 接口位于移动交换中心(MSC)和移动设备(ME)之间。在 I 接口上交换的消息通过基站子系统(BSS)透明地传递。

illuminance **照度** 光照在一表面区域的量。当表面受到均匀照射时,它等于光通量除以表面面积,其 SI(国际单位制)单位为勒(克斯)。也称为"光通量密度"。比较 luminance。

illuminant **光源,照明,亮度,施照体** 在影响物体色感的波长范围内,按一定频谱能量分布来辐射能量的物体。

image antenna **镜像天线** 实际天线的虚拟电气对应物,数学上其作用就好像在实际天线正对着的地下存在一样,并用作为被实际天线从地面反射的直接波源。

image communication **图像通信** 在网络中传输静态或动态图像信息的过程。电视广播、静态图像传真、可视电话、会议电视、图文电视、交互型可视图文等皆属图像通信。

image element (IE) **像素** 在数字图像处理或视频系统中,将组成图像的各点按其几何位置排成数字矩阵时,矩阵中的每个元素称为像素。同 pixel。

image interference (II) **图像[镜频]干扰** (1) 在超外差接收机中,当在镜像频率上广播的电台与所要求的电台一道被接收时所出现的干扰。如果接收机电路没有足够的选择性来抑制镜像频率信号,就可能发生镜频干扰。对于标准的无线电广播接收机而言,镜像频率将比所要接收的电台频率高 910 kHz。(2) 对视频信号造成的干扰。

image interference ratio **图像[镜频]干扰比** 超外差接收机所采用的一种比值,它表明其预选器抑制镜频信号的有效性。

image interpolation (II) **图像插行[内插]** 彩色电视制式转换中所用的在完整图像中插行的办法。

image line-amplifier output (ILAO) **图像通道线(路)放(大器)输出(端)** 指演播室设备与通往转播发射机、图像发射机或传输网络的节目传送线之间的联接点。

image lock (IL) **图像锁定** 保持电视接收机图像稳定的技术。

image output device **图像输出设备** 在计算机图像处理系统中,能将已输入的图像或经处理过的结果图像进行输出的设备总称。大致可分为在胶片或纸面等介质上记录输出的硬拷贝装置和显示输出的软拷贝装置。前者如静电印刷机、喷墨式绘图机、扫描鼓记录仪、激光印刷机、缩微胶片输出机等,后者如光栅扫描图形显示器、矢量图形显示器、液晶显示器、等离子显示器等。

image quality (IQ) **图像质量** 衡量一个像与成像物体的近似程度的一种尺度。影响图像质量的透镜或光学系统的特性主要包括分辨率和对比度。

image recognition **图像识别** 模式识别的一种,例如文字符号识别、指纹鉴定、癌细胞识别等。其主要特点是输入的是图像,输出的是对图像中所含内容的描述、分类和解释。一个图像识别系统主要包括三部分: ① 图像信息获取;② 图像信息预处理(例如自适应阈值、噪声消除)和特征抽取;③ 图像分类、描述和解释。图像识别方法主要有:统计方法、结构方法、模糊方法等。有时也称作"图像分析与理解"。

image rejection (IR) **镜像[镜频](干扰)抑制(度)** (1) 抑制在超外差接收机中对镜频信号的抑制。(2) 在电视重放的伴音中,视频信号的相对强度。

image rejection ratio **镜像抑制比** 或图像频率抑制比,是由期望输入频率产生的中频(IF)信号电平与由图像频率产生的信号电平之比。镜像抑制比通常用 dB 表示。当测量镜像抑制比时,所需频率和图像频率的输入信号电平必须相等才能使测量有意义。

image response 镜频[像频]响应 超外差接收机中的一种接收信号的干扰形式,来源于当所要求信号频率等于本振(LO)频率加中频(IF)频率时,混频器对频率等于本振频率减中频频率的信号产生响应;而当所要求信号频率为本振频率减中频频率,混频器对频率等于本振频率加中频频率的信号产生响应时,也会出现镜频干扰。

image retention（IR） 图像滞留[残留] 在某些摄像机中,不希望的图像暂留现象,使得移动的亮点产生拖拽。图像滞留不属于产品故障。

image sensor 图像传感器 或成像器(imager)是一种检测和传送用于制作图像的信息的传感器。它通过将光波的可变衰减(当光波穿过或反射物体时)转换成信号,即传递信息的小脉冲电流来实现。波可以是光或其他电磁辐射。图像传感器用于模拟和数字类型的电子成像设备,包括数码相机、相机模块、医学成像设备,诸如热成像设备的夜视设备、雷达、声纳等。随着技术的变化,数字成像往往取代模拟成像。

image sequence 图像序列 多帧二维图像的有序集合。有空间图像序列和时间图像序列之分。空间图像序列可用于重构三维物体。时间图像序列可用于研究目标的运动过程,反映出目标随时间变化的状态和位置。两者结合可进一步研究三维物体的运动过程。图像序列的研究成果广泛用于动态目标的识别、检测和跟踪。

image signal 图像信号 指传递图像信息的信号,例如由扫描装置产生的信号。

image signal amplitude（ISA） 图像信号幅度 电视信号中,蜂白电平与消隐电平之间的幅度差。

image signal polarity（ISP） 图像信号极性 电视信号中,代表景物亮区的信号电压相对于暗区信号电压的极性。

image smoothing 图像平滑化 图像处理中使图形平滑的一种技术。它可以减少图像传输中由于质量较差的抽样系统而引起的寄生效应。常用的图像平滑化方法,有邻域平均法、低通滤波法和多图像平均法等。

image solid transducer 固体图像传感器 采用固体图像敏感器件将二维图像变换为电信号的光电式传感器。固体图像传感器由物镜、固体图像敏感器件、驱动电路和信息处理电路组成。物镜使图像在敏感器件的光敏区清晰地成像。固体图像敏感器件有一维和二维两种,它是图像传感器的核心,可分为电荷耦合器件、光电二极管阵列、电荷耦合光电二极管阵列和电荷注入器件等类型。

image space 像空间 在世界坐标系中所定义的视平面称为像空间。

image/synchronizing ratio 图像(信号)同步(信号)比 即图像信号幅度与同步信号幅度的比值。

image systematic distortion 图像系统畸变 形变的大小和方向均呈系统规律性,并且事先能够预测的几何畸变。由于传感器的形式和构像方式不同,产生系统畸变的原因各异。静态传感中,系统畸变主要原因有:大气折光,镜头畸变,摄影底片不均匀变形,地球曲率及地图投影等。动态传感的 MSS(移动卫星系统)图像中,产生系统畸变的主要原因有:扫描镜旋转速度不均匀,扫描仪畸变及地球旋转引起的扫描线歪斜等。

image transducer 图像传感器 能感受光学图像信息并转换成可用输出信号的传感器。根据所用元件的不同,可分为CCD(电荷耦合器件)和CMOS(互补金属氧化物半导体)两大类。

image transmission（IT） 图像传输 (1)远

距离传送被摄物信息的技术。它是把经信号源编码器和通信线路编码器处理的图像信号利用通信线路送到目的地，然后经过通信线路译码器和信号译码器处理，使图像再现的过程。一般分模拟传输和数字传输两种。(2) 在计算机网络(广域网或局域网)环境下传输数字图像信息的过程。按传输图像的运动状态可分为静止图像传输和活动图像传输。静止图像传输对实时性要求低，与一般数据文件传送差别不大。活动图像传输对实时性要求高，需要宽带通信网的支持。数字图像传输在商业往来、军事通信指挥、新闻传播和办公自动化等领域有着愈来愈广泛的应用。

image transmitter (IT)　图像发射机　发射射频图像信号的无线电发射机。

image white (IW)　图像白电平　对应于所传送图像上最白(最亮)部分的信号电平。

image zoom　图像变焦　在计算机图像处理系统的显示和人机对话装置中，通过人工或计算机控制，使显示屏上的图像缓慢地放大，使某一块地方的图像得到更高的分辨率而舍去周围不要的图像；或使图像逐步缩小，使显示屏上出现范围更大的图像，好像电影摄影机逐渐朝向某一对象或远离某一对象时的情形，称为图像变焦。

IMG tag　IMG[图像]标签　定义 GIF(图像交换格式)或 JPEG(联合图像专家组)图像所在位置的 HTML(超文本标记语言)标签。

immersive display VR　沉浸式显示虚拟现实　使用头盔式显示器和附着于身体上的传感器来使用户完全沉浸到虚拟世界中的一种虚拟现实技术。

immittance　导抗　表示阻抗或导纳的一个术语。一般用于传输线、网络以及某些类型的测量仪器。

i-mode　i-mode 技术　日本 NTT DoCoMo 公司的 i-mode 是日本流行的移动互联网(相对于无线互联网)服务。是为移动电话建立的基于分组方式的信息服务接入技术。与无线应用协议(WAP)不同，i-mode 包含更广泛的互联网标准，包括 Web 访问、电子邮件和传递数据的分组交换网络。i-mode 用户可以访问各种服务，如电子邮件、体育赛事结果、天气预报、游戏、金融服务和订票。与 WAP 一样，i-mode 仅提供为服务专门转换的业务，或通过网关转换的业务。因此，接入互联网不需另加网关进行协议转换，从而减少了对网关设备的投资，同时也没有网关吞吐量瓶颈问题。其 Web 服务器上的应用程序采用压缩的超文本标记语言(CHTML)，使得网络中传输的码流减少。

impairment　减损　在数字通信系统中，信道的输出信号和输入信号往往不同，这种现象称为减损。造成减损的原因是噪声、回波、瞬断、衰减、畸变、非线性畸变等。

impedance feedback　阻抗反馈　利用无源阻抗网络从运算放大器的输出端向输入求和点提供的反馈。

impedance matching network (IMN)　阻抗匹配网络　由两个或多个电阻、线圈和(或)电容组成的、使两个电路耦合的网络。这种耦合使每个电路的阻抗都等于向对方看过去所呈现的阻抗。

IMP-IMP protocol　接口机-接口机协议　IMP 是 interface message processor 的缩写，其中文全称是接口信息处理机，简称接口机。接口机-接口机协议是 ARPA(阿帕网)协议体系中最低一级的协议。目的是维护接口机之间的实际通信，其软件的任务包括信息传输、差错处理、路由选择、以及流控制和拥塞控制等。再高一级是主机-接口机协议，它维护接口机和主机之间的信息往来,构成主机之间的虚拟通信。第三级是主机-主机协议,目的是为双方操作系统上的进程规定一套相互通信的规则,构成进程之间的虚拟通信。最高一级是用户级协议,包括分时系统协议(TSP)、文件传输协议(FTP)、远程作业录入协议(IREP)等。

implementation verification   实现验证
在计算机安全中,验证技术的使用,通常是采用计算机辅助的手段,以显示系统的一个形式描述和它的实现在数学上的对应。

implicit congestion notification   隐式拥挤通知 一种测量网络上存在拥挤的方法,特定的传输协议,如来自因特网TCP/IP(传输控制协议/网际协议)的TCP,能够在网络发生拥挤时发通知。这种通知方法与显式通知方法相对应。

implicit reservation ALOHA   隐式预约ALOHA(技术) 一种预约 ALOHA 多址技术,在传输帧中,时隙的数目要大于用户数目,如果某一帧为一个用户指定使用该帧中的一个时隙,该用户对指定给他的时隙有优先使用权。若某一时刻时隙数多于用户数,则所有的用户都可用 ALOHA 或者时隙 ALOHA 方式来竞争空闲的时隙。若某个用户在分配给他的时隙里传输数据,则其他用户不能争用该时隙。但是假如一个帧中的某个时隙空闲,下一个帧时,其他用户就可竞争使用它,但只有时隙的指定用户才能通过发送数据的方式将该时隙收回。若某个时隙发生了竞争,则下一帧时,只有该时隙的指定用户才能用它来进行数据传输。

implicit-explicit scheme   隐-显格式 一类交替使用隐式格式和显式格式的差分方法。

improved definition television (IDTV)   改良清晰度电视 指一类电视发送机和接收机,它们的性能超过标准的 NTSC(美国国家电视制式委员会)标准,并且保留通用的 NTSC 发射参数,其性能的提高与原 NTSC 系统是兼容的。IDTV 的改进可以在发射机或接收机上改进。性能提高或改进可以在以下方面,编码的增强,数字滤波,内插扫描和重影消除等。IDTV 的改进必须允许以 4∶3 的宽高比的普通电视信号的发送和接收。

improved mobile telephone service (IMTS)   改进的移动电话服务[业务] 是连接到 PSTN(公共交换电话网)的预蜂窝 VHF/UHF(甚高频/特高频)无线电系统。IMTS 是陆地拨号电话服务等效的无线电话。于 1964 年推出,作为移动电话服务(MTS)的替代方式,并通过提供直拨而不是通过现场接线员的连接而在大多数 MTS 系统上得到改进。

IMP throughput   接口信息处理机吞吐量 接口信息处理机(IMP)每秒传送的主数据的比特数。它等于数据位数与每个报文的计算量的比值。所涉及的主要参数包括每个报文的包数,每个包的程序处理时间,包和报文应答的时间以及各种周期性 IMP 过程(如路由计算)所花的时间。

IMP to host interface   接口信息处理机到主机的接口 在 APRA(阿帕网)网络中,接口信息处理机(IMP)和主机之间通过全双工位串装置构成的接口。接口的数据传输率可达 10^5 bps,进行异步传送,并由准备接收下一报文的联络过程控制。接口信息处理机通过 50 kbps 的宽带租用线路互相连接起来。

IMP to host protocol   接口信息处理机到主机的协议 在 ARPA(阿帕网)网络中,为了在主机和接口信息处理机(IMP)之间传送报文而使用的通信协议。它与 IMP 到 IMP 协议一起,可以建立主计算机之间的虚拟信道。该协议包括一组规程,允许一主机将报文发送给网络上的其他主机,并接收这些发送报文的状态信息。这些规程使主机限于网络内传输,这样可有效地利用现有的通信能力,而不会妨碍别的主机利用此通信能力。

impulse 脉冲 一种电信号,波形快速上升到最大尖峰又迅速降到 0 的脉冲。当它通过计算机电路时,代表二进制中的 1。没有脉冲通过时则表示二进制中的 0。不同的脉冲模式代表输入进来等待处理的特定字符的二进制码。

impulse radio(IR) 脉冲[冲激]无线电 一种超宽带技术。IR 信号由极窄的脉冲串组成,这些脉冲在时间上伪随机出现。伪随机性依靠跳时码实现,跳时码的作用是让发射信号随机化,有利于用户分隔和谱成形,以避免窃听。信号的调制方式可以用脉冲幅度调制(PAM)或脉冲位置调制(PPM)。为了确保低成本的超宽带设备,所有脉冲都具有同一波形。

impulsive noise 脉冲噪声 (1)通信线路上的一种高振幅短持续时间的干扰,这种类型的干扰可能由闪电、电火花或通/断动作或开关装置等引起。(2)在声学中,一个具有脉冲特征的噪声,其声级由动态特性声波的声级测试仪确定。

impulsive noise signal(INS) 脉冲杂波[噪声]信号 叠加到视频系统上的由一串脉冲组成的干扰信号。

IMS (1)信息管理系统 information management system 的缩写。(2)交互式多媒体服务[业务]interactive multimedia service 的缩写。(3)交互式多媒体系统 interactive multimedia system 的缩写。(4)内通话主机 intercom master set 的缩写。(5)互联网多播业务 internet multicasting service 的缩写。(6)IP 多媒体核心网子系统 IP multimedia core network subsystem 的缩写。(7)因特网

[网际]协议多媒体子系统,IP 多媒体子系统 IP multimedia subsystem 的缩写。

in-band adjacent-channel(IBAC) 带内邻(频)道[相邻信道] 是一种把数字通信信号置于现有模拟通信频段信道上的方法。虽然这种技术也可以应用于其他无线电频段,但还没有哪个国家这样做。

in-band on-channel(IBOC) 带内同频道 一种在相同频率上同时传输数字无线电和模拟无线电广播信号的混合方法。通过利用附加的数字副载波或边带,把数字信息"复用"在 AM(调幅)或 FM(调频)模拟信号上,从而避免重新分配广播频带。但是,由于将 RF(射频)能量置于正常定义的信道之外,当使用数字边带时,会增加对相邻信道台的干扰。

in-band spectrum ripple 带内频谱不平坦度 指传输信道通带内各频点信号功率之间的差别。如射频有线电视系统频谱不平坦度就是指传输的各节目频道信号功率的差别。

in band signaling 带内信令 一种信号传输技术。控制信息和数据在同一通路上交换,带内信令是呼叫带宽内发送的呼叫控制信令。

incidence angle 入射角 (1)在光学中,入射光线和参考平面(如反射面或折射面)的法线之间的夹角。(2)在波(如电磁波、声波和水波)的传播中,传播方向同参考平面(如光缆芯线束包层表面、机身表面、电离层、山腰或海岸线平面)的法线之间的夹角。

incidental amplitude modulation 寄生调幅 调频和/或调相过程中并非有意造成的幅度调制。

incidental frequency modulation 寄生调频 调幅过程中并非有意造成的频率调制。

incidental phase modulation(IPM) 寄生调相 调幅过程中并非有意造成的相位调制。

incidental wavelength modulation 附带波长调制 光发射机的一种特性,其波长随幅度变化,作为调制信号的函数,也称为啁啾(信号)。

incipient wave 入射波 行进在传输线上由始端向终端传播的电波称入射波。

inclination angle 倾斜角 指卫星轨道相对于赤道所形成的夹角。

inclined orbit 倾斜轨道 如果卫星轨道与赤道平面成非 0°的角度,则称卫星占据了绕地球的倾斜轨道。这个角度称为轨道倾角。如果行星与黄道面成非 0°的角度,那么说行星围绕太阳有一个倾斜的轨道。倾斜轨道平面可以是圆形的或椭圆形的,同步的或非同步的。

incoherent light 非相干光 是随机光的一种形式,其光的传播方式不可预测,例如 LED(发光二极管)所发的光就是非相干光。非相干光的两束光波具有振动方向、相位、频率不同或相位差不恒定的特性。

incoherent scattering 非相干散射 粒子或光子的散射,在这种散射中散射元彼此无关地起作用,因此在散射束的不同部分之间没有确定的相位关系。

incoherent waves 非相干波 没有固定相位关系的波。

incomplete parameter checking 不完全参数检查 在计算机安全中,一个系统出错现象,存在于操作系统没有检查所有参数的精度和一致性时。这种缺陷使整个系统容易遭受侵入。

increductor 增量电感 具有饱和磁芯的可变电感,用于某些高频电路。

incremental dimension 增量尺度[维数] 一种定义坐标位置的方法。在以增量方式表示一个点序列时,当前点是用相对于前一点的增量来表示的。

incremental display 增量显示 不是按变量的全值而是按变量的增量在阴极射线管屏幕上进行的显示。

incremental encoder 增量式编码器 一种光电编码器,又称"增量式旋转编码器"。它是将角位移转换成周期性的电信号,再把这个电信号转变成计数脉冲,用脉冲的个数表示角位移的大小。

incremental frequency shift 增量频移 通过将振荡器中心频率移动一预定值使增量信号与其他信号相重叠的方法。

incrementally related coherent (IRC) 增量相关的相干 一种在有线电视设施上建立图像载波的方法,使得所有载波基于主振荡器间隔 6 MHz,但载波频率从 6 MHz的谐波中偏移 1.25 MHz。

incremental rotary encoder 增量式旋转编码器 简称增量式编码器。同 incremental encoder。

incremental tuner 增量调谐器 带有天线、射频放大器和射频振荡器的电视调谐器,其振荡器的调谐线圈连续或分成小段串联接接。转动开关使连接接到给定频道所要求的总电感部位,或者短路掉除给定频道所要求之外的所有电感。

indefeasible right of use (IRU) 不可取消的使用权 类似于租用专线租约(lease),IRU 适用于租用海底电缆和光缆业务。表示拥有 IRU 的用户在服务约定的有效期内有权使用电路和 IRU 中申请的带宽。

independent sideband (ISB) 独立边带 描述这样一种传输或发射,其中调幅所产生的下边带和上边带分别对应独立的两调制信号。ISB 是双边带(DSB)和单边带(SSB)之间的折衷,另外是残留边带(VSB)。如果边带彼此异相,则出现载波的相位调制(PM)。AM(幅度调制)和 PM 一起建立正交幅度调制(QAM)。

independent sideband modulation 独立边带调制 在上、下两个边带携有信息完全不同的信号的调制。载波可能被传输,也可能被抑制。

independent sideband transmission (ISBT/ IST) 独立边带传输 一种双边带传输方式,两个边带分别供两个独立信号使用的传输不同的信息,载波可以随边带一起发送或被抑制。

independent sideband transmitter (ISBT) 独立边带发射机 其上、下边带能分别供一个或多个独立信道使用的发射机,一般采用低电平载波。

index of refraction 折射率 真空中波速与给定媒质中波速之比。

indirect binary n cube network 间接二进制 n 方体网络 一种多级立方体互联网络。由 n 级单级立方体网络构成。对于有 N 个输入端与输出端的网络来说,其级数 $n = \log_2 N$,每级有 $N/2$ 个双功能交换开关。在第 i 级,每个开关的两个输入端标号的二进制代码只是第 i 位的值不同,其他各位都相同。级的排列次序是从 0 到 $n-1$。这种网络采用单元控制方式,从而获得灵活的互联特性。

indirect deadlock 间接死锁 在若干个节点中,位于发送队列中的分组,可以到达另一个节点并被存储,但由于每个节点等待发送的队列均已达到最大值,故任何一个分组都不能进入下一个节点中的发送队列,因而最终仍要被丢弃。这种死锁称作间接死锁。

indirectly coupled system 间接耦合系统 也称为"松耦合系统"。通常通过通道或通信线路实现机间联系,通过消息传递方式来实现处理机间的相互通信,信息传送的速度较慢,而且每个处理机是一个独立性较强的计算机模块。

indium gallium zinc oxide (IGZO) 铟镓锌氧化物 非晶 IGZO 材料是用于新一代薄膜晶体管技术中的沟道层材料。新的 IGZO 液晶面板采用铟镓锌氧化物材料制成的薄膜晶体管,比传统产品体积更小,单位像素内的透光率更高,可减少面板整体功耗使其与有机发光二极管(OLED)产品相近,在厚度大 25％ 的情况下成本远低于 OLED。并最先在日本夏普公司实现的显示技术。

individual distortion 单个畸变 用代数值表示的从理想瞬间到有效瞬间的位移与单位时间间隔之比。当有效瞬间出现在理想瞬间之后时位移为正值。单个畸变度用百分比表示。

induced attenuation 诱发衰减 由外部因素(如环境变化,机械作用和浸入液体等)原因引起的部件或系统的衰减,或衰减率与在外部因素作用于部件或系统之前所得到的衰减或衰减率之差。

induced emission 受激发射 粒子由较高能级受激跃迁到较低能级时的发射。受激发射特点是原子或分子所发射出来的光,在频率、位相、偏振与传播方向上都是一致的。比较 spontaneous emission。

induced jitter 感应跳动[抖动] 由显示设备外部的磁场引起的图像跳动。

induced noise (IN) 感应杂波[噪声] 由于设备与杂波源以某种形式耦合而产生的杂波。

inductance 电感 在电磁学和电子学中,电感是电导体的特性,通过电导体的电流的变化在导体中感应出电动势(电压)。更准确地称它为自感。相同的特性导致一个导体中的电流在附近的导体中产生电动势,这叫做互感。

induction coupler 感应耦合器 电耦合器的一种,借助于一个旋转件上的磁极所产生的磁场与另一旋转件中的感应电流之间的相互作用而传递转矩。其中,利用次级绕组或笼形绕组的耦合器称为转差耦合器或磁耦合器。利用涡流的称为涡流耦合器。

induction field (IF) 感应场 天线附近的辐射场,在这一范围内能量在天线和介质之间脉动地往返。

inductive coupling 电感耦合 两个电路通过变压器提供的互感形成的耦合。由两个电路共同的自感应所产生的耦合称之为直接电感耦合。

inductive diaphragm 电感性膜片 波导中的一种谐振窗，在所传输的频率上提供等效的感抗。

inductive feedback 电感反馈 能量通过电感或电感耦合从放大器的输出电路向输入端的反馈。

inductive induced polarization method 感应激发极化法 又称"不接地激发极化法"，属于频率域激发极化法。它是一种供电和测量系统都不用接地电极，而采用不接地的供电线圈和测量线圈来发射和接收低频交变磁场。

inductively coupled receiver 感应耦合接收器 一种无线接收器，其天线电路的能量通过感应耦合传到次级电路。

inductive pickup 感应式拾音器 一个无需直接接触连接即可分接电话线的线圈，它靠感应进行信号的连接。

inductive tap 感应接头 无需物理连接到电话线上的电线接头，它通过将与另一头的线路中的电流成比例的电压感应到一线圈中来实现感应连接。

inductive tuning 电感调谐 利用可变电感实现的调谐。

inductive window 电感窗 从波导的一个或两个侧壁伸入波导的导电膜片，具有与波导平行的感性电纳的作用。

industrial Ethernet (IE) 工业以太网 是以太网在工业环境中的应用，其协议提供确定性和实时控制。工业以太网协议包括 EtherCAT、EtherNet/IP、PROFINET、POWERLINK、SERCOS III、CC-Link IE 和 Modbus TCP 等。许多工业以太网协议使用经过修改的介质访问控制(MAC)层来提供低延迟和确定性。一些微控制器，如

Sitara，提供工业以太网支持。

industrial interference 工业干扰 由输电线、电网以及各种电器或电子设备工作时引起的电磁干扰。

inert gas laser 惰性原子气体激光器 以惰性原子气体为激光工作物质的气体激光器。包括氦氖激光器、氩激光器等。氦氖(H-Ne)激光器诞生于 1962 年，属四能级系统，工作气体是氦气和氖气。其中氖原子产生激光，氦原子把它的激发能共振转移给氖原子，用以提高泵浦效率。

InfiniBand (IB) 无限带宽[InfiniBand]标准 一种用于具有非常高吞吐量和非常低延迟的高性能计算的计算机网络通信标准。它用于计算机内部和计算机之间的数据互连。InfiniBand 还可用作服务器和存储系统之间的直接或交换互连，以及存储系统之间的互连。截至 2014 年，它是超级计算机中最常用的互连技术。Mellanox 和英特尔公司生产 InfiniBand 主机总线适配器和网络交换机，并且据报道，在 2016 年 2 月，Oracle 公司已经设计了自己的 InfiniBand 交换机单元和服务器适配器芯片，供其自己的产品线和第三方使用。Mellanox IB 卡可用于 Solaris、RHEL、SLES、Windows、HP-UX、VMware ESX、和 AIX 等操作系统。它的设计是可伸缩的，并使用交换结构网络拓扑。作为互连，IB 与以太网、光纤通道和如英特尔 Omni-Path 专有技术竞争。该技术由 InfiniBand 行业协会推动。

infinite attenuation 无限衰减 使加到滤波器输入端的电压不产生输出电压的极大衰减。此术语规定了一个频率，在此频率上，若线圈和电容器具有零损耗，则滤波器将产生无限衰减。

infinite baffle loudspeaker 无限障板扬声器 安装在封闭箱内构成的扬声器。

infinite clipping 无限限幅 以极小的门

限电平所表征的限幅特性,结果输出波形基本上是方波。

infinite flat tube (IFT) 纯平面显像管 IFT 所采用的新技术使显示器的屏幕表面达到完全的平坦,改善了传统屏幕失真及反光的现象,还能提高 45% 以上的对比度,增加了 30% 以上的亮度,使表现出来的图像更细腻,色彩也更锐利逼真而且层次分明。

infinite impulse response filter (IIRF) 无限冲激响应滤波器 对单位冲激的输入信号的响应为无限长序列的数字滤波器。这类数字滤波器相位是非线性的,且选择性越好,相位非线性越严重。但是,由于其采用递归型结构,其系统函数的极点可以位于单位圆内的任何地方,因此可用更低的阶数获得更高的选择性,使用更少的存储器。比较 finite impulse response filter (FIRF)。

infinite line 无限长线 一种假设的传输线,其特性与无限长的普通传输线的特性一致。

Infobahn 信息巴恩,信息高速公路 也写作 I-Bahn 或 I-way,是对信息高速公路的一种称谓。该信息高速公路是一种高速信息系统,将家庭、学校和办公室与高带宽本地传送系统和主干系统(如因特网)相连。Infobahn 由单词 information 和 Autobahn(德国的一条高速公路,以司机可在该路上合法地高速行驶闻名)混合构成。

information and communication technology (ICT) 信息和通信技术 是信息技术(IT)的另一个/延伸术语,强调统一通信的作用和电信(电话线和无线信号)、计算机以及必要的企业软件、中间件、存储和视听系统的集成,使用户能够访问、存储、传输和操纵信息。ICT 这一术语也用于指通过单一布线或链路系统把视听和电话网络与计算机网络融合。有很多经济激励措施(由于取消电话网络而节省了大量成本)把电话网与计算机网络系统合并采用单一的统一布线系统、信号分配和管理。然而,ICT 定义为"ICT 所涉及的概念、方法和应用几乎每天都在不断演进"。ICT 的广泛性涵盖了以电子方式存储、检索、操作、传输或接收信息的数字形式的任何产品,例如个人电脑、数字电视、电子邮件、机器人。

information and communication technologies for development (ICT4D) 信息和通信技术促进发展 是指信息和通信技术(ICT)在社会、经济和政治发展中的应用,特别强调帮助贫困和边缘化的人民和社区。它旨在通过弥合数字鸿沟和提供公平访问技术来帮助国际发展。ICT4D 以"发展""成长""进步"和"全球化"的概念为基础,通常被解释为利用技术提供更大的利益。文献中使用的另一个类似术语是"数字发展"。ICT4D 利用来自许多学科的理论和框架,包括社会学、经济学、发展研究、图书馆、信息科学和传播学。

information channel 信息通道 网络中的终端与计算机之间或若干计算机之间的传输链路。例如,通过电话线路连接到计算机上的直观显示部件,或用通信线路把大量的传输终端连接到远程接收终端上。除终端和电话线路外,信息通道还需要诸如调制解调器、多路转换器和/或前置处理机等数据传输设备。

information coding 信息编码 把对某一类信息赋予代码的过程称为编码。信息编码就是将表示信息的某种符号体系转换成便于计算机或人识别和处理的另一种符号体系;或在同一体系中,由一种信息表示形式改变为另一种信息表示形式的过程。信息编码的目的在于提高信息处理的效率。

information content natural unit (NAT) 信

息量自然单位 在信息论中,一种用自然对数表示的信息量的对数量度单位。

information conversion function（ICF） 信息转换功能 信息转换功能在中间系统里使用,它把一个接口的信息模型变换成另一个接口的信息模型。

information dependent 信息依附性 信息的表示、传播和存储必须依附于某种载体,语言、文字、声音、图像和视频等都是信息的载体。而纸张、胶片、磁带、磁盘、光碟,甚至于人的大脑等,则是承载信息的媒介。

information dissemination 信息传播[传递]性 信息具有可传递性。信息传递可以是面对面的直接交流,也可以通过电话、书信、传真来沟通;还可以通过报纸、杂志、广播、电视、网络等来实现。

information engineering（IE） 信息工程(学) 以现代计算机技术为基础,研究信息处理理论、技术和工程实现的专门学科。

information entropy 信息熵 定义为由随机数据源产生的平均信息量。

information entropy coding 信息熵编码 即无损压缩编码方式。它以信息熵原理为基础,把数据中出现概率大的码元用小的码元长度表示,使之占用较少的比特数,把数据中出现概率小的码元用大的码元长度表示,使之占用较大的比特数,以达到压缩数据量的目的。常用的方法有霍夫曼编码(Huffman coding)、游程长度编码（RLC）和算术编码（arithmetic coding）。

information fusion 信息融合[合成] 也称为"数据融合"。由多种信息源,如传感器、数据库、知识库和人类本身获取有关信息,并进行过滤、相关和集成,从而形成一个表示构架。这种构架适合于获得有关决策,如对信息的解释,达到系统目标(例如识别、跟踪或态势评估),传感

器管理和系统控制等。

information infrastructure 信息基础设施 能以交互方式传送话音、数据、文本、图像和视像(多媒体)信息的高速通信网及相关设施。信息基础设施包括电信网、广电网、计算机网、大型数据库、支持环境等。可分为企业信息基础设施（EII）、国家信息基础设施（NII）与全球信息基础设施（GII）等。

information integrity 信息完整性 信息在输入和传输的过程中,不被非法授权修改和破坏,保证数据的一致性。信息完整性需要防止数据的丢失、重复及保证传送秩序的一致。

information interaction 信息交互 自然与社会各方面情报、资料、数据、技术知识的传递与交流活动。

information interchange 信息交换 在数据传输中,不改变信息内容或数据含义的发送和接收过程。

information network （INET/INFONET） 信息网络 是信息基础设施的重要组成部分,它由大量相互作用的信息技术要素(主要包括电信网、广电网、计算机网、信息源和信息处理系统)构成,是一个开放式综合网络。该网络能以高速率传递信息,以先进的技术采集信息,处理信息,并供社会成员方便地利用信息。

information network system（INS） 信息网络系统 一种高速信息传输系统。其主要内容有：① 将采用声音的连续变化信号的通信网络转换成采用数字形式的数字通信网络；② 同时进行电话与数据通信、传真通信、视频通信等非电话性的传送业务,并提高其效率；③ 发射通信卫星；④ 价格体系从时间单位过渡到传送信息的单位,并对远近的价格差作大幅度的调整。

information payload 信息净负荷 信息净负荷就是网络节点接口上码流中可用

于电信业务的部分,通常包括信令。

information processing　信息处理　(1) 使用计算机对信息进行的各种处理,例如信息的存储、检索、制表、交换、计算、文字处理等。(2) 又叫"数据处理"。指对信息(即各种形式的数据)进行收集、储存、加工与传播的一系列活动的总和。其基本目的是从大量的、杂乱无章的、难以理解的数据中抽取并推导出对于某些特定的应用来说是有价值、有意义的数据,借以作为决策的依据。该术语还可以指使用计算机处理数值数据和非数值信息方面的十分广泛的领域。包括数据处理(信息管理)、数据通信、过程控制、模式识别等。(3) 信息消费活动的信息处理是对信息内容的理解、吸收和消化过程,是智能系统对信息的认知加工过程,涉及人脑认知与思维过程。

information pull　信息拉取　是信息获取和传送两种模式之一。信息拉取模式指由"用户"主动从"信源"中拉取信息。常用的、典型的信息拉取技术,如数据库查询是由用户主动查询数据库,从数据库中拉取所需信息。

information push　信息推送　信息获取和传送方法及技术,从"信源"与"用户"的关系来看,可分为两种模式:信息推送模式和信息拉取模式。信息推送模式指由"信源"主动将信息推送给"用户"。

information resource management（IRM）信息资源管理　是以计算机和现代通信技术为核心的信息技术的应用所催生的一种新型信息管理理论。信息资源管理有狭义和广义之分。狭义的信息资源管理是指对信息本身即信息内容实施管理的过程,例如数据的收集、存储、处理和应用等。广义的信息资源管理是指对信息内容及与信息内容相关的资源,如设备、设施、技术、投资、信息人员等进行管理的过程。

information security（InfoSec）信息安全　(1) 是防止未经授权的访问、使用、泄露、破坏、更改、检查、信息的记录或销毁的做法。信息或数据可以采取任何形式,例如电子的或物理的。信息安全的主要重点是平衡保护数据的机密性、完整性和可用性(也称为 CIA 三元组)。(2) 为保证信息系统的精确性、完整性、操作连续性而需要的管理、控制、过程的总称。(3) 信息在采集、传输、处理和存储过程中,应做到信息的机密性以防止信息的非法泄漏、信息的完整性以防止信息被非法修改、信息的可用性以防止信息重用与拒绝服务、信息的安全可控性以提高信息的合法监督。

information security management system（ISMS）信息安全管理体系　是一组涉及信息安全管理及与之相关的风险控制的政策。ISMS 最先出现在 1995 年的英国标准 BS 7799。ISMS 管理原则是组织应对设计、实施并保持一套相关的政策、流程和系统来管理其信息资产的风险,从而保证可接受的信息安全风险水平。目前国际标准化组织已经正式发布的 ISMS 国际标准有：ISO/IEC 27001,ISO/IEC 27002 和 ISO/IEC NBR 17799。我国对应发布的有 GB/T 22080-2008《信息安全管理体系-要求》、GB/T 22239-2008《信息安全技术-信息系统安全等级保护基本要求》和 GB/T 20269-2006《信息安全技术-信息系统安全管理要求》等相关标准。

information sensitivity　信息敏感性　是对信息或知识的访问的控制,如果向他人透露,可能导致失去优势或安全级别。丢失、滥用、修改或未经授权访问敏感信息可能会对个人的隐私或福利,企业的商业秘密甚至国家的安全和国际关系产生不利影响,具体取决于敏感程度和信息的性质。

information source 信息源 又能简称"信源",信息或信息序列的产生源。信息源是人们在科研活动、生产经营活动和其他一切活动中所产生的成果和各种原始记录,以及对这些成果和原始记录加工整理得到的成品都是借以获得信息的源泉。

information source coding 信源编码 按信息源的统计特性将信息源送出的信号变为数字的编码信号的过程。其主要任务是解决模拟信号的数字化及提高数字信号的有效性。例如在一定精度要求下,如何用最小的码元数来表示信号以及如何压缩频带以提高信息传输的效率等。信源编码的主要方法有三种:① 概率匹配编码;② 变换编码;③ 识别编码。

information superhighway (ISH/ISW) 信息高速公路 又称"国家信息基础设施"。信息高速公路是一个包罗万象的术语:它可以是因特网、电话、蜂窝电话、有线电视、卫星系统等,还包括各种无线系统和数字化大容量光纤通信网络,用于把政府机构、企业、大学、科研机构和家庭的计算机联网。

information system 信息系统 用于采集、处理、存储、传输、分发和部署信息的整个基础设施、组织结构、人员和组件的总和。

information system life cycle 信息系统生命周期 信息系统典型的生命周期模型分为计划组织、开发采购、实施交付、运行维护、废弃五个阶段,以及变更应用于系统产生的闭合循环周期结构。

information technology security evaluation criteria (ITSEC) 信息技术安全性评价标准 1991年,西欧四国(英、法、德、荷)提出了信息技术安全评价准则(ITSEC),ITSEC首次提出了信息安全的保密性、完整性、可用性概念,把可信计算机的概念提高到可信信息技术的高度上来认识。它定义了从e0级(不满足品质)到e6级(形式化验证)的七个安全等级和十种安全功能。

information theory (IT) 信息论 关于信息量度量和信息编码、信号处理和分析的科学理论。信息论是运用概率论与数理统计的方法研究信息、信息熵、通信系统、数据传输、密码学、数据压缩等问题的应用数学学科。信息论的研究范围极为广阔,除一般信息论外,还有狭义信息论和广义信息论两种类型。

information transmission system (ITS) 信息传输系统 转发信息的通信系统。例如,报文分组交换网内的一个通信节点就是一个信息传输系统。这种系统只能转发收到的信息,不能对信息作任何更动和处理。

information warfare (IW) 信息战 现代军事意义上的信息战,是指综合运用信息技术和武器,打击敌人的信息系统,特别是侦察和指挥系统,使敌人情况不明,难以做出决策,或者给以虚假的信息,使之做出错误的决策;与此同时,采取一切措施保护自己的信息系统不受敌人的干扰和破坏,各种功能得以充分发挥。

infralow frequency (ILF) 亚低频 在无线电频谱中波段为$300 \sim 3\,000$ Hz的频率,对应的波长在$100 \sim 1\,000$ km之间。

infrared (IR) 红外线 电磁波中频率比可见光低的部分,具有热效应,因此也称为"热辐射",物理发出的热辐射与其温度成正比,根据波长,红外线可分为三部分:近红外:波长为$770 \sim 3\,000$ nm;中红外:波长为$3\,000 \sim 30\,000$ nm;远红外:波长为$30 \sim 1\,000$ μm。

infrared absorption spectrum 红外吸收谱 一种由红外辐射的分子吸收所产生的频谱。

infrared beacon 红外信标 一种可建立地理参考点的红外辐射源,根据它能够确定方位。

infrared communications protocol (IrCOMM) 红外(线)通信协议 可选的红外通信协议使红外设备可以像串行端口或并行端口一样工作。它位于 IrLMP(红外链路管理协议)层之上。这种无线光通信的主要特征是物理安全的数据传输,数米远的视距(LOS)和极低的误码率(BER),以及高效。

Infrared Data Association (IrDA) 红外数据协会 成立于 1993 年,是由 150 多家厂商共同开发建立 IrDA 的工业标准,适合于廉价、短距离、交叉平台的应用,在广泛的速度范围内进行点对点的通信。IrDA 标准包括三个基本的规范和协议:红外物理层连接规范(IrPHY)、红外连接访问协议(IrLAP)和红外连接管理协议(IrLMP)。IrPHY 规范制订了红外通信硬件设计上的目标和要求;IrLAP 和 IrLMP 为两个软件层,负责对连接进行设置、管理和维护。在 IrLAP 和 IrLMP 基础上,针对一些特定的红外通信应用领域,IrDA 还陆续发布了一些别的红外协议:微小传输协议(TinyTP),它提供了应用层的流控制和应用数据单元的分割组合,使得数据移动平稳,TinyTP 被支持 IrDA 结构的应用程序广泛应用;红外目标交换协议(IrOBEX),制定了文件和其他数据对象传输时的数据格式;红外通信端口模拟协议(IrCOMM),模拟串行或并行口,使应用程序使用红外线端口就如同串行口或并行口一样;红外局域网访问协议(IrLAN),能够将笔记本电脑和其他嵌入式设备通过红外线设备访问局域网。

infrared link access protocol (ILAP/IrLAP) 红外链路访问协议 该协议是建立基本可靠的红外链接的条件。IrLAP 是在高级数据链路控制(HDLC)协议的基础上,针对 IrDA 所需作必要修改而成。它支持以红外为媒介的控制访问,提供了设备到设备的链接,以获得可靠有序的数据传输。它定义了发现节点的过程。它将帧封装,并确保不同 IrDA 设备之间的通信不会冲突。在数个 IrDA 设备通信中,只有一个是 IrDA 主设备,其余都是次设备,它们都是使用半双工通信设备。此外,IrLAP 负责红外线的链路建立和关闭,以及对次设备编号。

infrared link management protocol (IrLMP) 红外链路管理协议 强制性 IrLMP 是 IrDA(红外数据协会)规范的第三层。用于在 IrLAP(红外链路访问协议)连接基础上的多服务和应用程序的管理。IrLAP 负责检测外围的其它 IrDA 设备、检查数据流量、并充当多任务器。它提供 IrLAP 层的多路复用并支持 IrLAP 链路上的多信道。

infrared local area network (IrLAN) 红外局域网 可选的 IrLAN 提供将红外设备连接到局域网的可能性。有三种可能的连接方法:① 接入点(AP),② 对等连接,③ 托管方式。由于 IrLAN 位于 Tiny TP 协议之上,因此必须实现 Tiny TP 协议才能使 IrLAN 正常工作。

infrared maser (IM) 红外(线)激光器 一种激光器,采用一小块红宝石产生集中而且纯粹的间歇性红外光束,用于全息摄影。

infrared mobile communications (IrMC) 红外移动通信 是爱立信公司创建和/或开创的移动设备的早期红外同步标准。1993 年成立的 IrDA(红外数据协会)提供了一套完整的无线红外通信协议规范,名称"IrDA"也指这组协议。IrDA 协议规范包括红外物理层规范 IrPHY,红外链路访问层协议 IrLAP,红外链路管理协议 IrLMP,可选的微型传输协议 Tiny TP,可选的红外通信协议 IrCOMM,可选的对象交换的 OBEX 协议,可选的红外局域网规范 IrLAN 等。

infra-red object exchange (IrOBEX) 红外对象交换协议 红外数据协会(IrDA)开发的一个会话协议,能以简单自发的方式交换对象,利用客户机/服务器模式提供与 HTTP(超文本传输协议)相同的基本功能。该协议也应用于蓝牙技术中。

infrared physical layer specification (IrPHY) 红外物理层规范 强制性的 IrPHY 是 IrDA(红外数据协会)规范的物理层。它包括光链路定义、调制、编码、循环冗余校验(CRC)和成帧。不同的数据速率使用不同的调制/编码方案。主要特点:① 距离:标准功率,1 米;低功率对低功率,0.2 米;标准对低功率,0.3 米;10 GigaIR 还定义了新的使用模式,支持更高的可达几米的链接距离。② 角度:最小锥角 15°;③ 速度:2.4 kbps 到 1 Gbps;④ 调制:基带,无载波;⑤ 红外窗口(设备主体部分对红外光束透明);⑥ 波长:850~900 nm。帧大小主要取决于数据速率,在 64 B 和 64 kB 之间变化。此外,可以通过连续发送多个帧来传输更大的数据块。这可以使用称为"窗口大小"(1~127)的参数进行调整。最后,可以一次发送高达 8 MB 的数据块。通常小于 10^{-9} 的低误码率,与其他无线解决方案相比,这种通信可能更有效。

infrared port 红外端口 一种光学端口,不需要使用电缆就能使计算机与具有红外功能的便携式计算机或外围设备交换数据的端口。红外端口一般是通过在串行端口上连接一个软件狗建立的,可以以大于 115 Mbps 的速度传输数据。

infrastructure 基础设施 通常指为实现某项目标任务而必须依赖的物质工程设施,是用于保证国家或地区社会经济活动正常进行的公共服务系统。它是社会赖以生存发展的一般物质条件。信息基础设施包括电信网、广电网、计算机网、大型数据库、支持环境等,可分为企业信息基础设施(EII)、国家信息基础设施(NII)和全球信息基础设施(GII)。如数据中心是信息基础设施中的支持环境设施之一。

infrastructure as a service (IaaS) 基础设施即服务 一种提供基本计算平台的云计算服务,通常是硬件和虚拟机(VM)的基础设施(无操作系统)或硬件和操作系统。通过因特网可以从完善的计算机基础设施获得服务。例如网络存储和数据库服务。用户通常只是一个浏览器或其他简易客户端。IaaS 分为两种用法:公共的和专用的。公共的 IaaS 是作为一项共享的服务,根据需要提供计算(例如虚拟化的服务器、存储和网络);更加专用化的服务是使用企业内部数据中心的一组公用或专用服务器池。

infrastructure domain 基础设施域名 域名 arpa 是第一个因特网顶级域名。它只是打算临时使用,以有助于将传统 ARPANET 主机名转换为域名系统(DNS)。但是,在将其用于反向 DNS 查找之后,发现将其退出是不切实际的,并且如今专门用于因特网基础设施目的,例如用于 IPv4 的 in-addr.arpa 和用于 IPv6 反向 DNS 解析的 ip6.arpa,用于 DDDS(动态委派发现系统)的 uri.arpa 和 urn.arpa,以及用于基于 NAPTR(名字权限指针)DNS 记录的电话号码映射的 e164.arpa。由于历史原因,有时认为 arpa 是通用的顶级域名。

ingress router 入口路由器 指标签交换路由器,它是给定标签交换路径(LSP)的起始点(源)。入口路由器可以是出口路由器或任何其他 LSP 的中间路由器。因此,入口和出口路由器的作用是 LSP 特定的。通常,在入口路由器把 MPLS 标签附加到 IP 数据包,并在出口路由器处去除,而在中间路由器上执行标签交换。

但是,在特殊情况下(例如 RFC 4206 中的 LSP 层次结构、LSP 拼接和 MPLS 本地保护),入口路由器可能会把标签压入已经存在的 MPLS 数据包(而不是 IP 数据包)的标签堆栈中。

in opposition **反相,对交** 两个正弦量的频率相同而相位差为 π 弧度时称为反相或对交。

inorganic liquid laser **无机液体激光器** 一种含有诸如铷-硒氯氧化物或掺铷的氯化磷之类无机液体作为活性材料的液体激光器。这些液体具有很强的毒性与腐蚀性,但不需要致冷或脉冲工作。

in-phase (IP) **同相(位)的** 具有相同频率且在同一瞬间通过对应值的特征波形。

input overload **输入过载** 当激励输入的信号电平过高时,器件(通常为前置放大器)便会产生严重的失真。例如,在将高输出的动磁式(MM)唱头接到前置放大器的动圈式(MC)输入端时,便会使前置放大器的输入过载,从而产生失真。

in quadrature **正交** 两个正弦量频率相同而相位差为±π 弧度时称为正交。

inserted pilot frequency **插入导频法** 又称"外同步法",载波同步的一种实现方法,发送端在发送信息的同时还发送载波或与其有关的导频信号。插入导频法又有频域插入法和时域插入法。

insertion **(图像)嵌入[插入]** 包括键控嵌入和叠像方式。例如在摄像机的部分视场内,用一个图像取代另一个图像的电视特技。

insertion gain (IG) **插入[介入]增益** 系统装上放大器后的输出功率与未装上放大器时的输出功率之比(单位以分贝表示)。

insertion loss **插入损耗** 又称"介质损耗",将某些器件或分支电路(滤波器、阻抗匹配器等)加进某一电路时,能量或增益的损耗。插入损耗通常用插入该装置以前负载所接受的功率与插入以后负载所接受的功率之比来表示。单位为分贝。

insertion loss of optical fiber junctions **光导纤维结的插入损耗** 评价一个光导纤维结的效率的最重要的参数。这个损耗值表示了通过两根光导纤维的连接时光功率的下降,是以分贝来度量的。一个低插入损耗值代表了一个有效的光导纤维结。

insertion signal **插入信号** 指在电视图像中除行、场同步之外的行、场消隐期间插入用于识别、测试、控制和数据传送的信号。

insertion test signal **插入测试信号** 指电视图像的场消隐期间用于测量视频信号传输性能的插入信号。

instantaneous automatic gain control (IAGC) **瞬时自动增益控制** 雷达系统的一部分,其作用是针对每个脉冲自动调节放大器的增益,以便在不同的输入脉冲峰值幅度情况下,获得基本上恒定的输出脉冲峰值幅度,调节速度快得足以在脉冲通过放大器期间起作用。

instantaneous code **立即码** 在按位接收输入编码的比特序列时,每收到一个码字,就立即进行译码,这种码称为立即码。

instantaneous communication **瞬时通信** 又称突发或猝发(burst)通信。它将要传输的数字信息分成若干组,并集中在短暂的时间内快速传输每一组,而突发又是随机不连续的,从而使信号不易被侦测到,因而也不易被干扰或截收;或指网络各个单元之间查询或识别用的通信系统。瞬时通信常用于保密通信及潜艇对海岸通信,其瞬时持续时间仅 1~2 s 或更短时间。有些突发通信方式在发送前将各信息组加密。它不仅断续地在极短时间内随机发射并进行加密,而每次突发所用的频率和频带的宽窄也随机不断变化。故即便截获少许片段,也难以解释其含义。

instantaneous companding 瞬时压(缩)扩(展) 有效增益随信号波的瞬时值而变化的压扩。

instantaneous data transfer rate 瞬时数据转移率 每秒通过功能单元之间的数据单位(字符、字、字节、块)平均数;或指每秒经过链转移或当地转移的数据单位数;在数据转移系统中,指传输通路中的总传输速率。

instantaneous interference 瞬时干扰 主要在电气设备操作时发生(如合闸或分闸),有时也在伴随雷电发生或无线电设备工作瞬间产生。

instant messaging (IM) 即时消息[传信] 即时消息技术是一种在线聊天,可通过因特网提供实时文本传输。局域网(LAN)信使在局域网上以类似的方式运行。当每个用户选择完成一个想法并选择"发送"时,短消息通常在双方之间传输。一些 IM 应用程序可以使用推送技术来提供实时文本,这些文本在组成消息时逐个字符地传输。更高级的即时消息可以添加文件传输,可点击的超链接,IP 语音或视频聊天。

Institute of Electrical and Electronic Engineers (IEEE) (美国)电气与电子工程师学会 美国的专业认证机构。其前身是美国电气工程师学会(AIEE),1963 年与无线电工程师学会(IRE)合并为 IEEE。世界上 150 多个国家有 IEEE 会员,50 多个国家设有 IEEE 分部。IEEE 下设 33 个专业学会,588 个专业组。IEEE 出版多种定期刊物,其中许多被公认为电气电子方面的核心刊物,具有重要参考价值。

Institute of Electrical and Electronic Engineers Computer Society (IEEE-CS) 电气与电子工程师学会-计算机学会 1951 年成立,原名为美国无线电工程师学会计算机组(the computer group of institute of radio engineers)。1963 年 1 月,IRE 和 AIEE 合并组成 IEEE。该学会遂于 1971 年 1 月改为现名。其宗旨是促进计算机和信息处理技术理论的发展和实践,促进会员之间的合作和技术信息的交换。为此,该学会举办学术会议、出版技术杂志、通过会员大会和技术委员会研究并满足会员提出的需要。该学会的活动范围包括计算机和信息处理的设计、理论、实践等各个方面。

Institute of Information Security Professionals (IISP) 信息安全专业人员协会 是一个独立的非营利机构,由其成员管理,其主要目标是提高信息安全从业人员的专业水平,从而提升整个行业的专业性。

Institute of Radio Engineers (IRE) (美国)无线电工程师学会 存在于 1912 年至 1962 年 12 月 31 日的一个专业组织。1963 年 1 月 1 日,它与美国电气工程师学会(AIEE)合并成为电气和电子工程师学会(IEEE)。

instructional television fixed service (ITFS) 教育电视固定业务(站) 由教育组织运营的固定微波站所提供的业务,主要用作为教育机构向学区和高等教育各类分校的多个站点传输提供现场或预录的教学、文化和其他教育信息电视的手段。

IN switching manager (IN-SM) 智能网交换管理(程序) 是智能网(IN)业务交换功能(SSF)中的一部分,它以智能网交换状态模型(IN-SSM)为中心,还包括 IN-SSM 事件,该事件可以激活智能网业务逻辑实例及 SSF 资源控制。

IN switching state model (IN-SSM) 智能网交换状态模型 利用面向对象的有限状态机模型说明了智能网(IN)业务交换功能/呼叫控制功能(SSF/CCF)的 IN 呼

叫/连接处理状态。

integral modem 内置式调制解调器 装在计算机内部的调制解调器,通常是一块插件板,对应于外部调制解调器。

integrated access and cross connect system (IACS) 综合接入和交叉连接系统 一种基于国际传输开放协议的 AT&T 宽带分组产品。IACS 可以被用于话音、传真和数据的压缩。IACS 由被称为综合接入终端(IAT)的传输终端和被称为综合接入控制器(IAC)的网络管理系统组成。

integrated access device (IAD) 集成[综合]接入设备 一种支持多种接入方式和多种业务,并能将用户接入到不同网络的接入设备。

integrated amplifier 合并式功放,集成电路放大器 将前置放大器和功率放大器合装于一个机箱内的那种功率放大器。

integrated communication system (ICS) 综合通信系统 由两个或更多个原有独立通信系统合并而成的一个不保持原来自主性的单一通信系统。各个系统之间完全相互结合和合作。

integrated digital enhanced network (iDEN) 综合数字增强网 是由摩托罗拉公司开发的移动通信技术,为用户提供了集群无线电和蜂窝电话的长处。许多技术行业分析师称其为第一个移动社交网络。与模拟蜂窝和双向无线电系统相比,通过使用语音压缩和时分多址(TDMA),在给定的频谱空间中 iDEN 将容纳更多的用户。

integrated digital loop carrier (IDLC) 综合数字环路载波 一种宽带有源光网络,是以 SDH(同步数字系列)或 PDH(准同步数字系列)为传输平台,针对集中用户区可提供 PSTN(公用交换电话网)、ISDN(综合业务数字网)、B-ISDN(宽带综合业务数字网)、DDN(数

字数据网)、LANE(局域网仿真)、因特网和数字视频等业务的接入,也是宽带综合接入的理想方式。

integrated digital television (IDTV/iDTV) 集成[综合]数字电视 是具有内置数字调谐器的电视机,适用于 DVB-T(数字视频广播地面系统)、DVB-S(卫星传送数字视频广播)、DVB-C(有线电视数字视频广播)、DMB-T/H(数字多媒体广播——地面/手持)、ATSC(高级电视制式委员会)或 ISDB(综合服务数字广播)。其中大多数还支持接收模拟信号(PAL,SECAM 或 NTSC 制式)。他们不再需要机顶盒来转换这些信号以便在电视上接收。有些与个人录像机集成在一起,例如 LG 的 Time Machine TV。少数 iDTV 包括 PVR(个人录像机)功能,这消除了可能需要自己的数字机顶盒对外部 PVR 的需求。

integrated IS-IS 综合 IS-IS,综合中间系统到中间系统协议 以 OSI(开放系统互连)路由选择协议 IS-IS(中间系统到中间系统)为基础,又支持 IP(网际协议)和其他网络的路由选择协议的协议。综合 IS-IS 的实现只发送一组路由选择更新信息,比两组分别实现更加有效。综合 IS-IS 协议在 IS-IS 协议分组格式中增加用来支持更多网络层协议的字段。这些增加的字段通知路由器如下信息:到其他协议族网络地址的连通性、路由器所能支持的协议类型、以及特定协议所要求的信息。

integrated mobile broadcast (iMB) 综合移动广播 是一种移动无线技术,它使用 3G 或 4G 许可的无线电频谱,在蜂窝发射机级别上广播内容(例如直播电视),并在移动终端上接收。iMB 于 2008 年 12 月被接受为 3GPP(第 3 代合作伙伴项目)标准的一部分。它于 2009 年 9 月被 GSM 协会(GSMA)认可为首选广

播标准。iMB 以与现有 3G(第三代移动通信)FDD(频分复用)单播技术集成的方式,在 3G TDD(时分复用)频段中提供移动数据广播服务。iMB 支持线性(直播电视服务)和非线性(视频剪辑、软件更新、数据广播、音乐等)广播服务,并且可以在 TDD 频谱中实现。

integrated modem (IM)　集成(式)调制解调器　一种调制解调器。集成在信息产品(例如终端或计算机)内部使用的,而不是在其外部以电缆方式与之接通使用的调制解调器。

integrated network management (INM)　综合网络管理　提供了一种统一的方法,可用来对不同系列产品和网络进行管理,支持包括多厂商计算机、软件包以及通信公司的综合网管方法。

integrated optical circuit (IOC)　集成光学电路　可工作在光波波长、由有源和无源的电、光和(或)光电元件组成具有信号处理功能的单片的或混合的电路。对实现通信功能的光波系统中的光起作用,生成、检测、转换和传送光信号。

integrated receiver decoder (IRD)　综合解码接收机,综合接收解码器　一种用于拾取射频信号并将其转换成数字信息传输的电子装置。普通用户使用的 IRD 俗称机顶盒(STB),普通用户使用的比专业 IRD 便宜得多。IRD 常见于广播、电视、有线电视和卫星广播设施中,被用作提供给重新广播系统的接收部分。IRD 是接收卫星天线或电信网络和广播设施的视频/音频基础设施之间的接口。我国暂定了 IRD 的标准,即 1998 年 10 月的《数字压缩卫星接收 IRD 技术要求(暂行)》。

integrated services (IntServ)　集成服务,综合业务　在计算机网络中,IntServ 或集成服务是指定保证网络上的服务质量(QoS)的元素体系结构。例如,IntServ

可用于支持视频和声音不间断地到达接收方。IntServ 指定了细粒度的 QoS 系统,这通常与 DiffServ 的粗粒度控制系统形成对比。IntServ 的思想是系统中的每个路由器都实现 IntServ,并且每一个需要某种保证的应用程序都必须进行单独预订。流规范描述了预留的内容,而 RSVP(资源预留协议)是通过网络发送信号的基础机制。

integrated services control point (ISCP)　综合业务控制点　智能网(IN)中负责系统数据、业务数据及用户数据的管理,以及各种业务的逻辑控制、数据库查询和号码翻译等功能的软件系统,类似于业务控制点(SCP)功能,用于业务定制和流程控制,并使业务控制与交换系统分离。

integrated services digital network (ISDN)　综合业务数字网　在各用户网络接口(UNI)之间提供数字连接的,一个可提供多种不同电信业务的综合业务网。ISDN 提供和支持的多种电信业务包括话音、数据、图像和视频等业务。ISDN 的主要特点是:从 UNI 到另一 UNI 是端到端的全数字连接,连接建立采用时隙交换的电路交换技术;用户通过单一的接入可以获得话音业务和从 64 kbps 到 2 Mbps 的数据业务,或在 2 Mbps 速率以下的多媒体业务;从用户端到交换局端提供了用户终端共用的信令信道和低速数据信道,不仅可以方便地向用户提供多媒体业务,而且方便了用户对业务的控制;局间采用 NO.7 公共信道信令,并采用 ISDN 的用户部分(ISUP),可以方便地向用户提供各种补充业务。

integrated voice data　合成声音数据　现代通信系统中的一种数据。随着数据通信量的不断增长,传送声音和数据的网络将完全合成一体。它将更好地使用通信和计算机,以处理所有形式的数据,而不仅仅是处理数值信息。用于办公室自动化的通信系统将能把声音和数据合成一体。

integrated voice data local area network (IVD-LAN) 综合语音数据局域网 在IEEE(电气电子工程师学会)802.9委员会研制出的一种利用两对电话电缆一起传送声音和数据的局域网。

integrated voice/data terminal (IVDT) 综合话音/数据终端 一组包含了终端键盘、显示和话音电话的装置,用在一特定厂商的数据专用交换分机(PBX)上。

Intelink 情报链路,Interlink 网络 是美国情报部门使用的一组安全内联网。第一个 Intelink 网络建立于 1994 年,利用因特网技术(尽管未连接到公共因特网)和服务来促进情报传播和业务工作流。

Intelink-C 情报链路-联邦 这里 C 是联邦 commonwealth 的缩写。Intelink-C 以TS/SCI(最高机密/敏感分隔信息)级别链接美国、英国、加拿大和澳大利亚情报界。如今,Intelink-C 更常被称为STONEGHOST 的网络名称。

Intelink-P 情报链路-政策网(PolicyNet) 由美国中央情报局(CIA)运行,作为 CIA 与白宫和其他高级情报用户的唯一源链路。如今,Intelink-P 通常被称为 CapNet。

Intelink-S 情报链路-秘密 即 Intelink-Secret 或 Intelink-SIPRNet,是 Intelink 的秘密级变体,主要由美国国防部、州和司法部使用。Intelink-S 在 SIPRNet(秘密因特网协议路由器网络)上运行。

Intelink-TS (Intelink-SCI) 情报链路-最高机密(情报链路-敏感分区信息) 是情报界的情报链路,它有助于将情报产品共享到最高机密/敏感分区信息(SCI)级别。Intelink-TS 在 JWICS 上运行。

Intelink-U 情报链路-非机密 是 Intelink 的敏感但非机密(SBU)的一个变体,由美国联邦组织使用,经过适当审查的州、部族和地方官员可以在安全的社区共享敏感信息和开源情报。以前称 Intelink-U 为开源信息系统(OSIS)。Intelink-U 运行在 DNI-U(数字网情报-非机密)网络上。

intelligent agent (IA) 智能(型)代理(软件) (1)也称为"软件代理人"或"自动代理软件",是一种可根据用户的需要工作的程序。智能代理软件就好比是我们现实生活中的行政秘书、数据收集人员或采购员等,它负责接受来自用户的要求,代表用户去完成所要执行的工作。例如用户要求智能代理软件去搜集网络上所有同类产品的价格并加以比较,最后才将价格最低的同类产品的相关数据送回给用户。智能代理软件可分为静态智能代理软件和动态智能代理软件两大类。(2)在人工智能中,智能代理(IA)是一个自主实体,它通过传感器观察并使用执行器(即它是代理)作用于环境,并指导其活动实现目标(即它是"理性的",如经济学中的定义)。智能代理也可以学习或使用知识来实现目标。它们可能非常简单或非常复杂。

intelligent cable 智能电缆 一种使用带状电缆并有智能接口的系统。智能电缆由一种体积很小、速度很高的微程序处理器控制。它能传送数据、控制设备操作、监控设备的状态以及产生和响应计算机的中断。它用于采用分布式输入输出系统的大规模集成电路计算机中。

intelligent call processing (ICP) 智能呼叫处理 自动呼叫分配器的功能,它能在呼叫用户提供的信息、呼叫用户数据库以及自动呼叫分配器中的系统参数(比如代理群的容量与可用的代理群的数目)的基础上智能地选择路由。

intelligent cell 智能(蜂窝)小区 是相对于智能天线而言的,是指基站采用具有高分辨阵列信号处理能力的自适应天线系统,智能地监测移动台所处的位置,并以一定的方式将确定的信号功率传递给移动台所处的蜂窝小区。智能天线利用数字信号处理技术,产生空间定向波束,使天线主波束对准用户信号到达方向,旁瓣或零陷对准干扰信号到达方向,达到充分高效利用移动用户信号并消除或抑制干扰信号的目的。因此,智能小区的应用将改善系统性能:① 扩大系统覆盖区域;② 提高频谱利用率,增加系统容量;③ 降低基站发射功率,减少信号间干扰;④ 减少电磁环境污染;⑤ 节省系统成本。智能小区既可以是宏蜂窝,也可以是微蜂窝或微微蜂窝。

intelligent disaster recovery (IDR) 智能灾难恢复 就是在系统出现崩溃的时候,能够用非常少的步骤,将系统重建。IDR通过使灾难恢复流程自动化并与备份和恢复技术集成,可以防止系统灾难和减少恢复关键网络系统所需的时间。IDR的主要优点包括:① 能在较短的时间恢复,使恢复流程最小化;② 自动化的逐步向导,简化了恢复流程。

intelligent lighting system 智能灯光[照明]系统 利用先进电磁调压及电子感应技术,改善照明电路中不平衡负荷所带来的额外功耗,提高功率因素,降低灯具和线路和工作温度,达到优化供电目的或者营造某种灯光效果的照明控制系统。

intelligent network (IN) 智能网(络) 一个以计算机和数据库为核心的提供业务的网络体系。利用该网络体系可以向用户提供智能网业务。典型的智能网是由业务控制点(SCP)、业务交换点(SSP)、业务数据点(SDP)、智能外设(IP)、业务管理点(SMP)、业务管理接入点(SMAP)和业务生成环境点(SCEP)组成。智能网的主要特点是:智能网是一个公共的业务平台,可以向各种业务网提供智能业务;把呼叫处理功能与业务的提供功能分开;可以方便地生成新的业务;可以对业务进行管理,特别客户还可以通过业务管理点管理自己的业务;由于有集中的业务控制和数据库,因此可以方便地提供传统的交换机难以提供的业务。用智能网可提供"被叫集中付费业务""电话呼叫卡业务"和"虚拟专用网业务"等典型业务。

intelligent network capability set-1 (INCS-1) 智能网能力集1 国际电信联盟-电信标准化部(ITU-T)1992 年颁布了智能网能力集1,其研究的范围主要是 PSTN(公用交换电话网)、N-ISDN(窄带综合业务数字网)和移动网上提供各种增值智能业务,它只能在一个网内提供智能业务。它是智能网的第一阶段,在业务平面共定义了 25 种业务和 38 种业务特征,总功能平面共定义了 14 个 SIB(业务独立构件),用这些 SIB 可以实现业务平面定义的所有业务和业务特征。

intelligent network capability set-2 (INCS-2) 智能网能力集2 国际电信联盟-电信标准化部(ITU-T)颁布的 INCS-2 标准定义了 16 种基本业务和 64 种业务特征,1997 年 9 月国际电信联盟-电信分部(ITU-T)的第 11 研究组(SG11)的第二次研究组会议上,审议了 CS2(Q.122X系列)的最后修改建议,除 Q.1229 外全部提交全会通过。CS2 的标准业务有电信业务、业务管理和业务生成业务三类,在电信业务中,除包括 CS1(能力集 1)阶段的业务外,主要类型有网间业务、个人移动业务和呼叫方处理业务三类业务。它新增了关于移动通信网的业务特征和网间互通能力,向用户提供了网间业务。个人移动业务有:用户鉴权、用户登记、UPT 的选项业务特征等。业务管理和业务生成业务是 CS2 中新考虑的业务,对它们的研究还停留在功能结构上,具体的规程在 CS2 中还没有研究。

intelligent network capability set-3（INCS-3）智能网能力集3　是CS2(能力集2)的进一步发展,其研究分为 CS-3.1 近期和 CS-3.2中长期,CS-3.1 的目标业务除支持 CS2 业务外,还支持三类业务:移动业务、B-ISDN(宽带综合业务数字网)业务和多网络支撑的 IN(智能网)业务,CS-3.1仅支持有限的宽带业务。CS-3.2是一个长期目标,它的目标业务是真正的多点间连接的宽带多媒体业务,它的呼叫模型将考虑 B-ISDN 呼叫和承载连接分开的概念,并将引入 B-ISDN 的功能实体,真正做到同 B-ISDN 的综合。CS-4 阶段的草案也已开始研究。CS-3和 CS-4 阶段将增加智能网与因特网结合的业务。

intelligent system　智能系统　可以模仿、延伸和扩展人类智能的系统,可实现某些机器思维。根据其知识和处理方式可分为:① 单领域知识单处理范型智能系统,系统具有单一领域的知识,并且只有一种处理范型(如早期的专家系统和智能控制系统);② 多领域知识单处理范型智能系统,系统具有多种领域的知识,而处理范型只有一种;③ 单领域知识多处理范型智能系统,系统具有单一领域的知识,而处理范型有多种(如混合型的智能系统);④ 多领域知识多处理范型智能系统,系统具有多种领域的知识,而且处理范型也有多种(如综合决策系统、综合知识系统等)。

intellipedia　情报百科　是由美国情报界(IC)使用的协作数据共享的在线系统。情报百科包含运行在独立的 JWICS(联合全球情报通信系统,Intellipedia-TS),SIPRNet(秘密因特网协议路由器网络,Intellipedia-S)和 Intelink-U(Intellipedia-U)网络上的三个维基(wiki)系统。允许有关在三个维基上的信息支持的分类级别分别是最高机密、秘密和敏感但未分类/仅供官方使用的信息。

intensifier ring（IR）　增光环,增强环,加速环　阴极射线管中靠近荧光屏的玻璃壳内侧上的金属环形涂层,当正高压加到此环上时,可提高电子束中电子的速度,因而也就增强了屏幕上画面的亮度。

intensity level　反差等级,声强级　(1) CRT(阴极射线管)上图像明暗对比度分级。通常可以由硬件调节和软件选择完成反差等级控制。(2) 声学术语,指一个声音相对另一个声音的关系。声强级用分贝表示,且等于 10 乘以强度比的普通对数。

intensity modulation（IM）　亮度调制　(1) 光通信系统中的调制,信源输出的光功率随调制信号的某些特性的变化而变化,(2) 阴极射线管中使电子束强度按所接收信号的幅度进行的调制,于是荧光屏上示迹的亮度将随信号的强度而变化。也称为"Z轴调制"。

intent propagation　意图传播　某些信息管理系统中的一种状态,依据该状态,根据处理的类型及其相关的种类,将对一个段的处理意图传播给其他有关的段,它决定是按并行还是按串行方式调度处理一些应用程序。

interaction　交互　(1) 交互说明如何在实例间发送激励来执行特定任务。交互是在协作环境中定义的。(2) 人机通信的过程。即系统接收终端的输入,进行处理,并把数据(若有的话)返回到终端的过程。

interaction crosstalk　互作用串扰　由于两路线间通过第三条路线相互耦合而造成的串扰。

interactive broadcast　交互广播　一种需要有效回传通道的数字交互广播业务模式。

interactive broadcast TV　交互式广播电视

用电视节目双方实时对话,将广播电视与另一种通信部件相结合。观众将其意见送入中心计算机的方法参加,类似于交互式广告以及交互式电影。

interactive cable TV 交互式有线电视 具有交互能力的新型完善的电视服务业务。其特点是电视观众可对所观看的电视节目做出响应。例如,就某个争论问题进行投票,或就某个问题或局势做出反应。与可视图文、用户电视电报不同,交互电缆电视只能收看电视台播放的画面和动画等。这种电视应在电缆接口处安装解码器,为了交互式使用,还应配置键盘或数字小键盘。

interactive connectivity establishment (ICE) 交互式连接性建立 一种在计算机网络中使用的技术,用于找到两台计算机在对等网络中尽可能直接相互通信的方法。这最常用于交互式媒体,例如因特网协议上语音(VoIP)、点对点通信、视频和即时消息。在这样的应用中,希望避免通过中央服务器进行通信(这会降低通信速度并且成本很高),但是由于网络地址转换器(NAT)、防火墙和其他网络障碍因素,因特网上的客户端应用程序之间的直接通信非常棘手。ICE 由互联网工程任务组 MMUSIC(多方多媒体会话控制工作组)开发,发布在 RFC 5245,并废弃 RFC 4091。

interactive movie 交互式电影 一部电影由观众确定动作的进程。这是通过在关键点做出决定或在一个固定的故事中,选择具体人物的观察点而进行的。这种技术将最终支持超级电影,即集虚拟现实、专家系统以及实时计算机图形于一体以提供一种观众在电影中可随意漫游并与演员对话的环境。

Interactive Multimedia Association (IMA) 交互式多媒体协会 一个成立于 1991 年的、为多媒体系统创建和修改标准规范的行业协会,其前身为 IVIA(交互式视频产业协会)。IMA 开发了一套音频算法,是 Apple 和 Microsoft 公司正在使用的重要的 ADPCM(自适应差分脉冲编码调制)算法。IMA 在 1998 年前后停止了运营。文件《IMA 在多媒体系统中增强数字音频兼容性的推荐实践(3.0 版)》的归档副本,描述了 IMA ADPCM 算法。

interactive personality television (IPTV) 交互式(个性)电视 一种利用宽带有线电视网,集互联网、多媒体、通信等多种技术于一体,向家庭用户提供包括数字电视在内的多种交互式服务的技术。它的系统结构主要包括流媒体服务、节目采编、存储及认证计费等子系统,主要存储及传送的内容是采用高效的视频压缩技术的流媒体文件,基于 IP(国际协议)网络传输,通常要在边缘设置内容分配服务节点,配置流媒体服务及存储设备,用户终端通常是配置数字机顶盒的电视机。它除了实现电视按需观看外,还能提供互联网浏览、电子邮件以及多种在线信息咨询、娱乐、教育及商务功能。

interactive program guide (IPG) 交互节目指南 一种交互式电视节目指南系统,包括节目表和节目指南数据,被配置成在用户电视设备显示若干节目表或插入节目表内的分隔符节目表屏幕,供用户选择点播。

interactive session 交互式会话 一种处理会话的形式,采用这种形式时,用户可或多或少地连续干预和控制计算机的活动。

interactive television (ITV/iTV) 交互[互动]式电视 (1) 是一种媒体融合形式,为传统电视技术增添了数据服务。纵观其历史,这些服务包括内容按需交付,以及在线购物、银行等新用途。互动电视是新信息技术如何垂直整合(进入既定技术和商业结构)而不是横向整合(在现有商业结构之外创造新的生产机会,例如万维网)的具体事例。(2)一种视频技术,收视者与电视程序互动。交互电视的典型应用包括因特网接入、视频点播以及视频会议。

interactive time sharing system 交互式分时系统 用户与主机通过询问 回答方式进行工作的多用户分时系统。使用该系统的用户,在多用户共享计算机资源时,每个用户都感到自己在独占系统资源。该系统可提高主机的利用率。

interactive video (IV) 交互[互动]式视频[电视] 一种双向电视,电视技术与计算机技术的融合应用,用户能通过这种电视屏幕上的信息窗对信息作出回应,使观众和电视屏幕上的信息或节目建立一种双向联系。

interactive video disk (IVD) 交互式视碟 20世纪80年代开发的存储模拟电视信号的光碟,可提供人机交互的电视节目。

interactive videodisk system (IVS) 交互式视碟[视频磁盘]系统 一种系统,在这种系统中,用户通过键盘设备或在触摸屏上直接接触特定的点向计算机输入命令以与视频磁盘显示图像相作用。

interactive videography 交互图文视传 利用电信网传输用户的要求以及对其请求回答的一种电信方式。

interactive video request system 交互式视频点播系统 以网络和视频数据库为基础,通过网络将视频数据库服务器与客户机链接起来的网络系统。它与电视系统的不同在于,电视只是被动地接收电视台发射的信号,而交互式视频点播系统可有选择的点播所需的节目。

interactive visualization 交互式可视化 直接与计算机交互作用的一种节目。当用户与计算机下棋的时候,用户就是在进行交互式可视化。用户输入一条命令,显示器显示出结果。计算机做出应

答,然后用户根据该应答走出下一步棋。

interactive VOD 交互式视频点播[点播电视] 具有交互能力的视频点播服务,这种服务增强了客户在信息服务领域中的主动地位。按点播服务过程中所提供的交互能力的强弱与多寡可分为广播服务、有偿收视频服务、半视频点播服务、近视频点播服务、纯视频点播服务等。

interactive voice response (IVR) 交互[互动]式语音应答(系统) (1)是一种能让用户通过用电话即可进入服务中心,根据语音提示,进行相关按键操作或发出语音命令查询信息,系统就会根据用户的输入信息要求,播放电子合成的有关的服务内容或信息的声音。(2)是一种支持计算机通过键盘输入语音和DTMF(双音多频信令)音调与人交互的技术。在电信领域,IVR支持客户通过电话键盘或语音识别与公司的主机系统进行交互,之后可以通过IVR对话查询服务。IVR系统可以使用预先录制或动态生成的音频进行响应,以进一步指导用户如何继续。部署在网络中的IVR系统可以处理大呼叫量,也可用于出站呼叫,因为IVR系统比许多预测拨号系统更智能。

intercarrier 载波差拍,内载波 指电视接收中,把图像和声音载波混合在一起以差频(称为载波间频率)形成声音中频(中频)的过程。

intercarrier beat (IB) 载波差拍干扰 北美、日本和部分南美国家 CCIR - M、CCIR-N电视制式中的电视接收机中,载波差拍伴音系统产生的4.5兆赫拍频信号通过视频放大器加到显像管视频输入端时,在电视图像上造成的干扰图形。我国遂行倒相制(PAL)电视制式,则为6.5兆赫。

intercarrier method 内载波法 是电视中的一种系统,通过把音频和视频信号一

起处理,并最大限度地减少音频和视频信号的分离级数,来降低发射机和接收机的成本。

intercarrier sound system (ISS)　内载波伴音系统　一种电视接收器的设计。电视图像载波和相关声音载波由视频中频放大器一起放大,并通过第二个检波器,输出传统的视频信号和调频音频信号,这两路载波频率中心频率差为 4.5 MHz。在进入调频检波前,从视频信号中分离出来的新的 4.5 MHz 声音信号,会被进一步放大。

intercast　互播,间隔广播　Intel 公司为在视频信号垂直消隐期传输 Web 页面而开发的一种技术。它是基于北美广播图文电视标准(NABTS)的 NTSC/M 制式系统。

intercept　交错方式　在图形数据显示管理器的图形中,一个描述一个轴相对于另一个轴的位置的方法,例如可指定水平轴使其与垂直轴在图形绘图区的底部、中部或顶部相交。

interchange box　交换开关,交换盒　互联网络中的一种标准器件。它有两个输入端和两个输出端,并具有四种工作状态。若将上面和下面的输入、输出端分别标以 i 和 j,则这四种工作状态为:① 直送:输入端 i,j 分别与输出端 i,j 相连;② 交换:输入端 i 与输出端 j 相连,输入端 j 与输出端 i 相连;③ 下播:输入端 j 同时与输出端 i 和 j 相连;④ 上播:输入端 i 同时与输出端 i 和 j 相连。

interchange node　交换节点　虚拟远程通信访问法(VTAM)中的一个节点,即作为 APPN(高级对等联网)网络节点又作为 5 型子区节点以在子区协议与传输 APPN 协议之间进行通信协议转换。

interchange transmission group (TG)　交换传输组　在交换节点与一个至少包含一个跳数的节点之间的逻辑连接,上述节点为了会话设置而请求 SSCP SSCP(系统服务控制点)会话。交换传输组的下层物理连接可以遍历多个子区和 APPN(高级对等联网)子网。

interchannel interference (ICI)　信道间干扰,路际串扰　(1) 在频分制多路通信中,由于任一信道的调制信号分布到其他信道中去,造成该信道内出现与传输信号无关的杂乱信号的现象。(2) 在时分制多路通信中,由于某一信道传输失真,其脉冲后沿拖长而延伸到其他信息的时间间隔内,对该信道造成干扰的现象。

intercity relay system (IRS)　城际(电视)转播系统　用固定的转播台站将覆盖一个服务区的电视节目信号传送到另一地区的系统。

Intercloud　因特(网)云　思科公司联手合作伙伴构建全球最大的云网络,是为实现"万物互联"而专门构建,将采用分布式的网络和安全架构,来支持高价值应用的承载,提供云数据实时分析能力和"近乎无限"的可扩展性,并确保完全遵从本地数据管理法规。

interconnect　互连　是指不同物理实体在物理上的互相连接,包括网络间的连接和设备或物理媒质间的连接。两个网络互联点又叫"接口点(POI)",接口点必须符合相应的标准。光/电接口参数包括:光/电气特性参数、物理(机械结构和几何尺寸)参数以及接口功能和接口规程。

interconnection network (IN)　互联网络　(1) 在并行处理机与多处理机系统中,实现处理机与处理机之间、处理机与存储器之间相互连接以交换信息的硬件网络拓扑结构。并行处理机和多处理机系统的性能与信息传输的速率,能否实现信息的无冲突传输有很大的关系,因此互连网络就成为这些系统的重要结构特性。(2) 多处理机系统内用于处理机间互相通信和互相同步的控制网络。它是由多组共享寄存器和相应的控制逻辑组成。在操作系统控制下，共享寄存器可以被置成一、两或多台处理机工作方式，它取决于系统的结构，任何处理机均可存取寄存器的内容，以判别别的处理机的现状。

interdimensional routing 维间路由 一种通信网络中的自适应电路转接路由算法，在多维超立方体网络中以固定方式通过每一维的通道，从高维到低维的次序建立通路，如果其中一个链路忙则通向另一维的节点，为防止路径过长，通常设置一个路径长度上限。

inter coding 帧间编码 指在视频编码中使用帧间预测对编码单元或图像进行的编码。

inter-domain 域间 是主域控制器(PDC)计算机之间的数据流控制和交互。这种类型的计算机使用各种计算机协议和服务来操作。它最常用于互联网域之间的多播。

inter domain routing protocol (IDRP) 域间路由选择协议 用于 OSI(开放系统互连)网络环境提供路由选择服务，是一种距离向量路由选择协议，它类似 TCP/IP 网络的 BGP 协议。ISO(国际标准化组织)网络包含了终端系统、中间系统、区域(area)和域(domain)。终端系统指用户设备，中间系统指路由器。路由器形成的本地节点组称之为"区域"，多个区域组成一个"域"。设计 IDRP 用来提供域间路由。IDRP 与 CLNP(无连接网络协议)、IS-IS(中间系统到中间系统)和 ES-IS(末端系统到中间系统)协议相结合，为整个互联网络提供完整的路由选择。

inter prediction 帧间预测 是指在视频解码中使用先前解码图像生成当前图像样本预测值的过程。

interface (IF) 接口 (1) 在计算技术中，接口是计算机系统中的两个或多个独立组件交换信息的共享边界。交换可以在软件、计算机硬件、外围设备、人类及软硬件设备组合之间进行。一些计算机硬件设备(例如触摸屏)可以通过接口发送和接收数据，而诸如鼠标或麦克风之类的其他设备可以仅提供用于将数据发送到给定系统的接口。可以把接口简单分为硬件接口、软件接口、用户接口/人机接口。也可以把接口分为串行接口和并行接口，通用接口和专用接口等。(2) 在传播学或传播科学中，工作环境中的接口概念用于许多系统或工作组之间的交互点。在制造环境中，多个工作组之间的协调和交互用于传达计划和控制生产活动。这种交互可以是日程表、人员交互、计算机系统或任何其他通信媒介。

interface control information (ICI) 接口控制信息 OSI(开放系统互连)参考模型中，为了协调(N+1)实体和(N)实体之间的联合操作，而在两者之间传送的信息。

interface device (IFD) 接口设备 是指硬件中构成或者是支持人与电脑、通信系统或者其它电子信息系统进行信息交互的设备。能够支持标准电气接口与非标准电气接口相连接，这样非标准接口通过接口设备与具有标准接口的设备相连，成为互通信息的统一系统。

interface function 接口功能 能够连接微型计算机和输入输出设备的功能。外围接口适配器能提供灵活的方法，以连接微处理机和按字节工作的外部设备。微处理机和外围接口适配器之间通过系统数据总线传送数据。

interface machine 接口机 令牌总线系统中的介质访问控制(MAC)子层协议的功能之一。功能有：对逻辑链路控制(LLC)子层向下交给接口机发送的帧进行缓存;对 LLC 子层和 MAC 子层的服务质量参数进行转换,检验收到的 LLC 帧的地址。

interface message processor (IMP) 接口信息[报文,消息]处理机[器] 简称"接口机"。在计算机网络系统中,在主计算机和通信网络之间起数据传送的接口作用的处理机。接口机的功能是进行数据格式转换和信息交换,对传送的信息进行差错控制,控制信息的流量,起缓冲作用等。其实接口机是一台小型或微型计算机。它可以连接几台主计算机,是信息进出的通道,因此要求它具有很高的可靠性。

interface message processor throughput 接口报文处理机[器]吞吐量 每秒钟通过接口通信处理机的主机的数据位数。它和下列参数有关:每个报文内的信息包的个数、每个包的处理时间、对信息包和报文进行确认的输入/输出时间、以及接口机的各种定期处理所需的开销(例如路由计算)。

interface rate 接口速率 完成所有处理之后通过接口的总比特速率标称值。

interface standard 接口标准 使两个或多个单元、系统或程序的特征信号能互相匹配,从而便于一起工作,这种接口格式称为标准接口。

interference 干扰 对所要信号的接收构成妨碍的任何不希望有的能量。人为干扰来源于对电气设备的不适当运行,使得干扰信号或是作为电磁波通过空间被辐射,或是通过电源线被传送。大气现象如闪电也可能造成辐射干扰。无线电发射机在某些位置上可能会彼此干扰。

interference emission 干扰发射 通信系统中使电磁波或电信号传播并干扰电气或电子设备正常工作的信号发射过程。

interference filter 干扰滤波器 (1)衰减通过电源线进入接收机的人为干扰信号的滤波器,也称为"干扰抑制器"。(2)衰减接收机调谐电路中不需要的载频信号的滤波器。

interference fringe 干扰带 光学系统中,由于两个或多个电磁波(通常是光波)相互干扰而产生的亮或暗的条纹、带或区域,在这些带或区域内各个波相互增强或相互抵消。

interference generator 干扰发生器 可产生幅度不稳定的随机频率信号调幅或调频的射频信号的发生器,用于模拟大气天电干扰。

interference limit value 干扰极限值 由国家指定的权威组织规定并经主管机关批准的、所允许的无线电干扰最大值。

interference pattern (IP) 干扰图像[图形] 展示入射电磁能量与不发射的障碍物之间相互作用的图形。其实例有光通过光栅或当发射机接近地球表面时射频能量的重新分布等情况。

interference source 干扰源 任何产生电磁干扰的文件、器件、设备、分系统、系统或自然现象。

interference threshold (IT) 干扰门限,杂波阈 为基本实现无差错的信息发送和接收所需要的最低限度信噪比。

inter frame 帧间(帧) 是以一个或多个相邻帧表示的视频压缩流中的帧。该术语的"内部"部分指的是帧间预测的使用。这种预测试图利用相邻帧之间的时间冗余来实现更高的压缩率。

interframe coding (IC) 帧间编码 (1)预测编码的一种,要用到前后帧像素处理,可得到较大的码率压缩。主要用于对运动图像处理的 MPEG(活动图像专家组)就使用了帧间编码方法。(2)在视频信号传输中,一个视频压缩的方法,通过间隔地丢弃摄像机帧信息的方法使得图像中一半的信息被消除,在播放时每一帧显示的时间增加一倍。

interframe compression 帧间压缩 是基于许多视频或动画的连续前后两帧具有很大的相关性,或者说前后两帧信息变化很小的特点。也即连续的视频其相邻帧之间具有冗余信息,根据这一特性,压缩相邻帧之间的冗余量就可以进一步提高压缩量,减小压缩比。也称为"时间压缩",它通过比较时间轴上不同帧之间的数据进行压缩。帧间压缩一般是无损的。比较 intraframe compression。

inter frame prediction 帧间预测 帧间编码的帧被分成称为宏块的块。之后,编码器将尝试找到一个与先前编码帧(称为参考帧)上编码的块相似的块,而不是直接编码每个块的原始像素值。该过程由块匹配算法完成。如果编码器搜索成功,则该块可以由称为运动矢量的矢量编码,该矢量指向参考帧处的匹配块的位置。运动矢量确定的过程称为运动估计。

interframe time-fill 帧间时间填充 在数据通信中,在帧之间顺序传递的标志序列。

inter-frequency handoff(IFHO) 频间切换,异频点切换 在 WCDMA(宽带码分多址)当前频点信号质量小于设定门限值的时候,对异频点信号进行测量,若异频点信号质量比当前频点信号质量好,就会产生 IFHO 切换。

Inter-IC sound(I2S) 集成芯片间音频(接口) Inter-IC 是 integrated interchip 的缩写。I2S 是在 20 世纪 80 年代首先由 Philips 公司针对消费类音频产品提出来的,它使用一个称为 LRCLK(left/right clock,左/右时钟)的信号将两个音频通道复用到一条数据线上。当 LRCLK 为高电平时传输左通道的数据,当 LRCLK 为低电平时传输右通道的数据。I2S 接口的每个通道所需的数据线仅仅是 PCM(脉码调制)接口的一半,从而更适用于采用单一采样速率的立体音响系统,而且不需要复杂的控制机制,例如便携式 CD 播放机。

inter-integrated circuit(I2C, I2C, IIC) 内部[内置]集成电路 是飞利浦半导体公司(现为恩智浦半导体公司)于 1982 年发明的一种同步、多主、多从属、分组交换、单端、串行计算机总线。它广泛用于连接低速外围 IC(集成电路)到处理器和微控制器在短距离的板内通信。

interim standard 95(IS-95) 临时标准 95 是有史以来第一个基于 CDMA(码分多址)的数字蜂窝技术。它由高通公司开发,后来被电信工业协会(TIA)采用作为标准发布在 1995 年的 TIA/EIA/IS-95 版本中。IS-95 的专有名称是 cdmaOne。它是一种 2G 移动通信标准,它使用 CDMA(一种用于数字无线电的多址方案)在移动电话和小区站点之间发送语音、数据和信令数据(例如拨打的电话号码)。CDMA 是发送比特流(PN 码)的数字无线电系统。CDMA 支持几个无线台共享相同的频率。与 2G GSM 中使用的竞争系统 TDMA(时分多址)不同,所有无线台都可以一直处于活跃状态,因为网络容量并不直接限制活跃无线台的数量。由于较少数量的蜂窝基站可以为更多数量的手机提供服务,因此基于 CDMA 的标准与基于 TDMA 的标准或使用频分复用的最古老的蜂窝标准相比具有显着的经济优势。在北美,该技术与数字 AMPS(IS-136,TDMA 技术)竞争。它现在被后来的基于 CDMA 的标准 IS-2000(CDMA2000)取代。

interior gateway 内部网关 (1)在同一个自治系统内的网关。(2)在某些操作系统中,一个只与其本身自主的系统进行通信的网关。

interior gateway protocol(IGP) 内部网关协议 (1)因特网中网关之间的路径信

息交换及网关获取路径信息的刷新机制,用于自治系统内部的路径信息交换。因特网中有一簇这样的协议,各协议采用不同的距离制式和路径刷新算法。(2)是一种用于在自治系统(例如,公司局域网系统)内的网关(通常是路由器)之间交换路由信息的协议。IGP 可以分为两类:距离矢量路由协议和链路状态路由协议。IGP 的例子包括开放最短路径优先(OSPF)、路由信息协议(RIP)、中间系统到中间系统(IS-IS)和增强内部网关路由协议(EIGRP)。相比之下,外部网关协议用于在自治系统之间交换路由信息,并依靠 IGP 来解析自治系统内的路由。

interior gateway routing protocol（IGRP）内部网关路由协议 是 Cisco 公司开发的一种协议,用于一些网关间路由信息的协调。IGRP 的目标是大型网络稳定的路由、对网络拓扑变化的快速响应以及低开销。

interlace 隔行 在显示器上用两遍扫描在整个屏幕上构成一幅图像的方法,每遍隔行显示,每遍扫描在较短的时间内只显示信息的一半,而不是一遍显示完整的信息。隔行显示器在低分辨率下其实也是逐行扫描的,只有在分辨率增加到一定程度才改为隔行扫描。在相同的刷新频率下,隔行扫描的图像会比逐行扫描的闪烁和抖动得更为厉害。不过如今生产的显示器几乎已没有隔行扫描的了。比较 non-interlaced。

interlaced scanning 隔行扫描 在图像传输的一半期间,扫描图像中的每隔一条水平行的过程,然后扫描介于中间的行。其目的是减少观看者感知的闪烁。

interlacing scan 隔行扫描 某些光栅扫描显示器中采用的一种技术。其电子束在一次屏幕扫描中刷新所有的奇数扫描线,而在下一次屏幕扫描中刷新所有偶

数扫描线。隔行扫描利用了以下两方面有利条件:一个是屏幕上的磷粉能在图像消退前保持图像一段时间;另一个是人眼具有平均或调和亮度上的微小差异的能力。通过对显示器的两组扫描线交替地进行刷新,隔行扫描使每一次屏幕扫描中须刷新的扫描线数减少一半,也使任何时刻显示信号需携带的信息量减少一半。因此,隔行扫描对屏幕上的每一条扫描线每秒钟仅刷新 30 次,却能提供每秒 60 次刷新率相仿的效果。

interleaving（IL） 交错技术,交织技术 (1) 在数据传输中,改变传输比特顺序的技术。在纠错之前,这些比特返回到原始顺序。如果出现突发差错,则在应用纠错之前,差错比特将"扩散"。这使纠错更有效。(2) 在光碟存储器或其他数字系统中,通过重新安排数据使可能出现的错误更容易得到纠正的纠错技术。(3) 以比特或者符号形式出现的数据,在一帧时间内进行分配的处理过程,进行反交织后接收机的突发错误脉冲可以分散。(4) 彩色电视传输的一种技术,亮度与色度信号共用一个信道。

interlock code（IC） 联锁码,互锁码 分组交换中的一个标明闭合用户群(CUG)身份的数值。联锁码在呼叫请求分组中传送。

intermediate block check 中间块检验 在 BSC(二进制同步通信)中,当接收的报文块很大时,应对每一块内的每个记录进行检验,而不是只对整个缓冲区的内容进行检验。

intermediate block check character 中间块检验字符 一种中止中间块传输的控制字符,其后通常接一个块检验字符(BCC)。采用 ITB 使用户得以进行更小传输块的差错检验。

intermediate error 间歇错误 计算机中间歇产生的一种错误。它不一定能用诊

断程序和诊断子例程检出。

intermediate frequency（IF） 中、(间)频(率) 在超外差式接收机中通过被接收信号与本振信号混频所产生的频率。

intermediate frequency signal (IMFS) 中频信号 其载频为接收机的中频已调信号。

intermediate host node 中间主机节点 在通信系统软件中,扩展路由上的一种主机节点,处理扩展路由中传送的报文流,但它本身不拥有这些报文的发端资源和目的地资源。在通信系统软件扩展网络中,中间主机节点所作的处理包括由节点间报文处理程序(IMH)的输入组所作的处理,每个报文在节点间收信端队列中排队以便向扩展路由上而下一个主机节点使用以及由 IMH 的输出组进行处理。

intermediate light amplifier (ILA) 中间光放大器[增强器] 指光传输网中主干链路的中继节点设备。在这种节点上,对经过传输衰减的信号进行放大,也可以把要传向其他网络的光信号分接出来。

intermediate loops 中间环路 在一耦合环路的串联链上,具有主级和辅级功能的控制环路。

intermediate multiple（IMM） 中间倍频(效应) 视频电路对图像脉冲的阻尼振荡响应,其结果是在图像轮廓右方形成一系列逐渐减弱的、间距很小的黑白条纹。

intermediate service part（ISP） 中间业务部分 七号信令系统(SS7)中事务处理能力(TC)的一个要素,它使用面向连接消息,实现开放系统互连(OSI)第四至第六层功能,支持事务处理能力应用部分(TCAP)。信令系统的 TCAP 利用 ISP 和信令连接控制部分(SCCP)相连。

intermediate session routing (ISR) 交互会话路由选择 一种具有提供会话级流控制和中间路由输出报告的 APPN(高级对等联网)网络节点的路由选择函数。

intermediate subcarrier 中间副载波 可被一个或多个副载波调制、且可用来调制其他载波的载波。

intermediate system (IS) 中间[中介]系统 (1) 在ATM(异步传输模式)网络中,指为一个专门的连接提供前向功能或中继功能的系统,能够生成或接收操作监管和维护(OAM)信元。(2) 在某些信息管理系统的多系统环境中,在输入系统和目的地系统之间传递报文的系统。它除实现路由选择外不作其他处理。(3) 在因特网中,指一个 OSI(开放系统互连)系统,进行网络层的传递。它不是一个服务端点系统,而是一个在端点系统之间进行信息传递的系统,类似于一个 IP(网际协议)路由器。

intermediate system-intermediate system (IS-IS, ISIS) 中间系统到中间系统(协议), IS-IS 路由协议 一种链路状态协议,类似于 TCP/IP(传输控制协议/网际协议)网络的开放最短路径优先(OSPF)协议。IS-IS 协议由国际标准化组织(ISO)制定的。在该协议中,中间系统(IS)负责交换基于链路开销的路由信息并决定网络拓扑结构。网络包含了终端系统、中间系统、区域和域。终端系统指用户设备,中间系统指路由器。路由器形成的本地组称之为"区域",多个区域组成一个"域"。IS-IS 被设计来提供域内或一个区域内的路由。

intermediate TCAM node 中间 TCAM 节点 IBM 公司的通信软件系统上 TCAM(远程通信访问法)扩充网络中的一种 TCAM 节点,它处理沿扩展路由的报文流,但它本身不提供这些报文的发送端资源或目的地资源的排队。中间 TCAM 节点处做的处理包括由节点间报文处理程序的输入组所做的处理,每个报文在节点间收信队列中排队,以便由扩展路由的下一个 TCAM 节点使用,并由节点间报文处理程序的输出组处理。

intermittent fault 间歇[间发]故障 一种时有时无的设备故障。这种故障难于检测,因为在诊断时,故障可能不发生。如果接触不良或元件老化等自身原因引起的,最终将导致永久性故障。如是温度、湿度或振动等外界原因引起的,当这种条件出现时就进入故障活动状态,否则就处于故障非活动状态。间歇故障是随机的,只能用概率方法来描述。

intermittent reception 间歇接收 无线电接收机的一种故障,这时接收机在某些时间内正常工作,而在另一些时间内出现故障,这种过程在有规律或无规律的时间间隔内自身重复发生。

intermodulation 互调(制) 由两个或两个以上的信号在一非线性元件中混频而产生一种频率为原输入信号基波或各次谐波频率的和与差的信号,此现象称为互调制。

intermodulation distortion (IMD) 互调失真 一种以在非线性的器件或传输媒体的输出信号中出现的互调产物来表征的非线性失真。当系统中两个(或更多的)载频信号通过一个无源器件(如天线、电缆、滤波器和双工器)时,由于其机械接触的不可靠,虚焊和表面氧化等原因,在不同材料的连接处会产生非线性因素,引起了数据信号失真。这种由于干扰之间互相调制作用对有用信号引起的失真称为互调失真。互调失真是来自于两个频率 F1 与 F2,在 F1 + F2 与 F1 - F2(取绝对值)之间所产生的谐波,这些谐波彼此之间又能继续组合出和、差、乘积。测量这些位置的谐波大小,就是互调失真。

intermodulation interference (IMI) 互调干扰 当两个不需要的电台信号正好相差为超外差接收机的中频值时、由于两信号都能通过选择性不良的预选器所发生的干扰,此两信号在混频级中混频,给出一不需要的中频信号,它将与所要求的中频信号发生相互作用,造成干扰。

international access code 国际接入码 也称为"国际呼叫前缀码"或"国际直拨码"。必须在国家代码、当地城市代码之前拨的号码,拨国际直拨电话时,应拨:国际接入码+国家代码+当地城市代码。各国有规定的国际接入码,中国的国际接入码是 0086。

International Ad Hoc Committee (IAHC) (因特网)国际特别[特设]委员会 在因特网全球化之前,其域名分配是在研究和学术界内通过因特网分配号码管理局(IANA)进行的。随着因特网发展成为全球服务,在 20 世纪 90 年代,除了初始的设置,如.com 和.org 以及双字母国家代码,增加更多"通用"顶级域名的压力越来越大。因特网运营界的广泛争论并没有解决这个问题。1996 年,组建了一个复合工作组,以便为增强顶级域名提出建议。国际特设委员会(IAHC)由各种因特网和国际赞助组织提名的成员组成。包括因特网相关机构如 IANA、因特网协会(ISOC)、因特网体系结构局(IAB),以及美国国家基金会(NFC)、国际电信联盟(ITU)、国际知识产权组织(WIPO)、国际商标组织(INTA)等国际组织。IAHC 有一个有限的章程:"IAHC 是一项国际多组织结构,致力于指定和执行与 iTLD 相关的政策和程序"。在 IAHC 的组织下,提出了一组新的顶级域名,并成立了一套国际性的民间机构,负责这些新域名的管理和分配。"国际"顶级域名(TLD)现在称为"通用"TLD 或通用顶级域名(gTLD)。

international alphabet (IA) 国际电码表 一种国际上定义的通信电码,Baudot(博

多码)码是第 2 号国际电码表,ASCII(美国信息交换标准代码)是第 5 号国际电码表。

international alphabet number 5 (IA5)　国际字符编号 5　国际电信联盟(ITU)定义的标准字符码,也是国际标准化组织(ISO)的推荐标准。它同 ASCII(美国信息交换标准代码)是相同的。

international atomic time (IAT, TAI)　国际原子时　TAI 源于法文 temps atomique international。是一种高精度原子坐标时间标准,基于地球大地水准面上的固有时间。它是地面时间(除了一个固定的时期偏移)的主要实现。也是协调世界时(UTC)的基础,用于整个地球表面的民用计时。TAI 可以使用传统的指定日期的方式进行报告,这些方法是根据地球自转的非统一时间标准进行的。具体来说,使用 Julian 日期和 Gregorian 日历。这种形式的 TAI 在 1958 年初与宇宙时间同步,由于地球运动的变化,两者从此漂移开来。

international atomic time scale　国际原子钟时标　由 BIPM(国际计量局)的国际报时局 BTH 在协作机构提供的原子钟数据基础上制定的时标。采纳以下定义代替秒的天文定义:一秒为铯 133 原子基态两个超精细能级间跃迁辐射 9192631770 周所持续的时间。BIPM、TAI 和 BIH 为法语缩写。BIPM 是 the Bureau international des Poids et Mesures 的法语缩写,TAI 是国际原子时 Temps Atomique Internation 的法语缩写,BIH 是国际时间局 Bureau International de l'Heure 的法语缩写。

international calling codes　国际呼叫号码　拨打国际长途电话时,代表某国家或地区的呼叫号码,如中国为 86,美国为 1。

international call prefix　国际呼叫前缀　或外拨号码(dial out code),是用于选择国际电话电路进行国际呼叫的中继线前缀。通常称为 IDD(国际接拨)前缀,一个国家通常也会有 NDD(全国直拨)前缀。国际拨号前缀必须在国家/地区呼叫码和目的电话号码之前拨打。它与国际访问码或退出码同义。国际电话前缀是一个国家电话号码方案的一部分,用于拨打其他国家的电话。国际电信联盟(ITU)建议将序列 00 作为国际呼叫前缀的标准,这已由许多国家实施,但并非所有国家都实施。有些国家/地区使用 00 前缀,后跟国际运营商代码。

international code　国际电码　莫尔斯电码的别称(常用于美国)。

InterNational Committee for Information Technology Standards (INCITS)　国际信息技术标准委员会　是由信息技术开发人员组成的 ANSI(美国国家标准协会)认可的标准制定组织。它以前被称为 X3 和 NCITS(国家信息技术标准委员会)。INCITS 是致力于创建技术标准的美国中心论坛。INCITS 由 ANSI 认证,隶属于信息技术产业委员会(ITI),这是一个代表美国和全球创新公司的全球政策倡导组织。INCITS 协调美国 ANSI 与全球 ISO/IEC 联合委员会之间的技术标准活动。这提供了一种机制来创建将在许多国家实施的标准。因此,INCITS 的执行委员会也是 ISO/IEC 联合技术委员会 1(JTC 1)的 ANSI 的技术咨询小组。JTC 1 负责信息技术领域的国际标准化。INCITS 通过共识运作。很多时候,INCITS 成员开发的美国标准将成为国际社会的基准标准。

International Communication Association (ICA)　国际通信协会　ICA 于 1948 年成立,开始是一个由美国研究人员组成的小型组织,现在成为国际化组织,是国际电信用户组织(INTUG)的所属机构,是美国最大的电信用户组织。代表了来自政府、企业和教育单位的众多电信用户。它制定标准,为成员举行展览和年会,为他们提供相关信息。

International Computer Security Association (ICSA) 国际计算机安全协会 1989年成立的会员组织,当初称为国家计算机安全协会(NCSA),其目的是通过提供计算机安全问题方面的教育,以及对产品、系统及个人的安全认证来提高对全球计算机和因特网的安全保障与信心。在早期,NCSA几乎完全专注于反病毒软件的认证。使用Consortia模型,NCSA与反病毒软件供应商合作开发了第一个反病毒软件认证方案。

International Computer Security Association Lab (ICSA.labs) 国际计算机安全协会实验室 国际上计算机网络安全方面最权威的研究机构之一。ICSA实验室作为Verizon公司的一个独立部门,自1989起为终端客户和企业提供了可信的、独立的第三方产品保证,提供的第三方检测、安全和健康IT产品认证,以及为世界顶尖的技术供应商的网络连接设备,测量产品的合规性、可靠性和性能。全球企业依靠ICSA实验室的设置和应用客观的测试和认证标准来衡量产品的合规性和性能。实验室为安全产品的研究、情报、认证和测试提供资源,包括防病毒、防火墙、IPsec VPN、加密、SSL VPN、网络IPS、反间谍软件和PC防火墙产品。网址https://www.icsalabs.com/。

international coverage and transmission conference (ICTC) 国际传输与覆盖研讨会 随着通信传播技术与产业飞速发展,ICTC在内容上已突破原有的有线电视技术领域,从有线扩展到整个传输覆盖领域,从技术向运营管理扩展。为了适应形势的发展,自2008年起,"国际有线电视技术研讨会"更名为"国际传输与覆盖研讨会"。

international data service 国际数据(远程通信)业务 在国际性业务中,数据远程通信仅用来指使用公用电话或用户电报系统进行的数据传输。通过为用户提供的专用租用电报或电话线路同国外安排数据传输。

international direct dialing (IDD) 国际直拨(长途电话) 或国际用户拨号(ISD),是由电话用户直接拨打而不是由电话话务员拨打的国际电话。自20世纪后期以来,大多数国际电话都是直接拨号。通过拨打始发国家的国际呼叫前缀,然后拨打目的地国家的国家呼叫代码,最后拨打目的地的国内电话号码来启动国际长途呼叫。当发布的电话号码供国际使用时,可省略国际呼叫前缀,并且电话号码应以加号(+)开头,后跟国家/地区呼叫代码。加号表示遵循国家/地区代码,并且接入代码可能必须在始发国家/地区拨打。

International Electretechnical Commission (IEC) 国际电工技术委员会 一个权威的国际标准化组织,成立于1906年6月,是联合国社会经济理事会的甲级咨询机构。IEC的宗旨是促进电气、电子工程领域中标准化及有关问题的国际合作,增进国际间的相互了解。为此,IEC出版包括国际标准、技术规范、技术报告、技术趋势评估等在内的各种出版物,并希望各成员国在本国条件允许的情况下,在本国的标准化工作中使用这些标准。IEC现在有技术委员会(TC)89个、分技术委员会(SC)88个。IEC现有65个成员团体,包括了世界上绝大多数工业发达国家及一部分发展中国家。凡要求参加IEC的国家,应先在其国内成立国家电工委员会,并承认其章程和议事规则。被接纳为IEC成员后,该电工委员会就成为这个国家的委员会,代表本国参加 IEC 的各项活动。我国是在 1957 年 8 月参加该组织的,并是 IEC 理事局、执委会和合格评定局的成员。我国分别于 1990 年在北京承办了 IEC 第 54 届年会,2002 年在北京承办了 IEC 第 66 届年会。

International Federation for Information Processing (IFIP)　国际信息处理联合会　与信息有关的专业技术团体的联合会,每个加入国可以加入一个团体。IFIP 建立了几个技术委员会,而且这些委员会都成立了工作组。例如,数据通信技术委员会是 TC6,成立于 1971 年,其下属的工作组之一是 WG6.1,也称为"国际网络工作组",主要处理人机通信业务。

International Federation of the Phonographic Industry (IFPI)　国际唱片业联合会　是代表全球唱片行业利益的组织。它是一家在瑞士注册并于 1933 年在意大利罗马成立的非营利性成员组织。它在伦敦设有秘书处,在比利时布鲁塞尔、中国香港和美国迈阿密设有地区办事处。其声明的使命是提升录制音乐的价值,维护唱片制作者的权利,并扩大录制音乐的商业用途。它为成员提供的服务包括法律政策咨询(游说)、版权执法、诉讼和监管事务、市场调研和通信支持。IFPI 和 Philips 公司联合开发了 SID Code,用于标识原版激光唱碟和批量复制的地方。

International Federation of Television Archives (IFTA/FIAT)　国际电视档案馆联合会　FIAT 是法文 Fédération Internationale des Archives de Télévision 的缩写。这是一个由机构、商业公司和个人组成的全球性的协会,管理视听档案,特别关注电视档案。许多成员是商业和公共广播公司,而越来越多地涉及国家(视听)档案。一般而言,该协会希望联系成员,传播电视存档

领域的知识,并在国际层面维护他们的利益。

International Forum on ANSI-41 Standards Technology (IFAST)　ANSI-41 标准技术国际论坛　是为加拿大、美国和地区以外的无线通信分配系统识别号码(SID),以及分配用于蜂窝移动设备的国际漫游移动识别号码(MIN)的协调者(IRM)。SID 允许符合 TIA(美国通信工业协会)蜂窝或 PCS(个人通信系统)标准模拟、CDMA(码分多址)或 TDMA(时分多址)标准的移动电话识别它们什么时候在其归属系统中与漫游在可以为其提供服务另一系统中。IFAST 继承了向各国分配 SID 范围的做法,并继续向需要更多代码或从未分配过代码块的国家分配区块(例如,因为该区域在 20 世纪 80 年代首次分配时这些国家不是独立的)。IFAST 还为国际运营商分配 SID 范围,例如国际移动卫星运营商和通过船上基站提供蜂窝服务的公司。IFAST 网站上列出了国际实体 SID 代码分配的完整列表和国家分配的部分列表。

international freephone service (IFS)　国际免费电话业务　即国际免费长途电话业务。属于国家之间的被叫(用户)付费电话或反向收费电话。

international frequency registration board (IFRB)　国际频率登记委员会　为国际电信联盟(ITU)组织中的三大组织之一。IFRB 负责国际间使用的无线电频率登记和标准化工作。

international gateways (IG)　国际关口局　一般关口局主要起电话和网络的汇接功能。比如网内用户拨打其他运营商用户电话,就由端局将呼叫路由到关口局,再由关口局将呼叫路由到相应运营商的关口局。总之,关口局是负责与其他网络或者运营商的互联互通,有些话务量小

的地区可用端局兼做关口局。国际关口局就是各种国内长途网与国际电话网之间的关口交换机,通过它才能进行国际通话。

international maritime satellite（INMARSAT）国际海事卫星(系统) 一种通过卫星为船只、飞机、地面交通工具等提供移动通信业务的卫星通信系统,现由国际移动卫星组织(英文简称 INMARSAT,原名国际海事卫星组织)负责管理。它可以提供拨号电话、用户电报、传真、电子邮件、互联网访问、数据连接及船队管理等诸多功能。

International Maritime Satellite Organization（INMARSAT）国际海事卫星组织 ,是国际移动卫星组织的前身,成立于 1979 年,是一个提供全球卫星移动通信业务的成员国政府间国际合作体。总部位于伦敦,约有 86 个成员国。最初只是为了改善海事通信,现已发展成为全球第一个为海陆空用户提供商用及遇险安全卫星通信业务的组织。其网址为 www.inmarsat.org。

international mobile equipment identity（IMEI）国际移动设备识别[标识](码) 是一个数字,通常是唯一的,用于识别 3GPP(第三代合作伙伴项目)和 Iden(综合数字增强网)手机,以及一些卫星电话。它通常被打印在手机的电池盒内,但也可以通过在拨号盘上输入 * ♯06 ♯,或在智能手机操作系统的设置菜单中与其他系统信息一起显示在大多数手机屏幕上。GSM(全球移动通信系统)网络使用 IMEI 号来识别有效设备,因此可用于阻止被盗手机访问该网络。

International Mobile Satellite Organization（IMSO）国际移动卫星组织 是一个政府间组织,负责监督通过 Inmarsat 卫星提供的某些公共卫星安全和通信服务。其中一些服务涉及:国际海事组织(IMO)建立的全球海上遇险安全系统(GMDSS);搜索和救援协调通信;海事安全信息(MSI)广播;通过遵守国际民用航空组织(ICAO)制定的标准和建议措施(SARP)提供航空移动卫星(航线)服务(AMS(R)S);一般通信。

international mobile station identity（IMSI）国际移动(电)台标识码 国际上为唯一识别一个移动(电)台所分配的号码。共有 15 位,其结构如下:MCC＋MNC＋MIN(移动国家码 3 位＋移动网络码 2 位＋移动台识别码 10 位)。

international mobile subscriber identity（IMSI）国际移动用户识别(码) 国际上为唯一识别一个移动用户所分配的号码。并且是与所有蜂窝网络相关联的唯一标识。它以 64 位字段存储,并用电话发送到网络。它还用于获取归属位置寄存器(HLR)中移动设备的其他详细信息,或者作为访问者位置寄存器中的本地复制。为了防止窃听者在无线接口上识别和跟踪用户,尽可能少地发送 IMSI,而是发送一个随机生成的 TMSI(临时移动用户标识)。IMSI 用于与其他网络互连的任何移动网络。对于 GSM(全球移动通信系统)、UMTS(通用移动通信系统)和 LTE(长期演进)网络,该号码在用户识别模块（SIM）卡提供,对于 CDMA2000 直接在手机中或在可更换用户识别模块(R-UIM)卡(CDMA2000 类似于 GSM 的 SIM 卡)中提供。IMSI 通常以 15 位数字表示,可以更短(但不会更长)。前 3 位是移动国家代码(MCC),后面是移动网络代码(MNC),2 位数(欧洲标准)或 3 位数(北美标准)。MNC 的长度取决于 MCC 的值,建议 MCC 区域内的长度均匀。其余数字是网络用户库中(大多数为 10 或 9 位,具体取决于 MNC 长度)的移动用户标识号(MSIN)。IMSI 符合 ITU E.212 编号标准。

international mobile telecommunications-advanced (IMT-advanced standard) 高级国际移动通信标准 是国际电信联盟无线通信部(ITU-R)在2008年发布的有关4G(有时是4.5G)移动电话和因特网接入服务的要求。IMT-Advanced系统有望为笔记本电脑无线调制解调器、智能手机和其他移动设备提供全面和安全的基于全IP的移动宽带解决方案。可以向用户提供诸如超宽带因特网接入、IP电话、游戏服务和流式多媒体的设施。IMT-Advanced旨在通过进一步开发如移动宽带接入、多媒体消息服务(MMS)、视频聊天、移动电视等应用满足服务质量(QoS)和速率要求设置,以及高清电视等新服务(HDTV)。4G可以支持与无线局域网漫游,并且可以与数字视频广播系统交互。

international mobile telecommunication-2000 (IMT-2000) 国际移动通信(系统)-2000 国际电信联盟(ITU)制定系列标准的第三代移动通信系统(TGMS)。是工作在2 GHz频段,且用户比特率要求达2 000 kbps,因此定名为IMT-2000。主要特点:① 全球统一频段,全球无缝覆盖和漫游;② 支持高质量话音、分组数据、多媒体业务、多用户速率通信和按需分配带宽的能力;③ 保密性好;④ 可与各种移动通信系统融合;⑤ 终端相对简单,便于携带。

international Morse code 国际莫尔斯电码 一种由点和划组成的信号编码体制,每个代码表示一个特定的字母、数字或标点符号。

international organization for standardization (ISO) 国际标准化组织 ISO是目前世界上最大、最有权威性的国际标准化专门机构。1946年10月14日至26日,中、英、美、法、俄等25个国家的64名代表集会于伦敦,正式表决通过建立国际标准化组织。1947年2月23日,ISO章程得到15个国家标准化机构的认可,国际标准化组织宣告正式成立。参加1946年10月14日伦敦会议的25个国家,为ISO的创始人。ISO是联合国经社理事会的甲级咨询组织和贸易理事会综合级(即最高级)咨询组织。其宗旨是促进世界标准化工作的发展,以利国际物质和文化的交流与服务,并发展在知识、科学技术和经济领域内的合作。其主要任务是制订国际标准,协调世界范围内的标准化工作等。按照ISO章程,其成员分为团体成员和通信成员。团体成员是指最有代表性的全国标准化机构,且每一个国家只能有一个机构代表其国家参加ISO。通信成员是指尚未建立全国标准化机构的发展中国家(或地区)。ISO的工作语言是英语、法语和俄语。ISO现有成员143个。我国于1978年参加。ISO现有技术委员会(TC)186个和分技术委员会(SC)552个。ISO的最高权力机构是每年一次的"全体大会",其日常办事机构是中央秘书处,设在瑞士的日内瓦。

international organization for standardization open systems interconnection model (ISO/OSI model) 国际标准化组织/开放式系统互联模型 一个有关计算机利用通信网络交换信息的标准化的服务层次和交互类型的分层体系结构。模型把计算机之间的通信分为七个层次。除最低层外每一层次都以其下面各层次所包含的标准为基础。最低层是硬件连接层,最高层是应用程序级软件,各层的功能是:应用层:程序间信息传递;表示层:文本格式化和显示,代码转换;会话层:建立、维护、和协调通信关系;传输层:调节提交和服务;网络层:传输例程,消息处理和转换;数据链路层:编码、寻址和传输信息;物理层:硬件连接。

International Organization of the Satellite

Communications **国际通信卫星[卫星通信]组织** 全球政府间商业通信卫星机构,由世界大多数国家出资设立,经营通信卫星通信业务。1964 年 8 月 20 日,美、英、法、日等十多个国家及其电信企业代表分别在美国华盛顿缔结的《关于全球商业卫星通讯系统作临时安排的协定》以及与之有关的《特别协定》上签字,从而宣告国际通信卫星财团成立。1971 年 8 月 20 日改为现名。1973 年 2 月通过《关于国际通信卫星的协定》和《关于国际通信卫星营运的协定》之后,成为常设组织。其宗旨是建立和发展全球商业卫星通信系统,供世界各国平等使用。中国于 1977 年加入该组织。

International Organization of Space Communications (Intersputnik) 国际空间通信组织 是一个国际卫星通信服务组织,成立于 1971 年 11 月 15 日,在莫斯科由苏联与八个前社会主义国家(波兰、捷克斯洛伐克、东德、匈牙利、罗马尼亚、保加利亚、蒙古和古巴)组成。目标是并继续是通信卫星的开发和普遍使用。它是作为东方集团对西方 Intelsat 组织的回应而创建的。截至 2008 年,该组织有 25 个成员国,其中德意志联邦共和国是民主德国的合法继承者。如今,Intersputnik 是一个商业化的组织。它在轨道上运行 12 颗卫星和 41 个转发器。1997 年 6 月,Intersputnik 与洛克希德·马丁公司共同创建了 Lockheed Martin Intersputnik(LMI)公司,该公司建造并运营了同名的卫星。2006 年 9 月,Lockheed Martin Intersputnik 被亚洲广播卫星公司(ABS)收购。

International Radio and Television Organisation (IRTO) 国际广播和电视组织 法语官方名称:Organisation Internationale de Radiodiffusion et de Télévision(OIRT)。1960 年之前称为国际广播组织(IBO),法语官方名称:Organisation Internationale de Radiodiffusion (OIR)。是东欧的无线电广播和电视广播网络,主要目的是在负责广播服务的各种组织之间的建立联系并确保信息交流,促进广播的利益,通过国际合作寻求解决任何与广播有关问题的办法,以及研究和制定以广播发展为目标的各种措施。

International Radio Consultative Committee (CCIR) 国际无线电咨询委员会 CCIR 源于法文 Comitéconsultatifinternational pour la radio,英文 Consultative Committee on International Radio。于 1927 年在美国华盛顿特区成立。1932 年,CCIR 和其他几个组织(包括 1865 年以国际电报联盟成立的最初的国际电信联盟)合并形成了 1934 年称为国际电信联盟的组织。1992 年,CCIR 成为国际电联无线电通信部(ITU-R)。是国际电信联盟的四个常设机构之一。业务涉及对无线电通信和电视广播标准相关的技术与操作问题进行研究,并提出建议。

International Recording Media Association (IRMA) 国际记录媒体协会 以前称为国际磁带协会(ITA),是处理录音、媒体和相关行业各个方面的国际行业协会。成员包括原材料提供商、制造商、复制商、复印商、包装商、版权所有者等。官方网站宣称:"IRMA 已有 30 多年的历史。从引入录音带开始,通过家庭视频革命,直到当前的数字和电子交付时代,IRMA 一直是公司转向新闻、网络、市场研究、信息服务和领导力的组织"。随着数字传输的出现,IRMA 发展成为 CDSA(内容交付和安全协会)。其的目标是 IP 保护。CDSA 通过在单个组织中实现数字交付、履行和分发的附加方面,与 MESA(媒体和娱乐服务联盟)合并。

International Satellite Organization (ISO) 国际卫星组织 泛指通过卫星提供国际通信服务的组织,如国际通信卫星组织（ITSO）、国际移动卫星组织（IMSO）、欧洲通信卫星组织（EUTELSAT IGO）、阿拉伯卫星通信组织（ARABSAT）、非洲区域卫星通信组织（RASCOM）等。

International Society of Broadband Experts (ISBE) 国际宽带专家协会 是一个全球性的行业协会，为全球有线电视工程和运营专业人员提供卓越的培训和认证资源。这个新的 ISBE 作为 SCTE（有线电信工程师协会）庞大的教育和认证资源库的国际门户，并为有线电视社区提供单一、统一的培训材料来源。SCTE 总裁兼首席执行官 Mark Dzuban 表示，"全球有线电视系统运营商面临着普遍的挑战：需要确保他们的员工为即将出现的新技术做好准备"，"ISBE 将填补现有培训课程的空白，为每个市场的有线工程和运营专业人员提供最先进的内容，以满足行业需求"。

International Special Committee on Radio Interference 国际无线电干扰专门委员会 由国际电工技术委员会（IEC）建立的一个国际专业组织，它为电信设备制定标准，特别是有关控制无线电干扰方面的标准。

international system of units (SI) 国际单位制 缩写 SI 源自法语国际体系（单位）système international（d'unités），是公制系统的现代形式，也是最广泛使用的测量系统。它包括一个基于七个基本单元的连贯测量单位系统，这些基本单位是安培、开尔文（温度）、秒、米、千克、坎德拉（烛光）、摩尔（物质含量），以及一组用于单位名称和单位符号的 20 个前缀，可用于指定单位的倍数和分数。系统还为其他常见物理量指定 22 个派生单位的名称，例如流明和瓦特。

international telecommunications satellite (INTELSAT) 国际通信卫星（组织） （1）指国际通信卫星组织。为了进行全球商业性卫星通信，1964 年以美国为首成立了"国际通信卫星财团"，到 1973 年成为常设机构，改名为"国际通信卫星组织"。目前已有一百多个成员国。卫星的技术水平不断提高，现已形成全球通信网，承担全世界跨洋通信业务量的三分之二。除国际通信外，该组织业务范围还包括：① 国际电视传输；② 海事通信；③ 商业服务（如采用数字方式综合提供电传、数据、传真、视频会议等）；④ 国内通信。国际通信卫星组织估计它的业务量年平均增长率为百分之十五左右。（2）指国际通信卫星组织发射的通信卫星。截至 2011 年 3 月，INTELSAT 运营着 52 颗通信卫星，是世界上最大的商业卫星组织之一。

international telecommunications satellite consortium (INTELSAT) 国际通信卫星联盟 一个国际组织。加入者共同拥有一个全球卫星系统，COMSAT（世界通信卫星组织）是美国在 INTESAT 中的一部分，美国占 53% 的所有权。1964 年 8 月，COMSAT 帮助创建并成为国际卫星联盟（INTELSAT）的大股东，这是一个以全球卫星覆盖为目标的国际卫星组织，目前有 143 个成员国和签署国。COMSAT 于 1965 年 4 月 6 日负责发射了早鸟通信卫星，并通过其各个国际子公司在全球范围内扩展通信方面发挥了重要作用。

International Telecommunications Satellite Organization (ITSO/INTELSAT) 国际通信卫星组织 是一个由 149 个成员国组成的政府间组织，负责监督国际通信卫星（Intelsat）的公共服务义务。它纳入了联合国大会第 1721（XVI）号决议中规定的原则，该原则表达了"所有国家都应该能够获得卫星通信"。国际电信卫星组织最初成立于 1973 年，当时名为 INTELSAT，于 2001 年进行了重组。重组导致了私人实体 Intelsat S. A. 的成立以及政府间组织的新缩写(ITSO)的延续。ITSO 的使命是监督 Intelsat 公共服务义务的履行并保护双方的共同传统。

International Telecommunication Union (ITU) 国际电信联盟,国际电联 ITU 的历史可以追溯到 1865 年。为了顺利实现国际电报通信,1865 年 5 月 17 日,法、德、俄、意、奥等 20 个欧洲国家的代表在巴黎签订了《国际电报公约》,国际电报联盟(ITU)也宣告成立。1934 年 1 月 1 日起现名改称为"国际电信联盟",1947 年 10 月 15 日成为联合国的一个专门机构。1993 年 3 月 1 日在芬兰首都赫尔辛基举行的第一届世界电信标准大会(WTSC 93)上,对原有的三个机构 CCITT(国际电报电话咨询委员会)、CCIR(国际无线电咨询委员会)和 IFRB(国际无线电频率登记局)进行了改组,取而代之的是国际电信联盟的电信标准化部门(ITU-T)、无线通信部门(ITU-R)和电信发展部门(ITU-D)。ITU 现有会员 150 多个国家和地区。ITU 使用中、法、英、西、俄五种正式语言,工作语言为英、法、西三种。按 ITU 基本法定义,其宗旨如下:① 保持和发展国际合作,促进各种电信业务的研发和合理使用;② 促使电信设施的更新和最有效的利用,提高电信服务的效率,增加利用率和尽可能达到大众化、普遍化;③ 协调各国工作,达到共同目的,这些工作可分为电信标准化、无线电通信规范和电信发展三个部分,每个部分的常设职能部门是"局",其中包括电信标准局(TSB)、无线通信局(RB)和电信发展局(TDB)。ITU 每年召开一次理事会;每 4 年召开一次全权代表大会、世界电信标准大会和世界电信发展大会;每 2 年召开一次世界无线电通信大会。

International Telecommunication Union-Radiocommunication Section (ITU-RS)

国际电信联盟-无线通信部 也简称 ITU-R。无线通信部门研究无线通信技术和操作,出版建议书,还行使世界无线电行政大会(WARC)、国际无线电咨询委员会(CCIR)和国际无线电频率登记局(IFRB)的职能,包括:① 无线电频谱在陆地和空间无线电通信中的应用;② 无线电通信系统的特性和性能;③ 无线电台站的操作;④ 遇险和安全方面的无线电通信。无线通信部门的研究小组(SG)有:频率管理、业务间的兼容和频率共用、移动业务、固定业务、广播业务、科学业务、无线电电波传播。

International Telecommunications Union-Telecommunications Development Section (ITU-TDS/ITU-D) 国际电信联盟-电信发展部 也简称 ITU-D。电信发展部门由原来的电信发展局(BDT)和电信发展中心(CDT)合并而成。其职责是鼓励发展中国家参与 ITU(国际电信联盟)的研究工作,组织召开技术研讨会,使发展中国家了解 ITU 的工作,尽快应用 ITU 的研究成果;鼓励国际合作,向发展中国家提供技术援助,在发展中国家建设和完善通信网。ITU-D 主要由三个部分组成:即世界电信发展大会和区域性的发展大会、电信发展研究组、电信发展局。电信发展局负责 ITU-D 的组织和协调工作;电信发展研究组主要研究发展中国家普遍感兴趣的具体电信问题;而世界电信发展大会在 ITU-D 中是最具权威性的机构,每隔 4 年举行一次。ITU-D 成立于 1992 年,其秘书处是电信发展局(法语 Bureau de développement des télécommunications,BDT),英文称为电信发展局。该组织的网址是 http://www.itu.int/en/ITU-D/Pages/default.aspx。

International Telecommunication Union-Telecommunications Standardization Section

(ITU-TSS) 国际电信联盟-电信标准化部 也简称ITU-T。由原来的 CCITT（国际电报电话咨询委员会）和 CCIR（国际无线电咨询委员会）从事标准化工作的部门合并而成。其主要职责是完成有关电信标准方面的目标，即研究电信技术、操作和资费等问题，出版建议书，目的是在世界范围内实现电信标准化，包括在公共电信网上无线电系统互联和为实现互联所应具备的性能。其标准化工作都是由很多研究小组（SG）来完成的。每个 SG 都负责电信的一个领域，SG 又可分成许多工作组（WP），WP 可以再细分成专家组，甚至可以分得再细。各个 SG 制定自己领域内的标准，标准的草案只要在 SG 会议上被通过，便可用函信的方法征求其他代表的意见，如果 80% 的回函是赞成的，则这项标准就算获得最后通过。ITU T 制定的标准被称为"建议书"，意思是非强制性的、自愿的协议。

International Webcasting Association (IWA) 国际网络广播协会 是一家非营利组织，致力于通过因特网和其他数字网络促进有效和高效地传输多媒体内容，包括网播和流媒体。IWA 是塑造网络广播行业未来的想法、人员和问题的论坛。IWA 代表遍布美国、欧洲、亚洲、加拿大和澳大利亚的网络广播公司、流媒体公司、企业家、个人和学者。

internet 互联网 泛指由多个计算机网络相互连接而形成的网络，它是在功能和逻辑上组成的大型计算机网络。互联网一词与英文第一个字母小写的"internet"对应，泛指一般网际互联，不强调采用的技术和协议。因特网一词与英文第一个字母大写的"Internet"对应，因特网是互联网的一种。

Internet 因特网 特指全球最大的、开放的、由众多网络相互连接而形成的计算机网络。他由美国阿帕网（ARPAnet）发展而成，主要采用 TCP/IP（传输控制协议/网际协议）。因特网可提供全球范围的通信，例如信息检索、电子邮件、话音、数据和图像等通信。因特网的核心部分由许多互联的路由器构成，完成用户信息的选路转发功能。

Internet access 因特网接入 是个人和组织使用计算机终端、计算机、移动设备连接到因特网的能力，并能访问电子邮件和万维网等服务。因特网服务提供商（ISP）已经使用各种技术以多种速度来提供这种服务。因特网接入过去很少见，但增长迅速。1995 年，世界上只有 0.04% 的人口可以使用，其中超过一半的人口在美国，消费者使用的是拨号。到了 21 世纪的第一个十年，发达国家的许多消费者使用了更快的宽带技术，到 2014 年，世界上有 41% 的人口拥有接入，全球的宽带几乎无处不在，全球平均连接速度超过 4 Mbps 秒。百兆、千兆接入已经成为发展趋势。（1）一般有以下四种方式上网；① 通过调制解调器和电话线把用户的计算机连接到因特网接入服务提供商（ISP）或在线信息服务提供商，这是大多数家庭计算机用户早期上网采用的方式。② 用户的计算机连接到局域网，局域网通过专用线路或租用信道，这种上网方式一般为公司等大型组织所采用，目前运营商已经为家庭用户此类方式。③ 使用电视机通过因特网转接器（如机顶盒）连接上网。④ 无线接入，这是许多移动终端采用的方式。（2）因特网接入服务可包括 www 服务、新闻组服务、远程文件传输服务等。大多数的在线信息服务允许用户访问因特网。以及各种新的应用，如网络视频会议、微博、微信、网播、网络音频广播和视频广播、视频监控等等。

Internet Activities Board (IAB) 因特网工作委员会 负责指导因特网研究和开发工作的组织，后来经过改组，目前已更名为因特网结构委员会(IAB)。

Internet address (IA) 因特网地址
(1) 用于 TCP/IP(传输控制协议/国际协议)网间通信的计数系统,指定网络上一个特定的网络或特定的宿主机,地址包含两部分:一部分是网络号,另一部分是主机号。因特网用户的地址格式为 someone@abc.def.xyz,其中 someone 是用户名或用户名的一部分,abc 是该用户的联网计算机,def 是主机所属单位的名字,最后三个字母注明用户的类型:com——商业单位,edu——教育单位,gov——政府部门,int——国际组织,mil——军事单位,net——网络,org——非赢利组织。(2) 在 NetWare 的环境中,软件地址由四个字节的网络地址和 6 个字节的节点地址组成。节点的网间地址指明工作站所处在的网络和设备的物理地址。标准的因特网地址形式是带点的十进制数。如 202.120.5.100。

Internet Ad Hoc Committee (IAHC) 因特网特别[特设]委员会 在因特网全球化之前,其域名分配是通过因特网分配号码管理局(IANA)在研究和学术界内进行的。随着因特网发展成为全球服务,在 20 世纪 90 年代,增加更多"通用"顶级域名的压力越来越大,如.com 和.org 以及双字母国家代码超出了初始设置。因特网运营界的广泛争论并没有解决这个问题。最后,组建了一个复合小组,以便为增加新的预级域名提出建议。国际特设委员会(IAHC)由各种因特网和国际赞助组织提名的成员组成。包括因特网协会(ISOC),因特网分配号码管理局(IANA),因特网结构委员会(IAB),联邦网络委员会(FNC),国际电信联盟(ITU),国际商标协会(INTA),世界知识产权组织(WIPO)等。IAHC 有一个有限的章程:"IAHC 是一项国际多组织工作,努力指定和实施与 iTLD(国际顶级域名)相关的政策和程序"。"国际"

顶级域名(TLD)现在称为通用顶级域名(gTLD)。

Internet architecture 因特网体系结构
因特网协议的体系结构。因特网使用的是 TCP/IP 协议族,因此,因特网协议体系结构就是 TCP/IP 协议族的体系结构。因特网可以建立在任何物理传输网之上,包括线缆、拨号电话网、X.25 网、帧中继(frame relay)、ISDN(综合业务数字网)、以太网、FDDI(光纤分布式数据接口)、ATM(异步传输模式)网、高速的 HIPPI(高性能并行接口)、无线网及卫星网等。

Internet Architecture Board (IAB) 因特网结构委员会 一个因特网网络设计、工程和管理的协调委员会,负责制定因特网标准和发展规划,主要为支持因特网的科研与开发者提供服务,最初由美国国防高级研究计划局(DARPA)于 1983 年成立。IAB 由十几个任务组组成,IAB 的每个成员都是一个因特网任务组的主持者,分管研究某个或某几个系列的重要课题。IAB 主席被称为因特网设计师。该委员会监督 TCP/IP(传输控制协议/国际协议)维护工作以及颁布其他因特网标准,提供委员会级的因特网技术开发监督和调解在标准设置进程中出现的争议,不断出版描述各种因特网协议标准化状况的文件。IAB 有两个主要的附属机构:因特网工程任务组(IETF)和因特网研究任务组(IRTF)。

Internet Assigned Numbers Authority (IANA) 因特网分配号码管理局 因特网结构委员会(IAB)下属的一个机构,监督因特网上 IP(国际协议)地址和端口地址以及其他数值标准的分配。根据 IANA 的需要,将部分 IP 地址分配给地区级的因特网注册机构 IR(Internet registry),地区级的 IR 负责该地区的登记注册服务。全球共有三个地区级的 IR 分别负责欧洲、亚太地区、美国与其他地区的 IP 地址资源分配与管理。它们是：设在比利时的 RIPE（reseaux IP europeens），负责整个欧洲地区的 IP 地址资源分配与管理；设在澳大利亚的 APNIC（asian pacific network information center），负责亚洲与太平洋地区的 IP 地址资源分配与管理；设在美国的 ARIN（American registry for Internet numbers），负责美国与其他地区的 IP 地址资源分配与管理。另外，许多国家和地区都成立了自己的域名系统管理机构，负责从前述三个机构获取 IP 地址资源后在本国或本地区的分配与管理事务。

Internet censorship 因特网审查 是监管机构制定或自行实施的对可在因特网上访问、发布或查看的内容的控制或管制。个人和组织可能出于道德、宗教或商业原因，出于恐惧或害怕法律或其他后果，为了符合社会规范而进行自我审查。因特网审查的范围因国家/地区而异。因特网审查也是出于对选举、抗议和骚乱等事件的回应或预期。其他审查领域包括版权、诽谤、骚扰和淫秽材料。

Internet control message protocol （ICMP） 因特网控制消息[信息,报文]协议 是因特网协议套件中的支持协议。网络设备（包括路由器）使用它来发送出错消息和操作信息，例如，指示所请求的服务不可用或无法到达主机或路由器。ICMP 与 TCP（传输控制协议）和 UDP（用户数据报协议）等传输协议的不同之处在于，它通常不用在系统之间交换数据，也不经常被端用户的网络应用程序使用（除了 ping 和 traceroute 等一些诊断工具）。RFC 792 文档定义了 IPv4 的 ICMP。

Internet control message protocol version 6 （ICMPv6） 因特网控制消息协议版本 6 是用于因特网协议版本 6（IPv6）的因特网控制消息协议（ICMP）的实现。

ICMPv6 在 RFC 4443 中定义。ICMPv6 是 IPv6 的组成部分，可执行差错报告和诊断功能（例如，ping），并具有实现未来变化的扩展框架。已发布了几个扩展文件，定义了新的 ICMPv6 消息类型以及现有 ICMPv6 消息类型的新选项。邻居发现协议（NDP）是 IPv6 中的一种节点发现协议，它取代并增强了 ARP（地址解析协议）的功能。安全邻居发现（SEND）是 NDP 的一种扩展，具有额外的安全性。IPv6 路由器使用多播侦听器发现（MLD）来发现直接连接的链路上的多播侦听器，就像在 IPv4 中使用因特网组管理协议（IGMP）一样。多播路由器发现（MRD）支持发现多播路由器。

Internet content provider （ICP） 因特网内容提供商 ICP 通过自己的 Web 服务器以丰富多彩的网页形式等，为用户提供实时新闻、搜索引擎、各种定制的信息服务和多种免费的信息资源，通过收取广告费、会员费、信息咨询费和交易佣金等获取收益。

Internet Content Rating Association （ICRA） 因特网内容评级[等级评定]协会 是一家国际性的非营利组织，在美国和英国设有办事处。它的使命是授权给公众尤其是父母亲通过开放的、客观的内容咨询体系对电子媒体内容等级进行判定。帮助用户找到他们想要的内容，信任他们发现的内容，并过滤掉他们自己不想看或不希望孩子看的内容。ICRA 还充当了一个论坛，通过该论坛确定政策和技术基础设施，以帮助塑造万维网和内容分发渠道的工作方式。2010 年 10 月，ICRA 评级系统和该组织已停止活动。

Internet Corporation for Assigned Names and Numbers （ICANN） 因特网名称与编号[数字地址]分配机构 是一个非营利性组织，负责协调与因特网命名空间相关的几个数据库的维护和程序，确保网络的稳定和安全运行。ICANN 根据因特网号码分配机构(IANA)职能合同,执行中心因特网地址池和 DNS 根区域注册管理机构的实际技术维护工作。ICANN 与美国商务部国家电信和信息管理局(NTIA)之间关于 IANA 管理职能的合同于 2016 年 10 月 1 日结束,正式将职能转交给全球多方参与者共同体。其大部分工作涉及因特网的全球域名系统(DNS),包括 DNS 系统的国际化的政策制定,新通用顶级域名(TLD)的引入以及根名称服务器的运营。ICANN 管理的编号服务包括 IPv4 和 IPv6 的因特网协议地址空间,以及为区域因特网注册管理机构分配地址块。ICANN 还维护因特网协议标识符的注册管理。ICANN 成立于 1998 年 9 月 18 日,美国政府授权 ICANN 管理 IP 地址、域名、根服务器和端口号、协议号等协议参数。

Internet data central (IDC)　因特网数据中心　IDC 为因特网内容提供商(ICP)、企业、媒体和各种网站提供大规模、高质量、安全可靠的专业化服务器托管、空间租用、网络批发带宽以及应用服务提供商(ASP)等业务。IDC 服务就像一个银行,企业会把大量的数据存到这里。与银行不同的是,使用、管理和开展业务的还是用户自己,IDC 并不介入到用户的业务里去。同时,IDC 的另一个作用就是用于提供功能软件运营的物理平台和通信线路。因此,IDC 是为满足网站系统托管外包服务需求而建设的基础设施,这个设施包括稳定可靠的宽带互联网接入和安全可靠的机房环境。数据中心以外包服务租用的方式将网络资源提供给用户,除了提供基础设施,还提供运营服务器系统所需的各种服务。IDC 的出现,是数据服务趋向集中化管理的市场变化的具体反应。

Internet engineering note (IEN)　因特网工程备忘录　关于并行开发因特网工程的一套备忘录,其中包括因特网工程的设计思想、实现技术、总体构架、方案策略、调试测量以及运行结果等方面的资料。

Internet Engineering Steering Group (IESG)　因特网工程指导组　一个因特网组织,提供因特网标准的技术评论并负责日常管理因特网工程任务组。

Internet Engineering Task Force (IETF)　因特网工程任务组　又叫"互联网工程任务组",因特网(网络)结构委员会属下的一个机构,成立于 1985 年底,是互联网最具权威的技术标准化组织,主要任务是负责互联网相关技术规范的研发和制定。IETF 是一个大型的网络设计者、操作者、厂商和研究人员的开放性社团,根据技术领域进行组织、协调因特网的运作、管理和改进。它进行协议的工程实现、开发和标准化工作。IETF 的组织结构主要划分为八大领域,其下又有 120 多个工作组,每一个工作组负责一个主题。IETF 的八个领域分别是总体领域、用户服务领域、路由领域、应用领域、安全领域、传输领域、因特网领域以及网络运行和管理领域。总体领域负责 IETF 的总体协调和运作。用户服务领域的研究主题是从用户角度出发如何使用因特网。路由领域研究的主题有 OSPF(开放最短路径优先)、MPLS(多协议标记交换)等等。应用领域重点关注如何在因特网平台上开发更多的应用(如 Web 应用、电子邮件等)。安全领域主要解决用户的识别和加密问题。传输领域的研究大多和话音有关(如网络电话),其中还包括用 IP 传图像、服务质量和 7 号信令等问题。因特网领域主要研究的内容有 IPv6 以及 IP 在各种介质(如 IP over ATM、IP over Frame Relay 等)上的运行。网络运行和管理领域的主要工作则是确保整个网络的运行正常。在因特网工程管理组的管理下,IETF 每年召集若干次会议和出版自己的会刊。

**Internet Explorer (IE)　IE 浏览器，因特网
浏览器**　微软（Microsoft）公司于 1995
年首次推出的一种 Web 浏览器，随微软
Windows 操作系统免费提供。有其独特
的创新之处，如支持声音文件，当 Web 页
面被访问时，允许该声音文件自动装载。
IE 浏览器也支持 Macintosh 和 UNIX 等
多种平台。

Internet fax　因特网传真　即电子传真(e-
fax)或在线传真(online fax)是使用因特
网和因特网协议发送传真，而不是使用
标准公共交换电话网连接和传真机。与
诸如电子邮件之类的其他因特网通信相
比，因特网传真的显着特征是能够与传
统的基于电话网的传真机交换传真消息
的功能。因特网传真服务器把接收到的
传真传递到目的传真机所在地的传真服
务器，然后再通过电话网发出电话呼叫
把传真发给目的传真机。

**Internet fax servers and gateways　因特网
传真服务器和网关**　因特网使能够开发
其他几种发送和接收传真的方法。更常
见的方法是扩展基于计算机的传真，并
涉及使用到因特网的传真服务器/网关
以在传真和电子邮件之间转换文档。该
过程通常称为"传真到邮件"或"邮件到
传真"。这种技术提供了省去传真机以
及附加电话线的优点，因而，已可以开始
取代传统的传真机。

Internet firewall　互联网防火墙　置于一
个组织内部网络与组织外部网络连接处
的安全机构，防火墙限制对组织内的计
算机和服务的访问。

Internet gateway　因特网网关　因特网和
其他网络互连的支持三层及三层以上协
议的网络设备。这类设备通常是一台执
行此类任务专用的计算机或路由器，处
理因特网和其他网络不同协议间的转
换、数据解释或数据转换以及消息处理，
使因特网能与其他类型的网络互联。网

关通常被认为是因特网上的一种节点。

**Internet gateway routing protocol（IGRP）
因特网网关路由协议**　由路由器制造商
Cisco 公司定义的专有协议，并且其最新
版本 EGRP(增强型 GRP)也是由该公司
研制的。IGRP 是一个距离向量家族的
路由协议，类似于 RIP(路由信息协议)，
它以周期性多点广播一个路由器到其所
有邻机的路由选择更新信息为基础，它
与 RIP 不同之处是它的运行的频率比较
低(更新的发送间隔默认值为 90 s，而
RIP 为 30 s)。

**Internet group management protocol（IGMP）
因特网组管理协议**　是 IPv4 网络上的主
机和相邻路由器用于建立多播组成员的
通信协议。IGMP 是 IP 多播的组成部
分。IGMP 可用于一对多的网络应用，例
如在线流视频和游戏，并且在支持这些
类型的应用时允许更有效地使用资源。
IGMP 用于 IPv4 网络。IPv6 网络上的多
播管理由多播侦听器发现(MLD)处理，
MLD 是 ICMPv6 的一部分，与 IGMP 的
裸 IP 封装相反。

**Internet group management protocol with
access control（IGMP-AC）　具有访问控
制的因特网组管理协议**　设计用于在现
有 IP 多播模型中结合 AAA(认证、授权
与计费)协议功能。它将在加入或离开
安全多播组之前强制执行最终用户或接
收方的身份验证和授权。为了添加
AAA 功能，接收方的接入路由器或单跳
路由器将充当网络接入服务器(NAS)。
IGMP-AC 是因特网组管理协议的扩展
版本。它提供通用的客户机-服务器认
证协议，其中接收方或最终用户将充当
客户端，AAA 服务器将充当服务器并且
接入路由器(接收方的单跳路由器)将执
行转发任务。因此，可以在 IGMP-AC 架
构上封装具有客户机-服务器实体的任
何合适的认证协议(例如，可扩展认证协

议 EAP)。IGMP-AC 不会破坏 IGMPv3 的常用功能(用于经典多播组),IGMP-AC 的访问控制机制用于加入/离开安全或受限制的多播组。

Internet head/header length (IHL) 因特网报头长度 在一个 IP(网际协议)数据报文或数据分组中的一个字段。该字段中的四位指明了数据报文标题长度。

Internet imaging protocol (IIP) 因特网成像协议 是由国际影像工业协会(I3A)设计的一个因特网协议。IIP 建立在HTTP(超文本传输协议)之上,用于传递图像及其元数据,并从 Flash Pix 图像架构中获取灵感。这是为了解决图像尺寸和分辨率增长速度超过互联网带宽的问题,所以很难在 Web 浏览器中快速浏览高质量图像。IIP 支持用户需要时获取详细信息,因此之前不会下载整个数据文件。实际上,它定义了软件如何从服务器获取图像切片。这包括图像的比例-因此最初可以检索小的概览图像。通过从服务器获取更高分辨率的图像块来执行缩放和平移。这意味着可以在Web 上查看任何大小的图像而无需全部下载。IIP 还可以使用各种查看器软件,而其他系统可能会强制使用一个服务器、文件格式和一个查看器。

Internet information service (IIS) 因特网信息服务 因特网中的一个基本的服务功能,用于帮助网络用户寻找所需的信息。它可以通过因特网把信息从一个用户传输到另一个用户。

Internet inter-ORB protocol (IIOP) 互联网内部对象请求代理间协议 也称为"因特网对象代理间通信协议"。IIOP 协议是 CORBA(公共对象请求代理体系结构)中至关重要的一个部分,是为了实现在因特网上互联而定义的对象请求代理(ORB)之间的通信机制,在 TCP/IP(传输控制协议/网际协议)的基础上

实现了 GIOP(通用对象请求代理间通信协议)。IIOP 使得由不同语言编写的分布式程序在因特网中可以实现彼此的交流沟通。CORBA 和 IIOP 协议假定在计算机的客户端/服务器端模式中,客户端的程序总是提出各种请求,服务器端的程序则处于等待和接受客户端请求的状态。通用对象请求代理间通信协议(GIOP)可以实现网络传输层之间的映射,而 IIOP 就是其中最重要的映射之一,它应用传输控制协议(TCP)借助因特网的传输层来传递请求或者接收答复。如果客户端需要在网络中传送一个程序命令,就必须为程序提供一个目标地址。这个地址就是可互操作对象引用(IOR),由服务器端口数据和 IP 地址共同构成。

Internet key exchange (IKE) 因特网密钥交换 IKE 是用于在 IPsec(因特网协议安全性)协议套件中建立安全关联(SA)的协议。IKE 建立在 Oakley 协议和ISAKMP 基础上。IKE 使用 X.509 证书进行身份验证,无论是预共享或分发使用 DNS(最好使用 DNSSEC)和 Diffie-Hellman 密钥交换,以建立从中派生加密密钥的共享会话安全。此外,必须手动维护将要连接的每个对等方的安全策略。

Internet Mail Consortium (IMC) 因特网邮件联盟 一个企业和厂商的国际会员组织,从事有关因特网电子邮件传输的业务活动。因特网邮件联盟的目标是推进和扩展有关因特网邮件的业务,包括从简化新用户因特网邮件发送到推进新邮件技术和把因特网邮件所起的作用扩展到诸如电子商务、娱乐等领域。

Internet message access protocol (IMAP) 因特网消息访问协议 IMAP 是指从邮件服务器上获取 E-mail 的消息或直接收取邮件的协议。传统的 POP3(邮局协

议)在收信时用户首先与邮件服务器进行连接,在验证完用户名和密码后,用户将得到有关所有邮件的消息(如邮件的数量和大小)。然后,就开始将服务器上存储的邮件下载到本地的硬盘上,每传完一份,服务器便对该邮件作一个删除记录,等待全部传输完毕后,存储在服务器上的所有邮件将被清空。也就是说在整个收信过程中,用户是无法知道那些信件的具体信息,只能照单全收。IMAP可以在邮件下载前预览全部信件的主题和来源,即时判断是下载还是删除。IMAP还具备智能存储功能,可使邮件保存在服务器上。

Internet MIB subtree **因特网管理信息库子树** 一种树型数据结构,可根据网络管理机制识别局域网中的网络设备其属性。设备的名称或属性由它在该树中的位置所决定。

internet mix(IMIX) **互联网混合(流量)** 是指通过某些网络设备(如路由器、交换机或防火墙)的典型互联网流量。当使用分组的 IMIX 测量设备性能时,假设性能类似于"真实世界"条件中可见的性能。执行复杂数据包操作的网络设备(如防火墙或 VPN 路由器)通常具有非线速性能,因此不能在 64 字节小型数据包上提供线速性能,这在 1 500 字节数据包时更容易实现线速,但这种数据包的大小都不同于互联网上一段时间内所看到的实际流量。网络设备商使用 IMIX 流量方案来模拟真实流量模式和数据包分发。IMIX 方案基于互联网路由器上进行的统计抽样,并以各种级别的粒度分发,例如"简单"和"完整"。存在用于 IPv4,TCP,VPN(IPsec)和 IPv6流量的混合方案,分布类似但是帧大小因 MTU(最大传输单元)的不同开销和上层限制而变化。

Internet network class **因特网网络类别** 按网络覆盖区域分类,有局域网、城域网和广域网。按网络使用的 IP 地址分类,有采用 A、B、C、D、E 类地址的网络。

Internet of things(IOT) **物联网** 物联网的概念最早于 1999 年提出,指的是将各种信息传感设备,如射频识别(RFID)装置、红外感应器、全球定位系统、激光扫描器等种种装置与互联网结合起来而形成的一个巨大网络。其目的是把任何物品与互联网连接起来,进行信息交换和通信,以实现智能化识别、定位、跟踪、监控和管理。物联网支持在现有网络基础设施上感知或远程控制对象,为物理世界更直接地集成到基于计算机的系统创造机会,并且除了减少人为干预外,还提高了效率、准确性和经济效益。当物联网扩展传感器和执行器时,该技术成为更一般的网络空间-物理系统的一个实例,其中还包括智能电网、虚拟发电厂、智能家居、智能交通和智能城市等技术。每件物体都可以通过其嵌入式计算系统进行唯一识别,并能够在现有的互联网基础设施中进行互操作。

Internet packet exchange/sequential packet exchange(IPX/SPX) **互联网分组交换/顺序分组交换** Novell 公司提出的局域网通信协议。支持网络上各个节点上的服务器或工作站的程序之间的数据交换。其中 IPX 协议位于网络层,提供无连接的、不可靠的数据传输;SPX 基于IPX,SPX 协议位于传输层,提供面向连接的、可靠的数据传输。

Internet PCA Registration Authority(IPRA) **因特网公共密码学注册机构** 因特网的一个管理机构,专用于在因特网上全面实施公共密码学应用,以达到鉴别和保密的目的。

Internet phone **因特网电话,网络电话,IP电话** 也就是通过因特网来传送语音的一种新兴的通信方式,其基本原理是把语音经过压缩后形成 IP(网际协议)包,然后通过因特网传送到特定的服务器上,再由服务器传送到对方进行解压还原成声音,从而实现语音的传送。IP 电话的通话方式有三种:① PC-PC:这种通话方式通过拨叫方和接听方的计算机上网完成;② PC-phone:这种方式是拨叫方通过计算机,而接收方使用普通的电话;③ phone-phone:这种方式采用 IP 电话卡在电话上完成。IP 电话的最大优点是降低了长途通话的费用;缺点是在网络拥挤时,通话质量得不到保证。同 IP phone。

Internet protocol (IP) 因特网[互联网,网际]协议,IP 协议 在因特网上的计算机进行通信时,规定应当遵守的最基本规则的通信协议。IP 是 TCP/IP(传输控制协议/网际协议)协议组的一部分,一种表示网间互联的网络协议,对应于 OSI(开放系统互连)七层协议中的网络层,从阿帕网(ARPAnet)发展而来。TCP/IP 是一个分组交换协议,信息被分成多个分组,在网上传输,到达接收方后把这些分组重新组合成原来的信息。TCP 是一个面向连接的协议,而 IP 是无连接协议,它定义了非连接数据报文的传输。

Internet protocol control protocol (IPCP) 因特网协议控制协议,IP 控制协议 在计算机网络中,IPCP 是用于通过点对点协议链路建立和配置因特网协议的网络控制协议(NCP)。IPCP 负责配置 IP 地址以及在点对点链路两端启用和禁用 IP 协议模块。IPCP 使用与链路控制协议相同的分组交换机制。在 PPP 到达网络层协议阶段之前,可能不会交换 IPCP 数据包,并且应该静默地丢弃在达到此阶段之前接收的任何 IPCP 数据包。IPCP 具有 NCP 协议代码号 0x8021。PPP 连接的两个端点中的每一个都必须向其对

等端点发送 IPCP 配置请求,因为 TCP/IP 选项对于 PPP 连接的每个方向都是独立的。

Internet protocol datagram IP[因特网协议]数据报 因特网上信息传送的一种基本单元,由报头和数据域组成。报头中包含源 IP 地址、目标 IP 地址以及其他一些字段,它们定义了数据报的长度、报头校验、数据报是否分段(或已分段)的标志等。

Internet protocol device control (IPDC) 因特网协议设备控制,IP 设备控制(协议) 是 1998 年由 Level 3 通信公司开发的用于因特网协议语音(VoIP)电话的通信协议规范。IPDC 将电话网关的操作划分为因特网协议(IP)网络中的智能呼叫路由器与 IP 网络边缘的简单媒体网关和公共交换电话网(PSTN)之间的操作。IPDC 与简单网关控制协议(SGCP)融合,该协议是 Bellcore 公司独立进行的项目,以形成媒体网关控制协议(MGCP)。这组协议采用 MGCP 架构,该架构也是 MEGACO/H.248 的基础,这是在因特网工程任务组(IETF)中成为标准跟踪协议的类似协议。

Internet protocol-digital enhanced cordless telecommunications (IP-DECT) 因特网协议-数字增强无绳通信 是一种用于现场无线通信的技术。它使用 DECT 空中接口,在手机和基站之间进行可靠的无线语音和数据通信,以及使用完善的 VoIP(网络电话)技术,在基站和服务器功能之间进行有线语音通信。优点是电路交换方法,因此比无线局域网(WLAN)更好地指定语音通信的服务质量。DECT 电话必须保持在其自身基站(或其中继站)附近,并且 WLAN 设备在给定足够接入点的情况下具有更好的范围,然而,WLAN 手机上的语音对大型网络带来显着的设计和维护复杂性,以

确保漫游设施和服务高质量。IP-DECT 提供的功能确实支持无线部分的低速率数据通信。

Internet protocol multicasting（IPM） IP 多(路广)播 这是局域网多路广播技术向 TCP/IP(传输控制协议/网际协议)网络的延伸。主机发送和接收多路广播数据报,数据报的目的地址字段指定的是 IP 主机组地址而不是单个 IP 地址。一台主机用因特网组管理协议(IGMP)指明是群组的成员。

Internet protocol next generation（IPng） 下一代因特网[互联网,IP]协议,IPng 协议 因特网中正在发展和完善的新一代 IP(网际协议)协议,是未来商业计算机网络技术的基础,目前使用的 IP 地址(4 字节)为 1995 年 9 月引入的 IP 协议第 4 版本(IPv4),IPng 作为下一代 IP 协议的提议,是指 IP 第 6 版(IPv6),IPv6 对原版本 IP 协议的改进包括提供更好的安全性和将 IP 地址扩展为 16 字节。它将改变名字服务,改变程序的界面,改变路由协议。它还将支持 ATM(异步传输模式)传输方式。

Internet protocol security（IPSec） 因特网[互联网,网际]协议安全性,IP 安全协议,IPSec 协议 因特网工程任务组(IETF)的 IP 安全工作组为提供安全的数据包交换而开发的协议,包括数据加密、数据完整性保护和数据认证,可用于创建虚拟专用网(VPN)。数据加密功能用于保护数据不致泄密,数据完整性保护功能用来检测数据是否被篡改,数据认证功能用于验证接收者收到的数据与发送者发送的数据是否一致。IPSec 主要由两个协议组成,一个是认证头(AH)协议,另一个是封装安全载荷(ESP)协议。IPSec 协议是在系统程序或通信硬件中执行的,运行在 ISO/OSI(国际标准化组织/开放系统互连)参考模型的网络

层(第 3 层)上,也是 TCP/IP(传输控制协议/网际协议)参考模型的第 3 层(IP 层)。

Internet protocol television（IPTV） 因特网[互联网,网际](协议)电视,网络电视 是通过因特网协议(IP)网络传送电视内容。这与通过传统的地面、卫星和有线电视格式传送不同。不同于下载的媒体,IPTV 提供连续流式源媒体的功能。因此,客户端媒体播放器几乎可以立即开始播放内容(例如电视频道)。这就是所谓的流媒体。尽管 IPTV 使用因特网协议,但它不限于因特网(因特网电视)流式电视。IPTV 广泛部署在基于订户的电信网络中,通过机顶盒或其他客户端设备将高速接入信道部署到终端用户驻所。IPTV 还用于公司和专用网络的媒体传送。电信领域的 IPTV 以其正在进行的标准化过程(例如,欧洲电信标准协会)而著称。IPTV 业务可分为三大类:① 直播电视和直播媒体,不管有没有相关的交互性;② 时间移位电视媒体:例如,追赶电视(回放几小时或几天以前广播的电视节目),重新开始电视(从头回放当前的电视节目);③ 视频点播(VOD):浏览和查看存储媒体目录中的项目。

Internet protocol version 4（IPv4） 因特网[互联网,网际,IP]协议第 4 版[版本 4] 是因特网协议(IP)的第四个版本。它是因特网中基于标准的网络互联方法的核心协议之一,也是 1983 年在 ARPANET 中部署的第一个版本。尽管正在进行后续协议 IPv6 的部署,它仍然在今天路由大多数互联网流量。IPv4 在 IETF(因特网工程任务组)出版物 RFC 791 中描述,取代了早先的定义(RFC 760)。

Internet protocol version 6（IPv6） 因特网[互联网,网际,IP]协议第 6 版[版本 6] 是因特网协议(IP)的最新版本,IP 协议

是为网络上的计算机提供标识和定位系统并通过因特网路由流量的通信协议。IPv6 是由因特网工程任务组（IETF）开发的，用于解决长期以来的 IPv4 地址耗尽问题。IPv6 旨在取代 IPv4。IPv6 于 1998 年 12 月成为标准草案，并于 2017 年 7 月 14 日成为因特网标准。需要给因特网上的设备分配用于标识和位置定义的唯一的 IP 地址。随着 20 世纪 90 年代商业化后因特网的快速发展，连接设备所需的地址很明显远远多于 IPv4 地址空间。到 1998 年，IETF 正式确定了后继协议。IPv6 使用 128 位地址，理论上允许 2^{128} 或大约 3.4×10^{38} 个地址。实际数量略小，因为多个地址范围保留用于特殊用途或完全不用。可能的 IPv6 地址总数超过 IPv4 的 7.9×10^{28} 倍，IPv4 使用 32 位地址并提供大约 43 亿个地址。这两个协议的设计并不是可互操作的，这使得向 IPv6 的过渡变得复杂。但是，已经设计了几种 IPv6 转换机制以允许 IPv4 和 IPv6 主机之间的通信。IPv6 地址表示为八组四个十六进制数字，组间用冒号分隔，例如 2001：0da8：8000：0100：0000：8020：0120：0036，但另有缩写此完整表示的方法。

Internet radio　因特网广播[无线电]　也称为 web 广播、网络广播、流媒体广播、电子广播、IP 广播，在线广播。是通过因特网传输的数字音频服务。因特网上的广播通常被称为网播，因为它不是通过无线方式广泛传播的。它既可以用作通过因特网运行的独立设备，也可以用作通过单个计算机系统运行的软件。因特网广播通常用于通过谈话形式进行交流并轻松传播消息。它通过连接到交换分组网络（因特网）的无线通信网络借助于公开的源分发。因特网广播涉及流媒体，为听众提供通常无法暂停或重播的连续音频流，就像传统的广播媒体一样；在这方面，它与按需文件服务不同。因特网广播也不同于播客，播客涉及下载而不是流媒体。因特网广播服务提供新闻、体育、谈话和各种音乐类型，同传统广播电台提供的每种节目形式。许多因特网无线电服务与相应的传统（地面）无线电台或无线电网络相关联，尽管启动和持续的低成本使得独立的因特网专用无线电台大量增加。

Internet security association and key management protocol (ISAKMP)　因特网安全关联和密钥管理协议　是 RFC 2408 为在 Internet 环境中建立安全关联（SA）和加密密钥而定义的协议。ISAKMP 是 IPsec 体系结构中的一种主要协议。该协议结合认证、密钥管理和安全连接等概念来建立因特网上的通信所需要的安全服务。这些安全服务包括 IP（网际协议）层服务、传输或应用层服务，以及协商流量的自我保护服务等。ISAKMP 定义包括交换密钥生成和认证数据的有效载荷。这些格式为传输密钥和认证数据提供了统一框架，而它们与密钥产生技术，加密算法和认证机制相独立。

Internet standard　因特网标准　在计算机网络工程中，因特网标准是适用于因特网的技术或方法的规范性规范。因特网标准由因特网工程任务组（IETF）创建和发布。IETF 的工程贡献开始为因特网草案，可以提升为征求评注（RFC），最终可能成为因特网标准。因特网标准的特点是技术成熟度和实用性。IETF 还将建议标准定义为不太成熟但稳定且经过良好审查的规范。标准草案是 2011 年停止的第三个分类标准。标准草案是在建议标准之后但在因特网标准之前产生的中间步骤。

Internet stream protocol (IST)　因特网流协议　IST 和后来的 ST-II，是一系列实验协议，首先在因特网实验笔记 IEN-119（1979）中定义，后来在

RFC 1190(ST-II)和 RFC 1819(ST2+)中进行了实质性修订。因特网流协议系列从未被引入供公众使用,但 ST 中可用的许多概念类似于后来的异步传输模式(ATM)协议,可以在多协议标记交换(MPLS)中找到。它们还预示了 IP 电话(VoIP)。ST 作为网络语音协议的传输协议出现,这是一种用于在分组通信网络上传输人类语音的开创性计算机网络协议,作为 ARPA(高级研究计划署)网络安全通信(NSC)项目的一部分。它的第二个版本称为 ST-II 或 ST2。ST2的最终版本也称为 ST2+,由 IETF ST2工作组起草并发布为 RFC 1819。

Internet Streaming Media Alliance (ISMA) 因特网流媒体联盟 是由苹果电脑、思科系统、Kasenna、飞利浦和 Sun 微系统公司于 2000 年 12 月成立的非营利性公司。其使命是加速市场采用开放标准,以便通过所有类型的因特网协议(IP)进行流媒体和富媒体的渐进式下载。ISMA 是与流媒体工作流程各个方面的代表的联盟。在创建 ISMA 时,已经存在用于音频和视频编解码器(例如 MPEG)以及通过 IP 网络的实时流传输(例如 RTP)的标准。ISMA 致力于选择配置文件、描述有效载荷格式以及解决这些标准的各种选项。ISMA 规范通常采用现有规范。但是,当某些规范不存在时,ISMA 可以创建。ISMA 还进行了互操作性测试,支持其成员确保其产品符合 ISMA 标准并进行互操作。

Internet talk radio (ITR) 因特网无线电对话,因特网电台谈话节目 一套在因特网上发布,与无线电广播相似的高质量音频程序,可在因特网用多址传播骨干网(MBONE)发布,每条程序都能够用文件传输协议(FTP)下载的音频文件传播。

Internet telephone 因特网电话 点对点话音通信,使用因特网而不是公共交换电信网连接呼叫方和被呼叫方。发送方和接收方均需要一台计算机、一个调制解调器或网卡、一个因特网连接以及一个因特网电话软件包用来拨打和接收电话。

Internet telephony service provider (ITSP) 因特网电话业务提供商 可提供因特网电话服务的组织或公司,类似于 ISP(因特网服务提供商)或电话公司。ITSP 使用因特网作为基本的传输网,允许电话用户拨打电话到电话的呼叫,或计算机到电话的呼叫。大多数电话用户利用 ITSP 拨打长途电话是为了省钱,由于组成因特网的各段线路不一致,因而质量变化很大。ITSP 使用 IP(因特网协议)网关进行语音和 IP 数据包之间的相互转换。

Internet television 因特网电视 或在线电视,是通过公共因特网(也承载其他类型的数据)的电视内容(如电视节目)的数字发布,而不是通过广播天线系统、有线电视或卫星电视系统的专用地面电视。有时被称为网络电视,虽然这个短语也用于描述仅在网上播放的电视节目类型。

Internet traffic management (ITM) 因特网流量管理 为提高因特网的信息传输效率对因特网流量进行的分析和控制,例如,对不同的业务分配不同的优先级;把 Web 流量合理地分配给多台服务器。

Internet TV 因特网电视 可从因特网接收电视。接收因特网上的电视需要用机顶盒,它的一端连接到电视机,另一端通过有线或无线的本地网络进入因特网。此外,可以通过联网的电脑及网络电视软件观看门户网站提供的电视节目。

Internet video codec (NETVC) 因特网视频编解码器 是由 IETF(因特网工程任务组)主持的免版税视频编解码器的标

准化项目。旨在为诸如 MPEG-4(运动图像专家组-4)和 HEVC(高效视频编码)之类的行业标准(需使用许可付费)提供免版税的替代方案。该项目组汇总了新视频标准要满足的标准清单。来自开放媒体联盟的基于 VP9 格式的 AOMedia Video 1(AV1)是 NetVC 工作组标准化的主要竞争者。

internetworking access function (IAF)　互联接入功能　ITU-T(国际电信联盟-电信标准化部)在智能网(IN)与因特网互联方案中新增的互联接入功能,主要包括:接收业务控制功能(SCF)指令(如来话通知),并将其转换为 HTML(超文本标记语言)格式发送给因特网用户;接收用户通过 HTTP(超文本传输协议)发来的请求,并转换成对业务控制点(SCP)的指令;从 Web 服务器接收命令(如建立呼叫)转换成 SCF 的指令;维护智能网用户接入因特网时 PSTN/ISDN(公共交换电话网/综合业务数字网)连接的逻辑关系。

internetwork operating system (IOS)　互联网络[网间]操作系统　指 Cisco IOS,最初表示为 Internetwork Operating System。是大多数思科系统公司的路由器和当前其网络交换机上使用的软件系列(之前的交换机运行 CatOS)。IOS 是集成到多任务操作系统中的路由、交换、网络互连和通信功能包。尽管 IOS 代码库包含协作式多任务内核,但大多数 IOS 功能已移植到其他内核(如 QNX 和 Linux),以用于思科产品或 Cisco VIRL(虚拟因特网路由实验室)等模拟器。

Internet 0　因特网 0　是一个低速物理层,设计用来路由"IP 覆盖任何东西"。它由麻省理工学院的比特和原子中心的 Neil Gershenfeld、Raffi Krikorian 和 Danny Cohen 在开发。当它被发明时,许多其他提案被标记为"第二代因特网"。

选择该名称是为了强调这是一个缓慢但非常便宜的互联网络系统,并避开比较"高性能"的问题,比如"它有多快?"。实际上,它将实现普适计算的平台成为可能——建筑物中的所有东西可以在同一网络上共享数据收集和驱动。

Internet 2　第二代因特网　由 120 多所美国大学、40 多家公司和 30 多个其他组织共同发起的下一代因特网研究项目。其主要技术目标是创建一个可伸缩、可交互操作和可管理的服务质量(QoS)体系,以便能够支持新的、不断涌现的高级连网应用。一些新的连网应用有:远程学习、远程设备的访问和控制、高级科学可视化研究以及连网协作等。为此 Internet 2 提出了相应的解决方案:① 搭建超高速光纤网,比现有的因特网快 100~1 000 倍;② 提供有千兆位传输能力的节点;③ 修改 IP(网际协议),将原来的 32 位地址 IP 协议称为 IPv4,新的扩展为 128 位地址的 IP 协议称为 IPv6。IPv6 应允许通过设置作用域来辅助多信道的传播。IPv6 应该提供更好的安全性,在新的 IPv6 协议中含有数据包头论证和安全包头封装。IPv6 更重视服务的类别,特别是实时的数据处理,能够进行优先权的分级和流量标记等。2001 年 7 月 6 日,中国高速互联研究试验网络(NSFCNET)在清华大学通过国家自然科学基金委员会组织的项目验收和技术鉴定。NSFCNET 首次实现了与 Internet 2 的连接,它是我国第一个采用了国产设备的高速密集波分复用光网。

interpacket gap (IPG)　分组(信息)间隙　在计算机网络中,网络分组或网络帧之间可能需要最小的暂停时间。取决于所使用的物理层协议或编码,可能需要暂停以允许接收器时钟恢复,允许接收器准备另一个分组(例如,从低功率状态加电)或其他用途。简而言之是一个分组发送或接收的完成与下一个数据组发送或接收的开始之间的时间。

inter-personal messaging service（IPMS）人际传信[消息传递]业务 电信系统的基于消息传送业务，在属于同一管理域的用户之间或属于不同管理域的用户之间，利用消息处理的消息传递业务。

interprocess communication（IPC）进程间通信 (1) 指由多任务操作系统所提供的一个任务或过程与另一个任务或过程交换数据的能力。常见的进程间通信方法有管道、信号标志、共享内存、队列、信号和信箱等。(2) 在某些操作系统中，程序之间进行数据通信以实现同步的进程，常用的进程通信方式是信号量、信号和内部消息队列。(3) 网络上局部或者远程进程之间传输数据和消息以及提供服务的能力。通信可以是在程序的不同进程之间进行，也可以在各运行程序一部分的不同计算机之间进行，或者在两个协同的程序之间进行。

interrogate 查询，询问 (1) 指希望得到立即响应的一类查询过程。例如，网络中的主计算机通过询问其附连终端来确定终端的状态（准备好传输或准备好接收）。(2) 在数据通信中，主站用来请求某一从站表示它的标识或其状态的过程。

interrogator 询问器 可引发应答器回答的无线电、雷达或声纳发射机。

inter-satellite link（ISL）卫星间链路 通信卫星之间的信息传输（不是卫星和地面站之间的传输）链路。

inter-switching system interface（ISSI）交换系统间接口 是交换式多兆位数据服务（SMDS）中两个交换机间的接口或两个城域网交换系统（MSS）之间的接口，该接口允许在一个城域网之内或以外扩展 SMDS 服务。其规范基于 ISSI 协议。ISSI 协议体系结构由三级组成，但与 OSI（开放系统互连）的分层无对应关系，

它的最低两级是基于分布式队列双总线（DQDB）城域网协议（由 IEEE 802.6 标准定义）。第一级定义传输链路的特性和连接传输链路的方法，使传输系统子层的服务适配于一般的物理服务；第二级为可变长度的第三级数据单元提供位差错检测和组帧等功能，将可变长度数据分成四个字节的 SMDS 信元和重新组装数据；第三级提供重组、转发、接收分组以及路由管理和拥塞管理等功能。

inter-switch link（ISL）（Cisco）交换机间链路 是思科系统公司的专有协议，可在交换机和路由器或交换机和交换机之间的流量中维护以太网帧中的 VLAN（虚拟局域网）信息。ISL 是思科的 VLAN 封装协议，仅在某些思科设备通过快速和千兆以太网链路支持。它作为 IEEE 802.1Q 标准的替代方案提供，这是一种广泛使用的 VLAN 标记协议，尽管思科不推荐在新站点上使用 ISL。对于 ISL，标签位于以太网帧的外部，这实际上与封装以太网帧相同；而对于 IEEE 802.1Q，标签位于内部。这是 IEEE 802.1Q 的关键优势，因为它意味着可以通过标准以太网链路发送标记帧。

interswitch trunk 交换机间干线[中继线] 两台（程控）交换机之间的通信线路。

interworking function（IWF）互通功能 可提供互通（网络互通，业务互通，补充业务互通或信令互通）的网络功能实体，它可以是一个或多个逻辑或物理实体。它是通过把状态和协议变换或映射成一致的网络和用户业务的手段，来隐藏在物理链路和网络技术上的差异的装置。

intra coded picture（ICP）帧内编码图像 也称为"I图"，帧内编码图像为不用基准图像编码作为基准所产生的图像。ICP 特点是：数据量最大；帧内中等程度压缩；无运动预测，可采用自相关性，即帧

内相邻像素、相邻行的亮度、色度信号都具有渐变的空间相关性,可作静止图像处理,无条件传送;图像可随机进入压缩图像数据序列,进行编码。

intradimensional routing　维内路由　一种通信网络中的自适应电路转接路由算法,在多维超立方体网络中以固定方式通过每一维的通道,从高维到低维的次序建立通路,如果其中一个链路忙则通过另一维的节点绕回原路径。

intranet　(企业)内联网　(1)使用因特网技术,为企事业单位的内部业务处理和信息交流而建立的专用网。通常采用一定的安全措施与企事业外部的因特网用户相隔离,对内部用户在信息使用的权限上也有严格的规定。(2) intranet 这个词及其技术,首次出现是在 1995 年 4 月美国《数据新闻与评论》的一篇文章中,它是因特网技术在企业内部的实现。它能够以很少的成本和时间将一个企业内部的大量信息资源透明地传递到企业的雇员的"桌面"。有时也可授予其商业伙伴和其他公司具有安全保证的访问权限。内联网技术主要用于如下领域:发布企业文档,访问共享目录,企业内部通信,简单群件功能,电子邮件,软件发布,建立最终用户舒适界面。

intra prediction　帧内预测　指在视频编解码过程中,相同解码图像中使用先解码的样值生成当前样本预测值的过程。

intra site automatic tunnel addressing protocol (ISATAP)　内部站点自动隧道寻址协议　ISATAP 是点到点的自动隧道技术,通过在 IPv6 报文的目的地址中嵌入的 IPv4 地址,可以自动获取隧道的终点。ISATAP 可以用于在 IPv4 网络中 IPv6 路由器 IPv6 路由器、主机 路由器的连接。由于不要求隧道节点具有全球唯一的 IPv4 地址,可以用于内部专用网络中各双栈主机进行 IPv6 通信,所以

ISATAP 适用于在 IPv4 网络中的 IPv6 主机之间的通信或 IPv4 网络中 IPv6 主机接入到 IPv6 网络的通信。

intrinsic coupling loss　固有[内在]耦合损耗　光纤系统中两根光纤连接时,由于光纤参数的差异(如光纤直径、折射系数和波形场半径等的不匹配)而引起的插入损耗。同 intrinsic joint loss。

intrinsic noise　固有噪声　由设备或传输路径所产生的噪声,与调制无关。

intrusion　入侵　未经授权进入他人信息系统的行为。广义上可表示系统内部发生的任何违反安全策略的事件,其中包括如下的威胁类型:① 外部入侵者:系统的非授权用户;② 内部入侵者:超越合法权限的系统授权用户;③ 违法者:在计算机系统上执行非法活动的合法用户;④ 恶意程序:例如病毒、特洛伊木马程序、恶意 Java 或 ActiveX 程序等;⑤ 探测和扫描系统配置信息和安全漏洞,为未来攻击进行准备工作的活动。

intrusion detection　入侵检测　对入侵行为的检测。它通过收集和分析网络行为、安全日志、审计数据、其他网络上可以获得的信息以及计算机系统中若干关键点的信息,检查网络或系统中是否存在违反安全策略的行为和被攻击的迹象。入侵检测作为一种积极主动地安全防护技术,提供了对内部攻击、外部攻击和误操作的实时保护,在网络系统受到危害之前拦截和响应入侵。

intrusion detection message exchange format (IDMEF)　入侵检测消息交换格式　IDMEF 描述了表示入侵检测系统输出信息的数据模型,并解释了使用此模型的基本原理。该数据模型用 XML(可扩展标记语言)实现,并设计了一个 XML 文档类型定义。自动入侵检测系统可以使用 IDMEF 提供的标准数据格式对可疑事件发出警报,提高商业、开放资源和

研究系统之间的互操作性。IDMEF 最适用于入侵检测分析器和接收警报的管理器之间的数据信道。

intrusion detection system (IDS) 入侵检测系统 所有能够执行入侵检测任务和功能的系统,其中包括软件系统以及软硬件结合的系统。对 IDS 进行标准化工作的两个组织:作为国际互联网标准的制定者(IETF)的入侵检测工作组(IDWG)和通用入侵检测框架(CIDF)。入侵检测系统主要利用审计记录识别出任何不希望的活动,从而达到限制这些活动,保护系统安全的目的。

intrusion detection working group (IDWG) 入侵检测工作组 IDWG 发起制订了一系列建议草案,从体系结构、API(应用程序接口)、通信机制、语言格式等方面规范 IDS 的标准。定义数据格式和交换规程,用于入侵检测与响应(IDR)系统之间或与需要交互的管理系统之间的信息共享。IDWG 提出的建议草案包括:入侵检测消息交换格式(IDMEF)、入侵警报协议(IAP)、入侵检测交换协议(IDXP)以及隧道轮廓。

inverse discrete cosine transform/transformation (IDCT) 离散余弦反变换 MPEG(活动图像专家组)通过离散余弦变换(DCT)把空间域的信息变换到频域的信息,完成压缩编码。在解压缩编码从 MPEG 流中提取出空间域的信息时,需要使用离散余弦反变换(IDCT)来抵消编码时做的离散余弦变换。

inverse discrete Fourier transform (IDFT) 离散傅里叶逆变换 是离散傅里叶变换的逆变换。在数字信号处理中,可将频域信号还原为时域信号。

inverse fast Fourier transform (IFFT) 快速傅里叶逆变换,逆快速傅里叶变换 常用于数字信号处理技术中。IFFT 可用于有效地合成均匀划分变换周期或

"帧"的频率。通过仔细考虑 DFT 频域表示,还可以使用一系列重叠帧和快速傅里叶逆变换有效地合成任意频率的正弦波。

inverse multiplexed DSL (IM-DSL) 反向复用数字用户线技术 一种数字用户线技术,其基本思想是使用多条 xDSL(各种数字用户线)链路,通过反向复用技术聚合构成一条高速物理链路,然后利用 ATM(异步传输模式)统计复用技术,使众多的用户能够共享这条物理通道。传输距离仍然限制在 2 km 以内。

inverse multiplexer (IMUX) 反向(多路)复用器 能将数据流分成多个较低数据速率的通信链路。反向复用器与解复用器不同,因为来自前者的多个输出流保持相互关联,而来自后者的多个输出流是不相关的。反向多路复用器与多路复用器相反,因为它将一个高速链路分成多个低速链路,而多路复用器将多个低速链路组合成一个高速链路。这提供每个低速率数据链路上可用的数倍速率的端到端连接。注意,与多路复用器一样,链路通常用于双向对,并且在链路的任一端,反向多路复用器将与其反向(反向解复用器)组合,并且仍称为反向 MUX(复用器)。例如,反向多路复用器用于将多个 ISDN(综合业务数字网)信道组合在一起成为一个高速率电路,其中需要比单个 ISDN 连接可用的更高速率的连接。这通常适用于没有更高速率电路的区域。

inverse multiplexing over ATM (IAM) ATM 上的反向复用 1997 年 ATM(异步传输模式)论坛通过将该技术作为 ATM 网络的接入技术规范,允许多个 T1 或 E1 通信机制与单个宽带 ATM 信元机制结合的一个过程。

inverse neighbor discovery (IND) protocol 反向邻居发现协议 IND 协议扩展

(RFC 3122)允许节点确定和通告对应于给定链路层地址的 IPv6 地址,类似于 IPv4 的反向 ARP(地址解析协议)。安全邻居发现协议(SEND)是 NDP 的安全扩展,它使用加密生成的地址(CGA)和资源公钥基础设施(RPKI)来提供一种替代机制,使用独立于 IPsec 的加密方法来保护 NDP。邻居发现代理(ND 代理)(RFC 4389)提供类似于 IPv4 代理 ARP 的服务,并且当在链路层无法进行桥接时,允许在单个子网前缀内桥接多个网段。

inverse STFT 逆短时傅里叶变换 STFT(短时傅里叶变换)是可逆的,即可以通过逆 STFT 从变换中恢复原始信号。最广泛接受的逆向 STFT 的方法是使用重叠添加(OLA)方法,该方法还允许修改 STFT 复合频谱。这成为通用信号处理方法,称为重叠和添加修改方法。

inverted-F antenna 倒 F 天线 一种用于无线通信的天线。它由一个平行于地平面并在一端接地的单极天线组成。天线从距离接地端一定距离的中间点馈电。与简单的单极天线相比,该设计有两个优点:天线更短更紧凑,设计师可以控制阻抗匹配,而无需额外的匹配元件。倒 F 天线最初在 20 世纪 50 年代被设想为弯曲线天线。然而,其最广泛的用途是作为移动无线设备中的平面倒 F 天线(PIFA),因为其省空间的特性。PIFA 可以使用微带格式进行打印制做,可以将印刷的 RF(射频)元件制造成用于安装其他元件的同一印刷电路板的一部分。PIFA 是贴片天线的变体。存在许多变体,以及其他倒 F 形式,以实现宽带或多频带天线。技术包括耦合谐振器和附加的插槽。

invisible internet project(I2P) 隐形[无形]互联网项目 是一个能够抵制审查、对等通信的匿名网络层。匿名连接是通过加密用户的流量(通过使用端到端加密),并通过遍布全球的大约 55 000 台计算机的志愿者运行网络来实现的。鉴于流量可以通过的路径的可能性很高,第三方不大可能观察到完整的连接。实现该层的软件称为"I2P 路由器",运行 I2P 的计算机称为"I2P 节点"。I2P 是免费和开源的,并在多个软件许可下发布。

inward wide area telephone service(INWATS) 内部大范围电话服务 一种能直接拨号呼叫用户而不收长途台电话费用的电话业务。

ion acoustic wave 离子声波 在等离子体的离子密度中纵向压缩波,它能够在高的电子温度和低频率情况下产生,是由离子惯性和电子压力的结合引起的。

ionized radiation resistance 耐电离辐射性 绝缘材料耐受各种电离辐射场(如电磁波、中子、电子等)作用的能力。

ionosphere 电离层 地球大气层外层的一部分,有大量离子和自由电子,足以反射电磁波的那部分。电离层距地面高度 60~1 000 km。电离层由于阳光强烈的辐射,导致稀薄气体发生电离,由于光电离作用而产生的离子和自由电子具有足够的密度使某些频段的无线电波产生反射、折射、吸收或其他影响传播的效应。电离层吸收了阳光中较高频率的射线(X 光和以上的频率),保护地球生物免受有害的影响。电离层可从低到高依次分为 D 层、E 层和 F 层等,其中 F 层还可分为 F1 层和 F2 层。

ionospheric absorption 电离层吸收 由电磁波与电离层气体分子和离子之间的相互作用而产生的吸收。

ionospheric propagation 电离层传播 利用电离层的无线电波传播。

ionospheric reflection 电离层反射 无线电波入射电离层后,因电离层折射效应累积,使入射波方向改变。在足够远的

距离上这一现象可视为等效于一个假想
反射面的反射。

ionospheric scatter　电离层散射　由于电
离层电离度的不规则性或不连续性而引
起的散射的无线电波传播。当采用
约 25～100 MHz 的频率范围时所允许的
通信距离可达 1 000～2 250 km。

ionospheric storm　电离暴　电离层 F
层(地球上面 150～500 km)中的一种扰
动,通常是由于来自太阳的突然性辐射
脉冲串所造成。伴随着电离暴,将有电
离密度降低和该区域垂直高度增加的现
象。在 3～30 MHz 波段的较高频率上,
对无线电通信暂时中断的影响最大。

IP address　IP 地址　标识网络节点的地
址,可单独并准确地识别出因特网上一
个具体的计算机地址。这个地址定义在
IP(网际协议)中,并由该协议进行处理,
因而这种地址称为 IP 地址。在因特网
协议版本 4 中 IP 地址是一个 32 位的二
进制数。这种 32 位的 IP 地址后来也称
为 IPv4 地址。由于二进制数码很难读
出,IP 地址就以四部分十进制数码给出,
每一部分代表 32 位地址中的 8 位。IP 地
址由网络识别编号和主机识别编号两部
分组成,每一部分包含两组数,每组数均
在 0～255 之间取值,如:202.112.10.87,
其中 202.112 两组数为网络识别编
号,10.87 两组数表示主机识别编号。另
外网络识别编号中首组数在 1～126 之
间称 A 类地址,128～191 之间称 B 类地
址,192～223 之间称 C 类地址,上例
中 202 即 C 类地址。而因特网协议版
本 6(IPv6)中使用 128 位地址。

IP address mask　因特网协议地址屏蔽
一组 IP 地址,定义为只有具有在该范围
内的 IP 地址的计算机才被允许访问因
特网服务。若要屏蔽 IP 地址的一部分,
可用星号通配符(*)来取代这部分。例
如,202.112. * . * 代表因特网上以

202.112 开始的 IP 地址的每一台计
算机。

IP based SAN　基于 IP 存储区域网　基于
IP(网际协议)存储较现已广泛使用的光
纤通道技术具有明显的优势,它能让数
据在任何地点都能被存储和访问(而光
纤通道的最大的距离极限是 100 公里),
并且让网络管理人员将其存储区域网与
企业网络的其余部分相集成,从而减少
了管理成本。

**IP connectivity access network (IP-CAN)
IP 连接性接入网络**　是一种提供因特网
协议(IP)连接的接入网络。该术语通常
用于蜂窝环境中,通常指 3GPP(第三代
合作伙伴项目)接入网络,如 GPRS(通用
分组无线业务)或 EDGE(增强型数据速
率全球移动通信系统演进技术),但也可
用于描述无线局域网(WLAN)或
DSL(数字用户线路)网络。它在 3GPP
IP 多媒体子系统(IMS)标准中作为通用
术语引入,涉及任何类型的基于 IP 的接
入网络,因为 IMS 非常强调接入和服务
网络分离。

**IP encapsulating security payload (IPESP)
IP 封装安全载荷**　IPSec(因特网协议安
全性)标准的核心安全协议之一,IPESP
提供了数据保密性,数据初始性验证,无
连接数据一致性和数据重播保护功能。
IPESP 加密算法使用对称性共享密钥,
即:加密、解密算法共用同一个密钥。
IPESP 提供数据验证功能采用与 IPAH
协议相同的 HMAC 算法,但两者的数据
覆盖程度是不同的。同 IPAH 一样,
IPESP 可工作在两种模式。在传输模式
中,IPESP 的验证功能只保护初始的
IP(网际协议)载荷,不保护初始的 IP 报
头。在隧道模式中,IPESP 验证功能将
保护全部的初始 IP 报头和负载,但不保
护新的 IP 报头。IPESP 可独立应用,也
可同 IPAH 一起应用,或者嵌套在另一

个 IPESP 实例中。通过不同的各种联合方式,可以提供通信主机对之间、通信防火墙之间以及主机和防火墙之间的数据验证。

Iperf Iperf(网络)工具 是一种广泛使用的网络性能测量和调优工具。作为可以为任何网络生成标准化性能测量的跨平台工具,具有重要意义。Iperf 具有客户机和服务器功能,可以创建数据流来测量一端或两端之间两个方向上的吞吐量。典型的 Iperf 输出包含传输的数据量和测量的吞吐量的时间戳报告。Iperf 是用 C 语言编写的开源软件,它运行在各种平台上,包括 Linux、UNIX 和 Windows。

IP Fax IP 传真 一种存储转发的方法。传真服务器接收(传真)起始的桌面系统的整个图像,对它格式化,并像电子邮件那样将它从 IP(国际协议)网上发送。远地的传真服务器接收文件,通过当地电话网把文件送到远地传真机上,这样就避开了长话的费用。为了最佳地实现 IP 传真,传真服务器需要有能全面支持 T.30 和 T.37 标准的智能传真卡。

IP group multicast IP 组播 IP 组播仅对所有需要相同数据的用户发送一次信息,并且在传递的过程中在网络关键节点处不断进行信息的复制和分发,因此信息能被准确高效地传送到每个需要它的用户。IP 组播技术非常适合视频会议、远程教育和实时训练等应用。

I-picture/I-frame I 图像/I 帧 是帧内编码图像 intra coded picture 的缩写。独立于所有其他图像编码的图像。每种 GOP(图像组)都以这种类型的图像开始(按解码顺序)。

IP load testers IP 负载测试仪 是一类专注于路由器性能实际评估的协议分析仪。路由器性能通常分为两类:转发性能(即数据平面)和路由性能(即控制平面)。为了测试转发性能,IP 负载测试器通常用模拟因特网流量加载到路由器。这个功能被称为"分组冲击",有几种常用的方法。第一种方法通过使用典型的分组长度组合(通常称为 IMIX)来近似实际的互联网流量。另一种常用的技术是以尽可能短的数据包长度对路由器进行冲击,以强调路由器的计算性能。在这两种情况下,IP 负载测试仪都会根据丢包、延迟和吞吐量来衡量路由器的性能。为了测试控制平面,IP 负载测试器通常通过测试端口模拟各种协议,以便连接到路由器上的那些协议的实际实现。例如,在因特网的核心中,各种路由协议用于控制平面或路由器的路由功能。核心路由协议包括 BGP(边界网关协议)、IS-IS(中间系统到中间系统协议)、OSPF(开放最短路径优先协议)和 RIP(路由信息协议)。控制平面性能通常以可伸缩性和性能的测量为特征。可伸缩性通常意味着路由器可以同时处理多少协议会话,并最终是内存的压力。性能通常是指时变参数,例如每秒会话数,最终是 CPU 功能的压力。

IP multicast/multicasting IP 多播,因特网协议多(点传)播 (1)一种路由选择技术,它允许 IP(国际协议)业务量从一个信源向一个目的端传播,或者从许多信源向许多目的端传播。它可以将一个数据包传送给单独的 IP 目的端组地址进行识别的组播组。(2)是一种通过网络中的 IP 基础设施进行一对多通信的技术。例如在因特网电视的情况下,用户从一个电视频道切换到另一个电视频道时,目的节点发送加入和离开消息。IP 多播通过不需要事先知道网络中有谁或多少接收者来扩展到更大的接收者群体。多播通过要求源仅发送一次数据包来有效地使用网络基础设施,即使需要把这个数据包传送到大量的接收者。仅在必要时网络中的节点才负责复制到达多个接收者的数据包。使用多播寻址的最常见传输层协议是用户数据报协议(UDP)。就其本质而言,UDP 不是可靠的,消息可能丢失或无序传递。通过添加丢失检测和重传机制,已经通过各种中间件产品,例如那些实现对象管理组(OMG)数据分发服务(DDS)标准的实时发布 订阅(RTPS)协议,以及诸如实用通用多播(PGM)之类的特殊传输协议,在 UDP 或 IP 之上实现了可靠的多播。

IP multicast service IP 组播业务 点对多点业务的一种,信息在 IP(网际协议)组播参与者之间进行传送。

IP multicast technology IP 多(路广)播技术 将单一 IP(网际协议)封包透过多址传送骨干网络(MBONE)一次同时传送给许多节点的技术。多播技术可以用于同时一对多或多对多发送数据,如流式媒体、股票报价或库存更新等,不管是服务器对客户机或者应用程序对应用程序。与传统的点对点单播技术不一样(单播为每个用户使用单独的连接),多播的所有用户都用一个连接。此技术通过消除对同一内容的冗余访问能减少公司网络上的流量。多播也能减少网络服务器上的负荷,并且改善了传送数据的质量,尤其是需要大量带宽的多媒体(如音频、视频)应用。

IP multimedia subsystem(IMS) 因特网[网际]协议多媒体子系统,IP 多媒体子系统 或 IP 多媒体核心网子系统(IMS)。是提供 IP 多媒体服务的体系结构框架。从历史上看,移动电话通过电路交换式网络提供语音通话服务,而不是严格地通过 IP 分组交换网络提供。提供语音(VoIP)或其他多媒体服务的替代方法已经可以在智能手机上使用,但它们尚未在整个行业中实现标准化。IMS 是提供这种标准化的架构框架。IMS 最初由无线标准组织第三代合作伙伴计划(3GPP)设计,作为 GSM(全球移动通信系统)之外的移动网络发展设想的一部分。其原始构想(3GPP Rel-5)代表了通过 GPRS(通用分组无线业务)提供因特网服务的方法。该设想后来被 3GPP、3GPP2 和 ETSI(欧洲电信标准协会)TISPAN(电信和因特网融合服务和先进网络协议)更新,要求支持除 GPRS 之外的网络(例如无线局域网,CDMA2000 和固话线路)。IMS 尽可能使用 IETF(因特网工程任务组)协议,例如会话发起协议(SIP)。根据 3GPP,IMS 不是为了标准化应用,而是为了帮助从无线和有线终端访问多媒体和语音应用,即创建一种固定-移动融合(FMC)形式。

IP over ATM(IPOA) ATM 上的 IP 传输,异步传输模式网络承载 IP 通过 ATM(异步传输模式)交换来构造 IP(网际协议)网络的核心网,以提高 IP 网络的性能。此技术是 IP 技术与 ATM 技术的结合,可以综合利用 ATM 速度快、容量大、多业务支持能力的优点与 IP 简单、灵活、易扩充和统一性的优点,从而达到优势互补的目的。IPOA 规定了利用 ATM 网络在 ATM 终端间建立连接,特别是建立交换型虚拟连接(SVC)进行 IP 数据通信的规范。IPOA 的主要功能有两个:地址解析和数据封装。地址解析就是完成地址绑定功能。对于 IP 数据包的封装问题,目前有下面两种封装形式可以采用:① VC(虚拟通道)封装:一条 VC 用于传输一种特定的协议数据(如 IP 数据和 ARP(地址解析协议)数据),传输效率很高;② 多协议封装:使用同一条 VC 传输多种协议数据。

IP over DVB 数字视频广播上的 IP 或 MPEG(运动图象专家组标准)上的 IP。意味着互联网协议数据报通过 MPEG 传输流传输,并使用某些数字电视系统分发,例如 DVB-H(数字视频广播手持)、

DVB-T(数字视频广播地面系统)、DVB-S(卫星数字视频广播)或 DVB-C(有线数字视频广播)。

IP over DWDM (IPoDWDM) DWDM 上的 IP 传输,密集波分复用承载 IP 是电信网络中用于在 OTN(光传输网络)中集成 IP 路由器和交换机的技术。只有当 IP 路由器和交换机支持 ITU-T(国际电信联盟-电信标准化部)的 G.709 时,才能实现真正的 IPoDWDM 解决方案。通过这种方式,IP 设备可以监视光路并实现传输功能,如 ITU-T G.709/Y.1331 规定的 FEC(前向纠错)或 ITU-T G.975.1 中定义的超级 FEC 功能。

IP over SDH (IPOS) SDH 上的 IP 传输,同步数字系列承载 IP 将 IP(网际协议)包经过简单的链路层协议直接加到 SDH(同步数字系列)的链路上传输,这样省掉了中间的 ATM(异步传输模式)层,从而简化了网络体系结构,提高了传输效率,降低了成本,易于兼容不同技术体系和实现网间互联。IPOS 主要适用于以 IP 数据业务为主的大容量 IP 核心网络而不适用于多业务应用。IPOS 标准是由武汉邮电科学研究院提出的,直接针对因特网核心层和边缘层的技术创新,也是国际电信联盟第一次采纳中国专家提出的电信标准重大提案。

IP over WDM (IPOW) WDM 上的 IP 传输,波分复用承载 IP 直接利用波分复用(WDM)的光传输系统来传送 IP(网际协议)数据包,省去了复杂的 ATM(异步传输模式)与 SDH(同步数字系列)两个层次,通常称为光互联网。这是一种最直接、最简单、最经济的 IP 网络体系结构,简化了层次,减少了网络设备,从而减少了功能重叠,减少了网管特别是网络配置的复杂性。IP over WDM 技术额外开销很低,传输速率很高,它最主要的特点在于它的巨大的带宽资源与简化的网络体系结构,以适应对带宽不断增加的需求,有利于提高网络的服务质量,很适用于超大 IP 骨干网。

IPSec 因特网[互联网,网际]协议安全性,IP 安全协议,IPSec 协议 是 Internet protocol security 的缩写。由因特网工程任务组(IETF)IP 安全工作组所制定的网络安全协议标准。IPSec 基于端对端的安全模式,在源 IP 和目标 IP 地址之间建立信任和安全性。IPSec 协议支持数据初始性验证,数据一致性判断,数据保密性,密钥管理以及安全会话管理等安全性功能。互联网 IPv4 和 IPv6 协议的实现将完全支持 IPSec 标准。IPSec 协议主要包括鉴别报头(AH)、封装安全净负荷(ESP)和因特网安全连接和密钥管理协议(ISAKMP)三个子协议。AH 协议为 IP 包提供信息源验证和完整性保证;ESP 的基本思想是对整个 IP 包或更高层协议的数据进行封装并对 ESP 的数据进行加密;ISAKMP 提供双方交流时的共享安全信息。IPSec 安全协议的优点在于:它不仅可以提供完全的端对端网络层安全性,而且也可以根据给定路径中任意不同段之间的具体特性选择合适的安全功能应当覆盖的安全范围。IPsec 具有两种运行模式:① 传输模式,AH 或 ESP 直接位于原始 IP 数据报头内,为两个最终系统之间的传输提供安全性,如服务器和客户机。② 隧道模式,原始 IP 数据报置于新数据报内,AH 和 ESP 信息插入新分组 IP 头部和原始 IP 数据报之间。隧道模式适用于虚拟专用网络(VPN)应用,可以保护企业通过因特网进行远程访问的安全。

IP tunnel IP 隧道 是两个网络之间的因特网协议(IP)网络通信信道。它用于通过封装其数据包来传输另一个网络协议。IP 隧道通常用于通过中间传输网络上的底层可路由协议,把两个不具有本地路由路径的互不相交的 IP 网络连接起来。结合 IPsec 协议,它们可用于在诸如因特网之类的公共网络上的两个或多个专用网络之间创建虚拟专用网。另一个突出的用途是通过 IPv4 因特网连接 IPv6 安装的孤岛。在 IP 隧道中,每个 IP 分组,包括其源和目的 IP 网络的寻址信息都封装在传输网络本地的另一种分组格式中。在源网络和传输网络以及传输网络和目标网络之间的边界处,使用网关来建立跨越传输网络的 IP 隧道的端点。因此,IP 隧道端点成为本地 IP 路由器,在源网络和目的网络之间建立标准的 IP 路由。从传输网络穿越这些端点的分组将从其隧道协议中使用的传输帧格式报头和尾部中剥离,从而转换为本地 IP 格式并注入到隧道端点的 IP 栈中。此外,传输期间使用的任何其他协议封装,如 IPsec 或传输层安全性,都将被删除。IP 隧道通常透明地绕过简单的防火墙规则,因为隐藏了原始数据报的特定性质和寻址。通常需要内容控制软件来阻止 IP 隧道。

IPv6 over low power wireless personal area networks (6LoWPAN) 低功耗无线个人区域网上的 IPv6,IPv6 低功耗无线个域网 是 IETF(因特网工程任务组)互联网领域一个已结束的工作组名称。6LoWPAN 概念起源于"互联网协议可以并且应该应用于最小的设备"的想法,并且具有有限处理能力的低功耗设备应该能够参与物联网。6LoWPAN 组定义了封装和报头压缩机制,允许通过基于 IEEE 802.15.4 的网络发送和接收 IPv6 数据包。IPv4 和 IPv6 是用于局域网、城域网和诸如因特网的广域网的数据传输的工作协议。同样,IEEE 802.15.4 设备在无线领域提供感测通信能力。然而,两个网络的固有性质是不同的。

IPv6 transition mechanism IPv6 过渡[转换]机制 是一种促进因特网从 1983 年开始使用的因特网协议版本 4(IPv4)基础设施过渡到因特网协议版本 6(IPv6)的后继寻址和路由系统的技术。由于 IPv4 和 IPv6 网络不能直接互操作,因此转换技术旨在支持任一网络类型的主机与任何其他主机通信。为了满足其技术标准,IPv6 必须具有来自当前 IPv4 的直接过渡计划。因特网工程任务组(IETF)通过 IETF 因特网草案和评论请求(RFC)流程开展工作组和讨论,以实现这一目标的过渡技术。RFC 4213 中定义了一些基本的 IPv6 转换机制。

IRE unit IRE 单位 是美国无线电工程师学会单位 institute of radio engineers unit 的缩写。是用于测量复合视频信号的单位。在模拟电视系统中,用于描述电视信号幅度特性的自定义单位。电视信号幅度的峰-峰值为 1 V,1 IRE 等于 $1/140$ V$\approx$O.007 142 V $=$ 7.14 mV。黑色电平定义为 0 IRE(0.000 000 V),白色电平定义为 100 IRE(0.714 286 V),同步信号为-40 IRE(-0.285 714 V),因此全白信号的峰值到谷值的总范围为 140 IRE。在定义 PAL(逐行倒相)、NTSC(美国国家电视制式委员会)和 SECAM(顺序彩色与存储)制式的 ITU-R(国际电信联盟-无线通信部)BT.470 标准中使用这个单元。

Iridium Communications Inc. 铱星通信公司 前身为 Iridium Satellite LLC。是一家总部位于美国弗吉尼亚州 McLean 的上市公司。铱星运行铱星卫星星座,这是一个由 66 颗活跃卫星组成的系统,用于从手持卫星电话和其他收发信机单元进行全球语音和数据通信。铱星网络的独特之处在于它覆盖了整个地球,包括极地、海洋和航空,到目前为止前后共发射了 95 颗卫星。Iridium 公司管理多个运营中心,包括美国亚利桑那州的 Tempe 和弗吉尼亚州的 Leesburg。美国国防部通过自己的专用网关,依靠铱星来实现全球通信能力。该公司的名称来自化学元素铱,其原子序数为 77,与计划部署的卫星的初始数量相等。

Iridium satellite constellation 铱卫星星座 是为地球整个表面上的卫星电话、寻呼机和集成收发器提供语音和数据覆盖的一个卫星星座。铱通信公司拥有并经营该星座、销售设备、接入其服务。该系统于 1988 年开始运作并商业化。该星座由全球覆盖所需的 66 颗在轨的有源卫星和发生故障时提供额外的备用卫星组成。卫星位于低地球轨道上,高度约为 485 英里(781 公里),倾角为 86.4°。卫星的轨道速度约为 17 000 英里/小时(27 000 千米/小时)。卫星通过 Ka 频段卫星间链路与相邻卫星通信。每颗卫星可以有四个卫星间链路:两个在相同轨道平面前后的邻居,两个卫星在相邻平面的任何一侧。卫星从极点到同一极点运行,轨道周期约为 100 分钟。

ISDB-T International (ISDB-Tb, SBTVD) 综合业务数字广播-地面国际(标准) SBTVD 是葡萄牙语巴西数字电视系统 Sistema Brasileiro de Televisão Digital 的缩写。是巴西、博茨瓦纳、秘鲁、阿根廷、智利、洪都拉斯、委内瑞拉、厄瓜多尔、哥斯达黎加、巴拉圭、菲律宾、玻利维亚、尼加拉瓜、萨尔瓦多和乌拉圭使用的数字电视广播技术标准,基于日本的 ISDB-T 标准。ISDB-T 国际标准于 2007 年 12 月 2 日在巴西圣保罗开始商业运营,称为 SBTVD。ISDB-T 国际标准也称为 ISDB-Tb(ISDB-T 日本标准,巴西版),基本上与原来的 ISDB-T 不同,它使用 H.264/MPEG-4 AVC 作为视频压缩标准,ISDB-T 使用 H.262/MPEG-2 第 2 部分,即便在便携式设备(ISDB-T,1seg,便携式设备使用 15 帧/秒)和使用由 Ginga-NCL 和 Ginga-J 模块(ISDB-T 使用广播标记语言 BML)组成的中间件

Ginga 进行强大的交互,每秒有 30 帧的显示速率。

ISDB-Tmm 综合业务数字广播-地面移动多媒体 is integrated services digital broadcasting-terrestrial mobile multi-media 的缩写。通过具有 MPEG-4 AVC/H.264 视频编码的广播台使用适当的频段号。ISDB-Tmm 用多个频段提供专用频道,如体育、电影、音乐频道及其他具有 CD 质量声音的频道,与 1seg 相比,可实现更好的广播质量。该服务使用频率为 207.5~222 MHz 的 VHF(甚高频)频段,日本于 2011 年 7 月转播到数字电视后开始使用该频段。由于无法持续盈利,于 2016 年 6 月 30 日停止服务。

ISDN BRI service 综合业务数字网基本速率接口业务,ISDN 基本速率接口业务 提供综合业务数字网基本速率接口(BRI)业务,它由 2 个 64 kbps 速率的 B 信道和一个 16 kbps 的 D 信道组成。

ISDN-call forwarding don't answer (I-CFDA) 综合业务数字网无应答呼叫前转 ISDN 的补充业务,即在被叫终端无人应答的情况下,将呼入被叫终端的全部呼叫或与某一基本业务相关的呼叫均转送到用户预先指定的另一个号码。

ISDN data transmission service 综合业务数字网数据传输服务 ISDN 提供的服务之一。利用 ISDN 可以把世界上任何地方的计算机互联起来并传输数据。因为很多国家所用信令制式不同,他们之间的电信系统还不能直接传输数据。利用 ISDN 技术很容易建立闭合用户群,数据传输只限于用户群内部,故保密性良好。

ISDN digital subscriber line (IDSL) 综合业务数字网数字用户线,ISDN 数字用户线 一种对称数字用户线技术,使用基于 ISDN 的数字用户线技术,以 144 kbps 的速率在现有的铜质电话线上提供数据

通信信道,略高于 128 kbps 的捆绑双信道 ISDN 连接。数字传输绕过电话公司处理模拟信号的中心局设备。IDSL 在 ISDN 传输模式下使用没有基本速率接口的 ISDN 等级坏路。IDSL 优于 ISDN 的好处是 IDSL 提供永远在线的连接,并通过数据网络而不是运营商的语音网络传输数据。

ISDN network interface module (INIM) 综合业务数字网网络接口模块,ISDN 网络接口模块 INIM 既有硬件又有软件,它执行网络终端1(NT1)的功能,物理网络接口是 U 接口。

ISDN network termination device 综合业务数字网网络终端设备 在 ISDN 用户-网络参考配置中的网络终端1(NT1)位置的设备,是用户传输线路终端装置。

ISDN private branch exchange (ISPBX) 综合业务数字网用户小交换机 为用户提供各种 ISDN 业务的专用交换机,通常服务于一个特定的机构,例如机关、企业、学校等,并与公用交换机相连接。

ISDN reference point 综合业务数字网参考点 国际电信联盟-电信标准化部(ITU-T)定义的 ISDN 的设备之间的连接或连接点。共有 U、T、S、R 四种。U 参考点是交换局内 ISDN 交换机与 NTI(网络端接口)之间的连接。T 参考点是 NTI 上为用户提供的连接插头。S 参考点是 ISDN 用户小交换机(PBX)与 ISDN 端口之间的连接。R 参考点是终端适配器与非 ISDN 设备之间的连接。

ISDN user part (ISUP/ISDN-UP) 综合业务数字网用户部分(协议),ISDN 用户部分(协议) ISDN(综合业务数字网)内的公共信道信令方式的用户部分,它是在电话用户部分(TUP)上附加 ISDN 特有的信令以及通信规程(用户-用户信令、中断、恢复)等部分后构成的。

I-series recommendations I 系列推荐标准 国际电信联盟(ITU)有关 ISDN(综合业务数字网)的建议为 I 类,称为 I 系列推荐标准。I 系列推荐标准共有 I.100～I.600 六个子系列,分别是:I.100 系列:内容为 ISDN 基本概念、建议的结构、术语、一般方法等;I.200 系列:内容为 ISDN 业务特性;I.300 系列:内容为网络结构的运行;I.400 系列:内容为用户与网络接口特性;I.500 系列:内容为网间接口;I.600 系列:内容为测试、维护与操作。此外,也包括有关于异步转移模式(ATM)的 I.700 系列。

isochronous 等时的 (1)一种数据传输形式,其中字符由位长整数倍的间隔隔开。(2)具有相同频率或周期的信号。(3)在相同持续时间出现或同时出现的信号或数据,如实时传输的声音和视像等信号。(4)通信双方的收、发进程需要在时间上同步。保证数据流不间断地以恒定速率发送和接收。

isochronous network 同步[等时]网络 也称"综合服务局域网(ISLN)",这是 IEEE 802.9 技术规范中的一种网络,该技术规范将 ISDN(综合业务数字网)和 LAN(局域网)技术结合,以使网络能传送多媒体。

isochronous transmission 等时传输 (1)一种数据传输过程。在这种过程中,任何两个重要时刻之间总有整数个单位区间。其传输间隔为单位时间的固定整数倍。(2)一种数据传输方式,用于实时数据的传送。在进行等时传送时,在每一总线时钟周期之内,确保必定传送一次视频和音频实时数据。等时传送是传送多媒体信息所必需的。

isoEthernet 等时以太网 IEEE 802 网络委员会的 802.9 工作组制定了在现有 3 类双绞线网络电缆设施上的集成语音和数据访问标准。其主要标准通常称为 isoEthernet。等时以太网结合了每秒 10

兆比特的以太网和每秒 96 个 64 千比特的 ISDN(综合业务数字网)B 信道。最初开发用于通过固定分配给以太网和 B 通道侧的带宽量来在同一线路上提供数据和语音/视频业务而不会降级。有一些厂商支持等时以太网,但由于快速以太网的迅速采用因而它失去了市场,工作组也就解散。

ISO/IEC 11172 ISO/IEC 11172 标准
ISO/IEC 于 1992 年发布的 MPEG-1(运动图像专家组规范-1)数字电视编码标准,包括系统、视频和音频三个部分。标准名称为"信息技术-用于数据速率高达 1.5 Mbps 的数字存储媒体的电视图像和伴音编码",主要用于视频光碟(VCD)。

ISO/IEC 11801 ISO/IEC 11801 标准 关于《信息技术-客户驻地的通用布线》标准规定了适用于广泛应用的通用通信布线系统(结构化布线),模拟和 ISDN 电话,各种数据通信标准,楼宇控制系统,工厂自动化。它涵盖了平衡铜缆布线和光纤布线。该标准设计用于商用场所,可能包括单个建筑物或园区内的多个建筑物。它针对最长 3 公里,最多 1 平方公里的,容纳 50 至 50 000 人的办公空间进行了优化,但也适用于此范围之外的设施。2017 年 11 月发布了一项重大修订,统一了商用、家庭和工业网络的要求。

ISO/IEC 13522 ISO/IEC 13522 标准 关于《多媒体和超媒体信息对象的编码表示法》标准包括一系列的分项标准。① ISO/IEC 13522-1：1997《信息技术-多媒体和超媒体信息编码-第 1 部分：媒体超媒体专家组 对象表示-基本注释》。② ISO/IEC 13522-3：1997《信息技术-多媒体和超媒体信息编码-第 3 部分：多媒体超媒体专家组 脚本交换表示》。③ ISO/IEC 13522-4：1996《信息

技术-多媒体和超媒体信息编码-第 4 部分：多媒体超媒体专家组 注册程序》。④ ISO/IEC 13522-5：1997《信息技术-多媒体和超媒体信息编码-第 5 部分：基本层次的交互应用支持》。⑤ ISO/IEC 13522-6：1998《信息技术-多媒体和超媒体信息编码-第 6 部分：增强的交互式应用支持程序》。⑥ ISO/IEC 13522-7：2001《信息技术-多媒体和超媒体信息编码-第 7 部分：互操作性和 ISO/IEC 13522-5 一致性测试》。⑦ ISO/IEC 13522-8：2001《信息技术-多媒体和超媒体信息编码-第 8 部分：ISO/IEC 13522-5 可扩展标记语言表示法》。

ISO/IEC 13818 ISO/IEC 13818 标准
ISO/IEC 于 1995 年发布的 MPEG-2(运动图像专家组规范-2)数字电视编码标准,标准名称为《信息技术-电视图像和伴音信息的通用编码》,主要用于 DVD-Video。

ISO network management model ISO 网络管理模型 国际标准化组织(ISO)为了指导网络管理研究和网络管理标准制定而提出的网络管理模型。该模型由故障管理、性能管理、配置管理、记账管理和安全管理几部分组成;① 故障管理:用于检测、控制、隔离和修复网络故障,保证网络正常有效运行;② 性能管理:用于收集网络统计信息,分析网络的流量、延迟时间、出错频率等性能指标,以便改进网络性能;③ 配置管理:用于记录或更改网络的物理配置和逻辑配置;④ 记账管理:分门别类收集、记录、管理各种网络资源的使用情况;⑤ 安全管理:控制网络存取权限,防止人为破坏和病毒感染。

isosynchronous 等同步 一种同步与异步串行协议兼而有之的串行通信技术,它保留了同步协议的时钟互连,但并不产

生同步字符。起始位如同步协议中那样产生。

isotropic aerial/antenna (IA)　各向同性天线,全向天线　一种理论上的天线,它能从一个点源在所有方向上以球面辐射的形式辐射信号能量。这种天线用作为标准,也称为"单极天线"或"无方向性天线"。

isotropic mapping　各向同性映射　方向保持不变的映射。即正交表示的所有空间维方向有相等的定比值。这里所说的映射是指把图像从一个坐标系转换到另一个坐标系。

isotropic medium　各向同性媒质　其性质在所有方向都相同的媒质。

isotropic radiator (IR)　各向同性辐射器　在所有方向发出相等能量的辐射器。是电磁波或声波的理论点源,它向所有方向辐射相同的辐射强度。在以源为中心的球体上向所有方向均匀辐射。各向同性辐射器用作参考辐射器,与其他源相比较,例如在确定天线增益时。理论上不可能使用电磁波的相干各向同性辐射器,但可以构建非相干辐射器。各向同性声音辐射器是可能的,因为声音是纵波。

ITU-T　国际电信联盟-电信标准化部　ITU Telecommunication Standardization Sector 的缩写。是国际电信联盟(ITU)的三个部门(分支或单位)之一,它协调电信标准工作。国际电联的标准化工作始于 1865 年国际电报联盟(ITU)的成立。国际电报联盟于 1947 年成为联合国的一个专门机构。国际电报电话咨询委员会 (CCITT, 法语: Comité Consultatif International Téléphonique et Télégraphique)成立于 1956 年, 1993 年更名为 ITU-T。

ITU-D　国际电信联盟-电信发展部　ITU Telecommunication Development Sector 的缩写。是国际电信联盟(ITU)的三个部门(部门或单位)之一,它负责制定发展中国家的政策、法规并提供培训项目和金融战略。1992 年成立的该秘书处称为电信发展局。

J

jabber 超时传输,无意义数据流,超长数据包 (1) 数据站进行超出规约所允许的时间间隔的传输。(2) 网络适配器的一种状态,由于某种故障致使在网络上传输的不间断随机数据流或无意义的数字信号。(3) 长度超过 IEEE(电气和电子工程师学会)802.3 标准规定长度的数据包。

jack ended 端末塞孔 在电信技术中,一种交换台上的塞孔,包括塞孔连接线、占线灯和接线用的塞绳电路。

jack in 登录,接入 (1) 登录到某台计算机。同 login。(2) 指连入网络或联机公告板系统,尤指最终目的是为了进入 IRC(因特网中继对话)或诸如 MUD(多用户"地牢"游戏)等虚拟现实的模拟环境中。

jack out 注销,退出 (1) 从一台计算机上退出登录。(2) 断开与网络或联机公告板系统的连接。

jamming 干扰 利用电磁波的辐射或再辐射方法,人为地制造干扰源,使系统、电子器件或传输线路不能正常工作的方法。

jam signal 阻塞信号 (1) 由数据站发送的一种二进制位信号,通知其他站不能传送信息给它。(2) 在 CSMA/CD(载波监听多路访问/冲突检测)网络中,阻塞信号表示碰撞已发生。在 CSMA/CA 网络中,阻塞信号表示发送站企图传输。

jam sync 阻塞同步 指美国电影电视工程师协会(SMPTE)的时间码发生器产生的特定时间码馈送或阻塞给主录像机(VTR)的能力,用于将多个录像带材料编辑合成为单一母带,这样,母带将有连续的、不间断的时间码。

Japan Cable Television Engineering Association (JCTEA) 日本有线电视工程协会 有线电视、闭路电视通过不断向观众提供最新的世界新闻和日常信息,不仅在实现舒适的社会和富裕生活方面发挥着重要作用,而且还致力于成为宽带服务领域的核心媒体。JCTEA 经邮电部(2000 年改组为内务和通信部)批准于 1975 年 7 月成立,支持有线电视产业在硬件方面的快速进展。JCTEA 一直从事加强和推动数字地面电视广播的实施和引进,特别是多层住宅的公共接收设施,以及关注直到 2013 年仍接收不良的城市地区和偏远地区的公共接收设施。目前,致力于有线电视在超高清电视(4 K 和 8 K)、智能电视、IP 视频时代的发展。

J band J 波段,J 频带 (1) 在红外天文学中,J 波段是指以 $1.25\ \mu\mathrm{m}$(近红外线)为中心的大气传输窗口。(2) J 频带是 NATO(北大西洋公约组织)在冷战期间给予 10 至 20 GHz(相当于 $3\sim1.5\ \mathrm{cm}$ 波长)的无线电频率的过时名称。自 1992 年以来,频率划分、分配和分配符合北约联合民用/军事频率协议(NJFA)。但是,为了识别军用无线电频谱要求,例如,对于危机管理规划、培训、电子战活动或军事行动,该系统仍在使用中。(3) 在英国,联合无线电公司使用术语 J 波段来指代其燃料和电力行业使用的 $139.5\sim140.5$ 和 $148\sim149$ MHz 的 VHF(甚高频)通信频段。

JBIG1　JBIG1 标准　是二值图像无损压缩的标准,由联合二值图像编码专家组(JBIG)开发,1993 年被采纳为国际标准,标准号为 ISO 11544。

JBIG2　JBIG2 标准　是二值图像的压缩标准,由联合二值图像编码专家组(JBIG)开发,2000 年成为正式国际标准,标准号为 ISO 11492。它被设计用于简洁的有损和无损编码,大大增强了压缩性能(一般比 JBIG1 少 2～4 倍)。JBIG2使用的是分割和类型指定编码。

Jingle（protocol）　Jingle 协议　是可扩展消息传递和呈现协议(XMPP)的扩展,它为诸如 IP 语音(VoIP)或视频会议通信之类的多媒体交互添加了对等(P2P)会话控制(信令)。它由 Google 和 XMPP标准基金会设计。使用实时传输协议(RTP)传送多媒体流。

Jini（Java intelligent network infrastructure）Java 智能网络基础设施,Jini 技术　是Sun 微系统公司的一种基于 Java 的分布式网络系统体系,它不是网络操作系统,而是用来建立 Java 虚拟机(JVM)联合体的网络基础结构。其目的是使用户能够通过网络共享服务和资源;允许用户简单访问网络中任何地方的资源,同时用户在网络中位置不受限制;为程序员构筑安全的分布系统提供现成工具和设计模式;简化包含设备、软件和用户的网络管理工作。

jitter　抖动,不稳定性　(1)数字信号短时间的不稳定扰动。其中包括幅度或相位的不稳定扰动。是数字信号重要的传输特性之一,其定义为数字信号各有效瞬间相对于理论规定时间位置的短期偏离。引起抖动的主要原因是电磁干扰等。抖动是造成数字器件误动作的主要因素之一。(2)数字通信中脉冲序列间隔的不稳定变化。其定义为数字信号的各个有效瞬时相对于其理想时间位置的

短期非累积性偏移。引起这种变化的主要原因是:脉码调制信号在长距离传输时调谐电路失谐、脉冲波形失真、门限检测器失调或传输过程中混入了噪声等。(3)在电视或显示器屏幕上,由于扫描系统工作不稳定,或者信号受到干扰,而使显示图像发生的尺寸或位置上的小幅度抖动的现象。

jitter susceptibility　抖动灵敏度,抖动敏感性　是指在数字电视系统中数字图像信号或参考信号时基偏移对性能的影响程度。

.jobs　工作域名　域名 jobs 是因特网域名系统中的赞助顶级域名(sTLD)。如其名称所示,该域名仅限于与就业相关的网站。该域名于 2005 年 4 月 8 日由ICANN(因特网名称与编号分配机构)批准,作为 2004 年提交的第二批新的TLD(顶级域名)申请的一部分。它于 2005 年 9 月安装在 DNS 根目录中。

job transfer and manipulation（JTM）　作业传送与处理[转移和操作]　OSI(开放系统互连)应用层中的一个协议实体,提供用于达到某种目的、在多个开放系统之间定义和执行作业以及支持用户构成分布式处理系统所需的各种管理功能。它采用一种称为工作规范的概念性数据结构表示开放系统之间要交换的所有信息。工作规范中存放表示作业内容和有关传送方法等管理信息。JTM 用户可以自由地决定表示作业内容的信息。

joint access cost　连接访问[存取]成本　在网络中,与局部通信和远程通信连接有关的所有成本。其中包括:基本终端、设备的安装劳务费用、内部的连线、用户的环路和所有局部中央事务处理装置的费用。此外,还应包括商业上的和指导性的开支等。

Joint Bi-level Image Coding Experts Group（JBIG）　联合二值图像编码专家组

JBIG 于 1988 年成立,是一个由国际标准实体和主要公司提名产生的专家组,负责制定二值通信和低像素精度图像的无失真压缩标准。

joint frequency encoding　联合频率编码　是为降低数据速率在音频数据压缩中使用的编码技术。该想法是将多个声道的给定频率范围合并在一起,使得所得到的编码将保留该范围的声音信息,不是作为一路单独的声道而是作为一个同质的数据流。

Joint Photographic Experts Group（JPEG）联合摄影[图像]专家组　(1)由国际标准化组织(ISO)和国际电报电话咨询委员会(CCITT)共同进行标准化的彩色静止图像的压缩规范(编码方式)。把数据压缩到 1/10 到 1/30,可以实现实时图像再生,符合这一规范制造出的电路插件板称作 JPEG 插板。(2)关于压缩编码的标准。1992 年成为 ISO/IEC 10918 标准,JPEG 适于彩色静止图像的压缩方式。尽管 JPEG 格式字节数较大,但它在处理图片阴影渐变及混合方面优于 GIF(图形交换格式),其成像清晰度高于 GIF 格式。(3)JPEG 标准规定了基本系统和扩展系统两部分,符合 JPEG 标准的编解码器至少要满足基本系统的指标。在基本系统中,每幅图像被分解为相邻的 8×8 图像块。对每个图像块采用离散余弦变换(DCT),再用一个非均匀量化器来量化变换系数,减少可能出现的电平的个数。量化后的 DCT 系数再经 Zigzag 描成一维符号序列,对其中的非零幅值和零游程长度再进行 Huffman 编码。在解码器中,为了重建图像,其过程和编码器相反。JPEG 的扩展系统可提供更多的算法(如算术编码),更高的像素值,更多的 Huffman 码表。它还可以提供更多的编码算法(如逐级传送的编码、独立无失真编码等)。

joint stereo　联合立体声　由于因特网允许以适度的因特网接入速度传输相对低比特率,可接受质量的音频,因此联合立体声这一术语变得非常突出。联合立体声指的是用于此目的的任何数字的编码技术。这里描述了两种形式,两种形式都以不同的方式用不同的编解码器实现,例如 MP3,AAC(高级音频编码)和 Ogg Vorbis。

joint-stereo coding　联合立体声编码　在音频工程中,联合是指连接几个类似信息的通道,以获得更高的质量、更小的文件大小或两者兼而有之。这是 MPEG(运动图像专家组)音频(如 MP3)标准中使用的音频编码方法。这种方法根据人耳对频率过低和过高的声音不能区分其来源,将它们当作单声道的声音进行编码,并用少量的附加信息以辅助声音的重构。例如,在左声道和右声道的声音相近的情况下,使用中央声道声音(左声道声音+右声道声音)和边声道声音(左声道声音-右声道声音)代替左声道声音和右声道声音。

Journal of Cryptology　《密码学杂志》　1989 年于德国创刊,全年 4 期,由 Springer Verlag 出版社出版。SCI(科学引文索引)收录期刊。刊载密码学理论研究论文,涉及多种学科,包括密码分析、信息理论、计算数论、密码管理等。

Journal of Digital Imaging　《数字成像杂志》　1988 年于德国创刊,全年 4 期,由 Springer Verlag 出版社出版。SCI(科学引文索引)收录期刊。论述计算机应用于放射治疗的实际问题,阐释电子操作技术与数字成像的作用,包括图像存档和传递。

Journal of Network and Computer Applications　《网络与计算机应用杂志》　1978 年于英国创刊,全年 4 期,由 Elsevier Science 出版社出版,SCI(科学引文索引)、EI(工程索引)收录期刊。刊载微计算机软件与硬件设计技术和微计算机在科研、医学、工程、工业、商业的应用方面的研究论文和简报，兼载问题讨论和书评。

Journal of Telecommunication Networks《电信网络杂志》 美国计算机科学出版公司出版的刊物。1982 年创刊，季刊。刊载通信网络方面的研究论文。内容涉及各种网络的结构、分析与设计技术、网络规程与标准、网络服务、网络软件、传输设备、网络控制及办公室自动化等，兼载会议消息和书评。

Journal of Visual Communication and Image Representation 《可视通信与图像显示杂志》 美国 1990 年创刊，全年 4 期，Elsevier Science 出版社出版，SCI（科学引文索引）、EI（工程索引）收录期刊。刊载可视通信与图像显示技术的理论与应用研究论文。主要涉及生物视觉系统的数字、模拟、信息处理、通信等方面的问题。

JPEG file interchange format（JFIF） 静止图像压缩标准文件交换格式，JPEG 文件交换格式 一种使用 JPEG（联合图像专家小组）图像压缩技术存储摄影图像的方法。JFIF 代表了一种"通用语言"文件格式，它是专门为方便用户在不同的计算机和应用程序间传输 JPEG 图像而设计的。

JPEG 2000（JP2） 联合图像专家组规范 2000 版 是图像压缩标准和编码系统。它是由联合摄影专家组委员会于 2000 年创建的，旨在用新设计的基于小波的方法取代原始的（创建于 1992 年）基于离散余弦变换的 JPEG（联合摄影专家组）标准。标准化文件扩展名为.jp2，用于符合 ISO/IEC 15444-1 的文件；.jpx 用于扩展第 2 部分规范，发布为 ISO/IEC 15444-2。已注册的 MIME（多用途因特网邮件扩展协议）类型在 RFC 3745 中定义。对于 ISO/IEC 15444-1，它是 image/jp2。

JPEG 2000 interactive protocol（JPIP） JPEG 2000 交互协议 是一种压缩流式协议，它与 JPEG 2000 一起运行，以使用所需的最小带宽来生成图像。它可能对医学和环境意识等目的非常有用，目前正在制作它的许多实现，包括 HiRISE（高分辨率成像科学实验）摄像机的图像等。JPIP 只能下载图像的请求部分，节省带宽、两端的计算机处理和时间。它允许以低分辨率相对快速地观看大图像，以及同一图像的更高分辨率部分。使用 JPIP，可以在相对较轻量级的硬件（如个人数字助理 PDA）上查看大型图像（1 千兆像素）。

jumbo frame 巨帧 在计算机网络中，jumbo frames 或 jumbos 是具有超过 1 500 字节有效载荷的以太网帧，这个限制由 IEEE 802.3 标准设置。传统上，巨型帧可以携带多达 9 000 字节的有效载荷，但是存在变化并且必须注意使用这个术语。许多千兆以太网交换机和千兆以太网网络接口卡都可以支持巨型帧。一些快速以太网交换机和快速以太网网络接口卡也可以支持巨型帧。大多数国家研究和教育网络，如 Internet2（第二代因特网）、National Lambda Rail（美国研究和教育界网）、ESnet（能源科学网）、GÉANT（泛欧国家研究和教育网）和 AARNet（澳大利亚学术研究网）都支持巨型帧，而大多数商业因特网服务提供商都不支持。

jumbo group 巨群 一种频分复用（FDM）载波系统的多路复用水平，它包括 3 600 个音频（VF）或电话信道（6 个主群），也称作"超群"。

K

Ka band　Ka 波段　是电磁波谱中微波中的一部分,定义为 26.5～40 千兆赫(GHz)范围内的频率,或波长从稍微大于 1 cm 到 7.5 mm。该波段称为 Ka,是"K-above"的缩写,因为它是最初北约 K 波段的上部,由于 22.24 GHz(1.35 cm)大气中的水蒸气共振峰的存在,它被分成三个波段。这使得该中心无法用于远程传输。30/20 GHz 频段用于 27.5 GHz 和 31 GHz 频段的通信卫星上行链路,以及军用飞机上的高分辨率近程目标雷达。该无线电频段中的某些频率用于执法部门的车速检测。开普勒(太空船)使用这个频率范围来下载太空望远镜收集的科学数据。

Kademlia　卡德姆利亚(哈希)算法　是由 Petar Maymounkov 和 David Mazières 于 2002 年为分散式对等计算机网络设计的分布式哈希表。它通过节点查找指定网络结构和信息交换。Kademlia 节点之间使用 UDP(用户数据报协议)进行通信。虚拟或覆盖网络由参与者节点形成。每个节点由数字或节点 ID 标识。节点 ID 不仅用作标识,而且 Kademlia 算法使用节点 ID 来定位值(通常是文件哈希值或关键字)。

K aerial/antenna　K 形天线　H 形天线的变型,其两臂构成偶极子,竖直单元构成反射器。

Kalman filter　卡尔曼滤波　在统计和控制理论中,卡尔曼滤波,也称为线性二次估计(LQE),是一种算法,它使用随时间观察的一系列测量值,包含统计噪声和其他不准确度,并产生更多的未知变量的估计值,通过估计每个时间帧的变量的联合概率分布,往往比基于单个测量的那些值更准确。

Karhunen-Leove transform（KLT）　卡路南-赖佛变换　一种正交变换,在数学上称为主成分分析,用于处理随机过程中的连续信号去相关性。可以把多变量信息即多波段的图像信息,压缩或综合在一幅图像上。达到数据压缩、提高信噪比、提取相关信息、降维处理和提取原图像特征信息的目的。

Karn's algorithm　卡恩算法　判定通信信道好坏的一种算法,这种算法可以使传输层协议根据传输信号的来往时间判定信道状况的好坏,增强对往来传输时间的估计。

K-ary n-cube　K 的 n 次方网络,K 进制 n 维网络　一种超立方体网络结构,网络中由 K 的 n 次方个相互连接的节点,任一节点有一个 n 位 K 进制地址。在各维中的长度相等,每个节点在网络中与地址相差一个正负 1 的节点相连。

Kell factor　科尔[凯尔]系数,Kell 因子　(1) 表示每帧扫描线总数与相应电视信号带宽之间关系的数值,在 0.7～0.85 之间,通常取 0.745。(2) 在电视中用以表示水平对垂直清晰度比率的因子。假设电视图像 n 行中的每一行都是由交替的黑色和白色元素构成。如果这些元素是正方形的,相当于水平清晰度与垂直清晰度相同,那么,纵横比为 4:3 时,每一行就有 $4n/3$ 个元素。能在最低的视频频率内解析一行的时间是一个周期,处理黑色和白色元素各占一半周期。这就是对系统视频频率的上限限制,系统给出的值会明显高于实际中的使用值。假设水平清晰度只需要是垂直清晰度的 0.7 倍,换句话说,它们是基于一个 0.7 凯尔系数,较低的实际值就是合理的。

Kelvin(K) 开尔文,绝对温标,开氏温标 在视频照明中的术语,测量给定光源色温的计量单位,通常用度数符号"K"表示,例如,100 W 的普通家用灯泡额定为 2 900 K,舞台灯光约 3 200 K,日照约为 5 800 K,而多云明亮的天都接近 6 000 K。如果场景的开尔文温度变化,必须重新白平衡(通过相机的白平衡控制按钮)以获得准确的色彩。开尔文度数越低,光的色调越暖。

Kendall effect 肯德尔效应 在电信中,肯德尔效应主要发生在单边带宽度大于传真载波频率的一半时。在传真系统记录拷贝中,一种由于载波信号的传输而产生的寄生图像或其他的畸变。它是基带整流后非期望的调制产物,它干扰载波的下边带。

Kepler 开普勒(太空船) 是美国国家航空航天局(NASA)发射的一个太空观测站,用于发现围绕其他恒星运行的地球大小的行星。以天文学家约翰内斯·开普勒命名,该太空船于 2009 年 3 月 7 日发射进入地球尾随的日心轨道。经过九年的运作,望远镜的反应控制系统燃料耗尽,NASA 于 2018 年 10 月 30 日宣布退役。

Kerberized Internet negotiation of keys (KINK) Kerberos 化因特网密钥协商 是 RFC 4430 中定义的协议,用于建立 IPsec 安全关联(SA),类似于 Internet 密钥交换(IKE),利用 Kerberos 协议允许受信任的第三方处理对等方的身份验证以集中的方式管理安全政策。RFC 3129 中给出的意图是作为 IKE 的替代,其中对等体必须各自使用 X.509 证书进行身份验证,使用 Diffie-Hellman 密钥交换(DH)进行加密,了解并实现与其连接的每个对等体的安全策略,通过预先安排或使用 DNS(最好使用 DNSSEC)对 X.509 证书进行身份验证。利用 Kerberos、KINK 对等体必须仅与相应的认证服务器(AS)进行相互认证,密钥分发中心(KDC)进而控制密钥材料的分发以进行加密,从而控制 IPsec 安全策略。

Kerberos Kerberos 协议 是一种基于票证的计算机网络身份验证协议,由美国麻省理工学院(MIT)开发,允许节点通过非安全网络进行通信,以安全的方式相互证明其身份。

Kermit kermit 文件传送协议 由美国哥伦比亚大学最先开发的一种计算机文件传输/管理协议和一组通信软件工具,主要用于 20 世纪 80 年代早期的个人计算。它为跨越许多不同计算机硬件和操作系统平台提供文件传输、终端仿真、脚本编程和字符集转换的一致方法。

Kerr cell 克尔盒 一个含有两个平行平面电极和位于交叉偏振片之间的液体单元所组成的光调制器,由于偏振片是交叉的,通常是没有光信号通过的。其液体单元的折射率正比于外加电场强度的平方。在电极之间施加的信号使得光偏振平面旋转(称为克尔效应),从而使光信号通过。克尔盒通常可用于构成另一系统的光通路或用于光通路中光线的调制。例如,用于投影电视机的光束信号调制或作为一个高速相机的快门。因此,也称为光电快门。

Kerr effect sensor 克尔效应传感器 一种双折射光纤传感器,当有外加电场时,寻常射线的相位将超前或滞后异常射线的相位,导致入射光束分成两束以不同的相速度传播,引起偏振面的旋转,相移量正比于外加电压的平方,偏移方向取决于外加电压的极性。

Kewlstart 凯尔启动 是在 Asterisk 公司 PBX(专用分支交换机)开源软件社区中创建的一个术语,用于扩展 FXS(外局交换站)和 FXO(外局交换局)电话接口的环路启动信号,增加断开连接的监控。几十年来,这种类型的挂机/摘机监控在北美的步进系统和电子交换系统中得到了应用。

key 密钥 加密处理中所使用的一个参数,通过密钥的选择可以得到大量的不相同密钥。在大多数加密机制中,密钥是不公开的,因为持有密钥就可以访问相应的数据或文本。在公共密钥加密系统中,加密密钥是公开的,只有解密密钥不公开。

key-agreement protocol 密钥协商协议 在密码学中,密钥协商协议是一种协议,其中两方或多方可以以影响结果的方式就密钥达成一致。如果做得恰当,这可以排除了不希望的第三方对协议方强制进行密钥选择。在实践中有用的协议也不向任何窃听方透露已经商定的密钥。

key amount 密钥量 密钥量与密钥熵密切相关。其中,密钥量是表示密钥单元空间内可产生密钥数量的一种衡量。若密钥量太小,那么相应的密码体制的密钥熵也小,即该种密码容易被破译,不很安全。

key autokey mode 密钥自密钥型 又称"输出反馈型",即利用密钥的输出自行产生新的密钥,是密码运行的一种形式。将作为密钥的分组密码的部分位反馈到输入端,作为输入的部分明语,以产生足够长的伪随机位序列。然后,把这个伪随机位序列与明语信码的二进制序列按模二相加,产生全系统的密码文。

key component 密钥成分 在加密技术中:① 至少两个具有密钥格式的字符中的一个,它与一个或多个类同的参数进行"异"操作形成的一个密钥;② 多元素的任何一种组合,这组合构成一种密钥。

keyed automatic gain control (KAGC) 键控自动增益控制 一种自动增益控制(AGC)技术,对电视接收机中的 AGC 晶体管加以偏置使其截止,仅当有正水平同步脉冲的峰值作用于其基极时才导通。这一技术可防止同步脉冲之间出现的噪声脉冲影响 AGC 电压。

key fingerprint 密钥指纹 一种可读的代码,加密密钥的实际二进制代码,以十六进制表示。对于公钥来说,密钥指纹是惟一的,用于确定公钥的所有权。

key generation 密钥产生 密码学中产生一个密钥或一组特殊的密钥。

keying 键控,发报,按[击]键 (1)通过断开或接通直流电路或者在某些离散值之间调制载波而形成信号的过程,比如,电报传输中所用的信号。键控技术包括相移键控、频移键控和幅移键控等。(2)为了传输信息,对文字或数字手稿进行编码,并通过键或键盘发送出去的击键动作。

keying relationship 密钥关系 在加密技术中,存在于通信对之间的一种状态,在此期间,它们至少可以共享一个数据密钥或密钥的密钥。

keyless cryptography 无密钥的密码学 密钥管理中用于建立通信密钥的一种方法。运用这种密钥,在建立密钥的通信双方之间交换的信息是不保密的,但通信开始后是保密的。

key management 密钥管理 是处理密钥自产生到最终销毁的整个过程中的有关问题,包括系统的初始化、密钥的产生、存储、备份/恢复、装入、分配、保护、更新、控制、丢失、吊销和销毁等。与密钥管理各个方面有关的问题取决于密码技术、环境和应用等领域。

key pair 密钥对 在密钥管理中,通常用于加密数据的一对密钥。在加密过程中,一个密钥通常用于对明文加密,第二个密钥对用解密算法的密钥块加密,再用第一密钥对其结果再加密。这种技术可以免受窃取者的攻击,同时,也保证了密钥对系统与一个单密钥系统的兼容性。

key partitioning 密钥分割 密钥管理中使用主密钥和其变量对副密钥和基本密钥编码的技术。这种技术确保了由一种密码运算所定义的密钥不被滥用或者不可能被另一种密码运算所操纵。从而在不同的应用之间以获得隔离和独立。

key pulse (KP) 键控脉冲 一种用键控装置传送地址、优先数或路由信息的信号脉冲。

key pulse dialing 键控脉冲拨号 电话机的按键拨号方式,每一个按键对应一个脉冲号码,而早期的脉冲号码是靠旋转式拨号盘来发送的。参见 pulse dialing。

key recovery 密钥恢复 一种私钥加密方法。授权方(例如政府代理机构)使用专用软件可以从加密数据中恢复密钥。按目前的法律,自 1998 年后从美国出口的任何加密软件都必须能实现密钥恢复。这条规定代替了早期提出的任何出口加密软件必须实现密钥托管的规定。

key server 密钥服务器 在计算机安全中,密钥服务器是接收现有加密密钥,然后向用户或其他程序提供服务的计算机。用户的程序可以在与密钥服务器相同的网络上工作,也可以在另一台联网的计算机上工作。密钥服务器分发的密钥几乎总是作为加密保护的身份证书的一部分提供,该证书不仅包含密钥,还包含关于密钥所有者的"实体"信息。证书通常采用标准格式,例如 OpenPGP 公钥格式、X.509 证书格式或 PKCS(公钥加密标准)格式。此外,密钥几乎总是用于非对称密钥加密算法的公钥。

key space 密钥空间 密码学中一种密钥所有可能取值范围的集合。密钥空间通常以位为单位,即以位的多少来对独特密钥进行计数。密钥的位越长,其密钥空间也就越大。在一个密钥系统中,必须有足够大的密钥空间,以阻挠密钥穷举的破坏攻击。

key translation center (KTC) 密钥转换中心 在密钥管理中,类似于密钥分配中心。所不同的是:密钥分配中心的始发方有产生数据密钥的能力,而密钥转换中心则把接收到的密钥进行解密,通过公证设施,用密钥转换中心和接受端之间的共享的密钥加密的密钥,对解密的密钥进行再加密,并送给始发方。然后,始发方把再次加密的密钥传送给最终接收者。

keyword density 关键字密度 在一个页面中,关键字占所有该页面中总的文字的比例,该指标对搜索引擎的优化起到关键的作用。

keyword message 关键字消息 由接收者和一个或多个关键字和自变量对所组成的序列。关键字消息的选择符由该消息的关键字序列组成。

key wrap constructions 密钥包装结构 是一类对称加密算法,旨在封装(加密)加密密钥材料。密钥包装算法适用于诸如在不可信存储中保护密钥或通过不可信通信网络传输密钥等应用。这些结构通常是由标准原语构建的,例如块密码和加密散列函数。密钥包装可以被认为是密钥封装算法的一种形式,尽管它不应该与更常见的非对称(公钥)密钥封装算法(例如,PSEC-KEM)混淆。密钥包装算法可用于类似的应用程序:通过在长期加密密钥下加密会话密钥来安全地传输会话密钥。

K factor　K 系数　在对流层无线电波传播中的比率,等于地球有效半径对地球实际半径的比,约为 4/3。也称为"增值系数",是距离和电离层无线电波反射点的实际高度的函数。

kidvid　儿童电视节目　特指适合儿童观看的电视或视频节目。

kludge　拼凑件,杂牌[组装,不成熟]产品　在计算机中指用于描述一块基本上可正常工作但性能不高的硬件或者软件。对于计算机硬件,指一种解决某个问题的临时措施或者设备的组合。对于软件,指一种缺乏规划和长远设计的程序,通常是为了急用而写的程序,其他人很难对这种软件进行维护。

knife edge effect　刀刃效应　在电磁波传播中,衍射使电磁波或光束进入视距盲区,产生衍射的原因,是在波的传播路径中存在诸如突出的山顶、建筑物边缘、树叶边缘或剃刀状边缘等障碍物。

knowledge information handling　知识信息处理　知识的获取、表达、精炼、推理、外延、转换等一系列知识工程中各环节的通称。

Kordic algorithm　科迪克算法　在标量运算中,仅用加法、减法和移位操作来计算角度的正弦和余弦的一种算法。

k-out-of-n code　n 中取 k 码　一种计算机系统使用的代码。含 n 位二进制,正常情况下规定 n 位中只有 k 位为"1"($n >$ k),其余位都为"0"。如一个代码的 k 位不为"1",则认为是一个错误代码。这种代码具有一定的抗干扰性。

K pattern　K 图　在以天波为主要传播途径的短波无线电通信中,当等效地球半径系数 K 变化时,反射点就要改变,入射波和反射波的路径差也要变化。收信电场强度相对于这个 K 的变化曲线称为 K 图。

ktp/shg blue laser　磷酸氧钛钾晶体/倍频的蓝光激光器　一种激光,它在室温下可读取高密度光碟;日本东京先锋电子公司产品,先前只在低温下尝试成功。而室温条件下,固态蓝光激光器是开发在 CD 尺寸的光碟上能够记录数小时的高分辨率视频的光碟系统的关键。

Ku band　Ku 波段　电磁频谱的一部分,其频率大约在 12～18 GHz 波段,用于卫星通信。

Ku-band satellite　Ku 波段卫星　指转发器在 Ku 波段在 11.7～12.2 GHz 的通信卫星,其信号能被相当小的(卫星)电视单收(TVRO)碟形天线接收,从而能提供卫星直播业务(DBS)。Ku 波段的信号传输对大气变化敏感,然而,与覆盖美国大部区域的 C 波段卫星相比,Ku 波段卫星仅覆盖了美国的小部分。

Ku-track　Ku(波段)跟踪(车)　电视新闻车,用于卫星传输的移动装置,该车有时也称为 GHz 频段后频段的 12-14 卡车或 12-14 装置。

L

label 标号,标签 (1)用来标识、指定或
描述一个文件或文件中的数据项、信息
或记录的一组符号。(2)在计算机信息
安全中,指为主体与客体(用户、进程、文
件)标上敏感度标识,以便于实行强制访
问控制时作为安全级别判断的依据。为
输入一个无标识的数据,需要授权用户
接收一个数据的安全级,并对此活动进
行审计。

label distribution protocol (LDP) 标记[标
签]分发[分配]协议 MPLS(多协议标
记交换)网络的应用协议,LDP可以和标
准的网络层路由协议一起使用,它主要
用于在MPLS网络中标记交换路由
器(LSR)和标记边缘路由器(LER)之间
分发标记信息。LDP提供了LSR之间
以及LSR和LER之间交换标记信息的
方法。边缘LER和核心LSR使用标准
的路由协议,如OSPF(开放最短路径优
先)、IS-IS(中间系统到中间系统)、
BGP(边界网关协议)等,建立起它们自
己的路由数据库。然后邻接LSR和边缘
LSR使用LDP协议互相分发标记信息,
并存储在标记信息库(LIB)中。

label edge router (LER) 标记边缘路由器
MPLS(多协议标记交换)网络的主要组
成元素,位于服务提供者网络的边界位
置,LER主要执行增值的网络层服务,并
将标记应用到数据报文。从不同的多个
源站点发往同一目的站点的数据流可以
共享标记,这样可避免当前IP(网际协
议)交换实现中出现的标记"爆炸"问题。

label information base (LIB) 标签[标记]
信息库 是保存在标记交换路由器
(LSR)或标记边缘路由器(LER)中的标
记分配信息表。由具有IP/MPLS(因特
网协议/多协议标记交换)能力的路由器
维护的软件表,用于存储路由器端口的
细节以及要在输入/输出MPLS分组上
弹出/推送的相应MPLS路由器标签。
条目由标签分发协议填充。LIB在路由
器MPLS层的控制平面中起作用。标签
分发协议使用它来映射下一跳标签。

labelling algorithm 标记算法 在各个节
点用标记来进行路由选择的一种最短路
径路由算法,必要的时候要更新标记。

label merging 标记合并 在多协议标记
交换(MPLS)网络的标记交换路由
器(LSR)中,将具有相同特征(如到同一
目的地、以相同方法转发等)的标记合并
成一个标记。

label swapping 标记交换 由第二级交换
执行的前向发送技术,报文头中定长的
标记在输入端口上被认出,然后在输出
端口上与一个相关标记交换。这个过程
在交换机硬件中执行。标记交换表的大
小与分配给通过交换机的连接的标记数
量一致。

label switched/switching path (LSP) 标记
交换路径 是由LDP(标记分发协议)、
RSVP-TE(资源预留协议-流量工程)、
BGP(边界网关协议)或CR-LDP(基于约
束路由的标记分发协议)等信令协议建
立的通过MPLS(多协议标记交换)网络
的路径。这个路径是根据FEC(转发等
价类)中的标准建立的。该路径从标签

边缘路由器(LER)开始,该路由器根据适当的 FEC 决定对数据包前缀添加哪个标签。然后将数据包转发到路径中的下一个路由器,该路由器将数据包的外部标签换为另一个标签,然后将其转发到下一个路由器。路径中的最后一个路由器从数据包中去除标签,并根据其下一层(例如 IPv4)的报头转发数据包。由于通过 LSP 向较高的网络层的分组转发是不透明的,因此 LSP 有时也称为MPLS 隧道。

label switch/switching router (LSR)　标记交换路由器　MPLS(多协议标记交换)网络的主要组成元素,LSR 对基于标记的 IP(国际协议)报文或数据元进行交换。除了标记交换以外,LSR 同样也支持完整的第三层路由或者第二层交换。在 MPLS 网络路径中,首先将 MPLS 报头前缀添加到数据包的路由器称为入口路由器。LSP 中的最后一个从数据包中弹出标记的路由器称为出口路由器。在路径中只需要交换标记的路由器称为中转[过境]路由器或标记交换路由器(LSR)。

Lamb wave　兰姆波　在固体表面传播的一种波,固体的厚度与该波的波长不相上下。

Lambert (L)　朗伯　亮度单位,物体表面垂直方向上每平方厘米反射或辐射 1 流明(Lumen)的亮度。

Lambertian radiator　朗伯辐射器　射线角度遵循朗伯余弦律分布的辐射器或辐射源。

Lambertian surface　朗伯表面　一种具有简单反射特性的表面类型。这种表面的粗糙度恰到好处,使得发光强度 L 与视角余弦成正比。在均匀或准直光照条件下,无论从什么角度对它进行观察,它都显得同样亮。这是因为表面的发光强度 L 和观察角度(视角)余弦成正比,而所观察到的表面面积则和观察角度的余弦成反比,因此产生了这样的观察效果。

LAN multicast　局域网多播(技术)　一种单个发送者和多个接收者之间发送传输帧的通信过程,要求该局域网上若干指定的数据站都能接收到这帧信息。LAN是 local area network 的缩写。

LAN multicast address　局域网多播地址　用于广播方式使局域网多目标接收而标识的一组数据站的网络地址。

LAN protection　局域网保护　对局域网内运行的各种业务进行管控,通过限制、检测、记录网络内运行的 E-mail(电子邮件)、http(纯文本传输协议)、ftp(文件传输协议)等业务,防范机密文件透过互联网泄露。需要通过监测、记录或限制局域网中未加密文档的方式,来实现数据丢失防护。

LAN switch　局域网交换机　在数据链路段间转发包的高速交换机。大多数局域网交换机基于 MAC(介质访问控制)地址进行转发,这种类型的局域网交换机有时称为帧交换机。局域网交换机通常按照进行转发的方法分类:直通包交换或存储转发包交换。

lapping　搭接　在光传输系统中,利用切向耦合以使光波从一个光学元件传输到另一光学元件。例如将光波从一根光纤传输到另一根光纤。

large effective area fiber (LEAF)　大有效面积光纤　单模非零色散位移光纤,工作在 1 550 nm 窗口;与标准的非零色散位移光纤相比,具有较大的有效面积,有效面积增大至 72 μm^2 以上,因而有较大的功率承受能力,适于使用高输出功率掺铒光纤放大器(EDFA)和密集波分复用技术的网络之用。

large internet packet (LIP)　大型互联网(数据)包,互联网间大(数据)包　在计算机网络中,指允许网间数据包的大小从默认的 576 字节增大。这样来提高了网桥和路由器上的吞吐量。比较 jumbo frame。

largest coding block　最大编码块　指在数字电视编码中的一个 $K \times K$ 的样值块。最大编码块由图像的三个样值矩阵（亮度和两个色度）中的一个矩阵划分得到。

largest coding unit(LCU)　最大编码单元　指在数字电视编码中包括一个 $L \times L$ 亮度样值块和对应的色度样值块。最大编码单元由图像划分得到。

laser-acoustic delay　激光-声学延迟　激光束与透明的声学延迟线相互作用的一种延迟，用于提供对射频和微波信号的可变时间延迟。

laser basic mode　激光器基模　激光器所发射的光波的最基本或最初级的横向传播模式。

laser beam　激光束　由经历激光作用的物质发射出，并具有零扩散或近乎零扩散和异常高辐射度的平行的、高方向性的单色射线光束。

laser chirp　激光线性调频脉冲　单个脉冲期间出现的激光中心波长的突然变化。

laser communication　激光通信　利用激光传输信息的通信方式。按传输媒介的不同，可分为大气激光通信和光纤通信。

laser communication in space　空间激光通信　是外层空间的自由空间光通信。在外层空间，自由空间光通信的通信范围目前大约为几千 km，但有可能使用光学望远镜作为扩束器来桥接达到数百万公里的行星际距离。

laser connector　激光连接器　一种有源连接器，通过使用激光作为有源半导体器件把到来的电信号转变为光信号。

laser diode coupler　激光二极管耦合器　耦合器可由环氧树脂粘接的尾纤组成，在光纤数据链路的发送端由激光二极管

光源向光纤或光缆耦合光能。

laser frequency switch　激光频率转换开关　选择激光器输出频率，即输出波长的转换开关，它是通过电子学方法激励电光晶体以产生激光谐振腔长度的变化来控制激光频率。

laser hazard　激光伤害　激光器中导致或潜在地导致伤害的特性。

laser head　激光头　包括活性激光媒质、谐振腔和其他的组成部分，封装在一个外壳内。

laser interferometer　激光干涉仪　一种以激光器作为其光源的干涉仪。用于测量范围可达 5 m 的位移，其线性分辨力为 25 nm 左右，角度分辨力约为 0.1 rad（弧度）。

laser intrusion detector　激光入侵检测器　一种带有激光源的光电入侵检测器，激光源围绕被防卫区域周边产生极窄且不可见的光束。当这种低功率激光束被阻断时即报警，其工作原理类似于光电传感器。

laser jamming　激光干扰　一种电子对抗技术。用连续波激光的干扰能量对敌方的电子干扰。

laser machine　激光器[机]　也称为"光激射器"或"莱塞""镭射"。利用受激辐射原理使光在某些受激发的工作物质中放大或发射的器件。由激励系统、激光物质和光学谐振腔三部分组成。目前使用的激励手段，主要有光照、通电或化学反应等。可用作光源。

laser technology　激光技术　是光学、光谱学与电子学发展到一定程度以及这些学科相互结合的必然产物。激光技术应用广泛，如激光保鲜、激光育种、激光医疗、激光美容等等。目前日益广泛地应用于通信、医疗、材料加工、检测与计量、军事、农业、同位素分离和可控核聚变等诸多领域。

laser threshold 激光阈值 激励电子或分子产生激光所需要的最小激励功率或能量,在这种能级上激光器可正常工作。

laser TV image 激光电视图像 指用激光束显示的电视图像。该系统由施耐德公司(德国)开发,使用包含激光在内的一个巨大背部屏幕投影仪。激光束被扫描器偏转后将图像信息分离成 R、G、B 成分,不需要阴极射线管(CRT)。由于激光光束的高度聚焦,由此产生明亮的画面,可与传统电视的图像相媲美。

lasing 光激射 通过泵激或激励电子到更高的能态,在激光光谱的某一频率产生辐射的过程。该频率是所用激光材料特有的。

last mile 最后 1 英里 或最后 1 km,是电信、有线电视和互联网行业中广泛使用的短语,指的是向零售终端用户(客户)提供通信服务的通信网络的最后一段。即用户接入网线路,形容通信网与用户连接的最后一段距离。更具体地说,最后 1 英里指的是物理上到达最终用户驻地的通信网络链的一部分。例如,将固定电话连接到本地电话交换机的铜线用户线路,同轴电缆服务点将有线电视信号从公用电缆交接箱传送到用户家中,以及将本地蜂窝电话连接到蜂窝网络的蜂窝天线塔。"英里"这个词用来比喻最后一段链路,最后 1 英里链路的长度可能大于或少于 1 英里。因为当用户发送数据(例如发送电子邮件)时,对用户的网络的最后 1 英里相反地是从用户驻地到外部世界的第 1 英里,所以也交替使用术语第 1 英里。

latching circulator 闩锁环行器 一种可开关的环行器,在利用电磁铁或永久磁铁对铁氧体铁芯完成开关作用后,不需要保持电流来维持所要求的微波路径。这种环行器用于带状传输线和波导中。

latching phase shifter 闩锁移相器 一种在器件利用磁力作用转换到新的数值后、无须保持电流来维持所要求相移的移相器。这种移相器用在微带传输线和波导中。

latching switch 闭锁开关 (1)一种开关,它需要特殊的力或信号将开关置于某种状态,并保持其状态,直至施加其他的激励力或激励信号为止。(2)光导纤维中的一种开关,当对它施加激励力或激励信号时,可选择性地将光信号从一个光纤转换至另一个光纤,并且在该激励力或激励信号撤销后仍继续传送信号直到另外施加其他激励力或激励信号为止。

late distortion 滞后畸变 由信号的某些部分延迟到达而引起的畸变。

latency 延迟 从信息发送开始,信息传输的时间就是净延迟。由于到卫星和返回的传播时间,卫星电路产生延迟。该术语的更常见用途是关于视频压缩,其中压缩系统中的实际延迟就是相对于始发信号的接收延迟。

latency time 延迟时间 在磁盘技术中,是指一旦读/写头定位到目标磁道时发生的旋转延迟。在信息传送中,是指信息传送的延迟时间。

latent image 潜像 存在于经过曝光但未显影的感光物质上的影像。

lateral communications 横向通信 与传统的自上而下、自下而上或层次之间的通信不同,横向通信是发生在处于相同操作等级上的实体之间的通信,比如处于开放系统互连(OSI)参考模型同一层次的实体间的通信。

lateral inversion (LI) (图像)横向倒置 重现电视图像的一种缺陷,由于通往行扫描发生器的连线接反,导致图像左右颠倒。

lateral magnifying power 横向放大率 像点到主轴的距离与对应物点到主轴的距

离之比。

lateral offset　横向偏移　在光导纤维的接头处(如两个光纤对接处),沿光纤轴的径向的偏移。

lateral offset loss　横向偏移损耗　光纤系统中,由于在连接器或接头处(如在光纤与光纤接头处、光源与光纤接头处或光纤与光检测器接头处),没有很好对准而产生的横向偏移,即横向偏移所引起的功率损耗。

lateral reversal　横向反转　图像由右到左改变方位,就像在镜子中看到的那样。

lateral tell　横向通信　发生在具有相同的工作级或命令级的设备之间的信息传递。

launch angle　发射角　(1)从表面出射光线与法线的夹角。(2)在光纤端面处,入射射线与光纤轴之间的夹角。

launching fiber　发射光纤　与光源连在一起,具有规定的特性和长度,以便按特定形式激发光纤中的模式的一段光纤。通常用于测试系统中,其作用是使注入到被测光纤中的光,保持重现原来的条件,并尽可能地接近稳态情况。发射光纤又名注入光纤。

launch loss　发射损耗　一种辐射功率损耗,在光源输出与光波导耦合点产生的,如光纤引出线与光源连接处产生的损耗。通常是由孔径失配、角错位、纵向位移、横向偏移和弗朗斯涅尔(Fresnel)反射引起的损耗。

layer　层　(1)在网络体系结构中,一组概念上完整的服务操作和协议的集合,它们构成功能层次结构中的一个层次,同一层中的功能通过协议协调其活动,相邻层中的功能通过接口协调其活动。(2)在模块化系统中,功能上相对独立的部分。一层内部的变化不会影响到其他层,而且其功能也只能由其相邻层看到。

layered embedded encoding　分层嵌入式编码　是分层压缩图像或声音数据的方法。在层中对数据进行压缩处理,可在连续的层中提供更多的信息,从而提高对原始信息的重构质量。根据需要可逐层提高重构图像或声音的质量。即:对单一数据流可以提供数据压缩范围,使视频的分辨率、图像质量有一个可伸缩的范围。这对发送一个视频流的组播非常有用,用户可通过不同的带宽连接同。低带宽连接的用户仅获取较低层次(质量)的压缩流,而高带宽连接的用户可获得所有层次的压缩流得到高质量视频。

layer 2 forwarding (L2F)　第二层转发(协议)　由 Cisco 公司定义的隧道协议,可以在多种介质,如 ATM(异步传输模式)、帧中继、IP(网际协议)网上建立多协议的安全虚拟专用网。此系统通过使用数据链路层协议来实现隧道,L2F 要求所有数据流通过的路由器和服务器都要支持 L2F。在这种情况下,隧道的配置和建立对用户是完全透明的。

layer 2 MPLS VPN　(第)二层 MPLS VPN　是计算机网络中的一个术语。这是因特网服务提供商用于为其用户隔离其网络,允许他们通过 IP 网络传输数据的方法。这通常作为服务出售给企业用户。(第)二层 VPN(虚拟专用网)是一种使用 MPLS(多协议标记交换)标签传输数据的 VPN。这种通信发生在称为提供商边缘路由器(PE)的路由器之间,因为它们位于提供商网络的边缘,靠近客户的网络。

layer 2 switching　第二层交换　第二层交换技术是在局域网络中仅以第二层(MAC层)的信息作为传输与数据交换的依据,通常此类交换机先以学习的方式在每一个端口纪录该区段的 MAC(介质访问控制)地址,再根据 MAC 层数据包中的目的地址(DA)传送该数据包至目的地的端口,其它端口将不会收到该数据包,若目的地地址仍然在,则数据包将不会被传送。

layer 2 tunneling protocol (L2TP)　第二层隧道协议　在计算机网络中,L2TP 是一种隧道协议,用于支持虚拟专用网络(VPN),或作为 ISP(因特网服务提供商)提供服务的一部分。作为因特网工程任务组(IETF)所定义的一种隧道协议,L2TP 扩展了 PPP(点对点协议)连接的覆盖范围:虚拟的 PPP 链接包括从远端主机开始,到主机所要连接的企业网关之间通过的所有路径,而非传统的终止于本地的 ISP(因特网服务提供商)访问点。实际上,远端主机就好像同企业网关处于同一个子网中。由于主机和网关共享共同的 PPP 连接,因此可以利用PPP 的能力传送包括 IP(网际协议)在内的多种协议,如:L2TP 隧道既可用于支持远程 LAN(局域网)访问,也可支持远程 IP 访问。L2TP 访问方式十分经济有效,支持多种协议的数据传输和远程的LAN 访问方式,具有优良的特性,是一种优秀的解决方案。然而,其缺点是没有提供保密性好的安全特性。因此,IETF PPP 扩展工作组制定了一系列的草案来弥补这些缺憾,所提出的解决方案主要是利用 IPSec(因特网协议安全性)安全框架模型来解决 L2TP 隧道的安全性。

layer 2 tunneling protocol version 3 (L2TPv3)(第)二层隧道协议版本 3　是与 L2TP 相关的 IETF(因特网工程任务组)标准,可用作多协议标签交换(MPLS)的替代协议,用于封装 IP 网络上的多协议第 2 层通信业务。与 L2TP 一样,L2TPv3 提供伪线服务,但可根据承载要求进行缩放。

layer 2 VPN (L2 VPN)　第二层虚拟专用网　即第二层 MPLS VPN(多协议标记交换虚拟局域网)或 VPLS(虚拟专用局域网服务),提供"云端交换"式服务。VPLS 提供跨站点间 VLAN 的能力。L2 VPN 通常在子站和数据中心位置之间用于路由语音、视频和 AMI(应用管理接口)业务。

layer 3 switch　(第)三层交换机　一种网络设备,可以非常高的速度转发基于第 3 层信息流量。传统上,检查第 3 层的路由器比第 2 层交换机慢得多。为了提高路由速度,使用了许多"直通"技术,这些技术执行"在第 3 层检查第一个数据包并在第 2 层发送其余部分"类型的处理。Ipsilon 公司的 IPSwitch 和 Cabletron 公司的 SecureFast 交换机是直通交换的先驱。

layer 3 switching　第三层交换　第三层交换技术将交换与路由选择集成在一起,可得到非常高的路由选择吞吐率,每秒可达数百万个信息包。目前常用的交换机为第二层交换机,它在功能层次上等价于网桥,升级到第三层交换机后,可增强那些大型的、平面(即非层次型)的网络交换性能,改善因遭受广播风暴,生成树循环和地址限制等引起的问题。

layer 3 VPN (L3VPN)　第三层虚拟专用网　或 VPRN(虚拟专用路由网络)。利用第三层 VRF(VPN /虚拟路由和转发)为使用该服务的每个用户分段路由表。用户与服务提供商路由器和两个交换路由对等,这两个交换路由被放置在特定用户的路由表中。云中需要边界网关协议的多协议扩展(MP-BGP)来利用该服务,这增加了设计和实现的复杂性。L3 VPN 由于其复杂性通常不部署在公用事业网络上,但是,L3 VPN 可用于在企业或数据中心位置之间的路由业务。

layer 4 switching　第四层交换　第四层交换技术不仅应用了第三层交换中的 IP(网际协议)交换技术,更重要的是它站在更高层次上,可以查看第三层数据包头源地址和目的地址等内容，可以通过基于观察到的信息采取相应的动作，实现带宽分配、故障诊断和对 TCP/IP(传输控制协议/网际协议)应用程序数据流进行访问控制。显然，第四层交换机在通过任务分配和负载均衡的同时，完全可以优化网络/服务器界面，提高服务器的可靠性和可扩充性，并提供详细的流量统计信息和记账信息，从而在网络应用层水平上解决网络拥塞、网络安全和网络管理等问题。

lay length　绞距　螺旋形卷绕的电缆中的指定元件，如导线、加强件或光纤，被扭绞或相互绕转，结果围绕电缆轴线绕转，该元件围绕这电缆轴线绕一周所需的纵向距离，即沿电缆的距离是绞距。

lays　扭绞　两条单线互相扭绞形成线对，通过变化扭绞的长度或扭绞方法，线对之间的潜在信号干扰就会降低。

LCD projection TV　液晶投影电视　指使用 1~3 英寸厚液晶显示平板的大屏幕电视系统，它比传统的 CRT 投影系统要轻得多，更易于携带。此外，具有 350 线的水平分辨率，屏幕尺寸从 35 到 120 英寸；液晶投影机的光源由微型半导体快门矩阵提供并确定光像素值；有的新型投影仪采用单光束单元，相对轻的 30 磅影机，特别明亮的画质和改善的清晰度。液晶视频投影机通常不提供任何音频电路或调谐器，这些组件须由用户解决。

LCD projector　液晶投影仪　采用三个液晶板和一个白炽灯光源的一种前投式投影仪，但屏幕又是前投式投影仪中最小的。有些好像在观看者面前放了个放大镜，但却仍有较多的细节。LCD 投影仪的主要优点是勿需进行会聚调整，缺点是会产生跳幅现象。

LC filter　LC 滤波器　也称为"无源滤波器"，就是该装置不需要额外提供电源。LC 滤波器一般是由滤波电容器、电抗器和电阻器适当组合而成，与谐波源并联，除起滤波作用外，还兼顾无功补偿的需要。

L*C*H　L*C*H 颜色空间　色彩空间 CIELUV L*C*h 和 CIELAB L*C*h 的简写。分别从 CIE(国际照明委员会)1976 L*，u*，v* 和 CIE 1976 L*a*b* 导出的颜色空间，但用由 L*，C* 和 h 坐标组成的极坐标表示。其中 L* 表示光亮度坐标，它的数量与 CIELUV 和 CIELAB 中的 L* 相同；C* 表示色度与光亮度轴的垂直距离；h 为用度表示的色调角，角度等于 0° 表示色度在 +a* 轴上，90° 表示色度在 +b* 轴上。许多 CIE 用户喜欢使用 L*C*h 颜色空间指定颜色，人们认为光亮度、色调和色度的概念更符合颜色的视觉感知。

LCRS(left, center, right, surround)　LCRS 声道　在 35 mm 影片上的 4 个声道，即左、中、右和环绕声道。现已广泛用在家庭的高保真音响系统中。L、C、R 扬声器放在屏幕侧、后方，S 扬声器环绕在听众的后侧。

leading/lagging chrominance effect　超前/滞后色度效果　电视画面中的色度影响，通常发生在视频中的色度信号超前或滞后于亮度信号时，其结果是导致图像的色彩出现偏左(超前)或偏右(滞后)的现象。

LEAF　大有效面积光纤　large effective area fiber 的缩写。

leaky bucket(LB)　漏桶(算法)　一种常用的信源整形和带宽监控技术，可以将突发信源流转化为平缓传输流，并确保用户的传输流遵守用户在建立连接时的规定。在 ATM(异步传输模式)网络中，用该算法从用户或网络中检查信元流。

leaky coaxial cable communication　泄漏同轴电缆通信　又简称为"泄漏电缆通信"或"漏缆通信"，是以泄漏同轴电缆作无线电台的天线所进行的通信。漏缆是一种按一定的间隔开有不同形式槽的特制同轴电缆,电磁波在漏缆中纵向传输的同时通过槽孔向外界辐射电磁波;外界的电磁场也可通过槽孔感应到漏缆内部并传送到接收端。漏缆的频段覆盖在 450 MHz 直至 2 GHz 以上,适应现有的各种无线通信体制频率要求。漏缆通信不受周围环境的影响,也不存在通信盲区,接收电平稳定,特别适合无线传播受限的地铁、铁路隧道和公路隧道等场合。

leaky mode　泄漏模式　光纤或其他波导中的泄漏模式或隧穿模式是具有电场的模式,该电场在横向方向上单调衰减有限距离,但在该有限距离之外处都形成振荡。这种模式在向下传播时逐渐从波导"泄漏"出来,即使波导在各个方面都是完美的,也会产生衰减。为了将泄漏模式定义为模式,振荡部分的相对振幅(泄漏率)必须足够小,使得模式在其衰减时基本上保持其形状。

leaky wave waveguide　开槽波导　开有狭窄纵向槽缝的波导,能量可通过此槽缝不断漏出。

least cost routing (LCR)　最小成本路由选择　一种选择最小花费的长途载波发送呼叫的方法。

least loaded path　最小负载通路　一种常用的选路策略,可平衡网络负载,减少新用户呼叫阻塞的概率。

least weight route　最轻(权重)路由　在APPN(高级对等联网)中,由拓扑学和路由服务设施(TRS)计算的一个路由,使得在 TRS 比较各可能路由中各中间节点特征和拓扑图特征之后获得最低总重量,最轻路由在两个给定节点之间计算之后,结果可存储起来以防止以后的路由选择计算中重复这种计算。

LED-backlit LCD　LED 背光液晶显示器　一种平板显示器,使用发光二极管(LED)背光而不是冷阴极荧光(CCFL)背光。LED 背光显示器使用与 CCFL 背光显示器相同的 TFT LCD(薄膜晶体管液晶显示器)技术,但提供更低的能耗、更好的对比度和亮度、更大的色彩范围(使用更昂贵的 RGB LED,具有 RG 荧光粉的蓝光 LED,或量子点增强膜(QDEF))、更快速响应应场景变化(动态背光调光)和光折射效应。

left hand circular polarization (LHCP)　左旋圆极化[偏振]　电磁波的圆极化,其中当观察者以电磁波传播方向观察时,电场向量沿逆时针方向旋转。

Lempel-Ziv coding　LZ 编码,兰比尔-齐胡编码　一种编码算法,建立从固定的源信文集到固定的码字集的一种映射关系,它的源信文集和码字集是在算法的执行过程中确定的,这里的代码由自适应方法动态生成,而源信文由字定义方法确定,这种编码的特征在于其自由分析,在分析信文时定义一个源信文集,算法由一个符号串分析规则和编码方法组成,这个分析规则把一个字母表分解成子串或者字符,其长度不超过预定长度,编码时就把这些子串有顺序地映射成具有固定长的可唯一译解的码字,选择的子串具有近似相等的出现概率,因此频繁出现的符号组成长的子串,不常出现的符号构成短串,这种算法适用于减少因符号的出现频率、字符重复度及高使用模式所引起的冗余度,该算法于 1977 年由两位以色列教授发明。

Lempel-Ziv complexity　Lempel-Ziv(算法)复杂性　Lempel-Ziv 复杂性首先出现在两篇以色列计算机科学家 Abraham Lempel 和 Jacob Ziv 的文章"有限序列的复杂性"(IEEE Trans. On IT-22, 11976)中。这种复杂性度量与 Kolmogorov 复杂度有关,但它使用的唯一函数是递归拷贝(即浅拷贝)。这种复杂性度量的基础机制是一些无损数据压缩算法的起点,如 LZ77、LZ78 和 LZW。尽管它基于单词复制的基本原理,但这种复杂性度量在其满足这种度量所期望的主要质量的意义上并不过于严格:具有某种规律性的序列不具有太大的复杂性,并且随着序列长度和不规则性的增加,复杂性也随之增加。Lempel-Ziv 复杂性可用于测量二进制序列和文本的重复性,如歌词或散文。

Lempel-Ziv-Markov chain algorithm (LZMA) LZM 链算法 一种用于执行无损数据压缩的算法。自 1996 年或 1998 年以来一直在开发,并且首次应用于 7-Zip 归档的 7-Zip 格式。该算法使用字典压缩方案,有点类似于 Abraham Lempel 和 Jacob Ziv 在 1977 年发布的 LZ77 算法,具有高压缩比(通常高于 bzip2)和可变压缩-字典大小(最高为 4 GB),同时仍然保持类似于其他常用的压缩算法的解压缩速度。LZMA2 是一种简单的容器格式,可以包含未压缩数据和 LZMA 数据,可能具有多个不同的 LZMA 编码参数。LZMA2 支持任意可扩展的多线程压缩和解压缩,以及部分不可压缩数据的高效压缩。

lens antenna 透镜天线 一种带有介质透镜的微波天线,该透镜置于偶极子或喇叭形辐射器之前,用来将被辐射能量聚集成一窄束。它也可用来将接收到的能量聚焦到接收偶极子或喇叭天线上。

lens coupling 透镜耦合 在光波导中,电磁能量通过在信源与信宿之间放置透镜而从信源向波导,或从波导向波导的转移。

lenticular system 透镜系统 三维图像显示系统之一,不需要使用特殊的眼镜观看。

letterbox 信箱(图) 在宽高比为 4∶3 的电视机上显示 16∶9 的宽屏幕影视。

letterbox filter 信框滤波器 在 DVD(数码影碟)播放机上的电路,用于减少宽屏幕影视在垂直方向上的高度,每 4 行变成 3 行,并在上下方添加黑色信号。

letterboxing 宽屏幕[银幕]式 指戏剧影片的长宽比或尺寸及其在常规电视屏幕所呈现形式。有的电视播送节目中,确定不切去原电影的部分幅面以呈现完整的宽屏幕视图,导致电视屏幕顶部和底部的黑色边框。有时电视台对这些不起眼的黑色边框添加装饰边框。这个术语源于邮箱的信槽形状。

letterbox mode 信箱模式 将宽屏幕幅形比的图像在标准幅形比的普通电视机上显示时画面所将会现的情况。画面的上方和下方皆会有黑色条带。

letter case 字母档 纸带转报的电传电码中,把纸带上的穿孔图式或导线及光纤中的脉冲图式翻译成 26 个英文字母表中的一个字母的机器功能。

level 层,电平,级别 (1) 一个数据项在分层结构中的从属关系。① 一个项目在某一层次排列中下属的级数;② 层次结构中的等级。若一项目没有从属项,则属最低级;若没有比它高的项,则为最高级。(2) 电平就是指电路中两点或几点在相同阻抗下电量的相对比值。这里的电量自然指电功率、电压、电流并将倍数化为对数,用分贝表示,记作"dB"。对于电视信号或电视信号分量的幅度,使用的单位可为 V、mV 等。(3) 在 MPEG-2(运动图像编码专家组规范 2)中,指定的一组参数,如分辨率、位速率和帧速率。

level compensation (LC) 电平补偿 自动补偿接收信号电平变化影响的电路功能。

level-dependent phase (LDP) 电平依赖[相关]相位 通过放大器的相移随输入信号电平变化而变化。

level difference between left and right channels 左右声道电平差 是指在立体声音频信

号中左右声道信号电平在一定持续时间内的平均差值。

level matching　电平匹配　为了能够准确地进行评判而在重放两种音乐时设法让音量保持一致的调整措施。

level 1　第一级　通信中硬件接口级基准。这是从 OSI(开放系统互连)七层参考模型引导出来的概念。第一级规范指物理连接规范,包括接插头针脚配置和导线上的电压。

level 2　第二级　链路层通信(例如帧格式)或从 OSI(开放系统互连)七层参考模型中引申出的链路层连接的一种基准。对于远程网来说,第二层指的是网络中计算机与网络报文分组交换机之间的通信协议。对于局域网来说,指物理报文分组的传输协议,因而一个第二级地址是一个物理硬件地址。

level 2 relay　第二层中继器　又称为网桥,是工作于开放系统互连(OSI)体系结构的第二层(数据链路层)的网络互连设备。

level 3　第三级　从 OSI(开放系统互连)七层参考模型中引申出来的通信的一种基准。对于因特网来说,第三级指的是IP(网际协议)和 IP 数据报格式。因而第三级地址是 IP 地址。

level 3 relay　第三层中继器　又称为路由器,是工作于开放系统互连(OSI)的第三层(网络层)的网络互连设备。

liaison　联络　在两个传输站之间可能建立的虚拟连接(如一个虚拟环路)。这是国际网络工作组(INWG)所定义的端-端传送协议中的概念。

light　光,光线　能被人类视觉所感知的电磁波波谱的一个区域,波长从 $0.3\sim0.8\ \mu m$。光速与无线电波速度相同,即 $299\ 792.456\ 2\ km/s$。有时也将由激光器产生的不可见红外辐射称为光。

light absorption　光吸收　光通过传播媒

质会引起光能向其他形式的能的转换,使传输的光束受到衰减。

light amplifier　光放大器　其输入与输出信号皆为光的放大器。

light analyzer　光分析器　用于入射光,能围绕其光轴旋转的偏振元件,可控制传输量,即入射平面偏振光的传输系数,或确定入射光的偏振面。

light antenna　光天线　由反射和折射元件构成的系统,用以引导或指引光束。

light attenuation　光衰减　在光波的传播过程中,通常由于光的吸收、反射和折射而引起的光波能量的衰减。

light biasing　光偏　指在使用硒砷碲摄像管的摄像机里采用的对图像残影进行补偿的技术。因为硒砷碲摄像管比光导摄像管更能提高图像的分辨率,但在摇动镜头时容易产生滞后的现象。光偏技术意图通过直接将光照射在敏感面板的背后来纠正这种现象。

light communication　光通信　利用光传输信息的通信。包括激光通信和光纤通信。

light conduit　光导管　用纤维来传输光的软线。

light controlled oscillator　光控振荡器　其输出频率可随入射光变化的振荡器。

light coupled device (LCD)　光耦合器件　直接利用光点的产生、传输、接收和消失过程来完成传统电路功能的半导体器件。用光耦合器件可实现"与""或""非"等逻辑门及存储电路、触发电路等。

light detection and ranging (LIDAR)　光检测和测距应用　位于光谱中的电磁波频率以类似于雷达的方法来检测和测定物体,即目标的距离的系统。

light duty connector　光负载连接器　光纤中,设计并预定作为互联箱内部,即分线箱或分线柜内部应用的连接器。

light-emitting diode coupler　发光二极管

耦合器 在光纤数据链路发送端将发光二极管光源的光能耦合到光纤的耦合器。

light-emitting diode display **发光二极管显示器** 由发光二极管 (LED)管芯阵列组成的一种平面显示装置,这些管芯安装在坚硬的绝缘基片或金属引线架上,后者具有可使每个 LED 独立发光的外部连接。当给适当的管芯加电时,即可形成发光的数字、字母或其他字符。它特别适合用于制作大幅、无闪烁电子广告显示板。

light-emitting polymers (LEP) **发光聚合体** 由日本 Seiko Epson 与英国 CDT (Cambridge Display Technology)合作开发的显示器技术。采用 CDT 的发光聚合体技术和 Seiko Epson 的喷墨打印技术。显示器由红、绿、蓝三种不同颜色的聚合体材料构成,在生产上使用喷墨打印技术,使每个独立的像素都由红、绿、蓝三种不同颜色的聚合体材料直接喷到基片上,相比目前的 LCD 显示器的生产过程,消除了逆光、色彩过滤、起偏振镜和复杂的多重阴影技术。LEP 显示器原型机面积 2.5 平方英寸,图像分辨率达到 250×250 点像素,16 级灰度。LEP 可应用于移动电话、PDA(个人数字助理)等设备显示。

light fidelity (Li-Fi) **光保真** 是一种使用可见光波谱传输数据的设备之间的无线通信技术。该术语最初由英国爱丁堡大学电子通信学院移动通信系主席、德国物理学家 Harald Haas(哈拉尔德·哈斯)教授在 2011 年爱丁堡的 TEDGlobal 演讲中介绍。在技术方面,Li-Fi 是一种可见光通信系统又称"光保真技术",能够在可见光谱、紫外线和红外线辐射下高速传输数据。就其最终用途而言,该技术类似于 Wi-Fi。关键的技术差异是 Wi-Fi 使用射频传输数据。Li-Fi 用可见光来实现无线通信,即利用电信号控制发光二极管(LED)发出的肉眼看不到的高速闪烁信号来传输信息。利用光传输数据可以提供多种优势,例如在更高带宽下运行,在易受电磁干扰影响的区域(例如飞机机舱、医院)运行,并提供更高的传输速度(目前在实验室环境中已经达到 10 Gbps 规模)。全球多个组织正在积极开发该技术。

light flux **光通量** 人眼所能感觉到的辐射能量,它等于单位时间内某一波段的辐射能量和该波段的相对视见率的乘积。由于人眼对不同波长光的相对视见率不同,所以不同波长光的辐射功率相等时,其光通量并不相等。光通量的单位为"流明",通常用 ϕ 来表示。

lightguide display **光导显示器** 也称为边缘照明显示器。是一种过时的电子装置,用于诸如计算器、万用表、实验室测量仪器和弹球游戏等娱乐机器中显示字母数字字符。

lightguide fiber **光导纤维** 一种纯净、微细的玻璃纤维。能像导线传输电子那样传输光子。

lighting contrast ratio (LCR) **照明对比度系数** 主光加辅助光的量值与辅助光量值之比。

light leakage loss **光泄漏损失,漏光损失** 光能在诸如光导、光缆、光纤连接器或集成光路等光传输系统内的损失。任一种光泄漏,如不理想的纤芯包层边界、外壳破裂、光纤弯曲引起的光泄漏都会造成光能损失。

light level **照度水平** 在视频或影片制作中,用烛光衡量的光的强度。

light modulation (LM) **光调制** 在以电子束管的光点作为光源时(例如在飞点扫描器中),变化电子束电流从而影响光点亮度的措施。

light modulator (LM) **光调制器** 也称

"电光调制器"。是高速、长距离光通信的关键器件。它是通过电压或电场的变化最终调控输出光的折射率、吸收率、振幅或相位的器件。

light-negative 负光电导 当受到光照时由于传导性下降(电阻增大)而表现出来的负的光电导特性。比较 light positive。

lightness 明亮度,光亮度 (1)一个物体透射或漫反射一部分入射光在视觉上引起的感觉。(2)根据国际照明委员会(CIE)的定义,光亮度是人的视觉系统对亮度的感知响应值,并用 L* 表示。

lightness of a color (LOC) 彩色明亮度 从所观察的一块彩色表面上反射出来的光量在总光量中所占的比例。

light of sight propagation 视距传播 (1)从发射机到接收机的直射线不被阻碍的电磁波的传播。(2)电磁波在大气中的传播,因为波能按平方率倍数大面积地扩散,所以场强减小,相对来说,大气的组合成分和结构的影响则较小。

light pencil 光束 光学中,从点光源扩散出的窄光线束,或向像点会聚的窄光线束。

light pipe 光导管 无源光学器件,诸如光纤、平板介质波导、定位或非定位光纤束或带有内反射壁,能从一点向另一点传导光的中空导管,允许光以最小的损耗从一端传输到另一端。

light positive 正光电导 当受到光照时由于传导性增强(电阻减小)而表现出来的正的光电导特性。比较 light-negative。

light quantity 光通量 光功率与时间的乘积,即考虑时间在内的总的光通量。

light quantum 光量子 简称光子,电磁辐射的量子,传递电磁相互作用的规范粒子。其静止质量为零,不带电荷,其能量为普朗克常量和电磁辐射频率的乘积,在真空中以光速运行,其自旋为1,是玻色子。

light source (LS) 光源 产生或发射光波的器件。

light velocity 光速 单色光波的速率和方向,即相速度。光子的运行速度是 299 792 458 m/s。物体越接近光速,质量就越大。如果达到了光速,则会变成无限大。这样的物理法则决定了人们不可能把任何传统意义的交通工具加速到光的程度,因为如果那样做,就需要无限大能量。

light wave 光波 红外线、可见光和紫外线范围内的光,介于 X 射线和微波之间。波长在 $0.3 \sim 3~\mu m$ 之间的电磁波。光波是一种电磁波。根据光波传播方向上有无电场分量或磁场分量,可分为三类,横电磁波、横电波和横磁波。任何光都可以这三种波的合成形式表示出来。

lightwave transmission 光(波)传输 以可见光、红外线和紫外线等的光波为载波,以光纤或大气为传输媒介的信息传输方式。

light weight 轻飘 音乐重放时低音欠缺。

lightweight directory access protocol (LDAP) 轻量(级)目录访问协议 LDAP 是因特网上用于访问目录服务的一个开放标准网际协议。它以 X.500 为基础,提供了一种在因特网数据库中组织、定位以及使用资源的方式,初步解决了目录结构间的不兼容问题。LDAP 和 X.500 的主要区别有:① LDAP 在 TCP/IP(传输控制协议/网际协议)上运行,而 X.500 DAP 则需要 OSI(开放系统互连)栈;② LDAP 提供绑定命令的简化版;③ LDAP 不提供读取或列表命令;④ LDAP 客户机一次只能连接一个服务器;⑤ LDAP 采用更简单的数据编码方法。

limen 阈值,阈限,门限值 刚能被人察觉到的声音或颜色的最小频率差别或强度差别。

limited broadcast address　有限广播地址
在使用 TCP/IP(传输控制协议/网际协议)的网络中,无盘工作站启动时为了获得自己的 IP 地址而使用的一种广播地址。这种广播地址为 32 位全"1"地址,广播范围只限于本局域网内,而且作为无盘工作启动过程的一部分来执行。因此这种广播地址也称为"局域网广播地址"或"全 1 广播地址"。真正进行信息广播时要使用定向广播地址。

limited contention protocol　有限竞争协议
综合竞争协议和无冲突协议两种协议优点的一类协议。每种协议策略都希望既保持少延迟,又实现高效率。在竞争协议中,例如 CSMA 协议,低负荷时延迟少,但是随着负荷增加,冲突加剧,延迟急剧增加,冲突加剧到一定程度后信道效率也将下降;在无冲突协议中,负荷时延迟较大,信道效率低,随着负荷增加延迟没有大的变化,信道效率确有很大改善。于是希望能够在低负荷时使用争法,在高负荷时使用无冲突法。这便是有限竞争协议。把共享信道的多个站分成 M 个组,每个组中有 H 个站。在争夺发送权的周期中,第 0 组的站在第 0 时隙争夺,第 1 组的站在第 1 时隙争夺,第 M-1 组的站在第 M-1 时隙争夺。组内站数越少,组内发生冲突的概率越小。最少时每个组内 1 个站则不会发生冲突。组数 M 减少,组内站便增多。组数最少为 1 组,所有站都在同一组内。较著名的有限竞争协议有自适应树步进协议和壶球协议。

limited distance adapter　有限距离适配器
供短距离内使用的一种调制解调器。该种调制解调器不对数据做复杂调制,而把数据输入(或对其作简单变换)加到传输信道上,它只用于短距离传输。

limiter (LIM)　限制[限幅]器　一种用于防止信号在传输中出现的过载或不良瞬变发生的功能部件。

limiting amplifier (LA)　限幅放大器　自动将输出峰值限制到一个预定最大值的装置。

limiting resolution (LR)　极限分辨率[清晰度]　在视频中,通过标准测试图对比每幅画面高度的最大行数来确定清晰度的一种测量方法,电视图像的极限分辨率是电视机的基本特性之一。

limiting resolution angle　极限分辨角　从观察或测量点来看的角度,它正好允许光学系统将两个足够远点或两条足够远的平行线分隔开来。与分辨力成反比。光学器件分辨两点或两条平行线的能力称为"分辨力"。

line adapter　线路适配器　一种将计算机与通信线路相连接,用于将内部数字信号转换为适合于通信线路上传输的模拟信号或者实现逆转换所用的设备。这种设备应具备并到串和串到并转换功能以及调制解调器功能。

line amplifier (LA)　线路放大器　(1)中继线路上补偿光纤损耗的光放大器。(2)安装在主电缆的中间位置,用于减少损耗的放大器(通常为宽带型的)。(3)将节目信号按规定电平馈送到传输线上的音视频放大器。

line analysis　线路分析　测量电信电路(线路)参数并且分析电路状况和质量的过程。

linear　线性的　在数学和电子学中,指两个直接成正比的量或者变量,如线性放大器的输出信号波形与输入的信号波形成正比。

linear absorption coefficient　线性吸收系数　光子或粒子束横越单位距离时强度的相对降低数。

linear accelerator　线性加速器　一种具有排列成直线的环形电极的加速器。当电极的电位幅度在超高频上适当变化时，通过各电极的粒子能量逐级增加，从而沿基本上是直线的路径被加速。

linear amplifier　线性放大器　输出电流的变化正比于其所加输入电压的放大器。

linear analog synchronization　线性模拟同步　一种同步，其中用于达到同步的函数关系具有简单的正比例线性关系，即直接成正比。

linear audio　线性音频　在多媒体应用中，在视频磁带上的线性轨迹模拟音频，可用于记录而不擦除已有的视频记录，用于在视频编辑之后进行音频复制。线性音频可以是单声道或立体声的；在录像带上录制声音的另一种方法是对角记录方式，将音频音轨与对角线视频磁道一起放置，以获得更好的质量。

linear backward wave oscillator　线性回波振荡器　利用电流流过位置邻近阴极的、称为基底的电极来产生所要求磁场的回波振荡器。

linear beam tube　线性束管　工作于直流磁场平行于直流电场环境的微波电子管，直流磁场只聚焦电子束。这种类型的管子包括双腔速调管和反射速调管、螺旋线行波管、耦合腔行波管、前向波大器（FWA）以及返波管放大器与振荡器等。

linear block code　线性分组码　一种用于差错校验的编码，通常它用于前向纠错。任何一个 (n,k) 分组码，如果其信息元与监督元之间的关系是线性的，即能用一个线性方程来描述的，就称为线性分组码，简称线性码。对 k 个信息元，加上 r 个监督元（也叫校验位），其中每个监督元都是 k 个信息元中某些信息元的线性模 2 和，这样得到长为 $n = k + r$ 的线性分组码，用 (n,k) 表示。若 $r = 1$，且对所有 k 信息元按模 2 求和，便是常用的奇偶校验码中的偶校验码；若把和取反作为监督元，便是奇校验码。

linear combiner　线性组合器　一种分集式合并器，其输出是两个或更多信号的简单相加。

linear detector　线性检波器　其输出信号电压正比于输入载波幅度的变化（对幅度调制而言）或输入载波频率的变化（对频率调制而言）的检波器。

linear distortion　线性失真　线性双端口网络或线性传输媒体所产生的失真。线性失真常指线性滤波器或放大器引起的失真现象。线性滤波器失真的原因主要是由其带通滤波非线性引起的。线性放大器失真的原因主要是由其高、低频放大失真引起的。

linearity　线性　（1）在规定工作范围内，器件、网络或传输媒介符合叠加原理的工作属性。（2）线性指量与量之间按比例、成直线的关系，在数学上可以理解为一阶导数为常数的函数。（3）电视中，通常指扫描线的几何精度，有时也指灰度再现（振幅转换特性的线性）的精度。但是，通常用"gamma"来描述灰度特征。（4）衡量视频源以均匀（线性）模式再现一系列灰度能力的测试过程。从黑色到白色的色调图案的线性度越好，其再现原始画面的能力就越强。（5）指对影响电视画面"尺寸"大小的水平和垂直方向的控制，例如：将画面放大到整个屏幕，且不会在图像的上方或下方显示出多余的线条。（6）在模拟/数字的相互转换中，线性度衡量数字的输出/输入跟踪模拟的输入/输出的精度，可测量模数转换器（ADC）或数模转换器（DAC）是否产生的是一个线性增加的信号。实际输出与理想输出的差异就是线性度的衡量，差异数越小越好。

linearity correction (LC)　线性校正　对时基发生器电路的一个或多个时间常数所

进行的调整,以保证时基波形呈线性。

linearization　线性化　将动态系统的非线性模型变换为线性模型,用于近似表示非线性系统行为。

linear logarithmic intermediate frequency amplifier　线性对数中频放大器　一种中频放大器,具有以下的增益特性:① 当是低输入信号幅度,较小频率变化或较小相移时,呈线性变化;② 当是高输入信号幅度,大的频率变化或相移时,呈对数变化。线性对数中频放大器可用于增加雷达接收装置的动态范围,以保证在接收器的输出端有一个恒定的误报警率。

linearly polarized　线性极化　波的极化是指电磁波在传播过程中,其电场矢量的方向和幅度随时间而变化。当构成电场矢量的两个正交分量同相或反相时,合成的电场矢量端点的轨迹为一直线,故称为线性极化。

linearly polarized mode (LPM)　线性偏振模式　在具有线性偏振的电磁波中的一种模式。在诸如弱导光纤等的弱导媒质中传播,在传播方向(即纵向方向)上,与横向幅度分量比较而言,具有较小的电场和磁场分量。用于电信系统的光纤通常是弱导光纤。

linear matrix (LM)　线性矩阵　作为彩色电视编码器和解码器组成部分的线性网络,用以正确地组合或分配三基色信号。

linear matrix transformation　线性矩阵转换　在视频系统中,通过信号加法或减法的组合方法将一组视频信号从一种类型转换到另一种类型的过程,用于如将三原色(RGB)信号转换为亮度和色差(YUV)信号制式的场合。

linear phase　线性相位　是滤波器的一个属性,其中滤波器的相位响应是频率的线性函数。结果是输入信号的所有频率分量在时间上(通常是延迟的)移位相同的常数量(线性函数的斜率),这称为群延迟。因此,由于频率相对于彼此的时间延迟,不存在相位失真。

linear polarization (LP)　线性极化[偏振性]　(1)电场矢量 E 或者磁场矢量 H,保持固定的空间方向和幅度变化的电磁波偏振。(2)在电磁波传播中,偏振使得电场矢量的顶点描绘成在垂直于传播方向的固定平面上的一条直线段。(3)均匀平面偏振电磁波的偏振,其中电矢量的两个任意呈正弦变化的矩形分量恰好是同相的,即尽管它们的幅度对某一参考坐标系统而言取决于电场矢量的方位而有所不同,但它们的相对相位角是零。

linear power amplifier　线性功率放大器　信号输出电压正比于信号输入电压的功率放大器。

linear pulse amplifier　线性脉冲放大器　输出脉冲的峰值幅度正比于相应输入脉冲峰值幅度的脉冲放大器。

linear pulse code modulation (LPCM)　线性脉冲编码调制　(1)量化水平是线性均匀的 PCM(脉冲编码调制)的特定类型。PCM 流有两个用来确定流对原始模拟信号的保真度的基本属性:① 采样率,即每秒采样的次数;② 位深度,确定可用于表示每个样本的可能的数字值的数量。(2)一种非压缩音频数字化技术,是一种未压缩的原音重现,在普通 CD、DVD 及其他各种要求高音频质量的场合中得到广泛的应用。

linear time base　线性时基　阴极射线管中使电子束以恒定速度沿其水平时间刻度移动的时基。

linear timecode (LTC)　线性时间码　或纵向时间码(LTC),是音频信号中 SMPTE(美国电影与电视工程师学会)时间码数据的编码,如 SMPTE 12M 规范中所定义。音频信号通常记录在

L

VTR(磁带录像机)磁道或其他存储介质上。这些位使用双相标记代码进行编码:0位在位周期的开始处有个转换。1位在周期的开始和中间有两个转换。此编码是自定时的。每个帧由"同步字"终止,该"同步字"与任何视频或电影内容具有特殊的预定义的同步关系。

linear video　线性视频　在多媒体应用中,一系列动作图像的脚注,从头到尾无间断无分支地播放,像播放电影一样。

linear video editing　线性视频编辑　是一种视频编辑后期制作过程,以预定的有序的顺序选择、排列和修改图像和声音。无论是由摄像机、无磁带摄录机拍摄的,还是录制在录像机(VTR)中的电视演播室中,都必须按顺序访问内容。作为编辑模拟视频镜头的技术,包括把新的镜头插入到视频序列中或者删除视频序列中的镜头等操作,然后重新整理成期望的录像带。

line balance　线路平衡　传输线的导体之间、或相对于其他导体和地之间具有相同的电特性的一种电气状态或条件。

line bend correction (LBC)　行弯曲校正　将一种近似抛物线的行频波形加到视频信号上,以补偿摄像机输出中固有的一种振幅失真。

line blanking (LB)　行消隐　指扫描线从行结尾回到下一行扫描线开始的扫描点所用的时间周期。NTSC(美国国家电视制式委员会)标准的扫描点在 525 行中的每一行的移动顺序是从左往右。当扫描点从右往左移动时,摄像机不发射信号,这就是行消隐或水平消隐(因为扫描点以水平方向移动),它只允许从左到右的扫描信息跟踪清晰的视频图像。525行的 NTSC 系统的行消隐周期时间是 $10.8~\mu s$,而 625 行的 PAL(逐行倒相制)系统是 $12~\mu s$。

line broadcasting (LB)　有线广播　应用有线设施传送声音、图像或传真图片以供广大用户接收的广播方式。

line circuit (LC)　(用户)线电路　是数字程控交换系统连接模拟用户线的接口电路,也可用用户线电路(SLC)和用户线接口电路(SLIC)等表示。如果是数字用户线,则要使用数字用户线接口电路,例如 2B+D 等接口电路。

line code　线路(代)码,行代码　(1) 在通信中,线路码是选择用于通信系统中沿传输线传输数字信号的代码。线路编码通常用于数字数据传输。一些线路码是数字基带调制或数字基带传输方法,并且这些是在线路可以承载直流分量时使用的基带线路代码。线路编码包括通过适合于物理信道(以及接收设备)的特定属性的波形来表示要传输的数字信号。用于表示传输链路上的数字数据的电压,电流或光子的模式称为线路编码。常见类型线路编码有单极性、极性、双极性和曼彻斯特编码。(2) 程序中每行上的单条指令。一行代码可包括一个或单个寄存器地址或存储单元地址;可执行一个或多个操作。

line coding　线路编码　(1) 为了在接收器处进行可靠的时钟恢复,通常对所生成的信道序列施加最大游程长度约束,即对连续的 1 或 0 的最大数目限制到合理的数目。通过观察接收序列中的变迁来恢复时钟周期,使得最大游程长度保证这种时钟恢复,而没有这种约束的序列可能严重妨碍检测质量。(2) 把数字信息转换成模拟形式以便在线路上传输的编码技术。目前认为离散多频调制(DMT)、无载波幅度/相位调制(CAP)和正交幅度调制(QAM)三种线路编码技术可用在非对称数字用户线路(ADSL)技术中。

line concentrator (LC)　线路集中器　是程控交换系统话务系统中的一部分,完成话务集中的功能,将一群用户线路经用户集中器后以较少的链路接至交换网络,以提高链路利用率。集中比一般为 2:1 至 8:1。

line conditioning 线路调节 是用于使传输损耗水平降到给定限制之内的过程。线路调节可以对数据传输线路附加以补偿抗抗,在一定的频段上升降低幅度和相位延迟,以改进传输质量。

line control block(LCB) 线路控制块 (1)存放实现通信线路控制操作的控制信息的主存储器。通常可划分成几个存储段,数据通信系统中的每一条线路都对应一存储段。(2)一种存放调度和管理线路运行所需控制信息的存储区。在数据通信系统中,每一条线路保持一个 LCB。

line control procedures 线路控制规程 通信线路的发送端与接收端之间的一种约定,它规定了发送及接收的过程以及数据格式、控制符号的约定等。

line control program 线路控制程序 按照线路传输控制规程,实现线路的接续、断开与信息传输等控制功能的程序。

line control routine 线路控制例行程序 (1)在数据通信中,控制线路数据传输的例行程序。(2)一种用于数据通信或联机系统以实现线路控制的例行程序。其功能包括:① 使通信线路的输入输出能最有效地进行;② 使信息处理程序与线路的输入输出状态无关,从而能像批量处理程序那样从磁盘存储器中读出处理数据。

line coupling 线耦合 耦合电容器、线调谐电路和接入电路三者共同提供的在载波通信系统中的电力线或电话线与发射机-接收机组件之间的连接。

line datum 行基准 指电视环境中把行同步脉冲前缘的中间点作为默认的定时参考点,而在计算环境中,通常将活动行的起始点作为默认的定时参考点。

line description 线路描述 某些计算机系统中的一种目标码,含有对系统的一条通信线路的描述。

line dicing 行切割[切块] 指将行信号分成若干段,按随机顺序发送到电视机的一种加扰技术。

line diffuser(LD) 行扩散器 电视监视器或接收器内的振荡器,它能对屏幕上的点产生小型垂直振荡,减弱图像行结构对近距离观看的影响。

line discipline 线路规程[协议] 用于调整传输系统中的操作参数,从而实现正确的或所需要的线路控制的有关规程。它包括线路争用、定时探询、排队优先权等处理。同 line protocol。

line disconnection 线路开断 线路连续性或传输能力的中断。

line distortion 传输线畸变,线路失真 在信号传输过程中,由传输线的传输常数引起的信号相位分布或幅度分布发生的变化。

line drive pulse(LDP) 行推动脉冲 电视台同步信号发生器分送出来的一种供台内使用的行频脉冲信号,用来在适当时刻触发台内设备的行扫描电路,以插入消隐脉冲而不损及图像信息。

line driver 线路驱动器 一个基带传送装置,在逻辑电路与双线传输线间起接口作用的一种电路,通过放大信号来增加传输距离。

line drop 线路电压降 由于线路的阻抗作用而存在于电力线或传输线两点之间的电压降。

line equalizer(LEQ) 线路均衡器 一种用于改善传输以及调制解调器有效性的固定均衡器,LEQ 消除本地金属线缆对的陡峭高频滚降,该滚降是线缆长度的函数,LEQ 能够改善会发生较大损耗和滚降的长线缆上的传送。

line equipment 线路设备 电信中,安装在电话局中与一特定线路相联的一种用户线路继电器或桥式线路继电器。

line error 传输线误差 数据沿传输线传输时发生的差错。

line extender (LE) 线路延伸器 一种单输入单输出放大器,用于增强同轴电缆配线装置中的信号。

line filter 线路滤波器 (1)插入到电源线和接收机、发射或其他电子设备之间防止噪声信号通过电源线的滤波器,也称为"电源滤波器"。(2)插入到用于载波通信目的的传输线或高压电力线之间的滤波器。

line finder 寻线机 设计用于在一组线路中找出一条呼叫线并将其与设备接通的开关。

line flicker (LF) 行闪烁 显像管荧光屏上各行亮度的交替起伏变化。

line frequency 行频;线路频率 (1)传统电视的水平扫描频率。指电视的扫描光束在1秒内水平扫描的数量,等于每张图片的行数和帧频(图像频率),如同众多电视业务使用的双隔行扫描系统,图像频率为场频的一半。即:PAL-625行系统 其场频为 50 帧/秒,则其行频是 $625 \times 50/2 = 15.625$ kHz;NTSC-525 行系统其场频为 59.94 帧/秒,则其行频是 $525 \times 59.94/2 = 15.734$ kHz。(2)交流动力电源的频率。例如,中国内地和中国香港地区的线路频率为 50 Hz,而中国台湾地区的线路频率为 60 Hz,美国的线路频率为 60 Hz。

line group (LG) 线群,线路组[群] 多根具有相同特性或同类型的通信线路组。性能相似的终端可通过它与计算机通信。它们可作为一个整体来激活或撤销。

line group controller (LGC) 线路组[群]控制器 对通信线路组进行控制的设备,包括线路组中线路的选择、释放等控制操作。

line group data set 线路组数据集 在某些通信系统软件中,一种报文控制程序数据集,其中包含一个线路组的所有线路上传输的报文。

line grouping 线路分群 一群具有共同特性的用户接到同一个接连器,使得每一个用户的线路与其他用户线路按这样的方式分成一群,即到达忙线的呼入可按优先顺序转到线路群的空闲线上;指向某一特定用户的呼叫被引导到这个用户;如果用户正忙,呼叫引导到下一个优先的空闲线;如果线路群中所有的线路都忙,除非请求预占或优先,则有一个忙音返回呼叫方;如果一个高优先权的呼叫发向线路群中的一个线路,并且该线路正忙,除非线路群中所有其他线路也正忙,则通常不请求预占。

line hit 线路瞬击(干扰),传输线瞬断,线路命中 (1)一种导致在电路上产生寄生信号的电干扰,这种干扰也可能使线路瞬时中断。(2)传输上由电干扰所致的通信瞬断现象。瞬断对高速数字通信危害极大,即使时间很短的瞬断也会引起大量信息丢失。

line identification 线路识别 由通信网络根据被连接的两个用户的请求提供的线路识别。

line identification signal 线路识别信号 一种信号,即一系列字符,它发向呼叫数据终端设备,即主叫方,以允许被叫线路的识别,或发向被叫数据终端设备,即被叫方,以允许识别呼叫数据终端设备,即主叫方。

line identity message 线路验证消息 一种消息,它前向发送,表示主叫数据终端设备,即主叫方的验证,或它后向发送,表示被叫数据终端设备,即被叫方的识别。

line in **线路输入** 设备互连中,通常一个设备的输出线路连接到另一个设备的线路输入端。线路输入设计用于接受线路输出所提供的范围内的电压电平。另一方面,阻抗在输出与输入之间故意不匹配。线路输入的阻抗通常约为 10 kΩ。当线路输出通常的 100~600 Ω 的低阻抗驱动时,这形成了一个"桥接"连接,其中源(输出)产生的大部分电压在负载(输入)上下降,并且由于负载的阻抗相对较高,输入电流最小。

line length **线路长度** (1)通信系统中的传输线路的物理长度,即线路始端与终端之间的距离。(2)在通信或电力传输线上,指线路的电长度,即线路两端的相位差。

line length compensation **线路长度补偿** 改变电话中发送和接收路径中的增益,来补偿在不同长度线路终端的不同的信号电平。靠近中心局的短的线路将对信号衰减较小,故对增益的要求也低。

line level impedance **线路电平阻抗** 指 600 Ω 的低阻抗信号,通过线路匹配变换器可适配不同组件的阻抗,如麦克风连接混音器输入的阻抗匹配。

line load control **线路负荷控制** 一种专用交换分机(PBX)或中央局的服务性能,它允许在对交换中心的服务要求过多时选择性地拒绝从发话端到某一线路的呼叫。

line lock (LL) **线路封锁** 在某些通信系统软件中,在发送询问报文和接收到回答期间,保持工作站与应用程序间连接的一种功能。联机线路封锁期间,该线路不能被其他站使用。

line-locked clock **线路锁定时钟** 设计用于即使在行定时变化时,仍能保证每个扫描行都能有恒定数量的视频采样。

line loop **通信线回路(操作)** 在远程通信线路上从一个终端的输入装置到远程终端的输出装置所执行的一组操作。

line microphone **线列传声器** 一种高定向性传声器,核心构件是由压电陶瓷圆环作换能元件的一个线列阵,阵元间距小于四分之一波长,每个紧靠的元件的一端都具有高度的定向性特性。常用于电影和电视演播室,有时也称为(猎)枪式麦克风。

line mode browser **行式浏览器** 一种 HTML(超文本标记语言)浏览器,可在字符终端中显示浏览信息,如 Lynx。

line mode switching **线路方式切换** 分区仿真程序设计的一种任选特性,允许一条指定的线路或作为网络控制程序线路或作为仿真程序线路运行。通过控制命令将该线路从一种方式切换成另一种方式。

line monitor (LM) **线路监听器[监视器]** 能够被动地监听数据传输并且根据正在使用的协议的已有知识和其他因素向操作员提供传输的显示和分析的装置。

line noise **线路噪声** 来源于传输线的噪声,由诸如不良连接和电源线路的感应干扰等因素所造成。

line number **线路号** 在通信系统中,分配给通信通道的号码。

line of propagation **传播路线** 无线电波通过空间所走的路径。

line of sight (LOS) **视线[视距](传播)** 直线可达空间。某些传输系统要求的一种特性,例如用激光、微波、红外线等信号传输信息的系统,在发送器与接收器之间的直线路径空间必须直接可达,中间不能有遮挡物。

line of sight distance **视距距离** 从发射机到水平线的距离,通常它代表了无线电台或雷达站的作用距离极限,一般在 320 km 以内。

line of sight propagation (LOS) **视距传播** (1)是电磁辐射或声波传播的特征,是

L

指在从源到接收器的直接路径上传播的波。电磁传输包括沿直线传播的光发射。光线或波可能被大气层绕射、折射、反射或被障碍物的材料吸收，一般不能越过地平线或障碍物。(2) 所谓"视距"，就是指收发天线间的路径完全没有被阻挡，从而使地面绕射现象可以忽略不计的距离，又可分为几何视距和无线电视距，后者用等效地球半径来表示地面的弯曲效应的影响。

line out/output (LO) 线路输出 在多媒体计算机或音响设备中，音频线路输出通常呈现 $100 \sim 600\ \Omega$ 的源阻抗。在消费类系统中，其输出阻抗约为 $10\,000 \sim 50\,000\ \Omega$。在 $10\,000\ \Omega$ 时，电压可达到 2 伏特峰对峰，电平参考值为 -10 dBV (300 mV)。大多数现代设备的频率响应宣称为至少 20 Hz 至 20 kHz，这对应于人类听觉的范围。线路输出旨在驱动 $10\,000\ \Omega$ 的负载阻抗，只需几伏电压，以及只需要最小的电流。

line protocol 线路规程 一种对同步线路上信号传输进行控制的规则。用以规定正向应答方式、重新传送请求方式、接收器发送器超时约束、信息块在终端之间传输的顺序和线路报价解释。

line protocol handler (LPH) 线路协议处理程序 一种处理消息、中断和暂停，从事协议认定、误差状态恢复和其它通信功能的通信程序。

line quadrupler 四倍线器 将隔行扫描的信号变换为逐行扫描的信号后再以 NTSC(美国国家电视制式委员会)制式频率的 4 倍频送给视频监视器的专用器件。

line quality analysis (LQA) 线路质量分析 与调制解调器连接的在网络管理系统中运行的诊断软件，用于提供模拟线路参数的测量和显示。

line rate 线路速率 单位是 bps、kbps、Mbps、Gbps 等。对于连接两个调制解调器之间的电话线(或专线)上数据的传输速率，常见速率有 56 kbps、33 600 bps、28 800 bps、19 200 bps、14 400 bps、9 600 bps、2 400 bps。比较 modulation rate。

line rate converter (LRC) 行频转换器 用于电视制式转换的一种设备，它在整帧图像中插行，而不限于在一场的相邻行间插行。

line reflection 传输线反射 就是在传输线上的回波。信号功率(电压和电流)的一部分传输到线上并达到负载处，但是有一部分被反射了。如果源端与负载端具有相同的阻抗，反射就不会发生了。源端与负载端阻抗不匹配会引起线上反射，负载将一部分电压反射回源端。如果负载阻抗小于源阻抗，反射电压为负，反之，如果负载阻抗大于源阻抗，反射电压为正。布线的几何形状、不正确的线端接、经过连接器的传输及电源平面的不连续等因素的变化均会导致此类反射。

line ringing (LR) 行振铃现象 即电视接收机行扫描输出电路中的阻尼振荡，由于偏转线圈或行输出变压器的电感与分布电容谐振而生，其结果是使电视图像左边出现垂直条纹。

line route map (LRM) 线路路由图 在信号通信中，传输线路的实际路由和构造类型以及电台和交换设备位置的图。如沿线路的中央局、交换中心、交换台和发报台的位置。

line scan 行扫描 CRT(阴极射线管)电视屏幕上快速移动的电子束，不同的电视广播系统每幅图像帧有不同的行扫描数，NTSC(美国国家电视制式委员会)制式标准为每帧 525 行(实际上帧包含两个 262.5 行的场)。这些行扫描与水平分辨率的行是不同的。

line segment scrambling　线段加密[加扰]
一种图像信号加密法,其中行上的线段
被移到其他行上去,使图像完全无法
辨认。

**line shuffle scrambling　混行加密[加扰]
法**　一种图像信号加密方法,图像中的
行被随机互换。

line side　线路侧　在通信站中,面向传输
通路的设备的部分,即连接到通信站外
围设施。如信道、环路或中继线,而不是
通信站内部的接线器、接线板、检测架及
监控设备。

line signaling　线路信令　监视中继线上
的呼叫状态的信令。它可以分为如下几
类:① 直流线路信令:主要用在纵横制
电话局之间、纵横制局与步进制局之间、
纵横制市话局与自动长话局和人工长话
局之间、纵横制话局与特种业务台之间;
② 带内(外)单脉冲线路信令:局间采用
频分复用(FDM)的传输系统时,可采用
带内或带外单脉冲线路信令,由于带外
信令所能利用的频带较窄等原因,因此
线路信令一般均采用带内单脉冲线路信
令;③ 数字型线路信令:当局间采用
PCM(脉码调制)设备时,局间的线路信
令必须采用数字型线路信令。

line skew　行扭斜,行位偏斜　(1) 行位置
倾斜或歪扭。(2) 光符识别中相对于符
号阅读器上一条实际存在或假设的基线
以及一串字符发生位置偏斜的现象。

line slip (LS)　行滑移　重现电视图像在
水平方向全部或部分的明显位移,由于
行扫描与信号之间失掉同步所致。

line slope　行斜率　传输线路在整个频谱
上衰减相对于频率的变化率。通常在高
频范围的衰减比低频范围的衰减大。

**lines of horizontal resolution　水平分辨率
线数**　有时简写成 TVL(TV lines)或水
平分辨线(LoHR)。模拟电视系统水
平细节的主观度量法,使用每幅图像高
度的一半来度量。例如,VHS(家用视频
系统)电视的水平分辨率线数是 240 线,
模拟广播电视的水平分辨率线数是 330
线,LD(Laser Disc)模拟视碟电视的水平
分辨率线数是 425 线。

line source　线光源　发射一束或多束光
束且每束具有非常窄的谱宽的光源,即
不是谱宽很宽或有多个波长的连续光谱
的光束。线光源也指具有与其长度相比
非常窄的横截面及发射区(如注入式激
光二极管的发射区)的光束。

line stretcher　线扩充器　同轴传输线的
阻抗匹配装置。用于扩充通信线路。通
常是一段物理长度可变的波导或硬同轴
线,长度变化用来改变它的电长度,实现
此目的的装置一般是可伸缩的机械
结构。

line surge　线路冲击[电涌]　一种突然出
现的高电压状态。线路冲击对没有冲击
保护的设备会有极大的危害。

line sync signal　行同步信号　在电视技
术中,在每次行扫描结束时传输的信号,
以启动在接收器中的扫描光束的水平回
扫,来保持接收器的扫描与发送器的扫
描一致。在大多数电视系统中,该信号
由从消隐电平至同步电平的单脉冲组
成,信号的前沿锁定接收器的行时基。
也称为水平同步脉冲。

line tilt (LT)　线倾斜,行倾斜　电视图像
的一种失真现象。与场倾斜相比,它是
由于交流电耦合、增加的噪声或其他杂
波低频信号引起波形中直流分量的逐
渐增加或减少造成的。通常其幅度小于
帧倾斜,可将信号通过键控或逐行钳位
电路减少其影响,这样,恢复每一行的开
始到同样的对地电势。这种失真现象的
视觉效果是电视画面中的亮度出现从左
到右逐渐地增加或减少。

line timebase (LTB)　行时基[扫描](电路)
(1) 负责产生使扫描光束发生水平偏转

信号的电路。现代的电视机中,信号在行输出阶段产生,附加在行扫描电流上,一个提升到输出级的直接电压,作为显像管的加热器,超高压(EHT)电源用于显像管和可能一个低压电源用于早期阶段的接收器。(2) 水平扫描点的水平偏转控制,以确保每个新行在准确的时刻开始扫描。

line trace 线路跟踪(程序,表) (1) 在网络控制程序中,记录联机诊断信息的一种任选功能。一次跟踪仅限于一条线路。(2) 某些通信系统软件中的一种表格,在主存中提供有关指定线路上发生的输入/输出中断的顺序记录。

line traffic 线路通信量 在一条通信线路上的传输次数和发送与接收的数据总量。它是衡量线路数据传输能力的一个指标。

link 链路,链接 (1) 在网络中连接两个节点的一个实体。在无线通信中,链路指两个通信站点之间的无线通路,链路可以是单工的、半双工的、全双工的。在链路每一端都有相同的传输模式。(2) 从一个网页到另外网页的超文本链接。

link access control (LAC) 链路接入[访问]控制 完成逻辑链路连接建立、保持和释放所需的控制功能。

link access procedure (LAP) 链路访问规程 (1) LAP 协议是用于跨越点对点链路的成帧和传输数据的数据链路层协议。LAP 最初源自 HDLC(高级数据链路控制),但后来更新并重命名为LAPB(平衡链路访问规程)。(2) X.25接口标准中规定的数据链路级的协议;由 LAPB 和 LAP-D 补充。

link adaptation 链路自适应 或自适应编码和调制(ACM),是无线通信中使用的术语,用于表示调制、编码和其他信号和协议参数与无线链路上的条件的匹配(例如,路径损耗、由于来自其他发射机的信号引起的干扰、接收机的灵敏度、可用的发射机功率余量等)。例如,WiMAX 使用速率自适应算法,该算法根据无线电信道的质量,以及数据传输的比特率和鲁棒性来调整调制和编码方案(MCS)。链路自适应的过程是动态的,并且信号和协议参数随着无线链路条件的变化而改变,例如在通用移动电信系统(UMTS)中的高速下行链路分组接入(HSDPA)中,这可以每 2 ms 发生一次。

link aggregation 链路聚合 也称为"链路汇聚"。将两个或更多数据信道结合成一个单个的信道,该信道以一个单个的更高带宽的逻辑链路出现。链路聚合一般用来将具有相同传输介质类型、相同传输速率的物理链路段"捆绑"在一起,在逻辑上看起来好像是一条链路。链路聚合可以实现链路备份、增加链路带宽及其数据的负载。在 IEEE 802.3ad 规范中定义了链路聚集控制协议(LACP)。链路聚合按照聚合方式不同可分为静态链路聚合和动态链路聚合。

link aggregation group (LAG) 链路聚合组 是一种在多个以太网链路上进行反向复用的方法,从而增加带宽并提供冗余。由 IEEE(电气和电子工程师学会)802.1AX-2008 标准定义,该标准规定:"链路聚合允许将一条或多条链路聚合在一起形成一个链路聚合组,这样MAC(介质访问控制)用户端就可以将该链路聚合组视为单条链路"。通过 LAG使用单个 MAC 地址为 LAG 组中所有设备的端口,实现这个第 2 层透明性。LAG 可以配置为静态或动态的。LAG可以用两种方式实现:LAG N 和 LAG N+N。LAG N 是 LAG 的负载分担模式,LAG N+N 提供链路工作组备用模式。

link control channel (LC channel) 链路[链接]控制信道 蓝牙系统中定义的 5 种逻辑信道之一。该信道映射到包头中,用来控制低层的控制信息。

link data channel (LDC) 链路数据信道 在采用扩充超帧格式的 T1 信道中第 4、8、12、16、20、24 帧的成帧比特承载的一条 4 kbps 信道,AT&T 公司已经规定了在其电路上的链路数据信道应承载独有协议中的电路性能信息。国际电报电话咨询委员会(CCITT)推荐标准G.703 为限制 LDC 的内容。

linking protection (LP) 链接保护 在自适应高频无线电自动链接建立的链接功能中的保护,它旨在防止未授权链路的建立或越权操纵合法链路。

link layer (LL) 链路层 OSI(开放系统互连)模型中有关相邻网络节点间的数据传送的逻辑实体,这是 OSI 模型中的第二层处理,介于物理层和网络层之间。

link layer access method 链路层访问[接入]方法 局域网中决定某个网络接口何时能够发送数据的算法,也叫访问方法。由于传统局域网都是共享信道,有可能产生冲突,因此需要适当的访问控制方法来避免冲突。如 CSMA/CD(载波监听多路访问/冲突检测)方法,就是以太网采用的链路层访问方法。

link loopback 链路环回 一种诊断技术,该技术中在数字链路(例如 T1)的集合比特速率下传送的信号被回送到同一链路的相反方向的发送装置。链路环回检测可以由比特差错率测试器(BERT)进行,也可以由一些为诊断检测准备的信道服务部件进行。

link loss 链路损耗 链路损耗分为空间损耗和线路损耗。是通信链路上产生的信号损耗,用分贝(dB)为单位表示。

link margin (LM) 链路容限[余量] 在光纤系统中,链路余量是用于定义在所有的路径损耗被扣除后能够得到的光功率超出在光检测器的最小可用输入等级的余量的术语。链路余量定义了光纤系统中出现接头和其它替换时的安全度。

link state advertisement (LSA) 链路状态通告[公告] 是因特网协议(IP)的OSPF(开放最短路径优先)路由协议的基本通信手段。它将路由器的本地路由拓扑传播给同一 OSPF 区域中的所有其他本地路由器。OSPF 是为可扩展性而设计的,因此某些 LSA 不会在所有接口上发布,而 LSA 只在属于相应区域中发布。通过这种方式,可以本地化保持详细信息,同时将摘要信息发布到网络的其余部分。原有的仅 IPv4 的 OSPFv2 和较新的 IPv6 兼容的 OSPFv3 具有大致相似的 LSA 类型。

link state database 链路状态数据库 OSPF(开放最短路径优先)路由器,或严格地讲是同一区域的 OSPF 路由器,都具有相同的链路状态数据库,并运行相同的最短路径算法。链路状态数据库中的每个记录代表网络的一条链路,它包含链路标识符(ID)以及描述链路状态的信息。链路状态的类型有五种:即路由器、网络、IP(网际协议)网络汇总、边界路由器汇总和外部链路。每种类型的记录都具有共同的链路状态广播报头,报头内包含链路状态 ID 和链路状态类型等信息。

link state protocol 链路状态协议 一种路由选择协议,链路状态协议采用分布式的管理方式,各个网络节点只需维护一张网络图,在网络拓扑结构发生变化时,及时进行更新。链路状态协议有国际标准化组织(ISO)制定的 IS-IS(中间系统到中间系统)协议和因特网工程任务组(IETF)制定的 OSPF(开放最短路径优先)协议。

liquid core fiber 液芯光纤 由制成管状

的光学玻璃、石英或二氧化硅所组成的光纤。管内注满高折射率的液体。光纤的衰耗在 1.090 μm、1.205 μm 和1.280 μm时小于 8 db/km。高折射率的液体是在拉制后注入的。例如，将四氯乙烯用作光纤中的液芯。

liquid crystal 液晶 呈液态的晶体。某些有机物在一定的温度范围内为混浊的液态。这时，有机物一方面具有液体的流动性，同时又具有晶体的光学特性和电学物性，也就是介于液体和固体之间的中间状态。液晶的许多物理性质对外界的激励是灵敏的。电场、磁场、热能和声能都能引起光学效应。液晶按照分子结构排列的不同分为三种：类似粘土状的近晶相液晶、类似细火柴棒的向列相液晶、类似胆固醇状的胆甾相液晶。这三种液晶的物理特性都不尽相同，用于液晶显示器的是第二类的向列相液晶。

liquid crystal display（LCD） 液晶显示(器) 一种低电压功耗平板显示器件。其原理是利用液晶的电光效应，即当电场电流变化时，将改变液晶材料分子的排列，从而使其光学性质发生变化，显示出不同颜色。由于它具有功耗小、几乎无辐射、画面不会闪烁、平面结构等优点，因此被普遍用来作为电子产品的显示屏幕。液晶显示器按技术性质可分为：单纯矩阵驱动及主动矩阵驱动两种。

liquid laser 液体激光器 一种激光器，其激光作用媒质是液态形式。这类激光器的激活物质是某些有机染料溶解在乙醇、甲醇或水等液体中形成的溶液。为了激发它们发射出激光，一般采用高速闪光灯作激光源，或者由其他激光器发出很短的光脉冲。

list-based access control 基于表的访问控制 在计算机安全中，指一种访问控制，其中所有主体的访问权利都出现在主体的访问控制表中。

listen before talk（LBT） 先听后讲，对话前监听 与载波监听多路访问（CSMA）相同的一种介质访问控制方法。

listener 收听器，监听器 一种接在通用接口总线（GPIB）上的控制器或运行设备，用于从总线上接收信息。

listening mode 收听方式 工作站的一种工作方式。在这种工作方式中，工作站不得发送或接收报文，只允许监视线路上传送的报文。

listening silence 收听静寂 （1）网络中电台的一种状态，它正在或准备接收传送而不在发送。（2）在网络中接收机和发送机都不打开，以消除发射机和接收机辐射的电台状态。

listening station 收听台 为监听值守的无线电台，被指定收听从其他电台，通常是移动电台来的特殊传输信息。

listening watch 监听值守 无线电通信值守，要求话务员连续保持守听接收机，以便收听发往某一电台的消息，或者收听指定电台发出的消息。

listen while talk（LWT） 边听边讲，监听对话 这种方法与带有冲突检测的载波监听多路访问（CSMA/CD）相同。

little smart wireless cityphone 小灵通 又叫"无线市话"，是一种个人无线接入系统。它采用微蜂窝技术，通过微蜂窝基站实现无线覆盖，将用户端（即无线市话手机）以无线的方式接入本地电话网，可在无线网络覆盖范围内自由移动使用。随着无线手机的发展，小灵通已淘汰退市。

Litz cable 李滋线 由若干各自绝缘的导线编在一起的导线，这样从整个导体的横截面上看去，每股线都相继占有一切可能的位置。这种导线降低了趋肤效应和射频电阻。

live broadcast（LB） 直(接演)播，现场[实况]广播 在制作电视节目的同时进行的播出。

load balance/balancing (LB)　负载均衡[平衡]　(1) 将负载(工作任务)进行平衡、分摊到多个操作单元上进行执行,共同完成工作任务。(2) 在分布式处理中,对在两台或多台服务器上的工作进行分配,以避免任何一台服务器由于来自用户的太多请求而过载。(3) 在客户机/服务器网络管理中,通过将一个繁忙的网络段分成多个小段,或者通过利用软件在同时工作的多个网络接口插卡之间分配通信量将信息传送到服务器上的方法,来减少通信流拥挤的过程。(4) 在通信中,将业务流量分配到两个(或更多)的链路上,从而平衡每条链路的负载以使通信更快速和可靠的过程。(5) 在计算中,负载平衡改善了跨多个计算资源(例如计算机、计算机集群、网络链接、中央处理单元或磁盘驱动器)的工作负载分布。负载平衡旨在优化资源使用,最大化吞吐量,最小化响应时间,以及避免任何单个资源的过载。

load image　装入映像　一种已准备好传送给通信控制器的映像,它包含有多个映像;例如,一个配置映像连同一个或多个应用程序映像的组合,或一个配置映像连同一个或多个剪裁过的映像。

loading　加感　在传输线路上采用负载线圈增加电感以减少信号幅度失真。

loading coil　加感线圈　(1) 连接在传输线路上的一种部件,目的是改善语音传输特性。在规则的间隔内接入铁芯线圈到电话线路或电缆上,以减小电容的影响,降低失真。(2) 与无线电天线串联插入的线圈,用来增加其电长度,从而降低谐振频率。

load leveling (LL)　负载均衡(法)　一种使负载在处理器、通道或设备之间均衡的工作方法。

load matching　负载匹配　使负载阻抗与其驱动系统的输出阻抗相等,从而使系统向负载输送的功率最大。

load regulation　负载调节　对空载或满载之间系统中某种稳态量的变化所进行的调整。

load sharing (LDS)　分载[均分负载],负载分配[分担]　(1) 在计算机网络中的一种负载分配过程。分载使网络上的工作站都可获得一定的工作量。(2) 分布式系统中,将本地计算任务分成若干部分并送至其他机器上处理的过程。(3) 在通信中,对两个或更多个的信道(或通信链路)分配流量,避免或缓解网络中负荷不均的操作过程。

load testing (LT)　负载测试　通过测试系统在资源超负荷情况下的表现,以发现设计上的错误或验证系统的负载能力。在这种测试中,将使测试对象承担不同的工作量,以评测和评估测试对象在不同工作量条件下的性能行为以及持续正常运行的能力。

lobe　插接瓣,环瓣,波瓣　(1) 数据站在插接瓣连接间的一对信道。从连接的数据站角度看,一个信道用于发送,另一个用于接收。(2) 在星形或环型网络配置中的两对异线,分别为线路集中器和网络端口(例如墙引线)间提供发送和接收通路。(3) 环网中的一种功能单元,用于把数据站连接到环网上去,或把它从环网上断开而不破坏网的操作。(4) 在辐射方向性图上,以零点为顶点的一个或两个圆锥形所包络住的部分。

lobe bypass　插接瓣旁路,环瓣旁路　插接瓣连接器的一种功能,它能使插接瓣以及和它连接的数据站从环型网络上脱开,以便更换、重新定位或修理等,而不破坏网络的运行。

lobe receptacle　插接瓣插座　在 IBM 令牌环型网络中,在存取装置上用来连接插接瓣的插座。

local algorithm　局部算法　分布式路由选择算法的一种，网络中各个节点（网关或路由器）根据自己获得的网络状态信息进行路由计算和选择路由。

local area data transport (LADT)　本地[局域]数据传送[传输]　(1) 可视图文系统中用于数据传输的电子网络。(2) 在用户和本地交换机之间通过本地环路发送和接收数字数据的系统。

local area network (LAN)　局域网　是一种小范围计算机网，覆盖较小地理区域（如一座大楼、几座大楼、一个园区等）的网络。LAN 通常归一个企业、组织或部门拥有、使用、维护和管理。LAN 通常用交换机将计算机主机和终端、数据库服务器和外设等网络设备连接起来，通过共享介质技术实现网络资源的共享，并通过使用网桥、交换机、路由器等设备扩展网络规模。常用的局域网技术包括以太网、令牌环以及光纤分布式数据接口网等。

local area network emulation (LANE)　局域网仿真　ATM（异步传输模式）论坛定义的局域网仿真（LANE）技术是在 ATM 网络上仿真现有 LAN（局域网）网络业务的方法和软件，它把 ATM 业务仿真成数据链路层业务，不需要改变现有协议堆栈，如传输控制协议/网际协议（TCP/IP）、互联网分组交换（IPX）或其他协议技术。ATM 仅作为协议栈的第二层出现，它通过网络驱动接口规范（NDIS）接口或开放数据链路（ODI）接口等来提供对它的访问。

local area network standardization　局部网络标准化　建立局部网络标准的活动。目前的国际标准采用 IEEE 802 标准，其主要内容如下：① 802.1（A 部分）：综述与体系结构；② 802.1（B 部分）：寻址、网际互联和网络管理；③ 802.2 逻辑链路控制；④ 802.3：CSMA/CD（载波监听多路访问/冲突检测）存取方法和物理层技术规范；⑤ 802.4：令牌传递总线存取方法和物理层技术规范；⑥ 802.5：令牌传递环存取方法和物理层技术规范；⑦ 802.6：城市地区网存取方法和物理层技术规范。

local insertion　本地插入　在广播中，本地插入（选择退出）是广播电视台、无线电台或有线电视系统用本台或系统特有的内容插入或替换网络馈送一部分内容的行为或能力。多数情况下是台标，但也常用于电视或无线电广告，或天气或交通报告。屏幕上的数字图形（"dog"或"bug"），通常是半透明的水印，也可以使用基于同步锁相的字符发生器通过网络馈送具有电视台标识的键控（叠加）。

localizer sector　无线电信标区，定位器扇区　在两个径向等信号无线电定位信标线之间所包含的扇形区，信标线具有相同的指定调制深度差。

localizer station　定位电台　在无线电导航业务中的无线电导航陆地电台，它依据跑道中线为飞机电台的横向引导提供信号，引导着陆系统定位器。

local key　本地密钥　在编程加密设施中，主处理机上使用的一种密钥，在操作密钥被发送到终端前用该密钥将其译成密码。在终端上，也用该密钥对该已加密的操作密钥进行解密。

local loop　本地环路[回路]　(1) 在电话技术中，本地环路（也称为本地尾路、用户线路，或整体上作为最后一英里）是从客户驻地的分界点连接到公共运营商或电信服务提供商的网络边缘的物理链路或电路。也就是电话用户与电话公司交换中心之间所构成的通信线路。或者是把用户设备连接到中心局交换机线路端接设备上的一种信道。(2) 在传统公共电话网络中的承载接入网络的边缘，本地环路终止于容纳在现有本地交换运营商或电话交换机中的电路交换机。

local multipoint distribution service (LMDS)
本地多点分配[分发]业务 (1)一种微波宽带通信业务,1998 年被美国电信界评选为十大新兴通信技术之一。该技术利用高容量点对多点微波传输技术,能够实现高达 200 Mbps 的用户接入速率,且具有很高的可靠性。LMDS 采用相移键控(包括差分四相相移键控(DQPSK)、正交相移键控(QPSK)等)和正交幅度调制相结合的调制方式。其工作频段在 28 GHz,在 10 公里范围内,能点对多点地双向传送话音、视频及图像信号,支持 ATM(异步传输模式)、TCP/IP(传输控制协议/网际协议)、MPEG(活动图像专家组)-2 等标准。(2)是一种最初设计用于数字电视传输(DTV)的宽带无线接入技术。它被设想为一种固定的无线点对多点技术,可用于最后一英里。LMDS 通常在 26 GHz 和 29 GHz 频段的微波频率上运行。在美国,31.0~31.3 GHz 的频率也被视为 LMDS 频率。链路的吞吐量和可靠距离取决于常见的无线电链路约束和所使用的调制方法:相移键控或幅度调制。由于雨衰衰减的限制,距离通常限制在大约 1.5 英里(2.4 km)。在某些情况下,例如在点对点系统中,由于天线增益增加,可以达到稍远的距离,因此可以与基站建立长达 5 英里(8 km)的部署链路。

local node **本地节点** 一个用户所在的正在其上进行操作的一种节点。可以是网络中的任何一个节点,它是用 PNODE 生成宏指令中的 LOCAL = YES 指定的本地节点。

local number portability (LNP) **本地号码携带业务,市话号码携带性** (1)对于固定电话线路的市话号码可携带性和移动电话线路的全移动号码可携带性(FMNP),是指由本地交换运营商(LEC)分配的现有固定线路或移动电话号码的"记录用户"重新分配号码到另一个运营商(服务提供商可携带性),将其迁移到另一个位置(地理可携带性),或更改服务类型(服务可携带性)的能力。在大多数情况下,在地理位置、服务区域覆盖范围和技术方面的可转移性存在限制。在电信行业,没有一致地定义或部署位置可携带性和服务可携带性。(2)无线网络中的移动号码携带(MNP)业务,它利用七号信令系统(SS7)的 ISDN(综合业务数字网)用户部分(ISUP)和事务处理应用部分(TCAP)协议使得本地或商务用户即使在改变业务、改变业务供应商、甚至是改变物理位置的情况下仍可保留和使用原来的电话号码。

local origination (LO) **本地源** 有线电视(CATV)系统的主要吸引力之一是源于本地的节目。这些频道只向有线电视用户提供,而不能通过卫星或其他任何系统获得。早期的有线系统通常从有线电视运营商演播室设施中来指定一个频道所提供的节目,这就是所谓的本地源和本地关注的栏目组成的节目。后来,有线电视运营商在频道中加入含有社区关注的打印消息的字母数字频道和/或分类广告。

local trunk (LT) **市内中继线** 市内交换局之间的中继线路。

locate chain **定位链** 在搜索启动器和搜索目标的控制点上的一个临时逻辑连接,覆盖一系列 CP-CP(控制点-控制点)会话。在搜索启动时建立并在搜索完成时结束,用于传输目录搜索控制传输并允许路由由输出到搜索结束点。

locating **定位** 显示系统中,在显示器显示平面的显示空间里,通过使用由人工控制设备,如控制球或鼠标引导的光标,交叉准线或光笔产生与特定位置相对应的坐标数据。

location awareness　位置感知　是指可以被动地或主动地确定其位置的设备。导航仪器提供船舶和车辆的位置坐标。测量设备识别众所周知的无线通信设备有关的位置。网络位置感知(NLA)描述了网络中节点的位置。

location area (LA)　位置区(域)　是一组以优化信令组合在一起的基站。通常，数十个甚至数百个基站共享全球移动通信系统(GSM)中的单个基站控制器(BSC)，或通用移动通信系统(UMTS)中的无线电网络控制器(RNC)，即基站背后的智能。BSC处理无线电信道的分配，接收来自移动电话的测量，控制从基站到基站的切换。对于每个位置区域，分配称为"位置区域代码"的唯一编号。由每个基站，称为GSM中的基站收发信台(BTS)，或UMTS中的节点B，以规则的间隔广播位置区域代码。移动台可以在该区域内自由地移动而不需要进行位置更新。

location area code (LAC)　位置区(编)码　移动通信系统中，将服务范围的无线信号所覆盖一片地理区域设置为一个个位置区域，一般按行政区域划分(一个县或一个区)，也可以按寻呼量划分。LAC则用于标识不同位置区域。

location area identification (LAI)　位置区(域)识别　移动通信中，对移动台所处的小区位置的标识认定过程。

location area identity (LAI)　位置区(域)识别号　公共陆地移动网(PLMN)的每个位置区域都有自己的唯一标识符，称为其位置区域标识(LAI)。这个国际唯一标识符用于移动用户的位置更新。它由三位十进制数字移动国家码(MCC)，一个用于标识该国家的用户模块公共陆地移动网(SM PLMN)的二至三位的移动网络代码(MNC)，以及位置区域码(LAC)组成，LAC是具有两个特殊值

的16位数，从而允许一个GSM PLMN内具有65 534个位置区域。

location-based service (LBS)　基于位置的服务　是软件级服务中一般策略类的名称，用于访问数据、文件、管道、内存对象、流以及其他在线服务。访问策略由位置数据和/或时间约束或其组合控制。因此，LBS是一种信息服务，并且在今天的社交网络中具有许多用途，作为娱乐或安全中的信息，其可通过移动网络的移动设备访问，并且使用关于移动设备的地理位置的信息。

location designation　位置代号　项目在组件、设备、系统或建筑物中的实际位置的代码。

location intelligence (LI)　位置智能　或空间智能，是从地理空间数据关系中获得有意义的洞察力以解决特定问题的过程。它涉及在空间和/或时间上分层的多个数据集，以便在地图上易于索引，其应用程序涵盖行业、类别和组织。

location lock mode　位置锁定模式　指在有线电视系统综合接收解码器正常工作模式下，综合接收解码器开机后扫描周边移动通信基站信息，与智能卡存储位置锁定信息进行比对，比对结果正解，综合接收解码器可以解密，否则停止解密。

location measurement unit (LMU)　位置[定位](信号)测量单元　移动定位业务(LCS)系统中测量无线定位信号的装置。如使用TOA(到达时间)算法时，移动台(MS)将利用异步切换机制向多个定位信号测量单元发送信号。这些定位信号测量单元分别记录该信号到达的时间戳。根据距离两个定点距离差值为常数的点轨迹在一条双曲线上的几何定理，每两个LMU接收信号的时间戳的差值可以确定一条双曲线，它表示了所要定位的目标移动台位于这一条双曲线上。要定位移动台所在的点，需要得到

至少两条相交的双曲线,因此,需要至少3个定位测量单元参与测量和计算移动台的位置。

location name 位置名 在通信中,用于识别系统或设备的名字。

location portability (LP) 位置可携带性 电信终端用户所处的地理位置发生变化时,使用的电话号码仍可保持不变的特性。

location receiver 位置[定位](信号)接收器 用于收集移动台位置信号的接收器。

location register (LR) 位置寄存器 移动通信系统中存储用户位置信息的单元,包括归属位置寄存器(HLR)和拜访位置寄存器(VLR)。

location server (LS) 位置服务器 基于全球移动通信系统(GSM)的移动定位系统的一个中间产品,它能够根据位置管理工具(LMT)提供的输入信息和位置测量单元(LMU)的网络测量值,计算位置信息。

location unlock mode 位置解锁模式 与位置锁定模式相反,如有线电视系统综合接收解码器不再与智能卡存储的位置锁定信息进行比对,不影响综合接收解码器正常解密。

locator/ID separation protocol (LISP) 定位器/ID分离协议 是一种"映射和封装"协议(RFC 6830),由因特网工程任务组 LISP 工作组开发。分离背后的基本思想是,因特网架构结合了两个功能:路由定位器(客户端连接的网络)和标识符(客户端是谁),在一个数字空间就是 IP 地址。LISP 支持基于网络的映射和封装方案(RFC 1955)分离 IPv4 和 IPv6 地址空间。在 LISP 中,标识符和定位符都可以是 IP 地址或任意元素,如一组 GPS(全球定位系统)坐标或 MAC(介质访问控制)地址。

locked field 封锁域[字段] 一个不能被用户修改的域或字段。

lock-out (LO) 封锁,切断,失锁,失同步 (1) 在电话通信中,因噪声过大或用户占线而使一个或多个用户不能通话的情况。(2) 计算机中的一种禁止数据输入的功能。通常是由于溢出或出错所造成的。(3) 在数据通信中,多点线路上处于控制状态的终端无法收到发送的数据的情况。

logarithmic amplifier 对数放大器 是输出电压 V_{out} 是输入电压 V_{in} 的自然对数的 K 倍的放大器。用于 3D 电视系统中,以形成深度的视频信号。

logarithmic companding 对数压扩[压缩扩展] 其中发送信号是压缩扩展器的发送压缩部分的输入信号幅度的对数函数。

logarithmic contrast 对数反差 反差(对比度)的测试方法之一。它是图像或目标与背景间光亮度明暗差异程序的一种描述,反映人眼观察、判别图像的效果。对数反差定义为 $C1 = LOG(B_{max}/B_{min})$ 式中 B_{max}、B_{min} 分别为光亮度的最大、最小值。

logarithmic receiver 对数接收机 在雷达、无线电、视频和微波系统中的接收机。它有很大的自动增益控制的动态范围,用于通信系统中抵抗各种形式的干扰,如降雨、杂乱回波、箔片和点干扰。

logging service facility (运行)记录服务程序 某些通信系统软件中的一种服务程序,它有选择地使往返的报文和报文段拷贝到磁带或磁盘上。由该服务程序产生的运行记录将提供通过报文控制程序的报文业务量的记录。

logical access control 逻辑访问控制 在计算机中,逻辑访问控制是用于计算机信息系统中的识别、认证、授权和责任的工具和协议。硬件的远程访问通常需要

L

逻辑访问,并且通常与术语"物理访问"形成对比,后者指的是与物理环境(存储和使用的设备)中的硬件的交互(例如锁和钥匙)。逻辑访问控制为系统、程序、进程和信息的实施访问控制措施。控件可以嵌入操作系统、应用程序、附加安全包或数据库和通信管理系统中。

logical address 逻辑地址 (1)在某些通信系统中,每个设备在制造时伴随产生的一种地址,通过相应的设备处理程序将其转换成物理地址。(2)某些信息处理系统中的一种存储地址,它或是在取出并执行指令时提供给程序,或由程序提供的地址,或是在输入/输出操作时作为指针用的地址。(3)一种虚拟的存储地址。一般指程序中给指令设定的地址。它与程序在内存中实际存放的物理地址不同。通过地址变换技术可以实现逻辑地址和物理地址之间的转换。

logical channel(LC/LCH) 逻辑信道[通道] (1)在通信系统中,由网络抽象资源构成的信道。(2)在两个或多个网络节点之间的非专用的分组交换通信路径。通过分组交换可以把一条物理信道分成多个逻辑信道。这些逻辑信道可以作为虚拟电路的一段链路,也可以作为线路交换方式的一段信道使用。

logical channel number(LCN) 逻辑通道[信道]号 (1)在包交换系统中,识别虚电路一端的号码。(2)X.25分组协议中,一个逻辑信道组内的一个逻辑信道的二进制编码号。采用12位二进制位,在分组格式中,逻辑信道号指这12位中的低8位。有时,也将12位的编码统称为逻辑信道号。

logical link 逻辑链路,逻辑链接 (1)在不同计算机上的程序之间传送数据的通路,即通过网络软件和用户透明的物理链路的传送路径。(2)在某些信息管理系统的多系统环境中,把一个物理链路

与能够使用该物理链路的事务和终端联系起来的手段。(3)在ATM(异步传输模式)网络中,两个逻辑节点之间连接性的一个抽象表示。它包括各个物理链路、各个虚拟路径连接和并行物理链路。

logic trunked radio(LTR) 逻辑集群无线电 LTR与其他一些常见的集群无线电系统的区别在于它没有专用的控制信道。每个转发器都有自己的控制器,所有这些控制器都协调在一起。即使每个控制器监视它自己的信道,其中一个信道控制器也被指定为主控制器,而所有其他控制器都会向其报告。通常在LTR系统中,每个控制器周期性地发送数据突发(在LTR标准系统中大约每隔10秒),以便用户设备知道系统的存在。如果系统操作员需要,可以关闭空闲数据突发。

logic multicast 逻辑组播 以网络逻辑地址为基础实现的组播功能。这是与以硬件地址为基础实现硬件组播功能相对立的一种组播功能。这种组播功能的典型代表是以IP(国际协议)逻辑地址为基础实现的组播功能。

log periodic antenna 对数周期天线 一种宽带、多元件、单向、窄波束天线。它具有规律性重复的阻抗和辐射特性,依从激励频率的对数函数,天线元件的长度和距离从天线一端到另一端按对数增加。对数周期天线具有在频谱上相等间隔的频率点上重复的频响曲线,即响应特性曲线,其中频谱中频率间隔值由于决定天线元件的物理长度和物理间隔的比值的对数来确定。

log periodic dipole array 对数周期偶极天线阵列 一种宽带天线阵列,其偶极子长度和间距随至源的距离而增加,同时传输线在相邻偶极单元间交叉跨接。其辐射图是朝向源的背射方向的单方向。

logtype entry 登录类型表目 某些通信

系统软件中的一种终端表表目,它与等待传送到登录媒体的完整的报文驻留队列有关。如果只有登录报文段,则不需要登录表型表目。

long distance line (LDL)　长途线路　因其电路的长度、物理长度、话务负荷量或接续量的要求,通常需要经过长途交换局作多次转接的通信线路。

long distance loop　长途环路　从用户电话或专用交换分机(PBX)到长途电话交换台的直达线,用来加快长途电话的呼叫。

long distance network　长途网　是长途电话网的简称。长途网是用传输设施把各个分散的电话局有组织地相互连接起来的电信系统实体。传输设施是指用以实现终端设备与交换设备、以及两交换局之间的连接,提供话音和信号的传输通路。传输设施包括架空明线、电缆、光缆、载波系统、脉码调制设备以及无线传输设备、数字微波等等。长途网一般在每一个长途编号区设置一个长途电话交换中心,即长途电话交换局,简称长途局。汇集本编号区内的长途电话,进行长途电话的接续。

long haul fiber optic link　长途光链路　在光纤上长距离传输光波信号的光纤链路,如在电话配线架之间或交换中心之间的光纤链路。

longitudinal displacement loss　纵向位移损耗　(1) 光纤系统中的一种功率损失,它由纵向距离引起,即由在连接器或接头处,如在光源到光纤结点,光纤到光纤结点或光纤到光电检测器的结点处平行于光纤轴的长度引起的。(2) 光功率损失发生在光信号从一个光纤传送到另一个光纤时,此时另一光纤与原光纤是轴向对准的,即没有角错位和光纤轴的横向偏移,只是在轴向上光纤端面是分开的。

longitudinal jitter　纵向抖动　在传真传输中,由于不规则的扫描速率而引起的影响。

longitudinally excited atmosphere laser　纵(向)激(励)大气压激光器　一种气体激光器,其工作物质的电场激励是纵向的与工作物质的流动方向一致,它工作在比横向激励较低的大气压范围内。

longitudinal parity check　纵向奇偶校验　对传送的信息进行纵向奇偶校验的过程。把一组二进制数据纵向排列起来,便成为二进制数据矩阵,对矩阵中纵向每一列二进制位求奇偶和,并设置奇偶位,进行奇偶校验。

longitudinal resolution　纵向分辨力　(1) 在传真发送器中,沿在规定条件下,由发送器发送的最短信号所再生的图像的最小可分辨细节的扫描线方向上尺寸大小。(2) 在传真接收机中,指沿在规定条件下能够激励起接收机的最短信号所产生的图像最小可分辨细节的扫描线方向上尺寸大小。

longitudinal time code (LTC)　纵向时间码　指美国电影与电视工程师协会/美国国家标准化组织的(SMPTE/ANSI)时间编码格式,记录在录像带上的音频轨道中或是以单独轨道记录(例如索引或地址轨道)。时间码是区分每一帧的数字地址,它是可读取的。LTC 以轴向方式记录,而视频信息和一些音频信息则是对角记录的。作为声音信号记录在录像带声音上的时间码,其长度为 80 位。写入或读出时间码的信息需要一场的时间。在录像带上的时间码要在播放录像带时才能读出。也称为 linear time code (LTC)。

longitudinal voltage　纵向电压　沿传播媒质长度方向,如一对平行导线、双绞线对或同轴电缆的长度方向上感生或出现的电压。

long term evolution (LTE) (3GPP)长期演进 在电信领域,LTE 是基于 GSM/EDGE(全球移动通信系统/增强型数据速率 GSM 演进技术)和 UMTS/HSPA(通用移动通信系统/高速分组接入)技术的用于移动设备和数据终端的高速无线通信的标准。它使用不同的无线接口以及核心网络的改进来提高容量和速度。该标准由 3GPP(第三代合作伙伴项目)开发,并在其第 8 版文档系列中详述,在第 9 版中描述了少量增强的内容。LTE 是 GSM/UMTS 网络又是 CDMA2000 网络运营商的升级路径。不同国家使用的不同 LTE 频率和频段意味着只有多频段手机才能在所有支持它的国家使用 LTE。

Long wave 长波 频率低于 300 kHz 的电磁波,也即相应于波长大于 1 000 m 的波。

long wave communication 长波通信 利用波长 1 000～10 000 m(频率为 30～300 kHz)的电波传输信息的无线电通信。

long wavelength 长波长 光纤通信系统中,相对于波长大于 1 μm 的电磁辐射。光纤通信系统中,标准的波长是 1.31 μm。

loop 循环,回路,环路 (1)满足一定条件时重复执行的指令序列。(2)信号可在其中环流的闭合路径或电路,例如反馈控制系统中的环路。(3)两个用户间闭合使用的通信线路或一个用户与本地交换中心间的闭合通信线路。

loop antenna (LA) 环形天线 由一个或多个完整的环形导体组成的天线,通常利用接到环的终端的可变电容将它调到谐振状态。辐射图是双向的,在环圈平面有最大的辐射,而与环圈成直角的方向辐射最小。

loop back address 回送地址 网络上用于测试或调试的专门地址,发送到回送地址的包不在网上传送,而由网络协议实现。

loopback test/testing 环回[回送]测试 一种测试方法。其过程是,将信号从测试中心发出,通过数据装置或回送开关回送到测试中心,并对其测量。例如,从局域网计算机发送给调制解调器的任何信息都被马上发送回去,用来验证在计算机和调制解调器之间的连接工作状态。

loop check (LC) 循环校验,环路检查 对通信线路和远程调制解调器所做的检查。把收到的数据返送回发送端,与发送端存储的原始数据进行对比,检验数据传送准确性。循环校验分模拟循环校验和数字循环校验两种。

loop current 环路电流 在用户环路中流动的直流电流,通常由中心局或专用交换分机(PBX)提供,一般为 20～120 mA。

loop extendor 环路延伸器[扩展器] 电话中心局使用的一种装置,在环路的每一边串接一个辅助电源,以增大环路电源电压从而延长线路信号的传输范围。

loop frame 环路帧 在环路传输中围绕环路网发送的数据或消息的集合。

loop line 环路,环线 或环绕。是电话公司的测试电路。该电路有两个相关的电话号码。当呼叫的环的一侧(A 侧)时,呼叫方接收大约 1 000 Hz(毫瓦测试)的测试音。当呼叫第二个号码(B 侧)时,它会产生死静音,但是 A 侧一方听到毫瓦测试音调下降,并且连接到 B 侧的人。环绕测试的目的是支持到远处的中心局的电路测试而不需要人在远端。技术人员可以沿任一条线路发送音调并测量第二条线路上的响应音调以确定路径损耗参数。

loop prevention 环路防止 基于路由 IP

交换方式协议所使用的机制,确保不会在两层上出现环路。

loop start　环路启动　是中心局或专用小交换机(PBX)与用户电话或其他终端之间的电信监控协议,用于启动和终止电话呼叫。它是最简单的电话信令系统,并且分别使用环路电流的存在或不存在来指示摘机和挂机环路状态。它主要用于用户线路信令。

loop testing　环路测试　通信系统中的测试,采用闭合电路或闭合回路,通过测量不同的信号参数,确定工作状态、检测故障和定位故障。

loop transmission　回路[环路]传输　一种闭环结构网络中的数据传输方式。在这种传输方式中,数据通过回路中的任一站送入环形回路。在沿回路传输时,回路中的每一个站都对其进行再生,直至送达目的地为止。

loosely coupled　松散耦合的　(1)一些利用通道适配器间隔耦合处理机的形式。(2)指用"信道到信道"适配器连接的处理部件,该适配器用于在处理部件之间传递控制信息。

loosely coupled network (LCN)　松散耦合网络　一种局部网络。目的是把不同厂家的计算机连接起来,其广播信道可以包括几个主干线。通过一个或几个适配器连接到广播信道上,采用具有优先级别的多路访问方式。其通信协议与OSI(开放系统互连)的七层协议相对应,其中低四层由适配器实现。

loose synchronization　松散同步　在并行处理机中的一种同步方式,各处理机之间通过通信操作进行周期性同步。

loose tube cable　松导管电缆　一种光缆,它由一个或多个导管形成单一电缆,每个导管中较松地安装一根或多根光纤,这些导管用铅封或充满冻胶以保护光纤。

LoRa (long range)　长距离(技术)　是由法国格勒诺布尔(Grenoble)市的 Cycleo 开发,并于 2012 年被 Semtech 公司收购的专利数字无线数据通信技术。LoRa 使用免许可的亚千兆赫兹无线电频段,如 169 MHz、433 MHz、868 MHz(欧洲)和 915 MHz(北美)。LoRa 能够以低功耗实现超远距离传输(农村地区超过10 km)。该技术分为两部分:LoRa,物理层和 LoRaWAN(长距离广域网),上层。LoRa 和 LoRaWAN 支持在农村、远程和离岸行业中为物联网(IoT)设备提供廉价的远程连接。它们通常用于采矿、自然资源管理、可再生能源、跨大陆物流和供应链管理。

loss　损耗,损失　(1)耗散在器件或系统中未做有用功的功率,它是输入功率与输出功率之差。(2)在计算机安全中,指因对重要系统资源的威胁行为而导致的破坏或损失衡量的一个量化指标。

loss balancing　损耗平衡　将信号放大以补偿在传输或转换过程中的能量损耗。

loss budget　损耗预算　对信号通过传输的损耗进行估算,以确定发送信号的输出功率,使接收设备能够正确接收所发送的信号。

loss deviation　损耗偏差　信号传输中实际发生的损耗与设计损耗预算值的差值为损耗偏差。

loss factor　损耗因数　材料的功率因数与其介电常数的乘积。损耗因数随频率而变化,并决定了材料中所产生的热量。

lossless compression　无损(失)压缩　一种数据压缩方式,用重新安排或重新编码来压缩数据。在数据解压缩时,没有原始数据的损失。无损失的压缩方法被用在文本及编码的压缩处理中。典型的无损失的压缩程序是 Lempel-Ziv 算法,它对冗余的数据串搜索文件并且把它们转换成较小的标记。当压缩的文件被解压缩时,这个过程被逆转。比较 lossy compression。

loss of frame (LOF) 帧丢失 当帧失步状态持续 3 ms 后,SDH(同步数字系列)设备应进入帧丢失状态;而当 N 阶同步传输模式(STM-N)信号连续处于定帧状态至少 1 ms 后,SDH 设备应退出帧丢失状态。

loss of pointer (LOP) 指针丢失 数据传输时,当连续 8 帧没有找到有效指针,或者监测到 8 个连续新数据标志(NDF)有效时,设备应进入 LOP 状态;而当监测到连续三个具有正常 NDF 的有效指针或级联指示时,设备应退出 LOP 状态。

loss of signal (LoS) 信号损耗[丢失] (1) 指信号经过传输设备和线路后产生的幅度值的降低现象;(2) 当接收光信号功率在给定的时间内(10 μs 或更长)一直低于某一设定的门限值 Pd(Pd 对应的 BER≥10^{-3}),则设备进入信号丢失状态。

loss of synchronization 失步 成帧 T1 电路上的一种错误状态,它在两个或多个成帧位被错误接收时而被检测到。

loss of synchronization of a picture 图像同步丢失 指视频系统因帧或行同步故障而出现整幅图像闪歇或持续的消失。

lossy 有损(压缩) (1) 修饰或说明数据压缩算法具有的特性,使用经过压缩的数据进行重构,重构得到的数据与压缩前的数据有差别。也就是每次对数据进行压缩时都存在一些数据信息的丢失。(2) 修饰或说明有可能丢失数据包的设备或网络。

lossy compression (LC) 有损压缩 一种数据压缩技术。为了达到大幅度压缩文件长度的目的,某些数据经过慎重地考虑后被删除。有损压缩意味着解压缩后的数据与压缩前的数据不一致。在压缩的过程中要丢失一些人眼和人耳所不敏感的图像或音频信息,而且丢失的信息不可恢复。几乎所有高压缩的算法都采用有损压缩,这样才能达到降低数据率的目标。丢失的数据率与压缩比有关。此外,某些有损压缩算法采用多次重复压缩的方式,这样还会引起额外的数据丢失。比较 lossless compression。

loudspeaker impedance 扬声器阻抗 扬声器音圈的额定阻抗。它应与扬声器所连接的放大器输出端的阻抗相匹配,以便获得额定的性能。通常阻抗值为 4、8 和 16 Ω。

low band 低频带 指频带从 54 ～ 88 MHz 范围,对应第 2 到 6 的电视频道。

low birefringence optical fiber 低双折射光纤 该光纤内,偏振拍长大于等于 50 m,拍长 LB 由以下关系式给出,$LB = 2\pi/(\beta_x - \beta_y)$,这里 β_x 和 β_y 是有双折射引起的两路偏振波的传输常数,这两个传输常数差别很小。本征双折射可以忽略不计,这样外力在光纤内诱发的双折射影响可以通过直接计算输出波的极化状态而求出。

low bit rate voice (LBRV) 低比特率话音[语音] 使语音信号传输速率低于 64 kbps 的语音压缩技术。

low cost code 低成本码 一种剩余码。用于校验模 $N = 2^m - 1$,其中 m 为大于 1 的整数。在错误校验时,模 $2^m - 1$ 的加法器可以用一般带有循环进位的反码加法器来完成,以使剩余校验所需的硬件大大简化,所以称为低成本码。

low disparity code (LDC) 低差别编码 表示二进制信息的一种信道编码。其编码规则是把输入信息序列按 m 位长度分组,然后逐组地把 m 位信息交换为"1"和"0"的位数差值 D 受到限制的 n 位码字,最后再将编码序列用逢"1"变化不归零制规则调制。具体方案有 $(m, n; D) = (4,6;0)$ 和 $(6,8;0)$ 等多种。这种编码是具有自同步能力且不含直流成分的按组、固定长度、游程长度受限码。在计算机中,它可用于数字磁记录中。

low earth orbit (LEO)　低地球轨道　通常是在地球表面上方约160 至 2 000 km(99至 1 243 英里)的圆形轨道。由 Space-Track.org 定义为以地球为中心的轨道,每天至少 11.25 个周期(轨道周期为 128分钟或更短),偏心率小于 0.25。太空中的大多数人造物体都处于 LEO 轨道。

lower order path adaptation (LPA)　低阶通道[路径]适配　LPA 功能采用把准同步数字系列(PDH)信号映射入或映射出同步容器的方式将其适配到 SDH(同步数字系列)网中。如果信号是异步的,则映射过程还应包括比特级的调整。

lower sideband (LSB)　下边带　含有调幅过程中产生的低于载频的所有频率的边带。

lower third　底部居中,下面三分之一　指电视屏幕底部三分之一处,常用于标识和其他标题的显示。

lower-third Ids　下面三分之一标识区　是用于电视新闻节目和访谈节目中的节目名称、标题和电视台标志。这个区域可呈现所播节目的个性、受访嘉宾、节目和台标等内容。

lower-third super　下面三分之一标题栏　指在视频屏幕的右下角叠加的文本区,即标题最常用的地方。这里 super 是 superbar 的简略表示。

lowest useful frequency (LUF)　最低可用[使用]频率　在射频电磁波传输中.如用于无线电波、视频、微波、卫星通信系统中的下限频率,该频率可用在两个指定方位之间以产生良好的效果,它传播的方式是通过常规电离层的反射。

lowest useful high frequency (LUHF)　最低可用[使用]高频　在指定周期内,接收机处电场强度足以提供所需信噪比的高

频带的最低频率。

low frequency (LF)　低频　应用于某一技术领域中的最低频率范围。例如,无线电波段中,将 30～300 kHz 范围内的频率称低频;在整个人耳所能听到的声音中,低频是声音的基础,是声音的厚度,一般是指 20～160 Hz 这一段音频。

low key image (LKI)　低(色)调[软调]图像　由中间色调和阴影组成的图像。一种景物明暗层次重现的风格,其特点是暗部突出,阴影细节丰富。

low level modulation (LLM)　低电平调制　信号在系统或设备(如无线电发射机)点上的调制,其中功率电平与输出功率比较低。

low level signaling　低电平信令　(1) 在信号线路上,对低电平电压(如正负 6 V之间)的使用,(2) 在电报系统中,其中电流和电压在尽可能低的值上,通常在键控接点之间不超过 6 V。

low noise amplifier (LNA)　低噪声放大器　一种高灵敏度前置放大器,通常接在地面站天线的喇叭天线处用以降低接收系统的噪声温度以及提高其总增益。C 波段的低噪声放大器的噪声特性指标是噪声开尔文温度(用绝对温度 K 表示),而K 波段的低噪声放大器的噪声特性是噪声系数分贝(用 dB 表示)。一般地说,噪声温度愈小,则电视信号质量愈好。

low noise block downconverter (LNB)　低噪声块下变频器　卫星电视技术中,指低噪声微波放大和变频器,卫星接收器将收到的高频率范围内的信号同时向下变频至中频范围,通常把 950 到 1 450 MHz或 950 到 1 750 MHz 的频率转换为中频。

low noise converter (LNC)　低噪声变频器　卫星电视技术中,低噪声放大器和传统的下变频器装在一个防水盒内,由卫星接收机控制频道选择,一次对一个频道进行变频。低噪声变频器的典型中频频

率为 70 MHz。

low order mode　低次模　在波导内传播的电磁波中,指对应于波动方程较小本征值解的模,低次模可以是模电模、模磁模或是横电磁模,低次模中只有少数几个波的全波长在横向上满足波导条件,因此波导予以支持。

low pass　低通　滤波器或其他类型的器件或电路的一种工作特性。允许低频信号通过,而对高频信号有很强的抑制能力。

low pass filter (LPF)　低通滤波器　理想的低通滤波器可使某一截止频率以下的所有电信号能够无衰减地通过,而对于截止频率以上的所有电信号则给予较大的衰减,阻止其通过。实际上,在截止频率以下的电信号仍有少量衰减,经过过渡频带后,才升至较大的阻滞衰减。

low resolution　低分辨率　在光栅式显示器和打印机中,指比较粗糙的文字和图像,分辨率与像素的数量有关,像素越少[越稀疏]图像越粗糙,比较 high resolution。

low speed Morse　低速莫尔斯码　以低于普通速率传输的国际莫尔斯码。海上和航空无线电组织倾向于把低速莫尔斯码的信令速率限定到每分钟少于 18 个字。

LTE Advanced (LTE-A)　长期演进技术升级[高级]版　是移动通信标准和长期演进(LTE)标准的主要增强。于 2009 年底作为候选 4G 系统正式提交给 ITU-T(国际电信联盟-电信标准化部),以满足高级国际移动通信(IMT-Advanced)标准的要求,并于 2011 年 3 月由第三代合作伙伴项目(3GPP)标准化为 3GPP 版本 10。

LTE Advanced Pro (LTE-A Pro)　LTE 升级[高级]专业版　也称为 4.5G、4.5G Pro、4.9G、Pre-5G、5G 项目。是第三代合作伙伴项目(3GPP)版本 13 和 14 的名称。它是继长期演进技术升级版(LTE-A)之后的下一代蜂窝标准,并且使用 32 路载波聚合支持超过 3 Gbps 的数据速率。它还引入了许可协助访问的概念,允许共享许可证和非许可证的频谱。

LTE architecture　长期演进技术体系结构　长期演进蜂窝网络的基础设施包括 E-UTRA/E-UTRAN 空中接口和演进分组核心(EPC),后者包括网关、移动性管理和用户数据库。空中接口和分组核心使 LTE 移动用户能够连接到诸如因特网的外部数据网络。与分离语音和数据网络的 2G 和 3G 网络不同,所有媒体在 LTE 网络中都作为 IP 分组传输。LTE 基站(演进节点 B)经由服务网关(S-GW)连接到 EPC,而 EPC 经由分组数据网络网关(PDN-GW)连接到分组网络。移动性管理实体(MME)跟踪用户的移动,而归属用户服务器(HSS)数据库提供类似于 3G/UMTS 网络中的归属位置寄存器(HLR)的用户信息。与 2G/3G 体系结构形成对比。

LTE in unlicensed spectrum (LTE-unlicensed)　非许可证频谱中的 LTE　长期演进技术(LTE)的商业成功以及由此带来的移动数据需求增长促使蜂窝网络运营商努力实现新的创新。非许可证频谱中的 LTE 已被提议允许蜂窝网络运营商通过访问非许可证的 5 GHz 频带来卸载他们的一些数据业务。LTE-Unlicensed 是一项最初由美国高通公司开发的提案,旨在非许可证的频谱中使用 4G LTE 无线电通信技术,例如 802.11a 和 802.11ac 兼容的 Wi-Fi 设备使用的 5 GHz 频段。这将作为运营商拥有的 Wi-Fi 热点的替代品。目前,在非许可证频带中存在多种 LTE 运行变体,即 LTE-U、许可频谱接入(LAA)和 MulteFire。

LTE-WLAN aggregation (LWA)　LTE-WLAN 聚合　是由第 3 代合作伙伴项目(3GPP)定义的技术。在 LWA 中,支

持 LTE(长期演进技术)和 Wi-Fi(无线保真)的移动手机可以由网络配置为同时利用两条链路。它提供了在非许可证频谱中使用 LTE 的替代方法,与 LAA/LTE-U 不同,可以在不更改网络基础设施设备和移动设备的硬件的情况下进行部署,同时提供与 LAA 类似的性能。与其他同时使用 LTE 和 WLAN 的方法(例如,多路径 TCP)不同,LWA 允许将两条链路用于单个业务流,并且由于在较低协议栈层的协调,通常更有效。对于用户而言,LWA 提供 LTE 和 Wi-Fi 网络的无缝使用,并显著提高性能。对于蜂窝运营商,LWA 简化了 Wi-Fi 部署,提高了系统利用率并降低了网络运营和管理成本。LWA 已由 3GPP 在 Release-13 中标准化。版本 14 增强型 LWA(eLWA)增加了对具有 2.16 GHz 带宽、上行链路聚合、移动性改进和其他增强功能的 60 GHz 频段(802.11ad 和 802.11ay aka WiGig)的支持。

Lucifer Lucifer 密码 由 IBM 公司开发的一种乘积密码,后成为数据加密标准(DES)的基础。它使用 128 位数据块和一个 128 位的密钥。

luma 亮度(信号) (1)视频传输中的亮度信号。(2)在电视系统中表示明亮程度的电视信号。线性的 R(红)、G(绿)、B(蓝)颜色分量经过非线性变换函数变换(γ 校正)之后得到非线性的 R′、G′、B′ 分量信号,这些非线性分量信号经过加权之后的和就是亮度信号。在彩色电视系统中,技术上的正确符号应该为 Y′,但在许多文献上写成 Y。非线性亮度表示为 $Y' = 0.299\ R' + 0.587\ G' + 0.114\ B'$。

luma and chroma (Y/C) 亮度和色度 在彩色电视系统和录像带等格式中,用来描述分离的亮度信号(Y')和色度信号(C')分量。

lumen (lm) 流明 光通量的单位。发光强度为 1 坎德拉(candala)的点光源在单位立体角内发出的光通量为 1 流明。

lumen hour (lm·hr) 流明小时 光通量的国际单位制(SI)单位,等于 1 小时内通过 1 流明的光通量。

lumen per square meter (lm/m²) 流明每平方米,每平方米流明 光发射度的国际单位制(SI)单位。

lumen per watt (Lm/W) 流明/瓦,流明每瓦,每瓦流明 发光效能的国际单位制(SI)单位。

lumen second (lm·s) 流明秒 光通量的国际单位制(SI)单位,等于 1 秒内通过 1 流明的光通量。

lumerg 流末格,流曼格(光能单位) 光通量的厘米-克-秒制单位,等于 10^{-7} 流明秒。

luminaire 泛光灯,光源,照明设备 指泛光照明灯具,包括:灯、反光镜、支撑架、壳体和电缆等。

luminance 亮度,发光度 (1)单位面积上产生的或反射的光密度。亮度的国际单位制(SI)单位是每平方米烛光。根据国际照明委员会(CIE)的定义,亮度是用反映视觉特性的光谱敏感函数加权之后得到的辐射功率,它的幅度与物理功率成正比。(2)指图像中各点的亮度值,它仅是对图像黑白描述的再现,是判断投影电视系统、电视机等设备的重要性能指标。

luminance coefficients 亮度系数 在任何三基色彩色电视系统中,表明单位量值的三色刺激所具有的亮度的三个系数。

luminance primary (LP) 基色亮度,亮度基色 (1)在彩色电视系统中传送的三基色之一,其量值决定了色彩的亮度。(2)循着亮度轴方向的色刺激,通常是无色刺激。

luminance range (LR) 亮度范围 直接由一个光源或由一个物体反射获得的最低和最高光强的差值。

L

luminance signal (LS)　亮度信号　(1) 图像信息中提供亮度信息的部分,只有亮度信息的图像就是单色的图像。(2) 专门控制图像亮度的彩色电视信号,由 0.30 红色、0.59 绿色和 0.11 蓝色构成,并可产生完全单色的图像。它也称为"Y 信号"。

luminance temperature　亮度温度　与某一光源有相同亮度的理想黑体的温度。对这光源来说,亮度温度对某种窄频谱区是需要的。

luminous energy　光能量　(1) 一段时间内光通量的总和。(2) 包含在光通量所占的一定立体空间内的光能量。

luminous exitance　光发射度　离开单位面积表面的平均光通量,其国际单位制(SI)单位为每平方米流明(Lm/m²)。

luminous flux (LF)　光通量　(1) 在光度学中,光通量或光功率(luminous power)是光的感知功率的度量。它不同于辐射通量,即电磁辐射(包括红外、紫外和可见光)总功率的度量,因为光通量被调整以反映人眼对不同波长的光的不同灵敏度。(2) 是可见光谱内的辐射通量。它是根据辐射发光效率求出的辐射通量,光通量用流明表示,1 烛光强度的光源发出的光通量是 4π 流明。

luminous flux density　光通量密度　单位表面面积的光通量。当所指是落于表面的光通量时,称其为照度;当所指是离开表面的光通量时,则称之为光发射度。

luminous intensity (LI)　发光强度　(1) 在光度学中,发光强度是光源在每单位立体角的特定方向上发射的波长加权功率的度量,其基于光度函数,即人眼灵敏度的标准化模型。发光强度的国际单位(SI)是坎德拉(cd),一个 SI 基本单位。(2) 光源或光源元件在给定方向的无限小锥体内发射的光通量和该锥体的立体角之比,通常用每单位立体角发出的光通量来表示。

luminous reflectance　光反射比　物体入射面反射的光通量与入射光通量之比。

luminous sensitivity (LS)　感光灵敏度　光电管或摄像管的输出电流除以入射的光通量。

luminous transmittance　光透射比,光传通率　一个物体传输的光通量即透过入射面进入物体的光通量与入射光通量的比值。

lunar laser communication demonstration (LLCD)　月球激光通信演示　月球激光通信是美国国家航空航天局使用激光替代无线电波的第一个双向通信系统。月球激光通信演示创造了历史,使用脉冲激光束在月球和地球之间 239 000 英里的距离传输数据,下载速率破纪录地达到每秒 622 兆比特。是构建下一代空间通信能力路线图所迈出的首要一步。

lux (lx)　勒克斯(照度)　指测量摄像机光灵敏度的计量单位,是国际标准体系推荐的照度测量单位。1 勒克司等于每平方米 1 流明。1 英尺烛光(FC)等于 10 勒克斯。因此,摄像机的光灵敏度(指生成一个可用图像所需的最小光量度)可以额定为 50 勒克斯(5 FC)。勒克斯数值越低,表明摄像机对照明条件的要求也越低。

Luxembourg effect　卢森堡效应　当两个无线电信号通过电离层时,由于空间中自由电荷传输特性的非线性所造成的两信号间交叉调制现象。由于这一效应,当将接收机调谐到某一较弱电台时,可以听到不同频率上强信号电台的声音。

Lynx　Lynx 浏览器　一种在 UNIX 平台上的字符模式 HTML(超文本标记语言)浏览器,可通过拨号线进行网络信息浏览。

M

MAC address（MACA） 介质访问控制地址 介质访问控制(MAC)地址是以太网协议使用的地址。它是网络接口卡(NIC)上的地址,48位长。每个网络接口卡厂家必须向IEEE(电气与电子工程师学会)组织申请一组MAC地址,在生产网卡时,将MAC地址固化于网卡上的EEPROM(电可擦可编程序只读存储器)中。

MacBeth color checker 马克贝斯色彩检验图 一种色彩对照表,是从事电影和广播电视的工程技术人员用于确定影片和视频图像颜色准确度。它已成为电影、视频和图像相关行业检查颜色准确度的标准。

MacBinary protocol MacBinary协议 在Macintosh中,保证Macintosh文件通过调制解调器正确传输的文件传输协议。

MAC filtering MAC(地址)过滤 在计算机网络中,MAC(介质访问控制)过滤是一种安全访问控制方法,通过这种方法,分配给每个网卡的MAC地址可用于确定对网络的访问。MAC地址是唯一分配给每个卡的,因此在网络上使用MAC过滤允许和拒绝通过使用黑名单和白名单对特定设备的网络访问。虽然通过使用列表方式来限制网络访问很简单,但对个人不是通过MAC地址识别,而是仅通过设备识别,因此授权人员需要为他或她将访问网络所使用的每个设备添加白名单条目。

Mach-Zehnder（MZ） 马赫-曾德(调制器) 该调制器将输入光分成两路相等的信号分别进入调制器的两个光支路。这两个光支路采用的材料是电光性材料,其折射率随外部施加的电信号大小而变化。由于光支路的折射率变化会导致信号相位的变化,当两个支路信号调制器输出端再次结合在一起时,合成的光信号将是一个强度大小变化的干涉信号,相当于把电信号的变化转换成了光信号的变化,实现了光强度的调制。

Mach-Zehnder fiber optic sensor 马赫-曾德光纤传感器 一种干涉传感器,其中一个电磁波(如光波)被分成两半,这两半中每个各环绕一半环传播,方向相反。一半经过一个分束器和一面固定的平面镜;另一半经过一个可移动的平面镜和一个分束器。这两半在一根光纤中或一个光检测器探测表面上合并,在这里它们的相位将相加或相消。该传感器能测量短到$10\sim13$ m的位移。

MAC level access protocol（MLAP） 介质访问控制层接入协议,MLAP协议 IEEE(电气电子工程师学会)802.14定义的介质访问控制(MAC)协议,专门用于支持交互式电视(ITV)网络。该协议定义了上行和下行信道的信息格式、带宽请求与分配机制、竞争机制和同步机制等。

macrobend 宏弯曲 (1)在光纤中,光纤轴对一直线的宏观偏移产生的弯曲。宏弯曲半径必须大于最小弯曲半径,否则光纤会折断,还必须大于临界半径,否则会产生明显的辐射损耗。(2)光纤中弯曲半径相对比较大的弯曲,例如在接头集合器支架中或已弯曲的光缆中可能产生这种弯曲。如果弯曲半径足够大,宏弯曲就不会产生明显的辐射损耗。在用户建筑物中使用的光纤,通常纤芯直径为 62.5 μm,数值孔径也较大,约为0.27 cm,弯曲半径可容许小到 2.5 cm。(3) 在光波导中,光轴对一直线的宏观偏移。

macrobend loss　宏弯曲损耗　光纤的曲率半径比光纤直径大得多的弯曲(宏弯)引起的附加损耗,主要原因有:路由转弯和敷设中的弯曲;光纤光缆的各种预留造成的弯曲(预留圈、自然弯曲);接头盒中光纤的盘留、机房及设备内尾纤的盘绕等。

macroblock layer (ML)　宏块层　在 MPEG(活动图像专家组)-2 视频流层结构里,宏块层是宏块条层中一系列宏块中的一块,由附加数据、亮度块和色度块共同组成。其中,亮度为 16$\times$16 像素块,称为宏块。宏块是码率压缩中运动补偿的基本单元,由四个 8$\times$8 像素块构成,用于消除 P 图像与 B 图像之间的时间冗余度。色度块由多个 8$\times$8 像素块构成,取决于亮度与色度之间取样频率的比例格式。如 MPEG-2 有 4:2:0、4:2:2、4:4:4 三种宏块结构,所谓4:2:0 是由四个 8$\times$8 亮度(Y)像素块、两个 8$\times$8 红色(Cr)像素块及零个 8$\times$8 蓝色(Cb)像素块构成的,或4:0:2 是由四个 8$\times$8 亮度(Y)像素块、零个 8$\times$8 红色(Cr)像素块及两个 8$\times$8 蓝色(Cb)像素块构成的,4:2:0 与 4:0:2 是交替进行的,使垂直分解力降低(类似 4:1:1 使水平分解力降低),只含有 1/4 的色度信息。4:2:2 是由四个 8$\times$8 亮度(Y)像素块、两个 8$\times$8 红色(Cr)像素块及两个 8$\times$8 蓝色(Cb)像素块构成的,只含有 1/2 的色度信息。4:4:4 是由四个 8$\times$8 亮度(Y)像素块、四个 8$\times$8 红色(Cr)像素块及四个 8$\times$8 蓝色(Cb)像素块构成的,是全频宽 YCrCb 视频。宏块层包含 P 帧及 B 帧的运动矢量(MV)。附加数据包含的信息有:表明宏块在宏块条层中位置的宏块地址、说明宏块编码方法及内容的宏块类型、宏块量化参数、区别运动矢量类型及大小、表明以场 DCT(离散余弦变换)还是以帧 DCT 进行编码的 DCT 类型。

macrocell　宏(蜂窝)小区　是移动电话网络中的小区,由高功率小区站点(塔、天线或杆)提供服务的无线电覆盖。通常,宏小区比微小区提供更大的覆盖范围。每个小区的覆盖半径大多为 1~25 km。由于覆盖半径较大,宏小区基站的发射功率较强,功率输出通常为几十瓦。提高收发器的效率可以提高宏小区的性能。宏小区的天线安装在地上的杆、屋顶和其他现有结构上,其高度可以对周围建筑物和地形提供清晰的视野。每个小区分别设有一个基站,它与处于其服务区内的移动台建立无线通信链路。若干个小区组成一个小区群[蜂窝],小区群内各个小区的基站可通过电缆、光缆或微波链路与移动交换中心(MSC)相连。

macromodule　宏模块,宏块　一种具有某种宏功能的模块。宏(或宏功能)是程序设计语言中一种描述计算片段的机制,把一段较长的代码集合在一起,定义一个较短的命令代表这段代码。而后就可以在程序中用这个命令来指明这段代码的使用。因此,宏模块就是构成某种功能若干宏的集合。例如,在 MPEG-2 视频流层结构中,宏块层是宏块条层中一系列宏块中的一块,由附加数据、亮度块和色度块共同组成。其中亮度块为16$\times$16 像素块,就称作宏块。

MacTCP　MacTCP 协议　是经典 Mac OS

（操作系统）到 7.5.1 版的标准 TCP/IP（传输控制协议/国际协议）的实现。这是非 UNIX 平台的第一个独立于应用程序的 TCP 协议栈实现，比 Winsock 早了 5 年多。它于 1988 年发布，被认为是过时的，存在可靠性问题和不完整的功能，有时会妨碍它在现代互联网上正常运行。此外，该 API（应用编程接口）是 Mac OS 独有的，至少有一位开发人员发布了 Berkeley 套接字派生的 API，以便从其他平台移植变得更容易。苹果公司于 1995 年用 Open Transport 取代了它，后者改进了用户配置界面，尽管由于系统要求普遍较低，MacTCP 仍然在旧系统上使用。

magnetic armature loudspeaker　舌簧电磁式扬声器　一种由铁磁衔铁驱动振动膜的扬声器，该衔铁由于永磁磁场和衔铁上所绕线圈中通过的音频电流产生的磁场的相互作用而交替吸合和推斥。也称为"电磁扬声器"或"动片式扬声器"。

magnetic biasing coil　磁偏置线圈　饱和电抗器上的绕组，它在大小和极性两个方面形成基本的磁芯磁化。

magnetic code　磁码　以某种磁记录作为符号的代码。

magnetic declination　磁偏角　真正的北极（地理概念上的）和磁北极（罗盘指南针的方向）之间的夹角。该角度对不同位置有不同数值且逐年变化。

magnetic deflection（MD）　磁偏转　由磁场造成的电子束的偏转。

magnetic focusing（MF）　磁聚焦　通过磁场的作用对电子束聚焦。

magnetic meridian　地磁子午线　在地球表面的每一点沿该点地球磁场水平分量方向的水平线。

magnetic modulator　磁调制器　用于雷达磁控管上根据电感器磁饱和特性制成的阴极脉冲调节器，它不需要闸流管或开关设备。电感器通过 π 型网络中的并联电容器谐振方式将其能量传给磁控管的阴极。

magneto switchboard　磁石式交换机　由用户和话务员用磁石发电机进行呼叫和拆线的人工电话交换机。其中磁石发电机用作信令功率源，即呼叫和拆线功率源。

magnetron　磁控管　一种用来产生微波能的电真空器件。磁控管实质上是一个置于恒定磁场中的二极管。管内电子在相互垂直的恒定磁场和恒定电场的控制下，与高频电磁场发生相互作用，把从恒定电场中获得能量转变成微波能量，从而达到产生微波能的目的。磁控管由于工作状态的不同可分为脉冲磁控管和连续波磁控管两类。

mail filtering　邮件过滤　这是一种对电子邮件进行整理、添加、删除、排序的程序，它可以按时间、字母顺序把来信进行排序，拒收垃圾邮件和特定的邮件，或把不同类型的邮件进行分类。

mail gateway（MG）　邮件网关　用于连接两个或多个邮件网络的硬件软件设备。也指用于连接不同网络上的两个异质邮件系统的硬软件设备。邮件网关的主要工作过程是：从源邮件系统获取整个电子邮件；然后，按照目的邮件系统的规则，对此邮件重新格式化，并在因特网中继续向前存储转发，直到送到目的站为止。

main lobe　主瓣　天线辐射图中包含最大辐照度方向，即包含具有最大辐射密度那个方向的一个波瓣。它与其他任何波瓣相比，通常包含最大辐射功率。

main module application software　主模块应用软件　指在主模块运行的应用软件。所谓主模块，是在多模块程序中使程序开始执行的模块。它一般在整个程序中起主程序的作用。在有线电视系统综合接收解码器中除位置锁定模块应用软件以外的全部应用软件就属于主模块应用软件。

mains frequency 工频,电源[市电,电网]频率 交流公共供电电网的频率,在我国等于 50 赫。

maintenance analysis procedure (MAP) 维护分析规程[程序] (1)一种维护手册,为有关维护人员提供追踪故障征兆的步骤。(2)一种维护程序,它给出了从故障症状查找到其起因的逐步逼近过程。

maintenance control circuit (MCC) 维护控制电路 在通信、计算机、数据处理和控制系统中,供维护人员之间联系用的电路。通常操作或技术控制人员不能使用维护控制电路。

maintenance control unit (MCU) 维护控制部件 启停、监控、检测、诊断计算机系统的控制部件。系统程序通过 MCU 加载,加载成功后,MCU 通过运行诊断程序提供信息给系统人员,以分析判断系统运行情况。

maintenance entities (ME) 维护实体 由下列原则规定:组成各 ME 的电信网的各种设备在相邻的和易于识别的接口点上互联,在接口点上,为这些设备规定的接口条件适用于这些点,并且这些点具备检测维护事件和失效的手段;若该电信设备支持双向传输它正常地包括两个方向传输的电信设备,因此,两个方向都被认为是同一个 ME 的一部分;当在网络内发生失效时,希望维护告警信息指示出现在失效所在的维护实体上。当这不能实现时,指示应当出现在尽可能邻近的实体上;在实体中的维护告警信息指示不应在其他实体上引起相关的告警信息指示。倘若允许出现这种指示,则它们应清楚地指明失效发生在上游,而不是发生在显示信息的其他实体中。

maintenance entity assembly (MEA) 维护实体组 由下列原则规定:MEA 包含用于附加维护目的而集合的各维护实体(ME)群;适用于 ME 的原则也适用于 MEA;MEA 可以检测失效,并可检测不能由 ME 检测的维护事件信息;MEA 可以提供 ME 不能提供的端到端维护告警信息。端到端的信息可由使用附加的监控手段来收集。

main trunk 主干线 在通信系统中,从顶端到下属分支的主要链路,有时用于表示中心交换局之间的中继线。

malfunction detection system (MDS) 故障检测系统 信息处理系统中的一个子系统。在处理信息的运行过程中,它随时监视系统的工作状态,当发现故障时即报告其位置和类型。

malicious caller identification (MCI) 恶意呼叫者识别 一种智能网业务。由垂直服务代码星号 * 57 激活的恶意呼叫者识别是由电话公司提供商提供的增值预订服务。使用本业务的用户在收到恶意呼叫时,可以控制这种类型的呼叫记录,用户利用本业务能够请求电话线路识别,登记来话的呼叫源(主叫号码)、被叫号码、来话的时间和日期等信息,以便追踪恶意呼叫方。恶意呼叫者识别设施,也称为恶意呼叫跟踪或呼叫者激活的恶意呼叫跟踪,在预订或启用时,允许电话呼叫接收者将之前的电话呼叫连接标记或标记为恶意(即骚扰、威胁、淫秽等)。然后,电话系统将通过标记站到站的计费和路由数据,包括开始和结束时间,来自动跟踪呼叫。呼叫追踪不依赖于呼叫持续时间,将记录所有元数据而不管源条件如何,即使该呼叫来自从未列出的号码、公用电话或禁用呼叫者标识的号码。为了保护隐私,所产生的跟踪数据仅供执法部门使用。

malicious viruses 恶性病毒 直接破坏计算机系统和用户的文件或数据,或者引起计算机系统死机、打印机停止工作、磁盘空间无效等严重妨碍计算机系统运行的计算机病毒。

managed data network services (MDNS) 管理数据网络业务 一项欧洲邮政电报电话联合会提出的连接方案。MDNS 提供一套管理工具，用于监视、通告及保留内部成员以及通过欧洲的国家分组网络进行内部成员之间的通信。

managed facilities-based voice network (MFVN) 基于管理设施的语音网络 是语音服务提供商拥有和运营的物理网络，通过环路启动的模拟电话接口提供传统电话服务。MFVN 与公共交换电话网（PSTN）互连，并为最终用户提供拨号音。从历史上看，这是由电话公司中心局的设备提供的，但是如今的 MFVN 可以包括接入网络（铜线、同轴电缆或光纤的最后一英里网络）、客户端设备（CPE）、网络交换机和路由器、网络管理系统、语音呼叫服务器，以及到更大的 PSTN 的网关等设施的组合。MFVN 提供商包括有线电视运营商和电话公司，但不包括基于因特网的提供商和使用公共互联网进行通话的其他提供商。

managed object class（MOC） 管理对象类别 具有某些共性的管理对象，例如设备和插板有共同的特性，可归为一类。

managed object relationship 被管对象关系 在计算机网络管理系统中，指被管对象之间的继承关系、注册关系、包含关系。

managed services 托管服务 是一种主动外包某些流程和功能的做法，旨在改善运营和削减成本。它是间断/固定或按需外包模式的替代方案，服务提供商则执行按需服务，并仅为完成的工作向客户收费。在此订购模型下，客户端或客户是拥有或直接监督所管理的组织或系统的实体，而托管服务提供商（MSP）是提供托管服务的服务提供商。客户和 MSP 受合同、服务级别协议（SLA）的约束。

managed system 管理的系统 计算机网络中，被一个或多个管理系统所管理的实体，管理系统可以是元素管理系统、子网管理系统或网络管理系统等。

management agent 管理代理 在计算机网络管理系统中，指访问被管理对象的有关信息并将其转换成服务于管理应用的模式的程序。管理应用的模式如故障管理、配置管理、性能管理、安全管理和计费管理。

management application function（MAF） 管理应用功能 是参与系统管理的应用进程。它包含一个代理（器）（被管理）及/或一个管理器。每个 SDH（同步数字系列）网元（NE）及操作系统或者协调装置（OS/MD）必须支持至少包含一个代理（器）的管理应用功能。对所有 TMN（电信管理网）消息来说，管理应用功能既是始端，又是终端。

management data input/output（MDIO） 管理数据输入输出 也称为串行管理接口（SMI）或媒体独立接口的管理（MIIM），是一个为 IEEE 802.3 标准中的以太网家族的媒体独立接口（MII）定义的串行总线。MII 连接介质访问控制（MAC）和以太网物理层（PHY）电路。MAC 设备控制 MDIO 被称为站管理实体（SME）。对千兆以太网而言，串行通信总线称为管理数据输入输出。该总线由以太网标准 IEEE 802.3 加以定义。MDIO 是一种简单的双线串行接口，将管理器件（如 MAC 控制器、微处理器）与具备管理功能的收发器（如多端口千兆以太网收发器或万兆以太网 XAUI 收发器）相连接，从而控制收发器并从收发器收集状态信息。可收集的信息包括链接状态、传输速度与选择、断电、低功率休眠状态、TX/RX 模式选择、自动协商控制、环回模式控制等。

management domain（MD） 管理（领）域 (1) 计算机网络中一个用于定义名字使用范围的实体。(2) 报文处理系统(MHS)中，管理（领）域对于在其域内的报文的路由搜索是负有责任的。

management information（MI） 管理信息 专门为某种管理目的和管理活动服务的信息。管理信息是那些以文字、数据、图表、音像等形式描述的，能够反映组织各种业务活动在空间上的分布状况和时间上的变化程度，并能给组织的管理决策和管理目标的实现有参考价值的数据、情报资料。

management information base（MIB） 管理信息库 是一个开放系统内的信息,使用 OSI(开放系统互连)管理协议，可以变换或影响这些信息。MIB 是一个开放系统里被管对象的集合。这对于信息来说并不暗示着物理存储或逻辑存储的任何形式,它的实施是本地关心的事情而不在标准范围以内。管理信息可以在管理进程之间共享并且按照这些进程的要求构成。MIB 既不把管理数据的解释限制到预先定义的集合,也不限制到数据是否以处理过的形式存储。然而,是 MIB 中一部分的信息的抽象句法和语义二者都被定义,以便它们在 OSI 协议交换中能被表示。

management point（MP） 管理点 一种参考点。在此点处,原子功能输出受单元管理功能输入的影响,或者单元管理功能的输出受原子功能输出的影响。管理点不是电信管理网 Q3 接口。

management traffic 管理流量[业务量] 在网络中主要因网络任务管理或网络功能产生的流量。不包含网络用户产生的信息流量。

Manchester encoding（ME） 曼彻斯特编码 在信息传输和信息存储中所使用的表示二进制信息的一种编码方式。它利用相位表示信息,用 0° 相位表示二进制的"1",180° 相位表示二进制"0"。由于这种编码具有自同步能力等优点,被广泛应用于数字磁记录领域中,例如,大多数磁带、磁盘等记录设备所采用的二进制位编码方式都是曼彻斯特编码,又称"相位编码"。

mandatory access control（MAC） 强制访问控制 (1) 在计算机安全中,强制访问控制(MAC)是指一种访问控制类型,操作系统通过这种访问控制约束主体或发起者访问对象或目标的能力,或限制对对象或目标执行某种操作的能力。在实践中,主体通常是进程或线程,对象是诸如文件、目录、TCP/UDP 端口,共享内存段、IO 设备等的结构。每个主体和对象都具有一组安全属性。每当主体尝试访问对象时,操作系统内核执行的授权规则会检查这些安全属性,并确定是否可以访问。任何主体对任何对象的任何操作都要根据授权规则集(又名策略)进行检测,以确定是否允许该操作。(2) 在计算机信息安全学中,指对于多级安全的系统,把主体与客体分割为不同的安全层次。仅当一个主体的安全级高于一个客体的安全级别时,这个主体才可访问这个客体。仅当一个主体的安全级低于或等于一个客体的安全级别时,这个主体才可写这个客体。为了实现以上原则,需要进行身份验证和识别。

many antennas 多天线 是一种克服单用户多输入多输出(MIMO)技术的性能限制的智能天线技术。在蜂窝通信中,用于下行链路的考虑的最大天线数目为 2 和 4,以分别支持 3GPP 长期演进(LTE)和高级国际移动通信(IMT-A)的要求。当数据速率需求将不断增加,超越 IMT-A 以支持移动多媒体业务时,由于可用的频谱带可能会受到限制,因此极有可能基站的发射天线数目必须增加到8~64或更多。在单个基站安装多天线引入了许多挑战和需要开发几种高技术:新的空分多址(SDMA)引擎,新的波束形成算法和新的天线阵。

marine optical cable 海底光缆 又称海底通信缆,敷设于海底的光缆,有浅海和深海敷设。这种光缆的特点:一是耐受很大的静水压力(每深10 m增加压力为1 t)和敷设过程中的拖曳力;二是能防止氢入侵光纤,已经证实,氢会导致光纤增大衰减;三是中继段跨距大。在海缆中光纤单元都放置于光缆的中心并在特制的不锈钢套管中。该管外绕高强度拱形结构的钢丝。钢丝层外套上铜管,使得光缆敷设时不发生弯曲。然后是挤塑外护套。还可能对其铠装,以防利器伤害以及鲨鱼咬噬等。

marine radiobeacon station 海上无线电信标电台 一种用于海上无线电导航的陆上电台,它传输信标信号,让船舶电台能够确立自己相对于海事无线电信标电台的方位(即方向)。同maritime radiobeacon station。

marine VHF radio 海上甚高频无线电 指的是用于海事的156和174 MHz之间的无线电频率范围。VHF是甚高频very high frequency的缩写,表示该范围的频率非常高。在国际电信联盟的官方语言中,该频段被称为甚高频海上移动波段。在一些国家,使用了额外的频道,例如北欧国家用于休闲和渔船的L和F频道(155.5~155.825 MHz)。

MARISAT/Marisat 海事卫星 是maritime satellite的缩写。是第一批海上通信卫星,旨在从三个主要海洋区域的稳定地球同步轨道位置为商业航运和美国海军提供可靠的通信。这三颗卫星F1、F2和F3,由休斯飞机公司(HAC)于1973年开始为COMSAT(通信卫星)公司制造。这些卫星的设计目的是在大西洋、太平洋和印度洋三大海洋区域提供海上通信服务。三颗卫星分别位于地球同步轨道弧的东经72.5°、东经176.5°、东经345°。三颗卫星的Marisat系统作为最初的INMARSAT(英国卫星通信公司)星座。

maritime air communications (MAC) 海上航空通信 在飞机电台和船舶电台之间用于信息业务的通信系统、规程、操作和设备。

mark active 传号有效的 电报系统中的一个信号,传号用脉冲或开通状态表示:如有直流电流在流动,有固定频率的声音发出,电路闭合且其中有事件发生;空号用无脉冲或关状态来表示:如无电流流动,无固定频率的声音发出,电路关断且其中无任何事件发生。

marked access line 加标记的接入[访问]线路 电话系统中的一种线路,设置有用于特殊接入控制的标志,可用加标记的方法向交换台话务员(如小交换机话务员)提供先占能力。按照优先等级(如按"急""加急"或"特急")标记线路,这样话务员就可按呼叫的相应等级来使用线路。

marker beacon 标志信标 无线电航空导航业务中垂直发射出一个清楚的辐射图像以给飞机提供位置信息的发射机。

marker generator 标志(信号)发生器 一种能产生具有精确幅度、形状、持续时间和重现特性脉冲的射频发生器,由扫频振荡器在阴极射线示波器屏幕上产生的图形上插入一个或多个频率识别脉冲,被用来调节调谐电路的响应频率。

mark hold 传号保持 一种标准非通信状态。它通过持续发送的传号来维持线路状态。

mark impulse 传号脉冲 一种电报通信中表示关闭状态或电流流通的信号。它等效于二进制中的"1"状态。

mark in 标记开始 影视片段的第一帧。

marking 作标记，传号 (1)在电话业务中，通过一系列交叉点在网络中建立一条路径。(2)在电报电路上传送报文时的两种状态之一。在这种状态下，电键闭合、电路接通、收报机发音或打印。另一种状态为空号。由这两种状态组成报文。

marking bias 传号偏，标记偏置 一种偏置失真现象。它是由空号与传号提前转换而使标记脉冲延长所致。

marking end distortion 标记结束失真 一种延迟失真现象。由空号与传号延迟转换而使标记脉冲延长所致。

marking matching 标记匹配 一种光符识别技术。其过程是：将一组标记表示的字符逐个与样品字符比较。

mark out 标记结束 影视片段的最后一帧。

Markov constraint 马尔可夫限制 对路由选择方式的一种限制，即数据组的将来路由与其过去的历史，如其源和过去路由无关。目录路由选择通常采取这种限制。

mark-to-space ratio 标记占空比，传号空号比 矩形波正半周与负半周的脉宽之比。其中正半周为标记，负半周为空白号。

mark-to-space transition 传号空号转换 从传号脉冲到空号脉冲的转换。

mark verification 标记核对 在处理用记表示的数据之前，确保标记记录准确的过程。

marshal 编组，引渡 (1)为了在网络之间进行传输而用特定的格式来排列及包装过程参数。(2)在AIX网络计算系统中，指复制数据到一个远程过程调用包。由承接程序进行。参见 unmarshalling。

Martians 不速分组，"火星人"(数据) 该英语单词原意义"火星人"，用以表明网络中出现预先未意料到的分组("不速之客")或者那些带有假 IP 地址的数据包。这种现象通常是由错误路由选择表引起的。

M-ary transmission 多元传输 是一种数字调制，其中不是一次发送一个比特，而是同时发送两个或多个比特。这种类型的传输导致减小信道带宽。然而，有时使用两个正交载波进行调制。这种处理称为正交调制。

mask 掩膜，掩码，屏蔽 (1)用照相的方法产生掩膜，在制造半导体芯片时用它控制金属化图形。(2)计算机安全中指在传输中增加数据，使数据更难于被非法用户理解。(3)在多媒体技术中，指以电子方式产生在图片上加上透明薄膜的视觉效果。(4)一个二进制值，用于选择性地显示或者滤掉某些内容。屏蔽的方法是将屏蔽字与数据值进行逻辑操作(与、或等)。参见 mask bit。

mask bit 屏蔽位 屏蔽字中的一个位。用于显示或者过滤掉数据值中的相应位。

masked threshold 掩蔽阈值 一个不可辨信号能够与其他信号或噪声区别开来的值。声学中掩蔽阈值通常用 dB 表示。

masking amplifier 掩蔽[化装]放大器 为了加强彩色效果，在不影响电视系统本身白平衡的条件下对某一单色的色度进行调整的设备。

masking audiogram 声掩蔽闻阈图 由所涉及的噪声引起的声掩蔽作用的图解表示。

masking character 掩码字符 用于指定可以输入数据的位置以及数据种类。

mask matching 掩码匹配 一种字符识别方法。其过程是：将一组掩码所对应的字符逐个与样板字符比较。

mask word 屏蔽字，掩码字 在屏蔽操作中,任何作屏蔽用的计算机字。

mass communication **大众传播** 一种信息传播方式,是特定社会集团利用报纸、杂志、书籍、广播、电影、电视等大众媒介向社会大多数成员传送消息、知识的过程。

mass data **海量数据** 形容由于数据量大而无法一次存入主机的数据量值术语。亦指需存储在大容量外部存储器中的数据。

mass media **大众传媒,大众媒体** 是通过大众传播到达大量受众的多元化的媒体技术集合。进行这种传播的技术包括各种途径。广播媒体通过电影、无线电广播、录制音乐或电视等媒体以电子方式传输信息。数字媒体包括因特网和移动大众传播。因特网媒体包括诸如电子邮件、社交媒体网站、门户网站和基于因特网的广播和电视之类的服务。许多其他大众媒体在网站上具有额外的存在,比如通过链接或运行在线电视广告,或在室外或印刷媒体中分发 QR(快速响应)码以将移动用户引导到网站的方式。通过这种方式,大众传媒可以利用因特网提供的简单的可访问性和延伸能力,从而可以同时经济地容易地广播信息遍及世界各地区。户外媒体通过增强现实(AR)广告、广告牌、飞艇、飞行广告牌(飞机拖曳标语)、公共汽车、商业建筑、商店、体育场馆、地铁车厢或火车内外的海报、信息亭、招牌,或者空中文字等媒体传输信息。印刷媒体通过物理对象传输信息,如书籍、漫画、杂志、报纸或小册子。活动组织和公众演讲也可以视为大众传媒的形式。控制这些技术的组织,如电影制片厂、出版公司、广播电台和电视台,也称为大众媒体。

master **母版,原件,原版带[碟]** (1)适合于对所用文件进行复制的一种文件。在有些情况下可能是原件,在另一些情况下,它可能需要专门制作。(2)可以复制的原版,由它产生复制件或中间件。这些原版可以是原版磁盘、原声带或唱片等。

master clock **主时钟** 是一种精密时钟,它提供定时信号,以同步从时钟作为时钟网络的一部分。如今,许多无线电时钟通过无线电信号或互联网连接与一个称为协调通用时(UTC)的全球时间系统进行同步。

master control **主控** 是大多数广播电视台和电视网络中常见的广播运行的技术中心。它不同于电视演播室中的制作控制室(PCR),其中诸如从摄像机到摄像机的切换动作是协调的。它与演播室有很大的不同,这里有演艺人员。通常传输控制室(TCR)面积较小,是中心广播的缩小版本。主控是通过广播方式传输信号到地面电视或有线电视广播、广播卫星提供商,或发送给有线电视运营商之前的最后点。电视主控制室包括视频监视器墙、卫星接收器、录像机、视频服务器、传输设备,以及用于当前记录和回放电视节目的计算机广播自动化设备。

master control system(MCS) **播控系统,主控系统** 指对各种源信号控制处理形成电视节目播出信号的系统。包括:信号源、信号分配、信号处理、信号切换、信号无压缩传输、信号压缩编码和复用;主控系统是指电台广播系统对音频信号时行控制、交换和对外传输的枢纽,同时具备信号监听、监测、报警以及音频信号调度、授时、内部通信等功能。

master cryptography key **主(加密)密钥** 在系统网络体系结构(SNA)产品中,将某个节点上运行的密钥进行加密的一种密钥。参见 master key(MK)。

master fader (MF) **主衰减器** 图像混合控制台上用来控制淡变放大器增益的装置,该放大器是后随的行钳位或稳定放大器的组成部分。

master gain control (MGC) 主增益控制，总增益调节 (1) 同时调节两路或多路放大器的增益。如立体声放大器中的一个可变电阻器或电位器，它同时控制两个音频通道的增益。(2) 电台、电视或录音室的控制器，可对整个音频输出电平进行调整，而不影响决定麦克风和其他声源平衡的调音台的控制，音量可以渐强或渐弱。

mastergroup (MG) 主群 电话信道频分复用中的超群组合，它由 5 个超群经变频后组成。各超群变频的载频分别为 1 364,1 612,1 860,2 108,2 356 千赫。取下边带，得到频谱为 812～2 044 千赫的主群信号。参见 supergroup（SG），pregroup，primary group。

mastering 母版制作 音频后期制作一种形式，是把准备录制的音频并将其从包含最终混音的源传输到数据存储设备（母版）的过程，所有拷贝将从该源产生（通过压制、复制等方法）。近年来，数字母版已经变得很平常，尽管制业仍在使用模拟母版，例如录音带。

master key (MK) 主密钥 (1) 在密钥管理中的一种加密密钥。在分层加密密钥中，主密钥将是高级加密密钥。(2) 在密码学中，一个具有密码功能的长寿命密钥，用于长期数据或其他密码密钥的加密。

master key data set (MKDS) 主密钥数据集 程序密码设施中，用来加密和解密的密码键集合。

master key variant key data set (MKDS) 主密钥的变形密钥数据集 在程控密码装置中，一种非 VSAM（虚拟存储取法）数据集，它含有主机密钥变形 1，变形 2 及系统鉴别密钥。

master net control station (MNCS) 主网控制站，网内主控站 一个控制站，① 管理网络运行的各个方面；② 管理网络控制站；③ 控制网络设备，通常是包括公共用户或专用设施的独特的或特定的通信系统。

master node 主节点 在某些环型网络或回路控制系统中，可以初启所有数据传输的一种节点。

master oscillator (MO) 主控振荡器，主振 通信系统中用于控制频率的振荡器。

master shot 主镜头 是从所有观众都能看到的角度，从头到尾对整个场景的电影录制。展示整部影视、整个插曲或场景中最重要和最有特色的镜头，通常是用长镜头或广角镜头拍摄。

master slave switching system 主从交换系统 由中心程控交换机和一个或多个远端交换模块（从交换机）组成的一套系统。主交换机控制所有的输入输出(I/O)接口信息，从交换机完成其内部电话的交换处理。主从交换机之间通过中继线相连，这样可以节约大量的用户线。

master-slave timing 主从同步定时 通信系统内的一个站或节点向所有其他互联的站或节点提供一个参考时间的定时方式。

master-slave timing system 主从定时系统 通信系统中的一个站或节点对所有其他互联的站或节点提供一个参考时间的定时系统。

master station (MST) 主站 (1) 在数据链路控制规程中，按某一个要求将数据传送到一个或多个从站的数据站。主站具有数据链路控制权，每一个时刻只允许一个主站控制数据链路。(2) 用于控制所有其他终端的装置。(3) 在信息传输过程中，用来发送命令帧，接受响应帧，负责整个链路控制的工作站。例如，① 在SDLC(同步数据链路控制)数据链路上负责该数据链路控制的数据站，一条数据链路上每时刻只能有一个主站，其上的全部通信是在主站和一个次站之间进行的。② 在轮询总线和多点线路方式的网络中,对其他站进行轮询和选择的控制站。

master synchronizer　主同步器　一种标准时间信号源,通常由一个与晶体控制振荡器同步的环形计数器组成。

mast radiator　杆式辐射器　或辐射塔。是整个结构起天线作用的无线电杆或塔。这种设计开发于 1930 年左右,通常用于发射低频工作的天线,处于 VLF(甚低频)、LF(低频)和 MF(中波)范围,特别是那些用于 AM(调幅)广播的天线。把金属杆连接到发射器。发射器的基座通常安装在与地面绝缘的不导电的支架上。杆式辐射器是单极天线的一种形式。

matched filter (MF)　匹配滤波器　滤波器的性能与信号的特性取得某种一致,使输出端的信号瞬时功率与噪声平均功率的比值最大。匹配滤波器对信号做两种处理:① 去掉信号相函数中的任何非线性部分,因而在某一时刻可使信号中所有频率分量都在输出端同相叠加而形成峰值;② 按照信号的幅频特性对输入波形进行加权,以便最有效地接收信号能量而抑制干扰的输出功率。

matched junction　匹配连接　波导中一个接头,有四个或更多个端口,即支路。除某端口外的其他所有端口都接以适当的阻抗,当沿此未终接阻抗的端口馈入时,接头无能量反射。

matched termination　匹配终端　在波导或其他传输线的任何横截面上不产生波反射的终端。

matched transmission line　匹配传输线　具有匹配终端的传输线。

matched waveguide　匹配波导　具有匹配终端的波导。

matching　匹配　将两个电路或部件连接起来使其阻抗相等或者通过耦合器件使其阻抗相等,以便得到最大能量转移。

material dispersion　材料色散　(1)由作为电磁波波长函数的传播媒质的折射率变化所引起的电磁脉冲在时间和空间上的加宽,即色散。(2)在光纤中,一个光脉冲在介质波导中传播时所发生的延续时间的加长和空间宽度的加大。

material scattering　材料散射　(1)电磁波的传播过程中由传播材料的内在特性导致的散射,例如电磁波在大气中传播时的大气压散射、电离层散射和瑞利散射,在光纤中由传播速度和纤芯材料折射率随波长变化,及光源频谱中不同成分折射率不同引起的色散。(2)制造波导的基本材料每单位体积散射的电磁波功率。材料散射损失通常用每公里分贝(dB/km)表示。

matrix　矩阵,基　(1)彩色视频编码器的一部分,将 R、G 和 B 摄像信号转换为色差信号,并与色度副载波混频,也称为色彩编码器、彩色编码器或编码器。(2)彩色视频解码器加入色差信号(NTSC:I,Q;PAL:V,U;SECAM:R-Y,B-Y)和亮度信号(Y),然后将其转换成驱动彩色显像管所需的 R、G、B 三基色信号。它也称为彩色解码器或解码器。

matrix circuit (MC)　矩阵电路　在彩色电视中,一种通过电子、光学或其他方法进行彩色坐标变换的装置。

matrix decoding　矩阵解码　是一种音频技术,其中少量离散音频声道(例如 2 路)在重放时被解码成更多数目的声道(例如 5 路)。这些声道(但不总是)被安排用于由编码器传输或记录,并被解码器解码以供重放。该功能支持多声道音频(如四声道或环绕声)以立体声信号进行编码,从而在立体声设备上以立体声方式播放,并在环绕设备上作为环绕声播放,这是"兼容"的多声道音频。

M

maxdata 最大数据长度 数据链路上一帧允许的最大数据长度。不同链路因为链路状况和性能不同会有不同最大数据长度。

maximum allowable link loss 最大允许链路损耗 用分贝数表示的链路允许的最大损耗。对应于 calculated link loss。

maximum average power output（MAPO）最大平均输出功率 在被发射信号的任何组成情况下所能够出现,并在最长调制周期内取平均值而得出的最大射频输出功率。

maximum burst size（MBS）最大突发长度 网络中的服务参数,是在峰值信元速率(PCR)下能够连续发送的最大信元个数。当连续发送的信元超过该数值时,必须以可持续信元速率(SCR)发送。

maximum call/calling area 最大呼叫区 处于专用线路所容许的地理呼叫限制之中的一个地理区域。在最大呼叫区域内用户不需专门授权或安排即可建立一个呼叫。

maximum power dissipation 最大功耗 在一定环境温度下,电器工作在最大电流时,它能够承受的热量。用瓦(W)或者毫瓦(mW)表示。它决定于电器的面积、所用的材料。有时是否有屏蔽也会影响最大功耗。

maximum pulse rate 最大脉冲速率 传导媒体中所允许脉冲信号的最高重复速率。

maximum segment lifetime（MSL）最大段生存时间 是 TCP(传输控制协议)段可以存在于互联网络系统中的时间。可任意定义为 2 分钟长。最大段生存时间值用于确定时间等待（TIME_WAIT）间隔(2×MSL)。

maximum segment size（MSS）最大分段大小,最大数据段长度 TCP(传输控制协议)里面的一个概念,MSS 就是 TCP 数据包每次能够传输的最大数据分段。为了达到最佳的传输效能,TCP 协议在建立连接的时候通常要协商双方的 MSS 值,这个值在 TCP 协议实现的时候往往用最大传输单位（MTU）值代替。

maximum stuffing rate 最大填充率 串行信息传输时,可以从单位长度的数据流中加入或删去的最多二进制位数。

maximum transfer rate 最高传送率 (1)通道上每秒最多可容纳的二进制数。对于一个双工通道,这种传送率一般仅指一个方向。(2)在数据或信息传输中,每秒钟所能传送的最大字符数或位数。

maximum transmission unit（MTU）最大传输单元 表示允许在专用网络上传送的最大数据报的长度,如在以太网上的 MTU 为 1 500 字节。

mean available time 平均可用时间 在规定的时间内,系统或设备可以正常使用的时间,或指设备经一段维护之后,可正常连续工作的平均时间。可用以描述系统或设备之可靠性。

mean carrier frequency 平均载波频率 对应于调频系统中载频的发射机平均载波频率。

mean down time（MDT）平均不可用[宕机,停机]时间 系统或设备各次不可用时间的期望值。

mean entropy 平均熵 信息论中,对于一切来自一个稳定信息源的可能信息而言,每单位信息所含的平均信息量。

mean free error time 平均无故障时间 在计算机应用的一个相当长的时间段(例如 3 年)内,机器运行时间除以出错次数。这是衡量计算机质量的一项重要指标。同 mean time to failure（MTTF/MTF）。

mean opinion score（MOS）主观平均得分[判分法],平均判分法 是一种评估声音和图像的质量的方法,对低速率语音编码质量的主观评价方法中,采用 5 分制评价,其中 5 分为很好(excellent),4 分为好(good),3 分为中(fair),2 分为差(poor),1 分为不可接收(unsatisfactory)。

mean pulse time 平均跳变[脉冲]时间 脉冲信号从一个状态转换到另一个状态的过渡时间。跳变时间包括前沿脉冲时间和后沿脉冲时间,跳变时间的算术平均值即为平均跳变时间。

mean repair time (MRT) 平均修理时间 修理时间的期望值。

mean time between failures (MTBF) 平均故障间隔时间 产品可靠性的一种基本参数,其度量方法为:在规定的条件下和规定的时间内,产品的寿命单位总数与故障总次数之比。

mean time between outages (MTBO) 平均停机时间间隔 一个系统的设备失效的平均间隔时间,这种失效是指系统不能继续工作或系统性能下降到不能接受的程度。MTBO 用下面公式计算:MTBO = MTBF/(1 FFAS),其中 MTBF 是无冗余的平均故障间隔时间,FFAS 失效设备自动旁路的百分比。参见 mean time between failures (MTBF)。

mean time recovery (MTTR) 平均恢复时间 在设备或部件寿命的规定期间,正确性维护所需的平均时间。

mean time to detection (MTTD) 平均故障检测时间 出现故障到发现故障所需的平均时间。它是描述计算机测试故障能力高低的指标。

mean time to diagnose (MTTD) 平均诊断时间 从机器出现故障,到确定故障的具体位置所需时间的平均值。

mean time to failure (MTTF/MTF) 平均无故障[失效前]时间 失效前时间的期望值。

mean time to first failure (MTTFF) 平均首次出故障时间 首次出故障时间的期望值,即发生第一次故障的累积平均工作时间。

mean time to repair (MTTR) 平均修复时间 在功能部件寿命的规定期间,进行修复性维护所需的平均时间。以总有效维护时间除以此时间间隔内的故障总次数,即为修理该系统的故障的平均时间。

mean time to respond to repair 平均修复响应时间 从机器发生故障报告给有关单位时起,到有关人员实际在机器上开始修理工作为止所需时间的平均值。

mean time to restore (MTTR) 平均(故障)恢复[修复]时间 故障后恢复正常网络/电路运行所需的平均时间的度量。

mean transformation content 平均信息传送量 信息论中,在已知另一个互斥事件集合中的事件出现的条件下,由有限数目的共同穷举的互斥事件的任何一个事件出现来传送和转移的信息量的平均值。

mean up time (MUT) 平均可用时间 可用时间的期望值。即系统或设备处于可操作状态的时间平均值。

measure of information 信息测度[量度] 在信息论中,通常取一组可能的事件中某一个特定事件发生频率的适当函数,作为由此事件的发生所传递信息量的相对值的度量。在信息论中,"事件"这个术语的含义与概率论中的含义相同。例如,事件可以是一个集合中出现某一给定元素或在一个报文给定位置出现规定的字符或规定的字。

measurement interval 测量间隔 指帧中继(FR)网络运营商用于测量超过承诺信息速率(CIR)的突发率和突发长度的时间间隔。

measuring network throughput 网络吞吐量测量 可以使用不同平台上可用的各种工具来测量网络的吞吐量。人们经常关心的是测量通信链路或网络接入的每秒比特的最大数据吞吐量。一般用户使用的测量方法是将"大"文件从一个系统传输到另一个系统,并测量完成文件传输或复制所需的时间。然后通过将文件大小除以时间来计算吞吐量,以获得以兆位、千位或每秒位数为单位的吞吐量。然而,这种测试的结果通常会导致良好输出小于最大理论数据吞吐量,导致用户认为他们的通信链路没有达到标准。实际上,除了传输开销(包括延迟、TCP接收窗口大小和系统限制)之外,吞吐量中还存在很多开销,这意味着这种测量和计算的吞吐量并不能反映最大可实现的吞吐量。

measuring the video 测量视频,视频测量
NTSC(美国电视制式委员会)视频通常由无线电工程师协会(IRE)设计的系统进行测量,在该系统中:1-Vpp(峰峰值)视频信号被分为 140 个 IRE 单位,这 140个 IRE 单位再划分为 40 个单位的水平消隐和上述水平消隐电平的 100 个单位的图像信息。为正确设置 NTSC 接收器,视频输出应该如下所示:水平同步的范围是-40 IRE~ 0 IRE,色彩脉冲范围在 0 消隐基线上下 20 个 IRE,白电平为 100 IRE。这样的信号电平等于1-Vpp(负载 75 欧姆)。在 PAL(逐行倒相制)和 SECAM(顺序彩色与存储制)系统中,相应的电平为 0.3 V 水平同步电平和 0.7 V 白电平。

mechanical television 机械式电视 或机械扫描电视。是依赖于机械扫描设备的电视系统,例如带有孔的旋转盘或旋转镜,扫描场景并产生视频信号,以及接收器上的类似机械装置来显示图像。这与使用电子扫描方法的现代电视技术不同,例如,阴极射线管(CRT)电视中的电子束和液晶显示器(LCD)来建立和显示图像。20 世纪 20 年代和 30 年代,在最早的实验电视系统使用机械扫描方法。最早的实验无线电视传输之一是 1925年 11 月 25 日在伦敦的 John Logie Baird。到 1928 年,许多广播电台使用机械系统播放实验电视节目。然而,该技术从未产生足够质量的图像获得公众的欢迎。20 世纪 30 年代中期,电子扫描技术在很大程度上取代了机械扫描系统。

media (ME) 媒体,媒介,介质 (1) 信息传输的路径或道路。例如同轴电缆、光导纤维、电线,以至传播无线电波的空气等。(2) 一种可表示数据的特定物理变化的物质。例如磁带、磁盘等。(3) 用于存储的材料,如磁带、软盘、硬盘和光碟等。(4) 存储或者传递信息的载体。

media access control (MAC) 介质[媒体]访问控制 管理台站接入共享传输媒体的一个本地网控制协议,例如令牌传递和载波检测多址(CSMA)。

media access control frame 介质访问控制帧 在星形及环形网络中:① 一种地址分辨请求帧,它具有目的地址的独特部分及全部环路地址。发送设备发出这一个请求以确定目录节点所在的环路及该节点是否工作。② 从一个激活的目录节点向发出请求的源节点所作的回答,表示它具有完整的地址及环路号。

media access control protocol 介质访问控制协议 在网络中使用的一种通信协议,它以和媒体的物理特性无关的方式管理传输媒体上的通信,但要考虑网络的拓扑特征,以便使数据站之间可以进行数据交换。在因特网中,指数据链路层下半部分的协议,在不同的物理媒体上各不相同。

media access control protocol data unit (MPDU) 介质访问控制协议数据单元 在基于分层的开放系统互连模型的通信系统中,是介质访问控制(MAC)实体之间交换的消息(协议数据单元)。在通信

系统中,MPDU 可以大于 MAC 服务数据单元(MSDU),由于分组聚合的结果,MPDU 可以包括多个 MSDU。在 MPDU 小于 MSDU 的通信系统中,用于分组分段的结果,一个 MSDU 可以产生多个 MPDU。

media access control sublayer 介质访问控制子层 介质访问控制子层位于 OSI(开放系统互连)七层协议中数据链路层的下半部分,主要负责控制与连接物理层的物理介质。在发送数据的时候,它可以事先判断是否可以发送数据,如果可以发送将数据加上一些控制信息,最终将数据以及控制信息以规定的格式发送到物理层;在接收数据的时候,它首先判断输入的信息并是否发生传输错误,如果没有错误,则去掉控制信息发送至逻辑链路控制(LLC)子层。参见 logical link control (LLC)。

media access unit (MAU) 媒体访问单元 也称为"收发器"。在以太网上连接网络传输媒体的装置。它提供了工作站的 AUI(访问单元接口)端口与以太网的公共通信媒体之间的接口。MAU 可内建于工作站中,也可作为一个分开的设备,执行物理层的功能,MAU 转换以太网接口上的数字数据,进行冲突检测,将位流注入网络或从网络接收位流。

media convergence 媒体融合 是指计算机和其他信息技术、媒体内容、媒体公司和通信网络之间的相互联系,这些技术、媒体内容、媒体公司和通信网络是由于因特网的演进和普及以及在数字媒体领域中出现的活动、产品和服务而产生的。与媒体融合的多层次过程密切相关的还有媒体和通信部门不同领域的若干发展,这些发展也概括为媒体的解融合。因为商业、政府、艺术、新闻、健康和教育等机构的活动和社会生活的各个方面,跨越不断增长的信息和通信技术设备网络,越来越多地在这些数字媒体空间中进行。在计算机网络的基础上,许多不同的操作系统能够通过不同的协议进行通信。融合服务,如 VoIP、IPTV、智能电视等,往往会取代旧的技术。基于 IP 的融合是不可避免的,将导致新的服务和市场的新需求。当取决于接入技术的旧的服务技术融入公有公共设施时,基于 IP 的服务变得与接入无关或更少依赖。

media conversion 介质[媒体]转换 信息从一种媒体转换到另一种媒体的过程。这在多道程序设计的机器中是十分重要的工作方式。

media gateway (MG/MGW) 媒体网关 (1) 将一种网络中的媒体转换成另一种网络所要求的媒体格式的设备。其主要功能有:与 MGC(媒体网关控制器)之间通过 MGCP(媒体网关控制协议)或 H.248 通信,总是有主/从关系;可能对媒体进行一些处理,如媒体格式转换,媒体打包,回声消除,抖动管理,包丢失补偿等等;可对媒体进行一些插入功能如产生呼叫进程音、DTMF(双音多频)、噪声抑制等;可实现信号和媒体事件侦测功能,如 DTMF 产生,摘机、挂机侦测等;语音激励检测;管理媒体处理资源;为 MGC 提供端点的状态,能力查询机制。媒体网关涉及的协议有:RTP/RTCP(实时传输协议/实时传输控制协议),TDM(时分多路复用),H.248 以及 MGCP。(2) 是在诸如 POTS(简易老式电话服务系统)、SS7(七号信令系统)、下一代网络(2G、2.5G 和 3G 无线接入网络)、或专用小交换机(PBX)系统等不同的电信技术之间转换媒体流的转换设备或服务。媒体网关使用诸如异步传输模式(ATM)和因特网协议(IP)之类的传输协议实现跨分组网络的多媒体通信。

media gateway control (MGC) 媒体网关控制(器) 因特网工程任务组(IETF)在

M

RFC 2805 中，描述了分布式软件系统中 MGC 的功能。其主要功能有：维护媒体网关每次呼叫的呼叫状态；媒体网关功能，实现 IP phone 之间的通信；媒体格式协商；发起和终止来自端点、其他 MGC 以及外部网络的信令消息；与后台应用服务器配合为用户提供特征服务；管理 MG 端口，带宽等网络资源；提供路由、鉴权、计费功能等。媒体网关控制器涉及的协议有：SIP（会话初始化协议），BICC（与承载无关呼叫控制协议）；H.323,Q.931,ISUP（综合业务数字网用户部分）以及 TCAP（事务能力应用部件）等。

media gateway control protocol（MGCP）媒体网关控制协议 （1）规定媒体网关和媒体网关控制器之间通信方法的协议。媒体网关控制协议包括简单网关控制协议（SGCP）和 IP 设备控制协议（IPDC）。SGCP 协议是一个简单的远程控制协议，用于控制语音网关和网络接入服务器。IPDC 协议用于使 PSTN（公用交换电话网）能够与 IP 网络的第三层进行无缝连接。（2）是用于 IP 语音（VoIP）电信系统的信令和呼叫控制通信协议。它实现了媒体网关控制协议体系结构，用于控制连接到公共交换电话网（PSTN）的因特网协议（IP）网络上的媒体网关。该协议是由 Bellcore 和 Cisco 公司开发的简单网关控制协议（SGCP）和互联网协议设备控制（IPDC）的后继者。

media key block（MKB）媒体密钥块 是复制保护系统（DRM）AACS（高级访问内容系统）中包含的密钥之一。该系统用于保护蓝光碟和 HD-DVD 格式不被复制。该系统由电影业和电子行业的公司开发，包括 IBM、英特尔、微软、松下（Panasonic）、索尼、东芝、华特迪士尼公司和华纳兄弟。MKB 密钥在物理支持（光碟）以及加密的光碟内容中可找到。MKB 具有验证正在播放光碟的复制设备的功能，并从设备代码获得将允许解密光碟内容的密钥。这就是媒体密钥（Km）。

media multitasking 媒体多任务 涉及使用电视、网络、广播、电话、印刷品或与另一媒体关联任何其他媒体。这为也称为"同时媒体使用"或"多通信"，这种行为越来越普遍。向更频繁的多任务的转变基本上发生在世纪之交（2000 年左右）。这种多任务大部分都不是固有耦合或协调的。例如，用户可能正在浏览网页，听音乐玩视频游戏，使用电子邮件，或在看电视时通过电话交谈。媒体多任务的更直接协调的形式正以"互动媒体"特别是"互动电视"的形式出现。

median filter 中值滤波器 一种非线性数字滤波技术，通常用于消除图像或信号中的噪声。这种降噪是典型的预处理步骤，以改善后续处理的结果（例如，对图像的边缘检测）。中值滤波在数字图像处理中广泛使用，因为在某些条件下，它可以在消除噪声的同时保留边缘，也可用于信号处理。

median filtering 中值滤波 在图像处理中，每个像素值使用其相邻像素值的中间值代替的图像平滑技术。

media player 媒体播放器 微软视窗中的一个应用窗口。包含在 Accessories 群组之下，可用来作为多媒体设备的控制程序，能用来播放多媒体文件，如声音文件（WAV）、电子合成器音乐文件（MID、RMI 等）。它还能与支持媒体控制界面（MCI）的应用程序相联系，例如，如果安装了支持 VCD（视频光碟）播放程序 Xing MPEG，在媒体执行程序中也能播放 VCD。

media server 媒体服务器[伺服器] （1）使计算机中的音频和视频文件在网

络上可用的软件。为了发现文件,媒体服务器软件通常使用 Bonjour 或 UPnP 协议。对于共享文件和播放列表,它们使用 DAAP 或 Windows media connect 协议。例如,iTunes 使用 Bonjour 发现和 DAAP 共享,而视窗媒体播放器(WMP)使用 UPnP 和 Windows media connect。(2)为立体声或家庭影院存储数字音乐、图像和视频的硬件。(3)网络中的计算机系统,用于存储通过因特网下载的多媒体文件。(4)IP 电话网络中的计算机系统,用于发送拨号音、忙音信号和诸如"您呼叫的号码不再在服务中"的通知。媒体服务器可以是单独的单元或软交换机(媒体网关控制器)的一部分。

media stream　媒体流　通过网络的声音或影视的连续序列。

media technological convergence　媒体[媒介]技术融合　是随着技术的变革,不同的技术体系有时会演变为执行类似功能的趋势。数字融合是指将四个行业融合为一体的聚集物,ITTCE(信息技术,电信,消费电子和娱乐)。以前独立的技术,如语音(和电话功能),数据(和生产力应用程序),和视频,现在可以共享资源并相互协作。电信融合(也称为"网络融合")描述了新兴的电信技术,以及用于将多种通信业务迁移到单个网络的网络架构。具体而言,这涉及将先前不同的媒体(例如电话和数据通信)融合到单个设备上的公共接口中,例如大多数智能电话可以拨打电话和搜索网页。

medium access control (MAC)　介质[媒体]访问控制(协议)　在 IEEE 802 LAN/MAN(局域网/城域网)标准中,MAC 子层(也称为介质访问控制子层)和逻辑链路控制(LLC)子层一起构成数据链路层。在该数据链路层内,LLC 为逻辑链路(即 EtherType,802.1Q VLAN 标签等)提供流控制和多路复用,而 MAC 为

传输介质提供流控制和多路复用。这两个子层一起对应于 OSI(开放系统互连)模型的第 2 层。出于兼容性原因,LLC 对于 IEEE 802.3 的实现是可选的(帧则是"原始的"),但是对于所有其他 IEEE 802 标准的实现是强制性的。在 OSI 模型和 IEEE 802 标准的层次结构内,MAC 块提供物理层的控制抽象,使得物理链路控制的复杂性对于 LLC 和网络堆栈的上层是不可见的。因此,任何 LLC 块(和更高层)可以与任何 MAC 一起使用。反过来,媒体访问控制块通过媒体独立接口正式连接到 PHY(物理层)。虽然 MAC 块现在通常与同一设备包内的 PHY 集成,但历史上任何 MAC 都可以与任何 PHY 一起使用,而与传输介质无关。

medium access control address (M‑ADDR)　介质[媒体]访问控制地址,MAC 地址　IEEE 802 标准为局域网(LAN)定义的 48 比特的物理地址。在传统 LAN 中,如以太网和令牌环使用的设备地址叫 MAC 地址,在网络接口卡中使用 6 字节硬件物理层地址供识别工作站或其他通过网络互连的设备。它与较上层协议地址如 IP(因特网协议)地址之间需要进行地址转换。

medium attachment unit (MAU)　介质连接单元　(1)是一种收发器,它将以太网电缆上的信号转换为连接单元接口(AUI)信号。在最初的 10BASE5(粗)以太网上,MAU 通常被固定到以太网电缆上。对于后来的标准,它通常被集成到网络接口控制器中,并且最终整个以太网控制器通常被集成到单个集成电路("芯片")中以降低成本。在大多数现代的双绞线系统的交换式或集线式以太网中,不再用 MAU 和 AUI 接口(除了为了考虑接口分层而可能作为名义实体),5 类(CAT5)电缆直接连接到主机或路由器上的以太网插座。为了向后兼容

仍具有外部 AUI 接口的设备，MAU 仍可用于 10BASE2 或 10BASET 连接。(2) 在令牌环网络中，MAU 是作为多站访问单元，且常常简写为 MSAU 来避免混淆。

medium band 中频带 对于被连接到视频显示终端和相似设备上的语音电话传输和数据传输使用的一个术语，中频带也称为"话音频带"。

medium bit-rate digital subscriber line (MDSL) 中比特率数字用户线 在本地环路中提供对称的 1～3 Mbps 数据传输速率的数字用户线(DSL)技术。首先由 AT&T Paradyne 公司于 1996 年提出，称为对称数字用户线(SDSL)。

medium dependent interface (MDI) 介质[媒体]相关接口 在局域网中，传输介质和介质连接设备之间的材料和电路接口。在粗缆以太网络中，MDI 常常配置在同轴电缆上。在双绞线以太网中，MDI 是一种八针的连接器，此 8 针插座接有 4 根双绞线，可用于传输 10 Mbps 速率的网络信号。

medium earth orbit (MEO) 中地球轨道 有时称为中间圆轨道(ICO)，是高于低地球轨道(海拔高度 2 000 km 或 1 243 英里)和低于地球静止轨道(海拔 35 786 km 或 22 236 英里)以下的空间区域。该地区卫星最常见的用途是导航、通信和大地/空间环境科学。最常见的高度约为 20 200 km(12 552 英里)，其轨道周期为 12 小时，例如全球定位系统(GPS)所使用的。

medium earth orbit satellite 中地球轨道卫星 在地球上空 6 000 英里轨道上运行的通信卫星。它的运行轨道比 LEO 卫星高，比 GEO 卫星低。全球定位系统(GPS)位于中地球轨道，其他卫星包括 Glonass(海拔 19 100 km 或 11 868 英里)和伽利略(海拔 23 222 km 或 14 429

英里)等星座。覆盖北极和南极的通信卫星也置于 MEO。MEO 卫星的轨道周期约为 2～24 小时。

medium frequency (MF) 中频 美国联邦通信委员会对 300～3 000 kHz 范围频率的规定，相当于 100～1 000 m 范围的百米波。

medium wave (MW) 中波 是主要用于 AM(调幅)无线电广播的中频(MF)无线电频带的一部分。对于欧洲，MW 波段的范围从 526.5 kHz 到 1 606.5 kHz，使用每 9 kHz 间隔的信道，而在北美，扩展的 MW 广播波段范围从 525 kHz 到 1 705 kHz，使用 10 kHz 间隔信道。该术语是历史意义的，可追溯到 20 世纪初，当时无线电频谱根据波长分为长波(LW)、中波和短波(SW)无线电波段。

medium wave communication 中波通信 利用波长 1 000～100 m(频率 300～3 000 kHz)的电波传输信息的无线电通信。

mediumwave dxing (MW DX) 中波远程接收 是接收远程中波(北美称为调幅)电台的接收爱好。MWDX 类似于电视(TV)和调频远程接收(FMDX)，其中广播频带(BCB)台是接收的目标。然而，中波电台使用的较低频率(530～1 710 kHz)的性质与 FM 和 TV 广播台使用的 VHF(甚高频)和 UHF(超高频)频带非常不同，因此涉及不同的接收设备、信号传播和接收技术。

megabytes per second (MBps, MB/s) 兆字节每秒，每秒兆字节 数据传输速率的度量单位，主要用于说明存储媒体的传输速率。在二进制中，1 兆字节每秒$=2^{20}$字节每秒$=1\,048\,576$字节每秒。

memory mapped display 存储器映像显示 一种实现计算机图形显示的方法，把显示器的荧光屏区域分成若干编了号的像素的数据。采用直角坐标来确定像素的位置。存储的数据决定了像素的颜色、亮度等。

memory plane　存储平面　在位映像图形技术中,与显示器的荧光屏具有一一对应关系的存储区域,一个图形系统可能有 8 位或更多的存储平面。每个存储单元控制着位于荧光屏上某个特定点的像素的颜色、亮度等。

mercury delay line　水银延迟线　以水银为声传输媒介的声延迟线。

meridian lossless packing（MLP）　子午线无损压缩（算法）　也称为压缩脉码调制(PPCM)算法,为压缩脉码调制音频数据,而由英国子午线音频公司(Meridian Audio, Ltd.)开发的无损数据压缩算法。是一种对 DVD-Audio 内容的标准的无损压缩方法。MLP 算法去掉脉码调制(PCM)声音信号中的冗余数据,压缩比取决于声音数据的内容,约为 2∶1～3∶1。在 DVD-Audio 光碟中,作为采样频率为 96 kHz、样本精度为 24 位的声音标准。

Merkle tree　默克尔树,Merkle 树　存储在区块链分布式分类账中块的标题中的交易的哈希(散列)摘要。使用 SHA256 加密算法递归地对事务数据进行两次散列,直到只剩下一个散列值,称为"Merkle 树根"。根的大小非常小,可以快速处理以确定事务是否驻留在块中。例如,一个块中的 16 个事务产生 128 字节的 Merkle 路径,但 65 535 个事务仅占用 512 字节。

mesh network（meshnet）　网状网(络)　是指这样一种网络拓扑结构:网络中的设备是通过网络节点之间的众多冗余互联连接起来的。在真正的网状网络(有线或无线)当中,每个节点与网络中的另一个节点相连,包括直接连接和通过中间节点跳接。对于无线网状网络而言,这些网络实际上是真正的交换式无线网络,而不是那种使用所谓的无线 LAN(局域网)交换机的网络。在网状网络当中,一方面,信息包在节点之间以无线的方式传送。另一方面,被称作 WLAN(无线局域网)交换机的产品实际上并不支持任何无线接口。然而,网状体系结构并不排除使用 WLAN 交换机或网络的有线方面的其他集中式管理体系结构。

message（MSG/MESG）　消息,报文,信息　(1) 在信息论中,用于传递信息的有序字符序列。(2) 对于电子邮件而言,报文是以备忘录形式组织并由电子信箱接收的公文。对计算机或通信网络而言,报文是有严格结构的信息单元,并根据共同遵循的某些规则(协议)传输。通常一个报文由实际要传输的数据、标识报文传送目的地的控制数据、以及报文开始部分和结束部分所组成。错误校正和错误检测信息也被看作报文的一部分,例如,奇偶校验位等信息。

message address　电报[消息]地址　电报中的地址部分,通常由一个或多个用于表示发信人、受命收信人、信息收信人和免税收信人的标识符组成。

message authentication　信息验证　确认以下四个方面正确性的过程或方法:① 信息来源的合法性;② 信息内容没有被蓄意或偶然更改、重新排列;③ 信息已按原定顺序接收;④ 信息接收者合法。

message authentication code（MAC）　报文[信息]验证[鉴别,认证]码　在密码学中:① 通过鉴别算法对数据进行处理后得到的一个数或值,② 用密码块链方式对报文或数据进行数据块密码运算所得到的密码结果,③ 一种数字签名码。

message broker　消息代理　消息代理作为面向消息中间件(MOM)的一部分,是一种在数据源与目的地之间移动数据,使信息处理流畅的软件技术。消息代理主要提供应用集成所必需的数据的递送、收集、翻译、过滤、映射和路由等功能,屏蔽不同的硬件平台、数据库、消息格式、通信协议之间的差异,提供应用到应用之间的高效通信能力。消息代理连接需要交互的各个应用系统,减少了应用系统接口的数量、相互的技术依赖性。

message buffer　信息[消息]缓冲区　操作系统中存放信息的区域。通常每个缓冲区包含一个信息记录,所有缓冲区都在系统缓冲区内(在进程地址空间之外),各缓冲区大小一样,便于处理。

message buffering synchronization　消息缓冲同步　通过消息同步原语来实现进程间的通信同步的技术。发送消息的进程通过发送消息原语将消息送到消息缓冲区,并用等待回答原语等待接收进程的回答,而接收进程则通过等待消息原语,将消息缓冲区的消息移至接收区。

message center（MC）　消息[报文]中心　通信中心的一部分,负责① 接收和传输消息发送者发出的消息;② 接收进入的消息并投送给消息收信人。

message channel　信息信道　多任务操作系统中进程间通信的一种形式。进程间的通信使得一台机器上运行的两个程序能共享信息。

message circuit　报文电路,公用电话电路　一种长途电话电路,它为公众提供常规长途电话或收费电话服务。本术语用以和专线电话电路相区别。

message decoding　信息译码　将已编码的信息转换成原始符号体系的过程,或将信息按规定的符号还原。

message digest（MD）　报文摘要（算法）　是一种算法操作,通常在文本上执行,将文本的各位作为一种哈希(Hash)函数的输入,产生一个固定长度的散列值,因为散列函数很难转化,所以称为报文摘要。报文摘要算法事实上保证了散列值是独一无二的,经报文摘要操作后产生对文本的唯一数字签名。

message digest algorithm　报文摘要算法　20 世纪 90 年代初由 Rivest 发明的三种报文摘要算法,分别为 MD-2,MD-4 和 MD-5。MD-2 在 RFC 1319 中描述,MD-4 在 RFC 1320 中描述,MD-5 在 RFC 1321 中描述,每一种都产生一个 128 位的散列值,这一串散列值也称为"数字指纹",它有固定的长度,且不同的报文摘要的数字指纹总是不同的,而同样的报文其数字指纹必定一致,这样该摘要便可成为验证报文是否是"真身"的"指纹"了。三者的区别在于它们的运算速度不一样,抗密码分析攻击的能力也不一样。

message digest 5（MD-5）　报文摘要 5(算法)　一种算法操作,是由 Ronald Rivest 开发的。将任意大小的报文摘要为 128 位,用于点对点协议中的加密认证。MD-5 是为 32 位机设计的算法。参见 message digest（MD）。

message discrimination（MD）　消息鉴别　为每一输入消息判断本信令点是其目的信令点,还是该消息的信令转发点的过程。根据判断,决定是将消息送到信令消息分配功能还是信令消息选路功能。

message dispatch time　消息发送时间　一个消息的发送日期和时间,① 接收通信中心发送给收信人;② 发送通信中心发送到接收通信中心;③ 消息发送者发送至发送通信中心。

message distribution　消息分配　目的信令点收到信令消息后,确定信令消息应传送到哪一用户部分的过程。

message filtering　消息过滤　网络中为保护内部网络的安全而采取的一项措施。根据预先制定的规则,对通过网关的消息进行检验,以决定是否允许对此消息进行转发,还是将其丢弃。大多数路由器提供了消息过滤的功能。

message format **报文格式** 组织一个报文的特定规则。它使得报文能精确而又完整地传送到正确的目的地。报文格式包括标识报文开始和报文结束的标识部分,以及接收该报文的终端、打印机或其他设备的逻辑地址,也包括要传送的数据部分。

message handler (MH) **报文处理程序** 在某些通信系统软件中,用户指定的宏指令和基本汇编语言指令序列,它调用例行程序检查和处理报文首部的控制信息,并在报文向目的地传送前对报文完成必需的功能准备。

message header (MH) **报头,报文首部[标题]** (1)网络通信中,报文的一个组成部分。它含有建立通信所必须的全部信息。例如报文类型、报文长度、发送者、接收者、报文的顺序号、收到报文的回执等。(2)电子邮件中,邮件开始的标识行,如发件人、收件人和抄送的邮箱地址、主题和附件等。

message intercept **消息截取** 数字通信网络的一种功能,用以阻截通向非认可终端的信息传输。

message management program **报文管理程序** 根据用户应用程序或报文处理程序提出的请求,实现报文的接收、发送等管理功能的程序。报文管理通常由报文接收、报文发送、报文记录以及报文的差错处理和开始结束处理等五部分组成。

message pending **报文挂起** 在某些通信系统中,表明操作员报文队列没有空闲的状态或指示。当程序非正常结束时,系统给起控制作用的操作员一个附加的报文队列,其内容和上述的报文挂起指示相同。

message polling **报文轮询** (1)多点式或多信道网络中主控站向其他各站发送呼叫或报文以确定收发设备准备情况的一种方法。(2)通过指定的主站向多点站系统或多通道网络中的其他站发送信号或调用信号的一种方式。

message preparation time **报文准备时间** (1)从通信系统操作员的角度看,是一个报文为进入通信系统所需的处理时间,包括:① 对于人工操作系统,准备数据媒介(如磁带)以及准备好传输所经历的时间;② 对于自动终端(如远程输入终端),报文被自动报文处理设备读写所经历的时间。(2)从报文始发者角度看,是在数据媒介上(如在一个报文表格上)写报文或在一个远程终端上打印报文以便通信系统报文中心或通信系统接收所需的时间。

message processing time **信息处理时间** 在下列两者之间的全部时间:① 报文正文被报文始发者完成的瞬间至 ② 收件人开始阅读报文的瞬间。

message queue (MQ) **信息[报文,消息]队列[排队]** (1)一种等待处理或等待送往终端去的报文列表。(2)在某些信息管理系统中,在应用程序处理或发送给一个终端之前报文在其中排队的数据集。(3)微软视窗中系统定义的存储器对象,按次序存放等待处理的消息,系统消息队列中存放鼠标器消息和键盘消息,这些消息将传递给线程处理,线程消息队列中存放由线程的消息循环处理的消息。

message rate **报文速率** 单位时间内传送报文的数量,其量度单位随报文的种类而异。例如,传送文字时,单位为每秒字。

message readdressal **电报改址** 由电报始发者、最初收件人或另一机构向一个电报主增加一个新的收件人,而不改变先前传输的电报的收件人或其正文。

message release time **报文发出时间** 有权的报文发出管理员核准发送一个报文的时间(即瞬时)。

message response time 报文响应时间 数据通信系统中，从发送方发送报文起，到收到接收方对该报文的回答为止所花的时间。

message resynchronization 报文再同步(程序) 在某些信息管理系统中，如果网络发生故障，可检测并校正报文丢失条件的一种程序。

message retrieval 报文[信息]检索 (1)重新获得输入到信息系统中去的报文的过程。(2)远程数据处理系统的一种信息检索方式。当报文送入一个信息系统以后的某个时刻，能重新获得它的过程。

message route 消息路由 在七号信令系统(SS7)中，指用来将信令消息从源点传送到目的点的信令链路或串接的连续链路。

message segment 报文[信息，消息]段 (1)在通信系统软件中，包含在单一请求/应答单元(RU)中的报文部分。(2)在某些信息管理系统中，发往或来自终端的报文存取单位。(3)在SDLC(同步数据链路)传输中，由传输控制块中两个相邻入口所控制和标识的报文的一部分。(4)构成消息的一组具有完整逻辑含义的数据。一般在数据组结束处放有段结尾指标符(ESI)或消息结尾指示符(EMI)，以指示此消息段结束。

message signal unit (MSU) 消息[报文，信息]信号单元 公共信道信令系统(CCSS)中传送信令信息的信号单元的一种类型，在信令系统的第三级、第四级进行消息处理。

message slot 报文(时)槽 在数据通信中，一个能保存完整报文的位序列，并且它在一个环形局域网上不断循环。一个(时)槽可能是空的，也可能是满的，当任意一个节点探测到一个空(时)槽时，它便可以将这个空(时)槽标记成"满"，然后将报文放进去。

message switching (MS/MSGS) 报文[信息]交换 在数据通信网中所使用的一种信息交换技术。① 当网络上的一个通信节点收到一个报文后，将该报文暂存起来，并查看报文中所携带的源地址和目的地址，在得到适当的设施后，将该报文传送到该节点所连主机或传递路由上的下一个通信节点；② 通信网上的一个节点收到一个报文后，在转发该报文之前，通过一个中心站对该报文进行路由选择；③ 又称"分组报文交换"，报文通常由报文交换中心拆成分组，每一个分组含有它的目的地址。它从目前节点传送到另外一个报文交换中心，这个报文交换中心将收到的分组再组装成报文。因为，由共享线路所带来的经济性、由冗余校错、检错带来的高可靠性和所用设备的高质量，所以，分组报文交换给用户提供了很多优点。

message transfer part (MTP) 消息[报文]传送部分 (1)是用于公共交换电话网络中的通信的信令系统7(SS7)的一部分。MTP负责通信伙伴之间SS7消息的可靠、不重复和按序传输。(2)公共信道信令系统的一部分，其作用为：传递所有用户需要的信号，并完成一些必要的辅助功能，如：差错控制及信令安全措施。

message transfer part receiving time 消息传送[传递]部分接收时间 在七号信令系统(SS7)中，从信号单元的最后一个比特离开信令数据链路的时间开始到消息的最后一个比特已进入用户部分的时间为止的一段时间间隔，它包括第2级的处理时间、从第2级到第3级的处理时间和从第3级到第4级的传递时间。

message transfer part sending time 消息传送[传递]部分发送时间 在七号信令系统(SS7)中，从消息的最后一个比特已离开用户部分的时间开始到信号单元的最后的一个比特首次进入数据链路的时间为止的一段时间间隔。它包括在无干扰情况下的排队延迟、从第 4 级到第 3 级的传递时间、第 3 级的处理时间、从第 3 级到第 2 级的传递时间和第 2 级的处理时间。

message transfer state　**报文[信息]传送状态**　这是在 BSC(二进制同步通信)中的一种状态,在此状态下,请求交换已经完成,可以发送数据。

message transfer system (MTS)　**报文[信息,消息]传送系统**　(1) 由一个或多个消息传送代理组成的功能客体,它在用户代理、消息存储单元和访问单元间提供存储转发消息传送。参见 message transfer agent (MTA)。(2) 在个人间报文通信中,指提供基本的报文传输服务的报文代理模块的集合。

message transfer time　**报文[信息]传送时间**　也称为"网络延迟时间"。即信息从信源发出到信宿接收所需的时间。用于衡量通信网络传送信息的速度和能力。影响该时间的因素包括:终端的能力(尤其是缓冲能力)、信息的容量、信道操作方式(全双工还是半双工传输)以及信息的可靠性和网络的忙闲程度等。

message verification　**报文校验**　对报文全部或特定部分的有效性的确认,如果接收方认为所接收到的正文并非报文始发者想要发送的内容,则整个报文的校验要求重发整个报文,部分报文的校验仅要求重发可疑部分。

messaging gateway　**报文发送[消息传递]网关**　把一种报文协议转换成另一种报文协议的计算机,在两个存储转发节点之间或报文传输代理之间提供接口。参见 messaging switch。

messaging protocol　**报文发送[消息传递]协议**　在报文系统部件之间交换报文的

规则、格式和功能。主要的报文传递协议包括 X.400,因特网上用的简易邮件传递协议(SMTP),IBM 公司的系统网络体系结构分布服务(SNADS) 和 Novell 公司的报文处理服务(MHS)。

messaging service　**报文传送业务**　在综合业务数字网(ISDN)中,借助于存储转发、电子邮件或报文处理功能在用户间提供信息交换的一种交互式电信业务。

messaging system　**报文通信系统**　提供电子邮件传送体系的软件,由三个功能部件组成:① 用户代理,用于接收和提交报文;② 报文传送代理,用于存储和转发报文;③ 报文存储器,用于存放邮件和提供邮件目录清单,并且允许有选择地检索和删除。这三个部件可以集成在一起,也可以分别装配成单独的部件。

metameric color stimuli (MCS)　**条件等色[同色异谱]刺激**　在同样观看条件下产生同一颜色的不同光谱辐射。

metameric match (MM)　**条件等色[配色],同色异谱匹配**　物理上不同颜色的视觉等效性。

metamerism　**同色异谱**　在比色法中,同色异谱是对具有不同(不匹配)光谱功率分布的颜色的感知匹配。与这种方式匹配的颜色称为条件等色。光谱功率分布描述了在每个可见波长下由颜色样本发出(发射、透射或反射)的总的光的比例,它定义了来自样本的光的完整信息。然而,人眼仅含有三种颜色受体(三种类型的视锥细胞),这意味着所有颜色都减少到三种感官量,称为三刺激值。同色异谱现象之所以发生,是因为每种类型的锥体对来自宽波长范围的累积能量做出反应,因此跨越所有波长的不同光组合可产生等效的受体响应和相同的三刺激值或色觉。在色彩科学中,该组感觉光谱灵敏度曲线由色彩匹配函数数值表示。

M

metamers 条件等色光 不同光谱能量分布的光组成不同而产生同样视觉效应的一些辐射。

metanetwork 元网络，超越网络 自己不建立通信信道，依靠其他网络提供的信道，在其上统一增加网络协议所形成的计算机网络。

metasignaling 元信令 在 ATM（异步传输模式）网络中，管理不同类型的信令和半永久虚拟通道的 ATM 层管理过程。

metaverse 虚拟世界[宇宙] 由所有通过电子网络传播的概念、信息和行为构成的抽象空间。

Metcalfe's law 梅特卡夫定律 (1) 梅特卡夫定律指出，通信网络的影响与系统连接用户数 n 的平方成正比（n^2）。1993 年乔治·吉尔德（George Gilder）首先以这种形式制定这一规则，并归因于罗伯特·梅特卡夫（Robert Metcalfe）1980 年提出的关于以太网的梅特卡夫定律 c。这里 c 不是指用户，而是"兼容的通信设备"（例如，传真机、电话等）。只到因特网全球化的后期，这项定律才会延伸到用户和网络，因为它的初衷是描述以太网的购买和连接。该定律也与经济和商业管理密切相关，尤其是那些希望相互合并的竞争公司。(2) 鲍勃·梅特卡夫（Bob Metcalfe）是以太网发明人，他说互联网以平方级数增长，电话是一个人打给另一人，效率是 1∶1；电视是一台许多人看，效率是 1∶N。把 100 台电脑联网互通，效率是 $100×100 = 10\,000$。所以互联网增长率比电视快四倍，比收音机快 12 倍。

meteor burst communications (MBC) 流星突发通信 也被称为流星散射通信，是一种无线电传播模式，通过电离的流星余迹反射传播无线电信号而进行的通信。进入地球大气层的流星，被地球引力场捕获，具有产生电离的碰撞能，形成长而细的抛物体余迹，可用来传播无线电波。由于流星余迹一般只能持续 18 mm，因而发出的信息量很短，大约有 50 字节，但发送距离可达到 1 600 km 左右，最远可达 2 250 km（1 400 英里）。

meteoric scatter 流星散射 一种散射传播形式，其中流星余迹将无线电波散射回地球。使用两个相反方向工作的无线电链路。在其中一条链路上传输的任何信息在另一条链路上被送回，因此发送者可以检验接收是否令人满意。根据流星的大小和路线，发送可以持续几分之一分钟到几分钟的时间。

meteoric trail communication 流星余迹通信 利用流星在大气层形成电离痕迹反射或散射电波而达成的无线电通信。流星在掠过空中时会发出大量的光和热，它会使周围的气体电离，并很快扩散形成以流星轨迹为中心的柱状电离云，这种电离云具有反射无线电波的特性。这就是所谓的"流星余迹"。流星余迹通信常用的波段为 30～100 MHz。同 meteor burst communications（MBC）。

meteoric trail radio wave scattering 流星余迹电波散射 以流星在大气层中形成的电离余迹作为散射体而实现的电波散射传播。流星余迹散射的主要应用是瞬间快速通信和水文、气象等遥测数据的传输。其优点是传输距离远、隐蔽和可靠，但平均容量较小。

meteorological satellite service 气象卫星业务 (1) 一种用于气象目的的地球勘测卫星业务。(2) 在卫星通信中，一种遥测空间业务，其中气象观测的结果，由地球卫星上的设备得出，观测结果通过卫星上的空间站发送到地球站上。

meteorological satellite space station 气象卫星空间站 一种遥测空间站：① 进行气象卫星业务，② 位于一地球卫星之上。

metering pulse 计费[计量]脉冲 一种在

电话线路上周期性发送的以确定呼叫持续时间和电话费的脉冲,通过计算这样的脉冲的数目即可得出通话费用。

metric prefix　度量(标准)前缀　是在基本度量单位之前表示单位的倍数或分数的前缀。虽然目前常用的所有度量标准前缀都是十进制的,但历史上也存在许多二进制度量标准前缀。每个前缀都有一个前缀为单位符号的唯一符号。例如,前缀 kg 可以添加到 g(gram)中以表示乘以 1 000:1 kg 等于 1 000 g。同样,前缀毫(milli-)可以添加到仪表中以表示除以 1 000,1 mm 等于千分之一米。

metro Ethernet forum (MEF)　城域以太网论坛　成立于 2001 年,当时的城域以太网论坛是一个非营利性的国际行业联盟,致力于采用运营商以太网网络和服务。该论坛由服务提供商、现有本地交换运营商、网络设备供应商和其他对城域以太网感兴趣的网络公司组成。MEF 是技术和营销论坛的组合,旨在促进城域以太网的采用。这与如因特网工程任务组和电气和电子工程师协会(IEEE)等标准机构不同。论坛向现有标准机构提出建议,并创建未由其他标准机构开发(或属于其他标准机构范围)的规范。

metro mirror　城域镜像　这种模式允许在相距数十公里之内的主系统和辅助系统之间建立同步镜像。每一服务器写命令在向本地主逻辑驱动器进行一次写操作的同时,也向辅助逻辑驱动器执行一次写操作。当确认主系统和辅助系统都完成了写操作以后,才会向发出写命令的主机服务器返回写完成指示。城域镜像旨在提供最高形式的保护,主卷和辅助卷都能够保持最近更新的状态,但执行远程写入的固有延迟可能会导致应用性能的下降。

metropolitan -area Ethernet　城域以太网,或以太网城域网或都市以太网网络　是基于以太网标准的城域网(MAN)。它通常用于将用户连接到更大的服务网络或因特网。以太网接口比同样带宽的同步光纤网/同步数字系列(SONET/SDH)或准同步数字系列(PDH)接口便宜得多。基于以太网的接入网络的另一个明显优势是,由于以太网在企业和如今的住宅网络中的普遍使用,它可以容易地连接到客户网络。典型的服务提供商的网络是通过光纤连接的交换机和路由器的集合。拓扑结构可以是环、中心辐射(星形),或全部或部分网格网。网络还将具有层次结构:核心、分布(聚合)和接入。在大多数情况下,核心是现有的 IP/MPLS(因特网协议/多协议标记交换)骨干网,但可能会以 10 Gbps、40 Gbps或 100 Gbps 的速度迁移到更新形式的以太网传输,未来甚至可能迁移到 T 比特以太网中的 400 Gbps。MAN 上的以太网可用作纯以太网、SDH(同步数字序列)以太网、MPLS 以太网或 DWDM(密集波分复用)以太网。

metropolitan dense wave division multiplexing (MDWDM)　城市[城域]密集波分复用　是用于城域网中的密集波分复用技术。

metropolitan fiber ring　城市[都市,城域]光纤环网　覆盖整个城市范围的一种高速光纤环形拓扑结构网络。

metropolitan transmission network　城市[城域]传输网　城市传输网是城市地域内(包括市区、郊区和辖区)的传输网,主要用于城市内各种光、电信号的传输。城市传输网是支持一个地区各种业务网的公用传输平台,是构筑传送网的物理媒质层。不推荐使用术语"城域传输网"以避免和城域网混淆;不推荐使用术语"本地传输网"以避免和本地电话网混淆。

mezzanine compression　夹层压缩　对高清晰度电视信号的层级质量编码方式,

通常分为两个层次：高层次编码约140 Mbps，低层次编码约 39 Mbps（高清演播室内考虑 270 Mbps）。这些层级的压缩编码方式不但对信号的传输是非常必要的，而且重新编码容易还不会引起额外的压缩失真。

MFM encoding 改进（型）调频制编码 在光碟存储器上具有自同步能力的数据记录方法，或称为通道编码技术。在每个记录单元中，记录"1"时在单元中间发生变化，记录"0"时单元中间不发生变化，记录连续的"0"时单元边界发生变化。该方法通过减少对同步信息的需要来提高编码效率。使用 MFM 编码比使用调频制（FM）编码的存储容量高一倍，但它的效率仍然不如游程长度受限编码（RLL）高。

MHEG-5 MHEG-5 标准 即 ISO/IEC（国际标准化组织/国际电工委员会）13522-5 标准，是与多媒体和超媒体专家组（MHEG）标准化的多媒体信息呈现有关的一套国际标准的一部分。它最常用作描述交互式电视服务的语言。MHEG-5 是交互式电视中间件的免许可证和公共标准，用于发送和接收交互式电视信号。它支持部署各种以电视为中心的交互式服务。

MHS application service element 报文处理系统应用服务元素 在 MHS 的 1998 年版中，完全使用了 OSI（开放系统互连）应用层的应用服务元素（ASE）的表示方法。除去应用层的公用应用元素外，MHS 还有 5 个特有的服务元素。从调用关系上看，这 5 个特有的服务元素应位于公用服务元素之上，他们是：① 报文管理服务元素（MASE），支持在 UA（用户代理）、MS（报文存储器）和 MTA（报文传输代理）之间的管理功能的服务；② 报文投递服务元素（MDSE），支持投递功能的服务；③ 报文提取服务元素（MRSE），支持对报文存储器（MS）的提取功能的服务；④ 报文提交服务元素（MSSE），支持提交功能的服务；⑤ 报文传送服务单元（MTSE），支持传送功能的服务。

MIB attribute 管理信息库属性 计算机网络中，关于配置、管理或统计信息的属性。

MIB object 管理信息库对象 计算机网络中，可用于配置、管理或分析实体操作特性的一系列属性。

Michelson fiber optic sensor 迈克尔逊光纤传感器 一种高分辨力干涉仪传感器，其中一束电磁波（如单色光）分成两束，一束从固定反射镜反射回来，经过分束器到光电检测器，另一束直接经过分束器到可动反射镜，再反射回分束器，然后被分束器反射到同一光电检测器；两束波会相互增强或抵消，从而在光电检测器上根据输入信号，它以可动反射镜位移的形式出现，调制辐射度，即光强。可动反射镜位移可能是由声波或压力、应变或温度变化引起的；如果使用光纤，则光纤端面构成反射面；一端相对于另一端的移动产生与移动反射镜相同的效果。

microbend 微弯 在光波导（如一根光纤）中，微弯是由光纤芯线轴向上几个微米的位移或光轴方向上波长最大可达几毫米的波浪形引起的尖锐的弯曲。微弯会引起光功率的损耗。微弯通常是在成缆、或在线轴上缠光纤、在卷轴上缠绕光纤、布缆、包装和安装时引起的。

microbending 微折射 在光纤中，由微观弯曲或错位而导致的曲光现象。

microbending/microbend loss 微弯损耗 在光纤系统中，由微弯（即在光纤轴向在芯线包层界面或两者上的小弯曲、纽结或突然不连续）引起的光功率的损耗，微弯通常是在成缆或在线轴上缠光纤和在卷轴上缠绕光纤引起的。

microbend sensor　微弯传感器　一种光纤传感器,它让光纤通过两块带齿的板,将力加在板上使之挤压光纤造成在光纤中产生微弯。在光纤中传播的电磁波(如光波)在弯曲处产生泄漏,随着加到板上压力的增加泄漏也增加,即进入包层的光增加引起主光束的衰减变得更多,此时用光检测器检测出射光,会发觉其输出随压力的增加而减少。传感器的输出信号为外加的力或压力的函数。

micro-bursting　微突发　在计算机网络中,微突发是在快速分组交换网络上看到的现象,网络中快速连续地发送快速突发的数据分组,导致全线速传输的时段,可能会溢出网络堆栈的分组缓冲器,包括网络端点、网络中的路由器和交换机。它可以由网络调度程序缓解。特别是,微突发通常是因在这样的网络上使用 TCP(传输控制协议)引起的。

microcavity laser　微腔激光器　谐振腔尺度在光波波长量级的激光器。它具有低阈值、高转化效率、高速调制等特点。目前,其主要结构、形式有垂直腔面发射激光器和微盘激光器。这种激光器比传统的半导体激光器有明显的优越性,在光集成、光互联、光神经网络以及光通信等方面有着广泛的应用前景。

microcell（MC）　微(蜂窝)小区,微单元　是由低功率(一般在 1 瓦以下)蜂窝基站(塔)服务的移动电话网络中的小区,覆盖诸如商场、酒店或交通枢纽的有限区域。微小区通常比微微小区大,但区别并不总是很明显。微小区使用功率控制来限制其覆盖区域的半径。通常,微小区的范围小于 2 km 宽,而标准基站的范围可达 35 km(22 英里)。另一方面,微微小区基站的距离为 200 m 或更短,毫微微小区基站的覆盖距离为 10 米级。

micro cellular data network（MCDN）　微蜂窝数据通信网　一种通信网络,采用扩频异步跳频系统,通过网状的智能网络基站传送数据包,利用无须申请许可的频段 902～928 MHz 随机选择信道发送数据,用户可用便携式调制解调器与各种 PC 机和 PDA(个人数字助理)连接,便能与本地网、国家网和国际网双向传递语言、文字、图形等多媒体信息。

micro-cellular network（MCN）　微蜂窝网　微小区(MC)的蜂窝无线电系统,是提供个人通信服务的网络。参见 microcell (MC)。

microchip wireless（MiWi）　微芯片无线(协议)　是基于 IEEE 802.15.4 标准的微芯片技术的无线个域网(WPAN)协议。MiWi 与各种微芯片微控制器一起使用,与 ZigBee 相比,所需的存储和 RAM 要少得多。MiWi P2P 是轻量级的点对点版本,而 MiWi PRO 支持最多 8 000 个节点的网状网络。参见 IEEE 802.15,ZigBee。

MicroCom networking protocol（MNP）　MicroCom 联网协议　由美国微通(MicroCom)公司开发并为许多高速调制解调器所采用的网络通信协议。MNP 将协议分为 10 个级别。MNP 1 至 MNP 4 定义了硬件差错控制,用于监视线路工作情况,并按线路当前质量改变传输速度。MNP 5 定义了数据压缩方法,压缩比为 2：1,并提供较高的传输吞吐率。MNP 6 是一种通信协议,它以 V.22bis 开始,可能的时候自动切换到 V.29,寻求另一端调制解调器的最高传输速度,并按相应速度进行传输。MNP 7 定义了更快的数据压缩方法,压缩比为 3：1。MNP 8 则在 MNP7 的基础上引入了 V.29 技术,从而能够使半双工的调制解调器以全双工的方式来工作。MNP 9 则含有一项专利技术,使得在各种链路上都能够获得良好的性能。

MNP 10 是一种特别严格的差错控制协议,适用于噪音较大的链路,目前主要用于蜂窝式调制解调器。MNP 现在已成为差错纠正和数据压缩等方面的事实标准。

microcrack　微裂纹　在光纤中,一微小裂纹或部分破裂,通常是沿包层外表面,但也可能足够深而进入纤芯;它可能因暴露在不利的环境条件(如潮湿、弯曲、扭绞、拉应力、热梯度、振动、冲击和腐蚀性大气)而扩大;它将反射、折射和散射入射光线,通常导致光线从光纤中泄漏。

microfiche　缩微胶片　(1)一种胶片,以网格形式容纳多幅缩微图像。通常都包含一个无须放大就可以阅读的标题。(2)含有若干帧缩微图像的胶片。标准缩微胶片的缩减比为 20∶1,胶片尺寸通常为 4×6 英寸,每片有 6 行、每行含 12 帧缩微图像,即一张缩微胶片可以存储72帧缩微图像。用缩微胶片阅读器可以整页读出。

microfilm　缩微胶卷　(1)记录有缩微图像的高分辨率胶卷。(2)媒体为一卷胶片的缩微印刷品,其中含有多幅按顺序排列的缩微图像。(3)一种颗粒极细、分辨率极高的胶卷,用于记录比原始文件缩小许多倍的图像。常采用的胶卷宽度为 16 mm、35 mm、82.5 mm、105 mm。

microlock　微波锁相　用压缩了频带宽度的无线电进行发射和接收信号的锁相环系统,被用于地面站跟踪卫星和遥测数据,视距可达到 5 000 km。

microphone (MIC/MK)　传声器,话筒,麦克风　一种将声压力的变化(即声波)转变为相应的电流或电压的换能器。

microphone transformer　传声器变压器　一种将某类传声器连接到传声器前置放大器、传输线或主音频放大器的铁芯变压器。

microphonics　颤噪声,颤噪效应　(1)由于自身的机械震动而在电路元件或组件中引起电流或电压的产生或变化,如:① 导体在磁场内以某种方式振动使得磁链变化而产生电压;② 一个因振动而改变其容量的电容器可使它所连的外加电压的电路中的电流发生变化。颤噪声可以在音频系统中作为噪声被听到,在传真和电视中以可看到的不希望出现的干扰图像。(2)颤噪效应或麦克风描述了这样的现象,其中电子设备中的某些部件将机械振动转换成不期望的电信号(噪声)。该术语源自麦克风(microphony),麦克风专门设计用于将振动转换为电信号。

microphotonics　微光学(技术),微光子技术　是一门在微观尺度上处理光导向的技术分支。它用于光网络。微光子技术采用至少两种不同的具有大折射率差的材料来将光线压缩成小尺寸。一般来说,几乎所有的微光子都依赖于菲涅耳(Fresnel)反射来引导光线。如果光子主要位于较高折射率的材料中,这种限制是由于全内反射造成的。如果限制是由于许多分布式菲涅耳反射造成的,则该器件被称为光子晶体。在微光子学中使用了许多不同类型的几何形状,包括光学波导管、光学微腔和阵列波导光栅。

micro transport protocol (μTP, uTP)　微传输协议　是 BitTorrent 对等文件共享协议的基于开放式 UDP 的变体,旨在减轻传统 BitTorrent 通过 TCP 传输中发现的延迟和其他拥塞控制问题,同时提供可靠、有序的交付。

microwave (MW)　微波　在射频频谱中,指频率为 300 MHz～300 GHz 的电磁波,是无线电波中一个有限频带的简称,即波长在 1 m(不含 1 m)到 1 mm 之间的电磁波,是分米波、厘米波、毫米波的统称。微波的基本性质通常呈现为穿透、反射、吸收三个特性。对于玻璃、塑料和瓷器,微波几乎是穿越而不被吸收。对于水和食物等就会吸收微波而使自身发热。而对金属类东西,则会反射微波。

microwave acoustics　微波声学　研究固体中微波声的产生、检测和传播特性,以及它与各种微观结构和物理过程的相互作用的学科。是超声学的发展和继续。微波声学保留了传统声学和超声学的基本原理和方法,但连续介质的经典理论须由量子理论来代替。微波声学广泛应用于声子与光子、电子、自旋、杂质、缺陷等微观结构相互作用的研究。

microwave antenna　微波天线　工作于米波、分米波、厘米波、毫米波等波段的发射或接收天线,统称为微波天线。微波主要靠空间波传播,为增大通信距离,天线架设较高。在微波天线中,应用较广的有抛物面天线、喇叭抛物面天线、喇叭天线、透镜天线、开槽天线、介质天线、潜望镜天线等。

microwave circulator　微波环行器　一种无损耗接头,用于在一个方向上将天线耦合到一个发送器,而在另一方向上将该天线耦合到一个接收器上。

microwave communication（MC）　微波通信　利用发送和接收天线(抛物面天线等)基于电磁辐射的通信类型,使用波长 1 m ～ 1 mm(频率 300 MHz ～ 300 GHz)的电波传播信息,微波通信可以用于地面链路或卫星链路。

microwave computer　微波计算机　一种将微波技术用于计算机的装置。它的运算电路采用微波载波技术,传输系统采用微带。

microwave diffraction（MD）　微波衍射　从电子学和物理学的观点看,微波这段电磁谱具有不同于其他波段的特点,微波波长介于一般无线电波与光波之间,因此微波有似光性,它不仅具有无线电波的性质,还具有光波的性质,即具有光

的穿透传播、反射、折射、衍射、干涉、吸收等现象。因此当微波与物体相遇时,会出现类似光学中的反射、透射和衍射波,这种现象称为微波衍射。

microwave filter　微波滤波器　一种由置入微波传输线上的谐振腔或其他元件组成的滤波器,用以使需要的频率通过而抑制或吸收其他频率。

microwave link（ML）　微波链路　是一种通信系统,它使用微波频率范围内的无线电波束在两个地方之间传输视频、音频或数据,这两个地方可以从几英尺或几米到几十英里或几十公里。例如,电视广播公司通常使用微波链路在全国范围传输节目,或者从外部广播传送回演播室。

microwave multiplier phototube　微波光电倍增器　能对微波频率调制的光束解调的光电倍增器。穿透式二次发射倍增板将光电阴极发射的光电子进行放大,在管内最终聚束的光电子由螺旋线产生的轴向磁场聚焦。该电子束在螺旋线上激发出射频波,而螺旋线则通过管子的玻璃外壳与连接输出同轴连接器上的另一短段螺旋线相耦合。

microwave radio relay　微波无线电中继　是在视距无线电路径上的两个地点之间传输数字和模拟信号的技术,例如长途电话、电视节目和计算机数据。在微波无线电中继中,在两个位置之间通过定向天线传输微波,在两点之间形成固定的无线电连接。视线的要求限制了两站之间的距离。微波链路站之间的精确距离是基于地形、高度、塔架结构经济性和链路所需可靠性的路径研究分析的设计决策。

microwave relay tower　微波接力塔台　在长途电话网,如那些具有穿越高山、沙漠和水体的长链路的电话网中,其上有微波设备(包括接收器、中继器和发送器)

的高塔,这些设备在各塔台间进行信号接力。

microwave remote sensor 微波遥感器 远距离检测地物和环境的微波辐射或反射的遥感器。带有微波发射源,能产生微波并把它发射出去探测远处的景物,再接收从景物反射或散射回来的微波的遥感器,称为"有源微波遥感器",如侧视雷达、微波散射计、微波高度计等。不带有微波发射源,不能产生和发射微波,只接收景物自身辐射出来的微波的遥感器,称为"无源微波遥感器",如各种类型的微波辐射计。参见 remote sensor。

midbass 中低音 频率在 100~300 Hz 范围里的声音。

middle earth orbiting satellite（MEOS) 中地球轨道卫星 运行在比低地球轨道高,但又比对地静止地球轨道低的中地球轨道的卫星系统。该区域卫星最常见的用途是导航、通信和大地/空间环境科学。最常见的高度约为 20 200 km (12 552 英里),其轨道周期约为 12 h,例如全球定位系统(GPS)所使用的情况。

middle infrared 中红外线 在电磁频谱中,属于处在近红外区的长波长端与远红外区的短波长端之间的范围,约 3~30 μm(微米)。

middle tier 中间层 也称作"应用服务层",是用户接口或网络客户端与数据库之间的逻辑层。典型情况下网络服务器位于该层,业务对象在此实例化。中间层是生成并操作接收信息的业务规则和函数的集合。它们通过业务规则完成该任务,并由此被封装到在物理上与应用程序逻辑本身相独立的组件中。

middleware 中间件 (1)操作系统与应用程序之间层次的软件;(2)在异种机型之间自动完成数据转换的软件;(3)在客户机/服务器体系结构中的关键组成部分。把平台的专用码从应用程序分离出来,把开发者从平台间的不一致性和网络协议中解脱出来。中间件使开发者免除了处理多平台和操作系统的复杂工作,大部分中间件是单独是产品,适用于多种不同的应用开发环境。数字电视系统中的是间件是在应用层和硬件资源层之间的软件层,它由一组业务引擎组成,允许在系统中的一个或多个设备的多功能网络内交互。

MIDI voices 乐器数字接口声音数 在 MIDI(乐器数字接口)声音设备中能够同时演奏的音调数目。MIDI 提供至少 16 路可同时演奏的通道,音调数目是通过所有通道演奏的乐器的音调总数。MIDI 合成器通常还可支持 20、24、32 或 64 种音调。

midsplit 中分 一种单缆制双向宽带通信系统中的频率分配方式。一般规定向头端传送的返向通路信号的频率范围是 5~116 MHz。由头端向全网传送的信号其频率范围是 168~400 MHz,保护带为 116~168 MHz。IEEE 802 局域网络标准建议,以这种频率分配方式作为单缆制宽带计算机局域网的标准频率分配方式。

Mie scattering 米氏散射 在一传播媒介中(如在一条光纤的玻璃中),尺寸约等于或大于波长的粒子对电磁波的散射。米氏散射是由于粒子和传播媒介折射率的差异而引起的。

MII component system MII(媒体独立接口)组件系统 一种专业/行业的 1/2″磁带记录格式,提供完整的 NTSC 制式带宽,其特点包括:90 min 的录制时长、现场色彩回放、内置数字时基校正器、时间码读取器/生成器、四声道、复合和分量的视频输入输出,以及几项高级编辑功能。MII 录像机可以整合其他格式,包括:S-VHS、1″磁带、U-Matic、Beta 和 Beta-SP。MII 系统可以与专业数码摄像机一起运用,在现场使用 1/2″ 盒式录制,直接装入演播室级别的演播室录像机中。比 1″ C 格式更具有竞争优势。

military communications system　军事通信系统　一种由军事组织建立且只能由其使用的用以进行军事通信的通信系统。

Miller code　密勒码　表示二进制信息的一种代码,其中二进制的"1"由在一个位单元中央翻转(向上或向下)来表示,二进制的"0"由跟在二进制"1"后面的不翻转来表示,各位之间的翻转代表连续的"0"。在这种代码中,不发生翻转的可能最长间隔是两位时间。

Miller2 code　密勒平方码　表示二进制信息的一种信息编码,系密勒码的改进型。其编码规则是把输入信息序列依次分成如下三种不同类型的信息组:① 任意数量的连续"1";② 连续两个"0"的或两个"0"之间插有奇数个连续的"1";③ 一个"0"后面跟着偶数个"1"。然后把①、② 类信息组按密勒码规则变换,并把③ 的信息按末位"1"变为"0",其余位保持不变的规则加以变换。最后再把编码序列逢"1"变化不归零制规则调制。这种编码具有同步能力,主要用于数字磁记录。

millimeter wave　毫米波　同 millimetric wave。波长在 1 mm 和 1 cm 之间的电磁波,对应于 30 GHz 至 300 GHz 之间的频率。

milliwatt test　毫瓦测试　是用于电信的测试方法或测试设备,以测量模拟电话系统中站或点之间的线路质量和传输损耗。测试包括以 1 004 Hz 的频率发送模拟正弦信号,功率电平为 0(零)dBm。根据定义,这相当于 1 mW(毫瓦)的连续功率耗散,即,将 0.775 V(均方根 RMS)的电压施加到具有 600 欧姆标称阻抗的电话线上消耗的功率。

MiniDisc (MD)　微型光碟,迷你碟　1993 年 Sony 公司开发的小型数字光碟,其直径只有 6.4 厘米,存储容量达 140 MB,可播放 74 分钟的 CD 质量的音乐节目。

minimum bend radius (MBR)　最小弯曲半径　当一条光纤或光缆弯曲时,允许最小的弯曲半径。在安装后的运行中光缆的弯曲必须小于临界半径(CR)以使光功率在弯曲处不产生损耗。MBR 随光纤或光缆的不同而不同。最小弯曲半径通常还是拉应力的函数,当光纤或光缆绕在绞盘或滑轮上,尤其当光缆受拉时会出现拉应力。如 MBR 未标明或未知,一个安全的常识是长期拉应力半径不小于光缆直径的 15 倍。

minimum dispersion slope　最小色散斜率　在多模光纤中,指在最小色散波长时的材料色散的变化率。

minimum dispersion window　最小色散窗　(1) 在光纤衰减对波长的特性曲线中,一个窗口(即凹槽),在该处材料色散与其他波长处的材料色散相比是较小的。(2) 单模光纤中的窗口或在双包层或四包层情况下的光纤中的窗口,在该处材料色散和波导色散相互抵消,从而产生极低的接近于零的色散,因而导致在光波长极窄范围上极宽的调制带宽。

minimum distance　最小距离　在线性分组全部(2^k 个)码字集合 c 中,任意两码字的最小距离 d_{min}。d_{min} 越大,码字的抗干扰能力越强。$d_{min} = \min\{d(c_i, c_j)\}$, $c_i \neq c_j$。

minimum distance code　最小距离码　一种用于错误检测和校正的二进制代码。其信号间距不低于某一个规定值。

minimum interval　最小时间间隔　两个相邻事件发生之间的最短时间间隔。例如在数据传输中,指信号码元在连续两次状态转换之间占据的最小时间。信号中的所有码元都是按最小时间间隔的整倍数来形成的。

M

minimum shift keying (MSK)　最小频移键控　调制指数 $h = f$，$T_b = 0.5$（f 是频差，T_b 是比特宽度）的二进制频移键控，是连续相位频移键控（CP-FSK）的特殊情况。这里"最小"指的是能以最小的调制指数（即 0.5）获得正交信号，故名最小频移键控。也称"快速频移键控（FFSK）"，其优点为占据的射频带宽较窄，相干检测时的误码率性能较普通频移键控好 3 dB 以上。参见 frequency shift keying（FSK）。

minimum spanning tree (MST)　最小生成树　或最小权重生成树。是连接所有顶点的、边加权（非）有向图的边的子集，没有任何环路并且具有最小可能的总边权重。也就是说，它是一种生成树，其边权重之和尽可能小。更一般地，任何边加权无向图（不一定连接）都具有最小生成林，这是其连通分量的最小生成树的并集。

minimum weight routing　最小权重路由选择　在分布式计算机网络中，选择从数据源到数据宿之间各链路权重之和为最小的通路的路由选择方式。链路权重通常可以综合反映链路的延迟、误码率、费用等因素。

mini neck CRT　细颈显示管　一种较标准显示管颈细的 CRT（阴极射线管）。主要用于 15 英寸显示器。标准显示管直径达 29 mm，细颈管只有 22.5 mm。由于管颈细，电子束控制方便，聚焦精细准确，图像更加清晰，且体积减小，发热减少，能耗可降低 15% 左右。

minor synchronization point service　次同步点服务　开放系统互连（OSI）体系结构中一种用于同步的服务。它允许会话服务用户把在此服务被调用前传送的 NSSDU（普通数据会话业务数据单元）、TSSDU（类型数据会话业务数据单元）流同后续的 NSSDU、TSSDU 流分离开。它的使用由次同步权标控制。

minus blue (MB)　减蓝　其光谱分量主要限于光谱中 500～700 nm 段内的那种颜色，也就是不含 400～500 nm（蓝色）段内光谱分量的那种彩色。

minus colors (MC)　减色　所含的光谱分量几乎不与某种颜色对应的那种颜色，例如减蓝。

Miracast　（Wi-Fi 联盟）Miracast 标准　是 2012 年推出的用于从设备（如笔记本电脑、平板电脑或智能手机）到显示器（如电视、监视器或投影仪）的无线连接标准。它大致可以描述为"Wi-Fi 上的 HDMI"，以取代从设备到显示器的电缆。Wi-Fi 联盟于 2012 年底启动了 Miracast 认证计划。经过 Miracast 认证的设备可以相互通信，与制造商无关。适配器可以插入 HDMI（高清晰度多媒体接口）或 USB（通用串行总线）端口，支持没有内置 Miracast 的设备通过 Miracast 连接。Miracast 采用点对点 Wi-Fi 直接（连）标准。它支持发送高达 1 080 p 高清视频（H.264 编解码器）和 5.1 环绕声（AAC 和 AC3 是可选编解码器，强制编解码器是线性脉冲编码调制-16 位 48 kHz 2 通道）。通过 WPS（Wi-Fi 保护接入）创建连接，因此使用 WPA2 进行保护。IPv4 用于互联网层。在传输层上，使用 TCP（传输控制协议）或 UDP（用户数据报协议）。在应用层，通过 RTSP（实时流协议）、RTP（实时传输协议）启动和控制流以进行数据传输。参见 advanced audio coding（AAC），audio coding 3（AC-3）。

Mired (M)　迈尔德，麦瑞德　色温的测量单位，对应值为 1 000 000 除以开尔文色温。例如，对于 2 500 K 色温，对应为 400 Mired。Mired 源于 micro-reciprocal-degree。

mirror image　镜像　将所有坐标中某一

个或某几个坐标分量都乘以-1后得到的映像。镜像在设计中有广泛的应用。例如在双层印制板布线中,设计人员通常将底层(反面)的线路作为关于 Y 轴的镜像,使之在屏幕上底层与面层的焊盘点完全重合。

mirror server　镜像服务器　解决常规服务器模型中存在的速度缓慢和服务中断现象的一条途径。镜像服务器可以直接连到网络中的任何地方,也可放置在对其访问频率最高的本地网段,因此可缩短用户的访问时间并提高网络吞吐量。

mirror site (MS)　镜像站点　一种文件服务器,其上面存储的文件与某个网站的服务器上的文件完全相同。镜像站点目的是为了减少网络流量,确保此站点或文件的可访问性,或是让这个站点和下载文件能更快地到达离这个镜像站点相近的用户。镜像站点是原始站点的完全拷贝,而且经常予以更新,以确保它反映了原始站点的内容。参见 mirror website。

mirror website　镜像网站　将一个完全相同的网站源程序放到几个服务器,分别有自己独立的 URL(统一资源定位器),在这些服务器上互为镜像网站。它和主站并没有太大差别,如果不能对主站正常访问(如果某个服务器出了意外),但仍能通过其它服务器正常浏览。相对来说主站在速度等各方面比镜像网站略胜一筹。参见 mirror site (MS)。

mismatch　失配　信号源的阻抗和与之相连的负载或传输线的阻抗不匹配或不相等的状态。

misuse detection　误用检测　一种入侵检测技术,又称作"特征检测",这一检测假设入侵者活动可以用一种模式来表示,系统的目标是检测主体活动是否符合这些模式。它可以将已有的入侵方法检查出来,但对新的入侵方法无能为力。该技术的查准率很高,并且可提供详细的入侵类型和说明,是目前入侵检测商业产品中使用的主要技巧。

MIT-CC (channel-compatible) system　麻省理工(MIT)信道兼容系统　一种单通道但不兼容同步广播 HDTV(高清电视)的系统,它以 6 MHz 为中心频率,使用双边带正交载波调制,信号不用于/不兼容 NTSC(美国电视制式委员会)系统。首选的原始信号产生于高宽比为 16∶9、1 200 线逐行扫描的摄像机;首选的帧速率为 60 帧/秒或 72 帧/秒,是基本图片 12 帧/秒刷新率的倍数;摄像机 RGB(红绿蓝)输出分辨率高为 240 像素,宽为 400 像素,12 帧/秒逐行扫描;图像静止时的亮度分辨率是 12 帧/秒时的 $762 \times 1\ 200$ 和 36 帧/秒时的 508×800。静止时的色度分辨率是 400 像素宽,活动图像时是 254 像素宽。以 8.4 或 12 MBps 操作的发送器转换器对摄像机模拟输出进行数字化。MIT-CC 接收机以 1 200 线逐行扫描,16∶9 高宽比画面,最初设计为分布用于 6 MHz 有线电视频道,也可以在卫星直播(DBS)业务和地面 6 MHz 波段中传送。

mixed encoding　混合编码　(1)是将预测编码和变换编码两种方法的组合,可分为帧内混合编码和帧间混合编码。帧内混合编码是对原图像沿行方向作一维变换,然后,对变换后的系统在列方向作帧内差分编码调制。帧间混合编码是在原始图像二维空间中进行分块正交变换,然后,对其系数进行帧间预测编码调制。混合编码充分利用序列图像的各种时间和空间上的特性,可达到很高的压缩比。H.261、MPEG-I、MPEG-II 等压缩标准中都采用了混合编码的方法,它已成为图像编码的主流方案。(2)语音编码中的混合编码采用参数编码和波形编码的

M

混合编码形式。参数编码是通过对语音信号特征参数的提取及编码的方法,而波形编码是利用语音信号的波形编码图使重建语音信号的波形维持原语音信号的波形形状的方法。

mixed-excitation linear prediction (MELP) 混合激励线性预测(编码算法) 是美国国防部的语音编码标准,主要用于军事应用和卫星通信、安全语音和安全无线电设备。它的标准化和后来的发展得到了 NSA(国家安全局)和 NATO(北大西洋公约组织)的领导和支持。

mixed file 混合文件 在某些计算机系统中,由用户建立的一种设备文件,以支持一个或多个显示站、通信设备或 BSC(二进制同步通信)设备。

mixed gas laser 混合气体激光器 一种离子激光器,其中混合气体(如氩和氖)被用作激活激光媒质,即激光媒质。

mixed highs (MH) 混合高频分量 图像信号里,用来在彩色图像上作为黑、白色重现的那些高频分量。

mixed media system 混合媒体系统 能够处理、存储及传送图形、文字、视频、音频和动画等多种媒体形态信息的系统。媒体与媒体之间可以是孤立的,相互间毫无关系的。例如,在因特网中 Web 服务可以有向用户提供声音、文本与图像的服务,但它们之间不存在同步机制,故这是一种典型的混合媒体系统服务方式。

mixed net 混合网 在无线电话通信系统中,一种网络,其中一个或多个站配备了密码电话或兼容的密码键功能;一个或多个其他的站未配备密码电话或兼容的密码键功能;有些站可能有过密码电话或兼容密码键功能,但不再具有以加密方式通信的能力。

mixed syncs (MS) 混合同步(信号) 由行同步脉冲和场同步脉冲组成,但不含其他信息的一种同步信号。

mixer (MIX) 混合[混频,变频]器,调音台 (1)产生的振荡频率为两个输入振荡或信号频谱分量中的频率的整数倍的线性组合的非线性器件。混频器通常由非线性元件和选频回路构成。(2)组合多个分别控制音量的声源输出的功能部件。

mixing 混合 (1)在计算机制图技术中,两种或多种色彩交织的结果。(2)在多媒体中,指混合音频和视频信息。或把两个或两个以上的声音或图像节目源的输出信号叠加,以产生所需效果的过程。

mixing amplifier 混频放大器 一种有两个或多个不同信号的输入端和一个给出合成信号的公共输出端的放大器。

m-law companding μ 律压扩 一种基于 μ 律,用于对话音信号进行非线性(对数)量化、压扩和编码的技术。这种压扩使用 255 的 μ 系数,并经过优化,以在宽动态范围上提供好的信号量化噪声比。

MMS conformance document MMS 一致性文档 2004 年 2 月,诺基亚、爱立信、摩托罗拉、西门子、逻捷克、CMG 等多媒体短信服务(MMS)领域内领导厂商制定的文档。规定了多媒体短信服务中内容的基本格式,以避免协议标准不规范造成的不同品牌产品互不兼容。根据这一文档,图片格式被规定为 JPEG(联合图像专家小组)、GIF(图形交换格式)和一种特殊的 BMP(位图)格式,图片最大不能超过 160×120 像素而 MMS 的声音格式则被统一为 AMR(自适应多速率)格式,AMR 由欧洲通信标准化委员会提出,并被 3GPP(第三代移动通信项目组织)采用为 3G 通信的语音标准。

mobile ad-hoc network (MANET) 移动自组织网络 也称为无线自组织网络或自组织无线网络,是移动设备无线连接的连续的自配置的、无基础设施的网络。MANET 中的每个设备都可以在任何方向上自由移动,因此会经常改变与其他设备的链路。每个设备必须转发与其自身使用无关的流量,因此成为路由器。构建 MANET 的主要挑战是为每台设备配备持续维护正确路由流量所需的信息。这样的网络可以由设备自己操作,也可以连接到更大的因特网。它们可以在节点之间包含一个或多个不同的收发器。这就形成高度动态的自主拓扑。MANET 通常在链路层自组织网络之上具有可路由的网络环境。MANET 是对等的、自形成的、自愈的网络。大约 2000～2015 年 MANET 通常以无线电频率(30 MHz 至 5 GHz)进行通信。

mobile agent (MA)　移动代理　按照用户的意图,传输到远程主机上去执行指定的任务的一段程序。除了具有一般代理程序的特性之外,显著的特点就是可移动性。这一特点为分布式计算提供了新的思路,可以广泛用于信息获取、智能网、主动网、电子商务等领域。

mobile application part (MAP)　移动(通信)应用部分　传送移动性管理的信令协议。它是 7 号信令系统(SS7)的高层用户。SS7 协议为 GSM(全球移动通信系统)和 UMTS(通用移动通信系统)移动核心网络和 GPRS(通用分组无线业务)核心网络中的各个节点提供应用层,通过相互通信为用户提供服务。移动应用部分是用于访问归属位置寄存器、访问者位置寄存器、移动交换中心、设备身份注册、认证中心、短消息服务中心和服务 GPRS 支持节点(SGSN)的应用层协议。

mobile cloud storage　移动云存储　是一种云存储形式,可通过笔记本电脑、平板电脑和智能手机等移动设备访问。移动云存储提供商提供的服务允许用户创建和组织文件、文件夹、音乐和照片,类似于其他云计算模式。个人和公司都使用这种服务。大多数云文件存储提供商提供有限的免费使用,并在超过免费限制时收取额外存储费用。这些费用通常按月订阅费率收取,并根据所需的存储量具有不同的费率。

mobile communication　移动通信　双方或一方处于运动状态的通信。迄今为止,移动通信已经历了几代发展。第一代(1G)为模拟移动通信,它使用模拟调制和频分多址技术,采用模拟信令(为了自动完成通话用户的连接和转接所需要的一套完整的控制信号便是信令),可提供区域性话音业务,其业务种类单一、频谱利用率低、用户移动范围有限。第二代(2G)为数字移动通信,出现于 80 年代中期,它使用数字调制和时分多址(TDMA)/频分多址(FDMA)技术,或码分多址(CDMA)/频分多址(FDMA)技术,采用数字信令,可提供广域话音业务和低速数据业务,频率利用率较高,在一定条件下用户具有全球范围的移动性。但是第二代的数字移动通信没有统一的国际标准。全世界存在三种标准:一是西欧 16 个国家共同制定的 GSM(全球移动通信系统);二是北美标准;三是日本标准。以 GSM 应用最为广泛,我国也采用 GSM 标准。1999 年 3 月 19 日,历时两周的国际电话联合会会议在巴西结束,确定了第三代(3G)移动通信技术大格局:全球漫游、接口开放、能与不同的网络互联、终端多样化以及能从第二代平稳过渡等。第三代移动通信目标之一是:第三代除了能提供窄带业务(如话音业务)外,还能提供最高速率达 2 Mbps 的多媒体业务和多种用户速率通信、VOD(视频点播)带宽的能力以及根据不同业务对质量要求提供不同服务等级的能力。使用第三代移动通信的终端,用户能方便地在移动环境下上网漫游、收发电子邮件、收看交互式新闻、查阅股市行情和交通信息等各种信息,并实现移

M

动环境下的虚拟办公室等等。参见 4G,5G。

mobile communications over IP (MoIP) **通过 IP 进行移动通信, IP 上的移动通信** 是通过标准移动通信应用(包括 3G、GPRS、Wi-Fi 以及 Wimax)实现移动性的对等通信,包括使用互联网协议进行聊天和通话。与移动 VoIP 不同, MoIP 不是一个可通过移动电话或在后台使用 VoIP 的交换机应用程序访问的 VoIP 程序。它是用户手机上的原本的移动应用程序,用于通过互联网连接作为主要渠道进行通话和聊天。

mobile country code (MCC) **移动国家代码,移动台国家码** ITU-T(国际电信联盟-电信标准化部)E.212 建议标准定义了移动台国家码和移动网络代码。移动台国家码由 3 个十进制数字组成,移动网络代码(MNC)由 2 个或 3 个十进制数字组成(例如: MNC 的 001 与 MNC 的 01 不同)。用 MCC 与 MN 组合(称为"MCC/MNC 元组"的组合)来唯一地标识使用 GSM(全球移动通信系统)、UMTS(通用移动通信系统)和 LTE(长期演进)公共陆地移动网(PLMN)的移动网络运营商(承载商)。一些但不是所有的 CDMA(码分多址)、iDEN(集成数字增强网络),以及卫星移动网络也用 MCC/MNC 元组标识。对于 WiMAX(全球微波接入互操作性)网络,可以从 MCC/MNC 元组中导出全球唯一的宽带运营商标识码。TETRA(陆地集群无线电)网络使用 ITU-T E.212 建议标准中的移动台国家码和 10 位二进制移动网络代码。但是,也可以为 TETRA 网络分配 E.212 网络代码。一些网络运营商根本没有自己的无线接入网络。被称为移动虚拟网络运营商(MVNO)。

mobile device **移动设备** 或手持式计算机。是一种小到足以手持和操作的计算设备。通常,任何手持计算机设备都具有液晶显示器屏幕界面,提供数字按钮和键盘或物理按钮以及物理键盘的触摸屏界面。许多这种设备可以连接到因特网并通过 Wi-Fi、蓝牙、蜂窝网络或近场通信(NFC)与诸如汽车娱乐系统或耳机之类的其他设备互连。集成摄像头、数字媒体播放器、拨打和接听电话、视频游戏和全球定位系统(GPS)等功能很常见。通常由锂电池提供电。移动设备可以运行移动操作系统,支持安装和运行专用于上述功能的第三方应用程序。

mobile end system (M-ES) **移动(终)端系统** 通过空中链路接口接入到蜂窝数字分组数据网(CDPD)的端系统。该设备可使移动用户在移动中进行数据通信。

mobile equipment (ME) **移动设备** 移动台除 SIM(用户识别模块)卡外被称为移动设备。移动设备包括移动终端(MT)、终端适配器(TA)等部分。

mobile equipment identifier (MEID) **移动设备识别码** 是识别 CDMA2000 移动台设备的物理部件的全球唯一编号。3GPP2(第三代合作伙伴计划 2)报告 S.R0048 定义了该编号格式,但实际上,可以把它看作以十六进制数字表示的 IMEI(国际移动设备标识符)。MEID 是 56 位长(14 个十六进制数字)。它由三个字段组成,包括 8 位区域代码(RR)、24 位制造商代码和 24 位制造商分配的序列号。校验数字(CD)不作为 MEID 的部分。

mobile identification number (MIN) **移动台识别[标识]号码** 或移动用户标识号(MSIN),是无线运营商用于识别移动电话的 10 位唯一一号码,这是国际移动用户识别码(IMSI)的最后部分。MIN 是唯一标识符合电信工业协会(TIA)蜂窝和个人通信服务(PCS)技术标准(例如

EIA/TIA - 553 模拟、IS - 136 TDMA、IS-95或 IS-2000 CDMA)的移动电话的号码。也可以称它为 MSID(移动台标识符)或 IMSI_S(短 IMSI)。

mobile IP working group　移动 IP 工作组 该工作组成立于 1992 年 6 月,在因特网工程任务组(IETF)下开展工作,目的是在高速互联网中实现完全意义的可移动性的开发协议及架构。1996 年,它向 IETF 提出了移动 IP 标准,其中支持各类子网的协议已经获得批准,并正式纳入互联网标准。移动 IP 工作组的主要指导方针是,力求最大限度地利用现有资源,在此基础上不断发展移动网络技术。

mobile location protocol (MLP)　移动定位协议 用于接收移动台(手机、无线设备等)的位置,独立于底层网络技术的应用层协议。MLP 服务器作为位置服务器和基于位置的应用程序之间的接口。基本的 MLP 服务基于 3GPP(第三代合作伙伴计划)定义的位置服务。MLP 在 LIF TS 101 规范中进行描述。

mobile network operator (MNO)　移动网络运营商 也称为无线服务提供商、无线运营商、蜂窝公司或移动网络承载商,是拥有或控制向终端用户销售和提供服务所需的所有要素的无线通信服务提供商,包括无线电频谱分配、无线网络基础设施、长途基础设施、计费、客户服务、供应计算机系统以及营销和维修组织。

mobile node　移动节点 可以将接入因特网的位置从一个网络切换到另一个网络上,而仍然保持所有正在进行的通信,并且只使用归属地址(home address)的那些节点。

mobile phone (MP)　移动电话 同 mobile phone、cell phone、cellphone、hand phone,有时缩简为 mobile、cell、phone,是一种便携式电话,当用户在电话服务区内移动时,它可以通过射频链路拨打和接听电话。射频链路与移动电话运营商的交换系统的建立连接,该交换系统提供对公共交换电话网(PSTN)的访问。现代移动电话服务使用蜂窝网络架构,因此,移动电话在北美被称为蜂窝电话或(cell phones)。仅提供这些功能的移动电话称为功能手机,提供更高级计算能力的移动电话被称为智能手机。

mobile phone jammer (MPJ)　移动电话干扰机 或移动电话阻断器(blocker),是故意在与移动电话相同的无线电频率上发送信号,破坏移动电话与基站之间的通信,有效地禁用干扰机范围内的移动电话,阻止它们接收信号和传输信号的设备。干扰器几乎可以在任何地方使用,但主要用在打电话会造成特别干扰的地方,例如需要保持静音的场所。

mobile phone tracking　移动电话跟踪 是用于识别移动电话的位置的过程,无论是静止的还是移动的。可以通过网络的(几个)蜂窝塔和电话之间的无线电信号的多点定位或者仅通过 GPS(全球定位系统)来进行定位。为了定位使用多点定位的无线电信号的移动电话,它必须至少发射漫游信号才能联系到下一个附近的天线塔,但该过程不需要主动呼叫。因为全球移动通信系统(GSM)是基于手机对附近天线塔的信号强度。

mobile QoS　移动服务质量 QoS 机制控制电信服务的性能、可靠性和可用性。移动蜂窝服务提供商可以向客户提供移动 QoS,就像固定线路 PSTN(公共交换电话网)服务提供商和互联网服务提供商可以提供 QoS 一样。QoS 机制总是为电路交换服务提供的,而对于非弹性服务(例如流式多媒体)是必不可少的。它在由这些服务主导的网络中也是必不可少的,在如今的移动通信网络中就是如此,但不一定是今后所必需的。

M

mobile security 移动安全 或者更具体地说是移动设备信息安全,在移动计算中变得越来越重要。特别值得关注的是现在存储在智能手机上的个人和商业信息的安全性。越来越多的用户和企业使用智能手机进行通信,同时也计划和组织用户的工作以及私人生活。在企业内部,这些技术正在导致信息系统组织的深刻变化,因此它们已成为新风险的来源。实际上,智能手机收集并汇编了越来越多的敏感信息,为了保护用户的隐私和企业的知识产权,必须控制对这些信息的访问。所有智能手机,如同计算机,都是攻击的首选目标。这些攻击利用智能手机中固有的弱点,这些弱点可能来自通信模式,如短消息服务(SMS,又称文本消息)、多媒体消息服务(MMS)、Wi-Fi、蓝牙和 GSM,这是移动通信的事实上的全球标准。还存在针对浏览器或操作系统中的软件漏洞的攻击。而一些恶意软件依赖于普通用户的薄弱知识。

mobile station class mark (MSCM) 移动台等级标记 对移动台分类,每类属于一个等级。移动台等级标记是指移动台所属的等级。移动台的标称功率分为四类,1、2 类用于车载台,3、4 类用于手持机。1 类功率最大,标称额定功率为 10 瓦(10 dBW),分为 8 级,每级相差 4 dB;2 类标称额定功率为 4 W(6 dBW),分为 8 级,每级相差 4 dB;3 类标称额定功率为 1.6 W(2 dBW),分为 7 级,每级相差 4 dB;4 类标称额定功率为 0.6 W(约 -2 dBW),分为 6 级,每级相差 4 dB。

mobile station identifier/ID (MSID) 移动台识别码,移动台 ID 是与归属服务提供商及无线电话号码相关联的号码。在更改归属服务时对它重新编排。也可以称它为移动识别号码(MIN)。

mobile station number (MSN) 移动台号码 移动通信系统给每一个移动台分配一个或多个 ISDN(综合业务数字网)号码,以保证移动台与其他业务网用户能够互相呼叫通话。

mobile subscriber international ISDN/PSTN number (MSISDN) 移动用户国际综合业务数字网/公共交换电话网号码 其号码组成如下: MSISDN = CC(国家码)+ NDC(国内接入号)+ SN(用户号码)。

mobile switching center (MSC) 移动(通信)交换中心 移动网络完成呼叫连接、越区[过区]切换控制、无线信道管理等功能的设备,同时也是移动网与公用交换电话网(PSTN)、综合业务数字网(ISDN)等固定网的接口设备。

mobile switching station (MSC Server, MSS) 移动交换台[站] 是控制网络交换子系统元件的 2G(第二代)核心网元。可选或自适应地,如果制造商在 MSS 中实现了对 GSM(全球移动通信系统)网络的支持,则 MSS 也可以用于 GSM 网络。由于诸如手机不兼容性和高成本等各种问题,对现有 GSM 网络直接升级到 3G(第三代)是不可行的,因此大多数制造商确实在 MSS 中实施 GSM 支持。事实上,MSS 及媒体网关(MGW)等其他 3G 网元可以配置为专门支持 GSM 网络,并可以视为现有 GSM 移动交换中心的升级版本。MSC 服务器是基于标准的,并使用行业开放标准与其他分布式部件通信,例如媒体网关控制协议、megaco/H.248、会话发起协议(SIP)、M2UA(消息传输部分第二级)和 M3UA(消息传输部分第三级)。MSC 服务器结合了 ETSI(欧洲电信标准协会)、ITU(国际电信联盟)、GSM、3GPP(第三代合作伙伴项目)和 3GPP2 以及其他领先标准组织定义的行业标准。MSS 通过支持 E911(电话系统)、CALEA(通讯执法协助法案)/合法拦截、无线和本地号码可携带性、TTY/TTD(电传打印机/图文电视数据)和号码池要求,支持管理机构设定的监管环境。

mobile telephone 移动电话 (1)也称为"手机",早期又有"大哥大"的俗称,是可以在较广范围内使用的便携式电话终端。现在的移动电话除了典型的电话功能外,还包含了PDA(个人数字助理)、游戏机、MP3、照相、摄像、录音、GPS(全球定位系统)等更多的功能。(2)是为可以自由移动而不是固定在一个地方的电话提供电话服务的装置。移动电话连接到基站(小区站点)的地面蜂窝网络,而卫星电话(也是一种移动电话)连接到轨道卫星。这两种网络都与公共交换电话网(PSTN)互联,以支持拨打世界上的任何电话。

mobile telephone service (MTS) 移动电话服务 是与公共交换电话网(PSTN)相连的预蜂窝VHF(甚高频)无线电系统。MTS是相当于陆地拨号电话服务的无线电话。MTS是最早的移动电话标准之一。运营商在两个方向上进行协助,这意味着,如果来自固话呼叫移动用户,呼叫将被路由到移动运营商,移动运营商将其路由到一个移动电话。类似地,移动用户必须通过移动运营商拨出电话,移动运营商会要求移动号码和被叫号码,然后进行呼叫。

mobile telephone switch/switching office (MTSO) 移动电话交换局 指移动通信网中的电话交换局。具有将无线电话呼叫连接到公共电话网络的转接功能。它控制无线蜂窝站点的运行、跟踪呼叫,并在无线网络和传统有线电话系统之间传输信号。

mobile telephony system D (MTD) 移动电话系统D 是450 MHz频段的人工移动电话系统。它于1971年在瑞典推出,一直持续到1987年,直到被NMT(北欧移动电话)自动服务系统淘汰。MTD(自1976年)还在丹麦和挪威实施,支持在斯堪的纳维亚(Scandinavian)国家内漫游。

mobile television (MTV) 移动电视,手机电视 (1)在汽车等可移动物体内通过电视终端,以接收无线信号的形式收看电视节目的一种技术或应用。广义上,移动电视是指一切可以以移动方式收看电视节目的技术或应用,这就包括了狭义的移动电视、手机电视等。(2)手机电视就是利用具有操作系统和流媒体视频功能的智能手机观看电视的业务。

mobile terminal (MT) 移动终端 移动设备(ME)的一部分,是指能够执行与无线接口上的传输有关的所有功能的终端装置。包括的范围很广,按工作原理分,可分为模拟移动终端和数字移动终端,如模拟蜂窝手机、数字蜂窝手机;按应用领域分,可分为公众网移动终端和专用网移动终端,如GSM(全球移动通信系统)手机、CDMA(码分多址)手机、寻呼机等属于公众移动终端,集群手持机、VHF/UHF(甚高频/超高频)调频手持机等则属于专用网移动终端。

mobile to mobile convergence (MMC) 移动到移动融合 是描述现代计算和电话中使用的技术术语。该术语是固定移动融合(FMC)的分支,并使用具有特殊软件客户端的双模(蜂窝网络和Wi-Fi)电话,和通过VoWLAN(无线局域网上的语音)和/或蜂窝服务连接语音呼叫和商务应用的应用服务器。移动到移动融合不同于传统FMC,因为该技术使用WLAN(无线局域网)通过互联网作为主要功能来路由呼叫,并且如果不存在作为辅助功能的WLAN,则使用无线运营商网络。

mobile virtual network enabler (MVNE)

移动虚拟网络提供[促成]商　是向移动虚拟网络运营商(MVNO)提供网络基础设施和相关服务的公司,例如业务支持系统、管理和运营支持系统。这使MVNO能够通过自己的品牌为其客户提供服务。MVNE与消费者没有关系,而是网络支持平台和服务的提供商。MVNE专注于移动服务的规划、实施和管理。通常包括SIM(用户识别模块)供应和配置、用户计费、客户关系管理和增值服务平台。实际上,他们支持MVNO与MNO(移动网络运营商)的初始集成以及进行业务和技术运营管理的服务外包。相关类型的公司是移动虚拟网络整合[聚合]商(MVNA)。MVNE是一种电信解决方案,而MVNA是一种商业模式,包括批发运营商的通信时间和通过MVNE自己交换机的业务路由选择。

mobile virtual network operator (MVNO) 移动虚拟网络运营商　(1) MVNO、虚拟网络运营商(VNO)或移动其他许可的运营商(MOLO)是一种无线通信服务提供商,它不拥有向其客户提供服务的无线网络基础设施。MVNO与移动网络运营商签订业务协议,以批发价格获得对网络服务的批量访问,然后独立设置零售价格。MVNO可以使用自己的客户服务、计费支持系统、营销和销售人员,也可以使用移动虚拟网络提供商(MVNE)的服务。(2)是指一个运营商可以向用户提供移动电话号码和呼叫服务但是并不拥有频率资源,它将部分或全部地租借移动网络商的网络,发展自己的客户及提供自己的服务。

mobile virtual private network (MVPN, mVPN) 移动虚拟专用网　是一种VPN(虚拟专用网),能够在会话期间对物理连接、网络连接点和IP地址的变化的保持能力。名称中的"移动"指的是VPN可以改变网络连接点,不一定指mVPN客户端是移动电话或者是在无线网络上运行。也就是在移动网中提供VPN业务。

mobile VoIP (mVoIP) 移动 VoIP, IP[网络]电话　是IP(因特网协议)语音网络的移动性的扩展。通常支持两种类型的通信:用于短距离或园区通信的无绳/DECT(增强数字无绳通信)/PCS(个人通信业务)协议,其中所有基站链接到相同的LAN(局域网),以及使用3G/4G协议的更广区域的通信。有几种方法可以将移动手机集成到VoIP网络中。一种实现方式是将移动设备转变为标准SIP(会话初始协议)客户端,然后使用数据网络发送和接收SIP消息,以及发送和接收语音路径的RTP(实时传输协议)。将移动手机变为标准SIP客户端的这种方法要求移动手机至少支持高速IP通信。在此应用中,标准VoIP协议(通常为SIP)用于任何支持宽带IP的无线网络连接,例如EVDO rev A(对称高速-高速上行和下行)、HSPA(高速分组接入)、Wi-Fi或WiMAX。移动集成的另一个实现使用类似软交换的网关将SIP和RTP桥接到移动网络的SS7(七号信令系统)基础设施中。

mobile world congress (MWC) 世界移动通信大会　MWC的前身是3GSM展,由GSMA(全球移动通信系统协会)发起并举办,于每年年初举行,是全球通信领域最具规模和影响的展会,众多从事通信产业的全球知名企业都会出席这一展会。2008年,3GSM大会更名为MWC大会。

mobility 移动性　指从任何地点移动用户都能进入一个或多个通信网进行通信的特性。通信媒质可以是任何形式的,例如模拟线路、数字线路、无线或卫星等。通信网对移动性概念提出的两个基本功能是:① 修改用户地址;② 对呼叫的寻址和传递。此外,通信网还对个人通信的移动性提供管理功能,如验证PCS(个人通信服务)用户的合法性,登记、注册 PCS 用户,将 PTN(个人通信号码)转换成路由地址,进行位置管理,按PTN 计费和收费等。

mobility management（MM） 移动性管理 是 GSM（全球移动通信系统）或UMTS(通用移动通信系统)网络支撑移动电话运行的主要功能之一。移动性管理的目的是跟踪用户的位置,支持通话,交付给用户的短消息服务(SMS)和其他移动电话服务。这种管理是无线接口信令第三层(信令层)的三个功能子层之一。三个功能子层分别是:无线资源管理(RR)、移动性管理(MM)、连接管理(CM)。MM 定义了移动用户位置更新、定期更新、鉴权、开机接入、关机退出、临时移动台标识号重新分配和设备识别等七个过程。

mobility management entity（MME） 移动性管理实体 是 LTE(长期演进技术)接入网的关键控制节点。它负责空闲模式下 UE(用户设备)寻呼和包括重传的标记过程。参与承载激活/去激活处理,并且还负责在初始附接时和在涉及核心网络(CN)节点重定位的 LTE 内部切换时为 UE 选择 SGW(服务网关)。它通过与HSS(归属用户服务器)交互来验证用户。非接入层(NAS)信令终止于 MME,并且还负责为 UE 生成和分配临时标识码。它检查 UE 的授权以驻留在服务提供商的公共陆地移动网络(PLMN)上并实施 UE 漫游限制。MME 是网络中用于 NAS 信令的加密/完整性保护,并且处理安全密钥管理的终止点。MME 也支持合法拦截信令。MME 还为 LTE和 2G/3G 接入网络之间的移动性提供控制平面功能,其中 S3(待机、休眠或挂起)接口终止于来自 SGSN(服务 GPRS支持节点)的 MME。MME 还终止对用于漫游 UE 的归属 HSS 的 S6a 接口。

mobility models 移动性模型 代表移动用户的移动,以及他们的位置、速度和加速度如何随时间变化。当研究新的通信或导航技术时,这些模型经常用于仿真目的。移动通信系统的移动性管理方案利用移动性模型来预测未来的用户位置。在研究新的移动 ad hoc(自组织)网络协议时,仿真协议并评估其协议性能是非常重要的。协议仿真有几个关键参数,包括移动模型和通信流量模式。移动性模型表征用户移动模式,即用户的不同行为。参数有运动速度、用户位置修正时改变方向的用户概率、用户运动方向改变的最大角度(在最大角度内变化的运动方向角度为均匀分布)、非相关距离等。流量模型描述了移动服务的状况。

Mobitex 移动通信［Mobitex］网络 是一个基于 OSI(开放系统互连)的开放标准的国家公共接入无线分组交换数据网络。Mobitex 非常强调安全性和可靠性,被军队、警察、消防队员和救护车服务人员使用。它是在 20 世纪 80 年代初由瑞典电视广播(Televerket Radio)公司开发的。Mobitex 是一种分组交换、窄带、纯数据技术,主要用于短脉冲数据。Mobitex 频道宽 12.5 kHz。在北美,Mobitex 以 900 MHz 运行,而在欧洲,它使用 400～450 MHz。所使用的调制方案是 GMSK(高斯最小移位键控),采用 8 000 比特/秒率的时隙 aloha 协议,尽管用户吞吐量通常约为其一半。在瑞典,25 年后的 2012 年 12 月 31 日,Mobitex 网络最终永久关闭。

modal bandwidth 模态带宽 在通信学科中,模态带宽指的是给定距离的最大信号传输速率,或者说是给定信号传输速率的最大距离。通常可以以 MHz 为单位测量信号传输速率,并且将模态带宽表示为 MHz·km 乘积。对于具有特定

M

模态带宽的电缆,当距离减半时,最大频率可以加倍,反之亦然。例如光纤容量,1 MHz·km 近 似 于 0.7～0.8 Mbps,100 MHz·km的数据传输率约为 70～80 Mbps。

modal dispersion 模态散射[色散] (1) 是在多模光纤和其他波导中发生的畸变机制,其中因为光信号的传播速度对于所有模式都不相同,所以信号会在时间上扩展。这种现象的其他名称包括多模畸变、多模色散,模态畸变,多模式畸变,多模式色散和多模式延迟畸变。(2) 在光纤通信中,当光脉冲通过光导纤维时,光脉冲产生散射的现象。由于光线在接近入射角角度时要比与轴线平行或接近平行的光的反射多,因此,前者通过的路程长于后者,且在轴向光线之后到达光导纤维的输出端。光的散射随纤维的直径和总长度增加而增加。模态和材料散射限制了光纤的带宽,但效应的强弱随光纤类型而异。

modal distribution 模式分布 (1) 在光波导(如光纤)中,工作在一给定峰值波长,① 被波导支持的模的数目,② 在不同模间传播时间差的分布。(2) 在同时工作于多个峰值频谱波长的光波导(如出现在波分复用(WDM))中,波导所支持的模式之间的频率间隔的分布。

modal loss 模式损耗 在一个开波导(如光纤)中,由于波导外的突然变化、障碍物或其它的异常现象等造成波导中的波的传播模式的改变,从而引起的光纤中的能量的损耗。

modal noise 模式噪声 在光波导(如光纤)中,由以下几项综合产生的噪声:① 与模式有关的光损耗,② 导模间光能量分布的波动,③ 导模相对相位的波动,④ 模衰减差效应。同 speckle noise。

mode 方式,众数,模 (1) 操作的状态或方式。例如访问方式、解释方式、字节方式、会话方式等。(2) 众数是一组数据中出现次数最多的数值。众数在统计分布上是具有明显集中趋势点的数值。(3) 在给定特定电磁特性的空间域中,具有可能结构的每一种电磁场定义为"模"。

mode field diameter (MFD) 模场直径 (1) 一种在单模光纤端面上辐照度(即光功率强度)的测度。(2) 对于传播在单模光纤中的电磁波诸模式间的功率和能量的高斯统计分布(即钟形曲线分布),在电场强度和磁场强度降到各自最大值的 $1/e$ 时的直径,也就是辐射功率降到最大功率的 $1/e^2$ 时(因为功率与电场强度或磁场强度的平方成比例))的直径。

model-based coder 基于模型的编译码器 用比像素更高层次的模型对图像进行编译码的装置或软件。传送方和接收方都同意使用图像的基本模型,然后由传送方传送一些参数,用这些参数和模型生成图形元素。

model-based image coding 模型基图像编码 也称为"知识基编码",是运用计算机视觉与计算机图形学的技术来进行编码。根据使用模型的不同,模型基编码又分为两种不同的类型。一种是语义基编码,另一种是物体基编码。

mode-locking 锁模 (1) 是一种光学技术,通过该技术可以使激光器产生极短持续时间的光脉冲,大约为皮秒(10^{-12}秒)或飞秒(10^{-15}秒)。以这种方式操作的激光有时被称为飞秒激光。该技术的基础是在激光器谐振腔的纵向模式之间引起固定相位关系。这些模式之间的相长干涉会导致激光以脉冲串的形式产生。那么称激光为"锁相"或"锁模"。(2) 将脉冲激光器的内腔模式锁定在适当的相位和幅度,使每个输出脉冲分成一串极其短促的等间隔脉冲。

modem 调制解调器 modulator demodulator 的缩写。一种将调制器、解

调器组合在一起的设备。它主要用于远程数据通信中,通常它有与电话网和数据终端设备的接口。其中调制器利用改变载波幅度、频率和相位等方法将数字信息调制成模拟信号,而解调器将从相类似的已调信号中提取数据信息。

modem deliminator 调制解调器消除器 通信中,用于将两台计算机按近似紧密耦合方式连接在一起而又免除使用调制解调器的设备。在异步系统中,当把两台个人计算机的串行口连接在一起时,调制解调器消除器将跨接在发送线和接收线上,其作用等同于无调制解调器电缆。在同步系统中,调制解调器消除器将提供有效智能,以实现线路的同步。

modem fallback（MF） 调制解调器回退 当电话线路质量不能满足调制解调器的最高传输速率要求时,调制解调器会自动降低传输速率的特性。

modem patch 调制解调器通路 (1)通过使用背对背调制解调器而连接的若干电路。(2)两个调制解调器被背对背连接用于连接电路。(3)一个通过两个背对背连接的调制解调器而连接两点、两通路或两导体的临时电路。

modem server 调制解调服务器 设置有多个调制解调器单元,可以为网络中的多台计算机同时提供远程通信服务的服务器。

modem sharing unit（MSU） 调制解调器共享设备 一种能使多个终端共用一台或多台调制解调器的设备。其中包括专用底座、调制解调器单元和管理软件等部分。终端计算机连接到共用单元的通信接口上,由管理机构为之分配可用的调制解调器。这种设备对具有多台远程终端的网络特别有用,这样可以减少调制解调器和传输线路的数量。

modem standards 调制解调器标准 一种

接口管理标准,使数字接口处的数据通信设备与模拟接口处的通信设备进行匹配的机器接口和协议。大多数数据处理设备制造厂家和服务软件与这些标准兼容,大部分调制解调器采用 ELA(美国电子工业协会)提出的 RS-232C 接口标准。

mode partition noise（MPN） 模式分配[分区]噪声 在光纤链路中,由光源模式跳动和模内失真共同作用而引起的相位抖动。

mode purity 模式纯度 所需模式前向行波的功率与所有模式前向行波的总功率之比。

mode scrambler（MS） 搅模器 在光纤系统中,一种包含一根或多根发生强模式耦合的光纤的设备。

mode separation 模式分隔 微波振荡器中振荡的谐振模式之间的频率差。

mode shift 模移 在脉冲间隔期间磁控管工作模式的变化。

modified data tag（MDT） 修改数据标记 (1)在显示记录中,与每个输入或输出字段有关的一种指示位,当数据键入该字段后指示位置。修改数据标记由显示设备保存,并可由使用该字段的程序使用。(2)在显示系统中,每个输入字段中的一位,当它被置位时,使该字段送往主机系统。

modified frequency modulation（MFM） 改进(型)调频制 (1)一种具有同步能力的信道编码。其编码规则是:①逢"1"在位单元中央翻转一次;②逢单独的一个"0"不翻转;③连续两个"0"在其交界翻转一次。这种编码的编码效率为调频制的两倍。主要用于数字磁记录中。(2)"写"信号的幅度和频率按一定规则而变化的过程。改进调频制能增加存储在记录媒体上的字节数,以同样单位面积上能记录的字节数是单密度记录时的两倍。

modified Huffman coding 改进的霍夫曼编码 在传真机中用于在白色图像(位图)上编码黑色。它将霍夫曼编码的可变长度码与行程编码中的重复数据编码相结合。

modifier module 调节(器)模块 使用原始录音并修改其音调和幅度的声音合成器模块,通常内含滤波器和放大器。

modular data center system 模块化数据中心系统 是一种部署数据中心容量的便携方法。模块化数据中心可以安置在需要数据容量的任何地方。模块化数据中心系统由专门设计的模块和组件组成,可通过多种电源和冷却选件提供可扩展的数据中心容量。模块可以装运,以添加、集成或改装到现有数据中心或组合成模块系统。模块化数据中心通常由标准化组件组成,通常作为融合基础设施进行销售,促进规模经济和高效能源利用,包括考虑外部环境的因素。

modulate 调制 使一种波形(载波)按某种规律跟着另一种波形或信号(调制波)变化的过程。调制一般分为正弦波调制和脉冲调制。前者包括幅值调制、频率调制和相位调制;后者包括脉冲编码调制、脉冲位置调制。调制的目的是减少波形在信号传输过程中的干扰,且易于放大。

modulated amplifier 受调放大器 发射机中的放大级,在此,引入调制信号对载波进行调制。

modulated carrier(MC) (已)调制载波 幅度或频率已按照所传送信息改变的射频载波。

modulated carrier wave(MCW) (已)调制载波 可以在通信信道上携带信息的信号。对于许多类型的通信信道,如普通电话线,该信号必须处于模拟形式而不是数字形式。

modulated light 已调光 根据音频信号、传真信号或编码信号的变化使强度变化的光。

modulated oscillator 受调振荡器 其输入信号使输出频率改变的振荡器。

modulation 调制 有意或无意地使表征一振荡或波的量随着一信号或另一振荡或波的变化而变化的过程。在通信中,调制就是对信号源的信息进行处理加到载波上,使其变为适合于信道传输的形式的过程,就是使载波随信号而改变的技术。参见 modulate。

modulational instability 调制不稳定性 在非线性光学和流体动力学领域,调制不稳定性或边带不稳定性是一种现象,其中通过非线性增强对周期波形的偏离,导致光谱边带的产生以及波形最终分解成一系列脉冲。

modulation angle 调制角 在调制过程中,正弦载波随调制信号的变化而变化的相位角。

modulation capability 调制能力 在不出现有害失真的条件下可能做到的最大调制度。

modulation depth(MD) 调制(深)度 在双边带调幅方式下,必须加以限制的峰值幅偏值。通常为已调波的最大振幅与最小振幅之差对载波最大振幅与最小振幅之差的比,用百分数表示。

modulation envelope(ME) 调制包络 将表示已调信号波形的图形峰点连起来所画出的曲线。调制包络反映信号所携信息的波形。

modulation error ratio(MER) 调制误差比 测量数字调制信号质量的参数,它定义了星座中所有点的适当位置与其实际位置之间的平均误差。

modulation factor(MF) 调制系数 (1)在调制技术中,衡量调制深度的参数。在调幅(AM)技术中,调制系数指调制信号与载波信号幅度比,也称为"调幅系数"。提高调幅系数可提高信噪比、功率利用率。但调幅系数的提高是有限的,太大将造成调制信号的失真,实际的调幅系统调制系数都小于 1。例如,AM 广播的调制系数在 0.3 左右。(2) 在调频(FM)系统中,通常认为调制后信号占用的带宽与调制前信号占用的带宽之比为调制系数,也称"调频系数"。调频系统的调制系数都大于 1,例如 FM 广播的调制系数为 5。

modulation frequency 调频,调制频率 调频信号相对于载波频率的变化速率。

modulation index (MI) 调制指数 (1) 在调制系统中,当施加一个正弦调制波时,调制指数是已调信号频率偏移与正弦调制信号频率的比值。(2) 在双态频移键控中,以赫兹表示的频移与以波特表示的调制率之比。

modulation mapping 调制映射 根据不同的调制阶数(即 Qm)和输入的信息比特(一般是加扰后的信息)情况来确定一个复值调制符号的实部(I)和虚部(Q)的值。Qm 在 LTE 协议中有四种规定:1-BPSK,2-QPSK,4-16QAM,6-64QAM。

modulation mode 调制方式 按照调制信号的性质分为模拟调制和数字调制两类;按照载波的形式分为连续波调制和脉冲调制两类。模拟调制有调幅(AM)、调频(FM)和调相(PM)。数字调制有振幅键控(ASK)、移频键控(FSK)、移相键控(PSK)和差分移相键控(DPSK)等。脉冲调制有脉幅调制(PAM)、脉宽调制(PDM)、脉频调制(PFM)、脉位调制(PPM)、脉码调制(PCM)和增量调制(DM)等。在实际应用中,有适合有线电视电缆传输的正交振幅调制(QAM)、适合卫星广播的键控移相调制(QPSK)、适合地面广播的残留边带调制(VSB)和抗多径传播效应好(即消除重影效果好)的编码正交频分复用(COFDM)。

modulation rate (MR) 调制速率 信号码元理论最短持续时间的倒数。在电子通信领域又称"波特率",指的是信号被调制以后在单位时间内的波特数,即单位时间内载波参数变化的次数。它是对信号传输速率的一种度量,通常以"波特每秒"(Bps)为单位。

modulator (MOD) 调制器 (1) 一种制约振荡或波的某一特征量,使其随着信号或者另一振荡波的变化而变化的非线性器件。(2) 能够根据含有有用信息的调制信号的波形来改变载波信号幅度、频率、相位或其他特性的发射电路或设备。载波也可能是直流、脉冲串、光束、激光束或其他传输媒介。(3) 有线电视系统用来将基带视频和/或音频信号从基带转换到要在其上传输的 RF(射频)信道的装置。

modulator demodulator (modem) 调制解调器 具有调制和解调功能的装置。通常作为通信设备间的接口设备。

modulo check 模(数)校验 根据操作员输入给系统的值所执行的一种核算,用于检测最常见的键入错误。

modulo level 模级 一个设备能够在等待响应之前发送的路径信息单元(PIU)的最大数量。

modulo n check 模 n 校验,同余项校验 (1) 利用被校验数除以 n 所得的余数来校验信息传输过程中有无出错的方法。如设数 A 以 n 为模的余数记作 A$(\bmod n)$,当 A 与 B 进行某种算术运算 R 时,有 $[ARB](\bmod n) = A(\bmod n) RB(\bmod n)$ 利用此式可对 ARB 的运算结果进行校验。(2) 用 n 除以一数所产生的余数,然后用前次计算所得的余数与之比较的一种校验方法。

modulus 模数 (1) 在模数校验中,用其去除和数的数。参见 modulo check。(2) 一种数,如正整数,在关系式中,用它除两个相关数的差值其余数为零。如 9 和 4 的模数为 5：$(9-4=5,4-9=-5$，用 5 去除 5 和 -5 余数为零）。

moire 网纹干扰，摩尔纹，波纹 (1) 周期性的干扰信号在荧光屏上造成静或动的网状图形。(2) 指电视中的波浪状畸变，原因是信号中混合了异常的高频信号。这种混合信号产生了有点类似于法国水纹绸一样的可见低频。(3) 在图像编辑期间，当录像机倒带操作和把一个新的场景开始叠加在另一个场景结尾时，引起颤抖的彩色光谱。(4) 使用不适当的分辨率显示或打印图像时，图像上出现的可见波动或闪烁，与图像的大小和分辨率、输出设备的分辨率和网点图的屏幕角度等因素有关。

moire effect 波纹效应 在显示器技术中，在两个重叠的线条形态所产生的干扰会生成一种波纹团，称之为波纹效应。视频波纹是来自光罩形状和视频信号之间的干扰；扫描波纹则来自水平线条与荫罩形态之间的干扰。波纹在屏幕上是以波形的状态显示出来的，当显示器的分辨率增加时，这一现象会更为明显。由于视频信号一直在变，视频波纹问题很难解决。扫描波纹视波水平扫描频率而定，只要选择适当的频率，就能减少这种情况的发生。不过自动扫描显示器，由于扫描频率范围很宽，在某些显示模式下，可能会出现波纹效应。因此，一些高档显示器设计了先进的消除波纹失真功能。

molecular gas laser 分子气体激光器 一种可以在千瓦输出功率范围内连续工作的气体激光器。激光作用来源于分子跃迁，泵浦激励可以是化学能、电能或光能。二氧化碳（CO_2）激光器是最常用的和最重要的分子气体激光器。

molecular laser 分子激光器 激活激光媒质（即激光作用媒质）的是分子物质（即化合物）气体的激光器，如二氧化碳，氰化氢或水蒸气激光器。

moment testing 动态测试 通过运行系统来检验系统的动态行为和运行结果的正确性。根据动态测试在系统开发过程中所处的阶段和作用，动态测试可分为如下几个步骤：① 单元测试；② 集成测试；③ 系统测试；④ 验收测试；⑤ 回归测试。

monoalphabetic cipher 单字密码 数据安全系统中的置换密码。其字母表中的每一个字母均与另一个字母对应。加密时就用该字母对换明文所对应的字母。这种对应关系是由密码本定死的。

monochromatic 单色 在光学中，由单一波长或纯色所组成的电磁辐射，对应于频谱上小到可忽略不计的区域。

monochromatic light 单色光 满足下列条件的电磁辐射线：① 在可见或接近可见光谱范围内，② 理想情况下仅有一种频率或波长。

monochromatic radiation 单色辐射 理想情况下只有一种频率或波长的电磁辐射，通常在可见光频谱内。尽管没有一种辐射是绝对的单色，但是它可以具有极窄的波长频段。分光仪中的单一光线被认为是单色辐射。

monocular stereo vision 单目立体视觉 利用一个摄像机对同一景物点在不同位置的两个匹配点的像差求解景物点深度的方法。它用于由运行的序列图像求解景物的深度信息的场合。

monomode (optical) fiber 单模光纤 仅容许单模光束传输的光纤。单模光纤的芯子很细，约为 $3\sim10\ \mu m$，可减除频宽及振模色散的限制。单模光纤相比于多模光纤可支持更长传输距离，在以太网可支持超过 5 000 m 的传输距离。同 single mode fiber。

monophonic signal 单声信号 指在立体

声广播中用普通收音机能恢复的那一部分调制信号,相当于去加重之后的信号。

monopole antenna 单极天线 是一类由直杆状导体组成的无线电天线,通常垂直安装在某种类型的导电表面上,称为接地平面。施加来自发射器的驱动信号,或用于接收天线,在单极天线的下端和地平面之间获取到接收器的输出信号。天线馈线的一侧连接到单极天线的下端,另一侧连接到地平面,通常是地球。这与偶极天线形成不同,偶极天线由两根相同的杆状导体组成,发射器的信号施加在天线的两个半部之间。单极天线是由无线电先驱古列尔莫·马可尼(Guglielmo Marconi)于 1895 年发明的,因此有时称它为马可尼天线。常见的单极天线类型有鞭形、橡皮鸭形、螺旋形、随机线、伞形、倒 L 型和 T 型天线、倒 F 型、杆式辐射器和地平面天线。

monopulse antenna feed system 单脉冲天线馈电系统 一种天线馈电系统:① 产生两个或更多个部分交叠天线波瓣;② 有两个或更多个馈电器和一个反射器;③ 相应天线波束之间有小角度位移;④ 在比较天线输出信号的幅度或相位的跟踪接收器中有"和"与"差"信道;⑤ 用于跟踪雷达获取方向信息,在跟踪雷达中,控制天线的误差信号是从偏移天线光束接收到的信号差值中得出的。

monostable multivibrator 单稳态多谐振荡器 具有一个稳定状态的多谐振荡器。当有触发脉冲作用时,电路从稳态翻转到另一个暂稳态,经过一段时间后,电路又自动翻转回到稳态。

monostable timer 单稳态定时器 能控制调节输出脉冲的宽度或持续时间的单稳态多谐振荡器。

montage 蒙太奇 在多媒体中,编辑成序列的一系列图像,用于产生一种特殊的效果,如时间的流逝。

Morse code 莫尔斯(电)码 一种信号传输和电报传输中使用的编码系统。19 世纪中期由美国画家和发明家莫尔斯(Samuel F. B. Morse)创建,它用一系列点和短划线的信号持续时间来表示字符。

Morse code indicator 莫尔斯码指示器 可视信号系统中,一种平板信号指示器:① 用两块平板拼成一个张开的"V"型,② 当平板放置在指示信号器之上时,表示使用莫尔斯码。

Morse flag signaling 莫尔斯旗信号方式 可视信号方式,其中:① 使用莫尔斯码;② 两手臂垂直举过头顶表示点;③ 两手臂平伸表示划;④ 两手臂置于胸前表示点划间隔;⑤ 两手臂放低与地面成 45°角表示字母间隔;⑥ 手臂在头顶作圆周运动表示重复或删除;⑦ 手臂在体前迅速垂直运动表示传输结束。

Morse telegraphy 莫尔斯电报 即电报系统操作,其中:① 根据莫尔斯码形成信号,② 包含国际莫尔斯码信号的发送和接收,③ 包括莫尔斯电报键的使用和与之相联系的半自动和全自动设备,④ 包括使用莫尔斯码的任何形式的字母电报。

MOSPF 多播开放最短路径优先(协议) multicast open shortest path first 的缩写。在开放最短路径优先(OSPF)网络中使用的域内多播路由协议。

Motion Joint Photographic Experts Group (M-JPEG, MJPEG) 运动联合图像专家小组 一种运动静止图像(或逐帧)压缩技术,广泛应用于非线性编辑领域。M-JPEG 可以把运动的视频序列作为连续的静止图像来处理,这种压缩方式单独完整地压缩每一帧,在编辑过程中可随机存储每一帧,可进行精确到帧的编辑,此外,它的压缩和解压缩是对称的,可由相同的硬件和软件实现。但 M-

M

JPEG 只对帧内的空间冗余进行压缩。不对帧间的时间冗余进行压缩,故压缩效率不高。

Motion Picture Association of America (MPAA) 美国电影协会 成立于 1922 年,最初是作为电影工业的一个交易组织而出现的。如今它涉足的领域不仅有在影院上映的电影,还有电视家庭摄影(home video)以及未来有可能会出现的其他传送系统领域。

Motion Picture Experts Group (MPEG) 运动[活动]图像专家组 MPEG 是由 ISO(国际标准化组织)和 IEC(国际电工委员会)组成的权威机构的工作组,负责制定音频视频压缩和传输标准。成立于 1988 年。这个专家组开发的标准称为 MPEG 标准,该标准的第二代以某种形式使用 MPEG-2,在引入这种传输的世界各地进行数字电视的传输。已经开发和正在开发的标准有:MPEG-1、MPEG-2、MPEG-3、MPEG-4 和 MPEG-7 等。同 Moving Picture Experts Group (MPEG)。

motion vector 运动矢量 指在 MPEG 压缩算法中定义的二维向量,表示编码对象在当前图像中的坐标位置相对于该编码在参考图像中的坐标位置的偏移量。

motorboating 低频寄生振荡 系统或组件中的振荡,通常指发生在很低音频上的连续脉冲。一般是由过度的正反馈,比如通过公共电源所引起。当扬声器连接到系统(如收音机)上时,脉冲将产生像汽艇那样的"扑扑"声。

mountain effect 山地效应 起伏不平的地势对无线电波传播的影响,所引起的反射使无线电测向仪的指示产生错误。

mountain potential field 山地电场 过滤电场的一种。通常是指山坡上的潜水由于重力作用向山坡下渗透时,由于岩石颗粒吸附负离子作用形成的电场。其场的特征是,对应山坡顶处出现负电位。两侧坡上相对山顶电位趋正。

n-out-of-n code n 中取 m 码 (1)一种权位固定的二进制代码。其特点是,数 n 中的 m 位总是处于同一种状态。(2)编码的一种。全部有效码字必须有 m 个 1 和 $(n-m)$ 个 0,因为信息要嵌入有冗余的码字中,故这种编码称为非分离码。这种码具有检测单故障与单向多故障的能力。常见的有 5 取 2 码(2-out-of-5 codes)、4 取 2 码(2-out-of-4 codes)、6 取 3 码(3-out-of-6 codes)、和 10 取 1 码(1-out-of-10 codes)以及 $(2m+1)$ 取 m 码 $[m$-out-of-$(2m+1)$ codes]和 2 取 1 码(1-out-of-2 codes)等。

moves on demand (MOD) 电影点播 经由多媒体通信网络点播电影节目的服务。同 video on demand。

moving coil loudspeaker 动圈式扬声器 一种纸盆式扬声器,其结构由三部分组成:① 振动系统,包括锥形纸盆、音圈和定心支片等;② 磁路系统,包括永久磁铁、导磁板和磁心柱等;③ 辅助系统,包括盆架、接线板、压边和防尘盖等。当处于磁场中的音圈有音频电流通过时,就产生随音频电流变化的磁场,这一磁场和永久磁铁的磁场发生相互作用,使音圈沿着轴向振动。动圈式扬声器结构简单、低音丰满、音质柔和、频带宽,但效率较低。

moving coil microphone 动圈式麦克风 利用电磁感应现象制成,当声波使金属膜片振动时,连接在膜片上的线圈(音圈)随着一起振动,音圈在永久磁铁的磁场里振动,就产生感应电流(电信号),感应电流的大小和方向都变化,变化的振幅和频率由声波决定,这个信号电流经扩音器放大后传给扬声器,从扬声器就发出放大的声音。

moving objects database (MOD) 移动对象

数据库　是在数据库中高效地管理移动对象的位置及其相关信息。移动对象的特点是其地理位置随时间连续变化。由于移动对象随着时间而发生地理空间上的变化,因此移动对象数据库属于时空数据库的范畴,来源于描述地理空间的空间数据库和处理时间变化的时态数据库。

Moving Picture Experts Group (MPEG)　运动[活动]图像专家组　由国际标准化组织(ISO)和国际电工委员会(IEC)共同于1988年成立的组织。进行标准化的彩色活动图像的压缩规范(编码格式)制定。通常用于代表图像压缩和解压缩的国际技术标准,它使得多媒体设备中多种不同的压缩方法之间具有兼容性。算法采用运动补偿即预测编码和插补编码变换域(DCT)压缩技术,与JPEG(联合图像专家小组)不同,MPEG算法是把每帧图像内的信息进行压缩。MPEG算法除进行帧内压缩外还采用帧间压缩技术,即对帧与帧之间的冗余信息进行压缩,为此在其码流中定义了三种不同类型的帧:I帧、P帧和B帧。I帧是对整幅图像编码的帧,它是数据量最大的帧,包括全部图像的信息,使其可以成为实现随机存取的入口帧;P帧是参考前一帧得到的,P帧的前一帧可以是I帧,也可以是P帧,生成的P帧又可以作为其下一帧的参考帧。由于P帧只存储当前帧和参考帧的误差信号,因此P帧得到了极大的压缩;B帧是把它的前一帧和后一帧都作为参考帧编码得来的,它的压缩率是最大的,这也使得B帧不能作为其他帧的参考帧。MPEG使用运动补偿和运动矢量降低空间冗余度。通过使用一种称作离散余弦变换(DCT)的方法,把小块图像进一步分成8×8矩阵,并记录其颜色和亮度等随时间变化的轨迹。MPEG标准最初分为四个不同的类型,分别命名为MPEG-1到MPEG-4。其

中,MPEG-3的工作后来由于被MPEG-2所覆盖而被取消。参见 MPEG-1,MPEG-2,MPEG-4(MP4),MPEG-7,Joint Photographic Experts Group (JPEG)。

Moving Picture Experts Group compression standard version 4　运动[活动]图像专家组压缩标准第4版　MPEG-4是一种压缩声音、视频和相关控制数据的技术,也是一种MPEG(运动图像专家组)的国际标准。由于该标准能在移动通信条件下提供高速和稳定的视频传输而备受瞩目。这一技术可使第三代移动终端具有较丰富的多媒体能力。

Mozilla　Mozilla浏览器　源代码完全开放的免费互联网浏览器,包括Web浏览器、客户端邮件、HTML(超文本标记语言)编辑器和IRC(互联网接力聊天)客户程序,支持HTML 4.0,XML(可扩展标记语言)、CSS(层叠样式表单)和DOM(文档对象模型),可在Linux、Windows和Mac操作系统下运行。Mozilla是Netscape Communicator公司原为Netscape Navigator browser后为Netscape Communicator Web浏览器杜撰的昵称,代表Mosaic Godzilla(即Mosaic Killer)。Mozilla浏览器是在1998年Netscape Communicator浏览器的源程序免费发行之后指定的代号。

MPAA film rating system　美国电影协会影片分级制度　是由美国电影协会(MPAA)负责组织的由家长们组成的委员会,根据电影的主题、语言、暴力程度、裸体程度、性爱场面和毒品使用场面等,代表大部分家长可能给予的观点对电影进行的评价。其目的是提前给家长提供电影的相关信息,帮助父母们判断哪些电影适合特定年龄阶段的孩子们观看。评级与电影艺术的好坏并无关联。

MPEG-A　MPEG-A标准　是一组自2007年以来发布的用于组成MPEG

系 的 标 准，正 式 称 为 ISO/IEC 23000——多媒体应用格式。

MPEG-audio MPEG 音频[声音] 一种声音编码与压缩标准，是 MPEG 系列标准的一部分，它在文档 IS 11172-3 中有描述。MPEG 音频包含 3 个音频编码格式与压缩模式。MPEG-1 声音标准可提供双声道的声音，MPEG-2 声音标准可提供多声道的声音。DVD-audio 支持 MPEG-1 和 MPEG-2 的声音。

MPEG-H MPEG-H 标准 是由 ISO/IEC 运动图像专家组（MPEG）开发的一组标准，用于数字容器标准、视频压缩标准、音频压缩标准和两种一致性测试标准。这组标准正式称为"ISO/IEC 23008——异构环境中的高效编码和媒体传输"。

MPEG-H 3D audio MPEG-H3D 音频 如 ISO/IEC23008-3（MPEG-H 第 3 部分）规定的，是由 ISO/IEC 运动图像专家组（MPEG）开发的音频编码标准，以支持将音频编码为音频通道，音频对象，或更高阶的立体混响（HOA）。MPEG-H3D 音频最多可支持 64 路扬声器通道和 128 路编解码器核心通道。

MPEG layer-1 (MP1) MPEG 第 1 层标准 用于数字视频信号压缩的 MPEG 扩展标准，支持 CD 质量的音频信号压缩，压缩比为 1：4。

MPEG layer-2 (MP2) MPEG 第 2 层标准 用于数字视频信号压缩的 MPEG 扩展标准，支持 CD 质量的音频信号压缩，压缩比为 1：6 到 1：8。

MPEG program stream (MPEG-PS) MPEG 节目流 或节目流（PS），是用于多路复用数字音频、视频等的容器格式。PS 格式在 MPEG-1 第 1 部分（ISO/IEC 11172-1）和 MPEG-2 第 1 部分系统（ISO/IEC 标准 13818-1/ITU-T H.222.0)中规定。MPEG-2 节目流类似于 ISO/IEC 11172 系统层，并且它是向

前兼容的。

MPEG transport stream (MPEG-TS, MTS) 运动图像专家组（压缩标准）传送码流 是用于传输和存储音频、视频以及节目和系统信息协议（PSIP）数据的标准数字容器格式。用于广播系统，如 DVB(数字视频广播）、ATSC(高级电视系统委员会)和 IPTV(因特网电视)。传输流指定封装分组化基本流的容器格式，具有纠错和同步模式特征，用于在承载流的通信信道降级时保持传输完整性。传输流在几个重要方面与类似命名的 MPEG 节目流不同：节目流是为相当可靠的媒体（如 DVD）设计的，而传输流是为不可靠的传输而设计的，即陆地或卫星广播。此外，传输流可以承载多个节目。

MPEG-video MPEG 视频 是运动图像专家组 MPEG 系列的一部分，作为运动视频的编码与压缩标准。在文档 IS 11172-2 中有描述。MPEG 视频采用 JPEG 压缩算法去掉在空间上的冗余信息，采用运动补偿算法去掉在时间上的冗余信息。为保证图像质量而又能获得高的压缩比，MPEG 专家组定义了三种图像：帧内图像 I(intra-picture)，预测图像 P(predicted-picture)和双向内插预测图像 B（bidirectionally interpolated-picture)。MPEG-1 视频通常是指低数据率的视频，如 VCD 碟上的视频，MPEG-2 视频通常是指高质量的视频，包括 DVD 碟上的视频和 HDTV(高清电视)视频。

MPEG-1 运动图像专家组规范-1 于 1992 年正式出版，编号为 ISO/IEC 11172。MPEG(运动图像专家组)委员会对 MPEG-1 的解释是：在存储介质上保存和重获活动图像和声音的标准。MPEG-1 标准是用于在低传输速率下，产生较好质量的图像和语音信号，它以 525 或者 625 解析线压缩影片，数据

密度 1.5 MBps。MPEG-1 最适用于在 1.5 MBps 的传输速率下对 352×240 像素的 NTSC(美国国家电视制式委员会)制式的视频信号编码,其质量相当于 PAL(逐行倒相制)制式下的普通家用录像带 VHS 的图像质量。并可用 256 KBps 的速率传送 16 位、48 kHz 取样的立体声。

MPEG-1 audio layer 1 (MP1) MPEG-1 音频层 1 是 MPEG-1 标准中包括的三种音频格式之一。它是 MPEG-1 audio layer II 的特意简化版本,专为可以容忍较低压缩效率的应用而创建,以换取可以用更简单的硬件要求执行的不太复杂的算法。主要特点是编码简单,用于数字盒式录音磁带,2 声道。VCD 中使用的音频压缩方案就是 MP1。压缩方式相对时域压缩技术而言要复杂得多,同时编码效率、音频质量也大幅提高,编码延时相应增加。虽然大多数多媒体播放器都支持 MP1 解码器,但它被认为已经过时,并被 MP2 或 MP3 取代。参见 MP3。

MPEG-1 audio layer II (MP2) MPEG-1 音频层 II 或 MPEG-2 音频层 II。是 ISO/IEC 11172-3 以及 MPEG-1 音频层 I 和 MPEG-1 音频层 III(MP3)一起定义的有损音频压缩格式。主要特点是算法复杂度中等,用于数字音频广播(DAB)和 VCD 等,2 声道。而 MP2 由于其适当的复杂程度和优秀的音频质量,在数字演播室、DAB、DVB(数字视频广播)等数字节目的制作、交换、存储、传送中得到广泛应用。虽然 MP3 在 PC 机和因特网应用中更受欢迎,但 MP2 仍然是音频广播的主要标准。

MPEG-1 audio layer III (MP3) MPEG-1 音频层 3 或 MPEG-2 音频层 III。是数字音频的编码格式。最初定义为 MPEG-1 标准的第三种音频格式,它被保留并进一步扩展,定义额外的比特率并支持更多音频通道,作为后续 MPEG-2 标准的第三种音频格式。主要特点是它和 MPEG-1 音频层 1 中的层 3(Layer 3)一样,2 声道。MP3 是在综合 MP2 和 ASPEC(自适应谱感知熵编码)的优点的基础上提出的混合压缩技术,在当时的技术条件下,MP3 的复杂度显得相对较高,不利于实时编码,但由于 MP3 在低码率条件下高水准的声音质量,得到软解压及网络广播的青睐。由于压缩比高,适合用于互联网上的传播。

MPEG-2 运动图像专家组规范-2 MPEG-2 是数字电视的标准,用于在高传输速率下,产生高质量的图像语音信号,用于制作 DVD(数字视频光碟),首次于 1994 年被通过。MPEG-2 提供 720×480 像素和 1 280×720 像素的解析度,每秒播放 60 帧。不能说 MPEG-2 比 MPEG-1 好,因为它们适用的场合不同。当使用 MPEG-2 在 MPEG-1 适用的传输速率下编码时产生的图像质量要比 MPEG-1 产生的质量差。但是 MPEG-2 在其适用的传输速率下(大约 3～10 MBps)可以产生 720×480 像素的、达到广播级质量的图像。MPEG-2 对 MPEG-1 兼容,MPEG-2 的解码器可以回放 MPEG-1 的码流。MPEG-2 在广播、有线电视等行业有广泛的应用。参见 moving picture experts group (MPEG)。

MPEG-2 advanced audio coding (MPEG-2 AAC) MPEG-2 高级音频编码 (1) AAC 是有损数字音频压缩的音频编码标准。作为 MP3 格式的后续产品,AAC 通常以相同的比特率实现比 MP3 更好的音质。AAC 已经由 ISO(国际标准化组织)和 IEC(国际电工委员会)标准化,作为 MPEG-2 和 MPEG-4 规范的一部分。HE-AAC(AAC+)作为 AAC 的一部分,是 MPEG-4 音频的一部分,也被

M

纳入数字广播标准(DAB+)和数字广播蒙迪亚(DAM),以及移动电视标准DVB-H(数字视频广播手持)和 ATSC-M/H(高级电视制式委员会-移动/手持)。(2)是MPEG-2标准的音频感知编码标准。它主要使用听觉系统的掩蔽特性来减少音频的数据量,把量化噪声分散到各个子带中并用全局信号把噪声掩蔽掉。AAC 标准支持的采用频率可从 8 kHz到 96 kHz,音源可以是单声道、立体声或多声道。AAC 标准可支持 48 个主声道、16 个低频音效加强声道、16 个配音声道或称为多语言声道。在压缩比为 11∶1,即每个声道的数据率为 $(44.1×16)/11 = 64$ kbps,5 声道的总数据率为 320 kbps 的情况下,很难区分经过压缩后还原的声音与原始声音之间的差别。与 MPEG 的层 2 相比,AAC 的压缩率可提高 1 倍,而且质量更高。与 MPEG 的层 3 相比,在质量相同的条件下数据速率是它的 70%。

MPEG-2 audio　　MPEG-2 音频(标准) MPEG-2 中规定声音数据编码和解码的标准,是 MPEG-1 音频部分的扩充。在"ISO/IEC 13818-3,Audio:音频"中有具体步骤说明。可用于支持低数码率多通道音频信号的编码,支持五路全带宽的音频通道(左、右声道、中置和左、右环绕声道),还可以有一个低频增强信道,或支持七路解说/多国语言通道。MPEG-2 音频标准中的立体声和单声道的编码采样速率为 16 kHz、22.05 kHz 和 24 kHz,是 MPEG-1 音频采样速率的二分之一,目的是使每个通道能够在低于 64 kbps 的速率下传送。

MPEG-2 TS (M2TS)　　MPEG-2 传输流 MPEG-2 transport stream 的缩写。(1)一种传输流的文件扩展名。是用于蓝光碟音频-视频(BDAV)的 MPEG-2 传输流(M2TS)容器文件格式的文件扩展名。它用于多路复用音频、视频和其他信息流。它基于 MPEG-2 传输流容器。此容器格式通常用于蓝光光碟和 AVCHD(高级视频编码高清格式)上的高清视频。(2)是用于通过地面和卫星网络广播 MPEG-2 视频的容器格式。北美数字电视标准(ATSC)使用 MPEG-2 TS,它提供了比压在光学媒体上的 MPEG 内容更健壮的传输系统。苹果公司的 HTTL Live Streaming(HLS)采用这种格式,并将文件分成数千个较小的文件,用于多比特率流传输。参见 Advanced Television Systems Committee (ATSC),fragmented MP4。

MPEG-21　　MPEG-21 标准 出自运动图像专家组的 MPEG-21 标准旨在为多媒体应用定义一个开放框架。MPEG-21 批准为 ISO/IEC 21000 标准——多媒体框架(MPEG-21)。MPEG-21 基于两个基本概念:① 数字项目的定义(分配和处理的基本单位);② 用户与数字项目交互。MPEG 于 2000 年启动开发的 MPEG-21 标准,包括所有多媒体对象的集成、创建、使用、操作、管理和传送等,以便不同用户通过不同网络和设备使用各种多媒体资源。

MPEG-3　　MPEG-3 标准 是运动图像专家组(MPEG)商定的一组音频和视频编码标准的名称,旨在以每秒 20∼40 兆比特的速率处理 1 080 p 的 HDTV(高清电视)信号。推出 MPEG-3 是为了在 MPEG-2 的开发过程中满足 HDTV 标准的需要,但是很快发现,MPEG-2 在高数据速率下可以适应 HDTV。因此,在 1992 年 HDTV 作为单独方案被包含在 MPEG-2 标准中,而 MPEG-3 则被转入为MPEG-2。实际上 MPEG-3 被中途放弃了。

MPEG-4 (MP4)　　运动图像专家组(规范)-4 基于 QuickTime 格式。之前的 MPEG 格

式大多只涉及压缩,而 MPEG-4 中加入了多种功能,例如比特率的可伸缩性、动画精灵、交互性和甚至版权保护。MPEG-4 压缩算法的基础与 MPEG-1、MPEG-2 是相同的,它们都采用了离散余弦变换、高级运动预测,以及消除帧间冗余来提高压缩效率。不过,MPEG-4 并没有严格遵守 NTSC 制(北美地区的电视广播制式)每秒 30 帧画面的规定[欧洲的 PAL(逐行倒相制)制式是每秒 25 帧;而电影则是每秒 24 帧],这使它在低带宽条件下的效率提高了不少。MPEG-4 还能够将视频信号与文本、图像以及二维和三维动画层融合到一起。MPEG-4 对静止图像采用了基于小波变换的压缩算法,它的压缩效率比 JPEG(联合图像专家小组)要高 3~5 倍。而且,由于它是渐进的,即先显示出一幅低分辨率图像,然后随着接收数据的增多,不断增加图像的细节,所以即使是大小相似的图像,MPEG-4 在浏览器中的显示速度也要更快一些。MPEG-4 对 AVO 的操作主要有:① 采用 AV 对象来表示听觉、视觉或者视听组合内容;② 允许组合已有的 AVO 来生成复合的 AVO,并由此生成视听场景;③ 允许对 AVO 的数据灵活地多路合成与同步,以便选择合适的网络来传输这些 AV 对象数据;④ 允许接收端的用户在视听场景中对 AVO 进行交互操作。

MPEG-4 part 3 MPEG-4 第 3 部分 或 MPEG-4 音频,正式称为 ISO/IEC 14496-3。是运动图像专家组开发的 ISO/IEC MPEG-4 国际标准的第三部分。它规定了音频编码方法。第一个版本于 1999 年发布。MPEG-4 第 3 部分包括各种音频编码技术——从有损语音编码(谐波矢量激励编码 HVXC、码激励线性预测编码 CELP)、通用音频编码(高级音频编码 AAC、变换域加权交错矢量量化 TwinVQ、比特分割算术编码 BSAC),无损音频压缩(MPEG-4 SLS、音频无损编码、MPEG-4 DST 直接流传输),文本到语音接口(TTSI),结构化音频(使用结构化音频管弦乐语言 SAOL、结构化音频乐谱语言 SASL、乐器数字接口 MIDI)以及许多其他音频合成和编码技术。MPEG-4 音频不针对单个应用,例如实时电话或高质量音频压缩。它适用于需要使用高级声音压缩、合成、操作或回放的每个应用程序。MPEG-4 音频是一种新型音频标准,集成了多种不同类型的音频编码:自然声音和合成声音、低比特率传送和高质量传送、语音和音乐、复杂的音轨和简单的音轨、传统内容和交互式内容。

MPEG-4 scalable to lossless (MPEG-4 SLS) MPEG-4 可缩放[扩展]至无损编码 根据 ISO/IEC 14496-3:2005/Amd 3:2006(可缩放无损编码)的 MPEG-4 SLS 或 MPEG-4 可缩放至无损,是 MPEG-4 第 3 部分(MPEG-4 音频)标准的扩展,支持无损音频压缩可缩放到有损 MPEG-4 通用音频编码方法(例如高级音频编码 AAC 的变体)。

MPEG-4 SP(simple protocol) MPEG-4 SP 标准 MPEG-4 的最初版本,针对逐行扫描显示和隔行扫描显示,采用离散余弦变换(DCT)和差分脉冲编码调制(DPCM)算法,使用帧内(intra-frame)和场内(intra-field)压缩技术,用在低带宽的通信线路,如电话拨号上网的音视频传输。

MPEG-4 structured audio MPEG-4 结构化音频 是用于描述声音的 ISO/IEC 标准。它于 1999 年作为 MPEG-4 第 3 部分(ISO/IEC 14496-3:1999)的第 5 部分发布。它支持以非常低的比特率(从 0.01 到 10 kbps)传输合成音乐和声音效果,以及用于混合多个流并为音频

M

场景添加效果的参数声音后期制作。它没有标准化为一组特定的合成方法，而是一种描述合成方法的方法。

MPEG-4 syntactic descriptive language (MSDL)　MPEG-4句法描述语言　是MPEG-4标准的语言,这套方法不仅包括运动补偿和轮廓(外形)再现,还包括允许可变比特率、层级解码和对象显示等其他技术。

MPEG-7　运动图像专家组(规范)-7　MPEG-7设计用于辅助媒体文件,作为影片和节目的助手。从MPEG-1到MPEG-4都提供音频和视频的压缩和解压缩,而MPEG-7是一种多媒体内容描述界面(MCDI)。MPEG-7文件基于XML(可扩展标记语言),可以容纳巨大的影片数据序列,无论是数字形式或者胶片形式,MPEG-7实现了能方便计算机处理的内容描述。可以把MPEG-7看作和任何给定的视频捆绑在一起并提供有用元数据(例如场景主题、字幕和对显示色彩的分析)的一整套检索卡片。这种描述性数据以类XML的格式存储,可以很方便地在网络中传输和在计算机系统上处理。MPEG-7标准不包括用于创建内容描述数据的软件,也不包括用于搜索和管理的软件。MPEG-7着重于描述本身的格式,而把创建相应软件系统的任务交给那些使用这一技术的部门。MPEG-7也不依附于其他MPEG标准或数字文件,也可以为模拟媒体创建MPEG-7数据,例如胶片、磁带或幻灯片。参见 Moving Picture Experts Group (MPEG)。

MPLS　多协议标记交换　multiprotocol label switching 的缩写。

MPLS fast reroute　多协议标记交换[MPLS]快速重路由　也称为 MPLS 本地恢复或 MPLS 本地保护。是本地恢复网络的弹性机制。它实际上是资源预留协议-流量工程(RSVP-TE)的一个功能。在 MPLS 局部保护中,每个标记交换路径(LSP)通过靠备用路径保护的设备,该备用路径源自紧邻该设备上行的节点路径。将流量重定向到预先设置的备份路径的节点称为本地修复点(PLR),备份 LSP 与主 LSP 合并的节点称为合并点(MP)。因为恢复的决定是严格局部的,这种机制(本地保护)提供更快的恢复。比较看来,当在 IP 层采用恢复机制时,可能需要几秒钟时间恢复,对于实时应用(例如 VoIP)是不可接受的。相比之下,MPLS 本地保护满足实时应用的要求,恢复时间(小于 50 ms)与最短路径桥接网络或 SONET(同步光纤网)环相当。

MPLS VPN technology　多协议标记交换虚拟专用网技术　是专门为虚拟专用网(VPN)所设计的,即在 VPN 应用中采用 MPLS(多协议标记交换)技术。将 MPLS 用于 VPN 是通过使用 ATM(异步传输模式)或帧中继永久虚拟线路(PVC)或各种形式的隧道来建立 VPN,以将客户的路由器互联起来。在 MPLS VPN 中,服务商为每个 VPN 分配一个唯一的标识符(32 位长),并嵌入到 IP(网际协议)包中,形成一个 VPN IP 地址。VPN 中的每个节点都对应一个 VPN-IP 地址,并存放在转发信息库(FIB)中。在 VPN 的 FIB 中,记录了与 VPN-IP 地址对应的标记,这些标记把路径信息传给 VPN 中的每个节点。在 MPLS VPN 中,采用 BGP(边界网关协议)进行多个 MPLS 域中 LSR(标记交换路由器)的路由信息交换,对 VPN-IP 地址进行路由寻址,并采用 MPLS 技术将有关 VPN 的数据包转发给相同的 VPN 成员。对于每一个 MPLS VPN 客户,服务提供商的网络似乎提供了一个虚拟专用骨干网,客户可以通过它与机构内的其他站点取得联系。参见 multiprotocol label switching（MPLS）。

MPM algorithm　MPM 算法　由 Malhotra、Pramodh Kamar 和 Maheshwari 提出的一种求网络最大流的算法。首先定义通过每个顶点的最大流量即流势，具有最小流势的顶点称为参考顶点，这样就可以将参考顶点所具有的流量从源点送到汇点，然后删除与该流有关的所有饱和边（即在其上的流量等于容量的边），这是参考顶点可被删除。重复上述过程直到顶点被删完为止。

MP3　运动图像专家组（压缩）音频第三层，MP3 技术，MP3 音频［音乐］格式　MP3 的全称是 MPEG audio layer 3，它是 MPEG（运动图像专家组）于 1992 年 11 月提出的基于媒体转储的音频、视频流存放标准。它的特点是能以较小的比特率、较大的压缩比达到近乎完美的 CD 音质。CD 要以 1.4 MBps 的数据流量来表现优异音质，而 MP3 仅需要 112 KBps 或 128 KBps 的数据流量就可以表现出 CD 的音质，其中原因是 MP3 是一种有损压缩方式，压缩过程中质量会有所损失。但这种压缩技术运用心理声学的理论去掉音频中人们不能感知或不需要的部分，从而达到感觉上的"无损"压缩。参见 Moving Picture Experts Group（MPEG）。

MP4　运动图像专家组（压缩）音频第四层，MP4 音频［音乐］格式　MP4 的全称是 MPEG audio layer 4，它是美国 GMO 公司推出的音乐格式。较之 MP3，MP4 具有如下的特点：① 每首 MP4 都是执行文件，内嵌播放器，可直接运行播放音乐。② MP4 采用了先进的音频压缩技术，即美国电话电报公司（AT&T）开发，并授权许可的 a2b 音乐压缩技术，使其音质更胜一筹，且文件大小只有 MP3 的四分之三，更适于在因特网上发行或传送。③ 每首 MP4 都内置版权信息，包括与作品、艺人或版权持有者有关的文字、图像、版权说明以及艺人或唱片公司的站点链接等，有助于版权保护。④ MP4 内含"Solana 技术"的数字水印，并由版权持有者发行，不仅能追踪发现盗版（甚至在转换为 AM/FM 音频时仍可追踪），而且，各种未经合法授权的解压行为，都将导致原文件的彻底粉碎。此外，MP4 还具有多种播放和定制功能。可支持多种彩色图像、网站链接及滚动文本显示，提供波形和分频动态音频显示以及独立调节的左右声道音量控制；可定制各种配色方案，使播放界面与音乐作品相得益彰；内置音乐管理器，可允许合法授权的用户进行各种编辑。比较 MP3。

mu-law　μ 律　一种数字和模拟信号之间进行转换的压缩扩展编码标准，用于脉冲编码调制的声音系统中。μ 律主要用于北美电话网。

mu-law algorithm　μ 律算法　一种标准的模拟信号压缩算法：① 在北美系列的数字通信系统中使用，以便在模拟信号数字化之前优化（即修改）其动态范围；② 因为宽的语音动态范围不适于高效的线性数字编码，因此降低模拟信号的动态范围，从而增加编码效率，将在给定比特数的条件下，具有比线性编码结果高的信噪比。

multi address　多地址　一种报文格式。在这种格式中，报头含有多个目的地址，由报文转换中心识别并转发到多个目的站。

multi address calling facility　多址呼叫设备　指设备或过程：① 允许用户为同一消息或数据使用一个以上的地址；② 允许呼叫发方同时呼叫一个以上的呼叫收方或数据站；③ 允许通信系统顺序或同时建立呼叫，可由用户选择；④ 对于一直接呼叫使用同样的呼叫过程；⑤ 允许

M

使用特定的码或码字，以指定所有需要的目的地或为每一目的地用户指示单独的全长或缩略地址；⑥ 也可和延时处理过程一起使用。

multi-band device　多频带设备　在通信技术中，多频带设备（包括双频带、三频带、四频带和五频带设备）是支持多个无线电频带的通信设备（特别是移动电话）。所有具有多个频道的设备都使用多个频率，然而，频带是包含许多频道的一组频率。移动设备中的多个频带支持不同区域之间的漫游，在这些区域中，采用不同的标准用于移动电话服务。当频带在频率上广泛分离的情况下，必须提供并行发射和接收信号路径电路，这增加了多频带设备的成本、复杂性和功率需求。

multi beam antenna　多波束天线　是能产生多个锐波束的天线。这些锐波束（称为元波束）可以合成一个或几个成形波束，以覆盖特定的空域。多波束天线有透镜式、反射面式和相控阵式等三种基本形式。此外还有以相控阵作为反射面或透镜馈源的混合形式。多波束天线具有以下特点：① 元波束窄且增益高，若用多个发射机同时向各波束馈电，可获得更远的作用距离；② 合成波束能覆盖特定形状的空域；③ 能以组合馈源方式实现低旁瓣。多波束天线不但用于雷达系统，从60年代中后期以来已用在卫星通信和电子对抗等技术领域，成为改进卫星通信系统性能的一项关键性技术，也是现代电子对抗中分选大量目标的一种重要手段。

multi-carrier CDMA（code division multiple access）(MC-CDMA)　多载波码分多址[CDMA]　（1）是在基于 OFDM（正交频分复用）的通信系统中使用的多址方案，允许系统在同一频带上同时支持多个用户。MC-CDMA 在频域中扩展每个用户

符号。也就是说，在多个并行子载波上承载每个用户符号，但根据代码值对其进行相移（通常为0或180度）。每个子载波和每个用户的代码值不同。接收器通过对所有副载波信号进行加权来补偿变化的信号强度并消除码偏移。接收器可以分离不同用户的信号，因为这些信号具有不同的（例如正交的）代码值。（2）第三代移动通信（3G）系统的主要技术，是一种将信号扩展到不同子载波上的重要方式。MC-CDMA 的基本思想是把现有带宽分成许多窄带子信道，在频域对每个数据符号在不同的相互正交的子信道上扩频，降低符号间干扰（ISI），每个子信道上呈现平坦衰落，通过引进频率分集来对抗信道的频率选择性衰落。MC-CDMA 结合了 OFDM（正交频分复用）和 CDMA（码分多址）的优点，具有很高的频谱利用率和分集增益，在高速数据传输时，其抗干扰和多径衰落的性能明显优于传统通信系统。

multi carrier modulation（MCM）　多载波调制　其原理是将所要传输的数据流分解成若干比特流，每个子数据流具有低的传输比特率，并用这些数据流去并行调制若干个载波。

multicast（MC）　多路广播，多播，组播　（1）多播是网络上单个发送者与多个接收者之间的通信，是用于将单个分组复本向多个可选目的地站点播送的技术。例如，以太网允许网络接口属于一个或多个多点播送用户群，用以支持、实现多点播送服务功能。多播可以大大地节省网络带宽，因为无论有多少个目标地址，在整个网络的任何一条链路上只传送单一的数据包。比较 anycast, unicast。（2）在计算机网络中，多播是组通信，其中数据传输同时发送到一组目标计算机。多播可以是一对多或多对多分发。不应将多播与物理层点对点通信混

淆。组通信可以是应用层多播或网络辅助多播,后者使得源可以在单个传输中有效地发送到组。副本自动在其他网络元素(如路由器、交换机和蜂窝网络基站)中创建,但仅限于到当前包含该组成员的网段范围。多播通常用于流媒体的因特网协议(IP)应用,例如 IPTV(因特网电视)和多点视频会议。

multicast address dynamic client allocation protocol (MADCAP)　组播地址动态客户(端)分配协议,MADCAP 协议　一种支持主机请求来自服务器的多播地址的通信协议。MADCAP 设计为允许自动动态分配多播地址。MADCAP 支持有效分配多播地址。这对于具有少量可用的多播地址的 IPv4 很重要。这与 IPv6 多播不太相关。IPv6 支持 2^{112} 个可能的多播地址,而 IPv4 多播地址仅限于 D 类因特网地址(224.0.0.0/4)。IANA(因特网分配号码管理局)指定的用于此协议的端口号为 2535。所有协议消息都封装在 UDP(用户数据报协议)中。MADCAP 协议与 DHCP(动态主机配置协议)有很多共同之处,但它们是独立的协议,没有共同的依赖关系。

multicasting　多播　在数据网络中,相同数据向网络中一组特定收件人的同时传输。

multicast listener discovery (MLD)　多播[组播]侦听(器)发现　是因特网协议版本 6(IPv6)套件的一个组件。IPv6 路由器使用 MLD 在直接连接的链路上发现多播侦听器,就像 IPv4 中使用的因特网组管理协议(IGMP)一样。MLD 协议嵌入在 ICMPv6 中,而不是使用单独的协议。MLDv1 类似于 IGMPv2 而 MLDv2 类似于 IGMPv3。RFC 3810 中描述了该协议,RFC 4604 对其进行了更新。

multicast listener discovery snooping (MLD Snooping)　多播[组播]侦听(器)发现探听　是运行在计算机网络设备二层上的 IPv6 多播约束机制,用于管理和控制 IPv6 多播组。运行 MLD 探听的设备对收到的 MLD 报文进行分析,为端口和 MAC(介质访问控制)多播地址建立映射关系,并根据这样的映射关系转发 IPv6 多播数据报文。

multicast open shortest path first (MOSPF)　多播开放最短路径优先(协议)　在 OSPF(开放最短路径优先)网络中使用的域内多播路由选择协议。在基本的 OSPF 单播协议上加以扩展以支持 IP(网际协议)多播路由选择。MOSPF 定义了三种级别的路由:① MOSPF 区域内多播路由,区域内 MOFPF 利用了链路状态数据库,对单播 OSPF 数据格式进行扩充,定义了新的链路状态通告(LSA),使得 MOSPF 路由器了解哪些多播组在哪些网络上。② MOSPF 区域间多播路由,用于汇总区域内成员关系,并在自治系统(AS)主干网上发布组成员关系记录通告,实现区域间多播包的转发。③ MOSPF AS 间多播路由,用于跨自治系统(AS)的多播包转发。MOSPF 继承了 OSPF 对网络拓扑的变化响应速度快的优点,但拓扑变动使所有路由器的缓存的链路状态失效而需重新计算,因而消耗大量路由器 CPU 资源。这就决定了 MOSPF 不适合高动态性网络(组成员关系变化大、链路不稳定),而适用于网络连接状态比较稳定的环境。

multicast router discovery (MRD)　多播路由器发现　为在 IP 网络上发现多播路由器提供了一种通用机制。对于 IPv4,该机制基于 IGMP(因特网组管理协议)。对于 IPv6,该机制基于 MLD(多播侦听发现)。多播路由器发现由 RFC 4286 定义。

multicast source discovery protocol (MSDP)　多播[组播]源发现协议　是由实验性

M

RFC 3618 定义的协议无关组播(PIM)系列组播路由协议。MSDP 互连多个 IPv4 PIM 稀疏模式(PIM-SM)域,支持 PIM-SM 具有汇聚点(RP)冗余和域间组播功能。每个 PIM-SM 域都使用自己独立的 RP,且不依赖于其他域内的 RP。

multichannel multipoint distribution services (MMDS)　多频道[信道]多点分配业务　(1) 以前称为宽带无线电服务(BRS),也称为无线线缆,是一种无线通信技术,用于通用宽带网络,或者更常见的是作为有线电视节目接收的替代方法。(2) MMDS 是通过微波传输,采用 MPEG(活动图像专家组)数字压缩技术,为具有微波接收设备的用户提供视频和数据业务的通信系统。工作频段一般在2.5 GHz、3.5 GHz,MMDS 每个发射塔的覆盖范围为 30~70 千米,一般只提供单向传输通道。其主要缺点是有阻塞问题且信号质量易受天气变化的影响,可用频带亦不够宽,最多不超过 200 MHz。

multichannel single fiber cable　多信道单纤光缆　在光纤系统中,均包在同一外护套中的两根或多根单纤组成的光缆。

multiclass PPP (MLP)　多分类点对点协议　对于 PPP,无法在单个链路上同时建立多个不同的 PPP 连接。这在多链路 PPP 中也是不可能的。多链路 PPP 对数据包的所有片段使用连续的编号,因此不可能为了发送另一个数据包而暂停发送一个数据包的片段系列。这可以防止在同一链路上多次运行多链路 PPP。多分类 PPP 是一种多链路 PPP,其中每个"类"流量使用单独的序列号空间和重组缓冲区。多分类 PPP 在 RFC 2686 中定义。

multicoupler　多路耦合器　将若干接收机连接到一个天线上并且将接收机阻抗与天线良好匹配的装置。

multi-domain vertical alignment (MVA)　多区域垂直排列　是由日本富士通公司开发的液晶显示技术。MVA 技术使可视角度可达到 160°,响应时间可达到 20 毫秒,对比度和响应时间有较大的提高,适合对视频和游戏的回放。

multielement dipole antenna　多元偶极子天线　一种包括若干个偶极子天线的布局,可以通过改变布局和激励方式,产生各种定向模式。

MulteFire　MulteFire 技术　是非许可证频段的 LTE(长期演进)的另一种变体,并且已被提议作为用于小型蜂窝小区的 LTE 的独立版本。该变体将仅使用非许可证频谱作为主要的和唯一的载波,并且它将为中立主机提供在未来部署 LTE 的机会。LTE 在非许可证频段中独立运行的想法最初由第 3 代合作伙伴项目(3GPP)中的少数供应商提出,但被网络运营商拒绝,他们希望该技术依赖于他们持有的许可证频谱。

multiframe (MF)　复帧,多帧　在脉码调制(PCM)系统中,一组相继的帧:① 每一帧和每一帧的位置可以用复帧定位信号为参考来加以识别,② 在每个帧中,复帧定位不一定要全部或部分地出现。

multiframe alignment signal　复帧定位信号　一种帧定位信号,作为一组特定的相继帧的定时信号(即参考信号)。

multi-frequency signaling　多频信令[信号方式]　(1) 在电话技术中,多频信令(MF)是第二次世界大战后贝尔系统引入的信号系统。它使用音调组合来表示地址(电话号码)和监听信令。在带内通过与用于语音业务的承载信道相同的信道发送信令。(2) 随路信令的一种形式,就是使用频率组合的信号方式,以不同的频率来表示不同的信令。

multi-gigabit transceiver (MGT)　多千兆位收发器　一种能够以高于 1 千兆位/秒的串行比特率运行的串行器/解串

器(SerDes)。MGT 越来越多地用于数据通信,因为它们可以支持更长的距离,使用更少的线路,因此比具有相同数据吞吐量的并行接口的成本更低。

multihole coupler　多孔耦合器　一种定向耦合器,在耦合器波导宽边上有相距四分之一波长的 2 排直径渐变的孔。从一个方向进来的功率经过主波导,通过耦合孔,只在辅助波导上的一个方向上激励出波。由于孔之间的距离,在反方向传送的波相位相反并且相互抵消。

multihomed host　多宿(主的)主机　(1) 一个具有多路网络连接的主机,可通过多个链路发送和接收数据,但并不为其他节点转发数据。(2) 在因特网中,指一个在连接的网络上具有多个 IP 地址的宿主。

multihop transmission　多跳[多反射]传输　一种无线电频率传输,无线电波在行进到远超出直接传输范围的接收机的路径上,在地球和电离层之间多次反射和折射,也被称为"多跃传输"。

multilevel secure　多级安全　一类包含不同等级敏感信息的系统,它既可供那些确有必要且具有不同安全许可和已知需要的用户同时访问,又能阻止用户去访问其无权过问的信息。

multilevel secure system　多级安全系统　在计算机安全中,一种包含不同分类级的信息的系统。允许用户同时访问不同的安全级,但防止用户获得不具备授权的信息。

multilevel security　多级安全性　一种操作方式,当有某些用户对系统中的全部数据既不清楚也不需要知道时,能使处在各种安全级上的数据并行地在计算机系统中存储和处理。

multilevel security mode　多级安全模式　对于自动系统中当前存储和处理的不同级别或类型的数据,准许具有不同安全权限和有权可知的用户进行选择性访问的操作模式。

multi-level transmission-3 (MLT-3)　多电平传输-3 电平　是一种双极性的编码($+V$、0、$-V$),信号可以在相邻两电平之间跃变,在数据位对应时间有跃变沿表示"1",无跃变沿表示"0"。使用 MLT-3 编码可以使信号频谱降低至 30 MHz,从而不要求更高带宽的传输介质。

multi-level transmit-3 encoding　多电平传送 3 编码,MLT-3 编码　是使用三个电压电平的线路码,是通信系统中用于传输目的的信令方法。与大多数以相同比特率工作的二元逻辑或三元逻辑接口相比,例如曼彻斯特码或传号交替反转码,MLT-3 接口发出更少的电磁干扰并且需要更少的带宽。MLT-3 周期顺序通过电压电平 -1、0、$+1$、0。它转换到一个状态时就发送 1 比特,而保持相同的状态时发送 0 比特。与简单的 NRZ(不归零制)编码类似,MLT-3 的编码效率为 1 比特/波特,但它需要四个转换(波特)才能完成一个完整的周期(从低到中、从中到高、从高到中、从中到低)。因此,最大基频降低到波特率的四分之一。这使得信号传输更适合于铜线。

multi-line hunt group (MLHG)　多线连选[寻线]群　如果被叫用户处于忙时,交换系统就将呼叫与同组内的其他成员进行连接,这种能力称为多线连选群。参见 line hunting (LH)。

multi-line laser　多谱线激光器　一种多模(即发射两个或更多不同波长)气体激光器。

multi-program transport stream(MPTS)　多节目传输流　指复用了多路节目、多种信息的数字码流。

multilink　多链路　(1) 具有各自链路协

M

议的两条或多条数据链路。多链路可以是多路复用链路。(2)数据网络中由两条或多条数据链路组成的,属于两个节点的一个分支。

multilink operation 多链路工作 在分组交换网中,同时使用多个链路传输同一报文单元的不同部分。多链路工作增加了报文传输的有效速率,但需要特殊的方法来控制复用和复用分路。

multilink PPP (MLPPP, MP, MPPP, MLP) 多链路点对点协议 也称为多重链路协议。由因特网工程任务组(IETF)制定的网络路由器协议标准 RFC 1990 中定义的。提供了一个跨越多个不同的 PPP 连接的传播流量的方法。弥补了点对点协议(PPP)一次只能处理一个实际链接的局限。利用 MLPPP,路由器和其它访问设备可以合并多条 PPP 链路到一个逻辑数据管道中。多链路 PPP 是一个链路聚合技术的一个例子。

multilingual 多语言 (1)修饰或说明包含几种语言或几种语言表达的文件;(2)修饰或说明配有几种语言的声音或字幕的 DVD-Video 影视节目。

multimedia (MM) 多媒体 又称"多媒质"或"多媒介"。多媒体是全面的综合性的信息资源,它结合了文字、资料、图形、影像、动画、声音、特殊效果,再经由电脑表现出来,它能用来表达信息传播中的任何媒体资源。

multimedia communication system (MCS) 多媒体通信系统 是指能够存储、传输、与显现多种表示媒体的信息(即多种媒体编码信息),并且具有集成性、交互性和同步性三个特性的通信系统。① 集成性是指多媒体通信系统集多种编译码器,多种感觉媒体显现方式,能与多种传输媒体进行接口,并且能与多种存储媒体进行通信的系统。② 交互性是指通信系统中用户与系统之间互相通信与控制的能力。在多媒体通信系统中交互性包括有两个方面的内容。一是人与终端之间的交互通信,这是通过终端向用户提供符合人机接口(MMI)协议的操作界面来完成的;二是用户终端与系统之间的交互通信、控制,这是通过应用层通信协议来完成的。③ 同步性是指在多媒体通信终端上所显现的图像、文字和声音在时空上是同步的。这些图像、文字和声音可以来自不同的信息源(一般为数据库),并可通过不同的传输途径传送过来,在用户终端中可将这些图像、声音、文字实现同步,从而将一个完全同步的多媒体信息显现在用户面前。

multimedia service (MMS) 多媒体业务 是指能够处理多种表示媒体的业务。例如视频点播(VOD)、远程教学、远程医疗和视频会议等业务。

multimode (MM) 多模 光缆、传输线或波导以两种或多种模式传播信号的能力。因具有传输延迟,其延迟不确定性随着长度而增加,从而限制了带宽。

multimode fiber (MMF) 多模光纤 容许不同模式光束于一根光纤上传输的一种光纤。同 multimode optical fiber。

multimode graded fiber 多模渐变型光纤 带有渐变纤芯的光纤,支持一种以上光传输模式。光线以正弦形状沿纤芯中心轴线方向传播,特点是信号畸变小。

multimode laser 多模激光器 发出包含两个或更多模式(即两个或更多不同波长)的射线的激光器。

multimode optical fiber 多模光纤 一种允许传输多模信息的光纤。其相对较大直径的芯线可使光脉冲在不同方向上沿 Z 字形传输。

multimode step index fiber 多模阶跃折射率光纤 能够支持一种以上光传输模式的带有阶跃式突变纤芯的光纤。

multiparty teleconferencing 多方远程会议

包含两个以上远程会议终端的远程会议系统。例如三方或更多方之间的多方视频会议。

multipath 多径 一种传播现象,由于反射或折射的原因,导致无线电信号经两条或更多条路径到达接收天线。

multipath cancellation 多径抵消 由于通过不同路径到达的各分量的相对幅度差和相位差而使无线电信号被完全抵消。

multipath effect (MPE) 多径效应 在无线电系统中,当无线电信号从发射器到接收器通过不同的路径传送时产生的影响。这种多径传输会导致信号的干扰和衰落。例如,由于直线传输、附近物体的反射传输、通过空气的散射传输等等。这就导致了不同路径信号之间的干扰,由于对不同路径的信号或者增强或者衰减,其结果是信号强度的失真和变异,即多径衰落。

multipath fading 多径衰落 在电磁波(包括无线电波和光波)传播中,由于多径引起的衰落,其中:① 能量分散到各个路径上,导致失真;② 因为不同长度路径上的光波到达时间的差异导致到目的地信号增强或抵消,也带来失真。

multipath routing 多(路)径路由(选择) 是通过网络使用多条备选路径的路由选择技术,可产生多种好处,如容错、增加带宽或提高安全性。计算得到的多条路径可能相互重叠、边缘分离或节点分离的路径。已对多路径路由技术进行广泛的研究,但多路径路由尚未在实际中广泛应用。

multipath TCP (MPTCP) 多路径 TCP 是因特网工程任务组(IETF)多路径TCP(传输控制协议)工作组正在进行的工作,旨在支持 TCP 连接使用多条路径来最大化资源利用和提高冗余。

multipicture-in-picture(MPIP) 多画面 一种以方格模式将多个来自不同信号源的图像显示在一个电视屏幕上的技术。

multiple 复接,多点 在通信、计算机、数据处理和控制系统中,指这样的布线系统,它能使一个电路、一条线路或一组线路可以在若干点被访问。同 multipoint。

multiple access interference (MAI) 多址干扰 在实际的 CDMA(码分多址)通信系统中,各个用户信号之间存在一定的相关性。

multiple access network 多路访问[多址接入]网络 通过多路访问网络,每一个工作站可在任意时刻访问网络,当两台计算机同时需要传输信息时,则按照候选时间规则进行。

multiple access techniques 多址[多路访问]技术 可细分为频分多址(FDMA)、时分多址(TDMA)、码分多址(CDMA)、空分多址(SDMA)。频分多址是以不同的频率信道实现通信。时分多址是以不同的时隙实现通信。码分多址是以不同的代码序列实现通信。空分多址是以不同的方位信息实现多址通信。

multiple beam antenna 多波束天线 能产生多个锐波束的天线。这些锐波束(称为元波束)可以合成一个或几个成形波束,以覆盖特定的空域。多波束天线有透镜式、反射面式和相控阵式等三种基本形式。此外还有以相控阵作为反射面或透镜馈源的混合形式。

multiple beaming 多波束传输 在雷达系统中,从一副天线发射两个或多个波束,每个波束在任何特定时刻都以不同方向传输。

multiple bundle cable 多束光缆 置于一公共通常是柱面外护套内的许多有护套的光纤束。

multiple bundle cable assembly 多束光缆组件 已装有终端器件,立即可安装的多束光缆。

multiple call 多重呼叫 在电话交换台操

作中,一种从一个用户到几个其他不同呼号用户的呼叫。同 bunched call。

multiple call message　多呼话传电报　一种包含要求在中继站进行分离的路由指示符的报文。

multiple domain network　多畴[域]网络　(1) 具有一个以上主节点的网络。同 multidomain network。(2) 在系统网络体系结构中,具有一个以上系统服务控制点的网络。比较 single domain network。

multiple fiber cable assembly　多纤光缆组件　一种含有两根或更多根光纤的光缆,并已装有终端连接器件。

multiple frames interface (MFI)　多帧界面　一种用户界面,它在一组可以在屏幕上垂直滚动的帧或面板中显示信息。它是一个集成界面,旨在将互联网门户或操作系统的几乎所有服务汇集到一个屏幕上。

multiple-input (and) multiple-output (MIMO)　多输入多输出(多天线收发系统)　在发射端和接收端分别使用多个发射天线和接收天线,使信号通过发射端与接收端的多个天线传送和接收,从而改善通信质量。它能充分利用空间资源,通过多个天线实现多发多收,在不增加频谱资源和天线发射功率的情况下,可以成倍的提高系统信道容量,显示出明显的优势。新一代超高清电视广播 MIMO(多天线收发系统)实现了 8 MHz 带宽中传输 62 Mbps 以上的码率,即可以实现在一个地面电视频道内传输 2 套 4K 超高清电视或者一套 8K 超高清电视节目。该系统还支持灵活的帧结构和时频资源调度,能够在一个 8 MHz 频道内支持多个传输管道,不同的管道传输的数据可以同时应用于移动接收和固定接收。这不仅很好地节约了频谱资源,也给海量高质量、多样化的视频内容与服务的灵活分发提供了非常大的空间。

multiple-input, multiple-output orthogonal frequency-division multiplexing (MIMO-OFDM)　多输入多输出正交频分复用　是 4G 和 5G 宽带无线通信的主要空中接口。它结合了多输入多输出(MIMO)技术,通过多个天线发送不同的信号来增加容量,以及正交频分复用(OFDM),它将无线电信道划分为大量紧密间隔的子信道来提供更可靠高速通信。在 20 世纪 90 年代中期进行的研究表明,虽然 MIMO 可以与其他流行的空中接口一起使用,例如时分多址(TDMA)和码分多址(CDMA),但 MIMO 和 OFDM 的组合在更高的数据速率情况下最为实用。MIMO-OFDM 是最先进的无线局域网(WLAN)和移动宽带网络标准的基础,因为它实现了最大的频谱效率,因此提供了最高的容量和数据吞吐量。

multiple level feedback variant on round robin scheduling　多级反馈变量轮转调度　一种进程调度方式。在该方式中,当有新的进程进入时,先让它运行一段时间,该时间等于系统中所有其他作业运行的时间量,然后再让它按正规的轮转法运行。

multiple modulation　多重调制　一种连续的调制过程。在该过程中,一调制过程的输出波形又变成下一过程的调制波。在调幅脉位调制系统中,一个或多个信号对其各自的脉冲副载波进行位置调制,这些副载波在时间上相分隔,并用来对一个载波进行调幅。

multiple phase shift keying (MPSK)　多相移相键控　一种键控(即调制)方式,其中许多载波的相位状态(即相位位置)或有效状态代表数字信息输入码元。

multiple photon absorption　多光子吸收　一种非线性光学效应。在高强度激光束的照射下,物质有可能同时吸收几个、甚至几十个光子,这称为多光子吸收。这一现象可理解为多个光子同时被吸收,物质从初态跃迁到终态,而仅仅经过虚设的中间状态。多光子吸收可能会伴随多光子发射及电导、光电、荧光、离解、光化学反应等多光子效应,它在光谱学、物性研究、同位素分离和光化学等领域有着重要的应用。

multiple quadrature amplitude modulation (MQAM)　多进制正交幅度调制　是在中、大容量数字微波通信系统中广泛使用的一种载波控制方式。这种方式具有很高的频谱利用率,在调制进制数较高时,信号矢量集的分布也较合理,同时实现起来也较方便。目前在同步数字序列(SDH)数字微波、本地多点分配业务(LMDS)等大容量数字微波通信系统中使用的 64 QAM、128 QAM 等均属于这种调制方式。

multipler　多路复用器[合成器,倍增器]　(1)能将来自若干单独分信道的独立信号复合起来,使多路信息在一条公共信道的同一方向上同时传输的装置。(2)用来将几个来源的光像组合后送入一条共同光路里的光学装置。

multipler and bus interface　多路转换器和总线接口　用来给总线传送信息的接口。传送的信息包括总线地址、字数、数据或用户指定的命令和状态寄存器的内容。多路转换器一般由设备地址的最低两位控制。这两位经译码后用来选择传送的信息。当检测到设备地址时,就将选中的信息送到总线驱动器。

multipler polling　多路转接器轮询　一种轮询技术。该技术允许每个远程多路转接器轮询其所连接的终端。由于多路轮询是并行操作的,且转接器包含的控制信息较少,因而它比中央计算机轮询效率更高。

multiple sound track　多(重)声道,多声迹　在同一基带上的一组相邻的声磁道,在性质上独立,但有共同的时间关系,如立体声录音。

multiple spanning tree protocol (MSTP)　多生成树协议　MSTP 和算法通过桥接局域网,为任何给定虚拟局域网(VLAN)提供简单的和完整的连接分配。MSTP使用 BPDU 在生成树兼容设备之间交换信息,通过选择活跃路径和阻塞路径来防止每个 MSTI(多生成树实例)和CIST(公共和内部生成树)中的环路。这在 STP 中同样既可以完成,无需手动启用备份链接和消除桥接环路危险。此外,MSTP 允许分配给不同 VLAN 的帧/分组,在由 LAN 和/或 MST 桥组成的MST 区域内,遵循单独的路径,每个路径基于独立的 MSTI。这些区域和其他网桥和 LAN 连接到单个公共生成树(CST)。

multiple table cipher　多表密码　在代替法加密体制中,使用了关键字字母表,它是由明语字母表和密码文字母表两个部分构成的。密码文字母表可以由一个字母表构成,也可以由多个字母表构成。凡由多个字母表构成的代替密码,称为多表密码。

multiple transmission medium token ring　多(重)传输介质令牌环　采用双绞线、光纤、宽带电缆等多种传输介质组成的令牌环网。目前提供四种电缆系统令牌环。类型 1、2 为屏蔽双绞线,可在环上连接 260 台设备。类型 3 为普通电话双绞线,环路可连接 72 台设备。类型 5 为光纤,目前仅作为环路站点之间的连接线。

multiple trip echo　多程[多次往返]回波　从遥远目标返回的回波,使雷达脉冲发往目标和返回接收机所需的时间长于两个相继脉冲之间的时间间隔。回波将出现在可识别的虚假距离上,因为当脉冲重复速率改变时,该距离也将改变。当回波在第二个和第三个脉冲之间到达时,则该回波被称为二次往返回波。

multiple tuned antenna　复调谐天线　无需改动就能在若干个预置频带中的任何一个频带上工作的天线。

multiplex (MPLX)　多路操作,多路复用　(1) 在一个信道上交替或同时传输两个或多个报文的方法。(2) 在与计算机相连的单条通信线路上容纳的多个数据通道。把个别的信息分成段,组成较长的信息,这是由多路转接器来完成的。当信息到达其目的地时,就把它分开,并重新汇编成原来的分开的个别信息。

multiplex aggregate bit rate (MABR)　多路聚合[聚集]比特率[位速率]　时分多路调制器的比特率,等于供用户使用的输入信道数据信号速率之和再加上所需的开销比特而得的速率,由以下关系式给出: $MABR = R(\sum n_i + H)$,求和从 $i=1$ 到 $i=m$,其中,MABR 是多路聚合比特率,R 是输出信道帧的脉冲重复速率,n_i 是每复用帧(第 i 个信道的)比特数,m 是多路调制器最大输入信道数(包括非工作信道,配置信道或两者兼有),H 是每输出信道复用帧的开销比特数。复用帧内的比特数设为常数。

multiplex baseband　复用基带　在频分复用中,多路复用设备和无线电设备或有线设备互联的线路上的信号集合所占的频带。

multiplex baseband receive terminal　多路复用基带接收终端　最靠近多路复用设备的基带电路中的点,通常从该点与无线电、视频、光纤、线路基带传输终端或中间设备相连接。

multiplex bearer call　多载呼叫　即每个呼叫由多个独立的单向无线连接的元素组成。

multiplex channel (MXCH)　(多路)复用信道[通道]　一个同时在同方向是供两个或多个服务的载波通道。

multiplex communication　多路通信　用一条公共信道传输一路以上独立信息的通信。

multiplex data terminal　多路复用数据终端　在两台或多台输入/输出设备的数据传输之间进行调制、编码、解调与译码的一种设备。

multiplexed analog/analogue components (MAC)　复用模拟分量,MAC 制　一种卫星电视传输标准,最初为使用一个全欧洲的地面高清电视系统提出,尽管它从未被在地面使用过。MAC 在时间上分别传输亮度和色度数据,而不是在频率上单独使用(如其他模拟电视格式,如复合视频)。MAC 最初是由英国独立广播局(IBA)开发,以通过直接广播卫星提供高质量的图像。接收 MAC 信号需要在传统的电视机上添加附加装置。MAC 格式的数字字部分包括宽带声音和信息格式,如语音信道、多语言、图文电视、字幕、图像格式和控制信息等。MAC 格式的模拟部分包括 U(色差)、V(色差)和 Y(亮度)信息,它们是独立的分量。

multiplexed channel　复用信道　通过复用技术能够同时承载两路以上信号的传输信道。

multiplexer (MUX, MXR)　多路复用器[转换器],多工器　(1) 允许两个或多个信号通过一个通信电路的电子设备,这种"电路"可能是电话线、微波电路或是通过空中的电视信号。这种电路也可以是模拟的或数字的,都有很多复用技术可实现。(2) 一种多媒体设备,允许从影片到幻灯片的渐隐或剪切,或这些方式的任何组合。利用不同的透镜、棱镜、分光器和反射镜能够同时处理多路输入源。(3) 一种光学系统,允许若干电影和幻灯片放映机将视频信息输入到同一台电视摄像机中。

multiplexer channel（MXC） （多路）复用[转接]器通道[信道] 用于计算机与若干外设同时传输数据的通道。这些外设的操作速度相对较低，例如，终端和打印机等。多路转换器通道采用数据交叉的方法同时传输多台外设的数据。

multiplexer-demultiplexer （ MDM/MDX/MULDEM） 复用器-解复用[分路]器，多路复接分接器 （1）一种结合了数字信号复用和分路功能的设备。（2）一种执行复用和解复用功能的通信设备。

multiplexing 多路复用 （1）用于通信和输入/输出操作的一种技术。通过单条线路或单根电缆传输一个以上信号的处理方式。有两种形式：并行处理和串行处理。并行处理对物理信道按频率分离成几个窄频信道。多路输入的每一路共享可用带宽的一部分，串行处理则是对多路信号进行时间划分。在串行处理中，信号的速度非常快，以致可以用单一解码驱动器多路传输不同的编码信号。（2）在电信和计算机网络中，多路复用（有时缩写为 muxing）是一种通过共享介质把多个模拟或数字信号组合成一个信号的方法。目的是分享稀缺资源。例如，在电信中，可以使用一条线路承载几路电话呼叫。多路复用起源于 19 世纪 70 年代的电报，现已广泛应用于通信领域。在电话领域，乔治·欧文·斯奎尔（George Owen Squier）在 1910 年开始致力于电话载波多路复用。多路复用将通信信道的容量分成几个逻辑信道，每个逻辑信道用于要传输消息信号或的数据流。反向过程称为解复用，在接收器端提取原始信道。

multiplexing sound on vision（MSV） 视频上的多路伴音(通道) 是用伴音信号对一个副载波进行频率调制来实现的方式，这一副载波的频率高于视频信号的上限，但在传输线路设备的通带之内。

multiplexing space 空分多路复用 共享资源的一种方法。它将资源分割成较小的部分分配给不同的进程，在任意时刻，各个进程分别单独控制使用分配的资源。

multiplexing time 时分多路复用 共享资源的一种方法。它将整个资源轮流分配给各个进程一个时间片使用，在任意时刻，某个进程单独控制使用整个资源。

multiplex link 多路复用[传输]链路[链接] 可使一台 DTE（数据终端设备）在单一的线路上对数据网络具有几条存取通道的一种手段。有三种方法：成组交叉存取、字节交叉存取和位交叉存取。

multiplex link encryption 多路链路加密 （1）使用单个密码设备加密一多路链路内所有信道中的数据的一种加密方式。（2）使用单个密码设备加密多路链路中全部数据的一种加密方式。

multiplex mode 多路工作[复用、传输]方式 在多路转接器通道上，多个低速输入输出装置进行分时输入输出的一种工作方式。

multiplex section（MS） 复用段 两个复用段路径终端功能之间（包括这两个功能）的路径。

multiplex section adaptation（MSA） 复用段适配 MSA 处理管理单元指针 AU 3/4，并组合/分解整个的 N 阶同步传输模式（STM-N）帧，其中的管理单元指针 AU 3/4 用来提示 VC 3/4 相对于 STM N 中的段开销（SOH）的相位。

multiplex section overhead（MSOH） 复用段开销 在 SDH（同步数字序列）帧结构中，MSOH 由 N 阶同步传输模式（STM-N）信号中段开销（SOH）的第五至第九行组成。参见 synchronous transfer/transport module（STM）。

multiplex section protection（MSP） 复用段

保护 MSP 提供信号在两个 MST(复用段终端)功能之间(包括这两个功能)从一个工作段切换到保护段的功能。

multiplex section termination (MST) 复用段终端 MST 在构成 SDH(同步数字系列)帧信号的过程中产生复用段开销(MSOH),并在相反方向终结 MSOH。参见 synchronous digital hierarchy (SDH)。

multiplex sections alarm indication signal (MS-AIS) 复用段告警指示信号 N 阶同步传输模式(STM-N)的一种信号。它包含一个有效的再生段开销(RSOH),其余比特位均为"1"。

multiplex l to 3 (M13) M13 多路复用器 在北美传输数字序列中,将数字信号等级 1(DS-1)复接到数字信号等级 3(DS-3)的多路复用器称为 M13 多路复用器。

multiplying 多路 在通信系统的一链路或信道中,一次传送多组信号的过程。一般分为两种传送方法,即频分多路和时分多路。频分多路是将信号按频率划分为多路窄频带通道;时分多路是将信号按时间分割。

multi-point control protocol (MPCP) 多点控制协议 EPON(以太网无源光网络)系统通过一路共享光纤将多个 DTE(数据终端设备)连接起来,其拓扑结构为不对称的基于无源分光器的树形分支结构。MPCP 定义了 OLT(光线路终端)和 ONU(光网络单元)之间的控制机制,来协调数据的有效发送和接收。EPON 系统使用等同于 GPON(吉比特无源光网络)的 SR(状态报告)DBA(动态带宽分配)解决方案的 DBA 机制。OLT 为其队列状态查询 ONU 并使用 MPCP GATE 消息授予带宽,而 ONU 使用 MPCP REPORT 消息报告它们的状态。

multipoint control unit (MCU) 多点控制单元 多点会议电视网络节点的交换设备,将来自各会议现场终端机的会议电视数据汇总在 MCU 中,同步分离出图像、语音、数据,再将各个点的同类型信息送入同一处理器,完成混合、处理、切换等过程,最后重新组合送往各对应的会场,由网络接口模板、语言处理器、视频处理器、控制处理器、数据处理器构成。有用于 IP 和基于 ISDN 的视频会议的 MCU 桥接器。有些 MCU 是纯软件的,有些是硬件和软件的组合。MCU 的特性在于它可以同时处理的呼叫数量上,进行数据速率和协议的转换能力,以及诸如连续呈现的特性,可以在屏幕上同时看到多方。MCU 可以是独立的硬件设备,也可以嵌入到专用的视频会议单元中。

multipoint distribution system (MDS) 多点式分配系统 微波发射机将电视节目分配给通过接收天线收看电视的接收者(天线通常安装在屋顶)。

multipoint network 多点网络 (1)一种网络,在该网络中,只有两个端节点及任意数目的中间节点,并且任意两个节点之间只有一条通路。(2)数据通信中的一种配置,它有两个以上互相连接的终端设备,网络中可以包括交换设备。

multiprotocol extensions for BGP (MBGP, MP-BGP) 边界网关协议的多协议扩展 有时称为多协议 BGP 或多播 BGP,在 IETF(因特网工程任务组)RFC 4760 中定义,是 BGP 的扩展,支持不同类型的地址(称为地址族)并行分布。标准 BGP 仅支持 IPv4 单播地址,而多协议 BGP 支持 IPv4 和 IPv6 地址,并且支持每种地址的单播和多播变种。多协议 BGP 允许从普通的 IPv4 单播路由器的拓扑中分别交换支持 IP 多播的路由器的拓扑信息。因此,它支持多播路由拓扑不同于单播路由拓扑。虽然 MBGP 支持域间组播路由信息的交换,但是需要如协议无关组播系列等其他协议来构建路径树并转发组播流量。

multiprotocol label switching（MPLS）多协议标记交换　因特网工程任务组(IETF)组织制定的一种IP(网际协议)交换标准。MPLS主要的优点就是采用了类似标记交换和IP交换的方式,可以充分利用ATM(异步传输模式)交换网络的硬件优势,相对简化转发处理,提高IP包的转发效率。MPLS具有许多特色:① 具有面向连接的第二层网络的许多性能特性和第三层网络的多种网络业务;② 提高了网络层路由的价格/性能比;③ 改进了扩展性。使用 MPLS,PVC(永久虚拟线路)数目的增长数量级为O(N),而相似的传统路由网络增长数量级为O(N2);④ 赋予了新的路由服务数据传输更大的灵活性;⑤ 改进了流量控制的可能性;支持具有服务质量(QoS)保证的服务传输方式;⑥ 不再需要协调IP和ATM地址分配以及路由信息。

multiprotocol label switching transport profile（MPLS-TP）多协议标记交换传输协议　是 ITU-T(国际电信联盟-电信标准化部)和IETF(因特网工程任务组)共同定义的,是 TMPLS(传输多协议标记交换)和 MPLS 融合发展的产物,是适应业务 IP 化、网络分组化的主流技术。MPLS-TP 的初衷是实现跨多个域的网络管理,网络范围包括接入网、汇聚网和核心网,每一个子网都可以运行自己的MPLS 和 MPLS 的变种(动态的或者静态的 MPLS)。参见 multiprotocol label switching（MPLS）。

multiprotocol lambda switching（MPLS）多协议波长交换　是把多协议标签交换(MPLS)的基本概念应用到了光域,采用光波长作为交换的标签,将第三层路由转发与第一层(光层)的光交换进行了无缝融合,利用波长来寻路由,并标识所

建立的光通路,为上层业务提供快速的波长交换通道。

multiprotocol over ATM（MPOA）ATM（网络)上的多协议(标准)　由 ATM(异步传输模式)论坛定义的一个标准,允许在ATM上建立内部子网的简捷连接。该标准将使用其他若干规范,包括局域网仿真(LANE)、ATM 之上的经典 IP(网际协议)以及 NHRP(下一跳解析协议)。MPOA 集成扩展了 LANE 和 NHRP,将LANE 的虚拟网络同 NHRP 的地址解析能力结合起来,支持多种网络协议,能在 LANE 环境下实现子网间的有效通信,主要解决了捷径式路由的问题,从而缓解了 LANE 和 IPOA 的路由器瓶颈问题,使基于路由的网络能充分利用 ATM交换结构的优越性,提高了大型路由器的性能及效率。

multi-pulse excited linear predictive coding（MPE-LPC）多脉冲激励线性预测编码　一种语音压缩算法。这种算法在一帧语音中选择几十个典型脉冲作为激励信号。国际海事卫星组织(INMARSAT)的 9.6 kbps 语音编码航空标准采用了这种算法。

multi pulse linear predictive coding（MPLPC）多脉冲线性预测编码　激励源一律采用多脉冲序列,在给定的一帧 N 个激励样本中,保留 M 个,其幅度和位置是确定的。使合成语音和原始输入语言之间的感知加权误差最小。MPLPC 必须进行量化编码,它传输的内容包括多脉冲激励的脉冲位置和幅度,长时和短时预测器系数,音调周期。MPLPC 产生的语音质量和数码率取决于脉冲的数目。一般认为在 9.6 kbps 的数码率上,有较高的话音质量。它可以应用于数字移动通信、数字保密通信。

multipurpose Internet mail extensions（MIME）多用途因特网邮件扩展(协议)　一个因

特网电子邮件扩展的协议,提供传输非文本数据的能力,如图形、音频和二进制数据。MIME 标准现已成为因特网电子邮件的主流。它的好处是以对象作为包装方式,可将多种不同文件一起打包后传送。发信人只要将要传送的文件选好,它在传送时即时编码,收信人的软件收到也是即时解码还原。

multipurpose jammer　多用途干扰机
(1) 一种能够同时干扰一宽频带内许多频率的干扰机。(2) 一种能够将两个或更多的反电子对抗措施(如阻塞干扰和伪装干扰)结合起来的干扰机。(3) 一种能够实现两种或更多种不同干扰(如定点干扰和同步干扰)的干扰机。

multirange amplifier　宽范围放大器 一种具有可转换的,可编程的或可自动调整放大系数的放大器,使不同范围的模拟信号适合于规定的输出要求。

multi-rate ISDN　多速率综合业务数字网
用户可以将多个 ISDN 一次群速率接口 B 信道复合起来使用,得到 N×64 kbps 的传输带宽。

multirate single pair DSL (MSDSL)　多速率单线对数字用户线路 仅使用一对铜线,支持从 272 Kbps 到 2 320 Kbps 的对称传输。

multi-rate symmetric DSL (MSDSL/MDSL) 多速率对称数字用户线路 是一种专有的非标准化对称数字用户线技术,最大传输距离为 29 000 英尺(8 800 m)。它具有多种传输速率,由互联网服务提供商设定,通常基于服务和/或价格。提供 8 种数据速率,从 160 kbps 到 2.32 Mbps 不等。

multiresidue code　多剩余码 一种可校正算术错误的代码。其特征是采用多个剩余数作为校验符号。

multiresolution image　多分辨率图像 解压缩时可生成多种分辨率图像的压缩

图像。

multisatellite link (MSL)　多卫星链路
一种无线链路:① 在一发送地面站和一接收地面站之间,通过两个或更多的通信卫星而没有任何中介的地面站形成;② 包含一个上行链路,一个或多个卫星到卫星的链路和一个下行链路。

multi scanning monitor　多频扫描监视器
一种计算机监视器,可以以多种不同的视频频率扫描以适应不同的屏幕分辨率,并且支持不同的视频适配器和图形显示的方法。

multi-service access network　多[综合]业务接入网 提供大容量、高速率、高质量的综合业务(语音、数据、视频和多媒体等)的接入网络。

multi-service access node (MSAN)　多业务接入节点 也称为多业务接入网关(MSAG),是通常安装在电话交换机中的设备(尽管有时安装在路边服务区接口机柜中),它将用户的电话线连接到核心网络,以从单一平台提供电话、ISDN(综合业务数字网)和 DSL(数字用户线)等宽带。在部署 MSAN 之前,电信提供商通常拥有多种独立的设备,包括 DSLAM(数字用户线路接入复用器),以便向用户提供各种类型的服务。在单个节点上集成所有服务(通常通过 IP 或异步传输模式回传所有数据流)可以更具成本效益,并且可以比以前更快地向用户提供新服务。典型的户外 MSAN 机柜中包括窄带(POTS)、宽带(xDSL)服务、带整流器的电池、光传输单元和铜缆配线架。

multi-source agreement (MSA)　多源协议
是多家制造商之间达成的协议,旨在制造跨供应商兼容的产品,作为事实上的标准,为可互操作的产品建立竞争市场。追随多源协议的产品包括:光收发器、如 SFP(小型可插拔模块)、SFP+(增强小型可插拔模块)、XENPAK、QSFP(四路小型可插拔模块)、XFP(10G 小型可插拔模块)、CFP(C 型可插拔模块)等,以及光纤电缆和其他网络设备。MSA 严格定义了这些网络设备的操作特性,以便系统供应商可以在其设备(例如以太网交换机和路由器)中实现的端口,能够支持由品牌生产以及第三方供应商的MSA 兼容设备正常运行。

multispectral 多光谱　又叫"多波段",是指对地物辐射中多个单光谱的摄取。得到的影像数据中会有多个光谱信息,合成将得到模拟真彩色图像。多波段遥感影像可以得到地物的色彩信息,但是空间分辨率较低。

multispectral image 多光谱图像　(1) 从可见光到红外光的不同波段同时拍摄同一地区或对象所获得的图像。它的数据量庞大,因而包含的信息较一般黑白图像丰富得多。广泛用于遥感技术中。(2) 是在电磁波谱中捕获特定波长范围内的图像数据的图像。波长可以通过滤波器或通过使用对特定波长敏感的仪器来分离,包括来自可见光范围以外的频率的光,即红外线和紫外线。光谱成像可以提取人眼无法用红色、绿色和蓝色的受体捕获的其他信息。它最初是为天基成像开发的,并且也用于文献和绘画分析。

multispectral remote sensing (MRS) 多光谱遥感　又称"多波段遥感",是利用具有两个以上波谱通道的传感器对地物进行同步成像的一种遥感技术,它将物体反射或辐射的电磁波信息分成若干波谱段进行接收和记录。

multispeed clock feature 多速率时钟功能部件　在某些信息处理系统中,一种可变速率的功能部件,它允许多条远程通信线路连接到信息处理系统上。

multistage noise shaping (MASH) 多级噪

声整形(技术)　通过数模转换处理,将不需要的噪声转换到频谱的听不见部分,以增强音频听觉效果。

multistation access unit (MAU) 多站访问[接入]单元　有时也缩写为 MSAU。在IBM 公司令牌网络中,一个线路集中器,能够将最多 8 个端口连接到环上。

multistreaming 多(数据)流　(1) 一种多道程序设计方法。在这种方法中,利用多个作业队列,根据作业优先级输入作业。(2) 一种混合方式操作,例如利用"分批流"和"事务处理流"进行的处理。(3) 一种并行处理机方式,其运算逻辑部件接收多个数据流和/或指令流。(4) 几个文件的多个部分并行传输,因此,小的文件可以不必挂起来等待大的文件传输结束。

multi-subscriber profile (MSP) 多用户线路　使移动用户只需一个用户识别模块(SIM)卡,就可以拥有多个线路。不同的线路有不同的签约选项,打电话时,移动用户可以选择不同的线路,不同线路的话费会分别计算。

multisync monitor 多频同步监控器　能响应广泛范围内行频和帧频速率的监控显示器。可用于各种不同的显示适配器,因为它能够自动调节到视频信号的同步速率。

multi-system BCH code 多进制 BCH 码　码元不是二进制而是多进制的 BCH(二进制编码的十六进制)码。例如 2^m 进制码的码元,这时的码元可以用 m 重二进制数表示。

multi-user detection (MUD) 多用户检测　是宽带码分多址(W-CDMA)通信系统中抗干扰的关键技术,它在传统检测技术的基础上,充分利用造成 MAI(多址干扰)的所有用户信号信息对单个用户的信号进行检测,从而具有优良的抗干扰性能,解决了远近效应问题,降低了系统对功率控制精度的要求。MUD 涉及解调在诸如无线通信、高速数据传输、DSL、卫星通信、数字电视和磁记录等领域中发生的相互干扰的数字信息流。目前还在研究低功率芯片间和芯片内通信中的解调。

multi-user MIMO（MU‐MIMO）　多用户多输入多输出［多进多出，MIMO］　是用于无线通信的一套多输入多输出技术，其中一组用户或无线终端，每个都有一个或多个天线彼此通信。相反，单用户 MIMO 考虑与单个多天线接收器通信的单个多天线发射器。以正交频分多址（OFDMA）向正交频分复用（OFDM）添加多址（多用户）功能的类似方式，MU-MIMO 为 MIMO 增加了多址（多用户）功能。空分多址（SDMA）、大规模 MIMO、协调多点（CoMP）和自组织网 MIMO 都与 MU-MIMO 有关，这些技术都经常利用空间自由度来分离用户。

multi-VPN-instance CE（MCE）　多虚拟专用网实例的用户边界［边缘设备］　主要用于以较低的成本解决局域网的安全问题。随着用户业务的不断细化和安全需求的提高，很多情况下一个专用网内的用户需要划分成多个 VPN，不同 VPN 用户间的业务需要完全隔离。单纯使用传统路由器很难实现局域网中不同业务的完全隔离。目前，在一台路由器上可以运行多个 OSPF（开放最短路径优先）进程，这些 OSPF 进程可以是公网进程，也可以是某个 VPN 实例的进程。因此，在一台路由器上可以运行多个 OSPF 进程，将不同的进程绑定到不同的 VPN 实例。在实际应用中，通过为不同的业务建立各自的 OSPF 实例，可以实现不同业务的隔离，保证各自的安全性。OSPF 多实例通常运行在 PE（服务商边缘）路由器上，在局域网内部运行 OSPF 多实例的路由器称为 MCE。与 PE 上的

OSPF 多实例相比，MCE 不需要支持 BGP/OSPF 互操作功能。

multiwavelength optical networking（MONET）多波长光网络（计划）　(1) 是一种使用激光通过光纤传输数字信息的方法。该方法为 SONET（同步光网络）之后提供下一级通信网络。MONET 光网络提供更大的带宽容量。这种新方法采用波分复用（WDM）技术来传输大量的电话和数据流量，并支持来自不同供应商的设备之间的互操作性。(2) 是美国全光网研究与实现中的一个典型。其目标是把网络结构、先进的技术、网络管理和网络经济综合在一起，以实现一种高性能、经济、有效、可靠的多波长光网络，而且该网络的规模最终可扩展成全国网。MONET 由光的、电子的和应用等层组成。MONET 实际上是 WDM 网络的实用结构。关键单元包括：波长终端复用器（WTM）、波长放大器（WAMP）、波长分插复用器（WADM）、光纤交叉连接（FXC）、波长选择交叉连接（WSXC）、波长转换交叉连接（WIXC）、波长路由器（WR）。

multiwavelength optical repeater（MOR）多波长光中继器　是一种补偿规定的光波段内光能量的损耗，恢复信号脉冲形状的设备。目前实用光纤放大器可在规定的光波段进行多波长放大。

Munsell color system　蒙塞尔［孟塞尔］色彩体系，Munsell 色彩制　美国画家 Albert Henry Munsell（阿尔伯特·亨利·蒙塞尔）(1858～1919)教授于 1905 年提出并于 1943 年修改的广泛使用的色彩表示方法，可精确指定色彩和显示各种颜色之间关系。孟塞尔第一个将色调、值（明度）和色度（颜色纯度）分成离感知统一和独立的维度，第一个系统地说明三维空间中的颜色。每种颜色使用色调、饱和度和明度三种属性。色调分

成红(R)、黄(Y)、绿(G)、蓝(B)和紫(P)五种主色调。在主色调之间插入红-黄、黄-绿、绿-蓝、蓝-紫、紫-红 5 种色调,共 10 个色调,分别用 R(红)、YR(黄-红)、y(黄)、GY(绿-黄)、G(绿)、BG(蓝-绿)、B(蓝)、PB(紫-蓝)、P(紫)和 RP(红-紫)表示,并且把它们放在等间隔的扇区上。度量色彩明暗的明度值从白到黑被分成 11 个等级,度量色彩的饱和度或者叫纯度的色度分成 15 个等级。Munsell 制中的色彩用 HVC(hue, value, chroma)表示。例如明亮的红色为 5R 4/14,其中 5R 是色调,4 是明度,14 是色度。Munsell 对这三种属性建立了一个与视觉感知特性一致的数值范围,Munsell 色彩簿显示了在这些数值范围内的一套色块,每个色块用数值表示,在合适的照明和观看条件下,任何表面的颜色都可以同这套色块进行比较,从而确定该色彩属于什么颜色。

mush 颤动干扰 由于同步广播网内两部或多部发射机的电波相互作用,在网内某一地区的接收中造成的衰落和失真。

mush area 颤动干扰区 同步广播网内出现颤动干扰的区域。

mutually synchronized network (MSN) 互同步网络 一种网络,其中信号传输和接收的同步是通过某个网络时钟对所有其他的网络时钟产生某种程度的控制而实现的。

myriametric wave 超长波 一种位于以下范围内的电磁波:从 3 kHz 延伸至 30 kHz。超长波传播时,具有传播稳定,受核爆炸、大气扰动影响小等优点。

myriametric wave communication 超长波通信 利用波长 100～10 km(频率 3～30 kHz)的电波传输信息的无线电通信。超长波通信的优点是他的地波传播距离远,传输稳定可靠,特别是在磁暴、太阳黑子爆发、核爆炸等极端恶劣的情况下仍然能使用。此外超长波还有很强的穿透海水和土壤的能力,一般能穿透海水 15～30 m,适合水下通信。

M

N

Nagle's algorithm　内格尔算法, Nagle 算法
可被用在 TCP(传输控制协议)网络中的
两个独立的拥挤控制算法。一个算法用
来对窗口进行控制, 减少窗口中引起拥
挤的发送数量, 另一个用来限制传输长
度过小的数据报。

Nagra Syster　Nagra 系统　欧洲卫星电视
加密系统, 据称是对黑客的信号攻击唯
一相对安全的系统。

nailed up　固定连接　通信线路的持久性
连接, 而不是动态创建连接然后释放的
连接。例如, 租用线路、专用线路和点对
点线路都是固定连接。由于连接的持续
时间是从用户申请建立到用户申请撤销
期间一直保持连接, 故也称半永久的
连接。

**name authority pointer (NAPTR)　名字[名
称]权限指针**　是因特网域名系统中的
一种资源记录。NAPTR 记录最常用于
因特网电话中的应用, 例如, 在会话初始
协议(SIP)中的服务器和用户地址的映
射中。NAPTR 记录和服务记录(SRV)
的结合允许链接多个记录以形成复杂的
重写规则, 这些规则产生新的域标签或
统一的资源标识符(URI)。NAPTR 记
录的 DNS 类型代码为 35。

nanonetwork　纳米网络　或纳米级网络,
是一组互连的纳米机器(设备最大尺寸
为几百纳米或几微米), 它们只能执行非
常简单的任务, 如计算、数据存储、传感
和激励。纳米网络有望通过允许单个纳
米机器协调、共享和融合信息, 扩大其复
杂性和操作范围的能力。纳米网络使纳

米技术在生物医学领域、环境研究、军事
技术以及工业和消费品应用方面得到了
新的应用。IEEE P1906.1 中定义了纳米
级通信。

nanosecond circuit　纳秒电路, 毫微秒电路
一种电路, 能处理上升和下降时间为十
亿分之一秒或更小的脉冲信号或波形。

narrow band (NB)　窄(频)带　(1) 通信
中指频带宽度比音频频带还小。一般用于
传输率在 300 bps 以下的数据传输。
(2) 在某个宽频带中所包含的某个频率
范围。通常指带宽少于 4 kHz 的频带,
其含意和使用该频带的具体应用系统有
关。如用于专用的系统或单用户系统。

**narrowband CDMA (NCDMA)　窄带码分
多址[CDMA]**　指采用 IS-95 标准的码
分多址(CDMA)移动通信系统。

narrow band channel　窄带信道　(1) 传
送速度是 100~300 bps 的亚音频信道。
(2) 在数据通信中, 一种传输信道, 带宽
相对地比较窄, 传输数据的速率大约
是 300 bps。

narrowband communication　窄带通信
只传输声音或低速计算机信号的通信
系统。

narrow band interference　窄带干扰　一种
主要能量频谱落在测量接收机通带内的
不希望有的发射。

**narrow band IoT (NB-IoT)　窄带物联
网(标准)**　是一种低功率广域网
(LPWAN)无线技术标准, 旨在使用蜂窝
通信频带连接各种设备和服务。NB-
IoT 是为物联网(IoT)设计的窄带无线电

技术,是第三代合作伙伴计划(3GPP)标准化的一系列移动物联网(MIoT)技术之一。其他 3GPP 物联网技术包括 eMTC(增强型机器类型通信)和 EC-GSM-IoT(扩展覆盖-GSM-物联网)。2016 年 6 月 3GPP 规范(LTE-Advanced Pro)的第 13 版冻结了 NB-IoT 规范。NB-IoT 关注于室内覆盖、低成本、长电池寿命,以及支持大量连接设备。NB-IoT 技术在分配给长期演进(LTE)的频谱中"带内"部署,使用普通 LTE 载波内的资源块,或 LTE 载波的保护频带内未使用的资源块,或"独立"用于专用频谱中的部署。它也适用于 GSM(全球移动通信系统)频谱的再利用。

narrowband ISDN(N-ISDN) 窄带综合交换数字网络,窄带 ISDN 是一种用数字网取代模拟电话系统的尝试。不幸的是,标准化过程太长,关于这一领域的技术进步,一旦最终达成一致标准,它就过时了。它通常使用 64 kbps 信道作为交换的基本单位。它具有电路交换的取向。它的主要贡献在帧中继。它描述了在窄频带中承载语音信息的通信。对于家庭和如今的商业用户来说,N-ISDN 基本速率太低了。曾经各种公司销售将 2B+D 信道组合成一个 144 kbps 数字信道的 ISDN 适配器。许多因特网提供商也曾支持这些适配器。因此,用户可以通过 144 kbps 数字链路访问互联网,而不是 28.8 kbps 模拟调制解调器链路,并且价格合理。

narrow band line 窄带传输线 一种通信线,和通常的音频(级)线路相似,但工作的频率较低。通信线是计算机通信系统中的基本部件。为了满足特定的带宽要求,要根据系统的容量和传输率来选用适当的通信线。

narrow bandpass filter(NBF) 窄带(通)滤波器 一种带通滤波器,其频带宽度远小于信号中心频率。

narrowband TACS cellular radio system(NTACS) 窄带 TACS 蜂窝无线系统 将全接入通信系统(TACS)的 25 kHz 信道分离成 2 个 2.5 kHz 信道,间隔为 10 kHz 的 TACS 系统,因而窄带 TACS 系统的能力提高到了原来 TACS 系统的 2 倍。

narrow bandwidth channels 窄带宽通道〔信道〕 只能以低速传输数据的通信通道。例如电报通道。

narrow beam antenna 窄波束天线 一种方向性增益高、旁瓣小、受干扰影响小的天线。

NASA deep space network(DSN) NASA 深空网络 是美国航天器通信设施组成的全球网络,位于美国(加利福尼亚州)、西班牙(马德里)和澳大利亚(堪培拉),支持 NASA 的星际航天器任务。它还为探索太阳系和宇宙进行无线电和雷达天文观测,并支持选定的地球轨道飞行任务。DSN 是 NASA 喷气推进实验室(JPL)的一部分。还有由俄罗斯、中国、印度、日本和欧洲航天局运行的类似的网络。

National Association of Broadcasters(NAB) (美国)国家广播工作者协会 是一个行业协会和游说团体,代表美国商业和非商业无线电台和电视广播公司的利益。NAB 代表 8 300 多个地面广播电台和电视台及广播网络。

National Computer Network Emergency Response Technical Team/Coordination Center of China(CNCERT/CC) (中国)国家计算机网络应急技术处理协调中心 CNCERT/CC 成立于 1999 年 9 月,是在中国工业和信息化部领导下的国家级网络安全应急机构,致力于建设国家级的网络安全检测中心、预警中心和应急中心,以支撑政府主管部门履行网络安全

N

相关的社会管理和应急服务职能,支持基础信息网络的安全防护和安全运行,支援重要信息系统的网络安全监测、预警和处置,及时收集、核实、汇总、发布有关互联网安全的权威性信息,组织国内计算机网络安全应急组织进行国际合作和交流。

National Engineering Research Center of Digital Television (NERC-DTV)　数字电视国家工程研究中心　根据国家发展与改革委员会关于数字电视国家工程研究中心的组建批复,2009 年 12 月,由上海高清数字科技产业有限公司联合上海交通大学、清华大学、工业和信息化部电子工业标准化研究所、工业和信息化部电子科学技术情报研究所、海信、康佳、长虹、TCL、海尔、创维、北广科技、上海东方传媒、上海文广科技、深圳国微等数字电视领域领先的高校、科研机构、广播机构及企业共同筹建数字电视国家工程研究中心。中心的主要任务是研究开发未来数字电视共性技术、数字电视知识产权管理和授权、数字电视发展规划研究和咨询以及数字电视国家标准应用推广。

National Science Foundation network (NSFNET)　(美国)国家科学基金会网　1985 年开始由美国国家科学基金会(NSF)资助的一个协调、发展的项目计划,旨在促进美国的先进的研究和教育网络。NSFNET 也是几个全国骨干网络的名称,这些网络是为了支持 NSF 从 1985 年到 1995 年的网络计划而建立的。最初是为了将研究人员与国家 NSF 资助的超级计算中心联系来,通过进一步的公共资金和私营企业合作伙伴关系,它发展成为因特网骨干的主要部分。此网络采用 TCP/IP 协议,最初的计划是用来把美国的大学与五个超级计算机连接起来。经过一系列技术改进,此网络的主干部分在 1988 年从原先的 56 kbps 升级到 1.5 Mbps(T1)线路,在 1991 年达到 45 Mbps(T3)传输速度。

national security and emergency preparedness telecommunications (NS/EP)　(美国)国家安全和应急准备电信　NS/EP 电信是维持准备状态或响应和管理任何事件或危机(地方、国家或国际)的通信服务,这些事件或危机会导致或可能导致人员伤害或危害、财产损坏或损失,或降低或威胁美国的国家安全或应急准备状态。NS/EP 通信由国家通信系统通过政府应急通信服务和无线优先服务使用通信服务优先级进行管理和控制。

national signaling network (NSN)　国内信令网　专门传送信令的国内网络,由国内信令点(SP)、信令转接点(STP)以及连接的公共信道信令链路组成,包括连接到国际信令网的国内信令国际关口局在内。我国的信令网采用三级分层结构,第一级 C1 是信令网的最高级,称为高级信令转接点(HSTP),负责汇接第二级、第三级的信令消息。第二级 C2 是低级信令转接点(LSTP),负责汇接第三级信令点的信令消息,LSTP 可以采用独立式的信令转接设备,也可采用与交换局合设在一起的综合式信令转接设备。第三级 C3 是信令点,对应于各级交换中心,它是信令网中传送各种信令消息的源点和目的点。HSTP 设在 C1 和 C2 交换中心,LSTP 设在 C3 交换中心。

National Telecommunications and Information Administration (NTIA)　(美国)国家电信和信息管理局　是设在美国商务部中的行政部门机构,主要负责就电信和信息政策问题向总统提供咨询。NTIA 的计划和政策制定主要侧重于扩大美国的宽带因特网接入和应用,扩大所有用户对频谱的利用,并确保互联网仍然是持续创新和经济增长的引擎。这些目标对于美国在 21 世纪全球经济中的竞争力以及解决许多国家最迫切的需求至关重要，例如改善教育、医疗保健和公共安全。

National Telephone Cooperative Association (NTCA) （美国）国家电话合作协会 是一个包括美国电话设备制造商和供应商的、代表小城镇电话合作法、全州范围协会及独立的、基于社区的电信公司的行业协会。这些公司在美国农村和小城镇引领创新。NTCA 代表其成员在立法和监管领域提倡，并提供培训和发展、出版物和行业活动，以及一系列员工福利计划。

National Television Standards Committee (NTSC) （美国）国家电视标准委员会 美国的一个工业组织，负责制订美国彩色电视制规范的机构，该电视制规范也可用于加拿大、日本、南美。NTSC 于 1940 年在美国组建，分别于 1941 年和 1953 年设想了黑白电视和彩色电视的标准。NTSC 信号为组合式，525 条扫描行，1 600 万种颜色，每秒传送 60 个交错式半画面。525 行的画面由每场 262.5 行扫描行的两个场组成，每一帧包含两个场，帧速率每 1/30 秒为 1 帧，即 30 帧/秒。每秒传送 60 个交错式半画面。

National Television System Committee (NTSC) （美国）国家电视制式委员会，NTSC 制式 开发北美和其他地方使用的模拟电视系统的实体。该委员会制定了单色传输制式和彩色电视制式（NTSC 制）。参见 National Television Standards Committee (NTSC)。

natural frequency (NF) 自然［固有］频率 (1) 系统出现自由振荡的频率。(2) 也称为"固有频率"。由系统本身的质量和刚度所决定的频率。n-自由度系统一般有 n 个固有频率，按频率的高低排列，最低的为第一阶固有频率。

natural language processing (NLP) 自然语言处理 是计算机科学、信息工程和人工智能的子领域，涉及计算机与人类（自然）语言之间的相互作用，特别是如何对计算机进行编程以处理和分析大量自然语言数据。自然语言处理中的挑战通常涉及语音识别、自然语言理解和自然语言生成。

natural wavelength (NWL) 固有波长 无载天线由于其自身分布电感和电容而谐振并保持一驻波电流时的基波波长。

navigation satellite timing and ranging (NAVSTAR) 导航卫星定时和测距 全球定位系统（GPS），最初名是 Navstar GPS，是一个由美国政府拥有并由美国空军运营的卫星无线电导航系统。它是一个全球导航卫星系统，为地球任何地方或地球附近的 GPS 接收器提供地理定位和时间信息，这些地方要有 4 个或更多 GPS 卫星的通畅的视线。山脉和建筑物等障碍阻挡导致相对较弱的 GPS 信号。

n-condition frequency shift keying (n FSK) n 态频移键控 取 n 个不同频移值的频移键控，通常这些取值有均匀的间隔。

N-connect end point (N-CEP) N 连接端点 在一个（N）SAP（服务接入点）上的一条连接的端点称为 N 连接端点。

n-connection n 层连接 为两个或多个（$n+1$）实体建立的关系。使这些实体之间可交换信息。

n-connection multiplexing n 连接多重复用 在开放互连系统体系结构中，（$n-1$）层连接端点和相邻上层，即 n 层连接端点之间的连接关系，有三种情况：一对一连接，多重复用连接和多重分用连接。

near end cross talk (NEXT) 近端串音［串话，交扰］ 一条链路中，处于线缆一侧的某发送线对对于同侧的其他相邻（接收）线对通过电磁感应所造成的信号耦合。通常，出现近端串扰的被干扰信道的一端和产生干扰的信道中的串扰源的一端接近或者重合,例如在电缆的任何一端靠近连接器处出现。

near end cross talk loss 近端串扰损耗 定义近端串扰值和导致该串扰的发送信号之差值为近端串扰损耗。越大的 NEXT 值近端串扰损耗越大。近端串扰与线缆类别、连接方式、频率值有关。

near-far problem 远近问题 或可听性问题,是无线通信系统,特别是 CDMA(码分多址)中常见的情况。在一些信号干扰技术中,会利用远近问题来破坏通信。

near field (NF) 近(声)场 通常认为距离扬声器较近的区域。在这个区域中,直达声强明显超过反射声。

near field and far field 近场和远场 是物体周围的电磁场(EM)的区域,例如发射天线或物体辐射散射的结果。电磁场的非辐射"近场"呈现的特性在靠近天线或散射物体附近占主导地位,而电磁辐射"远场"呈现的特性在更远的距离处占主导地位。

near field communication (NFC) 近距离(无线)通信 是一种采用 13.56 MHz 频带的近距离无线通信技术。通信距离仅为 10 cm 左右,可以进行双向通信。

near field communication-single wire protocol 近距离(无线)通信-单线协议 是 NFC 芯片和 SIM 卡之间的接口。参见 near field communication (NFC)。

near field region 近场区 (1)无功进场区:紧靠近天线的、无功场起主要作用的天线区。(2)辐射进场区:在无功近场和远场区之间的天线场区,该场区随角度的分布与离天线的距离有关。比较 far field region。

near instantaneous companded audio multiplex (NICAM) 纳坎,准瞬时压扩音频多路复用 是数字音频有损压缩的早期形式。它最初是在 20 世纪 70 年代早期开发的,用于广播网络中的点对点链路。在 20 世纪 80 年代,广播公司开始使用 NICAM 压缩来向公众传输电视的立体声。

near sing 邻近鸣叫 一种带有增音器[放大器]的声频电路,在 2.5～3.2 kHz 频带内发生的一种不稳定现象。

near sound data transfer (NSDT) 近声音数据传输 是一种基于声音的移动交易技术,自 2005 年以来由 Tagattitude 开发并获得专利。NSDT 使用通过移动设备的音频通道发送的一次性密码来创建电子签名,从而实现安全交易。因为所有移动设备都具有内置于此技术中的音频通道(扬声器和麦克风),所以与全球使用的所有移动电话都兼容。

near video on demand (NVOD) 近[准]视频点播(服务) 一种视频点播方式,是使用高带宽分配机制(如卫星和有线电视)的多频道广播公司使用的按次付费的消费者视频技术。节目的多个副本在线性频道上以短时间间隔(通常为 10～20 分钟)广播,为用户提供便利,用户具有部分控制能力,如模拟类似"前进""倒退"等功能,可每隔 5～15 分钟控制一次,但不能进行连续控制。用户可以观看节目而无需仅在预定的时间点听节目。用户可能只需要在下一次电影播放之前等待几分钟。这种形式是带宽密集型的,并且通常仅由具有大量冗余容量的大型运营商提供,并且随着视频点播(VOD)的实施而降低了流行度。参见 video on demand (VOD)。

negative acknowledge/acknowledgement (NAK, NACK) 否定应答(信号),否认 (1)二进制同步数据通信时,接收器向发送器发送的一种"否定"应答信号。用以指出以前发送的字符或报文不符合规定,不能接收;因而接收器准备接收重新发送的字符或报文。(2)ASCII(美国信息交换标准代码)字符编号为 21(16 进制 15H)

的一个控制代码,系接收器向发送器或计算机发送的一种"否定"应答信号,用以指出所传送的字符未能正确接收。发送和接收应答信号由软件实现,用户无须考虑应答信号的发送和接收。

negative amplitude modulation(NAM) 负极性调幅 电视图像载波的一种调制方式,其中载波的振幅随像素亮度的增高而减小。

negative echo(NE) 负回波[重影] 一种重影图像,与原图像黑白颠倒,由于直射信号与反射信号的特定相位和振幅关系所造成。

negative frequency modulation(NFM) 负极性调频 电视图像载波的一种调制方式,其中载波的频率随像素亮度的增高而降低。

negative image(NI) 负像 颜色值颠倒的重现电视图像,如黑白颠倒、蓝色变成黑色等。

negative modulation(NM) 负(极性)调制 美国称为向下调制。在电视技术中,由于图像亮度的增加导致载波幅度下降的幅度调制,它用于衰减能量传输或明亮的图像。否则,过于明亮的场景往往会引起嗡嗡声。负调制是在美国的525线、英国的625线和世界上大多数的电视系统中使用的调制系统,也称为负传输。

negative polling limit 否定探询极限 通信控制器对起停式或二元同步通信终端的探询做出连续否定应答的最多次数。当否定应答达到该极限时,探询操作暂停。

negative trap 否定[拒绝]陷阱 一种拒绝将模拟电视节目给尚未购买的用户的技术。拒绝陷阱系统通过在电缆设备上传输正常信号来工作。在未购买节目的订户的分支处,插入陷阱以移除图像载波。

negentropy 负熵,平均信息量 在信息理论和统计学中,负熵被用作距离的正规性的量度。"negative entropy"的概念和术语是由薛定谔在他1944年出版的科普书籍《生命是什么?》介绍的。后来,莱昂·布里渊把该术语缩短为"negentropy",以更"积极"的方式来表达一个生命系统导入负熵并保存。

negotiation 协商 在数据通信网中,通信的双方协商通信阶段中必须一致遵守的一组通信规则的过程。例如,在使用拨号方式进行连接时,调制解调器发出"滋滋"的声响,它这时就是在与另外一台调制解调器进行磋商,决定双方的通信速率及如何处理传输中的字节等规则,磋商好以后,计算机就可以从网上进行信息的交换了。有经验的网络用户可以从调制解调器发出的不同声音中辨别出磋商的进展程度。

negotiation metadata 协商元数据 在内容协商中消息的发送者和接收者之间交流的信息,商定将来要传送的信息的形式。

neighbor acquisition 相邻搜索 外部网关协议的一项功能,借助于这项功能,一个网关要求另一个相邻网关互相传递可达性信息。

neighbor discovery protocol(NDP,ND) 邻居发现协议 是与因特网协议版本6(IPv6)一起使用的因特网协议套件中的协议。它在因特网模型的链路层(RFC 1122)上运行,负责收集因特网通信所需的各种信息,包括本地连接的配置以及用于与更远距离系统通信的域名服务器和网关。该协议定义了五种不同的ICMPv6分组类型,用于执行IPv6的功能,类似于IPv4的地址解析协议(ARP)和因特网控制消息协议(ICMP)路由器发现和路由器重定向协议。然而,它提供了许多优于其IPv4对应部分

N

的改进(RFC 4861,第 3.1 节)。例如,它包括邻居不可达性检测(NUD),从而在路由器或链路或移动节点出现故障的情况下,提高分组传送的鲁棒性。

neighbor gateway 邻近网关 外部网关请求的对等方之一。各外部网关之间并不都建立通信关系,而是通过邻近网关进行通信。

neighboring cell (NCELL) 邻近小区 即与该(蜂窝)小区相邻的其他小区。

neighboring routers 相邻路由器 在使用 OSPF(开放最短路径优先)路由选择算法的环境中,对一个共同网络都有接口的两个路由器。在多访问网络中,相邻路由器是由 OSPF 的 Hello 协议动态发现的。参见 open shortest path first (OSPF)。

nematic 向列型(液晶) 晶体和液态之间的线状型材料。例如,液态晶体。

nematic liquid crystal 向列型液晶 能将彼此平行但不在分层上的分子拉长的液晶材料,用于袖珍电视机中。

N-entity 第 N 层实体 在层次式结构的计算机系统中,一种第 N 层中的可完成既定功能的逻辑设施(包括硬件和软件)、用来为第 N+1 层的设施提供所需的、意义明确的服务。

neper (Np) 奈贝,奈培 度量功率增益的一种单位。奈贝数等于待测功率的比值取自然对数的 1/2。参见 decibel (dB)。

net abuse (NA) 网络滥用 在 Usenet(网络新闻组)中,任何干扰他人享用 Usenet 的行为,包括使用无用的信息来淹没新闻组,进行有组织的伪造活动,或以有组织的形式阻止对某一个主题的讨论等。

NetAnts 网络蚂蚁 一种中国研制的网络下载工具,全中文界面,全中文帮助,具有断点续传、新任务添加及灵活的任务定制功能。也能支持不同浏览器。其开发者为上海交通大学学生洪以容。网络蚂蚁早已停止更新,官方网站已关闭。

NetBIOS extended user interface (NetBEUI) 网络基本输入/输出系统扩充用户接口 用在 NetBEUI 网、Lan Man 网、Windows for Workgroup 和微软 Windows NT 中的协议。该协议主要是为小型局域网(20~200 台工作站)设计的。微软从 20 世纪 80 年代中期一直在自己的联网产品中支持该协议。因其强有力的流控制功能,调谐参数和强大的错误检测能力,该协议非常适合为它规定的任务类型。NetBEUI 的潜在问题是无法路由寻径,即不能从一个局域网经路由器到另一个局域网。如果需要路由到另外的局域网,就必须安装 TCP/IP(传输控制协议/网际协议)或 IPX/SPX(网络互联包交换/顺序包交换)协议。

NetBSD 网络版 BSD UNIX 操作系统 由一些志愿者开发的一种免费的 BSD UNIX 操作系统版本。具有高度的协同操作性,可运行于多种硬件平台,并近乎遵从可移植 UNIX 操作系统接口。

.NET Internet Standards .NET 因特网标准 微软公司开发的一种因特网标准,即因特网应用程序之间的通信协议使用的 HTTP(超文本传输协议),因特网应用程序之间的数据交换使用的 XML(可扩展标记语言),请求 Web 服务的标准格式使用的 SOAP(简单对象访问协议),搜索和发现的标准使用的 UDDI(通用描述发现和集成)规范。

net loss 净损耗 电路两个端点之间增益和损耗的代数和,等于该两点的功率电平之差。

NetMeeting 网络会议软件 微软公司的可与 IE 浏览器一起使用的会议软件。该软件支持因特网上的点对点电话和电视会议以及多点白板和应用共享功能。从版本 2.0 开始,它支持 H.323 标准。

.NET Mobile　.NET 移动通信控件　服务器端的一组 Web Forms 控件,用于开发无线移动通信设备的应用,如 Web 电话和 PDA(个人数字助理)。

net monitor (NETMON)　网络监控器[监视器],网络监督程序　因特网中的一个实用程序,使用 ICMP(因特网控制信息协议)监控网络周期性地测试宿主机是否可达,以图形方式显示信息。程序运行于 UNIX 环境和 TCP/IP(传输控制协议/网际协议)之上。

net neutrality　网络中立性　是互联网服务提供商平等对待互联网上所有数据的原则,不会因用户、内容、网站、平台、应用程序、附加设备类型或通信方式而区别对待或不同的收费。例如,根据这些原则,互联网服务提供商无法有意阻止、减慢或收取特定网站和在线内容的费用。这有时是通过政府授权来实施的。这些规定可称为"公共运营商"规定。这并不妨碍互联网服务提供商必须影响其客户服务的所有能力。最终用户侧存在选择加入/选择退出服务,可以在本地进行过滤,如为未成年人过滤敏感材料一样。网络中立性规定仅用于防止滥用。

Netperf　Netperf 程序　最初是在惠普公司开发的,是一个软件应用程序,可提供网络上的两台主机之间的网络带宽测试。它通过 BSD(柏克利软件分发)套接字支持 UNIX 域套接字、TCP(传输控制协议)、SCTP(流控制传输协议)、DLPI(数据链路提供商接口)和 UDP(用户数据报协议)。Netperf 提供了许多预定义的测试,例如测量批量(单向)数据传输或请求响应性能。

Netscape　(网景公司)Netscape 软件　因特网上的一个信息浏览程序。美国 Netscape(网景)公司编写 Netscape 软件的作者们在依利诺斯大学国家超级计算中心工作时编写了 Mosaic 程序,后来建立了 Mosaic 通信公司,1994 年 11 月, Mosaic 通信公司改名为 Netscape 公司。后来该软件改名 Netscape Navigator,即网络导航者。1998 年 11 月 24 日 Netscape 公司被 AOL(美国在线)公司收购。

Netscape Navigator　网景浏览器　美国网景通信公司开发的 Web 浏览器。可在多种操作系统(如 Windows、Macintosh 和 UNIX)上使用。该浏览器是在美国国家超级计算应用中心(NCSA)开发的 Mosaic 浏览器的基础上开发的,集成了因特网服务的绝大部分用户程序功能,是第一代商业化的网上浏览器。

Netscape open network environment (Netscape ONE)　网景开放式网络环境　网景公司提供的一种应用程序框架,用于构造基于标准因特网技术的可移植的分布式应用程序。其他组件包括:对象管理组(OMG)提供的互联网内部对象请求代理协议(IIOP),用来从其他网页或软件对象中获取信息;网景的 LiveConnect 技术,用来在 Web 文档中使用多媒体和其他数据类型。网景公司还提供了一个开放式网络环境软件开发工具箱。这些技术和编程接口都是免费的。

netspeak　网络语言　(1) 在电子邮件、IRC(因特网中继对话)和新闻组里书写英文时的一组约定,包括一些缩写词(如 IMHO 或 ROFL)和一些小发明(如情感标记和情感图标)。使用时必须注意网络礼节。(2) 与因特网的概念、功能和特性有关的词汇。

net top box　网络访问盒,网盒,机顶盒　(1) 一种简易的计算机上网专用设备,主要用作访问因特网的价格便宜的终端。这种设备一般不含有本地硬盘或可装载的程序,但可以从与该机相连的网上得到因特网上的各项服务,如电子邮件、Web 访问和远程登录连接。(2) 将电视机连接到有线电视网的装置,为电视用户提供上网服务、视频点播以及收费电视节目控制等。

net transmission equivalent 传输净衰耗(等效值) 在一个传输设备内,由于泄漏、吸收或辐射所造成的总衰耗。

NetView (IBM公司)NetView 网络管理系统 IBM公司 SNA(系统网络体系结构)网络管理软件,为 SNA、非 SNA 和非 IBM 设备提供集中监视和控制。NetView/PC 将 NetView 与令牌环局域网、Rolm CBX 和非 IBM 调制解调器互连,同时保持对主机的控制。NetView 演变为 Tivoli NetView。但随着 IBM 的网络被思科公司收购后,IBM NetView 退出了市场。

NetVue NetVue 工具包 来自马萨诸塞州的诺斯伯勒的 AccuSoft 公司(www.accusoft.com)的客户机/服务器工具包是该公司 ImageGear Enterprise 开发软件的主要特征。它提供了基于 Web 的高速访问及查看文档和图像的功能。参见 NetView。

NetWare 网件[NetWare]网络操作系统 是 Novell 公司开发的计算机网络操作系统。它最初使用协作式多任务处理,使用 IPX(网络互联包交换)网络协议在个人计算机上运行各种服务。1983 年 NetWare 的最初产品,支持运行 CP/M 和 MS-DOS 操作系统的客户机,运行在专有的星形网络拓扑结构上,基于使用 Motorola 68000 处理器的 Novell 构建的文件服务器,但该公司很快就不再建造自己的硬件,NetWare 变得独立于硬件,运行在任何合适的基于英特尔的 IBM 个人电脑兼容系统和各种网卡上,也支持 DOS、Windows、OS/2 和 Mac 客户机,还可支持 UNIX 客户端。从一开始,NetWare 就实现了许多受大型机和小型机系统启发的特性,这些特性在它的竞争对手中是没有的。

NetWare access server NetWare 访问服务器 Novell 公司的基于 PC 机的应用程序服务器软件,使网络管理员向远程的和局域网的用户提供对所有 NetWare 局域网资源的访问,包括 SNA(系统网络体系结构)和 TCP/IP(传输控制协议/网际协议)应用程序。

NetWare asynchronous services interface (NASI) NetWare 异步服务接口 Novell 公司的一种协议,用于连接通信服务器中的调制解调器。这是从 NCSI(网络通信服务接口)导出的协议,它比使用普通的中断 14 进行通信提供更高级的特性。它可选择特制的调制解调器和线路,释放环境的速度更快,传输数据更有效。参见 network communications services interface(NCSI)。

NetWare/IP NetWare/IP 网关 一种把 NetWare 无缝地集成到 TCP/IP(传输控制协议/网际协议)环境中,能在 TCP/IP 网络环境中为用户提供 NetWare 服务和应用的网关。它有两种典型配置:① 把基于 NetWare IPX 的网络转换成完全基于 IP 的网络,同时保持 NetWare 的连贯性;② 用NetWare/IP 作为网关,同时支持 IP 和 IPX(网络互联交换协议),从而在局域网中使用 IPX 协议,在企业骨干网中使用 IP 协议。

NetWare multi-protocol router NetWare 多协议路由器 Novell 公司推出基于 PC 机的多协议路由器软件和其他通信解决方案的通用集成平台,包括 NetWare connect 和 NetWare for SAA(系统应用体系结构)等。这个解决方案提供了局域网到局域网、客户机到服务器以及客户机到主机等通信功能。使用该解决方案建立广域网比使用专用路由器投资少。该路由器软件提供了 TCP/IP、IPX、SNA、AppleTalk 路由选择功能以及对异步拨号、专用租用数字线路、帧中继、SMDS、X.25、ISDN 和 56 kbps 交换式网络的连接,具有良好的可伸缩性和安全性。

NetWare reference model　NetWare 参考模型　Novell 公司开发的网络操作系统 NetWare 的体系结构模型。模型定义了相当于 OSI(开放系统互连)七层协议的上五层,提供文件的打印机共享,支持各类网络应用程序,如电子邮件和数据块服务等。工作方式使用客户机/服务器模式,客户机从服务器中获取文件和打印机等服务。物理层和链路层没作定义,实际上可以使用多种基础网络,如以太网、令牌环网、FDDI、点到点通信以及 ARCnet 网络。NetWare 新版本也支持 TCP/IP 等著名网络协议。

network (NET)　网络　(1) 是在物理上或/和逻辑上,按一定拓扑结构连接在一起的多个节点和链路的集合。计算机网络一般在功能上划分为通信子网和资源子网,按拓扑结构划分为星形网、环形网、线形网、树形网等。多个电信节点和链路的集合称电信网。(2) 由广播相同节目的一组无线电台或电视台组成。

network abstraction layer (NAL)　网络抽象层　是 H.264/AVC 和 HEVC(高效视频编码)视频编码标准的一部分。NAL 的主要目标是提供"网络友好"视频表示,用于解决"会话"(视频电话)和"非会话"(存储,广播或流媒体)应用。与先前的视频编码标准相比,NAL 在应用灵活性方面得到了显著的改善。

network access control　网络访问[接入]控制　与网络管理有关的操作。包括系统操作的监视、实现数据完整性的措施、用户识别、系统访问、变化的记录以及允许用户访问的方法。

network access control strategy　网络访问控制策略　网络安全防范和保护的主要策略,其任务是保证网络资源不被非法使用和非法访问。各种网络安全策略必须相互配合才能真正起到保护作用,而访问控制是保证网络安全最重要的核心策略之一。访问控制策略包括入网访问控制策略、操作权限控制策略、目录安全控制策略、属性安全控制策略、网络服务器安全控制策略、网络监测、锁定控制策略和防火墙控制策略等。

network accessible unit (NAU)　网络可访问单元　一个逻辑单元(LU)、物理单元(PU)、控制单元(CP)或系统服务控制点(SSCP)。是路径控制网络信息的原点或目标点。同 network addressable unit。

network access point (NAP)　网络接入点　(1) ISP(因特网服务提供商)互相连接的点。可用作主要业务提供者的数据互换点。NAP 主要由仲裁组、交换设备和 ISP 的边界路由器组成。1999 年初 NAP 和城域交换局(MAE)被统称为公共因特网交换点(IXP)。(2) 是一个公共网络交换设施,互联网服务提供商(ISP)在对等安排中相互连接。美国国家行动方案是从 20 世纪 90 年代 NSFNET(国家科学基金会网络)时代(当许多网络由政府赞助而禁止商业业务)向今天的商业互联网提供商过渡的关键组成部分。他们往往是相互联网严重的拥堵点。

network access provider (NAP)　网络接入提供商　提供网络接入业务的运营商,一般通过某种接入技术(如电话线路拨号、ISDN 线路、非对称用户数字线等)将用户与网络服务点(NSP)相连。

network access server (NAS)　网络接入服务器　主要完成用户信号的接入和调制解调,可简单理解为调制解调器加 PC 机。NAS 是对远程资源的单个访问点。NAS 集中拨入和拨出用户通信。访问服务器可以混合使用模拟和数字接口,并支持数百个并发用户。NAS 由通信处理器组成,通过网络和终端仿真软件将异步设备连接到局域网或广域网。它执行所支持的协议的同步和异步路由。NAS旨在充当网关,以保护对受保护的资源的访问。这可以是从电话网络到打印机,也可以是互联网。用户端连接到NAS。然后,NAS连接到另一个资源,询问用户端提供的凭证是否有效。基于该答案,NAS然后允许或不允许访问受保护的资源。

network accounting 网络记账[账单] 记录用户使用网络情况的详细清单,包括登录的次数和资源的使用情况等。

network adapter (NA) 网络适配器 把网络节点连接到通信媒体上使之与网中其他节点进行通信的一种接口部件。网络适配器分为局域网中使用和广域网中使用两大类。通常实现开放系统互连参考模型的最低两层。功能有:发送和接收、介质访问控制、数字信号的编码及译码、与媒体的物理连接。

network address (NA) 网络地址 (1)在网络中,用来表示节点、工作站或者设备单元的一种标识符。(2)在SNA(系统网络体系结构)中,由子区和元素字段组成的一种地址,用于标识链路,链路站或NAU(网络可访问单元)。(3)在TCP/IP(传输控制协议/国际协议)中,指IP地址的网络号部分。对于A类网络,网络地址是IP地址的第一个字节。对于B类网络,网络地址是IP地址的前两个字节。对于C类网络,网络地址是IP地址的前三个字节。其余的都是主机的地址。在因特网中,网络地址是全球唯一的。

network address port translation (NAPT) 网络地址端口转换 也称为"动态网络地址转换"。主要是通过转换TCP(传输控制协议)和UDP(用户数据报协议)端口号和地址的方式来提供并发性,将多个内部IP(国际协议)地址映射到同一个外部地址。

network address translation (NAT) 网络地址转换 完成局域网节点地址与IP(网际协议)地址之间转换的一项因特网工程任务组(IETF)标准。NAT服务置于局域网和公共网间的边界处,其功能是提供外网中可见的合法IP地址与内网所用的保留地址之间的相互映射。NAT的具体工作过程如下:从外网流入的含公共网地址信息的数据包先到达NAT,NAT使用预设好的规则(其组元包含源地址、源端口号、目的地址、目的端口号、协议类型)来修改数据包,然后再转发给内网接收点。同时,对于流出内网的数据包也须经过这样的转换处理。NAT的实现方式有三种:静态转换、动态转换和端口多路复用。

network administrator 网络管理员 负责广域网或局域网运行的人员。对网络负有维护、管理职责,确保网络正常、有效运行。网络管理员的主要任务如下:① 确保系统的所有用户均有足够的磁盘空间,使之有效地使用文件和数据库服务功能;② 合理安排网络用户工作,保证网络平滑、有效、可靠运行;③ 日常的维护、管理和事务性工作,包括用户、口令、日志、记账等管理工作,以及硬件、软件、数据的转储、恢复、更新、扩充等维护工作。

network affiliate 网络附属机构 在广播行业(特别是在北美),网络附属机构或附属台是当地的广播公司,由网络所有者之外的公司拥有,该公司承载电视或广播网络的部分或全部电视节目或广播节目。

network agent 网络代理 (1)是一种特殊的网络服务,允许一个网络终端(一般为客户机)通过这个服务与另一个网络终端(一般为服务器)进行非直接的连接。一些网关、路由器等网络设备具备网络代理功能。提供代理服务的计算机系统或其它类型的网络终端称为代理服务器。一些代理协议允许代理服务器改变客户机的原始请求、目标服务器的原始响应,以满足代理协议的需要。(2)网络管理如 SNMP(简单网络管理协议)中的一种功能部件,如交换机或路由器等网络设备中的一个部件,用来收集和报告管理对象的网络性能、运行状态等信息。

network analyzer(NWA) 网络分析仪 分析网络监控器提供的信息,对故障进一步跟踪定位,以查出故障原因和地点的硬软设备。功能强的网络分析器还可提供断点设置、实时分析、捕获指定类型故障、提示查找故障经验等高级措施。

network architecture(NA) 网络体系结构 (1)网络的一组设计原则。包括功能组织、数据格式和过程的说明,以作为用户应用网络的设计和实现的基础。例如,ISO(国际标准化组织)的开放系统互连(OSI)结构、IBM 的系统网络体系结构(SNA)、DEC 公司的 DEC 数字网络体系结构(DNA)等。(2)指计算机网络的基础结构,包括硬件、功能层、接口以及用来建立通信链路和保证信息可靠传输的协议(规则)。因为计算机网络是硬件和软件的混合体,所以网络体系结构的设计要求能提供合理而实用的标准,使计算机和其他设备能处理和建立通信链路和不冲突地传输信息的复杂工作。(3)电信信息网络体系结构(TINA)定义了三个子体系结构,分别为计算、服务、网络体系结构。网络体系结构描述了一个通用的、与技术无关的模型,用于建立连接和管理电信网络。

network as a service(NaaS) 网络即服务 (1)描述了网络传输连接的服务。NaaS涉及通过将网络和计算资源视为一个统一的整体来优化资源分配。(2)一种通信运营商,它将其网络和计费系统租赁给应用服务提供商(ASP)和其他 Web 服务组织。

network-based call signaling(NCS) 基于网络的呼叫信令 指定用于基于线缆的VoIP系统的媒体网关控制协议(MGCP)的信令纲要。与集群网关控制协议(TGCP)相似。

network-based intrusion-detection system(NIDS) 网络入侵检测系统 监测网络中监测点上的数据包并分析判断是否存在入侵的系统,包括(网络、应用代理)防火墙、入侵检测系统(IDS)、入侵防御系统(IPS)、网络代理、安全管理系统等安全设备都可能是入侵检测系统的组成部分。参见 intrusion detection system(IDS)。

network basic I/O system(NetBIOS) 网络基本输入输出系统 为了支持 IBM PC兼容机组成计算机网络,微软公司在DOS操作系统的基础上研制开发出的一个局域网通信的编程接口,支持 DOS、OS/2、UNIX、IBM Token Ring、以太网、IEEE 802.2、TCP/IP(传输控制协议/网际协议)等,使应用程序可与设备进行通信,提供的功能在 OSI(开放系统互连)七层参考模式中处于表示层和会话层之间。NetBIOS 为应用程序提供了一套形式统一的命令,可用来请求各种低层网络服务,实现网络节点之间的会话以及来回传送信息。这套命令亦可由与NetBIOS系统兼容的网络控制程序或网络操作系统解释执行。

network bridge 网桥,网络桥接器 一种计算机网络设备,可从多个通信网络或网段创建单个聚合网络。此功能称为网络桥接。桥接与路由不同。路由支持多个网络独立通信但仍保持其独立性,而桥接连接两个独立的网络,就好像它们是一个网络一样。在 OSI(开放系统互连)模型中,桥接工作在数据链路层(第2层)。如果桥接网络的一个或多个网段是无线的,则该设备被称为无线桥接器并且具有无线桥接功能。有四种类型的网络桥接技术:简单桥接、多端口桥接、学习或透明桥接,以及源路由桥接。

network busy hour (NBH) 网络忙时 一天中网络业务量最大的那些小时称为忙时,比如对于电话网来说,忙时通常出现在上午 9~10 点钟,因为这段时间恰好是每天上班后通话的高峰时段。

network capacity 网络容量[能力] 网络中每秒可传输数据组的最大数量。

network class 网络类型 TCP/IP(传输控制协议/国际协议)网络中按 IP 地址类型划分的网络类型。如 A 型(地址)网络、B 型(地址)网络等。

network communication 网络传播[通信] 以计算机通信网络为基础,进行信息传递、交流和利用,从而达到其社会文化传播的目的的传播形式。网络传播融合了大众传播(单向)和人际传播(双向)的信息传播特征,在总体上形成一种散布型网状传播结构,突破了人际传播一对一或一对多的局限,在总体上,是一种多对多的网状传播模式。

network components 网络部件 在大型系统中,构成网络的主处理机,远程计算机系统,远程终端以及连接所有部件的传输线路或信道的统称。

network computer (NC) 网络计算机 是 Oracle 公司从 1996 年到 2000 年期间生产的无盘台式计算机设备。这些设备由包括 Sun、IBM 和其他公司的联盟设计和制造的。根据网络计算机参考方案(NCRP),这些设备以最低规模设计。该品牌还被用作营销术语,试图在企业内部和消费者中推广这种计算机设计。这些台式计算机凭借其无盘设计和使用廉价组件和软件,比标准胖客户端台式

机更便宜,更易于管理。然而,由于标准桌面组件的商品化,以及由于将完整桌面用作无盘节点、瘦客户机和混合客户机的各种软件选项的可用性和普及性的提高,网络计算机品牌从未达到 Oracle 所希望的流行程度而最终被封闭。术语"网络计算机"现在用于任何无盘台式计算机或瘦客户机。

network computing system (NCS) 网络计算系统 一系列软件工具,由 Apollo 计算机公司开发。将网络上所有计算机资源融为一体并发挥其效能。软件包括远程过程调用运行库、位置承接程序和 NIDL(网络接口定义语言)编译器。

network congestion (NC) 网络拥塞[阻塞] 在数据网络和排队理论中,当网络节点承载的数据超出其处理能力或由于信息量超过了网络的处理能力而造成的一种非正常的超载状态。会降低服务质量。典型的影响包括排队延迟、丢包或阻塞新的连接。拥塞的后果是提供的负载的增量增加只会导致网络吞吐量的小幅增加或甚至降低。

network connection (NC) 网络连接 在终端连接点之间,由一系列相关的链路连接和/或子网连接形成的传送实体。

network control language (NCL) 网络控制语言 向网络操作系统定义和传输任务的语言。类似于通常数据处理系统中的操作语言。它可分为两种形式:① 命令语言。仅包含两种成分:一种是描述操作需要的;另一种是执行任务处理要求的。② 专用语言。在命令语言基础上,另外附加一些高级程序设计语言成分,以表达执行的算法。网络控制语言既可在批处理方式下使用,也可在交互处理方式下使用。

network control program (NCP) 网络控制程序 提供了运行在 ARPANET 的主机上的协议栈的中间层,ARPANET 是现

代互联网的前身。传输控制协议(TCP)之前的 NCP 作为传输层协议用于早期的 ARPANET。NCP 是一种单工协议,使用两个端口地址,建立两个连接,用于双向通信。为每个应用层应用或协议保留一个奇数和一个偶数端口。TCP 和 UDP(用户数据报协议)的标准化对每个应用程序使用两个单工端口的需求减少到一个双工端口。

network convergence　网络融合 (1)不同网络(如电信网、因特网和有线电视网)通过各种方式进行渗透和整合的一种趋势。网络融合带动了业务、市场和产业的融合。(2)网络融合是指在单个网络内提供电话、视频和数据通信服务。换句话说,一家公司为所有形式的通信提供服务。网络融合主要是由技术和需求的发展驱动的。用户可以访问更广泛的服务,从更多服务提供商中进行选择。另一方面,融合允许服务提供商采用新的商业模式,提供创新服务并进入新市场。

network database(NDB)　网络数据库 (1)在网络上运行的数据库。(2)包含网络上其他用户地址的数据库。(3)信息管理中,数据记录可以以多种方式互建关系的一种数据库。

network definition　网络定义 在某些通信系统软件中,定义网络中每个节点的共性和特性以及这些节点在系统中分布的过程。

network delay　网络延迟 是计算机网络或电信网络的重要设计和性能特性。网络延迟规定了一些数据通过网络从一个节点或端点传输到另一个节点或端点需要多长的时间。它通常以秒的倍数或分数来度量。延迟可能略有不同,具体取决于特定通信节点对的位置。虽然用户只关心网络的总延迟,但网络工程师需要进行精确的测量。因此,工程师通常

会报告最大和平均延迟,并将延迟分为几个部分:处理延迟-路由器处理数据包标头所用的时间;排队延迟-数据包在路由器队列中花费的时间;传输延迟-将数据包的比特推送到链路上所需的时间;传播延迟-信号到达目的地的时间。由于通过链路串行传输分组所花费的时间,将存在一定的最小延迟水平。在这一点上,由于网络拥塞,添加了更多可变延迟级别。IP 网络延迟的范围可以从几毫秒到几百毫秒。

network design criteria　网络设计指标[标准] 网络设计指标包括:① 功能;② 配置;③ 容量;④ 语言;⑤ 媒体;⑥ 代码;⑦ 应急处理;⑧ 准确性;⑨ 成本等。

network drills　网络演习 对实际系统进行的最后一级测试,让所有的节点传送数据,对设备、人员、接口和程序也加以综合测试。

network driver interface(NDI)　网络驱动程序接口 在网络传输层和数据链路层之间的软件接口。该接口提供协议管理程序,在接收传输层的请求后激活网络适配器。使用兼容网络驱动程序的网络适配器可自由交换信息。这种方法允许在一个网络适配器上运行多种协议堆。例如,PC 机可连接到运行 IPX/SPX(网络互联包交换/顺序包交换)协议的 NetWare 网络和运行 TCP/IP(传输控制协议/网际协议)的 UNIX 网络;也允许一个传输层协议在不同的网络适配器上运行,例如,在以太网和令牌网上运行 IPX/SPX。两个主要的网络驱动程序接口分别是 Novell 公司的 ODI(开放数据链路接口)和微软公司的 NDIS(网络驱动器接口规范)。

network driver interface specification(NDIS)　网络驱动程序[器]接口规范 由微软和 3Com 公司联合开发,主要用于微软

N

Windows 系统。但是,开源 NDIS wrapper 和 Project Evil 驱动程序包装器项目支持许多符合 NDIS 标准的 NIC 与 Linux、FreeBSD 和 NetBSD 一起使用。BeOS 的衍生产品 magnussoft ZETA 支持多种 NDIS 驱动程序。NDIS 形成逻辑链路控制(LLC)子层,是 OSI 数据链路层(第 2 层)的较高子层。因此,NDIS 充当介质访问控制(MAC)子层(是数据链路层的较低子层)与网络层(层 3)之间的接口。

network element (NE) 网络元素,网元 是指网络中具体的通信设备或逻辑实体。简称"网元",主要提供交换、传输和操作等网络功能。如:交换机、数字交叉连接系统、信号传输节点、传输线路等都是网元。

network element control protocol (NECP) 网元控制协议 因特网的一种协议,通过这种协议,网元可以了解业务的能力和可用性,比如可以或不可以为哪些数据流提供服务。因此,NECP 支持智能网元进行流量平衡,当代理服务器不能对数据流提供服务时,则阻止或改变数据流的流向。

network element function (NEF) 网元功能 (1) SDH(同步数字系列)实体内的一种功能。它支持以 SDH 为基础的网络传送服务,如复用、交叉连接、再生。网元功能可由管理对象来模拟。(2) 在 ATM(异步传输模式)网络中,指在一个 ATM 实体中的功能,支持基于 ATM 网络的传输服务,如多路复用、交叉连接。

network element function block 网络单元功能块 可以包括电信功能和/或支持功能。它是一个为受监视和/或控制目的与 TMN(电信管理网)通信的功能块。

network element layer (NEL) 网络元素层,网元层 (1) 与技术、厂商和网络资源相关的功能的抽象。(2) 提供基本通信服务的网络元素的抽象。

network emulation 网络仿真 是一种用于在虚拟网络上测试实际应用程序性能的技术。这与应用纯数学模型的流量、网络模型、信道和协议的网络模拟不同。目的是评估绩效,预测变化的影响,或以其他方式优化技术决策。

network environment (NE) 网络环境 由通信子系统中面向网络的那部分和数据通信网所组成,涉及不同类型数据通信网有关的协议和标准。

network equalizer 网络均衡器 联机线路中插入的一种网络器件,用来补偿信号经过线路所产生的幅度及相位失真。如果补偿合适,工作频带内在所有频率下的总衰减和时延近乎相同。

network functions virtualization (NFV) 网络功能虚拟化 是使用 IT(信息技术)虚拟化技术的网络体系结构概念,它将整个类别的网络节点功能虚拟化为可以连接或链接在一起以构建通信服务的构建块。NFV 依赖于但不同于传统的服务器虚拟化技术,例如企业 IT 中使用的技术。虚拟化网络功能(VNF)可以包括运行不同软件和进程的一个或多个虚拟机,在标准大容量服务器、交换机和存储设备、甚至云计算基础架构之上,而不是为每个网络功能定制硬件设备。NFV 的其他用例包括虚拟化负载均衡器、防火墙、入侵检测设备和广域网(WAN)加速器。

network gateway accounting (NGA) 网络网关记账 从网关 NCP(网络控制程序)接收流通信息的 NPM(NetView 性能监控器)子系统。

network general control protocol (NGCP) 网络通用控制协议 用于分布式网络分析器系统的控制台和服务器之间的通信协议。

networking cables 网络电缆,网线 是用来把一个网络设备连接到其他网络设备或连接两台或多台计算机以共享打印机、扫描仪等的网络硬件。根据网络的物理层、拓扑和大小,使用不同类型的网络电缆,例如同轴电缆、光纤缆和双绞线电缆。这些设备可以相隔几米(例如通过以太网)或几乎无限的距离(例如通过互联网的互连)。

networking hardware 网络硬件 也称为网络设备或计算机网络设备,是计算机网络上的设备之间的通信和交互所需的物理设备。具体来说,它们在计算机网络中调解数据。作为最后一个接收器或生成数据的单元称为主机或数据终端设备。网络设备可以包括网关、路由器、网桥、调制解调器、无线接入点、网络电缆、线路驱动器、交换机、集线器和中继器等。

network hierarchy 网络等级[层次],网络层次结构 (1)开放系统互连(OSI)模型定义了开放系统的层次结构。(2)按层次结构组网的网络中传输系统和交换局的级别。以国家电信网为例,它包括本地网、长途网和国际网。

network identifier(NID/NETID) 网络标识符 在 TCP/IP(传输控制协议/网际协议)中,指因特网地址中定义网络的一部分。网络标识符的长度取决于网络的类型。

network information center(NIC) 网络信息中心 为用户提供网络信息资源服务的网络技术管理机构。其主要职责是对网上资源进行管理和协调,例如,域名管理、应用软件管理和提供、技术支持和培训。

network information services(NIS) 网络信息服务 (1)最初称为黄页(YP)。是客户机-服务器目录服务协议,用于在计算机网络上的计算机之间分发系统配置数据,例如用户名和主机名。Sun 微系统公司开发了 NIS,该技术几乎被许可给

所有其他 UNIX 供应商。(2)在因特网中,指向网络用户提供的信息、帮助和服务。参见 network information center (NIC)。

networking 网络连接,联网 在一定范围内互连各个计算机所使用的一种技术。将多个独立、分散的系统相互连接,组成更大规模的、能力更强的整体系统的过程。其目的是使他们能够彼此通信、交换信息、共享资源、相互合作等。联网可以通过公用的或专用的载波通信信道来实现,利用数据链路控制通信线路,管理报文处理及其他用户线路。

networking protocol 联网协议 按照一定的顺序进行传输的一组记录,用于:初启网络通话;控制网络数据流;终止网络通话。网络协议是约定的"标准",网络中的所有成员都必须遵守。

network integrity 网络完整性 对局部远程通信网络进行规划、构造、操作和维护,以期获得整体网络功能的方法。

network interconnect/interconnection 网络互连 把许多网络(包括同构型的和异构型的)互相连接在一起,使不同网络上的用户能够访问其他网络上的资源,并能互相通信。网络互连应满足如下基本要求:①在网络之间提供一条链路,至少需要一条物理的和链路控制的链路。②为不同网络的进程之间提供路径选择和数据传送。③提供各用户使用网络的记录和保持状态信息。④通过网络互连功能来协调各个网络的不同特性。这些特性包括:不同的寻址方案、不同的最大分组长度、不同的网络接入机制、不同的超时控制、不同的差错恢复方法、不同的状态报告方法、不同的路由选择技术、不同的用户接入控制、不同的服务(面向连接服务和无连接服务)、不同的管理与控制方式等。

network interface(NI) 网络接口 在计

算系统中,网络接口是计算机网络中的两个设备或协议层之间的系统(软件和/或硬件)接口。网络接口通常具有某种形式的网络地址。这可以包括节点 ID 和端口号,或者可以是其自身的唯一节点 ID。网络接口提供标准化功能,例如传递消息,连接和断开连接等。

network interface control (NIC) 网络接口控制 在网络接口上执行的通道忙闲检测、地址识别、流量控制等操作功能。

network interface controller (NIC) 网络接口控制器 也称为网络接口卡、网络适配器、LAN(局域网)适配器或物理网络接口,以及类似术语。是将计算机连接到计算机网络的计算机硬件组件。早期的网络接口控制器通常在插入计算机总线的扩展卡上实现。以太网标准的低成本和普遍性意味着大多数新型计算机都具有内置在主板上的网络接口。现代网络接口控制器提供高级功能,如主机处理器的中断和 DMA(直接存储器访问)接口,支持多个接收和传输队列,划分成多个逻辑接口,以及控制器对网络流量处理,如 TCP(传输控制协议)卸载引擎。

network interface machine (NIM) 网络接口(计算)机 一种共享的通信控制器,可以使非智能终端访问数据包网络,对分组交换网络传输的从终端到数据包的数据进行格式化。其控制方法是:将非智能终端送出的数据装配成报文,再发送到 Datapac 报文转接网络。

network latency 网络(传输)延迟时间 信息在网上的计算机之间传送所需的时间。分组交换网络中的网络延迟是单向(从源发送分组到接收它的目的地的时间),或往返延迟时间(从源到目的地的单向延迟加上从目的地返回到源的单向延迟)的测量。

network layer (NL/NWL) 网络层 国际标准化组织关于开放系统互连(OSI)七层参考模式的第三层,提供发信站和目标站之间的信息传输服务。该层为传输层(第四层)实体提供功能性和规程性手段。保证报文的正确传输,使传输层实体不必考虑路径选择和转接。其主要功能包括:路径处理、流量控制和建立或拆除网络连接。

network layer service 网络层服务 是网络协议层次结构中网络层为传输层提供的服务。在一些网络中,网络层在接口报文处理机(IMP)中运行,而传输层在主机中运行,因而网络层与传输层的分界成为主机或资源与通信子网的分界,因此,网络层提供的服务也就是通信子网提供的服务。通信子网由通信部门经营管理时,网络层服务就成了通信部门给用户提供服务的接口。网络层提供的服务分为无连接服务和面向连接服务两大类。前者的典型网络协议有 TCP/IP(传输控制协议/网际协议)协议族的 IP 协议。后者的典型网络层协议有 X.25 协议中的第三层协议 LAP(链路接入规程)和 LAPB(平衡型链路接入规程)。

network load analysis 网络负载分析 对工作站之间的信息流的各种参数进行列表,通过对文件容量、处理频率和特定要求等,来推断工作站的特性的过程。

network load balancing 网络负载平衡 通常称为双 WAN(广域网)路由或多宿主,是在不使用 BGP(边界网关协议)等复杂路由协议的情况下平衡两个 WAN 链路上的流量的能力。此功能通过多个连接平衡 Web、电子邮件等网络会话,以分散每个 LAN(局域网)用户使用的带宽量,从而增加可用带宽总量。例如,用户具有以 1.5 Mbps 运行到因特网的单个 WAN 连接。他们希望增加第二条以 2.5 Mbps 运行的宽带(有线、DSL、无线等)连接。在平衡会话时,将为他们提供总共 4 Mbps 的带宽。

network management (NM)　网络管理　在计算机网络中,对网络资源的管理,使网络中的资源得到更加有效的利用。它负责维护网络的正常运行,当网络出现故障时能及时报告和处理,并协调、保持网络协调的高效运行。国际标准化组织(ISO)定义了网络管理的五大功能:故障管理、计费管理、配置管理、性能管理和安全管理。

network management center (NMC)　网管[网络管理]中心　对计算机网络、通信网或广播电视网进行技术、行政管理的机构或部门。它与网络控制中心不同,除去网络控制中心的职能外,网络管理中心还根据国家或部门的要求负责制定有关规定或规章制度。对于较大规模的网络,常采取多层次的分级管理,也就是建立多个区域网络管理中心和一个全网管理中心,通过区域网络管理中心实行对全网的管理。例如,公众陆地移动网(PLMN)的集中管理中心,通常带有若干个隶属于它的操作维护中心(OMC)。

network management console　网络管理控制台　网络管理软件的客户端部件,为用户提高界面和网络运行的控制室。

network management functions (NMF)　网络管理功能　国际标准化组织(ISO)和因特网工程任务组(IETF)在网络管理的相关标准和建议中定义了网络五大管理功能域:故障管理、配置管理、性能管理、安全管理和计费管理。这些功能在几个网络管理层次上都应具有,如网元管理层、网络管理层,业务管理层。此外,作为一个完整的网络管理系统,还应包含规划管理,资产管理,人员管理功能等。

network management hierarchy　网络管理层次　对网络进行全面管理的网络管理系统的体系结构。① 地理位置上的分布结构,网络管理等级结构可包含本地网管系统、省级网管系统、全国网管系统、国际网管系统。② 按管理方式划分,有集中式网管系统和对等结构网管系统,以及分布式网管系统。

network management model (NMM)　网络管理模型　为研究网络管理系统中各部分之间的关系而建立的模型。包括功能模型、体系结构模型、信息模型和组织模型。网络管理的功能模型描述了实体的一般结构、实体间接口的通信方式,它由五部分组成:网络故障管理、性能管理、计费管理、配置管理和安全管理。网络管理信息模型主要是实现被管理虚拟资源、软件及物理设备的逻辑表示。网络管理的组织模型包括管理者、代理者和管理实体间的通信方法,规定了管理和被管理系统间的协议接口。

network management station (NMS)　网络管理站　在因特网中,指负责管理网络的系统,与各被管理节点中的网络管理代理进行联系。

network management system (NMS)　网络管理系统　计算机网络中,一个实现网络管理层功能的实体,可包括元素管理层的功能。一个网络管理系统可管理一个或多个其他的网络管理系统。

network management tool　网络管理工具　协助网络管理员监测、控制、管理、维护网络运行的硬设备或软设备。按其功能强弱可划分物理层工具、网络监控器、网络分析器和综合网络管理系统四类。

network media　网络介质[媒体]　是指用于连接计算机网络上的节点的通信信道。网络介质的典型示例包括铜同轴电缆、铜双绞线电缆和有线网络中使用的光纤缆,以及无线数据通信网络中使用的无线电波。

network meltdown　网络瘫痪　由于超负荷使网络处于几乎要停止运行的一种状况。这种状况有可能是合法的、超负荷的有效数据引起的,也可能是由于非法的或路径选择有误的信息包引起的。

network mode of operation (NMO)　网络工作模式　全球移动通信系统(GSM)的一个重要控制参数,根据网络对电路业务和分组业务的寻呼方式及其配合关系可分为三种工作模式,移动台会根据网络工作模式的设置,选择适合自身能力的工作级别。比如,网络工作模式为Ⅰ,则A类和B类移动台可做联合的位置区和路由区更新,如果网络工作模式为Ⅱ和Ⅲ,则移动台应分别做位置区更新和路由区更新。由此可见,在条件允许的前提下,网络的工作模式应尽量设置为模式Ⅰ,可在很大程度上节约网络无线资源。

network modem　网络调制解调器　一种网络上的用户可共享的调制解调器,以便用户呼叫因特网服务提供商(ISP)或其他在线资源。参见 modem。

network monitoring　网络监控　是使用一种系统,该系统持续监控计算机网络是否存在速度慢或故障组件,并在出现中断或其他故障时通知网络管理员(通过电子邮件、短信或其他警报)。网络监控是网络管理的一部分功能。

network monitoring interface card (NMIC)　网络监控接口卡　类似于网卡(NIC)。然而,与标准网卡不同,NMIC 被设计为被动(并且静默地)在网络上监听。在功能级别,NMIC 可能与 NIC 不同,因为NMIC 可能没有 MAC 地址,可能缺乏发送能力并且可能不会宣告其在网络上的存在。高级 NMIC 的功能包括从系统的CPU 卸载 CPU 密集型处理的能力,精确的时间测量,流量过滤以及执行其他特定于应用程序的处理的能力。NMIC 通常用于入侵检测和防御(IDS/IPS)、合法拦截、流量分析、网络监视和协议分析器系统。

network node interface (NNI)　网络节点接口　在一个网络节点中,用来与其他的网络节点互联的接口。在 ATM(异步传输模式)网络中,NNI 一般为两个交换机之间的接口,它定义了物理层、ATM 层等各层的规范以及信令等功能,但由于NNI 接口关系到连接在网络中的路由选择问题,所以特别对路由选择方法做了说明。NNI 接口分为公网 NNI 和专用网间接口(PNNI),公网 NNI 和 PNNI 的差别还是相当大的,如公网 NNI 的信令为 3、7 号信令体系,而 PNNI 则完全基于UNI(用户网络接口),仍采用 UNI 的信令结构。

network noise　网络噪声　网络信号传播中两个信号交互作用或者受传输环境影响引起的噪声。

network number exchange (NXX)　网络编号交换码　电话系统中由 3 位数字组成的地址码,表示地区中央交换局,N为 2～9,X 为任意数字。该词的缩写曾经也有用 NNX 的。

network operating system (NOS)　网络操作系统　(1)一种网络系统软件,是多道程序系统的扩展,可以支持由微型计算机和其他处理机组成的多个多机网络。他们之间可以通过 I/O 总线进行本地连接,内部连接,或者通过通信设施进行远程连接。网络系统能提供 CPU 之间的通信,控制过程和操作系统的命令,以便支持"虚拟设备"的活动。(2)在网络环境下,大型、中型主机上运行的操作系统。它除了支持一般操作系统的功能外,还要根据相应网络体系结构实现各层协议软件,用以支持数据传输功能和各种网络服务、网络管理功能。(3)安装在局域网中网络服务器上的一种操作系统,它应答和响应来自许多工作站的请求,管理诸如网络访问与通信、资源分配与共享、数据保护和出错控制等具体事项。网络操作系统可看作是插入在用户和系统资源之间的一种媒介物,用于提供对系统资源直接利用和控制的手段。(4)连接网络上所有设备并管理所有网络功能的系统软件。它使资源能力有效地得到共享,并使文件得以传送。网络操作系统通常分为服务器和客户机两部分,客户机部分将工作站置于网络中,必要时在网络上重新分配数据的路由。服务器根据请求将磁盘、软件、端口和其他设施提供给工作站。(5)用于网络设备的专用操作系统,例如路由器、交换机或防火墙等。

network operations center(NOC)　网络运行[运营]中心　也称为"网络管理中心",是网络监控和网络管理的一个或多个场所,通过计算机网络、电信网络或卫星网络实施管理。NOC 由商业组织、公共事业、大学和政府机构实施,负责监督需要高可用性的复杂网络环境。NOC人员负责监控一个或多个网络,以确定可能需要特别注意的某些情况,以避免服务质量下降。组织机构可能运行多个NOC,以管理不同的网络或在一个站点不可用时提供地理冗余。

network operator　网络操作员[程序]　(1)控制整个网络或部分网络支持的人员。(2)在多域网络中,负责控制全部区域的人员或程序。

network out dialing(NOD)　网外[网络向外](电话)拨号[呼叫]　一种让用户在本地系统拨号,自动进入长途系统的功能,或者从专用网络进入公用商业网络的功能。

network outage　网络失效　由于通信失效而影响依赖于网络的计算机终端、处理器和/或工作站,而造成系统可用性的中断。

network packet　网络分组[包]　是由分组交换网络承载的格式化数据单元。分组由控制信息和用户数据组成,也称为有效载荷。控制信息提供用于传递有效载荷的数据,例如:源和目的地网络地址,错误检测码和顺序信息。通常,控制信息位于分组头和尾部中。在分组交换中,通信介质的带宽在多个通信会话之间共享,这与电路交换不同,在电路交换中,电路被预分配一个会话的持续时间内,并且数据通常作为连续比特流传送。

network performance　网络性能　是指用户看到的网络服务质量的度量。有许多不同的方法来衡量网络的性能,因为每个网络在性质和设计上都是不同的。性能也可以通过建模和模拟,而不是测量。例如,使用状态转换图来模拟排队性能或使用网络模拟器。

network performance analyzer(NPA)　网络性能分析器[程序]　可在计算机网络中运行,以模拟方式来分析网络的传输速度、容量、可靠性、安全性等性能的仪器或程序。

network processing　网络处理　在分布式处理系统中,由主计算机执行的一种处理。这些处理用于网络控制,也可能用于和计算机系统内某些事务处理有关的操作。

network protocol　网络协议　计算机网络中互相通信的对等实体间交换信息时所必须遵守的规则的集合。网络协议具有和计算机语言几乎完全相同的定义,即协议为传输的消息定义严格的格式(语法)和传输顺序(文法),及消息的词汇表和这些词汇所表示的意义。协议共有五个部分:通信环境;提供的服务;定义协议所传输信息及其意义的词汇表;词汇表所规定的每个消息的编码格式;保证所交换信息和用户要求一致的各种时序、规则和过程。协议的功能包括连接管理、通信方式管理、协议数据包的发送和接收以及装配和拆卸、数据包的编码和解码、分解和组合、流量控制、拥塞控制、发送顺序控制、发送速度控制和差错处理等。

network protocol data unit (NPDU) 网络协议数据单元 指七号信令系统(SS7)中的术语。由于 SCCP(信令连接控制部分)在 MTP(消息传递部分)第 3 级的支持下完成网络层功能,因此常将它们合称为网络服务部分(NSP)。SCCP 的用户原语参数加上 SCCP 协议封装字段称为网络服务数据单元(NSDU)。

network provider (NP) 网络供应商[提供者] (1)指提供公共网络的组织,可以是通信服务供应商(CSP)、因特网服务供应商(ISP)、网络服务供应商(NSP)和无线服务供应商(WSP)。(2)网络服务供应者接口的实现程序。只能由多路供应者路由确定程序调用,绝不能由应用程序直接调用。NP 能完成一些操作,如形成和切断网络连接,并返回网络状态信息等。

network qualified name 网络验证名 一个唯一识别某一个网络中的一个专门资源的名字。由一个网络标识符和一个资源名构成,网络标识符和资源名都是 1~8 个字节的字符串。

network redundancy 网络冗余 网络中除了连接所有节点需要的最少线路外,又加上若干线路和设备,这种网络的特性就称为网络冗余。

network resilience 网络弹性[恢复能力] 网络弹性是"在面对正常运行的故障和挑战时提供和维持可接受的服务水平的能力"。

network robust 网络健壮性 即使在被管理的网络设备发生严重错误时,也不会影响网络管理者的正常工作。

Networks 《网络》 美国 1971 年创刊,全年 8 期,John Wiley 出版社出版,SCI(科学引文索引)、EI(工程索引)收录期刊。为促进各领域网络设计与使用的改进,发表应用和理论研究论文。包括计算机网络、电信、运输系统、高压电力网、配电系统和其他网络。

network scheduler 网络调度程序[器] 也称为分组调度程序、排队规则(qdisc)或排队算法,是分组交换通信网络中的节点上的仲裁程序。它管理网络接口控制器的发送和接收队列中的网络分组序列。有几种网络调度程序可用于不同的操作系统,它们实现了许多现有的网络调度算法。

network security 网络安全 包括用于防止和监控未经授权的访问、滥用、修改或拒绝计算机网络和网络可访问资源的策略和实施。网络安全涉及对网络中数据的访问授权,由网络管理员控制。用户选择或分配 ID 和密码或其他身份验证信息,以允许用户访问其权限范围内的信息和程序。网络安全涵盖日常工作中使用的各种公共和专用计算机网络,在企业、政府机构和个人之间进行交易和通信。

network security standard 网络安全标准 可分为互操作性标准、技术与工程标准和网络与信息安全管理标准三个方面。互操作性标准是解决加密与解密、签名与认证、网络之间安全的互联互通等问题。它们以算法、协议或接口的形式出现,如对称加密标准 DES(数据加密标准)、3DES(三重数据加密标准)、IDEA(国际数据加密算法)和 AES(高级加密标准)等;非对称加密标准 RSA;VPN(虚拟专用网)标准 IPsec(IP 安全协议);传输层加密标准 SSL(安全套接层);安全电子交易标准(SET);通过脆弱性描述标准 CVE(通用漏洞披露)。技术与工程标准有:ISO/IEC 15408 信息技术-安全技术-信息技术安全评估准则、安全系统工程能力成熟度模型(SSE-

CMM)等。网络与信息安全管理标准
有：ISO/IEC 27000-(信息安全)系列、信
息安全管理体系标准 BS 7799(后来成为
ISO/IEC 17799 标准)、信息安全管理标
准 ISO 13355 等。

network segment   网段   是计算机网络的
一部分。网段的性质和范围取决于网络
的性质以及用于互连终端站的一个或多
个设备。

network service   网络服务   在计算机网
络中,网络服务是在网络应用层及以上
运行的应用程序,它提供数据存储、操
作、表示、通信或其他功能,这些功能通
常使用基于应用层网络协议上的客户
机-服务器或对等体系结构来实现。每
种服务通常由运行在一台或多台计算
机(通常是提供多种服务的专用服务器
计算机)的服务器组件提供,并由运行在
其他设备上的客户机组件通过网络访
问。但是,客户机和服务器组件也可以
在同一台计算机上运行。

**network service access point (NSAP)   网络
服务访问[接入]点**   OSI(开放系统互
连)网络服务可被传输实体访问的点,
用 20 字节标识网络地址。ATM(异步传
输模式)指定了 E.164 标准为公共网络
地址以及 NSAP 地址结构作为专用网络
寻址方式。

**network service data unit (NSDU)   网络服
务数据单元**   七号信令系统(SS7)中的
术语。由于 SCCP(信令连接控制部分)
在 MTP(消息传递部分)第 3 级的支持下
完成网络层功能,因此常将它们合称为
网络服务部分(NSP)。SCCP 的用户原
语参数称为网络协议数据单元(NPDU)。

**network service part (NSP)   网络服务[业
务]部分**   七号信令系统(SS7)中消息传
递部分(MTP)和信令连接控制部分
(SCCP)一起被称为网络服务部分。

network service protocol (NSP)   网络服务
协议   一种 DEC 公司制订的 DNA(数字
网络体系结构)协议文件,其中含有信息
包和路由选择信息。

**network service provider (NSP)   网络服务
提供商**   (1)是通过向互联网服务提供
商(ISP)提供直接的互联网主干网接入
并通常访问其网络接入点(NAP)来销售
带宽或网络接入的企业或组织。(2)在
有线电视网中,网络供应商同时提供网
络和电视服务。(3)在线服务商一般并
不拥有网络,只是通过网络服务供应商
提供信息服务。(4)在因特网中,NSP
提供高速主干网服务的一种高层因特网
提供者。ISP(因特网服务提供商)处于
NSP 之下。

network service   网络服务(程序)   在计
算机网络中,网络服务是在网络应用层
及以上运行的应用程序,是计算机网络
为多个用户服务的过程。它提供数据存
储、操作、表示、通信或其他功能,其通常
在应用层网络协议上使用基于客户机-
服务器或对等体系结构来实现。

**network session accounting (NSA)   网络会
话记账**   从 NCP(网络控制程序)接收会
话记账信息的 NPM (NetView 性能监控
器)子系统。

network sharing   网络共享   对网络上的
资源,包括硬件和软件,授权的任何网络
用户都可以使用的特征。

network simulation   网络仿真[模拟]   在
计算机网络研究中,网络仿真是软件程
序通过计算不同网络实体(路由器,交换
机,节点,接入点,链路等)之间的交互来
对网络的行为进行建模的一种技术。大
多数模拟器使用离散事件模拟-系统建
模,其中状态变量在离散时间点发生变
化。然后可以在测试实验室中观察网络
的行为及其支持的各种应用程序和服
务,还可以以受控方式修改环境的各种
属性,来评估网络/协议在不同条件下的

行为。

network switch　网络交换机　也称为交换集线器、桥接集线器，正式 MAC 网桥。是一种计算机网络设备，通过使用分组交换来接收、处理和转发数据到目标设备，从而将计算机网络上的设备连接在一起。网络交换机是一种多端口网桥，它使用硬件地址在 OSI(开放系统互连)模型的数据链路层(第 2 层)处理和转发的数据。一些交换机还可以通过另外合并路由功能来处理网络层(第 3 层)的数据。这种交换机通常称为三层交换机或多层交换机。以太网交换机是最常见的网络交换机形式。第一个以太网交换机由 Kalpana 公司于 1990 年推出的。还存在用于其他类型网络的交换机，包括光纤通道、异步传输模式和 InfiniBand。

network switching subsystem (NSS)　网络交换子系统　即 GSM(全球移动通信系统)核心网络。是 GSM 系统的组件，对基站网络上漫游的移动电话进行呼叫交换和移动性管理功能。它由移动电话运营商拥有和部署，支持移动设备彼此通信并与更广泛的公共交换电话网(PSTN)通话。该体系结构包含所需的特定功能和功能，因为电话不是固定在一个位置。NSS 最初由电路交换核心网络组成，用于传统的 GSM 服务，如语音呼叫、SMS(短消息服务)和电路交换数据呼叫。它通过覆盖架构进行了扩展，以提供称为 GPRS(通用分组无线业务)核心网络的分组交换数据服务。这使移动电话可以访问 WAP(无线应用协议)、MMS(多媒体信息服务)和因特网等服务。

network synchronization (NS)　网络同步　在数据传输系统中，尤其当使用复用模式时，需要网络同步，原因有两方面：① 对于发送方 DTE(数据终端设备)发送的数据，网络应该以相同的速率传输给接收方 DTE；② 在数据从低速率链路到高速率链路或者相反传输时，不能丢失或增加额外的信息。网络同步对于时分复用模式或同步数据传输系统是必需的。

network termination (NT)　网络终端[终接]　也称为网络终端设备的(NTE)，是将客户的数据或电话设备连接到进入建筑物或办公室的运营商线路的设备。NT 设备为终端设备(TE)和终端适配器(TA)设备提供到本地环路的连接。在 ISDN(综合业务数字网)基本速率接口的特定情况下使用的网络终端称为 NT1。

network terminator type 1 (NT1)　一类网络终端　主要实现 OSI(开放系统互连)第一层的功能，包含用户线传输功能、环路测试和 D 信道竞争等。NT1 有两个接口，即"U 接口"和"S/T 接口"。U 接口与电信局电话线相接，S/T 接口则为用户端接口，可为用户接入数字电话或数字传真机等 TE1 设备、终端适配器和 PC 卡等多个 ISDN(综合业务数字网)终端设备。有些网络终端将 NT1 功能与 ISDN 终端集成在一起，它除了具备 NT1 所有功能外，还有两个普通电话的插口，一个可插普通电话机，另一个可插 G3 传真机。电话机和传真机的操作与现代普通通信设备的操作完全一样，并能同时使用，互不干扰。

network terminator type 2 (NT2)　二类网络终端　也称为"智能网络终端"。NT2 具有 OSI(开放系统互连)结构第二和三层协议处理和多路复用功能，还具有用户室内线路交换和集线功能，原则上 ISDN(综合业务数字网)路由器、拨号服务器、反向复用器等都是 NT2 设备。因此，NT1 设备是家用用户应用的网络终端，而 NT2 是中小企业用户应用的网络终端。

network theory 网络理论 网络物理概念的一种运用,求解网络中的路径问题、流量问题或管理规划方面问题的理论。它以数学方法为基础,求最短路径、最大流量或最小规划实现时间。目前常见的网络理论有 PERT(项目评估与评审技术),CPM(关键路径法)等。

network time protocol(NTP) 网络时间[定时]协议 是通过分组交换、可变延迟数据网络在计算机系统之间进行时钟同步的网络协议。自 1985 年运行以来,NTP 是目前使用的最古老的因特网协议之一。借助 NTP 可以实现网络上高精准度(毫秒级)计算机校时。这个协议在 RFC 1119 中定义。

network topology 网络拓扑 对通信网络的元素(链路、分支、节点等)的系统性安排布局。拓扑可以是物理的或逻辑的。网络拓扑可用于定义或描述各种类型的通信网络的布局,包括指挥和控制无线网络、工业现场总线和计算机网络。网络拓扑是网络的拓扑结构,可以在物理上或逻辑上描述。它是图论的应用,其中通信设备被建模为节点,并且设备之间的连接被建模为节点之间的链路或线路。物理拓扑是网络的各种组件的布局(例如,设备位置和电缆安装),而逻辑拓扑说明了数据如何在网络内流动。节点之间的距离、物理互连、传输速率或信号类型在两个不同的网络之间可能不同,但它们的拓扑可能是相同的。网络的物理拓扑是 OSI(开放系统互连)模型的物理层特别关注的问题。局域网中使用了各种各样的物理拓扑,包括环形、总线、网状和星形。

network traffic 网络流量[业务量] 或数据流量,是指在给定时间点通过网络的数据移动的量。计算机网络中的网络数据主要封装在网络分组中,网络分组提供网络载荷。网络流量是网络流量测量、网络流量控制和仿真的主要组成部分。

network traffic control 网络流量控制 在计算机网络中,网络流量控制是通过网络调度程序管理、控制或减少网络流量,尤其是因特网带宽的处理。网络管理员使用它来减少拥塞、延迟和丢包。这是带宽管理的一部分。为了有效地使用这些工具,有必要测量网络流量以确定网络拥塞的原因并具体地解决这些问题。

network traffic management 网络流量管理 是网络管理的重要内容。是基于网络的流量状态、趋势和流量管控策略,对网络流量流进行识别分类,并实施调节、控制、优化以及对关键 IT 应用进行保障的相关技术。对网络流量的集中监控设置在网络管理系统中。

network traffic measurement 网络流量测量 在计算机网络中,网络流量测量是测量特定网络上的流量的数量和类型的过程。这对于有效的带宽管理尤其重要。可以使用主动或被动技术来测量网络性能。主动技术(例如 Iperf 网络工具)更具侵入性,但可以说更准确。被动技术具有较少的网络开销,因此可以在后台运行以用于触发网络管理动作。

network traffic simulation 网络流量仿真[模拟] 是电信工程中用于测量通信网络效率的过程。电信系统是复杂的现实世界系统,包含许多以复杂相互关系进行相互作用的不同组件。对这类系统的分析可能变得极为困难:建模技术倾向于分析每个组件而不是组件之间的关系。仿真是一种可用于模拟大型复杂随机系统以进行预测或性能测量的方法。它是最常用的定量建模技术。

network transparency 网络透明性 操作系统或其他服务的一种特性,可使用户通过网络访问远程资源时不必知道资源是远程资源还是当地资源。

network user interface (NUI) 网络用户接口[界面] 连接到网络的计算机的一种用户界面。它用于远程应用程序,使传输文件就像在本机那样容易。

network video (NV) 网络视频(系统) 由网络视频服务商提供的、以流媒体为播放格式的、可以在因特网中在线直播或点播的声像文件。众多的流媒体格式中,FLV 格式由于文件小,占用客户端资源少等优点成为网络视频所依靠的主要文件格式。参见 flash video (FLV)。

network virtualization 网络虚拟化 在计算中,网络虚拟化是将硬件、软件网络资源和网络功能组合到单个基于软件的管理实体(虚拟网络)中的处理。网络虚拟化涉及平台虚拟化,通常与资源虚拟化相结合。网络虚拟化分为外部虚拟化,将许多网络或网络的一部分组合成虚拟单元,或内部虚拟化,为单个网络服务器上的软件容器提供类似网络的功能。

network virtualization platform 网络虚拟化平台 将硬件平面与软件平面分离,使得可以在管理上对主机硬件平面编程从而可将其资源分配给软件平面。这支持 CPU、内存、磁盘以及最重要的网络 IO 的虚拟化。在这种硬件资源的虚拟化后,该平台可以容纳多个虚拟网络应用,例如防火墙、路由器、Web 过滤器和入侵防御系统,它们的功能与独立使用的硬件设备非常相似,但可包含在单个硬件设备中。这种技术的关键优势在于完成所有这些工作,同时保持通常与独立网络设备相同的网络性能,以及实现管理或动态规划资源的能力。

network voice protocol (NVP) 网络语音[声音]协议 因特网中的一个多媒体应用协议,是一个端到端的协议,直接被应用程序使用。

neutral color 中性色 由黑色、白色及由黑白调和的各种深浅不同的灰色系列。之所以把黑白灰称为中性色,是因这几种颜色能与任何色彩起调和、缓解作用。

neutral-density faceplate 中性密度面板[滤光片] 电视显像管面板的中性密度滤光片可减弱屏幕的外部反射光,增强图像的对比度;因为反射光必须通过滤光片两次,所以其衰减也被加倍,而屏幕所需的光只通过一次。

neutral transmission 单极性[中性]传输 传输电传打字机信号的一种方法,线路中有电流表示"传号",无电流表示"空号"。扩展到音频信号设备,中性传输是发信号的一种方法,采用了两种信号状态,其中一种状态代表空格和没有信号的情况。

neutrinos communication 中微子通信 利用中微子运载信息的一种通信方式。中微子是一种质量极小又不带电的中性基本微粒。它能以近似光速进行直线传播,并极易穿透钢铁、海水,以至整个地球,而本身能量损失很少。中微子通信的设想提出已有多年,但如何方便地发射和探测中微子,把信息有效地调制给中微子和解调出来,还都是有待解决的难题,目前尚在探索之中。

neutron bombardment resistance 抗中子轰击性 在光传输系统中,当受到高能中子作用时,光元件能够继续完成它的设计功能的能力。

newsfeed 新闻馈送[推送],新闻传送干线 (1) 网络新闻组上的一种服务,能够使用户将当天的新闻组文章下载到自己的计算机上,或上传用户投递的文章。 (2) 一个节点向另一个节点发送网络新闻稿的协议和传输机制。一个节点可以有多个新闻传送干线以保证其中一个连接出现故障时也能接收到网络新闻。

Newton rings 牛顿环 两个表面(其中至少有一个是透明的)接触时呈现的彩色

光环,把两块玻璃或塑料紧靠在一起时就可以看到这种现象。

next-channel switcher(NCHS) 双路[邻路]切换器　一种包括两条相同通路的切换器,两者交替地用作节目输出和预观、预听输出控制。

next-generation firewall(NGFW) 下一代防火墙　是第三代防火墙技术的一部分,它将传统防火墙与其他网络设备过滤功能相结合,例如使用在线深度包检测(DPI)的应用防火墙、入侵防御系统(IPS)。也可以采用其他技术,例如TLS/SSL(传输层安全/安全套接字层)加密流量检查、网站过滤、QoS(服务质量)/带宽管理、防病毒检查和第三方身份管理集成,即LDAP(轻量级目录访问协议)、RADIUS(远程身份验证拨号用户服务)、AD(活动目录)。

next generation initiative(NGI) 下一代(因特网)创新计划　美国政府在1993年提出国家信息基础设施(NII)行动计划后,克林顿总统于1996年10月又提出了动用5亿美元的政府资金建立下一代因特网的设想,并于1997年2月任命了"高性能计算和通信、信息技术及NGI总统顾问委员会"的主席和成员。NGI的主要目标是开发先进网络技术、建立高性能网络和开发新的应用。研究的议题主要有6个:应用、中间件、服务质量、因特网流量工程、安全和体系结构。该计划涉及九个不同的试验网:先进技术展示网、国防研究和工程网、超高性能基干网服务、NASA(美国宇航局)研究和教育网、DARPA(美国国防部高级研究规划署)的SUPERNET(超网)、机构间合作先进网、全国透明光网络协会的原型网、多波长光纤网、先进通信技术卫星ATM(异步传输模式)互联网等。

next generation internet program(NGI) 下一代互联网计划　也就是NGI创新计划,是美国政府的一个项目,旨在大幅提高互联网的速度。

next generation Internet(NGI) 下一代因特网　美国政府于1996年启动的一项关于下一代因特网的研究项目,其网络带宽及计算能力成倍增长,多媒体技术日益成熟,使计算机、通信及多媒体技术更趋向融合。

Next Generation Mobile Networks(NGMN)Alliance 下一代移动网络联盟,NGMN联盟　是移动运营商、供应商、制造商和研究机构的移动通信协会。它于2006年由主要移动运营商作为开放论坛而成立,以评估下一代无线网络演进解决方案的共同观点的候选技术。其目标是通过技术和友好用户试验的路线图确保未来移动宽带网络的成功的商业开展。联盟的项目成果已被诸如第三代合作伙伴计划(3GPP)、电信管理论坛(TM Forum)和电气和电子工程师协会(IEEE)承认。

next generation network(NGN) 下一代网络　(1)网络的下一个发展目标。一般认为下一代网络基于IP(网际协议),支持多种业务,能够实现业务与传送分离,控制功能独立,接口开放,具有服务质量(QoS)保证和支持通用移动性的分组网。(2)是通信核心和接入网络中关键架构变化的主体。NGN背后的总体思想是,一个网络通过将所有信息和服务(语音、数据和各种媒体,如视频)封装到IP数据包中来传输这些信息和服务,类似于互联网上使用的数据包。NGN通常围绕因特网协议构建,因此术语"所有IP"有时也用于描述以前以电话为中心的网络向NGN的转换。NGN是与未来互联网不同的概念,它更注重互联网在所提供服务的多样性和交互性方面的演进。

next-generation network services 下一代网络业务[服务]　是一个没有特定含义的

术语。在一些电信界中,该术语以松散的方式用于指代传统上不由电信运营商电路交换网络提供的服务。包括 VoIP、IPTV、基于在场的应用、即时消息和基于位置的服务等。所有这些示例服务都在因特网或专用 IP 网络上部署和使用,并且可以从传统的电路交换网络来访问它们。

next hop forwarding **下一站转发** 使用类似 IP(国际协议)转发一个包到最终目的地的技术。虽然某个给定路由器并不包含有数据包经过路径的全部信息,但一定知道该数据包应转发的下一个路由器。

next hop resolution protocol (NHRP) **下一跳解析协议** NHRP 用于连接到非广播多路访问(NBMA)网络的源站(主机或路由器)到达目标站间的"下一跳"的互联网络层地址和 NBMA 子网地址。如果目的地址与 NBMA 子网连接,下一跳就是目标站;否则,下一跳是从 NBMA 子网到目标站最近的出口路由器。NHRP 被设计用于第三层交换协议,通过路由器安排请求以获得目的地址,并将数据信息包经由第二层交换机发送出去。

next steps in signaling (NSIS) **下一代信令** 是一个因特网工程任务组(IETF)工作组专注设计的下一代信令协议框架和协议规范。NSIS 工作组于 2001 年底成立,致力于替换资源预留协议(RSVP)。2005年提出了 NSIS 的总体框架。2006 年,该工作组提交了第一个协议规范,供因特网工程指导小组(IESG)批准。2010年 10 月,该实际协议规范最终获得批准,并发布在 RFC(请求注解)系列文件中。NSIS 协议套件包括三个主要协议:通用因特网信令传输协议(GIST),服务质量信令协议的 QoS NSLP(NSIS 信令层协议),网络地址转换/防火墙信令协议 NAT/FW NSLP。

Nippon telephone and telegraph cellular system **日本 NTT 公司蜂窝系统** NTT公司开发运营的一种模拟移动通信系统。

N layer **N 层** N 层就是在 OSI/RM(开放系统互连/参考模型)中由同等的 N(层)子系统构成的集合。

(N)-layer management **(N)层管理** 又称为层管理,OSI(开放系统互连)网络管理的三个结构之一。它用于管理某一个OSI 层次中被管对象的通信活动以及这种通信中的实例。这种通信活动包括对被管对象的监视、控制和协调。(N)层管理不重复提供它上面的高层已经提供的管理功能。(N)层管理实体与另一个对等实体的通信要依靠系统管理协议或(N)层管理协议才能实现。

(N)-layer operation **(N)层操作** 又称为(N)协议操作或层操作。它是对一个层次中管理通信的一个实例进行管理。但是,在(N)协议中这一类管理信息必须能够与(N)协议中用作其他目的的信息区分开。需要这一类管理结构的原因在于现有的某些协议虽然不是管理协议,但是它们实际上包括了某些形式的管理信息。因此,(N)层操作这种类型的结构允许使用现有的某些协议来支持某个特定层的活动。

node **节点,结点,波节** (1) 在网络中,一个或多个功能部件与信道或数据线路互连的一个点或一个分支的端点。如一个可被计算寻址访问的网络上的设备。实际上,有 IP(国际协议)地址的任何设备都是节点。(2) 在固定电话网络中,节点可以是公共或专用电话交换机、远程集中器或提供某种智能网络服务的计算机。在蜂窝通信中,节点有基站控制器、归属位置寄存器、网关 GPRS(通用分组无线业务)支持节点(GGSN)和服务

GPRS 支持节点（SGSN）之类的交换点和数据库。(3) 在有线电视系统（CATV）中，该术语具有更广泛的含义，并且通常与光纤节点相关。这可以定义为获取公共光纤接收器服务的特定地理区域内的家庭或企业。(4) 在树形结构中，若干个数据从属子项的一种发源点。(5) 对于一个驻波而言，在其分布场内，某一规定的变量保持零值或最小值的某些点、线或面。

node B 节点 B 是电信系统中的节点，特别是移动通信网络中的节点，即遵循 UMTS（通用移动通系统）标准的那些节点。节点 B 提供移动电话（用户设备 UE）和更广泛的电话网络之间的连接。UMTS 是主导 3G（第三代移动通信）的标准。节点 B 对应于 GSM（全球移动通信系统）中的 BTS（基站收发信台）。

node B application part (NBAP) 节点 B 应用部分 在 3GPP（第三代合作伙伴计划项目）UTRAN（通用陆地无线接入网）架构中，NBAP 是由 RNC（无线网络控制器）负责控制节点 B 的信令协议。NBAP 细分为公共和专用 NBAP（C-NBAP 和 D-NBAP），其中公共 NBAP 控制整体节点 B 功能，专用 NBAP 控制到特定用户设备的无线链路。NBAP 构成 Iub 接口的一部分。

node B application protocol (NBAP) 节点 B 应用协议 通用移动通信系统（UMTS）中无线接入网的高层协议，用于基站收发信台（BTS）与无线网络控制器（RNC）之间的连接。该协议的主要功能有：扇区配置管理、无线链路的监控、普通信道管理、专用信道的测量和系统信息管理等。

node encryption 节点加密 为了使传输的数据经过中间节点时为密文而采用的加密技术。其基本思想是对每对节点设一共用密钥，并对相邻两节点间（包括节点本身）传送的数据进行加密。当数据通过中间节点向下一节点传输时，先用上一对节点的密钥解密，随即再换下一对节点的密钥且加密。由于这种解密再加密是自动且相继完成的，所以中间节点处的数据为密文。因为数据向对方传输时要使用目的地址选择路由，故不能对报头内容加密，只能对报文中的数据部分加密。

node identification 节点标识 用来唯一标识一个节点的一种字符串。

node routing 节点路径选择 网络节点的工作。在这种方式中，节点具有多条输出通道。其方法是：先确定适当的输出通道，再对输出的数据装包确定适当的输出通道是网络控制机制的主要任务。

noise 噪声 (1) 任何系统中不希望存在的干扰或杂散信号。其具体形式包括：电压、电流、声音或计算机位、字等电平的随机偏差。通常分为稳态噪声和脉冲噪声。稳态噪声包括高斯噪声、热噪声、白噪声和随机噪声；脉冲噪声主要以持续时间短、幅度大为特征。噪声的大小一般可用频率或幅值来衡量，幅值的大小可以用有效值或峰值表示。(2) 广义地说，任何干扰设备或系统正常运行的扰动。在通信中，噪声由自然产生或电路产生的随机电信号所组成。它能降低信道的质量或性能。

noise equivalent power (NEP) 噪声等效功率 已知调制频率、波长和有效噪声带宽情况下，在给定检测器的输出上，信噪比为 1 的辐射功率。

noise factor (NF) 噪声[噪音，杂波]系数[因数] (1) 某个四端网络的输入为标准信号时，输入端的信噪比与输出端信噪比的比值。噪声系数为 1 表示通过网络后，信噪比没有发生变化，或者说设备的内部噪声为零。噪声系数用于衡量设备内部的噪声，或用于说明信号通过有内部噪声的系统或网络后,信噪比变坏的程度。(2) 指某一无线电接收机输出杂波功率对理想接收机输出杂波功率之比,假设此接收机为线性的,而理想接收机除输入端外接电阻器外没有其他杂波源,且该外接电阻应具有规定的杂波温度,例如 300 °K。

noise figure (NF)　噪声[噪音,杂波]系数　以分贝表示器件产生的噪声系数的比例,超过该器件输入端匹配电阻产生的热噪声。较高噪声系数的器件需要更高的信号电平才能提供给定的信噪比。NF 和噪声因子(factor)是由射频(RF)信号链中的分量引起的信噪比(SNR)降级的量度。它是一个可以指定放大器或无线电接收器性能的指标,其值越低表示性能越好。

noise floor　本底噪声,固有噪声电平　在信号理论中,本底噪声是测量系统内所有噪声源和不需要的信号之和所产生的信号的度量,其中噪声被定义为除被监测信号之外的任何信号,其度量单位为dBm。在无线电通信和电子学中,这可能包括热噪声、黑体、宇宙噪声以及来自远处雷暴的大气噪声以及类似和任何其他不需要的人为信号,有时称为偶然噪声。如果主要噪声是在测量设备内产生的(例如由噪声系数低的接收器产生),那么这就是仪表本底噪声的一个例子,而不是物理本底噪声。

noise-free equivalent amplifier (NFEA)　等效无杂波[噪声]放大器　一种不产生内部杂波的理想放大器,它具有与真实的放大器相同的增益和输入输出特性。

noise generator (NG)　噪声[噪音,杂波]发生器　一种专用设备,用来产生数值已知的随机信号,通常用来测量设备的信噪比或其噪声系数。

noise immission　噪声注入　在声学中,由观察者的耳朵接收到的噪声,该噪声可能是由附近或远处一个或多个噪声源发出来的。

noise immunity　抗(干)扰度　在内部和外部干扰作用下,系统仍能在所规定的条件下保持其技术指标的能力。对于模拟系统,当输入信号噪声比一定时,可用输出信号噪声比的大小来表示抗扰度的高低。对于数字系统,则用其输入信号噪声比为恒定时的误码率的大小来表示。抗扰度包括直流抗扰度和交流抗扰度两种。

noise margin　噪声容限　(1) 当电路在不利条件下工作时,不致引起误动作的稳态电平变化的量度。噪声容限也称"直流抗干扰度"。(2) 它是数字系统的一个基本直流系数。不致引起电路误动作的最大稳态噪声电平。

noise modulation (NM)　杂波[噪声]调制　以杂波(或噪声)信号调制载波的过程。

noise peak (NP)　杂波[噪声]峰值　在磁带复制中产生的一种短暂的杂散信号,其幅度大大超过一般系统噪声的平均峰值。

noise ratio (NR)　噪声[噪音]比　噪声电平与信号电平之比。由于噪声总是与信号同时存在的,因而衡量系统中的信息量时,应看信号与噪声的比值。当信号小于噪声时,信号淹没在噪声中。而当信号大于噪声时,就能较容易地从噪声中检测出信号。利用相关接收、匹配滤波器和统计方法等技术,也可将淹没在噪声中的信号检测出来。

noise reduction system (NRS)　降噪系统　一个旨在通过减少嘶嘶音量改进音频或视频设备声音质量的系统,从而消除了大部分噪声且不影响高频响应。音频降噪系统有多种:杜比(Dolby),CX,dbx,动态噪声滤波器(DNF),动态降噪(DNR)等。多数降噪系统以压缩/扩展原理操作,只是各个系统采用的方式不同。DNR 和 DNF 不像上面列出的其他系统,主要是在录音时扩展音频信号和在回放时压缩信号。相反,当信号强度不足以掩盖噪声时,这两种系统采用动态滤波器消除高频声(主要是噪声或嘶嘶声);但当信号能掩盖噪声和嘶嘶声时,滤波器就让这种高频声通过。另外,DNR 和 DNF 只在回放时来减少现有的噪声,而杜比和其他大部分系统不能降低已在信号中的噪声。这些系统必须在录音和回放时,利用编码和解码信号处理降噪。

noise temperature（NT/N. T.） 杂波［噪声］温度 （1）用来表示电子设备系统或器件的噪声特性的参数,常用 K 来表示。（2）一种衡量设备或系统中的热噪声大小的量。噪声温度越低,设备越好。

noise type 噪声类型 电气噪声主要分为两大类:稳态噪声和脉冲噪声。稳态噪声也称为"Gaussian（高斯）噪声""热噪声""白噪声"或"随机噪声"。这些噪声属于背景噪声,在所有的电子电路中都存在。脉冲噪声的特点是幅度大,持续时间短,脉冲宽度在毫秒级。脉冲噪声会阻碍数据信号,是出现数据错误的主要原因。特别是在高速数据传输系统中,在给定的时间内,会有更多的数据受到其影响。

noisy-channel coding theorem 噪声信道编码定理 在信息论中,噪声信道编码定理(有时称 Shannon 定理)确定了对于通信信道的任何给定程度的噪声污染,可以通过信道将几乎无差错的离散数据(数字信息)传送达到可计算的最大速率值。这个结果是克劳德·香农(Claude Shannon)于 1948 年提出的,部分基于哈里·奈奎斯特(Harry Nyquist)和拉尔夫·哈特利(Ralph Hartley)的早期工作和思想。通信信道的香农极限或香农容量是信道在特定噪声水平下的理论最大信息传输速率。

nominal analog/analogue blanking 标称模拟消隐 是标准清晰度数字电视图像过扫描的最外层部分。它由左右两侧的黑色(或接近黑色)像素的可变和任意间隙组成,对应于水平消隐间隔的结束和开始:右侧的前廊(行的末端,在同步脉冲之前),以及左侧的后沿(行的开始,同步脉冲之后和绘制下一行之前)。数字电视通常每行包含 720 个像素,但它们仅约 702(PAL)到 704(NTSC)包含图像信号。边缘可能不干净-可能发生一些模糊-并且位置是任意的,因为模拟设备通常可能以意想不到的量或方向横向移动图像。真正老式的模拟设备可能会导致"活动图像"的总宽度发生变化,通常是下降,可能只有 680 像素。确切的宽度取决于 PAL 或 NTSC 中有效线路所需时间的定义,并乘以数字 SDTV(标准清晰度电视)的 13.5 MHz 像素时钟。PAL 恰好是 52 μs,所以它恰好相当于 702 个像素。

nominal bandwidth 额定［标准］带宽 分配给某个信道的最大频带,包括保护带在内。

nominal impedance 标称阻抗 扬声器输入的信号电压与信号电流的比值。扬声器向放大器呈现的最小阻抗,直接关系到扬声器从放大器获得的功率大小。

nominal transfer rate 额定传送率 单位时间传输数据的以位数或字节数为单位的指定值或理论值。

nominal viewing distance 标称的观看距离 在观看者与电视图像之间,观看者看不到电视光栅线结构的距离。如 625 行扫描电视系统的推荐观看距离是电视屏幕高度的 5～7 倍。

nominal white 标称白 在图像显示系统中(如电视或传真),标称白对应于可传输的最白区域的信号。

nominal white level 标称白电平 与电视画面标称亮度的白色区域对应的视频信号电平。它取决于彩色电视制式,通常作为 100% 参考电平来校准测量设备的增益和设置。

non-access stratum (NAS) 非接入层 是核心网络和用户设备之间的 UMTS(通用移动通信系统)和 LTE(长期演进)无线电信协议栈中的功能层。该层用于管理通信会话的建立,并用于保持与用户设备移动时的连续通信。NAS 定义与接入层不同,接入层负责通过网络的无线部分承载信息。NAS 的进一步描述是,它是用于在用户设备(也称为移动设备)和核心节点(例如移动交换中心、服务 GPRS 支持节点或移动性管理实体)之间传递消息的协议,其通过无线网络透明地传递。NAS 消息的例子包括更新或附加消息、认证消息、服务请求等。一旦用户设备(UE)建立无线连接,UE 使用无线连接与核心节点通信以协调服务。区别在于接入层用在移动设备和无线电网络之间进行明确的对话,而 NAS 用于移动设备和核心网络节点之间的对话。

non-acoustic coupler 非声音耦合器 通过对数据信号进行调制和解调的方法把终端或计算机连接到通信网络上的设备或部件。调制解调器就是一种这样的设备。目的是将数字信号转变为模拟信息(或者反之),以便使用普通的电话线携带数据。

non-adaptive algorithm 非自适应算法 路由选择算法的一种,这种算法对路由选择判据不是建立在对当前数据流量和拓扑结构的测量和估算基础上,而是对若干或全部路由事先计算好的,并把这些计算好的路由选择参数装到各个节点机中。因而这种路由选择算法也称为“静态路由选择”。参见 routing algorithm。

non-associated CCIS 非结合式 CCIS 一种 CCIS(公共信道局间信号传输)数据链路和 STP(信号传输点)组成的网络。目的是使 CCIS 对小型中继线组的使用更为经济。信号经由两个或多个串接的共享数据链路传输、处理,并单向通过一个或多个 STP。信号传输的路径和实际建立的链接会有地理上的差别。

non-blind beamforming algorithm 波束形成非盲算法 一种智能天线的自适应算法。波束形成非盲算法是指需要借助参考信号(导频序列或导频信道)的算法,此时接收端知道发送的是什么,按一定准则确定或逐渐调整权值,使智能天线输出与已知输入最大相关,常用的相关准则有最小均方误差(MMSE)、最小均方(LMS)和最小二乘(LS)等。比较 blind beamforming algorithm。

nonblocking 无阻塞的 在一通信系统中,其中所有的访问尝试,即所有的呼叫都能 100% 的完成。

nonblocking minimal spanning switch 非阻塞最小跨越开关 是一种可以将 N 个输入连接到 N 个输出进行任意组合的设备。这种类型的开关最常见的用途是在电话交换机中。术语“非阻塞”意味着如果它没有缺陷,它总是可以进行连接。术语“最小”意味着它具有尽可能少的组成部分,因此费用最小。从历史上看,在电话交换机中,通话者之间的连接安排有大型的、昂贵的机电继电器组、Strowger 开关。Strowger 开关的基本数学特性是,对于开关的每个输入,只有一个输出。许多数学开关电路理论试图使用该特性来减少把输入组合连接到输出组合所需的开关总数。

non-blocking network 无阻塞网络 (1)一种电路交换网络,其中不论连接了多少个用户端点,在任一对空闲端点之间都至少有一条可用通路;(2)一种环形连接网络,网络中不考虑已经连接的末节点数目,而在任意一对闲置的末节点上总存在至少一条通路。

non-call service function (NCSF)　非呼叫业务功能　一种智能网能力集 2(INCS-2)的功能实体,提供在用户和业务控制功能实体间的非呼叫相关的业务(诸如移动性业务特征)的访问和交互所需要的一套功能。又称与呼叫无关的业务功能(CUSF)。

non-classified signaling network　无级信令网　未引入信令转接点的信令网。在无级网中信令点间都采用直联方式,所有的信令点均处于同一等级级别。无级信令网结构比较简单,但信令路由比较少,而信令接续中所要经过的信令点数比较多,传号传递时延相对较长。

non-coherent bundle　非相干束　(1)组成一束的光导纤维,用于传导非相干光束。(2)一组相互并行的光纤束。

non-coherent jamming　非相关干扰　一种多点干扰的情况。此时,各干扰在某一个位置上没有固定的相位关系。

non-coherent modulation system　非相干调制系统　一种不需要载波源的调制系统。载波或者在接收端生成,或者单独传送,其频率和相位与相应的接收信号相同,用来恢复原始的调制信号。

non-dedicated　非专用的　(1)一种完成多种功能的设备。(2)在计算机网络中,指完成网络功能的服务器,同时又是一个工作站。

non-destructive cursor　非破坏性光标　阴极射线管(CRT)装置上的一种光标。可由用户在屏幕上移动。移动过程中不会使屏幕上的显示字符发生变化或遭到破坏。

non-destructive editing　非破坏性[无损]编辑　是一种音频、视频或图像编辑的形式,其中原始内容在编辑过程中不被修改,相反,编辑由专门的软件指定和修改。基于指针的播放列表,实际上是用于视频的编辑决策列表(EDL)或用于静止图像的有向非循环图,用于跟踪编辑。每次渲染、回放或访问编辑的音频、视频或图像时,都会从原始源和指定的编辑步骤中重建它。尽管此过程比直接修改原始内容更加计算密集,但更改编辑本身几乎是即时的,并且它可以在编辑音频、视频或图像时防止进一步的代次损失。

non-deterministic network　随机网络　存取时延不确定的网络。

non-dial trunks　非拨号中继　一种PBX(专用交换分机)直达通信中继线,需要辅以口头传送地址信息。

non-directional (radio) beacon (NDB)　非定向(无线电)信标　是在已知位置的无线电发射器,用作航空或海上导航设备。顾名思义,与其他导航设备如低频无线电测距,VHF(甚高频)全向测距(VOR)及 TACAN(战术空中导航系统)相比,传输的信号不包括固有的方向信息。NDB信号沿着地球的曲率传播,因此可以在较低海拔处以更远的距离接收其信号,这是超过 VOR 的主要优势。然而,NDB信号也受到大气条件、山区地形、海岸折射和雷暴的影响,特别是远距离的影响。

non-dispersive ultrasonic delay　非色散超声延迟线　一种时延不随频率变化的超声延迟线。

non-disruptive installation　无干扰安装　在正常工作时安装附加部件而不影响工作的能力。对应于 non-disruptive removal。

non-disruptive removal　无干扰拆卸　在正常工作时安装拆卸部件而不影响工作的能力。对应于 non-disruptive installation。

non-drop frame (NDF)　不丢[落]帧,非失落帧　美国电影电视工程师协会(SMPTE)所规范的黑白视频信号(30帧/秒)的时间码格式。

non-drop frame mode 不丢帧方式
对(美国)电影与电视工程师学会
(SMPTE)时间码数值和实际记录时间
之间的差异不做调整的记录方式。录制
不是广播级质量的节目时采用这种工作
方式。

non-equal length code 不等长编码 每一
代码位数不相等的代码,例如 Huffman
代码、B 代码等均为不等长代码。在计
算机图像处理或图像数据传送中,常采
用不等长编码来提高数据存储量或传送
效率。

non-intelligible cross talk 不懂串音 一
种不能被理解的串音,由于其音节的特
点,在感觉上比热噪声更使人烦恼。

non-interactive 非交互 一程序或设备在
执行时不提供与操作员对话的现象。

non-interlaced 非隔行(扫描)的 (1)用
来描述光栅扫描监视器中一种显示方式
的形容词。采用这种显示方法时,电子
束在刷新周期中对屏幕的每一行进行一
次扫描。采用该技术可以减少画面闪
烁。(2)指不使用隔行扫描技术来提高
显示器和视频标准的分辨率,用于计算
机监视器显示的标准系统。(3)一些改
良清晰度电视(IDTV)制造商所使用的
增强扫描系统。该系统将扫描线数量加
倍(NSTC 制式从 262.5 行提高到 525 行
每 1/60 秒),据报道,通过消除扫描线间
的可见空间提高了垂直分辨率。传统电
视图像的观众往往被构成屏幕图像的水
平线分神,特别是观看较大尺寸的电视
机时。非隔行扫描技术不是提出两组分
离的行(NTSC 制式各 262.5 线),互相跟
随,而是在同一时间产生两组行,就可产
生了一个更大密度的图像。

noninterlaced scanning 逐行扫描 光栅
扫描显示器显示图像的方法。在这种方
法中,阴极射线管(CRT)内发出的电子
束从顶部到底部逐行扫描构成一帧,在
垂直方向上扫描一次就显示一幅图像。

non-invertibility 不可逆性 在密码术中,
指加密算法的一种特性,如果已给出明
文和相应的密文,要寻找出加密密钥在
计算工作量上是不可行的,则称这种加
密算法是不可逆的。

non-isolated amplifier 非隔离放大器 在
信号输入电路和另一个(如输出电路)电
路之间的某种电气连接(包括由于接地
引起的耦合)的一种放大器。

non-linear code 非线性码 不满足线性
叠加原理的纠错码。按照码元取值的不
同可分为 q(>2)进制和二进制码;按照
码的结构不同可分为系统码和非系统
码;按照对信息元处理方法的不同可分
为非线性组码和非线性格码。比较
linear code。

**non-linear distortion (NLD) 非线性失真
[畸变]** 由于系统或元件的输入量和输
出量之间偏离了线性关系而造成的一种
信号失真。这是一个需线性系统或电路
克服的问题。

non-linear edit (NLE) 非线性编辑 不以
时间为顺序所进行的编辑。非线性编辑
借助计算机来进行数字化制作,对素材
的调用突破单一的时间顺序编辑限制,
可以按各种顺序排列,具有快捷简便、随
机的特性。非线性编辑最先用于电视片
的制作,后来逐步推广到音像资料的制
作和其他出版领域。

nonlinearity 非线性 (1)在规定工作范
围内,器件、网络或传输媒介不符合叠加
原理的工作属性。(2)非线性指量与量之
间不按比例、不成直线的关系,代表不
规则的运动和突变。比较 linearity。

nonlinear optics (NLO) 非线性光学 现
代光学的一个分支,研究介质在强相干
光作用下产生的非线性现象及其应用。
常见非线性光学现象包括光学整流、高
次谐波、光学混频、受激拉曼散射、自聚

焦和光致透明等。研究非线性光学对激光技术、光谱学的发展以及物质结构分析等都有重要意义。非线性光学研究是各类系统中非线性现象共同规律的一门交叉科学。

non-locking escape 非锁定换码,非锁定转义(符) 跟在转义字符后面的一个字符。这种字符可由转义字符转换成其他字符组中的字符。

non-luminous body 暗体 不能自行发光,接收发光体的光才能产生光泽的物体。

non-native network 非本地网络 (1)一个子网络,其网络标识符与节点为网络资源使用的网络标识符不同。(2)与不包含 NCP(网络控制程序)资源的网关 NCP 连接的网络。

non-native network connection 非本地网络连接 一种网络连接,其中一个 APPN(高级对等联网)或 LEN(低入口联网)节点和子区域使用不同的网络标识符。

non-original BCH code 非本原 BCH 码 一种 BCH(Bose-Chaudhuri-Hocquenghem)码。与本原 BCH 码的区别是它的生成多项式 $G(x)$ 没有最高次数为 m 的本原多项式。码长 n 不是 2^m-1,而是 2^m-1 的一个因子。

non-packet terminal（NPT） 非分组终端 非分组式终端是不具备分组功能的数据终端设备,以 X.28 建议的接口规程接入分组交换网。根据所处的网络不同可分为三种方式:NPT(X.28),用于直通电路或公用电话网;NPT(telex),用于用户电报网;NPT(LDN),用于低速数据网。

non-persistent CSMA 非持续载波监听多路访问 (1)网络通信中载波监听协议之一。要发送数据的站不是对信道连续监听,一旦监听到信道空闲立即发送;而是在发送数据之前先监听信道,如果发现信道忙碌就等待一个随机时间再进行

监听,如果发现信道空闲就发送数据。这种协议对信道的利用率较好。(2)非持续性 CSMA 是非侵入性传输算法。当发送节点准备好发送数据时,它感测传输介质空闲或忙碌。如果空闲,则立即发送。如果忙,则在重复整个逻辑循环(开始感测传输介质的空闲或忙碌)之前,等待一段随机时间(在此期间它不感测传输介质)。这种方法减少了冲突,导致总体更高的介质吞吐量,但与 1 率持续相比,具有更长的初始延迟的代价。

non-polarized return to zero 非极性归零制 一种二进制信息的信道编码。属于按位外同步编码。其原则是:用某一个规定电平与零电平来分别表示二进制信息的"1"和"0"。它是低性能的数字磁记录装置中使用的一种信息记录方式。

non-repudiation 不可抵赖性 电子交易各方在交易完成时要保证的不可抵赖性:在传输数据时必须携带含有自身特质、别人无法复制的信息,防止交易发生后对行为的否认。

non-return to zero（NRZ） 不归零制(码) 数据传输中的一种数据编码方法。采用这种编码方法时,每当数位从 1 变化到 0 或从 0 变化到 1,表示二进制数的信号电压就发生正负交换变化,换句话说,每个数位传输后信号不归复到零或中性位;采用定时手段来区分依次相连的各个数位,因而一连串的 1 或 0 同样可区分开来。NRZ 信息密度高,但需要外同步并有误码积累。

non-return to zero change on ones recording（NRZ-1） 不归零 1 制,不归零按"1"变化记录 一种不归基准的记录方式,按这种方式,磁化状态的变化表示"1",不变化表示"0",这种方法称为标志记录,因为只显示记录 1 或标志信号。同 non-return to zero（mark）recording。

non-return to zero change on zeros recording

(NRZ-0)　不归零按"0"变化记录　一种二进制数字不归基准记录方式,按照这种方式,磁化状态的变化表示"0",不变化表示"1"。

non-return to zero inverted (NRZI)　反向不归零制,反转非归零(码)　(1) 记录密度为 200 和 800 BPI(字节每英寸)的 9 道磁带使用的记录方法,在每个记录单元中,记录信号在单元中间发生变化表示 0,不变化表示 1。参见 non-return to zero change on zeros recording (NRZ-0)。(2) 在同步数据链路控制(SDLC)和虚拟远程通信存取法(VTAM)通信中,传输稳定状态时使用的调制方法,以提高传输信号的抗干扰能力。

non-return to zero mode (NRZ mode)　不归零制　磁记录主要方式之一。用两种电平表示"1"和"0",除翻转瞬间外,电平总也不为零,因而也叫电平不归零制。翻转瞬间选在"01"之间或"10"之间的叫异码翻转不归零制(NRZ C)。若用翻转表示"1",不翻转表示"0",也可以表示二进制信息,称为逢"1"转不归零制(NRZ-1),或反相不归零制(NRZI),或标记不归零制(NRZM)。NRZ-1 是基本记录方式,任何编码方式在磁层上都用此方式记录。

non-secret design　非秘密设计　在密码学中的一条原则,即加密系统的设计不需要保密,因为其保密与否只取决于密钥和参数的保密,加密算法可以公开。例如美国 DES(数据加密标准)的加密算法就是公开的。这个原则允许扩大的密码专家都去研究加密系统。密码设计中的缺陷就会尽早发现,但另一方面,算法公开后就增加了被破译的危险。

non-zero dispersion shifted fiber (NZDSF)　非零色散位移光纤　ITU-T(国际电信联盟-电信标准化部) G.655 规定的 NZDSF 是一种用于克服色散位移光纤问题的单模光纤。NZDSF 可有两种主要类型:NZD＋和 NZD－,它们的零色散波长不同。通常分别在 1 510 nm 和 1 580 nm 左右。由于 NZDSF 的零色散点在正常通信窗口之外,因此使四波混频和其他非线性效应最小化。

normalized device coordinate (NDC)　规范化[归一化、规格化]设备坐标　在计算机制图技术中采用的在与设备无关的中间坐标系统中指定的一种坐标,其规格化坐标值为某个范围,一般为 0～1。用这种规范化的设备坐标显示的图像,任何设备上都位于同样的相对位置。

normalized frequency　归一化频率　是等于循环/样本的频率测量单位。在数字信号处理(DSP)中,以秒为单位的连续时间变量 t 被以样本为单位的离散整数变量 n 代替。更确切地说,时间变量(以秒为单位)已经被采样间隔 T(秒/采样)规范化(被除),这使得时间在采样时刻具有方便的整数值。这种做法类似于自然单位的概念,这意味着 DSP 系统中的自然时间单位是采样数。

normalized network throughout　归一化网络吞吐量　单位时间内的数据包,除以最大的网络吞吐量的结果,其值不大于 1。

North America digital cellular system　北美数字蜂窝系统　美国蜂窝电信行业协会(CTIA)在 1989 年提出的以模拟移动台为基础的数字蜂窝移动通信系统,其标准为 IS-54,IS-55 和 IS-56。其工作频段、射频间隔、双工频率间隔均与 AMPS(高级移动电话系统)相同,其特点是数/模兼容。

notch filter (NF)　陷波[阶式]滤波器,陷波器　(1) 在某个很窄的频带内有很大衰减的一种滤波器,用来抑制或限制这些频率(如电话系统设备)或者隔离两个信道(如非对称双工或双线,全双工系统）。在调制解调器中，用发射和接收陷波器，把该窄带的频率从载波中除掉。(2)一种在系统的频率响应曲线中产生一个尖形缺口的带阻滤波器，在电视发射机中，提供对频道的低频端的衰减，以防止对下一个较低频道的伴音载波的可能干扰。(3)一种电视监视器/接收器电路，有助于消除偶尔出现在屏幕边缘的视频噪音的水平干扰。该陷波滤波器抑制一个色度信号的骚扰频段，色度信号常常影响色彩对比度。由于这类滤波器也可能影响屏幕图像的锐度，有的制造商在监视器中增加了手动陷波滤波器开关。

not copy protected（NCP）　版权不受保护　不受版权法保护的，可以任意拷贝的特性。

Novell　诺威公司，网威公司，Novell 公司　美国加利福尼亚州的计算机网络软件厂商。Jack Davis 和 George Canova 于 1981 年创建，原名为 Novell data systems。曾兼并 WordPerfect 公司、Quottro Pro 公司、Digital Research 的 DR DOS 开发组以及 UNIX 实验室。其 NetWare 和 UNIXWare 曾经作为广泛使用的网络操作系统。

Novell DOS　Novell DOS 操作系统　最初由 Digital Research 开发的 DOS（磁盘操作系统）版本，称为 DR - DOS，现为 Novell 公司所有，并称为 Novell DOS。Novell DOS 7 包括内部的对等联网技术、网络管理实用程序、文件压缩和抢占的多任务处理。

Novell network　诺威网，Novell 网　美国 Novell 公司的局域网产品。是一种高层协议，连接多种低层协议的网络。其网桥可实现低层协议的转换。网络采用开放协议技术（OPT），可将不同操作系统的工作站连接到网络上。

N-service　N 服务　在开放系统互连参考模型（OSI/RM）中，N 服务定义为 N 层及其下面各层的综合能力，并在 N 层和 N+1 层之间的接口上提供给 N+1 实体，并非在 N 层内完成的全部功能都称为 N 服务，只有那些被上层看得见的功能才称之为 N 服务。

NTSC, basic TV receiver　NTSC 制式的基本电视接收器　指信号通过甚高频（VHF）或超高频（UHF）端子进入负责选择频道或频段的电路组件进行适当的调谐。NTSC 制式 VHF 调谐器必须能够覆盖 54～216 MHz 的范围或线缆接收器的 54～456 MHz；UHF 调谐器接收的频率范围从 470～806 MHz；VHF 或 UHF 调谐器的输出是以任何选定的 6 MHz 频道为中心的常见的 45.75 MHz 中频。该中频经过带通滤波，以消除来自相邻信道的任何无用信号。信号被馈送到提取复合基带信号的检波器，然后滤除 4.5 MHz 的伴音副载波。在滤波前，该视频信号的一部分被分路并发送至音频检测电路；一旦 4.5 MHz 副载波被分离和解调，音频信号经过滤波和放大送到扬声器。"干净的"复合视频基带信号然后进入色度解调器，色差信号被分离成三基色（RGB）信号分量，这些 RGB 信号驱动电视电子显像管的电子束并显示图像。这个视频信号的抽样也送入同步电路中，作为信号组成部分的定时脉冲从同步分离器中剥离出来，将信号的修正电压发送给偏转电路，以产生有条理的图像扫描。NTSC 是 National Television System Committee（国家电视系统委员会）的缩写。

NTSC, color TV signal　NTSC 制式的彩色电视信号　电视摄像头产生的三原色信号（RGB）组合并产生了亮度信号（Y）和两种色差信号（I 和 Q 或 U 和 V）。亮度信息足以再现黑白图像。两种色差信号被调制成为两个相位差 90 度的 3.58 MHz 载波，组合后生成色彩信号（C）。Y

信号和 C 信号混合在一起成为基带复合视频信号并调制成为射频副载波。3.58 MHz 副载波信号必须随复合信号转发,以确保从色差信号中正确地提取出原色信号。

NTSC format　NTSC 制式　彩色电视机的一种规范,525 行扫描,频带为 4 MHz,行频 15.75 kHz,帧频为 30 Hz,彩色副载波为 3.58 MHz。参见 phase alternate by line(PAL),SECAM。

null modem　空[假]调制解调器　一条短小的 RS-232-C 电缆,不需要使用调制解调器而使两个计算机能够进行通信。空调制解调器电缆连在计算机的串行口上,电缆中的某些线是交叉的,以便通过轮流使用发送线和接收线实现这种通信,一个设备的发送线是另一个设备的接收线。

numbering portable　移机不改号　一种电信业务,指当一个电话用户改变其电话地理位置后仍然可以使用原来的电话号码。移机不改号业务的主要服务功能有:① 号码转换:当有人呼叫用户的移机前号码时,能够主动将该号码转换成移机后的新号码,并进行接续;② 号码提示:当有用户拨打移机改号用户的时候,通过播放提示音告知用户移机后的新号码;③ 时间期限:对于用户申请的移机不改号和移机改号业务,均可以规定该业务的使用时间,超过这一时间的移机不改号用户将被自动视为移机改号用户对待,同时也规定一个时间期限,移机改号用户的时间期限到达后,将从数据库中删除。

number portability(NP)　号码可携带性　指在电话机的地理位置变化下保持电话号码不变的能力。用户在搬家或调动工作时,可以不改变自己的电话号码,也不用顾及新地址与老地址是不是属于同一个电话局,或同一个运营公司,这对保持用户对外联络不受影响,特别是对维护商业用户的经营活动不受影响方面具有重要的实际意义。

Nyquist criterion　奈奎斯特准则　可以指:奈奎斯特稳定性准则、奈奎斯特频率、奈奎斯特速率、奈奎斯特 ISI(码间干扰)准则。奈奎斯特准则是由贝尔实验室(Bell Labs)的 C. Shannon 和 H. Nyquist 揭示的。

Nyquist frequency　奈奎斯特频率　也称为奈奎斯特采样率。在数据采集系统中,可以不失真恢复原始信号的最高采样频率。即信号带宽通常会略小于奈奎斯特频率,也就是奈奎斯特频率必须严格大于信号包含的最高频率。如果信号中包含的最高频率恰好为奈奎斯特频率,则在这个频率分量上的采样会因为相位模糊而有无穷多种该频率的正弦波对应于离散采样,因此不足以重建成原来的连续时间信号。

Nyquist interval　奈奎斯特间隔　当信道在奈奎斯特速率下使用时,每个码元所占有的时间间隔称为奈奎斯特间隔。如果理想信道的带宽为 W,那么,2W 波特就是码元的极限传输率,而½ W 就是奈奎斯特间隔。

Nyquist ISI criterion　奈奎斯特 ISI 准则　在通信中,奈奎斯特 ISI(码间干扰)准则描述了通信信道(包括发送和接收滤波器的响应)满足不会产生 ISI 的条件。它提供了一种构造带限函数来克服码间干扰影响的方法。当通过线性调制(例如幅移键控 ASK、正交调幅 QAM 等)在信道上发送连续符号时,信道的脉冲响应(或等效地频率响应)导致发送的符号在时域中扩展。这会导致码间干扰,因为先前发送的符号会影响当前接收的符号,从而降低对噪声的容忍度。奈奎斯特定理将该时域条件与等效的频域条件相关联。

Nyquist limit   奈奎斯特频限   根据奈奎斯特采样定理,最低采样频率必须是信号频率的两倍。反过来说,如果给定了采样频率,那么能够正确显示信号而不发生畸变的最大频率称为恩奎斯特频限,它是奈奎斯特采样频率的一半。

Nyquist rate   奈奎斯特速率   在信号处理中,奈奎斯特速率是带限函数或带限信道的带宽的两倍。也就是在码间无干扰的理想传输条件下,码元的最大传输速率。

Nyquist sampling theorem   奈奎斯特采样定理   由奈奎斯特证明的一个定理:在采集信号时,如果信号本身的频带是有限的,而采样频率又大于等于两倍信号所包含的最高频率,则理论上可以根据离散采样值恢复出原始信号。而实际上,为保证信号质量,选用的采样频率经常大于奈奎斯特采样定理所指出的最小采样频率,而选用信号最高频率的 3 到 4 倍甚至更高。

Nyquist-Shannon sampling theorem   奈奎斯特-香农采样定理   在数字信号处理领域,采样定理是连续时间信号(通常称为"模拟信号")和离散时间信号(通常称为"数字信号")之间的基本桥梁。它为采样率建立了一个充分条件,允许离散的采样序列从有限带宽的连续时间信号中捕获所有信息。严格地说,该定理仅适用于傅立叶变换在有限频率区域之外为零的一类数学函数。直观地说,我们期望当将连续函数减少为离散序列并且插值回到连续函数时,结果的保真度取决于原始采样的密度(即采样率)。采样定理引入了采样率的概念,对于带宽受限的函数类来说,采样速率足以达到完美的保真度,因此在采样过程中不会丢失实际信息。它根据函数类的带宽来表示足够的采样率。该定理还导出了从样本中完美重构原始连续时间函数的公式。

N

O

OAMC management function（OAMC-MF）OAMC 管理功能　用于管理网络包括设备和业务的功能群。该 OAMC-MF 可能分配给几个 OAMC-OpS（运行系统）。参见 operation administration and maintenance center（OAMC）。

OAMC operation system（OAMC-OpS）OAMC 运行系统　位于 OAMC（运行、管理和维护中心）中并能执行网络运行功能以维持 ISDN（综合业务数字网）设备和业务的系统。这一 OpS（运行系统）与在其他组织机构中的其他 OpS 的通信是为了便于管理 ISDN 的设备和业务。参见 operation administration and maintenance center（OAMC）。

object（OBJ）对象，目标，实体　（1）通过单一的名字对它进行访问的一种数据集合。（2）在面向对象的设计或编程中，一个对象由数据和对该数据的操作构成。封装有两层含义：描述对象状态的私有存取区，只能由对象内的操作涉及，在此对象外是不可见的；封装在对象内的操作，其实现过程在此对象外是不可见的。（3）对象是由一组属性组成的集合，它代表的是具体的事物，例如用户、打印机或一个应用程序。属性就是用来描述目录对象可以标识的数据。一个用户的属性可能是用户姓名和电子邮件地址。

object exchange（OBEX）对象交换（协议）　是一种便于在设备之间交换二进制对象的通信协议。由红外数据协会开发有（也称为 IrOBEX），但也被蓝牙特别兴趣小组和开放移动联盟（OMA）的同步

标记语言组（SyncML）采用。OBEX 最早的流行应用之一是掌上机 Palm III。这个个人数字助理（PDA）及其许多后继产品都使用 OBEX 来交换名片、数据甚至应用程序。尽管 OBEX 最初是为红外设计的，但现在已经用于蓝牙，并且还可以通过 RS-232、USB（通用串行总线）、WAP（无线应用协议）以及 Livescribe 智慧笔等设备使用。

oblique-incidence transmission（OIT）斜投射传播　无线电波倾斜地射向电离层后被反射回地面的传播方式，例如用在远距离无线电通信中。

oblique projection　斜投影　平面投影的一种。与正投影不同，斜投影平面的法线方向与投影方向不一致。

occupation　占线　电信业务运载设备处于使用状态或处于接受服务申请后的备用状态。

occupied bandwidth　占有带宽　为执行信息的不失真传输而需要为之分配的频带宽度。一个数字信号序列的占有带宽取决于它的速率。

octal-binary coded　二-八进制编码　一种以 8 为基数的二进制编码数字系统，用 3 位二进制数来表示八进位数字中的一位，即 0～7 的数。

octal code　八进制编码　一种以基数为 8 进行操作的代码。由 3 位二进制数组成 1 位八进制码。

octal coded binary code　八-二进制编码　一种信道编码。其规则是：以 3 位二进制数分为一组，各组均按下表将 3 位二

进制数变换为 5 位码字,最后用编码序列逢"1"变化不归零制规则调制。具有外同步按组、固定长度、游程长度未限码的特性。主要在数字磁记录中使用。

信息组 $D_1\ D_2\ D_3$	码字 $C_1\ C_2\ C_3\ C_4\ C_5$
0　0　0	0　0　0　0　0
0　0　1	0　1　0　0　0
0　1　0	0　0　1　0　0
0　1　1	0　0　0　1　0
1　0　0	0　0　0　0　1
1　0　1	0　1　0　0　1
1　1　0	0　1　0　1　0
1　1　1	0　0　1　0　1

octal debug technique　八进制调试技术
八进制调试与装配程序中使用的技术。例如存储器列表/修改、寄存器列表/修改、存储器内容转储等。

octal small format pluggable (OSFP)　八路小型可插拔(收发器模块)　是一种符合 MSA(多源协议)的光纤可插拔收发器模块标准,适用于网络设备之间的 400 Gbps 光纤链路。它实现了 8×50 Gbps 电气数据通道。它是目前用于 100G 以太网的 QSFP 格式的稍大形状。该标准于 2016 年 11 月 15 日公布。

octave (OCT)　倍频程(八度),八度(音)
(1) 频率的倍数,如音频频率范围约为 10 个倍频程(20 Hz 至 20 kHz),电视视频的录像和播放的视频频率近似范围为 30 Hz 至 4.5 MHz,即 18 个倍频程。(2) 两个基频比为 2 的声音之间的间隔,或者引申频率比为 2:1 的任何两个频率间的间隔。任何两个频率在八音度中的间隔频率比是以 2 为底的对数(或 3.322 乘以 10 为底的对数)。(3) 两个音间的音阶,这两个音的基频比

为 2:1。在全音阶中,它包括 8 个相继的音符。因此,从 440 Hz 的 A 音到 880 Hz 的 A 音就是一个倍频程(八度)。

octonary signaling　八进制通信　一种通信方式,其信息是用信号平均参数 8 个离散电平的有、无或正、负变化来表示。

octopus cable　八爪线缆　指在线缆的一端或两端有不同类型的插孔,允许有不同接插件的两个视频设备互相接口。

odd field　奇数场,奇帧　(1) 在电视系统使用的 2:1 隔行扫描中,从与行同步一致的宽脉冲开始扫描的那一场。对于 NTSC(美国国家电视制式委员会)制,奇数场由 1~262½ 行组成;对于 PAL(逐行倒相)制,奇数场由 1~312½ 行组成。(2) 显示器屏幕上扫描的奇数扫描线。参见 field (FLD),even field。

odd-line interlace (OLI)　奇数行隔行扫描　每场附加半行的隔行扫描,例如在 625 行标准的电视图像中,每场包含 312.5 行。

off-air/off-the-air　停播,结束广播　在通信中,"停播"这个术语有以下含义:(1) 在无线电通信系统中,指完全关闭的广播电台或电视台,即不发送任何信号,甚至不发送未调制的载波。在这种情况下的其他术语包括"黑暗"或"寂静",尽管这些术语通常用于长时间或永久地离开的台,而"停播"通常用于短暂的一段时间,或用于最近停播的电台。(2) 在无线电台中,用于说明特定的调制源,例如断开特定的麦克风的连接,即不再能够调制载波。

off air call setup (OACS)　非占空呼叫建立〔设置〕　通信连接已经建立,射频链路(业务信道)尚未在 MS(移动台)与 BTS(基站收发信台)之间占用。

offered traffic　提供的流量,流入话务量
(1) 是在所有呼叫尝试成功时将承载的流量。在实际中提供的多少流量将取决

于所有服务器繁忙时未应答呼叫时情况。(2)占用了服务设备的所有试呼业务量。

off hook (OH) 摘机 (1)通常靠提起手柄使线路接通电话机话音电路的动作。此时,禁止外来呼叫。与此相反的是挂机状态,亦即可接收外来呼叫的状态。(2)多路转接中的某一路接通的动作。可以表示数据装置自动与公共交换系统接通的状态。

off-hook tone 摘机音 也称为接收器摘机音、摘机警告或嗥鸣音,是一种电话信号,用于提醒用户很长时间不使用电话而已被摘机,有效地禁止了电话线。

office busy hour (OBH) 局忙时 通常指程控交换机系统出现的最大负荷的一小时。

office class 交换局等级 电话交换局的功能等级,它依赖于其地理位置和行政级别和它在整个交换网中的位置。一般分为5个等级。从C1~C5。C1级最高,C5级最低。

office code (OFC) 局号 本地网电话码由局号和用户号两部分组成。局号代表某电话局的号码,该局的所有号码均以它开头。参见 numbering plan。

office impedance 局内阻抗 电话局中阻止交变电流的一种标称阻抗,这种阻抗与全部中继端阻抗匹配。

Office of Telecommunications and Information Applications (OTIA) 电信与信息应用局 美国国家电信与信息管理委员会(NTIA)所属单位,职责是帮助政府和社会各界有效地使用电信和信息技术来提供更好的公共服务,除了充分提供公共服务外,有效地联手公共和非营利实体,使用电信和信息技术除了充分提供公共服务外,完成国家目标。OTIA 目前还在管理有助于国家转向数字电视、宽带技术机会计划(BTOP)和公共安全互操作通信(PSIC)资助计划。

off-line 脱机,离线 (1)用于修饰或说明无法与计算机通信或不能由计算机控制的计算机设备或程序。例如,某设备为脱机状态,即它不在中央处理机的直接控制下工作。(2)计算机系统的一种连接方式。当外部设备(例如终端)不直接连接到计算机上,则称之为脱机,反之,直接连接到计算机上,则称之为联机。脱机的外部设备既不能向计算机发送信息也不能从计算机中接收信息,但它可以将外界输入的信息存储起来,一旦该外部设备进入联机状态时,这些信息就可以直接送往计算机中。(3)用于修饰或说明一台或多台从网络上断开的计算机。

off-line browser (OLB) 离线浏览器 一种 Web 网上的浏览工具。它可以把某个或某些 Web 节点上的信息压缩成包,整批地下载到自己的本地硬盘上,随后中止与网络的接通,在自己的计算机上阅读下载信息。利用这种方法,浏览器能对 Web 节点进行监控,当发现新的页面时,便在非高峰时间对其检索,把新页面上的信息下载到自己的本地硬盘上,大大减少占线时间,也显著减轻了服务器的负载。

off-line cipher 脱机密码 与某一特定的传输系统无关,因而能将密码电文用任意方法传输的一种编码的方法。

off-line crypto operation 离线加密操作 在通信安全中,指加密或解密作为与加密电文截然不同的一个独立操作来进行的,无论是手工的还是机械的操作,都不与信号线在电气上连接。

off-line fault detection 脱机故障检测 把系统中有故障部分从物理上或从逻辑上与系统分开后,单独进行的故障测试。有的设备有脱机自检能力,有的设备脱机后要联到专门的测试设备上进行测试。

off-net access (ONA)　网外接入　智能网能力集1(INCS-1)业务特征之一。指VPN(虚拟专用网)的用户通过使用个人识别码(PIN)，可以从电话网(PSTN)中任一个非VPN的话机接入到他的VPN中去，同时可以对一组不同的特权呼叫分配不同的PIN。

off-net call　网外[异网]呼叫　在不同网络上始发和终接的呼叫。

off-network access line (ONAL)　网外[局外]接入线路　一种专用网络电路，它允许用户从专用网络拨号到公用网络完成呼叫。

off-premises extension (OPX)　场外[楼外]分机[扩展]　有时也称为场外分机(OPS)，是远离其服务的专用分支交换机(PBX)的位置的分机电话。离线扩展通常用于在员工不在办公室时为员工提供对公司电话系统的接入权限。OPX用于分布式环境，为距离PBX太远而无法通过驻地布线服务的位置提供服务。在因特网电话中，VoIP VPN(IP电话虚拟专用网)OPX可以通过在虚拟专用网络连接来实现连接扩展，而不是将其直接连接到局域网。由于VPN几乎已成为局域网的一部分，因此IP-PBX的外部部署扩展就像在现场一样。

off-premises station (OPS)　场外[楼外]分机　同off-premises extension (OPX)

offset antenna　偏馈天线　这种天线的反射面只是旋转抛物面的一个部分，通常包括极点或顶点，使得用前馈时，没有孔径阻挡作用。

offset carrier system (OCS)　偏置载波制　若干部同频道发射机的图像载波频率有适当差别以使相互干扰减至最轻的制式。

offset dish antenna　偏置碟形[抛物面]天线　或离轴碟形[抛物面]天线。是一种抛物面天线。之所以这样称呼是因为天线馈电偏移到反射器的旁边，这与普通的"前馈"抛物面天线不同，其中馈电天线悬挂在碟形天线的轴线前面。如在前馈抛物面碟中，馈源位于反射面的焦点处，但是反射面是抛物面的不对称部分，因此焦点位于旁边。此设计是要将馈电天线及其支架移开传入无线电波的路径。在普通的前馈碟形天线中，馈电结构及其支架位于入射的无线电波束的路径上，会部分地阻挡，在碟形天线上投射的"阴影"，降低了接收到的无线电功率。在技术方面，降低了天线的孔径效率，降低了其增益。在偏置设计中，馈源位于波束的区域之外，通常位于从抛物面天线的底部边缘伸出的悬臂下方。天线的波束轴线，即输入或输出无线电波的轴与抛物面天线口平面成一倾斜角度。

offset-fed antenna　偏馈天线　具有只形成旋转抛物面的一部分反射器的天线，通常不包括杆或顶部，所以其前馈无口径限制。用于卫星电视中。

offset feed　偏馈，偏置馈送　一种用于微波接收的天线，由抛物形反射面和馈源组成，使聚焦轴赋形在反射面的边缘或附近与反射面相遇。由于减少了波束的阻挡，偏移馈送在其小孔径天线中流行。

offset parabolic antenna　偏置抛物面天线　将通常的抛物面切割一部分而构成部分抛物反射面，将辐射器移到抛物面反射波作用范围之外，因此既可消除辐射器及与之相连的馈电系统对抛物面的遮挡，也能避免部分反射功率经辐射器重新进入馈电系统的不利影响，这就形成了偏置抛物面天线。参见offset dish antenna。

offset quadrature phase-shift keying (OQPSK)　偏移四相[交错正交]相移键控　把二进制基带信号进行串/并交换，得到两路数字信号I和Q，I和Q相互错位一个比特，再对载波进行四相调制。已调信号的相位变化在任一比特转换时刻都可能发生,但两路数字信号不会同时改变极性,因而已调制信号的相位突变最多。

offset signal (OS)　偏置[间置]信号,信号偏移(量)　有时使用有线电视(CATV)转换器、共用天线电视(MATV)系统、家用视频游戏和视频录像机时,信号落在美国联邦通信委员会(FCC)所分配的甚高频(VHF)广播频道频率的±2 MHz范围。

off-tape monitoring　离带监视(技术)　指用于一些专业视频设备中使用的技术,它能在录制视频的同时观看录像带。该技术利用两个额外的视频磁头,专门回放已经录制好的信息。在家用录像机上复制录像带使用两台监视器,连接到录制录像机的监视器回放的画面并不是正在录制的内容,而是录像机接收并传送给电视机的信号。传统的家庭录像机有两个或四个磁头,只能录制或播放,而不能同时进行。

offseted sample　偏移后样本　指视频编解码中经样值偏移补偿得到的样本。

OICQ　腾讯 QQ,(腾讯公司)即时通信软件　该词缩写源于 opening I seek you。是由腾讯科技(深圳)有限公司开发的,基于因特网的即时通信(IM)软件,俗称"网络寻呼机"。具有即时信息收发、网络寻呼、在线聊天、传输文件、QQ 邮箱、手机短消息服务等多种功能,对传统的无线寻呼和移动通信进行增值服务。可与传统的无线寻呼网、GSM(全球移动通信系统)移动电话的短消息系统等多种通信系统互连。腾讯公司发布公告称由于业务调整,webQQ 在 2019 年 1 月 1 日停止服务。

old media　旧媒体,老媒体　也就是传统媒体。是在信息时代之前占主导地位的大众传媒机构,特别是印刷媒体(报刊、

杂志等)、电影制片厂、音乐工作室、广告公司、广播电台和电视。旧媒体机构是集中的,并通过单向技术向(通常是匿名的)大量受众进行交流。新媒体计算机技术具有互动性和相对分散性,它们使人们能够相互通信。信息时代定义的电信网络就是互联网。

OMA lightweight M2M（OMA LWM2M）OMA 轻量级 M2M　是开放移动联盟(OMA)用于 M2M(机器对机器)或物联网(IoT)设备管理的协议。LWM2M启用程序定义 LWM2M 服务器和位于LWM2M 设备中的 LWM2M 客户机之间的应用层通信协议。OMA(开放移动联盟)轻量级 M2M 启用程序包括LWM2M 设备的设备管理和服务启用。此启用程序的目标 LWM2M 设备主要是资源受限的设备。因此,该使能程序使用了轻便紧凑的协议以及高效的资源数据模型。它为 M2M 服务提供商提供了部署 M2M 系统以向 M2M 用户提供服务的选择。它经常与 CoAP(约束应用协议)一起使用。

omnidirectional　全向性　(1)信息的一种传播方式,发送信号的天线在全方位上传播。(2)各个方向都可以接收信号的装置,如天线和全向麦克风(OM)等。

omnidirectional aerial/antenna (OA)　全向天线　在无线电通信中,全向天线是一类在一个平面的所有方向上均匀地辐射无线电波功率的天线,辐射功率随着平面上下角度的减小而减小,在天线轴上下降到零。该辐射图案通常描述为"圆环赋形"。这与各向同性天线不同,各向同性天线在所有方向上辐射相等的功率并且具有"球形"辐射图案。垂直定向的全向天线广泛用于地球表面的非定向天线,因为它们在所有水平方向上均匀辐射,而辐射的功率随着仰角增加而下降,因此瞄向天空或向下对着地球的无线电

能量和浪费都很小。全向天线广泛用于无线电广播天线，以及使用无线电的移动设备，例如手机、调频收音机、步话机、无线计算机网络、无绳电话、GPS（全球定位系统）以及与移动无线电通信的基站，例如作为警察和出租车调度员和飞机通信。

omnidirectional microphone (OM)　全向麦克风[传声器]　能响应来自全部方向声音的麦克风，对多人在现场录音时特别有效，多数视频摄像都采用，也被推荐用于近距离录音。

on call circuit　联机呼叫电路　一种永久指定并加标识的电路，只要用户请求就能激活，提供给那些需要不可预期的用户。

one-time password (OTP)　一次性口令　一种密码体制，在访问控制中，使用一次后便被修改的口令。OTP 的主要思路是：在登录过程中加入不确定因素，使每次登录过程中传送的信息都不相同，以提高登录过程安全性。例如，登录密码＝MD5(用户名＋密码＋时间)，系统接收到登录口令后做一个验算即可验证用户的合法性。

one-time system　一次一密系统　一种理论上不可攻破的密码系统。用凯撒代替法将明文变换成密文，最重要的特征是：密钥是一个随机序列，且只使用一次，亦即密钥序列的长度等于明文序列的长度。

one-to-many call　一对多呼叫　一种电信业务，提供一个用户同时与处于不同场所的多个用户进行通信的服务。

one-to-many medium　一对多媒体　由特定专家制作，然后供许多人使用的媒体。如电视台同收看者之间的"播放型"媒体。

one up/many down　一发多收(模式)　指由一个单一的发起站点和许多接收站点所构成的电视或电话会议形式。

one-way channel (OWC)　单向信道[通道]　一种只允许在一个方向传输信息的信道。

one way communication (OWC)　单向通信，单向会话　(1)数据通信中的一种通信方式，在这种方式下，信息的传输总是在一个预先指定的方向上进行。(2)一种会话，数据从一个程序发送到另一个程序而不需要回答，会话在数据发送完后释放。如果发送的程序在释放会话后立即终止，数据可能还在传输中，因而发送程序和接收程序不一定是同时活跃的。

one way interaction　单向交互作用　一工作站总是向另一工作站发出信息，而另一工作站总是处于接收信息的工作状态。

one-way message delay　单向消息延迟　从消息发送时刻至到达目标时所花的时间。

one-way trunk　单向中继线　在中央交换机之间进行通信的一种干线。这里，只能有一个端点是发送端。

on-hook (OH)　挂机，挂钩　(1)就电话机而论，"挂机"表示电话机与线路断开。在办公自动化(OA)的局部网中，没有使用的电话及办公点(或工作站)是处在"挂机"状态。与"挂机"相反的词，叫"摘机"。(2)多路转接中的某一路断开的动作。例如可以表示数据装置自动与公共交换系统断开的状态。(3)指一个功能部件的运行是在计算机的直接控制下进行的。(4)指用户和计算机互相联系的能力。比较 off-line。

on-screen display(OSD)　屏幕显示,屏幕菜单式调节方式　一种在图像上叠加文字,使显示屏为用户提供更多附加信息的技术,例如,在调节显示器的各种参数时把状态信息在屏幕上显示出来。

O

OSD 技术可以使机顶盒输出至屏幕弹出的各调节项目信息的矩形菜单,可通过该菜单对机顶盒各项指标进行调整,从而达到最佳的使用状态。

onion routing 洋葱路由[选择] 是一种在计算机网络上进行匿名通信的技术。在洋葱网络中,消息封装在加密层中,类似于洋葱的层。加密数据通过称为洋葱路由器的一系列网络节点传输,每个网络节点都"剥离"单个层,从而揭示数据的下一个目的地。当最后一层被解密时,消息到达其目的地。发件方保持匿名,因为每个中间人只知道前一个和后一个节点的位置。有一些方法可以打破这种技术的匿名性,例如时序分析。

online certificate status protocol（OCSP） 在线[联机]证书状态协议 是一种用于获取 X.509 数字证书撤销状态的因特网协议。它在 RFC 6960 中描述,并且在因特网标准路线上。它是作为证书撤销列表(CRL)的替代方案而创建的,专门解决在公钥基础结构(PKI)中与使用 CRL 相关的某些问题。通过 OCSP 传送的消息在 ASN.1 中编码,通常通过 HTTP(超文本传输协议)进行传送。这些消息的"请求/响应"性质导致 OCSP 服务器被称为 OCSP 响应器。

online testing 联机测试 (1) 执行用户程序的同时对联机的输入输出设备进行的测试过程。(2) 在执行用户程序的同时,对远程终端或数据站所进行的一种测试。亦即,在终端仍然和处理机相连的情况下进行的测试。这种联机测试对于用户的正常操作影响很小。

online test system（OLTS） 联机测试系统 一种允许用户在执行程序的同时测试各种输入/输出设备的系统。可以运行测试程序来诊断输入/输出错误,验证设备的恢复和工作上的改变,或者定期地检查输入/输出设备。

online traffic engineering 在线流量工程 在全局网络状态视图中,管理 SD-WAN(软件定义广域网)的控制器可以根据资源(链路)的当前使用情况分配新的传输请求,从而执行谨慎的和自适应的流量工程。例如,这可以通过在控制器上执行传输速率的集中计算以及在发送方(端点)根据这样的速率进行速率限制。

on-off keying（OOK） 开关[通断,启闭]键控 是幅移键控(ASK)调制的最简单的形式,表示数字数据在载波的存在或不存在的键控。在其最简单的形式中,特定持续时间的载波的存在表示二进制 1,而其相同持续时间的不存在表示二进制零。一些更复杂的方案会改变这些持续时间以传送更多信息。

on-premise standby equipment 应急备份设备 一种正在运行的设备的备份设备。一旦运行设备发生故障,可以立即用它来替代发生故障的设备执行任务。

op amp 运算放大器 operational amplifier 的缩写,具有很高增益的差分放大器,用于诸如放大器、滤波器等许多电路中。

op amp active notch filter 运(算)放(大器)有源陷波滤波器 指将所有信号限制在非常狭窄范围的电路,当所有其他信号通过时,会在频率响应曲线处出现变化剧烈的"缺口",电视电路中使用此类滤波器来急剧衰减频道信号末端的电平,以防止对另一频道的干扰。

opaque screen 不透明屏幕 一种不透明材料制成的阅读屏幕,图像就投影在它上面。

OPEN (1) 开放平台交换网络 open platform exchange network 的缩写。(2) (欧共体)OPEN 系统试验,泛欧光网络 optical Pan-European network 的缩写。欧共体"先进的通信技术和服务(ACTS)"开发计划关于光网络领域的一个子项目,主要目标是建立一个全欧洲的高速光纤网络,把欧洲各主要城市用高容量光纤通信系统连接起来,其技术基础是波分复用(WDM)全光技术和镜像节点处理技术。该系统进行网络系统拓扑构想、网络物理拓扑模型、以先进光电技术为基础组建网络节点的有关模块、N×10 Gbps传输系统及环路网络的组建、光时分复用(OTDM)与波分复用(WDM)技术相结合的网络传输设备实现的可能性等方面的实验。

open architecture 开放式系统结构,开放结构 一种完全独立于厂家之外的,具有公开技术规范的计算机或外围设备。使第三者能够为这种计算机或外设开发扩充硬件。参见 closed architecture。

open architecture television 开放架构电视机 一个概念,指电视机的更新换代只需要在电视机中用新的电路模块取代旧的模块。这种概念使电视接收器的更新如此容易,技术和设备的进步可以被归属到插件板。当这些配件插入电视机,就给接收器提供了必要的改进,使之不必被丢弃。

OpenCable 开放有线电视标准,OpenCable标准 一套旨在定义有线电视行业使用的下一代数字消费设备的行业标准,以鼓励供应商竞争,并建立零售硬件平台。OpenCable是美国CableLabs(有线电视实验室公司)开发的一套硬件和软件规范,旨在为有线电视行业"定义下一代数字消费设备"。OpenCable使用SCTE(有线电视通信工程师协会)标准来满足视频、传输和各种接口要求,也增加了对基于Java的软件解释程序,以支持OpenCable应用平台(OCAP)要求。它还需要一个解密系统,使用CableCARD或建议的基于软件的可下载条件访问系统(DCAS)访问受保护的内容。

OpenCable application platform (OCAP) 开放有线电视应用平台,OpenCable应用平台 该平台旨在通过开放式的标准,集中各交互式视频信息提供商的力量推动利用有线电视网的因特网接入服务,从而与ADSL(非对称数字用户线)等其他宽带接入技术竞争。作为机顶盒终端提供某些应用程序的标准化中间件,线缆调制解调器和有线机顶盒用户就可以用同一套设备在任何有线电视网络上网,而不必考虑受限于服务提供商问题。

open channel 开放频道[通道] 指未被当地电视台占用的电视机或录像机频道,大多数社区的3或4频道被认为是开放通道,可用于传输VCR信号,而不会被干扰或干扰其他使用者。几乎所有的录像机后面有开关选择这两个开放通道。

open control architecture (OCA) 开放控制体系结构 是一种用于网络音频和视频设备的控制、监视和连接管理的通信协议体系结构。这种网络称为"媒体网络"。OCA的官方规范是音频工程协会(AES)标准,称为AES70-2015,或者AES70。这是一种开放标准,可以自由使用,无需许可证、费用或组织成员资格。

OpenDaylight Project OpenDayLink项目 是由Linux基金会主办的协作开源项目。该项目的目标是促进软件定义网络(SDN)和网络功能虚拟化(NFV)。该软件使用Java编程语言编写。

OpenFlow 开放流协议,OpenFlow协议 一种通信协议,可通过网络访问网络交换机或路由器的转发平面。OpenFlow使网络控制器能够确定通过交换机网络中网络数据包的路径。控制器与交换机不同。这种控制与转发的分离支持比使用访问控制列表(ACL)和路由协议更可行的更复杂的流量管理。此外,

OpenFlow 支持不同供应商的交换机(通常每个厂商都有自己的专有接口和脚本语言),可使用单个开放协议进行远程管理。

OpenFog Consortium　开放的雾(计算)联盟,OpenFog 联盟 一个由世界各地的高科技行业公司和学术机构组成的联盟,旨在雾计算的各种能力和领域的标准化和推广。该联盟由思科系统、英特尔、微软、普林斯顿大学、戴尔和 ARM 控股等公司于 2015 年成立,目前在北美、亚洲和欧洲拥有 57 个成员,其中包括福布斯 500 强公司和值得注意的学术机构。

open grid services architecture (OGSA)　开放网格服务体系结构 描述了面向服务的体系结构,用于商业和科学用途的网格计算环境。以促进异构系统中的互操作性,从而使不同类型的资源可相互通信和共享信息。它是在 2002 年至 2006 年左右的开放网格论坛中开发的,该论坛在当时被称为全球网格论坛(GGF)。

Open Handset Alliance (OHA)　开放手机联盟 是由 80 多家公司组成的联盟,旨在为移动设备制定开放标准。成员包括 HTC、索尼、戴尔、英特尔、摩托罗拉、高通、德州仪器、谷歌、三星电子、LG 电子、T-Mobile、Sprint、Nvidia 和 Wind River Systems 等公司。OHA 成立于 2007 年 11 月 5 日,由谷歌公司领导,有 34 名成员,包括手机制造商、应用程序开发商、一些移动运营商和芯片制造商。Android 是该联盟的旗舰软件(最初由谷歌于 2007 年开发),基于开源许可证,并与 Apple、微软、诺基亚(Symbian)、惠普(原 Palm)、三星电子/英特尔(Tizen、bada)和黑莓手机等的移动平台竞争。作为推广统一 Android 平台的努力的一部分,OHA 成员在合同中被禁止生产基于不兼容 Android 分支的设备。

Open Knowledge Initiative (O.K.I.)　开放知识促进会 一个负责软件接口规范的组织,包括基于高级服务定义的面向服务的体系结构(SOA)。SOA 的目标是在服务接口与其底层实现之间提供一种分离,使消费者(应用程序)可以跨最广泛的服务提供者(实现)进行互操作,并且提供者可以容易地在运行中进行交换而无须修改应用程序代码。使用这种体系结构风格可以在底层技术和机制不断发展中保留软件开发投资,并允许企业整合外部开发的应用软件,而无需移植成本来实现与现有计算基础设施的互操作性。

open loop (OL)　开环 数据流无定向的控制系统,数据仅从控制部件传送到其他部分,而不从那些部分返回控制部件。由于没有反馈信号,这种系统没有自动修正误差的功能。

OpenMail　(HP)OpenMail 电子邮件系统 惠普公司的电子邮件系统,运行在 UNIX 服务器上。它遵循 X.400 消息传送和 X.500 目录标准。它能提供邮件的存储转发、邮箱管理、目录服务和客户端软件接口等电子邮件系统的最基本的功能。

open media framework interchange (OMFI)　开放式媒体架构互换[交换] 由 Avid 技术公司开发的跨平台多媒体文件格式,可满足在不同计算机平台上进行即插即用互操作的用户需求。OMFI 最初于 1993 年问世。它包括三个部分:数字媒体数据,如视频、音频与图形;数据变化的描述,例如声音与图像是否同步;源参考信息,用户可对一个文件追根溯源。其他的数据格式只能交换多媒体数据。

open messaging environment (OME)　开放式消息传送环境 Novell 公司的一个开放消息传送系统。它是在微软公司的消息传送应用程序编程接口基础上开发的,是 Novell 公司的消息处理系统和 WordPerfect Office 消息传送系统的超集。

Open Mobile Alliance（OMA）　开放移动(通信)联盟　是为移动电话行业制定开放标准的标准机构。它不是像国际电联(ITU)这样的政府资助的正式标准组织，而是行业利益相关者就产品和服务的共同规范达成一致的论坛。

open MPEG consortium　开放 MPEG 协会　软硬件开发人员为促进 MPEG(活动图像专家组)标准的使用而组成的一个国际组织。

open network architecture（ONA）　开放式网络体系结构　美国联邦通信委员会提出的一项计划，力求使互相竞争的服务者与用户在不受约束的电信网络中平等访问。

open network install environment（ONIE）开放式网络安装环境　是一个开源的"安装环境"，它充当利用 Linux/BusyBox 环境中的工具的增强的引导加载程序。这个小型 Linux 操作系统支持最终用户和渠道合作伙伴以服务器配置的方式安装目标网络操作系统，作为数据中心配置的一部分。ONIE 使交换机硬件供应商、分销商和经销商能够基于少量硬件 SKU(库存单位)管理其运行。这反过来又在制造、分销、库存和 RMA(可靠性、可维护性和可用性)方面创造了规模经济，使得网络硬件和操作系统替代品的生态系统蓬勃发展。

open network operating system（ONOS）　开放网络操作系统　ONOS 项目是由 Linux 基金会主办的开源社区。该项目的目标是为通信服务提供商创建一个软件定义网络(SDN)的操作系统，该系统设计成可伸缩性、高性能和高可用性。

OpenNMS　开源网络监控系统,OpenNMS 软件　是一个免费的开源的企业级网络监控和网络管理平台。它由用户和开发人员社区以及 OpenNMS 集团开发和支持，提供商业服务、培训和支持。目标是让 OpenNMS 成为真正的分布式、可扩展的管理应用程序平台，用于 FCAPS(故障、配置、计费、性能、安全)网络管理模型的各个方面，同时保持 100% 免费和开源。目前，重点是故障和性能管理。

open security environment　开放式安全环境　由可阻止外来恶性逻辑攻击的系统所组成的环境。这些系统主要是通过不给应用开发者和维护者提供引入恶性逻辑的权限或授权，来达到安全的目的。

open service access（OSA）　开放服务访问〔接入〕　是第三代移动电信网络或 UMTS(通用移动通信系统)的一部分。OSA 描述了如何在 UMTS 网络中设计服务。正在开发 OSA 标准作为第三代合作伙伴计划(3GPP)的一部分。OSA 的标准由 ETSI(欧洲电信标准协会)和 3GPP 公布。

open shortest path first（OSPF）　开放最短路径优先(算法)　计算机网络中的一个链路状态路由算法，根据路由器数量、传输速度、延迟和路由成本计算路由。

open-source hardware（OSH）　开源硬件　由开放式设计运动组织设计和提供的技术物理构件组成。免费和开源软件(FOSS)和开源硬件都是由这个开源文化运动创建的，并将类似的概念应用于各种组件。因此，它有时被称为 FOSH(免费和开源硬件)。这个术语通常意味着很容易辨别有关硬件的信息，这样其他人就可以制造它——将它与制造商的活动紧密结合起来。硬件设计〔即机械图纸、原理图、材料清单、PCB(印刷电路板)布局数据、HDL(硬件描述语言)源代码和集成电路布局数据〕，以及驱动硬件的软件，都是按免费/自由条款发布的。最初的分享者从 FOSH 社区获得反馈和对设计的潜在改进。现在有大量证据表明，这种分享可

O

以为科学界带来高投资回报。

open-source intelligence（OSINT） 开源情报 是从公共资源中收集的数据,用于情报领域。在情报界,"开放"一词指的是公开的、公开可得的情报来源(与隐蔽或秘密来源相对)。它与开源软件或公共情报无关。OSINT 这个名称已存在数百年。随着即时通信和快速信息传递的出现,现在可以从公共的、非机密的来源获得大量可操作和预测的情报。

open source license 开源许可证 计算机软件的版权许可证。开源许可证使源代码可用在允许修改和重分发而不要向原始创建者付费的条件下,这些许可证可能有额外的限制,例如需要保留原创者的名字和代码内的版权状态。

OpenSSH（open secure shell） 开放[源]安全外壳 也称为 OpenBSD 安全外壳,是一套基于安全外壳(SSH)协议的安全网络实用程序,它在客户机/服务器体系结构中,通过不安全的网络提供安全通道。

open system architecture（OSA） 开放系统体系结构 一种按照功能分层的体系结构来表示的网络模型,每一层都提供了一组功能,凡比它高的层次都可以访问和使用该层的所有操作程序和设施。层与层之间是互相独立的,这主要是由于每层的功能模块和操作实现都可以改变,而不会影响其他层次的功能。

open system interconnection（OSI） 开放系统互连 遵循国际标准化组织(ISO)规定的对开放型系统进行相互连接的标准,使用标准的过程与规定从而可以使数据处理系统进行相互连接。OSI 体系结构分为七层,每层表示一组相关的数据处理和通信功能,并能按标准方式执行,以支持不同的应用系统。从上到下依次如下:最终用户、应用层、表示层、会话层、传输层、网络层、数据链路层、物理层。

open system interconnection architecture（OSIA） 开放系统互连体系结构 严格遵守 ISO(国际标准化组织)标准中规定的 OSI(开放系统互连)标准的一种网络体系结构。

open system interconnection environment（OSIE） 开放系统互连环境,OSI 环境 是由网络环境中除去具体传输介质之后的其余部分,再加上通信子系统中面向应用的那部分组成。在 OSIE 中,端系统(计算机)能以开放的方式相互通信。计算机通信网必须依赖 OSIE 的支撑。

open system interconnection model（OSIM） 开放系统互连模型,OSI 模型 是一种概念模型,其表征和标准化通信或计算系统的通信功能,而不考虑其底层内部结构和技术。其目标是使用标准协议实现各种通信系统的互操作性。该模型将通信系统划分为抽象层。模型的原始版本定义了七层。参见 open system interconnection（OSI）。

open system interconnection reference model（OSI/RM） 开放系统互连参考模型 通过开放型系统互连体系结构所描述的一种模型,用以表示计算机网络中七个层次的体系结构的排列。

open transport network（OTN） 开放传输网络 是西门子公司开发的专用传输网络系统,它已在早期建设的广州地铁一号线,上海地铁二号线中采用。由于 OTN 传输设备具有独特的帧结构,可区分不同等级速率,容易实现不同类型的接口连接,并能在同一网络中综合不同的网络传输协议,连接不同的网络和用户。也正是由于 OTN 独特的传输速率和帧结构,OTN 与由 PDH(准同步数字系列)或 SDH(同步数字系列)组成的公用传输网只能用 E3（34 Mbps）接口相连。目前 OTN 传输设备可提供 36 Mbps、150 Mbps 和 600 Mbps 的传输容量,可实现综合数据、语言、宽带音频、计算机局域网和视频等多种业务。通过采用自愈环结构,提高了系统的可靠性,通过提供专用功能比特,增强了系统的网管能力;通过灵活的带宽分配,实现了从窄带到宽带的综合业务传输。

OpenTV™ 开放电视 指数字互动电视操作环境,由 Sun Microsystems 公司和 Thomson Consumer Electronics 公司联合开发,它提供了基于行业标准和协议的"开放接口"。

OpenView (HP 公司) OpenView 网络管理软件 是惠普公司(Hewlett-Packard)以前由网络和系统管理产品组成的产品系列的名称。2007 年,HP OpenView 在成为惠普软件部门的一部分时更名为 HP BTO(业务技术优化)软件。这些产品现在可以作为各种惠普产品提供,通过惠普软件部门进行销售。OpenView 软件为组织的 IT 基础设施提供了大规模的系统和网络管理。它包括 HP 的可选模块以及第三方管理软件,这些软件在一个通用框架内相互连接并相互通信。

open virtual network (OVN) 开放虚拟网络 是一种支持虚拟网络抽象的系统。OVN 补充了 Open vSwitch(开源虚拟交换机)的现有功能,增加了对虚拟网络抽象的本机支持,例如虚拟 L2 和 L3 层覆盖和安全组。

OpenVPN 开源 VPN 软件,OpenVPN 软件 是一种实现虚拟专用网络(VPN)技术的开源应用程序软件,用于在路由或桥接配置和远程访问设备中创建安全的点对点或站点到站点的连接。它使用自定义安全协议,利用 SSL/TLS(安全套接层/传输层安全)进行密钥交换。它能够穿越网络地址转换器(NAT)和防火墙。它由詹姆斯·尤南(James Yonan)编写,并依据 GNU 通用公共许可证(GPL)发布。OpenVPN 允许对等方使用预共享密钥、证书或用户名/密码进行相互身份验证。当在多客户机-服务器配置中使用时,它允许服务器使用签名和证书颁发机构为每个客户机颁发身份验证证书。它广泛使用 OpenSSL 加密库,以及 SSLv3/TLSv1 协议,并包含许多安全和控制功能。

Open vSwitch (OVS) 开源虚拟交换机 是分布式虚拟多层交换机的开源实现。OVS 的主要目的是为硬件虚拟化环境提供交换堆栈,同时支持计算机网络中使用的多种协议和标准。

OpenWSN 开放式无线传感器网络,OpenWSN 项目 是在加州大学伯克利分校创建并在 INRIA(法国计算机科学与自动化研究所)和(西班牙)加泰罗尼亚开放大学(UOC)扩展的项目,旨在为无线传感器网络和物联网构建一个基于开放标准和完整的受约束网络协议栈的开源实现。OpenWSN 的根是基于时隙信道跳变(TSCH)的概念实现 IEEE 802.15.4e TSCH 的确定性 MAC(介质访问控制)层。在 MAC 层之上,低功耗网络堆栈基于 IETF(因特网工程任务组)标准,包括 IETF 6TiSCH 管理和适配层(最小配置文件,6top 协议和不同的调度功能)。该堆栈由 6LoWPAN、非存储模式下的 RPL(实时编程语言)、UDP(用户数据报协议)和 CoAP(约束应用协议)实现来补充,从而能够通过开放标准从本地 IPv6 无缝访问运行该堆栈的设备。

operation administration and maintenance center (OAMC) 运行、管理和维护中心 担负运行和维持网络和业务的一个组织构成。它位于网内附近某处,包含人员和运行系统,它们一起负有维持网络和业务,如 ISDN(综合业务数字网)的能力和职责。

operational-level agreement (OLA) 运营级协议 定义了支持服务级别协议(SLA)

O

的相互依赖关系。该协议描述了每个内部支持工作组对其他支持工作组的责任,包括提供服务的过程和时间表。OLA 的目标是对服务提供商的内部支持关系进行清晰、简明和可度量的描述。

operational reliability 运行可靠性 在实际使用环境中,系统或软件子系统的可靠性,它和规定环境或测试环境中的可靠性有很大的差别。

operation and control information 运行控制信息 与企业的各种规章和各部门日常任务有关的信息。这类信息一般通过各业务处理系统(OPS)获取。

operation and maintenance center (OMC) 运行[操作]维护中心 具有监测和控制网络管理功能,是网络经营者对PLMN(公共陆地移动电话网)进行远程操作和维护具有的功能实体。根据功能有各种不同的类型 OMC:维护节点 B 的 OMC-B,维护无线网络控制器(RNC)的 OMC-R,通用移动通信系统(UMTS)的 OMC-U,通用分组无线业务(GPRS)的 OMC-G 等等。

operations support systems (OSS) 运营支持[支撑,支援]系统 (1)指英国使用的运营支持系统,是电信服务提供商用来管理其网络(例如电话网络)的计算机系统。它们支持管理功能,如网络库存、服务供应、网络配置和故障管理。它们与业务支持系统(BSS)一起用于支持各种端到端电信服务。BSS 和 OSS 有自己的数据和服务职责。这两个系统通常缩写为 OSS/BSS 或 B/OSS。(2)直接支持电信基础设施的日常运营的方法和过程。平均每个市话交换运营商都有数百个 OSS,包括订单的协商、订单的处理、线路资源分配、线路测试以及计费等功能的自动支持系统。

operation system (OS) 运行系统 是执行运行系统功能(OSF)的独立系统。对于运行目的,可以考虑把管理功能性划分到各个层,诸如网络单元管理层、网络层、业务和商务层。参见 operation system function (OSF)。

operation system function (OSF) 运行[操作]系统功能 电信管理网(TMN)在体系结构上分为运行系统功能(OSF)、网络单元功能(NEF)、工作站功能(WSF)、中介功能(MF)、Q 适配器功能(QAF)等。OSF 处理与电信管理有关的信息。OSF 可以分成四个系列层,即事务管理(B-OSF)、业务管理(S-OSF)、网络管理(N-OSF)、网元管理(E-OSF)。用于监视、协调、控制包括管理功能(即 TMN 本身)的电信功能和支持功能。

operator of CATV network 有线电视网络运营机构 指在中国境内获得有线电视业务运营资格,通过有线电视网络为用户提供图像、声音及数据信号服务的运营机构。

opportunistic encryption (OE) 机会(主义)加密 是指任何系统在连接到另一个系统时尝试加密通信信道,否则会回退到未加密的通信。该方法不需要在两个系统之间进行预先安排。机会加密可用来对抗被动窃听。(另一方面,主动窃听者可以破坏加密协商,以强制使用未加密的通道或对加密链路执行中间人攻击)它不能提供强大的安全级别,因为身份验证可能难以建立,并且安全通信不是强制性的。然而,它确实使大多数互联网流量的加密易于实现,这消除了大规模采用互联网流量安全的重大障碍。RFC 7435"机会安全:大多数情况下的一些保护"中描述了因特网上的机会加密。

opposite track (方向)相反光道,逆光道 在双层 DVD(数字视频光碟)上的层 0 上的光道和层 1 上的光道。光碟的旋转方向总是顺时针方向,读层 0 光道上的信息时从内到外,而读层 1 光道上的信息时从外到内,即为方向相反光道。对于电视节目可以做到没有"过渡"感觉,对于计算机应用可以把它们作为"并行光道"。

opposite track path (OPT) 逆光道路径,反向[相反]通道[路径,光道] 光碟机读取光碟上数据的顺序,即激光头读碟时从外圈开始,并从外向里移动。

optical access network (OAN) 光接入网 由光传输系统支持的共享同一网络侧接口的接入连接的集合。OAN 可以包含与同一光线路终端(OLT)相连的多个光分配网(ODN)和光网络单元(ONU),以及适配功能块(AF)。

optical add drop multiplexer (OADM) 光(波)分插复用器 对多波长光信号,一种能从中分出单个光波长信号,或将单个光波长信号加入到多波长光信号中的光波分复用设备。其功能是从传输设备中有选择地下路通往本地的光信号,同时上路本地用户发往另一节点用户的光信号,而不影响其他波长信道的传输,也就是说 OADM 在光域内实现了传统的 SDH(同步数字系列)设备中的电分插复用器在时域中的功能。

optical amplifier (OA) 光放大器 在光纤中增强光信号的一种器件。不像光再生器,必须把光信号首先转换成电信号放大后再转换成光信号,这种光放大器直接把光信号放大。一种称为铒的稀土材料最先用于制造光放大器。光放大器对光纤传输系统产生了巨大的推动作用。在光纤传输系统中,使用光再生器时每隔 25 英里需要一个,而使用光放大器时距离可扩大到 75 英里。有几种不同的物理机制可用于放大光信号。在掺杂光纤放大器和体激光器中,放大器增益介质中的受激发射会引起入射光的放大。在半导体光放大器(SOA)中,发生电子-

空穴复合。在拉曼放大器中,入射光的拉曼散射与增益介质的晶格中的声子产生与入射光子相干的光子。

optical attenuator 光衰减器 可按照用户的要求将光信号能量进行预期地衰减的器件。根据光衰减器的工作原理,可将光衰减器分为:位移型光衰减器,包括横向位移型光衰减器和纵向位移型光衰减器;直接镀膜型光衰减器(吸收膜或反射膜型光衰减器);衰减片型光衰减器以及液晶型光衰减器。

optical axis (OA) 光轴 光学系统的中心轴,光沿中心轴线传播。各个光学元件沿着光轴串行连接。光轴是在诸如照相机镜头或显微镜的光学系统中具有一定程度的旋转对称性的线。光轴是假想线,其限定了光传播通过系统的路径,直到第一近似区。对于光纤,光轴沿光纤芯的中心,也称为光纤轴。

optical branching device (OBD) 光分路器 是一种无源光器件,将下行信号进行功率分配,将上行信号进行耦合,可以将一路光信号分成多路光信号以及完成相反的过程。

optical burst switching (OBS) 光突发交换 是支持数据的动态子波长交换光网络技术。认为 OBS 是尚不可行的全光分组交换(OPS)和大多数静态光电路交换(OCS)之间的折中。它与这些范例不同,因为在预留的光信道中并在数据有效载荷之前单独发送 OBS 控制信息。然后可以电子方式处理这些控制信号,以便及时建立光学光路径来传输即将到达的有效载荷。这就称为延迟预留。

optical bypass relay 光旁路中继器 在 FDDI(光纤分布数据接口)网络中使用的一种中继器设备,用于双连接站点(DAS)上。当 DAS 正常工作时,光信号经 DAS 传输;当 DAS 出现故障时,光信号不再传输到光接收机,而是通过光旁路中继器把光信号直接传输到下游站点,这样就能维持 FDDI 环路的完整性。由于光旁路中继器自身会带来光信号损耗,因而必须限制在环中串接的中继器数目。

optical cable 光缆 以光纤为传输元件的缆(有时含有若干电线),一般都含有加强元件及必要的护套。光缆是现代信息传输的重要方式之一。它具有容量大、中继距离长、保密性好、不受电磁干扰和节省铜材等优点。

optical carrier (OC) 光载波 光通信系统中的载波信号。为同步光纤网(SONET)的光信号传输定义的系列物理协议,包括 OC-1、OC-2、OC-3 等。基本速率为 51.84 Mbps(OC-1),其余的速率为 51.84 Mbps 的倍数。

optical carrier level n (OC-n) n 级光载波 为同步光纤网(SONET)的光信号传输定义线路速率的等级结构的系列物理协议(OC-1、OC-2、OC-3 等等),各 OC 信号级下,光信号以不同的速率在光纤线路上传输。基本传输速率是 51.84 Mbps(OC-1),而 3 级光载波(OC-3)传输速率是 155 Mbps,12 级光载波(OC-12)则达到 622 Mbps 传输速率。

optical carrier level 3 (OC3/OC-3) 光载波(等级)3 速率为 155 Mbps 的同步光传送网(SONET)、异步传输模式(ATM),能承载 3 个 DS3(数字业务 3)的信号。

optical carrier-n (OC-n) 光载波 n 级 同 optical carrier level n (OC-n)。

optical carrier transmission rates 光载波传输速率 是可以在同步光纤网络(SONET)光纤网络上承载数字信号的传输带宽规范的标准集。传输速率由数字信号的比特流的速率定义,并且由 optical carrier 首字母缩略词 OC、连字符和基本速率单位的倍数的整数值表示,

例如 OC-48。基本单位为 51.84 Mbps。因此,标记为 OC-n 的光载波分类线的速度是 $n \times 51.84$ Mbps。OC-48 传输速率就是 48×51.84 Mbps $= 2\,488.32$ Mbps。

optical cavity 光学型腔 激光器的一个部分。其中光通过镜子与镜子之间来回反射而放大。

optical channel layer (OCL) 光通道[信道]层 为各种业务信息提供光通道上端到端的透明传输。主要为来自电复用段层的用户信息选择路由和分配波长,为网络灵活地选路安排光通道连接,处理光通道开销,提供光通道层的检测、管理功能。并在故障发生时,通过重新选路或直接把工作业务切换到预定的保护路由来实现保护倒换。

optical characteristics 光学特性 光学系统的性质。如:图像亮度、像差的矫正、视域、成像质量以及放大率。

optical code division multiple access (OCDMA) 光码分多址,光 CDMA 光纤通信中的一种多址通信方式。OCDMA 是一种扩频通信技术,不同用户的信号用相互正交的不同码序列来填充,这样经过填充的用户信号可调制在同一光载波上在光纤信道中传输,接收时只要用与发送方向相同的码序列进行相关接收,即可恢复原用户信息。

optical communication 光通信(技术) 也称为光远程通信,是利用光来携带信息的远距离通信。它可以通过视觉或使用电子设备进行。光通信系统使用发送器和接收器,发送器将消息编码成光信号,信道将信号传送到其目的地,接收器从接收的光信号再现消息。当不使用电子设备时,"接收器"是视觉上观察和解释信号的人,信号可以是简单的(例如存在的信标火)或复杂的(例如使用颜色代码的灯或以摩尔斯电码序列闪烁的灯光)。

optical connection controller (OCC) 光连

接控制器 光传送网的一个部件，负责完成连接请求的发现、接受、选路和连接功能。

optical connector 光连接器 为光传输线路提供接续的设备，分为活动连接器与固定连接器两种。活动连接器主要采用一种 V 型槽结构的连接器，把对接的光纤置于其中，然后压紧即可。

optical coupler（OC） 光耦合器 简称光耦，又称"光电隔离器"或"光电耦合器"。它是以光为媒介来传输电信号的器件，通常把发光器(红外线发光二极管)与受光器(光敏半导体管)封装在同一管壳内。当输入端加电信号时发光器发出光线，受光器接受光线之后就产生光电流，从输出端流出，从而实现了"电-光-电"转换。光耦合器的种类达数十种，主要有通用型(又分无基极引线和基极引线两种)、达林顿型、施密特型、高速型、光集成电路、光纤维、光敏晶闸管型(又分单向晶闸管、双向晶闸管)、光敏场效应管型等。

optical cross connect（OXC） 光交叉连接，光纤交[跳]接箱 (1)光网络最重要的网络元件，主要完成光通道的交叉连接功能和本地上下路功能在光传送层，通过迂回路由波长，在网络中形成大带宽的重新分配。当光缆断开时，光传送层起网络恢复的作用。有几种实现 OXC 的方法：不透明 OXC(电子交换)、透明 OXC(光交换)和半透明 OXC(光学和电子交换)。(2)一个交叉连接装置，用作光缆通道管理，它提供了带有光跳线的光纤连接设备。

optical cross connect equipment（OXC） 光交叉连接设备 其功能类似于 SDH(同步数字序列)网络中的数字交叉连接设备，只不过以不同光波信号为操作对象在光域上实现。OXC 主要由光交叉连接矩阵、波长转换接口以及管理控制单元等模块组成。光交叉连接矩阵是关键部分，当有多路(例如 M 路)光纤接入和输出，每路光纤上有 N 个波长，则光交叉连接矩阵实现全交叉的容量应为 $(M\times N)\times(M\times N)$，这是实现无阻塞、低延迟、宽带和高可靠的要求。

optical cross connect panel 光交叉连接盘 一种用于光纤线路管理并且由积木式箱盒制成，它提供了个别光纤与光纤接插线之间的连接。

optical disc/disk library 光碟库 一种可容纳多片光碟的光碟存储系统，可同时读写几片光碟。这种装置通常用于可重写光碟、写一次光碟和 CD-ROM(只读光碟存储器)，容纳的光碟数可多达几百个。也称 optical jukebox。

optical distribution network（ODN） 光分配网，光配线网 是基于无源光网络(PON)设备的光纤到户(FTTH)的光缆网。其作用是为光线路终端(OLT)和光网络单元(ONU)之间提供光传输通道。从功能上分，ODN 从局端到用户端可分为馈线光缆子系统、配线光缆子系统、入户线光缆子系统和光纤终端子系统四个部分。PON 的光分配网在外场设备中使用单模光纤、光分路器和光分配帧，并采用双工，使得上行和下行信号在不同波长上共享相同的光纤。接入网络通常还必须支持点对点技术，例如以太网，它旁路任何外场设备分路器以实现到电话交换机的专用链路。

optical division multiplexer（ODM） 光分用器 把多个波长分用到各根光纤中，使信道分离。

optical Doppler effect 光多普勒效应 当光波源和观察者(光接收器)有相对运动时，观察者所接收到的光波频率不同于光波源的频率，两者相接近时，接收到的频率增大，反之，则减小，这种现象称为光的多普勒效应。由于多普勒效应而引起的频率变化数值称为多普勒频移。其中,反射光频率变化与运动物体的速度及入射光与物体运动方向的夹角的余弦值成正比,与媒质中光波长成反比,比例系数为2。

optical DPSK demodulator 光学 DPSK 解调器 是在光纤通信网络中的接收端提供一种将光学差分相移键控(DPSK)信号转换为的强度键控信号的方法的装置。它也被称为延迟线干涉仪(DLI),或简称为 DPSK 解调器。

optical fiber 光导纤维,光纤 一种非常细的可绕曲的纯玻璃纤维。其直径约为百分之一毫米。光纤通常用作通信系统中的传输介质,它具有非常大的容量,能比传统的铜导线传输多到千倍的信息量。它具有很高的传输能力,每秒能够传输十亿位信息。与电脉冲不同,光脉冲不会受到周围环境辐射的影响。根据原材料的不同,光纤有全石英、全塑料、石英纤芯等若干种。其中以石英为基础材料制成的光纤传输衰减最小。在光通信中,所使用的主要频段是近红外波段中存在的一个衰减比较小的区域。光纤可以采用两种光源,激光光源和发光二极管。激光光源主要用于远程通信。光导纤维在下列方面比铜等传输线有较好的特性:传输衰减小,通频带宽,抗外来电磁干扰能力极强,重量轻,体积小,材料来源丰富。但是,它对原材料的要求很严,在切割和接续时要求高度精确。

optical fiber absorption 光纤吸收 在光纤中由于纤芯和包层材料的吸收而导致的光能衰减。

optical fiber amplifier (OFA) 光(纤)放大器 运用于光纤通信线路中,实现信号放大的一种全光放大器。根据它在光纤线路中的位置和作用,一般分为中继放大、前置放大和功率放大三种。OFA 不需要经过光电转换、电光转换和信号再生等复杂过程,可直接对信号进行全光放大,具有很好的"透明性",特别适用于长途光通信的中继放大。可以说,OFA 为实现全光通信奠定了一项技术基础。

optical fiber cable 光缆 一种由单根光纤、多根光纤或光纤束加上外护套制成,满足光学特性、机械特性和环境性能指标要求的缆结构实体。光缆是实现光信号传输的一种通信线路。同 optical cable。

optical fiber channel 光纤信道 用光导纤维材料作为通信介质的通信信道。这种信道的信号衰减小、抗干扰能力强,用于各类通信中。

optical fiber communication (OFC) 光纤通信 以光纤作为光信号传输媒介的通信。构成光纤通信的基本物质要素是光纤、光源和光检测器。

optical fiber connector 光纤连接器 一种硬件元件,在两条光纤或两束光纤之间传输光学能量。光纤连接器终止光纤的末端,并且比粘接实现更快的连接和断开。连接器机械地耦合并对准纤芯,使光可以通过。较好的连接器因光纤的反射或未对准,会损失非常少的光能。总之,市场上约有 100 种光纤连接器。

optical fiber coupler 光纤耦合器 又称分路器(splitter)、连接器、适配器、法兰盘,是用于实现光信号功率在光纤间的分路/合路,或用于延长光纤链路的元件,属于光无源元件领域。利用不同光纤面紧邻光纤芯区中导波能量的相互交换作用构成。按所采用的光纤类型可分为多模光纤、单模光纤和保偏光纤耦合器等。光纤耦合器在电信网、有线电视网、用户回路系统、各类区域网中都会应用到。

optical fiber pigtail 光纤尾纤 永久附属在元件上,便于该元件与另一光纤连接的一段短光纤。光纤尾纤是用于连接光纤和光纤耦合器的一个类似一半跳线的接头,它包括一个跳线接头和一段光纤。

optical fiber ribbon　带状光纤　按照相关标准,把多芯光纤芯用特殊材料粘排起来,形成组(带),置于扁平的护套塑料带中制成的光纤缆,这种光纤缆称为带状光纤或带状光缆。

optical fiber splice　光纤接续[接头]　(1) 将两根光纤永久连接在一起,并使两光纤之间光功率耦合的操作。(2) 光纤和光纤之间的连接处称为光纤接头。光纤接头分为固定接头和活动接头。

optical frequency division multiple access (OFDMA)　光频分多址(接入)　按照给各个网络单元分配不同光频率,保证每个用户拥有独立的通信线路的接入方式。

optical frequency division multiplexing (OFDM)　光频分复用　一种数字传输技术,它使用大量稍微不同的频率间隔开的载波。OFDM 最早于 20 世纪 90 年代初在无线局域网中得到推广,用于许多无线应用,包括 Wi-Fi、WiMAX、LTE、超宽带(UMB),以及欧洲和日本的数字广播和电视广播。它也用于陆基ADSL(非对称数字用户线)。尽管频分复用(FDM)意味着多个数据流,但正交FDM 仅携带一个分成多个信号的数据流。被称为"子载波"的数百或数千个载波用于单个数据信道。

optical frequency mixing　光学混频　两束或两束以上不同频率的单色强光同时入射到非线性介质后,通过介质的两次或更高次非线性电极化系数的耦合,产生光学和频与光学差频光波的现象。

optical heterodyne detection　光学外差检测　一种提取信息的方法,该信息被编码为可见光或红外光波长带中的电磁辐射的相位、频率或两者的调制。将光信号与来自"本地振荡器(LO)"的标准光

或基准光进行比较,如果后者携带空信息,则该 LO 信号在频率和相位上具有固定的偏移。与零差检测中使用的单一频率相比,"外差"表示不止一个频率。

optical image stabilizer (OIS)　电子影像稳定器,光学防抖　数码相机防抖动的另一种实现方式是光学防抖动装置,它在镜头中加入一组专门的补偿透镜以及水平、垂直传感器。抖动发生后,处理器可以根据传感器的数据计算出光线偏离光轴的程度,然后让补偿透镜做出相应的位移进行补偿,从而达到稳定图像的效果。

optical information technique　光学信息技术　用光学手段来实现信息的采集、传递和处理的技术。尽管光学信息技术涉及的技术领域十分宽广,但起主导作用的是光电子技术(包括激光、微光和红外技术);光波导技术(包括纤维光学技术和集成光路技术);光信息处理技术(主要包括全息术和图像处理信息技术等)。

optical intensity　光强度　简称光强,单位面积上的光功率称为光强度。国际单位是 candela(坎德拉),写为 cd;以前使用"烛光"表示。

optical interconnect (OI)　光(纤)互连　是光缆的通信手段。与传统电缆相比,光纤具有更高的带宽,从 10 Gbps 到 100 Gbps。凭借光子技术的成就,已经进行了广泛的研究。

optical interleaver　光交错复用器,光梳状分波器,光学梳状滤波器　一种 3 端口无源光纤器件,用于以交错方式将两组密集波分复用(DWDM)信道(奇数和偶数信道)组合成复合信号流。例如,光交错复用器采用具有 100 GHz 间隔的两路复用信号并对它们进行交错,从而产生具有间隔 50 GHz 的信道的更密集的DWDM 信号。可以重复该处理,创建具有 25 GHz 或 12.5 GHz 间距的更密集的

复合信号。可以反向使用这种器件,形成光解交错复用器,将更密集的 DWDM 信号分离成奇数信道和偶数信道。

optical Internet 光因特网 直接在光域上运行的因特网。在光因特网中,高性能路由器通过光分插复用器(ADM)或光波分复用(WDM)耦合器直接连至光纤,光纤内各波长是在数据链路层互连的。高性能路由器取代传统的基于电路交换概念的 ATM(异步传输模式)和 SONET/SDH(同步光网络/同步数字序列)电交换与复用设备,成为关键的统计复用设备,用作主要的交换/选路设备,由它控制波长接入、交换、选路和保护。构成光因特网的网元包括:光纤、激光器、掺铒光纤放大器(EDFA)、光耦合器、电再生中继器、转发器、光分插复用器、交叉连接器与交换机等。

optical internetworking 光互联网络 一种通信传输网络,它的底层使用光传送网作为物理传输网络。在光传送网络中,它的组成设备主要是波分复用(WDM)终端、光放大器以及光纤等;由高性能的数据互联设备通过光网络实现互联。

Optical Internetworking Forum (OIF) 光互联论坛 成立于 1998 年的非营利行业组织。它的宗旨是开发网络中光层和已经在开放系统互连(OSI)参考模型中定义的其它层之间能够协同工作的协议。OIF 创建 benchmarks 基准,执行全球互操作性测试,建立市场意识和促进光学技术教育。下设机构有:体系结构、运营商、运行/告警/维护/配置(OAM&P)、信令、物理和链路层等工作组。制定一些实施协议并提交给正式的标准化组织。

optical IP switching (OIS) 光 IP[因特网协议]交换 是使用基于流的方法在网络节点之间创建透明光连接的新方法。

IP 流是从相同源到同一目的地的 IP 分组的集合:IP 分组的交换是支持通过因特网传输信息的机制。目前,分组在到达其目的地之前,必须经历一定数量的路由器,并且网络路由器必须分析每个分组并将其转发到目的地节点的方向。但是,由于流定义为从同一源到同一目的地的分组序列,如果路由器识别出流,可以通过创建"交换的"连接来创建快捷方式,支持属于同一 IP 流的所有分组直接朝着正确的方向传送,而不是一个分组接一个地进行分析。这种一般概念称为 IP 交换。如果快捷方式发生在光层面,则该过程变为光 IP 交换。OIS 的优势在于如今的分组在两点之间进行光传输,但在每个路由选择站,必须把光信号转换成电信号,经路由并转换回光信号以继续通过光纤传输。相反,如果路由器能够识别流,它可以直接在光层面创建快捷方式(直通连接),并且可以对属于同一流的所有分组引导到正确的目的地而无需光学-电气转换过程。这将节省路由器上的时间、能量、内存和处理资源。

optical law 光学定律 也称为"新摩尔定律"。因特网的带宽每 9 个月增加一倍,成本降低一半。这种发展速度已为实际情况证明是正确的。

optical line terminal/termination (OLT) 光线路终端 (1)是用作无源光网络(PON)的服务提供商端点的设备。它提供两个主要功能:① 执行服务提供商的设备使用的电信号与无源光网络使用的光纤信号之间的转换。② 在网络另一端转换设备(称为光网络终端或光网络单元)之间协调该复用。(2) 提供光接入网(OAN)的网络侧接口,与一个或多个光分配网(ODN)相连。OLT 可以位于本地交换接口处,也可以设置在远端,在物理上可以是独立的设备。

optical line terminator (OLT) 光线路终

端(器)　OLT提供网络侧与本地交换机之间的接口,并且连接一个或多个光分配网(ODN),与用户侧的光网络单元(ONU)通信。参见 optical distribution network (ODN), optical network unit (ONU)。

optical mesh networks　光网状网　一种通信网络。基于光纤的通信网络层的传输网络,已经从 20 世纪 80 年代的基于DCS(数字交叉连接系统)的网状架构,演变为 20 世纪 90 年代 SONET/SDH(同步光纤网络/同步数字系列)环形架构。光传输设备在 21 世纪的第一个十年中的技术进步,随着 DWDM(密集波分复用)系统的不断部署,已经促使电信服务提供商以基于网状架构取代SONET 环形架构。新的光网状网络支持先前在环网中可用的同样的快速恢复,同时实现更高的容量效率和降低资金成本。如今的光网状网不仅为更高层网络提供集群容量,例如 IP、MPLS 或以太网中心基础设施中的路由器间或交换机间连接,还支持高带宽业务的高效路由选择和快速故障恢复。光网状网络实现了服务质量保护和各种动态服务,如按需带宽、即时带宽、带宽调度、带宽代理和光虚拟专用网络。

optical module　光(学)模块　指在高带宽数据通信应用中使用的通常可热插拔的光收发器。光模块通常在连接到系统内部的一侧具有电接口,并且在另一侧具有通过光缆连接到外部的光接口。形状因子和电接口通常由利益相关工作组使用多源协议(MSA)指定。光模块可以插入前面板插座或板载插座。有时,光模块由实现与外界的有源或无源电连接的电接口模块代替。大型产业支持光模块的制造和使用。

optical multiplexing section layer (OMSL)　光复用段层　光传送网(OTN)中的一层次,它保证相邻两个波长复用传输设备间多波长复用光信号的完整传输,为多波长信号提供网络功能。其主要包括:为多波长网络灵活选路重新安排光复用段功能;为保证多波长光复用段适配信息的完整性处理光复用段开销;为网络的运行和维护提供光复用段的检测和管理功能。

optical multiplex section protect (OMSP)　光复用段保护　这种技术是只在光路上进行 1+1 保护,而不对终端设备进行保护。在发送端和接收端分别使用 1×2 光分路器或光开关,在发送端对合路的光信号进行分离,在接收端对光信号进行选路。光复用段保护只有在独立的两条光缆中实施才有实际意义。

optical multiplex unit (OMU)　光合波板,光复用单元　指一种能将两路及两路以上光波耦合进同一条光路的无源光器件,可以是波分复用器的合波部分,也可以是光耦合器。

optical network/networking (ON)　光网络　是一种通信手段,它使用编码到光上的信号在电信网络的各个节点之间传输信息。它们在有限范围的局域网(LAN)或广域网(WAN)上运行,可以跨越大都市和区域,一直到国家、国际和跨洋距离。它是一种光通信形式,依靠光放大器,激光器或 LED(发光二极管)以及波分复用(WDM)来传输大量数据,通常是通过光缆传输。由于它能够实现极高的带宽,因此此它是当今互联网和通信网络的一种支持技术。

optical network layering　光网络(分)层　从波分复用的全光网来看,光分插复用器(OADM)、光交叉连接器(OXC)、光放大技术、光传输技术和光监控技术结合形成光网络层,又称光传送网。波分复用系统是"光网络层"的核心。

optical network-on-chip (ONoC)　片上光网

络 是用于片上多处理器系统的新型片上网络(NoC)。虽然传统的 NoC 依靠电信号传输信息,因此称为片上电子网络(ENoC),与晶体管相比,其性能和能效受到片上全局金属线的显著不平衡缩放的限制。光通信在许多网络领域已成功取代电子通信。

optical network terminals (ONT) 光网络终端 在光纤到室内系统中,使用光纤技术传输信号到客户端。与许多传统电话技术不同,它不为客户室内设备提供电力,也不适合直接连接到客户设备。光网络终端(ONT)用于终止光纤线路,将信号解复用成它的组成部分(语音电话、电视和互联网接入),并为客户电话提供电源。由于 ONT 必须从客户驻地的电源获得电力,因此许多 ONT 可以选择电池备用,以便在停电时维持服务。

optical network unit (ONU) 光网络单元 光接入网(OAN)由四种基本功能块组成,即光线路终端(OLT)、光分配网(ODN)、光网络单元(ONU)以及适配功能块(AF)。ONU 提供用户侧接口(直接或远程),并与光分配网(ODN)相连的设备或功能块。

optical packet switch (OPS) 光分组交换 在光域实现的分组交换。OPS 具有大容量、高数据率和格式透明,可配置等特性。它能提供端到端的光通道或者无连接的传输。

optical path 光路,光通路 (1)光线从物质出发,通常光学系统的元件(如透镜、棱镜、面镜),在胶片上成像所经过的路线。(2)是光传送网的基本概念之一,即在传送网的物理结构中选择一条由业务源点到宿点的全光路由,并为其分配一定的波长信道,这种信道即是光通路。光通路可以划分为波长通路(wavelength path)和虚波长通路(virtual wavelength path)两种结构。

optical performance monitoring (OPM) 光性能监测 用于管理下一代网络(NGN)中的大容量密集波分复用(DWDM)光传输和交换系统。OPM 涉及通过测量其光学特性来评估数据信道的质量,而无需直接查看传输的比特序列。这是一种改进光传输系统中传输控制和物理层故障管理的潜在机制。

optical phase conjugation (OPC) 光相位共轭,光波相位反转法 (1)以输入波反向传播的回扫所生成的光波。有两类非线性相互作用可以获得入射波的相位共轭波:一类是弹性光散射,这是一种参量过程,各相互作用波场通过非线性介质相互耦合;另一类是非弹性光散射,是受激散射过程,包括受激曼散射、受激布里渊散射和受激瑞利散射。(2)用作光纤色散补偿的一种方法。在常规 G.625 光纤中继段的中间插入一段色散补偿光纤(DCF)作为非线性器件,当光信号通过时会产生相位共轭波,即频谱倒置信号。此相位共轭波与原信号具有时间反演的性质。原信号因色散使波形展宽,而相位共轭波则因色散影响而被压缩,从而使失真的信号重新恢复。

optical power budget 光功率预算 光纤通信链路中的光功率预算是在发射耦合损耗、光纤衰减、接头损耗和连接器损耗等各种损耗产生机制之间分配可用的光功率(按给定光源发射到给定光纤中),以确保接收器处有足够的信号强度(光功率)。在光功率预算中,衰减以分贝(dB)表示而光功率以 dBm 表示。由给定发射器发射到给定光纤中的光功率的量取决于其有源光源(发光二极管或激光二极管)的性质和光纤的类型,包括诸如纤芯直径和数值孔径等参数。制造商有时仅为最适合其设备的光纤指定光功率预算,或仅指定其设备将在给定距离内工作,而不提及光纤特性。用户必须首先从制造商或通过测试确定所使用的光纤类型的传输损耗，以及给定性能水平所需的信号强度。

optical power grounded wave guide (OPGW)　光功率接地波导，地线复合光缆　又称为"光纤架空地线"。电力传输线路中地线中含有供通信用的光纤单元。该种光缆做到两全，即地线的电性能和机械性能不因设置了光纤而受到损害，光纤单元也要适当地受到保护而不致损伤。有铅骨架型、不锈钢管型以及海底光缆型等几种。

optical power meter (OPM)　光功率计　用于测量绝对光功率或通过一段光纤的光功率相对损耗的仪器。用光功率计与稳定光源组合使用，则能够测量连接损耗、检验连续性，并帮助评估光纤链路传输质量。

optical receiver (OR)　光接收器[机]　接收光信号（通常包括光检测器、光放大器、均衡器和信号处理过程）的设备。在系统中，光接收机的输出特性综合反映了整个光纤通信的性能。参见 optical transmitter。

optical repeater (O-REP)　光重复器，光中继器　在光纤通信系统中，一个光电子设备或模块。接收一个信号，对其进行放大（对于数字信号还进行整形、重定时）、并传输出去。

optical shared protecting ring (OSPR)　共享光源保护环　指保留了自愈特性的光波分复用（WDM）环形网。

optical signal to noise ratio (OSNR)　光信噪比　其定义是在光有效带宽为 0.1 nm 内光信号功率和噪声功率的比值。光信号的功率一般取峰值，而噪声的功率一般取两相临通路的中间点的功率电平。光信噪比是一个十分重要的参数，对估算和测量系统有重要意义。

optical soliton　光孤子　在光纤中经过长距离传输而保持形状或波长不变的特殊光脉冲。当具有高强度的极窄单色光脉冲入射到光纤中时，将产生克尔效应，即介质的折射率随光强度而变化，由此导致在光脉冲中产生自相位调制，使脉冲前沿产生的相位变化引起频率降低，脉冲后沿产生的相位变化引起频率升高，于是脉冲前沿比其后沿传播得慢，从而使脉宽变窄。当脉冲具有适当的幅度时，以上两种作用可以恰好抵消，则脉冲可以保持波形稳定不变地在光纤中传输，即形成了光孤子，也称为"基阶光孤子"。

optical soliton communication　光孤子通信　一种全光非线性通信方案，其基本原理是光纤折射率的非线性（自相位调制）效应导致对光脉冲的压缩可以与群速色散引起的光脉冲展宽相平衡，在一定条件（光纤的反常色散区及脉冲光功率密度足够大）下，光孤子能够长距离不变形地在光纤中传输。它完全摆脱了光纤色散对传输速率和通信容量的限制，它被认为是下一代最有发展前途的传输方式之一。

optical spectrum analyzer (OSA)　光谱分析仪　是满足光通信（如密集波分复用）测试要求的仪器。OSA 通过调节衍射光栅的角度，使衍射光栅分离出不同的波长，分离出来的特定光波由反射镜聚焦到光阑孔探测器。旋转衍射光栅可以对波长范围进行扫描，精度为 0.01 nm。使用 OSA 进行测量，在光功率、信噪比、信道增益方面能够得到较为理想的结果，对波长进行测量，精度可以达到 ±0.05 nm，基本上可以满足光通信工程维护的需要，当需要更加精确的波长测量时，则需要选用多波长计。

optical supervisory channel (OSC)　光监控信道　密集波分复用（DWDM）光传输系统中专用于设备监控管理和完成网管、

公务电话及其他信息的传输功能的信道。按照国际电信联盟-电信标准化部(ITU-T)的建议,DWDM系统的光监控信道应该与主信道完全独立,三个监控信道波长是: 1 310 nm、1 480 nm 和 1 510 nm,都在掺铒光纤放大器(EDFA)的工作波长范围之外。

optical switch (OS/OSW) 光交换,光开关　一种全光纤光交换设备,将以光为信号从输入端保持到输出端。在通信中,光开关是一种装置,可以使光信号有选择地接通和关断,或从一个通道切换到另一个通道。前者被称为光学(时域)开关或光学调制器,而后者可以具体地称为光空间交换器或光学路由器。在其时间或空间切换的方式中,可以将其视为电路中的单向或双向开关的物理类比。通常,光调制器和路由器可以相互构成。

optical switching 光交换　光交换是指不经过任何光/电转换,将输入端的不同光波长光信号直接交换到任意的光输出端。光交换技术是全光网络的关键技术之一。

optical synchronous transport network 光同步传送网　是以光纤作媒质,并采用同步复用、同步交叉连接、同步分出和插入和同步传输技术的传送网。这种传送网的发明者把它称为同步光网络(SONET)。国际电信联盟-电信标准化部(ITU-T)采纳 SONET 基本思想,制定了内容更广泛的国际建议,统称为同步数字系列(SDH)标准。参见 synchronous digital hierarchy (SDH)。

optical time division multiple access (OTDMA) 光时分多址(接入)　是时分多址(TDMA)在全光网中的对应的应用变化。它基于时分多址的原理,将时间分成若干个时隙,每一个时隙内只安排一个光网络单元(ONU)以分组方式向光线路终端(OLT)发送分组信息,各个 ONU 要严格按预先规定的顺序依次发送。

optical time division multiplexing (OTDM) 光时分复用　在光域内进行时分复用。复用通常是利用平面波导延迟线阵列(或平面光波电路 PLC)或者高速光开关来实现;而全光时域复用器则常常基于四波混频(FWM)或非线性光纤环行镜(NOLM)等。

optical time domain reflection (OTDR) 光时域反射法　又叫"光时域向后散射法"。靠光脉冲传输通过光纤,测量返回输入端的散射光与反射光的合成光功率的时间函数,从而测得光纤特性的一种方法。这种方法在估算均匀光纤的衰减系数,检查光纤的光学连续性,确定光纤线路故障点位置以及其他局部损耗是很有用的,是光缆维护所必需的设备。

optical time domain reflectometer (OTDR) 光时域反射(测量)仪[计]　是一种用于表征光纤特性的光电仪器。OTDR 是电子时域反射计的光学等效物。它向被测光纤注入一系列光脉冲,并从光纤的同一端提取被散射(瑞利背向散射)的光或从光纤中的点反射回来的光。收集回来的散射光或反射光用于表征光纤。这相当于电子时域仪表测量由被测电缆阻抗变化引起的反射的方式。测量返回脉冲的强度并将其积分作为时间的函数,并绘制成光纤长度的函数。

optical time slot switch 光时隙[时分光]交换　是在时间轴上将复用的光信号的时隙位置 t_i 转换成另一时隙位置 t_j。信号的时分复用可分为比特复用和块复用两种。要完成时分光交换,必须有时隙交换器完成将输入信号一帧中任一时隙交换到另一时隙输出的功能。完成时隙交换必须有光缓存器。双稳态激光器可用作光缓存器,但是它只能按位缓存,且还需要解决高速化和扩大容量等问题。光纤延时线是一种比较适用于时分光交换的光缓存器。

optical transform unit　光转化单元　把来自 SDH(同步数字系列)的光信号转换为满足波分复用系统要求的光信号。

optical transmission section layer (OTS)　光传输段层　为光信号在不同类型的光传输媒质(如 G.652、G.653、G.655 光纤等)上提供传输功能,同时实现对光放大器或中继器的检测和控制功能等。

optical transmitter　光发送器　转换电子逻辑信号到光学信号的硬件。参见 optical receiver。

optical transponder unit (OTU)　光波长转换器　主要用于粗波分复用(CWDM)或密集波分复用(DWDM)系统。采用光波长转换技术将多路波长相同的光信号用 OTU 转换成不同波长(规定的波长或标准波长)的光信号,复用到一根光纤中传送;到达另一端后解复用到不同光纤上,再转通过 OTU 换成原来的光波长给相应的光端机设备。

optical transport network (OTN)　光传送网　(1)用光作载体传送信息的网络。它的基本思想是将点到点的波分复用系统用光交叉(OXC)互连节点和光分插复用(OADM)节点连接起来,组成光传送网。波分复用技术完成 OTN 节点之间的多波长通道的光信号传输,OXC 节点和 OADM 节点则完成网络的交叉连接、上下波波长转换等功能。(2) I T U - T(国际电信联盟-电信标准化部)将 OTN 定义为通过光纤链路连接的一组光网络元件(ONE),能够提供承载用户信号的光信道的传输、复用、交换、管理、监督和生存能力。ONE 可以重新定时、重新放大、重新整形(3R),但它不必是 3R,它可以是纯光学的。

optical waveguide (OWG)　光波导　光波导是引导光谱中的电磁波的物理结构。常见类型的光波导包括光纤和矩形波导。光波导用作集成光学电路中的组件或用作本地和长途光通信系统中的传输介质。光波导可根据其几何形状(平面、条带或光纤波导)、模式结构(单模、多模)、折射率分布(阶梯或梯度折射率)和材料(玻璃、聚合物、半导体)进行分类。

optical waveguide connector　光波导连接器　是采用某种机械和光学结构使两根光纤的纤芯或光导对准,保证 90% 以上的光能通过的器件。它是一种以低插入损耗实现光纤(光波导)之间活动连接的无源光件,具有将光纤(光波导)与有源器件、光纤(光波导)与其他无源器件、光纤(缆)与系统和仪表进行活动连接的功能。目前使用的 FC(ferrule connector 或 fiber channel)、SC(square connector)、ST(stab and twist 或 straight tip)、D4(日本 NEC)等型号的连接器均采用这种结构。

optical wavelength standard　光波长标准　国际计量局依据几条激光谱线的波长制定的标准。利用高分辨率的干涉仪与已定的波长标准相比,可以实现光波长的精密测量。

optical wireless communications (OWC)　光无线通信　是一种光通信形式,其中使用非制导的可见光、红外(IR)或紫外(UV)光来承载信号。在可见波段(390~750 nm)工作的 OWC 系统通常称为可见光通信(VLC)。VLC 系统利用发光二极管(LED),可以以非常高的速度发送脉冲,而不会对照明输出和人眼产生明显影响。VLC 得到广泛的应用,包括无线局域网、无线个域网和车载网等。另一方面,地面点对点 OWC 系统,也称为自由空间光(FSO)系统,在近红外频率(750~1 600 nm)下工作。这些系统通常使用激光发射器,给成本有效的协议透明链路提供高数据速率,即每波长 10 Gbps,并为回程瓶颈提供潜在的解决方案。由于最近在太阳盲紫外（UV）光谱（200～280 nm）内工作的固态光源/检测器的进展，对紫外通信（UVC）的关注也越来越大。在这种所谓的深紫外波段中，地面上的太阳辐射可以忽略不计，这使得具有宽视场接收器的光子计数探测器的设计成为可能，其增加了接收能量而几乎没有额外的背景噪声。这种设计特别适用于户外非视距配置，以支持低功率短距离 UVC，例如无线传感器和自组织（ad-hoc）网络。

optic branching device　光分路器　一种具有三个或更多端口的器件，在各端口间按给定方式共享输入光，而不是在端口间分配光能。分路器的类型有：单向、双向、对称和非对称等。

optic connection　光连接　一种光神经计算机的功能器件，提供芯片上逻辑门之间、芯片之间以及各种处理器之间的相互连接，分为自由空间互连、光纤互连和集成光波导互连。

optimum length of frame　最佳帧长　信道中若数据帧的帧长取得过短，则控制信息在每一帧中所占的比例就较大，因而传输额外开销增大，从而导致信道利用率下降。反过来，若帧长取得太长，则数据帧在传输过程中出错的概率就增大，导致重发次数增大，同样也会使信道利用率下降。所谓最佳帧长是指在此帧长下信道的利用率最高。显然，最佳帧长与误码率、每个数据帧中的数据长度等有关。根据计算，误码率为 10^{-7} 时，最佳帧长近似为 22 000 bit。对于陆地链路，最佳帧长近似为 1 000 bit。广域网中实际使用的就是这个数据长度。

option field　选择字段　在某些通信系统软件中，一种与指定的外部 LU（逻辑单元）或者应用程序有关的数据存储区域。某些与发信端或收信端有关的数据报文处理例行程序，为实现其功能，必需访问选择字段中的数据。用户书写的报文处理出口例行程序也必须访问选择字段中的数据。

optoelectronics　光电子　（1）电子学和光学的结合，研究光的性质和行为，研究能产生、检测、传输和调节电磁频谱中红外线、可见光和紫外线部分的电子设备。（2）指一种响应光学信号的设备，能发射、修改光学辐射或使用光学辐射进行内部操作。（3）进行光电转换或者电光转换的设备。

optoelectronic technique　光电子技术　光学与电子学相结合后产生的一种尖端复合技术，主要包括如下三方面：关于信息的传送和处理的电子通信技术；检出、处理及显示图像信息的图像技术，利用光选择高密度能量的光能源技术。光电子技术的应用范围很广，迄今为止，已有下述领域：① 信息传送：光通信；② 信息的记录和再现：光碟、录像磁盘，现钞支付机，电子印刷；③ 图像信号的输入和输出：电视，工业电视，显示；④ 光信息处理：光谱分析仪；⑤ 光测量：各种传感器，纤维回转仪，测距仪；⑥ 医疗应用：激光手术，眼底疾病和癌症的治疗；⑦ 光电力技术：加工和发电；⑧ 在物理化学反应上的应用：分离同位素等。

O-RAN Alliance　O-RAN 联盟　于 2018 世界移动大会-上海 6 月 27 日正式成立。来自中国移动、美国 AT&T、德国电信、日本 NTT DOCOMO、法国 Orange、印度 Bharti Airtel、中国电信、韩国 SKT 和 KT、新加坡 Singtel、西班牙 Telefonica 和澳大利亚 Telstra 等 12 家运营商的 CTO（首席技术官）及代表们共同出席联盟成立大会并签署文件。会议明确了 O-RAN 联盟的目标、任务和原则，包括实现开放接口和 API（应用编程接口）能力，以支持更加灵活的组网和更丰富、优质的业务；引入虚拟化、人工智能等新技术,实现基于大数据的智能无线网络;积极研究开源、白盒化解决方案,提高联合创新能力,降低产业成本。基于此,O-RAN 联盟设立 7 个工作组,内容涵盖了网络智能化、接口开放化、硬件白盒化和软件开源化四个方向。该联盟网站介绍,O-RAN 联盟成员和贡献者致力于在全球范围内发展无线电接入网络。未来的 RAN 将建立在虚拟化网络元素、白盒硬件和标准化接口的基础之上,完全接受 O-RAN 的智能和开放核心原则。为实现这些目标,O-RAN 联盟的工作将体现两个核心原则:开放和智慧。

organic light-emitting diode (OLED)　有机发光二极管　是一种发光二极管(LED),其中发射电致发光层是能对电流反应发出光的有机化合物膜。该有机半导体层位于两个电极之间,通常,这些电极中至少有一个是透明的。OLED 用于在诸如电视屏幕、计算机监视器、诸如移动电话的便携式系统、手持式游戏控制台和 PDA 之类的设备中建立数字显示器。主要研究领域是开发用于固态照明的白光 OLED 器件。OLED 主要有两个系列:基于小分子的 OLED 和使用聚合物的 OLED。

Oriental Cable Network (OCN)　东方有线网络有限公司　简称东方有线,(原上海市有线网络有限公司)的前身是上海有线电视台网络部,成立于 1998 年底,采用网台分离,以股份制的方式组建而成的。在 2001 年就基本完成中心城区有线电视网络的双向改造。已发展成为集有线电视、家庭宽带、互动电视、企业数据等于一体的全业务运营商。上海是全国有线电视系统第一批"视频、语音、数据三网融合"业务试点城市。下一代广播电视网(NGB)建设取得了重大进展。NGB 网络承载能力达到 T 级骨干、千兆到楼、百兆到户,是上海又一张城市

光网。

orthogonal　正交　从字面上看就是成直角。工程界经常使用它来描述彼此独立的两个功能。如在数学中,修饰或说明构成 90°关系的矢量或乘积之和为 0 的分量。

orthogonal code　正交码　数字通信中的一种编码形式。其结构特点是:任意两个码组都相互正交,即相关函数为 0。这种编码主要用来展宽频谱。

orthogonal error control　正交差错控制　一种自动校正磁带上信息错误的方法。采用纵横累加计算方法,当信息写到磁带上时,自动算出每行和每列的奇偶校验位。并分别置于各行和各列的末尾。当某位信息有错时,即可用行与列的奇偶校验位来检错和纠错。

orthogonal frequency division multiple access (OFDMA)　正交频分多址(接入)　OFDMA 是 OFDM(正交频分复用)技术的演进。在利用 OFDM 对信道进行子载波化后,在部分子载波上加载传输数据的传输技术。通过给不同的用户分配不同的子载波,OFDMA 提供了天然的多址方式。OFDMA 技术使得每个用户可以选择信道条件较好的子信道进行数据传输,而不像 OFDM 技术在整个频带内发送,从而保证了各个子载波都被对应信道条件较优的用户使用,获得了频率上的多用户分集增益。在 OFDMA 中,一组用户可以同时接入到某一信道。参见 orthogonal frequency division multiplexing (OFDM)。

orthogonal frequency division multiplexing (OFDM)　正交频分复用　(1) 数字信号的一种调制方式,信号分组后由一组等距离正交排列的子载波同时以 QAM 或其他方法调制。OFDM 能够很好地对抗无线传输环境中的频率选择性衰落,可以获得很高的频谱利用率,OFDM 非

常适用于无线宽带信道下的高速传输。(2) 在通信技术中，OFDM 是一种在多个载波频率上编码数字数据的方法。OFDM 已发展成为宽带数字通信的流行方案，用于诸如数字电视和音频广播、DSL(数字用户线路)互联网接入、无线网络、电力线网络和 4G 移动通信的应用中。

orthogonal-mode transducer (OMT) 正交模变换器 或称为正交耦合器。通过波导元件分离或组合两个正交极化信号。用于卫星电视中。

orthogonal signal 正交信号 一对至少在理论上无相互干扰的信号。

orthogonal transmission/transmit diversity (OTD) 正交发送分集 利用天线阵，在不同的空间信道和不同的时间段发送正交信号，以达到发送分集目的的技术。

orthogonal variable spreading factor (OVSF) 正交可变扩频因子 是码分多址(CDMA)的一种实现，其中在发送每个信号之前，通过使用用户代码将信号分布在宽的频谱范围内。用户代码经过仔细选择以使彼此相互正交。这些代码是从 OVSF 代码树派生，每个用户都有不同的代码。OVSF 代码树是反映了 Hadamard 矩阵构造的完整的二叉树。系统根据扩频因子的大小给用户分配资源，数值越大，提供的带宽越小。

orthomode transducer (OMT) 正交模转换器 一种波导组件。通常称为极化双工器。正交模转换器用于组合或分离两个正交极化的微波信号路径。其中一条路径形成上行链路，其通过与接收信号路径相同的波导或下行链路路径发送。这种设备可以是 VSAT(甚小孔径地球站)天线馈电或地面微波无线电馈电的一部分。例如，OMT 通常与馈电喇叭一起使用，以隔离信号的正交极化并将发射和接收信号传输到不同的端口。

OSI level 开放系统互连层, OSI 层 OSI(开放系统互连)参考模型的分层结构中的任一层。每一层都解决通信处理的某一方面的问题。共有七层，自底向上包括物理层、数据链路层、网络层、传输层、会话层、表示层和应用层。

OSI level 1 开放系统互连的第一层 物理层。提供数据终端设备(如通信控制器或终端)与数据电路终端设备(如调制解调器)之间的接口。该层与 SNA(系统网络体系结构)的同一层次相对应。

OSI level 2 开放系统互连的第二层 类似于国际标准化组织所定义的高层数据链路控制协议那样的标准链路控制。SNA(系统网络体系结构)数据链路控制层与这一层相对应。

OSI level 3 开放系统互连的第三层 网络层。功能上对应于 SNA(系统网络体系结构)的路径控制层。它包括了 X.25 Level 3 作为公共数据网络的标准交换接口，然而没有定义专用网络互连的标准。

OSI level 4 开放系统互连的第四层 传输层。它提供主机到主机可靠的通信，并屏蔽网络层通信网络的细节，对会话层提供支援。

OSI level 5 开放系统互连的第五层 会话层。该层的功能与 SNA(系统网络体系结构)会话层的功能相似。该层的标准可参见 ISO 8326 和 8327 以及 ITU X.215、X.225、X.235 等文件。

OSI level 6 开放系统互连的第六层 表示层。其功能与 SNA(系统网络体系结构)中相应层的功能类似。该层的标准可参见 ISO/IEC(国际标准化组织/国际电工委员会) 8823、9576 以及 ITU(国际电信联盟)的 X.226、X.236 等文件。

OSI level 7 开放系统互连的第七层 应用层。该层将包括应用管理、系统管理和层次管理等服务功能。该层的标准可参见 FTAM(文件传送存取与管理)、DAP(数据存取协议)、ROSE(远程操作服务元素)、RTSE(可靠传输服务元素)、ACSE(协同控制服务元素)等标准,以及 ITU(国际电信联盟)的 X.400、X.500 等文件。

OSI network address 开放系统互连网络地址 一种地址格式,由 20 个 8 字节组成,用于定位一个 OSI(开放系统互连)传输实体。这个地址格式化为一个标准化的初始域部分和一个用于在领域内寻址的域专门部分。

OSI network management architecture 开放系统互连网络管理结构 ISO 7498-4 的网络管理框架中所定义的 OSI 管理协议的结构。它们是管理信息交换三种可能的形式,包括系统管理、(N)层管理和(N)层操作等三个结构。

OSI/network management forum (OSI/NMF) 开放系统互连/网管论坛 由 AT&T、BT、MCI、NTT、北方电信、DEC 等公司组成,在 OSI(开放系统互连)的七层模型上开发有关规程。参见 open system interconnection (OSI)。

OSI overall standards 开放系统互连总体标准 具有全局性和普遍意义的 OSI(开放系统互连)标准。OSI 总体标准包括:OSI 参考模型、OSI 服务约定、OSI 层互操作需求、OSI 路由框架、OSI 管理、OSI 一致性测试、抽象语法标记法(ASN)、形式描述技术等。参见 open system interconnection (OSI)。

OSI service conventions 开放系统互连服务约定 关于各种 OSI(开放系统互连)服务定义标准所遵守的总体性约定的标准。它规定了各种 OSI 服务定义标准所要用到的术语和时序图,给出了层服务模型、服务原语分类、类型、性质、命名规则、原语参数描述方法等方面的约束。该标准是 OSI 服务标准制定者和使用者的

指南。参见 open system interconnection (OSI)。

OSI transport protocol class 0 (TP0) 开放系统互连第 0 级传输协议 OSI(开放系统互连)参考模型面向 A 型网络服务的传输层数据传输协议,只在 X.25 网络和其他不丢失不损害数据的可靠网络上建立一个简单的端到端的传输连接,完成报文的分割与重组,没有差错恢复和多路复用的功能。

OSI transport protocol class 1 (TP1) 开放系统互连第 1 级传输协议 OSI(开放系统互连)参考模型面向 B 型网络服务的传输层数据传输协议。与 TP0 相比,增加了基本的差别恢复功能。它除去提供报文分割与重组的功能外,当网络的连接断开和网络连接失败时,它试图建立新的网络连接。对出错的网络层协议输出单元 PDU(协议数据单元)进行重发,如果 PDU 出错较多,则对连接初始化。

OSI transport protocol class 2 (TP2) 开放系统互连第 2 级传输协议 OSI(开放系统互连)参考模型面向 A 型网络的传输层协议。它具有多路复用功能和相应的流量控制功能,但没有对连接故障的恢复功能。这级协议适合于公共数据网环境。

OSI transport protocol class 3 (TP3) 开放系统互连第 3 级传输协议 OSI(开放系统互连)参考模型包含了 TP1 和 TP2 功能的传输层协议。它既具复用功能,又有差错恢复功能,是面向 B 型网络的。

OSI transport protocol class 4 (TP4) 开放系统互连第 4 级传输协议 OSI(开放系统互连)参考模型传输层最可靠的传输协议,它具有差错检测、差错恢复和复用功能。是面向 C 型网络的,可以在任何网络上运行的最复杂、功能最强的 OSI 传输协议。

Ostwald color system 奥斯华德颜色制 德国化学家 Wilhelm Ostwald(1853～1932) 提出的颜色描述方法,在 1916 年出版的《The Colour Primer(颜色入门)》和 1918 年出版的《The Harmony of Colours(颜色的融合)》中做了系统介绍。Ostwald 制根据对颜色起决定作用的波长、纯度和亮度来映射色调、饱和度和明度的值。Ostwald 制假设色调由 8 种主色调组成,分别是黄色(yellow)、橙色(orange)、红色(red)、紫色(purple)、蓝色(blue)、青绿色(turquoise)、海绿色(sea green)和叶绿色(leaf green),每一种再细分成 3 种,共 24 种,安排在一个圆形上。Ostwald 制使用垂直轴表示亮度,从黑色、灰色到白色。Ostwald 颜色空间中的点用 C(full color)、W(white)和 B(black)来分别表示全色、白色和黑色,表示它们在一个圆上所占的百分比。例如,某一点的数值是 30、25、45,它所表示的含义是全色占 30%、白色占 25% 和黑色占 45%。Ostwald 制保持了几十年,后来逐渐被 American Munsell 和 Swedish Natural Colour 制所淘汰,其原因是 Ostwald 制选择的颜色在排列上不能满足饱和度比较高的染料市场的需要。参见 Munsell color system,opponent color theory of vision。

OTN management network (OMN) 光传送网管理网 光传送网(OTN)的管理系统,是电信管理网(TMN)的一个子网。OMN 也采用分层结构,即由 OTN 管理子网(OMSN)和 OTN 网元级管理(ONEM)组成。对光传送网管理功能的基本要求仍然是故障管理、性能管理、配置管理。

outgoing call restriction (OCR) 出局[去话]呼叫限制 程控交换机的一种呼叫控制功能,用于限制某些用户呼叫本局之外的用户号码。

outgoing trunk (OGT) 出局[去话]干线[中继线] 交换局的中继分为入(局)中继和出(局)中继。入中继为其他局呼入本局时所选择的中继电路,出中继为本局呼出到其他局时所选择的中继电路。

out-of-band control 带外控制 是监管数据控制的网络协议的特征。带外控制在与主数据不同的连接上传递控制数据。如 FTP(文件传输协议)使用带外控制的协议。FTP 在一个连接上发送其控制信息,包括用户标识、密码和 put/get 命令,并在一个单独的并行连接上发送数据文件。因为它使用单独的连接传递控制信息,所以 FTP 使用带外控制。

out-of-band data 带外数据 在计算机网络中,带外数据是通过独立于主带内数据流的流传输的数据。带外数据机制提供概念上独立的信道,支持通过该机制发送的任何数据与带内数据保持分开。提供带外数据机制应该作为数据信道和传输协议的固有特性,而不是要求建立单独的信道和端点。术语"带外数据"可能源自电信行业中使用的带外信令。

out-of-band infrastructure (OOBI) 带外基础设施 自 20 世纪 50 年代中期以来,OOBI 的概念已经广泛应用于电信行业中的语音通信。由于出于可靠和安全原因,电信行业有一项关键要求,即始终提供拨号音,该需求创建了复杂的机制,允许使用物理上和逻辑上与语音业务本身分离的替代通信路径快速恢复服务。这种独特的"控制路径"的早期概念被认为是带外基础设施的基础,简单地说,是指在通信路径附近建立不同的补救控制路径的能力。

out-of-band management 带外管理 (1) 在系统管理中,带外管理涉及使用管理接口(或串行端口)来管理服务器和网络设备。带外管理允许网络运营商在访问管理功能时建立信任边界以将其应用于网络资源。它还可用于确保管理连接性(包括确定任何网络组件状态的能力),而不受其他带内网络组件状态的影响。(2) 在计算机网络中,带外管理涉及使用专用信道来管理网络设备。这允许网络操作员在访问管理功能时建立信任边界以将其应用于网络资源。它还可用于确保管理的连接性,包括确定任何网络组件状态的功能,而与其他带内网络组件的状态无关。

out of band signaling　带外信令[信号传输]　(1) 以通信通道上可用于声音或数据传输的频带宽度以外的频率传输信号,用于传输控制信息等。它利用了滤波器从通道主频带宽滤掉的频率。(2) 是与用于电话呼叫的信道分开的专用信道上的电信信令。

out of frame (OOF)　帧失步[错位]　在数据通信中,指信号或字符处在时间帧外或其他定界符外。

overfill　过充　在光通信中,当光源(例如激光器、发光二极管或光纤)的数值孔径或光束直径超过驱动元件的数值孔径如光纤芯时,就是过充的情况。在光通信测试中,通常需要数值孔径和平均直径(纤芯直径或光斑尺寸)的过充。

over filled launch (OFL)　过满注入　测试多模光纤带宽的一种技术。用发光二极管(LED)做光源,光纤的全部模式(几百个)都被激励,每个模式携带自己的一部分功率。光纤中心折射率的畸变只影响少数模式的时延特性,对光纤带宽的影响相对有限。所以可以用这样测出的带宽数据估算系统的传输速率和距离。

over filled launch bandwidth (OFL - BW)　过满注入带宽　用发光二极管(LED)作光源,使用过满注入方法测量多模光纤测出的带宽叫"过满注入带宽"或"LED带宽"。

overflow condition　溢出状态[条件]　所有流量整形器实现都有一个有限的缓冲区,并且必须处理缓冲区已满的情况。一种简单而常见的方法是在缓冲区满时丢弃到达的流量(尾部丢弃),从而导致流量监管和整形。更复杂的实现可以应用丢弃算法,例如随机的早期丢弃(RED),一个粗略的替代方案是允许通过未整形的溢出流量。

overflow route　溢出路由　当主路由因拥挤而不能传输信息时所用的预备路由。

overhead　(额外)开销　(1) 操作系统的工作所占用的计算机资源。其中包括执行校验、监控、调度及所有与系统的总开销有关的各种作业或任务所花的操作时间和占用的硬件资源等。(2) 为计算过程提供支持(可能是关键性支持)而并不是运算或数据的内在部分的工作或信息,通常增加了处理的额外时间。(3) 在通信系统中,与用户的数据一起传送的一些信息,如控制信息、路由信息和错误检测字段等。用户数据通常称为有效载荷。

overhead access (OHA)　开销接入　为传输开销功能提供接入。

overhead bit　附加位,开销比特　不同于信息位的一种二进制位。例如奇偶校验位、寻址控制位、同步数据位等。

overhead traffic　开销通信量　通信系统中占有系统开销的所有控制信息。这种控制信息以特殊报文的形式或以报头上附加一控制信息段的形式出现。在各协议层中传递,以控制通信系统中的各个部分。

overlap channel　重叠通道　允许同时工作的多条通道。

overlay network　覆盖[叠加]网络　一种应用层网络。覆盖网络是指建立在另一个网络上的网络。该网络中的节点可以看作通过虚拟或逻辑链路而连接起来的。虽然在底层有很多条物理链路，但是这些虚拟或逻辑链路都与路径一一对应。许多 P2P 网络就是覆盖网络，因为它运行在互联网的上层。覆盖网络允许对没有 IP(网际协议)地址标识的目的主机路由信息，例如，DHT(分布式散列表)可路由信息到一个存储特定文件的节点，而这个节点的 IP 地址事先并不知道。参见 peer-to-peer (P2P)。

overlay transport virtualization (OTV)　覆盖传输虚拟化　是思科专有协议，用于在第 3 层计算机网络之间中继第 2 层通信。

overload　过载，超载，过负荷，超负荷　(1) 输入计算机的数据速率过高，计算机跟不上响应的情况。在实时系统中，当输入的信息过于集中而使计算机实时系统来不及处理输入的信息流时产生出现的状态。(2) 模拟计算机的计算单元内部或计算单元输出端所处的一种状态。在这种状态下，计算单元内部或计算单元输出部件都处于饱和状态，由此引起计算错误。(3) 对于模拟输入，是指某一个绝对电压值，超过此值，模-数转换器就不能识别其变化。超载的值，对于正、负输入可以是不同的。(4) 超越系统本身能力的一种运行状态。如在接收机中，向接收机提供太多信号的情况，导致接收机发生失真。

overload management　过载管理　业务量过载时，选择性地采用延时、降级或终止某些业务流量，以免对网络通信造成冲击的措施和操作。

overload protection　过载保护　当设备的实际负荷超过其额定负荷、并且超过一定的容许时间时，保护装置能够自动分断电源。

overload quantity　过载量　实际负载超过满载的部分。

overmodulation　过调制　(1) 调制电流超过额定值的调制。即调制发射机的过载工作情况。(2) 调制深度超过额定深度的现象。在这种现象中，调制幅度在大部分调制周期内均下降至零，因而产生明显失真。(3) 是指当调制信号的瞬时电平超过产生载波的 100% 调制所需值的情况，过调制是通信中普遍存在的状态。在这个定义的意义上，它几乎总是被认为是一种故障状态。按照外行的说法，信号正"超出规模"。过调制会导致调制载波产生杂散发射和使恢复的调制信号失真。这意味着输出波形的包络失真。虽然过调制有时被认为是允许的，但实际上不应该发生。波形包络失真将导致接收介质的输出信号失真。

overshoot distortion (OSD)　过冲失真　某一信号波形的最大振幅超过其稳态振幅时所造成的失真。

oversized packet　超大包[分组]　计算机网络上指超过 1 518 字节消息包，包括地址、长度、数据和循环冗余检验(CRC)段。

over-the-top (OTT)　网上，顶级，超越，越顶，过顶　是一种媒体分发实际情况，允许流媒体内容提供商通过互联网经过流媒体作为独立产品直接向消费者销售音频、视频和其他媒体服务，通过绕过传统上充当此类内容的控制者或分销商的电信、有线或广播电视服务提供商。2011年，加拿大广播电视和电信委员会(CRTC)表示，"认为独立于专门提供节目的设施或网络(例如通过有线电视或卫星)的互联网接入是所谓的'OTT'服务的定义特征"。与有线电视和 IPTV(网络电视)提供的视频点播视频传输系统相比，有线电视和网络电视是严格管理的网络，可以立即更换频道，而 iTunes 等一些 OTT 服务要求先下载视频，然后播放，此外 Apple TV、Amazon Unbox 或 Netflix 之类的 OTT 播放器则提供在下载完成(流媒体)之前开始播放

电影的下载。美国联邦通信委员会
(FCC)将 OTT 服务分为两组：多频道视
频节目分销商(MVPD)和在线视频分销
商(OVD)。

over-the-top (OTT) application　网上[顶
级]的应用　是通过因特网提供产品并
绕过传统分发的任何应用程序或服务。
来自网上的服务通常与媒体和通信相
关,并且通常(如果不总是这样的话)成
本低于传统的交付方法。

O

P

pacing 调步(技术) 数据通信的一种调整传输速度以确保消息有序处理的技术或传输协议,接收站借以控制发送站传送数据的速率。调步的目的是为了保护应用程序或逻辑部件在接收数据时不致因输入太多造成缓冲区溢出而丢失数据。

pacing group 调步组 在 SNA(系统网络体系结构)中,调步组是在收到虚拟路由调步响应之前可在某条虚拟路由上传送的 PIU(路径信息单元),用以表示该虚拟路由接收程序已经就绪,可以接收该路由上更多的 PIU。

pacing window 调步窗口 (1) 在一个虚拟路由调步响应接收到之前能够在虚拟路径上传输的路径信息单元(PIU)。(2) 在会话级调步响应收到之前可在正常流上单向传输的请求,表示接收方可接收下一组请求。同 pacing group。

packaging bridge 封装桥接器 桥接器的一种类型。使用这种桥接器时,通信双方的局域网络被封装在中间网的监控帧中,通过连接的网络时像经过隧道一样到达目的地,在目的地网中才被解封。由于封装桥接器只能作中间传输,所以通信双方只能是同种网络。在 FDDI(光纤分布数据接口)网络中使用这种桥接器,可以构成城域网。

packet 分组,包 (1) 在因特网或其他分组交换网的始发点与终结点之间,作为一个整体来传送的数据单元。其中包括用户数据、地址信息、控制信号和差错控制信号等。(2) 在 TCP/IP(传输控制协议/网际协议)中,通过网络层和链路层间接口传递的数据单元。一个包包括一个 IP 头部和数据。一个包可以是一个完整的数据包,也可以是 IP 数据包的一部分。(3) 在 X.25 中,一个数据传输信息单位。一组数据和控制字符,以一个单位传输,取决于传输的过程。通常使用的包的数据字段长度为 128 字节或 256 字节。

packet access grant channel (PAGCH) 分组接入授权[应答]信道 移动通信通用分组无线业务(GPRS)网络中的一种下行信道,用于对分组随机接入信道(PRACH)发出的信道请求作出应答,向移动台分配一个或多个 PDTCH(分组数据业务信道)。参见 packet random access channel (PRACH)。

packet addressing 分组寻址,包寻址 在计算机网络中,某处理机对所传送的消息包进行目标寻址的过程。从发送者角度看,包寻址意味着必须找到在包本身中所给定的包的目的地。从接收者的角度看,必须分析正在传送的包,拒绝与自己的地址不匹配的包。

packet aggregation 分组聚合 在基于分组的通信网络中,分组聚合是将多个分组连接一起形成单个传输单元的处理,以便减少与每个分组传输相关联的开销。在每个传输单元可能具有显著开销(前导码、报头、循环冗余校验等)或在与可传输的最大信息量相比预期分组较小的情况下,分组聚合是有用的。在基于分层 OSI(开放系统互联)模型的通信系统中,分组聚合可以负责将多个 MSDU(介质访问控制服务数据单元)连接成单个 MPDU(多路复用协议数据单元),这个 MPDU 可以作为单个传输单元递交到物理层。

packet assembler/disassembler（PAD） 分组［包］装配/拆卸器,分组装拆器 连接到分组交换网络的设备,它把从网桥或路由器等字符设备来的一串数据流转换成适合于传输的分组,也为到达字符设备的传输分组拆卸为字符。PAD 使得不具备适合于与分组交换网络直接连接的接口的终端得以进入分组交换网络,而且得以把终端的常用数据流存入分组或从分组中提取,PAD 能够处理呼叫设置和地址设定的所有功能。

packet assembly 分组装配 使非分组交换的终端能按分组模式交换数据的一种功能。

packet assembly unit 分组装配单元 一种使非分组模式终端得以在分组系统上交换数据的用户装置。

packet association control channel (PACCH) 分组随路控制信道 移动通信通用分组无线业务(GPRS)网络中的一种控制信道,用来传送实现 GPRS 数据业务的信令。该信道与 PDTCH(分组数据业务信道)随路。PACCH 还携带资源分配和再分配信息。可用于 PDTCH 容量分配或将来新增加 PACCH。

PacketCable 分组有线电视（规范）, PacketCable 规范 一套可互操作的接口规范,用于通过双向有线电视设施提供先进的实时多媒体服务。PacketCable 建立在 DOCSIS(线缆服务接口数据规范)之上。并扩展了功能,以支持有线电视运营商使用单一的高速的、服务质量(QoS)保障的宽带(有线电视)架构,有效地提供数据和语音业务。

packet control unit (PCU) 分组控制单元

在移动通信通用分组无线业务(GPRS)网络中作为 BSC(基站控制器)功能的一部分,负责 MAC(介质访问控制)底层的功能。PCU 支持所有 GPRS 空中接口的通信协议。PCU 的功能包括分组交换呼叫的建立、监视和拆除,负责管理分组分段和规划、无线信道、传输错误检测和自动重发、信道编码方案、质量控制、功率控制等,并支持越区切换、无线电资源配置和信道指配等功能。PCU 可以作为 BSC(二进制同步通信)的插卡,也可以独立地存在。

packet data channel (PDCH) 分组数据信道 承载分组逻辑信道的物理信道。逻辑上可分为业务信道和控制信道:① 分组数据业务信道(PDTCH)是在分组交换模式下承载用户数据。一个移动台可以并行使用一个以上的 PDTCH 的多时隙工作来传送单个用户的分组。② 控制信道用于承载信令或同步数据。它可分为分组广播控制信道(PBCCH)、分组公共控制信道(PCCCH)和分组专业控制信道。PBCCH 用于向小区内所有 GPRS(通用分组无线业务)终端发送系统信息;PCCCH 用于分组数据公共控制信令的逻辑信息;而分组专用信道用于传送随机突发脉冲以估计分组传送模式下的时间提量,向多个移动台传送定时提前、功率控制、测量等信息。一个支持 GPRS 的小区可以分配一个或更多的 PDCH 用以支持 GPRS。这些 PDCH 来自可供小区使用的物理信道公共资源,这些资源包括传送信道(TCH)和分组数据信道(PDCH)。

packet data convergence protocol (PDCP) 分组数据汇聚协议 PDCP 由 3GPP(第三代合作伙伴项目)规定,标准 TS 25.323 针对 UMTS(通用移动通信系统)、TS 36.323 针对 LTE(长期演进)、TS 38.323 针对 5G 新无线(NR)。PDCP 位于 RLC(无线链路控制)层之上的

UMTS/LTE/5G 空中接口中的无线协议栈中。PDCP 向 RRC(无线资源控制)和用户平面上层,例如 UE(用户设备)处的 IP(因特网协议)或基站处的中继提供其服务。PDCP 向上层提供以下服务:用户平面数据的传输、控制平面数据的传输、报头压缩、加密、完整性保护。

packet data protocol context 分组数据协议环境[上下文] 是在服务 GPRS(通用分组无线业务)支持节点(SGSN)和网关 GPRS 支持节点(GGSN)上都存在的数据结构,其包含用户有活跃会话时的用户的会话信息。当移动设备要使用 GPRS 时,它必须首先连接然后激活 PDP(分组数据协议)环境。这在用户当前访问的 SGSN 中以及为用户的接入点服务的 GGSN 中,分配 PDP 环境数据结构。记录的数据包括:用户的 IP 地址,用户的 IMSI(国际移动用户标志),用户在 GGSN 的隧道端点标志(TEID),用户在 SGSN 的隧道端点标志(TEID)。

packet data traffic channel (PDTCH) 分组数据业务信道 移动通信通用分组无线业务(GPRS)网络中的业务信道,在分组交换模式下承载用户数据。在同一物理信道可有不同逻辑信道来进行动态的复用。所有 PDTCH 为单向,即或者为上行链路(PDTCH/U)用于移动发起的分组传送或下行链路(PDTCH/D)用于移动终止的分组传送。

packet delay variation (PDV) 分组时延变化(量) (1) 在计算机网络中,PDV 是流中所选分组之间的端到端单向延迟的差异,任何丢失的分组都会被忽略。这种影响有时被称为分组抖动,尽管该定义是不精确的。(2) 分组传输时延的变化度量,当该变量取值高时,意味着要给延迟敏感数据(如声音和图像)传输提供极大的缓存。

packet disassembly unit 分组拆卸单元 一种使分组得以从分组网络向非数据分组模式终端发送的用户装置,与分组汇编单元一起组成分组装拆设备(PAD)。

packet discarding 丢弃分组[包],分组[包]丢弃 实现网络拥挤控制的一种方法,如果节点收到分组却没有缓冲空间存放,就把收到的分组丢弃。使用这种策略的网络,如果提供数据报服务,就要在信源或某个节点保存分组,以便重发被丢弃的分组;如果提供虚拟电路,就要在信源保存分组,以便重发被丢弃的分组。

packet driver 分组[包]驱动程序 局域网中,在把数据传送到网络之前先把数据分割成分组的程序。

packet erasure channel 分组纠删[擦除]信道 一种通信信道模型,其中连续分组被接收或丢失(在已知位置)。该信道模型与二进制纠删信道密切相关。纠删码可以用于这种信道上的前向纠错。

packet error detection 分组[包]差错检测 在采用分组交换的通信系统中,信宿终端或中途转发节点对于接收到的信息分组,可利用分组中的校验信息来判断传输中是否发生错误。如发现错误,则要求发送终端或上一级转发节点重新发送。

packet error rate (PER) 分组[包]差错[错误]率 在一段观测时间内,出错信息分组数与总的发送信息分组数之比。

packet filter 包[分组]过滤器 防火墙的一种类型,它根据过滤规则检查计算机之间传输的数据,当数据包不匹配包过滤器的过滤规则集时,包过滤器会丢弃(静默丢弃)数据包,或拒绝数据包(丢弃数据包并为发送方生成因特网控制消息协议通知),否则允许通过。可以通过源和目的地网络地址、协议、源和目的地端口号来过滤数据包。

packet flooding 报文泛洪,数据包喷发

在拒绝服务(DoS)攻击中使用的技术,通过向目标服务器发送大量的数据包,使它无法提供正常的服务请求。

packet flow control 分组[包]流控制 在采用信息分组转接技术的数据通信系统中,对网络中两个特定节点之间以信息分组为单位的数据传输速率进行控制,使之符合网络传输容量的要求,以避免在数据链路中出现拥挤现象。

packet forwarding control protocol (PFCP) 分组转发控制协议 是在 TS 29.244 中规定的控制平面和用户平面功能之间的 Sx/N4 接口上使用的 3GPP(第三代合作伙伴项目)协议。它是 5G 下一代移动核心网(5GC)中引入的主要协议之一,但也用于 4G/LTE EPC 实现控制和用户平面分离(CUPS)。PFCP 和相关接口寻求形式化移动核心网络中使用的不同类型功能元件之间的交互,这是大多数运营商为移动用户提供 4G 以及 5G 服务所部署的。这两种组件是:① 控制平面(CP)功能组件,主要处理信令程序(例如网络连接程序,用户数据平面路径的管理,甚至提供短消息服务等一些轻量级服务);② 用户数据平面(UP)功能组件,主要基于 CP 组件设置的规则处理分组转发。例如 IPv4、IPv6 的分组转发;或者甚至可能是未来 5G 部署的以太网,在各种支持的无线 RAN(无线接入网)和代表互联网或企业网络的分组数据网络(PDN)之间。

packet handler module (PHM) 分组处理模块 在分组交换网使用的中小容量的分组交换机上附加 PHM 线路控制单元。

packet handling function (PHF) 分组处理功能 综合业务数字网(ISDN)交换机中处理分组交换等功能,用于分组方式的承载业务。

packet header (PH) 分组头部,包首标[标题] (1) 在 X.25 通信协议中,在分组起始处的控制信息。分组的内容取决于分组的类型。(2) 在高级数据链路控制(HDLC)协议中,用于确定通向分组交换通信网络的报文传输路径的地址。

packet identifier (PID) 分组[包]标识符[识别符] 在单一或多个节目传送码流中,用以联系节目基本码流的唯一整数值。例如,在多个不同电视节目的多路复用中,每个音频和视频都将包含其独特的 PID,以支持从多路复用中选择所需的节目。

packet interleaving 分组交叉[交错](法) 一种分组交换网络的多路复用方式。来自不同子系统的信息分组交叉占用主信道。X.25 就是一个例子。

packet Internet grope (PING) 乒命令,Ping协议,因特网包探询工具 一个用于测试因特网连通性的程序,通过发送一个因特网控制消息协议(ICMP)回送请求并等待应答来测试一个特定网络目的地是否联机的一种程序。该程序对诊断 IP(网际协议)网络错误和路由器错误是很有用的。

packetize 分组格式化 把要发出的报文加工成控制规程所要求的分组的格式。

packetized elementary stream (PES) 打包的基本[元素]流 在 MPEG(活动图像专家组)-2 中,在媒体流数据化并压缩后,它被格式化成一个包以进入多路复用的传输流。是 MPEG-2 第 1 部分(系统)(ISO/IEC 13818-1)和 ITU-T(国际电信联盟-电信标准化部)H.222.0 中的规范,它定义了在 MPEG 节目流和 MPEG 传输流的分组中携带的基本流(通常是音频或视频编码器的输出)。通过封装来自 PES 包头内的基本流的顺序数据字节来对基本流进行打包。

packetized ensemble protocol (PEP) 分组总体[集成]协议 一种调制解调操作规

则,即通信线路的带宽被划分为 512 个
承载区,每承载区都能够支持数据传输,
PEP 由加利福尼亚州 Mountain View 的
Telebit 公司开发,并且用于 Trailblazer
调制解调器的产品系列中。调制解调器
只选择无差错的信道,这使得 PEP 可以
在差的线路上使用。缺点是在发送和接
收数据之间切换所需的时间相对较长。
PEP 能够实现高达 18 000 bps 的半双工
速度,TurboPEP 使用 Worldblazer 型将
速率提升至 23 000 bps。

packet level protocol 分组[包]级协议
关于在分组交换网(PSN)中处理分组的
协议。它处于国际电信联盟-电信标准
化部(ITU-T)X.25 建议的第三层。

packet loss 分组[包]丢失 当通过计算
机网络传输的一个或多个分组无法到达
其目的地时,会发生分组丢失。分组丢
失或者因数据传输错误引起的,通常是
跨越无线网络或网络拥塞。丢失是以相
对于发送的分组所丢失的百分比来度量
的。传输控制协议(TCP)检测分组丢失
并执行重传以确保可靠的消息传递。
TCP 连接中的分组丢失也用于避免阻
塞,从而产生故意降低连接的吞吐量。
在流媒体和在线游戏应用中,分组丢失
会影响用户的体验质量(QoE)。

packet loss concealment (PLC) 分组[包]
丢失隐藏 一种掩盖 IP 语音(VoIP)通
信中分组丢失影响的技术。当语音信号
作为 TCP/IP 网络上的 VoIP 分组发送
时,分组可以(并且可能会)行进在不同
的路由。因此,分组可能会很晚到达,可
能已损坏,或根本无法到达。最后一种
情况的一个示例情况可能是当分组被具
有完整缓冲并且不能接受任何更多数
据的服务器拒绝时。其他情况包括网络
拥塞导致显著延迟。在 VoIP 连接中,诸
如自动重传请求(ARQ)之类的差错控制
技术是不可行的,并且接收器应该能够

应对分组丢失。PLC 是在设计中包含语
音分组丢失的计算和补偿方法。

packet loss rate (PLR) 分组[包]丢失率
由于出错或阻塞,网络上丢失的分组数
与用户发出的分组总数之比。

packet major node 分组[包]主节点 在
VTAM(虚拟远程通信访问法)中,一系
列代表资源的次要节点,如通过 X.25 端
口转接的虚拟电路和永久虚拟电路。

packet message delay 报文分组延迟 报
文发送到目的地并将肯定信息送回到发
送端所需的时间。它与下列因素有关:
报文中分组的数量,报文所经过的接口
报文处理机的数量,分组的处理时间及
传输延迟等。

packet mode device 分组[包]方式设备
能够运用分组通信的数据电路端接设
备(DCE)或数据终端设备(DTE)。

packet mode terminal 分组[包]式终端
能够控制、格式化、传输并且接收分组的
数据终端设备。

packet modulo 包模 数据包在恢复计数
并开始重新计数时使用的最高序号。

packet notify channel (PNCH) 分组通知
信道 移动通信通用分组无线业务
(GPRS)网络中的下行控制信道。在开
始 PTM M(点对多点组播业务)分组传
送之前,向一组 MS(移动台)发送 PTM
M 通知。该通知有用于分组传送的资源
分配格式。参见 point to multi-
point multicast (PTM-M)。

packet over SONET (POS) 同步光纤网上
分组[包](传输技术) 一种城域网或广
域网传输技术,它直接在 SONET(同步
光纤网)上携带 IP(网际协议)信息包,而
在它们之间没有任何数据链接设施。这
种技术尽可能以最高的速率传输数据,
因为 SONET 的信息包头的额外开
销(810 字节中有 28 个字节)比 ATM(异
步传输模式)的(53 字节信元中有 5 字

节)小。

packet over SONET/SDH (POS) 同步光纤网/同步数字系列上分组[包](传输技术),SONET/SDH 上分组[包](传输技术) 一种通过 SDH 或 SONET 以点对点协议(PPP)形式传输数据包的通信协议,它们都是使用激光或发光二极管(LED)在光纤高速率传输数字信息的标准协议。POS 由 RFC 2615 定义为 SONET/SDH 上的 PPP。PPP 是设计为通过点对点链路进行通信的标准方法。由于 SONET/SDH 使用点对点电路,因此在这些链路上非常适合使用 PPP。在将 PPP 分组插入 SONET/SDH 帧期间执行加扰,以解决各种安全攻击,包括拒绝服务攻击和模拟 SONET/SDH 警报。这种修改被证明是符合成本效益的,因为加扰算法已被用于通过 SONET/SDH 传输 ATM 信元的标准。但是,可以选择禁用加扰,以允许节点与另一个节点兼容,该节点使用现在已过时的缺少加扰器 POS 的 RFC 1619 版本。

packet overhead 信息包开销时间 在信息包交换网络上传输数据所花费的时间。每个信息包需要额外的字节携带格式信息,这就降低了整个用户数据的传输速度。

packet paging channel (PPCH) 分组[包]寻呼信道 移动通信通用分组无线业务(GPRS)网络中的寻呼信道,用来寻呼 GPRS 被叫用户。

packet processing 分组[包]处理 在数字通信网络中,分组处理指的是当数据或信息分组通过通信网络的各种网元移动时,应用于分组的各种算法。

packet radio (PR) 分组[包](交换)无线电 用无线电链路作传输链路的分组交换方法。传送的分组可被多个站点接收,这种方法可用于移动通信站。它用与因特网上通信基本相关的数据报相

同的数据传输概念,而不是专用或交换电路使用的旧技术。

packet radio network (PRnet) 分组[包](交换)无线电网络 利用无线电信道传输信息的分组交换计算机的数据通信网。有三种类型节点:分组无线转发器(PRR),分组无线终端(PRT)和分组无线工作站(PRS)。第一个 PRnet 是美国夏威夷大学在 20 世纪 70 年代研制的 ALOHA 系统。

packet radio repeater (PRR) 分组[包]无线转发器 分组无线网中的独立的节点 PRU(分组无线设备),作为中继交换节点以提供较大的区域覆盖,基本功能包括完成逐段应答、存储转发和路由选择等功能。

packet radio station (PRS) 分组[包]无线站[电台] 分组无线网中的一种节点,由 PRU(分组无线设备)和与之相连的小型计算机或高档微机组成,完成对整个网络的管理功能。参见 packet radio network(PRnet),packet radio unit (PRU)。

packet radio unit (PRU) 分组[包]无线设备 组成包交换无线网(PRnet)的基本单元,包括无线电台部分和数字控制单元。无线电台部分包括无线收发信机、调制解调器等,数字控制单元以微处理机为核心,完成收发转换、选择发射频率及功率、选择数据速率、实现信道多址协议、应答协议及路由选择、流量和阻塞控制等功能。

packet random access channel (PRACH) 分组[包]随机接入信道 移动通信通用分组无线业务(GPRS)网络中的接入信道,GPRS 用户通过 PRACH 向基站发出信道请求,用于请求分配一个或多个 PDTCH(分组数据业务信道)。

packet repeater 信息包中继器 分组交换通信系统中的中间节点。其作用是实

现信息包的存储转发。它对收到的每个信息包进行差错检验，以判断在传输中是否出现差错；回送应答信息以通知上一节点是否需要重发；接收传输无错误的信息包并存储到自己的缓冲区中；根据路径选择算法确定路径之后，将接收到的信息包继续转发到下一节点；在转发中若传输有错误，须重发该信息包，直到重发成功或达到系统规定的重发次数而停止重发为止。

packet segmentation 分组[包]分段[分割] 在数据通信网络中，分组分段是将数据分组分成较小单元以通过网络传输的过程。包分段发生在 OSI(开放系统互连)模型的第四层即传输层。以下情况下可能需要分段：当数据包大于网络支持的最大传输单元时；当网络不可靠时，并且希望将信息分成更小的段，使能最大限度地提高信息中的每个部分能够正确传送到目的地的概率。

packet sequence number 分组[包]序号 在包头部中的一个数，包级协议根据这个数可确定包是否丢失。它还提供响应计数功能。对于 DTE(数据终端设备)和 DCE(数据电路端接设备)的数据信息包格式，在信息包标题中，包含在"信息包类型标识"字节(一般位于信息包标题的第三个字节)中的一对顺序号，即信息包发送顺序号 P(S)和接收顺序号 P(R)，用来控制信息包发送和接收的顺序。这有利于某个信息包的出错重发，也便于接收端按序号重新组装。

packet sequencing (PS) 信息包排序 在分组交换网络中，转接中心(节点)对信息包加以排序、控制的过程。它的主要目的是为了保证信息包传送到数据接收站时的次序和从数据发送站发送的顺序相同，以便能准确地将各个信息包组装成原来的报文。

packet size 分组大小，包尺寸 一个数据信息包内包含的用户数据字节的数目，可视链路状况、传输效率和通信协议而选择。

packets per second (PPS) 每秒分组[包]数 网络中传输速率的度量单位。在以太网、令牌环网和 FDDI(光纤分布数据接口)等网络中，把数据分割后添加源地址和目的地址并以信息包(即帧)的形式传输。网络设备(如集线器、网桥、路由器和交换机)的性能是用每秒钟转发的信息包数来衡量的。

packet switch (PS) 分组[包]交换机 (1)分组交换网中使用的交换设备。一般包含三个基本部分：交换单元、接口单元和控制单元。分组交换机的体系结构与一般电信交换系统的体系结构是一致的。(2)指分组交换数据网的节点机，完成数据分组的转发功能。分组交换机具有许多端口，它从某一端口接收分组，并根据分组中包含的有关终点地址的信息选择某一端口发送出去。这类节点机以前称为接口消息处理器(IMP)。

packet switched channels 分组[包]交换通道 以报文分组作为信息交换单位的通信子网信道。信道两端都各有一个可以完成分组交换的分组交换设备。

packet switched mode 分组[包]交换方式 从发送端到接收端传输信息或数据的方式。这些信息被分成一些小单位或"包"的形式。分包可以在发送端的终端设备上，也可以在交换机上进行，每个包都有各自的信息目的地址。这样，针对不同的信息部分，包交换可采用不同的路线，以便有效地利用通信网络。在接收端，必须对包加以分类，监控，重新汇集。有两种主要的包交换技术：① 自主方式，每个包按照附着于包中的规定的地址的信息在网络内部自主传送；② 虚拟连接方式，对每一个包在网络内部都有一条预先建立的路线。需传送的文本或数据信息开始信号和错误检测位开头，接着就是前导段，在前导段内包括目标地址和源地址、连接器数和包数据。这就可以保证包不致被丢失。如果有错，则经过修正后传送，在任何时刻，不需要对文本内容进行检查，通常有安全装置加以保证。

packet switched network (PSN) 分组[包]交换网络 采用分组交换技术的网络，由分组交换机和通信线路组成，无须预先交换控制信息或在两系统间建立线路就可在两个计算机系统间进行数据交换的网络，如因特网。发送信息方的计算机将信息分成一些在长度方面很有效的单元，称为分组。每个分组含有目的地计算机地址。这些分组被直接放到网络上。这些分组被名为路由器的设备所截获，路由器读取每个分组的目的地址，按照这一信息，再把分组送入合适的方向。最终这些分组到达所要求的目的地，尽管某些分组可能实际由不同的物理通路传送。接收方计算机集中各分组，将各分组按序排列，并将接收到的信息送至合适的应用。分组交换网是高可靠和高效的。

packet transfer delay 分组[包]传输时延 分组从信源发出的信源节点至到达目的节点之间的时间，由传播时延、排队时延、交换时延等组成。

PACTOR PACTOR调制 是由业余无线电操作员、海上无线电台和偏远区域的无线电台用于通过无线电发送和接收数字信息的无线电调制模式。已经建立了一个强健的 PACTOR 台网络，用于在无线电台和因特网之间中继数据，将因特网接入扩展到海上和其他偏远的用户。PACTOR 采用简单的 FSK(频移键控)调制和 ARQ(自动重发请求)协议的组合，可实现稳健的差错检测和数据吞吐量。对 PACTOR 的代际改进包括能够实现更高速传输速率的 PACTOR II、PACTOR III 和 PACTOR IV。除 1 级(P1)以外的 PACTOR 模式不是开源的，因此不能由未投资专用调制解调器的任何人解码。

pacuit 分组(交换和)电路(交换) pacuit 是 packet 和 circuit 的组合缩写。通信网中，同时提供分组交换和电路交换两种业务的混合交换方式。这种交换方式可满足同时需要分组和电路两种交换方式的用户，也可满足不同时刻需要不同交换方式的特殊要求。

pad 衰减器,填充 (1)用来降低信号电平的无源衰减设备。(2)用哑数据(通常是零或空格)占满一个字段中的未被用到的位置。

pad character 填充字符 用来填充空余空间的字符。许多应用程序具有特定长度的要求，为了时间补充或空间对齐而使用填充字符，例如，同步传输中，加入的用于确保一个分组或一个块的第一个和最后一个字符被正确接收的字符，第一个和最后一个字符在接收器的同步调整中发挥作用，也被称作补白字符。

pager 寻呼机 一种小的无线接收装置，当收到(通常来自寻呼台的)触发信号触发时会发出"哔哔"声，提醒携带者在装置的小显示屏上查看和响应发送来的信息。

page reply 寻呼应答 移动电话通过反向控制信道响应它所选择的基站，被选的基站通过它的专用陆上通信数据链路向移动电话交换局(MTSO)报告寻呼响应。

paging 寻呼 把信号或信息从基站传送到移动或固定接收器的一种单向无线通信方式称为寻呼。

paired cable 双绞线电缆 将两根绝缘导线扭合在一起，称为双绞线。由若干条双绞线组成的电缆，称为双绞线电缆。

paired-disparity code 成对不均等性码 一种用于数字信息传输的编码体制。在信息序列中使用这种数字组,是为了把较长数字序列的总不均等性减至最小,码中的数字或字符的一部分(或者全部)是由相反不均等性的两组数字来表示的,传送交替反转信号就是用的成对不均等性码的一个例子。

pair gain system (线)对增益系统 由集中器或多路复用器组成,它们将多个单独的信号组合成单个信号,通过现有的铜缆线对传输。然后将信号分离到客户驻地的各个用户线路。在客户想要为传真机或拨号上互联网连接添加新的电话线的情况下,执行多路复用的线对增益单元可以简单地在单个用户线(称为模拟多线路 AML 载波)上提供第二路电话连接。20 世纪 60 年代 Anaconda 公司制造的更大的模拟线对增益系统提供了 7 条线路。一些线对增益单元可以将单个铜线对上可用的用户线数量扩展到多达 60 个。

pairing (电视图像)叠行 隔行扫描的显示器的一种故障现象。交替的光栅线互相重叠,削弱了有效的垂直分辨率。

pair-selected ternary (PST) 成对选择三进制码 一种伪三进制码,其中二进制数字以成对方式编排,使得输出的信号避免一长串零。其编码过程是:先将二进制代码两两分组,然后再把每一码组编码成两个三进制数字(+、−、0)。因为两位三进制数字共有九种状态,故可灵活地选择其中的 4 种状态。为防止 PST 码的直流漂移,当在一个码组中仅发送单个脉冲时,两个模式应交替变换。PST 码能提供足够的定时分量,且无直流成分,编码过程也较简单。但这种码在识别时需要提供"分组"信息,即需要建立帧同步。

PAL-color system (PAL-CS) 逐行倒相(彩色电视)制,PAL(彩色电视)制 除了两个色度信号分量之一逐行倒相这一点以外,与(美国)国家电视制式委员会(NTSC)制相类似的兼容性彩色电视制式。

PAL-D PAL-D 制式 中国使用的 PAL 彩电制式。

PAL flip-flop PAL 制式触发器 在 PAL(逐行倒相)解码器中产生 H/2 脉冲的双稳态电路。

PAL-M PAL-M 制式 用于巴西的 PAL(逐行倒相)制式。PAL-M 是自 1972 年 2 月 19 日以来在巴西使用的模拟电视系统。那时,巴西是第一个彩色电视广播的南美国家。从黑白到彩色的过渡直到 1978 年才完成。两年后,1980 年,巴西全国范围内的彩色电视广播已很普遍。它在模拟电视系统中是独一无二的,它将 525 行 30 帧/秒的系统 M 与 PAL 彩色编码系统(使用非常接近 NTSC 彩色副载波频率)相结合,不像其他国家 PAL 用 625 行系统,NTSC 用 525 行系统。

PAL-N PAL-N 制式 阿根廷、巴拉圭、乌拉圭使用的彩色电视制式。在阿根廷、巴拉圭和乌拉圭使用 PAL-N 变体。它采用 PAL-B/G、D/K、H 和 I 的 625 线/50 场/秒波形,但在 6 MHz 信道上,色度副载波频率为 3.582 056 MHz,与 NTSC 非常相似。PAL-N 使用 YDbDr 颜色空间。

PAL-NTSC encoder PAL-NTSC 制式编码器 将 R-Y 和 B-Y 两种色差信号编码到同一载波的设备。正交调制允许按照 PAL 制式或 NTSC 制式进行编码。

PALplus/PAL+ PAL+(彩色电视)制式 德国使用的与现有 PAL(逐行倒相)系统兼容的宽屏版本,是数字电视发展的一个中间步骤。是国际电信联盟-无线电通信部(ITU-R)BT.1197 推荐标准定义的 PAL 彩色电视制式,使用普通 PAL 系统传输宽高比为 16:9 的图像,与标准 PAL 制式兼容。在普通的 PAL 制式 625 行传输中,576 行是可见图像(其余的行位于图像间的垂直消隐区)。然而,当传送信箱式宽屏画面时,因为图像没有填满屏幕的整个垂直区域,只有 432 行的垂直分辨率。在 PALplus 制式中;通常会丢失的垂直信息在传送之前会被过滤出来并不可见地传送至宽屏图像的黑区。独立的信号会在垂直消隐期传送,以告诉接收器正在传送 PALplus 制式。宽屏 PALplus 接收机会以全保真度显示宽屏幕图像,占满整个屏幕,而传统的 4:3 电视机会显示出上方和下方有黑色条带的标准信箱式图像。

PAL switch　PAL 转换　指两行周期的同步脉冲,其上升沿标志着一个 PAL 制式色度信号中的 V 分量正极性行的开始,或 SECAM(顺序彩色与存储)制式色度信号中的 Dr/Db 序列 Dr 行的开始。

panning and scanning　平移和扫描　平移是移动摄像机慢慢地从场景的一侧转向另一侧的动作;扫描是平移对准主体后将场景以电子方式捕获。该技术常用于跟踪屏幕上的动作平移原始图像,将宽屏影像画面捕获剪裁为传统 4:3 的电视画面。

pantone matching system(PMS)　全色调[潘通(公司)]配色系统,PMS 系统　绘图软件中包含的一种标准颜色选择系统,用于指定打印颜色。其中的一个颜色赋予一个唯一的号码和混合公式,以致指定了这个号码就能保证能得到选择的打印结果。

parade　展览,示波　一种在波形监视器上显示分量视频信号的便捷模式。使用三分之一行频率(或场率)值作为水平偏转率显示三种信号(R、G、B 或 Y、Pr、Pb)的多路复用。这种模式的缺点是 R、G、B(Y、Pr、Pb)中的每一个信号变成连续谱线,对任何单个分量来说,只会显示三线中的一根谱线。

parallax　视差　从两个与被观察物体不在一条直线的地方对物体进行观察时,人的视觉上所产生的位置明显移动的现象,它使人产生立体感觉。利用视差,可以计算出图形输出设备上显示的三维物体的轮廓。

parallax stereogram　视差立体图　3D 电视中使用的一种技术,用垂直缝隙增强 3D 效果。记录在视差立体图信息量仅仅等同于左右眼睛看到的量,换句话说,两倍的信息量差不多为平面图像的信息量。尽管观众不需要特殊眼镜,但其对图像的处理过程不兼容 2D 或常规电视。

parallel channel　并行通道　在几条线路上同时传输数据的一种通道。通常是以 8 位的通道为增量,如 8 位、16 位、24 位等。

parallel communication　并行通信　对被传输字符的每一位设置一个专用信道,使其在同一时刻将整个字符传输出去的通信方式。

parallel network architecture　并行网络体系结构　最早由英国的 Unitel 和 Mercury 公司提出的一种移动通信网络结构。它利用个人通信网的智能化功能,将一个普通的物理网络分成多个逻辑网络,经营者在利用智能化功能开展各种业务的同时,做到了物理传输基础设施部分的共享,使系统的设备得以进一步的简化。

parallel optical interface　并行光接口　一种光纤技术,主要用于相对较短距离(小于 300 m)和高带宽的通信和联网。并行光接口与传统光纤通信的不同之处在于,数据通过多根光纤同时传输和接收。有两种形式的商用产品用于并行光学接口。第一种是由光发射器和光接收器组成的十二通道系统。第二种是四通道收发器产品，能够在一个产品中传输四个通道和接收四个通道。并行光学通常是最经济有效的解决方案，可在超过 100 米的距离内获得每秒 40 千兆位的数据传输。100GE 光收发器配有 100 千兆位数据传输。使用 100GE 以双工和并行机制传递数据。

parallel port 并行端口 一种输入输出连接器，可在计算机和外围设备之间一次并行地收发 8 位的数据。并行端口在最初设计标准中通常被称为 Centronics 接口，这种端口使用被称为 DB-25 连接器的 25 针连接器，DB-25 连接器包括三组线路。

parallel transmission 并行传输 使用多条导线同时传输一个代码的各个元素的方式。例如同时传输一个字节或多个字节的所有二进制位。这种传输法的传输率比串行传输高，但它要求多条传输线来同时传输一个字节或多个字节，因此它主要适用于短距离传输，如主机和外围设备之间的通信等。计算机标准的并行传输接口是 Centronics 接口。

parametric amplifier（PA） 参量放大器 以高频振荡为能源，以非线性电抗元件为换能器件，实现电信号放大的装置。其主要用于放大微波波域的信号。

parametric equalizer 参量[参数]均衡器 是多频段可变均衡器，允许用户控制三个主要参数：信号幅度、中心频率和带宽。可以控制每个频带的幅度，并且可以移动中心频率，还可以加宽或缩小带宽（与"Q因数"反比）。参数均衡器能够比其他均衡器对声音进行更精确的调整，并且通常用于录音和现场扩声。参数均衡器的一种变体是半参数均衡器，也称为可扫描滤波器。它允许用户控制幅度和频率，但使用预设的中心频率的带宽。在某些情况下，半参数均衡器允许用户在宽带和窄带预设带宽之间进行选择。

parametric stereo（PS） 参数立体声 是有损音频压缩算法，并在 MPEG-4 第 3 部分（MPEG-4 音频）中定义和使用的特征和音频对象类型（AOT），以进一步提高低带宽立体声媒体中的效率。结合频谱带复制（SBR）和参数立体声（PS）的高级音频编码低复杂度（AAC LC）被定义为 HE-AAC v2（高效高级音频编码版本 2）。HE-AAC v1 解码器在解码 HE-AAC v2 比特流时仅发出单声道声音。参数立体声在空间域中执行稀疏编码，有点类似于 SBR 在频域中执行的编码。

paraphase amplifier（PA） 分相放大器，倒相(推挽)放大器 将单路输入信号分成相位相反的两路输出信号的放大器。

parasitic emission 寄生发射 发射机发出的由电路中不希望的振荡引起的一种电磁辐射。

parasitic oscillations（PO） 寄生振荡 发生在电子线路中的某些不希望的振荡，通常高于或低于正常的工作频率。

parasitic parameter 寄生参数 电路中不希望出现的杂散电容、漏电感、漏电阻等构成的电路参数。

PARC universal packet（PUP, PuP, Pup） PARC 通用分组 是两个最早的互联网协议套件之一，它是由施乐 PARC（帕洛阿尔托研究中心）的研究人员在 20 世纪 70 年代中期创建的。（从技术上讲，名称"PUP"仅指互联网络级协议，但它也适用于整个协议套件）。整个套件提供路由和数据包传输，以及更高级别的功能，如可靠的字节流，以及许多应用程序。

parental controls 家长控制 是可以包括在数字电视服务、计算机和视频游戏、移动设备和软件中的功能，其允许家长限

制其孩子对内容的访问。创建这些控件
是为了帮助父母限制他们的孩子可以查
看的某些内容。这可能是他们认为不适
合孩子的年龄、成熟程度或感觉更针对
成年观众的内容。家长控制大致分为四
类：内容过滤器，限制访问年龄不合适的
内容；使用控制，限制这些设备的使用，
例如对使用设置时间限制或禁止某些类
型的使用；计算机使用管理工具，强制使
用某些软件；以及监控，可以在使用设备
时跟踪位置和活动。

parity check/checking　奇偶检验　计算机
中检查信息在存储或传输过程中是否出
错的一种方法。传输或存储信息之前，
由奇偶发生电路根据信息内容产生一位
奇偶校验位，使所有信息位与校验位中
的"1"的个数为奇数(奇校验)或偶数(偶
校验)，校验位与信息一起传输或存储。
传输后或取出数据时用奇偶检测电路检
查其奇偶性。若奇偶性与原来相同，则
认为信息未出错；否则认为出错。奇偶
校验只能检查信息(包括校验位)中奇数
位出错(计算机中绝大多数错误是一位
出错)的情况。

parity check code　奇偶检验码　对具有 k
个符号的信息进行奇偶校验编码，增
加 m 个校验符号，构成一种具有 $n(n=k+m)$ 个符号的错误校验码。代码中的
每个符号采用有限域 GF(q) 中的元。
$q=2$ 时，只有"0"和"1"两个值，即为二
进制奇偶校验码。最简单的二进制奇偶
校验码常用来进行一般的奇偶校验。这
时校验符号只有一位二进制位，用来表
示整个代码中"1"的位数是奇数(或
偶数)。

parity error (PE)　奇偶错误　利用奇偶校
验方法检查出来的错误。奇偶错误可以
测到奇数个增加或丢失的位，但不能检
测偶数的位的错误。

parity even (PE)　偶校验　一种用来检测

数据完整性的方法。根据被传输的一组
二进制代码的数位中"1"的个数是否是
偶数来进行校验。参见 parity。

parity flag　奇偶(错)标志　表示发现了
奇偶错的指示器。它指出处于逻辑"1"
状态的数字总数是奇数还是偶数。

partitioning communication system (PCS)
分区通信系统　是基于信息流分离策略
的计算机和通信安全体系结构。PCS 将
MILS(多个独立安全级别)软件架构的
四个基本安全策略扩展到网络：端到端
信息流，端到端数据隔离，端到端周期处
理，端到端损毁限制。PCS 利用软件分
离，使应用层实体能够以应用层安全策
略所述的方式执行、管理和控制应用层
安全策略：不可绕过的，可评估的，总是
被调用，并且防篡改。

party line communications (PLC)　共线通
信　常称电力线载波通信，是电力系统
特有的通信方式。它是指利用现有电力
线，通过载波方式将模拟或数字信号进
行高速传输的技术。最大特点是不需要
重新架设网络，只要有电线，就能进行数
据传递。但是电力线载波通信因为有以
下缺点，限制其大规模应用：① 配电变
压器对电力线载波信号有阻隔作用，所
以电力线载波信号只能在一个配电变压
器区域范围内传送；② 三相电力线间有
很大信号损失(10~30 dB)，一般电力线
载波信号只能在单相电力线上传输；
③ 电力线存在本身固有的脉冲干扰。
目前使用的交流电有 50 Hz 和 60 Hz，则
周期为 20 ms(毫秒)和 16.7 ms，在每一
交流周期中，出现两次峰值，两次峰值会
带来两次脉冲干扰，即电力线上有固定
的 100 Hz 或 120 Hz 脉冲干扰，干扰时间
约 2 ms；④ 电力线对载波信号造成高削
减。当电力线上负荷很重时，线路阻抗
可达 1 欧姆以下，造成对载波信号的高
削减。实际应用中，当电力线空载时，点

对点载波信号可传输到几公里。但当电力线上负荷很重时,只能传输几十米。

passive　无源　用于处理信号但不需要自己的电源或供电的组件或装置。例如分支器和电源插件。

passive component　无源[被动]元件　那些不影响信号基本特征且引入的失真也极小的电路或器件。当作为无源元件术语时,同 passive element。

passive microwave network　无源微波网络　采用无源微波器件的微波网络。典型的二端口无源微波网络有微波滤波器、模式变换器(用于将波导中的一种电磁波模式变换成另一种)、极化变换器(用于改变波导中电磁波的极化性质)、移相器、铁氧体和隔离器等;属于三端口无源微波网络的有功率分配器、铁氧体Y形环形器等;属于四端口无源微波网络的有微波混合接头、定向耦合器和定向滤波器等;属于多端口无源微波网络的有用于微波多路通信的多工器,其功能是把一个宽频带信道分割成若干窄频带信道,使信号分别从不同的端口输出。多工器可由多个定向滤波器连接而成,或由带通滤波器及匹配双T电桥组合而成。

passive multistar topology　无源多星形拓扑(结构)　光纤接入网的一种拓扑结构,在交换局内有光线路终端(OLT),交换机与接入网之间的接口标准是V5,光网络单元(ONU)是为连接用户端的设备。在这种结构中,ONU可以共用一条到交换局端的光纤,从OLT到ONU全部是光通路,一个光发射机和一个光接收机就可以支持所接入的用户终端,网络成本较低。

passive optical network (PON)　无源光网络　在光接入网中,在光线路终端(OLT)和光网络单元(ONU)之间的光分配网(ODN)没有任何有源设备的部分。无源光网是指光分配网中不含有任何有源电子器件,全部由光分路器等无源器件组成的网络。PON网的基本原理是在一定的物理限制和带宽限制条件下,让尽可能多的终端设备(光网络终端)来共享局端设备(光线路终端)和馈送光纤。由于在覆盖某地区时这种方案需要的光纤较少,端局的光接口成本较低(一个光接口可服务于整个网络),因此它被大多数运营商视为实现接入网业务宽带化、综合化改造的理想技术。比较 active optical network (AON)。

passive repeater　无源中继器[转发器]　或无源无线链路偏转。在信号路径中的障碍物阻挡任何直接的视线通信的地方,是反射的或有时是折射的面板或其他物体,有助于关闭无线或微波链路。与具有有源元件的微波无线电中继站相比,无源中继器更简单,几乎不需要维护,也无需现场电源。与使用不同发射和接收频率以防止反馈的有源中继站不同,它也不需要额外的频率。相应的缺点是没有放大功能,返回的信号明显变弱。

passive satellite (PS)　无源卫星　通常包括用于大地测量和大气测量的各种反射器型卫星。无源卫星不携带接收或发射设备,而是一种借助星体表面将来自一个地面站的通信信号反射到另一个地面站的通信卫星。例如第一批"回声"(echo)1号和2号卫星,就属于无源卫星,它们实际上只是两个巨大的、表面喷涂金属的"气球"。有源卫星是将接收到的信号放大,通过转发器加以频率变换,再转发到地球上。

passive station　从属站,被动站　通信网络内,在采取基本型链接控制规程的多点连接系统中,任何等待被查询或待选择的辅助工作站。

password system　口令系统　使用口令方

式验证人员身份从而授权访问数据的系统。它要完成下列一个或多个口令操作：生成，分配，录入，存储，验证，更换，口令加密或解密。

pause retry　间歇重传　网络控制程序中的一个可选项目。允许用户规定在出现传输错误后应使程序重发数据次数以及规定相邻两次重发之间的等待时间。

payload　有效载荷[负载]　通常数据是装在包中的。一个帧的有效负载是帧中的数据；数据报的有效负载是包中的数据项。包中传输的其他数据，如差错校正和报头，则认为是开销。

payment gateway　支付网关　是电子商务不可缺少的部分，它是银行与商户、银行与持卡人之间联系的纽带，所解决的关键问题是让传统的封闭的金融网络能够通过网关面向因特网的广大用户，提供安全方便的网上支付功能。保证网上交易的顺利进行，确保持卡人、商户和银行三方面的利益不受损害。

pay per call　按来电[通话]付费　一种互联网广告的收费模式。每来电通话付费，展示不收费、点击不收费，当且仅当客户点击网页上的"免费点击"通话按钮，取得与广告主的语音沟通后，给广告主带来有效客户电话才收取广告费用的广告模式。

pay per view (PPV)　按观看次数付费，按次计费，付费点播[电视]　一种视频点播/有线电视/付费电视服务方式，包括有线电视以及音像产品的租赁行业。允许观众支付他们选择的特定节目。通过当地有线电视公司提供的被称为可寻址解码器的装置连接到用户的电视机，为付费用户提供访问权，用户按月定期结算有线电视费。付费点播节目通过卫星加扰频道发送至有线电视公司。

pay phone　付费电话，公用电话　装设在城市街道及其他公共场所供公众使用并

按规定收取通信费用的电话。包括使用电话卡的电话和投币式公用电话等。通过插入货币(通常是硬币)或通过对信用卡、借记卡或电话卡进行记账来预付款。预付费电话卡还可以通过先拨打所提供的免费电话号码，输入卡账号和 PIN，然后输入所需连接的电话号码来建立呼叫。当使用付费电话时，设备使用费可以作为附加单元、分钟或资费向对方/第三方、借记卡、信用卡、电话或预付费电话卡收取。

PCF interframe space (PIFS)　PCF 帧间间隔[空间]　是基于 IEEE 802.11 的无线局域网(WLAN)中使用的帧间间隔之一。PCF(点协调功能)能使接入点(AP)等待 PIFS 持续时间而不是 DIFS(分布式协调功能帧间间隔)占用无线介质。PIFS 持续时间小于 DIFS 且大于 SIFS(短帧间间隔)，即 DIFS＞PIFS＞SIFS。因此，AP 总是有更多的优先权访问介质。

peak　毛刺，峰值　(1) 在OCR(光学字符识别技术)中，超过某个字符的笔画边缘从该字符向外延伸的额外痕迹。(2) 某种量的最大值。如：电流，电压，工作负载。

peaking circuit (PC)　建峰电路，峰化电路，信号校正电路　一种能改善信号高频响应的电路，在并联峰化时，小线圈与集电极负载串联；在串联峰化时，线圈与其后一级的基极串联。视频放大器中两种类型的峰化会在同一级出现，其电路将输入信号转换为更高的峰化波形，视频处理芯片中也采用了同样功能的数字化电路。

peaking network (PN)　建峰网络　一种级间耦合网络，用在视频放大器中以增强通带内某一部分频率的信号输出幅度。

peak limiter (PL)　峰值限幅器，限幅[峰]器　用以去除信号的某个给定的峰值之

上的噪声从而降低噪声效应的滤波器，可以用于调频（FM）信号、移频键控（FSK）信号、或脉冲调制（PCM）信号。

pedestal 消隐脉冲［基座］，基准脉冲 (1) 从消隐电平中分离活动视频的一个偏移量。当视频系统使用该脉冲时，黑电平稍微高于消隐电平；而不使用该脉冲时，黑电平和消隐电平幅度相同。NTSC 制式使用该脉冲（日本除外），而 PAL 和 SECAM 制式不使用。(2) 图像信号中的一种平顶脉冲，以提升另一个脉冲的基准电平，如电视机中的扩频时钟（SSC）脉冲带有的基准脉冲是黑电平和消隐电平之差。(3) 指黑电平，允许显示信号的最黑部分达到的最小电平。

pedestal level (PL) 消隐（脉冲）电平，基准电平 电视信号中插入电路中的人工消隐电平，用以提高画面的黑度。

peercasting 对等广播 一种通过对等技术将流（通常是音频和/或视频）多播到因特网的方法。它可用于商业、独立和业余多播。与传统的 IP 组播不同，对等广播可以促进按需内容交付。

peer communication 对等通信 网络中通信的各方都是平等的不是谁隶属于谁的通信关系和方式。每一方都可以发起连接发送信息，也可以接收连接接收信息。

peer entities 对等实体 开放系统互连体系结构中，在同一或不同的开放系统内，处于对等层的那些实体。

peering 对等 在计算机网络中，对等是管理上独立的因特网网络的自愿互连，目的是为每个网络的用户之间交换流量。对等的纯粹定义是无结算的，也称为"账单和保留"，或"发送者保留所有"，意味着任何一方都不向另一方支付与流量交换相关的费用。相反，网络每一方都从自己的用户那里获得并保有收益。

peer layer 对等层 在网络中，处于对等地位（即不具有隶属关系或主从关系），可以相互平等地实现通信的网络实体层次。在开放系统互连（OSI）中，两端的同层次间的信息交换实际上是先从当地端要通信的层次上向下传送，然后经物理媒体传送到另一端的最低层次，最后由这个最低层次逐层向上传送到要通信的那个层次。这个复杂过程对用户是透明的，就好像两端同层间的通信是直接完成的一样。参见 peer layer communication。

peer layer communication 对等层通信 (1) 以对等网络操作系统为基础，实现客户机与客户机之间的通信。此时，发方作为服务器使用，收方作为客户机使用，双方的地位可以根据需要随时交换。(2) 在层次型网络协议下（例如开放系统互连参考模型），同等层次之间构成的信息传输。

peer model 对等模型 因特网工程任务组（IETF）提出的网络结构。在这个模型中，业务层和光网络层是对等的，即在两个层面上运行同一个路由协议，采用统一集成的控制面，IETF 将这种控制面称之为 GMPLS（通用多协议标记交换）技术。边缘设备可以看到网络的拓扑，对于路由协议，每个边缘设备只需与相邻的光交换机而不是其他边缘设备互连，这使得路由协议能够扩展到支持大规模的网络。另外，统一的控制面也简化了带宽指配过程，能够实现充分利用全网资源，实现网络优化。然而，对等模型也有相应的缺陷。首先，为实现全网的统一控制，需要在网络中交换大量的状态和控制信息，为此而影响网络性能。其次，两个层面的技术也会互相牵制，另外，运营商希望网络尽量保持稳定，对于全网范围内的业务配置、保护恢复等有全面的管理，因此，如果网络动态程度过高，对运营机制会是一个挑战。比较 overlay model。

peer-to-peer communication 对等体到对

等体通信 分层通信网络上同一通信层操作的两个设备间的通信。通信双方互不统辖,双方都可以依据用户意志,自由发起建立会话。

peer-to-peer computing 对等计算 (1)网络环境中每个设备既运行应用的客户机部分软件又运行应用的服务器部分软件的分布式计算方式。(2)两个不同网络设备上的相同 OSI(开放系统互连)参考模型层之间的通信。

peer-to-peer network (PTPN) 对等网络 仅包含与其控制和运行能力等效的节点的计算机网络。也称为"点对点网络"或"P2P 网络"。网络的参与者共享他们所拥有的一部分硬件资源(处理能力、存储能力、网络连接能力、打印机等),这些共享资源通过网络提供服务和内容,能被其他对等节点直接访问而无须经过中间实体。在此网络中的参与者既是资源(服务和内容)提供者,又是资源获取者。

perfect secrecy 完全保密 在信息理论中,指如果收到了密文 C,则发出明文 P 的条件概率等于传送明文 P 的概率。这样,收到的密文信息对攻击者来说只是密文信息,没有任何附加信息。理想保密的充要条件是:对所有明文信息 P,如果 P 被传送了,则收到密文 C 的条件概率等于收到密文 C 的无条件概率。

performance error 性能差错 在网络故障确定应用程序(NPDA)中,能够由差错恢复程序解决的源失效,与暂时性差错同义。

performance focused service oriented network monitoring architecture (perfSONAR) 面向注重性能服务的网络监控体系结构 是用于跨多个域运行网络测试的开源工具包,由网络研究和教育界构建和使用,截至 2018 年 12 月已有 2 000 多个部署。perfSONAR 的开发和支持由国际合作指导,包括 Esnet(能源网络)、欧盟资助的 GÉANT(泛欧数据网)项目、印第安纳大学、Internet2 和密歇根大学。项目名称反映了为软件实现选择面向服务的体系结构。

performance management (PM) 性能管理 国际标准化组织(ISO)为开放系统互连(OSI)参考模型网络管理定义的五类网络管理之一。性能管理主要估计系统资源的运行状况及通信效率的系统性能。其功能包括监视和分析被管网络及其所提供服务的性能机制。性能管理收集分析有关被管网络当前状态的数据信息,并维持和分析性能日志。

performance measurement 性能测量 是网络管理的重要组成部分,主要是通过对网络中的硬件、软件和传输介质的性能参数进行定性或定量的测量,掌握网络的运行情况,为网络管理提供决策信息,以保证网络运行效率和服务质量。

per hop behavior (PHB) 逐跳行为 区分服务(Diff-Serv)中每跳行为的一种实现方案。

peripheral subsystem 外部[外围]子系统 与通用输入输出通道连接的一个或多个同型号外部设备组成的子系统。通道同步控制器管理外部子系统,并对中央处理机发来的控制信号和指令进行译码,控制被选外部设备与中央处理机之间的数据传送。子系统还通过控制信号给中央处理机指示外部设备所处的状态,当出现影响到子系统操作的错误或故障时通知中央处理机。

peripheral transfer 外部[外围]传送 在两个外部设备之间传送数据的过程。

Peritel Peritel 连接器 欧洲电视接收机的视听连接器标准,与美国的一些电视机音视频(AV)连接器及 SCART(21 针音视频信号)连接器的功能相同。

permanent connection (PC) 永久连接 不

P

使用开关装置而形成的连接,是一种由管理系统配置的连接类型。

permanent signal (PS)　永久信号　持续不变的摘机管理信号。它是交换系统外部产生的,与正在进行的通话无关。永久信号会占用交换系统的大量通话能力。美国电话术语中的永久信号(PS)或英国使用的永久环路,是 POTS(简易老式电话服务)线路在没有连接的情况下摘机一段时间的情况。这在现代交换机中,当摘机音超时之后,电话交换机的计算机就该电话线置于其高湿(high & wet)列表或湿表(wetlist)中,就会以静音终止来指示。然而,在较旧的交换机中,永久信号保持中继线(PSHT)将播放嗥鸣音或 480/500 Hz 高音(其随后会通过串扰流入相邻线路)。嗥鸣音是一种强度不断增加的音调,旨在提醒电话用户接收方话机没有被接听被挂断的情况。永久信号还可以描述中继线被占用但未被拨号的状态,如果中继线仍然处于忙碌状态(有时通过重新排序发出警告)。

permanent virtual channel connection (PVCC)　永久虚拟通道[信道]连接　在 ATM(异步传输模式)网络中的一种连接,其中交换功能通过每个信元中的 VPI/VCI(虚拟路径标识符/虚拟通道标识符)字段实现。

permanent virtual circuit (PVC)　永久虚拟线路,永久[固定]虚电路　(1)一种不需要由用户发起建立和清除的虚电路。是通过面向连接网络的连接。PVC 能经受计算机的重新自举或电源的波动,从这个意义上说它是永久的;PVC 是虚拟的,因为它是将路径放在路由表中,而不是建立物理连接。(2)两个数据终端之间存在的永久性连接,是点-点连接的线路,不经过交换电路。其上只能传送数据、复位信号、中断和信息流控制包。(3)在每个 DTE(数据终端设备)上,具有永久分配给它的逻辑通道的一种虚拟线路。不需要呼叫建立协议,从而取消呼叫的建立进程和释放过程。

permanent virtual connection (PVC)　永久虚拟连接　在 ATM(异步传输模式)中,指提供的虚拟通道连接(VCC)或虚拟路径连接(VPC)。它可以是点到点的、点到多点的或者多点到多点的 VCC 或 VPC。

permanent virtual path connection (PVPC)　永久虚拟路径连接　在 ATM(异步传输模式)网络中的一种连接,其中交换功能只通过每个信元中的虚拟路径标识符(VPI)字段实现。

permissible code block　许用码组　为了提高通信的可靠性,往往在信息码中按照一定的数学规律增加多余的码元,借以发现错误、纠正错误。这种做法的结果将使码组的总数增加。但这些码组中,只有那些符合预先规定的数学规律的码组才是可以使用的,称为许用码组。

permissible interference　允许干扰　观察到的或预测到的干扰,它符合国际无线电咨询委员会(CCIR)建议的定量干扰,并且符合包含在无线电规则(RR)或 CCIR 建议中的判定准则,或是符合根据上述规则达成的特别协议。

permit　许可　在包交换中,对在一个逻辑通道上反向传送一个或多个数据包的一种授权。

permit count　许可计数　在一个 DTE(数据终端设备)与一个 DCE(数据电路端接设备)之间的接口上,自虚拟电路建立或上一次复位时起在一特定方向上传输的数据包的个数与在反方向允许传输的数据包个数之差。

permit flow control　许可流量控制　网络实现拥挤控制的一种方法。在网络中投放一定数量的许可证。只有获得许可证的节点才能发送报文。

P

permit packet　许可数据包　在一个 DTE(数据终端设备)与一个 DCE(数据电路端接设备)之间的接口上一个用于在一个虚拟电路上传送"许可"的包。

permuted cyclic code　循环置换码　一种特殊的编码方法。各种字符具有固定位数的字来表示,但其顺序的安排得使连续的字之间的代码间距等于一个单位。

persistent object　隐驻客体　一种计算机安全技术。给某个资源一个保密的名字,只有可以利用该资源的程序才知道这个名字,在利用该资源的可执行目标程序中,调用资源的过程便成为一个无法访问的程序部分。例如,给某个文件起一个名字,并把这个名字包含在允许调用该文件的应用程序的源代码中,由于应用程序在计算机上只以被编译的形式存在,因而文件的名字也被转换。这样对于别的程序来说,资源是隐藏的。

persistent URL (PURL)　持续统一资源定位器　一种网址转换系统。当使用者使用 PURL 来读取一个网页时,PURL 服务器会依照所要求网页的实际 URL 读取数据回给使用者。PURL 会维护一份数据库来对应 PURL 与 URL 的关系,当网页移动到另一个 URL 时,使用者仍可经由原来的 PURL 来读取该份数据,而不必再寻找 URL。

personal communication（PC）　个人通信　用各种可能的网络技术实现任何人在任何时间任何地点与任何人进行任何种类的信息交换,是个人通信的最高目标。

personal computer security　个人计算机安全　保护个人计算机所处理和存储的数据不被非授权泄露、更改以及保护硬件和存储介质免遭损失、破坏的方法、过程和策略。

personal conference specification（PCS）　个人会议规范　由 Intel 公司领导的一个工业集团推出的用于保证各种基于 PC 机的局域网络至广域网会议系统之间互易操作能力的规范,由个人会议工作组（PCWG）制订,其 1.0 版本于 1994 年 12 月公布。

personal conference working group（PCWG）　个人会议工作组　由 Intel 公司 1993 年发起成立的组织,专门从事制订在各厂家生产的个人会议产品之间提供互易操作能力的开放工业标准,成员包括 AT&T、Ericsson、GE、Northern Telecom、Lotus、Compression Labs、Novell、VideoServer、Compaq、Olivetti、HP、DEC 以及 NEC 等公司。

personal digital cellular（PDC）　个人数字蜂窝电话　是仅在日本使用的 2G(第二代)移动通信标准。采用时分多址技术（TDMA）,频率范围为 800～1 500 MHz。提供的服务包括语音(全速率和半速率)、补充服务(呼叫等待、语音邮件、三路呼叫、呼叫转接等)、数据服务(高达 9.6 kbps 的电路交换数据)和分组交换无线数据(高达 28.8 kbps)。在 PDC 用户数达到近 8 000 万的高峰后,在 2005 年 12 月降低为 4 600 万用户,并逐渐被淘汰,转而支持 W-CDMA(宽带码分多址)和 CDMA2000(码分多址 2000 版)等 3G 技术。

personal digital system（PDS）　个人数字系统　由 IBM 公司推出的、具有内存和智能卡插槽以及一台蜂窝式电话的个人数字助理。智能卡使 PDS 的功能扩展到可发送传真、听收音机甚至拍照。

personal handy-phone system（PHS）　个人手持[无绳,手提]电话系统,手机系统　能够直接在室内室外使用的简易移动电话。也称为个人接入系统（PAS）,在中国的商品名为小灵通,是一个运行在 1 880～1 930 MHz 频段的移动网络系统,主要使用于日本、中国及其台湾与亚洲其他一些国家和地区。

personal identification/identify number (PIN) 个人（身份）识别号（码） (1) 用户在远地终端传输信息或完成任务之前，必需键入的标识自己唯一性的数字。(2) 为确认用户的正确性，在用户标识模块（SIM）卡与用户间鉴权的私密信息。

personal IVR 个人交互式语音应答（系统） 运行在个人计算机上的交互式语音应答系统软件。

personal mobile radio (PMR) 个人移动无线（电系统） 主要用于处理紧急业务（匪警、火警、急救等）。PMR 系统多数都工作在 30～960 MHz 的频带内。它也被称为专用移动无线电(PMR)。

personal numbering (PN) 个人编号 (1) 是英国虚拟电话号码服务的名称。通常，用于此服务的国家目的地代码是(0)70。该服务提供灵活的虚拟电话号码，可以路由到任何其他号码，包括国际移动电话。例如，英国号码＋44 70 0585 0070 可能会路由到国际海事卫星组织(Inmarsat)卫星电话号码，支持用户在全球漫游时拥有英国号码。(2) 智能网能力集(INCS-1)业务特征之一。它是指每一个 UPT(通用个人通信)用户所拥有的唯一的一个 UPT 编号。这个编号可以被呼叫者使用。但是对于不同的应用，一个 UPT 用户可以有几个 UPT 编号(例如为公务进行呼叫使用公务的 UPT 号码，为私事进行呼叫使用私人的 UPT 编号)。然而，对于计费而言，一个 UPT 用户仅有一个 UPT 编号。

personal station (PS) 个人电台 用于移动业务的个人便携电台。

personal wireless telecommunications (PWT) 个人无线通信 是美国电信行业协会 1995 年发布的关于 PWT 的 TIA/EIA-662 标准。该标准基于微蜂窝无线电通信系统，可在几百米的距离内提供便携式设备和固话网络之间的低功率无线电接入。这种无线个人通信设备可以用于无线 PBX 服务以及用于以分组或电路发送数据。该标准基于数字增强型无绳电信(DECT)标准。

person-to-person call 人工呼叫，指名电话 在主叫和被叫之间建立的话务员协助式呼叫。由话务员向主叫方询问被叫方的姓名，通过话务员操作只有当被叫方应答这个呼叫，才建立该呼叫。

per-user unitary rate control (PU²RC) 每用户单一速率控制 是多用户 MIMO(多输入多输出)方案。PU²RC 使用传输预编码和多用户调度。通过这样处理，比单用户 MIMO 方案进一步增强网络容量。① 背景技术：最初开发单用户 MIMO 以提高点对点无线传输链路的频谱效率。为蜂窝系统开发了多用户 MIMO，其中基站同时与多个用户通信。② 原理：PU²RC 的概念在美国专利 No.7 324 480 中提出，包括基站和具有多天线的移动台的移动通信设备和方法。由 James S. Kim、Kwang Bok Lee、Kiho Kim 和 Changsoon Park 设计。最近，在 IEEE 802.16m 系统描述文档(SDD)中采用了 PU²RC，并且该方案的概念纳入 3GPP(第三代合作伙伴项目)的 LTE(长期演进)标准中。

peta (P) 拍(它)，千万亿，千兆兆 (1) 10 的 15 次方。(2) 在计算机二进制中，指 2 的 50 次方，即 1 125 899 906 842 624。

phantom 幻象，仿真 采用另一个单工信道的双线环作为更远的一个信道的一侧所形成的电路。再从另一个单工信道以相同的形式构成另一侧。

phantom channel 幻象通道 一种通信通道。这种通道没有独立的导电途径，其信号信息叠加在其他通道上。恢复所有的信号时产生的相互影响可忽略不计。

phantom circuit (PC) 幻象电路 一种从原有的通信电路派生出来的一种通信电路。在音频电话通信中,利用转电线圈可以使两对通信电路变成三对通信电路。或者在一对通信电路与大地之间构成两对通信电路。这种新增加的一对电路,并没有为它专门敷设线路,而是借用原来的通信电路之间或通信电路与大地之间而形成的。

pharming 网址嫁接 一种网络诈骗技术。网址嫁接借助入侵 DNS(域名服务器)的方式,将使用者导引到伪造的网站上,因此也称为"DNS 下毒"。DNS 的功能是将网站的域名转换成实际的 IP(网际协议)地址,当用户在浏览器中输入一个域名,这个域名请求首先会到达最近的一个 DNS,将其解析为对应的 IP 地址,然后用户才能得以连接上这个网站。一旦 DNS 被入侵,网站域名与 IP 地址的对照表遭到修改,用户就会在毫无知觉的情况下被引诱到一个含有恶意目的的网站。

phase 相位 是波形周期中某个时间点(瞬间)的位置。完整的周期定义为波形返回其任意初始值所需的时间间隔。相位也可以表示具有相同频率的两个波形的两个相应特征(例如,峰值或过零点)之间的相对位移。

phase adjust/adjustment (PA) 相位调整 在 NTSC(美国国家电视制式委员会)和 PAL(逐行倒相制)彩色电视中,描述调整色彩的一种方法。调整色彩副载波相对于色彩载波的相位,从而改变图像的色调。

phase alternate by line (PAL) PAL[帕尔]制(式),逐行倒相(制) 一种英国和欧洲许多其他国家使用的电视制式,在 1961 年由德国开发。PAL 与北美的 NTSC 系统不兼容,在发送端先将两个色差信号对彩色副载波进行平衡正交调制,对调制后的一个分量逐行倒相,以 6 MHz 频宽提供 625 行,25 帧/秒的图像。中国、德国、英国等许多国家都采用这一制式。PAL 与法国、美国以及加拿大使用的 NTSC 制式不兼容。PAL 除了提供更好的图像画质,还具有超过 NTSC 制式的改进的色彩传输性能。这种差异是由于美国在 1948 年进入商用,而欧洲的 PAL 系统在 20 世纪 50 年代进入电视广播市场。欧洲另一个使用的系统 SECAM,与 PAL 或 NTSC 都不兼容。

phase amplitude distortion (PAD) 相(位振)幅失真 在不同的输入幅度下,线性系统的输出量和输入量之间的相位差不能保持恒定的缺陷。

phase angle 相位角 用角度表示的输出信号落后于输入信号或比输入信号提前的时间量度。在正弦波信号中,相位用角度表示。

phase bandwidth (PBW) 相位带宽 放大器里连续的一段频率,在此范围内,放大器的相位-频率特性偏离线性的程度不超过规定值。

phase comparator (PC) 相位比较器 用在锁相环(PLL)中的一种电路,用于比较两个输入信号之间的相位差。

phase conjugate mirror (PCM) 相位共轭镜 一种光学镜子,使落在其上的光波递转而不是反射。

phase constant (PC) 相移常数 (1)电压波和电流波沿传播方向所发生的相位改变。(2)传播常数 γ 的虚部。

phase corrector (PC) 相位校正器 一种同步调制解调器功能,它调整局部数据时钟信号以匹配输入接收信号。

phased array 相控阵 在天线理论中,相控阵通常指电子扫描阵列,一种计算机控制的天线阵列,它可以产生由电子方式控制指向不同的方向的一束无线电

P

波,而无需移动天线。在阵列天线中,来自发射器的射频电流以正确的相位关系馈送到各个天线,使得来自各个天线的无线电波相加在一起以增加所需方向的辐射能,同时抵消以抑制不希望方向上的辐射能。在相控阵中,来自发射机的功率通过称为移相器的装置馈送到天线,移相器由计算机系统控制,计算机系统可以电子地改变相位,从而将无线电波束转向到不同的方向。由于阵列必须由许多小天线(有时是数千个)组成以实现高增益,因此相位阵列主要适用于无线电频谱的高频端、UHF 和微波频带在这些频带,天线元件易于制作得小。

phased array antenna　相控阵天线　用电控方法改变阵列中辐射单元相位,使波束按要求对空间扫描的天线。

phase delay (PD)　相位延迟(时间)　单一频率的波从一点向另一点传输时,波中标识相位的点的延迟。

phase detector (PD)　相位检测器,鉴相器　使输出电压与两个输入信号之间的相位差有确定关系的电路,表示其间关系的函数称为鉴相特性。常见的鉴相特性有余弦型、锯齿型与三角型等。鉴相器是锁相环的基本部件之一,也用于调频和调相信号的解调。

phase deviation (PD)　相位偏差　已调波和载波之间瞬时相角峰值之差。

phase difference (PD)　相位差　在同一媒体的载波中,一波超前或者滞后于另一波的间隔。

phase displacement (PD)　相(位偏)移　在一给定瞬间,两正弦量的相位的差值。

phase distortion (PD)　相位失真[畸变]　在传输系统中,当具有许多频率成分的信号通过某个系统时,由于各种频率的信号到达接收端的时间互不相同而造成的信号波形失真。

phase distortion corrector (PDC)　相位失

真校正器　用来校正由于相位失真引起的误差的设备。

phase encode (PE)　相位编码　1 600 b/in(位/英寸)密度磁带机广泛采用的编码方式,属游程长度受限码(RLLC)的按位编码方式。结构参数(d, k; m, n; v) = (0,1;1,2;1)。逢"1",磁化状态由负变正,逢"0",由正变负。此方式磁化翻转次数比 NRZI(反相不归零制)方式多,但因有自同步能力,降低制造工艺的要求,故实际密度比 NRZI 可高一倍。

phase equalization (PE)　相位均衡　数字通信中为保证通信质量而采用的一种相位补偿技术。由于信道的相位频率特性不理想,经几次转接后会产生很大的延时失真,从而影响数字信号的传输,因此要用相位校正网络进行补偿,使信道的相位频率特性接近于线性。

phase filter　相位滤波器　一种空间滤波器,改变通过它的光束的空间相位调制。

phase frequency detector (PFD)　鉴频鉴相器　又称"相位频率检测器"。是鉴相特性为锯齿形的数字鉴相器。两个输入信号是脉冲序列,其前沿(或后沿)分别代表各自的相位。比较这两个脉冲序列的频率和相位即可得到与相位差有关的输出。因它兼具鉴频作用,故称鉴频鉴相器。

phase frequency distortion　相(位)频(率)失真[畸变]　在所规定的频率范围内,当系统的相频特性不呈线性或零频率时的相位移不为 0(或不是 2 的整倍数)时所产生的畸变。

phase-frequency equalizer　相频均衡器　一种补偿特定频带内的相频失真的电路或网络。

phase-frequency response characteristic (PFRC)　相(位)频(率)响应特性　表示网络或系统的相移与频率之间关系的曲线。

phase hits　相位打扰　传输载波的突发性

P

相移。通常出现于无线电载波系统中。

phase inversion modulation　反相调制　一种相位调制方法,其中两个主要状态相差 180 度。

phase jitter (PJ)　相位抖动[颤变]　利用电话信道传送数据信号时可能产生的一种现象。信号的一部分相对于先前的另一部分的相位漂移引起的模拟线路失真。在调制和解调的过程中。如果接收端的本地载波和已调波的载波不同步,或载频发生器不稳定,这就相当于在发送信号上附加了一个随机调频,从而使解调以后的信号幅度断续地增加或减少。这可能引起数据传输差错,特别是在高速传输时。

phase locked　相位锁定的　一个描述两个信号之间相位关系的术语。利用一控制机构,如电子器件,使两个信号的相位关系保持恒定。

phase locked loop (PLL)　锁相环　比较基准信号和电压控制信号的相位的装置。这两个信号之间的相位差产生一个误差电压,该电压将电压控制信号的频率锁定在基准信号频率上。锁相环由鉴相器、环路滤波器和压控振荡器组成。

phase-locked loop quadrature phase shift keying (PLL-QPSK)　锁相环四相相移键控　一种用锁相环的四相移相数字调制技术。在保持包络恒定的基础上,由压控振荡器输出,通过环路滤波器对输出波形进行频谱的带宽限制,因此其邻道功率较小,占用带宽较窄,适用于陆地移动通信。

phase modulation (PM)　调相,相位调制　瞬时相位偏移按照给定调制信号瞬时值函数改变的角度调制。该函数通常是线性的。调相是把信息加到正弦波上的三种基本方法之一,另外两种是振幅调制(AM)和频率调制(FM)。相位调制是一种改变信号,使得数字形式的数据可以在通信信道上传输的技术。根据传输的是"0"或"1"而对传输波形作相应的改变。在调制过程中,载波的相位受调制信号控制而按调制信号的规律变化的调制方式,简称调相。经过调制后的调相波,其瞬时相角偏离载波相角的量与调制信号的瞬时值成比例,而振幅则保持不变。在调频时,相角亦有相应的变化,但这种相角变化并不与调制信号值成比例;同样,在调相时,频率亦有相应的变化,但这种频率变化并不与调制信号值成比例。参见 phase shift keying (PSK)。

phase modulation recording　调相记录　也称为"相位编码"。一种磁记录用的过程或方法。每个存储单元分成两个区域,分别按相反的方向进行磁化。这一系列连续的磁化方向就能表示二进制字符是"0"还是"1"。

phase noise (PN)　相位噪声　因信号的随机相位不稳定性即相位抖动而产生的噪声,相位噪声是导致 NTSC(美国国家电视制式委员会)图像质量劣化的几种原因之一。通过持续地探索和研究来纠正这些影响,使传输信号得到改善能配合改进质量的电视显示器和电视机。

phase pre-equalization (PPE)　相位预均衡　通信系统中,在自动均衡之前,用一个频域均衡器将信号的时延失真粗略地加以均衡,借以减轻自动均衡器的负担,称为相位预均衡。

phase reference (PR)　相位基准　编码彩色电视信号中的一种基准量,用于彩色电视接收机色度信号检波器。

phase reference switch　相位基准开关　在彩色矢量示波器上使得两个视频信号"同相"或同时在同一点上的控制功能。例如:当使用外部同步发生器的同步锁定系统时,激活开关以测试两台摄像机的信号是否同相。这两台摄像机产生的两个矢量若同相,在矢量显示器的标线

P

上将出现叠加;相反,如果信号不同相,则应检查摄像机的相位调整功能或缆线长度。

phase shift (PS) 相位偏移,相移 信号在时间或幅度上的一种变化,该信号相对于基准信号被延迟。

phase shift keying (PSK) 相移键控 一种角调制方式,用于调制的离散信号的每一种特征状态,都用周期性正弦振荡的一个规定相位来代表。它利用正弦波载波相位的变化来传送数字信息。根据确定相位参考点的不同,移相键控可分成绝对移相和相对移相两种,相对移相也称为"差分移相"。绝对移相是以未调载波的相位作为基础相位来进行调制。

phase term 相位项 当电磁波在均匀波导,如光纤或金属波导中传播时的一个参量,它表示该电磁波沿该波导中任意一点的单位距离上的相位改变。

phase vocoder 相位声码器 一种利用相位信息对音频信号的频域和时间域进行缩放的声码器。计算机算法允许对数字声音文件进行频域修改,通常是时间扩展/压缩和音调偏移。相位声码器的核心是短时傅立叶变换(STFT),通常使用快速傅里叶变换进行编码。STFT 将声音的时域表示转换为时频表示("分析"阶段),允许修改声音特定频率成分的振幅或相位,然后通过反 STFT 将频域表示重新合成为时域。可以通过重新再合成操作之前修改 STFT 帧的时间位置来改变重新合成声音的时间演变,从而允许原始声音文件的时间尺度修改。

phasing 调相,相位调整 (1)调制在传真传输中,使用调相信号,调整接收机上的图像,使其与原始图像完全一致。(2)通常指与另一个同频系统建立满足要求的相位关系而调整振荡系统。在彩电系统中,该处理确保在一个特定点的视频或同步信号的到达时间处于系统允许的偏差范围内。在声音再现时,就是把(单声道)音频信号连接到多个扬声器的独立单元的端子上,或连接到立体声系统的扬声器的端子上时,要保证这些扬声器的膜片同相振动。

Philips Telecommunications Review 《飞利浦电信评论》 荷兰飞利浦电信工业公司编辑出版的刊物。1939年创刊,英文月刊。主要刊载无线电通信、电视、雷达、导航设备及数据处理与传送、交通控制系统等,兼载飞利浦电子设备产品及其应用等。

Philips/MCA Disco Vision Philips/MCA 激光录像盘系统 飞利浦公司和 MCA(美国音乐公司)研制的激光录像盘系统。主碟是一块暴露于激光光束照射下的碟面。而激光光束受到被记录的信号所调制,激光光束在主碟碟面上产生一个个光点,随后这些光点被复制在拷贝上。通过另外一束聚焦于有光点的表面上的激光就能实现读出,受到监控的反射光则被用来复现原始的视频(和音频)信号。主碟每 mm(毫米)碟面可容纳 625 道,碟面上有保护层覆盖,起读出作用的激光从主碟下面被聚焦到碟面上。所以读出不受灰尘、指纹的影响,甚至出现单帧冻结时,对碟面的寿命影响也很小。但录像磁带唱头很容易产生帧冻结现象而严重损坏磁带。MCA 现已改名为 DVA(激光录像协会)。

phishing 网络钓鱼 网络钓鱼一词是由"fishing"和"phone"结合起来而造出的新词。由于最初的黑客是以电话作案,所以用"ph"来取代"f",创造了"phishing"新词,其发音与 fishing 相同。网络钓鱼是一种常见的网络欺诈行为,通常利用电子邮件引诱用户到伪装网站,以套取用户的个人资料(如信用卡号、密码等)。

phon 方 声音的主观响度电平单位,数值上相当于用 dB 表示 1 000 Hz 正弦波的声音压力。

phone 电话,耳机,头戴受话器 telephone, earphone 或 headphone 的简称。

phonon absorption 声子吸收 光能由于在材料中转换成振动能而被吸收。声子吸收决定了硅玻璃在电磁波谱的远红外区的基本下值,即最小衰减。

phosphor 磷光体 在显示屏幕上的三个彩色点之一,即红、绿和蓝,构成一个像素。磷光体的发光强度确定了像素的颜色。

phosphor dots（PD） 磷［荧］光点 CRT(阴极射线管)屏幕上的发光点,当被电子束击中时发光。用不同的化学物质形成的荧光点可发出不同颜色的光,形成彩色图像。

photoconductive lag 光导惰性［滞后,弛豫］ 指在光导管中下一次扫描以及移除光源扫描之后的剩余电荷。惰性的测度是在移动物体上出现拖尾的视频信号的衰减率,或是在图像的光截止后保留图像的衰变率。如果光导时间短,滞后就低,主要取决于光束电阻乘以光导体电容的时间常数;此外,如果曝光时间较长,因为光电滞后与俘获效应显著增加的相结合,滞后会更大。过度曝光和彗尾是与惰性相关的缺陷,这些杂波信号源于传感器对光亮度变化的反应,是由于极其明亮高亮度导致感光面过载而产生的。

photoconductivity 光导率 指电磁波在特定的频率范围内辐射时所引起的材料导电率的变化。具有光导率的材料有:硒元素,三硫化锑和氧化铜,均用于光导摄像管靶。

photoconductor（PC） 光(电)导体 当吸收光子时,其电导率增加的物体。

photocoupler 光(电)耦合器 以光作为介质传输信号的器件。它的输入端配置发光源,输出端配置受光器,两者装在同一个管壳内,面对面放置。输入端加电信号后,发光源开始发光。受光器受到光照后,由于光敏效应而产生光电流,从输出端输出。从而实现以光为介质的信号传输,而器件的输入与输出两端在电气上是绝缘的。主要用于输入与输出两端之间要传输信号同时需要电气隔离的场合(如计算机过程控制系统、智能化机床电器、医用电子设备等),作为电路系统的隔离、开关和噪声抑制器件。其主要参数是电流传输比、开关速度、导通电阻和绝缘电压。

photoelectric sensor 光电传感器 采用光电元件作为检测元件的传感器。它首先把被测量的变化转换成光信号的变化,然后借助光电元件进一步将光信号转换成电信号。光电传感器一般由光源、光学通路和光电元件三部分组成。参见 photoelectric transducer。

photoelectric transducer 光电转换器 也称为"光电传感器",基于光电效应的转换器,在受到可见光照射后即产生光电效应,将光信号转换成电信号输出。光电转换器可按信号形式分为模拟光电转换器和数字光电转换器;按应用又可归纳为四种基本形式:即辐射式(直射式)、吸收式、遮光式和反射式。

photosensitivity 光敏性,感光灵敏度 是物体对接收到的光子,特别是可见光作出反应的量。

photoisolator 光隔离器 一种只允许单向光通过的无源光器件。光隔离器主要利用磁光晶体的法拉第效应,它的作用是防止光路中由于各种原因产生的后向传输光对光源以及光路系统产生的不良影响,提高光波传输效率。

photometer 光度计 一种测量溶液或表面光强或光学性质的仪器。例如测量照度、辐照度、光吸收、光的散射、光的反射、荧光、磷光、发冷光等。

photometry 光度学 在可见光波段内，考虑到人眼的主观因素后的相应计量学科称为光度学。

photomultiplier tube（PMT） 光电倍增管 可将微弱光信号通过光电效应转变成电信号并利用二次发射电极转为电子倍增的电真空器件。光电倍增管包括阴极室和由若干打拿极（dynode）组成的二次发射倍增系统两部分，当光照射到光阴极时，光阴极向真空中激发出光电子。这些光电子按聚焦极电场进入倍增系统，并通过进一步的二次发射得到的倍增放大。然后把放大后的电子用阳极收集作为信号输出。因为利用二次电子发射使逸出的光电子倍增，获得远高于光电管的灵敏度，能测量微弱的光信号。参见phototube（PT）。

photonic-crystal fiber（PCF） 光子晶体光纤 一类基于光子晶体特性的光纤。它于1996年首次在英国巴斯大学进行探索。由于PCF能够将光限制在空心芯中或具有传统光纤中无法实现的限制特性，现在可用于光纤通信、光纤激光器、非线性器件、高功率传输、高灵敏度气体传感器等领域。PCF更具体种类包括光子带隙光纤（通过带隙效应限制光的PCF）、孔光纤（在其横截面中使用空气孔的PCF）、孔辅助光纤（通过存在的空气孔修正的传统的高折射率芯PCF导向光），以及布拉格光纤（由多层膜的同心环形成的光子带隙光纤）。PCF可以被认为是更一般类型的微结构光纤的子组，其中光通过结构修改引导，而不仅仅通过折射率差异引导。

photonic Ethernet 光以太网 是现在的光网络和以太网两大主流通信技术的融合和发展。这种技术集中了以太网和光网络的优点，如以太网应用广泛、价格低廉、组网灵活、管理方便；光网络具有可靠性高、容量大、传输距离长、抗干扰能力强等优点。光以太网的高速率、大容量消除了存在于局域网、城域网和广域网之间的带宽瓶颈，将成为融合语音、数据和视频的网络结构。

photonics switching（PS） 光交换 能有选择地将光纤、集成光路（IOC）或其他光波导中的信号从一个回路或通路转换到另一回路或通路的交换方式。

photonics switching technologies 光交换技术 用光纤来进行网络数据、信号传输的网络交换传输技术。光交换技术可以分成光路交换技术和分组交换技术。光路交换系统所涉及的技术有空分交换技术、时分交换技术、波分/频分交换技术、码分交换技术和复合型交换技术，其中空分交换技术包括波导空分和自由空分光交换技术。光分组交换系统所涉及的技术有光分组交换技术、光突发交换技术、光标记分组交换技术和光子时隙路由技术等。

photo optical coding 光学编码 一种安置在文件框架附近或胶卷边缘可由光读出的描述数据的编码，指令也可用这种形式编码。

photosensor 光敏元件 也称为"感光器"或"光敏传感器"，光电检测器或光学图像扫描装置中用的光学传感器。可把光照的强度转换成电信号，例如光敏二极管、光敏三极管、硅光电池等。用于光扫描器中的对光敏感的元器件。

phototelegraphy 传真 能够传送文字、图像或图片，并且在接收端能以与其原来相近似的状态再现出来的一种电通信方式。

phototube（PT） 光电管 基于外光电效应的基本光电转换器件。光电管可使光信号转换成电信号。光电管分为真空光电管和充气光电管两种。光电管的典型结构是将球形玻璃壳抽成真空，在内半球面上涂一层光电材料作为阴极，球心放置小球形或小环形金属作为阳极。若球内充低压惰性气体就成为充气光电管。光电子在飞向阳极的过程中与气体分子碰撞而使气体电离,可增加光电管的灵敏度。光电管灵敏度低、体积大、易破损,已被固体光电器件所代替。

physical channel (PHCH)　物理信道　在通信系统中,由物理实体构成的信道。具体的物理信道与采用的多址接入方式有关。FDMA(频分多址)系统为频道,TDMA(时分多址)系统为一个时隙(时道),CDMA(码分多址)系统为码型(码道)。

physical coding sublayer (PCS)　物理编码子层　快速以太网标准 IEEE 802.3u,千兆以太网标准 IEEE 802.3z/IEEE 802.3ab,万兆太网标准 IEEE 802.3ae、802.3ak、802.3an、802.3aq 物理层中的一个子层,它执行数据编码解码、加扰和解扰、对齐标记插入和移除、块和符号重新分配,以及通道块同步和偏移校正等功能。

physical delivery access unit (PDAU)　物理传递访问[接入]单元　(1) 报文处理系统(MHS)与人工邮政网络相连的接口,目前只能由 PDAU 向人工邮政传送报文。PDAU 的存在使得一些非 MHS 系统的用户也能得到 MHS 提供的服务。(2) 使消息(但既非探查也非报告)遵守物理操作的访问单元。

physical level (PL)　物理级　用于初启、维护和停止在 DTE(数据终端设备)和 DCE(数据电路端接设备)之间的物理链路的机械的、电气的、人为的和程序的媒体。

physical link　物理链路　在某些信息管理系统的多系统网络环境中,连接两个节点的实际通路。

physical media dependent (PMD)　物理介质[媒体]相关(层)　(1) PMD 及物理介质相关子层进一步帮助定义计算机网络协议的物理层。它们定义了物理介质上各个比特的传输和接收的细节。这些功能包括比特定时、信号编码、与物理介质的交互,以及电缆、光纤或电线本身的属性。常见例子是由电气和电子工程师协会(IEEE)定义的快速以太网、千兆以太网和万兆以太网的规范。(2) 在 ATM(异步传输模式)网络中,定义最低层参数的子层,定义的参数如媒体的位速率。

physical medium (PM)　物理介质[媒体]　承载传输信号的实际物理介质,如光纤、微波、双绞线等。

physical plane (PHP/PP)　物理平面　智能网(IN)模型中有 4 个平面:业务平面(SP)、总功能平面(GFP)、分布功能平面(DFP)、物理平面(PHP)。PHP 表明了分布功能平面中的功能实体可以在哪些物理节点中实现。一个物理节点中可以包括一个或多个功能实体。但国际电信联盟-电信分部(ITU-T)规定,一个功能实体只能位于一个物理节点中。这里的物理节点是指智能网功能部件(或称智能网节点)、SSP(业务交换点)、SCP(业务控制点)、IP(智能外设)等。

physical signaling sublayer　物理信令子层　局域网中,物理层中与介质访问控制子层接口的一部分,进行位符号编码和传输、位符号接收和解码以及可选的隔离功能。发送时,它负责将 MAC(介质访问控制)子层传下来的发送数据进行曼彻斯特编码变成电信号;接收时,它负责将收到的电信号进行曼彻斯特译码转为数据并上传给 MAC 子层。该子层也侦听传输介质,通知 MAC 子层传输介质上忙还是闲以及检测有否冲突。

physical threat　物理威胁　对计算机设备使用和存放的物理条件构成危害的潜在威胁,例如偷盗、火灾。

P

pick 拣取,选取 (1) 用来指出屏幕上所显示的某个图元或图段的一种操作,称为拣取操作。能执行拣取操作的逻辑输入设备称为拣取器。(2) 从显示图像中选择某一项目,并对它进行标识和处理的过程。在交互绘图程序中,选取通常是根据光标所在位置来决定的。

pick-up (PU) 拾取,拾音[传感](器);接听;(电视)摄像(管) (1) 将声音转换成电信号的装置,如麦克风。(2) 电话中接听是电话系统中使用的一种功能,它允许一个人接听别人的电话。通过按下预编程按钮(通常标记为"pick-up")或通过按下电话机上一系列特殊的按钮来访问该功能。(3) 在摄像机上将光转换成图像的敏感元件,如CCD(电荷耦合器件)。

pico (p) 皮(可),微微 表示 10^{-12} 的前缀。例如皮秒(picosecond)、皮可法拉(picofarad)等。

picocell 微微(蜂窝)小区 输出功率极小的无线基站,它的覆盖面积也很小,通常覆盖小的区域,例如建筑内(办公室、商场、火车站、证券交易所等),或最近安置在飞机中的小型蜂窝基站。微微蜂窝实质就是微蜂窝的一种,只是它的覆盖半径更小,一般只有 10~30 m;基站发射功率更小,大约在几十毫瓦左右;在蜂窝网络中,微微蜂窝也可作为网络覆盖的一种补充形式。常用于将覆盖范围扩展到室外信号无法很好地到达的室内区域,或者用于在手机电话使用非常密集的区域(例如火车站或体育场)中增加网络容量。Picocells 使用更传统的宏蜂窝方法在难以或昂贵到达的区域提供覆盖率和容量。

piconet 微微网 一种 ad hoc(自组织,即兴)网络,使用蓝牙技术协议链接无线用户组设备。微微网由占用同一物理信道的两个或多个设备组成(与公共时钟和跳频序列同步)。它允许一个主设备与多达七个活跃从设备互连。最多可以有 255 个从属设备处于非活跃状态或休眠状态,主设备可以随时将其置于活跃状态,但活跃站必须先进入休眠状态。微微网的一些示例包括连接到计算机的手机、笔记本电脑和支持蓝牙的数码相机,或者彼此连接的几个 PDA(个人数字助理)。

picture carrier 图像载波 该载波频率位于标准 NTSC(美国国家电视制式委员会)制式电视信号低频极限以上 1.25 MHz。在彩色电视中,该载波用于传输亮度信息;高于 3.579 545 MHz 的色度副载波用于传输色彩信息;高于图像载波的 5.75 MHz 的伴音载波传输声音信息。图像载波也称为亮度(信号)载波。PAL(逐行倒相)制式也采用类似方案。

picture cues 图像提示 在视频中,指录像带中插入到垂直回扫期间的 9 个脉冲中的第一个,用于识别录像带中一个完整帧的开始。

picture element (PE/pel/PIX/pixel) 像素,像元,图像元素 (1) 根据坐标轴能解析和寻址的最小部分。在计算机制图技术中,显示面上能独立被赋予色彩和亮度的最小元素。对这些元素可以进行灰度等级、颜色和亮度调整。(2) 能被有效地复制到记录媒体上的最细小的区域。(3) 光栅的一个元素,在它周围光电导体上能出现着色区。

picture layer (PL) 图像层 在 MPEG(活动图像专家组)-2 视频流层结构里,图像层由数据头和一帧图像数据组成,是图像组层(GOPL)若干幅图像中的一幅,包含了一幅图像的全部编码信息。MPEG-2 图像扫描可有逐行或隔行两种方式:当为逐行时,图像为逐帧压缩;当为隔行时,图像为逐场或逐帧压缩,即在运动多的场景采用逐场压缩,在运动少的场景采用逐帧压缩。图像层的数据头提供的基本部分有头起始码、图像编号的时间基准、图像(I, B, P)帧类型、视频缓存检验器延迟时间等,扩展部分有图像编码扩展、图像显示扩展、图像空间分级扩展、图像时间分级扩展等。其中,基本部分由 MPEG-1 及 MPEG-2 共用,扩展部分由 MPEG-2 专用。

picture level benchmark(PLB) 图像等级基准程序 度量工作站上的图形性能的一种基准程序。基准接口格式(BIF)定义格式,基准定时方法(BTM)定义测试,基准报告格式(BRF)生成用 PLBmarks 测试程序产生的结果。PLBmarks 分成两个部分:PLBwire93 用于测试线框建模的等级评定,PLBsurf93 用于测试表面建模的等级评定。PLB 不评估图像的质量。

picture line standard 电视扫描行数标准 一幅完整电视图像的水平(扫描)线数量,NTSC(美国国家电视制式委员会)制式为 525 线,PAL(逐行倒相)制式为 625 线,HDTV(高清电视)为 720 线(隔行)和 1135 线(逐行)两种。

picture locking techniques(PLT) 图像锁定技术 用来使不同的,常常是远距离的电视图像信号源同步的技术,以便通过混合和特技操作在它们之间过渡,而对接收图像不产生干扰。

picturephone 电视[可视,图像]电话 带显示屏幕的电话。通话的双方不仅能互相交谈,而且可以在自己的显示屏上同时看到对方。它由三部分组成:带有特殊拨号的标准电话;联合摄像机、喇叭、电视部件;带有话筒的控制部件。

picturephone meeting service(PMS) 图像[电视,可视]电话会议服务 利用图像电话使不在一处的人参加会议的服务。曾经是美国电报电话公司(AT&T)提供的试验性计费业务,它结合了电视技术与语音传输,通常只在位于电话公司的可视电话中心之间使用。

picture/sync ratio 图像/同步率 视频中,图像信号的最大幅度与同步信号幅度的比率,也就是(白电平 - 消隐电平):(消隐电平 - 同步电平)。比率选取必须谨慎,如果太大,同步信号会太小而不能保持接收图像的稳定;如果太小,即使同步很好也会使图像出现过多的噪点而无法观看。

picture tube(PT) 显像管 也称为电视显像管。在电视机或监视器中用于显示图像的阴极射线管,通常具有静电聚焦,其广角磁偏转的设计,便于将较短的显像管安装在机箱中。显示黑白图像的显像管有一个电子枪和一个连续的能生成近似白光的荧光粉涂层构成的屏幕;显示彩色电视图像必须有三个电子枪(或单枪三束电子束)和能生成红、绿、蓝三色光的荧光点或荧光带形成的屏幕。

piggybacking 捎带(传输) 在双向通信中,每当接收到数据帧时,接收方等待并且不立即将控制帧(确认,或 ACK)发送给发送方。接收方等待直到其网络层传递下一个数据包。然后将延迟确认附加到这个要传出的数据帧中。这种暂时推迟确认以便可以与下一个输出数据帧挂钩的技术称为捎带(传输)。

pigment 颜料,色素 颜料是一种由于波长选择性吸收改变反射或透射光颜色的材料。这种物理过程不同于荧光、磷光和其他形式的发光,即材料的发光。大多数材料选择性地吸收某些波长的光。人们选择和开发用作颜料的材料通常具有特殊的性质,使其可用于其他材料的着色。颜料必须具有相对于其着色材料的高着色强度。它必须在环境温度下具有固体形式的稳定性。

pigtail 尾纤,尾缆 (1) 在光纤系统中,一小段光纤,其一端部用一个光源、光检测器、光耦合器或光连接器端接,并且另一端为裸纤,将与光缆熔接。(2)一束多根短电缆,每根都附有一个电路连接器,可以连接到多芯电缆上。

pillarbox　邮筒(图)　当把黑条(无光或遮罩)放置在图像的两侧时,在宽屏视频显示中会出现邮筒图效应。当原本不是为宽屏设计的电影或视频显示在宽屏显示器上,或者较窄的宽屏图像以较宽的宽高比显示时,例如在 2.39∶1 帧中显示 16∶9 图像(通常在电影院)时就变得很有必要。原始材料收缩并置于宽屏框架的中间。

pillow distortion (PD)　枕形畸变　重现的矩形图像成为四边内凹形,这种畸变是由偏转场失真和(或)荧光屏曲率所引起。

pilot channel (PICH)　导频信道　一种逻辑信道,在码分多址(CDMA)系统中用于传送导频序列的信道。导频信道为移动台提供标识、定时、相位基准(用于相关检测),以及用于功率控制的信号强度。

pilot pollution　导频污染　在码分多址(CDMA)系统中的一种同道干扰,是因远处的蜂窝或基站的导频码强到足以产生干扰所造成。

pilot signal（PS）　导频[引导]信号　(1) 在通信系统中,多路复用系统采用的一种辅助信号。它起着电平调整、频率同步、报警和维护监控的作用。(2) 通信系统中通过系统发送出去指示或控制其特性用的一种信号,一般是单频率的。(3) 供调节接收机而发射的一种单一频率的低电平载频信号,例如,随所需信号同时进行调谐控制和自动增益控制的导引信号。

pilot tone　导频音,同步音调　(1) 在载波系统上传输的,起监视和控制作用的受控振幅检测频率。(2) 在拍摄影视时在录像带的一条磁道上记录的频率为 60 Hz 的正弦波信号,用于播放时使声音和视像同步。(3) 与立体声调频(FM)广播一起发送的 19 kHz 的信号,用于使接收机上的振荡器与广播信号同步。

pincushion corrector　枕形校正　指电视技术中补偿枕形畸变的电路。水平枕形校正是以垂直扫描的频率,使用垂直锯齿波电压来改变水平扫描系统的负载,从而把图像的两侧拉直;垂直校正电路则以水平扫描的频率,使用抛物波电压,使屏幕顶部和底部的图像平直。

pincushion distortion (PD)　枕形畸变[失真]　显示的图像呈四边内凹形,这种畸变是由偏转场失真和荧光屏曲率引起的。

PING　乒命令,Ping 协议,因特网包探询工具　packet Internet grope 的缩写。

ping flood　乒[ping]泛洪[洪泛]　是一种简单的拒绝服务攻击,攻击方用 ICMP "echo request"(ping) 数据包淹没受害方。这通过使用 ping 的泛洪选项最有效,它可以在不等待回复的情况下尽快发送 ICMP 数据包。大多数 ping 实现都要求用户具有特权才能指定泛洪选项。如果攻击方的带宽比受害方大(例如,具有数字用户线的攻击方和拨号调制解调器上的受害方),则最易成功。攻击方希望受害方将使用 ICMP "echo reply" 数据包进行响应,从而消耗传出带宽和传入带宽。如果目标系统足够慢,则可能会消耗足够的 CPU 周期,以便用户注意到系统明显的减慢。泛洪 ping 也可用于诊断网络数据包丢失和吞吐量问题。

PING of death　乒死行为　是对计算机系统的一种攻击,涉及向计算机发送格式错误或其他恶意的 ping 操作。在因特网上通过乒协议发送远大于正常的 64 字节的信息包给远程计算机的行为。由于信息包的容量太大,会使远程计算机死机或重启。

pink noise　**粉色[粉红]噪声**　一种在所有的频率上能量皆相同的随机噪声。频谱电平以每倍频程 3 dB 的速率减少的噪声信号,便会在每倍频程内具有相等的噪声能量。粉色噪声通常用作测定音响或聆听环境的频谱的测试信号。另外,在环绕声系统中则用作平衡通道输出的测试信号。

piracy　**盗版**　(1) 为了经济上的好处,未经批准的复制软件。(2) 指未经授权使用受版权保护的音视频材料。在电子通信世界中有两种类型的盗版,信号窃取和复制。最大的未经授权的使用发生在三个领域:有线电视系统、传送节目的卫星网(信号窃取),以及家用视频系统(复制)。

pirate box　**海盗盒**　指非法解码设备的形象的术语。使未经授权的观众观看加扰的卫星传输的有线服务频道。这些"黑匣子",主要针对 200 多万个卫星电视系统的拥有者。美国法律(第 47 节第 605 条)规定:对非法截取卫星信号的行为惩罚是两年监禁和 5 万美元罚款。其他机构,包括美国联邦调查局(FBI)和美国电影协会(MPAA)都誓言要追查和起诉这些非法解码器的制造商和分销商。

pixel　**像素,像元,图像元素**　在数字成像中,pixel、pel、dots,即 picture element,是光栅图像中的物理点,或者是所有点可寻址显示设备中的最小可寻址元素,所以它是屏幕上显示的图像的最小可控元素。

pixel array　**像素阵列**　也称为"光栅"。像素的矩形阵列,它就是图形的位图表示。

pixel clock (PCLK)　**像素时钟**　把一行图像划分成像素的一种时钟。相对于输入的信号,它必须要非常稳定,否则不能正确存储图像。像素时钟的时序信号控制数据采集,像素时钟越高,在屏幕上显示

的像素就越多。

pixel depth　**像素深度**　也称为"色彩深度"和"位深度",颜色深度是可以显示的最大颜色数。在数字化的图像中,用于编码存储每个独立像素的属性所用的比特数。在彩色图像中,每个像素有 R、G、B 三个分量属性,像素的深度如 8 位或 24 位。像素深度决定了图像的颜色数目和分辨率。逼真的图像和视频需要 24 位深度实现真色彩显示。

pixels per inch (PPI)　**像素每英寸,每英寸像素数**　显示器或打印机性能的一种度量单位。在计算机显示器中,每英寸像素是对荧屏上清晰度(也就是亮点的密度)的衡量。点距决定可能的每英寸像素的绝对界限。然而,通常显示的图像的分辨率所需的点密度都小于显示器的点距。

plain text　**明文**　(1) 没有被加密处理,可理解或意义明确的正文或符号。(2) 在计算机网络中,不经站点加工、处理的传输正文信息。它是网络传输系统的原始信息,它可以构成报文和报文分组,也可以构成电子邮件和声音邮件。

planar inverted F antenna (PIFA)　**倒置 F 型平面天线**　天线是以其侧面结构与倒反的英文字母 F 外观雷同而命名。PIFA 天线的操作长度只有四分之一操作波长,而且在其结构中已经包含有接地金属面,可以降低对模块中接地金属面的敏感度,PIFA 天线只需利用金属导体配合适当的馈入及天线短路到接地面的位置,故其制作成本低,而且可以直接与 PCB(印制电路板)焊接在一起。

plane sinusoidal wave　**平面正弦波**　其相对应的各物理量随时间作正弦变化的一种平面前进波。

plasma　**等离子体**　将气体温度提高到超过某种极限,它不再维持为气态而成为另一种状态:构成气体的粒子的热能变

得很大,因而通常使电子和原子核束缚在一起的电场力将被克服。不再是由电中性原子组成的灼热气体,而是由电荷相反的带电粒子和被电离的核组成的混合成分。这就是等离子体态,它既不是固态和液态,也不是气态,也称为"物质第四态"。

plasma display panel (PDP) 等离子显示器[板] 一种利用气体放电所产生的真空紫外线来激励彩色荧光粉发光的一种显示器。它采用等离子管作为发光元件,每一个等离子管对应一个像素,屏幕以玻璃作为基板,基板间隔一定距离,四周经气密性封装形成一个个放电空间。放电空间内充入氖、氙等混合惰性气体作为工作媒质。在两块玻璃基板的内侧面上涂有金属氧化物导电薄膜作激励电极。当向电极上加入电压,放电空间内的混合气体便会发生等离子体放电现象,放电产生的紫外线激发荧光屏,荧光屏发射出可见光,显现出图像。当使用涂有三原色荧光粉的荧光屏时,紫外线激发荧光屏所发出的光则呈红、绿、蓝三原色。当每一原色单元实现 256 级灰度后再进行混色,便实现彩色显示。等离子体显示器技术按其工作方式可分为电极与气体直接接触的直流型 PDP 和电极上覆盖介质层的交流型 PDP 两大类。目前研究开发的彩色 PDP 的类型主要有三种:单基板式(又称"表面放电式")交流PDP、双式(又称"对向放电式")交流PDP 和脉冲存储直流 PDP。

plastic clad silica fiber (PCSF) 塑包[塑料包层]二氧化硅纤 在通信和光纤中,塑料包覆的二氧化硅纤维或聚合物包覆的二氧化硅纤维(PCS)是具有基于二氧化硅(石英)芯和塑料包层的光纤。PCS 纤维的包层不应与传统的全硅纤维的聚合物涂层混淆。与全玻璃纤维相比,PCS光纤通常具有明显的更低的性能特性,尤其是更高的传输损耗和更低的带宽。

塑料包覆二氧化硅光纤主要用于工业、医疗或传感,采用比标准数据通信光纤中使用的纤芯更大的芯径是有利的。

plastic optical fiber (POF) 塑料光纤 或聚合体[聚合物]光纤,是由聚合物制成的光纤。与玻璃光纤类似,POF 通过光纤芯传输光(用于照明或数据通信)。与玻璃制品相比,它的主要优势在于在弯曲和拉伸下的坚固性,其他方面相同。通信中使用的光纤受欧洲标准 EN 60793-2-40-2011 监管。

platform as a service (PaaS) 平台即服务 或应用(程序)平台即服务(aPaaS)或平台基础服务,是一类云计算服务,提供支持客户开发、运行和管理应用程序的平台,而无需构建和维护通常与开发和启动应用程序有关的基础设施的复杂性。可以通过三种方式提供 PaaS: ① 作为来自提供商的公共云服务,这里,用户使用最少的配置选项控制软件部署,并且由供应商提供网络、服务器、存储、操作系统(OS)、中间件(例如 Java 运行时、.NET运行时、集成等),数据库和其他服务来托管用户的应用。② 作为防火墙背后的专用服务(软件或设备)。③ 以部署在公共基础设施上的软件作为服务。

plenum cable 实心[通风,增压,阻燃]电缆 是铺设在建筑物的通风空间中的电缆。在美国,用于通风电缆结构的塑料由国家消防协会(NFPA)标准 NFPA 90A《空调和通风系统安装标准》管控。根据 NFPA 262 和 NFPA 90A 中的概述,所有安置在通风空间中的电线和电缆所用的材料都设计成完全符合消防安全的测试标准。通风电缆用低烟聚氯乙烯(PVC)或氟化乙烯聚合物(FEP)制成的阻燃塑料护套。

plesiochronous 准同步的 两个独立的允许略有不同的时序标准作为基准的数据

系统但具有功能同步的状态。

plesiochronous digital hierarchy（PDH）准同步数字序列[系列] 一种用于通信网络的技术，用于通过光纤和微波无线电系统等数字传输设备传输大量数据。并且指的是 PDH 网络运行在网络的不同部分几乎但不完全同步的状态。在将低速信道复接成高速信道的过程中，为复接方便而规定各信道比特率之间的异步范围，即规定了个主时钟之间允许偏离标称值的范围，这种对比特率偏差的约束，就称为准同步工作，相应的比特系列就是准同步数字系列（PHD）。国际上存在三种 PDH 复接体制：欧洲体制、美国体制与日本体制，中国采用的是欧洲体制。

plesiochronous system 准同步系统 在通信中，准同步系统是系统的不同部分几乎同步但不完全同步的系统。根据国际电信联盟-电信标准化部（ITU-T）标准，如果一对信号的重要瞬间以名义上相同的速率下发生，并且速率的任何变化都被限制在规定的限度内，则这对信号是准同步的。如果发送器和接收器以相同的标称频率工作，但可能具有轻微的频率不匹配，这会导致相位漂移，则发送器和接收器以准同步工作。两个系统时钟之间的不匹配被称为准同步差。一般来说，准同步系统的表现类似于同步系统，除非它们必须采用某种方法来应对"同步滑动"，由于系统的准同步特性，这将使同步会间隔发生。准同步系统设计的最常见的例子是准同步数字序列网络标准。

plesiochronous transmission 准同步传输 一种传输方法，在传输的两个或多个信号之间存在名义上的同步，但是在一段长时间后，由于每台通信装置都有比较精确和稳定的定时信号，但它们的定时不是来自同一个主时钟，因此这些信号之间的同步就会发生改变。

plug and play（PnP/P&P/PAP）即插即用 是指在计算机内插入一个装置并使计算机确认此装置的存在，而用户不必通知计算机。即插即用功能只有在同时具备了符合以下四个条件时才可以实现：即插即用的标准 BIOS（基本输入输出系统）、即插即用的操作系统、即插即用的设备和即插即用的驱动程序。

plumbicon 氧化铅摄像管 指用于专业广播视频摄像机的高品质、低速电视摄像管。在 1964 年，它部分代表了彩色电视广播技术的发展。据称比硒砷碲摄像管具有更加灵敏、清晰度更高和更低的滞后等特性。

pluribus system 多元总线系统 作为网络通信机的一种容错系统。此系统在 ARPA（阿帕网）网络中作为接口信息处理机（IMP）使用。该系统由一组模块组成，这些模块可分为处理器模块、存储模块和 I/O 模块三类。此系统的容错能力多数是靠软件实现的。当发现硬件故障时，软件从系统可用冗余备份中选出一个代替故障的部件，构成新逻辑系统。多元总线系统还检查软件结构的正确性。使用超时计数器来发现硬件或软件故障。这些系统有效度超过 99.7%，停机时间主要由软件错误造成。

PNNI protocol entity PNNI 协议实体 执行 PNNI（专用网间接口）协议并提供路由服务的交换系统的软件实体。

Pockels effect 泡克耳斯[普克尔斯]效应 即 Pockels 电光效应，由电场引起的光学介质中的改变或产生双折射。在泡克耳斯效应中，也称为线性电光效应，双折射与电场成比例。在克尔效应中，折射率变化（双折射）与场的平方成比例。泡克耳斯效应仅发生在缺乏反转对称性的晶体中，例如铌酸锂，以及其他非中心对称介质，例如电场极化聚合物或玻璃。

P

podcaster　播客　2004 年底 2005 年初,一种用嘴"写"、用耳朵"看"的新媒体。"播客"起源于美国。借助于 RSS(聚合内容)技术将 MP3 音频文件连缀起来,形成具有强大生命力的虚拟电波频段。网友可以将网上的广播节目下载到自己的 MP3、iPod 播放器中随身收听,也可以自己制作声音节目,并将其上传到网上与广大网友分享。

podcasting　泡播　是指制作和分发音频文件,供下载到数字音乐或多媒体播放机,如 iPod 播放机。虽然泡播通常是为数字音乐播放器生成的音频文件,但同一技术也能用于制作和发送图像、文本和视频。

point code (PC)　点代码[编码],(信令)点编码　七号信令系统(SS7)的点代码类似于 IP(因特网协议)网络中的 IP 地址。它是节点(信令点 SP)的唯一地址,在 MTP(消息传输部分)功能级 3 中用于标识消息信号单元(MSU)的目的地。在这样的消息中,能找到 OPC(始发点代码)和 DPC(目标点代码);有时文件也将其称为信令点代码。根据网络的情况,点代码的长度可以是 24 位(北美、中国),16 位(日本)或 14 位(ITU 标准、国际 SS7 网络和大多数国家)。美国国家标准学会(ANSI)的点代码使用 24 位,大多数是 8 - 8 - 8 格式。国际电信联盟(ITU)的点代码使用 14 位,用 3 - 8 - 3 格式。

pointer (PTR)　指针　(1) 在计算机科学中,指针是一种编程语言对象,它存储位于计算机存储器中的另一个值的存储器地址。(2) 在计算机中,指针或鼠标光标作为个人计算机 WIMP(视窗、图标、鼠标、指针)交互方式的一部分,是计算机监视器或其他显示设备上的符号或图形图像,其响应指示设备的移动,通常是鼠标、触摸板或手写笔。(3) 在计算机制图中,用于规定一个可寻址点位置的功能单元。由人工控制,可用于控制交互式图形操作,例如,选择预定的一组显示元件中的一个单元,或者在产生坐标数据时指出显示空间内的一个位置。(4) 在同步数字序列(SDH)中用于指明一帧信息的起始位置。(5) 七号信令系统(SS7)中的一个八位位组,指示每一个必备可变参数及任选部分的开始。

point to multipoint (PTM/PMP)　点到多点　一种通信业务。主要特点是数据信息流可以由一点同时传送到多点,使多点同时获得同一信息,此信息可以是数据信息、图像信息和语音信息。如广播电台、广播电视、卫星电视广播等。

point-to-multipoint communication (P2MP, PTMP, PMP)　点对多点通信　在通信领域,点对多点通信是通过不同类型的一对多连接实现的通信,提供从单个位置到多个位置的多条路径。点对多点通信通常通过千兆赫无线电频率用于无线因特网和 IP 电话。P2MP 系统已设计成具有和没有来自多个接收器的返回信道。中央天线或天线阵列广播到几个接收天线,并且系统使用时分多路复用形式以支持返回信道业务。

point-to-point (PTP, P2P)　点对点　在通信中,点对点连接是指两个通信端点或节点之间的通信连接。例如电话呼叫中一个电话与另一个电话的连接,并且呼叫方所说的内容只能被叫方听到。这与点对多点或广播连接不同,许多节点可以接收由一个节点发送的信息。点对点通信链路的其他例子是租用线路、微波无线电中继和双向无线电。

point-to-point circuit　点对点线路　通过一条电话电路或电话线连接两点的通信电路或系统。是只供一个客户专用的通信线路。

point-to-point connection　点对点连接

（1）通信线路的一种基本连接方式。它是用一条通信线路来连接两个站点的。采用的通信线路通常有专用线路、租用线路和交换线路三种。点对点连接方式的优点是设备简单，但只能传输模拟信号。（2）在两个数据站之间为数据传输而建立的一种连接。这种连接可以包括交换设施。（3）网络中相邻接点之间的连接。

point-to-point line　点对点线路　（1）连接单个远程站到计算机的一条交换式或非交换式的远程通信线路。（2）连接两个单个节点，如一台计算机和一个相连的终端的通信信道。可以是交换式或非交换式的。

point-to-point link　点对点链路　连接单个远程站到某个节点或到其他站的一条交换式或非交换式的链路。

point-to-point protocol over ATM（PPPoA）ATM 上的点对点协议　在计算机网络中，ATM（异步传输模式）上的点对点协议是第 2 层数据链路协议，通常用于通过电话线将国内宽带调制解调器连接到 ISP（因特网服务提供商）。它主要用于 DOCSIS（线缆服务接口数据规范）和 DSL（数字用户线路）载波，通过在 ATM AAL5（ATM 5 类适配层）中封装 PPP 帧。PPPoA 由因特网工程任务组（IETF）在 RFC 2364 中规定。它提供标准的 PPP 功能，如身份验证、加密和压缩。它（与 PPPoE 一样）还支持封装类型：VC－MUX（虚电路多路复用）和 LLC（逻辑链路控制）。

point-to-point protocol over Ethernet（PPPoE）　以太网上的点对点协议　是在以太网帧内封装 PPP（点对点协议）帧的网络协议，出现在 1999 年。在 DSL（数字用户线路）蓬勃发展的背景下，作为通过 DSL 连接到 ISP（因特网服务提供商）的 IP 网络，以及从那里到因特网其余部分的隧道分组的解决方案。2005 年的一本网络书指出，"大多数 DSL 提供商都使用提供身份验证、加密和压缩的 PPPoE"。PPPoE 的典型用途包括利用 PPP 设备通过用户名和密码对用户进行身份验证，主要采用 PAP（密码验证协议）协议而通常不会采用 CHAP（询问握手认证协议）。

point-to-point protocol over X（PPPoX）　X 上的点对点协议　指一系列实现点对点协议的封装通信协议。具体实现有：PPPoE（以太网上的点对点协议）、PPPoA（ATM 上的点对点协议）、PPTP（点对点隧道协议）、PPPoEoVLAN（虚拟局域网上的 PPPoE）等。

point-to-point tunneling protocol（PPTP）点对点隧道协议　在因特网上建立多协议安全虚拟专用网隧道的协议。它是由微软提出经因特网工程任务组（IETF）通过的通信协议，可使计算机间在因特网上建立虚拟专有网络（VPN），以保证在网络上传递数据的安全。PPTP 把 IP（网际协议）、IPX（网络互联包交换）或 NetBEUI 数据包封装在 IP 数据包内，PPTP 利用 TCP（传输控制协议）来为隧道维护交换信息，并且使用 PPP（点对点协议）来封装隧道内所传送的数据。隧道内传送的数据可以被压缩和加密。参见 point-to-point protocol（PPP）。

polarization（POL）　极化，（光）偏振　（1）电磁辐射的一种特性，电磁波在传播过程中电场在空间的矢量方向就是极化方向简称极化。极化有线极化和圆极化两种。线极化又分垂直极化和水平极化（相对地球赤道平面而言）。圆极化又分左旋极化和右旋极化（相对电磁波行进方向而言）。绝大多数通信卫星采用线极化。在一颗卫星上采用垂直和水平极化的目的是为了将同一个频段分为两种极化方式使用从而使卫星频道数量加倍。地面接收设备必须把极化方向调整到与卫星一致。(2)光线在不同方向上呈现出不同特性的现象,尤其是所有振动都发生在一个平面上。

polarization dependent loss (PDL)　偏振相关损耗　器件或光纤的特性,导致损耗随信号的偏振而变化,其中偏振是垂直于透射轴测量的。

polarization diversity　极化[偏振]分集　通过使用正交极化用相同的频带来辐射两组信号,通常是垂直的和水平的或左手和右手圆形。极化分集将天线对与正交极化(即水平/垂直,±倾斜45°,左手/右手圆极化等)组合在一起。反射信号可以根据它们行进的介质经历极化变化。90°的极化差将导致信号强度衰减系数高达34 dB。通过配对两个互补的极化,该方案可以使系统免受极化不匹配的影响,否则会导致信号衰落。另外,这种分集在无线电和移动通信基站中已证明是有价值的,因为它不易受发射天线的近随机取向的影响。天线能利用多径传播特性的优点接收分立的非相关信号。

polarization mode dispersion (PMD)　偏振模色散　单模光纤中偏振色散。单模光纤实际上传输的是两个正交的基模,它们的电场各沿 x 和 y 方向偏振。在理想的光纤中,这两个模式有着相同的相位常数。但实际上光纤总有某种程度的不完善,如光纤纤芯的椭圆变形、光纤内部的残余应力等,将使得两个模式的相位常数不相等,这种现象称为模式双折射。由于存在双折射,将引起一系列复杂的效应。例如,由于双折射,两模式的群速度不同,因而引起偏振色散;由于双折射偏振态沿光纤轴向变化,外界条件的变化将引起光纤输出偏振态的不稳定。光纤的固有偏振模色散是由非圆形纤芯引起,构成双折射现象导致的色散,而对双折射引起的偏振模色散是由外部因素如机械压力、热压力等导致的色散。

polarization noise　极化噪声　极化噪声指由光纤端部的电磁波辐射引起的极化平面方向的波动。极化噪声还可以由沿光纤的折射率在纵轴和横轴方向的变动而引起。极化噪声在超过某一阈值时,将影响到光纤的正常工作。

polarization of electromagnetic wave　电磁波极化　电磁波电场强度的取向和幅值随时间而变化的性质,在光学中称为偏振。如果这种变化具有确定的规律,就称电磁波为极化电磁波(简称极化波)。如果极化电磁波的电场强度始终在垂直于传播方向的(横)平面内取向,其电场矢量的端点沿一闭合轨迹移动,则这一极化电磁波称为平面极化波。电场的矢端轨迹称为极化曲线,并按极化曲线的形状对极化波命名,例如椭圆极化波、右旋极化波、左旋极化波等。

polarize　偏振　横波的振动矢量(垂直于波的传播方向)偏于某些方向的现象。纵波只沿着波的方向振动,所以没有偏振。

polarized light　偏振光　电矢量或磁矢量的振动只局限在一个平面上,而不是像自然(非偏振)光一样在所有平面上振动的光。

polarized radiation　偏振辐射　对传播轴线呈现某些非对称情况(如平面偏振、椭圆偏振、圆偏振等)的辐射。

polarized return to zero recording [RZ(P)]　极化归零记录法　用一个磁化方向表示"0",另一磁化方向表示"1"并以磁化空号作为参照条件的一种归零制记录法。

polarizing filter　偏振滤光器[片]　可使透过的光产生偏振的透明玻璃片或塑料片,允许在某一方向上的偏振光通过。在显示器中,偏振滤光器可用来减少荧屏的眩光;在光读写头中,用来过滤从光碟表面反射的激光信号。

polar keying 极性键控,极性键入 一种电报信号表达方法。用一个方向的电流表示传号状态,用另一个方向的电流表示空号状态。

polar mount 极化固定架 卫星电视系统中,为对准正北方向而设计的天线支架。它允许通过远程操作时角(即沿地球同步轨道弧度)以合适的角度围绕一个单轴转动,从而能接收任何卫星的信号。典型的极化固定架的轴平行于地球轴。电视单收地球站(TVRO)使用几何学修正极化固定架,结合倾斜偏移量,也称为赤道固定架。

polar signal 极性[极化]信号 一种数字信号技术。用正、负两个极性状态来表示二进制的两种状态。

policy 策略,规则 策略是进行网络和安全配置的基础,这些策略可以是关于为哪些用户提供对哪些特定资源(应用程序和数据)的特殊访问权限,限制某些用户工作日中的访问时间段和访问位置等其他改进措施,为敏感数据提供附加的安全性。策略的定义必须十分周密详尽,既不能造成安全漏洞,也不能阻碍合法终端用户访问特定资源。

policy-based access control 基于策略的访问控制 访问控制是指允许或禁止某人或某种连接能否使用某项资源的能力。基于策略的访问控制指系统对用户身份属性、网络地址、网络协议类型及预先设定的策略组限制或允许其使用信息资源能力的手段。在信息安全领域中,访问控制是系统保密性、完整性、可用性和合法使用性的重要基础,是网络安全防范和资源保护的关键策略之一,也是主体依据某些控制策略或权限对客体本身或其资源进行的不同的授权访问管理。

policy-based management 基于策略的管理 是一种可以简化管理网络和分布式系统的复杂任务的技术。在此模式下,管理员可以通过部署一组管理其行为的策略,以灵活和简化的方式管理网络或分布式系统的不同方面。策略是与技术无关的规则,旨在通过引入可动态更改而无需修改底层实现的解释逻辑来增强托管设备的硬编码功能。这支持一定程度的可编程性,而无需中断被管理系统或管理系统本身的运行。基于策略的管理可以显著增加任何分布式系统或网络的自我管理方面,从而导致自主计算系统呈现更多的自主行为。

policy-based routing (PBR) (基于)策略路由 一种比基于目标网络进行路由更加灵活的数据包路由转发机制。在计算机网络中,PBR 是用于根据网络管理员设置的策略进行路由选择决策的技术。当路由器收到分组时,它通常根据分组中的目标地址决定向哪里转发分组,就要在路由表中查找。但是,在某些情况下,可能需要根据其他标准转发分组。例如,网络管理员可能希望根据源地址而不是目标地址转发分组(这不应该与源路由混淆)。策略路由比传统路由控制能力更强,使用更灵活,它使网络管理者不仅能够根据目的地址,而且能够根据协议类型、报文大小、应用,或者 IP(网际协议)源地址中的一个或者多个的组合,或者其它的策略来选择转发路径。

polling 轮询 在具有多个站的数据传输系统中,接收方按预先确定的顺序,依次向发送方询问是否有信息要传输的过程。轮询也称"探询",它是传输控制阶段继在公用交换网络上建立连接之后进行确定数据链的主要操作之一。轮询技术又可分为两种不同类型:轮叫轮询和传递轮询。

polynomial cyclic code 多项式循环码 一种非常实用的代码。能完全地检测出单个、两个和奇数个错误,并能很好地检测出多项式代码中的丛状错误。给定一个整数 r，数据被乘以 $2r$（左移 r 位）并除以多项式 p。其余数附在原报文之后。接收时，整个报文被 p 除。如果余数不为 0，则为出错。除法是用移位寄存器实现的，因此能自动而廉价地提供检验和。

pool 池 指资源的集合，保存准备使用而不是在使用时获得资源并在之后释放。在此背景中，资源可以指系统资源，例如主存或辅存，进程外部的文件句柄，或对象等内部资源。池的客户端从池请求资源并对返回的资源执行所需的操作。当客户端完成对资源的使用时，它将其返回池而不是释放和丢弃。

portable network graphics（PNG） 可移植的网络图形 PNG 格式是由 Netscape 公司开发的，可用于网络图像，是一种采用无损压缩方式图形文件格式，其图像质量胜过 GIF（图形交换格式）格式。PNG 图像可以是灰阶的（16 位）或彩色的（48 位），也可以是 8 位的索引色。PNG 图像使用的是高速交替显示方案，显示速度很快，只需要下载 1/64 的图像信息就可以显示出低分辨率的预览图像。PNG 图像格式不支持动画。PNG 的姊妹版 MNG（多重图像网络图形）格式支持动画效果。

port address translation（PAT） 端口地址转换 采用端口多路复用方式的地址转换。内部网络的所有主机均可共享一个合法外部 IP（网际协议）地址实现对因特网的访问，从而可以最大限度地节约 IP 地址资源。同时，又可隐藏网络内部的所有主机，有效避免来自因特网的攻击。

port aggregation protocol（PAP, PAgP） 端口聚合[聚集]协议 是 Cisco 系统公司专有的网络协议，用于以太网交换机端口的自动逻辑聚合，称为以太网通道（EtherChannel）。一种称为 LACP（链路聚合控制协议）的类似协议是 IEEE 发布的行业标准，称为 802.3ad 或 802.1ax，与特定供应商无关。PAP 是在以太网接口之间交换数据包，实现以太网通道的自动创建协议。端口聚集通常被用于将多个端口聚集在一起，从而形成一个高带宽的数据传输通道。交换机将把聚集的所有端口看作一个端口。在组成端口聚集的端口中，将有一个端口被指定为主端口。由于干路中的所有成员需以相同的方式工作，所以，所有对主端口进行的设置，都将自动作用到所有成员端口上。

port mirroring 端口镜像 用于网络交换机，以将在一个交换机端口（或整个 VLAN）上获得的网络数据包的副本发送到连接网络监视设备的另一个交换机端口。这通常用于需要监控网络流量的网络设备，例如用于支持应用性能管理（APM）的入侵检测系统、被动探测或真实用户监控（RUM）技术。Cisco 交换机上的端口镜像通常称为交换端口分析器（SPAN）或远程交换端口分析器（RSPAN）。其他供应商有不同的名称，例如 3Com 交换机上的巡回分析端口（RAP）。网络工程师或管理员使用端口镜像来分析和调试数据或诊断网络上的错误。它可以帮助管理员密切关注网络性能，并在出现问题时发送告警信息。它可用于镜像单个或多个接口上的入站或出站流量（或两者）。

port number 端口号 一个 16 位的二进制数，端口号只有整数，范围是从 0 到 65 535。按端口号可分为三大类：知名端口、注册端口和动态和/或私有端口。

port switching hub 端口交换集线器 连接多个局域网段的一种智能网络集线器。通过软件可使站点端口连接到多个网段之一。这是虚拟局域网的一种类型，因为一个局域网段可能在不同的地理位置。

port trunking　端口聚合　一种在交换机和网络设备之间比较经济的增加带宽的方法。端口聚合是把多个数据端口组合在一起成为一条逻辑的路径从而增加在交换机和网络节点之间的带宽。这种增加带宽的方法在交换机和节点之间当单一端口连接不能满足负荷时是比较有效的。

positive amplitude modulation（PAM）　正极性调幅　电视图像载波的一种调制方式，其中载波的振幅随像素亮度的增高而增大。

positive interlace　正隔行(扫描)　正隔行扫描法在视频每一帧中的每一行的位置都是相同的。行1在每帧的位置完全相同，行2、行3等也一样。在正隔行扫描中，每行始终是位于其之前和之后扫描之间的正中。所有专业广播设备都使用正隔行扫描。

positive poll response　肯定查询响应　被查询数据站在接收一个轮询信息后，向主站发送一个或几个信息的动作。

positive video signal（PVS）　正极性视频信号　其幅度增大与被传送图像上光量值的增加相对应的视频信号。

post-compression rate distortion（PCRD）后压缩速率失真　在图像编码中的一种数据压缩方法，在给定一个目标位速率的情况下，使用最佳方法截断每一个独立码块的位流，使重构图像的失真程度最小。使用该方法之前，要把每一个子带图像的小波变换系数分成独立编码的码块，并且对所有的码块使用完全相同的编码算法，对所有的码块压缩之后才使用速率失真算法。

post-detection combiner　检波后合成器　解调之后把两个以上的信号合成起来的电路或装置。

post office protocol（POP）　邮局协议　一种因特网电子邮件标准，规定一台连接因特网的计算机如何能起到邮件处理代理的作用。POP协议允许工作站动态访问服务器上的邮件，并可以下载邮件到工作站上。POP有三个版本：POP、POP2和POP3。后来的版本与前版本不兼容。

post office protocol version 3（POP3）　第三版邮局协议　因特网中电子邮件的接收采用的是POP3，它的好处是读取电子邮件时，不必登录到自己的电子邮件地址所在的服务器。POP3在收信时用户首先与邮件服务器进行连接，在验证完用户名和密码后，用户将得到有关所有邮件的信息(如邮件的数量和大小)。然后，就开始将服务器上存储的邮件下载到用户硬盘上，每传完一份，服务器便对该邮件作一个删除记录，等到全部传输完毕后，存储在服务器上的所有邮件将被清空。也就是说整个收信过程中，用户无法知道那些信件的具体信息，只有照单全收存入硬盘后，才能慢慢浏览和删除。使用POP3，用户几乎没有对邮件的控制决定权。POP3的主要优点是支持它的程序比较广泛，便于选择合适的客户端软件。该协议适合从单独的系统访问电子邮件的个人用户，而不适合从多个系统检查电子邮件的个人用户。

post-production　后期制作　是电影制作、视频制作和摄影过程的一部分。后期制作包括拍摄或录制个别节目片段后的所有制作阶段。传统(模拟)后期制作大多已被在非线性编辑系统(NLE)上运行的视频编辑软件所取代。

power attenuator　功率衰减器　一种能量损耗性射频/微波元件，元件内部含有电阻性材料。功率衰减器除了常用的电阻性固定衰减器外，还有电控快速调整衰减器，它广泛使用于需要功率电平调整的各种场合。

P

power bandwidth 功率带宽 功率放大器能够提供额定输出功率的频率范围。

power fluctuation 功率波动 指由于录像机(VCR)或电视机与冰箱或空调等大型家电连接到同一交流电源线,功率波动造成对视频信号的影响,如:对电视画面的上三分之一造成垂直失真。

power gain 功率增益 设备的输出功率与输入功率之比,用分贝表示。

power induction 电源感应 市电所引起的感应,通过声音或频率可识别出感应的存在。它可能是与市电高次谐波的噪声感应,或是 60 Hz,120 Hz,180 Hz 的低频感应(在我国为 50 Hz,100 Hz,150 Hz)。

power interference filter 电源干扰滤波器 电子设备的交流电源输入的滤波装置,以消除电源线中的高频干扰信号。

power level (PL) 功率级,功率电平 某一点上的功率与选作参照的任意值的功率之比。这个比值通常表示为基于 1 毫瓦时(mW·h)的分贝值,缩写为 dBm,基于 1 瓦时(W·h)的分贝值,缩写为 dBW。

power line filter 电源线滤波器 抑制电源传导发射的器件。电源线滤波器是低通滤波器,通常要允许设备工作频率通过。电源线滤波器要对电源线的差模传导发射和共模传导发射均有抑制作用。

powerline network termination (PNT) 电力线网络终端 电力线通信(PLC)中的设备。它为最终用户的 PC 机或其他用户设备提供适当的接口,如以太网接口或通用串行总线接口(USB)。为了降低成本,这一独立设备能够和 PC 或其他设备相集成。

powerline network unit (PNU) 电力线网络单元 电力线通信(PLC)中的设备。PNU 负责控制电力线网络并从单元配电网集成业务。通过适当的通信干线接口,PNU 再将通信流量传至馈电网络。根据馈电网络使用的不同介质,PNU 也可转换来自低压配电网的数据流量。

power loss 功率损耗 信号从信号源向负载输送的过程中,被传输线、滤波器等无源网络所消耗的能量或因其他因素而损失的能量。

power over Ethernet (POE/PoE) 以太网供电 描述了几种标准或 ad-hoc(自组织)系统中的任何一种,它们将电源与数据在双绞线以太网电缆上一起传输。这允许单根电缆为诸如无线接入点、IP 摄像机和 VoIP 电话之类的设备提供数据连接和电源。有几种通过以太网布线传输电源的常用技术。其中两个自 2003 年以来已由 IEEE 802.3 标准化。这些标准称为备选方案 A 和备选方案 B。对于 10 Base-T 和 100 Base-TX,仅使用典型 Cat 5 电缆中的四个信号对中的两个。备选方案 B 将数据线和电源线分开,使排除故障更容易。它还充分利用了典型 Cat 5 电缆中的所有四对双绞线。正电压沿引脚 4、5 传输,负电压沿引脚 7、8 传输。由于双绞线以太网使用差分信令,因此不会干扰数据传输。使用标准以太网脉冲变压器的中心抽头可以轻松提取共模电压。对于千兆以太网和更快的以太网,所有四对用于数据传输,因此备选方案 A 和 B 都在线对上传输电源也用于传输数据。IEEE PoE 标准还提供供电设备(PSE)和受电设备(PD)之间的信令。该信令允许电源检测到符合设备的存在,并允许设备和源协商所需或可用的电量。

power-over-fiber (PoF) 光纤供电 一种光纤承载光谱功率的技术,光谱功率被用作能源而不是数据或者承载数据。可以支持设备远程供电,同时在设备和电源之间提供电隔离。这种系统可用于保护电源免受如雷电之类的危险电压的影响,或防止电源电压点燃爆炸物。PoF 也可用于重要的应用或环境中,避免因电源流经铜线所产生的电磁场,例如在精密传感器周围或敏感的军事应用中。

power rating　额定功率　在电气工程和机械工程中,设备的额定功率是允许流经特定设备的最大功率输入。根据特定的学科,术语"功率"可以指电功率或机械功率。额定功率还可以包括平均功率和最大功率,这可以根据设备的类型和其应用而有所变化。

power spectral density (PSD)　功率谱密度　对于具有连续频谱和有限平均功率的信号或噪声,表示其频谱分量的单位带宽功率的频率函数。信号通常是波的形式,例如电磁波、随机振动或者声波。当波的频谱密度乘以一个适当的系数后将得到每单位频率波携带的功率,这被称为信号的功率谱密度或者谱功率分布(SPD)。功率谱密度的单位通常用每赫兹的瓦特数(W/Hz)表示,或者使用波长,即每纳米的瓦特数(W/nm)来表示。

power spectrum　功率谱　以频率函数形式表达的信号或噪声频谱分量的幅度平方之半的分布。

P-persistent　P-持续性　这是1-持续性和非持续性CSMA(载波监听多路访问)访问模式之间的方法。当发送节点准备好发送数据时,它监听传输介质是空闲还是繁忙。如果空闲则立即发送。如果忙则它连续地监听传输介质直到它变为空闲,然后以概率 p 发送。如果节点不发送(此事件的概率为 1−p),则等待直到下一个可用时隙。如果传输介质不忙,则它以相同的概率 p 再次发送。这种概率性的搁置(hold-off)重复进行,直到帧最终被发送或者发现介质再次变得繁忙(即一些其他节点已经开始发送)。在后一种情况下,节点再次重复整个逻辑周期(从监听传输介质的空闲或忙碌开

始)。p-持续性 CSMA 用于 CSMA/CA(载波监听多路访问/冲突避免)系统,包括 Wi-Fi 和其他分组无线电系统。

P picture/P frame　P 图像/P 帧　预测图像　是预测编码图像 predictive coded picture 的缩写。包含相对于先前解码图像的运动-补偿差信息。在诸如 MPEG-1、H.262/MPEG-2 和 H.263 之类的较旧的设计中,每个 P 图像只能参考一个图像,并且该图像必须在显示顺序和解码顺序之前位于 P 图像之前,并且必须是一张 I 图像或 P 图像。这些约束不适用于较新的 H.264/MPEG-4 AVC(高级视频编码)和 HEVC 标准。

PPP over Ethernet (PPPoE)　以太网上的点对点协议　通过 PPPoE 技术,可以让宽带调制解调器或线缆调制解调器(CM)用户获得宽带网的个人身份验证访问,能为每个用户创建虚拟拨号连接,高速连入因特网。路由器具备该功能,可以实现 PPPoE 的自动拨号连接。

pragmatic general multicast (PGM)　实用通用多播(协议),PGM 协议　是一种可靠的多播计算机网络传输协议。PGM 同时向多个接收者提供可靠的分组序列,使其适用于多接收器文件传输等应用。多播是同时向一组目的地传送信息的网络寻址方法,使用最有效的策略仅一次通过网络的每条链路传送信息,仅在分配到多个目的地分开的链路(通常是网络交换机和路由器)时创建副本。但是,与用户数据报协议一样,多播并不保证消息流的传到。消息可能被丢弃、多次传递或无序传递。像 PGM 这样的可靠多播协议增加了接收器检测丢失和/或无序消息并采取纠正措施(原则上类似于 TCP)的能力,从而产生无间隙的有序的消息流。

preamble (PA)　前同步码,前导段,报头　(1)在相位编码磁带上每个数据块开始

处记录的用于同步的一种二进制字符序列。(2) 在传送帧之前由数据站发送的一个指定的二进制模式,目的是为了使其他数据站同步。(3) 磁带记录采用自同步记录方式(相位编码、成组编码等)时,每个数据区开始处记录的一串特殊信息,在正向读出时使电路实现同步。例如,在相位编码方式中,前同步信号是 40 个全"0"字节。

precedence code 优先(代)码 表示其后的一个或几个代码中的符号将具有与通常含义不同含义的代码。

precision time protocol (PTP) 精确时间协议 是一种用于整个计算机网络中同步时钟的协议。在局域网中,它可以实现亚微秒范围内的时钟精度,使其适用于测量和控制系统。PTP 目前用于同步金融交易、移动电话塔传输、海底声学阵列以及需要精确定时但无法访问卫星导航信号的网络。

precoding 预编码 预编码是支持多天线无线通信中的多流(或多层)传输的波束成形的推广。在传统的单流波束成形中,以适当的加权(相位和增益)从每个发射天线发射相同的信号,使得信号功率在接收机输出端最大化。当接收器具有多个天线时,单流波束成形不能同时最大化所有接收天线的信号电平。为了最大化多个接收天线系统的吞吐量,通常需要多流传输。在点对点系统中,预编码意味着从发射天线发射具有独立且适当权重的多个数据流,使得链路吞吐量在接收机输出处最大化。在多用户 MIMO 中,数据流是为不同的用户(采用空分多址)设计的,并且总吞吐量的一些度量(例如,总性能或最大-最小公平性)是最大化的。在点对点系统中,可以在不需要发射机处的信道状态信息的情况下实现预编码的一些益处,而这些信息对于处理多用户系统中的用户间干扰是

必不可少的。蜂窝网络的下行链路中的预编码,称为网络 MIMO 或协作多点(CoMP),是多用户 MIMO 的一种广义形式,可以用相同的数学技术进行分析。

predictive coding (PC) 预测编码 (1) 对有记忆信源的剩余度进行压缩的一种时域编码方法。预测编码是根据离散信号之间存在着一定关联性的特点,利用前面一个或多个信号预测下一个信号进行,然后对实际值和预测值的差(预测误差)进行编码。如果预测比较准确,误差就会很小。在同等精度要求的条件下,就可以用比较少的比特进行编码,达到压缩数据的目的。预测编码中典型的压缩方法有脉冲编码调制(PCM)、差分脉冲编码调制(DPCM)、自适应差分脉冲编码调制(ADPCM)等。(2) 一种对数据中的统计冗余进行压缩编码的方法。对于空间冗余的视频数据,它表现为同帧图像内相邻像素之间的相关性,任何一像素点都可以由与它相邻的且已被编码的点来进行预测估计,预测根据某一模型或者以往的样本值进行。然后将样本的实际值与其预测值相减得到一个误差值,对这个误差值进行编码。如果模型足够好而且样本序列在时间上相关性较强,那么误差信号的幅度将远远小于原始信号,从而可以用较少的代码。

pre-emphasis (PE) 预加重 (1) 为便于信号的传输或记录,而对其某些频谱分量的幅值相对于其他分量的幅值预先有意予以增强的措施。预加重电路由一个电容电阻串联电路组成,它可以视为一个微分器,或者可看成一个高通滤波器。该技术主要用在频率调制(FM)系统中,即在调制之前提高调制信号的高频分量,这就相当于提升了高频信号的带宽。再在解调后将这部分连同噪声一起消除掉。对于移动台发射机的预加重则是指在 300 ~ 3 000 Hz 间标称每倍频程

加 6dB。(2) 通过增加某些频率分量的强度来覆盖噪声或减少失真处理的第一步部分。在频率和相位调制发射机中以及音/视频记录系统中加重具有较高音/视频的频率。预加重也称为加强、加重、预畸变和预均衡。在声音、图像的再现之前，通过互补的去加重处理，还原原来的信号关系。

prefix　前缀，词头　(1) 报文或记录开始处的代码。(2) 在目的地址之前拨入的任何输入信息。用于把地址安排在适当的位置上，从而选择所需的服务。(3) 在通信双方成功地建立连接前呼叫者拨入的一种代码。比较 suffix。

pregroup　前群　电话信道频分复用中的话路组合，又称 3 路群。它由 3 个话路经变频后组成。各话路变频的载频分别为 12、16、20 kHz(千赫)。取上边带，得到频谱为 12~24 kHz 的前群信号。

premium channel　付费[收费]频道　一个电视频道，观众需支付额外费用，如家庭影院频道(HBO)。

presence information　存在[状态]信息　在计算机和通信网络中，存在信息是状态指示符，其传达潜在通信伙伴(例如用户)进行通信的能力和意愿。用户的客户端通过与存在服务的网络连接提供存在信息(存在状态)，存在服务存储在构成其个人可用性记录(称为存在实体)的内容中，并且可以分发给其他用户(称为观察者)以传达他的通信可用性。存在信息在许多通信服务中具有广泛的应用，并且是推动即时消息的普及或最近实现的 IP 语音客户端的创新之一。

presence state　存在状态　用户客户端可以发布存在状态以指示其当前通信状态。这个发布的状态通知希望联系他的其他用户，告知他的可用性和通信意愿。目前最常见的存在用法是在即时消息客户端上显示指示符图标，通常从易于传达含义的图形符号以及每个状态相应文本描述列表中选择。即使在技术上不相同，被叫电话的"挂机"或"摘机"也是类比的状态，只要呼叫者收到表示不可用或可用的独特音调即可。

presentation layer (PL)　表示层　国际标准化组织(ISO)关于开放系统互连(OSI)网络参考模型的第六层，向应用进程提供信息表示方式，使不同表示方式的系统之间能进行通信。表示层应具有如下功能。① 表示连接的建立与释放：此功能用来为两个应用实体建立和释放连接。在建立表示连接时，可选择表示服务功能单元，确定表示上下文，选择所需的会话连接特性等；② 数据传送：表示层提供正常数据、加速数据和能力数据的传送，但和会话层一样不提供流量控制机制；③ 语法变换：将应用数据的抽象语法表示转换为传送语法表示或进行反变换，包括加密、解密、压缩、还原；④ 语法协商：由于在一个开放系统的表示层中可具有多种传送语法，且在抽象语法与传送语法间又存在着多对多的关系，因此在表示连接建立期间，两个对等表示实体应对所采用的传送语法进行协商，包括传送语法所用的数据类型、语法表示等；⑤ 表示上下文管理：包括增、删、修改表示上下文的功能。

pretty good privacy (PGP)　优秀保密[完美加密，良好隐私](协议)，PGP 协议　(1) PGP 是一个可以用来建立和校验数字签名及加密、解密和压缩数据的程序，它广泛用于加密、解密、签名或校验开放网络中所传输的数据，其文件格式在 RFC 1991 中有描述。(2) PGP 用于电子邮件的安全传输。它将传统的对称性加密与公开密钥加密方法结合起来，可以支持 1 024 位的公开密钥与 128 位的传统加密，能完全满足电子邮件对于安全性能的要求。PGP 在使用电子邮件程序之前就可对信息加密，某些邮件程序可使用专门的 PGP 插入模块来处理加密邮件。在 PGP 系统中，使用 IDEA(国际数据加密算法)、RSA(用于数字签名、密钥管理)、MD5(用于数据压缩)算法，它不但可以对邮件保密以防止非授权者阅读，还能对邮件加上数字签名。

primary color (PC)　基色，原色　可以用不同的量组合以产生可由人类视觉系统感知的任何颜色的三种颜色。对于电视中使用的发射光谱，原色基红色、绿色和蓝色。是合成为其他色彩的基础。

primary color signal (PCS)　基色信号　代表红、绿、蓝三个单色图像的信号，又称 R,G,B 信号。

primary group　基群，主群　(1)基本信号的复用，又称"一次群"。比如在网络传输系统的主站实现大量信道(如电话信道)的复用时，基本信号首先复用为基群，然后再对基群的集合进行复用，等等。例如，在 4 kHz 语音信道频分多路复用中，基群包括 12 个信道，共占用 48 kHz。(2)电话信道频分复用中的前群组合，它由 4 个前群经变频后组成。各前群变频的载频分别为 84、96、108、120 kHz(千赫)。取下边带，得到频谱为 60～108 kHz 的基群信号。基群也可由 12 个话路经一次变频后组成。

primary rate access (PRA)　基群[主，一次群]速率接入　ISDN(综合业务数字网)中的一种用户网络接入配置。在国际电信联盟-电信标准化部(ITU-T)标准 I.431 中定义。它基于脉码调制(PCM)技术，有两种传输速率，在美国和日本是 1.544 Mbps，欧洲和我国对应于 2 048 kbps 的基群速率。这种接入类型的 D 通路速率为 64 kbps。

primary rate interface (PRI)　基群[主，一次群]速率接口　综合业务数字网(ISDN)中的一种用户网络接口(UNI)。在该接口上，综合业务数字网用户提供 30 个 B 信道(在 T1 中为 23 个)和一个 D 信道(信道速率为 64 kbps)。

primary resource clock (PRC)　基准主时钟　同步网中的高精度、高稳度的时钟，该时钟信号经同步分配网分配给下属的各级时钟。

primary route (PRTE)　主路由　一般用于建立到达目的端的虚电路的路径。如果无法得到路径，则采用其他"次级"路由。

principle of least privilege　最少权限原则　(1) 在计算机安全中，指要求系统中的每个主体都只具有合法任务所需的最少的权限集，以限制由于事故、错误或非法使用带来的破坏。(2) 仅授予主体为完成特定任务所需要的最低权限的访问过程或策略。

priority　优先，优先级[权，数]　(1)多个事务获得服务时的等级关系，优先级高的事务总是首先获得满足。通常把作业排队按优先顺序进行处理的作业调度称为优先调度，而完成调度工作的程序叫优先调度程序。把几台同时申请中断服务的设备按优先顺序排队的过程称优先排队。根据给程序指定的优先数，首先运行高优先数的程序的处理方式叫优先处理。(2)传输层服务质量参数之一。用来说明各种连接重要程度的不同，在网络拥挤时，优先级高的连接可先得到服务。(3) 在网络上，通过赋给主机的优先级别来确定何时占有通信链路及占用时间，通过赋予消息的优先级别来确定其传送的急迫程度。

privacy　保密(性)，权　控制个人或机构信息的聚集、存储、共享、扩散过程，以防信息泄露的能力。数据库系统中为确保数据库的安全而提供的一整套保护机制和保密措施，作为个人或组织保护和使用他们的数据的权利。保密方法有：① 专用数据或私人数据，数据库中数据只对一个用户开放；② 规定存取权限，

P

不同用户只能操作相应密级的数据；③ 提供子模式和一整套保密锁或存取控制锁和保密码或存取控制码等安全措施。保密锁由存取控制子句指出，而保密码在程序中指出。只有当码和锁吻合时，用户才能执行相应的操作。最后一种方法在 DBTG（数据库任务组）系统中采用。

privacy enhanced mail（PEM）保密增强邮件　一种采用公共密钥或对称密钥的保护电子邮件安全的因特网标准。在因特网中，为加强邮件的可信度，它规定用户代理配有 PEM 软件，密钥等机密的信息则存储在用户个人环境（PSE）中，用户使用本地 PEM 软件和 PSE 环境信息生成 PEM 邮件，然后通过报文传递代理（MTA）发给对方，接收方在自身的 PSE 中将报文解密。PEM 可提供数据隐藏、数据完整性、数据鉴别和防止发送方否认等安全服务。PEM 不能处理由 MIME（通用因特网邮件扩充级）支持的较新的多方电子邮件，而且它要求严格分级的证书管理机构来发布密钥。

private　专用的，私有的　个别用户或部门的一种保险、保密或不受干扰的使用方式。

private automatic branch exchange（PABX）专用自动交换分机［分支交换机，小交换机］　为如办公室这样的特别的区域服务的自动电话系统，提供内部的一个电话对另一个电话的连接，和一组到外部电话网络的选择。许多 PABX 处理计算机的数据，并且可以包括对分组交换网络的 X.25 连接。参见 private branch exchange（PBX）。

private automatic exchange（PAX）专用自动交换机　一种拨号呼叫型电话交换机。它为单位内部提供电话业务，但不能直接同公用电话网有呼叫来往。

private branch exchange（PBX）专用交换分机，专用分支交换机，用户小交换机　（1）通常是客户内部的电话系统。它服务于像办公室这样的特别的区域，提供内部一个电话对另一个电话的连接和一组到外部电话网络的连接。（2）在 ATM（异步传输模式）网络中，提供在专用网络中进行局部声音交换和相关服务的设备。

private circuit　专用线路　用户购买或租用以供专门业务使用的专用通信线路。

private identification number（PIN）个人识别号　在因特网中 PEM（保密增强邮件）软件中用于保密措施的数据，实现用户密钥的存储措施有两个：将个人机密信息存储在卡中，或在硬盘中建立子目录。

private Internet exchange（PIX）专用因特网交换机，PIX 防火墙　思科公司的开发一种安全硬件防火墙。通过网络地址转换，内联网可以使用自己选择的 IP 地址，而不必担心与互联网上的 IP 地址冲突。

private key（PK）专用［秘密］密钥，私钥　在数据安全中，用于以公开密钥加密的信息进行解密的密钥。这个密钥由密文的接收方专用和保密。

private line（PL）专（用）线（路）　只为一个用户服务的局部或长途租用电话线。专用线路可以是双线或四线。它们也被称为租用线路及专线。专用线路在与公共交换和信令设备无关的中央局被物理地址连接，以每月包价按线路长度和品质租用该线路，而不管使用与否。

procedure（PROC）程序，方法，过程，规程　（1）在计算机科学中，也称为子例程、函数或子程序。（2）数据通信中为实现协议而采取的动作。

process communication　进程通信　进程之间的信息交换。它可能是通过使用共享数据结构完成的，另一种通信机制是

P

进程间直接的消息传递。

processing/process gain（PG） 处理增益 (1) 在扩频系统中，处理增益是扩展（或射频）带宽与非扩展（或基带）带宽的比率。它通常以分贝（dB）表示。(2) 接收机解扩器输出信号功率比与接收机的输入信噪比之比，它表示经扩频接收系统处理后，使信号增强的同时抑制输入接收机的干扰信号能力的大小。

program（PROG） 程序，节目 (1) 为进行某项活动或过程所规定的途径。计算机程序是指为执行特定任务而以某些程序设计语言编写，运行于某种目标结构体系上的指令序列的结构化的集合。(2) 指供娱乐或作为新闻而预定的播出的电视广播或无线电广播的内容。

program control switched machine 程控交换机 程控是指控制方式，这种控制方式是预先把电话交换的功能编制成相应的程序（或称软件），并把这些程序和相关的数据都存入存储器内。当用户呼叫时，由处理机根据程序所发出的指令类控制交换机的操作，以完成接续功能。采用这种控制方式的交换机称为程控交换机。程控交换机是由硬件和软件两大部分组成的。硬件主要分为三个系统，即话路系统、控制系统和输入、输出系统。软件是程序和数据，它们都放在存储器中。

programmable communication interface（PCI） 可编程通信接口 为数据通信而设计的一种外围器件。它可与中央处理机相适配，用来控制以任何串行方式传送数据的设备。大多数可编程序通信接口都是与 TTL（晶体管-晶体管逻辑）兼容的，使用一组 +5 V 电源工作，有一个时钟端。

programmable jack 可编程插座 包括一个电阻的插座，该电阻值能够更改以便控制调制解调器的输出电平，满足一个所需要的信号损失电平。

program-specific information（PSI） 节目特定信息 是关于节目（频道）和 MPEG 传输流的部分的元数据。ISO/IEC 13818-1（MPEG-2 第 1 部分：系统）定义的 PSI 数据包括四张表：节目关联表（PAT），条件访问表（CAT），节目映射表（PMT），网络信息表（NIT）。

progressive coding 渐进编码 发送图像的一种方法。它逐渐把图像发送到接收端，而不是立刻把整幅图像的所有数据发送出去。接收端首先接收低分辨率的图像，然后逐渐提高图像的分辨率。JBIG（联合二值图像编码专家组）就使用这种编码方法。

progressive download 渐进式下载 是将数字媒体文件从服务器传输到客户机，通常在从计算机启动时使用 HTTP（超文本传输协议）。用户可以在下载完成之前开始播放媒体。流媒体和渐进式下载之间的关键区别在于如何由正在访问数字媒体的终端用户设备接收和存储数字媒体数据。

progressive DVD（PDVD） 逐行扫描 DVD 其输出图像信号的扫描方式为逐行信号。PDVD 能够应用数字视频图像处理技术产品 480 线（N 制）逐行扫描信号，再通过电视机的 VGA（视频图形阵列）输入口或数字高清晰度电视接入口把信号送入彩电中，避免了普通 DVD（数字视频光碟）机隔行信号输出造成的失真或缺损。由于逐行信号是 DVD 解压后的原信号直接形成，因而清晰度远高于普通的隔行扫描 DVD。

progressive graphics file（PGF） 逐行图形文件 一种基于小波的位图图像格式，采用无损和有损数据压缩。创建 PGF 是为了改进和替代 JPEG（联合图像专家组）格式。它与 JPEG 2000 同时开发，但侧重于超过压缩比的速度。

P

progressive scanning（PS） 逐行扫描
(1) 也称为顺序扫描或非隔行扫描,用于电脑显示器和数字电视中的扫描类型,对场中的每一行都要扫描,比隔行扫描需要双倍的带宽。美国联邦通信委员会(FCC)规定数字电视要能接收逐行扫描和隔行扫描格式。随着技术进步,逐行扫描格式将在数字电视广播中成为主流。高清电视(HDTV)标准具体规定垂直扫描线是 720 逐行扫描(720p)或 1 080 隔行扫描(1080i)或更高。标准清晰度电视(SDTV)允许 480 逐行扫描和 576 逐行扫描格式。(2) 或者称为非隔行或非交错扫描。是一种显示、存储或传输运动图像的方式,其中每帧的所有行都是按顺序绘制的。这与传统模拟电视系统中使用的隔行扫描视频不同,在传统的模拟电视系统中,先是只有奇数行,然后交替绘制每帧的偶数行(每个图像称为视频场),因此只使用实际图像帧数的一半产生视频。当它被用于 1936 年英国亚历山德拉宫的 Baird 的 240 行电视传输时,最初被称为"顺序扫描"。在 20 世纪 20 年代它也被用于 Baird 使用 30 行的实验传输。在 2000 年代逐行扫描普遍用于计算机屏幕。

progressive wave 行波,前进波 在媒质中的自由传播的波。

projection TV（PTV） 投影电视机 是由光学成像系统完成图像的重现,其类型的区分较为复杂。按光源投射方式区分,有前投式和背投式两种。前投式的图像光束由观众后面投向观众前方的屏幕显示图像;背投式的图像光束向后投射,经反射到屏幕后面成像。按投射光源的种类区分,又可分为 CRT(阴极射线管)式、LCD(液晶)式、LED(发光二极管)式及 DLP(数字光处理器)式投影电视机等。

projector 投影仪[机];放映机;幻灯机
或图像投影仪,是将图像(或运动图像)投影到表面(通常是投影屏幕)上的光学设备。大多数投影仪是由光源、光学器件、电子线路和显示部件集成的装置,通过小的透镜的照射光线来产生图像,但是一些新型的投影仪可以使用激光直接投影图像。虚拟视网膜显示器或视网膜投影仪是直接在视网膜上投影图像而不是使用外部投影屏幕的投影仪。

promiscuous mode 混杂模式 在计算机网络中,混杂模式是有线网络接口控制器（NIC）或无线网络接口控制器(WNIC)的一种模式,它使控制器将接收的所有流量传递给中央处理单元(CPU),而不是只传递控制器专门编程的帧到接收部件。此模式通常用于在路由器或连接到有线网络或作为无线局域网的计算机上进行的数据包嗅探。通过与硬件虚拟化一起使用的软件桥接将接口置于混杂模式。混杂模式对网络监控是有用的,但会给网络客户易带来安全危机,许多标准接口支持混杂模式。

propagation constant 传播常数 (1) 正弦电磁波的传播常数是当波在给定方向上传播时波的幅度和相位所经历的变化的量度。被测量的量可以是电压、电路中的电流,或电场强度或磁通密度等的场矢量。传播常数本身测量每单位长度的变化,但它是无量纲的。在双端口网络及其级联的环境中,传播常数测量源的量在从一个端口传播到下一个端口时所经历的变化。(2) 当电压或电流沿着一条假定为无限长的均匀线上传播时,表示每单位长度电压或电流的衰减与相位变化的复常数。(3) 在一给定频率下,电磁场模式随时间作正弦变化时,它的任一场分量相对于给定方向的距离的振幅变化率的复数。传播常数 λ 是一个复数,其公式为 $\lambda = \alpha + i\beta$,实部 α 是衰减常数,虚部 β 是相位常数。(4) 在物理传

P

输介质中,如同轴电缆或光纤,用一个十进制分数表示的电或电磁信号的传播速度与光在真空中传播速度之比。

propagation delay (PD) 传播[传输]延迟 (1) 在一个通信线路中,信息从一点传到另一点所产生的延迟。在有线媒质或无线通信系统中这种延迟较小,而在卫星通信中,信号必须在地面站和卫星之间长距离传送,这种延时就较大,约为1/4~1/2 s。(2) 在报文分组交换网中,一个分组从一个网络节点传到另一个网络节点所产生的延迟。

protection span 保护翼 载波发送系统的一部分。包括重复的传输线,某些情况下还包括终端设备。可在其上构成宽带保护通道,以便当工作通道的设备或传输线出故障时变成工作的宽带通道。

protocol 协议,规程,规约,约定 (1) 在计算机网络中,指两个或者多个系统之间交换信息时,交换消息的一种形式描述和必须遵循的规则。协议可以描述机器接口的低层细节,或者程序之间的高层交互作用。(2) 在通信过程中,通信双方如何对话的约定,它独立于所用的通信工具。协议由三部分组成:① 语义,规定了通信双方彼此之间准备"讲什么",即确定协议元素的类型;② 语法,规定通信双方彼此之间"如何讲",即确定协议元素的格式;③ 变换规则,规定通信双方彼此之间的"应答关系",即确定通信过程中的状态变化,此项可用状态变化图来描述。(3) 在执行数据库并发操作时,为避免活锁、死锁及非串行化现象的发生,对一个事务集的执行步骤所作的规定。除采用合理调度外,让所有事务都遵守一个或多个协议是解决上述冲突的有效办法。

protocol analyzer 协议分析器 (1) 是用于捕获和分析通信信道上的信号和数据流量的工具(硬件或软件)。这种信道从本地计算机总线到卫星链路各不相同,它提供使用标准通信协议(网络或点对点)的通信手段。每种类型的通信协议都由不同的工具来收集和分析信号和数据。(2) 用于分析网络性能数据和寻找检验网络故障的硬件设备或组合的硬件设备和软件产品。协议分析器可以获取所有的数据包,或者通过对过滤器的预先设定,获取指定的数据包,并且把获取的数据包放在跟踪缓冲区里。协议分析器能够翻译网络的信息,因为它们被程序设计成理解许多不同的网络协议。

protocol data unit (PDU) 协议数据单元 (1) 在通信技术中,协议数据单元(PDU)是在计算机网络的对等实体之间传输的单个信息单元。PDU由协议特定的控制信息和用户数据组成。在通信协议栈的分层体系结构中,每一层实现针对特定类型或数据交换模式的协议。(2) 在分层网络结构中的各层之间传送的、包含来自上层的信息及当前层实体附加的信息的数据单元。PDU包含协议控制信息和用户数据。物理层的PDU是数据位,数据链路层的PDU是数据帧,网络层的PDU是数据包,传输层的PDU是数据段,其他更高层次的PDU是数据。(3) 在ATM(异步传输模式)网络中,指给定协议的一个消息,由净荷和控制信息构成,通常包含在信元头部。

protocol independent multicast (PIM) 独立于协议的多播,协议无关多播 (1) 是用于因特网协议(IP)网络的多播路由协议系列,它通过 LAN(局域网)、WAN(广域网)或因特网提供一对多和多对多的数据分发。它被称为独立于协议,因为 PIM 不包括其自己的拓扑发现机制,而是使用由其他路由协议提供的路由信息。PIM 不依赖于特定的单播路由协议,它可以使用网络上使用的任何单播路由协议。PIM 不构建自己的路由表。PIM 使用单播路由表进行反向路径转发。(2)一种 IP(网际协议)多播协议,由 IDMR(域间多播路由)工作组设计。PIM 的主要好处是不依靠任何路由协议进行工作,是大型或者小型公司网络的理想选择。其他的 IP 多播协议都依靠某些路由协议,如路由信息协议或开放式最短路径先行协议等。PIM 定义了两种模式:密集模式和稀疏模式。另外还有两种变化:双向 PIM(Bidir-PIM)和 PIM 源特定多播(PIM-SSM)。

protocol independent multicast dense mode (PIM-DM) 密集模式独立于协议的多播 PIM-DM 与 DVMRP(距离向量多播路由协议)很相似,都属于密集模式协议,都采用了"扩散/剪枝"机制。同时,假定带宽不受限制,每个路由器都想接收多播数据包。主要不同之处在于 DVMRP 使用内建的多播路由协议,而 PIM-DM 采用 RPF(逆向路径转发)动态建立 SPT(最短路径树)。该模式适合于下述几种情况:高速网络;多播源和接收者比较靠近,发送者少,接收者多;多播数据流比较大且比较稳定。

protocol independent multicast sparse mode (PIM-SM) 稀疏模式独立于协议的多播 PIM-SM 与 PIM-DM 的根本差别在于 PIM-SM 是基于显式加入模型,即接收者向汇合点发送加入消息,而路由器只在已加入某个多播组输出接口上转发那个多播组的数据包。PIM-SM 采用共享树进行多播数据包转发。每一个组有一个汇合点,多播源沿最短路径向 RP 发送数据,再由 RP 沿最短路径将数据发送到各个接收端。这一点类似于 CBT(有核树),但 PIM-SM 不使用核的概念。PIM-SM 主要优势之一是它不局限于通过共享树接收多播信息,还提供从共享树向最短路径树(SPT)转换的机制。尽管从共享树向 SPT 转换减少了网络延迟以及在 RP(汇聚点)上可能出现

的阻塞,但这种转换耗费了相当的路由器资源,所以它适用于有多对多播数据源和网络组数目较少的环境。

protocol levels (PL) 协议级 协议的层次结构。最低级为同步通信协议,用于管理开关计算机之间的信息交换。其次是第一级协议,用于管理主机及其接口之间的信息交换。在协议实施中,使用这两级构成的二级协议用于控制主机间的信息交换。三级协议控制实际进程间的信息交换,其中进程可能是计算机程序,也可能是用户终端。在这一级中,协议在网络效用方面与用户密切相关。

protocol machine (PM) 协议机 能适应于各类协议,使不同的计算机、终端和专用网络可以方便地访问公共分组交换网的机器。协议机是一个逻辑概念,用来代替主计算机和终端,提供一种统一的工具。它适用于进程间通过公共数据网进行通信的各种协议。

protocol oblivious forwarding (POF) 协议无感知转发技术 即转发硬件设备对数据报文协议和处理转发流程没有感知,网络行为完全由控制面负责定义。该技术作为对 ONF(开放网络峰会)OpenFlow 协议的增强,拓展了目前 OpenFlow 的应用场景,为实现真正灵活的可编程软件定义网络奠定了基础。

protocol stack (PS) 协议(堆)栈 (1)协议栈或网络栈是计算机网络协议套件或协议族的实现。其中一些术语可以互换使用,但严格来说,套件是通信协议的定义,而栈是它们的软件实现。(2)一个层次化的协议系列,提供一系列网络功能。例如,因特网采用的 TCP/IP(传输控制协议/网际协议)协议栈由 100 多个协议组成,包括 FTP(文件传输协议)、IP(网际协议)、SMTP(简单邮件传输协议)、TCP(传输控制协议)和 Telnet(远程登录)等。(3)微软 Windows NT 中指用于

从一台机器向另一台机器传输网络请求的网络协议序列的集合。

provider backbone bridge traffic engineering (PBB-TE) 提供商骨干网桥流量工程 是经批准的通信网络标准 IEEE 802.1Qay-2009。PBB-TE 将以太网技术适用于运营商级传输网络。它基于 IEEE 802.1ah[提供商骨干网桥(PBB)]中定义的分层 VLAN 标记和 MAC-in-MAC 封装,但它在消除泛洪、动态创建的转发表和生成树协议方面不同于 PBB。与 PBB 及其前身相比,PBB-TE 表现得更具可预测性,并且其行为可以更容易地由网络运营商控制,而代价是需要沿着转发路径在每个桥上进行前期连接配置。PBB-TE 的运行监管和维护(OAM)通常基于 IEEE 802.1ag 标准。它最初基于北电公司的提供商骨干传输(PBT)。PBB-TE 的面向连接的特性和行为以及它的 OAM 方法受到 SDH/SONET(同步数字序列/同步光网络)的启发。PBB-TE 还可以提供类似于 SDH/SONET 网络中的 UPSR(单向路径交换环)保护的路径保护级别。

proxy 代理 信息技术上的代理是指用一种机制代替另一种机制采取的活动。

proxy ARP 代理 ARP 在计算机网络中,指一台机器(通常是一个路由器)回答发向另一台机器的 ARP(地址解析协议)请求的一种技术。通过改变其标识,路由器接受为数据报作出响应的责任。代理 ARP 使得一方能够在两个物理网络中使用一个简单的 IP(网际协议)地址。通常更好的方法是采用建立子网的方法。

proxy gateway 代理网关 把来自 Web 浏览器的统一资源地址请求传送到外部服务器并返回结果的一种计算机和相关软件,通常运行在防火墙机器上,主要是防止黑客的攻击。

proxy mobile IPv6 (PMIPv6, PMIP) 代理移动 IPv6 是由 IETF(因特网工程任务组)标准化的基于网络的移动性管理协议,在 RFC 5213 中规定。它是用于构建独立于移动核心网络的公共和接入技术的协议,适用于各种接入技术,如基于 WiMAX(全球微波接入互操作性)、3GPP(第三代合作伙伴项目)、3GPP2 和 WLAN(无线局域网)的接入架构。代理移动 IPv6 是 IETF 标准化的唯一一种基于网络的移动性管理协议。

pseudo chaotic time hopping 伪混沌跳时 一种适用于超宽带脉冲无线电通信系统的调制技术。脉冲无线电通常采用脉位调制(PPM)进行信息编码,它把数字信号处理单元的输出,用数模转换器变换为模拟信号,再把这个模拟信号加上一个固定的偏移量,使它成为驱动脉位调制的信号,这个信号就称为"伪混沌跳时信号"。

pseudo-duplexing 伪双工 通过在半双工线路上快速转向来模拟全双工传输的通信技术。

pseudo-equalizing pulses (PEP) 准均衡脉冲 指那些脉冲,用来从共同的信号源得到行同步脉冲、均衡脉冲和场同步脉冲的前沿。

pseudo-lock (PL) 准锁相 使输入的未锁定信号源产生与电视台同步脉冲锁定的信号的一种方法,电视台同步脉冲无需控制该信号源,即可实现锁定。

pseudo noise code (PN code) 伪噪声码 或伪随机噪声码(PRN 码)。是具有与随机比特序列类似但确定性地生成的频谱的码。直接序列扩频系统中最常用的序列是最大长度序列、Gold 码、Kasami 码和 Barker 码。

pseudo random (PR) 伪随机 伪随机看似随机的,实际上是根据预先安排的顺序进行的。

pseudo random binary sequence (PRBS) 伪随机二进制序列 满足一个或多个统计随机标准检验的二进制数字序列。虽然使用确定性算法生成,但难以预测并且表现出类似于真正随机序列的统计行为。PRBS用于通信领域,特别是用于模拟到信息的转换器中传播信息内容,但也用于加密、仿真、相关技术和渡越时间光谱学。

pseudo random code (PRC) 伪随机码 以随机序列形式出现的数字代码。由于其长度为有限值,因此,它们并不是真正的随机码。可用于同步和控制序列。

pseudo-random noise (PN/PRN) 伪随机噪声[噪音] 在密码学中,PRN是类似于噪声的信号,其满足一个或多个统计随机性的标准测试。虽然它似乎缺乏任何确定的模式,但伪随机噪声由一个确定的脉冲序列组成,这些脉冲序列将在其周期后重复出现。

pseudo-random number generator (PRNG) 伪随机数发生器 也称为确定性随机比特发生器(DRBG),是一种用于生成数字序列的算法,其特性近似于随机数序列的特性。PRNG生成的序列不是真正随机的,因为它完全由称为PRNG的种子(可能包括真正的随机值)初始值确定。虽然可以使用硬件随机数生成器生成更接近真正随机数的序列,但伪随机数生成器在实际操作中对于它们生成数字的速度和可重复性非常重要。

pseudorandom process 伪随机过程 一个看似随机但并非随机的过程。伪随机序列通常表现出统计随机性,同时由完全确定的因果过程产生。这样的过程比真正的随机的过程更容易产生,并且具有可以一次又一次地用来产生完全相同的数字的益处,这对于测试和修复软件是有用的。

pseudo-streaming 伪流 在Web上实时播放音频和视频使用的方法。不像播放音频和视频文件那样,在播放之前需要将整个文件从网上下载到计算机,伪流只需下载可填满缓存那样大的一部分文件就可开始正常播放。

psychoacoustics 心理声学 声音感知的学科,揭示声音感知与生理原理和心理原理之间的关系。

public access mobile radio (PAMR) 公共接入(集群)移动无线(通信),共用调度集群移动通信网 (1)作为公众接入的移动无线通信系统。(2)由多个专业部门共用频率、共用设备、共享覆盖区,共同分担费用,集中管理和维护的移动通信网,它可作为一个虚拟的通信平台供各专业部门使用。

public key cryptographic standard (PKCS) 公钥[公开密钥]加密标准 在密码学中,PKCS是由RSA安全有限责任公司从20世纪90年代初开始设计和发布的一组公钥加密标准。该公司发布这些标准,以促进他们拥有专利的加密技术的使用,例如RSA算法、Schnorr签名算法和其他一些算法。虽然不是行业标准(因为公司保留了对它们的控制权),但近年来的某些标准已开始进入IETF(因特网工程任务组)和PKIX(公共密钥基础设施)工作组等相关标准组织的"标准跟踪"流程。

public-key cryptography (PKC) 公钥加密,公开密钥密码学,公钥密码学 (1)即非对称加密,是使用密钥对的任何加密系统:可以广泛传播的公钥,以及只有所有者知道的私钥。这实现了两个功能:身份验证,其中公钥验证配对的私钥的持有者发送消息;以及加密,其中只有配对的私钥持有者可以解密用公钥加密的消息。(2)又称"不对称密码学"。这种密码学中密钥是成对的,其中一个是公用密钥,另一个是私人密钥。公钥可以随意给其他人,而私钥则要自己保留,被公钥加密过的信息要用对应的私钥才能解密。整个公共密钥密码学的工作原理如下:信息发送者先到接收者网站下载接收者公钥,然后利用接收者的公钥将信息加密,再将加密过的信息发送给接收者,接收者收到信息后,利用自己的私钥将信息解密。所以用不对称密码可以验证对方发来的信息肯定是给我的。公钥密码学中最有代表性的是 RAS 密码体制,它是由 Rivest 和 Adleman 以及 Shamir 三人在 1978 年共同研究完成的。同 asymmetric cryptography。

public key crypto system 公钥密码系统[体制] 一种数据加密系统,由使用两个互相匹配的密钥(公钥和私钥)构成的编码系统。发送数据者使用任何人都可取得的公钥来将数据加密,接收数据者使用只有自己知道的私钥来将数据解开,由于使用运算能力非常强的计算机也需要花上极长的时间才有可能由公钥推算出私钥,故这种加密方式是非常安全的,但需要传送端先取得接收端的公钥才能使用。

public key infrastructure (PKI) 公钥[公开密钥]基础设施[结构] 由公开密钥密码技术、数字证书、证书认证中心和关于公钥的安全策略等基本成分共同组成,管理密钥和证书的系统或平台。从广义上讲,所有提供公钥加密和数字签名服务的系统,都可称为 PKI 系统。PKI 的主要目的是通过自动管理密钥和证书,为用户建立起一个安全的网络运行环境,使用户可以在多种应用环境下方便地使用加密和数字签名技术,从而保证网上数据的机密性、真实性、完整性和不可否认性。一个有效的 PKI 系统必须是安全的和透明的,用户在获得加密和数字签名服务时,不需要详细地了解 PKI 是怎样管理证书和密钥的,一个典型、完整、有效的 PKI 应用系统至少应具有以下部分:认证中心(CA)、数字证书库、密钥备份及恢复系统、证书作废系统、应用接口等基本构成部分。

public switched data network (PSDN) 公共交换数据网 一种通过多个广域网系统提供数据服务的网络,概念上类似于公共交换电话网(PSTN)。PSDN 可以使用各种交换技术,包括分组交换、电路交换和消息交换。分组交换 PSDN 也可以称为分组交换数据网络。最初,术语 PSDN 仅指分组交换流(PSS),一种基于 X.25 的分组交换网络,主要用于使用永久虚电路(PVC)在局域网和因特网之间提供租用线路连接。如今,该术语不仅可以指帧中继和异步传输模式(ATM),这两者都提供 PVC,还指互联网协议(IP)、通用分组无线业务(GPRS)和其他分组交换技术。

public switched/switching telephone network (PSTN) 公共[公众]交换电话网 是由国家、地区或本地电话运营商运营的电路交换电话网总和,为公共电信提供基础设施和服务。PSTN 由电话线、光缆、微波传输链路、蜂窝网络、通信卫星,以及海底电话线缆组成,所有这些都通过交换中心互连,从而使大多数电话能相互通信。交换中心之间及交换中心同交换支局之间遵守国际标准信令系统,或遵守通信公司自己制定的信令系统。PSTN 最初是固定线路模拟电话系统网络,现在其核心网络几乎完全实现数字化,包括移动和其他网络,以及固定电话。公用交换电话网面向社会,为各行业服务。

public telephone network (PTN) 公共电话网络 提供公用电话服务的通信网络。通过使用一个拨盘式或按键式电话机,网中的任一用户能够与其他任一用户建立通信,包括 DDD(长途直拨)业务。

pulse amplitude modulation (PAM)

脉(冲)幅(度)调制,脉冲调幅 脉冲幅度随调制信号的变化而改变的一种脉冲调制方式。脉冲波的幅度按照模拟调制信号的变化而变化。可用于分时多路转换系统中,此时连续的脉冲代表各个音频通道的样点值。

pulse code 脉冲代码 用一组脉冲表示数字的代码。一般用有脉冲表示"1",无脉冲表示"0"。

pulse code modulation (PCM) 脉(冲)编码调制 对信号进行抽样和量化时,将所得的量化值序列进行编码,变换为数字信号的调制过程。脉码调制主要经过三个过程:抽样、量化和编码。抽样过程将连续时间模拟信号变为离散时间、连续幅度的抽样信号,量化过程将抽样信号变为离散时间、离散幅度的数字信号,编码过程将量化后的信号编码成为一个二进制码组输出。

pulse code modulation-intensity modulated (PCM-IM) 脉码调制-强度调制 一种差分脉冲编码调制技术。它首先对视频、音频信号进行数字化处理,然后用数字信号去调制光强度。即将多路模拟基带的视频、音频、数据进行高分辨率数字化,形成高速数字流,然后将多路数字流进行复用,复用后的数字流去调制光端机上的光头,光头发射的光信号是数字信号,即0或1对应光信号强、弱两种状态,不同的0和1组合代表不同幅度的视频、音频、数据信号。然后通过另一端的接收光端机进行接收,解复用,恢复成各路数字化信号,再通过数字模拟变换恢复成模拟视频、音频、数据。

pulse decay time (PDT) 脉冲衰减[下降]时间 脉冲幅度下降所需的时间。脉冲衰减时间也称为"脉冲下降时间"。脉冲衰减时间一般以脉冲下降到满幅度90%为起点,以脉冲下降到满幅度的10%为终点。

pulse density modulation (PDM) 脉冲密度[强度]调制 一种用二进制信号表示模拟信号的调制形式。在PDM信号中,特定幅度值不会像在脉码调制(PCM)中那样被编码成不同权重的脉冲码字;相反,脉冲的相对密度对应于模拟信号的幅度。1比特DAC(数模转换器)的输出与信号的PDM编码相同。脉冲宽度调制(PWM)是PDM的一种特殊情况,其中开关频率是固定的,并且对应于一个样本的所有脉冲在数字信号中是连续的。对于分辨率为8位的50%电压,PWM波形将打开128个时钟周期,然后在剩余的128个周期内关闭。利用PDM和相同的时钟速率,信号将在每隔一个周期的开启和关闭之间交替。两种波形的平均值均为50%,但PDM信号更频繁地切换。对于100%或0%的电平,它们是相同的。

pulse dialing 脉冲拨号 是电信中的信令技术,在这种技术中,直流局部环路根据所发送的每个信号(通常是数字)的已定义的编码系统而中断。这是经常使用的方法提供了名称"循环断开拨号"。在脉冲拨号最常见变体中,十进制拨号,10个阿拉伯数字中的每一个都被编码成多达10个脉冲的序列。最常见的版本把数字1到9分别解码为1到9个脉冲,数字0解码为10个脉冲。从历史上看,产生这种脉冲序列的最常见的设备是电话机的旋转拨号。

pulse frequency modulation spread spectrum 脉冲调频扩频 数据扩频的一种方法,发信端发出射频脉冲信号,在每一脉冲周期中频率按某种方式变化。在收信端用色散滤波器解调信号,使进入滤波器的宽脉冲前后经过不同时延而同时到达输出端,这样就把每个脉冲信号压缩为瞬时功率高、但脉宽窄得多的脉冲,因而提高了信扰比。这种调制主要用于雷达,但在通信中也有应用。

pulse modulation（PM） 脉冲调制 脉冲载波的一个或多个特性随调制信号的变化而改变的调制。脉冲调制是指脉冲本身的参数(幅度、宽度、相位)随信号发生变化的过程。脉冲幅度随信号变化,称为脉冲振幅调制;脉冲相位随信号变化,称为脉冲相位调制;同理还有脉冲宽度调制、双脉冲间隔调制、脉冲编码调制等。其中,脉冲编码调制的抗干扰性最强,故在通信中应用最有前途。

pulse noise 脉冲噪声 由非连续的、持续时间短和幅度大的不规则脉冲或噪声尖峰组成。产生脉冲噪声的原因多种多样,其中包括电磁干扰以及通信系统的故障和缺陷,也可能在通信系统的电气开关和继电器改变状态时产生。脉冲噪声对模拟数据一般仅是小麻烦。但在数字式数据通信中,脉冲噪声是出错的主要原因。

pulse phasing（PP） 脉冲相位调整,脉冲定相 在锁定两个以上图像信号源之前所采取的一种措施,为的是将这些信号交替快切而不致产生图像间的相对运动。

pulse time modulation（PTM） 脉冲时间调制,脉时调制 脉冲载波与时间有关的,特性随调制信号的变化而改变的脉冲调制。例如,脉冲位置调制、脉冲持续时间调制等。

pulse trap 脉冲陷阱 监视任何 RS-232引线的逻辑电平(高到低或低到高)变化的设备。

pulse width modulation（PWM） 脉冲宽度调制,脉宽调制 或脉冲持续时间调制(PDM),是描述通过调制技术创建的数字(二进制/离散)信号的一种方式,其涉及将消息编码为脉冲信号。尽管这种调制技术可用于编码用于传输的信息,但其主要用途是支持控制提供给电气设备的功率,尤其是对诸如电动机的惯性负载的控制。由于采用两种不同宽度的脉冲分别表示信息位"1"和"0"。这种编码效率低。在计算机中,主要用于低性能小型数字磁记录装置。

punctured code 穿孔码 卷积解码器使用的一种技术,允许删除有限数量的代码位,以大大简化编解码器中的处理。这对长代码特别有用。

puncturing 穿孔 在编码理论中,穿孔是在使用纠错码进行编码之后去除一些奇偶校验位的过程。这与使用具有更高速率或更少冗余的纠错码的编码具有相同的效果。然而,通过穿孔,可以使用相同的解码器而不管穿孔了多少比特,因此穿孔显著地增加了系统的灵活性而没有明显增加其复杂性。

pure tone 纯音 是具有正弦波形的音调,可以是任何频率、相位和幅度的正弦波。纯音具有这样的特性——在实值波形中是独一无二的——它的波形不受线性时不变系统的影响;也就是说,只有这种系统的纯音输入和输出之间的相位和幅度变化。

purity 纯度 (1) 在彩色电视中,三基色之一的显示不受其他基色沾染的程度。(2) 样品色与标准光谱比较在 CIA 色度图中的距离之比。

Purkinje phenomenon（PP） 普尔钦现象 当一个红光源和一个蓝光源两者的发光密度以同样比例降低而不改变各自光谱分布时,红光视在亮度低于蓝光视在亮度的现象。

push 压入,推送 (1) 将一项数据加到堆栈顶上去的过程。(2) 通过网络把信息或程序从服务器发送给用户。比较 pull。

push media 推送媒体 一种媒体发送模式,在这种模式中,网络上的服务器主动把内容推送给客户端的接收软件,其推送速率取决于客户端的设备与服务器之间信道的传输速率。广播电视是一种典型的推送媒体。

PX64   PX64 标准   一种 CCITT（国际电报电话咨询委员会）可视会议标准，于 1990 年 12 月颁布。这是一种窄带广域电视会议系统标准，基本上与基于 H.261 综合业务数字网（ISDN）的视频会议 ITU 标准相同，其图像质量较 JPEG（联合图像专家小组）等其他标准低。自从 H.261 应用于非 ISDN 视频会议，该术语开始逐渐废弃。全球视频会议标准的更新版本是 ITU H.263。

PX64 kbps television standard   PX64 kbps 电视编码标准   适合于在综合业务数字网（ISDN）上提供电视图像服务的数据压缩技术标准。该标准适用于电视电话和电视会议。

pyramid configuration   金字塔构型   一种通信网络，其中一个或多个多路转换器的数据链路与另一个多路转换器的 I/O 端口连接。

P1   P1 协议   由 CCITT（国际电报电话咨询委员会）X.400 标准指定的一个协议，是消息传送代理（MTA）与 MTA 之间的应用层通信协议，即确定 MTA 之间如何相互通信。

P2   P2 协议   由 CCITT（国际电报电话咨询委员会）X.400 标准指定的一个协议，是用户代理（UA）与 UA 之间的应用层通信协议，该协议确定了怎样构成消息，通过消息传送代理传送、提交及递交。

P

Q

Q-adapter (QA)　Q 适配器　一种把具有非 TMN(电信管理网)兼容接口(m 参考点)的网络单元或运行系统连接到 Qx 或 Q3 接口的装置。一个 Q 适配器可以包含一个或多个 QAF(Q 适配器功能)。通过 Q 适配器和协调装置实现对采用不同协议的各种通信设备进行统一管理。Q 适配器和协调装置用来完成各种非 Q3 接口到 Q3 接口的转换,以达到 Q3 接口的实现与具体的通信设备无关的目标,从而保证完成各种管理功能的运行系统的实现与具体通信设备的无关性。

Q-adapter function block　Q 适配器功能块　用来连接不支持标准 TMN(电信管理网)接口的 TMN 的那些 NEF(网元功能)和 OSF(运行系统功能)。QAF 的责任是在 TMN 接口和非 TMN(例如专有的)接口之间进行交换,因此非 TMN 接口的活动性被显示在 TMN 之外。

Q aerial/antenna (QA)　Q 型天线　偶极振子同四分之一波长传输线的组合,用来匹配馈线和偶极振子的阻抗。

Q-channel　Q 通道,Q 信道　(1)指美国 NTSC 制式电视中,传送绿、品红的色彩信息的 0.5 MHz 带宽的通道。(2)在 CD 光碟上由子码构成的信道之一,位于光碟的导入区,用于记录时间码格式的光碟地址。

Q code　Q 代码　一个三字母代码的标准化集合,所有这些代码都以字母"Q"开头。它最初是为商用无线电报通信而开发的简洁代码,后来被其他无线电业务采用,特别是业余无线电。为了区分"Q"代码作为问题发送还是作为陈述语句发送的使用,运营商使用莫尔斯问题"INT"(点、点、划、点、划)作为"Q"代码的前缀。

QoS class identifier (QCI)　QoS 类标识符　是在第三代合作伙伴项目(3GPP)长期演进(LTE)网络中使用的机制,以确保为承载业务分配适当的服务质量(QoS)。不同的承载业务量需要不同的 QoS,因此有不同的 QCI 值。QCI 值 9 通常用于非特权用户的 UE/PDN(用户设备/分组数据网络)的默认承载。

QSIG　Q 信令(协议)　一种基于 ISDN(综合业务数据网)的信令协议,用于在专用综合业务网(PISN)中的专用小交换机(PBX)之间的信令。它利用了连接层 Q.931 协议和应用层远程操作服务元素(ROSE)协议。ISDN"适当"用作物理链路层功能。

quadbit　四位组　用 4 位二进制数作为一组的编码。在通信方面,采用正交幅度调制且工作速率在 2 400 bps 以上的调制解调器使用这种 4 位组。4 位组是提高传输速度的一种方法,其关键是同时编码 4 位,以一个波特率为单位发送 4 位,而不是 1 位或 2 位。16 种 4 位组分别是:0000,0001,0010,0011,0100,0101,0110,0111,1000,1001,1010,1011,1100,1101,1110 和 1111。四位组相当于半字节。比较 nibble。

quad data rate (QDR)　四倍[四路]数据速率　或四路泵送,是一种通信信令技术,其中数据在时钟周期中的四个点处传输：在上升沿和下降沿以及它们之间的两个中间点。中间点由与第一个时钟相差90°的第二个时钟定义。其效果是每个时钟周期为每条信号线提供4位数据传输。

quadra-phase (QP)　四相(制)　计算机数字磁记录中用的一种二进制信息编码方法。把输入的一列二进制信息按两位一组分组。然后分别用0°、90°、180°、270°四种不同的相位表示00、01、10、11四种可能的组合,这种编码是一种具有自同步能力的分组固定长度、游程长度受限码。

quadra-phase shift keying (QPSK)　四相相移[移位]键控　用载波在0°、90°、−90°、180°处发生的相移来表示不同二进制数字的一种相移键控。在无冗余的情况下,一个正弦载波周期的时域或频域内,可用不同的相位状态表示00、01、10、11等四种二进制码中的一个,在不提高脉冲重复速率的情况下增加信息传输速率。在具有冗余位的情况下,也可用此法提高传输可靠性。

quadrature　正交　(1)两个向量(如电场和磁场)相互垂直的状态,即这两个向量的内积(或称点积、标量积、数量积)等于零。(2)两个具有相同周期的周期性变量的相位差处于90°(即四分之一周期)时的状态。(3)在NTSC(美国国家电视制式委员会)视频中,色差信号与颜色子载波之间存在90°相位差的状态。

quadrature amplitude modulation (QAM)　正交幅度调制,正交调幅　(1)在通信方面,工作速率在2 400 bps以上的调制解调器使用这种编码方法。正交幅度调制解调器综合利用幅度调制和相位调制两种方法,产生各种信号点的状态组合。它们各自表示一种唯一的位组合,可用载波所处的某种可能状态来区分。例如,符合国际电报电话咨询委员会

(CCITT) V.22 第二版标准的调制解调器使用四种相位变化和两种幅值来得到可在载波上表示的16种不同的状态(信号改变)。因为有16种状态,每种状态就可以表示一个唯一的4位组合(称为一个4位组)。若以600波特的速率传输,这种调制解调器可传输2 400 bps(每秒600次信号变化乘以4位)。正交幅度调制还可用于更快速的调制解调器中以产生高达9 600 bps的传输速率。这类调制解调器有的使用格栅编码调制(TCM),即一种改进的正交幅度调制方法,以获得高速状态下可靠的数据传输。(2)在彩色电视系统(NTSC制和PAL制)中,利用两个色差信号分别去调制两个频率相同但相位相差90°的两个色载波信号,它们相加后与亮度信号一起传送。

quadrature component　正交分量　(1)在电路中由于感抗和容抗而产生的电流或电压的电抗分量。(2)与某个参考向量互相垂直的向量。例如,无功电流与有功电流的相位差是90°,所以无功电流是有功电流的正交分量。

quadrature crosstalk　正交串音　由于正交调制器电路欠平衡或90°相移网络达不到要求等原因,使已调载波和已调波的上下边频或边带不能保证90°的相位差,而出现相互影响。其表现就是在接收端解调后出现串音,称为正变串音或正交串扰。

quadrature mirror filter (QMF)　正交镜像滤波器　一种数字滤波系统,它由一个低通滤波器和一个与其正交的镜像高通滤波器构成,其最大优点是在对信号进行滤波抽分解和反滤波插值重构时不会产生因频率混叠而带来的信号失真。

quadrature modulation (QM)　正交调制　一种调制方法。两个独立的信号加在具有相同频率的载波上。两路载波的相位

Q

相差 90°。这种方法一般用于高带宽数据通信中。

quadrature transform method　正交变换方式　在图像的每 N 个像素群上做正交变换,利用变换后得到的直方图统计偏差,在各频谱上借助分配适当量化位,来减少整体传输信息量的方式。

quadricorrelator (QC)　四重[正交]相关器　该词源于 quadrature information correlator。一种正交信息相关器,有时在(美国)国家电视制式委员会(NTSC)或逐行倒相制(PAL)的视频解码器中增加自动相位控制环电路,以改善严重干扰条件下的性能。

quadruple scanning (QS)　四场扫描(法),隔三行扫描(法)　需要扫描四场分帧图像以给出一幅完整图像的电视扫描方式。

quadruplex system　四工系统　能在一条线路两个方向的每一方向上同时传送两路报文的莫尔斯电报系统。

quality of service (QoS)　服务质量　表示电信服务性能之属性的任何组合。服务质量在不同系统中有不同的具体含义。在通信系统或信息管理系统中,指用户与服务提供者之间有关服务水平的约定。其中包括两个主要部分:① 用户要求得到满足的程度,即信息传输性能和表示质量;② 服务提供者的行为,即系统能够提供和达到的服务性能。国际电报电话咨询委员会(CCITT)于 1990 年制订了有关服务质量的 CCITT I 系列建议,从呼叫控制、连接以及数据单元控制等三个不同层次上定义了宽带 ISDN(综合业务数字网)的服务质量。在呼叫控制级的服务质量参数包括连接延迟、连接失败率、释放延迟和释放失败率等。连接级和数据单元控制级的服务质量参数包括数据单元峰值到达率、峰值持续时间、数据单元平均到达率、峰值到达率与平均到达率之比、数据单元丢失率、位

出错率、数据单元插入率等。在因特网中指通信服务的质量,分为若干等级。A 级为恒定波特率的视频传输服务,B 级为可变比特率的视频/音频信号传输,C 级为面向连接的数据传输,D 级为无连接的数据传输。

quantization　量(子)化　(1) 把一个变量的一个连续数值范围划分成一定数目的互不重叠的子范围或间隔(各个子范围不一定相等),每个子范围内的值用一个规定的值来表示的过程。例如,在模拟信号到数字信号转换过程中,就把幅值上连续的模拟信号量化成幅值上离散的数字信号。(2) 把图像中的每个属性值(如亮度值)近似地用给定的有限数值集表示的过程。

quantization distortion (QD)　量化失真　在量化过程中产生的固有的失真。也称为"量化噪声"。在对模拟信号取样并转换成数字信号的过程中,由于只能把模拟信号连续变化的样值转换成某些离散量化阶值,因而引起的固有失真。通过提高取样频率和量化密度(即减小量化阶高度)的方法,可以降低量化失真。由于大信号量化失真带来的影响较小,因而有时采用折线法,使大信号时的量化阶增大,小信号时的量化阶减小,以此来改善小信号量化失真。

quantized feedback　量子化反馈　在数字通信中,用来校正由于脉冲信号平均电平不规则变化而产生的低频漂移的一种技术。由于传输通路中采用了电容耦合,对信号的直流成分和低频成分衰减很大,在数字信号组合变化量较大的情况下,就会产生低频漂移。量化反馈的实现方法是:将收到并再生的脉冲信号经选频补偿网络送到传输通路,然后再用一个合成信号来抵消被接收信号中的漂移。对应于线路上各段的不同低频衰减量,可将反馈网络的特性调整到与之

符合的程度。

quantum 量子 与给定现象有关的最小的能量值。电磁辐射的量子是光子。

quantum anomalous Hall effect （QAHE）量子反常霍尔效应 于 1980 年被德国科学家发现，是整个凝聚态物理领域中最重要、最基本的量子效应之一。量子霍尔效应的产生需要非常强的磁场，而量子反常霍尔效应是不需要任何外加磁场，在零磁场中就可以实现量子霍尔态，更容易应用到人们日常所需的电子器件中。

quantum bit （Q-bit, qubit, qbit）量子比特 在量子计算中，量子比特(qbit)是量子信息的基本单位，经典二进制比特的量子版本用双态设备物理实现。量子比特是一种双态（或两级）量子力学系统，是显示量子力学奇异性的最简单的量子系统之一。例子包括：电子自旋，其中两个能级可以看作向上旋转和向下旋转；或者单个光子的偏振，其中两个状态可以被认为是垂直偏振和水平偏振。在经典系统中，一个比特必须处于一种状态或另一种状态。然而，量子力学允许量子比特同时处于两个状态/能级的相干叠加，这是量子力学和量子计算的基础。

quantum capacity 量子容量 在量子通信理论中，量子容量是发送方到接收方通过许多独立使用的有噪声的量子信道进行通信的最高速率。它也等于在信道上可以产生纠缠的最高速率，而前向经典通信不能改善它。量子容量定理对量子纠错理论很重要，对量子计算理论也非常重要。

quantum channel 量子信道 在量子信息理论中，量子信道是一种可以传输量子信息以及经典信息的通信信道。量子信息的一个例子是量子比特的状态。经典信息的示例是通过因特网传输的文本文档。

quantum communication 量子通信 是指利用量子纠缠效应进行信息传递的一种新型的通信方式。量子通信是近二十年发展起来的新型交叉学科，是量子论和信息论相结合的新的研究领域。量子通信主要涉及：量子密码通信、量子远程传态和量子密集编码等，近来这门学科已逐步从理论走向实验，并向实用化发展。量子信息因其传输高效和绝对安全等特点，被认为可能是下一代 IT 技术的支持性研究，并成为国际上量子物理和信息科学的研究热点。发展量子通信技术的终极目标，是构建广域乃至全球范围内绝对安全的量子通信网络体系。而想建设覆盖全球的量子通信网络，必须依赖多颗量子通信卫星。

quantum communication satellite 量子通信卫星 一种通信传输高效的卫星，能有效杜绝间谍窃听及破解的保密通信技术，具有抗衡网络攻击的防御能力。通信时，量子信号从地面上发射并穿透大气层——卫星接收到量子信号并按需要将其转发到另一特定卫星——量子信号从该特定卫星上再次穿透大气层到达地球某个指定的接收地点。具有全程的绝对安全性。

quantum complex network 量子复杂网络 作为网络科学的一部分，量子复杂网络的研究旨在探索复杂性科学和网络体系结构在量子系统中的影响。根据量子信息理论，利用量子力学可以提高通信安全性和数据传输速率。在这种背景下，量子复杂网络的研究是由量子通信在未来大规模使用的可能性所驱动的。在这种情况下，量子通信网络很可能会获得现有通信网络中常见的非平凡特征。

quantum computing 量子计算 一种依照量子力学现象、理论进行的新型计算，例如叠加和纠缠。量子计算的概念最早出现在 20 世纪 70 年代，描绘了以量子现

Q

象实现计算的远景。量子计算机是执行量子计算的设备。它们不同于基于晶体管的二进制数字电子计算机。尽管普通的数字计算要求将数据编码成二进制数字(比特),其中每个数字总是处于两个确定状态(0 或 1)之一,但量子计算使用量子比特,可以是状态的叠加。量子图灵机是这种计算机的理论模型,也称为通用量子计算机。截至 2018 年,实际的量子计算机的发展仍处于起步阶段,但已经进行了实验,其中量子计算操作是在极少量的量子比特上执行的。实践和理论研究仍在继续,许多国家政府和军事机构为量子计算研究提供资金,以进一步开发用于民用、商业、贸易、环境和国家安全目的的量子计算机,如密码分析。

quantum cryptography 量子密码学 在量子力学和密码学基础上发展起来的,可完成单由数学无法完成的完善保密系统。量子密码装置一般采用单个光子实现,根据海森堡的测不准原理,测量这一量子系统会对该系统产生干扰并且会产生出关于该系统测量前状态的不完整信息。因此,窃听量子通信信道就会产生不可避免的干扰,合法的通信双方则可由此而察觉有人在窃听。量子密码术利用这一效应,使从未见过面且事先没有共享秘密信息的通信双方建立通信密钥,然后再采用 Shannon 已证明的一次一密钥密码通信,即可确保双方的秘密不泄露。量子密码学与经典密码学相比有两个主要优点:① 合法的通信双方可察觉潜在的窃听者并采取相应的措施;② 无论破译者有多么强大的计算能力都无法破解量子密码。

quantum discord 量子失谐 在量子信息理论中,量子失谐是量子系统的两个子系统之间的非经典相关性的度量。它包括由量子物理效应引起的相关性,但不一定涉及量子纠缠。

quantum dot display 量子点显示器 是一种使用量子点(QD)、半导体纳米晶体来产生纯单色的红、绿和蓝光的显示器件。光发射量子点粒子用于 QD 层,其转换背光以发射纯基色,通过减少 RGB 滤光片中的光损耗和色串扰来改善显示亮度和色域。该技术用于 LED(发光二极管)背光 LCD(液晶显示器),但它适用于使用彩色滤光片的其他显示技术,例如白色或蓝色/紫外(UV)OLED(有机发光二极管)。

quantum entanglement 量子纠缠 (1) 一种物理现象,当粒子的对或粒子组以某种方式产生、相互作用或共享空间接近性时,即使粒子相隔很大距离,每个粒子的量子状态也不能以独立于其他粒子的状态来描述。(2) 一种量子力学现象,其定义上描述复合系统(具有两个以上的成员系统)之一类特殊的量子态,此量子态无法分解为成员系统各自量子态之张量积。量子纠缠是两个或多个量子系统之间存在非定域、非经典的强关联。量子纠缠涉及实在性、定域性、隐变量以及测量理论等量子力学的基本问题,并在量子计算和量子通信的研究中起着重要的作用。

quantum Fourier transform (QFT) 量子傅里叶变换 在量子计算中,量子傅里叶变换(QFT)是量子比特的线性变换,是离散傅立叶变换的量子模拟。量子傅里叶变换是许多量子算法的一部分,特别是用于分解和计算离散对数的 Shor 算法,用于估计酉算子的特征值的量子相位估计算法,以及用于隐藏子群问题的算法。量子傅里叶变换可以在量子计算机上高效地执行,特别是分解成更简单的酉矩阵的乘积。利用简单的分解,n^2 幅度的离散傅里叶变换可以实现为仅由 $O(n^2)$ Hadamard 门和受控相移门组成的量子电路,其中 n 是量子比特的数目。

这可以与经典离散傅里叶变换进行比较,该变换采用 $O(n2^n)$ 门(其中 n 是比特数),其指数大于 $O(n^2)$。然而,量子傅里叶变换作用于量子态,而经典傅里叶变换作用于矢量,因此并非使用经典傅里叶变换的每个任务都可以利用这种指数加速。已知的最佳量子傅立叶变换算法(截至 2000 年末)仅需要 $O(n \log n)$ 门电路即可实现有效的近似。

quantum high definition(QUHD) 量子点高清技术 采用量子点显示技术,画面分辨率为 $7680 \times 4320(8k \times 4k)$ 超高清显示屏。

quantum information science 量子信息科学 简称量子信息学,主要是由物理科学与信息科学等多个学科交叉融合在一起所形成的一门新兴的科学技术领域。它以量子光学、量子电动力学、量子信息论、量子电子学,以及量子生物学和数学等学科作为直接的理论基础,以计算机科学与技术、通信科学与技术、激光科学与技术、光电子科学与技术、空间科学与技术(如人造通信卫星)、原子光学与原子制版技术、生物光子学与生物光子技术,以及固体物理学和半导体物理学作为主要的技术基础,以光子(场量子)和电子(实物粒子)作为信息和能量的载体,来研究量子信息(指光量子信息和量子电子信息)的产生、发送、传递、接收、提取、识别、处理、控制及其在各相关科学技术领域中的最佳应用等。量子信息科学主要包括以下 3 个方面:量子电子信息科学(简称量子电子信息学)、光量子信息科学(简称光量子信息学)和生物光子信息科学(简称生物光子信息学)。其中,光量子信息科学是量子信息科学的核心和关键;而在光量子信息科学中,研究并制备各种单模、双模和多模光场压缩态以及利用各种双光子乃至多光子纠缠态来实现量子隐形传态等等,则是光量子信息科学与技术的核心和关键;

同时,这也是实现和开通所谓的"信息高速公路"的起点和开端。因此,研究并制备各种光场压缩态和实现量子隐形传态是光量子信息科学与技术的重中之重。

quantum key distribution(QKD) 量子密钥分发 是一种安全的通信方法,它实现了涉及量子力学组成部分的加密协议。它使双方能够生成只有他们所知的共享随机密钥,然后可以用它来加密和解密消息。它通常被错误地称为量子密码术,因为它是量子加密任务中最著名的例子。量子密钥分发的一个重要且独特的特性是两个通信用户能够检测到试图获得密钥知识的任何第三方的存在的能力。这是量子力学的一个基本方面的结果:测量量子系统的过程一般会扰乱系统。试图窃听密钥的第三方必须以某种方式对其进行测量,从而引入可检测到的异常。通过使用量子叠加或量子纠缠并在量子状态中传输信息,可以实现探测窃听的通信系统。如果窃听的级别低于某个阈值,则可以生成保证安全的密钥(即,窃听者没有关于该密钥的信息),否则就不可能有安全密钥并且中止通信。

quantum nonlocality 量子非定域性 在理论物理学中,量子非局域性通常指在微观层面上进行的测量与在经典力学中被认为直观真实的局部现实主义概念相矛盾的现象。然而,关于纠缠量子态的多系统测量统计量的一些量子力学预测不能用任何局部隐藏变量理论来模拟。贝尔定理证明了一个明确的例子,该定理已通过实验验证。实验一般都倾向于量子力学作为对自然的描述,而不是局部隐藏变量理论。任何替代或取代量子理论的物理理论都必须做出类似的实验预测,因此在这个意义上也必须是非局部的;量子非定域性是宇宙的一种属性,它独立于我们对自然的描述。量子非定域性不允许快于光的通信,因此与狭义

Q

相对论兼容。然而,它引发了许多关于量子理论的基础讨论。在 2018 年 10 月,物理学家报告说,量子行为可以用经典物理学解释单个粒子,但不能用量子纠缠和相关的非定域现象来解释多个粒子的量子行为。

quantum positioning system (QPS)　量子定位系统　比全球定位系统(GPS)精确度更高,可在水下应用。

quantum scientific experimental satellite　量子科学实验卫星　2016 年 8 月 16 日中国第一颗,也是世界第一颗上天的量子卫星"墨子号"成功发射。这是科学到技术的一大进步。"墨子号"是中国科学院空间科学先导专项首批科学实验卫星之一,其主要科学目标是借助卫星平台,进行星地高速量子密钥分发实验,并在此基础上进行广域量子密钥网络实验,以期在空间量子通信实用化方面取得重大突破;在空间尺度进行量子纠缠分发和量子隐形传态实验,开展空间尺度量子力学完备性检验的实验研究。参见 quantum communication satellite。

quantum state　量子态　物质演化过程中在某时刻的客观存在。例如,电磁波在某时刻的电磁转化周期中动量和质量的变化,就是其在该时刻能量的量子态。

quantum superposition　量子叠加　是量子力学的基本原理。它表明,与经典物理学中的波很像,任何两个(或更多)量子态可以加("叠加")在一起,结果将是另一个有效的量子态;相反,每个量子态可以表示为两个或更多个其他不同态的和。在数学上,它指的是薛定谔方程的解的性质;由于薛定谔方程是线性的,因此解的任何线性组合也将是一个解。

quantum system　量子系统　是整个宇宙(环境或物理世界)的一部分,它被用于分析或研究与该系统中的波粒二象性有关的量子力学。研究该系统外部的所有东西(即环境)只是为了观察它对系统的影响。量子系统涉及波函数及其成分,例如定义波函数的波的动量和波长。

quantum teleportation　量子隐形传送　利用量子纠缠效应进行信息传递的一种新型的通信方式。又称为"量子通信"。"teleportation"一词是指一种无影无踪的传送过程。1993 年美国物理学家贝尼特等人提出了量子隐形传送的方案:将某个粒子的未知量子态(即未知量子比特)传送到另一个地方,把另一个粒子制备到这个量子态上,而原来的粒子仍留在原处。其基本思想是:将原物的信息分成经典信息和量子信息两部分,它们分别经由经典通道和量子通道传送给接收者。经典信息是发送者对原物进行某种测量而获得的,量子信息是发送者在测量中未提取的其余信息。接收者在获得这两种信息之后,就可制造出原物量子态的完全复制品。这个过程中传送的仅仅是原物的量子态,而不是原物本身。发送者甚至可以对这个量子态一无所知,而接收者是将别的粒子(甚至可以是与原物不相同的粒子)处于原物的量子态上。原物的量子态在此过程中已遭破坏。量子隐形传送所传输的是量子信息,它是量子通信最基本的过程。

quantum theory　量子论　研究微观物质世界基本规律的理论。量子论为原子物理学、固体物理学、核物理学和粒子物理学奠定了理论基础。它能很好地解释原子结构、原子光谱的规律性、化学元素的性质、光的吸收与辐射等。

quartz-synthesized tuning　合成石英(晶体频率)调谐　是自动频率微调(AFT)方法中的一种,它能捕获较强广播信号并与其保持同相位。石英调谐利用石英晶体的恒定振动的可靠性作为其基准点。晶体以所选频道的精确频率振动,获得非常精确的调谐,与频道和广播信号之间可能发生的频率振动无关。锁相环(PLL)是电视显示器/接收器中使用的另一种自动频率调谐方法。

quasi-associated mode　准随路方式　一种特殊的非随路信令操作。在准随路方式下,信令信息的路径是由通过一个以上的信令传输部分(STP)的两个以上的信令连接(一前一后)之间的信令节点所决定的(适用于每个信令信息)。

quasi-passive satellite　准无源人造卫星　具有特殊的反射型天线的无源人造卫星,通过在窄束内汇聚接收信号并把它反射回接收站而使信号增强。

quasi-random code generator　准随机代码发生器　按某种随机编码算法产生代码序列的一种高速脉冲编码调制器,其输出脉冲序列中包含大量随机组合,从统计上看是随机的,实际上却是可以预测和重复产生的,可作为设计和评估宽带通信线路的闭环测试中的一种设备。

quasi-random signal sequence（QRSS）　准随机信号序列　一种用数学方法和物理方法相结合产生的随机序列,它可以克服伪随机序列或物理随机序列两者的缺点。

quasi-random signal source（QRSS）　准随机信号源　一种具有类似于高斯噪声性质的伪随机数据型,用于对数据服务的"1"密度要求的非服务和位误码率检验。

quaternary phase shift keying（QPSK）　四进制[四相]相移键控　以两组平行的不归零制数据流来调制微波载波,其调制方式是使数据作为载波的各种 $90°$ 相移发送出去。这样在带宽相同的情况下,这样做可使其通道容量为二相相移键控容量的两倍。

queue-back chain　队列反向链　在远程通信存取方法中,一个为指定的目的地QCB(队列控制块)的若干个终端发送与接收的报文流量按时间顺序所做的记录。

queue-based share　基于队列的共享　计算机网络中的一种资源共享方案。在这种方案中,端至端之间没有直接连通的物理通道,所以数据单元传到每个节点时,总要先存储在队列中,等待通道有空闲时再转发。

QuickTime　（苹果公司）QuickTime 软件　由苹果（Apple）公司开发,于 1991 年推出的视频、音频和动画等类型的多种媒体播放工具,现已成为 Apple 公司面向专业视频编辑、Web 网站创建和 CD-ROM 内容制作领域的跨平台的多媒体技术架构。QuickTime 拥有 H.264 的先进视频压缩技术,以更少的带宽和存储空间呈现绚丽、清晰的高清视频画面。新版本的 QuickTime 7 Pro 支持文件多种格式转换,还可录制并剪辑用户自己的作品。

Qx interface　Qx 接口　Qx 是不完善的 Q3 接口,它是非标准的厂家专用的 Q 接口,虽然在管理系统的实施中,很多产品采用 Qx 接口作为 Q3 接口的过渡,但是随着标准化进程的推进,Qx 接口将逐步被抛弃。

Q3 interface　Q3 接口　Q3 接口属于电信管理网(TMN)的重要接口协议簇。Q3接口是一个协议集合,跨越了整个 OSI(开放系统互连)七层模型的协议的集合。从第一层到第三层的 Q3 接口协议标准是 Q.811,称之为低层协议栈。从第四层到第七层的 Q3 接口协议标准是 Q.812,称之为高层协议栈。Q.811/Q.812适用于任何一种 Q3 接口。其功能包括面向事务处理的管理应用,面向文件传输的文件传送、接入与管理。

Q.921　Q.921 标准　全称为"ISDN用户网络接口数据链路第二层协议",ITU(国际电信联盟)的 ATM(异步传输模式)网络的信令标准,支持交换的虚拟连接,基于 ISDN(综合业务数字网)的信令标准。

Q

其主要功能有：① 帧界定、队列、标志透明度；② 虚电路复用技术和解除复用技术；③ 八位字节队列；④ 检验帧大小最小值和最大值；⑤ 差错监测、序列和无复制；⑥ 拥塞控制。它的作用是为ISDN 用户网络接口的 B、D 或 H 通路上为帧方式承载业务,在用户平面上的数据链路业务用户之间传递数据链路层服务数据单元(SDU)。

Q.931　Q.931 标准　全称为"ISDN 用户网络接口数据链路第三层协议",ITU(国际电信联盟)的 ISDN(综合业务数字网)信令标准,支持交换的虚拟连接,基于为帧中继和 ATM(异步传输模式)开发的信令标准。与 I.451 建议等同,用于ISDN D 信道的第三层协议。

R

---

radiance conservation law　辐射度守恒律
在电信系统,辐射度守恒律是光学的一
个基本原则。光辐射能在传输介质中没
有损失时,在光束传输路径上任取两个
表面 L_1 和 L_2,它们的亮度是相等的,
$L_1 = L_2$,即亮度是守恒的。辐射度守恒
律曾称为"亮度守恒"或"亮度定理"。

**radiation pattern (RP)　(天线)辐射(方向)
图**　(1) 也称为"场图"。与天线方向相
对有关的辐射度或场强的变化图,通常
是相对天线轴的角度的函数。辐射图通
常是用图形表示的水平面或垂直面上的
远场状态。(2) 对于光纤、纤芯或有源器
件输出端的,作为位置或者角度的函数
的,相对功率分布状态。近场辐射图描
述了作为光纤端面平面上以位置为函数
的辐射(单位为瓦特每平方米)。远场辐
射图描述了作为光纤端面平面远场区域
的以角度为函数的辐照度。辐射图可能
是光纤长度、激励方式和波长的函数。
同 directivity pattern。

radio access bearer (RAB)　无线接入承载
目的是使用宽带码分多址无线电接入网
(WCDMA RAN)提供连接段以支持通
用移动通信系统(UMTS)承载业务。
WCDMA RAN 可以提供具有不同特性
的无线电接入承载连接,以匹配不同
UMTS 承载的要求:会话语音 RAB 是
为 12.2 kbps 自适应多速率(AMR)语音
定制的,也可用于承载紧急呼叫业务;通
过会话 64 kbps 电路交换(CS)RAB,可以
提供视频电话和文件传输协议(ftp)业
务;提供 57.6 kbps 流支持特定的调制解

调器;在 DCH(专用信道)上将实施新的
PS(分组交换)流 8/54 kbps RAB。此流
RAB 仅在与 PS 交互式 8/8 kbps RB 组
合中得到支持,不支持独立的 PS 流
RAB;交互式 RAB(分组交换)支持的最
大数据速率下行链路为 384 kbps,上行
链路为 64 kbps,使其是电子邮件或 Web
浏览的理想选择;也可以将语音 RAB 与
通常称为多无线接入承载(MultiRAB)
的交互式 RAB 一起使用。

**radio access network (RAN)　无线(电)接
入网**　(1) 无线电接入网络(RAN)是移
动电信系统的一部分。它实现了无线接
入技术。从概念上讲,它位于诸如移动
电话、计算机或任何远程控制的机器之
类的设备之间,并提供与其核心网络
(CN)的连接。根据标准,移动电话和其
他无线连接设备被称为用户设备(UE)、
终端设备、移动站(MS)等。RAN 功能
通常由驻留在核心网络和用户设备中的
硅芯片提供。(2) 移动通信网络分为两
个部分:无线(电)接入网和核心网。无
线接入网主要指由基站收发台、基站控
制器组成的网络,该网络通过无线链路
与移动终端通信。提供移动通信系统的
无线通信服务所需要的基础设施,包括
对因特网的高速移动接入。RAN 必须
能为每个用户管理各种任务,包括接入、
漫游、与公用交换电话网和因特网的透
明连接,以及数据和 Web 连接的服务质
量(QoS)管理。

**radio access network application part (RANAP)
无线(电)接入网络应用部分(协议)**　是
3GPP(第三代合作伙伴项目)在 TS 25.413

中规定的协议,并且用于 UMTS(通用移动通信系统)中作为核心网络与 UTRAN(通用移动通信系统地面无线接入网)之间的信令,核心网络可以是 MSC(移动交换中心)或 SGSN(GPRS 服务支持节点)。通过 Iu-接口承载 RANAP。RANAP 信令协议驻留在 UMTS(通用移动电信系统)协议栈中的 Iu-接口的无线网络层的控制平面中。Iu-接口是 RNC(无线电网络控制器)和 CN(核心网络)节点 B 之间的接口。该协议的主要功能有:无线(电)接入承载(RAB)管理、消息流的透明传输、寻呼、安全模式控制、位置信息报告等等。

Radio Association of China (RAC) 中国无线电协会 成立于 2009 年 3 月 30 日,是由国内从事无线电管理、运营、生产、销售、使用的企事业和相关社会团体及个人自愿结成的依法登记具有法人资格的行业性的非营利性的社会组织,接受中华人民共和国民政部和工业和信息化部的业务指导和监督管理。中国无线电协会秉承以"会员为根、服务为本"的工作理念,在国家无线电管理方针、政策的指导下,加强无线电行业之间的交流与合作,开展学术研究,增进国内外交往,维护会员单位及全行业的共同利益,促进无线电频率资源的合理有效利用,推动我国无线电的繁荣和发展。

radio astronomy 无线电[射电]天文学 应用无线电技术观测天体和星际物质所发射或反射的无线电波而进行天文研究的一门学科。无线电天文学是天文学的一个分支,通过电磁波频谱以无线电频率研究天体。无线电天文学的技术与光学相似,但无线电波能通过光波透不过的星际尘埃,所以无线电观测能深入到光学方法看不到的地方。此外,某些产生非热辐射的天体,虽然不发出可见光,但往往发出强烈的无线电辐射,因此用无线电探测方法能探测到某些光学波段完全无法发现的天文现象。由于地球大气的阻挡,从天体来的无线电波只有波长约 1 毫米到 30 米左右的才能到达地面,迄今为止,绝大部分的无线电天文研究都是在这个波段内进行的。

Radio & Television Information 《广播电视信息》 由国家广播电影电视总局和广播影视信息网络中心主办的月刊。

radio baseband receive terminal 无线电基带接收终端 基带电路中最接近无线电接收器的点。一般由此处连至多路转换基带接收终端或中转设备。

radio baseband send terminal 无线电基带发射终端 非常靠近无线电发射机并且通常将从该处连接到多路复用基带发送终端或中间设备的基带电路中的位置。

radio beacon 无线电信标(机) 在地面台站或飞行器中提供自身位置信息的无线电电子设备。它由振荡器、发射机、发射天线和附加设备组成。飞机导航系统中,一个或几个地面导航台用规定的频率发射无线电信标信号(等幅波、音频调制波或代码),飞机机上导航设备根据收到的信标信号测出或解算出飞机相对于导航台的方位。飞机不断测定方位并纠正航向,就可被引导到目的地。

radio beam 无线电波束 像无线电测距和微波无线电中继中那样集中的射频能量流。例如,雷达波束是对特定应用发射的无线电波束。

radio bearing (RB) 无线电方位[定向] 利用无线电测向仪获得的相对于无线电发射机的方位。

radio beeper 无线寻呼机 一种随身携带的电子装置,使用者收到信号后可根据情况及时打电话回复。

radio capacity 无线通信容量 蜂窝电话业务量的一个测度,它定义为每个区域的信道数 $m = M/(KS)$,其中,M 是频道总数，K 是单重复使用因数，S 是区域数。

radio channel 无线电信道 （1）信道是对无线通信中发送端和接收端之间的通路的一种形象比喻，对于无线电波而言，它从发送端传送到接收端，其间并没有一个有形的连接，它的传播路径也有可能不只一条，但为了形象地描述发送端与接收端之间的工作，可以想象两者之间有一个看不见的通路衔接，把这条衔接通路称为信道。（2）带宽足以允许将其用于无线电通信的频段。信道带宽取决于传输类型和发射频率的容限。

radio channel group (RCG) 无线信道群 基地电台中与移动台进行无线通信所需要的若干信道设备。它包括发射机、接收机、发射机合路器、接收机分路器及天线等设备。

radio circuit 无线电电路 针对无线电应用布置元件和连接导线。

radio command 无线电指令 用无线电发出的启动或终止远程设备某种活动的指令。

radio common carrier (RCC) 公用无线电运营商[通信公司] 向公众提供无线寻呼、移动电话、无线通信业务的电信公司。

radio communication (RC) 无线（电）通信 利用无线电波传输信息的通信方式。能传输声音、文字、数据和图像等。与有线电通信相比，不需要架设传输线路，不受通信距离限制，机动性好，建立迅速；但传输质量不稳定，信号易受干扰或易被截获，保密性差。无线电通信按波长分为长波通信、中波通信、短波通信、微波通信；按中继媒质分为微波接力通信、卫星通信、散射通信等。

radio communications bureau 无线电通信局 国际电信联盟-无线通信部（ITU-R）的一个组成部分。它给会议组和研究组提供管理和技术支持，并应用无线电准则，合并所有文献的印刷品和备份，记录和注册频率分配，以及维护国际频率总登记表。

radiocommunication service 无线电通信服务 根据国际电信联盟（ITU）无线电规则（RR）第 1.19 条，定义为"涉及为特定电信目的的传输、发射和/或接收无线电波的服务"。无线电通信分为空间和地面无线电通信。"无线电规则"第 1 条将空间无线电通信定义为"涉及使用一个或多个空间站或在空间使用一个或多个反射卫星或其他物体的任何无线电通信"。地面无线电通信定义为"除空间无线电通信或射电天文之外的任何无线电通信"。

radio communications sector 无线电通信部 即国际电信联盟-无线通信部（ITU-R）。

radio communication station 无线电通信站 是通过无线电波进行通信所必需的一套设备。通常，它是接收器或发射器或收发器、天线以及操作它们所需的一些较小的附加设备。它们在通信技术中发挥着至关重要的作用，因为在全世界传输数据和信息在很大程度上依赖于它们。

radio configuration (RC) 无线电配置 指码分多址 2000（CDMA 2000）（IS-2000）信号的物理信道配置。各 RC 规定了一组基于 9.6 kbps 或 14.4 kbps 的数据率。RC1 是 CDMA 2000 用于 9.6 kbps 话音业务的后向兼容模式。它包括 9.6、4.8、2.4 和 1.2 kbps 数据率，在扩展率 1（SRI）工作。RC3 是 CDMA 2000 基于 9.6 kbps 的专门配置，它也支持 4.8、2.7 和 1.5 kbps 的话音，以及 19.2、38.4、76.8 和 153.6 kbps 的数据。

radio data system (RDS) 无线（广播）数据系统 是在传统调频（FM）无线电广播

中嵌入少量数字信息的通信协议标准。RDS 标准化了几种传输的信息,包括时间、台标和节目信息。该标准始于欧洲广播联盟(EBU)的一个项目,但后来成为国际电工委员会(IEC)的国际标准。

radio detection 无线电探测 用无线电定位探测目标的存在,而不精确确定目标位置。比较 radio determination。

radio direction finding (RDF) 无线电测向或测向(DF),是对接收信号发射方向的测量。这可以指无线电或其他形式的无线通信,包括雷达信号检测和监测。通过组合来自两个或更多个适当间隔的接收器(或单个移动接收器)的方向信息,可以通过三角测量来定位发射源。无线电测向用于船舶和飞机的导航,定位用于搜索和救援的应急发射机,跟踪野生动物,以及定位非法的或干扰的发射机。

radio determination satellite service (RDSS) 卫星无线电定位业务,无线测定卫星业务 提供移动车辆与基站之间的双向通信的卫星系统,而且该系统可使基站以实时方式确定车辆的准确位置。RDSS 能向各类用户和运动平台实时提供准确、连续的位置、速度和时间信息。它目前已基本取代了无线电导航、天文测量和传统大地测量技术,成为人类活动中普遍采用的导航定位技术。

radio engineering 无线电工程 涉及无线电波的产生、传输和接收以及相关设备的设计、制造和测试的工程领域。

radio facsimile 无线电传真 利用无线电的传真通信。

radio fadeout 无线电波消失,无线电信号渐弱消失 电离层低层中电离的突然反常增大,引起通过这些区域的无线电波被更强地吸收,使接收机处的信号消失。也称为"无线电中断"。

radio field strength 无线电场强 在某点由于特定频率的无线电波通过所引起的

电场或磁场强度的有效值。电场强度可以用微伏/米或毫伏/米表示。

radio field to noise ratio 无线电场强噪声比 在给定位置的无线电场强与噪声场强之比。

radio fixed part (RFP) 无线电固定部分 一般指移动网络中的基站系统、交换系统和网管系统,它们的位置是固定的。

radio frequency (RF) 射频,无线电频率 是指交流的电流或电压或磁场、电场或电磁场或机械系统的振荡速率,频率范围从每秒约 2 万次(20 kHz)到约 3 000 亿次。每秒(300 GHz)。这大致在音频的上限和红外频率的下限之间;这些是来自振荡电流的能量可以作为无线电波从导体辐射到空间的频率。不同的源指定频率范围的不同上限和下限。虽然 RF 通常是指电气而非机械振荡,但机械 RF 系统并不罕见。参见 radio frequency spectrum。

radio frequency adapter 射频调制器 安装在卫星电视接收终端的输出与用户电视机输入端之间的附加调制器。射频调制器把来自卫星电视接收机的基带电视信号调制为射频信号,使用户的普通电视机可在特定的电视频道上接收这些信号。

radio frequency amplification 射频放大 由无线电接收机检波前进行的或由无线电发射机发射前进行的放大。

radio frequency band 无线电频带,射频频带 又称"无线电波段"。无线电频带按频率范围分为 14 个频带。参见 radio frequency (RF), radio frequency spectrum。

radio frequency channel (RFC) 无线电频道[频率信道] (1) 在广播中,由主管频率分配机构为特定无线电台、电视台或电视频道的运行分配的指定的射频(或等效地指波长)。(2) 在频分复用多址

(FDMA)中,一段频谱被分成一些子段,每一子段作为一个无线信道,即无线频率信道。

radio frequency circulator 无线电频率环行器[循环器] 一种用铁氧体材料制成的多路转接器,用来把微波设备的几个部件连接到同一天线上去。回转器在前进方向上只有很小的损耗,但在相反方向上却有 20 dB 的损耗。

radio frequency communication (RFCOMM) 无线(电频率)通信,射频通信 是基于欧洲电信标准学会(ETSI)技术标准 TS 07.10 的串行电缆模拟协议,用于全球移动通信系统(GSM)通信设备。在蓝牙协议栈中它位于逻辑链路控制和适配协议(L2CAP)之上,提供了对 RS-232 串行口的模拟。这一"电缆替代"协议在基带上模拟了 RS-232 数据和控制信号,向使用串行线作为传输机制的上层业务提供传输能力。

radio-frequency identification (RFID) 射频识别 使用电磁场自动识别和跟踪附着在物体上的标签。标签包含电子存储的信息。无源标签从附近的 RFID 阅读器探询无线电波收集能量。有源标签具有本地电源(例如电池)并且可以离 RFID 读取器数百米工作。与条形码不同,标签不需要在阅读器的视线范围内,因此它可以嵌入在被跟踪的对象中。RFID 是自动识别和数据捕获(AIDC)的一种方法。

radio frequency interference (RFI) 射频[无线电频率]干扰 在所需信号频率上或附近发生的对无线电接收的干扰。干扰可能由一些自然原因(如雷电)或人为原因(如电弧焊接、电热机、直流电机转换或断开继电器接点)引起。为了管理目的,国际电信联盟(ITU)无线电规则中定义了不同级别的干扰,即可允许干扰、可接受干扰和有害干扰。

radio frequency interference shield 无线电频率干扰屏蔽,RFI 屏蔽 一种金属屏障,以防止无线电和电视对打印机或计算机印制电路板的干扰。

radio frequency intermodulation distortion (RFID) 射频互调失真 一种非线性失真,表现为由接收机射频各级中的互调失真引起谐波分量。

radio frequency microelectromechanical system (RFMEMS) 射频微机电系统 一种微电子机械系统,其电子元件包括提供射频(RF)功能的移动亚毫米尺寸的部件。可以使用各种 RF 技术实现 RF 功能。除 RFMEMS 技术外,RF 设计人员还可获得 III - V 化合物半导体(GaAs、GaN、InP、InSb)、铁氧体、铁电、硅基半导体(RFCMOS、SiC 和 SiGe)以及真空管技术。每种 RF 技术都在成本、频率、增益、大规模集成、寿命、线性度、噪声系数、封装、功率处理、功耗、可靠性、耐用性、尺寸、电源电压、开关时间和重量之间提供不同的权衡。

radio frequency modulator 射频调制器 一种电子设备,其输入是用于调制射频(RF)源的基带信号。RF 调制器用于将来自诸如媒体播放器、盒式录像机(VCR)和游戏控制台之类的设备的信号转换为可以由设计用于接收调制 RF 输入的设备(例如收音机或电视接收器)处理的格式。

radio frequency noise 射频噪声 由继电器接触或电机电刷接触引起的电火花导致的噪声。通常用与一电容器串联的电阻来抑止。

radio frequency SIM 射频用户识别卡 可安装在手机上实现近距离身份识别和金融支付的目的。SIM 卡也称为智能卡、用户身份识别卡。

radio frequency spectrum 无线电频谱 主要分为甚低频、低频、中频、高频、甚高频、特高频、超高频、极高频;甚低频在 3~30 kHz 之间,频带号是 4;低频在 30~ 300 kHz 之间,频带号是 5;中频在 300 kHz~3 MHz 之间,频带号是 6;高频在 3~30 MHz 之间,频带号是 7;甚高频在 30~300 MHz 之间,频带号是 8;特高频在 300 MHz~3 GHz 之间,频带号是 9;超高频在 3~30 GHz 之间,频带号是 10;极高频在 30~300 GHz 之间,频带号是 11。

radio interface layer (RIL) 无线电接口层 是操作系统中的一个层,它为硬件的无线电和(如手机上的)调制解调器提供接口。

radio jamming 无线电干扰 是故意干扰、阻塞或干扰授权的无线通信。无线电干扰设备可称为"干扰器",一般使用是非法的。在某些情况下,干扰器通过发送无线电信号来工作,通过降低信噪比来干扰通信。该概念可用于无线数据网络中扰乱信息流。干扰通常区别于由于设备故障或其他意外情况可能发生的干扰。干扰设备受到不同法规的管制。

radio link (RL) 无线电链路 在两个特定点之间提供通信信道或控制信道的无线电系统。

radio link control (RLC) 无线电链路控制(协议) 是在空中接口上的 UMTS(通用移动通信系统)和 LTE(长期演进标准)中使用的第二层协议。3GPP(第三代合作伙伴项目)在 TS 25.322 中对 UMTS, TS 36.322 中对 LTE 和 TS 38.322 中对 5G 新无线电(NR)规定了该协议。RLC 位于 3GPP MAC(介质访问控制)层之上且位于 PDCP(分组数据汇聚协议)层之下。在无线接口采用有选择的重传进行反向纠错,从而提供数据传送的信道。

radio link layer (RLL) 无线电链路层 无线通信系统体系结构的第二层,即对应于开放系统互连(OSI)模型的链路层。

radio link protocol (RLP) 无线电链路协议 一个链路层控制协议,是在 MS(移动站点)与 IWF(互通功能)之间为了可靠地传送用户数据,所采用的一种自动重发请求(ARQ)协议。参见 interworking function (IWF)。

radio masts and towers 无线电天线杆和塔 通常是直立的结构设计,用于支持通信和广播,包括电视的天线。有两种主要类型:拉索的和自支撑结构。也是某个区域中最高的人造建筑之一。在天线杆辐射器或辐射塔的情况下,整个天线杆或塔架本身就是发射天线。

radio microphone 无线麦克风 内置射频(RF)发射器的麦克风,用于取代使用电缆连接的麦克风。

radio multiplexing 无线电多路复用 通过频分或时分,将无线电信道分成若干话音信道或编码信道。

radio net/network 无线电网(络) 针对通信应用建立的无线电网络。目前世界上使用的无线电网络有两种类型:常用于公共信息和大众媒体娱乐的一对多广播网络,以及为公共安全和公共服务的较常用的双向无线电类型,如用于警察、消防、出租车和送货服务。此外,蜂窝电话能够使用两个不同的频率同时发送和接收。许多相同的组件和许多相同的基本技术适用于所有三种技术。

radio network controller (RNC) 无线电网络控制器 是通用移动通信系统(UMTS)无线电接入网络(UTRAN)中的管理单元,并且负责控制与其连接的节点 B。RNC 执行无线电资源管理,一些移动性管理功能,并且是在向移动设备发送用户数据和从移动设备发送用户数据之前完成加密的点。RNC 通过媒体网关(MGW)连接到电路交换核心网络,并连接到分组交换核心网络中的 SGSN

（服务 GPRS 支持节点）。

radio network subsystem（RNS）无线电网络子系统 第三代移动通信系统（3G）中的无线接入网子系统，主要包括基站（BS）、无线网络控制器（RNC）。

radio noise 无线电噪声 无线电频率范围内的辐射电磁干扰噪声。

radio pager 无线电寻呼机 一种小型无线电接收机，能够显示所来的电话号码或预置的数码以告诉携带者有电话呼叫。同 beeper。

radio paging（RP）无线（电）寻呼，广播寻呼 能够在小型无线电接收机上显示所呼叫的电话号码或预置的数码信息的寻呼服务。

radio phase method 无线电相位法 甚低频辐射场系统的一种，在航空电磁法中，用以测定辐射场磁场成分。它对于陡倾斜导电率界面反应灵敏。

radio receiver 无线电接收机 一种将无线电波变换成可听懂的声音或其他可感觉信号的接收机。也称为"收音机"。

radio relay equipment 无线电接力机 转发超短波或微波视距信号进行无线电通信的设备。

radio relay system（RRS）无线电接力[中继]（通信）系统 一种点对点无线电传输系统，由一台或多台中间无线电站接收、放大和发送无线电信号。

radio repeater 无线电转发器[中继器] 将无线电通信信号从一个固定站传输到另一个固定站的中间站的转发器。它扩大了始发站的可靠作用距离。也称为"无线电中继系统"或"中继系统"。

radio resource（RR）无线（电）资源 （1）指无线（电）通信所需的资源，包括频率、时隙、扩频码等。也是通信领域的重要资源。（2）无线（电）接口信令第三层（信令层）的三个功能子层之一。三个功能子层分别是：无线（电）资源管理

（RRM）、移动性管理（MM）、连接管理（CM）。

radio resource control（RRC）无线（电）资源控制（协议） 是用于 UMTS（通用移动通信系统）和 LTE（长期演进）的空中接口的协议。它位于 UE（用户设备）和 eNB（进化的节点 B）之间的层，并且存在于 IP 级。该协议由 3GPP（第三代合作伙伴项目）在针对 UMTS 的 TS 25.331 中和针对 LTE 的 TS 36.331 中规定。RRC 消息通过 PDCP（分组数据汇聚协议）传输。RRC 协议的主要功能包括连接的建立和释放功能，系统信息的广播，无线承载的建立、重新配置和释放，RRC 连接移动性规程，寻呼通知和释放以及外环功率控制。借助于信令功能，RRC 根据网络状态配置用户和控制平面，并支持实施的无线电资源管理策略。

radio resource management（RRM）无线（电）资源管理 指无线通信系统中的同道干扰、无线电资源和其他无线电传输特性的系统级管理，例如蜂窝网络、无线局域网和无线传感器系统。RRM 涉及用于控制诸如发射功率、用户分配、波束成形、数据速率、切换准则、调制方案、差错编码方案等参数的策略和算法。目标是尽可能高效地利用有限的无线电频谱资源和无线电网络基础设施。

radio resource management procedures 无线（电）资源管理规程 包括与公共传输资源的管理相关的功能，例如控制信道上的物理信道和数据链路连接。无线电资源规程的一般目的是建立、维护和释放支持网络和移动台之间的点对点对话的 RR 连接。这包括小区的选择/重选和切换规程。此外，无线电资源管理规程包括在没有建立 RR 连接时接收单向 BCCH（广播控制信道）和 CCCH（公共控制信道）。这支持自动的小区选择/重选。

R

radio service set ID (RSSID) 无线服务集标识符 在无线局域网中用于标识服务集的编码,无线用户设备可以通过该标识符接入相关接入点(AP)设备并区分不同的无线网络服务集。同一个无线网络中的多个 AP 设备可以使用相同的 RSSID,RSSID 由区分大小写的字符组成,最长可以达到 32 位。参见 service set ID (SSID)。

radio star 无线电星,射电星 发射无线电波的恒星。太阳是发射无线电波的明确已知的唯一恒星。

radio station (RS) (无线)电台 装有无线电通信设备的中继或终端台(包括移动台)、站。简称电台,分为发射台、接收台和收发兼备的电台。按调制方式分为调幅电台、调频电台和单边带电台。更广泛地说,无线电台的定义包括上述设备和安装它的建筑物。这样的电台可以包括上面定义的几个"无线电台"(即,安装在一个建筑物中,但是独立运行的几组接收器或发射器,以及安装在建筑物旁边的场地上的几个天线)。无线电台的这种定义通常被称为发射机站点、发射机台,发射设备或发射站。

radiotelephone 无线电话 一种通过无线电传输语音的通信系统。无线电话系统不一定与公共"陆线"电话网络互连。"无线电话"是指通过无线电传输声音(音频),与无线电报(电报信号的传输)或视频传输不同。如果在移动台安排双向无线电系统用于通话和收听,并且能够与公共交换电话系统互连,则该系统就可以提供移动电话服务。

radiotelephone call 无线电话呼叫 发自或发往移动台或移动地球站的电话呼叫,它的全部或部分传输通道,为移动业务或卫星移动业务中的无线电通信信道。

radioteletype (RTTY) 无线电传 最初由两个或多个机电式电传打字机组成的通信系统,这些电传打印机位于不同位置通过无线电而不是有线链路连接。无线电传机是从 19 世纪中叶开始的早期陆线电传打印机运行演变而来的。从 20 世纪 80 年代开始,电传打字机被运行电传打印机仿真软件的计算机取代。

radio transmission 无线电传输 在射频上辐射电磁波经空间的信号传输。

radio transmission technology (RTT) 无线传输技术 是利用无线技术进行数据传输的一种方式。例如无线网络、移动通信、蓝牙传输、红外无线传输以及微波通信等。在移动通信中,主要指空中接口采用的各种无线电处理技术。

radio transmitter 无线电发射机 产生以无线电波形式经空间传输的射频功率的发射机。

radio wave 无线电波 指在自由空间传播的射频频段的电磁波。它由导体中电流强弱的改变产生的,频率范围为 10 kHz～3 000 GHz 的电磁波。

radio window 射电窗口 允许来自外太空的辐射进入并穿过地球大气层的从大约 6 MHz～30 GHz 的频段。

rain barrel effect 雨桶效应 指的是由回路中的削弱回声所产生的语音电话线路中的信号失真。此种失真会产生类似于向雨桶讲话的声音效果。

rainbow generator (RG) 彩虹[彩条]信号发生器 一种电视测试信号发生器,它产生的信号馈入彩色电视接收机时,能够将多种颜色融合在一起并在荧光屏上呈现完整的色谱。

rain fade 雨衰 在陆地或卫星微波链路中,由信号路径中的雨滴引起的吸收和反射产生的信号损失。雨衰主要指大气层雨、雪或冰吸收微波射频(RF)信号,以及在 11 GHz 以上频率的损耗特别普遍。它还指由风暴前缘的电磁干扰引起的信号退化。上行链路或下行链路位置的降雨可能产生雨衰。然而,不下雨的地方,也会受到雨衰的影响,因为信号可能会经过数英里之外的降雨,特别是如果卫星天线具有低的视角时。5%～20%的雨衰或卫星信号衰减也可能由上行链路或下行链路的天线反射器、天线罩或馈源喇叭天线上的雨、雪或冰引起。雨衰不仅限于对卫星上行链路或下行链路的影响,它还会影响地面点对点微波链路(地球表面上的那些链路)。

raindrop virus 雨点病毒 一种传染给可执行程序的计算机病毒,当触发这种病毒时,屏幕上的所有英文字符就会一个个地掉落在屏幕的下边,就像雨点落地一样,故而形象地称之为"雨点病毒"。另外,有受传染的文件中有一个英文缩写词 FLU(即"流行性感冒"),所以也有人称之为感冒病毒。

rake receiver 耙式接收机,Rake 接收机 无线通信中,多径传播会产生有害的多径干扰。Rake 接收机是旨在抵消多径衰落的影响的无线电接收机。它通过使用称为手指的几个"子接收器"来实现,即把几个相关器分别分配给不同的多径分量。每个手指独立地解码单个多径分量,在稍后阶段,组合所有手指的贡献以便最充分地利用每个传输路径的不同传输特性。无线电波通过其发射的多径信道可认为通过多个多径分量发送原始(视线)波脉冲。多径分量是通过不同回波路径传播的原始发射波的延迟副本,每个回波路径在接收器处具有不同的幅度和到达时间。由于每个分量都包含原始信息,如果在接收器处通过称为信道估计的过程,计算每个分量的到达幅度和到达时间(相位),则可以连贯地添加所有分量以提高信息可靠性。

Raman amplification 拉曼放大 是基于受激拉曼散射(SRS)现象,当较低频率的"信号"光子诱导较高频率的"泵浦"光子在非线性光学介质中的非弹性散射。结果,产生另一个"信号"光子,剩余的能量共振地传递到介质的振动状态。这一过程与其他受激发射过程一样,允许全光放大。目前,光纤主要用作 SRS 的非线性介质,用于通信目的;在这种情况下,其特征是共振频率下移～11 THz[对应于在～1 550 nm(纳米)处波长偏移～90 nm]。SRS 放大过程可以容易地级联,因此基本上可以接入光纤低损耗引导窗(1 310 nm 和 1 550 nm)中的任何波长。除了在非线性和超快光学中的应用外,拉曼放大还用于光通信,允许全波段波长覆盖和在线分式信号放大。

Raman amplifier 拉曼放大器 是一种通过将能量从强大的泵浦光束传递到较弱的信号光束来增强光纤中信号的装置。它依赖于光纤中光和原子之间的相互作用。与掺铒光纤放大器(EDFA)不同,EDFA 可以提升 1 530～1 610 nm 范围内的波长,拉曼放大器可以通过比所需频率高 13 THz 的泵浦来提高任何波长的信号强度。通常,拉曼放大沿信号传输光纤的长度分布。在一定波长的强光照射下,光纤会出现受激拉曼散射效应,当信号光和泵浦光一起沿光纤传输时,光功率将由泵浦光转移到信号光,从而把信号光放大。其优点是频带宽、增益高、输出功率大、响应快等。

Raman effect 拉曼效应 (1) 1928 年,印度物理学家拉曼发现,当用非干涉的单色平行光源照射某些气体、液体或固体时,有一些光受到散射。散射光的光谱,除了含有原来波长的一些光以外,还含有一些另外波长的光,其波长与原来光的波长相差一定的数值。这种单色光被介质分子散射后频率发生改变的现象,称为并合散射效应,也称为"拉曼效应"。新生的光谱线为拉曼线。它是非干涉入射光源与光学量子相结合的产物。拉曼

R

效应为光的量子理论提供了新的证据。(2)硅材料表现出拉曼效应,其中光子与具有略微不同能量的光子交换,对应于材料的激发或弛豫。硅的拉曼跃迁主要由单个非常窄的频率峰值决定,这对于拉曼放大等宽带现象是有问题的,但对拉曼激光等窄带器件有利。

Raman spectroscopy 拉曼光谱(仪,法,学) 一种光谱技术,用于观察系统中的振动、旋转和其他低频模式。拉曼光谱在化学中通常用于提供可以识别分子的指纹。它依赖于单色光的非弹性散射或拉曼散射,通常来自可见光、近红外或近紫外范围内的激光。激光与系统中的分子振动、声子或其他激发效应相互作用,导致激光光子的能量向上或向下移动。能量的转换提供了有关系统振动模式的信息。红外光谱产生类似但互补的信息。通常,用激光束照射样品。来自照射点的电磁辐射用透镜收集并通过单色仪发送。与激光线相对应的波长处的弹性散射辐射(瑞利散射)被陷波滤波器、边通滤波器或带通滤波器滤除,而收集到的光的其余部分分散到检测器上。自发拉曼散射通常非常弱,因此拉曼光谱的主要困难是将弱的非弹性散射光与强的瑞利散射激光分离。

random access 随机访问,随机接入 (1)在计算机科学中,随机访问(更准确和更通常称为直接访问)是能够在相同时间内,访问序列的任意元素或从可寻址元素群中访问任何数据项的能力,无论集合中有多少元素,大致与其他任何元素一样容易和有效地访问。通常与顺序访问形成对比。(2)在通信网络中,是从用户发送随机接入前导码开始尝试接入网络到与网络间建立起基本的信令连接之前的方式。在无线网中,是争用无线电系统的信道资源的方式,即用户可以随意接入网络,在接入消息与网络管理不协调时,可能与同一信道的其他接入冲突。

random access burst (RAB) 随机接入突发分组 全球移动通信系统(GSM)中随机接入使用的专用突发分组。突发分组是由大约100个调制比特组成的脉冲串,它在一个时隙内发送。

random-access channel (RACH) 随机接入信道 (1)有时也称为广播信道,是无线终端用于接入移动网络(TDMA、FDMA,或其他媒体,例如卫星信道或高带宽有线信道,以及基于CDMA的信道)进行呼叫建立和突发数据传输的共享信道。每当移动设备或其他设备想要进行MO(移动始发)呼叫时,它就会调度RACH。RACH是传输层信道;相应的物理层信道是PRACH。(2)移动台需要使用网络建立通信时,都要通RACH向基站发送一个报文来向系统申请一条信令信道,是一种上行传输信道。可用来让用户接收来自寻呼信道(PCH)的寻呼,也可用来使移动台发出一个呼叫。RACH采用分槽ALOHA接入方法。所有移动台必须在全球移动通信系统(GSM)帧的TSO内要求接入或响应PCH。在基站收发信台(BTS),每帧(甚至空闲帧)将在TSO内从移动台接收RACH的传输。在建立服务时,GSM基站必须响应RACH的传输,这是通过为呼叫中的信令分配一个信道,并安排一个独立专用控制信道(SDCCH)来完成的。这一连接由基站通过准予接入信道(AGCH)来确认。

random cipher 随机密码 在密码学中,指一种加密体制。对于给出的密文信息和密钥,其解密过程像一个明文的加密过程。对于给定的密钥和密文信息进行解密,其结果均匀地对应为具有确定长度,语言上有意义和无意义的信息。

random error 随机误差 一种随机发生的误差。如数据通信中由于无线电磁干扰或噪声所造成的传输误差。

random interlace (RI)　随机隔行方式　相邻扫描行和相继扫描场之间的关系不固定的扫描方式。

random multiple access (RMA)　随机多址[多重访问]　网络中所采用的随机竞争通信机制。这种机制是各个计算机系统随时都可以向其他指定计算机发送信息包,并等待回答;如果在两倍最大延迟时间的期间内收到应答,表示成功,否则重发信息包。若多次重复失败,则放弃该信息包的发送。

random noise (RN)　随机噪声[杂波]　其特征是有大量以随机方式出现的重叠瞬态干扰的噪声,如热噪声或散粒噪声。随机噪声可以针对测试目的或针对干扰敌方的发射而有意产生。

random signal　随机信号　从大量物理现象中观察得到,不能用单一时间函数表达出来或者不能用精确数学关系式描述的信号。但根据大量的科学研究,证明随机信号在一定的条件下也服从某种必然的规律。对随机信号分析的结果,实质是计算得到描述随机数据基本特性的统计函数的估计,一般分为两种情况:① 分析一个随机信号特性习惯上用四种主要的统计函数,即均方值;概率密度函数;自相关函数;功率谱密度函数描述其基本特性。② 对两个随机信号的联合特性也以几种统计函数描述:即联合概率密度函数;互谱密度函数;相干函数。

random wire antenna　随机线状天线　不用馈线而直接与发射机或阻抗匹配网络相连的具有任意方便长度的多波段线状天线。随机线天线是一种单极天线,而接收机或发射机天线端子的另一侧必须连接到地。广泛用作长波、中波和短波波段的接收天线,以及在这些频段上的发射天线,用于小型室外、临时或紧急发

射站,以及无法安装更多永久天线的情况。

RARP server　反向地址解析协议服务器　响应无盘工作站反向地址转换请求,完成反向地址转换,即完成从物理地址到逻辑地址转换的服务器。在一个局域网中这样的服务器可以有多个,以便保证提供可靠服务。多个服务器中有一个基本 RARP 服务器,其他是后备 RARP 服务器。无盘工作站发出请求 RARP 转换后,先由基本 RARP 服务器给出回答。如果基本 RARP 服务器有故障或其他问题而不能给出回答时,经过一定时间由后备 RARP 服务器完成地址转换并给出回答。

raster　光栅　阴极射线管(CRT)屏幕上,由于电子束自左至右快速扫描和自上而下慢速扫描而形成的一片显示区域。当无信号显示时,表现为一个发光的矩形区域,他们实际上是由若干条水平排列的扫描线组成的,因而称为光栅。参见 raster display device。

raster display device　光栅显示设备　一种显示设备,其中显示图像的显示元素通过光栅绘图技术在显示面上产生。

raster graphic image　光栅图形图像　用像素格栅在屏幕上形成位图所形成的图像。

raster graphics　光栅图形　一种计算机图形编码技术,它以数字形式对图像区域的每个图像元素进行编码。也称为位映射图形。

raster image　光栅图像　由按行和列排列的像素矩阵构成的图像,像素矩阵中的点包含像素的属性。

rasterization　光栅化　是以矢量图形格式(形状)描述图像并将其转换为光栅图像(像素或点)。也就是将向量图形转换成相应的由点阵构成的光栅图像。然后可以在视频显示器或打印机上显示光栅化

R

图像,或者以位图文件格式存储光栅化图像。光栅化可以指将模型转换为光栅文件,或将 2D 渲染基元(如多边形或线段)转换为光栅化格式。参见 pixel。

rasterization of vectors 矢量光栅化 把用矢量表示的图形变换成向光栅图形显示器、点阵打印机或激光打印机输出的点阵的过程。除非使用矢量图形终端和绘图仪,通常矢量图形在显示或打印之前都要变换成光栅图形。这个过程有时也称为"矢量光栅转换"。

rasterize 位图化 将矢量艺术图像转化为位图像的过程,也称为"栅格化"。

raster ray tracing 光栅光线跟踪 一种模拟光照效果的图形生成技术,采用体素帧缓存,建立在物体的数字模型基础上。

raster scan/scanning 光栅扫描 图形或图像显示的一种方式。电子束在荧光屏上顺序地进行一行一行的水平扫描。当扫描到最后一行时,电子束垂直向上回扫,然后扫描按同样的顺序重复进行。根据显示的信号控制扫描光点的颜色和亮度,从而在荧光屏上产生图像。在水平和垂直面回扫期间,电子束消隐,荧光屏上没有显示。光栅扫描的主要优点是图像明亮、逼真,位置精确,能局部写入或擦除,可产生无限多种颜色,动态性能好、无闪烁。光栅扫描是 CRT(阴极射线管)显示的主要方式,它可由显示器中的电路自动完成,也可由计算机程序控制。

raster timing 光栅定时[同步] 利用光栅条(或盘)和光电器件组成的光电检测器所产生的信号作为另一同步系统位移(或转角等)量的定时。

rate adaptation 速率适配 将现有的低速度数据通信转变成 ISDN(综合业务数字网)B 信道 64 kbps 同步数据速率的过程。速率适配过程导致用虚位充填数据流并且以 64 kbps 定时。

rate-adaptive digital subscriber line (RADSL)

速率自适应数字用户线 一种准标准的非对称数字用户线(ADSL)解决方案。RADSL 于 1996 年 6 月由 AT&T Paradyne(后来的 Globe Span 技术公司)作为专有技术推出。1999 年 9 月,ANSI(美国标准化协会)在 T1.TR.59-1999 中正式描述了 RADSL 技术。RADSL 支持下行数据速率高达约 8 Mbps,上行数据速率高达约 1 Mbps,并且可以在同一线路上与 POTS(简易老式电话服务)语音共存。RADSL 允许在连接运行时进行速率自适应——在连接建立期间的速率自适应在许多其他 DSL 变体中是可能的,包括 G.dmt 及其后继技术。连接工作时的速率自适应在 ADSL2、ADSL2+和 VDSL2(甚高速数字用户线 2 代)中被指定为选项,名称为无缝速率适配(SRA)。

rate demarcation point (RDP) 费率分界点 也称作"定界"。此分界点被 FCC(美国联邦通信委员会)定义为在电话公司通信设施和用户处所的设备,保护性设施或配线之间的互连点。网络接口即分界点应位于电话公司保护器的用户一边或者在没有保护器时相应的位置。费率分界点之外按长途计费。

rated frequency deviation 额定频偏 指调频系统允许的频率偏差的最大值。对于波段 II 的调频广播的额定频率偏差为 ± 75 kHz,而 625 线电视系统的声道的额定频率偏差为 ± 50 kHz。

rate of decay 衰减率 声压、声速或声能密度在给定点和给定时间下降的时间速率。单位是每秒分贝。

ratio, signal to noise 信噪比 通信信道上信号功率与噪声功率的相对量度,以分贝(dB)为单位,用来测量信道质量并且表示信道或设备的性能。

raw VBI data 原始场消隐期数据 一种技术,对消隐期数据(图文和字幕数据)

按照一个快速的采样时钟(27 MHz)抽样并输出。该技术允许对 VBI 数据的软件解码。

ray bundle 射线束 在某些细节方面(如波长或颜色、或强度)相互不同,但也有一个或多个共同的方面(如方向)的一组射线。波束中的射线可能由于色散而相互分离,引起色散的原因可能是棱镜,它将多频射线束分成不同颜色的相异射线或是光线,它引起不同的频率到达光纤端面的时间不同等。

Rayleigh channel 瑞利信道 具有瑞利概率密度函数形式的衰落包络的通信信道。

Rayleigh fading 瑞利衰落,瑞利衰减 (1) 是传播环境对无线电信号的影响的统计模型,例如无线设备所使用的信号。瑞利衰落模型假设通过这种传输介质(也称为通信信道)的信号幅度将根据瑞利分布(两个不相关的高斯随机变量之和的径向分量)随机变化或衰落。瑞利衰落被视为对流层和电离层信号传播的合理的模型,以及大量建成的城市环境对无线电信号的影响。当发射器和接收器之间没有沿视线路径的主导传播时,最适用于瑞利衰落。如果存在主导视线路径,则瑞利衰落可能更适用。瑞利衰落是双波浪射功率(TWDP)衰落的特殊情况。(2) 由多通路所引起的,遵循随机变量固有分布的瑞利概率曲线的无线电衰减。在蜂窝电话 800 MHz 频带中遇到的无线电衰落,导致暂时的信号区丢失。

Rayleigh line 瑞利线 与对应入射辐射有相同频率的散射辐射谱线。它由正常散射或瑞利散射引起。

Rayleigh scattering 瑞利散射 (1) 由悬浮在空气中的极小微粒,如灰尘引起的选择性光散射。(2) 由于材料密度的超微观差别而引起的光线沿光纤的随机散

射,增加波长会减少瑞利散射。

Rayleigh wave 瑞利波 一种可以在固体表面附近传播并由质点的椭圆运动表征的波类型。

RCA jack RCA 插座[复合视频接口] 俗称莲花头插座。一种流行的拾音插座(有时称为插头),用于消费类设备的音频和视频的输入和输出。此类插头已成为家用视频系统的行业标准。射频连接则使用 F 型连接器。

RDMA over converged Ethernet (RoCE) 融合以太网上的 RDMA 一种网络协议,允许通过以太网进行远程直接存储器访问(RDMA)。RoCE 版本有两个,RoCEv1 和 RoCEv2。RoCEv1 是以太网链路层协议,因此允许在同一个以太网广播域中的任何两台主机之间进行通信。RoCEv2 是一种互联网层协议,这意味着可以路由 RoCEv2 数据包。尽管 RoCE 协议受益于融合以太网网络的特性,但该协议也可用于传统或非融合以太网网络。

reactance modulator 电抗调制器 电抗可以按照调制电压的瞬时幅度来改变的调制器。这是产生相位调制或频率调制的电路。

reactance valve (RV) 电抗管 与一个振荡器的槽路并联的电子器件,它所产生的信号在相位上领先或滞后于槽路产生的信号。

reactive attenuator 电抗式衰减器 一种吸收很少能量的衰减器。

read-ahead queue 超前读队列 某些通信系统软件在主存中的一种区域。应用程序可以在它发出请求之前从中获得工作单元。

readdress 转寄 一种能使始发者或原始地址增加新地址而无需对传输的以前消息的地址或文本进行改变的方法。

ready queue 就绪队列 在某些通信系统

R

软件中,指将被执行的作业的一个元素链。

real aperture radar (RAR)　真实孔径雷达　孔径的原意是光学相机中打开快门的直径。在成像雷达中沿用这个术语,含义变成了雷达天线的尺寸。真实孔径雷达表明雷达采用真实长度的天线接收地物后向散射并通过侧视成像。它的特点是直接加大天线孔径和发射窄脉冲的办法来提高雷达图像分辨率。

RealAudio　RealAudio 软件[技术]　是由RealNetworks公司开发的专有音频格式,于 1995 年 4 月首次发布。它使用各种音频编解码器,从可以在拨号调制解调器上使用的低比特率格式到用于音乐的高保真格式。它还可以用作流式音频格式,在下载的同时播放。过去,许多互联网电台使用 RealAudio 在互联网上实时传播节目。然而,近年来,这种格式变得不那么常见,并且已经被更流行的音频格式取代。

real data transport (RDT)　实时数据传输　是 RealNetworks 公司在 20 世纪 90 年代开发的用于实际音频-视频数据的专有传输协议。通常与 IETF(因特网工程任务组)的实时流协议(RTSP)等流媒体的控制协议配合使用。

realistic communication　现场感通信　在虚拟现实技术中,指位于异地的多个人之间进行通信时,可以使这些人感觉不到相互之间的距离,与面对面地进行对话的感觉一样。

RealMedia　RealMedia 技术　是 RealNetworks公司创建的专有多媒体容器格式。它的文件扩展名是".rm"。它通常与 RealVideo 和 RealAudio 结合使用,用于通过因特网流式传输内容。通常这些流是 CBR(恒定比特率),但已开发了一个 VBR(可变比特率)流的容器,名为 RMVB(RealMedia 可变比特率)。

RealNetworks, Inc.　RealNetworks 公司　一家位于美国华盛顿州西雅图的互联网流媒体传播软件和服务提供商。以前称为 Progressive Networks 公司,是开发流式媒体技术的领先公司。该公司还提供基于订阅的在线娱乐服务以及移动娱乐和消息服务。如 RealAudio、RealVideo、RealPlayer、RealDVD、Real Alternative、RealPlayer Cloud 等。

real time clock (RTC)　实时(时)钟　在计算机中,产生周期性信号的寄存器及有关电路,用于同步计算机和外部事件、协调人机交互操作等。实时钟也用来产生一天中的实际时间,计算两个事件的时间间隔,生成文件标签中的时间数据,执行各种系统内部管理以及计数功能。

real time clock time sharing　实时时钟分时　用实时时钟控制的分时工作方式。

real time communication (REALCOM)　实时通信　数据(信息)的发送、传输、接收及应答过程的时间满足相应时间要求的通信。

real-time control protocol (RTCP)　实时控制协议　与实时传输协议(RTP)一起工作的传输控制协议,用于监视向网络上的多个参与方(如电视会议的参与方)的实时数据传输。RTCP 每隔一定时间传送内含控制消息的数据包,用于测定向接受方传送的信息的质量。

real time data reduction　实时数据压缩[简化]　(1) 在传输时间不太长的情况下以源数据发生的速度来压缩数据。计算机必须立即(压缩)数据,因为存储和压缩等操作是联机进行的而且是实时的。(2) 实时地对数据进行整理和简化。其速度至少与数据采样或接收的速度一样快。

real time data transmission　实时数据传输　(1) 为满足实时处理现场数据的要求,及时地在处理中心和现场往返地传送数

R

据。(2) 实时地将现场采集的数据传送至数据处理计算机，并将计算机处理结果发送回现场的控制装置的过程。其速度至少与数据采样的速度一样快。(3) 从现场收集数据，编码，打包发送到数据处理中心的过程；或者反过来，将处理结果进行编码，打包发送到现场的过程。

real time executive (RTE/RTX)　实时执行(系统)　是数字视频接口(DVI)子系统模块，一种在 DVI 应用程序内运行的多任务形式。RTX 的基本工作单元是任务，因为计算机的中断结构是设定好的，所以若干 RTX 任务能"同时"运行，这是通过每秒 30 次中断 CPU 来完成的(尽管与视频的帧速率不同步)。当音频视频子系统(AVSS)运行时，它激活三项高优先级的 RTX 任务：服务器任务、解码任务和显示任务。这三项任务涉及播放音频和视频的所有细节处理。

real time streaming protocol (RTSP)　实时流(媒体)协议　(1) 一个网络中的客户机-服务器控制协议，由哥伦比亚大学、Netscape 公司和 RealNetworks 公司提交的 IETF RFC 标准。用于在 IP 网络上实现音频流和视频流的受控传输。它提供"盒式磁带录像机(VCR)样式"远程操作功能，如播放、暂停、快进，和倒转；利用实时传输协议(RTP)进行实际的数据传送。RTSP 还包括了双向控制功能，支持 IP 多路广播和系统安全保护。(2) 是一种网络控制协议，设计以控制流媒体服务器用于娱乐和通信系统。该协议用于建立和控制端点之间的媒体会话。媒体服务器的客户端发出 VCR 样式的命令，例如播放、记录和暂停，以便于实时控制从服务器到客户端(视频点播)或从客户端到服务器的媒体流(录音)。

real time system (RTS)　实时系统　可描述为"通过接收数据、处理数据并足够快地返回结果来控制环境，从而影响当时的环境"的实时系统。术语"实时"在模拟中也用于表示仿真时钟与真实时钟以相同的速度运行，而在过程控制和企业系统中也表示"没有明显延迟"。

real time transport control protocol (RTCP)　实时传输控制协议　是实时传输协议(RTP)定义的两种报文之一，用于传送控制信息。RTCP 通过周期性的发送 RTCP 报文实施协议控制功能。同 RTP control protocol (RTCP)。

real-time transport protocol (RTP/RTTP)　实时传输[传送]协议　(1) 实时传输协议(RTP)是一种用于通过 IP(因特网协议)网络传送音频和视频的网络协议。RTP 用于涉及流媒体的通信和娱乐系统，例如电话、视频电话会议应用(包括 WebRTC)、电视业务和基于 Web 的一键通话(PTT)功能。(2) 在因特网上，可用于一对一或一对多实时传送多媒体数据流的协议。实时传送协议详细说明了在互联网上传递音频和视频的标准数据包格式。它一开始被设计为一个多播协议，但后来被用在很多单播应用中。RTP 协议使用用户数据报协议(UDP)在因特网上传输诸如视频会议等实时应用。在传输中，每一个 UDP 数据包都是一段实时数据流，都有一个带有时间戳和序列号的包头。接收方用这个包头的信息重组数据流，同步视频、音频及数据并且去除重复的包。

rear projection　背面投影，背投　一种投影显示系统，其中，投影部件将画面投影到观看屏幕的背面，而不是从正面直接投影到观看屏幕上。

rear projector TV　背(投式)投影仪电视　将投影机安装在机身内的底部，信号经过反射，投射到半透明的屏幕背面显像。根据其内部利用的投影仪种类，主要可以分为 LCD(液晶)和 DLP(数字光处理器)两种。背投影仪电视是将图像产生设备(如三原色显像管、LCD、DLP)安装在大尺寸的封闭箱体中,通过光反射原理在屏幕上投射成像的电视机。

rebroadcast(RB) 转播;重播 (1)一部发射机播出的电视节目由另一部或几部发射机接收,同时或经过一段时间后播出。(2)经过一段时间后重复播出一段电视节目。

rebroadcasting transmitter(RBT) 转播发射机 用于接收另一部电视发射机所广播的节目后予以转播的发送设备。

rebroadcast receiver(RBR) 转播接收机 用来接收电视广播网的节日,然后将节目馈给小功率或中功率电视发射机的接收机。

receive(REC) 接收,接受 从计算机网或电话线等通信系统收受数据,并对数据处理以及作为文件存储。

receive clock(RxC) 接收时钟 由数据电路端接设备(DCE)提供的能使接收数据传送同步化的接口定时信号。

receive diversity 接收分集 提供两个独立接收系统和空间分立的天线,以克服无线信号衰落效应的接收方式。

received signal code power(RSCP) 接收信号码功率 在UMTS(通用移动通信系统)蜂窝通信系统中,RSCP表示由接收机在特定物理通信信道上测量的功率。它用作信号强度的指示,作为切换标准,用于下行链路功率控制,以及计算路径损耗。在CDMA(码分多址)系统中,物理信道对应于特定的直接序列扩频码,因此有名称(接收信号码功率)。RSCP也称为接收方呼叫功率。虽然通常可以定义RSCP用于任何CDMA系统,但它更特定地用于UMTS。此外,虽然原则上可以在下行链路和上行链路上测量RSCP,但它仅定义用于下行链路,因此假设由UE(用户设备)测量并报告给节点B。

received signal level 接收信号电平 接收信号码的电平值。

receive leg 接收方 双工通信线中正在接收信号的一边。

receiver(RCV/RCVR/RX) 接收机 工作于通信链路的目的地端,接收信号并加以处理或转换供本地使用的设备。通常是有源器件(如低噪声放大器、混频器和中频放大器)与无源器件(如图像滤波器和中频滤波器等)的有序组合。

receiver bandwidth 接收机带宽 接收机频率响应曲线上半功率点之间的频率范围。

receiver desensitization 接收机灵敏度降低 受强干扰所引起的自动增益作用,导致无线电接收机的灵敏度降低的现象。

receiver loudness rating(RLR) 接收器响度额定值 对于语音信号接收的一种评价指标。

receiver noise figure(RNF) 接收机噪声指数 给定接收机中的噪声与理论上为理想接收机中的噪声两者之比。

receiver radiation 接收机辐射 由接收机振荡器产生的干扰电磁场的辐射。

receiver ready(RR) 接收机准备就绪 接收方表明已作好接收准备工作的状态反应,也可以直接作为一个接受调用的响应信号。从因果关系上讲,它是一个被动的状态反应信号,它的作用是标识已完成了主动调用所需的准备条件。

receiver sensitivity(RS) 接收机灵敏度 接收机收到弱信号并将其加工成可读数据的能力的定量度量。接收机灵敏度要求输入信号具有一定信噪比时,输入接收机的有用信号电平的下限。

receive time out 接收超时 在数据通信中的一种指示,表明在指定的时间内未接收到数据。

receiving aerial/antenna（RA）　接收天线
将电磁波转换成调制射频电流的天线。
一般天线都具有可逆性，即同一副天线
既可用作发射天线，也可用作接收天线。

receiving end crossfire　接收端串扰　电报
通道中的一种串扰。它是由远离发送机
的终端向一个或多个相邻通道引入的。

**reconditioned carrier receiver　再调节载波
接收机**　载波与边带分开，以消除幅度
变化和噪声。然后在更高的电平上将载
波加到一个边带上，以获得相对无失真
的输出。这类接收机与单边带发射机一
起使用。

record check time　记录校验时间　对磁带
上传输的某个记录进行校验所需要的时
间。时间长短取决于磁带速度及读、写
头之间的距离。

record format　记录格式　（1）一种描述
文件记录中数据结构的定义。它包括记
录名、字段名和字段描述（诸如长度、数
据的类型等）。一个文件的记录格式放
在该文件的文件描述中。（2）记录的目
录或格式安排。物理记录的格式有以下
三种：① 固定长记录；② 可变长记录；
③ 不定长记录。无论哪一种都必须规
定其最大长度。

recording density（RD）　记录密度　记录
介质的单位长度或单位面积上可以记录
的信息量。有位密度和道密度两种。每
个单位长度的磁道上所记录的二进制信
息的数目，称为位密度，一般以 b/mm 表
示。在每个单位长度上的磁道数目，称
为道密度，一般以道/毫米表示。

recording filter　记录过滤器　在 NetView
程序中，决定哪个事件、统计和警告存储
在数据库中的功能。

recording medium　记录介质[媒体]　用
来存储信息的材料。其形式有磁盘、光
碟、磁带、卡片等。

recovery　恢复、复原　（1）数据站克服数
据传输中所出现的冲突或错误的过程。
（2）将系统资源重新设置成某一状态，
在此状态下，计算机程序可以被恢复到
没有功能性错误的处理状态。（3）在遭
受破坏后将系统或存储在一个系统中的
数据重置成可操作状态的一种动作。
（4）系统发生错误后，丢失数据的还原
或者冲突与错误数据的重新调解。人们
通常使用备份或系统日志来实现恢复。

recovery period　恢复周期　从灾难发生
到恢复正常业务功能之间所经历的时
间，灾难恢复计划在该时间范围内实施。

rectangular pixel　矩形像素　指具有不同
的垂直和水平采样间距的像素，它通常
被用于消费类视频设备和视频会议。在
NTSC(美国国家电视制式委员会)制中，
像素的宽高比为 12：11；在 PAL(逐行
倒相)制和 SECAM(顺序彩色与存储)制
中，宽高比为 11：10。典型的矩形像素
的视频分辨率是 720×480、720×576、
352×240 和 352×288。

rectangular wave　矩形波　交替且突然从
两个固定值中的一个值变化到另外一个
值的周期波。当占空比为 50%（两个固
定值具有相等时间）时，则短形波变成
方波。

rectangular waveguide　矩形波导　具有矩
形截面的波导。

rectifier　整流器　一种电气装置，它将周
期性反转方向的交流电(AC)转换为仅
在一个方向上流动的直流电(DC)。这个
过程称为整流，因为它"矫正"电流方向。
整流器有多种形式，包括真空管二极管、
汞弧阀、铜和氧化硒板堆、半导体二极
管、可控硅整流器和其他硅基半导体开
关等。

recursive resolution　递归解析　名字服务
器系统自动逐级完成名字解析的方法和
过程。网络客户为了同已知节点名字但
不知地址的网络节点进行通信，首先要

R

名字服务器系统把节点名字变换成网络地址。使用递归解析方法时,客户只需访问一次服务器系统,即可得到所要求的节点地址。如果接收名字解析的服务器不能对名字进行解析,即该名字不在它的管辖范围之内,便自动与其他名字服务器进行联系并进行解析。这个过程可能进行多次,直到能够完成名字解析并把地址返回给客户。

red alarm 红色报警 T1 电路上的报警状态,无论何时帧失步持续 2.5 秒则有红色报警。电路一端红色报警状态将使另一端的硬件发出黄色报警信号。

red area 红区 (1) 保密通信中可以清晰地、不加密地进行通信的区域。敌方使用专业接收设备可以截获到红信号的区域。其他区域叫黑区。(2) 设备或系统中红信号存在的区域,即处理或传输信号的硬件所占有的区域。

Red Book 红皮书 (1) CD 光碟行业中的第一个关于声音光碟的技术说明书,是激光唱碟的标准文件,由 Philips 和 Sony 公司编写,经国际标准化组织(ISO)认可。(2) 美国国家安全局制定的名为"可信计算机系统评估标准的可信网络说明(NCSC TG 005)"和"可信网络说明(NCSC TG 011)"的标准文件。这些文件为系统定义了从 A1 级(最安全)到 D 级(无安全性)的一套评价方法,指明计算机网络对敏感信息的保护能力。(3) 国际电信联盟(ITU)于 1984 年公布的电信标准,包括 X.400、电子邮件规范、传真系统标准 Group 1-4、ISDN(综合业务数字网)、R2 信号传输方法(Q.400 系列推荐标准)以及经公用电话交换网(PSTN)传输的数据通信(V 系列推荐标准)等。

redbook audio 红皮书音频 多媒体应用中用于计算机的标准 CD(光碟)和 CD-ROM(只读光碟存储器)的存储格式。

红皮书数字音频的工业标准是 1980 由 Philips 和 Sony 公司共同制订。任何一款 CD 播放器都可以读取符合红皮书音频标准的光碟。同时红皮书也是制订其他光碟数据标准规范的基础。在红皮书中,一张音乐 CD 被分成一到多个轨道,每个轨道通常是一首歌。轨道是在光碟上是由内向外排列,每张音乐 CD 最多可以有 99 个轨道。而轨道进一步划分为扇区,一个扇区是 1/75 秒的数字化音频,它包含 2 352 字节的数据。每个扇区还分成 98 个数据帧,每帧 24 字节。在 2 352 字节的音频数据中,红皮书加入了两层的侦错和错误矫正编码(EDC/ECC),即使碟片表面较小的污点、刮伤和缺陷,通过错误矫正仍然能够重现声音。参见 compact disc-digital audio (CD-DA)。

redirect 重定向 (1) 在因特网控制信息协议(ICMP)和末端系统到中间系统(ES-IS)协议中,重定向请求数据包在备用路由上发送。ICMP 重定向是路由器将路由信息传递给主机的机制。该消息通知主机更新其路由信息(以便在备用路由上发送数据包)。如果主机尝试通过路由器(R1)发送数据,而 R1 在另一个路由器(R2)上发送数据,并且从主机到 R2 的直接路径可用(也就是说,主机和 R2 在同一以太网段上),则 R1 将发送重定向消息,通知主机目的地的最佳路由是通过 R2。然后,主机应将目的地的数据包直接发送到 R2。路由器仍然会将原始数据报发送到预定目的地。但是,如果数据报包含路由信息,即使有更好的路由可用,也不会发送此消息。RFC 1122 规定重定向应仅由网关发送,不应由因特网主机发送。参见 end system to intermediate system (ES - IS), Internet control message protocol (ICMP)。(2) 为本地或远程的设备或文件定义或使用逻辑设备名的操作。

red signal　红信号　涉及机密信息的、未经加密的信号。红信号一旦被敌方截获,就会造成机密信息的泄漏。

reduced-carrier transmission　减(幅)载波传输　一种幅度调制(AM)传输,其中降低载波信号电平以减少电功率的浪费。抑制载波传输是一种特殊情况,其中载波电平降低到低于正常接收机解调所需的电平。载波电平的降低允许边带中的功率电平比常规的 AM 传输更高。接收站必须恢复载波功率以支持解调,通常使用拍频振荡器(BFO)。当接收到这种会产生外差的信号时,BFO 与原载波频率匹配就会失败。

redundancy　冗余度　电路或信息的任何有意识的备份或部分备份,在万一部分设备发生故障时,电路或信息系统仍能维持工作。

redundancy bit　冗余位　为了检查错误,在信息位之外增加的数位。例如,奇偶校验位。

redundancy character　冗余字符　按照一定规则加到一组字符上,用来检测计算或传输部件有无故障的字符。

redundancy check (RC)　冗余校验[检查]　(1)利用多余位或多余字符进行正确性校验。在信息中系统地插入一些位或字符,以便用硬件或软件查出错误或纠正错误。去掉这些位或字符不损失基本信息。所插入的位或字符分别称为冗余位和冗余字符。例如奇偶校验和汉明校验。(2)在知识库系统中,为充分有效地利用有限空间,避免或降低知识库中的冗余度而在获取与更新时要进行冗余性检查,即检查知识库中是否存在新知识或可由旧知识推导出新知识,当出现冗余时就要进行相应处理。

redundant phase recording　冗余调相制记录　表示二进制信息的一种信道编码。

即同时采用两个不相邻的信道并按调相制规划传送或记录同一信息序列。主要用于磁带机中,以牺牲记录介质的利用率为代价进一步消除磁带正、反行扭斜的影响。

Reed-Solomon code (R-S code)　里德-索洛蒙[所罗门]码　是 Irving S. Reed 和 Gustave Solomon 在 1960 年提出的一组纠错码。它们有许多应用,最突出的应用包括 CD、DVD、蓝光光碟、QR(快速响应)码等消费技术,DSL(数字用户线)和 WiMAX(全球微波接入互操作性)等数据传输技术,DVB(数字视频广播)和 ATSC(高级电视制式委员会)等广播系统,以及 RAID 6(独立磁盘冗余阵列模式 6)等存储系统。它们也用于卫星通信。在编码理论中,R-S 码属于非二进制循环纠错码一类。R-S 码基于有限域上的单变量多项式。

re-encipher to master key　主密钥再加密　在密钥管理中,一种类似于来自主密钥的再加密的功能,也就是用终端机交互通信密钥的加密密钥来对加了密的会话密钥进行脱密,然后再用主密钥来对它进行重新加密。

reenlargement　再放大(图像)　为保证获得尺寸比单次放大更大的图像,对已放大的图像的再次放大。

reference black level (RBL)　基准黑电平　与规定的亮度信号黑向最大偏移相对应的电平。

reference clock (RC)　基准时钟　一种高稳定度和高准确度的时钟。用以控制网络中稳定度较差的互同步时钟的频率。

reference dipole　基准偶极子　直接针对给定频率谐振且匹配的半波偶极子。它是天线测量工作中的比较装置。一个典型的半波基准偶极子天线,具有两个辐射器,每个的电角度为 90°。

reference input signal (RIS)　参考[基准]

输入信号 控制循环之外用作直接控制变量的比较标准的信号。

reference level 参考[基准]电平 在以分贝或音量单位确定音频信号的电平时，用作比较依据的电平。

reference model (RM) 参考模型 通常被描述为一组概念，其中一些表示概念之间的关系。系统、企业和软件工程中的参考模型是一个抽象框架或特定领域的本体，由专家或专家团体为鼓励清晰的沟通而产生的一组相互关联的明确定义的概念组成。参考模型可以表示任何一致概念的组成部分，从业务功能到系统组件，只要它表示一个完整的集合。然后，可以使用该参考框架在同一社区的成员之间清楚地交流思想。在通信工程中，用作参照、基准或依据的通信模型。

reference noise 参考[基准]噪声 电路噪声的度量单位，它等于每秒1 000周的10微微瓦电能在电路噪声计上所产生的读数。

reference note (RN) 基准音 是1 000赫的纯音，它的基准强度是 10^{-16} 瓦/厘米^2，相应于0.000 2达因/厘米^{2}的声强。

reference oscillator (RO) 基准振荡器 彩色电视（NTSC、PAL 制式）中，使用与色彩脉冲的频率和相位同步的振荡器，也用于对解码色度信号的同步检测器。

reference phase (RP) 基准[参考]相位 指彩色电视接收机中彩色同步信号电压的相位，或者是彩色电视发射机中主振荡器电压的相位。

reference pilot 参考导频 参考导频是一个与传输电信信号（电报、电话）的波相不同的波，它用在载波系统，以便载波传输系统的维护和调节（如自动电平调整及振荡器同步化）。

reference player 参考播放器 按DVD-Video标准定义理想性能的DVD（数码影碟）播放器。

reference volume (RV) 参考[基准]音量 复合电波的大小，诸如说话的音量或音乐音量，其值等于标准音量指示器上零VU（音量单位）的读数。调节音量指示器的灵敏度，使之跨接在600 Ω 电阻上的读数为参考音量或零VU时，该电阻所放出的功为1毫瓦。

reflectance model 反射模型 通过与光源、角度以及表面结构等相关的假设来描述平面光的函数。

reflectance target 反射目标 具有反射性质的已知的、固定的测试目标。

reflected code 反射码 也称为格雷码。一种具有反射特性和循环特性的单步自补码，它的循环、单步特性消除了随机取数时出现重大误差的可能，它的反射、自补特性使得求反非常方便。反射码是一种数字排序系统，其中的所有相邻整数在它们的数字表示中只有一个数字不同。它在任意两个相邻的数之间转换时，只有一个数位发生变化。它大大地减少了由一个状态到下一个状态时逻辑的混淆。另外由于最大数与最小数之间也仅一个数不同，所以称反射码或循环码。同 Gray code。

reflected signal (RS) 反射信号 从建筑物或不平地面反射出来的射频信号。对电视电波接收来说，反射信号是重影的根源。

reflected wave 反射波 从两个不同媒质的表面不连续处或汇接处反射的波，如无线电传输中的空间波、雷达目标的回波。

reflecting satellite 反射卫星 反射无线电通信信号的卫星。

reflection 反射 (1)声音、无线电波或光波碰上一块表面上或者从一个介质进向另一介质之际，返回或改变其方向的现象，就是产生的反射波。当反射角等于入射角时，这种反射为镜反射。(2)反射就是在传输线上的回波。信号功率（电压和电流）的一部分传输到线上并达到负载处，但是有一部分被反射了。反射是由于源端与负载端阻抗不匹配引起的，负载将一部分电压反射回源端。如果负载阻抗小于源阻抗，反射电压为负，反之，如果负载阻抗大于源阻抗，反射电压为正。布线的几何形状、不正确的线端接、经过连接器的传输及电源平面的不连续等因素的变化均会导致此类反射。

reflection coefficient　反射系数　对于给定频率和传输模式，与反射波相关的某个量与在给定点处入射波的对应量之比，也称为"失配因数""反射因数"或"过渡因数"。

reflection grating　反射栅　安置在波导中的线栅，使在反射一种需要的波的同时，允许少数几种其他波自由通过。

reflection loss　反射损耗　传输线或传输电路的终端上入射波与反射波之比。如果终端阻抗精确地等于传输线的特性阻抗或电路阻抗，则不会产生反射，反射损耗为无穷大。如果用一个混合线圈把一个四线电路与一个两线电路连接起来，那么反射损耗就是从四线电路一边进入混合线圈的输入波与从四线电路另一边离开混合线圈的反射波之比。

reflective LCD　反光式液晶显示器　不是在边缘和背面配用发光装置而是靠反射周围环境的光来加强可视性的液晶显示器，这就使得在明亮的环境下（如户外）观看起来比较困难。

refractive index　折射率　在光学中，材料的折射率（index of refraction）是无量纲数，用于描述光如何通过材料介质传播。它定义为 $n = c/v$。其中 c 是真空中的光速，v 是介质中光的相速度。例如，水的折射率为 1.333，这意味着光在真空中的传播速度比在水中快 1.333 倍。折射率决定了进入材料时光的路径弯曲或折

射的程度。这是折射率的第一次记录使用，并由 Snell 折射定律描述，$n_1 \sin \theta_1 = n_2 \sin \theta_2$，其中 θ_1 和 θ_2 分别光线是穿过具有折射率 n_1 和 n_2 的两种介质之间的界面时的入射角和折射角。折射率还决定了到达界面时反射的光量，以及全内反射的临界角和布鲁斯特（Brewster）角。

reflectometer　反射仪[计]　通过沿着线缆传播信号并读取反射的任何信号来确定电缆中故障位置的仪器。可用于射频或光信号传输进行测试。

reflector　反射器,转发器　（1）位于一次辐射器、一次辐射器阵列或馈线后方的二次辐射器、二次辐射器阵列或反射面，其作用是增强天线的前向辐射而减弱反向辐射。（2）将消息转发送给多个用户的程序。例如，电子邮件转发器可把收到的电子邮件转发到列表中的多个收件人。

refracted wave　折射波　从一种媒质进入第二种媒质的入射波的一部分。

refraction (REFR)　折射(程度)　当声音、无线电波或光波以一定角度从一种密度的媒体进入另一种密度的媒体（因而波速发生变化）时，所产生的弯折现象。

refraction error　折射误差　由不希望出现的折射引起的一条或多条被传播路径弯曲造成的无线电波方向误差。

refraction loss (RL)　折射损耗　由于媒质不均匀性形成的折射所造成的部分传输损失。

refractive index　折射率　（1）有关传播介质的一种性质，它是电磁波在真空中的传播速度与在该介质中的传播速度之比。（2）当一束光线穿过两种不同传播介质界面时，入射角与折射角的正弦之比。真空的折射率定义为 1，空气的为 1.000 292，水的折射率为 1.333，硅玻璃为 1.475。折射率还与入射光的频率有关，随频率的减小（或波长的增加）而减

小,这种性质称为折射率的色散。

refresh rate 刷新(速)率 指以非永久显示方式显示的信息每秒被重写的次数。例如,为保持图像可见和无闪烁,CRT 图像必须每秒重写或重新激励的次数。我国和欧洲标准中是 50 Hz,美国标准中是 60 Hz。

regeneration 再生 (1) 在计算机制图技术中,将图像从其在存储器中的表示状态生成出一个显示图像所需完成的一系列事件。(2) 识别并重构数字信号,使其波幅、波形和时序落入规定范围的过程。(3) 用于在电缆线对中恢复数字信号的技术。数字信号重现并被传输到下一个再生器,再生器是一个使数字传输优于模拟传输的器件。因为信号被重建,所以噪声和衰减失真的影响被减至最小。

regenerator (REG) 再生[再发]器 (1) 数据传输系统中的一种转发器或放大器。它根据所接收信号的一般特性(如重复率)对传输线上的信号进行整形,以防信号衰减而变形过度,相当于模拟系统中的线性放大器。(2) 光传输线路上的再生、中继设备,用于克服光通路中对信号损伤的累积,如色散引起的波形畸变。REG 可分为 1R、2R、3R 三种类型。

regenerator section (RS) 再生段 脉冲编码调制通信系统中再生器及其前面的传输路径。

regenerator section overhead (RSOH) 再生段开销 ITU-T(国际电信联盟-电信标准化部)规定了 STM-N(N 阶同步传输模式)的帧是以字节为单位的矩形块状帧结构,STM-N 的帧结构由三部分组成:段开销,包括再生段开销(RSOH)和复用段开销(MSOH);管理单元指针(AU PTR);信息净负荷。RSOH 由 STM-N 信号中 SOH(段开销)的第一到第三行组成。负责管理再生段,在再生

器和终端设备接入。

regenerator section termination (RST) 再生段终端[终接] RST 能在形成 SDH(同步数字系列)帧信号的过程中产生再生段开销(RSOH),并在相反方向终结 RSOH。

regional center 区域中心 一种连接电话系统中各个分中心(他局)的控制中心(一级局),在美国每一对区域中心之间都有一组直通线路互通。

regional code 区域码 存放在 DVD(数码影碟)和播放器上用来防止从一个区域购买的 DVD 转移到其他区域播放的代码。DVD 区域码的制定者将全球分为 6 个区域:① 第一区,美国、加拿大和东太平洋岛屿等;② 第二区,日本、西欧、北欧、埃及、南非和中东等;③ 第三区,韩国、泰国和印尼等以及中国台湾和中国香港;④ 第四区,澳洲、新西兰、中南美洲和南太平洋岛屿等;⑤ 第五区,俄罗斯、蒙古、印度半岛、中亚、东欧、朝鲜、北非和西北亚一带等;⑥ 第六区,中国内地。DVD 播放装置(如播放机或 DVD-ROM)读 DVD 碟上的区域码,然后与播放装置内设置的区域码进行比较,如果这两种区域码不匹配,DVD 碟上的节目就不能播放。例如,中国内地(第六区)的播放装置就不能播放美国(第一区)的 DVD 影片。参见 content scramble system (CSS)、DeCSS。

regional Internet registry (RIR) 区域因特网注册机构 是一个管理世界特定区域内因特网号码资源分配和注册的组织。因特网号码资源包括 IP 地址和自治系统(AS)号。区域因特网注册系统随着时间的推移而演进,最终将全球划分为五个 RIR:管理非洲地区的非洲网络信息中心(AFRICIC),管理美国、加拿大、加勒比地区的几个地区和南极洲的美国因特网号码注册机构(ARIN),管理亚洲、

澳大利亚、新西兰及周边国家的亚太网络信息中心（APNIC），管理拉丁美洲及加勒比部分地区的拉丁美洲和加勒比网络信息中心（LACNIC），管理欧洲、俄罗斯、中东和中亚地区的欧洲网络 IP 网络协调中心（RIPE NCC）。

regional lockout　区域锁定　或区域编码，是一类数字版权管理，防止在某个区域或地区之外使用某种产品或服务，例如多媒体或硬件设备。区域锁定可以通过物理手段、通过例如检测用户 IP 地址或使用识别码的技术手段，或通过仅支持某些区域技术（例如视频格式，即 NTSC 和 PAL）的设备引入的无意方式来实施。

regional management　区域管理　DVD-Video 光碟的强制特性，用于限制光碟的播放地区。每台 DVD（数码影碟）播放机和 DVD-ROM 驱动器都包含单个区域码，每张光碟都指定允许播放的地区。参见 regional code。

regional signaling transfer points（RSTP）大局[区域]信令中转点　在通信网的大局中负责信令转发、信令路由选择和全程地址解释的共路信令网专用设备。

register, admission and status（RAS）注册、接入允许和状态(协议)　查询协议 RAS 协议是 H.323 通信网络的 H.225 协议的一部分，协议涉及新授权用户的增加（或者拒绝增加），基于可用带宽的授权用户的接纳（或者拒绝接纳），还有所有用户的状态跟踪。

registered jack（RJ）注册插口[杰克]，RJ 插头/座　是一种标准化的通信网络接口，用于将语音和数据设备连接到由本地交换运营商或长途运营商提供的服务。注册接口首先在美国贝尔系统公司的通用服务订购代码（USOC）系统中定义，以遵守美国联邦通信委员会（FCC）在 20 世纪 70 年代规定的关于提供给客户的电话设备的注册安排。随后编入联邦法规第 68 部分的标题 47 中。其规范包括物理结构、接线和信号含义。因此，注册插口主要用字母 RJ 命名，后跟两个数字表示类型。此外，字母后缀表示微小的变化。例如，RJ-11、RJ-14 和 RJ-25 分别是用于单线、双线和三线服务的最常用的电话连接接口。虽然这些标准在美国有合法的定义，但是有些接口在世界范围内都有使用。

registered ports　注册端口　在 TCP/IP（传输控制协议/网际协议）中定义的从 1 024 到 49 151 端口号。它们松散地绑定于一些服务。也就是说有许多服务绑定于这些端口，这些端口同样用于许多其它目的。

register server　注册服务器　是 RFC 3261 规定的 SIP(会话初始协议)逻辑实体，是具有接收注册请求，将请求中携带的信息进行保存并提供本区域内位置服务的功能服务器。

register signaling　记发器信令　主要完成主、被叫号码的发送和请求、主叫用户类别、被叫用户状态及呼叫业务类别的传送。记发器信令按照其承载传送方式可分为两类：一类是 DEC 方式，即采用十进制脉冲编码传送；一类是多频编码方式。由于后者采用多音频组合编码的方式实现信令的编码，因此无论是信令的容量还是传递信令的可靠性都有较大的提高。在这种方式中，采用最为普遍的是多频互控(MFC)方式。其前向信令和后向信令都是连续的，对每一前向信令都需加以证实。这也是我国记发器信令所采用的信令方式。

registration relationship　注册关系　在计算机网络管理系统中，体现对象类之间管理层次的关系。对象类按照注册关系构成一棵注册关系树。注册树由原有结点管理其下的新结点的注册。

regular-pulse excitation（RPE）　规则脉冲

激励(编码) 在激励源部分对 MPLPC (多脉冲线性预测编码)作了改进,它是由 P. Kroom 等人于 1986 年提出的。RPE 方案是由若干组脉冲位置已事先确定的序列组成,而且每组脉冲之间的间隔均一样,只是组与组之间的起始位置不同。目前这种技术已被欧洲数字移动通信系统所采用。

regular-pulse excitation LTP (REP-LTP) 规则脉冲激励-长时预测(编码) GSM (全球移动通信系统)系统中的语音编码器采用了 RPE-LTP 方案,它是泛欧数字移动通信 GSM 小组从 1982 年到 1988 年经过优选及严格试验,从六种提案中优选合并制定的,编码器共三个功能块,分别进行线性预测分析、长周期预测和激励分析。

relative fundamental content 相对基波含量 基波的方均根值对非正弦周期函数的方均根值之比。

relative harmonic content 相对谐波含量 谐波含量的有效值与非正弦周期函数的有效值之比。

relative intensity noise (RIN) 相对强度噪声 光发射机残余内部噪声调制的量度。通常限制通过光链路传输的射频(RF)信号的可达到的载噪比(C/N)。RIN 描述了激光功率级的不稳定性。噪声指标对于描述光纤通信和激光雷达(LIDAR)遥感中使用的激光非常重要。

relative transmission level 相对传输电平 在一点上测得的音频功率与在系统中作为参考点上测得的音频功率之比值,该比值的单位用 dB(分贝)表示,通常把发送交换板上的传输电平取作为 0 电平参考点。

relative vision rate 相对视见率 视见率是不同波长的光对人眼的视觉灵敏度。取人眼对波长为 555 纳米的黄绿光的视见率为最大,取为 1;其他波长的可见光的视见率均小于 1;红外光和紫外光的视见率为零。某波长光的视见率与 555 纳米黄绿光的视见率的比为该波长的相对视见率。

relay (REL/RY) 中继器,转播;继电器 (1) 在长途通信电路中用作放大器:它们重复来自一个电路的信号,并在另一个电路上重新传输。在国际标准化组织/开放系统互联(ISO/OSI)参考模型中,连接多个网络或网络系统的设备。第二层上的中继器是网桥,第三层上的中继器是路由器。(2) 继电器是一个电动开关。当输入量(电、磁、声、光、热)达到一定值时,在电气输出电路中,输出量将发生跳跃式变化的自动控制器件。按作用原理分有:电磁继电器、固态继电器、时间继电器、温度继电器、风速继电器、加速度继电器和其他类型的继电器(如光继电器、声继电器、热继电器)等。

relay network 中继网络 是无线网络中常用的一类网络拓扑,其网络中源和目的地通过某些节点互连。在这样的网络中,源和目的地不能直接相互通信,因为源和目的地之间的距离大于它们两者信号功率的传输范围,因此需要中间节点进行中继。中继网络也是一种用于在两个设备之间发送信息的有线网络,众所周知的中继网络的例子是因特网。用户可以通过一系列连接的节点发送和接收信息,从世界各地的服务器查看网页。

relay open system 接力式[中继]开放系统 开放系统互连体系结构中的一类开放系统,两个开放系统互连时,在其间提供数据中继功能的中间开放系统。它将从一个开放系统中接收到的数据传送到另一个开放系统。中继开放系统只需有物理层、数据链路层和网络层。

relay station 中继站,转播站 通常是各站之间的连接以转发信息或传输的系统。如可接收来自电话线路或微波链路的信号,然后转发到其他地区以改善接收性能或扩展信号覆盖范围的站点。

reliability 可靠性 (1)设备或器件在规定的工作时间和工作条件下正常工作而不发生故障或失效的概率。计算机的可靠性一般用平均故障间隔时间来量度,半导体器件的可靠性一般用单位时间内器件的失效率来表示。(2)一个计算机系统在不用人干预的情况下能长时间正常运行的能力。可靠性必须既要防止因为概念、设计和结构不完善造成的失效,又要能挽回操作或性能不当造成的失效。

reliability, availability, serviceability, integrity, security (RASIS) RASIS 性能 描述计算机可靠工作的五个指标。R 为可靠性,A 为可用性,S 为可维修性,I 为完整性,S 为安全性。

reliable messaging 可靠消息传递 是在不可靠的基础设施上传递消息的概念,同时能够对消息的成功传输做出某些保证。例如,如果邮件已传递,则最多传递一次,或者所有成功传递的消息都按特定顺序到达。实现此概念的一个协议是WS-Reliable Messaging(网站服务可靠消息传递),它处理 SOAP(简单对象访问协议)消息的可靠传递。可靠的递送可以与尽力递送相对照,在尽力递送中无法保证消息能够快速、有序或完全递送。可以在不可靠的协议上建立可靠的传递协议。一个非常常见的例子是因特网协议(IP)上的传输控制协议(TCP)的分层,这种组合称为 TCP/IP。

reliable multicast protocol 可靠多播协议 是一种计算机网络协议,可同时向多个接收者提供可靠的数据包序列,使其适用于多接收器文件传输或流媒体等应用。

remote analog loopback 远程模拟环回 在远程调制解调器的线路侧(模拟出口)形成环路的模拟环回测试。

remote antenna driver (RAD) 远端[遥控]天线驱动器 一种技术,通过这种技术,来自 PCS 天线的信号经过频率转换并使用线缆系统传输到位于远端的基站。

remote assistance 远程维护 由厂家通过远程线路向用户提供的一种问题诊断和恢复、维护,以及程序帮助等功能。

remote authentication dial-in user service (RADIUS) 远程身份验证拨号用户服务,远程用户拨号认证服务 是为拨入用户和设备提供安全服务的协议。拨入服务器从用户接收呼叫,然后把用户的身份转发给 RADIUS 服务器,RADIUS服务器验证身份并告诉拨入服务器是否允许访问。RADIUS 不仅决定用户的身份是否合法,而且还提供关于用户准许访问何种服务之类的信息,也提供记账信息,例如用户连接时间等。

remote backup service 远程备份服务 远程、在线或托管备份服务(有时作为云备份或备份即服务),是一种为用户提供用于备份、存储和恢复计算机文件的系统的服务。这种备份服务被认为是云计算的一种形式。在线备份系统通常是为在给定时间表上运行的客户端软件程序构建的。有些系统每天运行一次,通常在晚上不使用计算机的时间。其他较新的云备份服务可持续运行,几乎实时捕获用户系统的更改。在线备份系统通常收集、压缩、加密数据并将数据传输到远程备份服务提供商的服务器或异地硬件存储设备。

remote bridge 远程(网)桥 通过远程通信链路把两个或多个相距很远的网络连接起来的桥接设备。

remote broadcast 远程广播 在广播工程中,远程广播(通常仅称为远程或实时远程,或新闻用语的实时拍摄)是从远离正式电视演播室的位置进行的广播,并且认为是电子现场制作(EFP)。远程拾取单元(RPU)通常用于将音频和/或视频发送回电视台,在那里信号连接正常的空中链。其他方法包括卫星车、制作车、必要时甚至是普通电话线传输。

remote call procedure (RCP)　远程呼叫过程　来自一个计算机应用程序的指令,使得另外的计算机或系统去实行一个预定义的任务。

remote call forwarding (RCF)　远程呼叫转移[转接]　在电信中,远程呼叫转移是一种服务功能,它允许把远程呼叫转移号码的呼叫自动转接到呼叫接收方指定的任何应答位置。用户可以在中央交换局中拥有远程转发电话号码,而在该交换局中没有任何其他本地电话服务。此服务的一个共同目的是使用户在移动到由不同电话交换机服务的位置时能够保留其电话号码。该服务对于商业用户非常有用,这些客户的广告广泛宣告的号码出现在报纸、车辆和各种营销文献中。当顾客打电话时,他们的呼叫将无缝转接到新的位置。RCF的另一种替代方案是呼叫者重定向,其中呼叫者只是听到拦截消息,通知他们号码已经改变。另一种替代方案是将现有号码移植到IP语音载波上,该载波不依赖于单个物理位置,因为用户可以在宽带因特网上的任何地方。

remote channel loopback　远程信道环回　在远程多路复用器的输入端(信道侧)形成环路的信道环回测试。

remote composite loopback　远程混合环回　在远程多路利用复用器的输出端(混合侧)形成环路的信道环回测试。

remote concentrator (RC)　远程集中器　(1) 使多个远程终端共享通信线路的集中器。远程集中器除担负终端处理任务外,有时还进行外围设备的控制,缓冲存储器的管理,以及终端或设备与中心设备装置之间的差错控制。(2) 通过一个通道与一组远程终端或通信通道进行交互式通信的设备。(3) 在现代电话中,远程集中器、远程集中器单元(RCU)或远程线路集中器(RLC)是电话交换机层级中最低级别的集中器。

remote control　遥控,远程控制;遥控器　(1) 由计算机或其他装置通过有线或无线,对一定距离以外的或人无法接触到(例如,高温、有毒、辐射等)的物体或系统所进行的控制。如用无线电控制航空模型、人造卫星的飞行、导弹的发射等。遥控技术综合应用自动控制、计算机和通信技术,实现远距离控制,并对远距离控制进行监测。一般遥控系统的核心是计算机。(2) 在电子设备中,遥控器是用于从远处操作设备的电子设备的组件,通常是无线的。例如,在消费电子产品中,遥控器可用于短距离操作诸如电视机、DVD播放器或其他家用电器之类的设备。遥控器主要是为用户提供便利功能,并且可以支持操作不便于直接触及的设备。例如遥控车库门的开启器,或遥控安装在高处如天花板上的投影仪。

remote data synchronism　远程数据同步　其功能是将本地数据通过远程的光纤传输,实时连续地复制或镜像到远程存储系统中去,以形成副本的方式实现对数据的保护,它是构建异地备份、异地容灾的最佳存储解决方案。

remote desktop　远程桌面(软件)　在计算中,术语远程桌面是指允许个人计算机的桌面环境在一个系统(通常是PC,但该概念同样适用于服务器)上远程运行的软件或操作系统功能,同时在单独的客户端设备上显示。远程桌面应用程序具有不同的功能。一些允许附加到现有用户的会话(即,正在运行的桌面)和"远程控制",或者显示远程控制会话或消隐屏幕。远程接管桌面是远程管理的一种形式。远程桌面软件支持用户从另一台计算机控制远程计算机。远程访问计算机的工具有很多，如 SSH、telnet 客户端、VNC、RemotePC、LogMeIn、TeamViewer、GoToMyPC、远程图形软件等。

remote digital loopback 远程数字环回 在远程调制解调器的数据终端设备侧（数字输入）形成环路的数字环回测试。在环回调制解调器上无需调制解调器操作员。

remote login 远程登录 因特网提供的一种最基本的信息服务，在网络通信协议的支持下，将本地计算机成为远程计算机的终端。先要在远程计算机上登录，然后就可以像使用本地计算机一样使用远程计算机。参见 telnet。

remote monitoring（RMON） 远程监控（协议，规范） 通过远程监控探测器监控和分析网络运行信息的协议。RMON 使用九个管理信息库（MIB）对简单网络管理协议（SNMP）进行了扩展，提供综合的网络监控能力。RMON 用于管理网络，RMON 代理通常运行在网络交换机或路由器等硬件设备上。RMON 在 RFC 1271、RFC 1757、RFC 2021 和 RFC 2819 中做了详细描述。

remote name server 远程名字服务器 在 TCP/IP（传输控制协议/网际协议）中，允许系统从一个远程服务器获得一个因特网地址的功能。

remote network access（RNA） 远程网络访问 一种允许应用程序执行某个功能调用的软件技术，通过这种技术，被调用的功能将在另一个机器或网络上运行。

remote sensing（RS） 遥感 （1）是在不与监测对象进行物理接触的情况下获取有关对象或现象的信息，因此与现场观察相反，尤其是对地球的遥感。遥感可用于许多领域，包括地理、土地测量和大多

数地球科学学科，例如，水文学、生态学、气象学、海洋学、冰川学、地质学；它还具有军事、情报、商业、经济、规划和人道主义应用。（2）利用可见光、红外、微波等探测仪器，通过摄影或扫描、信息感应、传输和处理，从而识别地面性质与运动状态的技术。

remote sensor 遥感器 远距离检测地物和环境所辐射或反射的电磁波的仪器。遥感器通常安装在各种不同类型和不同高度的遥感平台（如飞机、高空气球和航天器）上。遥感器按设计时选用的频率或波段来划分，常用的遥感器有紫外遥感器（紫外摄像机、紫外扫描仪和近紫外波段的多光谱照相机等）、可见光遥感器（常规照相机、可见光波段的多光谱照相机、多光谱扫描仪、激光高度计和激光扫描仪等）、红外遥感器（红外摄像机、近红外波段多光谱扫描仪、红外辐射计和红外行扫描仪）和微波遥感器（微波辐射计、散射计、高度计、真实孔径侧视雷达和合成孔径侧视雷达等）等。

remote testing 远程测试 在数据通信系统中，由中心站的操作员对通信线路和/或远程站调制解调器进行的检查。

remote trunk arrangement 远程中继线配置［装置］ 将多条连接小型端局的中继线集中起来以便有效地用一个通信服务定位系统进行服务的装置。

removable user identity module（R-UIM） 可移动的用户识别模块 是为 cdmaOne/CDMA2000（码分多址）手机开发的卡，它将 GSM（全球移动通信系统）SIM（用户识别模块）卡扩展到 CDMA 电话和网络。为在 CDMA 网络中工作，R-UIM 包含 CSIM（CDMA 用户识别模块）应用的早期版本。该卡还包含（GSM 的）SIM 应用程序，因此它可以在两个网络上工作。它与 GSM SIM 物理兼容，可以适用于现有的 GSM 手机，因为它是

R

GSM 11.11 标准的扩展。

remultiplex（remux） 再复用 从两个或多个信道中的每个信道获取某些信号并将它们重新组合成一个新信道的过程。

rendezvous point（RP） 汇聚点，会聚点，会合点 在稀疏模式独立于协议的多播（PIM-SM）中，汇聚点是跟踪成员和转发信息的汇合点。汇聚点是预先设定的一个路由器，承担转发所有的多播报文的责任。所有要发送组播报文的源主机在发送组播报文前，都需要到汇聚点上进行注册，然后通过直连的路由器来确定到汇聚点的最短路径，通过汇聚点路由器来确定到目的地的最短路径。

repeater（RP） 中继器，重发器，增音器 (1) 网络物理层的一种介质连接设备。把一根线缆中的电子信号传递给另一根线缆，不进行路由选择判定，也不进行分组过滤，仅对信号进行放大或整形的电子设备。中继器通常用于延长以太网等通信介质的长度，扩大以太网覆盖范围。中继器所连的两个网络应具有相同的介质控制方法、协议和传输技术。(2) 把从一条线路上接收到的信息流自动地传播到另一条（些）线路上去的设备。电磁信号在传递时，由于衰减和噪音使有效数据信号变得越来越弱。为保证数据的完整性，信号只能在一定的距离内传输，中继器起到数据接力传输的作用。

repeater section 中继段 数字传输系统的一个组成部分，包含一个传输方向上，一段传输媒介以及紧接着的一端或两端中继器。

repeater station 增音站，中继站 (1) 远程通信中为了对电话或电报信号进入放大和均衡而设置的中间站。(2) 微波通信系统中接收，放大发自附近的一个通信站的信号，并将其转发到另一个通信站去的设施。

reply message 应答报文 一种为响应收到询问或通知报文而送出的报文。

representation medium 表示媒体 由国际电报电话咨询委员会（CCITT）定义的五大媒体（感觉、表示、显示、传输、存储媒体）之一。表示媒体是指由感觉媒体所生成模拟电信号的数字化。这类媒体包括图像编码、文本编码、声音编码以及各类传感设备的编码输出。表示媒体在某些场合下亦可称为数字信息。

reproduction code 再现代码 主带上的一种功能代码。它贯穿于整个数据操作并出现在生产带中。

request disconnect（RD/RQD） 要求切断[挂断] HDLC（高级数据链路控制）协议中使用的一种无编号帧，通信中的组合站或次站使用这种帧请求进入断开模式，产生与断开命令帧 DISC 同样的效果，以便关闭通信链路。

request for comments（RFC） 请求注解[评议，意见]（文件） 关于因特网网际科研及开发团体的技术及信息注解的文件。是因特网研究和开发界的一系列工作记录的文本文件，这些文件的名字由 RFC 和编号数字构成，如 RFC 1157，其内容可以是有关计算机通信基本问题的探讨，也可以是有关标准制定的会议报告。一旦一个文件指定了一个 RFC 号并在网络上发布，则此 RFC 不会以同一个号被修改或再发布。任何人都可以发布 RFC 文件，方法是将内容以电子邮件的形式向 RFC 编辑发送，文本内容按照 RFC 1111 中的规定。

reservation ALOHA（R-ALOHA） 预约 ALOHA 是用于无线（或其他共享信道）传输的信道访问方法，其允许未协调的用户共享公共传输资源。预留 ALOHA（及其父方案，时隙 ALOHA）是用于在固定时间增量上划分传输资源的模式或规则集，也称为时隙。如果所有设备都遵循该方案，则该方案允许信道的用户协同地共享利用传输资源——在这种情况下,这是传输时间的分配。预约 ALOHA 的改进显著缩短了延迟,并有效支持更高的利用率。时隙 ALOHA 和预约 ALOHA 之间的主要区别在于,对于时隙 ALOHA,任何时隙都可以使用,而之前的使用无关。在预约 ALOHA 基于争用的预留模式下,该时隙暂时被成功使用它的站点视为"拥有"。此外,预订 ALOHA 只需在站点完成传输后停止发送数据。通常,空闲的时隙被认为可用于所有站,然后这些站点可以在竞争的基础上隐含地保留(利用)时隙。参见 ALOHA。

residential area networks interconnecting specification(RANIS) 居住区(信息系统)网络互联技术规程 是上海市建交委发布的上海市工程建设规范(DG/TJ08-2092-2012)。RANIS 系统规程以居住区智能化系统基本架构为出发点,规定了信息系统的网络结构、通信协议、协议接口、传输流程和信息控制等的技术要求。

residential gateway(RG) 驻地[住宅]网关 在通信网络中,住宅网关(家庭网关)支持将家域网(HAN)或局域网(LAN)连接到城域网(MAN)或广域网(WAN)。WAN 可以是更大的计算机网络(例如提供与市内住宅连接的都市 WAN)或因特网。可以通过 DSL(数字用户线路)、线缆调制解调器、宽带移动电话网络或其他连接方式提供 MAN 或 WAN 连接。术语"住宅网关"最初用于区分用于家庭的廉价网络设备与企业局域网(LAN)环境中使用的类似设备(其通常提供更多的功能)。然而,近年来较便宜的"住宅网关"已经有了企业网关的许多功能,而且差别较小。现在能够为许多家庭局域网提供小型企业局域网的大部分功能。

resilience 弹性 在计算机网络中,弹性是指在面对故障和正常运行的挑战时,提供和维持可接受的服务水平的能力。服务面临的威胁和挑战可以从大规模自然灾害中的简单的错误配置到针对性攻击。因此,网络弹性涉及非常广泛的主题范围。为了提高给定通信网络的弹性,必须识别可能的挑战和风险,并且必须为要保护的服务定义适当的弹性指标。

resilient packet ring(RPR) 弹性分组环 是面向数据(特别是以太网)的一种光环新技术,它利用了大部分数据业务的实时性不如话音那样强的事实,使用双环同时工作的方式。RPR 与媒体无关,可扩展,采用分布式的管理、拥塞控制与保护机制,具备分服务等级的能力。能比 SONET(同步光纤网)/SDH(同步数字系列)更有效地分配带宽和处理数据。

resolution 分辨率,清晰度 (1)计算机显示分辨率是定义显示画面解析度的标准,由每帧画面的像素数决定。分辨率通常用一个乘积来表示,例如,800×600、$1\,024\times768$、$1\,280\times1\,024$、$2\,560\times1\,440$、$3\,840\times2\,160$ 等,它表示水平方向的像素点数与垂直方向的像素点数的乘积,而像素是组成图像的基本单位,也就是说,像素越高,图像就越细腻越精美。(2)在计算机制图技术中,对图像清晰度的度量,用显示屏幕上的行数和列数或单位面积内的像素来表示。(3)在电视图像信号和声音信号数字化时,记录每个样本信号的位数,如 8、10、12、16 位等,8 位表示的分辨率是 1/256,10 位表示的分辨率是 $1/1024$,……。

resource description framework(RDF) 资源描述框架 RDF 已被万维网联盟(W3C)成员及其他相关方面审阅,并已被 W3C 理事会批准为 W3C 推荐标准。RDF 为 Web 资源描述提供了一种通用框架,它以一种机器可理解的方式被表

R

示出来，可以很方便地进行数据交换，RDF 提供了 Web 数据集成的元数据解决方案。通过 RDF 的帮助，Web 可以实现目前还很难实现的一系列应用，如可以更有效地发现资源，提供个性化服务，分级与过滤 Web 的内容，建立信任机制，实现智能浏览和语义 Web 等。

resource reservation protocol（RRP/RSVP/RRSVP） 资源预留协议 一种为数据流建立资源预留的传送层协议。该协议既不传送应用数据流，也不选路，而是一种控制协议。RSVP 是一种用于互联网上服务质量整合的协议。RSVP 允许主机在网络上请求特殊服务质量用于特殊应用程序数据流的传输。路由器也使用 RSVP 发送服务质量(QoS)请求给所有节点(沿着流路径)并建立和维持这种状态以提供请求服务。RSVP 能在信息传输的源节点和目标节点之间为应用流预留一定的带宽，为应用流提供一定的 QoS 保证。源节点的应用在发起传输之前，首先向路径上的节点(路由器或交换机)申请资源预留。交换机上的 RSVP 代理进程收到申请后，通过策略控制和许可控制决定是否允许资源预留。许可控制查看本交换机是否存在足够的资源，策略控制查看用户是否具有申请这些资源的权限。RSVP 通过 IP(网际协议)网络支持预留资源。在 IP 端系统上运行的应用程序可使用 RSVP 对其他节点指示它期望得到的信息包流特性，如带宽、抖动值、最大突发量等等。

resource reservation protocol-traffic engineering（RSVP-TE） 资源预留协议-流量工程 是流量工程的资源预留协议(RSVP)的扩展。它支持跨 IP 网络的资源预留。在 IP 端系统上运行的应用程序可以使用 RSVP 向其他节点指示他们想要接收的数据包流的性质(带宽、延迟抖动、最大突发量等)。RSVP 可在 IPv4 和 IPv6

上运行。因特网工程任务组(IETF)RFC 3209(由 RFC 5151 更新)详细说明了 RSVP-TE。RSVP-TE 通常支持 MPLS (多协议标记交换)标记交换路径(LSP)的建立，要考虑网络约束参数，例如可用带宽和明确的跳数。

resource sharing computer network 资源共享计算机网络 多个用户共用计算机中的资源，即中央处理机时间和内存储器空间的共享。这种计算机网络便称为资源共享计算机网络。

resource subnet/subnetwork 资源子网 计算机网中，由主机系统和终端设备组成的子网。其功能是进行数据处理和资源共享。

response（RSP） 响应，应答 (1) 在数据通信中，在应答帧的控制字段里表示的一种应答。它通知主站或复合站由次站或另一复合站对一个或多个命令所取的动作或从站的当前状态。(2) 在 SNA (系统网络体系结构)中，一种确认收到请求的报文单元，应答通常由一个 RH (应答标题)，可能还有一个 RU(应答单元)所组成。

response time（RT） 响应[应答]时间 (1) 从一个询问或一个计算机系统的请求的结束到开始应答之间的时间间隔。例如，在一次询问结尾和在用户终端上显示第一个应答字符之间的时间间隔。(2) 在实时系统中，系统对一事件产生反应所需的时间。通常这是指一事件自出现(如货物自仓库中开始向外调动)到在主文件上将事件记录下来所用的时间。也指对随机询问和响应和服务的时间。(3) 在计算机网络系统中，从某站点向另一站点发出询问起至接到对方回答信号为止所需的时间。其中包括本站点询问信号送到另一个站点为止的传输时间和另一个站点对询问信号进行相应处理的时间，以及发送回本站的传输时间。

响应时间反映了计算机网络系统传输信息速度的快慢情况，它是衡量网络系统性能的重要指标之一。

resynchronization　再同步，重新同步
(1) 在某些操作系统中：① 当建立一次主机对话时，使用顺序号在上次对话的终点处开始这次对话；② 当进行主机对话时，使用顺序号来重新建立一个有秩序的数据交换。(2) 在多节点电路上，同接收机(或发射机)建立同步以及同新节点建立同步。(3) OSI(开放系统互连)体系结构中的一种同步方式。再同步要求可以由会话连接上任一个会话服务用户发出。再同步将会话连接设置到一个已定义的形态，这包括可得到的权标的重新分配和把同步点串行号置为一个新的值。它清除所有未交付的数据，并且提供以下三种选择：① 放弃选择；② 重新开始选择；③ 置位选择。

return to bias (RB)　归偏制　一种表示二进制信息的信道编码方法，其规则是：信息位"1"对应于一个方波脉冲，而信息位"0"则没有对应的方波脉冲；而且在没有脉冲的时刻恒处于方波脉冲的相反电平上。这种编码方法是无自同步能力的按位编码法，在计算机中，主要用于低性能数字磁记录装置的记录。

return to zero (RTZ, RZ)　归零(制)　一种表示二进制信息的信道编码方法，即用极性不同的正、负脉冲分别表示二进制信息"1"和"0"，且在每一位周期内，脉冲一旦结束就随即返回到零电平。这是具有自同步能力的按位编码法，在计算机应用中，主要用作数字磁记录方式。

return to zero code　归零码　一种代码形式，有两种信息状态"0"和"1"，在这两种状态中，信号在比特周期的部分时候总是返回到"0"状态。它包括曼彻斯特编码和差分曼彻斯特编码两种方式。是一种二进制信息的编码，用极性不同的脉冲分别表示二进制的"1"和"0"，在脉冲结束之后要维持一段时间的零电平。能够自同步，但信息密度低。

reverse address resolution protocol (RARP)　反向地址解析协议　因特网中的一个协议，提供协议的逆操作，将硬件地址转换成一个 IP(国际协议)地址。在 RFC 903 中定义。在 TCP/IP(传输控制协议/网际协议)网络环境中，无盘工作站在启动时为确定自己的 IP 地址而使用的网络协议。该协议的作用是把物理地址变换成 IP 地址。工作过程如下：工作站先广播一个含有自己物理地址的请求，名字服务器收到请求后，在地址变换表中按照送来的物理地址查到分配给该物理地址的 IP 网络地址，并把这个网络地址送回给发出请求的无盘工作站。无盘工作站又借助于网络地址解析协议(ARP)获得自己的名字和报文格式。无盘工作站使用 RARP 协议取得自己的 IP 地址虽然可行，但不如另一种称为 BootP 的协议更有效。RARP 协议有如下缺点：① RARP 协议工作在低层，直接涉及网络硬件，因而用应用程序建立服务器很难或不可能。② 无盘工作站获取 IP 地址时与服务器虽然进行分组交换，但回答中的信息太少，只有 8 个字节的 IP 地址。对于限制最小报文长度的网络如以太网，就要附加无用内容，降低效率。③ RARP 用硬件地址标识机器，因而不能用于动态分配硬件地址的网络中。为了克服这些缺点，开发了 BootP 协议。

reverse CDMA channel　反向码分多址信道　从用户站到基站的码分多址信道。从基站的角度来看，反向码分多址信道是某个码分多址分配频率上所有用户站的发射信道之和。

reverse channel　反向通道[信道]　在通信系统中，反向信道也称为返回信道或返回链路，是从用户端到中心端的传输链路。返回链路往往是,但并不总是,比相应的正向[前向]链路慢。比如,非对称数字用户线、电缆调制解调器、移动宽带和卫星互联网接入等。在某些具有半双工数据传输系统的调制解调器中实现接收器至发送器通信的通道。反向通道一般只用于传输请求或控制信息。

reverse DNS lookup　反向 DNS 查找　在计算机网络中,反向 DNS(域名系统)查找或反向 DNS 解析(rDNS)是查询 DNS 以确定与 IP 地址关联的域名,这与通常"正向"DNS 查找来自域名的 IP(因特网协议)地址的相反。反向解析 IP 地址的过程使用 PTR(指针)记录。因特网的反向 DNS 数据库植根于 arpa(高级研究计划署)的顶级域。

reverse path forward/forwarding (RPF)　逆向路径转发　当多播数据包到达路由器时,路由器作 RPF 检查,以决定是否转发或抛弃该数据包,若成功则转发,否则抛弃。RPF 检查过程如下:① 检查数据包的源地址,以确定该数据包经过的接口,是否在从源到此的路径上;② 若数据包是从可返回源主机的接口上到达,则 RPF 检查成功,转发该数据包到输出接口表上的所有接口,否则 RPF 检查失败,抛弃该数据包。

reverse proxy　反向[逆向]代理　反向代理方式是指以代理服务器来接收因特网上的连接请求,然后将请求转发给内部网络上的服务器,并将从服务器上得到的结果返回给因特网上请求连接的客户端,此时代理服务器对外就表现为一个服务器。不同之处在于,这个服务器没有保存任何网页的真实数据,所有的静态网页或者 CGI(公共网关接口)程序都保存在内部的 Web 服务器上。因此对反向代理服务器的攻击并不会使得网页信息遭到破坏,这样就增强了 Web 服务器的安全性。

rewritable optical disc (ROD)　可再写光碟　通过激光束可改写指定区域上的数据的光碟。有些厂商已宣称他们的可再写光碟可擦写一百万次以上。现有三种可再写光碟:磁光碟、性能有待提高的相变光碟和染料聚合体碟。可再写光碟主要有 3.5 英寸和 5.25 英寸碟,有各种容量和格式。

RF-carrier　射频载波　无线电频率信号上承载的通信信息,包括控制信令和用户面信息。通常是射频频谱范围的载波信号。

RF converter　射频转换[变换,变频]器　指通过直接与接收器输入端连接,将(便携式录像机或摄像机)视频源转换或改变为射频信号的附件。因为视频信号与射频信号不同,且不兼容,转换是必须的;射频转换器单独出售或与图像稳定器一同出售。

RF modem　射频调制解调器　用指定频率将数字信号转变成模拟信号以及将模拟信号转变成数字信号的一种调制解调器。这种调制解调器被用在宽带局域网中。

RF modulation　射频调制　把声音信号或电视信号放在无线电载波信号上的方法。

RF modulator　射频调制器　为了使普通的家用电视接收机可以作为个人计算机的监视器使用,显示控制器输出的视频信号必须转换成为特定频率的射频信号,射频调制器即为实现这种转换的功能部件。

RF shielding　无线电屏蔽,射频屏蔽　一种用于防止射频通过的材料,通常是金属或金属膜,安装设备的内部或外部以防止设备之间的相互干扰,PC 机的无线电屏蔽有一个 FCC(美国联邦通信委员会)标准,PC 机的金属机箱可满足大多数场合的要求,满足 FCC 标准 A 的设备

R

可用于企业,满足 FCC 标准 B 的设备可用于家庭环境。

RGB color model 红绿蓝色彩模式 一种用红、绿、蓝三原色叠加来规定色彩的方法。即把每一种原色单独地贡献加在一起从而形成一种混合色。该模式采用三维的笛卡尔坐标系统。立方体主对角线各点含有等量的各种原色,表示由黑至白的灰度等级。这种模式主要用于彩色电视监视器和光栅显示器上。

RG-11/U (coaxial cable) RG-11/U 视频同轴电缆 特性阻抗为 75 Ω 的视频同轴电缆,比 RG-59 的导线粗,用于有线电视和卫星电视的高频损耗低。适用于长引入线和地下管道,类似于 RG7 但通常损耗较低。

RG-58/U (coaxial cable) RG-58/U 同轴电缆 一种类似于电视同轴电缆的两导体屏蔽电缆,通常称为细同轴电缆,特性阻抗为 50 Ω。用于无线电通信和业余无线电、细以太网(10BASE2)和 NIM(核检测仪表舱)电子设备,吸收损耗 1.056 dB/m @ 2.4 GHz。

RG-59/U (coaxial cable) RG-59/U 同轴电缆 一种特定类型的同轴电缆,通常用于低功率视频和射频(RF)信号连接。该电缆的特性阻抗为 75 Ω,分布电容约为 20 pF/ft(60 pF/m)。75 Ω 阻抗匹配自由空间中的偶极天线。RG(无线电指南)最初是美国军方联合电子类型指定系统(JETDS)中大部分射频(RF)电缆的单位指示符。后缀/U 表示一般用途。数字 59 按顺序分配。RG-59 通常用于基带视频,例如复合视频。也可以用于广播频率,但其高频损耗太高而无法长距离使用,在这些应用中,使用 RG-6 或 RG-11 代替它。

RG-6/U (coaxial cable) RG-6/U 同轴电缆 是一种常见类型的同轴电缆,用于各种住宅和商业应用。RG-6/U 同轴电缆的特征阻抗为 75 Ω。术语 RG-6 是通用的适用于各种电缆设计,它们在屏蔽特性、中心导体组成、介电类型和护套类型方面彼此不同。RG 最初是美国军方联合电子类型指定系统(JETDS)中大部分射频(RF)电缆的单位指示符。后缀/U 表示一般用途。该数字按顺序分配。实际中,术语 RG-6 通常用于表示具有 18 AWG(1.024 mm)中心导体和 75 Ω 特性阻抗的同轴电缆。

RG-62/U (coaxial cable) RG-62/U 同轴电缆 一种类似于电视同轴电缆的两导体屏蔽电缆,具有 92 Ω 特性阻抗。它可用于用于 ARCNET 网络和汽车无线电天线。RG-62/A 具有 93 Ω 特性阻抗。用于 NIM(核检测仪表舱)电子设备。

RG-7 (coaxial cable) RG-7 同轴电缆 特征阻抗为 75 Ω,高频损耗低,用于有线电视、卫星电视和有线调制解调器。

RG-8/U (coaxial cable) RG-8/U 同轴电缆 特征阻抗为 75 Ω,用于业余无线电、粗缆以太网(10BASE5)类似场合。

ribbon cable 带状[扁平]电缆 由多条平行导线并排黏结在一起而构成的一种扁平电缆,可为多位信号提供并行传送的通路,主要用于计算机与并行输入/输出外围设备之间的信息传送。按通行的惯例,扁平电缆的某个边沿有一条不同颜色的线,表示"1"号线。

ribbon cable connector 带状电缆连接器 利用压力穿刺形成绝缘层位移而达到连接多位扁平带电缆导体的一种连接器件。它一般由锁定耳扣、护盖、卡形触点和壳体组成,是一种多用途、经济可靠的多位连接器。20 世纪 80 年代以后,它在计算机组装设计中被广泛应用。

Rice encode (RE) 赖斯编码 一种表示二进制信息的信道编码方法,如下表所列,其编码规则有三条:① 若输入信息序列的最低两位为"11",则把 4 位输入信息位一起变换为 6 位码字;② 若输入信息序列的最低两位不是"11",则把 2 位输入信息一起变换为 3 位码字;③ 若输入信息序列的最低 6 位为"010101"(连续三次重复出现"01"),则把 4 位输入信息一起变换为 9 位码字。最后再把编码序列用逢"1"变化不归零制规则调制。这种编码是具有自同步能力的按组、可变长、游程长度受限码。在计算机中它主要用于数字磁记录。以下表中信息用位 D 表示,码字用 C 表示。

赖斯编码的变换规则表

D 123456	C 123456789
010101	000100100
1111	010101
1101	000101
1110	010100
1100	000100
01	000
00	001
10	010

rich Internet application (RIA)　富因特网应用程序　一种接近本地安装的应用程序的速度和优雅的应用程序。RIA 通常是指使用 Web 浏览器在 Web 页面中运行嵌入式脚本的应用程序。但是,它也可以指以某种方式与因特网交互但不从浏览器运行的"富客户端应用程序"参见 rich client。

rich media　富媒体　多媒体的另一名称。包含文字、动画、视频和音频等媒体的互动广告,比普通的横幅广告更精致。富媒体也可用在各种网络应用中,如网站设计、电子邮件、按钮,弹出广告,插播广告等。

right angle edge connector　直角边连接器　允许光纤或光缆以与发送者或接收者表面成直角的角度使光波出入光学发射机或接收机的连接装置。

ringback number　回铃号码　是电话公司技术人员用来测试新电话线安装的电话号码,以及分配的号码是否正确路由。通常,技术人员通过呼叫回铃电话号码或垂直服务代码来测试终端设备(电话机)振铃器,然后挂断并等待电话响铃。在接听时,交换机可能会播放低频信号音,此时技术人员会一次或多次闪烁线路(短暂挂断)。然后,较高的音调表示回铃已接通,技术人员挂断电话。接下来,电话会响铃,接听时只带有验证音。添加验证音是为了使电话用户不容易将回铃系统用作对讲机。

ring back tone (RBT)　振铃回音,回铃音　一种表示被叫用户正在响铃的可听见的声音信号。

ring connection　环形连接　计算机网络中的一种节点连接方式。传输线路不分始端与终端而逐点依次连接成一个环形链路,终端设备通过耦合器或其他界面设备依次连接到环上。

ringdown　振铃　呼叫发信号给用户和操作员的一种方法。其信号通常是用 20 周、135 周或 1 000 周交流信号,每秒中断 20 次。

ringdown signaling　振铃信号法　一种对远距离的开关控制或终端发信号(一般用低频交流信号)而实现通信的方法。

ringer equivalence number (REN)　振铃器等价[等效]数　一个用于确定可与话机线路连接的设备质量的数字。在话机线路上的过多的 REN 有可能导致在有外来呼叫时,话机不振铃。在大多数情况下,并非在所有的区域,REN 的总和不应当超过 5。REN 处于模拟电话产品底部的"FCC(美国联邦通信委员会)登记"标签上。

ring error monitor (REM)　环形(网络)差

错监控器 在通信中的一个令牌管理功能，观察、收集和分析由令牌环站发送的可恢复的和不可恢复的错误报告，并辅助故障分隔和纠正。

ring forward signal 前向呼叫信号 由发送端操作员向接收端操作员发出的，要求协助将线路接通的一种信号。

ring indicator（RI） 振铃指示（器） RS-232-C 接口电路中的一个信号，表示电话进行振铃，呼叫对方。（1）某些通信应用程序用这个信号确定应答呼叫的时间。（2）由自动应答设备发给数据终端设备的信号，用来表示已检测到呼叫并已摘机。

ringing 振铃，振荡，瞬时振铃效应 （1）在电子、信号处理和视频中，振铃是信号的振荡，特别是在阶跃响应（对输入的突然变化的响应）中。（2）因输入的突然改变引发系统输出振荡的瞬变。在电视中会出现一系列的紧密间隔图像或在白色物体右边紧接地出现一条黑线。在视频放大器中的振铃将导致画面垂直线的右边出现规则间隔的垂直线条。（3）指在高对比度对象边缘出现的一系列的涟漪效应。振荡是摄像管式比固态摄像机更常见的特性，是由其电路中的随机电容引起，通过视频测试图可确定摄像机是否会在图像中产生振铃问题。（4）电视系统对一个图像脉冲的阻尼振荡式响应，在重现的图像上造成一系列紧密相靠、亮度渐减的黑白交替条纹。

ringing code 振铃码 通过不同振铃时间而组成的一种长、短信号，用来呼叫电话公用线上的某一特征用户。

ringing out 振铃，响铃，鸣响 是音频工程中的一个过程，用于防止舞台麦克风和扬声器之间的音频反馈，并在反馈发生之前最大化音量。根据场地的声学特性，某些频率可能会共振，并且更容易反馈。为了鸣响房间，音响技术人员将提高混音台上的增益或音量控制器，以诱导音频系统反馈。一旦发生反馈，技术人员使用均衡器，通常是图形均衡器，以减少适当频段（或频率）上的增益。可以使用频谱分析仪识别反馈的频率。重复这一过程，直到充分减少反馈而不影响声音质量。

ring interface adapter 环形接口适配器 一种设备，它承担节点的基本数据传输功能，如帧的识别、地址译码、错误检测、帧的缓冲、故障检测，以及在令牌环形网络中的令牌生成。

ring modulation 环形调制 是电子技术中的信号处理功能，通过将两个信号相乘，其中一个信号通常是正弦波而另一个是简单波形，实现幅度调制或频率混合。

ring modulator 环形调制器 是用于环形调制的电子设备，用于幅度调制或频率混合。环形调制器可用作效果单元。

ring network node 环网节点 在环形网络中，每一个计算机节点控制自己的作用，而且每个计算机节点之间都是平等的，具有相似的硬件与软件。通常每个节点可以与其他节点通信，同时可以存取其文件，每一节点可作为其他节点的后备系统。

ring network structure 环网结构 在这类网络中，许多远程数据站（终端或计算机）不能单独与主机联系，而是以传输的数据在环形数据站间循环。如果多个数据站与主机的距离很近，则用环形网络结构较为经济。但如果数据站间的距离较远时，环网结构的传输线的价格将相当昂贵，此时采用分布结构较为经济。得到较多应用的环网结构主要有三种：Newhall 环（令牌传递环）、Pierce 环（时间片环、开槽环）和分布式环（DLCN），对应的存取控制方式有令牌传递法、时间片法和寄存器插入法等。

R

ring station 环站 连接到局部网络和操作令牌环网协议所必需的功能,包括令牌处理、传输复制的帧到节点的存储器、维护错误计数器、观察介质访问控制(MAC)子层协议和将帧传送到正确的数据链路控制链结,一个环站是连接到环中的节点的 MAC 子层的一个事例。

ring system 环路系统 沿一个或多个环路上分布的一个处理阵列,数据沿环路或环被转送并被对应于一个预定地址的某一特定处理器使用。

ring tone 铃声 电话机发出的声音,表示来电或短信。不再是字面上的音调,也不是实际的(钟样)响铃,现在这个术语最常用于指移动电话机上使用的可定制的声音。

ring topology 环形拓扑 网络的拓扑结构形式之一,它是由单方向传输链路把一系列中继器彼此连接起来构成一个封闭环而形成的。网络中的每个站都是通过中继器连入网络的。

R interface R 接口 或 R 参考点。综合业务数字网(ISDN)的一个基准点,用于较旧的非 ISDN 设备存取 ISDN 网络接口。R 接口定义了非 ISDN(综合业务数字网)设备和终端适配器(TA)之间的点,TA 提供与这种设备之间的转换。

RIP addressing conventions 路由(选择)信息协议寻址[编址]约定 RIP(路由信息协议)对于地址格式的约定。主要约定有如下 4 条:① 网络地址最多可有 14 个字节,因而可用于各种不同网络环境;② 在 TCP/IP(传输控制协议/国际协议)网络环境中 IP 地址只使用四个字节,其他字节必须为 0;③ 在 TCP/IP 网络环境中,还用 0.0.0.0 地址表示缺省路由地址;④ 把度量距离附加到所通告的每条路由上,其中包括缺省路由。这样就可以使得两个网关以不同度量单位广播一条缺省路由,一种度量单位用于主要路径,另一种度量单位用于备用路径。参见 routing information protocol(RIP)。

RIP algorithm rules 路由(选择)信息协议算法规则 为提高性能和可靠性,RIP(路由信息协议)要执行的规则主要有三条:① RIP 使用矢量距离算法;② 内部网关每次得到路由就保持那个路由,直到确实得到一条更好的路由为止。这样可以防止在代价相等的多条路由之间摆动;③ 使用 RIP 协议的机器(网关和主机)分为主动者和被动者。主动者把有效路由每 30 秒通告一次给其他机器。被动者只是收听主动者通告并更新自己的路由。如果经过 180 秒没通告,便认为这条路由变成超时无效路由。网关得到一条路由就启动一个计时器,并每次收到关于该路由的通告,计时器就重置一次。连续 180 秒没收到某路由的通告就宣布那条路由超时,不再有效。

risk analysis 风险分析 (1)辨别目标系统的脆弱性以及所面临的威胁,从而判断系统潜在损失的过程。其目的是为目标系统寻找合适的投资比例与技术措施,供决策者作出正确的判断。(2)在计算机安全性考虑中,一种对系统安全可能产生威胁和可能导致不希望事件的分析、判定。

risk assessment 风险评估 对系统存在的脆弱性、面临的威胁、可能遭受的损失以及安全措施的有效性所进行的分析或研究。管理员可使用风险评估的结果,加强系统的安全性。

risk-based authentication 基于风险的身份验证 在身份验证中,基于风险的身份验证是一种非静态身份验证系统,它考虑了请求访问系统的代理的配置文件,以确定与该事务关联的风险配置文件。然后使用风险简档来确定挑战的复杂性。较高的风险配置文件会带来更强大的挑战,而静态用户名/密码可能足以应对风险较低的配置文件。基于风险的实施允许应用程序仅在风险级别合适时才向用户要求其他凭据。

Rivest Shamir Adleman algorithm（RSA） RSA 算法　在计算机加密中，指由 Rivest、Shamir 和 Adleman 三人于 1978 年设计和提出并经专利注册的公共密钥加密算法，PGP（优质保密性）加密便是以 RSA 加密算法为基础的。RSA 加密算法支持被加密文本的可变密钥长度和可变块大小。无格式文本块必须小于密钥长度，通常密钥长度是 512 位。它采用一个陷阱门单向函数，该函数的依据是分解两个大素数的积是十分困难的。它提出一个数字签名方法，比 DES（数据加密标准）和背包密码的加密/解密过程要求更严格。RSA 具有足够的加密强度和大的密钥空间，目前已用于数据加密、网络加密和网络密钥管理及数字签名等安全信息系统中。但 RSA 与 DES（数据加密标准）算法相比较，其计算量大，加密速度慢。

RJA1X　RJA1X 插座　对应于 4 脚插头接合器的小型 6 位插座，它为单线桥接的尖环引线提供电网连接。RJA1X 的主要用途是与单线非按键电话设备或辅助设备一起使用，这些设备中有 4 管脚插座在使用，并且注册终端设备装有小型 6 位插座。

RJA2X　RJA2X 插座　对应两个小型 6 位插孔接合器的小型 6 位插座，它为单线桥接的尖环引线提供电网连接。RJA2X 的主要用途是与存在小型 6 位插孔的单线路按键电话设备或辅助设备一起使用。

RJ connector（registered jack connector） RJ 连接器　用于连接电话线路的标准连接器。RJ 连接器现在也用于 100 Base-T 和其他类型网络的连接。

RJ-11（connector）　RJ-11 连接器　是一种常用于端接电话线的物理接口的模块化电话线连接器。它可能是最熟悉的注册插座（插孔），用于世界上大多数家用的单线路普通老式电话业务（POTS）电话插座（插孔）。RJ-11 是 4 线（二对线）（也有使用 6 线的）连接器，上面有一个带弹性的小卡插头，可以稳定地插接在电话机、传真机、调制解调器等电信设备的 RJ-11 插座上。普通电话机只用中间一对红线和绿线。

RJ11C　RJ11C 插座　用在拨号线路（2 线）上的模块插座连接器，是一般电话最常用的连接器。RJ-11 是 4 线专用线路的任选连接器。RJ11C 是小型 6 位表面或平面安装插座。它提供单线路桥接的尖环引线的电话网络连接，主要与单线路无键电话和辅助设备一起使用。

RJ-45（connector）　RJ-45 连接器　一种将计算机或网络设备连接到局域网的模块化 8 线（四对）连接器。用于双绞线（UTP）电缆和租用的电话线连接上传输数据的连接器。最初作为 IEEE 802.3 标准中的 1 base-5 网络（StarLAN）中的标准 8 线连接器。后来主要作为 5 类、超 5 类或 6 类电缆线的标准连接器，有些电话布线中也使用这种连接器。

RMON1　第一版远程监控管理信息库(标准)　remote network monitoring management information base version 1 的缩写。在 RFC 2819 中有具体说明。该备忘录定义了管理信息库（MIB）的一部分，用于基于 TCP/IP 的互联网中的网络管理协议。特别是，它定义了用于管理远程网络的对象监控设备。这份备忘录废弃了 RFC 1757。本备忘录通过以下方式扩展了该规范，在语义上保持不变的同时，以 SMIv2 格式记录 RMON MIB 与现有的基于 SMIv1 的 MIB 相同。

RMON2　第二版远程监控管理信息库(标准)　the second remote monitoring MIB

version 2 的缩写。在 RFC 4502 文件中有具体说明。文件定义了管理信息库(MIB)的一部分,用于基于 TCP/IP 的网络管理协议互联网。特别是,它定义用于管理远程网络监控设备。该文件废除了 RFC 2021,更新了 RFC 3273,并包含 RMON2-MIB 模块的新版本。

roamer access number (RAN)　漫游者接入号码　蜂窝通信中的十位数字号码(区号和电话号码),它允许使用者在其位于本地服务地区之外时接受呼叫。呼叫首先拨通被叫方所在地的 RAN,一有接收音则呼叫者再拨地区号码和分配给蜂窝电话的号码。

roaming　漫游　一个常用于移动设备(如移动电话)的无线电术语。它指的是移动电话在其归属网络范围之外使用,并连接到另一个可用的蜂窝小区网络。漫游是支持网络跟踪一个移动设备位置的特性。只要网络运营商和其它特定区域的运营商之间有漫游协议,本地运营商会接受外部用户并提供服务。从外部用户归属网络传入的呼叫转交给本地网络处理,而传出呼叫则直接转向目标方或转交给该来访用户的归属网络。根据移动运营系统对漫游的管理和实现方式的不同,可将漫游分为三类:① 人工漫游:两地运营部门预先订有协议,为对方预留一定数量的漫游号,用户漫游前必须提出申请。用于 A、B 两地尚未联网的情况。② 半自动漫游:漫游用户至拜访区发起呼叫时由拜访区人工台辅助完成。用户无需事先申请。但漫游号回收困难,实际很少使用。③ 自动漫游:要求移动网络数据库通过七号信令网互连,网络可自动检索漫游用户的数据,并自动分配漫游号。

robbed bits　抢位,(被)劫取[强取]比特[位]　AB 或 ABCD 信令的单元,12 帧超帧的第 6 和第 12 帧或者 24 帧超帧的第 6、第 12、第 18 和第 24 帧中的每个信道 8 比特组中的最低有效比特从有用频宽中提出,用于摘机/挂机信令。

robbed bit signaling (RBS)　占位[劫取,强取]比特信令(方式)　在通信系统中,强取比特信令是使用随路信令(CAS)在多路 T1 数字载波电路上提供维护和线路信令业务的方案。也称为 CAS 信令。其特点是:在每个 750 μs 的最后一个比特中由信令信息取代 PCM(脉码调制)信息的传送。

robocall　机器人呼叫　一种电话呼叫,它使用计算机化的自动拨号程序来传送预先录制的信息,就好像来自机器人一样。一些 robocall 使用个性化音频消息来模拟实际的个人电话呼叫。

robotics as a service (RaaS)　机器人技术即服务　一种为机器人设备增加价值的云计算服务。机器人技术即服务有望通过提供各领域的专业知识来增强未来的机器人能力。例如,家庭机器人可能会使用 RaaS 来学习如何烹饪额外的菜谱,而看护机器人可能会找到如何治疗特定的伤害。

role-based access control (RBAC)　基于角色的访问控制　在计算机系统安全中,基于角色的访问控制(RBAC)是一种对授权用户限制访问系统的方法。并且可以实施强制访问控制(MAC)或自主访问控制(DAC)。RBAC 有时被称为基于角色的安全。RBAC 是一种围绕角色和特权定义的策略中立的访问控制机制。RBAC 的组件(如角色权限、用户角色和角色-角色关系)使用户分配的执行变得简单。尽管 RBAC 与 MAC 和 DAC 访问控制框架不同,但它可以实施这些策略而不会出现任何复杂情况。

rollable display　可卷曲显示器　也称为柔性显示器,是一种可以像滚动一样卷起而不会使图像或文本变形的屏幕。构建可卷曲显示器涉及的技术包括电子墨水、Gyricon(电子纸)、有机液晶显示器(OLCD)和有机发光二极管(OLED)。可卷曲显示器是卷曲计算机开发的重要部分。

root bridge **根网桥** 交换拓扑信息的网桥,当需要改变拓扑时,在一个生成树执行中带有指定的网桥来通知在网络中的其它所有的网桥。

rooter amplifier **根放大器** 一种非线性放大器,其负反馈使输出电压随输入电压的平方根或其他根的变化。它用在电视发射机的视频放大器中进行伽马校正,以补偿摄像管特性。

root name server **根名字[名称]服务器** 是因特网的域名系统(DNS)的根区域的名称服务器。它通过返回适当的顶级域(TLD)的权威名称服务器列表,直接回答根区域中的记录请求和回答其他请求。根名称服务器是因特网基础设施的重要组成部分,因为它们是将人们可读主机名转换(解析)为因特网主机之间通信所使用的 IP 地址的第一步。

root node **根结点** 树形结构的一个没有父结点的结点。

root server system **根服务器系统** 在因特网上,根服务器系统是用来维护所有权威顶级域名(比如.com、.net、.org 和单独的国家代码)并使之可访问的方法。该系统由 13 个文件服务器组成。中心服务器即"A"服务器由 Network Solutions Inc.操作,当前管理域名登记和顶级域名列表的公司都保存在 A 服务器上。每天都要把这份列表复制到分布于全球的其他 12 个文件服务器上。

rotary dial/dialing **旋转拨号(法,盘)** 在交换系统中,一种传统的拨号方法,作为电话机或电话交换机的一个部件,它在电信中实现称为脉冲拨号的信令技术。它在启动电话呼叫时,通过旋转拨号盘

将目的地电话号码发送到电话交换机。

rounding **环绕振荡** 同振荡一样,都是由于信号线上过度的电感和电容所引起,使信号某一单向变化的初始瞬态响应超过了稳态响应。环绕振荡属于过阻尼状态而振荡属于欠阻尼状态。

round robin(RR) **轮转(法),循环(法,调度)** (1)是进程和网络调度程序在计算中使用的算法之一。由于通常使用该术语,时间片(也称为时间量子)以相等的部分和循环的顺序分配给每个进程,处理没有优先级的所有进程(也称为循环执行)。循环调度简单、易于实现、没有资源匮乏问题。循环调度也可以应用于其他调度问题,例如计算机网络中的数据分组调度。这是一个操作系统概念。(2)一种巡回的多路转换技术,它按固定长度的时间片来分配资源。(3)网络上各个站点以固定的时隙访问共享传输介质的方式。

round robin DNS **循环[轮流]域名系统** 一种负载分配、负载均衡及容错技术。配置多个、冗余的互联网协议服务的主机,例如 Web 服务器、FTP 服务器,根据合适的统计模型,管理域名系统(DNS),响应来自客户端计算机的请求。在最简单的实现中,循环 DNS 通过响应 DNS 请求来工作,DNS 不仅使用一个潜在的 IP 地址,而且与一个潜在的 IP 地址列表对应,这些地址对应于承载相同服务的多台服务器。返回列表中 IP 地址的顺序是术语循环的基础。对于每个 DNS 响应,DNS 就改变列表中的 IP 地址序列。通常,基本上 IP 客户机尝试与从 DNS 查询返回的第一个地址进行连接,因此,在不同的连接尝试下,客户机将从不同的提供商或服务器接收服务,从而在服务器中实现总负载分配。

round trip delay(RTD) **往返时延** 电信号从传输媒体一端传输到另一端然后折

回原处所需要的时间。

round trip time (RTT)　往返时间　对网络上当前延迟时间的一个度量。它是发送者将一个报文分组送达目标节点,并接收到收妥确认信息所需的时间。RTT也称为 ping 时间。因特网用户可以使用 ping 命令确定 RTT。

route　路由　多机系统或计算机网络中从源节点到目标节点之间信息传输的途径,也是通信网中任意两个交换中心之间建立一个呼叫所经过的路径。这样的路径可能有多条,即有多条路由。在互联网中,一条路由可能经过多个网关、路由器和物理网络。

routed everywhere　到处用路由　一种局域网(LAN)联网的解决方案之一。过去的解决方案采用通用路由器或者将交换与路由功能结合起来的第一代或第二代三层交换机。第一代三层交换机与通用路由器相似,是基于 CPU 的体系结构,这种结构提供了灵活性,但把交换和路由的性能限制在每秒 10 万包以下。第二代三层交换机增加了先进的硅技术,大大地提高了整体性能。新的第三代三层交换机则提供引人注目的性能/价格优势和先进的网络策略功能。这种三层交换机支持千兆以太网的速度和提供高速路由。除支持诸如千兆位以太网一类的 LAN 新技术外,这些交换机也支持现有的主干技术,如 ATM(异步传输模式)和 FDDI(光纤分布数据接口)。这就使用户们能利用其已安装的基础设施,实现网络集成和支持的最终目标。网络策略支持包括基于 LAN 的服务种类和服务质量、先进的安全性和自动的网络管理。三层交换机代表了"到处用路由"模式中的动态转移。这些交换机具有的空前的速度、简化的网络控制和基于 LAN 的策略服务,最终将代替 LAN 核心的多数通用路由器。

routed protocol　路由协议　可以由路由算法确定路由的协议。为了使用路由协议选择路由,路由器必须了解为路由协议察觉到的逻辑互联网络。参见 routing protocol。

route filtering　路由过滤　在网络路由的环境中,路由过滤是不考虑将某些路由包含在本地路由数据库中,或不向邻居节点通告的过程。路由过滤对于全球互联网上的 BGP(边界关卡协议)尤其重要,因为有多种原因。在实践中使用外部资源进行路由过滤的一种方法是将路由策略规范语言与因特网路由注册表数据库结合使用。

route learning　路由学习　一个网桥或交换机通过学习向其路由表内放置有关路由内容的过程。

route metrics　路由[路径]度量　路径性能和代价度量的路径选择算法。例如,路由信息协议(RIP)使用的方法是用起始站点和目的站点之间的跳(hop)数量度量。实际上,路由度量通常用可靠性、带宽、延迟、路段数和线路成本等性能参数来度量。参见 hop count。

router　路由器　(1)在计算机网络互联中,可以支持到网络层的一种智能化网间连接设备,可以为被发送的信息报文寻找正确的传输路径。路由器可以根据某种优化的路由选择算法在几条路径中确定一条路径传输网络流通信息的系统或设备。为此要使用获得网络信息的路由选择协议,以及根据某些路由选择算法选择最佳路径。一般在站点之间有多条通路的比较复杂的网络之中,路由器首先考察、分析报文目的地址,然后再根据选定的路由算法确定最佳路径传递报文。(2)能把数据分组送到正确的局域网段并把他们送到目的地的智能连接设备。路由器在用于计算机对计算机通信的 OSI(开放系统互连)模型的网络层链表 LAN(局域网)段。路由器能够使用相同的或不同的网络协议连接网络。路由器包括硬件和相关的软件,具有路径选择功能,适用于多种拓扑结构的复杂网络。在因特网中,路由器可把非 TCP/IP(传输控制协议/网际协议)地址转换成 TCP/IP 地址或者执行相应的转换。

router alert label　路由器报警标签　在 MPLS(多协议标记交换)中,值为 1 的标签表示路由器报警标签。此标签值在标签堆栈中除标签底部外的任何位置都是合法的。当收到的数据包在标签栈顶部包含此标签值时,它将被传送到本地软件模块进行处理。数据包的实际转发由堆栈中它下面的标签决定。但是,如果数据包被进一步转发,则应在转发之前将路由器报警标签推回标签栈。使用此标签类似于在 IP 数据包中使用"路由器报警选项"。由于此标签不能出现在堆栈的底部,因此它与特定的网络层协议无关。

router-based firewall　基于路由器的防火墙　具有包过滤功能的路由器,路由器可对所有进出路由器端口的数据包进行基于安全策略的检查,为内部网络建立安全边界。

route restriction　路由限制　在网络中,由于流量控制、安全等因素而对可选择路径的限制。

router metrics　路由器度量　是路由器用于做出路由决策的度量。度量通常是路由表中的许多字段之一。路由器度量有助于路由器在到目的地的多条可行路由中选择最佳路由。该路由将沿着具有最低度量值的网关方向行进。路由器度量通常基于诸如路径长度、带宽、负载、跳数、路径成本、延迟、最大传输单元(MTU)、可靠性和通信成本之类的信息。

route selection　路由选择　在一组适用某一特定连接的路由中选出一条最适用的路由的过程。

route views　路由视图　是由美国俄勒冈大学的高级网络技术中心创建的项目,允许因特网用户从因特网上其他位置的查看全球 BGP(边界网关协议)路由信息。最初是为帮助因特网服务提供商确定其他人如何查看其网络前缀以调试和优化对其网络的访问,路由视图现在用于一些其他方面,如学术研究。路由视图服务器通过直接与其他 BGP 路由器对等关系获取其信息,通常是在大型 IXP(因特网交换点)上。通过 telnet 或 SSH 命令可以访问这种服务器。

routing　路由[路径]选择　在一通信网络的各台站之间,选择、指定并建立发送信息到达目的主机路径的过程。在一个大网络中,路由选择是一件非常复杂的事情,因为分组到达自己的目的主机以前可能经过许多潜在中间目的机,其中包括网络连接设备和主机。路由选择是网络层的重要功能,决定一个入网分组经哪条线路继续传送。如果通信子网使用数据报,则每个到达的数据报都要进行一次这样的抉择;如果通信子网使用虚拟电路,则只在虚拟电路建立时进行一次这样的选择。后一种情况有时也称为"会话路由选择",因为一条路由在用户会话期间一直保持连通状态,例如在终端上进行一次登录会话或文件传输就是属于这种路由选择。

routing algorithms　路由选择算法　该算法分为两大类,自适应算法和非自适应算法。自适应算法是根据当前网络拓扑结构和当前信息流量情况决定路由选择的算法。这类算法又分为全局算法、局部算法和混合算法。全局算法是在收集通信子网全部信息基础上进行路由选择的算法。这种算法是在整个网络中集中进行的,因而也叫集中式算法。局部算

R

法是各个路由器或网关根据自己所获得的路由信息,在本地进行路由选择的算法。混合算法是把全局算法和局部算法结合起来的一种算法。局部算法和混合算法也称为分布式算法。非自适应算法,路由选择判据不是建立在对当前流量和拓扑结构的测量和估算基础上,而是对若干或全部路由事先计算好的,并把这些计算好的路由选择参数装到各个节点机中。因而这种路由选择算法也称为静态路由选择。

routing and wavelength assignment（RWA） 路由(选择)和波长分配 RWA 问题是一个以最大化光连接数目为目标的光网络问题。RWA 问题的总目标是最大化建立的连接数目。必须为每个连接请求指定路由和波长。除非假设使用波长转换器,否则整个路径的波长必须一致。如果使用不同的波长,则两个连接请求可以共享相同的光链路。

routing area（RA） 路由(选择)区 在通用分组无线业务(GPRS)中,移动台可以在该区域内自由地移动而不需要进行路由区更新。路由区一般为位置区的一个子集。

routing bridge 路由桥(接器) 通过在网桥上增加适当的智能设备,因而可以根据复杂的路由选择设备。路由桥虽然能够运行路由选择算法,甚至能够根据安全性要求决定是否转发数据帧,但由于它不涉及第三层(网络层)协议,所以还是属于工作在数据链路层的网桥设备,它不能像路由器那样用于连接复杂的广域网络。

routing computation 路由计算 对网络拓扑数据库应用数学算法计算路由的过程。路由计算方法有多种,其中包括Djikstra 算法。

routing control 路由[路径]选择控制,路选控制 在数据通道中,一种可以对报文的路由选择进行控制的软件。其目的是缩短报文传输时间,提高线路和交换机等通信设备的效率。它可控制通道处理机的输出排队,确定何时从何处发送出报文。报文的实际路由选择应使该报文的传输延迟时间短,线路和交换机等通信设备利用效率高,并在线路、交换机发生故障或网络的结构有变化时仍能保证报文可靠地从发送点到达收点。

routing data 路由数据 在某些计算机系统中的一种字符串,控制程序将此字符串和子系统路由描述入口中的字符串相比较,可选择要用的路由入口并初启一个路由步。路由数据可以由一个工作站用户提供,也可以在命令中规定或通过对作业的作业描述来提供。

routing domain（RD） 路由选择域 (1) 在管理领域内交换路由选择信息的一系列路由器。(2) 计算机网络中,一组拓扑结构上连续的计算机节点,运行路由的一个事例。(3) 受同一组管理规则管理的末端系统和中间系统的集合。是OSI(开放系统互连)网络"IS-IS 域间路由选择协议"引出的概念。

routing domain identifier（RDI） 路由选择域标识符 表示路由选择域的符号。

routing information base（RIB） 路由选择信息库 由边界中间系统收集到的路由选择域内的路由选择信息或其他中间路由选择系统中的信息形成的关于路由选择的信息库。路由选择信息库是 OSI(开放系统互联)网络 IS-IS 域间路由选择协议引出的概念。参见 intermediate system-intermediate system（IS-IS, ISIS）。

routing information field（RIF） 路由(选择)信息字段 电气与电子工程师学会(IEEE)802.5 分组报头中的一段,信源路由网桥依靠这段确定分组必须通过哪个令牌环网段。RIF 由环号、网桥号,以及其他信息构成。

routing information indicator（RII） 路由（选择）信息指示符 在令牌环帧的源地址域中的标志位。如果该位设置为"1"，表示开始的数据域带有路由信息，并由令牌环网或独立于其他协议解释程序的以太网分布式探测系统来解释。

routing information protocol（RIP） 路由（选择）信息协议 (1)是加利福尼亚大学为他们的局域网内计算机提供一致路由选择和可达性信息而设计的协议，后来成为 Berkeley 4.3 BSD UNIX 系统用来在一组计算机(通常是小型机)之间交换路由选择信息的协议。这个协议用物理网的广播快速传递路由选择信息。(2)在TCP/IP(传输控制协议/网际协议)网络上的路由协议，它保持可以到达的网络的表目，并且由决定最低的跳数计算从一个特定的位置到达特定的网络所包含的困难程度。(3)因特网中的一种内部网关协议，由施乐公司开发。RIP协议是 V-D(向量距离)算法在局域网上的直接实现，将协议的参与者分为主动机和被动机。主动机把自己的路由信息通告给其他机器，被动机监听主动机送来的信息更新自己的路由信息表。主动机通常指网关，它每隔 30 秒向外广播一个 V-D 报文，向整个网络广播它的路由表，被动机通常指主机。

routing information protocol over IPX（RIPX） 网际分组交换上的路由信息协议，RIPX 协议 在网络互联包交换(IPX)基础上开发的路由信息协议，用于在路由器之间交换信息以及选择最好的路由器转发 IPX 流量。也称为 RIP for IPX。

routing label 路由标记 七号信令系统(SS7)综合业务数字网(ISDN)用户部分(ISUP)信号消息开始的一个八位位组，用于信令网中信令消息选路。它包括目的点信号点编码(DPC)、源点信号点编码(OPC)和信号链路选择(SLS)编码三部分。

routing list 路由表 在 X.25 通信中，一个关联用户名与网络用户地址的表，用于转发到达的呼叫。

routing matrix 路由矩阵 在节点对之间的路由中指明下一节点的矩阵。

routing metric 路由选择量度 路由选择算法用来确定一条路由是否比另一条路由更好的方法和依据信息。这类信息存储在路由选择表中，进行路由选择时随时调用。路由选择量度包括可靠性、延迟、带宽、负荷、MTU(最大传输单元)、通信成本，以及跳计数等。

routing path 路由选择通路 在虚存信息管理系统(IMS/VS)多系统环境中的一条路径。通过它 IMS/VS 将报文从其初始点传送至各处进行处理。在一个路由选择通路内可以包含一个或几个系统。

routing policy 选路策略 通过选路疏导网上业务的一种表示方式。

routing protocol 路由选择协议 使用特定路由算法进行路由选择的协议。在路由器包括路由服务器之间运行的一个协议，用于交换路由计算信息，用它可决定源和目的节点之间最适当的路径。路由选择协议可分成两类：① 静态路由选择协议。唯一地选择一条传输路由，不能自动适应网络的变化；② 动态路由选择协议。根据算法确定一条路由，并维持着一个定期更新的路由表，因而适用于复杂的变化的网络。比较 routed protocol。

routing strategies of packet radio networks 分组无线电网络路由选择策略 在报文分组无线电网络条件下进行路由选择的几种可能策略，主要有三种：① 每个中继器简单向前转发所有到来分组。这种策略有两个约束规则。第一个约束是跳计数。每个分组报头中都有一个数值，

R

每转发一次数值减 1。数值减到零时弃掉分组。以此保证分组不至于在网中永远存活。第二个约束是中继器记录已经转发的分组,防止分组转回来时再次转发。这种方法的缺点是带宽浪费较多;② 分级路由选择。把多个中继器组成树,中心现场在树根,而且知道全部拓扑结构。发出的分组中包含要经过的所有中继器。因而这种策略称为报源路由选择;③ 根据距离决定是否向前转发分组。如果一个中继器到报宿的距离比转发分组的前一个中继器更近则向前转发分组。这种策略要求每个中继器都知道其他中继器到报宿的距离跳数。

routing table（RT）　路由（选择）表
(1) 在计算机网络中,路由表或路由信息库(RIB)是存储在路由器或联网计算机中的数据表,它列出到特定网络目的地的路由,并在某些情况下,列出与那些路由相关联的度量(距离)。路由表包含有关其周围网络拓扑的信息。路由表的构建是路由协议的主要目标。静态路由是通过非自动方式在路由表中构建的条目,并且是固定的而不是某些网络拓扑"发现"过程的结果。(2) 信息交换网络节点上的一种表,用来描述网络中信息传输和通路控制的关系。这种表的内容有的是固定式的,是预先设置的;有的是随着网络中信道与节点情况的变化而动态变化的。表中通常有下列几方面信息:路由估算函数、路由选择信息、路由信息传输量等。对于固定式单路发送还包括预先静态决定好的发送路由。(3) 在 AIX 操作系统中,一个保存一系列有效路径的表,通过这个表一个宿主机可与另一个宿主机进行通信,路由表可存放静态路由和动态路由。

routing update　路由选择更新　路由器发送一种报文,指明网络可达性以及有关路由代价信息的过程。路由选择更新通常每隔一定时间就进行一次,网络拓扑结构改变后要进行一次。

RSA algorithm　RSA 算法　的缩写。一种最流行的公共密钥算法,名字来源于它的三个发明者:美国麻省理工学院(MIT)的罗纳德·李维斯特(Ronald L. Rivest)、阿迪·萨莫尔(Adi Shamir)和伦纳德·阿德曼(Leonard M. Adleman)。RSA 算法既可用于加密,又可用于数字签名,易于实现。它的安全性是以数论中关于两个大素数的乘积易于计算,但难于反过来对乘积进行因子分解这个论断为基础的。

RSA Data Security, Inc.（RSA）　RSA 数据安全公司　美国加利福尼亚州的一家数据安全公司,提供数据加密软件。这些实现 RSA 加密技术的软件可以用于电子邮件、无线/有线网络数据传输以及保密电话等环境。RSA 的公钥加密和数字签名技术是事实上的标准,是已有的和提议标准的一个组成部分。世界范围的因特网、国际电信联盟-电信标准化部(ITU-T)、国际标准化组织(ISO)、美国国家标准协会(ANSI)、公开密钥密码标准(PKCS)、电气与电子工程师学会(IEEE)和商业与金融网络都使用该公司的技术。

RSA encryption　RSA 加密　一个使用非对称的密钥对数据进行加密和认证的公钥加密算法,每个用户使用两种数字密钥,一个用于加密信息,另一个用于对加密数据进行解密。收发者的认证就是通过这种方法实现的。该算法是罗纳德·李维斯特(Ronald L. Rivest),阿迪·萨莫尔(Adi Shamir)和伦纳德·阿德曼(Leonard M. Adleman)在 1977 年提出的,其依据是大数因子分解具有很高的难度。PGP 加密程序是在 RSA 加密算法基础上开发的。参见 public-key cryptography（PKC）。

RSA public key encryption algorithm　RSA

公共密钥加密算法 RSA 数据安全公司拥有这一算法的专利,一项事实上的工业标准,它是一个有鉴别功能的公开密钥加密方案,算法安全性实际上可以保证它绝不会被推导出密钥。

RSA129 RSA129 密码 用 129 位十进制数字写的密码安全号。该名称取自发明者的名字(Ronald L. Rivest, Adi Shamir 和 Leonard M. Adleman)。参见 RSA encryption。

RS-170 RS-170 标准 美国低分辨率黑白电视标准。该标准定义电平、消隐时间和同步脉冲宽度等参数,详细说明接收机显示单色图像的所有要求。

RS-170A RS-170A 标准 在 RS-170 标准基础上提议的(美国)国家电视标准委员会(NTSC)复合彩色电视标准。其文档一直没有被采纳,现在的标准是 1999 年开发的(美国)电影与电视工程师学会(SMPTE)170M。参见 RS-170, SMPTE 170M。

RS-232 RS-232 标准 计算机和外围设备之间最常用的异步串行线路物理层接口标准,是(美国)电信工业协会(TIA)/电子工业协会(EIA)制定和公布的,对应于 ITU-T(国际电信联盟-电信标准化部)V.24 和 V.28。1984 年改为 TIA/EIA-232-E 标准,E 表示 1991 年的版本。参见 DB connector。

RS-232-C RS-232-C 标准 (美国)电子工业协会(EIA)于 1969 年 8 月公布的数据终端设备(DTE)与数据通信设备(DCE)之间的物理层串行通信接口标准。定义了串行通信控制器使用的线路和信号的电气、功能和机械特性,使设备间的串行数据通信标准化。字母 C 表示第三版。RS-232-C 标准与 CCITT(国际电话与电报咨询委员会)V.24、V.28 和 ISO(国际标准化组织)IS 2110 标准兼容。RS-232-C 使用 25 针或 9 针 DB 连接器。它用作计算机同外围设备的串行连接。参见 RS-232。

RS-232-C compatible controller RS-232-C 兼容控制器 一种串-并行和并-串行转换器。用于连接微型计算机系统和大多数异步调制解调器。有六种波特率可供选用:110,300,1 200,2 400,4 800 和 9 600。数据字长范围为 5～8 位,可以选用 1～2 位停止位。

RS-232-C interface standard RS-232-C 接口标准 (美国)电子工业协会(EIA)在 1962 年制定的,1969 年最后一次修订而成的一种串行接口标准。名称为《采用二进制数据交换的 DTE 和 DCE 之间的接口》。后来又于 1987 年(命名为 RS-232-D)和 1991 年(命名为 RS-232-E)进行修订。其中 RS 是 recommended standard 的缩写,232 是该标准的标志。该项标准规定计算机之间或计算机与终端之间,或计算机和终端与数据传输设备(如调制解调器)之间连接的各种特性,如电气特性、接口机械特性、信号线安排、线路特性、数据传输速率、传输距离以及电缆中信号的时序关系等。它定义了按位串行传输的数据终端设备(DTE)和数据电路端接设备(DCE)之间的接口信息。当接口用来连接微型计算机和外围设备时,通常计算机是 DCE,而外围设备是 DTE。此类外围设备如调制解调器、鼠标器、打印机、终端、显示器等。RS-232-C 标准串行接口经常采用 25 针的 DB-25 或 9 针的 DB-9 做接插件。RS-232-C 标准接口既可以采用同步通信,也可采用异步通信。使用该接口,计算机和外围设备之间直接连接的电缆长度可达 15 米,传输数据的最大速率可达 20 k 波特。与 RS-232-C 对应的国际标准是国际电报电话咨询委员会(CCITT)的 V.24、V.28 和国际标准化组织(ISO)的 IS 21110。

R

RS-232-D RS-232-D 标准 （美国）电子工业协会（EIA）于 1987 年公布的标准，是 RS-232 的第四版。参见 RS-232，RS-232-C。

RS-269-B interface standard RS-269-B 接口标准 由（美国）电子工业协会（EIA）制定的数据传输标准，名称为《数据传输的同步信号速率》。

RS-334-A interface standard RS-334-A 接口标准 由（美国）电子工业协会（EIA）制定的数据传输标准，名称为《用于串行数据传输的 DTE 和同步数据通信设备之间接口的信号质量》。

RS-343 RS-343 标准 美国高分辨率单色(黑白)视频的信号的标准。是与 RS-170 标准类似的电视规范。不同的是，RS-343 定义计算机用的高分辨率电视，RS-170 定义电视机用的低分辨率电视。

RS-357 interface standard RS-357 接口标准 （美国）电子工业协会（EIA）规定的一种标准化接口。它是传真终端设备与音频数据通信终端设备之间的接口。

RS-363 interface standard RS-363 接口标准 由（美国）电子工业协会（EIA）制定的数据传输标准，名称为《在与非同步数据通信设备的接口处，使用串行数据传输的发送和接收数据终端设备的信号质量》。

RS-366-A interface standard RS-366-A 接口标准 由（美国）电子工业协会（EIA）制定的数据传输标准，名称为《DTE 和数据通信自动呼叫设备之间的接口》。规定了计算机如何将拨号数字发送给自动拨号机，计算机如何发信号通知号码结束和当自动拨号机不能完成呼叫时，计算机采取的动作。

RS-404 interface standard RS-404 接口标准 由（美国）电子工业协会（EIA）制定的数据传输标准，名称为《DTE 和非同步 DCE 之间起止信号的质量》。

RS-410 interface standard RS-410 接口标准 由（美国）电子工业协会（EIA）制定的数据传输标准，名称为《A 类闭合接口电路的电气特性》。

RS-422 RS-422 标准 （美国）电子工业协会（EIA）于 1975 年 4 月公布的平衡式电压数字接口电路的电气特性、传输距离大于 50 英尺的串行通信接口标准。RS-422 现已合并到 RS-449 标准中。

RS-422-A interface standard RS-422-A 接口标准 由（美国）电子工业协会（EIA）制定的数据传输标准，名称为《平衡电压数字接口电路的电气特性》，它规定在平衡的串行接口中用的电气和功能的特性，但是不规定连接器。RS-422 由 RS-232 发展而来，它改进 RS-232 通信距离短、速率低的缺点。RS-422 是一种单机发送、多机接收的单向、平衡传输规范，互连电缆的最大长度与数据传输速率有关，将传输速率提高到 10 Mbps 时，距离仅达 10 m；传输距离延长到 1 000 m 时，速率低于 100 kbps。它允许在一条平衡总线上连接最多 10 个接收器。RS-422-A 接口电路名称的定义及接口电路的编号符合 ITU-T（国际电信联盟-电信标准化部门）的 V.24 建议的 100 系列规定，物理接口采用 37 针 D 型接口。

RS-423 RS-423 标准 （美国）电子工业协会（EIA）于 1975 年 4 月公布的非平衡式电压数字接口电路的电气特性、传输距离大于 50 英尺的串行通信接口标准。RS-423 现已合并到 RS-449 标准中。

RS-423-A interface standard RS-423-A 接口标准 由（美国）电子工业协会（EIA）制定的数据传输标准，名称为《非平衡电压数字接口电路的电气特性》，是采用集成电路技术实现的非平衡电压数字接口。它是一个单端的、双极性电源的电路标准，采用了差分非平衡接收电路，提高了传送设备的数据传送速率，数据信号速率可达 100 kbps。其物理接口满足 RS-449 定义的 37 针 D 型连接器的机械特性。

RS-429 interface standard　RS-429 接口标准　由(美国)电子工业协会(EIA)制定的数据传输标准,规定串行二进制数据交换用的电气的、功能的和机械的特性,并且它常用于同步传输。RS-429 可以利用 37 插脚或者 9 插脚的 DB 连接器实现。

RS-449　RS-449 标准　参见 RS-449 interface standard。

RS-449 interface standard　RS-449 接口标准　(美国)电子工业协会(EIA)1977 年制定的一种标准接口,名称为《用于串行二进制数据交换的 DTE/DCE 接口 37 针和 9 针接插件及插针分配》。RS-449 用于使用二进制数据交换、控制信息在单独的控制电路上交换的 DTE(数据终端设备)与 DCE(数据电路端接设备)之间的互连,适用于同步和异步数据通信系统,接口的最高数据速率为 2 Mbps,最大的电缆长度为 60 m。在制定该标准时,除了保留与 RS-232-C 兼容外,还在提高传输速率、增加传输距离、改进电气特性等方面做了很多努力。它增加了 RS-232-C 没有的环测测试功能,其接口电路名称的定义及接口电路的编号符合 ITU-T(国际电信联盟-电信标准化部门)的 V.24 建议 100 系列接口的规定。与 RS-449 同时推出的还有 RS-423-A 和 RS-422-A。RS-449 实际上是一体化的三个标准,它的机械、功能和过程特性由 RS-449 定义,而电气特性由两个不同的标准定义,即 RS-422-A 和 RS-423-A。

RS-485 interface standard　RS-485 接口标准　由(美国)电子工业协会(EIA)制定的数据传输标准,名称为《用于平衡数字多点系统的发生器和接收器的电气特性》。RS-485 是 EIA 于 1983 年在 RS-422 基础上制定的标准,是一种平衡差分驱动、半双工的串行通信接口。它具有传输距离远、抗干扰能力强、较高的数据传输速率和便于构成分布式测控网络等优点,特别是在许多工业过程控制中,往往要求用最少的信号线来完成通信任务,RS-485 串行接口就是为适应这种需要应运而生的。RS-485 使用 DB-37 或 DB-9 连接器构成线路连接,其显著特点是使用具有三态特性的驱动器。利用低阻抗驱动器和接收机,RS-485 允许在线路上接入的节点最多可达 64 台。

RS-530 interface standard　RS-530 接口标准　由(美国)电子工业协会(EIA)制定的数据传输标准,规定用同步或异步的,利用 25 插脚的 DB 连接器传输串行的二进制数据用的特定的电气的、功能的和机械的特性。RS-530 和 RS-422 或 RS-423 一起工作,并且允许使用从 20 kbps 到 2 Mbps 的数据速率。最大的距离由使用的电气接口决定。RS-530 与国际电报电话咨询委员会(CCITT)的 V.10、V.11、X26、MIL-188/114 和 RS-449 兼容。

RTP audio/video profile (RTP/AVP)　RTP [实时传输协议]音频/视频配置文件　是实时传输协议(RTP)的配置文件,它规定音频和视频流的技术参数。RTP 规定了通用数据格式,但未规定编码数据应如何利用 RTP 的功能[RTP 报头中的有效负载类型值,采样率和时钟速率(RTP 时间戳递增的速率)使用等]。RTP 配置文件规定了这些详细信息。RTP 音频/视频配置文件规定特定音频和视频编解码器的映射及其采样率与 RTP 有效载荷类型和时钟速率的映射,以及如何将每种数据格式编码为 RTP 数据有效载荷,以及规定如何使用会话描述协议(SDP)来描述这些映射。

RTP control protocol (RTCP)　实时传输协

议的控制协议 是实时传输协议（RTP）的姐妹协议。其基本功能和数据包结构在 RFC 3550 中定义。RTCP 为 RTP 会话提供带外统计和控制信息。它与 RTP 合作提供多媒体数据的传输和封装，但不传输任何媒体数据。RTCP 的主要功能是通过周期性地向流式多媒体会话的参与者发送统计信息，例如发送的八位位组和分组计数、分组丢失、分组延迟变化和往返延迟时间，来提供有关媒体分发中的服务质量（QoS）的反馈。应用程序可以使用此信息来控制服务质量参数，可能通过限制流量或使用不同的编解码器。参见 real-time transport protocol (RTP/RTTP)。

runt filtering 残帧过滤 丢弃阻塞网络的小数据包处理。

runt frame 短帧 (1) 是一种小于 IEEE 802.3 的最小长度 64 个八位字节的以太网帧。短帧通常是由碰撞引起的；其他可能的原因是网卡故障、缓冲区欠载、双工不匹配或软件问题。(2) 一个很短的以太网帧。这种帧所含的数据字段比电气与电子工程师学会（IEEE）802.3 所规定的字节要少。如果该帧的长度小于 53 字节，则说明是一个正常冲突，如果长度小于 60 字节，但大于或等于 53 字节，则说明是一个较晚的冲突。

Russian global navigation satellite system (GLONASS) 俄罗斯全球导航卫星系统 是一种在卫星无线电导航业务中运行的空基卫星导航系统。它提供了 GPS 的替代方案，是在全球覆盖范围运行的、精度相当的第二个导航系统。GLONASS 在运行方式上类似于美国 NAVSTAR 系统。GLONASS 的发展在苏联从 1976 年开始。从 1982 年 10 月 12 日开始，无数火箭发射器向该系统增加卫星，直到该星座在 1995 年完成。到 2010 年，GLONASS 已经实现了对俄罗斯领土的 100％ 覆盖率，并且在 2011 年 10 月，恢复了 24 颗卫星的完整轨道星座，实现了全球覆盖。

R2 signalling R2 信令（方式） 是国际区域性信令方式，适用于国际/国内的单向或双向电路的自动、半自动接续，主要应用于欧洲地区。R2 是 20 世纪 50 年代和 70 年代的随路信令的信令协议，用于前贝尔系统外部，在两个电话交换机之间沿着电话干线传送信息，以便沿着该干线建立单个电话呼叫。R2 是两个广泛协议组的名称：R2 线路信令和 R2 寄发器信令。

R2 register signaling R2 寄发器信令 是一系列协议，用于在寻址阶段控制寻址信息的传送，以及在处置阶段如何进行呼叫尝试。尽管在 20 世纪 60 年代，R2 寄发器信号可以通过产生多频音频音调的机电设备和可以检测这些音频音调的机电设备来表示，但到了 20 世纪 70 年代，这些机电寄发器也可以通过 E1 线路中的 DS0 信道中的数字化 PCM（脉码调制）音频而不是该线路中的 R2 线路信令 DS0 信道来表示。

S

---

sabin (Sa)　赛宾　定义为声音吸收单位。赛宾可以用英制或公制单位计算。1平方英尺的100%吸声材料的值为1英制赛宾。1 m² 的100%吸声材料的值为1公制赛宾。该单位的命名是为了纪念美国物理学家 Wallace Clement Sabine（华莱士·克莱门特·赛宾）。

safety data network system (SDNS)　安全数据网络系统　由美国国家安全局(NSA)开发的一种具有较高安全性的计算机数据传递网络。它将安全功能综合设计在通信设备中，适用于保护机密或高度机密的数据。SDNS 由四部分组成：① 密钥管理。使用集中密钥管理中心(KMC)，对网络中的每个设备赋予一组密钥码；② 存取控制。根据鉴别机构提供的信息，对入网用户实施授权控制。鉴别是由 KMC 实现的。存取控制分为两部分：第一部分是同层存取认可(PAA)。在被鉴别标识信息有效后的会话建立时出现，决定同层间哪些信息可以通信；第二部分是同层存取实施(PAE)，确定数据项传送及网络资源的存取规则，在整个连接过程中出现；③ 系统管理。控制实体之间、实体内部的通信，为安全机构、支持机构和终端用户提供监督和控制；④ 安全通信。提供保证数据保密性和完整性的通信。

safety grade　安全等级　国家信息网络安全监督管理部门，根据信息网络处理信息的敏感程度、业务应用性质和部门重要程度所确认的信息网络安全保护能力的级别。

safety message　安全信息[报文]　在网络中传输的加密报文。它采用了严格的校验编码措施,既能有效地防止窃听,又能防止窃听者对所传输信息进行蓄意的篡改。

same domain LU-LU session　同域逻辑单元之间会话,同域 LU-LU 会话　在 SNA(系统网络体系结构)中,同一辖域内 LU(逻辑单元)间的一种会话。

same old software as aservice (SoSaaS)　相同的旧软件即服务　这是对 SaaS(软件即服务)产品的贬义词,这些产品不是为互联网设计的,但本质上是把本地安装的程序迁移到云中。基于互联网的软件必须为每个用户提供个性化定制和隐私保护,同时确保每个人都使用相同和最新版本。参见 software as aservice (SaaS)。

sampling　采样,样本抽取,抽样,取样　模拟信号数字化的一种技术。通常是每隔固定的时间间隔采集一次模拟信号,并用数据编码来表示它。采样的结果,即采样得到的值为抽样。

sampling frequency　采样频率　在模拟信号的数字化过程中,每秒采样的次数。例如,某语言信号的采样频率为 10 kHz 时,该语言信号的采样为每秒一万次。

sampling noise　抽样噪声　由于抽样脉冲泄露,与抽样信号混在一起而在输出端引起的噪声。或是由于抽样速率不能满足抽样定理的要求,即抽样速率低于被测信号最高频率的两倍,而在恢复原信号时产生的噪声。

sampling precision　采样精度　决定了记

录声音的动态范围,在信号数字化系统中,用来度量信号幅度波动的精确程度,用每个样本使用多少位(bps 或 b/s)表示。例如,每个声音样本用 16 位(2 字节)表示,测得的声音样本值是在 0～65 536 的范围里,它的精度就是输入信号的 1/65 536。采样精度的大小影响声音的质量,采样精度越高,声音的质量越高,但需要的存储空间也越多;采样精度越低,声音的质量越低,需要的存储空间则越少。

sampling rate　采样率　对连续变量作离散采样的频率,即单位时间内的采样次数。采样率的单位为"样本每秒",常用 Hz 表示,如激光唱碟上声音的采样率为 44.1 kHz;语音通信采用的脉码调制(PCM)中采样率一般采用 8 kHz。采样率越高,每秒钟得到的样本就越多,数字化的结果就越接近原始信号。

satellite channel (SCH)　卫星频道[信道]　(1) 通过卫星接收器收看或转播的电视节目频道。(2) 地球站与通信卫星之间的通信路径。

satellite communication network　卫星通信网　卫星通信是指若干个卫星空间站和地球站协调工作构成的系统。通常将包括交换功能的卫星通信系统称作卫星通信网。按网络结构,卫星通信网可分为网状网、星形网和混合网。按提供的业务,卫星通信网可以分为卫星电话网、卫星数据网、卫星广播电视网、卫星接入网等。按用户位置变化特征,卫星通信网又可分为卫星固定通信网和卫星移动通信网。

satellite computer network　卫星计算机网络　一群卫星计算机通过异步或同步通信链路连接到一台大型主计算机所构成的网络。

satellite constellation　卫星星座　是一组在空间合理分布、组织、协同工作的人造卫星。这样的星座可以被认为是具有协调地面覆盖的一些卫星在共享控制下同步运行,使得它们在覆盖范围中能很好地重叠,在此期间,卫星或其他航天器在本地地平线上可见。

satellite dish　卫星天线　一种碟形抛物面天线,设计用于通过无线电波与通信卫星进行收、发信息。最常用于用户这种卫星天线从地球静止轨道上的直播卫星接收直播卫星电视节目。

satellite distribution system (SADIS)　卫星分发系统　一种全球性的基于卫星的广播系统,专门用于根据国际民用航空组织(ICAO)标准分发航空气象信息。SADIS 与国际卫星通信系统(ISCS)一起,为所有成员国建立了气象信息的全球分发系统。SADIS 是国际民航组织航空固定业务(AFS)的一部分。

satellite downlink　卫星下行链路　从卫星到地球站的信号传输路径,与卫星上行链路反向。

satellite earth station (SES)　卫星地球[地面]站　卫星地面站、地球站或地球终端,是一个地面无线电站,设计用于与航天器(构成航天器系统地面部分的一部分)进行星际通信,或接收来自天文无线电来源的无线电波。地球站可以位于地球表面或大气中。地球站通过超高频或极高频带(例如微波)发射和接收无线电波与航天器通信。当地球站成功地将无线电波发射到航天器(或反之亦然)时,它就建立了通信链路。地球站的主要通信设备包括抛物面天线。

satellite eclipse　星蚀　每年春分、秋分时,如果地球、卫星、太阳位于同一直线上,并且卫星位于地球与太阳之间时,地球站在接收卫星信号的同时,会受到太阳辐射的影响,使通讯中断,此现象称为日凌。当地球或月球位于卫星与太阳之间时,地球或月球遮挡了阳光,此时卫星上的太阳能电池不能正常工作,星载电池只能维持卫星自转而不能支持转发器正常工作,这种现象造成的通信中断称为星蚀。一般中断时间为 5～15 min 不等。星蚀又分为地星蚀和月星蚀,分别是地球和月球的阴影遮蔽了太阳,对于通信卫星来说,影响较大的是地星蚀。地星蚀每次在春分和秋分的前后 21 天内出现,每次延续约 42 天,春分和秋分这两天的地星蚀时间最长,各为 72 min。月星蚀多时一年发生 4 次,少时没有。

satellite facility 卫星设备 指卫星和地球站中使用的各种通信设备。卫星上的设备和系统,包括通信系统、遥测系统、遥控系统、跟踪系统、控制系统、能源系统、温控系统、远地点发动机和机械结构系统等。地球站设备:地球站设备包含天线、天线的跟踪系统、低噪声放大器(LNA)系统、高功率放大器系统(HPA)系统、上变频器系统、下变频器系统、调制器系统、解调器系统、基带变换及复用系统、站间工程勤务系统、站内控制与监视系统、电源系统及其他站内辅助系统等。

satellite focus 卫星焦点范围 指在某一卫星传输的信号所能覆盖或聚焦的地面区域。在卫星信号所能到达的区域或地面上,其信号波束宽窄不一。例如,其中一类发送的信号到限定范围(一个国家)的通信卫星,称为国内通信卫星,也被称为点波束卫星。第二类,称为半球通信卫星,信号传输到半个地球范围,也被称为区域通信卫星。而全球或国际通信卫星能覆盖地球的大范围。有的通信卫星能同时覆盖前述其中两个或全部范围。

satellite footprint 卫星(波束)足迹图[覆盖场强图] (1)卫星波束覆盖区内的等效各向同性辐射功率(EIRP)强度等值线构成的图形。该图表示出地面各点的EIRP 强度。在同一个卫星上不同的转发器有着各自不同的 EIRP 场强图。(2)通信卫星的足迹是其转发器提供覆盖的地面区域,并确定接收每个转发器信号所需的卫星天线直径。每个转发器(或转发器组)通常有不同的映射,因为每个转发器可能要覆盖不同的区域。足迹图通常表示所需的估计最小卫星天线直径或以 dBW 为单位测量的每个区域的信号强度。

satellite frequency allocations 卫星频率分配 卫星频率主要指无线电频谱用于空间无线电业务的部分。任何卫星系统的信息感知、信息传输以及测控单元,都需要使用电磁频谱。空间电台安装在人造地球卫星上,电波在太空与地面之间传播过程中存在大气层传播损耗。1977年,国际电信联盟(ITU)把全世界分为三个区域来划分频段,第一区:非洲、欧洲、苏联的亚洲区和外蒙古、伊朗边界以西的国家;第二区:南北美洲;第三区:亚洲的大部分和大洋洲。频段 C、L、S、Q、E 用于全世界三个区域,Ku(11.7～12.5 GHz)用于第一区,Ku(11.7～12.2 GHz)用于第二、三区,Ka 用于第三区。

satellite internet 卫星互联网 是基于甚小口径天线地球站(VSAT)系统,以卫星通信线路为物理传输介质,以 IP(因特网协议)网为服务平台,以互联网为应用对象,能够成为互联网的一个组成部分,并能够独立运行的网络系统。从系统结构上看,卫星互联网由一个专用的运行中心和一个网状的 VSAT 卫星网构成。

satellite Internet access 卫星因特网接入 是通过通信卫星提供的因特网接入。现代消费级卫星因特网服务通常通过可提供相对较高数据速率的对地静止卫星提供给个人用户,使用 Ku 频段的较新型的卫星实现高达 506 Mbps 的下行数据速率。

satellite modem（satmodem）　卫星调制解调器　是用于使用通信卫星作为中继建立数据传输的调制解调器。卫星调制解调器的主要功能是将输入比特流转换为无线电信号,反之亦然。有些设备仅包括解调器(没有调制器,因此只支持通过卫星下载数据),当使用这些设备用于卫星互联网接入时,上载的数据通过传统的 PSTN(公共交换电话网)调制解调器或 ADSL(非对称数字用户线)调制解调器传输。当使用能称为"卫星调制解调器"的设备时,就是能将信号发射到卫星收发机并接收从卫星收发机发回的信号的装置。发射信号时,它把从多路复合装置来的数字数据信号调制到载波频率,发送给上行转换器,放大后送给天线;接收信号时,卫星调制解调器把下行的频率信号转换成数字脉冲,然后传送给多路复合器。

satellite navigation（satnav）　卫星导航　卫星导航系统是使用卫星提供自主地理空间定位的系统。它支持小型电子接收器使用通过卫星无线电沿视线发送的时间信号,以高精度(几米内)确定其位置(经度、纬度和高度/海拔)。该系统可用于提供位置、导航或跟踪配有接收器装置的位置(卫星跟踪)。该信号还支持电子接收器以高精度计算当前本地时间,从而实现时间同步。Satnav 系统独立于任何电话或因特网信息运行,但这些技术可以增强所产生的定位信息的有用性。具有全球覆盖的卫星导航系统可以称为全球导航卫星系统(GNSS)。截至 2016 年 12 月,美国的全球定位系统(GPS)、俄罗斯的 GLONASS、中国北斗导航卫星系统(BDS)和欧盟的 Galileo 成为全球四大导航卫星系统。中国北斗导航卫星系统(BDS)于 2000 年年底建成北斗一号系统,向中国提供服务;2012 年年底,建成北斗二号系统,向亚太地区提供服务;2018 年 11 月 19 日圆满完成北斗三号基本系统星座,从区域迈向全球的关键一步;计划在 2020 年前后,建成北斗全球系统,向全球提供服务。欧盟的伽利略全球导航卫星系统的首颗卫星在 2005 年 12 月 28 日升空,预计总共发射 30 颗卫星,其中 27 颗卫星为工作卫星,3 颗为候补卫星。计划将于 2020 年全面投入使用。印度、法国和日本也正在开发区域导航和增强系统。

satellite period　卫星运行周期　卫星绕其轨道运转一周的时间。地球同步卫星的周期等于地球自转周期(23 小时 56 分 04 秒)。

satellite receiver　卫星接收机　工作于微波波段的宽带调频接收机,主要功能是把 C 波段或 Ku 波段的卫星模拟电视信号还原成基带电视信号。

satellite relay　卫星中继　指利用地球同步卫星上的再生器(转发器),对中低轨卫星、飞船等飞行器的信号进行中继转发的卫星通信方式。一般是利用与地球同步的中继卫星,放大和转发地球站发射器和接收器之间的卫星通信信号,在中低轨飞行器和地面站之间建立一条全天候、实时的高速通信链路。

satellite remote sensing　卫星遥感　以人造地球卫星作为遥感平台的各种遥感技术系统的统称。主要是利用卫星对地球和低层大气进行光学和电子探测。

satellite signal　卫星信号　指载有音频和视频信息的调频信号,它由地面站发射到卫星(上行链路),经卫星转换后传回地面站天线(下行链路)。国际电信联盟(ITU)留出超高频(SHF)频带的 2.5 到 22 GHz 频段(微波频率)供卫星传输使用。

satellite telephone/phone（satphone）　卫星电话　一种基于卫星通信系统来传输信息的移动通话器,也就是卫星中继通话器。其电话链路是连接到轨道卫星而不是地面蜂窝站点的移动电话。它们提供与地面移动电话类似的功能；大多数系统都支持语音、短信和低带宽互联网接入。

satellite television　卫星电视　一种通过把绕地球轨道运行的通信卫星的信号直接中继到用户地来向观众提供电视节目的服务。通过通常称为卫星天线和低噪声块下变频器的室外抛物面天线接收这类信号。然后卫星接收器解码在电视机上观看所需的电视节目。接收器可以是外置机顶盒，也可以是内置电视调谐器。卫星电视提供广泛的频道和服务。它是许多没有地面电视或有线电视服务的偏远地区的仅有的电视服务。

satellite transmission delay　卫星传输时延[延迟]　指信号从一个地球站发送到卫星上，再返回到（另一个）地球站所需的时间。对于 36 000 km 高空的卫星，电波从地面到卫星再回到地面的时间大约是 0.27 s(30 万 km/s)。这就是所谓的卫星通信的传输时延。

satellite transmitter　卫星发射[转播]机　用于卫星上的无线广播或传播的装置。

satellite TV　电视卫星　指在赤道上方 36 000 km(22 300 英里)轨道上、使用微波频段接收广播信号并放大后发送回地面的卫星。组成卫星电视系统的三个基本单元是专用天线、低噪声放大器(LNA)和卫星接收器。天线可以是抛物面天线或球面天线，低噪声放大器对天线收到的信号进行放大，而接收器将信号转换为其高频(VHF)信号并调制以便于电视机接收。

satellite TV modulator　卫星电视调制器　在卫星电视系统中，将信号直接输出到电视接收机的天线输入部件。调制器将音频和视频信号转换为射频信号。大多数卫星接收机都有内置调制器。

satellite uplink　卫星上行链路　从地球站到卫星的信号传输路径，与卫星下行链路相反。按照空间分布可以分为星地链路和星间链路。

saturation　饱和，(色)饱和度　(1)通信系统达到饱和时，系统已达到最大通信量，再也不能处理更多的通信量。(2)在计算机信息处理中，当计算机系统中某项关键资源已被充分利用时的状态。(3)色调的强度，反映颜色的纯度，可用来区别颜色的明暗程度。当一种颜色渗入其他光的成分越多时，颜色越不饱和。完全饱和的颜色是指没有渗入白光所呈现的颜色，如仅由单一波长组成的光谱色就是完全饱和的颜色。

saturation routing　饱和路由选择　在交换网络中，为构成两个节点之间的信息传输路径而采用的一种方法。按此方法，源节点以广播方式向邻近所有节点发送同一个呼叫请求信号，并依次从各个节点交换中心散到整个网络。这个请求信号将经过不同的路径，以不同的时延分别到达被叫用户终端。而被叫终端则通过首先收到这个请求的链路发送信号，对呼叫做出肯定应答。这个肯定应答的信号通过一系列反向传输后，一直回送到主呼用户所在节点交换中心，这样就可以选出在这两个交换中心之间最合适的路径。在网络中信息交换量较小时，这是一种高效率的路由选择方法；在信息交换量较大时，将会产生过多的冲突。

sawtooth　锯齿波　一种根据其波形命名的周期信号，每一周期中均包含信号值线性上升后迅速回归(陡落)至线性改变前初始值的过程。此信号被广泛用于电视显像管或摄像管的馈电偏转系统，并在模拟和数字信号之间转换。线性上升过程作为工作行程(活跃期)，迅速陡落作为回扫或折返。在大多数信号发生器中，锯齿波电压通过电容器恒流充电获得,及电容器放电实现回扫。此类电路可自由运行,在这种情况下,通常与外部信号同步或是驱动类型;由外部驱动时,外部触发信号成为驱动锯齿波的关键。

S Band S波段 由电气和电子工程师学会(IEEE)指定的电磁频谱微波频带的一部分,覆盖 2~4 吉赫兹(GHz)的频率。因此,它跨越了 UHF(特高频)和 SHF(超高频)频带之间的 3.0 GHz 传统边界。S波段用于气象雷达、水面舰船雷达和一些通信卫星,特别是美国宇航局(NASA)用来与航天飞机和国际空间站通信的卫星。10 cm 雷达短波段的范围为 1.55~5.2 GHz。S波段还包含 2.4~2.483 GHz ISM(工业、科学、医学)频段,广泛用于低功耗免许可证的微波设备,如无绳电话、蓝牙、无线网络(WiFi)、无线鼠标、车库门开启器、无线车锁、婴儿监视器,以及医用热疗机和微波炉(通常用 2.495 GHz)等等。

scalable reliable multicast protocol 可扩展的可靠多播协议 是用于轻量级会话和应用层框架的可靠的多播框架。该框架的算法高效、健壮,并且可以很好地扩展到非常大的网络和非常多的会话。SRM主要基于作为 IP 多播协议核心的组传递模型。它试图遵循 TCP/IP(传输控制协议/网际协议)的核心设计原则。它只需要具有数据包可能的重复和重新排序的基本的 IP 传送模型,并在端到端的基础上建立可靠性。SRM 中的算法根据在 TCP 自适应设置定时器或拥塞控制窗口等会话中检测到的性能,动态调整其控制参数。

scale-free network 无标度网络 无标度网络是一种度分布遵循幂律,至少是渐近的网络。也就是说,网络中与其他节点有 k 条连接的节点的分数 $P(k)$ 取大的 k 值作为 $P(k)\sim k^{-\gamma}$。其中 γ 是一个参数,其值通常在 $2<\gamma<3$ 范围内,尽管

偶尔它可能位于这些边界之外。据报道,许多网络都是无标度的,已经提出优先附着和适应度模型作为解释实际网络中推测的幂律度分布的机制。

scanning line (SL) 扫描行[线] 在电视中,假定图像是由多个水平行像素组成,其中的一行水平行就是一条扫描线,在传输和接收过程中由扫描电子束探测实现。每个行中的像素按从左到右的依次扫描,每一行扫描完成后快速返回下一行扫描线的左侧再开始,当最底部的扫描完成后快速返回图像顶部。实际上,扫描电子束的运动类似于人眼阅读时的运动轨迹。电视系统的清晰度首先取决于所选择的扫描行数,常规系统采用 525 行或 625 行,高清电视采用 750 行逐行或 1 125 行隔行扫描。不是所有的扫描行都能在电视接收机重现,因为在垂直回扫中会有扫描行丢失。

scanning line frequency 扫描线频率 扫描仪上单位时间内形成的扫描线数。它在一定程度上代表了图像输出质量。

scanning-line length (SLL) 扫描行长度 扫描点自一行某点起运动至下一行相应点所循轨迹的长度。

scanning method (SM) 扫描方法 视频扫描方法既可以采用隔行扫描,也可以采用逐行扫描。模拟电视所使用的隔行扫描,先扫描奇数行(1,3,5,7,……),然后扫描偶数行(2,4,6,8,……),直至扫描完成该帧。逐行扫描连续地扫描各行,就像电脑显示器的扫描方法一样。

scatter communication 散射通信 利用空中不均匀介质对电磁波的散射作用达成的无线电通信。包括对流层散射通信,电离层散射通信和流星余迹散射通信等。

scattering 散射 是普遍的物理过程,其中一些形式的辐射,例如光、声音或移动的粒子,由于它们通过的介质中的局部

不均匀性而被迫通过一条或多条路径偏离直线轨迹。在常规使用中,这还包括反射辐射偏离由反射定律预测的角度。经历散射的反射通常称为漫反射,而未散射的反射称为镜面反射。在光纤传输中,由于光纤制造的不完善造成的缺陷,比如光纤中有气泡、应力不均匀引起的折射率的不均匀、纤芯和包层的交界面处粗糙等,都会导致光的散射而损耗光信号。

scatternet 散射网 一种网络拓扑结构,由两个或多个微微网组成的 ad hoc(自组织)计算机网络。术语"散射网"和"微微网"通常应用于蓝牙无线技术。

SCF data access manager (SCF-DAM) 业务控制功能数据接入管理器 智能网(IN)中业务控制功能(SCF)的成分,SCF数据接入管理器提供了存储、管理、接入到 SCF 的共享和持续性信息的功能,还可以接入到远端的业务数据功能(SDF)中的信息,SCF 数据接入管理与业务逻辑执行管理(SLEM)相互作用,向业务逻辑处理实例(SLPI)提供这些功能。

SCF functional entity access manager (SCF-FEAM) 业务控制功能的功能实体接入管理程序[器] 智能网(IN)中 SCF 的 FEAM 提供必要的功能使业务逻辑执行管理(SLEM)和其他功能实体通过消息去交换信息,并应能:① 透明至业务逻辑处理实例(SLPI);② 提供可靠的消息传送;③ 保证顺序消息移交;④ 允许消息请求/响应成对相关;⑤ 允许多消息相互关联;⑥ 与开放系统互连(OSI)结构和原理一致。

SC-HDTV system 频谱兼容高清电视系统 Zenith 和 AT&T 公司的频谱兼容高清电视系统,采用逐行扫描、数字离散余弦变换压缩和四级残余边带调制技术。此系统的特性已被(美国)联邦通信委员会(FCC)最终通过的高清电视标准所采纳。

scintillation 闪烁 电离粒子(α、β 或 γ 射线)激发荧光体所引起的瞬时(约 10^{-6} 秒以下)闪光称为闪烁。

scope of commands facility 命令设施作用范围 NCCF(网络通信控制机制)中的一种功能,它允许把 NCCF 的命令及操作对象,限定为网格中全部 NCCF 操作员的一个子集。

scramble 扰码 把一个码元序列变换为另一个统计性质更完善的序列的过程。扰码的目的是抑制线路码中的长连"0"和长连"1",便于从线路信号中提取时钟信号,使加扰后的信号频谱更能适合基带传输。

scramble NRZ 加扰不归零码 磁记录设备常用编码记录方式之一,也称"随机化不归零制",属逢"1"翻转不归零制。用伪随机序列产生器把要记录的二进制信息干扰成有自同步能力的伪随机序列,再按逢"1"翻转不归零制编码。

scrambling (SC) 加扰,扰码,置乱,扰频法 (1) 在数字通信中,为便于数字信号的传送与存储,将其转换为具有相同意义和相同比特率的伪随机数字信号的操作。(2) 就是改变信号的特性,以防止非授权者接收。这种改变应在加密扰系统控制下,在发送端按规定处理。有时为了使信号的频谱能量分散也要这样做。(3) 在光盘存储技术中,降低读出信号的直流电平的技术。在记录经过 EFM(8-14 调制)编码的数据时,使在光碟上形成的凹坑和非凹坑的长度更合理,从而提高读出信号的质量。(4) 加扰广泛用于卫星、无线电中继通信和公共交换电话网(PSTN)调制解调器。

screened subnet 屏蔽(式)子网(结构) 在网络安全中,屏蔽子网是指使用一个或多个逻辑筛选路由器作为防火墙来定义三个独立的子网:外部路由器(有时称为接入路由器)将外部网络与外围网络分开,以及内部路由器(有时称为阻塞路由器)用于将外围网络与内部网络分开。外围网络也称为边界网络或非军事区(DMZ),用于托管可从内部网络和外部网络访问或可访问的服务器(有时称为堡垒主机)。屏蔽子网或 DMZ 的目的是建立具有更高安全性的网络,该网络位于外部和假定的恶意网络(例如因特网或外联网)和内部网络之间。

screening router   筛选[甄别,筛查,屏蔽]路由器   筛选路由器执行包过滤并作防火墙。按照预置规则运作,可以让某些特定的业务流量通过,而阻塞另一些业务流量,如在基于网络地址的规则中,允许某些地址发送来的数据包可以通过,而从另一些地址来的数据包就不允许通过。在某些情况下,筛选路由器可以用作内部网络的周界保护或作为整个防火墙解决方案。

script   脚本   (1) 演讲、演出、电影、广播或节目的文稿,影剧本或广播节目撰稿人写的时间表或顺序说明。(2) 一种用于书写一种或多种语言的文字系统。(3) 是一系列指令,类似于一个宏的简明文本文件,告诉程序如何执行一个具体步骤,例如在电子邮件系统上登录。有些程序有内置脚本功能,用户必须学会用有限编程语言编写的脚本,一些程序能在用户执行某个过程时;通过记录用户的按键和命令选择,自动编写脚本。

SDF data management (SDF-DM)   业务数据功能的数据管理   智能网(IN)分布功能平面中业务数据功能(SDF)的成分之一,提供有关存储、管理、接入 SDF 信息所必需的功能。

SDF functional entity access manager (SDF-FEAM)   业务数据功能的功能实体接入管理   智能网(IN)分布功能平面中业务数据功能(SDF)的功能实体接入管理,提供 SDF 在数据管理中必要的功能,以便与其他功能实体即业务控制功能(SCF)、业务数据功能(SDF)、业务管理功能(SMF)交换信息。SDF-FEAM 可以接入到其他 SDF,因为分布在网络中的数据应对 SCF 完全透明。

SDH cross connection (SDXC)   同步数字系列交叉连接,SDH 交叉连接   可在接口端口间提供可控的 VC(虚电路)的透明连接和再连接。其中,VC 是根据建议 G.707 的规定形成的。这些接口端口可以是 G.707 中规定的 SDH(同步数字系列)速率和/或 G.702 中规定的 PDH(准同步数字系列)速率。此外,它还支持如 ITU-T(国际电信联盟-电信标准化部)建议 G.784 中所规定的控制和管理功能。

SDH frame   同步数字序列帧   ITU-T(国际电信联盟-电信标准化部)规定了 STM-N(同步传输模块级别 N)的帧结构是以字节为单位的矩形块状帧结构,是由 9 行×270 列×N 级构成的。帧的重复周期是 125 μs。例如 STM-1 帧结构中的再生器段开销(RSOH)区域占用前 3 行×前 9 列,AUPTR(administration unit pointer)管理单元指针区域占用后行×前 9 列,复用器通路开销(MPOH)占用最后 5 行×前 9 列。每一行从第 10 列到第 270 列为载荷区。

SDH management network (SMN)   同步数字序列管理网,SDH 管理网   是 TMN(电信管理网)网的子网,它负责管理 SDH(同步数字系列)网元。一个 SMN 可分为一组 SDH 管理子网。

SDH management subnetwork (SMS)   同步数字系列管理子网,SDH 管理子网   是 SDH 管理网(SMN)的组成部分,由一系列分离的 ECC(纠错码)及有关站内数据通信链路构成。

SDH multiplexing structure   同步数字序列

复用结构,SDH复用结构   在 SDH 中,用于将较低速率的传输数据流组合起来形成较高速率的传输数据流的方式,复接后构成的复用系统称为 SDH 复用结构。ITU-T(国际电信联盟-电信标准化部)建议 G.707/Y.1322 中给出了 SDH 多路复用结构的规范。

SDH physical interface (SPI)   **同步数字序列物理接口,SDH 物理接口**   SPI 功能可将 N 级同步传输模式(STM-N)的内部逻辑电平信号转换成 STM-N 的线路连接器信号。

SD memory card   **安全数字存储卡**   日本松下电器(Matsushita/Panasonic)、东芝公司(Toshiba)和美国闪迪公司(SanDisk)于 1999 年 8 月联合开发的安全闪速存储卡,可用在各种数字产品中,如数字音乐播放器、移动电话、数码相机、个人数字助理、汽车导航或其他移动装置。SD 存储卡的尺寸为 24 mm× 32 mm×2.1 mm,重量约为 2 克,容量可达 8 GB。容量为 256 MB 和 512 MB 的卡的数据传输率为 10 MB/s,1 GB 的卡的数据传输率可达 20 MB/s。安全数字存储卡与多媒体卡(MMC)的外观类似,都有内容保护和电子商务的安全等级,但比 MMC 厚,引脚比 MMC 略多,并可读多媒体卡的数据。

search engine (SE)   **搜索引擎**   SE 是一个专用的服务器,也是一个可以搜索的数据库(其中包括通向其他站点的链接),是用户用关键词来查找、定位有关 Web 页面的工具。用户只需输入与查找信息相关的关键词,搜索引擎即可快速为用户查找出用户想查找的信息。

search engine optimization (SEO)   **搜索引擎优化**   遵循搜索引擎的搜索原理,通过对网站的关键词、主题、链接、结构、标签、排版等各方面进行优化,使搜索引擎更容易搜索到网站的内容,并且让网站的各个网页在各个搜索引擎中获得较高的评分,从而获得较好的排名。

SECAM   (1) 顺序彩色与存储(电视制式),SECAM 制 sequential color and memory 的缩写。(2) 顺序与存储电视系统,SECAM 彩色制式,塞康制。SECAM 是法文 systeme electronique pour couleur avce memoire 的缩写,意为顺序传送彩色信号与存储恢复彩色信号制,是由法国在 1956 年提出,1966 年制定的一种新的彩色电视制式。它克服了 NTSC(美国国家电视制式委员会)制式相位失真的缺点,采用时间分隔法来传送两个色差信号。使用 SECAM 制的国家主要集中在法国、东欧和中东一带。SECAM 发射视频信号通常仍以 PAL(逐行倒相制)格式产生和记录,只是在发射前才编码成 SECAM 格式。

secondary station   **次站,辅站,从站**   (1) 一个受主站控制的远距离站或分支站。在 HDLC(高级数据链路控制)中,数据站的一部分,该部分执行由主站分配的数据链路控制功能及解释所接收的指令并对传输产生响应。(2) 在网络中接收主站命令帧,发送响应帧,并且配合主站参与差错恢复等链路控制的站点。

second-level domains (SLD, 2LD)   **二级域**   在域名系统(DNS)层次结构中,二级域是直接位于顶级域(TLD)之下的域。例如,在 example.com 中,example 是.com TLD 的第二级域。二级域通常是指向域名注册机构注册域名的组织。一些域名注册管理机构向 TLD 引入了第二级层次结构,该层次结构指示了用于在其下注册 SLD 的实体类型。例如,在.cn 名称空间中,学院或其他教育机构将在.edu. cn 的 ccSLD(国家/地区代码二级域)下注册,而企业公司将在.com.cn 下注册。参见 domain name system (DNS), top-level domain (TLD)。

S

second order intercept point (SOI)　二阶截(断)[交调截]点　也称为 IP2(截取点二阶)或 IIP2(输入截取点二阶),是衡量非线性系统和设备产生的二阶失真的线性度量。与该措施有关的常用设备的例子是放大器和混频器。它与三阶截(断)点有关,它通常用于量化非线性系统的非线性程度,或者也可用于估计在这种系统输出端出现的非线性乘积。

secret communication　保密通信　对被传输内容采取特殊加密措施的通信。除采用暗号、隐语、密码等保密措施外,现代保密通信主要采用信道保密和信息保密。信道保密是采用使窃密者不易截收到信息的通信信道,如采用专用的线路、瞬间通信和无线电扩频通信等。信息保密是对传输的信息用约定的代码(密码)或加密机等方法加以隐蔽再传送。从而隐蔽其信息的真实内容,以防止在传输途中被敌方及无关人员获知的一种通信方式。

section overhead (SOH)　段开销　是指 STM(同步传输模式)帧结构中为了保证信息正常所必需的附加字节。主要是些运行、管理和维护字节,例如误码监视、帧定位和自动保护倒换字节等。段开销又分为再生段开销(RSOH)和复用段开销(MSOH)。

secure environment　安全环境　在计算中,安全环境是实现信息的受控存储和使用的任何系统。在计算数据丢失的情况下,使用安全环境来保护个人和/或机密数据。通常,安全环境使用加密技术作为保护信息的手段。某些安全环境采用加密散列法,只是为了验证信息自上次修改后未被更改。

secure file transfer program (sftp)　安全文件传输程序　是一个命令行界面客户端程序,用于通过 OpenSSH(开放安全壳)项目的 sftp-server 命令实现的 SSH 文件传输协议(SFTP)传输文件,该项目在加密的安全壳连接中运行。

secure Hash algorithm (SHA)　安全 Hash[散列]算法　该法采用单向 Hash(散列)函数将需加密的明文"摘要"成一串 128 位的密文,这一串密文也称为"数字指纹",它有固定的长度,且对不同的明文摘要成密文,其结果总是不同的,而同样的明文其摘要必定一致。因此,这串摘要便可成为明文是否是"真身"的指纹。

secure hypertext transfer protocol (SHTTP)　安全超文本传输协议　一种由 Enterprise 集成技术公司提送到因特网工程任务组(IETF)审核的 HTTP(超文本传输协议)通信协议的扩展规格,可使数据通过 WWW 安全地传输。类似功能也提送至 IETF 审核中的通信协议是安全套接层(SSL),但 SSL 主要功能是建立安全的连线,而 SHTTP 是建立安全的数据传送。SHTTP 运行在应用层上,使用 RSA 公钥加密技术,实现安全的 Web 传输。

secure multipurpose Internet mail extensions (S/MIME)　安全多用途因特网邮件扩充(标准)　该标准使用由 RSA Data Security 公司专利和许可的许多密码算法。它依赖于数字证书,因而也依赖于某种证书管理机构,不管是企业的,还是全球的,以保证认证。

secure neighbor discovery (SEND)　安全邻居发现(协议)　SEND 协议是 RFC 3971 中定义并由 RFC 6494 更新的 IPv6 中的邻居发现协议(NDP)的安全扩展。NDP 在 IPv6 中负责发现本地链路上的其他网络节点,确定其他节点的链路层地址,查找可用路由器,并维护有关其他活跃邻居节点的路径的可达性信息(RFC 4861)。NDP 不安全,容易受到恶意干扰。SEND 的目的是提供一种替代机制,使用独立于 IPsec 的加密方法来保护 NDP,是保护 IPv6 通信的原始和固有方法。

secure operating system 安全操作系统 为所管理的数据和资源提供相应的安全级别保护,而有效控制硬件和软件功能的操作系统。

secure real-time transport protocol (SRTP) 安全实时传输协议 一种实时传输协议(RTP)纲要文件,旨在为单播和多播应用程序中的 RTP 数据提供加密、消息身份验证和完整性以及重放攻击保护。它由一个由思科与爱立信的互联网协议和密码专家组成的小组开发的。它于 2004 年 3 月由 IETF(因特网工程任务组)首次发布为 RFC 3711。

secure shell (SSH) 安全外壳(协议),SSH (安全登录)协议 一种加密网络协议,用于在不安全的网络上安全地操作网络服务。最著名的应用例子是用户远程登录计算机系统。SSH 在客户端-服务器体系结构中,将 SSH 客户端应用程序与 SSH 服务器连接,提供安全通道通过不安全的网络。常见应用程序包括远程命令行登录和远程命令执行,但任何网络服务可以使用 SSH 保护。如为文件传输、数据库访问、电子邮件通信等提供加密会话和各种认证。

secure shell tunnel 安全外壳隧道,SSH 隧道 由通过 SSH 协议连接创建的加密隧道组成。用户可以设置 SSH 隧道,通过加密通道在网络上传输未加密的业务量。例如,微软视窗计算机可以使用服务器消息块(SMB)协议(非加密协议)共享文件。如果要通过因特网远程安装微软视窗文件系统,窥探连接的人可能会看到传输的文件。为安全地安装视窗文件系统,可以建立 SSH 隧道,通过加密通道将所有 SMB 流量路由到远程文件服务器。尽管 SMB 协议本身不包含加密,但它所经过的加密 SSH 通道提供了安全性。

secure signal routing gateway 信令安全路由网关 一种应用服务器,负责接收或转发域内外信令,完成信令安全路由网关间路由信息的传递以及路由信令,信令身份标识的添加和鉴别等功能。

secure socket layer (SSL) 安全套接层(协议) 是由 Netscape 通信公司制定的保证因特网安全连接的协议,主要目的是提供网络上可信赖的服务、保密服务与身份鉴别等。最早在 1994 年提出标准草案,经过多次的改进升级,2001 年版本为 SSL 3.0。SSL 主要特性:通信双方所建立的连接是隐秘的,加密的操作在通信双方完成协议的程序后,依据协商后只有双方才知道的密钥对传送数据加密,所采用的算法有 DES(数据加密标准)、TripleDES、IDEA(国际数据加密算法)、RC2、RC4 等;通信是可信赖的,通信传送时会同时传送保证数据完整性的数据识别码,数据识别码采用 MD5、SHA(安全 Hash 算法)。SSL 是介于 TCP/IP(传输控制协议/网际协议)层及各类应用间的一层,它对传统的网络数据包进行加密处理,确保网络传输的数据包不会被第三者监听和篡改。SSL 分为两层,上面是 SSL 协商层,会话开始时,双方通过协商层商定相关加密的算法和对称会话密钥,进行身份认证等,下面是 SSL 记录层,它把高层的数据经分段、压缩后加密,由传输层传送出去,当会话开始时的协商结束后,客户机和服务器就可以以加密的数据用安全的方式互相传送数据。

secure socket tunneling protocol (SSTP) 安全套接字隧道协议 一种虚拟专用网络(VPN)隧道,提供通过 SSL/TLS(安全套接字层/传输层安全)通道传输 PPP (点对点协议)流量的机制。SSL/TLS 通过密钥协商、加密和流量完整性检查提供传输级安全性。在 TCP(传输控制协议)端口 443 使用 SSL/TLS 允许 SSTP 几乎可通过所有防火墙和代理服务器,但经过身份验证的 Web 代理除外。

secure telephone 安全电话 一种为电话呼叫提供端到端加密形式的语音安全的电话,并且在某些情况下还提供呼叫方的相互认证,保护它们免受中间人攻击。对电话窃听事件大规模增长的担忧导致对安全电话的需求不断增长。

secure terminal equipment (STE) 安全终端设备 是美国政府目前(截至 2008 年)用于有线或"固定电话"通信的加密电话通信系统。STE 设计用于 ISDN(综合业务数字网)电话线,它提供高达 128 kbps 的更高速度并且都是数字的。更大的带宽可以提供更高质量的语音,还可以通过内置的 RS-232 端口用于数据和传真传输。

security (SEC) 安全(性),保密(性) (1) 保护计算机系统或文件不被非法使用、有意或无意泄露、传输或破坏等而采取的一系列措施。(2) 控制对信息系统访问的机制或技术。例如,阻止非授权更改、破坏、服务否认、窃取等行为的保护方法。安全性是一个可扩充的重要概念,如计算机安全、信息安全、网络安全等。(3) 特指网络空间安全,包括网络系统本身的安全和网络上的信息安全等,即保护系统的数据、程序、设备和网络部件的安全,使其免遭损坏、偷窃和误用。它同时也必须保证只要用户需要时网络就能提供服务。网络安全可以通过使用网络操作系统提供的安全工具、实施系统设计中的冗余以及通过提供必要的屏障阻止非授权人员访问系统等手段来实现。

security association (SA) 安全关联 (1) 因特网安全体系结构的 IPSec(因特网协议安全性)技术中使用的一项重要概念,所谓安全关联就是在一个发送者和一个接收者之间的单向关系。SA 是两个通信实体经协商建立起来的一种协定。它决定了用来保护数据报文安全的 IPSec 协议、转码方式、密钥以及密钥的有效存在时间等。IPSec 实施方案最终会构建一个 SA 数据库(SADB),由它来维护 IPSec 协议用来保障数据包安全的 SA 记录。(2) 是在两个网络实体之间建立共享安全属性以支持安全通信。SA 可以包括诸如以下的属性:加密算法和模式、流量加密密钥,以及要通过连接传递的网络数据的参数。建立安全关联的框架由因特网安全关联和密钥管理协议(ISAKMP)提供。诸如因特网密钥交换和 kerberos 化因特网密钥协商之类的协议提供经过验证的密钥材料。

security audit/auditing 安全审计 对网络上发生的事件进行记载、分析和报告的操作。安全审计涉及四个基本要素:控制目标、安全漏洞、控制措施和控制测试。控制目标是指企业根据具体的计算机应用,结合单位实际制定出的安全控制要求;安全漏洞是指系统的安全薄弱环节,容易被干扰或破坏的地方;控制措施是指企业为实现其安全控制目标所制定的安全控制技术、配置方法及各种规范制度;控制测试是将企业的各种安全控制措施与预定的安全标准进行一致性比较,确定各项控制措施是否存在、是否得到执行、对漏洞的防范是否有效,以及评价企业安全措施的可依赖程度。

security code 安全码 (1) 用户身份识别码,用于防止计算机系统中的信息或信息源被非法使用。(2) 编入蜂窝移动电话中的用于防止非法使用或是改变移动电话内数据的六位号码,出厂的设置为 000000。

security device manager (SDM) 安全设备

管理工具　是思科公司提供的全新图形化路由器管理工具。SDM 在新版 CCNP 第三门课程 ISCW1.0 中重点讲解,该工具利用 Web 界面、Java 技术和交互配置向导使得用户无需了解命令行接口(CLI)即可轻松地完成 IOS 路由器的状态监控、安全审计和功能配置包括:QoS、Easy VPN Server、IPS、DHCP Server、动态路由协议等配置任务,也可以利用 SDM 轻松而快捷地完成。使用 SDM 可以简化网络管理员的工作量和出错的概率。使用 SDM 进行管理时,用户到路由器之间使用加密的 HTTP 连接及 SSH v2 协议,安全可靠。目前思科的大部分中低端路由器包括 8xx、17xx、18xx、26xx（XM）、28xx、36xx、37xx、38xx、72xx、73xx 等型号都可以支持 SDM。

security management　**安全管理**　国际标准化组织(ISO)为开放系统互连(OSI)参考模型网络管理定义的五类网络管理之一。安全管理既要保证网络用户和网络资源不被非法使用,又要保证网络管理系统本身不被未经授权地访问。其内容包括:与安全措施相关的信息分发;事件通知;安全服务设施的创建、控制和删除;加密和加密关键字的管理;与安全相关的网络操作事件的记录;维护和查询等日志管理工作。

security perimeter　**安全边界**　当把不同管理区域或不同安全级别的网络相连接,就产生了网络边界和网络安全边界问题。为防止来自网络外界的入侵就要在网络边界上建立、配置可靠的安全控制措施的网络边界设施,以保护内部网络资源。

security policies　**安全策略**　在某个安全区域内(一个安全区域,通常是指属于某个组织的一系列处理和通信资源),用于所有与安全相关活动的一套规则。这些规则是由此安全区域中所设立的一个安全权力机构建立的,并由安全控制机构来描述、实施或实现的。安全策略通常建立在授权的基础之上,按照授权的性质,安全策略分为如下几个方面:基于身份的安全策略、基于规则的安全策略和基于角色的安全策略。

segment　**段,数据片,分段**　(1) 在通信中,可以装入缓冲区的报文段落。(2) TCP(传输控制协议)规范中描述传输层数据流传输中使用的信息单元。(3) 在 ATM(异步传输模式)网络中,指相互连接的 ATM 链路的一个 ATM 链路或组。(4) N 实体执行的一种功能,它将一个 N 服务数据块转换成多个 N 协议数据块。

segmenting　**分段**　(1) 把报文分组进一步分割小段的过程。报文分组在传输过程中,如遇中转节点其存储转发缓冲器因过小而不能容纳一个报文分组时,将收到的报文分组分成更小的报段,并加上顺序编号和报头后再发送出去。(2) 在开放互连系统中,(N)实体为把一个(N)服务数据单位映射成多个(N)协议数据单位所执行的功能。与此相反,(N)实体为把多个(N)协议数据单位映射成一个(N)服务数据单位所执行的功能,称为合段。

segment routing　**分段路由(选择)**　是计算机网络的一种形式,IETF(因特网工程任务组)的 SPRING 和 IPv6 工作组正在开发的源路由的现代变体。在分段路由网络中,入口节点可以将报头预先添加到包含分段列表的分组中,分段列表是在网络中的后续节点上执行的指令。这些指令可以是转发指令,例如将分组转发到特定目的地或接口的指令。分段路由在 MPLS(多协议标记交换)网络或 IPv6 网络之上工作。在 MPLS 网络中,段被编码为 MPLS 标签。在 IPv6 下,使用称为段路由头（SRH）的新的头部。SRH 中的段被在 IPv6 地址列表中。

selective availability（SA） 选择可用性 GPS（全球定位系统）包括一个称为选择性可用性（SA）的（2000 年美国取消了）功能，该功能可向公共可用的导航信号添加长达 100 米（328 英尺）的故意时变误差。这是为了阻止敌方使用民用 GPS 接收器进行精确武器制导。是美国为防止非特许用户使用 GPS 的能力，采用的一种人为地控制影响 GPS 导航系统的精度、完整性、可用性和服务连续性等级的措施。如标准定位服务（SPS）用于民用目的；精密定位服务由国防部控制，为军事目的服务。SPS 信号精度降低是为了保护美国国家的安全利益。可由 δ 和 ε 两种技术来达到：δ 技术是人为地将卫星基准信号发生高频抖动，从而使派生出来的所有卫星信号（载波、P 码、C/A 码、电文数据）也出现高频抖动，导致定位精度降低；ε 技术则是人为地降低卫星广播星历的精度，同样使定位结果变差。

selective call acceptance（SCA） 选择性呼叫接受 可在程控交换机上设定该功能，使得只有用户预先设定号码的来话可以接入；也可在话机上配置来电显示功能，根据来电显示的号码你可选择接受或不接受呼叫。

selective call forwarding（SCF） 可选[选择]呼叫前转 一种智能网（IN）业务。可将预先设定主叫号码的呼叫全部转移到另一个指定的号码。

selective calling 选择性呼叫 在传统的模拟双向无线电系统中，标准无线电具有噪声静噪或载波静噪，以使无线电接收所有的传输。使用选择性呼叫在单个射频信道上寻址所有双向无线电的子集。当多个用户在同一频道上时（共道用户），选择性呼叫可以寻址所有接收机的子集，或者可以将呼叫指向单个无线电。选择性呼叫功能分为两大类：单呼和群呼。

selective fading 选择性衰落 或频率选择性衰落，是由无线电信号本身部分抵消引起的无线电传播异常-信号通过两条不同的路径到达接收机，并且至少一条路径正在改变（延长或缩短），也就产生接收到的无线信号各频率分量的衰落互不相干的衰落形式。这通常发生在傍晚或清晨，因为电离层中的各个层移动、分离和结合。这两条路径既可以是天波也可以是地波。

selective flooding routing 选择扩散[泛洪]路由选择 一种对扩散路由选择算法的改进算法。这种算法不是把到来的分组送到每条输出线路上，而是送到方向大致正确的输出线路上。因为很容易知道把向西转发的分组送到向西的输出线路上，不应当送到向东的输出线路上，因而这种改进方法简单而有效。

selective repeat 选择性重复 在数据链路层使用流水线方法的传输协议中，遇到破坏帧或丢失帧时解决问题的两种方法之一。这种方法是让接收端数据链路层把破坏帧或丢失帧后边的所有正确帧都存储起来。当发送端知道出什么错时，只是重发破坏帧或丢失帧。如果重发成功，接收端便连同其他已收到的按正确帧顺序一起传递给网络层，并对最新编号帧予以确认。这种策略适用于接收窗口大于 1 的情况。窗口中的帧都可以接收下来并放在缓冲区中，直到这些帧传递给网络层为止。如果窗口很大，这种方法要求数据链路层有很大的缓冲区。解决流水线问题的另一种方法是后退 n 方法。

selector 选择器[设备] (1)一种装置，它根据一个预先决定的伴随控制脉冲，将电输入脉冲导向到两条输出线路中的一条线路上。(2)在计算机网络中。指用一个 OSI(开放系统互连)实体来区分多种 SAP(业务接入点)的标识。(3) 电子线路中,在多个输入信号中选择一个输出的电路。

self-adapting communication　自适应通信　一种能随通信环境变化而自行调节系统内部工作模式如传输速率、编码方式、工作频道等的通信方法。这种方法能更好地保证通信质量。

self-checking network　自校验网络　容错系统中,自校验电路与校验器一起构成了自校验网络。在无故障发生的情况下,自校验电路输出码向量;当预定故障发生时,则输出非码向量。连接在自校验电路输出端的校验器监督电路的输出,当非码向量出现时,校验器给出差错指示。自校验网络具有在无任何外加激励的情况下能自动检测其内部是否存在故障,这些故障或是永久性的或是暂时性的。设计自校验网络的主要技术有检错编码技术,基于自对偶函数的交替逻辑技术(交织逻辑技术),基于对偶函数的互补逻辑技术,基于多值逻辑技术等。

self-clocking signal　自同步[时钟]信号　在通信和电子设备中,自时钟信号是在不需要单独的时钟信号或其他同步源的条件下就可以解码的信号。这通常通过在信号内包括嵌入的同步信息,并对数据有效载荷的编码添加约束,从而可以容易地检测到错误假假同步来实现。

self-healing hybrid ring (SHR)　自愈混合环　同步数字序列(SDH)网络的一种保护机制,网络能及时地发现传输故障并利用自动保护倒换(APS)功能在极短的时间内自动恢复承载的业务,而无需人为干预,使用户感觉不到网络已出现了故障。

self-healing ring (SHR)　自愈环　是环网络拓扑的通信术语,是通信传输系统中的常用配置。环路或环可提供通信冗余。SDH(同步数字序列)、SONET(同步光网络)和 WDM(波分复用)系统通常配置在自愈环中。

self-healing ring architecture　自愈环(型)结构　采用光纤传输系统,通过光缆和相关设备组成一个自愈环线路系统,当某段线路出故障,可将通信传输自动倒换到备用环线路。

self-organizing network (SON)　自组织网络　一种自动化技术,旨在简化和加快移动无线接入网络的规划、配置、管理、优化和修复。SON 功能和行为已在诸如 3GPP(第三代合作伙伴项目)和 NGMN(下一代移动网络)等组织提出的普遍接受的移动行业建议中定义和指定。

self-phase modulation (SPM)　自调相,自相位调制　是光与物质相互作用的非线性光学效应。当光的超短脉冲在介质中传播时,由于光学克尔效应而引起变化的介质折射率。折射率的这种变化将在脉冲中产生相移,导致脉冲频谱的变化。自相位调制在使用短而强的光脉冲的光学系统中有重要影响。例如光纤通信系统,在高发射功率电平下,光信号瞬时调制玻璃纤维的折射率,从而调节信号的传输速度,最终导致解调的射频(RF)调制信号中的复合二阶差拍(CSO)失真。

self-resonant frequency (SRF)　自谐振频率　电感器中的分布电容与电感形成谐振的频率。在频率上,电感的感抗等于电容的容抗,并且互相抵消。这时电感器成为纯电阻。在自振频率时,电感器呈现很高的阻抗。分布电容是由于各层线圈一层层叠着,并且是绕在磁心上而形成的。分布电容与电感是并联的。在高于自谐振频率时,并联的分布电容起主要作用。在自谐振频率时,由于感抗等于零,电感器的 Q 值等于零。

self-synchronizing stream cipher　自同步流密码　也称为异步流密码,是指这样一

种流密码,即其中密钥流的产生并不是独立于明文流和密文流的。通常第 i 个密钥字的产生不仅与主密钥有关,而且与前面已经产生的若干个密文字有关。由于对当前密文字的解密仅仅依赖于固定个数的以前的密文字,因此,当密文数字被插入或删除时,密码的自同步性就会体现出来。这种密码在同步性遭到破坏时,可以自动地重建正确的解密,而且仅有固定数量的明文字符不可恢复。又由于每个明文字符都会影响其后的整个密文,即明文的统计学特征被扩散到了密文中。因此,自同步流密码在抵抗利用明文冗余度而发起的攻击方面要强于同步流密码。

self-whistles (SW) 自生啸声 由本机振荡信号(或其谐波)和所需射频图像信号、射频伴音信号(或其谐波)之间的差拍信号产生的干扰。

semiconductor laser (SL) 半导体激光器 激光工作物质为半导体晶体材料的激光器。半导体激光器基本结构是一个半导体二极管,在垂直于 P N 结平面的方向上加上正向电压,电子和空穴将分别从 N 型材料导带和 P 型材料价带注入到结区,使得结区的导带多电子,价带多空穴,从而造成结区中的粒子数反转。激光波长由禁带隙宽度决定,此宽度越小,激光波长越长。

semi-duplex 半双工 信息流可在一条线路或信道的两个方向上传输,但同一时刻只限于一个方向传输。半双工通信的终端具有发送设备和接收设备,但发送和接收必须先后错开而不能同时工作。

sender attachment delay 发送器连接延迟 在数据通信系统中,从发出服务请求到完成发送器寄存器或接收器连接为止的一段时间间隔。正常情况下的连接时间很短,但是在某种交通阻塞的情况下,这一时间也会变得十分可观。由于连接延

迟是重荷网中疏通拥塞的一种机制,因此对于网络管理有重要意义。

sending loudness rating (SLR) 发送响度定级[评定] 是通过通信设备(例如移动电话)的麦克风发出的传递音频响度的度量。它将进入麦克风的声波的声音强度与产生的音频信号比较。以 dBV/Pa 为单位度量。对于电话,参考声压级为 20 微帕,以 dB 为单位参考那个值。20 微帕斯为人类听觉的阈值,等于 0 dB 声压级(SPL)。ITU-T(国际电信联盟-电信标准化部)建议 P.79 中有频率加权灵敏度计算用于电话的发送响度等级(SLR)和接收响度等级(RLR)。

send request circuit 请求发送电路 (1) 在数据通信中,需要控制信道状态,决定是开始发送,还是开始接收的电路。(2) 一种调制解调器接口电路。它接收处理机指令,控制调制解调器的发送功能。当其处于通(ON)状态时,调制解调器处于发送状态,可以发送载波;当其处于断(OFF)状态时,调制解调器处于非发送状态,因而停止发送载波。

sense 检测,读出 (1) 检测和判定某种硬件装置,尤其是可以人工设定的开关状态。(2) 监测某种专用信号。(3) 通过检测一种特定的物理状态或物理状态的变化,并输出能用以辨认该变化的电信号。

separate channel signaling (SCS) 单独[独立,分离式]信道信令 是一种信令形式,其中多信道系统中的一个或多个信道的全部或部分用于为消息业务信道提供监督和控制信号。用于信令的相同信道(例如频带或时隙)不用于消息业务。

separate mesh vidicon (SMV) 分离网式视像管 视像管的改进形式,包含附加的金属丝网状电极。可改进摄像管分辨率。

separate video (S-video) 分离式视频 亮

度信号(Y)和色度信号(C)分开录制和处理的视频技术。S-VHS 和 Hi-8 摄像机以及盒式磁带录像机(VCR)使用这种技术,它比标准的 VHS(家用录像系统)和 8 mm 格式的设备提供质量更高的彩色图像。在使用 S-video 技术的设备上,视频信号的输出除含有分离的亮度信号和色度信号输出外,还有复合彩色全电视信号。S-video 设备与其他设备连接的连接器使用 S-video 连接器,而不是普通的 RCA 连接器。有些电视图像卡和高档家用录像机可以支持这种信号。也称为 Y/C video。

separation circuit (SC)　(信号)分离电路　按振幅、频率或其他一些特征分选信号的电路。

sequential color television (SCTV)　顺序制彩色电视　也称为顺序系统。顺序地传送从三基色导出的信号分量的彩色电视制式。

sequential couleur avec memoire (SECAM)　顺序与存储电视系统,SECAM 制式,塞康制　法国彩色电视广播标准编码系统,与德国 PAL(逐行倒相制)系统类似,SECAM 在法国和苏联等国家使用。

sequential interlace (SI)　顺序隔行扫描　一种电视隔行扫描方式,一个场的扫描线直接落在前一场相应的扫描线下。

sequential scan/scanning (SS)　顺序[连续]扫描　也称为逐行扫描。对于扫描系统,顺序扫描在扫描图像的每次垂直向下扫描期间,组成图像的所有行都被依次扫描。因此,这是一种非交错[非隔行]扫描。

serial (SER)　串联,串行的,顺序的　(1)指一种过程,在该过程中,所有的事件是一个接一个地出现。例如按照 CCITT(国际电报电话咨询委员会)V24 约定的字符按位串行传输。(2)指在一个设备或通道上,顺序地或连续地出现

两个或多个相关的动作。(3)指顺序地处理一个整体中的各个部分,诸如一个字符中的各位或一个字中的各个字符。即将同一个功能相继地用于各个部分。

serial communication　串行通信　(1)在通信和数据传输中,串行通信是通过通信信道或计算机总线一次按顺序发送一位数据的过程。这与并行通信不同,在并行通信中,在具有多个并行通道的链路上若干位作为整体发送。串行通信用于所有长途通信和大多数计算机网络,其中电缆成本和同步困难使得并行通信不切实际。串行计算机总线即使在较短的距离也变得越来越普遍,因为新的串行技术中改进的信号完整性和传输速度已经开始超过并行总线的简单性优势(不需要串器和解串器,即 SerDes),并且超越其缺点(时钟偏移、互连密度)。(2)在计算机之间、计算机与外设之间通过一条线路进行一次一位的信息传输。串行通信可以是同步的或异步的。它可通过时钟来进行同步控制,或在数据流中嵌入起始位和终止位来进行异步控制,或采用同步通信技术(数据帧与控制信息一起传送)。波特率用于描述传输时每秒钟传输的位数,要求发送端和接收端采用相同的波特率、奇偶校验位以及其他的通信参数。

serial digital interface (SDI)　串行数字接口　串行接口是把数据字的各个比特以及相应的数据通过单一通道顺序传送的接口。由于串行数字信号的数据率很高,在传送前必须经过处理。用扰码的反相不归零制(NRZI)来代替早期的分组编码,其标准为 SMPTE(电影和电视工程师协会)259M 和 EBU(欧洲广播联盟)Tech 3267,标准包括了含数字音频在内的数字复合和数字分量信号。在传送前,对原始数据流进行扰频,并变换为 NRZI 码确保在接收端可靠地恢复原始数据。SDI 接口不能直接传送压缩数字

信号,数字录像机、硬盘等设备记录的压缩信号重放后,必须经解压并经 SDI 接口输出才能进入 SDI 系统。

serial infrared (SIR) 串行红外线 一种异步的、半双工的红外通信方式,它以系统的异步通信收发器为依托,通过对串行数据脉冲的波形压缩和对所接收的光信号电脉冲的波形扩展这一编解码过程实现红外数据传输。SIR 的最高数据速率只有 115.2 kbps。

serial interface (SI) 串行接口 计算机与外围设备之间按顺序逐位进行数据传送的一种通信接口。串行接口主要用于远程通信和低速输入输出设备。常用的串行通信接口是 RS-232C,这个接口的标准是 1969 年由美国电子工业协会(EIA)制定公布的。在微型计算机系统中用作串并交换电路,其数据在与外设连接的一侧串行传送,与中央处理器连接的一侧按字节传送。

serial line internet protocol (SLIP) 串行线路网际协议 用于拨号网络互联协议访问的两个最著名的协议标准之一,另一个是点对点协议(PPP)。在因特网中,SLIP 是在拨号连接的低速异步串行线路上使用 IP(网际协议)的一种规范,是一个事实上的标准。通常用于点到点运行 TCP/IP(传输控制协议/网际协议)的串行连接,在 RFC 1055 中定义。SLIP 允许用户的计算机用调制解调器通过串行线或电话线和因特网实现直接连接,但没有错误侦测及安全保密功能,连通后用户计算机就像位于主系统的一个串行端口上。它建立了与因特网的临时然而却是直接的联系,数据包可直接进出用户计算机,而免去小型机或大型主机的中介(与拨号访问对比)。尽管 SLIP 仍在被采用,但它不提供对电话线噪声的补偿功能,也不提供多协议功能,而这些功能可以改善程序执行效果。因此建议使用 PPP 协议,它将提供数据压缩、数据交换及纠错等超级服务功能。参见 point-to-point protocol (PPP)。

serial port 串行端口 以串行方式传送数据的输入输出端口。用于连接像调制解调器、鼠标器或打印机这样的串行设备与个人计算机的插座。典型的串行端口是 25 芯的 RS-232 接口,但有些串行设备也使用 9 芯连接器。串行端口表示数据在传输线上传输时,一次只传一位。并行端口与串行端口不同,它可在八条传输线上一次传送一字节数据。

serial transmission 串行传输 (1) 每一时刻只有一个比特的信息在单一信道中顺序传输的技术。而不像并行传输那样同时进行。串行传输通常用于数据通信,而并行传输常用于计算机和本地外部设备之间的数据传输。(2) 在数据通信中,在相继的时间间隔内,传输那些构成同一报文或数据的信号元素。这些顺序的元素可以是有间断的传输或无间断的传输。只要它们不是同时传输,例如,由分时通道进行的报文传输。

serrated vertical pulse (SVP) 锯齿状垂直脉冲,场锯齿脉冲 一种被五个 V 型波形(向下延伸到电视信号黑电平)打断的垂直同步脉冲。其给出六个组成脉冲,每个持续约 0.4 扫描线,使得在垂直同步脉冲间隔期间保持和水平扫描电路协调一致。

serverless computing 无服务器计算 一种云计算服务,在这种服务中,客户为执行的每项功能付费,而不是为可能周期性空闲的完整服务器或部分服务器(虚拟机)付费。例如,执行更新数据库中记录的代码所需的时间将由无服务器计算客户承担费用。这种服务实际使用了服务器,但这个术语意味着"功能即服务"(FaaS)而不是"基础设施即服务"(IaaS)或"平台即服务"(PaaS)。

server message block (SMB) 服务器报文[消息]块(协议) 一种网络协议,用于把网络上的消息块或服务请求引导到另一台服务器上。在 TCP/IP(传输控制协议/网际协议)领域中,SMB 引导软件是在 TCP 层上实现的。

service architecture 服务[业务]体系结构 电信信息网络体系结构(TINA)定义了三个子体系结构,分别为计算、服务、网络体系结构。业务体系结构定义了一套提供服务的原则,它使用会话的概念来提供与服务期间发生的各种事件和关系一致的视图。涉及电信业务规范、实现、管理的概念、原理及模型。广泛支持多用户的语音、信息、多媒体通信业务,支持业务管理和客户化,支持包括第三方应用的开发、业务持有者的互操作、业务的可移动性以及非 TINA 系统和业务的综合等能力。

service control function (SCF) 业务控制功能 或服务控制点(SCP),是智能网(IN)一组独立的平台,用于接收来自SSP(服务交换点)的查询。SCP 包含服务逻辑,该服务逻辑实现运营商所希望的行为(即服务)。在服务逻辑处理期间,可以从 SDF(服务数据功能)获得处理呼叫所需的附加数据。SCP 上的逻辑是使用 SCE(服务建立环境)而创建的。SCF 主要功能是:① 与业务交换功能/呼叫控制功能(SSF/CCF)、专用资源功能(SRF)、业务数据功能(SDF)相互通信;② 包含了处理 IN 业务试呼所要求的逻辑和处理能力;③ 如果需要可以和其他 SCF 接口及相互通信;④ 可以受SMF 管理和修改等。

service creation environment (SCE) 业务生成环境 是智能网(IN)用于创建 SCP(业务控制点)上存在的服务的开发环境。由允许快速改变已有通信业务和快速创建新业务的软件开发系统组成。虽然标准允许任何类型的环境,但很少见到像 C 这样的低级语言。相反,专有图形语言用于使电信工程师能够直接创建服务。这些语言通常是第四代类型,工程师可以使用图形界面来构建或更改服务。

service data function (SDF) 服务[业务]数据功能 或服务数据点(SDP),是智能网(IN)分布功能平面的一个功能实体,包含额外订户数据或处理呼叫所需的其他数据的数据库。例如,订户的剩余预付信用可以存储在 SDF 中以在呼叫期间实时查询。SDF 可以是一个单独的平台,也可以与 SCP(服务控制点)共处。SDF 主要功能是:① 按要求和 SCF 接口与通信;② 和其他 SDF 接口与通信;③ 接受业务管理功能(SMF)的管理;SDF 模型中包括 SDF 数据管理、功能实体的接入管理和执行控制管理等部分。

service data point (SDP) 服务[业务]数据点 是智能网(IN)GSM(全球移动通信系统)中负责提供用户信息的节点。需要关于用户的信息的 GSM 网元将询问SDP 关于这样的信息。运营商必须在SDP 中定义所有费率计划。定期询问SDP 以评估用户当前呼叫的有效性。这个有效性根据以下标准衡量:用户余额包括他/她所要求的服务费用;用户有资格根据其费率计划使用该服务。SDP 含有与执行业务有关的用户和网络数据。它可以直接由业务控制点(SCP)接入,也可通过信令网接入,还可接入本网中或其他网中的 SDP。

service data unit (SDU) 业务[服务]数据单元 (1) 在开放系统互连(OSI)术语中,服务数据单元(SDU)是从 OSI 层或子层向下传递到下层的数据单元。该SDU 尚未被下层封装到协议数据单元(PDU)中。然后将该 SDU 封装到较低层的 PDU 中,并且该过程继续进行直至

S

到达 OSI 栈的 PHY(物理层)或最低层。(2) OSI 体系结构中，从连接的一端到另一端保持不变的一组接口数据。(3) 在 ATM(异步传输模式)网络中，一个接口信息单元，其标识从一个层连接端保留到另一个层连接端。

service definition　服务定义 OSI(开放系统互连)参考模型中为各层服务所作的规定，还定义了层与层之间的抽象接口，以及层与层之间交互用的服务原语(SP)。但是服务定义并不涉及服务和接口的具体实现方法。

service discovery (SD)　服务发现 是在计算机网络上自动检测这些网络设备提供的设备和应用服务。服务发现旨在减少用户的配置工作。服务发现需要一种通用语言，以允许软件代理使用彼此的服务，而无需持续的用户干预。在传统网络中，集中的目录系统包含了各种网元的详细记录，而在对等网络中通过设备之间直接的交互来确定各自的能力。

service discovery protocol (SDP)　服务发现协议 一种有助于完成服务发现的网络协议。有许多服务发现协议，包括：蓝牙SDP、域名系统服务发现(DNS-SD)、动态主机配置协议(DHCP)、互联网储存名称服务(iSNS)、链路层发现协议(LLDP)、多播源发现协议(MSDP)、服务定位协议(SLP)、会话通告协议(SAP)、简单服务发现协议(SSDP)、通用描述发现和集成(UDDI)、Web代理自动发现协议(WPAD)、Web 服务发现(WS-Discovery)、XMPP 服务发现(XEP-0030)、XRDS(可扩展资源描述符序列)等。

service entrance　(用户)引入线 是指分支点到用户之间的部分。从分线设备至用户话机的连接线称为用户引入线。一般是通信线路进入建筑物的部分。

service feature (SF)　业务特征 在智能网(IN)中反映业务功能的具体性能。在基本业务上增加不同的业务特征就可构成各种新的业务。

service identifier (SID)　服务标识号[符] 在线缆调制解调器(CM)与线缆调制解调器终端系统(CMTS)之间一特定映像在 MAC(介质访问控制)子层的号码。使用 SID 的目的是为了上行带宽的分配和服务类的管理。

service information (SI)　业务[服务]信息 在数字电视业务系统中，描述数字图像业务的频道、播出时间、长度、时钟和相位误差校正(FEC)信息等。

service interworking　业务互通 是通过协议转换机制使不同技术或不同协议的网络表现为一个统一的实体，使不同网络之间的业务可以互通。如在异步传输模式(ATM)主干传输线上连接帧中继(FR)。通过在入口处实现帧中继到 ATM 协议转换的 ATM 交换机，帧中继的 PVC(永久虚电路)连到 ATM 的 PVC 上。在 ATM 网络的出口点上，这个过程被颠倒。业务互通在帧中继论坛的 FRF.8 技术规范中有定义，并由 ATM 论坛确认。

service layer　服务层 在智能网络(IN)和蜂窝网络中，服务层是网络服务提供商体系结构中的概念层。它旨在更高的应用层上提供服务于第三方增值服务和应用程序的中间件。服务层提供电信网络服务提供商拥有的能力服务器，由第三方内容提供商拥有的应用层服务器通过开放和安全的应用程序编程接口(API)访问。服务层还为较低资源层的核心网络提供接口。较低层也可以称为控制层和传输层(传输层在某些架构中也称为接入层)。服务层的概念用于诸如智能网(IN)、WAP(无线应用协议)、3G(第三代移动通信)和 IP 多媒体子系统(IMS)的环境中。它在 3GPP(第三代合作伙伴项目)开放服务体系结构(OSA)模型中定义,该模型将 Parlay API 的思想重用于第三方服务器。

service-level objective (SLO) 服务等级[级别]目标 是服务提供者和客户之间的服务等级协议(SLA)的关键要素。SLO 被认为是衡量服务提供商绩效的一种手段,并被概述为避免双方因误解而发生争议的一种方式。

service location protocol (SLP, srvloc) 服务定位协议 一种服务发现协议,允许计算机和其他设备在没有事先配置的情况下在局域网中查找服务。SLP 旨在从小型非托管网络扩展到大型企业网络。它已在 RFC 2608 和 RFC 3224 中定义为标准跟踪文档。

service logic (SL) 业务逻辑 在智能网(IN)中,对利用积木式组件(SIB)和基本呼叫处理(BCP)模块的组合来完成每项业务特征的过程加以描述。

service management function (SMF) 业务管理功能 或称其为服务管理点(SMP),是运营商用于监控和管理智能网(IN)服务平台或平台集群。它包含管理数据库,用于存储服务的配置,收集统计信息和报警,以及存储呼叫数据报告和事件数据报告。SMF 能开发和提供智能网业务,并支持正在运行的业务;对于一个给定的业务,它能协调不同的业务控制功能(SCF)和业务数据功能(SDF)的请求。

service management layer (SML) 业务管理层 国际电信联盟-电信标准化部(ITU-T)提出的网络管理层次模型中的第四层。该层对电信业务进行管理,包括电信业务的性能管理、故障管理、配置管理、安全管理和账务管理。

service management point (SMP) 业务管理点 智能网(IN)中管理网络所有功能以及它所提供服务的成分,还包括网络操作者的接口。

service management system (SMS) 服务[业务]管理系统 智能网(IN)功能部件之一。它一般具有 5 种功能,即业务逻辑管理、业务数据管理、用户数据管理、业务监测以及业务量管理。在业务生成环境上创建的新业务逻辑由业务提供者输入到 SMS 中,SMS 再将其装入 SCP(业务控制点),就可在通信网上提供该项新业务。完备的 SMS 系统还可接收远端用户发来的业务控制指令,修改业务数据(如修改虚拟专用网的网内用户个数),从而改变业务逻辑的执行过程。一个智能网一般仅配置一个 SMS。

service network (SN) 业务网 一个提供某一种或某几种业务的网络,用户接到该网络便可以直接获得该网络所提供的业务。业务网一般由终端(指用户与网络之间的网络终端)、传输、业务交换设备等,并采用一定的网络技术组成。业务网的例子有:电话网、陆地移动通信网、分组交换数据网等。

service-oriented optical network (SON) 面向业务的光网络 是能提供网络管理,包括虚拟专用网(VPN)、服务水平协议(SLA)、流量工程(TE)、安全认证、计费接口等业务的光网络。

service port 业务端口 接入网中在业务节点接口(SNI)和业务节点相连接的端口。它的主要功能是将特定的业务节点接口要求与接入网的核心功能和系统管理功能相适配。

service primitives 服务原语 网络中实现服务功能的基本元素。服务是由一组原语按规范的规定组合起来实现的。这些原语是为服务的使用者或使用该服务的其他实体提供的。服务原语也称"原语"。

service provider (SP) 服务提供商 为组织提供咨询、法律、房地产、通信、存储、处理等服务。虽然服务提供商可以是组织的子单元,但它通常是第三方或外包供应商,包括电信服务提供商(TSP)、应用服务提供商(ASP)、存储服务提供商(SSP)和互联网服务提供商(ISP)。在信息领域,SP 泛指为用户提供固话、移动电话、因特网服务,以及广播、电视节目的公司或企业。在层次结构模型中,SP 是从服务用户的角度观察对提供服务的全部实体行为特性进行描述的一种抽象表示。

service set **服务集** 在电气和电子工程师协会(IEEE)802.11 无线局域网标准中,服务集是一组使用相同网络参数运行的无线网络设备。服务集是分层安排的:基本服务集是具有相同介质访问特征(即无线电频率、调制方案等)运行的设备单元,而扩展服务集是相同逻辑网段(即 IP 子网、VLAN 等)上的一个或多个基本服务集的逻辑单元。有两类基本服务集:由基础设施模式再分配点(接入点或网状节点)形成的那些服务,以及由对等自组织(ad hoc)拓扑中的独立站形成的那些服务。基本服务集用符合 MAC-48 位地址惯例的 48 位标签 BSSID(基本服务集标识符)标识。逻辑网络(包括扩展服务集)用作"网络名称"并是典型的自然语言标记的 SSID(服务集标识符)标识。

service set ID (SSID) **服务集标识符** 由信标分组中的站点广播,以宣告网络的存在。SSID 与基本服务集标识符不同,SSID 通常是可自定义的。这些 SSID 可以是 0 到 32 个八位字节(32 个字节)长,并且为方便见见,通常使用自然语言,例如英语。2012 版之前的 802.11 标准没有定义 SSID 的任何特定编码/表示,这些 SSID 被视为 0~32 个八位字节的任意序列来对待和处理,不限于可打印字符。IEEE 802.11-2012 定义了一个标签,SSID 是 UTF-8(通用编码字符集转换格式式 8)编码的,并且解释时可以包含任何非 ISO(国际标准化组织)基本拉丁字符。无线网络堆栈仍必须准备好处理 SSID 字段中的任意值。

service switching function (SSF) **业务交换功能** 或业务交换点(SSP),与电话交换机位于同一位置,并作为呼叫期间要调用的其他服务的触发点。SSP 实现基本呼叫状态机(BCSM),它是一种有限状态机,代表从开始到结束的呼叫的抽象视图(摘机、拨号、应答、无应答、忙碌、挂断等)。当遍历每个状态时,交换机遇到检测点(DP),在该点处 SSP 可以调用对 SCP 的查询来等待关于如何继续的进一步指令。此查询通常称为触发器。触发标准由运营商定义,可能包括用户主叫号码或拨打的号码。SSF 负责控制需要增值服务的呼叫。

service switching point (SSP) **业务交换点** (1) 在电话技术中,SSP 是当电话呼叫者拨打号码时最初响应的电话交换机,它通过向称为业务控制点(SCP)的中央数据库发送查询,以便可以处理呼叫。业务交换点使用七号信令系统(SS7)协议,该协议负责呼叫建立、管理,以及终止与其他业务交换点的连接。(2) 智能网(IN)的一类物理实体,它除了能使用户接入到网内和完成一些交换功能外,还允许接入一组 IN 功能。它应包含:① 具有检测请求智能网业务的能力;② 与含有业务控制功能的其他一些物理实体相互联系的能力;③ 能对由其他物理实体发来的指示做出响应。因此从功能上来说,一个业务交换点包括呼叫控制功能(CCF)和业务交换功能(SSF)的两个功能实体。此外,当把一个本地交换机作为业务交换点时,它还应具有呼叫控制接入功能(CCAF)以鉴别主叫用户能否进入 IN 体系。SSP 除了应含

有上述的 CCF、SSF、CCAF 功能外,还含
有一些可选的功能。如含有一些业务控
制功能(SCF)、特殊资源功能(SRF)、业
务数据功能(SDF)等。

service switch point (SSP)　业务交换点
指智能网(IN)的业务交换点,具有触发
智能业务,并将呼叫相关的信息传送给
SCP(业务控制点)请求指示。

service termination point　服务终结点　在
电信业中,服务终结点是商业运营商在
适用的费率下提供的最后一个服务点。
通常,服务终结点位于客户端并且对应
于分界点。客户负责从服务终止点到用
户终端设施的设备和运行。

serving area interface (SAI)　服务区接口
(1)电话公司外线的一部分,是在电话
线杆上、墙上或埋在地下的接线盒,这些
接线盒的作用是将从中心交换局出来的
馈线电缆或分支电缆与连接到用户驻地
的线路交互连接起来,故也叫做交接箱。
(2)是一个室外机箱或金属盒,支持接
入电信线路。SAI 提供电话本地环路的
单个双绞线的终端,用于向前连接到最
近的电话交换机(美国:"中心局"(CO))
或远程交换机,或者首先连接到诸如用
户环路载波复用器之类的传输设备,然
后连接到交换机主配线架(MDF)。在英
国,从 PCP(主连接点)开始到客户的组
件被称为"D 侧"(分配侧),并且从 PCP
返回到 MDF 称为"E 侧"(交换侧)。在
美国,返回 MDF 的连接称为 F2(二次配
线电缆)和/或 F1(主馈线电缆)对。SAI
用于郊区和低密度城市地区,与人孔在
高密度城市地区的用途相同。除了交叉
连接点,它们有时包含 DSLAM(数字用
户线接入复用器)或更少的远程集中器
或两者兼而有之。

serving gateway (SGW)　服务[业务]网关
SGW 路由和转发用户数据包,同时在演
进的节点 B(eNodeB)之间切换期间充当

用户平面的移动锚点,并作为 LTE(长期
演进)和其他 3GPP(第三代合作伙伴项
目)技术之间移动性的锚点(终止 S4 接
口并在 2G/3G 系统和 PGW(分组网关)
之间中继流量)。对于空闲状态的 UE
(用户设备),当下行链路数据到达 UE
时,SGW 终止下行链路数据路径并触发
寻呼。它管理和存储 UE 的场景,例如,
IP 承载业务的参数、网络内部路由信息。
它还在合法拦截的情况下执行用户流量
的复制。

**serving GPRS supporting node (SGSN)　通
用分组无线业务服务支持节点,GPRS 服
务支持节点**　是为移动台/用户设备
(MS/UE)服务的节点。SGSN 支持
GPRS(通用分组无线业务)和/或 UMTS
(通用移动通信业务)。SGSN 跟踪单个
MS/UE 的位置并执行安全功能和访问
控制。SGSN 通过 Gb 或 Iu 接口连接到
GERAN(全球移动通信系统增强型数据
速率 GSM 演进技术无线接入网)基站系
统和/或通过 Iu 接口连接到 UTRAN(通
用移动通信业务陆地无线接入网)。
SGSN 负责与其地理服务区域内的移动
台之间传送数据包。其任务包括数据包
路由和传输、移动性管理(连接/分离和
位置管理)、逻辑链路管理以及身份验证
和计费功能。SGSN 的位置寄存器存储
位置信息(如当前小区、当前拜访位置登
记器 VLR)和所有 GPRS 用户用它注册
的用户简档(如国际移动用户标志 IMSI、
分组数据网络中使用的地址)。

**session announcement protocol (SAP)　会话
通告协议**　是用于广播多播会话信息的
实验协议。SAP 由 IETF 发布为 RFC
2974。SAP 通常使用会话描述协议
(SDP)作为实时传输协议会话描述的格
式。使用 IP 多播和用户数据报协议发
送通告数据。在 SAP 下,发播方定期将
SDP 描述广播到众所周知的多播地址和
端口。SAP 侦听应用程序可以侦听 SAP

S

多播并构建所有通告的多播会话的指南。

session awareness block (SAB) 会话察觉[内情]块 在某些通信系统软件中,一种含有某些信息的控制块,该信息表示系统服务控制点知道一次 LU-LU(逻辑单元之间)会话。

session border controller (SBC) 会话边界控制器 一种有规律地部署在语音因特网协议(VoIP)网络中的设备,用于控制信令,通常还包括建立、引导和拆除电话呼叫或其他交互式媒体通信所涉及的媒体流。术语"会话"指的是双方之间的通信:在电话的情况下,这将是一个通话。每个通话包括一个或多个控制呼叫的呼叫信令消息交换,以及一个或多个通话媒体流,其携带通话的音频、视频或其他数据以及通话统计和质量的信息。这些信息流组成一个会话。会话边界控制器的工作是对会话的数据流施加影响。

session description protocol (SDP) 会话描述协议 因特网工程任务组(IETF)制定的多媒体通信系统框架协议之一。主要用来描述会话信息的协议,包括会话的地址、时间、媒体和建立等信息。SDP 描述的内容应包括:会话名和目的;会话激活的时间段;构成会话的媒体;接收这些媒体所需的信息(地址、端口、格式);会话所用的带宽信息(任选);会话负责人的联系信息(任选)。SDP 本身不提供任何媒体,但在端点之间用于媒体类型、格式和所有相关属性的协商。通常称这组属性和参数为会话配置文件。

session initialization protocol (SIP) 会话初始化协议 因特网工程任务组(IETF)建议的一部分,用于替代 H.323 的部分内容,正如 H.323 是一组协议的集合,SIP 是在一起工作来完成会话的几个协议中的一个。SIP 是一个应用层的、用于生成、修改和终止一人或多人参加的会话的控制/信令协议。这些会话可能包括因特网多媒体会议、远程学习、因特网电话通话和多媒体分配等。SIP 可以用于开始会话、邀请成员参加由其他方式做广告的会话,或者利用多点控制器开始多方会话。SIP 透明地支持名字映像和转向服务,允许实现 ISDN(综合业务数字网)和智能网络电话用户服务,如个人移动性。SIP 支持建立和终止多媒体通信的五个方面:用户定位、能力与可用性、会话建立和会话处理。会话呼叫者和会话接收者都由 SIP 地址来识别。呼叫首先确定适当的服务器,然后发出 SIP 请求,此请求到达其目的地,通过返回 SIP 应答代码 200 表示接受此会话。然后,起始的呼叫者向接收者回送一个确认。SIP 可以通过多波(单波关系网)或多波与单波的结合,进行通信。

session management (SN) 会话管理(协议) (1)在人机交互系统中,会话管理是保持用户的整个会话活动的互动与计算机系统的跟踪过程。会话管理分类:桌面会话管理、浏览器会话管理、Web 服务器的会话管理等。(2)在开放系统互连(OSI)结构中,会话管理是完成会话层各种服务功能的机制。主要是使会话双方有序地发送数据和接收数据。

set mode frame 设置模式帧 高级数据链路控制(HDCL)规程中用来设置各种运行模式的四个专用帧。包括:正常响应模式(NRM)、异步响应模式(ARM)、异步平衡模式(ABM)和初始化命令(SIM)。

set-top box (STB) 机顶盒 一种依托电视机作为终端提供综合信息业务的家电设备。使用用户能在现有电视机上观看数字电视节目,并可通过网络进行交互式数字化娱乐、教育和商业化活动。

shading signals (SS) 黑斑信号 在电视系统中,重显图像时显像管所产生的引起黑斑效应的寄生信号。在早期电视系统中,高速显像管会产生黑斑信号,通过在显像管输出信号中增加与行频和场频频率相同的特制波形(倾斜和弯曲波形)来抵消黑斑信号。

shadow mask　萌罩　是用于制造阴极射线管(CRT)电视机和计算机显示器的两种技术之一,它产生清晰的聚焦彩色图像。另一种方法是孔径格栅,其商品名特丽珑(Trinitron)更为人所知。所有早期的彩色电视机和大多数 CRT 电脑显示器都使用萌罩技术。这两种技术在很大程度上已经过时,自 20 世纪 90 年代以来,液晶显示器(LCD)就逐渐替代了 CRT。

Shannon　香农　信息论中信息量的对数度量单位,其值等于一组互斥事件的判定量,且表示成以 2 为底的对数形式。例如 8 个字符组成的字符组的判定量等于 3 香农。

Shannon-Fano coding for compression technique　压缩技术的香农-范诺编码　一种简单的压缩编码方式,源信息代码 a1 和概率 P(a1)以概率的非递增顺序排列,然后这个队列划分为概率尽量接近的两部分,第一部分的每个信息代码就将 0 作为基码字的第一位,第二部分的每个信息代码就将 1 作为基码字的第一位,每一部分又按同样的方法划分并增加相应的码字位,这个过程一直持续到每个子集只含一个信息代码为止。

Shannon-Hartley theorem　香农-哈特利定理　在信息理论中,香农哈特利定理表明了在存在噪声的情况下,通过特定带宽的通信信道传输信息的最大速率。这是噪声信道编码定理在高斯噪声下连续时间模拟通信信道原型情况下的应用。该定理建立了这种通信链路的香农信道容量,即在有噪声干扰的情况下,假设信号功率是有界的,并且高斯噪声过程的特征是已知的功率或功率谱密度,每个时间单位可以用指定带宽传输的最大无差错信息量的界限。并且高斯噪声过程的特征在于已知的功率或功率谱密度。该定理以克劳德·香农(Claude Shannon)和拉尔夫·哈特利(Ralph Hartley)命名。

Shannon law　香农定律　1948 年,香农把奈奎斯特定理扩展到有随机噪声的信道,在有噪声存在时,通过一个有限带宽信道传送无差错比特的理论上的最大速率,由关系式 $C = W \log_2(1 + S/N)$ 给出。式中 C 是以比特每秒计的信道容量,W 是以 Hz 计的带宽,S/N 为信噪比。

shape primitive　形状原语　在计算机视觉技术中,对物体的三维形状描述时使用的基本几何形体。如在形状描述方法中,形状原语可采用正方形、矩形、平行四边形、三角形、圆形等。在体积描述方法中,形状原语可采用圆柱体、锥体、立方体、平行六面体等。

shaped-offset QPSK (SOQPSK)　赋形偏置四相相移键控　免许可赋形偏置 QPSK(SOQPSK)可与 Feher(费赫尔)专利 QPSK(FQPSK)互操作,在这个意义上,无论使用哪种类型的发送器,积分和转储(integrate-and-dump)偏置 QPSK 检测器都能产生相同的输出。

shared broadcast channel　共享广播信道　通过广播信道或公用信道可以将许多地理上相隔很远的分散用户连接起来,任何用户都可以向信道发送数据,信道上所传送的数据可以广播(被全体用户接收),也可以组播(只被指定的若干用户接收)。信道所用的传输媒体,可以是双绞线、同轴电缆、光纤,也可以是无线电广播、卫星等。这种通过一个公用信道将所有用户连接起来的技术,通常称为多点接入或多点访问,也称"多址技术"。

共享广播信道可以采用基于信道和基于排队的两种不同方法。当采用基于信道的复用方式时，如果用频分复用（FDM）则称为频分多址（FDMA）；若用时分复用（TDM）时则称为时分多址（TDMA）。无论采用哪种技术，都可以有固定分配和按需分配两种方式。

shared control gateway　共享控制网关　一种网关，由一个网关 NCP（网络控制程序）构成，受多个网关系统服务控制点（SSCP）的控制。

shared Ethernet　共享以太网　即传统的以太网，网上所有站点共享网络总带宽的以太网。无论是经由同轴电缆（10 Base-5、10 Base-2）连接还是集线器（10 Base-T）连接，信息传输都是按照先进先服务的原则和载波监听多路访问方式进行。

shared wireless access protocol (SWAP)　共享无线访问协议　HomeRF 工作组于 1998 年制定了主要针对家庭无线局域网的 SWAP。该协议支持家庭范围内语音、数据的无线通信。用户使用符合 SWAP 规范的电子产品可实现如下功能：① 在 PC 机的外设、无绳电话等设备之间建立一个无线网络，以共享语音和数据；② 在家庭区域范围内的任何地方，可以利用便携式微型显示设备浏览因特网；③ 在 PC 机和其他设备之间共享同一个 ISP（因特网服务提供商）连接；④ 家庭中的多台 PC 机可共享文件、调制解调器和打印机；⑤ 前端智能导入电话机可呼叫多个无绳电话机、传真机和语音信箱；⑥ 从无绳电话听筒可以再现导入的语音、传真和 E-mail 信息；⑦ 通过对无绳电话发出命令，启动其他的家用电子系统；⑧ 用音频流下载 MP3 及其他音频文件。SWAP 问世以后，除了扩展高性能、多波段无绳电话技术以外，还极大地促进了低成本无线数据网络技术

的发展。

sharpen　锐化　更改图像边缘像素反差的行为。可以提高图像中某一区域或边缘的清晰度或者焦距程度，使图像特定区域的色彩更加鲜明。

shielded cable　屏蔽电缆　带有金属衬的聚酯薄膜和塑料绝缘防护层对电磁和射频干扰起保护的电缆。

shielded twisted pair (STP)　屏蔽双绞线　一种包含一对或多对双绞线的电缆，每对双绞线加有金属屏蔽，能防止射频噪声干扰。未加屏蔽的双绞线称为非屏蔽双绞线（UTP）。

shift keying　移位键控　信号从一种状态到另一种状态的变换，有频移键控（FSK）、相移键控（PSK）、幅移键控（ASK）等方法。

shortest path　最短路径　在不同的网络中有不同的含义。最常用的是段数或中间经过的节点数（等于段数减 1）。还可以经过测试，给每段链路做出标记。这种标记是使用标准测试报文分组经过长时间运行统计出来的平均队列长度和延迟时间的一种度量。显然这样的最短路径是时间最短。在许多情况下，这种标记可以反映距离、带宽、平均流量、通信成本、平均队列长度或延迟时间等因素的其中一种或兼有几种因素，从而得出网络中任何两个节点之间的多条路径中哪条最短。

shortest path first routing　最短路径优先路由选择　把最短路径作为优先选择的路由选择方法。最短路径可能是跳跃最少、成本最低或速度最快，因判据不同而不同。这种路由选择方法的依据是链路状态，因而也称为"链路状态路由选择"。每个网关都定期检查相邻网关状态，并把自己的路由信息通知给各相邻网关。因而每个网关都有全部网络的拓扑信息。为检查相邻网关，定期发送短报文，

询问它们是否存活和可达。如果得到回答说明可达，则链路正常；否则已经变成不可达。为通知路由信息，网关定期广播含有各条链路状态的报文。这种方法的优点在于每个网关计算路由都使用同样的原始状态数据，又在局部范围内进行，保证计算可以收敛。由于不断传播链路状态易找链路问题。这种路由选择方法比矢量距离路由选择方法好得多。

shortest path tree (SPT)　最短路径树　也称为"基于信源的树"或"有源树"。它是一种多播分布树，以多播源为根构造的从根到所有接收者路径都最短的分布树。如果组中有多个多播源，则必须为每个多播源构造一棵多播树。由于不同多播源发出的数据包被分散到各自分离的多播树上，因此采用 SPT 有利于网络中数据流量的均衡。同时，因为从多播源到每个接收者的路径最短，所以端到端的时延性能较好，有利于流量大、时延性能要求较高的实时媒体应用。SPT 的缺点是：要为每个多播源构造各自的分布树，当数据流量不大时，构造 SPT 的开销相对较大。比较 core-based trees (CBT)。

short haul　短程　(1) 用于形容与通信线路连接并且在最多 1 英里的短距离上传输的调制解调器或其他通信设备。(2) 在电话通信系统中，指仅有一个交换中心并只能在小于 20 km 的距离内运行，不使用长途中继线路的通信系统。

short haul modem　短程调制解调器　一种简单、廉价的信息发送设备，用于连接电路终端和传输线路，数据速率从 32 kbps 至 2.048 Mbps，传输距离也可达 1.75 km(1.1 英里)。

short interframe space (SIFS)　短帧间间隔　是无线接口处理接收帧并回应响应帧所需的时间量(以微秒为单位)。它是空中响应帧的第一个符号与空中接收帧的最后一个符号之间的时间差。SIFS 时间包括接收器 RF(射频)的延迟、PLCP(物理层收敛过程)延迟和 MAC(介质访问控制)处理延迟，这取决于所使用的物理层。在 IEEE 802.11 网络中，SIFS 是在发送确认之前的帧间隔，清除发送(CTS)帧、对块确认请求帧或 A-MPDU(聚合 MPDU)的立即响应的块确认帧、片段突发的第二帧或者后续的 MPDU(媒体访问控制协议数据单元)、对逐点协调功能的任何轮询做出响应的站以及在点协调功能的无争用期间。

short message center (SMC)　短消息中心　移动通信系统中提供短消息业务的服务器。包括实现短消息的接收、存储、转发和短消息状态报告等功能，短消息中心还应包括操作维护模块以及网络间传送消息、发送路由选择的网关模块。

short message peer-to-peer protocol (SMPP)　短消息对等层协议　一个开放的行业标准，在消息中心(如短信中心、GSM USSD(非结构化的补充业务数据)服务器或其他类型消息中心)与短消息业务(SMS)应用系统(如 WAP 代理服务器、E-mail 网关或其他消息网关)之间提供传送短消息数据的一种灵活的数据通信接口。SMS 应用系统能与短消息服务中心(SMSC)在 TCP/IP(传输控制协议/网际协议)或 X.25 网络连接上使用 SMPP 协议发起一个应用层连接，实现两者之间短消息的发送和接收。

short-range device (SRD)　短距离[短程,近程]设备　ECC(电子通信委员会)建议标准 70-03 描述的 SRD 是一种用于电信传输信息的射频发射机设备，它对其他无线电设备造成有害干扰的能力低。短程设备是低功率发射机，通常限制在 25～100 mW(毫瓦)有效辐射功率(ERP)或更低，具体取决于频带，将其有

22

用范围限制在几百米,并且不需要用户许可证。短距离无线设备的应用包括功率计和其他遥测仪器、RFID 应用、无线电控制模型、消防、安全和社会警报、车载雷达、无线麦克风和耳机、交通标志和信号(包括控制信号),遥控车库门开启装置和车钥匙、条形码阅读器、运动检测等等。

short wave (SW)　短波　波长介于 100 m 与 10 m 之间(频率介于 3～30 MHz 之间)的无线电波。短波的基本传播途径有两个:一个是地波,一个是天波。短波的波长短,沿地球表面传播的地波绕射能力差,传播的有效距离短。短波以天波形式传播时,在电离层中所受到的吸收作用小,有利于电离层的反射。经过一次反射可以得到 100～4 000 km 的跳跃距离。经过电离层和大地的几次连续反射,传播的距离更远。

shortwave radio　短波无线电　是使用短波无线电频率的无线电传输,通常是 1.6～30 MHz(波长 187.4～10 m),恰好在中波调幅(AM)广播频带之上。该波段中的无线电波可以从电离层的带电原子层反射或折射。因此,以一定角度射向天空的短波可以超越地平线远距离地反射回地球。这称为天波或跳越传播。与直线行进的较高频率无线电波(视线传播,大约 40 英里)相比,短波无线电可以用于非常长距离的通信。短波无线电用于非常大的区域向短波听众广播语音和音乐,有时覆盖整个大陆或更远处。它还用于军事超视距雷达、外交通信以及业余无线电爱好者、教育和应急目的进行的双向国际通信。

shortwave relay stations　短波中继站　是国际广播公司使用的发射机站点,用于将其覆盖范围扩展到无法从其本国轻松到达的区域。例如,BBC(英国广播公司)运营着广泛的中继站网络。

SI base unit　国际单位制基本单位　国际单位制(SI)定义了七个计量单位作为基本集,从中可以推导出所有其他 SI 单位。SI 基本单位及其物理量是用于测量长度的米(metre)、用于质量的千克(kilogram)、用于时间的秒(second),用于电流的安培(ampere)、用于温度的开尔文(kelvin)、用于发光强度的烛光(candela)以及用于物质的量的摩尔(mole)单位。SI 基本单位形成一组相互独立的维度,这是科学和技术中常用的维度分析所要求的。SI 基本单位的名称和符号以小写字母书写,但以人名字命名的符号除外,这些符号以首字母大写字母书写。例如,metre(美国英语:meter)的符号为 m,但开尔文的符号为 K,因为它以 Lord Kelvin 命名,安培的符号 A 以 André-Marie Ampère 命名。其他几个单位,例如 litre 升(美国英语:liter),不正式属于 SI,但被接受与 SI 一起使用。

sideband (SB)　边带　在无线电通信中,边带是高于或低于载波频率的频带,包含由于调制过程而产生的功率。边带包含由除载波之外的所有调制信号的傅里叶分量。所有形式的调制都会产生边带。

sideband filter (SBF)　边带滤波器　图像发射机中用来使传输边带之一衰减的滤波器。

sideband signals　边带信号　在 PCI(外围部件互连)总线中的一种信号,不是 PCI 总线标准中的组成部分,被用来互连两个或多个 PCI 中介者,这个信号仅对它所互连的中介者有意义。

side lobe　旁瓣　在天线工程中,旁瓣是天线或其他辐射源的远场辐射模式的波瓣(局部最大值),而它们不是主波瓣。大多数天线的辐射方向图显示了不同角度的"波瓣"模式,辐射信号强度达到最大值的方向由辐射信号强度下降到零的角度"零点"分开。在目标是向一个方向发射无线电波的定向天线中，该方向上的波瓣被设计成具有比其他方向更大的场强，这就是"主波瓣"。其他波瓣称为"旁瓣"，通常表示不希望的方向上的不需要的辐射。与主瓣相反方向（180°）的旁瓣称为后瓣。与无线电波长相比，天线越大，其辐射方向图的波瓣就越多。对于强方向性天线，其方向图可能包含有多个波瓣，旁瓣越大，天线能探测的噪声和干扰信号越多。

sigma-delta modulation（SDM） 求和增量调制，∑-△调制 （1）一种将模拟信号编码为数字信号的方法，如在模数转换器（ADC）中的情况。它还作为数模转换器（DAC）将数字信号转换为模拟信号的过程一部分，它还用于将高比特数、低频数字信号转换为较低比特数、较高频率的数字信号。（2）是20世纪60年代为提高增量调制的性能而开发的声音模数转换技术。这种转换技术是对当前的输入信号和过去信号差之和（∑）的差值（△）进行量化，这种结构称为△-∑调制。为了获得高分辨率，SDM需要使用高采样率。例如，在超级音乐光碟（SACD）中，声音信号的采样率是44.1 kHz的64倍，高达 2.822 4 MHz。也称 pulse density modulation，PDM。

signal（SIG） 信号 （1）用于传递数据而依附于某一物理现象的一种时间相关值。例如，在无线或有线广播、电话、电视或其他电子设备中，代表声音、图像或消息的电信号。（2）在导线或电缆上以电学或光学方式传输，进行信息通信的可检测脉冲（电压、电流、磁场或光）。例如从扬声器发出的声音或在屏幕上显示的信息。

signal amplifier 信号放大器 对来自天线的信号进行放大的器件。它对于天线距离录像机和电视超过 100 英尺时特别

有用。有一种附加在天线罩上的放大器，通过同轴电缆连接录像机的交流电源适配器供电，通过同轴电缆的中心导线获取直流电。使用此类放大器时，需要注意的是在放大器和电源间不能有平衡转换器。因为大多数平衡转换器会隔离直流电，使放大器失效。为了改善接收效果，换用更好模式的天线总是比增加放大器提高接收性能更合适（通常也更便宜）。

signal bandwidth 信号带宽 所规定信号占用的频谱空间。信号带宽是指信号频谱的宽度，也就是信号的最高频率分量与最低频率分量之差。

signal cable 信号电缆 一种电子导线或线束，如双绞线、同轴电缆、扁平电缆和带状电缆，用于传送电信号。信号电缆与动力电缆的主要区别是前者比后者能承受的电功率小、电压低，但是信号频率响应范围宽、信号频率高。

signal conversion equipment（SCE） 信号变换设备 数据通信中数据终端设备的一部分。这部分将经接口进行交换的数据以调制等方式转换成适合于在有关通信介质中传送的信号，或者通过解调、平滑、再生等方式将接收到的线路信号转换成适宜在数据终端设备中表示的数据形式。

signal distance 信号间距 也称为汉明距离，在长度相同的两个二进制数中，对应位上数字不同的位置的数目，例如，10101 和 11001 的信号间距为 2。

signal distortion（SD） 信号失真[畸变] 当信号通过一个装置或系统后，其输出波形与输入波形不相同，也就是信号在传输过程中产生了失真。对于信号输入-输出特征中的失真和不定的变化，包括振幅失真、频率失真、相位失真等。

signal frequency shift 信号频率偏移 主要指两种情况：（1）在频移键控信号传

输中,指信号频率与空号频率之间的差值。(2) 在采用频率调制制式的传真传输系统中,黑白信号的频率之间数值的差别。

signal generator (SG)　信号发生器　一种能提供各种频率、波形和输出电平电信号,常用作测试的信号源或激励源的设备。信号发生器是产生所需参数的电测试信号的仪器。按信号波形可分为正弦信号、函数(波形)信号、脉冲信号和随机信号发生器等四大类。信号发生器又称"信号源"或"振荡器"。在广播电视行业,用于产生广播、有线电视、电视制作的所有标准视频信号。这些信号包括彩色条、交叉影线、平场和灰阶信号等。

signal ground　信号地线　在整个计算机通信网络中,作为信号传输工作电压参考地的导体。信号地线通常与机柜或机架的屏蔽地线分开,这样可以避免高频信号在机柜或机架上引起辐射、耦合或感应而产生干扰。

signal in band　带内信号　在通信中,与数据信号位于相同频率范围内的控制信号。以太网电缆中的信号属于这种信号,控制信号和数据信号都在同一条同轴电缆中传输,并且都使用基带信号。英文名称又常常写成"in band signal"。与此相应,位于数据信号频率范围之外的控制信号称为带外信号。比较 signal out of band。

signaling　信令　在电信网的两个实体之间,传输专门为建立和控制接续的信息。信令按其用途分为用户信令和局间信令两类。用户信令作用于用户终端设备(如电话机)和电话局的交换机之间,后者作用于两个用中继线连接的交换机之间。局间信令主要有随路信令和共路信令,随路信令就是说信令网就附在计算机网络或是电话网络上,不需要重新建一个网络,而共路信令则是需要重新建

设一个信令网(主要是在局端之间)。

signaling information　信令信息　是指通信系统中的控制指令,又称信令。它指导通信终端、交换系统及传输系统协同运行,在指定的终端之间建立临时的通信信道,并维护通信网络本身正常运行。

signaling interworking　信令互通　不同的信令系统的网络之间信令的识别和转换。例如七号信令与 IP(因特网协议)信令的互通,IMS(IP 多媒体子系统)网与固网的 IP 互通的信令互通,SIP(会话初启协议)和 PSTN(公共交换电话网)信令互通等。

signaling link (SL)　信令链路　是信令网中的连接各信令点和信令转接点的最基本的部件,用于完成信令消息的传送。信令链路通过链路编码(0～15)统一标识,并需要定义某些通用特性,如传输速率、纠错规程。

signaling network　信令网　在电信网的交换节点间,采用共路信令,由信令终端设备和共路信令链路组成的网络。信令网一般由信令点(SP)、信令传输点(STP)和信令链路(SL)组成。信令网可分为不含 STP 的无级网和含有 STP 的分级网。无级信令网不含 STP,信令点间都采用直连方式工作,又称"直连信令网"。分级信令网含有 STP,信令点间可采用准直连方式工作,又称"非直连信令网"。

signaling point (SP)　信令点　信令网中的交换或控制节点,它既可以发生和接收信号消息,也可从一个信令链路到另一信令链路转接信号消息,或者两方面都进行。SP 包括 SEP(信令终结点)、STP(信令转接点)和 SCCP(信令连接控制点)等。

signaling point code (SPC)　信令点代码[编码]　任何一个网络必须对其各节点赋予唯一可识别的地址,也就是节点

号码,七号信令网中的节点号码称为信令点代码。它采用独立的代码方案,不从属于任何一种业务的代码方案。我国信号点代码由 24 位组成。国际网中的信号点代码由国际电信联盟-电信标准化部(ITU-T)统一规定,由 14 位组成。参见 point code (PC)。

signaling point of interface (SPOI) **接口信令点** 本地交换运营商(LEC)网络和无线业务提供商(WSP)网络之间的七号信令链路的分界点。SPOI 建立了技术接口,并明确划分了双方测试和运营的责任。

signaling protocol **信令协议** 一种用于识别信令封装的协议。使用信令来识别电话或网络电话(VOIP)终端(IP 电话或个人计算机(PC)或无线局域网上的语音(VoWLAN)设备)之间的连接状态。以下是一些信令协议:ALOHA(ALOHA 网络);EDSS1(欧洲 1 号数字用户信令系统);DTMF(双音多频信令);H.248(协议);H.323(协议标准);H.225.0(协议);Jingle(可扩展消息传递和展示协议(XMPP)的扩展);MGCP(媒体网关控制协议);Megaco(媒体网关控制协议);R1(R1 多频信令);NBAP(节点 B 应用部分);R2 signalling(R2 信令);SIP(会话发起协议);signaling system No. 5(5 号信令系统);signaling system No. 6(6 号信令系统);signaling system No. 7(7 号信令系统);SCCP(瘦客户端控制协议);Q.931(Q.931 协议);QSIG(Q 信令)。

signaling route management function **信令路由管理功能** 七号信令系统(SS7)消息传递部分(MTP)信令网功能中信令网管理(SNM)的一部分。信令路由管理(SRM)功能用来传递有关信令网状态的信息,以闭塞或解除闭塞信令路由。SRM 程序与信令业务管理程序配合使用,由传递禁止、传递允许、受限传递、信令路由组测试及信令路由组拥塞测试程序组成。

signaling system (SS) **信令系统** 在通信网中交换节点(交换局、业务控制点(SCP)、服务交换点(SSP)和路由控制点等)为用户建立接续和进行网络管理采用的一种信息交换系统。任何一种信令系统都包含全部信令的产生、传送、接收规范和信令程序,以及所需的硬件和软件的集合。

signaling system number 1 (SS1) **1 号信令系统** 国际电话网最初使用的信令系统,它在 1938 年被标准化,靠人工交换机的话务员用振铃发送呼叫音。

signaling system number 2 (SS2) **2 号信令系统** 针对拨号/脉冲选择信息的双音频信令系统,从未在国际上使用过。

signaling system number 3 (SS3) **3 号信令系统** 1954 年定为标准的以音频频带内单频音(2 280 Hz)发送信令的系统,适合半自动及全自动终端的单向电路,是 20 世纪 70 年代后期主要采用的信令系统。

signaling system number 4 (SS4) **4 号信令系统** 用双音频(2 040 Hz 和 2 280 Hz)发送信令的系统,现已不用。

signaling system number 5 (SS5) **5 号信令系统** SS5 和更早的系统使用带内信令,其中通过在电话线(称为承载信道)上播放特殊的多频音,发送呼叫建立信息。由于承载信道可由用户直接访问,因此它被诸如蓝盒子之类的设备利用,这种设备播放呼叫控制和路由所需的音调。作为补救措施,SS6 和 SS7 实现了带外信令,在单独的信令信道中承载信令,从而使话路分离。

signaling system No./number 6 (SS6) **6 号信令系统** 即 CCITT No. 6 信令系统。是在 20 世纪 70 年代推出的,作为国际交换中心(ISC)之间电话中继线的早期公共信道信令方法。主要用于模拟电话

S

网,信令信道速率为 2.4 kbps。它的应用有限,因为那时 C4 和 C5 信令系统仍在蓬勃发展,但需要体验在快速数字基础上公共信道的运行。

signaling system No./number 7 (SS7) 7号[七号]信令系统,№7信令系统 是一套1975 开发的电话信令协议,它是用在世界上大多数的公共交换电话网(PSTN)电话呼叫的建立和拆除。它还可进行号码转换,本地号码可移植性,预付费计费,短消息服务(SMS),和其他大众市场服务。在北美洲,通常被称为 CCSS7(公共信道信令系统 7)。在英国,被称为 C7(CCITT №7),№7 和 CCIS7(公共通道局间信号 7)。在德国,它通常被称为 N7(Signalisierungs system number 7)。1988 年国际电信联盟-电信标准化部(ITU-T)定义 Q.700-series 建议是唯一的国际 SS7 协议。许多国家的 SS7 协议的变化,大多数是基于国际协议的变种,就像 ANSI 和 ETSI 标准化。在 1990 年8 月我国邮电部也颁布了"中国电话网No.7 信号方式技术规范(GF001 9001)"。互联网工程任务组(IETF)已定义 2、3 和4 级协议,与 SS7 所使用的流控制传输协议(SCTP)兼容的传输机制。这套协议称为 SIGTRAN(信令传输)。SS7 作为国际性的标准化公共信道信号系统,主要特点是将信令信息与用户数据分开,使用一个专门的信道为系统中所有其他信道传送信令信息。七号信令系统的总目标是提供一个国际标准化的共路信令系统,它使具有程控交换机的数字通信网运行在最佳状态,并能提供一种按序的、无丢失、不重复和可靠的信息传输手段。

signaling terminal equipment (STE) 信令终端设备 国际电报电话咨询委员会(CCITT)定义 X.75 网间连接器交换的术语。

signaling tone (ST) 信令音 一个由移动台在话音信道上发送的单频信号,在TACS(全接入通信系统)体制中是8 kHz,在 AMPS(高级移动电话服务)体制中是 10 kHz。主要用作:① 确认命令;② 闪烁信号请求;③ 信号释放请求等功能。在英国模拟蜂窝体制 TACS 中信令音的频率是 8 kHz,在北美模拟蜂窝体制 AMPS 中是 10 kHz。

signaling traffic management (STM) 信令业务管理 是七号信令网功能中的一部分。它用于在信令网发生故障时,将信令业务流从一条链路/路由转移到另一条或多条不同的链路/路由,可在信令点发生拥塞的情况下,临时减少信息流量。

signal level meter (SLM) 信号电平表(1)一种频率选择性射频电压表,用于测量单个射频(RF)载波的电平。(2)可调功率计,通常用于测量 FDM(频分复用)网络中的信号电平。

signal line filter 信号线滤波器 用于信号线上的滤波器。按照作用,信号线滤波器可分为两类,一类是用作抑制信号线上的传导发射的滤波器,这类滤波器通常为带通滤波器,只允许要传送的黑信号通过,滤除一切红信号频率成分。另一类是用来滤除脉冲信号中不必要的高频成分的滤波器,这类滤波器为低通滤波器,通常由三端电容、穿心电容和铁氧体磁珠构成。

signal/noise (S/N) 信噪比 信号功率与噪功率之比,用分贝(dB)表示。S/N 在电视中是一个极其主要的性能指标。

Signal Processing 《信号处理》 荷兰1979年创刊,全年 12 期,Elsevier Science 出版社出版,SCI(科学引文索引)、EI(工程索引)收录期刊。涉及模拟与数字信号处理的理论与技术及其在工程技术、生物医学、地球物理、天体物理等领域的应用。刊载原始论文、评论、辅导性文章、新进展报道等。

signal ratio 信号比 (1) 在光符识别技术中特指被检测物体阻隔光线与光线未被阻隔时感光器所接收的光量之比。(2) 在光电传感技术中特指传感器不受光照与受光照时的电元件的电阻之比。

signal regeneration 信号再生 恢复一个信号的一种技术,使信号与它原始的特性相一致。

signal shaping and filtering 信号整形和滤波 在调制解调器中用来将信号限制在特定的频带内,最大限度地减小噪声影响,控制各信号码元间的干扰。

signal strength in telecommunications 通信信号强度 在通信中,特别是在射频中,信号强度(也称为场强)是指在距发射天线一定距离处由基准天线接收的发射机功率输出。诸如广播中使用的大功率传输,以分贝毫伏/米(dBmV/m)表示。对于非常低功率的系统,例如移动电话,信号强度通常以分贝微伏/米(dBµV/ m)或高于参考电平1毫瓦(dBm)的分贝表示。在广播术语中,1 mV/m 为 1 000µV/m 或 60 dBµ(通常写成 dBu)。

signal-to-crosstalk ratio（SCR） 信号串音[串话,串扰]比 电路中指定点处的SCR是所需信号的功率与来自另一个信道的不需要信号的功率之比。在每个信道中调整这些信号,使得它们在各自信道中的零传输电平点处具有相等的功率。SCR通常用dB(分贝)表示。

signal-to-interference-plus-noise ratio （SINR）信号干扰噪声比,信号与干扰加噪声比 在信息理论和通信工程中,信号与干扰加噪声比(SINR)也称为信号与噪声加干扰比(SNIR),是用于给出诸如网络的无线通信系统中信道容量(或信息传输速率)的理论上限的量。类似于有线通信系统中经常使用的 SNR(信噪比),SINR 被定义为特定感兴趣信号的功率除以干扰功率(来自所有其他干扰信号)和一些背景噪声的功率之和。如果噪声项的功率为零,则 SINR 降低到信号干扰比(SIR)。相反,零干扰会将 SINR 降低到 SNR,这在开发无线网络(如蜂窝网络)的数学模型时很少使用。

signal-to-interference ratio（SIR, S/I） 信号干扰比 也称为载波干扰比(CIR 或 C/I),是平均接收的调制载波功率 S 或 C 与平均接收的同道干扰功率 I(即串扰,来自其他发射机而不是有用的信号)之间的商。CIR 类似于载波噪声比(CNR 或 C/N),它是解调之前的调制信号的信噪比(SNR 或 S/N)。区别在于可以通过无线电资源管理来控制有助于 I 的干扰无线电发射机,而 N 涉及来自其他源的噪声功率,通常是加性高斯白噪声(AWGN)。

signal tone（ST） 信号音 或信令音,是一种稳定的周期性声音(不一定是纯音),用于指示情况,例如在电话线上即作为声音警告。在电话系统中,这些音调是对用户的带内指示符,而不是带内和带外切换信令(电信)音调。典型的主要信号音是拨号音、铃声、忙音、催挂音和号码不可用音(空号音)等。

signal-to-noise and distortion ratio（SINAD）信号对噪声和失真比 是衡量通信设备的信号质量,通常定义为 SINAD = $(P_{signal} + P_{noise} + P_{distortion})/(P_{noise} + P_{distortion})$。其中 P 是信号、噪声和失真分量的平均功率。SINAD 通常是以 dB 表示,并与接收器射频灵敏度的定量评价。注意,这个定义与信噪比不同,SINAD 读数不会小于1(即当以 dB 为单位时,它总是为正)。在计算失真时,通常将直流分量排除。由于广泛使用,SINAD 收集了几个不同的定义。SINAD 通常定义为:(1) 总接收功率的比,即信号与(b)噪声加失真功率之比。这是根据上面的等式来建模的。(2) 测试信号的功率比,即正弦波信号与(b)残余接收功率(即噪声加失真功率)之比。根据这个定义,它可能使 SINAD 电平小于 1。这个定义是用于 DAC(数模转换)和 ADC(模数转换)的有效位数(ENOB)计算。

signal-to-noise ratio (S/N, SNR) 信噪比 是科学和工程中用来比较期望信号电平与背景噪声电平的一种量度。在视频工作中,视频信号幅度与参考带宽中测量的噪声功率之间的比率。在一个信道上,信号电平与噪声电平之比。它用分贝(dB)表示。信噪比越高,则信号相对噪声所包含的能量越大,信号也就越容易检测。

signal-to-quantization-noise ratio (SQNR, SNqR) 信号量化噪声比 是分析如 PCM(脉冲编码调制)和多媒体解编码器等数字化方案中广泛使用的质量度量方法。SQNR 反映了最大标称信号强度与模数转换中引入的量化误差(也称为量化噪声)之间的关系。

signal transformation 信号变换[转换] 对某一信号的一个或多个特性进行改变的操作,诸如改变信号的最大值、形状、定时关系等。同 signal shaping。

signal unit (SU) 信号单元 是公共信道信令方式采用数字编码形式传送各种信号消息的最小单位。信号单元分为固定长信号单元和可变长信号单元两类。在七号信令系统(SS7)中,考虑电话、数据和传真等多种业务的信号传递,使用可变长的信号单元。形成一单独可传送实体的一组比特,用来在信令链路上传送信令信息。

silence compression 静音(抑制)压缩 一种语音压缩方法。提供了一种从声音文件中挤出冗余的方法。静音压缩方案对于高效的语音通信系统至关重要。它可以在静默期间显著降低传输带宽。静音压缩方案包括语音活动检测(VAD)、静音插入描述符(SID)和舒适噪声发生器(CNG)模块。这种方法利用语音通信中有大量静音(即没有话音)阶段的特点(按照 AT&T 公司的统计,语音通信中有 62% 是静音时间),只传输通话时的压缩语音数据,而将静音阶段的时长以一个特殊的数据传输,大大减少了传输的数据量。在接收端,只需要对压缩语音进行解压,而根据静音时长播放一段背景噪声即可。

silence suppression 静音抑制 语音压缩传输中使用的术语,将语音对话中的静音时段用于传送数据、视频、图像等。根据美国电话电报公司(AT&T)的统计,语音对话中平均 62% 的时间是静音的,38% 是非静音的,即实际会话时间。

silly window syndrome 傻瓜窗口症状 在 TCP(传输控制协议)执行中,因为窗口机制使用不善而使网络带宽得不到充分利用的情况。所谓的傻瓜窗口症状:在通信时,接收一方总是通告一个小尺寸窗口,而发送一方就只好发送小段报文分组来填充这个窗口。

SIM application toolkit (SAT/STK) 用户识别模块[SIM]应用工具包 是 GSM(全球移动通信系统)系统的一个标准,它使用户识别模块(SIM)能够发起可用于各种增值服务的操作。SIM 应用工具包由一组编程到 SIM 中的命令组成,这些命令定义了 SIM 应如何与外界直接交互,并独立于手机和网络启动命令。这使 SIM 能够在网络应用程序和最终用户之间建立交互式交换,并访问或控制对网络的访问。SIM 还向手机发出命令,例如显示菜单和/或要求用户输入。

simple gateway 简单网关 一种网关,由一个网关 NCP(网络控制程序)和一个网关系统服务控制点(SSCP)构成。

simple mail transfer protocol (SMTP) 简

单邮件传送协议 一个因特网的传送电子邮件的标准协议。1982 年由 RFC 821 首次定义，它在 2008 年由 RFC 5321 增加了扩展 SMTP 进行更新。该协议定义了邮件系统怎样相互作用以及控制报文的格式，建立在 TCP/IP（传输控制协议/网际协议）基础之上。电子邮件软件在使用者端使用 SMTP 来发送邮件给服务器，但使用 POP（邮局协议）或 IMAP（因特网信息访问协议）来接收邮件。这是广泛使用的协议。

simple network management protocol (SNMP) 简单网络管理协议 一种计算机网络管理协议，用于在网络管理站之间传递管理信息，主要是 OSI（开放系统互连）七层网络协议模型中的几个较低层次的管理。该协议于 1988 年成为网络管理标准，在 RFC 1157 中定义，它以 TCP/IP（传输控制协议/网际协议）为基础，基本功能包括监视网络性能、检测分析网络差错和配置网络设备等，其管理功能通过一种不完全的轮询操作来实现，具有较小的处理开销，但不能确保其他实体一定收到管理信息流。为了便于网络管理员可以在任何站点上检索信息、修改内容、查找故障，该协议支持如下功能：① 常规设备管理，采用定期轮询方式查找网络设备的状态，提供故障诊断、容量规划、报告生成等功能；② 网络管理信息存放在管理信息库中进行管理，采用单项信息方式检索库中信息；③ 网络管理信息可从一个站点传送到另一个站点。SNMP 的体系结构分为 SNMP 管理者和 SNMP 代理。每一个支持 SNMP 的网络设备中包含一个代理，此代理随时记录网络设备的各种情况，网络管理程序再通过 SNMP 通信协议查询或修改代理所记录的信息。SNMP 在无确认数据传输协议支持下工作，具有小型、快速、实用、价格低廉、互操作性好等优点，已成为事实上标准，具有较多配套的网络产品。1992 年 10 月公布的 SNMPv2 版本在数据私有、认证、访问控制等方面安全性更好。1998 年 1 月发布的 SNMPv3 版本在信息的结构和组织方面更完善。

simple network management protocol version 2 (SNMPv2) 简单网络管理协议版本 2 SNMPv2 对版本 1 的修订版文件有 RFC 1441～RFC 1452，包括对性能、安全、认证，以及管理程序之间的通信等方面的改进。然而，在 SNMPv2 的新的基于部分的安全系统，过于复杂，未被广泛接受。这个版本的 SNMP 达到建议标准的水平的成熟度，但被以后的版本视为作废。基于社区（Community）的简单网络管理协议版本 2，或 SNMPv2c，在 RFC 1901～RFC 1908 定义。包括 SNMPv2 中无争议的新的 SNMPv2 的安全模型，这个版本符合 IETF 的标准草案的成熟度，被广泛认为是事实上的 SNMPv2 标准。它后来被 SNMPv3 淘汰。基于用户的简单网络管理协议版本 2，或 SNMPv2u，在 RFC 1909～RFC 1910 定义。这是一个妥协方案，试图提供比 SNMPv1 更加安全，但不会导致 SNMPv2 的高复杂性。这是 SNMPv2 一个商业化的变种。

simple network management protocol version 3 (SNMPv3) 简单网络管理协议版本 3 虽然 SNMPv3 除了密码安全外没有改变协议，但由于新的文本惯例、概念和术语，看起来很不一样。SNMPv3 主要是增加安全性和 SNMP 远程配置的增强。由于缺乏安全使用 SNMP 的技术，网络管理员使用其他手段，如使用 Telnet 进行配置、计费和故障管理。SNMPv3 着重 SNMP 相关的大规模部署、计费和故障管理。目前，SNMP 主要用于监控和性能管理。SNMPv3 定义了 SNMP 的一个安全版本和 SNMP 实体的远程配置。SNMPv3 为系统管理提供一个安全的环

S

境,例如:USM(基于安全模型的用户)在消息级别方面提供认证和安全(加密)的功能和操作;VACM(基于视图的访问控制模型),判定一个给定原则是否允许访问特定 MIB 对象,以在 PDU(协议数据单元)级上执行特定功能和操作。TSM(传输安全模式)提供了一种使用加密和认证信息通过外部安全通道的方法。已经利用 TSM 规范规范定义了两个传输协议,SSH(安全外壳协议)和 TLS/DTLS(安全传输层协议/数据包传输层安全性协议)。到 2004 年,IETF 认可的简单网络管理协议版本 3 由 RFC 3411~RFC 3418 定义,作为 SNMP 目前标准版。IETF 指定 SNMPv3 互联网完全标准。实际上,SNMP 常常支持多个版本,通常包括 SNMPv1、SNMPv2c 和 SNMPv3。

simple network paging protocol (SNPP) 简单网络寻呼协议 一种定义寻呼机可以通过因特网接收消息的方法的协议。它得到了大多数主要寻呼提供商的支持,并且可以替代许多电信业务使用的寻呼调制解调器。因特网工程任务组(IETF)在 RFC 1645 定义 SNPPv1,RFC 1861 定义 SNPPv2 协议。它是一个相当简单的协议,可以通过 TCP 端口 444 运行,并仅使用一些详细记载的命令发送页面。

simple object access protocol (SOAP) 简单对象访问协议 (1)是用在计算机网络 Web 服务中实现交换结构化信息的消息传递协议规范。其目的是促进可扩展性、中立性和独立性。它使用 XML(可扩展标记语言)信息集作为其消息格式,并依赖于应用层协议,通常是超文本传输协议(HTTP)或简单邮件传输协议(SMTP),进行消息协商和传输。(2)一种基于 XML 的不依赖传输协议的表示层协议,用来在应用程序之间方便地以对象的形式交换数据。在 SOAP 的下层,可以是 HTTP/HTTPS(安全超文本

传输协议),也可以是 SMTP/POP(邮局协议),还可以是为一些应用而专门设计的特殊的通信协议。SOAP 以 XML 形式提供了一个简单、轻量的用于分散或分布环境中交换结构化和类型信息的机制。SOAP 本身并没有定义任何应用程序语义,如编程模型或特定语义的实现;实际上,它通过提供一个有标准组件的包模型和在模块中进行数据编码的机制,定义了一个简单的表示应用程序语义的机制,这使 SOAP 能够用于从消息传递到 RPC(远程过程调用)的各种系统。SOAP 包括三个部分:① SOAP 封装结构:定义了一个整体框架,以表示消息中包含什么内容,谁来处理这些内容以及这些内容是可选的或是必需的。② SOAP 编码规则:定义了用以交换应用程序定义的数据类型的实例的一系列机制。③ SOAP 远程过程调用表示:定义了一个用来表示远程过程调用(RPC)和应答的协定。在 SOAP 封装、SOAP 编码规则和 SOAP RPC 协定之外,这个规范还定义了两个协议的绑定,描述了在有或没有 HTTP 扩展框架的情况下,SOAP 消息如何包含在 HTTP 消息中被传送。SOAP 主要作用在于确保了信息通过互联网在业务应用之间传输的可靠性。这种方式能够使用现有的因特网体系结构,创建运行在因特网上的、分布广泛的复杂计算环境。

simple protocol for independent computing environments (SPICE) 独立计算环境的简单协议 在计算领域,SPICE 是为虚拟环境构建的远程显示系统,它允许用户使用各种机器架构来查看计算"桌面"环境,不仅可以在其计算机服务器上,而且可以在因特网上的任何地方。

simple sensor interface protocol 简单传感器接口协议,SSI 协议 一种简单的通信协议,设计用于计算机或用户终端与智能传感器之间的数据传输。SSI 协议是

OSI(开放系统互连)模型中的应用层协议。SSI 协议由诺基亚、维萨拉(Vaisala)、Suunto、Ionific、Mermit 和奥卢(Oulu)大学联合开发。目前,SSI 正在 Mimosa(含羞草)项目中开发,该项目是欧盟研究和技术发展框架计划的一部分。SSI 协议用于 UART(通用异步收发器)和网络 nanoIP 应用上的点对点通信。SSI 还提供轮询传感器和流式传感器数据。对于 RFID(射频标识)传感器标签,SSI 指定传感器数据的存储器映射。

simple service discovery protocol（SSDP）简单服务发现协议　是基于因特网协议套件的网络协议,用于发布和发现网络服务和存在信息。它无需基于服务器的配置机制(例如动态主机配置协议(DHCP)或域名系统(DNS))的帮助,也无需对网络主机进行特殊的静态配置,就可以实现此目的。SSDP 是通用即插即用(UPnP)发现协议的基础,旨在用于住宅或小型办公环境。1999 年由微软和惠普公司在因特网工程任务组(IETF)因特网草案中正式描述。尽管 IETF 提案(2000 年 4 月)已经过期,SSDP 被纳入 UPnP 协议栈,最终实现的描述包含在 UPnP 标准文件中。

simple traversal of UDP through network address translators (STUN)　用户数据报协议对 NAT 的简单穿越　VoIP(网络电话)业务流穿越 NAT/FIREWALL(网络地址转换/防火墙)的方法之一。STUN 方案的工作过程如下:局域网接入用户可以通过某种机制预先得到其特定端口所对应的出口地址/端口在 NAT 上的对外地址/端口,然后再告知呼叫端,本端的 RTP/RTCP(实时传输协议/实时传输控制协议)接收地址和端口号为 NAT 外的地址和端口号,同时在本地特定端口监听 RTP/RTCP 连接。这样媒体流报文负载中的内容在经过 NAT 时就无须

被修改了,只需按普通 NAT 流程转换报文头部分的 IP(国际协议)地址即可,而负载中的 IP 地址信息和报文头中的地址信息是一致的。

simplex protocol for noisy channel　噪声信道单工协议　用于教学的比较接近实际信道情况的数据链路层传输协议。这种协议假设信道会产生错误,因而传输的信息会受到破坏或丢失。如果发现传输的帧被破坏或丢失便通知发送方重发这个帧。只有得到接收方肯定回答之后,发送方才发送下一帧。这种协议半双工信道即可满足要求。

simplex stop and wait protocol　单工停止等待协议　一种用于教学目的而不太实际的数据链路层传输协议。它是在最简单的"无约束单工协议"基础上稍完善一些的协议。这种协议假设通信信道是无错的,数据传输方向是单工的。这个协议为了防止发送者发送的数据速度比接收者处理数据的速度快而把接收者压垮,让接收者给发送者提供一种反馈信息,即接收者把收到的分组传递给网络层之后就给发送者发送去一个小哑帧,即给发送者发送下一帧的发送权,对应的发送者发送一帧之后就停下来,直到收到哑帧才发送下一帧。在这种协议中数据流动是单向的,但是帧的流动却是双向的,哑帧与数据帧是交替发送的,因而半双工信道可以满足要求。

SIM tool kit (STK)　用户识别模块[卡]工具包　这种工具包可使用户通过 SIM 卡内预设的中文菜单和服务提示,轻松享受移动电话增值业务,如短消息、信息点播、手机银行、手机证券等。和普通的 SIM 卡相比,STK 卡首先是具有较大的存储量(普通 SIM 卡的存储容量为 8K 字节,STK 卡容量为 32K 字节,以后还会继续成倍增加),这就使得它可以存储大量的信息(包括通讯录等);其次 STK

卡内含一个微型处理器,具有一定的数据处理的运算能力。

simulated logon 模拟注册 当通信系统软件的应用程序发出宏指令 SIMLOGON 时产生一个会话开始请求,这个请求指定该应用程序打算与其进行一次对话的 LU(逻辑单元),在这次对话中,应用程序将充当 PLU(主逻辑单元)。

simulcast 联播,同时[同声]广播,同播 (1) 是同时广播 simultaneous broadcast 的合成词,即跨多种媒体播放节目或事件,或在同一媒体并在同一时间内提供多个广播服务。例如,同时通过调频和调幅频道广播相同节目,或同时通过无线电和电视播放相同节目。(2) 指美国电视台同时广播数字电视(DTV)和 NTSC 制式电视信号。为保护公众利益,要求持续到美国数字电视过渡期结束为止。(3) 录像机的一种模式。选择来自内置调谐器的视频信号(电视节目)和来自后面板音频输入的左右声道的音频信号。

sine-squared pulse(SSP) 正弦平方脉冲 一种等于正弦波的平方的单一单向脉冲,并用于电视测试。此信号可用于在亮度(或细节信息)和色度(或色彩信息)之间测定相位和增益。这也是场消隐期测试信号的一部分。此脉冲具有有限频谱,脉冲宽度可选,因而非常适合测试电视电路。被用于额定的测定。

sine transform coding(STC) 正弦变换编码 这种方法对语音进行傅里叶(Fourier)分析,提取最能表示语音信号的几个频率成分,并用这几个频率的正弦波合成语音。

sine wave 正弦波 由单一频率振荡信号构成的波形。

sine-wave scrambling 正弦波加扰 一种使用 15.75 kHz(或其他频率)正弦波添加于视频信号的加扰方法。如果正弦波的负峰对应于同步信号的正峰,或反之(正弦波的正峰对应于同步信号的负峰),则同步信号会被抑制在峰值视频电平以下。这会"混乱"电视机中的同步信号分离电路并停止正常工作。

singing suppression circuit 振鸣抑制电路 一个电路或部件,它插接在另一电路中,用于防止和减低振鸣发生的趋势,可以限制所接入的电路的增益,通常还提供负反馈。

single attached/attachment station(SAS) 单连接站 在 FDDI(光纤分布数据接口)网中,设备只连接到两个相反轮转方向的环之一。与双连接站相比,单连接站的连接费用少些,主要用于一些非关键性的、可靠性要求不高的设备。

single attachment concentrator(SAC) 单连接集中器 对 FDDI(光纤分布数据接口)网提供单连接的一种集中器。

single cable broadband LAN 单电缆宽带局域网络 一种使用单根电缆传播双向通信信息的宽带局域网络。

single-carrier FDMA(SC-FDMA) 单载波频分多址(接入) 一种频分多址方案。也称为线性预编码正交频分多址(LP-OFDMA)。与其它多址方案如 TDMA(时分多址)、FDMA(频分多址)、CDMA(码分多址)、OFDMA(正交频分多址)一样,它将多个用户分配给共享通信资源。SC-FDMA 可以解释为线性预编码的 OFDMA 方案,在某种意义上它在常规 OFDMA 处理之前具有附加的 DFT(离散傅里叶变换)处理步骤。

single-carrier modulation(SCM) 单载波调制(技术) 是把需要传输的数据流调制到单个载波上进行传送,目前应用最为广泛的是 QAM(正交幅度调制)、OQAM(偏置正交幅度调制)、PSK(相移键控)等星座映射方式。单从调制技术本身来看,具有信号峰均比低、接收灵敏度好、对载波偏差和相位噪声不敏感、实现简单等优点。但是传统的单载波技术对付信道衰落的能力较差。因而单纯的调制技术是无法满足数据可靠传输的需要，必须数据结构、信道编码方案、同步与均衡算法的支持来保持单载波本身的优势，进一步提高对付信道衰落的能力。

single-channel architecture (SCA)　单通道体系结构　在计算机网络中，SCA 是无线网络的设计，使得无线客户端看到网络的单个接入点（AP）。该设计利用集中控制器来决定将使用哪个 AP 与客户端设备通信。与多通道架构相比，该方法支持网络维持对通信介质的更高级别的控制，这使得客户端设备可以确定与哪个 AP 通信。

single channel operation　单信道工作（系统）　允许用户给话务员拨单号（"0"），以请求帮助转长途电话处理的电话系统。

single channel per carrier (SCPC)　单路单载波，每载波单通道　它与 MCPC 不同之处是一路电视节目单独调制在一个载波频率上进行发射，接收端调到相应频率上，便可收到该套节目。这种每个载波频率传输一路信息的技术，也用于模拟卫星通信和一些无线通信系统中。

single-channel system　单信道系统　一种高清电视系统设计方法，符合 MPEG-2 单频道压缩数字电视标准。刷新率为 60 Hz 的高清电视信号需要 19 Mbps 的带宽，可由 MPEG-2 和杜比 AC-3 压缩方案的实现。经压缩的信号适合使用模拟 NTSC 制式无线电视信号的标准 6 MHz 频带，由此实现超高质量的单频道高清电视。然而，用这样的单频道代替几个标清电视（SDTV）信号频道存在争议。参见 Dolby digital AC-3，high definition television (HDTV)。

single-chip cloud computer (SCC)　单芯片云计算机　是英特尔公司于 2009 年创建的一种计算机处理器（CPU），具有 48 个不同的物理内核，通过类似于云计算机数据中心的架构进行通信。内核是处理器的一部分，它执行允许计算机运行的代码指令。SCC 是英特尔启动的研究多核处理器和并行处理（同时进行多计算）项目的产物。此外，英特尔还希望尝试将庞大的云计算机数据中心（云计算）的设计和架构整合到一个处理芯片中。他们从云计算的角度出发，其中有许多远程服务器相互通信并将其应用于微处理器。这是英特尔想要尝试的新概念。"单芯片云计算机"这个名称源于这一概念。

single dynamic focus　单（倍）动态聚焦　电子枪在水平或垂直方向上进行电压补偿，但两个方向不能同时操作。

single echo (SE)　单回波　其特性与原发信号相同而到达时间较晚的反射信号。但其相位可能是翻转的。

Single FAN　（华为公司）Single FAN 方案　FAN 是固定接入网 fixed access network 的缩写。Single FAN 就是指广义的接入网技术。随着技术的发展、演进，华为接入网解决方案不断推陈出新。2007 年，华为推出了 SingleFAN 1.0 光铜一体解决方案，在同一款设备中可以同时插入铜线和光纤的业务板，方便运营商在同一设备上部署不同的接入技术；2012 年，华为推出了 SingleFAN 2.0 异构接入（HetAN）解决方案，可以实现家庭、办公和移动等多业务场景的宽带接入，通过统一平台帮助运营商快速建网，满足不同业务的需求；2014 年，华为推出了 SingleFAN 3.0 任意媒介千兆接入解决方案，通过技术创新和大容量分布式 OLT 平台的引入，将任意介质上的接入速率提升到了千兆，同时提供了更好的 4K 视频用户体验和智慧家庭等丰富业务。带宽提升到千兆后，针对未来的全面云化战略，网络将转型为以数据中心为主的架构，网络功能和业务都将运行在云上，华为在 2016 年全球宽带论坛上发布了 CloudFAN 解决方案。作为新一代 FTTx 解决方案，Single FAN 从提速技术、全业务接入能力、运维管理等层面着手。其有别于传统 FTTx 的主要变化和特征是协同、极速、一致性体验。FAN 解决方案中融入了 Vectoring、GigaDSL 等领先的铜线提速技术，令现有的宽带网络升级到超带宽无需更换线路，即不仅在光纤也可以通过铜线实现 100M、300M 甚至 1G 的接入带宽。解决方案以同一张光纤网络实现居民宽带和高品质的企业和无线 WiFi 承载业务融合接入，充分利用了 FTTx 网络基础设施，变三张网为一张网，极大地节省了宽带总体投资。真正实现了"弹性扩展，按需接入"。此外，华为还通过一体化运维解决方案解决了多样化业务、海量设备和多种线路不同层面的管理问题。

single-frequency network (SFN)　单频网，单频率网络　是几个发射机同时在同一频道上发送相同的信号的广播网络。模拟 AM(调幅)和 FM(调频)无线电广播网络以及数字广播网络可以用这种方式运行。SFN 通常与模拟电视传输不兼容，因为 SFN 由于相同信号的回波而导致重影。SFN 的目标是有效利用无线电频谱，与传统的多频网络(MFN)传输相比，支持更多数目的广播和电视节目。与 MFN 相比，SFN 还可以增加覆盖区域并减少中断概率，因为总接收信号强度可以增加到发射机之间的中间位置。

single-frequency signaling (SF)　单频信令　(在电话中)是线路信令，其中拨号脉冲或监控信号在每个方向上由单个语音频率音调传送。20 世纪的载波系统中使用 SF 和类似系统。SF 信令单元将 DC(直流)信令(通常，至少在长距离电路中，

E&M 信令)转换为格式(以存在或不存在单个语音频率音调为特征)，其适合在 AC(交流)路径(例如载波系统)上传输。SF 音调存在于挂机或空闲状态，并且在被占用状态期间不存在。在占用状态下，拨号脉冲由 SF 音频脉冲传送，对应于旋转拨号盘或其他 DC 拨号机构产生的直流连续性中断。

single harmonic　单谐波　谐波是指对周期性非正弦交流量进行傅里叶级数分解所得到的大于基波频率整数倍的各次分量，通常称为高次谐波，而单谐波是只有一个基频的正弦波。

single integrity　信号完整性　一个信号在电路中产生正确的相应的能力。信号具有良好的信号完整性是指当在需要的时候，具有所必须达到的电压电平数值。主要的信号完整性问题包括反射、振荡、地弹、串扰等。

single-line digital subscriber line (SDSL)　单线数字用户线路　一种速率对称型数字用户线路。在双工链路上，使用一个铜双绞线对的工作距离限于一万英尺(3 048.8 米)，每个方向上的速率可达 1.544 Mbps 或 2.048 Mbps。

single line repeater　单线中继器　一种使用一对交叉耦合的极化继电器的电报中继器，其极化继电器串接在一个信号放大电路里，以达到放大信号的目的。

single mode fiber (SMF)　单模[单一模态]光纤　仅支持单个传输路径的光纤，它可使用激光器而不是发光二极管传输信号。单模光纤对于光波只允许一个路径通过，其中只有最低阶的连接模式能够以希望的波长进行传播。能够在相当长的距离上传输信号。

single-mode optical fiber (SMOF, SMF)　单模光纤　在光纤通信中，SMF 是一种光纤，设计用于仅直接沿光纤以横向模式传输光。模式是波的亥姆霍兹方程的可

能解,波是通过结合麦克斯韦方程和边界条件而得到的。这些模式定义了波在空间中的传播方式,即波在空间中的分布方式。波可以具有相同的模式但具有不同的频率。单模光纤中就是这种情况,它们可以有不同频率的波,但是模式相同,这意味着它们以相同的方式分布在空间中,这就能提供单一光束。虽然光线平行于光纤的长度传播,因为它的电磁振荡在垂直(横向于)光纤的长度上发生,因此通常被称为横向模式。

single-pair high-speed digital subscriber line (SHDSL) standards 单对高速数字用户线标准 SHDSL 的行业标准由 ITU-T (国际电信联盟-电信标准化部)建议 G.991.2 定义。2001 年 2 月首次发布。SHDSL 设备也因 G.SHDSL 标准的草案名称所知。G.991.2 的主要更新于 2003 年 12 月发布。符合 G.991.2 的 2003 版的设备通常由标准草案名称 G.SHDSL.bis 或 SHDSL.bis 引用。更新的 G.991.2 功能有:可选的支持多达 4 对铜线连接(M-pair);可选的扩展,支持用户数据速率高达 5 696 千比特/秒每对线;可选支持动态速率重新分区,支持在不中断服务的情况下灵活地改变 SHDSL 数据速率;包括以太网分组传输模式(PTM)的新的有效负载定义。SHDSL 取代了 ITU-T G.991.1 中定义的旧的 HDSL(高比特率数字用户线路)的对称 DSL 技术。由于 VDSL2 的(甚高比特率数字用户线 2)带宽更大、干扰更少、利用率更高,SHDSL 在很大程度上已被 VDSL2 取代。

single sideband (SB/SSB) 单边带 载波受信号调制产生的两个边带中,其频率高于或低于载波频率的那一部分。

single sideband modulation (SBM) 单边带调制 幅度调制的改进形式,在幅度调制中去除了一个或另一个调制边带。在无线电通信中,SSB 或单边带抑制载波调制(SSB-SC)是一种调制,用于通过无线电波传输信息、音频信号。是调幅的改进,能更有效地利用发射机功率和带宽。调幅产生的输出信号的带宽是原始基带信号的两倍。单边带调制避免了这种带宽加倍和在载波上的功率浪费,要以增加设备复杂度和更困难的接收机调谐为代价。

single sideband station 单边带电台 发送和接收无线电单边带调制信号的电台。

single sideband suppressed carrier (SSBSC) 单边带抑制载波 载波能量和上下边带之一被抑制的调幅技术。

single sideband transmission (SST) 单边带传输 一种载波传输方式。采用这种方式时仅传送由调制过程产生的上边带或下边带,另一边带被全部或部分地抑制。

single station wireless network 单站无线网络 单站点与多个移动式通信终端之间的双向通信网络,整个系统由固定部分的单站点和多个移动的站点所构成。

single tuned filter 单调谐滤波器 用于吸收单一次数谐波(如单独滤 3、5、7 次谐波)的滤波器称为单调谐滤波器。为解决滤波器失谐问题,在单调谐滤波器中引入自动调谐功能,自动调谐系统由连续可调电抗器和自动调谐控制系统组成。电抗器用双绕组正交磁化原理,改变控制绕组的直流电流可在线连续调节电感量,电抗器有反向调节特性和足够的调节范围,能满足滤波器失谐的补偿要求。

single-wire transmission line 单线传输线或单线方法,是仅使用单根电导体传输电功率或信号的方法。这与通常使用提供完整电路的一对电线或同样包含(至少)两根导体的电缆不同。单线传输线与单线接地回路系统不同,后一种系统依赖于通过接地的返回电流,使用地作为接地端电极之间的第二导体。因此，地球有效地形成第二导体。在单线传输线中，没有任何形式的第二导体。

sink 信宿 在通信中，从另一部件（信源）接收信息的部件。又称"报宿"。在计算机通信系统中，报文或报文分组要到达的目的地。信宿可以是目标站点，也可以是终端设备。参见 data sink。

sink agencies 信宿代理 OSI（开放系统互连）的作业传送与管理（JTM）服务中代理之一，是接收并存储文件的文件系统。

sink port 信宿口 FDDI（光纤分布数据接口）网络技术中连接光缆，传输流往信宿方向信息的端口。

sink tree 信宿树 网络中从所有可能的信源到某个信宿的路径按照最佳原理建立最佳路由所形成的树。在这棵树中没有任何回路。

skinny client control protocol (SCCP) 瘦客户端控制协议 是最初由美国 Selsius 系统公司开发的专有网络终端控制协议，该公司于 1998 年被 Cisco 系统公司收购。SCCP 是一种基于 IP 的轻量级协议，用于与 Cisco 统一通信管理器（以前称为 CallManager）进行会话的信令。CallManager 作为通过其他常见协议（例如 H.323、会话发起协议（SIP）、综合业务数字网（ISDN）和/或媒体网关控制协议（MGCP））发起的呼叫事件的信令代理。

slice network 片式网络 数据通信中指可独立的网络模块，根据需要或方便，可以把它设置在许多地方，如果与主系统的连接临时被切断，它能独立地继续操作，并将规范地完成集中式操作中心的处理功能。

sliding window protocol (SWP) 滑动窗口协议 一种改进的连续 ARQ（自动重发请求）协议，它在发送端和接收端分别设定所谓的发送窗口和接收窗口。发送窗口用来对发送端进行流量控制，而发送窗口的大小就代表在还没有收到对方确认信息的情况下发送端最多可以发送多少个数据帧。同理，在接收端设置接收窗口是为了控制可以接收哪些数据帧而不可以接收哪些帧。在接收端只有当收到的数据帧的发送序号落入接收窗口内才允许将该数据帧收下。若接收到的数据帧落在接收窗口之外，则一律将其丢弃。当接收端接收到了接收窗口内起始的那个数据帧后，接收窗口将向前移动。同理，当发送端收到了发送窗口内起始帧对应的确认帧之后，发送窗口也将向前移动。显然，只有在接收窗口向前移动时，发送窗口才有可能向前移动。正因为收发两端的窗口按照以上的规律不断地向前滑动，因此这种协议称为滑动窗口协议。

slope compensation 倾斜补偿 通常指放大器倾斜补偿的增益的控制作用。同时改变放大器的增益和放大器中均衡器的斜率可以均衡各种不同形式和长度的电缆。

slope overload 斜率过载 增量调制（DM）系统中量化误差产生的失真。它是因输入信号变化太快时，增量调制器的输出不能保持跟踪输入信号的快速度变化而产生的。

slot 时隙，槽 （1）将连续时间轴划分为许多小的时间段，每个时间段就是一个时隙，可以作为数字通信系统中的一个信道，如时分复用系统中话路的时隙、时分多址系统中帧的时隙。（2）在数据通信中，一帧中的一小部分。（3）槽包括围绕共享这些资源的一个或多个功能单元（FU）集合的操作问题和数据路径机制。术语槽在 VLIW（超长指令字）世界中是常见的，其中指令中的操作与执行它的管道之间的关系是显式的。在动态调度的机器中，这个概念通常称为执行管道。

slotted ring　时隙环，有槽环，开槽环
(1) 又称为剑桥环，它的大部分开发工作是由英国剑桥大学完成的。时隙环很像令牌环，但它包含了几个循环的令牌，或称作时隙。时隙可能是空的，也可能包含数据。其发送协议类似于令牌环：站点必须等待一个空闲的时隙。但相比较而言，在携带站点前面的数据帧的令牌返回之前，该站点不能发送其他的帧。这允许其他的空闲时隙经过该站点访问别的站点，并接收它们的数据帧。(2) 又称"时间片环"。一种环形网络的介质访问方法。所有设备都连接到环路上，并使用一个附加的监视设备确保环路上具有固定数量的报文槽，这些槽在一个方向上绕着环路循环。某个设备把报文放在空槽中进行发送，所有的设备都读取该报文，然后初始的设备把该报文移去。

slotted ring network　分槽环网，时隙[带槽]环形网络　一种在数据间进行单向数据传输的环形网络，它可以在一个传输媒体的传输流上将数据送到预定的传输槽内，因而数据可以返回到原来的站。

slot time　时隙，槽时　在某种载体意义上的多通路网络中，一种与时间单位有关的实施方案，当发生（传输）冲突的情况下，将该时间单位乘以一个随机产生的整数以确定数据站再次发送的延迟时间。

slow fading　慢衰落　无线通信系统接收台接收到的信号场强中值（平均值）出现缓慢变弱的现象称为慢衰落。变弱的原因主要有两方面：一是移动台的不断运动即位置的改变，电波传播路径受地形地貌影响也是不断变化的；二是由于气象条件的缓变，以致电波的折射传播随时间变化而变化，多径传播到达固定接收点的信号的时延随之变化。慢衰落接收信号近似服从对数正态分布，变化幅度取决于障碍物状况、工作频率、障碍物和移动台移动速度等。

slow frequency hopped multiple access (SFHMA)　慢跳频多址（接入）　在跳频多址(FHMA)系统中，单个用户的载波频率在宽带信道范围内以伪随机的方式变化（跳变）。在 SFHMA 系统中，跳跃（停留）时间远大于信息符号周期的扩频系统。当跳跃与网络其他部件相关时，能大大减小网络中的多接入干扰。

slow start　慢启动　TCP(传输控制协议)控制信道拥挤的措施之一。是指每出现一次超时，拥塞窗口都降低到 1，收到一个确认应答时窗口尺寸再增加。这样慢启动既能防止信道立即被通信量淹没，又防止信道因突然出现无通信量又突然拥挤来回摆动而形成的系统不稳定现象。

small cells　小型（蜂窝）小区　是低功率蜂窝无线电接入节点，在具有 10 米到几千公里范围的许可和未许可的频谱中运行。与移动宏蜂窝小区相比，它们是"小"的，部分因为它们的距离更短，部分因为它们通常处理更少的并发呼叫或会话。它们通过在一个地理区域内多次重复使用相同的频率来充分利用可用频谱。大量的小型蜂窝小区被认为是增加蜂窝网络容量、质量和日益关注使用 LTE 高级技术的弹性的重要方法，越来越少的新的宏蜂窝网站正在建设中，新建造的宏蜂窝小区站点越来越少。

small form-factor pluggable (SFP)　小型可插拔（模块）　一种紧凑的、可热插拔的光收发器模块，用于电信和数据通信。形状因数和电气接口由小形状因数委员会主持的多源协议(MSA)规定。它是由许多网络部件供应商共同开发和支持的流行的行业格式。网络硬件上的 SFP 接口为设备提供模块化接口，用户可以轻松适应各种光纤和铜缆网络标准的连接。SFP 收发器支持 SONET、千兆以太网、光纤通道等其他通信标准。由于尺寸较小，SFP 在大多数应用中取代了千兆位接口转换器（GBIC）；有时称 SFP 为 Mini-GBIC。

smart aerial/antenna (SA)　智能天线　也称为自适应阵列天线、数字天线阵、多天线以及近来的多输入多输出（MIMO）天线。是具有智能信号处理算法的天线阵列，用于识别空间信号特征，根据信号的空间特性，能够自适应调整加权值，以调整其方向，形成多个自适应波束，达到抑制干扰、提取信号目的的天线。智能天线有两个主要功能：信号的到达方向（DOA）估计和波束形成。智能天线技术主要用于声音信号处理、跟踪和扫描雷达、射电天文学和射电望远镜，并且主要用于 W-CDMA（宽带码分多址）、UMTS（通用移动通信系统）和 LTE（长期演进）等蜂窝系统。

smart distributed system (SDS) protocol　智能分布式系统协议，SDS 协议　SDS 协议由霍尼韦尔公司开发，并由 Holjeron 公司提供支持。SDS 是一种开放的事件驱动协议，用于基于控制器区域网络的工业网络。它用于高度可靠的智能设备级网络。SDS 应用层协议针对智能传感器和执行器进行了优化，可以在非常小的空间内经济高效地嵌入配置、诊断和过程信息。

smart optical network (SON)　智能光网络　也称为自动交换光网络（ASON），是在传送平面同步数字序列（SDH）、光传送网（OTN）之上增加了独立控制平面的光网络，可以支持传送网提供各种速率和不同信号特性（如格式、比特率等）的业务。由信令控制实现光传送网内链路的连接/拆线、交换、传送等一系列功能，并具有网络邻居自动发现、拓扑自动发现、分布式路由计算和光通路管理（建立、拆除和恢复）等功能。

SMDS addressing　SMDS 寻址　是交换式多兆位数据服务（SMDS）数据单元地址安排和寻址的机制。SMDS 数据单元包含信源地址和信宿地址。信宿地址是 10 位数字地址，类似于电话号码。信宿地址可以是集合地址，因而可以实现多点播送。在数据单元离开信源网络时对信源地址进行筛选，到达信宿网络时对信宿地址进行筛选，从而保证信源地址和信宿地址的合法性。这种特点允许用户建立自己的虚拟网络，屏蔽不期望的信息。连网设备分为不同访问等级，等级高的设备可使用更高的传输率。

SMDS customer premises equipment (CPE)　SMDS 客户前端设备　在交换式多兆位数据服务（SMDS）网络环境中，客户所用的网络连接设备，如路由器和网桥等。用户借助于这些设备与 SMDS 网络相连接，通过分布式队列双总线（DQDB）协议访问 SMDS，并利用 SMDS 网络提供的高速互联网络服务设施。有两种 CPE 配置：单个 CPE 配置和多个 CPE 配置。在单个 CPE 配置中，只需要把交换机与 CPE 连接起来就可以访问 SMDS 网络；在多个 CPE 配置中要把交换机与多个 CPE 都连接起来，并使用分布式队列算法访问 SMDS 网络。

SMDS interface protocol (SIP)　交换式多兆位数据服务接口协议，SMDS 接口协议　访问交换式多兆位数据服务（SMDS）网络时使用的协议。该协议是以 IEEE 802.6 城域网标准使用分布式队列双总线（DQDB）协议为基础制定的。因而同 DQDB 协议一样，SIP 也可以用于传输数据、语音和视频多兆位信息。SIP 数据单元可容纳 9 188 字节的用户数据，因而可以封装 IEEE 802.3、802.4、802.5 以及 FDDI（光纤分布数据接口）的数据帧。

SMDS interface protocol levels　SMDS 接口协议分级　交换式多兆位数据服务

(SMDS)接口协议在逻辑上所分的级别。SIP 分为三级,第三级为最高级,第一级为最低级。第三级和第二级都有自己的协议数据单元(PDU),第一级是二进制位流。SMDS 服务数据单元(SDU)前加头后加尾形成 SIP 的第三级协议数据单元;再把第三级协议数据单元适当分割,加上第二级 PDU 本身功能,再分别前加头后加尾,形成第二级协议数据单元。

SMPTE time code　SMPTE 时间码　也称为"标准时间码"。由 SMPTE(电影和电视工程师协会)开发的一种帧编号系统,给每一个视频帧信号赋予一个数值。8 位数字格式是 HH:MM:SS:FF(小时、分钟、秒、小数)。由于(美国)国家电视标准委员会(NTSC)彩色电视的帧频是 29.97 帧每秒,因此指定了两种时间码——丢弃帧时间码和非丢弃帧时间码。

socket　插口,端口,插座,套接字　(1)与插入式元器件(如电子管、半导体集成电路器件等)相配的连接器。(2)由绝缘插座体、接触件和锁定件等组成的和插头配对的连接器的插合、分离体,在计算机组装设计中,插座一般装入阴性接触件(插孔)并安装、固定在安装板上,但是悬挂式的也用得不少。(3)计算机网络系统中一种命名进程的中间媒体功能单元。也称为"信口"。当网内异种机进行通信时,它将进程的命名方法在全网内统一格式化。套接字一般由用户号、主机号和套接字属性位组成。在连接时,发送套接字好比是插头,而接收套接字好比是插座,他们之间的耦合实现了两个进程间的通信。(4)在 Novell 网中,指 IPX(网络互联包交换)网间节点地址的一部分。它代表 IPX 分组的目的地。某些套接字是由 NetWare 为特别的应用所保留的。

SOCKS v5 protocol　SOCKS v5 协议　一个需要认证的防火墙协议,在 OSI(开放系统互连)模型的会话层控制数据流,它定义了非常详细的访问控制。SOCKS v5 在客户机和主机之间建立一条虚电路,可由此对用户的认证进行监视和访问控制。但由于 SOCKS v5 通过代理服务器来增加一层安全性,因此其性能往往比低层协议差。

soft dial tone　软拨号音　当线路上没有活跃的实际服务,并且不能进行正常呼叫时,可以使用软拨号音或快速拨号音。在符合法律规定的大多数地方,仅保留软拨号音,以便连接的电话可以拨打紧急电话号码(例如 911、112 或 999)。它有时也可以呼叫拥有或最后租用该线路的本地交换运营商的业务办公室,例如通过 6-1-1 号码。技术人员也可以访问其他功能,例如回铃或 ANAC(自动号码通知电路),以便于安装或激活。

SoftEther VPN　软(件)以太[SoftEther]虚拟专用网[VPN]　是免费的开源、跨平台、多协议 VPN(虚拟专用网)客户端和 VPN 服务器软件,是 Daiyuu Nobori 在筑波大学的硕士论文研究的一部分。安全套接层-虚拟专用网(SSL VPN)、第二层隧道协议/IP 安全协议(L2TP/Ipsec)、OpenVPN 和微软安全套接字隧道协议(SSTP)等 VPN 协议在单个 VPN 服务器中提供。软(件)以太 VPN 支持网络地址转换器穿越(技术),因此在住宅网关、设施路由器和防火墙后面的计算机上运行 VPN 服务器非常有用。因为使用 HTTPS(安全超文本传输协议)进行伪装连接,执行数据包深度检测的防火墙无法将 SoftEther 的 VPN 传输数据包检测为 VPN 隧道。软(件)以太 VPN 通过使用全以太网帧利用率、减少内存复制操作、并行传输和群集来优化性能,减少与 VPN 连接相关的延迟,提高了吞吐量。

S

soft handoff 软切换 移动台在从一个小区进入另一个小区时,先建立与新基站的通信,直到接收到原基站信号低于一个门限值时再切断与原基站的通信的切换方式。在切换过程中,移动用户与原基站和新基站都保持通信链路,只有当移动台在目标基站的小区建立稳定通信后,才断开与原基站的联系。软切换可有效提高切换可靠性。

soft handover 软切换 即 soft handoff,是指 CDMA(码分多址)和 W-CDMA(宽带码分多址)标准使用的功能,其中蜂窝电话在通话期间同时连接到两个或多个蜂窝小区(或小区扇区)。如果扇区来自同一个的物理小区站点(扇区化站点),则称为较软切换。该技术是移动辅助切换的一种形式,对于 IS-95/CDMA2000 的 CDMA 蜂窝电话,连续地对相邻小区站点列表进行功率测量,并确定是否请求或结束与列表上的小区扇区的切换。

soft lifting 软偷 这是最常见的软件盗版形式。与朋友或同伴分享程序就是软偷。为了阻止在公司和机构中的这种盗版行为,软件商提供多用户许可证,它比为每台机器购买单用户软件便宜。

softswitch 软交换 (1)把呼叫控制功能从媒体网关(传输层)中分离出来,通过软件实现连接控制、翻译和选路、网关管理、呼叫控制、带宽管理、信令、安全性和生成呼叫详细记录等功能,把控制和业务提供分离。软交换提供了在分组交换网中与电路交换相同的功能,因此软交换也称为"呼叫代理"。(2)在传统 PSTN(公共交换电话网)和 VoIP(网络电话)之间建立连接并管理声音、传真、数据和视频会话的应用程序接口(API),可处理各种数据包协议。也称媒体网关代理或网守等。

soft switching multi resonant zero cross (SMZ) 软转接[交换]多谐振零交叉 (电源) 一种以简单的电路把电流谐振和软开关组合成变换器的开关电源,能在无负载、全负载、过负载乃至短路负载的情况下保持谐振且高效率和低噪声。它利用功率集成电路器件、变压器和平滑电容器构成,简单可靠。

software as a service (SaaS) 软件即服务 租用而非购买的软件。SaaS 不是购买应用程序和支付定期升级的费用,而是基于"订阅",并且在订阅期间自动进行升级。到期后,该软件不再有效。SaaS 可以通过在一段时间后过期的本地应用程序实现,但它非常适合云计算和运行在任何桌面或移动设备上的应用程序,无论操作系统如何。在这种模式中,应用程序在提供商的数据中心中维护,用户每次启动其浏览器或应用程序并登录时,都会获得最新版本。此外,用户数据也可以存储在云中。

software-based optical network (SON) 基于软件的光网络 通过软件的可重构性和可编程性配置成的光网络。

software defined data center (SDDC) 软件定义的数据中心 一个统一的数据中心平台,凭借自动化、灵活性和效率可实现 IT(信息技术)交付方式的转变。软件定义型方法可使数据中心服务不再受到专用硬件的束缚,从而摆脱传统 IT 复杂而不灵活的困境。此方法可使计算、存储、网络连接、安全保护和可用性服务池化、聚合以及作为软件交付,并可通过策略驱动的智能软件进行管理。

software-defined infrastructure (SDI) 软件定义的基础架构 是完全在软件控制下的技术计算基础架构的定义,无需操作员或人为干预。它的运行独立于任何特定于硬件的依赖关系,并且是可编程序进行扩展。在 SDI 方法中,应用程序的基础结构要求以声明方式定义(功能和非功能要求),以便可以自动派生和配置足够和适当的硬件来满足这些要求。典型部署需要软件定义网络（SDN）和云计算功能作为最低入口点。

software-defined local area network（SD-LAN） 软件定义的局域网 是根据软件定义网络原理构建的局域网（LAN），尽管在拓扑、网络安全、应用可见性和控制、管理和服务质量方面存在关键差异。SD-LAN 将控制管理和数据平面分离，以实现有线和无线 LAN 的策略驱动架构。SD-LAN 的特点是在没有物理控制器的情况下使用云管理系统和无线连接。

software-defined mobile networking（SDMN） 软件定义的移动网络 一种设计移动网络的方法，其中所有协议特定的功能都在软件中实现，从而在核心网络和无线电接入网络中最大限度地使用通用和商用硬件和软件。

software-defined network/networking（SDN） 软件定义网络 一种新兴的云计算方法，有助于网络管理，并以编程方式实现高效的网络配置，从而提高网络性能和监控能力。SDN 旨在解决传统网络的静态架构分散且复杂的问题，而当前网络需要更大的灵活性和简易的故障排除。SDN 建议通过把网络数据包（数据平面）与路由过程（控制平面）的转发过程分开，将网络智能集中在一个网络组件中。控制平面由一个或多个控制器组成，这些控制器整合了整个智能 SDN 网络的大脑。同时在安全性、可扩展性和弹性方面，智能集中化有其自身的缺点，这是 SDN 将来要面临的主要问题。

software defined optical network（SDON） 软件定义光网络 是把软件定义技术融入光网络的综合解决方案。其关键技术包括软件定义的传输、交换、互联组网等。SDON 架构实现了由控制功能与传送功能的紧耦合到控制功能与运营功能的紧耦合、以连接过程为核心的闭合控制到以组网过程为核心的开放控制的模式转变，代表了未来光网络技术与应用的重要发展方向。

software-defined protection（SDP） 软件定义的保护 一种计算机网络安全体系结构和方法，它利用内部和外部智能源，结合了网络安全设备和防御性保护。SDP 基础设施旨在实现模块化、可伸缩和安全。SDP 架构将安全基础架构划分为三个互连层。执行层检查流量并在明确定义的网段内实施保护。控制层生成安全策略并将这些保护部署到执行点。管理层协调基础架构并将安全性与业务流程集成在一起。SDP 架构支持传统的网络安全和访问控制策略要求，以及实施移动计算和软件定义网络（SDN）等技术时企业所需的威胁防御。

software-defined radio（SDR） 软件定义的无线电 采用软件来实现同一无线电通信系统完成不同功能的技术。软件定义无线电是一个系统和体系，它必须有可重新编程和可重构的能力，使设备可以使用于多种标准、多个频带和实现多种功能，它将不仅仅使用可编程器件来实现基带数字信号处理，还将对射频及中频的模拟电路进行编程和重构，目前人们对软件定义无线电的功能要求包括：重新编程及重新设定的能力、提供并改变业务的能力、支持多标准的能力以及智能化频谱利用的能力等等。应该看到，SDR 并不是一种孤立的技术，而是可供所有技术使用的公共平台。

software-defined wide area network（SD-WAN） 软件定义广域网 通过将网络硬件与其控制机制去耦合（分离），简化了 WAN 的管理和操作。此概念类似于软件定义的网络如何实现虚拟化技术来改进数据中心管理和运行的方式。SD-WAN 的一个关键应用是允许公司使用低成本和商用互联网接入来构建更高性能的 WAN,使企业能够部分或全部取代更昂贵的专用 WAN 连接技术,如 MPLS(多协议标记交换)。

source quench　报源抑制　控制信息流量,缓和拥挤的技术之一。当一台计算机处理到来报文分组的速度低于报文分组到来速度时,就会出现拥挤。这时便可以发回一个报文,请求报源暂停发送。在 TCP/IP(传输控制协议/网际协议)网络中,计算机使用 ICMP(因特网控制信息协议)抑制报源,减少或暂停传送 IP 数据报。

source route　源路由(选择)　(1) 由源站点决定的路由。其特点是在给定的时间内,强制使用源站点预先决定的路由,而不使用网关提供的路由信息选择路由。(2) 由报源选定路由的路由选择机制。在 TCP/IP(传输控制协议/网际协议)网络环境中,这种路由选择机制是由 IP 数据报中的一个选择项段的设置来实现的。报源在填写数据报时要填写数据报在传输路径中要经过的一系列机器地址。沿途每个网关按照报源路由选择验证要访问的机器列表,取代通常为使数据报传向报宿而进行的路由选择。

source route bridging (SRB)　源路由桥接　一个附带有源路由报头信息转发的透明,是 802.5 局域网互连的方式。源路由桥接基本思想是:数据包头包含路由信息,而该路由信息在发送帧时将放在帧的首部。源站以广播方式向欲通信的目的站发送一个发现帧,每个发现帧都记录所经过的路由。发现帧到达目的站时就沿各自的路由返回源站。源站在得知这些路由后,从所有可能的路由中选择出一个最佳路由。凡从该源站向该目的站发送的帧的首部,都必须携带源站所确定的这一路由信息。SRB 在令牌环网中是最流行的桥接方式。

source route translation bridging　源路由翻译桥接　用于以太网和令牌环网共存的环境,融合了源路由桥接和透明桥接的算法。源路由翻译桥接可以在以太网和令牌环网之间提供桥接功能。也就是说,由以太网到令牌环网的以太帧,在经过该网桥时,要被转换成令牌环网的格式,反之亦然。具体转换由数据链路层的逻辑链路控制(LLC)子层完成。

source route transparent bridging　源路由透明桥接　用于以太网和令牌环网共存的环境,既有源路由桥接的功能又有透明桥接的功能。源路由透明桥接可以分别为以太网和令牌环网提供桥接功能。但要注意,源路由透明桥接不能桥接以太网和令牌环网,即不能在以太网和令牌环网之间转发数据帧。

source routing　源路由(选择)　在计算机网络中,源路由(也称为路径寻址)允许数据包的发送方部分或完全指定数据包通过网络的路由。相反,在非源路由协议中,网络中的路由器根据数据包的目的地递增地确定路径。源路由支持更容易的故障排除、改进的跟踪路由,并使节点能够发现到主机的所有可能的路由。它不允许源通过强制数据包通过一条路径来防止另一条路径上的拥塞,从而直接管理网络性能。

space antenna diversity　空间天线分集　一种空间分隔的天线,天线通常是相隔二到三个波长,但为了克服对流层散射的逆作用,或为了利用对流层散射,天线间距可以达到 50 个波长,利用共同极化可以使衰落效应,特别是平坦衰落和选择性衰落最小。

space-based infrared system (SBIRS)　天基红外系统　一个综合系统,旨在满足美国在 21 世纪前 20、30 年的红外空间监视需求。SBIRS 计划旨在通过地球同步轨道(GEO)中的卫星、高椭圆轨道

(HEO)卫星上的传感器以及地面数据处理和控制,提供导弹预警、导弹防御和战场空间特征描述等领域的关键能力。SBIRS 地面软件集成了美国空军(USAF)的红外传感器程序与新的红外传感器。

space division duplexing (SDD)　空分双工　上行和下行信道各使用一条传输介质实现的双向传输的双工通信方式。

space division multiple access (SDMA)　空分多址　利用空间分割构成不同的信道来实现多址连接的通信方式。空分多址是一种信道增容的方式,可以实现频率的重复使用,充分利用频率资源。空分多址还可以和其它多址方式相互兼容,从而实现组合的多址技术,例如空分-码分多址(SD-CDMA)。

space division multiplexing (SDM)　空分复用　利用空间分割构成不同信道的一种复用方法。空分复用依赖于空分转换器的使用。每一个空分转换器都有几条输入线和几条输出线,发送端和接收端之间的通信,由于它们之间的转换器和线路所形成的单工的、专用的路径而变得容易。

space division switch/switching (SDS)　空分交换　通信中使用的一种利用空间分割实现多路通信的交换技术。采用这种技术时,一旦交换的主呼侧和被呼侧接通,则主呼侧到被呼侧之间的这一段物理通路将被此呼叫独占。而在时分交换中,主呼侧到被呼侧的物理通路是被分时使用的。不严格地说,多芯电缆中,每一对电缆可以进行一路通信,N 对电缆可以实现 N 路通信,可算是空分交换。严格说来,这是多线路通信,不是空分交换。

space network (SN)　空间网络　是 NASA(美国国家航空航天局)的一个项目,它结合空间和地面元素,以支持地球附近的航天器通信。在戈达德(Goddard)太空飞行中心(GSFC)的 SN 项目办公室负责管理 SN,其中包括:地球同步跟踪和数据中继卫星(TDRS);支持地面终端系统;双向测距和转发器系统(BRTS);梅里特(Merritt)岛航天发射场(MILA)中继;网络控制中心数据系统(NCCDS)。

space optic modulator　空间光调制器　一种光神经计算机的基本功能器件,对光束的位相、偏振态、振幅或强度的一维或二维分布进行空间和时间的调制,输出光信号同时是空间和时间的函数。当控制信号是随时间变化的电信号时,称它们为电编址空间光调制器(EASLM);而当控制信号是随时间变化的光信号时,称它们为光编址空间光调制器(OASLM)。空间光调制器不仅可以完成阈值操作和实现数字逻辑运算,同时还可以实现编址/寻址和格式化输入等各种不同类型信号的转换,或直接进行某些数学运算、图像处理及存储等功能。

space optical switch　空间光开关[交换]　是光交换中最基本的功能部件。它可以直接构成空分光交换单元,也可以与其他功能开关一起构成时分光交换单元和波分光交换单元。空间光开关可以分为光纤型光开关和自由空间型光开关。基本的光纤型光开关的入端和出端各有两条光纤,可以完成两种连接状态:平行连接和交叉连接。

space-time block code (STBC)　空-时块编码,空时分组码　是无线通信中使用的一种技术,通过多个天线传送数据流的多个副本,并利用各种接收到的版本的数据来提高数据传输的可靠性。传送信号必须穿越具有散射、反射、折射等潜在的困难环境,然后可能被接收器中的热噪声进一步破坏,这意味着一些接收到的数据副本将比其他副本更好。这种冗余导致能够使用一个或多个接收到的副本来正确解码接收信号的更高机会。实际上,空时编码以最佳方式组合接收信号的所有副本,以从每个副本中尽可能多地提取信息。

space-time block coding based transmit diversity (STTD)　基于空-时块编码的发射分集　是 UMTS(通用移动电话系统)第三代蜂窝系统中使用的发射分集方法。在 UTRAN(通用移动通信系统地面无线接入网)空中接口中 STTD 是可选的,但对于用户设备(UE)是强制性的。STTD 利用空-时块码(STBC)以在多个传输版本的信号中利用冗余。

space-time code (STC)　空-时码　是用于改善使用多个发射天线的无线通信系统中的数据传输的可靠性的方法。STC 依赖于向接收器发送数据流的多个冗余副本,希望它们中至少一些可以在发送和接收之间的物理路径中以足够好的状态下存活,从而允许可靠的解码。空-时码可以分为两种主要类型:① 空-时网格码(STTC),在多个天线和多个时隙上分配网格码,并提供编码增益和分集增益。② 空-时块码(STBC),一次作用于数据块(类似于块码),并且还提供分集增益但不提供编码增益。可以根据接收器是否知道信道损伤来进一步细分 STC。在相干 STC 中,接收器通过训练或一些其他形式的估计来知道信道的损伤。已更广泛地研究这些代码,并且在数域上划分代数已成为构造这些代码的标准工具。在非相干 STC 中,接收器不知道信道的损伤,但是知道信道的统计信息。在差分空时码中,信道和信道的统计信息都不可用。

space-time-space (STS)　空分-时分-空分(交换)　用在某些数字交换机中的一种网络交换结构,交换业务首先需通过空分交换,然后通过时分交换,最后又通过空分交换。它是用时分复用实现时隙交换的网络。

space-time transmit diversity (STTD)　空时发送分集　利用天线阵,在不同的空间信道和不同的时间段发送相同或不同的信号,以达到发送分集目的的技术。

space-time trellis codes (STTC)　空-时网格码　一种在多天线无线通信中使用的空时码。该方案发送网格(或卷积)码的多个冗余副本,这些码随时间和天线("空间")数量分布。接收器使用这些多个"不同"数据副本来尝试重建实际传送的数据。对于要使用的 STC,必须有多个发射天线,但只需要一个接收天线;然而,由于多接收天线的使用改善了系统的性能,因此经常使用多个接收天线。与空时分组码(STBC)相比,它们能够提供编码增益和分集增益,并具有更好的误码率性能。然而,基于网格码,它们比 STBC 编码和解码更复杂;它们依赖于接收器处的维特比(Viterbi)解码器,其中 STBC 仅需要线性处理。

SpaceWire　SpaceWire 网络,SpaceWire 总线　(1) 是一种部分基于 IEEE 1355 通信标准的航天器通信网络。它由欧洲航天局(ESA)与包括 NASA(美国国家航空和宇宙航行局)、JAXA(日本宇宙航空研究开发机构)和 RKA(俄罗斯罗斯科莫斯国家空间活动公司)在内的国际航天机构合作进行协调。在 SpaceWire 网络中,节点通过低成本、低延迟、全双工、点对点串行链路和分组交换并由选择路由器连接。SpaceWire 涵盖用于通信的 OSI 模型的七个层中的两层(物理和数据链路)。(2) 是 ESA 基于两个商用标准 IEEE 1355-1995 和 IEEE 1596.3(低压差分信号 LVDS)。通过对 IEEE 1355 可靠性、功耗等方面的改进,使其能够更好地满足航空航天应用而提出的一种专门用于空间高速数据传输的总线标准。SpaceWire 采用点到点连接的结构,在同一网络中可以同时使用多条总线,网络拓扑具有很高的自由度。因此,即使设备间各个连接的数据传输速度不高,仍可通过增加总线数量的方法来成倍地提高整个网络的数据传输速度。这是因为每个设备都有一个专用连接,而不像以太网和1394总线等所采用的广播信道类型的结构,其带宽是由总线中所有连接的设备来共享的。SpaceWire 总线的单线速率最高可达 400 Mbps,目前器件的数据传输速率达到 200 Mbps。

spanning tree 生成树 (1)图 G 的一棵包括 G 所有结点的子树称为生成树。(2)连通图的生成子图,它同时又是树,也称为"支撑树"。每个连通图都包含生成树。(3)指一个没有逻辑环路的网络段。拥有一个根节点和一条路径,通常是最短路径的网络结构。

spanning tree protocol (STP) 生成树协议 (1)使用生成树算法的网桥协议,它允许学习网桥通过建立一棵生成树在一个具有环路的网络拓扑中动态工作。网桥与网桥之间交换 BPDU(网桥协议数据单元)消息以检测出环路。然后,通过关闭相关的网桥接口去除环路。(2)是一种为以太网建立无环路逻辑拓扑的网络协议。STP 的基本功能是防止桥接环路和由它们产生的广播辐射。生成树还允许网络设计包括备份链路,以便在活动链路发生故障时提供容错功能。

spatial correlation 空间相关性 (1)理论上,通过在发射器和接收器端都有多个天线,可以改善无线通信系统的性能。这思想是,如果每对发射和接收天线之间的传播通道在统计上是独立的并且分布相同,那么可以通过预编码创建具有相同特性的多个独立通道,并用于传输多个数据流或提高可靠性(误码率的术语)。实际上,不同天线之间的通道通常是相关的,因此可能无法始终获得潜在

的多天线增益。这被称为空间相关性,因为它可以解释为信号的空间方向与平均接收信号增益之间的相关性。(2)指在空域内图像的相邻像素之间存在内在联系。利用图像中的空间相关性,某些像素值可以通过邻近像素值的预测得到。图像压缩系统利用这个特性进行空域内的压缩编码。

spatial frequency (SF) 空间频率 (1)表示单位长度上的正弦状态浓淡变化的重复次数。用在横轴和纵轴上分别对应于 x 轴方向和 y 轴方向的空间频率为 μ、v 的二维平面(空间频率域)来表示。对二维图像信息来说,基于灰度信息向空间扩展而引进空间频率这一概念,一方面是研究输入图像由那些空间频率成分构成,另一方面在空间频率域中进行各种处理。对应于空间频率域,有时把图像本身称为空间域。给定数字图像的二维离散的傅里叶变换就是提供求得该图像由怎样的空间频率成分构成的手段。通常把它看作是二维正交变换的代表。(2)显示屏上视角的每一度所能显示的黑白线对数。在给定观看距离时,空间频率用"周期/度"或"线/英寸"来表示。

spatial multiplexing (SM/SMX) 空间复用 是 MIMO(多输入多输出)无线通信、光纤通信和其他通信技术中的传输技术,用于传输独立且单独编码的数据信号,称为"流"。因此,空间维度被复用或多路复用多次。

specialized mobile radio (SMR) 专用移动无线电 可以是模拟或数字集群双向无线电系统,由 VHF(甚高频)、220、UHF(特高频)、700、800 或 900 MHz 频带中的业务运行。一些具有高级功能的系统被称为增强型专用移动无线电(ESMR)。SMR 是美国联邦通信委员会(FCC)法规中定义的术语。

spectral density 谱密度 时间序列 $x(t)$

的功率谱 $S_{xx}(f)$ 描述了功率分配到组成该信号的频率分量中。根据傅里叶分析,任何物理信号都可以分解为多个离散频率,或连续范围内的频谱。根据频率内容分析的某一信号或某种信号(包括噪声)的统计平均值称为其频谱。当信号的能量集中在有限的时间间隔附近时,特别是如果其总能量是有限的,则可以计算能量谱密度。更常用的是功率谱密度(或简称功率谱),它适用于所有时间存在的信号,或者足够大的时间段(特别是与测量的持续时间有关),它可能已经结束无限的时间间隔。然后,功率谱密度(PSD)指的是每单位时间内将发现的谱能量分布,因为这种信号在所有时间内的总能量通常是无穷大的。

spectral efficiency 频谱效率 或带宽效率。是指可以在特定通信系统中在给定带宽上传输的信息速率。它是物理层协议如何有效地利用有限频谱的度量,有时按介质访问控制(信道访问协议)的带宽效率的度量。

spectral envelope 频谱包络 频谱包络是幅度谱的包络曲线。它描述了一个时间点(确切地说是一个窗口)。在使用光谱仪的遥感中,特征的光谱包络是其光谱特性的边界,由每个感兴趣的光谱带中的亮度级别范围定义。

spectral line 光谱线 发射或吸收波长的一个狭窄范围。光谱线相当于量子力学系统能级转换时发射或吸收的单色辐射。

spectral mask 频谱掩模[遮蔽,屏蔽,限制] 在电信中,频谱掩模,也称为信道掩模或传输掩模,是应用于无线电(或光学)传输电平的数学定义的线组。频谱掩模通常旨在通过限制超出必要带宽的频率的过度辐射来减少邻道干扰。这些杂散发射的衰减通常通过带通滤波器实现,调谐以允许载波的正确的中心频率

以及所有必要的边带通过。

spectral power distribution (SPD) 频谱功率[光谱能量]分布 当波的频谱密度乘以一个适当的系数后将得到每单位频率波携带的功率,这被称为信号的功率谱密度(PSD)或者频谱功率分布。SPD 对光学传感器系统应用至关重要。诸如透射率、反射率和吸光度之类的光学性质以及传感器响应通常取决于入射波长。

spectral reflectance 光谱反射率[系数] 对一给定波长而言,反射光通量的光谱密度与入射光通量光谱密度之比。

spectral resolution 光谱分辨率 指能分辨的最小波长间隔。光谱分辨率是遥感器接收目标辐射信号时所能分辨的最小波长间隔。是遥感器的重要性能指标。遥感器的波段划分得越细,光谱的分辨率就越高,遥感影像区分不同地物的能力越强。参见 spatial resolution。

spectral response (SR) 光谱[频谱]响应 一个设备对不同波长的光在敏感性上的差异。

spectral sensitivity characteristic (SSC) 光谱灵敏度特性 在特定照射条件下,摄像管或光电管的辐射灵敏度和入射辐射波长之间的关系。也称为光谱响应。

spectral space 光谱空间 (1) 在数学中,光谱空间(有时称为相干空间)是与交换环的光谱同胚的拓扑空间。(2) 指信号在频率域上的度量。例如,家用录像系统录像机在录像带上记录的亮度信号占用 3.4 到 4.4 MHz 之间的 1 MHz 光谱空间。另一方面,Super-VHS(超级家用录像系统)机由于增加了光谱空间提供更多的画面细节。V-VHS 格式磁带上制的亮度信号扩展到 5.4 MHz 和 7 MHz 之间的 1.6 MHz 的光谱空间。

spectroanalysis 光谱分析 通过分析光谱的特性来分析物质结构特征或含量的方法。包括对物质发射光谱、吸收光谱、荧

光光谱分析等,也包括不同波长段如可见、红外、紫外、X射线光谱分析等。根据分析原理光谱分析可分为发射光谱分析与吸收光谱分析两种;根据被测成分的形态可分为原子光谱分析与分子光谱分析。

spectrogram　(光,声,语)谱图　是声音或其他信号频率随时间变化的视觉表示。频谱图有时被称为声像图、声纹或声纹图。广泛应用于音乐、声呐、雷达和语音处理领域。作为研究语音的一个重要工具,它是一个二维图形,垂直方向对应于频率,水平方向对应于时间,而图像的黑白度正比于信号的能量。所以,声道的谐振频率在图上就表示成黑带。浊音部分则以出现条纹状图形为其特征。而在清音部分则是在较高频率部分有紊乱的致密条纹。

spectrometer　光谱仪,分光计　一种用于测量波长、折射光线的偏差和棱镜面之间的角度的光学装置,尤其是由光线通过的狭缝、准直仪、偏光棱镜和望远镜组成的仪器,通过它观察和检查偏光。

spectrophotometry　光谱测定法　测量不同频率(波长)的光强度或某种材料反射的狭窄光带强度的方法。

spectroscope　光谱镜　一种用于分解电磁辐射从而形成或记录光谱的仪器。由棱镜或衍射光栅等构成。利用光谱仪可测量物体表面反射的光线。参见 spectrometer。

spectroscopy　光谱学　研究光谱理论及其应用的光学学科分支。

spectrum　频谱　(1)一个信号的各次谐波同一个信号参量的对应关系。这个对应关系是一个离散量。信号参量可以是幅度和相位,分别对应于幅度频谱和相位频谱。(2)在声学中:① 指作为频率函数的声波分量的幅度分布;② 一个连续的频率区域,通常用宽度表示,例如,

可听见的声谱。(3)频率的一个连续范围,在此范围内的波具有某种规定的特性,如声频谱、无线电频谱、光谱、电磁频谱。(4)组成信号的全部频率分量的总集。从图形上看,频谱可分为两种基本类型:离散频谱和连续频谱。

spectrum analyzer　频谱分析仪　进行频谱分析及测量的一种仪器。测量输入信号的幅度与仪器整个频率范围内的频率。主要用途是测量已知和未知信号频谱的功率。也是 TEMPEST(瞬时电磁脉冲发射标准)测量中常用仪器之一。频谱分析仪测量的输入信号是电的;然而,可以通过使用适当的换能器来考虑其他信号的光谱成分,例如声压波和光学光波。还存在使用诸如单色器的直接光学技术来进行测量的光谱分析仪。

spectrum management　频谱管理　是规范无线电频率使用以促进有效使用并获得净社会效益的过程。术语无线电频谱通常是指可用于无线通信的 3 kHz 至 300 GHz的全频率范围。对移动电话等许多服务的需求不断增长,需要改变频谱管理的理念。由于技术创新,例如 3G 和4G 移动服务,以及无线互联网业务的快速扩展,对无线宽带的需求急剧上升。

speech signal processing　语音信号处理　研究语音的发音过程、语音信号的传送过程和统计特性、语音的自动识别和机器合成以及语言的感知特性等内容的学科。它是数字信号处理学科中最为活跃的分支之一。语音信号处理大都采用数字计算机技术,所以也称为"语音数字处理"。

speech spectrogram　语音谱图　就是话语(utterance)频谱图,通过处理接收的语音时域信号得到频谱图,是语音识别中的基本工具。

speech synthesis　语音合成　(1)运用电子技术产生能让人听得懂的人工言语的

过程。通常是经过数字运算"还原"出语音信号,经过数模转换器(DAC)而获得计算机输出的语音。(2)有两种语言合成的主要方法:① 波形数字化,然后将这些词存入到计算机中。这些词用话语送入到话筒,语言的波形得到数字化处理(即波形快速采样,而产生出同波形的幅值成比例的一些数字),这些数字以一位位的形式存储起来。语音是用程序合成的,并将他们组合在一起,然后将他们重新转换为声音(利用数-模转换器)。② 峰段合成。这种方法用电子方法来模拟人的声音,而不是用实际的人的声音,这种方法是先产生一组简单频率,然后再用滤波器修正这些频率,以此模拟出语音的复合音。语音合成已取得实际应用。它可以弥补某种结构上的缺陷。例如,在 Kurzweil 阅读机中,利用光符识别器对文本进行扫描,然后采用语音合成技术能发声读出文本内容。

speech synthesis markup language (SSML) 语音合成标记语言 由 W3C 制定并在 Voice XML(语音可扩展标记语言)中使用,作为电话语音流程中语音合成控制的标准。SSML 的基本任务就是在不同的应用平台上为合成文本提供一个标准的控制语音输出的方法,例如发音、音量、音调、语速等参数。参见 Voice XML。

spherical antenna 球形[球面]天线 (1)一类具有球面形状,主要用于理论研究的天线。(2)卫星地面站天线的另一种主要形式。与抛物面天线不同,球形天线可以同时对准几个卫星,因此,具有同时接收几个卫星信号的能力。由于这一特性,已经有越来越多的家用卫星电视接收者开始安装球形天线,因为,这些用户希望能够很方便地从一个卫星的接收转向对另外一个卫星的接收。

spidernet 蜘蛛网络 星形网络和环形网络构成的蜘蛛网状的混合拓扑结构网络。

split screen 分屏 也称为分框、分割图像。允许同时观看两路图像的视频技术。主要在体育和新闻节目中使用,过去分屏由演播室或电视台控制,而不是用户。随着电视画中画技术的发展,这种情况已经改变。

splitter 分路器,分配器 (1)一种无源器件,它把来自宽带系统前向的信号功率分成具有较小信号功率的两路或多路输出信号。它又能把来自反向的多路输入信号混合成一路信号,并将其传往头端。(2)在局域网中,指一个无源设备,用于作为一个连接多路分支的节点。(3)在有线电视网络中,将信号由主干电缆引入配线电缆的无源器件。

splitterless ADSL 无分路器 ADSL 非对称数字用户线(ADSL)技术的一种类型,在这种技术中,用户端不需要分路器。有时指 G.lite 标准的数字用户线技术。参见 asymmetric digital subscriber line (ADSL)。

splitting 分路,分流 (1)在一个网络中,用分路器将一条支路变成两条支路。(2)在OSI(开放系统互连)参考模型中,用多个(N-1)连接支持一个(N)连接的(N)层内的一种功能。与此相反,合流是指从多个(N-1)服务数据单元中分离出单个(N)协议数据单元的(N)层内的一种功能。

spoke-hub distribution paradigm 轮辐-枢纽分布范式[范例] 一种传输拓扑优化形式,其中交通规划者将路线组织为一系列"辐条",将外围点连接到中央"枢纽"。这种分布/连接模型的简单形式与点对点运输系统相比,其中每个点都有到每个其他点的直接路径。20 世纪 70 年代末,电信和信息技术部门随后采用了这一分布拓扑模式,将其命名为星形网络拓扑。

sponsored top-level domain (sTLD)　赞助顶级域名　是因特网号码分配管理机构(IANA)维护的用于因特网域名系统的顶级域名(TLD)类别之一。IANA 目前区分了三组顶级域名：国家/地区代码顶级域名(ccTLD)，通用顶级域名(gTLD)和基础架构顶级域名。赞助顶级域名是一个专门的顶级域名，其中有一个赞助商代表该域名所服务的特定社区。所涉及的社区基于私人机构或组织提出的种族、地理、专业、技术或其他主题概念，这些机构或组织建立并执行限制注册人使用 TLD 资格的规则。而非赞助 TLD 根据全球因特网社群直接通过 ICANN(因特网名称与编号分配机构)流程制定的政策运行。

spontaneous radiation　自发辐射　一种辐射跃迁，在没有外界辐射激励的情况下，电子从高能级转移到低能级并释放出光子。因为自发辐射具有随机性，所以这种情况辐射出的光在频率、相位、偏振方向及传播方向都有一定的任意性。

sporadic E (Es)　散发性 E　是利用地球电离层特征的一种不寻常的无线电传播形式。而天波传播的大多数形式利用电离层 F 区域的正常和循环电离特性将无线电信号折返(或"弯曲")回地球表面，零星的 E 传播使信号从较低的 E 区(位于海拔 $90\sim160$ km 处)的异常电离的大气气体的较小"云"中反射回来。这偶尔支持甚高频(VHF)频率的长距离通信，通常不太适合这种通信。使用单个 E_s 云可以产生 $800\sim2\,200$ km 的通信距离。距离的这种可变性取决于许多因素，包括云高度和密度。最大可用频率(MUF)也有很大差异，但最常见的是 $25\sim150$ MHz 范围.

spot beam　点波束　(1) 在通信术语中，点波束是一种专门集中在功率(即由高增益天线发送)上的卫星信号，因此它将仅覆盖地球上有限的地理区域。使用点波束使得仅特定预期接收区域中的地球站才能正确地接收卫星信号。(2) 来自卫星的无线电频率波束，波束截面为圆形或椭圆形，便于覆盖地球表面的一定区域，这种波束要比全球波束小。

spread spectrum (SS)　扩展频谱，展频，扩频　(1) 在电信和无线电通信中，扩频技术是利用特定带宽产生的信号(例如，电信号、电磁信号或声信号)有意在频域中扩频的方法，从而产生具有更宽带宽的信号。使用这些技术有多种原因，包括建立安全通信，增加对自然干扰、噪声和无线电干扰的抵抗力，防止检测和限制功率通量密度(例如，在卫星下行链路中)。(2) 是一种常用的无线通信技术，展频技术的无线局域网络产品是依据 FCC(美国联邦通信委员会)规定的 ISM(工业、科学、医疗)，频率范围开放在 $902\sim928$ MHz 及 $2.4\sim2.484$ GHz 两个频段上，所以并没有所谓使用授权的限制。展频技术主要又分为跳频展频(FHSS)技术及直接序列展频(DSSS)技术两种方式。

spread spectrum communication (SSC)　扩频通信　通信信号所占用频带宽度远远大于所传信息必需的最小带宽的通信方式。传输带宽主要由发送机和对应收信机预先制定的扩频码序列确定。扩频信号带宽与原始信号带宽的比值，称为扩频通信系统的处理增益(GP)，它是扩频通信系统的重要参数。多数扩频通信系统的 GP 值远大于 10。

spread spectrum multiple access (SSMA)　扩频多址　一种运行基于蜂窝式正交频分复用技术(OFDM)的扩频多址无线系统的方法，与码分多址(CDMA)类似的多址接入技术。

spread spectrum technology (SST)　扩频[扩

展频谱]技术　一种信息传输方式,其特点是传输信息时所用信号带宽远大于传输此信息所需最小带宽的一种信号处理技术。在发信端以扩频编码进行扩频调制,在收信端以相关解调技术收信息。常用的扩频技术主要有三种方法,即直序扩频、跳频扩频、跳时扩频以及线性调制。但是在实际使用的过程中,常采用混合方式。

spurious emission　杂散发射　必要带宽外的单个或多个频率点上的发射,可以减少其电平而不影响相应的信息传输。杂散发射包括谐波发射、寄生发射、互调产物及变频产物。带外发射除外。

spurious signal (SS)　杂散[寄生]信号　由于所用设备的某种特性不完善而偶然产生的非所需信号。例如,由电视摄像管产生的杂散辐射或不希望的黑斑信号。

squaerial　矩形天线　squaerial 源于 square 和 aerial 的组合。一种用于接收卫星电视广播信号的菱形平面天线。此类天线尺寸紧凑,并包含一个安装在平面上的小天线阵列。可固定在建筑的墙面上。

square wave (SW)　方波,矩形波　电压交替地取两个不同固定值的一种波形,这两个值通常是一正一负地交替出现。一串脉冲是电压为正的固定值和零交替出现的方波。

SSL portal VPN　安全套接层门户虚拟专用网　一种安全套接层虚拟专用网(SSL VPN),允许一个单独的安全套接层接入某一站点,以便终端用户能够安全访问多种网络服务。被接入的站点称为门户,该门户(一个单独的网页)成为通向多种丰富资源的入口。远程用户可通过任何网页浏览器访问 SSL VPN 网关。用户可采用一种网关支持的认证方法识别身份,此时会显示一个网页,该网页起到接入其他服务的门户的作用。

SSL tunnel VPN　安全套接层隧道虚拟专用网　一种安全套接层虚拟专用网(SSL VPN),允许一个网页浏览器通过一个在安全套接层下运行的隧道安全接入多种网络服务,包括非基于网页的各项应用和协议。SSL tunnel VPN 要求网页浏览器能够处理活动内容,可以提供安全套接层门户虚拟专用网(SSL Portal VPN)所不具备的功能。活动内容包括 Java、JavaScript、Active X、Flash 应用或插件。

SS7 probe　SS7 探针[探测器]　是从电信网络(例如公共开关电话网 PSTN 或公司电话系统)获得信令和/或承载信息的物理设备。探测器被动地监视 E1/T1 线路或 SDH/SONET(同步数字序列/同步光网络)承载信道,并提取信令信息以转发给应用程序。无源探测器不会影响观察中的网络,这是通过在网络分发帧上使用受保护的监视点来实现的。

SS7 protocol suite　SS7 协议套件　SS7 协议栈可以部分映射到分组数字协议栈的 OSI(开放系统互连)模型。OSI 层 1~3 层由 SS7 协议的消息传送部分(MTP)和信令连接控制部分(SCCP)(统称为网络服务部分(NSP))提供;对于电路相关的信令,例如 BT IUP(英国电信互连用户部分)、电话用户部分(TUP)或 ISDN(综合业务数字网)用户部分(ISUP),用户部分提供第 7 层功能。目前没有提供 OSI 第 4 到第 6 层的协议组件。事务处理功能应用部分(TCAP)是核心网络中的主要 SCCP 用户,在无连接模式下使用 SCCP。面向连接模式的 SCCP 为诸如 BSSAP(基站系统应用部分)和 RANAP(无线接入网应用部分)之类的空中接口协议提供传输层。TCAP 为其用户(TC 用户)提供事务处理功能,例如移动应用部分、智能网络应用部分和 CAMEL 应用部分。

standard of information classifying and

coding　**信息分类编码标准**　就是将信息按照科学的原则方法进行分类并加以编码,经有关方面协商一致,由标准化主管机构批准发布,作为有关单位在一定范围内进行信息处理与交换时其共同遵守的规则。信息分类编码的基本原则与方法是分类在先,编码在后。首先要确定分类编码对象;然后要制订编码规则,即对每一编码对象要制订码长、分层和各码位意义的取值规则;最后编制编码表,即每一编码对象按既定的编码规则编制出该编码数据元素的所有可能的取值表。

standards for MODEM　**调制解调器标准**　有关 MODEM 的标准是由国际电信联盟-电信标准化部(ITU-T)下的 V 系列委员会制定的,主要包含了传输速率、差错控制、数据压缩等方面的内容。包含的常用协议:① 传输速率协议。② 差错控制协议。③ 数据压缩协议。

standing wave　**驻波**　(1) 振动的一种状态,在这种状态下,所有点的振荡现象都被同一时间函数所控制,只有一个从一点变到另一点的数值因数例外。(2) 在传输线路、共振腔或振动的电路中由于两个或多个波的合成而形成的一种有固定端点的波,沿着波线有一系列波腹和波节,相邻的波腹和波节点之间的距离是波长的一半。

standing-wave ratio (SWR)　**驻波比**　传输线的驻波比是沿传输线驻波的特定场分量的最大幅值与相邻最小幅值之比。驻波比等于 $(1+r)/(1-r)$,其中 r 是振幅反射系数的模数。偶尔也有用上述定义的倒数表示驻波比的,但是不推荐这种用法。

star/ring network　**星形/环形网络,星环网**　一种基于单向传输的环形网络,在该网络中利用连接部件使一些数据站以成组形式连接到网络中。这种网络结构允许向网络中随意增加或撤去数据站,而不影响网络工作。

start stop transmission　**启停式传输**　一种异步传输方式,每组信号位的前面加上一个起始信号,使得接收装置准备好接收,后面跟至少一个结束信号,使得接收装置进入空闲状态以接收下一个信号。

start stop mode　**起止式**　将所要传输的信息适当分段,然后在收发两个终端之间取得同步的传输方式。起止式是数据传输系统可采用的一种传输方式,也称"异步式"。在具体数据传输的过程中,一般在传输字符序列前面加上一个起始信号,后面加上一个停止信号。

start stop system　**起停式系统**　在每个传输字符之前有一个起始信号,而在每个传输字符之后有一个停止信号的数据传输系统。

start-stop transmission　**起止式传输**　异步传输系统中传输信息字符的一种方法。在每个字符的前面加开始传输信号而在其后面加停止传送信号的异步传输方法。

static positioning　**静态定位**　如果全球定位系统(GPS)接收器的天线在地球上是固定的,那么这种定位方式就是静态定位。这种方式可以利用各种均衡技术来提高定位的精度。

static routing　**静态路由(选择)**　由网络管理员手工配置的路由信息。当网络的拓扑结构或链路的状态发生变化时,网络管理员需要手工去修改路由表中相关的静态路由信息。静态路由信息在缺省情况下是私有的,不会传递给其他的路由器。当然,网管员也可以通过对路由器进行设置使之成为共享的。静态路由一般适用于比较简单的网络环境,在这样的环境中,网络管理员易于清楚地了解网络的拓扑结构,便于设置正确的路由信息。

S

statistical time division multiplexing (STDM) 统计时分(多路)复用 在数据通信中,一种时分复用技术,其中时间间隔仅分配给运行终端。这种技术可以增加信道相连的终端数目,提高传输线路的效率。它用缓存收集数据,在通信量暂时超过多路转换数据链路的传输率时,就采用存储信道字符。

step-by-step exchange system 步进制交换系统 最早的自动交换系统,它实现了从人工交换到自动交换的革命性变革。步进制交换系统是由电动机的转动带动选择器(又叫接线器)垂直和旋转的双重运动,以及和继电器组成的一种自动电话交换机,来实现主叫用户和被叫用户的接续动作。呼叫需经过一连续的交换单元才通过交换设备,每个交换单元每次只走一步,从一级到另一级,每一步对应于所拨的数字。它最早出现于1899年,后逐步被纵横制交换系统和程控交换系统所取代。

stepping switch 步进开关 在电气控制中,步进开关或步进继电器(也称为单向选择器)是一种机电装置,其将输入信号路径切换到由一系列电脉冲引导的若干可能的输出路径之一。步进开关的主要用途是在早期的自动电话交换机中进行路由电话呼叫。后来,常用于工业控制系统等设备中。它们在第二次世界大战期间用于日本的密码机。在单向选择器中,步进开关仅在一个轴上步进,尽管通常有几个触点组并联。在其他类型中,例如Strowger开关,机械切换发生在两个方向上,跨越触点网格。

step response 阶跃响应 当一个系统的输入信号发生从一种状态瞬时转向另一种状态(称阶跃输入)时,该系统对这种阶跃输入信号的响应称为阶跃响应。

step response time 阶跃响应时间 当一个系统的输入信号从一种状态瞬时转向另一种状态时,其输出由其原来的状态改变到其最终稳定状态的指定百分值(通常取其终值的90%、95%或99%)所需要的时间。

stereophonic sound 立体声声音 更常见的是立体声(stereo),是一种声音再现方法,可以产生多方向听觉知觉的错觉。这通常通过两个或多个扬声器(或立体声耳机)的配置使用两个或多个独立的音频通道来实现的,从而产生从不同方向听到声音的印象,如在自然听觉中。因此,术语"立体声"适用于所谓的"四声道"和"环绕声"系统,以及更常见的双声道、双扬声器系统。它通常与单音(monophonic)或"单"声音形成对比,其中听到的声音来自一个位置,通常在声场(类似于视野)前方。自20世纪70年代以来,立体声在广播电台、电视、录制音乐、互联网、计算机音频和电影等娱乐系统中得到广泛使用。

stereopsis 立体视觉[观察,影像] 一个常用术语,指具有正常双眼视觉的个体根据双眼获得的深度和三维结构的感知。双眼视觉会导致两个略微不同的图像投射到眼睛的视网膜。差异主要在于两幅图像中物体的相对水平位置。这些位置差异被称为水平视差,或者更一般地,被称为双目视差。双目视差产生的一种对深度的感觉,就会产生三维物体的效果。

stimulated Brillouin scattering (SBS) 受激布里渊散射 对于在介质或波导(例如光纤)中行进的强光束(例如激光),光束本身的电场变化可以通过电致伸缩或辐射压力引起介质中的声学振动。由于这些振动,光束可能呈现布里渊散射,通常在与入射光束相反的方向上,这种现象称为受激布里渊散射(SBS)。受激布里渊散射是可以发生光学相位共轭的一种效应。

stimulated Raman scattering (SRS) 受激拉

曼散射　一种非弹性散射,使光波的频率降低或光子的能量减少。SRS 和介质的光学性质有关。受激拉曼散射是和光与硅原子振动模式间相互作用有关的宽带效应。受激拉曼散射使得信号波长就像是更长波长信号通道或者自发散射的拉曼位移光的一个拉曼泵。在任何情况下,短波长的信号总是被这种过程所衰减,同时长波长信号得到增强。

stop-and-wait ARQ　停止并等待 ARQ　也称为交替比特协议,是通信中两个连接设备之间发送信息的一种方法。它确保信息不会因丢包而丢失,并且数据包以正确的顺序接收。它是最简单的自动重复请求(ARQ)机制。停止并等待 ARQ 发送方一次发送一帧;它是一般滑动窗口协议的一种特殊情况,发送和接收窗口大小分别等于 1 和大于 1。在发送每个帧之后,发送方不会发送任何其他帧,直到收到确认(ACK)信号。在接收到有效帧之后,接收方发送 ACK。如果 ACK 在某个时间(即超时)之前没有到达发送方,则发送方再次发送相同的帧。每次帧传输后重置超时倒计时。上述行为是停止并等待的基本形式。但是,实际的实现方式因解决某些设计问题而各不相同。

stop-and-wait protocol　停止等待协议　是最简单最基本的数据链路层协议。是发送接收双方传输数据的一种协同方式。它的作用是实现对数据发送端的流量控制,以及信道数据传输中可能出现差错的情况下,如何实现数据的可靠传输。控制流量的方法是:接收方收到一个正确的数据帧时,向发送端发送一个确认帧(ACK),发送端收到确认帧后,再发送新的数据帧。由于信道是不可靠的,在传输过程中,数据帧可能出现差错或丢失。解决数据帧传输出现差错的方法是,在数据帧中加上循环冗余校验(CRC)字段,接收端通过 CRC 可识别出有差错的数据帧。发现差错则发回一个否认帧(NAK)。发送端收到否认帧,则重传该数据帧,直到收到确认帧为止。为解决数据帧丢失,发送端发送完一个数据帧时,就启动一个超时定时器,若超过定时器所设置的定时时间还收不到接收端的应答帧,则重传前面的数据帧。

stop band　阻带　也称为"抑制频带",在某个频率范围内的衰减大于一个规定值的频带。同 rejection band。

stop bit　停止位　异步串行传输中,一个字符的最后一个或两个码元,用来确保对下一字符的起始码元的正确标识。

stop element　停止码元　异步串行传输中一个字符的最后一个码元。用它来保证识别下一个起始码元。同 stop signal。

stop frame (SF)　停帧,停格,逐帧动画　逐帧图像拍摄的动画,相邻两帧之间稍有不同。

storage area network (SAN)　存储区域网络　或存储网络,一种提供对整合的数据块级数据存储设备访问的计算机网络。SAN 主要用于增强服务器可访问的存储设备(如磁盘阵列和磁带库)的可访问性,以便使这些设备在操作系统中呈现为本地连接的设备。SAN 通常是存储设备的专用网络,其他设备无法通过局域网访问,从而防止局域网流量干扰数据传输。

store and forward network　存储转发网络　采用存储转发方式进行信息交换的网络系统。在该方式网络系统中,本站在向目标站传送信息前,首先需要把报文或信息包存储起来,然后在接到目标站的应答信号后,再将上述信息传送到目标站去。

straight-tip connector (STC)　(光纤)直通式[直接尖端]连接器,ST 型连接器　由 AT&T 公司开发的一种光纤连接器。它采用带键的卡口式锁紧机构,确保连接时准确对中。用于有线电视和通信网络的光纤连接。

stranded fiber cable　层绞式光缆　一种光缆结构形式,属于中心构件配置方式。层绞式光缆是由多根容纳光纤的松套管绕中心的加强构件绞合成圆形的缆芯。中心增强构件采用塑料被覆盖的多股绞合或实心钢丝和纤维增强塑料两种增强件。它是把若干光纤束套管封包在同一外护层中,互相以螺旋状与加强件扭绞在一起,扭绞过程提高了光缆抗拉能力,就像扭绞铜线一样。

stratospheric communication　平流层通信　利用飘浮在地球上空 17～22 km 的平流层中的气球、充氢飞艇或飞机装载的通信台作为无线电通信的中继站实现地面的无线通信。与地面无线电通信设施相比,这种通信方式覆盖面积大,不易受到地面建筑物对无线电波的干扰。与卫星通信相比,飞艇距离地面近,无线电波的往返距离短,电波信号损失小,传播时间大为缩短。对地面终端所需功率的要求也小得多,有利于终端设备实现便携、手持和小型化。

stream control transmission protocol (SCTP)　流控制传输协议　(1)一种运行在传输层的计算机网络通信协议,其作用类似于流行的协议 TCP(传输控制协议)和 UDP(用户数据报协议)。它由 IETF 在 RFC 4960 中标准化。SCTP 提供 UDP 和 TCP 的一些功能:它像 UDP 一样面向消息,并具有像 TCP 一样的拥塞控制来确保消息可靠、按序传输。它与这些协议的不同之处在于提供多归属和冗余路径来提高恢复能力和可靠性。(2)一种可靠的数据包传输协议,是由因特网工程任务组(IETF)的信令传输工作组制定的一种传输信令消息的机制,其设计目标包括恰当的拥塞避免特性以及对泛洪和伪装攻击的抵抗力。它可运行于不

可靠传输的分组网络上(如 IP 网),提供下列服务功能:① 用户数据无差错无重复的确认传输;② 根据检测到的最大传输单元(MTU)长度进行用户数据分段处理,避免 IP 层的分段;③ 在多个流间的用户消息有序递交,及单独用户消息按到达顺序递交的选项;④ 可选的多个用户消息至 SCTP 数据报的复用;⑤ 通过支持一个关联的一方或双方节点的多宿性,实现网络级容错。

streaming media　流媒体　一种基于宽带技术的视频、音频实时传输技术。流媒体也是指采用流式传输的方式在因特网播放的媒体格式,而流式传输方式是指将整个 A/V(音频/视频)及三维等多媒体文件经过特殊的压缩方式分成一个个压缩包,由视频服务器向用户计算机连续、实时传送。与单纯的下载方式相比,这种对多媒体文件边下载边播放的流式传输方式不仅使启动延时大为缩减,而且对系统缓存容量的需求也大为降低。

streaming technology　流式技术　(1)在因特网上传送信息(尤其是多媒体声音或视频图像)的过程,以平稳流动的方式,接收者可以在传输过程中访问文件。流式技术,也称"流式媒体",让用户在下载时看到和听到下载的数字化内容,包括视频图形、声音和动画,他们通常用万维网浏览器插入的方式在用户点击后几秒钟内就会出现。但是这种方便性的代价是牺牲了质量。因为在因特网上传送需要宽带的内容而采用的压缩技术会产生不尽人意的图像。(2)在磁带存储设备中,通过移动磁带缓冲区来控制磁带运动的低成本技术。尽管流式磁带包含了启/停性能,它达到了数据的高度可靠存储和检索,当一个特殊应用程序或计算机需要稳定地提供数据时尤其有用。

stream-oriented file　流式文件　用于存放二进制位、字节或其他小型的结构均匀

的数据的顺序文件。

stream protocol (ST)　流协议　一个因特网协议。与 IP(网际协议)不同,IP 不要求路由器维护描述通过的数据流的状态信息。流协议在网络上建立起一个端到端的面向数据流的服务,这个服务以"流"为对象实现。流数据分组之间不是像 IP 协议中的那样完全无关的,而是作为一个流中的一部分。在数据传输之前要有一个建立流的过程,在建立流的过程中选择路由并保留联网资源。每个网络实体维护描述通过的数据流的状态信息,包括传输信息和资源信息。该协议支持视频和音频信息的点到点传输,可用于电视会议系统。

Strowger exchange　史端乔式交换机　最早的自动交换机,它采用史端乔式开关。这种交换机是由步进电机的转动带动开关(又叫接线器)垂直和旋转的双重运动来实现主叫用户和被叫用户的接续的。每个开关将呼叫接到下一级的一个空闲开关。这是一种步进式操作,因而这种交换机常被称为步进开关。

Strowger switch　史端乔式开关,Strowger[斯特罗格]开关　是第一个商业上成功的机电式步进开关电话交换系统。它由史端乔自动电话交换公司开发,该公司由美国人阿尔蒙·布朗·史端乔于 1891 年创立。由于其操作特性,它也被称为步进(SXS)开关。

structure of management information (SMI)管理信息结构　在计算技术中,SMI 是 ASN.1 的改编子集,在简单网络管理协议(SNMP)中运行以定义管理信息库(MIB)中相关管理对象的集合("模块")。SMI 细分为三个部分:模块定义、对象定义和通知定义。描述信息模块时使用模块定义。ASN.1 宏 MODULE-IDENTITY 用于简明地传达信息模块的语义。对象定义描述托管对象。ASN.1 宏 OBJECT-TYPE 用于简明地传达托管对象的语法和语义。在描述管理信息的未经请求的传输时,使用通知定义(也称为"陷阱")。ASN.1 宏,NOTIFICATION-TYPE,简明地传达了通知的语法和语义。

stub area　末梢[末节]区域　只含有一个外联的默认路由、多个区域内路由和区域间路由,但不含外部路由的 OSPF(开放式最短路径优先)区域。虚拟链路不能在末梢区域上配置,也不能包含 ASBR(自治系统边界)。

studio (ST)　摄录棚,演播室,工作室　摄制电影、电视或录音广播节目的房间或场所。通常是艺术家或工人的工作室。这可以用于表演、建筑、绘画、陶器(陶瓷)、雕塑、折纸、木工、剪贴簿、摄影、平面设计、电影制作、动画、工业设计、广播或电视制作广播,或音乐制作。对于舞蹈演员工作室,通常指定为舞蹈工作室(dance studio)。

subcarrier (SC)　副载波,子载波　(1) 构成另一载波之调制信号的已调制载波。是射频载波的边带,对它调制以发送附加信息。例如,在黑白电视系统中提供色彩,或在单声道广播中提供立体声。(2) 对于电视系统,在美国国家电视制式委员会(NTSC)或逐行倒相制(PAL)制式视频中,由非常精确频率的连续正弦波组成的视频信号的一部分,副载波是相位调制,传送图像色调信息、幅度调制信息以及色彩饱和度信息。NTSC 制的副载波频率是 3.579 545 MHz,PAL 制的副载波频率是 4.433 618 75 MHz。副载波的一个抽样,称为色同步信号,在水平消隐过程中包含在视频信号中。色同步信号在调制副载波中做相位参考,来和解码后的色度信息做比较。

submarine communications cable　海底通信(电)缆　是敷设在陆基站之间的海床

上的电缆,用于承载跨越海洋和海的电信信号。19 世纪 50 年代开始铺设的第一条海底通信电缆承载了电报业务,建立了各大洲之间的第一条即时电信链路,例如 1858 年 8 月 16 日投入使用的第一条跨大西洋电报电缆。随后的几代电缆承载了电话业务,然后是数据通信业务。现代电缆使用光纤技术传输数字数据,包括电话、互联网和专用数据业务。

subnet number 子网号 是子网的标识,在 IP 网络中是网络 IP 地址的一部分,用来标明一个子网。知道该子网中的某一个 IP 地址和子网掩码可以计算出子网号。

subsampled 下采样 指某一信号采样率低于系统中的其它信号。主要的例子是 ITU-R(国际电信联盟-无线电通信部)的 BT.601 标准中使用的 YcbCr 色彩空间。亮度信号(Y)每采样 2 次,色度分量 Cr 信号和 Cb 信号只采样 1 次。Cr 信号和 Cb 信号就是下采样。

subsampling 子采样,欠采样,降采样 (1) 在视频系统中,一种用于快速运动视频序列在缓存中溢出时管理溢出数据的技术。(2) 减少传输信号所需带宽的方法。欠采样和插值广泛用于数字电视视频压缩。

subscriber identity/identification module (SIM) 用户识别模块 俗称 SIM 卡,是一种集成电路,旨在安全地存储国际移动用户识别码(IMSI)号码及其相关密钥,用于识别和验证移动电话设备(如移动电话和计算机)上的用户。在许多 SIM 卡上也可以存储联系信息。SIM 卡总是用于 GSM(全球移动通信系统)手机;对于 CDMA(码分多址)手机,它们仅适用于具有较新的支持 LTE(长期演进)功能的手机。SIM 卡还可用于卫星电话、智能手表、计算机或相机。SIM 有两种物理形式,一种是标准 IC(集成电路)

卡,可插入任何具有 IC 卡适配器的移动设备(ME)。用户只要携带 SIM 卡,就可使用任何地方的任何移动设备进行呼叫,由原来的"终端移动性"发展为"个人移动性"。另一种是半固定的可移动的模块,插入到移动设备中,它被认为是移动台的一部分。

subscriber loop 用户环路 是普通电话系统中,从用户电话机线路接口到电话公司本地接入交换机前配线架为止的通信线路。由配线架到路边交接箱称为馈线段,是大对数的市话通信电缆,由交接箱到分线盒称配线段,是小对数的市话电缆,由分线盒到用户电话机称引入线,大多是线对。但是使用外部信令时可以是二线的,也可以是四线。

subscriber loop carrier (SLC) 用户环路载波 或用户线载波(SLC),提供电话交换机类似的电话接口功能。SLC 远程终端通常位于远离电话公司的中心局并具有高密度电话用户的区域,例如住宅区。在通用用户环路载波(USLC)的情况下,两个或四个 T1 电路(取决于配置)将 SLC 远程终端连接到中心局终端(COT)。集成用户环路载波(ISLC)的 T-span 直接终止于电话交换机中的时分交换设备。参见 T-span。

subsequent address message (SAM) 后续地址消息 是七号信令系统(SS7)电话用户部分(TUP)中前向地址消息中的一种消息。若七号信令采用重叠地址发送方式时,SAM 是继初始地址消息之后发送的信号消息,该消息含有一个或几个附加的地址信息位(或)脉冲终了信号。若七号信令采用成组地址发送方式时,地址信号则由初始地址消息(IAM、IAI)一次发送完毕,不再发送 SAM。

subsequent signal unit (SSU) 后续信号单元 多单元消息中,除初始信号单元以外的任何一个信号单元。在有些系统中,不把多单元消息中最后一个信号单元看作是后续信号单元。

subservice field (SSF)　子业务字段　七号信令系统(SS7)消息信号单元(MSU)中SIO(业务信息八位位组)字段中的一部分。

subsplit　亚分,子分段　一种单缆制双向宽带通信系统中的频率分配方式。一般规定,向头端传送的反向通路信号频率范围是5~30 MHz。自头端向全网传送的前向通路信号的频率范围是54~400 MHz,保护带则为30~54 MHz。

subtractive synthesis　减法合成,相减合成　(1)减法合成是一种声音合成方法,其中音频信号的部分(通常是富含谐波的部分)被滤波器衰减以改变声音的音色。虽然减法合成可以应用于任何源音频信号,但是与该技术最常见的声音是20世纪60年代和70年代的模拟合成器,其中简单波形如锯齿波、脉冲波或方波的谐波通过压控谐振低通滤波器被衰减。许多数字、虚拟模拟和软件合成器使用减法合成,有时与其他声音合成方法结合使用。(2)在模拟信号合成器中,通过对信号波形的过滤获得预想音质的技术。

subvoice grade channel (SGC)　亚音频级信道　带宽比音频级窄的信道。它通常是音频级信道的子信道。仅用于电传打字机、遥测器等低速数据传输。通常使用的电报信道不包括在此信道之内。

subweb　万维子网　根万维网的一个命名的子目录,它是一个完整的基于FrontPage的万维网。每个万维子网可有独立的管理机构,从根万维网和其他万维子网中获得授权和浏览许可。此外,通过基于FrontPage的搜索形式实现的搜索局限于万维子网,而且,FrontPage仅管理万维子网内的超级链接。在根万维网下可建立任何数量的万维子网,万维子网内也可以建立万维子网。

super band　超频段　从216 MHz到600 MHz的无线电频段,用于民用波段(CB)和有线电视。

supergroup (SG)　超群　电话信道频分复用中的基群组合,它由5个基群经变频后组成。各基群变频的载频分别为420、468、516、564、612 kHz。取下边带,得到频谱为312~552 kHz的超群信号。

superheterodyne circuit　超外差电路　利用本地产生的振荡波与输入信号混频,将输入信号频率变换为某个预定的频率的电路。超外差是在外差原理的基础上发展而来的,外差方法是将输入信号频率变换为音频,而超外差的方法是将输入信号变换为超音频,所以称之为超外差。

superheterodyne receiver（superhet）　超外差接收机　一种使用混频将接收信号转换为固定中频(IF)的无线电接收器,IF可以比原始载波频率更方便地处理。实际上,所有现代无线电接收器都使用超外差原理。

superhigh　frequency（SHF）　超高频　(1)是ITU(国际电信联盟)指定的3~30 GHz(吉赫)之间范围的无线电频率(RF)。这个频带也称为厘米波段或厘米波,波长范围从1~10 cm。这些频率属于微波频段,因此具有这些频率的无线电波称为微波。微波的小波长允许它们通过诸如抛物面天线和喇叭天线之类的孔径天线以窄波束定向,因此它们用于点对点通信和数据链路以及用于雷达。该频率范围用于大多数雷达发射机、无线局域网(LAN)、卫星通信、微波无线电中继链路和许多短程地面数据链路。(2)指电磁频谱中用GHz度量的频段,而不是较低频段的传统 MHz。频率为3~30 GHz范围的电磁波,波长 1~

10 cm的电磁波。主要用于高数据速率的视距(LOS)微波、多波段无线接力、对流层散射和卫星通信系统。

super low frequency (SLF) 超低频 是国际电信联盟(ITU)指定频率范围 30 Hz 到 300 Hz 之间的电磁波(无线电波)的名称。它们相应的波长在 10 000 到 1 000 km之间。这个频率范围包括交流(AC)电网的频率(50 赫兹和 60 赫兹)。另一个包括该频率范围的冲突名称是极低频(ELF),在某些情况下指的是最高可达 300 赫兹的所有频率。

superluminal communication 超光速通信 是一种以超光速(FTL)传送信息的假设过程。目前的科学共识是,不可能实现比光速更快的通信,并且迄今为止在任何实验中都没有实现。根据目前的知识,超光速通信是不可能的,因为在洛伦兹(Lorentz)不变理论中,它可以用来将信息传送到过去。这与因果关系相矛盾并导致逻辑悖论。已经提出或研究了许多与超光速通信相关的理论和现象,包括快子、量子非局域性和虫洞。

supernet 超网 一些 IP(网际协议)地址之和,用作一个无类别的网络地址。例如,给定四个 C 类 IP 网络:192.0.8.0,192.0.9.0,192.0.10.0 和 192.0.11.0,每一个都有一个内部的网络掩码 255.255.255.0,可以用一个地址 192.0.8.0 与子网掩码 255.255.252.0 来代表这四个 IP 网络的和。

superposed ringing 叠加振铃 一种混合使用交流电和直流电的专线电话振铃。

supersync signal (SS) 复合同步信号,超同步信号 在电视扫描逆程中发送的水平同步信号和垂直同步信号的复合信号,用来使电视接收机与发射机保持同步。

superturnstile antenna (SA) 多层绕杆式天线,蝙蝠翼天线 早些年最先引入电视广播的一种天线,并仍广泛用于甚高频

(VHF)电视台。偶极子是安装在支撑杆对侧的一对辐射体,有时因其形状被称为蝙蝠翼。辐射体由呈直角安装的两个偶极子组成,天线由 2～12 层偶极子组成。

super tweeter 超高音喇叭[扬声器] 是一种工作在 13～25 kHz 频率范围的扬声器,而普通的高音喇叭工作在 16～20 kHz。用在多驱动器扬声器系统中产生超高频。它的目的是重建一个更加逼真的声场,通常被称为"通风度"。超高音扬声器有时出现在高保真扬声器系统中,有时甚至出现在家庭影院系统中。它们被用来补充高音扬声器的声音,通过复制高音的扬声器只能产生窄极性输出或可能有失真的频率。

super-twisted nematic display (STN) 超扭曲向列显示器 是一种单色无源矩阵液晶显示器(LCD)。这种类型的 LCD 是 1983 年在瑞士巴登(Baden)的布朗博韦里(Brown Boveri)研究中心发明的。多年来,人们一直在寻求更好的多路复用方案。具有 90°扭曲分子结构的标准扭曲向列(TN)LCD 具有不适合于无源矩阵寻址的对比度与电压特性,因为没有明显的阈值电压。STN 显示器,分子扭曲 180°至 270°,具有优越的特性。STN LCD 的主要优点是其更显著的电光阈值,允许使用更多的行和列进行无源矩阵寻址。有史以来第一次,布朗·博韦里(现为 ABB 集团)于 1984 年首次制造了一个 540×270 像素的 STN 矩阵显示器原型,这被认为是该行业的突破。与 TFT(薄膜晶体管)LCD 相比,STN LCD 需要更少的功率并且制造成本更低,TFT LCD 是另一种流行的 LCD,它已经在很大程度上取代了主流笔记本电脑的 STN。STN 显示器通常比 TFT 显示器具有较低的图像质量和较慢的响应时间。然而,STN LCD 可以制成纯反射型,以便在阳光直射下观看。STN 显示

器用于一些廉价的移动电话和一些数字产品的信息屏幕。在 20 世纪 90 年代早期，它们被用于一些便携式计算机。

Super Wi-Fi　超级 Wi-Fi　是由美国联邦通信委员会（FCC）创建的术语，用于描述 FCC 计划创建更长距离无线互联网接入的无线网络方案。在名称中使用"Wi-Fi"商标一直受到批评，因为它不是基于 Wi-Fi 技术或得到 Wi-Fi 联盟的认可。一个贸易展也称为"超级 WiFi 峰会"。针对该概念已提出了诸如 IEEE 802.22 和 IEEE 802.11af 的各种标准。"超级 Wi-Fi"方案不使用 Wi-Fi 的 2.4 GHz 无线电频率，而是使用电视频道频率之间的低频白色空间。这些较低的频率允许信号进一步传播并比先前使用的较高频率更好地穿透墙壁。美国联邦通信委员会的计划是允许免费使用这些空白频率，就像短距离 Wi-Fi 和蓝牙一样。但是，由于担心干扰广播，超级 Wi-Fi 设备不能随意访问电视频道。FCC 强制要求使用电视白空间数据库（也称为地理定位数据库），超级 Wi-Fi 设备必须访问该数据库，然后才能访问 VHF－UHF 频谱。白空间数据库评估对广播干扰的可能性，并允许或拒绝超级 Wi-Fi 设备对 VHF－UHF 频谱的访问。

support network　支撑网　利用电信网的部分设施和资源组成的，相对独立于电信网中的业务网和传送网的网络，支撑网对业务网和传送网的正常、高效、安全、可靠的运行、管理、维护和开通起支撑和保证作用。支撑网的例子有电信管理网、公共信道信令网和同步网。

suppressed carrier system (SCS)　载波抑制系统　使用边带而不使用载波来传输信息的技术。

suppressed carrier transmitter (SCT)　载波抑制发射机　只发射边带的发射机。

surface acoustic wave filter (SAWF)　声表面波滤波器　一种设计紧凑、利用压电元件表面波的声波滤波器，在允许区域和衰减频率之间实现突变过渡。在电视机和录像机中使用声表面波滤波器以确保期望的中频响应。通常，声表面波滤波器位于调谐器和中频放大器之间。

switched circuit　开关[交换]线路，交换电路　(1) 一种通信链路。其物理通路可随各种应用不同而不同，可根据其中某站的状况或外部手段，进行连接或不连接。(2) 一种数据或语音传输方法，其中在传输开始时建立资源并在结束时移除资源，在通话期间，其中某些系统资源可连续用于通信方。传统电话是交换电路，与 VoIP（网络电话）形成对比。

switched communication network　交换式通信网　一种由通信设施和通信站组成的系统。它能使一个站在交换线路上建立一条和远程站通信的数据链路。

switched Ethernet　交换式以太网　是以交换式集线器或交换机为中心构成以太网网络，这是一种星型拓扑结构的一种高速网络。这种网络是在传统以太网技术的基础上，用交换技术替代原来的 CSMA/CD（载波监听多路访问/冲突检测）技术，从而避免了由于多个站点共享并竞争信道导致的冲突，多个节点可同时发送或接收数据，减少了信道带宽共享中的浪费，同时还可以实现全双工通信，提高了信道的利用率。

switched mesh　交换网格　一种无线网状网络，它使用多个无线电信道通过专用网状回程链路与网格中的每个相邻节点进行通信。这里，每个单独无线电信道的所有可用带宽都专用于到相邻节点的链路。总可用带宽是每条链路的带宽之和。每个专用网状链路位于单独的信道上，确保转发的流量不会使用网状网络中任何其他链路的任何带宽。因此，交换网格能够比共享网格具有更高的容量

S

和传输速率,并且随着节点被添加到网格中而容量会增加。目前市场上有三种不同类型的无线网状网络产品配置。在第一种类型中,一个无线电提供回程(分组中继)和客户端服务(接入膝上型计算机)。在第二种类型中,一个无线电通过多跳来中继分组,而另一个无线电提供客户端接入。这显著改善了回程带宽和延迟。第三种类型使用两个或更多无线电用于回程,以获得更高的带宽和更低的延迟。第三代无线网状网络产品正在取代上一代产品,因为语音和视频等要求更高的应用需要在网状网络的多跳路由上进行中继。

switched virtual interface (SVI)　交换虚拟接口　是交换机端口的虚拟局域网(VLAN),由到路由或桥接系统的一个接口表示。VLAN 没有独立的物理接口,SVI 为来自与 VLAN 关联的所有交换机端口的数据包提供第 3 层处理。VLAN 和 SVI 之间存在一对一映射,因此只能将一个 SVI 映射到 VLAN。默认情况下,为默认 VLAN(VLAN1)创建 SVI 以支持远程交换机管理。除非与物理端口关联,否则无法激活 SVI。

switch fabric　交换结构　(1) ATM(异步传输模式)等交换机的中心功能块,负责对输入的信元进行缓冲和寻径到适当的输出端口。(2) 所有数据速率的 OTN(光传送网)信号具有相同的帧结构,但帧周期随着数据速率的增加而减小。因此,实现 SONET/SDH(同步光网络/同步数字序列)交换结构的时隙交换(TSI)技术不能直接应用于 OTN 交换结构。OTN 交换结构通常使用分组交换结构来实现。

switch hook (SWHK)　叉簧开关,挂钩开关　一种电话机上的开关,也称作"hook switch",它与支撑受话器或把手的结构相关联,操作时把受话器或把手从支撑

物上移走或重新放回,即完成通话电路和振铃电路与外线的通断转换。

switching equipment capacity　交换设备容量　又称为背板带宽容量或交换结构容量,是交换机等设备接口处理器或接口卡与数据总线之间所能吞吐的最大数据量。交换容量表明了交换设备总的数据交换能力,单位为 Gbps、Tbps 等。一台交换设备的交换容量越高,所能处理数据流的能力就越强,但成本也会越高。网络交换机通常用整机的吞吐量等参数来描述。而在电话系统中,电话交换设备容量通常用接入线路数描述。包括可接入的电话用户的端口数和能提供的中继接口数(以 64 kbps 信道为单位)。

switch monitoring (SMON)　交换网络监控标准　是美国 Avaya(亚美亚)公司和以色列 LAN(交换集团)提出的,现在已作为交换网络的标准远程监控管理信息库(MIB)而被因特网工程任务组(IETF)接受,并形成 RFC 2613 标准。通过监控网络的活动才能确定网络是否正在为用户提供最优质的服务。主动监控的目标就是将实时监控和离线报告结合起来,测量网络的运行情况,使网络保持平稳运行。

symbol rate (SR)　符号率,符码率　在数字通信中,符号率,也称为波特率和调制率,是使用数字调制信号或线路码在每个时间单位的传输介质中的符号变化、波形变化或信令事件的数量。也就是单位时间内所能发送的符号数。符号率以波特率(Bd)或每秒符号来度量。在线路代码的情况下,符号率是以每秒脉冲数表示的脉冲速率。每个符号可以表示或传送一个或几个数据位。符号率与以每秒比特数表示的总比特率及信道参数有关。

symbol synchronization　码元同步　在数字通信中,使发送端和接收端的信号码

元在时间上一致的过程。为了达到这个目的,在接收端有一个码元同步脉冲序列,这个序列中的脉冲位置和发送端的信号码元的开始时间或终止时间一致。有了准确可行的码元同步脉冲之后,即使信道和设备不理想,也能以较低的错误概率恢复已经畸变了的信号。

symmetrical channel　对称信道　发送和接收两个传输方向上的数据信号速率都相同的一对信道。

symmetrical encryption　对称加密　也称为"常规加密"或"秘密密钥加密"。采用这种加密方法时,加密密钥与解密密钥是相同的。

symmetrical high-speed digital subscriber line (SHDSL)　对称高速数字用户线　是对称数字用户线(SDSL)的一种形式,这种数据通信技术,用于在铜电话线上实现相等的发送和接收(即对称)数据速率,比传统的话音频带调制解调器所能提供的速度更快。与其他 DSL 技术相反,SHDSL 采用网格编码脉冲幅度调制(TC-PAM)。作为基带传输方案,TC-PAM 的工作频率包括模拟语音普通老式电话服务(POTS)所使用的频率。因此,不能使用分频器或 DSL 滤波器来允许一条电话线同时被 SHDSL 服务和 POTS 服务共享。支持对称数据速率使 SHDSL 成为企业用于专用交换分机(PBX)、虚拟专用网络(VPN)、Web 托管和其他数据服务的普遍选择。SHDSL 的对称数据速率,一对电话线以 8 kbps 为增量,从 192 kbps 到 2 312 kbps 的有效载荷;两对电线以 16 kbps 为增量,从 384 kbps 到 4 624 kbps。

symmetrical transmission　对称传输　在一个信道中,发送数据速度和接收数据速度相同的传送方法。

symmetrical two port network　对称二端口网络　当把输入端和输出端互相交换时,不影响外电路运行的二端口网络。不具有上述特点的二端口网络称为非对称二端口网络。

symmetric binary channel　对称二进制信道　专用于传送由二元字符组成的消息并具有下述性质的一种信道:任一字符变为另一字符的条件概率是相等的。

symmetric circuit　对称电路　一种具有以相同速度双向(在两个信道上)传输数据能力的全双工电路。

symmetric connection　对称连接　一种在两个方向上具有相同带宽值的连接。

symmetric digital subscriber line (SDSL)　对称数字用户线　一种通过电话网络的铜线传输数字数据的数字用户线(DSL),其中从网络到用户的下行带宽与从用户到网络的上行带宽相同。这种对称带宽可以被认为与非对称数字用户线(ADSL)技术提供的非对称带宽相反,后者上行带宽低于下行带宽。SDSL 是传输速率自适应技术,不能与模拟电话共享线路。

symmetric NAT　均衡网络地址转换　NAT 的一种。针对 UDP(用户数据报协议)数据包,它将内网中所有从相同 IP(网际协议)地址和相同端口号发出的数据包的原地址和端口号都映射为同一个地址和端口号。但是,当目的地址或端口改变时,映射也会改变。外部的机器只有在收到内网中机器发送的数据包后,才能用相同的地址和端口号向内网中的机器发送 UDP 数据包。

synchronization channel (SCH)　同步信道　是 GSM(全球移动通信系统)蜂窝电话系统中使用的下行链路唯一控制信道。它是 Um 空中接口规范的一部分。SCH 的目的是允许移动台(手机)快速识别附近的小区(基站收发信台 BTS)并与该 BTS 的 TDMA(时分多址)结构同步。SCH 上的每个无线电突发包含:服务

BTS 的当前帧时钟;基站标识码(BSIC),一种截断形式的小区标识,以及使用匹配滤波器容易检测的扩展训练序列。当移动设备在获得 FCCH(频率校正信道)后开启时,它等待获得 SCCH(信令控制信道),这将使移动设备的振荡器频率与基本信道的频率同步。

synchronization network **同步网** 产生时间或频率基准,用来提供基准定时信号的网络。同步网是一种支撑网,为电信网内电信设备时钟(或载波)提供同步控制信号,使其工作速率同步。同步网由节点时钟(产生时间或频率基准的设备)和同步链路(传递基准定时信号的路径)组成。

synchronous (sync) **同步** 指在一个系统或电路中两个或多个事件同时发生。数字传输中,发送端和接收端的比特流和字符流均随于精确同步时钟的过程。

synchronous clock (SCLK) **同步时钟** 产生同步周期信号的装置或测量时间和指示时间的一种装置。在数字同步计算机中,主控时钟脉冲发生器通过分频器输出多种标准的时钟脉冲,从而使各种部件保持同步。

synchronous communication (SYNC) **同步通信** 一种比特同步通信技术,要求发收双方具有同频同相的同步时钟信号,需在传送报文的最前面附加特定的同步字符,通过定时信号进行传输,使发收双方建立同步,此后便在同步时钟的控制下逐位发送/接收。

synchronous digital hierarchy (SDH) **同步数字系列[序列]** 国际光传送网标准。包括同步方式复用、交叉连接、传输,目的是使正确适配的净负荷在物理传输网上以固定比特率传输。SDH 是在 PDH(准同步数字系列)的基础上发展起来的一种数字传输技术体制。在 SDH 方式中,各个系统的时钟在同步网的控制下处于同步状态,易于进行复用和分离。SDH 由信息净负荷、段开销(SOH)和管理单元(AU)指针组成统一结构的帧,帧的重复周期为 125 微秒。其 1 阶同步传输模式(STM-1)速率为 155.52 Mbps,N 阶同步传输模式(STM-N)帧由 N 个 STM-1 帧按同步复用方式形成。为了承载不同速率等级的 PDH 数据流,ITU-T(国际电信联盟-电信标准化部)规定了基本复用映射结构,通过容器、虚容器、支路单元及支路单元组实现各种 PDH 数据流的复用/解复用。为了在传输节点上任意上/下通道,SDH 传输设备中普遍设置有数字交叉连接部件,通过这种部件不仅可以实现任意方向间任意通道的上/下,而且可以通过将传输网络设置为环形结构,以实现自愈保护环功能。参见 plesiochronous digital hierarchy (PDH)。

synchronous Ethernet (SyncE) **同步以太网** 是用于计算机网络的 ITU-T(国际电信联盟-电信标准化部)标准,它有助于通过以太网物理层传输时钟信号。然而该信号可追溯到外部时钟。

synchronous idle character (SYN) **同步空转字符** 在同步数据传输系统中,在不发送其他信息(即空转)时发送的一种专用控制字符,其目的是保持各种数据终端设备间的同步。

synchronous interface **同步接口** 数字网中,能按规定性能水平提供定时信息的接口。

synchronous line control **同步线路控制** 远程通信线路中控制数据传输的信号和方式。

synchronous modem **同步调制解调器** 在数据通信中,一种时钟同步的调制解调器。它以某一固定传输速率产生连续的数据流,其位、字节以及报文各级都保持同步。同步调制解调器接口设计比异步接口设计容易得多,因为它不需要位同步和采样硬件。大多数同步调制解调器都提供接收每一位所需的时序信号。

synchronous network　同步网络　在通信技术中,同步网络是这样一种网络,在该网络中,时钟被控制在以理想的相同速率或者相同的平均速率运行,并且在指定的有限范围内具有固定的相对相移。在现代数字通信网络上运行的许多业务需要精确的同步才能正确运行。例如,如果交换机不以相同的时钟速率运行,则会发生滑脱及降低性能。通信网络依赖于使用高度精确的主基准时钟,这种分布在网络范围内的时钟使用同步链路和同步供电单元。在理想情况下,时钟是同步的,但在实际中它们可能是均步的。在通常的使用中,均步网络通常被描述为同步的。

synchronous non return to zero (SNRZ)　同步不归零制　一种游程长度受限码(RLLC),其参数(d,k;m,n;r) = (0,8;8,9;1)。

synchronous operation　同步操作　(1)每一个事件的发生,或每一操作的执行都由时钟信号启动和控制的一种操作方式。在同步计算机中,每一个指令步的执行都由时钟脉冲信号来控制。(2)在通信和总线操作中,同时有时钟脉冲伴随的数据传输,时钟脉冲内嵌在数据流中,或由一条独立线路提供。

synchronous optical network (SONET)　同步光纤网,同步光网络　美国国家标准协会(ANSI)制定的高速同步光纤网传输标准。作为OSI(开放系统互连)七层模型中物理层的传输连接方式,规定了一套光信号标准以及同步帧结构和操作程序,传输速率基于51 Mbps的增量。该网络是在广域网范围内,基于光纤公共网络的数字电信服务标准格式,定义了标准线速率、光纤接口标准及标准信令格式。网络通过使用传输介质最基本的功能而实现,允许多个低速通道并入主干网或从主干网中分离,使得各个数据和声音线路集线器可以通过光纤上的数字化位流互连起来,原理上受RISC(精简指令集计算)的启发,采用新的精简网络操作将一些功能从网络上提出并将它们放入与网络相连的设备上。ANSI T1.105 SONET标准于1991年7月制定。通常它与同步数字系列(SDH)配置成一个完整的高速骨干网。

synchronous optical networking (SONET)　同步光纤网,同步光网络　SONET和同步数字系列(SDH)是标准化协议,使用激光或来自发光二极管(LED)的高相干光在光纤上同步传输多个数字比特流。在低传输速率下,数据也可以通过电接口传输。该方法被开发用来取代准同步数字系列(PDH)系统,用于在同一光纤上传输大量电话通话和数据业务而不存在同步问题。SONET和SDH本质上是相同的,最初设计用于从各种不同的源传输电路模式通信(例如,DS1、DS3),但它们主要用于支持以脉码调制(PCM)格式编码的实时、未压缩、电路交换语音。在SONET/SDH之前这样做的主要困难是这些不同电路的同步源是不同的。这意味着每个电路实际上以略微不同的速率和不同的相位运行。SONET/SDH允许在单个成帧协议中同时传输许多不同来源的不同电路。SONET/SDH本身不是通信协议,而是一种传输协议。

synchronous protocol　同步协议　一组准则,用于标准化计算机间的通信。分为基于二进制位流传输的、基于可辨认字符代码的、面向字符的位同步的协议等。

synchronous receiver transmitter　同步收发机　一种能接收和发送同步串行数据的接口设备。在微处理机系统中,该术语也表示一种单片集成电路。

S

synchronous residual time stamp（SRTS）同步驻留时间戳 在计算机网络中，一种时钟恢复技术。它传输源定时和网络参考定时信号之间的差分信号，以在目标结点中重新建立源定时。

synchronous satellite（SS） 同步卫星 沿一定轨道运行，相对保持在地球上空某一固定位置的通信卫星。轨道位于赤道上方 22 300 英里（35 880 km）、从西到东方向运行的卫星。其沿地球轨道运行一周需要 24 小时，因此看起来是静止的。作为通信卫星，可以携带中继转发器，大大增加电视和无线电传输范围，也称为地球同步卫星。

synchronous sequential circuit 同步时序电路 只能在同步信号作用下进行工作的时序电路。

synchronous serial interface（SSI） 同步串行接口 一种广泛使用的串行接口标准，专供主设备（例如控制器）和从设备（例如传感器）之间的工业应用。SSI基于 RS-422 标准，除了在各种硬件平台上实现之外，还具有很高的协议效率，使其在传感器制造商中非常受欢迎。SSI 最初由 Max Stegmann GmbH 于 1984 年开发，用于传输绝对编码器的位置数据，因此，一些伺服/驱动设备制造商将其 SSI 端口称为"Stegmann 接口"。它非常适合于在不同工业环境下要求测量可靠性和稳健性的应用。

synchronous serial transmission 同步串行传输 同步串行传输和异步串行传输同样在联机路上发送串行位流。在同步串行传输时，每一个待传输字符的前后不用起始位和停止位来实现其同步。在同步串行传输时，整个数据块用同一个代码（即同步字符）来同步。接收器识别出这个同步码后就开始接收整个数据块。它利用一个计数器来计算接收到的位数，同时装配各个字符。当然，接收装置

必须知道组成一个字符的位数和数据块的字符数。

synchronous stream cipher 同步序列密码 在密码学中，指一种序列密码，其密码位流的下一个状态只与前一个状态有关，而与输入无关。

synchronous system 同步系统 一种通信系统，其发送设备与接收设备同频率操作，并反馈保持同相。

synchronous time division multiplexer（STDM） 同步时分（多路）复用器 一种多路复用器。它对所有的输入线进行定期的扫描，把它们的字符拆开，交错地插入到一条成帧的高速数据流中。对于一条给定的信道，同步时分多路复用器可以利用信道的全部带宽，因此比频分多路复用器更为有效。

synchronous timer 同步定时器 在某些计算机系统中的一种逻辑定时器。常用以把生成逻辑定时器的那个任务在一定时间间隔内置于等待状态。同步定时器用于延迟操作。

synchronous transfer/transport module（STM） 同步传输模式 一种同步多路复用层次的基本模式，由 ITU-T（国际电信联盟-电信标准化部）定义。STM-1 的操作速率为 155.520 Mbps。

synchronous transfer/transport module-N（STM-N） N 阶同步传输模式 此处的 N = 1、4、16、64……，其中最基本的模块为 STM-1，传输速率为 155.520 Mbps；四个 STM-1 同步复用构成 STM-4，传输速率为 4×155.520 Mbps = 622.080 Mbps；16 个 STM-1（或四个 STM-4）同步复用构成 STM-16，传输速率为 2 488.320 Mbps，依此类推。N 阶的 STM-N 帧由 N 个 STM-1 帧按同步复用方式形成。

synchronous transport module（STM） 同步传输[传送]模块 是用以支持 SDH（同

步数字系列)内的段层连接的一种信息结构。它由组织在以 125 ms 为重复周期的块状帧结构中的信息净负荷和段开销信息字段组成。信息被适当地调整到以与网络同步的速率在选定的媒介中串行传输。STM 基本速率为 155 520 kbps，称为 STM-1。更高容量的 N 阶同步传输模式 (STM-N)模块是由 STM-1 模块复用而成的，速率为基本速率 155 520 kbps 的 N 倍。STM-1 由一个管理单元组和段开销组成。STM-N 由 N 个管理单元组和段开销组成。

synchronous transport signal (STS)　同步传输信号　美国贝尔通信研究所提出的同步光网络(SONET)传输体系的传输单元，基本的标准为 STS-1，速率为 51.84 Mbps，被称为光载波 OC-1，另外还有更高的等级。STS-3 与 STM-1 的速率相同。在 SDH 传输标准中，STS-1 为 55.52 Mbps。

synchronous transport signal-1 (STS-1)　同步传输信号 1　在 OC-1 光纤中以 51.84 Mbps 速率传输的 SONET(同步光纤网)标准。

synchronous transport signaling level N (STB-N)　N 级同步传输信号　SONET (同步光纤网)的传输速率等级定义，N 可取是 1～48 的整数。N 倍于基本 STS-1 的速率。例如：STS-1 的速率为 51.84 Mbps，STS-48 的速率为 STS-1 速率的 48 倍，即 2.5 Gbps。比较 synchronous transfer/transport module-N (STM-N)。

sync limiter (SL)　同步限幅器　用来阻止同步脉冲超过预定幅度的限幅电路。

SYN cookie　同步 cookie 技术　是对 TCP (传输控制协议)服务器端的三次握手协议所做的一些修改，专门用于抵御 SYN 泛洪攻击的技术。该技术的主要发明人 Daniel J. Bernstein(丹尼尔·J. 伯恩斯坦)将 SYN cookie 定义为"TCP 服务器对初始 TCP 序列号的特殊选择"。特别是，同步 Cookie 的使用允许服务器在 SYN 队列填满时避免丢弃连接。相反，服务器的行为就像 SYN 队列被扩大了一样。服务器将相应的 SYN + ACK 响应发送回客户端，但丢弃 SYN 队列条目。如果服务器然后从客户端接收后续 ACK 响应，则服务器能够使用 TCP 序列号中编码的信息重建 SYN 队列条目。

sync signal　同步信号　用于同步视频设备的视频信号。是光栅显示视频信号的一部分，表示每个扫描行的结束或最后一个扫描行的结束。

sync stripper　同步分离器　从全电视信号中分离出同步信号的部件。全电视信号包括显示图像的电视信号和通知接收器从何处开始显示这些电视信号的时序(同步)信号。

syncword　同步字　在计算机网络中，同步字、同步字符、同步序列或前同步码用于通过指示报头信息的结束和数据的开始来同步数据传输。同步字是用于识别帧的开始的已知数据序列，而在无线通信中也称为基准信号或中间码。前缀码允许明确识别同步序列，并且可以用作自同步码。

syndrome　校验子，校正子　与数据一起传送的错误校正代码，用于在接收端纠正在传送过程中产生的错误。

syndrome code　症状码　在编码 $n = k + r$ 中，当信息段 k 中某位或某几位出错时，监督段 r 产生的相应码态。靠症状码实现对 k 段纠错，指示 k 段有错。症状码表示的出错情况称为症状。

syndrome decoding　校正子解码　是在噪声信道(即在其上会产生错误的信道)上解码线性码的高效方法。在本质上，校正子解码是使用减化查找表的最小距离解码。这是代码的线性所允许的。

SYN flood　同步泛洪(攻击)　一种拒绝

S

服务攻击形式,攻击者向目标系统发送一连串 SYN 请求,试图消耗足够的服务器资源,使系统无法对合法流量响应。

syntax transformation　语法转换　为了通信和双方识别的需要,在定义和表示数据的诸种语法之间进行转换的过程。如在 OSI(开放系统互连)参考模型中,它涉及抽象语法与传送语法的相互转换。

synthetic aperture radar (SAR)　合成孔径雷达　用一个小天线作为单个辐射单元,将此单元沿一直线不断移动,在不同位置上接收同一个地物的回波信号并进行相关解调压缩处理的侧视雷达。合成孔径雷达就是利用雷达与目标的相对运动把尺寸较小的真实天线孔径用数据处理的方法合成一个较大的等效天线孔径,提高雷达的方位分辨率。

synthetic relation　组合关系　与聚合关系相对,指构成线性序列语言成分之间的"同现"与"顺序"关系。

systematic noise　系统噪声　根据噪声来源可将其分成随机噪声、周期噪声和系统噪声等三种。系统噪声是由系统本身的不完善而引入的固有噪声,它具有确定性,可以通过简单的校正手段来减小其影响。

system architecture evolution (SAE)　系统体系结构演进　是第三代合作伙伴项目长期演进(3GPP LTE)无线通信标准的核心网络的体系结构。SAE 是通用分组无线业务(GPRS)核心网络的演进,有一些差异:简化的体系结构;全 IP 网络(AIPN);支持更高吞吐量和低延迟的无线接入网络(RAN);异构接入网络之间的移动性,包括演进的通用移动通信系统 E-UTRA(LTE 和 LTE-Advanced 空中接口),3GPP 保留系统(例如 GSM EDGE 无线接入网 GERAN 或通用地面无线接入网 UTRAN,分别是 GPRS 和 UMTS 的空中接口),但也非 3GPP 系统

(例如 WiFi、WiMax 或 CDMA2000)。

systeme electronique pour couleur avec memoire (SECAM)　顺序与存储电视系统,SECAM 彩色制式,塞康制　法国、俄罗斯和部分东欧及非洲国家采用的电视制式。它和 PAL(逐行倒相制)制式有着相同的垂直分辨率和帧速,但是 SECAM 的色彩是调频信号调制的,与 PAL 制是不兼容的。

system fault tolerance (SFT)　系统容错(技术)　将数据在多个存储设备上作副本,使得一个设备故障时数据可以从另一个设备获得。硬件和软件的系统容错分别有若干个级别。

system identification number (SID)　系统识别[标识]号　由一个或多个基站广播以识别特定区域(通常是连续的)中的蜂窝网络。它在 AMPS(高级移动电话系统)、TDMA(时分多址)或 CDMA(码分多址)网络中是全球唯一的(前两个系统基本上已经过时)。这个号码有时会有冲突。

system maintenance　系统维护　为使计算机系统保持在(或重新恢复到)正常工作状态所需采取的维护措施,包括检查、测试、调整、更换设备和修理等。其目的是为了减少或缩短系统停机时间,提高系统的可用性。早期的计算机多采用面板维护方式,目前在较大的系统中一般均设有维护处理机支持系统的调试和维护程序,较小的系统则通过内置维护诊断固件或使用一些专门的自动检查技术进行维护。系统维护方式通常可分为预防性维护和事后维护。

system redundancy　系统冗余　为增加系统的可靠性,而采取两套以上功能和配置相同、相对独立软硬件系统的设计和实施。通过冗余的系统部件来防止单个故障对系统的影响。如安装冗余的电缆、电源、存储器、网关、路由、打印机、交

换设备以及其他的一些重要的网络部件。

system reliability　系统可靠性　包括全部硬件和软件子系统在内的某个系统在规定的环境中、在规定的时间内能执行所要求的任务或达到所需使用的概率。

system security　系统安全性　保护计算机系统,包括相应的软件为免遭错误动作、非法存取和有意破坏所采用的技术措施。主要措施有:提供备份、恢复和再生设备、在故障出现后提供代替资源以及通过口令和密码等技术保护数据。

system security audit　系统安全审计　对系统的安全概念以及实现机制的评价或测试过程。审计的目标是发现系统安全的薄弱环节,并提出解决问题的技术途径、管理方法和措施,从而加强系统的安全性。

systems network architecture(SNA)　系统网络体系结构　美国 IBM 公司于 1974 年提出的一种既可以满足当前远程处理系统环境,又可以满足未来网络要求的统一的通信系统结构。它反映了计算机系统构成网络的形态。它是经过通信系统传送信息的部件在逻辑结构、格式、协议和操作顺序方面的一个总的描述。SNA 将网络通信分为五层,即数据链路控制层、路径控制层、传输控制层、数据流控制层和功能管理层。每一层表示一个功能层次,与 OSI(开放系统互连)模型相比,没有最低的物理连接层,也没有最高的应用层。现通常采用的系统网络结构有以下几种:集中型、集中型的结合、线状型、环状型、一般分散型、借助卫星实现的分散型。

S

T

taboo channels　禁忌频道[信道]　在美国联邦通信委员会(FCC)分配的非广播特高频(UHF)频道中,由于使用其他频道而无法在特定位置使用的某些频道。禁忌频道存在是由于需要保持低成本所带来的对 UHF 转换器性能的某些限制。

tag switch　标记[标签]交换机　标记交换网络的核心部分,指网络内部具有标记交换功能的多层因特网协议(IP)交换机或交换路由器。标记交换机根据标记对携带标记的分组进行交换转发,同时标记交换机也支持传统的第三层交换和第二层交换。

tag switching　标记[标签]交换　由美国 Cisco 公司提出的将第二层(数据链路层)交换与第三层(网络层)路由选择技术结合的广域骨干网 ATM(异步传输模式)解决方案。使用标记交换时,信包或信元被赋予短的固定长度的标记,该标记告诉交换节点数据应如何转发。它类似于 IP(国际协议)交换,也采用了路由——交换技术,不同之处在于标记交换通过标记支持多种协议,在 IP 环境下标记交换即 IP 交换。

tail　尾部,尾随脉冲　(1)指示列表结尾的标记。(2)跟随在主脉冲后的同一极性的窄脉冲。

tailing　拖尾　(1)多通道调制解调器的一种特征,使另一个调制解调器链路能够连接到其通道之一。(2)指拖在图像右侧的长尾,因摄像管惰性或视频放大器频率特性校正不完善所致,也可能由于视频放大器自激振荡而产生。

tail time　尾(音)时间　在回波消除器、电话回波消除器和相关装置中,以毫秒(ms)为单位的信号采样窗口的大小,用于所有回音源的电声模型。

talk echo　通话回声　在话路上话音的反馈。

talker echo　发话者回声　语音通信系统中产生的声音反射,它使讲话的人的声音经过一定时延后返回到发送端。

tamed frequency modulation (TFM)　平滑调频　是相关相移键控的特例。设要传输的基带信号为(Ak),经相关编码后成为(Bk),Ak 和 Bk 的编码关系为:利用 Bk 对载波进行相位(频率)调制即得 TFM 信号。其邻道功率较小,占用带宽很窄,适用于陆地移动通信。

tandem　汇接局　是属于本地网内的一种交换局,它汇接各端局通过中继线传来的话务量,然后传送至相应的端局。在一个本地电话网中,如果电话容量大,交换量多,则很难做到全部交换局都相互直接连通。此时,通常将此本地网分成若干个汇接区,每个汇接区内设置一个或几个汇接局,从原则上讲,汇接局只汇接话务量。也就是说,它只接中继线,并通过中继线和各个端局互通。但实际上汇接局往往是汇接局/端局的混和局,它既汇接端局的话务量,又接受用户话务量,即接用户话机。汇接局需要具备本地网中标准的中继接口,信令方式以及符合规范要求的各项电气指标和性能,以便和网络中其它交换机互通。

tandem center　汇接中心　电信网络中的

转接节点(如交换机),它通过中继线路与其他交换(端)局相连,但不直接与用户电路连接。

tandem office 汇接局,中继局 在本地电话网中,一种主要用于集散当地电话业务的电话交换局(交换中心)。根据需要也可集散本汇接区的长途话务。汇接局根据它的使用场合不同,可以分为市话汇接局、市郊汇接局、郊区汇接局、农话汇接局等。每个汇接局连接若干个分局。

tandem routing 汇接路由 通过一个或多个汇接局把一个本地交换局连接到另一个交换局的路由。

tandem signaling 串联信令[信号] 是从数字信号到模拟信号,然后进行反向转换的两步转换。虽然模拟信号传输有通用标准,但数字信号可以采用各种采样率和编码方法(编解码器)。发送器和接收器之间的采样率或编码的任何差异都会在结果信号中引入误差或伪像。当传送语音时,如在音频电话呼叫中,串联信令可能产生难以理解的结果。串联信令是评估语音编码器性能的重要指标。

tandem switch 汇接[级联]交换机 电话公司一种特殊的中继线间交换系统,通常用于城市中互连各中心局。虽然大部分互连往往只限于某一种中心局的交换区域,但通常都会把这类汇接归类为长途交换系统。每个本地网都至少有一台长途汇接交换机,用于汇接本地网和外地的通信,这些长途汇接交换机通过长途数字传输电路互相连接起来就形成了所谓的长途电话网。

tandem switching system 汇接交换系统 指电信网络中的汇接局交换机,它通过中继线路与其他交换机连接,通常起汇集转接一定区域(即汇接区)内的区外呼叫的作用。

T-antenna/T-aerial T 型天线 或称平顶天线、顶帽天线。是用于 VLF(甚低频)、LF(低频)、MF(中频)和短波波段的电容性负载单极线无线电天线。T 型天线广泛用作业余无线电台、长波和中波广播电台的发射天线。它们还用作短波收听的接收天线。

tap 三通接头,分支器,分接头 (1)用来把计算机连接到细缆以太网上的设备。(2)一种无源器件,它能在电缆分配线上分出一部分信号功率把它送到分支电缆中去。从干线分出功率的大小取记于分支器的输入功率和它的衰减值。它通常只允许承载信号通过而不允许 50 Hz 的电源信号通过。(3)一种可以连接在电缆上,并且不阻塞原来信息传送的无源盒状设备。用于馈线或支路电缆。它在以太网中用于支路之间的连接。

tape cable 带状电缆 泛指由多根导体或多根单股电缆平行地排列在同一平面上并加以绝缘和固定的电缆。带状电缆一般有扁导体、圆导体和预绝缘三种。它在计算机、通信设备、自动控制中的应用很广泛。

tapered fiber (TF) 锥形光纤 是沿着长度逐渐变细的光纤,它的横向尺寸[直径]随长度增加而减小。当光从大端入射时,锥形光纤可以提高入射端损伤阈值,可以准直入射光束,提高光束质量。当光从小端入射时,锥形光纤可以作为扩束器使用。

tapered fiber waveguide (TFW) 锥形光纤波导 沿着长度方向逐渐变细的一种光波导,即它的径向尺寸随光纤长度而单调变化。

Tapestry 挂毯[Tapestry](哈希算法) 是一种点对点覆盖网络,为分布式应用提供分布式哈希表、路由和多播基础架构。Tapestry 对等系统提供高效、可扩展、自我修复、位置感知的路由到附近的资源,包括 Napster、Gnutella 在内的第一代对等应用程序有一些限制,例如 Napster 的中央目录和 Gnutella 的范围广播查询限制了可伸缩性。为了解决这些问题,开发了第二代 P2P 应用程序,包括 Tapestry、Chord、Pastry 和 CAN(内容可寻址网络)。这些覆盖实现了基于密钥的基本路由机制。这允许消息的确定性路由和对覆盖网络中的节点故障的适应。在命名网络中,Pastry 与 Tapestry 非常接近,因为它们都采用了 Plaxton 等人的相同路由算法。Tapestry 是一个可扩展的基础架构,提供分散的对象定位和路由,注重效率和最小化消息延迟。这是因为 Tapestry 从初始化开始构建本地最优路由表并维护它们以减少路由扩展。此外,Tapestry 允许根据给定应用的需要来确定对象分布。类似地,Tapestry 支持应用在覆盖网络中实现多播。

target token rotation time (TTRT)　目标令牌循环时间　FDDI(光纤分布式数据接口)网络中的一个参数值,指定网络上的每个节点在获取令牌之前要等待的时间。因为 FDDI 采用的是定时的令牌方法,所以在 TTRT 给定时间中,来自多个节点的多个帧可能都在网络上,为用户提供高容量的通信。

task identification (task ID)　任务标识(符,码)　(1) 供操作系统识别调度任务或执行任务的字符。(2) 在某些计算机系统中,在通信控制程序管理下,一种与任务相联系的标识字符,它把并发运行的任务区分开。

task mobile agent (TMA)　任务移动主体[代理]　在网络节点上移动,携带分布任务规则并且在相应的网络节点上完成指定分布任务的主体。

TCAM system　TCAM 系统　一种由单一 MCP(报文控制程序)和外部逻辑单元的集合以及应用程序一起进行控制的子系统。

T-carrier　T 载体[载波]　邮电公司或电话公司提供的数字传输业务。AT&T 公司于 1983 年先推出语音传输业务,现在已发展成为数据传输业务,其中包括 T1 业务和 T3 业务。T1 业务提供 1.544 Mbps 的线路,可支持 24 条(每条 64 kbps)语音或数据信道。T3 业务提供 44.6 Mbps 线路,可支持 28 条 T1 线路,相当于 672 条语音或数据信道。T 业务需要联机路两端增配多路复用器,在发送端用于合并各种信号进行传输(复用),在目的端用于解码(去复用)。多路复用器还要分析业务负荷,优化各类速度的信道使之有效传输。T 业务最初是针对铜线传输介质开发的,现已提供 1.544 Mbps 和 44.6 Mbps 的光纤、微波、卫星等多种介质的传输业务。

T-connector　T 形连接器,三通连接器　一种可接通三个不同方向的连接器,用于同轴电缆的一种连接器(也称为 BNC 连接器),可作为闭路电视、总线型或环形网络中的同轴电缆分支器。在细(缆)以太网(标准名为 10 base-2 中),它连接两个电缆的端口,另一个端口连接计算机接口。

TCP congestion control　传输控制协议拥塞控制　传输控制协议(TCP)使用的网络拥塞避免算法包括加性增加/乘性减少(AIMD)方案的各个方面,以及诸如慢启动和拥塞窗口的其他方案以实现拥塞避免。TCP 拥塞避免算法是因特网中拥塞控制的主要基础。根据端到端原则,拥塞控制主要是因特网主机的功能,而不是网络本身。在连接到因特网的计算机的操作系统的协议栈中实现了该算法的若干变体和版本。TCP 为解决信道拥塞问题而采取的措施主要有拥塞窗口限制、加性增加、乘性减小、拥塞避免、快速重传和快速恢复等。使用这些拥塞控制措施大大改善 TCP 性能,又没有明显增加协议软件计算开销。使用这些措施的 TCP 版本和没有使用这些措施的版本相比,性能提高 2～10 倍。

TCP cookie transactions (TCPCT) TCP cookie 事务 在 RFC 6013(历史状态,以前是实验性)中指定,作为传输控制协议(TCP)的扩展,旨在保护其免受拒绝服务攻击,例如 SYN 泛洪造成的资源耗尽和第三方恶意连接导致终止服务。与最初的 SYN cookie 方法不同,TCPCT 不与其他的 TCP 扩展冲突,但需要客户端(发起方)以及服务器(响应方)的 TCP 栈中提供 TCPCT 支持。TCPCT 扩展的直接原因是 DNSSEC(域名系统安全扩展)协议的部署。在 DNSSEC 之前,DNS 请求主要使用短的 UDP(用户数据报协议)数据包,但由于 DNSSEC 交换的大小和 IP 分片的缺点,UDP 对 DNSSEC 来说不太实用。因此,启用 DNSSEC 的请求会创建大量短期 TCP 连接。TCPCT 通过在完成三次握手之前不分配任何资源来避免服务器端的资源耗尽。此外,TCPCT 允许服务器在连接关闭后立即释放内存,同时保持着 TIME-WAIT(时间等待)状态。

TCP fast open (TFO) TCP 快速打开 在计算机网络中,传输控制协议快速打开(TFO)是加速在两个端点之间打开连续 TCP 连接的扩展。它通过使用 TFO cookie(一个 TCP 选项)工作,这是存储在客户机上的加密 cookie,并在与服务器的初始连接时设置。当客户机稍后重新连接时,它会发送初始 SYN(同步)数据包以及 TFO cookie 数据来进行身份验证。如果成功,服务器甚至可以在接收到三次握手的最后 ACK(确认)分组之前就开始向客户机发送数据,从而跳过往返延迟并降低数据传输开始时的等待时间。

TCP global synchronization TCP 全局同步 计算机网络中的传输控制协议(TCP)全局同步可能在拥塞期间发生在 TCP/IP 流中,因为每个发送方都会在发生丢包的同时降低其传输速率。因特网上的路由器通常具有数据包队列,以便在网络繁忙时保留数据包,而不是丢弃它们。由于路由器资源有限,因此这些队列的大小也是有限的。限制队列大小的最简单技术称为尾部丢弃。允许队列填充到其最大的大小,然后简单地丢弃任何新的包,直到队列中再次有空间。当在处理多个 TCP 流的 TCP/IP 路由器上使用时,尤其是当出现突发流量时,这会导致问题。虽然网络是稳定的,但队列始终是满的,除了满的队列会导致高延迟之外没有其他问题。但是,突发流量的引入可能会导致大量已建立的稳定流同时丢失数据包。每个发送方与其他发送方同时降低和增加传输速率的这种模式被称为"全局同步",并且由于必须重新发送大量丢弃的包,以及因为发送方与稳定状态相比具有降低的发送速率,同时在每次丢包后,发送方都会回退等待,从而导致带宽的低效使用。

TCP/IP kernel TCP/IP 内核 TCP/IP(传输控制协议/网际协议)产品中实现协议集的一个主要模块,它占用较少的内存,运行效率高且与网络应用完全兼容。

TCP/IP network TCP/IP 网络 使用 TCP/IP(传输控制协议/网际协议)的一个网络,而不管该网络是否连接到外部的因特网。

TCP/IP reference model TCP/IP 参考模型 为实现不同结构的网络之间的信息交换而建立的因特网网络参考模型。该模型包括应用层、传输层、网络(互连)层和主机到网络层(host-network)。该模型的 4 层与 ISO/OSI 参考模型或 SNA(系统网络体系结构)模型的 7 层不是一一对应的。

TCP/IP stack　TCP/IP 协议栈　指因特网协议系列,由不同网络层次上工作的 100 多个协议组成的一组协议,用以实现网络通信应用和管理。TCP/IP 协议栈分为 4 层,中间层的协议使用其下层协议提供的服务,并为其上层协议提供服务。TCP/IP 协议栈包括文件传送协议(FTP)、简单邮件传输协议(SMTP)、用户数据包协议(UDP)、用于远程访问的 Telnet 协议、普通文件传输协议(TFTP)、地址解析协议(ARP)、逆向地址解析协议(RARP)和网际控制消息协议(ICMP)等等。这些协议是用来把计算机和数据通信设备组织到计算机网络中的标准通信协议,它们要管理传输数据的路线、实际的传输以及处理传输过程中出现的错误。参见 Internet protocol suite。

TCP offload engine (TOE)　传输控制协议[TCP]卸载引擎　通过使用网卡上专用处理器来完成一些或所有数据包传输的处理任务。有了 TOE 芯片的专用网卡,可以把 TCP 在内的四层处理请示从主机处理器转移到网卡上,其最终的结果就是在加速网络响应的同时提高服务器的性能。TOE 与标准网络驱动的实现主要区别在将用户数据直接拷贝到数据链路层驱动处理,减少了传输层与网络层的数据拷贝,降低了协议复杂度,加快了网络传输速度,减轻了 CPU 负载。随着更多服务器 CPU 资源的释放,服务器可以更好地响应各种网络应用,如文件服务、网络直连存储(NAS)、高性能技术计算、高端备份与恢复、IP 存储及视频编辑等。即使网络流量增加,采用了 TOE 之后,服务器依然可以保持较短的响应时间。

TCP pacing　TCP 调步　在计算机网络领域,TCP(传输控制协议)调步是一组技术的名称,这些技术使 TCP 生成的分组传输模式不那么突发。它可以由网络调度程序来引导。

TCP ports　传输控制协议端口　在 TCP/IP 网络中为向用户提供服务设置的逻辑端口,当一台计算机和另一台计算机连接以访问特定服务时就会建立一条端对端连接,连接的各计算机会设置一个套接字。这种套接字根据具体使用的应用程序设置在特定的 TCP 端口,并为每个端口指定了端口号。

TCP sequence prediction attack　TCP 序列预测攻击　一种尝试预测用于识别 TCP 连接中的数据包的序列号的行为,可用于伪造数据包。攻击者希望正确猜出发送主机使用的序列号。如果他们能做到这一点,他们将能够将伪造的数据包发送到接收主机,这似乎来自发送主机,即使伪造的数据包实际上可能来自攻击者控制的某些第三方主机。发生这种情况的一种可能方法是攻击者侦听受信主机之间发生的对话,然后使用相同的源 IP 地址发出数据包。通过在发起攻击之前监控流量,恶意主机可以找出正确的序列号。在知道 IP 地址和正确的序列号之后,攻击者和受信主机之间的竞争基本上是为获得正确的数据包。攻击者首先发送它的一种常见方法是对受信主机上发起另一次攻击,例如拒绝服务攻击。一旦攻击者控制了连接,它就能够发送伪造的数据包而不会得到响应。

TCP tuning techniques　TCP 调整技术　在高带宽、高延迟网络调整传输控制协议(TCP)连接的网络拥塞避免参数。在某些情况下,经过良好调整的网络可以提高 10 倍的速度。但是,盲目地遵循指令而不了解其真实后果也会伤害性能。

TCP well-known port　传输控制协议知名端口　因特网协议栈中的传输控制协议

(TCP)和用户数据报协议(UDP)的端口,用于建立主机到主机的连接。从 0 到 1 023 范围内的端口号是众所周知的端口或知名端口,也称为系统端口。它们由提供广泛使用的网络服务类型的系统进程使用。在类 UNIX 操作系统上,进程必须以超级用户权限执行,才能使用其中一个众所周知的端口将网络套接字绑定到 IP 地址。UDP 协议的有些知名端口编号与 TCP 协议知名端口编号相同,但是因为这两个协议不同,使得有相同编号的知名端口提供的服务也不同。

TCP wrapper　TCP 封装程序　是一个基于主机的网络访问控制列表(ACL)系统,用于过滤对类似 UNIX 的操作系统(如 Linux 或 BSD)上的因特网协议服务器的网络访问。它支持主机或子网 IP 地址、名称和识别协议查询答复,用作过滤访问控制目的的权标。

TDM over GEM　GEM 承载 TDM 业务　GPON(千兆位无源光网络)系统中规定的一种承载 TDM(时分多路复用)的方式,其原理是利用可变长度的 GEM(GPON 封装模式)帧来封装 TDM 业务帧,GEM 帧长度根据 TDM 业务频率偏移情况进行变化,完成业务速率和线路速率的适配。参见 time division multiplexing (TDM)。

TDOA location　到达时差定位　一种基于反向链路的定位方法,通过检测移动台信号到达两个基站的时间差来确定移动台的位置。由于移动台定位于以两个基站为焦点的双曲线方程,所以至少需要三个以上的基站接收到移动台信号。两个双曲线的交点即为移动台的二维位置坐标。DOTA 方法不要求知道信号传播的具体时间,还可以消除或减少在所有接收机上由信道产生的共同误差,通常情况下定位精度较高。参见 TOA

location。

TD-SCDMA repeater　TD-SCDMA 中继器[直放站]　用于 TD-SCDMA(时分同步码分多址)移动通信网的全双工、线性射频中继放大设备,包括无线宽带直放站、无线选频直放站、光纤直放站、无线移频直放站和 TD-SCDMA 室内分布系统中的主机、分机(干线放大器)等。

tear out (TO)　(图像)撕裂　由于同步电路间歇性故障所导致的电视图像的部分混乱。

technical architecture group (TAG)　技术构架组　随着万维网的发展出现了很多网络架构的原则,这些原则有些是众所周知的,有些是不太被知道或接受的。W3C 创建了技术构架组来为这些网络构架原则提供书面证据并达成一致,将这些原则进行解释和分类,解决网络架构中出现的问题,协调在 W3C 之内或之外的交叉技术架构的发展。

technological convergence　技术融合　融合是电信和媒体行业中将服务、内容提供和通信手段整合在一个核心技术或生态系统下的一种现象。它包括需要考虑的文化、社会、商业、服务、技术、监管和内容方面。它的实际应用体现在各种具体例子中,例如互联网、数字融合、媒体融合、家庭应用和通信。

telco line bridge (TLB)　电话线桥(接器)　一种桥接设备,使数据通信用户可以只用一个计算机端口和一台调制解调器就能在多电话线路通道上实现数据收发。多路端口也可通过 TLB 共享同一电话通道。

telecommand　遥令,遥控(指令)　为了启动、更改或终止远距离设备的运行而利用电信传送的控制信号。

telecommunication　电信,远程通信　利用有线、无线、光学或其他电磁系统,对代表符号、文字、声音、图像的信号或任何性质的信息信号所进行的传输和/或发送与接收。tele 在希腊语中的意思是"遥远(far)"，telecommunication 也就是远程通信。

telecommunication line　远程通信线路　是用于传输数据的任何物理媒体，如电话线、电缆、微波束等。

telecommunication management network (TMN)　电信管理网(络)　是用于对电信网中一个、多个或全部网络进行管理的网络。电信管理网采用具有系列标准接口的统一体系结构、管理协议，并按一定的网络结构，把各种类型的操作系统(网管系统)和电信设备相互连接起来，以提供各种管理功能，实现电信网的标准化和自动化管理。电信管理网的规模可大可小，通常电信管理网总有多个不同的操作系统，通过与被管网络的若干个不同的接口，接收来自被管网络的信息，向被管网络发送指令，从而监控被管网络的运行。电信管理网在逻辑功能上与电信网相对独立，但在构成上是不可分的，电信管理网需要使用电信网的部分设施和资源来构成。电信管理网通常是分层管理，例如，根据管理对象可分为网元管理层、网络管理层和服务管理层等。电信管理网的管理功能有配置管理、性能管理、故障管理、账务管理和安全管理等。

telecommunication network (TN/TELNet)　电信网，远程通信网络　利用有线和/或无线的电磁、光电系统，进行文字、声音、数据、图像或其他任何媒体的信息传递的网络。电信网是由电信端点、节点和传输链路相互连接起来，以实现在两个或更多个规定电信端点之间提供面向连接或无连接传递方式的通信体系结构。电信网是由传输、交换以及信令过程、协议等运行支撑系统组成的综合大系统。按 ITU-T(国际电信联盟-电信标准化部门)的观点，电信网包括核心网和接入网，在我国还可以包括提供公用电信业务的用户驻地网。电信网按业务性质分，可分为电话网、公用电报网、用户电报网、数据通信网、传真通信网、电视传输网等；按服务地域分，有国际通信网、长途通信网、本地通信网等。衡量电信网网络服务质量的指标，有传输质量、接续质量和稳定质量三项。

telecommunication network nodes　电信[(远程)通信]网络节点　(1) 在固定电话网络中，节点可以是公共或专用电话交换机、远程集中器或提供某种智能网络服务的计算机。(2) 在蜂窝通信中，诸如基站控制器、归属位置寄存器、网关 GPRS 支持节点(GGSN)和服务 GPRS 支持节点(SGSN)之类的交换点和数据库是节点。在这种情况下，蜂窝网络基站不视为节点。(3) 在有线电视系统(CATV)中，该术语具有更广泛的背景，并且通常与光纤节点相关联。节点可以定义为从公共光纤接收器服务的特定地理区域内的家庭或企业。光纤节点通常根据由该特定光纤节点服务的"连接的家庭"的数量来描述。

telecommunications access method (TCAM)　远程通信访问法，TCAM 法　(1) 通信子系统依据控制块和报文标题中所包含的信息，在通信网络和报文队列之间交换报文的方法。上述操作由报文控制程序控制。(2) 与终端间传输数据的输入输出方法。(3) 是 IBM 的 OS/360 和 IBM System/360 及更高版本的后续计算机操作系统中的一种访问方法，它提供对远程处理网络中终端单元的访问。

telecommunications device for the deaf (TDD)　聋哑人用电信设备　一种电传打字机，通过电话线进行文本通信的电子设备，专为有听觉或语言障碍的人使用而设计。典型的 TDD 是具有

QWERTY 键盘和小屏幕的打字机或膝上型计算机大小的设备,使用 LED、LCD 或 VFD 屏幕以电子方式显示打印的文本。此外,TDD 通常还有一个可以打印文本小卷纸,旧版本的设备只有打印机而没有屏幕。该文本通过电话线实时传输到兼容设备,即使用类似通信协议的设备。

telecommunications engineering　电信[远程通信]工程　一个以电气和计算机工程为中心的工程学科,旨在支持和加强电信系统。工作范围从基本电路设计到战略性大规模开发。电信工程师负责设计和监督电信设备和设施的安装,例如复杂的电子交换机系统和其他普通老式电话服务设施、光纤布线、IP 网络和微波传输系统。电信工程与广播工程也有重叠部分。

telecommunications equipment　电信设备　包括远程通信设备或信息处理设备,是用于电信目的的硬件。自 20 世纪 90 年代以来,由于互联网的发展及其在电信数据传输中日益重要的作用,电信设备和 IT 硬件之间的界限变得模糊。

telecommunication service (TS)　电信[远程通信]业务　由电信主管部门向用户提供的一种业务,以满足用户的特定通信要求。它包括电信业务、承载业务和补充业务。

telecommunications network　电信[通信]网络　是终端节点的集合,链路被连接以便能够在终端之间进行通信。传输链路将节点连接在一起。节点使用电路交换、消息交换或分组交换把信号通过正确的链路和节点传递到正确的目的地终端。网络中的每个终端通常都有一个唯一的地址,因此可以将消息或连接路由到正确的接收方。网络中的地址集合称为地址空间。

telecommunications relay service (TRS)　电信[远程通信]中继服务　也称为中继服务或 IP 中继或基于 Web 的中继服务,一种运营商服务,支持耳聋、听力障碍、盲聋或语言障碍的人通过键盘或辅助设备打电话给标准电话用户。最初,设计中继服务是为连接到聋哑人用电信设备(TDD)、电传打字机(TTY)或其他辅助电话设备。服务逐渐扩展到包括几乎所有具有实时文本功能的技术,如个人电脑、笔记本电脑、移动电话、PDA 和许多其他设备。

telecommunications service provider (TSP)　电信业务提供商　是一种传统上提供电话和类似服务的通信服务提供商。此类别包括现有的本地交换运营商、竞争性本地交换运营商和移动无线通信公司。虽然有些人可互换地使用术语"电信服务提供商"和"通信服务提供商",但 TSP 一词通常不包括互联网服务提供商(ISP)、有线电视公司、卫星电视和托管服务提供商。

Telecommunications Standardization Bureau (TSB)　电信标准化局　是国际电信联盟-电信标准化部(ITU-T)中的一个常设秘书处,即电信标准化局,总部设在瑞士日内瓦的 ITU 总部内。相当于为进行 ITU-T 标准化工作的研究组服务的秘书处,如为研究组安排会议、起草报告、处理文件等。

Telecommunication Standardization Sector (TSS)　电信标准化部　是国际电信联盟(ITU)的三大机构之一,负责过去 CCITT(国际电话与电报咨询委员会)的电报电话技术、业务的研究项目和 CCIR(国际无线电咨询委员会)"公用通信网的无线系统互联及互联中所需性能"的研究项目并提出建议。该部门设有十多个研究委员会和电信标准化顾问委员会,所提建议经国际电信标准化会议认可后,成为国际电信联盟-电信标准化部

(ITU-T)建议。

telecommunications traffic engineering 电信流量工程 即远程通信工程或流量工程,是流量工程理论在电信领域中的应用。远程通信工程师利用他们的统计学知识,包括排队论、流量的性质、实际模型、测量和模拟来进行预测和规划电信网络,如电话网络或互联网。这些工具和知识有助于以更低的成本提供可靠的服务。该领域是由 A.K.Erlang 为电路交换网络的工作创建的,但是适用于分组交换网络,因为它们都具有马尔可夫特性,因此可以通过例如泊松到达过程来建模。流量工程中的关键观察是,在大系统中,大数定律可用来使一个系统在很长一段时间内的总体特性比系统各个部分的行为更可预测。

telecommunication supporting networks 电信支撑网 一个完整的电信网除了有以传送信息为主的业务网外,还需要有用以保障业务网正常运行、增强网络功能、提高网络服务质量的支撑网。支撑网中传递相应的监测和控制信号。支撑网包括同步网、公共信道信令网、传输监控网和网络管理网等。同步网在数字网中是用来实现数字交换机之间,数字交换机和数字传输设备之间时钟、速率的同步;在模拟网中通过自动或人工方式校准和控制各振器,使其频率趋于一致。公共信道信令网用来实现网络中各级交换局之间的信令信息的传送。传输监控网用来监视和控制传输网络中传输系统的运行状态。网络管理网主要用来观察、控制电信网服务质量并对网络实施指挥调度,以充分发挥网络的运行效益。

telecommunication transformers 电信变压器 也称作"宽带变压器"。这是用于把一件设备和电话线路或者电话网连接起来的变压器。它的作用是把设备和电话线隔离开来,提高共模噪声抑制比,并且

与不同的阻抗实现匹配。

telecom network protocol analyzer 电信网络协议分析仪 一种协议分析仪,用于分析 PSTN 或移动电话网络中不同节点之间的交换和信令电信协议,如 2G(第二代)或 3G(第三代)GSM(全球移动通信系统)网络、CDMA(码分多址)网络、WiMAX(全球微波接入互操作性)等。在移动通信网络中,它可以分析 MSC(移动交换中心)和 BSC(基站控制器)、BSC 和 BTS(基站收发系统)、MSC 和 HLR(归属位置注册处)、MSC 和 VLR(拜访位置寄存器)、VLR 和 HLR 之间的业务,等等。协议分析仪主要用于性能测量和故障排除。这些设备连接到网络以计算关键性能指标,以监控网络和加速故障排除活动。

teleconference 电话[远程,电信]会议 由远程通信系统将相隔遥远的人们联系在一起开会的过程。例如,通过使用电话和/或电视链接,使得与会人员虽处异地,仍可以彼此交谈和互相看见的会议。

teleconference service (TCS) 远程[电话]会议业务 利用计算机网络,为分散在各处的公司、团体或个人提供多方电话通信的一项业务。这些网络也被用来定期发布文件、发表评论和见解等。

teleconferencing 电话会议系统,远程会议 会议系统常用术语。这种系统利用通信传输设备作为其一个组成部分。有两种主要型式:计算机会议系统和电视会议系统,可以将两种系统混合使用。电话会议系统也可辅以其他设备,以增强系统的功能,如辅以电子文件递送设备。

teleconferencing network 电话会议网络 用于电话会议的计算机网络。通过计算机网络支持各方人员开会,大大简化了各个团体之间的通信过程。网络还用来分发文件、请求说明等。

telegraph 电报(机) (1) 源于希腊语,是

远距离传输文本或符号(而不是口头或音频)消息,但不包含承载消息的对象的物理交换。(2)用以发送和接收电报的低速通信设备。

telegraph communication 电报通信 在发信端把文字、像片等书面信息变成电信号送入信道,接收端再复制成书面信息的通信。

telegraph distortion 电报畸变 改变电报信号单元持续时间的一种畸变。

telegraphy 电报技术 用任何方法远距离传送和再现诸如书写或印刷品或固定图像等文件材料,或者以此种方式远距离再现任何类型信息的一种电信方式。除另有规定外,电报技术一词应指使用某种信号代码传送书写品的电信方式。

teleinformatics 远程信息学,电信信息学 (1)远程信息学是研究在远程通信系统中传输数据的方法和技术的一门科学。(2)电信信息学是关于信息收集、存储、使用及传输的科学。

telemaintenance 远程维护 是指计算机系统或网络技术服务工程师或管理人员通过局域网络或互联网连接到需要进行维护管理的目标计算机系统或网络系统,在人员的所在地对远程系统进行(系统或应用软件)安装、(软硬件)配置、维护、监控以及管理等操作。大大降低了计算机系统或网络系统的维护成本,有利于最大限度减少系统故障等造成的用户损失,可实现高效率、低成本的服务。

telemetry 遥测 利用电信在离测量仪器有一定距离的地方自动地显示或记录测量结果的技术。

telenet central office (TCO) 电信网中心局 安装电信网设备的场所,有四种类型或层次的电信网中心局。第一类是中枢局,它是网络主干传输线的一部分;第二类是根据网络体系结构的规模必须连到中枢局的电信网中心局;第三类在大多数情况下必须通过第二类中心局再连到网络上,但其本身包含若干设备;第四类是最小的电信网中心局,只有一组机柜,仅完成异步站点功能。

telenet internal network protocol (TINP) 电信网内部网络协议 一个基于虚拟电路的专用主干线网络协议,是比国际电报电话咨询委员会(CCITT)的 X.75 网关协议更高层的一个协议集。

telenet port 电信网端口,远程登录端口 支持远程登录访问的一个计算机可寻址端口。其默认端口通常是端口 23。

telephone 电话 一种用于语音传输的远程通信装置,它利用电话机上的一个膜片,其电阻随声波以相同的频率改变,这种变化再用来改变传输线上的电流,从而将声音转换为电信号发送出去。

telephone call 电话呼叫 是被叫方与主叫方之间通过电话网进行的连接。

telephone conference system 电话会议系统 一种会议平台,用于连接公司与外界、下属分支机构座机电话及个人手机等,位于不同地点的人只需要通过座机、手机拨打电话会议平台的统一号码就可以在不需要视频图像进行沟通的情况下,通过普通电话实现多方会议功能。

telephone frequency 电话[话音]频率 300~3 000 Hz 范围的频率,是普通语音通话的可听范围。

telephone network 电话网 (1)是用于两方或多方之间的电话呼叫的电信网络。有许多不同类型的电话网络:①固定电话网,电话必须直接连接到一个电话交换机上。这就是公共交换电话网(PSTN)。②无线网络,其中电话是移动的,并且可以在覆盖范围内的任何地方移动。③专用网络,其中一组封闭的电话主要相互连接,并使用网关到达外部电话网。这通常用于公司和呼叫中心内部,称为专用分支交换机(PBX)。

T

④ 综合业务数字网（ISDN）。公共电话运营商（PTO）拥有并建立前两种类型的网络，并根据国家政府的许可向公众提供服务。虚拟网络运营商（VNO）从PTO批发租赁容量，并直接向公众出售电话服务。(2) 主要提供话音信息交流的业务网。电话网由交换设备和传输系统组成，由相应的支撑系统，如电信管理网、公共信道信令网和同步网等来支持。电话网采用的交换技术可以是电路交换技术，也可以是基于 ATM（异步传输模式）或 IP（国际协议）技术的分组交换技术。电话网向用户提供端到端的电话业务，根据电话网服务的区域范围，可以提供本地电话业务、国内长途电话业务以及国际长途电话业务。电话网的模拟电话信道也可以提供速率在 9 600 bps 以内的低速数据和传真业务。一个全国的电话网可以分为本地电话网和长途电话网两部分。国际电话网是提供跨国家和跨地区电话通信业务的电话网。它由国内电话网络和国际电话网络两部分组成。

telephone network numbering plan 电话网编号规划 国际电信联盟（ITU）为电话网络号码分配制定的规则与方案。电话网编号指的就是电话号码，电话网中每个用户（通常指一部电话主机）都分配一个十进制数字表示的号码，作为电话机寻址的信息。用户通过拨号可以实现本地呼叫和国内、国际长途呼叫。电话号码由一组数字组成。电话网编号包括国际电话网编号、国内长途电话网编号和本地电话网（含市内电话网）编号，还有一些特殊的编号。规定了国际电话号码的最长位数、国家和地区号码的分配等。国内电话网编号则规定国内电话号码的组成、电话号码的最长位数、长途电话区号的划分和分配等。

telephone number 电话号码 是分配给连接到电话线或无线电子电话设备（例如无线电话或移动电话）的固定线路电话用户站的数字序列，或通过公共交换电话网络（PSTN）或其他专用网络分配给其他设备进行数据传输的数字序列。电话号码用作地址，使用目的地代码路由系统进行切换电话呼叫。

telephone number mapping 电话号码映射 是将公用电话交换网的国际电话号码系统与因特网地址和识别名称空间统一起来的系统。在国际上，电话号码是由E.164标准系统的组织，而互联网使用的域名系统（DNS）连接的域名，IP 地址和其他信息资源。电话号码映射系统提供了设施，以确定适用于使用 DNS 查询服务给定电话号码的因特网通信服务器。

telephone numbers in China 中国的电话号码 根据中国大陆的中国电话代码方案组织和分配，固话线路和移动电话号码具有不同的结构：固话线路使用区域代码，而移动电话则不使用。主要城市的固话线路电话号码在两位数区域代码后有 8 位数字，而在其他区域中，在三位数区域代码后一般不少于 7 位数。手机号码为 11 位数字，没有区号。香港、澳门特别行政区以及中国台湾省不属于此编号方案，分别使用地区代码 00852、00853 和 00886 为前缀。

telephone set 电话机 一种可以传送与接收声音的远程通信设备。在电话网中，把声音转换成电信号以及把电信号转换成声音的装置。贝尔 1876 年发明的通话设备，经历了磁石式、共电式到现在的全电子、多功能、多用途电话机。

telephony 电话技术，电话学 (1) 为传输语音或有时为传输其他声音而建立的一种电信方式。是电信通信技术中的一个分支。(2) 研究声音和电信号相互转换以及通过电缆或无线电对其进行传输的科学。

telephony control protocol（TCS） 电话控制协议 也称为电话控制协议规范二进

制(TCS 二进制)。用于设置和控制蓝牙设备之间的语音和数据呼叫。该协议基于 ITU-T(国际电信联盟-电信标准化部)标准 Q.931,采用附录 D 的规定,仅对蓝牙进行必要的最小改动。TCS 由对讲机(ICP)和无绳电话(CTP)配置文件使用。电话控制协议规范缩写不用 TCP,以避免与用于因特网通信的传输控制协议(TCP)混淆。

telephony echo canceller (TEC)　电话回波抵消器　用于消除远程语音通信设备端的回音的技术。

telephotography　传真电报　对利用传真方式传送新闻图片的技术所采用的名称。这种技术利用公共电报网,以传真机作为终端,把图片照原样进行传输。发送图片或文字信件时,发送传真机都作同样的扫描,产生相应的模拟或数字信号,经过电报网发送给接收传真机,还原得到原样的图片或文字信件。传真电报与传视系统的区别是它传输的是静态图像而不是动画,目前,传真电报主要用来发送文件。

telepresence　远程呈现,临场感,遥ज़,网真　通过计算机网络和电子通信手段将远地情景投影呈现。远程呈现常指使用虚拟现实设备让一有技能的人精确遥控远距离环境,使其感到身临其境的技术,如对远地病人的外科手术呈现。

teleprinter　电传打字[印]机　用于电报和计算机输入/输出的一种老式终端设备,可以采用手动按键输入、穿孔纸带输入或从通信线路、计算机等其他设备输入信息。按照这些输入信息,电传打字机给出相应的输出。输出方式包括发出电码,在纸上打印出字符和输出穿孔纸带。此种设备现在已被视频显示终端(VDT)所取代。

teletex　智能用户电报　在综合业务数字网(ISDN)B 信道(64 kbps)上传输的用户电报。

teletex network　智能用户电报网　能够提供智能用户电报业务的通信网络。一般建立在分组交换数据网、电路交换数据网或公用电话交换网中任一个或多个物理网络基础上。

teletext (TT)　图文电视　(1)一种单向交互式信息检索系统。这种系统利用广播信号载送数字编码的文字和图形信息,即利用电视节目消隐场传送信息,此信息以循环的方式不间断地向外发射。用户利用装有译码器的家用电视,通过小键盘从发射周期中捕捉一页或一帧信息,然后在电视屏幕上显示出来。(2)数据同电视图像相结合的一种通信方式。它又称"文字电视广播"。这种方式是将编码过的数据作为电视信号的一部分传输,在接收端,对数据编码进行解码,使得在接收机的显示设备上能同时显示数据(文本)和电视画面。

television (TV)　电视　利用电子技术及设备传送单色(黑白)、彩色、二维或三维活动图像画面和音频信号的远程通信媒体,也是重要的广播和视频通信工具。电视是 20 世纪 20 年代的伟大发明,发明人是 Vladimir Zworykin、Philo Fransworth、John Baird 和 Charles Jenkins。该术语可以指电视机、电视节目或电视传输媒体。电视是娱乐、教育、新闻、政治、谈话和广告的大众传媒。

television aerial/antenna (TVA)　电视天线　是专门用于接收无线广播电视信号的天线,在不同国家,在 VHF(甚高频)频带中以 41～250 MHz 的频率发送信号,而在 UHF(特高频)频带中以 470～960 MHz 的频率发送信号。电视天线有两种不同的类型:"室内"天线,位于电视机上部或旁边;"室外"天线,安装在用户房屋上部的杆上。它们也可以安装在阁楼或顶楼。室外天线更昂贵且难以安

T

装,但是对于远离电视台的边缘区域要充分接收是必须的。最常见的室内天线类型是偶极子天线（"兔子耳朵"）和环形天线,室外天线有八木天线、对数周期天线,以及用于 UHF 频道的多湾反射阵列天线。

television allocations study organization (TASO) 20 世纪 50 年代后期研究噪声和失真对电视观看体验的主观影响的工作组。使用了如今仍然提到的六点评级量表。

television broadcast band (TVBB) 电视广播频段 是从 54 MHz 到 890 MHz 的频带扩展。中国的电视广播频段从 48.5 MHz 到 980 MHz。单频道带宽为 8 MHz。美国为 54 MHz 到 890 MHz,单频道带宽 6 MHz。许多国家使用 7 MHz 或 8 MHz 的单频道。

television broadcast day 电视广播时间 通常是在一天中的一段安排好的时间,在这个计划时间内电视台发送信号。电视台通常宣布他们每天的广播开始和结束以及其呼号、发送功率、频率等信息。

television cable (TVC) 电视电缆 传输频率高到足以传送电视信号的电缆,它对过度衰减及相位延迟有较高的要求,通常是同轴电缆型的,有的用空气绝缘。

television center (TVC) 电视中心 电视台内制作电视节目并将节目信号传送到发射台的场所。

television channel (TVCH) 电视频道 是分配电视台或电视网络的广播频率或虚拟号码。例如,在北美,"频道 2"是指 54～60 MHz 的广播或有线电视频段,在电视广播波段中的 6、7 或 8 MHz 宽的频带,可分配给电视广播台,作为播送一套电视节目所使用的频道。根据区域位置和服务提供商,许多不同的电视台或分配的有线电视频道可以共享频道。

television conference system (TCS) 电视会议系统 电视会议是利用电视技术和设备通过传输信道在两地或多个地点进行会议的一种通信方式。它将一个会场点的开会人的形象、发言及报告内容用摄像机、麦克风及图文制作机等设备传送到另一会场点,同样本方会场也能收到对方的图像、语音及图文信息。这样,双方就可以进行交流,增加了临场感。它是现代计算机技术、通信技术、网络技术、图像技术紧密结合的产物。

television content rating systems 电视内容评级系统 是用于评估内容并报告电视节目对儿童、青少年或成人的适合性的系统。许多国家都有自己的电视评级系统,各国的评级程序因地方的优先事项而异。节目由管理系统的使用组织、广播公司或内容制作者的进行评级。通常为电视连续剧的每一个集设定一个等级。等级可能会因每一集、电视网络、重播和国家/地区而异。因此,节目评级通常并无意义,除非提及何时和何地使用分级。

television engineering（TVE） 电视工程(学) 涉及电视节目传输和接收所需设备的设计、制造和测试的工程领域。

television folded picture (TVFP) 电视图像卷边[卷叠] 电视图像边缘在垂直方向或水平方向的部分折叠。

television frequency spectrum 电视频谱 指 54 MHz 到 890 MHz 范围内的所有电视广播频道。包含所有的甚高频（VHF）低波段、甚高频（VHF）高波段、特高频（UHF）(标准)、超高频(转发)、无线电信道接口（RCI）子频道、中频段（IF）、超频段（superband）和超频（hyperband）有线电视频道。

television program (TVP) 电视节目 是用于在无线、有线电视或因特网电视上播放的内容,而不是电视商业、预告片或任何其他不作为收视的吸引力的内容。

它可以是单个作品，或者更常见的是一系列相关作品（也称为电视演播）。

television receive-only（TVRO）（卫星）电视单收（站）　只用于接收卫星广播电视节目的一种卫星接收站，站内通常装有接收天线、室外单元、室内单元及附加设备等。

television receive-only antenna （卫星）电视单收天线　供有线电视系统接收地球静止轨道卫星信号的足够大的抛物面反射镜或碟形天线。连同收集碟形天线反射信号的馈源喇叭、用于前置放大的声放大器（LNA），和一个可调的卫星信号接收机。

television receiver（TVR）　电视接收机　也称为电视机。将接收到的电视信号转换为原始场景及伴音的设备。

television relay signal（TVRS）　电视中继[接力传送]信号　电视转播台、站的输入信号或输出信号，由标准复合视频信号以及各个电路上可能附有的伴音信号、辅助信号或控制信号等组成。

television relay system（TVRS）　电视中继[接力传送]系统　利用自由空间内的无线电波作为媒体，以接力的方式从一个地点向另一地点传送电视信号的系统。

television repeater（TVR）　电视转发器[重发器]　也称为电视接力站。它利用以自由空间为媒介的无线电波点对点传输电视信号。此转播不用于公众直接接收。

television satellite　电视卫星　指在两个地面站间接力传输电视信号的在轨运行卫星。

television signal（TVS）　电视信号　（1）用于表述同时广播的伴音和视频信号的通用术语。就是提供电视节目的声音和图像的信号。（2）是电视技术中视频信号与已调射频信号的通称。

television standard signal（TVSS）　标准电视信号　符合电视发送标准的信号。

television station　电视台　是由企业、组织或其他实体，例如业余电视（ATV）运营商所管理的一组设备，通过无线电波把视频内容直接从地球上的发射机传播到地球上的接收器。大多数情况下，该术语指向观众广播结构化内容的电视台，或者指运营电视台的组织。地面电视传输可以是模拟电视信号，或者近年的数字电视信号。电视台与有线电视或其他视频提供商的区别在于电视台的内容是通过地面无线电波广播的。具有共同所有权或从属关系的一组电视台被称为电视网络，并且网络内的各个电台分别称为拥有和经营（O&O）或附属台。

television system（TVS）　电视制式，电视系统　以一套标准技术规范为依据的电视系统构成方式，规范中完整地规定了射频信号以及图像信号的产生和重现方法。

television system converter（TVSC/TSC）电视制式转换器　将一种标准电视制式的视频信号转换为另一种标准制式的相应视频信号的设备。

television transmission network　电视转播网　进行电视节目的转播传输与交换业务的电信网，其作用是扩大电视节目的覆盖范围及多频道节目的实时交换传输。电视转播网主要是由宽带电信传输系统，如微波、卫星、光纤等通信系统及宽带交换及分配系统构成。对彩色电视节目有 NTSC（美国国家电视制式委员会）、PAL（逐行倒相制）和赛康制（SECAM）三种制式，国际间交换电视节目时还须进行制式转换处理。

television transmission standards　电视传输标准　指定电视信号特性的标准。美国的 NTSC 制式信号的频道带宽是 6 MHz，视频载波比音频中心频率低 4.5 MHz，音频中心频率比频道的上限频

率低 0.25 MHz。每帧有 525 扫描线，2
比 1 隔行扫描。帧频率为 30/s 而场频率
则为 60/s。所传输的电视图像纵横比为
4：3。从左到右水平和从上到下垂直匀
速地扫描场景。

television transmitter (TVT)　电视发射机
(1) 一种向电视接收机发射电磁信号的
装置。电视发射机可以是模拟的或数字
的。是电视广播系统中传输完整电视信
号的伴音及图像的发射机。也是图像发
射机与伴音发射机的总称。(2) 是用于
地面(空中)电视广播的发射机。它是一
种电子设备，其发射无线电波，其承载表
示运动图像的视频信号，以及同步音频
通道，由属于公众的电视接收器("电
视")接收，并在屏幕上显示图像。电视
发射机与产生内容的广播工作室一起被
称为电视台。电视发射机必须由政府许
可，并限制在某个频道和功率级别。它
们在 VHF(甚高频)和 UHF(特高频)频
段的频率信道上传输。

**television transmitting station (TVTS)　电
视发射台**　电视发射机、发射天线以及
各种附属设施组成的电视发射系统。

**television typewriter (TVT)　电视电传(打
字)机**　(1) 在电视屏幕上进行显示的
一种电传打字设备。(2) 带有显示屏幕
的电传打字机。在打出信息的硬拷贝以
前就能在显示屏幕上看见打印内容。

**television waveform (TVWF)　电视信号波
形**　指电视的复合信号波形，由图像信
号和同步脉冲组成。

telewriting　远程电信留话　一种用电信手
段交换手写信息的通信技术。它可在传
送话音的同时，实时地发送和接收手写
文字和图形。手写信息由手迹、草图的
电文组成。这种业务适合于需要伴有视
觉信息的对话。例如对地图、设计图、产
品的说明等，也可以在一电话用户与一
计算机和数据库之间用于处理或存储图

形信息，电写终端也可以用于远程电信
会议或检索。

telex (TEX)　用户电报　在电报局把电报
网内通信双方的电路接通后由用户双方
直接进行通报的方式。它是用电话通路
传送信号的。由于电报信号的频谱比电
话窄得多，在一个话路中可以组成多到
16～24 路的电报电路，所以通路利用率
高。用户电报通信适用于远距离传送书
面信息，信息传输速率比较低，不能像传
真传输业务那样可以传输图像。用户电
报业务的进一步发展便是"智能用户电
报"。参见 teletex。

telex network　用户电报网　通过传输线
路和交换设备连接两个用户电报终端的
网络；用于在用户与用户之间传递文字、
文件等信息。用户电报网由用户电报终
端设备、传输链路和用户电报交换设备
组成。我国用户电报网实行三级交换设
置，即大区、省、地区三级交换中心。大
区中心之间的基干中继电路采用网状结
构，大区中心至所属省中心的基干电路
采用星形结构。任意两个交换中心之间
视业务量需要可设置高效直达电路。

telex service　用户电报服务　一种国际性
的电传打字电报服务。它利用公用电报
网，以 50 bps 的速度，在相容的电传打字
机终端之间传送博多码数字信息。

telnet　远程登录　(1) 用于提供远程终端
连接服务的终端仿真协议，是 TCP/IP
(传输控制协议/网际协议)的应用层部
分，通过使用 telnet 命令和程序可使一个
因特网站点的用户终端登录到另一个因
特网站点的计算机上，并进行交互工作。
(2) 是在因特网或局域网上使用的协
议，通过虚拟终端连接提供双向交互式
面向文本的通信软件。通过传输控制协
议(TCP)，用户数据与 telnet 控制信息穿
插在一个 8 位字节的面向数据连接中。

TEMPEST technology　TEMPEST 技术

即低辐射技术,是指在设计和生产计算机设备时,就对可能产生电磁辐射的元器件、集成电路、连接线、显示器等采取防辐射措施,从而达到减少计算机信息泄露的最终目的。目前广泛采用的TEMPEST(瞬时电磁脉冲发射标准)技术除电磁屏蔽外,还有使用合适的滤波器减弱高次谐波,减少线路板上各种传输线之间的辐射;将处理保密信息的红设备和处理非保密信息的黑设备隔离,仅仅允许黑设备到红设备之间的单向信息传输;尽量选用低速和低功耗逻辑器件以减少高次谐波;尽量减少电缆的阻抗和失配;使用屏蔽型连接器,减少设备之间的干扰等。

terabit Ethernet（TbE）　太比特以太网　用于描述高于 100 Gbps 速度的以太网。由 IEEE P802.3bs 特别工作组开发的 400 千兆以太网(400G,400GbE)和 200 千兆以太网(200G,200GbE)标准使用与 100 千兆以太网大致相似的技术于 2017 年 12 月 6 日获得批准。2016 年,一些网络设备供应商已经为 200G 和 400G 提供专有解决方案。以太网联盟的 2018 年技术路线图预计,在 2020 年后,800 Gbps 和 1.6 Tbps 的速度将成为 IEEE 标准。当 112 Gbps 串行器/解串器(SerDes)可用时,预计会翻倍至 800 GbE。光互联网论坛(OIF)已经宣布了 112 Gbps 的新项目,这也将使第 4 代(单通道)100 GbE 链路成为可能。该技术还支持更大的通道束,提供具有 10、12 或 16 个通道的 1 TbE、1.2 TbE 或 1.6 TbE 的链路。但 IEEE 也可能选择在标准中使用相干调制或 PAM(脉幅调制),以使用 4 或 8 个通道来提供 1.6 TbE 链路。

terminal　终端　(1) 在系统或通信网络中数据能够进入或离开的一个节点或站点。(2) 在数据通信中的一种设备,它能发送和接收链路上的信息。根据设计和功能的不同,终端分为若干类。内部具有某些处理功能的终端称为智能终端,没有这些功能的终端称为哑终端。支持与计算机进行会话或处理的终端叫交互终端或联机终端。终端通常连有键盘、CRT(阴极射线管)或其他显示设备,有时连有打印机。用终端交换的信息通常是数据形式,故也称"数据终端"。(3) 在电信环境中,终端是终止电信链路的装置,并且是信号进入和/或离开网络的点。包含网络终端的设备的例子如电话、传真机、计算机终端、网络设备、打印机和工作站。

terminal access controller access control system（TACACS）　终端访问控制器接入控制系统,TACACS 系统　用户登录到包含有授权账户数据库的集中式服务器时用的一种网络接入控制技术。TACACS 通过一个或多个中心服务器为路由器、网络访问控制器以及其它网络处理设备提供了访问控制服务。它支持独立的认证、授权和计费功能。它允许客户机拥有自己的用户名和口令,并发送查询指令到 TACACS 认证服务器(又称之为 TACACS daemon 或 TACACSD)。通常情况下,该服务器运行在主机程序上。主机返回一个关于接收/拒绝请求的响应,然后根据响应类型,判断是否允许访问。此外 TACACS 扩展协议支持更多类型的认证请求和响应代码。当前 TACACS 有三种版本,其中第三版 TACACS＋与前两版不兼容。

terminal access controller access-control system plus（TACACS＋）　终端访问控制器接入控制系统升级版,TACACS＋系统　是思科公司开发的一种协议,从 1993 年开始作为开放标准发布。虽然源自 TACACS,但 TACACS＋是一个独立的协议,用于处理身份验证、授权和记账(AAA)服务。TACACS＋和其他灵活的 AAA 协议已经在很大程度上取代了过去的一些访问控制协议。TACACS＋使

T

用面向连接的 TCP(传输控制协议),而 RADIUS(远程身份验证拨号用户服务)使用非面向连接的 UDP(用户数据报协议)。

terminal impedance 端阻抗 在未加负载的情况下,从一个传输设备或传输线的输入端或输出端测得的阻抗值。

terminal/modem interfaces 终端/调制解调器接口 终端与调制解调器之间的接口。它不但包括数字数据信号,而且包括控制调制解调器和数据链路的信号。例如,在半双工通信中,发送调制解调器要处于接收状态,接收调制解调器要处于发送状态。调制解调器由 EIA(美国电子工业协会)接口通过升高预置电压将控制线设计为"请求发送"型,从而达到由接收到发送的转换。当调制解调器的"清除到发送"状态线打开时,则给计算机或终端送一个信号,表示调制解调器已准备好从数据链路传送数据。

terminal multiplexer（TM/TMux) 终端(多路)复用器[转换器] (1)一种低速支路电信号和 155 Mbps 电信号纳入 STM-1 帧结构,并经电/光转换为 STM-1 光线路信号,其逆过程正好相反。(2)一种软件应用程序,可用于在单个终端显示器、终端仿真器窗口、PC/工作站系统控制台或远程登录会话中复用多个单独的基于伪终端的登录会话,或者从终端分离和重新连接会话。这对于从命令行界面处理多个程序以及将程序从启动程序的 UNIX shell 的会话中分离出来非常有用,尤其是当用户断开连接时,远程进程仍会继续运行。

terminate 终止,端接 (1)在系统网络(体系)结构产品中,由逻辑单元(LU)发送至它的 SSCP(系统服务控制点)的一种请求单元,它使 SSCP 初启一个过程来结束一个或多个指定的 LU-LU(逻辑单元之间)会话。(2)停止系统或设备的操作。(3)在导线或电缆的末端安装插头、插口或其他连接器的行为。

terrestrial interference (TI) 地面干扰 卫星信号中,由大功率地基微波发射系统在 4 GHz 波段处引起的卫星接收干扰。或者是因电信公司发射的频段类似于卫星频段而造成的。它可以影响一个或多个电视频道。有时改变抛物面天线的位置可使得地面干扰最小化。专用地面干扰滤波器或电路有助于消除微波和其他干扰信号。

terrestrial trunked radio (TETRA) 陆地集群无线电,TETRA 标准 以前称为泛欧集群无线电（trans-european trunked radio),是欧洲的集群无线电系统标准,是一种专业移动无线电和双向收发器规范。TETRA 专门设计用于政府机构、用于公共安全网络的紧急服务(警察部队、消防部门、救护车)、用于铁路运输人员的火车广播、运输服务和军队。由欧洲电信标准学会(ETSI)推荐的全欧集群通信标准,自 1995 年颁布第一个版本以来,一直都在进行不断的修订和完善;并在原有基础上增加了一些新的技术标准。TETRA 采用与全球移动通信系统(GSM)类似的时分多址(TDMA)制式,工作频段为 400 MHz 或 800 MHz。TETRA 的空中接口信令是开放的,指挥调度功能比较健全。

test loop back (TLB) 环回测试 是通讯端口/线路维护和排除故障常用的方法,从设备发送的测试信号通过数据装置或环路返回到原处,来决定设备是否正常运行或是确定线路中失效节点的测试方式。

text to speech system 文(本)-语(音)转换系统 将文本形式转换为语音形式的语音合成系统。这一系统的运作过程是,先对一输入文本作形态和音系分析,分析时考虑到规则和不规则形式这类问题。然后由字母语音转换规则和其他一些专门特征生成词平面上的音系表征式,后者再转换成语音表征式(容纳连续言语的特征,包括句子韵律)。合成的实现靠一个基于规则的系统,输出由一个终端模拟合成器提供。

text-to-speech synthesis (TTS)   文本-语音合成   将文本的 ASCII(美国信息交换标准代码)编码信息转换成合成自然语音输出的技术,用于语音处理应用中。

the national computing and networking facility of China (NCFC)   中国国家计算机与网络设施工程   以北京中关村地区的主干网为核心,通过国际卫星专线、中国公用分组交换数据网(CHINADDN)、中国公用数字数据网(CHINAPAC)、中国公用电话网(CHINAPSTN)等,将北京地区以及全国数十个城市的网络连接到因特网,并在中国科学院计算机网络中心设立了因特网中国地区的最高级域名服务器(ns.cnc.ac.cn)以及面向国内外的网络信息中心(NIC)和网络运行中心(NOC)。

the 3rd generation partnership project (3GPP)   第三代(移动通信)合作伙伴项目[计划](组织)   是开发移动电话协议的标准组织。其最著名的开发和维护工作有:① GSM(全球移动通信系统)和相关的 2G 和 2.5G 标准,包括 GPRS(通用分组无线业务)和 EDGE(增强型数据速率 GSM 演进技术);② UMTS(通用移动通信系统)和相关的 3G 标准,包括 HSPA(高速分组接入);③ LTE(长期演进技术)和相关的 4G 标准,包括 LTE Advanced(LTE 升级版)和 LTE Advanced Pro(LTE 升级专业版);④ 下一代及相关 5G 标准;⑤ 以与接入无关的方式开发的演进 IP 多媒体子系统(IMS)。3GPP 是由七个区域电信协会作为主要成员("组织合作伙伴")和各种其他组织作为准成员("市场代表合作伙伴")组成的联盟。3GPP 将其工作分为三个不同的流:无线接入网络,服务和系统方面,核心网络和终端。

thick Ethernet   粗缆以太网   最初的以太网网络,标准号为 10 base-5,使用粗的同轴电缆。电缆的直径为 1 cm,能够连接距离为 1 000 m 的网络设备。参见 thin Ethernet。

thin Ethernet   细缆以太网   用较细同轴电缆构成的以太网,标准号为 10 base-2,使用直径为 5 mm 的电缆,能够连接距离为 305 m 的网络设备。

third generation mobile systems (TGMS, 3G)   第三代移动通信系统   国际电信联盟(IPU)提出的一种公共移动通信系统(FPLMTS),目标是为任何人提供任何时间、任何地点与其他任何人进行任何方式的通信。它综合了智能网与宽带 CDMA(码分多址)技术。主要包括三种 CDMA 标准:CDMA 2000、W-CDMA(宽频码分多址)和 TD-SCDMA(时分同步码分多址)。三种 CDMA 标准为各国公认的 3G 系统的主流标准,其中 CDMA 2000 是高通为代表的美国提出的,W-CDMA 是以爱立信为代表的欧洲和日本提出的,TD-SCDMA 是以大唐电信为代表的中国提出。

third generation optical fibre communication system   第三代光纤通信系统   采用波长 1 550 nm(纳米)的激光做光源,传输信号的衰减已经低到 0.2 dB/km。传输速率达到 2.5 Gbps,而且中继器的间隔可达到 100 km 以上。可将要传送的图像或声音经过光扫描和连续化或声光变换器直接变换成光信号传输。

third generation partnership project (3GPP)   第三代(移动通信)合作伙伴项目[计划](组织)   参见 the 3rd generation partnership project (3GPP)。

T

third generation PBX 第三代 PBX,第三代专用交换分机 用计算机进行控制与运行的 PBX(专用交换分机),即专用自动小交换机或称为计算机化小交换机。PBX 的核心部分是有很多模块组成的电子交换电路,每个模块都与某类设备连接,产生 ISDN(综合业务数字网)位流作为输出信号,干线模块连到 ISDN 交换机上。用于控制的计算机从相应线路模块上得到终端信号,然后收集被呼叫设备的状况,如不忙,则在呼叫设备和被呼叫设备之间建立连接。服务单元提供忙音信号、拨号音信号及其他用于控制单元的服务信号。相比之下,第一代 PBX 是一切动作都是人工完成的交换机;第二代 PBX 是线路交换 PBX,用继电器完成第一代 PBX 由话务员完成的接线操作。参见 private branch exchange (PBX)。

third generation wireless (3G) 第三代无线技术 目前有三种主导的第二代无线标准:码分多址(CDMA)、时分多址(TDMA)以及全球移动通信系统(GSM)。第三代无线技术是将无线通信与因特网等多媒体通信结合的新一代移动通信系统。它能够处理图像、音乐、视频流等多种媒体形式,提供包括网页浏览、电话会议、电子商务等多种信息服务。现在已有三种 3G 标准在工作,即 W-CDMA(宽频码分多址)、CDMA 2000 和 TD-SCDMA(时分同步码分多址)。

third-order intercept point (IP₃, TOI) 三阶截(断)[交调截]点 在电信中,三阶交调截点是弱非线性系统和设备的度量,例如接收机、线性放大器和混频器。它基于以下思想:可以使用通过泰勒级数展开导出的低阶多项式来模拟器件非线性。三阶交调截点将由三阶非线性项引起的非线性乘积与线性放大信号相关联,与使用二阶项的二阶截距点相反。

three-dimensional television 三维电视,立体电视 20 世纪 50 年代立体电影在影院流行之后,几个公司尝试开发三维电视系统。最主要的困难在于其和普通二维电视的兼容性。墨西哥在 1954 年进行了 3D 实验,但到了第二年就放弃了。日本和澳大利亚也试图引进 3D,但这些尝试也失败了。在 20 世纪 50 年代,以上所有系统采用电影院常客所熟悉的专用双色眼镜。1975 年一家名为 Mortek 的公司演示了不使用眼镜的三维系统。1979 年验光师 Robert McElveen 博士提出了他的与二维电视兼容的裸眼 3D 系统,然而,画面闪烁不能接受。3D 电视系统公司的首席科学家 James Butterfield,在 1980 年 12 月在洛杉矶的收费电视上展示了他的"3D 视频",但观众还需要眼镜。1982 年夏天有一天,纽约当地频道呈现了 1954 年电影"Gorilla at Large"的 3D 版,需要观众在当地的连锁店购买眼镜。与此同时,其他系统不断涌现。最新的系统采用配有波长光学滤波器的平板液晶显示器或等离子显示器,提供宽视角、无需专用眼镜的三维显示。

three party service 三方通话[业务] 是建立在呼叫等待与呼叫保持基础上的一项电信业务,使用此项业务,当已有两方通话时,如需要第三方加入通话,可在不中断与对方通话的情况下,呼叫第三方,实现三方共同通话或分别与两方通话。

three-phase commit protocol (3PC) 三阶段提交协议 在计算机网络和数据库中,三阶段提交协议(3PC)是一种分布式算法,它允许分布式系统中的所有节点同意提交事务。然而,与两阶段提交协议(2PC)不同,3PC 是非阻塞的。具体来说,3PC 在事务提交或中止之前所需的时间量设置了一个上限。此属性确保如果给定事务尝试通过 3PC 提交并持有一些资源锁,则它将在超时后释放这些锁。

three phases of X.25 connection X.25 连接

建立的三阶段　使用 X.25 协议的网络虚拟电路建立的三个阶段：第一阶段为呼叫建立阶段，主叫端发出"呼叫请求"，被叫端收到"到来呼叫"后发出"呼叫接收"表示同意建立连接，主叫端收到这个信号，连接建立成功。第二阶段为数据传输阶段，发送端发出数据帧，接收端收到数据帧逐帧给出回答。与此同时接收端也可以向发送端发送数据帧，相应的发送端对收到的数据帧也给出回答。对数据帧的回答信息可以由向对方发送数据帧时捎带过去而节省专门发送回答帧，这也就是所谓"背载"回答方式。第三阶段是呼叫清除阶段，主叫方发出"清除请求"，被叫方收到清除信号后给出清除响应，主叫方收到这个确认清除的信号后拆除建立的连接。

three-position modulation（3PM）　**三单元调制**　表示二进制信息的一种信道编码。其编码规则是：把输入信息序列按 3 位长度分组，然后逐组地按所给出的规则，把 3 位信息变换为 6 位码字（表中的前一组 C5 和后一组 C1 是决定本组编码结果的相关条件），最后再把编码序列用逢"1"变化不归零制规则调制。

three primary classes of IP addresses　**三类主要 IP 地址**　用 TCP/IP（传输控制协议/网际协议）建立的网络中三类常用 IP 地址及其格式。这三类地址是 A、B 和 C 类。每类地址都分为两部分：网络标识部分 net ID 和主机标识部分 host ID。net ID 称为网络标识符，表示网络地址部分；host ID 称为主机标识符，表示主机地址部分。地址总长 32 位。A 类 net ID 有 8 位，host ID 有 24 位；B 类这两个标识符分别是 16 位和 16 位；C 类两个标识符分别是 24 位和 8 位。

three-two pull down（3：2 pull down）　**三-二下拉，3：2 影视转换**　是电影制作和电视制作中用于将电影转换为视频的后

期制作过程的术语。电影以每秒 24 帧的标准速率运行，而 NTSC 视频的信号帧速率为每秒 29.97 帧。每个隔行扫描的视频帧具有两个场。三-二下拉是电视电影在每第二个视频帧中添加第三个视频场的地方，但是未经训练的人眼看不出这个额外视频场的添加。在美国和其他电视使用 59.94 Hz 垂直扫描频率的国家，视频以 29.97 帧/秒的速度播放。为了在视频信号上准确地呈现电影的运动，电视电影必须使用称为 2：3 下拉的技术，以从 24 转换为 29.97 fps。这样每 5 帧 29.97 Hz 视频有 4 帧胶片：23.976/29.97 ＝ 4/5，这 4 个帧胶片通过利用 60 Hz 视频的交错特性被"拉伸"成 5 帧视频。

three-way calling（TWC）　**三方呼叫[通话]**　是建立在呼叫等待与呼叫保持基础上的一项电话业务，允许三方在三个独立的终端上进行电话交谈，这个过程可自动完成。参见 conference call（CC/COC）。

three-way handshake　**三段[次]握手**　在计算机网络中，两个协议实体在建立连接时进行同步的过程，也是建立连接的过程和限制往复确认次数的办法。网络中两个节点建立连接时，请求建立连接的甲方向乙方发出连接建立请求，乙方如果同意建立连接则送回确认。但是乙方不知道发出的确认是否被甲方收到，因而要等到获得甲方对确认的确认后才能实现建立连接。甲方得到确认后发出二次确认，但是不知道这二次确认是否被乙方收到，于是要等到乙方的三次确认后才能实现连接。同样，乙方发出三次确认后还要进一步等待确认。如此反复下去，连接就永远建立不起来。为了限制反复确认次数，经两次确认后就建立连接。

three-way hybrid set-top box　**三路混合机顶盒**　一种混合设备，通常由付费电视

运营商和电信服务提供商通过三种不同的视频传输网络(卫星,地面和 IP[托管或公共因特网])来汇聚传送的内容。三路混合[或三联]机顶盒使用户能够快速直观地在各种内容之间导航,并在主要的家用电视机上查看内容。

throughput 吞吐量 (1)一般而言,吞吐量是最大生产率或可以处理某物的最大速率。在数据通信中,是指对网络、设备、端口、虚电路或其他设施,单位时间内成功地传送数据的数量(以比特、字节、分组等测量)。(2)当在诸如以太网或分组无线电之类的通信网络的环境中使用时,吞吐量或网络吞吐量是通过通信信道成功传递消息的速率。这些消息所属的数据可以通过物理或逻辑链路传递,也可以通过某个网络节点传递。吞吐量通常以每秒比特数(bit/s 或 bps)来衡量,有时以每秒数据包(p/s 或 pps)或每个时隙的数据包来衡量。

throughput class 吞吐量等级 表明电路上传输数据的最高速率,它不应该大于物理线路上的实际传输速率,但各个虚电路的吞吐量等级的总和可能超过线路的数据传输速率。传输的数据吞吐量等级可在速率 75 bps~64 kbps 中选择。在用户发起的每一次呼叫过程中,若未指明吞吐量等级,则网络按默认值予以分配;若用户使用了吞吐量等级这一功能,则网络为此次呼叫分配网内资源。它适用于分组型终端在交换型虚电路的情况。

throughput class negotiation 吞吐量等级协商 一种分组交换数据网任选功能件。基本的吞吐量等级协商和扩展的吞吐量等级协商是在一段时间内商定使用的任选用户设施,并为虚呼叫所调用,它们都成为吞吐量等级协商设施。该设施允许在每次虚呼叫时对每一数据传输方向吞吐量的等级进行协商。一个 DTE

(数据终端设备)不能预定这两种设施。

THz communication 太赫兹通信 通信频段在 0.3~10 THz,因此可以划分为更多的通信频段。而且 THz 频段大约是长波、中波、短波、微波(30 GHz)总的带宽的 1 000 倍。这就决定了 THz 通信是高宽带通信。适合于卫星间的星际通信和同温层空对空通信。所谓同温层是指从地面 10 km 至 50 km 高度的大气层,同温层内空气多作水平运动,气流平稳,能见度好,适于监视和侦察设备飞行。THz 通信的适用领域为:① 星际通信;② 同温层内空对空通信;③ 短程地面无线局域网;④ 短程、安全大气通信。

tie line (TL) 连接线,专(用)线 为了把两点或多点连接在一起,由使用者自己建设,或由公用载波通信公司提供的一种专用线通信信道。

tie trunk 连接中继线 直接连接两台或多台交换台或专用交换分机(PBX)系统的专用线路通信信道。可通过人工方式互连,也可通过拨号方式互连;电话专用线路可通过电话网络与两台专用交换分机相连。利用两个或多个连在一起的中继线配置的网络被称为串接直连中继线网络(TTTN)。

time base correction 时基校正 一种减少或消除由机械介质上的模拟记录中存在的机械不稳定性引起的误差的技术。如果没有时基校正,来自录像机(VTR)或盒式录像机(VCR)的信号就不能与电视演播室和后期制作设施中的时间稳定的其他设备混合使用。虽然经常使用外部时基校正器(TBC),但大多数广播质量的 VCR 都具有内置的简单时基校正器。一些高端家用模拟视频录像机和便携式摄像机还包括 TBC 电路,如果不需要,通常可以关闭。

time compression multiplexing (TCM) 时间压缩复用 通过在时域上将上下行脉

冲信号进行压缩,在单根线路上实现双向通信的一种复用方式。又称"乒乓法"。TCM 是在现有用户线上实现 ISDN(综合业务数字网)基本速率(144 kbps)接入的二级双向数字传输复用方式的一种。采用时分复用技术,把从电话终端或数据终端送来的数字信号流进行时间压缩和速率变换,变换成高速窄脉冲串,其速率必须是压缩前的二倍以上。利用压缩后产生的空隙时间,周期性地在二线线路上交替地双向传输。在接收端,这些高速窄脉冲再被扩展恢复成原来的连续数字比特流进行接收。

time-divided network **时分网络** 用来连接在多个信道之间连续分时的两个以上电路的交换子系统。网络中的信息以模拟或数字形式表示。

time division (TD) **时分** 将一个传输通道或信道进行时间分割以能传送若干路报文的通信方式。

time division frequency hopping (TDFH) **时分跳频** 是时分多址技术与跳频技术的结合。

time division multiple access (TDMA) **时分多址(接入)** 又称为"时分多路访问",利用不同的时间分割成不同信道的多址技术。通过将通信频率切割成为一个个时槽,来分配给网络中各终端之间的信号流使用,使用这种复用方式的所有节点都必须严格同步(尽管网络在节点之间产生延迟)。参见 time slot (TS/TSL)。

time division multiplexing (TDM) **时分(多路)复用** 在一条信道或一条通道上能并发地传输多路信息的一种传输技术。它将信道(或通道)上的传输时间划分为周期,每一个时间周期划分为多个时间槽,在每一个时间槽上传输一路信息。采用时分多路复用技术,可以大大提高信道(或通道)利用率和信道(或通道)的通信容量,大大降低传输费用。这种技术被广泛地用在交换领域和数字传输领域。参见 frequency division multiplexing (FDM)。

time division multiplex-passive optical network (TDM-PON) **时分复用-无源光网络** APON(ATM 无源光网络)/BPON(宽带无源光网络)、EPON(以太网无源光网络)和 GPON(吉比特无源光网络)已得到广泛部署。2014 年 11 月,EPON 部署了约 4 000 万个端口,在部署中排名第一。对于 TDM-PON,在光分配网络中使用无源光分路器。在上行方向上,每个 ONU(光网络单元)或 ONT(光网络终端)突发发送分配的时隙(在时域中复用)。以这种方式,OLT(光线路终端)在任何时间点仅从一个 ONU 或 ONT 接收信号。在下行方向上,(通常)OLT 连续发送(或可以突发发送)。ONU 或 ONT 通过信号中嵌入的地址标签查看自己的数据。

time division SCDMA (TD-SCDMA) **时分-同步码分多址,TD-SCDMA 标准** 参见 time division-synchronous code division multiple access (TD-SCDMA)。

time division switch **时分交换机** 这种交换机按时间顺序扫描它的 n 路输入线,每路输入线占用一个时隙,每个时隙传输 k 位二进制数据。对 ISDN(综合业务数字网)、PBX(专用交换分机)而言,k 通常是 8 位数据,n 个时隙的数据组成一个输入帧。按照 ISDN 使用的 PCM(脉码调制)标准,每秒要组成并传输 8 000 个输入帧。把输入帧变成输出帧是由作为时分交换机的核心部件时隙交换器完成的。交换机所需要的时隙数与线路数呈线性关系。与此不同的有纵横式交换机。

time division-synchronous code division multiple access (TD-SCDMA) **时分同**

步码分多址,TD-SCDMA 标准 或 UTRA(通用移动通信系统地面无线接入)TDD(时分复用)1.28 mcps(每秒兆周数)低码片率(UTRA-TDD LCR)。是中国 UMTS(通用移动通信系统)中作为 W-CDMA(宽带码分多址)替代方案的空中接口。由大唐电信集团代表中国提出的比较适合中国的国情的 TD-SCDMA 标准,它独具的技术优势是能够解决高人口密度地区频率资源紧张的问题,并在互联网浏览等非对称移动数据和视频点播等多媒体业务方面具有突出优势。TD-SCDMA 在 1.6 MHz 频谱片段上使用 TDMA(时分多址)信道接入方法与自适应同步 CDMA 组件相结合,允许在比 TD-CDMA 更紧密的频带中部署。2001 年 3 月 16 日,在美国召开的 3G 第 11 次全会正式接纳了由中国提出的 TD-SCDMA 第三代移动通信标准全部技术方案,并包含在 3GPP(第三代移动通信项目组织)版本 4 中。被 3GPP 接纳,标志着 TD-SCDMA 在被 ITU(国际电信联盟)正式确定为 3G 标准后,又被全球电信运营商和设备制造商所接受。第 4 版本的技术规范完全满足技术先进性、标准化、公开化的要求,能够作为设备制造商研制开发和生产 TD-SCDMA 系统设备和运营商使用该设备的技术依据。

time domain (TD) **时域** (1) 时域是关于时间的数学函数、物理信号或经济或环境数据的时间序列的分析。在时域中,对于连续时间,信号或函数值对于所有实数都是已知的,或者对于离散时间,信号或函数值在不同的单独时刻是已知的。(2) 信号与系统分析中的一个时间变量,它是信号或系统的激励和响应函数的自变量。(3) 时域是以时间为基准的电压或电流的变化的过程,可以用示波器观察到。

time-domain multiple access (TDMA) **时域多路[多重]访问** 允许几个卫星地面站使用同一频带,每个站以短促突发方式顺序发送的通信技术。因此,每个用户能在不同的时间间隔中使用脉冲转发器的全部有效功率和带宽。利用这种技术,可以大大增加卫星通信的容量。

time domain reflection (TDR) **时域反射** 光缆或电缆中使用的一种故障定位技术,它利用电磁波遇到故障点即发生反射的特性,通过向线路发送一个测试脉冲,然后测量该脉冲从故障处反射回来的脉冲能量和所花费的时间,来判断故障的性质和位置。如果反射回来的信号极性发生变化,说明线路已断开;而根据已知的光信号或电信号的传播速度,即可测知故障点的距离。

time domain reflectometer (TDR) **时域反射仪[计]** 一种检测设备,它发射信号通过网络介质以检测电缆或光缆的连续性和其他特性。TDR 测量反射的脉冲返回到 TDR 所需的时间,计算出电缆的长度,然后用指定的传播速度倍乘这个时间。

time-frequency representation (TFR) **时频[时间-频率]表示** 是在时间和频率上表示的信号视图(被视为时间的函数)。时频分析意味着分析由 TFR 提供的时频域。这是通过使用通常称为"时间-频率分布"(缩写为 TFD)的公式来实现的。TFR 通常是随时间和频率变化的复值场,其中场的模数表示幅度或"能量密度"(在时间和频率上变化的均方根浓度),而场的参数表示相位。

time-hopping (TH) **跳时** (1) 一种通信信号技术,可用于实现抗干扰(AJ)或低截获概率(LPI)。它还可以指脉冲位置调制,其最简单的形式是采用 2^k 个离散脉冲(指传输窗口内脉冲的唯一位置)来传输每个脉冲的 k 位。(2) 近似随机地选择时隙发送信号的一种扩频技术。将一个信息码的时间分成若干个时隙,只在一个时隙内发送信号,发送时隙是随机选择的。

time hopping spread spectrum (THSS) 跳时扩频 简称"跳时",发射信号在时间轴上跳变的扩频通信方式。首先把时间轴分成许多时片。在一帧内哪个时片发射信号由扩频码序列去进行控制。由于采用了窄得很多的时片去发送信号,相对来说,信号的频谱也就展宽了。

time jitter 时钟抖动 是指时钟触发沿的随机误差,通常可以用两个或多个时钟周期之间的差值来量度,这个误差是由时钟发生器内部产生的,和后期布线没有关系。

time-lapse photography 时移[缩时]摄影 是一种技术,通过这种技术,拍摄电影帧的频率(帧速率)比观看序列所用的频率要分散得多。当以正常速度播放时,时间似乎移动得更快并因此流逝。例如,可以每秒 1 帧捕获场景的图像,然后以每秒 30 帧的速度回放;结果是速度明显提高了 30 倍。以类似的方式,电影也能以比拍摄时低得多的速度播放,从而减慢原本快速的动作,如慢动作或高速摄影。

time line 时间线,时程线 (1)是按时间顺序显示事件列表的一种方式。它通常是一个图形设计,显示一个标有日期并与之平行的长条,通常是同期事件;甘特图是项目管理中使用的时间线的一种形式。(2)视频、声音和图像剪辑构成的节目长度的图形表示方法。

time of arrival (TOA, ToA) 到达时间 有时称为飞行时间(ToF),是无线电信号从一个发射器到远程单个接收器的传播时间。与 TDOA(到达时间差)技术相比,TOA 使用到达某个基站的绝对时间,而不是从一个基站到达另一个基站之间的

测量时间差。当信号以已知速度传播时,可以直接从 TOA 计算距离。来自两个基站的到达时间数据将把一个位置缩小到一个位置圆;需要来自第三个基站的数据将精确位置解析为一个点。许多无线电定位系统,包括 GPS(全球移动通信系统),都使用 TOA。

time server 时间服务器 执行特殊时间同步功能的一种服务器,通过它可以使网络中的机器维持时间同步。通常可分为四类:① 单基准时间服务器。为整个网络确定时间,并为次时间服务器和工作站提供时间,它是网上唯一的时间源;② 主时间服务器。它至少与另一个主时间服务器或基准时间服务器同步,并为次时间服务器和工作站提供时间;③ 基准时间服务器。提供所有其他时间服务器与之同步的时间,这个时间可与外部时钟源同步,主时间服务器的内部时钟按基准时间服务器的内部时钟调整同步,一个网络通常只安装一个基准时间服务器;④ 次时间服务器。从单基准时间服务器、主时间服务器或基准时间服务器获取时间,调整其内部时钟,使之与网络时间同步,次时间服务器也为工作站提供时间。

time-shared network 分时网络 一种计算机服务。采用一台大型主机,在分时的基础上同时为许多用户服务。用户用自己的电话和兼容的声耦合器访问通常位于远方城市的计算机。声耦合器带有与适当终端连接的调制解调器。

time-sharing polling 分时轮询 计算机通信中的一种控制技术,多台共享同一通信线路的设备依照约定的协议分享通信线路,各设备通过交换信号或报文确保在任何时刻都只有一个设备通过通信线路发送信息。轮询可由 CPU 控制,逐个地向设备发送控制报文,允许它传送数据。该设备可以发送数据报文或者发

送一个表示它没有数据发送的控制报文。

time signal　时间信号　是一种可看见的、可听见的、机械或电子信号，用作确定一天中的时间的基准。专用无线电时间信号台发送支持时钟自动同步的信号，商业广播台在其节目中仍然包括时间信号。如今，在世界大部分地区使用 GPS（全球定位系统）导航无线电信号作为精确分布时间信号。有许多商用无线电控制时钟可用于准确地指示当地时间，无论用于商业还是住宅。计算机通常从因特网原子钟源设置时间。如果没有，则本地连接的 GPS 接收器可以使用软件应用程序精确设置时间。可从因特网上下载这样的应用程序。

time skew　时钟偏移　由同样的时钟产生的多个子时钟信号之间的延时差异。

time slot（TS/TSL）　时隙，时间槽　能独一无二地加以识别和定义的任何周期性时间间隔称为时隙，又称"时间槽"。如在分时系统中，多个通道与存储器分时交换数据，要分多个（设为四个）时间槽口，让转到时间槽里的通道占用一个时钟周期，访问主存，执行一次操作，即与主存交换一次数据，同一通道每四个时钟周期可与存储器操作一次。全部时间槽称为桶。

time slot assigner circuit.（TSAC）　时隙分配电路　时隙是电路交换汇总信息传送的最小单位。TSAC 是为编码译码器（CODEC）输出的 8 比特数据按 PCM（脉码调制）传输比特流结构分配传输时隙的电路。

time slot exchanger　时隙交换器　时分交换机的核心部分。它把时分交换机接收的输入帧经过处理产生输出帧。时隙交换机的缓冲器中有很多槽隙，每个槽隙对应帧的一个时隙。处理办法是先把输入帧放入缓冲器中，然后再按需要的顺序读出这些槽隙组成输出帧，把输出帧的各个时隙按顺序送到输出线上，构成输入线路与输出线路的信息交换，但是输入线路与输出线路没有构成物理连接。在时分交换机中缓冲器的容量与线路条数成线性关系，而不是像纵横式交换机那样成平方关系，但是也有一定限制。

T-interface　T 接口　或 T 参考点，用于综合业务数字网（ISDN）环境中的基本速率接入。它是一个用户网络接口参考点，特点是四线、144 kbps（2B＋D）用户速率。它从多个 S 接口获取数据，经多路复用处理后送到 U 接口，然后通过干线传输到中心局。T 接口在电气上与 S 接口等效，这两个接口统称为 S/T 接口。

tints and shades　淡色和暗色　在色彩理论中，淡色是颜色与白色的混合，这减少了黑暗色，而暗色是颜色与黑色的混合，这增加了黑暗色。这两个过程都会影响所产生的颜色混合物的相对亮度。色调是通过混合一种颜色和灰色，或者通过着色和阴影来产生的。将颜色与任何中性颜色（包括黑色、灰色和白色）混合会降低亮度或色彩，而色调（红色、蓝色和黄色的相对混合物）保持不变。

token　令牌，标记　(1) 对网络中各个站通过通信介质发送信息进行控制的一种控制信息帧，即令牌帧。只有获得令牌帧的站才能发送信息。使用令牌机制访问通信介质分为两种方式：适用于令牌总线网的令牌传递和适用于令牌环网的令牌环行。令牌长度由三个字节组成，分别是前标、起始定界符和帧控制。(2) 在搜索引擎中，标记是能建立索引的基本文本单元，它可以是语言中的单词，也可以是其他适合于建立索引的文本单元。

token bucket　令牌桶　一种常用的流量控制技术。令牌桶本身没有丢弃和优先级策略,其原理如下:① 令牌以一定的速率放入桶中;② 每个令牌允许源发送一定数量的比特;③ 发送一个包,流量调节器就要从桶中删除与包大小相等的令牌数;④ 如果没有足够的令牌,这个包就会等待直到有足够的令牌或者包被丢弃;⑤ 桶有特定的容量,如果桶已经满了,新加入的令牌就会被丢弃。因此,在任何时候,源发送到网络上的最大突发数据量与桶的大小成比例。令牌桶允许突发,但是不能超过限制。

token bus　令牌总线　用于总线网或者树形网的一种介质访问控制技术,已成为标准 IEEE 802.4。所有工作站排列成一个逻辑环,令牌沿着这个环从一个站传递到另一个站,接到令牌的工作站有权发送数据,发完后将令牌传递给环中的下一站。

token bus MAC sublayer protocol　令牌总线介质访问控制子层协议　令牌总线网络链路层完成介质访问控制的子层协议及其功能。当逻辑环初始化时,各个站以其逻辑地址顺序,由大到小插入环中。令牌传递也是按各站地址由大到小的顺序进行。一个站获得令牌后便占用一定时间发送数据。如果没有数据发送就即把令牌传递给下一个站。每个站自己在逻辑上又分为四个子站,优先级分别是 0、2、4 和 6。其中 6 级最高,因而当某个站获得令牌时优先级为 6 的子站先发送信息,然后才轮到其他子站。各子站所占用时间的比例不等,优先级高的站首先得到满足。这样优先级高的子站可以用来发送话音或动态图像等实时性强的信息,带宽得到保证,其他子站可以用剩下的时间传输数据。

token bus network（TBN）　令牌总线网　一种总线结构的局域网,使用令牌传递作为调节通信的方法,网络中用一个令牌支配传输的权利,令牌在站之间传递,站只是短暂地获得令牌从而得到发送消息的许可,令牌在总线上的"上游"站向"下游"站传递,当传递到最后一个站时,该站将令牌传回第一个站,因此在逻辑上构成一个环,令牌总线网的标准是 IEEE 802.4 标准。

token holding time（THT）　令牌保持时间　FDDI(光纤分布式数据接口)网络中用来调整网络接入时间的一个参数值,它规定了节点持有令牌的时间,此后该节点就必须将令牌按序传递给下一个节点。

tokenization　标记化　当应用于数据安全性时,标记化是使用不敏感的等效物(称为标记)替换敏感数据元素的过程,该标记没有外在的或可利用的含义或价值。标记是通过标记化系统映射回敏感数据的引用(即标识符)。从原始数据到标记的映射使用方法使得标记在没有标记化系统的情况下不可逆转,例如使用从随机数创建的标记。标记化系统必须使用适用于敏感数据保护、安全存储、审计、身份验证和授权的安全最佳实践进行保护和验证。标记化系统为数据处理应用程序提供了请求标记或还原为敏感数据的权限和接口。

token ring　令牌环(网)　一种网络标准,规定了令牌传送环形局域网访问协议、电缆连接与接口,由 IBM 公司于 1984 年推出,成为 ANSI 802.1 和 IEEE 802.5 标准,传输速率从 4 Mbps 到 16 Mbps。令牌环网以逻辑上环状的方式将一组使用传输介质的站串连而成,一个令牌在其上传递。任何一个站,在检测出令牌后,可通过修改令牌为帧起始序列,并附加适当的控制字段、状态字段、地址字段、帧校验序列和帧结束序列来获得令牌,获得令牌的站就获得了使用介质进行发送的权利。在完成了信息发送并进行了校验操作之后再创建一个新的令牌,以便其他站使用。另外,在每个站设置"令牌保持计数器",以控制该站掌握令牌和使用介质的最长时间。

token ring adapter type 1 令牌环网适配器类型 1 一种令牌环网接口耦合器(TIC),以 4 Mbps 令牌环网速度进行操作。

token ring adapter type 2 令牌环网适配器类型 2 一种令牌环网接口耦合器(TIC),可设置成支持以 4 Mbps 和 16 Mbps令牌环网速度进行操作,并支持同一适配器上的子区域和外设节点,在 16 Mbps时支持早期令牌释放。

token ring interface coupler (TIC) 令牌环网接口耦合器 一种适配器,可连接通信控制器和令牌环网。

toll 中继线 通信系统中传输信息的干线。在美国被称为 toll,而在英国被称为 trunk。

top-level domain name 顶级域名 在层次域名系统中最高层的域名。有传统的 7 个通用顶级域:① .com(commercial);② .net (network);③ .org (organization);④ .edu (educational);⑤ .gov(government);⑥ .mil (military);⑦ .int (international)。其中 .edu、.gov 和.mil 仅用于美国;.int 仅用于政府之间的国际条约组织。在因特网中规定,在美国的顶层域名主要有:COM,商业组织;EDU,教育院校;GOV,政府机关;MIL,军事团体;NET,主要网络支持中心;ORG,上述机构以外的机构;INT,国际组织。在美国以外的国家和地区,顶级域名是国家或地区域名,例如中国的顶级域名是CN,日本是JP,加拿大是CA,法国是FR 等。在 2000 年 11 月以后新增了 7 个顶级域:① .biz(business),适用于商业公司;② .info(information service),适用于提供信息服务的企业;③ .name (individual/personal),专用于个人的;④ .pro(professional),专用于医生、律师、会计师等专业人员;⑤ .coop(cooperative),专用于商业合作社;⑥ .aero(aerospace),专用于航空运输业;⑦ .museum,专用于博物馆。参见 top-level domain (TLD)。

Tor (the onion router) Tor 软件,洋葱头路由器软件 是用于允许匿名通信的免费软件。该名称源自原始软件项目名称"The Onion Router"的首字母缩写。Tor 通过一个免费的全球志愿者覆盖网络来引导互联网流量,该网络由超过七千个中继组成,以向任何进行网络监控或流量分析方隐藏用户的位置和使用情况。使用 Tor 会使跟踪用户的互联网活动变得更加困难:这包括"访问网站,在线帖子,即时消息和其他通信形式"。Tor 的预期用途是保护其用户的个人隐私,以及他们进行保密通信的自由和能力,防止他们的互联网活动受到监视。

total reflection 全反射光 从光密介质射向光疏介质且当入射角大于临界角时,光被界面全部反射回原介质不再进入光疏介质中的现象。

TP-Link 普联技术公司 是一家中国计算机网络产品制造商,总部位于中国广东省深圳市。该公司由赵建军和赵佳兴两兄弟于 1996 年创立,以生产和销售他们开发的网卡等计算机配件。公司名称是基于"双绞线链路"的概念,这是一种电磁布线,因此公司名称中称为"TP"。TP-Link 于 2005 年开始首次国际扩张。2007 年,公司迁入深圳高新技术产业园区新建的 10 万平方米总部和设施。TP-LINK USA(美国公司)成立于 2008 年。2016 年 9 月,TP-Link 推出了新标识和口号"Reliable Smart";新标识旨在将公司描述为一个"生活方式"导向的品牌,因为它扩展到智能家居产品。

TP4/IP 第四层[4 类]传输协议/网际协议,TP4/IP 协议 与 TCP/IP 协议族相似的一组开放系统互连(OSI)模型的协议,TP4 称为第四层传输协议,与 TCP

相对应,它们的下层都是 IP。TP4 与 TCP 都是使用接收应答和出错重传技术提供数据可靠传输的。TP4 提供错误恢复、执行分段和重新组装,并在单个虚拟电路提供数据流的复用和解复用。TP4 排序 PDU(协议数据单元)并重新传送它们,或者如果未确认的过多的编号,则重新启动连接。TP4 通过面向连接或无连接的网络服务提供可靠的传输服务和功能。TP4 是所有 OSI(开放系统互连)传输协议中最常用的,类似于 TCP/IP 协议套件中的传输控制协议(TCP)。

trace packet **跟踪数据包** 一种分组交换网络中传送的数据包,如同正常的数据包那样运行,用于向网络控制中心报告每个传送阶段的情况。

traceroute **跟踪路由** TCP/IP(传输控制协议/网际协议)网络的查错工具,可显示数据包通过网络到达目的站点的路由。它使用因特网控制信息协议(ICMP)跟踪数据包从一个节点到另一个节点的网络路由,判定两个节点之间的断点。跟踪路由协议定义在 RFC 1393 中。

trace, telemetering, command & metering (TTC&M) **跟踪、遥测、控制和监视(站),测控站** 对卫星进行跟踪、遥测以及姿态保持等控制。一个测控站可以测控多颗卫星,但一颗卫星在同一时间只能由一个特定的测控站控制。

traffic channel (TCH) **业务(量)信道** (1) 携带话音编码信息或用户数据的信道。它分为话音业务信道和数据业务信道。它有全速率业务信道(TCH/F)和半速率业务信道(TCH/H)之分,两者分别载有总速率为 22.8 kbps 和 11.4 kbps 的信息。(2) 这些点对点信道对应于 ISDN(综合业务数字网)B 信道,并称为 Bm 信道。业务信道使用 8 个突发脉冲串(中断)对角线交织,每隔 4 个突发脉冲串开

始一个新块,并且任何给定的突发脉冲串包含来自两个不同业务帧的比特。这种交织模式使 TCH 对单个突发脉冲衰落具有鲁棒性,因为单个突发脉冲的丢失仅破坏了帧的信道比特的 1/8。业务信道的编码取决于所采用的业务或声码器类型,大多数编码器能够克服单突发脉冲丢失。所有业务信道都使用 26 多帧 TDMA(时分多址)结构。

traffic channel-full rate (TCH/F) **业务信道-全速率,全速率业务信道** 使用全速话音编码的业务信道。GSM(全球移动通信系统)全速率信道使用 26 个复帧中的 24 个帧。全速率 GSM 信道的信道比特率为 22.7 kbps,但实际有效载荷数据速率为 9.6~14 kbps,具体取决于信道编码。该信道通常与 GSM 06.10 全速率,GSM 06.60 增强全速率或 GSM 06.90 自适应多速率语音编解码器一起使用。它还可用于传真和电路交换数据。

traffic channel-half rate (TCH/H) **业务信道-半速率,半速率业务信道** 使用半速话音编码的业务信道。GSM 半速率信道使用 26 个复帧中的 12 个帧。半速率 GSM 信道的信道比特率是 11.4 kbps,尽管实际数据容量是 4.8~7 kbps,这取决于信道编码。该信道通常与 GSM 06.20 半速率或 GSM 06.90 自适应多速率语音编解码器一起使用。

traffic class **(通信)业务类别** IPv6 协议中用 8 位字段,指示 IPv6 数据流通信业务类别或优先级。功能类似于 IPv4 的服务类型(TOS)字段。

traffic classification **流量分类** 是根据各种参数(例如,基于端口号或协议)将计算机网络流量分类为多个流量类别的自动化过程。可以区别对待每个产生的流量类型,为了区分数据生成器或用户隐含的业务。

traffic coefficient **通信业务(量)系数** 一

种描述操作员完成某种级别的呼叫所需平均工作时间的参数。例如,若以 15.66 秒为 1 单位,操作员的呼叫需 31.3 秒,则其通信业务系数为 2。

traffic engineering　流量工程　设计通信设备以满足通信用户需求的一类技术。流量工程关注运行网络的性能优化,它根据商业目标,基于科学和技术的原理对流量进行测量、建模、描述和控制;并且通过这些知识和技术去达到特定的性能目标,包括让流量在网络中迅速可靠的传输,提高网络资源的有效利用率,对网络容量进行合理规划。

traffic flow　业务流　在分组交换网络中,业务流、分组流或网络流是从源计算机到目的地的分组序列,目的地可以是另一主机、多播组或广播域。RFC 2722 将业务流定义为"与呼叫或连接等效的人工逻辑"。RFC 3697 将业务流定义为"从特定源发送到特定单播、任播或多播目的地的数据包序列。源希望将其标记为流。流可以由特定传输连接或媒体流中的所有数据包组成。但是,流不一定是 1∶1 映射到传输连接上"。业务流也在 RFC 3917 中定义为"在一定时间间隔内通过网络中观察点的一组 IP 数据包"。

traffic management (TM)　流量管理,业务量管理　(1) 在 ATM(异步传输模式)网络中,指交通控制和冲突控制的各个方面。ATM 层交通控制是网络为避免冲突采取的一系列动作。ATM 层冲突控制是网络为减少冲突的密度而采取的一系列动作。(2) 对通信网上的负荷业务流量进行分配和控制的过程。通信网运行的主要作用是使信息流沿不同路径从源节点流到目的节点。由于通信源发送信息时间和数量的随机性,网络中各节点交换机的存储容量和各条链路传输容量的有限性,可能会造成网内各部分信息流的严重不均匀,不能达到应有的传输水平,致使有些节点和链路利用率低,有的又超过节点的存储处理能力与链路传输能力,导致网络阻塞。通过对网络中的业务信息流进行管理,合理分配,有效控制,使网络达到更高的使用效率和通信性能。

traffic shaping (TS)　流量整形　(1) 也称为分组整形,是一种计算机网络流量管理技术,它可以延迟部分或全部数据报,使其符合所需的流量配置文件。流量整形用于优化或保证性能、改善延迟和/或通过延迟其他类型的分组来增加某些类型分组的可用带宽。它经常与流量监管混淆,流量监管是分组丢弃和分组标记的独特但相关的做法。最常见的流量整形类型是基于应用的流量整形。在基于应用的流量整形中,首先使用指纹工具识别感兴趣的应用,然后根据整形策略对其进行整形。一些有争议的基于应用的流量整形案例包括对等文件共享流量的带宽限制。许多应用协议使用加密来规避基于应用的流量整形。另一种流量整形是基于路由的流量整形。基于路由的流量整形是基于前一跳或下一跳信息进行的。(2) 一种机制,它允许发送端指定进行 ATM(异步传输模式)网络的信息优先级和吞吐量,并随后监视信息的传输状况,以达到必需的服务等级。它能改变一个 VCC(虚拟通道连接)或一个 VPC(虚拟路径连接)上信元流的业务量特性,使业务流穿过 UNI(用户网络接口)时与用户-网络要求的流量特性一致从而最大限度地提高 ATM 网络的带宽资源利用率。

traffic theory　话务量理论　是通信业务量的理论基础。话务量是电信业务流量的简称。也称为电信负荷量。它既表示电信设备承受的负载,也表示用户对通信能力需求的程度。1917 年,丹麦工程师 Agner Krarup Erlang(阿格纳·克拉普·埃尔朗)首先提出了有关通信业务的拥塞理论,用统计平衡概念分析了通信业务量问题,形成了概率理论的一个分支。后经 C. palm 等人发展,从近代概率论观点出发研究,从而奠定了话务量理论的数学基础。话务量理论就是一种用概率论和数理统计方法求解通信设备对用户的服务程度(或阻塞程度)和所需通信设备之间的关系的理论。

traffic unit (TU)　话务量单位　电信系统中业务量强度的一种单位,以前称话务量单位(TU),现在的话务量单位为爱尔兰(Erlang)。话务量 A 的大小取决于单位时间(1 小时)内平均发生的呼叫次数 λ 和每次呼叫平均占用信道时间 S,A = S(小时/次)×λ(次/小时)话务量的单位为 Erl。

transaction　事务,事务处理　(1) 事务是用户定义的一个操作序列,这些操作要么全做,要么全不做,是一个不可分割的工作单位。事务应该具有下列四个性质:① 原子性;② 一致性;③ 隔离性;④ 持久性。根据这四个性质的英语单词的第一个字母,常常称这四个性质为事务的 ACID(原子性、一致性、隔离性、耐久性)性质。(2) 两个通信设备之间进行的一次数据交换称为一次事务处理。在七号信令系统(SS7)中,指两个节点之间访问数据库,传送大量与电路无关的数据,比如各种新业务的登记、撤销、申请,移动通信中对移动设备的位置登记,交换机与运行管理中心间的管理信息的传送等应用被称为事务处理。为了实现这些功能,七号信令系统定义了事务处理应用部分(TCAP)。

transactional transmission control protocol (T/TCP)　事务传输控制协议　是传输控制协议(TCP)的变体。它是用于高效的面向事务(请求/响应)服务的实验性 TCP 扩展。它是为了填补 1994 年 Bob Braden 开发的 TCP 和 UDP 之间的空白。在 RFC 1644(废弃了 RFC 1379)中有它的定义。

transaction flow　交易流,事务流　在数据处理系统中,处理一组"具有相似处理需求的"交易所使用的一种标准流程。

transaction routing　事务路由选择　某些用户信息控制系统中的一种功能。它允许受事务处理系统控制的终端操作员初启一些事项处理,包括调用被其他的事务处理系统控制的事务(处理)程序。事务路由选择功能利用事务处理程序会话能力,来简化事务程序和受初启终端所在的事务处理系统的转发事务之间的会话。

transaction signature (TSIG)　事务签名(协议)　是 RFC 2845 中定义的计算机网络协议。它主要使域名系统(DNS)能够对 DNS 数据库的更新进行身份验证。它最常用于更新动态 DNS 或辅助/从属 DNS 服务器。TSIG 使用共享密钥和单向散列来提供加密安全的方法,以验证连接的每个端点是否允许建立或响应 DNS 更新。TSIG 协议中包含一个时间戳,以防止记录的响应被重用,这将使攻击者破坏 TSIG 的安全性。这就要求动态 DNS 服务器和 TSIG 客户端包含准确的时钟。由于 DNS 服务器连接到网络,因此网络时间协议可以提供准确的时间源。DNS 更新(如查询)通常通过 UDP(用户数据报协议)传输,因为它需要比 TCP(传输控制协议)更低的开销。然而,DNS 服务器支持 UDP 和 TCP 请求。

transaction sub-layer (TSL)　事务子层　七号信令系统(SS7)事务处理能力应用部分(TCAP)的一个子层,处理两个 TCAP 之间有关消息,包括部件交换。它根据对话的过程将消息分成 4 类:① 开始消息,表示节点间一个对话的开始;② 继续消息,表示该消息是对话过程中的一个中间消息;③ 结束消息,表示对话正常结束;④ 终止消息,表示对话异常结束,例如检测到对话过程出错。

transient electromagnetic pulse emanation surveillance technology(TEMPEST)　瞬时电磁脉冲发射监测技术　抑制信息处理设备的载有信息的电磁、声信号发射的技术。TEMPEST 一词最初是美国国防部和国家安全局联合开发的一项绝密工程代号,现在成了研究和抑制信息处理设备泄密发射的代名词,其研究对象主要包括以下几方面内容:① 技术标准及规范研究;② 测试方法及测试仪器设备研究;③ 防护及制造技术研究;④ 服务、咨询及管理方法研究。通常使用其缩写词,其具体含意是防止信息处理设备泄密的电磁发射。对信息处理设备采取防信息泄漏措施称为 TEMPSET 防护,对设备或系统实施 TEMPEST 防护的工程称为 TEMPEST 工程,具备 TEMPEST 防护的设备称为 TEMPEST 设备。TEMPEST 是一系列的构成信息安全保密领域的总称,包括了对电磁泄漏信号中所携带的敏感信息进行分析、测试、接收、还原以及防护的一系列技术。目前对于电磁信息安全的防护主要措施有:使用低辐射设备、利用噪声干扰源、电磁屏蔽、滤波技术和光纤传输。

transit delay(TD)　渡越[传输]延迟　(1) 在X.25 通信中,一个包从一个数据终端设备(DTE)传输到另一个 DTE 设备的时间。(2) 传输层服务质量参数之一,测量用户从源机器一端发出报文分组到目的机器一端用户收到分组为止所经历的时间。这个参数因为测量时间、方向和条件不同而有所不同。通常有效传输延迟时间是一个统计平均时间。

transition minimized differential signaling(TMDS)　跃变最小化[最小变换]差分信令　一种用于传输高速串行数据的技术,由 DVI(数字视频接口)和 HDMI(高清晰度多媒体接口)视频接口以及其他数字通信接口使用。发送器采用先进的编码算法,可减少铜缆上的电磁干扰,并在接收器上实现强大的时钟恢复,以实现高偏斜容差,从而驱动更长的电缆以及更短的低成本电缆。

transit model　转移式模型　用于描述协议的一种模型。把协议模型看作对各种事件(例如用户发来的命令、低层功能送来的信息、同层协议对传输的数据进行复用和分用的要求等)做出响应并进行简单处理的诸项方法和过程便组成这种转移模型。属于这一类的模型有状态转移图、形式文法、Petri 网、有限自动机等。这类描述方法具有简单、直观、易于理解等优点。但当协议复杂时,事件和状态的数量急剧增多,描述受到较大限制。

transit switch　转接交换　电信网络处理器(TP4)中,使用电信内部网络协议(TINP)的中继线路上用的一个路由选择及交换功能。TP4.转接交换不能用数据包装拆(PAD)软件安装,且不能与 X.25/X.75 数据终端设备(DTE)通信。

translating bridge　转换网桥　用于不同类型、不同协议局域网互联的网桥,比如以太网和令牌环网,它支持互联双方局域网的物理层和数据链路层协议。连接局域网的网桥有透明网桥、转换网桥、封装网桥、源路由选择网桥等 4 种类型。转换网桥是透明网桥的一种特殊形式。它在物理层和数据链路层使用不同协议的局域网提供网络连接服务。是一种复杂的网络设备,可采用源路由透明桥接方案替代转换网桥。

translational bridging　翻译[转换]网桥　带有不同数据链路层协议的网络之间的网桥。这个协议信息在网桥被转换为目的网络格式。一个翻译网桥能够转发数据链路层帧到不同协议的局域网,例如从以太网到令牌网。

translation bridging　翻译[转换]桥接　在具有不同 MAC(介质访问控制)子层协议的网络之间完成的桥接。

transmission band (TB)　传输频带,通(频)带　(1)能以最小衰减完成传输的一段频带,衰减的大小取决于被传输信号的类型和传输速度。(2)一个电路所允许顺利通过的电流的频率范围,称为该电路的通频带。一般规定在电流等于最大电流值的 0.707 倍范围内上下两个频率之间的宽度为通频带。

transmission control characters (TCC)　传输控制字符　用于定义数据字符序列所包含信息的性质,或者用于传送监控指令的那些字符,但不能将它们作为正文或标题的一部分传送。当遇到这种字符时,要执行一些控制操作:寻址、轮询、报文定界和组块、传输错误检查以及回车等。

transmission control protocol/internet protocol (TCP/IP)　传输控制协议/国际协议,TCP/IP 协议　美国国防部为研究分组交换数据网而创建的网络 ARPAnet(阿帕网)的标准通信协议。演变至今已成为异型机异种网互联的工业标准,成为开放软件基金会(OSF)采纳的网络标准之一。TCP 即"传输控制协议",大致与 OSI(开放系统互连)模型的传输层协议相对应。IP 即"网际协议",大致与 OSI 模型的网络层协议相对应。通常还有三个应用层协议与 TCP/IP 一起构成协议族,它们是:① 文件传输协议(FTP);② 远程登录协议(telnet);③ 简单邮件传输协议(SMTP)。TCP 与 IP 为 TCP/IP 中主要的传输控制协议,IP 负责包的传送接收等无连接工作,TCP 负责建立连接导向的通信,意思是在传送数据前,TCP 会建立一个有效的连接,并使用错误检查等方式确保数据能够正确无误的

传送,如果发生错误,TCP 会自动尝试重传数据,而 IP 只是单纯的发送数据包,并不确认数据是否正确送达。TCP 事实上使用 IP 来建立连接,并用 IP 来传送数据与作为两台主机之间的确认数据传输等动作。

transmission error control　传输差错控制　对数据传输时产生的错误所进行的检测和校正。常用的检测技术有奇偶校验和循环冗余校验。在发送端产生一个校验码,经过传输后在接收端再产生一次。将两个校验码进行比较,若相等,则接收端向发送端送一确认信号;若不相等,则送一否认信号。

transmission flow control　传输流控　传输介质中控制传输速率的规则,用来避免拥塞、业务过载等问题。流控技术分为两种:一种是传统的流控方式,通过路由器、交换机的 QoS(服务质量)模块实现基于源地址、目的地址、源端口、目的端口以及协议类型的流量控制,属于四层流控;另一种是智能流控方式,通过专用的流控设备实现基于应用层的流控,属于七层流控。

transmission frame　传输帧　(1)在数据传输中,数据从一个节点到另一个节点传输时使用且能被接收点所辨认的格式。除了数据或信息段以外,帧还具有一些限制符,用来标识帧的起始和结束及通常的控制字符。起点和终点的地址信息,允许接收者检测在发送者传送帧之后可能发生的差错用的一个或多个检验位等。(2)在TDM(时分多路复用)系统中的一种信号组。它由各通道的信号采样附加的同步信号和其他要求的系统信息所组成。

transmission frequency diversity　传输频率多样化　一种信号传输或接收的方法。在这种方法中相同的信息用两个或多个专用频道同步传输,以便选用频率衰减

的干扰最少的那一个。

transmission level point（TLP）传输电平点 在传输系统中，任意一点上的信号功率与同一信号在参考点上的功率的比值。以分贝（dB）表示。在传输方向，信道的每一端被称为 0 dB 传输电平点（0 TLP），它在该点给出最大的可用功率，整个电路上的所有其他电平点均以 0 TLP 点为基准。通常认为长途交换局的出口端为-3 TLP，即在该点测得的信号幅度比参考电平点的测量值低 3 dB。

transmission limit 传输极限，传输限制 （1）在网络控制程序中，多点线路上的一台启停式设备或二进制同步通信（BSC）设备，在一次通话期间并在网络控制程序中止或暂停这次通话去为线上其他设备服务之前，能够发送或接收的最大传输数量。（2）能够在光纤中进行传输的光的波长范围，光纤对超出传输限制波长的光线不透明，因此，须将光波的波长限制在一定范围之内。

transmission link 传输链路 两点间具有特定特性的传输手段。通常要指明传输链路的类型或容量，例如，无线链路、同轴链路或 2 048 kbps 链路等。

transmission loss（TL）传导[传声，传输]损失[损耗] 在传输过程中，信号从一点传输到另一点时功率下降的现象。传输损耗常用分贝表示。

transmission speed 传输速度 在单位时间内，所发送的信息单元的数量。通常以每秒内所发送的二进制码、字符、字组或记录数来表示。传输数据的速度与所用设备和电路的类型有关。由于字符编码中用于表示每个字符的位数不同，所以，用位/秒（bps）表示传输速度比字符/秒（cps）更恰当。区别串行和并行传输也是很重要的，因为他们的传输速度明显不同。

transmission subsystem component（TSC）

传输子系统成分 VTAM（虚拟远程通信访问法）程序的成分，由 SNA（系统网络体系结构）的传输控制、路径控制和数据链路控制层构成。

transmissive star 透射星 一种光导纤维传输系统，能将单一输入光信号传送给多路输出光纤，主要用于光纤局域网中。

transmit 传输，发送 （1）将信号由一点传送到另一点或另外多个点。传输强调的是信号转移的物理过程。在大多数情况下，是通过适当的传输设备、接收设备和连接它们的通信线路来完成。（2）发送是送出信号、消息或其他形式的数据供他处接收。

transmit diversity 发射分集 是使用源自两个或更多个独立源的信号的无线电通信，这些信号已经用相同的信息承载信号调制，并且在任何给定时刻可以改变它们的传输特性。它有助于克服衰落、中断和电路故障的影响。当使用分集发送和接收时，接收信号改善的量取决于信号的衰落特性以及电路中断和故障的独立性。考虑到天线分集，在许多系统中，附加天线在远程或甚至在基站处可能是昂贵的或不切实际的。在这些情况下，发射分集可用于仅在具有多个发射天线的接收机处提供分集益处。利用发射分集，多个天线发射信号的延迟版本，产生频率选择性衰落，在接收器处均衡该衰落以提供分集增益。由于使用 N 个天线的发射分集导致对其他用户的 N 个干扰源，因此干扰环境将不同于使用一个发射天线的传统系统。因此，即使发射分集在噪声受限的环境中具有与接收分集几乎相同的性能，在干扰受限的环境中的性能也会不同。常用的分集方式有时间分集、频率分集、空间分集等。

transmit flow control 发送流控制 一种传输过程，控制从一端发送数据的速率，使之等于远端能够接收数据的速率。这种过程可用于 DTE(数据终端设备)与相邻 DSE(数据转接交换机)之间的传送，或用于两个 DTE 之间。在后一种情况下，数据信号速率可控制以适应网络或远程 DTE 的要求。

transmit power control (TPC)　发射[传送]功率控制　(1)是在一些网络设备中使用的技术机制，以便防止不同无线网络(例如，所有者的网络和邻居的网络)之间的过多的不希望的干扰。支持该功能的网络设备包括符合 IEEE 802.11a 的 5 GHz 频段的 IEEE 802.11h 无线 LAN(局域网)设备。该机制的理念是当其他网络在范围内时自动降低使用的发射输出功率。降低功耗意味着减少干扰问题并增加电池使用时间。单个设备的功率水平可以降低 6 dB，这将导致累积功率水平降低(当前发射的所有设备的辐射功率之和)至少为 3 dB(功率的一半)。(2)目的是改善频谱效率和延长手机电池寿命。在保证良好接收的条件下，尽量减小发端功率，可以改善对其他呼叫的干扰。在 GSM(全球移动通信系统)中，减小干扰意味着可以获得更高的频谱效率。基站系统(BSS)是功率控制的执行者，通过指令规定基站收发信台(BTS)和移动台(MS)的功率。发射功率控制就是 BSS 通过评估 MS 报告的 BTS 下行功率，调整 BTS 的发射功率。

transmittance　透光率，透射比　(1)透过透明或半透明体的光通量与其入射光通量之比的百分率。(2)电磁波通过两种具有不同折射率的传播介质界面时的发射功率和入射功率之比称为透射比，以分贝为单位表示。

transmitted data (TD/TxD)　发送数据(引脚)　通信接口中用来传输数据的引脚，在 RS-232-C 标准中为引脚 2。

transmitted near field scanning method

(TNFSM)　透射近场扫描法　测量多模光纤折射率分布或光纤一般几何参数的一种方法。测量时用扩展光源照射到被测光纤入射面，然后逐点测量光纤出射端的辐射率。

transmitter (TX)　发射机，发送器，送话器　(1)一种生成和/或提供发射电能或电磁能的装置。参见 universal receiver transmitter。(2)通信中，产生通信信道上传输的信号的器件或设备。(3)电视系统中，用于发射经复合视频、同步和音频信息调制后的射频(RF)电视信号的电子设备。(4)送话器，电话机中的一种部件，用来将话音转化为可以发送的电信号，其实质是声电转换，相当于麦克风的作用。

transmitter off (XOFF)　请求停发，发送器停　接收方请求发送方停发。

transmitter on (XON)　请求发送，发送器开　接收方通知发送方可以发送。

transnational data flow (TNDF)　跨国数据流　全球数据通信业务中出现的跨越国界传输的数据流。这个术语常用于通信中的数据保护和版权关系等方面。

transparency　透明性　(1)在通信网中，不改变信号形式和信息内容的端到端传输。(2)某一实际存在的事物具有看来好像不存在的属性。例如，① 在具有自动调度的、小容量的高速缓冲存储器和大容量低速主存储器的存储系统中，用户认为处理机只有一个快速大容量存储器，这时高速缓冲器对用户来说是透明的；② 若计算机系统的体系结构和硬件设计使编写程序时不需要了解系统的结构细节，则对程序设计而言，该计算机系统有透明性；③ 若一个信号经过一个网络或一个准备后来发生变化的设备，则此网络或设备对该信息是透明的。

transparent bridge　透明网桥　用于以太网和 IEEE 802.3 网络的桥接方案，网桥根据末端接点与网桥端口的关联表每次只将帧传送一跳(hop)。在这种方式中,不需要改变硬件和软件,不需要设置 IP 地址转换,也不需要装载路由表或参数的网桥。这种网桥使用的算法是向后学习法,即通过查看到来帧的信源地址得知哪个局域网或哪个计算机在网桥的哪一端口。

transparent gateway　透明网关 (1)因特网中采用的一种 IP(国际协议)地址复用技术。透明网关相当于对象网络中的一台主机,但它将一组主机连入对象网络。从外部看是透明的,从内部看它是一个网关。(2)能够使网络得以扩展的网关。通常的网关可以连接两个或多个不同的网络,但是不能使网络得以扩展,而透明网关却具有使网络得以扩展的功能。例如,透明网关的一端连接到广域网(或局域网)上,另一端连接到一个局域网上。局域网上的各个计算机都使用广域网的 IP 地址空间中没使用的地址。透明网关两边计算机交换信息都不感到有网关存在。透明网关名字由来正在于此。透明网关的主要优点:其一是可以充分使用剩余地址空间;其二是如有两个透明网关连接到同一个局域网上,它们可以均分局域网到广域网的通信量,提高总通信量;缺点是不能支持 TCP/IP(传输控制协议/国际协议)协议族中 ICMP(因特网控制信息协议)的回送命令,即不能用"ping"命令穿过透明网关测试到对方计算机的连通性。

transparent LAN service (TLS)　透明局域网服务 是一种来自连接远程以太网络的运营商的服务。之所以称为"透明",是因为客户将所连接的网络视为一个连续的网络,而不管其运营商中间部署的技术如何。

transparent transfer/transmission　透明传输 一种数据传输方法。其传输介质不能识别控制字符,或不能启动任何控制功能。即传输信道对传输的信息格式是透明的。

transponder　转发器,应答器 (1)通信卫星中直接起中继作用的部分。由接收机、发射机和天线组成,是卫星实体的一个组成部分。典型的通信转发器发射功率为 5~8.5 W,卫星电视转发器的发射功率约为几十瓦到一百瓦。它接收一个地面站发送来的微波信号,经放大再把信号按不同的频率发送给一个或多个地面站。通信卫星上通常要安装几个转发器。(2)也叫"网络转发器",是一类重建到来的电子、无线或光学信号的网络设备。转发器用于保护信号的完整性和扩展数据能够安全传输的距离。在网络互连时用在物理层的中继系统。

transport driver interface (TDI)　传输驱动程序接口 是微软公司视窗内核网络栈的传输层的上边缘所理解的协议。传输提供程序是 TCP/IP、NetBIOS 和 AppleTalk 等网络协议的实现。TDI 的目的是提供一个抽象层,允许简化 TDI 客户端。

transport format combination indicator (TFCI)　传输格式组合指示符 第三代移动通信系统(3G)中由于存在多种传输格式,多种格式可以组合传输,需要通过传输格式组合指示符这种机制来通知接收端所采用的传输格式。

transport function (TF)　传送[传输]功能 为接入网(AN)中不同地点之间公用承载通路提供传送通道,也为所用传输媒质提供媒质适配功能。主要功能有:复用功能;交叉连接功能;管理功能;物理媒质功能。

transport layer (TL)　传输[传送]层 是国际标准化组织(ISO)关于开放系统互连七层参考模式的第四层。它为两个开放系统之间的信息交换和端-端控制提供独立于网络的标准化协议。它保证连接的可靠性,包括流控制、差错控制、服务质量监督等。

transport layer quality of service　传输层服务质量　传输层是 ISO(国际标准化组织)OSI(开放系统互连)协议的第四层协议,实现端到端的数据传输。涉及为高层提供服务的综合品质。由于网络层提供的服务功能不同,相应的传输层所完成的功能也会有所不同。一般说来,网络层功能越强,传输层的功能就越简单。传输层服务质量涉及的问题主要包括有:连接建立时延(CED)、连接建立失败概率(CEFP)、吞吐量、渡越延迟(TD)、漏检错误率(RER)、传递失败概率(TFP)、连接拆除时延(CRD)、连接拆除失败概率(CFP)、保护、优先级和弹性(resilience)等。

transport layer security protocol (TLSP)　传输层安全协议　1996 年 4 月,因特网工程任务组(IETF)授权一个传输层安全工作组着手制定一个传输层安全协议,以便作为标准提案向因特网工程管理组(IESG)正式提交。TLSP 将会在许多地方酷似 SSL(安全套接层)。原则上,任何 TCP/IP(传输控制协议/网际协议)应用,只要应用传输层安全协议,比如说 SSL,就必定要进行若干修改以增加相应的功能,并使用(稍微)不同的 IPC(进程间通)界面。于是,传输层安全机制的主要缺点就是要对传输层 IPC 界面和应用程序两端都进行修改。可是,比起网络层和应用层的安全机制来,这里的修改还是相当小的。另一个缺点是,基于UDP(用户数据报协议)的通信很难在传输层建立起安全机制来。同网络层安全机制相比,传输层安全机制的主要优点是它提供基于进程对进程的(而不是主机对主机的)安全服务。

transport multiplexing protocol (TMux)　传输多路复用协议　因特网中的一种协议,旨在优化大量小数据包的传输,特别是在许多交互远程登录连接到少量主机时的情况。它不用于对长数据流进行多路复用。实现中它将若干个传输段合并成一个 IP(国际协议)数据报,其中的每一个段加上一个 TMux 头部,指定该段的长度和实际段传输协议。接收方解开这些传输段,并分别提供给传输层,就像是通过通常 IP 传输的一样。

transport network (TN)　传送[传输]网络　是以光或电为载体传送信息的网络。它由各种发送、转移、接收信息功能的节点和链路组成。"传送"强调信息从一点传递到另一点(或另一些点)的逻辑功能过程。传送网强调的是编码(变换、调制、复用等),疏导和合并(交叉连接等)功能集合的网,传送网包含传输网。传统的传送网功能集合不包括交换功能、信令处理功能、信息重发功能。随着新技术的出现,如 ATM(异步传输模式)、IP(网际协议)和 ASON(自动交换光网络)等,使得传送和交换的功能界面模糊,城市传送网含义已有所扩展。虽然 ATM 设备、路由器不属于传送网,但传送网可包含他们的部分功能,例如第一层(物理层)和第二层(链路层)功能。比较 transmission network。

transport overhead (TOH)　传输[传送]开销　为保证传输数据的正确性,以及监测传输线路状态而额外增加的传输数据量。用于信令和测量传输差错率,其组成如下:① 段开销,在 SDH(同步数字序列)术语中称为再生器段开销(RSOH):27 个八位字节,包含有关终端设备所需的帧结构信息。② 线路开销,SDH 中称为复用段开销(MSOH):45 个八位字节,包含有关网络内可能需要的纠错和自动保护切换消息(例如,警报和维护消息)的信息。STM-16 及以上版本包含纠错功能。③ 管理单元（AU）指针，指向负载中 J1 字节的位置（虚拟容器中的第一个字节）。

transport protocol 4（TP4） 第四层[4 类]传输协议　OSI 8073 定义的开放系统互连（OSI）面向连接的第四层传输协议。

transport protocol class 传输协议分类[级别]　根据网络层提供的服务类型和高层要求的不同，传输层提供的服务级别和相应的协议也不同。国际标准化组织（ISO）定义了五类传输协议，对应为五级：普通级（TP0）、基本差别修复级（TP1）、多路复用级（TP2）、差错修复和多路复用级（TP3）、差错检测与修复级（TP4）。

transport protocol machine 传输协议机　表示传输层协议功能的有限状态机模型。这个模型有四个状态，十种转变。状态 1 为空闲，可输出连接也可接受连接；状态 2 表示已经发出连接请求，但尚未收到远端应答；状态 3 表示收到连接请求，但本地没接受或拒绝连接建立；状态 4 表示已经成功建立连接。十种转变：转变 1 表示收到传输用户的连接请求；转变 2 表示收到传输服务提供者的断开指示；转变 3 表示收到传输用户的断开请求；转变 4 表示收到传输服务提供者的连接指示；转变 5 表示收到传输服务提供者的连接确认；转变 6 表示收到传输用户的连接响应；转变 7 表示收到传输用户的数据请求；转变 8 表示收到传输服务提供者的数据指示；转变 9 表示收到传输用户期望数据请求；转变 10 表示收到传输服务提供者期望数据指示。

transport sample protocol（TSP） 传输采样协议　一种用于采样数据的开源网络协议。它基于 TCP/IP（传输控制协议/网际协议），允许同步或异步样本传递。

transport termination function（TTF） 传输[传送]终端功能　用于 SDH（同步数字序列）网络的一种概念，属于适配功能。传输终端功能是从虚容器（VC）级到或 STM（同步传输模式）级的匹配功能，VC 的连接功能允许 VC 在各种 TTF 之间传送。TTF 功能块在 SDH 设备的传输接口是必不可少的部分。

transposer 转发器　在广播中，转发器或转换器是在广播台或电视台发射机的服务区域内或之外的设备，它向由于物理障碍（如山丘）而不能正确接收发射机信号的接收机转播信号。转发器接收发射机的信号并将信号重新广播到接收不良的区域。有时转发器也称为中继发射器、重播发射器或转发器。由于转发器用于覆盖小的遮蔽区域，因此它们的输出功率通常低于馈送它们的广播或电视台发射机的输出功率。

transversal filter 横向滤波器　通过延迟网络与适当的衰减器，将输入信号与延迟后的信号叠加在一起产生输出的一种滤波器，其中的衰减器必须将信号反相。

transverse modes 横模,横向模式　电磁辐射的横向模式是在垂直于（即横向于）光束传播方向的平面上测量的特定电磁场辐射图。横向模式发生在局限于波导的无线电波和微波中，也发生在光纤和激光光学谐振器中的光波中。

transverse redundancy check（TRC） 横向冗余校验　在通信技术中，横向冗余校验（TRC）或垂直冗余校验是对比特流中每个比特时间应用一次的同步并行比特的冗余校验。这需要额外的并行通道用于校验位。该术语通常适用于单个奇偶校验位，但它也可用于指代较大的汉明码。形容词"横向"最常用于与其他差错控制编码（如纵向冗余校验）结合使用时。虽然奇偶校验本身只能检测差错并且不能纠正错误，但它可以是用于纠错的系统的一部分。

transverse wave　横波　波动的一种类型（波动分为横波和纵波）。横波的特点是质点的振动方向与波的传播方向相互垂直。在横波中波长通常是指相邻两个波峰或波谷之间的距离。电磁波、光波就是横波。

trap door　陷(阱)门,活门　陷(阱)门通常是指故意设置的入口点,通过入口点可以进入应用程序或操作系统。在排错、修改和重新启动的时候,可以通过这些陷(阱)门访问有关程序。罪犯利用陷(阱)门,可以发现系统软件的一些薄弱环节,从而进行非法侵入活动。

travelling wave (TW)　行波　某一物理量的空间分布形态随着时间的推移向一定的方向行进所形成的波。波在介质中传播时不断向前推进,故称行波。行波不会受到远处边界的反射而变为驻波,光纤束或光缆中的调制波都是行波。

traveling-wave antenna　行波天线　在无线电和通信中,行波天线是一利用导向结构上的行波作为主要辐射机制的天线。它们的显著特征是产生无线电波的射频电流沿一个方向通过天线。这与诸如单极天线或偶极天线之类的谐振天线形成对比,其中天线充当谐振器,无线电电流在两个方向上传播,在天线的两端之间来回反弹。行波天线的优点在于,由于它们是非谐振的,因此它们通常具有比谐振天线更宽的带宽。常见的行波天线类型是 Beverage 天线和菱形天线。行波天线分为两大类:慢波天线和快波天线。快波天线通常被称为漏波天线。

travelling wave light modulator (TWLM)　行波光调制器　使用能对激光束进行调制的电学材料作为介电体的一种双导体传输线,这种材料(例如立方晶体、氧化亚铜和硫化锌)的反射指数以及光通过它的速度均随所加的电场变化。行波光调制器的带宽取决于光通过晶体的传播速度与给定频率发送的微波信号的传输速度之间的失配程度。

traversal using relay NAT (TURN)　使用中继方式穿越 NAT　VoIP(网络电话)业务流穿越 NAT/FIREWALL(网络地址转换/防火墙)的方法之一。TURN 方式解决 NAT 问题的思路与 STUN(UDP 对 NAT 的简单穿越)相似,也是由基于局域网接入的用户通过某种机制预先得到其私有地址/端口对所对应的公共网的地址/端口对(STUN 方式得到的地址为出口 NAT 上的地址/端口对,TURN 方式得到地址为 TURN Server 上的地址/端口对),对于报文负载中所描述的地址信息,直接填写该公共网地址/端口对即可。

tree and branch cable TV network　树形分枝有线电视网络　有线电视系统的同轴电缆网络线路的一种配置,其中代表树主干的那根同轴电缆承载多个电视频道的信号,而分支电缆允许分别传信号为社区和家庭服务。

tree network　树形网络　(1) 在两个网络结节点之间只有一个信息通路的网络配置。(2) 一种分级的集中式网络。这种网络从下向上多个终端和计算机通过线路连接到上一层的一个计算机上,逐层向上,直到最后一台计算机为止。这种网络建立比较容易,成本不高,但是可靠性比较差,链路发生故障时可能造成大面积瘫痪。(3) 树形网络或星形总线网络,是一种混合网络拓扑结构,其中星形网络通过总线网络互连。树形网络是分层的,每个节点可以有任意数量的子节点。

trellis coded modulation (TCM)　格栅[网格]编码调制　一种增强型正交振幅调制,用于以 9 600 bps 或更高速率操作的调制解调器。像正交振幅调制那样,格栅编码调制将信息编码为与载波的相位变化和振幅都有关的独特的位组合。然而格栅编码调制使用信号点群(组)，他们靠近在一起，表示多于编码数据所需要的信息号。这些附加点允许将额外(冗余)错误校验位加到表示数据的每一位组。这些错误校验位，加上使一些位结合成为无效的编码方案为发送和接收设备提供了一个内在的检测由噪声形成的错误的手段，使他们能选择命中率最大的纠错方法。

trellis-coded pulse-amplitude modulation (TC-PAM) 格栅[网格]编码脉冲幅度调制 是 HDSL2(高速数字用户线 2)和 G.SHDSL(单对高速数字用户线 G 标准)中使用的调制格式。它是网格编码调制(TCM)的变体，它使用一维脉冲幅度调制(PAM)符号空间，而不是二维正交幅度调制(QAM)符号空间。与旧的 HDSL(高比特率数字用户线)和 SDSL(对称数字用户线)标准中使用的 2B1Q 方案相比，TC-PAM 在给定的比特率下改善了范围，并提供了与 ADSL(非对称数字用户线)的增强的频谱兼容性。TC-PAM 也被称为 4B1H，因为它使用 16 级来表示 4 位二进制，4 位二进制表示 1 位十六进制数。

tri-mode phone 三模电话 可在 GSM(全球移动通信系统)、TDMA(码分多址)和 AMPS(高级移动电话系统)网络上运行的电话。

triple cast 三播 同时在电视、电台和因特网站或频道上广播节目。

triple play 三网融合,三重播放 在电信领域,三网融合服务是通过单一宽带连接提供以下服务的营销术语:两种带宽密集型服务,宽带因特网接入和电视,以及对延迟敏感的电话业务。三网融合侧重于供应商的融合,而不是解决技术问题或共同标准。但是,像 G.hn 这样的标准可能会在通用技术上提供所有这些服务。因特网的作用已经从最初用作通信工具(主要通过宽带连接)变为更容易和更快速地获取信息和服务。电视、广播和报纸是世界上获取新闻和娱乐的媒体;现在,这三种媒体已融合为一体,全世界都可以在因特网上阅读和收听新闻和其他信息。因特网和传统电视的融合在 2010 年开始流行,通过智能电视,有时也被称为"连网电视"或"混合电视",但不同于 IPTV、因特网电视或网络电视。而使用智能电视来描述目前因特网和 Web 2.0 功能集成到现代电视机和机顶盒中的趋势,以及计算机与这些电视机或机顶盒之间的技术融合。参见 G. hn,Internet protocol television (IPTV)。

trivial file transfer protocol (TFTP) 简单[平凡,普通]文件传输协议 不包括口令保护和用户目录权限的 TCP/IP(传输控制协议/网际协议)文件传输协议的简化版本。用于文件传输目的的因特网协议之一。主要特点是简单,有效,开销小,易于实现。只要有无连接用户数据报服务(UDP)的支持,即可代替 TCP 来传送数据,但没有安全验证。

Trojan horse 特洛伊木马 一种秘密潜伏的能够通过远程网络进行控制的恶意程序。控制者可以控制被秘密植入木马的计算机的一切动作和资源,是恶意攻击者进行窃取信息等的工具。与计算机病毒不同,特洛伊木马不能自身复制。原指古希腊人利用特洛伊把马敬为神灵的习俗,藏在木马中,混进城堡,进而攻陷特洛伊城的故事。

troposphere 对流层 地球大气层的底层部分。高度在极区约为 9 km,在赤道约为 17 km,其间除局部逆温层外,气温随高度上升而下降。

tropospheric propagation 对流层传播 无线电波在对流层中的传播,泛指不受电离层影响的在电离层以下大气中的电波传播。电视信号通常在地球表面 0.5～10 英里上空的对流层或天气形成区域，而不是接近地面的地波传播。对于距离超过 50 英里的发射机，由于地波显著衰减，天空方法日益重要。对流层温度和压强的变化导致大气折射率的改变，高频波会被反射回地面，从而造成衰落和干扰。

tropospheric scatter 对流层散射 一种与相当长距离的微波无线电信号通信的方法，通常远达 300 km，并且还取决于地形和气候因素。由于对流层物理特性的不规则性或不连续性而引起的散射的无线电波传播。这种传播方法使用对流层散射现象，其中 UHF（特高频）和 SHF（甚高频）频率的无线电波在通过对流层的上层时会随机散射。无线电信号以窄波束传输，该波束仅在接收站方向上的地平线上方。当信号通过对流层时，一些能量被散射回地球，使接收站能够接收信号。

tropospheric scatter radio systems 对流层散射无线电系统 一种无线电系统，它利用大型、灵敏的天线，使用 VHF（甚高频）、UHF（特高频）波段（频率范围约 30 MHz～30 GHz），通过测定从对流层反射的信号，提供带方向性的、超视距的无线电链路。

tropospheric wave 对流层（散射）波 在远程通信中，对流层波是一种无线电波，它是通过对流层中介电常数或其梯度突然变化的地方反射传播的无线电波，也就是由对流层散射产生的无线电波。

trouble management (TM) 故障管理 是网络管理的五个功能之一。对网络系统中的各个组件进行故障的监测、统计、定位、恢复、报告等管理。从而尽快恢复系统正常的运行，将组件故障对系统所造成的负面影响降到最低，从而确保系统

的可靠性要求和服务质量。

T-R switch （天线）收发开关 指天线收发开关或转接器，脉冲雷达中发射机和接收机共用一个天线时，所使用的一种转接装置。在发射状态时，它使接收机与天线自动切断，确保发射功率只向天线传输；在接收状态时，它使发射机与天线自动切断，确保天线接收的功率只进入接收机。常用的收发开关有气体放电管型、铁氧体型和二极管型等。

true color image 真彩色图像 直接用红绿蓝（RGB）分量表示每个像素的颜色的图像，也称 RGB image。每个颜色分量通常用 8 位表示，因此一个像素要用 24 位表示。

true colour 真彩色 一种图像的表示。24 位彩色图，可以表达 16 777 216 种颜色。虽然 24 位图还不能表达自然界所有的色彩，但对于我们的眼睛来说它已经能以假乱真了，所以叫它真彩色。

true wave fiber (TWF) 真波光纤 这种光纤的特点是零色散点在 1 530 nm（纳米）以下的短波长区，在 1 530～1 565 nm 的光放大区，色散系数为 1.3～5.8 ps/(nm·km)。系统工作在光纤的色散"正区"，在这一区域，自相位调制效应（SPM）可以压缩脉冲宽度，从而有利于减轻色散的压力。

truncated binary exponential backoff 截断二进制幂（指数）的补偿法 在具有冲突检测的载波侦听多路访问（CSMA/CD）技术网络中，用于排done一次冲突后再传输的算法。再传输的延迟时间是根据槽时间和要再传输数而定的。

trunked dispatch system 集群调度系统 多个部门共用一组无线信道的专用调度系统。其主要特点为：① 多个部门或单位共用无线信道、覆盖区，共同承担费用等但在业务上互不相干；②采用排队制，即指在一次呼叫因信道被占用而没

有接通时,由存储主、被叫号码的排队设备自动记录下来,一旦有空闲信道时,按先后顺序接通;③ 具有限时功能,通常为一分钟、三分钟或更长一些,具体时间的确定,可通过软件进行设定;④ 具有电话互连功能,即系统可通过适当方式进入市话网,可开展与市话用户的通信等。集群系统既适合组建调度专用系统,又适合组建中小规模的公用移动通信系统,其通信业务除话音外,还可传输数据、传真等,因此,在专网中获得了迅速发展。

trunked mobile radio (TMR)　集群移动无线(系统)　指多个用户(部门、群体)共用一组无线信道,并动态使用这些信道的专用移动通信系统,主要用于调度通信。通常由基站、中央控制器、调度台和移动台四部分组成。移动台被分成组,每组都可有自己的调度台。中央控制器和若干基站集中管理,每个单位只要建立自己的调度台和多个移动台即可入网,从而做到共用频率、共享设备、共享资源、共用覆盖区,节约投资、提高服务质量。

trunked radio system　集群无线电系统　一个专用的中继器系统,作为一种双向无线电系统,该系统有一个或多个天线塔和多个频率,允许更多用户组之间的信道化、半专用对话,而不是实际分配RF(射频)信道,这是统计多路复用的一个例子。中继业务和公共安全无线电有许多不同的实现方式,使用不同的中继协议和不同的音频调制,但它们都以类似的方式运行。

trunking　链路聚集,集群　用来在不同的交换机之间进行连接,以保证在跨越多个交换机上建立的同一个 VLAN(虚拟局域网)的成员能够相互通信。其中交换机之间互联网的端口就称为 Trunk 端口。与一般的交换机的级联不同,链路聚集是基于 OSI(开放系统互连)第二层的。假设没有链路聚集技术,如果在两个交换机上分别划分了多个 VLAN,就需要为每个 VLAN 分别连线作级联。当交换机支持链路聚集后,只需要两个交换机之间有一条级联线,并将对应的端口设置为 Trunk,这条线路就可以承载交换机上所有 VLAN 的信息。

trunk junction　中继连接线,长途中继线　(1) 电话交换系统中,连接中继交换机与本地交换机的线路。(2) 长途电话局与市内电话局之间的连接线,美国长途交换中继线的英国称谓。

trunk network　干线网,长途网　干线是通信网络中的主要线路。干线网是由公共交换电话网(PSTN)中的主要传输设施和交换机组成,不包括本地网。

trunk prefix　中继(线)前缀　是在电话号码之前拨打的数字序列,用于启动电话呼叫,以便选择一条合适的电信电路进行路由呼叫。拨打国内(国家的)电话通常需要在任何区号和目的地用户号码之前拨打一位或两位数的国家中继前缀。在大多数国家,如澳大利亚、德国、荷兰、瑞典和英国,干线前缀为 0。在北美编号计划(NANP)国家,如美国和加拿大,它是 1。对于国际电话呼叫,不拨打国家中继前缀;相反,通常需要国际中继前缀。许多国家使用序列 00,但在 NANP 中它是 011。

trusted computer system evaluation criteria (TCSEC)　可信计算机系统评估标准　指美国国防部(DoD)标准,其为评估计算机系统中内置的计算机安全控制的有效性设置了基本要求。TCSEC 用于评估、分级和选择用于处理、存储和检索敏感或机密信息的计算机系统。TCSEC 通常被称为橙皮书,是国防部彩虹系列出版物的核心。最初由国家计算机安全中心(NCSC)于 1983 年发布,该中心是国家安全局的一个部门,然后在 1985 年更新,TCSEC 最终被最初于 2005 年出版的《Common Criteria》国际标准所取代。

trusted execution environment (TEE) **可信执行环境** 是主处理器的安全区域。它保证内部加载的代码和数据在机密性和完整性方面受到保护。作为独立执行环境的 TEE 提供了安全特性,例如独立执行,与 TEE 一起执行的应用程序的完整性,以及其资产的机密性。一般而言,TEE 提供的执行空间提供比丰富的移动操作系统(移动 OS)开放更高级别的安全性,以及比"安全元素"(SE)具有更多的功能。

trusted platform module (TPM) **可信平台模块** 由 TCPA(可信计算平台联盟)定义的具有安全存储和加密功能的可信平台模块是一种硬件设备。TPM 实际上是一个含有密码运算部件和存储部件的小型片上系统,与平台主板相连,用于验证身份和处理计算机或设备在可信计算环境中使用的变量。TPM 和存储在其中的数据与平台所有其他组件分离。TPM 通过生成一个截然不同的数字签名来保护用户数据,该签名用于标记数据可被存取的唯一平台和硬件。参见 Trusted Computing Platform Alliance (TCPA)。

T-series **T 系列** 与电信业务中使用的终端设备(包括传真、电报、电视图文等)有关的一系列国际电报电话咨询委员会(CCITT)推荐标准。

tunable narrowband optical filter (TNOF) **可调窄带滤光器** 利用静磁波对光波的相互作用,TM(横磁波)和 TE(横电波)模的偏转角随静磁波波矢变化的特性以及磁场不变时静磁波波矢随频率变化的特性,可在相平面足够小的区域内检测出足够带宽内静磁波信号。用电磁铁作磁场,即可构成可调窄带滤光器。

tunable semiconductor laser (TSL) **可调半导体激光器** 激光波长可以调谐的一种半导体激光器。其典型结构是:有源区的一端是出射光的反射面,另一端是分布布拉格反射器。有源区和反射区均有独立的电极。改变反射区注入电流,就可以通过自由载流子等离子体效应改变其有效折射率,实现波长调谐。

tunable trap **可调陷波器** 前置放大器中常用的一种滤波设备,用来消除一定频带内某些频率的噪声。这种陷波器的陷波点频率和陷波量均可调整。

tuner **调谐器,频道选择器,高频头** 电视机中用于选择特定广播频道的第一级装置。电子调谐器有两类:可调整的模拟型;用于接收有线电视所有频道预置的频率合成调谐器。电视调谐器通常只含射频(RF)放大器、本振(LO)和混频级,而收音机调谐器还包含中频放大器(IF)和第二检波级,也称为前端。

tunnel **隧道** (1)是通过使用基于 IP 的互联网络上为用户和服务器间提供安全通信的一种通道。用户数据包封装在隧道协议的数据包中,再由互联网的数据包承载,沿着互联网建立的端到端的路由传送。由于用户数据封装在端到端隧道协议的数据包中,再加上加密处理,犹如在一条安全的隧道中通行。(2)把一种协议封装的数据包或消息再装载成另一种协议封装的数据包或消息的操作。

tunnel broker **隧道代理** 是 IPv4 向 IPv6 过渡过程中的技术。隧道代理的思想是利用一种称为隧道代理的服务器,来自动为来自用户的请求配置隧道。隧道代理可以看作是虚拟的 IPv6 ISP(因特网服务提供商),它为连接到 IPv4 的网络用户提供了 IPv6 服务。这种 IPv6 ISP 可能存在很多个,用户可以选择一个最近而且最便宜的一个来为自己服务。隧道代理技术的优点在于隧道的透明性,

IPv6 主机之间的通信可以忽略隧道的存在，隧道只起到物理通道的作用。它不需要大量的 IPv6 专用路由器设备和专用链路，可以明显地减少投资。其缺点是：在 IPv4 网络上配置 IPv6 隧道是一个比较麻烦的过程，而且隧道技术不能实现 IPv4 主机和 IPv6 主机之间的通信。

tunneled direct link setup (TDLS)　隧道直接链路设置　是"在同一 Wi-Fi 网络上的设备之间更快地流式传输媒体和其他数据的无缝方式"。使用它的设备可以直接相互通信，而不涉及无线网络的路由器。Wi-Fi 联盟在 2012 年增加了对 TDLS 的认证。它将此功能描述为使设备在连接到传统 Wi-Fi 网络时能够直接相互链接的技术。"Wi-Fi 认证的 TDLS 设备可以建立安全链路，并在它们之间直接传输数据。与 TDLS 链接的设备受益于优化的连接，可以在不增加整个网络负担的情况下进行视频流传输或内容同步等操作"。IEEE(电气与电子工程师学会)已认可将此作为 802.11z 标准。

tunneling mode　隧道模式　在 IPsec 隧道模式实施中，IPSec 安全协议将整个 IP (因特网协议)分组封在安全头之中的方式。外部 IP 报头的 IP 地址是隧道终结点，封装的 IP 报头的 IP 地址是最终源地址与目标地址。参见 IPSec。

tunneling protocol　隧道协议　在计算机网络中，隧道协议是允许数据从一个网络移到另一个网络的通信协议。它涉及允许通过称为封装的过程在公共网络(例如因特网)上进行专用网络通信。例如，隧道协议可以允许外部协议在不支持该特定协议的网络上运行，例如在 IPv4 上运行 IPv6。另一个重要用途是提供仅使用底层网络服务的不切实际或不安全的服务，例如向物理网络地址不属于公司网络的远程用户提供公司网络地址。由于隧道涉及将流量数据重新打包

为不同的形式(可能以加密为标准)，因此可以隐藏通过隧道运行的流量的性质。

TUN/TAP　网络隧道/终端接入点　TUN/TAP 是网络隧道/终端接入点 network tunnel/terminal access point 的缩写。在计算机网络中，TUN 和 TAP 是虚拟网络内核接口。作为完全由软件支持的网络设备，它们不同于由硬件网络适配器支持的普通网络设备。TUN 模拟网络层设备，它与 IP 数据包等第三层数据包一起运行。TAP 模拟链路层设备，它与第二层数据包(如以太网帧)一起运行。TUN 用于路由，而 TAP 用于创建网桥。操作系统通过 TUN/TAP 设备发送的数据包被传送到用户空间程序，该程序将自身附加到设备上。用户空间程序还可以将分组传递到 TUN/TAP 设备。在这种情况下，TUN/TAP 设备将这些分组传送(或"注入")到操作系统网络堆栈，从而模拟它们从外部源接收。

turbo codes　turbo 码　在信息理论中，turbo 码是 1990—1991 年左右开发的一类高性能前向纠错(FEC)码(但是首次发表于 1993 年)，这是第一个接近信道容量的实用的代码。在给定特定噪声水平的情况下，仍有可能进行可靠通信的码率的理论最大值。Turbo 码用于 3G/4G 移动通信(例如，通用移动通信系统 UMTS 和长期演进 LTE)和(深空)卫星通信，以及设计者寻求在存在数据破坏性噪音的情况下，通过带宽或延迟受限的通信链路实现可靠信息传输的其他应用。Turbo 码现在与 LDPC(低密度奇偶校验)码竞争，LDPC 码提供类似的性能。

turnaround time (TAT)　周转[换向]时间　(1) 一般而言，TAT 表示完成一个流程或完成一个请求所需的时间。因此，该概念与交付周期重叠，并且可以与周期

时间形成对比。(2) 在使用半双工线路时,改变传输方向从发送到接收或反之所需的实际时间。对于大部分通信设施,线路传播、操作、调制解调和机器反应等都需要时间。在半双工电话连接中,典型的换向时间为 200 ms。

turn model 转弯模式 一种通信网络的路由算法,在超立方体网络中通过禁止某些方向的路径转折以防止死锁的发生。

turn-pike effect 瓶颈效应 在通信系统中或者网络中因负载过重而产生的瓶颈。

turn-round time 转向[换向]时间 在半双工通信中,交换数据流传输方向所需的时间。

turnstile antenna 绕杆式天线 一种在天线杆上有一层或多层交叉水平偶极子组成的天线,通常加电使得一对偶极子中的电流相等且正交。常用于电视、调频广播以及其它甚高频(VHF)或超高频(UHF)发射机的天线,以获得基本的全向辐射模式。

TV DX and FM DX 电视(远程接收)和调频远程接收 是在不寻常的大气条件下对接收的远程无线电台或电视台的主动搜索。术语 DX 是一个旧的电报术语,意思是"长途"。在广播频谱拥挤的地区,VHF/UHF(甚高频/超高频)电视和无线电信号通常限制大约 40～100 英里(64～161 km)的最大"深边缘"接收服务区域,而且在没有干扰的情况下限制在更远的大约 50%。然而,如果存在有利的大气条件,电视和无线电信号有时可以在其预期覆盖区域之外的数百甚至数千英里处被接收到。这些信号通常被使用连接到灵敏的电视或 FM(调频)接收器的大型室外天线系统接收,但情况并非总是如此。很多时候,较小的天线和接收器(例如车辆中的天线和接收器)将

接收比正常情况更远的电台,这取决于条件的有利程度。

TV broadcast signal 电视广播信号 指电视台发射的合成射频信号。信号由电视天线接收,通过天线电缆传送到电视调谐器供选择频道或频率。调谐器将信号放大并转换为较低的频率信号,以便于馈送到电视机显像管。然后,视频检测器将广播信号分成音频和视频部分,并再次放大。

TV cable system 电视电缆系统,有线电视系统 一种使用同轴电缆的分布式电视信号传输系统。

TV camera pickup tube 电视摄像管 把光学图像(即由反射可见光或发射可见光形成的图像)转换成电信号的一类电子管。它是电视摄像机的中枢部件。按照取出图像信号的方法可分为光电型摄像管和光导型摄像管两类。作为光电型摄像管,代表性的有光电摄像管和超正析像管等,近年来逐渐淘汰。作为光导型摄像管,代表性的有:采用三硫化锑作为光导电材料的视像管,也叫光导摄像管;采用氧化铅光导电膜的氧化铅管;采用硒、砷、碲等非晶半导体光导电膜的硒砷碲管等。这一类管子由于其具有体积小、重量轻、成本低等优点,是普遍使用的摄像管。

TV gateway 电视网关 也称为网络电视调谐器。是网络通用即插即用(UPnP)路由器的电视前端,它接收来自地面天线、卫星天线或电缆馈送的实时数字视频广播(DVB)MPEG 传输流(频道),并将它们转换为 IP 流以通过 IP 网络分发。电视网关支持用户将直播电视内容流式传输到 IP 网络上的连接设备,包括平板电脑、智能手机、电脑、游戏机和智能电视。它们还支持多个用户同时收看和录制不同的频道。

TV monitor terminal 电视监视器终端机

T

用于电视和视频广播的监视终端。许多微机业余爱好者和小企业使用者在许多应用中都采用标准电视机作为终端机。尽管外部频率调谐器允许输入直接与设备上的天线端相连,但这种接口电路必须首先满足严格的 FCC(美国联邦通信委员会)规则,才能正常操作。

TV terminal (TVT)　电视终端,电视打字机　由键盘和普遍的或经过改装的电视机组成的计算机终端。

TV top-box　电视机顶端盒　将单向的有线电视网改造成高带宽的双向有线电视即交互电视的一种方法。在电视接收机上附加一个类似发送机的顶端盒子,使用户可向电视台发送数据、声音和图像。

TV tuner card　电视调谐器卡　一种支持电脑接收电视信号的电视调谐器。大多数电视调谐器也可用作视频采集卡,支持用户将电视节目录制到硬盘上,就像数字视频录像机(DVR)一样。

TV white spaces　电视白空间　甚高频(VHF)和超高频(UHF)电视频道之间未使用的电磁频谱。这些从 54 MHz 至862 MHz 的频率最初设置为保护频带以消除模拟信道之间的干扰,现在正重新用于无线数据服务。剧院和其他场所使用的无线麦克风传统上使用其中一些频率。参见 IEEE 802.22,IEEE 802.11af。

twinaxial cable/cabling　双(芯)同轴电缆　(1) 由两根相互绝缘的铜导线(体)所组成的一种电缆,通常被套在铜线编织网内,并相互绝缘。(2) 在单层绝缘外套内有两条相互绝缘的导线构成的同轴电缆。(3) 在屏蔽外套内有一对双绞线构成的电缆。

twinaxial cabling　双轴电缆　或"twinax",是一种类似于同轴电缆的电缆,但有两根内导线而不是一根。由于成本效率,它在现代非常短距离的高速差分信号应用中变得普遍。

twin cable　双绞电缆　由若干双绞线对组成的电缆。例如电话布线系统使用的大对数电缆。

twining cable　双绞电缆　由一根信号线,一根接地线按一定的节距和阻抗特性要求而成对绞合的信息传输线。

twin lead　平行馈线　20 世纪 50 年代常用的连接天线与电视机的传输线,现已被同轴电缆所取代。

twinplex　双路移频制　一种频移键控载波电报系统,在该系统中四个独立的音频(两对音频信号)通过一条传输信道(如一个双绞线对)进行传输,音频对中的一个音调代表传号,另一个代表空号。

twist on connector　旋转连接器　借助轴向力进行插合并靠锁定装置的旋转进行锁定的连接器。

twisted nematic (TN)　扭曲向列的(显示类型)　第一代无源矩阵液晶显示器(LCD)技术,可把偏光片之间的液晶分子扭转 90°。当加上合适的电荷时,液晶分子就不再扭曲,阻塞偏振光通过,在显示器上产生黑色像素。TN 显示器需要明亮的环境光。

twisted nematic display　扭曲向列型显示(器)　使用扭曲向列型液晶显示材料生成的显示器。也称 TN display。

twisted nematic-LCD (TN-LCD)　扭曲向列型液晶显示(器)　TN-LCD 型液晶显示屏,通常包括玻璃基板、掺锡氧化铟(ITO)膜、配向膜、偏光板等制成的夹板,共有两层,称为上下夹层,每个夹层都包含电极和配向膜上形成的沟槽,上下夹层中的是液晶分子,在接近上部夹层的液晶分子按照上部沟槽的方向来排列,而下部夹层的液晶分子按照下部沟槽的方向排列。在生产过程中,上下沟槽呈十字交错,即上层的液晶分子的排列是横向的,下层的液晶分子排列是纵向的,而位于上下之间的液晶分子接近上层的就呈横向排列,接近下层的则呈纵向排列。整体看起来,液晶分子的排列就像螺旋形的扭转排列,因而 TN-LCD 被称为扭曲向列型显示器。一旦通过电极给液晶分子加电之后,由于受到外界电压的影响,不再按照正常的方式排列,而变成竖立的状态。而液晶显示器的夹层贴附了两块偏光板,这两块偏光板的排列和透光角度与上下夹层的沟槽排列相同,在正常情况下光线从上向下照射时,通常只有一个角度的光线能够穿透下来,通过上偏光板导入上部夹层的沟槽中,再通过液晶分子扭转排列的通路从下偏光板穿出,形成一个完整的光线穿透途径。当液晶分子竖立时光线就无法通过,结果在显示屏上出现黑色。这样会形成透光时为白、不透光时为黑,字符就可以显示在屏幕上了,这便是 TN-LCD 最简单的显示原理。

twisted pair (TP)　双绞线　两根金属线依距离周期性扭转组成的传输线。双绞线把两根绝缘的铜导线按一定密度互相绞在一起,可以降低信号干扰的程度,每一根导线在传输中辐射的电波会被另一根线上发出的电波抵消。双绞线可分为非屏蔽双绞线和屏蔽双绞线。

twisted-pair cable　双绞线电缆　将一对或多对双绞线封装在一个绝缘外套中而形成的一种传输介质。

twisted-pair wire　双绞线　将两根铜线绞合在一起构成的一种传输介质,可降低交叉干扰和信号传输损耗,广泛用于短距离连接。EIA/TIA(美国电子工业协会/电信工业协会)曾为大楼布线系统制定了五类双绞线标准:1 类,老式的非屏蔽双绞线电话线,不适宜传输数据;2 类,类似于 IBM 布线系统的 3 类电缆,用于 4 Mbps 以上速率;3 类,10 Mbps 以上速率,例如以太网中使用的;4 类,用于 16 Mbps 令牌环网的非屏蔽双绞线;5 类,

用于 100 Mbps 以上速率,可达 155 Mbps,适用于 FDDI(光纤分布数据接口)和其他高速网络。2006 年又制定了 6 类、6a 类等双绞线标准,用于千兆以太网传输。后继开发的 7 类、7a 类、8 类双绞线标准,用于千兆甚至万兆以太网传输。

two-frequency half-duplex　双频半双工　无线通信的通信方式有同频单工、异频单工、双频双工、双频半双工四种。在双频半双工中,收发使用不同频率,基站用双工电台、移动台是单工方式的通信方式。

two-nines availability　2-9 可用性　系统或设备的可用性(实际的服务时间与需要的服务时间之比)达到 99％的性能。

two-out-of-five code　五中选二码,二五编码　一种二进制编码的十进制记数法。每个十进制数字用 5 位二进制数字表示。其中两位是一样的,通常为 1;另三位是一样的,通常为 0。

two-part code　两重编码　对可变长度语言单位进行二次编码的加密方式。对可变长度语言单位,例如对单词进行两重编码,从而达到较严格的加密目的。

two-phase commit protocol (2PC)　两阶段提交协议　在事务处理、数据库和计算机网络中,两阶段提交协议(2PC)是一种原子承诺协议(ACP)。它是一种分布式算法,它协调参与分布式原子事务的所有进程,决定是否提交或中止(回滚)事务(它是一种特殊类型的协商一致协议)。即使在许多临时系统故障(涉及过程、网络节点、通信等故障)的情况下,该协议也能实现其目标,因此被广泛使用。然而,它不能适应所有可能的故障配置,并且在极少数情况下,需要人工干预来纠正结果。

two pilot regulation　双导频调整　在频分复用(FDM)系统中,在一个频带内使用两个导频,以便可以检测和补偿由扭曲

导线引起的衰减的变化。这种调整方式称为双导频调整。

two-step activation　两步激活　一种激活类型,在这种激活中,通过一条命令开始请求调用一系列动作激活数字线路传输系统,通过第二条命令继续请求调用一系列动作激活用户 网络接口。

two-tone keying　双音调制,双音键控　在电报系统中,一个系统占用一条包含同方向的两个信道的传输通道,其中一个信道用于传送"空白"的二进制调制信号,另一个用来传送"符号"的二进制调制信号,即键控的方式,在这种方式中调制波引起载波分别被两个不同的单音频调制,分别表示"marking"和"spacing"。

two-way alternate communication　双向交替通信　信息可在两个方向上传送,但在同一时间只能在一个方向上传送信息的通信。

two way call　双向呼叫,双向通话　表示双向都可以建立呼叫,而两个方向的业务流量不一定相同。即发送终端和接收终端能同时发送和接收数据的一种话音或数据交换。

two-way communication　双向通信　两个通信点之间能互相发送和接收的通信称为双向通信。

two-way loss　双向损耗　对一个线路在发送及接收方向的传输损耗的度量。

two way pager　双向寻呼机　是具备接收寻呼信息,又能发出证实信号或应答信号,即可以独立发射编码压缩信号,从而控制双向寻呼无线传输系统发出寻呼信息的新型寻呼机。与单向寻呼机相比,它多了一个内置发射机,因此它可以自动地在收到寻呼信息后也发出应答信息。

two-way radio　双向无线电　与仅接收内容的广播接收器不同,双向无线电是可以发送和接收信号(收发机)的无线电装置。双向无线电支持操作员与在相同射频(频道)上操作的其他类似无线电进行对话。双向无线电可用于移动、固定底座和手持便携式配置。手持式无线电通常称为步话机,手持步话机或手持式无线电。双向无线电系统通常以半双工方式工作,但不能同时说和听。

two way simultaneous（TWS）　同时双向　可在数据链路上双向同时发送数据的一种传输方式。与全双工同义。

two-way simultaneous operation　双向同时工作　也称为"全双工"。数据链路的一种工作方式。以这种方式工作时,数据能在两条信道上同时进行双向传输。其中一条信道可用于在一个方向的传输,而另一条信道则可在相反的方向进行传输。

two way trunk　双向中继　根据程控交换机接入信号部件的类别可把中继电路分为单向中继和双向中继,因此两个交换局之间的路由可能是一个双向中继组,或两个分离的单向中继组。双向中继所连接的两个局均能发送始发呼叫信令和接受对方局的来话呼叫信令。

two-wire carrier system　双线载波系统　只用一对导线的一种载波系统,可通过不同频率的载波实现双向传输。

two wire channel　双线信道　为单工或半双工设计的通信线路。在每端有两根线,信息在某一时刻只以单向传输。

two-wire circuit　双线电路　由相互绝缘的两根导线构成的一种电路制式。这两根导线可用作单向传输通路、半双工通路或双工通路。数据通信双方传送都使用同一对电路,两个方向的信号往往使用分频技术加以区分,也可以采用分时的办法区别两个方向的信号。比较 four wire circuit。

two-wire system　双线系统　使用两条传输线路的通信系统。在这种通信系统

中,虽然也能实现全双工通信,但是不像
"四线系统"实现全双工通信那么容易,
因而相应的通信设备要复杂一些。

type A A 型业务 智能网(IN)业务类型
之一。该类业务是由 INCS-1(智能网能
力集 1)阶段所支撑的,属于单端点、单控
制点产生的业务。所谓单端点的业务性
能是指在一个呼叫中,该业务特征仅适
用于呼叫的一方,而与该呼叫中的另一
方的业务和网络布局无关。所谓单控制
点,说明的是一种控制关系,指一个呼叫
的各个方面只受到处于任意点的一个且
仅一个业务控制功能的影响。

type B B 型业务 智能网(IN)业务类型
之一,该类业务是由 INCS-1(智能网能
力集 1)阶段所支撑的,属于非单端点、单
控制点产生的业务。在任何一点都能被
几个用户同时调用,直接影响到几个
用户。

type I carrier 1 类电信运营商 自己拥有
和维护电信基础设施的电信公司。

type II carrier 2 类电信运营商 租用别
人的网络提供电信业务的电信公司。

**type of network layer service 网络层服务
类型** 网络层为传输层所提供的服务类
别。它分为 A、B、C 三类。A 类最完善,
这种服务不出现分组丢失、重复或出错,
不需要使用网络初始化命令(N-
RESET)。广域网很少提供这种服务,局
域网提供的服务接近 A 类。B 类中等,
这种服务提供无差错分组传递,但是要
用 N-RESET 命令。广域网通常提供这
种服务。C 类提供不可靠服务,可能丢
失分组和/或分组重复,可能使用 N-
RESET 命令。不同别网络服务,在传
输层使用对应的传输协议级别。

type of service (TOS) 服务类型,业务类型
(1) 表示所需服务质量抽象参数的一个
指标。(2) IP(网际协议)数据报信头中
的一个域,允许发送方指定它所要求的

业务类型,包括延迟、通信流量和可靠
性等。

types of radio emissions 无线电发射类型
国际电信联盟(ITU)使用国际商定的分
类射频信号的系统。根据其带宽、调制
方法、调制信号的性质以及在载波信号
上发送的信息类型对每种类型的无线电
发射进行分类。它基于信号的特性,而
不是基于所使用的发射器。

type 1 batch 第一类批处理 一组过程,
它使用信息处理系统定义的批处理协
议,通过在主机系统与信息处理系统之
间的数据链路传送数据。

type 2 batch 第二类批处理 一组过程,
它使用 SNA(系统网络体系结构)定义的
协议。通过主机系统与信息处理系统之
间的数据链路传送数据。

T1 T1 服务等级 北美使用的基本传输
服务等级,即基群。是具有 1.544 Mbps
速率的数字传输链路,T1 支持 24 路话
音信道。

T1 carrier T1 载体 由 AT&T 公司开发
的用于在广域网上以 1.544 Mbps 传输数
据的通信载体。一条 T1 信道可以同时
加载 24 路语音信道。每个信道使用时
分多路复用(TDM)的脉冲编码调制
(PCM)信号,总速率可到达 1.544 Mbps。
T1 线最初使用铜线,但是现在还可以使
用光纤和无线媒质。

T1 multiplexer T1 多路器 把 1.544 Mbps
的 T1 带宽分成 24 个分离的数字化数据
或话音的 64 kbps 信道的统计多路器。

**T1 small aperture terminal (TSAT) T1 小
口径终端** 能够管理 1.544 Mbps 数据传
输率的用于数字通信的小型卫星终端
设备。

T1 standard T1 标准 也称为"数据信号
1"(DS1),是一种数字数据传输标准。
T1 可提供 24 路 64 kbps 的信道,数据传
输率为 1.544 Mbps。T1 标准的数据帧

T

是 193 位的长度,由 24 路 8 位的话音采样和一个同步位组成。每秒传输 8 000 帧。当 T1 服务使用单个或几个 64 kbps 通道时,称为部分的 T1。

T.120 T.120 标准 是 ITU-T(国际电信联盟-电信标准化部)的一项建议,它描述了一系列通信和应用协议,以及为实时多点数据通信提供支持的服务。支持应用程序共享、实时文本会议和其他功能。该协议很大程度上提高了多媒体和多媒体数字信号编解码器的控制能力。ITU 推荐的多媒体会议数据传输协议,用于在 H.320、H.323 和 H.324 等电视会议期间用户之间共享实时数据。完整的 T.120 标准由下列标准组成:T.121—通用应用模板;T.122—用于音频图形和视听会议服务定义的多点通信服务;T.123—视听电话会议应用的协议堆;T.124—通用会议控制;T.125—多点通信服务协议规范;T.126—多点静态图像和注释协议;T.127—多点二进制文件传输协议;T.128—多点应用共享协议;T.130—实时交互体系结构;T.131—网络特性映射;T.132—实时链路管理;T.133—视听控制服务;T.134—文本聊天应用实体;T.135—在 T.120 会议协议中用户的预订系统的事务;T.136—远程设备控制应用协议;T.137—虚拟会议室管理-服务与协议;T.RES—保留业务;T.Share—应用共享协议,这也称作 T.128;T.TUD—用户保留。参见 H.320 standard,H.323、H.324、data conferencing、video conference/conferencing (VC)。

T2 T2 服务等级 北美使用的传输服务等级之一,速率为 6.312 Mbps,T2 支持 96 路话音信道。

T2 carrier T2 载体 提供达到四个 T1 传输带宽的信道的长距离点到点的通信载体。T2 提供 96 路 64 kbps 的信道,总带宽为 6.3 Mbps。

T2/T-2 T2/T-2 线路 参见 T2 carrier。

T3 T3 服务等级 北美使用的传输服务等级之一,速率为 44.736 Mbps,相当于 28 个 T1。T3 可处理多达 672 路 64 kbps 的话音信号。在远程传输中,T3 可通过光纤或微波方式连接。通过光纤传输的 T3 称为 FT3。

T3 carrier T3 载体 提供达到 28 个 T1 传输带宽的信道的长距离点到点的通信载体。T3 提供 672 路 64 kbps 的信道,总带宽为 44.736 Mbps,通常采用光缆。参见 T-carrier。

T3 standard T3 标准 也称为"数据信号 3"(DS3),一种高速数据传输标准。T3 将 28 个 DS1 信号分为七个独立的 DS2 信号进行多路传输,并将 DS2 信号组合成一个 DS3 信号。T3 数据传输率为 43.736 Mbps。参见 T1 standard。

T3/T-3 T3/T-3 线路 参见 T3 carrier。

T.30 standard T.30 标准 企业计算机电话论坛(ECTF)制定的 T.30 传真标准,为控制传真文档图像的传输提供了协议。

T.37 standard T.37 标准 国际电信联盟(ITU)为存储转发传真通信制定的全模式标准。此标准是以因特网工程任务组(IETF)的规范 RFC 2305 和 RFC 2301 为基础的,RFC 2305 确立了 IP(网际协议)传真协议规范,而 RFC 2301 定义了标准的文件格式。

T.38 T.38 建议标准 是国际电信联盟(ITU)一个建议,允许通过 IP 网络实时传送传真。在实际情况中,T.38 传真呼叫至少有一部分通过 PSTN(公用服务电话网)承载的,尽管 T.38 定义并不要求这样处理,并且两个 T.38 设备可以相互发送传真。这种特定类型的设备称为因特网感知传真设备(IAF),它能够启动或完成对 IP 网络的传真呼叫。T.38 不是呼叫建立协议,因此 T.38 设备需要使用标准呼叫建立协议(例如,H.323、SIP 和

MGCP)来协商 T.38 呼叫。参见 session initiation protocol（SIP），media gateway control protocol（MGCP）。

T4　T4 服务等级　北美使用的传输服务等级之一，速率为 274.176 Mbps，支持 4 032 路话音信号，容量是 T1 的 168 倍。T4 可以在同轴电缆、微波或光纤系统上传输。

T4 carrier　T4 载体　提供达到 168 路 T1 传输带宽的信道的长距离点到点的通信载体。T4 提供 4 032 路 64 kbps 的信道，总带宽为 274.176 Mbps，可用于数字化的话音和数据传输。参见 T-carrier。

T4/T-4　T4/T-4 线路　参见 T4 carrier。

U

UART controller　UART 控制器　在异步串行口中,数据输入和输出线是连在一个通用异步收发器(UART)电路上。这个 UART 电路负责将串行的数据位流转换成 8 位的并行数据。8 位的字符从数据输入线上传来后存放在一个缓冲区内待处理,然后进行差错检测以保证字符完整性。最后清除接收标志,表示上一个字符已正确收到。

ubiquitous network　泛在网　可随时随地供给人们使用,让人们享用无处不在服务的网络,其通信服务对象由人扩展到任何东西。泛在网以无所不在、无所不包、无所不能为基本特征,以实现在任何时间、任何地点、任何人、任何物都能顺畅地通信为目标。

UCS transformation format (UTF)　通用编码字符集转换格式　1993 年按照 ISO(国际标准化组织)10646 标准颁布的通用多字节编码字符集(UCS)的格式。ISO 10646 标准中的代码表和 Unicode 标准中的代码表是相同的。UTF-8、UTF-16 和 UTF-32 是广泛使用的格式,支持中文字符集,且在字符串中已包含长度信息。

UDP flood attack　UDP 泛洪攻击　是使用用户数据报协议(UDP)(一种无会话/无连接的计算机网络协议)的拒绝服务(DoS)攻击。

UDP helper address　用户数据报协议[UDP]帮助程序地址　是一种特殊的路由器配置,用于将广播网络流量从一个子网上的客户端计算机转发到另一个子

网中的服务器。

UHF converter　特高频[超高频]变频器　为了使甚高频电视接收机能接收到特高频电视信号,将特高频信号变换到较低频率的甚高频上的一种电子电路。

UHF television broadcasting　特高频电视广播　UHF 电视广播是使用特高频(UHF)无线电进行电视信号的无线传播。使用 UHF 频率进行模拟和数字电视广播。通常赋予 UHF 频道更高的频道号,例如美国为甚高频(VHF)安排频道 2 至频道 13,以及为 UHF 频道安排编号 14 到 83。

UHF translator　特[超]高频转播台　运行于特高频电视广播频道的电视广播转播台。

U-interface　U 接口　或 U 参考点。是综合业务数字网(ISDN)本地环路中的基本速率接口(BRI)。其特点是使用 2 线传输系统,连接客户场所的网络终端类型 1(NT1)和运营商本地交换机中的线路终端(LT)。它不像使用 S 接口或 T 接口的服务那样对距离敏感。

U law　U 律,μ 律　同 mu-law。(1) μ律信号通常位于 T1 线路中的单个 64 kbps DS0 信道上。μ 律使用压扩技术,在较低幅度(音量)下提供比在较高幅度下更多的量化步长。北美和日本使用 μ 律,而欧洲使用 A-law。(2) μ律是语音信号的量化过程中采用的一种以 15 个折线段来近似的振幅压缩/扩展对数曲线,用于 PCM(脉码调制)编码/译码。

ULS server　用户定位业务服务器　是

TCP/IP(传输控制协议/网际协议)网络上的会议目录服务器,用来确定参加会议的用户。当电话会议或电视会议程序开始时,就把用户的配置和当前的 IP 地址发送给 ULS 服务器,以供其他用户查询当前登录的用户。微软公司把 ULS 服务器改名为因特网定位服务器(ILS),而网景公司的会议系统使用动态查找服务(DLS)服务器。

ultimate destination　最终报宿[目的地]　网络通信中分组到达的最终目的地。两个计算机通过网络通信,实际的最终报宿是进行通信的各自进程。但是用进程表示通信连接的最终报宿有很多困难,实际用所谓协议口表示最终报宿。协议口是传输协议在一个指定计算机系统中区分多个目标的抽象概念。TCP/IP(传输控制协议/网际协议)用一个小正整数定义协议口。有些协议口专门留给某些标准服务,例如,电子邮件。

ultra-dense wavelength division multiplexing (UDWDM)　超密集波分复用　是指波长间隔 0.2 nm(纳米)以下(相应频率间隔小于 25 GHz)的波分复用。是用于网络通信中的一种超大容量光纤通信技术。1999 年 11 月,朗讯公司(现为Alcatel-Lucent)实现了在两根光纤上传送 1 022 个波长,波长间隔 10 GHz。

ultra-high definition TV/television (UDTV)　超高清晰度电视　是 HD(高清)、Full HD(全高清)的下一代技术。是国际电信联盟(ITU)发布的"超高清 UHD"标准的建议,将屏幕的物理分辨率达到 3 840×2 160(4 K×2 K)以上的显示称之为超高清,其显示设备的总像素数量达到 800 万以上,是普通全高清(Full HD,1 920×1 080)宽高的各两倍,面积的四倍。8K UHD 也已上市。

ultra-high frequency (UHF)　特高频,超高频　根据 IEEE 521-1976 规定,该频率

在 300 MHz~3 GHz,也称为分米波段,波长范围在 100 cm 和 10 cm 之间。地面上广播电视波段为 470～890 MHz。IEEE(电气和电子工程师协会)定义的 UHF 雷达频段为 300 MHz 到 1 GHz 之间的频率。另外两个雷达波段重叠国际电信联盟(ITU)的 UHF 频段:L 波段 1 GHz到 2 GHz;S 波段 2 GHz 到 4 GHz的频带之间。比较 superhigh frequency (SHF)。

ultra-low frequency (ULF)　特低频,超低频　国际电信联盟(ITU)指定 ULF 电磁波的频率范围在 300~3 000 Hz。而在磁层学和地震学,通常给予不同的定义,包括从 1 mHz(毫赫兹)到 100 Hz、1 mHz 到 1 Hz、10 mHz 到 10 Hz 的频率范围。在大气科学通常指定极低频(ELF)范围是 3 Hz 以上频率。

ultra-short wave　超短波　波长短于 10 m(频率大约 30 MHz)的无线电波。波长短于 30 cm(频率大于 1 GHz)的称为微波。

ultrashort wave communication　超短波通信　利用波长 10～1 m(频率为 30～300 MHz)的电波传输信息的无线电通信。

ultra-small aperture terminal (USAT)　超小孔径终端(天线)　直径小于 1.2 m 的一种卫星地面站使用的天线。

ultrasonic　超声　泛指信号、设备或有关现象所涉及的频率恰好高于人耳能够听见的频率范围,或高于 20 kHz。

ultrasonic communication　超声(波)通信　通过在船上或潜水艇上键控回声定位声呐的声音输出,或利用独立的超声发射器在水中进行通信。

ultrasonic delay line　超声(波)延迟线　利用声波的传播速度比电磁波约慢六个数量级的特点而设计的一种延迟线。

ultrasonic frequency (UF)　超声(波)频率,

U

超音频 在声频范围以上的频率,通常为 20 kHz 以上频率。该术语一般用于气体、液体或固体中传播的弹性波。

ultrasonic generator 超声波发生器 一种产生超声波的设备。例如,石英晶体、陶瓷换能器、超声空气喷嘴、磁致伸缩振荡器。

ultrasonic holography 超声全息 利用两超声波间的干涉图案重现透明物体内部图像,可用于摄影。

ultrasonic light diffraction 超声波光衍射 一束光通过纵向超声波场时形成的光学衍射谱。超声波场中光折射产生的周期变化导致了衍射的形成。

ultrasonic light modulator (ULM) 超声波光调制器 利用超声波对通过液体的光束产生作用的光调制器。

ultrasonic modulation cell 超声调制元件 被频率调制的图像信号产生的纵向超声波作用的频率调制激光束元件。超声波按频移将入射光分成各种排列次序。超声调制元件可以向电视监视器发送图像的光电探测器传输信息。

ultrasound 超声 频率超过 20 kHz 的声波,人耳不能听见。

ultraviolet (UV) 紫外(线),紫外辐射 (1) 一种看不见的射线,波长小于 400 nm(纳米)。(2) 波长比可见光辐射短的光辐射,即波长约10~400 nm 的光辐射。

ultraviolet communication 紫外光通信 主要是以大气散射和吸收为基础,利用中紫外波段的紫外光进行的通信,是常规通信的一种重要补充。美国 GTE 公司为美军研制了一种新型隐蔽式紫外光通信系统。这种系统不易被探测和截收,适用于多种近距离抗干扰通信环境。紫外光指挥、控制和通信进行的试验表明,话音和数据性能很好,而且不受远方电子干扰的影响。同时,由于紫外光通信的作用距离受限于大气层,这使得对手即使在当地也很难截收紫外光通信信号。紫外光用于 1~2 km 的非视距通信。如果采用聚光方式,定向视距通信距离可达 5~10 km。

ultraviolet light 紫外光 一种人眼看不见的光线,它位于可见光谱的紫外区的外侧,被称为紫外光或紫外线,是波长 10~400 nm 的电磁辐射线。

ultra-wide 超宽 或超宽格式,是指照片、视频、和显示器,宽高比明显宽于 2∶1。历史上有过多次向更宽的宽高比的变动,包括迪斯尼影片的一次。有些举措是成功的,而其他举措则取得了有限的成功。相机通常使用变形格式镜头拍摄超宽照片和视频,这会缩小扩展的水平视场(FOV),同时节省胶卷或磁盘。

ultra-wideband (UWB) 超宽带 一种不用载波,而采用时间间隔极小(纳秒级)的脉冲进行通信的方式。UWB 工作原理不同于传统无线通信技术。它是用发送脉冲信号传送声音和图像,每秒可发送多至 10 亿个代表 0 和 1 的脉冲信号,这些信号被分散在一个很宽的波谱范围内,在任何一个频段,UWB 脉冲信号的功率都十分低,因此它们似乎仅仅是一些背景噪音,不会对其他信号产生任何影响。根据 FCC 的规定,从 3.1~10.6 GHz 之间的 7.5 GHz 带宽频率都将作为 UWB 通信设备所使用。但出于对现存无线系统影响的考虑,UWB 的发射功率被限制在 1 mW/MHz 以下。超宽带又被称为脉冲无线电(IR)。

ultrawhite (UW) 白外,超白 由于图像信号过冲(如信号的振铃现象)引起的白色亮度额外增加。

UMCS 无人值守多点通信站 unattended multipoint communication station 的缩写。

umbrella antenna 伞形天线 一种顶部加

载的电加长单极天线,在大多数情况下由在地端馈电的天线杆组成,在顶部连接有许多径向导线,向下倾斜。用作低于1 MHz的发射天线,在LF(低频)特别是VLF(甚低频)频带中,其频率足够低,以至于构建全尺寸四分之一波单极天线是不切实际或不可行的。从天线顶部向下倾斜的每根放射式导线的外端通过绝缘体连接到支撑绳索或到固定在地面上的绝缘电缆,径向导线也可以作为拉索支撑天线杆。径向导线使整个天线看起来像一把巨型伞的框架(没有伞布)因此得名。

Um interface Um 接口 是 GSM(全球移动通信系统)移动电话标准的空中接口。它是移动台(MS)和基站收发信台(BTS)之间的接口。因为它是 ISDN(综合业务数字网)中的用户与网络的接口的 U 接口的移动模拟,因此称它为 Um 接口。在 GSM 04.xx 和 05.xx 系列规范中定义了 Um。Um 还可以支持 GPRS(通用分组无线业务)面向分组的通信。

UMIS 环球移动信息系统 universal mobile information system 的缩写。

UMIS 通用移动通信系统(标准) universal mobile telecommunication system 的缩写。

UMTS channels UMTS[通用移动通信系统]信道 是第三代(3G)无线通用移动通信系统(UMTS)网络使用的通信信道。UMTS 信道可以分为三个层次:物理层、传输层、逻辑层。

UMTS frequency bands UMTS[通用移动通信系统]频带 是第三代(3G)无线通用移动电信系统网络使用的无线电频率。在 1992 年 2 月 3 日至 1992 年 3 月 3 日在西班牙马拉加-托雷莫利诺斯举行的世界无线电行政大会(WARC-92)分配了这些频带。1997 年在瑞士日内瓦举行的世界无线电通信大会,认可了《国际移动

通信-2000 规范》的专用频带,"1 885~2 025 MHz和 2 110~2 200 MHz 频段拟在全球范围内由希望实施 IMT-2000 的主管部门使用"。参见 international mobile telecommunication-2000(IMT-2000)。

UMTS terrestrial radio access (UTRA) 通用移动通信系统陆地无线接入(标准), UMTS 陆地无线接入(标准) 欧洲电信标准学会(ETSI)提出的通用移动通信系统(UMTS)的地面无线接入标准。UTRA 接口的基础为 W-CDMA(宽带码分多址)技术,同时它还可以根据不同话务分布在无线接入中采用不同的调制解调方式:对于话务密度较高的城区可采用时分双工(TDD)方式,郊区则采用频分双工(FDD)方式,具有灵活组网的特性。

UMTS terrestrial radio access network (UTRAN) 通用移动通信系统陆地无线接入网, UMTS 陆地无线接入网 是把移动手机连接到公共电话网络或因特网的网络和设备的统称。它包含称为节点 B 的基站,和构成 UMTS(通用移动通信系统)无线接入网络的无线网络控制器(RNC)。这种通信网络,通常称为 3G(用于第三代无线移动通信技术),可以承载从实时电路交换到基于 IP 的分组交换的许多业务类型。UTRAN 支持 UE(用户设备)和核心网络之间的连通性。UTRAN 的主要功能有:① 无线资源管理;② 无线接续的移动管理(如切换管理);③ 无线接入承载,可以根据核心网络的不同要求提供不同类型的接口;④ 安全管理(如加密等);⑤ 位置业务管理,从而确定用户设备的位置信息。

unbalanced data link 不平衡数据链路 一条不平衡数据链路包含两个或多个数据站,数据链路上称为主站的数据站负责组织数据流,并负责处理不可恢复的数据链路层差错情况。主站发送的帧为

命令帧,数据链路上其它的数据站称为次站,次站发送的帧为响应帧。次站向主站报告传输状态信息,参与部分信道管理工作。

unbalanced line　不平衡线路　一种传输线路,它的两根导线对地电平和阻抗特性不同,例如同轴线。

unbalanced transmission　不平衡传输　数据通信中,每一路信号各用一根专用线,合用一根公用回线的传输技术。

unbundled access　非捆绑接入　在自由化过程中,非捆绑式接入是一种经常实行的监管形式,市场中的新进入者(挑战者)可以利用现有的设施,这些设施难以复制(例如出于技术或商业案例的原因)。它的应用主要出现在面向网络的行业(如电信、邮件和能源),并且通常涉及最后一英里。非捆绑接入类似于比特流接入,其中现任提供商提供的竞争接入不是本地环路的实际铜线,而是高速ADSL(非对称数字用户线路)数据连接。这两种设置都确保了回程线路的竞争,但把"最后一英里"基础设施留给现有运营商负责。

UNC names　统一命名约定名,通用命名标准名　以"\\"开始的文件名或资源名,表明它存在于一台远程计算机上。

unconditionally secure　绝对安全(密码)　在密码学中,指不可破译的密码。即使密码分析者得到无限数量的密文,也不能破译。这要求即使是无限长的报文,密钥的不能确定性也不能趋于零。

uncontrolled slip　不可控滑动　与传输或交换一个数字信号相关的定时过程偏差所引起的数字信号一个数字或一组连续数字位置的丢失或增加。该信号中丢失或增加的数量和瞬时位置都不受控制。

under compensated optical fiber (UCOF)　欠补偿光纤　一种光纤,通过调节其折射率分布,使较高次传输模比较低次模滞后到达光纤的末端。这是因为较高次模在较高折射率媒体中有较长的传播路径,因此被延迟。较高次模在波动方程组的解中具有较高的本征值,波长比低次模的短。

underlap　(图像)缩窄[下重叠]　由于行时基故障使扫描行长度缩短所造成的电视图像宽度缩小。

undermodulation (UM)　调制不足,欠调制　(1)由电参数限制或调制器不合适的调整引起发送机调制不充分。(2)由于节目调制电平过低致使发射机无法有效工作的状态。

under water cable (UWC)　水下电缆[光缆]　用于浅水敷设的电缆或光缆,多指敷设于河流、湖泊等的水面下。

undetected error (UE)　漏检错　用户数据经通信设备传递后存在未检纠差错的概率。

undulating frequency　频率波动　供电电源频率波动主要由于电网超负荷运行而引起发电机转速的变化所致。一般计算机频率允许波动范围为 50 Hz±1%。当供电电源频率波动超过允许范围时,会使计算机信息存储的频率发生变化而产生错误,甚至会产生信息丢失等。

unicast　单播,单路传送　(1)只有一个目标地址的广播通信。(2)网络中传输信息的一种方法。发送信息的站点只把信息投递给一个指定的站点,如果需要传给组内其他成员,则由接收站点将信息复制后再向下一站点传送。

Unicode　万国码,统一码　一种支持多语种的字符代码编码标准。由 Unicode Consortium 制定,并成为 ISO(国际标准化组织)10646 标准。它用 16 位二进制码代表一个字符,可容纳 64 K 个不同字符,可以涵盖常见语系的常用字符。目前已包含日文、拉丁文、俄文、希腊文、希伯来文、阿拉伯文、韩文[朝鲜文]和中文的共约 29 000 个字符的编码定义。

Unicode plane　万国码[统一码]平面　在万国码标准中,其平面是由 65 536(2^{16})个代码点组成的连续组。共有 17 个平面,用数字 0 到 16 标识,对应于六位十六进制格式(U+hhhhhh)中前两个位置的可能值是 $00\sim10_{16}$。万国码中的最后一个代码点是平面 16 中的最后一个代码点,U+10FFFF。平面 0 是基本多语言平面(BMP),其中包含最常用的字符。较高的平面 1 到 16 称为"辅助平面"。平面进一步细分为万国码块,与平面不同,它没有固定的大小。Unicode 11.0 中定义的 291 个块覆盖了可能的代码点空间的 25%,大小范围从最少 16 个代码点(13 个块)到最多 65 536 个代码点(补充专用区-A 和-B,它们构成了平面 15 和 16 的整体)。为了将来的使用,已经为当前和古代大多数已知的书写系统绘制了字符范围。

unidirectional lightweight encapsulation (ULE)　单向轻量级封装　一种数据链路层协议,用于通过 MPEG(运动图像专家组标准)传输流传输网络层数据包。由于协议开销非常低,因此它特别适用于卫星 IP 服务(每个比特都很重要)。这种系统例如 DVB-S(卫星数字视频广播)。然而,ULE 也可以在 DVB-C(有线数字视频广播)和 DVB-T(地面数字电视广播)的环境中使用,理论上在基于 MPEG 传输流(例如,高级电视系统委员会 ATSC)的每个系统中。ULE 由因特网工程任务组(IETF)的 IP 数字视频广播(ipdvb)工作组设计,并在 RFC 4326 中标准化。另一种封装方法是多协议封装(MPE),它是由 DVB 项目开发和标准化的。

unidirectional link detection (UDLD)　单向链路检测　是思科公司的数据链路层协议,用于监控电缆的物理配置并检测单向链路。UDLD 补充了生成树协议,该协议用于消除交换环路。UDLD 是思科交换机中防止第 2 层环路的两个主要功能之一(UDLD 和环路保护)。生成树协议(STP)通过阻塞一个或多个端口,将冗余物理拓扑解析为无环路、树状转发拓扑。但是,单向链路故障会导致"流量黑洞"并在交换机拓扑中循环。为了在创建转发循环之前检测单向链路,UDLD 通过在相邻设备之间交换协议分组来工作。为了使 UDLD 正常工作,链路上的两个交换机设备都必须支持 UDLD 并在各自的端口上启用它。

unidirectional log periodic antenna　单向对数周期天线　一种宽频带天线,它将对数周期天线切断部分互相成角度地安装。它给出单向辐射图案,其中主辐射的方向向后,离开天线的顶点。它的阻抗在所有频率下基本是常数,就像其辐射图形一样。

unidirectional path switching ring (UPSR)　单向路径[通道]倒换[交换]环　全光网络的一种环形结构,其特点是针对一个节点而言在同一条传输路径中,来业务的波长传输方向与去业务的波长传输方向相同(都是顺时针传输或逆时针传输),并且具有保护作用(自愈环)。

unified extensible firmware interface (UEFI)　统一可扩展固件接口　是一种定义操作系统和平台固件之间的软件接口的规范。UEFI 用大多数 UEFI 固件实现为 BIOS 服务提供传统支持,取代了最初出现在所有 IBM 兼容机个人计算机中的基本输入输出系统(BIOS)固件接口。即使没有安装操作系统,UEFI 也可以支持计算机的远程诊断和修复。

unified messaging service (UMS)　统一传信[消息传递,报文发送]服务　一种信息服务技术。它将电话网、寻呼网、移动网与互联网分别提供的各种信息服务融

U

合起来,把语音、传真、寻呼、短消息、即时消息、电子邮件和多媒体数据等各种信息在同一平台存储和管理,用户可以随时通过电话、传真机、手机、寻呼机、微机、掌上电脑等任何一种通信设备发送与接收信息。使用户可以在任何时间、任何地点使用不同的技术、媒介和终端与任何人进行通信。

uniform chromaticity scale diagram (UCSD) 均匀标度色品图,UCS 色品图 一种色品图,其坐标标度选定的意图,是使在色品图中所有部位,标度的相等间隔近似地代表相等的同亮度彩色的辨识差别。也就是在色品图中代表两种颜色的两个点之间的距离与人对两种颜色感知的差别是均匀的色品图。

uniform index profile (UIP) 均匀折射率分布 在光纤之类光传输介质中,其折射率由里向外呈线性均匀减小的一种分布形式及一种渐变型的折射率分布。

uniform index profile fiber (UIPF) 均匀折射率分布光纤 一种渐变折射率光纤,其折射率从光纤中心向外呈线性减小。

uniform naming convention (UNC) names 统一命名约定名,通用命名标准名 以双反斜杠(\\)起始的文件名或者其他资源名,这样的名字表示该文件或资源存在于远程机器上,用于表示网络路径。

uniform plane wave 均匀平面波 电场和磁场矢量在整个等相位表面上的振幅为常数的平面波。该波只能存在于自由空间离波源无限远的地方。

uniform resource classification (URC) 统一资源分类 标识因特网资源的一种方法,是关于资源的一系列信息,可包括诸如该信息的价格等信息。

uniform resource identifier (URI) 统一资源标识符 是明确标识特定资源的字符串。为了保证一致性,所有 URI 都遵循一组预定义的语法规则,但也通过单独定义的分层命名方案(例如"http://")保持可扩展性。这种识别使得能够使用特定协议通过网络(通常是万维网)与资源的表示进行交互。指定具体语法和相关协议的方案定义每个 URI。最常见的 URI 形式是统一资源定位器(URL),经常被非正式地称为 Web 地址。在使用中更少见的是统一资源名称(URN),其旨在通过提供用于识别特定名称空间中的资源的机制来补充 URL。

uniform resource locator (URL) 统一资源定位器 是有关网络资源的地址。URL 和文件名类似,但它还包括了服务器名和资源使用的网络协议或服务器类型方面的信息。有时,URL 还包括用户名信息和协议指定的参数及选项。在因特网的每个节点上,一般都有一台用作服务器的主机,这台主机我们可给它起个名字,例如叫 WWW。服务器上供用户浏览的文件,都是以页面形式存放的,为了便于检索,每页都有唯一的一个地址,这个地址就叫 URL。URL 的格式为:服务器类型://主机名/路径名/文件名。例如 http://www.sjtu.edu.cn 就是一个 URL。

unilateral synchronization system 单向同步系统 一种同步控制系统。其工作特性是:事件 A 与事件 B 交换时,只允许由事件 A 的时钟控制事件 B 的时钟,而不允许由事件 B 的时钟来控制事件 A 的时钟。

unilateral transducer 单向换能器 输出波形不影响输入波形的换能器。

unipolar encoding 单极(性)编码 一种线路码。正电压表示二进制 1,零伏表示二进制 0。它是最简单的线路码,直接编码比特流,类似于调制中的开关键控。它的缺点是它不是自定时的,还有一个很大的直流分量,通过使用归零制可以减少一半直流分量,其中信号电平在比特周期的中间返回到零。在占空比为50％的情况下，每个矩形脉冲仅在比特周期的一半处于正电压。

unipolar non return to zero signaling　单极不归零信令　用于早期按键电报的一种简单信令线路，目前用于专用线路电传打字机系统，以及用来表示 RS 232 和 V.24接口的信令模式。在该信令模式中，直流电流或恒定正电压表示为一个传号，而将无电流或无电压表示为一个空号，每个码元时间的中间点是采样时间，判决门限为半幅电平。

unipolar NRZ code　单极性不归零码　二进制符号"1"和"0"分别对应基带信号的正电平和零电平，在整个码元持续时间，电平保持不变，每个码元时间的中间点是采样时间，判决门限为半幅电平。具有如下特点：① 发送能量大，有利于提高接收端信噪比；② 在信道上占用频带较窄；③ 有直流分量，将导致信号的失真与畸变，且由于直流分量的存在，无法使用一些交流耦合的线路和设备；④ 不能直接提取位同步信息；⑤ 抗噪性能差。接收单极性 NRZ 码的判决电平应取"1"码电平的一半。由于信道衰减或特性随各种因素变化时，接收波形的振幅和宽度容易变化，因而判决门限不能稳定在最佳电平，使抗噪性能变坏；⑥ 传输时需一端接地。由于单极性 NRZ 码的诸多缺点，基带数字信号传输中很少采用这种码型，它只适合极短距离传输。

unipolar return to zero signaling　单极归零信令　单极不归零信令的一种变型。其中，在每个"1"之后，信号总是回到零。这种信号更容易采样，但需要更多电路去实现，一般不使用。

unipolar RZ code　单极性归零码　单极性归零码在传送"1"码时发送 1 个宽度小于码元持续时间的归零窄脉冲；在传送"0"码时不发送脉冲。脉冲宽度与码元宽度之比叫占空比。单极性归零码缺点是发送能量小、占用频带宽，主要优点是可以直接提取同步信号。此优点虽不能广泛应用于信道上传输，但它却是其他码型提取同步信号需采用的一个过渡码型。即对于适合信道传输的，但不能直接提取同步信号的码型，可先变为单极性归零码，再提取同步信号。

unipolar signal　单极性信号　一种仅在基准值与某个单方向上的跃变值之间变化的信号，不在偏离基准值的另一方向上变化。

unit distance code　单位距离码　一种专门设计的代码。在这种代码中，字符组字符的部分或全部由 n 位字按序排列，且相邻两数的信号距离为 1。例如余 3 码。

unit element　单位码元　具有一单位间隔宽度的信号码元。即它的持续时间等于单位时间间隔。

unit gain　单位增益　一种设计原则，即在某一适当的频率，放大器要提供足够的增益，来补偿电缆的损耗和平坦损耗，使其满足。电缆损耗＋平坦损耗＝放大器增益。它意味着相隔同样长度的电缆使用同样的放大器。

unit impulse signal　单位脉冲信号　变量是时间的单位冲击函数，即具有无限小的宽度，无限大的幅度及单位面积的时间脉冲。在理论上讲，该信号在频域内具有无限大的带宽，因而常作为激励信号去测量系统的频率响应函数。实际上，产生冲击函数的设备的频带和增益是有限的，故不能模拟出真正的单位脉冲信号，而只能是近似的。

unit interval (UI)　单位间隔　采用等位代码或使用等时调制的系统中所规定的一种时间间隔，即标准信号码元的最小宽度，而其他信号码元都是这种码元的整数倍,其宽度的单位为秒,是以 bps 表示的速度的倒数。

unit of information 信息单位[单元] 在计算和通信中,信息单位是某些标准数据存储系统或通信信道的容量,用于测量其他系统和信道的容量。在信息理论中,信息单位也用于测量随机变量和消息中包含的信息的熵。最常用的数据存储容量单位是比特,只有两个状态的系统容量,以及相当于 8 比特的字节(或八位字节)。这些单位的倍数可以用 SI(国际单位制)前缀(十进制前缀)或更新的 IEC(国际电工委员会)二进制前缀(2 的幂前缀)形成。

unit type optical fiber cable (UTOFC) 单元式光缆 适用于大芯数室内光缆,其缆芯由若干光纤单元组合而成。其中,每个单元可采用绞合、骨架式、束管等不同结构形式构成,是多芯光缆常用的一种结构。

unity gain 整体增益 (1) 在宽带网络中,信号损失和通过放大器的增益之间的平衡关系。(2) 在由无线扩频设备、天线和天线馈线构成的无线扩频系统中,天线增益加上设备增益,减去馈线损耗后所剩下的总体增益。

unity gain frequency 单位增益频率 运算放大器增益等于 1 时的频率。

universal access authority (UACC) 通用访问权限[授权] 在某些操作系统中,指缺省的访问授权,在用户或者用户组不是专门允许访问一个资源时作用于该资源,通用访问授权可以是任何的访问授权。

universal access number (UAN) 通用接入号码(业务) 是智能网(IN)的一项业务。该业务支持用户在不同地点、不同区域具有多个终端,并且它们可以通过同一个通用的电话号码接受来话呼叫。智能网可以根据主叫用户所在的地区,将呼叫接到被叫用户一个就近的相应终端。

universal gateway 通用网关 一种使用特定于每个数据源的通信协议在两个或多个数据源之间交换数据的设备。有时称为通用协议网关,此类产品设计为计算机设备,用于将数据从一个自动化系统连接到另一个自动化系统。

universal integrated-circuit card (UICC) 通用集成电路卡 是用于 GSM(全球移动通信系统)和 UMTS(通用移动通信系统)网络中的移动终端的智能卡。UICC 确保各种个人数据的完整性和安全性,通常可以容纳几百千字节。

universal international freephone number (UIFN) 通用国际免费电话号码 是由国际电信联盟(ITU)发布的全球免费"800 号码"。就像在美国和加拿大为 NANP(北美编号方案)发布的 800 区号和在许多其他国家发布的 0800 号码一样,呼叫方可以免费拨打电话,接收方支付费用。UIFN 使用 ITU 国家代码 800,因此无论呼叫方在哪里,只需要拨打国际接入码(IAC)、UIFN 国家代码(800)和 8 位 UIFN。大约 65 个国家的一些运营商参与了 UIFN 计划;从移动和投币电话中免费访问这些号码(作为国际电话)并不普遍。UIFN 类似于国内免费电话号码,例如加拿大和美国的 800 服务,以及大多数其他国家的免费电话服务。+800 UIFN 服务是由 ITU 管理的三个具有相似的编号方案的非地理代码之一。

universally unique identifier (UUID) 通用唯一标识符 一个 128 位的数字,用于标识计算机系统中的信息。还使用全局唯一标识符(GUID)术语。当根据标准方法生成 UUID 时,UUID 在实际用途上是惟一的,而不像大多数其他编号方案,UUID 的唯一性取决于中央注册机构或生成它们的各方之间的协调。虽然 UUID 被复制的概率不是零,但是它非常接近零,可以忽略不计。

universal media disc (UMD)　通用媒体光碟　日本索尼电脑娱乐(SCE)为 PSP(便携式游戏机)开发的多媒体存储媒体。尺寸约 65 mm×64 mm×4.2 mm,具有塑料保护外壳。UMD 采用 660 纳米红光镭射双层记录方式,最高容量为 1.83 GB。

universal mobile telecommunications system (UMTS)　通用移动通信系统(标准)　是基于 GSM(全球移动通信系统)标准的网络的第三代移动蜂窝系统。UMTS 由 3GPP(第三代合作伙伴计划)开发和维护,是国际电信联盟 IMT-2000 标准集的组成部分,并与基于竞争的 cdmaOne 技术的网络 CDMA2000 标准集进行比较。UMTS 使用宽带码分多址(W-CDMA)无线接入技术,为移动网络运营商提供更高的频谱效率和带宽。

universal network device interface (UNDI)　通用网络设备接口　是预引导执行环境(PXE)协议使用的网络接口卡(NIC)的应用程序编程接口(API)。

universal personal telecommunication (UPT)　通用个人通信　一种通信业务,用户可通过个人号码能在连接到任何网络的任何终端(固定或移动终端)上收发呼叫。UPT 是国际电话号码空间的一个特殊部分,已留出用于通用个人电话号码。该服务已分配国家代码+87810,由一个 10 位数的用户号码实现,该 10 位数可提供 100 亿个唯一号码。国际电信联盟(ITU)在 2001 年引入了这一概念,称其为"全球号码可携带性"。但是,号码可携带性通常是指将服务移动到另一个提供商之后保留原有电话号码的服务。

universal plug and play (UPnP)　通用即插即用　是为了适应计算机网络化和家电信息化的趋势而提出的概念。UPnP 扩展了传统单机的设备和计算机系统的概念,在"零设置"的前提下提供了连网设备之间的发现、接口声明和其他信息的交换等互动操作功能。UPnP 是基于 IP(网际协议)来获得最广泛的设备支持,它最基本的概念模型是设备模型,设备可以是物理设备,比如录像机;也可以是逻辑设备,比如运行于计算机上的软件所模拟的录像设备,此外,设备也可以包括其他设备形成嵌套。

universal product code (UPC)　通用产品代码　俗称"条形码"。由粗细不等的线条组成的代码,通常长度为 10 位的条形码,条形码的前五位数表示制造商信息,后五位表示特定的产品信息。条形码通常印在包装纸上,经光学阅读器阅读,可以获得该商品的制造和商品的代号,然后由计算机通过查表确定该商品的价格。UPC 有两种类型,即 UPC A 和 UPC E。

universal serial bus (USB)　通用串行总线　一种通用外部设备总线规范,主要应用在中低速外部设备上,它提供的传输速度有低速(USB 1.0)1.5 Mbps、全速(USB 1.1)12 Mbps、高速(USB 2.0)480 Mbps 和超高速(USB 3.0)5 Gbps 等多种,一个 USB 端口同时支持全速和低速的设备访问。低速的 USB 带宽(1.5 Mbps)支持低速设备,例如显示器、ISDN(综合业务数字网)电话、调制解调器、键盘、鼠标、游戏杆、扫描仪、打印机、光驱、磁带机、软驱等;全速的 USB 带宽(12 Mbps)将支持大范围的多媒体和电话设备等;高速和超高速 USB 支持大容量移动设备。

universal subscriber identity module (USIM)　通用用户识别模块　在仅有 GSM(全球移动通信系统)时代,SIM 由硬件和软件组成。随着 UMTS(通用移动通信系统)的出现,这个命名被拆分了:SIM 现在是一个应用程序,因此只是软件。硬件部分称为 UICC(通用集成电路卡)。这种拆分是必要的,因为 UMTS 引入了一个新的应用,即通用用户识别模块(USIM)。此外,USIM 带来了安全性改进,例如相互身份验证和更长的加密密钥以及改进的地址簿。

universal unique identifier (UUID)　通用唯一标识符　一个用于识别的 128 位的值,网络计算系统(NCS)使用 UUID 来标识接口对象的类型。

unlicensed national information infrastructure (U-NII)　无执照[无许可证]的国家信息基础设施　U-NII 无线电频段是 IEEE 802.11a 设备和许多无线 ISP(因特网服务提供商)使用的无线电频谱的一部分。它运行覆盖几个范围:① U-NII Low(低频段)(U-NII-1):5.150~5.250 GHz。最初仅限于室内使用。法规要求使用集成天线,功率限制在 50 毫瓦。从 2014 年开始允许户外运行,最大固定功率 1 瓦,最大固定 EIRP(等效全向辐射功率)4 瓦(+36 dBm)点对多点,200 瓦(+53 dBm)点对点。然而,严格的带外发射规则将实际的点对点功率限制在较低的水平。② U-NII Mid(中频段)(U-NII-2A):5.250~5.350 GHz。室外和室内使用,受动态频率选择(DFS,或雷达回避)的限制。法规允许用户可安装天线。功率限制为 250 毫瓦。③ U-NII-2B(频段):5.350~5.470 GHz。目前 120 MHz 的频谱不是由联邦通信委员会分配给无执照使用的。④ U-NII Worldwide(全世界频段)(U-NII-2C/U-NII-2e):5.470~5.725 GHz。室外和室内使用,受动态频率选择(DFS,或雷达回避)的限制。功率限制在 250 mW。美国联邦通信委员会于 2003 年增加了这一频段,以"将美国 U-NII 设备使用的频段与世界其他地区的频段对齐"。FCC

目前对与 5 600~5 650 MHz 频段重叠的频道的运行有一个临时限制。⑤ U-NII Upper(上频段)(U-NII-3):5.725~5.850 GHz。由于与 ISM(工业、科学和医学)频段重叠,有时也称为 U-NII/ISM。法规允许用户可安装天线。功率限制为 1 瓦。⑥ DSRC/ITS(频段)(U-NII-4):5.850~5.925 GHz。目前,联邦通信委员会正在考虑将 U-NII-4 频段用于未经许可的用途。U-NII-4 目前仅可用于专用短程通信服务(DSRC)和许可的业余无线电操作员。

unshielded cable　非屏蔽电缆　没有用金属屏蔽层来屏蔽电磁和无线电波干扰的一种电缆,只能用于短距离的信号传输。

unshielded twisted pair (UTP)　非屏蔽双绞线　没有屏蔽层的双绞线。通常是由多对双绞线和一个塑料外皮构成。

unshielded twisted pair cable　非屏蔽双绞线电缆　一种包含一对或多对双绞线的电缆,但每对双绞线没有屏蔽层,仅有塑料保护外层。UTP 是局域网(LAN)及电话经常使用的线材。EIA/TIA(美国电子工业协会/电信工业协会)在 1995 年公布了布线标准 EIA/TIA 568 A,此标准规定了五个种类(从 1 类线到 5 类线)的 UTP 标准:① CATEGORY 1;传统电话使用。② CATEGORY 2;有 4 对线,传输速率达 4 Mbps。③ CATEGORY 3;有 4 对线,传输速率达 10 Mbps。④ CATEGORY 4;有 4 对线,传输速率达 16 Mbps。⑤ CATEGORY 5;有 4 对线,同样长度的线,其缠绕节数需要比其他规格高,且需要较特殊的工具来使用,传输速率达 100 Mbps。此后陆续出现了传输速率更高的 6 类线、6A 类线、7 类线、7A 类线和 8 类线等。参见 twisted-pair wire。

unstructured supplementary service data (USSD)　非结构化的补充业务数据　电

信的一种补充业务，是基于移动通信网络的交互会话数据业务。USSD 数据是利用逻辑信道中的独立专用控制信道（SDCCH）或快速随路控制信道（FACCH）。在非通话状态下，USSD 和短消息（SM）使用相同的独立专用控制信道，传输速率大约为 600 bps。而在通话状态下，USSD 使用快速随路控制信道，传输速率大约为 1 000 bps，比短消息使用慢速随路控制信道（SACCH）的传输速度快 5 倍左右。USSD 与短消息的另外区别在于短消息业务采用的是存储转发方式，而 USSD 业务采用的是面向连接，提供透明通道的交互式会话方式，所以是会话类业务的理想载体。

up conversion（UC）　上变频　将具有一定频率的输入信号，改换成具有更高频率的输出信号（通常不改变信号的信息内容和调制方式）的过程。在超外差式接收机中，如果经过混频后得到的中频信号比原始信号高，那么此种混频方式称为上变频。由于变频获得的中频频率较高，所以对接收机中频放大、滤波、解调都提出了更高要求，使整个接收机成本较高。上变频可获得极高的抗镜像干扰能力，且可获得整个频段内非常平坦的频率响应。这种变频方式通常只有军用等特殊场合得到广泛应用，民用级产品中较少见到。

up converter（UC）　上变频器　将输入调制或未调制载波频率变换到接收器或无线电测试设备工作范围内的更高频率处的变频器。

up/down/cross-converter（UDC）　上-下-交叉转换器　一种广播质量的上/下/交叉迷你转换器，可以在 SD（标清），HD（高清）和 3G（第三代）视频格式之间进行转换。I/O 包括 SD/HD/3G SDI（串行数字接口）输入和输出，HDMI（高清晰度多媒体接口）输出和 2 声道 RCA（美国无线电

公司）型音频输出。

up-link（UL）　上行链路　（1）在点到多点系统中，由分散点到集中点的传输链路。例如，在移动通信中，由移动台到基站的链路；在卫星通信中，由地球站到卫星的链路。返回路径叫下行链路。（2）指将数据从一个数据站传递到它的源头的通路。在 ATM（异步传输模式）网络中，表示从边界节点到上节点的连接性。（3）从地面到通信卫星的无线电或光传输路径。返回路径称为下行链路。也是地球上的卫星电视系统向卫星传输原始信号的组成部分。上行链路信号频段通常在 5.9～6.4 GHz，每一频道需要 40 MHz 带宽。因为频段总范围为 500 MHz，所以能容纳 12 路卫星电视频道。接收卫星返回信号的球面天线称为下行链路天线。

uplink pilot time slot（UpPTS）　上行（链路）导频时隙　不同用户距离基站远近不同，发送的信号到达基站的时延也不同，为了避免因为时延造成的时隙间干扰，用户在建立业务之前必须先和基站建立准确的上行同步，使得不同用户信号到达基站的时间点相同。上行同步的建立必须使用非常规时隙，否则就会干扰常规时隙，所以就有了上行导频时隙。UpPTS 用于建立上行初始同步和随机接入，以及越区切换时临近小区测量。

upload（UL）　上载，上传　（1）在具有层次结构的信息系统中，把数据或程序自较低层次的节点送到处于管理地位的更高层次节点（如自终端设备送到主机，从网络工作站送到服务器）的过程。（2）在通信中，通过调制解调器或者网络从本地计算机向远地计算机传输信息的过程。比较 download。

up-loop　上环　迫使接收电路交换单元切断信号回环的一种固定模式。

UPnP AV architecture　通用即插即用

[UPnP]音视频架构 是 UPnP 的音频和视频扩展,支持多种设备,如电视、录像机、CD/DVD 播放器/自动唱机、机顶盒、立体声系统、MP3 播放器、静止图像照相机、便携式摄像机、电子相框(EPF)和个人电脑。UpnP AV 架构允许设备支持娱乐内容的不同类型格式,包括 MPEG2、MPEG4、JPEG、MP3、Windows Media Audio(WMA)、bitmaps(位图,BMP),以及 NTSC(美国国家电视制式委员会)、PAL(逐行倒相制)或 ATSC(美国高级电视制式委员会)格式。支持多种类型的传输协议,包括 IEEE 1394、HTTP(超文本传输协议)、RTP(实时传输协议)和 TCP/IP(传输控制协议/网际协议)。

upper sideband (USB) 上边带 经调制产生的两频率或一组频率中的较高频率。

URL redirection URL 重定向 也称为 URL 转发,是一种万维网技术,用于使网页在多个 URL 地址下可用。当 Web 浏览器尝试打开已重定向的 URL 时,将打开具有不同 URL 的页面。同样,域重定向或域转发是指 URL 域中的所有页面都被重定向到不同的域,就像 wikipedia.com 和 wikipedia.net 被自动重定向到 wikipedia.org 时一样。URL 重定向由于各种原因:用于缩短 URL;防止网页移动时链接断开;允许属于同一所有者的多个域名引用单个网站;引导导入和导出网站;隐私保护;以及用于网络钓鱼攻击或恶意软件分发等恶意目的。

URL server type URL 服务器类型 URL(统一资源定位器)是有关网络资源的地址,其格式为:服务器类型://主机名/路径名/文件名。目前编入 URL 格式的服务器主要类型有:① http,代表主要用于超文本信息服务的执行超文本传输协议(HTTP)的服务器,这是 WWW 上的主要服务器类型;② telnet,代表供远程登录使用的 telnet 服务器;③ ftp,代表执行主要用于各种普通文件和二进制代码文件的文件传输协议(FTP)的服务器;④ gopher,表示相应的服务器是 Gopher 信息查询服务器;⑤ wais,代表提供广域信息服务的服务器;⑥ news,代表网络新闻服务器。参见 uniform resource locator(URL)。

user agent (UA) 用户代理 (1)一种 OSI(开放系统互连)应用进程,代表一个 X.400 消息处理系统中的用户或组织。代表用户建立、提交和接受消息。(2)以用户的名义,代替用户提交、取回、检索信息的机制。在报文处理系统(MHS)中,指 MHS 与用户的接口,它为用户提供下述服务:在发送端,把用户交给的文件包装成报文,交给传输系统去发送;在接收端,它完成提交功能,把收到的报文归档,回发投递报告,必要时对收到的报文进行检索或者转发给别的用户。

user correlator 用户相关因子 在某些通信系统软件中,当发出某些宏指令时,由应用程序提供给通信系统的四个字节值,当发生后续事件时按此值指定位置返回到应用程序,这些事件是由原宏指令初启过程引起的。

user datagram protocol (UDP) 用户数据报协议 在因特网传送层提供用户进程,并负责在应用程序之间无连接传递数据的协议。UDP 是一个简单的协议,因为它没有在传送之前在发送方和接收方之间建立通路,也不提供报文传送确认、排序以及流量控制等功能,因此,报文可能丢失、重复以及乱序等,其可靠性依赖于产生这些报文的应用程序。

user data rate 用户数据率 由 ISO/IEC(国际标准化组织/国际电工委员会)标准 13818-1(MPEG-2)定义的 DVD-Video 数据传输率,合计为 10.08 Mbps,包括视频和音频数据包的复合数据流、系统的额外开销(如包头和填充数据)数据流和子图专用数据流(在 MPEG 中被视为专用的数据流)。

user element (UE)　用户元素　OSI(开放系统互连)参考模型中应用实体(AE)的一部分,它是应用进程中使用应用服务元素(ASE)来完成通信任务的那一部分,或者说它是应用进程与应用实体之间的用户接口。应用进程通过 UE 取得应用层的服务。在具体的实系统中,UE 通常体现为一组应用服务调用。

user loop　用户环路　指普通电话通信系统中,用来连接用户到程控交换机或其他电话系统的两线或四线电路。

user name　用户名　(1)在计算机或网络系统的用户级安全性中,系统识别用户的名字。这是用户账户的一部分,为访问计算机或网络系统上的共享资源,用户必须提供用户名和口令。(2)在 RACF(资源访问控制设施)中,用 1～20 个字母数字组成的字符串来表示一个用户的名字。

user network interface (UNI)　用户网络接口　(1)在通信中,用户-网络接口(UNI)是服务提供商责任和用户责任之间的分界点。这与定义提供商网络之间的类似接口的网络到网络接口(NNI)不同。(2)用户驻地网与接入网之间的接口。在 ATM(异步传输模式)网络中,ATM 终端用户和私有 ATM 交换机之间一个接口点,或者在私有 ATM 交换机和公共载体 ATM 网络之间的一个接口点。它由 ATM 论坛在 UNI 的物理和协议文档中定义,被 ATM 论坛用于作为定义用户或终端站与本地交换器之间的连接标准。ATM 网络 UNI 定义了物理传输线路的接口标准,即用户可以通过怎样的物理线路和接口与 ATM 网相连,还定义了 ATM 层标准、UNI 信令、OAM(操作监管和维护)功能和管理功能等。

按 UNI 接口所在的位置不同,又可分为公用网的 UNI 和专用网的 UNI,这两种 UNI 接口的定义基本上是相同的,只是专用网的 UNI 由于不必如公网的接口那样过多地考虑严格的一致性,所以专用网的接口形式更多、更灵活、发展也更快一些。

user packet channel (UPCH)　用户分组信道　用户交换数据分组用的一个信道。

user password　用户口令　一个为识别系统中的用户而输入的唯一的字符串。

user port function (UPF)　用户端口功能　该功能将特定的用户网络接口(UNI)要求与核心管理(CF)和系统管理功能(SMF)相适配,主要功能有:终结 UNI 功能;A/D(模/数)转换和信令转换;UNI 的激活/去激活;处理 UNI 承载通路/容量;UNI 的测试和 UPF 的维护、管理和控制功能。

user protocol conversion　用户协议转换　将一种协议的用户信息转换成另一种协议下的表示方式的过程。通常,在不同协议的用户之间进行通信时,往往是把利用不同协议表示的信息转换成一种多方都能接受的标准协议进行传输,然后在接收节点上再将标准协议表示的信息转换成符合用户特有协议的目标信息。

user registration area (URA)　用户注册区域　移动通信系统中移动用户注册的归属网络覆盖区域。

USSD gateway　USSD 网关　是 GSM(全球移动通信系统)蜂窝电话用来与服务提供商的计算机通信的协议。网关是互连两个或多个不同网络所需的硬件和软件的集合,包括执行协议转换。USSD 网关将 USSD 消息从信令网路由到服务应用程序并返回。"USSD 网关"服务也称为"USSD 中心"。USSD Gateway 基于传送代理或源发送和接收 USSD 消息的

U

能力。USSD 是基于会话的协议。USSD 消息通过 GSM 信令信道传输,用于查询信息和触发服务。与基于存储和转发的类似服务(短信 SMS 和彩信 MMS)不同,USSD 在移动手机和处理服务的应用程序之间建立实时会话。

UTF-1　通用编码字符集转换格式 1,UTF-1 格式　是将 ISO(国际标准化组织)10646/Unicode 转换为字节流的一种方法。它的设计不提供自同步,这使得搜索子字符串和错误恢复变得困难。它将 ASCII 打印字符用于多字节编码,使其不适合某些用途(例如,UNIX 文件名不能包含用于正斜杠的字节值)。UTF-1 编码或解码速度也很慢,因为它使用的除法和乘法的数字不是 2 的幂。由于这些问题,它没有获得接受并很快被 UTF-8 取代。

UTF-16　通用编码字符集转换格式 16,UTF-16 格式　16 位 Unicode 转换格式,是一种字符编码,能够对 Unicode 的所有 1 112 064 个有效代码点进行编码。编码是可变长度的,因为代码点使用一个或两个 16 位代码单元进行编码。UTF-16 源于早期的固定宽度 16 位编码,称为 UCS-2(2 字节通用字符集)。UTF-16 由 Windows 和 Java 等系统以及 JavaScript 内部使用,通常用于纯文本和 Windows 上的文字处理数据文件。它很少用于 UNIX/Linux 或 macOS 上的文件。它从未在 UTF-8 占主导地位的网络上流行过:UTF-16 被不到 0.01% 的网页本身使用。WHATWG(Web 超文本应用技术工作组)建议,出于安全原因,浏览器应用程序不应使用 UTF-16。

UTF-32　通用编码字符集转换格式 32,UTF-32 格式　将 Unicode 代码值用 32 位表示的编码格式。

UTF-8　通用编码字符集转换格式 8,UTF-8 格式　一种可变宽度字符编码,能够使用一到四个 8 位字节对 Unicode 中的所有 1 112 064 个有效代码点进行编码。该编码由 Unicode 标准定义,最初由 Ken Thompson 和 Rob Pike 设计。该名称源自 Unicode(即通用编码字符集)转换格式-8 位。与美国信息交换标准代码(ASCII)兼容。

UUCP　UNIX 到 UNIX 复制[拷贝]　是 UNIX-to-UNIX copy 的缩写。该术语通常是指一组计算机程序和协议,支持在计算机之间远程执行命令以及文件,电子邮件和网络新闻的传输。名为 uucp 的命令是套件中的程序之一;它提供了用于请求文件复制操作的用户界面。UUCP 套件还包括 uux(用于远程命令执行的用户界面)、uucico(执行文件传输的通信程序)、uustat(报告最近活动的统计信息)、uuxqt(执行从远程机器发送的命令)和 uuname(报告本地系统的 UUCP 名称)。该套件的某些版本包括 uuencode/uudecode(将 8 位二进制文件转换为 7 位文本格式,反之亦然)。

UUCPNET　UUCP 网络　是通过 UUCP 连接的计算机网络的总称。这个网络特别不正规,本着数千家私营公司、大学等拥有的系统之间的相互合作精神。通常,特别是在私营部门,UUCP 的联系是在未经公司高层管理人员正式批准的情况下建立的。UUCP 网络不断变化,因为新系统和拨号链接被添加,其他链接被删除等。

uuencoding　UNIX 到 UNIX 编码　一种二进制到文本编码的形式,源于 1980 年由加州大学伯克利分校的玛丽·安·霍顿(Mary Ann Horton)为编码二进制数据以便在电子邮件系统中传输而编写的 UNIX 程序 uuencode 和 uudecode。名称"uuencoding"源自"UNIX-TO-UNIX 编码",即使用安全编码将 UNIX 文件从一个 UNIX 系统传输到另一个 UNIX 系统的想法,但不保证中间链接都是 UNIX 系统。由于电子邮件消息可能通过或转发到具有不同字符集的计算机或通过非 8 位正确的传输,或由非 8 位正确的程序处理;通过电子邮件转发二进制文件可能会导致其损坏。通过将这样的数据编码成大多数字符集共有的字符子集,这种数据文件的编码形式不太可能被"翻译"或损坏,因此将完整无损地到达目的地。程序 uudecode 是 uuencode 的逆向效果,能正确重新创建原始二进制文件。uuencode/decode 因通过电子邮件发送二进制(特别是压缩)文件并发布到 Usenet 新闻组等而变得流行。现在它已经被 MIME(多用途因特网邮件扩展协议)和 yEnc(编码)取代了。对于 MIME,已经使用 uuencoded 的文件可能将使用 base64 编码进行传输。

U

V

vacancy defect (VD) 空位缺陷 在光传播介质(如光纤所用的玻璃)的原子和分子有序阵列中,某一位置失去一个原子或分子而造成的缺陷。这种缺陷将会引起漫反射、发热和吸收,加剧光的衰减。

vacuum phototube 真空光电管 又称"电子光电管",由封装于真空管内的光电阴极和阳极构成。当入射光线穿过光窗照到光阴极上时,由于外光电效应,光电子就从极层内发射至真空。在电场的作用下,光电子在极间作加速运动,最后被高电位的阳极接收,在阳极电路内就可测出光电流,其大小取决于光照强度和光阴极的灵敏度等因素。真空光电管灵敏度低、体积大、易破损,已被半导体材料类型的固体光电器件所代替。

vacuum tube (VT) 真空管,电子管 用作二极管、放大器、振荡器、调制器、解调器或整流器的各种电子管。真空管拥有三个最基本的极,第一个是阴性的阴极,是释放出电子流的地方,它可以是一块金属板或是灯丝本身,当灯丝加热金属板时,电子就会游离而出,散布在真空玻璃管里。第二个是屏极,基本上它是真空管最外围的金属板,屏极连接正电压,它负责吸引从阴极散发出来的电子。第三个为栅极,从构造看来,它犹如一圈圈的细线圈,就如同栅栏一般,固定在阴极与屏极之间,电子流必须通过栅极而到屏极,在栅极之间通电压,可以控制电子的流量,具有流通与阻挡的功能。

vacuum-tube modulator 真空管调制器 使用电子管的调制器。电子管为调制元件,用来在载波上施加有用信号。

vacuum-tube oscillator 真空管振荡器 使用电子管的振荡器。它在所要求的频率处把直流电源转换成交流电源。

vacuum-tube rectifier 真空管整流器 电子在真空中从一个加热电极单向通过到达一个或更多个其他电极而实现整流的整流器。

validate (VDT, VAL) 确认,证实 网络通信中,在接收到正确信息或正确信息分组后,向发送方回送的一个信号。

value-added carrier (VAC) 增值载波(通信) 在公用载波通信系统内,利用计算机化交换技术来提供附加数据通信功能的方式。

value-added common carrier (VACC) 增值公用载波(公司) 一种自己没有远程通信链路,而向其他电信公司租用线路的公司。这种公司利用租用线路和计算机交换技术,使线路上不仅可以进行载波电话通信,而且还增加了其他数据传输功能,即提高了线路的利用价值。

value-added network (VAN) 增值网 租用公用网的通信线路与计算机连接,进行信息的存储、处理的通信网系统。除了原有的通信服务以外,还有计算机及其他设备提供附加的数据服务,例如存储转发、差错控制、主机接口、终端连接与控制等。增值网络的建立与使用往往是一个公司从通信部门租用一般通信信道或若干条信道,增加一定设备,提供一定增值功能,建成增值网络租给其他用户使用。

value-added network service (VANS) 增值网络业务 一种数据传输网络。它根据可以使用的信道决定消息传输的路由，当发送消息时就保证消息能被接收，为用户提供安全、高速传输以及各终端之间的会议举行。

value-added reseller (VAR) 增值经销商[分销商] 是向现有产品添加功能或服务，然后作为集成产品或完整的"交钥匙"解决方案转售（通常是最终用户）的公司。这种做法通常发生在电子或 IT（信息技术）行业，例如，VAR 可能会将软件应用程序与提供的硬件捆绑在一起。增值可以来自专业服务，如集成、定制、咨询、培训和实施。还可以针对客户需求而设计的产品开发特定的应用程序来增加价值，然后以新的包装形式转售。VAR 将平台软件整合到他们自己的软件产品包中。

value-added service (VAS) 增值业务 凭借公用电信网的资源和其他通信设备而开发的附加通信业务，其实现的价值使原有网络的经济效益或功能价值增高。增值电信业务是相对于向社会公众普遍提供的基本电信业务而言的。它是利用基本电信网的资源，配置计算机硬件、软件和其他一些技术设施，并投入必要的劳务，使信息的收集、加工、处理和信息的传输、交换结合起来，从而向用户提供基本电信业务以外的各式各样的信息服务。由于这些业务是附加在基本电信网上进行的，起增加新服务功能和提高使用价值的作用，因而称作增值电信业务，简称增值业务。

Van Allen belt (VAB) 范艾伦（辐射）带 是围绕地球的电离辐射带之一。辐射的构成大部分是作为太阳风来自太阳的质子和电子，被地球磁场捕获。在强太阳风暴期，高能量粒子直接从太阳到达范艾伦带并使其超载，过多的粒子产生极光在地球的两极地区的范艾伦带上释放出来。

Van Atta array 范阿塔天线阵 一种天线阵，从其中央等距离排列着一对角状反射器或其他元件。它们用低耗传输线连接在一起，以便接收信号能以窄束反射回发射源，从而在没有放大器的情况下使信号增强。

variability 可变性 对一个共同过程中的连续事件进行评价时，所表现出的离散或分散。

variable aperture method (VAM) 可变孔径法 通过测量光纤出射光射过光阑的光功率来测定单模光纤模场半径的一种方法。其中，光阑的孔径是可变的，一般分为 12 档，但最大顶角不超过 4 度。

variable attenuator (VA) 可变衰减器 可连续也可一步一步地降低交流信号强度，而不引起明显的信号失真并保持稳定的阻抗匹配的衰减器。

variable bit rate (VBR) 可变比特率[位速率] 由 ATM（异步传输模式）论坛为 ATM 网络的服务按照位速率的特点定义 QoS（服务质量）的四个类别（可变位速率、恒位速率、未指定位速率、可用位速率）之一。VBR 支持可变位速率的数据传输，以平均速率和最高速率作为参数。VBR 可进一步分为实时和非实时两种。实时 VBR 主要用于实时电视会议，这时，信元时延的平均值和最大偏差都必须受到严格的控制。非实时 VBR 对信元时延偏差的要求可以松一些，如多媒体电子邮件和存放在媒体上的视像信息。

variable data rate video (VDRV) 可变数据率视频 在数字系统中，为达到图像质量和不同传输带宽的要求而改变视频各帧数据处理量。数字视频交互对称和非对称系统能按不同数据率压缩视频信号。

V

variable-format message 可变格式报文
一种格式不定的报文。其控制字符在报文送达时不被删除,送出时也不插入。使用这种报文要求收、发终端的特性相似。

variable-frequency oscillator (VFO) 变频[可变频率]振荡器 振荡频率可在给定范围内变化的振荡器。可用于生成电子音乐并作为声音设备的测试信号。

variable-iris waveguide coupler 可变膜孔波导耦合器 一种微波元件,用于波导管与速调管的外部输入或输出腔耦合。它允许在大的调谐范围内简化匹配调整,而无需短截线调谐器或匹配段。

variable-length code/coding (VLC) 变长[可变长度]编码 一种表示二进制信息的信道编码。其特征是:一次变换的输入信息位数随输入信息的组合模式而发生变化。例如,对已知数值集出现最频繁的值分配最短的代码,出现最不频繁的值分配最长的代码。

variable-length Huffman coding 可变长度哈夫曼编码 在高清电视中,一种减少数据速率的编码方法。给数据流中出现频率高于其他的特定值分配短代码字。出现频率低的数值分配长代码字。此技术应用的一个实例是国际莫尔斯电码,其中常用字母 A、E、I、M、N 和 T,仅用 1、2 个点符号或短划线表示,相比之下,不常用字母(如 J、Q 和 X)及数字用 4 或 5 个符号表示。

variable length subnet mask (VLSM) 可变长度子网掩码 对不同子网上同一网络号规定不同子网掩码的能力。VLSM 可以帮助优化可变地址空间。开放最短路径优先(OSPF)路由选择协议和静态路由选择协议都具有这种能力。

variable phase 可变相位 一个信号的相位可以被外加的信号所控制或改变。

variable quantizing level (VQL) 可变量化电平 一种语音编码的方式。它将一个连续的语音会话(模拟量)量化并编码以便在数字网络中传输。VQL 一般以 32 kbps的速率对语音会话编码。

variable rate bit stream (VRB) 可变速率比特流 在 DVD(数码影碟)系统中定义的三种速率可变的数据比特流:① 在最底层,视频数据比特流在整个视频序列的持续时间里都是可变的;② 在节目层,节目流是由几个视频序列连接起来的,每个播放序列有不同速率的比特流,因此节目流可认为是可变速率比特流;③ 在用户层即最上层,一个节目的比特流与另一个节目的比特流可以具有不同的速率。

variable scanning method 可变扫描方式 根据图像信号的波形变化程度来改变扫描速度的方式。在波形变化陡峭处,使扫描速度变慢;在波形变化缓慢处,使扫描速度变快。用这样的方法,既能达到压缩图像频带、节省图像数据存储空间、减少扫描时间的目的,又能保证足够的图像精度。

variable slope delta modulation 可变斜率增量调制 在采用增量调制编码方式的数字电话系统中,为了提高小信号信噪比,在信号幅度较大时使用较大的编码量化阶,在信号较小时使用较小的量化阶。这种方法虽然牺牲了大信号量化信噪比,但可以在不提高数码率的情况下使编码后的小信号的量化误差更小,因而对改善整个信号传输有益。

variable speed modem (VSM) 变速调制解调器 可以选择不同传输速度的调制解调器。这种调制解调器接入系统时,通常自动选择一个初始速度,然后可以在程序中根据线路上的数据传送情况,自动选择提高或降低传输速度。

variolosser 可变损耗器 改善通信频道信号/噪声比的可变损耗电路。在发射端,连接可变损耗器,可以使输入信号强度增加时损耗也增加。在接收端,装在电路中可恢复信号原有的动态范围。

V-beam radar　V 形波束雷达　以两个扇形波束来确定目标距离、方位角和高度的立体雷达系统。一个扇形束是垂直的,另一个是倾斜的。两波束在水平面交叉,绕垂直轴连续旋转。两波束的反射信号间隔的时间差用来测量目标仰角。

V-chip　V 芯片(电视节目分级控制)　是加拿大、巴西和美国的电视机接收器中使用的技术的通用术语,它允许根据节目评级类别进行阻断。供家长用于管理孩子的电视内容的收看。V 芯片不会阻止广告、新闻或体育直播这种没有评级的节目。

VC-1　视频编解码格式 1　是 video codec-1 的缩写。正式名称为 SMPTE 421M,是一种视频编码格式。它最初是由微软公司于 2003 年开发的专有视频格式 Windows Media Video 9,并于 2006 年 4 月 3 日正式批准为 SMPTE(电影与电视工程师学会)视频编解码器标准。基于 MPEG 编解码器采用的常用 DCT (离散余弦变换)方法以及微软 Windows Media Video 9 编解码器(WMV9)中的规范。VC-1 的一个主要特性是它支持本地压缩逐行扫描视频,而无须事先将其转换为逐行扫描帧。提供比 H.264 更快的解码,VC-1 通常在使用其他编解码器的主观质量测试中被判断为最佳。

V-D algorithm　向量距离算法　在因特网中的一种基本的路径广播算法,又称"Bellman-Ford(贝尔曼-福特)算法"。网关周期性地向外广播路径刷新报文,主要内容是由若干(V,D)序偶组成的序偶表。其中 V 标识该网关可以到达的信宿;D 代表距离,指出该网关去往信宿 V 的距离。距离按照路径上的驿站个数

计。其他网关收到某网关的(V,D)报文后,据此按照最短路径原则对各自的寻径表进行刷新。

vector diagram　向量图　对向量或矢量的图形表示。图中以带箭头的线段表示各个向量,线的长度表示向量的模的大小,线的指向表示向量的辐角。例如,用向量表示两个和多个相同频率信号的相位关系图。

vector-distance (V-D)　矢量距离,向量-距离(算法)　(1)网络路径中用跳跃表示的距离。跳跃是从一段信道经过一个网关到另一段信道,因此从某段信道上的一个主机到同一个信道的主机跳跃数为零,经过一个网关到另一个信道上的主机跳跃数为 1。所以从一个主机到另一个主机经过几个网关,跳跃数就是几。矢量距离在网关的路由表中用(V,D)表示,其中 D 表示目的地,V 表示到达 D 的用跳跃数表示的距离。(2) IP 网络中的一种自动路由广播算法,其思路简单,靠周期性地向外广播路由刷新报文来实现。在广播报文中,主要内容是二维向量(V,D)构成的向量列表清单。其中 V 代表向量,标识该路由器可以到达的信宿(网络或主机);D 代表距离,指出该路由器去往信宿 V 的距离,距离 D 按照路由上经过的路由段的跳数来计数,如直连信宿距离为 0,经过一个路由器后到达信宿距离为 1,依此类推。其他路由器收到某路由器的(V,D)报文后,据此按照最短路径原则对各自的路由表进行刷新。

vector markup language (VML)　矢量标记语言　一种基于 XML(可扩展标记语言)的二维矢量图形文件格式。VML 在 ISO/IEC(国际标准化组织/国际电工委员会)29500 标准和 ECMA-376(欧洲计算机制造商协会-376 标准)的 Office Open XML 标准的第 4 部分中指定。根

据规范,VML 应被视为 Office Open XML 中包含的不推荐使用的格式,仅出于遗留原因。

vector quantization (VQ)　向[矢]量量化　(1) 是来自信号处理的经典量化技术,它允许通过原型矢量的分布对概率密度函数来建模。它最初用于数据压缩。(2) 一种图像数据采集方法,即对模拟量进行数字化的方法。在对像素进行量化时,每次量化多个点,而不是仅量化一个点。(3) 一种语音信号压缩编码技术。其基本原理是将代表话音的矢量构成一个庞大的码本,发端做线性预测时,在码本中找出预测误差信号最小所对应的样值组合的地址,然后将该码本的地址传送给收方。由于发、收双方均有同样的码本,收端根据接收的码本地址,可从码本中取它所对应的预测误差信号,用此误差信号来激励声道即可得到重建的语音。(4) 用被压缩的数据块匹配预先定义的有限数目的码字的有损数据压缩技术。矢量量化是密码本编码的另一名称。

velocity level　速度级　以音响等级分贝为单位,等于声音的粒子速度与特定参考粒子速度之比以 10 为底的对数乘以 20。

velocity modulated oscillator　速度调制振荡器　一种电子管结构,电子流通过称为电子群聚器的谐振腔时,它改变电子流速度。当电子流通过称为捕获腔的次级谐振腔时,可以从高能的群聚束电子流中抽出能量。振荡由从捕获腔回到电子群聚器的能量耦合来保持。

velocity modulated tube　速度调制管　一种电子束管,其电子流速度在与局部渡越时间相比较的周期内交替地增大和减小。

velocity modulation　速度调制　在电子流上外加速度随时间变化的调制。

velocity of light　光速　物理常量,等于 $2.997\,925\times10^{10}$ cm/s。在自由空间里所有电磁辐射都以此速运动。光速被认为是矢量,表示光在特定运动方向上的速率。

velocity of propagation (VOP)　传播速度　(1) 电磁波在某种媒介(例如电缆、光缆)中的相对速度。这个速度通常是与同一种波在真空中的速度进行比较而得到的。(2) 指明网络信号传输速度与理论上能达到的最高传输速度之比的一个值。例如,传输电信号的局域网的 VOP 是最高速度的 60%～85%。

velocity of sound　音速,声速　在空气中,0℃时声波的近似速度为 335 m/s;在水中,声波的近似速度为 1 463 m/s;在钢材料中,声波的近似速度为 5 000 m/s。

velocity of wave　波速　波在一短的时间间隔内传播所经过的距离除以此时间间隔。

vertical blanket/blanking interval (VBI)　垂直[场]消隐期,场逆程　(1) 为了形成图像,电子束会由右至左扫过各条水平线(扫描线),使每个磷光涂料点发亮、并通过电压控制明暗程度。显示器显示出一条扫描线的速度称为水平频率,以千赫(kHz)为单位。当电子束打到扫描线尾端时,电子束会瞬间关闭(称为水平消隐期)、磁力线圈复位、然后再从下一条开始。这样的步骤不断重复、一条接一条显示,直到屏幕整个填满。到那时候电子束又再次关闭,称为垂直消隐期,磁力线圈复位、然后整个过程重新从屏幕的左上角再来过。(2) 在视频系统中,图像中每一帧之间传输的一条窄线。最初设计时它是相对每帧图像来说,为其提供帧号、图像终止、字符中止、全帧标识符、关闭标题等编码信息。如今 VBI 被用于数据传输,例如提供字幕。

vertical deflection oscillator (VDO)　垂直

偏转振荡器 在垂直同步信号控制下，产生锯齿电压波形的振荡器。锯齿电压波形被放大送到显像管上的垂直偏转线圈。

vertical hold control (VHC) **垂直同步调节** 改变接收机垂直偏转振荡器的自由运行周期的同步调整。它保持图像在垂直方向上的稳定。

vertical interval test signals (VITS) **垂直[场]消隐期测试信号** 插入 VBI(场消隐期)中的信号，以允许测试独立于视频节目的传输链路的质量。

vertical interval time code (VITC) **垂直间隔[场消隐期]时间码** 标准时间码的一种。记录于每两帧之间，因此当设备停留在某一帧的时候就可以被读出。

vertical linearity control (VLC) **帧[垂直]线性调节** 一种线性调节，它调节垂直方向上的线性，使圆形物体呈现出真正的圆形。可变窄或加宽电视显像管屏幕上半部分或下半部分的图像高度。

vertical polarization (VP) **垂直极化** (1)电磁波的电场矢量与地面相垂直的极化方式。此时电场强度方向垂直于地面。(2)相对于单一极化的一种线性极化，垂直极化和水平极化都能在相邻频率上提供成倍的带宽，为使这两个极化波互不干涉，两者之间应具有 30 dB 的隔离度。

vertical portal **垂直门户** 指这样一种站点：它聚集了特定行业感兴趣的各类信息，并为他们提供服务，从而使该行业的所有企业可以从中受益。例如，家庭教育门户可面向父母和儿童，拥有一个儿童友好的交谈室、课程安排、咨询专栏以及出售教学资料的在线商店。相反，面向广泛用户的站点被看作是横向门户。可扩展标记语言 XML(可扩展标记语言)是开发垂直门户所必需的，Java 是基于垂直门户的信息组织和服务开发的首选语言。

vertical resolution (VR) **垂直分辨率[清晰度]** (1)在光栅扫描图像系统中，表示沿显示屏幕垂直边的像素数。(2)可在 CRT(阴极射线管)显示屏上看到的黑白相间的水平线的条数。垂直分辨率主要由水平扫描的行数来决定，它决定了整个显示图像的垂直清晰度。垂直清晰度也可以理解为图像可以分解出的水平线的条数，最大垂直清晰度由垂直扫描总行数所决定。

vertical retrace (VR) **垂直回扫[逆程]** 在光栅扫描显示器中，指结束一次屏幕扫描后，电子束从屏幕右下角返回屏幕左上角的运动过程。在此过程中，应抑制电子束的发射，使之不产生回扫线，以免影响显示效果。

vertical scanning frequency (VSF) **场频，垂直扫描频率** 场频是显示器的基本电路性能，指每秒钟重复绘制显示画面的次数，即重绘率，以 Hz 为单位。场频值越高，用户感受到的闪烁情况也就越不明显，因此眼睛也就越不容易疲劳。现有标准规定，显示器的场频达到 85 Hz 时的最大分辨率，才是真正的最大分辨率。

vertical service code (VSC) **垂直[纵向]服务码** 是在电话键盘或旋转拨号盘上拨打的数字和星号(*)及数字符号(♯)的序列，以启用或禁用某些电话服务功能。某些垂直服务代码需要在代码序列之后拨打电话号码。在按键式电话机上，代码通常用星号键启动，产生常用的名称星号代码。在旋转拨号电话机上，用拨号 11 代表星号。

vertical sweep (VS) **垂直扫描** CRT(阴极射线管)中的扫描电子束在偏转磁场的控制下从荧光屏的顶部逐渐向底部移动的过程。

vertical sync pulses (VSP) **垂直同步脉冲** 使显示器在垂直方向上与图像信号源在

相位和频率上保持一致的控制脉冲。

vertical sync signal（V-sync） 垂直同步信号 视频信号的一部分,表示一场视频信号的结束。这一同步脉冲被视频设备用于和引入的视频信号保持场同步。

vertical timebase（VTB） 垂直时基[扫描] (电路) 在 CRT(阴极射线管)中,产生使电子束按规定速率和相位垂直偏转的周期信号的电路。

vertical wraparound 垂直回绕,纵向环绕 在显示设备上,光标从一列的底部字符位置到下一列的顶部字符位置的连续移动,或从一列的顶部位置到前一列的底部字符位置的连续移动。

vertically polarized wave 垂直极化波 电场矢量位于垂直方向的线性极化波。

very fast infrared（VFIR） 超高速红外线 一种红外协议,最高数据传输速率可达到 16 MBps。

very high-bit-rate digital subscriber line (VDSL) 甚高比特率[位速率]数字用户线(路) VDSL 和 VDSL2 是数字用户线(DSL)技术,提供比非对称数字用户线(ADSL)更快的数据传输。VDSL 的下行速率高达 52 Mbps,上行速率高达 16 Mbps,使用 25 kHz 至 12 MHz 频段的单根扁平无绞线或双绞线铜线。这些速率意味着 VDSL 能够通过单一连接支持高清电视、电话服务(IP 语音)和一般互联网接入等应用。VDSL 部署在用于模拟电话服务和低速 DSL 连接的现有布线上。该标准于 2001 年 11 月获得国际电信联盟(ITU)的批准。第二代系统(VDSL2;ITU-T 于 2006 年 2 月批准的 G.993.2)使用高达 30 MHz 的频率,在上行和下行方向同时提供超过 100 Mbps 的数据速率。最大可用比特率在大约 300 m(980 英尺)的范围内实现;随着本地环路衰减的增加,性能会下降。

very high-frequency（VHF） 甚高频,特高频 是国际电信联盟(ITU)规定介于 30~300 MHz 之间的无线电信号频率,波长在 1~10 m 之间。这是电视 2 频道至 13 频道和大多数调频 FM 广播的工作波段。国际上约定,用 VHF 作为无线通信的第八波段。VHF 的常见用途是 FM(调频)无线电广播、电视广播、双向陆地移动无线电系统(紧急、商业、私用和军事),长达数十公里的远程数据通信使用的无线电调制解调器、业余无线电和海上通信,以及空中交通管制通信和空中导航系统。

very high frequency band 甚高频波段,米波段 根据 IEEE 521-1976,该波段波率为 0.03~0.30 GHz(30~300 MHz),对应波长为 100~1 000 cm。它对应于美国参谋长联席会议(JCS)三军通用频率规定(1970 年)的 A 波段(0.10~0.25 GHz)和 B 波段(0.25~0.50 GHz)的一部分。

very high frequency tuner 甚高频调谐器 电视接收机中的一种调谐器,用于接收在甚高频波段中发送的电视台信号;它通常有 12 个与 2~13 频道相对应的离散位置。

very high speed backbone network service (vBNS) 甚高速骨干网服务 作为美国国家科学基金会(NSF)赞助的项目的一部分于 1995 年 4 月上线,该项目旨在提供 NSF 赞助的超级计算中心与美国部分接入点之间的高速互连。该网络由 MCI 电信公司根据与 NSF 的合作协议设计和运营。到 1998 年,vBNS 通过 12 个国家存在点(即 IXP)采用 DS-3 (45 Mbps)、OC-3c(155 Mbps)和 OC-12c(622 Mbps)链路,已经连接到 100 多所大学和研究和工程机构。对于所有 OC-12c,这是当时的重大工程壮举。vBNS 于 1999 年 2 月安装了首批生产的 OC-48c(2.5 Gbps)IP 链路之一,并继续将整个骨干网升级到 OC-48c。vBNS 率先开展了许多新型网络技术的生产部署,包括异步传输模式(ATM)、IP 组播、服务质量和 IPv6。在 NSF 协议到期后,vBNS 主要过渡到向政府提供服务。大多数大学和研究中心都迁移到 Internet2 教育骨干网。

very high speed digital subscriber line (VDSL/VHDSL)　甚高速[超高速]数字用户线(路)　对称和非对称的数字用户线(DSL)技术,用于在一对普通电话线路上传输数字数据,下行速率可达 13～52 Mbps,上行速率可达 1.5～2.3 Mbps。

very low frequency (VLF)　甚低频　是国际电信联盟(ITU)规定的 3 000 ～30 000 Hz 之间的无线电频率(RF),分别对应于 100～10 km 的波长。该频段也称为 myriametre(万米,一个过时的公制单位等于 10 km)波段或万米波,波长范围为 10～100 km。由于其带宽有限,在该频带中传输音频(语音)非常不实用,因此仅使用低数据速率编码信号。VLF 频带用于少数无线电导航服务,政府时间广播台(广播时间信号以设置无线电时钟)和用于安全的军事通信。由于 VLF 波可以穿入至少 40 m(120 英尺)的海水,因此它们可用于与潜艇进行军事通信。国际上约定,用 VLF 作为无线电通信的第四波段。

very low frequency band radiated field system (VLF system)　甚低频辐射场系统　又称"长波电台法",甚低频法是航空电磁法的一种方案。它是利用世界各地海军长波电台发射的 15～30 kHz/s 甚低频波段的无线电波作为场源,用航空电磁仪测量由甚低频电波在地下良导体中感应的二次磁场的方法。海军长波电台主要是为了和潜艇通信而设置的,它能传播很远的距离,并能穿透海水到达潜艇。甚低频无线电波辐射场穿透深度可达 15～300 m 范围。可用来探测大的断层、破碎带、石墨化地层和矿化带等。

very severe burst (VSB)　极严重突发脉冲串　高速数字电路的差错状态之一,定义为一个周期内连续 2.5 s 以上误码率超过百分之一,一个极严重突发脉冲串将使接收机进入黄色报警状态。

very simple control protocol (VSCP)　非常简单的控制协议　一种免费的自动化协议,适用于以楼宇或家庭自动化为主的各种自动化任务。它的主要优点是每个 VSCP 节点都可以完全自治运行,成为其他节点的分布式网络的一部分。VSCP 独立于连接各个节点以形成自动化网络总线的物理层(例如控制器区域网 CAN 总线、以太网、RS-485、RS-232、MiWi)。在总线上可以有节点读取开关、控制照明、百叶窗、窗户或信息显示、广播物理测量(例如温度、亮度、功耗等)、多媒体控制、防盗或火警等。协议的一个子集(级别Ⅰ)非常适合 CAN(控制器区域网络)总线和资源受限的微控制器。协议级别Ⅱ设计用于以太网(UDP、TCP 和拥有的以太网型原始以太网)和无线物理层。它们共享相同的公共消息字段和框架,并且可以通过网关连接。

very small aperture satellite terminals (VSAT)　甚小孔径卫星终端　一种使用小孔径抛物面天线(地面小站的天线孔径为 0.3～2.4 m)的卫星终端站,工作在 Ku 频段(11～14 GHz)或 C 频段(4～6 GHz)上。VSAT 设备结构紧凑,固体化、智能化程度高。VSAT 利用通信卫星转发器,通过 VSAT 通信系统主站的控制,按需向 VSAT 网站用户提供各种通信信道,实现数据、话音、传真、广播、图像等多种通信。用 VSAT 组网具有以下三点优越性:一是经济效益好,VSAT 网的投资与距离无关,在通信距离远、范围大的情况下特别适用;二是组网灵活,在 VSAT 网中增加、减少或搬迁 VSAT

V

站都十分容易,网中用户不受地理位置及地面繁杂的通信网的限制;三是误码率低,容易构成端对端的独立专用通信网。能处理 T1 业务数据传输率(即 1.544 Mbps)的 VSAT,称作 T 载波小孔径卫星终端(TSAT)。

vestigial sideband (VSB) 残留边带(调制) 用一个在载频附近具有逐渐截止特性的过滤器把调幅波的两个边带之一的大部分抑制掉,这样所余下的部分就是残留边带,可作为传输语音或图像信号之用。

vestigial sideband filter (VSBF) 残留边带滤波器 在残留边带调制中,用来抑制双边调制信号的一个边带的大部分,使残留边带调制信号得以形成的设备。

vestigial sideband transmission 残留边带传输 一种用于调幅的无线信号传输方式,双边带传输的一种。在这种传输方式中,载频中一侧的边带用残留边带过滤器加以显著抑制,再将剩下的部分同载频和另一个边带一起传输。残留边带传输与单边带传输相比,前者更易于接收机解调,因为载频和残留边带有助于接收机解调。

V groove connector (VGC) V 形槽连接器 一种固定式光纤连接器,由硅材料、玻璃或聚酯塑料制成的 V 形槽和盖板组成。被连接的两根光纤预先用光纤切割工具切割出与光纤轴线垂直的端面,经清洁后紧压于 V 形槽底部,借助 V 形槽的机械加工精度实现两纤芯的精确对接,在接缝处充填透明的环氧树脂胶,固化后即成永久性连接。

VHF channel (VCH) 甚高频频道[通道] 局限于频道号 2～13 之间的某一个 6 MHz 电视频道。2～4 频道的频率范围为 54～72 MHz;5～6 频道的频率范围为 76～88 MHz;7～13 频道的频率范围为 174～216 MHz。

VHF COMM 甚高频通信 是移动无线电通信中的一个重要系统,用于民用航空及海事近距离通信。其通信可承载语音、图像、数据,通过光或电信号将信息传输到另一方(飞机与地面台站)。甚高频通信系统由收发机、控制盒和天线三部分组成。收发机用频率合成器提供稳定的基准频率,信号调制到载波后,通过天线发射出去。接收机从天线上收到信号后,经过放大、检波、静噪处理变成音频信号播出。天线一般都安装在机腹和机背上。

VHF omnidirectional radio range (VOR) 甚高频全向无线电信标[导航] 一种用于飞机的无线电导航系统,使它们能够通过接收由无线电信标网络发射的无线电信号来找到它们的位置并保持航向。它使用 108～117.95 MHz 的甚高频(VHF)频率。VOR 是 1937 年在美国开发的,是世界上标准的航空导航系统,用于商业和通用航空。全世界大约有 3 000 个 VOR 站。

VHF propagation 甚高频传播 又称米波或超短波传输,即频率从 30～300 MHz(波长为 10～1 m)的无线电波的传播。除其频段的低端有可能被电离层反射外,一般来说,它可穿透电离层。传播方式主要是视距传播、电离层和对流层散射和障碍绕射等。广泛应用于调频广播、电视广播、移动通信,也应用于定点散射通信、雷达、射电天文学等领域。

via net loss (VNL) 通路净损耗 通路始端的输入电平与它的终端接收电平的差值。通路净损耗表现了全程最终的传输衰耗,一般额定值规定在 800 Hz 点上为 0.4 或 0.8 奈培(Np)。VNL 也是一种电话系统的网络架构,采用 20 世纪 50 年代部署的直接距离拨号电路交换技术,直到 20 世纪 80 年代末才使用。VNL 计划和五级长途交换层次结构的目的是最小化呼叫期间使用的中继电路的数量,并在每个电路上实现最大化的语音质量。过多的噪音或损失意味着用户可能难以互相听到或听清楚。在 20 世纪 60 年代,当使用模拟调制解调器开发拨号数据应用时,这一点尤其重要。与 VNL 一起使用的五个级别的 PSTN(公共交换电话网)交换系统是:第 1 级-区域长途交换系统,第 2 级-分段长途交换系统,第 3 级-初级长途交换系统,第 4 级-长途接入交换系统,第 5 级-端局交换系统。

video accelerator 视频[视像]加速器 显卡上的硬件电路,可加速全动态视频。内置于所有现代显示卡中,主要的视频加速器功能是色彩空间转换(将 YUV 转换为 RGB)、硬件缩放(放大图像到全屏)和双倍缓存,可以更快地将帧移动到帧缓冲区。

video adapter (VA) 视频适配器,视频卡 又叫"视频控制器",指用来产生视频信号并通过电缆传输给视频显示器的电子装置。视频适配器常常不是属于计算机的主系统板上的一部分,而是在一块扩展卡上,但它也可以是终端的一部分。

video amplifier (VA) 视频放大器 能放大雷达和电视视频频率信号的宽频带放大器。带宽可从零频率扩展到所需清晰度的频率。

video bandwidth (VBW) 视频带宽 在电视屏幕或计算机监视器上,每秒钟能显示的点数。频带越宽,一次能清晰显示的字符也就越多。

video black 视频间隙 在视频显示中,不出现图像和声音时的情形,通常出现在程序的开始、结尾和段落之间。

video buffer 视频缓冲区 视频适配器中用来存储等待在视频显示器上显示的数据的存储器。当视频适配器处于字符模式时,数据采取 ASCII(美国信息交换标准代码)字符码加属性码方式。(视频适配器还可以用来存储字型定义)。当视

频适配器在图形模式时,数据的一位或多位定义一个像素,代表每一像素所用的位数目决定了同时可以显示的颜色数目。

video cable 视频电缆 有线电视系统中用于信号传输的同轴电缆。类型有:① 75 Ω 不平衡室内电缆;② 在屏蔽层中心有单一导体的室外电缆;③ 124 Ω 平衡室内电缆;④ 在屏蔽层中心有两个绝缘的平行或绞合导体的电缆。

video carrier 视频载波,视频频率 (1) 在电视调制边带中承载图像、同步和消隐信号的电视信号。(2) 在视频信号与音频数据混合并传输之前,用视频数据调制的特定频率。

videocast 视频广播 (1) 同"vidcast""vcast""vodcast"。设计用在便携式设备中观看的视频剪辑。(2) 由电视台或网络电视网站广播的有声音和图像的视频节目。

video CD (VCD) 视频光碟,数字视碟 存放 MPEG(活动图像专家组)数字电视的 CD(光碟)。它的标准文件名是黄皮书。

video channel (VCH) 视频通道[信道] 传输视频信号的通道。对视频通道的基本要求是频带宽度必须满足视频信号传输以及防干扰的要求。

Video Coding Experts Group (VCEG) 视频编码专家组 是 ITU-T(国际电信联盟-电信标准化部)第 16 研究组(多媒体编码、系统和应用)第 3 工作组(媒体编码)问题 6(视频编码)的非正式名称。其缩写标题为 ITU-T Q.6/SG 16。它负责"H.26x"线条视频编码标准、"T.8xx"线条图像编码标准的标准化和相关技术。

video coding format 视频编码格式 有时称视频压缩格式。是用于存储或传输数字视频内容(例如在数据文件或比特流中)的内容表示格式。视频编码格式的例子包括 MPEG-2 第 2 部分、MPEG-4

V

第 2 部分、H.264(MPEG-4 第 10 部分)、HEVC(高效视频编码)、Theora、RealVideo RV40、VP9 和 AV1(AOMedia Video 1)等等。

video communication network 视频通信网络 能在不同的地点上用通信线路实时地互相传送视频信号的宽带通信网络。

video compact disc (V-CD, VCD) 视频光碟,数字视碟 由 JVC、Philips、Matsushita 和 Sony 等公司联合制订的一种光碟数字视频技术标准。1993 年制定了 VCD 1.1 标准。1994 年又在 VCD 1.1 的基础上增加了播放控制(屏幕菜单)和高清晰度图像等功能,制定了 VCD 2.0 标准。VCD 标准采用了 CD-ROM/XA(只读光碟存储器扩展体系结构)数据格式,因此可在配置了 CD-ROM(只读光碟存储器)驱动器的 PC 机上播放,普通的 CD 唱机增加 VCD 解码板也可播放 VCD。一张 VCD 碟可连续播放 74 分钟的视频节目,伴音质量可达到 CD 的效果。

video compositing 视频合成 一种类似于色度键控的系统,它将一幅或多幅图像与另一幅图像合成以形成与之前不同的最终画面。例如,拍摄大峡谷的画面可作为背景,然后在蓝色背景下拍摄一幅家庭照片,当把这两个画面整合在一起,这幅家庭照片就好像在大峡谷现场拍摄的。

video compression (VC) 视频压缩 利用每帧图像的空间冗余特性、帧图像之间的时间冗余特性以及人的视觉系统对颜色的感知特性,采用数学编码,减少数字视频文件大小的方法,以便用更少的存储器和带宽来存储和传输。随着新的、高效编解码器(压缩、解压缩技术)的发展,视频压缩方法飞速进步。编解码器有两种工作方式:时间压缩,比较帧并删除冗余信息;空间压缩,也寻找冗余信息但使用坐标定义这些区域。

video compression picture types 视频压缩图像类型 在视频压缩领域中,使用具有不同优缺点的不同算法来压缩视频帧,主要集中在数据压缩量。用于视频帧的这些不同算法被称为图像类型或帧类型。不同视频算法中使用的三种主要图像类型是 I、P 和 B,它们在以下特征上有所不同:I 帧是最不可压缩的,但不需要其他视频帧进行解码。P 帧可以使用来自先前帧的数据来解压缩,并且比 I 帧更易于压缩。B 帧可以同时使用前一帧和前向帧来进行数据引用,以获得最高的数据压缩量。

video conference/conferencing (VC) 视频会议,会议电视 一种以传送视觉信息为主的会议方式的多方通信。视频会议是把地域上分散的人们联系起来举行会议或共享信息的系统。利用摄像机和话筒或特定视频会议设备,将一个地点会场上人的影像以及发表的意见传送到另一地点的会场,并能出示实物、图纸、文件和实拍视频图像;若辅以电子白板、书写电话、传真机等信息通信手段,可实现会场间的与会人员研讨,修改文字、图表,面对面地交流甚至可以共同制定文档。这种利用网络同时传递图像、语音和数据等信息的方式在效果上可以代替现场会议。

video converter (VD) 视频转换器[变换器] 一种用于将视频图像转换为各种广播标准信号技术规范(例如 NTSC,PAL)的专业(行业)设备。视频转换器可工作于同步锁相(集中同步系统)模式,或独立于复合、Betacam、Super-VHS 和 MII 格式的操作模式。

video feature 视频特性,影视特性 (1) 不同品牌不同型号的影碟机可能有自己不同的视频特性,比如采用不同的处理芯片、模数转换芯片等。传统的碟片属于模拟信号,而计算机和光碟中记录的声音是数字信号,因此录制光碟需要将模拟信号转换为数字信号,而播放光碟时需要将数字信号转换为模拟信号再通过音响播放,这个过程就需要数模转换器。(2)从影视对象中提取的描述视频和声音特性的信息。影视特性可分成以下三种:① 帧图像信息,包括明度、颜色、纹理、边缘、形状和区域等;② 帧序列图像信息,包括图像中的对象移动和视像过渡等;③ 声音信息,包括声音过渡和响度等。组合前两种信息构成视像特性,组合以上三种信息构成影视特性。

video format 视频(记录)格式 (1)确定视频信号如何记录到录像带上的标准。视频记录格式包括 DV、Digital 8、1-inch Type C、3/4″ U-Matic、3/4″ U-Matic、8 mm、Beta、Beta ED、Betacam、Betacam SP、SP、D-1、DCT、D-2、D-3、D-5、Digital Betacam、Hi8、M-II、VHS、S-VHS等。(2)是视频播放软件为了能够播放视频文件而赋予视频文件的一种识别符号。视频格式可以分为适合本地播放的本地影像视频和适合在网络中播放的网络流媒体影像视频两大类。本地视频主要有:AVI(音频视频交错格式)、nAVI(新 AVI 格式)、DV-AVI(数字视频-AVI)、MPEG(运动图像专家组格式)、MPEG-1、MPEG-2、MPEG-4、DivX(数字视频特快)、MOV(Apple 公司开发的)格式等;网络流媒体影像视频主要有:ASF(高级流格式)、WMV(视窗媒体视频)、RM(真实媒体)、RMVB(真实媒体可变比特率)格式等。

videography（VG） 图文视传 信息通常以数字数据的形式传输至用户的显示设备的一种电信方式。

video home system（VHS） 家用视频〔录像〕系统 是消费级模拟视频录制磁带的标准。由日本 Victor 公司(JVC 公司)于 20 世纪 70 年代初开发,于 1976 年底在日本和 1977 年初在美国发布。使用 1/2 英寸磁带,目的是与 Sony 公司的 Beta 格式进行竞争。VHS 已成为家用和工业用录像格式的标准,而 Beta 没有占领市场。改进版本 VHS-C(compact)已用在摄录一体的摄像机上。SVHS(超级 VHS)是后来开发的格式,它对分辨率进行了改进。

video image processing system（VIPS） 视频图像处理系统 视频图像就是连续的静态图像的序列,是一种对客观事物更为形象、生动的描述。VIPS 是基于图像处理算法对视频图像进行处理的系统。VIPS 跟当代信息技术化微电子技术的发展是密不可分的。一个方面随着计算机技术的发展,CPU 计算能力的不断提高,存储空间的大幅度提升,硬件支持方法的多样化极大地推动了 VIPS 的发展。另外一个方面,半导体器件和大规模集成电路技术的迅猛发展,以其处理器能力的提升和存储能力的提高也促进了 VIPS 的发展。

video integrator 视频积分器 (1)一种电子反对抗设备,用于抑制对非同步信号的响应,对抑制随机脉冲信号和噪声比较有效。(2)对连续的视频信号求和,用重合信号的余量改善输出信噪比的一种设备。

video intermediate frequency（VIF） 视频中频 视频中频和音频中频电路指的是前端调谐器和视频处理电路之间的电路。通常称为视频中频和音频中频级,一般包含视频和音频检波器(即使当今的集成电路集有多种不同的配置形式)。中频和视(音)频检波器电路的基本功能是放大图像及伴音处理电路的信号,捕获(或阻止)邻频道信号。在日立公司的部分资料中,视频中频称为图像中频或 PIF。

V

video multimethod assessment fusion（VMAF）视频多方法评估融合 是 Netflix 公司与南加州大学合作开发的一种客观的全参考视频质量度量。它基于参考失真的视频序列预测主观视频质量。该度量标准可用于评估不同视频编解码器、编码器、编码设置或传输变体的质量。

video noise 视频噪声 电视图像中的干扰信号或不需要的信号，常表现为亮或暗的水平线或水平条等。它在黑白图像中会产生雪花点，在彩色图像中会产生黑斑点。视频噪声采用分贝（dB）度量。视频噪声影响色彩清晰度和图像锐度，信噪比越高，图像质量越好。

video on demand（VOD） 视频点播 根据用户的需要通过通信线路在指定时间播送指定的视频节目。采用网络技术、多媒体技术、计算机技术，使得任何地点、任何时间、任何人都能得到上述服务。它由 VOD 视频服务中心和许多 VOD 用户组成。在视频服务中心，将所有的节目以压缩后的数据形式存入由高速计算机控制的庞大的多媒体数据库。在 VOD 用户家中可通过机顶盒，按照指令菜单调取任何一套节目，或调取任何一套节目中的任何一段。

video overlay 视频叠加 是用于在计算机显示器上显示视频窗口同时绕过 CPU 链接到显卡直至计算机显示器的任何技术。这样是为了加速视频显示，并且它通常用于例如电视调谐卡和早期的 3D 图形加速卡。该术语还用于描述在线视频上的交互性的注释或包含，例如覆盖广告（中间滚动叠加）。

video phone（VP） 视频[电视，可视]电话 具有电话、电视摄像机和荧光屏的联合装置。人们可以在通话时看到对方。也称为 picture phone，video telephone 和 viewphone。

video production 视频制作 是通过捕捉动态图像（摄像）创建视频的过程，并在现场制作和后期制作（视频编辑）中创建该视频部分的组合和缩减。在大多数情况下，将捕获的视频记录在最新的电子媒体上，如 SD 卡。在过去，是在录像带、硬盘或固态存储上录制视频。视频磁带录制现已过时，固态存储仅供存储使用。现在视频以数字形式分发，例如运动图像专家组格式（mpeg，mpg，mp4），QuickTime（mov），音频视频交错格式（avi），微软媒体视频（wmv）和 DivX 公司的（avi，divx）。视频制作相当于电影制作，但图像以数字方式记录，而不是电影胶卷。

video programming interface（VPI） 视频编程接口 执行从视频源向视频窗口输出的子系统。

video pump 视频泵 在交互式电视系统中，用对称式多处理器系统构成视频服务器，其中的每个处理器称为视频泵，在服务器阵列盘上提取数字视频压缩信号，视频信号的帧被分放到不同盘上。

video pure interactive（VPI） 全交互型(点播)电视 交互式电视业务之一，是一种双向视频服务。

video quality 视频质量 是通过视频传输/处理系统的视频的特征，是感知视频降级的正式或非正式度量（通常与原始视频相比）。视频处理系统可能在视频信号中引入一定量的失真或伪像，这会对用户对系统的感知产生负面影响。对于诸如内容提供商、服务提供商和网络运营商等许多利益相关者而言，视频质量的保证是一项重要任务。

video quality evaluation 视频质量评估 进行视频质量评估是为了描述正在研究的一组视频序列的质量。可以客观地（通过数学模型）或主观地（通过询问用户的评级）来评估视频质量。而且，系统的质量可以离线确定（即，在用于开发新编解码器或服务的实验室环境中),或在服务中(用于监测和确保一定质量水平)来确定。

video repeater 视频中继器[增幅器,放大器] 在视频线路上的一个点插入的放大器,用于补偿线路衰耗。

video resolution 视频分辨率 视频屏幕上一次所能显示的点(像素)数。单位为 dpi(每英寸点数),它以水平点数乘以垂直点数(H×V)的方式表示。常见的视像分辨率有 352×288、176×144、640×480、1 024×768、1 280×720、1 920×1 080、2 560×1 440、4 096×2 160、7 680×4 320 等等。在成像的两组数字中,前者为图像长度,后者为图像的宽度,两者相乘得出的是图像的像素,长宽比一般为 4:3 或 16:9。

video router 视频路由器 也称为视频矩阵切换器或 SDI(串行数字接口)路由器,是一种电子开关,设计用于将来自多个输入源(如摄像机、VT/DDR(录像带/直接磁盘记录)、计算机和 DVD(数码影碟)播放器)的视频信号路由到一个或多个显示设备,如监视器、投影仪和电视。

video scan 视频扫描 通过电子扫描,机械辨认字符的技术。

video scan converter 视频扫描转换器 将一种视频标准的信号转换成另一种扫描频率或分辨率标准的视频信号的设备。

video segment 视频段 在视频轨迹上的一系列连续记录的数据,视频段可以与一个音频段相关或者无关。

video sequence layer (VSL) 图像序列层 VSL 是 MPEG(活动图像专家组)2 视频流层结构的组成部分。VSL 是由数据头及一系列图像组(GOP)组成的视频数据包,具体是指一整个要处理的连续图像。用于定义整个视频序列结构,可采用逐行或隔行两种扫描方式。其中,数据头给出了有关图像水平大小、垂直大小、宽高比、帧速率、码率、视频缓存校验器的大小、量化矩阵、层标识、可缩放模式等,为解码提供了重要依据。

video server (VS) 视频服务器 是一种专用于传送视频的基于计算机的设备(也称为主机)。与作为多应用设备的个人计算机不同,视频服务器是为一个目的而设计的,通常为广播提供视频。专业级视频服务器可执行多个视频流的录制、存储和播出,而不会降低视频信号的质量。广播质量的视频服务器通常存储数百小时的压缩音频和视频(采用不同的编解码器),同时播放多个同步的视频流,并提供高质量的接口,如用于数字视频的 SDI(串行数字接口)和用于平衡模拟音频的 XLR(卡农型音频电缆连接器)、AES/EBU(音频工程协会/欧洲广播联盟)数字音频和时间码。通常提供同步锁相输入以提供与室内基准时钟同步的手段,从而避免时基校正或帧同步器的需要。视频服务器通常提供某种类型的控制接口,允许它们由包含复杂广播节目应用的广播自动化系统驱动。常用协议包括 VDCP(视频磁盘控制协议)和 9 针协议。

video share service 视频共享服务 由全球移动通信系统(GSM)协会(GSMA)定义。它通常被称为组合服务,意味着该服务将电路交换语音呼叫与分组交换多媒体会话相组合。在第三代合作伙伴项目(3GPP)规范文件 3GPP TS 22.279、3GPP TS 23.279 和 3GPP TS 24.279 中描述了这个概念。视频共享服务需要符合 3GPP 标准的因特网协议多媒体子系统(IMS)核心系统。GSM 协会已将视频共享服务定义分为两个不同的阶段。第一阶段(也称为阶段 1)涉及共享简单的对等、单向视频流,但不与电路交换语音呼叫同步。第二阶段(也称为阶段 2)在解决方案中引入了视频共享应用服务器,并支持更复杂的特性和功能,例如点

V

对多点视频共享呼叫,视频流到门户网站以及视频共享与即时消息的集成。

video speed A/D converter 视频速度模/数转换器 在计算机图像处理过程中使用的一种高速模/数转换器件,能将摄像机输出的视频图像信号实时地转换为数字信号,用于帧获取板上。

video streaming 视频流 指通过因特网、电缆或用户数字环路(DSL)从服务器到客户端之间传递视频和音频文件的技术,客户端在收到数据的同时即可实时播放收到的多媒体流。为因特网视频应用专门开发了新的压缩算法,包括MPEG-4、小波和分形编码等。

video switcher 视频切换器 一种允许在多个输入视频源中进行选择和在视频源之间转换或制作特效的设备。是建立电视演播室的关键外围设备。

video teleconferencing(VTC) 视频[可视电话,电视]会议 一种以视听方式的通信业务。可在两个或多个地点实时、双向传送数字化音视频图像。传送的图像可以是定格帧(需要电视每隔几秒或每20秒重绘),也可以是全动态图像。双向视频会议需要的带宽有多种,如6 MHz的模拟、全动态、全彩色、民用级电视信号;两路56 Kbps线路的数字编码、全彩色、相应的动态图像;384 Kbps更好的视频传输;1.544 Mbps的非常好质量的全彩色、全动态电视效果。

videotelephony(VT) 视频[可视]电话(术),电视电话学 包括用于在不同位置的用户接收和传送音频-视频信号的技术,用于人们之间的实时通信。可视电话是一种带有视频显示器的电话,能够同时播放视频和音频,供人们之间实时交流。视频会议意味着在视频会议中将此技术用于团体或组织的会议,而不是个人。远程呈现可以指高质量的可视电话系统(其目标是创建远程参与者在同一房间内的错觉),也可以指超越视频技术而进入到机器人技术的会议技术(例如在房间内走动或物理操纵物体)。视频会议也被称为"视觉协作",是一种群件。

videotex 可视图文 (1)或"交互式可视图文",是最终用户信息系统的最早实现之一。从20世纪70年代末到2010年初,它被用于以类似计算机的格式向用户传递信息(通常是几页文本),通常在电视或哑终端上显示。在严格的定义中,可视图文是指提供交互式内容并在电视等视频监视器上显示的任何系统,通常使用调制解调器双向上发送数据。近亲是图文电视,它仅在一个方向上发送数据,通常用电视信号编码。所有这些系统有时被称为viewdata。与现代互联网不同,传统的可视图文服务高度集中。可视图文在其更宽泛的定义中可用于指代任何此类服务,包括互联网、公告板系统、在线服务提供商、甚至机场的到达/起飞显示。(2)利用公共电话交换网和公共分组交换数据网提供的一种增值电信业务,可供用户通过电话线路进行交互式的检索。信息可在家中的电视屏幕或可视图文终端上显示。用户可用小键盘在菜单上进行选择,或要求显示某一特定屏幕或页面的内容。可视图文数据库入网的下层协议为X.25建议中规定的物理层、链路层和分组层协议;高层协议为X.29建议规定的应用层协议。

videotex terminal(VT) 可视图文终端 是用户用于与可视图文业务交互作用的设备,包括输入、显示和接口等部分。它也可提供直接的终端到终端的能力,并可包括诸如硬拷贝、磁或光存储以及附加的处理和/或存储装置。

video transcoding 视频转码 将已经压缩编码的视频码流转换成另一个视频码流,以适应不同的网络带宽、不同的终端处理能力和不同的用户需求。转码本质上是一个先解码，再编码的过程，因此转换前后的码流可能遵循相同的视频编码标准，也可能不遵循相同的视频编码标准。

video wall　视频墙　由多台安装在机架上的视频监视器等显示设备组成的大屏幕一起生成一幅非常大的图像或图像组合。当单幅图像分散在许多相邻监视器上时，视频墙可成为用于广告或艺术的引人注目的装置。视频墙可由计算机输出或实时电视信号传送信号。软件将图像分割并向每个监视器传送图像片断，而且可产生特殊的效果。

vidicon　视像管, 光电导摄像管　一种主要应用在工业及其他闭路电视摄像机中的摄像管。它的电荷密度图案由光电导体形成，存储在光电导体表面，并被一束通常为低速的电子束扫描，可将光像转换成电子信号。

view　视图, 窗口, 查看　(1) 作为动词，指在计算机屏幕上显示信息来查看，如查看一个文件。作为名词指显示的数据或从某给定角度显示的图像。(2) 在关系数据库管理系统中，指在一个或多个表上指定一个或多个关系操作(选择、投影、连接、联合、交、差、划分)而建立起来的一个逻辑表。在许多系统中，可以编制一个视图，并且可随后将之当作物理表来操作。在关系模型中视图等价于一个划分关系。(3) 在以图形方式工作的软件(例如 Windows)中，用于选择操作对象的一个观察窗口。(4) 在 IBM 网络管理协议中，网络的全部或局部的一个图像表示，由资源符号和资源标号构成，可包括网络操作员放入的一个背景图像或文本。

viewphone set　可视电话机　带有视频摄像头和显示单元，使用户在打电话的同时看到对方的头像和表情的电话机。

virtual　虚拟的　在一定条件下没有实体，仅在概念上存在，但又有实体功能的一种技术。如常见的虚拟存储器，是由软件和硬件配合而虚拟形成的大容量存储器。用户在使用过程中，感到有一个具有较大容量存储器的计算机系统。

virtual access method (VAM)　虚拟访问[存取]法　(1) 在实行虚拟存储器管理的系统中，存取位于实际存储器之外的存储单元的方法。(2) 在计算机网络中，经虚电路对网络中其他节点的存取方法。

virtual address (VA)　虚拟地址　(1) 虚拟存储系统中应用程序用于访问存储器的地址。在读或写存储器前，存储管理单元将这种虚拟地址转变成物理地址。(2) 在通信网络中，与网络中的任何用户都无关的地址，它识别所要求的服务和任务。

VirtualBox　虚拟机软件, VirtualBox 软件　Oracle 公司用于桌面计算机的客户端虚拟化软件。Oracle VM VirtualBox 可在 Windows、Mac、Linux 和 Solaris 操作系统的计算机上运行，用于承载这些相同的操作系统，而其他操作系统则作为客户端虚拟机承载。VirtualBox 免费供个人使用。它也可以作为付费产品提供给企业。

virtual call (VC)　虚呼叫　通过虚电路建立的呼叫。这是分组交换虚电路业务的一种业务，其呼叫的建立过程和清除过程将确定两个 DTE(数据终端设备)之间的一段通信时间，在该通信期间，用户数据将以分组操作方式在网络上传送。

virtual call capability (VCC)　虚呼叫能力　一种用户通信业务，其中，呼叫释放过程决定了两个数据终端设备(DTE)之间的通信时间，用户数据在这段时间里以分组交换方式按顺序在网络中传输。具有多路访问功能的数据终端设备可以同时

V

执行几个虚呼叫,但通常要求在网络内部控制点对点的分组信息传送。在呼叫过程建立完成之前,数据可以传送到网络,但如果呼叫失败,这些数据将不再传送到终点用户。

virtual call center **虚拟呼叫中心** 没有内部配电设备的呼叫中心。这种呼叫中心的专用分支交换机(PBX)、自动呼叫分配器(ACD)和相关设备由第三方托管。虚拟呼叫中心(也称为托管呼叫中心)使代理能够在远程位置工作。呼叫可以通过普通电话线或 IP 语音(VoIP)进出。

virtual carrier **虚载频** 在对载波抑制的通信系统中,进行信号分析时假定存在的一个载频,其能量在频谱中的位置就是先前已被抑制的载波所应占据的位置。

virtual channel (VC) **虚(拟)通道[信道]** (1) 建立在物理数据通道网络上的逻辑通道,使得数据通路能够以多路复用的方式存在于网络中。通道上一个消息的阻塞不影响其他消息的传输。(2) 在ATM(异步传输模式)网络中的一种通信通道,提供 ATM 信元的顺序的单向传输。

virtual channel connection (VCC) **虚拟通道[信道]连接** 在 ATM(异步传输模式)网络中,在 ATM 服务用户访问 ATM层的点之间的一系列虚拟通道链路。在这些点上 ATM 信元的净荷传递给 ATM层的用户。VCC 由一系列相互连接的虚拟链路构成,在两个端点之间形成一个通路。每一段链路都通过 ATM 交换机建立,这些虚拟链路称为虚拟路径链路(VPL)。ATM 单元头部中的 VCI(虚拟通道标识)和 VPI(虚拟路径标识符)字段使每一个 VPC(虚拟路径连接)单元与给定物理链路上的一个特定的 VPL相关。

virtual channel connection identifier (VCCI)

虚信道连接标志 识别虚信道连接(VCC)的标识符。

virtual circuit (VC) **虚(拟)电路** (1) 又称"逻辑电路",在两个数据终端设备之间建立的一种逻辑连接。术语虚拟电路与虚拟连接和虚拟通道同义。(2) 当报文分组通过传输机构时,随传输产生的连接。它是数据网内两个或多个数据终端之间的逻辑连接,它允许同时双向交换数据。由于它是以报文分组的多路复用为基础的,所以可有效地利用线路资源。虚电路分为呼叫虚电路(即交换虚电路)和永久虚电路。永久虚电路是永久的,其目的是使通信频繁、传输信息量大的用户不要过分频繁地执行建立和拆除虚电路的过程。呼叫虚电路是对每个分组交换网相连接的 DTE(数据终端设备)都配置一组逻辑信道,每次通信都要进行呼叫连接、拆除。(3) 在计算机网络中,一个全双工的传输级连接,使网络能够进行可靠的数据交换。虚拟电路可以在两个不同计算机之间,同一个计算机上的两个不同网络名之间或者在同一个名字上建立。(4) 在包转接数据网络中,一个连接X.25用户的逻辑终点到终点传输通道,不同于物理连接。虚拟电路允许物理传输机制被许多用户同时共享,一个虚拟电路是一个在两个 DTE(数据终端设备)之间建立的逻辑连接。

virtual circuit multiplexing (VC-MUX) **虚电路多路复用** 是用于识别由 RFC2684(异步传输模式上的多协议封装)规定的 ATM 适配层 5(AAL5)帧中承载的协议的两种之一(另一种是逻辑链路控制 LLC 封装)机制。利用虚拟电路复用,通信主机同意在任何给定的 ATM 虚拟电路上仅发送属于单个高级协议的一个分组,并且可能需要建立多条虚拟电路。它具有不需要分组中的附加协议识别信息的优点,从而使开销最小化。例如,如果主机同意传输 IP,则发送方可以将每个数据报直接传递给 AAL5 进行传输，除了数据报和 AAL5 尾部之外，不需要发送任何东西。这种开销的减少有助于进一步提高效率（例如，仅包含 TCP ACK 分组的 IPv4 数据报，既没有 IP 也没有 TCP 选项，完全适合单个 ATM 信元）。这种方案的主要缺点在于虚拟电路的重复：如果使用多个协议，则主机必须为每个高级协议创建单独的虚拟电路。因为大多数运营商对每条虚拟电路收费，因此用户尽量避免使用多条电路，因为这会增加不必要的成本。它通常与 PPPoE（以太网上的点对点协议）和 PPPoA（异步传输模式点对点协议）结合使用，用在各种 xDSL（各种数字用户线路）实现。

virtual circuit pacing **虚（拟）电路调步** 网络中的一种流量控制机制，得以保证传输途中各节点的资源不会发生拥塞和死锁。这种机制可以由目标节点激发，以避免缓冲区溢出；也可以由中间节点激发，以减少拥塞。如果由目标节点控制，仅控制某一单独的虚拟电路；如果由中间节点控制，则可作用于经过拥塞链路的所有虚电路。

virtual circuit service **虚电路服务** 一种面向连接的，使所有分组顺序到达目的端的可靠的数据传输服务。适合于包含有许多分组的长消息传送的通信方式。通信开始前，主叫方发送一个呼叫分组，其中包含主叫方与被叫方的全称网络地址，在整个网络中（可能途中经过许多节点）建立一条虚电路。虚电路建立之后，主叫方发送的分组中只要包含一个简单的标识符号，即可经虚电路传送，具有较高的传送效率和逻辑信道利用率。

virtual concatenation (VCAT) **虚（拟）级联** 一种反向多路复用技术，创建分布在多个较小容量时分复用（TDM）信号上的大容量有效载荷容器。这些信号可以独立

地传输或路由。已经为 SONET/SDH（同步光网络/同步数字系列）、OTN（光传输网）和 PDH（准同步数字系列）路径信号定义了虚级联。交替 SONET/SDH 级联技术是连续级联和任意级联。

virtual connection (VC) **虚（拟）连接** 为虚电路而建立的逻辑连接。虚连接是两个工作站之间一种表面上的通信信道。据此，由某一站发送的信息自动沿着网络中最佳的路径到达另一站。

virtual container (VC) **虚容器** 在 SDH（同步数字系列）中，虚容器是一种用来支持通道层连接的信息结构。它由被安排在重复周期为 125 ms 或 500 ms 的块状帧结构中的信息净负荷和通道开销（POH）信息区组成，识别 VC 帧起点的定位信息由服务网络提供。虚容器的速率与 SDH 网络同步，即不同 VC 是同步的。

virtual datagram **虚数据报** 当虚电路建立之后，沿虚呼叫网络传输的信息包。它不必执行建立虚呼叫所必需的功能，也不必标明网络地址，并且与所有其他信息包无关，仅在每个信息头上加一个简单的虚电路标识符号（在 X.25 中称为逻辑信道号）即可。当信息包到达一个节点机时，此节点机便可了解到该信息包经过的虚电路号以及它是从哪个节点传来的，节点机正是依靠这些信息将信息包正确地传送到目的节点。

virtual extensible local area network (VXLAN) **虚拟可扩展局域网** 是一种网络虚拟化技术，旨在解决与大型云计算部署相关的可伸缩性问题。它使用类似 VLAN 的封装技术在第 4 层 UDP（用户数据报协议）中封装 OSI（开放系统互连）第 2 层以太网帧，使用 4 789 作为默认的 IANA（因特网分配号码管理局）分配的目标 UDP 端口号。VXLAN 端点用于终止 VXLAN 隧道，可以是虚拟或物理交换机

V

端口,称为 VXLAN 隧道端点(VTEP)。最初由 VMware、思科、Arista、Broadcom、Citrix 和 Red Hat(红帽)共同提出的因特网工程任务组(IETF)草案。使用"MAC in UDP"的方法进行封装,共 50 字节的封装报文头,比虚拟局域网(VLAN)技术有更好的扩展性。

virtual firewall(VF) 虚拟防火墙 是完全在虚拟化环境中运行的网络防火墙服务或设备,它提供通过物理网络防火墙提供的常规数据包过滤和监控。VF 可以实现为已运行的客户虚拟机上的传统软件防火墙,专为虚拟网络安全设计的专用虚拟安全设备,具有额外安全功能的虚拟交换机,或在主机管理程序中运行的托管内核进程。

virtual host 虚拟主机 又称"虚拟服务器",是使用特殊的软硬件技术,把一台运行在因特网上的服务器主机分成一台台"虚拟"的主机,每一台虚拟主机都具有独立的域名和 IP(网际协议)地址,具有完整的因特网服务器功能,虚拟主机之间完全独立,并可由用户自行管理,在外界看来,每一台虚拟主机和一台独立的主机完全一样。它的最大好处就是不需要传输专线,不需要租用独立的服务器,不需要专门技术人员专门管理,大大节省了网络硬件开支和管理费用。它使企业不必花很多钱和配备专业技术人员,就可以拥有自己的网站,开展在线服务。

virtual interface architecture(VIA) 虚拟接口体系结构(规范) (1) 是用户级零拷贝网络的抽象模型,是 InfiniBand、iWARP(因特网广域远程直接存储器访问)和 RoCE(聚合以太网上的远程直接存储器访问)的基础。最初的 VIA 由 Microsoft、Intel 和 Compaq 公司创建,旨在标准化高性能网络技术的接口,称为系统区域网络。(2) 在存储区域网络(SAN)的服务器群之间的通信接口规范。由 Compaq,Intel,Microsoft 和 100 多个工业团体共同开发的虚拟接口结构是处理器和操作系统独立的规范,目标是为了减少在应用程序和网络之间传递消息所需要的时间。(3) 为集群通信提供标准硬件和软件接口的技术规范。

virtualization 虚拟化 在计算中,虚拟化是指创建某种虚拟(而非实际)版本的行为,包括虚拟计算机硬件平台、存储设备和计算机网络资源。虚拟化始于 20 世纪 60 年代,作为大型计算机在不同应用程序之间提供逻辑划分的系统资源的方法。从那以后,该术语的含义已扩大。

virtual link trunking(VLT) 虚拟链路集群 是 Force10 公司开发的专有的聚合协议,可在其数据中心级或企业级网络交换机中使用。在高端交换机,如 S、Z 和 E 系列 10/25、40 和 100 Gbps 数据中心交换机中以最新固件版本(FTOS,Force10 操作系统)实现了 VLT。虽然 VLT 是(现在为戴尔网络)专有协议,但其他厂商提供类似功能支持用户建立到两个(逻辑)不同交换机的聚合链路,其中标准聚合链路只能在单个逻辑交换机上终止(因此是单个物理交换机或堆叠交换机设置中的不同部分),如思科公司的 VPC(虚拟端口通道)或 MLAG(多机箱链路聚合组)。VLT 是终端设备(服务器)连接到(不同)接入交换机之间的第 2 层链路聚合协议,为这些服务器在无环路环境中提供与核心网络的冗余、负载平衡连接,从而消除了使用生成树协议的要求。

virtual local area network(VLAN) 虚拟局域网 (1) 虚拟局域网于 1996 年 3 月出台了 IEEE 802.1 规范,奠定了 VLAN 的发展基础。VLAN 在节省开销、简化管理等方面是明显的,VLAN 的核心是交换,从早期的第二层(数据链路层)交换发展到第四层(传输层)交换。(2) 局域网的逻辑段,跨接不同局域网物理段的各末端站。建立在智能集线器或交换机中的增值软件代理的基础上。通过交换网络管理应用与各个集线器中运行的软件代理之间的 SNMP(简单网络管理协议)数据,建立、修改和删除整个虚拟局域网。虚拟局域网具有降低、移动和更改网络节点成本的能力,它取消了开销大的广播方式,允许部门服务器放置在中央位置,提供了一系列管理和安全方面的优势。虚拟局域网不与任何一种特定的局域网技术束缚在一起。(3) VLAN是指处于不同物理位置的节点可以根据需要组成一个逻辑子网,即一个 VLAN 就是一个逻辑广播域,它可以扩展到多个网络设备。VLAN 允许处于不同地理位置的网络用户加入一个逻辑子网中,共享一个广播域。通过对 VLAN 的创建可以控制广播风暴的产生,从而提高交换式网络的整体性能和安全性。

virtual machine (VM) 虚拟机 在计算技术中,虚拟机(VM)是计算机系统的仿真。虚拟机基于计算机体系结构并提供物理计算机的功能。它们的实现可能涉及专门的硬件、软件或组合。有不同类型的虚拟机,每种虚拟机具有不同的功能:系统虚拟机(也称为完全虚拟化VM)提供真正的机器的替代品。它们提供执行整个操作系统所需的功能。管理程序使用本机执行来共享和管理硬件,允许多个环境彼此隔离,但存在于同一物理机器上。现代虚拟机管理程序使用硬件辅助虚拟化,特定于虚拟化的硬件主要来自主机 CPU。进程虚拟机设计用于在独立于平台的环境中执行计算机程序。某些虚拟机(如 QEMU)也设计成模拟不同的体系结构,并允许执行为其他CPU 或体系结构编写的软件应用程序和操作系统。操作系统级虚拟化允许通过内核对多个独立用户空间实例的支持来

划分计算机的资源,这些实例通常称为容器,在最终用户看来,它们看起来和感觉上都像真实的机器。

virtual machine identifier 虚拟机标识符 在计算机网络中,将网中各主机映像为虚计算机后,为便于对这些虚计算机的管理,将每台虚机命名为一个传送站,并用唯一的地址编号定义之,使各台主机之间的通信都在具有统一编址的传送站之间进行。此地址编号就是虚拟机标识符。

virtual network (VN) 虚拟网络 典型的网络的分段是由电缆到端口的物理连接来定义的,配置和相应的路由选择由基础硬件确定。然而虚拟网是由软件来定义分段的,路由选择由帧转发表来执行,该表把多个工作站分到多个逻辑段及相关的物理端口。其好处是能够方便地移动站点,可以将工作站移到不同的端口,而仍然为同一个虚拟网分段的成员。

virtual network computing (VNC) 虚拟网络计算 在计算领域,VNC 是一种图形桌面共享系统,它使用远程帧缓冲协议(RFB)来远程控制另一台计算机。它将键盘和鼠标事件从一台计算机传输到另一台计算机,通过网络将图形屏幕更新转发回另一个方向。VNC 与平台无关,有许多基于 GUI 的操作系统和 Java 的客户端和服务器。多个客户机可以同时连接到 VNC 服务器。此技术的常用用途包括远程技术支持和从一家家庭计算机访问一台工作计算机上的文件,反之亦然。

virtual networking system (VINES) 虚拟网络[联网]系统 (1) 是Banyan 系统公司推出的网络操作系统,基于特定版本的 UNIX 操作系统。既能适用于广域网,又能适用于局域网,运行于 Intel 硬件平台,支持对称多处理器(SMP)系统。VINES 提供所有服务器的功能,包括通

信/调制解调器服务程序,并且提供对于连接到小型计算机、大型计算机和其他网络文件服务器的多种选择。(2)是Banyan 系统公司早期基于 UNIX System V 的网络操作系统,运行在基于 DOS 和 OS/2 的服务器上。它提供了 PC 机、小型机、大型机和其他计算机资源的网络互联,可以为各种规模的组织提供信息共享。VICES 将类似大型机的安全性与名为 Streetttalk 的全局网络目录服务相结合,允许访问所有网络用户和资源。选项包括打印机共享、电子邮件、远程 PC 拨入、网桥和网关。

virtual path level　**虚通路级**　OAM(操作监管和维护)级的第四级,位于实现虚通路连接的 OAM 功能的网络单元之间。

virtual path switch　**虚拟路径交换机**　在 ATM(异步传输模式)网络中,一个连接虚拟路径链路的网络元素。它更换虚拟路径标识符(VPI)值,在控制面板的控制下工作,对虚拟路径的信元进行中继。

virtual private cloud (VPC)　**虚拟私有云**　是在公共云环境中按需配置的共享计算资源池,为不同组织(用户)使用的资源之间提供一定程度的隔离。通常通过分配私有 IP 子网和每个用户的虚拟通信构造(例如虚拟局域网或一组加密通信信道)来实现一个 VPC 用户与同一个云中的所有其他用户(其他 VPC 用户以及其他公共云用户)之间的隔离。在 VPC 中,先前描述的在云中提供隔离的机制伴随着 VPN 功能(按照每个 VPC 用户再次分配),其通过认证和加密来保护组织对其 VPC 云资源的远程访问。通过引入所描述的隔离级别,使用此服务的组织实际上在"虚拟私有"云上运行(即,好像云基础架构没有与其他用户共享),因此得到 VPC 名称。

virtual private data network (VPDN)　**虚拟专用数据网(络)**　建立在公共交换通信网和传输设备资源上的专用数据通信网。为特定的集团用户提供非永久性的专用数据网络服务。

virtual private data services (VPDS)　**虚拟专用数据业务**　在公用通信网上为特定的集团用户提供的专用数据业务,通常通过虚拟专用网方式来实现。

virtual private LAN service (VPLS)　**虚拟专用局域网业务**　一种通过 IP(因特网协议)或 MPLS(多协议标记交换)网络提供基于以太网的多点到多点通信的方法。它支持地理位置分散的站点通过伪线连接站点来共享以太网广播域。术语"站点"包括服务器和客户端的多种类型。可以用作伪线的技术可以是 MPLS over Ethernet(MPLS 上的以太网)、L2TPv3(2 层隧道协议版本 3)甚至 GRE(通用路由封装)。两个 IETF 标准(RFC 4761 和 RFC 4762)描述了 VPLS 的建立。作为一种虚拟专用网络(VPN)技术。VPLS 与仅支持点对点第 2 层隧道的 L2TPv3 不同,VPLS 支持任意到任意(多点)连接。

virtual private line　**虚拟专用线**　通用软件分割出一部分交换公共设备上的线路容量,像专用线一样租给用户使用。

virtual private mobile network (VPMN)　**虚拟专用移动网**　也称为移动虚拟专用网(MVPN),是指在 PLMN(公共陆地移动网)和 PSTN(公共交换电话网)上建立的一个逻辑专用网,作为一种基于智能网的移动通信业务,是移动通信运营商推出的一项吸引集团客户的业务。

virtual private network (VPN)　**虚拟专用网(络)**　公用电信网运营者利用公用电信网的资源向客户提供具有专用网特性和功能的网络。VPN 由公用电信网提供的端口电路及其他网络资源组成。为了保障通信安全,可以采用隧道和加密技术将 VPN 用户的数据流保护起来,以免遭到恶意的攻击和破坏。VPN 一般为租用的企业、组织或部门拥有、管理和使用。客户可以自行对 VPN 资源进行监视、控制、测试等操作。由于这种开放式的网络环境对在网络中传输数据信息的安全性提出了更高的要求,保障系统的安全性成为 VPN 网络建设的研究核心。安全 VPN 方案构筑在 IPSec(因特网协议安全性)协议基础之上,同时也实现了许多与 IPSec 协议相互补充的其他一些增强安全性和可用性的协议和服务,包括:网络地址转换,报文过滤,第二层隧道,应用层网关和安全策略服务器等。这些安全功能和 IPSec 协议共同发挥作用,构成了安全 VPN 方案的重要组成元素。

virtual private network service (VPNS) 虚拟专用网业务 可使其用户像使用专用网那样使用公用网的网络业务。

virtual reality (VR) 虚拟现实[实境] 现在常见的高科技时髦术语,是计算机和视频技术的融合,使得观察者沉浸在电脑产生的环境中,获得新奇的、令人兴奋的视觉体验。可用于训练驾驶车辆,了解建筑结构的内部情况,以及玩游戏等。

virtual reality modeling language (VRML) 虚拟现实建模语言 国际标准化组织(ISO)关于 3D 多媒体和因特网上共享"虚拟世界"的标准。

virtual route (VR) 虚(拟)路由 (1) 数据源和数据接收器之间的一种通路,在报文和信息包传输时由各种电路配置构成。(2) 在 SNA(系统网络体系结构)中下列情形的一种逻辑连接:① 在物理上作为特定的显式路由实现的两个子区节点之间;② 完全包含在用于内部节点对话的子区节点中。在不同的子区节点之间的虚拟路由,把传输优先级加给作为基础的显式路由上,通过虚拟路由调步提供流控制,并通过 PIU(路径信息单

元)的顺序号来提供数据的完整性。(3) 数据通信网根据传输分组提供的全称网络地址形成的路径。虚路由是为分组报文提供的逻辑通路。

virtual router redundancy protocol (VRRP) 虚拟路由器冗余协议 一种计算机网络协议,VRRP 的主要目的是消除 IP(国际协议)网络的单点故障。该协议的基本思想是在关键部分把两台路由器组成一个单独的"虚拟"路由器。其中一台是主路由器,另一台是后备路由器。如果前者出现故障,那么后者将取代前者的工作。在实际应用 VRRP 时,两台路由器都将承担一定的工作,并且两者互为备份。万一有一台路由器出现问题,另外一台将马上接替它的工作。

virtual routing and forwarding (VRF) 虚拟路由(选择)和转发 在基于 IP(国际协议)的计算机网络中,VRF 是一种支持在同一个路由器中同时共存路由表的多个实例的技术。由于路由实例是独立的,因此可以使用相同或重叠的 IP 地址而不会相互冲突。因为网络路径可以分段而无需多个路由器,可以改善网络功能。

virtual routing node 虚拟路由(选择)节点 一个节点与网络的连接性表示,在共享访问传输机制之上定义,如令牌环网。同 virtual node。

virtual scheduling (VS) 虚拟调度 在 ATM(异步传输模式)网络中,一种确定到达信元相容性的方法。虚拟调度算法更新理论到达时间(TAT),即源端均匀发送时假设信元的到达时间。如果实际信元的到达时间相对于理论到达时间不是太早的话,该信元就是相符的。

virtual studio 虚拟演播室 可以指寻求模拟物理电视和/或电影演播室的任何数量的技术工具。虚拟演播室是一种电视演播室,它允许以无缝方式实时组合

人或其他真实对象以及计算机生成的环境和对象。虚拟演播室的一个关键点是真实摄像机可以在 3D 空间中移动，而虚拟摄像机的图像是从同一视角实时渲染的，因此，这个虚拟场景必须随时适应摄像机的设置(变焦、平移、角度、行进等)。这就是虚拟演播室与传统抠像技术的区别。它也与电影中使用的技术不同，电影中的场景是后来编辑的。虚拟演播室不需要任何后期制作，因为它是实时的。但是，需要一个 3D 图形艺术家和 3D 计算机图形软件来创建虚拟背景，以及出现在前面的任何图形。

virtual switching unit (VSU)　虚拟交换设备　是一种网络设备虚拟化技术，将两台或多台交换机设备虚拟成一台设备来管理和使用的技术，从而简化网络拓扑，降低网络管理的复杂性，缩短应用恢复的时间和业务中断的时间，提高网络资源的利用率。

virtual terminal network　虚拟终端网络　一种可由用户独立选择其终端类型的网络。这种网络将各类终端的代码、速度、规约等转换成网络虚拟终端的相应格式。支持这种网络虚拟终端的用户计算机要求能控制各种类型的终端，而又无须增加软件。

virtual terminal protocol (VTP)　虚拟终端协议　(1)为脱离具体终端设备的限制，建立一个标准终端设备的逻辑模型而作出的一些规则和约定。定义了终端与应用程序之间通过虚终端服务交换数据和控制信息的通信协议，以及显示数据流的结构和控制报文格式。(2)通过网络建立虚拟终端连接的 OSI(开放系统互连)参考模型应用层五个应用协议之一。VTP 提供仿真终端功能，使得一台计算机登录到主机上，以终端形式运行远程作业访问主机的资源。

virtual tributary (VT)　虚拟支路　同步光纤网(SONET)传输网中相当于同步数字序列(SDH)的虚容器(VC)的结构，用于小于 OC-1(信号速率为 51.84 Mbps)的 SONET 净荷的传输与交换。

virtual tributary group (VTG)　虚拟支路群　同步光纤网(SONET)系统中由七个虚拟支路(包含同类的信号)组成的一个虚拟支路群。

virtual tunneling protocol (VTP)　虚拟隧道协议　一个因特网专用隧道协议的建议标准，使用 IPSec(因特网协议安全性)作为基本安全机制，适用于不同制造商的路由器和防火墙产品。

virtual wavelength path (VWP)　虚(拟)波长路径[通路]　光通路是全光网中节点之间的传输通道，可以分为波长路径(WP)和虚波长路径。VWP 类似于 ATM(异步传输模式)技术中的虚信道(VC)，信息每经过一个节点，端口和虚信道标识符(VCI)都发生改变。VWP 每经过一个节点光纤端口和光波长都将发生改变。由于光通路在同一波长通路的不同波长复用段中可以占用不同的波长，从而提高了波长的利用率，降低了阻塞发生的概率。建立虚波长路径属于分布式路由算法，每一节点采用的波长集在下一节点可以实现动态空间复用。某一节点机有 N 个转发方向，则本级网络的波长集分为 N 个不相交的波长子集，每一子集代表一个路由方向，这一过程的转发实际上就是采用波长变换技术。

virus taxis　病毒分类　根据不同性质和特点，对病毒属类进行划分的方法。可根据病毒的寄生目标和方式、传染形式、破坏效果、特征等对病毒进行分类。

visible arc　可视弧　卫星静止轨道的一部分，在地面站上可从这部分轨道看到卫星。

visible light　可见光　电磁波谱中波长约在 $0.4\sim0.7\ \mu m$ 范围内且为肉眼可见的

电磁辐射。

visible light communication (VLC)　可见光通信　一种数据通信变体,它利用可见光波段的光作为信息载体,无需光纤等有线信道作为传输介质,可在空气中直接传输光信号的通信。通常使用 400～800 THz(太赫兹,780～375 nm)之间的可见光。VLC 是光学无线通信技术的子集。2015 年 12 月,中国"可见光通信系统关键技术研究"获得重大突破,实时通信速率提高至 50 Gbps,2015 年 IEEE(电气和电子工程师学会)和 ITU-T(国际电信联盟-电信标准化部)先后启动了新的 VLC 标准项目。IEEE 在 2017 年发布了 802.15.7r1(可见光通信参考信道模型),专注于中低速的 VLC 通信(包括摄像头通信)。由于缺少相关企业的积极参与,高速 VLC 还未能形成标准。

vision carrier (VC)　图像载波　电视传播中,被视频信号调制的载波。

vision channel (VCH)　图像通道　专用于视频信号检波和放大以及图像重现的电视接收机电路部分。

vision frequency (VF)　图像频率,视频　电视传播中图像载波的频率。

vision mixer (VM)　混像器,图像混合器　也称为视频切换器、视频混合器或制作切换器。对来自多个图像信号源的视频信号进行选择的装置。在某些情况下将视频源合成(混合)以创建特殊效果。这类似于调音台对音频的作用。

visited mobile services switching center (VMSC)　受访[访问]移动无线局[(服务)交换中心]　当某个移动用户离开归属移动无线局而到达另一个移动无线局所管辖的地域时,则该移动无线局称为该移动用户的受访移动无线局。

visited MSC (VMSC)　被访移动交换中心　当移动用户漫游时,离开归属移动交换中心到达另一个移动交换中心管辖区时,该中心称为该用户的被访移动交换中心。

visited network　受访[拜访,被访问]网络　移动通信网络中的移动台(MS)当前连接到其上的、不是 MS 归属网络的网络。

visual transmitter (VT)　可视[视觉,图像]发射机　发射电视节目的视频部分的无线电设备。也称为图像发射机(picture transmitter)或视频发射机(video transmitter)。可视和音频发射机合成一起称为电视发射机。

visual transmitter power　可视[视觉]发射机功率　指发射标准电视信号时的峰值输出功率。

visual voice mail　可视化语音邮件　(1)一种智能手机应用程序,可将运营商的语音消息下载到手机中。用户打开他们的应用程序并查看包含电话号码和时间的消息列表,而不是像过去几十年那样拨打语音信箱电话号码并输入密码。此外,与顺序播放的拨号消息不同,可以按任何顺序收听可视语音邮件,并且这些消息总是可用的,因为它们已经存在电话中。对于大多数智能手机,可以从多个来源获得"真正可视"的语音邮件,其中消息可转换为可读文本。(2)一种在桌面电脑上显示和控制语音消息的应用软件。

Viterbi decoder　维特比解码器　使用维特比算法来解码已经使用卷积码或网格码编码的比特流。还有用于解码卷积编码流的其他算法(例如 Fano 算法)。维特比算法是最耗费资源的算法,但它进行最大似然解码。它最常用于解码约束长度为 $k \leqslant 3$ 的卷积码,但实际上使用的值最高可达 $k = 15$。维特比解码由 Andrew J. Viterbi 开发并发表在论文《卷积码的误差界和渐近最优解码算法》中。IEEE 信息论汇刊 13(2):260～269。1967 年 4 月。

Vivaldi antenna 维瓦尔第[Vivaldi]天线 一种共面宽带天线,由两侧金属化的电介质板制成。馈线通过微带线激励圆形空间,以扇形区域终止。从圆形谐振区域,能量通过对称的槽线达到指数模式。Vivaldi 天线可以用于线性极化波,或者使用在正交方向上排列的两个装置来发送/接收两个极化方向。如果馈入 90°相移信号,正交装置可以发送/接收圆形导向的电磁波。Vivaldi 天线适用于任何频率,因为所有天线的尺寸均可扩展。印刷电路技术使这种类型的天线在超过 1 GHz 的微波频率下具有成本效益。Vivaldi 天线的优势在于它的宽带特性(适用于超宽带信号),使用普通 PCB 生产方法的简单制造工艺,以及使用微带线建模方法,使其阻抗与馈线容易匹配。

VLAN access control list(VACL) VLAN 访问控制列表 为在 VLAN(虚拟局域网)内桥接或路由进出 VLAN 的所有数据包提供访问控制。与在路由器接口上配置的、仅应用于路由数据包的常规 Cisco IOS 访问控制列表不同,VACL 适用于所有数据包。该技术是思科公司在 Catalyst 6500 系列交换机平台上开发的。

VLAN trunking protocol(VTP) 虚拟局域网中继协议 VLAN 中继协议(VTP)是 Cisco 专有协议,它在整个局域网上传播虚拟局域网(VLAN)的定义。为此,VTP 将 VLAN 信息传送到 VTP 域中的所有交换机。VTP 通告可以通过802.1Q 和 ISL(交换机间链路)中继发送。VTP 适用于 Cisco Catalyst 系列大多数产品。

VLF radiation 甚低频辐射 频率范围在 3~30 kHz 之间的电磁辐射。VLF 多数用作潜艇通讯、无线心跳频率检测器及地球物理学研究等。计算机 CRT(阴极射线管)显示器也会产生这种辐射,非正式的电磁波辐射标准 MPR Ⅱ 规定了计算机显示器等发出的 VLF 电磁辐射量。

voice activity compression(VAC) 音控[话音激活]压缩 在移动通信系统中,通过不传输讲话停顿期间信号来压缩传输数据量的方法。

voice answer back(VAB) 声频[话音,语音]应答(装置) 计算机以预先记录的声音信息形式响应用户命令的一种声音消息系统。该系统产生的音频响应是为了给正在执行某些功能的操作员提供反馈信息。

voice band 话音频带 用于话音传输的频率范围。在许多传输话音的通信系统中,话音频带介于 300~3 400 Hz 之间;在电话设备中,使用 300~3 000 Hz 的频率传输声音和数据。

voice-capable modem 带语音(功能)的调制解调器 具有数据处理功能并支持语音消息传输的一种调制解调器,它能区分传真、数字传送和语音呼叫,并将传输线路连接到相应的设备上。通常可用于小型办公室的语音邮件系统中。

voice channel 音频[语音,话音]信道 频宽为 250~3 400 Hz 的能携载便于理解的声音频率的电话通信通道。

voice channel unit(VCU) 语音信道单元 用于传送语音、数字或模拟数据以及传真的一个信道,频率范围通常为 300~3 400 Hz。

voice coder(vocoder/VCO) 声码器,语音编码器 一类语音编解码器,用于分析和合成人的声音信号,以进行音频数据压缩、多路复用、语音加密、语音转换等。最早类型的声码器,即信道声码器,最初是 20 世纪 30 年代作为电信应用的语音编码器而开发的,其思想是对语音进行编码以减少用于多路复用传输的带宽(即音频数据压缩)。在编码器中,输入通过多频带滤波器,然后每个频带通过包络跟随器,来自包络跟随器的控制信号被传送到解码器。解码器将这些(幅度)控制信号应用于相应的滤波器以进行重新合成。由于这些控制信号与原始语音波形相比变化缓慢,因此可以减少传送语音所需的带宽。这允许更多语音信道共享单个通信信道,例如无线电信道或海底电缆(即多路复用)。通过加密控制信号,可以保护语音传输以防止截听。这种方式的主要用途是用于安全的无线电通信。这种加密方法的优点是不发送任何原始信号,只发送带通滤波器的包络。接收单元需要配置在相同的滤波器设置中,以重新合成原始信号频谱的版本。声码器的解码器部分称为voder,可以独立用于语音合成。

voice compression 声音压缩 一种降低声音所占带宽的技术。声音压缩技术系指自适应差分脉冲编码调制(ADPCM)和连续可变斜率增量调制(CVSD)。

voice data entry (VDE) 话音数据输入 将人的声音直接转换成适合计算机输入形式所涉及的功能或操作。

voice/data PABX 话音/数据专用自动小交换机 一种能组合话音专用自动小交换机与数据专用自动小交换机功能的设备,通常强调其话音功能。

voice data service (VDS) 语音数据(通信)业务 能处理语音形式的数据(数字)形式报文的一种通信业务和设施。

voice dialing 语音拨号 通过语音进行拨号的方式,即声控拨号方式。需要用户在摘机后启动手机语音拨号功能,说出被叫者姓名或电话即自动呼叫被叫号码。一般在使用语音拨号之前,必须要录制声控标签。

voice frequency (VF) 声频,音频,话频 位于人类语音范围内的一部分发音频率。用于商业传输语言的语音频率通常在 200~3 400 Hz。

voice-frequency carrier telegraphy 音频载波电报 一种载波电报,其中载波电流的频率使调制电流能在音频电话信道上传输。

voice-frequency multichannel telegraphy (VFMT) 音频多路电报 使用两个或多个其频率在音频范围内的载波电流的电报。音频电报系统通过使用频分多路复用允许在单一电路上传输多至 24 个信道。

voice-frequency multiplex telegraphy (VFT) 音频复用电报 在电话型通路中使用频分复用的电报传输。

voice-frequency telegraph system 音频电报系统 一种电报系统,它通过频分多路转换的方法使得 3 条线路上最多可用到 20 路信道。

voice grade (VG) 音频级,语音频段 适合于传输语音、低速数据、传真或电报业务的一种通信线路,其频率范围通常为 300~3 400 Hz。

voice grade cable 音频级电缆 一种非屏蔽双绞线(UTP)电话电缆,用于传输语音信号,但不太适合于数据传输。

voice grade channel 话音级信道 适于传输话音、数字或模拟数据或传真的信道,通常频率范围为 300~3 400 Hz。

voice-grade data facility (VGDF) 语音频段数据(通信)设施[设备] 频率在 300~3 400 Hz 之间、符合长途直拨电话网标准的通信设施,适用于语音通信、数据传输、远程测量、远程监控和其他通信应用。

voice-grade line 音频线路 一种适合于语言、数字或传真的线路。频率范围通常是 300~3 400 Hz。

voice grade service 音频级业务 一种能传输音频(语音)信息的线路业务。

voice-grade telephone line 音频电话线 一种用来作音频传输的电话线,若要进行数据通信,需为该电话线配置调制解

V

调器。

voicegram 声纹图,声音报(文) 将声音信息编码组织成一定的格式,类似数据传输那样在网上传输的报文。若希望实时地接收到连续声音信息,要求网络提供足够的带宽和极小的延时抖动。

voice Inversion scrambling 语音反转加扰 一种模糊传输内容的模拟方法。它有时用于公共服务电台、赛车、无绳电话和家庭广播服务。如果没有解扰器,传输信号会使扬声器"听起来像唐老鸭"。它被称为"语音反转",但该技术是在信息的通带上运行,因此可以应用于任何正在传输的信息。有各种形式的语音反转,提供不同的安全级别。总的来说,语音反转加扰几乎不能提供真正的安全性,因为可以从套件制造商处获得软件甚至业余爱好者工具包用于加扰和解扰。如果没有改变语音的节奏,通过倾听其他音频线索(如问题、简短回答和其他语言节奏),通常就容易猜到对话中发生的内容。

voice jack 语音插孔 大多数数据调制解调器上使用的一种 RJ-11 型插孔。语音插孔的技术范围中要求调制解调器以 9.0 dBm 的固定电平发送信号。

voice link plus 增强型语音链路 由大城市光缆系统提供的一种业务,以取代数据传输速率 9.6 kbps 的模拟 4 线专用线路。业务提供者将用户的模拟信号数字化,并将数据传送到网络的其他位置或当前的长途电信局。

voice mailbox service(VMS) 语音信箱业务 是一种基于电话网和互联网、以语音信息交互为主要功能的增值业务,为用户提供存储、转发和提取语音信息等服务。用户租用一个语音信箱,通过电话或网络语音方式将外界所有往来的语音信息存入信箱。在传统语音信箱的业务功能的基础上可对其进行可视化的改进,提供 Web 页面、客户端、彩信等多种可视化途径。

voice modem 语音调制解调器 能在语音传输方式与数据传输方式之间切换的一种调制解调器,可以内置在用于语音通信的扬声器话筒中,但更常见的是在计算机内置的声卡上。

voice multiplexing 语音多路复用 将两个或更多个(典型的为四个)同时通话的电话会话压缩到一个语音信道的技术。这是通过语音数字化实现的。

voice navigation 语音导航 使用语音命令来控制 Web 浏览器。语音导航是某些用于改进 Web 浏览器的插入式应用程序的特性,允许用户通过语音来导航 Web。

voice output 声音[话音]输出 由计算机输出一种人们能听懂的语音信息的过程。

voice-output scanner 声音输出扫描器 利用光电方法对印刷文件进行扫描,将获得的电信号输入一种带高速语音合成器的专用计算机,产生与文件内容相应的语言输出的设备。

voice-over(VO) 画外音,话外音,解说 (1)在多媒体应用中,在视频表示中的一个画面之外的声音。(2)在多媒体应用中,一个代表画面中人物思维的声音,画面中的人物并没有说出该声音。(3)电话系统的一种功能,当一个用户正在同某人通话时,话务员可以同时向该用户发送话音信息,该用户可以听到,然而该用户的通话对方听不到。

voice over a DSL(VoDSL) 在 DSL 线上传话音,数字用户线传语音 在 DSL(数字用户线)上用分组方式传送话音的技术。VoDSL 可应用于任何一种 DSL 业务上,目前用得较多的是非对称数字用户线路(ADSL)和对称数字用户线路(SDSL),也有使用超高位速率数字用户线

(VDSL)的。VoDSL 能在一条铜线上传输多路话音,提高用户线对的利用率,降低运营成本,对运营商有极大吸引力,是运营商针对中小型企业实现综合语音和数据业务的一种经济有效的解决方案。

voice over ATM (VOA)　ATM 上的话音,基于异步传输模式语音(传输)　话音数据封装在异步传输模式(ATM)信元中传输的一种电话服务。

voice over Internet protocol (VoIP)　因特网协议的语音,IP[网络]电话　基于 TCP/IP(传输控制协议/国际协议),在 IP 网上提供的一种电话业务。VoIP 技术是因特网与公用交换电话网(PSTN)相结合的产物,这两个网络中的常用终端设备和电话机也是 IP 网络电话所使用的设备。VoIP 技术推动数据/语音的融合,IP 网络电话将语音、数字、图像技术合而为一,为未来的电话网、广播电视网、数据网三网合一提供了技术手段。

voice over LTE (VoLTE)　长期演进技术上的语音(传送)　是一种 IP 数据传输技术,全部业务承载于 4G 网络上,可实现数据与语音业务在同一网络下的统一通信。是一个移动电话和数据终端的高速无线通信标准。它基于 IP 多媒体子系统(IMS)网络,在全球移动通信系统联盟(GSMA)的产品需求文档 PRD IR.92 文件中定义了 LTE 上的语音服务的控制和媒体平面的特定概要。语音服务(控制和媒体平面)作为数据流交付给 LTE 数据承载。这意味着,没有依赖于(或最终要求)维持传统的电路交换语音网络。VoLTE 的语音和数据容量比 3G UMTS 高三倍以上,比 2G GSM 高六倍以上。此外,因为 VoLTE 的数据包报头比未优化的 VoIP/LTE 更小,也就腾出了一些带宽。

voice over the net (VON)　网上语音　一个专注于 IP(因特网协议)语音行业的会议和博览会。VON 联盟的成立旨在成为联邦通讯委员会(FCC)等政府组织的行业代言人,并影响政府的决策。

voice over wireless IP (VoWIP)　无线 IP 电话　在执行 802.11 协议的无线局域网上运行的 IP 电话。VoWIP 系统将 PBX(专用分支交换机)电话呼叫传送给 IP(因特网协议)网络,然后将这些 IP 数据包发送到无线网络,最后由 802.11 无线电话或运行在 PC 机上的软件电话把它们转换成声音信号。

voice over wireless LAN (VoWLAN,VoWi-Fi)　无线局域网上的语音　是根据 IEEE(电气与电子工程师学会)802.11 标准用于无线宽带网络的语音通话。实质上,它是通过 Wi-Fi 网络的 IP 语音(VoIP)。在大多数情况下,支持语音系统的 Wi-Fi 网络和语音组件是专有的。VoWLAN 可在任何互联网接入设备上进行,包括笔记本电脑、PDA(个人数字助理)或 VoWLAN 设备,其外观和功能类似于 DECT(增强型数字无绳电话)和手机。尽管 VoWLAN 和 3G(第三代无线电话系统)具有某些特征相似性,但 VoWLAN 在使用无线互联网网络(通常为 802.11)而非蜂窝网络的意义上是不同的。VoWLAN 和 3G 都以不同的方式使用,尽管对于毫微微蜂窝基站,两者可以为用户提供类似的服务,并且可以被认为是替代方案。

voiceprint recognition (VPR)　声纹识别　一种生物特征识别技术。声纹识别是根据说话人的发音生理和行为特征,自动识别说话人身份的一种生物识别方法。

voice recognition　声音[语音]识别　利用参考矩阵的形式存储一个数字化模式,按每个词汇单词专有的信号模式来识别语言。这样,单词能用匹配技术识别。几个人的语声模式能同时存储起来。使用时,讲话者给出他的模式,计算机在获得单词的矩阵模式后,进行常规的搜索,求得最佳匹配。在这个工作建立以后,将比特计数关系与存储模式相比较。于是,选中的单词被显示出来。假使不能获得满意的匹配,需要重复讲这个单词。

voice recognition dialer 语音识别拨号机 一种实验性的、语音控制的电话拨号系统。该系统不必用手就可进行电话拨号,它将用户讲出的单词模拟成已存储的模式。为产生存储模式,用户最初要对每个姓名或数字讲两次,然后系统可用来拨出任何对应存储器中的姓名或对应于用户讲出的任何数字的电话号码。

voice recognition technology 话音识别技术 计算机对人的声音进行识别的技术。该技术分为离散型、连续型和互连型三类。离散型话音识别需要用户在讲话时一个字一个字地停顿;连续型识别要求用户讲慢些,但要连续;互连型话音识别要求用户在讲一段话后作一停顿。话音邮件和语音注释中均采用话音识别技术。该技术广泛应用在国际电子邮件、办公室自动化等多种领域。

voice response (VR) 声音[话音]响应 将以数字形式存储在计算机中的回答信息转换成声音,从而回答用户的提问。声音响应部件能够从预先由人录制好的并以模拟或数字形式存储的词汇里构成句子,或者通过声音合成技术使声音响应部件发出声音。

voice response unit (VRU) 语音[声音]应答单元,自动答话器 在电话技术中,用播放预先记录的信息的方法应答接收到达的呼叫的硬件或软件,可提示呼叫方通过按一个键提供进一步的信息。

VoIP VPN VoIP 虚拟专用网 是结合了IP(因特网协议)语音和虚拟专用网络(VPN)技术,提供一种提供安全语音的方法。由于网络电话(VoIP)以数据流的形式传输数字化语音,因此 VoIP VPN解决方案可以非常简单地完成语音加密,并在实现 VPN 的协议集合中应用了固有的标准数据加密机制。VoIP 网关-路由器首先将模拟语音信号转换为数字形式,将数字化语音封装在 IP 分组中,然后使用 IPsec 加密数字化语音,最后通过 VPN 隧道安全地路由加密的语音分组。在远程站点,另一个 VoIP 路由器解码语音并将数字语音转换为模拟信号再传送到电话。VoIP VPN 也可以在 IP 中的 IP(IP in IP)隧道内运行或使用基于SSL(安全套接层)的 OpenVPN。在前一种情况下没有加密,但与 IPsec 隧道相比,流量开销明显较低。OpenVPN 隧道的优势在于它可以在动态 IP 上运行,并且可以提供多达 512 位的 SSL 加密。

volt ampere reactive (var) 无功伏安,乏 国际单位制(SI)中无功功率的单位。它在 1930 年被国际电工技术委员会采用。

voltage comparison encoding 电压比较编码 将输入连续变化的电压与离散的基准电压相比较,并根据比较结果输出一组代表输入电压值的编码。在数字通信中,普遍采用电压比较编码来实现模拟信号的数字化,常用的方法有脉冲编码调制(PCM)和增量调制。

voltage feed 电压馈送 连接馈线到天线的最大电势点,以激励天线。

voltage fiber sensor (VFS) 电压光纤传感器 利用电压调制效应工作的一种光纤传感器。电压使光纤的折射率和损耗发生变化,光纤中信号的相位与振幅也随之发生变化,由此即可知道电压的变化情况。

voltage gain (VG) 电压增益 输出信号电压电平(分贝数)与输入信号电压电平(分贝数)之差。该值等于 20 乘以输出电压与输入电压之比的常用对数值。只有在匹配负载的情况下,电压增益才等于电子管或晶体管的放大系数。

voltage node　电压波节　在驻波系统中具有零电压的点。比如,在天线或传输线中,电压波节存在于半波天线的中心。

voltage standing wave ratio (VSWR)　电压驻波比　在波导管、同轴电缆或其他传输线之类的驻波系统中,最小电压值时的电场或电压振幅与邻近最大值的电场或电压振幅的比值。

voltage to frequency converter　电压频率转换器　将电压变化转换为不同频率的振荡信号输出的模拟电路或数字电路。

VoLTE　长期演进技术上的语音(传送)　voice over long-term evolution 的缩写。

volume　音量　指声音级,又称响度、音强,一般是指人耳对所听到的声音大小、强弱的主观感受;而对音量的客观评价,需要通过声学测量仪器即声强仪来测量声音的振幅。声强仪能感受音源使媒介振动时所产生的压力,即声压。其振动能量成为可感受的声音强度,进而量化成相应的指标“分贝”(dB),就把声压分成级——声压级(SPL)。

volume level (VL)　话音电平,音量级　语音或音乐的能量级。在音量指示器(具有特定动态性质的仪器)中用音量单位量度。

volume limiting amplifier　音量限幅放大器　内含的自动电路只在输入音量超过预定水平时才工作的放大器,自动电路工作时会减小增益使输出量保持常量,而不管输入音量是否进一步增加。在输入音量回到预定极限水平以下时放大器的增益恢复正常。

volumetric display device　立体[体积]显示设备　一种图形显示设备,它在三维空间中形成物体的视觉表示,与通过许多不同视觉效果模拟深度的传统屏幕的平面图像不同。该领域的先驱者提供的一个定义是,立体显示器通过(x,y,z)空间中明确定义的区域的照明的发射、散射或中继来创建 3D 图像。尽管该领域的研究人员尚未达成共识,但如果全息和高度多视角显示器在立体内投射三维光场的工作合理,那么将全息和高度多视角显示器纳入立体显示器家族可能是合理的。大多数(如果不是全部)立体 3D 显示器是自动立体显示器或自动多镜显示器;也就是说,它们可以创建肉眼可见的 3D 图像。立体 3D 显示器通常只包含一个 3D 显示器系列。其他类型的 3D 显示器有:立体图/立体镜显示器、视图顺序显示器、电子全息显示器、视差“两视图”显示器和视差全景图(通常是空间多路复用的系统,例如透镜片显示器和视差栅栏显示器)、再成像系统等。

Vorbis　Vorbis 项目　是一个由 Xiph.Org 基金会领导的免费开源软件项目。该项目产生音频编码格式和软件参考编码器/解码器(编解码器),用于有损音频压缩。Vorbis 最常用于 Ogg 容器格式,因此通常被称为 Ogg Vorbis。

VSAT center earth station　甚小孔径卫星终端中央地球站　星形 VSAT 网络由一个主站(通常处于中心城市的枢纽站)和若干个 VSAT 小站(远端站)组成。中央站主要由室外单元(含 11～18 m 口径的大型抛物面天线)、射频设备、中频调制解调器设备和数据通信设备四部分组成。前三部分的作用是通过卫星进行实际的数据传输,而数据通信设备与多个用户的主机相连接,这样多个用户可共享一个中央站,从而降低了成本。中央站采用模块结构,易于扩展增容。另外,在中央站有一套网络管理系统,是由一台 PC 机承担的,它负责监督网络的运行状态,控制链路的运行,记录系统的工作情况。此外,还要承担各 VSAT 小站之间信息的接收和发送,即具有控制功能。

VSAT earth small station　甚小孔径卫星

V

终端地面小站 指 VSAT 系统中的一类通信站,由室外单元(小口径抛物面天线)、射频设备、调制解调设备和数据通信设备组成。中央站与小站之间的通信由卫星系统转发,小站之间一般不能直接通信。

VSAT network 甚小孔径卫星终端网络 一种卫星数据通信系统,采用星形网络连接,由一个中央站和若干地面小站和空间段组成。中央站主要由室外单元、射频设备、中频调制解调设备和数据通信设备组成,采用模块化结构,易于扩展增容。地面小站与中央站相似,也包括中央站的组成部分,最多有三个数据接口,各接口可使用不同的通信协议。空间段是地球同步卫星上的转发器,它接收地面站发送的无线电信号,进行功率放大和频率变换后再发往地面站。通常把地面站向卫星方向的传输称为上行,反之则称为下行。VSAT 工作频率是 C 波段,即上行 6 GHz,下行 12 GHz。不同用户中心的信息进入中央站的接口电路,进行卫星信道的规程处理,然后送到中央站的上行多路复用器,成为以数据为基础的时分多路信号,送往中频调制设备,然后进行差分编码和 1/2 卷积编码,编码后的数据与伪随机码(PN 码)做模 2 加后再对其进行二相 PSK 调制,最后经射频设备发射出去。经卫星转发后的信号到达用户小站后由小站进行变频处理,在 20 MHz 解调二相 PSK 信号,经过去扩、维持比译码、差分解码后进入接口电路。从用户信息中心发来的数据在该接口电路中进行规程变换处理,检出与该接口电路地址有关的数据,送给用户终端设备,VSAT 系统具有成本低、安装简单、维护方便的特点。

VSAT system 甚小孔径卫星终端(数据通信)系统 由使用小口径抛物面天线的地面站,利用卫星信道与中央站构成通信,并实现信息转发的广域通信系统。

V series recommendation of CCITT 国际电报电话咨询委员会 V 系列建议 国际电信联盟(ITU)所属国际电报电话咨询委员会(CCITT)对国际通用的各种通信设备和规程标准化提出的系列建议之一。在数据通信范畴内,CCITT 提出两套建议系列,V 系列和 X 系列。在 20 世纪 60 年代提出 V 系列建议,例如 V.1、V.2、V.3、…、V.57 等。随着数据通信技术迅速发展和计算机通信要求的迅速提高,从 20 世纪 70 年代起 CCITT 又对公共数据通信网络技术提出一系列建议,这便是 X 系列建议,例如 X.1、X.2、X.3、…、X.96,以及 80 年代后期以后陆续提出的 X.400 和 X.500 系列建议等。

W

waisindex　广域信息服务索引，waisindex 实用程序，waisindex 统一资源地址 (1) 建立文本文件索引的 UNIX 实用程序，用于使用广域信息服务器（WAIS）访问文本文件。(2) 访问广域信息服务（WAIS）的统一资源地址。

wait　等待，使等待 (1) 实时程序在运行中请求从外存输入数据时所处的一种状态。(2) 使一个程序、一台处理机等处于等待状态。(3) 因某些事件的出现，使任务不能继续进行的状态。

wait acknowledge（WAK）　等待确认[（肯定）应答] (1) 计算机与外围设备之间进行信息交互的一种方式。由于计算机与外围设备的信息处理速度往往不一致，所以当外围设备需要与计算机交互信息时，必须先发出请求，等候应答信号到来后才进行交互。(2) 在通信网络中，数据传输的一种方式。即发送一个消息后，等待接收站送到的一个确认信号后，才发送下一个消息。

walkie-talkie（W/T）　步话机，对讲机 可边走边操作的一种便携式无线电发送接收通信机。可供用户在行进中进行近距离的双向或单向通信，使用的频率为特高频或甚高频。

Walsh code　沃尔什码 也称为"沃尔什-哈达玛（Walsh-Hadamard）码"，有较强的自相关性和较弱的互相关性的一组扩展码。这是一种生成统计上唯一的数字集的算法，用于加密和蜂窝通信。沃尔什码被称为"伪随机噪声码"，用于直接序列扩频（DSSS）系统，如高通公司的CDMA。它们也用于跳频扩频（FHSS）系统，以选择下一跳频的目标频率。

wander　飘移 数字信号的各个有效瞬时对其理想时间位置之长期的非累积性偏移。

Wang net　王安网 由美国王安公司于1981 年公布的局部网产品。采用树形拓扑结构，使用两条宽带同轴电缆（0～400 MHz），分别用于发送信息和接收信息。其 400 MHz 的带宽分成 5 个频带：王安频段（218～241 MHz），用于支持 CSMA/CD（载波监听多路访问/冲突检测）协议，速率可达 10 MBps 的王安设备之间的通信；互连频段（6～72 MHz），用于支持王安设备与其他厂家设备之间的互连和通信，它又分为两个子频段，分别支持专用线路和交换线路；公用频段（174～216 MHz），可同时传输 10 个用于电视会议的 8 MHz 电视信道。王安网络范围为 15 km，能够同时传输语音、数据与图像信息，具有较强的文字处理功能。主要用于办公室自动化及综合信息处理。

wanted signal（WS）　所需[有用]信号 传递用户所需信息的信号，或是用来让接收设备收到信号后产生一个预先设定的动作的信号。

wave　波 (1) 在物理学中，波是一种通过物质或空间传递能量的扰动，很少或没有相关的质量传递（传质）。波由相对固定位置周围的物理介质或场的振荡或振动组成。从数学的角度来看，波作为时间和空间函数，是一类信号。波有两种主要类型：机械波和电磁波。机械波通过物理材料传播。电磁波不需要介质。相反，它最初由带电粒子产生的电场和磁场的周期性振荡组成，因此可以通过真空传播。这些类型的波长不同，包括无线电波、微波、红外辐射、可见光、紫外线辐射、X射线和伽马射线。(2)在电子学中，指电子信号的时间与幅度关系特性。

wave band 波带，波段 (1)赋以特定类型通信设备的频率范围。(2)电磁波的频带。

wavebeam guide laser 波导激光器 谐振腔内激光传播和振荡的模式由波导理论来确定的激光器。固体、液体、气体、半导体等工作物质都可以做成波导激光器，其中较为成熟的是CO_2波导激光器。CO_2激光器的波导管是内径很细(约1 mm)、内表面很光滑的空心导管，可以是圆形或方形，通常用氧化铍(BeO)陶瓷做成。

wave division multiplexing (WDM) 波分(多路)复用 在一条光纤中能同时传输多个波长光信号的一种技术，是频分复用(FDM)应用于光纤信道的一个变例。其基本原理是：不同的信源使用不同波长(频率)的光波来传输数据，将不同波长的光信号在发送端通过光复用器(合波器)合成一束光，送入一条光纤中进行传输，在接收端再由一个光解复用器(分波器)将这些不同波长的光信号区分开来。波分复用对网络的扩容升级、发展宽带新业务、充分挖掘和利用光纤带宽能力、实现超高速通信具有十分重要的意义。

waveform audio file format (WAV) 音频波形文件格式，WAV格式 以波形方式存储声音的一种文件格式。Windows中记录声音的一种文件，该类文件的扩展名为 wav。

waveform coding 波形编码 对话音波形在时域或频域进行编码的技术，用于传递二进制信号。

waveform corrector (WC) 波形修正器 用于消除或降低线性波形失真的一种装置，多数波形修正器能同时修正振幅/频率失真和相位/频率失真。

waveform digitization 波形数字化 从波到数字形式的信号转换技术。每隔一定的时间取出相应的振幅值。有一种专门的语音合成的技术称为波形数字化。

waveform digitizer 波形数字化仪器 一种在专用区间采样输入波形的设备，在采样点处将模拟信号转换成数字信号并将其存储在数字存储器中。

waveform distortion (WD) 波形失真[畸变] 也称为非线性失真或非线性畸变，表现为输出信号与输入信号不成线性关系，这是因为信号经传输和处理后，由于时延、衰减、干扰和信道上分布参数及非线性等因素的影响，与原始波形相比发生了畸变。例如，矩形脉冲信号经传输后上升沿变缓，下降沿沿拖尾。

waveform distortion rate 波动失真率 是用电设备输入端交流电压所有高次谐波之和与基波有效值之比的百分数，为衡量波形失真的技术指标。

waveform generator 波形发生器 (1)一种能产生一组脉冲波形的线路。它由主时钟脉冲驱动，与操作译码器相结合，送出波形去控制机器的各种操作，或产生某种组合的电平和脉冲用以测试逻辑线路的功能。(2)电视行业的波形发生器可将复合彩色视频信号转换为标准波形监视信号。典型的发生器用于显示亮度、色度、直接图像信息和其他相关数据。

waveform monitor (WFM/WM) 波形监视器 在视频系统中，一个测量视频信号特征的设备。X轴(水平轴)表示时间，Y

轴(垂直轴)表示信号幅度。

wave front 波前 从波的前进方向一侧观察到的波的部分。

wavefront 波阵面 一种假设的表面,它连接光束截面上的所有点,这些点与光源保持等距离。用于描述光束特性。

wavefront coding 波前编码 在光学和信号处理中,波前编码是指将相位调制元件与解卷积结合使用,以扩展诸如摄像机之类的数字成像系统的景深。波前编码作为一种增强景深的技术,属于计算摄影的广泛范畴。

waveguide (WG) 波导(管) (1)波导是一种通过将膨胀限制在一维或两维而以最小的能量损失来引导电磁波或声音等波的结构。在没有波导的物理约束的情况下,当波的振幅扩展到三维空间时,它们会根据平方反比定律减小。波幅随着它们扩展到三维空间而根据平方反比定律减小。(2)波导管是用来传送甚高频电磁信号的金属管。矩形波导管通常用来作为微波天线及其配套设备之间的连接部件。圆波导管传送的频率比矩形波导管传送的要高(40~110 GHz),如果通过大气进入螺旋波导管(也属于圆截面波导管,但在管内侧绕有铜线),这有助于对无用的信号模进行衰减。圆形和螺旋形波导管传送的距离可超过数千米,波导管不能陡然地弯曲,但可以逐渐地弯曲。

waveguide coupler 波导耦合器 两个波导之间的连接设备,使电磁波能顺利地从一个波导传向另一个波导。

waveguide delay distortion (WDD) 波导时延失真 在光波导中,由于每个波长的传播时间不同而引起的接收信号失真,它会使光电检测器中总的接收信号展宽。

waveguide dispersion (WD) 波导色散 由于光纤几何特性而使信号的相位和群速度随波长变化引起的色散。

wave impedance 波阻抗 电磁波的波阻抗是电场和磁场的横向分量之比(横向分量是与传播方向成直角的分量)。对于穿过均匀介质的横向电磁(TEM)平面波,波阻抗在任何地方都等于介质的固有阻抗。特别地,对于穿过空的空间的平面波,波阻抗等于自由空间的阻抗。用符号 Z 表示它,并以欧姆为单位表示。可以使用符号 η(希腊字母)代替 Z 来表示波阻抗,以避免与电阻抗混淆。

wavelength (WL) 波长 (1)周期性波在传播方向上具有相同振荡相位的两个相继点之间的距离。(2)交流线上两个相同点或相继点之间的距离,即连续的最大值(或最小值)之间的距离,等于传播速度除以穿过导线的交变频率。

wavelength add drop multiplexer (WADM) 波长分插复用器 全光网的节点设备之一。是波分复用(WDM)环形网络的基本组成单元,WADM 节点可以按需或固定地用解复用器解出需要下路的光波长,同时把要插入的波长经过复用器复用到光纤上传输。WADM 又称为光分插复用器(OADM)。

wavelength conversion 波长转换 在波分复用系统的光纤中,将传送的一个特定波长光信号变为另一个不同波长光信号的处理过程。波长转换是增加光交换网络灵活性、降低阻塞的必要手段。

wavelength-converting transponders 波长转换转发器 最初用于将客户层信号的发射波长转换为 1 550 nm(纳米)波段的DWDM(密集波分复用)系统内部波长之一。注意,即使是 1 550 nm 的外部波长也很可能需要转换,因为它们几乎肯定不具有所需的频率稳定容差,也不具有系统 EDFA(掺铒光纤放大器)所需的光功率。然而,在 20 世纪 90 年代中期,波长转换转发器迅速承担了信号再生的附

W

加功能。转发器中的信号再生通过 1R 快速演变为 2R 至 3R,并进入开销监测多比特率 3R 再生器。

wavelength cross connect(WCC,WXC) 波长交叉连接 全光网的节点设备之一,与波长转换器一同使用,在各输入端和输出端光纤上复用的波分复用(WDM)信道之间建立全光通道的互连。

wavelength division demultiplexer(WDDM) 波分解复用器[去复用器] 在光纤通信中,光纤波分复用传输系统使用的一种器件,功能与波分复用器相反。光输入信号由两个或多个波长的光组成,各输出端口输出的光则具有不同的预选波长范围。

wavelength-division duplexing(WDM) 波分双工 通过将各单个信息流分配给不同波长的信号,在电磁频谱的光学部分中共享传输介质的总可用通带的技术。

wavelength division multiple access(WMDA) 波分多址 是将多个不同波长且互不交叠的光载波分配给不同的光网络单元(ONU),用以实现上行信号的传输,即各ONU根据所分配的光载波对发送的信息脉冲进行调制,从而产生多路不同波长的光脉冲,然后利用波分复用(WDM)经过合波器形成一路光脉冲信号来共享光纤进行传输。

wavelength-division multiplexing(WDM)(光)波分复用 在光纤通信中,波分复用(WDM)是一种通过使用不同波长(即颜色)的激光将多个光载波信号复用到单根光纤上的技术。该技术实现了在一根光纤上的双向通信,以及容量的倍增。术语 WDM 通常应用于光载波,其通常由其波长描述,而频分复用通常应用于更经常由频率描述的无线电波。这纯粹是常规的,因为波长和频率传递相同的信息。

wavelength isolation(WI) 波长隔离 将

波分多路复用器中传输光信号的信道与不用的光信道相互隔离的过程。

wavelength modulation(WM) 波长调制 按照输入信号的瞬间值改变电磁波波长的一种方法。可以把信号直接输入到光源或在光发射之后从外部来改变波长。

wavelength multiplexing 波长多路复用 对每个信号用不同的波长,从而同时传输多个独立的信号的复用技术。特别用于经光纤传输的光波上。

wavelength path(WP) 波长路径[通路] 光路径是全光网中节点之间的传输通道,可以分为波长路径(WP)和虚波长路径(VWP)。WP 是指节点之间以同一波长建立的光路径。其优点是节点内不需要波长变换器,使节点结构简单、造价低;缺点是如果在它所经过的所有链路中,找不到一条空闲波长信道的路由,就会发生阻塞。VWP 是指光路径所经过的链路可以使用不同的波长。建立 WP 的路由算法属于集中控制选路策略,每次呼叫由网控中心(NCC)将路由表发送到所有节点,然后以同一波长建立一光路径。

wavelength routing(WR) 波长路由 在波分复用技术(WDM)光网络中,节点之间的链路是用光波长来建立的。

wavelength routing switch(WRS) 波长路由选择交换[开关] 在 WDM(波分复用)光通信网络中使用波长选择开关部件,由波分复用器/解复用器和光交换矩阵构成,它可以使选定光通道直接通过光传送节点或与其他链路进行交叉连接,或在本地上路或下路。

wavelength switched optical network(WSON) 波长交换光网络 一种通信网络。WSON 由两个平面组成:数据平面和控制平面。数据平面包括波分复用(WDM)光纤链路,通过几十个波长信道的梳状连接光交叉连接(OXC),典型数据速率为 10 Gbps 或 40 Gbps。光端到端连接(即光路)在光域中建立,并由 OXC 以波长粒度进行切换。光路的动态配置和维护由控制平面管理。控制平面在单独的网络上实现,并且通常为数据平面中的每个节点使用一个网络控制器。广义多协议标签交换(GMPLS)协议套件是 IETF(因特网工程任务组)提出的 WSON 事实上的标准控制平面,由三个协议组成。

wavelet 子波,小波 指构成波信号的一个部分或成分,或者在主波信号上寄生的小波形。作为一种波形振荡,振幅从零开始增加,然后减小回零。它通常可以被视为像由地震仪或心脏监测器记录的"短暂振荡"。通常,小波是有目的地精心设计的,具有使其可用于信号处理的特定属性。小波可以使用称为卷积的"反向、移位、乘法和积分"技术与已知信号的一部分组合,以从未知信号中提取信息。小波在图像、声音等信号分析中有着重要作用。

wavelet analysis 小波分析 运用傅里叶(Fourier)变换的局部化思想,进行时空序列分析的一种数学方法。

wavelet technology 小波技术 一种不对称视频压缩算法,它使得不需要综合业务数字网链路即可在现有的铜质电线网络传输视频。这一压缩技术通过速率为 28.8 kbs 的调制解调器可传输视频信号。它在允许高达 120:1 压缩比的同时,仍能产生包含面部表情和清晰面部特征的图像。此外,该算法比在用的离散余弦变换(DCT)算法能更有效地缩放。由于受通信带宽限制,小波算法降低了图像质量,而离散余弦变换(DCT)算法丢失整个图像帧和传输不平稳的图像。此特性在局域网中特别有用,因为带宽可随应用不同而动态改变。该技术破解了视频会议解决方案中的难题,此外 MPEG-4 静态图像压缩也是基于小波技术。

wavelet transform/transformation (WT) 小波变换 基于某些特殊函数将数据过程或数据系列变换为级数系列以发现其类似频谱的特征,从而实现数据处理。在应用领域,特别是在信号处理、图像处理、语音处理以及众多非线性科学领域,它被认为是有效的时频分析方法。小波变换是一个时间和频域的局域变换,因而能有效地从信号中提取信息,通过伸缩和平移等运算功能对函数或信号进行多尺度细化分析,最终达到高频处时间细分,低频处频率细分,能自动适应时频信号分析的要求。

wave trap 陷波器 一种与接收机天线系统连接的谐振电路,用以抑制特定频率的信号。例如,在彩色电视接收机中的副载波陷波器,用于滤除预视频放大器输出的、嵌在视色全电视信号中的副载波信号。

weak interference 弱干扰 对电子设备干扰的程度一般分为三级:一级为弱干扰,基本不妨碍工作;二级为中等干扰,工作困难;三级为强干扰,无法工作。在弱干扰中,干扰信号与工作信号能量相比,幅值较小,不足以对工作信号识别产生严重影响的干扰。

weakly guiding fiber (WGF) 弱导光纤 最大折射率与最小折射率之差较小(通常小于1)的一种光纤。

Web 万维网,环球网 World Wide Web 的简称。

Web address Web 地址 即统一资源定位地址(URL),由协议、主机名、路径和文件名组成。例如,在主页地址:http://enterzone.berkeley.edu/homes/xian.http 是协议,主机名为 enterzone.berkeley.edu,路径为/homes/,文件名为 xian.html。参见 uniform resource locator(URL)。

W

Web application（Web app）　Web 应用（程序）　在计算技术中，Web 应用程序是客户机服务器软件应用程序，其中客户机（或用户界面）在 Web 浏览器中运行。常见的 Web 应用包括 Webmail、在线零售、在线拍卖、维基（wiki）、即时消息服务和许多其他功能。

Web application server（WAS）　Web 应用服务器　WAS 是一个介于传统服务器和后端系统，如数据库或传统应用程序的中介软件。当客户端发出的请求由 Web 服务器递送给 WAS 时，WAS 会完成对收到的请求进行逻辑处理及与后端系统通信等工作。此后，所得结果将以 HTML（超文本标记语言）的格式发还给 Web 服务器，由发出请求的浏览器接收并浏览。使用了 Web 应用服务器可以减轻网站的管理工作量。

Web browser　网页[Web]浏览器　与因特网相连的计算机上运行的一个程序，可向 Web 服务器发送各种请求，并对从服务器发来的由 HTML（超文本标记语言）定义的超文本信息和各种多媒体数据管理格式进行解释、显示和播放。Web 浏览器有两种：基于字符的浏览器和基于图形的浏览器；后者可看到在线的图像、字模和文档布局，因此更受用户欢迎。

webcast　网播，网络广播　和 netcast 是同义词。利用因特网广播信息，使用流媒体技术在因特网上分发的媒体演示，以将单个内容源同时分发给许多听众/观众。网络广播可以直播或点播。从本质上讲，网播是通过因特网进行的"广播"。最大的"网络广播"包括现有的广播电台和电视台，这些广播通过在线电视或在线广播流"联播"其输出。

Weber's law　韦伯定理　图像中对象的可见度取决于不同区域之间的亮度对比度。对于大多数体感的情况下，这种感知的大小往往与亮度成比例而不是与绝对亮度差成比例。韦伯定理对此表述为：增加我们感官的感觉所必须增加的刺激量不是绝对数量，而是取决于增加承受原先直接刺激的比例。也就是说，感觉的差别阈限随原先刺激量的变化而变化，而且表现为一定的规律性。对图像两个区域的对比度感知也取决于边界锐度。如果边界锐度大，则可感知更小的亮度差别。

Web hosting　网站托管　基于因特网的一种商业服务。很多公司（包括个人）把其网站外包给托管公司，由这些公司提供管理服务，负责安全保护，更新软件和提供网站监视服务等。

Web of things（WoT）　物联万维网　一个用于描述允许现实世界对象成为万维网一部分的方法、软件架构风格和编程模式的术语。与 Web（应用层）到因特网（网络层）的情况类似，WoT 提供了一个简化物联网（IoT）应用程序创建的应用层。WoT 不是重新发明全新的标准，而是重新利用现有的和众所周知的 Web 标准用于可编程 Web 中（例如，代表性状态转移-REST、超文本传输协议-HTTP、JavaScript 对象表示法-JSON）、语义 Web（例如，JSON‑LD、Microdata 等）、实时 Web（例如 WebSockets）和社交 Web（例如 OAuth 或社交网络）。

Web personalization　网站个性化　有了网站个性化，用户就能从因特网上更快地获得更多符合个性要求的信息，因为网站已经知道他们的兴趣与需求。网站个性化通常通过搜集用户的信息和使用习惯，以及跟踪用户的动向来实现。

Web phone　网络电话　也称为"IP 电话"，它是通过互联网协议（IP）来进行语音传送的。网络电话是将声音通过网关转换为数据讯号，并被压缩成数据包，然后才通过互联网传送出去，接收端收到数据包时，网关会将它解压缩，重新转成声音给另一方聆听。目前网络电话联机方式一般来说可以分为三种：PC to PC、PC to Phone、Phone to Phone。同 IP phone。

Web portal　(Web)门户网站，网络门户
(1) 通常是一个专门设计的网站，它以统一的方式将来源不同的信息汇集在一起。通常，每个信息源在页面上都有自己的显示信息的专用区域(portlet)；用户常常可以配置要显示的那些信息。门户网站以"统一方式"显示内容的程度可取决于预期用户和预期目的，以及内容的多样性。通常，设计重点是配置和定制内容的表示形式、所选择的实现框架和/或代码库。门户网站可以使用搜索引擎应用编程接口(API)来支持用户通过限制可以搜索哪些域来搜索内联网而不是外联网内容。除了这种常见的搜索引擎功能外，门户网站还可以提供其他服务，如电子邮件、新闻、股票报价、数据库信息，甚至娱乐内容。(2) 是通向某类综合性互联网信息资源并提供有关信息服务的应用系统。门户网站最初仅提供搜索引擎、目录服务，通过快速发展，现在门户网站的业务包罗万象，它能提供新闻、搜索引擎、网络接入、聊天室、电子公告牌、免费邮箱、影音资讯、电子商务、网络社区、网络游戏、免费网页空间等等。

Web real-time communication　(WebRTC)　Web 实时通信　一个免费的开源项目，通过简单的应用程序编程接口(API)为 Web 浏览器和移动应用程序提供实时通信(RTC)。它支持音频和视频通信在网页内部运行，支持直接的点对点通信，消除了安装插件或下载本地应用程序的需要。在 Apple、Google、Microsoft、Mozilla 和 Opera 等公司的支持下，WebRTC 正在通过万维网联盟(W3C)和互联网工程任务组(IETF)进行标准化。

Web server　Web 服务器　(1) 一种 WWW (万维网)网站上使用的基于客户机/服务器结构的软件，存储、处理网页和关联文件、数据库和文档信息的应用程序。与 Web 浏览器采用 TCP/IP(传输控制协议/国际协议)连接，使用 HTTP(超文本传输协议)服务，对客户请求作出响应，把 HTML(超文本标记语言)文档送给 Web 浏览器。(2) 一台存有 WWW 目录的主机计算机，也可指装有某些软件并可发布 Web 信息的计算机。一个 Web 服务器可以安装一个或多个 Web 站点。

Web services description language　(WSDL)　Web 服务描述语言　一个用来描述 Web 服务和说明如何与 Web 服务通信的 XML(可扩展标记语言)语言。WSDL 由 Ariba、Intel、IBM 和微软等开发商提出。WSDL 定义了一套基于 XML 的语法，将 Web 服务描述为能够进行消息交换的服务访问点的集合。WSDL 为分布式系统提供了可机器识别的 SDK(软件开发包)文档，并且可用于描述自动执行应用程序通信中所涉及的细节。WSDL 的设计理念完全继承了以 XML 为基础的当代 Web 技术标准的一贯设计开放理念。WSDL 允许通过扩展使用其他的类型定义语言(不仅是 XML)，允许使用多种网络传输协议和消息格式。同时 WSDL 也应用了当代软件工程中的复用理念，分离了抽象定义层和具体部署层，使得抽象定义层的复用性大大增加。比如，可以先使用抽象定义层为一类 Web 服务进行抽象定义，而不同的运营公司可以采用不同的具体部署层的描述结合抽象定义完成其自身的 Web 服务的描述。WSDL 2.0 在 2007 年 6 月成为因特网标准组织 W3C 的推荐标准。

Web-to-TV　网络到电视　网络到电视的装置提供了一种从互联网到电视机显示 Web 电视或其他网上内容的方法。实现该方法的各种技术包括家庭影院 PC(运行更多用户友好的电视观看软件的台式计算机)、数字媒体接收器(也称为"媒体扩展器",可从局域网重放内容)和智能电视(具有互联网功能的电视机和机顶盒)。

Web tunnel　Web 隧道技术　该技术允许位于防火墙外部的授权用户访问受防火墙保护的内联网的内部 Web 资源。该技术的主要特性如下:所有的内联网 Web 服务器能从外部一致地访问而无须对这些 Web 服务器作特殊的改变;防火墙和访问内部 Web 资源的授权用户能相互认证,他们之间的通信能保证不被窃听;在防火墙内部,认证和机密保证不需改变,无需提供新的安全机制;防火墙能记录和审查其通行者;管理负荷低;外部用户无须在客户机器上安装特殊软件,只需一般的浏览器;实现相对较容易。

Web TV/television　网络电视,万维网[环球网]电视　通过配有调制解调器的机顶盒为用户提供在电视上访问万维网以及发送和接收电子邮件能力的一个系统。用户必须有一家 ISP(因特网服务提供商)并注册到 Web TV 网络中。

weight　权值(重),加权　(1) 在按位表示的方法中,它是一个因数,根据该因数,由诸位置中的一个符号所代表的值可以同时获得一个实数表示形式中其他的组成部分。(2) 在检索提问式中给每一叙词赋以一定的数值,以表示该词在情报检索提问中的相对重要性。(3) 在编码技术中,码字中非零元个数,在二进制码字中是"1"的个数,以 w 表示。联机性码中,任意两码字之和是另一个码字,因而任意两码字间的最小距离为另一码字的最小权重,于是线性码的最小距离等于码字的最小权重。

weighted fair queuing (WFQ)　加权公平排队(算法)　一种拥塞管理算法,是网络调度程序使用的数据分组调度算法。

WFQ 既是基于分组的广义处理器共享(GPS)策略的实现,也是公平排队(FQ)的自然推广:FQ 以相等的子部分共享链路的容量,而 WFQ 允许为每个流指定将给予容量的哪个部分。WFQ 也称为逐包广义处理器共享(PGPS 或 P-GPS),因为它类似于广义处理器共享"在一个数据包传输时间内,无论到达模式如何"。WFQ 是在发生拥塞时稳定网络运行的一种自动解决的方法,它能提高处理性能并减少分组的重发。

weighted random early detection (WRED)　加权随机早期检测　是适用于拥塞避免的网络调度程序的排队规则。它是随机早期检测(RED)的扩展,其中单个队列可具有几个不同的队列阈值。每个队列阈值与特定流量类别相关联。例如,对于较低优先级的数据包,队列可能具有较低的阈值。队列的建立将导致较低优先级的数据包被丢弃,从而保护同一队列中的较高优先级数据包。通过这种方式,使用相同的缓冲区对来自数据包池的重要数据包可以实现服务质量优先级。标准业务流量更有可能被丢弃,而不是更高的优先业务流量。

weighted round robin (WRR)　加权循环调度　一种网络调度规程。每个数据包流或连接在网络接口控制器中都有自己的数据包队列。它是广义处理器共享(GPS)的最简单近似。虽然广义处理器共享为每个非空队列提供极少量的数据,但 WRR 为每个非空队列提供多个数据包。所服务的数据包数量与分配的权重成正比,并且与数据包的大小成反比。

well-known host name　知名宿主名　与特定网络上的一个因特网协议地址相关的一个传统名字。

well-known ports　知名端口　也称为"公认端口",端口号从 0 到 1 023,它们紧密绑定于一些服务。通常这些端口号明确表明了某种服务,是众所周知的。例如,80 端口实际上总是分配给 HTTP(超文本传输协议)服务,21 端口分配给 FTP(文件传输协议)服务等。

Wentzed-Kramers-Brillouin(WKB) WKB 法 一种求解光纤标量波动方程的近似解法,沿用于量子力学及声学等领域。用这种方法推导出特征方程,并对其进行适当变换,最后可求出各种模的传播常数及场分布等参数。此法较适宜用于渐变型多模光纤的求解。

Wheatstone tape 惠斯登纸带 一种用于国际莫尔斯电码的自动发送和接收的纸带。

whip antenna 鞭状天线 是由直线形的柔性导线或金属杆组成的天线。它的下端连接到无线电接收器或发射器。设计的天线柔软,不易损坏。用于便携式无线电的鞭状天线通常由一系列互锁的伸缩金属管制成,因此它们可以在不使用时缩回。较长的用于安装在车辆和结构上,由围绕线芯的柔性玻璃纤维杆制成,长度可达 35 英尺(10 m)。鞭状天线的长度由其使用的无线电波的波长决定。最常见的类型是四分之一波长的鞭形天线,即长度大约是波长的四分之一。鞭状天线是最常见的单极天线类型,用于较高频率的 HF(高频)、VHF(甚高频)和 UHF(特高频)无线电频段。

white Gaussian noise(WGN) 高斯白噪声,白高斯噪声 均匀分布于给定频带上的高斯噪声。高斯白噪声的幅度分布服从高斯分布,它的功率谱密度也是均匀分布的。热噪声和散粒噪声是高斯白噪声。参见 white noise(WN)。

white level(WL) 白电平 (1)对应于电视和传真中最大图像亮度的载波信号电平。(2)在彩色视频信号中,亮度信号的最高容许电平。

wide area network(WAN) 广域网 此类网络作用的地理范围从数十公里到数千公里,可以连接若干个城市、地区,甚至跨越国界,遍及全球的一种通信网络。有时称远程网,被用来实现不同地区的多个局域网(LAN)或城域网(MAN)的互联,它还可提供不同地区、城市、国家间的计算机通信,包括提供长途数字专线电路或虚电路。组建 WAN 可以采用WDM(波分复用)、SDH(同步数字系列)、ATM(异步传输模式)、FR(帧中继)、DDN(数字数据网)等传送技术。对应于 local area network(LAN)。

wide area paging(WAP) 广域寻呼(系统) 把本地寻呼台、区域覆盖网互联而成的一个大地域范围的寻呼互联网络,如全国、多个国家和地区甚至全球联网。广域寻呼系统的意义在于实现更大地域范围内用户间的寻呼信息的传送,弥补本地寻呼范围受限的缺点,大大节省寻呼电话费用,提高了服务能力。

wideband(WB) 宽(频)带 指传输速率达到和超过某一较高速率。同 broadband。

wideband antenna 宽频带天线 一种具有大直径的有效辐射元件的偶极子天线,通常由几组隔开的电线或棒材所组成。

wideband channel(WBC) 宽带信道[频道] (1)频带宽度比音频信道宽的信道。其数据传输速为 10 000～500 000 bps。正常情况下,这类信道带宽为正常信道的 6 倍、12 倍或 60 倍。(2) HRC(混合环控制)轮转环的组成部分,是 FDDI-Ⅱ 最重要的通路,可以用来传送分组数据,也可以用来传送等时的电路交换语音或图像信号。一个 HRC 轮转环有 96 个轮转环组(CG),每个 CG 的长度为 16 字节。从每一个 CG 中取 1 个字节构成一个宽带通路,故一个 WBC 共有 96 个字节。在一个 HRC 轮转环中,共有 16 个 WBC,而每个共有768 bit。

W

因为轮转环主站每秒产生 8 000 个 HRC 轮转环,所以一个 WBC 的数据率应是 768 × 8 000 = 6.144 Mbps,而 16 个 WBC 的总数据率应为 98.304 Mbps。实际上,CG 的每一个字节中的 8 bit 并不是集中排列的,而是在每 8 个轮转环组中按一定规律相互交织在一起。参见 HRC cycle, dedicated packet data group (DPG)。

wideband code division multiple access(W-CDMA, WCDMA) 宽带[宽频]码分多址 (1)由欧洲与日本提交的 W-CDMA 已正式被第三代移动通信项目组织接纳,与 CDMA(码分多址)相比,它具有更大的系统容量和更大的覆盖区域,可以从第二代系统逐步演变,可支持更宽范围的服务,最高可支持 2 Mbps 的高速数据业务,支持一条连线上传输多路并行业务,支持高速率的分组接入等。(2)W-CDMA以及 UMTS-FDD(通用移动通信系统-频分双工)、UTRA-FDD(通用陆地无线接入-频分双工)或 IMT-2000(国际移动通信-2000)CDMA 直接扩频是 3G(第三代)移动电信网络中的空中接口标准。它支持传统的蜂窝语音、文本和 MMS(多媒体信息服务)服务,但也可以高速传输数据,允许移动运营商提供更高带宽的应用,包括流媒体和宽带互联网接入。

wideband coder 宽带编码器 一种声音编码器,其传输带率超过调制解调器使用的 3 kHz 电话通道。

wideband communication system(WBCS) 宽带通信系统 能处理、使用或需要多个不同频率,且通常能提供多个多路复用通信信道的一种通信系统。该系统可以有备用信道,能处理附加的通信量,但比窄带通信系统占用更宽的频带。

wideband data link(WBDL) 宽带数据链路 传输带宽比语音频带更宽的一种高速数据传输链路,其传输速率超过 2 Mbps。

wideband data set 宽带数传机 一种高速数据传输装置。

wideband dipole(WBD) 宽(频)带偶极子 具有低长度与直径比的偶极子,可以在相当宽的频带下产生谐振。

wideband emission 宽带发射 能量谱分布足够均匀和连续的一种发射。TEMPEST(瞬时电磁脉冲发射标准)发射一般是宽带发射。

wideband modem(WBM) 宽带调制解调器 可提供速率为 19 200～230 400 bps 的同步数据传输的一种调制解调器。一般由电话公司提供特别波带传输线(实际为一组音频传输线)来传输数据。主要应用在计算机与计算机之间的通信。

wideband noise 宽带噪声 分布在整个工作频带上的噪声,也称为"白噪声"。

wideband packet technology 宽带分组技术 组合语音、数据和某些图像的所有通信业务,通过每秒能交换上百万个分组信息的宽带分组交换系统进行高速数据传输的一种技术。

wideband ratio 宽带比 多路传输系统中所占有的频率带宽与信息带宽的比值。

wide beam radar 宽束雷达 一种雷达,它发射的信号能量在一个很大的立体角内展开,通常具有相对较大的旁瓣的辐射模式。

wide-open receiver 宽开接收机 基本上没有调谐电路的接收机,因此它可在带宽覆盖范围内同时接收所有频率。

widescreen display modes 宽屏显示模式 宽屏电视提供了几种显示来自 4∶3(标准宽高比)信号源的模式。可以从遥控器手动选择这些模式,或者如果有活动格式描述符可用则可自动选择。

widescreen video 宽屏电视[视频] 画面的宽高比为 16∶9 或 16∶10 的电视。

width band **带宽度** 波段中最高频率与最低频率之间的差值。

Wiener filter **维纳滤波器** 在信号处理中,维纳滤波器是用于通过对观察到的噪声过程进行线性处理时不变(LTI)滤波来产生期望或目标随机过程的估计的滤波器,假设已知的静止信号和噪声谱以及加性噪声。维纳滤波器最小化估计随机过程和期望过程之间的均方误差。

Wien's displacement law **维恩位移定律** 辐射峰值的波长与黑体的绝对温度成反比。随着温度的升高,光谱能量分布曲线的峰值向光谱的短波长方向移动。

Wi-Fi/WiFi **无线保真,无线网络** 是 wireless fidelity 的缩写。是用于基于 IEEE 802.11 标准的无线局域网的设备技术。Wi-Fi 是无线网络联盟的商标,该联盟把 Wi-Fi 认证这一术语的使用限制在成功完成互操作性认证测试的产品上。也指可以使用 Wi-Fi 技术的设备包括台式机和笔记本电脑、视频游戏机、智能手机和平板电脑、智能电视、数字音频播放器和现代打印机。Wi-Fi 兼容设备可以通过无线局域网和无线接入点连接到互联网。这样的接入点(或热点)在室内具有大约 20 m(66 英尺)的范围并且在室外具有更大的范围。热点覆盖范围可以小到墙壁阻挡无线电波的只有一间房间,也可以大到使用多个重叠接入点大到几平方公里。Wi-Fi 最常用的是 2.4 GHz(12 cm 波长)的 UHF(特高频)和 5.8 GHz(5 cm 波长)的 SHF(超高频)ISM(工业科学医疗)无线电频段,这些频段被细分为多个频道。每个频道可以由多个网络分时使用。Wi-Fi 比有线网络更容易受到攻击(称为窃听)。Wi-Fi 保护访问是一系列技术,旨在保护通过 Wi-Fi 网络传输的信息,包括个人和企业网络解决方案。随着环境安全状况的不断变化,Wi-Fi 保护访问的安全功能包括更

强大的保护和新的安全实践。2019 年 Wi-Fi 联盟正式推出 Wi-Fi 6,并根据 Wi-Fi 联盟提出的无线网网络标准的命名规则,由 802.11ax 改为 Wi-Fi 6。

Wi-Fi calling **Wi-Fi 呼叫[电话]** 通过 Wi-Fi 网络拨打电话。电话和运营商的基础设施都必须支持 Wi-Fi 通话,在语音的实时环境中优先处理语音数据。使用单模手机的用户只能在 Wi-Fi 热点内拨打电话。双模手机可在蜂窝电话运营商和开放或预先认证的 Wi-Fi 热点之间无缝切换。Wi-Fi 呼叫旨在消除蜂窝信号较弱的区域中掉线的情况。它还为有固定月度分钟数的运营商计划的客户节省了资金。也称为"Wi-Fi 语音""Wi-Fi 电话""无线 VoIP"和"无线局域网语音"(Vo-WLAN)。

Wi-Fi hotspot **无线网络[Wi-Fi]热点** 是 (IEEE 802.11)无线接入点覆盖的地理边界。通常为互联网接入而设置,任何使用基于无线网络的笔记本电脑、智能手机或平板电脑进入热点的用户都可以连接到互联网,前提是接入点配置为通告其存在(信标)并且不需要授权。如果需要授权,则用户必须知道密码。除了互联网访问,还可以访问当前位于热点中的每个人的计算机上的所有共享文件夹。

Wi-Fi positioning system（WPS/WiPS/WFPS）Wi-Fi 定位系统 是一种地理定位系统,它利用附近 Wi-Fi 热点和其他无线接入点的特性来发现设备所在的位置。它适用于由于各种原因(包括室内多径和信号阻塞)导致 GPS(全球定位系统)等卫星导航信号不足,或需要花费太长时间才能获得卫星定位的情况。这些系统包括室内定位系统。Wi-Fi 定位利用了 21 世纪初城市地区无线接入点的快速增长。

Wi-Fi protected access（WPA）Wi-Fi[无线

W

网络]保护接入[访问] (1) 是一种基于标准的可互操作的 WLAN(无线局域网)安全性增强解决方案,用于替代 WEP(有线等效加密)协议。WPA 超越 WEP 的主要改进就是在使用中可以动态改变密钥的"临时密钥完整性协议"(TKIP),加上更长的初向量,可大大增强无线局域网系统的数据保护和访问控制水平。(2) WPA 和 Wi-Fi 保护接入 II(WPA2)是由 Wi-Fi 联盟开发的两种安全协议和安全认证程序,用于保护无线计算机网络。联盟对这些问题进行了定义,以回应研究人员在之前的系统即有线等效保密(WEP)中发现的严重缺陷。WPA(有时被称为 IEEE 802.11i 标准草案)于2003 年推出。无线网络联盟打算将它作为一种中间措施,以预期更安全和更复杂的 WPA2 的可用性,该系统于 2004 年开始使用,是完整的 IEEE 802.11i(或 IEEE 802.11i-2004)标准的通用简写。2018 年 1 月,无线网络联盟宣布发布 WPA3,与 WPA2 相比有几项安全性改进。

Wi-Fi protected access II（WPA2） Wi-Fi 保护接入［访问］2 WPA2 取代了 WPA。WPA2 需要 Wi-Fi 联盟的测试和认证,它实现了 IEEE 802.11i的强制性要素。特别是,它包括对基于高级加密标准(AES)的加密模式的 CCMP(计数器模式密码块链接消息认证码协议)的强制支持。认证始于 2004 年 9 月;从 2006 年 3 月 13 日起,WPA2 认证对所有带有 Wi-Fi 商标的新设备都是强制性的。

Wi-Fi protected access 3（WPA3） Wi-Fi 保护接入[访问]3 2018 年 1 月,Wi-Fi 联盟宣布 WPA3 取代 WPA2。新标准在 WPA3-个人模式中使用 128 位加密(WPA3-企业模式中使用 192 位)和前向保密。WPA3 标准还取代了 IEEE 802.11-2016中定义的平等同步认证取代了预共享密钥交换,从而在个人模式下实现了更安全的初始密钥交换。Wi-Fi 联盟还声称,WPA3 将缓解弱密码带来的不安全问题,并简化设置没有显示接口设备的过程。

Wi-Fi protected setup（WPS） Wi-Fi[无线网络]保护设置 最初为无线网络的简单配置,是一种网络安全标准,用于创建安全的无线家庭网络。该协议由无线网络联盟创建并于 2006 年推出,该协议的目标是允许对无线安全知之甚少且可能受到可用安全选项威胁的家庭用户设置无线网络保护接入,以及无须输入长密码即可容易地添加新设备到现有网络。在该标准出台之前,不同供应商开发了几种竞争解决方案来满足相同的需求。

WiGig (1) 无线吉比特 wireless gigabit 的缩写。WiGig 联盟于 2009 年推出的一种短程无线技术,后来被 Wi-Fi 联盟所吸收。WiGig 使用未经许可的 60 GHz 频段,旨在替代家庭影院设备的电缆以及移动设备的无线扩展对接。WiGig 支持 7 Gbps 数据速率,比 Wi-Fi 提供更高的带宽,但在嘈杂的环境中也可以降低 Wi-Fi 的速度。但是,如果信号没有障碍物,则可以传输远达 60 英尺的信号。(2) 无线吉比特[千兆位]联盟 Wireless Gigabit Alliance 的缩写。

wildfeed 暗(馈)送 是指通过 C 波段或 Ku 波段卫星进行的未经宣布的电视节目传输。这些节目包括体育赛事、新闻和联合节目,并且通常是未经编辑的。它们的存在是为了让网络电视台能够将节目发送到较小的本地电台。一些大学、学院和大型的学校都有可接收这些信号的设备,个人也可以接收。有些人将预先录制好的节目录制到他们的电脑上,并上传到互联网上,让世界各地的人们能够尽早访问。然而,这是侵犯版权的行为。显然由于这个原因,许多网络

已经转换到需要更昂贵设备的数字馈
送,并且如果需要也可以加密。这减少
了互联网上出现的预先剧集的可用性。

Windom antenna　文德姆天线　也称为
"单线馈电水平天线"。一种多频带发射
天线,可以在其基频偶次谐波上提供较
好的性能。有一种文德姆天线由长度为
基波的半波长水平导线构成,用300 Ω双
铰线馈线,连接引线偏离中心大约35%。

window Xmodem (WXmodem)　窗口 Xmodem
Xmodem通信协议的加速版本,其特点是
允许发送系统无须等待接收系统对传输
的确认,就能继续传输数据。

wink　闪烁(信号)　瞬间中断的单频率音
调。(1)表示远程中心局已准备好接收
用户刚刚拨出的数字。(2)交换系统发
出的单个脉冲,用来表明这些交换系统
已准备就绪,可以交换信息。

wink off　关闭闪烁　通话完毕后,某些最
后用户释放连接器的一种功能。它释放
呼叫交换部件及源路,使呼叫源空闲,当
被叫用户挂起手机时就产生关闭闪烁。

wink pulsing　闪烁脉冲　一系列重复脉
冲,脉冲持续时间相对于无脉冲的时间
要短得多。例如,在主要电话设备中,通
过闪烁脉冲来指出线路保持以每分钟
120 个连续脉冲,94%保持,6%中断(即
470 ms接通,30 ms断开)。

wink signal　闪烁信号　忙信号灯电流周
期性中断。用于按键电话,表示线路已
被占用。

wipe　擦除,白化,划变　(1)在多媒体应
用中,一个图像的淡化和另一个图像的
出现。(2)影视场景沿着移动的边或其
他模式出现并取代前一场景时产生的镜
头过渡效果。

**wired equivalent privacy (WEP)　有线等效
保密(协议)**　用来保护无线局域网中的
授权用户所交换的数据的机密性,防止
这些数据被随机窃听。WEP 使用 RC4
加密算法来保证数据的保密性,通过共
享密钥来实现认证,理论上增加了网络侦
听、会话截获等的攻击难度,但是受到
RC4 加密算法、过短的初始向量和静态配
置密钥的限制,WEP 加密还是存在比较
大的安全隐患。因此在 2002 年后被 Wi-
Fi网络安全存取(WPA)淘汰,又在2004
年由完整的 IEEE 802.11i 标准(也称为
WPA2)所取代。参见 RC5 algorithm。

wire fault　线路故障　由于线路的断开、
线间或电缆中屏蔽的短路所造成的一种
出错状态。

wire grid lens antenna　线栅透镜天线　一
种用于无线电通信的高频透镜天线,范
围在 3~30 MHz。这种天线含有两个圆
形格栅,其中一个悬挂在另一个上面,边
上由径向线杆连接着。

wireless　无线　用于修饰或说明不利用导
线或电缆互连而进行的通信,如无线电、
微波或红外线。

wireless access (WA)　无线接入　利用微
波、卫星等无线传输技术将用户终端接
入到业务节点,为用户提供各种业务的
通信方式。典型的无线接入系统主要由
控制器、操作维护中心、基站、固定用户
单元和移动终端等几个部分组成。

**wireless access network (WAN)　无线接入
网**　部分或全部采用无线方式的接入
网。通常分为移动无线接入(MWA)和
固定无线接入(FWA),固定无线接入早
期也称"无线本地环"。移动无线接入包
括地面移动无线接入和卫星移动无线接
入。固定无线接入包括地面固定无线接
入和卫星固定无线接入。

wireless access point (WAP)　无线接入点
也称为"无线访问点",通常简称接入点
(AP),它不仅包含单纯性无线接入点,
也同样是无线路由器(含无线网关、无线
网桥)等类设备的统称,也是无线网络的
核心。无线接入点主要用于宽带家庭、

大楼内部以及园区内部,典型距离覆盖几十米至上百米。大多数无线接入点都支持多用户接入、数据加密、多速率发送等功能,还带有接入点客户端模式,可以和其他接入点进行无线连接,延展网络的覆盖范围。

wireless access services **无线接入业务** 以无线方式提供的网络接入业务。电信的无线接入业务特指为终端用户提供面向固定网络(包括固定电话网和因特网)的无线接入方式,无线接入的网络位置为固定网业务节点接口(SNI)到用户网络接口(UNI)之间部分,传输媒质全部或部分采用空中传播的无线方式,用户终端不含移动性或只含有限的移动性。

wireless adapter **无线适配器** 一种为膝上型计算机或台式计算机添加无线连接的设备。这种适配器都可以作为外部USB模块以及插入主板上空插槽的 PCI或 PCI Express(PCIe)卡使用。

wireless ad hoc network (WANET) **无线自组织网络** 是一种分散式的无线网络。该网络是自组织的,因为它不依赖于预先存在的基础设施,例如有线网络中的路由器或受管的(基础设施)无线网络中的接入点。相反,每个节点通过转发其他节点的数据来参与路由,因此根据网络连通性和正在使用的路由算法来动态确定哪些节点转发数据。在视窗操作系统中,自组织是一种通信模式(设置),它允许计算机在没有路由器的情况下直接相互通信。无线移动自组织网络是自配置的动态网络,其中节点可以自由移动。无线网络没有基础设施设置和管理的复杂性,使设备能够"在运行中"随时随地创建和加入网络。

wireless application environment (WAE) **无线应用环境** 是无线应用协议(WAP)中的应用层,是以因特网技术为基础的框架结构,包含一个基于浏览器的应用开发环境,主要目的是提供开发应用和服务。

wireless application protocol (WAP) **无线应用协议** (1)一种适用于在移动电话、个人数字助理(PDA)等移动通信设备与因特网或其他业务之间进行通信的开放性、全球性的标准。由 WAP 论坛制订,这个论坛是由诺基亚(Nokia)、爱立信(Ericsson)、摩托罗拉(Motorola)等100 多家厂商专为 WAP 而设立。WAP标准的目的就是要把因特网的先进业务、服务和信息推向手机或 PDA 等终端,它适用于所有网络。WAP 位于GSM(全球移动通信系统)网络和因特网之间,一端连接现有的 GSM 网络,一端连接因特网,用户支持 WAP 协议的媒体电话就可以进入互联网,实现一体化的信息传送。WAP 其实就是新一代媒体电话的运行平台。(2) WAP 是一种开发应用程序的编程模型和语言,在较低层,WAP 将使用窄带套接协议(NSP),该协议提供了一种与因特网连接的标准手段,在较高层,无线标记语言(WML)将提供导航支持、数据输入、超级链接、文本和图像显示等。WAP 协议可以通过各种移动通信承载技术实现数据连接。移动通信系统是一个多标准的网络,世界上的运行标准有 GSM、TDMA(时分多址)和 CDMA(码分多址)等。基于 WAP 协议通信的手机称 WAP 手机。

wireless ATM (WATM) **无线异步传输模式,无线 ATM** ATM(异步传输模式)论坛为采用无线链路传送 ATM 数据包而开发的一个规范,其目标是开发一种机制,能利用卫星或微波系统,通过无线ATM 链路传送语音、传真、数据和视频信号。

wireless bridge **无线网桥** 通过红外线或微波等无线方式连接两个局域网段的设备。参见 network bridge。

wireless broadband (WiBro) **无线宽带(技术)** 是由韩国电信业开发的无线宽带互联网技术。WiBro 是 IEEE 802.16e(移动 WiMAX)国际标准的韩国业务名称。到 2012 年底,韩国通信委员会打算将 WiBro 宽带连接速度提高到 10 Mbps,大约是当时速度的十倍,这将补充其 1 Gbps光纤网络。WiBro 采用 TDD(时分双工)进行双工,OFDMA(正交频分多址)进行多址,8.75/10.00 MHz 作为信道带宽。WiBro 被设计用于克服移动电话(例如 CDMA 1x)的数据速率限制,并为宽带互联网接入(例如 ADSL 或无线局域网)增加移动性。2002 年 2 月,韩国政府在 2.3～2.4 GHz 频段内分配了 100 MHz电磁频谱,2004 年底,WiBro 第 1 阶段由韩国电信技术协会(TTA)标准化,2005 年末国际电信联盟将 WiBro 反映为 IEEE 802.16e(移动 WiMAX)。两家韩国电信公司(KT,SKT)于 2006 年 6 月推出商业服务。WiBro 基站提供每载波 30～50 Mbps 的总数据吞吐量,覆盖半径 1～5 km,支持使用便携式互联网。具体而言,与移动速度高达步行速度的无线 LAN 和移动速度高达 250 km/h 的移动电话技术相比,它为移动设备提供了高达 120 km/小时(74.5 英里/小时)的移动性。WiBro 的峰值下载速度为 128 Mbps,峰值上传速度为 56 Mbps。该技术还将提供服务质量(QoS)。包含 QoS 允许 WiBro 以可靠的方式流式传输视频内容和其他对丢失敏感的数据。与固定 WiMAX 标准(802.16a)相比,这些似乎都是(也可能是)更强大的优势。

wireless charging **无线充电** 无线电力输送技术。无线充电利用磁共振在充电器与设备之间的空气中传输电荷,线圈和电容器则在充电器与设备之间形成共振,实现电能高效传输。

wireless components **无线部件** 用于无线网络中的部件,包括天线和其他不用电缆或光缆连接的发射机和接收机。

wireless connection rate **无线接通率** 手机成功占用信令信道和话音信道的百分比。

wireless datagram protocol (WDP) **无线数据报协议** 无线应用协议组中的一个协议。作为一个通用的传送服务,WDP 提供给其上的协议一个不可见的独立于下面使用的网络技术的平台。由于这个平台对传输协议很普通,WAP 架构的上层的协议能够独立于下层协议独立操作。仅仅让传输层协议处理物理的网络相关事宜,全球的互用性能够通过使用媒介性网关获得。

wireless data network (WDN) **无线数据网** 可支持数据传输的无线通信网。参见 wireless network。

wireless digital assistant (WDA) **无线数字助理** WDA 的意义涵盖范畴比 PDA(个人数字助理)更为广泛,曾一度成为高端智能手机的代名词。

wireless display (WiDi) **无线显示** 是英特尔开发的技术,它使用户无须从兼容的计算机连接到兼容的高清电视,或者通过与其他高清电视或显示器配合使用适配器,即能流式传输音乐、电影、照片、视频和应用程序。英特尔 WiDi 支持高清 1080p 视频质量、5.1 环绕声和低延迟,可与从 PC 发送到电视的应用程序进行交互。使用英特尔 WiDi 装置(widget)的用户可以在他们的 PC 和电视上同时执行不同的功能,例如在 PC 上检查电子邮件,同时从同一设备将电影流式传输到电视。WiDi 于 2015 年停止使用,代之以无线联盟开发的 Miracast 标准,得到了视窗 8.1 及更高版本的原生支持。

wireless dock **无线扩展坞** 无需电缆即可连接到笔记本电脑的扩展坞。笔记本电脑无须通过 USB 或专用连接器将笔

W

记本电脑接入展坞，而是通过 Wi-Fi 或 WiGig 无线传输即可连接到扩展坞，该扩展坞通过电缆连接显示器、打印机和外部存储驱动器。参见 WiGig。

wireless fidelity (Wi-Fi, WiFi) 无线保真，无线网络 俗称无线宽带。其实就是基于 IEEE 802.11 标准设备的无线局域网技术，是由一个名为"无线以太网相容联盟"(WECA)的组织所发布的业界术语。它是一种短程无线传输技术，能够在数百英尺范围内支持互联网接入的无线电信号。随着技术的发展，以及 IEEE 802.11a 及 IEEE 802.11g 等标准的出现，现在 IEEE 802.11 这个标准已被统称作 Wi-Fi。

wireless frequencies 无线频率 使用 IEEE 802.11 协议的无线局域网信道主要以商标 WiFi 销售。802.11 标准为无线保真通信提供了几种不同的无线电频率范围：900 MHz、2.4 GHz、3.6 GHz、4.9 GHz、5 GHz、5.9 GHz 和 60 GHz 频段。每个范围分为多个信道。各国将自己的规则应用于允许的信道、允许的用户和这些频率范围内的最大功率电平。也经常使用 ISM(工业、科学和医疗)频段范围。

WirelessHART 无线 HART 基于网状的 HART(高速通道可寻址远程变换器)传感器网络协议的无线版本。

WirelessHD 无线高清[高分辨率](标准) 也称为 UltraGig，是 Silicon Image(最初为 SiBeam)所拥有的专有标准，用于消费电子产品的高清视频内容的无线传输。该标准目前拥有 40 多个采用方；该规范背后的主要成员包括博通(Broadcom)、英特尔、LG、松下、NEC、三星、西比昂(SiBEAM)、索尼、飞利浦和东芝。创始人打算将该技术用于消费电子设备、PC 和便携式设备。该规范于 2008 年 1 月完成。

wireless home digital interface (WHDI) 无线家庭数字接口 支持家庭内部传输未压缩 HDTV(高清电视)信号的标准，WHDI 1.0 版提供高质量、无压缩的无线链路，在 40 MHz 信道中支持高达 3 Gbps 的数据速率(支持 1 920×1 080@60Hz@24 位)。2010 年发布的 WHDI 2.0 版支持 3D 图像传送，视频速率支持 1080p 显示，工作在非授权 5 GHz 频段，距离可达 100 英尺(30 m)。

wireless intelligent network (WIN) 无线智能网 智能网概念在移动网的延伸。使移动网很容易提供新业务，满足客户新要求。

wireless Internet 无线因特网 通过无线传输提供对因特网访问的网络。无线互联网的例子如家庭、公司或公共场所内的 Wi-Fi 热点，以及来自电信运营商的 3G/4G 蜂窝数据服务。在农村地区，卫星也提供无线因特网服务。与有线因特网对应。

wireless local loop (WLL) 无线本地环路 (1) 是使用无线通信链路作为"最后一英里/第一英里"连接，用于向电信客户提供普通老式电话服务(POTS)或互联网接入(以术语"宽带"销售)。有各种类型的 WLL 系统和技术。此类接入的其他术语包括宽带无线接入(BWA)、环路无线接入(RITL)、固定无线电接入(FRA)、固定无线接入(FWA)和城域无线(MW)。(2) 也称为"无线区域环路"。是指利用无线技术(包括微波、VSAT(甚小孔径卫星终端)、蜂窝通信、无绳电话传输)为固定用户区域的移动用户提供电信业务。一般来说，在用户环路段采用无线技术提供电信业务的无线传输系统均属无线本地环路。

wireless markup language (WML) 无线标记语言 基于 XML(可扩展标记语言)的 WML 是一种现已过时的标记语言，

用于实现无线应用协议（WAP）规范的设备，例如移动电话。它提供导航支持、数据输入、超链接、文本和图像显示以及表单，非常类似于 HTML（超文本标记语言）。它的应用先于现在与 WAP 一起使用的其他标记语言，例如 HTML 本身和XHTML（可扩展超文本标记语言），随着移动设备处理能力的提高标记语言越来越受欢迎。

wireless modem　无线调制解调器　（1）无线网络上使用的一种调制解调器，不通过电话线路进行数据传输。（2）一种提供无线数据传输的设备。该术语通常指3G 或 4G 调制解调器（参见 cellular modem）。它也可以指 Wi-Fi 或蓝牙传输设备。

wireless personal area network（WPAN）　无线个人区域网　使用无线连接的一种个人局域网络。WPAN 被用于在多个设备之间实现信息共享和设备共享，在短距离内进行通信。使用 WPAN 的技术包括蓝牙（bluetooth）、ZigBee、超宽频（UWB）、红外线数据协会（IrDA）、无线通用串行总线（USB）、家居无线射频等。WPAN 作为承载低功率的个人区域网（PAN），达到的范围从几厘米到几米不等。

wireless personal communication（WPC）　无线个人通信　利用无线电通信技术进行的个人通信，按照覆盖范围及功率等级指标的划分，可分为低功率系统和高功率系统。

wireless power transmission　无线输电　无线输电技术是一种利用无线电技术传输电力能量的技术，目前尚在实验阶段。

wireless repeater　无线中继　是无线接入点（AP）在网络连接中起到中继的作用，能实现信号的中继和放大。无线信号从一个中继点接力传递到下一个中继点，并形成新的无线覆盖区域，从而构成多个无线中继覆盖点接力模式，最终达到延伸无线网络的覆盖范围的目的。

wireless roaming　无线漫游　当网络环境存在多个接入点（AP），且它们的微单元互相有一定范围的重合时，无线用户可以在整个无线局域网（WLAN）覆盖区内移动，无线网卡能够自动发现附近信号强度最大的 AP，并通过这个 AP 收发数据，保持不间断的网络连接。

wireless router　无线路由器　带有无线覆盖功能的路由器。无线路由器一般都支持专线 xDSL（数字用户线路）、网线、动态 xDSL、PPTP（点对点隧道协议）四种接入方式，它还具有其他一些网络管理的功能，如 DHCP（动态主机配置协议）服务、网络防火墙、MAC（介质访问控制）地址过滤等功能。主要应用于用户上网和无线覆盖。

wireless security　无线安全性　是指使用无线网络防止未经授权的访问或损坏计算机系统。最常见的无线安全类型是有线等效保密协议（WEP）和 Wi-Fi 保护接入（WPA）。WEP 是一个众所周知的弱安全标准。它使用的密码通常可以在几分钟内通过一般的笔记本电脑和广泛使用的软件工具破解。WEP 是 1999 年开始的旧 IEEE 802.11 标准，它于 2003 年由 WPA 即无线保护接入协会淘汰。WPA 是提高 WEP 安全性的快速替代方案。目前的标准是 WPA2；某些硬件在没有固件升级或更换的情况下无法支持WPA2。WPA2 使用加密设备，使用 256位密钥加密网络；密钥长度越长，WEP的安全性就越高。企业通常遵循 802.1X标准，使用基于证书的系统来验证连接设备的安全性。

wireless sensor network（WSN）　无线传感器网络　（1）由大量传感器节点通过无线通信自组织构成的网络。无线传感器网络不受通信电缆的限制、组态灵活、重构性强,可以在较恶劣的测试环境中使用。它能够协同地实时监测、感知和采集网络覆盖区域中各种环境或监测对象的信息,并对其进行处理,处理后的信息通过无线方式发送,并以自组多跳的网络方式传送给用户。(2)是指一组空间分散且专用的传感器,用于监视和记录环境的物理条件,并在中心位置组织所收集的数据,如温度、声音、污染程度、湿度、风力等。这些网络类似于无线自组织网络,因为它们依赖于无线连接和网络的自发形成,从而可以无线传输传感器数据。WSN 由"节点"构成——从几个到几百甚至几千个,其中每个节点都连接到一个(有时几个)传感器。每个这样的传感器网络节点通常具有若干部分:具有内部天线或连接到外部天线的无线电收发器、微控制器、用于与传感器接口的电子电路和电能源,通常是电池或嵌入式能量收集形式。尽管真正微观尺寸的功能"微粒"尚未产生,但传感器节点的尺寸可能会从鞋盒的尺寸变化到一粒尘埃的大小。传感器节点的成本同样可变,从几美元到几百美元不等,具体取决于各个传感器节点的复杂程度。传感器节点的尺寸和成本约束导致对诸如能量、存储器、计算速度和通信带宽之类的资源的相应约束。无线传感器网络的拓扑结构可以从简单的星形网络到高级多跳无线网状网络。网络跳跃之间的传播技术可以是路由或泛洪。

wireless transaction protocol (WTP) **无线事务处理协议** 是移动电话中使用的标准。它是无线应用协议(WAP)中的一层,旨在为移动电话提供互联网接入。能够通过安全的或不安全的无线数据网络来进行有效操作。WTP 提供类似于 TCP(传输控制协议)的功能,只是 WTP 减少了每个事务处理所需的信息量(例如,不包括重新排列无序数据包的规定)。WTP 运行在 UDP(用户数据报协议)之上并执行许多与 TCP 相同的任务,但在某种程度上针对无线设备进行了优化,与 TCP 相比节省了处理和内存成本。它支持三种类型的事务处理:① 不可靠的单向请求;② 可靠的单向请求;③ 可靠的双向请求。

wireless transmission medium **无线传输介质** 自由空间为无线传输提供了物理通道,故自由空间是无线传输介质。在自由空间传输的电磁波根据频谱可将其分为无线电波、微波、红外线、激光等。

wireless transport layer security (WTLS) **无线传输层安全(协议)** 它的作用是保证传输层的安全,作为 WAP 协议栈的一个层次向上层提供安全传输服务接口。WTLS 是以安全协议 TLS(传输层安全) 1.0 标准为基础发展而来的,提供通信双方数据的机密性、完整性和通信双方的鉴权机制。WTLS 工作在无线数据报协议(WDP)层和无线传输协议(WTP)层之间,它所提供的服务对这两层协议来说是可选的。WTLS 由功能协议层和记录协议层构成。

wireless USB (WUSB) **无线 USB[通用串行总线]** 是由无线 USB 促进组创建的一种短距离、高带宽无线的无线电通信协议,旨在进一步提高基于 USB 的通用技术的可用性。它由 WiMedia 联盟维护(截至 2009 年),目前的修订版为 1.0,于 2005 年获得批准。无线 USB 基于 WiMedia 联盟(现已解散)的超宽带(UWB)通用无线电平台,能够以最大 3 m(9.8 英尺)的距离发送 480 Mbps,在长达 10 m(33 英尺)的距离上发送 110 Mbps。设计的工作频率范围为 3.1～10.6 GHz,尽管在一些国家,当地的监管政策可能会限制合法的工作频率范围。

wireless wide area network (WWAN) **无线广域网** 是无线网络的一种形式。与局域网相比,广域网的规模更大,需要不同的技术。不同大小的无线网络以电话呼叫、网页和流式视频的形式传送数据。WWAN 通常不同于无线局域网(WLAN),它使用移动电信蜂窝网络技术传输数据,例如 LTE(长期演进技术)、WiMAX(通常称为无线城域网(WMAN))、UMTS(通用移动通信系统)、CDMA2000(码分多址 2000)、GSM(全球移动通信系统)、CDPD(蜂窝数字分组数据)和 Mobitex 网络。它还可以使用本地多点分发服务(LMDS)或 Wi-Fi 来提供互联网访问。这些技术在区域、全国甚至全球范围内提供,由无线服务提供商提供。WWAN 连接支持具有笔记本电脑和 WWAN 卡的用户在蜂窝服务的区域边界内的任何地方上网、查看电子邮件或连接到虚拟专用网络(VPN)。各种计算机可以集成 WWAN 功能。WWAN 也可以是低功率、低比特率的无线 WAN(LPWAN),用在物体之间传送小的信息包,通常采用电池供电的传感器的形式。由于无线电通信系统不提供物理上安全的连接路径,因此 WWAN 通常包含加密和认证方法以使它们更安全。一些早期的 GSM 加密技术存在缺陷,安全专家已发出警告,包括 WWAN 在内的蜂窝通信已不再安全。UMTS(3G)加密是后来开发的,尚未被破解。

wiring closet　配线间　一种小房间,通常位于如学校和办公室等机构建筑物中,在那里进行电气连接。虽然它们用于许多目的,但它们最常见的用途是用于计算机网络,其中它可以被称为房屋配线(PWD)间。许多类型的网络连接限制了个人计算机等终端用户设备和路由器等网络接入设备之间的距离。这些限制可能需要在大型建筑物的每个楼层上设置多个配线间。

wobble　摆动　可录光碟的沟槽的径向是以正弦方式弯曲而呈螺旋形,这种结构称摆动。可录光碟的摆动频率有两种,DVD-RW 采用 140.6 kHz,而 DVD+RW 则采用 817.4 kHz。摆动加载了可录光碟的信息,它可以提供跟踪信息和速度信息。地址信息因格式不同而各不相同。

word period　字周期　在连续两个字中对应位置上的数据信号之间的时间间隔。

word synchronized　字同步(的)　将位模式与字界对准。

working frequency　工作频率　(1)在某一给定情况或操作中使用的特定频率。工作频率的一个例子是在某一紧急时期(例如,在某个搜寻和救援工作时,在已经用紧急呼叫频率建立了接触以后)的全部或部分过程中所使用的频率。(2)指某个站向另一个站发送消息所使用的频率。

workspace as a service(WaaS)　工作区即服务　云服务提供商提供的瘦客户机体系结构。WaaS(工作区)和 DaaS(桌面)服务之间的区别在于,工作区模型提供了一个完整的计算机环境,其中包含完整的防病毒、备份等功能。虽然这两个术语可以同义使用,但桌面模型通常只是操作系统桌面。参见 desktop as a service(DaaS),XaaS。

workstation controller(WSC)　工作站控制器　一种将本地的工作站直接连接到系统的设备。

work unit　工作单位[单元]　用单条 GET 或 READ 宏指令从通信软件传送给应用程序的数据量;或是用单条 PUT 或者 WRITE 宏指令从应用程序传送到 MCP(信息控制程序)的数据量。工作单位可以是一个报文或一个记录。

world administration radio conference(WARC)　世界无线电管理会议　一个主要工作于通信频率分配的国际组织。在 20 世纪 70 年代中集中处理与卫星通信有关的问

W

题,由国际电信联盟（ITU）执行世界行政无线电会议所达成的任何频率分配协议。

WorldDAB 全球数字音频广播组织 一家全球性的行业组织,负责确定 Eureka-147 系列的标准,包括用于数字广播的 DAB(数字音频广播)和 DAB+。

world data center（WDC） 世界数据中心 为促进科技发展和国际交流、专门收集包括地球和宇宙科学技术方面信息的一个国际组织。世界数据中心由美国的 WDC-A、原苏联的 WDC-B 以及西欧、澳大利亚和日本的 WDC-C 三部分组成。

world numbering plan 国际编号方案 国际电报电话咨询委员会（CCITT）制定的一种编号方案,它将全球分为九个区域。每个区域分配一个号码,该区域中所有国家的国家代码中的第一位即为所在区的区号。国家[地区]代码的首位数字代表地理上的大区。其中 1 代表北美,2 代表非洲,3 和 4 代表欧洲,5 代表南美和古巴,6 代表南太平洋,7 代表原苏联地区,8 代表北太平洋(东亚),9 代表远东和中东,0 备用。中国的国家代码是 86。各个国家[地区]规定的内部电话号码长度是不相同的,一般等于或小于 12 位减去其国家[地区]代码的长度。如中国,国家码为 2 位数,国内电话号码为 10 位数,加起来总长度为 12 位。

world numbering zone 世界编号区 参见 world numbering plan。

world radiocommunications conference（WRC） 世界无线电通信大会 国际电信联盟（ITU）涉及无线电频率、卫星轨道资源的划分、分配、指配、规划及管理的全球盛会。每两年召开一次。

world system teletext（WST） 世界系统图文电视 是用于编码和显示图文电视信息的标准的名称,它被用作当今整个欧洲的图文电视的标准。

worldwide interoperability for microwave access（WiMAX） 全球微波接入[微波接入全球]互操作性 是基于 IEEE 802.16标准集的一系列无线通信标准,提供多个物理层（PHY）和媒体访问控制（MAC）选项。"WiMAX"这个名称是由 WiMAX 论坛创建的,该论坛于 2001 年 6 月成立,旨在促进该标准的一致性和互操作性,包括为商业供应商定义预定义的系统方案。该论坛将 WiMAX 描述为"一种基于标准的技术,可以提供最后一英里无线宽带接入,作为有线和数字用户线路的替代方案"。IEEE 802.16m 或 WirelessMAN-Advanced 是 4G 的候选技术,与长期演进技术（LTE）高级标准竞争。WiMAX 最初设计用于提供 30～40 Mbps的数据速率,2011 年更新为可提供高达 1 Gbps 的数据速率。

world wide web（WWW/W3） 万维网,W3 网 (1) 基于超媒体的、方便用户在因特网上检索和浏览信息的一种广域信息查询工具。超媒体是超文本和多媒体在信息浏览环境下的结合,用户使用万维网不仅可以查询文本信息,还可以获得声音和图像信息。万维网基于客户-服务器模式。为用户提供基于超文本传送协议的用户界面,服务器的信息是用超文本标记语言来描述的。其中超媒体链接使用统一资源定位器。(2) 万维网是因特网中的一种信息服务系统,主要有两层含义:第一是广泛的使用,即用户通过使用 FTP(文件传输协议)、HTTP(超文本传输协议)、telnet(远程登录)、Usenet(网络新闻组)、WAIS(广域信息服务)和其他工具可接入所有信息源;第二是指通用的超文本服务器,它可对文本、图像、声音文件进行混合处理。万维网提供图形界面的信息浏览方式。WWW 服务器为用户提供信息内容,用户可以通过浏览器软件访问服务器并获得所需信息,用户还可以通过建立永久性的因特网连接,建立自己的 WWW 服务器并发布信息,或者在因特网网站上租用部分 WWW 服务器空间发布信息。(3) 有时也称为"3W"、"W3"或"Web"。它最初是由位于瑞士的欧洲粒子物理研究中心(CERN)开发的,其初衷就是让用户通过点击页面中的某些敏感点(链接)而顺藤摸瓜地在因特网上漫游。现在,从使用上看 WWW 至少有三个含义:① WWW 是一种协议。是一种允许用户容易地制作超文本信息为其他用户所用的协议;② WWW 是一种支持上述协议的客户端服务系统。WWW 的最大优点就是信息可以分散归类到各种页面里存放,在一个页面中使用指向其他页面的"链接"来帮助用户发现和检索信息。另外一个优点是表示信息的方式不受限制;③ 在观念上,WWW 已经逐渐作为因特网一部分或因特网最新表现形式而被广大用户所接受。

wormhole　虫孔　一种多机系统间的路由模式,将消息分成流控制单位后在网络上进行传送,每个流控制单位通常是若干字节,各个流控制单位以流水方式在网络中传递,第一个流控制单位中包含路径信息,当它被阻挡时其余的单位也被阻挡,这种方法避免使用中间节点的大量缓冲存储空间,网络上的每个路由器只需较小的缓存,并使得处理机间的通信延迟减少。

wormhole flow control　虫孔[虫洞]流量控制　也称为虫洞交换或虫洞路由,是计算机网络中基于已知固定链路的简单流量控制系统。它是称为闪烁缓冲器(flitbuffer)流量控制的流量控制方法的一个子集。虫洞交换是一个比路由更合适的术语,因为"路由"定义了到达目的地的路由或路径。虫洞技术并未规定到达目的地的路由,而是决定数据包何时从路由器向前移动。虫洞交换因其低延迟和节点要求小而广泛用于多台计算机。虫洞路由支持非常的低延迟、高速、有保证

的数据包传输,适合实时通信。

worst-loaded path　最坏负载通路　一种常用的选路策略,可以在最小负载通路上留下更多带宽容量为要求高带宽的新用户呼叫服务。

wow and flutter (WAF)　颤动和脉动,抖晃(率)　由于带速变化而引起的信号输出频率的变化。颤动在低速时产生,而脉动则在高速时产生。

wrap capability　绕接能力　直接将调制解调器的输入线和输出线连接起来的能力。

wrapped connection　绕接法　将通信系统的输出信号直接馈送到输入端,进行自发自收测试的方法。

wrap testing　绕回测试　不对装置本身进行检查而对连接其上的部件或控制器的电路进行的一种测试。这种测试将装置的输出作为输入返回,进行检查。例如,当发生不可恢复的通信转换器或机器差错时,使用这种绕回测试,传送一个特定的字符模式给予或通过环路上的调制解调器,然后将接收到的字符模式与传送的字符模式比较。

write once (WO)　写一遍　修饰或说明只能写入一次但不能重写的存储媒体,如 WORM(一写多读)光碟,CD-R(可记录光碟)。

write-once optical disk　只写一次式光碟　用户只能写入一次信息的光碟。用聚焦激光束的热能使存储介质发生永久性形变而进行记录。

write once read many (WORM)　一(次)写多(次)读,WORM 光碟　光碟的一种类型,数据一旦写入后就不能修改,可以反复读出,是一种大容量存储装置。

write-once technology (W-O technology)　一次写技术　一次写光碟记录技术。使用配置有合适软件的一次写驱动器,在只允许写一次的光碟上写(刻录)一个记录

W

段或多个记录段,直到碟上的所有记录段都写满。该术语起始于计算机使用的 WORM 光碟。在 Philips 等公司颁布的橙皮书的第 2 部分中,详细规定了在 12 cm CD 上实现一次写技术的规范。

Wullenweber antenna　伍伦韦伯天线　一种大孔径多端口天线,有许多垂直单元排成一圈用于方向探测。通过旋转的电容耦合天线方向性调整器可得到旋转响应图案。在典型情况下,它结合邻近天线单元的响应,形成高的方向性和与差的定向波束。该系统能确定发射物的方位角,但不能确定范围。

W3C device description working group (DDWG)　W3C 设备描述工作组　作为万维网联盟(W3C)移动网络计划(MWI)的一部分工作组,其特许"促进设备描述的提供和访问,可用于支持在移动设备上提供适当用户体验的启用 Web 的应用程序"。移动设备具有最大的功能多样性,因此对内容适配技术提出了最大的挑战。该小组发布了多个文档,包括设备描述存储库(DDR)接口的要求列表和满足这些要求的标准接口。该小组于 2008 年底关闭,但打算通过 W3C 志愿者的努力来维护网页、博客和维基。

W

X

XaaS　一切皆服务　是 everything as a service 的缩写。这是一个统称,代表"X as a service""anything as a service"。这一缩写指通过互联网提供越来越多的服务,而不仅仅指本地或现场服务。云计算的本质就是 XaaS。XaaS 最常见的例子是软件即服务(SaaS)、基础设施即服务(IaaS)和平台即服务(PaaS)。这三个结合起来使用,有时被称为 SPI 模式(SaaS,PaaS,IaaS)。XaaS 的其他例子还包括备份即服务(BaaS)、大数据即服务(BDaaS)、通信即服务(CaaS)、桌面或数据即服务(DaaS)、数据质量即服务(DQaaS)、灾难恢复即服务(DRaaS)、功能即服务(FaaS)、身份认证即服务(IDaaS)、监测即服务(MaaS)、网络即服务(NaaS)、量子计算即服务(QaaS)、机器人技术即服务(RaaS)、存储即服务(SaaS)、统一通信即服务(UCaaS)、工作区即服务(WaaS)和相同的旧软件即服务(SoSaaS)网络等等。

X and V series recommendation of CCITT　CCITT X 和 V 系列建议　国际电报电话咨询委员会(CCITT)提出的关于电话和用户电报网上传输数据的规程系列。国际电信联盟所属国际电报电话咨询委员会(CCITT)对国际通信用的各种通信设备及规程的标准化分别有一系列的建议。在数据通信范畴,CCITT 有两种系列的建议,即 V 和 X 系列建议书。在数据通信的开始阶段,各国都利用已建成的公用电话交换网和用户电报网,在其上进行数据传输,所以,从 20 世纪 60 年代起逐步形成了 V 系列建议书。例如

V1、V2、…、V57 等,每一个建议针对一个专题。随着电子计算机与数据通信的迅速发展,利用原有电话电报网进行数据通信已经不能满足需要,各国着手建立专门适用于数据通信的公用数据通信网,于是从 20 世纪 70 年代起 CCITT 继 V 系列之后逐步形成了 X 系列建议书。例如 X1、X2、…、X96 等。

X-band　X 波段　通常用于雷达、微波通信及卫星通信的一个波段。按照 IEEE 521-1976 标准,X 波段频率为 8.0～12.0 GHz,相应的波长为 3.75～2.50 cm。因此,以前称其为 3 cm 波段。

X bitmap(XBM)　X 位图　(1)在 UNIX 环境下使用的黑白位图图形格式。它使用 .xbm 扩展名,通常用作 Web 上的超文本图标。许多 Web 浏览器都将图像的白色部分视为透明的或背景,这将采用底层窗口的颜色。(2)在计算机图形学中,X 窗口[视窗]系统使用的 X 位图(XBM),一种纯文本二进制图像格式,用于存储 X GUI(图形用户界面)中使用的光标和图标位图。1989 年,XBM 格式被 XPM 取代用于 X11(X 窗口系统)。

X diffractometer　X 射线衍射仪　一种 X 射线分析仪器,用于测量不同角度的衍射束强度。X 射线衍射仪可以精确测定物质的晶体结构及应力,精确地进行物相分析,定性分析,定量分析。

x digital subscriber line(xDSL)　各种[X]数字用户线路　首字母 x 是一个随 DSL(数字用户线路)的变化而变化的变量。xDSL 被设计用来在现有的铜电话线路

上传送更高的带宽。xDSL 技术按上行（用户到网络服务端）和下行（网络服务端到用户）的速率是否相同可分为速率对称型和速率非对称两类：前者的上下行信道速率相同，目前比较成熟的包括 HDSL（高位速率数字用户线路）、SDSL（单线数字用户线路）和 IDSL（因特网数字用户线路）。后者的上下行信道的速率则不同，有 ADSL（非对称数字用户线路）、VDSL（超高位速率数字用户线路）、RADSL（速率自适应数字用户线路）和 CDSL（消费者数字用户线）等。

XFP transceiver　XFP 收发器　是用于光纤的高速计算机网络和电信链路的 10 千兆位小型可插拔收发器的标准。2002 年一个行业组织定义了它，以及它与其他电子元件的接口，称为 XFI。XFP 比流行的小型可插拔收发器（SFP 和 SFP＋）略大。

XGMII extender sublayer（XGXS）　XGMII 扩展器子层　XGMII（10 吉比特介质无关接口）扩展器的目的是扩展 XGMII 的工作距离，并减少接口信号的数量，XGXS 由 MAC（介质访问控制）端的 XGXS、PHY（物理）端的 XGXS 和它们之间的 XAUI（10 吉比特连接单元接口）组成。应用包括扩展分布在电路板上的万兆以太网系统中的 MAC 和 PHY 组件之间可能的物理隔离。

XG-PON　10G 无源光网络　10G passive optical network 的缩写。

X guide　X 波导　具有 X 形横截面的电介质结构的表面波传输线。

XHTML　可扩展超文本标记语言　extensible hypertext markup language 的缩写。是 XML（可扩展标记语言）标记语言系列的一部分。它镜像或扩展了广泛使用的超文本标记语言（HTML）的版本，HTML 是制作网页的语言。虽然 HTML5 之前的 HTML 被定义为标准通

用标记语言（SGML）的应用，SGML 是一种灵活的标记语言框架，但 XHTML 是 XML 的应用，是 SGML 的一个限制性更强的子集。XHTML 文档格式良好，因此可以使用标准 XML 解析程序进行解析，这不像 HTML 那样需要一个宽松的特定的 HTML 解析程序。XHTML 1.0 于 2000 年 1 月 26 日成为万维网联盟（W3C）建议。XHTML 1.1 于 2001 年 5 月 31 日 成 为 W3C 建议。被 称 为 XHTML5 的标准是作为 HTML5 规范的一个 XML 改编而开发的。于 2014 年 10 月 HTML5 规范由 W3C 发布。

XHTML Basic　XHTML 基础版　一种基于 XML 的结构化标记语言，主要用于简单（主要是手持）用户代理，通常是移动设备。XHTML 基础版是 XHTML 1.1 的子集，使用 XHTML 模块化定义，包括用于文档结构、图像、表单、基本表和对象支持的简化模块集。XHTML 基础版适用于移动电话、PDA（个人数字助理）、寻呼机和机顶盒。随着更兼容的用户代理的开发，它将取代 WML（无线标记语言）和 C-HTML（紧凑的超文本标记语言）。XHTML 基础版超越 WML 和 C-HTML 的一大优势是 XHTML 基础版页面可以在 Web 浏览器和手持设备上以不同方式呈现，而无需同一页面的两个不同版本。2006 年，该规范被修订为 1.1 版。为了更好地服务于小型设备社区，该语言添加入了六项新功能。

XHTML mobile profile（XHTML-MP）　XHTML 移动概要　一种超文本计算机语言标准，专为移动电话和其他资源受限设备而设计。它是由开放移动联盟定义的 XHTML 文档类型。XHTML-MP 是通过添加 XHTML 模块从 XHTML 基本版 1.0 派生而来的，更高版本的标准添加了更多模块。但是，对于某些模块，XHTML-MP 并未强制要求完整实现，

因此 XHTML-MP 浏览器可能无法完全符合所有模块。XHTML MP 1.2 DTD（文档类型声明）是目前的建议，于 2008 年 3 月完成。XHTML 基本版 1.1 于 2008 年 7 月成为 W3C 推荐标准，取代了 XHTML-MP 1.2 版。

XID frame　交换站标识（符）帧　简称"XID 帧"，在高级数据链路（HDLC）规程中，用于在相关站点之间交换操作参数的帧。帧中信息应包括任何一种或全部基本操作特征，例如标识鉴别和/或有关的每个站的可选取功能和设施的选择。

X interface　X 接口　在电信管理网（TMN）的 X 参考点处实现 X 接口。提供 TMN 与 TMN 之间或 TMN 与具有 TMN 接口的其他管理网络之间的连接。在这种情况下，相对 Q 接口而言，X 接口上需要更强的安全管理能力，要对 TMN 外部实体访问信息模型设置更多的限制。为了引入安全等级，防止不诚实的否认等，也需要附加的协议，但 X 接口应用层协议与 Q3 的是一致的。

XML base　XML 链接标准　万维网联盟（W3C）于 2001 年 6 月 27 日发表了 XML（可扩展标记语言）链接标准"XML base"和"XLink"的推荐版本。XML base 提供了一种通过显式地指定一个基准 URI（统一资源标识符），并通过此基准 URI 来解析指向外部资源的相对 URI 的方式。具体是通过指定 XML 元素的 xml：base 属性来实现的。XML base 向包括 XLink 等在内的 XML 应用提供与 HTML（超文本标记语言）要素"base"相同的功能。它可以使标记者明确基本 URI，并可以使图像及 applet、样式表单等其他资源的相关链接得到使用。由于 XML base 是作为模块标记的，因此可以在其他应用中再次使用或者进行参照。

XML information set（XML infoset）　XML 信息集　是一个根据一组信息项描述 XML（可扩展标记语言）文档的抽象数据模型的万维网联盟（W3C）规范。XML 信息集规范中的定义旨在用于其他需要引用格式良好的 XML 文档中的信息的规范。如果 XML 文档格式良好并且满足命名空间约束，则它就具有一个信息集。为了拥有一个信息集，不要求 XML 文档是有效的。

Xmodem　Xmodem 协议　一种于 1977 年开发的用于异步通信的文件传输协议。以 128 个字节的块为单位传输信息，赋予每一所传输的帧一个顺序排列的块号，该块号用于报告传输中的错误。在每一块中包含的数据字节总和用于检查所传输数据中的错误。这个协议被广泛用作公用软件并用于许多通信程序中。几乎所有支持文件传输的计算机都支持这种协议，速度比较低。该协议是为第一代个人计算机（运行 CP/M 操作系统的 PC 机）之间的通信而开发的通信协议。这种协议的一种改进型称为带循环冗余检验（CRC）校验码的 Xmodem 协议，可以查出所有传输错误。

Xmodem CRC　带 CRC 校验的 Xmodem 协议　一种 Xmodem 文件传输通信协议的增强型版本，该协议使用 2 字节的循环冗余校验码（CRC）来检测传输错误。参见 cyclic redundancy check（CRC）。

Xmodem-1K　Xmodem-1K 协议　以 1 024 字节为一个数据包的 Xmodem CRC（循环冗余校验）协议，使用了更可靠的错误校验方式，传输距离更远。在一些系统中和公告板上也可以称它为 Ymodem。

XNS reference model　施乐网络系统参考模型　施乐公司开发的网络体系结构和协议层次关系。该模型提供了 5 个层次协议。第 0 层协议相当于开放系统互联（OSI）的物理层和链路层，用于处理数据链路访问和位流操作，使用以太网、X.25、高级数据链路控制（HDLC）等协

X

议。第1层称为网络层,对应于 OSI 网络层的下部,用于网络层数据传输。第2层称为传输层,对应 OSI 网络层的上部和传输层,用于路由选择和进程之间通信处理。第3、4层分别是表示层和应用层,用于处理数据结构、进程与进程之间通信以及一些应用功能。

XOFF 请求停发,发送器停 transmitter off 的缩写。

XON 请求发送,发送器开 transmitter on 的缩写。

XON/XOFF XON/XOFF 异步通信协议 能保持接收设备和发送设备同步的简单异步通信协议。当接收设备的缓冲区装满时,它向发送设备发送 X-off 控制字符,令其停止发送。当传输可以进行时,它向发送设备发送 X-on 控制字符,再次启动发送。这种通信方式也称"软件握手"。

XON/XOFF handshaking XON/XOFF 握手 借助于 XON/XOFF 信号建立两台互相通信的计算机之间连接的过程。

X PixMap (XPM) X 像素映射 是 X 窗口[视窗]系统使用的图像文件格式(IFF),由 Daniel Dardailler 和 Colas Nahaboo 于 1989 年在法国索菲亚-安提波利斯(Sophia Antipolis)的 Bull 研究中心创建,后来由 Arnaud Le Hors 增强。它主要用于创建图标像素图,并支持透明像素。它源于早期的 XBM(X 位图)语法,它是 XPM2 格式的纯文本文件或 C 编程语言语法,可以包含在 C 程序文件中。

X-press information services X 按钮信息业务 一种图文传输业务。它提供一种称为 X-CHANGE 的业务,允许用户接入各种国际新闻线路业务。

Xpress technology Xpress 技术 是博通(Broadcom)公司基于标准的帧突发方法,用来改善 802.11 无线局域网性能。

最初是在 IEEE 802.11e 草案规范中的基于软件的帧突发的实现,并且在无线多媒体扩展(WME)规范中描述。

X-press transfer protocol (XTP) X 按钮传输协议 一种局域网协议。支持包括 16 Mbps 的令牌环网络、宽带综合业务数字网络以及 100 Mbps 光纤分布数据接口(FDDI)网络。

X protocol X 协议 一个低级通信标准,用于在 X 窗口系统下委托应用软件向服务器软件请求窗口操作并交付这些请求。

X recommendations X 推荐标准 国际电报电话咨询委员会(CCITT)的文献,描述数据通信网络标准。包括 X.25 分组交换标准、X.400 消息处理系统和 X.500 目录服务。

X series X 系列(推荐标准) 由国际电信联盟-电信标准化部(ITU-T)推荐的,用以将用户数据终端和数字电路终端设备连接到公共数据网(PDN)的一系列推荐标准,参见 X series recommendations。

X series recommendations X 系列建议 由 ITU-T(国际电信联盟-电信标准化部)制定的公用数据通信网及相关技术的一系列标准,包括:① 公用数据网:业务和设施、接口(X.1~X.49 建议);传输、信令和交换、网络概貌、维护和管理安排(X.50~X.199 建议);② 开放系统互连(OSI):模型和记法表示、服务限定(X.200~X.219 建议);协议技术规程、一致性测试(X.220~X.299 建议);③ 网间互通:概貌、移动数据传输系统、网际管理(X.300~X.379 建议);④ 报文处理系统(X.400~X.499 建议);⑤ 号码簿(X.500~X.599 建议);⑥ OSI组网和系统特性(X.600~X.699 建议);⑦ OSI管理(X.700~X.799 建议);⑧ 安全保密(X.800~X.849 建议);⑨ OSI 应用(X.850~X.899 建议);⑩ 开放分布式处理(X.900～X.999 建议)。

XviD　XviD 编解码器　是遵循 MPEG-4
视频编码标准的视频编解码器库,特别
是 MPEG-4 第 2 部分高级简单配置文件
(ASP)。它使用 ASP 功能,如 b 帧、全局
和 1/4 像素运动补偿、lumi(亮度)掩蔽、
网格量化,以及 H.263、MPEG(运动图像
专家组)和自定义量化矩阵。XviD 是
DivX Pro Codec 的主要竞争对手。与
DivX 编解码器(由 DivX 公司开发的专
有软件)相比,XviD 是根据 GNU 通用公
共许可证条款分发的免费软件。这也意
味着,与仅适用于有限数量平台的 DivX
编解码器不同,XviD 可用于可编译源代
码 的 所 有 平 台 和 操 作 系 统。参 见
advanced simple profile (ASP)。

X.1　X.1 标准　由国际电报电话咨询委员
会(CCITT)提出的标准建议,规定公用
数据网的国际用户业务类别。

X.110　X.110 标准　由国际电报电话咨询
委员会(CCITT)提出的标准建议,在数
据通信中,通过同类型公用数据网的国
际公用数据业务的路由原则。

X.121　X.121 标准　由国际电报电话咨询
委员会(CCITT)提出的标准建议,在数
据通信中,公用数据网的国际编号方案。

X.130　X.130 标准　由国际电报电话咨询
委员会(CCITT)提出的标准建议,在数
据通信中,公用同步数据网(线路交换)
内,为呼叫建立和拆线时间的暂时目标。

X.132　X.132 标准　由国际电报电话咨询
委员会(CCITT)提出的标准建议,在数
据通信中,作为线路交换型公用数据网
国际数据通信的业务等级的暂时目标。

X.150　X.150 标准　由国际电报电话咨询
委员会(CCITT)提出的标准建议,在数
据通信中,就 X.21 和 X.21bis 接口来说,
是公用数据网 DTE(数据终端设备)和
DCE(数据电路端接设备)的测试环路。

X.180　X.180 标准　由国际电报电话咨询

委员会(CCITT)提出的标准建议,在数
据通信中,国际闭合用户群的管理办法。

X2 transceiver format　X2 收发器形式　是
10 Gbps 的模块化光纤接口,适用于路由
器、交换机和光传输平台。它是早期一
代的万兆接口,与类似的 XENPAK 和
XPAK 形式相关。X2 可以与万兆位以
太网或 OC-192/STM-64 速度的 SDH/
SONET(同步数字序列/同步光纤网)设
备一起使用。与第一代 XENPAK 模块
相比,X2 模块体积更小,功耗更低,但与
新的 XFP 收发器标准和 SFP+标准相
比,体积更大、耗能更高。截至 2016 年,
这种格式相对不常见,并且在大多数新
设备中已被 10 Gbps SFP+取代。参见
XENPAK, small form-factor pluggable
(SFP)。

X.2　X.2 标准　由国际电报电话咨询委员
会(CCITT)提出的标准建议,规定公用
数据网的国际用户业务和设施。

X.20　X.20 标准　由国际电报电话咨询委
员会(CCITT)提出的标准建议,规定公
用数据网异步传输用的数据终端设备和
数据电路终接设备之间的接口。

X.20bis　X.20bis 标准　由国际电报电话
咨询委员会(CCITT)提出的标准建议,
规定在公用数据网中与 V 系列异步双工
调制解调器接口的数据终端设备的
使用。

X.200　X.200 标准　在计算机间通信用的
七层 OSI(开放系统互连)参考模型中,
文件 的 国际电报电话咨询委员会
(CCITT)标准。

X.21　X.21 标准　由国际电报电话咨询委
员会(CCITT)提出的标准建议,在数据
通信中,一个公用数据网的接口说明。
用于数字电话网的同步传输和验证通信
设备上的位和字节定时信号。规约包
括:应答呼叫协议、全双工同步传输数据
的传输和接收协议。

X

X.21bis **X.21bis 标准** 由国际电报电话咨询委员会(CCITT)提出的标准建议，规定在公用数据网中与 V 系列同步调制解调器接口的 DTE(数据终端设备)的使用。本质上和 RS 232C 相同。

X.21 communication adapter **X.21 通信适配器** 由国际电报电话咨询委员会(CCITT)提出的标准建议。一种符合 X.21 标准的通信适配器，它可以在一条线上连接、发送信息，速率可达 64 kbps。

X.21 feature **X.21 特制[征]件** 由国际电报电话咨询委员会(CCITT)提出的标准建议。一种使得系统可以加入 X.21 网络的特制件。

X.22 **X.22 标准** 由国际电报电话咨询委员会(CCITT)提出的标准建议，规定 3～6 类用户使用的多路复用的 DTE/DCE (数据终端设备/数据电路端接设备)接口。

X.24 **X.24 标准** 由国际电报电话咨询委员会(CCITT)提出的标准建议，规定公用数据网 DTE(数据终端设备)和 DCE (数据电路端接设备)之间的接口电路定义表。

X.25 **X.25 标准** 由国际电报电话咨询委员会(CCITT)提出的网络建议标准，定义了终端与分组交换网之间的连接。X.25 包含三个规定：终端与网络之间电连接规程、传输或链路存取协议、网络用户间的虚拟线路的实现规程。总的来说这些规定指明了同步全双工终端到网络的连接规程。分组(即 X.25 的数据包)格式、错误控制以及其他特征与国际标准组织(ISO)定义的 HDLC(高级数据链路控制)协议部分大体相同。

X.25 dial service **X.25 拨号业务** 该业务允许多至 25 台主机应用并行通信。X.25 拨号业务提供公共数据接入以及专用拨号端口，并支持异步、SDLC(同步数据链路控制)以及 BSC(二进制同步通信)协议。

X.25 interface **X.25 接口** 由国际电报电话咨询委员会(CCITT)提出的标准建议。一个由数据终端设备(DTE)和数据电路端接设备(DCE)通过在链路上用 CCITT X.25 推荐中描述的过程进行通信构成的接口。

X.25 native equipment **X.25 本地设备** 由国际电报电话咨询委员会(CCITT)提出的标准建议。支持 X.25 产品的非 SNA (系统网络体系结构)设备。

X.25 NCP packet switching interface (NPSI) **X.25 网络控制程序分组交换接口** 由国际电报电话咨询委员会(CCITT)提出的标准建议。IBM 的一种特许程序，允许 SNA(系统网络体系结构)用户在具有遵循 CCITT X.25 推荐接口的分组交换数据网络上通信。它允许 SNA 程序在这些网络上与 SNA 设备或非 SNA 设备通信。除此之外，该产品可用于将 X.25 设备与 X.25 主机系统连接而不需要分组网络。

X.25 packet switch data network **X.25 分组交换数据网** X.25 分组交换数据网是一种采用 X.25 建议的分组交换数据网。ITU-T(国际电信联盟 电信标准化部门) X.25 建议，用分组方式工作并通过专用电路和公用数据网连接的终端使用的数据终端设备(DTE)和数据电路端接设备(DCE)之间的接口。X.25 分组交换网提供的业务包括永久虚拟线路(PVC)和交换虚拟线路(SVC)两类业务。X.25 分组交换网还可以根据用户需要提供一些可选业务，如闭合用户群业务、反向计费业务、阻止呼入/呼出业务、呼叫转移业务等。参见 permanent virtual circuit (PVC)，switched virtual circuit (SVC)。

X.25 protocol **X.25 协议** 公共数据网络中使用的一种数据通信协议，是国际电报电话咨询委员会(CCITT)的数据通信标准协议,支持物理层、数据链路层和网络层服务。X.25 最初是为终端和计算机连接通信设计的,因而提供一种支持远程登录的可靠数据服务。当初制定 X.25 协议时,远程通信线路误码率都比较高,因而 X.25 协议采取了完善而复杂的数据传输校验措施,保证了在质量不很好的通信线路上也能正确进行数据通信,但是也因此而降低了数据通信效率。

X.25 recommendation　X.25 建议　国际电报电话咨询委员会(CCITT)提出的 X 系列建议之一。定义数据终端设备(DTE)和数据电路端接设备(DCE)之间的接口。它定义了三层通信协议:物理层、链路层或帧层和包层或分组层,它们分别对应于 OSI(开放系统互连)模型七层协议的低三层。在物理层中,提供同步的、全双工、点对点的串行比特流传输(其实并未定义这些具体的内容,实际是借助于 X.21 和 X.21bits 两个标准,它们分别定义了数字和模拟两个接口);在链路层中,它使用 HDLC(高级数据链路控制)的对称型结构或平衡型结构,以确保DTE 和 DCE 之间的可靠通信(包括在电话线上进行的通信);在分组层中,规定了 DTE 和 DCE 之间传送信息所使用的分组格式,并采用分组交换的办法,在一条逻辑信道上对分组流量、传送差错执行独立控制。

X.26　X.26 标准　由原国际电报电话咨询委员会(CCITT)提出的标准建议,规定在数据通信中通常同集成电路设备一起使用的不平衡双流接口电路的电气特性,相当于 RS-422A。

X.27　X.27 标准　由原国际电报电话咨询委员会(CCITT)提出的标准建议,规定在数据通信中通常同集成电路设备一起使用的平衡双流接口电路的电气特性。

X.27 protocol　X.27 协议　公共数据网络中使用的一种数据通信协议。由于分组交换网采用的 X.25 协议,提供面向连接的服务,虽然可用 IP(网际协议)实现其互联,但不能充分利用所提供的面向连接服务。基于此点,国际电报电话咨询委员会(CCITT)于 1978 年提出了用于实现 X.25 公共数据网互联的 X.75 建议书,作为 X.25 协议的一种补充,在 1984 年又提出了 X.75 的修改版本,用以实现面向连接的网际互联。X.25 定义了DTE(数据终端设备)和 DCE(数据电路端接设备)之间的接口,而 X.75 则定义了两个 X.25 网络之间的接口,同时定义了工作在两个 X.25 网络之间的 X.75 网关。该网关由两个"半网关"组成,每个"半网关"在 X.75 中被称为"信令终"(STE),分属于两个互联的 X.25 网络,通过它们实现网络互联。凡是经过 STE 离开网络的分组都符合 X.75 标准,而符合X.75 标准的分组进入网络后都能利用本网络所提供的服务。在一个实际网络中,STE 可能和 DCE 用的是同一设备。参见 signaling terminal equipment(STE), data terminal equipment(DTE), data communication equipment(DCE)。

X.28　X.28 标准　(1)由国际电报电话咨询委员会(CCITT)于 1972 年提出的标准建议,规定起止式终端接入本国公用数据网 PAD(分组装配/拆卸器)用的DTE/DCE(数据终端设备/数据电路端接设备)接口。(2)是 ITU-T(国际电信联盟-电信标准化部)标准,规定了计算机终端等异步字符模式 DTE 和将 DTE连接到 X.25 网络等分组交换网络的分组装配/拆卸器(PAD)之间的接口。

X.29　X.29 标准　由国际电报电话咨询委员会(CCITT)于 1977 年提出的标准建议,规定 PAD(分组装配/拆卸器)与分组式终端或与另一个 PAD 之间交换控制信息和用户数据的规程。

X

X.3 **X.3 标准** 由国际电报电话咨询委员会(CCITT)提出的标准建议,规定公用数据网的分组装配/拆卸器(PDA)。

X3S3 **X3S3 技术委员会** 美国国家标准协会(ANSI)下设的数据通信技术委员会。

X.30 **X.30 标准** 由国际电报电话咨询委员会(CCITT)提出的标准建议。在数据通信中,与国际字母 5 号代码相一致的基本型页式打印机的标准化。

X.31 **X.31 标准** 由国际电报电话咨询委员会(CCITT)提出的标准建议。在数据通信中,从传输观点看,当一个 200 波特起/停数据终端与国际字母 5 号代码相一致时,在 DTE(数据终端设备)与 DCE(数据电路端接设备)之间交换点的特性。

X3.15 **X3.15 标准** 由国际电报电话咨询委员会(CCITT)提出的标准建议,规定 ASCII(美国信息交换标准代码)在串行数据传输时的比特顺序。

X3.16 **X3.16 标准** 由国际电报电话咨询委员会(CCITT)提出的标准建议,规定 ASCII(美国信息交换标准代码)进行串行数据通信用的字符结构和字符奇偶校验的意义。

X.32 **X.32 标准** 由国际电报电话咨询委员会(CCITT)提出的标准建议,在数据通信中,与国际字母 5 号代码相一致的 200 波特起/停机的应答单元。

X3.24 **X3.24 标准** 由国际电报电话咨询委员会(CCITT)提出的标准建议,规定串行数据传输用的 DTE(数据终端设备)和同步数据通信设备之间接口处的信号质量。

X3.25 **X3.25 标准** 由国际电报电话咨询委员会(CCITT)提出的标准建议,规定 ASCII(美国信息交换标准代码)进行并行通信用的字符结构和字符奇偶校验的意义。

X3.28 **X3.28 标准** 由国际电报电话咨询委员会(CCITT)提出的标准建议,规定在数据通信链路中 ASCII(美国信息交换标准代码)通信字符的使用规程。

X.33 **X.33 标准** 由国际电报电话咨询委员会(CCITT)提出的标准建议,在数据通信中,量度与国际字母 5 号代码相一致的 200 波特起/停机临界安全系数的国际文本标准化。

X3.36 **X3.36 标准** 由国际电报电话咨询委员会(CCITT)提出的标准建议,规定 DTE(数据终端设备)和 DCE(数据电路端接设备)之间的同步高速数据信号速率。

X3.4 **X3.4 标准** 由国际电报电话咨询委员会(CCITT)提出的标准建议,规定信息交换码。

X3.41 **X3.41 标准** 由 ITU(国际电信联盟)提出的标准建议,规定 ASCII(美国信息交换标准代码)七单位编码的字符集使用的电码扩展技术。

X3.44 **X3.44 标准** 由国际电报电话咨询委员会(CCITT)提出的标准建议,规定数据通信系统性能测定。

X3.57 **X3.57 标准** 由国际电报电话咨询委员会(CCITT)提出的标准建议,规定使用数据通信系统控制用的 ASCII(美国信息交换标准代码)构成信息交换报文报头的结构。

X3.66 **X3.66 标准** 由国际电报电话咨询委员会(CCITT)提出的标准建议,规定高级数据通信控制规程(ADCCP)。

X3.79 **X3.79 标准** 由国际电报电话咨询委员会(CCITT)提出的标准建议,规定使用面向比特控制规程的数据通信系统的性能测定。

X3.92 **X3.92 标准** 由国际电报电话咨询委员会(CCITT)提出的标准建议,规定数据加密计算法。

X.4 **X.4 标准** 由国际电报电话咨询委员

会(CCITT)提出的标准建议,规定在公用数据网上数据传输用的国际 5 号电码信号的一般结构。

X.40　X.40 标准　由国际电报电话咨询委员会(CCITT)提出的标准建议,在数据通信中,用频分系统提供电报数据通路的频移调制传输系统标准化。

X.400　X.400 标准　(1)由国际电报电话咨询委员会(CCITT)提出的标准建议,1984 年发布,并于 1988 年修订,用于公共的或专用的国际电子邮件系统的标准,规定信报怎样通过网络或在两个或多个互联的异种网络之间传送。它规定电子邮件地址的组成部分和封装信报的信封以及信报的类型转换时要遵守的规则等细节。作为 OSI(开放系统互连)应用层特殊服务元素(SASE)的一种邮件报文服务标准,它在异构互联网络的基础上实现互操作的、用户友好的分布式的信息通信和处理系统。除文本邮件外,还可传输二进制数据、语音、传真、图文信息,具有加密、数字签名的功能。该标准于 1988 年制定,并成为 ISO 10021 标准。(2)是一套 ITU-T(国际电信联盟-电信标准部)建议书,定义了消息处理系统(MHS)(通常称为电子邮件)数据通信网络的标准。曾经有一段时间,X.400 的设计者期望它成为电子邮件的主要形式,但这个角色已经被基于 SMTP(简单邮件传输协议)的互联网电子邮件所承担。尽管如此,它已在组织内广泛使用,并且是 2006 年之前微软 Exchange Server 的核心部分;该变体在军事和航空领域仍然很重要。

X.445　X.445 标准　由联国际电信联盟-电信标准化部(ITU-T)推荐的标准,在电话网络上实施开放系统互联(OSI)连接方式的网络服务规范,管理 X.400 信息在标准电话线上的传输。也称异步协议规范(APS)。

X.50　X.50 标准　由国际电报电话咨询委员会(CCITT)提出的标准建议,在数据通信中,用于同步数据网之间国际接口的多路复用方案的基本参数。

X.500 directory services　X.500 目录服务　国际电报电话咨询委员会(CCITT)和国际标准化组织(ISO)的一个目录服务系统技术规范,与 X.400 电子邮件标准配套,为计算机用户提供目录服务。这个目录具有的特征是:分布式管理、很强的搜索能力、唯一的全球命名空间、结构化的信息框架、标准化的目录服务。通过 X.500 可获取网上任何地方的电子邮件系统和应用的信息,能方便地查找网上资源和其他用户在网上的位置。

X.509 certificate　X.509 证书　由权威机构签署的证书,用来验证一个主机的身份。

X.509 public key certificate　X.509 公共密钥证书　国际电信联盟-电信标准化部门(ITU-T)制订的一个标准,规定了 X.500 目录服务的用户验证方法的公共密钥证书的语法。

X.51　X.51 标准　由国际电报电话咨询委员会(CCITT)提出的标准建议,在数据通信中,同步数据网用 10 bit 包封结构国际接口的多路复用方案的基本参数。

X.52　X.52 标准　由国际电报电话咨询委员会(CCITT)提出的标准建议,在数据通信中,将非等时信号转换到同步用户载体的编码方法。

X.53　X.53 标准　由国际电报电话咨询委员会(CCITT)提出的标准建议,在数据通信中,64 kbps 国际多路复用链路上的信道编号法。

X.54　X.54 标准　由国际电报电话咨询委员会(CCITT)提出的标准建议,在数据通信中,64 kbps 国际多路复用链路上的信道分配。

X.60　X.60 标准　由国际电报电话咨询委

X

员会(CCITT)提出的标准建议,在数据
通信中,电路交换式数据应用的共用信
道信令。

X.61   **X.61 标准**   由国际电报电话咨询委
员会(CCITT)提出的标准建议,在数据
通信中,7 号信令系统 数据用户部分。

X.690   **X.690 标准**   国际电信联盟-电信
标准化部(ITU-T)于 1997 年推荐的信
息编码技术标准,等同于 ISO/IEC(国际
标准化组织/国际电工委员会)8825-1:
1998,规定了几种 ASN.1 编码格式:基
本编码规则(BER),规范编码规则
(CER),区分编码规则(DER)。BER 是
ASN.1 标准为将抽象信息编码成具体数
据流而制定的原始规则。在 ASN.1 术语
中,这些规则统称为传输语法,指定了用
于编码给定数据项的确切的八位字节序
列。语法定义了这样的元素:基本数据
类型的表示,长度信息的结构,以及基于
更原始类型定义复杂或复合类型的方
法。BER 语法以及 BER 的两个子集
(CER 和 DER)由国际电信联盟的 X.690
标准文件定义,该文件是 ASN.1 文件系
列的一部分。CER 是 BER 的一个受限
变体,用于为 ASN.1 描述的数据结构生
成明确的传输语法。尽管 BER 给出如
何编码数据值的选择,但 CER(与 DER
一起)仅从基本编码规则允许的编码中
选择一种编码,从而消除其余选项。当
编码必须保留时,CER 非常有用;例如,
在安全交换中。DER 是 BER 的一个受
限变体,用于为 ASN.1 描述的数据结构
产生明确的传输语法。与 CER 一样,
DER 编码是有效的 BER 编码。DER 与
BER 相同,只删除了一个发送者的选项。

X.691   **X.691 标准**   国际电信联盟-电信
标准化部(ITU-T)于 1997 年推荐的信
息编码技术标准,等同于 ISO/IEC(国际
标准化组织/国际电工委员会)8825-2:
1998,其名称为 ASN.1 Encoding Rules:

Specification of Packed Encoding Rules
(PER)。

X.70   **X.70 标准**   由国际电报电话咨询
委员会(CCITT)提出的标准建议,在数
据通信中,非等时数据网间国际电路上
起/止式业务的终端和中转控制信令
系统。

X.700   **X.700 标准**   国际电信联盟-电信
标准化部(ITU-T)推荐的信息技术标
准,等同于 ISO/IEC(国际标准化组织/
国际电工委员会)7498-4,其名称为
Management Framework for OSI。

X.701   **X.701 标准**   国际电信联盟-电信
标准化部(ITU-T)推荐的信息技术标
准,等同于 ISO/IEC(国际标准化组织/
国际电工委员会)7498-4,其名称为
Systems Management Overview (SMO)。

X.71   **X.71 标准**   由国际电报电话咨询委
员会(CCITT)提出的标准建议,在数据
通信中,同步数据网间国际电路上分散
的终端和中转控制信令系统。

X.75   **X.75 标准**   由国际电报电话咨询委
员会(CCITT)提出的标准建议,规定在
分组交换数据网之间的国际电路上终端
和转接的呼叫控制规程与数据传输系
统,通常也称为"X.25 网关"。

X.80   **X.80 标准**   由原国际电报电话咨询
委员会(CCITT)提出的标准建议,在数
据通信中,交换型数据业务中的内部交
换信令系统互联。

X.87   **X.87 标准**   由国际电报电话咨询委
员会(CCITT)提出的标准建议,规定在
公用数据网中实现国际用户设施和网络
业务的原则和规程。

X.92   **X.92 标准**   由原国际电报电话咨询
委员会(CCITT)提出的标准建议,在数
据通信中,公用同步数据网的虚拟参考
连接。

X.93   **X.93 标准**   由原国际电报电话咨询
委员会(CCITT)提出的标准建议,在数

据通信中,信息包交换数据传递业务的虚拟参考连接。

X.95 **X.95 标准**　由原国际电报电话咨询委员会(CCITT)提出的标准建议,在数据通信中,公用数据网的网络参数。

X.96 **X.96 标准**　由原国际电报电话咨询委员会(CCITT)提出的标准建议,在数据通信中,公用数据网的呼叫进展信号。

X

Y

Yagi aerial/antenna (YA) 八木天线，Yagi 天线，引向反射天线 一种定向天线，通常用于频率高于 10 MHz 的通信领域。这种天线在调频广播和民用波段广播接收器中广为流行。一个最基本的 Yagi 由两个或三个单元组成，每个测量大约 1/2 的电波长。Yagi 是一种平衡型的天线，但它可以在馈线连接到驱动单元的地方配上同轴电缆和一个称为不平衡变压器的设备。典型的 Yagi 有一个反射器和一个或者多个引向器。天线沿着驱动单元向引向器的方向传播电磁场能量，并且对沿同样的方向进入的电磁场能量最敏感。Yagi 天线不仅具有定向辐射和定向响应的特点，同时它也能集中辐射和响应。

Yagi-Uda antenna 八木-宇田天线 由一受激单元、一反射单元和一个或多个引向单元构成的端射阵。实际上反射单元可以由一些单元或一反射面组成。因为该天线是在 20 世纪 20 年代，由日本东北大学的八木秀次和宇田新太郎两人发明，所以被称为八木-宇田天线，简称八木天线。八木天线有很好的方向性，较偶极天线有更高的增益。典型的八木天线应该有三对振子，整个结构呈"王"字形。与馈线相连的称有源振子或主振子，在三对振子之中，"王"字的中间一横，比有源振子稍长一点的称反射器，它在有源振子的一侧，起着削弱从这个方向传来的电波或从本天线发射去的电波的作用；比有源振子略短的称引向器，它位于有源振子的另一侧，它能增强从这一侧方向传来的或向这个方向发射出

去的电波。该天线的优点在于利用简单的馈电方式便可以提供中等定向性的单向束。这种天线可归类于表面波天线，使用频率可达到 2.5 GHz。

YAG laser 钇铝石榴石激光器，YAG 激光器 一种四级红外激光器，其中活性材料是钇铝石榴石晶体中的钕离子，它可以提供几瓦的连续输出功率。这种以钇铝石榴石晶体为基质的固体激光器，由激光工作物质、泵浦源和谐振腔等组成。晶体中所掺激活离子种类不同，泵浦源及泵浦方式、谐振腔结构等均有所不同，输出的激光波形也不相同，如连续波或脉冲波。用在 DVD 碟上刻录条形码的激光器是在 YAG 基质中掺入钕激活离子的激光器。

Yb 尧位，(十进制)10^{24} 位，(二进制)2^{80} 位 yottabit 的缩写。

YB 尧字节，(十进制)10^{24} 字节，(二进制)2^{80} 字节 yottabyte 的缩写。

Y-branching device (YBD) Y 型分路器 具有一个输入端口和两个输出端口的一种分路器。

Y-capacitor Y-电容器 一种具有安全认证标称值的干扰抑制电容器。该电容器应接在火线与地线之间。

YCbCr (分量视频)亮度信号、蓝色、红色，YCbCr 颜色[色彩]空间 YCbCr、Y'CbCr 或 Y Pb/Cb Pr/Cr 也写为 YC_BC_R、$Y'C_BC_R$，是色彩空间家族，用作视频和数字摄影系统中彩色图像管道的一部分。Y' 是亮度分量，C_B 和 C_R 是蓝色差和红色差的色度分量。Y'(带 ' 号)与

Y 是不同的，Y 是亮度，这意味着光强度是基于伽马校正的 RGB 基色的非线性编码的。

Y'CbCr　Y'CbCr 颜色[色彩]空间　国际电信联盟-无线通信部(ITU-R)定义的颜色空间，Y' 表示亮度分量，Cb 表示红色差，Cr 表示蓝色差。技术上的正确符号应为 Y'Cb'Cr'，因这三个分量都来自 R'G'B'。Y'CbCr 颜色空间由来自相关联的 RGB 颜色空间的数学坐标变换来定义。如果底层 RGB 颜色空间是绝对的，则 Y'CbCr 颜色空间也是绝对的颜色空间；相反，如果 RGB 空间是不明确的，Y'CbCr 空间也是如此。使用这种颜色空间的电视信号按 BT.601 中的规定进行数字化，Y' 的取值范围是 16～235，Cb 和 Cr 的取值范围是 16～240，把 128 作为偏移量，相当于 0，R'G'B' 颜色空间的三个颜色分量使用相同的数值范围 [0,219]。

Y circulator　Y 环行器　有三个相同的矩形波导管的环行器。这些波导管被连接形成一个对称的 Y 形，其中心含有一块铁氧体柱。能量进入三个波导管的任何一端时只能从相邻的另一端出现。

Y/C mode　Y/C 模式　彩色图像编码模式，从色相编码的色度 C 中分离亮度 Y，同 S-Video。

Y coupler (YC)　Y 型耦合器　三根光纤呈 Y 型 1×2 结构的一种光定向耦合器，其光纤接合点可以是两根光纤熔融拉锥后与另一根光纤熔接，也可以是将光纤研磨、抛光成楔形并把两根光纤的楔形斜面胶粘后，再与另一根光纤的端面粘接。

Y/C separator　Y/C 信号分类器　在彩色电视系统的解码器中，用来分离亮度信号(Y')和色度信号(C')的分类器。

YdbDr　YdbDr 颜色[色彩]空间　有时写成 YD$_B$D$_R$，是 SÉCAM 模拟地面彩色电视广播标准中使用的色彩空间，该标准在法国和东欧的一些国家使用。它非常接近 YUV(PAL)及其相关的色彩空间，如 YIQ（NTSC），YPbPr 和 YCbCr。YDbDr 由三个分量组成：Y，D$_B$ 和 D$_R$。Y 是亮度，D$_B$ 和 D$_R$ 是色度分量，表示红色和蓝色的色差。

yellow cable　黄缆　用于 10Base-5 网络的一种同轴电缆(外层使用黄色的塑料护套)，也被称为"粗"缆。是早期的以太局域网中首先被采用的电缆。

yellow pages (YP)　黄页　(1) 因特网网络信息中心(NIC)支持的一种数据库，它包含了已经注册的计算机的基本信息(如名称、地址等)。(2) 由 Sun 软件公司提供的 UNIX 网络信息服务(NIS)应用程序原先的名称，该程序用于维护网络资源上记载名称和位置的中心数据库。黄页使任何节点上的进程可以通过名称来进行资源定位。

yEnc　yEnc 编码　是一种二进制到文本的编码方案，用在 Usenet 上或通过电子邮件传输消息中的二进制文件。通过使用 8 位扩展 ASCII(美国信息交换标准代码)编码方法，它减少了先前基于美国 ASCII 的编码方法的开销。yEnc 的开销通常(如果每个字节值平均出现频率大约相同)低至 1%～2%，而 uuencode 和 Base64 等 6 位编码方法的开销为 33%～40%。yEnc 最初是由 Jürgen Helbing 开发的，2001 年初是第一个版本。到 2003 年，yEnc 成为 Usenet 上二进制文件的事实上的标准编码系统。名称 yEncode 是关于"为什么要编码?"的文字游戏，因为其思想是仅在绝对需要遵守消息格式标准的情况下编码字符。随着开销的减少，编码的消息体更小。因此，可以更快地传递消息并且只需更少的存储空间。与以前的编码方法(例如 uuencode 和 Base64)相比，yEnc 的另一个优点是包含 CRC(循环冗余校验)校验和，以验证解

Y

码文件是否已完整传送。

YIG filter 钇铁石榴石滤波器 含有一放在由永磁铁和电磁线圈产生的磁场中的钇铁石榴石晶体的滤波器。调谐通过改变经过线圈中的直流电进行,偏磁可将滤波器调节到频带的中心,这样可使宽带调节所需电磁线圈的功率为最小。

YIG tuned oscillator 钇铁石榴石调谐振荡器 一种可调谐的微波频率振荡器,具有由 YIG(钇铁石榴石)球在直流磁场中所形成的高 Q 谐振电路,并作为并联共振电路。射频信号从晶体管通过线环进入 YIG 球被耦合。谐振频率是磁场强度的函数。调谐在几个倍频程内是线性的,能得到 2～40 GHz 的频率。

YIG tuned parametric amplifier 钇铁石榴石调谐参量放大器 一种参量放大器,通过调节经过 YIG(钇铁石榴石)滤波器电磁线圈的直流电流量进行调谐。

YIQ YIQ 颜色[色彩]空间,亮度、同相与正交分量(信号),YIQ(分量)信号 (1) YIQ 代表 luminance, inphase, quadrature 的缩写。在(美国)国家电视制式委员会(NTSC)制式模拟彩色电视系统使用的三个分量信号,Y 代表亮度分量,I,Q 代表两个色差分量。除了使用不同的坐标轴外,它与欧洲的 YUV 颜色空间类似,色差分量 I 是从红色分量(R)中去掉亮度分量(Y)后的新名称,色差分量 Q 是从蓝色分量(B)中去掉亮度分量(Y)后的新名称。(2) YIQ是 NTSC 彩色电视系统使用的颜色空间,主要用于北美和中美,以及日本。I 代表同相,而 Q 代表正交,指的是正交幅度调制中使用的分量。某些形式的 NTSC 现在使用 YUV 颜色空间,也可用于其他系统,如 PAL(逐行倒相制)。Y 分量表示亮度信息,并且是黑白电视接收器使用的唯一分量。I 和 Q 代表色度信息。在 YUV 中,U 和 V 分量可以被认为是颜色空间内的 X 和 Y 坐标。I 和 Q 可以被认为是同一图形上旋转 33° 的第二对轴;因此 IQ 和 UV 代表同一平面上的不同坐标系。YIQ 系统旨在利用人的颜色响应特性。眼睛对橙蓝色(I)范围的变化比紫绿色(Q)范围的变化更敏感,因此 Q 需要的带宽比 I 少。广播 NTSC 限制 I 至 1.3 MHz 和 Q 至 0.4 MHz。I 和 Q 频率交错到 4 MHz 的 Y 信号,这使整个信号的带宽保持在 4.2 MHz。在 YUV 系统中,由 U 和 V 都包含橙-蓝色范围内的信息,因此必须为两个分量提供与 I 相同的带宽量,以实现类似的颜色保真度。由于这种实现的高成本,很少有电视机实行真正的 I 和 Q 解码。

Y'I'Q' Y'I'Q' 颜色[色彩]空间 (美国)国家电视制式委员会(NTSC)制式彩色电视系统使用的颜色空间,Y' 表示亮度分量,I' 和 Q' 表示两个色差。Y'I'Q' 是 American Y'I'Q' 的简称。在使用 Y'I'Q' 颜色空间的电视系统中,Y' 信号的带宽为 4.2 MHz,而 I' 和 Q' 信号早期使用的带宽分别为 0.5 MHz 和 1.5 MHz,现都使用 1 MHz。技术上的正确符号应为 Y'I'Q',因这三个分量都来自 R'G'B'。

Ymodem (YM) Ymodem(文件传输)协议 计算机网络上的通用文件传输协议,适用于共享设备的通信软件以及公告牌系统。它是 Xmodem 协议的变形,等同于 Xmodem 1K 加批文件传送的一种文件传送协议,也称 Ymodem Batch。它比标准 Xmodem 要快,而且在发送数据之前发送文件名,将数据分成块,每块包括标题的开始字符、块的号码、1KB 的数据和校验和,用循环冗余方法进行错误检查,还具有在同一个会话期内送出多个文件和当传输异常时中止的能力。

Ymodem-G Ymodem-G 协议 一个无需无错误通道的认可或当调制解调器自纠错时就可传送的文件传输协议,它将差错

Y

检查的内容留给了调制解调器硬件查错协议,它可在低线路噪声的条件下用于高速调制解调器。Zmodem 一般来说比 Ymodem-g 更优。

y-network　Y-网络,星形网络　一种有三个分支的星形网络,每一个分支都有一个终端连接到公共接点。

yocto-(y)　幺(科托)　公制度量单位的前缀,表示 10^{-24}。例如 yoctosecond 表示 10^{-24} 秒。

yoke　偏转线圈　可使阴极射线管(CRT)中的电子束上下左右偏转的线圈。也称 deflection coil。

yotta-(Y)　尧(它)　公制度量单位的前缀,在十进制中表示 10^{24},在二进制中表示 2^{80}。

yottabit(Yb)　尧位　存储容量或通信速率的度量单位,用于度量存储容量时,$1\ Yb=2^{80}\ b$;用于度量通信速率时,$1\ Yb=10^{24}\ b$。

yottabyte(YB)　尧字节　存储容量的度量单位,$1\ YB=2^{80}\ B=1\ 208\ 925\ 819\ 614\ 629\ 174\ 706\ 176\ B$。

youngest empty cell(YEC)　最近期空闲单元　在运行处理过程中,距离当前测试时间最近的未使用单元。

Young-Helmholtz theory　杨-亥姆霍兹理论　一种颜色视觉理论,根据该理论,有三种类型的颜色受体分别对短波,中波和长波做出反应;原色是那些能最成功地刺激这三种受体的颜色。也称为亥姆霍兹理论。

YPbPr　YPbPr 颜色[色彩]空间　YPbPr 或 Y'PbPr,也写为 YP_BP_R,是用于视频电子设备的颜色空间,特别是指分量视频电缆。YPbPr 是 YCbCr 颜色空间的模拟版本;两者在数值上是等价的,但 YPbPr 设计用于模拟系统,而 YCbCr 用于数字视频。YPbPr 通常被制造商称为分量视频;然而,有许多类型的分量视

频,其中大多数是某种形式的 RGB(红绿蓝)。某些视频卡带有视频输入视频输出(VIVO)端口,用于连接分量视频设备。

Y'Pb'Pr'　YrPb'Pr' 颜色[色彩]空间　YUV 颜色空间经过换算之后得到的颜色空间。

Y plate(YP)　Y 板,垂直偏转板　两个偏转电极之一,使静电阴极射线管中的电子束垂直偏转。

Y-signal(YS)　Y 信号,亮度信号　彩色电视复合视频信号中用来控制亮度信息的部分。

Y to M converter(YMC)　Y-M 变换器[转换器]　将黑白或亮度信号(Y)变换成适于单枪显像装置直接解码的形式(M)的电路。

yttrium iron garnet(YIG)　钇铁石榴石(激光器)　一种具有石榴石晶体结构的合成亚铁磁材料。由于其非常窄的铁磁共振吸收线,用于微波铁氧体器件。

YUV　YUV 颜色[色彩]空间,亮度与两色差分量(信号),YUV(分量)信号　YUV 是通常用作彩色图像管道的一部分的颜色空间。它将人的感知考虑在内,对彩色图像或视频进行编码,能够减少色度分量的带宽,从而通常使得人的感知能够比使用"直接"RGB 表示更有效地掩盖传输错误或压缩伪像。其他色彩空间也有类似的特性,实现或研究 Y'UV 属性的主要原因是与符合某些 Y'UV 标准的模拟或数字电视或摄影设备接口。彩色编码系统用于全球模拟电视(NTSC、PAL 和 SECAM)。YUV 颜色空间(颜色模型)与 RGB 不同,RGB 是相机捕获的内容和人观察的内容。YUV 中的 Y 代表"亮度",即亮度或明度,黑白电视仅解码信号的 Y 部分。U 和 V 提供颜色信息,并且是蓝色减去亮度(B-Y)和红色减去亮度(R-Y)的"色差"信号。通过

Y

称为"色彩空间转换"的过程,摄像机将其传感器捕获的 RGB 数据转换为复合模拟信号(YUV)或分量版本(模拟 YPbPr 或数字 YCbCr)。为了在屏幕上进行渲染,所有这些颜色空间必须通过电视或显示系统再次转换回 RGB。

Y'U'V'　Y'U'V' 颜色[色彩]空间　在逐行倒相制(PAL)彩色电视系统中使用的颜色空间,Y' 表示亮度分量,U' 和 V' 是色差。Y'U'V' 是欧洲 Y'U'V' 的简称,是欧洲广播联盟(EBU)制定的规范。在使用 Y'U'V' 颜色空间的电视系统中,Y' 的带宽在英国为 5.5 MHz,而在欧洲其他国家为 5 MHz。在亮度和色差分离的电视系统中,U' 和 V' 信号分量有相同的带宽,可高达 2.5 MHz,但在家用录像系统(VHS)中却低到 600 kHz 或者更低。与 ITU-R(国际电信联盟-无线通信部) BT.601 不同的是 Y'U'V' 颜色空间采用了不同的光源标准。技术上的正确符号应为 Y'U'V',因为这三个分量来源于 R'G'B'。

YUV/RGB conversion formulas　YUV 到 RGB 的转换公式　以下是从 RGB 到 YUV 以及从 YUV 到 RGB 的转换公式。从 RGB 到 YUV 转换:$Y = 0.299R + 0.587G + 0.114B, U = 0.492(B-Y),$ $V = 0.877(R-Y)$。也可以表示为:$Y = 0.299R + 0.587G + 0.114B, U = -0.147R - 0.289G + 0.436B, V = 0.615R - 0.515G - 0.100B$。从 YUV 到 RGB 转换:$R = Y + 1.140V, G = Y - 0.395U - 0.581V, B = Y + 2.032U$。

YUV12　YUV12 彩色分量格式　英特尔公司的 Y'CbCr 格式,子采样为 4:2:0。Y' 代表亮度分量,Cb 和 Cr 分别代表两个色差分量。图像分成块,每块由 2×2 像素组成。每块 4 个 Y' 值,1 个 Cb 值和 1 个 Cr 值。平均每个像素用 12 位表示。

YUV9　YUV9 压缩格式　是可视化技术中的一种颜色编码方案,英特尔公司的 Y'UV(实际是 Y'CbCr)压缩格式,压缩比达到 3:1。图片被分成块,每块由 4×4 像素组成。每块有 16 个 Y' 值,一个 U(Cb)值和一个 V(Cr)值。压缩后平均每个像素用 9 位表示。

Y

Z

Z 泽（它），（十进制）10^{21}，（二进制）2^{70} zetta-的缩写。

Z and real-time transport protocol（ZRTP） Z 和实时传输协议 一种加密密钥协商协议，用于在基于实时传输协议的基于因特网协议的语音电话呼叫中的两个端点之间协商加密密钥。它使用 Diffie-Hellman 密钥交换和安全实时传输协议（SRTP）进行加密。ZRTP 由 Phil Zimmermann（菲尔·齐默曼）在 Bryce Wilcox-O'Hearn（布莱斯·威尔科克斯-奥赫恩）、Colin Plumb（科林·普拉姆）、Jon Callas（乔恩·卡拉斯）和 Alan Johnston（阿兰·约翰斯通）的帮助下开发，并于 2006 年 3 月 5 日由齐默曼、卡拉斯和约翰斯通提交给因特网工程任务组（IETF）并于 2011 年 4 月 11 日以 RFC 6189 发布。ZRTP 中的 Z 指该协议发明人。ZRTP 的一个特点是它不依赖于 SIP 信令进行密钥管理，也不依赖于任何服务器。如果另一个 VoIP 客户端支持 ZRTP，它通过自动感知支持机会加密。

Z-axis modulation（ZAM） Z 轴调制 一种使电子束强度按所接收信号的幅度进行的调制。通过调制可以使荧光屏上的亮度随信号的强度而变化，也叫亮度调制。参见 intensity modulation（IM）。

Zb 泽位，（十进制）10^{21} 位，（二进制）2^{70} 位 zettabit 的缩写。

ZB （1）零拍 zero beat 的缩写。（2）泽字节，（十进制）10^{21} 字节，（二进制）2^{70} 字节 zettabyte 的缩写。（3）ZigBee（无线技术）ZigBee 的缩写。（4）区域边界 zone boundary 的缩写。

Z-buffer algorithm Z-缓存算法 一种三维图形的消除隐藏面算法。它不仅有帧缓存来存放每个像素的亮度值，还需要有 Z 缓存来存放每个像素的深度值。Z 缓存初始化置 Z 的最大值，而帧缓存初始化置背景色。在把物体表面相应的多边形扫描转换成帧缓存中的信息时，对多边形的每个点（X,Y）做如下处理：① 计算（X,Y）处深度值 Z(X,Y)；② 如 Z(X,Y)小于 Z 缓存在（X,Y）处的值，则：（a）把 Z(X,Y)存入 Z 缓存中的（X,Y）处，（b）把多边形在 Z(X,Y)处的像素值存放到帧缓存的（X,Y）地址中。当②的条件成立时，则说明该多边形（X,Y）处的点比帧缓存中（X,Y）处当前具有亮度值的点更接近观察者，故要重新记录新的深度和高度值。

Z-buffering Z 缓冲 三维物体显示时为了消除隐藏面所使用的一种数据结构。即在以往二维坐标的 X、Y 轴中，增加了一根表示物体纵深的 Z 轴。Z 值代表图像的深度，即从观察者到像素的距离。Z 缓冲在表现两个三维物体的交叉重叠时，决定了重叠物体哪些部分需要绘制，哪些部分需要隐藏。使用 Z 缓冲需要占用显示存储器中。

Zeeman effect 塞曼效应 在强磁场作用下，光源产生的光谱线数增加。

Zepp antenna 齐伯天线，泽普天线 长度为半波长或半波长整数倍的水平天线。它的一端连接双线传输线其中的一根引线，而这根引线也是长度为半波长或半波长的整数倍。

zepto-（z）　仄（普托）　公制度量单位的前缀，表示 10^{-21}。例如 zeptosecond 表示 10^{-21} 秒。

zero adjust/adjustment（ZA）　调零，零位调节，零点调整　(1) 在输入短路，确保无任何输入信号的情况下，将测量设备的读数调整到零的操作。(2) 在某些控制电路中，当输入短路（无输入信号）时，对电路状态进行的一种调整，目的是确定一个准确的工作起点。(3) 在空载（不加任何输入信号，不接负载）的情况下使一个系统的输出状态值调整到零，以便准确量度系统的工作状态。

zero adjuster　零位调节器　调整仪器或仪表指针位置的一种仪器，它使仪器或仪表在电参量为零的时候读数为零。

zero beat（ZB）　零拍　电路的一种状态，即电路的振荡频率与输入信号的频率恰好相同，此时不产生节拍声也听不到节拍声。

zero bit　零位码　程序计数器的两个高位，即 Z 位（零位）和 L 位（链接位）。

zero bit insertion　零位插入　在诸如 HDLC（高级数据链路控制）/SDLC（同步数据链路控制）一类面向位的协议中，为获得透明度而采用的技术。在可能引起虚假标志检测的"1"位序列中插入一个"0"。然后，在数据链路的接收端把所插入的"0"被去除。也称为"位填充"。同 bit stuffing。

zero bit time slot insertion（ZBTSI）　零位时隙插入　在成帧 T1 电路中，保持"1"密度的最复杂技术。其中，ESF（扩展超帧格式）帧中的一个区域载送关于数据流中所有由 8 个连续的"0"组成的零字节的位置信息。该技术要求在电路两端都对比特流进行智能重组。也称为"零字节时隙交换（ZBTSI）"。

zero center　零中心　一种特殊的电话中继交换中心，可作为一组初级中心的交换插孔，通过中继线路直接同所有毗邻区域连接。

zero check circuit　零校验电路　核对系统中并行或串行地传输的数据字的累积和是否为零的电路。如果为零，则认为传送正确，否则就认为是出错。

zero check routine　零校验程序　通过计算数据块中内容及核对码的累加和是否为零，核对数据块内容是否正确的例程。

zero code suppression　零编码压缩[抑制]　可用来传输时钟的线路编码方案。这种编码方式将连续 8 个零的串中的第七位替换为 1。

zero committed information rate（ZCIR）零承诺信息速率　在帧中继通信中，指一种不保证有效速率的永久虚电路方式。当网络有空闲时，用户可以按网络端口允许的最高速率发送数据并享受折扣的费率；当网络发生拥塞时，ZCIR 的电路就会被断开。这种服务方式适用于对信息实时性要求不高，业务量比较小，但希望节省费用的远程用户。

zero complemented transition coding　零求补转换编码技术　一种数据编码方法，将数据流中的每个零位的传输信号的状态进行反转（即变为 1）的编码方法。

zero compression　零压缩，消零　用于删除最高有效位左边从头开始的那些无意义的零，形成只存储有效位的存储技术。例如字 0000423000 中，前 4 位是无效的。当数字类型数据项显示或印出时，零压缩更符合人们的数字表示习惯。

zero-configuration networking（zeroconf）零配置网络　是一组技术，可在计算机或网络外围设备互连时自动创建基于因特网协议套件（TCP/IP）的可用的计算机网络。它不需要人工操作员干预或特殊配置服务器。如果没有 zeroconf，网络管理员必须设置网络服务，例如动态主机配置协议(DHCP)和域名系统(DNS)，或手动配置每台计算机的网络设置。zeroconf 基于三项核心技术：为联网设备自动分配数字网络地址，自动分配和解析计算机主机名，以及自动定位网络服务，如打印设备。

zero cross detection 零点检测,过零检测 在不归零按 1 变化体制的磁记录中，由于电源的波动、记录媒体性能受环境影响而发生变化以及记录媒体与磁头之间的相对速率变化等原因，读出的信号幅度变化较大。如果采用电平鉴别法获取写入的数字信号，可能将高于某一电平阈值的信号判为"1"，低于此阈值的信号判为"0"(或者相反)，由此产生读出脉冲序列前后位置的相对移动，不利于数据的正确读出。相比之下，读出信号的幅度变化时，波形峰值之间的相对移动较小。因此对读出信号进行微分，则微分后的信号所对应的平均直流电平的点(即滤除交流成分后的零点)，就是原读出信号的峰点。过零检测就是检测经过微分后的读出信号平均直流成分的点(零点)，以此点作为逻辑电平翻转的点，以此方法恢复原写入的数字信号。过零检测技术还可以应用在以市电频率(50～60 Hz)为时基的计时器中。

zero crossing 交零 在话音识别中，声幅波形与零声平相交一次称为一次交零。交零往往作为识别特征使用。

zero crossing feature 交零特征 在声音识别时往往以固定时间长度内交零次数、向上交零/向下交零次数、上/下交零次数比作为识别特征，这些特征叫作交零特征。

zero cross signal 过零信号 将原信号进行微分，使原信号的峰值变为通过零点(或平均直流成分点)的信号，便于从中恢复原始数字信号。

zero delay lockout (ZDL) 零延迟锁定 令牌环网络中用来防止信标站插入环路中而引起网络故障的一种技术。

zero disparity code 不均零码 每一码字均具有一组偶数数字，且均由数目相等的"0"与"1"组成的一种二进制码。如 001011,101010,000111 可认为是该编码体制中的码字。

zero dispersion (ZD) 零色散 在合适的折射率分布情况下，光纤在特定波长处会出现零色散。例如，常规单模光纤在 1.31 μm 附近的波导色散为负，材料色散为正，大小也正好相等，因而互相抵消，出现了零色散。零色散波长可随波导结构、折射率分布等因素而改变。

zero dispersion slope (ZDS) 零色散斜率 零色散波长处光纤总色散特性的斜率，可用来计算总色散系数的上限值和下限值。零色散斜率随制造公差、温度及老化程度而变化。

zero dispersion wavelength (ZDW) 零色散波长 在具有合适折射率分布的单模光纤中传播光波，当出现零色散或接近于零色散时的波长。因制造公差、温度和老化等原因，零色散波长在不同光纤之间有最大值和最小值，并随时间推移而变。在单模光纤中，零色散波长是单模光纤总色散为零的波长。

zero error 零点误差 (1) 在确定读数范围时，必须补偿的偏差。(2)用指针、角度或显示指示的任何仪表的起始误差，即无输入信号时对应的误差。

zero frame 零帧 电影或录像带上的第一帧，编号为 00:00:00:00。

zero frequency (ZF) 零位频率,零频 一个综合信号(如电视信号)的频率参考值，该参考值必须能在无漂移的情况下传递。

zero insertion 零插入 在面向位的协议中，为避免混淆数据及 SYN(同步)字符，在发送的数据流中加入二进制"0"的过

Z

程。所插入的"0"在接收端被删除。同 zero bit insertion。

zero length buffer 零长度缓冲 信息通信系统中的一种缓冲信息,用来将"线路有错误的"信息传送给报文处理程序。若带有零长度缓冲信息的用户代码未能正确地执行,程序员就必须检查零长度缓冲信息并绕过未正确执行的代码。

zero level (ZL) 零电平 用来比较声音或信号强度的基准电平。在音频下工作时,6 mW(毫瓦)功率一般用作零电平,在声学中,听力阈值一般设定为零电平。

zero level transmission reference point 零电平传输基准点 一种所有有关的传输级在电路上都可参考的任选点。传输开关板上的传输级可作零电平传输基准点。

zero material dispersion wavelength (ZMDM) 零材料色散波长 光波导中材料色散为零的光波波长。该波长通常发生在电磁波频谱中紫外吸收终止和红外吸收开始延伸的那一点。光波导中的折射率分布必须使该波导能对该波长的零色散进行补偿。

zero-minus call 单一拨0呼叫 在自动电话交换系统中,单独拨一个数字0,以通知接线员需要帮助的呼叫方式。

zero modulation (ZM) 调零,零调制 一种信道编码方法。它能将二进制信息转换成具有自同步能力且无直流分量的编码信号。具体方法是:首先将二进制信息序列依次分解成三种形式信息组:① 任何数量的连续"1"。② 连续两个"0"或两个"0"之间插有奇数个"1"。③ 两个"0"之间插有偶数个"1";然后将①、②两种形式的信息组按密勒码规则进行变换,③型信息组中的"0"按密勒码规则变换,而"1"则按每隔两位在位单元边界上翻转一次的规则变换,以构成新的二进制信息序列;最后,把新的序列按

逢"1"变化不归零制规则进行调制。

zero-mode waveguide 零模波导 是一种光波导,它将光能引导到一个与光的波长相比在所有维度上都很小的体积中。太平洋生物科学公司(以前称为Nanofluidics公司)已开发出零模波导,用于快速平行检测 zeptolitre 样品体积,并应用于基因测序。工作频率低于其截止频率(波长长于其截止波长)并用作精密衰减器的波导也称为"波导下截止衰减器"。

zero offset 零点偏置,零点补偿 为了使电路工作稳定,对由于温度等因素造成的零点漂移的补偿。例如,可以采用差分放大器,用两个温度特性比较一致的晶体管在一定程度上抵消温度变化造成的漂移。

zero phase shift 零相移 对信号的所有频率成分都不产生相对相位延迟或偏移的传输。例如通过一个纯电阻性网络的信号传输。

zero phase shift filter 零相移滤波器 一种不产生相对相位偏移的过滤器。即过滤器的相频特性在传送频带内是一条直线。

zero point 零点 (1)系统中的公共参考点,即电压电平为零的点或接地点。(2)三相电的星形接法将各相电源或负载的一端都接在中性点上,但是当中性点接地时,该点就称为零点。

zero point error 零点误差 两个不共用同一个接地点(或电压参考点)的系统之间产生的参考电压误差。在计算机通信系统中,这种误差可能导致信息传输的错误。

zero power level 零功率电平 在通信线路或设备上,规定以 600 Ω 电阻上功率为 1 mW(毫瓦),即电压为 0.775 V 时,作为零功率电平,称为 0 分贝(0 dB)。以此作为电平量度的相对标准。

Z

zeros complemented transition coding　**零求补转换编码技术**　一种数据编码方法，将数据流中的每个零位的传输信号的状态进行反转（即变为 1）的编码方法。

zero sequence　**零序（列）**　三相交流电分为 A、B、C 三相，所谓零序是：A、B、C 三相相位相同。

zero shift (ZS)　**零（位）偏移**　零控制信号时平衡磁放大器由于漂移产生的输出。

zero slot LAN　**零插槽局域网**　使用计算机上已有的一个串行或并行端口，而不是插入到计算机的扩展总线的特别的网络接口卡的局域网，因为零插槽局域网只能像计算机的输出端口那样进行传输，速度大大低于使用网络特定硬件设备和软件设备的网络。每个电缆段的最大长度也被严格地限制，所以零插槽局域网只能连接两到三台计算机。与采用网络系统相比，零插槽局域网的优点是价格低，但较新的对等网络的价格动摇了它在这方面的优势。

zero subcarrier chromaticity (ZSC)　**零副载波色品**　当副载波振幅为零时所呈现的色品。

zero transfer function　**零传输函数**　一个网络的传输函数，即为网络的输出信号电平与输入信号电平之比。如果网络输入信号在一定范围内变化，而输出信号保持为零或固定直流值，称这个网络具有零传输函数。

zero transmission level point (0TLP)　**零传输电平点**　电话系统的参考点，用于测量信号功率增益以及电路损耗的一个参考点。

zero transmission level reference point　**零电平传输参考点**　电路中的一种任意选定的点，作为所有相对传输电平的参考点。通常把传输配电盘上的传输电平作为零传输电平参考点。

zetta-(Z)　**泽（它）**　公制度量单位的前缀，在十进制中表示 10^{21}，在二进制中表示 2^{70}。

zettabit (Zb)　**泽位**　存储容量或通信速率的度量单位，用于度量存储容量时，$1 \text{ Zb} = 2^{70} \text{ b}$；用于度量通信速率时，$1 \text{ Zb} = 10^{21} \text{ b}$。

zettabyte (ZB)　**泽字节**　存储容量的度量单位，$1 \text{ ZB} = 2^{70} \text{ B} = 1\,180\,591\,620\,717\,411\,303\,424 \text{ B}$。

zettabyte file system (ZFS)　**泽字节文件系统**　是由 Sun 微系统公司设计的组合文件系统和逻辑卷管理器，现在注册为 Oracle 公司的商标。ZFS 具有可扩展性，包括广泛的数据损坏保护、高存储容量支持、高效数据压缩、文件系统和卷管理概念的集成、快照和写时复制克隆、连续完整性检查和自动修复，可以非常精确地配置 RAID（独立磁盘冗余阵列）、本机 NFSv4（网络文件系统版本 4）的 ACL（访问控制列表）。

Zigbee　**无线个域网**　也称紫蜂，是一套基于 IEEE 802.15.4 的规范，作为一套高级的通信协议，可用于创建具有小型低功耗数字无线电的个人区域网，例如用于家庭自动化、医疗设备数据收集和其他低功耗低低带宽需求，专为需要无线连接的小型项目而设计。因此，Zigbee 是低功率、低数据速率和近距离（即个人区域）无线自组织（ad hoc）网络。

zigzag scan　**锯齿形扫描**　一种二维空间扫描，即除了进行从左往右的水平移动外，还进行垂直方向移动的扫描。

ZIP　(1) 区段［区域］信息协议 zone information protocol 的缩写。(2) ZIP 是一种支持无损数据压缩的归档文件格式。ZIP 文件可能包含一个或多个可能已压缩的文件或目录。ZIP 文件格式允许许多压缩算法，尽管 DEFLATE 是最常见的。这种格式最初创建于 1989 年，由 Phil Katz（菲利普·卡兹）于 1989 年 2

月 14 日发布到公共领域,并首次在 PKWARE 公司的 PKZIP 实用程序中实现,以替代 Thom Henderson(汤姆·亨德森)以前的 ARC 压缩格式。ZIP 格式很快得到许多软件实用程序的支持,而不是 PKZIP。自 1998 年以来,微软公司已在微软视窗版本中包含内置 ZIP 支持(名称为"压缩文件夹")。Apple 公司在 Mac OS X 10.3(通过 BOM Archive Helper,现在为 Archive Utility)和更高版本中内置了 ZIP 支持。大多数免费操作系统都以与 Windows 和 Mac OS X 类似的方式内置了对 ZIP 的支持。

zip tone **短促音,压缩音** 在电话技术中,zip 音是自动呼叫分配系统发出的一种音调,用于提醒呼叫中心环境中的座席即将连接到客户的声音。

Zmodem **Zmodem 协议** 适用于个人计算机的异步通信协议。Xmodem 文件传输协议的一个增强版本,能在差错更少的情况下处理更大的数据量。它可以使用通配符文件名来传送。这种协议由于能很好地控制噪声和变化着的线路状态(包括卫星传输)而得以非常普及。它在传输文件之前,先发送文件名、日期、长度等信息,并且能根据线路情况选择合适的块长度和使用循环冗余检验(CRC)纠错方式。Zmodem 协议有一个称为检验点再启动的功能,如果在数据传输期间通信链路中断,可从中断点开始重新传输数据,这在传送特长文件时就非常保险。

Z-net **Z-网** Zilog 公司开发的总线式局域网。使用同轴电缆作为传输介质,采用 CSMA/CD(载波监听多路访问/冲突检测)访问方式,信息包长度为 512 字节,传输速率为 800 kbps,电缆最大长度为 2 km,最多可挂接 256 个设备,其中的微机必须是 Zilog 微机。

zombie **僵尸机** 当计算机中植入了被怀有敌意的黑客控制的守护程序、而计算机拥有者却不知不觉之时,此计算机就成了一台僵尸机。僵尸机被怀有敌意的黑客用于发起拒绝服务(DoS)攻击。黑客通过一个开放的端口给僵尸机发送命令,僵尸机按命令向目标网站发送巨量的无用信息,以阻塞该网站的路由器,使合法用户不能访问该网站。送到网站的信息是混乱的,因此收到这些数据的计算机要花时间和资源来弄懂这些送来的数据流。与删除或窃取信息的病毒或蠕虫相比,僵尸机危害比较轻些,因为它们用洪水般的信息暂时削弱网站,并没有危及网站的数据。

zone **区域** 由单一网络管理者所管理的所有终端、网关和多点控制单元的集合。一个区域只有一个管理者,区域可独立于局域网拓扑结构,并且可以包含于用路由器或其他设备连接的多个 LAN(局域网)段。

zone mail hour(ZMH) **区域邮件时间** 当所有公告牌均可用于发送及接收网络邮件时,在 BBS(电子公告牌系统)网络中的公共时间。在 ZMH 期间,BBS 并不接受人工呼叫以及发送的文件请求。

zone name **区域[区段]名** (1)一个区段的名称,对应有一个网络编号。(2)一个 AppleTalk 网络节点群的名字。

zone of ambiguity **不定区,模糊区** 数据通信中,对经过传输,发生畸变的数字信号再生判定时,在信号的一个周期内无法确定其逻辑状态的区域。

zone satellite **区域卫星** 单个半球范围内传输信号的区域通信卫星。

zone switching center **区域交换中心** 电话网中,中继汇接交换局,它可以作为一群初级中心的交换枢纽,并且通过中继线与所有其他区域的中心局相互连接。

zone system **区域制,分区制** (1)长途电话按地理区域划分成若干个小区,在各小区内由本区电话局负责局部电话服务。(2)无线通信系统设计时,为了能经济、有效地获得大面积的覆盖,将地理上的一个大的区域划分为多个小区,在每个小区内设置基站,负责本区内无线电话转接和小区间中继的机制。

zone time (ZT) 区域时间,分区时间 基准或区域子午线的当地平均时间,其时间保持在整个指定区域内;区域子午线通常是经度可以被15°整除的最近的子午线。基于将地球表面划分为 24 个时区的计算时间的系统。单个区域内的所有点在每个时刻都具有相同的区域时间,而相邻区域的区域时间恰好相差一个小时。在区域时间系统中,以经度15°分隔的24条经线作为时区的平均经线。越过海洋以及人口稀少地区的区域边界用平均子午线以东和以西 7.5°的子午线表示。为了最大的方便,地球其他区域的边界与州和行政边界、铁路、河流、山脉和其他靠近平均子午线的自然边界重合。

zoom 缩放 (1)使显示在屏幕上的整个图形或文档放大或缩小。缩放是许多绘图程序、字处理程序和电子表格程序都具有的一个特性,允许用户选择屏幕上的一小部分,对其放大,并对局部放大部分进行精细的修改。(2)用变焦镜头使摄像机或显微镜的物像放大或缩小。

zoomed video port (ZV port) 缩放视频端口 在计算技术中,缩放视频端口(通常简称 ZV 端口)是单向视频总线,允许 PC 卡插槽中的设备将视频数据直接传输到 VGA 帧缓冲器,从而允许笔记本电脑显示实时视频。该标准由 PCMCIA(个人计算机存储卡国际协会)创建,支持电视调谐器、视频输入和 MPEG(运动图像专家组)协处理器等设备适合 PC 卡的外形,为笔记本电脑制造商和消费者提供廉价的解决方案。ZV 端口是 PC 卡插槽和 VGA(视频图形阵列)控制器之间的直接连接。视频数据实时传输,无需任何缓冲,无需总线控制或仲裁。ZV 端口是作为 VAFC(VESA 高级功能连接器)等方法的替代品而发明的。

zoom in 推进,图像放大 (1)摄像机的镜头焦距的调节,使拍摄景物在视窗内扩大的操作。(2)计算机图像处理时,在显示屏幕上,使当前显示的图像放大的处理。

zooming 变焦(距),图像缩放,缩放图像 (1)为了得到物体图形靠近或远离观察者的视觉印象而对整个显示图像渐渐地进行比例变换的操作过程。(2)在计算机图形技术中,通过逐渐按比例放大或缩小图形,使全部或部分显示群对观察者产生渐近或远离观察者的视觉运动印象。

zoom lens 变焦镜 可以调节的一种光学元件,改变透镜焦距,可保持物像在焦点上,因此当摄影机和物体相对的位置保持不变时物体像的大小可以变化。

zoom out 拉出,图像缩小 (1)摄像机的镜头焦距的调节,使得图像更远。(2)计算机图像处理时,使当前屏幕上显示的一个图像缩小的处理。

Z series Z 系列(建议) 国际电信联盟-电信标准化部(ITU-T)提出的系列建议,涉及功能规格、描述语言、人机接口和网上管理等方面的标准。

Zulu time (ZT) 祖鲁时间 指时区 Z 或 Zulu 的时间。它与格林威治时间相同。此时间后缀为符号 Z,如 1530Z 所示。本地时间是通过加上或减去正在测量时间的区域的值获得的。祖鲁时间是航空作业中最常用的时间。也称为 Z 时间。

Z